Schneider

Fälle und Lösungen zum RVG

AnwaltsGebühren

Fälle und Lösungen zum RVG

Praktische Anwendung und Abrechnungsbeispiele

4. Auflage 2015

Von
Rechtsanwalt
Norbert Schneider, Neunkirchen

Zitiervorschlag:
Schneider, Fälle und Lösungen zum RVG, § 1 Rn 1

Haftungsausschluss
Die Berechnungen in diesem Buch wurden mit Sorgfalt und nach bestem Wissen erstellt. Sie stellen jedoch lediglich Arbeitshilfen und Anregungen für typische Fallgestaltungen dar. Die Eigenverantwortung für eigene Berechnungen trägt der Benutzer. Autor und Verlag übernehmen keinerlei Haftung für die Richtigkeit und Vollständigkeit der im Buch enthaltenen Ausführungen und Berechnungen.

Anregungen und Kritik zu diesem Werk senden Sie bitte an
kontakt@anwaltverlag.de
Autor und Verlag freuen sich auf Ihre Rückmeldung.

Copyright 2015 by Deutscher Anwaltverlag, Bonn
Satz: Cicero Computer GmbH, Bonn
Druck: Hans Soldan Druck GmbH, Essen
Umschlaggestaltung: gentura, Holger Neumann, Bochum
ISBN 978-3-8240-1252-7

Bibliografische Information der Deutschen Bibliothek
Die Deutsche Bibliothek verzeichnet diese Publikation in der Deutschen Nationalbibliografie; detaillierte bibliografische Daten sind im Internet über http://dnb.ddb.de abrufbar.

Für Sarah

Vorwort zur 4. Auflage

Drei Jahre sind seit der Vorauflage vergangen, die aus Anlass des Inkrafttretens des FGG-Reformgesetzes geboten war.

In der aktuellen 4. Auflage galt es, neben der zwischenzeitlich ergangenen umfangreichen Rechtsprechung vor allem die Änderungen durch das 2. Kostenrechtsmodernisierungsgesetz einzuarbeiten. Dieses Gesetz hat zum einen sämtliche Gebührenbeträge und -rahmen angehoben. Zum Teil haben sich auch die Staffelungen der Gebührentabellen geändert (in der Tabelle des § 13 RVG bis 5.000,00 EUR, in der Tabelle des § 49 RVG die Eingangsstufe – mehr als 4.000,00 EUR). Viele Wertvorschriften sind geändert worden. Darüber hinaus hat der Gesetzgeber zahlreiche Streitfragen geklärt. Bei der außergerichtlichen Vertretung in verwaltungs- und sozialrechtlichen Angelegenheiten ist die Anrechnung der Geschäftsgebühr eingeführt und damit die ermäßigte Geschäftsgebühr im Nachprüfungsverfahren abgeschafft worden. Auch wird in Sozialsachen jetzt im gerichtlichen Verfahren angerechnet und nicht mehr ermäßigt.

Insbesondere im Bereich der Prozess- und Verfahrenskostenhilfe war eine Vielzahl von Rechtsprechungsnachweisen zu ergänzen. Auch die Frage der Kostenerstattung in Anrechnungsfällen (§ 15a Abs. 2 RVG) war Gegenstand umfangreicher Rechtsprechung.

Erfreuliche Klarstellungen haben sich insbesondere bei der Terminsgebühr ergeben.

All dies war in der Neuauflage zu berücksichtigen.

In Anbetracht dessen, dass der Gesetzgeber die Entwürfe zum 2. Kostenrechtsmodernisierungsgesetz mehrfach geändert hatte, zuletzt noch wenige Tage vor Inkrafttreten des Gesetzes, konnte die Überarbeitung dieses Werkes erst im August 2013 beginnen und hat fast ein Jahr in Anspruch genommen.

Mit nunmehr über 2.200 Beispielen hat sich der Umfang der Vorauflage nochmals erheblich erweitert.

Darüber hinaus ist das Werk um neue Kapitel komplementiert worden, so um die Abrechnung im Verfahren nach dem Gesetz über den Rechtsschutz bei überlangen Gerichtsverfahren, die Vergütung in der Zwangsverwaltung und Zwangsversteigerung sowie in Verfahren auf Bewilligung der Vollstreckung ausländischer Geldstrafen.

Auch ist dieses Mal wieder ein Kapital zum Übergangsrecht aufgenommen worden, das in Anbetracht der Änderungen durch das 2. Kostenrechtsmodernisierungsgesetz besondere Bedeutung erlangt hat. Übergangsfälle BRAGO/RVG spielen heute in der Praxis keine Rolle mehr. Insoweit kann auf die 2. Auflage verwiesen werden.

Im Übrigen ist die Konzeption des Werks beibehalten worden. Das Praxishandbuch selbst soll kein Kommentar und kein Lehrbuch ersetzen, sondern anleiten, wie die Vorschriften des RVG im konkreten Fall umzusetzen sind. Auf die einschlägige Rechtsprechung wird insoweit selbstverständlich hingewiesen.

Wie auch in den Vorauflagen wird zunächst einmal in einer Einleitung (§ 1) dargestellt, wie bei einer planmäßigen Abrechnung vorzugehen ist. Die Anforderungen an eine ordnungsgemäße Berechnung folgen in § 2. Hier hat sich insbesondere interessante Rechtsprechung bei der Abrechnung gegenüber mehreren Auftraggebern ergeben.

Vorwort zur 4. Auflage

In den §§ 3 und 4 werden – wie bisher – die Vergütungsansprüche im Falle der gerichtlichen Beiordnung oder Bestellung behandelt. Hier haben sich insbesondere bei den Reisekosten und zur Anrechnung von Vorschüssen und Zahlungen des Auftraggebers oder Dritten wichtige Neuerungen ergeben.

In § 5 wird gesondert auf die Regelung des § 15a RVG, insbesondere auf die Berücksichtigung der Anrechnung im Rahmen der Kostenerstattung (§ 15a Abs. 2 RVG) hingewiesen.

Die übrigen Kapitel folgen dann den jeweiligen Rechtsgebieten.

Die Abrechnungen nach den Abrechnungsgrundsätzen in Haftpflichtsachen sowie Vergütung für Aktenauszüge, die in der Praxis allerdings immer weniger Bedeutung haben, werden abschließend berücksichtigt.

Die 4. Auflage bringt das Werk damit wieder auf den aktuellen Stand (August 2014).

In Bußgeldsachen ist bereits die beabsichtigte Änderung zur Staffelung der Gebührenbeträge berücksichtigt. In Folge der Anhebung der Punktegrenze auf 60,00 EUR wird die Staffelung der Gebührenbeträge entsprechend angepasst. Bei Drucklegung war das entsprechende Gesetz noch nicht verkündet. Dennoch sind diese Änderungen hier bereits berücksichtigt.

Ich hoffe, dass mit der wiederum erweiterten 4. Auflage mit jetzt über 2.200 Beispielen keine Abrechnungsfrage mehr offen bleibt. Sicherlich ist nicht auszuschließen, dass der ein oder andere Sonderfall nicht behandelt ist. Insoweit bin ich für Anregungen jederzeit dankbar.

Besonders bedanken möchte ich mich an dieser Stelle bei Frau Rechtsanwältin Lotte Thiel, die mir als Gesprächs- und Diskussionspartner zur Verfügung stand und die gesamten Manuskripte einschließlich jeder einzelnen Berechnung kritisch Korrektur gelesen und überprüft hat. Ohne ihre Mithilfe wäre die 4. Auflage nicht zu bewerkstelligen gewesen. Dank zu sagen gilt es auch unserem gemeinsamen Freund Benedikt, der uns bei den letzten Kapiteln zur Seite stand.

Neunkirchen, September 2014   *Norbert Schneider*

Inhaltsübersicht

Literaturverzeichnis		11
§ 1	Einleitung	13
§ 2	Anforderungen an eine ordnungsgemäße Berechnung	47
§ 3	Vergütungsansprüche des im Rahmen der Prozess- oder Verfahrenskostenhilfe beigeordneten Anwalts gegen Staatskasse und Dritte	65
§ 4	Gerichtlich bestellter oder beigeordneter Anwalt in Straf- und Bußgeldsachen und in Verfahren nach Teil 6 VV	103
§ 5	Anrechnung nach § 15a RVG	129
§ 6	Beratung, Gutachten und Mediation	159
§ 7	Prüfung der Erfolgsaussicht eines Rechtsmittels	169
§ 8	Außergerichtliche Vertretung	185
§ 9	Güte- und Schlichtungsverfahren	215
§ 10	Beratungshilfe	225
§ 11	Mahnverfahren	245
§ 12	Selbstständiges Beweisverfahren	315
§ 13	Bürgerliche Rechtsstreitigkeiten erster Instanz	343
§ 14	Besondere Verfahrenssituationen in bürgerlichen Rechtsstreitigkeiten	437
§ 15	Berufung in Zivilsachen	499
§ 16	Nichtzulassungsbeschwerde, Revision und Sprungrevision in bürgerlichen Rechtsstreitigkeiten	529
§ 17	Rechtsbeschwerde	553
§ 18	Urkunden-, Wechsel- und Scheckprozess und Nachverfahren	559
§ 19	Arrest- und einstweiliges Verfügungsverfahren	577
§ 20	Verkehrsanwalt, Terminsvertreter, Einzeltätigkeiten	643
§ 21	Beschwerde- und Erinnerungsverfahren	695

Inhaltsübersicht

§ 22	Verfahren über eine Rüge wegen der Verletzung des Anspruchs auf rechtliches Gehör	715
§ 23	Prozess-/Verfahrenskostenhilfe-Prüfungsverfahren	727
§ 24	Verfahren auf Vollstreckbarerklärung der durch Rechtsmittelanträge nicht angefochtenen Teile eines Urteils (§§ 537, 558 ZPO)	757
§ 25	Verfahren vor dem Prozessgericht oder dem Amtsgericht auf Bewilligung, Verlängerung oder Verkürzung einer Räumungsfrist (§§ 721, 794a ZPO)	767
§ 26	Verfahren der freiwilligen Gerichtsbarkeit	779
§ 27	Arbeitsrechtliche Angelegenheiten	805
§ 28	Familiensachen	825
§ 29	Allgemeine verwaltungsrechtliche Angelegenheiten	929
§ 30	Steuerrechtliche Angelegenheiten	997
§ 31	Sozialrechtliche Angelegenheiten	1029
§ 32	Verfahren nach dem Gesetz über den Rechtsschutz bei überlangen Gerichtsverfahren	1139
§ 33	Zwangsvollstreckung, Vollstreckung, Vollziehung, Verwaltungszwang und Verfahren auf Eintragung einer Zwangshypothek	1147
§ 34	Zwangsversteigerung und Zwangsverwaltung	1223
§ 35	Strafsachen	1245
§ 36	Bußgeldsachen	1349
§ 37	Bewilligung der Vollstreckung ausländischer Geldstrafen	1429
§ 38	Auslagen	1435
§ 39	Hebegebühren	1475
§ 40	Übergangsrecht	1483
§ 41	Abrechnung nach den Abrechnungsgrundsätzen in Haftpflichtsachen	1523
§ 42	Vergütung für Aktenauszüge	1539
Tabellen		1543

Literaturverzeichnis

Bärmann/Pick, Wohnungseigentumsgesetz, Kommentar, 19. Auflage 2010

Baumgärtel/Hergenröder/Houben, RENOKommentar RVG, 14. Auflage 2009 (zit.: Reno-Kommentar/*Bearbeiter*, RVG)

Bestelmeyer/Feller/Frankenberg u.a., RVG – Rechtsanwaltsvergütungsgesetz, Kommentar, 5. Auflage 2013

Beutling, Anwaltsvergütung in Verwaltungssachen, 2004

Bischof/Jungbauer/Bräuer/Curkovic/Klüsener/Uher, Kompaktkommentar zum RVG, 6. Auflage 2014

Braun, Gebührenabrechnung nach dem neuen Rechtsanwaltsvergütungsgesetz (RVG), 2004

Burhoff (Hrsg.), RVG – Straf- und Bußgeldsachen, 3. Auflage 2011

von Eicken/Hellstab/Lappe/Madert/Dörndorfer, Die Kostenfestsetzung, 21. Auflage 2013

Enders, RVG für Anfänger, 16. Auflage 2014

Fölsch, Anwaltsvergütung im Verkehrsrecht, 2008

Gerold/Schmidt, Rechtsanwaltsvergütungsgesetz, Kommentar, 21. Auflage 2013 (zit.: Gerold/Schmidt/*Bearbeiter*)

Goebel/Gottwald (Hrsg.), Rechtsanwaltsvergütungsgesetz, Kommentar, 2004

Göhler, Gesetz über Ordnungswidrigkeiten, Kommentar, 16. Auflage 2012

Gräber, Finanzgerichtsordnung, Kommentar, 7. Auflage 2010

Groß, Anwaltsgebühren in Ehe- und Familiensachen, 3. Auflage 2010

Grüter, Streitwerte und Anwaltsgebühren im Mietrecht, 2. Auflage 2010

Hansens, Bundesgebührenordnung für Rechtsanwälte, Kommentar mit Gebührentafeln, 8. Auflage 1995

Hansens/Braun/Schneider, Praxis des Vergütungsrechts, 2. Auflage 2007

Hartmann, Kostengesetze, Kommentar, 44. Auflage 2014

Hartung/Römermann/Schons, Praxiskommentar zum Rechtsanwaltsvergütungsgesetz, 2. Auflage 2006

Hinne, Anwaltsvergütung im Sozialrecht, 2. Auflage 2013

Horndasch/Viefhues (Hrsg.), Kommentar zum Familienverfahrensrecht, 3. Auflage 2014

Jungbauer, Rechtsanwaltsvergütung, 5. Auflage 2010

Jungbauer/Blaha, Das familienrechtliche Mandat – Abrechnung in Familiensachen, 3. Auflage 2014

Kindermann, Die Abrechnung in Ehe- und Familiensachen, 2. Auflage 2011

von König/Bischof, Kosten in Familiensachen, 2009

Kopp/Schenke, VwGO, Kommentar, 20. Auflage 2014

Leipold, Anwaltsvergütung in Strafsachen, 2004

Mayer/Kroiß (Hrsg.), Rechtsanwaltsvergütungsgesetz, Handkommentar, 6. Auflage 2013 (zit.: Mayer/Kroiß/*Bearbeiter*)

Literaturverzeichnis

Mertens/Stuff, Verteidigervergütung, 2010

Meyer-Ladewig/Keller/Leitherer, Sozialgerichtsgesetz, Kommentar, 10. Auflage 2012

Niedenführ/Kümmel/Vandenhouten, WEG, Kommentar und Handbuch zum Wohnungseigentumsgesetz, 10. Auflage 2013

Onderka, Anwaltsgebühren in Verkehrssachen, 4. Auflage 2013

Prütting/Gehrlein, ZPO, Kommentar, 6. Auflage 2014

Riedel/Sußbauer, Rechtsanwaltsvergütungsgesetz, Kommentar, 9. Auflage 2005 (zit.: Riedel/Sußbauer/*Bearbeiter*, RVG)

Schaefer/Göbel, Das neue Kostenrecht in Arbeitssachen, 2004

Schaefer/Kiemstedt, Anwaltsgebühren im Arbeitsrecht, 3. Auflage 2011

Schneider, Die Vergütungsvereinbarung, 2005

Schneider, Gebühren in Familiensachen, 2009

Schneider, RVG Praxiswissen, 2. Auflage 2014

Schneider/Herget, Streitwert-Kommentar für den Zivilprozess und FamFG-Verfahren, 13. Auflage 2011

Schneider/Thiel, Das neue Gebührenrecht für Rechtsanwälte, 2. Auflage 2014

Schneider/Volpert/Fölsch (Hrsg.), FamGKG Familiengerichtskostengesetz, Kommentar, 2. Auflage 2014

Schneider/Wolf (Hrsg.), AnwaltKommentar RVG, 7. Auflage 2014 (zit.: AnwK-RVG/*Bearbeiter*)

Teubel/Scheungrab (Hrsg.), Münchener Anwaltshandbuch Vergütungsrecht, 2. Auflage 2011

Zöller, Zivilprozessordnung, Kommentar, 30. Auflage 2014 (zit.: Zöller/*Bearbeiter*)

§ 1 Einleitung

Inhalt

I. Überblick	1
II. Die Vergütung	6
III. Die Gebührenarten	7
IV. Das Vorgehen bei Erstellung einer Kostenrechnung	14
1. In welcher Angelegenheit ist der Anwalt tätig geworden; liegen gegebenenfalls mehrere Angelegenheiten vor?	15
a) Welche Angelegenheit	16
b) Eine oder mehrere Angelegenheiten?	18
aa) Vertikale Aufteilung	20
bb) Horizontale Aufteilung	24
2. Welche Gebühren sind angefallen?	33
a) Angelegenheiten, in denen nach dem Gegenstandswert abzurechnen ist	34
aa) Ermittlung der Gegenstände	35
bb) Ermittlung der Werte	37
cc) Ermittlung der Gebührentatbestände ..	42
(1) Betriebsgebühr	43
(a) Ermittlung der Betriebsgebühr	43
(b) Ermittlung der Gebührensätze	46
(c) Gebührenerhöhung bei mehreren Auftraggebern	47
(d) Anrechnung vorangegangener Gebühren	49
(e) Gebührenkürzung nach § 15 Abs. 3, 2. Hs. RVG	58
(2) Terminsgebühr	60
(3) Einigungs-, Erledigungs- oder Aussöhnungsgebühr	69
(4) Zusatzgebühr für besonders umfangreiche Beweisaufnahmen	76
b) Sozialrechtliche Angelegenheiten, in denen das GKG nicht gilt	77
aa) Betriebsgebühr	78
bb) Terminsgebühr	84
cc) Einigungs- und Erledigungsgebühr ...	88
dd) Zusatzgebühr für besonders umfangreiche Beweisaufnahmen	90
c) Gebühren in Strafsachen	91
aa) Nicht als Verteidiger oder Vertreter eines Beteiligten i.S.d. Vorbem. 4 Abs. 1 VV bestellter Anwalt	93
bb) Als Verteidiger oder Vertreter eines Beteiligten i.S.d. Vorbem. 4 Abs. 1 VV bestellter Anwalt	94
(1) Grundgebühr	95
(2) Betriebsgebühr	98
(3) Termine außerhalb der Hauptverhandlung	103
(4) Teilnahme an der Hauptverhandlung	105
(5) Zusätzliche Verfahrensgebühr nach Nr. 4141 VV	109
(6) Zusätzliche Verfahrensgebühr nach Nr. 4142 VV	111
(7) Zusätzliche Verfahrensgebühr nach Nrn. 4143, 4144 VV	114
(8) Einigungsgebühren	117
d) Bußgeldsachen	118
aa) Einzeltätigkeiten	119
bb) Verteidiger oder Vertreter eines Beteiligten i.S.d. Vorbem. 5 Abs. 1 VV	120
(1) Grundgebühr	121
(2) Verfahrensgebühren	123
(3) Terminsgebühr	126
(4) Zusätzliche Verfahrensgebühr nach Nr. 5115 VV	129
(5) Zusätzliche Gebühr nach Nr. 5116 VV	131
e) Hebegebühren	133
3. Welche Auslagen sind angefallen?	134
a) Allgemeine Geschäftskosten	135
b) Ersatz von Aufwendungen (Vorbem. 7 Abs. 1 S. 2 VV)	136
c) Dokumentenpauschalen	137
d) Post- und Telekommunikationsdienstleistungen	138
e) Reisekosten	139
f) Haftpflichtversicherungsprämie	140
4. Ist Umsatzsteuer auf Gebühren und Auslagen zu erheben?	141

I. Überblick

Schuldner der anwaltlichen Vergütung ist grundsätzlich der **Auftraggeber**. Dieser muss die Vergütung allerdings nur dann bezahlen, wenn ihm zuvor eine nach § 10 RVG ordnungsgemäße Kostenrechnung erteilt worden ist (siehe hierzu § 2).   **1**

Ist der Anwalt im Rahmen der Prozess- oder Verfahrenskostenhilfe beigeordnet, ist er anderweitig gerichtlich bestellt oder beigeordnet worden oder wird er im Rahmen der Beratungshilfe tätig, so richtet sich sein **Vergütungsanspruch gegen die Staatskasse**. Einer Berechnung nach § 10 RVG   **2**

§ 1 Einleitung

bedarf es hier nicht.[1] Zu beachten ist allerdings, dass im Rahmen der Beratungshilfe Formularzwang besteht und zwar auch für die Abrechnung.

3 Soweit Prozess-, Verfahrenskosten- oder Beratungshilfe bewilligt worden ist, darf der Anwalt den **Auftraggeber nicht unmittelbar in Anspruch nehmen** (§ 122 Abs. 1 Nr. 3 ZPO, Vorbem. 2.5 VV). Nur soweit eine zusätzliche, nicht von der Prozesskosten- oder Beratungshilfe gedeckte Vergütung ausgelöst wird, etwa bei gegenständlich beschränkter Beiordnung oder bei Reisekosten des auswärtigen Anwalts bei eingeschränkter Beiordnung zu den Bedingungen eines ortsansässigen Anwalts, kommt die Inanspruchnahme der Partei in Betracht.[2]

4 Von dem Vergütungsanspruch zu unterscheiden ist der **Kostenerstattungsanspruch**. Dieser steht (abgesehen von den Fällen der § 53 Abs. 2 RVG, § 126 Abs. 1 ZPO; § 9 BerHG) **ausschließlich dem Mandanten** zu. Für den Vergütungsanspruch des Anwalts ist es auch grundsätzlich unerheblich, ob der Mandant seine Kosten erstattet erhält oder nicht. Hier bestehen nur ausnahmsweise Reflexwirkungen, etwa wenn der Anwalt es unterlassen hat, auf die fehlende Kostenerstattung hinzuweisen (§ 12a Abs. 1 S. 2 ArbGG; § 3a Abs. 1 S. 3 RVG) oder wenn er schuldhaft nicht erstattungsfähige Mehrkosten verursacht hat.

5 Auch bei der **Abrechnung mit dem Rechtsschutzversicherer** handelt es sich nur um einen **materiell-rechtlichen Kostenerstattungsanspruch des Mandanten**. Schuldner des Vergütungsanspruchs ist und bleibt der Auftraggeber. Soweit der Rechtsschutzversicherer nicht oder nur teilweise zahlt, etwa wegen eines Selbstbehalts oder soweit er z.B. nicht versicherte Reisekosten nicht übernimmt, hat auch dies auf den Vergütungsanspruch des Anwalts gegen seinen Auftraggeber keine Auswirkungen.

II. Die Vergütung

6 Die Vergütung des Anwalts ist im RVG geregelt. Die Vergütung umfasst **Gebühren und Auslagen** (§ 1 Abs. 1 S. 1 RVG). Die Gebühren sind in den Teilen 1 bis 6 VV geregelt. Die Auslagen finden sich in Teil 7 VV. Ergänzend nimmt das RVG auf andere Gesetze Bezug, insbesondere zur Bemessung des Streit- oder Verfahrenwerts auf die Vorschriften des GKG, des FamGKG und des GNotKG (vormals KostO).

III. Die Gebührenarten

7 Grundsätzlich gelten **Wertgebühren**, deren Höhe sich nach dem Wert der anwaltlichen Tätigkeit, dem Gegenstandswert, richtet (§ 2 Abs. 1 RVG). Hier ist also zunächst der Gegenstandswert zu ermitteln. Aufgrund des gefundenen Wertes ist dann der Gebührenbetrag aus der Tabelle des § 13 RVG i.V.m. Anlage 2 zum VV – bzw. im Falle der Prozess- oder Verfahrenskostenhilfe bei Werten von über 4.000,00 EUR i.V.m. der Tabelle nach § 49 RVG – abzulesen und dieser Betrag sodann mit dem im jeweiligen Gebührentatbestand enthaltenen Gebührensatz zu multiplizieren.

8 Vorgesehen sein kann ein **fester Gebührensatz** (z.B. Nr. 3100 VV: 1,3) oder ein **Satzrahmen** (z.B. Nr. 2300 VV: 0,5 bis 2,5). Im letzten Fall bestimmt der Anwalt anhand der Kriterien des

---

[1] KG zfs 2014, 408.
[2] AnwK-RVG/N. Schneider, § 11 Rn 90 f.

§ 14 Abs. 1 RVG, welchen Gebührensatz er aus dem vorgegebenen Rahmen im Einzelfall für angemessen hält.

In sozialrechtlichen Verfahren, in denen das GKG nicht gilt, sowie in Straf- und Bußgeldsachen und in Angelegenheiten nach Teil 6 VV erhält der Anwalt **Betragsrahmengebühren**. Hier ist zu jeder Gebühr ein Mindest- und ein Höchstbetrag vorgesehen. Aus diesem Rahmen bestimmt dann der Anwalt wiederum nach den Kriterien des § 14 Abs. 1 RVG die im Einzelfall angemessene Gebühr. 9

Daneben kennt das RVG **Festgebühren**. Hier ist unabhängig vom Wert und von sonstigen Kriterien stets ein fester Gebührenbetrag vorgesehen. Solche Festgebühren erhält der Anwalt in der Beratungshilfe sowie als gerichtlich bestellter oder beigeordneter Rechtsanwalt in Straf- und Bußgeldsachen und in Verfahren nach Teil 6 VV. 10

Des Weiteren kennt das RVG noch die **Vergütung nach dem BGB**, also nach § 612 oder § 632 BGB, nämlich dann, wenn der Anwalt beraten oder ein Gutachten erstellt hat oder wenn er als Mediator tätig war und eine Gebührenvereinbarung nicht getroffen worden ist (§ 34 Abs. 1 S. 2 RVG). 11

Schließlich ist noch die Geltung bestimmter Gebührentatbestände der **Steuerberatervergütungsverordnung** für den Anwalt vorgesehen (§ 35 RVG) (siehe § 30.) 12

Neben den gesetzlich geregelten Vergütungstatbeständen besteht die Möglichkeit einer **Vergütungsvereinbarung** (§§ 3a ff. RVG). Im Falle der Bewilligung von Beratungs-, Prozess- oder Verfahrenskostenhilfe ist eine Vergütungsvereinbarung nur eingeschränkt möglich (§ 3 Abs. 3 S. 1 RVG; § 6a BerHG). 13

IV. Das Vorgehen bei Erstellung einer Kostenrechnung

Wer eine zutreffende Kostenrechnung erstellen will, muss die nachfolgenden Schritte beachten. Wer diese einzelnen Schritte nicht beachtet oder einzelne Schritte überspringt, wird im Zweifel zu einer unzutreffenden Abrechnung kommen und Gebühren verschenken. Der Anwalt sollte sich daher die nachfolgenden Schritte einprägen und stets – auch in scheinbar einfachen Fällen – diese Schritte einhalten. Oft zeigt sich dann, dass der Fall doch nicht so einfach ist, wie man ursprünglich dachte. 14

1. In welcher Angelegenheit ist der Anwalt tätig geworden; liegen gegebenenfalls mehrere Angelegenheiten vor?

Der erste Schritt einer jeden Kostenabrechnung muss sein, zu klären, in welcher Angelegenheit der Anwalt überhaupt tätig geworden ist und ob hier nicht gegebenenfalls mehrere Angelegenheiten vorliegen. 15

a) Welche Angelegenheit

Die Frage, welche Angelegenheit gegeben ist, entscheidet zum einen darüber, **welche Gebühren** anfallen. 16

§ 1 Einleitung

Beispiel 1 | **Außergerichtliche/gerichtliche Tätigkeit**

Der Anwalt ist beauftragt, mit dem Gegner außergerichtliche Vergleichsgespräche wegen einer Forderung i.H.v. 8.000,00 EUR zu führen.

Die Tätigkeit kann einen **außergerichtlichen Auftrag** darstellen, der nach Teil 2 VV, hier Nr. 2300 VV, zu vergüten ist. Dem Anwalt würde dann ein Gebührenrahmen von 0,5 bis 2,5 zustehen. Die Mittelgebühr beliefe sich auf 1,5. Zu beachten wäre die Schwellengebühr nach Anm. zu Nr. 2300 VV in Höhe von 1,3.

Dem Anwalt kann jedoch auch schon ein **Klageauftrag** erteilt worden sein. Dann richtet sich die Vergütung nach Teil 3 VV (Vorbem. 3 Abs. 1 VV). Außergerichtliche Vergleichsverhandlungen zählen nach § 19 Abs. 1 S. 2 Nr. 2 RVG mit zum Rechtszug. Der Anwalt erhielte eine 0,8-Verfahrensgebühr nach Nrn. 3100, 3101 Nr. 1 VV sowie eine 1,2-Terminsgebühr nach Nr. 3104 VV (Vorbem. 3 Abs. 3 S. 3 Nr. 2 VV) (siehe dazu § 13 Rn 196). Insgesamt stünden ihm also 2,0 Gebühren zu. Der Unterschied ist erheblich.

    I. **Auftrag zur außergerichtlichen Vertretung**
1. 1,5-Geschäftsgebühr, Nr. 2300 VV   684,00 EUR
   (Wert: 8.000,00 EUR)
2. Postentgeltpauschale, Nr. 7002 VV   20,00 EUR
   Zwischensumme   704,00 EUR
3. 19 % Umsatzsteuer, Nr. 7008 VV   133,76 EUR
Gesamt   **837,76 EUR**
    II. **Klageauftrag**
1. 0,8-Verfahrensgebühr, Nrn. 3100, 3101 Nr. 1 VV   364,80 EUR
   (Wert: 8.000,00 EUR)
2. 1,2-Terminsgebühr, Nr. 3104 VV   547,20 EUR
   (Wert: 8.000,00 EUR)
3. Postentgeltpauschale, Nr. 7002 VV   20,00 EUR
   Zwischensumme   932,00 EUR
4. 19 % Umsatzsteuer, Nr. 7008 VV   177,08 EUR
Gesamt   **1.109,08 EUR**

Beispiel 2 | **Terminswahrnehmung**

Der Anwalt soll einen gerichtlichen Termin wahrnehmen.

Es kann sich um einen **Prozessauftrag** handeln. Dann gelten die Nrn. 3100, 3104 VV (Gesamtgebühren 2,5).

Es kann sich aber auch um einen Auftrag zur **Terminsvertretung** handeln. Dann richtet sich die Vergütung nach Nrn. 3401, 3402, 3104 VV (Gesamtgebühren 1,85).

Beispiel 3 | **Strafverfahren/Bußgeldverfahren**

Gegen den Mandanten wird ein Ermittlungsverfahren eingeleitet, nachdem dieser mit einem Pkw unter Alkoholeinfluss gefahren und angehalten worden war.

Es kann sich um ein **strafrechtliches Ermittlungsverfahren** handeln (Verstoß gegen § 316 StGB). Dann gelten die Gebühren nach Teil 4 VV.

Es kann sich aber auch um ein **Bußgeldverfahren** handeln (Verstoß gegen § 24a StVG). Dann richten sich die Gebühren nach Teil 5 VV und sind geringer.

Die Frage, welche Angelegenheit gegeben ist, hat auch für die **Bestimmung des Gegenstandswerts** Bedeutung.

> **Beispiel 4** | **Folgesache im Verbund/isoliertes Verfahren**
>
> **Der Anwalt ist in einem gerichtlichen Umgangsrechtsverfahren tätig.**
>
> Es kann sich um eine **Folgesache im Scheidungsverbund** handeln. Dann liegt ein Verbundverfahren vor; der Verfahrenswert richtet sich nach § 44 Abs. 2 FamGKG und beläuft sich auf 20 % der Ehesache, höchstens 3.000,00 EUR, mit der Möglichkeit einer Abweichung nach § 44 Abs. 3 FamGKG. Abzurechnen ist die Vergütung dann im Rahmen des gesamten Verbundverfahrens (§ 16 Nr. 4 RVG); es fallen also keine gesonderten Gebühren an.
>
> Es kann sich jedoch auch um eine **isolierte Familiensache** handeln. Dann liegt ein Verfahren der freiwilligen Gerichtsbarkeit vor. Der Anwalt erhält nicht nur gesonderte Gebühren, sondern diese auch nach einem anderen Gegenstandswert, nämlich nach dem des § 45 Abs. 1 FamGKG. Vorgesehen ist ein Regelwert von 3.000,00 EUR, der herauf- oder herabgesetzt werden kann (§ 45 Abs. 3 FamGKG).
>
> Es kann sich auch um ein **einstweiliges Anordnungsverfahren** handeln. Dann ist nach § 41 S. 1 FamGKG eine geringere Bedeutung gegenüber der Hauptsache zu berücksichtigen. Auszugehen ist dabei von dem hälftigen Wert der Hauptsache (§ 41 S. 2 FamGKG), also von 1.500,00 EUR.

b) Eine oder mehrere Angelegenheiten?

Weiterhin ist zu fragen, ob nicht gegebenenfalls die Tätigkeit des Anwalts mehrere Gebührenangelegenheiten i.S.d. § 15 RVG umfasst. Das Mandat und der Auftrag dürfen nicht ohne weiteres mit dem Umfang der Angelegenheit gleichgesetzt werden. Ein Mandat besteht häufig aus mehreren gebührenrechtlichen Angelegenheiten i.S.d. § 15 Abs. 1 RVG, was dazu führt, dass gesonderte Vergütungen anfallen.

Die Aufteilung in mehrere Angelegenheiten ist in zweifacher Hinsicht zu beachten.

aa) Vertikale Aufteilung

Zum einen sieht das RVG eine vertikale Aufteilung vor. Aufeinander folgende Tätigkeiten stellen häufig verschiedene Angelegenheiten dar. So sind jeweils eigene Angelegenheiten: Beratung, außergerichtliche Vertretung, Schlichtungsverfahren, Mahnverfahren, Rechtsstreit im Urkundenverfahren, Rechtsstreit im Nachverfahren oder nach Abstandnahme vom Urkundenverfahren, selbstständiges Beweisverfahren, Berufung, Revision, Beschwerde, Verfahren nach Zurückverweisung u.v.m.

Auch eine weitere Tätigkeit nach **Ablauf von zwei Kalenderjahren** stellt gem. § 15 Abs. 5 S. 2 RVG eine neue Angelegenheit dar. Hier ist stets Acht zu geben und gesondert abzurechnen.

In allen diesen gesonderten Angelegenheiten werden jeweils auch gesonderte Gebühren ausgelöst. Auch wenn in diesen Fällen in den jeweils nachfolgenden Angelegenheiten die Gebühr einer vorangegangenen Angelegenheit ganz oder vollständig angerechnet wird (wie etwa bei der Beratung oder dem Mahnverfahren), bleibt dem Anwalt eine zusätzliche Vergütung. Zum einen werden

Auslagen, insbesondere die Postentgeltpauschalen nach Nr. 7002 VV, nicht angerechnet,[3] sondern bleiben anrechnungsfrei erhalten. Zum anderen wird in diesen Fällen aber auch häufig übersehen, dass die vorangegangene Tätigkeit nach einem höheren Gebührensatz abzurechnen war oder einen höheren Gegenstandswert hatte und daher die Gebühren nach dem höheren Satz oder Wert in der vorangegangenen Angelegenheit anrechnungsfrei verbleiben. Auch können sich in der nachfolgenden Angelegenheit durch eine Änderung des RVG höhere Gebührenbeträge ergeben (§ 60 RVG).

> **Beispiel 5** — Anrechnung bei geringerem Wert in der nachfolgenden Angelegenheit

Der Anwalt erhält den Auftrag für ein Mahnverfahren über 10.000,00 EUR. Der Antragsgegner legt fristgerecht Widerspruch ein. Das streitige Verfahren wird nur wegen einer Forderung von 5.000,00 EUR durchgeführt.

Zwar ist die Verfahrensgebühr des Mahnverfahrens (Nr. 3305 VV) in voller Höhe nach Anm. zu Nr. 3305 VV auf das nachfolgende gerichtliche Verfahren anzurechnen, allerdings nur aus einem Wert in Höhe von 5.000,00 EUR. Das bedeutet also, dass die Gebührendifferenz aus einem Wert von 10.000,00 EUR und einem Wert von 5.000,00 EUR dem Anwalt anrechnungsfrei verbleibt. Angerechnet wird die Mahnverfahrensgebühr nämlich nur nach dem Wert des streitigen Verfahrens, also nur, soweit sie nach einem Wert von 5.000,00 EUR entstanden wäre (analog Vorbem. 3 Abs. 4 S. 3 VV).[4] Darüber hinaus verbleiben dem Anwalt auch die 20,00 EUR Postentgeltpauschale nach Nr. 7002 VV anrechnungsfrei.[5]

I. Mahnverfahren		
1. 1,0-Verfahrensgebühr, Nr. 3305 VV (Wert: 10.000,00 EUR)		558,00 EUR
2. Postentgeltpauschale, Nr. 7002 VV		20,00 EUR
Zwischensumme	578,00 EUR	
3. 19 % Umsatzsteuer, Nr. 7008 VV		109,82 EUR
Gesamt		**687,82 EUR**
II. Streitiges Verfahren		
1. 1,3-Verfahrensgebühr, Nr. 3100 VV (Wert: 5.000,00 EUR)		393,90 EUR
2. anzurechnen gem. Anm. zu Nr. 3305 VV, 1,0 aus 5.000,00 EUR		– 303,00 EUR
3. 1,2-Terminsgebühr, Nr. 3104 VV (Wert: 5.000,00 EUR)		363,60 EUR
4. Postentgeltpauschale, Nr. 7002 VV		20,00 EUR
Zwischensumme	474,50 EUR	
5. 19 % Umsatzsteuer, Nr. 7008 VV		90,16 EUR
Gesamt		**564,66 EUR**
Anrechnungsfrei sind somit:		
Verfahrensgebühr Mahnverfahren		558,00 EUR

---

[3] BGH AGS 2004, 343 m. Anm. *N. Schneider* = FamRZ 2004, 1720 = NJW-RR 2004, 1656 = JurBüro 2004, 649 = Rbeistand 2005, 15 = RVGreport 2004, 347; AGS 2005, 26 = Rpfleger 2005, 114 = MDR 2005, 237 = JurBüro 2005, 142 = NJW-RR 2005, 939 = BGHR 2005, 261 = BB 2004, 2602 = RVGreport 2004, 470 = FamRZ 2005, 196; *N. Schneider*, Berechnung der Postentgeltpauschalen in Anrechnungsfällen, ProzRB, 2003, 310; *ders.*, Verschenkte Postentgeltpauschalen, AGS 2003, 94.

[4] *Hansens/Braun/Schneider*, Vergütungsrecht, Teil 8 Rn 422.

[5] BGH AGS 2004, 343 m. Anm. *N. Schneider* = FamRZ 2004, 1720 = NJW-RR 2004, 1656 = JurBüro 2004, 649 = Rbeistand 2005, 15 = RVGreport 2004, 347; AGS 2005, 26 = Rpfleger 2005, 114 = MDR 2005, 237 = JurBüro 2005, 142 = NJW-RR 2005, 939 = BGHR 2005, 261 = BB 2004, 2602 = RVGreport 2004, 470 = FamRZ 2005, 196.

Verfahrensgebühr Rechtsstreit	– 393,90 EUR
Auslagen	20,00 EUR
Gesamt	**184,10 EUR**

Wer hier also nicht gesondert nach Angelegenheiten abrechnet, verschenkt in aller Regel einen Teil seiner Vergütung. 23

bb) Horizontale Aufteilung

Die Aufteilung in verschiedene Angelegenheiten ist darüber hinaus auch in horizontaler Ebene zu berücksichtigen. Ein scheinbar einheitlicher Auftrag kann durchaus auch mehrere parallel laufende Angelegenheiten erfassen. 24

So stellen z.B. **Hauptsacheverfahren und einstweilige Anordnung** in Familiensachen und in Verfahren der freiwilligen Gerichtsbarkeit stets eigene Angelegenheiten dar (§ 17 Nr. 4 Buchst. b) RVG). 25

Beispiel 6 **Einstweilige Anordnung im Umgangsrechtsverfahren**

Der Kindesvater stellt einen Antrag zum Umgangsrecht und beantragt gleichzeitig den Erlass einer einstweiligen Anordnung. Sowohl über die Hauptsache als auch die einstweilige Anordnung wird verhandelt.

Es liegen zwei Angelegenheiten vor (§ 17 Nr. 4 Buchst. b) RVG). **In der Hauptsache** erhält der Anwalt eine 1,3-Verfahrensgebühr (Nr. 3100 VV) sowie eine 1,2-Terminsgebühr (Nr. 3104 VV) aus dem Wert des § 45 Abs. 1 FamGKG (Regelwert von 3.000,00 EUR). **Im einstweiligen Anordnungsverfahren** entstehen die gleichen Gebühren, allerdings nur aus dem geringeren Wert des § 41 i.V.m. § 45 FamGKG, i.d.R. dem halben Hauptsachewert, hier also 1.500,00 EUR.

I.	Hauptsacheverfahren (Wert: 3.000,00 EUR)		
1.	1,3-Verfahrensgebühr, Nr. 3100 VV		261,30 EUR
2.	1,2-Terminsgebühr, Nr. 3104 VV		241,20 EUR
3.	Postentgeltpauschale, Nr. 7002 VV		20,00 EUR
	Zwischensumme	522,50 EUR	
4.	19 % Umsatzsteuer, Nr. 7008 VV		99,28 EUR
Gesamt			**621,78 EUR**
II.	Einstweiliges Anordnungsverfahren (Wert: 1.500,00 EUR)		
1.	1,3-Verfahrensgebühr, Nr. 3100 VV		149,50 EUR
2.	1,2-Terminsgebühr, Nr. 3104 VV		138,00 EUR
3.	Postentgeltpauschale, Nr. 7002 VV		20,00 EUR
	Zwischensumme	307,50 EUR	
4.	19 % Umsatzsteuer, Nr. 7008 VV		58,43 EUR
Gesamt			**365,93 EUR**

Mehrere – auch gleichzeitige – **Vollstreckungen gegen mehrere Schuldner** – auch Gesamtschuldner – stellen jeweils gesonderte Angelegenheiten dar (siehe § 33 Rn 89 ff.). 26

Beispiel 7 **Vollstreckung gegen Gesamtschuldner**

Der Anwalt wird beauftragt, eine Mobiliarvollstreckung wegen einer Geldforderung von 1.860,00 EUR zeitgleich gegen zwei Gesamtschuldner durchzuführen.

Die Vollstreckung gegen **mehrere Schuldner** löst stets **mehrere Angelegenheiten** i.S.d. § 15 RVG aus. Nach § 18 Abs. 1 Nr. 1 RVG zählt jede Vollstreckungsmaßnahme als eigene Angelegenheit. Dies gilt auch für mehrere Vollstreckungen gegen Gesamtschuldner, mag auch der Anspruch der gleiche und das wirtschaftliche Interesse dasselbe sein. Eine Streitgenossenschaft in der Zwangsvollstreckung gibt es auf Schuldnerseite nicht (siehe § 33 Rn 89 ff.).

I. Vollstreckung gegen Schuldner 1
1. 0,3-Verfahrensgebühr, Nr. 3309 VV 45,00 EUR
 (Wert: 1.860,00 EUR)
2. Postentgeltpauschale, Nr. 7002 VV 9,00 EUR
 Zwischensumme 54,00 EUR
3. 19 % Umsatzsteuer, Nr. 7008 VV 10,26 EUR
Gesamt **64,26 EUR**

II. Vollstreckung gegen Schuldner 2
1. 0,3-Verfahrensgebühr, Nr. 3309 VV 45,00 EUR
 (Wert: 1.860,00 EUR)
2. Postentgeltpauschale, Nr. 7002 VV 9,00 EUR
 Zwischensumme 54,00 EUR
3. 19 % Umsatzsteuer, Nr. 7008 VV 10,26 EUR
Gesamt **64,26 EUR**

27 Auch sonstige scheinbar nach § 19 RVG zum Rechtszug gehörende Tätigkeiten können gesonderte Angelegenheiten auslösen. Hier ist stets Acht zu geben.

> **Beispiel 8** | **Verfahren auf vorläufige Vollstreckbarkeit**

Der Beklagte wird vom LG zur Zahlung eines Betrags in Höhe von 40.000,00 EUR verurteilt. Er legt Berufung ein und beantragt jetzt nur noch, die Klage in Höhe von 30.000,00 EUR abzuweisen. Daraufhin beantragt der Berufungsanwalt des Klägers, das landgerichtliche Urteil in Höhe von 10.000,00 EUR für vorläufig vollstreckbar zu erklären. Nach Ablauf der Berufungsbegründungsfrist ergeht der beantragte Beschluss ohne mündliche Verhandlung.

Das Verfahren auf Vollstreckbarerklärung der durch Rechtsmittelanträge nicht angefochtenen Teile eines Urteils (§§ 537, 558 ZPO) zählt grundsätzlich nach § 19 Abs. 1 S. 2 Nr. 9 RVG zum Rechtszug. Voraussetzung ist allerdings, dass der Gegenstand, hinsichtlich dessen die vorläufige Vollstreckbarkeit beantragt wird, Gegenstand des Rechtsmittelverfahrens ist oder war (ausführlich siehe hierzu § 24). Dies ist hier aber nicht der Fall. Es liegen daher zwei Angelegenheiten vor, die gesondert abzurechnen sind.

I. Berufungsverfahren (Wert: 30.000,00 EUR)
1. 1,6-Verfahrensgebühr, Nr. 3200 VV 1.380,80 EUR
2. 1,2-Terminsgebühr, Nr. 3202 VV 1.035,00 EUR
3. Postentgeltpauschale, Nr. 7002 VV 20,00 EUR
 Zwischensumme 2.435,80 EUR
4. 19 % Umsatzsteuer, Nr. 7008 VV 462,80 EUR
Gesamt **2.898,60 EUR**

II. Verfahren auf Vollstreckbarerklärung (Wert: 10.000,00 EUR)
1. 0,5-Verfahrensgebühr, Nr. 3329 VV 279,00 EUR
2. Postentgeltpauschale, Nr. 7002 VV 20,00 EUR
 Zwischensumme 299,00 EUR
3. 19 % Umsatzsteuer, Nr. 7008 VV 56,81 EUR
Gesamt **355,81 EUR**

| **Beispiel 9** | **Beschwerde gegen Aussetzung des Rechtsstreits** |

Das LG hat den Antrag auf Aussetzung des Rechtsstreits (10.000,00 EUR) abgelehnt. Dagegen legt der Kläger gem. § 252 ZPO Beschwerde ein. Das LG hilft daraufhin der Beschwerde gem. § 572 Abs. 3 ZPO ab und setzt den Rechtsstreit gem. § 142 ZPO aus.

Das Beschwerdeverfahren ist nach § 18 Abs. 1 Nr. 3 RVG eine eigene Angelegenheit, in der eine gesonderte Vergütung nach Nr. 3500 VV anfällt. Dass hier die Sache infolge der Abhilfe nicht bis zum Beschwerdegericht gelangt ist, ist unerheblich. Der Gegenstandswert des Beschwerdeverfahrens soll hier mit einem Fünftel der Hauptsache angenommen werden.[6]

I. Rechtsstreit (Wert: 10.000,00 EUR)
1. 1,3-Verfahrensgebühr, Nr. 3100 VV   725,40 EUR
2. 1,2-Terminsgebühr, Nr. 3104 VV   669,60 EUR
3. Postentgeltpauschale, Nr. 7002 VV   20,00 EUR
   Zwischensumme   1.415,00 EUR
4. 19 % Umsatzsteuer, Nr. 7008 VV   268,85 EUR
Gesamt   **1.683,85 EUR**

II. Beschwerdeverfahren (Wert: 2.000,00 EUR)
1. 0,5-Verfahrensgebühr, Nr. 3500 VV   75,00 EUR
2. Postentgeltpauschale, Nr. 7002 VV   15,00 EUR
   Zwischensumme   90,00 EUR
3. 19 % Umsatzsteuer, Nr. 7008 VV   17,10 EUR
Gesamt   **107,10 EUR**

Insbesondere bei **außergerichtlicher Tätigkeit** können trotz eines gemeinsamen Ziels verschiedene Angelegenheiten vorliegen.

28

| **Beispiel 10** | **Haftpflicht- und Kaskoabrechnung** |

Der Anwalt ist mit einer Verkehrsunfallschadenregulierung beauftragt (Gesamtschaden 25.000,00 EUR). Da der Unfallgegner seine Haftpflichtversicherungsprämie nicht gezahlt hatte, verweist der Haftpflichtversicherer den Geschädigten auf die Inanspruchnahme des eigenen Kaskoversicherers (§ 117 Abs. 3 VVG). Der Anwalt reguliert daraufhin den Sachschaden (20.000,00 EUR abzüglich 600,00 EUR Selbstbeteiligung) mit dem Kaskoversicherer.

Hier liegen zwei verschiedene Angelegenheiten vor.[7] Der Anwalt erhält zum einen die Geschäftsgebühr nach Nr. 2300 VV aus dem Wert der Kaskoschadenregulierung (19.400,00 EUR), die zudem vom Haftpflichtversicherer als Schadensposition zu ersetzen ist.[8] Des Weiteren erhält er die Geschäftsgebühr für die Haftpflichtschadenregulierung, aus dem ursprünglichen Auftragswert (25.000,00 EUR), der sich um die Kosten der Kaskoregulierung erhöht, da diese eine weitere Schadensposition im Rahmen des Haftpflichtschadens darstellen.

---

6 KG AGS 2003, 81.
7 AG Limburg AGS 2006, 267 = NZV 2006, 605 = RVGreport 2006, 220 = RVGprof. 2007, 25; OLG Zweibrücken AnwBl 1968, 363; OLG Hamm AnwBl 1983, 141; LG Flensburg JurBüro 1986, 723; AG Lippstadt AnwBl 1966, 405; 1967, 67; AG Erfurt zfs 1999, 31; a.A. AG Bad Homburg zfs 1987, 173; ausführlich *N. Schneider*, AGS 2003, 292.
8 AG Limburg AGS 2006, 267 = NZV 2006, 605 = RVGreport 2006, 220 = RVGprof. 2007, 25; OLG Zweibrücken AnwBl 1968, 363; OLG Hamm AnwBl 1983, 141; LG Flensburg JurBüro 1986, 723; AG Lippstadt AnwBl 1966, 405; 1967, 67; AG Erfurt zfs 1999, 31; a.A. AG Bad Homburg zfs 1987, 173; ausführlich *N. Schneider*, AGS 2003, 292.

I. **Regulierung des Kaskoschadens**
1. 1,5-Geschäftsgebühr, Nr. 2300 VV   1.113,00 EUR
 (Wert: 19.400,00 EUR)
2. Postentgeltpauschale, Nr. 7002 VV   20,00 EUR
 Zwischensumme 1.133,00 EUR
3. 19 % Umsatzsteuer, Nr. 7008 VV   215,27 EUR
 Gesamt   **1.348,27 EUR**

II. **Regulierung des Haftpflichtschadens**
1. 1,5-Geschäftsgebühr, Nr. 2300 VV   1.294,50 EUR
 (Wert: 26.348,27 EUR)
2. Postentgeltpauschale, Nr. 7002 VV   20,00 EUR
 Zwischensumme 1.314,50 EUR
3. 19 % Umsatzsteuer, Nr. 7008 VV   249,76 EUR
 Gesamt   **1.564,26 EUR**

29 Eine saubere Abgrenzung ist insbesondere in **Familiensachen** geboten, da hier der Auftraggeber häufig gleich mit mehreren Problemen an den Anwalt herantritt. Hier sind Einzelheiten umstritten, so das gegebenenfalls eine Vergütungsvereinbarung nach § 3a RVG zumindest dahingehend getroffen werden sollte, bestimmte Gegenstände als verschiedene Angelegenheiten zu behandeln.

| Beispiel 11 | Zugewinn und Vermögensauseinandersetzung |

Der Anwalt wird von der geschiedenen Ehefrau beauftragt, außergerichtlich Zugewinn zu verlangen und das gemeinsame Vermögen der Eheleute (insbesondere Immobilien) auseinanderzusetzen.

Auch hier liegen zwei verschiedene Angelegenheiten vor. Die Regelung des Zugewinns einerseits und die Auseinandersetzung des Vermögens andererseits sind verschiedene Angelegenheiten, so dass jeweils eine Geschäftsgebühr anfällt.[9]

30 Mitunter ist es schon zu spät, sich erst im Rahmen der Abrechnung über den Umfang der Angelegenheit Gedanken zu machen. Entscheidend ist häufig bereits die Auftragserteilung. Daher sollte schon hier an die spätere Vergütungsabrechnung gedacht werden.

| Beispiel 12 | Verkehrsunfallregulierung für mehrere Geschädigte |

Der Anwalt vertritt zwei Geschädigte, die aus demselben Verkehrsunfall bei unstreitigem Alleinverschulden des Unfallgegners Ansprüche gegen dessen Haftpflichtversicherer herleiten. Zum einen vertritt der Anwalt den Eigentümer des Fahrzeugs, der Sachschaden in Höhe von 3.000,00 EUR geltend macht. Zum anderen vertritt er den Fahrer, für den er Schmerzensgeld und Behandlungskosten in Höhe von 2.000,00 EUR einfordert.

Bei Annahme eines gemeinsamen Auftrags wäre wie folgt zu rechnen:

1. 1,5-Geschäftsgebühr, Nr. 2300 VV   454,50 EUR
 (Wert: 5.000,00 EUR)
2. Postentgeltpauschale, Nr. 7002 VV   20,00 EUR
 Zwischensumme 474,50 EUR
3. 19 % Umsatzsteuer, Nr. 7008 VV   90,16 EUR
 Gesamt   **564,65 EUR**

---

9 OLG Saarbrücken AGS 2011, 123.

Geht man dagegen von zwei verschiedenen Aufträgen aus, dann kann der Anwalt gegenüber dem Halter und dem Fahrer gesondert abrechnen:

I.	**Abrechnung gegenüber dem Halter**	
1.	1,5-Geschäftsgebühr, Nr. 2300 VV	301,50 EUR
	(Wert: 3.000,00 EUR)	
2.	Postentgeltpauschale, Nr. 7002 VV	20,00 EUR
	Zwischensumme 321,50 EUR	
3.	19 % Umsatzsteuer, Nr. 7008 VV	61,09 EUR
Gesamt		**382,59 EUR**
II.	**Abrechnung gegenüber dem Fahrer**	
1.	1,5-Geschäftsgebühr, Nr. 2300 VV	225,00 EUR
	(Wert: 2.000,00 EUR)	
2.	Postentgeltpauschale, Nr. 7002 VV	20,00 EUR
	Zwischensumme 245,00 EUR	
3.	19 % Umsatzsteuer, Nr. 7008 VV	46,55 EUR
Gesamt		**291,55 EUR**
Gesamt I + II		**674,14 EUR**

Entscheidend ist der Auftrag. Haben beide Geschädigte einen gemeinsamen Auftrag erteilt, ist nach der ersten Variante abzurechnen. Haben beide Geschädigte gesonderte Aufträge erteilt, ist nach der zweiten Variante zu rechnen.[10]

Nach Auffassung des AG München[11] ist der Anwalt u.U. sogar verpflichtet, die Auftraggeber darauf hinzuweisen, dass eine gemeinsame Durchsetzung der einzelnen Ansprüche der kostengünstigere Weg ist. Versäumt der Anwalt diesen Hinweis zu erteilen, macht er sich unter Umständen schadensersatzpflichtig.

Diesen exemplarischen Beispielen ließen sich noch zahlreiche weitere anfügen. Wann eine und wann mehrere Angelegenheiten vorliegen, ergibt sich zum einen aus den Katalogen der **§§ 16 bis 19 RVG** sowie aus den **§§ 20 und 21 RVG**. Ergänzend gilt **§ 15 RVG**. Danach liegt nach ganz einhelliger Ansicht in Rechtsprechung und Literatur[12] eine Angelegenheit vor, wenn folgende **drei Kriterien** erfüllt sind:
1. Der Tätigkeit des Anwalts muss ein **einheitlicher Auftrag** zugrunde liegen.
2. Die Tätigkeit muss sich im **gleichen Rahmen** halten.
3. Zwischen den einzelnen Handlungen und oder Gegenständen der anwaltlichen Tätigkeit muss ein **innerer Zusammenhang** bestehen.[13]

2. Welche Gebühren sind angefallen?

Ist die Frage geklärt, in wie vielen Angelegenheiten der Anwalt tätig geworden ist und um welche Angelegenheiten es sich handelt, gilt es, die Gebührentatbestände festzustellen. Dabei ist zu differenzieren:

---

10 AG Mülheim AGS 2012, 375 = NJW-Spezial 2012, 507; ebenso LG Hagen AnwBl 1978, 67 = RuS 1978, 71; LG Flensburg JurBüro 1975, 764.
11 AGS 1993, 42 = zfs 1993, 273 = AnwBl 1976, 671.
12 BGH JurBüro 1976, 749 = AnwBl 1976, 337; JurBüro 1984, 537 = AnwBl 1984, 501; JurBüro 1972, 684; OLG Köln JurBüro 1984, 97; ausführlich AnwK-RVG/*N. Schneider*, § 15 Rn 22 ff.; zu Einzelfällen siehe ausführlich AnwK-RVG/ *N. Schneider*, § 15 Rn 36 ff.
13 So ausdrücklich auch OLG München OLGR 2003, 206 = KostRsp. BRAGO § 13 Nr. 166; zu Einzelfällen siehe ausführlich AnwK-RVG/*N. Schneider*, § 15 Rn 37 ff.

§ 1 Einleitung

a) Angelegenheiten, in denen nach dem Gegenstandswert abzurechnen ist

34 In Angelegenheiten, in denen nach dem Gegenstandswert (§§ 2 Abs. 1, 3 Abs. 1 S. 2, Abs. 2 RVG) abzurechnen ist, bestimmt sich die Höhe der Vergütung nach dem Wert des Gegenstands, der der anwaltlichen Tätigkeit zugrunde liegt (Gegenstandswert – § 2 Abs. 1 RVG). Vorzugehen ist dann wie folgt:

- zunächst müssen einmal die **Gegenstände** der anwaltlichen Tätigkeit ermittelt werden, und zwar alle Gegenstände, mit denen der Anwalt im Verlaufe der jeweiligen Angelegenheit befasst war (siehe dazu § 14 Rn 84 ff.);
- hiernach müssen die jeweiligen **Werte** festgestellt werden, was sich aus den §§ 22 ff. RVG ergibt. Besonders zu achten ist auf § 22 Abs. 1 RVG; §§ 23 Abs. 1 S. 1 u. 3 RVG i.V.m. §§ 39 Abs. 1, 45 Abs. 1 GKG, §§ 33 Abs. 1, 39, 44 Abs. 1 FamGKG. Danach werden die Werte verschiedener Gegenstände zusammengerechnet.
- Hiernach sind dann die **Gebührentatbestände** zu prüfen.

aa) Ermittlung der Gegenstände

35 Der Anwalt muss sich, bevor er sich an die Gebührentatbestände begibt, zunächst einmal darüber klar werden, hinsichtlich welcher Gegenstände er in der betreffenden Angelegenheit tätig geworden ist. Bereits hier werden häufig Fehler gemacht, indem einzelne Gegenstände übersehen werden, mit denen der Anwalt befasst war.

36 Der Anwalt sollte daher stets sorgfältig prüfen, hinsichtlich welcher Gegenstände er im Verlaufe der Angelegenheit beauftragt war, unabhängig davon, ob der Auftrag dann auch durchgeführt worden ist. So wird häufig übersehen, dass die Gegenstände vorzeitig erledigter Aufträge hinzuzurechnen sind. Wechselnde Gegenstände werden übersehen oder auch Gegenstände, für die lediglich ein Protokollierungsauftrag vorlag (z.B. Nr. 3101 Nr. 2, 1. Alt. VV) oder die auftragsgemäß in Einigungsverhandlungen einbezogen worden sind, ohne dass es zu einer Einigung gekommen ist (z.B. Nr. 3101 Nr. 2, 2. Alt. VV).

> **Beispiel 13** | **Wertberechnung bei teilweiser vorzeitiger Erledigung**
>
> **Der Anwalt erhält den Auftrag, eine Forderung in Höhe von 9.500,00 EUR einzuklagen. Vor Klageeinreichung zahlt der Gegner 1.500,00 EUR. Es werden nur 8.000,00 EUR eingeklagt.**
>
> Der Gegenstandswert der anwaltlichen Tätigkeit beläuft sich auf 9.500,00 EUR. Auch wenn das Verfahren nicht mit diesem Wert zu Ende geführt worden ist so muss dieser Wert doch zumindest bei der/den Verfahrensgebühr(en) seinen Niederschlag finden (vgl. Vorbem. 3 Abs. 2 VV).
>
> 1. 1,3-Verfahrensgebühr, Nr. 3100 VV   725,40 EUR
>   (Wert: 8.000,00 EUR)
> 2. 0,8-Verfahrensgebühr, Nr. 3101 Nr. 1 VV   92,00 EUR
>   (Wert: 1.500,00 EUR)
>
> Zur Kürzung nach § 15 Abs. 3 RVG siehe unten Rn 58 ff.

> **Beispiel 14** | **Wechselnde Gegenstände**
>
> **Der Anwalt klagt auftragsgemäß rückständige Mieten für die Monate Oktober, November und Dezember 2014 (jeweils 500,00 EUR) ein. Während des Rechtsstreits stellt der Kläger**

fest, dass die Mieten für Oktober und November bereits gezahlt waren. Insoweit nimmt der Anwalt auftragsgemäß die Klage zurück. Zwischenzeitlich sind jedoch die Mieten für Januar und Februar 2015 rückständig geworden, so dass insoweit die Klage wieder erhöht wird.

Obwohl nie mehr als drei Mieten zugleich eingeklagt waren, ist der Anwalt doch hinsichtlich fünf verschiedener Mietbeträge (Oktober, November, Dezember 2014, Januar und Februar 2015) tätig geworden, so dass fünf Mieten Gegenstand des Verfahrens waren. Daher beläuft sich der Gegenstandswert des Verfahrens nicht auf 1.500,00 EUR (dies gilt nur für den Zuständigkeitsstreitwert), sondern auf die Summe sämtlicher im Verfahren jemals anhängiger Mieten, also auf 5 x 500,00 EUR = 2.500,00 EUR (§ 23 Abs. 1 S. 1 RVG i.V.m. § 39 Abs. 1 GKG).[14]

| Beispiel 15 | Erörtern nicht anhängiger Ansprüche |

Der Anwalt erhebt auftragsgemäß Klage wegen einer Forderung in Höhe von 30.000,00 EUR. Im Termin zur mündlichen Verhandlung wird auch über weitere nicht anhängige 5.000,00 EUR erörtert. Eine Einigung kommt jedoch nicht zustande.

Der Anwalt ist insgesamt wegen Gegenständen in Höhe von 35.000,00 EUR tätig geworden. Auch dieser Wert muss sich bei der Verfahrensgebühr niederschlagen, auch wenn nicht insgesamt eine 1,3-Verfahrensgebühr nach Nr. 3100 VV anfällt, sondern aus dem Mehrwert von 5.000,00 EUR nur eine 0,8-Verfahrensgebühr (Nr. 3101 Nr. 2, 1. Alt. VV).

1. 1,3-Verfahrensgebühr, Nr. 3100 VV 1.121,90 EUR
   (Wert: 30.000,00 EUR)
2. 0,8-Verfahrensgebühr, Nr. 3101 Nr. 2 VV 242,40 EUR
   (Wert: 5.000,00 EUR)

Zur Kürzung nach § 15 Abs. 3 RVG siehe unten Rn 58 ff.

bb) Ermittlung der Werte

Ist danach festgestellt, hinsichtlich welcher Gegenstände der Anwalt tätig war, sind diese nach den §§ 22 ff. RVG jeweils **einzeln zu bewerten**. Dabei wird gem. § 23 Abs. 1 RVG vor allem auf die Wertvorschriften des GKG, des FamGKG und des GNotKG abzustellen sein.

Die **Werte mehrerer Gegenstände** sind anschließend nach § 22 Abs. 1 RVG, § 23 Abs. 1, 2 RVG i.V.m. §§ 39 Abs. 1, 45 Abs. 1 GKG, §§ 33 Abs. 1, 39, 44 Abs. 1 FamGKG **zusammenzurechnen**, wobei gegebenenfalls Additionsverbote (wie z.B. §§ 44, 45 Abs. 1 S. 3 GKG, §§ 33 Abs. 1 S. 2, 38 FamGKG) zu beachten sind.

| Beispiel 16 | Zusammenrechnung mehrerer Gegenstände, Additionsverbot |

Der Anwalt erhebt namens seines Mandanten Stufenantrag auf Auskunft und Zahlung eines noch der Höhe nach zu beziffernden Zugewinnausgleichsanspruchs. Über den Auskunftsanspruch wird verhandelt. Anschließend wird der Zugewinn gezahlt und die Hauptsache ohne weitere Verhandlung übereinstimmend für erledigt erklärt. Die Gegenstandswerte werden

---

14 OLG Koblenz AGS 2007, 151 = WuM 2006, 45 = DWW 2006, 72 = MietRB 2006, 268 = GuT 2006, 88; OLG Hamm AGS 2007, 516 = OLGR 2007, 324 = NJW-Spezial 2007, 493.

für den Auskunftsantrag auf 5.000,00 EUR festgesetzt und für den Zahlungsantrag auf 25.000,00 EUR.

Es liegen zwei Gegenstände der anwaltlichen Tätigkeit vor: Auskunft und Zahlung. Daher sind auch zwei Gegenstandswerte zu ermitteln. Insgesamt beläuft sich der Gegenstandswert nach § 23 Abs. 1 S. 1 RVG i.V.m. § 38 FamGKG jedoch nur auf den höheren Wert der Zahlungsklage. Dennoch darf der weitere Gegenstand der Auskunftsklage nicht außer Betracht gelassen werden, da die Terminsgebühr nur nach diesem Gegenstand angefallen ist, nicht aber hinsichtlich des Zahlungsantrags.

1.	1,3-Verfahrensgebühr, Nr. 3100 VV (Wert: 25.000,00 EUR)		1.024,40 EUR
2.	1,2-Terminsgebühr, Nr. 3104 VV (Wert: 5.000,00 EUR)		363,60 EUR
3.	Postgeltpauschale, Nr. 7002 VV		20,00 EUR
	Zwischensumme	1.408,00 EUR	
4.	19 % Umsatzsteuer, Nr. 7008 VV		267,52 EUR
	Gesamt		**1.675,52 EUR**

39 Soweit die Vergütung aus einem gerichtlichen Verfahren abgerechnet wird, ist § 32 Abs. 1 RVG zu beachten. Der Anwalt ist an die gerichtlich festgesetzten Werde gebunden. Ist er damit nicht einverstanden, muss der gem. § 32 Abs. 2 RVG die dagegen gegebenen Rechtsmittel und Rechtsbehelfe ergreifen.

40 Soweit keine Gerichtsgebühren anfallen oder diese sich nicht nach dem Wert berechnen (insb. Beschwerdeverfahren), ist eine gesonderte Wertfestsetzung nach § 33 RVG zu beantragen. Auch hiergegen ist gegebenenfalls die Beschwerde gegeben (§ 33 Abs. 3 RVG).

41 Ohne vorherige Wertfestsetzung sollte sich der Anwalt – zumindest in Zweifelsfällen – erst gar nicht an die Schlussrechnung begeben, sondern die vorgreiflichen Wertfestsetzungsverfahren durchführen. Ein Vergütungsfestsetzungsverfahren ist sogar auszusetzen, wenn der Wert bestritten wird (§ 11 Abs. 4 RVG). Ebenso ist ein Kostenfestsetzungsverfahren[15] oder ein Rechtsstreit[16] auszusetzen, wenn zunächst ein vorgreifliches Wertfestsetzungsverfahren durchzuführen ist.

cc) Ermittlung der Gebührentatbestände

42 Sind danach die Gegenstände und Gegenstandswerte ermittelt, ist weiter danach zu fragen, welche Gebührentatbestände ausgelöst worden sind.

(1) Betriebsgebühr

(a) Ermittlung der Betriebsgebühr

43 Zunächst einmal muss immer eine sog. „Betriebsgebühr" anfallen, in aller Regel also eine **Verfahrensgebühr** (Nrn. 3100, 3200, 3309, 3500 VV etc.), außergerichtlich eine **Geschäftsgebühr** (Nrn. 2300, 2303 VV), eine **Beratungsgebühr** (§ 34 Abs. 1 VV) oder eine **Prüfungsgebühr** (Nr. 2100 VV). Diese Gebühren entstehen für das „*Betreiben des Geschäfts einschließlich der Information*" (Vorbem. 2.3 Abs. 3 VV; Vorbem. 3 Abs. 2 VV).

---

[15] BGH AGS 2014, 246 = ZInsO 2014, 855 = MDR 2014, 566 = ZIP 2014, 1047 = NZI 2014, 473 = NJW-RR 2014, 765 = WM 2014, 1238 = AnwBl 2014, 564 = RVGreport 2014, 240 = NJW-Spezial 2014, 380.
[16] *N. Schneider*, Aussetzung im Vergütungsprozess bei bestrittenem Gegenstandswert?, NJW-Spezial 2014, 155.

IV. Das Vorgehen bei Erstellung einer Kostenrechnung § 1

Zu beachten ist, dass sich in der Betriebsgebühr der Wert **sämtlicher Gegenstände**, mit denen der Anwalt im Laufe der Angelegenheit befasst war, niederschlagen muss. Dies ergibt sich aus dem Charakter der Betriebsgebühr, die schon mit der Erteilung der Information anfällt (Vorbem. 2.3 Abs. 3 VV; Vorbem. 3 Abs. 2 VV), und daher durch alle Gegenstände ausgelöst wird, mit denen der Anwalt im Verlauf des Mandats befasst wird. 44

Möglich ist ausnahmsweise auch, dass in einer Angelegenheit **mehrere Betriebsgebühren** anfallen, so z.B. im Mahnverfahren, in dem sowohl für das Verfahren über den Erlass eines Mahnbescheids (Nr. 3305 VV) als auch für das Verfahren über den Erlass eines Vollstreckungsbescheids (Nr. 3308 VV) jeweils eine gesonderte Verfahrensgebühr anfällt, obwohl insgesamt nur eine einzige Angelegenheit gegeben ist; ebenso in der Zwangsversteigerung und der Zwangsverwaltung (Nr. 3311 VV) sowie in Insolvenzverfahren (Nrn. 3313 ff. VV). 45

(b) Ermittlung der Gebührensätze

Zu beachten ist ferner, dass die Betriebsgebühr gegebenenfalls aus einzelnen Teilwerten zu **unterschiedlichen Gebührensätzen** anfallen kann. Solche Regelungen sind insbesondere in den gerichtlichen Verfahren enthalten (Nrn. 3100/3101 VV; Nrn. 3200/3201 VV; Nrn. 3305/3306 VV etc.). Der Anwalt muss daher stets prüfen, ob hinsichtlich des betreffenden Gegenstands die volle Gebühr ausgelöst worden ist. Soweit dies nicht der Fall ist, entsteht nur die reduzierte Betriebsgebühr. Möglich ist auch, dass sowohl eine volle als auch eine reduzierte Betriebsgebühr anfällt. In diesem Fall sind dann nach § 15 Abs. 3, 1. Hs. RVG aus den jeweiligen Teilwerten unterschiedliche Gebührensätze abzurechnen (siehe die Beispiele 22, 25 und 28). 46

(c) Gebührenerhöhung bei mehreren Auftraggebern

Des Weiteren ist zu berücksichtigen, ob der Anwalt für **mehrere Auftraggeber** tätig war und damit eine Gebührenerhöhung nach Nr. 1008 VV eingetreten ist. Da hier nach dem Gegenstandswert abgerechnet wird, reicht eine Auftraggebermehrheit alleine allerdings noch nicht aus. Der Anwalt muss auch hinsichtlich **desselben Gegenstands** tätig geworden sein. Liegt ein solcher Fall vor, werden alle Betriebsgebühren um 0,3 je weiterer Auftraggeber erhöht, höchstens um 2,0 (Ausnahme: Anm. S. 2 zu Nr. 3308 VV). 47

Auch hier kann es vorkommen, dass eine Erhöhung nur nach einem Teilwert eingetreten ist. Dann gilt wiederum § 15 Abs. 3, 1. Hs. RVG. Es sind aus den Teilwerten unterschiedliche Gebührensätze zu errechnen. Unzutreffend wäre es, aus dem Gesamtwert eine einfache Gebühr zu berechnen und aus dem Wert der gemeinschaftlichen Beteiligung eine „Erhöhungsgebühr" (ausführlich hierzu siehe § 13 Rn 30 ff.).[17] 48

| Beispiel 17 | **Verfahrensgebühr für mehrere Auftraggeber mit unterschiedlicher Beteiligung** |

Der Anwalt erhält in einer Verkehrsunfallsache von dem geschädigten Eigentümer den Auftrag, Schadensersatz in Höhe von 12.000,00 EUR einzuklagen. Später erhebt der Unfallgegner Widerklage in Höhe von 7.000,00 EUR gegen den geschädigten Eigentümer als Halter und Fahrer sowie Drittwiderklage gegen den Haftpflichtversicherer. Der Anwalt erhält auch das Mandat für den Haftpflichtversicherer.

---
17 AnwK-RVG/*N. Schneider*, § 15 Rn 225 ff. m. w. Nachw.

Der Gesamtwert beläuft sich gem. § 23 Abs. 1 S. 3 RVG i.V.m. § 45 Abs. 1 S. 1 GKG auf 19.000,00 EUR. An einem Teilwert von 12.000,00 EUR ist nur ein Auftraggeber beteiligt; an dem Teilwert von 7.000,00 EUR sind zwei Auftraggeber gemeinschaftlich beteiligt. Unzutreffend wäre es, aus dem Gesamtwert von 19.000,00 EUR eine 1,3-Gebühr zu berechnen und aus dem Wert der gemeinschaftlichen Beteiligung eine „0,3-Erhöhungsgebühr".[18] **Zutreffend ist es vielmehr nach Teilwerten abzurechnen.**[19] Aus dem Teilwert von 12.000,00 EUR entsteht die **einfache 1,3-Verfahrensgebühr** und aus 7.000,00 EUR eine nach Nr. 1008 VV erhöhte **1,6-Verfahrensgebühr**.

1. 1,3-Verfahrensgebühr, Nr. 3100 VV   785,20 EUR
   (Wert: 12.000,00 EUR)
2. 1,6-Verfahrensgebühr, Nrn. 3100, 1008 VV 648,00 EUR
   (Wert: 7.000,00 EUR)

Insgesamt darf nach § 15 Abs. 3 RVG allerdings nicht mehr als eine 1,6-Gebühr aus dem Gesamtwert von 19.000,00 EUR berechnet werden, also 1.113,60 EUR (siehe dazu Rn 58 ff.).

(d) Anrechnung vorangegangener Gebühren

49 Sind danach die Gebühren und Gebührensätze ermittelt, ist die Frage der **Anrechnung** zu prüfen. Das RVG ordnet in vielen Fällen an, dass vorangegangene Betriebsgebühren auf die Betriebsgebühren eines nachfolgenden Verfahrens anzurechnen sind, wenn der **Gegenstand derselbe** ist (so z.B. § 34 Abs. 2 RVG; Anm. zu Nr. 3305 VV; Anm. zu Nr. 3307 VV; Vorbem. 2.3 Abs. 4–6 VV; Vorbem. 3 Abs. 4, Abs. 5, Abs. 6 VV; Anm. zu Nr. 3100 VV etc.). Die Anrechnung kann sich sogar aus Teil 4 VV (Strafsachen) ergeben (Anm. Abs. 2 zu Nr. 4143 VV).

50 Ist ein solcher Anrechnungsfall gegeben, muss ein Betrag angerechnet werden, der der vorangegangenen Betriebsgebühr entspricht, sofern nicht etwas anderes angeordnet ist, etwa in Vorbem. 2.3 Abs. 4 u.6 VV oder Vorbem. 3 Abs. 4 VV (hälftige Anrechnung, höchstens 0,75) oder in Anm. Abs. 2 zu Nr. 4143 VV (zwei Drittel).

51 Eine **besondere Form der Anrechnung** ist vorgesehen in Anm. Abs. 1 zu Nr. 3101 VV für die Verfahrensgebühr der Nr. 3100 VV und in Anm. Abs. 1 zu Nr. 3201 VV für die Verfahrensgebühr der Nr. 3200 VV (siehe dazu § 14 Rn 1 ff.).

52 Vor einer Anrechnung ist stets zu prüfen, ob der **Gegenstand** der anwaltlichen Tätigkeit auch **derselbe** ist. Dies zu beurteilen ist nicht immer einfach.

> **Beispiel 18** — **Außergerichtliche Schadensregulierung und isolierte Kostenerstattungsklage**

Der Anwalt war außergerichtlich beauftragt, Schadensersatz aus einem Verkehrsunfall (8.000,00 EUR) zu regulieren. Der Versicherer zahlt den Schaden, weigert sich jedoch, die angefallenen Anwaltskosten zu übernehmen, die daraufhin eingeklagt werden.

---

[18] So aber OLG Köln Rpfleger 1987, 175; OLG Frankfurt MDR 1983, 764; OLG Saarbrücken JurBüro 1988, 189; LG Berlin Rpfleger 1981, 123; LG Freiburg Rpfleger 1982, 393.
[19] LG Saarbrücken AGS 2012, 56 = DAR 2012, 177 = NJW-Spezial 2012, 27 = VRR 2012, 120; AG Augsburg AGS 2008, 434 = DAR 2008, 673 = NJW-Spezial 2008, 636 = VRR 2008, 479; OLG Hamburg MDR 1978, 767; LG Bonn Rpfleger 1995, 384 m. Anm. *N. Schneider*; AnwK-RVG/*N. Schneider*, § 15 Rn 225 ff.; *Lappe*, Rpfleger 1981, 94; siehe hierzu ausführlich *N. Schneider*, BRAGOreport 2000, 21; *ders.*, ProzRB 2003, 130.

Dem außergerichtlichen Auftrag zur Durchsetzung der Schadensersatzansprüche und der isolierten Klage auf Kostenerstattung liegen zwei verschiedene Streitgegenstände zugrunde. Daher ist eine Anrechnung ausgeschlossen.[20]

I. **Außergerichtliche Vertretung**
   (Wert: 8.000,00 EUR)
1. 1,5-Geschäftsgebühr, Nr. 2300 VV   684,00 EUR
2. Postentgeltpauschale, Nr. 7002 VV   20,00 EUR
   Zwischensumme   704,00 EUR
3. 19 % Umsatzsteuer, Nr. 7008 VV   133,76 EUR
Gesamt   **837,76 EUR**

II. **Gerichtliches Verfahren**
1. 1,3-Verfahrensgebühr, Nr. 3100 VV   104,00 EUR
   (Wert: 837,76 EUR)
2. 1,2-Termingebühr, Nr. 3104 VV   96,00 EUR
   (Wert: 837,76 EUR)
3. Postentgeltpauschale, Nr. 7002 VV   20,00 EUR
   Zwischensumme   220,00 EUR
4. 19 % Umsatzsteuer, Nr. 7008 VV   41,80 EUR
Gesamt   **261,80 EUR**

Zu beachten ist, dass bei **wechselnden Gegenständen** nicht anzurechnen ist.   53

| Beispiel 19 | Keine Anrechnung bei wechselnden Gegenständen |

Der Anwalt ist außergerichtlich tätig wegen der rückständigen Mieten (je 1.000,00 EUR) für Januar, Februar und März. Der Mieter zahlt Januar und Februar. April und Mai bleiben ebenfalls aus. Der Anwalt klagt nunmehr diese drei Mieten ein.

Zwar beläuft sich der Gegenstandswert vorgerichtlich und auch gerichtlich auf jeweils 3.000,00 EUR. Angerechnet wird jedoch nur, soweit die Gegenstände identisch sind. Das ist aber nur hinsichtlich der Miete März der Fall, so dass nur nach 1.000,00 EUR anzurechnen ist

I. **Außergerichtliche Vertretung**
1. 1,5-Geschäftsgebühr, Nr. 2300 VV   301,50 EUR
   (Wert: 3.000,00 EUR)
2. Postentgeltpauschale, Nr. 7002 VV   20,00 EUR
   Zwischensumme   321,05 EUR
3. 19 % Umsatzsteuer, Nr. 7008 VV   61,09 EUR
Gesamt   **382,59 EUR**

II. **Klageverfahren**
1. 1,3-Verfahrensgebühr, Nr. 3100 VV   261,30 EUR
   (Wert: 3.000,00 EUR)
2. gem. Vorbem. 3 Abs. 4 VV anzurechnen, 0,75 aus   – 60,00 EUR
   1.000,00 EUR
3. 1,2-Termingebühr, Nr. 3104 VV   241,20 EUR
   (Wert: 3.000,00 EUR)
4. Postentgeltpauschale, Nr. 7002 VV   20,00 EUR
   Zwischensumme   462,50 EUR
5. 19 % Umsatzsteuer, Nr. 7008 VV   87,88 EUR
Gesamt   **550,38 EUR**

---

20 LG Saarbrücken AGS 2007, 291.

54 Acht zu geben ist, dass nicht mehr angerechnet werden darf, als in der nachfolgenden Angelegenheit an Gebühren entstehen. Ist also der Gebührensatz in der vorangegangenen Angelegenheit höher, wird nur nach dem geringeren Gebührensatz der nachfolgenden Angelegenheit angerechnet (siehe auch § 8 Rn 30 f.).

> **Beispiel 20** Anrechnung, wenn sich die anzurechnende Gebühr nach einem höheren Satz bestimmt

Der Anwalt erhält einen Auftrag für ein Mahnverfahren über 7.500,00 EUR. Der Antragsgegner legt fristgerecht Widerspruch ein. Anschließend erhält er den Auftrag zur Durchführung des streitigen Verfahrens. Bevor der Anwalt etwas veranlasst, wird der Einspruch zurückgenommen und nunmehr Vollstreckungsbescheid beantragt.

Da im streitigen Verfahren nur eine 0,8-Gebühr nach Nr. 3101 Nr. 1 VV entsteht, wird die Verfahrensgebühr der Nr. 3305 VV (Anm. zu Nr. 3305 VV) nur zu 0,8 angerechnet.

I. Mahnverfahren		
1. 1,0-Verfahrensgebühr, Nr. 3305 VV (Wert: 7.500,00 EUR)		456,00 EUR
2. 0,5-Verfahrensgebühr, Nr. 3308 VV (Wert: 7.500,00 EUR)		228,00 EUR
3. Postentgeltpauschale, Nr. 7002 VV		20,00 EUR
Zwischensumme	704,00 EUR	
4. 19 % Umsatzsteuer, Nr. 7008 VV		133,76 EUR
Gesamt		**837,76 EUR**
II. Streitiges Verfahren		
1. 0,8-Verfahrensgebühr, Nr. 3101 Nr. 1 VV (Wert: 7.500,00 EUR)		364,80 EUR
2. anzurechnen gem. Anm. zu Nr. 3305 VV, 0,8 aus 7.500,00 EUR		– 364,80 EUR
3. Postentgeltpauschale, Nr. 7002 VV		20,00 EUR
Zwischensumme	20,00 EUR	
4. 19 % Umsatzsteuer, Nr. 7008 VV		3,80 EUR
Gesamt		**23,80 EUR**

55 Ebenso Acht zu geben ist, wenn sich die Gebühren in der nachfolgenden Angelegenheit nach einem geringeren Wert berechnen. Angerechnet wird dann nur, soweit die Gebühr nach dem geringeren Wert entstanden ist.

> **Beispiel 21** Anrechnung, wenn sich die anzurechnende Gebühr nach einem geringeren Wert berechnet

Der Anwalt erhält den Auftrag für ein Mahnverfahren über 7.500,00 EUR. Der Antragsgegner legt fristgerecht Widerspruch ein. Im streitigen Verfahren wird die Klage um 2.500,00 EUR auf 10.000,00 EUR erweitert.

Zwar entsteht im streitigen Verfahren die Verfahrensgebühr aus 10.000,00 EUR; angerechnet wird die Verfahrensgebühr der Nr. 3305 VV (Anm. zu Nr. 3305 VV) aber nur aus dem Wert von 7.500,00 EUR.

IV. Das Vorgehen bei Erstellung einer Kostenrechnung § 1

I. **Mahnverfahren**
1. 1,0-Verfahrensgebühr, Nr. 3305 VV   456,00 EUR
   (Wert: 7.500,00 EUR)
2. Postentgeltpauschale, Nr. 7002 VV   20,00 EUR
   Zwischensumme   476,00 EUR
3. 19 % Umsatzsteuer, Nr. 7008 VV   90,44 EUR

Gesamt   **566,44 EUR**

II. **Streitiges Verfahren**
1. 1,3-Verfahrensgebühr, Nr. 3100 VV   725,40 EUR
   (Wert: 10.000,00 EUR)
2. anzurechnen gem. Anm. zu Nr. 3305 VV, 1,0 aus   – 456,00 EUR
   7.500,00 EUR
3. 1,2-Terminsgebühr, Nr. 3104 VV   669,60 EUR
   (Wert: 10.000,00 EUR)
4. Postentgeltpauschale, Nr. 7002 VV   20,00 EUR
   Zwischensumme   959,00 EUR
5. 19 % Umsatzsteuer, Nr. 7008 VV   182,21 EUR

Gesamt   **1.141,21 EUR**

Darüber hinaus ist zu beachten, dass nur nach dem Gegenstandswert angerechnet werden darf, 56 der sich in der nachfolgenden Angelegenheit fortsetzt (siehe Vorbem. 3 Abs. 4 S. 3 VV). Gegebenenfalls ist dann fiktiv ein Gebührenbetrag zu berechnen, der aus dem Wert der nachfolgenden Angelegenheit entstanden wäre.

Beispiel 22   **Anrechnung, wenn sich die anzurechnende Gebühr nach einem höheren Wert bestimmt**

Der Anwalt erhält einen Auftrag für ein Mahnverfahren über 7.500,00 EUR. Der Antragsgegner legt fristgerecht Widerspruch ein. Das streitige Verfahren wird nur wegen einer Forderung von 5.000,00 EUR durchgeführt.

Angerechnet wird die Mahnverfahrensgebühr der Nr. 3305 VV nach Anm. zu Nr. 3305 VV nur nach dem geringeren Wert des streitigen Verfahrens, also nur soweit sie nach einem Wert von 5.000,00 EUR entstanden wäre (analog Vorbem. 3 Abs. 4 S. 3 VV). Es ist also eine „fiktive" Gebühr nach dem Wert von 5.000,00 EUR zu ermitteln und im nachfolgenden Verfahren anzurechnen.[21]

I. **Mahnverfahren**
1. 1,0-Verfahrensgebühr, Nr. 3305 VV   456,00 EUR
   (Wert: 7.500,00 EUR)
2. Postentgeltpauschale, Nr. 7002 VV   20,00 EUR
   Zwischensumme   476,00 EUR
3. 19 % Umsatzsteuer, Nr. 7008 VV   90,44 EUR

Gesamt   **566,44 EUR**

II. **Streitiges Verfahren**
1. 1,3-Verfahrensgebühr, Nr. 3100 VV   393,90 EUR
   (Wert: 5.000,00 EUR)
2. anzurechnen gem. Anm. zu Nr. 3305 VV, 1,0 aus   – 303,00 EUR
   5.000,00 EUR
3. 1,2-Terminsgebühr, Nr. 3104 VV   363,60 EUR
   (Wert: 5.000,00 EUR)
4. Postentgeltpauschale, Nr. 7002 VV   20,00 EUR
   Zwischensumme   474,50 EUR

---

21 *Hansens/Braun/Schneider*, Vergütungsrecht, Teil 8 Rn 424.

5. 19 % Umsatzsteuer, Nr. 7008 VV		90,16 EUR
Gesamt		**564,66 EUR**

57 **Ausgeschlossen** ist eine Anrechnung nach **Ablauf von zwei Kalenderjahren** (§ 15 Abs. 5 S. 2 RVG).[22]

> **Beispiel 23** | **Ausschluss der Anrechnung nach Ablauf von zwei Kalenderjahren**
>
> Der Anwalt hatte für seinen Auftraggeber im August 2013 außergerichtlich eine gegen diesen erhobene Forderung über 7.500,00 EUR zurückgewiesen. Der Gläubiger hat die Sache danach nicht weiter verfolgt. Erst im Januar 2016 erhebt der Gläubiger Klage.
>
> Eine Anrechnung der Geschäftsgebühr (Nr. 2300 VV) nach Vorbem. 3 Abs. 4 VV unterbleibt gem. § 15 Abs. 5 S. 2 RVG, da seit der Beendigung der außergerichtlichen Vertretung mehr als zwei Kalenderjahre verstrichen sind.
>
> | | | |
> |---|---:|---:|
> | **I. Außergerichtliche Vertretung** | | |
> | 1. 1,3-Geschäftsgebühr, Nr. 2300 VV (Wert: 7.500,00 EUR) | | 592,80 EUR |
> | 2. Postentgeltpauschale, Nr. 7002 VV | | 20,00 EUR |
> | Zwischensumme | 612,80 EUR | |
> | 3. 19 % Umsatzsteuer, Nr. 7008 VV | | 116,43 EUR |
> | **Gesamt** | | **729,23 EUR** |
> | **II. Streitiges Verfahren** | | |
> | 1. 1,3-Verfahrensgebühr, Nr. 3100 VV (Wert: 7.500,00 EUR) | | 592,80 EUR |
> | 2. 1,2-Terminsgebühr, Nr. 3104 VV (Wert: 7.500,00 EUR) | | 547,20 EUR |
> | 3. Postentgeltpauschale, Nr. 7002 VV | | 20,00 EUR |
> | Zwischensumme | 1.160,00 EUR | |
> | 4. 19 % Umsatzsteuer, Nr. 7008 VV | | 220,40 EUR |
> | **Gesamt** | | **1.380,40 EUR** |

(e) Gebührenkürzung nach § 15 Abs. 3, 2. Hs. RVG

58 Sind danach die Gebührensätze festgestellt und eventuelle Anrechnungen vorgenommen worden, so ist § 15 Abs. 3, 2. Hs. RVG zu beachten. Sofern unterschiedliche Gebührensätze angefallen sind, also im Fall einer teilweisen vorzeitigen Erledigung oder bei Protokollieren oder Verhandeln nicht anhängiger Ansprüche oder auch bei teilweiser Vertretung mehrerer Auftraggeber, ist das Gesamtaufkommen der einzelnen Gebühren aus den Teilwerten auf eine Gebühr nach dem Höchstsatz aus dem Gesamtwert zu begrenzen.[23]

59 In der Abrechnung sollten die einzelnen Gebühren aus den Teilwerten ungeachtet ihrer nachfolgenden Kürzung nach § 15 Abs. 3, 2. Hs. RVG einzeln ausgewiesen werden. Zum einen dient dies der Transparenz. Der Auftraggeber kann nur so die Berechnung nachverfolgen und prüfen. Abgesehen davon dient es auch der eigenen Kontrolle. Zudem ist es in Anrechnungsfällen

---

22 OLG München AGS 2006, 369 = OLGR 2006, 681 = AnwBl 2006, 588 = FamRZ 2006, 1561 = RVG-Letter 2006, 87.
23 Die Begrenzung ist erst nach Anrechnung vorzunehmen (OLG Stuttgart AGS 2009, 56 = OLGR 2009, 224 = JurBüro 2009, 246 = Justiz 2009, 195 = NJW-Spezial 2009, 124 = RVGreport 2009, 103 = RVGprof. 2009, 94). Siehe hierzu ausführlich *N. Schneider*, Gebührenabrechnung: Erst anrechnen, dann kürzen oder erst kürzen und dann anrechnen?, RVG-B 2005, 11.

unumgänglich, die einzelnen Gebühren auszuweisen, da erst angerechnet und dann nach § 15 Abs. 3, 2. Hs. RVG gekürzt wird.[24] Wer umgekehrt verfährt, verschenkt Gebühren.[25]

Beispiel 24 | Gebührenkürzung nach § 15 Abs. 3 RVG

In einem Rechtsstreit über 10.000,00 EUR verhandeln die Parteien über die Klageforderung sowie über weiter gehende 5.000,00 EUR. Eine Einigung kommt jedoch nicht zustande.

Neben der **1,3-Verfahrensgebühr** aus dem Wert der anhängigen 10.000,00 EUR entsteht aus dem Mehrwert der Einigung nach Nr. 3101 Nr. 2 VV eine weitere 0,8-Verfahrensgebühr, allerdings unter Beachtung des § 15 Abs. 3 RVG.

Die **Terminsgebühr** entsteht demgegenüber aus dem vollen Wert zu 1,2.

1.	1,3-Verfahrensgebühr, Nr. 3100 VV (Wert: 10.000,00 EUR)	725,40 EUR
2.	0,8-Verfahrensgebühr, Nrn. 3100, 3101 Nr. 2 VV (Wert: 5.000,00 EUR)	242,40 EUR
	gem. § 15 Abs. 3 RVG nicht mehr als 1,3 aus 15.000,00 EUR	845,00 EUR
3.	1,2-Terminsgebühr, Nr. 3104 VV (Wert: 15.000,00 EUR)	780,00 EUR
4.	Postentgeltpauschale, Nr. 7002 VV	20,00 EUR
	Zwischensumme	1.645,00 EUR
5.	19 % Umsatzsteuer, Nr. 7008 VV	312,55 EUR
	Gesamt	**1.957,55 EUR**

Beispiel 25 | Anrechnung und Kürzung nach § 15 Abs. 3 RVG

Der Anwalt war für den Kläger nach einem Gegenstandswert von 120.000,00 EUR außergerichtlich tätig geworden und hatte dafür eine Schwellengebühr (1,3-Geschäftsgebühr) abgerechnet. Hiernach kam es zum Rechtsstreit, der durch einen Vergleich erledigt wurde. In diesen Vergleich wurde auch eine weitere nicht anhängige Forderung in Höhe von 25.000,00 EUR mit aufgenommen.

Angefallen ist außergerichtlich eine 1,3-Geschäftsgebühr, die sich wie folgt berechnet:

I.	**Außergerichtliche Vertretung**	
1.	1,3-Geschäftsgebühr, Nr. 2300 VV (Wert: 120.000,00 EUR)	2.064,40 EUR
2.	Postentgeltpauschale, Nr. 7002 VV	20,00 EUR
	Zwischensumme	2.084,40 EUR
3.	19 % Umsatzsteuer, Nr. 7008 VV	396,04 EUR
	Gesamt	**2.480,44 EUR**

Im gerichtlichen Verfahren entsteht eine 1,3-Verfahrensgebühr (Nr. 3100 VV) aus 120.000,00 EUR und eine 0,8-Verfahrensgebühr (Nrn. 3100, 3101 Nr. 1 VV).

---

24 OLG Stuttgart AGS 2009, 56 = OLGR 2009, 224 = JurBüro 2009, 246 = Justiz 2009, 195 = NJW-Spezial 2009, 124 = RVGreport 2009, 103.
25 OLG Stuttgart AGS 2009, 56 = OLGR 2009, 224 = JurBüro 2009, 246 = Justiz 2009, 195 = NJW-Spezial 2009, 124 = RVGreport 2009, 103 = RVGprof. 2009, 94. Siehe hierzu ausführlich N. Schneider, Gebührenabrechnung: Erst anrechnen, dann kürzen oder erst kürzen und dann anrechnen?, RVG-B 2005, 11.

Einerseits ist das Gebührenaufkommen der beiden Verfahrensgebühren nach § 15 Abs. 3 RVG zu kürzen. Andererseits ist die Geschäftsgebühr aus 120.000,00 EUR zu 0,65 anzurechnen. Entscheidend ist die Reihenfolge.

Würde man zuerst nach § 15 Abs. 3 RVG kürzen, ergäbe dies folgende weitere Berechnung der Verfahrensgebühr (netto):

II. Gerichtliches Verfahren
1. 1,3-Verfahrensgebühr, Nr. 3100 VV   2.064,40 EUR
   (Wert: 120.000,00 EUR)
2. 0,8-Verfahrensgebühr, Nr. 3100 VV   630,40 EUR
   (Wert: 25.000,00 EUR)
   gem. § 15 Abs. 3 RVG nicht mehr als 1,3 aus   2.285,40 EUR
   145.000,00 EUR
3. gem. Vorbem. 3 Abs. 4 VV anzurechnen, 0,65 aus   – 1.032,20 EUR
   120.000,00 EUR
   Gesamt   **1.253,20 EUR**

Würde man dagegen zuerst anrechnen und dann die Kürzung nach § 15 Abs. 3 RVG prüfen,[26] so ergäbe sich folgendes Netto-Gebührenaufkommen bei der Verfahrensgebühr:

II. Gerichtliches Verfahren
1. 1,3-Verfahrensgebühr, Nr. 3100 VV   2.064,40 EUR
   (Wert: 120.000,00 EUR)
2. gem. Vorbem. 3 Abs. 4 VV anzurechnen,   – 1.032,20 EUR
   0,65 aus 120.000,00 EUR   1.032,20 EUR
3. 0,8-Verfahrensgebühr, Nr. 3100 VV   630,40 EUR
   (Wert: 25.000,00 EUR)
   Gesamt   **1.662,60 EUR**

Die Höchstgrenze des § 15 Abs. 3 RVG, nicht mehr als 1,3 aus 145.00,00 EUR (2.285,40 EUR) ist nicht erreicht.

(2) Terminsgebühr

60 Neben der Verfahrensgebühr kann eine Terminsgebühr entstehen. Voraussetzung ist, dass das RVG im Vergütungsverzeichnis in der betreffenden Angelegenheit auch eine Terminsgebühr vorsieht, was grundsätzlich immer der Fall ist. Ausnahmsweise gibt es keine Terminsgebühr beim Schlichtungsverfahren (Nr. 2303 VV) oder im Insolvenzverfahren, in Verfahren nach der SVertO oder der Zwangsverwaltung und der Zwangsversteigerung außerhalb eines Versteigerungstermins. In diesen Fällen sind Terminswahrnehmungen mit der jeweiligen Verfahrensgebühr abgegolten.

61 Die Terminsgebühr entsteht grundsätzlich nach Vorbem. 3 Abs. 3 VV für
- die Vertretung in einem gerichtlichen Termin (Vorbem. 3 Abs. 3 S. 1 VV),
- die Wahrnehmung eines von einem gerichtlich bestellten Sachverständigen anberaumten Termins (Vorbem. 3 Abs. 3 S. 3 Nr. 1 VV) oder
- die Mitwirkung an auf die Vermeidung oder Erledigung des Verfahrens gerichteten Besprechungen ohne Beteiligung des Gerichts, ausgenommen Besprechungen mit dem Auftraggeber (Vorbem. 3 Abs. 3 S. 3 Nr. 2 VV).

---

26 So OLG Stuttgart AGS 2009, 56 = OLGR 2009, 224 = JurBüro 2009, 246 = Justiz 2009, 195 = NJW-Spezial 2009, 124 = RVGreport 2009, 103 = RVGprof. 2009, 94; OLG Karlsruhe AGS 2011, 165 = zfs 2011, 468 = FamRZ 2011, 1682 = JurBüro 2012, 357 = NJW-Spezial 2011, 285 = FamRB 2011, 247 = RVGreport 2011, 300; OLG München AGS 2012, 231 = NJW-RR 2012, 767 = JurBüro 2012, 355 = NJW-Spezial 2012, 219 = RVGprof. 2012, 73 = RVGreport 2012, 176.

IV. Das Vorgehen bei Erstellung einer Kostenrechnung § 1

Zu beachten ist allerdings, dass die Vorbem. 3 Abs. 3 VV nicht in allen Fällen gilt. Zum Teil entsteht die Terminsgebühr auch nur für gerichtliche Termine, so z.B. in der Zwangsvollstreckung (Nr. 3310 VV) oder nur für Versteigerungstermine in der Zwangsversteigerung und der Zwangsverwaltung (Nr. 3312 VV). 62

Darüber hinaus kann eine Terminsgebühr auch in schriftlichen Verfahren anfallen (Anm. Abs. 1 zu Nr. 3104 VV; Anm. Abs. 1 zu Nr. 3202 i.V.m. Anm. Abs. 1 zu Nr. 3104 VV). (Siehe dazu § 13 Rn 131 ff.).[27] 63

Des Weiteren ist zu beachten ist, dass die Terminsgebühr nicht hinsichtlich sämtlicher Gegenstände angefallen sein muss. Hier ist also zu prüfen, welche der Verfahrensgebühr zugrunde liegenden **Gegenstände** verhandelt oder erörtert worden sind, ob ein Sachverständigentermin oder eine außergerichtliche Besprechung stattgefunden hat. 64

Beispiel 26 **Terminsgebühr nach geringerem Wert**

Der Anwalt reicht für seine Partei eine Klage in Höhe von 10.000,00 EUR ein. Vor der mündlichen Verhandlung wird die Klage in Höhe von 4.000,00 EUR zurückgenommen. Sodann wird nur noch über den Restbetrag in Höhe von 6.000,00 EUR verhandelt.

Die **Verfahrensgebühr** nach Nr. 3100 VV bemisst sich nach dem vollen Wert von 10.000,00 EUR. Die **Terminsgebühr** (Nr. 3104 VV) ist dagegen nur nach dem geringeren Wert von 6.000,00 EUR angefallen.

1.	1,3-Verfahrensgebühr, Nr. 3100 VV (Wert: 10.000,00 EUR)	725,40 EUR
2.	1,2-Terminsgebühr, Nr. 3104 VV (Wert: 6.000,00 EUR)	424,80 EUR
3.	Postentgeltpauschale, Nr. 7002 VV	20,00 EUR
	Zwischensumme	1.170,20 EUR
4.	19 % Umsatzsteuer, Nr. 7008 VV	222,34 EUR
	Gesamt	**1.392,54 EUR**

Sind danach die Gegenstände ermittelt, hinsichtlich derer eine Terminsgebühr angefallen ist, ist wiederum die **Höhe des Gebührensatzes** zu prüfen. In einigen gerichtlichen Verfahren ist eine Ermäßigung der Terminsgebühr vorgesehen (Nrn. 3105, 3203 und 3211 VV). In diesen Fällen entsteht also nicht die ansonsten ausgewiesene volle Terminsgebühr (1,2 oder 1,5), sondern lediglich eine reduzierte Gebühr (0,5 oder 0,8). 65

Auch hier ist es wiederum möglich, dass **unterschiedliche Gebührensätze** anfallen. Es gilt wiederum § 15 Abs. 3, 1. Hs. RVG. Aus den einzelnen Gegenständen sind dann unterschiedliche Gebührensätze zu berechnen. 66

Beispiel 27 **Unterschiedliche Gebührensätze bei der Terminsgebühr**

Der Kläger reicht auftragsgemäß eine Klage über 10.000,00 EUR ein, über die verhandelt wird. Es ergeht ein Beweisbeschluss. Anschließend erweitert der Kläger die Klage auf 11.000,00 EUR. Im nächsten Termin ist der Beklagte säumig. Es ergeht antragsgemäß ein Versäumnisurteil.

---

27 Siehe dazu auch ausführlich *N. Schneider*, ZAP Fach 24, S. 1195 ff.

Aus dem Wert von 10.000,00 EUR ist eine **1,2-Terminsgebühr** nach Nr. 3104 VV angefallen. Aus dem weiteren Wert von 1.000,00 EUR ist nur die **0,5-Terminsgebühr** nach Nrn. 3104, 3105 VV entstanden.

1.	1,3-Verfahrensgebühr, Nr. 3100 VV (Wert: 11.000,00 EUR)		785,20 EUR
2.	1,2-Terminsgebühr, Nr. 3104 VV (Wert: 10.000,00 EUR)		669,60 EUR
3.	0,5-Terminsgebühr, Nrn. 3104, 3105 VV (Wert: 1.000,00 EUR) der Höchstbetrag des § 15 Abs. 3 RVG, nicht mehr als 1,2 aus 11.000,00 EUR (724,80 EUR) wird nicht überschritten		40,00 EUR
4.	Postentgeltpauschale, Nr. 7002 VV		20,00 EUR
	Zwischensumme	1.514,80 EUR	
5.	19 % Umsatzsteuer, Nr. 7008 VV		287,81 EUR
Gesamt			**1.802,61 EUR**

67 Sind mehrere Terminsgebühren angefallen, muss wiederum die **Kürzung nach § 15 Abs. 3, 2. Hs. RVG** berücksichtigt werden. Es darf insgesamt wiederum nicht mehr als eine volle Terminsgebühr aus dem Gesamtwert berechnet werden (§ 15 Abs. 3, 2. Hs. RVG).

Beispiel 28 | **Kürzung der Terminsgebühr nach § 15 Abs. 3 RVG**

Der Kläger reicht auftragsgemäß eine Klage über 25.000,00 EUR ein. Es ergeht zunächst ein Versäumnisurteil im schriftlichen Vorverfahren. Daraufhin wird in Höhe von 20.000,00 EUR Einspruch eingelegt und darüber verhandelt.

Für den Antrag auf Erlass des Versäumnisurteils ist aus dem Wert von 25.000,00 EUR zunächst eine **0,5-Terminsgebühr** nach Nr. 3105 VV angefallen. In Höhe von 20.000,00 EUR hat sich diese Gebühr nach Nr. 3104 VV auf 1,2 erhöht, so dass die 0,5-Terminsgebühr nur noch nach dem Wert i.H.v. 5.000,00 EUR abzurechnen ist. Zu beachten ist wiederum § 15 Abs. 3, 2. Hs. RVG.

1.	1,3-Verfahrensgebühr, Nr. 3100 VV (Wert: 25.000,00 EUR)		1.024,40 EUR
2.	0,5-Terminsgebühr, Nrn. 3104, 3105 VV (Wert: 5.000,00 EUR)	151,50 EUR	
3.	1,2-Terminsgebühr, Nr. 3104 VV (Wert: 20.000,00 EUR)	890,40 EUR	
	gem. § 15 Abs. 3 RVG nicht mehr als 1,2 aus 25.000,00 EUR		945,60 EUR
4.	Postentgeltpauschale, Nr. 7002 VV		20,00 EUR
	Zwischensumme	1.990,00 EUR	
5.	19 % Umsatzsteuer, Nr. 7008 VV		378,10 EUR
Gesamt			**2.368,10 EUR**

Beispiel 29 | **Versäumnisurteil nach Klageerweiterung**

Der Anwalt reicht für seinen Mandanten Klage in Höhe von 10.000,00 EUR ein, über die verhandelt wird. Es wird dann ein neuer Termin anberaumt. Zu diesem Termin wird die Klage um 5.000,00 EUR erweitert. In dem erneuten Termin ergeht ein Versäumnisurteil gegen den Beklagten über die Gesamtforderung.

IV. Das Vorgehen bei Erstellung einer Kostenrechnung § 1

Für den Anwalt des Klägers ist die Terminsgebühr zunächst in Höhe von 1,2 aus 10.000,00 EUR entstanden. Für das Versäumnisurteil aus der Klageerweiterung erhält der Anwalt zusätzlich noch eine 0,5-Terminsgebühr nach Nrn. 3104, 3105 VV. Zu beachten ist § 15 Abs. 3 RVG.

1.	1,3-Verfahrensgebühr, Nr. 3100 VV (Wert: 15.000,00 EUR)	845,00 EUR
2.	1,2-Terminsgebühr, Nr. 3104 VV (Wert: 10.000,00 EUR)	669,60 EUR
3.	0,5-Terminsgebühr, Nrn. 3104, 3105 VV (Wert: 5.000,00 EUR)	151,50 EUR
	gem. § 15 Abs. 3 RVG nicht mehr als 1,2 aus 15.000,00 EUR	780,00 EUR
4.	Postentgeltpauschale, Nr. 7002 VV	20,00 EUR
	Zwischensumme	1.645,00 EUR
5.	19 % Umsatzsteuer, Nr. 7008 VV	312,55 EUR
Gesamt		**1.957,55 EUR**

Auch bei der Terminsgebühr ist ausnahmsweise eine **Anrechnung** vorgesehen, nämlich in Anm. Abs. 2 u. 4 zu Nr. 3104 VV; Anm. Abs. 1 zu Nr. 3202 VV; Anm. zu Nr. 3210 VV. **68**

(3) Einigungs-, Erledigungs- oder Aussöhnungsgebühr

Als weitere Gebühr kommt eine Einigungsgebühr nach Nrn. 1000 ff. VV oder in Verwaltungssachen auch eine Erledigungsgebühr nach Nrn. 1002 ff. VV in Betracht. **69**

In Familiensachen kommt darüber hinaus die Aussöhnungsgebühr (Nr. 1001 VV) in Betracht (siehe dazu § 28 Rn 189). **70**

Auch hier ist zunächst festzustellen, über **welche Gegenstände** die Parteien eine Einigung getroffen oder eine Erledigung erzielt haben. Die Einigung oder Erledigung muss sich nicht notwendigerweise auf sämtliche Gegenstände erstrecken. **71**

Der Wert einer Einigung oder Erledigung kann jedoch nie höher liegen als der der jeweiligen Betriebsgebühr. Werden durch eine Einigung oder eine Erledigung weitere Gegenstände miteinbezogen, so erhöht sich dadurch entweder der Wert der Betriebsgebühr (so z.B. im Fall der Nr. 2300 VV) (siehe § 8 Beispiel 14) oder es entsteht eine gesonderte reduzierte Differenzgebühr (so z.B. Nr. 3101 Nr. 2, 1. Alt. VV) (siehe oben Beispiel 13). **72**

Sind die Gegenstände ermittelt, über die eine Einigung getroffen worden oder hinsichtlich derer eine Erledigung eingetreten ist, so muss die Höhe der Einigungs- oder Erledigungsgebühr(en) ermittelt werden. Vorgesehen sind drei verschiedene Gebührensätze, je nach Anhängigkeit des Gegenstands der Einigung oder Erledigung: **73**

- **nicht anhängig** oder **anhängig im Beweisverfahren** (Nr. 1000 VV)   1,5
- **erstinstanzlich anhängig**, außer Beweisverfahren (Nr. 1003 VV)   1,0
- **anhängig in einem Berufungs- oder Revisionsverfahren** (Nr. 1004 VV) oder
- einem **Beschwerde- oder Rechtsbeschwerdeverfahren nach Vorbem. 3.2.1, 3.2.2 VV** (Anm. Abs. 1 zu Nr. 1004 VV)   1,3

Auch hier ist möglich, dass nach einzelnen Gegenständen **unterschiedliche Gebührensätze** anfallen. Dann ist wiederum nach § 15 Abs. 3, 1. Hs. RVG zu verfahren. Aus den einzelnen Gegenständen ist jeweils eine Einigungsgebühr zu ermitteln. Insgesamt darf nicht mehr als eine Gebühr nach dem höchsten Satz aus dem Gesamtwert berechnet werden § 15 Abs. 3, 2. Hs. RVG. **74**

§ 1 Einleitung

Beispiel 30 | **Einigungsgebühren nach unterschiedlichen Sätzen**

Die Parteien einigen sich über insgesamt drei Forderungen, von denen eine Forderung (Wert: 5.000,00 EUR) im Berufungsverfahren anhängig ist, eine weitere Forderung in Höhe von 3.000,00 EUR in erster Instanz und weitere 2.000,00 EUR überhaupt nicht anhängig sind.

Abzurechnen sind die Einigungsgebühren wie folgt:

1. 1,3-Einigungsgebühr, Nrn. 1000, 1004 VV   393,90 EUR
   (Wert: 5.000,00 EUR)
2. 1,0-Einigungsgebühr, Nrn. 1000, 1003 VV   201,00 EUR
   (Wert: 3.000,00 EUR)
3. 1,5-Einigungsgebühr, Nr. 1000 VV   225,00 EUR
   (Wert: 2.000,00 EUR)
   gem. § 15 Abs. 3 RVG nicht mehr als 1,5 aus   837,00 EUR
   10.000,00 EUR

75 Da das RVG alleine auf die Anhängigkeit abstellt, kommt es – im Gegensatz zur BRAGO – nicht darauf an, wo die Einigung geschlossen oder die Erledigung herbeigeführt worden ist. Die Einigungsgebühren sind also dieselben, unabhängig davon, ob die Einigung außergerichtlich in erster Instanz oder im Berufungsverfahren geschlossen worden ist. Unterschiede macht dies nur für die Verfahrens- und Terminsgebühren.

(4) Zusatzgebühr für besonders umfangreiche Beweisaufnahmen

76 Hinzukommen kann schließlich noch eine Zusatzgebühr für besonders umfangreiche Beweisaufnahmen nach Nr. 1010 VV. Zu den Voraussetzungen siehe § 13 Rn 152.

b) Sozialrechtliche Angelegenheiten, in denen das GKG nicht gilt

77 In sozialrechtlichen Angelegenheiten, in denen das GKG nicht gilt, sieht das Gesetz Betragsrahmengebühren vor. Hier ist also nicht nach dem Gegenstandswert abzurechnen (§ 3 Abs. 1 S. 1, Abs. 2 RVG); die Höhe der Gebühr im Einzelfall bestimmt der Anwalt vielmehr nach den Kriterien des § 14 Abs. 1 RVG.

aa) Betriebsgebühr

78 Auch hier entsteht zunächst immer eine Betriebsgebühr, also im gerichtlichen Verfahren eine Verfahrensgebühr (Nrn. 3102, 3204, 3212 VV), außergerichtlich eine Geschäftsgebühr (Nr. 2302 Nr. 1 VV), eine Beratungsgebühr (§ 34 Abs. 1 RVG) oder eine Prüfungsgebühr (Nr. 2102 VV).

79 Eine **Reduzierung der Betriebsgebühren bei vorzeitiger Erledigung** ist hier grundsätzlich nicht vorgesehen. Dies ist allein im Rahmen des § 14 Abs. 1 RVG zu berücksichtigen. Die einzige Ausnahme bildet Nr. 3405 VV, in der ausnahmsweise ein reduzierter Rahmen bei vorzeitiger Erledigung vorgesehen ist.

80 Zu beachten ist allerdings, dass gegebenenfalls nur ein **gekürzter Rahmen** zur Verfügung stehen kann, so im Fall der Anm. zu Nr. 2302 VV in Angelegenheiten, die weder umfangreich noch schwierig waren.

81 Zu berücksichtigen ist wiederum, ob der Anwalt für **mehrere Auftraggeber** tätig war. Nach Nr. 1008 VV erhöht sich der Gebührenrahmen um 30 % je weiteren Auftraggeber, höchstens um

200 %. Im Gegensatz zu den Wertgebühren ist hier eine gemeinschaftliche Beteiligung nicht erforderlich.

| Beispiel 31 | Tätigkeit im Rechtsstreit ohne vorangegangene Tätigkeit im Verwaltungs- oder Nachprüfungsverfahren, mehrere Auftraggeber |

Der Anwalt wird von zwei Auftraggebern nach Erlass des Widerspruchsbescheides beauftragt und erhebt für diese Klage. Die Klage wird vor der mündlichen Verhandlung zurückgenommen.

Der einfache Gebührenrahmen erhöht sich nach Nr. 1008 VV und beläuft sich jetzt auf 65,00 EUR bis 715,00 EUR; die Mittelgebühr beträgt 385,00 EUR.

1. Verfahrensgebühr, Nrn. 3102, 1008 VV   385,00 EUR
2. Postentgeltpauschale, Nr. 7002 VV   20,00 EUR
    Zwischensumme   405,00 EUR
3. 19 % Umsatzsteuer, Nr. 7008 VV   76,95 EUR
Gesamt   **481,95 EUR**

Auch die sog. Schwellengebühr (Anm. zu Nr. 2302 VV) erhöht sich (Anm. Abs. 4 zu Nr. 1008 VV)   82

| Beispiel 32 | Außergerichtliche Vertretung bei mehreren Auftraggebern (Schwellengebühr) |

Der Anwalt wird von zwei Mandanten beauftragt, sie in einem sozialgerichtlichen Verwaltungsverfahren zu vertreten. Die Tätigkeit ist durchschnittlich, aber weder umfangreich noch schwierig.

Die Schwellengebühr von 300,00 EUR (Anm. zu Nr. 2302 Nr. 1 VV) erhöht sich nach Nr. 1008 VV um 30 % auf 390,00 EUR.

1. Geschäftsgebühr, Nrn. 2302 Nr. 1, 1008 VV   390,00 EUR
2. Postentgeltpauschale, Nr. 7002 VV   20,00 EUR
    Zwischensumme   410,00 EUR
3. 19 % Umsatzsteuer, Nr. 7008 VV   77,90 EUR
Gesamt   **487,90 EUR**

Auch in sozialrechtlichen Angelegenheiten ist eine **Anrechnung** vorgesehen, und zwar bei vorangegangener Beratung (§ 34 Abs. 2 RVG), Beratungshilfe (Anm. Abs. 2 zu Nr. 2503 VV), vorangegangener Prüfungstätigkeit (Anm. zu Nr. 2102 VV), vorangegangener Tätigkeit im Verwaltungsverfahren (Vorbem. 2.3 Abs. 4 VV), im Verwaltungs- oder Widerspruchsverfahren (Vorbem. 3 Abs. 4 VV), im Falle einer Zurückverweisung (Vorbem. 3 Abs. 6 VV) und des eher wohl seltenen Beweisverfahrens (Vorbem. 3 Abs. 5 VV).   83

bb) Terminsgebühr

Neben der Verfahrensgebühr entstehen auch in sozialgerichtlichen Verfahren Terminsgebühren.   84

Es gilt wiederum Vorbem. 3 Abs. 3 VV. Die Terminsgebühr entsteht für die Teilnahme an einem gerichtlichen Termin, einem von einem gerichtlichen Sachverständigen anberaumten Termin oder an außergerichtlichen Verhandlungen.   85

86 Auch hier ist eine Terminsgebühr im schriftlichen Verfahren vorgesehen, nämlich dann,
- wenn in einem Verfahren, für das mündliche Verhandlung vorgeschrieben ist, **im Einverständnis mit den Parteien** ohne mündliche Verhandlung entschieden oder ein schriftlicher Vergleich geschlossen wird (Anm. Nr. 1 zu Nr. 3106 VV),
- wenn nach § 105 Abs. 1 SGG ohne mündliche Verhandlung durch **Gerichtsbescheid** entschieden wird (Anm. Nr. 2 zu Nr. 3106 VV) oder
- wenn das Verfahren nach **angenommenem Anerkenntnis** ohne mündliche Verhandlung endet (Anm. Nr. 3 zu Nr. 3106 VV).

Diese Regelungen gelten im Berufungs- und Revisionsverfahren entsprechend (Anm. zu Nr. 3205, Anm. zu Nr. 3213 VV).

87 Vorgesehen ist stets nur ein einziger Gebührenrahmen. Einen ermäßigten Gebührenrahmen wie bei den Nrn. 3105, 3202, 3209 VV gibt es hier nicht.

cc) Einigungs- und Erledigungsgebühr

88 Auch in sozialgerichtlichen Verfahren kommt eine Einigungs- oder Erledigungsgebühr in Betracht. Vorgesehen sind hier keine Gebührenrahmen; vielmehr richtet sich die Höhe der Einigungsgebühr

- im Falle einer **Beratung** (Anm. Abs. 1 S. 3 zu Nr. 1005 VV)
    nach der halben Schwellengebühr, derzeit 300,00 EUR
- im Falle einer **außergerichtlichen Vertretung** (Nr. 1005 VV)
    nach der jeweiligen Geschäftsgebühr EUR
- im Falle einer **gerichtlichen Vertretung** (Nr. 1006 VV)
    nach der jeweiligen Verfahrensgebühr

89 § 15 Abs. 3 RVG ist hier nicht anwendbar. Treffen die Parteien eine Einigung oder Erledigung über mehrere Gegenstände, die anhängig und nicht anhängig sind, gilt Nr. 1006 VV (Anm. Abs. 1 S. 1 zu Nr. 1006 VV).

dd) Zusatzgebühr für besonders umfangreiche Beweisaufnahmen

90 Auch in sozialgerichtlichen Verfahren kommt eine Zusatzgebühr für besonders umfangreiche Beweisaufnahmen in Betracht (siehe dazu § 32 Rn 160 ff.).

c) Gebühren in Strafsachen

91 In Strafsachen wird grundsätzlich nach **Betragsrahmengebühren** abgerechnet. Allerdings sind hier **auch Wertgebühren** vorgesehen.

92 Zunächst ist zu fragen, ob der Anwalt als Verteidiger oder Vertreter eines Beteiligten i.S.d. Teil 4 Abs. 1 VV beauftragt worden war oder nicht.

aa) Nicht als Verteidiger oder Vertreter eines Beteiligten i.S.d. Vorbem. 4 Abs. 1 VV bestellter Anwalt

93 War der Anwalt nicht als Vollverteidiger oder Vertreter eines Beteiligten i.S.d. Vorbem. 4 Abs. 1 VV beauftragt, so kommen für ihn nur die Beratungsgebühr nach § 34 Abs. 1 RVG sowie die

Prüfungsgebühr nach Nr. 2102 VV in Betracht und Verfahrensgebühren für Einzeltätigkeiten nach Nrn. 4300 ff. VV, Ausnahme Adhäsionsverfahren (Vorbem. 4.3 Abs. 2 VV).

bb) Als Verteidiger oder Vertreter eines Beteiligten i.S.d. Vorbem. 4 Abs. 1 VV bestellter Anwalt

War der Anwalt (Voll-)verteidiger oder Vertreter eines Beteiligten i.S.d. Vorbem. 4 Abs. 1 VV, so ist in jeder Angelegenheit wie folgt vorzugehen: 94

(1) Grundgebühr

Zunächst einmal kommt die **Grundgebühr** nach Nr. 4100 VV in Betracht (ausgenommen in der Strafvollstreckung). Diese entsteht allerdings nur einmal je Rechtsfall für die erste Einarbeitung. Sie kann also nur in der ersten Angelegenheit entstehen, später nicht mehr. 95

Befindet sich der Beschuldigte (oder der Vertretene) während der ersten Einarbeitung nicht auf freiem Fuß (Vorbem. 4 Abs. 4 VV), entsteht diese Gebühr **mit Zuschlag** (Nr. 4101 VV). 96

Eine eventuell wegen derselben Tat vorangegangene Grundgebühr im Bußgeldverfahren ist **anzurechnen** (Anm. Abs. 2 zu Nr. 4100 VV). 97

(2) Betriebsgebühr

Neben der Grundgebühr entsteht in jeder Angelegenheit – auch in der Strafvollstreckung, in der eine Grundgebühr nicht entstehen kann – immer eine Betriebsgebühr. In der Regel handelt es sich um eine **Verfahrensgebühr**, die für das Betreiben des Geschäfts entsteht und bereits mit Entgegennahme der Information ausgelöst wird (Vorbem. 4 Abs. 2 VV). Nur für die Vorbereitung eines Wiederaufnahmeverfahrens entsteht eine **Geschäftsgebühr** (Nr. 4136 VV), was in der Sache jedoch keinen Unterschied ausmacht. 98

Die Verfahrensgebühr erhält der Anwalt im vorbereitenden Verfahren, in gerichtlichen Verfahren in jeder Instanz, in der Zwangsvollstreckung und für Einzeltätigkeiten, die nicht durch die Verteidigergebühren abgegolten sind. 99

Zu beachten ist, dass im erstinstanzlichen gerichtlichen Verfahren die Höhe der Verfahrensgebühr von der **Zuständigkeit des Gerichts** abhängt. 100

Befindet sich der Beschuldigte (oder der Vertretene) auch nur zu irgendeinem Zeitpunkt während des jeweiligen Verfahrensabschnitts **nicht auf freiem Fuß** (Vorbem. 4 Abs. 4 VV), entsteht die Verfahrensgebühr **mit Zuschlag** (ausgenommen Wiederaufnahmeverfahren und Einzeltätigkeiten des Verteidigers). 101

Vertritt der Anwalt **mehrere Auftraggeber**, etwa mehrere Nebenkläger oder Privatkläger, dann erhöhen sich die Gebührenrahmen der jeweiligen Verfahrensgebühren oder der Geschäftsgebühr (Nr. 4136 VV) um 30 % je Auftraggeber, höchstens um 200 %. Eine Identität des Gegenstands ist hier nicht erforderlich. 102

(3) Termine außerhalb der Hauptverhandlung

Hat der Anwalt an Terminen außerhalb der Hauptverhandlung teilgenommen, erhält er nach Nr. 4102 VV eine Terminsgebühr. Diese deckt bis zu drei Termine je Verfahren ab (Anm. zu Nr. 4102 VV). 103

104 Befindet sich der Beschuldigte (oder der Vertretene) während einem der abgegoltenen Termine nicht auf freiem Fuß, entsteht die Terminsgebühr **mit Zuschlag** (ausgenommen Termine im Wiederaufnahmeverfahren, Nr. 4140 VV) und Termine als Einzeltätigkeiten des Verteidigers.

(4) Teilnahme an der Hauptverhandlung

105 Darüber hinaus erhält der Anwalt für jeden Kalendertag, an dem er an einem Hauptverhandlungstermin teilnimmt, eine Terminsgebühr.

106 Diese Gebühr entsteht auch dann, wenn der **Termin ausfällt** (Vorbem. 4 Abs. 3 S. 2 VV).

107 Zu beachten ist, dass im erstinstanzlichen gerichtlichen Verfahren die Höhe der Verfahrensgebühr von der **Zuständigkeit des Gerichts** abhängt.

108 Befindet sich der Beschuldigte (oder der Vertretene) während eines Termins nicht auf freiem Fuß (Vorbem. 4 Abs. 4 VV), entsteht diese Terminsgebühr **mit Zuschlag**. Der Zuschlag ist für jede Terminsgebühr gesondert zu prüfen.[28]

(5) Zusätzliche Verfahrensgebühr nach Nr. 4141 VV

109 **Erledigt sich das Verfahren ohne Hauptverhandlung**, so kann der Anwalt bei entsprechender Mitwirkung eine zusätzliche Verfahrensgebühr nach Nr. 4141 VV verdienen. Diese Gebühr entsteht immer in Höhe der jeweiligen Verfahrensmittelgebühr, wobei allerdings hier eine Erhöhung nach Nr. 1008 VV nicht zu berücksichtigen ist, wenn der Anwalt mehrere Auftraggeber vertritt.

110 Ein Haftzuschlag (Vorbem. 4 Abs. 4 VV) bleibt bei der zusätzlichen Gebühr nach Nr. 4141 VV ebenfalls außer Ansatz.

(6) Zusätzliche Verfahrensgebühr nach Nr. 4142 VV

111 Ist der Anwalt auch mit der **Einziehung oder verwandten Maßnahmen** beauftragt, so entsteht nach Nr. 4142 VV zusätzlich eine 1,0-Wertgebühr aus dem Wert des betreffenden Gegenstands, sofern dieser nicht niedriger ist als 30,00 EUR (Anm. Abs. 2 zu Nr. 4142 VV).

112 Im vorbereitenden Verfahren und im gerichtlichen Verfahren entsteht die Gebühr insgesamt nur einmal (Anm. Abs. 3 zu Nr. 4142 VV).

113 **Mehrere Auftraggeber** sind auch hier erhöhend zu berücksichtigen, wobei hier wiederum derselbe Gegenstand gegeben sein muss, da es sich um eine Wertgebühr handelt (Nr. 1008 VV).

(7) Zusätzliche Verfahrensgebühr nach Nrn. 4143, 4144 VV

114 Werden im Strafverfahren **zivilrechtliche Ansprüche** geltend gemacht (Adhäsionsverfahren), so erhält der Anwalt nach Nrn. 4143, 4144 VV zusätzliche Gebühren, die sich wiederum nach dem Wert richten. In erster Instanz beträgt die Gebühr 2,0, in der Rechtsmittelinstanz 2,5.

115 **Mehrere Auftraggeber** sind auch hier erhöhend zu berücksichtigen, wobei hier wiederum derselbe Gegenstand gegeben sein muss (Nr. 1008 VV).

116 Ist eine außergerichtliche Beratung vorangegangen, so ist eine **Gebührenanrechnung** zu beachten (§ 34 Abs. 2 RVG). Ob auch im Falle einer außergerichtlichen Vertretung eine Anrechnung analog Vorbem. 3 Abs. 4 VV vorzunehmen ist, ist strittig (siehe § 35 Rn 83).

---

28 AnwK-RVG/*N. Schneider*, Vorbem. Teil 4 VV Rn 45.

(8) Einigungsgebühren

Auch im Strafverfahren kommen Einigungsgebühren in Betracht. 117
- Zum einen kann der Anwalt eine Betragsrahmengebühr nach Nr. 4147 VV verdienen, wenn er im Privatklageverfahren eine **Einigung über den Strafausspruch und/oder den Kostenerstattungsanspruch** erzielt.
- Darüber hinaus kommen Einigungsgebühren nach Nrn. 1000 ff. VV in Betracht, wenn sich die Parteien im Strafverfahren, etwa im Adhäsionsverfahren, auch über **zivilrechtliche Ansprüche** einigen (Anm. zu Nr. 4147 VV). Die Höhe richtet sich nach der jeweiligen Anhängigkeit (Nrn. 1000, 1003, 1004 VV).

d) Bußgeldsachen

Bußgeldverfahren sind unabhängig von den Strafsachen in Teil 5 VV geregelt. Auch in Bußgeldverfahren ist wieder danach zu unterscheiden, ob der Anwalt Verteidiger oder Vertreter eines Beteiligten i.S.d. Vorbem. 5 Abs. 1 VV oder ob er nur mit Einzeltätigkeiten beauftragt worden war. 118

aa) Einzeltätigkeiten

Für bloße Einzeltätigkeiten gilt Nr. 5300 VV. 119

bb) Verteidiger oder Vertreter eines Beteiligten i.S.d. Vorbem. 5 Abs. 1 VV

Für die Tätigkeit als Verteidiger oder als Vertreter eines Beteiligten i.S.d. Vorbem. 5 Abs. 1 VV gilt Folgendes: 120

(1) Grundgebühr

Zunächst einmal kommt eine **Grundgebühr** nach Nr. 5100 VV in Betracht. Diese entsteht allerdings nur einmal je Rechtsfall für die erste Einarbeitung. Sie kann also nur in der ersten Angelegenheit der Verteidigertätigkeit entstehen, später nicht mehr. 121

Die Grundgebühr ist allerdings **ausgeschlossen**, wenn der Anwalt bereits in einem Strafverfahren wegen derselben Tat beauftragt war und dort eine Gebühr nach Nr. 4100 VV verdient hatte (Anm. Abs. 2 zu Nr. 5100 VV). 122

(2) Verfahrensgebühren

Auch in Bußgeldsachen erhält der Verteidiger zunächst einmal in jeder Angelegenheit eine Verfahrensgebühr. Dies gilt sowohl für das Verfahren vor der Verwaltungsbehörde als auch für die gerichtlichen Verfahren, das Wiederaufnahmeverfahren (Vorbem 5.1.3 Abs. 2 VV) und für Tätigkeiten in der Vollstreckung (Anm. Abs. 5 zu Nr. 5200 VV). 123

Im Verfahren vor der Verwaltungsbehörde und im erstinstanzlichen gerichtlichen Verfahren ist die Höhe der Verfahrensgebühren nach der Höhe des Bußgelds gestaffelt (Vorbem. 5.1 Abs. 2 RVG). 124

Soweit der Anwalt für **mehrere Auftraggeber** tätig wird, erhöhen sich die Gebührenrahmen um 30 % je weiteren Auftraggeber, höchstens um 200 %. 125

(3) Terminsgebühr

126 Darüber hinaus erhält der Anwalt Terminsgebühren. Hier wird – im Gegensatz zu den Strafsachen – nicht zwischen der Teilnahme an der Hauptverhandlung und Terminen außerhalb der Hauptverhandlung, etwa Vernehmung vor der Polizei oder der Verwaltungsbehörde (Vorbem. 5.1.2, 5.1.3 VV), unterschieden.

127 Auch die Höhe der Terminsgebühren ist im Verfahren vor der Verwaltungsbehörde und im erstinstanzlichen gerichtlichen Verfahren nach der Höhe des Bußgelds gestaffelt (Vorbem. 5.1 Abs. 2 RVG).

128 Auch hier kann der Anwalt die Gebühr trotz **Terminsausfall** verdienen (Vorbem. 5 Abs. 3 VV).

(4) Zusätzliche Verfahrensgebühr nach Nr. 5115 VV

129 Hinzu kommen kann eine zusätzliche Verfahrensgebühr nach Nr. 5115 VV bei **vorzeitiger Erledigung ohne Hauptverhandlung** oder dann, wenn nach § 72 OWiG **im Beschlussverfahren ohne Hauptverhandlung** entschieden wird.

130 Auch hier sind **mehrere Auftraggeber** gebührenerhöhend zu berücksichtigen (Nr. 1008 VV).

(5) Zusätzliche Gebühr nach Nr. 5116 VV

131 Darüber hinaus kann eine weitere zusätzliche Gebühr nach Nr. 5116 VV entstehen, und zwar eine 1,0-Wertgebühr, wenn der Anwalt auch hinsichtlich **Einziehung und verwandter Maßnahmen** tätig wird. Die Gebühr richtet sich nach dem Wert des Gegenstands. Auch diese Gebühr entsteht nicht bei Werten unter 30,00 EUR (Anm. Abs. 2 zu Nr. 5116 VV).

132 **Mehrere Auftraggeber** sind zu berücksichtigen, sofern der Gegenstand derselbe ist (Nr. 1008 VV).

e) Hebegebühren

133 Vereinnahmt der Anwalt Gelder oder Kostbarkeiten und leitet er diese weiter, so erhält er hierfür Hebegebühren nach Nr. 1009 VV. Die damit verbundene Tätigkeit ist jeweils eine eigene Angelegenheit, so dass hierfür gesonderte Gebühren entstehen. Die Hebegebühren entstehen nicht „in einer Angelegenheit"; die diesbezügliche Tätigkeit des Anwalts ist vielmehr eine **eigene Angelegenheit** und daher gesondert abzurechnen.[29] Der Anwalt sollte hiervon auch Gebrauch machen[30] (siehe zur Berechnung § 39).

3. Welche Auslagen sind angefallen?

134 Die Auslagen, die der Anwalt abrechnen kann, richten sich nach den Nrn. 7000 ff. VV.

a) Allgemeine Geschäftskosten

135 Es gilt der Grundsatz, dass die **allgemeinen Geschäftskosten** durch die Gebühren gedeckt sind (Vorbem. 7 Abs. 1 S. 1 VV). Nur soweit ausdrücklich angeordnet, erhält der Anwalt Auslagenersatz.

---

[29] AnwK-RVG/*N. Schneider*, Nr. 1009 VV Rn 1.
[30] *Madert*, Zur angeblich unverstandenen Hebegebühr, AGS 1995, 130.

b) Ersatz von Aufwendungen (Vorbem. 7 Abs. 1 S. 2 VV)

Nach Vorbem. 7 Abs. 1 S. 2 VV i.V.m. § 670 BGB kann der Anwalt Ersatz von Aufwendungen verlangen. Hierunter fallen vorgelegte Gerichtskosten, Gerichtsvollzieherkosten, Meldeamtsgebühren etc.   136

c) Dokumentenpauschalen

Für Ablichtungen, die der Anwalt fertigt, erhält er Dokumentenpauschalen nach Nr. 7000 VV (siehe im Einzelnen § 38 Rn 11 ff.).   137

d) Post- und Telekommunikationsdienstleistungen

Soweit dem Anwalt während der Bearbeitung des Mandats Entgelte für Post- und Telekommunikationsdienstleistungen entstehen, kann er diese wahlweise **konkret** abrechnen (Nr. 7001 VV) oder in Höhe einer **Pauschale** von 20 % der gesetzlichen Gebühren (Nr. 7002 VV). Die Pauschale entsteht in jeder Angelegenheit gesondert (siehe hierzu § 38 Rn 52 ff.).   138

e) Reisekosten

Reisekosten erhält der Anwalt nach Nrn. 7003 ff. VV erstattet.   139

- Soweit der Anwalt seinen **eigenen Pkw** benutzt, erhält er Kostenersatz in Höhe von 0,30 EUR je km.
- Bei Benutzung **anderer Verkehrsmittel** erhält er nach Nr. 7004 VV die tatsächlich entstandenen Kosten, soweit sie angemessen sind.
- Hinzu kommen **Tage- und Abwesenheitsgelder** nach Nr. 7005 VV.
- Darüber hinaus kann der Anwalt nach Nr. 7006 VV **sonstige Auslagen anlässlich der Geschäftsreise** ebenfalls ersetzt verlangen, sofern sie angemessen sind (etwa Übernachtungskosten o.Ä.).

f) Haftpflichtversicherungsprämie

Soweit der Gegenstandswert nach § 22 Abs. 2 RVG oder § 23 Abs. 1 RVG i.V.m. § 39 Abs. 2 GKG oder § 33 Abs. 2 FamGKG begrenzt ist, kann der Anwalt auch anteiligen Ersatz seiner Haftpflichtversicherungsprämie verlangen (Nr. 7007 VV) (siehe hierzu § 38 Rn 73 ff.).   140

4. Ist Umsatzsteuer auf Gebühren und Auslagen zu erheben?

Auf seine gesamte Vergütung, also auf alle Gebühren und Auslagen – auch auf die Aktenversendungspauschale (siehe dazu § 38 Rn 81 ff.) – kann der Anwalt Umsatzsteuer (derzeit 19 % – § 12 Abs. 1 UStG) berechnen,[31] sofern Umsatzsteuer anfällt. Das RVG behandelt die Umsatzsteuer systemwidrig als Auslagentatbestand in Nr. 7008 VV.   141

Zu prüfen ist im Einzelfall immer, ob Umsatzsteuer überhaupt angefallen ist. Daran kann es bei Fällen mit **Auslandsberührung** fehlen.[32]   142

---

[31] Dies gilt auch für die Beratungshilfegebühr nach Nr. 2500 VV, wobei hier die Umsatzsteuer nicht zusätzlich erhoben wird, sondern bereits berücksichtigt ist. Faktisch beläuft sich die Gebühr nach Nr. 2500 VV also auf 12,60 EUR.

[32] Siehe hierzu ausführlich *N. Schneider*, Die Umsatzsteuerpflicht des Rechtsanwalts bei Tätigkeiten mit Auslandsbezug, MDR 2006, 374; AnwK-RVG/*N. Schneider*, Nr. 7008 VV Rn 6 ff.

§ 1 Einleitung

143 In Anbetracht dessen, dass sich der Umsatzsteuersatz im Verlaufe eines Mandats verändern kann (so zuletzt zum 1.1.2007) muss die Umsatzsteuer für jede Angelegenheit gesondert berechnet werden.

144 Die Frage der **Vorsteuerabzugsberechtigung** des Mandanten ist dagegen unerheblich. Diese Frage betrifft nur die Kostenerstattung, nicht die Abrechnung des Anwalts.

§ 2 Anforderungen an eine ordnungsgemäße Berechnung

Inhalt

I. Die gesetzliche Regelung ... 1	9. Auslagen ... 33
II. Die Anforderungen im Einzelnen ... 8	10. Umsatzsteuer ... 35
1. Schriftform ... 9	11. Vorschüsse und Zahlungen Dritter ... 36
2. Rechnungsadressat ... 10	12. Anzurechnende Beträge ... 39
3. Bezeichnung der Angelegenheit ... 13	13. Eigenhändige Unterschrift ... 41
4. Gebührentatbestände ... 14	14. Weitere Angaben ... 47
5. Gebührenvorschriften (Nummern des Vergütungsverzeichnisses) ... 16	III. Steuerliche Anforderungen an die anwaltliche Rechnung ... 48
a) Angabe der angewandten Nummern des Vergütungsverzeichnisses ... 16	IV. Mitteilung ... 49
b) Angabe von Absatz, Satz und Nummer ... 17	V. Entsprechende Anwendung auf Vergütungsvereinbarungen ... 51
c) Grund- und Qualifikationstatbestände ... 18	VI. Vorschuss ... 54
d) Bezugnahme auf weitere Gebühren ... 19	VII. Kosten der Abrechnung ... 55
e) Hilfsnormen ... 20	VIII. Fehlen einer ordnungsgemäßen Abrechnung ... 56
f) Vertreter, sonstige Hilfspersonen ... 21	IX. Abrechnungsmuster ... 59
g) Gegenstandswert ... 22	
6. Gebührensatz ... 23	
7. Gebührenbeträge ... 28	
8. Gegenstandswert ... 32	

I. Die gesetzliche Regelung

Nach § 10 RVG kann der Anwalt seine Vergütung nur aufgrund einer ordnungsgemäßen Berechnung einfordern. Diese Regelung entspricht im Wesentlichen dem früheren § 18 BRAGO, so dass insoweit auch auf die zu dieser Vorschrift ergangene Rechtsprechung zurückgegriffen werden kann. 1

Das RVG unterscheidet zwischen dem **Entstehen der Vergütung**, der **Fälligkeit** und der **Einforderbarkeit**. 2

- Die Vergütung **entsteht** mit der ersten Tätigkeit des Anwalts, also in der Regel mit der Entgegennahme der Information (vgl. z.B. Vorbem. 2.3 Abs. 3 VV; Vorbem. 3 Abs. 2 VV; Vorbem. 4 Abs. 2 VV).
- **Fällig** wird die Vergütung dagegen erst mit der Erledigung des Auftrags oder der Beendigung der Angelegenheit (§ 8 Abs. 1 S. 1 RVG) und in einem gerichtlichen Verfahren darüber hinaus unter den Voraussetzungen des § 8 Abs. 1 S. 2 RVG.
- **Einforderbar** ist die Vergütung schließlich erst, wenn der Anwalt dem Auftraggeber eine formell ordnungsgemäße Berechnung nach § 10 RVG erteilt hat.
- Der **Ablauf der Verjährungsfrist** wiederum beginnt mit Ablauf des Kalenderjahres, in dem die Fälligkeit eingetreten ist (§ 199 Abs. 1 Nr. 1 BGB). Auf den Ablauf der Verjährung hat die Mitteilung der Berechnung keinen Einfluss (§ 10 Abs. 1 S. 2 RVG).

Die Vorschrift des § 10 RVG gilt nur dann, wenn der Anwalt eine nach dem RVG berechnete Vergütung einfordert. Sie gilt also nicht, wenn der Anwalt in **anderer Funktion** tätig geworden ist, z.B. in den Fällen des § 1 Abs. 2 RVG. Sie gilt auch nicht für einen **Patentanwalt**.[1] 3

---

1 OLG Düsseldorf MittdtschPatAnw 2006, 282.

§ 2 Anforderungen an eine ordnungsgemäße Berechnung

4 Da die **Mediation** anwaltliche Tätigkeit ist, gilt § 10 RVG auch für sie. Das Gleiche gilt für eine **Beratungs- und Gutachtentätigkeit**, auch wenn sie gem. § 34 Abs. 1 S. 2 RVG nach den Vorschriften des bürgerlichen Rechts abzurechnen ist.

5 Auf **Vergütungsvereinbarungen** findet § 10 RVG grundsätzlich ebenfalls Anwendung;[2] es sei denn, aus der Vergütungsvereinbarung ergibt sich etwas anderes. Die Vorschrift des § 10 RVG ist in Abschnitt 1 des RVG „Allgemeine Vorschriften" enthalten und gilt daher nicht nur für die Abrechnung der gesetzlichen Vergütung, sondern auch für die Abrechnung einer vereinbarten Vergütung, unabhängig davon, wie die vereinbarte Vergütung zu berechnen ist.[3]

6 Für die **Kostenerstattung** spielt die Rechnungsstellung nach § 10 Abs. 1 RVG keine Rolle. Die Vorschrift des § 10 RVG betrifft nur die Einforderbarkeit der Vergütung im Verhältnis zum Auftraggeber des Anwalts und gilt nicht für den Bereich des materiellrechtlichen oder prozessualen Kostenerstattungsanspruchs.[4] Im Kostenerstattungsverhältnis und -prozess sind die angefallenen Kosten lediglich nachzuweisen. Dies kann aber auch durch formlose Berechnungen geschehen.[5] Der Kostenerstattungsschuldner kann sich noch nicht einmal darauf berufen, dass dem Auftraggeber vom Anwalt noch keine ordnungsgemäße Kostenberechnung nach § 10 RVG erteilt worden sei und damit der Vergütungsanspruch des Anwalts nicht durchsetzbar ist. Es ist Sache des Auftraggebers, ob er sich auf das Fehlen einer Kostenberechnung beruft oder nicht. Der Auftraggeber kann auch ohne Rechnung zahlen und dann Erstattung verlangen bzw. ohne Zahlung und ohne Erteilung einer Rechnung Freistellung verlangen. Die zum Glück vereinzelt gebliebene Auffassung des LG Bonn[6] ist daher unzutreffend.

7 Ebenso wenig muss einem **Rechtsschutzversicherer** eine nach § 10 RVG ordnungsgemäße Kostenberechnung vorgelegt werden. Nicht er, sondern der Versicherte ist Auftraggeber und dieser kann auf eine Berechnung verzichten. Der Rechtsschutzversicherer kann jedoch verlangen, dass ihm eine nachvollziehbare Aufstellung der Gebühren und Auslagen vorgelegt wird.

II. Die Anforderungen im Einzelnen

8 Welche Anforderungen eine formell ordnungsgemäße Abrechnung erfüllen muss, ergibt sich im Einzelnen aus **§ 10 Abs. 2 RVG**.

1. Schriftform

9 Die Abrechnung der Vergütung muss schriftlich (§ 126 BGB) erfolgen. Die Rechnung muss allerdings nicht auf einem gesonderten Rechnungsblatt erteilt werden. Sie kann vielmehr auch in ein Anschreiben gefasst oder an das Ende eines Anschreibens an den Mandanten gesetzt werden. Aus Gründen der Übersichtlichkeit empfiehlt es sich jedoch, stets ein gesondertes Rechnungsformular zu verwenden. Insbesondere für Mandanten, die die gezahlte Vergütung steuerlich geltend machen können, ist ein solches Rechnungsformular vorteilhafter.

---

2 *N. Schneider*, Die Vergütungsvereinbarung Rn 1878; AnwK-RVG/*N. Schneider*, § 10 Rn 65.
3 *N. Schneider*, Die Vergütungsvereinbarung Rn 1879.
4 OLG München AGS 2006, 540 m. Anm. *N. Schneider*; AG Düsseldorf AGS 2004, 191 m. Anm. *N. Schneider*; a.A. LG Bonn AGS 2006, 19.
5 AnwK-RVG/*N. Schneider*, § 10 Rn 112.
6 LG Bonn AGS 2006, 19.

2. Rechnungsadressat

Die Rechnung muss an den Auftraggeber gerichtet sein. Dieser muss nicht unbedingt mit dem Vertretenen identisch sein,[7] wie etwa der Versicherer im Haftpflichtprozess gegen den Versicherten (§ 10 AKB). Übernimmt ein **Dritter** kraft Vereinbarung oder im Einverständnis mit dem Auftraggeber die Vergütung des Anwalts und wünscht er deshalb eine auf sich ausgestellte Rechnung, darf der Anwalt dem nicht ohne weiteres nachkommen. Vergütungsschuldner ist allein der Auftraggeber, nicht ein Dritter. Wenn der Anwalt also der Bitte nachkommt, die Rechnung auf einen Dritten auszustellen, muss er nach § 379 Abs. 1 Nr. 1 AO den tatsächlichen Leistungsempfänger, also den Auftraggeber, in der Rechnung ausdrücklich aufführen (§ 14 Abs. 1 S. 2 Nr. 2 UStG). Unterlässt der Anwalt dies, haftet er nach § 14 Abs. 3 UStG, wenn der Dritte zu Unrecht den Vorsteuerabzug geltend macht.

Bei einer **Mehrheit von Auftraggebern** müssen diese einzeln in der Rechnung aufgeführt, zumindest in ihrer Gesamtheit bezeichnet werden. Wird die Rechnung von den Auftraggebern aus einem gemeinsamen Vermögen beglichen, wie etwa bei einer Gesellschaft bürgerlichen Rechts oder i.d.R. bei Eheleuten, dann kann es ausreichen, eine Gesamtrechnung zu erstellen. Sofern jeder Auftraggeber aus seinem eigenen Vermögen zahlt, muss in der Rechnung auch angegeben werden, in Höhe welchen Anteils der einzelne Auftraggeber nach § 7 Abs. 2 S. 1 RVG haftet.[8] Zweckmäßig dürfte es dann ohnehin sein, für jeden Auftraggeber eine eigene Rechnung zu erstellen und in einem Begleitschreiben darauf hinzuweisen, wie sich die Gesamtvergütung berechnet und wie hoch der Anteil ist, der auf den Einzelnen entfällt, verbunden mit dem Hinweis, dass die Haftung nach § 7 Abs. 2 S. 1 RVG bei Nichtzahlung der anderen Auftraggeber durchaus höher liegen kann und dass für diesen Fall eine Nachforderung vorbehalten bleibt.[9]

> **Beispiel 1** — Abrechnung gegenüber mehreren Auftraggebern (verschiedene Gegenstände)

Der Anwalt klagt für zwei Pflichtteilsberechtigte deren Pflichtteil in Höhe von jeweils **35.000,00 EUR** ein. Es kommt zu einem Vergleich.

Abzurechnen ist insgesamt wie folgt:

1. 1,3-Verfahrensgebühr, Nr. 3100 VV   1.732,90 EUR
   (Wert: 70.000,00 EUR)
2. 1,2-Terminsgebühr, Nr. 3104 VV   1.599,60 EUR
   (Wert: 70.000,00 EUR)
3. 1,0-Einigungsgebühr, Nrn. 1000, 1003 VV   1.333,00 EUR
   (Wert 70.000,00 EUR)
4. Postentgeltpauschale, Nr. 7002 VV   20,00 EUR
   Zwischensumme   4.685,50 EUR
5. 19 % Umsatzsteuer   890,24 EUR
   Gesamt   **5.575.74 EUR**

---

[7] AnwK-RVG/*N. Schneider*, § 10 Rn 16 ff.
[8] LG Mannheim AGS 2012, 324 = AnwBl. 2013, 149 = NJW-Spezial 2012, 444 = ErbR 2012, 244 = RVGprof. 2012, 149 = RVGreport 2012, 414; AG Kerpen AGS 2014, 357 = NJW-Spezial 2014, 508 = StRR 2014, 323; *Hartmann*, KostG, § 10 RVG Rn 5.
[9] Ausführlich *Hansens/Schneider*, Kostenformulare Teil 2 Rn 387.

§ 2 Anforderungen an eine ordnungsgemäße Berechnung

Jeder der beiden Auftraggeber haftet aber nur nach einem Gegenstandswert von 35.000,00 EUR, also in Höhe von:

1.	1,3-Verfahrensgebühr, Nr. 3100 VV (Wert: 35.000,00 EUR)		1.219,40 EUR
2.	1,2-Terminsgebühr, Nr. 3104 VV (Wert: 35.000,00 EUR)		1.125,60 EUR
3.	1,0-Einigungsgebühr Nrn. 1000, 1003 VV (Wert 35.000,00 EUR)		938,00 EUR
4.	Postentgeltpauschale, Nr. 7002 VV		20,00 EUR
	Zwischensumme	3.303,00 EUR	
5.	19 % Umsatzsteuer		627,57 EUR
	Gesamt		**3.930,57 EUR**

Da jeder Auftraggeber erst zahlungspflichtig ist, wenn ihm eine ordnungsgemäße Rechnung erteilt worden ist, muss der Anwalt jedem Auftraggeber die von ihm geschuldete Vergütung gesondert in Rechnung stellen. Die Gesamtabrechnung reicht nicht aus, um die Durchsetzbarkeit der anwaltlichen Vergütung herbeizuführen, da sich aus dieser Rechnung nicht ergeben würde, wer was zu zahlen hat.

Zu berücksichtigen ist allerdings jetzt noch, dass die Summe der beiden Einzelrechnungen (3.930,57 EUR + 3.930,57 EUR = 7.861,14 EUR), höher liegt als der Gesamtbetrag (5.575,75 EUR), den der Anwalt fordern darf. Zwar kann der Anwalt jeden der beiden Auftraggeber in voller Höhe der jeweiligen Schuld in Anspruch nehmen; insgesamt darf er aber nicht mehr als den Gesamtbetrag i.H.v. 5.575,75 EUR verlangen. Dies muss zumindest in einem Anschreiben zum Ausdruck gebracht werden.

Zweckmäßig ist es die Rechnungen von Vornherein so anzupassen, dass insgesamt nicht mehr verlangt wird als der Gesamtbetrag, dass also jedem der beiden Mandanten die anteilige Mithaftung des anderen Auftraggebers hälftig gutgeschrieben wird. Auf diese Art und Weise erreicht der Anwalt, dass er trotz zweier Einzelrechnungen insgesamt nicht mehr in Rechnung stellt als er insgesamt verlangen kann. In einem Anschreiben sollte dann allerdings klargestellt werden, dass der Abzug der hälftigen Mithaftung des anderen Auftraggebers unter dem Vorbehalt erfolgt, dass der andere Auftraggeber seine Rechnung ebenfalls voll bezahlt und dass sich der Anwalt anderenfalls insoweit noch die Nachforderung vorbehält.

Zum Abfassen dieser Rechnungen ist zunächst die Gesamtschuld zu berechnen. Dies geschieht nach folgender Formel:

Einzelhaftung Auftraggeber 1
+ Einzelhaftung Auftraggeber 2
– Gesamthaftung
Gesamtschuld

Ausgehend von den Nettobeträgen ergibt dies im Beispiel einen jeweils gutzuschreibenden Betrag in Höhe von:

1.	Einzelhaftung Auftraggeber 1	3.303,00 EUR
2.	Einzelhaftung Auftraggeber 2	3.303,00 EUR
3.	Gesamthaftung	– 4.685,50 EUR
4.	Differenz	1.920,50 EUR
	Hiervon ½	**960,25 EUR**

Dies ergibt dann folgende Einzelabrechnungen:

1.	1,3-Verfahrensgebühr, Nr. 3100 VV (Wert: 35.000,00 EUR)	1.219,40 EUR
2.	1,2-Terminsgebühr, Nr. 3104 VV (Wert: 35.000,00 EUR)	1.125,60 EUR
3.	1,0-Einigungsgebühr, Nrn. 1000, 1003 VV (Wert 35.000,00 EUR)	938,00 EUR
4.	Postentgeltpauschale, Nr. 7002 VV	20,00 EUR
5.	anteilige Mithaftung weiterer Auftraggeber	− 960,25 EUR
	Zwischensumme 2.342,75 EUR	
6.	19 % Umsatzsteuer	445,13 EUR
Gesamt		**2.787,87 EUR**

Zahlen beide Auftraggeber jeweils ihre Rechnungen (2.787,87 EUR + 2.787,87 EUR), hat der Anwalt seine Gesamtvergütung (5.575,74 EUR) erhalten. Zahlt einer der beiden Auftraggeber nicht, dann kann der Anwalt bei dem anderen Auftraggeber den zunächst gutgeschriebenen Betrag in Höhe von 960,25 EUR zuzüglich Umsatzsteuer noch nachliquidieren und erhält zumindest von diesem Auftraggeber die volle Vergütung aus dessen Teilwert. Hinsichtlich des Mehrbetrages darf er dann allerdings nur den anderen Auftraggeber in Anspruch nehmen. Zahlt dieser nicht, fällt der Anwalt insoweit aus. Er kann den Fehlbetrag nicht von dem Auftraggeber verlangen, der seinen Anteil bereits gezahlt hat.

Ebenso vorzugehen ist, wenn der Gegenstand derselbe ist und bei der Gesamtabrechnung eine Gebührenerhöhung nach Nr. 1008 VV greift. **12**

Beispiel 2 **Abrechnung gegenüber mehreren Auftraggebern (derselbe Gegenstand)**

A und B werden als Gesamtschuldner auf Zahlung eines Betrages in Höhe von 10.000,00 EUR verklagt und beauftragen einen gemeinsamen Anwalt, den Rechtsstreit zu führen.

Abzurechnen ist insgesamt wie folgt:

1.	1,6-Verfahrensgebühr, Nrn. 3100, 1008 VV (Wert: 10.000,00 EUR)	892,80 EUR
2.	1,2-Terminsgebühr, Nr. 3104 VV (Wert: 10.000,00 EUR)	669,60 EUR
3.	Postentgeltpauschale, Nr. 7002 VV	20,00 EUR
	Zwischensumme 1.582,40 EUR	
4.	19 % Umsatzsteuer	300,66 EUR
Gesamt		**1.883,06 EUR**

Jeder der beiden Auftraggeber haftet aber nur auf eine einfache Verfahrensgebühr nach einem Gegenstandswert von 10.000,00 EUR, also in Höhe von:

1.	1,3-Verfahrensgebühr, Nr. 3100 VV (Wert: 10.000,00 EUR)	725,40 EUR
2.	1,2-Terminsgebühr, Nr. 3104 VV (Wert: 10.000,00 EUR)	669,60 EUR
3.	Postentgeltpauschale, Nr. 7002 VV	20,00 EUR
	Zwischensumme 1.415,00 EUR	
4.	19 % Umsatzsteuer	268,85 EUR
Gesamt		**1.683,85 EUR**

§ 2 Anforderungen an eine ordnungsgemäße Berechnung

Auch hier ist zunächst die Gesamtschuld nach der o.g. Formel zu berechnen. Ausgehend von den Nettobeträgen ergibt dies im Beispiel einen jeweils gutzuschreibenden Betrag in Höhe von:

1. Einzelhaftung Auftraggeber 1 — 1.415,00 EUR
2. Einzelhaftung Auftraggeber 2 — 1.415,00 EUR
3. Gesamthaftung — – 1.582,40 EUR
4. Differenz — 1.247,60 EUR

Hiervon $^1/_2$ — **623,80 EUR**

Dies ergibt dann folgende Einzelabrechnungen:

1. 1,3-Verfahrensgebühr, Nr. 3100 VV — 725,40 EUR
   (Wert: 10.000,00 EUR)
2. 1,2-Terminsgebühr, Nr. 3104 VV — 669,60 EUR
   (Wert: 10.000,00 EUR)
3. Postentgeltpauschale, Nr. 7002 VV — 20,00 EUR
4. anteilige Mithaftung weiterer Auftraggeber — – 623,80 EUR
   Zwischensumme — 791,20 EUR
5. 19 % Umsatzsteuer — 150,33 EUR
   Gesamt — **941,53 EUR**

Zahlen beide Auftraggeber jeweils ihre Rechnungen (941,53 EUR + 941,53 EUR), hat der Anwalt seine Gesamtvergütung (1.883,06 EUR) erhalten. Zahlt einer der beiden Auftraggeber nicht, dann kann der Anwalt bei dem anderen Auftraggeber den zunächst gutgeschriebenen Betrag in Höhe von 623,80 EUR zuzüglich Umsatzsteuer noch nachliquidieren.

3. Bezeichnung der Angelegenheit

13 In der Kostenrechnung muss die abgerechnete Angelegenheit genau bezeichnet werden. Hierzu genügt grundsätzlich die Angabe der Parteien zur Konkretisierung. Sind bei dem Anwalt allerdings mehrere Verfahren zwischen denselben Parteien anhängig, wie insbesondere in Familiensachen, so sind weitere Angaben zur Konkretisierung erforderlich. Hier wird eine kurze Bezeichnung der Sache, etwa „Unterhalt", „Umgangsrecht" o.Ä. zur Unterscheidung ausreichen. Bei mehreren Instanzen muss zur Klarheit auch der jeweilige Rechtszug angegeben werden. Auch Beweisverfahren und Hauptsache oder Urkunden- und Nachverfahren sollten gesondert bezeichnet werden.

4. Gebührentatbestände

14 Die angewandten Gebührentatbestände müssen durch eine „kurze Bezeichnung" angeführt werden. Hier reicht z.B. die Angabe „Verfahrensgebühr", „Terminsgebühr", „Geschäftsgebühr", „Einigungsgebühr" etc.

15 Soweit das Gesetz keine Gebührentatbestände vorsieht, wie z.B. bei der Mediation, der Beratung und der Gutachtentätigkeit (§ 34 Abs. 1 S. 2 RVG), ist die Angabe eines Gebührentatbestandes nicht möglich, da es einen solchen nicht gibt. Der Anwalt sollte jedoch als Bezeichnung „Vergütung für Mediation", „Vergütung für Beratung" oder „Vergütung für Gutachtentätigkeit" anführen, damit der Auftraggeber nachvollziehen kann, welche Tätigkeit der Anwalt abrechnet.

5. Gebührenvorschriften (Nummern des Vergütungsverzeichnisses)

a) Angabe der angewandten Nummern des Vergütungsverzeichnisses

16 Die angewandten Nummern des Vergütungsverzeichnisses müssen zitiert werden. An sich ist auch die Gesetzesangabe erforderlich, wobei die Gesetzesangabe auch vorangestellt werden kann, etwa

„berechnet nach den Vorschriften des Vergütungsverzeichnisses zum RVG" oder „berechnet nach den Vorschriften des RVG".

b) Angabe von Absatz, Satz und Nummer

Soweit eine Nummer mehrere Gebührentatbestände enthält (z.B. Nrn. 3101, 2303, 4101 VV), müssen auch **Absätze**, **Sätze** und **Nummern** angegeben werden. Anderenfalls ist nicht erkennbar, von welcher Gebühr der Anwalt ausgeht.[10] So reicht es z.B. nicht aus, für das Schlichtungsverfahren nach § 15a EGZPO nur „Nr. 2303 VV" zu zitieren (es muss „Nr. 2303 Nr. 1 VV" angegeben werden). Ebenso muss beispielsweise bei Nr. 4300 VV die jeweilige Nummer zitiert werden.

17

c) Grund- und Qualifikationstatbestände

An mehreren Stellen kommt es vor, dass in einer Nummer der Grundtatbestand einer Gebühr enthalten ist und in den **folgenden Nummern** nur noch eine **abweichende Gebührenhöhe** geregelt wird (so z.B. bei der Einigungsgebühr: Nrn. 1000 ff. VV). Ob in diesen Fällen die Nummer der Grundgebühr, die Nummer des Modifizierungstatbestandes oder beide zu zitieren sind, ergibt sich aus § 10 RVG nicht. Um hier kein Risiko einzugehen, sollte die gesamte Nummern-Kette zitiert werden, zumal dies für Transparenz sorgt und eine Überprüfung der Rechnung erleichtert. So sollte also bei einer Einigungsgebühr über Gegenstände, die in einem Berufungsverfahren anhängig sind, nicht nur „Nr. 1004 VV" zitiert werden, sondern die komplette Nummernfolge „Nrn. 1000, 1004 VV", da Nr. 1004 VV nicht nur für die Gebühr nach Nr. 1000 VV gilt, sondern auch für die Gebühren der Nrn. 1001 und 1002 VV. Wird also der Grundtatbestand der Gebühr nicht mitzitiert, ist die Angabe unvollständig und nicht eindeutig, so dass sie an sich gegen § 10 RVG verstößt.

18

d) Bezugnahme auf weitere Gebühren

Gleiches gilt für die zusätzlichen Verfahrensgebühren der Nrn. 4141, 5115 VV. Auch hier muss die in Bezug genommene jeweilige Verfahrensgebühr mitzitiert werden. Der Mandant kann anderenfalls nicht nachvollziehen, warum derselbe Gebührentatbestand mehrmals in Rechnung gestellt wird und kann die zutreffende Berechnung auch nicht überprüfen.

19

e) Hilfsnormen

Hilfsnormen müssen nach dem Wortlaut des § 10 RVG nicht angegeben werden. Gleichwohl empfiehlt sich dies. Wenn also z.B. nach einem Urkunden-, Scheck- oder Wechselprozess das Nachverfahren durchgeführt wird, sollte § 17 Nr. 5 RVG mit angeführt werden sowie bei einer Zurückverweisung § 21 Abs. 1 RVG. Auch sonstige Hilfsnormen, insbesondere Nr. 1008 VV zur Erhöhung der Gebühr bei mehreren Auftraggebern, sollten der Klarheit halber angegeben werden.

20

f) Vertreter, sonstige Hilfspersonen

Soweit der Anwalt einzelne Tätigkeiten durch Vertreter nach **§ 5 RVG** hat ausführen lassen, bietet es sich an, diese Vorschrift mitzuzitieren. Zwingend erforderlich ist dies jedoch nicht. Werden

21

---

10 AnwK-RVG/*N. Schneider*, § 10 Rn 34 ff.

vom Anwalt sonstige Hilfspersonen hinzugezogen, die nicht in den Anwendungsbereich des § 5 RVG fallen, so dass sich die Vergütung des Anwalts nach § 612 BGB richtet, muss diese Vorschrift zitiert werden.[11]

g) Gegenstandswert

22 Zu den jeweils angewandten Vorschriften über die Bestimmung des **Gegenstandswertes** brauchen die Paragraphen grundsätzlich nicht zitiert zu werden. *Hartmann*[12] hält dies allerdings dann für erforderlich, wenn der Auftraggeber den Gegenstandswert anderenfalls nur schwer nachvollziehen könnte. Unabhängig davon bietet sich die Angabe der Wertvorschriften jedenfalls dann an, wenn spezielle Regelungen bestehen, etwa im Mietrecht (§ 41 GKG) in Familiensachen (Werte nach dem FamGKG) oder in Verfahren der freiwilligen Gerichtsbarkeit, in denen sich die Gegenstandswerte nach dem GNotKG richten. Die zusätzliche Angabe dieser Vorschriften erleichtert dem Auftraggeber das Verständnis sowie die Nachvollziehbarkeit der Abrechnung und bewahrt den Anwalt vor unnötigen Rückfragen.

6. Gebührensatz

23 Die Angabe des Gebührensatzes ist in § 10 RVG nicht zwingend vorgeschrieben. Im Einzelnen ist Folgendes zu beachten.

24 Die Angabe ist des Gebührensatzes ist jedoch bei **Satzrahmengebühren**, wie z.B. bei Nr. 2100 VV oder Nr. 2300 VV zu verlangen.[13] Gibt der Anwalt bei Satzrahmengebühren nur den Endbetrag an, könnte anderenfalls der Auftraggeber anhand der Rechnung und dem Gesetz nicht überprüfen, ob der Gebührenbetrag zutreffend ist, da er nicht weiß, von welchem Gebührensatz der Anwalt ausgegangen ist.

25 Nicht erforderlich, aber zweckmäßig ist es, in einem Anschreiben zu erläutern, wie der Anwalt zu dem jeweiligen Gebührensatz gelangt ist. Bei einer Mittelgebühr wird man unter Umständen auf Ausführungen verzichten können. Weicht der Anwalt jedoch von der Mittelgebühr ab und verlangt er einen höheren Betrag, sollte er dies in seinem Anschreiben kurz begründen. Dies erspart ihm – insbesondere bei der Korrespondenz mit Rechtsschutzversicherern – spätere Nachfragen oder Kürzungen seines Honorars.

26 Gleiches gilt in den Fällen, in denen eine sog. **Schwellengebühr** vorgesehen ist (Anm. zu Nr. 2300 VV, Anm. zu Nr. 2302 VV), aber überschritten wird. In der Rechnung selbst bedarf es insoweit zwar keiner zusätzlichen Angaben. In einem Begleitschreiben sollte gegebenenfalls jedoch ausgeführt werden, wieso die Angelegenheit schwierig oder umfangreich war.

27 Soweit **feste Gebührensätze** abzurechnen sind, ist die Angabe nicht unbedingt erforderlich, da sich der Gebührensatz in diesem Fall unmittelbar aus dem Gesetz ergibt. Gleichwohl sollte der Anwalt auch in diesem Fall nicht darauf verzichten, da die Berechnung dadurch übersichtlicher und leichter nachzuvollziehen ist. Der Mandant hat zudem einen Anspruch darauf, dass er auch als Laie leicht nachvollziehen kann, wie der Anwalt seine Vergütung berechnet hat.

---

11 AnwK-RVG/*N. Schneider*, § 5 Rn 40.
12 § 10 RVG Rn 10 unter Bezugnahme auf die Entscheidung des OLG Brandenburg AnwBl 2001, 306, die jedoch einen anderen Fall betrifft und zudem über die Angabe des Gegenstandswertes überhaupt keine Aussage enthält.
13 LG Freiburg AGS 2012, 222.

7. Gebührenbeträge

Jeder einzelne Gebührenbetrag zu jeder einzelnen Gebühr muss **gesondert ausgewiesen** werden. Es genügt also nicht, mehrere Gebühren zusammenzufassen und das Gesamtergebnis anzugeben.

Werden **Satz- oder Betrags-Rahmengebühren** abgerechnet, reicht es nach § 10 RVG aus, lediglich den Endbetrag anzugeben. Zweckmäßig ist es jedoch, in einem Anschreiben zu erläutern, wie der Anwalt zu dem jeweiligen Betrag gelangt ist.

Bei einer Mittelgebühr wird man i.d.R. auf Ausführungen verzichten können. Weicht der Anwalt jedoch von der Mittelgebühr ab und verlangt er einen höheren Betrag, sollte er dies in seinem Anschreiben kurz begründen. Dies erspart ihm – insbesondere bei der Korrespondenz mit Rechtsschutzversicherern – spätere Nachfragen oder Kürzungen seiner Vergütung.

Soweit § 15 Abs. 3 RVG zum Zuge kommt, müssen die einzelnen Gebühren nach den Teilwerten gesondert ausgewiesen werden, damit der Auftraggeber erkennen kann, wie sich die Gesamtgebühr zusammensetzt. Zweckmäßig ist es insoweit, die einzelnen Gebühren aus den Teilwerten nach links einzurücken und nur den Gesamtbetrag in die Additionsspalte einzufügen.

| Beispiel 3 | Verfahren mit verschiedenen Gebührensätzen |

In einem Rechtsstreit über 8.000,00 EUR schließt der Anwalt für seine Partei einen Vergleich, in dem weitere nicht anhängige 3.000,00 EUR mitverglichen werden.

1. 1,3-Verfahrensgebühr, Nr. 3100 VV
   (Wert: 8.000,00 EUR)   592,80 EUR
2. 0,8-Verfahrensgebühr, Nrn. 3100, 3101 VV
   (Wert: 3.000,00 EUR)   160,80 EUR
   gem. § 15 Abs. 3 RVG nicht mehr als 1,3 aus   785,20 EUR
   11.000,00 EUR
3. 1,2-Terminsgebühr, Nr. 3104 VV
   (Wert: 11.000,00 EUR)   724,80 EUR
4. 1,5-Einigungsgebühr, Nr. 1000 VV
   (Wert: 8.000,00 EUR)   684,00 EUR
5. 1,0-Einigungsgebühr, Nrn. 1000, 1003 VV
   (Wert: 3.000,00 EUR)   201,00 EUR
   gem. § 15 Abs. 3 RVG nicht mehr als 1,5 aus   906,00 EUR
   11.000,00 EUR
6. Postentgeltpauschale, Nr. 7002 VV   20,00 EUR
   Zwischensumme   2.236,00 EUR
7. 19 % Umsatzsteuer, Nr. 7008 VV   424,84 EUR

Gesamt   **2.660,84 EUR**

8. Gegenstandswert

Bei Gebühren, die sich nach dem Gegenstandswert richten (§§ 2 Abs. 1, 3 Abs. 1 S. 2, 3 Abs. 2 RVG), muss der Wert angegeben werden, aus dem sich die jeweilige Gebühr berechnet. Richten sich alle Gebühren nach demselben Wert, reicht es aus, eingangs der Kostenrechnung den Gegenstandswert voranzustellen. Sind dagegen für einzelne Gebühren nur Teilwerte oder geringere Werte maßgebend, so muss der Gegenstandswert bei jeder Gebühr gesondert angeführt werden.

9. Auslagen

33 Auch Auslagen müssen konkret bezeichnet und einzeln ausgewiesen werden.[14] Bei den Entgelten für Post- und Telekommunikationsdienstleistungen reicht ein Hinweis auf die Postentgeltpauschale der Nr. 7002 VV, wenn der Anwalt pauschal abrechnet. Bei konkreter Abrechnung (Nr. 7001 VV) genügt zunächst die Angabe des Gesamtbetrages (§ 10 Abs. 2 S. 2 RVG); eine detaillierte Aufstellung ist nur auf Nachfrage des Mandanten erforderlich. Auch Reisekosten sind nachvollziehbar abzurechnen.

34 Soweit nach Vorbem. 7 Abs. 1 S. 1 oder Nr. 7006 VV Ersatz von Aufwendungen verlangt wird, die der Anwalt in eigenem Namen getätigt hat und in denen Umsatzsteuer enthalten ist, dürfen zunächst nur die Nettobeträge angesetzt werden.[15] Da der Anwalt zum Vorsteuerabzug berechtigt ist, wird er nur mit den Netto-Kosten belastet. Die Umsatzsteuer erhält er vom Finanzamt zurückerstattet, so dass sie für ihn nur einen durchlaufenden Posten darstellt.

> **Beispiel 4** | **Abrechnung von Auslagen mit Umsatzsteuer**
>
> **In einem Rechtsstreit (Wert: 8.000 EUR) fährt der Prozessbevollmächtigte mit dem ICE von Köln zum Gerichtstermin nach Stuttgart und zurück. Die Bahnfahrt kostet 218,00 EUR einschließlich Umsatzsteuer).**
>
> Abzurechen ist wie folgt:[16]
>
> | | | |
> |---|---|---|
> | 1. | 1,3-Verfahrensgebühr, Nr. 3100 VV (Wert: 8.000,00 EUR) | 592,80 EUR |
> | 2. | 1,2-Terminsgebühr, Nr. 3104 VV (Wert: 8.000,00 EUR) | 547,20 EUR |
> | 3. | Postentgeltpauschale, Nr. 7002 VV | 20,00 EUR |
> | 4. | Kosten Bahnfahrt (netto), Nr. 7004 VV | 181,83 EUR |
> | 5. | Tages- und Abwesenheitsentgelt, Nr. 7005 Nr. 3 VV | 70,00 EUR |
> | | Zwischensumme 1.411,83 EUR | |
> | 6. | 19 % Umsatzsteuer, Nr. 7008 VV | 268,25 EUR |
> | | **Gesamt** | **1.680,08 EUR** |

10. Umsatzsteuer

35 Auch die Umsatzsteuer muss in der Rechnung unter Zitierung der Nr. 7008 VV ordnungsgemäß ausgewiesen sein (siehe im Einzelnen § 38 Rn 61).

11. Vorschüsse und Zahlungen Dritter

36 Weiterhin ist nach § 10 Abs. 2 S. 1 RVG vorgeschrieben, dass der Anwalt bereits erhaltene Vorschüsse oder Zahlungen Dritter in die Abrechnung aufzunehmen hat. Bei der Verrechnung von Vorschüssen bestehen drei Möglichkeiten:

---

14 AnwK-RVG/*N. Schneider*, § 10 Rn 47 f.
15 BGH AGS 2012, 268 = MDR 2012, 810 = AnwBl 2012, 664 = zfs 2012, 463 = NJW-RR 2012, 1016 = JurBüro 2012, 479 = NZV 2012, 476 = VersR 2012, 1316 = Schaden-Praxis 2012, 449 = NJW-Spezial 2012, 412 = IBR 2012, 427 = RVGprof. 2012, 113 = RVGreport 2012, 266 = FamRZ 2012, 1136 = StRR 2012, 243 = DB 2012, 2575.
16 Es ist davon auszugehen, dass die Bahn diesmal keine Verspätung hatte, so dass keine anteilige Fahrpreisrückerstattung erfolgt ist.

Soweit für Vorschuss und Schlussrechnung derselbe Umsatzsteuersatz gilt, können die Nettobeträge der Vorschüsse von der Nettoschlussvergütung abgezogen und dann von dem Restbetrag die Umsatzsteuer berechnet werden.

> **Beispiel 5**   **Anrechnung von Vorschüssen auf Nettobasis**
>
> **In einem Rechtsstreit mit einem Gegenstandswert in Höhe von 3.000,00 EUR hat der Anwalt einen Vorschuss in Höhe von 300,00 EUR netto angefordert und vereinnahmt.**
>
> | | | |
> |---|---|---:|
> | **I.** | **Vorschussrechnung** | |
> | 1. | Vorschuss, § 9 RVG | 300,00 EUR |
> | 2. | 19 % Umsatzsteuer, Nr. 7008 VV | 57,00 EUR |
> | **Gesamt** | | **357,00 EUR** |
> | **II.** | **Endrechnung** | |
> | 1. | 1,3-Verfahrensgebühr, Nr. 3100 VV (Wert: 3.000,00 EUR) | 261,30 EUR |
> | 2. | 1,2-Terminsgebühr, Nr. 3104 VV (Wert: 3.000,00 EUR) | 241,20 EUR |
> | 3. | Postentgeltpauschale, Nr. 7002 VV | 20,00 EUR |
> | 4. | abzgl. Vorschuss (netto) | – 300,00 EUR |
> | | Zwischensumme   222,50 EUR | |
> | 5. | 19 % Umsatzsteuer, Nr. 7008 VV | 42,28 EUR |
> | **Gesamt** | | **264,78 EUR** |

Gelten für Vorschuss und Schlussrechnung unterschiedliche Umsatzsteuersätze, versagt diese Methode. Die Verrechnung muss jetzt entweder gesondert erfolgen, also Verrechnung von Umsatzsteuer auf Umsatzsteuer und Nettobeträge auf Nettobeträge oder es werden die Brutto-Vorschüsse von der Brutto-Endsumme abgezogen; dann muss aber ausgewiesen werden, wie viel Umsatzsteuer in dem Brutto-Vorschuss enthalten ist. Diese Methode ist selbstverständlich auch bei gleich bleibender Umsatzsteuer möglich.

> **Beispiel 6**   **Anrechnung von Vorschüssen auf Bruttobasis**
>
> **Der Anwalt rechnet eine 1,5-Geschäftsgebühr ab. Er hatte bereits einen Vorschuss in Höhe von 500,00 EUR zuzüglich 16 % Umsatzsteuer erhalten.**
>
> | | | |
> |---|---|---:|
> | **I.** | **Vorschussrechnung** | |
> | 1. | Vorschuss, § 9 RVG | 500,00 EUR |
> | 2. | 16 % Umsatzsteuer, Nr. 7008 VV | 80,00 EUR |
> | **Gesamt** | | **580,00 EUR** |
> | **II.** | **Schlussrechnung** | |
> | a) | **Erste Möglichkeit** | |
> | 1. | 1,5-Geschäftsgebühr, Nr. 2300 VV (Wert: 25.000,00 EUR) | 1.182,00 EUR |
> | 2. | Postentgeltpauschale, Nr. 7002 VV | 20,00 EUR |
> | | Zwischensumme   1.202,00 EUR | |
> | 3. | 19 % Umsatzsteuer, Nr. 7008 VV | 228,38 EUR |
> | | **Summe:** | **1.430,38 EUR** |
> | | ./. Vorschuss | 580,00 EUR |
> | | **Endsumme:** | **850,38 EUR** |
> | | In der Endsumme enthaltene Umsatzsteuer | 140,38 EUR |
> | | In der Vorschusszahlung enthaltene Umsatzsteuer: | 80,00 EUR |

§ 2 Anforderungen an eine ordnungsgemäße Berechnung

b) Zweite Möglichkeit

1. 1,5-Geschäftsgebühr, Nr. 2300 VV (Wert: 25.000,00 EUR)		1.182,00 EUR
2. Postentgeltpauschale, Nr. 7002 VV		20,00 EUR
Zwischensumme	1.202,00 EUR	
3. 19 % Umsatzsteuer, Nr. 7008 VV		228,38 EUR
Summe:		**1.430,38 EUR**
./. Vorschuss netto		**– 500,00 EUR**
./. gezahlte Umsatzsteuer:		**80,00 EUR**
Restbetrag		**850,38 EUR**

12. Anzurechnende Beträge

39 Auch anzurechnende Beträge (z.B. nach Vorbem. 2.3 Abs. 4 bis 6, Vorbem. 3 Abs. 4, Abs. 5 und Abs. 6 VV RVG) sind in die Rechnung mit aufzunehmen. Seit Inkrafttreten des § 15a RVG kann der Anwalt frei wählen, in welcher Angelegenheit er die Anrechnung vornimmt (siehe § 5 Rn 5 ff.). Zweckmäßig ist es, chronologisch vorzugehen und die zuerst verdiente Gebühr voll abzurechnen und dann die Anrechnung in der nachfolgenden Angelegenheit vorzunehmen.

40 Wichtig:

Anzurechnen ist immer auf Nettobasis, auch dann, wenn für die anzurechnende Gebühr ein anderer Steuersatz galt. Die Umsatzsteuer aus der anzurechnenden Gebühr darf nicht doppelt ausgewiesen werden.

Beispiel 7 | **Abrechnung bei anzurechnenden Gebühren**

Der Anwalt war außergerichtlich für den Auftraggeber tätig und hatte bereits eine 1,5-Geschäftsgebühr nach Nr. 2300 VV aus dem Wert von 4.000,00 EUR abgerechnet. Hiernach erhält der Anwalt den Auftrag zur Klage, über die verhandelt wird.

Nach Vorbem. 3 Abs. 4 S. 1 RVG ist die Geschäftsgebühr zur Hälfte anzurechnen.

Abrechnung gerichtliches Verfahren, (Wert: 4.000,00 EUR)

1. 1,3-Verfahrensgebühr, Nr. 3100 VV		327,60 EUR
2. gem. Vorbem. 3 Abs. 4 VV anzurechnen, 0,75 aus 4.000,00 EUR		– 150,75 EUR
3. 1,2-Terminsgebühr, Nr. 3104 VV		302,40 EUR
4. Postentgeltpauschale, Nr. 7002 VV		20,00 EUR
Zwischensumme	499,25 EUR	
5. 19 % Umsatzsteuer, Nr. 7008 VV		94,86 EUR
Gesamt		**594,11 EUR**

13. Eigenhändige Unterschrift

41 Weitere zwingende Voraussetzung, die häufig übersehen wird, ist die Unterschrift des Anwalts. Auf dieses Erfordernis kann nicht verzichtet werden. Mit der Unterschrift übernimmt der Anwalt die strafrechtliche (§ 352 StGB), zivilrechtliche und auch berufsrechtliche Verantwortung für den Inhalt der Berechnung. Die **Unterschrift** muss **eigenhändig** sein. Ein Faksimilestempel genügt nicht,[17] ebenso wenig eine eingescannte Unterschrift, da diese letztlich nichts anderes ist als

---

[17] OLG Hamburg AnwBl 1970, 233.

ein auf EDV umgesetzter Faksimilestempel.[18] Auch eine Paraphe genügt nicht.[19] Die von dem Rechtsanwalt unterzeichnete Kostenrechnung muss eine Unterschrift erkennen lassen, d.h. einen die Identität des Unterschreibenden ausreichend kennzeichnenden Schriftzug, der individuelle und entsprechende charakteristische Merkmale aufweist, die die Nachahmung erschweren, sich als Wiedergabe eines Namens darstellt und die Absicht einer vollen Unterschriftsleistung erkennen lässt.[20]

Ob eine Versendung per Telefax reicht, erscheint fraglich. Für die Kostenrechnung eines Notars wird dies als nicht ausreichend angesehen.[21] Ebenso ließ die Rechtsprechung früher eine per Telefax übermittelte Unterschrift bei einer Vergütungsvereinbarung nicht ausreichen.[22] Daher sollte die unterschriebene Rechnung vorsorglich immer im Original verschickt werden. **42**

Die Unterschrift des **Praxisnachfolgers** reicht dagegen aus.[23] Das Gleiche gilt, wenn der Anwalt seine Zulassung verloren hat und nunmehr der von ihm beauftragte prozessbevollmächtigte Anwalt die Kostenberechnung unterschreibt.[24] Allerdings kann auch der Anwalt nach Verlust der Zulassung seine Rechnungen noch unterzeichnen.[25] **43**

Ist die Vergütungsforderung zum Inkasso **abgetreten**, so muss der abtretende Anwalt die Kostennote unterzeichnet haben. Falls es sich bei dem Abtretungsempfänger allerdings ebenfalls um einen Anwalt handelt, soll dessen Unterschrift genügen.[26] **44**

Die Unterschrift muss **unter** die **Gebührennote** gesetzt werden. Insoweit hält es das OLG Hamburg[27] jedoch für ausreichend, dass sich aus einem vom Anwalt unterzeichneten Begleitschreiben ergibt, dass dieser die Verantwortung für die Kostenrechnung übernehmen will.[28] **45**

Im **Vergütungsprozess** wiederum soll es genügen, wenn die Klageschrift selbst die Anforderungen des § 10 Abs. 2 RVG erfüllt[29] oder wenn einem vom Anwalt unterzeichneten Schriftsatz eine Kopie der Kostenrechnung als Anlage beifügt wird und der Anwalt in seinem Schriftsatz auf die anliegende Abrechnung Bezug nimmt, sofern der Beklagte eine unterzeichnete oder beglaubigte Ausfertigung des Schriftsatzes nebst Anlage erhält.[30] **46**

---

18 *Wrede*, AGS 1998, 34.
19 So für die Rechnung eines Steuerberaters LG Gera AGS 2006, 283 m. Anm. *N. Schneider*; a.A. *Hartmann*, KostG, § 10 RVG Rn 18.
20 OLG Düsseldorf AGS 2012, 513 = zfs 2012, 527 = DStR 2012, 2148 = JurBüro 2012, 586 = RVGprof. 2012, 150 = VRR 2012, 323 = RVGreport 2012, 337 = IBR 2012, 681 = StRR 2012, 323.
21 KG AGS 2005, 491 m. Anm. *N. Schneider* = ZNotP 2005, 39 = KGR 2005, 87 = MDR 2005, 540.
22 OLG Hamm AGS 2006, 9 m. Anm. *Rick* = OLGR 2006, 336 = MDR 2006, 1139 = RVG-Letter 2005, 142 = RVGreport 2005, 463 = NJW-Spezial 2006, 192; LG Bonn AGS 1994, 76 = zfs 1993, 387.
23 AnwK-RVG/*N. Schneider*, § 10 Rn 53; *Fischer-Dorp*, AnwBl 1991, 89; a.A. AG Waiblingen AnwBl 1989, 400 = AnwBl 1991, 54 m. abl. Anm. *Madert* = KostRsp. BRAGO § 18 Nr. 6 m. abl. Anm. *Herget*.
24 OLG Düsseldorf MDR 2000, 360 = KostRsp. BRAGO § 18 Nr. 12 m. Anm. *N. Schneider* = BRAGOreport 2000, 8 m. Anm. *N. Schneider*.
25 BGH AGS 2004, 341.
26 *Bork*, NJW 1992, 2449; AnwK-RVG/*N. Schneider*, § 10 Rn 51.
27 AnwBl 1970, 223.
28 AnwK-RVG/*N. Schneider*, § 10 Rn 55.
29 OLG Nürnberg JurBüro 1973, 956.
30 OLG Hamburg AnwBl 1970, 233.

14. Weitere Angaben

47 Die Aufzählung in § 10 Abs. 2 RVG ist nicht abschließend. Soweit weitere Angaben dort nicht gefordert werden, heißt dies nicht, dass diese stets entbehrlich sind. Allerdings werden weitere Angaben nur in Ausnahmefällen erforderlich sein.[31]

III. Steuerliche Anforderungen an die anwaltliche Rechnung

48 Auf der Grundlage der Richtlinie 2001/115 EG des Rates[32] werden seit dem 1.1.2004 strengere Anforderungen an die anwaltliche Rechnung gestellt.[33] Angegeben werden müssen die Steuernummer oder die **Umsatzsteuer-Identifikationsnummer** (USt-ID-Nr.) sowie der **Zeitpunkt der Leistung**. Entspricht die Kostenrechnung nicht den steuerlichen Anforderungen, so hat dies für die Klagbarkeit allerdings keine Bedeutung. Hierfür kommt es nur auf die Voraussetzungen des § 10 RVG an. Allerdings kann der Mandant ein Zurückbehaltungsrecht nach § 273 BGB ausüben, solange er mangels ordnungsgemäßer Rechnung, diese nicht steuerlich geltend machen kann.[34]

IV. Mitteilung

49 Voraussetzung ist weiterhin, dass dem Auftraggeber die Berechnung auch mitgeteilt worden ist. Das **Original** muss dem Mandanten **zugegangen** sein (§ 130 BGB). Eine förmliche Zustellung ist nicht erforderlich.[35] Die bloße Mitteilung des Anwalts an seinen Mandanten, dass er, der Anwalt, die Kosten dem Gegner zur Bezahlung aufgegeben habe, reicht demgegenüber wiederum nicht aus.[36]

50 Die Übersendung der Kostenrechnung als Schriftsatzanlage im Prozess oder im Vergütungsfestsetzungsverfahren erfüllt dagegen die Anforderungen an eine Mitteilung i.S.d. § 10 RVG, gegebenenfalls auch schon die Klageschrift selbst. Voraussetzung dürfte jedoch sein, dass der Anwalt zur Weiterleitung an den Beklagten bzw. Antragsgegner ein von ihm unterschriebenes Exemplar des Schriftsatzes bzw. der Anlage beifügt. Besonders in den häufiger auftretenden Fällen der Vergütungsfestsetzung dürfte es für den Anwalt zweckmäßig sein, regelmäßig darauf zu achten, dass seinem Antrag die für den Antragsgegner bestimmte – übliche – beglaubigte Abschrift beiliegt.

V. Entsprechende Anwendung auf Vergütungsvereinbarungen

51 Für Vergütungsvereinbarungen gilt die Vorschrift des § 10 RVG grundsätzlich ebenfalls.[37] Welche Angaben die Kostenrechnung dann enthalten muss, ist der jeweiligen Vergütungsvereinbarung zu

---

31 AnwK-RVG/*N. Schneider*, § 10 Rn 60 f.
32 Vom 20.12.2001 (L15/24 Amtsblatt EG 17.1.2001).
33 Siehe im Einzelnen *Hansens*, Neue Formerfordernisse für anwaltliche Kostenberechnungen – Praktische Auswirkungen des Steueränderungsgesetzes 2003, RVGreport 2004, 43; *Otto*, Anwaltsrechnungen, BRAK-Magazin 2004, 12; *J. Schneider*, Neue und höhere Anforderungen an die Rechnungsstellung, AGS 2004, 39; *ders.*, Steueränderungsgesetz 2003, AGS 2004, 86.
34 BGH NJW 1980, 2710; *N. Schneider*, ProzRB 2003, 364.
35 *Hartmann*, KostG, § 10 RVG Rn 18.
36 OLG Köln AnwBl 1994, 471 = OLGR 1994, 103.
37 AnwK-RVG/*N. Schneider*, § 10 Rn 65 ff.

entnehmen. Beschränkt sich z.B. die Vergütungsvereinbarung lediglich auf die Vereinbarung eines höheren Gebührensatzes oder eines höheren Streitwertes, dann ist § 10 RVG uneingeschränkt anwendbar. Ist dagegen ein Festhonorar vereinbart, braucht auch nur dieses in der Kostenrechnung angegeben zu werden.

Wird nach Stundensätzen abgerechnet, ist es erforderlich, dass die abgerechneten Stunden nach Tagen aufgelistet werden. Eine nähere Auflistung nach einzelnen Tätigkeitsfeldern in der Kostennote ist dagegen nicht erforderlich.[38] 52

Stets angegeben werden muss bei der Abrechnung einer vereinbarten Vergütung allerdings die **Umsatzsteuer**. Diese ist immer gesondert auszuweisen. Auch muss die Abrechnung der vereinbarten Vergütung **eigenhändig unterzeichnet** sein und **Vorschüsse** und **Zahlungen Dritter** ausweisen. 53

VI. Vorschuss

Für das Einfordern des Vorschusses gilt die Vorschrift des § 10 Abs. 1 RVG nicht. Der Vorschuss kann vielmehr **formlos**, also auch mündlich, angefordert werden.[39] Es ist insoweit auch noch nicht einmal erforderlich, die Berechnung der Vorschusshöhe zu erläutern. Erst nach Fälligkeit der Vergütung ist der Anwalt verpflichtet, eine Abrechnung zu erteilen. Diese muss dann allerdings auch die gezahlten Vorschüsse erfassen (§ 10 Abs. 2 RVG). 54

VII. Kosten der Abrechnung

Die Kosten der Abrechnung selbst sind allgemeine Geschäftskosten i.S.d. Vorbem. 7 Abs. 1 S. 1 VV. Der Anwalt kann hierfür weder eine Vergütung (§ 19 Abs. 1 S. 2 Nr. 14 RVG) noch Auslagen verlangen. Insbesondere erzeugt weder das Anfertigen der Kostenrechnung die Dokumentenpauschale nach Nr. 7000 VV noch löst die Versendung der Kostenrechnung Postentgelte nach Nr. 7001 VV oder gar die Postentgeltpauschale nach Nr. 7002 VV aus (so jetzt ausdrücklich geregelt in Anm. zu Nr. 7001 VV). 55

VIII. Fehlen einer ordnungsgemäßen Abrechnung

Entspricht die Kostenberechnung nicht den formellen Anforderungen des § 10 RVG, ist die Vergütung **nicht einforderbar**, es sei denn, der Auftraggeber hat auf eine ordnungsgemäße Berechnung verzichtet.[40] Dies wiederum bedeutet, dass der Mandant trotz Aufforderung die Vergütung nicht zu bezahlen braucht. Die Vergütung kann nicht eingeklagt werden. Es ist lediglich eine Naturalobligation gegeben.[41] Zahlt der Mandant allerdings ohne ordnungsgemäße Mitteilung der Kostenberechnung, kann er seine Leistung nicht nach § 812 BGB zurückverlangen (§ 814 BGB), es sei denn, er hat unter Vorbehalt einer Abrechnung gezahlt.[42] 56

---

38 BGH AGS 2011, 9 = NJW 2011, 63 = MDR 2011, 73 = AnwBl 2011, 148 = DStR 2011, 833 = BRAK-Mitt 2011, 92 = StRR 2011, 161 = RVGprof. 2011, 76.
39 AnwK-RVG/*N. Schneider*, § 9 Rn 74.
40 Ausführlich AnwK-RVG/*N. Schneider*, § 10 Rn 87.
41 AnwK-RVG/*N. Schneider*, § 10 Rn 91.
42 OLG Frankfurt AnwBl 1975, 163.

§ 2 Anforderungen an eine ordnungsgemäße Berechnung

57 Davon zu unterscheiden ist, dass die Rechnung nur inhaltlich falsch, aber formal in Ordnung ist. Auch eine inhaltlich unrichtige, aber formal korrekte Kostenrechnung ist wegen der tatsächlich verdienten Gebühren durchsetzbar, soweit die zutreffende Vergütungsforderung die abgerechnete Vergütung nicht übersteigt.[43]

58 Eine **Aufrechnung**, sei es außergerichtlich oder als Prozessaufrechnung, ist ebenfalls nicht möglich, solange keine Kostennote mitgeteilt worden ist.[44] Eine Aufrechnung ist nach § 387 BGB nämlich nur dann möglich, wenn der Aufrechnende die ihm gebührende Leistung fordern darf. Daran mangelt es aber, solange keine Kostennote erteilt ist. Die Ausübung eines **Zurückbehaltungsrechts an den Handakten** vor Erteilung einer ordnungsgemäßen Kostenberechnung ist ebenfalls nicht zulässig.[45]

IX. Abrechnungsmuster

59 | Beispiel 8 | **Einfache Abrechnung, einheitliche Angelegenheit, einheitlicher Gegenstandswert**

Der Anwalt ist mit einer Unfallschadenregulierung beauftragt (Wert: 3.000,00 EUR) und schließt mit dem Haftpflichtversicherer eine Einigung.

Herrn/Frau/Firma

(…) (Name, Adresse)

In Sachen (…) ./. (…)

Rechnungsdatum: (…)

Rechnungsnummer: (…)

Steuernummer: (…)

Leistungszeitraum: (…)

Rechnung

Gegenstandswert: 3.000,00 EUR

1. 1,5-Geschäftsgebühr, Nr. 2300 VV		301,50 EUR
2. 1,5-Einigungsgebühr, Nr. 1000 VV		301,50 EUR
3. Postentgeltpauschale, Nr. 7002 VV		20,00 EUR
Zwischensumme	623,00 EUR	
4. 19 % Umsatzsteuer, Nr. 7008 VV		118,37 EUR
Gesamt		**741,37 EUR**

(…) (Unterschrift Rechtsanwalt)

60 Umfasst die Abrechnung **mehrere Angelegenheiten** i.S.d. § 15 RVG sollten diese Angelegenheiten der Übersicht halber gesondert abgerechnet werden. Das ist in Übergangsfällen schon deshalb erforderlich, da unterschiedliche Umsatzsteuersätze gelten können.

---

43 OLG Düsseldorf AGS 2008, 432 = OLGR 2008, 747 = AnwBl 2008, 718 = RVG prof. 2009, 44.
44 BGH AnwBl 1985, 257; KG AnwBl 1982, 71; OLG Köln AnwBl 1994, 471; OLG Frankfurt/M. AnwBl 1975, 163.
45 LG Mannheim AGS 2012, 324 = AnwBl 2013, 149 = NJW-Spezial 2012, 444 = ErbR 2012, 244 = RVGprof. 2012, 149 = RVGreport 2012, 414; RG JW 1890, 306.

IX. Abrechnungsmuster § 2

Beispiel 9 **Umfangreiche Abrechnung, mehrere Angelegenheiten, unterschiedliche Gegenstandswerte**

Der Anwalt ist beauftragt, im Mahnverfahren eine Forderung von 10.000,00 EUR geltend zu machen. Es ergeht ein Vollstreckungsbescheid über 4.000,00 EUR. Wegen der weiter gehenden 6.000,00 EUR wird das streitige Verfahren durchgeführt. Nach Teil-Versäumnisurteil im schriftlichen Vorverfahren über 2.000,00 EUR wird Einspruch eingelegt und eine Einigung über die gesamten 6.000,00 EUR getroffen. Es war ein Vorschuss in Höhe von 580,00 EUR brutto gezahlt worden.

Herrn/Frau/Firma

(…) (Name, Adresse)

In Sachen

(…) ./. (…)

Rechnungsdatum: (…)

Rechnungsnummer: (…)

Steuernummer: (…)

Leistungszeitraum: (…)

Rechnung nach den Vorschriften des Rechtsanwaltsvergütungsgesetzes

    I. Mahnverfahren
1. 1,0-Verfahrensgebühr, Nr. 3305 VV   558,00 EUR
(Wert: 10.000,00 EUR)
2. 0,5-Verfahrensgebühr, Nr. 3309 VV   126,00 EUR
(Wert: 4.000,00 EUR)
3. Postentgeltpauschale, Nr. 7002 VV   20,00 EUR
    Zwischensumme   704,00 EUR
4. 19 % Umsatzsteuer, Nr. 7008 VV   133,76 EUR
Gesamtvergütung   **837,76 EUR**
5. Vorgelegte Gerichtskosten Mahnverfahren   120,50 EUR
Gesamtbetrag   **958,26 EUR**

    II. Streitiges Verfahren
1. 1,3-Verfahrensgebühr, Nr. 3100 VV   460,20 EUR
(Wert: 6.000,00 EUR)
2. anzurechnen gem. Anm. zu Nr. 3305 VV,
1,0-Gebühr aus 6.000,00 EUR   – 354,00 EUR
3. 0,5-Terminsgebühr, Nrn. 3104, 3105 VV   75,00 EUR
(Wert: 2.000,00 EUR)
4. 1,2-Terminsgebühr, Nr. 3104 VV   302,40 EUR
(Wert: 4.000,00 EUR)
Die Höchstgrenze des § 15 Abs. 3 RVG, 1,2 aus
6.000,00 EUR (405,60 EUR), ist nicht überschritten
5. 1,0-Einigungsgebühr, Nrn. 1000, 1003 VV   354,00 EUR
(Wert: 6.000,00 EUR)
6. Dokumentenpauschale (einfarbig), Nr. 7000 Nr. 1 Buchst.   15,00 EUR
a) VV, 30 Seiten x 0,50 EUR/Seite
7. Fahrtkosten zum Termin vom 23.7.2014,
Nr. 7003 VV, 2 x 15 km x 0,30 EUR   9,00 EUR
8. Abwesenheitspauschale bis zu 4 Stunden, Nr. 7005 Nr. 1   25,00 EUR
VV
9. Postentgeltpauschale, Nr. 7002 VV   20,00 EUR

§ 2 Anforderungen an eine ordnungsgemäße Berechnung

    10. Vorschuss vom 4.7.2014 (netto)   – 500,00 EUR
        Zwischensumme   368,60 EUR
    11. 19 % Umsatzsteuer, Nr. 7008 VV   73,45 EUR
    Gesamtvergütung   **460,05 EUR**
    12. Vorgelegte Gerichtskosten streitiges Verfahren   412,50 EUR
    Gesamtbetrag   **852,55 EUR**
    Gesamt I + II   **1.810,81 EUR**

(…) (Unterschrift Rechtsanwalt)

§ 3 Vergütungsansprüche des im Rahmen der Prozess- oder Verfahrenskostenhilfe beigeordneten Anwalts gegen Staatskasse und Dritte

Inhalt

I. Überblick 1	c) Der beigeordnete Anwalt ist im Gerichtsbezirk niedergelassen, hat seine Kanzlei aber außerhalb des Gerichtsorts 57
II. Abrechnung mit der Staatskasse 17	
III. Vorschuss (§ 47 RVG) 22	d) Der beigeordnete Anwalt ist nicht im Gerichtsbezirk niedergelassen und wohnt auch nicht dort 62
IV. Weitere Vergütung nach § 50 RVG 24	
V. Festsetzung des Anwalts gegen den erstattungspflichtigen Gegner 25	aa) Überblick 62
	bb) Uneingeschränkte Beiordnung 64
VI. Abschluss einer Einigung 32	cc) Anspruch auf Verkehrsanwalt oder Beweisanwalt 65
1. Einigung über anhängige Gegenstände 32	
2. Einigung auch über in diesem Verfahren nicht anhängige Gegenstände 34	dd) Kein Anspruch auf einen Verkehrsanwalt 71
VII. Mehrere Auftraggeber 40	e) Umfang der zu übernehmenden Kosten bei einer Beiordnung zu den „Bedingungen eines im Gerichtsbezirk niedergelassen Anwalts" 75
1. Prozess- oder Verfahrenskostenhilfe nur für einen von mehreren Auftraggebern 40	
a) Überblick 40	
b) Beschränkte Bewilligung 41	f) Übernahme der Kosten eines Terminsvertreters 77
c) Unbeschränkte Bewilligung 42	
2. Prozess- oder Verfahrenskostenhilfe für alle Auftraggeber 44	g) Abrechnung weitergehender Reisekosten mit der bedürftigen Partei 79
VIII. Auslagen 48	5. Umsatzsteuer 85
1. Überblick 48	IX. Anrechnung von Zahlungen, Vorschüssen und anzurechnenden Beträgen 86
2. Dokumentenpauschale 49	
3. Berechnung der Postentgeltpauschale 50	1. Überblick 86
4. Reisekosten 51	2. Anrechnung von Zahlungen und Vorschüssen 87
a) Überblick 51	
b) Der beigeordnete Anwalt ist am Gerichtsort ansässig 54	3. Anrechnung anzurechnender Beträge 88
	4. Nachträgliche Zahlungen 95

I. Überblick

Ist der Anwalt im Rahmen der **Prozesskostenhilfe** beigeordnet worden, so erhält er seine „Vergütung" aus der Staatskasse (§ 45 Abs. 1 RVG). Streng genommen handelt es sich bei dem Anspruch gegen die Staatskasse nicht um einen Vergütungsanspruch, sondern um einen öffentlich-rechtlichen Entschädigungsanspruch. **1**

Entsprechendes gilt im Falle der **Beiordnung nach § 4a InsO** und der **Verfahrenskostenhilfe** nach den §§ 76 ff. FamFG. Die Vorschriften des RVG über die Prozesskostenhilfe gelten in diesen Verfahren entsprechend (§ 12 RVG). **2**

Die „Abrechnung" mit der Staatskasse erfolgt durch Einreichung eines **Festsetzungsantrags** nach § 55 Abs. 2 RVG beim Gericht des Rechtszugs. Das kann in Verfahren nach Teil 3 VV auch das zur Zeit der Antragstellung befasste Rechtsmittelgericht sein. Das Gericht entscheidet über den Festsetzungsantrag durch Beschluss. **3**

Gegen den Festsetzungs- oder Zurückweisungsbeschluss ist die unbefristete **Erinnerung** nach § 56 RVG gegeben. **4**

§ 3 Vergütungsansprüche des beigeordneten Anwalts gegen Staatskasse und Dritte

5 Gegen die Entscheidung über die Erinnerung kann **Beschwerde** eingelegt werden, wenn der Wert des Beschwerdegegenstands den Betrag in Höhe von 200,00 EUR übersteigt oder wenn das festsetzende Gericht in seiner Entscheidung über die Festsetzung die Beschwerde zugelassen hat ist (§ 56 Abs. 2 i.V.m. § 33 Abs. 3 S. 1 und 2 RVG). Eine nachträgliche Zulassung ist nicht möglich. Die Beschwerde muss innerhalb von zwei Wochen ab Zustellung der Erinnerungsentscheidung eingelegt werden (§ 56 Abs. 2 i.V.m. § 33 Abs. 3 S. 3 RVG).

6 Die Beschwerde ist gem. § 1 Abs. 3 RVG auch dann zulässig, wenn in der Hauptsache ein Rechtsmittel nicht gegeben ist oder die dem Hauptsacheverfahren zugrunde liegende Verfahrensordnung eine Beschwerde ausschließt (z.B. nach §§ 178, 197 Abs. 2 SGG).

7 Ausgeschlossen ist eine Beschwerde allerdings, wenn diese zu einem obersten Bundesgericht erhoben werden müsste (§ 56 Abs. 2 i.V.m. § 33 Abs. 4 S. 3 RVG). Erstentscheidungen eines obersten Bundesgerichts können mangels eines übergeordneten Gerichts ebenfalls nicht mit einer Beschwerde angefochten werden.

8 Eine **Rechtsbeschwerde** (§ 574 ZPO) ist im Verfahren auf Festsetzung der Prozess- oder Verfahrenskostenhilfevergütung – im Gegensatz zum Bewilligungsverfahren – nicht statthaft.[1]

9 Der im Wege der Prozess- oder Verfahrenskostenhilfe beigeordnete Anwalt erhält grundsätzlich dieselben Gebühren und Auslagen, die auch ein Wahlanwalt erhalten würde.

10 Soweit nach **Wertgebühren** abzurechnen ist (§ 2 Abs. 1 RVG), gelten für den Anwalt die Gebührenbeträge des § 13 RVG, allerdings nur bis zu einer Wertstufe von 4.000,00 EUR. Darüber hinaus, also ab einem Wert von über 4.000,00 EUR, gelten die reduzierten Beträge des § 49 RVG, die ab einem Wert von über 30.000,00 EUR keine Erhöhung mehr vorsehen. Der Anwalt kann dann nur die nach der Tabelle des § 49 RVG verminderten Gebührenbeträge gegenüber der Staatskasse abrechnen. Dies gilt auch dann, wenn in Strafsachen nach Wertgebühren abzurechnen ist (Nrn. 4142 ff. VV).

11 Wird der Rechtsanwalt in einem **Verfahren nach Teil 4 bis 6 VV** im Wege der Prozesskostenhilfe beigeordnet, erhält er, soweit für den Wahlanwalt Rahmengebühren vorgesehen sind, gesondert ausgewiesene Festgebühren.

12 Wird der Rechtsanwalt in einem Sozialgerichtsverfahren beigeordnet, in dem das GKG nicht gilt (§ 3 Abs. 1 S. 1 RVG), und daher nach **Rahmengebühren** abzurechnen ist, sind – im Gegensatz zu den Verfahren nach Teil 4 bis 6 VV – keine Festgebühren und auch keine gesonderten Gebührenrahmen vorgesehen. Hier können die geringeren Einkommens- und Vermögensverhältnisse des Auftraggebers nur im Rahmen des § 14 Abs. 1 RVG mindernd berücksichtigt werden. Dabei werden die in der Praxis ohnehin nicht so stark gewichteten Kriterien der Einkommens- und Vermögensverhältnisse häufig durch die höhere Bedeutung der Sache für den bedürftigen Auftraggeber hat, kompensiert.

13 **Auslagen** werden dagegen in vollem Umfang übernommen, soweit sie notwendig waren (§ 46 RVG).

14 Die **Inanspruchnahme der eigenen Partei** ist nach § 122 Abs. 1 Nr. 3 ZPO ausgeschlossen. Sie ist nur insoweit möglich, als keine Prozess- oder Verfahrenskostenhilfe bewilligt worden ist (zur Berechnung in diesen Fällen der Teilbewilligung siehe § 23 Rn 58 ff.).

---

1 BGH AGS 2010, 387 = FamRZ 2010, 1327 = MDR 2010, 946 = Rpfleger 2010, 521 = RVGreport 2010, 338 = JurBüro 2010, 537 = NJW-RR 2011, 142 = FamRB 2011, 9.

Hat die bedürftige Partei allerdings vor Bewilligung bereits Zahlungen erbracht, so sind diese auf den Vergütungsanspruch gegen die Staatskasse anzurechnen (§ 58 Abs. 2 RVG). Das gilt auch dann, wenn die bedürftige Partei Zahlungen in einer vorangegangenen Angelegenheit auf Gebühren erbracht hat, die auf das gerichtliche Verfahren anzurechnen sind. Gleiches gilt, wenn der Anwalt Zahlungen Dritter erhalten hat. Die Anrechnung erfolgt allerdings zunächst auf die nicht gedeckten Wahlanwaltsgebühren (§ 58 Abs. 2 RVG) (siehe Rn 86 ff.). 15

Daneben kommt für den beigeordneten Anwalt auch die unmittelbare **Inanspruchnahme der gegnerischen Partei** in Betracht. Der Anwalt kann dann nach § 126 ZPO die Kostenfestsetzung gegen sie im eigenen Namen betreiben (siehe Rn 25 ff.). 16

II. Abrechnung mit der Staatskasse

Nach § 45 Abs. 1 RVG erhält der im Wege der Prozess- oder Verfahrenskostenhilfe beigeordnete Anwalt seine Vergütung aus der Staatskasse. Soweit er durch ein Gericht des Landes beigeordnet worden ist, erhält er die Vergütung aus der Landeskasse; soweit er durch ein Gericht des Bundes beigeordnet worden ist, aus der Bundeskasse. 17

Nach Eintritt der Fälligkeit hat der Anwalt nach § 55 RVG einen Festsetzungsantrag beim Gericht des ersten Rechtszugs einzureichen, auch soweit die Vergütung für einen höheren Rechtszug beantragt wird. Soweit eine Vergütung nach Teil 3 VV begehrt wird, ist für die Festsetzung das Gericht zuständig, das derzeit mit der Sache befasst ist. Das kann auch ein Rechtsmittelgericht (sogar ein oberstes Bundesgericht) sein. Das Gericht entscheidet dann über den Festsetzungsantrag durch Beschluss. 18

Soweit nach **Wertgebühren** abzurechnen ist (§ 2 Abs. 1 RVG), gelten für den Anwalt die Gebührenbeträge des § 13 RVG nur bis zu einer Wertstufe von 4.000,00 EUR. Darüber hinaus, also ab einem Wert von über 4.000,00 EUR, gelten lediglich die reduzierten Beträge des § 49 RVG. Der Anwalt kann dann nur die nach der Tabelle des § 49 RVG verminderten Gebührenbeträge gegenüber der Staatskasse abrechnen. 19

> **Beispiel 1**   Abrechnung bei Prozesskostenhilfe (Wert bis 4.000,00 EUR)
>
> **Der vermögende Kläger klagt gegen den Beklagten auf Zahlung von 3.000,00 EUR. Der bedürftige Beklagte erhält Prozesskostenhilfe unter Beiordnung seines Anwalts. Es kommt zur mündlichen Verhandlung.**
>
> Beide Anwälte erhalten die gleichen Gebührenbeträge, da auch für den beigeordneten Anwalt bis zu einem Gegenstandswert von 4.000,00 EUR die Gebührenbeträge des § 13 RVG gelten.
>
> 1. 1,3-Verfahrensgebühr, Nr. 3100 VV   261,30 EUR
>   (Wert: 3.000,00 EUR)
> 2. 1,2-Terminsgebühr, Nr. 3104 VV   241,20 EUR
>   (Wert: 3.000,00 EUR)
> 3. Postentgeltpauschale, Nr. 7002 VV   20,00 EUR
>   Zwischensumme   522,50 EUR
> 4. 19 % Umsatzsteuer, Nr. 7008 VV   99,28 EUR
>   **Gesamt**   **621,78 EUR**

§ 3 Vergütungsansprüche des beigeordneten Anwalts gegen Staatskasse und Dritte

Beispiel 2 — **Abrechnung bei Prozesskostenhilfe (Gegenstandswert über 4.000,00 EUR)**

Der vermögende Kläger klagt gegen den Beklagten auf Zahlung von 8.000,00 EUR. Der bedürftige Beklagte erhält Prozesskostenhilfe unter Beiordnung seines Anwalts. Es kommt zur mündlichen Verhandlung.

I. Der Wahlanwalt des Klägers erhält die Gebühren aus den Beträgen des § 13 RVG.
1. 1,3-Verfahrensgebühr, Nr. 3100 VV 592,80 EUR
   (Wert: 8.000,00 EUR)
2. 1,2-Terminsgebühr, Nr. 3104 VV 547,20 EUR
   (Wert: 8.000,00 EUR)
3. 1,0-Einigungsgebühr, Nrn. 1000, 1003 VV 456,00 EUR
   (Wert: 8.000,00 EUR)
4. Postentgeltpauschale, Nr. 7002 VV 20,00 EUR
   Zwischensumme 1.616,00 EUR
5. 19 % Umsatzsteuer, Nr. 7008 VV 307,04 EUR
   Gesamt **1.923,04 EUR**

II. Der beigeordnete Anwalt des Beklagten erhält dagegen die Gebühren nur aus den verminderten Gebührenbeträgen des § 49 RVG.
1. 1,3-Verfahrensgebühr, Nr. 3100 VV, § 49 RVG 373,10 EUR
   (Wert: 8.000,00 EUR)
2. 1,2-Terminsgebühr, Nr. 3104 VV, § 49 RVG 344,40 EUR
   (Wert: 8.000,00 EUR)
3. 1,0-Einigungsgebühr, Nrn. 1000, 1003 VV, § 49 RVG 287,00 EUR
   (Wert: 8.000,00 EUR)
4. Postentgeltpauschale, Nr. 7002 VV 20,00 EUR
   Zwischensumme 1.024,50 EUR
5. 19 % Umsatzsteuer, Nr. 7008 VV 194,66 EUR
   Gesamt **1.219,16 EUR**

20 In Straf- und Bußgeldsachen sowie in Verfahren nach Teil 6 VV erhält der Anwalt anstelle der Rahmengebühren die jeweils vorgesehenen Festgebühren. Soweit der Anwalt dort Wertgebühren erhält, gilt auch für ihn die Tabelle nach § 49 RVG.

Beispiel 3 — **Abrechnung bei Strafsachen (Rahmen und Wertgebühren)**

Der Anwalt wird dem Nebenkläger im gerichtlichen Verfahren im Wege der Prozesskostenhilfe beigeordnet. Die Beiordnung wird auch auf ein Adhäsionsverfahren über Schadensersatzansprüche im Wert von 5.000,00 EUR erstreckt. Über die Schadensersatzansprüche wird ein Vergleich geschlossen.

I. Der Wahlanwalt würde ausgehend von der Mittelgebühr und den Beträgen des § 13 RVG folgende Vergütung erhalten:
1. Grundgebühr, Nr. 4100 VV 200,00 EUR
2. Verfahrensgebühr, Nr. 4106 VV 165,00 EUR
3. Terminsgebühr, Nr. 4108 VV 275,00 EUR
4. 2,0-Verfahrensgebühr, Nr. 4143 VV 606,00 EUR
   (Wert: 5.000,00 EUR), § 13 RVG
5. 1,0-Einigungsgebühr, Nrn. 1000, 1003 VV 303,00 EUR
   (Wert: 5.000,00 EUR), § 13 RVG
6. Postentgeltpauschale, Nr. 7002 VV 20,00 EUR
   Zwischensumme 1.569,00 EUR
7. 19 % Umsatzsteuer, Nr. 7008 VV 298,11 EUR
   Gesamt **1.867,11 EUR**

II. Der beigeordnete Anwalt erhält ausgehend von Festgebühren und den Beträgen des § 49 RVG folgende Vergütung:

1.	Grundgebühr, Nr. 4100 VV		160,00 EUR
2.	Verfahrensgebühr, Nr. 4106 VV		132,00 EUR
3.	Terminsgebühr, Nr. 4108 VV		220,00 EUR
4.	2,0-Verfahrensgebühr, Nr. 4143 VV (Wert: 5.000,00 EUR), § 49 RVG		514,00 EUR
5.	1,0-Einigungsgebühr, Nrn. 1000, 1003 VV (Wert: 5.000,00 EUR), § 49 RVG		257,00 EUR
6.	Postentgeltpauschale, Nr. 7002 VV Zwischensumme	1.303,00 EUR	20,00 EUR
7.	19 % Umsatzsteuer, Nr. 7008 VV		247,57 EUR
Gesamt			**1.550,57 EUR**

Soweit in sozialrechtlichen Angelegenheiten nach Rahmengebühren abgerechnet wird (§ 3 Abs. 1 S. 1 RVG), erhält der beigeordnete Anwalt die gleichen Gebühren wie der Wahlanwalt. Hier können die geringeren Einkommens- und Vermögensverhältnisse mindernd zu berücksichtigen sein. Andererseits wird gerade deswegen die Sache für den Mandanten von größerer Bedeutung sein, so dass sich dies gegenseitig aufhebt.

21

> **Beispiel 4** **Beigeordneter Anwalt in sozialgerichtlichem Verfahren**

Der Anwalt wird nach Erlass des Widerspruchsbescheids mit der Klageerhebung beauftragt. Er wird im Wege der Prozesskostenhilfe beigeordnet und nimmt an der mündlichen Verhandlung teil.

Ausgehend von der Mittelgebühr ist für den beigeordneten Anwalt ebenso abzurechnen wie für den Wahlanwalt.

1.	Verfahrensgebühr, Nr. 3102 VV		300,00 EUR
2.	Terminsgebühr, Nr. 3106 VV		280,00 EUR
3.	Postentgeltpauschale, Nr. 7002 VV Zwischensumme	600,00 EUR	20,00 EUR
4.	19 % Umsatzsteuer, Nr. 7008 VV		114,00 EUR
Gesamt			**714,00 EUR**

III. Vorschuss (§ 47 RVG)

Im Gegensatz zur Beratungshilfe ist der im Rahmen der Prozess- oder Verfahrenskostenhilfe beigeordnete Rechtsanwalt berechtigt, nach § 47 RVG einen Vorschuss zu verlangen. Das Recht auf Vorschuss erstreckt sich allerdings nur auf solche Gebühren, die bereits entstanden sind. Im Gegensatz zu § 9 RVG kann auf zukünftige Gebühren kein Vorschuss verlangt werden. Wohl kann dagegen für zukünftige Auslagen Vorschuss verlangt werden.[2]

22

Der Antrag auf Vorschuss ist wie ein Festsetzungsantrag beim Gericht des ersten Rechtszugs einzureichen. Darüber entscheiden kann aber nach § 55 Abs. 2 RVG auch das befasste Gericht eines höheren Rechtszugs.

23

---

2 OLG Hamm AGS 2013, 348 = AnwBl 2013, 771 = RVGprof. 2013, 132 = RVGreport 2013, 307 = VRR 2013, 315 = StRR 2013, 301 (für einzuholendes Privatgutachten); LG Bautzen JurBüro 2007, 655 (für Reisekosten).

IV. Weitere Vergütung nach § 50 RVG

24 Ist dem Mandanten Prozess- oder Verfahrenskostenhilfe nur gegen Ratenzahlung bewilligt worden, so kann der Anwalt darüber hinaus auch den weiter gehenden Betrag bis zur vollen Höhe seiner Wahlanwaltsgebühren nach § 50 RVG gegen die Staatskasse festsetzen lassen. Die Staatskasse zieht dann von der bedürftigen Partei solange weitere Raten ein, bis auch die Wahlanwaltsgebühren gedeckt sind. Höchstens können allerdings 48 Raten eingezogen werden (§ 115 Abs. 2 S. 4 ZPO). Sofern diese nicht für die vollen Wahlanwaltsgebühren ausreichen, muss sich der Anwalt mit dem ausgezahlten Teil begnügen.

> **Beispiel 5** — Weitere Vergütung gegen die Staatskasse, Wahlanwaltsvergütung gedeckt

Der Anwalt wird seiner Partei für eine Kündigungsschutzklage vor dem ArbG (Wert: 8.000,00 EUR) im Wege der Prozesskostenhilfe beigeordnet. Es werden Raten in Höhe von 50,00 EUR angeordnet. Das Verfahren endet durch Vergleich.

Der beigeordnete Anwalt des Beklagten erhält aus der Staatskasse zunächst 1.219,16 EUR (siehe Beispiel 2). Zur Festsetzung nach § 50 RVG kann er weiterhin anmelden:

1. 1,3-Verfahrensgebühr, Nr. 3100 VV, § 13 RVG   592,80 EUR
   (Wert: 8.000,00 EUR)
2. ./. bereits von der Staatskasse gezahlter   – 373,10 EUR
3. 1,2-Terminsgebühr, Nr. 3104 VV, § 13 RVG   547,20 EUR
   (Wert: 8.000,00 EUR)
4. ./. bereits von der Staatskasse gezahlter   – 344,40 EUR
5. 1,0-Einigungsgebühr, Nrn. 1000, 1003 VV, § 13 RVG   456,00 EUR
   (Wert: 8.000,00 EUR)
6. ./. bereits von der Staatskasse gezahlter   – 287,00 EUR
7. Postentgeltpauschale, Nr. 7002 VV   20,00 EUR
8. ./. bereits von der Staatskasse gezahlter   – 20,00 EUR
   Zwischensumme   591,50 EUR
9. 19 % Umsatzsteuer, Nr. 7008 VV   112,39 EUR
Gesamt   **703,89 EUR**

Da die Landeskasse hier Raten in Höhe von 48 × 50,00 EUR = 2.400,00 EUR einziehen kann, wird sie die Raten also bis 1.923,04 EUR (Wahlanwaltsvergütung) einziehen. Da bei einem Vergleich vor dem Arbeitsgericht keine Gerichtskosten anfallen (Vorbem. 8 GKG-KostVerz.), brauchen keine weiteren Raten eingefordert zu werden. Von den eingezogenen Raten in Höhe von 1.923,04 EUR wird die Landeskasse 1.219,16 EUR auf die von ihr an den Anwalt gezahlte Prozesskostenhilfevergütung verrechnen und den Restbetrag begrenzt auf die Höhe von 703,88 EUR an den Anwalt auszahlen. Der Anwalt erhält also letztlich die volle Wahlanwaltsvergütung.

IV. Weitere Vergütung nach § 50 RVG § 3

Beispiel 6 — Weitere Vergütung gegen die Staatskasse, Wahlanwaltsvergütung nicht gedeckt (zu geringe Raten)

Wie vorangegangenes Beispiel 5; jedoch wird eine Ratenzahlung in Höhe von lediglich 20,00 EUR angeordnet.

Der beigeordnete Anwalt des Beklagten erhält aus der Staatskasse zunächst wiederum 1.219,16 EUR (siehe Beispiel 2). Zur Festsetzung nach § 50 RVG kann er weitere 703,89 EUR anmelden (siehe Beispiel 5).

Da die Landeskasse hier nur Raten in Höhe von 48 × 20,00 EUR = 960,00 EUR einziehen kann und dies nicht einmal die gezahlte Prozesskostenhilfevergütung abdeckt, erhält der Anwalt keine weitere Vergütung.

Beispiel 7 — Weitere Vergütung gegen die Staatskasse, Wahlanwaltsvergütung teilweise gedeckt (zu geringe Raten)

Wie Beispiel 5; jedoch wird nach Zahlung von 38 Raten die Prozesskostenhilfebewilligung dahingehend abgeändert, dass keine Raten mehr zu zahlen sind.

Der beigeordnete Anwalt des Beklagten erhält aus der Staatskasse zunächst wiederum 1.219,16 EUR (siehe Beispiel 2). Zur Festsetzung nach § 50 RVG kann er weitere 703,89 EUR anmelden (siehe Beispiel 5).

Die Landeskasse hat jetzt Raten in Höhe von 38 × 40,00 EUR = 1.520,00 EUR eingezogen. Diese verrechnet sie zunächst auf die gezahlte Prozesskostenhilfevergütung, so dass noch restliche 300,84 EUR verbleiben. Diese erhält der Anwalt auf seine weitergehende Wahlanwaltsvergütung. In Höhe von (703,89 EUR – 300,84 EUR =) 403,05 EUR fällt er aus. Diesen Fehlbetrag kann der Anwalt auch nicht vom Mandanten verlangen (§ 122 Abs. 1 Nr. 3 ZPO).

Beispiel 8 — Weitere Vergütung gegen die Staatskasse, Wahlanwaltsvergütung nicht gedeckt (vorrangige Gerichtskosten)

Der Anwalt wird seiner Partei für eine Klage in Höhe von 75.000,00 EUR im Wege der Prozesskostenhilfe beigeordnet. Es werden Raten in Höhe von 60,00 EUR angeordnet. Die Klage wird abgewiesen.

Der beigeordnete Anwalt des Klägers erhält aus der Staatskasse zunächst:

1. 1,3-Verfahrensgebühr, Nr. 3100 VV, § 49 RVG 581,10 EUR
   (Wert: 75.000,00 EUR)
2. 1,2-Termingebühr, Nr. 3104 VV, § 49 RVG 536,40 EUR
   (Wert: 75.000,00 EUR)
3. Postentgeltpauschale, Nr. 7002 VV 20,00 EUR
   Zwischensumme 1.137,50 EUR
4. 19 % Umsatzsteuer, Nr. 7008 VV 216,13 EUR
   Gesamt **1.353,63 EUR**

Zur Festsetzung nach § 50 RVG kann er weiterhin anmelden:

1. 1,3-Verfahrensgebühr, Nr. 3100 VV, § 13 RVG 1.732,90 EUR
   (Wert: 75.000,00 EUR)
2. ./. bereits von der Staatskasse gezahlter – 581,10 EUR

3.	1,2-Terminsgebühr, Nr. 3104 VV, § 13 RVG (Wert: 75.000,00 EUR)	1.599,60 EUR
4.	./. bereits von der Staatskasse gezahlter	– 536,20 EUR
5.	Postentgeltpauschale, Nr. 7002 VV	20,00 EUR
6.	./. bereits von der Staatskasse gezahlter	– 20,00 EUR
	Zwischensumme	2.215,20 EUR
7.	19 % Umsatzsteuer, Nr. 7008 VV	420,89 EUR
	Gesamt	**2.636,09 EUR**

Die bedürftige Partei hat 48 Raten zu 60,00 EUR zu erbringen, also insgesamt 2.880,00 EUR. Davon geht gem. § 50 Abs. 1 S. 1 RVG i.V.m. § 122 Abs. 1 Nr. 1 Buchst. a) ZPO zunächst die 3,0-Gerichtsgebühr (Nr. 1210 GKG-KostVerz.) in Höhe von 2.358,00 EUR ab. Die weiteren 522,00 EUR werden gem. § 50 Abs. 1 S. 1 RVG i.V.m. § 122 Abs. 1 Nr. 1 Buchst. b) ZPO auf die gezahlte Prozesskostenhilfevergütung verrechnet. Für die weitergehenden Wahlanwaltsgebühren verbleibt kein Rest mehr, so dass der Anwalt hinsichtlich seiner weiter gehenden Wahlanwaltsvergütung vollständig ausfällt.

V. Festsetzung des Anwalts gegen den erstattungspflichtigen Gegner

25 Obsiegt die bedürftige Partei, kann der ihr beigeordnete Anwalt nach § 126 ZPO die Wahlanwaltsvergütung aus eigenem Recht gegen den erstattungspflichtigen Gegner festsetzen lassen und bei diesem beitreiben.

26 Eine Einrede aus der Person der Partei ist nicht zulässig (§ 126 Abs. 2 S. 1 ZPO). Der Gegner kann nur mit Kosten aufrechnen, die nach der in demselben Rechtsstreit über die Kosten erlassenen Entscheidung von der Partei zu erstatten sind (§ 126 Abs. 2 S. 2 ZPO).

> **Beispiel 9**   **Festsetzung der vollen Gebühren gegen den Gegner**

Der Anwalt wird seiner Partei zur Abwehr einer Klage in Höhe von 8.000,00 EUR im Wege der Prozesskostenhilfe beigeordnet. Es kommt zur mündlichen Verhandlung. Die Klage wird kostenpflichtig abgewiesen. Der Anwalt des Beklagten hat mit der Staatskasse nicht abgerechnet.

Der Anwalt kann jetzt seine Vergütung nach § 126 ZPO gegen den Gegner im eigenen Namen festsetzen lassen:

1.	1,3-Verfahrensgebühr, Nr. 3100 VV (Wert: 8.000,00 EUR), § 13 RVG	592,80 EUR
2.	1,2-Terminsgebühr, Nr. 3104 VV (Wert: 8.000,00 EUR), § 13 RVG	547,20 EUR
3.	Postentgeltpauschale, Nr. 7002 VV	20,00 EUR
	Zwischensumme 1.160,00 EUR	
4.	19 % Umsatzsteuer, Nr. 7008 VV	220,40 EUR
	Gesamt	**1.380,40 EUR**

27 Soweit der Anwalt die Prozess- oder Verfahrenskostenhilfe bereits in Anspruch genommen hat, kann er nur den Differenzbetrag zwischen der Wahlanwaltsvergütung und der PKH-Vergütung festsetzen lassen.

V. Festsetzung des Anwalts gegen den erstattungspflichtigen Gegner § 3

Beispiel 10 | **Festsetzung der Differenz gegen den Gegner**

Im vorstehenden Beispiel hat der Anwalt des Klägers bereits mit der Staatskasse abgerechnet.

Er kann jetzt nach § 126 ZPO gegen den Gegner in eigenem Namen festsetzen lassen:

1.	1,3-Verfahrensgebühr, Nr. 3100 VV (Wert: 8.000,00 EUR), § 13 RVG	592,80 EUR
2.	./. bereits von der Staatskasse gezahlter	– 373,10 EUR
3.	1,2-Terminsgebühr, Nr. 3104 VV (Wert: 8.000,00 EUR), § 13 RVG	547,20 EUR
4.	./. bereits von der Staatskasse gezahlter	– 344,40 EUR
5.	Postentgeltpauschale, Nr. 7002 VV	20,00 EUR
6.	./. bereits von der Staatskasse gezahlter Zwischensumme	– 20,00 EUR 422,50 EUR
7.	19 % Umsatzsteuer, Nr. 7008 VV	80,28 EUR
	Gesamt	**502,78 EUR**

Ist der Mandant zum Vorsteuerabzug berechtigt, kann der Anwalt vom Gegner nur den Nettobetrag geltend machen, da es sich um eine echte Kostenerstattungsforderung handelt, für die § 104 Abs. 2 S. 3 ZPO gilt.[3]

28

Beispiel 11 | **Festsetzung der vollen Gebühren gegen den Gegner, Auftraggeber ist zum Vorsteuerabzug berechtigt**

Wie Beispiel 10. Der Auftraggeber ist jedoch zum Vorsteuerabzug berechtigt.

Der Anwalt kann jetzt nach § 126 ZPO gegen den Gegner im eigenen Namen nur den Netto-Betrag i.H.v. 422,50 EUR festsetzen lassen.

Eine Aufrechnung des Gegners gegen die von ihm nach § 126 ZPO zu erstattenden Kosten kommt nur insoweit in Betracht, als es sich um Kosten handelt, die nach der in demselben Rechtsstreit über die Kosten erlassenen Entscheidung von der bedürftigen Partei zu erstatten sind (§ 126 Abs. 2 S. 2 ZPO).

29

Beispiel 12 | **Aufrechnung des Gegners im Festsetzungsverfahren gegen den Gegner nach § 126 ZPO**

In einem Rechtsstreit über 8.000,00 EUR ist die bedürftige Partei verurteilt worden, 1.500,00 EUR zu zahlen. Die Kosten sind zu 80 % dem Kläger und zu 20 % dem Beklagten auferlegt worden. Der Anwalt meldet gem. § 126 ZPO seine Wahlanwaltsvergütung in Höhe von 1.380,40 EUR (siehe Beispiel 9) zur Festsetzung gegen den Kläger nach § 126 ZPO an. Der Kläger erklärt die Aufrechnung mit der Klageforderung sowie mit den ihm entstandenen Kosten des Verfahrens (Anwaltsvergütung: 1.380,40 EUR + 3,0-Gerichtsgebühr: 609,00 EUR).

Der Kläger kann mit der Klageforderung nicht aufrechnen (§ 126 Abs. 2 S. 1 ZPO). Er kann nur mit den 20 % Kosten aufrechnen, die vom Beklagten zu erstatten sind (§ 126 Abs. 2 S. 2 ZPO).

---

3 BGH AGS 2007, 628 = Rpfleger 2006, 609 = BGHR 2006, 1447 = JurBüro 2007, 88 = NJW-RR 2007, 285 = MDR 2007, 303 = RVGreport 2006, 392 = NJ 2006, 508 = RVGprof. 2006, 201 = NJW 2007, 772 = DStR 2006, 1761 = BB 2006, 2103.

Nach Ausgleichung bleibt aufgrund der besseren Quote daher noch ein Betrag ([3.369,80 EUR × 0,8] – 1.989,40 EUR) = 706,44 EUR, der festzusetzen ist.

Hätte der Anwalt des Klägers vorab schon mit der Landeskasse abgerechnet, dann wären nur die 502,78 EUR festzusetzen gewesen. Den Restbetrag hätte dann die Landeskasse eingezogen.

30 Will der Anwalt der Gefahr entgehen, dass der Gegner gegen seinen Kostenerstattungsanspruch aufrechnet, darf er nicht in die Kostenausgleichung gehen, sondern muss die **getrennte Kostenfestsetzung** wählen.

31 Soweit der Anwalt gegen den Gegner eine zu hohe Vergütung hat festsetzen lassen, ist eine **Rückfestsetzung** in entsprechender Anwendung des § 91 Abs. 4 ZPO möglich.[4] Ein solcher Fall ist insbesondere dann gegeben, wenn in einem höheren Rechtszug die Kostengrundentscheidung aufgehoben oder abgeändert wird oder nachträglich der Streitwert des Verfahrens herabgesetzt wird (§ 107 ZPO).

> **Beispiel 13** | **Rückfestsetzung gegen den Anwalt**
>
> **Der Anwalt ist dem Kläger im Wege der Prozesskostenhilfe beigeordnet worden. Das LG gibt der Klage statt und legt die Kosten des Verfahrens dem Beklagten auf. Daraufhin lässt der Anwalt gem. § 126 ZPO die Kosten gegen den Beklagten festsetzen und treibt diese bei. Das OLG ändert auf die Berufung hin das Urteil des LG ab und hebt die Kosten beider Instanzen gegeneinander auf.**
>
> Da der Beklagte aufgrund des Kostenfestsetzungsbeschlusses bereits an den Kläger gezahlt hat, kann er die Rückfestsetzung gegen den Anwalt beantragen, so dass dieser die vereinnahmte Vergütung nebst Zinsen zurückzahlen muss.

VI. Abschluss einer Einigung

1. Einigung über anhängige Gegenstände

32 Der Anwalt erhält auch eine Einigungsgebühr aus der Staatskasse, wenn es zu einer Einigung i.S.d. Nr. 1000 VV kommt.

> **Beispiel 14** | **Einigung über anhängige Gegenstände**
>
> **In einem Räumungsrechtsstreit ist dem Beklagten Prozesskostenhilfe bewilligt worden (Wert: 6.000,00 EUR). Im Termin zur mündlichen Verhandlung einigen sich die Parteien über die Auflösung des Mietverhältnisses.**
>
> Die Prozesskostenhilfe erstreckt sich auf die Einigungsgebühr, so dass der Anwalt diese auch aus der Landeskasse erhält.

---

4 BGH AGS 2013, 67 = MDR 2013, 122 = NJW-RR 2013, 186 = FamRZ 2013, 291 = AnwBl 2013, 148 = VersR 2013, 376 = Rpfleger 2013, 208 = JurBüro 2013, 147 = RVGreport 2013, 70 = NJW-Spezial 2013, 125 = MittdtschPatAnw 2013, 148 = NJ 2013, 302; OLG München AGS 2013, 37 = Rpfleger 2013, 276 = FamRZ 2013, 721; OLG Hamburg AGS 2012, 79 = JurBüro 2012, 146 = FamRZ 2012, 736 = NJW-Spezial 2012, 92 = RVGreport 2012, 117.

1.	1,3-Verfahrensgebühr, Nr. 3100 VV, § 49 RVG (Wert: 6.000,00 EUR)	347,10 EUR
2.	1,2-Terminsgebühr, Nr. 3104 VV, § 49 RVG (Wert: 6.000,00 EUR)	320,40 EUR
3.	1,0-Einigungsgebühr, Nrn. 1000, 1003 VV, § 49 RVG (Wert: 6.000,00 EUR)	267,00 EUR
4.	Postentgeltpauschale, Nr. 7002 VV	20,00 EUR
	Zwischensumme 954,50 EUR	
5.	19 % Umsatzsteuer, Nr. 7008 VV	181,36 EUR
Gesamt		**1.135,86 EUR**

Unerheblich ist, ob die Einigung vor Gericht geschlossen wird oder außergerichtlich.[5] Entscheidend ist nur, dass sie sich über diejenigen Gegenstände verhält, für die Prozess- oder Verfahrenskostenhilfe bewilligt worden ist.

Beispiel 15 | **Einigung über anhängige Gegenstände**

In einem Räumungsrechtsstreit ist dem Beklagten Prozesskostenhilfe bewilligt worden (Wert: 6.000,00 EUR). In einer telefonischen Besprechung einigen sich die Anwälte über die Auflösung des Mietverhältnisses. Die Klage wird daraufhin zurückgenommen.

Die Prozesskostenhilfe erstreckt sich auch jetzt auf die Einigungsgebühr, so dass der Anwalt diese wiederum auch aus der Landeskasse erhält.

Abzurechnen ist wie im vorangegangenen Beispiel.

2. Einigung auch über in diesem Verfahren nicht anhängige Gegenstände

Wird eine Einigung über in diesem Verfahren nicht anhängige Gegenstände geschlossen, erhält der Anwalt die Einigungsgebühr und gegebenenfalls weitere Gebühren aus dem Mehrwert nur, wenn die Prozess- oder Verfahrenskostenhilfe sich auch auf den Mehrwert der Einigung erstreckt (zur Erstreckung nach § 48 Abs. 3 RVG siehe § 28 Rn 306 ff.).

Hinsichtlich der Höhe gelten zunächst keine Besonderheiten. Es ist auch hier darauf abzustellen, ob der Gegenstand über den sich die Parteien einigen, nicht anhängig ist (dann 1,5 nach Nr. 1000 VV) oder ob er anderweitig anhängig ist (dann 1,0 nach Nr. 1003 VV oder 1,3 nach Nr. 1004 VV bei Anhängigkeit in einem Berufungs- oder Revisionsverfahren oder einem Beschwerdeverfahren nach Vorbem. 3.2.1, 3.2.2 VV oder einem gleich gestellten Verfahren).

Schließen die Parteien eine Einigung auch über **nicht anhängige Ansprüche und wird die Prozess- oder Verfahrenskostenhilfe auf den Mehrwert der Einigung erstreckt**, so folgt daraus keine Reduzierung der Einigungsgebühr. Dieser Fall ist in Anm. S. 1 zu Nr. 1003 VV ausdrücklich ausgenommen. Es bleibt insoweit also bei einer 1,5-Gebühr nach Nr. 1000 VV. Nach a.A. – vor allem nach der Rspr. in der Arbeitsgerichtsbarkeit – soll dagegen der Ausschluss der Ermäßigung nach Anm. Abs. 1 S. 1 zu Nr. 1003 VV nur dann gelten, wenn die Prozess- oder Verfahrenskostenhilfe lediglich zur „Protokollierung" des Vergleichs beantragt (und bewilligt) wird,[6] nicht aber dann, wenn auch zum Abschluss des Vergleichs bewilligt wird. Diese Auffassung

---

[5] Grundlegend BGH MDR 1988, 210 = Rpfleger 1987, 519 = JurBüro 1988, 1376 = NJW 1988, 494 = FPR 1997, 289 = VersR 1988, 941 = Rpfleger 1988, 83 = BB 1988, 439.
[6] LAG Nürnberg NZA-RR 2009, 556 = ArbuR 2009, 371 = AE 2009, 349 = NZA 2010, 62; LAG Hamm NZA-RR 2007, 601.

ist jedoch unzutreffend und läuft dem Sinn und Zweck der Anm. Abs. 1 S. 1 zu Nr. 1003 VV zuwider.

> **Beispiel 16** Einigung über nicht anhängige Gegenstände, Erstreckung der Prozesskostenhilfe
>
> **In einem Räumungsrechtsstreit ist dem Beklagten Prozesskostenhilfe bewilligt worden (Wert: 6.000,00 EUR). Im Termin zur mündlichen Verhandlung einigen sich die Parteien über die Auflösung des Mietverhältnisses. Gleichzeitig einigen sich die Parteien auch über die Abgeltung von Renovierungsmaßnahmen sowie die Abrechnung der Mietkaution (Wert: 2.000,00 EUR). Das Gericht erstreckt die Prozesskostenhilfe auch auf den Abschluss des Vergleichs.**
>
> Die Einigungsgebühr entsteht aus der Hauptsache lediglich zu 1,0 (Nr. 1003 VV); aus dem Mehrwert entsteht dagegen die 1,5-Einigungsgebühr nach Nr. 1000 VV. Die Erstreckung der Prozess- oder Verfahrenskostenhilfe auf die Einigung ist unbeachtlich (Anm. S. 1 zu Nr. 1003 VV).[7]
>
> Nach a.A. wäre dagegen nur eine 1,0-Einigungsgebühr angefallen.

37 Anders verhält es sich, wenn hinsichtlich der weiter gehenden Ansprüche bereits ein Prozess- oder Verfahrenskostenhilfeantrag zur Durchführung des Verfahrens gestellt war.

> **Beispiel 17** Einigung über nicht anhängige Gegenstände, Antrag auf Prozesskostenhilfebewilligung bereits gestellt
>
> **In einem Rechtsstreit (Wert: 7.000,00 EUR) beantragt der Beklagte Prozesskostenhilfe für eine beabsichtigte Widerklage über 3.600,00 EUR. Im Termin schließen die Parteien einen Vergleich über die Klageforderung und beziehen darin auch die beabsichtigte Widerklageforderung ein.**
>
> Da über die mitverglichene Forderung bereits ein Verfahren auf Bewilligung von Prozesskostenhilfe anhängig war, entsteht die Einigungsgebühr nach allen Auffassungen insgesamt lediglich zu 1,0 (Anm. Abs. 1 S. 1 zu Nr. 1003 VV).

38 Strittig ist, ob der Anwalt bei Abschluss eines Mehrwertvergleichs auch die Verfahrens(differenz)gebühr und die Terminsgebühr aus dem Mehrwert erhält. Einzelheiten sind hier – insbesondere seit Inkrafttreten des 2. KostRMoG – strittig. Zum Teil wird aus der Neufassung des § 48 Abs. 3 RVG, der eine Erstreckung in Ehesachen vorsieht, im Umkehrschluss geschlossen, dass in allen anderen Fällen eine Erstreckung nicht in Betracht komme.[8] Dies ist jedoch unzutreffend. Die Erstreckung gilt für alle Gebühren, da anderenfalls eine bedürftige Partei in vielen Fällen keine Einigung abschließen könnte, weil sie die dann auf sie entfallenden Wahlanwaltsgebühren nicht zahlen kann.

---

7 *Gerold/Schmidt/Müller-Rabe*, Nr. 1000 Rn 46.
8 So OLG Dresden AGS 2014, 347 = MDR 2014, 686 = Rpfleger 2014, 387 = NJW-Spezial 2014, 445; OLG Koblenz AGS 2014, 348 m. abl. Anm. *Thiel*.

VI. Abschluss einer Einigung § 3

Beispiel 18 — Einigung über nicht anhängige Gegenstände, Erstreckung der Prozesskostenhilfe auf Verfahrens- und Terminsgebühr

In einem Räumungsrechtsstreit ist dem Beklagten Prozesskostenhilfe bewilligt worden (Wert: 6.000,00 EUR). Im Termin zur mündlichen Verhandlung einigen sich die Parteien über die Auflösung des Mietverhältnisses. Gleichzeitig einigen sich die Parteien auch über die Abgeltung von Renovierungsmaßnahmen sowie die Abrechnung der Mietkaution (Wert: 2.000,00 EUR). Das Gericht erstreckt die Prozesskostenhilfe auch auf den Abschluss des Vergleichs.

Der Anwalt erhält aus dem Mehrwert auch die 0,8-Verfahrensdifferenzgebühr sowie die Terminsgebühr. Die Einigungsgebühr entsteht aus der Hauptsache lediglich zu 1,0 (Nr. 1003 VV); aus dem Mehrwert entsteht dagegen die 1,5-Einigungsgebühr nach Nr. 1000 VV (s.o.).

Der beigeordnete Anwalt erhält:

1. 1,3-Verfahrensgebühr, Nr. 3100, § 49 RVG 347,10 EUR
   (Wert: 6.000,00 EUR)
2. 0,8-Verfahrensgebühr, Nrn. 3100, 3101 Nr. 2 VV, § 49 RVG 120,00 EUR
   (Wert: 2.000,00 EUR)
   gem. § 15 Abs. 3 RVG nicht mehr als 1,3 aus 373,10 EUR
   8.000,00 EUR
3. 1,2-Terminsgebühr, Nr. 3104 VV, § 49 RVG 344,40 EUR
   (Wert: 8.000,00 EUR)
4. 1,0-Einigungsgebühr, Nr. 1000, 1003, § 49 RVG 267,00 EUR
   (Wert: 6.000,00 EUR)
5. 1,5-Einigungsgebühr, Nr. 1000 VV, § 49 RVG 225,00 EUR
   (Wert: 2.000,00 EUR)
   gem. § 15 Abs. 3 RVG nicht mehr als 1,5 aus 430,50 EUR
   8.000,00 EUR
6. Postentgeltpauschale, Nr. 7002 VV 20,00 EUR
   Zwischensumme 1.168,00 EUR
7. 19 % Umsatzsteuer, Nr. 7008 VV 221,92 EUR
   Gesamt **1.389,92 EUR**

Nach der Gegenauffassung würde der Anwalt aus der Landeskasse nur die Einigungsgebühr aus dem Mehrwert erhalten. Die Differenz der Verfahrens- und Terminsgebühr müsste die bedürftige Partei selbst tragen, und zwar nach den Wahlanwaltsgebühren (zur Berechnung siehe § 23 Rn 58 ff.).

Nach dieser Auffassung wäre wie folgt zu rechnen:

I. Zahlung aus der Landeskasse:
1. 1,3-Verfahrensgebühr, Nr. 3100 VV, § 49 RVG 347,10 EUR
   (Wert: 6.000,00 EUR)
2. 1,2-Terminsgebühr, Nr. 3104 VV, § 49 RVG 320,40 EUR
   (Wert: 6.000,00 EUR)
3. 1,0-Einigungsgebühr, Nr. 1000, 1003, § 49 RVG 267,00 EUR
   (Wert: 6.000,00 EUR)
4. 1,5-Einigungsgebühr, Nr. 1000 VV, § 49 RVG 225,00 EUR
   (Wert: 2.000,00 EUR)
   gem. § 15 Abs. 3 RVG nicht mehr als 1,5 aus 430,50 EUR
   8.000,00 EUR, § 49 RVG
5. Postentgeltpauschale, Nr. 7002 VV 20,00 EUR
   Zwischensumme 1.118,00 EUR

6.	19 % Umsatzsteuer, Nr. 7008 VV	212,42 EUR
Gesamt		**1.330,42 EUR**

II. Zuzahlung der bedürftigen Partei:

1.	1,3-Verfahrensgebühr, Nr. 3100, § 13 RVG (Wert: 6.000,00 EUR)	460,20 EUR
2.	0,8-Verfahrensgebühr, Nrn. 3100, 3101 Nr. 2 VV, § 13 RVG (Wert: 2.000,00 EUR) die Grenze des § 15 Abs. 3 RVG (nicht mehr als 1,3 aus 8.000,00 EUR) = 592,80 ist nicht überschritten	120,00 EUR
3.	abzüglich 1,3-Verfahrensgebühr, Nr. 3100, § 13 RVG (Wert: 6.000,00 EUR)	– 460,20 EUR
4.	1,2-Terminsgebühr, Nr. 3104 VV, § 13 RVG (Wert: 8.000,00 EUR)	547,20 EUR
5.	abzüglich 1,2-Terminsgebühr, Nr. 3104 VV, § 13 RVG (Wert: 6.000,00 EUR)	– 424,80 EUR
	Zwischensumme	242,40 EUR
6.	19 % Umsatzsteuer, Nr. 7008 VV	46,06 EUR
Gesamt		**288,46 EUR**

39 In Anbetracht der in der Rechtsprechung bestehenden Unklarheiten sollte der Anwalt darauf achten, dass sich die Beiordnung immer auch ausdrücklich auch auf die Verfahrens- und die Terminsgebühr erstreckt.

VII. Mehrere Auftraggeber

1. Prozess- oder Verfahrenskostenhilfe nur für einen von mehreren Auftraggebern

a) Überblick

40 Wird Prozess- oder Verfahrenskostenhilfe nur für einen oder nur für einzelne von mehreren Auftraggebern bewilligt, so ist zu differenzieren. Entscheidend ist dabei zunächst der Umfang der Bewilligung und Beiordnung, also ob eine uneingeschränkte Bewilligung und Beiordnung vorliegt oder eine auf den „Mehrbetrag", die „Erhöhung" o.Ä. beschränkte Bewilligung und Beiordnung.

b) Beschränkte Bewilligung

41 Wird die Prozess- oder Verfahrenskostenhilfe nur für einen oder nur für einzelne von mehreren Auftraggebern bewilligt und gleichzeitig zum Ausdruck gebracht, dass sich die Bewilligung und die Beiordnung nur auf den Mehrbetrag oder die Gebührenerhöhung, die durch den bedürftigen Auftraggeber eintritt, erstrecke, dann ist die Sache eindeutig. Es kann dann auch nur der Mehrbetrag abgerechnet werden. Der Bewilligungsbeschluss ist maßgebend, auch wenn er sachlich unzutreffend ist.[9] Er hätte angegriffen werden müssen. An einen rechtskräftigen Bewilligungsbeschluss sind die Festsetzungsorgane jedoch gebunden (§ 48 RVG).

---

9 Die dahingehende Auffassung des BGH in AGS 1995, 25 = NJW 1993, 1715 = MDR 1993, 913 = Rpfleger 1993, 452 = JurBüro 1994, 174 = BRAK-Mitt 1993, 180, wird von der überwiegenden Rspr. zu Recht abgelehnt.

VII. Mehrere Auftraggeber § 3

| Beispiel 19 | **Beschränkte Prozesskostenhilfe nur für einen von mehreren Auftraggebern (Gebührenerhöhung)** |

Der Anwalt wird von zwei Auftraggebern gemeinschaftlich wegen einer Forderung in Höhe von **10.000,00 EUR** beauftragt. Einem der beiden Auftraggeber wird der Anwalt im Rahmen der Prozesskostenhilfe beigeordnet, und zwar mit der Maßgabe, dass sich die Bewilligung nur auf die durch das Hinzutreten des zweiten Aufraggebers anfallende Gebührenerhöhung erstrecke.

Der Bewilligungsbeschluss ist nach zutreffender Ansicht zwar sachlich falsch, aber nach Ablauf der Beschwerdefrist rechtskräftig. Die Festsetzungsorgane sind daran gebunden. Abgerechnet werden kann jetzt nur die Gebührenerhöhung, und diese auch nur aus den Beträgen des § 49 RVG. Auch die Postentgeltpauschale kann nicht geltend gemacht werden, da sie bereits bei der vermögenden Partei in voller Höhe ausgelöst worden ist. Aus der Landeskasse zu übernehmen wären danach nur:

1.	0,3-Erhöhungsbetrag, Nr. 1008 VV, § 49 RVG		92,10 EUR
	(Wert: 10.000,00 EUR)		
	Zwischensumme	92,10 EUR	
2.	19 % Umsatzsteuer, Nr. 7008 VV		17,50 EUR
Gesamt			**109,60 EUR**

| Beispiel 20 | **Beschränkte Prozesskostenhilfe nur für einen von mehreren Auftraggebern (unterschiedliche Gegenstände)** |

Der Anwalt wird von zwei Auftraggebern gemeinschaftlich wegen zweier Forderungen in Höhe von jeweils **5.000,00 EUR** beauftragt. Einem der beiden Auftraggeber wird der Anwalt im Rahmen der Prozesskostenhilfe beigeordnet, und zwar mit der Maßgabe, dass sich die Bewilligung nur auf die durch das Hinzutreten des zweiten Aufraggebers anfallende Vergütung erstrecke.

Auch hier ist der Bewilligungsbeschluss nach zutreffender Ansicht zwar sachlich falsch, aber nach Ablauf der Beschwerdefrist rechtskräftig. Die Festsetzungsorgane sind daran gebunden. Abgerechnet werden kann jetzt nur die Vergütungsdifferenz zwischen der Vergütung aus 5.000,00 EUR und 10.000,00 EUR, und zwar nach den Beträgen des § 49 RVG. Aus der Landeskasse zu übernehmen wären danach nur:

1.	1,3-Verfahrensgebühr, Nr. 3100 VV, § 49 RVG		399,10 EUR
	(Wert: 10.000,00 EUR)		
2.	./. 1,3-Verfahrensgebühr, Nr. 3100 VV, § 49 RVG		– 334,10 EUR
	(Wert: 5.000,00 EUR)		
3.	1,2-Terminsgebühr, Nr. 3104 VV, § 49 RVG		368,40 EUR
	(Wert: 10.000,00 EUR)		
4.	./. 1,2-Terminsgebühr, Nr. 3104 VV, § 49 RVG		– 308,40 EUR
	(Wert: 5.000,00 EUR)		
5.	Postentgeltpauschale, Nr. 7002 VV		20,00 EUR
6.	./. Postentgeltpauschale, Nr. 7002 VV		– 20,00 EUR
	Zwischensumme	125,00 EUR	
7.	19 % Umsatzsteuer, Nr. 7008 VV		23,75 EUR
Gesamt			**148,75 EUR**

c) Unbeschränkte Bewilligung

42 Strittig ist, wie abzurechnen ist, wenn unbeschränkt bewilligt worden ist. Drei Ansichten werden hierzu vertreten, wobei hierzu häufig Rechtsprechung zitiert wird, die gar nicht die Frage der Abrechnung betrifft, sondern die Frage der Beiordnung. Dass muss aber auseinander gehalten werden. Ist einmal fehlerhaft eingeschränkt beigeordnet worden, so lässt sich dies im Festsetzungsverfahren nicht mehr korrigieren.

> **Beispiel 21** Prozesskostenhilfe nur für einen von mehreren Auftraggebern
>
> Der Anwalt wird von zwei Auftraggebern gemeinschaftlich wegen einer Forderung in Höhe von 10.000,00 EUR beauftragt. Einem der beiden Auftraggeber wird der Anwalt im Rahmen der Prozesskostenhilfe beigeordnet.

Da nur eine Angelegenheit gegeben ist (§ 7 Abs. 1 RVG), kann der Anwalt seine Vergütung nur einmal erhalten (§ 15 Abs. 2 RVG). Allerdings erhöht sich die Verfahrensgebühr nach Nr. 1008 VV um 0,3.

I. **Insgesamt beläuft sich die (fiktive) Wahlanwaltsvergütung damit auf:**
1. 1,6-Verfahrensgebühr, Nrn. 3100, 1008 VV, § 13 RVG 892,80 EUR
   (Wert: 10.000,00 EUR)
2. 1,2-Terminsgebühr, Nr. 3104 VV, § 13 RVG 669,60 EUR
   (Wert: 10.000,00 EUR)
3. Postentgeltpauschale, Nr. 7002 VV 20,00 EUR
   Zwischensumme 1.582,40 EUR
4. 19 % Umsatzsteuer, Nr. 7008 VV 300,66 EUR
Gesamt **1.883,06 EUR**

Von der vermögenden Partei kann der Anwalt die Vergütung insoweit verlangen, wie sie entstanden wäre, wenn diese alleine den Auftrag erteilt hätte (§ 7 Abs. 2 RVG).

II. **Von der vermögenden Partei kann der Anwalt verlangen:**
1. 1,3-Verfahrensgebühr, Nr. 3100 VV, § 13 RVG 725,40 EUR
   (Wert: 10.000,00 EUR)
2. 1,2-Terminsgebühr, Nr. 3104 VV, § 13 RVG 669,60 EUR
   (Wert: 10.000,00 EUR)
3. Postentgeltpauschale, Nr. 7002 VV 20,00 EUR
   Zwischensumme 1.415,00 EUR
4. 19 % Umsatzsteuer, Nr. 7008 VV 268,85 EUR
Gesamt **1.683,85 EUR**

III. **Welche Ansprüche gegen die Staatskasse bestehen, ist dagegen strittig.**

Erste Möglichkeit: Da nach § 7 Abs. 2 RVG jeder Auftraggeber in der Höhe haftet, in der er haften würde, wenn er den Anwalt allein beauftragt hätte, käme insoweit eine Erstreckung der Prozesskostenhilfe auf eine 1,3-Verfahrensgebühr sowie eine 1,2-Terminsgebühr nebst Auslagen in Betracht, allerdings aus den Gebührenbeträgen des § 49 RVG.[10] Aus der Staatskasse erhielte der Anwalt:

---

10 So OLG Düsseldorf FamRZ 1997, 532 = MDR 1997, 1071 = Rpfleger 1997, 532; LAG Mainz MDR 1997, 1166; OLG München AGS 2011, 76 = MDR 2011, 326 = JurBüro 2011, 146 = Rpfleger 2011, 280 = FamRZ 2011, 836; MDR 1996, 857 = OLGR 1996, 207 = Rpfleger 1996, 478 = NJW-RR 1997, 191 = JurBüro 1997, 89 = AnwBl 1998, 52; OLG Stuttgart Justiz 1997, 22 = JurBüro 1997, 200; OLG Celle AGS 2007, 250 = OLGR 2007, 160 = Rpfleger 2007, 151; AG Mosbach AGS 2010, 181 = JurBüro 2011, 378; OLG Zweibrücken AGS 2009, 126 = Rpfleger 2009, 88 = OLGR 2009, 119–120 = FamRZ 2009, 716 = DÖV 2009, 216.

VII. Mehrere Auftraggeber § 3

1. 1,3-Verfahrensgebühr, Nr. 3100 VV, § 49 RVG   399,10 EUR
   (Wert: 10.000,00 EUR)
2. 1,2-Terminsgebühr, Nr. 3104 VV, § 49 RVG   368,40 EUR
   (Wert: 10.000,00 EUR)
3. Postentgeltpauschale, Nr. 7002 VV   20,00 EUR
   Zwischensumme   787,50 EUR
4. 19 % Umsatzsteuer, Nr. 7008 VV   149,63 EUR

Gesamt   **937,13 EUR**

Sofern der vermögende Auftraggeber allerdings zahlt, müssen diese Zahlungen dann nach § 58 Abs. 1, Abs. 2 RVG angerechnet werden, soweit sie den Differenzbetrag zur Wahlanwaltsvergütung (1.683,85 EUR – 937,13 EUR = 746,72 EUR) übersteigen.

Zweite Möglichkeit: Da im Innenverhältnis beide Auftraggeber grundsätzlich jeweils zur Hälfte haften (§ 426 Abs. 1 BGB), käme insoweit in Betracht, dass der Anwalt gegen die Staatskasse einen Anspruch in Höhe der Hälfte der Vergütung, also hier der Hälfte einer 1,6-Verfahrensgebühr (Nrn. 3100, 1008 VV) und der 1,2-Terminsgebühr nebst Auslagen erwirbt, wiederum allerdings aus den Beträgen des § 49 RVG.[11] Aus der Staatskasse erhielte der Anwalt dann:

1. 1,6-Verfahrensgebühr, Nrn. 3100, 1008 VV, § 49 RVG   491,20 EUR
   (Wert: 10.000,00 EUR)
2. 1,2-Terminsgebühr, Nr. 3104 VV, § 49 RVG   368,40 EUR
   (Wert: 10.000,00 EUR)
3. Postentgeltpauschale, Nr. 7002 VV   20,00 EUR
   Zwischensumme   879,60 EUR
   hiervon $^1/_2$ 439,80 EUR
4. 19 % Umsatzsteuer, Nr. 7008 VV   83,56 EUR

Gesamt   **523,36 EUR**

Auch hier müsste sich der Anwalt Zahlungen des vermögenden Mandanten anrechnen (§ 58 Abs. 1, Abs. 2 RVG) lassen, soweit sie den Differenzbetrag zur Wahlanwaltsvergütung (1.683,85 EUR – 523,36 EUR = 1.160,49 EUR) übersteigen.

Dritte Möglichkeit: Die Prozess- oder Verfahrenskostenhilfe beschränkt sich auf den Mehrbetrag, der durch das Hinzutreten der bedürftigen Partei entsteht.[12] Hiernach wäre also lediglich der 0,3-Erhöhungsbetrag nach Nr. 1008 VV aus 10.000,00 EUR von der Prozess- oder Verfahrenskostenhilfe gedeckt. Insoweit wird häufig eine Entscheidung des BGH[13] als Beleg angeführt. Diese betrifft jedoch den Fall, dass sich die Bewilligung von vornherein nur auf die „Erhöhungsgebühr", den „Mehrbetrag" o.Ä. beschränkt (siehe oben Rn 41). Aus der Staatskasse erhielte der Anwalt in diesem Fall:

1. 0,3-Erhöhungsbetrag, Nr. 1008 VV, § 49 RVG   92,10 EUR
   (Wert: 10.000,00 EUR)
   Zwischensumme   92,10 EUR
2. 19 % Umsatzsteuer, Nr. 7008 VV   17,50 EUR

Gesamt   **109,50 EUR**

In diesem Fall wären Zahlungen der vermögenden Partei nicht anzurechnen. Der Anwalt hätte allerdings keine Vergütungsansprüche gegen die Staatskasse oder die bedürftige Partei, wenn die vermögende Partei nicht zahlt und würde insoweit ausfallen.

---

11 So OLG Köln AGS 2010, 496; OLG Jena OLGR 2007, 163 = Rpfleger 2006, 663.
12 OLG Karlsruhe, Beschl. v. 3.7.2007 – 13 W 56/06; LG Magdeburg, Beschl. v. 24.9.2007 – 9 O 268/07.
13 AGS 1995, 25 = NJW 1993, 1715 = MDR 1993, 913 = Rpfleger 1993, 452 = JurBüro 1994, 174 = BRAK-Mitt 1993, 180 = BB 1993, 1039.

43 Die Frage, ob sich die Prozess- oder Verfahrenskostenhilfe bezüglich der Anwaltsgebühr auf den Erhöhungsbetrag beschränkt, wenn ein bedürftiger und ein nicht bedürftiger Streitgenosse denselben Rechtsanwalt in derselben Angelegenheit beauftragen, stellt sich nicht, wenn der bedürftige und ein vermögende Streitgenosse den Anwalt wegen unterschiedlicher Gegenstände beauftragen. In diesem Fall gewährt die Rechtsprechung gem. § 7 Abs. 2 RVG dem beigeordneten Anwalt die volle Vergütung aus dem Wert, der die bedürftige Partei betrifft, obwohl auch hier entsprechend differenziert werden könnte.[14]

> **Beispiel 22** — **Prozesskostenhilfe nur für einen von mehreren Auftraggebern (unterschiedliche Gegenstände)**

Der Anwalt wird von zwei Auftraggebern gemeinschaftlich wegen zweier Forderungen in Höhe von jeweils 5.000,00 EUR beauftragt. Einem der beiden Auftraggeber wird der Anwalt im Rahmen der Prozesskostenhilfe beigeordnet.

Von der bedürftigen Partei kann der Anwalt nach § 7 Abs. 2 RVG die Vergütung aus 5.000,00 EUR verlangen.

1.	1,3-Verfahrensgebühr, Nr. 3100 VV, § 13 RVG (Wert: 5.000,00 EUR)	393,90 EUR
2.	1,2-Terminsgebühr, Nr. 3104 VV, § 13 RVG (Wert: 5.000,00 EUR)	363,60 EUR
3.	Postentgeltpauschale, Nr. 7002 VV	20,00 EUR
	Zwischensumme 777,50 EUR	
4.	19 % Umsatzsteuer, Nr. 7008 VV	147,73 EUR
	Gesamt	**925,23 EUR**

Nach zutreffender und wohl einhelliger Rechtsprechung erhält der Anwalt in diesem Fall aus der Landeskasse:

1.	1,3-Verfahrensgebühr, Nr. 3100 VV, § 49 RVG (Wert: 5.000,00 EUR)	334,10 EUR
2.	1,2-Terminsgebühr, Nr. 3104 VV, § 49 RVG (Wert: 5.000,00 EUR)	308,40 EUR
3.	Postentgeltpauschale, Nr. 7002 VV	20,00 EUR
	Zwischensumme 662,50 EUR	
4.	19 % Umsatzsteuer, Nr. 7008 VV	125,88 EUR
	Gesamt	**788,38 EUR**

Auch hier müsste sich der Anwalt Zahlungen des vermögenden Mandanten anrechnen (§ 58 Abs. 1, Abs. 2 RVG) lassen, soweit sie den Differenzbetrag zur Wahlanwaltsvergütung (925,23 EUR – 788,38 = 136,85 EUR) übersteigen.

2. Prozess- oder Verfahrenskostenhilfe für alle Auftraggeber

44 Ist der Anwalt mehreren bedürftigen Auftraggebern beigeordnet, so ist die gesamte Vergütung aus der Staatskasse zu übernehmen.

45 Vertritt der Anwalt mehrere Auftraggeber wegen **desselben Gegenstands**, gehört auch die Gebührenerhöhung nach Nr. 1008 VV zu der von der Staatskasse zu übernehmenden Vergütung.

---

14 OLG Karlsruhe AGS 2007, 584.

VII. Mehrere Auftraggeber §3

Beispiel 23 | **Prozesskostenhilfe für mehrere Auftraggeber (derselbe Gegenstand)**

Der Anwalt ist von zwei Auftraggebern beauftragt worden, die als Gesamtschuldner auf Zahlung von 12.000,00 EUR verklagt worden sind. Beiden Auftraggebern wird Prozesskostenhilfe bewilligt und derselbe Anwalt beigeordnet.

Der Anwalt erhält die Gebühren einschließlich der Erhöhung nach Nr. 1008 VV aus der Landeskasse, allerdings nach den Beträgen des § 49 RVG.

1. 1,6-Verfahrensgebühr, Nrn. 3100, 1008 VV, § 49 RVG   513,60 EUR
   (Wert 12.000,00 EUR)
2. 1,2-Terminsgebühr, Nr. 3104 VV, § 49 RVG   385,20 EUR
   (Wert: 12.000,00 EUR)
3. Postentgeltpauschale, Nr. 7002 VV   20,00 EUR
   Zwischensumme   918,80 EUR
4. 19 % Umsatzsteuer, Nr. 7008 VV   174,57 EUR
   Gesamt   **1.093,37 EUR**

Vertritt der Anwalt mehrere Auftraggeber wegen **verschiedener Gegenstände**, werden die Werte (§ 23 Abs. 1 S. 1 RVG i.V.m. § 39 Abs. 1 GKG) addiert. Der beigeordnete Anwalt erhält die Vergütung einmal aus dem Gesamtwert. 46

Beispiel 24 | **Prozesskostenhilfe für mehrere Auftraggeber (verschiedene Gegenstände)**

Der Anwalt ist von zwei Auftraggebern beauftragt worden, die jeweils auf Zahlung von 12.000,00 EUR verklagt worden sind. Beiden Auftraggebern wird Prozesskostenhilfe bewilligt und derselbe Anwalt beigeordnet.

Der Anwalt erhält jetzt die Gebühren aus dem Gesamtwert von 24.000,00 EUR (§ 23 Abs. 1 S. 1 RVG i.V.m. § 39 Abs. 1 GKG) aus der Landeskasse, allerdings nach den Beträgen des § 49 RVG.

1. 1,3-Verfahrensgebühr, Nr. 3100 VV, § 49 RVG   490,10 EUR
   (Wert 24.000,00 EUR)
2. 1,2-Terminsgebühr, Nr. 3104 VV, § 49 RVG   452,40 EUR
   (Wert: 24.000,00 EUR)
3. Postentgeltpauschale, Nr. 7002 VV   20,00 EUR
   Zwischensumme   962,50 EUR
4. 19 % Umsatzsteuer, Nr. 7008 VV   182,88 EUR
   Gesamt   **1.145,38 EUR**

Nach der Rechtsprechung ist Nr. 1008 VV analog anzuwenden ist, wenn der Anwalt mehrere Auftraggeber wegen verschiedener Gegenstände vertritt, aufgrund der Begrenzung der Gebührentabelle nach § 49 RVG die Höchststufe von über 30.000,00 EUR jedoch überschritten wird, also wenn der Gesamtwert (§ 23 Abs. 1 S. 1 RVG i.V.m. § 39 Abs. 1 GKG) mehr als 35.000,00 EUR beträgt.[15] Da sich dann der nach 23 Abs. 1 S. 1 RVG i.V.m. § 39 Abs. 1 GKG hinzuzurechnende Mehrwert nicht mehr auswirkt, will die Rechtsprechung dies in analoger Anwendung der Nr. 1008 VV durch eine Anhebung des Gebührensatzes ausgleichen. 47

---

15 OLG Hamm AGS 2003, 200 m. Anm. *N. Schneider* (noch zu § 6 BRAGO); VGH Baden-Württemberg AGS 2009, 501 u. 547 = JurBüro 2009, 490 = DÖV 2009, 688.

§ 3 Vergütungsansprüche des beigeordneten Anwalts gegen Staatskasse und Dritte

Beispiel 25 — Prozesskostenhilfe für mehrere Auftraggeber bei Überschreitung der höchsten Wertstufe

Der Anwalt ist von zwei Auftraggebern beauftragt worden, jeweils Pflichtteilsansprüche in Höhe von 30.000,00 EUR geltend zu machen. Beiden Auftraggebern wird Prozesskostenhilfe bewilligt und derselbe Anwalt beigeordnet.

Jeder Pflichtteilsanspruch ist ein eigener Gegenstand.[16] Der Gegenstandswert beläuft sich somit auf 60.000,00 EUR (§ 23 Abs. 1 S. 1 RVG i.V.m. § 39 Abs. 1 GKG).

Infolge der faktischen Begrenzung der Gebührentabelle nach § 49 RVG auf die vergleichbare Gebührenstufe des § 13 RVG von „bis 35.000,00 EUR" wird der darüber hinausgehende Wert nicht mehr berücksichtigt. Insoweit wendet die Rechtsprechung Nr. 1008 VV analog an. Vorzugehen ist dabei wie folgt:

Die Gebührentabelle des § 49 RVG reicht nur bis zur vergleichbaren Wertstufe des § 13 RVG von „bis zu 35.000,00 EUR". Dies bedeutet, dass die weiteren (60.000,00 EUR – 35.000,00 EUR =) 25.000,00 EUR streitwertmäßig von der Tabelle des § 49 RVG nicht mehr erfasst werden. Daher erhält der Anwalt aus diesem Gegenstandswert analog Nr. 1008 VV eine um 0,3 erhöhte 1,6-Verfahrensgebühr. Aus dem restlichen Wert (35.000,00 EUR – 25.000,00 EUR = 10.000,00 EUR) entsteht nur die einfache 1,3-Verfahrensgebühr. Entsprechend § 15 Abs. 3 RVG ist allerdings die Höhe der Gebühr zu begrenzen auf eine um 0,3 erhöhte 1,6-Verfahrensgebühr aus dem Gesamtwert. Zu rechnen ist nach den Beträgen des § 49 RVG wie folgt:

1. 1,6-Verfahrensgebühr, Nrn. 3100, 1008 VV, § 49 RVG   603,20 EUR
   (Wert 25.000,00 EUR)
2. 1,3-Verfahrensgebühr, Nr. 3100 VV, § 49 RVG   399,10 EUR
   (Wert 10.000,00 EUR)
   gem. § 15 Abs. 3 RVG nicht mehr als 1,6 aus über   715,20 EUR
   35.000,00 EUR, § 49 RVG
3. 1,2-Terminsgebühr, Nr. 3104 VV, § 49 RVG   536,40 EUR
   (Wert: 60.000,00 EUR)
4. Postentgeltpauschale, Nr. 7002 VV   20,00 EUR
   Zwischensumme   1.271,60 EUR
5. 19 % Umsatzsteuer, Nr. 7008 VV   241,60 EUR
   Gesamt   **1.513,20 EUR**

Nach a.A. ist eine gesonderte „Erhöhungsgebühr" aus dem Mehrwert auszuweisen (siehe zu diesem Problem § 13 Rn 27 ff.). Dies würde dann zu einer zusätzlichen „0,3-Erhöhungsgebühr" nach Nr. 1008 VV führen und damit zu folgender Berechnung:

1. 1,3-Verfahrensgebühr, Nr. 3100 VV, § 49 RVG   581,10 EUR
   (Wert 60.000,00 EUR)
2. 0,3-Erhöhungsgebühr, Nr. 1008 VV, § 49 RVG   113,10 EUR
   (Wert 25.000,00 EUR)
3. 1,2-Terminsgebühr, Nr. 3104 VV, § 49 RVG   536,40 EUR
   (Wert: über 60.000,00 EUR)
4. Postentgeltpauschale, Nr. 7002 VV   20,00 EUR
   Zwischensumme   1.250,60 EUR
5. 19 % Umsatzsteuer, Nr. 7008 VV   237,61 EUR
   Gesamt   **1.488,21 EUR**

---

16 OLG Köln JurBüro 1994, 730; OLG München JurBüro 1990, 602; KG AGS 2006, 274.

VIII. Auslagen

1. Überblick

Der im Wege der Prozess- oder Verfahrenskostenhilfe beigeordnete Rechtsanwalt erhält gem. § 45 RVG auch Ersatz seiner Auslagen nach den Nrn. 7000 ff. VV, es sei denn, diese waren zur sachgemäßen Durchführung der Angelegenheit nicht erforderlich (§ 46 Abs. 1 RVG). Die Darlegungs- und Beweislast für die fehlende Erforderlichkeit liegt bei der Staatskasse.

48

2. Dokumentenpauschale

Hinsichtlich der Dokumentenpauschale gelten für den beigeordneten Anwalt keine Besonderheiten. Soweit das Anfertigen von Ablichtungen oder Ausdrucken oder das Überlassen von Dateien notwendig war, erhält auch der beigeordnete Anwalt seine entsprechenden Auslagen aus der Staatskasse.

49

3. Berechnung der Postentgeltpauschale

Auch der beigeordnete Rechtsanwalt kann anstelle der konkret angefallenen Post- und Telekommunikationsentgelte eine Postentgeltpauschale nach Nr. 7002 VV verlangen. Die Pauschale berechnet sich nach den **Gebührenbeträgen** des § 49 RVG, nicht nach den höheren Beträgen des § 13 RVG. Dies ist mit dem 2. KostRMoG durch die Einfügung der neuen Anm. Abs. 2 zu Nr. 7002 VV geregelt worden. In der Praxis hat dies kaum Bedeutung, da die PKH-Gebühren bei Werten von über 4.000,00 EUR in der Regel über 100,00 EUR liegen und damit die Höchstgrenze der Pauschale (20,00 EUR) bereits erreicht ist. Bedeutung hat dies nur bei geringen Gebührensätzen, wie in der Zwangsvollstreckung.

50

> **Beispiel 26** | **Berechnung der Postentgeltpauschale**
>
> **Der Anwalt vertritt seinen Mandanten in einem Zwangsvollstreckungsverfahren (Wert: 5.000,00 EUR), in dem er ihm im Wege der Prozesskostenhilfe beigeordnet worden ist.**
>
> Der Wahlanwalt würde wie folgt abrechnen:
> 1. 0,3-Verfahrensgebühr, Nr. 3309 VV, § 13 RVG   90,90 EUR
> 2. Postentgeltpauschale, Nr. 7002 VV   18,18 EUR
>   Zwischensumme   109,08 EUR
> 3. 19 % Umsatzsteuer, Nr. 7008 VV   20,73 EUR
> **Gesamt**   **129,81 EUR**
>
> Der PKH-Anwalt erhält dagegen nur:
> 1. 0,3-Verfahrensgebühr, Nr. 3309 VV, § 49 RVG   77,10 EUR
> 2. Postentgeltpauschale, Nr. 7002 VV   15,42 EUR
>   Zwischensumme   92,52 EUR
> 3. 19 % Umsatzsteuer, Nr. 7008 VV   17,58 EUR
> **Gesamt**   **110,10 EUR**

4. Reisekosten

a) Überblick

51 Bei der Behandlung des auswärtigen Rechtsanwalts müssen drei verschiedene Fälle auseinander gehalten werden. Zu unterscheiden ist zwischen
- dem Anwalt, der am Gerichtsort ansässig ist (siehe Rn 54 ff.),
- dem im Gerichtsbezirk niedergelassenen Anwalt, der seine Kanzlei aber außerhalb des Gerichtsorts hat (siehe Rn 57),

und
- dem nicht im Gerichtsbezirk niedergelassenen Anwalt (siehe Rn 62 ff.).

52 Zur Berechnung der Reisekosten siehe § 38 Rn 55 ff. Hinsichtlich der Höhe der Auslagen gilt für den beigeordneten Anwalt nichts Abweichendes. Der beigeordnete Rechtsanwalt kann frei wählen, ob er zu einem vom Gericht angeordneten Termin mit der Bahn oder seinem eigenen Kfz fährt (Nrn. 7003, 7004 VV). Es ist keine Vergleichsberechnung hinsichtlich der Bahn- und Kfz-Kosten durchzuführen. Es sind nicht nur die Kosten des billigeren Verkehrsmittels zu erstatten.[17]

53 Der Anwalt kann gegebenenfalls vor Beginn einer Reise deren Notwendigkeit nach § 46 Abs. 2 S. 1 RVG feststellen lassen. Diese Feststellung ist für das Festsetzungsverfahren bindend.

b) Der beigeordnete Anwalt ist am Gerichtsort ansässig

54 Hat der beigeordnete Anwalt seine Kanzlei am Gerichtsort, fallen für die Wahrnehmung gerichtlicher Termine keine Reisekosten an, da es insoweit an einer Geschäftsreise (Vorbem. 7 Abs. 2 VV) fehlt.

55 Soweit es zu auswärtigen Terminen kommt, etwa einem auswärtigen Sachverständigentermin, einem Termin vor einem Rechtshilfegericht o.Ä., erhält der Anwalt seine Reisekosten aus der Landeskasse, ohne dass es einer Erweiterung der Beiordnung bedarf.

56 Das Gleiche gilt, wenn nach Beiordnung der Rechtsstreit an ein anderes Gericht abgegeben oder verwiesen wird und der Anwalt dorthin reisen muss.

c) Der beigeordnete Anwalt ist im Gerichtsbezirk niedergelassen, hat seine Kanzlei aber außerhalb des Gerichtsorts

57 Hat der Anwalt seine Kanzlei zwar im Gerichtsbezirk, nicht aber in dem Ort, in dem sich das Gericht befindet (§ 27 Abs. 2 BRAO), kommt eine einschränkende Beiordnung nicht in Betracht. Nach § 121 Abs. 3 ZPO kann lediglich die Beiordnung eines nicht im Gerichtsbezirk niedergelassenen Anwalts abgelehnt werden. Daraus folgt im Umkehrschluss, dass ein im Gerichtsbezirk niedergelassener Anwalt immer beizuordnen ist, selbst wenn dadurch gegenüber einem am Gerichtsort ansässigen Anwalt Mehrkosten in Form von Reisekosten entstehen.[18]

---

17 LAG Niedersachsen, AGS 2011, 553 = NJW-Spezial 2011, 605 = RVGreport 2011, 465 = AE 2011, 259.
18 OLG Brandenburg FamRZ 2009, 1236; OLG Nürnberg JurBüro 2008, 261 = OLGR 2008, 549; OLG Oldenburg AGS 2006, 210 = OLGR 2006, 189 = NJW 2006, 851 = FamRZ 2006, 629 = JurBüro 2006, 320 = MDR 2006, 777 = ZFE 2006, 117 = FamRB 2006, 78 = RVGprof. 2006, 63 = FuR 2006, 326.

VIII. Auslagen §3

Ein im Gerichtsbezirk niedergelassener oder wohnhafter Anwalt muss daher uneingeschränkt beigeordnet werden. Unschädlich ist die Beiordnung „*zu den Bedingungen eines im Gerichtsbezirk niedergelassenen Anwalts*", weil das nur den Gesetzeswortlaut wiederholt. **58**

Unzulässig ist dagegen die Einschränkung „*zu den Bedingungen eines ortsansässigen Anwalts*". **59**

Ist der Anwalt uneingeschränkt oder zu den Bedingungen eines im Gerichtsbezirk niedergelassenen Anwalts beigeordnet worden, so sind die gesamten Reisekosten zu übernehmen, sofern sie notwendig waren, was bei der Teilnahme der mündlichen Verhandlung immer der Fall sein dürfte. **60**

Wird gesetzeswidrig – was häufig vorkommt – eine Einschränkung vorgenommen, etwa „*zu den Bedingungen eines ortsansässigen Anwalts*", muss dagegen sofortige Beschwerde (§ 127 Abs. 2 ZPO) eingelegt werden, da anderenfalls die unzutreffende Beiordnung nach Ablauf eines Monats rechtskräftig wird (§ 127 Abs. 2 S. 3 ZPO) und für das spätere Festsetzungsverfahren bindend bleibt.[19] Strittig ist, wer insoweit beschwerdeberechtigt ist. Nach zutreffender Ansicht sind insoweit sowohl der Anwalt[20] als auch der bedürftige Beteiligte[21] beschwerdeberechtigt. **61**

Beispiel 27 | **Reisekosten des Anwalts aus dem Gerichtsbezirk (uneingeschränkte Beiordnung)**

Der Anwalt hat seine Kanzlei in Garmisch-Partenkirchen und vertritt seinen Mandanten in einem Verfahren vor dem LG München II (Wert 6.000,00 EUR). Er wird dem Mandanten ohne Einschränkung im Wege der Prozesskostenhilfe beigeordnet und nimmt am Termin zur mündlichen Verhandlung teil.

Die Beiordnung war ohne Einschränkung auszusprechen, da Garmisch-Partenkirchen im Bezirk des LG München II liegt. Da auch die Teilnahme an der mündlichen Verhandlung notwendig war, erhält der Anwalt seine Reisekosten aus der Landeskasse.

1.	1,3-Verfahrensgebühr, Nr. 3100 VV (Wert: 6.000,00 EUR), § 49 RVG		347,10 EUR
2.	1,2-Terminsgebühr, Nr. 3104 VV (Wert: 6.000,00 EUR), § 49 RVG		320,40 EUR
3.	Postentgeltpauschale, Nr. 7002 VV		20,00 EUR
4.	Fahrtkosten PKW, Nr. 7003 VV, 2 × 91 km × 0,30 EUR/km		54,60 EUR
5.	Tage- und Abwesenheitsgeld, Nr. 7005 Nr. 2 VV		40,00 EUR
6.	Parkgebühren (netto)		3,36 EUR
	Zwischensumme	785,46 EUR	
7.	19 % Umsatzsteuer, Nr. 7008 VV		149,24 EUR
Gesamt			**934,70 EUR**

---

19 OLG Düsseldorf AGS 2008, 195 u. 247 = OLGR 2008, 262 = Rpfleger 2008, 316 = JurBüro 2008, 209.
20 OLG Köln AGS 2006, 139 = JurBüro 2005, 429 = MDR 2005, 1130 = FamRZ 2005, 2008; OLG Hamburg OLGR 2000, 282 = FamRZ 2000, 1227 = EzFamR aktuell 2000, 209; OLG Rostock AGS 2008, 504 = OLGR 2008, 213 = FamRZ 2008, 1356; JurBüro 2011, 372 = MDR 2011, 753; *Kalthoener/Büttner/Wrobel-Sachs*, Rn 873; a.A. (nur der Anwalt) OLG Stuttgart FamRZ 2007, 1111 = OLGR 2007, 533; OLG. Rostock JurBüro 2011, 372 = MDR 2011, 753.
21 OLG Saarbrücken Beschl. v. 22.4.2009 – 9 WF 43/09 – 9 WF 43/09; JurBüro 2011, 372 = MDR 2011, 75; a.A. OLG Düsseldorf OLGR 2006, 624 = FamRZ 2006, 1613 = MDR 2007, 236 = FuR 2006, 424.

| Beispiel 28 | **Reisekosten des Anwalts aus dem Gerichtsbezirk (eingeschränkte Beiordnung)** |

Wie vorangegangenes Beispiel 27; jedoch ist der Anwalt zu den Bedingungen eines in München ansässigen Anwalts beigeordnet worden.

Da die Beiordnung mit Einschränkung erfolgt ist, erhält der Anwalt jetzt seine Reisekosten nicht aus der Landeskasse. Die eingeschränkte Beiordnung war zwar unzulässig, ist aber gleichwohl bindend, solange sie nicht erfolgreich angefochten worden ist.

Der Anwalt erhält jetzt nur:

1. 1,3-Verfahrensgebühr, Nr. 3100 VV   347,10 EUR
   (Wert: 6.000,00 EUR), § 49 RVG
2. 1,2-Terminsgebühr, Nr. 3104 VV   320,40 EUR
   (Wert: 6.000,00 EUR), § 49 RVG
3. Postentgeltpauschale, Nr. 7002 VV   20,00 EUR
4. Parkgebühren (netto)   3,36 EUR
   Zwischensumme   690,86 EUR
5. 19 % Umsatzsteuer, Nr. 7008 VV   131,26 EUR
   Gesamt   **822,12 EUR**

Unabhängig von der Streitfrage, ob der auswärtige beigeordnete Anwalt die bedürftige Partei auf Zahlung der Reisekosten überhaupt in Anspruch nehmen darf (siehe unten Rn 79 ff.), kommt dies hier nicht in Betracht, da der Anwalt sich infolge der unterlassenen Beschwerde gegen den Beiordnungsbeschluss schadensersatzpflichtig gemacht hat, so dass er diese Vergütung vom Mandanten nicht verlangen darf.

d) Der beigeordnete Anwalt ist nicht im Gerichtsbezirk niedergelassen und wohnt auch nicht dort

aa) Überblick

62 Der **nicht im Gerichtsbezirk niedergelassene und auch dort nicht wohnende auswärtige Anwalt** darf nach dem Gesetzeswortlaut nur dann beigeordnet werden, wenn dadurch keine weiteren Kosten entstehen (§ 121 Abs. 3 ZPO). Das wiederum ist der Fall, wenn

- dem Mandanten auch ein Verkehrsanwalt und/oder ein Beweisanwalt zugestanden hätte (siehe Rn 65)
- wenn die höchstmöglichen Reisekosten eines noch im Gerichtsbezirk niedergelassenen Anwalts nicht geringer sind (siehe Rn 74)
- wenn der auswärtige Anwalt nur eingeschränkt zu den Bedingungen eines im Gerichtsbezirk niedergelassenen Anwalts beigeordnet wird (siehe Rn 75).

63 Die Rspr. geht insoweit zum Teil davon aus, dass ein nicht im Bezirk des Gerichts niedergelassener Rechtsanwalt mit dem Beiordnungsantrag stillschweigend sein Einverständnis zur Beiordnung zu den Bedingungen eines am Gerichtssitz niedergelassenen Rechtsanwalts erteilt.[22] Das dürfte unzutreffend sein.[23] Der Anwalt sollte daher klarstellen, dass seine Partei die uneingeschränkte Beiordnung beantragt und mit einer eingeschränkten Beiordnung nicht einverstanden ist.

---

22 BGH AGS 2007, 16 = BGHR 2006, 1548 = NJW 2006, 3783 = FamRZ 2007, 37 = Rpfleger 2007, 83 = FamRB 2007, 41 = JurBüro 2007, 96 u. 164 = ZFE 2007, 82 = MDR 2007, 351; OLG Rostock JurBüro 2009, 97 = FamRZ 2009, 535 = OLGR 2009, 359; a.A. OLG Rostock AGS 2008, 504 = OLGR 2008, 213 = FamRZ 2008, 1356.
23 OLG Nürnberg AGS 2013, 294 = NZA-RR 2013, 433 = JurBüro 2013, 466 = ArbuR 2013, 275.

bb) Uneingeschränkte Beiordnung

Die Frage, ob eine Einschränkung der Beiordnung hätte vorgenommen werden müssen, spielt dann keine Rolle, wenn uneingeschränkt beigeordnet worden ist. In diesem Fall ist die uneingeschränkte Beiordnung für das Verfahren auf Festsetzung der Vergütung des beigeordneten Anwalts auch dann bindend, wenn der Anwalt nur zu den Bedingungen eines im Gerichtsbezirk niedergelassenen Anwalts hätte beigeordnet werden dürfen. Der Anwalt erhält daher in diesem Fall seine gesamten Reisekosten aus der Landeskasse.[24]

64

cc) Anspruch auf Verkehrsanwalt oder Beweisanwalt

Ein Anspruch auf uneingeschränkte Beiordnung des auswärtigen Anwalts besteht dann, wenn die bedürftige Partei einen Anspruch auf Beiordnung eines Verkehrsanwalts nach § 121 Abs. 4 ZPO hat und die zu erwartenden Reisekosten die Kosten eines Verkehrsanwalts nicht übersteigen.[25]

65

Gleiches gilt, wenn die bedürftige Partei einen Anspruch auf die zusätzliche Beiordnung eines Beweisanwalts hätte. Diese Variante hat in der Praxis allerdings keine Bedeutung, so dass hier nicht weiter darauf eingegangen wird. Soweit ein solcher Fall auftreten sollte, gilt das Gleiche wie beim Verkehrsanwalt.

66

In diesen Fällen handelt es sich bei den Reisekosten nicht mehr um *„weitere Kosten"* i.S.d. § 121 Abs. 4 ZPO, also um nicht um Mehrkosten, weil durch die Beiordnung des auswärtigen Anwalts die Kosten eines zusätzlichen Verkehrsanwalts erspart werden,[26] der dann selbstverständlich nicht mehr beigeordnet werden kann, ebenso wenig wie ein Terminsvertreter.[27]

67

> **Beispiel 29** **Reisekosten des auswärtigen Anwalts (uneingeschränkte Beiordnung)**

Der Beklagte wird vor dem LG Köln auf Zahlung von 6.000,00 EUR verklagt. Er beantragt Prozesskostenhilfe unter Beiordnung eines Hannoveraner Prozessbevollmächtigten.

Durch die Beiordnung eines Hannoveraner Prozessbevollmächtigten würden zwar Reisekosten entstehen, da dieser Anwalt von Hannover nach Köln zum Termin reisen müsste;

… Fahrtkosten PKW, Nr. 7003 VV, 2 × 295 km × 0,30 EUR/km		177,00 EUR
… Tage- und Abwesenheitsgeld, Nr. 7005 Nr. 3 VV		70,00 EUR
Zwischensumme	247,00 EUR	

dabei würde es sich jedoch nicht um Mehrkosten handeln. Hätte der Beklagte einen Prozessbevollmächtigten in Köln beauftragt, so hätte ihm nach § 121 Abs. 4 ZPO zusätzlich ein Anspruch auf einen Verkehrsanwalt in Hannover zugestanden. Dafür wären angefallen:

---

24 KG AGS 2010, 612 = JurBüro 2011, 94 = MDR 2011, 327 = Rpfleger 2011, 217 = FamRZ 2011, 835 = NJW-Spezial 2010, 764 = RVGreport 2011, 118; OLG Düsseldorf AGS 2014, 196 = NJW-Spezial 2014, 253.
25 BGH AGS 2004, 349 = BGHZ 159, 370 = RVGreport 2004, 356 = FamRZ 2004, 1362 = NJW 2004, 2749 = BGHR 2004, 1371 = JurBüro 2004, 604 = Rpfleger 2004, 708 = FuR 2005, 87 = RVG-Letter 2004, 93 = MDR 2004, 1373.
26 BGH AGS 2004, 349 u. 384 = BGHZ 159, 370 = FamRZ 2004, 1362 = NJW 2004, 2749 = BGHReport 2004, 1371 = JurBüro 2004, 604 = Rpfleger 2004, 708 = FuR 2005, 87 = RVG-Letter 2004, 93 = BB 2004, 2100 = RVGreport 2004, 356 = MDR 2004, 1373.
27 OLG Köln AGS 2013, 134 = FamRZ 2012, 1323.

1. 1,0-Verfahrensgebühr, Nrn. 3400, 3100 VV (Wert: 6.000,00 EUR), § 49 RVG	354,00 EUR
2. Postentgeltpauschale, Nr. 7002 VV	20,00 EUR
Zwischensumme	374,00 EUR

Diese Verkehrsanwaltskosten werden jetzt aber dadurch erspart, dass der Prozessbevollmächtigte selbst zum Termin anreist. Folglich sind die Reisekosten in Höhe der ersparten Aufwendungen keine „Mehrkosten". Der Hannoveraner Anwalt muss uneingeschränkt beigeordnet werden.

68 Umstritten ist, ob eine Beschränkung dahingehend zulässig ist, dass die Reisekosten nur bis zur Höhe der Kosten eines Verkehrsanwalts aus der Landeskasse übernommen werden. Die Praxis verfährt überwiegend so,[28] allerdings zu Unrecht.[29] Das Gesetz sieht eine solche Einschränkung jedoch nicht vor. Damit wird das Prognoserisiko, dass die Reisekosten letztlich höher ausfallen als veranschlagt, unzulässiger Weise auf die bedürftige Partei verlagert.

> **Beispiel 30** **Reisekosten des auswärtigen Anwalts (uneingeschränkte Beiordnung)**

Wie vorangegangenes Beispiel 29; es kommt jedoch zu zwei Verhandlungsterminen.

Die Reisekosten des Hannoveraner Verfahrensbevollmächtigten berechnen sich jetzt wie folgt:

... Fahrtkosten PKW, Nr. 7003 VV, 2 × 295 km × 0,30 EUR/km (1. Termin)	177,00 EUR
... Tage- und Abwesenheitsgeld, Nr. 7005 Nr. 3 VV (1. Termin)	70,00 EUR
... Fahrtkosten PKW, Nr. 7003 VV, 2 × 295 km × 0,30 EUR/km (2. Termin)	177,00 EUR
... Tage- und Abwesenheitsgeld, Nr. 7005 Nr. 3 VV (2. Termin)	70,00 EUR
Zwischensumme	494,00 EUR
...	

Die Kosten eines Verkehrsanwalts lägen aber nach wie vor unverändert bei:

1. 1,0-Verfahrensgebühr, Nr. 3400, 3100 VV (Wert: 6.000,00 EUR), § 49 RVG	354,00 EUR
2. Postentgeltpauschale, Nr. 7002 VV	20,00 EUR
Zwischensumme	374,00 EUR
...	

Soweit man eine Beschränkung der aus der Landeskasse zu zahlenden Reisekosten auf die Kosten des Verkehrsanwalts zulässt, würde der Anwalt nur 374,00 EUR erhalten. Zur Frage, ob er sich wegen des Fehlbetrags an den bedürftigen Beteiligten wenden kann, siehe Rn 79 ff.

Soweit man eine Beschränkung auf die Kosten eines Verkehrsanwalts nicht zulässt, müsste die Landeskasse die gesamten Reisekosten übernehmen.

69 Zutreffend ist die Auffassung, die eine einschränkende Beiordnung ablehnt. Das Gericht muss selbst kalkulieren, wie sich das Verfahren entwickelt. So spart die Landeskasse im Beispiel 29 127,00 EUR gegenüber einem Verkehrsanwalt. Wäre es nicht zu einem Termin gekommen, etwa im Falle eines Vergleichs nach § 278 Abs. 6 ZPO, wären sogar die vollen Kosten des Verkehrsan-

---

[28] OLG Nürnberg AGS 2013, 135.
[29] OLG Frankfurt AGS 2014, 287 = MDR 2013, 721 = FamRZ 2014, 591; LSG Berlin-Brandenburg AGS 2014, 352.

walts (374,00 EUR) eingespart worden. Im Beispiel 30 ergeben sich dagegen Mehrkosten in Höhe von 120,00 EUR gegenüber den Kosten eines Verkehrsanwalts. Dass die Reisekosten unterhalb der Kosten des Verkehrsanwalts liegen, dürfte der Regelfall sein, so dass die Staatskasse im Regelfall Geld spart, wenn der auswärtige Anwalt bereit ist, selbst zu reisen. Dann muss sie aber auch in den wenigen Ausnahmefällen, in denen die Reisekosten höher liegen, diese Mehrkosten zu tragen. Immerhin hat es das Gericht ja selbst in der Hand, wie viele Termine es für das Verfahren benötigt. Dieses Prognoserisiko kann nicht der bedürftigen Partei oder dem Anwalt aufgeladen werden.

Soweit zu erwarten ist, dass die Reisekosten die Kosten eines Verkehrsanwalts übersteigen, kommt eine Beiordnung des auswärtigen Anwalts nach dem Gesetz nicht in Betracht. Beizuordnen wäre dann nur ein Verkehrsanwalt. Zur Vermeidung einer Ablehnung kann die Partei sich jetzt aber damit einverstanden erklären, dass ihr Anwalt mit der Maßgabe beigeordnet wird, dass seine Reisekosten nur bis zu Höhe der Kosten eines Verkehrsanwalts aus der Landeskasse übernommen werden. Dann wird die Partei nur von den Reisekosten bis zu dieser Höhe freigestellt. Die Mehrkosten muss die Partei dann allerdings selbst an den Anwalt zahlen (siehe Rn 79 ff.). 70

Beispiel 31	Reisekosten des auswärtigen Anwalts (eingeschränkte Beiordnung bis zur Höhe eines Verkehrsanwalts)

Für ein Verfahren vor dem AG München über 2.000,00 EUR beantragt der in Würzburg ansässige Beklagte die Beiordnung eines dort niedergelassenen Anwalts.

Würde der Würzburger Anwalt zum Prozessbevollmächtigten bestellt und zum Termin selbst anreisen, ergäbe sich folgende Vergütung:

1. 1,3-Verfahrensgebühr, Nr. 3100 VV   195,00 EUR
   (Wert: 2.000,00 EUR), § 49 RVG
2. 1,2-Terminsgebühr, Nr. 3104 VV   180,00 EUR
   (Wert: 2.000,00 EUR), § 49 RVG
3. Postentgeltpauschale, Nr. 7002 VV   20,00 EUR
4. Fahrtkosten PKW, Nr. 7003 VV, 2 × 285 km ×   171,00 EUR
   0,30 EUR/km
5. Tage- und Abwesenheitsgeld, Nr. 7005 Nr. 3 VV   70,00 EUR
6. Parkgebühren, 2 Stunden zu 1,00 EUR   2,00 EUR
   Zwischensumme   638,00 EUR
7. 19 % Umsatzsteuer, Nr. 7008 VV   121,22 EUR
   Gesamt   **759,22 EUR**

Würde dagegen der Würzburger Anwalt lediglich als Verkehrsanwalt und daneben ein Prozessbevollmächtigter in München beauftragt, ergäbe sich folgende Berechnung.

   I. Prozessbevollmächtigter in München
1. 1,3-Verfahrensgebühr, Nr. 3100 VV   195,00 EUR
   (Wert: 2.000,00 EUR), § 49 RVG
2. 1,2-Terminsgebühr, Nr. 3104 VV   180,00 EUR
   (Wert: 2.000,00 EUR), § 49 RVG
3. Postentgeltpauschale, Nr. 7002 VV   20,00 EUR
   Zwischensumme   395,00 EUR
4. 19 % Umsatzsteuer, Nr. 7008 VV   75,05 EUR
   Gesamt   **470,05 EUR**

II. Verkehrsanwalt in Würzburg

1.	1,0-Verfahrensgebühr, Nrn. 3400, 3100 VV (Wert: 2.000,00 EUR), § 49 RVG	150,00 EUR
2.	Postentgeltpauschale, Nr. 7002 VV	20,00 EUR
	Zwischensumme 170,00 EUR	
3.	19 % Umsatzsteuer, Nr. 7008 VV	32,30 EUR
Gesamt		**202,30 EUR**
III. Gesamt I. + II.		**672,35 EUR**

Da die uneingeschränkte Beiordnung hier also Mehrkosten gegenüber der Einschaltung eines Verkehrsanwalts verursachen würde, kommt eine uneingeschränkte Beiordnung des Würzburger Anwalts nicht in Betracht. Soweit die bedürftige Partei damit einverstanden ist, kann sie allerdings zu den Bedingungen eines im AG-Bezirk München niedergelassenen Anwalts beigeordnet werden. Die weitergehenden Reisekosten müsste dann die bedürftige Partei selbst tragen.

Anderenfalls ist seine Beiordnung abzulehnen und die bedürftige Partei auf einen Prozessbevollmächtigten in München und einen Verkehrsanwalt in Würzburg zu verweisen.

dd) Kein Anspruch auf einen Verkehrsanwalt

71 Anders verhält es sich dagegen, wenn der bedürftigen Partei kein Anspruch auf einen Verkehrsanwalt zusteht, wenn also die Voraussetzungen des § 121 Abs. 4 ZPO nicht vorliegen. Dann ist die Beiordnung abzulehnen, es sei denn, die Partei beschränkt ihren Antrag dahingehend, dass sie die Beiordnung des auswärtigen Anwalts mit der Einschränkung beantragt, dass dieser nur zu den Bedingungen *„eines im Gerichtsbezirk niedergelassenen Anwalts"*, beigeordnet wird und der Anwalt bereit ist, mit dieser Beschränkung beigeordnet zu werden. Dann muss das Gericht entsprechend beiordnen.

72 Eine Beschränkung zu den Bedingungen eines *„ortsansässigen"* Anwalts" ist auch in diesem Fall unzulässig.[30] Ist der Anwalt gesetzeswidrig zu den Bedingungen eines *„ortsansässigen"* Anwalts" beigeordnet worden, muss der Beschluss innerhalb der Monatsfrist des § 127 Abs. 3 S. 2, 3 ZPO angefochten werden. Strittig ist auch hier wieder, ob die Partei oder der Rechtsanwalt beschwerdebefugt ist.[31] Ist eine gesetzeswidrig erfolgte eingeschränkte Beiordnung rechtskräftig geworden, so sind die Festsetzungsorgane daran gebunden (§ 48 RVG).[32] Eine Festsetzung der Reisekosten ist dann nicht mehr möglich.

73 Zu beachten ist allerdings, dass die zulässige Einschränkung der Beiordnung nicht mit der Beschränkung erfolgen darf *„zu den Bedingungen eines ortsansässigen Anwalts"*, sondern nur „zu den Bedingungen eines im Gerichtsbezirk niedergelassenen Anwalts" (siehe oben Rn 71 ff.). Das führt dazu, dass der auswärtige Verfahrensbevollmächtigte seine Reisekosten zumindest insoweit aus der Landeskasse erhält, als sie ein im Gerichtsbezirk ansässiger, nicht aber am Gerichtsort wohnender Anwalt (§ 27 Abs. 2 BRAO) erhalten würde.[33]

---

30 OLG Oldenburg AGS 2006, 110 m. Anm. *N. Schneider* = JurBüro 2006, 320; OLG Celle AGS 2011, 365 = zfs 2011, 348 = NdsRpfl 2011, 240 = FF 2011, 321 = MDR 2011, 984 = JurBüro 2011, 486 = FamRZ 2011, 1745 = FamFR 2011, 281 = FuR 2011, 479 = NJW-Spezial 2011, 635 = Rpfleger 2011, 617; LG Magdeburg 2008, 458.
31 OLG Köln AGS 2006, 139 = JurBüro 2005, 429 = FamRZ 2005, 2008.
32 OLG Naumburg OLGR 2008, 969 = MDR 2009, 234 = AGS 2009, 75 = FamRZ 2009, 534 = NJ 2008, 517; OLG Düsseldorf AGS 2008, 195 u. 247 = OLGR 2008, 262 = Rpfleger 2008, 316 = JurBüro 2008, 209.
33 VG Oldenburg AGS 2009, 467= NJW-Spezial 2009, 460; LAG Hessen AGS 2010, 299 = NJW-Spezial 2010, 380 = AGkompakt 2011, 143.

| Beispiel 32 | **Beiordnung eines auswärtigen Anwalts (kein Anspruch auf Verkehrsanwalt)** |

Der Rechtsstreit findet vor dem LG Köln statt. Der Kläger wohnt in Bonn (Entfernung 30 km) und beantragt, ihm einen dortigen Anwalt im Wege der Prozesskostenhilfe beizuordnen.

Infolge der Nähe des Wohnsitzes zum Gerichtsort und der bestehenden öffentlichen Verkehrsanbindungen ist hier ein Verkehrsanwalt nicht erforderlich, so dass der Bonner Verfahrensbevollmächtigte eingeschränkt beigeordnet werden kann. Die Beiordnung darf allerdings nicht lauten zu den Bedingungen „eines Kölner Anwalts" oder eines „*ortsansässigen Anwalts*". Eine Einschränkung ist nur möglich zu den Bedingungen eines „*im Gerichtsbezirk niedergelassenen Anwalts*" (zum Umfang der zu übernehmenden Kosten siehe Rn 75).

Zum Teil wird in der Praxis die Auffassung vertreten, der Anwalt müsse uneingeschränkt beigeordnet werden, wenn der auswärtige Anwalt seine Kanzlei näher am Gericht habe als der weitest entfernte Ort im Gerichtsbezirk.[34] Das ist jedoch unzutreffend. Die Frage, bis zu welcher Höhe die Reisekosten zu übernehmen sind, ist im Festsetzungsverfahren auszutragen. Abgesehen davon kann im Voraus keine zuverlässige Kalkulation vorgenommen werden, da es im Verlauf des Verfahrens zu Terminen an einem dritten Ort kommen kann. 74

e) Umfang der zu übernehmenden Kosten bei einer Beiordnung zu den „Bedingungen eines im Gerichtsbezirk niedergelassen Anwalts"

Ist der Anwalt nur eingeschränkt „zu den Bedingungen eines im Gerichtsbezirk niedergelassenen Anwalts" beigeordnet worden, dann sind die Reisekosten insoweit zu übernehmen, als sie bei Beauftragung eines im Gerichtsbezirk niedergelassenen Anwalts angefallen wären. Dabei ist auf die höchstmögliche Entfernung innerhalb des Gerichtsbezirks abzustellen.[35] Maßgebend ist der Gerichtsbezirk, nicht etwa ein Gerichtstagsbezirk.[36] 75

| Beispiel 33 | **Reisekosten des auswärtigen Anwalts (eingeschränkte Beiordnung bei Gerichtsbezirk mit mehreren Orten, Kanzlei liegt weiter entfernt als der am weitesten entfernte Ort im Gerichtsbezirk)** |

Der Kläger wohnt in Koblenz und beauftragt dort einen Anwalt, der vor dem LG Köln eine Klage über 4.000,00 EUR einreichen soll. Der Anwalt wird zu den Bedingungen eines im Gerichtsbezirk des LG Köln niedergelassenen Anwalts beigeordnet, da das Gericht der Auffassung ist, ein Verkehrsanwalt sei nicht erforderlich.

Eine Beiordnung des Anwalts zu den Bedingungen eines in Köln ansässigen Anwalts wäre unzulässig. Die Beiordnung des Anwalts kann nur dahingehend eingeschränkt werden, dass er zu den Bedingungen eines im Gerichtsbezirk des LG Köln niedergelassenen Anwalts beigeordnet wird. Da zu den im Gerichtsbezirk des LG Köln neben der Stadt auch weitere Städte und

---

34 LAG Berlin-Brandenburg AGS 2014, 289; OLG Frankfurt AGS 2014, 138; AGS 2010, 184 = FamRZ 2009, 1615 = FF 2009, 466.
35 VG Oldenburg AGS 2009, 467 = NJW-Spezial 2009, 460; LAG Hessen AGS 2010, 299 = NJW-Spezial 2010, 380 = AGkompakt 2011, 143; LAG Köln AGS 2013, 161 = NZA-RR 2013, 311 = NJW-Spezial 2013, 251 = RVGprof. 2013, 75.
36 LAG Köln AGS 2013, 161 = NZA-RR 2013, 311 = NJW-Spezial 2013, 251 = RVGprof. 2013, 75.

§ 3 Vergütungsansprüche des beigeordneten Anwalts gegen Staatskasse und Dritte

Gemeinden gehören, darf der Koblenzer Anwalt seine Reisekosten bis zur höchstmöglichen Entfernung eines noch im Gerichtsbezirk des LG Köln ansässigen Anwalts aussuchen. Die höchstmögliche Entfernung innerhalb des Gerichtsbezirks beträgt 65 km (Bergneustadt). Daher kann der Anwalt in der Höhe seine Reisekosten abrechnen.

1.	1,3-Verfahrensgebühr, Nr. 3100 VV (Wert: 4.000,00 EUR), § 49 RVG	327,60 EUR
2.	1,2-Terminsgebühr, Nr. 3104 VV (Wert: 4.000,00 EUR), § 49 RVG	302,40 EUR
3.	Postentgeltpauschale, Nr. 7002 VV	20,00 EUR
4.	Fahrtkosten PKW, Nr. 7003 VV, 2 × 65 km × 0,30 EUR/km	39,00 EUR
5.	Tage- und Abwesenheitsgeld, Nr. 7005 Nr. 2 VV	40,00 EUR
	Zwischensumme 729,00 EUR	
6.	19 % Umsatzsteuer, Nr. 7008 VV	138,51 EUR
	Gesamt	**867,51 EUR**

Die weiteren Reisekosten kann der Anwalt jetzt unmittelbar mit der Partei abrechnen (siehe unten Rn 79).

Beispiel 34 — Reisekosten des auswärtigen Anwalts (eingeschränkte Beiordnung bei Gerichtsbezirk mit mehreren Orten, Kanzlei liegt näher als der weitest entfernte Ort im Gerichtsbezirk)

Der Kläger wohnt in Bonn und beauftragt dort einen Anwalt, der vor dem LG Köln eine Klage über 4.000,00 EUR einreichen soll. Der Anwalt wird zu den Bedingungen eines im Gerichtsbezirk des LG Köln niedergelassenen Anwalts beigeordnet, da von Bonn nach Köln (Entfernung 30 km) ein Verkehrsanwalt nicht benötigt wird.

Eine Beiordnung des Anwalts zu den Bedingungen eines in Köln ansässigen Anwalts wäre auch unzulässig. Die Beiordnung des Anwalts kann nur dahingehend eingeschränkt werden, dass er zu den Bedingungen eines im Gerichtsbezirk des LG Köln niedergelassenen Anwalts beigeordnet wird. Da die tatsächliche Entfernung geringer ist als die höchstmögliche Entfernung im Gerichtsbezirk, kann der in Bonn ansässige Anwalt also seine tatsächlich angefallenen Reisekosten von Bonn nach Köln in voller Höhe geltend machen.

1.	1,3-Verfahrensgebühr, Nr. 3100 VV (Wert: 4.000,00 EUR), § 49 RVG	327,60 EUR
2.	1,2-Terminsgebühr, Nr. 3104 VV (Wert: 4.000,00 EUR), § 49 RVG	302,40 EUR
3.	Postentgeltpauschale, Nr. 7002 VV	20,00 EUR
4.	Fahrtkosten PKW, Nr. 7003 VV, 2 × 30 km × 0,30 EUR/km	18,00 EUR
5.	Tage- und Abwesenheitsgeld, Nr. 7005 Nr. 1 VV	25,00 EUR
	Zwischensumme 693,00 EUR	
6.	19 % Umsatzsteuer, Nr. 7008 VV	131,67 EUR
	Gesamt	**824,67 EUR**

76 Nur dann, wenn im Gerichtsbezirk keine Reisekosten anfallen können, fällt der auswärtige Anwalt mit seinen Reisekosten voll aus.

VIII. Auslagen § 3

Beispiel 35 — **Reisekosten des auswärtigen Anwalts (eingeschränkte Beiordnung bei Gerichtsbezirk besteht aus einer politischen Gemeinde)**

Der Rechtsstreit über 4.000,00 EUR findet vor dem AG Köln statt. Der Kläger wohnt in Bonn (Entfernung 30 km). Das Gericht ordnet den Anwalt zu den Bedingungen eines im AG-Bezirk Köln niedergelassenen Anwalts bei. Dieser nimmt anschließend am Termin zur mündlichen Verhandlung teil.

Da sich der AG-Bezirk Köln mit dem Stadtbezirk deckt, gibt es im Gerichtsbezirk AG Köln keine auswärtigen Anwälte, die Reisekosen geltend machen können. Folglich kann ein auswärtiger Anwalt mit der beschränkten Beiordnung zu den Bedingungen eines im Gerichtsbezirk niedergelassenen Anwalts keine Reisekosten gegenüber der Landeskasse geltend machen.

f) Übernahme der Kosten eines Terminsvertreters

Für einen zusätzlichen Terminsvertreter kann nach dem Gesetz Prozesskostenhilfe grundsätzlich nicht bewilligt werden (Ausnahme Beweisanwalt vor dem ersuchten Richter). Die Vorschrift des § 121 Abs. 4 ZPO sieht im Übrigen die Beiordnung eines Terminsvertreters nicht vor. **77**

Die Kosten eines Terminsvertreters können aber als Auslagen geltend gemacht werden.[37] **78**

Beispiel 36 — **Kosten eines Terminsvertreters als Auslagen**

Der in Hannover wohnende Beklagte wird vor dem LG Köln auf Zahlung von 6.000,00 EUR verklagt. Ihm wird ein Hannoveraner Anwalt im Wege der Verfahrenskostenhilfe ohne Einschränkung beigeordnet, da ein Anspruch auf einen Verkehrsanwalt besteht. Zum Verhandlungstermin reist der Hannoveraner Anwalt allerdings nicht selbst an, sondern beauftragt in eigenem Namen einen Terminsvertreter und vereinbart mit ihm ein Pauschalhonorar i.H.v. 200,00 EUR zuzüglich Umsatzsteuer.

Wäre der Hannoveraner Verfahrensbevollmächtigten selbst zum Termin angereist, hätte die Landeskasse Reisekosten zahlen müssen in Höhe von:

… Fahrtkosten PKW, Nr. 7003 VV, 2 × 295 km × 0,30 EUR/km		177,00 EUR
… Tage- und Abwesenheitsgeld, Nr. 7005 Nr. 3 VV		70,00 EUR
… Zwischensumme	247,00 EUR	

Da die aus der Landeskasse zu übernehmenden Reiskosten höher liegen als die Kosten des Terminsvertreters und diese durch dessen Einschaltung erspart worden sind, kann der Anwalt diese Kosten als Auslagen gem. Vorbem. 7 Abs. 1 S. 2 VV i.V.m. §§ 670, 675 BGB aus der Landeskasse erstattet verlangen.

g) Abrechnung weitergehender Reisekosten mit der bedürftigen Partei

Strittig ist, ob der beigeordnete Anwalt weitergehende Reisekosten mit der Partei abrechnen darf, wenn er nur eingeschränkt beigeordnet worden ist. **79**

---

[37] OLG Hamm AGS 2014, 194 = MDR 2014, 308 = FamFR 2013, 564; OLG Brandenburg AGS 2008, 293 = MDR 2007, 1287 = AnwBl 2007, 728 = FamRZ 2008, 628 = NJ 2007, 229.

80 Ein Teil der Rechtsprechung ist der Auffassung, wegen der Forderungssperre des § 122 Abs. 1 Nr. 3 ZPO komme eine Inanspruchnahme der Partei nicht in Betracht.[38] Zum Teil wird dabei auch argumentiert, der Anwalt habe durch die Zustimmung zu seiner Beiordnung auf die Mehrkosten verzichtet.

81 Soweit die Partei Raten zahlen oder eine Einmalleistung erbringen muss, soll der Anwalt die weitergehenden Reisekosten dann allerdings nach § 50 RVG zusammen mit der Differenzvergütung erhalten, was allerdings inkonsequent ist.

82 Nach zutreffender Ansicht kann der Anwalt die weitergehenden Reisekosten gegen die Partei geltend machen.[39] Wird der Anwalt eingeschränkt beigeordnet, dann tritt die Forderungssperre des § 122 Abs. 1 Nr. 3 ZPO auch nur insoweit ein, wie die Beiordnung reicht. Das ist für eine streitgegenständliche Beiordnung auch anerkannt (siehe § 23 Rn 58). Nichts anderes gilt bei einer eingeschränkten Beiordnung hinsichtlich der Reisekosten.

83 Die Gegenauffassung übersieht, dass die bedürftige Partei Antragsteller ist, nicht der Anwalt. Wird der Beiordnungsantrag der Partei nur beschränkt beschieden, dann kann die Sperre des § 122 Abs. 1 Nr. 3 ZPO auch nur im Rahmen der Beiordnung eintreten. Die Partei hat es selbst in der Hand, ob sie sich gegen eine unberechtigte Einschränkung zur Wehr setzt oder auf einen auswärtigen Anwalt verzichtet und einen Anwalt im Gerichtsbezirk beauftragt, so dass sie dann zu Informationsgesprächen selbst reisen muss.

84 Soweit sich ein Anwalt im Rahmen des Beiordnungsverfahrens mit einer eingeschränkten Beiordnung einverstanden erklärt, heißt dies nur, dass er bereit ist, insoweit nicht mit der Landeskasse abzurechnen. Ein Verzicht auf seine Vergütung gegen den Mandanten und gegen Dritte (§ 126 ZPO) ist damit aber nicht verbunden. Insoweit übersieht die Gegenauffassung, dass ein solcher Verzicht nach § 49b Abs. 1 S. 1 BRAO unzulässig wäre. Ein Verzicht gegenüber dem Mandanten, nicht aber auch gegenüber dem Gegner, wäre wiederum nach § 4a RVG als Vereinbarung eines Erfolgshonorars unzulässig.

| Beispiel 37 | Abrechnung mit dem Auftraggeber bei eingeschränkter Beiordnung |

Der in Düsseldorf wohnende Kläger klagt vor dem AG Köln. Ihm wird sein Düsseldorfer Prozessbevollmächtigter beigeordnet, allerdings zu den Bedingungen eines im Gerichtsbezirk Köln niedergelassenen Anwalts.

Da es im Gerichtsbezirk des AG Köln keine auswärtigen Anwälte gibt, erhält der Düsseldorfer Anwalt keine Reisekosten aus der Landeskasse.

Er kann diese aber mit dem Mandanten abrechnen.

1.	Fahrtkosten PKW, Nr. 7003 VV, 2 × 40 km × 0,30 EUR/km	24,00 EUR
2.	Tage- und Abwesenheitsgeld, Nr. 7005 Nr. 3 VV	25,00 EUR
	Zwischensumme 49,00 EUR	

---

38 OLG Frankfurt AGS 2002, 95 = OLGR 2002, 28 = BRAGOreport 2002, 43; OLG Schleswig JurBüro 1989, 837; AG Ludwigsburg JurBüro 1984, 194 m. Anm. *Mümmler*; OLG Brandenburg AGS 2010, 327 = JurBüro 2010, 434; LAG Mainz KostRsp. BRAGO § 19 Nr. 227 m. abl. Anm. *N. Schneider* (Festsetzung nur, wenn Reisekosten vor Beiordnung angefallen sind).

39 OLG Nürnberg AGS 2002, 67 u. 175 = FamRZ 2001, 1157 = OLGR 2001, 318 = EzFamR aktuell 2001, 348 = BRAGOreport 2002, 71 = JurBüro 2001, 481.

3. 19 % Umsatzsteuer, Nr. 7008 VV	9,31 EUR
Gesamt	**58,31 EUR**

Nach der Gegenauffassung könnte der Anwalt die Reisekosten nur im Rahmen des § 50 RVG geltend machen oder im Wege der Kostenerstattung gegen den Gegner nach § 126 ZPO.

5. Umsatzsteuer

Zusätzlich zu den aus der Staatskasse zu zahlenden Netto-Gebühren und Auslagen kommt auch die Umsatzsteuer hinzu, und zwar auch dann, wenn die bedürftige Partei zum Vorsteuerabzug berechtigt ist.[40] Die vereinzelt gebliebene Gegenauffassung des OLG Celle ist mit dem Gesetz nicht zu vereinbaren.[41]

IX. Anrechnung von Zahlungen, Vorschüssen und anzurechnenden Beträgen

1. Überblick

Hat der Anwalt Vorschüsse, Zahlungen oder Zahlungen auf anzurechnende Gebühren vor oder nach seiner Beiordnung erhalten, so sind diese auf die aus der Staatskasse zu zahlende Vergütung anzurechnen. Allerdings wird zunächst auf denjenigen Teil der Vergütung angerechnet, für den ein Anspruch gegen die Staatskasse nicht oder nur unter den Voraussetzungen des § 50 RVG besteht (§ 58 Abs. 2 RVG).

2. Anrechnung von Zahlungen und Vorschüssen

Soweit der Mandant Vorschüsse geleistet oder Zahlungen erbracht hat für anwaltliche Tätigkeiten, für die der Anwalt später beigeordnet wird, sind diese Zahlungen auf die aus der Staatskasse zu zahlende Vergütung anzurechnen. Verrechnet wird allerdings zunächst auf denjenigen Teil der Wahlanwaltsvergütung, für den ein Anspruch gegen die Staatskasse nicht oder nur unter den Voraussetzungen des § 50 RVG besteht (§ 58 Abs. 2 RVG). Gleiches gilt für nachträgliche Zahlungen.

Beispiel 38	Anrechnung eines Vorschusses, Zahlung übersteigt Differenz nicht

Der Anwalt ist in einem Rechtsstreit über 10.000,00 EUR beigeordnet worden und hatte zuvor von der Partei einen Vorschuss in Höhe von 500,00 EUR erhalten.

Der Vorschuss ist nach § 58 Abs. 2 RVG zunächst auf die nicht gedeckte Wahlanwaltsvergütung anzurechnen. Nur der danach verbleibende Restbetrag ist auf die aus der Landeskasse zu zahlende Vergütung anzurechnen.

Die Wahlanwaltsvergütung berechnet sich nach den Beträgen des § 13 RVG wie folgt:

1. 1,3-Verfahrensgebühr, Nr. 3100 VV, § 13 RVG	725,40 EUR
2. 1,2-Terminsgebühr, Nr. 3104 VV, § 13 RVG	669,60 EUR
3. Postentgeltpauschale, Nr. 7002 VV	20,00 EUR
Zwischensumme	1.415,00 EUR

---

40 OLG Hamburg AGS 2013, 428 = MDR 2013, 1194 = RVGreport 2013, 348 = NJW-Spezial 2013, 572 = RVGprof. 2013, 164; OLG Koblenz JurBüro 1997, 588.
41 AGS 2014, 80 = MDR 2013, 1434 = JurBüro 2014, 31 = RVGreport 2014, 20 = NJW-Spezial 2014, 315.

4. 19 % Umsatzsteuer, Nr. 7008 VV		268,85 EUR
Gesamt		**1.683,85 EUR**

Die PKH-Vergütung berechnet sich nach den Beträgen des § 49 RVG wie folgt:

1. 1,3-Verfahrensgebühr, Nr. 3100 VV, § 49 RVG		399,10 EUR
2. 1,2-Terminsgebühr, Nr. 3104 VV, § 49 RVG		368,40 EUR
3. Postentgeltpauschale, Nr. 7002 VV		20,00 EUR
Zwischensumme	787,50 EUR	
4. 19 % Umsatzsteuer, Nr. 7008 VV		149,63 EUR
Gesamt		**937,13 EUR**

Die nicht gedeckte Wahlanwaltsvergütung beläuft sich somit auf (1.683,85 EUR – 937,13 EUR =) 746,72 EUR. Darauf wird der Vorschuss verrechnet, so dass auf die PKH-Vergütung nichts anzurechnen ist.

1. 1,3-Verfahrensgebühr, Nr. 3100 VV, § 49 RVG		399,10 EUR
2. 1,2-Terminsgebühr, Nr. 3104 VV, § 49 RVG		368,40 EUR
3. Postentgeltpauschale, Nr. 7002 VV		20,00 EUR
4. Vorschuss		– 500,00 EUR
davon anrechnungsfrei (1.683,85 EUR – 937,13 EUR =)	746,72 EUR	
		0,00 EUR
Zwischensumme	787,50 EUR	
5. 19 % Umsatzsteuer, Nr. 7008 VV		149,63 EUR
Gesamt		**937,13 EUR**

Beispiel 39 | **Anrechnung eines Vorschusses, Zahlung übersteigt Differenz**

Wie vorangegangenes Beispiel 38; die Partei hatte einen Vorschuss in Höhe von **1.000,00 EUR gezahlt.**

Jetzt hat der Anwalt mehr als die nicht gedeckte Wahlanwaltsvergütung i.H.v. 746,72 EUR erhalten. Darauf wird der Vorschuss zunächst verrechnet. Es verbleiben dann noch 253,28 EUR, die anzurechnen sind.

1. 1,3-Verfahrensgebühr, Nr. 3100 VV, § 49 RVG		399,10 EUR
2. 1,2-Terminsgebühr, Nr. 3104 VV, § 49 RVG		368,40 EUR
3. Postentgeltpauschale, Nr. 7002 VV		20,00 EUR
4. Vorschuss		– 1.000,00 EUR
davon anrechnungsfrei (1.683,85 EUR – 937,13 EUR =)	746,72 EUR	
		– 253,28 EUR
Zwischensumme	534,22 EUR	
5. 19 % Umsatzsteuer, Nr. 7008 VV		101,50 EUR
Gesamt		**635,72 EUR**

3. Anrechnung anzurechnender Beträge

88   Hat die bedürftige Partei, der ein Anwalt im Wege der Prozess- oder Verfahrenskostenhilfe beigeordnet worden ist, zwar keine unmittelbaren Zahlungen auf die aus der Landeskasse zu zahlende Vergütung erhalten, aber Zahlungen auf eine zuvor entstandene und anzurechnende Gebühr – insbesondere auf eine nach Vorbem. 3 Abs. 4 VV anzurechnende Geschäftsgebühr –, dann kann sich die Landeskasse mittelbar auf die Zahlung berufen. Durch die Zahlung der anzurechnenden Gebühr wird nämlich im Umfang der Anrechnung zugleich auch die Gebühr erfüllt, auf die anzurechnen ist (siehe § 5 Rn 6 ff.).

IX. Anrechnung von Zahlungen, Vorschüssen und anzurechnenden Beträgen § 3

Auch hier ist jedoch § 58 Abs. 2 RVG zu berücksichtigen. Das bedeutet, dass tatsächlich geleistete Zahlungen der bedürftigen Partei auf anzurechnende Gebühren zwar grundsätzlich berücksichtigt werden, dass diese Zahlungen aber zunächst einmal auf die nicht gedeckte Differenz zwischen Pflicht- (§ 49 RVG) und Wahlanwaltsgebühren (§ 13 RVG) zu verrechnen bzw. anzurechnen sind und nur dann, wenn dieser Differenzbetrag gedeckt ist, auf die PKH-Gebühren angerechnet wird.[42]

Angerechnet werden nur von der Partei tatsächlich gezahlte oder vom Gegner tatsächlich erstattete Beträge. Eine Anrechnung von Beträgen, die der Anwalt verlangen kann, aber nicht bekommen hat, ist nicht zulässig.[43]

Eine zuvor angefallene anzurechnende Wahlanwaltsgebühr ist im Rahmen der Prozess- und Verfahrenskostenhilfevergütung also gem. § 58 Abs. 2 RVG nur dann zu berücksichtigen,
- wenn der Auftraggeber oder ein Dritter tatsächlich die anzurechnende Gebühr gezahlt hat und
- der danach anzurechnende Betrag die nicht gedeckte Differenz zwischen der gerichtlichen Wahlanwalts- und Pflichtanwaltsgebühr übersteigt.

Bei Werten bis 4.000,00 EUR sind Zahlungen auf die Geschäftsgebühr in vollem Umfang anzurechnen, soweit sie den anrechnungsfreien Teil der Geschäftsgebühr übersteigen, da bis zu diesem Wert die Gebührenbeträge für Wahlanwalt und Pflichtanwalt identisch sind.

Beispiel 40	Anrechnung der Geschäftsgebühr, Wert bis 4.000,00 EUR, Geschäftsgebühr nicht bezahlt

Außergerichtlich war der Anwalt wegen einer Forderung in Höhe von 3.000,00 EUR als Wahlanwalt tätig. Der Anwalt hatte eine 1,5-Wahlanwalts-Geschäftsgebühr wie folgt abgerechnet:

1. 1,5-Geschäftsgebühr, Nr. 2300 VV, § 13 RVG   301,50 EUR
(Wert: 3.000,00 EUR)
2. Postentgeltpauschale, Nr. 7002 VV   20,00 EUR
Zwischensumme   321,50 EUR
3. 19 % Umsatzsteuer, Nr. 7008 VV   61,09 EUR
Gesamt   **382,59 EUR**

Diese Vergütung hat der Mandant jedoch nicht gezahlt. Im nachfolgenden gerichtlichen Verfahren wird der Anwalt im Rahmen der Prozesskostenhilfe beigeordnet.

Es ist nichts anzurechnen, da der Anwalt auf die anzurechnende Gebühr keine Zahlung erhalten hat. Die Landeskasse muss die volle Verfahrensgebühr zahlen

1. 1,3-Verfahrensgebühr, Nr. 3100 VV, § 49 RVG   261,30 EUR
(Wert: 3.000,00 EUR)
2. 1,2-Terminsgebühr, Nr. 3104 VV, § 49 RVG   241,20 EUR
(Wert: 3.000,00 EUR)
3. Postentgeltpauschale, Nr. 7002 VV   20,00 EUR
Zwischensumme   522,50 EUR
4. 19 % Umsatzsteuer, Nr. 7008 VV   99,28 EUR
Gesamt   **621,78 EUR**

---

42 OLG Zweibrücken AGS 2010, 329 = zfs 2010, 518 = RVGreport 2010, 297 = FamRB 2010, 271; OLG Schleswig SchlHA 2008, 316 = OLGR 2008, 457 = MDR 2008, 947.
43 OLG Brandenburg AGS 2011, 549 = MDR 2011, 1206 = JurBüro 2011, 580 = Rpfleger 2012, 89 = RVGreport 2011, 376.

§ 3 Vergütungsansprüche des beigeordneten Anwalts gegen Staatskasse und Dritte

Beispiel 41 | **Anrechnung der Geschäftsgebühr, Wert bis 4.000,00 EUR, Geschäftsgebühr voll bezahlt**

Wie vorangegangenes Beispiel 40. Die außergerichtliche Vergütung hatte der Mandant bereits gezahlt.

Jetzt ist die Zahlung auf die Geschäftsgebühr nach § 58 Abs. 2 RVG zu berücksichtigen. Da sich hier keine Differenz zwischen Wahlanwalts- und Pflichtanwaltsgebühren ergibt, ist die Anrechnung des nach Vorbem. 3 Abs. 4 VV anzurechnenden Betrags in voller Höhe vorzunehmen. Der Anwalt erhält aus der Landeskasse im Ergebnis lediglich noch 0,55 der Verfahrensgebühr.

1. 1,3-Verfahrensgebühr, Nr. 3100 VV, § 49 RVG   261,30 EUR
2. gem. § 58 Abs. 2 RVG i.V.m. Vorbem. 3 Abs. 4 VV, § 13 RVG
   anzurechnen, 0,75 aus 3.000,00 EUR, § 13 RVG   − 150,75 EUR
3. 1,2- Terminsgebühr, Nr. 3104 VV, § 49 RVG   241,20 EUR
4. Postentgeltpauschale, Nr. 7002 VV   20,00 EUR
   Zwischensumme   371,75 EUR
5. 19 % Umsatzsteuer, Nr. 7008 VV   70,63 EUR
Gesamt   **442,38 EUR**

Beispiel 42 | **Anrechnung der Geschäftsgebühr, Wert bis 4.000,00 EUR, Geschäftsgebühr teilweise bezahlt**

Wie vorangegangenes Beispiel 41. Auf die außergerichtliche Vergütung hatte der Mandant 250,00 EUR gezahlt.

Jetzt ist die Zahlung auf die Geschäftsgebühr zwar auch dem Grunde nach anzurechnen, aber nicht in voller Höhe.

Dem Anwalt fehlen vorgerichtlich noch 382,59 EUR − 250,00 EUR, also 132,59 EUR. Das sind netto 111,42 EUR. Von der halben Geschäftsgebühr bleiben also jetzt 111,42 EUR anrechnungsfrei. Anzurechnen sind nur 150,75 EUR − 111,42 EUR = 39,33 EUR.

1. 1,3-Verfahrensgebühr, Nr. 3100 VV, § 49 RVG   261,40 EUR
2. anrechnungsfähig gem. § 58 Abs. 2 RVG i.V.m.
   Vorbem. 3 Abs. 4 VV, 0,75 aus 3.000,00 EUR, § 13 RVG   − 150,75 EUR
   davon anrechnungsfrei (382,59 EUR − 250,00 EUR)   111,42 EUR
                                                                                   − 39,33 EUR
3. 1,2- Terminsgebühr, Nr. 3104 VV, § 49 RVG   241,20 EUR
4. Postentgeltpauschale, Nr. 7002 VV   20,00 EUR
   Zwischensumme   483,27 EUR
5. 19 % Umsatzsteuer, Nr. 7008 VV   91,82 EUR
Gesamt   **575,09 EUR**

93 Liegt der Gegenstandswert über 4.000,00 EUR, ist zu berücksichtigen, dass die anzurechnende Gebühr zunächst auf die Differenz der Wahlanwaltsvergütung zu der entsprechenden Pflichtverteidigervergütung anzurechnen ist.[44]

94 Strittig ist insoweit, ob im Gegensatz zu Vorschüssen und Zahlungen im Rahmen der nach dem RVG vorgesehenen Anrechnungsbestimmungen verrechnet wird, also ob nur auf die Differenz

---

44 OLG Zweibrücken AGS 2010, 329 = zfs 2010, 518 = RVGreport 2010, 297 = FamRB 2010, 271; OLG Schleswig SchlHA 2008, 316 = OLGR 2008, 457 = MDR 2008, 947.

IX. Anrechnung von Zahlungen, Vorschüssen und anzurechnenden Beträgen § 3

der Wahlanwaltsverfahrensgebühr zur Wahlanwaltspflichtgebühr anzurechnen ist oder auf die Differenz der gesamten Vergütung. Die ganz h.M. geht davon aus, dass die gesamte Differenz anrechnungsfrei ist.

> **Beispiel 43** **Anrechnung der Geschäftsgebühr, Wert über 4.000,00 EUR, Geschäftsgebühr nicht bezahlt**

Der Anwalt wird für den Auftraggeber wegen einer Forderung in Höhe von 10.000,00 EUR als Wahlanwalt tätig. Beratungshilfe war nicht beantragt worden. Angemessen sei dafür wiederum eine 1,5-Geschäftsgebühr:

1. 1,5-Geschäftsgebühr, Nr. 2300 VV, § 13 RVG   837,00 EUR
   (Wert: 10.000,00 EUR)
2. Postentgeltpauschale, Nr. 7002 VV   20,00 EUR
   Zwischensumme   857,00 EUR
3. 19 % Umsatzsteuer, Nr. 7008 VV   162,83 EUR
   Gesamt   **1.019,83 EUR**

Hiernach wird der Anwalt im Rechtsstreit tätig. Der Partei wird Prozesskostenhilfe bewilligt und der Anwalt beigeordnet. Die außergerichtliche Vergütung war nicht bezahlt.

Es ist nichts anzurechnen, da der Anwalt auf die anzurechnende Gebühr keine Zahlung erhalten hat. Die Landeskasse muss die volle Verfahrensgebühr aus den Beträgen des § 49 RVG zahlen:

1. 1,3-Verfahrensgebühr, Nr. 3100 VV, § 49 RVG   399,10 EUR
2. 1,2-Terminsgebühr, Nr. 3104 VV, § 49 RVG   368,40 EUR
3. Postentgeltpauschale, Nr. 7002 VV   20,00 EUR
   Zwischensumme   787,50 EUR
4. 19 % Umsatzsteuer, Nr. 7008 VV   149,63 EUR
   Gesamt   **937,13 EUR**

> **Beispiel 44** **Anrechnung der Geschäftsgebühr, Wert über 4.000,00 EUR, Geschäftsgebühr bezahlt**

Wie vorangegangenes Beispiel 43. Der Mandant hatte die außergerichtliche Vergütung bezahlt.

Jetzt ist die Zahlung, die der Anwalt von der bedürftigen Partei auf die Geschäftsgebühr erhalten hat, im Rahmen des § 58 Abs. 2 RVG zu berücksichtigen. Und zwar ist der nach Vorbem. 3 Abs. 4 VV anzurechnende Teil der Geschäftsgebühr jetzt zunächst auf die nicht gedeckte Wahlanwaltsverfahrensgebühr des § 13 RVG anzurechnen und erst hiernach auf die PKH-Verfahrensgebühr des § 49 RVG.

Soweit man nur auf die Differenz der Verfahrensgebühren verrechnet, ergibt sich folgende Berechnung:

1. 1,3-Verfahrensgebühr, Nr. 3100 VV, § 49 RVG   399,10 EUR
2. anrechnungsfähig nach Vorbem. 3 Abs. 4 VV:
   0,75 aus 10.000,00 EUR nach § 13 RVG   – 418,50 EUR
   davon nach § 58 Abs. 2 RVG anrechnungsfrei
   (725,40 EUR – 399,10 EUR)   326,30 EUR
                                                                     – 92,20 EUR

3. 1,2-Terminsgebühr, Nr. 3104 VV, § 49 RVG		368,40 EUR
4. Postentgeltpauschale, Nr. 7002 VV		20,00 EUR
Zwischensumme	695,30 EUR	
5. 19 % Umsatzsteuer, Nr. 7008 VV		132,11 EUR
Gesamt		**827,41 EUR**

Soweit man nur auf die Differenz aller Gebühren verrechnet, ergibt sich folgende Berechnung:

1. 1,3-Verfahrensgebühr, Nr. 3100 VV, § 49 RVG		399,10 EUR
2. 1,2-Terminsgebühr, Nr. 3104 VV, § 49 RVG		368,40 EUR
3. anrechnungsfähig nach Vorbem. 3 Abs. 4 VV:		
0,75 aus 10.000,00 EUR nach § 13 RVG		– 418,50 EUR
davon nach § 58 Abs. 2 RVG anrechnungsfrei		
(725,40 EUR – 399,10 EUR + 669,60 – 368,40 EUR)	627,50 EUR	
		– 0,00 EUR
4. Postentgeltpauschale, Nr. 7002 VV		20,00 EUR
Zwischensumme	787,50 EUR	
19 % Umsatzsteuer, Nr. 7008 VV		149,63 EUR
Gesamt		**937,13 EUR**

4. Nachträgliche Zahlungen

95 Auch nachträgliche Zahlungen des Mandanten oder eines Dritten sind anzugeben, wenn diese auf die Ab- und Anrechnung Einfluss haben können (§ 55 Abs. 5 S. 4 RVG). Das gilt insbesondere dann, wenn die vorgerichtlich entstandene Geschäftsgebühr im Prozess als Nebenforderung zugesprochen im Nachhinein vom Gegner bezahlt worden ist.

Beispiel 45 | **Anrechnung der Geschäftsgebühr, Geschäftsgebühr nachträglich bezahlt**

Der Anwalt wird für den Auftraggeber wegen einer Forderung in Höhe von 3.000,00 EUR als Wahlanwalt tätig und hatte dem Mandanten eine 1,5-Geschäftsgebühr wie folgt in Rechnung gestellt:

1. 1,5-Geschäftsgebühr, Nr. 2300 VV, § 13		301,50 EUR
(Wert: 3.000,00 EUR)		
2. Postentgeltpauschale, Nr. 7002 VV		20,00 EUR
Zwischensumme	321,50 EUR	
3. 19 % Umsatzsteuer, Nr. 7008 VV		61,09 EUR
Gesamt		**382,59 EUR**

Hiernach wurde der Anwalt im Rechtsstreit tätig und klagte auch die vorgerichtlichen Kosten im Wege des Freistellungsanspruchs gegen den Gegner als Verzugsschaden mit ein. Der Beklagte wurde antragsgemäß verurteilt. Er legte gegen das Urteil Berufung ein, so dass der Anwalt gegenüber der Landeskasse zunächst einmal seine erstinstanzliche Vergütung in Höhe von 621,89 EUR anmeldete (zur Berechnung siehe Beispiel 40) und auch ausgezahlt erhielt. Später nahm der Gegner die Berufung zurück und zahlte die Geschäftsgebühr an den Anwalt.

Die nachträgliche Zahlung ist ebenso anzurechnen wie die Zahlung der Partei. Nachträglich abzurechnen ist daher wie in Beispiel 41. Die sich danach ergebende Überzahlung in Höhe von

geleistete Zahlung der Landeskasse	621,78 EUR
./. geschuldeter Betrag der Landeskasse	– 442,38 EUR
	179,40 EUR

ist vom Anwalt an die Landeskasse auszukehren.

§ 4 Gerichtlich bestellter oder beigeordneter Anwalt in Straf- und Bußgeldsachen und in Verfahren nach Teil 6 VV

Inhalt

I. Überblick 1	c) Bestellung erst nach Verbindung 17
II. Gebühren- und Auslagentatbestände 3	d) Bestellung in nur einem Verfahren vor Verbindung 18
III. Höhe des Vergütungsanspruchs 4	VI. Erstreckung der Beiordnung auf Adhäsionsverfahren 20
1. Betragsrahmengebühren 4	
2. Wertgebühren 8	VII. Inanspruchnahme des Mandanten oder eines Erstattungspflichtigen 23
IV. Besonderheiten bei längerer Verhandlungsdauer in Strafsachen 9	VIII. Anrechnung von Zahlungen 25
V. Rückwirkung der Beiordnung 11	1. Überblick 25
1. Rückwirkung im ersten Rechtszug 11	2. Anrechnung bei Überschreiten des Doppelten der Pflichtanwaltsgebühren 26
2. Rückwirkung in späterem Rechtszug 14	3. Anrechnung bei Überschreiten des Doppelten der Pflichtanwaltsgebühren 35
3. Rückwirkung bei Verbindung im erstinstanzlichen gerichtlichen Verfahren 15	4. Mitteilung und Anrechnung nachträglicher Zahlungen 37
a) Überblick 15	
b) Bestellung in jedem Verfahren vor Verbindung 16	

I. Überblick

Ist der Anwalt in Straf- oder Bußgeldsachen oder in Verfahren nach Teil 6 VV gerichtlich bestellt   1
oder beigeordnet worden, so erhält er seine Vergütung aus der Staatskasse (§ 45 Abs. 1 RVG). Er
erhält dabei nicht nur die **Gebühren** nach dem RVG, sondern auch **Auslagen**, soweit sie notwendig
waren (§ 46 RVG). Ebenso steht ihm ein Recht auf **Vorschuss** zu (§ 47 RVG).

Streng genommen handelt es sich hier nicht um einen Vergütungsanspruch im eigentlichen Sinne,   2
da es an einer vertraglichen Beziehung zwischen Anwalt und Staatskasse fehlt. Dem Anwalt steht
vielmehr ein öffentlich-rechtlicher Entschädigungsanspruch zu. In der Sache hat diese rechtliche
Einordnung jedoch keine Bedeutung, da dem Anwalt nach § 44 RVG die „gesetzliche Vergütung",
also Gebühren und Auslagen (§ 1 Abs. 1 S. 1 RVG), auch gegen die Staatskasse zusteht.

II. Gebühren- und Auslagentatbestände

Hinsichtlich der Gebühren- und Auslagentatbestände ergeben sich grundsätzlich keine Unter-   3
schiede. Hier gilt dasselbe wie für den Wahlanwalt, so dass auf die dortigen Ausführungen jeweils
Bezug genommen werden kann. Lediglich bei längerer Hauptverhandlungsdauer ergeben sich für
den gerichtlich bestellten oder beigeordneten Anwalt Sonderregeln (Nrn. 4110, 4111, 4116, 4117,
4128, 4129, 4134, 4135 VV) (siehe hierzu Rn 9 ff.).

III. Höhe des Vergütungsanspruchs

1. Betragsrahmengebühren

4 Während der Wahlanwalt in Straf- und Bußgeldsachen sowie in Verfahren nach Teil 6 VV grundsätzlich nach **Rahmengebühren** abrechnet und aus dem vorgegebenen jeweiligen Rahmen nach § 14 Abs. 1 RVG die im konkreten Einzelfall angemessene Gebühr bestimmt, erhält der gerichtlich bestellte oder beigeordnete Anwalt jeweils eine **Festgebühr**, die unterhalb der jeweiligen Mittelgebühr liegt (80 % der Mittelgebühr). Ein Ermessensspielraum steht ihm nicht zu.

5 Reichen die Festgebühren nicht aus, um die Tätigkeit des gerichtlich bestellten oder beigeordneten Anwalts angemessen zu vergüten, hat der gerichtlich bestellte oder beigeordnete Anwalt allerdings die Möglichkeit, nach § 51 RVG die **Bewilligung einer Pauschgebühr** zu beantragen.

6 Hinsichtlich der Berechnung der Vergütung ergeben sich – abgesehen von den zusätzlichen Gebühren für längere Hauptverhandlungstermine – keine Besonderheiten, so dass insoweit auf die jeweiligen Ausführungen zur Abrechnung des Wahlanwalts (siehe §§ 35, 36) Bezug genommen werden kann. Es dürfen lediglich an Stelle der im Vergütungsverzeichnis vorgesehenen Gebührenrahmen jetzt nur die dort in der rechten Spalte vorgesehenen Festbeträge abgerechnet werden.

7 Die Vergütung des gerichtlich bestellten oder beigeordneten Anwalts bei Betragsrahmengebühren ist unabhängig von den Kriterien des § 14 Abs. 1 RVG.
- Rechnet der Wahlanwalt in durchschnittlichen Angelegenheiten nach der Mittelgebühr ab, steht dem gerichtlich bestellten oder beigeordneten Anwalt nur ein geringerer Vergütungsanspruch zu, da die Festgebühren stets unterhalb der Mittelgebühr liegen.
- Sind für den Wahlanwalt die Höchstgebühren angemessen, so ergibt sich ein erheblicher Unterschied zwischen den Wahlanwaltsgebühren und den Festgebühren des gerichtlich bestellten oder beigeordneten Anwalts. In diesen Fällen wird in der Regel allerdings die Bewilligung einer Pauschgebühr nach § 51 RVG in Betracht kommen.
- Sind für den Wahlanwalt dagegen nur unterdurchschnittliche Gebühren angemessen, so steht sich der gerichtlich bestellte oder beigeordnete Anwalt u.U. besser, da die Wahlanwaltsgebühren unter den Festgebühren liegen können. Eine Begrenzung, etwa analog § 15 Abs. 6 RVG, kommt hier nicht in Betracht. Es verbleibt dann für den gerichtlich bestellten oder beigeordneten Anwalt bei den höheren Gebühren.

| Beispiel 1 | Gegenüberstellung Vergütung Wahlanwalt/bestellter oder beigeordneter Anwalt – Verteidigung im vorbereitenden Verfahren |

Der Anwalt wird in einer Strafsache im vorbereitenden Verfahren mit der Verteidigung beauftragt.
a) Das Mandat endet infolge Einstellung ohne Mitwirkung des Verteidigers unmittelbar nach Auftragserteilung. Angemessen ist nur die Mindestgebühr.
b) Der Anwalt gibt eine kurze Einlassung ab. Angemessen ist die Mittelgebühr.
c) Der Anwalt gibt eine umfangreiche Einlassung ab. Die Sache ist sehr schwierig und umfangreich. Angemessen ist die Höchstgebühr.

III. Höhe des Vergütungsanspruchs §4

I. **Der Wahlanwalt erhält**
a) **im Fall a) (Mindestgebühr)**
1. Grundgebühr, Nr. 4100 VV 40,00 EUR
2. Verfahrensgebühr, Nr. 4104 VV 40,00 EUR
3. Postentgeltpauschale, Nr. 7002 VV 16,00 EUR
   Zwischensumme 96,00 EUR
4. 19 % Umsatzsteuer, Nr. 7008 VV 18,24 EUR
Gesamt **114,24 EUR**

b) **im Fall b) (Mittelgebühr)**
1. Grundgebühr, Nr. 4100 VV 200,00 EUR
2. Verfahrensgebühr, Nr. 4104 VV 165,00 EUR
3. Postentgeltpauschale, Nr. 7002 VV 20,00 EUR
   Zwischensumme 385,00 EUR
4. 19 % Umsatzsteuer, Nr. 7008 VV 73,15 EUR
Gesamt **458,15 EUR**

c) **im Fall c) (Höchstgebühr)**
1. Grundgebühr, Nr. 4100 VV 360,00 EUR
2. Verfahrensgebühr, Nr. 4104 VV 290,00 EUR
3. Postentgeltpauschale, Nr. 7002 VV 20,00 EUR
   Zwischensumme 670,00 EUR
4. 19 % Umsatzsteuer, Nr. 7008 VV 127,30 EUR
Gesamt **797,30 EUR**

II. **Der gerichtlich bestellte oder beigeordnete Anwalt erhält in allen drei Fällen**
1. Grundgebühr, Nr. 4100 VV 160,00 EUR
2. Verfahrensgebühr, Nr. 4104 VV 132,00 EUR
3. Postentgeltpauschale, Nr. 7002 VV 20,00 EUR
   Zwischensumme 312,00 EUR
4. 19 % Umsatzsteuer, Nr. 7008 VV 59,28 EUR
Gesamt **371,28 EUR**

2. Wertgebühren

Soweit für den gerichtlich bestellten oder beigeordneten Rechtsanwalt **Wertgebühren** anfallen, 8
etwa bei Einziehung und verwandten Maßnahmen (Nr. 4142 VV) oder im Adhäsionsverfahren
(Nrn. 4143 ff. VV), erhält er ab einem Wert von über 4.000,00 EUR ebenfalls geringere Gebühren.
Anstelle der Gebührenbeträge des § 13 RVG sind für ihn die Gebührenbeträge des § 49 RVG
maßgebend (siehe § 3 Rn 20 f.).

> **Beispiel 2** Verteidigung in der Hauptverhandlung mit Einziehung

Der Anwalt wird nach Anklageerhebung mit der Verteidigung in der Hauptverhandlung vor dem AG beauftragt. Die Bestellung bezieht sich auch auf die Einziehung einer Computeranlage im Wert von 5.000,00 EUR.

Auch hier kann der gerichtlich bestellte oder beigeordnete Anwalt nach denselben Gebührentatbeständen abrechnen wie ein Wahlanwalt. Er erhält also neben den Verteidigergebühren auch die Verfahrensgebühr nach Nr. 4142 VV. Allerdings ist er auf die – ab einem Gegenstandswert von 4.000,00 EUR – geringeren Gebührenbeträge des § 49 RVG beschränkt.

I. **Der Wahlanwalt erhält**
1. Grundgebühr, Nr. 4100 VV 200,00 EUR
2. Verfahrensgebühr, Nr. 4106 VV 165,00 EUR
3. Terminsgebühr, Nr. 4108 VV 275,00 EUR

§ 4 Gerichtlich bestellter oder beigeordneter Anwalt in Straf- und Bußgeldsachen

4.	1,0-Verfahrensgebühr, Nr. 4142 VV, § 13 RVG (Wert: 5.000,00 EUR)	303,00 EUR
5.	Postentgeltpauschale, Nr. 7002 VV	20,00 EUR
	Zwischensumme 963,00 EUR	
6.	19 % Umsatzsteuer, Nr. 7008 VV	182,97 EUR
Gesamt		**1.145,97 EUR**

II. Der gerichtlich bestellte oder beigeordnete Anwalt erhält

1.	Grundgebühr, Nr. 4100 VV	160,00 EUR
2.	Verfahrensgebühr, Nr. 4106 VV	132,00 EUR
3.	Terminsgebühr, Nr. 4108 VV	220,00 EUR
4.	1,0-Verfahrensgebühr, Nr. 4142 VV, § 49 RVG (Wert: 5.000,00 EUR)	257,00 EUR
5.	Postentgeltpauschale, Nr. 7002 VV	20,00 EUR
	Zwischensumme 789,00 EUR	
6.	19 % Umsatzsteuer, Nr. 7008 VV	149,91 EUR
Gesamt		**938,91 EUR**

IV. Besonderheiten bei längerer Verhandlungsdauer in Strafsachen

9   Dauert ein Hauptverhandlungstermin in Strafsachen länger, so kann der Wahlanwalt dies nach § 14 Abs. 1 RVG bei der Bemessung seiner Terminsgebühren erhöhend berücksichtigen.[1] Der gerichtlich bestellte oder beigeordnete Anwalt hat diese Möglichkeit nicht, da Festgebühren vorgesehen sind. Im Gegensatz zum Wahlanwalt steht ihm allerdings in diesen Fällen eine zusätzliche Gebühr zu der jeweiligen Terminsgebühr zu (sog. „Längenzuschlag"), wenn die Hauptverhandlung länger als fünf oder länger als acht Stunden dauert.

> **Beispiel 3** — Verteidigung in der Hauptverhandlung, mehr als fünf und acht Stunden Dauer

Der Anwalt ist als Pflichtverteidiger im Verfahren vor dem Schöffengericht bestellt. Es finden insgesamt drei Hauptverhandlungstermine statt. Der erste Termin dauert zwei Stunden, der zweite Termin dauert sechs Stunden und der dritte Termin neun Stunden.

Für jeden Hauptverhandlungstermin erhält der Anwalt eine Terminsgebühr nach Nr. 4108 VV.

Für den **ersten Termin** verbleibt es bei dieser Gebühr, da der Termin nicht länger als fünf Stunden gedauert hat.

Der **zweite Termin** hat mehr als fünf, aber weniger als acht Stunden gedauert. Hier erhält der Anwalt daher **neben der Terminsgebühr** zusätzlich eine Gebühr nach Nr. 4110 VV.

Der **dritte Termin** hat mehr als acht Stunden gedauert. Hier erhält der Anwalt neben der Terminsgebühr zusätzlich eine Gebühr nach Nr. 4111 VV.

1.	Grundgebühr, Nr. 4100 VV	160,00 EUR
2.	Verfahrensgebühr, Nr. 4106 VV	132,00 EUR
3.	Terminsgebühr, Nr. 4108 VV (1. Hauptverhandlungstermin)	220,00 EUR
4.	Terminsgebühr, Nr. 4108 VV (2. Hauptverhandlungstermin)	220,00 EUR
5.	Zusätzliche Gebühr, Nr. 4110 VV (2. Hauptverhandlungstermin)	110,00 EUR

---

[1] OLG Bamberg JurBüro 1977, 1103; AnwK-RVG/*Onderka*, § 14 Rn 30.

6. Terminsgebühr, Nr. 4108 VV		220,00 EUR
(3. Hauptverhandlungstermin)		
7. Zusätzliche Gebühr, Nr. 4111 VV		220,00 EUR
(3. Hauptverhandlungstermin)		
8. Postentgeltpauschale, Nr. 7002 VV		20,00 EUR
Zwischensumme	1.302,00 EUR	
9. 19 % Umsatzsteuer, Nr. 7008 VV		247,38 EUR
Gesamt		**1.549,38 EUR**

Zur Frage, welche Zeiten (Wartezeiten, Unterbrechungen etc.) bei der Dauer des Termins berücksichtigt werden siehe *Schneider*,[2] *Burhoff*[3] und *Kotz*.[4]

V. Rückwirkung der Beiordnung

1. Rückwirkung im ersten Rechtszug

Nach § 48 Abs. 6 S. 1 RVG erhält der im ersten Rechtszug bestellte oder beigeordnete Anwalt die Vergütung auch für seine Tätigkeit vor dem Zeitpunkt seiner Bestellung,

- in Strafsachen einschließlich seiner Tätigkeit vor Erhebung der öffentlichen Klage

und

- in Bußgeldsachen einschließlich der Tätigkeit vor der Verwaltungsbehörde.

Beispiel 4 **Erstreckung der Bestellung auf vorbereitendes Verfahren (I)**

Der Anwalt war zunächst als Wahlanwalt in Ermittlungsverfahren für den Beschuldigten tätig. Nach dem ersten Hauptverhandlungstermin wird er vom AG als Pflichtverteidiger bestellt und nimmt an dem zweiten Hauptverhandlungstermin teil, in dem das Urteil gesprochen wird.

Die Bestellung ist zwar erst nach Anklageerhebung und nach dem ersten Hauptverhandlungstermin erfolgt. Dennoch erhält der Anwalt § 48 Abs. 6 S. 1 RVG auch die Gebühr für den ersten Hauptverhandlungstermin und auch die zuvor im Ermittlungsverfahren entstandene Vergütung.

Der Anwalt kann also folgende Gebühren aus der Landeskasse verlangen.

I. Vorbereitendes Verfahren		
1. Grundgebühr, Nr. 4100 VV		160,00 EUR
2. Verfahrensgebühr, Nr. 4104 VV		132,00 EUR
3. Postentgeltpauschale, Nr. 7002 VV		20,00 EUR
Zwischensumme	312,00 EUR	
4. 19 % Umsatzsteuer, Nr. 7008 VV		59,28 EUR
Gesamt		**371,28 EUR**
I. Erstinstanzliches gerichtliches Verfahren		
1. Verfahrensgebühr, Nr. 4106 VV		132,00 EUR
2. Terminsgebühr, Nr. 4108 VV		220,00 EUR
3. Terminsgebühr, Nr. 4108 VV		220,00 EUR
4. Postentgeltpauschale, Nr. 7002 VV		20,00 EUR
Zwischensumme	592,00 EUR	

---

2 AnwK/RVG-*N. Schneider*, Nrn. 4108–4111 Rn 26 f.
3 RVG, Nr. 4110 Rn 10 ff.; *ders.*, Der Längenzuschlag auf die Terminsgebühr für den Pflichtverteidiger, RVGreport 2006, 1 ff.
4 Das Leid mit dem Längenzuschlag, NStZ 2009, 414.

5. 19 % Umsatzsteuer, Nr. 7008 VV	112,48 EUR
Gesamt	**704,48 EUR**

12 Voraussetzung ist selbstverständlich, dass der Anwalt auch vor Beiordnung tätig war und die Gebühren verdient hat. § 48 Abs. 6 S. 1 RVG führt nicht zu einer Fiktion von Gebühren, die gar nicht ausgelöst worden sind.[5]

Beispiel 5	Erstreckung der Bestellung auf vorbereitendes Verfahren (II)

Wie vorangegangenes Beispiel 4; jedoch war der Anwalt im Ermittlungsverfahren noch nicht tätig.

Die Rückwirkung erstreckt sich jetzt nur auf die Gebühr für den ersten Hauptverhandlungstermin und die jetzt im gerichtlichen Verfahren angefallene Grundgebühr. Zwar würde sich die Rückwirkung auch auf das Ermittlungsverfahren erstrecken. Dort war der Anwalt aber gar nicht tätig und hat somit dort auch keine Vergütung verdient.

1. Grundgebühr, Nr. 4100 VV		160,00 EUR
2. Verfahrensgebühr, Nr. 4106 VV		132,00 EUR
3. Terminsgebühr, Nr. 4108 VV		220,00 EUR
4. Terminsgebühr, Nr. 4108 VV		220,00 EUR
5. Postentgeltpauschale, Nr. 7002 VV		20,00 EUR
Zwischensumme	752,00 EUR	
6. 19 % Umsatzsteuer, Nr. 7008 VV		142,88 EUR
Gesamt		**894,88 EUR**

13 Im Gegensatz zur Verbindung (§ 48 Abs. 6 S. 3 RVG) ist hier eine Erstreckung durch das Gericht auf vorangegangene Verfahrensstadien nicht möglich.

2. Rückwirkung in späterem Rechtszug

14 Wird der Rechtsanwalt erst in einem späteren Rechtszug beigeordnet, erhält er seine Vergütung in diesem Rechtszug auch für seine Tätigkeit vor dem Zeitpunkt seiner Bestellung. Eine Rückwirkung auf die Vorinstanz oder das Ermittlungsverfahren kommt jetzt nicht automatisch in Betracht. Insoweit muss sich der Anwalt an seinen Mandanten halten, von dem er die Wahlanwaltsgebühren erhält.[6]

Beispiel 6	Erstreckung der Bestellung im Berufungsverfahren

Der Anwalt hatte als Wahlanwalt im Ermittlungsverfahren und in erster Instanz verteidigt. Im Berufungsverfahren findet ein Hauptverhandlungstermin statt, in dem die Hauptverhandlung ausgesetzt wird. Vor dem zweiten Hauptverhandlungstermin wird der Anwalt als Pflichtverteidiger bestellt.

Die Bestellung ist zwar erst nach dem ersten Hauptverhandlungstermin erfolgt, sie erstreckt sich jedoch auf das gesamte Berufungsverfahren (§ 48 Abs. 6 S. 2 RVG). Die Vergütung im Ermittlungsverfahren und im erstinstanzlichen Verfahren erhält der Anwalt dagegen aus der

---

5 OLG Rostock AGS 2014, 178 = StRR 2014, 123; LG Koblenz Rpfleger 2005, 278 = JurBüro 2005, 255; AG Eisenach, Beschl. v. 5.2.2007 – 721 Js 65428/05 1 Ls jug.
6 AG Tiergarten AGS 2010, 133 = RVGreport 2010, 18 = StRR 2010, 120 = VRR 2010, 120.

Landeskasse nicht. Insoweit muss er sich an seinen Mandanten halten, von dem er allerdings die Wahlanwaltsgebühren erhält.

I. **Vergütung aus der Landeskasse (Pflichtverteidigergebühren)**
   Berufungsverfahren
   1. Verfahrensgebühr, Nr. 4124 VV   256,00 EUR
   2. Terminsgebühr, Nr. 4126 VV   256,00 EUR
   3. Postentgeltpauschale, Nr. 7002 VV   20,00 EUR
      Zwischensumme   532,00 EUR
   4. 19 % Umsatzsteuer, Nr. 7008 VV   101,08 EUR
   Gesamt   **633,08 EUR**

II. **Vergütung vom Mandanten (Wahlanwaltsvergütung)**
   a) **Vorbereitendes Verfahren**
   1. Grundgebühr, Nr. 4100 VV   200,00 EUR
   2. Verfahrensgebühr, Nr. 4104 VV   165,00 EUR
   3. Postentgeltpauschale, Nr. 7002 VV   20,00 EUR
      Zwischensumme   385,00 EUR
   4. 19 % Umsatzsteuer, Nr. 7008 VV   73,15 EUR
   Gesamt   **458,15 EUR**
   b) **Erstinstanzliches gerichtliches Verfahren**
   1. Verfahrensgebühr, Nr. 4106 VV   165,00 EUR
   2. Terminsgebühr, Nr. 4108 VV   275,00 EUR
   3. Postentgeltpauschale, Nr. 7002 VV   20,00 EUR
      Zwischensumme   460,00 EUR
   4. 19 % Umsatzsteuer, Nr. 7008 VV   87,40 EUR
   Gesamt   **547,40 EUR**

3. Rückwirkung bei Verbindung im erstinstanzlichen gerichtlichen Verfahren

a) Überblick

Werden mehrere Sachen im erstinstanzlichen gerichtlichen Verfahren verbunden, so ist hinsichtlich der Rückwirkung danach zu differenzieren, 15

- ob der Anwalt in jedem Verfahren schon vor Verbindung bestellt war (siehe Rn 16),
- der Anwalt vor Verbindung noch in keinem Verfahren als Pflichtverteidiger bestellt war (siehe Rn 17),
- der Anwalt nur in einem Verfahren zuvor als Pflichtverteidiger bestellt war (siehe Rn 18).

b) Bestellung in jedem Verfahren vor Verbindung

War der Anwalt in jedem Verfahren schon vor Verbindung bestellt, erstreckt sich die Rückwirkung des § 48 Abs. 6 S. 1 RVG in jedem Verfahren auch auf die jeweilige Tätigkeit im vorbereitenden Verfahren.[7] 16

| Beispiel 7 | **Verbindung zweier Ermittlungsverfahren, Pflichtverteidigerbestellung in allen Verfahren vor Verbindung** |

Gegen den Mandanten wird wegen des Verdachts eines Betruges (Az. 1/14) und wegen des Verdachts eines Diebstahls (Az. 2/14) zunächst getrennt ermittelt. Später werden beide Taten angeklagt. Der bereits in beiden Ermittlungsverfahren als Wahlanwalt tätige Verteidiger

---

7 OLG Hamm AGS 2005, 437 = NStZ-RR 2005, 285 = JurBüro 2005, 535 = RVGreport 2005, 273 = RVG-Letter 2005, 81.

wird in beiden Verfahren als Pflichtverteidiger bestellt. Anschließend werden beide Verfahren verbunden (führend ist das Verfahren 2/14). Es findet hiernach die Hauptverhandlung statt, in der das Urteil gesprochen wird.

Bis zur Verbindung entstehen die Gebühren getrennt, also jeweils eine Grundgebühr und eine Verfahrensgebühr im Ermittlungsverfahren sowie eine Verfahrensgebühr im erstinstanzlichen gerichtlichen Verfahren. Die Terminsgebühr entsteht nach Verbindung nur einmal. Die Bestellung wirkt in beiden Verfahren nach § 48 Abs. 6 S. 1 RVG auf das jeweilige Ermittlungsverfahren zurück. Der Anwalt erhält also die gesamte Vergütung aus der Landeskasse.

I. Verfahren 1/14
a) Vorbereitendes Verfahren
1. Grundgebühr, Nr. 4100 VV   160,00 EUR
2. Verfahrensgebühr, Nr. 4104 VV   132,00 EUR
3. Postentgeltpauschale, Nr. 7002 VV 20,00 EUR
   Zwischensumme   312,00 EUR
4. 19 % Umsatzsteuer, Nr. 7008 VV   59,28 EUR
Gesamt   **371,28 EUR**
b) Erstinstanzliches gerichtliches Verfahren
1. Verfahrensgebühr, Nr. 4106 VV   132,00 EUR
2. Postentgeltpauschale, Nr. 7002 VV 20,00 EUR
   Zwischensumme   152,00 EUR
3. 19 % Umsatzsteuer, Nr. 7008 VV   28,88 EUR
Gesamt   **180,88 EUR**
II. Verfahren 2/14
a) Vorbereitendes Verfahren
1. Grundgebühr, Nr. 4100 VV   160,00 EUR
2. Verfahrensgebühr, Nr. 4104 VV   132,00 EUR
3. Postentgeltpauschale, Nr. 7002 VV 20,00 EUR
   Zwischensumme   312,00 EUR
4. 19 % Umsatzsteuer, Nr. 7008 VV   59,28 EUR
Gesamt   **371,28 EUR**
b) Erstinstanzliches gerichtliches Verfahren
1. Verfahrensgebühr, Nr. 4106 VV   132,00 EUR
2. Terminsgebühr, Nr. 4108 VV   220,00 EUR
3. Postentgeltpauschale, Nr. 7002 VV 20,00 EUR
   Zwischensumme   372,00 EUR
4. 19 % Umsatzsteuer, Nr. 7008 VV   70,68 EUR
Gesamt   **442,68 EUR**

c) Bestellung erst nach Verbindung

17 War der Anwalt vor Verbindung noch in keinem Verfahren als Pflichtverteidiger bestellt, sondern wird er erst nach der Verbindung bestellt, erstreckt sich die Rückwirkung des § 48 Abs. 6 S. 1 RVG in jedem verbundenen Verfahren auch auf die jeweilige Tätigkeit im vorbereitenden Verfahren.[8] Nach a.A.[9] erstreckt sich die Beiordnung des Pflichtverteidigers auch im Falle einer Beiord-

---

[8] KG NStZ-RR 2009, 360 = JurBüro 2009, 531 = RVGreport 2010, 64; Rpfleger 2009, 171 = JurBüro 2009, 138 = NStZ-RR 2009, 160 = StRR 2009, 43; OLG Jena, Beschl. v. 17.3.2008 – 1 AR (S) 3/08; LG Stuttgart RVGprof. 2007, 177; LG Dortmund StraFo 2006, 258; OLG Bremen RVGprof. 2012, 186 = StRR 2012, 436 = RVGreport 2013, 14.
[9] OLG Koblenz AGS 2012, 390 = StraFo 2012, 290 = NStZ-RR 2012, 295 = JurBüro 2012, 522 = StRR 2012, 319 = RVGprof. 2013, 42 = RVGreport 2013, 227; OLG Braunschweig AGS 2014, 402 = NStZ 2014, 232 = NJW-Spezial 2014, 444; OLG Rostock StRR 2009, 279 = RVGreport 2009, 304 = RVGprof. 2009, 155; OLG Oldenburg NStZ-RR 2011, 261 = RVGprof. 2011, 104 = RVGreport 2011, 220; LG Aurich RVGreport 2011, 221 = StRR 2011, 244 = AGkompakt 2011, 105.

nung nach Verbindung nur auf die hinzuverbundenen Verfahren, wenn eine Erstreckung nach § 48 Abs. 6 S. 3 RVG ausgesprochen worden ist.

| Beispiel 8 | Verbindung zweier Ermittlungsverfahren, Pflichtverteidigerbestellung erst nach Verbindung |

Gegen den Mandanten wird wegen des Verdachts eines Betruges (Az. 1/14) und wegen des Verdachts eines Diebstahls (Az. 2/14) zunächst getrennt ermittelt. Beide Taten werden angeklagt. Die Hauptverfahren werden eröffnet. Nachdem in beiden Verfahren bereits ein Hauptverhandlungstermin stattgefunden hat und die Hauptverhandlung jeweils ausgesetzt worden ist, werden beide Verfahren verbunden (führend ist das Verfahren 2/14). Es findet hiernach ein weiterer Hauptverhandlungstermin im verbundenen Verfahren statt, in dem das Urteil gesprochen wird.

Bis zur Verbindung entstehen die Gebühren getrennt, also jeweils eine Grundgebühr und eine Verfahrensgebühr im Ermittlungsverfahren sowie eine Verfahrensgebühr und eine Terminsgebühr im erstinstanzlichen gerichtlichen Verfahren. Nach der Verbindung entsteht eine weitere Terminsgebühr. Die Bestellung wirkt in beiden Verfahren nach § 48 Abs. 6 S. 1 RVG auf das jeweilige Ermittlungsverfahren zurück. Der Anwalt erhält also die gesamte Vergütung aus der Landeskasse.

I. **Verfahren 1/14**
a) **Vorbereitendes Verfahren**
1. Grundgebühr, Nr. 4100 VV   160,00 EUR
2. Verfahrensgebühr, Nr. 4104 VV   132,00 EUR
3. Postentgeltpauschale, Nr. 7002 VV   20,00 EUR
   Zwischensumme   312,00 EUR
4. 19 % Umsatzsteuer, Nr. 7008 VV   59,28 EUR
Gesamt   **371,28 EUR**
b) **Erstinstanzliches gerichtliches Verfahren**
1. Verfahrensgebühr, Nr. 4106 VV   132,00 EUR
2. Postentgeltpauschale, Nr. 7002 VV   20,00 EUR
3. Terminsgebühr, Nr. 4108 VV   220,00 EUR
   Zwischensumme   372,00 EUR
4. 19 % Umsatzsteuer, Nr. 7008 VV   70,68 EUR
Gesamt   **442,68 EUR**
II. **Verfahren 2/14**
a) **Vorbereitendes Verfahren**
1. Grundgebühr, Nr. 4100 VV   160,00 EUR
2. Verfahrensgebühr, Nr. 4104 VV   132,00 EUR
3. Postentgeltpauschale, Nr. 7002 VV   20,00 EUR
   Zwischensumme   312,00 EUR
4. 19 % Umsatzsteuer, Nr. 7008 VV   59,28 EUR
Gesamt   **371,28 EUR**
b) **Erstinstanzliches gerichtliches Verfahren**
1. Verfahrensgebühr, Nr. 4106 VV   132,00 EUR
2. Terminsgebühr, Nr. 4108 VV   220,00 EUR
3. Terminsgebühr, Nr. 4108 VV   220,00 EUR
4. Postentgeltpauschale, Nr. 7002 VV   20,00 EUR
   Zwischensumme   592,00 EUR
5. 19 % Umsatzsteuer, Nr. 7008 VV   112,48 EUR
Gesamt   **704,48 EUR**

Das OLG Koblenz (siehe Rn 17) würde dem Verteidiger nur die Vergütung im Verfahren 2/14 gewähren, nicht auch im Verfahren 1/14.

d) Bestellung in nur einem Verfahren vor Verbindung

18 War der Anwalt nur in einem Verfahren zuvor als Pflichtverteidiger bestellt, so gilt die Rückwirkung nur für dieses Verfahren, es sei denn das Gericht erstreckt die Wirkung des § 48 Abs. 6 S. 1 RVG nach Verbindung gem. § 48 Abs. 6 S. 3 RVG auch auf diejenigen Verfahren, in denen vor der Verbindung keine Bestellung erfolgt war.[10] Die Erstreckung kann auch nach rechtskräftigem Abschluss des Verfahrens noch ausgesprochen werden.[11]

> **Beispiel 9** Verbindung zweier Ermittlungsverfahren, Pflichtverteidigerbestellung nur in einem Verfahren vor Verbindung

Wie vorangegangenes Beispiel 8. Der Anwalt war vor Verbindung nur im Verfahren 2/14 als Pflichtverteidiger bestellt worden. Nach Verbindung erfolgt keine weitere Beiordnung.

Die Gebühren, die entstehen, sind die gleichen. Aus der Landeskasse erhält der Anwalt allerdings nur die Gebühren im Verfahren 2/14. In dem Verfahren 1/14 kann er seine Vergütung nur mit dem Auftraggeber abrechnen.

I. **Vergütung aus der Landeskasse, Verfahren 2/14 (Pflichtverteidigergebühren)**
a) **Vorbereitendes Verfahren**
1. Grundgebühr, Nr. 4100 VV   160,00 EUR
2. Verfahrensgebühr, Nr. 4104 VV   132,00 EUR
3. Postentgeltpauschale, Nr. 7002 VV   20,00 EUR
    Zwischensumme   312,00 EUR
4. 19 % Umsatzsteuer, Nr. 7008 VV   59,28 EUR
Gesamt   **371,28 EUR**

b) **Erstinstanzliches gerichtliches Verfahren**
1. Verfahrensgebühr, Nr. 4106 VV   132,00 EUR
2. Terminsgebühr, Nr. 4108 VV   220,00 EUR
3. Postentgeltpauschale, Nr. 7002 VV   20,00 EUR
    Zwischensumme   372,00 EUR
4. 19 % Umsatzsteuer, Nr. 7008 VV   70,68 EUR
Gesamt   **442,68 EUR**

II. **Vergütung vom Auftraggeber, Verfahren 1/14 (Wahlanwaltsvergütung)**
a) **Vorbereitendes Verfahren**
1. Grundgebühr, Nr. 4100 VV   200,00 EUR
2. Verfahrensgebühr, Nr. 4104 VV   165,00 EUR
3. Postentgeltpauschale, Nr. 7002 VV   20,00 EUR
    Zwischensumme   385,00 EUR
4. 19 % Umsatzsteuer, Nr. 7008 VV   73,15 EUR
Gesamt   **458,15 EUR**

b) **Erstinstanzliches gerichtliches Verfahren**
1. Verfahrensgebühr, Nr. 4106 VV   165,00 EUR
2. Postentgeltpauschale, Nr. 7002 VV   20,00 EUR
    Zwischensumme   185,00 EUR
3. 19 % Umsatzsteuer, Nr. 7008 VV   35,15 EUR
Gesamt   **220,15 EUR**

Wäre das Verfahren 1/14 das führende Verfahren geworden, wäre im Ergebnis nicht anders zu rechnen. Auch dann wären bis zur Verbindung die Gebühren getrennt entstanden und nach Verbindung gemeinsam. Im Verfahren 1/14 erhielte der Anwalt die Vergütung auch im vorbereiten-

---

10 KG NStZ-RR 2009, 360 = JurBüro 2009, 531 = RVGreport 2010, 64.
11 LG Dresden StRR 2008, 80 = RVGreport 2008, 140 = RVGprof. 2008, 75 = StRR 2008, 239; offen gelassen von KG NStZ-RR 2009, 360 = JurBüro 2009, 531 = RVGreport 2010, 64.

den Verfahren, im Verfahren 2/14 dagegen nicht. Nach Verbindung erhielte er wiederum die gesamte Vergütung aus der Landeskasse.

I. Vergütung aus der Landeskasse
a) Vorbereitendes Verfahren 1/14
1. Grundgebühr, Nr. 4100 VV   160,00 EUR
2. Verfahrensgebühr, Nr. 4104 VV   132,00 EUR
3. Postentgeltpauschale, Nr. 7002 VV   20,00 EUR
    Zwischensumme   312,00 EUR
4. 19 % Umsatzsteuer, Nr. 7008 VV   59,28 EUR
Gesamt   **371,28 EUR**

b) Erstinstanzliches gerichtliches Verfahren nach Verbindung (1/14)
1. Verfahrensgebühr, Nr. 4106 VV   132,00 EUR
2. Terminsgebühr, Nr. 4108 VV   220,00 EUR
3. Postentgeltpauschale, Nr. 7002 VV   20,00 EUR
    Zwischensumme   372,00 EUR
4. 19 % Umsatzsteuer, Nr. 7008 VV   70,68 EUR
Gesamt   **442,68 EUR**

II. Vergütung vom Auftraggeber, Verfahren 2/14 (Wahlanwaltsvergütung)
a) Vorbereitendes Verfahren
1. Grundgebühr, Nr. 4100 VV   200,00 EUR
2. Verfahrensgebühr, Nr. 4104 VV   165,00 EUR
3. Postentgeltpauschale, Nr. 7002 VV   20,00 EUR
    Zwischensumme   385,00 EUR
4. 19 % Umsatzsteuer, Nr. 7008 VV   73,15 EUR
Gesamt   **458,15 EUR**

b) Erstinstanzliches gerichtliches Verfahren
1. Verfahrensgebühr, Nr. 4106 VV   165,00 EUR
2. Postentgeltpauschale, Nr. 7002 VV   20,00 EUR
    Zwischensumme   185,00 EUR
3. 19 % Umsatzsteuer, Nr. 7008 VV   35,15 EUR
Gesamt   **220,15 EUR**

Scheidet nach der vorstehenden Konstellation eine Erstreckung nach § 48 Abs. 6 S. 1 RVG aus, kann das Gericht nach § 48 Abs. 6 S. 3 RVG aussprechen, dass die Erstreckung nach § 48 Abs. 6 S. 1 RVG auch für das hinzu verbundene Verfahren gelte. Das ist auch noch nach rechtskräftigem Abschluss des Verfahrens möglich.[12] Nach einem Teil der Rechtsprechung soll die Anordnung nach § 48 Abs. 6 S. 3 RVG sogar entbehrlich sein, wenn in dem hinzu verbundenen Verfahren die Beiordnung unmittelbar bevorgestanden hatte.[13]

> **Beispiel 10**   **Verbindung zweier Ermittlungsverfahren, Pflichtverteidigerbestellung nur in einem Verfahren mit nachträglicher Erstreckung**

Wie vorangegangene Beispiele 8 u. 9. Jedoch spricht das Gericht aus, dass die Rückwirkung des § 48 Abs. 6 S. 2 RVG sich auf das jeweils hinzuverbundene Verfahren erstrecken soll.

Jetzt kann der Anwalt alle Gebühren mit der Landeskasse abrechnen. Er erhält die gleiche Vergütung wie in Beispiel 7.

---

12 LG Dresden StRR 2008, 80 = RVGreport 2008, 140 = RVGprof. 2008, 75 = StRR 2008, 239; offen gelassen von KG NStZ-RR 2009, 360 = JurBüro 2009, 531 = RVGreport 2010, 64.
13 LG Kiel RVGprof. 2006, 202.

VI. Erstreckung der Beiordnung auf Adhäsionsverfahren

20 Strittig ist, ob sich die Bestellung zum Pflichtverteidiger auch auf ein Adhäsionsverfahren erstreckt.

21 Zum Teil wird eine Erstreckung bejaht und[14] damit begründet, eine Trennung der Tätigkeit des Verteidigers mit derjenigen des anwaltlichen Vertreters im Adhäsionsverfahren sei nicht möglich, weil praktisch keine Tätigkeit des Pflichtverteidigers für den Angeklagten denkbar sei, die nicht zugleich zumindest auch Einfluss auf die Höhe des im Adhäsionsverfahren geltend gemachten Anspruchs haben könnte. Ein Angeklagter könne davon ausgehen, die Verteidigertätigkeit habe auch Auswirkungen auf das Adhäsionsverfahren.

22 Nach a.A.[15] wird die Vertretung im Adhäsionsverfahren von der Pflichtverteidigerbestellung nicht erfasst. Es sei vielmehr eine gesonderte Beiordnung im Wege der Prozesskostenhilfe erforderlich. Während sich die Pflichtverteidigerbestellung – ohne Rücksicht auf die persönlichen und wirtschaftlichen Verhältnisse des Angeschuldigten – am strafrechtlichen Vorwurf ausrichte und allein dem im öffentlichen Interesse liegenden Zweck diene in schwerwiegenden Fällen eine ordnungsgemäße Verteidigung und einen ordnungsgemäßen Verfahrensablauf zu gewährleisten, solle die Beiordnung im Adhäsionsverfahren – davon unabhängig – nur erfolgen, wenn der Antragsteller nach seinen persönlichen und wirtschaftlichen Verhältnissen die entstehenden Kosten ganz oder teilweise nicht aufbringen könne und wenn die beabsichtigte Rechtsverteidigung hinreichende Aussicht auf Erfolg biete und nicht mutwillig erscheine (§ 114 Abs. 1 ZPO).

> **Beispiel 11** | **Erstreckung der Pflichtverteidigerbestellung auf Adhäsionsverfahren**
>
> **Der Anwalt ist als Pflichtverteidiger im Verfahren vor dem Schöffengericht bestellt. Dort werden vom Verletzten Schadensersatzansprüche in Höhe von 5.000,00 EUR geltend gemacht. Der Anwalt wird auch zur Abwehr dieser Ansprüche tätig.**
>
> Soweit man die Tätigkeit im Adhäsionsverfahren als von der Pflichtverteidigerbestellung mit umfasst ansieht, erhält der Anwalt auch die Gebühr nach Nr. 4143 VV aus der Staatskasse, allerdings nur nach den Beträgen des § 49 RVG. Soweit man der Gegenauffassung folgt, gilt dies nur, wenn für das Adhäsionsverfahren Prozesskostenhilfe bewilligt und der Anwalt beigeordnet worden ist. Zu rechnen ist dann wie folgt:

---

14 OLG Schleswig AGS 2013, 406 = StraFo 2013, 305 =NJW-Spezial 2013, 507; AGS 1998, 6 = SchlHA 1997, 245 = NStZ 1998, 101 = StraFo 1998, 393 = zfs 1998, 191; OLG Rostock AGS 2011, 486 = StraFo 2011, 378 = StV 2011, 656; AGS 2011, 540 = StRR 2011, 327 = RVGreport 2011, 423 = StRR 2011, 441 = NJW-Spezial 2011, 732 = RVGprof. 2011, 159; OLG Dresden AGS 2007, 404 (aufgegeben); OLG Köln AGS 2005, 436 = StraFo 2005, 394 = RVGreport 2005, 316; OLG Hamm (aufgegeben) AGS 2002, 110 = Rpfleger 2001, 513 = JurBüro 2001, 531 = StraFo 2001, 361 = StV 2002, 89.

15 OLG Bamberg StRR 2009, 3 = NStZ-RR 2009, 114; KG RVGreport 2011, 142 = JurBüro 2011, 254; OLG Brandenburg AGS 2009, 69 = StRR 2009, 3; OLG Celle AGS 2008, 229 = NStZ-RR 2008, 190 = StV 2008, 370 = RVGreport 2008, 102 = StRR 2008, 83; OLG Dresden, Beschl. v. 10.12.2013 – 2 Ws 569/13, 2 Ws 0569/13 (unter Aufgabe der früheren gegenteiligen Rspr.; OLG Düsseldorf NJW-Spezial 2012, 508 = StRR 2012, 283 = AGkompakt 2012, 103; OLG Hamburg StraFo 2010, 307 = NStZ 2010, 652; OLG Hamm AGS 2013, 13 = NJW 2013, 325; OLG Jena Rpfleger 2008, 529 = RVGreport 2008, 395 = NJW-Spezial 2008, 697 = StRR 2008, 429; OLG Karlsruhe Justiz 2013, 79 = StraFo 2013, 84 = StV 2013, 690; OLG Koblenz NStZ-RR 2014, 184;OLG München StV 2004, 38; OLG Oldenburg AGS 2010, 427 = NdsRpfl 2010, 256 = StraFo 2010, 306; OLG Stuttgart AGS 2009, 387 = Justiz 2009, 201 = NJW-Spezial 2009, 313 u. 493 = NStZ-RR 2009, 264; OLG Zweibrücken JurBüro 2006, 643 = RVGreport 2006, 429; LG Braunschweig RVGreport 2012, 299.

1. Grundgebühr, Nr. 4100 VV		160,00 EUR
2. Verfahrensgebühr, Nr. 4106 VV		132,00 EUR
3. Terminsgebühr, Nr. 4108 VV		220,00 EUR
4. 2,0-Verfahrensgebühr, Nr. 4143 VV, § 49 RVG (Wert: 5.000,00 EUR)		514,00 EUR
5. Postentgeltpauschale, Nr. 7002 VV		20,00 EUR
Zwischensumme	1.046,00 EUR	
6. 19 % Umsatzsteuer, Nr. 7008 VV		198,74 EUR
Gesamt		**1.244,74 EUR**

Soweit man die Tätigkeit im Adhäsionsverfahren als von der Pflichtverteidigerbestellung nicht mit umfasst ansieht und auch keine Erweiterung der Bestellung oder Beiordnung erfolgt, erhält der Anwalt nicht auch die Gebühr nach Nr. 4143 VV. Diese schuldet bei entsprechendem Auftrag der Mandant, jetzt aber aus den Beträgen des § 13 RVG.

I. Vergütung aus der Landeskasse (Pflichtverteidigergebühren)

1. Grundgebühr, Nr. 4100 VV		160,00 EUR
2. Verfahrensgebühr, Nr. 4106 VV		132,00 EUR
3. Terminsgebühr, Nr. 4108 VV		220,00 EUR
4. Postentgeltpauschale, Nr. 7002 VV		20,00 EUR
Zwischensumme	532,00 EUR	
5. 19 % Umsatzsteuer, Nr. 7008 VV		101,08 EUR
Gesamt		**633,08 EUR**

II. Vergütung vom Auftraggeber (Wahlanwaltsgebühren)

1. 2,0-Verfahrensgebühr, Nr. 4143 VV, § 13 RVG (Wert: 5.000,00 EUR)	606,00 EUR
2. 19 % Umsatzsteuer, Nr. 7008 VV	115,14 EUR
Gesamt	**721,14 EUR**

VII. Inanspruchnahme des Mandanten oder eines Erstattungspflichtigen

Sofern der gerichtlich bestellte oder beigeordnete Anwalt den Mandanten unmittelbar in Anspruch nimmt (§§ 52, 53 RVG) oder er gem. § 53 Abs. 2 RVG, § 126 ZPO seine Vergütung unmittelbar von dem erstattungspflichtigen Gegner verlangen kann, stehen auch ihm die Wahlanwaltsgebühren zu. Er kann dann zusätzlich zu den Gebühren, die er aus der Staatskasse erhalten hat, noch die Differenz zu den Wahlanwaltsgebühren fordern.

23

Beispiel 12 — **Verteidigung im vorbereitenden Verfahren und in der Hauptverhandlung**

Der Anwalt wird mit der Verteidigung im vorbereitenden Verfahren und im erstinstanzlichen gerichtlichen Verfahren vor dem AG beauftragt. Nach rechtskräftigem Abschluss erwirkt der Anwalt einen Beschluss nach § 52 Abs. 2 RVG, wonach er den Beschuldigten in Anspruch nehmen darf.

I. Der Anwalt erhält aus der Staatskasse
a) Vorbereitendes Verfahren

1. Grundgebühr, Nr. 4100 VV		160,00 EUR
2. Verfahrensgebühr, Nr. 4104 VV		132,00 EUR
3. Postentgeltpauschale, Nr. 7002 VV		20,00 EUR
Zwischensumme	312,00 EUR	
4. 19 % Umsatzsteuer, Nr. 7008 VV		59,28 EUR
Gesamt		**371,28 EUR**

§ 4 Gerichtlich bestellter oder beigeordneter Anwalt in Straf- und Bußgeldsachen

b) **Erstinstanzliches gerichtliches Verfahren**
1. Verfahrensgebühr, Nr. 4106 VV — 132,00 EUR
2. Terminsgebühr, Nr. 4108 VV — 220,00 EUR
3. Postentgeltpauschale, Nr. 7002 VV — 20,00 EUR
   Zwischensumme — 372,00 EUR
4. 19 % Umsatzsteuer, Nr. 7008 VV — 70,68 EUR

Gesamt — **442,68 EUR**

II. **Vom Beschuldigten kann er verlangen**
a) **Vorbereitendes Verfahren**
1. Grundgebühr, Nr. 4100 VV — 200,00 EUR
2. Verfahrensgebühr, Nr. 4104 VV — 165,00 EUR
3. Postentgeltpauschale, Nr. 7002 VV — 20,00 EUR
4. abzgl. Zahlung der Staatskasse (netto) — − 292,00 EUR
   Zwischensumme — 93,00 EUR
5. 19 % Umsatzsteuer, Nr. 7008 VV — 17,67 EUR

Gesamt — **110,67 EUR**

b) **Erstinstanzliches gerichtliches Verfahren**
1. Verfahrensgebühr, Nr. 4106 VV — 165,00 EUR
2. Terminsgebühr, Nr. 4108 VV — 275,00 EUR
3. Postentgeltpauschale, Nr. 7002 VV — 20,00 EUR
4. abzgl. Zahlung der Staatskasse (netto) — − 352,00 EUR
   Zwischensumme — 108,00 EUR
5. 19 % Umsatzsteuer, Nr. 7008 VV — 20,52 EUR

Gesamt — **128,52 EUR**

24 Ist der Anwalt einem Nebenkläger beigeordnet worden, kann er von dem Verurteilten nach § 53 Abs. 2 RVG, § 126 ZPO die Wahlanwaltsgebühren verlangen. Hat er bereits mit der Staatskasse abgerechnet, kann er zusätzlich noch die Differenz zu den Wahlanwaltsgebühren fordern.

Beispiel 13 | **Erstattungsanspruch gegen Gegner**

Der Anwalt wird im vorbereitenden Verfahren und im erstinstanzlichen gerichtlichen Verfahren vor dem AG als Vertreter des Nebenklägers beauftragt und beigeordnet. Der Angeklagte wird verurteilt und hat auch die außergerichtlichen Kosten des Nebenklägers zu zahlen.

I. **Der Anwalt erhält aus der Staatskasse**
a) **Vorbereitendes Verfahren**
1. Grundgebühr, Nr. 4100 VV — 160,00 EUR
2. Verfahrensgebühr, Nr. 4104 VV — 132,00 EUR
3. Postentgeltpauschale, Nr. 7002 VV — 20,00 EUR
   Zwischensumme — 312,00 EUR
4. 19 % Umsatzsteuer, Nr. 7008 VV — 59,28 EUR

Gesamt — **371,28 EUR**

b) **Erstinstanzliches gerichtliches Verfahren**
1. Verfahrensgebühr, Nr. 4106 VV — 132,00 EUR
2. Terminsgebühr, Nr. 4108 VV — 220,00 EUR
3. Postentgeltpauschale, Nr. 7002 VV — 20,00 EUR
   Zwischensumme — 372,00 EUR
4. 19 % Umsatzsteuer, Nr. 7008 VV — 70,68 EUR

Gesamt — **442,68 EUR**

II. **Vom Verurteilten kann er zusätzlich verlangen**
a) **Vorbereitendes Verfahren**
1. Grundgebühr, Nr. 4100 VV — 200,00 EUR
2. Verfahrensgebühr, Nr. 4104 VV — 165,00 EUR
3. Postentgeltpauschale, Nr. 7002 VV — 20,00 EUR

4. abzgl. Zahlung der Staatskasse (netto)		– 292,00 EUR
Zwischensumme	93,00 EUR	
5. 19 % Umsatzsteuer, Nr. 7008 VV		17,67 EUR
Gesamt		**110,67 EUR**
b) **Erstinstanzliches gerichtliches Verfahren**		
1. Verfahrensgebühr, Nr. 4106 VV		165,00 EUR
2. Terminsgebühr, Nr. 4108 VV		275,00 EUR
3. Postentgeltpauschale, Nr. 7002 VV		20,00 EUR
4. abzgl. Zahlung der Staatskasse (netto)		– 352,00 EUR
Zwischensumme	108,00 EUR	
5. 19 % Umsatzsteuer, Nr. 7008 VV		20,52 EUR
Gesamt		**128,52 EUR**

VIII. Anrechnung von Zahlungen

1. Überblick

Nach § 58 Abs. 3 RVG muss sich der gerichtlich bestellte oder beigeordnete Anwalt Zahlungen und Vorschüsse des Beschuldigten oder eines Dritten unmittelbar auf die aus der Landes- oder Bundeskasse zu gewährende Vergütung anrechnen lassen. Bei nachträglichen Zahlungen ist an die Staatskasse gegebenenfalls zurückzuzahlen (§ 58 Abs. 3 S. 2 RVG). Die Pflicht zur Anrechnung und Rückzahlung wird in § 58 Abs. 3 S. 3 u. 4 RVG allerdings dahingehend eingeschränkt, dass eine Anrechnung nur vorzunehmen ist, 25

- soweit der Anwalt insgesamt **mehr als den doppelten Betrag** der ihm nach § 44 Abs. 4 RVG aus der Staatskasse zustehenden Vergütung erhalten würde (§ 58 Abs. 3 S. 3 RVG) (siehe Rn 26 ff.);
- soweit der Anwalt insgesamt **mehr als die Höchstgebühren eines Wahlanwalts** erhalten würde (§ 58 Abs. 3 S. 4 RVG) (siehe Rn 35).

2. Anrechnung bei Überschreiten des Doppelten der Pflichtanwaltsgebühren

Nach § 58 Abs. 3 S. 3 RVG sind Zahlungen und Vorschüsse des Beschuldigten oder eines Dritten unmittelbar auf die aus der Landes- oder Bundeskasse zu gewährende Vergütung anzurechnen, soweit der Anwalt insgesamt **mehr als den doppelten Betrag** der ihm nach § 44 Abs. 4 RVG aus der Staatskasse zustehenden Gebühren erhalten würde (§ 58 Abs. 3 S. 3 RVG);[16] In der Regel sind damit Zahlungen in Höhe der einfachen Pflichtverteidigergebühren anrechnungsfrei, da die Summe dann zum Doppelten führt. 26

Die Berechnung erfolgt in mehreren Schritten. 27
1. Zunächst sind die Pflichtverteidigergebühren (ohne Auslagen) festzustellen, und zwar netto.
2. Sodann ist das Doppelte dieser Gebühren zu ermitteln.
3. Anrechnungsfrei ist dann die Differenz zwischen den Pflichtverteidigergebühren und dem Doppelten, also in der Regel ein Betrag genau in Höhe der Pflichtverteidigergebühren.
4. Sodann ist der anrechnungsfreie Betrag von dem Netto-Vorschuss oder der Netto-Zahlung abzuziehen. Dies ergibt dann den anzurechnenden Betrag. Allerdings kann nicht mehr angerechnet werden, als an Gebühren gegenüber der Staatskasse entstehen. Die Anrechnung kann

---

16 Ausführlich AnwK-RVG/*N. Schneider*, § 58 Rn 34 ff.

§ 4 Gerichtlich bestellter oder beigeordneter Anwalt in Straf- und Bußgeldsachen

also maximal die aus der Staatskasse zu zahlenden Gebühren auf null reduzieren. Es kann nicht zu einem negativen Ergebnis kommen.

5. In einer Kontrollberechnung kann dann überprüft werden, ob die Netto-Gebühren das Doppelte auch nicht übersteigen.

28 Eine Regelung für Auslagen ist nicht vorgesehen und auch nicht erforderlich, da der beigeordnete oder bestellte Anwalt Auslagen in derselben Höhe erhält wie ein Wahlanwalt (§ 46 RVG). Soweit der Auftraggeber auch Zahlungen oder Vorschüsse auf Auslagen leistet, sind diese in vollem Umfang anzurechnen. Vorschüsse oder Zahlungen auf Gebühren dürfen dagegen nie auf Auslagen angerechnet werden.

Beispiel 14 | **Anrechnung eines Vorschusses (I)**

Der Beschuldigte beauftragt den Anwalt nach Anklageerhebung mit seiner Verteidigung vor dem AG und zahlt auf die Gebühren einen Vorschuss in Höhe von 700,00 EUR zuzüglich Umsatzsteuer. Anschließend wird der Anwalt als Pflichtverteidiger bestellt. Es findet ein Hauptverhandlungstermin statt.

Von dem erhaltenen Vorschuss ist der Betrag frei, der mit der aus der Staatskasse zu zahlenden Vergütung das Doppelte der Pflichtverteidigergebühren ergibt. Nur der darüber hinaus gehende Betrag ist anzurechnen.

I.	**Gebühren aus der Staatskasse**	
1.	Grundgebühr, Nr. 4100 VV	160,00 EUR
2.	Verfahrensgebühr, Nr. 4106 VV	132,00 EUR
3.	Terminsgebühr, Nr. 4108 VV	220,00 EUR
Gesamt		**512,00 EUR**
II.	**Doppelte des aus der Staatskasse zu zahlenden Betrages**	
	2 x 512,00 EUR	**1.024,00 EUR**
III.	**Anrechnungsfrei**	
1.	Doppelte Gebühren	1.024,00 EUR
2.	Einfache Gebühren	– 512,00 EUR
Gesamt		**512,00 EUR**
IV.	**Anzurechnender Betrag**	
1.	Vorschuss	700,00 EUR
2.	anrechnungsfrei	– 512,00 EUR
Gesamt		**188,00 EUR**
V.	**Vergütung aus der Staatskasse**	
1.	Grundgebühr, Nr. 4100 VV	160,00 EUR
2.	Verfahrensgebühr, Nr. 4106 VV	132,00 EUR
3.	Verfahrensgebühr, Nr. 4108 VV	220,00 EUR
4.	anzurechnen gem. § 58 Abs. 3 RVG	– 188,00 EUR
	Zwischensumme Gebühren 324,00 EUR	
5.	Postentgeltpauschale, Nr. 7002 VV	20,00 EUR
	Zwischensumme 344,00 EUR	
6.	19 % Umsatzsteuer, Nr. 7008 VV	65,36 EUR
Gesamt		**409,36 EUR**
VI.	**Kontrolle**	
1.	Vorschuss	700,00 EUR
2.	Zahlung Staatskasse auf Gebühren (netto)	324,00 EUR
Gesamt		**1.024,00 EUR**

VIII. Anrechnung von Zahlungen § 4

Liegt der Vorschuss über dem Doppelten der Pflichtverteidigergebühren, sind aus der Staatskasse nur noch die Auslagen zu zahlen. Eine Verrechnung eines Vorschusses auf Gebühren darf nicht auf Auslagen verrechnet werden. 29

Beispiel 15 — **Anrechnung eines Vorschusses (II)**

Wie vorangegangenes Beispiel 14. Der Beschuldigte hat auf die Gebühren einen Vorschuss in Höhe von 1.200,00 EUR zuzüglich Umsatzsteuer gezahlt.

Der Vorschuss liegt über dem Doppelten der Pflichtverteidigergebühren, so dass aus der Landeskasse keine Gebühren mehr zu zahlen sind. Der anzurechnende Betrag ist dann auf die Höhe der Pflichtverteidigergebühren begrenzt.

I.	**Gebühren aus der Staatskasse**	
1.	Grundgebühr, Nr. 4100 VV	160,00 EUR
2.	Verfahrensgebühr, Nr. 4106 VV	132,00 EUR
3.	Terminsgebühr, Nr. 4108 VV	220,00 EUR
	Gesamt	**512,00 EUR**
II.	**Doppelte des aus der Staatskasse zu zahlenden Betrages**	
	2 x 512,00 EUR	**1.024,00 EUR**
III.	**Anrechnungsfrei**	
1.	Doppelte Gebühren	1.024,00 EUR
2.	Einfache Gebühren	– 512,00 EUR
	Gesamt	**512,00 EUR**
IV.	**Anzurechnender Betrag**	
1.	Vorschuss	1.200,00 EUR
2.	anrechnungsfrei	– 512,00 EUR
	Gesamt	**688,00 EUR**
V.	**Vergütung aus der Staatskasse**	
1.	Grundgebühr, Nr. 4100 VV	160,00 EUR
2.	Verfahrensgebühr, Nr. 4106 VV	132,00 EUR
3.	Verfahrensgebühr, Nr. 4108 VV	220,00 EUR
4.	anzurechnen gem. § 58 Abs. 3 RVG	– 512,00 EUR[17]
	Zwischensumme Gebühren	0,00 EUR
5.	Postentgeltpauschale, Nr. 7002 VV	20,00 EUR
	Zwischensumme	20,00 EUR
6.	19 % Umsatzsteuer, Nr. 7008 VV	3,80 EUR
	Gesamt	**23,80 EUR**
VI.	**Kontrolle**	
	Erübrigt sich, da die Landeskasse auf die Gebühren nichts zahlt.	

Wird der Vorschuss oder die Zahlung auch auf die Auslagen gezahlt, dann ist auch auf die Auslagen anzurechnen. 30

Beispiel 16 — **Anrechnung eines Vorschusses auch auf Auslagen**

Wie Beispiel 14. Der Beschuldigte hat einen Vorschuss auf Auslagen und Gebühren in Höhe von 1.200,00 EUR zuzüglich Umsatzsteuer gezahlt.

---

[17] Es kann nicht mehr angerechnet werden, als der Anwalt erhalten würde. Die Anrechnung kann nur zu einer Reduzierung auf null führen, nicht zu einem negativen Ergebnis.

Der Vorschuss liegt über dem Doppelten der Pflichtverteidigergebühren, so dass aus der Landeskasse keine Gebühren mehr zu zahlen sind. Da der Vorschuss auch auf die Auslagen geleistet worden ist, ist die Zahlung auch auf die Auslagen zu verrechnen.

Der Anwalt erhält aus der Landeskasse keine Vergütung mehr.

1.	Grundgebühr, Nr. 4100 VV	160,00 EUR
2.	Verfahrensgebühr, Nr. 4106 VV	132,00 EUR
3.	Verfahrensgebühr, Nr. 4108 VV	220,00 EUR
4.	anzurechnen gem. § 58 Abs. 3 RVG	– 512,00 EUR[18]
	Zwischensumme Gebühren	0,00 EUR
5.	Postentgeltpauschale, Nr. 7002 VV	20,00 EUR
6.	Zahlung auf Auslagen	– 20,00 EUR
	Zwischensumme	0,00 EUR
7.	19 % Umsatzsteuer, Nr. 7008 VV	0,00 EUR
Gesamt		**0,00 EUR**

31 Liegt der Vorschuss unter dem Betrag der Pflichtverteidigergebühren, wird im Ergebnis nichts angerechnet.

Beispiel 17 | **Anrechnung eines Vorschusses (III)**

Wie Beispiel 14. Der Beschuldigte hat einen Vorschuss in Höhe von 200,00 EUR zuzüglich Umsatzsteuer gezahlt.

Der Vorschuss liegt unter den Pflichtverteidigergebühren, so dass zusammen mit der Landeskasse das Doppelte der Pflichtverteidigergebühren nicht erreicht wird.

I. Gebühren aus der Staatskasse
1. Grundgebühr, Nr. 4100 VV   160,00 EUR
2. Verfahrensgebühr, Nr. 4106 VV   132,00 EUR
3. Terminsgebühr, Nr. 4108 VV   220,00 EUR
Gesamt   **512,00 EUR**

II. Doppelte des aus der Staatskasse zu zahlenden Betrages
2 x 512,00 EUR   1.024,00 EUR

III. Anrechnungsfrei
1. Doppelte Gebühren   1.024,00 EUR
2. Einfache Gebühren   – 512,00 EUR
Gesamt   **512,00 EUR**

IV. Anzurechnender Betrag
1. Vorschuss   200,00 EUR
2. anrechnungsfrei   – 512,00 EUR
Gesamt   **0,00 EUR**

V. Vergütung aus der Staatskasse

1.	Grundgebühr, Nr. 4100 VV		160,00 EUR
2.	Verfahrensgebühr, Nr. 4106 VV		132,00 EUR
3.	Verfahrensgebühr, Nr. 4108 VV		220,00 EUR
4.	anzurechnen gem. § 58 Abs. 3 RVG		– 0,00 EUR
	Zwischensumme Gebühren	512,00 EUR	
5.	Postentgeltpauschale, Nr. 7002 VV		20,00 EUR
	Zwischensumme	532,00 EUR	
6.	19 % Umsatzsteuer, Nr. 7008 VV		101,08 EUR
Gesamt			**633,08 EUR**

---

[18] Es kann nicht mehr angerechnet werden, als der Anwalt erhalten würde. Die Anrechnung kann nur zu einer Reduzierung auf null führen, nicht zu einem negativen Ergebnis.

VIII. Anrechnung von Zahlungen § 4

VI. Kontrolle
1. Vorschuss (netto)   200,00 EUR
2. Zahlung Staatskasse auf Gebühren (netto)   512,00 EUR
Gesamt   **712,00 EUR**

Anzurechnen ist nach Angelegenheiten (§ 58 Abs. 3 S. 1 RVG), nicht nach den Gesamtzahlungen.   **32**

> **Beispiel 18** — Anrechnung eines Vorschusses, Zahlung in verschiedenen Verfahrensabschnitten

Der Anwalt ist erstmals im erstinstanzlichen Verfahren vor dem AG tätig geworden und dort als Pflichtverteidiger bestellt worden. Es hat ein Hauptverhandlungstermin stattgefunden. Anschließend wurde die Berufung mit einem Hauptverhandlungstermin durchgeführt. Für das erstinstanzliche Verfahren hatte der Verteidiger einen Vorschuss auf die Gebühren in Höhe von 1.200,00 EUR erhalten. Für das Berufungsverfahren sind keine Zahlungen erfolgt.

Von den erhaltenen Zahlungen ist wiederum das Doppelte der Pflichtverteidigergebühren anrechnungsfrei. Zu beachten ist, dass die Anrechnung nach Verfahrensabschnitten gesondert vorzunehmen ist. Der Vorschuss darf also nur auf die Pflichtverteidigervergütung des erstinstanzlichen Verfahrens angerechnet werden. Es wäre unzulässig, den weiter gehenden Vorschuss jetzt auf die Pflichtverteidigergebühren des Berufungsverfahrens anzurechnen.

    I.   **Gebühren aus der Staatskasse**
    a)   **Erstinstanzliches gerichtliches Verfahren**
    1.   Grundgebühr, Nr. 4100 VV   160,00 EUR
    2.   Verfahrensgebühr, Nr. 4106 VV   132,00 EUR
    3.   Terminsgebühr, Nr. 4108 VV   220,00 EUR
    Gesamt   **512,00 EUR**
    b)   **Berufungsverfahren**
    1.   Terminsgebühr, Nr. 4124 VV   256,00 EUR
    2.   Verfahrensgebühr, Nr. 4126 VV   256,00 EUR
    Gesamt   **512,00 EUR**
    II.   **Doppelte des aus der Staatskasse zu zahlenden Betrages im erstinstanzlichen Verfahren**
      2 × 512,00 EUR   **1.024,00 EUR**
    III. **Anrechnungsfrei**
    1.   Doppelte Gebühren   1.024,00 EUR
    2.   Einfache Gebühren   – 512,00 EUR
    Gesamt   **512,00 EUR**
    IV. **Anzurechnender Betrag**
    1.   Vorschuss   1.200,00 EUR
    2.   anrechnungsfrei   – 512,00 EUR
    Gesamt   **688.00 EUR**
    V.   **Vergütung aus der Staatskasse**
    a)   **Erstinstanzliches gerichtliches Verfahren**
    1.   Grundgebühr, Nr. 4100 VV   160,00 EUR
    2.   Verfahrensgebühr, Nr. 4106 VV   132,00 EUR
    3.   Verfahrensgebühr, Nr. 4108 VV   220,00 EUR
    4.   anzurechnen gem. § 58 Abs. 3 RVG   – 512,00 EUR[19]
      Zwischensumme Gebühren   0,00 EUR
    5.   Postentgeltpauschale, Nr. 7002 VV   20,00 EUR
      Zwischensumme   20,00 EUR
    6.   19 % Umsatzsteuer, Nr. 7008 VV   3,80 EUR
    Gesamt   **23,80 EUR**

---

[19] Es kann nicht mehr angerechnet werden, als der Anwalt erhalten würde. Die Anrechnung kann nur zu einer Reduzierung auf null führen, nicht zu einem negativen Ergebnis.

§ 4 Gerichtlich bestellter oder beigeordneter Anwalt in Straf- und Bußgeldsachen

b) **Berufungsverfahren**
1. Terminsgebühr, Nr. 4124 VV   256,00 EUR
2. Verfahrensgebühr, Nr. 4126 VV   256,00 EUR
3. anzurechnen gem. § 58 Abs. 3 RVG   – 0,00 EUR
   Zwischensumme Gebühren   512,00 EUR
4. Postentgeltpauschale, Nr. 7002 VV   20,00 EUR
   Zwischensumme   532,00 EUR
5. 19 % Umsatzsteuer, Nr. 7008 VV   101,08 EUR
   Gesamt   **633,08 EUR**

33   Werden die Vorschüsse für verschiedene Verfahrensabschnitte gezahlt, dann ist je Verfahrensabschnitt anzurechnen.

> **Beispiel 19**   Anrechnung mehrerer Vorschüsse für verschiedene Verfahrensabschnitte

Wie vorangegangenes Beispiel 18; jedoch hatte der Auftraggeber 700,00 EUR für das erstinstanzliche und 500,00 EUR für das Berufungsverfahren gezahlt.

Jetzt sind in jeden Verfahrensabschnitt nur 500,00 EUR zu berücksichtigen.

I. **Gebühren aus der Staatskasse**
a) **Erstinstanzliches gerichtliches Verfahren**
1. Grundgebühr, Nr. 4100 VV   160,00 EUR
2. Verfahrensgebühr, Nr. 4106 VV   132,00 EUR
3. Terminsgebühr, Nr. 4108 VV   220,00 EUR
Gesamt   **512,00 EUR**
b) **Berufungsverfahren**
1. Terminsgebühr, Nr. 4124 VV   256,00 EUR
2. Verfahrensgebühr, Nr. 4126 VV   256,00 EUR
Gesamt   **512,00 EUR**
II. **Doppelte des aus der Staatskasse zu zahlenden Betrages**
a) **Erstinstanzliches gerichtliches Verfahren**
2 x 512,00 EUR   **1.024,00 EUR**
b) **Berufungsverfahren**
2 x 512,00 EUR   **1.024,00 EUR**
III. **Anrechnungsfrei**
a) **Erstinstanzliches gerichtliches Verfahren**
1. Doppelte Gebühren   1.024,00 EUR
2. Einfache Gebühren   – 512,00 EUR
Gesamt   **512,00 EUR**
b) **Berufungsverfahren**
1. Doppelte Gebühren   1.024,00 EUR
2. Einfache Gebühren   – 512,00 EUR
Gesamt   **512,00 EUR**
IV. **Anzurechnender Betrag**
a) **Erstinstanzliches gerichtliches Verfahren**
1. Vorschuss   700,00 EUR
2. anrechnungsfrei   – 512,00 EUR
Gesamt   **188,00 EUR**
b) **Berufungsverfahren**
1. Vorschuss   500,00 EUR
2. anrechnungsfrei   – 512,00 EUR
Gesamt   **0,00 EUR**

V. Vergütung aus der Staatskasse
a) Erstinstanzliches Verfahren

1. Grundgebühr, Nr. 4100 VV		160,00 EUR
2. Verfahrensgebühr, Nr. 4106 VV		132,00 EUR
3. Verfahrensgebühr, Nr. 4108 VV		220,00 EUR
4. anzurechnen gem. § 58 Abs. 3 RVG		– 188,00 EUR
Zwischensumme Gebühren	324,00 EUR	
5. Postentgeltpauschale, Nr. 7002 VV		20,00 EUR
Zwischensumme	344,00 EUR	
6. 19 % Umsatzsteuer, Nr. 7008 VV		65,36 EUR
Gesamt		**409,36 EUR**

b) Berufungsverfahren

1. Terminsgebühr, Nr. 4124 VV		256,00 EUR
2. Verfahrensgebühr, Nr. 4126 VV		256,00 EUR
3. anzurechnen gem. § 58 Abs. 3 RVG		– 0,00 EUR
Zwischensumme Gebühren	512,00 EUR	
4. Postentgeltpauschale, Nr. 7002 VV		20,00 EUR
Zwischensumme	532,00 EUR	
5. 19 % Umsatzsteuer, Nr. 7008 VV		101,08 EUR
Gesamt		**633,08 EUR**

V. Kontrolle
a) Erstinstanzliches gerichtliches Verfahren

1. Vorschuss	700,00 EUR
2. Zahlung Staatskasse auf Gebühren (netto)	324,00 EUR
Gesamt	**1.024,00 EUR**

b) Berufungsverfahren

1. Vorschuss	500,00 EUR
2. Zahlung Staatskasse auf Gebühren (netto)	512,00 EUR
Gesamt	**1.012,00 EUR**

Strittig war, ob vorbereitendes Verfahren und erstinstanzliches gerichtliches Verfahren als zwei Verfahrensabschnitte[20] galten oder ob es sich um einen Verfahrensabschnitt i.S.d. § 58 RVG handelt. Nach zutreffender Ansicht handelte es sich bei vorbereitendem und erstinstanzlichem gerichtlichem Verfahren schon immer um zwei verschiedene Angelegenheiten und damit zwei Verfahrensabschnitte. Daher durfte zutreffender Weise ein Vorschuss auf die Gebühren des vorbereitenden Verfahrens auch nur auf die Pflichtverteidigervergütung des vorbereitenden Verfahrens angerechnet werden. Es war unzulässig, den weiter gehenden Vorschuss jetzt auf die Pflichtverteidigergebühren des gerichtlichen Verfahrens anzurechnen.[21] Die überwiegende Rspr. ging jedoch davon aus, dass vorbereitendes Verfahren und gerichtliches Verfahren als eine Angelegenheit und damit ein Verfahrensabschnitt sei, so dass auch Vorschüsse und Zahlungen auf die Gebühren des vorbereitenden Verfahrens auf die Gebühren des gerichtlichen Verfahrens anzurechnen seien.[22] Der Gesetzgeber hat diese Streitfrage mit dem 2. KostRMoG geklärt und einerseits in § 17 Nr. 10 Buchst. a) RVG geregelt, dass das vorbereitende Verfahren und das nachfolgende erstinstanzliche Verfahren zwei verschiedene Angelegenheiten i.S.d. § 15 RVG sind. Zudem hat er in § 58 RVG das Wort „Verfahrensabschnitt" durch „Angelegenheit" ersetzt. Vorschüsse im vorbereitenden

---

20 Die frühere Fassung des § 58 RVG hat nicht auf Angelegenheiten, sondern auf Verfahrensabschnitte abgestellt. Mit dem 2. KostRMoG ist der Begriff des „Verfahrensabschnitts" durch den der „Angelegenheit" ersetzt worden.
21 So OLG Frankfurt AGS 2007, 193 m. zust. Anm. *Volpert* = StraFo 2007, 219 = StV 2007, 476 = NStZ-RR 2007, 328 = StRR 2007, 158.
22 OLG München AGS 2010, 325 = RVGreport 2010, 219; OLG Köln StraFo 2008, 399 = OLGSt RVG § 58 Nr. 2; AGS 2009, 585; KG StraFo 2009, 84 m. abl. Anm. *Burhoff* = RVGreport 2008, 339 = RVGprof. 2008, 206 = StRR 2008, 477; OLG Hamm, Beschl. v. 20. 11 2007 – 3 Ws 320/07; OLG Stuttgart AGS 2008, 117 = StraFo 2007, 437 = Rpfleger 2007, 682 = NStZ-RR 2008, 31 = Justiz 2007, 393; LG Osnabrück StRR 2007, 158.

Verfahren können also nach der Neufassung des Gesetzes nur noch im vorbereitenden Verfahren angerechnet werden, nicht auch im nachfolgenden gerichtlichen Verfahren.

> **Beispiel 20** Anrechnung eines Vorschusses im vorbereitenden Verfahren auf gerichtliches Verfahren

Der Anwalt ist bereits im vorbereitenden Verfahren tätig gewesen und wird im erstinstanzlichen gerichtlichen Verfahren als Pflichtverteidiger bestellt. Dort findet ein Hauptverhandlungstermin statt. Für das vorbereitende Verfahren hatte er einen Vorschuss in Höhe von 1.000,00 EUR erhalten. Für das gerichtliche Verfahren sind keine Zahlungen erfolgt.

Der Vorschuss darf nur auf die Pflichtverteidigervergütung des vorbereitenden Verfahrens angerechnet werden, nicht auch auf die Pflichtverteidigergebühren des gerichtlichen Verfahrens. Abzurechnen ist daher wie folgt:

A. **Vorbereitendes Verfahren**
I. **Gebühren aus der Staatskasse**
1. Grundgebühr, Nr. 4100 VV   160,00 EUR
2. Verfahrensgebühr, Nr. 4104 VV   132,00 EUR
Gesamt   **292,00 EUR**
II. **Doppelte des aus der Staatskasse zu zahlenden Betrages**
    2 x 292,00 EUR   **584,00 EUR**
III. **Anrechnungsfrei**
1. Doppelte Gebühren   584,00 EUR
2. Einfache Gebühren   – 292,00 EUR
Gesamt   **292,00 EUR**
IV. **Anzurechnender Betrag**
1. Vorschuss   1.000,00 EUR
2. anrechnungsfrei   – 292,00 EUR
Gesamt   **708,00 EUR**
V. **Vergütung aus der Staatskasse**
1. Grundgebühr, Nr. 4100 VV   160,00 EUR
2. Verfahrensgebühr, Nr. 4104 VV   132,00 EUR
3. anzurechnen gem. § 58 Abs. 3 RVG   – 292,00 EUR[23]
    Zwischensumme Gebühren   0,00 EUR
4. Postentgeltpauschale, Nr. 7002 VV   20,00 EUR
    Zwischensumme   20,00 EUR
5. 19 % Umsatzsteuer, Nr. 7008 VV   3,80 EUR
Gesamt   **23,80 EUR**
B. **Erstinstanzliches gerichtliches Verfahren**
1. Verfahrensgebühr, Nr. 4106 VV   132,00 EUR
2. Verfahrensgebühr, Nr. 4108 VV   220,00 EUR
3. Postentgeltpauschale, Nr. 7002 VV   20,00 EUR
    Zwischensumme   372,00 EUR
4. 19 % Umsatzsteuer, Nr. 7008 VV   70,68 EUR
Gesamt   **442,68 EUR**

3. Anrechnung bei Überschreiten des Doppelten der Pflichtanwaltsgebühren

35 Nach § 58 Abs. 3 S. 4 RVG ist seit dem 1.8.2013 auch dann anzurechnen, wenn die Summe von Zahlungen des Auftraggebers oder Dritten und Zahlung der Staatskasse die Höchstgebühr eines

---

[23] Es kann nicht mehr angerechnet werden, als der Anwalt erhalten würde. Die Anrechnung kann nur zu einer Reduzierung auf null führen, nicht zu einem negativen Ergebnis.

Wahlanwalts überschreiten würde. Dies entsprach zum Teil schon vorher der Rspr.[24] In dem neuen § 58 Abs. 3 S. 4 RVG ist deshalb gesetzlich klargestellt worden, dass unabhängig von der Regelung des § 58 Abs. 3 S. 3 RVG auch unterhalb des Doppelten der Pflichtverteidigergebühren anzurechnen ist, wenn der Anwalt seine Vergütung in Höhe der höchst möglichen Wahlanwaltsvergütung erhalten hat.

| Beispiel 21 | Anrechnung auch bei Erreichen der Wahlanwaltsvergütung | 36 |

Der Verteidiger nimmt an der Hauptverhandlung vor dem AG teil. Es findet nur ein Termin statt, der jedoch sechs Stunden dauert. Der Verteidiger hat einen Vorschuss in Höhe von 350,00 EUR netto erhalten.

Aus der Landeskasse würde der Pflichtverteidiger jetzt erhalten

1.	Verfahrensgebühr, Nr. 4106 VV RVG	132,00 EUR
2.	Terminsgebühr, Nr. 4108 VV RVG	220,00 EUR
3.	Zuschlag, Nr. 4110 VV RVG	110,00 EUR
	Gesamt	**462,00 EUR**
	Das Doppelte (§ 58 Abs. 3 S. 3 RVG) beträgt	924,00 EUR.

Die Höchstgebühren des Wahlanwalts betragen

1.	Verfahrensgebühr, Nr. 4106 VV RVG	290,00 EUR
2.	Terminsgebühr, Nr. 4108 VV RVG	480,00 EUR
	Gesamt	**770,00 EUR**

Nach § 58 Abs. 3 S. 3 RVG würde die Summe von Vorschuss (350,00 EUR) und Vergütung aus der Landeskasse (462,00 EUR) mit 812,00 EUR insgesamt das Doppelte der Pflichtverteidigervergütung (924,00 EUR) nicht überschreiten, sodass nichts anzurechnen wäre.

Da aber die Höchstgebühren des Wahlanwalts überschritten sind, ergibt sich eine Pflicht zur Anrechnung aus § 58 Abs. 3 S. 4 RVG in Höhe von:

Vorschuss	350,00 EUR
Gebühren aus der Landeskasse	462,00 EUR
./. Höchstgebühren des Wahlanwalts	– 770,00 EUR
Anrechnungsbetrag	**42,00 EUR**

Die Landeskasse muss also nur zahlen:

Gebühren aus der Landeskasse	462,00 EUR
./. Anrechnungsbetrag	– 42,00 EUR
	420,00 EUR

Damit erhält der Anwalt also mit:

Gebühren aus der Landeskasse	420,00 EUR
Vorschuss Auftraggeber	350,00 EUR
	770,00 EUR

Genauso viel, wie ein Wahlanwalt höchstens abrechnen könnte.

---

24 OLG Jena AGS 2011, 281 = Rpfleger 2010, 107 = JurBüro 2010, 81 = StRR 2010, 199 = RVGreport 2010, 24.

4. Mitteilung und Anrechnung nachträglicher Zahlungen

37 Soweit der Anwalt nach der Liquidation gegenüber der Staatskasse noch Zahlungen erhält, muss er diese nach § 55 Abs. 5, 2. Hs. RVG der Staatskasse mitteilen. Das gilt in beiden Fällen, in denen anzurechnen ist. Erhält der Anwalt danach mehr als die anrechnungsfreien Beträge, muss er den Mehrbetrag zurückzahlen.

Beispiel 22 | **Rückzahlung an die Staatskasse (I)**

Der Beschuldigte beauftragt den Anwalt nach Anklageerhebung mit seiner Verteidigung vor dem AG und zahlt auf die Gebühren einen Vorschuss in Höhe von 300,00 EUR zuzüglich Umsatzsteuer. Anschließend wird der Anwalt als Pflichtverteidiger bestellt. Es findet ein Hauptverhandlungstermin statt. Nach Auszahlung der Pflichtverteidigervergütung erhält der Anwalt nochmals 200,00 EUR.

Von den erhaltenen Vorschüssen und Zahlungen ist wiederum das Doppelte der Pflichtverteidigergebühren anrechnungsfrei. Nur der darüber hinaus gehende Betrag ist anzurechnen bzw. zurückzuzahlen.

I. Gebühren aus der Staatskasse		
1. Grundgebühr, Nr. 4100 VV		160,00 EUR
2. Verfahrensgebühr, Nr. 4106 VV		132,00 EUR
3. Terminsgebühr, Nr. 4108 VV		220,00 EUR
Gesamt		**512,00 EUR**
II. Doppelte des aus der Staatskasse zu zahlenden Betrages		
2 x 512,00 EUR		**1.024,00 EUR**
III. Anrechnungsfrei		
1. Doppelte Gebühren		1.024,00 EUR
2. Einfache Gebühren		– 512,00 EUR
Gesamt		**512,00 EUR**
IV. Anzurechnender Betrag		
1. Vorschuss		300,00 EUR
2. Nachzahlung		200,00 EUR
3. anrechnungsfrei		– 512,00 EUR
Gesamt		**0,00 EUR**
V. Vergütung aus der Staatskasse		
1. Grundgebühr, Nr. 4100 VV		160,00 EUR
2. Verfahrensgebühr, Nr. 4106 VV		132,00 EUR
3. Verfahrensgebühr, Nr. 4108 VV		220,00 EUR
4. anzurechnen gem. § 58 Abs. 3 RVG		– 0,00 EUR
Zwischensumme Gebühren	512,00 EUR	
5. Postentgeltpauschale, Nr. 7002 VV		20,00 EUR
Zwischensumme	532,00 EUR	
6. 19 % Umsatzsteuer, Nr. 7008 VV		101,08 EUR
Gesamt		**633,08 EUR**
VI. Kontrolle		
1. Vorschuss		300,00 EUR
2. Nachzahlung		200,00 EUR
3. Zahlung Staatskasse auf Gebühren (netto)		512,00 EUR
Gesamt		**1.012,00 EUR**

Eine Anrechnung der für das vorbereitende Verfahren gezahlten 200,00 EUR kommt daher nicht in Betracht. Im Gegenteil wären sogar noch weitere Zahlungen in Höhe von 112,00 EUR anrechnungsfrei.

VIII. Anrechnung von Zahlungen § 4

Beispiel 23 | **Rückzahlung an die Staatskasse (II)**

Wie vorangegangenes Beispiel 22; jedoch erhält der Verteidiger nach Abschluss des Verfahrens erhält der Verteidiger weitere 300,00 EUR.

Jetzt liegt die Summe von Vorschuss und Zahlung über den Pflichtverteidigergebühren, so dass anzurechnen und zurückzuzahlen ist.

I.	**Gebühren aus der Staatskasse**	
1.	Grundgebühr, Nr. 4100 VV	160,00 EUR
2.	Verfahrensgebühr, Nr. 4106 VV	132,00 EUR
3.	Terminsgebühr, Nr. 4108 VV	220,00 EUR
	Gesamt	**512,00 EUR**
II.	**Doppelte des aus der Staatskasse zu zahlenden Betrages**	
	2 x 512,00 EUR	**1.024,00 EUR**
III.	**Anrechnungsfrei**	
1.	Doppelte Gebühren	1.024,00 EUR
2.	Einfache Gebühren	– 512,00 EUR
	Gesamt	**512,00 EUR**
IV.	**Anzurechnender Betrag**	
1.	Vorschuss	300,00 EUR
2.	Nachzahlung	300,00 EUR
3.	anrechnungsfrei	– 512,00 EUR
	Gesamt	**88,00 EUR**
V.	**Vergütung aus der Staatskasse**	
1.	Grundgebühr, Nr. 4100 VV	160,00 EUR
2.	Verfahrensgebühr, Nr. 4106 VV	132,00 EUR
3.	Verfahrensgebühr, Nr. 4108 VV	220,00 EUR
4.	anzurechnen gem. § 58 Abs. 3 RVG	– 88,00 EUR
5.	aus der Landeskasse bereits gezahlt	– 512,00 EUR
	Zwischensumme Gebühren	– 88,00 EUR
6.	Postentgeltpauschale, Nr. 7002 VV	20,00 EUR
	Zwischensumme	– 68,00 EUR
7.	19 % Umsatzsteuer, Nr. 7008 VV	– 12,92 EUR
	Gesamt	**– 80,92 EUR**
VI.	**Kontrolle**	
1.	Vorschuss	300,00 EUR
2.	Nachzahlung	300,00 EUR
3.	Zahlung Staatskasse auf Gebühren (netto)	512,00 EUR
4.	Rückzahlung an Staatskasse auf Gebühren (netto)	– 88,00 EUR
	Gesamt	**1.024,00 EUR**

Die Pflicht zur Mitteilung und nachträglicher Anrechnung gilt auch dann, wenn die nachträgliche Zahlung lediglich dazu führt, dass die Höchstgebühr des Wahlanwalts überschritten wird, ohne dass das Doppelte der Pflichtverteidigervergütung erreicht wird. Auch in diesem Fall muss der Anwalt die nachträgliche Zahlung der Landeskasse unverzüglich mitteilen (§ 55 Abs. 5 S. 4 RVG). Diese führt dann wiederum eine Neuberechnung durch, aufgrund derer der Anwalt den Überschuss an die Landeskasse zurückzahlen muss. 38

§ 4 Gerichtlich bestellter oder beigeordneter Anwalt in Straf- und Bußgeldsachen

Beispiel 24 **Rückzahlungspflicht auch bei Erreichen der Wahlanwaltsvergütung**

Wie Beispiel 22; jedoch werden die 300,00 EUR erst gezahlt, nachdem der Verteidiger mit der Landeskasse bereits abgerechnet hat.

Jetzt führt die Anrechnung dazu, dass der Anwalt 80,92 EUR an die Landeskasse zurückzahlen muss.

§ 5 Anrechnung nach § 15a RVG

Inhalt

I. Überblick 1	c) Abtretungsfälle 34
II. Die Abrechnung mit dem Auftraggeber 2	d) Titulierung der Verfahrensgebühr 37
1. Selbstständigkeit der Gebühren 2	e) Gesamtvergleich 38
2. Wahlrecht bei der Einforderung 5	aa) Grundsatz 38
3. Die Berechnung 8	bb) Eindeutige Regelung 41
4. Postentgeltpauschale 11	cc) Fehlende Regelung 43
5. Verjährung 12	dd) Titulierung der Geschäftsgebühr lässt sich im Wege der Auslegung ermitteln 45
6. Schadensersatz 13	5. Ausnahme: Zeitgleiches Geltendmachen (§ 15a Abs. 2, 3. Var. RVG) 46
III. Kostenerstattung 14	a) Grundfälle 46
1. Überblick 14	b) Wahlrecht bei unterschiedlichen Quoten .. 53
2. Grundsatz 15	6. Anwendbarkeit in „Altfällen" 54
3. Ausnahme Erfüllung (§ 15a Abs. 2, 1. Var. RVG) 18	7. Nachfestsetzung in „Altfällen" 57
4. Ausnahme: Titulierung (§ 15a Abs. 2, 2. Var. RVG) 22	IV. Rechtsschutzversicherung 58
a) Grundsatz 22	V. Prozess- und Verfahrenskostenhilfe ... 60
b) Anrechnung im Rechtsmittelverfahren 30	

I. Überblick

Die Anrechnung einer Gebühr auf eine andere Gebühr soll das Gesamtaufkommen der Gebühren in denjenigen Fällen begrenzen, in denen sich nach den Vorstellungen des Gesetzgebers der Umfang der Tätigkeit in einer Angelegenheit erheblich verringert, weil der Anwalt in einer anderen Angelegenheit bereits vorbefasst war. Besonders deutlich wird dies bei den Anrechnungsvorschriften der Vorbem. 2.3 Abs. 4 VV und Vorbem. 3 Abs. 4 VV, soweit Rahmengebühren betroffen sind. Danach darf nämlich in der nachfolgenden Angelegenheit bei der Gebührenbemessung nach § 14 Abs. 1 RVG nicht berücksichtigt werden, „dass der Umfang der Tätigkeit infolge der vorangegangenen Tätigkeit geringer ist". Gerade dieser geringere Umfang soll durch die Anrechnung der Gebühren ausgeglichen werden. **1**

II. Die Abrechnung mit dem Auftraggeber

1. Selbstständigkeit der Gebühren

Mit § 15a Abs. 1 RVG hat der Gesetzgeber klargestellt, dass Gebühren, die aufeinander anzurechnen sind, zunächst einmal völlig unabhängig voneinander selbstständig entstehen, und zwar in voller Höhe. **2**

Ist zunächst eine Gebühr entstanden und entsteht später eine weitere Gebühr, auf die die erste Gebühr anzurechnen ist, dann führt dies also entgegen der früheren Rspr. des BGH nicht dazu, dass die weitere Gebühr von Vornherein nur in verminderter Höhe, nämlich um den Anrechnungsbetrag reduziert, entsteht; vielmehr entsteht die zweite Gebühr zunächst einmal in voller Höhe und kann unbeschadet einer Anrechnung geltend gemacht werden. **3**

§ 5 Anrechnung nach § 15a RVG

4 Die Anrechnung führt gegenüber dem Auftraggeber nur dazu, dass insgesamt nicht mehr verlangt werden kann als das um die Anrechnung verminderte Gesamtaufkommen. Diese Selbstständigkeit der aufeinander anzurechnenden Gebühren hat zahlreiche Konsequenzen.

2. Wahlrecht bei der Einforderung

5 Der Anwalt kann nach § 15a Abs. 1 RVG frei wählen, welche der aufeinander anzurechnenden Gebühren er in voller Höhe einfordert und welche vermindert. Er kann selbstverständlich nicht beide Gebühren unvermindert einfordern.

> **Beispiel 1** — Wahlrecht bei Anrechnung der Geschäftsgebühr nach Gegenstandswert (I)

Der Anwalt hatte nach einem Gegenstandswert von 8.000,00 EUR eine 1,5-Geschäftsgebühr (Nr. 2300 VV) verdient und anschließend im gerichtlichen Verfahren eine 1,3-Verfahrensgebühr (Nr. 3100 VV).

Nach § 15a Abs. 1 RVG entstehen diese beiden Gebühren zunächst einmal unabhängig voneinander, insgesamt kann allerdings nicht mehr beansprucht werden als der um die Anrechnung gekürzte Betrag. Insgesamt steht dem Anwalt also zu: 1,5 + 1,3 – 0,75 = 2,05.

Fordert der Anwalt die Geschäftsgebühr in voller Höhe ein, dann darf er von der Verfahrensgebühr lediglich noch 0,55 verlangen.

I. Außergerichtliche Vertretung (Wert: 8.000,00 EUR)		
1. 1,5-Geschäftsgebühr, Nr. 2300 VV		684,00 EUR
2. Postentgeltpauschale, Nr. 7002 VV		20,00 EUR
Zwischensumme	704,00 EUR	
3. 19 % Umsatzsteuer, Nr. 7008 VV		133,76 EUR
Gesamt		**837,76 EUR**
II. Gerichtliches Verfahren (Wert: 8.000,00 EUR)		
1. 1,3-Verfahrensgebühr, Nr. 3100 VV		592,80 EUR
2. gem. Vorbem. 3 Abs. 4 VV anzurechnen, 0,75 aus 8.000,00 EUR		– 342,00 EUR
3. 1,2-Terminsgebühr, Nr. 3104 VV		547,20 EUR
4. Postentgeltpauschale, Nr. 7002 VV		20,00 EUR
Zwischensumme	818,00 EUR	
5. 19 % Umsatzsteuer, Nr. 7008 VV		155,42 EUR
Gesamt		**973,42 EUR**
III. Gesamt		**1.811,18 EUR**

Fordert der Anwalt dagegen die Verfahrensgebühr in voller Höhe ein, dann verringert sich die Geschäftsgebühr um 0,75, sodass er insoweit lediglich noch restliche 0,75 verlangen kann.

I. Gerichtliches Verfahren (Wert: 8.000,00 EUR)		
1. 1,3-Verfahrensgebühr, Nr. 3100 VV		592,80 EUR
2. 1,2-Terminsgebühr, Nr. 3104 VV		547,20 EUR
3. Postentgeltpauschale, Nr. 7002 VV		20,00 EUR
Zwischensumme	1.060,00 EUR	
4. 19 % Umsatzsteuer, Nr. 7008 VV		220,04 EUR
Gesamt		**1.380,40 EUR**

II. Die Abrechnung mit dem Auftraggeber   § 5

II. Außergerichtliche Vertretung (Wert: 8.000,00 EUR)
1. 1,5-Geschäftsgebühr, Nr. 2300 VV   684,00 EUR
2. gem. Vorbem. 3 Abs. 4 VV anzurechnen, 0,75 aus   – 342,00 EUR
   8.000,00 EUR
3. Postentgeltpauschale, Nr. 7002 VV   20,00 EUR
   Zwischensumme   362,00 EUR
4. 19 % Umsatzsteuer, Nr. 7008 VV   68,78 EUR
Gesamt   **430,78 EUR**

III. Gesamt   **1.811,18 EUR**

Auf das Gesamtergebnis hat es also keinen Einfluss, welche Gebühr auf welche angerechnet wird.

Besonders einprägsam lässt sich dies an einem Schaubild darstellen: 6

> **Beispiel 2** — Wahlrecht bei der Anrechnung der Geschäftsgebühr nach Gegenstandswert (II)

Der Anwalt hatte außergerichtlich eine 1,3-Geschäftsgebühr (Nr. 2300 VV) verdient und im gerichtlichen Verfahren eine 1,3-Verfahrensgebühr (Nr. 3100 VV).

Er kann beide Gebühren verlangen, insgesamt aber nicht mehr als 1,95.

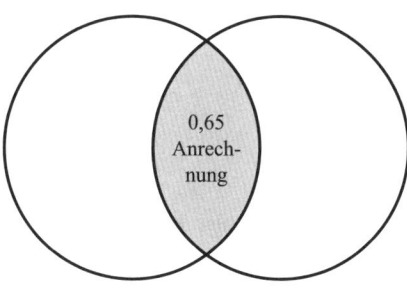

[Schaubild: Zwei sich überschneidende Kreise "1,3-Geschäftsgebühr" und "1,3-Verfahrensgebühr" mit Schnittmenge "0,65 Anrechnung"; Gesamt: 1,95]

Beide Gebühren entstehen selbstständig. Bei der Schnittmenge von 0,65 handelt es sich sowohl um Geschäfts- als auch um Verfahrensgebühr, die nur einmal verlangt werden kann, wobei der Anwalt frei ist, ob er sie als Teil der Geschäftsgebühr einfordert oder als Teil der Verfahrensgebühr. Auf das Gesamtergebnis hat das keinen Einfluss, da er in keinem Fall mehr als 1,95 erhält.

Das gilt auch dann, wenn Betragsrahmengebühren nach § 3 Abs. 1 S. 1 RVG anzurechnen sind.   7

> **Beispiel 3** — Wahlrecht bei der Anrechnung, Rahmengebühren

Der Anwalt hatte im sozialrechtlichen Verwaltungs- und Nachprüfungsverfahren jeweils eine Geschäftsgebühr (Mittelgebühr) verdient.

Nach Vorbem. 2.3 Abs. 4 S. 1 VV ist eine im Verwaltungsverfahren angefallene Geschäftsgebühr auf die nachfolgende Geschäftsgebühr eines Widerspruchsverfahrens anzurechnen. Wird die Geschäftsgebühr des Verwaltungsverfahrens auf die Geschäftsgebühr des Widerspruchsverfahrens angerechnet, ergibt sich folgende Abrechnung:

§ 5 Anrechnung nach § 15a RVG

I. Verwaltungsverfahren
1. Geschäftsgebühr, Nr. 2302 Nr. 1 VV — 345,00 EUR
2. Postentgeltpauschale, Nr. 7002 VV — 20,00 EUR
   Zwischensumme — 365,00 EUR
3. 19 % Umsatzsteuer, Nr. 7008 VV — 69,35 EUR
Gesamt — **434,35 EUR**

II. Widerspruchsverfahren
1. Geschäftsgebühr, Nr. 2302 Nr. 1 VV — 345,00 EUR
2. gem. Vorbem. 2.3 Abs. 4 S. 1 VV anzurechnen — – 172,50 EUR
3. Postentgeltpauschale, Nr. 7002 VV — 20,00 EUR
   Zwischensumme — 192,50 EUR
4. 19 % Umsatzsteuer, Nr. 7008 VV — 36,58 EUR
Gesamt — **229,08 EUR**

Gesamt I. + II. — **663,43 EUR**

Wird dagegen die Anrechnung der Geschäftsgebühr des Verwaltungsverfahrens bereits dort berücksichtigt, ergibt sich folgende Abrechnung:

I. Verwaltungsverfahren
1. Geschäftsgebühr, Nr. 2302 Nr. 1 VV — 345,00 EUR
2. gem. Vorbem. 2.3 Abs. 4 S. 1 VV anzurechnen — – 172,50 EUR
3. Postentgeltpauschale, Nr. 7002 VV — 20,00 EUR
   Zwischensumme — 192,50 EUR
4. 19 % Umsatzsteuer, Nr. 7008 VV — 36,58 EUR
Gesamt — **229,08 EUR**

II. Widerspruchsverfahren
1. Geschäftsgebühr, Nr. 2302 Nr. 1 VV — 345,00 EUR
2. Postentgeltpauschale, Nr. 7002 VV — 20,00 EUR
   Zwischensumme — 365,00 EUR
3. 19 % Umsatzsteuer, Nr. 7008 VV — 69,35 EUR
Gesamt — **434,35 EUR**

Gesamt I. + II. — **663,43 EUR**

Auf das Gesamtergebnis hat es also auch hier keinen Einfluss, welche Gebühr auf welche angerechnet wird.

3. Die Berechnung

8 Aus der Selbstständigkeit der beiden Gebühren folgt, dass der Anwalt an sich beide Gebühren auch gesondert ungekürzt in Rechnung stellen kann. Soweit die eine Gebühr gezahlt wird, erlischt damit die andere Gebühr in Höhe des Anrechnungsbetrages. Insoweit müsste dann die zweite Rechnung teilweise wieder storniert werden. Um diesen Buchhaltungsaufwand zu vermeiden, sollte der Anwalt sich von Vornherein überlegen, welche Gebühr er in voller Höhe geltend macht und wo er die Anrechnung berücksichtigt. Dies erspart es ihm, später Gutschriften erteilen oder Rechnungen stornieren zu müssen.

9 Zweckmäßig wird es sein – wie bisher –, die zuerst entstandene Gebühr in voller Höhe abzurechnen und die Anrechnung dann bei der zeitlich nachfolgenden Gebühr zu berücksichtigen. Dies macht die Abrechnung übersichtlicher. Zudem kann der Anwalt die zuerst entstandene Gebühr, die früher fällig wird (§ 8 Abs. 1 RVG), auch früher abrechnen. Darüber hinaus steht bei Fälligkeit der ersten Gebühr häufig noch gar nicht fest, ob und inwieweit es zur Anrechnung kommen wird. Insoweit hat sich also an der früheren Rechtslage nicht viel geändert.

II. Die Abrechnung mit dem Auftraggeber § 5

Beispiel 4 **Chronologische Anrechnung**

Der Anwalt war zunächst außergerichtlich und hiernach im selbstständigen Beweisverfahren tätig (Wert: 30.000,00 EUR). Es findet ein Sachverständigentermin statt, an dem er teilnimmt. Anschließend kommt es zum Hauptsacheverfahren, in dem nach mündlicher Verhandlung ein Urteil ergeht.

Die Geschäftsgebühr ist auf die Verfahrensgebühr des Beweisverfahrens hälftig anzurechnen (Vorbem. 3 Abs. 4 VV). Die (volle, nicht die um die Anrechnung verminderte) Verfahrensgebühr ist wiederum auf die Verfahrensgebühr des Rechtsstreits anzurechnen (Vorbem. 3 Abs. 5 VV).

I. **Außergerichtliche Tätigkeit (Wert: 30.000,00 EUR)**
1. 1,3-Geschäftsgebühr, Nr. 2300 VV 1.121,90 EUR
2. Postentgeltpauschale, Nr. 7002 VV 20,00 EUR
   Zwischensumme 1.141,90 EUR
3. 19 % Umsatzsteuer, Nr. 7008 VV 216,96 EUR
Gesamt **1.358,86 EUR**

II. **Selbstständiges Beweisverfahren (Wert: 30.000,00 EUR)**
1. 1,3-Verfahrensgebühr, Nr. 3100 VV 1.121,90 EUR
2. gem. Vorbem. 3 Abs. 4 VV anzurechnen, 0,65 aus 30.000,00 EUR − 560,95 EUR
3. 1,2-Terminsgebühr, Nr. 3104 VV 1.035,60 EUR
4. Postentgeltpauschale, Nr. 7002 VV 20,00 EUR
   Zwischensumme 1.616,55 EUR
5. 19 % Umsatzsteuer, Nr. 7008 VV 307,15 EUR
Gesamt **1.923,70 EUR**

III. **Rechtsstreit (Wert: 30.000,00 EUR)**
1. 1,3-Verfahrensgebühr, Nr. 3100 VV 1.121,90 EUR
2. gem. Vorbem. 3 Abs. 5 VV anzurechnen, 1,3 aus 30.000,00 EUR − 1.121,90 EUR
3. 1,2-Terminsgebühr, Nr. 3104 VV 1.035,60 EUR
4. Postentgeltpauschale, Nr. 7002 VV 20,00 EUR
   Zwischensumme 1.055,60 EUR
5. 19 % Umsatzsteuer, Nr. 7008 VV 200,56 EUR
Gesamt **1.256,16 EUR**

Diese Art der chronologischen Abrechnung schafft Transparenz, abgesehen davon, dass in einer Angelegenheit häufig nie abzusehen ist, inwieweit die dort entstandene Gebühr später in einem nachfolgenden Verfahren anzurechnen sein wird, etwa, wenn sich die Gegenstandswerte verändern. 10

4. Postentgeltpauschale

Die Selbstständigkeit der aufeinander anzurechnenden Gebühren hat auch Auswirkungen auf die Berechnung der Postentgeltpauschale der Nr. 7002 VV. 11

In Anrechnungsfällen war bislang streitig, ob sich die Postentgeltpauschale aus dem Gebührenaufkommen vor oder nach Anrechnung ermittelt.

Beispiel 5 **Berechnung der Postentgeltpauschale in Anrechnungsfällen**

Außergerichtlich streiten sich die anwaltlich vertretenen Parteien über eine Forderung in Höhe von 3.000,00 EUR. Angemessen ist eine 1,0-Geschäftsgebühr. Anschließend ergeht gegen den Mandanten ein Mahnbescheid, gegen den der Anwalt Widerspruch einlegt.

§ 5   Anrechnung nach § 15a RVG

Die angefallene Geschäftsgebühr ist zur Hälfte anzurechnen (Vorbem. 3 Abs. 4 VV S. 1). Dies bedeutet, dass der Anwalt des Antragsgegners im Mahnverfahren nach Anrechnung keine restlichen Gebühren mehr erhält. Ungeachtet dessen berechnet sich die Postentgeltpauschale nach dem Gebührenaufkommen vor Anrechnung, also aus einer 0,5-Gebühr. Das ergibt sich jetzt unstreitig aus § 15a Abs. 1 RVG.

I. Außergerichtliche Tätigkeit
1. 1,0-Geschäftsgebühr, Nr. 2300 VV .... 201,00 EUR
   (Wert: 3.000,00 EUR)
2. Postentgeltpauschale, Nr. 7002 VV .... 20,00 EUR
   Zwischensumme .... 221,00 EUR
3. 19 % Umsatzsteuer, Nr. 7008 VV .... 41,99 EUR

Gesamt .... **262,99 EUR**

II. Mahnverfahren
1. 0,5-Mahnverfahrensgebühr, Nr. 3305 VV .... 100,50 EUR
   (Wert: 3.000,00 EUR)
2. anzurechnen gem. Vorbem. 3 Abs. 4 VV, 0,5 aus 3.000,00 EUR .... – 100,50 EUR
3. Postentgeltpauschale, Nr. 7002 VV .... 20,00 EUR
   (Wert: 105,50 EUR)
   Zwischensumme .... 20,00 EUR
4. 19 % Umsatzsteuer, Nr. 7008 VV .... 3,80 EUR

Gesamt .... **23,80 EUR**

5. Verjährung

12 Auch für die Frage der Verjährung spielt die neue gesetzliche Regelung eine Rolle, weil jede Gebühr selbstständig zu behandeln ist.

Beispiel 6 | Wahlrecht bei Verjährung

Der Anwalt war außergerichtlich tätig und hatte hierfür eine 1,5-Geschäftsgebühr abgerechnet. Hiernach wurde ihm der Auftrag zur Klageerhebung erteilt. Nach vier Jahren ist der Rechtsstreit rechtskräftig abgeschlossen. Der Anwalt rechnet nunmehr seine außergerichtliche sowie die gerichtliche Vertretung ab. Der Auftraggeber beruft sich auf die Einrede der Verjährung.

Die außergerichtliche Vergütung ist verjährt (§ 197 BGB), da seit der Fälligkeit der Geschäftsgebühr (§ 8 Abs. 1 S. 1 RVG) zwischenzeitlich mehr als drei Kalenderjahre vergangen sind. Der Anwalt kann also die Geschäftsgebühr nebst Auslagen und Umsatzsteuer nicht mehr geltend machen. Die Vorschrift des § 8 Abs. 2 RVG hilft hier nicht, da sie nur die Verjährung der Vergütung aus einem gerichtlichen Verfahren hemmt, nicht aber die aus einer außergerichtlichen Tätigkeit.

6. Schadensersatz

13 Auch dann, wenn Schlechterfüllung eingewandt wird oder der Mandant aus anderen Gründen Schadensersatz verlangt, wirkt sich der neue § 15a Abs. 1 RVG ebenso aus wie bei der Verjährung.

Beispiel 7 — Schadensersatz bei anzurechnenden Gebühren

Der Anwalt war außergerichtlich und anschließend im gerichtlichen Verfahren tätig. Außergerichtlich rechnet er eine 1,5-Geschäftsgebühr (Nr. 2300 VV) ab; im Rechtsstreit erhält er eine 1,3-Verfahrensgebühr (Nr. 3100 VV). Der Mandant wendet ein, außergerichtlich sei er schlecht vertreten worden, sodass er die Geschäftsgebühr nicht schulde.

Dringt der Auftraggeber mit diesem Einwand durch, kann der Anwalt die Geschäftsgebühr nicht geltend machen. Da die Verfahrensgebühr jedoch rechtlich selbstständig ist, kann er diese unbeschadet einer Anrechnung in voller Höhe verlangen.[1]

III. Kostenerstattung

1. Überblick

Während § 15a Abs. 1 RVG regelt, wie mit den Auftraggeber abzurechnen ist, regelt § 15a Abs. 2 RVG die Kostenerstattung, also inwieweit sich ein Dritter auf die Anrechnung berufen kann. Streng genommen handelt es sich nicht um eine Frage des Vergütungsrechts, sondern um eine Frage der Kostenerstattung, sodass diese Regelung eigentlich in § 91 ZPO und vergleichbaren Vorschriften hätte angesiedelt werden müssen. **14**

2. Grundsatz

Grundsätzlich kann sich ein Dritter nach § 15a Abs. 2 RVG nicht auf eine Anrechnung berufen. Da jede Gebühr selbstständig ist, kann die im Rechtsstreit obsiegende Partei also grundsätzlich die Festsetzung der vollen Verfahrensgebühr verlangen und zwar unbeschadet der Anrechnung einer eventuell zuvor entstandenen Geschäftsgebühr. **15**

Der Erstattungspflichtige kann also vor allem nicht mehr – wie früher – einwenden, es sei auf Seiten des Erstattungsberechtigten zuvor eine anzurechnende Gebühr entstanden, daher seien die Kosten des Rechtsstreits um den anzurechnenden Betrag vermindert. Nur dann, wenn der Erstattungspflichtige selbst die anzurechnende Gebühr bereits gezahlt oder anderweitig erfüllt hat oder diese gegen ihn bereits tituliert ist, kann er sich nach § 15a Abs. 2 RVG auf die Anrechnung berufen. **16**

Beispiel 8 — Volle Kostenerstattung trotz Anrechnung (Rechtsstreit)

Der Beklagte war vorgerichtlich in Höhe von 8.000,00 EUR in Anspruch genommen worden und hatte durch seinen Anwalt die Forderung abwehren lassen. Angefallen war insoweit eine 1,3-Geschäftsgebühr. Es kam hiernach zum Rechtsstreit. Die Klage wurde abgewiesen. Die Kosten des Rechtsstreits hatte der Kläger zu tragen.

Während nach der Rechtsprechung des BGH der Beklagte im Kostenfestsetzungsverfahren nur noch die Verfahrensgebühr abzüglich der hälftig anzurechnenden Geschäftsgebühr (also 1,3 – 0,65 = 0,65) verlangen konnte, kann sich der Erstattungspflichtige nach § 15a Abs. 2 RVG auf

---

1 So zur BRAGO bereits OLG Nürnberg JurBüro 1963, 149 = Rpfleger 1963, 15.

§ 5 Anrechnung nach § 15a RVG

diese Anrechnung nicht mehr berufen. Gegen ihn muss die volle 1,3-Verfahrensgebühr festgesetzt werden:

1.	1,3-Verfahrensgebühr, Nr. 3100 VV (Wert: 8.000,00 EUR)		592,80 EUR
2.	1,2-Terminsgebühr, Nr. 3100 VV (Wert: 8.000,00 EUR)		547,20 EUR
3.	Postentgeltpauschale, Nr. 7002 VV		20,00 EUR
	Zwischensumme	1.160,00 EUR	
4.	19 % Umsatzsteuer, Nr. 7008 VV		220,40 EUR
	Gesamt		**1.380,40 EUR**

17   Dieser Grundsatz des § 15a Abs. 2 RVG hat mit dem 2. KostRMoG jetzt auch Einzug in verwaltungs-, sozial- und steuerrechtlichen Angelegenheiten sowie in Verfahren nach der WBO und WDO gehalten. Das gilt hier nicht nur im gerichtlichen Verfahren, sondern auch bei einer Erstattung im Nachprüfungsverfahren.

> **Beispiel 9** **Volle Kostenerstattung trotz Anrechnung (verwaltungsrechtliches Nachprüfungsverfahren)**

Der Anwalt wird im Verwaltungsverfahren vor der Behörde beauftragt (Wert: 6.000,00 EUR). Gegen den Bescheid der Behörde legt er Widerspruch ein, der erfolgreich ist, sodass die Behörde die Kosten des Widerspruchsverfahrens erstatten muss. Sowohl im Verwaltungsverfahren als auch im Widerspruchsverfahren war die Sache umfangreich und schwierig, aber durchschnittlich.

Gegenüber dem Mandanten rechnet der Anwalt – ausgehend von den Mittelgebühren – wie folgt ab:

I.	**Verwaltungsverfahren**		
1.	1,5-Geschäftsgebühr, Nr. 2300 VV (Wert: 6.000,00 EUR)		531,00 EUR
2.	Postentgeltpauschale, Nr. 7002 VV		20,00 EUR
	Zwischensumme	551,00 EUR	
3.	19 % Umsatzsteuer, Nr. 7008 VV		104,69 EUR
	Gesamt		**655,69 EUR**
II.	**Widerspruchsverfahren**		
1.	1,5-Geschäftsgebühr, Nr. 2300 VV (Wert: 6.000,00 EUR)		531,00 EUR
2.	gem. Vorbem. 2.3 Abs. 4 VV S. 1 anzurechnen, 0,75 aus 6.000,00 EUR		– 265,50 EUR
3.	Postentgeltpauschale, Nr. 7002 VV		20,00 EUR
	Zwischensumme	285,50 EUR	
4.	19 % Umsatzsteuer, Nr. 7008 VV		54,25 EUR
	Gesamt		**339,75 EUR**
	Gesamt I. + II.		**995,44 EUR**

Zu erstatten ist jedoch unter Berücksichtigung des § 15a Abs. 2 RVG die volle Geschäftsgebühr unbeschadet der Anrechnung:

1.	1,5-Geschäftsgebühr, Nr. 2300 VV (Wert: 6.000,00 EUR)		531,00 EUR
2.	Postentgeltpauschale, Nr. 7002 VV		20,00 EUR
	Zwischensumme	551,00 EUR	
3.	19 % Umsatzsteuer, Nr. 7008 VV		104,69 EUR
	Gesamt		**655,69 EUR**

III. Kostenerstattung § 5

Beispiel 10 | **Volle Kostenerstattung trotz Anrechnung (sozialrechtliches Nachprüfungsverfahren)**

Der Anwalt wird im Verwaltungsverfahren vor der Sozialbehörde beauftragt. Gegen den Bescheid der Behörde legt er Widerspruch ein, der erfolgreich ist, sodass die Behörde die Kosten des Widerspruchsverfahrens erstatten muss. Sowohl im Verwaltungsverfahren als auch im Widerspruchsverfahren war die Sache umfangreich und schwierig, aber durchschnittlich.

Gegenüber dem Mandanten rechnet der Anwalt jeweils ausgehend von der Mittelgebühr wie folgt ab:

I. Verwaltungsverfahren
1. Geschäftsgebühr, Nr. 2302 Nr. 1 VV   345,00 EUR
2. Postentgeltpauschale, Nr. 7002 VV   20,00 EUR
     Zwischensumme   365,00 EUR
3. 19 % Umsatzsteuer, Nr. 7008 VV   69,35 EUR
Gesamt   **434,35 EUR**

II. Widerspruchsverfahren
1. Geschäftsgebühr, Nr. 2302 Nr. 1 VV   345,00 EUR
2. gem. Vorbem. 2.3 Abs. 4 S. 1. VV anzurechnen   – 172,50 EUR
3. Postentgeltpauschale, Nr. 7002 VV   20,00 EUR
     Zwischensumme   192,50 EUR
4. 19 % Umsatzsteuer, Nr. 7008 VV   36,58 EUR
Gesamt   **229,08 EUR**

Gesamt I. + II.   **663,43 EUR**

Zu erstatten ist unter Berücksichtigung des § 15a Abs. 2 RVG die volle Geschäftsgebühr, unbeschadet der Anrechnung:

1. Geschäftsgebühr, Nr. 2302 Nr. 1 VV   345,00 EUR
2. Postentgeltpauschale, Nr. 7002 VV   20,00 EUR
     Zwischensumme   365,00 EUR
3. 19 % Umsatzsteuer, Nr. 7008 VV   69,35 EUR
Gesamt   **434,35 EUR**

Beispiel 11 | **Volle Kostenerstattung trotz Anrechnung (verwaltungsgerichtliches Verfahren)**

Der Anwalt wird im Verfahren vor der Verwaltungsbehörde beauftragt. Gegen den Bescheid der Behörde erhebt er Klage, die Erfolg hat, sodass die Behörde die Kosten des Klageverfahrens erstatten muss.

Die Behörde kann sich jetzt nicht auf die Anrechnung berufen, sondern muss die volle Verfahrensgebühr der Nr. 3100 VV ungeachtet einer Anrechnung erstatten.

Beispiel 12 | **Volle Kostenerstattung trotz Anrechnung (sozialgerichtliches Verfahren)**

Der Anwalt wird im Verfahren vor der Verwaltungsbehörde beauftragt. Gegen den Bescheid der Behörde erhebt er Klage, die Erfolg hat, sodass die Behörde die Kosten des Klageverfahrens erstatten muss.

Die Behörde kann sich jetzt nicht auf die Anrechnung berufen, sondern muss die volle Verfahrensgebühr der Nr. 3102 VV ungeachtet einer Anrechnung erstatten.

3. Ausnahme Erfüllung (§ 15a Abs. 2, 1. Var. RVG)

18 Die Anrechnung einer Gebühr ist nach § 15a Abs. 2, 1. Var. RVG entgegen dem Grundsatz dann im Kostenfestsetzungsverfahren zu berücksichtigen, wenn die erstattungspflichtige Partei die anzurechnende Gebühr bereits gezahlt oder anderweitig erfüllt hat.

19 Hauptanwendungsfall ist hier die Anrechnung einer vorgerichtlich entstandenen Geschäftsgebühr, die als Schadensersatz mit eingeklagt wird.

> **Beispiel 13** | **Anrechnung bei Zahlung der Geschäftsgebühr**
>
> Im Rechtsstreit klagt der Kläger die Hauptforderung in Höhe von 8.000,00 EUR sowie eine vorgerichtlich entstandene 1,3-Geschäftsgebühr ein. Der Gegner zahlt während des Rechtsstreits sowohl die Hauptforderung als auch die Kosten. Daraufhin wird der Rechtsstreit übereinstimmend in der Hauptsache für erledigt erklärt. Die Kosten wurden dem Beklagten auferlegt (§ 91a ZPO).
>
> Da der Beklagte die Geschäftsgebühr bereits gezahlt hat, kann er sich jetzt im Kostenfestsetzungsverfahren auf die Anrechnung berufen. Es dürfen lediglich noch 1,3 – 0,65 = 0,65 gegen ihn festgesetzt werden.
>
> | | | |
> |---|---|---|
> | 1. | 1,3-Verfahrensgebühr, Nr. 3100 VV (Wert: 8.000,00 EUR) | 592,80 EUR |
> | 2. | gem. Vorbem. 3 Abs. 4 VV anzurechnen, 0,65 aus 8.000,00 EUR | – 296,40 EUR |
> | 3. | 1,2-Terminsgebühr, Nr. 3100 VV (Wert: 8.000,00 EUR) | 547,20 EUR |
> | 4. | Postentgeltpauschale, Nr. 7002 VV | 20,00 EUR |
> | | Zwischensumme | 863,60 EUR |
> | 5. | 19 % Umsatzsteuer, Nr. 7008 VV | 164,08 EUR |
> | | **Gesamt** | **1.027,68 EUR** |

20 Bei der Erfüllung muss es sich nicht um eine Zahlung handeln. Jede andere Erfüllung reicht auch aus, etwa eine Aufrechnung.[2]

> **Beispiel 14** | **Anrechnung bei Aufrechnung**
>
> Der Kläger klagt die Hauptforderung in Höhe von 8.000,00 EUR sowie eine vorgerichtlich entstandene 1,3-Geschäftsgebühr ein. Der Beklagte bestreitet die Klageforderung nicht, rechnet gegen die Hauptforderung und den materiell-rechtlichen Kostenerstattungsanspruch jedoch mit einer diese Beträge übersteigenden Gegenforderung auf. Der Rechtsstreit wird daraufhin übereinstimmend für erledigt erklärt. Die Kosten werden dem Beklagten auferlegt (§ 91a ZPO).

---

[2] OLG Köln AGS 2011, 619 = JurBüro 2012, 22 = NJW-Spezial 2011, 764 = RVGreport 2012, 33.

Abzurechnen ist wie im vorangegangenen Beispiel 13. Auch jetzt dürfen lediglich noch 1,3 – 0,65 = 0,65 festgesetzt werden, da die Geschäftsgebühr des Klägers durch Aufrechnung erfüllt worden ist.

Der Erfüllungseinwand kann aber auch andere anzurechnende Gebühren betreffen, etwa die Verfahrensgebühr eines Mahnverfahrens.

Beispiel 15 | **Anrechnung bei Zahlung der Mahnverfahrensgebühr)**

Der Kläger hatte zunächst ein Mahnverfahren wegen einer Forderung i.H.v. 8.000,00 EUR eingeleitet. Dagegen hatte der Beklagte Widerspruch erhoben, sodass die Sache an das Streitgericht abgegeben wurde. Zwischenzeitlich hatte der Beklagte die Forderung einschließlich der Kosten des Mahnverfahrens ausgeglichen. Daraufhin wird der Rechtsstreit in der Hauptsache für erledigt erklärt. Dem Beklagten werden die Kosten des Verfahrens nach § 91a ZPO auferlegt.

Der Kläger muss sich jetzt die Verfahrensgebühr des Mahnverfahrens anrechnen lassen (Anm. zu Nr. 3305 VV), da diese bereits vom Beklagten bezahlt worden ist. Festzusetzen sind daher noch:

1. 1,3-Verfahrensgebühr, Nr. 3100 VV (Wert: 8.000,00 EUR)		592,80 EUR
2. gem. Anm. zu Nr. 3305 VV anzurechnen, 1,0 aus 8.000,00 EUR		– 456,00 EUR
3. Postentgeltpauschale, Nr. 7002 VV		20,00 EUR
Zwischensumme	156,80 EUR	
4. 19 % Umsatzsteuer, Nr. 7008 VV		29,79 EUR
Gesamt		**186,59 EUR**

4. Ausnahme: Titulierung (§ 15a Abs. 2, 2. Var. RVG)

a) Grundsatz

Des Weiteren ist die Anrechnung einer Gebühr nach § 15a Abs. 2, 2. Var. RVG im Kostenfestsetzungsverfahren zu berücksichtigen, wenn und soweit sie bereits gegen die erstattungspflichtige Partei tituliert ist. Rechtskraft ist nicht erforderlich.

Hauptanwendungsfall ist auch hier wieder die Geschäftsgebühr.

Beispiel 16 | **Anrechnung bei Titulierung**

Der Beklagte ist verurteilt worden, die Klageforderung i.H.v. 8.000,00 EUR sowie die vorgerichtlich daraus entstandene 1,3-Geschäftsgebühr zu zahlen.

Der Beklagte kann sich auf die Anrechnung berufen. Er ist in der Hauptsache bereits zur Zahlung der Geschäftsgebühr verurteilt worden, muss also die 1,3-Geschäftsgebühr zahlen. Dann kann von ihm aber im Kostenfestsetzungsverfahren nicht noch einmal die 1,3-Verfahrensgebühr verlangt werden. Hier sind im Ergebnis lediglich noch 1,3 – 0,65 = 0,65 festzusetzen.

1. 1,3-Verfahrensgebühr, Nr. 3100 VV (Wert: 8.000,00 EUR)	592,80 EUR
2. gem. Vorbem. 3 Abs. 4 VV anzurechnen, 0,65 aus 8.000,00 EUR	– 296,40 EUR

3. 1,2-Terminsgebühr, Nr. 3100 VV (Wert: 8.000,00 EUR)		547,20 EUR
4. Postentgeltpauschale, Nr. 7002 VV		20,00 EUR
Zwischensumme	863,60 EUR	
5. 19 % Umsatzsteuer, Nr. 7008 VV		164,08 EUR
Gesamt		**1.027,68 EUR**

24 Wird die eingeklagte Geschäftsgebühr nur teilweise zugesprochen, so wird sie auch nur insoweit angerechnet als sie gezahlt oder zugesprochen worden ist.

25 Wird die Geschäftsgebühr lediglich zu einem **geringeren Gebührensatz** zugesprochen als eingeklagt, dann wird die Geschäftsgebühr im Kostenfestsetzungsverfahren auch nur nach dem Gebührensatz hälftig angerechnet, der zugesprochen worden ist.

Beispiel 17 | Anrechnung bei Titulierung, geringerer Gebührensatz

Der Anwalt klagt neben der Hauptsache (8.000,00 EUR) eine 1,5-Geschäftsgebühr (Nr. 2300 VV) daraus ein. Das Gericht spricht neben den 8.000,00 EUR nur eine 1,3-Gebühr daraus zu und weist die Klage im Übrigen ab.

Anzurechnen ist die Geschäftsgebühr nur in Höhe der Hälfte des zugesprochenen Satzes, also in Höhe von 0,65.

Der Mandant erhält als **materiell-rechtlichen Kostenerstattungsanspruch** zugesprochen:

1. 1,3-Geschäftsgebühr, Nr. 2300 VV (Wert: 8.000,00 EUR)		592,80 EUR
2. Postentgeltpauschale, Nr. 7002 VV		20,00 EUR
Zwischensumme	612,80 EUR	
3. 19 % Umsatzsteuer, Nr. 7008 VV		116,43 EUR
Gesamt		**729,23 EUR**

Im Wege der **Kostenfestsetzung/-ausgleichung** sind zu berücksichtigen:

1. 1,3-Verfahrensgebühr, Nr. 3100 VV (Wert: 8.000,00 EUR)		592,80 EUR
2. gem. Vorbem. 3 Abs. 4 VV anzurechnen, 0,65 aus 8.000,00 EUR		– 296,40 EUR
3. 1,2-Terminsgebühr, Nr. 3104 VV (Wert: 8.000,00 EUR)		547,20 EUR
4. Postentgeltpauschale, Nr. 7002 VV		20,00 EUR
Zwischensumme	863,60 EUR	
5. 19 % Umsatzsteuer, Nr. 7008 VV		164,08 EUR
Gesamt		**1.027,68 EUR**

26 Wird die Geschäftsgebühr zwar nach dem vollen Gebührensatz zugesprochen, jedoch nach einem **geringeren Gegenstandswert**, wird die Geschäftsgebühr im Kostenfestsetzungsverfahren hälftig nach dem Wert angerechnet, nach dem sie zugesprochen worden ist.

Beispiel 18 | Anrechnung bei Titulierung, geringerer Wert

Der Anwalt klagt neben der Hauptsache (8.000,00 EUR) eine 1,5-Geschäftsgebühr (Nr. 2300 VV) daraus ein. Das Gericht spricht lediglich 4.000,00 EUR sowie eine 1,5-Gebühr daraus zu und weist die Klage im Übrigen ab.

Anzurechnen ist die Geschäftsgebühr nur in Höhe der Hälfte des zugesprochenen Satzes, also in Höhe von 0,75, allerdings nur aus dem zugesprochenen Wert.

Der Mandant erhält daher als **materiell-rechtlichen Kostenerstattungsanspruch** zugesprochen:

1.	1,5-Geschäftsgebühr, Nr. 2300 VV (Wert: 4.000,00 EUR)	378,00 EUR
2.	Postentgeltpauschale, Nr. 7002 VV	20,00 EUR
	Zwischensumme 398,00 EUR	
3.	19 % Umsatzsteuer, Nr. 7008 VV	75,62 EUR
	Gesamt	**473,62 EUR**

Im Wege der **Kostenfestsetzung/-ausgleichung** sind zu berücksichtigen:

1.	1,3-Verfahrensgebühr, Nr. 3100 VV (Wert: 8.000,00 EUR)	592,80 EUR
2.	gem. Vorbem. 3 Abs. 4 VV anzurechnen, 0,75 aus 4.000,00 EUR	– 189,00 EUR
3.	1,2-Terminsgebühr, Nr. 3104 VV (Wert: 8.000,00 EUR)	547,20 EUR
4.	Postentgeltpauschale, Nr. 7002 VV	20,00 EUR
	Zwischensumme 971,00 EUR	
5.	19 % Umsatzsteuer, Nr. 7008 VV	184,49 EUR
	Gesamt	**1.155,49 EUR**

Möglich sind auch **Kombinationen**. Wird vom Gericht sowohl der Gebührensatz gekürzt als auch lediglich ein geringerer Gegenstandswert zugestanden, dann ist die Geschäftsgebühr hälftig nach dem zugesprochenen geringeren Gebührensatz und Gegenstandswert anzurechnen.

27

> **Beispiel 19** **Anrechnung bei Titulierung, geringerer Gebührensatz und geringerer Wert**

Der Anwalt klagt neben der Hauptsache (8.000,00 EUR) eine 1,5-Geschäftsgebühr (Nr. 2300 VV) daraus ein. Das Gericht spricht lediglich 4.000,00 EUR sowie eine 1,3-Gebühr daraus zu und weist die Klage im Übrigen ab.

Anzurechnen ist die Geschäftsgebühr nur in Höhe der Hälfte des zugesprochenen Satzes, also in Höhe von 0,75, allerdings nur aus dem zugesprochenen Wert.

Der Mandant erhält daher als **materiell-rechtlichen Kostenerstattungsanspruch** zugesprochen:

1.	1,3-Geschäftsgebühr, Nr. 2300 VV (Wert: 4.000,00 EUR)	327,60 EUR
2.	Postentgeltpauschale, Nr. 7002 VV	20,00 EUR
	Zwischensumme 347,60 EUR	
3.	19 % Umsatzsteuer, Nr. 7008 VV	66,04 EUR
	Gesamt	**413,64 EUR**

Im Wege der **Kostenfestsetzung/-ausgleichung** sind zu berücksichtigen:

1.	1,3-Verfahrensgebühr, Nr. 3100 VV (Wert: 8.000,00 EUR)	592,80 EUR
2.	gem. Vorbem. 3 Abs. 4 VV anzurechnen, 0,65 aus 4.000,00 EUR	– 163,80 EUR
3.	1,2-Terminsgebühr, Nr. 3104 VV (Wert: 8.000,00 EUR)	547,20 EUR
4.	Postentgeltpauschale, Nr. 7002 VV	20,00 EUR
	Zwischensumme 996,20 EUR	

5. 19 % Umsatzsteuer, Nr. 7008 VV	189,28 EUR
Gesamt	**1.185,48 EUR**

28 Möglich ist auch eine quotale Anrechnung, wenn die Parteien die Geschäftsgebühr im Vergleich in Höhe einer Quote tituliert haben.[3]

> **Beispiel 20** | **Anrechnung bei Titulierung einer Quote**

Der Anwalt klagt neben der Hauptsache (8.000,00 EUR) eine 1,3-Geschäftsgebühr (Nr. 2300 VV) daraus ein, also

1. 1,3-Geschäftsgebühr, Nr. 2300 VV (Wert: 8.000,00 EUR)		592,80 EUR
2. Postentgeltpauschale, Nr. 7002 VV		20,00 EUR
Zwischensumme	612,80 EUR	
3. 19 % Umsatzsteuer, Nr. 7008 VV		116,43 EUR
Gesamt		**729,23 EUR**

Die Parteien schließen sodann einen Vergleich, wonach der Beklagte 7.856,31 EUR zahle, nämlich 90 % der Klageforderung (also 7.200,00 EUR auf die Hauptforderung und 656,31 EUR auf die Kosten). Jetzt ist die Geschäftsgebühr mit der Hälfte der 90 % anzurechnen.

1. 1,3-Verfahrensgebühr, Nr. 3100 VV (Wert: 8.000,00 EUR)		592,80 EUR
2. gem. Vorbem. 3 Abs. 4 VV anzurechnen, 90 % einer 0,65-Gebühr aus 8.000,00 EUR		– 266,76 EUR
3. 1,2-Terminsgebühr, Nr. 3104 VV (Wert: 8.000,00 EUR)		547,20 EUR
4. Postentgeltpauschale, Nr. 7002 VV		20,00 EUR
Zwischensumme	893,24 EUR	
5. 19 % Umsatzsteuer, Nr. 7008 VV		169,72 EUR
Gesamt		**1.062,96 EUR**

29 Der Titulierungseinwand kann aber auch andere anzurechnende Gebühren betreffen, etwa die Verfahrensgebühr eines Mahnverfahrens.[4]

> **Beispiel 21** | **Anrechnung bei Titulierung im Vollstreckungsbescheid**

Der Kläger hatte zunächst ein Mahnverfahren wegen einer Forderung i.H.v. 8.000,00 EUR eingeleitet und einen Vollstreckungsbescheid erwirkt. Dagegen hatte der Beklagte Einspruch erhoben, sodass die Sache an das Streitgericht abgegeben wurde. Dort wurde der Vollstreckungsbescheid aufrechterhalten und die Kosten des Rechtsstreits wurden dem Beklagen auferlegt.

Da die Verfahrensgebühr der Nr. 3305 VV bereits durch den Vollstreckungsbescheid tituliert ist, muss der Kläger sich diese Gebühr bei der Kostenfestsetzung anrechnen lassen.[5] Festzusetzen sind daher nur noch:

---

3 OLG Düsseldorf AGS 2012, 357 = JurBüro 2012, 141 = NJW-Spezial 2012, 316.
4 BGH AGS 2010, 621 = MDR 2011, 137 = ZfBR 2011, 139 = BRAK-Mitt 2011, 37 = Rpfleger 2011, 180 = JurBüro 2011, 80 = NJW 2011, 1368 = FamRZ 2011, 105 = RVGprof. 2011, 116.
5 BGH AGS 2010, 621 = MDR 2011, 137 = ZfBR 2011, 139 = BRAK-Mitt 2011, 37 = Rpfleger 2011, 180 = JurBüro 2011, 80 = NJW 2011, 1368 = FamRZ 2011, 105 = RVGprof. 2011, 116.

1. 1,3-Verfahrensgebühr, Nr. 3100 VV (Wert: 8.000,00 EUR)		592,80 EUR
2. gem. Anm. zu Nr. 3305 VV anzurechnen, 1,0 aus 8.000,00 EUR		– 456,00 EUR
3. 1,2-Terminsgebühr, Nr. 3104 VV (Wert: 8.000,00 EUR)		547,20 EUR
4. Postentgeltpauschale, Nr. 7002 VV		20,00 EUR
Zwischensumme	704,00 EUR	
5. 19 % Umsatzsteuer, Nr. 7008 VV		133,76 EUR
Gesamt		**837,76 EUR**

b) Anrechnung im Rechtsmittelverfahren

Nach der Rechtsprechung des BGH[6] soll eine Anrechnung auch noch in der Kostenfestsetzung für das Rechtsmittelverfahren möglich sein, wenn die Anrechnung in erstinstanzlichen Verfahren übersehen worden ist. Diese Auffassung ist jedoch unzutreffend. Eine Geschäftsgebühr ist auf die Verfahrensgebühr eines nachfolgenden gerichtlichen Verfahrens anzurechnen und nicht auf die eines späteren Verfahrens. Soweit der BGH sich dabei auf die Entscheidungen diverser Finanzgerichte beruft, trägt das nicht. Der BGH übersieht, dass in finanzgerichtlichen Verfahren die Gebühr der VV 3200 die erstinstanzliche Verfahrensgebühr ist (siehe Vorbem. 3.2.1 Nr. 1 VV). Diese Entscheidungen belegen also gerade nicht die These des BGH, sondern widersprechen ihr. Weder in der Rspr. noch in der Lit. ist bislang jemand auf die Idee gekommen, eine vorgerichtliche Geschäftsgebühr im Rechtsmittelverfahren anzurechnen, wenn der Anwalt auch erstinstanzlich tätig geworden ist. Der BGH sieht auch gar nicht, welche „Büchse der Pandora" er damit geöffnet hat. Dazu zwei Beispiele:

30

Beispiel 22 | **Anrechnung im Rechtsmittelverfahren (I)**

Der Kläger klagt 10.000,00 EUR nebst einer Geschäftsgebühr daraus ein. Der Beklagte verteidigt sich mit einer die Klageforderungen übersteigenden Hilfsaufrechnung. Das Gericht hält beide Forderungen für begründet und weist demzufolge die Klage im Hinblick auf die Hilfsaufrechnung ab. Die Kosten werden gegeneinander aufgehoben. Der Beklagte legt nunmehr Berufung ein und erstrebt die Abweisung der Klage mit der Begründung, schon die Klageforderung bestehe nicht. Die Berufung hat keinen Erfolg. Die Kosten des Berufungsverfahrens trägt der Beklagte.

Nach der Logik des BGH könnte sich der Beklagte hinsichtlich der Kostenfestsetzung für die zweite Instanz auf die Anrechnung der erstinstanzlich titulierten Geschäftsgebühr berufen, was er in erster Instanz mangels Kostenerstattungsanspruchs des Gegners nicht könnte.

Beispiel 23 | **Anrechnung im Rechtsmittelverfahren (II)**

Der Kläger klagt 10.000,00 EUR nebst einer Geschäftsgebühr daraus ein. Die Klage wird abgewiesen. Dagegen legt er Berufung ein, die er aufgrund neuen Sachvortrags, den er bereits erstinstanzlich hätte vorbringen können, gewinnt. Der Klage wird also in zweiter Instanz stattgegeben. Die Kosten der ersten Instanz trägt der Beklagte; die Kosten des Berufungsverfahrens werden dagegen dem Kläger gem. § 97 Abs. 2 ZPO auferlegt.

---

6 AGS 2012, 223 = NJW-RR 2012, 313 = FamRZ 2012, 366 = ZfBR 2012, 238 = Rpfleger 2012, 285 = JurBüro 2012, 190 = MDR 2012, 313 = RVGreport 2012, 118 = BRAK-Mitt 2012, 88.

Jetzt wäre es am Kläger, sich darauf zu berufen, dass die Anrechnung der Geschäftsgebühr im Rechtsmittelverfahren vorzunehmen sei, wo sie ihm nicht schaden würde.

31 Zu denken wäre auch an den Fall, dass in erster und in zweiter Instanz unterschiedliche Kostenquoten ausgeworfen werden. Auch dann kann es für beide Parteien entscheidend sein, ob in erster oder zweiter Instanz angerechnet wird.

32 Wie diese Fälle zu lösen sein sollen, also wer sich auf die ihm jeweils günstiger Instanz soll berufen können, wird der BGH vermutlich demnächst erklären müssen.

33 Für eine solche ausdehnende Auslegung besteht keine Veranlassung. Wenn der Anwalt des Beklagten eine fehlerhafte erstinstanzliche Kostenfestsetzung (Nichtberücksichtigung der Anrechnung) rechtskräftig werden lässt, so ist das hinzunehmen. Dann muss er für seinen Fehler einstehen. Er muss die Anrechnung erstinstanzlich einwenden.

c) Abtretungsfälle

34 Nach Auffassung des BGH[7] soll eine Anrechnung der Geschäftsgebühr auch dann vorzunehmen sein, wenn der Anwalt außergerichtlich zunächst den Zedenten vertritt und im gerichtlichen Verfahren dann den Zessionar. Auch dies ist unzutreffend. Schuldner der vorgerichtlich entstandenen Geschäftsgebühr ist in diesem Fall der Zedent. Schuldner der gerichtlichen Verfahrensgebühr ist dagegen der Zessionar. Die Schuld des einen auf die des anderen anzurechnen, hieße „Äpfel mit Birnen zu vergleichen". Zwischen Anwalt und Zedent einerseits und Anwalt und Zessionar andererseits werden zwei verschiedene Anwaltsverträge geschlossen. Eine Anrechnung ist hier nicht möglich. Anders verhält es sich nur dann, wenn der Anwaltsvertrag insgesamt übergeht, etwa im Wege der Gesamtrechtsnachfolge nach einer Erbschaft. Das ist bei einer Forderungsabtretung aber nicht der Fall.

35 Es besteht auch keine Notwendigkeit, hier systemwidrig eine Anrechnung anzunehmen. Das gewünschte Ergebnis lässt sich ohne Weiteres im Rahmen der Erstattung nach den Grundsätzen des notwendigen Anwaltswechsels lösen. Wechselt eine Partei den Anwalt, so sind die dadurch entstehenden Mehrkosten nur dann erstattungsfähig, wenn sie notwendig waren. Gleiches kann man auf die durch eine Abtretung entstehenden Mehrkosten übertragen. Sie sind nur dann erstattungsfähig, wenn die Abtretung notwendig war.

36 Notwendig ist die Abtretung nur dann, wenn sie zum einen sachlich geboten war. Das kann man hier annehmen, wenn der Zedent als Zeuge benannt werden soll. Hinzukommen muss aber auch, dass eine Abtretung vor Beginn der außergerichtlichen Tätigkeit nicht möglich war. Wäre die Forderung nämlich von Vornherein im Hinblick auf eine mögliche Zeugenbenennung im Rechtsstreit abgetreten worden, wären keine Mehrkosten entstanden.

d) Titulierung der Verfahrensgebühr

37 Möglich ist auch, dass die nachfolgende Gebühr tituliert wird, bevor über die anzurechnende Gebühr rechtskräftig entschieden ist. Soweit dies geschieht, kann die Geschäftsgebühr nicht mehr in voller Höhe weiter verfolgt werden, sondern nur noch in Höhe des nach Anrechnung verbleibenden Betrages.[8]

---

7 AGS 2012, 223 = NJW-RR 2012, 313 = FamRZ 2012, 366 = ZfBR 2012, 238 = Rpfleger 2012, 285 = JurBüro 2012, 190 = MDR 2012, 313 = RVGreport 2012, 118 = BRAK-Mitt 2012, 88.
8 OLG Karlsruhe AGS 2011, 356.

III. Kostenerstattung § 5

Beispiel 24 | **Anrechnung bei Titulierung der nachfolgenden Gebühr**

Der Kläger hatte 8.000,00 EUR sowie eine daraus vorgerichtlich entstandene 1,5-Geschäftsgebühr (Nr. 2300 VV) eingeklagt. Das LG hat der Klage stattgegeben und die Kosten des Rechtsstreits dem Beklagten auferlegt, der gegen das Urteil Berufung einlegt. Zwischenzeitlich wird die 1,3-Verfahrensgebühr (Nr. 3100 VV) gegen den Beklagten festgesetzt.

Im Berufungsverfahren kann der Kläger nicht mehr die volle 1,5-Geschäftsgebühr weiter geltend machen, sondern nur noch den nach Anrechnung verbleibenden Betrag, da er durch die Festsetzung der vollen Verfahrensgebühr sein Wahlrecht ausgeübt hat. Festgesetzt werden kann daher nur noch

1.	1,5-Geschäftsgebühr, Nr. 2300 VV	684,00 EUR
2.	gem. § 15a RVG, Vorbem. 3 Abs. 4 VV anzurechnen, 0,75 aus 8.000,00 EUR	– 342,00 EUR
3.	Postentgeltpauschale, Nr. 7002 VV	20,00 EUR
	Zwischensumme	362,00 EUR
4.	19 % Umsatzsteuer, Nr. 7008 VV	68,78 EUR
	Gesamt	**430,78 EUR**

Im Übrigen muss der Kläger den Rechtsstreit in der Hauptsache für erledigt erklären.

e) Gesamtvergleich

aa) Grundsatz

Sind neben der Hauptsache auch vorgerichtlich anzurechnende Kosten mit eingeklagt und schließen die Parteien einen Vergleich über Hauptsache und vorgerichtliche Kosten, dann können sich Probleme bei der Anrechnung ergeben. Es kommt dann auf den Inhalt des Vergleichs bzw. seine Auslegung an. 38

Soll in einem Vergleich die Geschäftsgebühr berücksichtigt werden, so empfiehlt es sich, diese auszurechnen und zu beziffern oder anderweitig klarzustellen, in welcher Höhe die Geschäftsgebühr in der Vergleichssumme enthalten sein soll. 39

Aus dem Vergleich muss sich eindeutig ergeben, inwieweit die Geschäftsgebühr in der Vergleichssumme enthalten sein soll. Anderenfalls kommt eine Anrechnung nicht in Betracht. Im Einzelnen gilt Folgendes. 40

bb) Eindeutige Regelung

Unproblematisch ist die Rechtslage, wenn sich aus dem Vergleich eindeutig ergibt, inwieweit die vorgerichtliche Geschäftsgebühr vom Vergleich erfasst und tituliert sein soll. 41

Beispiel 25 | **Anrechnung bei Vergleich, eindeutige Regelung (I)**

Der Kläger hatte 8.000,00 EUR eingeklagt sowie eine daraus vorgerichtlich entstandene Geschäftsgebühr (Nr. 2300 VV) in Höhe von

1.	1,5-Geschäftsgebühr, Nr. 2300 VV (Wert: 8.000,00 EUR)		684,00 EUR
2.	Postentgeltpauschale, Nr. 7002 VV		20,00 EUR
	Zwischensumme	704,00 EUR	

3. 19 % Umsatzsteuer, Nr. 7008 VV	133,76 EUR
Gesamt	**837,76 EUR**

Im Termin schließen die Parteien einen Vergleich, wonach sich der Beklagte verpflichtet, zum Ausgleich der Klageforderung einen Betrag in Höhe von 6.000,00 EUR zu zahlen sowie vorgerichtliche Kosten in Höhe von

1. 1,5-Geschäftsgebühr, Nr. 2300 VV (Wert: 6.000,00 EUR)		684,00 EUR
2. Postentgeltpauschale, Nr. 7002 VV		20,00 EUR
Zwischensumme	704,00 EUR	
3. 19 % Umsatzsteuer, Nr. 7008 VV		133,76 EUR
Gesamt		**837,76 EUR**

Da sich aus dem Vergleich eindeutig ergibt, dass eine 1,5-Geschäftsgebühr aus 6.000,00 EUR tituliert ist, sind folglich 0,75 aus 6.000,00 EUR anzurechnen, sodass wie folgt festzusetzen ist:

1. 1,3-Verfahrensgebühr, Nr. 3100 VV (Wert: 8.000,00 EUR)		592,80 EUR
2. gem. Vorbem. 3 Abs. 4 VV anzurechnen, 0,75 aus 6.000,00 EUR		– 265,50 EUR
3. 1,2-Terminsgebühr, Nr. 3104 VV (Wert: 8.000,00 EUR)		547,20 EUR
4. Postentgeltpauschale, Nr. 7002 VV		20,00 EUR
Zwischensumme	894,50 EUR	
5. 19 % Umsatzsteuer, Nr. 7008 VV		169,95 EUR
Gesamt		**1.064,46 EUR**

Beispiel 26 — Anrechnung bei Vergleich, eindeutige Regelung (II)

Der Kläger hatte 8.000,00 EUR sowie eine daraus vorgerichtlich entstandene 1,5-Geschäftsgebühr (Nr. 2300 VV) Eingeklagt. Im Termin schließen die Parteien einen Vergleich, wonach sich der Beklagte verpflichtet, zum Ausgleich der Klageforderung einen Betrag in Höhe von 6.000,00 EUR sowie vorgerichtliche Kosten in Höhe von

1. 1,3-Geschäftsgebühr, Nr. 2300 VV (Wert: 6.000,00 EUR)		460,20 EUR
2. Postentgeltpauschale, Nr. 7002 VV		20,00 EUR
Zwischensumme	480,20 EUR	
3. 19 % Umsatzsteuer, Nr. 7008 VV		91,24 EUR
Gesamt		**571,44 EUR**

In der Kostenfestsetzung anzurechnen sind jetzt nur 0,65 aus 6.000,00 EUR.

42 Ist lediglich vereinbart, dass der Gegner dem Grunde nach eine bestimmte Geschäftsgebühr zahlen solle, dann ist die Gebühr nicht tituliert, da keine vollstreckbare Vereinbarung vorliegt, die aber § 15a Abs. 2 RVG voraussetzt. Jetzt kann anrechnungsfrei festgesetzt werden. Allerdings kann dann später die Geschäftsgebühr nicht mehr voll verlangt werden, da nachträglich ein Anrechnungstatbestand eingetreten ist.

Beispiel 27 — Anrechnung bei Vergleich dem Grunde nach

Der Kläger hatte 8.000,00 EUR sowie eine daraus vorgerichtlich entstandene 1,5-Geschäftsgebühr (Nr. 2300 VV) eingeklagt. Im Termin schließen die Parteien einen Vergleich, wonach sich der Beklagte verpflichtet, zum Ausgleich der Klageforderung einen Betrag in Höhe von 6.000,00 EUR zu zahlen „sowie eine 1,5-Geschäftsgebühr aus 6.000,00 EUR".

Jetzt ist die Geschäftsgebühr nicht tituliert. Der Kläger hat daher zwei Möglichkeiten:

- Er berechnet die Geschäftsgebühr und fordert diese beim Gegner ein. Sofern dieser zahlt, kann der Kläger nur noch den um die Anrechnung verminderten Betrag festsetzen lassen.

    1. 1,3-Verfahrensgebühr, Nr. 3100 VV   592,80 EUR
        (Wert: 8.000,00 EUR)
    2. gem. Vorbem. 3 Abs. 4 VV anzurechnen, 0,75 aus   – 265,50 EUR
        6.000,00 EUR
    3. 1,2-Terminsgebühr, Nr. 3104 VV   547,20 EUR
        (Wert: 8.000,00 EUR)
    4. Postentgeltpauschale, Nr. 7002 VV   20,00 EUR
        Zwischensumme   894,50 EUR
    5. 19 % Umsatzsteuer, Nr. 7008 VV   169,96 EUR
        Gesamt   **1.064,45 EUR**

- Er lässt die Verfahrensgebühr anrechnungsfrei festsetzen. Dann kann er die Geschäftsgebühr nur noch in der um den Anrechnungsbetrag verminderten Höhe einfordern.

    1. 1,3-Geschäftsgebühr, Nr. 2300 VV   684,00 EUR
        (Wert: 6.000,00 EUR)
    2. gem. Vorbem. 3 Abs. 4 VV anzurechnen, 0,75 aus   – 265,50 EUR
        6.000,00 EUR
    3. Postentgeltpauschale, Nr. 7002 VV   20,00 EUR
        Zwischensumme   438,50 EUR
    4. 19 % Umsatzsteuer, Nr. 7008 VV   83,32 EUR
        Gesamt   **521,82 EUR**

cc) Fehlende Regelung

Schließen die Parteien einen Vergleich über Hauptsache und vorgerichtliche Kosten und ergibt sich aus dem Vergleich nicht eindeutig, inwieweit die Geschäftsgebühr dabei in der Vergleichssumme enthalten sein soll, kommt eine Anrechnung im Kostenfestsetzungsverfahren nicht in Betracht.[9]

43

| Beispiel 28 | Anrechnung bei Vergleich, fehlende Regelung |

Der Kläger hatte 8.000,00 EUR eingeklagt sowie eine daraus vorgerichtlich entstandene 1,5-Geschäftsgebühr (Nr. 2300 VV) in Höhe von

1. 1,5-Geschäftsgebühr, Nr. 2300 VV   684,00 EUR
2. Postentgeltpauschale, Nr. 7002 VV   20,00 EUR
    Zwischensumme   704,00 EUR
3. 19 % Umsatzsteuer, Nr. 7008 VV   133,76 EUR
    Gesamt   **837,76 EUR**

Im Termin schließen die Parteien einen Vergleich, wonach sich der Beklagte verpflichtet, zum Ausgleich der Klageforderung einen Betrag in Höhe von 6.000,00 EUR zu zahlen.

---

9 BGH AGS 2011, 6 = MDR 2011, 135 = AnwBl 2011, 226 = NJW 2011, 861 = JurBüro 2011, 188 = NJW-Spezial 2011, 59 = RVGprof. 2011, 20 = RVGreport 2011, 65 = BRAK-Mitt 2011, 92 = VRR 2011, 196; OLG Karlsruhe AGS 2010, 209 = NJW-Spezial 2010, 379 = RVGreport 2010, 227; AGS 2010, 211 = JurBüro 2010, 299; AGS 2010, 212 = JurBüro 2010, 470 = AnwBl 2010, 533 = RVGprof. 2010, 127; OLG Koblenz AGS 2014, 43 = Rpfleger 2014, 109 = JurBüro 2014, 134 = NJW-Spezial 2014, 28 = RVGprof. 2014, 57; OLG Bamberg Rpfleger 2014, 108 = JurBüro 2014, 132 = AGkompakt 2014, 17.

Da sich aus dem Vergleich nicht ergibt, inwieweit die Geschäftsgebühr tituliert sein soll, kommt eine Anrechnung im Kostenfestsetzungsverfahren nicht in Betracht. Die Verfahrensgebühr ist ungekürzt festzusetzen.

44 Dieses Ergebnis ist für den Beklagten nachteilig, da er sich jetzt nicht auf die Anrechnung der Geschäftsgebühr berufen kann. Für den Kläger ist dies zunächst einmal vorteilhaft. Probleme ergeben sich jedoch, wenn der Kläger rechtsschutzversichert ist. Der Anspruch auf Ersatz der Geschäftsgebühr ist dann nämlich gem. § 86 Abs. 1 VVG auf den Rechtsschutzversicherer übergegangen. Dieser wird nicht ohne Weiteres damit einverstanden sein, dass im Wege des Gesamtvergleichs auf den vorprozessualen Kostenerstattungsanspruch verzichtet worden ist.

dd) Titulierung der Geschäftsgebühr lässt sich im Wege der Auslegung ermitteln

45 Anzurechnen ist auch dann, wenn sich im Wege der Auslegung entnehmen lässt, inwieweit die die Geschäftsgebühr in dem Vergleichsbetrag enthalten sein soll.[10]

Beispiel 29 | **Anrechnung bei Vergleich, fehlende Regelung**

Der Kläger hatte mit seinem Klageantrag zu 1) 8.000,00 EUR eingeklagt sowie mit dem Klageantrag zu 2) eine daraus vorgerichtlich entstandene 1,5-Geschäftsgebühr (Nr. 2300 VV) in Höhe von

1. 1,5-Geschäftsgebühr, Nr. 2300 VV		684,00 EUR
2. Postentgeltpauschale, Nr. 7002 VV		20,00 EUR
Zwischensumme	704,00 EUR	
3. 19 % Umsatzsteuer, Nr. 7008 VV		133,76 EUR
Gesamt		**837,76 EUR**

Im Termin schließen die Parteien einen Vergleich, wonach sich der Beklagte verpflichtet, zum Ausgleich der Klageforderung einschließlich der Klageforderung zu 2) einen Betrag in Höhe von 6.000,00 EUR zu zahlen.

Jetzt ergibt sich aus dem Vergleich, dass auch die mit dem Klageantrag zu 2) geltend gemachte Geschäftsgebühr tituliert sein soll,[11] sodass bei der Kostenfestsetzung nur noch folgende Kosten berücksichtigt werden können:

1. 1,3-Verfahrensgebühr, Nr. 3100 VV (Wert: 8.000,00 EUR)		592,80 EUR
2. gem. Vorbem. 3 Abs. 4 VV anzurechnen, 0,75 aus 8.000,00 EUR		– 342,00 EUR
3. 1,2-Terminsgebühr, Nr. 3104 VV (Wert: 8.000,00 EUR)		547,20 EUR
4. Postentgeltpauschale, Nr. 7002 VV		20,00 EUR
Zwischensumme	818,00 EUR	
5. 19 % Umsatzsteuer, Nr. 7008 VV		155,42 EUR
Gesamt		**973,42 EUR**

---

10 OLG Koblenz AGS 2010, 465 = JurBüro 2010, 585 = MDR 2010, 1426 = Rpfleger 2011, 118 = NJW-RR 2011, 431; OLG Düsseldorf AGS 2012, 357 = JurBüro 2012, 141 = NJW-Spezial 2012, 316.
11 OLG Koblenz AGS 2010, 465 = JurBüro 2010, 585 = MDR 2010, 1426 = Rpfleger 2011, 118 = NJW-RR 2011, 431.

5. Ausnahme: Zeitgleiches Geltendmachen (§ 15a Abs. 2, 3. Var. RVG)

a) Grundfälle

Schließlich kann sich ein Erstattungspflichtiger auch dann auf die Anrechnung berufen, wenn gleichzeitig zwei Gebühren gegen ihn geltend gemacht werden, die aufeinander anzurechnen sind. **46**

Dabei ist erforderlich, dass beide Gebühren entweder im Erkenntnisverfahren oder beide Gebühren im Kostenfestsetzungsverfahren geltend gemacht werden. Es reicht nicht aus, dass eine Gebühr im Erkenntnisverfahren und die andere im Festsetzungsverfahren geltend gemacht wird. Vielmehr müssen beide Gebühren im Erkenntnisverfahren oder beide im Festsetzungsverfahren geltend gemacht werden. **47**

Zeitgleiche Geltendmachung im Erkenntnisverfahren kommt vor, wenn die Kosten eines vorangegangenen gerichtlichen Verfahrens nebst vorausgegangener Geschäftsgebühr geltend gemacht werden. **48**

Beispiel 30 — **Zeitgleiches Geltendmachen, Erkenntnisverfahren**

Der Kläger hatte zur Feststellung von Mietmängeln (Wert: 8.000,00 EUR) zunächst ein selbstständiges Beweisverfahren eingeleitet. Nach Abschluss des Beweisverfahrens werden die Mängel beseitigt. Der Kläger klagt nunmehr als Schadensersatz die Kosten des Beweisverfahrens sowie die dazu gehörige vorgerichtliche 1,3-Geschäftsgebühr ein.

Auch jetzt muss der Kläger die Anrechnung gegen sich gelten lassen; er kann insgesamt nur verlangen:

I. Vorgerichtliche Vertretung		
1. 1,3-Geschäftsgebühr, Nr. 2300 VV		592,80 EUR
(Wert: 8.000,00 EUR)		
2. Postentgeltpauschale, Nr. 7002 VV		20,00 EUR
Zwischensumme	612,80 EUR	
3. 19 % Umsatzsteuer, Nr. 7008 VV		116,43 EUR
Gesamt		**729,23 EUR**
II. Beweisverfahren		
1. 1,3-Verfahrensgebühr, Nr. 3100 VV		592,80 EUR
(Wert: 8.000,00 EUR)		
2. gem. Vorbem. 3 Abs. 4 VV anzurechnen, 0,75 aus 8.000,00 EUR		– 296,40 EUR
3. 1,2-Terminsgebühr, Nr. 3100 VV		547,20 EUR
(Wert: 8.000,00 EUR)		
4. Postentgeltpauschale, Nr. 7002 VV		20,00 EUR
Zwischensumme	863,60 EUR	
5. 19 % Umsatzsteuer, Nr. 7008 VV		164,08 EUR
Gesamt		**1.027,68 EUR**

Ein zeitgleiches Geltendmachen im Kostenfestsetzungsverfahren kommt insbesondere in Verwaltungs- oder Sozialsachen vor, da hier die Geschäftsgebühr eines Vorverfahrens festsetzbar ist. **49**

§ 5 Anrechnung nach § 15a RVG

Beispiel 31 Zeitgleiches Geltendmachen, Kostenfestsetzungsverfahren (verwaltungsgerichtliches Verfahren)

Der Kläger beauftragt seinen Anwalt im Verwaltungsverfahren (Wert: 8.000,00 EUR), im anschließenden Widerspruchsverfahren und im nachfolgenden Rechtsstreit vor dem VG. Die Kosten des Verfahrens einschließlich des Widerspruchsverfahrens werden der beklagten Behörde auferlegt.

Die Geschäftsgebühr für das Verwaltungsverfahren (Nr. 2300 VV) ist nicht erstattungsfähig. Zu erstatten sind dagegen die Geschäftsgebühr des Widerspruchsverfahrens (Nr. 2300 VV) und die Verfahrensgebühr des Rechtsstreits (Nr. 3100 VV). Während der Kläger im Nachprüfungsverfahren die Anrechnung der vorangegangenen Geschäftsgebühr nicht gegen sich gelten lassen muss, ist die Geschäftsgebühr des Nachprüfungsverfahrens im Rechtsstreit anzurechnen, da sie zeitgleich geltend gemacht wird. Der Kläger kann – ausgehend jeweils von der Mittelgebühr – insgesamt zur Festsetzung anmelden:

I. **Widerspruchsverfahren**
1. 1,5-Geschäftsgebühr, Nr. 2300 VV   684,00 EUR
   (Wert: 8.000,00 EUR)
2. Postentgeltpauschale, Nr. 7002 VV   20,00 EUR
   Zwischensumme   704,00 EUR
3. 19 % Umsatzsteuer, Nr. 7008 VV   133,76 EUR
   Gesamt   **837,76 EUR**

II. **Rechtsstreit**
1. 1,3-Verfahrensgebühr, Nr. 3100 VV   592,80 EUR
   (Wert: 8.000,00 EUR)
2. gem. Vorbem. 3 Abs. 4 VV anzurechnen, 0,75 aus   – 342,00 EUR
   8.000,00 EUR
3. 1,2-Terminsgebühr, Nr. 3104 VV   547,20 EUR
   (Wert: 8.000,00 EUR)
4. Postentgeltpauschale, Nr. 7002 VV   20,00 EUR
   Zwischensumme   818,00 EUR
5. 19 % Umsatzsteuer, Nr. 7008 VV   155,42 EUR
   Gesamt   **973,42 EUR**

Summe I + II   **1.811,18 EUR**

Beispiel 32 Zeitgleiches Geltendmachen, Kostenfestsetzungsverfahren (sozialgerichtliches Verfahren)

Der Kläger beauftragt seinen Anwalt im sozialrechtlichen Verwaltungsverfahren, im anschließenden Widerspruchsverfahren und im nachfolgenden Rechtsstreit vor dem SG. Die Kosten des Verfahrens einschließlich des Widerspruchsverfahrens werden der beklagten Behörde auferlegt.

Die Geschäftsgebühr für das Verwaltungsverfahren (Nr. 2302 Nr. 1 VV) ist nicht erstattungsfähig. Zu erstatten sind dagegen die Geschäftsgebühr des Widerspruchsverfahrens (Nr. 2302 Nr. 1 VV) und die Gebühren des Rechtsstreits (Nr. 3102 VV). Während der Kläger im Nachprüfungsverfahren die Anrechnung der vorangegangenen Geschäftsgebühr nicht gegen sich gelten lassen muss, ist die Geschäftsgebühr des Nachprüfungsverfahrens im Rechtsstreit anzurechnen, da sie zeitgleich geltend gemacht wird. Der Kläger kann – ausgehend jeweils von der Mittelgebühr – insgesamt zur Festsetzung anmelden:

I. **Widerspruchsverfahren**
1. Geschäftsgebühr, Nr. 2302 Nr. 1 VV   370,80 EUR
2. Postentgeltpauschale, Nr. 7002 VV   20,00 EUR
   Zwischensumme   390,80 EUR
3. 19 % Umsatzsteuer, Nr. 7008 VV   74,25 EUR
Gesamt   **465,05 EUR**

II. **Rechtsstreit**
1. Verfahrensgebühr, Nr. 3102 VV   592,80 EUR
2. gem. Vorbem. 3 Abs. 4 VV anzurechnen   – 185,40 EUR
3. 1,2-Terminsgebühr, VV 3106   547,20 EUR
4. Postentgeltpauschale, Nr. 7002 VV   20,00 EUR
   Zwischensumme   863,60 EUR
5. 19 % Umsatzsteuer, Nr. 7008 VV   164,08 EUR
Gesamt   **1.027,68 EUR**

Zeitgleiches Geltendmachen im Kostenfestsetzungsverfahren kommt in Zivilsachen bei der Geschäftsgebühr selten vor, da die Geschäftsgebühr grundsätzlich nicht festsetzungsfähig ist. Soweit sie in Betracht kommt, etwa nach einem obligatorischen Güte- oder Schlichtungsverfahren, ist die Anrechnung zu berücksichtigen.

Beispiel 33 — Zeitgleiches Geltendmachen, Kostenfestsetzungsverfahren (Schlichtungsverfahren)

Der Anwalt wird in einer Nachbarschaftssache (Wert 2.000,00 EUR) zunächst außergerichtlich tätig, anschließend im Schlichtungsverfahren und hiernach im Rechtsstreit.

Die Geschäftsgebühr für die außergerichtliche Vertretung (Nr. 2300 VV) ist nach Vorbem. 2.3 Abs. 6 VV hälftig auf die des Schlichtungsverfahrens (Nr. 2300 VV) anzurechnen und diese wiederum hälftig auf die des gerichtlichen Verfahrens (Vorbem. 3 Abs. 4 VV).

Festgesetzt werden kann nur die Geschäftsgebühr für das Schlichtungsverfahren nach Nr. 2303 VV,[12] nicht auch die vorgerichtliche Geschäftsgebühr der Nr. 2300 VV. Dafür kann sich der Gegner aber auch nicht auf die Anrechnung nach Vorbem. 2.3 Abs. 6 VV berufen (§ 15a Abs. 2 RVG). Die Anrechnung nach Vorbem. 3 Abs. 4 VV muss dagegen nach § 15a Abs. 2 RVG berücksichtigt werden. Zur Festsetzung angemeldet werden kann daher:

I. **Schlichtungsverfahren**
1. 1,5-Geschäftsgebühr, Nr. 2300 VV   225,00 EUR
   (Wert: 2.000,00 EUR)
2. Postentgeltpauschale, Nr. 7002 VV   20,00 EUR
   Zwischensumme   245,00 EUR
3. 19 % Umsatzsteuer, Nr. 7008 VV   46,55 EUR
Gesamt   **291,55 EUR**

II. **Rechtsstreit**
1. 1,3-Verfahrensgebühr, Nr. 3100 VV   195,00 EUR
   (Wert: 2.000,00 EUR)
2. gem. Vorbem. 2.3 Abs. 6 VV anzurechnen, 0,75 aus   – 112,50 EUR
   2.000,00 EUR

---

12 OLG Karlsruhe AGS 2009, 98 = JurBüro 2008, 538 = OLGR 2008, 761 = Justiz 2009, 7; LG Freiburg AGS 2009, 99; OLG Köln AGS 2010, 46 = Rpfleger 2010, 164 = MDR 2010, 295 = JurBüro 2010, 206 = NJW-RR 2010, 431 = RVGreport 2010, 191; OLG Düsseldorf AGS 2009, 352 = JurBüro 2009, 366 = OLGR 2009, 520 = GuT 2009, 131; AG Schwäbisch Gmünd AGS 2010, 45 = NJW 2009, 3441.

§ 5 Anrechnung nach § 15a RVG

3. 1,2-Terminsgebühr, Nr. 3104 VV (Wert: 2.000,00 EUR)		180,00 EUR
4. Postentgeltpauschale, Nr. 7002 VV		20,00 EUR
Zwischensumme	282,50 EUR	
5. 19 % Umsatzsteuer, Nr. 7008 VV		53,68 EUR
Gesamt		**336,18 EUR**

52 Zeitgleiches Geltendmachen kann sich in Zivilsachen auch bei einem Beweisverfahren oder einem Mahnverfahren oder nach einem Verfahren nach Zurückverweisung ergeben, da hier eine Anrechnung gerichtlicher Verfahrensgebühren vorgesehen ist (Vorbem. 3 Abs. 5 u. 6 VV; Anm. zu Nr. 3305 VV, Anm. zu Nr. 3307 VV).

> **Beispiel 34** | **Zeitgleiches Geltendmachen, Kostenfestsetzungsverfahren (Mahnverfahren/streitiges Verfahren)**

Der Kläger hatte zunächst ein Mahnverfahren wegen einer Forderung i.H.v. 8.000,00 EUR eingeleitet. Dagegen hatte der Beklagte Widerspruch erhoben, sodass die Sache an das Streitgericht abgegeben wurde. Dort wurde die Klage abgewiesen und die Kosten des Rechtsstreits wurden dem Kläger auferlegt.

Da die Verfahrensgebühr der Nr. 3307 VV nach Anm. zu Nr. 3307 VV auf die nachfolgende Verfahrensgebühr anzurechnen ist, muss der Beklagte sich diese Gebühr bei der Kostenfestsetzung anrechnen lassen. Festzusetzen sind daher:

I. Mahnverfahren

1. 0,5-Verfahrensgebühr, Nr. 3307 VV (Wert: 8.000,00 EUR)		228,80 EUR
2. Postentgeltpauschale, Nr. 7002 VV		20,00 EUR
Zwischensumme	248,80 EUR	
3. 19 % Umsatzsteuer, Nr. 7008 VV		47,27 EUR
Gesamt		**296,07 EUR**

II. Rechtsstreit

1. 1,3-Verfahrensgebühr, Nr. 3100 VV (Wert: 8.000,00 EUR)		592,80 EUR
2. gem. Anm. zu NR. 3307 VV anzurechnen, 0,5 aus 8.000,00 EUR		– 228,00 EUR
3. 1,2-Terminsgebühr, Nr. 3104 VV (Wert: 8.000,00 EUR)		547,20 EUR
4. Postentgeltpauschale, Nr. 7002 VV		20,00 EUR
Zwischensumme	932,00 EUR	
5. 19 % Umsatzsteuer, Nr. 7008 VV		177,08 EUR
Gesamt		**1.109,08 EUR**

b) Wahlrecht bei unterschiedlichen Quoten

53 Zu beachten ist, dass sich die Frage, welche Gebühr auf welche anzurechnen ist, im Rahmen der Kostenerstattung unterschiedlich auswirken kann, nämlich dann, wenn für die verschiedenen Gebühren unterschiedliche Erstattungsquoten gelten. Jede Partei kann sich dann auf die ihr günstigste Anrechnung berufen.

III. Kostenerstattung § 5

Beispiel 35 | **Anrechnung bei unterschiedlichen Erstattungsquoten (Beweisverfahren und Hauptsache)**

Die Anwälte sind zunächst in einem selbstständigen Beweisverfahren tätig (Wert: 6.000,00 EUR). Hiernach wird Hauptsacheklage in Höhe von 10.000,00 EUR erhoben. Das Gericht gibt der Klage in Höhe von 6.000,00 EUR statt. Die Kosten des Beweisverfahrens erlegt das Gericht dem Beklagten insgesamt auf, die Kosten des Rechtsstreits hat der Beklagte dagegen nur zu 60 % zu tragen. Die weiteren 40 % trägt der Kläger selbst.

Jetzt haben beide Parteien ein Wahlrecht, wie sie anmelden.

Würde der Kläger die Verfahrensgebühr des Beweisverfahrens auf die nachfolgende Verfahrensgebühr des Hauptsacheverfahrens anrechnen, ergäbe sich folgende Erstattungsforderung:

   I. Selbstständiges Beweisverfahren
1. 1,3-Verfahrensgebühr, Nr. 3100 VV   460,20 EUR
   (Wert: 6.000,00 EUR)
2. Postentgeltpauschale, Nr. 7002 VV   20,00 EUR
   Zwischensumme   480,20 EUR
3. 19 % Umsatzsteuer, Nr. 7008 VV   91,24 EUR
Gesamt   **571,44 EUR**

   II. Rechtsstreit
1. 1,3-Verfahrensgebühr, Nr. 3100 VV   725,40 EUR
   (Wert: 10.000,00 EUR)
2. gem. Vorbem. 3 Abs. 5 VV anzurechnen, 1,3 aus   – 460,20 EUR
   6.000,00 EUR
3. 1,2-Terminsgebühr, Nr. 3104 VV   669,60 EUR
   (Wert: 10.000,00 EUR)
4. Postentgeltpauschale, Nr. 7002 VV   20,00 EUR
   Zwischensumme   954,80 EUR
5. 19 % Umsatzsteuer, Nr. 7008 VV   **1.136,21 EUR**
Gesamt

   III. Erstattungsforderung
   Beweisverfahren (100 %)   571,44 EUR
   Rechtsstreit (60 %)   681,73 EUR
Gesamt   **1.253,17 EUR**

Würde der Kläger dagegen die Verfahrensgebühr Hauptsacheverfahrens auf die Verfahrensgebühr des Beweisverfahrens anrechnen, ergäbe sich folgende Erstattungsforderung:

   I. Selbstständiges Beweisverfahren
1. 1,3-Verfahrensgebühr, Nr. 3100 VV   460,20 EUR
   (Wert: 6.000,00 EUR)
2. gem. Vorbem. 3 Abs. 5 VV anzurechnen, 1,3 aus   – 460,20 EUR
   6.000,00 EUR
3. Postentgeltpauschale, Nr. 7002 VV   20,00 EUR
   Zwischensumme   20,00 EUR
4. 19 % Umsatzsteuer, Nr. 7008 VV   3,80 EUR
Gesamt   **23,80 EUR**

   II. Rechtsstreit
1. 1,3-Verfahrensgebühr, Nr. 3100 VV   725,40 EUR
   (Wert: 10.000,00 EUR)
2. 1,2-Terminsgebühr, Nr. 3104 VV   669,60 EUR
   (Wert: 10.000,00 EUR)
3. Postentgeltpauschale, Nr. 7002 VV   20,00 EUR
   Zwischensumme   1.442,20 EUR
4. 19 % Umsatzsteuer, Nr. 7008 VV   273,98 EUR
Gesamt   **1.715,98 EUR**

III. Erstattungsforderung

Beweisverfahren (100 %)	23,80 EUR
Rechtsstreit (60 %)	1.029,59 EUR
Gesamt	**1.053,39 EUR**

Für den Kläger ist es also günstiger, das Beweisverfahren voll abzurechnen und die Anrechnung im Rechtsstreit vorzunehmen.

Für den Beklagten, der ebenso abrechnet wie der Kläger, ergäbe sich bei chronologischer Anrechnung folgender Erstattungsbetrag:

I. Selbstständiges Beweisverfahren
wie oben   571,44 EUR

II. Rechtsstreit
wie oben   1.136,21 EUR

III. Erstattungsforderung

Beweisverfahren (100 %)	0,00 EUR
Rechtsstreit (60 %)	544,84 EUR
Gesamt	**544,84 EUR**

Würde der Beklagte dagegen die Verfahrensgebühr des Hauptsacheverfahrens auf die Verfahrensgebühr des Beweisverfahrens anrechnen, ergäbe sich folgender Erstattungsbetrag:

I. Selbstständiges Beweisverfahren
wie oben   23,80 EUR

II. Rechtsstreit
wie oben   1.715,98 EUR

III. Erstattungsforderung

Beweisverfahren (100 %)	0,00 EUR
Rechtsstreit (60 %)	668,38 EUR
Gesamt	**668,38 EUR**

Für den Beklagten ist es daher günstiger, die Verfahrensgebühr des Rechtsstreits auf die des Beweisverfahrens anzurechnen.

6. Anwendbarkeit in „Altfällen"

54 Strittig war zunächst, inwieweit die neue Regelung des § 15a RVG auch auf Mandate anzuwenden sei, in denen der Anwalt schon vor dem 5.8.2009 beauftragt worden war.

55 Diese Streitfrage hat sich für die Zivilgerichtsbarkeit durch die Entscheidung des II. Senats des BGH[13] erledigt, der klargestellt hat, dass die bisherige Rechtsprechung des VIII. Senats unzutreffend war und daher auch rückwirkend so abzurechnen ist, wie es der Gesetzgeber jetzt in § 15a klar RVG gestellt hat. Daher sind die klarstellenden Regelungen des § 15a RVG in allen noch nicht abgeschlossenen Altfällen anzuwenden. Andere Senate des BGH sind ausnahmslos gefolgt.[14]

---

13 AGS 2009, 466 = ZIP 2009, 1927 = NJW 2009, 3101 = DStR 2009, 2062 = RVGreport 2009, 387 = WM 2009, 2099 = = AnwBl 2009, 798 = FamRZ 2009, 1822 = Schaden-Praxis 2009, 410 = MDR 2009, 1311 = zfs 2009, 646 = Rpfleger 2009, 646 = BGHR 2009, 1233 = BRAK-Mitt 2009, 294 = VersR 2009, 1682 = JurBüro 2009, 638 = NJW-Spezial 2009, 683 = VRR 2009, 397 = RVGprof. 2009, 184 = IBR 2009, 687 = FamRB 2009, 343 = FF 2009, 513.

14 AGS 2010, 54 = FamRZ 2010, 456 = MDR 2010, 471 = ZIP 2010, 854 = Rpfleger 2010, 290 = NJW 2010, 1375 = JurBüro 2010, 239 = NJW-Spezial 2010, 156 = RVGreport 2010, 110 = RVGprof. 2010, 55 = FamRB 2010, 111 = BRAK-Mitt 2010, 84 = AnwBl 2010, 295 = FF 2010, 218; AGS 2010, 106 = FamRZ 2010, 806 = JurBüro 2010, 420 = RVGreport 2010, 251 = RVGprof. 2010, 190 = FF 2010, 333; AGS 2010, 159 = JurBüro 2010, 358 = RVGreport 2010, 190 = VRR 2010, 199 = AnwBl 2010, 448; FamRZ 2010, 1068 = FF 2010, 333; AGS 2010, 256; AGS 2010, 263 = FamRZ 2010, 1248 = DAR 2010, 554 = JurBüro 2010, 471 = RVGreport 2010, 265; AGS 2010, 459 = RVGreport 2010, 343 = NJW-Spezial 2010, 605; FamRZ 2010, 1431 = zfs 2010, 521; AGS 2010, 460; Rpfleger 2011, 48 = JurBüro 2011, 22 = AnwBl 2010, 878 = VersR 2011, 283 = RVGreport 2010, 424 = ZIP 2010, 2268 = MDR 2010, 1426 = BRAK-Mitt 2010, 274 = FamRZ 2011, 104; AGS 2010, 473; VRR 2011, 78; RVGreport 2010,

Die Rechtsprechung der Verwaltungs- und Finanzgerichtsbarkeit ist überwiegend anderer Auffassung und begreift § 15a RVG als echte Gesetzesänderung, sodass sie darauf § 60 RVG anwendet und auf das Datum des Auftrags abstellt. Dabei ist auf den Auftrag des gerichtlichen Verfahrens abzustellen, nicht auf den zur vorgerichtlichen Tätigkeit. 56

7. Nachfestsetzung in „Altfällen"

Soweit man § 15a RVG nicht als Gesetzesänderung, sondern nur als Klarstellung begreift, folgt nach den vorstehenden Ausführungen daraus, dass in „Altfällen" daher auch noch eine Nachfestsetzung in Betracht kommt. Die Rechtskraft einer Entscheidung im Kostenfestsetzungsverfahren über einen Antrag, mit dem eine Verfahrensgebühr unter hälftiger Anrechnung der Geschäftsgebühr geltend gemacht worden ist, steht einer Nachfestsetzung der restlichen Verfahrensgebühr nicht entgegen.[15] Nur dann, wenn die Verfahrensgebühr anteilig abgesetzt worden ist, scheidet eine Nachfestsetzung aus. 57

Beispiel 36 | **Nachfestsetzung**

Der Beklagte war verurteilt worden, 8.000,00 EUR sowie eine daraus berechnete 1,5-Geschäftsgebühr (Nr. 2300 VV) zu zahlen. Anschließend hatte der Kläger zur Festsetzung angemeldet:
a) **die volle Verfahrensgebühr, die der Rechtspfleger teilweise abgesetzt und nur in Höhe von 0,55 festgesetzt hat.**
b) **0,55 der Verfahrensgebühr.**
c) **die volle Verfahrensgebühr, die er auf Hinweis des Rechtspflegers um die anzurechnenden 0,75 zurückgenommen hat.**

Im Fall a) scheidet wegen der Rechtskraft des Kostenfestsetzungsbeschluss eine Festsetzung aus.

Im Fall b) war der weitergehende Betrag von 0,75 erst gar nicht angemeldet, sodass insoweit auch keine Rechtskraft eingetreten sein kann.

Im Fall c) kann auch noch nachträglich festgesetzt werden, da über die restlichen 0,75 nicht entschieden worden ist, sodass insoweit wiederum keine Rechtskraft eingetreten sein kann.

IV. Rechtsschutzversicherung

Auch ein Rechtsschutzversicherer ist Dritter i.S.d. § 15a Abs. 2 RVG. Auch er kann sich auf eine Anrechnung der Geschäftsgebühr nur dann berufen, wenn er die Geschäftsgebühr gezahlt hat. 58

423; AGS 2010, 475 = JurBüro 2011, 21; AGS 2010, 474 = VersR 2011, 412; RVGreport 2010, 425; RVGreport 2010, 464; JurBüro 2011, 78; AGS 2010, 580 = MDR 2011, 136 = AnwBl 2011, 149 = zfs 2011, 101 = ZfBR 2011, 140 = Rpfleger 2011, 178 = ErbR 2011, 82 = JurBüro 2011, 78 = NJW 2011, 1367 = BB 2010, 3034 = FamRZ 2011, 104 = RVGreport 2011, 28 = NJW-Spezial 2011, 28 = ZIP 2011, 304 = BRAK-Mitt 2011, 37 = RVGprof. 2011, 38; RVGreport 2011, 27; Schaden-Praxis 2011, 158.

15 BGH AGS 2010, 580 = MDR 2011, 136 = AnwBl 2011, 149 = zfs 2011, 101 = ZfBR 2011, 140 = Rpfleger 2011, 178 = ErbR 2011, 82 = JurBüro 2011, 78 = NJW 2011, 1367 = BB 2010, 3034 = FamRZ 2011, 104 = RVGreport 2011, 28 = NJW-Spezial 2011, 28 = ZIP 2011, 304 = BRAK-Mitt 2011, 37 = RVGprof. 2011, 38.

§ 5 Anrechnung nach § 15a RVG

Beispiel 37 | **Anrechnung gegenüber Rechtsschutzversicherer (I)**

Der rechtsschutzversicherte Mandant beauftragt den Anwalt außergerichtlich wegen einer Forderung in Höhe von 8.000,00 EUR. Hiernach kommt es zum Rechtsstreit über diesen Betrag. Für den Rechtsstreit erteilt der Rechtsschutzversicherer Deckungsschutz; für die außergerichtliche Vertretung lehnt er den Deckungsschutz bedingungsgemäß ab.

Rechnet der Anwalt die volle Geschäftsgebühr mit dem Mandanten ab, dann kann er vom Rechtsschutzversicherer lediglich noch den Restbetrag einfordern. Es ergäbe sich also folgende Abrechnung:

    I. Abrechnung mit dem Mandanten
       (Wert: 8.000,00 EUR)
      1. 1,5-Geschäftsgebühr, Nr. 2300 VV   684,00 EUR
      2. Postentgeltpauschale, Nr. 7002 VV   20,00 EUR
         Zwischensumme   704,00 EUR
      3. 19 % Umsatzsteuer, Nr. 7008 VV   133,76 EUR
    Gesamt   **837,76 EUR**
    II. Abrechnung mit dem Rechtsschutzversicherer
       (Wert: 8.000,00 EUR)
      1. 1,3-Verfahrensgebühr, Nr. 3100 VV   592,80 EUR
      2. gem. Vorbem. 3 Abs. 4 VV anzurechnen, 0,75 aus
         8.000,00 EUR   – 342,00 EUR
      3. 1,2-Terminsgebühr, Nr. 3104 VV   547,20 EUR
      4. Postentgeltpauschale, Nr. 7002 VV   20,00 EUR
         Zwischensumme   818,00 EUR
      5. 19 % Umsatzsteuer, Nr. 7008 VV   155,42 EUR
    Gesamt   **973,42 EUR**
    III. Gesamt   **1.811,18 EUR**

Dagegen kann der Anwalt aber auch zunächst einmal vom Rechtsschutzversicherer die volle Verfahrensgebühr verlangen. Der vom Mandanten zu zahlende Eigenanteil verringert sich dann um den Anrechnungsbetrag.

    I. Abrechnung mit dem Rechtsschutzversicherer
       (Wert: 8.000,00 EUR)
      1. 1,3-Verfahrensgebühr, Nr. 3100 VV   592,80 EUR
      2. 1,2-Terminsgebühr, Nr. 3104 VV   547,20 EUR
      3. Postentgeltpauschale, Nr. 7002 VV   20,00 EUR
         Zwischensumme   1.060,00 EUR
      4. 19 % Umsatzsteuer, Nr. 7008 VV   220,04 EUR
    Gesamt   **1.380,40 EUR**
    II. Abrechnung mit dem Mandanten
       (Wert: 8.000,00 EUR)
      1. 1,5-Geschäftsgebühr, Nr. 2300 VV   684,00 EUR
      2. gem. Vorbem. 3 Abs. 4 VV anzurechnen, 0,75 aus
         8.000,00 EUR   – 342,00 EUR
      3. Postentgeltpauschale, Nr. 7002 VV   20,00 EUR
         Zwischensumme   362,00 EUR
      4. 19 % Umsatzsteuer, Nr. 7008 VV   68,78 EUR
    Gesamt   **430,78 EUR**
    III. Gesamt   **1.811,18 EUR**

Auf den Gesamtbetrag der Vergütung hat es keinen Einfluss, wo angerechnet wird. Das Ergebnis ist immer dasselbe. Die zweite Variante ist für den Mandanten allerdings die günstigere, weil seine eigene Zahlungspflicht dann geringer ausfällt.

Der Versicherer kann sich in diesem Fall nicht auf die Anrechnung der Geschäftsgebühr berufen, da auch für ihn § 15a Abs. 2 RVG gilt. Auch er ist Dritter i.S.d. Vorschrift.

Dies kann sich auch auf die Kostenerstattung auswirken, nämlich wenn der Mandant einerseits zur Zahlung der Geschäftsgebühr verurteilt wurde und er andererseits die Kosten des Verfahrens zu tragen hat. Von Kosten, die der Versicherungsnehmer aus materiellem Recht schuldet (vorgerichtliche Geschäftsgebühr des Gegners etwa aus Verzug, Delikt o.Ä.), muss der Rechtsschutzversicherer diesen nicht freistellen.[16] Lediglich von prozessualen Kostenerstattungsansprüchen muss der Rechtsschutzversicherer den Versicherungsnehmer befreien. Dabei muss jedoch beachtet werden, dass sich materiell-rechtlicher Kostenersatzanspruch und prozessualer Kostenerstattungsanspruch teilweise decken. Im Bereich dieser Deckungsgleichheit bleibt der Versicherer zur Leistung bzw. Freistellung verpflichtet.[17]

59

| Beispiel 38 | Anrechnung gegenüber Rechtsschutzversicherer (II) |

Der rechtsschutzversicherte Beklagte wird verurteilt, 8.000,00 EUR zu zahlen sowie eine daraus angefallene 1,5-Geschäftsgebühr (Nr. 2300 VV), also:

1.	1,5-Geschäftsgebühr, Nr. 2300 VV		684,00 EUR
2.	Postentgeltpauschale, Nr. 7002 VV		20,00 EUR
	Zwischensumme	704,00 EUR	
3.	19 % Umsatzsteuer, Nr. 7008 VV		133,76 EUR
Gesamt			**837,76 EUR**

Festgesetzt wird anschließend die um die Anrechnung verminderte Verfahrensgebühr:

1.	1,3-Verfahrensgebühr, Nr. 3100 VV		592,80 EUR
2.	gem. Vorbem. 3 Abs. 4 VV anzurechnen, 0,75 aus 8.000,00 EUR		– 342,00 EUR
3.	1,2-Terminsgebühr, Nr. 3104 VV		547,20 EUR
4.	Postentgeltpauschale, Nr. 7002 VV		20,00 EUR
	Zwischensumme	818,00 EUR	
5.	19 % Umsatzsteuer, Nr. 7008 VV		155,42 EUR
Gesamt			**973,42 EUR**

Der Rechtsschutzversicherer muss die im Urteil zugesprochene Geschäftsgebühr nicht zahlen, da es sich um einen materiell-rechtlichen Schadensersatzanspruch handelt und er insoweit bedingungsgemäß keine Freistellung schuldet.[18]

Der Rechtsschutzversicherer muss aber von der Verfahrensgebühr freistellen, und zwar in voller Höhe und nicht nur in der festgesetzten Höhe. Die Titulierung der Geschäftsgebühr gegen den Versicherungsnehmer entlastet ihn nicht.[19] Er hat also den Versicherungsnehmer freizustellen in Höhe von:

1.	1,3-Verfahrensgebühr, Nr. 3100 VV	592,80 EUR
2.	1,2-Terminsgebühr, Nr. 3104 VV	547,20 EUR

---

16 AG Düsseldorf AGkompakt 2010, 54; AG Hamburg-Sankt Georg, Urt. v. 8.2.2007 – 914 C 606/06; *Harbauer*, ARB 2000, § 5 Rn 150; *Prölls/Martin*, ARB, 28. Aufl. 2010, ARB 2008/II, § 5 Rn 41; *Buschbell/Hering*, 3. Aufl. 2007, § 9 Rn 60.
17 AG München AGS 2011, 414 m. Anm. *Henke* = RVGreport 2011, 318.
18 AG Düsseldorf AGkompakt 2010, 54; AG Hamburg-Sankt Georg, Urt. v. 8.2.2007 – 914 C 606/06; *Harbauer*, ARB 2000, § 5 Rn 150; *Prölls/Martin*, ARB, 28. Aufl. 2010, ARB 2008/II, § 5 Rn 41; *Buschbell/Hering*, 3. Aufl. 2007, § 9 Rn 60.
19 AG München AGS 2011, 414 m. Anm. *Henke* = RVGreport 2011, 318.

3. Postentgeltpauschale, Nr. 7002 VV		20,00 EUR
Zwischensumme	1.060,00 EUR	
4. 19 % Umsatzsteuer, Nr. 7008 VV		220,04 EUR
Gesamt		**1.380,40 EUR**

Damit wird der Versicherungsnehmer also auch von einem Teil seiner materiell-rechtlichen Kostenschuld befreit (1.380,40 EUR – 973,42 EUR =) 406,98 EUR. Das entspricht im Ergebnis dem Anrechnungsbetrag von 342,00 EUR zuzüglich 19 % Umsatzsteuer i.H.v. 64,98 EUR.

V. Prozess- und Verfahrenskostenhilfe

60 Die Frage, inwieweit eine Wahlanwaltsgeschäftsgebühr auf eine Verfahrensgebühr bei bewilligter Prozess- oder Verfahrenskostenhilfe anzurechnen ist, richtet sich nicht nach § 15 Abs. 2 RVG, sondern nach § 58 Abs. 2 RVG. Insoweit wird auf § 3 Rn 88 ff. verwiesen.

§ 6 Beratung, Gutachten und Mediation

Inhalt

I. Beratung 1
1. Überblick 1
2. Gebührenvereinbarung 10
3. Fehlen einer Gebührenvereinbarung ... 13
4. Beratung mit Einigung, Erledigung oder Aussöhnung 17
5. Anrechnung der Ratsgebühr 20
6. Kostenerstattung und -festsetzung 21

II. Gutachten 22

III. Mediation 27

I. Beratung

1. Überblick

Beratungstätigkeiten des Anwalts sind nur dann gesondert zu vergüten, wenn auch ein gesonderter Auftrag zur Beratung erteilt worden ist. Beratungen anlässlich anderer Angelegenheiten werden nach § 19 Abs. 1 S. 1 RVG durch die dortigen Betriebsgebühren mit abgegolten. **1**

Wie sich aus der Legaldefinition des § 34 Abs. 1 S. 1 RVG ergibt, ist unter einer Beratung die Erteilung eines mündlichen oder schriftlichen Rats oder einer Auskunft zu verstehen. Die Grenze zwischen Rat und Auskunft ist fließend. Auf die Unterscheidung kommt es in der Praxis nicht an. **2**

Zur **Geschäftstätigkeit** (Teil 2 Abschnitt 3 VV) wird die Beratung dadurch abgegrenzt, dass sie sich auf Tätigkeiten im Verhältnis zum eigenen Auftraggeber beschränkt, während die Geschäftstätigkeit auf die Vertretung nach außen hin gerichtet ist. Sobald also der Anwalt gegenüber einem Dritten tätig werden soll, ist der Anwendungsbereich der Beratungsgebühr verlassen und die Tätigkeit des Anwalts ist als Geschäftstätigkeit zu vergüten. Solange der Anwalt jedoch nicht nach außen hin tätig wird, liegt nur eine Beratungstätigkeit vor, ausgenommen bei der Mitwirkung an der Errichtung eines Vertrags, die als Geschäftstätigkeit zu vergüten ist (Vorbem. 2.3 Abs. 3 VV). **3**

Daher löst der z.B. der Entwurf eines Schreibens durch den Rechtsanwalt für seinen Mandanten, das dieser dann in eigenem Namen verschickt, keine Geschäftstätigkeit aus, sondern ist der Beratung zuzuordnen.[1] **4**

Beispiel 1 | **Entwurf eines Mandantenschreibens**

Der Mandant hatte den Anwalt beauftragt, ihm ein Kündigungsschreiben zu verfassen, das er in eigenem Namen an seinen Mieter verschicken wollte.

Mangels Auftrags zur Vertretung im Außenverhältnis ist nur von einer Beratung auszugehen.

Auch die Mitwirkung bei der **Errichtung von Urkunden** ist noch der Beratung zuzuordnen.[2] Vorbem. 2.3 Abs. 3 VV spricht nur von der Mitwirkung bei der Gestaltung eines Vertrags, nicht aber auch einer Urkunde. **5**

---

[1] OLG Nürnberg AGS 2010, 480 = AnwBl 2010, 805 = NJW 2011, 621 = RVGreport 2010, 459.
[2] OLG Düsseldorf AGS 2012, 454 = JurBüro 2012, 583 = FamRZ 2013, 727; AG Hamburg-Altona AGS 2008, 166.

> **Beispiel 2** | **Entwurf eines Testaments**
>
> Der Mandant hatte den Anwalt beauftragt, ihm ein Testament zu entwerfen, das dieser dann eigenhändig abgeschrieben hat.

Auch hier liegt nur eine Beratungstätigkeit vor.

6 Auch bei Vertragsverhandlungen kann noch eine Beratungsgebühr anfallen. Nur die „Mitwirkung an der Gestaltung" eines Vertrags löst die Geschäftsgebühr aus. Der Anwalt muss also auf die Gestaltung selbst Einfluss nehmen oder zumindest Einfluss nehmen können. Die bloße beratende Tätigkeit, ob der Mandant einen Vertrag abschließen soll oder die Beratung anlässlich eines vom Mandanten selbst ausgehandelten Vertrags zählt noch zur Beratung.

> **Beispiel 3** | **Beratung bei Vertragsabschluss**
>
> Der Mandant erscheint beim Anwalt und bittet ihn, zu prüfen, ob er einen ihm vom Arbeitgeber vorgelegten Aufhebungsvertrag in dieser Fassung abschließen kann. Der Anwalt prüft den Vertrag und teilt dem Mandanten mit, dass er den Vertrag bedenkenlos abschließen könne.

Der Anwalt soll nicht „mitwirken", sondern nur prüfen. Daher liegt noch eine Beratung vor.

7 Die Gebühren des Anwalts für Beratungstätigkeiten waren nur bis zum 1.7.2006 im Vergütungsverzeichnis geregelt (Teil 2 Abschnitt 1 VV – Nr. 2100 bis 2102 VV a.F.).[3] Diese Vorschriften sind mit dem 1.7.2006 – wie schon bei Inkrafttreten des RVG geplant[4] – ersatzlos aufgehoben worden. Die Gebührenregelung für allgemeine Beratungs- und Gutachtentätigkeiten finden sich jetzt in § 34 RVG.

8 Wie bisher bleiben daneben weiterhin die **Allgemeinen Gebührenvorschriften** nach Teil 1 VV (Einigungs-, Erledigungs- oder Aussöhnungsgebühr) ebenso anwendbar wie die Auslagentatbestände nach Teil 7 VV. Nur die reinen Beratungstätigkeiten, also die Tätigkeiten, die bis zum 30.6.2006 durch die Gebühren der Nrn. 2100, 2101 VV a.F. abgegolten waren, sind nicht mehr durch gesetzliche Gebührentatbestände erfasst; die übrigen gesetzlichen Vorschriften gelten weiterhin.

9 Die **Postentgeltpauschale** kann auch bei einer Beratung anfallen. Sie setzt aber voraus, dass Entgelte für Telekommunikationsdienstleistungen angefallen sind. Ist das der Fall, kann konkret (Nr. 7001 VV) oder auch pauschal nach Nr. 7002 VV abgerechnet werden.[5]

2. Gebührenvereinbarung

10 Nach § 34 Abs. 1 S. 1 RVG soll der Anwalt für Beratungstätigkeiten mit seinem Auftraggeber eine Gebührenvereinbarung treffen. Es heißt an dieser Stelle zu Recht „Gebühren"-Vereinbarung und nicht „Vergütungs"-Vereinbarung, da nur die Gebühren für die Beratung enthalten sind. In welcher Art der Anwalt seine Gebührenvereinbarung trifft, bleibt ihm unbenommen. Er kann –

---

3 Siehe dazu AnwK-RVG/*N. Schneider*, 3. Aufl. 2004, Anhang zu § 34 RVG.
4 Art. 6 KostRModG.
5 Siehe dazu AnwK-RVG/*N. Schneider*, Nrn. 7001–7002 VV Rn 20; so auch für den vergleichbaren Fall der Beratungshilfe AG Königs Wusterhausen AGS 2012, 188 = VRR 2012, 83 = NJW-Spezial 2012, 220 = StRR 2012, 123; AG Halle (Saale) RVGreport 2012, 188.

wie bisher – eine Gebühr nach dem Gegenstandswert vereinbaren,[6] einen Betragsrahmen oder auch eine Pauschale oder Zeitvergütungen o.Ä.; Kombinationen sind ebenso möglich.[7]

Soweit nur eine Gebührenvereinbarung getroffen wird und nicht eine umfassende Vergütungsvereinbarung, besteht kein Formzwang nach § 3a Abs. 1 S. 1 u. 2 RVG (§ 3a Abs. 1 S. 4 RVG).[8] Die Vereinbarung kann daher auch mündlich getroffen werden. Zu Beweiszwecken bietet es sich allerdings an, sie schriftlich zu fixieren. Wird dagegen für die Beratung eine umfassende Vergütungsvereinbarung geschlossen, in der also nicht nur die Höhe der Beratungsgebühr geregelt wird, sondern auch die weitergehende Vergütung, etwa für den Fall einer Einigung sowie der Ersatz von Auslagen, muss die Form des § 3a Abs. 1 S. 1 u. 2 RVG eingehalten werden. 11

Beispiel 4 **Beratung (Pauschalvereinbarung)**

Der Mandant hatte sich vom Anwalt beraten lassen. Für die Beratung wurde eine pauschale Gebühr i.H.v. 300,00 EUR zuzüglich Auslagen und Umsatzsteuer vereinbart.

Soweit Postentgelte angefallen sind, ist wie folgt abzurechnen:

1.	Beratungsgebühr		300,00 EUR
2.	Postentgeltpauschale, Nr. 7002 VV		20,00 EUR
	Zwischensumme	320,00 EUR	
3.	19 % Umsatzsteuer, Nr. 7008 VV		60,80 EUR
	Gesamt		**380,80 EUR**

Soweit nur eine Gebührenvereinbarung getroffen worden ist, kann auch eine Einigungsgebühr hinzukommen (siehe Rn 17 ff.). 12

3. Fehlen einer Gebührenvereinbarung

Hat der Anwalt mit seinem Auftraggeber keine Gebührenvereinbarung getroffen, so gilt § 34 Abs. 1 S. 2 RVG. Der Anwalt erhält eine Vergütung nach den Vorschriften des bürgerlichen Rechts. Einschlägig ist in diesem Fall § 612 Abs. 2 BGB.[9] Der Anwalt erhält also eine angemessene (ortsübliche) Vergütung. Die Höhe dieser Vergütung richtet sich nach den Kriterien des § 14 Abs. 1 RVG (§ 34 Abs. 1 S. 3, 2. Hs. RVG). Zu berücksichtigen sind 13
- Umfang der anwaltlichen Tätigkeit,
- Schwierigkeit der anwaltlichen Tätigkeit,
- Bedeutung der Sache,[10]
- Einkommensverhältnisse des Auftraggebers und
- Vermögensverhältnisse des Auftraggebers (§ 14 Abs. 1 S. 1 RVG) sowie
- das besondere Haftungsrisiko des Anwalts (§ 14 Abs. 1 S. 2 RVG).

---

6 Zu den Anforderungen an eine solche Vereinbarung siehe OLG Frankfurt/M. AGS 2009, 471 = OLGR 2009, 975 = MDR 2010, 176 =VRR 2009, 283 = VRR 2009, 283 =RVGreport 2009, 338.
7 AnwK-RVG/*Onderka*, § 34 Rn 29; § 3a 52 ff.
8 OLG Hamm AGS 2014, 111.
9 AG Bielefeld AGS 2010, 160 = ErbR 2010, 222; AnwK-RVG/*Onderka*, § 34 Rn 84 ff.
10 Hier ist auch berücksichtigen, welchen wirtschaftlichem Wert die Beratung für den Auftraggeber hat (AG Brühl AGS 2008, 589 = MDR 2009, 58 = AnwBl 2008, 887 = NZG 2009, 435 = NJW-RR 2009, 851 = JurBüro 2009, 303.

§ 6 Beratung, Gutachten und Mediation

14 Nach AG Emmerich kann mangels einer (wirksamen) Vereinbarung von einer 0,75-Gebühr aus dem Gegenstandswert ausgegangen werden.[11] Das AG Bielefeld[12] wiederum hält 190,00 EUR je Stunde für angemessen.

15 Zu beachten ist, dass die BGB-Vergütung begrenzt ist, wenn der Anwalt einen **Verbraucher** berät. Der **Begriff des Verbrauchers** bestimmt sich nach § 13 BGB.

16 ■ Berät der Anwalt einen **Verbraucher** i.S.d. § 13 BGB, ist eine absolute Höchstgrenze von 250,00 EUR vorgesehen (§ 34 Abs. 1 S. 3, 1. Teils. RVG). Analog Nr. 1008 VV wird man diese Höchstgrenze allerdings bei **mehreren Auftraggebern** um jeweils 30 %, also um 75,00 EUR, maximal um 200 %, also 500,00 EUR, anheben müssen (siehe Beispiel 6).[13]

■ Im Falle eines **ersten Beratungsgesprächs** ist die Vergütung nach bürgerlichem Recht darüber hinaus sogar auf 190,00 EUR beschränkt, wenn der Auftraggeber Verbraucher ist (§ 34 Abs. 1, S. 3, 3. Teils. RVG). Auch hier besteht die Möglichkeit der Erhöhung bei Beratung mehrerer Auftraggeber.[14] Allerdings bestimmt § 34 Abs. 1 RVG keine Regel-, sondern die Höchstgebühr für eine erstmalige anwaltliche Beratung. Der Anwalt kann nicht willkürlich immer eine Gebühr bis zur Höhe von 190,00 EUR fordern.[15]

Unter einem **ersten Beratungsgespräch** versteht man eine erste überschlägige „Einstiegsberatung", eine pauschale überschlägige Information des Auftraggebers, die es ihm ermöglicht, sich einen ersten Überblick über die Rechtslage zu verschaffen, aufgrund dessen er dann beurteilen kann, ob er dem Anwalt ein weitergehendes Mandat erteilt oder nicht.[16] Die Begrenzung greift grundsätzlich nicht ein, wenn es zu einem zweiten oder gar weiteren Beratungstermin kommt oder wenn (auch) schriftlich beraten wird.[17] Der Anwalt muss im Rahmen der Erstberatung kein vollständiges Ergebnis präsentieren.[18]

Beispiel 5 | **Beratungsgebühr nach BGB, Erstberatung**

Der Anwalt hatte den Auftraggeber, einen Verbraucher, beraten. Gegenstand war nur ein erstes Beratungsgespräch. Eine Gebührenvereinbarung ist nicht getroffen worden.

Es können maximal 190,00 EUR abgerechnet werden. Eine Postentgeltpauschale dürfte bei bloßer mündlicher Beratung nicht angefallen sein (siehe § 38 Rn 41).

1. Beratungsgebühr, § 34 Abs. 1 S. 2 RVG, § 612 BGB		190,00 EUR
Zwischensumme	190,00 EUR	
2. 19 % Umsatzsteuer, Nr. 7008 VV		36,10 EUR
Gesamt		**226,10 EUR**

Beispiel 6 | **Beratungsgebühr nach BGB, Erstberatung für mehrere Auftraggeber**

Der Anwalt hatte zwei Auftraggeber, Verbraucher, beraten. Gegenstand war nur ein erstes Beratungsgespräch. Eine Gebührenvereinbarung ist nicht getroffen worden.

---

11 AGS 2008, 484 = AnwBl 2008, 74 = JurBüro 2009, 303.
12 AGS 2010, 160 = ErbR 2010, 222.
13 So jedenfalls bisher zur Erstberatung.
14 So zum früheren Recht LG Braunschweig AGS 1999, 100; AG Potsdam JurBüro 2000, 22; AnwK-RVG/*N. Schneider*, 3. Aufl. 2004, nach § 34 RVG (Nr. 2102 VV a.F.) Rn 22.
15 AG Dannenberg AGS 2013, 510 = RuS 2013, 496.
16 AnwK-RVG/*Onderka*, § 34 Rn 94 ff.
17 AG Ludwigshafen zfs 1997, 148; AnwK-RVG/*Onderka*, § 34 Rn 98 f.
18 AG Essen AGS 2014, 61.

Die Begrenzung ist jetzt analog Nr. 1008 VV um 30 % anzuheben, also auf 247,00 EUR (siehe Rn 16). Eine Postgeltpauschale dürfte bei bloßer mündlicher Beratung wiederum nicht angefallen sein (siehe Beispiel 5).

1. Beratungsgebühr, § 34 Abs. 1 S. 2 RVG, § 612 BGB,   247,00 EUR
   Nr. 1008 VV
   Zwischensumme   247,00 EUR
2. 19 % Umsatzsteuer, Nr. 7008 VV   46,93 EUR
Gesamt   **293,930 EUR**

4. Beratung mit Einigung, Erledigung oder Aussöhnung

Kommt es aufgrund der Beratung zu einer Einigung, einer Erledigung oder Aussöhnung, kann der Anwalt auch eine Einigungsgebühr (Nr. 1000 VV), eine Erledigungsgebühr (Nr. 1002 VV)[19] oder eine Aussöhnungsgebühr verdienen. Insoweit ist unerheblich, ob für die Beratung eine Gebühr vereinbart worden ist oder ob nach BGB abzurechnen ist.   17

Soweit sich diese Gebühren nach dem Wert richten, muss der Anwalt gem. § 49b Abs. 5 BRAO rechtzeitig darauf hinweisen, auch wenn für die Beratungstätigkeit selbst eine solche Pflicht nicht besteht.   18

| Beispiel 7 | Beratungsgebühr nach BGB mit Einigung |

Der Mandant wird für das neugeborene Kind auf Kindesunterhalt (Gruppe 3) in Anspruch genommen. Er lässt sich mündlich beraten, ob er überhaupt Unterhalt zahlen muss, und gegebenenfalls in welcher Höhe. Der Anwalt berechnet den Unterhalt, der auf den Mandanten zukommen könnte und empfiehlt ihm, sich mit der Kindesmutter auf einen Unterhalt nach Gruppe 2 der Düsseldorfer Tabelle zu einigen, was dann auch geschieht. Eine Gebührenvereinbarung ist nicht geschlossen worden.

Da die Tätigkeit des Anwalts hier über eine Erstberatung hinausgegangen ist, dürfte hier ein Betrag von 250,00 EUR anzusetzen sein. Hinzu kommt eine 1,5-Einigungsgebühr nach Nr. 1000 VV, da der Anwalt durch seine beratende Tätigkeit an der Einigung mitgewirkt hat. Der Gegenstandswert berechnet sich gem. § 23 Abs. 1 S. 3 RVG i.V.m. § 51 Abs. 2 FamGKG nach dem Jahreswert des geforderten Unterhalts nach Gruppe 3 (12 × 257,00 EUR = 3.084,00 EUR).

1. Beratungsgebühr, § 34 Abs. 1 S. 2 RVG, § 612 BGB   300,00 EUR
2. 1,5-Einigungsgebühr, Nr. 1000 VV   378,00 EUR
   (Wert: 3.084,00 EUR)
   Zwischensumme   678,00 EUR
3. 19 % Umsatzsteuer, Nr. 7008 VV   128,82 EUR
Gesamt   **806,82 EUR**

| Beispiel 8 | Vereinbarte Beratungsgebühr mit Einigung |

Der Mandant wird auf Zahlung eines Pflichtteils in Höhe von 10.000,00 EUR in Anspruch genommen und lässt sich beraten, ob und gegebenenfalls in welcher Höhe er einen Pflichtteil zahlen muss. Vereinbart ist für die Beratung eine Gebühr von 500,00 EUR. Der Anwalt rät

---

[19] AG Neumünster AGS 2011, 475 = zfs 2011, 406.

dem Mandanten nach Prüfung der Sach- und Rechtslage, sich auf eine Pflichtteilszahlung in Höhe von 6.000,00 EUR zu einigen, was dann auch geschieht.

Abgerechnet werden kann für die Beratung die vereinbarte Gebühr in Höhe von 500,00 EUR. Hinzu kommt eine 1,5-Einigungsgebühr nach Nr. 1000 VV, da der Anwalt durch seine beratende Tätigkeit an der Einigung mitgewirkt hat. Darüber hinaus ist die Postentgeltpauschale (Nr. 7002 VV) angefallen.

1.	Beratungsgebühr, § 34 Abs. 1 S. 2 RVG, § 612 BGB	500,00 EUR
2.	1,5-Einigungsgebühr, Nr. 1000 VV (Wert: 10.000,00 EUR)	837,00 EUR
3.	Postentgeltpauschale, Nr. 7002 VV	20,00 EUR
	Zwischensumme	1.357,00 EUR
4.	19 % Umsatzsteuer, Nr. 7008 VV	257,83 EUR
	Gesamt	**1.614,83 EUR**

19 Kommt es in einer sozialrechtlichen Angelegenheit, in der nach § 3 Abs. 2, Abs. 1 S. 1 RVG nach Betragsrahmen abzurechnen ist, zu einer Einigung oder Erledigung, erhält der Anwalt eine Einigungs- oder Erledigungsgebühr in Höhe der Hälfte des in Anm. zu Nr. 2302 VV genannten Betrags (Schwellengebühr).

Beispiel 9 | **Erledigung in sozialrechtlicher Angelegenheit**

Der Anwalt hatte den Auftraggeber in einem Widerspruchsverfahren ausführlich beraten. Eine Vereinbarung ist nicht geschlossen worden. Aufgrund der Beratung erzielt der Mandant eine Erledigung.

Für die Beratung soll hier die Höchstgrenze bei Beratung eines Verbrauchers angenommen werden (siehe oben Rn 16). Die Erledigungsgebühr ist gem. Nr. 1005 VV mit dem hälftigen Betrag nach Anm. zu Nr. 2302 RVG anzusetzen (zur Postentgeltpauschale siehe Beispiel 5).

1.	Beratungsgebühr, § 34 Abs. 1 S. 2 RVG, § 612 BGB	250,00 EUR
2.	Erledigungsgebühr, Nr. 1002, 1005 VV	150,00 EUR
3.	Postentgeltpauschale, Nr. 7002 VV	20,00 EUR
	Zwischensumme	420,00 EUR
4.	19 % Umsatzsteuer, Nr. 7008 VV	79,80 EUR
	Gesamt	**499,80 EUR**

5. Anrechnung der Ratsgebühr

20 Unabhängig davon, ob der Anwalt mit dem Auftraggeber eine Gebührenvereinbarung getroffen hat oder ob sich die Vergütung für die Beratung nach bürgerlichem Recht richtet, ist die Gebühr, die der Anwalt für die Beratung erhält, nach § 34 Abs. 2 RVG auf die Gebühr[20] einer nachfolgenden Tätigkeit anzurechnen. Diese Vorschrift ist allerdings dispositives Recht. Der Anwalt kann (und sollte) Abweichendes vereinbaren und die Anrechnung ganz oder teilweise ausschließen.[21] Versäumt er den Ausschluss, gehen sämtliche Gebühren für die Beratung letztlich in der Gebühr der nachfolgenden Tätigkeit (außergerichtliche Vertretung, Vertretung im Rechtsstreit o.Ä.) auf.[22]

---

[20] Gemeint ist nur die jeweilige Betriebsgebühr der nachfolgenden Tätigkeit, also einer Geschäfts- oder eine Verfahrensgebühr (siehe Vorbem. 2.3 Abs. 3; 2.4 Abs. 2; 3 Abs. 2; 4 Abs. 2; 5 Abs. 2; 6 Abs. 2 VV). Auf sonstige Gebühren, etwa Terminsgebühren, wird nicht angerechnet.
[21] Zur Frage der Formbedürftigkeit eines solchen Ausschlusses siehe *N. Schneider*, Formbedürftigkeit des Anrechnungsausschlusses nach § 34 II RVG?, NJW-Spezial 2009, 59.
[22] Siehe ausführlich *Hansens*, RVGreport 2007, 323.

I. Beratung § 6

Beispiel 10 | **Beratungsgebühr mit Anrechnung**

Der Mandant hatte sich wegen der Kündigung seines Mietverhältnisses vom Anwalt beraten lassen. Die Parteien hatten für die Beratung eine pauschale Gebühr i.H.v. 400,00 EUR zuzüglich Auslagen und Umsatzsteuer vereinbart. Nachdem Räumungsklage erhoben wurde, beauftragte der Mandant den Anwalt, ihn im gerichtlichen Verfahren zu vertreten (Wert: 6.000,00 EUR).

Da nichts Abweichendes vereinbart worden ist, wird die Beratungsgebühr in voller Höhe auf die Vergütung im Rechtsstreit angerechnet.

I. Beratung		
1. Beratungsgebühr		400,00 EUR
2. Postentgeltpauschale, Nr. 7002 VV		20,00 EUR
Zwischensumme	420,00 EUR	
3. 19 % Umsatzsteuer, Nr. 7008 VV		79,80 EUR
Gesamt		**499,80 EUR**
II. Gerichtliche Vertretung		
1. 1,3-Verfahrensgebühr, Nr. 3100 VV (Wert: 6.000,00 EUR)		460,20 EUR
2. gem. § 34 Abs. 2 RVG anzurechnen		– 400,00 EUR
3. 1,2-Terminsgebühr, Nr. 3104 VV (Wert: 6.000,00 EUR)		424,80 EUR
4. Postentgeltpauschale, Nr. 7002 VV		20,00 EUR
Zwischensumme	505,00 EUR	
5. 19 % Umsatzsteuer, Nr. 7008 VV		95,95 EUR
Gesamt		**600,95 EUR**

6. Kostenerstattung und -festsetzung

Eine Ratsgebühr kann auch erstattungs- und festsetzungsfähig sein, wenn dadurch andere Gebühren vermieden werden. So kann im Rechtsstreit eine vereinbarte Beratungsgebühr erstattungsfähig sein, wenn die Partei das Verfahren selbst betreibt und sich nur begleitend von einem Anwalt beraten lässt. Die Beratungsvergütung ist dann erstattungsfähig, soweit sie die gesetzlichen Gebühren und Auslagen eines Prozessbevollmächtigten nicht übersteigt.[23]   21

Beispiel 11 | **Erstattungsfähigkeit der Beratungsgebühr**

Der Beklagte hatte sich in einem Rechtsstreit vor dem AG (Streitwert 2.000,00 EUR) selbst vertreten. Er hatte sich jedoch mehrmals Rat bei einem Anwalt eingeholt und dafür mit ihm eine Vergütung in Höhe von 500,00 EUR zuzüglich Auslagen vereinbart. Nach Abweisung der Klage beantragt der die Festsetzung der ihm entstandenen Anwaltskosten.

Für die Beratung ist folgende Vergütung angefallen:

1. Beratungsgebühr		500,00 EUR
2. Postentgeltpauschale, Nr. 7002 VV		20,00 EUR
Zwischensumme	520,00 EUR	
3. 19 % Umsatzsteuer, Nr. 7008 VV		98,80 EUR
Gesamt		**618,80 EUR**

---

23 LG Berlin AGS 2008, 515 = RVGreport 2008, 268; a.A. OLG Rostock AGS 2008, 314 = OLGR 2008, 522 = Jur-Büro 2008, 371 = RVGreport 2008, 269; OLG Celle AGS 2014, 150 = RVGreport 2014, 115 = NJW-Spezial 2014, 189.

Erstattungsfähig wären nach § 91 ZPO eine 1,3-Verfahrensgebühr sowie eine 1,2-Terminsgebühr nebst Auslagen aus dem Streitwert des Verfahrens, also:

1. 1,3-Verfahrensgebühr, Nr. 3100 VV   195,00 EUR
   (Wert: 2.000,00 EUR)
2. 1,2-Terminsgebühr, Nr. 3104 VV   180,00 EUR
   (Wert: 2.000,00 EUR)
3. Postentgeltpauschale, Nr. 7002 VV   20,00 EUR
   Zwischensumme   395,00 EUR
4. 19 % Umsatzsteuer, Nr. 7008 VV   75,05 EUR
   Gesamt   **470,05 EUR**

Bis zu dieser Höhe ist die Vergütung für die Beratung erstattungsfähig und kann auch nach § 103 ZPO festgesetzt werden.

II. Gutachten

22 Auch für die Ausarbeitung eines Gutachtens enthält das Vergütungsverzeichnis keinen Gebührentatbestand mehr. Geregelt sind lediglich die besonderen Fälle der **Prüfung der Erfolgsaussicht** eines Rechtsmittels, die mit der Erstellung eines Gutachtens verbunden sind (Nrn. 2101 und 2103 VV; siehe § 7 Rn 21 ff., 37 ff.), und die **Übersendung der Handakten** an den Rechtsmittelanwalt, verbunden mit gutachterlichen Äußerungen (Anm. zu Nr. 3400 VV; siehe § 20 Rn 33). Im Übrigen findet sich im Vergütungsverzeichnis keine gesetzliche Regelung mehr.

23 Der Anwalt ist auch hier nach § 34 Abs. 1 S. 1 RVG gehalten, eine Gebührenvereinbarung zu treffen. Lediglich die Gebühren nach Teil 1 VV und die Auslagen nach Teil 7 VV bleiben wiederum anwendbar. Trifft der Anwalt keine Vereinbarung, so richtet sich auch hier die Vergütung nach bürgerlichem Recht, jetzt i.d.R. nach § 632 Abs. 2 BGB, da die Gutachtentätigkeit gewöhnlich als Geschäftsbesorgung mit Werkvertragscharakter angesehen wird. Die Höhe der BGB-Gebühr richtet sich wiederum nach § 14 Abs. 1 RVG (siehe Rn 13).

24 Zu beachten ist auch hier die **Höchstgrenze** von 250,00 EUR, wenn der Anwalt ein Gutachten für einen **Verbraucher** i.S.d. § 13 BGB erstellt. Auch diese **Höchstgrenze** dürfte bei mehreren Auftraggebern um jeweils 30 %, also um 75,00 EUR, maximal um 200 %, also 500,00 EUR, anzuheben sein (siehe Rn 16). Eine weitere Begrenzung wie bei der **Erstberatung** ist nicht vorgesehen.

25 Im Gegensatz zur Beratung ist bei der Vergütung für ein Gutachten keine **Anrechnung** auf eine nachfolgende Angelegenheit vorgesehen. Die Vergütung für ein Gutachten bleibt für den Anwalt also auch dann anrechnungsfrei, wenn es zu einer nachfolgenden Tätigkeit kommt.

26 Zusätzlich zu den Gebühren erhält der Anwalt Ersatz seiner **Auslagen** nach Teil 7 VV. Zu beachten ist, dass bei Erstellung eines Gutachtens gem. § 12 Abs. 2 Nr. 7c UStG gegebenenfalls nur ein Umsatzsteuersatz von 7 % anfällt, sodass dann nach Nr. 7008 VV auch nur dieser Steuersatz umgelegt werden kann.[24]

---

[24] AnwK-RVG/*N. Schneider*, Nr. 7008 VV Rn 67; dieser Steuersatz hat sich zum 1.1.2007 nicht verändert, siehe *Hansens*, ZAP Fach 20, S. 498.

III. Mediation

Die Mediation, also die **Tätigkeit des Anwalts als Mediator**, ist ebenfalls in § 34 RVG geregelt. Erfasst sind nur die Fälle, in denen der Anwalt als Mediator tätig wird, also als Vermittler im Auftrage beider bzw. aller Parteien, der im Rahmen eines außergerichtlichen Beratungsverfahrens die Beteiligten dahingehend unterstützen soll, eine für sie passende rechtsverbindliche Vereinbarung auszuarbeiten.[25]

27

Wird der Anwalt dagegen als Parteivertreter in einem Mediationsverfahren tätig, gelten die allgemeinen Gebühren für Vertretungen, also außergerichtlich Nr. 2300 VV und im gerichtlichen Verfahren die Gebühren nach Teil 3 VV, wobei die Tätigkeit in einem gerichtsnahen Mediationsverfahren gegenüber dem Hauptsacheverfahren keine eigene Angelegenheit darstellt (§ 19 Abs. 1 S. 1 RVG) (siehe § 13 Rn 4, 42).

28

Für die Tätigkeiten des Mediators enthielt das RVG noch nie einen Gebührentatbestand. So war von Anfang an geregelt, dass der Anwalt eine Gebührenvereinbarung treffen solle. Anwendbar sind hier lediglich die Gebühren nach Teil 1 VV, insbesondere die Einigungsgebühr, sowie die Auslagen nach Teil 7 VV.

29

Trifft der Anwalt keine Gebührenvereinbarung, gelten wiederum die Vorschriften des bürgerlichen Rechts (§ 34 Abs. 1 S. 2 RVG) i.V.m. § 14 Abs. 1 RVG (§ 34 Abs. 1 S. 3, 2. Hs. RVG). Abzustellen ist dann auf die angemessene Vergütung nach § 612 Abs. 2 BGB. Im Gegensatz zu Beratung und Gutachten sind hier **keine Höchstbeträge** vorgesehen. Also auch dann, wenn der Anwalt die Mediation für Verbraucher durchführt, tritt eine Begrenzung der BGB-Vergütung nicht ein.

30

Die Frage der **Anrechnung** dürfte sich in der Praxis schon deshalb nicht stellen, weil der Anwalt, der die Mediation betrieben hat, nachträglich nicht eine Partei vertreten darf.

31

---

25 OLG Braunschweig AGS 2007, 381 = m. Anm. *N. Schneider* = RVGreport 2007, 27.

§ 7 Prüfung der Erfolgsaussicht eines Rechtsmittels

Inhalt

I. Überblick 1
II. Prüfung der Erfolgsaussicht eines Rechtsmittels bei Wertgebühren 10
 1. Prüfung der Erfolgsaussicht eines Rechtsmittels 11
 2. Anrechnung im nachfolgenden Rechtsmittelverfahren 15
 3. Prüfung der Erfolgsaussicht eines Rechtsmittels mit Ausarbeitung eines schriftlichen Gutachtens 21

III. Prüfung der Erfolgsaussicht eines Rechtsmittels bei Rahmengebühren ... 29
 1. Prüfung der Erfolgsaussicht eines Rechtsmittels 30
 2. Prüfung der Erfolgsaussicht eines Rechtsmittels mit Gutachten 37

I. Überblick

Ist der Anwalt mit der Prüfung der Erfolgsaussicht eines Rechtsmittels beauftragt, gilt Teil 2 Abschnitt 1 VV. Dem Anwalt darf allerdings **noch kein unbedingter Prozessauftrag** für das Rechtsmittel erteilt worden sein. Anderenfalls wird seine Tätigkeit durch die entsprechende Verfahrensgebühr für das Rechtsmittelverfahren abgegolten, die auch die Beratung abdeckt (§ 19 Abs. 1 S. 1 RVG). **1**

Erforderlich ist ein Auftrag zur Prüfung der Erfolgsaussicht. Die Prüfungsgebühr der Nr. 2100 VV entsteht daher nicht, wenn der Prozessbevollmächtigte der ersten und zweiten Instanz den Revisionsbeklagten dahin berät, dass eine Vertretung durch einen am BGH zugelassenen Rechtsanwalt nicht erforderlich sei, weil ein Versäumnisurteil ausgeschlossen werden könne.[1] **2**

Die Gebühren nach Teil 2 Abschnitt 1 VV gelten auch dann, wenn der Mandant bereits den Auftrag zum Rechtsmittel bedingt für den Fall erteilt hatte, dass der Anwalt zu dem Ergebnis komme, es bestehe Aussicht auf Erfolg. Insoweit liegt nur ein **bedingter Rechtsmittelauftrag** vor,[2] der erst mit dem Eintritt der Bedingung (positives Beratungsergebnis) wirksam wird (§ 158 Abs. 1 BGB). Soweit der Anwalt vom Rechtsmittel abrät, kommt mangels Bedingungseintritt der Rechtsmittelauftrag nicht zustande, sodass es bei der Vergütung nach Nrn. 2100 ff. VV verbleibt. Kommt der Anwalt zu einem positiven Beratungsergebnis, wird der Rechtsmittelauftrag wirksam, sodass hiernach die Verfahrensgebühr des jeweiligen Rechtsmittels entsteht. Die Prüfungsgebühr ist dann auf die Gebühr des Rechtsmittelverfahrens anzurechnen (Anm. zu Nr. 2100 VV und Anm. zu Nr. 2002 VV) (siehe Rn 19 ff., 23 ff., 31 ff.). **3**

Unerheblich ist, ob der mit der Prüfung beauftragte Anwalt im **vorangegangenen Verfahren** Bevollmächtigter war.[3] Die Gebühr nach Nr. 2100 VV kann insbesondere auch dann anfallen, wenn die Prüfung der Erfolgsaussicht eines Rechtsmittels durch den bisherigen Prozessbevollmächtigten erfolgt.[4] **4**

---

1 OLG Stuttgart AGS 2009, 220 = OLGR 2008, 732 = FamRZ 2009, 146 = Justiz 2009, 69 = MDR 2008, 1367 = RVGreport 2009, 64.
2 LG Köln AGS 2012, 385 = NJW-RR 2012, 1471 = NJW-Spezial 2012, 571.
3 OLG Düsseldorf AGS 2006, 482 = JurBüro 2006, 235 = OLGR 2007, 294 m. Anm. *N. Schneider*; LG Berlin AGS 2006, 73 m. Anm. *N. Schneider*; AnwK-RVG/*N. Schneider*, Nr. 2100 Rn 6; a.A. KG AGS 2006, 433 m. abl. Anm. *N. Schneider*.
4 OLG Düsseldorf AGS 2006, 482 = JurBüro 2006, 235 = OLGR 2007, 294 m. Anm. *N. Schneider* = RVGreport 2007, 67 = VRR 2007, 77.

§ 7 Prüfung der Erfolgsaussicht eines Rechtsmittels

5   Umstritten war, ob für die Prüfung der Erfolgsaussicht eines Rechtsmittels **Prozesskostenhilfe** bewilligt werden darf. Die überwiegende Ansicht ist von Anfang an davon ausgegangen, dass dies nicht möglich sei, weil es sich bei der Prüfung der Erfolgsaussicht des Rechtsmittels nicht um eine Tätigkeit in einem gerichtlichen Verfahren, sondern um eine Tätigkeit anlässlich eines gerichtlichen Verfahrens handele.[5] Der BGH hat diese Auffassung zwischenzeitlich bestätigt.[6]

6   Ist allerdings Prozesskostenhilfe für die Prüfung der Erfolgsaussicht bewilligt, dann sind die Festsetzungsorgane an die Bewilligungsbeschlüsse gebunden, sodass der Anwalt aus der Staatskasse zu vergüten ist.[7]

7   Soweit Prozesskostenhilfe für die Prüfung der Erfolgsaussicht eines Rechtsmittels abgelehnt wird, muss allerdings **Beratungshilfe** bewilligt werden, wenn die wirtschaftlichen Voraussetzungen hierfür vorliegen[8] (siehe hierzu § 10).

8   Beim **Pflichtverteidiger** wird die Rechtslage anders gesehen. So ist nach der Auffassung des LG Berlin[9] auch die Prüfung der Erfolgsaussicht eines Rechtsmittels von der Beiordnung erfasst.

9   Hinsichtlich der abzurechnenden Gebühren ist auch bei der Prüfung der Erfolgsaussicht eines Rechtsmittels danach zu differenzieren,

- ob **nach dem Gegenstandswert** abzurechnen ist (§§ 2 Abs. 1, 3 Abs. 1 S. 2, Abs. 2 RVG) – es gelten die Nrn. 2100, 2101 VV

oder

- **nach Betragsrahmen** (§ 3 Abs. 1 S. 1, Abs. 2 RVG; Teil 4 bis 6 VV) – es gelten die Nrn. 2102, 2103 VV.

II. Prüfung der Erfolgsaussicht eines Rechtsmittels bei Wertgebühren

10   Soll der Anwalt die Erfolgsaussicht eines Rechtsmittels in einem Verfahren prüfen, in dem sich die Gebühren nach dem Gegenstandswert richten (§ 2 Abs. 1 RVG oder § 3 Abs. 1 S. 2 RVG), so erhält er die Gebühren nach den Nrn. 2100, 2101 VV. Das gilt auch dann, wenn in Verfahren nach Teil 4 bis 6 VV ausnahmsweise einmal wertabhängige Gebühren anfallen, wie z.B. bei Einziehung und verwandten Maßnahmen (Nr. 4142 VV) oder Adhäsionsverfahren (Nrn. 4143 ff. VV) (siehe hierzu § 35 Rn 6 ff.).

1. Prüfung der Erfolgsaussicht eines Rechtsmittels

11   Ist der Anwalt nur mit der Prüfung der Erfolgsaussicht eines Rechtsmittels beauftragt, richtet sich die Gebühr nach Nr. 2100 VV. Dem Anwalt steht danach ein Gebührenrahmen von 0,5 bis 1,0 zu. Die Mittelgebühr beträgt 0,75. Die Gebührenhöhe bestimmt der Anwalt unter Berücksichtigung der Kriterien des § 14 Abs. 1 RVG im Einzelfall. Insoweit will das LG Köln[10] auch berücksichtigen, welche Verfahrensgebühr das Rechtsmittelverfahren bei vorzeitiger Erledigung vorsieht.

---

5 OLG Düsseldorf AGS 2005, 567 m. Anm. *Schons*; OLG Düsseldorf AnwBl 2005, 656; OLG Frankfurt/M. AGS 2006, 137.
6 AGS 2007, 360 u. 411 = FamRZ 2007, 1088 = Rpfleger 2007, 476 = MDR 2007, 1032 = JurBüro 2007, 436 = AnwBl 2007, 634 = NJW-RR 2007, 1439 = FuR 2007, 316 = FamRB 2007, 267 = RVGreport 2007, 353.
7 OLG Düsseldorf AGS 2006, 482 = JurBüro 2006, 235 = OLGR 2007, 294 m. Anm. *N. Schneider*.
8 OLG Düsseldorf AGS 2005, 567 m. Anm. *Schons*; OLG Frankfurt/M. AGS 2006, 137.
9 AGS 2006, 73 m. Anm. *N. Schneider*.
10 AGS 2012, 385 = NJW-RR 2012, 1471 = NJW-Spezial 2012, 571.

So begründet es die Höchstgebühr von 1,0 für die Prüfung der Erfolgsaussicht einer Berufung auch damit, dass bereits die ermäßigte Verfahrensgebühr vor Einlegung der Berufung nach Nr. 3201 VV bereits 1,1 betrage.

Prüft der Anwalt für **mehrere Auftraggeber** gemeinschaftlich, ist zu differenzieren: **12**
- Soweit der Anwalt wegen **verschiedener Gegenstände** prüft, werden die Werte der einzelnen Gegenstände addiert (§ 23 Abs. 1 S. 3 RVG i.V.m. § 39 Abs. 1 GKG; § 33 Abs. 1 S. 1 FamGKG, § 35 Abs. 1 GNotKG).
- Soweit der Anwalt hinsichtlich **desselben Gegenstandes** prüft, erhöht sich der Satzrahmen nach Nr. 1008 VV um 0,3 je weiteren Auftraggeber, obwohl es sich nicht um eine Geschäfts- oder Verfahrensgebühr handelt.[11] Bei zwei Auftraggebern beträgt der Gebührenrahmen somit 0,8 bis 1,3. Die Mittelgebühr ergibt dann 1,05. Höchstens kann der Gebührenrahmen bei 2,5 bis 3,0 liegen, wenn der Anwalt acht oder mehr Auftraggeber vertritt (Anm. Abs. 3, 2. Hs. zu Nr. 1008 VV). Der Gebührensatz oder der Betrag dieser Gebühren erhöht sich im Fall der Anm. zu Nr. 2300 VV und der Anm. zu Nr. 2302 VV entsprechend (Anm. Abs. 4 zu Nr. 1008 VV).

Eine Begrenzung der Gebührenhöhe nach Nr. 2102 VV a.F., § 34 Abs. 1 S. 3 RVG (**Erstberatung**) ist **nicht** vorgesehen. Die Kappungsgrenze dieser Vorschriften gilt nicht für die Gebühren nach Teil 2 Abschnitt 1 VV.[12] **13**

Erledigt sich der Auftrag vorzeitig, also bevor der Anwalt die Erfolgsaussicht des Rechtsmittels **14** geprüft hat, so findet eine Reduzierung des Gebührenrahmens nicht statt. Eine den Nrn. 3201 Nr. 1, 3207 VV vergleichbare Vorschrift ist nicht vorgesehen. Die vorzeitige Beendigung ist lediglich bei der Bemessung nach § 14 Abs. 1 RVG zu berücksichtigen. Es ist dann eine Gebühr im unteren Bereich, gegebenenfalls die Mindestgebühr, anzusetzen.

Beispiel 1	Prüfung der Erfolgsaussicht eines Rechtsmittels

Gegen seine erstinstanzliche Verurteilung in Höhe von 20.000,00 EUR will der Beklagte Berufung einlegen und lässt sich beraten, ob die Berufung Aussicht auf Erfolg hat. Der beauftragte Anwalt prüft dies und verneint die Erfolgsaussicht; die Berufung wird nicht durchgeführt. Ausgehend von der Mittelgebühr ist wie folgt zu rechnen:

1.	0,75-Prüfungsgebühr, Nr. 2100 VV (Wert: 20.000,00 EUR)		556,50 EUR
2.	Postentgeltpauschale, Nr. 7002 VV[13]		20,00 EUR
	Zwischensumme	576,50 EUR	
3.	19 % Umsatzsteuer, Nr. 7008 VV		109,54 EUR
Gesamt			**686,04 EUR**

---

11 AnwK-RVG/*N. Schneider*, Nr. 2100 VV Rn 36; AnwK-RVG/*N. Schneider*, Nrn. 2100, 2101 VV a.F. (Anhang zu § 34 RVG) Rn 48 ff.; die dortigen Ausführungen und Nachweise aus der Rspr. zur früheren Beratungsgebühr sind auf die Nrn. 2100 ff. VV entsprechend anzuwenden, da es sich um besondere Beratungstätigkeiten handelt; ebenso *Hartung/Römermann/Schons* Nr. 2100 VV Rn 23.
12 AG Essen AnwBl 1998, 214; AnwK-RVG/*N. Schneider*, Nr. 2100 VV Rn 37.
13 Die Postentgeltpauschale nach Nr. 7002 VV fällt nur an, wenn tatsächlich auch Auslagen entstehen, also etwa dann, wenn die Beratung schriftlich erfolgt oder der Anwalt das mündliche Beratungsgespräch wunschgemäß nochmals schriftlich zusammenfasst und dem Mandanten zusendet (AnwK-RVG/*N. Schneider*, Nrn. 7001, 7002 VV Rn 17; Nr. 2100 VV a.F (Anhang zu § 34 RVG) Rn 58 f.), also nicht bei bloßer mündlicher Beratung, siehe AG Koblenz AGS 2004, 185 m. Anm. *N. Schneider*.

> **Beispiel 2** — Prüfung der Erfolgsaussicht eines Rechtsmittels – mehrere Auftraggeber, verschiedene Gegenstände

Zwei Beklagte sind auf Unterlassung angeblich rufschädigender Äußerungen verurteilt worden (Wert jeweils 4.000,00 EUR). Sie beauftragen ihren Anwalt, zu prüfen, ob eine Berufung Aussicht auf Erfolg hat. Der beauftragte Anwalt prüft dies und verneint die Erfolgsaussicht; die Berufung wird nicht durchgeführt.

Jeder Unterlassungsanspruch ist ein eigener Gegenstand; es liegt daher kein Fall der Nr. 1008 VV vor.[14] Die Prüfungsgebühr erhöht sich daher nicht, sondern berechnet sich aus dem Gesamtwert i.H.v. 8.000,00 EUR (§ 23 Abs. 1 S. 3 RVG i.V.m. § 39 Abs. 1 GKG).

Der Anwalt erhält insgesamt:

1.	0,75-Prüfungsgebühr, Nrn. 2100 VV (Wert: 8.000,00 EUR)		342,00 EUR
2.	Postentgeltpauschale, Nr. 7002 VV[15]		20,00 EUR
	Zwischensumme	362,00 EUR	
3.	19 % Umsatzsteuer, Nr. 7008 VV		68,78 EUR
	Gesamt		**430,78 EUR**

> **Beispiel 3** — Prüfung der Erfolgsaussicht eines Rechtsmittels – mehrere Auftraggeber, derselbe Gegenstand

Drei Beklagte sind als Gesamtschuldner zur Zahlung vom 15.000,00 EUR verurteilt worden. Sie beauftragen ihren Anwalt, zu prüfen, ob eine Berufung Aussicht auf Erfolg hat. Der beauftragte Anwalt prüft dies und verneint die Erfolgsaussicht; die Berufung wird nicht durchgeführt.

Es liegt derselbe Gegenstand zugrunde. Die Prüfungsgebühr erhöht sich um 0,3 je weiteren Auftraggeber, also um insgesamt 0,6. Ausgehend von einer Mittelgebühr ergibt sich dann ein Gebührensatz von 1,35.

1.	1,35-Prüfungsgebühr, Nrn. 2100, 1008 VV (Wert: 15.000,00 EUR)		877,50 EUR
2.	Postentgeltpauschale, Nr. 7002 VV[16]		20,00 EUR
	Zwischensumme	897,50 EUR	
3.	19 % Umsatzsteuer, Nr. 7008 VV		170,53 EUR
	Gesamt		**1.068,03 EUR**

2. Anrechnung im nachfolgenden Rechtsmittelverfahren

15 Wird der Anwalt anschließend mit dem Rechtsmittelverfahren beauftragt, ist eine **Anrechnung** vorzunehmen. Keine Probleme ergeben sich dabei, wenn die Werte von Beratung und Rechtsmittel identisch sind.

---

14 AnwK-RVG/*Volpert*, Nr. 1008 VV Rn 39.
15 Zur Postentgeltpauschale siehe Fn 13.
16 Zur Postentgeltpauschale siehe Fn 13.

II. Prüfung der Erfolgsaussicht eines Rechtsmittels bei Wertgebühren § 7

Beispiel 4 — Prüfung der Erfolgsaussicht eines Rechtsmittels mit nachfolgendem Rechtsmittelverfahren bei identischem Wert – ein Auftraggeber

Gegen seine erstinstanzliche Verurteilung in Höhe von 20.000,00 EUR will der Beklagte Berufung einlegen und lässt sich beraten, ob die Berufung Aussicht auf Erfolg hat. Der beauftragte Anwalt prüft dies und bejaht die Erfolgsaussicht, sodass ihm hiernach der Auftrag zur Berufung erteilt und diese auch durchgeführt wird.

I. Prüfung der Erfolgsaussicht
1. 0,75-Prüfungsgebühr, Nr. 2100 VV   556,50 EUR
   (Wert: 20.000,00 EUR)
2. Postentgeltpauschale, Nr. 7002 VV[17]   20,00 EUR
   Zwischensumme   576,50 EUR
3. 19 % Umsatzsteuer, Nr. 7008 VV   109,54 EUR
Gesamt   **686,04 EUR**

II. Rechtsmittelverfahren
1. 1,6-Verfahrensgebühr, Nr. 3200 VV   1.187,20 EUR
   (Wert: 20.000,00 EUR)
2. gem. Anm. zu Nr. 2100 VV anzurechnen
   0,75 aus 20.000,00 EUR   – 556,50 EUR
3. 1,2-Terminsgebühr, Nr. 3202 VV   890,40 EUR
   (Wert: 20.000,00 EUR)
4. Postentgeltpauschale, Nr. 7002 VV   20,00 EUR
   Zwischensumme   1.541,10 EUR
5. 19 % Umsatzsteuer, Nr. 7008 VV   292,81 EUR
Gesamt   **1.833,91 EUR**

Ist der Anwalt von mehreren Auftraggebern mit der Prüfung beauftragt worden und erteilen sie anschließend den Auftrag zum Rechtsmittelverfahren, ist die volle erhöhte Gebühr anzurechnen. 16

Beispiel 5 — Prüfung der Erfolgsaussicht eines Rechtsmittels mit nachfolgendem Rechtsmittelverfahren bei identischem Wert – mehrere Auftraggeber

Gegen ihre erstinstanzliche gesamtschuldnerische Verurteilung in Höhe von 20.000,00 EUR wollen die beiden Beklagten Berufung einlegen und lassen sich beraten, ob die Berufung Aussicht auf Erfolg hat. Der beauftragte Anwalt prüft dies und bejaht die Erfolgsaussicht, sodass ihm hiernach der Auftrag zur Berufung erteilt und diese auch durchgeführt wird.

I. Prüfung der Erfolgsaussicht
1. 1,05-Prüfungsgebühr, Nr. 2100 VV   779,10 EUR
   (Wert: 20.000,00 EUR)
2. Postentgeltpauschale, Nr. 7002 VV[18]   20,00 EUR
   Zwischensumme   799,10 EUR
3. 19 % Umsatzsteuer, Nr. 7008 VV   151,83 EUR
Gesamt   **950,93 EUR**

II. Rechtsmittelverfahren
1. 1,9-Verfahrensgebühr, Nr. 3200 VV   1.409,80 EUR
   (Wert: 20.000,00 EUR)
2. gem. Anm. zu Nr. 2100 VV anzurechnen
   0,75 aus 20.000,00 EUR   – 779,10 EUR
3. 1,2-Terminsgebühr, Nr. 3202 VV   890,40 EUR
   (Wert: 20.000,00 EUR)
4. Postentgeltpauschale, Nr. 7002 VV   20,00 EUR
   Zwischensumme   1.541,10 EUR

---

17 Zur Postentgeltpauschale siehe Fn 13.
18 Zur Postentgeltpauschale siehe Fn 13.

5. 19 % Umsatzsteuer, Nr. 7008 VV		292,81 EUR
Gesamt		**1.833,91 EUR**

17 Wird der Anwalt anschließend lediglich beauftragt, **teilweise Rechtsmittel** einzulegen, so findet analog Vorbem. 3 Abs. 4 S. 3 VV eine Anrechnung nur nach dem entsprechenden Wert statt.

Beispiel 6 — Prüfung der Erfolgsaussicht eines Rechtsmittels mit nachfolgendem Rechtsmittelverfahren, eingeschränkter Rechtsmittelauftrag

Gegen seine erstinstanzliche Verurteilung von 20.000,00 EUR will der Beklagte Berufung einlegen und lässt sich beraten, ob die Berufung Aussicht auf Erfolg hat. Der beauftragte Anwalt prüft dies und bejaht die Erfolgsaussicht in Höhe von 10.000,00 EUR. In dieser Höhe wird ihm der Auftrag zur Berufung erteilt und diese auch durchgeführt.

Die Prüfungsgebühr entsteht aus dem vollen Wert; die Verfahrensgebühr des Rechtsmittelverfahrens entsteht dagegen nur aus einem geringeren Wert. Angerechnet wird daher auch nur aus diesem geringeren Wert.

I. Prüfung der Erfolgsaussicht
1. 0,75-Prüfungsgebühr, Nr. 2100 VV — 556,50 EUR
   (Wert: 20.000,00 EUR)
2. Postentgeltpauschale, Nr. 7002 VV[19] — 20,00 EUR
   Zwischensumme — 576,50 EUR
3. 19 % Umsatzsteuer, Nr. 7008 VV — 109,54 EUR
Gesamt — 686,04 EUR

II. Rechtsmittelverfahren
1. 1,6-Verfahrensgebühr, Nr. 3200 VV — 892,80 EUR
   (Wert: 10.000,00 EUR)
2. gem. Anm. zu Nr. 2100 VV anzurechnen
   0,75 aus 10.000,00 EUR — – 418,50 EUR
3. 1,2-Terminsgebühr, Nr. 3202 VV — 669,60 EUR
   (Wert: 10.000,00 EUR)
4. Postentgeltpauschale, Nr. 7002 VV — 20,00 EUR
   Zwischensumme — 1.163,90 EUR
5. 19 % Umsatzsteuer, Nr. 7008 VV — 221,14 EUR
Gesamt — 1.385,04 EUR

18 Nach LG Köln[20] ist ein solcher Fall grundsätzlich dann gegeben, wenn der Mandant den Anwalt beauftragt, Rechtsmittel einzulegen und dieses, soweit er es für erfolgversprechend hält, auch durchzuführen. Es liegt danach ein unbedingter Prüfungsauftrag und ein bedingter Rechtsmittelauftrag vor, der an die Bedingung (§ 158 Abs. 1 BGB) geknüpft ist, dass der Anwalt die Erfolgsaussicht bejaht.

Beispiel 7 — Unbedingter Prüfungsauftrag mit bedingtem Rechtsmittelauftrag

Der Beklagte beauftragt seinen Anwalt, gegen seine erstinstanzliche Verurteilung zur Zahlung von 20.000,00 EUR Berufung einzulegen, soweit diese Aussicht auf Erfolg hat. Der beauftragte Anwalt legt Berufung ein, prüft die Erfolgsaussicht und bejaht diese in Höhe von 10.000,00 EUR, sodass die Berufung auch in diesem Umfang durchgeführt wird.

---

19 Zur Postentgeltpauschale siehe Fn 13.
20 AGS 2012, 385 = NJW-RR 2012, 1471 = NJW-Spezial 2012, 571.

II. Prüfung der Erfolgsaussicht eines Rechtsmittels bei Wertgebühren § 7

Obwohl die Berufung bereits eingelegt ist, nimmt das LG Köln noch einen Prüfungsauftrag an (Wert: 20.000,00 EUR) und lediglich einen Prozessauftrag im Rahmen des Bedingungseintritts (10.000,00 EUR), sodass zu rechnen ist wie im vorangegangenen Beispiel.

Gegen den Ansatz einer Prüfungsgebühr spricht, dass bereits der Auftrag bestand, Berufung einzulegen, also ein Auftrag nach Teil 3 VV. M. E. ist hier aus dem Wert der nicht durchgeführten Berufung die ermäßigte 1,1-Verfahrensgebühr der Nr. 3201 VV angefallen, da die Berufung wegen der Rückwirkung des § 47 Abs. 1 GKG nur als in Höhe von 10.000,00 EUR durchgeführt anzusehen ist. Dann aber muss aus dem weitergehenden Verfahrensauftrag die ermäßigte 1,1-Verfahrensgebühr wegen vorzeitiger Erledigung entstehen. Danach wäre wie folgt abzurechnen:

1. 1,6-Verfahrensgebühr, Nr. 3200 VV   892,80 EUR
   (Wert: 10.000,00 EUR)
2. 1,1-Verfahrensgebühr, Nrn. 3200, 3201 VV   613,80 EUR
   (Wert: 10.000,00 EUR)
   gem. § 15 Abs. 3 RVG nicht mehr als eine 1,6-Gebühr   1.187,20 EUR
   aus 20.000,00 EUR
3. 1,2-Terminsgebühr, Nr. 3202 VV   669,60 EUR
   (Wert: 10.000,00 EUR)
4. Postentgeltpauschale, Nr. 7002 VV   20,00 EUR
   Zwischensumme   1.876,80 EUR
5. 19 % Umsatzsteuer, Nr. 7008 VV   356,59 EUR
   Gesamt   **2.233,39 EUR**

Zu einem eingeschränkten Rechtsmittel kann es auch dann kommen, wenn nur einer von mehreren Auftraggebern sich zum Rechtsmittel entschließt.   19

Beispiel 8   **Prüfung der Erfolgsaussicht eines Rechtsmittels für mehrere Auftraggeber mit nachfolgendem Rechtsmittel für nur einen Auftraggeber**

Der Anwalt prüft für zwei Gesamtschuldner, die auf Zahlung von 6.000,00 EUR verurteilt worden sind, die Aussicht einer Berufung. Während der eine Gesamtschuldner sich zur Berufung entschließt, legt der weitere Gesamtschuldner keine Berufung ein.

Für die Prüfung entsteht die nach Nr. 1008 VV erhöhte Gebühr. Anzurechnen ist jedoch nur die einfache Gebühr.

I. Prüfung der Erfolgsaussicht
1. 1,05-Prüfungsgebühr, Nrn. 2100, 1008 VV   371,70 EUR
   (Wert: 6.000,00 EUR)
2. Postentgeltpauschale, Nr. 7002 VV[21]   20,00 EUR
   Zwischensumme   391,70 EUR
3. 19 % Umsatzsteuer, Nr. 7008 VV   70,62 EUR
   Gesamt   **466,12 EUR**

II. Berufungsverfahren
1. 1,6-Verfahrensgebühr, Nr. 3200 VV   566,40 EUR
   (Wert: 6.000,00 EUR)
2. gem. Anm. zu Nr. 2102 VV anzurechnen, 0,75 aus   – 265,50 EUR
   6.000,00 EUR
3. 1,2-Terminsgebühr, Nr. 3202 VV   424,80 EUR
   (Wert: 6.000,00 EUR)
4. Postentgeltpauschale, Nr. 7002 VV   20,00 EUR
   Zwischensumme   745,70 EUR

---

21 Zur Postentgeltpauschale siehe Fn 13.

5. 19 % Umsatzsteuer, Nr. 7008 VV	141,68 EUR
Gesamt	**887,38 EUR**

20 Wird nach Prüfung der Erfolgsaussicht ein anderer Anwalt mit der Durchführung des Rechtsmittelverfahrens beauftragt, findet eine Anrechnung nicht statt. Jeder Anwalt erhält seine Vergütung ungekürzt.

3. Prüfung der Erfolgsaussicht eines Rechtsmittels mit Ausarbeitung eines schriftlichen Gutachtens

21 Nach Nr. 2101 VV erhält der Anwalt für die Ausarbeitung eines schriftlichen Gutachtens über die Aussicht einer Berufung oder Revision eine 1,3-Gebühr. Diese Vorschrift ist **lex specialis** zu § 34 Abs. 1 S. 2 RVG und geht den dortigen Regelungen vor.

> **Beispiel 9** — Prüfung der Erfolgsaussicht eines Rechtsmittels mit Ausarbeitung eines schriftlichen Gutachtens

Der am BGH zugelassene Anwalt erhält den Auftrag, ein Gutachten über die Erfolgsaussicht einer Revision gegen das Urteil des OLG zu erstellen (Beschwer 70.000,00 EUR). Er verfasst das Gutachten und rät von einer Revision ab. Diese wird auch nicht eingelegt.

1. 1,3-Prüfungsgebühr, Nr. 2101 VV (Wert: 70.000,00 EUR)		1.732,90 EUR
2. Postentgeltpauschale, Nr. 7002 VV[22]		20,00 EUR
Zwischensumme	1.752,90 EUR	
3. 19 % Umsatzsteuer, Nr. 7008 VV		333,05 EUR
Gesamt		**2.085,95 EUR**

22 Ist der Anwalt von mehreren Auftraggebern mit der Ausarbeitung eines schriftlichen Gutachtens über die Aussicht einer Berufung oder Revision beauftragt, gilt wiederum Nr. 1008 VV, wenn der Gegenstand der Prüfung derselbe ist. Die Gebühr der Nr. 2103 VV erhöht sich um 0,3 je weiteren Auftraggeber.[23]

> **Beispiel 10** — Prüfung der Erfolgsaussicht eines Rechtsmittels mit Ausarbeitung eines schriftlichen Gutachtens – mehrere Auftraggeber, derselbe Gegenstand

Der am BGH zugelassene Anwalt erhält von zwei Gesamtschuldnern den Auftrag, ein Gutachten über die Erfolgsaussicht einer Revision gegen das Urteil des OLG zu erstellen (Beschwer 70.000,00 EUR). Er verfasst das Gutachten und rät von einer Revision ab. Diese wird auch nicht eingelegt.

---

22 Zur Postentgeltpauschale siehe Fn 13.
23 AnwK-RVG/*N. Schneider*, Nr. 2101 VV Rn 14; *Hartung/Römermann/Schons*, Nr. 2101 Rn 7.

II. Prüfung der Erfolgsaussicht eines Rechtsmittels bei Wertgebühren § 7

Die Prüfungsgebühr erhöht sich um 0,3 auf 1,6.

1.	1,6-Prüfungsgebühr, Nrn. 2103, 1008 VV (Wert: 70.000,00 EUR)	2.132,80 EUR
2.	Postentgeltpauschale, Nr. 7002 VV[24]	20,00 EUR
	Zwischensumme	2.152,80 EUR
3.	19 % Umsatzsteuer, Nr. 7008 VV	409,03 EUR
	Gesamt	**2.561,83 EUR**

Ist der Anwalt von mehreren Auftraggebern wegen verschiedener Gegenstände beauftragt, bleibt es bei der 1,3-Gebühr nach Nr. 2101 VV. Die Werte der einzelnen Prüfungsgegenstände werden zusammengerechnet (§ 23 Abs. 1 S. 3 RVG i.V.m. § 39 Abs. 1 GKG, § 33 Abs. 1 S. 1 FamGKG, § 35 Abs. 1 GNotKG). 23

Kommt es nach dem Gutachten zur Einlegung des Rechtsmittels, wird die Prüfungsgebühr auf die nachfolgende Gebühr für das Rechtsmittelverfahren wiederum **angerechnet** (Anm. zu Nr. 2102 VV). 24

> **Beispiel 11** — Prüfung der Erfolgsaussicht eines Rechtsmittels mit Ausarbeitung eines schriftlichen Gutachtens mit anschließendem Rechtsmittelverfahren

Der am BGH zugelassene Anwalt erhält den Auftrag, ein Gutachten über die Erfolgsaussicht einer Revision gegen das Urteil des OLG zu erstellen (Beschwer 70.000,00 EUR). Er verfasst das Gutachten und rät zu einer Revision, die er dann auch auftragsgemäß einlegt und über die verhandelt wird.

Die Prüfungsgebühr ist jetzt in vollem Umfang anzurechnen.

I. Prüfung der Erfolgsaussicht (Wert: 70.000,00 EUR)

1.	1,3-Prüfungsgebühr, Nr. 2101 VV	1.732,90 EUR
2.	Postentgeltpauschale, Nr. 7002 VV[25]	20,00 EUR
	Zwischensumme	1.752,90 EUR
3.	19 % Umsatzsteuer, Nr. 7008 VV	333,05 EUR
	Gesamt	**2.085,95 EUR**

II. Revisionsverfahren (Wert: 70.000,00 EUR)

1.	2,3-Verfahrensgebühr, Nrn. 3206, 3208 VV	3.065,90 EUR
2.	gem. VV 2101 i.V.m. Anm. zu Nr. 2100 VV anzurechnen, 1,3-Gebühr aus 70.000,00 EUR	– 1.732,90 EUR
3.	1,5-Terminsgebühr, Nr. 3210 VV	1.999,50 EUR
4.	Postentgeltpauschale, Nr. 7002 VV	20,00 EUR
	Zwischensumme	3.352,50 EUR
5.	19 % Umsatzsteuer, Nr. 7008 VV	636,97 EUR
	Gesamt	**3.989,47 EUR**

Wird der Anwalt für mehrere Auftraggeber wegen desselben Gegenstands tätig, ist die nach Nr. 1008 VV erhöhte Gebühr voll anzurechnen. 25

---

24 Zur Postentgeltpauschale siehe Fn 13.
25 Zur Postentgeltpauschale siehe Fn 13.

| Beispiel 12 | **Prüfung der Erfolgsaussicht eines Rechtsmittels mit Ausarbeitung eines schriftlichen Gutachtens und anschließendem Rechtsmittelverfahren** |

Der am BGH zugelassene Anwalt erhält von zwei verurteilten Gesamtschuldnern den Auftrag, ein Gutachten über die Erfolgsaussicht einer Revision gegen das Urteil des OLG zu erstellen (Beschwer 70.000,00 EUR). Er verfasst das Gutachten und rät zu einer Revision, die er dann auch auftragsgemäß einlegt und über die verhandelt wird.

    I. **Prüfung der Erfolgsaussicht (Wert: 70.000,00 EUR)**
      1. 1,6-Prüfungsgebühr, Nrn. 2101, 1008 VV   2.132,80 EUR
      2. Postentgeltpauschale, Nr. 7002 VV[26]   20,00 EUR
         Zwischensumme   2.152,80 EUR
      3. 19 % Umsatzsteuer, Nr. 7008 VV   409,03 EUR
    Gesamt   **2.561,83 EUR**
    II. **Revisionsverfahren (Wert: 70.000,00 EUR)**
      1. 2,6-Verfahrensgebühr, Nrn. 3206, 3208, 1008 VV   3.465,80 EUR
      2. gem. VV 2101 i.V.m. Anm. zu Nr. 2100 VV anzurechnen,
         1,6-Gebühr aus 70.000,00 EUR   – 2.132,80 EUR
      3. 1,5-Terminsgebühr, Nr. 3210 VV   1.999,50 EUR
      4. Postentgeltpauschale, Nr. 7002 VV   20,00 EUR
         Zwischensumme   3.352,50 EUR
      5. 19 % Umsatzsteuer, Nr. 7008 VV   636,98 EUR
    Gesamt   **3.989,48 EUR**

26   Wird das Rechtsmittel von dem Anwalt, der mit der Prüfung und Gutachten beauftragt war, nicht in vollem Umfang eingelegt, sondern nur eingeschränkt, ist wiederum analog Vorbem. 3 Abs. 4 S. 3 VV nur insoweit anzurechnen, als sich der Wert der Prüfungstätigkeit im Rechtsmittelverfahren fortsetzt.

| Beispiel 13 | **Prüfung der Erfolgsaussicht eines Rechtsmittels mit Ausarbeitung eines schriftlichen Gutachtens und anschließendem Rechtsmittelverfahren, beschränkter Rechtsmittelauftrag** |

Der am BGH zugelassene Anwalt erhält den Auftrag, ein Gutachten über die Erfolgsaussicht einer Revision gegen das Urteil des OLG zu erstellen (Beschwer 70.000,00 EUR). Er verfasst das Gutachten und rät zu einer Revision in Höhe von 40.000,00 EUR, die er dann auch auftragsgemäß einlegt und über die verhandelt wird.

Die Prüfungsgebühr entsteht wiederum aus dem vollen Wert; die Verfahrensgebühr des Rechtsmittelverfahrens entsteht dagegen nur aus einem geringeren Wert. Angerechnet wird daher auch nur aus diesem geringeren Wert.

    I. **Gutachten (Wert: 70.000,00 EUR)**
      1. 1,3-Prüfungsgebühr, Nr. 2101 VV   1.732,90 EUR
      2. Postentgeltpauschale, Nr. 7002 VV[27]   20,00 EUR
         Zwischensumme   1.752,90 EUR
      3. 19 % Umsatzsteuer, Nr. 7008 VV   333,05 EUR
    Gesamt   **2.085,95 EUR**
    II. **Revisionsverfahren (Wert: 40.000,00 EUR)**
      1. 2,3-Verfahrensgebühr, Nrn. 3206, 3208 VV   2.329,90 EUR

26 Zur Postentgeltpauschale siehe Fn 13.
27 Zur Postentgeltpauschale siehe Fn 13.

2. gem. Nr. 2101 VV i.V.m. Anm. zu Nr. 2100 VV anzurechnen,
   1,3-Gebühr aus 40.000,00 EUR − 1.316,90 EUR
3. 1,5-Terminsgebühr, Nr. 3210 VV 1.519,50 EUR
4. Postentgeltpauschale, Nr. 7002 VV 20,00 EUR
   Zwischensumme 2.552,50 EUR
5. 19 % Umsatzsteuer, Nr. 7008 VV 484,98 EUR
Gesamt **3.037,48 EUR**

Zu einem eingeschränkten Rechtsmittel kann es auch hier kommen, wen nur einer von mehreren Auftraggebern sich zum Rechtsmittel entschließt. Vorzugehen ist wie in Beispiel 8. **27**

Wird nach Gutachtenerstellung ein anderer Anwalt mit der Durchführung des Rechtsmittelverfahrens beauftragt, findet eine Anrechnung selbstverständlich nicht statt, etwa wenn der OLG-Anwalt die Aussicht einer Revision gegen das Urteil des OLG gutachterlich prüft und bejaht und darauf ein BGH-Anwalt mit dem Revisionsverfahren beauftragt wird. **28**

III. Prüfung der Erfolgsaussicht eines Rechtsmittels bei Rahmengebühren

Für die Prüfung der Erfolgsaussicht eines Rechtsmittels in sozialrechtlichen Angelegenheiten, in denen im gerichtlichen Verfahren Betragsrahmengebühren entstehen (§ 3 Abs. 1 S. 1, Abs. 2 RVG), sowie in Straf- und Bußgeldsachen und in Verfahren nach Teil 6 VV, die nach Betragsrahmengebühren abgerechnet werden, richten sich die Gebühren nach Nrn. 2102, 2103 VV. Soweit allerdings in Straf- und Bußgeldsachen nach Wert abgerechnet wird (Nrn. 4142, 4143 ff., 5116, VV), gelten die Nrn. 2100, 2101 VV.[28] **29**

1. Prüfung der Erfolgsaussicht eines Rechtsmittels

Für die Prüfung der Erfolgsaussicht eines Rechtsmittels entsteht nach Nr. 2102 VV eine Gebühr in Höhe von 30,00 EUR bis 320,00 EUR; die Mittelgebühr beträgt 175,00 EUR. **30**

Beispiel 14 | Prüfung der Erfolgsaussicht eines Rechtsmittels

Der Anwalt ist beauftragt, die Aussicht einer Revision gegen das Urteil des Landessozialgerichts zu prüfen. Er rät von der Durchführung ab. Das Rechtsmittel wird nicht eingelegt.

1. Prüfungsgebühr, Nr. 2102 VV 175,00 EUR
2. Postentgeltpauschale, Nr. 7002 VV[29] 20,00 EUR
   Zwischensumme 195,00 EUR
3. 19 % Umsatzsteuer, Nr. 7008 VV 37,05 EUR
Gesamt **232,05 EUR**

Auch hier ist bei **mehreren Auftraggebern** nach Nr. 1008 VV zu erhöhen, und zwar um 30 % je weiteren Auftraggeber.[30] Auf eine gemeinsame Beteiligung an demselben Gegenstand kommt es hier – im Gegensatz zu den Wertgebühren – nicht an. **31**

---

28 Zwar spricht Nr. 2102 VV von allen Angelegenheiten, die in Teil 4 bis 6 VV geregelt sind. Gemeint sind damit aber nur diejenigen Angelegenheiten, die nach Betragsrahmengebühren abgerechnet werden. Soweit Wertgebühren gelten, bleibt es auch hier bei Nrn. 2100, 2101 VV. Dies wird demnächst durch die Neufassung der Nr. 2102 VV im Zuges des 2. Justizmodernisierungsgesetzes klargestellt werden.
29 Zur Postentgeltpauschale siehe Fn 13.
30 AnwK-RVG/*N. Schneider*, Nr. 2102 VV Rn 3.

§ 7 Prüfung der Erfolgsaussicht eines Rechtsmittels

Beispiel 15 | Prüfung der Erfolgsaussicht eines Rechtsmittels, mehrere Auftraggeber

Der Anwalt wird von den beiden unterlegenen Klägern beauftragt, die Aussicht einer Revision gegen das Urteil des Landessozialgerichts zu prüfen. Der Anwalt rät von der Durchführung ab. Das Rechtsmittel wird nicht eingelegt.

1. Prüfungsgebühr, Nrn. 2102, 1008 VV   227,50 EUR
2. Postentgeltpauschale, Nr. 7002 VV[31]   20,00 EUR
   Zwischensumme   247,50 EUR
3. 19 % Umsatzsteuer, Nr. 7008 VV   47,03 EUR
   Gesamt   **294,53 EUR**

32 Kommt es anschließend zur Einlegung des Rechtsmittels, wird auch die Gebühr nach Nr. 2102 VV auf die Verfahrensgebühr des nachfolgenden Rechtsmittelverfahrens angerechnet (Anm. zu Nr. 2102 VV).

33 Auch hier ist zu differenzieren, ob das Rechtsmittel hinsichtlich des Prüfungsgegenstands oder wegen eines anderen Gegenstands durchgeführt wird.

Beispiel 16 | Prüfung der Erfolgsaussicht eines Rechtsmittels mit nachfolgendem Rechtsmittel, das den Gegenstand der Prüfung betrifft

Der Anwalt, der bereits in der ersten Instanz verteidigt hat, ist beauftragt, die Aussicht einer Berufung gegen das Urteil des Schöffengerichts zu prüfen. Der Anwalt rät zur Berufung und wird anschließend mit dem Berufungsverfahren beauftragt und nimmt an der Hauptverhandlung teil.

I. Prüfung der Erfolgsaussicht
1. Prüfungsgebühr, Nr. 2102 VV   175,00 EUR
2. Postentgeltpauschale, Nr. 7002 VV[32]   20,00 EUR
   Zwischensumme   195,00 EUR
3. 19 % Umsatzsteuer, Nr. 7008 VV   37,05 EUR
   Gesamt   **232,05 EUR**

II. Berufungsverfahren
1. Verfahrensgebühr, Nr. 4124 VV   320,00 EUR
2. gem. Anm. zu Nr. 2102 VV anzurechnen   – 175,00 EUR
3. Terminsgebühr, Nr. 4126 VV   320,00 EUR
4. Postentgeltpauschale, Nr. 7002 VV   20,00 EUR
   Zwischensumme   485,00 EUR
5. 19 % Umsatzsteuer, Nr. 7008 VV   92,15 EUR
   Gesamt   **577,15 EUR**

34 Eine Anrechnung unterbleibt dagegen auch hier, wenn sich die Gegenstände von Prüfung und Rechtsmittelverfahren nicht decken.

Beispiel 17 | Prüfung der Erfolgsaussicht eines Rechtsmittels mit nachfolgendem Rechtsmittel, das nicht den Gegenstand der Prüfung betrifft

Nach teilweiser Verurteilung und Teilfreispruch wird der bislang noch nicht tätige Anwalt vom Mandanten beauftragt, die Aussicht einer Revision gegen das Urteil des Landgerichts

---

31 Zur Postentgeltpauschale siehe Fn 13.
32 Zur Postentgeltpauschale siehe Fn 13.

III. Prüfung der Erfolgsaussicht eines Rechtsmittels bei Rahmengebühren § 7

zu prüfen. Der Anwalt rät von der Revision ab. Diese wird auch nicht eingelegt. Stattdessen legt jedoch die Staatsanwaltschaft Revision ein, soweit der Mandant freigesprochen worden ist. Es kommt zur Hauptverhandlung.

Der Prüfung liegt ein anderer Gegenstand zugrunde als der später von der Staatsanwaltschaft eingelegten Revision. Eine Anrechnung unterbleibt daher.

I. **Prüfung der Erfolgsaussicht**
1. Prüfungsgebühr, Nr. 2102 VV   175,00 EUR
2. Postentgeltpauschale, Nr. 7002 VV[33]   20,00 EUR
   Zwischensumme   195,00 EUR
3. 19 % Umsatzsteuer, Nr. 7008 VV   37,05 EUR
Gesamt   **232,05 EUR**

II. **Revisionsverfahren**
1. Grundgebühr, Nr. 4100 VV   200,00 EUR
2. Verfahrensgebühr, Nr. 4130 VV   615,00 EUR
3. Terminsgebühr, Nr. 4132 VV   340,00 EUR
4. Postentgeltpauschale, Nr. 7002 VV   20,00 EUR
   Zwischensumme   1.175,00 EUR
5. 19 % Umsatzsteuer, Nr. 7008 VV   223,25 EUR
Gesamt   **1.398,25 EUR**

Ist der Gegenstand der Prüfung nur teilweise betroffen, muss eine verhältnismäßige Anrechnung vorgenommen werden. Man muss also fragen, welche Gebühr nach § 14 Abs. 1 RVG für die auf den späteren Rechtsmittelauftrag beschränkte Prüfung angemessen gewesen wäre. Dieser Betrag ist dann anzurechnen. 35

> **Beispiel 18** Prüfung der Erfolgsaussicht eines Rechtsmittels mit nachfolgendem Rechtsmittel, das teilweise den Gegenstand der Prüfung betrifft

Nach Verurteilung wegen Diebstahls und Betrugs in Tatmehrheit wird der Anwalt vom Mandanten beauftragt, die Aussicht einer Berufung gegen das Urteil des Schöffengerichts zu prüfen. Der Anwalt rät von der Berufung hinsichtlich der Verurteilung wegen des Diebstahls ab. Hinsichtlich der Verurteilung wegen Betrugs rät er dagegen zur Berufung, die dann auch mit dieser Beschränkung eingelegt wird. Angemessen sei für die Prüfung die Höchstgebühr; bei einer auf den Betrugsvorwurf beschränkten Prüfung wäre die Mittelgebühr angemessen gewesen.

Der Prüfung liegt ein umfassenderer Gegenstand zugrunde als der später eingelegten Berufung. Eine Anrechnung der Prüfungsgebühr (hier Höchstgebühr) findet daher nur statt, soweit die Prüfungsgebühr alleine für die Prüfung der Aussicht einer Berufung gegen den Betrugsvorwurf entstanden wäre (hier Mittelgebühr).

I. **Prüfung der Erfolgsaussicht**
1. Prüfungsgebühr, Nr. 2102 VV   320,00 EUR
2. Postentgeltpauschale, Nr. 7002 VV[34]   20,00 EUR
   Zwischensumme   340,00 EUR
3. 19 % Umsatzsteuer, Nr. 7008 VV   64,60 EUR
Gesamt   **404,60 EUR**

---

33 Zur Postentgeltpauschale siehe Fn 13.
34 Zur Postentgeltpauschale siehe Fn 13.

§ 7 Prüfung der Erfolgsaussicht eines Rechtsmittels

II. Berufungsverfahren	
1. Verfahrensgebühr, Nr. 4124 VV	320,00 EUR
2. gem. Anm. zu Nr. 2102 VV anzurechnen	– 175,00 EUR
3. Terminsgebühr, Nr. 4126 VV	320,00 EUR
4. Postentgeltpauschale, Nr. 7002 VV	20,00 EUR
Zwischensumme	485,00 EUR
5. 19 % Umsatzsteuer, Nr. 7008 VV	92,15 EUR
Gesamt	**577,15 EUR**

36 Zu einem eingeschränkten Rechtsmittel kann es auch dann kommen, wenn nur einer von mehreren Auftraggebern sich zum Rechtsmittel entschließt.

> **Beispiel 19** — Prüfung der Erfolgsaussicht eines Rechtsmittels für mehrere Auftraggeber mit nachfolgendem Rechtsmittel für nur einen Auftraggeber

Der Anwalt berät zwei Nebenkläger nach Freispruch des Angeklagten über die Aussicht einer Berufung. Während der eine Nebenkläger sich zur Berufung entschließt, legt der weitere Nebenkläger keine Berufung ein.

Für die Prüfung entsteht die nach Nr. 1008 VV erhöhte Gebühr. Anzurechnen ist jedoch nur die einfache Gebühr.

I. Prüfung der Erfolgsaussicht	
1. Prüfungsgebühr, Nrn. 2102, 1008 VV	227,50 EUR
2. Postentgeltpauschale, Nr. 7002 VV[35]	20,00 EUR
Zwischensumme	247,50 EUR
3. 19 % Umsatzsteuer, Nr. 7008 VV	47,03 EUR
Gesamt	**294,53 EUR**
II. Berufungsverfahren	
1. Verfahrensgebühr, Nr. 4124 VV	320,00 EUR
2. gem. Anm. zu Nr. 2102 VV anzurechnen	– 175,00 EUR
3. Terminsgebühr, Nr. 4126 VV	320,00 EUR
4. Postentgeltpauschale, Nr. 7002 VV	20,00 EUR
Zwischensumme	485,00 EUR
5. 19 % Umsatzsteuer, Nr. 7008 VV	92,15 EUR
Gesamt	**577,15 EUR**

2. Prüfung der Erfolgsaussicht eines Rechtsmittels mit Gutachten

37 Ist die Prüfung der Erfolgsaussicht eines Rechtsmittels mit der Ausarbeitung eines schriftlichen Gutachtens verbunden, erhöht sich nach Nr. 2103 VV die Gebühr der Nr. 2102 VV auf 50,00 EUR bis 550,00 EUR. Die Mittelgebühr beträgt jetzt 300,00 EUR.

> **Beispiel 20** — Prüfung der Erfolgsaussicht eines Rechtsmittels mit Gutachten

Der Anwalt ist beauftragt, die Aussicht einer Revision gegen das Urteil des Landessozialgerichts zu prüfen und hierüber ein Gutachten zu verfassen. Er rät von der Revision ab, die dann auch nicht durchgeführt wird.

---

35 Zur Postentgeltpauschale siehe Fn 13.

III. Prüfung der Erfolgsaussicht eines Rechtsmittels bei Rahmengebühren · § 7

1. Prüfungsgebühr, Nr. 2103 VV		300,00 EUR
2. Postentgeltpauschale, Nr. 7002 VV[36]		20,00 EUR
Zwischensumme	320,00 EUR	
3. 19 % Umsatzsteuer, Nr. 7008 VV		60,80 EUR
Gesamt		**380,80 EUR**

Auch hier ist wiederum bei **mehreren Auftraggebern** nach Nr. 1008 VV um jeweils 30 % je weiteren Auftraggeber zu erhöhen. **38**

Beispiel 21 — Prüfung der Erfolgsaussicht eines Rechtsmittels mit Gutachten, mehrere Auftraggeber

Der Anwalt wird von zwei Klägern beauftragt, die Aussicht einer Revision gegen das Urteil des Landessozialgerichts zu prüfen und hierüber ein Gutachten zu verfassen. Er rät von der Revision ab, die dann auch nicht durchgeführt wird.

1. Prüfungsgebühr, Nr. 2103 VV		390,00 EUR
2. Postentgeltpauschale, Nr. 7002 VV[37]		20,00 EUR
Zwischensumme	410,00 EUR	
3. 19 % Umsatzsteuer, Nr. 7008 VV		77,90 EUR
Gesamt		**487,90 EUR**

Kommt es anschließend zur Einlegung des Rechtsmittels, wird auch die Gebühr nach Nr. 2103 VV auf die Verfahrensgebühr eines nachfolgenden Rechtsmittelverfahrens angerechnet (Anm. zu Nr. 2102 VV). **39**

Beispiel 22 — Prüfung der Erfolgsaussicht eines Rechtsmittels mit Gutachten und nachfolgendem Rechtsmittelverfahren

Der Anwalt ist beauftragt, die Aussicht einer Revision gegen das Urteil des Landessozialgerichts zu prüfen und rät zur Revision, die auch durchgeführt wird.

I. Prüfung der Erfolgsaussicht		
1. Prüfungsgebühr, Nr. 2103 VV		300,00 EUR
2. Postentgeltpauschale, Nr. 7002 VV[38]		20,00 EUR
Zwischensumme	320,00 EUR	
3. 19 % Umsatzsteuer, Nr. 7008 VV		60,80 EUR
Gesamt		**380,80 EUR**
II. Revisionsverfahren		
1. Verfahrensgebühr, Nr. 3212 VV		480,00 EUR
2. gem. Anm. zu Nr. 2102 VV anzurechnen		– 300,00 EUR
3. Terminsgebühr, Nr. 3213 VV		455,00 EUR
4. Postentgeltpauschale, Nr. 7002 VV		20,00 EUR
Zwischensumme	655,00 EUR	
5. 19 % Umsatzsteuer, Nr. 7008 VV		124,45 EUR
Gesamt		**779,45 EUR**

Wird der Anwalt für mehrere Auftraggeber tätig, ist auch hier die erhöhte Prüfungsgebühr anzurechnen. **40**

---

36 Zur Postentgeltpauschale siehe Fn 13.
37 Zur Postentgeltpauschale siehe Fn 13.
38 Zur Postentgeltpauschale siehe Fn 13.

§ 7 Prüfung der Erfolgsaussicht eines Rechtsmittels

41 Soweit das Rechtsmittel nur teilweise durchgeführt wird, ist auch nur teilweise anzurechnen (siehe Beispiel 18).

42 Führt nur einer vom mehreren Auftraggebern das Rechtsmittel durch, ist auch hier nur die einfache Prüfungsgebühr anzurechnen (siehe Beispiel 8).

43 Wird ein anderer Rechtsanwalt mit dem Rechtsmittel beauftragt, als der, der gutachterlich geprüft hat, findet eine Anrechnung nicht statt. Jeder Anwalt erhält seine Gebühren ungekürzt.

§ 8 Außergerichtliche Vertretung

Inhalt

I. Überblick 1	e) Anrechnung bei nachfolgendem geringeren Gebührensatz 30
II. Die Geschäftsgebühr 9	f) Anrechnung bei nur teilweise identischen Gegenständen 32
III. Problemfall: Entwurf von Urkunden und Mahnschreiben 13	g) Anrechnung auf reduzierte Verfahrensgebühr 34
IV. Die Begrenzung durch die sog. „Schwellengebühr" 15	h) Konkurrenz von Anrechnung und Kürzung nach § 15 Abs. 3 RVG 36
V. Einfaches Schreiben 17	i) Anrechnung bei mehreren Geschäftsgebühren aus Teilwerten aber nur einer Verfahrensgebühr aus dem Gesamtwert .. 39
VI. Außergerichtliche Vertretung mit Einigung 18	j) Anrechnung bei einer Geschäftsgebühr aus dem Gesamtwert und mehreren Verfahrensgebühren aus Teilwerten 40
VII. Anrechnung 19	k) Anrechnung eines überschießenden Anrechnungsbetrags auf nachfolgende Angelegenheit 41
1. Anrechnung der Beratungsgebühr auf die Geschäftsgebühr 19	
2. Anrechnung der Geschäftsgebühr 22	
a) Überblick 22	l) Anrechnung auf vorangegangene Verfahrensgebühr bei bloßem Verhandeln über nicht anhängige Gegenstände 43
b) Einfache Anrechnungsfälle 24	
c) Anrechnung bei mehreren Auftraggebern 26	
d) Anrechnungsausschluss nach mehr als zwei Kalenderjahren 29	m) Anrechnung auf nachfolgendes Güte- oder Schlichtungsverfahren 45

I. Überblick

Die Vergütung für die außergerichtliche Vertretungstätigkeit des Rechtsanwalts findet sich in Teil 2 Abschnitt 3 VV, den Nrn. 2300 ff. VV. Für sämtliche in einer Angelegenheit anfallenden außergerichtlichen Tätigkeiten erhält der Anwalt eine **Geschäftsgebühr**. Sie gilt für das Betreiben des Geschäfts einschließlich der Information und der Teilnahme an Besprechungen sowie das Mitwirken bei der Gestaltung eines Vertrages (Vorbem. 2.3 Abs. 3 VV). 1

Neben der Geschäftsgebühr kann keine Terminsgebühr nach Nr. 3104 VV anfallen.[1] Auch wenn Vorbem. 3 Abs. 3 S. 3 Nr. 2 VV dazu verleitet, eine außergerichtliche Besprechung zur Vermeidung eines möglichen Rechtsstreits zum Anlass für eine Terminsgebühr zu nehmen, ist dies nicht möglich, weil die Gebühren nach Teil 3 VV einen gerichtlichen Verfahrensauftrag voraussetzen.[2] Liegt aber ein gerichtlicher Verfahrensauftrag vor, so ist Teil 2 VV gar nicht mehr anwendbar, so dass die Kombination Geschäftsgebühr und Terminsgebühr unmöglich ist. Die hat der Gesetzgeber in seiner Begründung zum 2. KostRMoG nochmals ausdrücklich klargestellt:[3] 2

> „Die Grenzziehung zwischen der Anwendung des Teils 2 VV für außergerichtliche Tätigkeiten und des Teils 3 VV für das gerichtliche Verfahren führt in der Praxis immer wieder zu Unsicherheiten. So ist die Entscheidung des BGH vom 1. Juli 2010 (AGS 2010, 483) bereits in der Anmerkung zu dieser Entscheidung (AGS 2010, 485) kritisiert worden. Mit dem nunmehr vorgeschlagenen neuen Absatz 1 Satz 1 der Vorbemerkung 3 soll für den Übergang von der vorgerichtlichen zur gerichtlichen Tätigkeit klargestellt werden, dass die Anwendung des Teils 3 VV einen unbedingten Auftrag für ein gerichtliches Verfahren voraussetzt. Es bestehen

---

1 AG Altenkirchen AGS 2007, 557 = NJW-Spezial 2007, 556.
2 BGH AGS 2007, 166 = FamRZ 2007, 721 = AnwBl. 2007, 381.
3 BT-Drucks 17/11471 (neu), S. 274 re. Sp.

§ 8 Außergerichtliche Vertretung

keine Bedenken, wenn dies dazu führt, dass der bereits mit unbedingtem Klageauftrag versehene Verfahrensbevollmächtigte des Klägers für eine Besprechung mit dem Beklagten vor Klageeinreichung eine Terminsgebühr erhält, während der Vertreter der Gegenseite mangels eines unbedingten Prozessauftrags seine Gebühren nach Teil 2 abrechnen muss. Die in Teil 2 VV für die Vertretung vorgesehene Gebührenspanne in Nummer 2300 VV ermöglicht die gleichen Gebühren wie die Regelungen in Teil 3, setzt allerdings eine entsprechend umfangreiche und schwierige Tätigkeit voraus. Der Regelungsgehalt des geltenden Absatzes 1 ist in dem vorgeschlagenen Satz 2 enthalten."

3   Besondere Regelungen gelten in **verwaltungsrechtlichen Verfahren**, da hier für das Nachprüfungsverfahren eine Gebührenanrechnung vorgesehen ist (im Zusammenhang siehe § 29 Rn 13 ff.).

4   Darüber hinaus gelten Besonderheiten in **sozialrechtlichen Angelegenheiten**, in denen nach Betragsrahmengebühren abzurechnen ist. Auch hier wird wegen des Zusammenhangs auf die Darstellung in sozialrechtlichen Angelegenheiten verwiesen (siehe § 31 Rn 8 ff.).

5   Des Weiteren sind besondere Vorschriften für schiedsrichterliche Verfahren und Verfahren vor den Schiedsgerichten vorgesehen (§ 36 RVG). Zwar handelt es sich um außergerichtliche Tätigkeiten, da es sich bei den Schiedsgerichten nicht um staatliche Gerichte handelt; das Gesetz enthält jedoch in § 36 RVG eine gesonderte Regelung, die die Gebühren nach Teil 2 VV ausschließt (Vorbem. 2 Abs. 1 VV) und auf die Vorschriften nach Teil 3 Abschnitt 1 und 2 VV verweist.

6   Nicht anwendbar sind die Vorschriften nach Teil 2 Abschnitt 3 VV, wenn der Anwalt **Hilfeleistung bei der Erfüllung allgemeiner Steuerpflichten und bei der Erfüllung steuerlicher Buchführungs- und Aufzeichnungspflichten** erbringt. Es gilt dann über § 35 RVG die StBVV. Die Gebühren nach Teil 2 VV sind dann ausgeschlossen (Vorbem. 2 Abs. 1 VV) (siehe § 30).

7   Ebenfalls gilt nicht Teil 2 Abschnitt 3 VV (Vorbem. 2.5 VV), sondern Teil 3 Abschnitt 5 VV, wenn der Anwalt außergerichtlich im Rahmen der **Beratungshilfe** vertretend tätig wird (Nrn. 2503 f. VV) (siehe § 10 Rn 24).

8   Ebenso gilt Teil 2 Abschnitt 3 VV nicht in **Straf- und Bußgeldsachen** sowie in den meisten **Verfahren nach Teil 6 VV**. In diesen Verfahren ist die außergerichtliche Vertretung gesondert geregelt.

II. Die Geschäftsgebühr

9   Die Geschäftsgebühr entsteht für das Betreiben des Geschäfts einschließlich der Information sowie für das Mitwirken bei der Gestaltung eines Vertrages (Vorbem. 2.3 Abs. 3 VV). Vorgesehen ist ein Satzrahmen von 0,5 auf bis 2,5. Dieser Rahmen ist anhand der Kriterien des § 14 Abs. 1 RVG auszufüllen. Die Mittelgebühr beträgt 1,5.

| Beispiel 1 | Außergerichtliche Vertretung – Mittelgebühr |

Der Anwalt wird mit der außergerichtlichen Beitreibung einer Forderung in Höhe von 8.000,00 EUR beauftragt. Die Sache ist durchschnittlich, aber umfangreich.

Da die Sache umfangreich ist, greift die Begrenzung nach Anm. zu Nr. 2300 VV nicht (siehe Rn 15 ff.). Dem Anwalt steht der volle Gebührenrahmen zur Verfügung. Da die Sache durchschnittlich ist, kann grundsätzlich von der Mittelgebühr ausgegangen werden.

1.	1,5-Geschäftsgebühr, Nr. 2300 VV (Wert: 8.000,00 EUR)		684,00 EUR
2.	Postentgeltpauschale, Nr. 7002 VV		20,00 EUR
	Zwischensumme	704,00 EUR	
3.	19 % Umsatzsteuer, Nr. 7008 VV		133,76 EUR
Gesamt			**837,76 EUR**

Beispiel 2 | Außergerichtliche Vertretung – Mittelgebühr, mehrere Auftraggeber

Der Anwalt wird von zwei Gesamtschuldnern mit der außergerichtlichen Abwehr einer Forderung in Höhe von 8.000,00 EUR beauftragt. Die Sache ist durchschnittlich, aber umfangreich.

Vertritt der Anwalt mehrere Auftraggeber wegen desselben Gegenstands, so erhöht sich die Geschäftsgebühr um 0,3. Zutreffenderweise wird man die Mindest- und die Höchstgebühr um jeweils 0,3 erhöhen und aus diesem Rahmen dann die angemessene Gebühr bestimmen. Das führt bei zwei Auftraggebern zu einem Gebührenrahmen von 0,8 bis 2,8. Die Mittelgebühr beträgt dann 1,8. Zum selben Ergebnis gelangt man aber auch, wenn man zunächst die (Mittel-)Gebühr bestimmt und diese dann um 0,3 je weiteren Auftraggeber anhebt.[4]

1.	1,8-Geschäftsgebühr, Nrn. 2300, 1008 VV (Wert: 8.000,00 EUR)		820,80 EUR
2.	Postentgeltpauschale, Nr. 7002 VV		20,00 EUR
	Zwischensumme	840,80 EUR	
3.	19 % Umsatzsteuer, Nr. 7008 VV		159,75 EUR
Gesamt			**1.000,55 EUR**

Der Mindestsatz beträgt 0,5. Auch er erhöht sich bei mehreren Auftraggebern um jeweils 0,3 je weiteren Auftraggeber. Von dem Mindestsatz ist nur in den einfachsten Angelegenheiten auszugehen, insbesondere dann, wenn sich die Sache vorzeitig erledigt, bevor der Anwalt weitere Tätigkeiten ausübt.

10

Beispiel 3 | Außergerichtliche Vertretung – Mindestsatz

Der Anwalt wird mit der außergerichtlichen Beitreibung einer Forderung in Höhe von 8.000,00 EUR beauftragt. Die Sache erledigt sich unmittelbar nach Auftragserteilung, ohne dass der Anwalt schon etwas veranlasst hat. Angemessen ist nur der Mindestsatz.

1.	0,5-Geschäftsgebühr, Nr. 2300 VV (Wert: 8.000,00 EUR)		228,00 EUR
2.	Postentgeltpauschale, Nr. 7002 VV		20,00 EUR
	Zwischensumme	248,00 EUR	
3.	19 % Umsatzsteuer, Nr. 7008 VV		47,12 EUR
Gesamt			**295,12 EUR**

---

4 Siehe AnwK-RVG/*Volpert*, Nr. 1008 VV Rn 63.

§ 8 Außergerichtliche Vertretung

> **Beispiel 4** Außergerichtliche Vertretung – Mindestsatz, mehrere Auftraggeber

Der Anwalt wird von zwei Gesamtgläubigern mit der außergerichtlichen Beitreibung einer Forderung in Höhe von 8.000,00 EUR beauftragt. Die Sache erledigt sich unmittelbar nach Auftragserteilung, ohne dass der Anwalt schon etwas veranlasst hat. Angemessen ist nur der Mindestsatz.

1.	0,8-Geschäftsgebühr, Nrn. 2300, 1008 VV (Wert: 8.000,00 EUR)	364,80 EUR
2.	Postentgeltpauschale, Nr. 7002 VV	20,00 EUR
	Zwischensumme 384,80 EUR	
3.	19 % Umsatzsteuer, Nr. 7008 VV	73,11 EUR
	Gesamt	**457,91 EUR**

11 Die Höchstgebühr kommt in Betracht, wenn die Sache besonders schwierig und umfangreich war, insbesondere, wenn Besprechungen geführt worden sind, Gutachten eingeholt wurden, umfangreiche Berechnungen und Korrespondenz erforderlich waren etc.

> **Beispiel 5** Außergerichtliche Vertretung – Höchstsatz

Der Anwalt wird mit einer äußerst umfangreichen außergerichtlichen Vertretung beauftragt, bei der es zu mehreren Besprechungen kommt (Gegenstandswert 8.000,00 EUR). Angemessen ist der Höchstsatz.

1.	2,5-Geschäftsgebühr, Nr. 2300 VV (Wert: 8.000,00 EUR)	1.140,00 EUR
2.	Postentgeltpauschale, Nr. 7002 VV	20,00 EUR
	Zwischensumme 1.160,00 EUR	
3.	19 % Umsatzsteuer, Nr. 7008 VV	220,40 EUR
	Gesamt	**1.380,40 EUR**

12 Soweit nicht von dem Mindest- oder Höchstsatz und auch weder von der Mittelgebühr noch der sog. Schwellengebühr (siehe Rn 12) auszugehen ist, haben sich in der Praxis folgende Gebührensätze herausgebildet, die selbstverständlich nicht bindend sind. Zwischenwerte sind ebenso möglich.

0,8 – sehr unterdurchschnittlich

1,0 – leicht unterdurchschnittlich

1,8 – leicht überdurchschnittlich

2,0 – sehr überdurchschnittlich.

> **Beispiel 6** Außergerichtliche Vertretung – Überdurchschnittliche Kriterien

Der Anwalt wird mit dem Entwurf eines äußerst umfangreichen Vertrags beauftragt (Gegenstandswert 100.000,00 EUR). Die Sache ist in jeglicher Hinsicht überdurchschnittlich.

Ist die Angelegenheit überdurchschnittlich, kann von einem höheren Gebührensatz als der Mittelgebühr ausgegangen werden. Hier soll ein Satz von 2,0 angenommen werden.

1. 2,0-Geschäftsgebühr, Nr. 2300 VV   3.006,00 EUR
   (Wert: 100.000,00 EUR)
2. Postentgeltpauschale, Nr. 7002 VV   20,00 EUR
   Zwischensumme   3.026,00 EUR
3. 19 % Umsatzsteuer, Nr. 7008 VV   574,94 EUR
Gesamt   **3.600,94 EUR**

III. Problemfall: Entwurf von Urkunden und Mahnschreiben

Strittig ist, welche Vergütung der Anwalt erhält, wenn er eine Urkunde entwirft. Nach Vorbem. 2.3 Abs. 3 VV entsteht die Geschäftsgebühr für das Betreiben des Geschäfts einschließlich der Information und für die Mitwirkung bei der Gestaltung eines Vertrags. Im Gegensatz zur BRAGO ist die Mitwirkung bei der Erstellung einer Urkunde nicht mehr ausdrücklich geregelt. Anfangs wurde vertreten, dass die Mitwirkung an der Erstellung einer Urkunde nach wie vor Geschäftstätigkeit sei. Zutreffend ist es jedoch, hier eine Beratungstätigkeit anzunehmen, so dass eine Gebührenvereinbarung erforderlich ist (§ 34 Abs. 1 S. 1 RVG), anderenfalls nach bürgerlichem Recht abgerechnet wird (§ 34 Abs. 1 S. 2 RVG).[5]

13

Beispiel 7 | Entwurf einer Urkunde

Der Anwalt wird mit dem Entwurf eines Testamentes beauftragt, das der Auftraggeber später eigenhändig abschreibt und bei Gericht hinterlegt. Der Auftraggeber hat ein Vermögen von 200.000,00 EUR und Verbindlichkeiten von 50.000,00 EUR.

Auszugehen ist von einer Beratung. Die Gebühr richtet sich nach § 34 RVG.

Ebenso verhält es sich, wenn der Rechtsanwalt für seinen Mandanten den Auftrag hat, ein Mahnschreiben im Namen des Mandanten zu entwerfen (sog. verdeckte Stellvertretung), ohne selbst nach außen in Erscheinung zu treten. In diesem Fall liegt keine Vertretungstätigkeit nach Teil 2 Abschnitt 3 VV vor. Die Nr. 2300 VV ist daher nicht anwendbar. Der Anwalt erhält lediglich eine Beratungsgebühr nach § 34 Abs. 1 RVG[6] (siehe § 6 Rn 4 ff.).

14

Beispiel 8 | Entwurf eines Mahnschreibens

Der Anwalt wird beauftragt, ein außergerichtliches Zahlungsaufforderungsschreiben zu entwerfen, welches der Mandant unter seinem eigenen Briefkopf dem Beklagten zukommen lassen will.

Es liegt keine Geschäftstätigkeit, sondern eine Beratung vor. Da keine Vereinbarung getroffen worden ist, erhält der Anwalt lediglich eine Beratungsgebühr nach § 34 Abs. 1 S. 2 RVG i.V.m. § 612 BGB.

---

5 OLG Düsseldorf AGS 2012, 454= JurBüro 2012, 583 = FamRZ 2013, 727 = NJW-Spezial 2012, 635 = Erbrecht effektiv 2012, 207; AG Hamburg Altona AGS 2008, 166 = ZEV 2008, 294 = ErbR 2008, 129 = ZFE 2008, 439 = NJW-Spezial 2008, 187.
6 OLG Nürnberg AGS 2010, 480 = NJW-Spezial 2010, 667 = AnwBl 2010, 805 = zfs 2011, 44 = NJW 2011, 621 = RVGreport 2010, 459 = FamRZ 2011, 668 = RVGprof. 2011, 170.

IV. Die Begrenzung durch die sog. „Schwellengebühr"

15 Zu beachten ist die Anm. zu Nr. 2300 VV. Darin hat der Gesetzgeber einen sog. **Schwellenwert** eingeführt. Danach kann der Rechtsanwalt eine Gebühr von mehr als 1,3 nur fordern, wenn die Tätigkeit *„umfangreich oder schwierig"* war. Mit dieser Schwellengebühr wird **kein zweiter Gebührenrahmen** eingeführt, etwa dergestalt, dass in einfachen und nicht schwierigen Angelegenheiten nunmehr ein Rahmen von 0,5 bis 1,3; Mittelgebühr 0,9 gilt. Bei der sog. Schwellengebühr von 1,3 handelt es sich vielmehr um einen Höchstsatz, ähnlich wie bei der „Erstberatungsgebühr". Die Anwendung der Schwellengebühr führt lediglich dazu, dass der durch § 14 Abs. 1 RVG eingeräumte anwaltliche Ermessensspielraum eingeschränkt wird. Bei der Frage, ob eine Angelegenheit umfangreich oder schwierig ist, handelt es sich um eine Rechtsfrage, die der uneingeschränkten Überprüfung des Gerichts unterliegt. Ein Toleranzbereich ist hier nicht gegeben.[7]

Beispiel 9 | **Außergerichtliche Vertretung – Schwellengebühr**

Der Anwalt wird mit der außergerichtlichen Beitreibung einer Forderung in Höhe von 8.000,00 EUR beauftragt. Die Sache ist von besonderer Bedeutung. Die Einkommens- und Vermögensverhältnisse des Auftraggebers sind überdurchschnittlich und auch das Haftungsrisiko ist besonders hoch. Die Tätigkeit des Anwalts ist jedoch weder umfangreich noch schwierig.

Da die Angelegenheit weder umfangreich noch schwierig war, greift die Schwellengebühr nach Anm. zu Nr. 2300 VV. Dass die übrigen Kriterien überdurchschnittlich sind, ist unerheblich. Der Anwalt kann keine höhere Gebühr als 1,3 abrechnen.

1. 1,3-Geschäftsgebühr, Nr. 2300 VV (Wert: 8.000,00 EUR)		592,80 EUR
2. Postentgeltpauschale, Nr. 7002 VV		20,00 EUR
Zwischensumme	612,80 EUR	
3. 19 % Umsatzsteuer, Nr. 7008 VV		116,43 EUR
Gesamt		**729,23 EUR**

16 Auch die „Schwellengebühr" erhöht sich bei mehreren Auftraggebern um 0,3 je weiteren Auftraggeber, sofern der Gegenstand der anwaltlichen Tätigkeit derselbe ist (Anm. Abs. 4 zu Nr. 1008 VV).

Beispiel 10 | **Außergerichtliche Vertretung – Schwellengebühr, mehrere Auftraggeber**

Der Anwalt wird von zwei Gesamtschuldnern mit der außergerichtlichen Vertretung beauftragt. Die Tätigkeit des Anwalts ist weder umfangreich noch schwierig.

Auch die „Schwellengebühr" erhöht sich um 0,3 auf 1,6.

---

[7] Unter Aufgabe seiner bis dahin gegenteiligen Rechtsprechung BGH AGS 2013, 111 = AnwBl 2013, 295 = DAR 2013, 238 = zfs 2013, 288 = Schaden-Praxis 2013, 195 = JurBüro 2013, 358 = NJW-RR 2013, 1020 = NJW-Spezial 2013, 169 = RVGreport 2013, 185 = ErbR 2013, 212 = NJW 2013, 2441; AGS 2012, 373 = AnwBl 2012, 775 = NJW 2012, 2813 = DAR 2012, 552 = MDR 2012, 1127 = WuM 2012, 513 = zfs 2012, 584 = Schaden-Praxis 2012, 374 = NZV 2012, 538 = Rpfleger 2012, 713 = JurBüro 2012, 582 = GRUR-RR 2012, 491 = DStR 2012, 2559 = NJW-Spezial 2012, 541 = RVGprof. 2012, 147= MietRB 2012, 294 = RVGreport 2012, 375 = FamRB 2012, 311 = BRAK-Mitt 2012, 246 = ErbR 2013, 212.

1. 1,6-Geschäftsgebühr, Nrn. 2300, 1008 VV (Wert: 8.000,00 EUR)		729,60 EUR
2. Postentgeltpauschale, Nr. 7002 VV		20,00 EUR
Zwischensumme	749,60 EUR	
3. 19 % Umsatzsteuer, Nr. 7008 VV		142,42 EUR
Gesamt		**892,02 EUR**

V. Einfaches Schreiben

Wurde der Anwalt lediglich mit der Abfassung eines Schreibens einfacher Art beauftragt, so reduziert sich der Gebührenrahmen der Nr. 2300 VV auf 0,3 (Nr. 2301 VV). Klargestellt ist, dass es allein auf den dem Anwalt erteilten Auftrag ankommt und nicht auf die ausgeübte Tätigkeit.[8] Es handelt sich insoweit nicht um einen eigenen Gebührentatbestand, sondern nur um eine Sonderregelung zur Höhe der Geschäftsgebühr.

17

Beispiel 11	Einfaches Schreiben

Der Anwalt wird mit einer Handelsregisteranfrage beauftragt (Wert: 500,00 EUR).

Der Auftrag beschränkt sich von Vornherein auf ein einfaches Schreiben, so dass Nr. 2301 VV greift.

1. 0,3-Geschäftsgebühr, Nrn. 2300, 2301 VV (Wert: 500,00 EUR)		15,00 EUR[9]
2. Postentgeltpauschale, Nr. 7002 VV		3,00 EUR
Zwischensumme	18,00 EUR	
3. 19 % Umsatzsteuer, Nr. 7008 VV		3,42 EUR
Gesamt		**21,42 EUR**

Beispiel 12	Einfaches Schreiben, mehrere Auftraggeber

Der Anwalt wird von zwei Mandanten mit einer Handelsregisteranfrage beauftragt (Wert: 500,00 EUR).

Auch die Gebühr für ein einfaches Schreiben erhöht sich bei mehreren Auftraggebern nach Nr. 1008 VV um 0,3 je weiteren Auftraggeber, sofern eine gemeinschaftliche Beteiligung vorliegt.[10]

1. 0,6-Geschäftsgebühr, Nrn. 2300, 2301, 1008 VV (Wert: 500,00 EUR)		27,00 EUR
2. Postentgeltpauschale, Nr. 7002 VV		5,40 EUR
Zwischensumme	32,40 EUR	
3. 19 % Umsatzsteuer, Nr. 7008 VV		6,16 EUR
Gesamt		**38,56 EUR**

---

8 Siehe hierzu schon BGH AnwBl. 1983, 512 = NJW 1983, 2451 = Rpfleger 1983, 458 = JurBüro 1983, 1498; ausführlich auch *N. Schneider*, AGS 2003, 525.
9 Mindestbetrag nach § 13 Abs. 2 RVG.
10 AnwK-RVG/*Onderka*, Nr. 2300 VV Rn 11.

VI. Außergerichtliche Vertretung mit Einigung

18 Führt die außergerichtliche Vertretung zu einer Einigung, so entsteht auch hier eine Einigungsgebühr nach den Nrn. 1000 ff. VV. Die Höhe ist wiederum davon abhängig, ob der Gegenstand der Einigung anhängig (Nr. 1003 VV – 1,0), nicht anhängig (Nr. 1000 VV – 1,5) oder in einem Berufungs-, Revisionsverfahren oder einem Beschwerdeverfahren nach Vorbem. 3.2.1, 3.2.2 VV anhängig ist (Nr. 1004 VV – 1,3). Fallen verschiedene Gebührensätze an, so ist § 15 Abs. 3 RVG zu beachten.

> **Beispiel 13** | **Außergerichtliche Vertretung mit Einigung**

Der Anwalt wird mit der außergerichtlichen Beitreibung einer Forderung in Höhe von 8.000,00 EUR beauftragt. Es kommt zu einer Einigung der Parteien unter Mitwirkung des Anwalts.

Es entsteht neben der Geschäftsgebühr jetzt eine 1,5-Einigungsgebühr nach Nr. 1000 VV.

1.	1,5-Geschäftsgebühr, Nr. 2300 VV (Wert: 8.000,00 EUR)		684,00 EUR
2.	1,5-Einigungsgebühr, Nr. 1000 VV (Wert: 8.000,00 EUR)		684,00 EUR
3.	Postentgeltpauschale, Nr. 7002 VV		20,00 EUR
	Zwischensumme	1.388,00 EUR	
4.	19 % Umsatzsteuer, Nr. 7008 VV		263,72 EUR
	Gesamt		**1.651,72 EUR**

> **Beispiel 14** | **Außergerichtliche Vertretung mit Einigung auch über nicht anhängige weiter gehende Forderungen**

Der Anwalt wird mit der außergerichtlichen Beitreibung einer Forderung in Höhe von 8.000,00 EUR beauftragt. Die Parteien einigen sich unter Mitwirkung ihrer Anwälte und beziehen in diese Einigung eine nicht anhängige Gegenforderung von 4.000,00 EUR ein.

Es entsteht neben der Geschäftsgebühr jetzt eine 1,5-Einigungsgebühr nach Nr. 1000 VV. Der Gegenstandswert für die Einigungsgebühr beläuft sich auf den Gesamtbetrag (§ 23 Abs. 1 RVG i.V.m. § 45 Abs. 1 GKG) aller Gegenstände, über die sich die Parteien geeinigt haben. Das Gleiche gilt für die Geschäftsgebühr. Eine „Geschäftsdifferenzgebühr" – ähnlich der Regelung in Nr. 3101 VV – kennt das RVG nicht.

1.	1,5-Geschäftsgebühr, Nr. 2300 VV (Wert: 12.000,00 EUR)		906,00 EUR
2.	1,5-Einigungsgebühr, Nr. 1000 VV (Wert: 12.000,00 EUR)		906,00 EUR
3.	Postentgeltpauschale, Nr. 7002 VV		20,00 EUR
	Zwischensumme	1.832,00 EUR	
4.	19 % Umsatzsteuer, Nr. 7008 VV		348,08 EUR
	Gesamt		**2.180,08 EUR**

VI. Außergerichtliche Vertretung mit Einigung § 8

Beispiel 15 — Außergerichtliche Vertretung mit Einigung über anhängige Gegenstände

Der Anwalt wird mit der außergerichtlichen Abwehr einer Forderung in Höhe von 8.000,00 EUR beauftragt. Die Parteien einigen sich. Allerdings hatte der Gegner bereits einen Prozesskostenhilfeantrag gestellt.

Jetzt entsteht die Einigungsgebühr nach Nr. 1003 VV nur zu 1,0, da der Gegenstand der Einigung gerichtlich anhängig ist. Bereits der Prozesskostenhilfeantrag führt zur Anhängigkeit i.S.d. Nr. 1003 VV (Anm. Abs. 1 zu Nr. 1003 VV). Das gilt auch für den Gegner der bedürftigen Partei. Auf die Kenntnis kommt es nicht an.

1.	1,5-Geschäftsgebühr, Nr. 2300 VV (Wert: 8.000,00 EUR)	684,00 EUR
2.	1,0-Einigungsgebühr, Nrn. 1000, 1003 VV (Wert: 8.000,00 EUR)	456,00 EUR
3.	Postentgeltpauschale, Nr. 7002 VV	20,00 EUR
	Zwischensumme	1.160,00 EUR
4.	19 % Umsatzsteuer, Nr. 7008 VV	220,40 EUR
	Gesamt	**1.380,40 EUR**

Beispiel 16 — Außergerichtliche Vertretung mit Einigung unter Einbeziehung auch erstinstanzlich anhängiger Gegenstände

Der Anwalt wird mit der außergerichtlichen Beitreibung einer Forderung in Höhe von 8.000,00 EUR beauftragt. Die Parteien einigen sich und beziehen darin auch weiter gehende Ansprüche in Höhe von 3.000,00 EUR ein, die erstinstanzlich anhängig sind.

Die Geschäftsgebühr entsteht aus dem Gesamtwert aller Gegenstände (§ 23 Abs. 1 S. 3 RVG i.V.m. § 45 Abs. 1 S. 1 GKG).

Die Einigungsgebühr fällt zu zwei unterschiedlichen Sätzen an; eine 1,5-Gebühr (Nr. 1000 VV) aus dem Wert der nicht anhängigen Gegenstände und eine 1,0-Gebühr nach Nr. 1003 VV aus dem Wert der anhängigen Gegenstände. Zu beachten ist wiederum § 15 Abs. 3 RVG.

1.	1,5-Geschäftsgebühr, Nr. 2300 VV (Wert: 11.000,00 EUR)	906,00 EUR
2.	1,5-Einigungsgebühr, Nr. 1000 VV (Wert: 8.000,00 EUR)	684,00 EUR
3.	1,0-Einigungsgebühr, Nrn. 1000, 1003 VV (Wert: 3.000,00 EUR) die Grenze des § 15 Abs. 3 RVG, nicht mehr als 1,5 aus 11.000,00 EUR (906,00 EUR) ist nicht überschritten	201,00 EUR
4.	Postentgeltpauschale, Nr. 7002 VV	20,00 EUR
	Zwischensumme	1.811,00 EUR
5.	19 % Umsatzsteuer, Nr. 7008 VV	344,09 EUR
	Gesamt	**2.155,09 EUR**

Beispiel 17 — Außergerichtliche Vertretung mit Einigung unter Einbeziehung weiterer Gegenstände, die im Berufungsverfahren anhängig sind

Der Anwalt wird mit der außergerichtlichen Beitreibung einer Forderung in Höhe von 8.000,00 EUR beauftragt. Die Parteien einigen sich und beziehen darin auch weiter gehende Ansprüche in Höhe von 3.000,00 EUR ein, die in einem Berufungsverfahren anhängig sind.

§ 8 Außergerichtliche Vertretung

Die Geschäftsgebühr entsteht wiederum aus dem Gesamtwert aller Gegenstände (§ 23 Abs. 1 S. 3 RVG i.V.m. § 45 Abs. 1 S. 1 GKG).

Auch hier fällt die Einigungsgebühr zu zwei unterschiedlichen Sätzen an; aus dem Wert der nicht anhängigen Gegenstände entsteht die Gebühr zu 1,5 (Nr. 1000 VV) und aus dem Wert der im Berufungsverfahren anhängigen Gegenstände entsteht eine 1,3-Gebühr nach Nr. 1004 VV. Zu beachten ist wiederum § 15 Abs. 3 RVG.

1.	1,5-Geschäftsgebühr, Nr. 2300 VV (Wert: 11.000,00 EUR)		906,00 EUR
2.	1,5-Einigungsgebühr, Nr. 1000 VV (Wert: 8.000,00 EUR)	684,00 EUR	
3.	1,3-Einigungsgebühr, Nrn. 1000, 1004 VV (Wert: 3.000,00 EUR) gem. § 15 Abs. 3 RVG nicht mehr als 1,5 aus 11.000,00 EUR	261,30 EUR	906,00 EUR
4.	Postentgeltpauschale, Nr. 7002 VV		20,00 EUR
	Zwischensumme	1.832,00 EUR	
5.	19 % Umsatzsteuer, Nr. 7008 VV		348,08 EUR
	Gesamt		**2.180,08 EUR**

VII. Anrechnung

1. Anrechnung der Beratungsgebühr auf die Geschäftsgebühr

19 Hat der Anwalt den Auftrag für eine Beratung erhalten, soll er eine Gebührenvereinbarung treffen. Geschieht dies nicht, erhält der Anwalt *„Gebühren nach den Vorschriften des bürgerlichen Rechts"*. Unabhängig davon, ob die Beratung nach Vereinbarung oder nach BGB abgerechnet wird, ist die Gebühr nach § 34 Abs. 2 RVG für die Beratung auf die Gebühren anzurechnen, die in einer nachfolgenden Tätigkeit entstehen, also auch auf eine außergerichtliche Vertretung (Nr. 2300 VV) (siehe § 6 Rn 20, Beispiel 10). Etwas anderes gilt nur, wenn die Parteien die Anrechnung ausgeschlossen haben.

20 Geht die Beratung in vollem Umfang in die Vertretung über, ist mangels abweichender Vereinbarung voll anzurechnen.

21 Geht die Beratung nur teilweise in die nachfolgende Vertretung über, ist zu differenzieren. Soweit eine wertabhängige Abrechnung der Beratung vereinbart ist (etwa eine bestimmte Gebühr nach dem Gegenstandswert), dürfte wie bei den gesetzlichen Gebühren analog Vorbem. 3 Abs. 4 VV entsprechend dem Wert anzurechnen sein. Ist eine Pauschale oder eine BGB-Vergütung geschuldet, so ist im Zweifel verhältnismäßig nach Streitwertanteilen anzurechnen. Bei einer Stundensatzvereinbarung käme in Betracht, die Vergütung für diejenigen Stunden anzurechnen, die auf den betreffenden Gegenstand entfallen.

2. Anrechnung der Geschäftsgebühr

a) Überblick

22 Soweit wegen **desselben Gegenstands** eine Geschäftsgebühr nach Nr. 2300 VV entstanden ist, wird diese Gebühr zur Hälfte, jedoch höchstens mit einem Gebührensatz von 0,75 auf die Verfahrensgebühr eines nachfolgenden gerichtlichen Verfahrens (auch Beweisverfahren oder

Mahnverfahren) angerechnet (Vorbem. 3 Abs. 4 VV). Ebenso wird eine Geschäftsgebühr nach Nr. 2300 VV auf die Geschäftsgebühr eines Güte- oder Schlichtungsverfahrens (Nr. 2303 VV) angerechnet (Vorbem. 2.3 Abs. 6 VV).

Ausdrücklich geregelt ist, dass die Anrechnung nur nach dem Wert des Gegenstandes erfolgt, der in das gerichtliche Verfahren übergegangen ist (Vorbem. 3 Abs. 4 S. 3 VV). 23

b) Einfache Anrechnungsfälle

| Beispiel 18 | Anrechnung – Schwellengebühr | 24 |

Der Anwalt macht außergerichtlich für den Auftraggeber eine Forderung in Höhe von 8.000,00 EUR geltend. Die Sache ist durchschnittlich, aber weder umfangreich noch schwierig. Der Schuldner zahlt nicht. Der Anwalt erhebt daraufhin auftragsgemäß Klage, über die verhandelt wird.

Die Geschäftsgebühr ist mit 1,3 anzusetzen (Anm. zu Nr. 2300 VV). Angerechnet wird diese Gebühr zur Hälfte, also nach einem Gebührensatz von 0,65.

 I. Außergerichtliche Vertretung (Wert: 8.000,00 EUR)
 1. 1,3-Geschäftsgebühr, Nr. 2300 VV   592,80 EUR
 2. Postentgeltpauschale, Nr. 7002 VV   20,00 EUR
   Zwischensumme   612,80 EUR
 3. 19 % Umsatzsteuer, Nr. 7008 VV   116,43 EUR
 Gesamt   **729,23 EUR**
 II. Gerichtliches Verfahren (Wert: 8.000,00 EUR)
 1. 1,3-Verfahrensgebühr, Nr. 3100 VV   592,80 EUR
 2. gem. Vorbem. 3 Abs. 4 VV anzurechnen, 0,65 aus   – 296,40 EUR
   8.000,00 EUR
 3. 1,2-Terminsgebühr, Nr. 3104 VV   547,20 EUR
 4. Postentgeltpauschale, Nr. 7002 VV   20,00 EUR
   Zwischensumme   863,60 EUR
 5. 19 % Umsatzsteuer, Nr. 7008 VV   164,08 EUR
 Gesamt   **1.027,68 EUR**

| Beispiel 19 | Anrechnung – Geschäftsgebühr über 1,5 |

Der Anwalt macht außergerichtlich für den Auftraggeber eine Forderung in Höhe von 8.000,00 EUR geltend. Die Sache ist umfangreich und schwierig, so dass eine 2,0-Gebühr angemessen ist. Der Schuldner zahlt nicht. Der Anwalt erhebt daraufhin auftragsgemäß Klage, über die verhandelt wird.

Liegt die Geschäftsgebühr über 1,5, so greift die Begrenzung der Anrechnung auf höchstens eine 0,75-Gebühr. Faktisch ist damit der über 1,5 hinausgehende Teil der Geschäftsgebühr anrechnungsfrei.

 I. Außergerichtliche Vertretung (Wert: 8.000,00 EUR)
 1. 2,0-Geschäftsgebühr, Nr. 2300 VV   912,00 EUR
 2. Postentgeltpauschale, Nr. 7002 VV   20,00 EUR
   Zwischensumme   932,00 EUR
 3. 19 % Umsatzsteuer, Nr. 7008 VV   177,08 EUR
 Gesamt   **1.109,08 EUR**

II. Gerichtliches Verfahren (Wert: 8.000,00 EUR)
1. 1,3-Verfahrensgebühr, Nr. 3100 VV — 592,80 EUR
2. gem. Vorbem. 3 Abs. 4 VV anzurechnen, 0,75 aus 8.000,00 EUR — – 342,00 EUR
3. 1,2-Terminsgebühr, Nr. 3104 VV — 547,20 EUR
4. Postentgeltpauschale, Nr. 7002 VV — 20,00 EUR
   Zwischensumme — 818,00 EUR
5. 19 % Umsatzsteuer, Nr. 7008 VV — 155,42 EUR
   Gesamt — 973,42 EUR

25 Auch die Geschäftsgebühr für ein **einfaches Schreiben** (Nr. 2301 VV) ist nach Vorbem. 3 Abs. 4 VV anzurechnen, da es sich um eine Geschäftsgebühr nach Nr. 2300 VV handelt, lediglich mit einem geringeren festen Gebührensatz. Anzurechnen ist in Höhe von 0,15.

Beispiel 20 | **Anrechnung – einfaches Schreiben**

Der Anwalt ist außergerichtlich für den Auftraggeber mit einem einfachen Schreiben beauftragt. Hiernach kommt es zur Klage, über die verhandelt wird.

Die Geschäftsgebühr für die außergerichtliche Vertretung wird jetzt zur Hälfte angerechnet, also nach einem Gebührensatz von 0,5.

I. Außergerichtliche Vertretung (Wert: 8.000,00 EUR)
1. 0,3-Geschäftsgebühr, Nrn. 2300, 2301 VV — 136,80 EUR
2. Postentgeltpauschale, Nr. 7002 VV — 20,00 EUR
   Zwischensumme — 156,80 EUR
3. 19 % Umsatzsteuer, Nr. 7008 VV — 29,79 EUR
   Gesamt — 186,59 EUR

II. Gerichtliches Verfahren (Wert: 8.000,00 EUR)
1. 1,3-Verfahrensgebühr, Nr. 3100 VV — 592,80 EUR
2. gem. Vorbem. 3 Abs. 4 VV anzurechnen, 0,15 aus 8.000,00 EUR — – 68,40 EUR
3. 1,2-Terminsgebühr, Nr. 3104 VV — 547,20 EUR
4. Postentgeltpauschale, Nr. 7002 VV — 20,00 EUR
   Zwischensumme — 1.091,60 EUR
5. 19 % Umsatzsteuer, Nr. 7008 VV — 207,40 EUR
   Gesamt — 1.299,00 EUR

---

c) Anrechnung bei mehreren Auftraggebern

26 Strittig war lange Zeit, wie bei **mehreren Auftraggebern** vorzugehen ist. Nach jetzt einhelliger Rspr. greift die Erhöhung nach Nr. 1008 VV sowohl außergerichtlich als auch im anschließenden gerichtlichen Verfahren.[11]

27 Da die Erhöhung nach Nr. 1008 VV nicht zu einer eigenen Gebühr führt, stellt sich die Frage, ob eine „Erhöhungsgebühr" anzurechnen ist, nicht. Nr. 1008 VV schafft nicht einen eigenen Gebührentatbestand, sondern führt nur zur Erhöhung einer bereits anderweitig entstandenen Ge-

---

11 KG AGS 2009, 4 = NJ 2008, 461 = Rpfleger 2008, 669 = KGR 2008, 968 = JurBüro 2008, 585 = RVGreport 2008, 391 = NJW-Spezial 2009, 92; LG Düsseldorf AGS 2007, 381 = MDR 2007, 1164 = JurBüro 2007, 480 = Rpfleger 2007, 629 = RVGreport 2007, 298; AG Stuttgart AGS 2007, 385 = MDR 2007, 1107 = ZMR 2007, 737 = JurBüro 2007, 522 = NJW-RR 2007, 1725; LG Ulm AGS 2008, 163 = AnwBl. 2008, 73 = NJW-Spezial 2008, 155; KG AGS 2009, 4 = NJ 2008, 461 = Rpfleger 2008, 669 = KGR 2008, 968 = JurBüro 2008, 585 = RVGreport 2008, 391 = NJW-Spezial 2009, 92.

bühr. Daher nimmt die Erhöhung auch an der Anrechnung teil. Soweit die nach Nr. 1008 VV erhöhte Geschäftsgebühr den Gebührensatz von 1,5 nicht übersteigt, ergibt sich kein Problem.

| Beispiel 21 | **Anrechnung bei mehreren Auftraggebern – erhöhter Gebührensatz nicht höher als 1,5** |

Der Anwalt ist von zwei Gesamtschuldnern mit der außergerichtlichen Abwehr eines Räumungsverlangens beauftragt worden (Wert: 6.000,00 EUR). Ausgehend von einer 1,0-Gebühr rechnet er bei zwei Auftraggebern 1,3 ab. Anschließend kommt es zum Rechtsstreit.

Es entsteht eine 1,3-Geschäftsgebühr (Nrn. 2300, 1008 VV) und eine 1,6-Verfahrensgebühr (Nrn. 3100, 1008 VV). Anzurechnen ist die Geschäftsgebühr zur Hälfte, also zu 0,65.

    I. **Außergerichtliche Vertretung (Wert: 6.000,00 EUR)**
    1. 1,3-Geschäftsgebühr, Nr. 2300, 1008 VV   460,20 EUR
    2. Postentgeltpauschale, Nr. 7002 VV   20,00 EUR
        Zwischensumme   480,20 EUR
    3. 19 % Umsatzsteuer, Nr. 7008 VV   91,24 EUR
    Gesamt   **571,44 EUR**
    II. **Gerichtliches Verfahren (Wert: 6.000,00 EUR)**
    1. 1,6-Verfahrensgebühr, Nrn. 3100, 1008 VV   566,40 EUR
    2. gem. Vorbem. 3 Abs. 4 VV anzurechnen, 0,65 aus   – 230,10 EUR
        6.000,00 EUR
    3. 1,2-Terminsgebühr, Nr. 3104 VV   424,80 EUR
    4. Postentgeltpauschale, Nr. 7002 VV   20,00 EUR
        Zwischensumme   781,10 EUR
    5. 19 % Umsatzsteuer, Nr. 7008 VV   148,41 EUR
    Gesamt   **929,51 EUR**

Strittig war anfangs, wie anzurechnen ist, wenn die Erhöhung zu einem Gebührensatz von über 1,5 führt. Nach einhelliger Rspr. bleibt es bei der Anrechnungshöchstgrenze von 0,75. Weder wird die Erhöhung angerechnet noch erhöht sich die Anrechnungsgrenze von 0,75.[12]

28

| Beispiel 22 | **Anrechnung bei mehreren Auftraggebern – erhöhter Gebührensatz höher als 1,5** |

Der Anwalt ist von zwei Mietern mit der außergerichtlichen Abwehr eines Räumungsverlangens beauftragt worden (Wert: 6.000,00 EUR). Ausgehend von einer 1,3-Schwellengebühr rechnet er bei zwei Auftraggebern 1,6 ab. Anschließend kommt es zum Rechtsstreit.

Anzurechnen ist auch hier gem. Vorbem. 3 Abs. 4 VV höchstens zu 0,75.

    I. **Außergerichtliche Vertretung (Wert: 6.000,00 EUR)**
    1. 1,6-Geschäftsgebühr, Nrn. 2300, 1008 VV   566,40 EUR
    2. Postentgeltpauschale, Nr. 7002 VV   20,00 EUR
        Zwischensumme   586,40 EUR
    3. 19 % Umsatzsteuer, Nr. 7008 VV   111,42 EUR
    Gesamt   **697,82 EUR**

---

12 LG Saarbrücken AGS 2009, 315 = NJW-Spezial 2009, 429 = RVGprof. 2009, 162; KG AGS 2009, 4 = NJ 2008, 461 = Rpfleger 2008, 669 = KGR 2008, 968 = JurBüro 2008, 585 = RVGreport 2008, 391 = NJW-Spezial 2009, 92; LG Düsseldorf AGS 2007, 381 = MDR 2007, 1164 = JurBüro 2007, 480 = NZM 2007, 743 = Rpfleger 2007, 629 = RVGreport 2007, 298 = VRR 2007, 298; AG Stuttgart AGS 2007, 385 = MDR 2007, 1107 = ZMR 2007, 737 = JurBüro 2007, 522 = NJW-RR 2007, 1725; LG Ulm AGS 2008, 163 = AnwBl. 2008, 73 = NJW-Spezial 2008, 155; KG AGS 2009, 4 = NJ 2008, 461 = Rpfleger 2008, 669 = KGR 2008, 968 = JurBüro 2008, 585 = RVGreport 2008, 391 = VRR 2008, 439 = NJW-Spezial 2009, 92.

§ 8 Außergerichtliche Vertretung

    II. Gerichtliches Verfahren (Wert: 6.000,00 EUR)
1. 1,6-Verfahrensgebühr, Nrn. 3100, 1008 VV   566,40 EUR
2. gem. Vorbem. 3 Abs. 4 VV anzurechnen,
   0,75 aus 6.000,00 EUR   – 265,50 EUR
3. 1,2-Terminsgebühr, Nr. 3104 VV   424,80 EUR
4. Postentgeltpauschale, Nr. 7002 VV   20,00 EUR
   Zwischensumme   745,70 EUR
5. 19 % Umsatzsteuer, Nr. 7008 VV   141,68 EUR
   Gesamt   **887,38 EUR**

d) Anrechnungsausschluss nach mehr als zwei Kalenderjahren

29 Liegen zwischen der Erledigung der außergerichtlichen Vertretung und dem Auftrag zum gerichtlichen Verfahren mehr als zwei Kalenderjahre, so ist nach § 15 Abs. 5 S. 2 RVG eine Gebührenanrechnung ausgeschlossen.[13] Der Anwalt erhält dann in der nachfolgenden gerichtlichen Angelegenheit die Verfahrensgebühr, ohne dass er sich eine vorangegangene Geschäftsgebühr hierauf anrechnen lassen muss.

> **Beispiel 23**   **Anrechnung – Ausschluss nach Ablauf von zwei Kalenderjahren**

Der Anwalt hatte außergerichtlich für den Auftraggeber im September 2013 eine Forderung in Höhe von 8.000,00 EUR geltend gemacht. Im Januar 2016 erhält der Anwalt den Auftrag zur Klage, über die verhandelt wird.

Da der Auftrag zur außergerichtlichen Vertretung mehr als zwei Kalenderjahre erledigt ist, kommt gem. § 15 Abs. 5 S. 2 RVG eine Gebührenanrechnung nicht mehr in Betracht. Die Verfahrensgebühr entsteht anrechnungsfrei.

    I. Außergerichtliche Vertretung (Wert: 8.000,00 EUR)
1. 1,3-Geschäftsgebühr, Nr. 2300 VV   592,80 EUR
2. Postentgeltpauschale, Nr. 7002 VV   20,00 EUR
   Zwischensumme   612,80 EUR
3. 19 % Umsatzsteuer, Nr. 7008 VV   116,43 EUR
   Gesamt   **729,23 EUR**
    II. Gerichtliches Verfahren (Wert: 8.000,00 EUR)
1. 1,3-Verfahrensgebühr, Nr. 3100 VV   592,80 EUR
2. 1,2-Terminsgebühr, Nr. 3104 VV   547,20 EUR
3. Postentgeltpauschale, Nr. 7002 VV   20,00 EUR
   Zwischensumme   1.160,00 EUR
4. 19 % Umsatzsteuer, Nr. 7008 VV   220,40 EUR
   Gesamt   **1.380,40 EUR**

e) Anrechnung bei nachfolgendem geringeren Gebührensatz

30 Hat die Angelegenheit, in der angerechnet wird, einen geringeren Gebührensatz als die hälftige Geschäftsgebühr, dann wird die vorangegangene Gebühr nur insoweit hälftig angerechnet, als sie nach dem geringeren Gebührensatz angefallen wäre. Es kann nie mehr angerechnet werden, als

---

[13] Noch zur vergleichbaren Lage nach der BRAGO; OLG München AGS 2001, 151 0 MDR 2000, 785 = OLGR 2000, 200 = JurBüro 2000, 469 = Rpfleger 2000, 516 = AnwBl. 2000, 698 = NJW-RR 2000, 1727 = AGS 2001, 151; zum vergleichbaren Fall des Anrechnungsausschlusses bei der Zurückverweisung OLG Köln AGSkompakt 2009, 54 = OLGR 2009, 601; OLG Düsseldorf AGS 2009, 212 = OLGR 2009, 455 = NJW-Spezial 2009, 220 = RVGprof. 2009, 93 = RVGreport 2009, 181; OLG München AGS 2006, 369 = OLGR 2006, 681 = AnwBl. 2006, 588 = FamRZ 2006, 1561.

der Anwalt in der nachfolgenden Angelegenheit an Gebührenaufkommen erhält. Ein verbleibender Überschuss der anzurechnenden Gebühr kann dann allerdings auf eine weitere Folgeangelegenheit angerechnet werden (siehe Beispiele 36, 39).

Beispiel 24 — **Anrechnung – Nachfolgende Gebühr hat einen geringeren Gebührensatz als die Geschäftsgebühr**

Der Anwalt wehrt außergerichtlich für den Auftraggeber eine Forderung in Höhe von 8.000,00 EUR ab. Die Sache ist umfangreich aber durchschnittlich. Der Gläubiger leitet daraufhin das Mahnverfahren ein. Der Anwalt erhält sodann den Auftrag, Widerspruch einzulegen.

Im Mahnverfahren ist nur eine 0,5-Verfahrensgebühr nach Nr. 3307 VV angefallen. Da die hälftige Geschäftsgebühr immer noch über diesem Satz liegt, wird die Anrechnung auf 0,5 beschränkt.

I.	**Außergerichtliche Vertretung (Wert: 8.000,00 EUR)**	
1.	1,5-Geschäftsgebühr, Nr. 2300 VV	684,00 EUR
2.	Postentgeltpauschale, Nr. 7002 VV	20,00 EUR
	Zwischensumme 704,00 EUR	
3.	19 % Umsatzsteuer, Nr. 7008 VV	133,76 EUR
Gesamt		**837,76 EUR**
II.	**Mahnverfahren (Wert: 8.000,00 EUR)**	
1.	0,5-Verfahrensgebühr, Nr. 3007 VV	228,00 EUR
2.	gem. Vorbem. 3 Abs. 4 VV anzurechnen, 0,5 aus 8.000,00 EUR	– 228,00 EUR
3.	Postentgeltpauschale, Nr. 7002 VV[14]	20,00 EUR
	Zwischensumme 20,00 EUR	
4.	19 % Umsatzsteuer, Nr. 7008 VV	3,80 EUR
Gesamt		**23,80 EUR**

Zur Anrechnung des überschießenden Betrages der hälftigen Geschäftsgebühr siehe Rn 36. **31**

f) Anrechnung bei nur teilweise identischen Gegenständen

In Betracht kommt, dass die Gegenstände von außergerichtlicher Vertretung und nachfolgendem gerichtlichem Verfahren nur teilweise identisch sind. Das kann darauf beruhen, dass **32**
- der nachfolgenden Angelegenheit nur ein Teil der vorgerichtlichen Gegenstände zugrunde liegt,
- der nachfolgenden Angelegenheit auch weitergehende Gegenstände zugrunde liegen,
- der nachfolgenden Angelegenheit, nur ein Teil der vorgerichtlichen Gegenstände zugrunde liegt, andererseits aber auch weitergehende Gegenstände hinzugekommen sind.

Die Lösung liegt jeweils bei Vorbem. 3 Abs. 4 S. 3 VV. Angerechnet wird stets nur, soweit sich die Gegenstände von vorgerichtlicher Vertretung und nachfolgendem gerichtlichen Verfahren decken.

---

14 Die Postentgeltpauschale berechnet sich aus dem Gebührenaufkommen vor Anrechnung (siehe § 38 Rn 53 f.).

§ 8 Außergerichtliche Vertretung

> **Beispiel 25** — Anrechnung – Nachfolgende Gebühr betrifft nur einen Teil der vorgerichtlichen Gegenstände

Der Anwalt macht außergerichtlich für den Auftraggeber gegen den Schuldner eine Forderung in Höhe von 8.000,00 EUR geltend. Der Schuldner zahlt 4.000,00 EUR. Im Übrigen scheitern die außergerichtlichen Verhandlungen. Der Anwalt erhebt daraufhin auftragsgemäß Klage in Höhe von lediglich 4.000,00 EUR, über die verhandelt wird.

Hat die nachfolgende Angelegenheit einen geringeren Gegenstandswert, so gilt Vorbem. 3 Abs. 4 S. 3 VV. Die anzurechnende Gebühr wird nur nach dem Gegenstandswert der nachfolgenden Angelegenheit angerechnet.

I. Außergerichtliche Vertretung (Wert: 8.000,00 EUR)
1. 1,5-Geschäftsgebühr, Nr. 2300 VV   684,00 EUR
2. Postentgeltpauschale, Nr. 7002 VV   20,00 EUR
    Zwischensumme   704,00 EUR
3. 19 % Umsatzsteuer, Nr. 7008 VV   133,76 EUR
Gesamt   **837,76 EUR**

II. Gerichtliches Verfahren, (Wert: 4.000,00 EUR)
1. 1,3-Verfahrensgebühr, Nr. 3100 VV   327,60 EUR
2. gem. Vorbem. 3 Abs. 4 VV anzurechnen, 0,75 aus 4.000,00 EUR   – 189,00 EUR
3. 1,2-Terminsgebühr, Nr. 3104 VV   302,40 EUR
4. Postentgeltpauschale, Nr. 7002 VV   20,00 EUR
    Zwischensumme   461,00 EUR
5. 19 % Umsatzsteuer, Nr. 7008 VV   87,59 EUR
Gesamt   **548,59 EUR**

> **Beispiel 26** — Anrechnung – Nachfolgender Tätigkeit liegen auch weitergehende Gegenstände zugrunde

Der Anwalt macht außergerichtlich für den Auftraggeber eine Forderung in Höhe von 8.000,00 EUR geltend. Die Sache ist äußerst umfangreich und schwierig. Der Schuldner zahlt nicht. Der Anwalt erhebt daraufhin auftragsgemäß Klage. Der Beklage erhebt Widerklage in Höhe von 4.000,00 EUR. Über Klage und Widerklage wird verhandelt.

Hat die nachfolgende Angelegenheit einen höheren Gegenstandswert, so wird gleichwohl nur die Gebühr nach dem geringeren Gegenstandswert des vorangegangenen Verfahrens angerechnet. Es kann nur angerechnet werden, soweit die Gegenstände sich decken.

I. Außergerichtliche Vertretung (Wert: 8.000,00 EUR)
1. 2,0-Geschäftsgebühr, Nr. 2300 VV   912,00 EUR
2. Postentgeltpauschale, Nr. 7002 VV   20,00 EUR
    Zwischensumme   932,00 EUR
3. 19 % Umsatzsteuer, Nr. 7008 VV   177,08 EUR
Gesamt   **1.109,08 EUR**

II. Gerichtliches Verfahren (Wert: 12.000,00 EUR)
1. 1,3-Verfahrensgebühr, Nr. 3100 VV   785,20 EUR
2. gem. Vorbem. 3 Abs. 4 VV anzurechnen, 0,75 aus 8.000,00 EUR   – 342,00 EUR
3. 1,2-Terminsgebühr, Nr. 3104 VV   724,80 EUR
4. Postentgeltpauschale, Nr. 7002 VV   20,00 EUR
    Zwischensumme   1.188,00 EUR
5. 19 % Umsatzsteuer, Nr. 7008 VV   225,72 EUR
Gesamt   **1.413,72 EUR**

Decken sich die Gegenstände von außergerichtlicher Tätigkeit und gerichtlichem Verfahren nur teilweise, so ist nach Vorbem. 3 Abs. 4 S. 3 VV nur insoweit anzurechnen, als sich die Gegenstände decken. Selbst wenn der Gegenstandswert von außergerichtlicher Tätigkeit und nachfolgendem Rechtsstreit identisch ist, wird nur nach demjenigen Teilwert angerechnet, der in das gerichtliche Verfahren übergeht.

33

| Beispiel 27 | Anrechnung – Nachfolgender Tätigkeit liegt nur ein Teil der vorgerichtlichen Gegenstände zugrunde, dafür kommen gleichzeitig weitergehende Gegenstände hinzu |

Der Anwalt macht außergerichtlich für den Auftraggeber rückständige Mieten für Januar, Februar und März in Höhe von jeweils 400,00 EUR geltend. Der Mieter zahlt die Januar- und die Februarmiete. Dafür bleibt die April- und die Maimiete rückständig. Der Anwalt erhebt daraufhin wegen dieser drei Mieten (März, April und Mai) Klage.

Sowohl außergerichtlich als auch im gerichtlichen Verfahren richtet sich der Gegenstandswert nach 1.200,00 EUR. Anzurechnen ist jedoch nur aus dem Wert von 400,00 EUR, da nur die Miete März sowohl der außergerichtlichen als auch der gerichtlichen Vertretung gemeinsam ist.

   I. **Außergerichtliche Vertretung (Wert: 1.200,00 EUR)**
1. 1,5-Geschäftsgebühr, Nr. 2300 VV   172,50 EUR
2. Postentgeltpauschale, Nr. 7002 VV   20,00 EUR
    Zwischensumme   192,50 EUR
3. 19 % Umsatzsteuer, Nr. 7008 VV   36,58 EUR
Gesamt   **229,08 EUR**
   II. **Gerichtliches Verfahren (Wert: 1.200,00 EUR)**
1. 1,3-Verfahrensgebühr, Nr. 3100 VV   149,50 EUR
2. gem. Vorbem. 3 Abs. 4 VV anzurechnen, 0,75 aus 400,00 EUR   – 33,75 EUR
3. 1,2-Terminsgebühr, Nr. 3104 VV   138,00 EUR
4. Postentgeltpauschale, Nr. 7002 VV   20,00 EUR
    Zwischensumme   273,75 EUR
5. 19 % Umsatzsteuer, Nr. 7008 VV   52,01 EUR
Gesamt   **325,76 EUR**

g) Anrechnung auf reduzierte Verfahrensgebühr

Angerechnet wird nicht nur auf die volle Verfahrensgebühr der Nr. 3100 VV, sondern auch auf die reduzierte Verfahrensgebühr der Nr. 3101 Nr. 1 oder Nr. 2 VV.[15]

34

| Beispiel 28 | Anrechnung bei vorzeitiger Erledigung |

Der Anwalt macht außergerichtlich für den Auftraggeber eine Forderung in Höhe von 8.000,00 EUR geltend. Die außergerichtlichen Verhandlungen scheitern, so dass er daraufhin den Auftrag zur Klageerhebung erhält. Vor Einreichung der Klage zahlt der Schuldner die 8.000,00 EUR, so dass die Klage nicht mehr erhoben wird.

---

15 BGH AGS 2008, 539 = NJW 2008, 3641 = FamRZ 2008, 2196 = JurBüro 2008, 642 = MDR 2009, 112 = Rpfleger 2009, 111 = BGHReport 2009, 155 = VersR 2009, 415 = NJW-Spezial 2009, 27 = FamRB 2009, 7 = RVGreport 2008, 455 = Info M 2009, 245.

Im Rechtsstreit entsteht jetzt Verfahrensgebühr der Nr. 3100 VV nach nur in Höhe von 0,8 (Nr. 3101 Nr. 1 VV). Auf diese Gebühr ist die Geschäftsgebühr hälftig anzurechnen, so dass also von der Verfahrensgebühr letztlich nur 0,05 verbleiben.

I. Außergerichtliche Vertretung (Wert: 8.000,00 EUR)		
1. 1,5-Geschäftsgebühr, Nr. 2300 VV		684,00 EUR
2. Postentgeltpauschale, Nr. 7002 VV		20,00 EUR
Zwischensumme	704,00 EUR	
3. 19 % Umsatzsteuer, Nr. 7008 VV		133,76 EUR
Gesamt		**837,76 EUR**
II. Gerichtliches Verfahren		
1. 0,8-Verfahrensgebühr, Nr. 3101 Nr. 1 VV (Wert: 8.000,00 EUR)		364,80 EUR
2. gem. Vorbem. 3 Abs. 4 VV anzurechnen, 0,75 aus 8.000,00 EUR		– 342,00 EUR
3. Postentgeltpauschale, Nr. 7002 VV		20,00 EUR
Zwischensumme	42,80 EUR	
4. 19 % Umsatzsteuer, Nr. 7008 VV		8,13 EUR
Gesamt		**50,93 EUR**

35 Auch im Falle der Ermäßigung nach Nr. 3101 Nr. 2 VV ist anzurechnen. Zu Problemen kann es hier allerdings kommen, wenn noch die Begrenzung nach § 15 Abs. 3 RVG hinzu kommt (siehe Rn 36).

> **Beispiel 29** Anrechnung bei bloßen Verhandlungen

Der Anwalt macht außergerichtlich für den Auftraggeber eine Forderung in Höhe von 5.000,00 EUR geltend. Später erhebt der Gegner Klage über eine Gegenforderung in Höhe von 2.000,00 EUR. Insoweit war der Anwalt außergerichtlich nicht tätig. Im Termin versuchen die Parteien und ihre Anwälte eine Einigung zu erzielen und beziehen dabei die Forderung über 5.000,00 EUR in die Vergleichsverhandlungen mit ein. Die Verhandlungen scheitern jedoch.

Außergerichtlich ist nur eine Geschäftsgebühr aus 4.000,00 EUR entstanden, die hier mit 1,3 angenommen werden soll (Anm. zu Nr. 2300 VV). Im gerichtlichen Verfahren entsteht die Verfahrensgebühr der Nr. 3100 VV zu 1,3 aus 5.000,00 EUR und aus den weiteren 2.000,00 EUR in Höhe von 0,8, da insoweit lediglich über nicht anhängige Gegenstände verhandelt worden ist (Nr. 3101 Nr. 2, 2. Alt. VV). Auf die ermäßigte Gebühr ist die Geschäftsgebühr hälftig, also mit 0,65, anzurechnen, so dass also von der 0,8-Verfahrensgebühr letztlich nur 0,15 verbleiben.

I. Außergerichtliche Vertretung (Wert: 5.000,00 EUR)		
1. 1,3-Geschäftsgebühr, Nr. 2300 VV		393,90 EUR
2. Postentgeltpauschale, Nr. 7002 VV		20,00 EUR
Zwischensumme	413,90 EUR	
3. 19 % Umsatzsteuer, Nr. 7008 VV		78,64 EUR
Gesamt		**492,54 EUR**
II. Gerichtliches Verfahren		
1. 1,3-Verfahrensgebühr, Nr. 3100 VV (Wert: 2.000,00 EUR)		195,00 EUR
2. 0,8-Verfahrensgebühr, Nr. 3101 Nr. 1 VV (Wert: 5.000,00 EUR)		242,40 EUR
3. gem. Vorbem. 3 Abs. 4 VV anzurechnen, 0,65 aus 5.000,00 EUR		– 196,95 EUR
4. Postentgeltpauschale, Nr. 7002 VV		20,00 EUR
Zwischensumme	260,45 EUR	

5. 19 % Umsatzsteuer, Nr. 7008 VV	49,49 EUR
Gesamt	**309,94 EUR**

h) Konkurrenz von Anrechnung und Kürzung nach § 15 Abs. 3 RVG

36 Problematisch ist die Abrechnung, wenn im gerichtlichen Verfahren die Verfahrensgebühr zu unterschiedlichen Sätzen anfällt und sowohl eine Anrechnung nach Vorbem. 3 Abs. 4 VV als auch eine Kürzung nach § 15 Abs. 3 RVG in Betracht kommen. Es stellt sich dann die Frage, ob erst zu kürzen ist und dann anzurechnen oder ob umgekehrt vorzugehen ist.

37 Nach einhelliger Rspr.[16] ist erst anzurechnen und dann zu kürzen.

> **Beispiel 30** **Anrechnung – Nachfolgendes Verfahren mit weitergehenden Gegenständen**

Der Anwalt macht außergerichtlich für den Auftraggeber eine Forderung in Höhe von 8.000,00 EUR geltend und erhebt anschließend auftragsgemäß Klage. Im Termin verhandeln die Parteien auch über weitere nicht anhängige 3.000,00 EUR, allerdings ohne Ergebnis. Außergerichtlich war der Anwalt hinsichtlich der 3.000,00 EUR nicht beauftragt gewesen.

Die Geschäftsgebühr entsteht aus 8.000,00 EUR.

Im gerichtlichen Verfahren entsteht die Verfahrensgebühr aus 11.000,00 EUR, davon aus 8.000,00 EUR zu 1,3 (Nr. 3100 VV) und aus den weiteren 3.000,00 EUR zu 0,8 (Nr. 3101 Nr. 2 VV), da der Anwalt insoweit lediglich verhandelt hat.

Erst ist anzurechnen und dann nach § 15 Abs. 3 RVG zu kürzen. Dies ergibt folgende Berechnung:

I. Außergerichtliche Vertretung (Wert: 8.000,00 EUR)		
1. 1,5-Geschäftsgebühr, Nr. 2300 VV		684,00 EUR
2. Postentgeltpauschale, Nr. 7002 VV		20,00 EUR
Zwischensumme	704,00 EUR	
3. 19 % Umsatzsteuer, Nr. 7008 VV		133,76 EUR
Gesamt		**837,76 EUR**
II. Gerichtliches Verfahren		
1. 1,3-Verfahrensgebühr, Nr. 3100 VV (Wert: 8.000,00 EUR)		592,80 EUR
2. gem. Vorbem. 3 Abs. 4 VV anzurechnen, 0,75 aus 8.000,00 EUR		– 342,00 EUR
3. 0,8-Verfahrensgebühr, Nr. 3101 Nr. 2 VV (Wert: 3.000,00 EUR) die Grenze des § 15 Abs. 3 RVG, 1,3 aus 11.000,00 EUR (785,20 EUR) ist nicht überschritten		160,80 EUR
4. 1,2-Terminsgebühr, Nr. 3104 VV (Wert: 11.000,00 EUR)		724,80 EUR
5. Postentgeltpauschale, Nr. 7002 VV		20,00 EUR
Zwischensumme	1.156,40 EUR	
6. 19 % Umsatzsteuer, Nr. 7008 VV		219,72 EUR
Gesamt		**1.376,12 EUR**

---

16 OLG Stuttgart AGS 2009 56 = OLGR 2009, 224 = JurBüro 2009, 246 = Justiz 2009, 195 = NJW-Spezial 2009, 124 = RVGreport 2009, 103 = RVGprof. 2009, 94; OLG München AGS 2012, 231 = NJW-RR 2012, 767 = JurBüro 2012, 355 = FamRZ 2012, 1413 = Rpfleger 2012, 411 = NJW-Spezial 2012, 219 = RVGprof. 2012, 73 = RVGreport 2012, 176; OLG Karlsruhe AGS 2011, 165 = zfs 2011, 468 = FamRZ 2011, 1682 = JurBüro 2012, 357 = NJW-Spezial 2011, 285 = FamRB 2011, 247 = RVGreport 2011, 300; AGS 2013, 436.

§ 8 Außergerichtliche Vertretung

Würde man dagegen erst nach § 15 Abs. 3 RVG und dann anrechnen, ergäbe sich folgende Berechnung im gerichtlichen Verfahren:

1.	1,3-Verfahrensgebühr, Nr. 3100 VV (Wert: 8.000,00 EUR)	592,80 EUR
2.	0,8-Verfahrensgebühr, Nr. 3101 Nr. 2 VV (Wert: 3.000,00 EUR) die Grenze des § 15 Abs. 3 RVG, 1,3 aus 11.000,00 EUR (785,20 EUR) ist nicht überschritten	160,80 EUR
3.	gem. Vorbem. 3 Abs. 4 VV anzurechnen, 0,75 aus 8.000,00 EUR	– 342,00 EUR
4.	1,2-Terminsgebühr, Nr. 3104 VV (Wert: 11.000,00 EUR)	724,80 EUR
5.	Postentgeltpauschale, Nr. 7002 VV	20,00 EUR
	Zwischensumme	1.156,40 EUR
6.	19 % Umsatzsteuer, Nr. 7008 VV	219,72 EUR
Gesamt		**1.376,12 EUR**

38 Ebenso ist zu rechnen, wenn der Anwalt auch hinsichtlich der weitergehenden Gegenstände bereits außergerichtlich tätig war.

> **Beispiel 31** — Anrechnung – Nachfolgendes Verfahren nur wegen eines Teilbetrages, Verhandlung über Gesamtbetrag

Der Anwalt macht außergerichtlich für den Auftraggeber eine Forderung in Höhe von 8.000,00 EUR geltend. Die außergerichtlichen Verhandlungen scheitern. Der Anwalt erhebt daraufhin auftragsgemäß Klage in Höhe von lediglich 5.000,00 EUR. Im Termin verhandeln die Parteien auch über die nichtanhängigen 3.000,00 EUR, allerdings ohne Ergebnis.

Aus dem Wert der eingeklagten 5.000,00 EUR entsteht die Verfahrensgebühr der Nr. 3100 VV zu 1,3. Aus dem Wert der 3.000,00 EUR entsteht die Verfahrensgebühr dagegen nur zu 0,8 (Nr. 3101 Nr. 2, 2. Alt. VV), da der Anwalt insoweit lediglich verhandelt hat. Fällt – wie hier – sowohl eine 1,3-Verfahrensgebühr als auch eine ermäßigte 0,8-Verfahrensgebühr an, so ist zunächst anzurechnen und hiernach gem. § 15 Abs. 3 RVG zu kürzen.

I. Außergerichtliche Vertretung (Wert: 8.000,00 EUR)

1.	1,5-Geschäftsgebühr, Nr. 2300 VV		684,00 EUR
2.	Postentgeltpauschale, Nr. 7002 VV		20,00 EUR
	Zwischensumme	704,00 EUR	
3.	19 % Umsatzsteuer, Nr. 7008 VV		133,76 EUR
Gesamt			**837,76 EUR**

II. Gerichtliches Verfahren

1.	1,3-Verfahrensgebühr, Nr. 3100 VV (Wert: 5.000,00 EUR)		393,90 EUR
2.	gem. Vorbem. 3 Abs. 4 VV anzurechnen, 0,75 aus 5.000,00 EUR		– 227,25 EUR
3.	0,8-Verfahrensgebühr, Nrn. 3100, 3101 Nr. 2 VV (Wert: 3.000,00 EUR)		160,80 EUR
4.	gem. Vorbem. 3 Abs. 4 VV anzurechnen, 0,75 aus 3.000,00 EUR		– 150,75 EUR
5.	1,2-Terminsgebühr, Nr. 3104 VV (Wert: 8.000,00 EUR)		547,20 EUR
6.	Postentgeltpauschale, Nr. 7002 VV		20,00 EUR
	Zwischensumme	743,90 EUR	
7.	19 % Umsatzsteuer, Nr. 7008 VV		141,34 EUR
Gesamt			**885,24 EUR**

Würde man dagegen auch erst nach § 15 Abs. 3 RVG und dann anrechnen, ergäbe sich folgende Berechnung im gerichtlichen Verfahren:

II. Gerichtliches Verfahren
1. 1,3-Verfahrensgebühr, Nr. 3100 VV   393,90 EUR
   (Wert: 5.000,00 EUR)
2. 0,8-Verfahrensgebühr, Nrn. 3100, 3101 Nr. 2 VV   160,80 EUR
   (Wert: 3.000,00 EUR)
   die Höchstgrenze des § 15 Abs. 3 RVG, nicht mehr als
   1,3 aus 8.000,00 EUR (592,80 EUR) ist nicht überschritten.
3. gem. Vorbem. 3 Abs. 4 VV anzurechnen, 0,75 aus   − 342,00 EUR
   8.000,00 EUR
4. 1,2-Terminsgebühr, Nr. 3104 VV   547,20 EUR
   (Wert: 8.000,00 EUR)
5. Postentgeltpauschale, Nr. 7002 VV   20,00 EUR
   Zwischensumme   779,90 EUR
6. 19 % Umsatzsteuer, Nr. 7008 VV   148,18 EUR
   Gesamt   **928,08 EUR**

i) Anrechnung bei mehreren Geschäftsgebühren aus Teilwerten aber nur einer Verfahrensgebühr aus dem Gesamtwert

Sind außergerichtlich mehrere Geschäftsgebühren entstanden, wird aber ein einheitliches gerichtliches Verfahren betrieben, so sind alle Geschäftsgebühren hälftig anzurechnen, analog § 15 Abs. 3 RVG jedoch nicht mehr als eine Geschäftsgebühr aus dem Gesamtwert, berechnet nach dem höchsten hälftigen Gebührensatz.[17]   39

> **Beispiel 32**   **Anrechnung bei mehreren Geschäftsgebühren aber einheitlichem gerichtlichen Verfahren (ein Auftraggeber)**

Der Anwalt wird beauftragt, für den Mandanten eine Forderung von 5.000,00 EUR außergerichtlich gegen den B geltend zu machen. Später erhält er den Auftrag eine Forderung des B gegen den Mandanten in Höhe von 10.000,00 EUR abzuwehren. Anschließend werden die 5.000,00 EUR eingeklagt. Der B erhebt Widerklage auf Zahlung der 10.000,00 EUR.

Angefallen sind zwei Geschäftsgebühren, eine aus 5.000,00 EUR und eine aus 10.000,00 EUR. Im gerichtlichen Verfahren entsteht dagegen einheitlich eine 1,3-Verfahrensgebühr aus dem Gesamtwert von 15.000,00 EUR (§ 23 Abs. 1 S. 1 RVG i.V.m. § 45 Abs. 1 GKG).

Anzurechnen sind die beiden Geschäftsgebühren, jedoch in analoger Anwendung des § 15 Abs. 3 RVG nicht mehr als halbe Geschäftsgebühr aus dem Gesamtwert.

I. Außergerichtliche Tätigkeit (Wert: 8.000,00 EUR)
1. 1,3-Geschäftsgebühr, Nr. 2300 VV   592,80 EUR
2. Postentgeltpauschale, Nr. 7002 VV   20,00 EUR
   Zwischensumme   612,80 EUR
3. 19 % Umsatzsteuer, Nr. 7008 VV   116,43 EUR
   Gesamt   **729,23 EUR**

---

17 OLG Koblenz AGS 2009, 167 m. Anm. *N. Schneider* = OLGR 2009, 463 = JurBüro 2009, 304 = NJW-Spezial 2009, 252 = FamRZ 2009, 1089.

II. Außergerichtliche Tätigkeit (Wert: 10.000,00 EUR)
1. 1,3-Geschäftsgebühr, Nr. 2300 VV 725,40 EUR
2. Postentgeltpauschale, Nr. 7002 VV 20,00 EUR
   Zwischensumme 745,40 EUR
3. 19 % Umsatzsteuer, Nr. 7008 VV 141,63 EUR
Gesamt **887,03 EUR**

III. Rechtsstreit (Wert: 18.000,00 EUR)
1. 1,3-Verfahrensgebühr, Nr. 31300 VV 904,80 EUR
2. gem. Vorbem. 3 Abs. 4 VV anzurechnen
   – 0,65 aus 8.000,00 EUR – 296,40 EUR
   – 0,65 aus 10.000,00 EUR – 362,70 EUR
   analog § 15 Abs. 3 RVG nicht mehr als 0,65 aus 18.000,00 EUR – 452,40 EUR
3. 1,2-Terminsgebühr, Nr. 3104 VV 835,20 EUR
4. Postentgeltpauschale, Nr. 7002 VV 20,00 EUR
   Zwischensumme 1.307,60 EUR
5. 19 % Umsatzsteuer, Nr. 7008 VV 248,44 EUR
Gesamt **1.556,04 EUR**

Beispiel 33 | **Anrechnung bei mehreren Geschäftsgebühren aber einheitlichem gerichtlichen Verfahren (mehrere Auftraggeber)**

Der Anwalt wird beauftragt, für den Mandanten A eine Forderung von 5.000,00 EUR außergerichtlich abzuwehren. Später erhält er den Auftrag eine Forderung gegen den B in Höhe von 10.000,00 EUR abzuwehren. Anschließend werden in einem gemeinsamen Prozess A und B verklagt. Der Anwalt wird in diesem Prozess von A und B beauftragt.

Angefallen sind wiederum zwei Geschäftsgebühren, eine gegenüber dem A aus 5.000,00 EUR und eine gegenüber dem B aus 10.000,00 EUR. Im gerichtlichen Verfahren entsteht dagegen einheitlich eine 1,3-Verfahrensgebühr aus dem Gesamtwert von 15.000,00 EUR (§ 23 Abs. 1 S. 1 RVG i.V.m. § 45 Abs. 1 GKG).

Anzurechnen sind wiederum die beiden Geschäftsgebühren, jedoch in analoger Anwendung des § 15 Abs. 3 RVG nicht mehr als die halbe Geschäftsgebühr aus dem Gesamtwert. Es ergibt sich dieselbe Abrechnung wie im vorangegangenen Beispiel.

Beispiel 34 | **Anrechnung bei mehreren Geschäftsgebühren aber einheitlichem gerichtlichen Verfahren (unterschiedliche Gebührensätze)**

Der Anwalt wird außergerichtlich für drei Auftraggeber (A, B und C) jeweils gesondert tätig. Gegenüber dem A berechnet er eine 1,0-Geschäftsgebühr aus 3.000,00 EUR, gegenüber dem B eine 1,3-Geschäftsgebühr aus 5.000,00 EUR und gegenüber dem C eine 1,5-Geschäftsgebühr aus 7.000,00 EUR. Anschließend kommt es zu einem Rechtsstreit über die gesamten 15.000,00 EUR.

Im Rechtsstreit erhält der Anwalt seine Gebühren gem. § 23 Abs. 1 S. 1 RVG i.V.m. § 39 Abs. 1 GKG aus dem Gesamtwert von 15.000,00 EUR. Hierauf anzurechnen ist die Geschäftsgebühr nach dem höchsten hälftigen Gebührensatz aus dem Gesamtwert. Der höchste hälftige Gebührensatz beläuft sich hier auf 0,75, der Gesamtwert, der den Geschäftsgebühren zugrunde liegt, auf 15.000,00 EUR. Anzurechnen ist also eine 0,75-Gebühr aus 15.000,00 EUR.

VII. Anrechnung § 8

I. **Außergerichtliche Vertretung A (Wert: 3.000,00 EUR)**
1. 1,0-Verfahrensgebühr, Nr. 2300 VV   201,00 EUR
2. Postentgeltpauschale, Nr. 7002 VV   20,00 EUR
   Zwischensumme   221,00 EUR
3. 19 % Umsatzsteuer, Nr. 7008 VV   41,99 EUR
Gesamt   **262,99 EUR**

II. **Außergerichtliche Vertretung B (Wert: 5.000,00 EUR)**
1. 1,3-Verfahrensgebühr, Nr. 2300 VV   393,90 EUR
2. Postentgeltpauschale, Nr. 7002 VV   20,00 EUR
   Zwischensumme   413,90 EUR
3. 19 % Umsatzsteuer, Nr. 7008 VV   78,64 EUR
Gesamt   **492,54 EUR**

III. **Außergerichtliche Vertretung C (Wert: 7.000,00 EUR)**
1. 1,5-Verfahrensgebühr, Nr. 2300 VV   607,50 EUR
2. Postentgeltpauschale, Nr. 7002 VV   20,00 EUR
   Zwischensumme   627,50 EUR
3. 19 % Umsatzsteuer, Nr. 7008 VV   119,23 EUR
Gesamt   **746,73 EUR**

IV. **Gerichtliches Verfahren (Wert: 7.000,00 EUR)**
1. 1,3-Verfahrensgebühr, Nr. 3100 VV   845,00 EUR
   (Wert: 15.000,00 EUR)
2. gem. Vorbem. 3 Abs. 4 VV anzurechnen
   0,5 aus 3.000,00 EUR   – 100,50 EUR
   0,65 aus 5.000,00 EUR   – 196,95 EUR
   0,75 aus 10.000,00 EUR   – 418,50 EUR
   analog § 15 Abs. 3 RVG nicht mehr als 0,75 aus   – 522,00 EUR
   18.000,00 EUR
3. 1,2-Terminsgebühr, Nr. 3104 VV   780,00 EUR
   (Wert: 15.000,00 EUR)
4. Postentgeltpauschale, Nr. 7002 VV   20,00 EUR
   Zwischensumme   1.123,00 EUR
5. 19 % Umsatzsteuer, Nr. 7008 VV   213,37 EUR
Gesamt   **1.336,37 EUR**

j) Anrechnung bei einer Geschäftsgebühr aus dem Gesamtwert und mehreren Verfahrensgebühren aus Teilwerten

Geht eine einheitliche außergerichtliche Angelegenheit in verschiedene gerichtliche Verfahren 40 über, so ist in jedem Verfahren nach Vorbem. 3 Abs. 4 S. 3 RVG die Geschäftsgebühr hälftig aus dem Wert anzurechnen, der im gerichtlichen Verfahren fort gilt. Zu beachten ist, dass die Summe der anzurechnenden Beträge analog § 15 Abs. 3 RVG nicht mehr als die Hälfte der vorangegangenen Geschäftsgebühr ausmachen darf. Es ist auf die erste Angelegenheit voll anzurechnen und auf die weitere Angelegenheit der dann noch verbleibende Restbetrag. Werden beide nachfolgenden Angelegenheiten gleichzeitig eingeleitet, ist verhältnismäßig anzurechnen.

Beispiel 35 | **Anrechnung auf verschiedene Angelegenheiten**

Der Anwalt macht außergerichtlich für den Auftraggeber gegen den Schuldner eine Forderung in Höhe von 8.000,00 EUR geltend (Kaufpreisforderung 6.000,00 EUR sowie Mietforderung – Wohnraummiete – in Höhe von 2.000,00 EUR). Die außergerichtlichen Verhandlungen scheitern. Der Anwalt erhebt daraufhin auftragsgemäß Klage in Höhe von 6.000,00 EUR vor dem LG und später in Höhe von 2.000,00 EUR vor dem AG. Über beide Klagen wird verhandelt.

Auf das gerichtliche Verfahren wegen der Kaufpreisforderung ist voll anzurechnen. Auf das weitere Verfahren wegen der Mietforderung ist nur noch der restliche Betrag der hälftigen Geschäftsgebühr anzurechnen.

I. Außergerichtliche Vertretung (Wert: 8.000,00 EUR)
1. 1,5-Geschäftsgebühr, Nr. 2300 VV   684,00 EUR
2. Postentgeltpauschale, Nr. 7002 VV   20,00 EUR
    Zwischensumme   704,00 EUR
3. 19 % Umsatzsteuer, Nr. 7008 VV   133,76 EUR
Gesamt   **837,76 EUR**

II. Gerichtliches Verfahren, Kaufpreisforderung (Wert: 6.000,00 EUR)
1. 1,3-Verfahrensgebühr, Nr. 3100 VV   460,20 EUR
2. gem. Vorbem. 3 Abs. 4 VV anzurechnen, 0,75 aus   – 265,50 EUR
    6.000,00 EUR
3. 1,2-Terminsgebühr, Nr. 3104 VV   424,80 EUR
4. Postentgeltpauschale, Nr. 7002 VV   20,00 EUR
    Zwischensumme   639,50 EUR
5. 19 % Umsatzsteuer, Nr. 7008 VV   121,51 EUR
Gesamt   **761,01 EUR**

III. Gerichtliches Verfahren, Mietzinsforderung (Wert: 2.000,00 EUR)
1. 1,3-Verfahrensgebühr, Nr. 3100 VV   195,00 EUR
2. gem. Vorbem. 3 Abs. 4 VV anzurechnen,   – 112,50 EUR
    0,75 aus 2.000,00 EUR
    – davon bereits durch die vorangegangene Anrechnung verbraucht:
    – 0,75 aus 8.000,00 EUR   342,00 EUR
    – abzüglich bereits angerechneter 0,75 aus   – 265,50 EUR
    6.000,00 EUR
                                                76,50 EUR
                                                  – 36,00 EUR
3. 1,2-Terminsgebühr, Nr. 3104 VV   180,00 EUR
4. Postentgeltpauschale, Nr. 7002 VV   20,00 EUR
    Zwischensumme   323,00 EUR
5. 19 % Umsatzsteuer, Nr. 7008 VV   61,37 EUR
Gesamt   **384,37 EUR**

k) Anrechnung eines überschießenden Anrechnungsbetrags auf nachfolgende Angelegenheit

41 Kommt die Anrechnung der Geschäftsgebühr bei dem ersten nachfolgenden gerichtlichen Verfahren nicht voll zum Tragen, weil der Gebührensatz der erst nachfolgenden Angelegenheit unter der Hälfte des anzurechnenden Gebührensatzes liegt, so ist der nicht verbrauchte Anrechnungsbetrag auf ein gegebenenfalls anschließendes weiteres Verfahren anzurechnen, wenn die Verfahrensgebühr des nachfolgenden Verfahrens auf die des weiteren Verfahrens ihrerseits anzurechnen ist.[18]

Beispiel 36 | **Mehrfache Anrechnung der Geschäftsgebühr – Gebührensatz in nachfolgender Angelegenheit geringer**

Der Anwalt wehrt außergerichtlich für den Auftraggeber eine Forderung in Höhe von 8.000,00 EUR ab. Die Sache ist umfangreich aber durchschnittlich. Der Gegner erwirkt daraufhin einen Mahnbescheid, gegen den der Anwalt Widerspruch einlegt. Hiernach kommt es zum streitigen Verfahren, in dem verhandelt wird.

---

18 OLG Köln AGS 2009, 476 = OLGR 2009, 853 = NJW-Spezial 2009, 716.

Ausgehend von einer 1,5-Geschäftsgebühr wäre diese zu einem Gebührensatz von 0,75 anzurechnen. Da der Anwalt im Mahnverfahren aber nur 0,5 erhält (Nr. 3307 VV), kann nicht mehr angerechnet werden (siehe oben Beispiel 24). Der nicht verbrauchte Anrechnungsbetrag i.H.v. 0,25 ist jetzt auf das streitige Verfahren zu „übertragen" und dort anzurechnen. Daneben ist auch die 0,5-Verfahrensgebühr der Nr. 3307 VV anzurechnen.

I. Außergerichtliche Vertretung (Wert: 8.000,00 EUR)		
1. 1,5-Geschäftsgebühr, Nr. 2300 VV		684,00 EUR
2. Postentgeltpauschale, Nr. 7002 VV		20,00 EUR
Zwischensumme	704,00 EUR	
3. 19 % Umsatzsteuer, Nr. 7008 VV		133,76 EUR
Gesamt		**837,76 EUR**
II. Mahnverfahren (Wert: 8.000,00 EUR)		
1. 0,5-Verfahrensgebühr, Nr. 3307 VV		228,00 EUR
2. gem. Vorbem. 3 Abs. 4 VV anzurechnen, 0,5 aus 8.000,00 EUR		– 228,00 EUR
3. Postentgeltpauschale, Nr. 7002 VV[19]		20,00 EUR
Zwischensumme	20,00 EUR	
4. 19 % Umsatzsteuer, Nr. 7008 VV		3,80 EUR
Gesamt		**23,80 EUR**
III. Gerichtliches Verfahren (Wert: 8.000,00 EUR)		
1. 1,3-Verfahrensgebühr, Nr. 3100 VV		592,80 EUR
2. gem. Anm. zu Nr. 3307 VV anzurechnen, 0,5 aus 8.000,00 EUR		– 228,00 EUR
3. gem. Vorbem. 3 Abs. 4 VV anzurechnen, 0,75 aus 8.000,00 EUR	– 342,00 EUR	
./. bereits angerechneter 0,5 aus 8.000,00 EUR	228,00 EUR	
		– 114,00 EUR
4. 1,2-Terminsgebühr, Nr. 3104 VV		547,20 EUR
5. Postentgeltpauschale, Nr. 7002 VV		20,00 EUR
Zwischensumme	818,00 EUR	
6. 19 % Umsatzsteuer, Nr. 7008 VV		155,42 EUR
Gesamt		**973,42 EUR**

Kommt die Anrechnung der Geschäftsgebühr bei der ersten nachfolgenden Angelegenheit nicht voll zum Tragen, weil der Gegenstandswert der nachfolgenden Angelegenheit geringer ist, kommt es dann aber zu einer nachfolgenden Angelegenheit, auf die auch anzurechnen ist, so wird der bisher nicht angerechnete Betrag nunmehr angerechnet.[20]

42

> **Beispiel 37**   **Mehrfache Anrechnung der Geschäftsgebühr – Gegenstandswert in nachfolgender Angelegenheit geringer (Mahnverfahren)**

Der Anwalt macht außergerichtlich für den Mandanten eine Forderung in Höhe von 8.000,00 EUR geltend. Die Sache ist umfangreich und schwierig. Da der Gegner nicht zahlt, erwirkt der Anwalt einen Mahnbescheid über einen Teilbetrag von 4.000,00 EUR. Nach Widerspruch wird das streitige Verfahren durchgeführt. Dort wird die Klage auf die ursprünglichen 8.000,00 EUR erweitert.

Die Geschäftsgebühr ist nach einem Wert von 8.000,00 EUR angefallen. Im Mahnverfahren beläuft sich der Gegenstandswert dagegen nur auf 4.000,00 EUR. Folglich wird die Geschäftsge-

---

[19] Die Postentgeltpauschale berechnet sich aus dem Gebührenaufkommen vor Anrechnung (siehe § 35 Rn 53 ff.).
[20] Im Ergebnis OLG München AGS 2009, 438 m. Anm. *N. Schneider* = NJW-Spezial 2009, 588 = JurBüro 2009, 475, wenn auch mit umständlicher Berechnung.

bühr nach Vorbem. 3 Abs. 4 S. 3 VV auch nur nach einem Gegenstandswert von 4.000,00 EUR angerechnet. Die Verfahrensgebühr des Mahnverfahrens wiederum wird in voller Höhe auf die Verfahrensgebühr des streitigen Verfahrens angerechnet. Darüber hinaus wird die anzurechnende Geschäftsgebühr, soweit sie im Mahnverfahren nicht angerechnet worden ist, jetzt im streitigen Verfahren angerechnet.

I. Außergerichtliche Vertretung (Wert: 8.000,00 EUR)		
1. 1,5-Geschäftsgebühr, Nr. 2300 VV		684,00 EUR
2. Postentgeltpauschale, Nr. 7002 VV		20,00 EUR
Zwischensumme	704,00 EUR	
3. 19 % Umsatzsteuer, Nr. 7008 VV		133,76 EUR
Gesamt		**837,76 EUR**
II. Mahnverfahren (Wert: 4.000,00 EUR)		
1. 1,0-Verfahrensgebühr, Nr. 3005 VV		252,00 EUR
2. gem. Vorbem. 3 Abs. 4 VV anzurechnen, 0,75 aus 4.000,00 EUR		– 189,00 EUR
3. Postentgeltpauschale, Nr. 7002 VV		20,00 EUR
Zwischensumme	83,00 EUR	
4. 19 % Umsatzsteuer, Nr. 7008 VV		15,77 EUR
Gesamt		**98,77 EUR**
III. Gerichtliches Verfahren (Wert: 8.000,00 EUR)		
1. 1,3-Verfahrensgebühr, Nr. 3100 VV		592,80 EUR
2. gem. Anm. zu Nr. 3305 VV anzurechnen, 1,0 aus 4.000,00 EUR		– 252,00 EUR
3. gem. Vorbem. 3 Abs. 4 VV anzurechnen,		
0,75 aus 8.000,00 EUR	– 342,00 EUR	
./. bereits angerechneter 0,75 aus 4.000,00 EUR	189,00 EUR	
		– 153,00 EUR
4. 1,2-Terminsgebühr, Nr. 3104 VV		547,20 EUR
5. Postentgeltpauschale, Nr. 7002 VV		20,00 EUR
Zwischensumme	755,00 EUR	
6. 19 % Umsatzsteuer, Nr. 7008 VV		143,45 EUR
Gesamt		**898,45 EUR**

> **Beispiel 38** Mehrfache Anrechnung der Geschäftsgebühr – Gegenstandswert in nachfolgender Angelegenheit geringer (Beweisverfahren)

Der Anwalt war zunächst nach einem Wert von 10.243,96 EUR außergerichtlich tätig. Anschließend wurde ein selbstständiges Beweisverfahren über einen Teilbetrag in Höhe von 5.010,00 EUR geführt und danach der Rechtsstreit, wiederum über 10.243,96 EUR.[21]

Zunächst einmal war eine 1,3-Geschäftsgebühr Nr. 2300 VV aus 10.243,96 EUR angefallen.

Hiernach wurde der Auftrag für das selbstständige Beweisverfahren erteilt. Entstanden ist dort also eine 1,3-Verfahrensgebühr nach Nr. 3100 VV. Darauf ist die Geschäftsgebühr hälftig anzurechnen, und zwar gem. Vorbem. 3 Abs. 4 S. 3 VV aus dem Wert, der außergerichtlicher Vertretung und Beweisverfahren gemeinsam ist, also aus 5.010,00 EUR.

Nunmehr beginnt mit dem Rechtsstreit die dritte Angelegenheit. Der Anwalt erhält zunächst eine Verfahrensgebühr nach Nr. 3100 VV aus dem Wert von 10.243,96 EUR. Darauf ist die Verfahrensgebühr des selbstständigen Beweisverfahrens nach Vorbem. 3 Abs. 5 VV anzurechnen, und zwar in voller Höhe. Hinzu kommt dann noch die Terminsgebühr. Des Weiteren ist noch zu

---

21 Fall nach OLG München AGS 2009, 438 m. Anm. *N. Schneider* = NJW-Spezial 2009, 588 = JurBüro 2009, 475.

berücksichtigen, dass die Geschäftsgebühr im Beweisverfahren bisher nur teilweise angerechnet worden ist, nämlich soweit sich der Gegenstand der außergerichtlichen Vertretung im Beweisverfahren fortgesetzt hat, also aus 5.010,00 EUR. Hinsichtlich des Mehrbetrages ist erst das gerichtliche Verfahren das „nachfolgende" Verfahren, so dass der verbliebene Restbetrag der Geschäftsgebühr noch anzurechnen ist. Das ergibt also jetzt folgende Abrechnung.

I.	**Außergerichtliche Vertretung (Wert: 10.243,96 EUR)**		
1.	1,3-Geschäftsgebühr, Nr. 2300 VV		785,20 EUR
2.	Postentgeltpauschale, Nr. 7002 VV		20,00 EUR
	Zwischensumme	805,20 EUR	
3.	19 % Umsatzsteuer, Nr. 7008 VV		152,99 EUR
Gesamt			**958,19 EUR**
II.	**Selbstständiges Beweisverfahren (Wert: 5.010,00 EUR)**		
1.	1,3-Verfahrensgebühr, Nr. 3100 VV		460,20 EUR
2.	anzurechnen gem. Vorbem. 3 Abs. 4 VV, 0,65 aus 5.010,00 EUR		– 230,10 EUR
3.	Postentgeltpauschale, Nr. 7002 VV		20,00 EUR
	Zwischensumme	250,10 EUR	
4.	19 % Umsatzsteuer, Nr. 7008 VV		47,52 EUR
Gesamt			**297,62 EUR**
III.	**Rechtsstreit**		
1.	1,3-Verfahrensgebühr, Nr. 3100 VV (Wert: 10.243,96 EUR)		785,20 EUR
2.	anzurechnen gem. Vorbem. 3 Abs. 5 VV, 1,3 aus 5.010,00 EUR		– 460,20 EUR
3.	anzurechnen gem. Vorbem. 3 Abs. 4 VV, 0,65 aus 10.243,96 EUR	– 392,60 EUR	
	./. bereits im Beweisverfahren angerechneter	230,10 EUR	
			– 162,50 EUR
4.	Terminsgebühr, Nr. 3104 VV (Wert: 10.243,96 EUR)		724,80 EUR
5.	Postentgeltpauschale, Nr. 7002 VV		20,00 EUR
	Zwischensumme	907,30 EUR	
6.	19 % Umsatzsteuer, Nr. 7008 VV		172,39 EUR
Gesamt			**1.079,69 EUR**

Beispiel 39	**Mehrfache Anrechnung der Geschäftsgebühr – Gebührensatz in und Gegenstandswert in nachfolgender Angelegenheit geringer**

Der Anwalt macht für seinen Mandanten eine Forderung in Höhe von 6.000,00 EUR geltend. Der Gegner bestreitet die Forderung und verlangt seinerseits 4.000,00 EUR und erwirkt einen Mahnbescheid über einen diesen Betrag. Dagegen legt der Anwalt Widerspruch ein. Im streitigen Verfahren erhebt er wegen der 6.000,00 EUR Widerklage.

Außergerichtlich war eine 1,3-Geschäftsgebühr Nr. 2300 VV aus 10.000,00 EUR (§ 23 Abs. 1 S. 3 RVG i.V.m. § 45 Abs. 1 GKG) angefallen.

Im Mahnverfahren ist nur eine 0,5-Verfahrensgebühr (Nr. 3307 VV) aus 4.000,00 EUR angefallen. Anzurechnen ist nach Vorbem. 3 Abs. 4 VV daher auch nur eine 0,5-Gebühr (siehe Beispiel 24) und zwar auch nur aus dem Wert von 4.000,00 EUR (siehe Beispiel 25).

Im streitigen Verfahren sind die Gebühren dagegen wieder aus 10.000,00 EUR entstanden. Hier ist zunächst die 0,5-Verfahrensgebühr des Mahnverfahrens anzurechnen (Anm. zu Nr. 3307 VV).

Sodann ist der noch nicht angerechnete Restbetrag der anzurechnenden Geschäftsgebühr noch der anzurechnen.

I. Außergerichtliche Vertretung (Wert: 10.000,00 EUR)
1. 1,3-Geschäftsgebühr, Nr. 2300 VV   725,40 EUR
2. Postentgeltpauschale, Nr. 7002 VV   20,00 EUR
   Zwischensumme   745,40 EUR
3. Umsatzsteuer, Nr. 7008 VV   141,63 EUR
Gesamt   **887,03 EUR**

II. Mahnverfahren (Wert: 4.000,00 EUR)
1. 0,5-Verfahrensgebühr, Nr. 3307 VV   126,00 EUR
2. anzurechnen gem. Vorbem. 3 Abs. 4 VV, 0,65 aus   – 126,00 EUR
   4.000,00 EUR
3. Postentgeltpauschale, Nr. 7002 VV   20,00 EUR
   Zwischensumme   20,00 EUR
4. Umsatzsteuer, Nr. 7008 VV   3,80 EUR
Gesamt   **23,80 EUR**

III. Rechtsstreit (Wert: 10.000,00 EUR)
1. 1,3-Verfahrensgebühr, Nr. 3100 VV   725,40 EUR
2. anzurechnen gem. Anm. zu Nr. 3307 VV, 0,5 aus   – 126,00 EUR
   4.000,00 EUR
3. anzurechnen gem. Vorbem. 3 Abs. 4 VV,
   0,65 aus 10.000,00 EUR   – 362,70 EUR
   ./. bereits im Mahnverfahren angerechneter   126,00 EUR
                                                               – 236,70 EUR
4. Terminsgebühr, Nr. 3104 VV   669,60 EUR
5. Postentgeltpauschale, Nr. 7002 VV   20,00 EUR
   Zwischensumme   1.052,30 EUR
6. Umsatzsteuer, Nr. 7008 VV   199,94 EUR
Gesamt   **1.252,24 EUR**

l) Anrechnung auf vorangegangene Verfahrensgebühr bei bloßem Verhandeln über nicht anhängige Gegenstände

43 Wird im gerichtlichen Verfahren lediglich über nicht anhängige Gegenstände verhandelt, ohne dass es zu einer Einigung kommt, entsteht dort die Verfahrensgebühr der Nr. 3100 VV nur in Höhe von 0,8 (Nr. 3101 Nr. 2, 2. Alt. VV). (Siehe § 13 Rn 205 ff.) Kommt es danach zu einem gerichtlichen Verfahren, wird die 0,8-Gebühr bzw. der sich nach § 15 Abs. 3 RVG ergebende Gesamtbetrag, soweit er eine Gebühr aus dem anhängigen Wert übersteigt, auf eine nachfolgende Verfahrensgebühr angerechnet (Anm. Abs. 1 zu Nr. 3101 VV). Kommt es nach den erfolglosen Verhandlungen zu einer außergerichtlichen Tätigkeit, geht das RVG den umgekehrten Weg. Die nachträglich entstehende Geschäftsgebühr wird hälftig auf die zuvor entstandene Verfahrensgebühr angerechnet wird, höchstens aber zu 0,75 (Vorbem. 3 Abs. 4 VV).

44 Die wörtliche Anwendung der Vorschrift würde dazu führen, dass „rückwärts" angerechnet wird, dass also bereits entstandene verdiente und bezahlte Gebühren sich nachträglich wieder durch Anrechnung reduzieren würden. Dies würde dazu führen, dass der Anwalt im Nachhinein für bereits geleistete Tätigkeiten eine Gutschrift erteilen müsste, die dann wiederum auf die folgende Tätigkeit zu verrechnen wäre. Da nach dem neuen § 15a Abs. 1 RVG jedoch jede Gebühr für sich selbstständig ist, kann, wenn die Verfahrensgebühr bereits abgerechnet ist, die Anrechnung auch bei der Geschäftsgebühr vorgenommen werden.

VII. Anrechnung § 8

Beispiel 40 | Anrechnung auf vorangegangene Verfahrensgebühr bei bloßem Verhandeln über nicht anhängige Gegenstände

In einem Rechtsstreit über 10.000,00 EUR verhandeln die Parteien über die anhängigen 10.000,00 EUR sowie weitere nicht anhängige 8.000,00 EUR, wegen der der Anwalt bislang außergerichtlich nicht tätig war. Eine Einigung scheitert. Es wird dann über die 10.000,00 EUR durch Urteil entschieden. Wegen der 8.000,00 EUR wird der Anwalt nunmehr außergerichtlich beauftragt. Insoweit soll von der Mittelgebühr ausgegangen werden.

Die Geschäftsgebühr ist nunmehr auf die 0,8-Verfahrensgebühr der Nrn. 3100, 3101 VV anzurechnen (zum Verhältnis zu § 15 Abs. 3 RVG in diesem Falle siehe oben Rn 40). Soweit die Verfahrensgebühr noch nicht abgerechnet bzw. noch nicht bezahlt worden ist, kann wie folgt abgerechnet werden:

I. Gerichtliches Verfahren
1. 1,3-Verfahrensgebühr, Nr. 3100 VV
   (Wert: 10.000,00 EUR)   725,40 EUR
2. 0,8-Verfahrensgebühr, Nr. 3101 Nr. 2 VV
   (Wert: 8.000,00 EUR)   364,80 EUR
3. gem. Vorbem. 3 Abs. 4 VV anzurechnen, 0,75 aus   – 342,00 EUR
   8.000,00 EUR
   die Grenze des. § 15 Abs. 3 RVG, nicht mehr als 1,3 aus
   18.000,00 EUR (904,80 EUR) ist nicht überschritten
4. 1,2-Terminsgebühr, Nr. 3104 VV   835,20 EUR
   (Wert: 18.000,00 EUR)
5. Postentgeltpauschale, Nr. 7002 VV   20,00 EUR
   Zwischensumme   1.603,40,00 EUR
6. 19 % Umsatzsteuer, Nr. 7008 VV   304,65 EUR
Gesamt   **1.908,05 EUR**

II. Außergerichtliche Vertretung
1. 1,5-Geschäftsgebühr, Nr. 2300 VV   684,00 EUR
   (Wert: 8.000,00 EUR)
2. Postentgeltpauschale, Nr. 7002 VV   20,00 EUR
   Zwischensumme   704,00 EUR
3. 19 % Umsatzsteuer, Nr. 7008 VV   133,76 EUR
Gesamt   **837,76 EUR**

Gesamt I + II   **2.745,81 EUR**

Hatte der Anwalt die gerichtliche Tätigkeit bereits abgerechnet oder gar vereinnahmt, ist gem. § 15a Abs. 1 RVG die Anrechnung jetzt bei der nachfolgenden Geschäftsgebühr vorzunehmen. Es ist dann wie folgt abzurechnen:

I. Gerichtliches Verfahren
1. 1,3-Verfahrensgebühr, Nr. 3100 VV
   (Wert: 10.000,00 EUR)   725,40 EUR
2. 0,8-Verfahrensgebühr, Nr. 3101 Nr. 2 VV
   (Wert: 8.000,00 EUR)   364,80 EUR
   gem. § 15 Abs. 3 RVG nicht mehr als 1,3 aus   904,80 EUR
   18.000,00 EUR
3. 1,2-Terminsgebühr, Nr. 3104 VV   835,20 EUR
   (Wert: 18.000,00 EUR)
4. Postentgeltpauschale, Nr. 7002 VV   20,00 EUR
   Zwischensumme   1.760,00 EUR
5. 19 % Umsatzsteuer, Nr. 7008 VV   334,40 EUR
Gesamt   **2.094,40 EUR**

II. Außergerichtliche Vertretung

1. 1,5-Geschäftgebühr, Nr. 2300 VV (Wert: 8.000,00 EUR)	684,00 EUR
2. gem. Vorbem. 3 Abs. 4 VV anzurechnen, 0,75 aus 8.000,00 EUR	– 342,00 EUR
3. Postentgeltpauschale, Nr. 7002 VV	20,00 EUR
Zwischensumme 362,00 EUR	
4. 19 % Umsatzsteuer, Nr. 7008 VV	68,78 EUR
Gesamt	**430,78 EUR**
Gesamt I + II	**2.525,18 EUR**

m) Anrechnung auf nachfolgendes Güte- oder Schlichtungsverfahren

45 | **Beispiel 41** | **Anrechnung auf nachfolgendes Güte- oder Schlichtungsverfahren**

Der Anwalt wird beauftragt, eine Forderung von 600,00 EUR außergerichtlich geltend zu machen. Die Tätigkeit ist weder umfangreich noch schwierig. Anschließend wird das Schlichtungsverfahren nach § 15a EGZPO durchgeführt und hiernach Klage erhoben. Nach mündlicher Verhandlung ergeht ein Urteil.

Die Verfahrensgebühr der Nr. 2300 VV wird nach Vorbem. 2.3 Abs. 6 VV zur Hälfte auf die Gebühr der Nr. 2303 Nr. 1 VV angerechnet, höchstens zu 0,75. Die 1,5-Gebühr der Nr. 2303 Nr. 1 VV wiederum wird zur Hälfte, also genau mit 0,75, auf die nachfolgende Verfahrensgebühr der Nr. 3100 VV angerechnet (Vorbem. 3 Abs. 4 VV).

I. Außergerichtliche Tätigkeit (Wert: 600,00 EUR)

1. 1,3-Geschäftgebühr, Nr. 2300 VV	104,00 EUR
2. Postentgeltpauschale, Nr. 7002 VV	20,00 EUR
Zwischensumme 124,00 EUR	
3. 19 % Umsatzsteuer, Nr. 7008 VV	23,56 EUR
Gesamt	**147,56 EUR**

II. Schlichtungsverfahren (Wert: 600,00 EUR)

1. 1,5-Geschäftgebühr, Nr. 2303 Nr. 1 VV	120,00 EUR
2. gem. Vorbem. 2.3 Abs. 6 VV anzurechnen, 0,65 aus 600,00 EUR	– 52,00 EUR
3. Postentgeltpauschale, Nr. 7002 VV	13,60 EUR
Zwischensumme 81,60 EUR	
4. 19 % Umsatzsteuer, Nr. 7008 VV	15,50 EUR
Gesamt	**97,10 EUR**

III. Rechtsstreit (Wert: 600,00 EUR)

1. 1,3-Verfahrensgebühr, Nr. 3100 VV	104,00 EUR
2. gem. Vorbem. 3 Abs. 4 VV anzurechnen, 0,75 aus 600,00 EUR	– 60,00 EUR
3. 1,2-Terminsgebühr, Nr. 3104 VV	96,00 EUR
4. Postentgeltpauschale, Nr. 7002 VV[22]	20,00 EUR
Zwischensumme 160,00 EUR	
5. 19 % Umsatzsteuer, Nr. 7008 VV	30,40 EUR
Gesamt	**190,40 EUR**

---

22 Die Postentgeltpauschale berechnet sich aus dem Gebührenaufkommen vor Anrechnung (siehe § 38 Rn 53 ff.).

§ 9 Güte- und Schlichtungsverfahren

Inhalt

I. Überblick 1	b) Vorangegangene außergerichtliche Vertretung 16
II. Geschäftsgebühr 10	2. Anrechnung der Geschäftsgebühr nach Nr. 2303 VV 18
III. Einigungsgebühr 14	
IV. Anrechnung 15	V. Anträge auf gerichtliche Entscheidung 21
1. Anrechnung auf die Geschäftsgebühr der Nr. 2303 VV 15	
a) Vorangegangene Beratung 15	VI. Zwangsvollstreckung 23

I. Überblick

Wird der Anwalt in einem der in § 17 Nr. 7 RVG genannten Güte- oder Schlichtungsverfahren tätig, so richtet sich seine Vergütung hierfür nach Nr. 2303 VV. Diese Verfahren stellen **eigene Angelegenheiten** i.S.d. § 15 RVG dar. Dies gilt sowohl gegenüber der vorangegangenen außergerichtlichen Tätigkeit als auch gegenüber einem nachfolgenden Rechtsstreit.[1] Insgesamt können also drei Angelegenheiten gegeben sein, nämlich 1

- außergerichtliche Vertretung,
- Vertretung im Güte- oder Schlichtungsverfahren und
- Vertretung im Rechtsstreit.

In allen drei Angelegenheiten erhält der Anwalt seine Vergütung gesondert, insbesondere auch eine gesonderte Postentgeltpauschale nach Nr. 7002 VV.

Für seine Tätigkeit in einem der genannten Güte- oder Schlichtungsverfahren erhält der Anwalt eine 1,5-Geschäftsgebühr nach Nr. 2303 VV. Im Gegensatz zur Geschäftsgebühr nach Nr. 2300 VV steht dem Anwalt kein Ermessensspielraum zu. **Der Gebührensatz steht fest**. Eine Schwellengebühr (Anm. zu Nr. 2300 VV) ist hier nicht vorgesehen. Die 1,5-Gebühr entsteht daher auch, wenn die Tätigkeit weder umfangreich noch schwierig war. Ebenso wenig ist eine geringere Gebühr für ein einfaches Schreiben (Nr. 2301 VV) vorgesehen. 2

Möglich ist allerdings die **Erhöhung** der Gebühr nach Nr. 1008 VV **bei Vertretung mehrerer Auftraggeber**. 3

Die 1,5-Geschäftsgebühr erhält der Anwalt auch dann, wenn in das Schlichtungsverfahren **weiter gehende Gegenstände mit einbezogen werden**, etwa zum Abschluss einer Einigung oder wenn weiter gehende Gegenstände zum Zwecke der Einigung miterörtert oder verhandelt werden. Eine Geschäfts-Differenzgebühr ähnlich der Verfahrens-Differenzgebühr nach Nr. 3101 Nr. 2 VV kennt Nr. 2303 VV nicht, sodass diese nach dem vollen Wert sämtlicher Gegenstände abzurechnen ist. 4

Ebenso wenig ist eine Reduzierung dieser Gebühr vorgesehen, wenn sich die Angelegenheit **vorzeitig erledigt**. Auch eine der Nr. 3101 Nr. 1 VV vergleichbare Vorschrift fehlt. Es bleibt daher auch hier immer bei einer 1,5-Geschäftsgebühr. 5

Nimmt der Anwalt am **Gütetermin** teil, entsteht hierfür keine weitere Vergütung; insbesondere ist eine Terminsgebühr in Teil 2 VV nicht vorgesehen. Die Terminsgebühr nach Teil 3 VV wie- 6

---

1 AnwK-RVG/*N. Schneider* Nr. 2303 VV Rn 1.

derum ist nicht anwendbar (Vorbem. 3 Abs. 1 VV), da noch kein unbedingter Auftrag für das nachfolgende gerichtliche Verfahren besteht, sondern allenfalls ein bedingter Auftrag (§ 158 BGB) für den Fall der Fruchtlosigkeit des Güte- oder Schlichtungsverfahrens.

7 Zur Verfahrensgebühr hinzukommen kann allerdings eine **Einigungsgebühr** nach Nr. 1000 VV, wenn eine Einigung getroffen wird.

8 Für das Schlichtungsverfahren kann **keine Prozesskostenhilfe** bewilligt werden, da es sich nicht um ein gerichtliches Verfahren handelt. Möglich ist allerdings die Bewilligung von **Beratungshilfe**.[2]

9 Die Kosten eines vorgerichtlichen Güteverfahrens sind keine unmittelbaren Kosten des Rechtsstreits, weil es sich bei dem Güteverfahren um außergerichtliche Tätigkeiten handelt. Da in vielen Fällen Güteverfahren vorgeschrieben sind, so z.B. nach § 15a EGZPO, ordnet § 91 Abs. 3 ZPO an, dass die Kosten eines solchen Verfahrens als Kosten des Rechtsstreits gelten. Sie sind dann je nach Kostenquote von der unterliegenden Partei zu **erstatten**. Voraussetzung für die Anwendung des § 91 Abs. 3 ZPO ist, dass zwischen der Beendigung des Güteverfahrens und der Klageerhebung nicht mehr als ein Jahr verstrichen ist. Die Erstattungspflicht gilt aber unmittelbar nur für die Kosten der Schlichtungsstelle, nicht auch für die außergerichtlichen Kosten der Parteien, insbesondere die Anwaltsvergütungen. Nach überwiegender Rechtsprechung[3] sind diese Kosten jedoch als Vorbereitungskosten erstattungsfähig.

II. Geschäftsgebühr

10 | Beispiel 1 | Tätigkeit im Güteverfahren

Der Anwalt vertritt den Mandanten in einem obligatorischen Streitschlichtungsverfahren nach § 15a EGZPO (Gegenstandswert: 2.500,00 EUR).

1. 1,5-Geschäftsgebühr, Nr. 2303 Nr. 1 VV (Wert: 2.500,00 EUR)		301,50 EUR
2. Postentgeltpauschale, Nr. 7002 VV		20,00 EUR
Zwischensumme	321,50 EUR	
3. 19 % Umsatzsteuer, Nr. 7008 VV		61,09 EUR
Gesamt		**382,59 EUR**

11 Eine Reduzierung bei vorzeitiger Erledigung ist nicht vorgesehen.

| Beispiel 2 | Tätigkeit im Güteverfahren, vorzeitige Erledigung

Der Anwalt erhält den Auftrag, für den Mandanten ein obligatorisches Streitschlichtungsverfahren nach § 15a EGZPO einzuleiten (Gegenstandswert: 2.500,00 EUR). Vor Antragstellung erledigt sich das Verfahren.

---

2 Siehe hierzu § 10.
3 OLG Karlsruhe AGS 2009, 98 = OLGR 2008, 761 = JurBüro 2008, 538; LG Freiburg AGS 2009, 99; OLG Köln AGS 2010, 46 = zfs 2010, 45 = Rpfleger 2010, 164 = MDR 2010, 295 = JurBüro 2010, 206 = NJW-RR 2010, 431 = RVGreport 2010, 191; AG Schwäbisch-Gmünd AGS 2010, 45 = NJW 2009, 3441. Nach OLG Köln OLGR 2009, 746, soll dies auch für ein während der Anhängigkeit der Hauptsache eingeleitetes Schlichtungsverfahren gelten; a.A. insoweit OLG Düsseldorf AGS 2009, 352 = JurBüro 2009, 366 = OLGR 2009, 520 = GuT 2009, 131.

Eine Gebührenreduzierung wegen vorzeitiger Erledigung ist nicht vorgesehen. Auch eine Reduzierung über § 14 Abs. 1 RVG kommt nicht in Betracht, da es sich um einen festen Gebührensatz handelt. Es bleibt also bei einer 1,5-Gebühr. Abzurechnen ist wie im vorangegangenen Beispiel.

Vertritt der Anwalt **mehrere Auftraggeber wegen desselben Gegenstands**, erhöht sich der Gebührensatz nach Nr. 1008 VV um jeweils 0,3 je weiteren Auftraggeber. 12

| Beispiel 3 | Tätigkeit im Güteverfahren, mehrere Auftraggeber – derselbe Gegenstand |

Der Anwalt vertritt in einem obligatorischen Streitschlichtungsverfahren nach § 15a EGZPO ein Eigentümerehepaar, das vom Nachbarn den Rückschnitt einer an der Grundstücksgrenze stehenden Hecke verlangt (Gegenstandswert: 2.500,00 EUR).

Der Anwalt erhält eine um 0,3 erhöhte Geschäftsgebühr.

1. 1,8-Geschäftsgebühr, Nrn. 2303 Nr. 1, 1008 VV		361,80 EUR
2. Postentgeltpauschale, Nr. 7002 VV		20,00 EUR
Zwischensumme	381,80 EUR	
3. 19 % Umsatzsteuer, Nr. 7008 VV		72,54 EUR
Gesamt		**454,34 EUR**

Vertritt der Anwalt **mehrere Auftraggeber wegen verschiedener Gegenstände**, kommt eine Erhöhung nach Nr. 1008 VV nicht in Betracht. Es verbleibt bei der einfachen Gebühr, allerdings aus dem zusammengerechneten Gegenstandswert (§ 23 Abs. 1 S. 3, S. 1 RVG i.V.m. § 39 Abs. 1 GKG). 13

III. Einigungsgebühr

Möglich ist auch eine Einigungsgebühr, wenn die Parteien im Güte- oder Schlichtungsverfahren eine Einigung erzielen. Die Höhe der Gebühr richtet sich dann nach Nr. 1000 VV. Die „Anhängigkeit" im Schlichtungsverfahren führt nicht zu einer Anhängigkeit i.S.d. Nr. 1003 VV, da es sich bei dem Schlichtungsverfahren nicht um ein gerichtliches Verfahren handelt, sondern um eine außergerichtliche Tätigkeit.[4] Nur soweit weiter gehende Gegenstände mit in die Einigung einbezogen werden, die bereits anhängig sind, etwa in einem Rechtsstreit, im Mahnverfahren oder für die auch nur Prozesskostenhilfe beantragt worden ist, reduziert sich die Einigungsgebühr nach Nr. 1003 VV auf 1,0. 14

| Beispiel 4 | Tätigkeit im Güteverfahren mit Einigung |

Der Anwalt vertritt den Mandanten in einem Schlichtungsverfahren (Gegenstandswert: 2.500,00 EUR). Es kommt zu einer Einigung.

Neben der Geschäftsgebühr entsteht jetzt auch eine 1,5-Einigungsgebühr.

---

4 AnwK-RVG/*N. Schneider*, Nr. 1000 VV Rn 157.

§ 9 Güte- und Schlichtungsverfahren

1. 1,5-Geschäftsgebühr, Nr. 2303 Nr. 1 VV (Wert: 2.500,00 EUR)		301,50 EUR
2. 1,5-Einigungsgebühr, Nr. 1000 VV (Wert: 2.500,00 EUR)		301,50 EUR
3. Postentgeltpauschale, Nr. 7002 VV		20,00 EUR
Zwischensumme	623,00 EUR	
4. 19 % Umsatzsteuer, Nr. 7008 VV		118,37 EUR
Gesamt		**741,37 EUR**

> **Beispiel 5** Tätigkeit im Güteverfahren mit Einigung über weiter gehende Gegenstände

Der Anwalt vertritt den Mandanten in einem Schlichtungsverfahren (Gegenstandswert: 2.500,00 EUR). Es kommt zu einer Einigung, in die auch weitere nicht anhängige 1.000,00 EUR mit einbezogen werden.

Neben der Geschäftsgebühr entsteht jetzt auch eine 1,5-Einigungsgebühr. Der Wert der Geschäftsgebühr bemisst sich nach dem Gesamtwert der zu schlichtenden Gegenstände sowie der mit in die Einigung einbezogenen Gegenstände (§ 23 Abs. 1 S. 3, S. 1 RVG i.V.m. § 39 Abs. 1 GKG). Die Einigungsgebühr entsteht aus demselben Wert.

1. 1,5-Geschäftsgebühr, Nr. 2303 Nr. 1 VV (Wert: 3.500,00 EUR)		378,00 EUR
2. 1,5-Einigungsgebühr, Nr. 1000 VV (Wert: 3.500,00 EUR)		378,00 EUR
3. Postentgeltpauschale, Nr. 7002 VV		20,00 EUR
Zwischensumme	776,00 EUR	
4. 19 % Umsatzsteuer, Nr. 7008 VV		147,44 EUR
Gesamt		**923,44 EUR**

> **Beispiel 6** Tätigkeit im Güteverfahren mit Einigung auch über weiter gehende anhängige Gegenstände

Der Anwalt vertritt den Mandanten in einem Schlichtungsverfahren (Gegenstandswert: 1.000,00 EUR). Es kommt zu einer Einigung, in die auch weitere 2.500,00 EUR mit einbezogen werden, die aber bereits anhängig sind.

Der Wert der 1,5-Geschäftsgebühr bemisst sich wiederum nach dem Gesamtwert aller Gegenstände (§ 23 Abs. 1 S. 3, S. 1 RVG i.V.m. § 39 Abs. 1 GKG), also der zu schlichtenden Gegenstände sowie der mit in die Einigung einbezogenen Gegenstände. Hinsichtlich der Einigungsgebühr ist jetzt zu differenzieren. Soweit der Gegenstand anhängig ist, entsteht nach Nr. 1003 VV nur eine 1,0-Gebühr. Soweit der Gegenstand der Einigung nicht anhängig ist, entsteht die 1,5-Gebühr nach Nr. 1000 VV. Zu beachten ist § 15 Abs. 3 RVG. Insgesamt darf nicht mehr als eine 1,5-Gebühr aus dem Gesamtwert (§ 23 Abs. 1 S. 3, S. 1 RVG i.V.m. § 39 Abs. 1 GKG) berechnet werden.

1. 1,5-Geschäftsgebühr, Nr. 2303 Nr. 1 VV (Wert: 3.500,00 EUR)		378,00 EUR
2. 1,5-Einigungsgebühr, Nr. 1000 VV (Wert: 2.500,00 EUR)	301,50 EUR	
3. 1,0-Einigungsgebühr, Nrn. 1003, 1000 VV (Wert: 1.000,00 EUR)	80,00 EUR	
gem. § 15 Abs. 3 RVG nicht mehr als 1,5 aus 3.500,00 EUR		378,00 EUR
4. Postentgeltpauschale, Nr. 7002 VV		20,00 EUR
Zwischensumme	776,00 EUR	

5. 19 % Umsatzsteuer, Nr. 7008 VV	147,44 EUR
Gesamt	**923,44 EUR**

IV. Anrechnung

1. Anrechnung auf die Geschäftsgebühr der Nr. 2303 VV

a) Vorangegangene Beratung

Ist dem Schlichtungsverfahren eine **Beratung** vorausgegangen, so wird die Beratungsgebühr angerechnet, wenn nichts Abweichendes vereinbart worden ist (§ 34 Abs. 2 RVG). Das gilt sowohl für eine vereinbarte Vergütung (§ 34 Abs. 1 S. 1 RVG) als auch für eine Vergütung nach bürgerlichem Recht (§ 34 Abs. 1 S. 2 RVG i.V.m. § 612 BGB).

15

> **Beispiel 7** Anrechnung der Beratungsgebühr nach § 34 Abs. 1 S. 2 RVG

Der Anwalt war beauftragt worden, den Mandanten in einer Nachbarschaftssache zu beraten (Wert: 3.000,00 EUR). Eine Vereinbarung wird nicht getroffen. Anschließend wird das obligatorische Streitschlichtungsverfahren nach § 15a EGZPO durchgeführt.

Für die Beratungstätigkeit erhält der Anwalt eine Gebühr nach bürgerlichem Recht (§ 34 Abs. 1 S. 2 RVG), höchstens 250,00 EUR. Hier soll von einer Erstberatung ausgegangen werden, also einer Gebühr in Höhe von 190,00 EUR (§ 34 Abs. 1 S. 3 RVG). Diese Gebühr ist in voller Höhe anzurechnen.

I. Beratung		
1. Beratungsgebühr, § 34 Abs. 1 S. 2, 3 RVG i.V.m. § 612 BGB		190,00 EUR
2. Postgeltpauschale, Nr. 7002 VV		20,00 EUR
Zwischensumme	210,00 EUR	
3. 19 % Umsatzsteuer, Nr. 7008 VV		39,90 EUR
Gesamt		**249,90 EUR**
II. Schlichtungsverfahren (Wert: 3.000,00 EUR)		
1. 1,5-Geschäftsgebühr, Nr. 2303 Nr. 1 VV		301,50 EUR
2. gem. Anm. zu Nr. 2100 VV a.F. anzurechnen, 0,55 aus 400,00 EUR		– 190,00 EUR
3. Postgeltpauschale, Nr. 7002 VV		20,00 EUR
Zwischensumme	131,50 EUR	
4. 19 % Umsatzsteuer, Nr. 7008 VV		24,99 EUR
Gesamt		**156,49 EUR**

> **Beispiel 8** Anrechnung der Beratungsgebühr nach § 34 Abs. 1 S. 1 RVG

Der Anwalt war beauftragt worden, den Mandanten wegen einer Forderung in Höhe von 400,00 EUR zu beraten. Vereinbart war eine Pauschale von 50,00 EUR zuzüglich Auslagen und Umsatzsteuer. Ein Anrechnungsausschluss ist nicht vereinbart worden. Anschließend wird das obligatorische Streitschlichtungsverfahren nach § 15a EGZPO durchgeführt. Dort wird eine Einigung erzielt.

§ 9 Güte- und Schlichtungsverfahren

I. Beratung		
1. Vereinbarte Pauschale		50,00 EUR
2. Postentgeltpauschale, Nr. 7002 VV		10,00 EUR
Zwischensumme	60,00 EUR	
3. 19 % Umsatzsteuer, Nr. 7008 VV		11,40 EUR
Gesamt		**71,40 EUR**
II. Schlichtungsverfahren (Wert: 400,00 EUR)		
1. 1,5-Geschäftsgebühr, Nr. 2303 Nr. 1 VV		67,50 EUR
2. 1,5-Einigungsgebühr, Nr. 1000 VV		67,50 EUR
3. gem. § 34 Abs. 2 RVG anzurechnen[5]		– 50,00 EUR
4. Postentgeltpauschale, Nr. 7002 VV		20,00 EUR
Zwischensumme	105,00 EUR	
5. 19 % Umsatzsteuer, Nr. 7008 VV		19,95 EUR
Gesamt		**124,95 EUR**

b) Vorangegangene außergerichtliche Vertretung

16 Ist eine **außergerichtliche Vertretung** vorausgegangen, so wird die dafür verdiente Geschäftsgebühr aus Nr. 2300 VV nach Vorbem. 2.3 Abs. 5 VV (vormals Anm. zu Nr. 2303 VV) auf die Geschäftsgebühr der Nr. 2303 VV **angerechnet**. Die Anrechnung ist jedoch auf die **Hälfte** der zuvor angefallenen Geschäftsgebühr aus Nr. 2300 VV begrenzt. Darüber hinaus darf **keine höhere Gebühr als 0,75** angerechnet werden. Dies wiederum hat zur Folge, dass von der Geschäftsgebühr der Nr. 2303 VV nach Anrechnung mindestens 0,75 verbleiben. Bei unterschiedlichen Gegenständen findet eine Anrechnung nach Vorbem. 2.3 Abs. 6 S. 2 i.Vm. Abs. 4 S. 4 VV nur nach dem Wert der Gegenstände statt, die in das Schlichtungsverfahren übergegangen sind.

> **Beispiel 9** — Anrechnung der Geschäftsgebühr – Gebührensatz unter 1,5

Der Anwalt wird beauftragt, eine Forderung in Höhe von 400,00 EUR außergerichtlich geltend zu machen. Die Sache ist weder umfangreich noch schwierig. Anschließend wird das obligatorische Streitschlichtungsverfahren nach § 15a EGZPO durchgeführt. Dort wird eine Einigung erzielt.

Es entsteht eine 1,3-Geschäftsgebühr, die zur Hälfte anzurechnen ist.

I. Außergerichtliche Vertretung (Wert: 400,00 EUR)		
1. 1,3-Geschäftsgebühr, Nr. 2300 VV		58,50 EUR
2. Postentgeltpauschale, Nr. 7002 VV		11,70 EUR
Zwischensumme	70,20 EUR	
3. 19 % Umsatzsteuer, Nr. 7008 VV		13,34 EUR
Gesamt		**83,54 EUR**
II. Schlichtungsverfahren (Wert: 400,00 EUR)		
1. 1,5-Geschäftsgebühr, Nr. 2303 Nr. 1 VV		67,50 EUR
2. gem. Vorbem. 2.3 Abs. 6 VV anzurechnen, 0,65 aus 400,00 EUR		– 29,25 EUR
3. 1,5-Einigungsgebühr, Nr. 1000 VV		67,50 EUR
4. Postentgeltpauschale, Nr. 7002 VV		20,00 EUR
Zwischensumme	125,75 EUR	
5. 19 % Umsatzsteuer, Nr. 7008 VV		23,89 EUR
Gesamt		**149,64 EUR**

---

[5] Fraglich ist, ob nur auf eine nachfolgende Betriebsgebühr, also auf eine Geschäfts- oder Verfahrensgebühr oder auch auf sonstige Gebühren, wie Termins- oder Einigungsgebühr anzurechnen ist. Darauf kommt es bei diesem Beispiel nicht an.

IV. Anrechnung § 9

Beispiel 10 | Anrechnung der Geschäftsgebühr – Gebührensatz über 1,5

Der Anwalt wird beauftragt, eine Forderung in Höhe von 400,00 EUR außergerichtlich geltend zu machen. Die Sache ist besonders umfangreich und sehr schwierig; auch die übrigen Kriterien sind überdurchschnittlich. Anschließend wird das obligatorische Streitschlichtungsverfahren nach § 15a EGZPO durchgeführt. Dort wird eine Einigung erzielt.

Von der hier anzunehmenden 2,0-Geschäftsgebühr ist jetzt lediglich der Höchstsatz von 0,75 anzurechnen.

I. **Außergerichtliche Vertretung (Wert: 400,00 EUR)**
1. 2,0-Geschäftsgebühr, Nr. 2300 VV .... 90,00 EUR
2. Postentgeltpauschale, Nr. 7002 VV .... 18,00 EUR
   Zwischensumme .... 108,00 EUR
3. 19 % Umsatzsteuer, Nr. 7008 VV .... 20,52 EUR
Gesamt .... **128,52 EUR**

II. **Schlichtungsverfahren (Wert: 400,00 EUR)**
1. 1,5-Geschäftsgebühr, Nr. 2303 Nr. 1 VV .... 67,50 EUR
2. gem. Vorbem. 2.3 Abs. 6 VV
   anzurechnen, 0,75 aus 400,00 EUR .... – 33,75 EUR
3. 1,5-Einigungsgebühr, Nr. 1000 VV .... 67,50 EUR
4. Postentgeltpauschale, Nr. 7002 VV .... 20,00 EUR
   Zwischensumme .... 121,25 EUR
5. 19 % Umsatzsteuer, Nr. 7008 VV .... 23,04 EUR
Gesamt .... **144,29 EUR**

Soweit der Wert des nachfolgenden Schlichtungsverfahrens geringer ist, wird auch nur nach dem geringeren Wert angerechnet, der in das Schlichtungsverfahren übergegangen ist (Vorbem. 2.3 Abs. 6 S. 2 i.V.m. Abs. 4 S. 4 VV). 17

Beispiel 11 | Anrechnung der Geschäftsgebühr bei unterschiedlichen Werten

Der Anwalt wird beauftragt, eine Forderung in Höhe von 2.000,00 EUR außergerichtlich geltend zu machen. Die Sache ist weder umfangreich noch schwierig. Der Schuldner zahlt daraufhin einen Teilbetrag in Höhe von 1.860,00 EUR. Wegen der restlichen 140,00 EUR wird das obligatorische Streitschlichtungsverfahren nach § 15a EGZPO durchgeführt.

Die außergerichtliche Vertretung richtet sich nach einem Wert von 2.000,00 EUR, das Schlichtungsverfahren nach 140,00 EUR. Angerechnet wird die Geschäftsgebühr der Nr. 2300 VV nur nach 140,00 EUR, da nur insoweit der Gegenstand der außergerichtlichen Vertretung in das Schlichtungsverfahren übergegangen ist (Vorbem. 2.3 Abs. 6 S. 2 i.V.m. Abs. 4 S. 4 VV).

I. **Außergerichtliche Vertretung (Wert: 2.000,00 EUR)**
1. 1,3-Geschäftsgebühr, Nr. 2300 VV .... 195,00 EUR
2. Postentgeltpauschale, Nr. 7002 VV .... 20,00 EUR
   Zwischensumme .... 215,00 EUR
3. 19 % Umsatzsteuer, Nr. 7008 VV .... 40,85 EUR
Gesamt .... **255,85 EUR**

II. **Schlichtungsverfahren (Wert: 140,00 EUR)**
1. 1,5-Geschäftsgebühr, Nr. 2303 Nr. 1 VV .... 67,50 EUR
2. gem. Vorbem. 2.3 Abs. 6 VV
   anzurechnen, 0,65 aus 140,00 EUR .... – 29,25 EUR
3. Postentgeltpauschale, Nr. 7002 VV .... 7,65 EUR
   Zwischensumme .... 45,90 EUR
4. 19 % Umsatzsteuer, Nr. 7008 VV .... 8,72 EUR
Gesamt .... **54,62 EUR**

§ 9 Güte- und Schlichtungsverfahren

2. Anrechnung der Geschäftsgebühr nach Nr. 2303 VV

18 Kommt es nach dem Güte- oder Schlichtungsverfahren zum Rechtsstreit, so wird nach Vorbem. 3 Abs. 4 S. 1 VV die Geschäftsgebühr der Nr. 2303 VV auf die Verfahrensgebühr des nachfolgenden Rechtsstreits angerechnet. Da hier gegebenenfalls außergerichtlich mehrere Geschäftsgebühren anfallen sein können, ist angeordnet, dass nur die letzte Geschäftsgebühr, also hier die der Nr. 2303 VV, angerechnet wird (Vorbem. 3 Abs. 4 S. 3 VV). Anzurechnen ist auch hier wiederum nur hälftig, höchstens mit einem Gebührensatz von 0,75 (Vorbem. 3 Abs. 4 S. 1 VV).

> **Beispiel 12** Schlichtungsverfahren mit nachfolgendem Rechtsstreit

Der Anwalt wird im Schlichtungsverfahren nach § 15a EGZPO beauftragt. Hiernach wird Klage erhoben. Nach mündlicher Verhandlung ergeht ein Urteil.

I. Schlichtungsverfahren (Wert: 400,00 EUR)		
1. 1,5-Geschäftsgebühr, Nr. 2303 Nr. 1 VV		67,50 EUR
2. Postentgeltpauschale, Nr. 7002 VV		13,50 EUR
Zwischensumme	81,00 EUR	
3. 19 % Umsatzsteuer, Nr. 7008 VV		15,39 EUR
Gesamt		**96,39 EUR**
II. Rechtsstreit (Wert: 400,00 EUR)		
1. 1,3-Verfahrensgebühr, Nr. 3100 VV		58,50 EUR
2. gem. Vorbem. 3 Abs. 4 VV anzurechnen, 0,75 aus 400,00 EUR		– 33,75 EUR
3. 1,2-Terminsgebühr, Nr. 3104 VV		54,00 EUR
4. Postentgeltpauschale, Nr. 7002 VV		20,00 EUR
Zwischensumme	98,75 EUR	
5. 19 % Umsatzsteuer, Nr. 7008 VV		18,76 EUR
Gesamt		**117,51 EUR**

19 Angerechnet wird auch hier nur, soweit sich die Gegenstände von Güte- oder Schlichtungsverfahren und nachfolgendem Rechtsstreit decken (Vorbem. 3 Abs. 4 S. 3 VV).

> **Beispiel 13** Schlichtungsverfahren mit nachfolgendem Rechtsstreit wegen Teilforderung

Das obligatorische Streitschlichtungsverfahren wegen einer Forderung in Höhe von 600,00 EUR scheitert; es kommt anschließend zum Rechtsstreit, in dem aber nur 300,00 EUR eingeklagt werden.

Da von den 600,00 EUR des Schlichtungsverfahrens nur 300,00 EUR in das streitige Verfahren übergegangen sind, wird auch nur nach diesem Wert angerechnet (Vorbem. 3 Abs. 4 S. 3 VV).

I. Schlichtungsverfahren (Wert: 600,00 EUR)		
1. 1,5-Geschäftsgebühr, Nr. 2303 Nr. 1 VV		120,00 EUR
2. Postentgeltpauschale, Nr. 7002 VV		20,00 EUR
Zwischensumme	140,00 EUR	
3. 19 % Umsatzsteuer, Nr. 7008 VV		26,60 EUR
Gesamt		**166,60 EUR**
II. Rechtsstreit (Wert: 300,00 EUR)		
1. 1,3-Verfahrensgebühr, Nr. 3100 VV		58,50 EUR
2. gem. Vorbem. 3 Abs. 4 VV anzurechnen, 0,75 aus 300,00 EUR		– 33,75 EUR
3. 1,2-Terminsgebühr, Nr. 3104 VV		54,00 EUR

4. Postentgeltpauschale, Nr. 7002 VV		20,00 EUR
Zwischensumme	98,75 EUR	
5. 19 % Umsatzsteuer, Nr. 7008 VV		18,76 EUR
Gesamt		**117,51 EUR**

> **Beispiel 14** Schlichtungsverfahren mit nachfolgendem Rechtsstreit wegen Teilforderung und weiter gehender Gegenstände

Das Schlichtungsverfahren wegen einer Mietforderung in Höhe von 600,00 EUR scheitert. Der Gegner zahlt 200,00 EUR. Es kommt anschließend zum Rechtsstreit über die restlichen 400,00 EUR sowie über weitere 500,00 EUR rückständiger Nebenkosten.

Auch hier gehen die 600,00 EUR des Schlichtungsverfahrens nur teilweise (400,00 EUR) in das streitige Verfahren über. Dass das streitige Verfahren infolge der Klageerweiterung einen höheren Wert hat, ist für die Anrechnung unerheblich.

I. **Schlichtungsverfahren (Wert: 600,00 EUR)**
1. 1,5-Geschäftsgebühr, Nr. 2303 Nr. 1 VV — 120,00 EUR
2. Postentgeltpauschale, Nr. 7002 VV — 20,00 EUR
   Zwischensumme 140,00 EUR
3. 19 % Umsatzsteuer, Nr. 7008 VV — 26,60 EUR
   Gesamt — **166,60 EUR**

II. **Rechtsstreit (Wert: 900,00 EUR)**
1. 1,3-Verfahrensgebühr, Nr. 3100 VV — 104,00 EUR
2. gem. Vorbem. 3 Abs. 4 VV anzurechnen, 0,75 aus 400,00 EUR — − 33,75 EUR
3. 1,2-Terminsgebühr, Nr. 3104 VV — 96,00 EUR
4. Postentgeltpauschale, Nr. 7002 VV — 20,00 EUR
   Zwischensumme 186,25 EUR
5. 19 % Umsatzsteuer, Nr. 7008 VV — 35,39 EUR
   Gesamt — **221,64 EUR**

Hat der Anwalt den Mandanten zunächst außergerichtlich vertreten, sodann im Güte- oder Schlichtungsverfahren und anschließend im Rechtsstreit, so ist zweimal anzurechnen. Die Geschäftsgebühr der Nr. 2300 VV ist zur Hälfte (höchstens 0,75) auf die Gebühr nach Nr. 2303 VV anzurechnen (Vorbem. 2.3 Abs. 6 VV) und diese wiederum zur Hälfte (also zu 0,75) auf die Verfahrensgebühr des nachfolgenden Rechtsstreits (Vorbem. 3 Abs. 4 VV).

> **Beispiel 15** Schlichtungsverfahren mit vorangegangener außergerichtlicher Tätigkeit und nachfolgendem Rechtsstreit

Der Anwalt wird beauftragt, eine Forderung von 400,00 EUR außergerichtlich geltend zu machen. Die Sache ist weder umfangreich noch schwierig. Anschließend wird das obligatorische Streitschlichtungsverfahren nach § 15a EGZPO durchgeführt und hiernach Klage erhoben. Nach mündlicher Verhandlung ergeht ein Urteil.

I. **Außergerichtliche Tätigkeit (Wert: 400,00 EUR)**
1. 1,3-Geschäftsgebühr, Nr. 2300 VV — 58,50 EUR
2. Postentgeltpauschale, Nr. 7002 VV — 11,70 EUR
   Zwischensumme 70,20 EUR
3. 19 % Umsatzsteuer, Nr. 7008 VV — 13,34 EUR
   Gesamt — **83,54 EUR**

II. Schlichtungsverfahren (Wert: 400,00 EUR)

1.	1,5-Geschäftsgebühr, Nr. 2303 Nr. 1 VV	67,50 EUR
2.	gem. Vorbem. 2.3 Abs. 6 VV anzurechnen, 0,65 aus 400,00 EUR	– 29,25 EUR
3.	Postentgeltpauschale, Nr. 7002 VV	13,50 EUR[6]
	Zwischensumme 51,75 EUR	
4.	19 % Umsatzsteuer, Nr. 7008 VV	9,83 EUR
Gesamt		**61,58 EUR**

III. Rechtsstreit (Wert: 400,00 EUR)

1.	1,3-Verfahrensgebühr, Nr. 3100 VV	58,50 EUR
2.	gem. Vorbem. 3 Abs. 4 VV anzurechnen, 0,75 aus 400,00 EUR	– 33,75 EUR
3.	1,2-Terminsgebühr, Nr. 3104 VV	54,00 EUR
4.	Postentgeltpauschale, Nr. 7002 VV	20,00 EUR[7]
	Zwischensumme 98,75 EUR	
5.	19 % Umsatzsteuer, Nr. 7008 VV	18,76 EUR
Gesamt		**117,51 EUR**

V. Anträge auf gerichtliche Entscheidung

21   Gegen bestimmte Entscheidungen der Schlichtungsstelle können die Parteien einen **Antrag auf gerichtliche Entscheidung** stellen (so z.B. gegen einen Ordnungsgeldbeschluss nach § 39 Abs. 6 SchAG NRW). Von der Rechtsnatur her handelt es sich insoweit um Rechtsbehelfe, die der Beschwerde (§ 567 ZPO) vergleichbar sind. Das spricht dafür, dem Anwalt in diesen Verfahren die Gebühren nach den **Nrn. 3500, 3513 VV** aus dem Wert des Ordnungsgeldverfahrens zuzusprechen, da die Beschwerde eine neue Angelegenheit eröffnet (§ 15 Abs. 2 RVG).

22   Soweit **Einwendungen gegen den Kostenansatz** erhoben werden (z.B. § 49 SchAG NRW), gilt nach § 18 Abs. 1 Nr. 3 RVG, dass jedes Beschwerde- und Erinnerungsverfahren eine gesonderte Angelegenheit darstellt, sodass sich die Vergütung ebenfalls nach Nrn. 3500, 3513 VV aus dem Kostenwert berechnet.

VI. Zwangsvollstreckung

23   Wird im Schlichtungsverfahren eine Einigung protokolliert, so kann hieraus gegebenenfalls die Zwangsvollstreckung betrieben werden (§ 794 Abs. 1 Nr. 1 ZPO; § 13 SchlG BW; § 1 GüSchlG NRW; Art. 18 BaySchlG). Der Anwalt erhält für die Vollstreckung dann die Gebühren nach den Nrn. 3309, 3310 VV ebenso wie bei einer gewöhnlichen Vollstreckung.

24   Die Beschaffung der vollstreckbaren Ausfertigung zählt auch hier noch zur Instanz (§ 19 Abs. 1 S. 2 Nr. 13 RVG) und löst noch keine Vollstreckungsgebühr aus.

---

6 Die Postentgeltpauschale berechnet sich aus dem Gebührenaufkommen vor Anrechnung (siehe § 38 Rn 53 ff.).
7 Die Postentgeltpauschale berechnet sich aus dem Gebührenaufkommen vor Anrechnung (siehe § 38 Rn 53 ff.).

§ 10 Beratungshilfe

Inhalt

- I. Überblick 1
- II. Beratungshilfegebühr 3
- III. Abrechnung mit der Staatskasse 6
  1. Überblick 6
  2. Allgemeine Tätigkeiten 15
     - a) Beratung 15
       - aa) Beratungsgebühr 15
       - bb) Einigungs- und Erledigungsgebühr ... 19
       - cc) Aussöhnungsgebühr 20
       - dd) Anrechnung 21
     - b) Außergerichtliche Vertretung ... 24
       - aa) Geschäftsgebühr 24
       - bb) Einigung und Erledigung .. 26
       - cc) Aussöhnung 27
       - dd) Anrechnung der Geschäftsgebühr 28
         - (1) Anrechnung auf die Verfahrensgebühr eines gerichtlichen Verfahrens bei Wertgebühren 28
         - (2) Anrechnung auf die Verfahrensgebühr eines Verfahrens auf Vollstreckbarerklärung eines Anwaltsvergleichs 31
         - (3) Anrechnung auf die Verfahrensgebühr eines gerichtlichen Verfahrens in sozialrechtlichen Angelegenheiten, die sich nicht nach dem Wert richten 33
         - (4) Anrechnung auf die weitere Geschäftsgebühr im verwaltungsrechtlichen Nachprüfungsverfahren 34
         - (5) Anrechnung auf die weitere Geschäftsgebühr in einem Güte- oder Schlichtungsverfahren 36
  3. Schuldenbereinigungsverfahren 38
     - a) Überblick 38
     - b) Beratung 40
     - c) Geschäftstätigkeit 41
- IV. Inanspruchnahme des Gegners 44

I. Überblick

Die Vergütung in der Beratungshilfe richtet sich – da es sich um eine außergerichtliche Tätigkeit handelt – nach Teil 2 VV und ist dort in Abschnitt 5 (Nrn. 2500 ff. VV) geregelt. Andere Gebühren entstehen nicht (Vorbem. 2.5 VV), wohl aber Auslagen nach Teil 7 VV (§ 46 RVG; Anm. Abs. 2 zu Nr. 7000 VV). 1

Anzuwenden ist darüber hinaus die Vorschrift der Nr. 1008 VV. Dieser Tatbestand ist nicht durch Vorbem. 2.5 VV ausgeschlossen, da es sich nicht um eine Gebühr handelt, sondern um eine Gebührenerhöhung. 2

II. Beratungshilfegebühr

Vom Mandanten kann der Anwalt eine Beratungshilfegebühr in Höhe von 15,00 EUR verlangen (Nr. 2500 VV). Diese Gebühr schuldet ausschließlich der Mandant (§ 44 S. 2 RVG). Die Gebühr kann erlassen werden (Anm. S. 2 zu Nr. 2500 VV). Eine Anrechnung dieser Gebühr auf die Gebühren einer nachfolgenden Angelegenheit ist nicht vorgesehen. Unabhängig davon kommt eine Anrechnung der Beratungshilfegebühr nur unter den Voraussetzungen des § 8a Abs. 2 S. 2 BerHG in Betracht. 3

Neben der Beratungshilfegebühr können keine Auslagen erhoben werden (Anm. S. 1 zu Nr. 2500 VV). Da nach dem RVG auch die Umsatzsteuer als Auslagentatbestand behandelt wird, versteht sich die Beratungshilfe also als Bruttogebühr.[1] Ungeachtet dessen muss der Anwalt die Umsatz- 4

---

1 AnwK-RVG/*Fölsch*, Nr. 2500 VV Rn 1.

steuer daraus abführen.² Eine Abrechnung wird hier in der Regel wohl nicht verlangt werden, muss aber auf Verlangen erteilt werden, da auch hier § 10 RVG gilt. Sollte eine Rechnung erforderlich sein, müsste diese wie folgt aussehen:

> **Beispiel 1** **Beratungshilfegebühr**
>
> **Der Mandant erscheint mit einem Beratungshilfeschein und bittet um Gewährung von Beratungshilfe.**
>
> Der Mandant schuldet die Gebühr nach Nr. 2500 VV.
>
> | | | |
> |---|---|---:|
> | 1. | Beratungshilfegebühr, Nr. 2500 VV | 12,60 EUR |
> | 2. | 19 % Umsatzsteuer, Nr. 7008 VV | 2,40 EUR |
> | **Gesamt** | | **15,00 EUR** |

5 Wird der Anwalt von **mehreren Mandanten** im Rahmen der Beratungshilfe beauftragt, so gilt nicht Nr. 1008 VV. Vielmehr schuldet jeder Mandant die Beratungshilfegebühr gesondert.³

> **Beispiel 2** **Beratungshilfegebühr, mehrere Auftraggeber**
>
> **Es erscheinen zwei Mandanten mit einem Beratungshilfeschein und bitten um Gewährung von Beratungshilfe.**
>
> Jeder Mandant schuldet die volle Gebühr nach Nr. 2500 VV. Der Anwalt kann also verlangen:
>
> **I. Von Mandant 1**
>
> | | | |
> |---|---|---:|
> | 1. | Beratungshilfegebühr, Nr. 2500 VV | 12,60 EUR |
> | 2. | 19 % Umsatzsteuer, Nr. 7008 VV | 2,40 EUR |
> | **Gesamt** | | **15,00 EUR** |
>
> **II. Von Mandant 2**
>
> | | | |
> |---|---|---:|
> | 1. | Beratungshilfegebühr, Nr. 2500 VV | 12,60 EUR |
> | 2. | 19 % Umsatzsteuer, Nr. 7008 VV | 2,40 EUR |
> | **Gesamt** | | **15,00 EUR** |

III. Abrechnung mit der Staatskasse

1. Überblick

6 Alle übrigen Gebühren und Auslagen sind mit der **Staatskasse** abzurechnen (§ 8 Abs. 1 BerHG i.V.m. § 44 S. 1 RVG). Insoweit kann der Mandant nicht in Anspruch genommen werden (§ 8 Abs. 2 BerHG).

7 Nach § 6a Abs. 2 S. 1 BerHG ist es allerdings möglich, dass die Beratungshilfe auf Antrag **nachträglich aufgehoben** wird. Den Antrag kann auch der Anwalt stellen, wenn er
- keine Vergütung nach § 44 S. 1 RVG beantragt hat oder diese zurückzahlt, also nicht „einbehält" und
- er den Rechtsuchenden bei der Übernahme des Mandats auf die Möglichkeit der Antragstellung und der Aufhebung der Bewilligung sowie auf die sich für die Vergütung nach § 8a Abs. 2 BerHG ergebenden Folgen in Textform hingewiesen hat.

---

2 A.A. *Euba*, RVGreport 2009, 181. Danach ist die Beratungshilfegebühr der Nr. 2500 VV nicht umsatzsteuerpflichtig.
3 AnwK-RVG/*Fölsch*, Nr. 2500 VV Rn 3; *Hansens/Braun/Schneider*, Vergütungsrecht, Teil 6 Rn 63.

Unter diesen Voraussetzungen kann der Anwalt dann anstelle der Landeskasse mit dem Auftraggeber entweder nach den **gesetzlichen Bestimmungen** oder nach einer **vereinbarten Vergütung** (§§ 3a ff. RVG) abrechnen.

Die Vergütung des Rechtsanwalts richtet sich nach den für die Beratungshilfe geltenden Vorschriften des RVG. 8

Zuständig für die Festsetzung der Beratungshilfevergütung ist nach § 55 Abs. 4 RVG der Urkundsbeamte des Amtsgerichts. 9

Zu beachten ist, dass für die Abrechnung der Beratungshilfevergütung nach § 1 Nr. 2 BerHFV[4] **Formularzwang** besteht. 10

Bei den Gebühren wird hinsichtlich der Tätigkeit des Anwalts unterschieden nach 11
- **allgemeiner Beratungs- oder Geschäftstätigkeit** und
- **Tätigkeiten im Schuldenbereinigungsverfahren**.

Hinsichtlich der **Einigungs- und Erledigungsgebühren** wird dagegen nicht unterschieden. Hier gilt sowohl für eine Einigung als auch für eine Erledigung und zwar sowohl für allgemeine Tätigkeiten als auch für Tätigkeiten im Schuldenbereinigungsverfahren stets dieselbe Gebühr nach Nr. 2508 VV. 12

Neben den Gebühren aus der Staatskasse erhält der Anwalt nach § 46 RVG auch Ersatz seiner **Auslagen** nach den Nrn. 7000 ff. VV, also auch Ersatz der Umsatzsteuer (Nr. 7008 VV). Umstritten war die Berechnung der **Postentgeltpauschale** nach Nr. 7002 VV. Zum Teil wurde früher vertreten, dass sich die Pauschale dagegen nach den fiktiven gesetzlichen Gebühren des Wahlanwalts richte. Nach zuletzt h.M. war auf die Gebühren der Nrn. 2501 ff. VV abzustellen. Nach der Neufassung der Nr. 7002 VV zum 1.1.2014 ist klargestellt worden, dass sich die Pauschale aus den von der Landeskasse zu zahlenden Gebühren berechnet (Anm. Abs. 2 zu Nr. 7002 VV). 13

Da die **Umsatzsteuer** als Auslagentatbestand behandelt wird (Nr. 7008 VV), erhält der Anwalt nach § 46 RVG i.V.m. Nr. 7008 VV auch die auf die Vergütung anfallende Umsatzsteuer. Ob der Rechtsuchende ggf. zum Vorsteuerabzug berechtigt ist, ist unerheblich, da er nicht Rechnungsempfänger ist. 14

2. Allgemeine Tätigkeiten

a) Beratung

aa) Beratungsgebühr

Für eine Beratung erhält der Anwalt nach Nr. 2501 VV eine Festgebühr in Höhe von 35,00 EUR. Hierzu zählt in der Beratungshilfe auch die Prüfung der Erfolgsaussicht eines Rechtsmittels, die für den Wahlanwalt durch die besonderen Gebühren der Nrn. 2100 ff. VV abgegolten wird (siehe § 7). 15

---

[4] Diese Verordnung hat mit Wirkung vom 10.1.2014 die bisherige BerHVV abgelöst (BGBl I Nr. 1/2014 S. 2 ff.).

§ 10 Beratungshilfe

Beispiel 3 | **Bloße mündliche Beratung**

Der Mandant erscheint mit einem Beratungshilfeantrag und lässt sich mündlich beraten.

Eine Postentgeltpauschale fällt jetzt nicht an, da keine Post- und Telekommunikationskosten ausgelöst worden sind. Für das Einreichen der Abrechnung entstehen keine Postentgelte (Anm. zu Nr. 7001 VV).

1. Beratungsgebühr, Nr. 2501 VV	35,00 EUR
Zwischensumme	35,00 EUR
2. 19 % Umsatzsteuer, Nr. 7008 VV	6,65 EUR
Gesamt	**41,65 EUR**

16 Hinzukommen können Auslagen nach Teil 7 VV, soweit diese anfallen (§ 46 RVG), also auch eine Postentgeltpauschale nach Nr. 7002 VV. Die Postentgeltpauschale nach Nr. 7002 VV fällt allerdings nur an, wenn tatsächlich auch solche Auslagen entstanden sind. Also etwa dann, wenn die Beratung schriftlich erfolgt ist oder der Anwalt das mündliche Beratungsgespräch wunschgemäß nochmals schriftlich zusammenfasst und dem Mandanten zugesandt hat.[5] Fallen keine solchen Entgelte an, also z.B. bei bloßer mündlicher Beratung, kann auch keine Pauschale verlangt werden.[6]

Beispiel 4 | **Beratung (Prüfung der Erfolgsaussicht eines Rechtsmittels) mit Postentgeltpauschale**

Der Mandant lässt von seinem Anwalt prüfen, ob eine beabsichtigte Berufung Aussicht auf Erfolg hat. Das Prüfungsergebnis wird schriftlich zusammengefasst und ihm zugeschickt.

Durch die Übersendung des Prüfungsergebnisses werden Portokosten ausgelöst, sodass die Postentgeltpauschale nach Nr. 7002 VV in Ansatz gebracht werden kann.

1. Beratungsgebühr, Nr. 2501 VV	35,00 EUR
2. Postentgeltpauschale, Nr. 7002 VV	7,00 EUR
Zwischensumme	42,00 EUR
3. 19 % Umsatzsteuer, Nr. 7008 VV	7,98 EUR
Gesamt	**49,98 EUR**

17 Auch weitere Auslagen können hinzukommen, etwa notwendige **Kopierkosten** für einen Aktenauszug[7] oder eine vom Anwalt zu zahlende **Aktenversendungspauschale** nach Nr. 9003 GKG-KostVerz.[8]

18 Auch die Beratungsgebühr nach Nr. 2501 VV erhöht sich nach Nr. 1008 VV bei **mehreren Auftraggebern** um 30 % je weiteren Auftraggeber.[9] Eine gemeinschaftliche Beteiligung ist nicht erforderlich, da es sich um eine Festgebühr handelt.[10]

---

5 AG Königs Wusterhausen AGS 2012, 188 = NJW-Spezial 2012, 220 = StRR 2012, 123; AG Halle (Saale) RVGreport 2012, 188; AnwK-RVG/*N. Schneider*, Nrn. 7001, 7002 VV Rn 19, 54; *Hansens/Braun/Schneider*, Vergütungsrecht, Teil 6 Rn 183.
6 AG Koblenz AGS 2004, 158 m. Anm. *N. Schneider*.
7 AG Halle (Saale) AGS 2010, 189.
8 AG Halle (Saale) AGS 2010, 189.
9 A.A. KG AGS 2007, 312 = Rpfleger 2007, 401 = MDR 2007, 805 = KGR 2007, 611 = RVGreport 2007, 143 = NJ 2007, 229; AG Koblenz AGS 2008, 356 = FamRZ 2008, 912; AG Köthen NJW-Spezial 2009, 653 = VRR 2010, 80.
10 Gerold/Schmidt/*Müller-Rabe*, Nrn. 2500–2508 Rn 36.

III. Abrechnung mit der Staatskasse § 10

Beispiel 5 | **Beratung mehrerer Auftraggeber**

Zwei Mandanten lassen sich beraten. Das Beratungsergebnis wird schriftlich zusammengefasst und ihnen zugeschickt.

1. Beratungsgebühr, Nrn. 2501, 1008 VV		45,50 EUR
2. Postentgeltpauschale, Nr. 7002 VV		9,10 EUR
Zwischensumme	54,60 EUR	
3. 19 % Umsatzsteuer, Nr. 7008 VV		10,37 EUR
Gesamt		**64,97 EUR**

bb) Einigungs- und Erledigungsgebühr

Führt die Beratungstätigkeit im Rahmen der Beratungshilfe zu einer Einigung oder Erledigung, fällt eine Einigungs- oder Erledigungsgebühr nach Nr. 2508 VV in Höhe von 150,00 EUR an.[11]   19

Beispiel 6 | **Beratung mit Einigung**

Der Mandant lässt sich beraten. Aufgrund der Beratung schließt er eine Einigung mit dem Gegner.

1. Beratungsgebühr, Nr. 2501 VV		35,00 EUR
2. Einigungsgebühr, Nr. 2508 VV		150,00 EUR
3. Postentgeltpauschale, Nr. 7002 VV		20,00 EUR
Zwischensumme	205,00 EUR	
4. 19 % Umsatzsteuer, Nr. 7008 VV		38,95 EUR
Gesamt		**243,95 EUR**

cc) Aussöhnungsgebühr

Strittig ist, ob im Rahmen der Beratungshilfe eine Aussöhnungsgebühr für die Aussöhnung von Eheleuten oder Lebenspartnern entsprechend Nr. 1001 VV anfallen kann. Eine ausdrückliche Regelung fehlt in Nr. 2508 VV. Die h.M. verneint daher eine Gebühr in der Beratungshilfe.[12] Ein Grund dafür, die Aussöhnungsgebühr aus dem Bereich der Beratungshilfe auszunehmen, ist nicht erkennbar, sodass Nr. 2508 VV auch bei einer Aussöhnung anfallen dürfte.   20

Beispiel 7 | **Beratung mit Aussöhnung**

Die Rechtsuchende lässt sich beraten. Aufgrund der Beratung versöhnt sie sich wieder mit ihrem Ehemann.

1. Beratungsgebühr, Nr. 2501 VV		35,00 EUR
2. Aussöhnungsgebühr, analog Nr. 2508 VV		150,00 EUR
3. Postentgeltpauschale, Nr. 7002 VV		20,00 EUR
Zwischensumme	205,00 EUR	
4. 19 % Umsatzsteuer, Nr. 7008 VV		38,95 EUR
Gesamt		**243,95 EUR**

---

[11] AnwK-RVG/*Fölsch*, Nr. 2501 VV Rn 9.
[12] LG Darmstadt KostRsp. BRAGO § 132 Nr. 47; AG Meppen NdsRpfl 1995, 105; LG Kleve JurBüro 1985, 1844; AnwK-RVG/*Fölsch*, Nr. 2508 Rn 12; AnwK-RVG/*Thiel*, Nr. 1001 Rn 34.

dd) Anrechnung

21 Ebenso wie die frühere Beratungsgebühr der Nr. 2100 VV a.F. gem. Anm. zu Nr. 2100 VV a.F. anzurechnen war und auch eine vereinbarte Beratungsgebühr nach § 34 Abs. 1 S. 1 RVG oder eine bürgerlich-rechtliche Gebühr nach § 34 Abs. 1 S. 2 RVG mangels anderweitiger Regelung gem. § 34 Abs. 2 RVG anzurechnen ist, wird auch die Beratungsgebühr nach Nr. 2501 VV in voller Höhe auf die Gebühren einer nachfolgenden Angelegenheit angerechnet (Anm. Abs. 2 zu Nr. 2501 VV).

> **Beispiel 8** Anrechnung der Beratungsgebühr
>
> **Der Anwalt wird vom Mandanten im Rahmen der Beratungshilfe beauftragt, ihn wegen einer Forderung zu beraten. Später erteilt er den Auftrag, die Forderung außergerichtlich geltend zu machen.**
>
> Die Beratungsgebühr ist gem. Anm. Abs. 2 zu Nr. 2501 VV in voller Höhe auf die Geschäftsgebühr anzurechnen.
>
> **I. Beratung**
> 1. Beratungsgebühr, Nr. 2501 VV   35,00 EUR
> 2. Postentgeltpauschale, Nr. 7002 VV   7,00 EUR
>   Zwischensumme   42,00 EUR
> 3. 19 % Umsatzsteuer, Nr. 7008 VV   7,98 EUR
> **Gesamt**   **49,98 EUR**
> **II. Außergerichtliche Vertretung**
> 1. Geschäftsgebühr, Nr. 2503 VV   85,00 EUR
> 2. gem. Anm. Abs. 2 zu Nr. 2501 VV anzurechnen   – 35,00 EUR
> 3. Postentgeltpauschale, Nr. 7002 VV   17,00 EUR
>   Zwischensumme   67,00 EUR
> 4. 19 % Umsatzsteuer, Nr. 7008 VV   12,73 EUR
> **Gesamt**   **79,73 EUR**

22 Da die Beratungsgebühr wertunabhängig ist, wird sie auch dann angerechnet, wenn sich nur ein Teil des Werts in der nachfolgenden Angelegenheit fortsetzt.

> **Beispiel 9** Anrechnung der Beratungsgebühr bei geringem Wert im nachfolgenden Verfahren
>
> **Der Anwalt wird vom Mandanten beauftragt, ihn wegen einer Forderung in Höhe von 1.500,00 EUR zu beraten. Der Anwalt rät zu einer Klage in Höhe von 1.000,00 EUR, die dann auch eingereicht wird.**
>
> Die Beratungsgebühr ist gem. Anm. Abs. 2 zu Nr. 2501 VV wiederum in voller Höhe anzurechnen.
>
> **I. Beratung**
> 1. Beratungsgebühr, Nr. 2501 VV   35,00 EUR
> 2. Postentgeltpauschale, Nr. 7002 VV   7,00 EUR
>   Zwischensumme   42,00 EUR
> 3. 19 % Umsatzsteuer, Nr. 7008 VV   7,98 EUR
> **Gesamt**   **49,98 EUR**
> **II. Gerichtliche Vertretung**
> 1. 1,3-Verfahrensgebühr, Nr. 3100 VV   104,00 EUR
>   (Wert: 1.000,00 EUR)
> 2. gem. Anm. Abs. 2 zu Nr. 2501 VV anzurechnen   – 35,00 EUR

III. Abrechnung mit der Staatskasse §10

3. 1,2-Verfahrensgebühr, Nr. 3104 VV (Wert: 1.000,00 EUR)		96,00 EUR
4. Postentgeltpauschale, Nr. 7002 VV		20,00 EUR
Zwischensumme	185,00 EUR	
5. 19 % Umsatzsteuer, Nr. 7008 VV		35,15 EUR
Gesamt		**220,15 EUR**

Auch im Falle der Prüfung der Erfolgsaussicht eines Rechtsmittels ist anzurechnen. **23**

> **Beispiel 10** — Anrechnung der Beratungsgebühr für die Prüfung der Erfolgsaussicht eines Rechtsmittels

Der Anwalt wird vom Mandanten beauftragt, zu prüfen, ob gegen die erstinstanzliche Verurteilung zu einer Zahlung von 1.860,00 EUR eine Berufung Aussicht auf Erfolg hat. Der Anwalt prüft und legt später auftragsgemäß Berufung ein.

Die Beratungsgebühr ist wiederum gem. Anm. Abs. 2 zu Nr. 2501 VV in voller Höhe anzurechnen auf die Gebühren des Berufungsverfahrens.

I. Beratung		
1. Beratungsgebühr, Nr. 2501 VV		35,00 EUR
2. Postentgeltpauschale, Nr. 7002 VV		7,00 EUR
Zwischensumme	42,00 EUR	
3. 19 % Umsatzsteuer, Nr. 7008 VV		7,98 EUR
Gesamt		**49,98 EUR**
II. Gerichtliche Vertretung		
1. 1,6-Verfahrensgebühr, Nr. 3200 VV (Wert: 1.860,00 EUR)		240,00 EUR
2. gem. Anm. Abs. 2 zu Nr. 2501 VV anzurechnen		– 35,00 EUR
3. 1,2-Terminsgebühr, Nr. 3202 VV (Wert: 1.860,00 EUR)		180,00 EUR
4. Postentgeltpauschale, Nr. 7002 VV		20,00 EUR
Zwischensumme	405,00 EUR	
5. 19 % Umsatzsteuer, Nr. 7008 VV		76,95 EUR
Gesamt		**481,95 EUR**

b) Außergerichtliche Vertretung

aa) Geschäftsgebühr

Vergleichbar der Geschäftsgebühr nach Nr. 2300 VV erhält der Anwalt nach Nr. 2503 VV eine Geschäftsgebühr in Höhe von 85,00 EUR für das Betreiben des Geschäfts einschließlich der Entgegennahme der Information (Anm. Abs. 1 zu Nr. 2503 VV). Auch hier kommen Auslagen und Umsatzsteuer hinzu (§ 46 RVG). **24**

> **Beispiel 11** — Außergerichtliche Vertretung

Der Mandant erscheint mit einem Beratungshilfeschein und beauftragt den Anwalt, die Kündigung des Mietverhältnisses abzuwehren.

Es entsteht eine Geschäftsgebühr nach Nr. 2503 VV i.H.v. 85,00 EUR zuzüglich Auslagen und Umsatzsteuer.

1. Geschäftsgebühr, Nr. 2503 VV		85,00 EUR
2. Postentgeltpauschale, Nr. 7002 VV		17,00 EUR
Zwischensumme	102,00 EUR	
3. 19 % Umsatzsteuer, Nr. 7008 VV		19,38 EUR
Gesamt		**121,38 EUR**

25 Auch die Geschäftsgebühr nach Nr. 2503 VV erhöht sich gem. Nr. 1008 VV und zwar um 30 % je weiteren Auftraggeber.[13] (Zu den Besonderheiten bei mehreren Auftraggebern in Familiensachen siehe § 28 Rn 616 ff.)

> **Beispiel 12** | **Außergerichtliche Vertretung, mehrere Auftraggeber, derselbe Gegenstand**

Es erscheinen Eheleute, die gemeinsam Mieter sind, und bitten den Anwalt, die ausgesprochene Kündigung des Mietverhältnisses abzuwehren.

Die Geschäftsgebühr der Nr. 2503 VV erhöht sich nach Nr. 1008 VV um 30 %.

1. Geschäftsgebühr, Nrn. 2503, 1008 VV		110,50 EUR
2. Postentgeltpauschale, Nr. 7002 VV		20,00 EUR
Zwischensumme	130,50 EUR	
3. 19 % Umsatzsteuer, Nr. 7008 VV		24,80 EUR
Gesamt		**155,30 EUR**

> **Beispiel 13** | **Außergerichtliche Vertretung mehrerer Auftraggeber mit unterschiedlichen Gegenständen**

Zwei Abkömmlinge eines Erblassers bitten den Anwalt, ihre Pflichtteilsansprüche gegen den Erben geltend zu machen.

Es liegen zwar gesonderte Gegenstände vor, weil jeder Pflichtteilsanspruch ein eigener Gegenstand ist. Da bei Festgebühren aber auf eine gemeinschaftliche Beteiligung und denselben Streitgegenstand nicht abgestellt wird, ist auch hier zu erhöhen.[14]

1. Geschäftsgebühr, Nrn. 2503, 1008 VV		110,50 EUR
2. Postentgeltpauschale, Nr. 7002 VV		20,00 EUR
Zwischensumme	130,50 EUR	
3. 19 % Umsatzsteuer, Nr. 7008 VV		24,80 EUR
Gesamt		**155,30 EUR**

bb) Einigung und Erledigung

26 Neben der Geschäftsgebühr kann wiederum eine Gebühr nach Nr. 2508 VV hinzukommen, wenn der Anwalt an einer Einigung i.S.v. Nr. 1000 VV oder an einer Erledigung i.S.v. Nr. 1002 VV mitwirkt. Die Gebühr beläuft sich immer auf 150,00 EUR.

---

13 OLG Düsseldorf AGS 2006, 244 = RVGreport 2006, 225; LG Kleve AGS 2006, 244; KG AGS 2007, 466 = KGR 2007, 703 = Rpfleger 2007, 553 = JurBüro 2007, 543 = RVGreport 2007, 299 = NJ 2008, 83; OLG Nürnberg FamRZ 2007, 844 = OLGR 2007, 686; OLG Oldenburg AGS 2007, 45 = OLGR 2007, 164 = JurBüro 2007, 140 = NJW-RR 2007, 431 = RVGreport 2006, 465; KG AGS 2007, 466 = KGR 2007, 703 = Rpfleger 2007, 553 = JurBüro 2007, 543 = RVGreport 2007, 299; AG Traunstein AGkompakt 2009, 19; OLG Naumburg AGkompakt 2010, 86 = RVGreport 2010, 382 = JurBüro 2010, 472.
14 Gerold/Schmidt/*Müller-Rabe*, Nrn. 2500–2508 VV Rn 36.

> **Beispiel 14** | **Außergerichtliche Vertretung mit Einigung**

Der Mandant erscheint mit einem Beratungshilfeschein und beauftragt den Anwalt, die Kündigung des Mietverhältnisses abzuwehren. Der Anwalt erzielt eine Einigung mit dem Gegner.

Neben der Geschäftsgebühr fällt jetzt auch die Einigungsgebühr nach Nr. 2508 VV an.

1.	Geschäftsgebühr, Nr. 2503 VV		85,00 EUR
2.	Einigungsgebühr, Nr. 2508 VV		150,00 EUR
3.	Postentgeltpauschale, Nr. 7002 VV		20,00 EUR
	Zwischensumme	255,00 EUR	
4.	19 % Umsatzsteuer, Nr. 7008 VV		48,45 EUR
Gesamt			**303,45 EUR**

> **Beispiel 15** | **Außergerichtliche Vertretung mit Erledigung**

Der Anwalt wird für den Rechtsuchenden in einem Widerspruchsverfahren tätig und wirkt dort an einer Erledigung mit.

Neben der Geschäftsgebühr fällt jetzt auch die Erledigungsgebühr nach Nr. 2508 VV an. Abzurechnen ist wie im vorangegangenen Beispiel 14.

cc) Aussöhnung

Strittig ist auch hier wiederum, ob eine Aussöhnungsgebühr anfallen kann (siehe Rn 20). Soweit eine Aussöhnungsgebühr bejaht wird, käme diese dann zur Geschäftsgebühr hinzu. 27

> **Beispiel 16** | **Außergerichtliche Vertretung mit Aussöhnung**

Der Anwalt vertritt den Rechtsuchenden im Rahmen des Umgangsrechts und wirkt dabei an einer Aussöhnung der Eheleute mit.

Neben der Geschäftsgebühr fällt jetzt anstelle der Einigungsgebühr die Aussöhnungsgebühr nach Nr. 2508 VV an. Zu rechnen ist wie im Beispiel 14.

dd) Anrechnung der Geschäftsgebühr

(1) Anrechnung auf die Verfahrensgebühr eines gerichtlichen Verfahrens bei Wertgebühren

Die Geschäftsgebühr ist dem Wortlaut der Anm. Abs. 2 S. 1 zu Nr. 2503 VV nach zur Hälfte auf die Gebühren eines nachfolgenden behördlichen oder gerichtlichen Verfahrens anzurechnen. Diese Vorschrift ist allerdings auslegungsbedürftig, da der Gesetzgeber hier einige Besonderheiten übersehen hat. 28

Wird auf die Gebühren eines nachfolgenden gerichtlichen Verfahrens angerechnet, ist zudem strittig, ob § 58 Abs. 2 RVG anzuwenden ist. 29

§ 10 Beratungshilfe

Beispiel 17 — Anrechnung der Geschäftsgebühr auf die Gebühren eines nachfolgenden gerichtlichen Verfahrens

Der Anwalt wird vom Rechtsuchenden beauftragt, ihn wegen einer Forderung in Höhe von 1.500,00 EUR außergerichtlich zu vertreten. Nach Scheitern der außergerichtlichen Bemühungen wird Klage erhoben, über die mündlich verhandelt wird.

Die Geschäftsgebühr ist gem. Anm. Abs. 2 S. 1 zu Nr. 2503 VV zur Hälfte auf die Gebühren des Rechtsstreits anzurechnen, also in Höhe von 42,50 EUR.

    I. Außergerichtliche Vertretung
    1. Geschäftsgebühr, Nr. 2503 VV   85,00 EUR
    2. Postentgeltpauschale, Nr. 7002 VV   17,00 EUR
       Zwischensumme   102,00 EUR
    3. 19 % Umsatzsteuer, Nr. 7008 VV   19,38 EUR
    Gesamt   **121,38 EUR**
    II. Gerichtliche Vertretung
    1. 1,3-Verfahrensgebühr, Nr. 3100 VV   149,50 EUR
       (Wert: 1.500,00 EUR)
    2. gem. Anm. Abs. 2 S. 1 zu Nr. 2503 VV anzurechnen   – 42,50 EUR
    3. 1,2-Termingebühr, Nr. 3104 VV (Wert: 1.500,00 EUR)   138,00 EUR
    4. Postentgeltpauschale, Nr. 7002 VV   20,00 EUR
       Zwischensumme   265,00 EUR
    5. 19 % Umsatzsteuer, Nr. 7008 VV   50,35 EUR
    Gesamt   **315,35 EUR**

30   Wird auf die Gebühren eines nachfolgenden gerichtlichen Verfahrens angerechnet, in dem der Anwalt im Rahmen der Prozesskostenhilfe beigeordnet worden ist, greift § 58 Abs. 2 RVG nicht.[15] Es ist also immer anzurechnen. Anders als bei einer vom Mandanten gezahlten Geschäftsgebühr[16] ist nicht zunächst auf die nicht gedeckte Wahlanwaltsvergütung anzurechnen.

Beispiel 18 — Anrechnung der Geschäftsgebühr auf die Gebühren eines nachfolgenden gerichtlichen Verfahrens mit Prozesskostenhilfe

Der Anwalt ist außergerichtlich im Rahmen der Beratungshilfe mit der Beitreibung einer Forderung in Höhe von 6.000,00 EUR beauftragt. Da der Schuldner nicht zahlt, wird Klage erhoben, für die der Partei Prozesskostenhilfe bewilligt wird.

Nach Anm. Abs. 2 S. 1 zu Nr. 2503 VV ist die Geschäftsgebühr hälftig anzurechnen. Die Anrechnung unterbleibt nicht deswegen, weil zwischen der Wahlanwalts- und der PKH-Verfahrensgebühr eine Differenz von mehr als 42,50 EUR besteht.

    I. Außergerichtliche Vertretung
    1. Geschäftsgebühr, Nr. 2503 VV   85,00 EUR
    2. Postentgeltpauschale, Nr. 7002 VV   17,00 EUR
       Zwischensumme   102,00 EUR
    3. 19 % Umsatzsteuer, Nr. 7008 VV   19,38 EUR
    Gesamt   **121,38 EUR**
    II. Gerichtliche Vertretung
    1. 1,3-Verfahrensgebühr, Nr. 3100 VV   347,10 EUR
       (Wert: 6.000,00 EUR)

---

15 LG Berlin JurBüro 1983, 1060 = AnwBl 1983, 478 (noch zur Vorgängervorschrift des § 132 Abs. 2 S. 2 BRAGO); Gerold/Schmidt/*Müller-Rabe*, § 58 Rn 29.
16 Siehe dazu § 3 Rn 68.

2.	Gem. Anm. Abs. 2 S. 1 zu Nr. 2503 VV anzurechnen (Wert: 6.000,00 EUR)		– 42,50 EUR
3.	1,2-Terminsgebühr, Nr. 3104 VV (Wert: 6.000,00 EUR)		320,40 EUR
4.	Postentgeltpauschale, Nr. 7002 VV		20,00 EUR
	Zwischensumme	645,00 EUR	
5.	19 % Umsatzsteuer, Nr. 7008 VV		122,55 EUR
	Gesamt		**767,55 EUR**

(2) Anrechnung auf die Verfahrensgebühr eines Verfahrens auf Vollstreckbarerklärung eines Anwaltsvergleichs

Auf die Gebühren für ein Verfahren auf Vollstreckbarerklärung eines Vergleichs nach den §§ 796a, 796b und 796c Abs. 2 S. 2 ZPO ist die Gebühr der Nr. 2503 VV nur zu einem Viertel anzurechnen (Anm. Abs. 2 S. 2 zu Nr. 2503 VV). **31**

Beispiel 19 — Anrechnung der Geschäftsgebühr auf die Gebühren eines nachfolgenden Verfahrens auf Vollstreckbarerklärung eines Anwaltsvergleichs

Es entstehen jetzt eine Geschäftsgebühr nach Nr. 2503 VV sowie eine Einigungsgebühr nach Nr. 2508 VV. Auf die Verfahrensgebühr des Verfahrens auf Vollstreckbarerklärung ist die Geschäftsgebühr jetzt gem. Anm. Abs. 2 S. 2 zu Nr. 2503 VV zu einem Viertel anzurechnen. **32**

I. Außergerichtliche Vertretung

1.	Geschäftsgebühr, Nr. 2503 VV		85,00 EUR
2.	Einigungsgebühr, Nr. 2508 VV		150,00 EUR
3.	Postentgeltpauschale, Nr. 7002 VV		20,00 EUR
	Zwischensumme	255,00 EUR	
4.	19 % Umsatzsteuer, Nr. 7008 VV		48,45 EUR
	Gesamt		**303,45 EUR**

II. Gerichtliche Vertretung

1.	1,3-Verfahrensgebühr, Nr. 3100 VV (Wert: 4.000,00 EUR)		327,60 EUR
2.	Gem. Anm. Abs. 2 S. 2 zu Nr. 2503 VV anzurechnen (Wert: 6.000,00 EUR)		– 21,25 EUR
3.	Postentgeltpauschale, Nr. 7002 VV		20,00 EUR
	Zwischensumme	326,35 EUR	
4.	19 % Umsatzsteuer, Nr. 7008 VV		62,01 EUR
	Gesamt		**388,36 EUR**

(3) Anrechnung auf die Verfahrensgebühr eines gerichtlichen Verfahrens in sozialrechtlichen Angelegenheiten, die sich nicht nach dem Wert richten

Das Anrechnungsproblem, das sich in **sozialrechtlichen Angelegenheiten** ergab,[17] war bereits durch die Anm. Abs. 2 S. 1, 2. Hs. zu Nr. 2503 VV bereinigt worden. Dadurch, dass in sozialgerichtlichen Angelegenheiten keine ermäßigte Geschäfts- und Verfahrensgebühr bei einer Vorbefassung mehr vorgesehen ist, hat sich das Problem mit Inkrafttreten des 2. KostRMoG erledigt. Angerechnet wird hier ebenfalls zur Hälfte. **33**

---

17 Siehe hierzu BVerfG AnwBl 2011, 867 = RVGreport 2011, 428.

§ 10 Beratungshilfe

Beispiel 20 | Vertretung in sozialrechtlichen Angelegenheiten (Rahmengebühren) im Widerspruchsverfahren und im nachfolgendem Rechtsstreit

Der Anwalt wird von einem Rechtsuchenden beauftragt, ihn in einem sozialrechtlichen Widerspruchsverfahren zu vertreten, das nach § 3 Abs. 1 S. 1 RVG nicht nach dem Wert abgerechnet wird. Hiernach kommt es zum gerichtlichen Verfahren vor dem Sozialgericht.

Für die Vertretung im Widerspruchsverfahren entsteht eine Geschäftsgebühr nach Nr. 2503 VV. Im Rechtsstreit entsteht die Verfahrensgebühr der Nr. 3102 VV. Darauf ist die Geschäftsgebühr hälftig anzurechnen.

I. Außergerichtliche Vertretung im Widerspruchsverfahren		
1. Geschäftsgebühr, Nr. 2503 VV		85,00 EUR
2. Postentgeltpauschale, Nr. 7002 VV		17,00 EUR
Zwischensumme	102,00 EUR	
3. 19 % Umsatzsteuer, Nr. 7008 VV		19,38 EUR
Gesamt		**121,38 EUR**
II. Gerichtliche Vertretung		
1. Verfahrensgebühr, Nr. 3102 VV		300,00 EUR
2. gem. Anm. Abs. 2 S. 1 zu Nr. 2503 VV anzurechnen		– 42,50 EUR
3. Terminsgebühr, Nr. 3106 VV		280,00 EUR
4. Postentgeltpauschale, Nr. 7002 VV		20,00 EUR
Zwischensumme	557,50 EUR	
5. 19 % Umsatzsteuer, Nr. 7008 VV		105,93 EUR
Gesamt		**663,43 EUR**

(4) Anrechnung auf die weitere Geschäftsgebühr im verwaltungsrechtlichen Nachprüfungsverfahren

34 In Betracht kommt auch eine **Anrechnung der Geschäftsgebühr auf eine weitere Geschäftsgebühr**, nämlich z.B. dann, wenn der Anwalt den Rechtsuchenden zunächst außergerichtlich im Verwaltungsverfahren vertritt und anschließend im Nachprüfungsverfahren. Die Vorschrift des § 17 Nr. 1a RVG gilt auch in der Beratungshilfe; es liegen daher auch hier zwei gesonderte Angelegenheiten i.S.d. § 15 RVG vor. Da es sich bei den anschließenden Nachprüfungsverfahren um ein behördliches Verfahren handelt, ist also nach Anm. Abs. 2 S. 1 zu Nr. 2503 VV die erste Geschäftsgebühr auf die zweite Geschäftsgebühr hälftig anzurechnen.

Beispiel 21 | Anrechnung der Geschäftsgebühr auf die Gebühren eines nachfolgenden Widerspruchsverfahrens

Der Anwalt wird vom Rechtsuchenden beauftragt, ihn in einem Verwaltungsverfahren zu vertreten und anschließend im Widerspruchsverfahren.

Es liegen nach § 17 Nr. 1 RVG zwei Angelegenheiten vor, in denen jeweils eine Geschäftsgebühr entsteht. Die erste Geschäftsgebühr ist gem. Anm. Abs. 2 S. 1 zu Nr. 2503 VV zur Hälfte auf die zweite Geschäftsgebühr anzurechnen, also in Höhe von 42,50 EUR.

I. Außergerichtliche Vertretung im Verwaltungsverfahren		
1. Geschäftsgebühr, Nr. 2503 VV		85,00 EUR
2. Postentgeltpauschale, Nr. 7002 VV		17,00 EUR
Zwischensumme	102,00 EUR	
3. 19 % Umsatzsteuer, Nr. 7008 VV		19,38 EUR
Gesamt		**121,38 EUR**

III. Abrechnung mit der Staatskasse   § 10

II. Außergerichtliche Vertretung im Nachprüfungsverfahren
1. Geschäftsgebühr, Nr. 2503 VV   85,00 EUR
2. gem. Anm. Abs. 2 S. 1 zu Nr. 2503 VV anzurechnen   – 42,50 EUR
3. Postentgeltpauschale, Nr. 7002 VV   17,00 EUR
   Zwischensumme   59,50 EUR
4. 19 % Umsatzsteuer, Nr. 7008 VV   11,31 EUR
Gesamt   **70,81 EUR**

Kommt es nach dem Nachprüfungsverfahren zum gerichtlichen Verfahren (Anfechtungsklage o.Ä.), ist auf die Gebühren des Rechtsstreits hälftig anzurechnen (Anm. Abs. 2 S. 1 zu Nr. 2503 VV). Analog Vorbem. 3 Abs. 4 S. 3 VV ist aber dann nur noch die zweite Geschäftsgebühr anzurechnen.

Beispiel 22 — Anrechnung der Geschäftsgebühr auf die Gebühren eines nachfolgenden behördlichen Verfahrens und eines nachfolgenden Rechtsstreits

Der Anwalt wird vom Rechtsuchenden beauftragt, ihn in einem Verwaltungsverfahren zu vertreten und anschließend im Widerspruchsverfahren. Hiernach wird Anfechtungsklage vor dem Verwaltungsgericht erhoben (Streitwert: 1.500,00 EUR).

Die Geschäftsgebühr des Verwaltungsverfahrens ist gem. Anm. Abs. 2 S. 1 zu Nr. 2503 VV wiederum zur Hälfte auf die Geschäftsgebühr des Nachprüfungsverfahrens anzurechnen und diese wiederum zur Hälfte auf die Gebühren des Rechtsstreits.

I. Außergerichtliche Vertretung im Verwaltungsverfahren
1. Geschäftsgebühr, Nr. 2503 VV   85,00 EUR
2. Postentgeltpauschale, Nr. 7002 VV   17,00 EUR
   Zwischensumme   102,00 EUR
3. 19 % Umsatzsteuer, Nr. 7008 VV   19,38 EUR
Gesamt   **121,38 EUR**

II. Außergerichtliche Vertretung im Nachprüfungsverfahren
1. Geschäftsgebühr, Nr. 2503 VV   85,00 EUR
2. gem. Anm. Abs. 2 S. 2 zu Nr. 2503 VV anzurechnen   – 42,50 EUR
3. Postentgeltpauschale, Nr. 7002 VV   17,00 EUR
   Zwischensumme   59,50 EUR
4. 19 % Umsatzsteuer, Nr. 7008 VV   11,31 EUR
Gesamt   **70,81 EUR**

III. Gerichtliche Vertretung
1. 1,3-Verfahrensgebühr, Nr. 3100 VV   149,50 EUR
   (Wert: 1.500,00 EUR)
2. gem. Anm. Abs. 2 S. 1 zu Nr. 2503 VV anzurechnen   – 42,50 EUR
3. 1,2-Terminsgebühr, Nr. 3104 VV   138,00 EUR
   (Wert: 1.500,00 EUR)
4. Postentgeltpauschale, Nr. 7002 VV   20,00 EUR
   Zwischensumme   265,00 EUR
5. 19 % Umsatzsteuer, Nr. 7008 VV   50,35 EUR
Gesamt   **315,35 EUR**

(5) Anrechnung auf die weitere Geschäftsgebühr in einem Güte- oder Schlichtungsverfahren

Entsteht eine zweite Geschäftsgebühr außerhalb eines gerichtlichen oder behördlichen Verfahrens, entstehen beide Geschäftsgebühren anrechnungsfrei, da es insoweit an einer Anrechnungsvorschrift fehlt.

§ 10 Beratungshilfe

Beispiel 23 — Mehrere Geschäftsgebühren für außergerichtliche Vertretung und nachfolgendes Schlichtungsverfahren

Der Anwalt wird vom Rechtsuchenden beauftragt, ihn außergerichtlich zu vertreten. Anschließend kommt es zu einem obligatorischen Streitschlichtungsverfahren nach § 15a EGZPO, in dem der Anwalt den Rechtsuchenden ebenfalls vertritt.

Es liegen wiederum zwei Angelegenheiten i.S.d. § 15 RVG vor, da das Streitschlichtungsverfahren gegenüber der vorangegangenen außergerichtlichen Vertretung eine eigene Angelegenheit darstellt.[18] Es entstehen also zwei Geschäftsgebühren. Eine Anrechnung findet nicht statt. Bei einem Schlichtungsverfahren handelt es sich weder um ein gerichtliches noch um ein behördliches Verfahren. Zwar werden die Schlichtungsstellen von der Landesjustizverwaltung eingerichtet; das macht sie aber nicht zu staatlichen Behörden. Erst Recht findet kein „behördliches Verfahren" statt, da keine Entscheidung ergehen kann, sondern nur geschlichtet wird.[19]

I. Außergerichtliche Vertretung
1. Geschäftsgebühr, Nr. 2503 VV   85,00 EUR
2. Postentgeltpauschale, Nr. 7002 VV   17,00 EUR
   Zwischensumme   102,00 EUR
3. 19 % Umsatzsteuer, Nr. 7008 VV   19,38 EUR
Gesamt   **121,38 EUR**

II. Vertretung im Streitschlichtungsverfahren
1. Geschäftsgebühr, Nr. 2503 VV   85,00 EUR
2. Postentgeltpauschale, Nr. 7002 VV   17,00 EUR
   Zwischensumme   102,00 EUR
3. 19 % Umsatzsteuer, Nr. 7008 VV   19,38 EUR
Gesamt   **121,38 EUR**

37 Kommt es nach dem Schlichtungsverfahren zum gerichtlichen Verfahren, ist auf die Gebühren des Rechtsstreits hälftig anzurechnen (Anm. Abs. 2 S. 1 zu Nr. 2503 VV). Obwohl hier eine ausdrückliche Regelung fehlt, dürfte analog Vorbem. 3 Abs. 4 S. 3 VV auch hier nur die zweite Geschäftsgebühr anzurechnen sein.

Beispiel 24 — Mehrere Geschäftsgebühren für außergerichtliche Vertretung und nachfolgendes Schlichtungsverfahren mit nachfolgendem Rechtsstreit

Der Anwalt wird von einem Auszubildenden im Rahmen der Beratungshilfe beauftragt, ihn außergerichtlich hinsichtlich der Abwehr einer Kündigung zu vertreten. Anschließend kommt es zum Schlichtungsverfahren nach § 111a ArbGG und hiernach zum Kündigungsschutzprozess vor dem Arbeitsgericht (Streitwert: 1.500,00 EUR).

Die Geschäftsgebühr der außergerichtlichen Vertretung ist nicht anzurechnen. Die Geschäftsgebühr des Schlichtungsverfahrens ist gem. Anm. Abs. 2 S. 1 zu Nr. 2503 VV zur Hälfte auf die Gebühren des Rechtsstreits anzurechnen.

I. Außergerichtliche Vertretung
1. Geschäftsgebühr, Nr. 2503 VV   85,00 EUR
2. Postentgeltpauschale, Nr. 7002 VV   17,00 EUR
   Zwischensumme   102,00 EUR
3. 19 % Umsatzsteuer, Nr. 7008 VV   19,38 EUR
Gesamt   **121,38 EUR**

---

18 AnwK-RVG/*Fölsch*, Nr. 2303 VV Rn 1.
19 *N. Schneider*, AGS 2006, 525.

II. Vertretung im Schlichtungsverfahren

1. Geschäftsgebühr, Nr. 2503 VV		85,00 EUR
2. Postentgeltpauschale, Nr. 7002 VV		17,00 EUR
Zwischensumme	102,00 EUR	
3. 19 % Umsatzsteuer, Nr. 7008 VV		19,38 EUR
Gesamt		**121,38 EUR**

III. Vertretung im Kündigungsschutzprozess

1. 1,3-Verfahrensgebühr, Nr. 3100 VV (Wert: 1.500,00 EUR)		149,50 EUR
2. gem. Anm. Abs. 2 S. 1 zu Nr. 2503 VV anzurechnen		– 42,50 EUR
3. 1,2-Terminsgebühr, Nr. 3104 VV (Wert: 1.500,00 EUR)		138,00 EUR
4. Postentgeltpauschale, Nr. 7002 VV		20,00 EUR
Zwischensumme	265,00 EUR	
5. 19 % Umsatzsteuer, Nr. 7008 VV		50,35 EUR
Gesamt		**315,35 EUR**

3. Schuldenbereinigungsverfahren

a) Überblick

Bezieht sich die anwaltliche Tätigkeit auf das Ziel einer außergerichtlichen Einigung mit den Gläubigern über die Schuldenbereinigung auf der Grundlage eines Planes (§ 305 Abs. 1 Nr. 1 InsO), so erhält der Anwalt höhere Gebühren nach Nrn. 2502 und 2504 ff. VV. Die Einigungs- und Erledigungsgebühren bleiben dagegen unverändert. 38

Die Nrn. erhöhen lediglich die Gebühren der Nrn. 2501 und 2503 VV. An dem Charakter der Gebühren als Beratungs- oder Geschäftsgebühr und somit an ihrer Anrechenbarkeit auf Gebühren für sonstige Tätigkeiten ändert sich deshalb nichts.[20] 39

b) Beratung

Die Vergütung für eine Beratung ist in Nr. 2502 VV geregelt. Eine Staffelung der Gebühren nach Zahl der Gläubiger ist hier nicht vorgesehen. Hinzukommen kann die Einigungsgebühr nach Nr. 2508 VV. 40

Beispiel 25 | **Beratung Schuldenbereinigung**

Der Anwalt berät den Mandanten mit dem Ziel einer Schuldenbereinigung auf der Grundlage eines Planes (§ 305 Abs. 1 Nr. 1 InsO).

1. Beratungsgebühr, Nr. 2502 VV		70,00 EUR
2. Postentgeltpauschale, Nr. 7002 VV		14,00 EUR
Zwischensumme	84,00 EUR	
3. 19 % Umsatzsteuer, Nr. 7008 VV		15,96 EUR
Gesamt		**99,96 EUR**

---

20 OLG Zweibrücken AGS 2008, 610 = JurBüro 2008, 423 = OLGR 2008, 787 = RVGreport 2008, 386; LG Frankenthal, Beschl. v. 26.3.2008 – 1 T 86/08.

§ 10 Beratungshilfe

> **Beispiel 26** Beratung Schuldenbereinigung mit Einigung

Der Anwalt berät den Mandanten mit dem Ziel einer Schuldenbereinigung auf der Grundlage eines Planes (§ 305 Abs. 1 Nr. 1 InsO). Aufgrund der Beratung kommt es zu einer Einigung.

1.	Beratungsgebühr, Nr. 2502 VV	70,00 EUR
2.	Einigungsgebühr, Nr. 2508 VV	150,00 EUR
3.	Postentgeltpauschale, Nr. 7002 VV	20,00 EUR
	Zwischensumme 240,00 EUR	
4.	19 % Umsatzsteuer, Nr. 7008 VV	45,60 EUR
	Gesamt	**285,60 EUR**

c) Geschäftstätigkeit

41 Die Vergütung für die Geschäftstätigkeit ist in Nrn. 2504 ff. VV geregelt. Die Gebührenhöhe ist nach der Zahl der Gläubiger gestaffelt. Strittig ist, ob die Gebühr auch schon bei einem Gläubiger anfällt.[21]

42 Hinzukommen kann auch die Einigungsgebühr nach Nr. 2508 VV. Diese bleibt im Schuldenbereinigungsverfahren unverändert.[22]

> **Beispiel 27** Außergerichtliche Vertretung Schuldenbereinigung, bis fünf Gläubiger

Der Anwalt wird außergerichtlich für den Mandanten tätig mit dem Ziel einer Schuldenbereinigung bis zu fünf Gläubigern auf der Grundlage eines Plans (§ 305 Abs. 1 Nr. 1 InsO).

1.	Geschäftsgebühr, Nr. 2504 VV	270,00 EUR
2.	Postentgeltpauschale, Nr. 7002 VV	20,00 EUR
	Zwischensumme 290,00 EUR	
3.	19 % Umsatzsteuer, Nr. 7008 VV	55,10 EUR
	Gesamt	**345,10 EUR**

> **Beispiel 28** Außergerichtliche Vertretung Schuldenbereinigung, bis fünf Gläubiger mit Einigung

Der Anwalt wird außergerichtlich für den Mandanten tätig mit dem Ziel einer Schuldenbereinigung bis zu fünf Gläubigern auf der Grundlage eines Plans (§ 305 Abs. 1 Nr. 1 InsO). Aufgrund der Tätigkeit kommt es zu einer Einigung.

1.	Geschäftsgebühr, Nr. 2504 VV	270,00 EUR
2.	Einigungsgebühr, Nr. 2508 VV	150,00 EUR
3.	Postentgeltpauschale, Nr. 7002 VV	20,00 EUR
	Zwischensumme 440,00 EUR	
4.	19 % Umsatzsteuer, Nr. 7008 VV	83,60 EUR
	Gesamt	**523,60 EUR**

---

21 Offen gelassen von KG KGR 2008, 884 = Rpfleger 2008, 647 = JurBüro 2008, 591 = Rpfleger 2009, 88 = RVGreport 2008, 388 = NJ 2008, 515; verneint von OLG Frankfurt AGS 2008, 394 = JurBüro 2008, 422 = OLGR 2009, 81 = RVGreport 2008, 387 u. OLG Bamberg MDR 2010, 1257.
22 OLG Stuttgart Rpfleger 2008, 502 = OLGR 2008, 696 = ZVI 2008, 501 = Justiz 2009, 11 = RVGprof, 2008, 187.

III. Abrechnung mit der Staatskasse § 10

Ist eine Beratung vorausgegangen, wird auch die Beratungsgebühr der Nr. 2502 VV in voller Höhe angerechnet (Anm. zu Nr. 2501 VV). 43

> **Beispiel 29** — Außergerichtliche Vertretung Schuldenbereinigung, bis fünf Gläubiger mit vorangegangener Beratung

Der Anwalt lässt sich zunächst mit dem Ziel einer Schuldenbereinigung bis zu fünf Gläubigern auf der Grundlage eines Planes (§ 305 Abs. 1 Nr. 1 InsO) beraten und erhält später den Auftrag zur außergerichtlichen Vertretung.

I. Beratung		
1. Beratungsgebühr, Nr. 2502 VV		70,00 EUR
2. Postentgeltpauschale, Nr. 7002 VV		14,00 EUR
Zwischensumme	84,00 EUR	
3. 19 % Umsatzsteuer, Nr. 7008 VV		15,96 EUR
Gesamt		**99,96 EUR**
II. Außergerichtliche Vertretung		
1. Geschäftsgebühr, Nr. 2504 VV		270,00 EUR
2. gem. Anm. zu Nr. 2501 VV anzurechnen		– 70,00 EUR
3. Postentgeltpauschale, Nr. 7002 VV		20,00 EUR
Zwischensumme	220,00 EUR	
4. 19 % Umsatzsteuer, Nr. 7008 VV		41,80 EUR
Gesamt		**261,80 EUR**

> **Beispiel 30** — Außergerichtliche Vertretung Schuldenbereinigung, sechs bis zehn Gläubiger

Der Anwalt wird außergerichtlich für den Mandanten tätig mit dem Ziel einer Schuldenbereinigung gegenüber sechs bis zehn Gläubigern auf der Grundlage eines Plans (§ 305 Abs. 1 Nr. 1 InsO).

1. Geschäftsgebühr, Nr. 2505 VV		405,00 EUR
2. Postentgeltpauschale, Nr. 7002 VV		20,00 EUR
Zwischensumme	425,00 EUR	
3. 19 % Umsatzsteuer, Nr. 7008 VV		80,75 EUR
Gesamt		**505,75 EUR**

> **Beispiel 31** — Außergerichtliche Vertretung Schuldenbereinigung, sechs bis zehn Gläubiger mit Einigung

Der Anwalt wird außergerichtlich für den Mandanten tätig mit dem Ziel einer Schuldenbereinigung gegenüber sechs bis zehn Gläubigern auf der Grundlage eines Plans (§ 305 Abs. 1 Nr. 1 InsO). Aufgrund der Tätigkeit kommt es zu einer Einigung.

1. Geschäftsgebühr, Nr. 2505 VV		405,00 EUR
2. Einigungsgebühr, Nr. 2508 VV		150,00 EUR
3. Postentgeltpauschale, Nr. 7002 VV		20,00 EUR
Zwischensumme	575,00 EUR	
4. 19 % Umsatzsteuer, Nr. 7008 VV		109,25 EUR
Gesamt		**684,25 EUR**

Beispiel 32 — Außergerichtliche Vertretung Schuldenbereinigung, elf bis fünfzehn Gläubiger

Der Anwalt wird außergerichtlich für den Mandanten tätig mit dem Ziel einer Schuldenbereinigung gegenüber elf bis 15 Gläubigern auf der Grundlage eines Plans (§ 305 Abs. 1 Nr. 1 InsO).

1. Geschäftsgebühr, Nr. 2506 VV		540,00 EUR
2. Postentgeltpauschale, Nr. 7002 VV		20,00 EUR
Zwischensumme	560,00 EUR	
3. 19 % Umsatzsteuer, Nr. 7008 VV		106,40 EUR
Gesamt		**666,40 EUR**

Beispiel 33 — Außergerichtliche Vertretung Schuldenbereinigung, elf bis fünfzehn Gläubiger mit Einigung

Der Anwalt wird außergerichtlich für den Mandanten tätig mit dem Ziel einer Schuldenbereinigung gegenüber elf bis 15 Gläubigern auf der Grundlage eines Plans (§ 305 Abs. 1 Nr. 1 InsO). Aufgrund der Tätigkeit kommt es zu einer Einigung.

1. Geschäftsgebühr, Nr. 2506 VV		540,00 EUR
2. Einigungsgebühr, Nr. 2508 VV		150,00 EUR
3. Postentgeltpauschale, Nr. 7002 VV		20,00 EUR
Zwischensumme	710,00 EUR	
4. 19 % Umsatzsteuer, Nr. 7008 VV		134,90 EUR
Gesamt		**844,90 EUR**

Beispiel 34 — Außergerichtliche Vertretung Schuldenbereinigung, mehr als fünfzehn Gläubiger

Der Anwalt wird außergerichtlich für den Mandanten tätig mit dem Ziel einer Schuldenbereinigung gegenüber mehr als 15 Gläubigern auf der Grundlage eines Plans (§ 305 Abs. 1 Nr. 1 InsO).

1. Geschäftsgebühr, Nr. 2507 VV		675,00 EUR
2. Postentgeltpauschale, Nr. 7002 VV		20,00 EUR
Zwischensumme	695,00 EUR	
3. 19 % Umsatzsteuer, Nr. 7008 VV		132,05 EUR
Gesamt		**827,05 EUR**

Beispiel 35 — Außergerichtliche Vertretung Schuldenbereinigung, mehr als fünfzehn Gläubiger mit Einigung

Der Anwalt wird außergerichtlich für den Mandanten tätig mit dem Ziel einer Schuldenbereinigung gegenüber mehr als 15 Gläubigern auf der Grundlage eines Plans (§ 305 Abs. 1 Nr. 1 InsO). Aufgrund der Tätigkeit kommt es zu einer Einigung.

1. Geschäftsgebühr, Nr. 2507 VV		675,00 EUR
2. Einigungsgebühr, Nr. 2508 VV		150,00 EUR
3. Postentgeltpauschale, Nr. 7002 VV		20,00 EUR
Zwischensumme	845,00 EUR	
4. 19 % Umsatzsteuer, Nr. 7008 VV		160,55 EUR
Gesamt		**1.005,55 EUR**

IV. Inanspruchnahme des Gegners

Häufig wird übersehen, dass der Anwalt nach § 9 S. 2 BerHG Schadensersatzansprüche, die in der Person des Rechtsuchenden entstanden sind, in eigenem Namen geltend machen kann. 44

Beispiel 36 | **Inanspruchnahme des Gegners**

Der Anwalt wird vom Mandanten beauftragt, gegen einen Schuldner, der sich in Verzug befindet, Ansprüche in Höhe von 1.860,00 EUR außergerichtlich geltend zu machen. Der Schuldner zahlt daraufhin.

Von dem Mandaten erhält der Anwalt die Beratungshilfegebühr (Nr. 2500 VV). Aus der **Staatskasse** erhält er die Vergütung nach Teil 2 Abschnitt 5 VV. Wegen der darüber hinausgehenden Wahlanwaltsvergütung kann er nach § 9 S. 2 BerHG den Schuldner in Anspruch nehmen.

I. Vom Mandanten erhält der Anwalt	
1. Beratungshilfegebühr, Nr. 2500 VV	12,60 EUR
2. 19 % Umsatzsteuer, Nr. 7008 VV	2,40 EUR
Gesamt	**15,00 EUR**
II. Aus der Staatskasse erhält der Anwalt als Beratungshilfevergütung	
1. Geschäftsgebühr, Nr. 2503 VV	85,00 EUR
2. Postentgeltpauschale, Nr. 7022 VV	17,00 EUR
Zwischensumme 102,00 EUR	
3. 19 % Umsatzsteuer, Nr. 7008 VV	19,38 EUR
Gesamt	**121,38 EUR**
III. Als Wahlanwalt würde er erhalten	
1. 1,5-Geschäftsgebühr, Nr. 2300 VV (Wert: 1.860,00 EUR)	225,00 EUR
2. Postentgeltpauschale, Nr. 7002 VV	20,00 EUR
Zwischensumme 245,00 EUR	
3. 19 % Umsatzsteuer, Nr. 7008 VV	46,55 EUR
Gesamt	**291,55 EUR**

Den Differenzbetrag in Höhe von

Wahlanwaltsvergütung	291,55 EUR
./. Beratungshilfegebühr	– 15,00 EUR[23]
./. Gebühren aus der Staatskasse	– 121,38 EUR
	155,17 EUR

kann der Anwalt nach § 9 S. 2 BerHG in eigenem Namen vom Schuldner einfordern. Er darf dies allerdings erst, wenn die Hauptforderung sowie die 15,00 EUR[24] gezahlt sind, da der Übergang des materiell-rechtlichen Kostenerstattungsanspruchs nicht zum Nachteil des Rechtsuchenden geschehen darf (§ 9 S. 3 BerHG).

---

23 Sofern der Anwalt diese Gebühr nicht erlassen hat (Anm. S. 2 zu Nr. 2500 VV).
24 Sofern der Anwalt diese Gebühr nicht erlassen hat (Anm. S. 2 zu Nr. 2500 VV).

§ 11 Mahnverfahren

Inhalt

I. Überblick 1
II. **Vertretung des Antragstellers** 7
  1. Überblick 7
    a) Verfahren über den Antrag auf Erlass des Mahnbescheids 7
    b) Sofortige Beschwerde gegen den Nichterlass des Mahnbescheids 15
    c) Erinnerung gegen den Nichterlass des Mahnbescheides 16
    d) Verfahren über den Antrag auf Erlass des Vollstreckungsbescheids 17
    e) Sofortige Beschwerde gegen den Nichterlass des Vollstreckungsbescheids 19
    f) Erinnerung gegen den Nichterlass des Vollstreckungsbescheids hinsichtlich der Kosten 21
    g) Verfahren über eine Kostenentscheidung nach Rücknahme des Mahnantrags 22
  2. Verfahren über den Antrag auf Erlass des Mahnbescheids 23
    a) Mahnverfahrensgebühr 23
      aa) Volle Verfahrensgebühr (Nr. 3305 VV) 23
      bb) Ermäßigte Verfahrensgebühr (Nr. 3306 VV) 27
      cc) Volle und ermäßigte Verfahrensgebühr (Nrn. 3305, 3306 VV) 30
    b) Mahnverfahren mit Terminsgebühr 33
    c) Mahnverfahren mit Einigungsgebühr 38
    d) Mahnverfahren mit Termins- und Einigungsgebühr 42
  3. Anrechnung der Verfahrens- und Terminsgebühr 45
  4. Sofortige Beschwerde gegen den Nichterlass des Mahnbescheids 56
  5. Erinnerung gegen den Nichterlass des Mahnbescheids 60
  6. Verfahren über den Antrag auf Erlass eines Vollstreckungsbescheids 64
    a) Verfahren im Verfahren auf Erlass des Vollstreckungsbescheids bei vorangegangener Vertretung im Verfahren über den Antrag auf Erlass des Mahnbescheids 64
    b) Vertretung nur im Verfahren auf Erlass des Vollstreckungsbescheids ohne vorherige Vertretung im Verfahren über den Antrag auf Erlass des Mahnbescheids 71
    c) Keine Anrechnung der Verfahrensgebühr für den Antrag auf Erlass des Vollstreckungsbescheids 74
    d) Erlass des Vollstreckungsbescheids durch das Prozessgericht 76
  7. Sofortige Beschwerde gegen die Ablehnung des Antrags auf Erlass des Vollstreckungsbescheids 80
  8. Erinnerung gegen den Nichterlass des Vollstreckungsbescheids 83

III. **Vertretung des Antragsgegners** 85
  1. Überblick 85
  2. Vertretung im Mahnverfahren 93
    a) Verfahrensgebühr 93
    b) Verfahrensgebühr und Terminsgebühr 100
    c) Verfahrensgebühr und Einigungsgebühr .. 103
    d) Verfahrensgebühr mit Termins- und Einigungsgebühr 105
  3. Anrechnung der Verfahrensgebühr 107
  4. Verfahren über den Antrag auf Erlass des Vollstreckungsbescheids 113
  5. Vertretung im Verfahren über die sofortige Beschwerde gegen die Ablehnung des Antrags auf Erlass des Vollstreckungsbescheids 114
  6. Erinnerung gegen die Ablehnung des Antrags auf Erlass des Vollstreckungsbescheids 119
  7. Einspruch gegen den Vollstreckungsbescheid 120

IV. **Verfahren über einen Antrag auf Kostenentscheidung nach Rücknahme des Mahnantrags** 121
  1. Verfahren über den Kostenantrag 122
  2. Beschwerdeverfahren 126

V. **Antrag auf Kostenentscheidung nach Rücknahme der Klage vor Anspruchsbegründung** 127

VI. **Anrechnung auf die Verfahrensgebühren des Mahnverfahrens** 128

VII. **Anhang: Europäisches Mahnverfahren** 130

I. Überblick

Die Gebühren für das Mahnverfahren sind in den **Nrn. 3305 bis 3308 VV** und **Vorbem. 3.3.2 i.V.m. Nr. 3104 VV** enthalten. Die Gebührentatbestände sind dabei für den Anwalt des Antragstellers und des Antragsgegners unterschiedlich geregelt.   **1**

Diese Gebühren gelten nicht nur für das Mahnverfahren nach den §§ 688 ff. ZPO (einschließlich Familiensachen – § 113 Abs. 2 FamFG), sondern auch für das Mahnverfahren vor den Arbeitsge-   **2** richten in Arbeitssachen (§ 46a ArbGG) und auch in sozialgerichtlichen Mahnverfahren (§ 182a SGG).

3 Soweit sich im Urkunden-, Scheck-, oder Wechsel-Mahnverfahren Besonderheiten ergeben, sei auf § 18 verwiesen.

4 Neben den Gebühren der Nrn. 3305 bis 3308 VV gelten die **allgemeinen Gebühren** nach Teil 1 VV, also insbesondere die Einigungsgebühr nach Nrn. 1000 ff. VV und die Gebührenerhöhung bei mehreren Auftraggebern nach Nr. 1008 VV, sowie die **Teminsgebühr** nach Nr. 3104 VV (Vorbem. 3.3.2 VV).

5 Darüber hinaus sind die **sonstigen Gebühren nach Teil 3 VV** anwendbar, soweit sie im Mahnverfahren anfallen können (Verfahrensgebühren für Erinnerung, Beschwerde, Gehörsrüge oder auch für das Prozesskostenhilfeprüfungsverfahren).

6 Hinzu kommen **Auslagen nach Teil 7 VV**. Da das Mahnverfahren gem. § 17 Nr. 2 RVG gegenüber dem streitigen Verfahren eine besondere Angelegenheit darstellt, entsteht hier insbesondere auch eine eigene Postentgeltpauschale nach Nr. 7008 VV,[1] die auch erstattungsfähig[2] und festsetzbar ist.[3]

II. Vertretung des Antragstellers

1. Überblick

a) Verfahren über den Antrag auf Erlass des Mahnbescheids

7 Im Verfahren über den Antrag auf Erlass eines **Mahnbescheids** erhält der Anwalt des Antragstellers eine 1,0-Verfahrensgebühr nach Nr. 3305 VV. Bei gemeinschaftlicher Vertretung **mehrerer Auftraggeber** erhöht sich die Gebühr nach Nr. 1008 VV um 0,3 je weiteren Auftraggeber, maximal um 2,0, also auf höchstens 3,0.

8 **Erledigt sich der Auftrag**, bevor der Anwalt einen verfahrenseinleitenden Antrag oder einen Schriftsatz, der Sachanträge, Sachvortrag oder die Zurücknahme des Antrags enthält, einreicht, entsteht die Gebühr nur zu 0,5 (Nr. 3306 VV), wobei sich auch diese Gebühr nach Nr. 1008 VV um 0,3 je weiteren Auftraggeber bei gemeinschaftlicher Beteiligung erhöht (Höchstgebühr 2,3).

9 Die Verfahrensgebühr entsteht auch dann, wenn die Parteien im Mahnverfahren **nicht anhängige Gegenstände** mit einbeziehen, etwa durch Verhandlungen oder eine Einigung. Eine entsprechende Ermäßigungsregelung wie in Nr. 3101 Nr. 2 VV fehlt zwar im Mahnverfahren; analog Nr. 3506 VV dürfte aber auch hier von einer Ermäßigung auf 0,5 auszugehen sein.

10 Seit der Einführung der Vorbem. 3.3.2 VV durch das Anhörungsrügengesetz[4] zum 1. 1. 2005 kann auch im Mahnverfahren eine **Terminsgebühr** nach Nr. 3104 VV entstehen. Da es hier allerdings keine gerichtlichen Termine gibt, kann eine Terminsgebühr nur gem. Vorbem. 3 Abs. 3 S. 3 Nr. 2

---

1 BGH AGS 2005, 26 = Rpfleger 2005, 114 = MDR 2005, 237 = JurBüro 2005, 142 = NJW-RR 2005, 939 = BGHR 2005, 261 = RVGreport 2004, 470 = FamRZ 2005, 196 = RVG-B 2005, 33; AGS 2004, 343 = FamRZ 2004, 1720 = NJW-RR 2004, 1656 = JurBüro 2004, 649 = RVG-Letter 2004, 104 = RVGreport 2004, 347.
2 BGH AGS 2004, 343 = FamRZ 2004, 1720 = NJW-RR 2004, 1656 = JurBüro 2004, 649 = RVG-Letter 2004, 104 = RVGreport 2004, 347.
3 Zur Berechnung der Postentgeltpauschale in Anrechnungsfällen siehe § 38 Rn 53 ff.
4 Gesetz über die Rechtsbehelfe bei Verletzung des Anspruchs auf rechtliches Gehör vom 9.12.2004, BGBl I Nr. 66 S. 3220.

VV entstehen, also wenn der Anwalt eine Besprechung mit dem Gegner oder einem Dritten zur Erledigung oder Vermeidung des Mahnverfahrens oder zur Vermeidung des nachfolgenden streitigen Verfahrens führt.[5] Die Terminsgebühr entsteht auch, wenn im Mahnverfahren nicht anhängige Ansprüche in Verhandlungen einbezogen werden.

Hinzu kommen kann des Weiteren eine **Einigungsgebühr** nach Nrn. 1000 ff. VV, und zwar sowohl bei der Einigung über anhängige als auch über nicht anhängige Ansprüche. 11

Kommt es nach dem Mahnverfahren auf Widerspruch oder Einspruch hin zum nachfolgenden streitigen Verfahren wird die **Verfahrensgebühr** des Mahnverfahrens auf die Verfahrensgebühr eines nachfolgenden streitigen Verfahrens (Nr. 3100 VV) **angerechnet** (Anm. zu Nr. 3305 VV). 12

Auch eine im Mahnverfahren entstandene **Terminsgebühr** (Vorbem. 3.3.2 i.V.m. Nr. 3104 VV) ist **anzurechnen** (Anm. Abs. 4 zu Nr. 3104 VV).[6] 13

Die Anrechnung unterbleibt allerdings in beiden Fällen, wenn zwischen der Beendigung des Mahnverfahrens und dem Beginn des streitigen Verfahren mehr als zwei Kalenderjahre liegen (§ 15 Abs. 5 S. 2 RVG).[7] 14

b) Sofortige Beschwerde gegen den Nichterlass des Mahnbescheids

Wird der Antrag auf Erlass eines Mahnbescheids zurückgewiesen, so findet dagegen nach § 691 Abs. 3 ZPO i.V.m. § 567 Abs. 1 Nr. 2 ZPO die sofortige Beschwerde statt. Dieses Beschwerdeverfahren ist nach § 18 Abs. 1 Nr. 3 RVG eine selbstständige Angelegenheit, in der der Anwalt die Gebühren nach den Nrn. 3500 ff. VV erhält. 15

c) Erinnerung gegen den Nichterlass des Mahnbescheids

Wird der Antrag auf Erlass des Mahnbescheids aus anderen Gründen als denen des § 691 Abs. 3 S. 1 ZPO zurückgewiesen, ist die Erinnerung gegeben, die nach § 18 Abs. 1 Nr. 3 RVG ebenfalls eine gesonderte Gebührenangelegenheit darstellt, da sie sich gegen eine Entscheidung des Rechtspflegers richtet. Es entstehen auch hier die Gebühren nach den Nrn. 3500 ff. VV. 16

d) Verfahren über den Antrag auf Erlass des Vollstreckungsbescheids

Im Verfahren über den Antrag auf Erlass eines **Vollstreckungsbescheids** erhält der Anwalt des Antragstellers – in Abweichung zu § 15 Abs. 2 RVG – eine weitere 0,5-Verfahrensgebühr nach Nr. 3308 VV, und zwar unbeschadet des § 15 Abs. 3 RVG. 17

Eine Gebührenerhöhung nach Nr. 1008 VV bei **mehreren Auftraggebern** kommt zwar auch hier in Betracht, allerdings nur, wenn der Anwalt nicht schon die erhöhte Gebühr nach Nrn. 3305, 1008 VV erhalten hat. Beide Erhöhungen können nicht nebeneinander eintreten (Anm. S. 2 zu Nr. 3308 VV). 18

---

5 OLG Nürnberg AGS 2006, 594 m. Anm. *Schons* = JurBüro 2007, 21 m. Anm. *Enders* = NJW-RR 2007, 791 = OLGR 2007, 468; OLG Brandenburg AGS 2007, 560 = Rpfleger 2007, 508 = JurBüro 2007, 523 = OLGR 2007, 979 = NJ 2007, 229 = RVGreport 2007, 226; LG Regensburg JurBüro 2006, 420; siehe ausführlich *Hansens*, RVGreport 2005, 83.
6 Eingefügt zum 31.12.2006 durch das 2. JuMoG.
7 So schon zur BRAGO: OLG München AGS 2001, 51 = AnwBl. 2000, 698 = BRAGOreport 2000, 26 (Hansens) = JurBüro 2000, 469 = MDR 2000, 785 = NJW-RR 2000, 1721 = OLGR 2000, 200 = Rpfleger 2000, 516 = KostRsp. BRAGO § 43 Nr. 58; *N. Schneider*, AGS 2003, 240; AnwK-RVG/*Mock*, Nr. Vorbem. 3.3.2, 3305–3306 VV Rn 41 f.

e) Sofortige Beschwerde gegen den Nichterlass des Vollstreckungsbescheids

19 Lehnt der Rechtspfleger den Erlass des Vollstreckungsbescheids ab, ist hiergegen gem. § 11 Abs. 1 RpflG i.V.m. § 567 Abs. 1 ZPO die **sofortige Beschwerde** gegeben.[8] Wird der Anwalt in diesem Beschwerdeverfahren beauftragt, handelt es sich um eine **besondere Angelegenheit** (§ 18 Abs. 1 Nr. 3 RVG). Er erhält dann eine gesonderte Vergütung nach Nr. 3500 VV.

20 Gleiches gilt, wenn der Antrag nur hinsichtlich der Kosten (teilweise) abgelehnt worden ist. Gegen die Absetzung steht dem Antragsteller wiederum gem. § 104 Abs. 3 ZPO, § 11 Abs. 1 RpflG i.V.m. § 567 Abs. 1 ZPO die **sofortige Beschwerde** zu, sofern der Wert des Beschwerdegegenstands 20,00 EUR übersteigt (§ 567 Abs. 2 ZPO).[9] Der Anwalt erhält auch hier eine gesonderte Vergütung nach Nrn. 3500 ff. VV, und zwar aus dem Wert der abgesetzten Kosten.

f) Erinnerung gegen den Nichterlass des Vollstreckungsbescheids hinsichtlich der Kosten

21 Soweit der Antrag auf Erlass des Vollstreckungsbescheids nur hinsichtlich der Kosten abgelehnt worden ist und der Wert des Beschwerdegegenstands den Betrag i.H.v. 200,00 EUR nicht übersteigt, kommt nur die Erinnerung (§ 11 Abs. 2 RPflG) in Betracht.[10] Auch diese ist eine eigene Angelegenheit (§ 18 Abs. 1 Nr. 3 RVG), die nach den Nrn. 3500 ff. VV zu vergüten ist.

g) Verfahren über eine Kostenentscheidung nach Rücknahme des Mahnantrags

22 Wird der Mahnbescheid zurückgenommen, so hat der Antragsteller in entsprechender Anwendung des § 269 Abs. 3 S. 1 ZPO die Kosten des Mahnverfahrens zu tragen, soweit kein Fall des § 269 Abs. 3 S. 2 oder S. 3 ZPO gegeben ist. Soweit die Kostenentscheidung vom Streitgericht zu treffen ist, beginnt das streitige Verfahren bereits mit dem Antrag auf Kostenentscheidung, so dass insoweit die Gebühren nach den Nrn. 3100 ff. VV ausgelöst werden (siehe unten Rn 122 ff.).

2. Verfahren über den Antrag auf Erlass des Mahnbescheids

a) Mahnverfahrensgebühr

aa) Volle Verfahrensgebühr (Nr. 3305 VV)

23 Für seine Tätigkeit im Verfahren auf Erlass eines Mahnbescheids erhält der Anwalt des Antragstellers eine 1,0-Verfahrensgebühr nach Nr. 3305 VV, sobald er einen verfahrenseinleitenden Antrag (also i.d.R. den Mahnantrag) oder einen Schriftsatz, der Sachanträge, Sachvortrag oder die Zurücknahme des Antrags enthält, eingereicht hat (arg. e Nr. 3306 VV). Mit dieser zum 31.12.2006 erweiterten Fassung der Nr. 3306 VV soll klargestellt werden, dass die volle 1,0-Verfahrensgebühr der Nr. 3305 VV nur dann anfallen soll, wenn der Anwalt ein Mindestmaß an Tätigkeiten entwickelt.

---

[8] Zöller/*Vollkommer*, § 699 ZPO Rn 18.
[9] KG KGR 2001, 70; OLG Stuttgart OLGR 2004, 181; *Zimmermann*, § 699 ZPO Rn 8; Zöller/*Vollkommer*, § 699 ZPO Rn 18.
[10] *Zimmermann*, § 699 ZPO Rn 8.

II. Vertretung des Antragstellers § 11

Beispiel 1 | **Mahnverfahren**

Der Anwalt erwirkt für den Mandanten einen Mahnbescheid über **10.000,00 EUR**.

Angefallen ist nur die 1,0-Verfahrensgebühr nach Nr. 3305 VV.

1. 1,0-Verfahrensgebühr, Nr. 3305 VV (Wert: 10.000,00 EUR)		558,00 EUR
2. Postentgeltpauschale, Nr. 7002 VV		20,00 EUR
Zwischensumme	578,00 EUR	
3. 19 % Umsatzsteuer, Nr. 7008 VV		109,82 EUR
Gesamt		**687,82 EUR**

Bei Vertretung **mehrerer Auftraggeber** erhöht sich die Mahnverfahrensgebühr der Nr. 3305 VV gem. Nr. 1008 VV um 0,3 je weiteren Auftraggeber, sofern der **Gegenstand der anwaltlichen Tätigkeit derselbe** ist. 24

Beispiel 2 | **Mahnverfahren, mehrere Auftraggeber, derselbe Gegenstand**

Der Anwalt erwirkt für zwei Mandanten als Gesamtgläubiger einen Mahnbescheid über **10.000,00 EUR**.

Die Verfahrensgebühr erhöht sich nach Nr. 1008 VV auf 1,3.

1. 1,3-Verfahrensgebühr, Nrn. 3305, 1008 VV (Wert: 10.000,00 EUR)		725,40 EUR
2. Postentgeltpauschale, Nr. 7002 VV		20,00 EUR
Zwischensumme	745,40 EUR	
3. 19 % Umsatzsteuer, Nr. 7008 VV		141,63 EUR
Gesamt		**887,03 EUR**

Ist der **Gegenstand der anwaltlichen Tätigkeit nicht derselbe**, werden die Werte der einzelnen Ansprüche addiert (§ 23 Abs. 1 S. 1 RVG i.V.m. § 39 Abs. 1 GKG). Abzurechnen ist dann lediglich eine 1,0-Gebühr aus dem Gesamtwert. 25

Beispiel 3 | **Mahnverfahren, mehrere Auftraggeber, verschiedene Gegenstände**

Der Anwalt erwirkt für zwei Auftraggeber in einem Verfahren einen Mahnbescheid über **jeweils 3.000,00 EUR**.

Es entsteht lediglich die Gebühr nach Nr. 3305 VV, die sich nicht erhöht. Dafür werden die Werte der einzelnen Forderungen addiert (§ 23 Abs. 1 S. 1 RVG i.V.m. § 39 Abs. 1 GKG), so dass sich ein Gegenstandswert i.H.v. 6.000,00 EUR ergibt.

1. 1,0-Verfahrensgebühr, Nr. 3305 VV (Wert: 6.000,00 EUR)		354,00 EUR
2. Postentgeltpauschale, Nr. 7002 VV		20,00 EUR
Zwischensumme	374,00 EUR	
3. 19 % Umsatzsteuer, Nr. 7008 VV		71,06 EUR
Gesamt		**445,06 EUR**

Für den Anfall der vollen Gebühr nach Nr. 3305 VV ist nicht erforderlich, dass der Anwalt den Antrag auf Erlass des Mahnbescheids selbst gestellt hat. Auch wenn der Auftraggeber den Antrag bereits selbst gestellt hat oder durch einen anderer Anwalt hat stellen lassen und der neue 26

Anwalt erst später beauftragt wird, kann dieser noch eine volle Gebühr verdienen, wenn er einen Schriftsatz, der Sachanträge, Sachvortrag oder die Zurücknahme des Antrags enthält, einreicht.

> **Beispiel 4** **Rücknahme des Mahnantrags**
>
> **Der Antragsteller hatte selbst einen Mahnbescheid in Höhe von 3.000,00 EUR beantragt, der auch erlassen worden ist. Der Gegner legt Widerspruch ein und droht an, die Durchführung des streitigen Verfahrens zu beantragen. Nunmehr beauftragt der Antragsteller einen Anwalt, der zur Rücknahme des Mahnbescheidsantrags rät und diesen dann auch auftragsgemäß zurücknimmt.**
>
> Der Anwalt hat einen Schriftsatz mit der Rücknahmeerklärung eingereicht. Es ist daher die volle 1,0-Verfahrensgebühr nach Nr. 3305 VV angefallen (arg. e Nr. 3306 VV).
>
> | | | |
> |---|---|---|
> | 1. | 1,0-Verfahrensgebühr, Nr. 3305 VV (Wert: 3.000,00 EUR) | 201,00 EUR |
> | 2. | Postentgeltpauschale, Nr. 7002 VV | 20,00 EUR |
> | | Zwischensumme | 221,00 EUR |
> | 3. | 19 % Umsatzsteuer, Nr. 7008 VV | 41,99 EUR |
> | | **Gesamt** | **262,99 EUR** |

> **Beispiel 5** **Beantwortung einer Monierung**
>
> **Der Antragsteller hatte selbst einen Mahnbescheid in Höhe von 3.000,00 EUR beantragt, der jedoch nicht erlassen worden ist. Das Gericht hat vielmehr eine Monierung zurückgeschickt, da der Antragsgegner nicht richtig bezeichnet worden war. Nunmehr beauftragt der Antragsteller einen Anwalt, der die Monierung beantwortet. Daraufhin ergeht der Mahnbescheid.**
>
> Der Anwalt hat einen Schriftsatz mit Sachantrag und Sachvortrag eingereicht, so dass er die volle 1,0-Verfahrensgebühr nach Nr. 3305 VV verdient hat.
>
> Zu rechnen ist wie im vorangegangenen Beispiel 4.

bb) Ermäßigte Verfahrensgebühr (Nr. 3306 VV)

27 Erledigt sich der Auftrag, bevor der Anwalt einen verfahrenseinleitenden Antrag (also i.d.R. den Mahnantrag) oder einen Schriftsatz, der Sachanträge, Sachvortrag oder die Zurücknahme des Antrags enthält, einreicht, ermäßigt sich die Verfahrensgebühr der Nr. 3305 VV auf 0,5 (Nr. 3306 VV).

> **Beispiel 6** **Mahnverfahren, Erledigung vor Antragstellung**
>
> **Der Anwalt ist beauftragt, einen Mahnbescheid über 4.000,00 EUR zu beantragen. Vor Antragstellung zahlt der Schuldner. Zur Einreichung des Mahnbescheidantrags kommt es nicht mehr.**
>
> Es entsteht nur die ermäßigte 0,5-Verfahrensgebühr nach Nrn. 3305, 3306 VV.

1. 0,5-Verfahrensgebühr, Nrn. 3305, 3306 VV		126,00 EUR
(Wert: 4.000,00 EUR)		
2. Postentgeltpauschale, Nr. 7002 VV		20,00 EUR
Zwischensumme	146,00 EUR	
3. 19 % Umsatzsteuer, Nr. 7008 VV		27,74 EUR
Gesamt		**173,74 EUR**

Auch diese Gebühr erhöht sich bei gemeinschaftlicher Vertretung **mehrerer Auftraggeber** wiederum nach Nr. 1008 VV um jeweils 0,3.   28

Beispiel 7 | **Mahnverfahren, Erledigung vor Antragstellung, mehrere Auftraggeber**

Der Anwalt ist beauftragt, für drei Gesamtgläubiger einen Mahnbescheid über 4.000,00 EUR zu beantragen. Vor Antragstellung zahlt der Schuldner. Zur Einreichung des Mahnbescheidantrags kommt es nicht mehr.

Die Verfahrensgebühr der Nr. 3305 VV entsteht wiederum nur in reduzierter Höhe nach Nr. 3306 VV, die sich jetzt aber nach Nr. 1008 VV um zweimal 0,3 auf 1,1 erhöht.

1. 1,1-Verfahrensgebühr, Nrn. 3305, 3306, 1008 VV		277,20 EUR
(Wert: 4.000,00 EUR)		
2. Postentgeltpauschale, Nr. 7002 VV		20,00 EUR
Zwischensumme	297,20 EUR	
3. 19 % Umsatzsteuer, Nr. 7008 VV		56,47 EUR
Gesamt		**353,67 EUR**

Eine Ermäßigung nach Nr. 3306 VV tritt nicht nur dann ein, wenn es nicht zur Einreichung des   29
Antrags auf Erlass des Mahnbescheids kommt, sondern auch dann, wenn es zum Mahnverfahren kommt, der Anwalt dort aber weder einen verfahrenseinleitenden Antrag oder einen Schriftsatz, der Sachanträge, Sachvortrag oder die Zurücknahme des Antrags enthält, einreicht. Das sind die Fälle, in denen der Auftraggeber selbst oder ein anderer Anwalt den Antrag auf Erlass eines Mahnbescheids bereits gestellt hatte und der Anwalt erst später beauftragt wird, aber keinen Schriftsatz mit Sachanträgen, Sachvortrag oder die Antragsrücknahme mehr einreicht.

Beispiel 8 | **Abraten von weiterer Tätigkeit**

Der Antragsteller hatte selbst einen Mahnbescheid in Höhe von 3.000,00 EUR erwirkt. Der Gegner schreibt zurück, ohne Widerspruch einzulegen, und weist darauf hin, dass die geltend gemachte Forderung noch gar nicht fällig sei. Der Antragsteller beauftragt nun einen Anwalt, der empfiehlt, zunächst nichts Weiteres zu veranlassen. Nach Eintritt der Fälligkeit bezahlt der Schuldner die Forderung, so dass sich die Sache damit erledigt.

Es ist nur die 0,5-Verfahrensgebühr nach Nrn. 3305, 3306 VV angefallen.

1. 0,5-Verfahrensgebühr, Nrn. 3305, 3306 VV		100,50 EUR
(Wert: 3.000,00 EUR)		
2. Postentgeltpauschale, Nr. 7002 VV		20,00 EUR
Zwischensumme	120,50 EUR	
3. 19 % Umsatzsteuer, Nr. 7008 VV		22,90 EUR
Gesamt		**143,40 EUR**

cc) Volle und ermäßigte Verfahrensgebühr (Nrn. 3305, 3306 VV)

30 Möglich ist auch, dass die Verfahrensgebühr der Nr. 3305 VV sowohl in voller Höhe als auch in ermäßigter Höhe anfällt. Das ist z.B. bei einer nur **teilweisen vorzeitigen Erledigung** der Fall. Es entsteht dann die Gebühr der Nr. 3305 VV zu unterschiedlichen Teilen: eine 1,0-Verfahrensgebühr (Nr. 3305 VV) aus dem Wert, nach dem der Mahnantrag oder ein Schriftsatz, der Sachanträge, Sachvortrag oder die Zurücknahme des Antrags enthält, eingereicht worden ist und eine 0,5-Verfahrengebühr aus dem Wert der vorzeitigen Erledigung (Nr. 3306 VV). Anschließend ist § 15 Abs. 3 RVG zu beachten. Die Summe aus der 1,0-Gebühr nach Nr. 3305 VV und der 0,5-Gebühr aus Nrn. 3305, 3306 VV darf eine 1,0-Gebühr aus dem Gesamtwert (§ 23 Abs. 1 S. 1 RVG i.V.m. § 39 Abs. 1 GKG) nicht übersteigen.

> **Beispiel 9** Mahnverfahren, teilweise Erledigung vor Antragstellung, ohne Begrenzung nach § 15 Abs. 3 RVG

Der Anwalt ist beauftragt, einen Mahnbescheid über 10.000,00 EUR zu beantragen. Vor Antragstellung zahlt der Schuldner 4.000,00 EUR. Der Mahnbescheid wird nur noch wegen der restlichen 6.000,00 EUR beantragt.

1. 1,0-Verfahrensgebühr, Nr. 3305 VV   354,00 EUR
   (Wert: 6.000,00 EUR)
2. 0,5-Verfahrensgebühr, Nrn. 3305, 3306 VV   126,00 EUR
   (Wert: 4.000,00 EUR)
   Die Höchstgrenze gem. § 15 Abs. 3 RVG, 1,0 aus
   10.000,00 EUR (558,00 EUR), ist nicht erreicht.
3. Postentgeltpauschale, Nr. 7002 VV   20,00 EUR
   Zwischensumme   500,00 EUR
4. 19 % Umsatzsteuer, Nr. 7008 VV   95,00 EUR
   Gesamt   **595,00 EUR**

> **Beispiel 10** Mahnverfahren, teilweise Erledigung vor Antragstellung mit Begrenzung nach § 15 Abs. 3 RVG

Der Anwalt ist beauftragt, einen Mahnbescheid über 13.000,00 EUR zu beantragen. Vor Antragstellung zahlt der Schuldner 4.000,00 EUR. Der Mahnbescheid wird nur wegen der restlichen 9.000,00 EUR beantragt.

Es entstehen wiederum zwei Teilgebühren zu 1,0 (Nr. 3305 VV) und zu 0,5 (Nr. 3306 VV). Zu beachten ist jetzt aber die Kürzung nach § 15 Abs. 3 RVG.

1. 1,0-Verfahrensgebühr, Nr. 3305 VV   507,00 EUR
   (Wert: 9.000,00 EUR)
2. 0,5-Verfahrensgebühr, Nrn. 3305, 3306 VV   126,00 EUR
   (Wert: 4.000,00 EUR)
   gem. § 15 Abs. 3 RVG nicht mehr als
   1,0 aus 13.000,00 EUR   604,00 EUR
3. Postentgeltpauschale, Nr. 7002 VV   20,00 EUR
   Zwischensumme   624,00 EUR
4. 19 % Umsatzsteuer, Nr. 7008 VV   118,56 EUR
   Gesamt   **742,56 EUR**

31 Die volle und die ermäßigte Gebühr können auch trotz Erlass des uneingeschränkten Mahnbescheids entstehen, wenn der Anwalt erst später beauftragt wird.

II. Vertretung des Antragstellers § 11

Beispiel 11 | **Beantwortung einer Teilmonierung**

Der Antragsteller hatte selbst einen Mahnbescheid in Höhe von 3.000,00 EUR beantragt, der jedoch nicht erlassen worden ist. Das Gericht hat vielmehr eine Monierung zurückgeschickt, da eine Nebenforderung (Wert: 100,00 EUR) nicht richtig angegeben worden ist. Nunmehr beauftragt der Antragsteller den Anwalt, der die Monierung beantwortet. Daraufhin ergeht der Mahnbescheid.

Der Anwalt hat einen Schriftsatz mit Sachantrag und Sachvortrag nur hinsichtlich der Nebenforderung eingereicht, so dass nur insoweit die volle 1,0-Verfahrensgebühr nach Nr. 3305 VV entstanden ist, also aus 100,00 EUR (§ 43 Abs. 2 GKG). Im Übrigen bleibt es bei der 0,5-Verfahrensgebühr.

Zu beachten ist jetzt § 15 Abs. 3 RVG. Insgesamt darf der Anwalt nicht mehr abrechnen als eine 1,0-Gebühr aus dem Gesamtwert. Der Gesamtwert wiederum beläuft sich auf 3.000,00 EUR, da neben der Hauptforderung der Wert der Nebenforderung nicht berücksichtigt wird (§ 23 Abs. 1 S. 1 RVG, § 43 Abs. 1 GKG).

1. 1,0-Verfahrensgebühr, Nr. 3305 VV (Wert: 100,00 EUR)		45,00 EUR
2. 0,5-Verfahrensgebühr, Nrn. 3305, 3306 VV (Wert: 3.000,00 EUR) die Höchstgrenze gem. § 15 Abs. 3 RVG, 1,0 aus 3.100,00 EUR (252,00 EUR), ist nicht erreicht.		100,50 EUR
3. Postentgeltpauschale, Nr. 7002 VV		20,00 EUR
Zwischensumme	165,50 EUR	
4. 19 % Umsatzsteuer, Nr. 7008 VV		31,45 EUR
Gesamt		**196,95 EUR**

Bei **mehreren Auftraggebern** ist ebenso zu rechnen. Hier sind allerdings sowohl die 1,0-Gebühr als auch die 0,5-Gebühr nach Nr. 1008 VV zu erhöhen. Bei der Begrenzung nach § 15 Abs. 3 RVG ist jetzt eine erhöhte Gebühr aus dem Gesamtwert (§ 23 Abs. 1 S. 1 RVG i.V.m. § 39 Abs. 1 GKG) als Maßstab zugrunde zu legen.

Beispiel 12 | **Mahnverfahren, teilweise Erledigung vor Antragstellung mit Begrenzung nach § 15 Abs. 3 RVG, mehrere Auftraggeber**

Der Anwalt wird von zwei Gesamtgläubigern beauftragt, einen Mahnbescheid über **10.000,00 EUR** zu beantragen. Vor Antragstellung zahlt der Schuldner **1.000,00 EUR**. Der Mahnbescheid wird nur wegen der restlichen **9.000,00 EUR** beantragt.

Vorzugehen ist wie im Beispiel 10. Allerdings sind jetzt sowohl die 1,0-Gebühr aus Nr. 3305 VV als auch die 0,5-Gebühr aus Nr. 3306 VV nach Nr. 1008 VV um 0,3 zu erhöhen. Bei der Kontrolle nach § 15 Abs. 3 RVG ist jetzt von einer 1,3-Gebühr aus dem Gesamtwert auszugehen.

1. 1,3-Verfahrensgebühr, Nrn. 3305, 1008 VV (Wert: 9.000,00 EUR)		659,10 EUR
2. 0,8-Verfahrensgebühr, Nrn. 3305, 3306, 1008 VV (Wert: 1.000,00 EUR) die Höchstgrenze gem. § 15 Abs. 3 RVG, 1,3 aus 10.000,00 EUR (725,40 EUR), ist nicht erreicht.		64,00 EUR
3. Postentgeltpauschale, Nr. 7002 VV		20,00 EUR
Zwischensumme	743,10 EUR	
4. 19 % Umsatzsteuer, Nr. 7008 VV		141,19 EUR
Gesamt		**884,29 EUR**

§ 11 Mahnverfahren

b) Mahnverfahren mit Terminsgebühr

33 Seit der Einfügung der Vorbem. 3.3.2 VV durch das Anhörungsrügengesetz[11] kann auch im Mahnverfahren eine **Terminsgebühr** entstehen. Da hier allerdings keine gerichtlichen Termine stattfinden, kann die Terminsgebühr nur unter den Voraussetzungen der Vorbem. 3 Abs. 3 S. 3 Nr. 2 VV entstehen, also wenn der Anwalt eine Besprechung mit dem Gegner oder einem Dritten zur Erledigung oder Vermeidung des Mahnverfahrens oder zur Vermeidung des nachfolgenden streitigen Verfahrens führt.[12] Dass es zu einer Einigung kommt, ist nicht erforderlich.[13]

34 Zur **Titulierung der Terminsgebühr** im Vollstreckungsbescheid siehe unten Beispiel 65.

Beispiel 13 | **Mahnverfahren mit Besprechung**

Der Anwalt erwirkt für den Mandanten einen Mahnbescheid über 10.000,00 EUR. Anschließend führt er mit dem Gegner telefonische Einigungsverhandlungen, die jedoch zu keinem Ergebnis führen. Daraufhin legt der Gegner Widerspruch ein.

Neben der Verfahrensgebühr nach Nr. 3305 VV entsteht jetzt auch eine **1,2-Terminsgebühr** nach Vorbem. 3.3.2, Nr. 3104 VV i.V.m. Vorbem. 3 Abs. 3 S. 3 Nr. 2 VV.

1.	1,0-Verfahrensgebühr, Nr. 3305 VV (Wert: 10.000,00 EUR)		558,00 EUR
2.	1,2-Terminsgebühr, Nr. 3104 VV (Wert: 10.000,00 EUR)		669,60 EUR
3.	Postentgeltpauschale, Nr. 7002 VV		20,00 EUR
	Zwischensumme	1.247,60 EUR	
4.	19 % Umsatzsteuer, Nr. 7008 VV		237,04 EUR
	Gesamt		**1.484,64 EUR**

35 Die Terminsgebühr kann nicht nur neben der vollen 1,0-Verfahrensgebühr entstehen, sondern auch neben einer 0,5-Verfahrensgebühr nach Nrn. 3305, 3306 VV. Ebenso wie im Rechtsstreit ist auch hier für die Terminsgebühr eine gerichtliche Anhängigkeit nicht erforderlich.[14]

Beispiel 14 | **Besprechung zur Vermeidung des Mahnverfahrens**

Der Anwalt wird beauftragt, einen Mahnbescheid über 3.000,00 EUR zu beantragen. Bevor es zur Einreichung des Mahnantrags kommt, findet eine Besprechung mit dem Gegner statt, der daraufhin anerkennt und zahlt, so dass es nicht mehr zur Einreichung des Mahnantrags kommt.

Es entsteht nur die 0,5-Verfahrensgebühr nach Nrn. 3305, 3306 VV, da der Anwalt keinen Antrag oder Schriftsatz eingereicht hat. Hinzu kommt allerdings eine Terminsgebühr nach Vorbem. 3.3.2 i.V.m. Nr. 3104, Vorbem. 3 Abs. 3 S. 3 Nr. 2 VV. Dass das Mahnverfahren noch nicht anhängig war, ist unerheblich (siehe § 13 Rn 170).

---

11 Gesetz über die Rechtsbehelfe bei Verletzung des Anspruchs auf rechtliches Gehör v. 9.12.2004, BGBl I S. 3220 – in Kraft getreten zum 1.1.2005.
12 OLG Nürnberg AGS 2006, 594 m. Anm. *Schons* = JurBüro 2007, 21 m. Anm. *Enders* = NJW-RR 2007, 791 = OLGR 2007, 468; OLG Brandenburg AGS 2007, 560 = Rpfleger 2007, 508 = JurBüro 2007, 523 = OLGR 2007, 979 = NJ 2007, 229 = RVGreport 2007, 226; LG Regensburg JurBüro 2006, 420; siehe auch ausführlich *Hansens*, RVGreport 2005, 83.
13 OLG Brandenburg AGS 2007, 560 = Rpfleger 2007, 508 = JurBüro 2007, 523 = OLGR 2007, 979 = NJ 2007, 229 = RVGreport 2007, 226.
14 BGH AGS 2007, 166 m. Anm. *Schons* = RVGreport 2007, 143 (siehe § 13 Rn 170).

1. 0,5-Verfahrensgebühr, Nrn. 3305, 3306 VV (Wert: 3.000,00 EUR)		100,50 EUR
2. 1,2-Terminsgebühr, Vorbem. 3.3.2 i.V.m. Nr. 3104 VV (Wert: 3.000,00 EUR)		241,20 EUR
3. Postentgeltpauschale, Nr. 7002 VV		20,00 EUR
Zwischensumme	361,70 EUR	
4. 19 % Umsatzsteuer, Nr. 7008 VV		68,72 EUR
Gesamt		**430,42 EUR**

> **Beispiel 15** — **Mahnverfahren, Besprechung mit dem Antragsgegner, die zur Vermeidung des Widerspruchs führt**

Der Antragsteller hatte selbst einen Mahnbescheid in Höhe von 3.000,00 EUR erwirkt. Anschließend wird der Anwalt beauftragt, der mit dem Gegner verhandelt und ihn davon überzeugt, keinen Widerspruch einzulegen, sondern anzuerkennen und zu zahlen.

Es entsteht nur die 0,5-Verfahrensgebühr nach Nrn. 3305, 3306 VV, da der Anwalt keinen Antrag oder Schriftsatz eingereicht hat. Hinzu kommt wiederum eine Terminsgebühr nach Vorbem. 3.3.2 i.V.m. Nr. 3104 und Vorbem. 3 Abs. 3 S. 3 Nr. 2 VV.

Abzurechnen ist wie im vorherigen Beispiel 14.

Das Gleiche gilt, wenn der Anwalt erst nach Einlegung des Widerspruchs beauftragt wird und dann die Rücknahme des Widerspruchs erreicht. **36**

> **Beispiel 16** — **Mahnverfahren, Besprechung mit dem Antragsgegner, die zur Rücknahme des Widerspruchs führt**

Der Antragsteller hatte selbst einen Mahnbescheid in Höhe von 3.000,00 EUR erwirkt. Anschließend wird der Anwalt beauftragt, der mit dem Gegner verhandelt und ihn davon überzeugt, den bereits eingelegten Widerspruch zurückzunehmen und zu zahlen.

Abzurechnen ist wie im Beispiel 14.

Werden Besprechungen über weitergehende Ansprüche geführt, ohne dass es zu einer Einigung kommt, entsteht die Terminsgebühr auch aus dem Mehrwert. Hinzu kommt auch eine 0,5-Verfahrensgebühr nach Nrn. 3305, 3306 VV, wobei § 15 Abs. 3 RVG zu beachten ist. **37**

> **Beispiel 17** — **Mahnverfahren, Besprechung mit dem Antragsgegner auch über weitergehende Ansprüche (keine Begrenzung nach § 15 Abs. 3 RVG)**

Der Anwalt hatte einen Mahnbescheid in Höhe von 3.000,00 EUR erwirkt. Anschließend verhandelt er mit dem Gegner unter Einbeziehung weiterer nicht anhängiger 2.000,00 EUR. Eine Einigung kommt nicht zustande.

Neben der 1,0-Verfahrensgebühr aus dem Wert des Mahnverfahrens (3.000,00 EUR) entsteht aus dem Mehrwert der 2.000,00 EUR eine 0,5-Verfahrensgebühr nach Nrn. 3305, 3306 VV. Die Begrenzung nach § 15 Abs. 3 RVG greift nicht. Die Terminsgebühr entsteht aus dem Gesamtwert.[15]

---

15 Zur Abrechnung, wenn es dann auch noch zu einer Einigung kommt, siehe Beispiel 20.

1. 1,0-Verfahrensgebühr, Nr. 3305 VV (Wert: 3.000,00 EUR)	201,00 EUR
2. 0,5-Verfahrensgebühr, Nrn. 3305, 3306 VV (Wert: 2.000,00 EUR) die Höchstgrenze gem. § 15 Abs. 3 RVG, 1,0 aus 5.000,00 EUR (303,00 EUR), ist nicht erreicht.	75,00 EUR
3. 1,2-Terminsgebühr, Vorbem. 3.3.2 i.V.m. Nr. 3104 VV (Wert: 5.000,00 EUR)	363,60 EUR
4. Postentgeltpauschale, Nr. 7002 VV	20,00 EUR
Zwischensumme	659,60 EUR
5. 19 % Umsatzsteuer, Nr. 7008 VV	125,32 EUR
Gesamt	**784,92 EUR**

Beispiel 18	**Mahnverfahren, Besprechung mit dem Antragsgegner auch über weitergehende Ansprüche (Begrenzung nach § 15 Abs. 3 RVG)**

Der Anwalt hatte einen Mahnbescheid in Höhe von 9.000,00 EUR erwirkt. Anschließend verhandelt er mit dem Gegner unter Einbeziehung weiterer nicht anhängiger 1.000,00 EUR. Eine Einigung kommt nicht zustande.

Neben der 1,0-Verfahrensgebühr aus dem Wert des Mahnverfahrens (9.000,00 EUR) entsteht unter Beachtung des § 15 Abs. 3 RVG aus dem Mehrwert der 1.000,00 EUR eine 0,5-Verfahrensgebühr nach Nrn. 3305, 3306 VV. Die Terminsgebühr entsteht aus dem Gesamtwert.

1. 1,0-Verfahrensgebühr, Nr. 3305 VV (Wert: 9.000,00 EUR)		507,00 EUR
2. 0,5-Verfahrensgebühr, Nrn. 3305, 3306 VV (Wert: 1.000,00 EUR) die Höchstgrenze gem. § 15 Abs. 3 RVG, 1,0 aus 10.000,00 EUR (558,00 EUR), ist nicht erreicht.		40,00 EUR
3. 1,2-Terminsgebühr, Vorbem. 3.3.2 i.V.m. Nr. 3104 VV (Wert: 10.000,00 EUR)		669,60 EUR
4. Postentgeltpauschale, Nr. 7002 VV		20,00 EUR
Zwischensumme	1.236,60 EUR	
5. 19 % Umsatzsteuer, Nr. 7008 VV		234,95 EUR
Gesamt		**1.471,55 EUR**

c) Mahnverfahren mit Einigungsgebühr

38 Neben der Mahnverfahrensgebühr kann auch eine Einigungsgebühr (Nr. 1000 VV) anfallen. Die Einigungsgebühr ist eine allgemeine Gebühr, die neben allen anderen Gebühren entstehen kann (Vorbem. 1 VV).

39 Da die Forderung mit Einreichung des Mahnantrags anhängig wird, beläuft sich die Höhe der Einigungsgebühr nach Nr. 1003 VV auf 1,0, soweit eine Einigung über die im Mahnverfahren geltend gemachte(n) Forderung(en) getroffen wird (zu einer Einigung mit Mehrwert siehe Rn 40 ff.).

Beispiel 19	**Mahnverfahren mit Einigung über die anhängige Forderung**

Der Anwalt erwirkt für den Mandanten einen Mahnbescheid über 10.000,00 EUR. Anschließend unterbreitet der Gegenanwalt ein schriftliches Vergleichsangebot, das angenommen wird.

II. Vertretung des Antragstellers § 11

Neben der 1,0-Verfahrensgebühr nach Nr. 3305 VV kommt eine **1,0-Einigungsgebühr** nach Nr. 1000 VV hinzu. Da das Mahnverfahren bereits zur Anhängigkeit führt, entsteht die Gebühr nur zu 1,0 (Nr. 1003 VV).

Eine Terminsgebühr fällt nicht an. Zwar kann die Terminsgebühr der Nr. 3104 VV auch dann entstehen, wenn die Parteien einen schriftlichen Vergleich schließen (Anm. Abs. 1 zu Nr. 3104 VV). Voraussetzung dafür ist aber, dass es sich um ein Verfahren handelt, in dem die mündliche Verhandlung vorgeschrieben ist. Daran fehlt es hier.

1. 1,0-Verfahrensgebühr, Nr. 3305 VV   558,00 EUR
(Wert: 10.000,00 EUR)
2. 1,0-Einigungsgebühr, Nrn. 1000, 1003 VV   558,00 EUR
(Wert: 10.000,00 EUR)
3. Postentgeltpauschale, Nr. 7002 VV   20,00 EUR
Zwischensumme   1.136,00 EUR
4. 19 % Umsatzsteuer, Nr. 7008 VV   215,84 EUR
Gesamt   **1.351,84 EUR**

Einigen sich die Parteien auch über weitergehende nicht im Mahnverfahren anhängige Gegenstände, entstehen weitere Gebühren.   40

- Auch für die weitergehende Einigung entsteht eine **Einigungsgebühr**. Deren Höhe hängt davon ab, ob
- Gegenstände mit einbezogen werden, die nicht anhängig sind; dann entsteht insoweit eine 1,5-Einigungsgebühr (Nr. 1000 VV), gegebenenfalls mit der Begrenzung nach § 15 Abs. 3 RVG,
- Gegenstände mit einbezogen werden, die anderweitig erstinstanzlich anhängig sind; dann entsteht insgesamt nur eine 1,0-Einigungsgebühr (Nr. 1003 VV) aus dem Gesamtwert (§ 23 Abs. 1 S. 1 RVG i.V.m. § 39 Abs. 1 GKG),
- Gegenstände mit einbezogen werden, die anderweitig in einem Berufungs- oder Revisionsverfahren oder einem der in den Vorbem. 3.2.1 oder 3.2.2 VV genannten Beschwerde- und Rechtsbeschwerdeverfahren anhängig sind; dann entsteht insoweit eine 1,3-Einigungsgebühr (Nr. 1004 VV), wiederum gegebenenfalls mit der Begrenzung nach § 15 Abs. 3 RVG.
- Hinzu kommt aus dem Mehrwert auch eine **Verfahrensgebühr** aus dem Wert der im Mahnverfahren nicht anhängigen Ansprüche, unabhängig davon, ob diese anderweitig anhängig sind oder nicht. Allerdings ist diese Gebühr im Vergütungsverzeichnis nicht ausdrücklich geregelt. Dem Wortlaut nach würde also insoweit die volle 1,0-Verfahrensgebühr nach Nr. 3305 VV anfallen. Das kann vom Ergebnis her jedoch nicht richtig sein. Der Anwalt kann im Mahnverfahren, in dem nur geringere Verfahrensgebühren als im Rechtsstreit anfallen (1,3 nach Nr. 3100 VV), nicht höhere Verfahrensgebühren erhalten als im Rechtsstreit (0,8 nach Nr. 3101 Nr. 2 VV). Daher ist vergleichbar der Nr. 3101 Nr. 1 VV die Nr. 3306 VV analog anzuwenden, so dass aus dem Mehrwert der Einigung die Verfahrensgebühr der Nr. 3305 VV gem. Nr. 3306 VV nur zu 0,5 abzurechnen ist, allerdings gegebenenfalls wiederum unter Beachtung des § 15 Abs. 3 RVG.
- Zur möglichen **Terminsgebühr** siehe Rn 33 ff.

Beispiel 20	Mahnverfahren mit Einigung auch über weitergehende nicht anhängige Gegenstände

Der Anwalt erwirkt für den Mandanten einen Mahnbescheid über 10.000,00 EUR. Anschließend unterbreitet der Gegenanwalt ein schriftliches Vergleichsangebot, das auch weitere nicht anhängige 5.000,00 EUR beinhaltet. Das Vergleichsangebot wird angenommen.

Die gesamten 15.000,00 EUR sind bei der Verfahrensgebühr zu berücksichtigen, da der Anwalt insoweit das Geschäft betrieben hat (Vorbem. 3 Abs. 2 VV). Da der Anwalt aber nur in Höhe von 10.000,00 EUR die Voraussetzungen einer vollen 1,0-Verfahrensgebühr erfüllt hat (Stellung des Mahnantrags), verbleibt es für die weiteren 5.000,00 EUR bei der ermäßigten Verfahrensgebühr nach Nrn. 3305, 3306 VV.[16]

Für die Einigung entsteht eine 1,0-Einigungsgebühr (Nrn. 1000, 1003 VV) aus dem Wert der anhängigen 10.000,00 EUR und eine 1,5-Einigungsgebühr (Nr. 1000 VV) aus dem Mehrwert der 5.000,00 EUR. Zu beachten ist § 15 Abs. 3 RVG; der Anwalt erhält nicht mehr als 1,5 aus 15.000,00 EUR.

1.	1,0-Verfahrensgebühr, Nr. 3305 VV (Wert: 10.000,00 EUR)	558,00 EUR
2.	0,5-Verfahrensgebühr, Nrn. 3305, 3306 VV (Wert: 5.000,00 EUR)	151,50 EUR
	gem. § 15 Abs. 3 RVG nicht mehr als 1,0 aus 15.000,00 EUR	650,00 EUR
3.	1,0-Einigungsgebühr, Nrn. 1000, 1003 VV (Wert: 10.000,00 EUR)	558,00 EUR
4.	1,5-Einigungsgebühr, Nr. 1000 VV (Wert: 5.000,00 EUR)	454,50 EUR
	gem. § 15 Abs. 3 RVG nicht mehr als 1,5 aus 15.000,00 EUR	975,00 EUR
5.	Postentgeltpauschale, Nr. 7002 VV	20,00 EUR
	Zwischensumme	1.645,00 EUR
6.	19 % Umsatzsteuer, Nr. 7008 VV	312,55 EUR
Gesamt		**1.957,55 EUR**

> **Beispiel 21** — **Mahnverfahren mit Einigung auch über weitergehende erstinstanzlich anhängige Gegenstände**

Der Anwalt erwirkt für den Mandanten einen Mahnbescheid über 10.000,00 EUR. Anschließend unterbreitet der Gegenanwalt ein schriftliches Vergleichsangebot, das auch weitere 5.000,00 EUR beinhaltet, die in einem erstinstanzlichen Verfahren anhängig sind. Das Vergleichsangebot wird angenommen.

Hinsichtlich der Verfahrensgebühr gilt das Gleiche wie im vorangegangenen Fall. Für die Einigung entsteht insgesamt eine 1,0-Einigungsgebühr (Nrn. 1000, 1003 VV) aus dem Gesamtwert der 15.000,00 EUR, da die gesamten 15.000,00 EUR erstinstanzlich anhängig sind.

1.	1,0-Verfahrensgebühr, Nr. 3305 VV (Wert: 10.000,00 EUR)	558,00 EUR
2.	0,5-Verfahrensgebühr, Nrn. 3305, 3306 VV (Wert: 5.000,00 EUR)	151,50 EUR
	gem. § 15 Abs. 3 RVG nicht mehr als 1,0 aus 15.000,00 EUR	650,00 EUR
3.	1,0-Einigungsgebühr, Nrn. 1000, 1003 VV (Wert: 15.000,00 EUR)	650,00 EUR
4.	Postentgeltpauschale, Nr. 7002 VV	20,00 EUR
	Zwischensumme	1.320,00 EUR
5.	19 % Umsatzsteuer, Nr. 7008 VV	250,80 EUR
Gesamt		**1.570,80 EUR**

---

16 Siehe Rn 30.

II. Vertretung des Antragstellers § 11

Beispiel 22 | **Mahnverfahren mit Einigung auch über weitergehende im Berufungsverfahren anhängige Gegenstände**

Der Anwalt erwirkt für den Mandanten einen Mahnbescheid über 10.000,00 EUR. Anschließend unterbreitet der Gegenanwalt ein schriftliches Vergleichsangebot, das auch weitere 5.000,00 EUR beinhaltet, die in einem Berufungsverfahren anhängig sind. Das Vergleichsangebot wird angenommen.

Hinsichtlich der Verfahrensgebühr gilt das Gleiche wie im vorangegangenen Fall. Für die Einigung entsteht eine 1,0-Einigungsgebühr (Nrn. 1000, 1003 VV) aus dem Wert der anhängigen 10.000,00 EUR und eine 1,3-Einigungsgebühr (Nrn. 1000, 1004 VV) aus dem Mehrwert der 5.000,00 EUR. Zu beachten ist § 15 Abs. 3 RVG; der Anwalt erhält nicht mehr als 1,3 aus 15.000,00 EUR.

1. 1,0-Verfahrensgebühr, Nr. 3305 VV 558,00 EUR
   (Wert: 10.000,00 EUR)
2. 0,5-Verfahrensgebühr, Nrn. 3305, 3306 VV 151,50 EUR
   (Wert: 5.000,00 EUR)
   gem. § 15 Abs. 3 RVG nicht mehr als 650,00 EUR
   1,0 aus 15.000,00 EUR
3. 1,0-Einigungsgebühr, Nrn. 1000, 1003 VV 558,00 EUR
   (Wert: 10.000,00 EUR)
4. 1,3-Einigungsgebühr, Nr. 1000 VV 393,90 EUR
   (Wert: 5.000,00 EUR)
   gem. § 15 Abs. 3 RVG nicht mehr als 845,00 EUR
   1,3 aus 15.000,00 EUR
5. Postgeltpauschale, Nr. 7002 VV 20,00 EUR
   Zwischensumme 1.515,00 EUR
6. 19 % Umsatzsteuer, Nr. 7008 VV 287,85 EUR
   Gesamt **1.802,85 EUR**

Kommt es zu einer Einigung, bevor der Antrag auf Erlass des Mahnbescheids gestellt worden ist, entsteht die Einigungsgebühr nach Nr. 1000 VV zu 1,5; dafür entsteht aber die Verfahrensgebühr nach Nr. 3306 VV nur zu 0,5.

41

Beispiel 23 | **Einigung vor Einreichung des Antrags auf Erlass des Mahnbescheids**

Der Anwalt erhält den Auftrag für den Mandanten einen Mahnbescheid über 10.000,00 EUR zu beantragen. Bevor der Antrag eingereicht wird, unterbreitet der Gegenanwalt ein schriftliches Vergleichsangebot, das angenommen wird.

Jetzt entsteht die Verfahrensgebühr der Nr. 3305 VV gem. Nr. 3306 VV nur zu 0,5. Dafür entsteht die Einigungsgebühr mangels Anhängigkeit in Höhe von 1,5 (Nr. 1000 VV).

1. 0,5-Verfahrensgebühr, Nrn. 3305, 3306 VV 279,00 EUR
   (Wert: 10.000,00 EUR)
2. 1,5-Einigungsgebühr, Nrn. 1000, 1003 VV 837,00 EUR
   (Wert: 10.000,00 EUR)
3. Postgeltpauschale, Nr. 7002 VV 20,00 EUR
   Zwischensumme 1.136,00 EUR
4. 19 % Umsatzsteuer, Nr. 7008 VV 215,84 EUR
   Gesamt **1.351,84 EUR**

d) Mahnverfahren mit Termins- und Einigungsgebühr

42 Kommt die Einigung aufgrund einer Besprechung zustande, entstehen sowohl Einigungs- als auch Terminsgebühr.

> **Beispiel 24** | **Mahnverfahren mit Besprechung und Einigung**

Der Anwalt erwirkt für den Mandanten einen Mahnbescheid über 10.000,00 EUR. Anschließend führen die Anwälte telefonische Verhandlungen, die mit einer Einigung enden.

Neben der 1,0-Verfahrensgebühr nach Nr. 3305 VV kommt sowohl eine 1,2-Terminsgebühr nach Nr. 3104 VV als auch eine **Einigungsgebühr** nach Nr. 1000 VV hinzu. Da das Mahnverfahren bereits zur Anhängigkeit führt, entsteht die Gebühr nur zu 1,0 (Nr. 1003 VV).

1.	1,0-Verfahrensgebühr, Nr. 3305 VV (Wert: 10.000,00 EUR)	558,00 EUR
2.	1,2-Terminsgebühr, Nr. 3104 VV (Wert: 10.000,00 EUR)	669,60 EUR
3.	1,0-Einigungsgebühr, Nrn. 1000, 1003 VV (Wert: 10.000,00 EUR)	558,00 EUR
4.	Postentgeltpauschale, Nr. 7002 VV	20,00 EUR
	Zwischensumme 1.805,60 EUR	
5.	19 % Umsatzsteuer, Nr. 7008 VV	343,06 EUR
	Gesamt	**2.148,66 EUR**

43 Termins- und Einigungsgebühr können auch neben einer ermäßigten Gebühr nach Nrn. 3305, 3306 VV entstehen.

> **Beispiel 25** | **Besprechung zur Vermeidung des Mahnverfahrens mit Einigung**

Der Anwalt wird beauftragt, einen Mahnbescheid über 3.000,00 EUR zu beantragen. Bevor es zur Einreichung des Antrags kommt, findet eine Besprechung mit dem Gegner statt, die zu einer Einigung führt, so dass es nicht mehr zur Einreichung des Mahnantrags kommt.

Es entsteht nur die 0,5-Verfahrensgebühr nach Nrn. 3305, 3306 VV, da der Anwalt keinen Antrag oder Schriftsatz eingereicht hat.

Hinzu kommt allerdings eine Terminsgebühr nach Vorbem. 3.3.2 i.V.m. Nr. 3104 und Vorbem. 3 Abs. 3 S. 3 Nr. 2 VV. Dass das Mahnverfahren noch nicht anhängig war, ist unerheblich (siehe Rn 35).

Des Weiteren kommt dann auch noch eine Einigungsgebühr nach Nr. 1000 VV hinzu, und zwar in Höhe von 1,5, da das Mahnverfahren noch nicht anhängig war.

1.	0,5-Verfahrensgebühr, Nrn. 3305, 3306 VV (Wert: 3.000,00 EUR)	100,50 EUR
2.	1,2-Terminsgebühr, Vorbem. 3.3.2 i.V.m. Nr. 3104 VV (Wert: 3.000,00 EUR)	241,20 EUR
3.	1,5-Einigungsgebühr, Nr. 1000 VV (Wert: 3.000,00 EUR)	301,50 EUR
4.	Postentgeltpauschale, Nr. 7002 VV	20,00 EUR
	Zwischensumme 663,20 EUR	
5.	19 % Umsatzsteuer, Nr. 7008 VV	126,01 EUR
	Gesamt	**789,21 EUR**

Hat der Anwalt auch über weitergehende – im Mahnverfahren nicht anhängige – Ansprüche eine Einigung getroffen und darüber auch eine Besprechung i.S.d. Vorbem. 3 Abs. 3 VV geführt, entsteht auch insoweit die **Terminsgebühr** nach Nr. 3104 VV (Vorbem. 3.3.2. VV; Vorbem. 3 Abs. 3 S. 3 Nr. 2 VV), also aus dem Gesamtwert (§ 23 Abs. 1 RVG i.V.m. § 39 Abs. 1 GKG).

| Beispiel 26 | **Mahnverfahren mit Besprechung und Einigung auch über nicht anhängige Ansprüche** |

Der Anwalt erwirkt für den Mandanten einen Mahnbescheid über 10.000,00 EUR. Anschließend führen die Anwälte telefonische Verhandlungen, wobei der Gegner noch eine nicht anhängige Gegenforderung von 5.000,00 EUR einwendet. Es kommt zu einer Einigung über die gesamten 15.000,00 EUR.

Neben der **1,0-Verfahrensgebühr** gem. Nr. 3305 VV aus 10.000,00 EUR entsteht jetzt zusätzlich eine **0,5-Verfahrensgebühr** nach Nrn. 3305, 3306 VV aus den weiteren 5.000,00 EUR, wobei insgesamt nach § 15 Abs. 3 RVG nicht mehr berechnet werden darf als eine 1,0-Gebühr aus dem Gesamtwert in Höhe von 15.000,00 EUR (§ 23 Abs. 1 S. 1 RVG i.V.m. § 39 Abs. 1 GKG).

Die **1,2-Terminsgebühr** (Nr. 3104 VV) bemisst sich ebenfalls aus dem Gesamtwert von 15.000,00 EUR.

Neben der **1,0-Einigungsgebühr** aus Nrn. 1000, 1003 VV aus dem Wert der anhängigen 10.000,00 EUR kommt jetzt noch eine **1,5-Einigungsgebühr** aus Nr. 1000 VV aus dem Wert der nicht anhängigen 5.000,00 EUR hinzu. Zu beachten ist auch hier wieder § 15 Abs. 3 RVG, wonach nicht mehr als eine 1,5-Gebühr aus dem Gesamtwert von 15.000,00 EUR anfallen darf.

1. 1,0-Verfahrensgebühr, Nr. 3305 VV 558,00 EUR
   (Wert: 10.000,00 EUR)
2. 0,5-Verfahrensgebühr, Nrn. 3305, 3306 VV 151,50 EUR
   (Wert: 5.000,00 EUR)
   gem. § 15 Abs. 3 RVG nicht mehr als 650,00 EUR
   1,0 aus 15.000,00 EUR
3. 1,2-Terminsgebühr, Nr. 3104 VV 780,00 EUR
   (Wert: 15.000,00 EUR)
4. 1,0-Einigungsgebühr, Nrn. 1000, 1003 VV 558,00 EUR
   (Wert: 10.000,00 EUR)
5. 1,5-Einigungsgebühr, Nr. 1000 VV 454,50 EUR
   (Wert: 5.000,00 EUR)
   gem. § 15 Abs. 3 RVG nicht mehr als 975,00 EUR
   1,5 aus 15.000,00 EUR
6. Postentgeltpauschale, Nr. 7002 VV 20,00 EUR
   Zwischensumme 2.425,00 EUR
7. 19 % Umsatzsteuer, Nr. 7008 VV 460,75 EUR
Gesamt **2.885,75 EUR**

| Beispiel 27 | **Mahnverfahren mit Besprechung und Einigung auch über anderweitig anhängige Ansprüche** |

Der Anwalt erwirkt für den Mandanten einen Mahnbescheid über 10.000,00 EUR. Anschließend führen die Anwälte telefonische Verhandlungen, wobei der Gegner noch eine Gegenforderung von 5.000,00 EUR einwendet, die in einem anderen Verfahren erstinstanzlich anhängig ist. Es kommt wiederum zu einer Einigung über die gesamten 15.000,00 EUR.

Neben der 1,0-Verfahrensgebühr nach Nr. 3305 VV aus 10.000,00 EUR entsteht wiederum zusätzlich eine 0,5-Verfahrensgebühr nach Nr. 3306 VV aus den weiteren 5.000,00 EUR, da diese im Mahnverfahren nicht anhängig sind. Dass sie in einem anderen Verfahren anhängig sind, ist unerheblich. Zu beachten ist wiederum § 15 Abs. 3 RVG.

Die **1,2-Terminsgebühr** (Nr. 3104 VV) bemisst sich aus dem Gesamtwert von 15.000,00 EUR.

Insgesamt entsteht jetzt jedoch nur eine **1,0-Einigungsgebühr** aus Nrn. 1000, 1003 VV, da die gesamten Ansprüche anhängig sind.

1.	1,0-Verfahrensgebühr, Nr. 3305 VV (Wert: 10.000,00 EUR)	558,00 EUR
2.	0,5-Verfahrensgebühr, analog Nrn. 3305, 3306 VV (Wert: 5.000,00 EUR)	151,50 EUR
	gem. § 15 Abs. 3 RVG nicht mehr als 1,0 aus 15.000,00 EUR	650,00 EUR
3.	1,2-Terminsgebühr, Nr. 3104 VV (Wert: 15.000,00 EUR)	780,00 EUR
4.	1,0-Einigungsgebühr, Nrn. 1000, 1003 VV (Wert: 15.000,00 EUR)	650,00 EUR
5.	Postentgeltpauschale, Nr. 7002 VV	20,00 EUR
	Zwischensumme	2.100,00 EUR
6.	19 % Umsatzsteuer, Nr. 7008 VV	399,00 EUR
Gesamt		**2.499,00 EUR**

3. Anrechnung der Verfahrens- und Terminsgebühr

45 Kommt es auf Widerspruch oder Einspruch hin zur Durchführung des streitigen Verfahrens, ist die Verfahrensgebühr der Nr. 3305 VV auf die Verfahrensgebühr des nachfolgenden Rechtsstreits (Nr. 3100 VV) anzurechnen (Anm. zu Nr. 3305 VV).

46 Seit dem 31.12.2006 ist nach Anm. Abs. 4 zu Nr. 3104 VV[17] auch eine im Mahnverfahren nach Vorbem. 3.3.2 i.V.m. Nr. 3104 VV entstandene Terminsgebühr anzurechnen, wenn im streitigen Verfahren erneut eine Terminsgebühr nach Nr. 3104 VV ausgelöst wird.[18]

Beispiel 28	Anrechnung der Mahnverfahrensgebühr

Der Anwalt erhält den Auftrag für ein Mahnverfahren über 7.500,00 EUR. Der Antragsgegner legt fristgerecht Widerspruch ein. Nach Abgabe an das zuständige LG wird mündlich verhandelt.

I. Mahnverfahren

1.	1,0-Verfahrensgebühr, Nr. 3305 VV (Wert: 7.500,00 EUR)		456,00 EUR
2.	Postentgeltpauschale, Nr. 7002 VV		20,00 EUR
	Zwischensumme	476,00 EUR	
3.	19 % Umsatzsteuer, Nr. 7008 VV		90,44 EUR
Gesamt			**566,44 EUR**

---

17 Eingeführt durch das 2. JuMoG.
18 Zu den Besonderheiten im Urkundenverfahren siehe § 18 Rn 21 ff.

II. Streitiges Verfahren
1. 1,3-Verfahrensgebühr, Nr. 3100 VV   592,80 EUR
   (Wert: 7.500,00 EUR)
2. anzurechnen gem. Anm. zu Nr. 3305 VV,
   1,0 aus 7.500,00 EUR   – 456,00 EUR
3. 1,2-Terminsgebühr, Nr. 3104 VV   547,20 EUR
   (Wert: 7.500,00 EUR)
4. Postentgeltpauschale, Nr. 7002 VV   20,00 EUR
   Zwischensumme   704,00 EUR
5. 19 % Umsatzsteuer, Nr. 7008 VV   133,76 EUR
   Gesamt   **837,76 EUR**

Vertritt der Anwalt **mehrere Auftraggeber** wegen desselben Gegenstands, erhöht sich sowohl die Verfahrensgebühr des Mahnverfahrens (Nr. 3305 VV) als auch die des streitigen Verfahrens (Nr. 3100 VV) nach Nr. 1008 VV um 0,3 je weiteren Auftraggeber; angerechnet wird nach Anm. zu Nr. 3305 VV die erhöhte Gebühr.[19]   47

Beispiel 29 | **Anrechnung der Mahnverfahrensgebühr bei mehreren Auftraggebern**

Der Anwalt erhält von zwei Gesamtgläubigern den Auftrag für ein Mahnverfahren über 7.500,00 EUR. Der Antragsgegner legt fristgerecht Widerspruch ein. Im streitigen Verfahren wird mündlich verhandelt.

Im Mahnverfahren entsteht eine nach Nr. 1008 VV erhöhte 1,3-Verfahrensgebühr (Nr. 3305 VV), im streitigen Verfahren eine nach Nr. 1008 VV erhöhte 1,6-Verfahrensgebühr (Nr. 3100 VV). Da die Erhöhung keinen eigenen Gebührentatbestand darstellt, sondern Teil der Verfahrensgebühr ist, wird die 1,3-Verfahrensgebühr des Mahnverfahrens (Nrn. 3305, 1008 VV) in voller Höhe angerechnet (Anm. zu Nr. 3305 VV).

I. Mahnverfahren
1. 1,3-Verfahrensgebühr, Nrn. 3305, 1008 VV   592,80 EUR
   (Wert: 7.500,00 EUR)
2. Postentgeltpauschale, Nr. 7002 VV   20,00 EUR
   Zwischensumme   612,80 EUR
3. 19 % Umsatzsteuer, Nr. 7008 VV   116,43 EUR
   Gesamt   **729,23 EUR**

II. Streitiges Verfahren
1. 1,6-Verfahrensgebühr, Nrn. 3100, 1008 VV   729,60 EUR
   (Wert: 7.500,00 EUR)
2. anzurechnen gem. Anm. zu Nr. 3305 VV,
   1,3 aus 7.500,00 EUR   – 592,80 EUR
3. 1,2-Terminsgebühr, Nr. 3104 VV   547,20 EUR
   (Wert: 7.500,00 EUR)
4. Postentgeltpauschale, Nr. 7002 VV   20,00 EUR
   Zwischensumme   704,00 EUR
5. 19 % Umsatzsteuer, Nr. 7008 VV   133,76 EUR
   Gesamt   **837,76 EUR**

Wird der Anwalt im Mahnverfahren für mehrere Auftraggeber tätig und wird nur für einen von ihnen das streitige Verfahren durchgeführt, wird nur die einfache Verfahrensgebühr angerechnet.   48

---

19 Zur vergleichbaren Rechtslage bei Anrechnung der Verfahrensgebühr des Beweisverfahrens OLG Stuttgart AGS 2010, 121.

§ 11 Mahnverfahren

Beispiel 30 — Anrechnung der Mahnverfahrensgebühr bei mehreren Auftraggebern im Mahnverfahren, nur ein Auftraggeber im streitigen Verfahren

Der Anwalt erwirkt für zwei Mandanten einen Mahnbescheid über 10.000,00 EUR. Der Antragsgegner legt Widerspruch ein. Das streitige Verfahren wird nur für einen Auftraggeber durchgeführt.

Im Mahnverfahren entsteht die nach Nr. 1008 VV erhöhte Verfahrensgebühr zu 1,3. Im streitigen Verfahren entsteht nur die einfache Verfahrensgebühr, ebenfalls zu 1,3. Angerechnet wird nur die einfache Mahnverfahrensgebühr, also 1,0; die Gebührenerhöhung bleibt in diesem Fall anrechnungsfrei, weil im streitigen Verfahren kein weiterer Auftraggeber mehr vorhanden ist.

I. Mahnverfahren
1. 1,3-Verfahrensgebühr, Nrn. 3305, 1008 VV   725,40 EUR
   (Wert: 10.000,00 EUR)
2. Postentgeltpauschale, Nr. 7002 VV   20,00 EUR
   Zwischensumme   745,40 EUR
3. 19 % Umsatzsteuer, Nr. 7008 VV   141,63 EUR
Gesamt   **887,03 EUR**

II. Streitiges Verfahren
1. 1,3-Verfahrensgebühr, Nr. 3100 VV   725,40 EUR
   (Wert: 10.000,00 EUR)
2. anzurechnen gem. Anm. zu Nr. 3305 VV,   – 558,00 EUR
   1,0 aus 10.000,00 EUR
3. Postentgeltpauschale, Nr. 7002 VV   20,00 EUR
   Zwischensumme   187,40 EUR
4. 19 % Umsatzsteuer, Nr. 7008 VV   35,61 EUR
Gesamt   **223,01 EUR**

Beispiel 31 — Anrechnung von Mahnverfahrens- und Terminsgebühr

Der Anwalt erhält den Auftrag für ein Mahnverfahren über 7.500,00 EUR. Der Antragsgegner legt fristgerecht Widerspruch ein. Hiernach verhandeln die Parteien zwecks einer Einigung, die jedoch nicht zustande kommt. Anschließend wird das Verfahren an das zuständige LG abgegeben, vor dem mündlich verhandelt wird.

Jetzt werden sowohl die Verfahrensgebühr angerechnet (Anm. zu Nr. 3305 VV) als auch die Terminsgebühr (Anm. Abs. 4 zu Nr. 3104 VV).

I. Mahnverfahren
1. 1,0-Verfahrensgebühr, Nr. 3305 VV   456,00 EUR
   (Wert: 7.500,00 EUR)
2. 1,2-Terminsgebühr, Nr. 3104 VV   547,20 EUR
   (Wert: 7.500,00 EUR)
3. Postentgeltpauschale, Nr. 7002 VV   20,00 EUR
   Zwischensumme   1.023,20 EUR
4. 19 % Umsatzsteuer, Nr. 7008 VV   194,41 EUR
Gesamt   **1.217,61 EUR**

II. Streitiges Verfahren
1. 1,3-Verfahrensgebühr, Nr. 3100 VV   592,80 EUR
   (Wert: 7.500,00 EUR)
2. anzurechnen gem. Anm. zu Nr. 3305 VV,   – 456,00 EUR
   1,0 aus 7.500,00 EUR
3. 1,2-Terminsgebühr, Nr. 3104 VV   547,20 EUR
   (Wert: 7.500,00 EUR)

4. anzurechnen gem. Anm. Abs. 4 zu Nr. 3104 VV, 1,2 aus 7.500,00 EUR		– 547,20 EUR
5. Postentgeltpauschale, Nr. 7002 VV		20,00 EUR
Zwischensumme	156,80 EUR	
6. 19 % Umsatzsteuer, Nr. 7008 VV		29,79 EUR
Gesamt		**186,59 EUR**

Liegen zwischen der Beendigung des Mahnverfahrens und dem Beginn des streitigen Verfahrens mehr als zwei Kalenderjahre, unterbleibt gem. § 15 Abs. 5 S. 2 RVG die Anrechnung der Mahnverfahrensgebühr.[20]

Beispiel 32 | **Ausschluss der Anrechnung nach Ablauf von zwei Kalenderjahren**

Der Anwalt hatte für seinen Auftraggeber im November 2010 den Antrag auf Erlass eines Mahnbescheids über 7.500,00 EUR gestellt. Der Antragsgegner hatte dagegen im Dezember 2010 fristgerecht Widerspruch eingelegt. Der Antragsteller wollte zunächst nichts Weiteres veranlassen. Erst im Januar 2013 erteilte er dem Anwalt den Auftrag zur Durchführung des streitigen Verfahrens.

Eine Anrechnung der Mahnverfahrensgebühr (Nr. 3305 VV) nach Anm. zu Nr. 3305 VV unterbleibt gem. § 15 Abs. 5 S. 2 RVG, da seit der Beendigung des Mahnverfahrens mehr als zwei Kalenderjahre verstrichen sind.

I. Mahnverfahren		
1. 1,0-Verfahrensgebühr, Nr. 3305 VV (Wert: 7.500,00 EUR)		456,00 EUR
2. Postentgeltpauschale, Nr. 7002 VV		20,00 EUR
Zwischensumme	476,00 EUR	
3. 16 % Umsatzsteuer, Nr. 7008 VV		90,44 EUR
Gesamt		**566,44 EUR**
II. Streitiges Verfahren		
1. 1,3-Verfahrensgebühr, Nr. 3100 VV (Wert: 7.500,00 EUR)		592,80 EUR
2. 1,2-Terminsgebühr, Nr. 3104 VV (Wert: 7.500,00 EUR)		547,20 EUR
3. Postentgeltpauschale, Nr. 7002 VV		20,00 EUR
Zwischensumme	1.160,00 EUR	
4. 19 % Umsatzsteuer, Nr. 7008 VV		220,40 EUR
Gesamt		**1.380,40 EUR**

Auch eine Terminsgebühr wäre nach Ablauf von zwei Kalenderjahren gem. § 15 Abs. 5 S. 2 RVG nicht mehr anzurechnen.

Angerechnet werden die Mahnverfahrensgebühr (Nr. 3305 VV) und die Terminsgebühr analog Vorbem. 3 Abs. 4 S. 3 VV nur, soweit die Gegenstände von Mahnverfahren und streitigem Verfahren identisch sind.[21]

---

20 So schon zur BRAGO: OLG München AGS 2001, 51 = AnwBl. 2000, 698 = BRAGOreport 2000, 26 (*Hansens*) = JurBüro 2000, 469 = MDR 2000, 785 = NJW-RR 2000, 1721 = OLGR 2000, 200 = Rpfleger 2000, 516 = KostRsp. BRAGO § 43 Nr. 58; *N. Schneider*, AGS 2003, 240; AnwK-RVG/*Mock*, Nr. Vorbem. 3.3.2, 3305–3306 VV Rn 41 f.
21 AnwK-RVG/*Mock*, Nr. Vorbem. 3.3.2, 3305–3306 VV Rn 44 ff.; *Hansens/Braun/Schneider*, Teil 8 Rn 420.

§ 11 Mahnverfahren

Beispiel 33 — **Anrechnung der Mahnverfahrens- und Terminsgebühr, geringerer Wert im streitigen Verfahren**

Der Anwalt erhält den Auftrag für ein Mahnverfahren über 7.500,00 EUR. Der Antragsgegner legt fristgerecht Widerspruch ein. Die Anwälte verhandeln erfolglos über eine Einigung. Anschließend wird die Sache an das Streitgericht abgegeben und das streitige Verfahren nur wegen einer Forderung von 5.000,00 EUR durchgeführt.

Angerechnet werden die Mahnverfahrensgebühr (Nr. 3305 VV) und die Terminsgebühr nur nach dem Wert des streitigen Verfahrens, also nur soweit sie nach einem Wert von 5.000,00 EUR entstanden wären (analog Vorbem. 3 Abs. 4 S. 3 VV).[22]

I. Mahnverfahren
1. 1,0-Verfahrensgebühr, Nr. 3305 VV
   (Wert: 7.500,00 EUR) — 456,00 EUR
2. 1,2-Terminsgebühr, Nr. 3104 VV
   (Wert: 7.500,00 EUR) — 547,20 EUR
3. Postentgeltpauschale, Nr. 7002 VV — 20,00 EUR
   Zwischensumme — 1.023,20 EUR
4. 19 % Umsatzsteuer, Nr. 7008 VV — 194,41 EUR
   Gesamt — 1.217,61 EUR

II. Streitiges Verfahren
1. 1,3-Verfahrensgebühr, Nr. 3100 VV
   (Wert: 5.000,00 EUR) — 393,90 EUR
2. anzurechnen gem. Anm. zu Nr. 3305 VV,
   1,0 aus 5.000,00 EUR — − 303,00 EUR
3. 1,2-Terminsgebühr, Nr. 3104 VV
   (Wert: 5.000,00 EUR) — 363,60 EUR
4. anzurechnen gem. Anm. Abs. 4 zu Nr. 3104 VV,
   1,2 aus 5.000,00 EUR — − 363,60 EUR
5. Postentgeltpauschale, Nr. 7002 VV — 20,00 EUR
   Zwischensumme — 110,90 EUR
6. 19 % Umsatzsteuer, Nr. 7008 VV — 21,07 EUR
   Gesamt — 131,97 EUR

Anrechnungsfrei bleiben also:

Verfahrensgebühr
456,00 EUR
− 303,00 EUR
153,00 EUR

Terminsgebühr
547,20 EUR
− 363,60 EUR
183,60 EUR

Beispiel 34 — **Keine Anrechnung der Verfahrensgebühr bei unterschiedlichen Gegenständen**

Die spätere Klägerin hat selbst einen Mahnbescheid über eine Hauptforderung von 50.000,00 EUR beantragt. Nach Widerspruch des Beklagten beauftragte sie einen Anwalt, den Mahnantrag in Höhe von 20.000,00 EUR zurückzunehmen und wegen des restlichen Anspruchs in Höhe von 30.000,00 EUR zu beantragen, das Verfahren an das zuständige Gericht abzugeben. Dort wurde dann über die 30.000,00 EUR verhandelt.

---

[22] OLG Köln, Beschl. v. 16. 5. 2008 – 17 W 82/08; ebenso noch zur BRAGO: KG AGS 2001, 151 = KGR 2001, 55 = Rpfleger 2001, 152 = JurBüro 2001, 138.

II. Vertretung des Antragstellers § 11

Die Verfahrensgebühr der Nr. 3305 VV ist nur nach dem Wert des zurückgenommenen Teils des Mahnantrags (20.000,00 EUR) entstanden, nicht hingegen für den Teil, der Gegenstand des anschließenden streitigen Verfahrens geworden ist. Daher ist für eine Anrechnung auf die Verfahrensgebühr nach Nr. 3100 VV kein Raum. Denn es können nur die Gebühren gem. Nr. 3305 VV angerechnet werden, die sich auf dieselben Verfahrensteile beziehen.[23]

I. Mahnverfahren		
1. 1,0-Verfahrensgebühr, Nr. 3305 VV (Wert: 20.000,00 EUR)		742,00 EUR
2. Postentgeltpauschale, Nr. 7002 VV		20,00 EUR
Zwischensumme	762,00 EUR	
3. 19 % Umsatzsteuer, Nr. 7008 VV		144,78 EUR
Gesamt		**906,78 EUR**
II. Streitiges Verfahren		
1. 1,3-Verfahrensgebühr, Nr. 3100 VV (Wert: 30.000,00 EUR)		1.121,90 EUR
2. 1,2-Terminsgebühr, Nr. 3104 VV (Wert: 30.000,00 EUR)		1.035,60 EUR
3. Postentgeltpauschale, Nr. 7002 VV		20,00 EUR
Zwischensumme	2.177,50 EUR	
4. 19 % Umsatzsteuer, Nr. 7008 VV		413,73 EUR
Gesamt		**2.591,23 EUR**

Möglich ist, dass im gerichtlichen Verfahren geringere Gebührensätze anfallen als im Mahnverfahren. Dann wird nur nach dem geringeren Gebührensatz des streitigen Verfahrens abgerechnet. 52

Beispiel 35 **Mahnverfahren und anschließende vorzeitige Erledigung des streitigen Verfahrens**

Der Anwalt erwirkt einen Mahnbescheid über 7.500,00 EUR. Dagegen wird Widerspruch eingelegt und die Sache auf Antrag des Antragsgegners an das LG abgegeben. Bevor der Anwalt die Anspruchsbegründung einreicht, zahlt der Antragsgegner und nimmt den Widerspruch zurück.

Während im Mahnverfahren die volle 1,0-Verfahrensgebühr nach Nr. 3305 VV angefallen ist, ist im streitigen Verfahren wegen der vorzeitigen Erledigung nur die 0,8-Verfahrensgebühr nach Nrn. 3100, 3101 VV entstanden. Angerechnet wird die Mahnverfahrensgebühr daher auch nur zu 0,8.

I. Mahnverfahren		
1. 1,0-Verfahrensgebühr, Nr. 3305 VV (Wert: 7.500,00 EUR)		456,00 EUR
2. Postentgeltpauschale, Nr. 7002 VV		20,00 EUR
Zwischensumme	476,00 EUR	
3. 19 % Umsatzsteuer, Nr. 7008 VV		90,44 EUR
Gesamt		**566,44 EUR**
II. Streitiges Verfahren		
1. 0,8-Verfahrensgebühr, Nrn. 3100, 3101 Nr. 1 VV (Wert: 7.500,00 EUR)		364,80 EUR
2. anzurechnen gem. Anm. zu Nr. 3305 VV, 0,8 aus 7.500,00 EUR		– 364,80 EUR
3. Postentgeltpauschale, Nr. 7002 VV		20,00 EUR
Zwischensumme	20,00 EUR	

---

23 OLG Düsseldorf JurBüro 2007, 81; ähnlich, aber mit nicht nachvollziehbarer Berechnung OLG Frankfurt JurBüro 2007, 80.

4. 19 % Umsatzsteuer, Nr. 7008 VV	3,80 EUR
Gesamt	**23,80 EUR**

> **Beispiel 36** Mahnverfahren mit Besprechung und anschließendes gerichtliches Verfahren mit Versäumnisurteil

Der Anwalt erwirkt einen Mahnbescheid über 7.500,00 EUR. Anschließend werden Einigungsverhandlungen geführt, die erfolglos bleiben. Nach Abgabe ergeht im schriftlichen Verfahren ein Versäumnisurteil.

Während im Mahnverfahren die Terminsgebühr nach Vorbem. 3.3.2, Nr. 3104 VV i.V.m. Vorbem. 3 Abs. 3 S. 3 Nr. 2 VV zu 1,2 entsteht, fällt die Terminsgebühr im streitigen Verfahren nur zu 0,5 an (Nr. 3105 VV).[24] Angerechnet wird daher auch nur zu 0,5.

I. **Mahnverfahren**
1. 1,0-Verfahrensgebühr, Nr. 3305 VV   456,00 EUR
   (Wert: 7.500,00 EUR)
2. 1,2-Terminsgebühr, Nr. 3104 VV   547,20 EUR
   (Wert: 7.500,00 EUR)
3. Postentgeltpauschale, Nr. 7002 VV   20,00 EUR
   Zwischensumme   1.023,20 EUR
4. 19 % Umsatzsteuer, Nr. 7008 VV   194,41 EUR
Gesamt   1.217,61 EUR

II. **Streitiges Verfahren**
1. 1,3-Verfahrensgebühr, Nr. 3100 VV   592,80 EUR
   (Wert: 7.500,00 EUR)
2. anzurechnen gem. Anm. zu Nr. 3305 VV,
   1,0 aus 7.500,00 EUR   – 456,00 EUR
3. 0,5-Terminsgebühr, Nrn. 3104, 3105 VV   228,00 EUR
   (Wert: 7.500,00 EUR)
4. anzurechnen gem. Anm. Abs. 4 zu Nr. 3104 VV,
   0,5 aus 7.500,00 EUR   – 228,00 EUR
5. Postentgeltpauschale, Nr. 7002 VV   20,00 EUR
   Zwischensumme   156,80 EUR
6. 19 % Umsatzsteuer, Nr. 7008 VV   29,79 EUR
Gesamt   186,59 EUR

> **Beispiel 37** Anrechnung der Mahnverfahrens- und Terminsgebühr, höherer Wert im streitigen Verfahren

Der Anwalt erhält den Auftrag für ein Mahnverfahren über 7.500,00 EUR. Der Antragsgegner legt fristgerecht Widerspruch ein. Die Anwälte verhandeln erfolglos über eine Einigung. Anschließend wird das Verfahren an das LG abgegeben. Dort wird die Klage um 2.500,00 EUR erweitert.

Die Gebühren im streitigen Verfahren richten sich nach dem Wert von 10.000,00 EUR. Angerechnet werden Mahnverfahrensgebühr (Nr. 3305 VV) und Terminsgebühr (Nr. 3104 VV) jedoch nur nach 7.500,00 EUR (analog Vorbem. 3 Abs. 4 S. 4 VV).

I. **Mahnverfahren**
1. 1,0-Verfahrensgebühr, Nr. 3305 VV   456,00 EUR
   (Wert: 7.500,00 EUR)

---

[24] AG Kaiserslautern JurBüro 2005, 475; OLG Köln AGS 2007, 296 m. Anm. *N. Schneider* = RVGreport 2007, 189; OLG Nürnberg AGS 2008, 486 = OLGR 2008, 661 = MDR 2008, 1127 = Rpfleger 2008, 598 = RVGreport 2008, 305.

2. 1,2-Terminsgebühr, Nr. 3104 VV		547,20 EUR
(Wert: 7.500,00 EUR)		
3. Postgeltpauschale, Nr. 7002 VV		20,00 EUR
Zwischensumme	1.023,20 EUR	
4. 19 % Umsatzsteuer, Nr. 7008 VV		194,41 EUR
Gesamt		**1.217,61 EUR**
II. Streitiges Verfahren		
1. 1,3-Verfahrensgebühr, Nr. 3100 VV		725,40 EUR
(Wert: 10.000,00 EUR)		
2. anzurechnen gem. Anm. zu Nr. 3305 VV,		
1,0 aus 7.500,00 EUR		– 456,00 EUR
3. 1,2-Terminsgebühr, Nr. 3104 VV		669,60 EUR
(Wert: 10.000,00 EUR)		
4. anzurechnen gem. Anm. Abs. 2 zu Nr. 3104 VV,		
1,2 aus 7.500,00 EUR		– 547,20 EUR
5. Postgeltpauschale, Nr. 7002 VV		20,00 EUR
Zwischensumme	411,80 EUR	
6. 19 % Umsatzsteuer, Nr. 7008 VV		78,24 EUR
Gesamt		**490,04 EUR**

Anzurechnen ist auch eine nach Nr. 3306 VV ermäßigte Verfahrensgebühr, und zwar sowohl bei vorzeitiger Erledigung des Mahnverfahrens als auch bei einem im Mahnverfahren fehlgeschlagenen Einigungsversuch über nicht anhängige Gegenstände. 53

Beispiel 38 | **Anrechnung der ermäßigten Mahnverfahrensgebühr bei Erledigung vor Antragstellung**

Der Anwalt ist beauftragt, einen Mahnbescheid über 4.000,00 EUR zu beantragen. Zur Einreichung des Mahnbescheidantrags kommt es nicht mehr, da der Gegner zwischenzeitlich seinerseits Klage (Wert: 6.000,00 EUR) erhoben hat und die 4.000,00 EUR nunmehr dort als Widerklage geltend gemacht werden.

Entstanden ist im Mahnverfahren nur eine 0,5-Verfahrensgebühr (Nrn. 3305, 3306 VV). Auch diese Gebühr ist nach Anm. zu Nr. 3305 VV auf die Verfahrensgebühr des Rechtsstreits anzurechnen (Anm. zu Nr. 3305 VV).

I. Mahnverfahren		
1. 0,5-Verfahrensgebühr, Nrn. 3305, 3306 VV		126,00 EUR
(Wert: 4.000,00 EUR)		
2. Postgeltpauschale, Nr. 7002 VV		20,00 EUR
Zwischensumme	146,00 EUR	
3. 19 % Umsatzsteuer, Nr. 7008 VV		27,74 EUR
Gesamt		**173,74 EUR**
II. Streitiges Verfahren		
1. 1,3-Verfahrensgebühr, Nr. 3100 VV		725,40 EUR
(Wert: 10.000,00 EUR)		
2. anzurechnen gem. Anm. zu Nr. 3305 VV,		
0,5 aus 4.000,00 EUR		– 126,00 EUR
3. 1,2-Terminsgebühr, Nr. 3104 VV		669,60 EUR
(Wert: 10.000,00 EUR)		
4. Postgeltpauschale, Nr. 7002 VV		20,00 EUR
Zwischensumme	1.289,00 EUR	
5. 19 % Umsatzsteuer, Nr. 7008 VV		244,91 EUR
Gesamt		**1.533,91 EUR**

§ 11 Mahnverfahren

Beispiel 39 **Anrechnung der ermäßigten Mahnverfahrensgebühr bei erfolglosen Einigungsverhandlungen im Mahnverfahren, weitergehende Forderung wird anhängig**

Der Anwalt erwirkt für den Mandanten einen Mahnbescheid über 10.000,00 EUR. Anschließend führen die Anwälte telefonische Verhandlungen, wobei der Gegner noch eine nicht anhängige Gegenforderung von 5.000,00 EUR einwendet. Es kommt jedoch zu keiner Einigung, so dass Widerspruch eingelegt und das streitige Verfahren durchgeführt wird, in dem dann die Gegenforderung im Wege der Widerklage geltend gemacht wird.

Verfahrens- und Terminsgebühren sind in vollem Umfang anzurechnen.

I. **Mahnverfahren**
1. 1,0-Verfahrensgebühr, Nr. 3305 VV   558,00 EUR
   (Wert: 10.000,00 EUR)
2. 0,5-Verfahrensgebühr, Nrn. 3305, 3306 VV   151,50 EUR
   (Wert: 5.000,00 EUR)
   gem. § 15 Abs. 3 RVG nicht mehr als   650,00 EUR
   1,0 aus 15.000,00 EUR
3. 1,2-Terminsgebühr, Nr. 3104 VV   780,00 EUR
   (Wert: 15.000,00 EUR)
4. Postentgeltpauschale, Nr. 7002 VV   20,00 EUR
   Zwischensumme   1.450,00 EUR
5. 19 % Umsatzsteuer, Nr. 7008 VV   275,50 EUR
   Gesamt   **1.725,50 EUR**

II. **Streitiges Verfahren**
1. 1,3-Verfahrensgebühr, Nr. 3100 VV   845,00 EUR
   (Wert: 15.000,00 EUR)
2. anzurechnen gem. Anm. zu Nr. 3305 VV
   i.V.m. § 15 Abs. 3 RVG   – 650,00 EUR
3. 1,2-Terminsgebühr, Nr. 3104 VV   780,00 EUR
   (Wert: 15.000,00 EUR)
4. anzurechnen gem. Anm. Abs. 4 zu Nr. 3104 VV,
   1,2 aus 15.000,00 EUR   – 780,00 EUR
5. Postentgeltpauschale, Nr. 7002 VV   20,00 EUR
   Zwischensumme   215,00 EUR
6. 19 % Umsatzsteuer, Nr. 7008 VV   40,85 EUR
   Gesamt   **255,85 EUR**

54 Angerechnet wird auch dann, wenn die im Mahnverfahren nicht anhängigen Gegenstände, über die nur verhandelt worden ist, im Rechtsstreit nicht anhängig werden, sondern dort nur mit in eine schriftliche Einigung einbezogen werden, so dass insoweit nur eine 0,8-Verfahrensgebühr nach Nr. 3101 Nr. 1 VV entsteht.

Beispiel 40 **Anrechnung der ermäßigten Mahnverfahrensgebühr bei erfolglosen Einigungsverhandlungen im Mahnverfahren; weitergehende Forderung wird nicht anhängig, sondern mitverglichen**

Der Anwalt erwirkt für den Mandanten einen Mahnbescheid über 10.000,00 EUR. Anschließend führen die Anwälte telefonische Verhandlungen, wobei der Gegner noch eine nicht anhängige Gegenforderung von 5.000,00 EUR einwendet. Es kommt jedoch zu keiner Einigung, so dass Widerspruch eingelegt und das streitige Verfahren durchgeführt wird, in dem dann eine Einigung auch unter Einbeziehung der Gegenforderung getroffen und nach § 278 Abs. 6 ZPO protokolliert wird.

Verfahrens- und Terminsgebühren sind wiederum in vollem Umfang anzurechnen. Da die Kürzung nach § 15 Abs. 3 RVG im streitigen Verfahren nicht greift, sind die Verfahrensgebühren des Mahnverfahrens einzeln anzurechnen.

I. Mahnverfahren
1. 1,0-Verfahrensgebühr, Nr. 3305 VV   558,00 EUR
   (Wert: 10.000,00 EUR)
2. 0,5-Verfahrensgebühr, Nrn. 3305, 3306 VV   151,50 EUR
   (Wert: 5.000,00 EUR)
   gem. § 15 Abs. 3 RVG nicht mehr als   650,00 EUR
   1,0 aus 15.000,00 EUR
3. 1,2-Terminsgebühr, Nr. 3104 VV   780,00 EUR
   (Wert: 15.000,00 EUR)
4. Postentgeltpauschale, Nr. 7002 VV   20,00 EUR
   Zwischensumme   1.450,00 EUR
5. 19 % Umsatzsteuer, Nr. 7008 VV   275,50 EUR

Gesamt   **1.725,50 EUR**

II. Streitiges Verfahren
1. 1,3-Verfahrensgebühr, Nr. 3100 VV   725,40 EUR
   (Wert: 10.000,00 EUR)
2. anzurechnen gem. Anm. zu Nr. 3305 VV,
   0,5 aus 10.000,00 EUR   – 279,00 EUR
3. 0,8-Verfahrensgebühr, Nr. 3101 Nr. 1 VV   242,40 EUR
   (Wert: 5.000,00 EUR)
4. anzurechnen gem. Anm. zu Nr. 3305 VV,
   0,5 aus 5.000,00 EUR   – 151,50 EUR
5. 1,2-Terminsgebühr, Nr. 3104 VV   780,00 EUR
   (Wert: 15.000,00 EUR)
6. anzurechnen gem. Anm. Abs. 4 zu Nr. 3104 VV,
   1,2 aus 15.000,00 EUR   – 780,00 EUR
7. Postentgeltpauschale, Nr. 7002 VV   20,00 EUR
   Zwischensumme   557,30 EUR
8. 19 % Umsatzsteuer, Nr. 7008 VV   105,89 EUR

Gesamt   **663,19 EUR**

Das Gleiche gilt, wenn im Mahnverfahren über nicht anhängige Gegenstände lediglich verhandelt wird und im streitigen Verfahren – ohne dass die Ansprüche anhängig gemacht werden – erneut nur verhandelt wird und eine 0,8-Verfahrensgebühr nach Nr. 3101 Nr. 2, 2. Alt. VV entsteht.

Beispiel 41 — **Anrechnung der ermäßigten Mahnverfahrensgebühr bei erfolglosen Einigungsverhandlungen im Mahnverfahren und im streitigen Verfahren**

Der Anwalt erwirkt für den Mandanten einen Mahnbescheid über 10.000,00 EUR. Anschließend führen die Anwälte telefonische Verhandlungen, wobei der Gegner noch eine nicht anhängige Gegenforderung von 5.000,00 EUR einwendet. Es kommt jedoch zu keiner Einigung, so dass Widerspruch eingelegt und das streitige Verfahren durchgeführt wird. Im streitigen Verfahren wird dann erneut versucht, eine Einigung herbeizuführen. Dabei wird die Gegenforderung erneut in die Verhandlungen mit einbezogen, allerdings ohne dass es zu einer Einigung kommt.

Verfahrens- und Terminsgebühren sind wiederum in vollem Umfang anzurechnen.

I. Mahnverfahren

1.	1,0-Verfahrensgebühr, Nr. 3305 VV (Wert: 10.000,00 EUR)		558,00 EUR
2.	0,5-Verfahrensgebühr, Nrn. 3305, 3306 VV (Wert: 5.000,00 EUR)		151,50 EUR
	gem. § 15 Abs. 3 RVG nicht mehr als 1,0 aus 15.000,00 EUR		650,00 EUR
3.	1,2-Termingebühr, Nr. 3104 VV (Wert: 15.000,00 EUR)		780,00 EUR
4.	Postentgeltpauschale, Nr. 7002 VV		20,00 EUR
	Zwischensumme	1.450,00 EUR	
5.	19 % Umsatzsteuer, Nr. 7008 VV		275,50 EUR
Gesamt			**1.725,50 EUR**

II. Streitiges Verfahren

1.	1,3-Verfahrensgebühr, Nr. 3100 VV (Wert: 10.000,00 EUR)		725,40 EUR
2.	anzurechnen gem. Anm. zu Nr. 3305 VV, 0,5 aus 10.000,00 EUR		– 279,00 EUR
3.	0,8-Verfahrensgebühr, Nr. 3101 Nr. 2 VV (Wert: 5.000,00 EUR)		242,40 EUR
4.	anzurechnen gem. Anm. zu Nr. 3305 VV, 0,5 aus 5.000,00 EUR		– 151,50 EUR
5.	1,2-Termingebühr, Nr. 3104 VV (Wert: 15.000,00 EUR)		780,00 EUR
6.	anzurechnen gem. Anm. Abs. 4 zu Nr. 3104 VV, 1,2 aus 15.000,00 EUR		– 780,00 EUR
7.	Postentgeltpauschale, Nr. 7002 VV		20,00 EUR
	Zwischensumme	557,30 EUR	
8.	19 % Umsatzsteuer, Nr. 7008 VV		105,89 EUR
Gesamt			**663,19 EUR**

4. Sofortige Beschwerde gegen den Nichterlass des Mahnbescheids

56 Wird der Antrag auf Erlass eines Mahnbescheids zurückgewiesen, so findet hiergegen nach § 691 Abs. 3 ZPO i.V.m. § 567 Abs. 1 Nr. 2 ZPO die sofortige Beschwerde statt, wenn der Antrag in einer nur maschinenlesbaren Form übermittelt und mit der Begründung zurückgewiesen worden ist, dass diese Form dem Gericht für seine maschinelle Bearbeitung nicht geeignet erscheine. Der Rechtspfleger kann der Beschwerde abhelfen (§ 572 Abs. 1 ZPO); anderenfalls legt er die Sache der Beschwerdekammer des Landgerichts vor (§ 11 Abs. 1 RPflG i.V.m. § 567 ZPO). Der Antragsgegner ist an dem Beschwerdeverfahren gem. § 700 Abs. 2 ZPO nicht beteiligt.[25]

57 Dieses Beschwerdeverfahren ist für den Anwalt des Antragstellers nach § 18 Abs. 1 Nr. 3 RVG eine neue selbstständige Angelegenheit, in der er die Gebühren nach Nrn. 3500 ff. VV erhält, also zunächst eine 0,5-Verfahrensgebühr nach Nr. 3500 VV. Daneben kann er – was in der Praxis aber kaum vorkommen dürfte – unter den Voraussetzungen der Vorbem. 3 Abs. 3 VV eine 0,5-Termingebühr nach Nr. 3513 VV verdienen. Diese Gebühren entstehen auch dann, wenn der Rechtspfleger der Beschwerde abhilft.[26]

58 Der Beschwerdewert richtet sich nach § 23 Abs. 2, Abs. 3 S. 2 RVG und dürfte dem Wert der Hauptsache entsprechen.

---

25 *Zimmermann*, § 691 ZPO Rn 8; *Zöller/Vollkommer*, § 691 ZPO Rn 6.
26 AnwK-RVG/*N. Schneider*, Nr. 3500 VV Rn 10, 20.

II. Vertretung des Antragstellers § 11

Beispiel 42 | **Mahnverfahren mit sofortiger Beschwerde gegen den Nichterlass des Mahnbescheids**

Der Anwalt hatte auftragsgemäß im maschinellen Verfahren einen Mahnbescheid über 2.000,00 EUR beantragt. Der Rechtspfleger hat den Erlass abgelehnt, weil diese Form nicht geeignet sei. Hiergegen legt der Anwalt auftragsgemäß sofortige Beschwerde ein.

Der Anwalt hat im Mahnverfahren die 1,0-Verfahrensgebühr der Nr. 3305 VV verdient und im Verfahren der sofortigen Beschwerde die 0,5-Verfahrensgebühr nach Nr. 3500 VV, jeweils nebst Auslagen und Umsatzsteuer.

I. Mahnverfahren (Wert: 2.000,00 EUR)
1. 1,0-Verfahrensgebühr, Nr. 3305 VV   150,00 EUR
2. Postentgeltpauschale, Nr. 7002 VV   20,00 EUR
   Zwischensumme   170,00 EUR
3. 19 % Umsatzsteuer, Nr. 7008 VV   32,30 EUR
Gesamt   **202,30 EUR**

II. Beschwerdeverfahren (Wert: 2.000,00 EUR)
1. 0,5-Verfahrensgebühr, Nr. 3500 VV   75,00 EUR
2. Postentgeltpauschale, Nr. 7002 VV   15,00 EUR
   Zwischensumme   90,00 EUR
3. 19 % Umsatzsteuer, Nr. 7008 VV   17,10 EUR
Gesamt   **107,10 EUR**

Wird der Anwalt von **mehreren Auftraggebern** beauftragt, erhöht sich nach Nr. 1008 VV neben der Verfahrensgebühr des Mahnverfahrens (Nr. 3305 VV) auch die Verfahrensgebühr des Beschwerdeverfahrens (Nr. 3500 VV). Ein Ausschluss wie nach Anm. S. 2 zu Nr. 3308 VV (siehe unten Rn 67) ist hier nicht vorgesehen.   59

Beispiel 43 | **Mahnverfahren mit sofortiger Beschwerde gegen den Nichterlass des Mahnbescheids, mehrere Auftraggeber**

Der Anwalt hatte auftragsgemäß für zwei Auftraggeber als Gesamtgläubiger einen Mahnbescheid über 2.000,00 EUR beantragt. Der Rechtspfleger hat den Erlass abgelehnt, weil diese Form nicht geeignet sei. Hiergegen legt der Anwalt auftragsgemäß sofortige Beschwerde ein.

I. Mahnverfahren (Wert: 2.000,00 EUR)
1. 1,3-Verfahrensgebühr, Nrn. 3305, 1008 VV   195,00 EUR
2. Postentgeltpauschale, Nr. 7002 VV   20,00 EUR
   Zwischensumme   215,00 EUR
3. 19 % Umsatzsteuer, Nr. 7008 VV   40,85 EUR
Gesamt   **255,85 EUR**

II. Beschwerdeverfahren (Wert: 2.000,00 EUR)
1. 0,8-Verfahrensgebühr, Nrn. 3500, 1008 VV   120,00 EUR
2. Postentgeltpauschale, Nr. 7002 VV   20,00 EUR
   Zwischensumme   140,00 EUR
3. 19 % Umsatzsteuer, Nr. 7008 VV   26,60 EUR
Gesamt   **166,60 EUR**

5. Erinnerung gegen den Nichterlass des Mahnbescheids

Wird der Antrag auf Erlass des Mahnbescheids aus anderen Gründen als denen des § 691 Abs. 3   60
S. 1 ZPO zurückgewiesen, ist diese Zurückweisung nach § 691 Abs. 3 S. 2 ZPO unanfechtbar.

Möglich ist jedoch die Erinnerung, über die der Richter abschließend entscheidet, wenn der Rechtspfleger nicht abhilft.[27]

61 Dieses Erinnerungsverfahren stellt ebenso wie das Beschwerdeverfahren eine gesonderte Gebührenangelegenheit dar (§ 18 Abs. 1 Nr. 3 RVG). Es entstehen wiederum die Gebühren nach Nrn. 3500 ff. VV, also zunächst eine 0,5-Verfahrensgebühr nach Nr. 3500 VV. Daneben kann der Anwalt – was in der Praxis aber kaum vorkommen dürfte – unter Voraussetzungen der Vorbem. 3 Abs. 3 VV auch eine 0,5-Terminsgebühr nach Nr. 3513 VV verdienen. Diese Gebühren entstehen auch dann, wenn der Rechtspfleger der Erinnerung abhilft.[28]

> **Beispiel 44** Mahnverfahren mit Erinnerung gegen den Nichterlass des Mahnbescheids

Der Anwalt hatte auftragsgemäß einen Mahnbescheid über 2.000,00 EUR beantragt. Der Rechtspfleger hat den Erlass abgelehnt. Hiergegen legt der Anwalt auftragsgemäß Erinnerung ein.

Abzurechnen ist ebenso wie in Beispiel 42.

> **Beispiel 45** Mahnverfahren mit Erinnerung gegen den Nichterlass des Mahnbescheids, mehrere Auftraggeber

Der Anwalt hatte auftragsgemäß für zwei Auftraggeber als Gesamtgläubiger einen Mahnbescheid über 2.000,00 EUR beantragt. Der Rechtspfleger hat den Erlass abgelehnt. Hiergegen legt der Anwalt auftragsgemäß Erinnerung ein.

Auch hier greift Nr. 1008 VV. Abzurechnen ist wie in Beispiel 43.

62 Möglich ist hier auch, dass der Erlass des Mahnbescheids nur wegen einer Teilforderung abgelehnt wird. Dann richtet sich der Gegenstandswert des Erinnerungsverfahren nach § 23 Abs. 2 S. 3 i.V.m. S. 2 RVG nur nach diesem Teilwert.

> **Beispiel 46** Mahnverfahren mit Erinnerung gegen teilweisen Nichterlass des Mahnbescheids

Der Anwalt hatte auftragsgemäß einen Mahnbescheid über 2.000,00 EUR beantragt sowie über vorgerichtliche Anwaltskosten (1,5-Geschäftsgebühr aus 2.000,00 EUR – 225,00 EUR – zuzüglich Auslagen – 20.00 EUR – und 19 % Umsatzsteuer – 46,55 –) in Höhe von 291,55 EUR. Der Rechtspfleger hat den Mahnbescheid hinsichtlich der Hauptforderung erlassen, hinsichtlich der vorgerichtlichen Kosten dagegen abgelehnt. Hiergegen legt der Anwalt auftragsgemäß Erinnerung ein.[29]

Die vorgerichtlichen Anwaltskosten erhöhen den Gegenstandswert nicht.[30] Im **Mahnverfahren** bleibt es also bei dem Wert i.H.v. 2.000,00 EUR (§ 23 Abs. 1 S. 1 RVG i.V.m. § 43 Abs. 1 GKG).

---

27 Zöller/Vollkommer, § 691 ZPO Rn 6.
28 AnwK-RVG/N. Schneider, Nr. 3500 VV Rn 10, 20.
29 Siehe hierzu AG Stuttgart AGS 2005, 87 = RVGreport 2005, 38, m. Anm. *Hansens* = AnwBl. 2005, 75 = JurBüro 2005, 30 m. Anm. *Enders* = RVG professionell 2005, 1 = RVG-B 2005, 53 m. Anm. *Mock*; AG Linz AGS 2006, 306 m. Anm. *N. Schneider*.
30 BGH AGS 2007, 231.

Für das **Erinnerungsverfahren** ist auf jeden Fall von einem Wert in Höhe von 291,55 EUR auszugehen, da jetzt die Kosten zur Hauptsache geworden sind (§ 23 Abs. 2 S. 3, 1, Abs. 3 S. 2 RVG).

I. Mahnverfahren (Wert: 2.000,00 EUR)
1. 1,0-Verfahrensgebühr, Nr. 3305 VV   150,00 EUR
2. Postentgeltpauschale, Nr. 7002 VV   20,00 EUR
   Zwischensumme   170,00 EUR
3. 19 % Umsatzsteuer, Nr. 7008 VV   32,30 EUR
Gesamt   202,30 EUR

II. Erinnerungsverfahren (Wert: 291,55 EUR)
1. 0,5-Verfahrensgebühr, Nr. 3500 VV   22,50 EUR
2. Postentgeltpauschale, Nr. 7002 VV   4,50 EUR
   Zwischensumme   27,00 EUR
3. 19 % Umsatzsteuer, Nr. 7008 VV   5,13 EUR
Gesamt   32,13 EUR

Wird der Anwalt für **mehrere Auftraggeber** tätig, erhöhen sich beide Verfahrensgebühren nach Nr. 1008 VV um 0,3. Das gilt aber nur, wenn sie hinsichtlich der abgesetzten Kosten Gesamtgläubiger sind. Das wird wegen § 7 Abs. 2 RVG in aller Regel aber nicht – jedenfalls nicht vollständig – der Fall sein.[31]   63

6. Verfahren über den Antrag auf Erlass eines Vollstreckungsbescheids

a) Vertretung im Verfahren auf Erlass des Vollstreckungsbescheids bei vorangegangener Vertretung im Verfahren über den Antrag auf Erlass des Mahnbescheids

Vertritt der Anwalt seinen Auftraggeber (auch) im Verfahren über den Antrag auf Erlass des Vollstreckungsbescheids, erhält er eine 0,5-Verfahrensgebühr nach Nr. 3308 VV. Diese Gebühr entsteht neben der Gebühr der Nr. 3305 VV für das Verfahren auf Erlass des Mahnbescheids (Anm. S. 1 zu Nr. 3308 VV); eine Kürzung der beiden Verfahrensgebühren nach § 15 Abs. 3 RVG kommt nicht in Betracht.   64

Voraussetzung für die Verfahrensgebühr nach Nr. 3308 VV ist, dass innerhalb der „Widerspruchsfrist"[32] kein Widerspruch erhoben oder der Widerspruch gem. § 703a Abs. 2 Nr. 4 ZPO beschränkt worden ist.[33] Gleichfalls entsteht die 0,5-Verfahrensgebühr, wenn der Antragsgegner den Widerspruch zurücknimmt und hiernach ein Antrag auf Erlass des Vollstreckungsbescheids gestellt oder wenn ein zuvor gestellter Antrag jetzt erstmals wirksam wird.   65

Beispiel 47 | **Mahnverfahren mit Vollstreckungsbescheid**

Der Anwalt erwirkt für den Mandanten einen Mahnbescheid über 10.000,00 EUR und anschließend einen Vollstreckungsbescheid.

Im Mahnverfahren entsteht die Verfahrensgebühr nach Nr. 3305 VV, im Verfahren über den Antrag auf Erlass des Vollstreckungsbescheids entsteht die Verfahrensgebühr nach Nr. 3308 VV.

---

31 Zur Berechnung der Gesamtschuld bei mehreren Auftraggebern siehe *N. Schneider*, Zur Berechnung der gesamtschuldnerischen Haftung bei mehreren Auftraggebern, AGS 2002, 146; AnwK-RVG/*N. Schneider*, § 11 Rn 246 ff.; siehe auch AG Bergisch Gladbach AGS 2007, 119 m. Anm. *N. Schneider*.
32 Eine Widerspruchsfrist gibt es nicht; gemeint ist die Zwei-Wochen-Frist des § 692 Nr. 3 ZPO.
33 Zur Abrechnung bei einem Vorbehalts-Vollstreckungsbescheid siehe § 18 Rn 21 ff.

§ 11 Mahnverfahren

1. 1,0-Verfahrensgebühr, Nr. 3305 VV (Wert: 10.000,00 EUR)		558,00 EUR
2. 0,5-Verfahrensgebühr, Nr. 3308 VV (Wert: 10.000,00 EUR)		279,00 EUR
3. Postentgeltpauschale, Nr. 7002 VV		20,00 EUR
Zwischensumme	857,00 EUR	
4. 19 % Umsatzsteuer, Nr. 7008 VV		162,83 EUR
Gesamt		**1.019,83 EUR**

66 Dass ein Vollstreckungsbescheid erlassen wird, ist nicht Voraussetzung für den Anfall der Verfahrensgebühr nach Nr. 3308 VV. Diese Gebühr entsteht auch dann, wenn der Anwalt des Antragstellers nach Ablauf der „Widerspruchsfrist" den Erlass eines Vollstreckungsbescheids beantragt hat, der Antragsgegner aber nach Ablauf der „Widerspruchsfrist" und vor Erlass des Vollstreckungsbescheids doch noch Widerspruch einlegt, so dass der Vollstreckungsbescheid nicht mehr ergeht.[34]

> **Beispiel 48** Vollstreckungsbescheid wird wegen verspäteten Einspruchs nicht mehr erlassen

Der Anwalt erwirkt für den Mandanten einen Mahnbescheid über 10.000,00 EUR. Nach Ablauf der zwei Wochen beantragt er den Erlass eines Vollstreckungsbescheids. Dieser wird nicht mehr erlassen, da vor dem Antrag auf Erlass des Vollstreckungsbescheids noch ein verspäteter – gleichwohl aber zu beachtender – Widerspruch des Antragsgegners eingeht.

Die Gebühr nach Nr. 3308 VV entsteht mit Antragstellung nach Ablauf von der „Widerspruchsfrist" von zwei Wochen, sofern noch kein Widerspruch eingelegt worden ist. Wird der Widerspruch später doch noch eingelegt, kann die bereits mit Antrag entstandene Vollstreckungsbescheidgebühr nicht mehr nachträglich entfallen (§ 15 Abs. 4 RVG).[35]

1. 1,0-Verfahrensgebühr, Nr. 3305 VV (Wert: 10.000,00 EUR)		558,00 EUR
2. 0,5-Verfahrensgebühr, Nr. 3308 VV (Wert: 10.000,00 EUR)		279,00 EUR
3. Postentgeltpauschale, Nr. 7002 VV		20,00 EUR
Zwischensumme	857,00 EUR	
4. 19 % Umsatzsteuer, Nr. 7008 VV		162,83 EUR
Gesamt		**1.019,83 EUR**

67 Wird der Anwalt für mehrere Auftraggeber tätig, erhöht sich nur die Mahnverfahrensgebühr der Nr. 3305 VV, nicht aber auch die Verfahrensgebühr der Nr. 3308 VV (Anm. S. 2 zu Nr. 3308 VV).

> **Beispiel 49** Vollstreckungsbescheid, mehrere Auftraggeber

Der Anwalt beantragt für zwei Gesamtgläubiger den Erlass eines Mahnbescheids über 7.500,00 EUR und stellt anschließend den Antrag auf Erlass des Vollstreckungsbescheids.

Die Mahnverfahrensgebühr der Nr. 3305 VV erhöht sich nach Nr. 1008 VV, nicht aber auch die Gebühr für den Vollstreckungsbescheid nach Nr. 3308 VV, da die Erhöhung der Gebühr der Nr. 3308 VV nach Anm. S. 2 zu Nr. 3308 VV ausgeschlossen ist, wenn sich bereits die Gebühr nach Nr. 3305 VV erhöht hat.

---

34 OLG Karlsruhe Rpfleger 1996, 421; OLG Hamburg JurBüro 2000, 473 = MDR 2000, 356 = KostRsp. BRAGO § 43 Nr. 56 m. Anm. *N. Schneider*.
35 *Hansens/Braun/Schneider*, Vergütungsrecht, Teil 8 Rn 404.

II. Vertretung des Antragstellers § 11

1.	1,3-Verfahrensgebühr, Nrn. 3308, 1008 VV (Wert: 7.500,00 EUR)	592,80 EUR
2.	0,5-Verfahrensgebühr, Nr. 3308 VV (Wert: 7.500,00 EUR)	228,00 EUR
3.	Postentgeltpauschale, Nr. 7002 VV	20,00 EUR
	Zwischensumme 840,80 EUR	
4.	19 % Umsatzsteuer, Nr. 7008 VV	159,75 EUR
Gesamt		**1.000,55 EUR**

Abgesehen von dem Anwendungsfall, dass der Anwalt erstmals mit dem Erlass des Vollstreckungsbescheids beauftragt wird, also die Verfahrensgebühr nach Nr. 3305 VV nicht verdient hat (siehe Rn 73), kann ein Fall der Nr. 1008 VV auftreten, wenn die Erhöhung erst nach Erlass des Mahnbescheids eintritt, etwa wenn der Antragsteller nach Beendigung des Mahnverfahrens verstirbt und von einer Erbengemeinschaft beerbt wird. 68

Beispiel 50 | **Mahnverfahren, ein Auftraggeber, Vollstreckungsbescheid, mehrere Auftraggeber**

Der Anwalt beantragt für seinen Auftraggeber den Erlass eines Mahnbescheids über 7.500,00 EUR. Nach Erlass des Mahnbescheids und Ablauf der „Widerspruchsfrist" verstirbt der Mandant. Er wird von seiner Ehefrau und seinen drei Kindern beerbt, die den Anwalt beauftragen, den Antrag auf Erlass des Vollstreckungsbescheids zu stellen.[36]

Die Mahnverfahrensgebühr der Nr. 3305 VV erhöht sich nicht nach Nr. 1008 VV, da zum Zeitpunkt des Erbfalls der Mahnbescheid bereits erlassen und die „Widerspruchsfrist" abgelaufen war. Im Verfahren auf Erlass des Vollstreckungsbescheids vertritt der Anwalt dagegen vier Auftraggeber, so dass sich die Verfahrensgebühr der Nr. 3308 VV nach Nr. 1008 VV um 0,9 auf 1,4 erhöht. Der Ausschluss nach Anm. S. 2 zu Nr. 3308 VV greift jetzt nicht.

1.	1,0-Verfahrensgebühr, Nr. 3305 VV (Wert: 7.500,00 EUR)	456,00 EUR
2.	1,4-Verfahrensgebühr, Nrn. 3308, 1008 VV (Wert: 7.500,00 EUR)	638,40 EUR
3.	Postentgeltpauschale, Nr. 7002 VV	20,00 EUR
	Zwischensumme 1.114,40 EUR	
4.	19 % Umsatzsteuer, Nr. 7008 VV	211,74 EUR
Gesamt		**1.326,14 EUR**

Wird der **Vollstreckungsbescheid nur wegen eines Teilbetrages** beantragt, ändert dies an der bereits entstandenen Mahnverfahrensgebühr (Nr. 3305 VV) nichts. Lediglich die Gebühr für den Vollstreckungsbescheid (Nr. 3308 VV) entsteht nach dem geringeren Wert. 69

Beispiel 51 | **Mahnverfahren mit Teilvollstreckungsbescheid**

Der Anwalt erhält den Auftrag zu einem Mahnverfahren in Höhe von 2.000,00 EUR; nach Erlass des Mahnbescheids werden 1.000,00 EUR gezahlt. Der Vollstreckungsbescheid wird nur noch über 1.000,00 EUR beantragt.

Auf die Mahnverfahrensgebühr (Nr. 3305 VV) hat die Zahlung keinen Einfluss. Lediglich die Gebühr für den Vollstreckungsbescheid (Nr. 3308 VV) entsteht nach dem reduzierten Wert.

---

36 Siehe hierzu Zöller/*Vollkommer*, vor § 688 ZPO Rn 11; Thomas/Putzo/*Hüßtege*, vor § 688 ZPO Rn 7.

1.	1,0-Verfahrensgebühr, Nr. 3305 VV (Wert: 2.000,00 EUR)	150,00 EUR
2.	0,5-Verfahrensgebühr, Nr. 3308 VV (Wert: 1.000,00 EUR)	40,00 EUR
3.	Postentgeltpauschale, Nr. 7002 VV	20,00 EUR
	Zwischensumme 210,00 EUR	
4.	19 % Umsatzsteuer, Nr. 7008 VV	39,90 EUR
Gesamt		**249,90 EUR**

70 Möglich ist auch, dass sich das Verfahren sowohl vor Beantragung des Mahnbescheids als auch vor Beantragung des Vollstreckungsbescheids teilweise erledigt. Dann ist für jede Gebühr ein gesonderter Wert zu ermitteln.

> **Beispiel 52** **Mahnverfahren mit teilweiser Erledigung vor Antragstellung und Teilvollstreckungsbescheid**

Der Anwalt erhält den Auftrag zu einem Mahnverfahren in Höhe von 3.000,00 EUR; der Schuldner zahlt vor Einreichung des Mahnantrags noch 1.000,00 EUR, so dass der Mahnbescheid nur über 2.000,00 EUR beantragt wird; daraufhin werden weitere 500,00 EUR gezahlt. Der Vollstreckungsbescheid wird nur noch über 1.500,00 EUR beantragt.

Jetzt entsteht die 1,0-Mahnverfahrensgebühr (Nr. 3305 VV) nur nach 2.000,00 EUR; aus dem restlichen Auftragswert (1.000,00 EUR) entsteht nur die 0,5-Gebühr nach Nrn. 3305, 3306 VV. Zu prüfen ist jetzt noch § 15 Abs. 3 RVG; insgesamt darf nicht mehr abgerechnet werden als 1,0 aus 3.000,00 EUR (= 189,00 EUR). Dieser Betrag ist hier aber nicht erreicht.

Die Gebühr für den Vollstreckungsbescheid (Nr. 3308 VV) entsteht infolge der vorherigen Teilzahlung und der damit verbundenen Erledigung des Verfahrens nur noch nach 1.500,00 EUR.

1.	1,0-Verfahrensgebühr, Nr. 3305 VV (Wert: 2.000,00 EUR)	150,00 EUR
2.	0,5-Verfahrensgebühr, Nrn. 3305, 3306 VV (Wert: 1.000,00 EUR)	40,00 EUR
3.	0,5-Verfahrensgebühr, Nr. 3308 VV (Wert: 1.500,00 EUR)	57,50 EUR
4.	Postentgeltpauschale, Nr. 7002 VV	20,00 EUR
	Zwischensumme 267,50 EUR	
5.	19 % Umsatzsteuer, Nr. 7008 VV	50,83 EUR
Gesamt		**318,33 EUR**

b) Vertretung nur im Verfahren auf Erlass des Vollstreckungsbescheids ohne vorherige Vertretung im Verfahren über den Antrag auf Erlass des Mahnbescheids

71 Wird der Anwalt erst nach Ablauf der „Widerspruchsfrist" mit dem Antrag auf Erlass eines Vollstreckungsbescheids beauftragt, ohne dass er zuvor im Mahnverfahren tätig war, steht ihm nur die Verfahrensgebühr nach Nr. 3308 VV für den Antrag auf Erlass des Vollstreckungsbescheides zu, nicht aber auch die Verfahrensgebühr nach Nr. 3305 VV für die Vertretung im Mahnverfahren.

II. Vertretung des Antragstellers § 11

Beispiel 53 | **Vollstreckungsbescheid ohne Mahnverfahren**

Der Antragsteller beantragt selbst den Erlass eines Mahnbescheids über 7.500,00 EUR. Anschließend wird der Anwalt mit dem Antrag auf Erlass des Vollstreckungsbescheids beauftragt.

Die Mahnverfahrensgebühr hat der Anwalt nicht verdient, sondern nur die Gebühr für den Antrag auf Erlass des Vollstreckungsbescheids.

1.	0,5-Verfahrensgebühr, Nr. 3308 VV (Wert: 7.500,00 EUR)	228,00 EUR
2.	Postentgeltpauschale, Nr. 7002 VV	20,00 EUR
	Zwischensumme 248,00 EUR	
3.	19 % Umsatzsteuer, Nr. 7008 VV	47,12 EUR
Gesamt		**295,12 EUR**

Diese Berechnung gilt auch dann, wenn die Partei das Mahnverfahren selbst betrieben und auch den Vollstreckungsbescheid selbst erwirkt hat und sie jetzt den Anwalt „nur" noch mit der **Zustellung des Vollstreckungsbescheids** beauftragt, da die Zustellung gem. § 19 Abs. 1 S. 2 Nr. 9 RVG noch zum Rechtszug gehört. Die Gebühr nach Nr. 3308 VV ist in diesem Falle auch erstattungsfähig und auf Antrag nachträglich in den Vollstreckungsbescheid mit aufzunehmen.[37]

72

Beispiel 54 | **Auftrag zur öffentlichen Zustellung des Vollstreckungsbescheids**

Der Antragsteller hatte selbst den Erlass eines Mahnbescheids über 7.500,00 EUR nebst zugehörigem Vollstreckungsbescheid erwirkt. Der Vollstreckungsbescheid konnte jedoch nicht zugestellt werden. Daraufhin wird ein Anwalt mit der öffentlichen Zustellung beauftragt.[38]

Abzurechnen ist wie im vorangegangenen Beispiel 53. Die Tätigkeit auf Zustellung einer Entscheidung zählt zwar nach § 19 Abs. 1 S. 2 Nr. 9 RVG zum jeweiligen Verfahren und wird durch die dortige Verfahrensgebühr abgegolten. Wenn der Anwalt die Verfahrensgebühr aber noch nicht verdient hat, dann entsteht sie für ihn mit der Zustellungstätigkeit. Denkbar wäre auch eine Einzeltätigkeit nach Nr. 3403 VV. Dann würde eine 0,8-Verfahrensgebühr entstehen, die nach § 15 Abs. 6 S. 1 RVG wiederum auf 0,5 zu begrenzen wäre.

Wird der Anwalt für mehrere Auftraggeber wegen desselben Gegenstandes im Verfahren auf Erlass des Vollstreckungsbescheides tätig, erhöht sich die Gebühr nach Nr. 3308 VV gem. Nr. 1008 VV, da der Ausschluss der Anm. S. 2 zu Nr. 3308 VV nicht greift.[39]

73

Beispiel 55 | **Vollstreckungsbescheid ohne Mahnverfahren, mehrere Auftraggeber**

Die beiden Antragsteller beantragen selbst den Erlass eines Mahnbescheids über 7.500,00 EUR. Anschließend wird der Anwalt mit dem Antrag auf Erlass des Vollstreckungsbescheids beauftragt.

---

37 LG Bonn AGS 2005, 340 m. Anm. *N. Schneider* = RVGreport 2005, 350 = RVG-B 2005, 129.
38 Fall nach LG Bonn AGS 2005, 340 m. Anm. *N. Schneider* = RVGreport 2005, 350 = RVG-B 2005, 129.
39 *Hansens/Braun/Schneider*, Teil 8 Rn 407 ff.

§ 11 Mahnverfahren

Auch hier erhöht sich die Gebühr nach Nr. 3308 VV bei mehreren Auftraggebern gem. Nr. 1008 VV, da der Ausschluss der Anm. S. 2 zu Nr. 3308 VV nicht greift.[40]

1. 0,8-Verfahrensgebühr, Nrn. 3308, 1008 VV (Wert: 7.500,00 EUR)	364,80 EUR
2. Postentgeltpauschale, Nr. 7002 VV	20,00 EUR
Zwischensumme 384,80 EUR	
3. 19 % Umsatzsteuer, Nr. 7008 VV	73,11 EUR
Gesamt	**457,91 EUR**

c) Keine Anrechnung der Verfahrensgebühr für den Antrag auf Erlass des Vollstreckungsbescheids

74 Eine **Anrechnung** der Gebühr nach Nr. 3308 VV ist nicht vorgesehen. Nur die Mahnverfahrensgebühr wird nach Anm. zu Nr. 3305 VV angerechnet, nicht aber auch die Vollstreckungsbescheidgebühr (Nr. 3308 VV). Diese ist vielmehr anrechnungsfrei. Das gilt auch dann, wenn der Anwalt nicht im Verfahren auf Erlass des Mahnbescheids tätig geworden ist, sondern nur im Verfahren über den Erlass des Vollstreckungsbescheids.

Beispiel 56 | **Keine Anrechnung der Vollstreckungsbescheidgebühr**

Der Anwalt erhält einen Auftrag für ein Mahnverfahren über 7.500,00 EUR. Es ergeht Vollstreckungsbescheid. Der Antragsgegner legt hiergegen Einspruch ein. Nach Abgabe an das zuständige LG wird mündlich verhandelt.

Nur die Mahnverfahrensgebühr wird nach Anm. zu Nr. 3305 VV angerechnet (siehe Rn 45 ff.), nicht aber auch die Verfahrensgebühr für den Vollstreckungsbescheid (Nr. 3308 VV). Diese ist vielmehr anrechnungsfrei.

I. Mahnverfahren

1. 1,0-Verfahrensgebühr, Nr. 3305 VV (Wert: 7.500,00 EUR)	456,00 EUR
2. 0,5-Verfahrensgebühr, Nr. 3308 VV (Wert: 7.500,00 EUR)	228,00 EUR
3. Postentgeltpauschale, Nr. 7002 VV	20,00 EUR
Zwischensumme 704,00 EUR	
4. 19 % Umsatzsteuer, Nr. 7008 VV	133,76 EUR
Gesamt	**837,76 EUR**

II. Streitiges Verfahren

1. 1,3-Verfahrensgebühr, Nr. 3100 VV (Wert: 7.500,00 EUR)	592,80 EUR
2. anzurechnen gem. Anm. zu Nr. 3305 VV, 1,0 aus 7.500,00 EUR	– 456,00 EUR
3. 1,2-Terminsgebühr, Nr. 3104 VV (Wert: 7.500,00 EUR)	547,20 EUR
4. Postentgeltpauschale, Nr. 7002 VV	20,00 EUR
Zwischensumme 704,00 EUR	
5. 19 % Umsatzsteuer, Nr. 7008 VV	133,76 EUR
Gesamt	**837,76 EUR**

---

[40] *Hansens/Braun/Schneider*, Teil 8 Rn 407 ff.

Eine Vollstreckungsbescheidgebühr wird auch nicht angerechnet, wenn es im streitigen Verfahren zum Erlass eines zweiten Versäumnisurteils kommt.[41]

Beispiel 57 | **Keine Anrechnung bei Vollstreckungsbescheid und anschließendem zweitem Versäumnisurteil im streitigen Verfahren**

Der Anwalt beantragt den Erlass eines Mahnbescheids über 7.500,00 EUR und erwirkt einen Vollstreckungsbescheid. Der Antragsgegner legt Einspruch ein. Dieser wird im streitigen Verfahren durch zweites Versäumnisurteil verworfen.

Es entsteht jetzt sowohl die 0,5-Verfahrensgebühr nach Nr. 3308 VV als auch im streitigen Verfahren eine 0,5-Terminsgebühr nach Nrn. 3104, 3105 VV. Eine Anrechnung findet auch jetzt nicht statt.

I.	**Mahnverfahren**		
1.	1,0-Verfahrensgebühr, Nr. 3305 VV (Wert: 7.500,00 EUR)		456,00 EUR
2.	0,5-Verfahrensgebühr, Nr. 3308 VV (Wert: 7.500,00 EUR)		228,00 EUR
3.	Postentgeltpauschale, Nr. 7002 VV		20,00 EUR
	Zwischensumme	704,00 EUR	
4.	19 % Umsatzsteuer, Nr. 7008 VV		133,76 EUR
	Gesamt		**837,76 EUR**
II.	**Streitiges Verfahren**		
1.	1,3-Verfahrensgebühr, Nr. 3100 VV (Wert: 7.500,00 EUR)		592,80 EUR
2.	anzurechnen gem. Anm. zu Nr. 3305 VV, 1,0 aus 7.500,00 EUR		– 456,00 EUR
3.	0,5-Terminsgebühr, Nrn. 3104, 3105 VV (Wert: 7.500,00 EUR)		228,00 EUR
4.	Postentgeltpauschale, Nr. 7002 VV		20,00 EUR
	Zwischensumme	384,80 EUR	
5.	19 % Umsatzsteuer, Nr. 7008 VV		73,11 EUR
	Gesamt		**457,91 EUR**

d) Erlass des Vollstreckungsbescheids durch das Prozessgericht

Wird im streitigen Verfahren der Widerspruch gegen den Mahnbescheid zurückgenommen, was nach § 697 Abs. 4 ZPO bis zum Beginn der mündlichen Verhandlung, allerdings nicht nach Erlass eines Versäumnisurteils, noch möglich ist, erlässt das Streitgericht den Vollstreckungsbescheid (§ 699 Abs. 1 S. 3 ZPO). Gebührenrechtlich wird die Sache dennoch in das Mahnverfahren „zurückversetzt", so dass der Anwalt die Gebühr der Nr. 3308 VV erhält. Die im streitigen Verfahren angefallene Verfahrensgebühr nach Nr. 3100 VV oder Nr. 3101 VV bleibt dagegen bestehen.

---

41 LG Kaiserslautern JurBüro 2005, 475; OLG Köln AGS 2007, 296 m. Anm. *N. Schneider* = RVGreport 2007, 189; OLG Nürnberg AGS 2008, 486 = OLGR 2008, 661 = MDR 2008, 1127 = Rpfleger 2008, 598 = RVGreport 2008, 305; OLG Brandenburg AGkompakt 2010, 42 = JurBüro 2010, 243.

§ 11 Mahnverfahren

> **Beispiel 58** — **Mahnverfahren mit Erlass des Vollstreckungsbescheids durch das Prozessgericht nach Rücknahme des Streitantrags**

Der Anwalt erhält den Auftrag für ein Mahnverfahren über 7.500,00 EUR. Der Antragsgegner legt fristgerecht Widerspruch ein. Nach Abgabe an das zuständige LG wird nach Anspruchsbegründung aber vor mündlicher Verhandlung der Einspruch zurückgenommen. Das LG erlässt daraufhin antragsgemäß den Vollstreckungsbescheid.

Mit der Rücknahme des Streitantrags wird die Sache wieder in das Mahnverfahren zurückversetzt, so dass dort wiederum die Vollstreckungsbescheidgebühr (Nr. 3308 VV) anfallen kann. Die im streitigen Verfahren verdienten Gebühren bleiben dagegen erhalten. Zu beachten ist allerdings die Anrechnung (Anm. zu Nr. 3305 VV).

I. **Mahnverfahren**
1. 1,0-Verfahrensgebühr, Nr. 3305 VV (Wert: 7.500,00 EUR) — 456,00 EUR
2. 0,5-Verfahrensgebühr, Nr. 3308 VV (Wert: 7.500,00 EUR) — 228,00 EUR
3. Postentgeltpauschale, Nr. 7002 VV — 20,00 EUR
Zwischensumme — 704,00 EUR
4. 19 % Umsatzsteuer, Nr. 7008 VV — 133,76 EUR
Gesamt — **837,76 EUR**

II. **Streitiges Verfahren**
1. 1,3-Verfahrensgebühr, Nr. 3100 VV (Wert: 7.500,00 EUR) — 592,80 EUR
2. anzurechnen gem. Anm. zu Nr. 3305 VV, 1,0 aus 7.500,00 EUR — – 456,00 EUR
3. Postentgeltpauschale, Nr. 7002 VV — 20,00 EUR
Zwischensumme — 156,80 EUR
4. 19 % Umsatzsteuer, Nr. 7008 VV — 29,79 EUR
Gesamt — **186,59 EUR**

77 Vertritt der Anwalt mehrere Auftraggeber, ist dem Grunde nach ebenso zu rechnen. Für die Verfahrensgebühr der Nr. 3100 VV fällt die Erhöhung nach Nr. 1008 VV an, nicht aber für die spätere Vollstreckungsbescheidgebühr. Es greift auch hier der Ausschluss der Anm. S. 2 zu Nr. 3308 VV.

> **Beispiel 59** — **Mahnverfahren mit Erlass des Vollstreckungsbescheids durch das Prozessgericht nach Rücknahme des Streitantrags, mehrere Auftraggeber**

Der Anwalt erhält von zwei Gesamtgläubigern den Auftrag für ein Mahnverfahren über 7.500,00 EUR. Der Antragsgegner legt fristgerecht Widerspruch ein. Nach Abgabe an das zuständige LG wird vor mündlicher Verhandlung der Einspruch zurückgenommen. Das LG erlässt daraufhin antragsgemäß den Vollstreckungsbescheid.

Mahnverfahrensgebühr (Nr. 3305 VV) und Verfahrensgebühr (Nr. 3100 VV) erhöhen sich nach Nr. 1008 VV.[42] Die Gebühr für den Vollstreckungsbescheid erhöht sich nicht (Anm. S. 2 zu Nr. 3308 VV).

---

[42] Zur Anrechnung siehe Rn 45 ff.

I. Mahnverfahren

1. 1,3-Verfahrensgebühr, Nrn. 3305, 1008 VV (Wert: 7.500,00 EUR)		592,80 EUR
2. 0,5-Verfahrensgebühr, Nr. 3308 VV (Wert: 7.500,00 EUR)		228,00 EUR
3. Postentgeltpauschale, Nr. 7002 VV		20,00 EUR
Zwischensumme	840,80 EUR	
4. 19 % Umsatzsteuer, Nr. 7008 VV		159,75 EUR
Gesamt		**1.000,55 EUR**

II. Streitiges Verfahren

1. 1,6-Verfahrensgebühr, Nrn. 3100, 1008 VV (Wert: 7.500,00 EUR)		729,60 EUR
2. anzurechnen gem. An, zu Nr. 3305 VV, 1,3 aus 7.500,00 EUR		– 592,80 EUR
3. Postentgeltpauschale, Nr. 7002 VV		20,00 EUR
4. Zwischensumme	156,80 EUR	
5. 19 % Umsatzsteuer, Nr. 7008 VV		29,79 EUR
Gesamt		**186,59 EUR**

Hatte der Mandant das Mahnverfahren selbst betrieben, ist dem Grunde nach ebenso zu rechnen. Es fällt jetzt lediglich keine Mahnverfahrensgebühr nach Nr. 3305 VV an, die folglich auch nicht anzurechnen ist. 78

Beispiel 60 — **Mahnverfahren mit Erlass des Vollstreckungsbescheids durch das Prozessgericht, Beauftragung des Anwalts erst im streitigen Verfahren**

Der Antragsteller hatte selbst den Erlass eines Mahnbescheids über 7.500,00 EUR erwirkt. Der Antragsgegner hatte dagegen fristgerecht Widerspruch eingelegt. Nach Abgabe an das zuständige LG wird der Anwalt mit der Prozessführung beauftragt. Vor mündlicher Verhandlung nimmt der Beklagte den Widerspruch zurück. Das LG erlässt daraufhin auf Antrag des Anwalts den Vollstreckungsbescheid.

Der Anwalt erhält zunächst die Gebühren des streitigen Verfahrens. Anschließend wird das Verfahren in das Mahnverfahren „zurückversetzt". Die Mahnverfahrensgebühr der Nr. 3305 VV hat der Anwalt jedoch nicht verdient, sondern nur noch die Gebühr für den Antrag auf Erlass des Vollstreckungsbescheids (Nr. 3308 VV) nebst Auslagen. Eine Anrechnung findet nicht statt.

I. Streitiges Verfahren

1. 1,3-Verfahrensgebühr, Nrn. 3100 VV (Wert: 7.500,00 EUR)		592,80 EUR
2. Postentgeltpauschale, Nr. 7002 VV		20,00 EUR
Zwischensumme	612,80 EUR	
3. 19 % Umsatzsteuer, Nr. 7008 VV		116,43 EUR
Gesamt		**729,23 EUR**

II. Mahnverfahren

1. 0,5-Verfahrensgebühr, Nr. 3308 VV (Wert: 7.500,00 EUR)		228,00 EUR
2. Postentgeltpauschale, Nr. 7002 VV		20,00 EUR
Zwischensumme	248,00 EUR	
3. 19 % Umsatzsteuer, Nr. 7008 VV		47,12 EUR
Gesamt		**295,12 EUR**

79 Vertritt der Anwalt mehrere Auftraggeber, die das Mahnverfahren selbst betrieben hatten, ist dem Grunde nach ebenso zu rechnen. Allerdings erhöht sich die Verfahrensgebühr der Nr. 3308 VV, da der Ausschluss der Anm. S. 2 zu Nr. 3308 VV nicht greift.

> **Beispiel 61** **Mahnverfahren mit Erlass des Vollstreckungsbescheids durch das Prozessgericht, Beauftragung des Anwalts erst im streitigen Verfahren, mehrere Auftraggeber**

Die beiden Antragsteller hatten selbst den Erlass eines Mahnbescheids über 7.500,00 EUR beantragt. Nach Widerspruch und Abgabe an das zuständige LG wird der Anwalt beauftragt. Vor mündlicher Verhandlung wird der Widerspruch zurückgenommen. Das LG erlässt daraufhin auf Antrag des Anwalts den Vollstreckungsbescheid.

Eine Mahnverfahrensgebühr nach Nr. 3305 VV hat der Anwalt nicht verdient, sondern nur die Gebühr für den Antrag auf Erlass des Vollstreckungsbescheids (Nr. 3308 VV), die sich nach Nr. 1008 VV erhöht. Eine Anrechnung findet auch hier nicht statt.

I. Streitiges Verfahren		
1. 1,6-Verfahrensgebühr, Nrn. 3100, 1008 VV (Wert: 7.500,00 EUR)		729,60 EUR
2. Postentgeltpauschale, Nr. 7002 VV		20,00 EUR
Zwischensumme	749,60 EUR	
3. 19 % Umsatzsteuer, Nr. 7008 VV		142,42 EUR
Gesamt		**892,02 EUR**
II. Mahnverfahren		
1. 0,8-Verfahrensgebühr, Nrn. 3308, 1008 VV (Wert: 7.500,00 EUR)		364,80 EUR
2. Postentgeltpauschale, Nr. 7002 VV		20,00 EUR
Zwischensumme	384,80 EUR	
3. 19 % Umsatzsteuer, Nr. 7008 VV		73,11 EUR
Gesamt		**457,91 EUR**

7. Sofortige Beschwerde gegen die Ablehnung des Antrags auf Erlass des Vollstreckungsbescheids

80 Lehnt der Rechtspfleger den Antrag auf Erlass des Vollstreckungsbescheids ab, ist hiergegen die sofortige Beschwerde gegeben (§ 11 Abs. 1 RPflegerG, § 567 Abs. 1 ZPO).[43] Diese stellt nach § 18 Abs. 1 Nr. 3 RVG eine **besondere Angelegenheit** dar, in der dem Anwalt eine **gesonderte Vergütung** zusteht. Der Anwalt erhält die Gebühren nach Nrn. 3500 ff. VV, also eine weitere 0,5-Verfahrensgebühr nach Nr. 3500 VV. Eine Terminsgebühr nach Nr. 3513 VV ist zwar theoretisch möglich, wird in der Praxis aber kaum vorkommen.

> **Beispiel 62** **Mahnverfahren mit sofortiger Beschwerde gegen den Nichterlass des Vollstreckungsbescheids**

Der Anwalt hatte auftragsgemäß einen Mahnbescheid über 2.000,00 EUR erwirkt. Er beantragt anschließend den Erlass eines Vollstreckungsbescheids, dessen Erlass der Rechtspfleger ablehnt. Hiergegen legt der Anwalt auftragsgemäß sofortige Beschwerde ein.

---

43 Zöller/*Vollkommer*, § 699 ZPO Rn 18.

Der Anwalt hat neben der Mahnverfahrensgebühr der Nr. 3305 VV auch die Gebühr für den Antrag auf Erlass des Vollstreckungsbescheids (Nr. 3308 VV) verdient, da er den Antrag gestellt hat.

Im Beschwerdeverfahren entsteht eine weitere 0,5-Verfahrensgebühr nach Nr. 3500 VV.

I.	**Mahnverfahren (Wert: 1.000,00 EUR)**	
1.	1,0-Verfahrensgebühr, Nr. 3305 VV	80,00 EUR
2.	0,5-Verfahrensgebühr, Nr. 3308 VV	40,00 EUR
3.	Postentgeltpauschale, Nr. 7002 VV	20,00 EUR
	Zwischensumme 140,00 EUR	
4.	19 % Umsatzsteuer, Nr. 7008 VV	26,60 EUR
Gesamt		**166,60 EUR**
II.	**Beschwerdeverfahren (Wert: 1.000,00 EUR)**	
1.	0,5-Verfahrensgebühr, Nr. 3500 VV	40,00 EUR
2.	Postentgeltpauschale, Nr. 7002 VV	8,00 EUR
	Zwischensumme 48,00 EUR	
3.	19 % Umsatzsteuer, Nr. 7008 VV	9,12 EUR
Gesamt		**57,12 EUR**

Wird der Anwalt von mehreren Auftraggebern beauftragt, erhöht sich sowohl die Mahnverfahrensgebühr (Nr. 3305 VV) als auch die Verfahrensgebühr des Beschwerdeverfahrens (Nr. 3500 VV) nach Nr. 1008 VV um jeweils 0,3. Lediglich bei der Verfahrensgebühr der Nr. 3308 VV verbleibt es beim Ausschluss nach Anm. S. 2 zu Nr. 3308 VV. **81**

Beispiel 63 **Mahnverfahren mit sofortiger Beschwerde gegen den Nichterlass des Vollstreckungsbescheids, mehrere Auftraggeber**

Der Anwalt hatte auftragsgemäß für zwei Auftraggeber als Gesamtgläubiger einen Mahnbescheid über 2.000,00 EUR erwirkt. Er beantragt anschließend den Erlass eines Vollstreckungsbescheids, dessen Erlass der Rechtspfleger ablehnt. Hiergegen legt der Anwalt auftragsgemäß sofortige Beschwerde ein.

I.	**Mahnverfahren (Wert: 2.000,00 EUR)**	
1.	1,3-Verfahrensgebühr, Nrn. 3305, 1008 VV	195,00 EUR
2.	0,5-Verfahrensgebühr, Nr. 3308 VV	75,00 EUR
3.	Postentgeltpauschale, Nr. 7002 VV	20,00 EUR
	Zwischensumme 290,00 EUR	
4.	19 % Umsatzsteuer, Nr. 7008 VV	55,10 EUR
Gesamt		**345,10 EUR**
II.	**Beschwerdeverfahren (Wert: 2.000,00 EUR)**	
1.	0,8-Verfahrensgebühr, Nrn. 3500, 1008 VV	120,00 EUR
2.	Postentgeltpauschale, Nr. 7002 VV	20,00 EUR
	Zwischensumme 140,00 EUR	
3.	19 % Umsatzsteuer, Nr. 7008 VV	26,60 EUR
Gesamt		**166,60 EUR**

Die Beschwerde kann sich auch nur gegen einen Teilbetrag richten, wenn der Erlass des Vollstreckungsbescheides nur teilweise abgelehnt wird. Hauptanwendungsfall dürfte das Absetzen angemeldeter Kosten sein. **82**

> **Beispiel 64** — Mahnverfahren mit sofortiger Beschwerde gegen den Nichterlass des Vollstreckungsbescheids wegen einer Kostenposition

Der Anwalt hatte auftragsgemäß einen Mahnbescheid über 10.000,00 EUR erwirkt. Anschließend verhandeln die Anwälte zur Erledigung des Mahnverfahrens und Vermeidung des streitigen Verfahrens. Es kommt zu einer Einigung, wonach der Antragsgegner sich verpflichtet, 8.000,00 EUR zu zahlen und hierüber gegen sich einen Vollstreckungsbescheid ergehen zu lassen. Gleichzeitig verpflichtet er sich, die gesamten Kosten des Mahnverfahrens einschließlich der Termins- und Einigungsgebühr zu übernehmen. Der Gläubiger beantragt daraufhin den Erlass eines Vollstreckungsbescheids und nimmt unter „weitere Auslagen des Antragstellers für dieses Verfahren, soweit bisher nicht angegeben" auch die 1,2-Termins- und die 1,0-Einigungsgebühr auf. Hinsichtlich dieser Kostenpositionen lehnt der Rechtspfleger den Erlass des Vollstreckungsbescheids ab. Hiergegen legt der Anwalt auftragsgemäß sofortige Beschwerde ein, die auch erfolgreich ist.[44]

Der Anwalt hat neben der Mahnverfahrensgebühr der Nr. 3305 VV auch die Gebühr für den Antrag auf Erlass des Vollstreckungsbescheids (Nr. 3308 VV) verdient. Hinzu kommt das Beschwerdeverfahren als gesonderte Angelegenheit. Hier entsteht eine 0,5-Verfahrensgebühr aus dem Kostenwert (Termins- und Einigungsgebühr nebst anteiliger Umsatzsteuer, § 23 Abs. 3 S. 3, 1 Abs. 3 S. 2 RVG), also 669,60 EUR + 558,00 EUR + 233,24 EUR = 1.460,84 EUR.

I. Mahnverfahren		
1. 1,0-Verfahrensgebühr, Nr. 3305 VV (Wert: 10.000,00 EUR)		558,00 EUR
2. 1,2-Terminsgebühr, Nr. 3104 VV (Wert: 10.000,00 EUR)		669,60 EUR
3. 1,0-Einigungsgebühr, Nrn. 1000, 1003 VV (Wert: 10.000,00 EUR)		558,00 EUR
4. 0,5-Verfahrensgebühr, Nr. 3308 VV (Wert: 8.000,00 EUR)		228,00 EUR
5. Postentgeltpauschale, Nr. 7002 VV		20,00 EUR
Zwischensumme	2.033,60 EUR	
6. 19 % Umsatzsteuer, Nr. 7008 VV		386,38 EUR
Gesamt		**2.419,98 EUR**
II. Beschwerdeverfahren (Wert: 1.460,84 EUR)		
1. 0,5-Verfahrensgebühr, Nr. 3500 VV		57,50 EUR
2. Postentgeltpauschale, Nr. 7002 VV		11,50 EUR
Zwischensumme	69,00 EUR	
3. 19 % Umsatzsteuer, Nr. 7008 VV		13,11 EUR
Gesamt		**82,11 EUR**

8. Erinnerung gegen den Nichterlass des Vollstreckungsbescheids

83 Lehnt der Rechtspfleger den Antrag auf Erlass des Vollstreckungsbescheids nur im Kostenpunkt ab und übersteigt der Wert des Beschwerdegegenstands den Betrag von 200,00 EUR nicht, ist die Beschwerde unzulässig (§ 567 Abs. 2 ZPO). Es ist dann allerdings die Erinnerung nach § 104 Abs. 3 ZPO i.V.m. § 11 Abs. 2 RpflG gegeben, über die der Richter entscheidet, wenn ihr der Rechtpfleger nicht abhilft.

---

44 Siehe hierzu KG AGS 2006, 65 = KGR 2005, 837 = Rpfleger 2005, 697 = RVGreport 2005, 383 = RVG professionell 2005, 199 = NJ 2005, 563 = RVG-B 2005, 177; LG Bonn/AG Euskirchen AGS 2007, 265 m. Anm. *N. Schneider* = RVGreport 2007, 231; LG Bonn AGS 2007, 447; LG Lüneburg AGS 2007, 646 = NJW-Spezial 2007, 556.

Da sich die Erinnerung gegen eine Entscheidung des Rechtspflegers richtet, liegt nach § 18 Abs. 1 Nr. 3 RVG eine besondere Angelegenheit vor, in der der Anwalt eine gesonderte Vergütung erhält. Diese richtet sich nach Nr. 3500 VV. Der Anwalt erhält eine weitere 0,5-Verfahrensgebühr nach Nr. 3305 VV.

84

> **Beispiel 65** | **Mahnverfahren mit Erinnerung gegen die Absetzung von Kosten**

Der Anwalt hatte einen Mahnbescheid über 1.000,00 EUR erwirkt und hiernach eine Besprechung mit der Gegenseite zur Erledigung des Mahnverfahrens geführt. Die Verhandlungen blieben ergebnislos. Daher stellte der Anwalt den Antrag auf Erlass des Vollstreckungsbescheids und nahm darin auch die angefallene Terminsgebühr (Nr. 3104 VV i.V.m. Vorbem. 3.3.2, Vorbem. 3 Abs. 3 S. 3 Nr. 2 VV) nebst anteiliger Umsatzsteuer mit auf. Der Rechtspfleger setzte diese Terminsgebühr ab und erließ den Vollstreckungsbescheid nur im Übrigen. Hiergegen legt der Anwalt für den Antragsteller sofortige Beschwerde ein.[45]

Aus dem Wert der Hauptsache entstehen die 1,0-Verfahrensgebühr nach Nr. 3305 VV und die 0,5-Verfahrensgebühr nach Nr. 3308 VV. Die Verfahrensgebühr des Erinnerungsverfahrens richtet sich dagegen gem. § 23 Abs. 2 S. 3, 1, Abs. 3 S. 2 RVG nur nach dem Wert der abgesetzten Terminsgebühr zuzüglich anteiliger Umsatzsteuer (114,24 EUR).

I. Mahnverfahren (Wert: 1.000,00 EUR)		
1. 1,0-Verfahrensgebühr, Nr. 3305 VV		80,00 EUR
2. 1,2-Terminsgebühr, Nr. 3104 VV		96,00 EUR
3. 0,5-Verfahrensgebühr, Nr. 3308 VV		40,00 EUR
4. Postentgeltpauschale, Nr. 7002 VV		20,00 EUR
Zwischensumme	236,00 EUR	
5. 19 % Umsatzsteuer, Nr. 7008 VV		44,84 EUR
Gesamt		**280,84 EUR**
II. Erinnerungsverfahren (Wert: 114,24 EUR)		
1. 0,5-Verfahrensgebühr, Nr. 3500 VV		22,50 EUR
2. Postentgeltpauschale, Nr. 7002 VV		4,50 EUR
Zwischensumme	27,00 EUR	
3. 19 % Umsatzsteuer, Nr. 7008 VV		5,13 EUR
Gesamt		**32,13 EUR**

III. Vertretung des Antragsgegners

1. Überblick

Der Anwalt des Antragsgegners erhält für dessen Vertretung eine Verfahrensgebühr in Höhe von 0,5 (Nr. 3307 VV). Mit dieser Gebühr ist seine **gesamte Tätigkeit im Mahnverfahren** einschließlich der Entgegennahme der Information, einer Prüfung der Erfolgsaussichten[46] und einer eventuellen Begründung des Widerspruchs abgegolten.[47]

85

Wird der Vertreter des Antragsgegners – entgegen § 702 Abs. 2 ZPO – ausnahmsweise auch im **Verfahren auf Erlass des Vollstreckungsbescheids** beteiligt, wird seine Tätigkeit ebenfalls

86

---

[45] Siehe hierzu LG Bonn/AG Euskirchen AGS 2007, 265 m. Anm. *N. Schneider*; LG Bonn AGS 2007, 447.
[46] Kein Fall der Nrn. 2100 ff. VV, da der Widerspruch kein Rechtsmittel ist.
[47] AnwK-RVG/*Mock*, Nr. 3307 Rn 7 f.; *Hansens/Braun/Schneider*, Teil 8 Rn 414.

durch die Gebühr der Nr. 3307 VV mit abgegolten. Eine Gebühr nach Nr. 3308 VV ist nur dem Antragsteller vorbehalten.

87 Allerdings kommt auch jetzt für den Vertreter des Antragsgegners aufgrund der Verweisung der Vorbem. 3.3.2 VV eine **Terminsgebühr** gem. Vorbem. 3 Abs. 3 S. 3 Nr. 2 VV i.V.m. Nr. 3104 VV in Betracht, wenn der Anwalt eine Besprechung mit dem Gegner oder einem Dritten zur Erledigung oder Vermeidung des Mahnverfahrens oder zur Vermeidung des nachfolgenden streitigen Verfahrens führt.

88 Stellt der Vertreter des Antragsgegners mit dem Widerspruch bereits den Antrag auf **Durchführung des streitigen Verfahrens** (§ 696 Abs. 1 S. 1 ZPO), so gehört diese zusätzliche Tätigkeit nicht mehr zur Gebührenangelegenheit des Mahnverfahrens. Vielmehr verdient der Anwalt mit dem Streitantrag bereits die Verfahrensgebühr des folgenden Rechtsstreits nach Nr. 3100 VV.[48]

89 Ebenso zählt die **Erhebung des Einspruchs** nicht mehr zum Mahnverfahren. Diese Tätigkeit gehört vielmehr zum nachfolgenden Rechtszug und löst bereits dort die Verfahrensgebühr (Nr. 3100 VV) aus.[49]

90 Auch die Verfahrensgebühr nach Nr. 3307 VV wird auf die nachfolgende Verfahrensgebühr des Rechtsstreits **angerechnet** (Anm. zu Nr. 3307 VV). Eine Anrechnung der Verfahrensgebühr unterbleibt dagegen gem. § 15 Abs. 5 S. 2 RVG, wenn seit der Beendigung des Mahnverfahrens mehr als zwei Kalenderjahre verstrichen sind.[50]

91 Ebenso ist eine Terminsgebühr anzurechnen (Anm. Abs. 4 zu Nr. 3104 VV); es sei denn, zwischen Mahnverfahren und streitigen Verfahren liegen mehr als zwei Kalenderjahre (§ 15 Abs. 5 S. 2 RVG).

92 Legt der Antragsteller gegen den Nichterlass des Vollstreckungsbescheids sofortige Beschwerde ein (siehe Rn 80) und wird der Anwalt des Antragsgegners auch in diesem Verfahren beauftragt, so handelt es sich auch für ihn nach § 18 Abs. 1 Nr. 3 RVG um eine besondere Angelegenheit, in der er eine gesonderte Vergütung nach Nr. 3500 VV erhält. Gleiches gilt für ein Erinnerungsverfahren (siehe Rn 83).

2. Vertretung im Mahnverfahren

a) Verfahrensgebühr

93 Für die Vertretung des Antragsgegners im Mahnverfahren erhält der Anwalt die 0,5-Verfahrensgebühr nach Nr. 3307 VV.

| Beispiel 66 | Widerspruch im Mahnverfahren |

Gegen den Mandanten ist ein Mahnbescheid in Höhe von 3.000,00 EUR ergangen. Der Anwalt legt hiergegen Widerspruch ein.

---

48 OLG Köln AGS 2007, 344; OLG Hamm AnwBl. 1989, 682 = MDR 1989, 648; AnwK-RVG/*Mock*, Nr. 3307 Rn 24 ff.
49 OLG München 1962, 617; *Hansens*, RVGreport 2004, 123; RMOLK/*Hergenröder*, Nr. 3307 VV Rn 2.
50 OLG München BRAGOreport 2000, 26 [Hansens] = AGS 2001, 51 = AnwBl. 2000, 698 = JurBüro 2000, 469 = MDR 2000, 785 = NJW-RR 2000, 1721 = OLGR 2000, 200 = Rpfleger 2000, 516 = KostRsp. BRAGO § 43 Rn 58 m. Anm. *N. Schneider*; *N. Schneider*, MDR 2003, 727; ders., AGS 2003, 240; AnwK-RVG/*N. Schneider*, § 15 Rn 293; *Hansens/Braun/Schneider*, Teil 8 Rn 419.

1. 0,5-Verfahrensgebühr, Nr. 3307 VV		100,50 EUR
(Wert: 3.000,00 EUR)		
2. Postentgeltpauschale, Nr. 7002 VV		20,00 EUR
Zwischensumme	120,50 EUR	
3. 19 % Umsatzsteuer, Nr. 7008 VV		22,90 EUR
Gesamt		**143,40 EUR**

Auch die Gebühr nach Nr. 3307 VV erhöht sich bei **mehreren Auftraggebern**, soweit der Gegenstand der anwaltlichen Tätigkeit derselbe ist (Nr. 1008 VV), also i.d.R. bei Gesamtschuldnern.

94

> **Beispiel 67** Widerspruch im Mahnverfahren, mehrere Auftraggeber, derselbe Gegenstand

Gegen zwei Mandanten als Gesamtschuldner ist ein Mahnbescheid in Höhe von **3.000,00 EUR** ergangen. Der Anwalt legt hiergegen Widerspruch ein.

Die Widerspruchsgebühr erhöht sich gem. Nr. 1008 VV um 0,3.

1. 0,8-Verfahrensgebühr, Nrn. 3307, 1008 VV		160,80 EUR
(Wert: 3.000,00 EUR)		
2. Postentgeltpauschale, Nr. 7002 VV		20,00 EUR
Zwischensumme	180,80 EUR	
3. 19 % Umsatzsteuer, Nr. 7008 VV		34,35 EUR
Gesamt		**215,15 EUR**

> **Beispiel 68** Widerspruch im Mahnverfahren, mehrere Auftraggeber, verschiedene Gegenstände (Teilschuld)

Gegen zwei Mandanten ist ein Mahnbescheid über **6.000,00 EUR** ergangen. Der Mahnbescheid weist die Antragsgegner nicht als Gesamtschuldner aus. Der Anwalt legt auftragsgemäß Widerspruch ein.

Jetzt liegen der anwaltlichen Tätigkeit unterschiedliche Gegenstände zugrunde. Wird im Mahnbescheid nicht angegeben, dass die Antragsgegner als Gesamtschuldner in Anspruch genommen werden, dann ist von einer Teilschuld auszugehen und zwar mangels Angaben von jeweils einer hälftigen Teilschuld.[51]

Der Anwalt erhält daher nur die einfache Verfahrensgebühr aus dem Gesamtwert (§ 23 Abs. 1 S. 1 RVG i.V.m. § 39 Abs. 1 GKG).

1. 0,5-Verfahrensgebühr, Nr. 3307 VV		177,00 EUR
(Wert: 6.000,00 EUR)		
2. Postentgeltpauschale, Nr. 7002 VV		20,00 EUR
Zwischensumme	197,00 EUR	
3. 19 % Umsatzsteuer, Nr. 7008 VV		37,43 EUR
Gesamt		**234,43 EUR**

Erhält der Anwalt den vollen Vertretungsauftrag, wird jedoch **kein Widerspruch** oder nur **teilweise Widerspruch** eingelegt, verbleibt es bei der vollen 0,5-Verfahrensgebühr. Eine Ermäßigung der Gebühr nach Nr. 3307 VV ist im Gegensatz zur Verfahrensgebühr nach Nr. 3305 VV (Nr. 3306 VV) nicht vorgesehen.

95

---

51 Siehe dazu LG Berlin MDR 1997, 146.

§ 11 Mahnverfahren

> **Beispiel 69** | **Abraten vom Widerspruch**

Gegen den Mandanten ist ein Mahnbescheid in Höhe von 3.000,00 EUR ergangen. Der Anwalt erhält den Auftrag zur Vertretung des Antragsgegners und rät, zu zahlen und keinen Widerspruch einzulegen. Der Antragsgegner folgt diesem Rat.

Da es nicht darauf ankommt, ob Widerspruch eingelegt wird oder nicht,[52] entsteht auch hier die 0,5-Verfahrensgebühr aus dem vollen Wert, da dem Anwalt ein Gesamtvertretungsauftrag erteilt worden ist.

1. 0,5-Verfahrensgebühr, Nr. 3307 VV (Wert: 3.000,00 EUR)		100,50 EUR
2. Postentgeltpauschale, Nr. 7002 VV		20,00 EUR
Zwischensumme	120,50 EUR	
3. 19 % Umsatzsteuer, Nr. 7008 VV		22,90 EUR
Gesamt		**143,40 EUR**

> **Beispiel 70** | **Beschränkter Widerspruch bei Gesamtvertretungsauftrag**

Gegen den Mandanten ist ein Mahnbescheid in Höhe von 3.000,00 EUR ergangen. Der Anwalt erhält den Auftrag zur Vertretung des Antragsgegners und legt nach Beratung Widerspruch nur in Höhe von 2.000,00 EUR ein.

Auch bei einem Teilwiderspruch entsteht die volle 0,5-Verfahrensgebühr, wenn ein Gesamtvertretungsauftrag erteilt worden war.

Zu rechnen ist wie in Beispiel 69.

96 Nur dann, wenn der Anwalt von vornherein einen eingeschränkten Vertretungsauftrag erhält, ist für ihn der reduzierte Betrag maßgebend.

> **Beispiel 71** | **Beschränkter Verfahrensauftrag (Auftrag zu Teilwiderspruch)**

Gegen den Mandanten ist ein Mahnbescheid in Höhe von 3.000,00 EUR ergangen. In Höhe von 1.000,00 EUR zahlt der Antragsgegner. Im Übrigen beauftragt er den Anwalt mit seiner Vertretung. Der Anwalt legt daraufhin wegen eines Teilbetrages i.H.v. 2.000,00 EUR Widerspruch ein.

Jetzt besteht ein Vertretungsauftrag nur in Höhe von 2.000,00 EUR, so dass die 0,5-Verfahrensgebühr auch nur aus diesem Wert entsteht.

1. 0,5-Verfahrensgebühr, Nr. 3307 VV (Wert: 2.000,00 EUR)		75,00 EUR
2. Postentgeltpauschale, Nr. 7002 VV		15,00 EUR
Zwischensumme	90,00 EUR	
3. 19 % Umsatzsteuer, Nr. 7008 VV		17,10 EUR
Gesamt		**107,10 EUR**

97 Unerheblich ist insoweit, wenn sich der Widerspruch in diesem Fall auf die gesamten Kosten des Mahnverfahrens erstreckt, also auch insoweit, als kein Widerspruch eingelegt worden ist, da die

---

[52] *Hansens/Braun/Schneider*, Teil 8 Rn 415.

Kosten neben der Hauptsache wertmäßig nicht berücksichtigt werden (§ 23 Abs. 1 S. 1 RVG i.V.m. § 43 Abs. 1 GKG).

Ähnlich verhält es sich, wenn nur ein sog. **Kostenwiderspruch** eingelegt wird. Soweit der Anwalt den vollen Vertretungsauftrag hatte, erhält er die 0,5-Verfahrensgebühr aus dem vollen Wert, auch wenn der Widerspruch auf die Kosten beschränkt wird. Erhält der Anwalt dagegen von vornherein nur den Auftrag, wegen der Kosten Widerspruch einzulegen, entsteht die 0,5-Verfahrensgebühr nur aus dem Wert der Kosten.

98

| Beispiel 72 | Kostenwiderspruch bei Gesamtvertretungsauftrag |

Gegen den Mandanten ist ein Mahnbescheid in Höhe von 3.000,00 EUR ergangen. Der Anwalt erhält den Auftrag zur Vertretung des Antragsgegners und empfiehlt diesem, einerseits die Forderung umgehend zu bezahlen, andererseits aber gegen die Kosten Widerspruch einzulegen, da der Mandant zur Einleitung des Mahnverfahrens keinen Anlass gegeben habe (Gedanke des § 93 ZPO).

Da es nicht darauf ankommt, ob Widerspruch eingelegt wird oder nicht, entsteht auch hier die 0,5-Verfahrensgebühr aus dem vollen Wert, da dem Anwalt ein Gesamtvertretungsauftrag erteilt worden ist. Dass der Widerspruch nur wegen der Kosten eingelegt worden ist, ist unerheblich (zur Anrechnung in diesem Fall siehe Beispiel 91).

1. 0,5-Verfahrensgebühr, Nr. 3307 VV   100,50 EUR
   (Wert: 3.000,00 EUR)
2. Postentgeltpauschale, Nr. 7002 VV   20,00 EUR
   Zwischensumme   120,50 EUR
3. 19 % Umsatzsteuer, Nr. 7008 VV   22,90 EUR
Gesamt   **143,40 EUR**

| Beispiel 73 | Beschränkter Auftrag zum Kostenwiderspruch |

Gegen den Mandanten ist ein Mahnbescheid in Höhe von 3.000,00 EUR ergangen. Er bezahlt die Forderung umgehend und beauftragt den Anwalt, gegen die Kosten (Anwalt Antragsteller 262,99 EUR[53] + Gerichtskosten 54,00 EUR = 316,99 EUR) Widerspruch einzulegen, da er zur Einleitung des Mahnverfahrens keinen Anlass gegeben habe (Gedanke des § 93 ZPO).

Die Verfahrensgebühr entsteht jetzt nur aus dem Wert der Kosten, da ein von vornherein beschränkter Auftrag vorlag (zur Anrechnung in diesem Fall siehe Beispiel 92).

1. 0,5-Verfahrensgebühr, Nr. 3307 VV   22,50 EUR
   (Wert: 316,99 EUR)
2. Postentgeltpauschale, Nr. 7002 VV   4,50 EUR
   Zwischensumme   27,00 EUR
3. 19 % Umsatzsteuer, Nr. 7008 VV   5,13 EUR
Gesamt   **32,13 EUR**

Ebenso ist zu rechnen, wenn der Antragsgegner den Widerspruch auf einen Teil der Kosten beschränken will, etwa wenn er geltend macht, der vorsteuerabzugsberechtigte Antragsteller habe zu Unrecht die Umsatzsteuer angemeldet oder bei den Antragstellern handele es sich um eine

99

---

53 1,0-Verfahrensgebühr, Nr. 3305 VV (201,00 EUR), Postentgeltpauschale, Nr. 7002 VV (20,00 EUR), 19 % Umsatzsteuer, Nr. 7008 VV (41,99 EUR) = 262,99 EUR.

Gesellschaft bürgerlichen Rechts, so dass eine Gebührenerhöhung nach Nr. 1008 VV nicht angefallen, jedenfalls nicht erstattungsfähig sei. Gegenstandswert der Verfahrensgebühr ist dann nur der Wert der betreffenden Kostenposition, also der Umsatzsteuer oder der Gebührenerhöhung.

b) Verfahrensgebühr und Terminsgebühr

100 Auch der Anwalt des Antragsgegners kann gem. Vorbem. 3.3.2 VV eine **1,2-Terminsgebühr** nach Nr. 3104 VV verdienen, wenn er mit dem Gegner Besprechungen zur Erledigung des Mahnverfahrens oder zur Vermeidung des Rechtsstreits führt (Vorbem. 3 Abs. 3 S. 3 Nr. 2 VV).

> **Beispiel 74** | **Mahnverfahren mit Besprechung**
>
> **Gegen den Mandanten ist ein Mahnbescheid in Höhe von 3.000,00 EUR ergangen. Der Anwalt legt hiergegen Widerspruch ein und führt anschließend mit dem Gegner telefonische Einigungsverhandlungen, die jedoch zu keinem Ergebnis führen.**
>
> Neben der Verfahrensgebühr nach Nr. 3307 VV entsteht jetzt auch eine **1,2-Terminsgebühr** nach Vorbem. 3 Abs. 3 S. 3 Nr. 2 VV, Vorbem. 3.3.2 VV i.V.m. Nr. 3104 VV.
>
> | | | |
> |---|---|---:|
> | 1. | 0,5-Verfahrensgebühr, Nr. 3307 VV (Wert: 3.000,00 EUR) | 100,50 EUR |
> | 2. | 1,2-Terminsgebühr, Nr. 3104 VV (Wert: 3.000,00 EUR) | 241,20 EUR |
> | 3. | Postentgeltpauschale, Nr. 7002 VV | 20,00 EUR |
> | | Zwischensumme 361,70 EUR | |
> | 4. | 19 % Umsatzsteuer, Nr. 7008 VV | 68,72 EUR |
> | | **Gesamt** | **430,42 EUR** |

101 Wird die Besprechung auch über nicht anhängige Gegenstände geführt, erhöht sich zum einen der Gegenstandswert der 0,5-Verfahrensgebühr; eine ermäßigte Differenzgebühr ist für den Vertreter des Antragsgegners – im Gegensatz zur Vertretung des Antragstellers – nicht vorgesehen. Die Terminsgebühr entsteht ebenfalls aus dem vollen Wert (§ 23 Abs. 1 S. 1 RVG; § 39 Abs. 1 GKG).

> **Beispiel 75** | **Mahnverfahren mit Besprechung auch über weitergehende Ansprüche**
>
> **Gegen den Mandanten ist ein Mahnbescheid in Höhe von 3.000,00 EUR ergangen. Der Anwalt führt anschließend mit dem Gegner telefonische Einigungsverhandlungen, in die noch weitere 5.000,00 EUR einbezogen werden. Die Verhandlungen führen jedoch zu keinem Ergebnis. Der Anwalt legt daraufhin Widerspruch ein.**
>
> Verfahrensgebühr (Nr. 3307 VV) und Terminsgebühr (Vorbem. 3.3.2 VV i.V.m. Nr. 3104 VV) berechnen sich nach dem Gesamtwert von 8.000,00 EUR.
>
> | | | |
> |---|---|---:|
> | 1. | 0,5-Verfahrensgebühr, Nr. 3307 VV (Wert: 8.000,00 EUR) | 228,00 EUR |
> | 2. | 1,2-Terminsgebühr, Nr. 3104 VV (Wert: 8.000,00 EUR) | 547,20 EUR |
> | 3. | Postentgeltpauschale, Nr. 7002 VV | 20,00 EUR |
> | | Zwischensumme 795,20 EUR | |
> | 4. | 19 % Umsatzsteuer, Nr. 7008 VV | 151,09 EUR |
> | | **Gesamt** | **946,29 EUR** |

III. Vertretung des Antragsgegners §11

Soweit die Besprechung auch zu einer Einigung über nicht anhängige Gegenstände führt, kommt noch eine Einigungsgebühr hinzu (siehe Rn 106 ff.). **102**

c) Verfahrensgebühr und Einigungsgebühr

Anfallen kann auch eine **Einigungsgebühr** nach den Nrn. 1000 ff. VV. **103**

> **Beispiel 76** | **Mahnverfahren mit Einigung**
>
> **Gegen den Mandanten ist ein Mahnbescheid in Höhe von 3.000,00 EUR ergangen. Der Anwalt des Antragsgegners unterbreitet dem Antragsteller einen schriftlichen Vergleichsvorschlag, den dieser annimmt.**
>
> Neben der 0,5-Verfahrensgebühr nach Nr. 3307 VV kommt jetzt noch eine **Einigungsgebühr** nach Nr. 1000 VV hinzu. Da das Mahnverfahren bereits zur Anhängigkeit führt, entsteht die Gebühr nur zu 1,0 (Nr. 1003 VV).
>
> | | | |
> |---|---|---|
> | 1. | 0,5-Verfahrensgebühr, Nr. 3307 VV (Wert: 3.000,00 EUR) | 100,50 EUR |
> | 2. | 1,0-Einigungsgebühr, Nrn. 1000, 1003 VV (Wert: 3.000,00 EUR) | 201,00 EUR |
> | 3. | Postentgeltpauschale, Nr. 7002 VV | 20,00 EUR |
> | | Zwischensumme | 321,50 EUR |
> | 4. | 19 % Umsatzsteuer, Nr. 7008 VV | 61,09 EUR |
> | | **Gesamt** | **382,59 EUR** |

Sofern die Parteien unter Mitwirkung ihrer Anwälte eine Einigung auch über **weitergehende Gegenstände** treffen, entsteht auch aus dem Mehrwert eine Einigungsgebühr. Deren Höhe hängt davon ab, ob **104**

- die **weiter gehenden Gegenstände** nicht anhängig sind – dann entsteht aus dem Mehrwert unter Berücksichtigung des § 15 Abs. 3 RVG eine weitere 1,5-Einigungsgebühr nach Nr. 1000 VV.
- die weitergehenden Gegenstände **erstinstanzlich anhängig** sind – dann entsteht eine einheitliche 1,0-Gebühr aus dem Gesamtwert (§ 23 Abs. 1 S. 1 RVG i.V.m. § 39 Abs. 1 GKG).
- die weitergehenden Gegenstände in einem **Berufungs- oder Revisionsverfahren** oder einem der in den Vorbem. 3.2.1 oder 3.2.2 VV genannten Beschwerde- und Rechtsbeschwerdeverfahren anhängig sind – dann entsteht aus dem Mehrwert unter Berücksichtigung des § 15 Abs. 3 RVG eine weitere 1,3-Einigungsgebühr nach Nr. 1004 VV.

Daneben erhöht sich gleichzeitig auch der Gegenstandswert der 0,5-Verfahrensgebühr (Nr. 3307 VV). Eine ermäßigte Verfahrensgebühr wie beim Antragsteller ist hier nicht vorgesehen.

> **Beispiel 77** | **Mahnverfahren mit Einigung auch über nicht anhängige Ansprüche**
>
> **Der Gegner hatte gegen den Mandanten einen Mahnbescheid über 10.000,00 EUR erwirkt. Anschließend wird ein schriftliches Vergleichsangebot unterbreitet, das noch eine Gegenforderung des Mandanten in Höhe von nicht anhängiger 5.000,00 EUR enthält. Es kommt zu einer Einigung über die gesamten 15.000,00 EUR.**
>
> Die **0,5-Verfahrensgebühr** nach Nr. 3307 VV entsteht aus dem Gesamtwert von 15.000,00 EUR (§ 23 Abs. 1 S. 1 RVG, § 39 Abs. 1 GKG).

§ 11 Mahnverfahren

Des Weiteren entsteht eine **1,0-Einigungsgebühr** aus Nrn. 1000, 1003 VV nach dem Wert der anhängigen 10.000,00 EUR und eine **1,5-Einigungsgebühr** aus Nr. 1000 VV nach dem Wert der nicht anhängigen 5.000,00 EUR. Zu beachten ist auch hier wieder § 15 Abs. 3 RVG, wonach nicht mehr als eine 1,5-Gebühr aus dem Gesamtwert von 15.000,00 EUR anfallen darf.

1.	0,5-Verfahrensgebühr, Nr. 3307 VV (Wert: 15.000,00 EUR)		325,00 EUR
2.	1,0-Einigungsgebühr, Nrn. 1000, 1003 VV (Wert: 10.000,00 EUR)		558,00 EUR
3.	1,5-Einigungsgebühr, Nr. 1000 VV (Wert: 5.000,00 EUR)		454,50 EUR
	gem. § 15 Abs. 3 RVG nicht mehr als 1,5 aus 15.000,00 EUR		975,00 EUR
4.	Postentgeltpauschale, Nr. 7002 VV		20,00 EUR
	Zwischensumme	1.320,00 EUR	
5.	19 % Umsatzsteuer, Nr. 7008 VV		250,80 EUR
Gesamt			**1.570,80 EUR**

> **Beispiel 78** Mahnverfahren mit Einigung auch über erstinstanzlich anhängige Ansprüche

Der Gegner hatte gegen den Mandanten einen Mahnbescheid über 10.000,00 EUR erwirkt. Anschließend wird ein schriftliches Vergleichsangebot unterbreitet, das noch eine Gegenforderung des Mandanten in Höhe von weiteren erstinstanzlich anhängigen 5.000,00 EUR enthält. Es kommt zu einer Einigung über die gesamten 15.000,00 EUR.

Zu rechnen ist wie im vorangegangenen Beispiel; allerdings entsteht jetzt insgesamt nur eine 1,0-Einigungsgebühr (Nrn. 1000, 1003 VV).

1.	0,5-Verfahrensgebühr, Nr. 3307 VV (Wert: 15.000,00 EUR)		325,00 EUR
2.	1,0-Einigungsgebühr, Nrn. 1000, 1003 VV (Wert: 15.000,00 EUR)		650,00 EUR
3.	Postentgeltpauschale, Nr. 7002 VV		20,00 EUR
	Zwischensumme	995,00 EUR	
4.	19 % Umsatzsteuer, Nr. 7008 VV		189,05 EUR
Gesamt			**1.184,05 EUR**

d) Verfahrensgebühr mit Termins- und Einigungsgebühr

105 Möglich ist auch, dass neben der Verfahrensgebühr sowohl Termins- als auch Einigungsgebühr anfallen.

> **Beispiel 79** Mahnverfahren mit Besprechung und Einigung

Gegen den Mandanten ist ein Mahnbescheid in Höhe von 3.000,00 EUR ergangen. Der Anwalt legt hiergegen Widerspruch ein. Anschließend führen die Anwälte telefonische Verhandlungen, die mit einer Einigung enden.

Neben der 0,5-Verfahrensgebühr nach Nr. 3307 VV kommt jetzt sowohl eine 1,2-Terminsgebühr nach Vorbem. 3.3.2 i.V.m. Nr. 3104 VV als auch eine **Einigungsgebühr** nach Nrn. 1000, 1003 VV hinzu.

1.	0,5-Verfahrensgebühr, Nr. 3307 VV (Wert: 3.000,00 EUR)	100,50 EUR
2.	1,2-Terminsgebühr, Nr. 3104 VV (Wert: 3.000,00 EUR)	241,20 EUR
3.	1,0-Einigungsgebühr, Nrn. 1000, 1003 VV (Wert: 3.000,00 EUR)	201,00 EUR
4.	Postentgeltpauschale, Nr. 7002 VV	20,00 EUR
	Zwischensumme 562,70 EUR	
5.	19 % Umsatzsteuer, Nr. 7008 VV	106,91 EUR
Gesamt		**669,61 EUR**

Auch hier kann es zu **Besprechungen und Einigungen mit einem Mehrwert** kommen. Da der Anwalt des Antragsgegners ohnehin nur eine 0,5-Verfahrensgebühr erhält und eine Reduzierung dieser Gebühr im Gegensatz zu der Verfahrensgebühr der Nr. 3305 VV (Nr. 3306 VV) nicht vorgesehen ist, erhält der Anwalt des Antragsgegners auch aus dem Mehrwert die 0,5-Verfahrensgebühr der Nr. 3307 VV. Hinzu kommt dann unter Beachtung des § 15 Abs. 3 RVG eine zusätzliche 1,5- oder 1,3-Einigungsgebühr oder es erhöht sich der Gegenstandswert der 1,0-Einigungsgebühr (siehe Beispiel 81).

106

Beispiel 80 **Mahnverfahren mit Besprechung und Einigung auch über nicht anhängige Ansprüche**

Der Gegner hatte gegen den Mandanten einen Mahnbescheid über 10.000,00 EUR erwirkt. Anschließend führen die Anwälte telefonische Verhandlungen, wobei noch eine Gegenforderung des Mandanten in Höhe von 5.000,00 EUR eingebracht wird. Es kommt zu einer Einigung über die gesamten 15.000,00 EUR.

Die **0,5-Verfahrensgebühr** nach Nr. 3307 VV entsteht aus dem Gesamtwert von 15.000,00 EUR (§ 23 Abs. 1 S. 3 RVG, § 39 Abs. 1 GKG).

Hinzu kommt nach Vorbem. 3.3.2 VV eine **1,2-Terminsgebühr** (Nr. 3104 VV) ebenfalls aus dem Gesamtwert von 15.000,00 EUR.

Des Weiteren entsteht eine **1,0-Einigungsgebühr** aus den Nrn. 1000, 1003 VV nach dem Wert der anhängigen 10.000,00 EUR und eine **1,5-Einigungsgebühr** aus Nr. 1000 VV nach dem Wert der nicht anhängigen 5.000,00 EUR. Zu beachten ist auch hier wieder § 15 Abs. 3 RVG, wonach nicht mehr als eine 1,5-Gebühr aus dem Gesamtwert von 15.000,00 EUR anfallen darf.

1.	0,5-Verfahrensgebühr, Nr. 3307 VV (Wert: 15.000,00 EUR)		325,00 EUR
2.	1,2-Terminsgebühr, Nr. 3104 VV (Wert: 15.000,00 EUR)		780,00 EUR
3.	1,0-Einigungsgebühr, Nrn. 1000, 1003 VV (Wert: 10.000,00 EUR)	558,00 EUR	
4.	1,5-Einigungsgebühr, Nr. 1000 VV (Wert: 5.000,00 EUR)	454,50 EUR	
	gem. § 15 Abs. 3 RVG nicht mehr als 1,5 aus 15.000,00 EUR		975,00 EUR
5.	Postentgeltpauschale, Nr. 7002 VV		20,00 EUR
	Zwischensumme	2.100,00 EUR	
6.	19 % Umsatzsteuer, Nr. 7008 VV		399,00 EUR
Gesamt			**2.499,00 EUR**

| Beispiel 81 | **Mahnverfahren mit Besprechung und Einigung auch über erstinstanzlich anhängige Ansprüche**

Der Gegner hatte gegen den Mandanten einen Mahnbescheid über 10.000,00 EUR erwirkt. Anschließend führen die Anwälte telefonische Verhandlungen, wobei noch eine Gegenforderung des Mandanten in Höhe von 5.000,00 EUR eingebracht wird, die bereits anderweitig anhängig ist. Es kommt zu einer Einigung über die gesamten 15.000,00 EUR.

Zu rechnen ist wie im vorangegangenen Beispiel 80; allerdings entsteht jetzt insgesamt nur eine 1,0-Einigungsgebühr (Nrn. 1000, 1003 VV).

1.	0,5-Verfahrensgebühr, Nr. 3307 VV (Wert: 15.000,00 EUR)	325,00 EUR
2.	1,2-Terminsgebühr, Nr. 3104 VV (Wert: 15.000,00 EUR)	780,00 EUR
3.	1,0-Einigungsgebühr, Nrn. 1000, 1003 VV (Wert: 15.000,00 EUR)	650,00 EUR
4.	Postentgeltpauschale, Nr. 7002 VV	20,00 EUR
	Zwischensumme	1.775,00 EUR
5.	19 % Umsatzsteuer, Nr. 7008 VV	337,25 EUR
	Gesamt	**2.112,25 EUR**

| Beispiel 82 | **Mahnverfahren mit Besprechung und Einigung auch über Ansprüche, die in einem Berufungsverfahren anhängig sind**

Der Gegner hatte gegen den Mandanten einen Mahnbescheid über 10.000,00 EUR erwirkt. Anschließend führen die Anwälte telefonische Verhandlungen, wobei noch eine Gegenforderung des Mandanten in Höhe von 5.000,00 EUR eingebracht wird, die im Berufungsverfahren anhängig ist. Es kommt zu einer Einigung über die gesamten 15.000,00 EUR.

Zu rechnen ist wie im Beispiel 81; allerdings entsteht jetzt unter Berücksichtigung des § 15 Abs. 3 RVG aus dem Mehrwert eine 1,3-Einigungsgebühr (Nrn. 1000, 1004 VV).

1.	0,5-Verfahrensgebühr, Nr. 3307 VV (Wert: 15.000,00 EUR)		325,00 EUR
2.	1,2-Terminsgebühr, Nr. 3104 VV (Wert: 15.000,00 EUR)		780,00 EUR
3.	1,0-Einigungsgebühr, Nrn. 1000, 1003 VV (Wert: 10.000,00 EUR)	558,00 EUR	
4.	1,3-Einigungsgebühr, Nr. 1000 VV (Wert: 5.000,00 EUR)	393,90 EUR	
	gem. § 15 Abs. 3 RVG nicht mehr als 1,3 aus 15.000,00 EUR		845,00 EUR
5.	Postentgeltpauschale, Nr. 7002 VV		20,00 EUR
	Zwischensumme	1.970,00 EUR	
6.	19 % Umsatzsteuer, Nr. 7008 VV		374,30 EUR
	Gesamt		**2.344,30 EUR**

3. Anrechnung der Verfahrensgebühr

107 Auch die Verfahrensgebühr der Nr. 3307 VV ist auf die Verfahrensgebühr (Nr. 3100 VV) des nachfolgenden streitigen Verfahrens anzurechnen (Anm. zu Nr. 3307 VV).

III. Vertretung des Antragsgegners § 11

Beispiel 83 | **Anrechnung bei nachfolgendem Streitverfahren**

Gegen den Mandanten ist ein Mahnbescheid in Höhe von 3.000,00 EUR ergangen. Der Anwalt legt hiergegen für den Antragsgegner Widerspruch ein. Anschließend wird das streitige Verfahren durchgeführt und mündlich verhandelt.

Die 0,5-Verfahrensgebühr ist gem. Anm. zu Nr. 3307 VV auf die Verfahrensgebühr des streitigen Verfahrens anzurechnen.

I.	**Mahnverfahren**		
1.	0,5-Verfahrensgebühr, Nr. 3307 VV		100,50 EUR
	(Wert: 3.000,00 EUR)		
2.	Postentgeltpauschale, Nr. 7002 VV		20,00 EUR
	Zwischensumme	120,50 EUR	
3.	19 % Umsatzsteuer, Nr. 7008 VV		22,90 EUR
Gesamt			**143,40 EUR**
II.	**Streitiges Verfahren**		
1.	1,3-Verfahrensgebühr, Nr. 3100 VV		261,30 EUR
	(Wert: 3.000,00 EUR)		
2.	gem. Anm. zu Nr. 3307 VV anzurechnen,		
	0,5-Gebühr aus 3.000,00 EUR		– 100,50 EUR
3.	1,2-Terminsgebühr, Nr. 3104 VV		241,20 EUR
	(Wert: 3.000,00 EUR)		
4.	Postentgeltpauschale, Nr. 7002 VV		20,00 EUR
	Zwischensumme	422,00 EUR	
5.	19 % Umsatzsteuer, Nr. 7008 VV		80,18 EUR
Gesamt			**502,18 EUR**

Die volle 1,3-Verfahrensgebühr nach Nr. 3100 VV – und nicht etwa nur die ermäßigte Gebühr nach Nr. 3101 VV – entsteht bereits mit Antrag auf Durchführung des streitigen Verfahrens, den nach § 696 Abs. 1 S. 1 ZPO auch der Antragsgegner stellen kann. Der Antrag auf Durchführung des streitigen Verfahrens ist bereits ein das Verfahren einleitender Antrag. Der Eingang einer Anspruchsbegründung ist nicht erforderlich.[54]

108

Beispiel 84 | **Anrechnung bei bloßem Antrag auf Durchführung des streitigen Verfahrens**

Gegen den Mandanten ist ein Mahnbescheid in Höhe von 3.000,00 EUR ergangen. Der Anwalt legt hiergegen für den Antragsgegner Widerspruch ein und beantragt die Durchführung des streitigen Verfahrens.

Abzurechnen ist wie im vorangegangenen Beispiel, da der Antrag auf Durchführung des streitigen Verfahrens bereits die volle 1,3-Verfahrensgebür auslöst.

Soweit sich die Gegenstandswerte von Mahnverfahren und nachfolgendem streitigen Verfahren nicht decken, ist Vorbem. 3 Abs. 4 VV analog anzuwenden. Angerechnet wird nur, soweit sich die Gegenstände von Mahnverfahren und streitigem Verfahren decken.

109

---

54 OLG Köln AGS 2007, 344; OLG Hamm AnwBl. 1989, 682 = MDR 1989, 648; AnwK-RVG/*Mock*, Nr. 3307 Rn 24 ff.

§ 11 Mahnverfahren

Beispiel 85 — **Anrechnung bei beschränktem Widerspruch**

Gegen den Mandanten ist ein Mahnbescheid in Höhe von 3.000,00 EUR ergangen. Er beauftragt seinen Anwalt mit der Vertretung. Der Anwalt legt nach Beratung Widerspruch nur in Höhe von 2.000,00 EUR ein und stellt gleichzeitig Streitantrag. Das Verfahren erledigt sich ohne einen Termin.

Die Widerspruchsgebühr (Nr. 3307 VV) wird nur nach dem Wert angerechnet, der sich im streitigen Verfahren fortsetzt, also nur, soweit sie nach 2.000,00 EUR entstanden wäre (analog Vorbem. 3 Abs. 4 S. 3 VV).

I. Mahnverfahren
1. 0,5-Verfahrensgebühr, Nr. 3307 VV   100,50 EUR
   (Wert: 3.000,00 EUR)
2. Postentgeltpauschale, Nr. 7002 VV   20,00 EUR
   Zwischensumme   120,50 EUR
3. 19 % Umsatzsteuer, Nr. 7008 VV   22,90 EUR

Gesamt   **143,40 EUR**

II. Streitiges Verfahren
1. 1,3-Verfahrensgebühr, Nr. 3100 VV   195,00 EUR
   (Wert: 2.000,00 EUR)
2. anzurechnen gem. Anm. zu Nr. 3307 VV,   – 75,00 EUR
   0,5 aus 2.000,00 EUR
3. Postentgeltpauschale, Nr. 7002 VV   20,00 EUR
   Zwischensumme   140,00 EUR
4. 19 % Umsatzsteuer, Nr. 7008 VV   26,60 EUR

Gesamt   **166,60 EUR**

Beispiel 86 — **Anrechnung bei teilweiser Rücknahme des Widerspruchs im Mahnverfahren**

Gegen den Mandanten ist ein Mahnbescheid in Höhe von 3.000,00 EUR ergangen. Er beauftragt seinen Anwalt mit der Vertretung. Der Anwalt legt nach Beratung Widerspruch in Höhe von 3.000,00 EUR ein. Vor Stellung des Antrags auf Durchführung des streitigen Verfahrens wird der Widerspruch in Höhe von 1.000,00 EUR zurückgenommen und anschließend das streitige Verfahren nur wegen 2.000,00 EUR durchgeführt.

Auch hier ist ebenso wie im vorangegangenen Beispiel 85 die Verfahrensgebühr aus Nr. 3307 VV nur nach dem Wert von 2.000,00 EUR anzurechnen.

Beispiel 87 — **Anrechnung bei teilweiser Rücknahme des Widerspruchs im Streitverfahren**

Gegen den Mandanten ist ein Mahnbescheid in Höhe von 3.000,00 EUR ergangen. Er beauftragt seinen Anwalt mit der Vertretung. Der Anwalt legt nach Beratung Widerspruch in Höhe von 3.000,00 EUR ein. Nach Abgabe – aber noch vor mündlicher Verhandlung – wird der Widerspruch in Höhe von 1.000,00 EUR zurückgenommen und nur noch über 2.000,00 EUR verhandelt.

Hier ist die Verfahrensgebühr der Nr. 3100 VV aus dem vollen Wert von 3.000,00 EUR angefallen. Die Verfahrensgebühr der Nr. 3307 VV ist daher in voller Höhe anzurechnen. Lediglich die

Terminsgebühr nach Nr. 3104 VV im streitigen Verfahren entsteht nach dem geringeren Wert von 2.000,00 EUR.

I. Mahnverfahren
1. 0,5-Verfahrensgebühr, Nr. 3307 VV   100,50 EUR
   (Wert: 3.000,00 EUR)
2. Postentgeltpauschale, Nr. 7002 VV   20,00 EUR
   Zwischensumme   120,50 EUR
3. 19 % Umsatzsteuer, Nr. 7008 VV   22,90 EUR
Gesamt   **143,40 EUR**

II. Streitiges Verfahren
1. 1,3-Verfahrensgebühr, Nr. 3100 VV   261,30 EUR
   (Wert: 3.000,00 EUR)
2. anzurechnen gem. Anm. zu Nr. 3307 VV,   – 100,50 EUR
   0,5 aus 3.000,00 EUR
3. 1,2-Terminsgebühr, Nr. 3104 VV   180,00 EUR
   (Wert: 2.000,00 EUR)
4. Postentgeltpauschale, Nr. 7002 VV   20,00 EUR
   Zwischensumme   360,80 EUR
5. 19 % Umsatzsteuer, Nr. 7008 VV   68,55 EUR
Gesamt   **429,35 EUR**

Beispiel 88 — **Keine Anrechnung bei Streitverfahren nach Ablauf von zwei Kalenderjahren**

Gegen den Mandanten war im November 2007 ein Mahnbescheid in Höhe von 3.000,00 EUR ergangen. Der Anwalt hatte dagegen im Dezember 2007 Widerspruch eingelegt. Im Januar 2010 beantragt der Antragsteller die Durchführung des streitigen Verfahrens.

Eine Anrechnung der Widerspruchsgebühr unterbleibt gem. § 15 Abs. 5 S. 2 RVG, da seit der Beendigung des Mahnverfahrens mehr als zwei Kalenderjahre verstrichen sind.[55]

I. Mahnverfahren
1. 0,5-Verfahrensgebühr, Nr. 3307 VV   100,50 EUR
   (Wert: 3.000,00 EUR)
2. Postentgeltpauschale, Nr. 7002 VV   20,00 EUR
   Zwischensumme   120,50 EUR
3. 19 % Umsatzsteuer, Nr. 7008 VV   22,90 EUR
Gesamt   **143,40 EUR**

II. Streitiges Verfahren
1. 1,3-Verfahrensgebühr, Nr. 3100 VV   261,30 EUR
   (Wert: 3.000,00 EUR)
2. 1,2-Terminsgebühr, Nr. 3104 VV   241,20 EUR
   (Wert: 3.000,00 EUR)
3. Postentgeltpauschale, Nr. 7002 VV   20,00 EUR
   Zwischensumme   522,50 EUR
4. 19 % Umsatzsteuer, Nr. 7008 VV   99,28 EUR
Gesamt   **621,78 EUR**

Vertritt der Anwalt mehrere Auftraggeber im Mahnverfahren und im nachfolgenden streitigen Verfahren, entsteht in beiden Verfahren die nach Nr. 1008 VV erhöhte Verfahrensgebühr. Da die

---

[55] OLG München BRAGOreport 2000, 26 m. Anm. *Hansens* = AGS 2001, 51 = AnwBl 2000, 698 = JurBüro 2000, 469 = MDR 2000, 785 = NJW-RR 2000, 1721 = OLGR 2000, 200 = Rpfleger 2000, 516 = KostRsp. BRAGO § 43 Rn 58 m. Anm. *N. Schneider*; *N. Schneider*, MDR 2003, 727; *ders.*, AGS 2003, 240; AnwK-RVG/*N. Schneider*, § 15 Rn 293; *Hansens/Braun/Schneider*, Teil 8 Rn 419.

Erhöhung nach Nr. 1008 VV keine eigene Gebühr darstellt, sondern nur Teil der Gebühr ist, wird die erhöhte Verfahrensgebühr des Mahnverfahrens auf die erhöhte Verfahrensgebühr des streitigen Verfahrens angerechnet.

> **Beispiel 89** — Anrechnung, mehrere Auftraggeber

Gegen zwei Mandanten als Gesamtschuldner ist ein Mahnbescheid in Höhe von 3.000,00 EUR ergangen. Der Anwalt legt hiergegen Widerspruch ein. Anschließend wird das streitige Verfahren durchgeführt.

Die Verfahrensgebühr nach Nr. 3307 VV sowie die Verfahrensgebühr nach Nr. 3100 VV im streitigen Verfahren sind zu erhöhen (Nr. 1008 VV). Die Gebühr aus Nr. 3307 VV wird in voller Höhe angerechnet (Anm. zu Nr. 3307 VV).

    I. **Mahnverfahren**
    1. 0,8-Verfahrensgebühr, Nrn. 3307, 1008 VV   160,80 EUR
        (Wert: 3.000,00 EUR)
    2. Postentgeltpauschale, Nr. 7002 VV   20,00 EUR
        Zwischensumme   180,80 EUR
    3. 19 % Umsatzsteuer, Nr. 7008 VV   34,35 EUR
    Gesamt   **215,15 EUR**
    II. **Streitiges Verfahren**
    1. 1,6-Verfahrensgebühr, Nr. 3100 VV   321,60 EUR
        (Wert: 3.000,00 EUR)
    2. gem. Anm. zu Nr. 3307 VV anzurechnen,   − 160,80 EUR
        0,8 aus 3.000,00 EUR
    3. 1,2-Terminsgebühr, Nr. 3104 VV   241,20 EUR
        (Wert: 3.000,00 EUR)
    4. Postentgeltpauschale, Nr. 7002 VV   20,00 EUR
        Zwischensumme   422,00 EUR
    5. 19 % Umsatzsteuer, Nr. 7008 VV   80,18 EUR
    Gesamt   **502,18 EUR**

> **Beispiel 90** — Anrechnung, mehrere Auftraggeber im Mahnverfahren, streitiges Verfahren nur gegen einen Auftraggeber

Gegen zwei Mandanten als Gesamtschuldner ist ein Mahnbescheid in Höhe von 3.000,00 EUR ergangen. Der Anwalt legt hiergegen Widerspruch ein. Das streitige Verfahren wird nur gegen einen Auftraggeber durchgeführt.

Die Verfahrensgebühr nach Nr. 3307 VV ist gem. Nr. 1008 VV zu erhöhen, nicht dagegen die Verfahrensgebühr nach Nr. 3100 VV im streitigen Verfahren. Anzurechnen ist wiederum die Gebühr aus Nr. 3307 VV (Anm. zu Nr. 3307 VV), aber nur insoweit, als die Verfahrensgebühr nach Nr. 3307 VV für den Auftraggeber des streitigen Verfahrens entstanden wäre (§ 7 Abs. 2 S. 1 RVG), also nur zu 0,5.

    I. **Mahnverfahren**
    1. 0,8-Verfahrensgebühr, Nrn. 3307, 1008 VV   160,80 EUR
        (Wert: 3.000,00 EUR)
    2. Postentgeltpauschale, Nr. 7002 VV   20,00 EUR
        Zwischensumme   180,80 EUR
    3. 19 % Umsatzsteuer, Nr. 7008 VV   34,35 EUR
    Gesamt   **215,15 EUR**

II. Streitiges Verfahren
1. 1,3-Verfahrensgebühr, Nr. 3100 VV   261,30 EUR
   (Wert: 3.000,00 EUR)
2. gem. Anm. zu Nr. 3307 VV anzurechnen,   − 100,50 EUR
   0,5 aus 3.000,00 EUR
3. 1,2-Terminsgebühr, Nr. 3104 VV   241,20 EUR
   (Wert: 3.000,00 EUR)
4. Postentgeltpauschale, Nr. 7002 VV   20,00 EUR
   Zwischensumme   422,00 EUR
5. 19 % Umsatzsteuer, Nr. 7008 VV   80,18 EUR
Gesamt   **502,18 EUR**

Wird nur Kostenwiderspruch eingelegt, dann werden die Kosten im nachfolgenden streitigen Verfahren zur Hauptsache und bilden dort den Streitwert. Hatte der Anwalt von vornherein nur den Auftrag zum Kostenwiderspruch, dann hatte er bereits im Mahnverfahren die Verfahrensgebühr nur nach dem geringeren Wert erhalten (siehe Rn 98, Beispiel 73). 111

Hatte er dagegen im Mahnverfahren einen Gesamtvertretungsauftrag, dann wird die im Mahnverfahren verdiente Verfahrensgebühr aus dem Wert der Kosten auf die Verfahrensgebühr des streitigen Verfahrens angerechnet. 112

> **Beispiel 91** | **Anrechnung bei Kostenwiderspruch nach vollem Vertretungsauftrag**

Gegen den Mandanten ist ein Mahnbescheid in Höhe von 3.000,00 EUR ergangen. Der Anwalt erhält den Auftrag zur Vertretung des Antragsgegners. Dieser bezahlt auf den Rat des Anwalts die Forderung; gegen die Kosten (Anwalt Antragsteller 262,99 EUR[56] + Gerichtskosten 54,00 EUR = 316,99 EUR) wird dagegen Widerspruch eingelegt. Daraufhin wird das streitige Verfahren nur noch wegen der Kosten durchgeführt.

Im Mahnverfahren ist die 0,5-Verfahrensgebühr aus dem vollen Wert entstanden, da dem Anwalt ein Gesamtvertretungsauftrag erteilt worden war. Dass der Widerspruch nur wegen der Kosten eingelegt worden ist, ist unerheblich (siehe oben Beispiel 72). Im streitigen Verfahren beläuft sich der Wert gem. § 43 Abs. 3 GKG auf 316,99 EUR.

I. Mahnverfahren
1. 0,5-Verfahrensgebühr, Nr. 3307 VV   100,50 EUR
   (Wert: 3.000,00 EUR)
2. Postentgeltpauschale, Nr. 7002 VV   20,00 EUR
   Zwischensumme   120,50 EUR
3. 19 % Umsatzsteuer, Nr. 7008 VV   22,90 EUR
Gesamt   **143,40 EUR**

II. Streitiges Verfahren
1. 1,3-Verfahrensgebühr, Nr. 3100 VV   58,50 EUR
   (Wert: 316,99 EUR)
2. gem. Anm. zu Nr. 3307 VV anzurechnen,   − 22,50 EUR
   0,5 aus 316,99 EUR
3. 1,2-Terminsgebühr, Nr. 3104 VV   54,00 EUR
   (Wert: 316,99 EUR)
4. Postentgeltpauschale, Nr. 7002 VV   20,00 EUR
   Zwischensumme   110,00 EUR
5. 19 % Umsatzsteuer, Nr. 7008 VV   20,90 EUR
Gesamt   **130,90 EUR**

---

[56] 1,0-Verfahrensgebühr, Nr. 3305 VV (201,00 EUR), Postentgeltpauschale, Nr. 7002 VV (20,00 EUR), 19 % Umsatzsteuer, Nr. 7008 VV (41,99 EUR) = 262,99 EUR.

§ 11 Mahnverfahren

> **Beispiel 92** — Anrechnung bei von vornherein erteiltem Kostenwiderspruch

Gegen den Mandanten ist ein Mahnbescheid in Höhe von 3.000,00 EUR ergangen, den dieser in der Hauptsache akzeptiert und bezahlt. Er beauftragt jedoch den Anwalt mit seiner Vertretung hinsichtlich der Kosten (Anwalt Antragsteller 262,99 EUR[57] + Gerichtskosten 54,00 EUR = 316,99 EUR). Der Anwalt legt dagegen Widerspruch ein. Daraufhin wird das streitige Verfahren wegen der Kosten durchgeführt.

Im Mahnverfahren ist die 0,5-Verfahrensgebühr nur aus dem Wert der Kosten entstanden, da dem Anwalt nur insoweit ein Vertretungsauftrag erteilt worden war (§ 23 Abs. 1 S. 1 RVG, § 43 Abs. 3 GKG). Auch im streitigen Verfahren beläuft sich der Wert gem. § 43 Abs. 3 GKG auf 316,99 EUR. Angerechnet wird in voller Höhe.

I. Mahnverfahren
1. 0,5-Verfahrensgebühr, Nr. 3307 VV
   (Wert: 316,99 EUR) — 22,50 EUR
2. Postentgeltpauschale, Nr. 7002 VV — 4,50 EUR
   Zwischensumme — 27,00 EUR
3. 19 % Umsatzsteuer, Nr. 7008 VV — 5,13 EUR

Gesamt — 32,13 EUR

II. Streitiges Verfahren
1. 1,3-Verfahrensgebühr, Nr. 3100 VV
   (Wert: 316,99 EUR) — 58,50 EUR
2. gem. Anm. zu Nr. 3307 VV anzurechnen,
   0,5 aus 316,99 EUR — – 22,50 EUR
3. 1,2-Terminsgebühr, Nr. 3104 VV
   (Wert: 316,99 EUR) — 54,00 EUR
4. Postentgeltpauschale, Nr. 7002 VV — 20,00 EUR
   Zwischensumme — 110,00 EUR
5. 19 % Umsatzsteuer, Nr. 7008 VV — 20,90 EUR

Gesamt — 130,90 EUR

4. Verfahren über den Antrag auf Erlass des Vollstreckungsbescheids

113 Grundsätzlich ist der Antragsgegner am Verfahren auf Erlass des Vollstreckungsbescheids nicht beteiligt (§ 702 Abs. 2 ZPO). Denkbar ist aber auch, dass der Anwalt des Antragsgegners sich im Verfahren auf Erlass des Vollstreckungsbescheids beteiligt, etwa wenn er eine Stellungnahme über den Umfang des eingelegten Widerspruchs abgibt oder sich anderweitig über den Antrag des Antragstellers auslässt. In diesem Fall verdient der Anwalt des Antragsgegners keine weitere Vergütung. Seine gesamte Tätigkeit ist durch die 0,5-Verfahrensgebühr nach Nr. 3307 VV abgegolten (§ 19 Abs. 1 S. 1 RVG).

> **Beispiel 93** — Tätigkeit des Antragsgegnervertreters im Verfahren auf Erlass des Vollstreckungsbescheids

Gegen den Mahnbescheid über 3.000,00 EUR hat der Anwalt erst nach Ablauf der zwei Wochen des § 692 Abs. 1 Nr. 3 ZPO Widerspruch eingelegt. Daraufhin beantragt der Anwalt des Antragsgegners den Erlass eines Vollstreckungsbescheids, weil er der Auffassung ist, der Widerspruch sei verspätet und daher unbeachtlich. Der Anwalt des Antragsgegners

---

[57] 1,0-Verfahrensgebühr, Nr. 3305 VV (201,00 EUR), Postentgeltpauschale, Nr. 7002 VV (20,00 EUR), 19 % Umsatzsteuer, Nr. 7008 VV (41,99 EUR) = 262,99 EUR.

weist darauf hin, dass eine „Widerspruchsfrist" nicht vorgesehen ist und ein Widerspruch so lange zu berücksichtigen ist, als noch kein Vollstreckungsbescheidantrag bei Gericht eingegangen ist.

Der Anwalt ist hier zwar auch im Verfahren auf Erlass des Vollstreckungsbescheids tätig geworden. Er erhält jedoch neben der 0,5-Gebühr nach Nr. 3307 VV keine weiteren Gebühren, insbesondere keine Gebühr nach Nr. 3308 VV, da diese nur dem Antragsteller vorbehalten ist.

1.	0,5-Verfahrensgebühr, Nr. 3307 VV (Wert: 3.000,00 EUR)	100,50 EUR
2.	Postentgeltpauschale, Nr. 7002 VV	20,00 EUR
	Zwischensumme	120,50 EUR
3.	19 % Umsatzsteuer, Nr. 7008 VV	22,90 EUR
Gesamt		**143,40 EUR**

5. Vertretung im Verfahren über die sofortige Beschwerde gegen die Ablehnung des Antrags auf Erlass des Vollstreckungsbescheids

Legt der Antragsteller gegen die Ablehnung des Rechtspflegers, den von ihm beantragten Vollstreckungsbescheid zu erlassen, sofortige Beschwerde ein, so ist auch der Antragsgegner an diesem Verfahren zu beteiligen, da ihm rechtliches Gehör zu gewähren ist. Die Vorschrift des § 702 Abs. 2 ZPO gilt nicht im Beschwerdeverfahren. Beauftragt der Antragsgegner seinen Anwalt in diesem Verfahren, ist auch für diesen nach § 18 Abs. 1 Nr. 3 RVG eine besondere Angelegenheit gegeben, in der er eine gesonderte Vergütung erhält. Diese richtet sich nach Nr. 3500 VV. Der Anwalt erhält eine weitere 0,5-Verfahrensgebühr nach Nr. 3500 VV. **114**

Beispiel 94 | **Mahnverfahren mit sofortiger Beschwerde gegen den Nichterlass des Vollstreckungsbescheids**

Der Anwalt hatte verspätet – aber noch vor Eingang des Antrags auf Erlass des Vollstreckungsbescheids – Widerspruch gegen den Mahnbescheid über 2.000,00 EUR eingelegt. Gegen die Weigerung des Rechtspflegers, den Vollstreckungsbescheid zu erlassen, legt der Antragsteller sofortige Beschwerde ein. Der Anwalt des Antragsgegners bestellt sich in diesem Verfahren und beantragt die Zurückweisung der sofortigen Beschwerde.

Der Anwalt hat neben der Verfahrensgebühr der Nr. 3307 VV auch die Verfahrensgebühr der Nr. 3500 VV für das Beschwerdeverfahren verdient.

I.	**Mahnverfahren (Wert: 2.000,00 EUR)**	
1.	0,5-Verfahrensgebühr, Nr. 3307 VV	75,00 EUR
2.	Postentgeltpauschale, Nr. 7002 VV	15,00 EUR
	Zwischensumme	90,00 EUR
3.	19 % Umsatzsteuer, Nr. 7008 VV	17,10 EUR
Gesamt		**107,10 EUR**
II.	**Beschwerdeverfahren (Wert: 2.000,00 EUR)**	
1.	0,5-Verfahrensgebühr, Nr. 3500 VV	75,00 EUR
2.	Postentgeltpauschale, Nr. 7002 VV	15,00 EUR
	Zwischensumme	90,00 EUR
3.	19 % Umsatzsteuer, Nr. 7008 VV	17,10 EUR
Gesamt		**107,10 EUR**

Richtet sich die Beschwerde nur gegen eine Teilforderung, etwa die Absetzung von Kosten, entsteht die 0,5-Verfahrensgebühr für das Beschwerdeverfahren nur aus diesem Wert. **115**

§ 11 Mahnverfahren

Beispiel 95 — **Mahnverfahren mit sofortiger Beschwerde gegen den Nichterlass des Vollstreckungsbescheids wegen einer Kostenposition**

Der Antragsteller hatte einen Mahnbescheid über 10.000,00 EUR erwirkt. Anschließend verhandeln die Anwälte zur Erledigung des Mahnverfahrens und Vermeidung des streitigen Verfahrens. Es kommt zu einer Einigung, wonach sich der Antragsgegner verpflichtet, 8.000,00 EUR zu zahlen und hierüber gegen sich einen Vollstreckungsbescheid ergehen zu lassen. Der Gläubiger beantragt daraufhin den Erlass eines Vollstreckungsbescheids und nimmt unter „weitere Kosten" auch die 1,2-Termins- und die 1,0-Einigungsgebühr auf. Hinsichtlich dieser Kostenpositionen lehnt der Rechtspfleger den Erlass des Vollstreckungsbescheids ab. Hiergegen legt der Anwalt auftragsgemäß sofortige Beschwerde ein.[58] Der Antragsgegner tritt dieser Beschwerde entgegen.

Der Anwalt des Antragsgegners erhält zunächst die Mahnverfahrensgebühr der Nr. 3307 VV.

Hinzu kommt das Beschwerdeverfahren als besondere Angelegenheit (§ 18 Abs. 1 Nr. 3 RVG). Hier entsteht eine 0,5-Verfahrensgebühr nach Nr. 3500 VV aus dem Kostenwert (Termins- und Einigungsgebühr nebst anteiliger Umsatzsteuer, § 23 Abs. 2 S. 3, 1, Abs. 3 S. 2 RVG).

I. **Mahnverfahren (Wert: 10.000,00 EUR)**
1. 0,5-Verfahrensgebühr, Nr. 3307 VV   279,00 EUR
2. Postentgeltpauschale, Nr. 7002 VV   20,00 EUR
   Zwischensumme   299,00 EUR
3. 19 % Umsatzsteuer, Nr. 7008 VV   56,81 EUR
Gesamt   **355,81 EUR**

II. **Beschwerdeverfahren (Wert: 1.460,84 EUR)**
1. 0,5-Verfahrensgebühr, Nr. 3500 VV   57,50 EUR
2. Postentgeltpauschale, Nr. 7002 VV   11,50 EUR
   Zwischensumme   69,00 EUR
3. 19 % Umsatzsteuer, Nr. 7008 VV   13,11 EUR
Gesamt   **82,11 EUR**

116 Eine Beteiligung des Antragsgegners kann sich auch im Rahmen einer **Gehörsrüge** nach § 321a ZPO ergeben. Ist das Gericht irrtümlich der Auffassung, im Verfahren der Beschwerde des Gläubigers gegen die Zurückweisung seines Antrags auf Festsetzung weiterer Kosten im Vollstreckungsbescheid (§§ 699 Abs. 3, 104 Abs. 3 ZPO) sei der Schuldner nicht zu beteiligen, so ist die unterbliebene Beteiligung auf die Gehörsrüge nach § 321a Abs. 1 Nr. 1 ZPO nachzuholen.[59]

117 Ist die Gehörsrüge erfolgreich, muss das Beschwerdeverfahren fortgesetzt werden. Der Anwalt des Antragsgegners erhält in diesem Fall wiederum die Gebühren nach Nr. 3500 VV.

Beispiel 96 — **Mahnverfahren mit sofortiger Beschwerde gegen den Nichterlass des Vollstreckungsbescheids wegen einer Kostenposition ohne Beteiligung des Antragsgegners und nachträglicher erfolgloser Gehörsrüge**

Wie vorangegangenes Beispiel 95; jedoch ist der Antragsteller im Beschwerdeverfahren nicht beteiligt worden. Er legt gegen die Beschwerdeentscheidung nach § 321a ZPO Gehörsrüge ein. Diese ist erfolgreich, so dass über die Beschwerde erneut entschieden werden muss.

---

58 Siehe hierzu KG AGS 2006, 65 = KGR 2005, 837 = Rpfleger 2005, 697 = RVGreport 2005, 383 = RVGprof. 2005, 199 = NJ 2005, 563 = RVG-B 2005, 177.
59 Siehe hierzu KG AGS 2006, 65 = KGR 2005, 837 = Rpfleger 2005, 697 = RVGreport 2005, 383 = RVGprof. 2005, 199 = NJ 2005, 563 = RVG-B 2005, 177.

Abzurechnen ist wie im vorangegangenen Beispiel. Für die Vertretung im Mahnverfahren entsteht die Gebühr der Nr. 3305 VV. Für das Beschwerdeverfahren, das nach erfolgreicher Gehörsrüge beginnt, entsteht die Vergütung nach Nr. 3500 VV. Die Gehörsrüge ist nicht gesondert zu vergüten, da sie nach § 19 Abs. 1 S. 2 Nr. 5 RVG zum Beschwerdeverfahren zählt.

Bleibt die Gehörsrüge dagegen erfolglos, stellt sie gegenüber dem Mahnverfahren eine eigene Angelegenheit dar, deren Vergütung sich nach Nr. 3330 VV richtet. Im Ergebnis ändert sich dadurch jedoch nichts. 118

Beispiel 97 — **Mahnverfahren mit sofortiger Beschwerde gegen den Nichterlass des Vollstreckungsbescheids wegen einer Kostenposition ohne Beteiligung des Antragsgegners und nachträglicher erfolgreicher Gehörsrüge**

Wie vorangegangenes Beispiel 96; jedoch ist die Gehörsrüge erfolglos.

Anstelle der 0,5-Verfahrensgebühr entsteht jetzt die 0,5-Verfahrensgebühr nach Nr. 3330 VV.

I. Mahnverfahren (Wert: 10.000,00 EUR)		
1. 0,5-Verfahrensgebühr, Nr. 3307 VV		279,00 EUR
2. Postentgeltpauschale, Nr. 7002 VV		20,00 EUR
Zwischensumme	299,00 EUR	
3. 19 % Umsatzsteuer, Nr. 7008 VV		56,81 EUR
Gesamt		**355,81 EUR**
II. Verfahren über die Gehörsrüge (Wert: 1.460,84 EUR)		
1. 0,5-Verfahrensgebühr, Nr. 3330 VV		57,50 EUR
2. Postentgeltpauschale, Nr. 7002 VV		11,50 EUR
Zwischensumme	69,00 EUR	
3. 19 % Umsatzsteuer, Nr. 7008 VV		13,11 EUR
Gesamt		**82,11 EUR**

Wird der Anwalt von **mehreren Auftraggebern** beauftragt, erhöht sich sowohl die Verfahrensgebühr nach Nr. 1008 VV als auch die Verfahrensgebühr im Beschwerdeverfahren (Nr. 3500 VV).

Beispiel 98 — **Mahnverfahren mit sofortiger Beschwerde gegen den Nichterlass des Vollstreckungsbescheids, mehrere Auftraggeber**

Der Anwalt hatte auftragsgemäß gegen zwei Antragsgegner als Gesamtschuldner einen Mahnbescheid über 2.000,00 EUR erwirkt. Er beantragt anschließend den Erlass eines Vollstreckungsbescheids, dessen Erlass der Rechtspfleger ablehnt. Hiergegen legt der Anwalt auftragsgemäß sofortige Beschwerde ein.

Sowohl die Verfahrensgebühr nach Nr. 3305 VV erhöht sich um 0,3 als auch die Verfahrensgebühr der Nr. 3500 VV.

I. Mahnverfahren (Wert: 2.000,00 EUR)		
1. 0,8-Verfahrensgebühr, Nrn. 3307, 1008 VV		120,00 EUR
2. Postentgeltpauschale, Nr. 7002 VV		20,00 EUR
Zwischensumme	140,00 EUR	
3. 19 % Umsatzsteuer, Nr. 7008 VV		26,60 EUR
Gesamt		**166,60 EUR**
II. Beschwerdeverfahren (Wert: 2.000,00 EUR)		
1. 0,8-Verfahrensgebühr, Nrn. 3500, 1008 VV		120,00 EUR
2. Postentgeltpauschale, Nr. 7002 VV		20,00 EUR
Zwischensumme	140,00 EUR	

3. 19 % Umsatzsteuer, Nr. 7008 VV	26,60 EUR
Gesamt	**166,60 EUR**

6. Erinnerung gegen die Ablehnung des Antrags auf Erlass des Vollstreckungsbescheids

119 Die gleichen Berechnungen wie zur sofortigen Beschwerde gegen die Ablehnung des Antrags auf Erlass des Vollstreckungsbescheids gelten auch bei Erinnerungsverfahren gegen die Ablehnung des Antrags auf Erlass des Vollstreckungsbescheids, wobei die Erinnerung nur hinsichtlich des Absetzens von Kostenpositionen unter 200,01 EUR in Betracht kommt (§ 11 Abs. 2 RPflG i.V.m. § 567 Abs. 2 ZPO). Das Erinnerungsverfahren ist dann eine besondere Angelegenheit nach § 18 Abs. 1 Nr. 3 RVG, in der wiederum die Gebühr nach Nr. 3500 VV entsteht, allerdings hier aus einem geringeren Wert.

> **Beispiel 99** — **Mahnverfahren mit sofortiger Beschwerde gegen die Absetzung von Kosten**

Der Anwalt war mit der Vertretung in einem Mahnverfahren über 1.000,00 EUR beauftragt und hatte eine Besprechung mit der Gegenseite zur Erledigung des Mahnverfahrens geführt. Die Verhandlungen blieben ergebnislos; Widerspruch wurde jedoch auch nicht eingelegt. Daher stellte die Gegenseite den Antrag auf Erlass des Vollstreckungsbescheids und nahm darin auch die angefallene Terminsgebühr (Nr. 3104 VV i.V.m. Vorbem. 3.3.2, Vorbem. 3 Abs. 3 S. 3 Nr. 2 VV) nebst Auslagen und anteiliger Umsatzsteuer mit auf. Der Rechtspfleger setzte diese Terminsgebühr ab und erließ den Vollstreckungsbescheid nur im Übrigen. Hiergegen legte der Anwalt des Antragstellers sofortige Beschwerde ein, der der Anwalt des Antragsgegners entgegentrat.

Aus dem Wert der Hauptsache entstehen die 1,0-Verfahrensgebühr nach Nr. 3307 VV sowie die 1,2-Terminsgebühr nach Nr. 3104 VV. Für das Erinnerungsverfahren entsteht eine weitere 0,5-Verfahrensgebühr nach Nr. 3500 VV. Der Wert des Erinnerungsverfahrens richtet sich gem. § 23 Abs. 2 S. 3, 1, Abs. 3 S. 2 RVG nur nach dem Wert der abgesetzten Terminsgebühr (96,00 EUR) zuzüglich anteiliger Postentgeltpauschale (12,00 EUR) und Umsatzsteuer (20,52 EUR), insgesamt somit 128,52 EUR.

I. Mahnverfahren (Wert: 1.000,00 EUR)		
1. 0,5-Verfahrensgebühr, Nr. 3305 VV		40,00 EUR
2. 1,2-Terminsgebühr, Nr. 3104 VV		96,00 EUR
3. Postentgeltpauschale, Nr. 7002 VV		20,00 EUR
Zwischensumme	156,00 EUR	
4. 19 % Umsatzsteuer, Nr. 7008 VV		29,64 EUR
Gesamt		**185,64 EUR**
II. Erinnerungsverfahren (Wert: 128,52 EUR)		
1. 0,5-Verfahrensgebühr, Nr. 3500 VV		22,50 EUR
2. Postentgeltpauschale, Nr. 7002 VV		4,50 EUR
Zwischensumme	27,00 EUR	
3. 19 % Umsatzsteuer, Nr. 7008 VV		5,13 EUR
Gesamt		**32,13 EUR**

7. Einspruch gegen den Vollstreckungsbescheid

Wird gegen einen Vollstreckungsbescheid Einspruch eingelegt, so wird damit gem. § 700 Abs. 3 ZPO das streitige Verfahren eingeleitet. Bereits der Einspruch löst daher für den Vertreter des Antragsgegners die Gebühren nach Nrn. 3100 ff. VV aus.[60] Gebühren im Mahnverfahren kann der Antragstellervertreter in diesem Fall nicht mehr verdienen.

120

| Beispiel 100 | Einspruch gegen Vollstreckungsbescheid |

Gegen den Mandanten ist ein Vollstreckungsbescheid in Höhe von 3.000,00 EUR ergangen. Der Anwalt legt hiergegen Einspruch ein. Anschließend wird die Klage zurückgenommen.

Es entsteht die Verfahrensgebühr nach Nr. 3100 VV. Der Einspruch ist bereits ein Sachantrag i.S.d. Nr. 3101 Nr. 1 VV RVG, der die volle Gebühr auslöst.

1. 1,3-Verfahrensgebühr, Nr. 3100 VV 261,30 EUR
   (Wert: 3.000,00 EUR)
2. Postentgeltpauschale, Nr. 7002 VV 20,00 EUR
   Zwischensumme 281,30 EUR
3. 19 % Umsatzsteuer, Nr. 7008 VV 53,45 EUR
Gesamt **334,75 EUR**

| Beispiel 101 | Auftrag zum Teileinspruch gegen Vollstreckungsbescheid |

Gegen den Mandanten ist ein Mahnbescheid in Höhe von 3.000,00 EUR ergangen. Der Anwalt legt hiergegen Einspruch wegen eines Betrages in Höhe von 1.800,00 EUR ein. Anschließend wird die Klage insoweit zurückgenommen.

Die Verfahrensgebühr nach Nr. 3100 VV entsteht jetzt nur aus 1.800,00 EUR.

1. 1,3-Verfahrensgebühr, Nr. 3100 VV 195,00 EUR
   (Wert: 1.800,00 EUR)
2. Postentgeltpauschale, Nr. 7002 VV 20,00 EUR
   Zwischensumme 215,00 EUR
3. 19 % Umsatzsteuer, Nr. 7008 VV 40,85 EUR
Gesamt **255,85 EUR**

| Beispiel 102 | Teileinspruch gegen Vollstreckungsbescheid nach Gesamtvertretungsauftrag |

Gegen den Mandanten ist ein Vollstreckungsbescheid in Höhe von 3.000,00 EUR ergangen. Der Anwalt wird mit dem Einspruch und der Vertretung im gerichtlichen Verfahren beauftragt. Er rät allerdings von einem umfassenden Einspruch ab und empfiehlt nur einen Einspruch wegen eines Betrages in Höhe von 1.800,00 EUR. So wird auch verfahren. Anschließend wird die Klage insoweit zurückgenommen.

Die 1,3-Verfahrensgebühr nach Nr. 3100 VV entsteht wiederum nur aus 1.800,00 EUR. Aus den weiteren 1.200,00 EUR verbleibt es bei einer 0,8-Verfahrensgebühr nach Nr. 3101 Nr. 1 VV. Zu beachten ist § 15 Abs. 3 RVG.

---

[60] OLG München AnwBl. 1992, 400 = JurBüro 1992, 325 = MDR 1992, 617 = Rpfleger 1992, 316 = zfs 1992, 281 = OLGR 1992, 48; Gerold/Schmidt/*Müller-Rabe*, Nr. 3305–3308 VV Rn 53.

1.	1,3-Verfahrensgebühr, Nr. 3100 VV (Wert: 1.800,00 EUR)	195,00 EUR
2.	0,8-Verfahrensgebühr, Nrn. 3100, 3101 VV (Wert: 1.200,00 EUR) gem. § 15 Abs. 3 RVG nicht mehr als 1,3 aus 3.000,00 EUR	92,00 EUR 261,30 EUR
3.	Postentgeltpauschale, Nr. 7002 VV	20,00 EUR
	Zwischensumme	281,30 EUR
4.	19 % Umsatzsteuer, Nr. 7008 VV	53,45 EUR
	Gesamt	**334,75 EUR**

IV. Verfahren über einen Antrag auf Kostenentscheidung nach Rücknahme des Mahnantrags

121 Wird der Mahnantrag zurückgenommen, muss auf Antrag eine Kostenentscheidung nach § 269 Abs. 3 ZPO getroffen werden. Die Vorschrift ist im Mahnverfahren auf die Rücknahme des Mahnantrags entsprechend anwendbar, und zwar sowohl § 269 Abs. 3 S. 1 als auch S. 2 oder S. 3 ZPO.[61] Dahingehende Tätigkeiten des Anwalts gehören nicht mehr zum Mahnverfahren.

1. Verfahren über den Kostenantrag

122 Wird der Mahnantrag zurückgenommen, so kann auf Antrag des Antragsgegners eine Kostenentscheidung nach § 269 Abs. 3 S. 1 ZPO ergehen und auf Antrag des Antragstellers eine Kostenentscheidung nach § 269 Abs. 3 S. 2 oder 3 ZPO.

123 Wird eine **Kostenentscheidung nach § 269 Abs. 3 S. 1 ZPO** beantragt, so ist strittig, welches Gericht für die Kostenentscheidung zuständig ist. Zum Teil wird vertreten, im Falle eines Kostenantrags nach § 269 Abs. 3 S. 1 ZPO, bei dem der Antragsgegner keine Einwendungen erhebe, sei das Mahngericht zuständig;[62] zum Teil wird vertreten, es sei immer das Streitgericht zuständig.[63]

124 Zuständig für den Erlass der **Kostenentscheidung nach § 269 Abs. 3 S. 3 ZPO** ist nicht das Mahngericht, sondern das für die Durchführung des streitigen Verfahrens zuständige Gericht. An dieses ist nach Rücknahme des Mahnantrags auf Antrag einer Partei das Verfahren vom Mahngericht zur Entscheidung über die Kosten abzugeben.[64] Damit zählt die Tätigkeit der Anwälte von Antragsteller und Antragsgegner auf Erlass bzw. Abwehr der Kostenentscheidung nicht mehr zum Mahnverfahren, sondern bereits zum streitigen Verfahren und löst dort eine 1,3-Verfahrensgebühr nach Nr. 3100 VV aus dem Kostenwert aus. Dem steht § 19 Abs. 1 S. 2 Nr. 9 RVG nicht entgegen, wonach das Verfahren über die Kostenentscheidung keine gesonderte Angelegenheit darstellt. Die Vorschrift des § 19 Abs. 1 S. 2 Nr. 9 RVG gilt nur dann, wenn die Kostenentscheidung im selben Verfahren ergeht, nicht aber, wenn sie – wie hier – in einem anderen Verfahren ergeht. Es verhält sich hier nicht anders als bei einem Kostenwiderspruch.

---

61 Vgl. Zöller/*Vollkommer*, § 690 ZPO Rn 24; *Baumbach*/*Hartmann*, § 269 ZPO Rn 3 und § 690 Rn 16; Musielak/*Foerste*, § 269 ZPO Rn 21.
62 OLG Hamburg AGS 2007, 365 = OLGR 2007, 157 = MDR 2007, 676.
63 Zöller/*Vollkommer*, § 690 ZPO Rn 24.
64 BGH AGS 2005, 32 = FamRZ 2005, 441 = InVo 2005, 147 = JurBüro 2005, 471 = JurBüro 2005, 491 = MDR 2005, 411 = NJW 2005, 513 = Rpfleger 2005, 201 = RVG-B 2005, 39; OLG Hamm NJW-RR 2007, 424.

IV. Verfahren über einen Antrag auf Kostenentscheidung nach Rücknahme des Mahnantrags § 11

Beispiel 103 | **Kostenantrag des Antragsgegners nach Rücknahme des Mahnantrags**

Der Anwalt legt für den Antragsgegner gegen einen Mahnbescheid über 7.500,00 EUR auftragsgemäß Widerspruch ein. Der Antragsteller nimmt daraufhin den Mahnantrag zurück. Hierauf beantragt der Anwalt für den Antragsgegner den Erlass einer Kostenentscheidung. Die Sache wird daraufhin an das Streitgericht abgegeben, das ohne mündliche Verhandlung eine Kostenentscheidung erlässt. Der Kostenstreitwert wird auf 1.000,00 EUR festgesetzt.

Der Anwalt des Antragsgegners erhält die Verfahrensgebühr (Nr. 3307 VV) aus dem vollen Wert der 7.500,00 EUR. Im streitigen Verfahren erhält er aus dem Kostenwert von 1.000,00 EUR eine 1,3-Verfahrensgebühr nach Nr. 3100 VV.[65] Angerechnet wird nach Anm. zu Nr. 3307 VV eine 0,5-Gebühr aus dem Kostenwert.[66]

I. Mahnverfahren		
1. 0,5-Verfahrensgebühr, Nr. 3307 VV (Wert: 7.500,00 EUR)		228,00 EUR
2. Postentgeltpauschale, Nr. 7002 VV		20,00 EUR
Zwischensumme	248,00 EUR	
3. 19 % Umsatzsteuer, Nr. 7008 VV		47,12 EUR
Gesamt		**295,12 EUR**
II. Streitiges Verfahren auf Kostenentscheidung		
1. 1,3-Verfahrensgebühr, Nr. 3100 VV (Wert: 1.000,00 EUR)		104,00 EUR
2. Postentgeltpauschale, Nr. 7002 VV		20,00 EUR
3. anzurechnen gem. Anm. zu Nr. 3307 VV, 0,5 aus 1.000,00 EUR		– 40,00 EUR
Zwischensumme	84,00 EUR	
4. 19 % Umsatzsteuer, Nr. 7008 VV		15,96 EUR
Gesamt		**99,96 EUR**

Soweit sich der Anwalt des Klägers an dem Verfahren über die Kostenentscheidung beteiligt, erhält er ebenfalls eine 1,3-Verfahrensgebühr aus dem Wert der Kosten unter Anrechnung der Mahnverfahrensgebühr gem. Anm. zu Nr. 3305 VV (die Berechnung ist die gleiche wie im nachfolgenden Beispiel).

125

Beispiel 104 | **Kostenantrag des Antragstellers nach Rücknahme des Mahnantrags**

Wie vorangegangenes Beispiel; jedoch beantragt der Anwalt für den Antragsteller eine Kostenentscheidung nach § 269 Abs. 3 S. 3 ZPO zu Lasten des Antragsgegners. Dieser beteiligt sich am Verfahren. Der Kostenstreitwert wird auf 1.000,00 EUR festgesetzt.

Beide Anwälte erhalten die jeweilige Verfahrensgebühr des Mahnverfahrens aus dem vollen Wert der 7.500,00 EUR. Im streitigen Verfahren erhalten sie aus dem Kostenwert (§ 23 Abs. 1 S. 1 RVG, § 43 Abs. 2 GKG) von 1.000,00 EUR eine 1,3-Verfahrensgebühr nach Nr. 3100 VV, jeweils unter Anrechnung der Verfahrensgebühr aus dem Mahnverfahren, berechnet nach dem Kostenwert.

---

[65] OLG Düsseldorf AGS 2006, 22 = NJW-RR 2005, 1231 = JurBüro 2005, 473 = RVGreport 2005, 386.
[66] Übersehen von OLG Düsseldorf AGS 2006, 22 = NJW-RR 2005, 1231 = JurBüro 2005, 473 = RVGreport 2005, 386.

A. **Abrechnung des Antragstellers**
I. **Mahnverfahren**
1. 1,0-Verfahrensgebühr, Nr. 3305 VV 456,00 EUR
 (Wert: 7.500,00 EUR)
2. Postentgeltpauschale, Nr. 7002 VV 20,00 EUR
 Zwischensumme 476,00 EUR
3. 19 % Umsatzsteuer, Nr. 7008 VV 90,44 EUR
Gesamt **566,44 EUR**

II. **Streitiges Verfahren auf Kostenentscheidung**
1. 1,3-Verfahrensgebühr, Nr. 3100 VV 104,00 EUR
 (Wert: 1.000,00 EUR)
2. anzurechnen gem. Anm. zu Nr. 3307 VV, − 80,00 EUR
 1,0 aus 1.000,00 EUR
3. Postentgeltpauschale, Nr. 7002 VV 20,00 EUR
 Zwischensumme 44,00 EUR
4. 19 % Umsatzsteuer, Nr. 7008 VV 8,36 EUR
Gesamt **52,36 EUR**

B. **Abrechnung des Antragsgegners**
I. **Mahnverfahren**
1. 0,5-Verfahrensgebühr, Nr. 3307 VV 228,00 EUR
 (Wert: 7.500,00 EUR)
2. Postentgeltpauschale, Nr. 7002 VV 20,00 EUR
 Zwischensumme 248,00 EUR
3. 19 % Umsatzsteuer, Nr. 7008 VV 47,12 EUR
Gesamt **295,12 EUR**

II. **Streitiges Verfahren auf Kostenentscheidung**
1. 1,3-Verfahrensgebühr, Nr. 3100 VV 104,00 EUR
 (Wert: 1.000,00 EUR)
2. anzurechnen gem. Anm. zu Nr. 3307 VV, − 80,00 EUR
 0,5 aus 1.000,00 EUR
3. Postentgeltpauschale, Nr. 7002 VV 20,00 EUR
 Zwischensumme 44,00 EUR
4. 19 % Umsatzsteuer, Nr. 7008 VV 8,36 EUR
Gesamt **52,36 EUR**

2. Beschwerdeverfahren

126 Gegen die Kostenentscheidung ist nach § 269 Abs. 5 ZPO die sofortige Beschwerde gegeben. Sie ist wiederum nach § 18 Abs. 1 Nr. 3 RVG eine neue Angelegenheit, in der die Gebühren nach den Nrn. 3500 ff. VV entstehen.

> **Beispiel 105** Sofortige Beschwerde gegen die Kostenentscheidung

Wie vorangegangene Beispiele 103, 104; jedoch wird gegen die Kostenentscheidung sofortige Beschwerde eingelegt. Beide Anwälte sind am Beschwerdeverfahren beteiligt.

Für beide Anwälte wird durch die Beschwerde gem. § 18 Abs. 1 Nr. 3 RVG eine neue Angelegenheit ausgelöst, in der sie die Gebühr nach Nr. 3500 VV aus dem Kostenwert (§ 23 Abs. 2 S. 1, Abs. 3 S. 2 RVG) erhalten.

Beide Anwälte erhalten also zusätzlich

1.	0,5-Verfahrensgebühr, Nr. 3500 VV		40,00 EUR
	(Wert: 1.000,00 EUR)		
2.	Postentgeltpauschale, Nr. 7002 VV		8,00 EUR
	Zwischensumme	48,00 EUR	
3.	19 % Umsatzsteuer, Nr. 7008 VV		9,12 EUR
Gesamt			**57,12 EUR**

V. Antrag auf Kostenentscheidung nach Rücknahme der Klage vor Anspruchsbegründung

Nimmt der Kläger nach der von ihm beantragten Abgabe des Mahnverfahrens an das Streitgericht die Klage vor Anspruchsbegründung zurück, so entsteht dem Prozessbevollmächtigten des Beklagten die Verfahrensgebühr der Nr. 3100 VV gem. Nr. 3101 Nr. 1 VV nur in Höhe von 0,8. Stellt der Prozessbevollmächtigte des Beklagten einen Antrag nach § 269 Abs. 4 ZPO, so entsteht zusätzlich eine nach dem Kostenwert bemessene 1,3-Verfahrensgebühr gem. Nr. 3100 VV, allerdings unter Berücksichtigung des § 15 Abs. 3 RVG.[67]

127

Beispiel 106 | **Antrag auf Kostenentscheidung nach Rücknahme der Klage vor Anspruchsbegründung**

Der Antragsteller hatte eine Forderung in Höhe von 10.000,00 EUR im Mahnverfahren geltend gemacht. Nach Widerspruch beantragt der Antragsteller die Durchführung des streitigen Verfahrens, so dass die Sache an das Streitgericht abgegeben wird. Nach Fristsetzung zur Anspruchsbegründung nimmt der Antragsteller/Kläger die Klage zurück. Der Antragsgegner/Beklagte stellt Kostenantrag nach § 269 Abs. 4 ZPO. Der Wert der Kosten wird auf 2.000,00 EUR festgesetzt.

Für den Anwalt des Antragstellers/Klägers ist im gerichtlichen Verfahren die volle 1,3-Verfahrensgebühr angefallen, da er die Klage zurückgenommen hat (arg. e Nr. 3101 Nr. 1 VV). Für den Anwalt des Antragsgegners/Beklagten ist aus der Hauptsache die Verfahrensgebühr der Nr. 3100 VV nur zu 0,8 angefallen (Nr. 3101 Nr. 1 VV). Die volle Verfahrensgebühr ist dagegen aus dem Wert der Kosten angefallen (§ 23 Abs. 1 S. 1 RVG i.V.m. § 43 Abs. 3 GKG). Zu beachten ist § 15 Abs. 3 RVG.

A. Abrechnung des Antragstellers
I. Mahnverfahren

1.	1,0-Verfahrensgebühr, Nr. 3305 VV		558,00 EUR
	(Wert: 10.000,00 EUR)		
2.	Postentgeltpauschale, Nr. 7002 VV		20,00 EUR
	Zwischensumme	578,00 EUR	
3.	19 % Umsatzsteuer, Nr. 7008 VV		109,82 EUR
Gesamt			**687,82 EUR**

II. Streitiges Verfahren auf Kostenentscheidung

1.	1,3-Verfahrensgebühr, Nr. 3100 VV		725,40 EUR
	(Wert: 10.000,00 EUR)		
2.	anzurechnen gem. Anm. zu Nr. 3307 VV,		– 558,00 EUR
	1,0 aus 10.000,00 EUR		
3.	Postentgeltpauschale, Nr. 7002 VV		20,00 EUR
	Zwischensumme	187,40 EUR	

---

[67] KG Rpfleger 2007, 432 = JurBüro 2007, 307 = KGR 2007, 602 = AGS 2008, 23 = RVGreport 2007, 232 = NJ 2007, 319 (unter Aufgabe der früheren Rspr. JurBüro 2002, 641).

4. 19 % Umsatzsteuer, Nr. 7008 VV		35,61 EUR
Gesamt		**223,01 EUR**

B. Abrechnung des Antragsgegners
I. Mahnverfahren

1. 0,5-Verfahrensgebühr, Nr. 3307 VV (Wert: 10.000,00 EUR)		279,00 EUR
2. Postentgeltpauschale, Nr. 7002 VV		20,00 EUR
Zwischensumme	299,00 EUR	
3. 19 % Umsatzsteuer, Nr. 7008 VV		56,81 EUR
Gesamt		**355,81 EUR**

II. Streitiges Verfahren auf Kostenentscheidung

1. 0,8-Verfahrensgebühr, Nr. 3100 VV (Wert: 10.000,00 EUR)		446,40 EUR
2. 1,3-Verfahrensgebühr, Nrn. 3100, 3101 VV (Wert: 2.000,00 EUR) (die Grenze gem. § 15 Abs. 3 RVG, nicht mehr als 1,3 aus 12.000,00 EUR – 785,20 EUR – ist nicht erreicht)		195,00 EUR
3. anzurechnen gem. Anm. zu Nr. 3307 VV, 0,5 aus 10.000,00 EUR		– 279,00 EUR
4. Postentgeltpauschale, Nr. 7002 VV		20,00 EUR
Zwischensumme	382,40 EUR	
5. 19 % Umsatzsteuer, Nr. 7008 VV		72,66 EUR
Gesamt		**455,06 EUR**

VI. Anrechnung auf die Verfahrensgebühren des Mahnverfahrens

128 War der Anwalt, bevor er im Mahnverfahren einen Auftrag erhalten hat, außergerichtlich tätig, sind dort verdiente Gebühren gegebenenfalls anzurechnen. Das gilt sowohl für eine Beratungsgebühr (§ 34 Abs. 2 RVG) als auch für eine Geschäftsgebühr nach Nr. 2300 VV oder nach Nr. 2303 VV (Vorbem. 3 Abs. 4 VV).

> **Beispiel 107** | **Anrechnung – Normalfall**

Der Anwalt macht außergerichtlich für den Auftraggeber eine Forderung in Höhe von **8.000,00 EUR** geltend. Die Sache ist weder umfangreich noch schwierig. Der Schuldner zahlt nicht. Der Anwalt beantragt daraufhin einen Mahnbescheid.

Die 1,3-Geschäftsgebühr für die außergerichtliche Vertretung (Nr. 2300 VV) wird nach Vorbem. 3 Abs. 4 VV zur Hälfte, also nach einem Gebührensatz von 0,65, auf die Verfahrensgebühr des Mahnverfahrens (Nr. 3305 VV) angerechnet.

I. Außergerichtliche Vertretung (Wert: 8.000,00 EUR)

1. 1,3-Geschäftsgebühr, Nr. 2300 VV		592,80 EUR
2. Postentgeltpauschale, Nr. 7002 VV		20,00 EUR
Zwischensumme	612,80 EUR	
3. 19 % Umsatzsteuer, Nr. 7008 VV		116,43 EUR
Gesamt		**729,23 EUR**

II. Mahnverfahren (Wert: 8.000,00 EUR)

1. 1,0-Verfahrensgebühr, Nr. 3305 VV		456,00 EUR
2. gem. Vorbem. 3 Abs. 4 VV anzurechnen, 0,65 aus 8.000,00 EUR		– 296,40 EUR
3. Postentgeltpauschale, Nr. 7002 VV		20,00 EUR
Zwischensumme	179,60 EUR	
4. 19 % Umsatzsteuer, Nr. 7008 VV		34,12 EUR
Gesamt		**213,72 EUR**

> **Beispiel 108** Anrechnung – Nachfolgende Gebühr hat einen geringeren Gebührensatz als die Geschäftsgebühr

Gegen den Auftraggeber wird eine Forderung in Höhe von 8.000,00 EUR geltend gemacht. Die Sache ist umfangreich aber durchschnittlich. Anschließend ergeht ein Mahnbescheid, gegen den der Anwalt Widerspruch einlegt.

Da im Mahnverfahren nur eine 0,5-Verfahrensgebühr nach Nr. 3307 VV angefallen ist, wird die hälftige Anrechnung (an sich 0,75) auf 0,5 beschränkt.

I.	**Außergerichtliche Vertretung (Wert: 8.000,00 EUR)**		
1.	1,5-Geschäftsgebühr, Nr. 2300 VV		684,00 EUR
2.	Postentgeltpauschale, Nr. 7002 VV		20,00 EUR
	Zwischensumme	704,00 EUR	
3.	19 % Umsatzsteuer, Nr. 7008 VV		133,76 EUR
Gesamt			**837,76 EUR**
II.	**Mahnverfahren (Wert: 8.000,00 EUR)**		
1.	0,5-Verfahrensgebühr, Nrn. 3305, 3306 VV		228,00 EUR
2.	gem. Vorbem. 3 Abs. 4 VV anzurechnen, 0,5 aus 8.000,00 EUR		– 228,00 EUR
3.	Postentgeltpauschale, Nr. 7002 VV[68]		20,00 EUR
	Zwischensumme	20,00 EUR	
4.	19 % Umsatzsteuer, Nr. 7008 VV		3,80 EUR
Gesamt			**23,80 EUR**

Wegen weiterer Einzelheiten – insbesondere bei unterschiedlichen Gegenstandswerten oder unterschiedlichen Gebührensätzen – wird auf § 8 Rn 30 ff. verwiesen. **129**

VII. Anhang: Europäisches Mahnverfahren

Im Europäischen Mahnverfahren nach der Verordnung (EG) Nr. 1896/2006 entstehen für den Antragsteller die gleichen Gebühren wie im Mahnverfahren nach der ZPO. Er erhält für den Antrag auf Erlass des Zahlungsbefehls die 1,0-Verfahrensgebühr nach Nr. 3305 VV, die sich nach Nr. 3306 VV auf 0,5 ermäßigen kann. **130**

Legt der Schuldner Einspruch nach Art. 17 EuMVO ein, löst dies bereits eine 1,3-Gebühr nach Nr. 3100 VV aus.[69] Der Einspruch nach Art. 17 EuMVO ist nicht mit einem Widerspruch zu vergleichen, den die EuMVO nicht kennt; er führt ebenso wie der Einspruch nach § 700 ZPO bereits unmittelbar zur Einleitung des streitigen Verfahrens und ist daher ebenso zu vergüten wie der Einspruch gegen einen Strafbefehl. **131**

> **Beispiel 109** Europäisches Mahnverfahren

Der Anwalt erwirkt für den Mandanten vor dem AG Berlin Wedding (§ 1087 ZPO) einen Europäischen Zahlungsbefehl über 10.000,00 EUR. Dagegen legt der Anwalt für den Antragsgegner Einspruch ein.

Für den Anwalt des Antragstellers entsteht eine 1,0-Verfahrensgebühr nach Nr. 3305 VV. Der Anwalt des Antragsgegners erhält dagegen bereits die Gebühr nach Nr. 3100 VV.

---

68 Die Postentgeltpauschale berechnet sich aus dem Gebührenaufkommen vor Anrechnung (siehe § 38 Rn 53 ff.).
69 OLG Nürnberg AGS 2010, 12 = MDR 2010, 294 = NJW-Spezial 2010, 157.

I. **Anwalt des Antragstellers**
1. 1,0-Verfahrensgebühr, Nr. 3305 VV 558,00 EUR
   (Wert: 10.000,00 EUR)
2. Postentgeltpauschale, Nr. 7002 VV 20,00 EUR
   Zwischensumme 578,00 EUR
3. 19 % Umsatzsteuer, Nr. 7008 VV 109,82 EUR
Gesamt **687,82 EUR**

II. **Anwalt des Antragsgegners**
1. 1,3-Verfahrensgebühr, Nr. 3100 VV 725,40 EUR
   (Wert: 10.000,00 EUR)
2. Postentgeltpauschale, Nr. 7002 VV 20,00 EUR
   Zwischensumme 745,40 EUR
3. 19 % Umsatzsteuer, Nr. 7008 VV 141,63 EUR
Gesamt **887,03 EUR**

§ 12 Selbstständiges Beweisverfahren

Inhalt

I. Überblick 1	5. Mehrere Beweisverfahren vor Hauptsacheverfahren 48
1. Beweisverfahren in zivilgerichtlichen Verfahren 2	6. Kostenerstattung bei unterschiedlichen Kostenquoten für Beweisverfahren und Hauptsache 49
2. Beweisverfahren in arbeitsgerichtlichen Verfahren 4	7. Beweisverfahren mit vorangegangener außergerichtlicher Vertretung 50
3. Beweisverfahren in Familiensachen 5	8. Beweisverfahren und nachfolgendes Prozesskostenhilfeprüfungsverfahren zur Hauptsache 53
4. Beweisverfahren in verwaltungsgerichtlichen Verfahren 6	9. Beweisverfahren im Berufungsverfahren 54
5. Beweisverfahren in finanzgerichtliche Verfahren 7	10. Verfahren über die Kostenentscheidung 55
6. Beweisverfahren in sozialgerichtlichen Verfahren 8	**III. Selbstständiges Beweisverfahren in arbeitsgerichtlichen Verfahren** 58
II. Beweisverfahren in zivilgerichtlichen Verfahren 9	**IV. Selbstständiges Beweisverfahren in Familiensachen** 59
1. Überblick 9	**V. Selbstständiges Beweisverfahren in verwaltungsgerichtlichen Verfahren** ... 60
2. Abrechnung Beweisverfahren 18	
a) Verfahrensgebühr 18	**VI. Selbstständiges Beweisverfahren in finanzgerichtlichen Verfahren** 61
b) Terminsgebühr 23	
c) Einigungsgebühr 28	**VII. Selbstständiges Beweisverfahren in sozialgerichtlichen Verfahren** 62
d) Zusatzgebühr für besonders umfangreiche Beweisaufnahmen 33	
3. Abrechnung Beweisverfahren mit nachfolgendem Hauptsacheverfahren 35	
4. Beweisverfahren während anhängigem Hauptsacheverfahren 45	

I. Überblick

Selbstständige Beweisverfahren kommen in verschiedenen Verfahrensordnungen vor. Je nach Verfahrensordnung sind Besonderheiten zu beachten. **1**

1. Beweisverfahren in zivilgerichtlichen Verfahren

Im selbstständigen Beweisverfahren vor den Zivilgerichten nach den §§ 485 ff. ZPO erhält der Anwalt die gleichen Gebühren wie im ordentlichen Rechtsstreit, also nach **Teil 3 Abschnitt 1 VV**, nach den Nrn. 3100 ff. VV. **2**

Das selbstständige Beweisverfahren ist gegenüber dem Hauptsacheverfahren eine eigene **selbstständige Gebührenangelegenheit**,[1] da es in den §§ 16, 19 RVG nicht als zum Rechtszug gehörig aufgeführt ist und die Anrechnungsvorschrift der Vorbem. 3 Abs. 5 VV ansonsten keinen Sinn ergäbe. Der Anwalt kann daher im selbstständigen Beweisverfahren und im Rechtsstreit sämtliche Gebühren gesondert verdienen. Lediglich die Verfahrensgebühren werden aufeinander angerechnet (Vorbem. 3 Abs. 5 VV). **3**

---

[1] AnwK-RVG/*N. Schneider*, § 15 Rn 160.

2. Beweisverfahren in arbeitsgerichtlichen Verfahren

4 Im selbstständigen Beweisverfahren vor den Arbeitsgerichten gelten die §§ 485 ff. ZPO entsprechend (§ 46 Abs. 2 ArbGG), so dass auch hier ein Beweisverfahren möglich ist.

3. Beweisverfahren in Familiensachen

5 Ein selbstständiges Beweisverfahren ist auch in Familiensachen möglich, allerdings nur in Ehe- und in Familienstreitsachen. Die Vorschriften der §§ 485 ff. ZPO gelten für diese Verfahren entsprechend (§ 113 Abs. 1 S. 2 FamFG).

4. Beweisverfahren in verwaltungsgerichtlichen Verfahren

6 Auch in verwaltungsgerichtlichen Verfahren ist ein selbstständiges Beweisverfahren möglich (§ 98 VwGO).

5. Beweisverfahren in finanzgerichtliche Verfahren

7 In finanzgerichtlichen Verfahren ist ein selbstständiges Beweisverfahren ebenfalls möglich (§ 82 FGO).

6. Beweisverfahren in sozialgerichtlichen Verfahren

8 Auch in sozialgerichtlichen Verfahren kommt ein selbstständiges Beweisverfahren in Betracht (§ 76 SGG).

II. Beweisverfahren in zivilgerichtlichen Verfahren

1. Überblick

9 Im selbstständigen Beweisverfahren erhält der Anwalt zunächst einmal die **1,3-Verfahrensgebühr** nach Nr. 3100 VV. Vertritt der Anwalt **mehrere Auftraggeber** wegen desselben Gegenstands, erhöht sich die Verfahrensgebühr nach Nr. 1008 VV um 0,3 je weiteren Auftraggeber, höchstens um 2,0.

10 Auch im selbstständigen Beweisverfahren kann der Anwalt eine **1,2-Terminsgebühr** nach Nr. 3104 VV verdienen. Die Terminsgebühr entsteht nicht nur dann, wenn es in einem gerichtlichen Termin zu Verhandlungen oder Erörterungen kommt (Vorbem. 3 Abs. 3 S. 1 VV), z.B. im Fall des § 492 Abs. 3 ZPO, sondern auch dann, wenn der Anwalt an einem vom Sachverständigen anberaumten außergerichtlichen Termin teilnimmt (Vorbem. 3 Abs. 3 S. 3 Nr. 1 VV). Darüber hinaus kann im selbstständigen Beweisverfahren die Terminsgebühr auch dadurch anfallen, dass der Anwalt an Besprechungen oder Terminen (auch) ohne Beteiligung des Gerichts und des Sachverständigen mit dem Gegner teilnimmt, um das Beweisverfahren zu erledigen und/oder einen nachfolgenden Rechtsstreit zu vermeiden (Vorbem. 3 Abs. 3 S. 3 Nr. 2 VV).

11 Kommt es im Beweisverfahren zu einer Einigung, so entsteht nach Nr. 1000 VV eine **Einigungsgebühr**. Die Höhe der Einigungsgebühr beläuft sich auf 1,5, und zwar auch dann, wenn über die Gegenstände, über die sich die Parteien geeinigt haben, das Beweisverfahren anhängig ist

(arg. e. Nr. 1003 VV). Lediglich dann, wenn die Hauptsache bereits anhängig ist, entsteht die Einigungsgebühr nur zu 1,0 (Nr. 1003 VV) bzw. im Berufungs- oder Revisionsverfahren zu 1,3 (Nr. 1004 VV). Klargestellt ist jetzt in Anm. zu Nr. 1003 VV[2] dass selbstverständlich auch ein Prozesskostenhilfeantrag, der nur für das Beweisverfahren, nicht aber für die Hauptsache gestellt ist, nicht zur Reduzierung der Einigungsgebühr nach Nr. 1003 VV führt (siehe Rn 29).

12 Umstritten war früher, welcher **Gegenstandswert** im selbstständigen Beweisverfahren anzunehmen ist. Die wohl überwiegende Rspr. hatte schon zur BRAGO den vollen Hauptsachewert angesetzt, weil das selbstständige Beweisverfahren Teil der Hauptsache war (§ 37 Nr. 3 BRAGO).[3] Diese Auffassung hat die Rspr. zum RVG übernommen,[4] obwohl es sich jetzt um eine eigene selbstständige Angelegenheit handelt.

13 Wird nach Abschluss des Beweisverfahrens beantragt, dem Antragsteller aufzugeben, Hauptsacheklage zu erheben, zählt diese Tätigkeit noch zum Beweisverfahren und löst keine gesonderten Gebühren aus (§ 19 Abs. 1 S. 1 RVG). Erst die Hauptsacheklage selbst löst eine neue Angelegenheit aus (siehe Rn 35, 55 ff.).

14 Auch das Verfahren über die Kostenentscheidung bei unterlassener Hauptsacheklage zählt noch zum Beweisverfahren (§ 19 Abs. 1 S. 1 Nr. 9 RVG). Wird gegen die Kostenentscheidung oder deren Verweigerung eine Beschwerde eingelegt, ist dies wiederum eine neue Angelegenheit (§ 18 Abs. 1 Nr. 3 RVG) (siehe hierzu Rn 25 u. § 21 Rn 4 ff.).

15 Kommt es nach dem Beweisverfahren zu einem Hauptsacheverfahren, oder wird während des Hauptsacheverfahrens ein Beweisverfahren eingeleitet, so werden die **Verfahrensgebühren aufeinander angerechnet**, Vorbem. 3 Abs. 5 VV i.V.m. § 15a Abs. 1 RVG.

16 Eine **Anrechnung unterbleibt** allerdings gem. § 15 Abs. 5 S. 2 RVG, wenn zwischen Abschluss des Beweisverfahrens und Einleitung des Hauptsacheverfahrens **mehr als zwei Kalenderjahre** liegen.[5]

17 Ist dem Beweisverfahren eine außergerichtliche Vertretung vorangegangen, so ist die **Geschäftsgebühr** der Nr. 2300 VV oder der Nr. 2303 VV auf die Verfahrensgebühr des Beweisverfahrens **anzurechnen**. Sie ist dann aber nicht auch noch auf die Verfahrensgebühr des Rechtsstreits anzurechnen (siehe Rn 50 ff.).

2. Abrechnung Beweisverfahren

a) Verfahrensgebühr

18 Zunächst einmal entsteht eine Verfahrensgebühr nach Nr. 3100 VV (zur Anrechnung bei vorangegangener außergerichtlicher Vertretung siehe Rn 50):

---

2 Eingefügt durch das 2. Justizmodernisierungsgesetz.
3 Nachweise bei Zöller/*Herget*, § 3 ZPO Rn 16 „Selbstständiges Beweisverfahren"; OLG Köln AGS 2013, 182 = JurBüro 2013, 423 = RVGprof. 2013, 128 = BauR 2013, 1317.
4 Siehe BGH AGS 2005, 21 m. Anm. *N. Schneider* = NJW 2004, 3488 = BauR 2004, 1975 = BGHR 2005, 41 = ZfBR 2005, 54 = MDR 2005, 162 = WuM 2004, 627= RVGreport 2004, 439 = IBR 2004, 733 = NZBau 2005, 45 = ProzRB 2005, 69 = RVG-B 2005, 115 m. w. Nachw.
5 AnwK-RVG/*N. Schneider*, § 15 Rn 293; AnwK-RVG/*Onderka/N. Schneider*, Vorbem. 3 Rn 269; so auch schon zum früheren Recht OLG Zweibrücken JurBüro 1999, 414.

§ 12 Selbstständiges Beweisverfahren

Beispiel 1 — **Beweisverfahren ohne Terminswahrnehmung**

Es wird ein Beweisverfahren zur Höhe eines Schadens eingeholt. Das Sachverständigengutachten wird ohne Anberaumung eines Termins erstattet. Der Streitwert wird auf **30.000,00 EUR** festgesetzt.

Es entsteht nur die 1,3-Verfahrensgebühr nach Nr. 3100 VV.

1.	1,3-Verfahrensgebühr, Nr. 3100 VV (Wert: 30.000,00 EUR)	1.121,90 EUR
2.	Postentgeltpauschale, Nr. 7002 VV	20,00 EUR
	Zwischensumme	1.141,90 EUR
3.	19 % Umsatzsteuer, Nr. 7008 VV	216,96 EUR
	Gesamt	**1.358,86 EUR**

19 Vertritt der Anwalt **mehrere Auftraggeber** wegen **desselben Gegenstands**, erhöht sich die Verfahrensgebühr der Nr. 3100 VV nach Nr. 1008 VV um 0,3 je weiteren Auftraggeber, maximal um 2,0.

Beispiel 2 — **Beweisverfahren ohne Termin, mehrere Auftraggeber – verschiedene Gegenstände**

Der Anwalt vertritt ein Ehepaar, das Gewährleistungsrechte aus einem Bauvertrag geltend macht und leitet ein Beweisverfahren zur Mängelfeststellung ein. Der Streitwert wird auf **30.000,00 EUR** festgesetzt.

Die Verfahrensgebühr erhöht sich jetzt nach Nr. 1008 VV auf 1,6.

1.	1,6-Verfahrensgebühr, Nrn. 3100, 1008 VV (Wert: 30.000,00 EUR)	1.380,80 EUR
2.	Postentgeltpauschale, Nr. 7002 VV	20,00 EUR
	Zwischensumme	1.400,80 EUR
3.	19 % Umsatzsteuer, Nr. 7008 VV	266,15 EUR
	Gesamt	**1.666,95 EUR**

20 Vertritt der Anwalt **mehrere Auftraggeber** wegen **verschiedener Gegenstände**, entsteht nur die einfache Gebühr. Diese berechnet sich jetzt jedoch aus den zusammengerechneten Werten der einzelnen Beweisanträge (§ 23 Abs. 1 S. 1 RVG i.V.m. § 39 Abs. 1 GKG).

Beispiel 3 — **Beweisverfahren ohne Termin, mehrere Auftraggeber – derselbe Gegenstand**

In einem selbstständigen Beweisverfahren soll ein Gutachten eingeholt werden über Baumängel des Fensterbauers (Wert: 20.000,00 EUR) und des Dachdeckers (Wert: 10.000,00 EUR). Fensterbauer und Dachdecker beauftragen denselben Anwalt mit ihrer Vertretung.

Die Verfahrensgebühr erhöht sich jetzt nicht, weil der Anwalt des Antragsgegners die beiden Auftraggeber nicht wegen desselben Gegenstands vertritt. Es entsteht nur die einfache 1,3-Verfahrensgebühr nach Nr. 3100 VV, allerdings aus dem Gesamtwert von 30.000,00 EUR (§ 23 Abs. 1 S. 1 RVG i.V.m. § 39 Abs. 1 GKG). Die Haftung der beiden Auftraggeber im Innenverhältnis regelt § 7 Abs. 2 RVG.

II. Beweisverfahren in zivilgerichtlichen Verfahren § 12

Zu rechnen ist wie in Beispiel 1.

Erledigt sich das Beweisverfahren vorzeitig, gilt auch hier Nr. 3101 Nr. 1 VV. Die Verfahrensgebühr reduziert sich auf 0,8.

Beispiel 4 **Beweisverfahren – vorzeitige Erledigung**

Der Anwalt erhält den Auftrag zur Durchführung eines selbstständigen Beweisverfahrens (Wert 30.000,00 EUR). Vor Einreichung des Beweisantrags erledigt sich das Verfahren.

Die Verfahrensgebühr ermäßigt sich jetzt nach Nr. 3101 Nr. 1 VV auf 0,8.

1.	0,8-Verfahrensgebühr, Nrn. 3100, 3101 VV (Wert: 30.000,00 EUR)	690,40 EUR
2.	Postentgeltpauschale, Nr. 7002 VV Zwischensumme	20,00 EUR 710,40 EUR
3.	19 % Umsatzsteuer, Nr. 7008 VV	134,98 EUR
Gesamt		**845,38 EUR**

Vertritt der Anwalt mehrere Auftraggeber, erhöht sich auch die reduzierte Verfahrensgebühr nach Nr. 1008 VV um 0,3 je weiteren Auftraggeber. Sie beträgt z.B. bei zwei Auftraggebern 1,1.

Beispiel 5 **Beweisverfahren – vorzeitige Erledigung, mehrere Auftraggeber**

Der Anwalt erhält den Auftrag zur Durchführung eines selbstständigen Beweisverfahrens von zwei Auftraggebern (Wert 30.000,00 EUR). Vor Einreichung des Beweisantrags erledigt sich das Verfahren.

Die Verfahrensgebühr ermäßigt sich jetzt nach Nr. 3101 Nr. 1 VV auf 0,8.

1.	1,1-Verfahrensgebühr, Nrn. 3100, 3101, 1008 VV (Wert: 30.000,00 EUR)	949,30 EUR
2.	Postentgeltpauschale, Nr. 7002 VV Zwischensumme	20,00 EUR 969,30 EUR
3.	19 % Umsatzsteuer, Nr. 7008 VV	184,17 EUR
Gesamt		**1.153,47 EUR**

b) Terminsgebühr

Kommt es zu einem Termin i.S.d. Vorbem. 3 Abs. 3 VV, erhält der Anwalt auch eine **1,2-Terminsgebühr** nach Nr. 3104 VV. Möglich sind hier gerichtliche Termine (Vorbem. 3 Abs. 3 S. 1 VV), die Teilnahme an einem Sachverständigentermin (Vorbem. 3 Abs. 3 S. 3 Nr. 1 VV) oder auch die Mitwirkung an Besprechungen zu Erledigung oder Vermeidung eines Verfahrens (Vorbem. 3 Abs. 3 S. 3 Nr. 1 VV).

Beispiel 6 **Beweisverfahren mit gerichtlichem Termin**

Beantragt ist die Durchführung eines Beweisverfahrens über Baumängel in Höhe von 30.000,00 EUR. Nach Eingang des schriftlichen Gutachtens beraumt das Gericht nach § 493 Abs. 3 ZPO einen Erörterungstermin an, an dem der Anwalt teilnimmt.

Jetzt kommt zur 1,3-Verfahrensgebühr nach Nr. 3100 VV auch eine 1,2-Terminsgebühr nach Nr. 3104 VV hinzu, da diese Gebühr nach Vorbem. 3 Abs. 3 S. 1 VV.

1. 1,3-Verfahrensgebühr, Nr. 3100 VV
   (Wert: 30.000,00 EUR)   1.121,90 EUR
2. 1,2-Terminsgebühr, Nr. 3104 VV
   (Wert: 30.000,00 EUR)   1.035,60 EUR
3. Postentgeltpauschale, Nr. 7002 VV   20,00 EUR
   Zwischensumme   2.177,50 EUR
4. 19 % Umsatzsteuer, Nr. 7008 VV   413,73 EUR
Gesamt   **2.591,23 EUR**

Beispiel 7 — Beweisverfahren mit Sachverständigentermin

Der Anwalt führt ein Beweisverfahren über Baumängel in Höhe von 30.000,00 EUR. Es findet ein Sachverständigentermin am Bauobjekt statt, an dem er teilnimmt.

Auch hier entsteht neben der 1,3-Verfahrensgebühr eine 1,2-Terminsgebühr nach Nr. 3104 VV, da diese Gebühr nach Vorbem. 3 Abs. 3 S. 3 Nr. 1 VV auch für die Teilnahme an außergerichtlichen Terminen entsteht, die ein gerichtlich bestellter Sachverständiger angeordnet hat.

Abzurechnen ist wie im vorangegangenen Beispiel 6.

Beispiel 8 — Beweisverfahren mit Besprechung

Beantragt ist die Durchführung eines Beweisverfahrens über Baumängel in Höhe von 30.000,00 EUR. Nach Eingang des schriftlichen Gutachtens führen die Anwälte eine Besprechung zur Erledigung des Verfahrens.

Auch hier entsteht neben der 1,3-Verfahrensgebühr eine 1,2-Terminsgebühr nach Nr. 3104 VV hinzu, da diese Gebühr nach Vorbem. 3 Abs. 3 S. 3 Nr. 2 VV auch für die Mitwirkung an Besprechungen zur Erledigung oder Vermeidung eines Verfahrens entsteht. Dass im Verfahren eine mündliche Verhandlung nicht vorgeschrieben ist, ist unerheblich (siehe § 13 Rn 54 ff.).

Abzurechnen ist wie im vorangegangenen Beispiel 7.

24 Sofern der Beweisbeschluss nur über einen Teil der beantragen Beweisfragen ergeht, fällt die Terminsgebühr nur nach einem geringeren Wert an, der gegebenenfalls auf Antrag nach § 33 Abs. 1 RVG gesondert festzusetzen ist. Die Verfahrensgebühr entsteht dagegen mit Antragstellung und fällt nach dem vollen Wert an.

Beispiel 9 — Beweisverfahren mit Terminswahrnehmung nach geringerem Wert

Der Anwalt stellt einen Antrag auf Durchführung eines selbstständigen Beweisverfahrens über Baumängel in Höhe von 30.000,00 EUR. Im Umfang von 10.000,00 EUR werden die Mängel unstreitig gestellt. Im Übrigen wird ein Beweisbeschluss erlassen. Sodann findet ein Sachverständigentermin am Bauobjekt statt, an dem der Anwalt teilnimmt.

Für die Terminsgebühr ist jetzt nur der geringere Wert von 20.000,00 EUR maßgebend.

II. Beweisverfahren in zivilgerichtlichen Verfahren § 12

1.	1,3-Verfahrensgebühr, Nr. 3100 VV (Wert: 30.000,00 EUR)	1.121,90 EUR
2.	1,2-Terminsgebühr, Nr. 3104 VV (Wert: 20.000,00 EUR)	890,40 EUR
3.	Postentgeltpauschale, Nr. 7002 VV	20,00 EUR
	Zwischensumme 2.032,30 EUR	
4.	19 % Umsatzsteuer, Nr. 7008 VV	386,14 EUR
Gesamt		**2.418,44 EUR**

Zu einer Terminsgebühr kann es auch bei vorzeitiger Erledigung kommen, wenn nach Auftragserteilung eine Besprechung zur Vermeidung des Beweisverfahrens geführt wird.[6]   25

Beispiel 10 | **Beweisverfahren, vorzeitige Erledigung aufgrund Besprechung**

Der Anwalt erhält den Auftrag zur Einleitung eines Beweisverfahrens über Baumängel in Höhe von 30.000,00 EUR. Es findet zuvor noch eine Besprechung mit dem Gegner statt, die damit endet, dass die Mängel unstreitig gestellt werden.

Neben der reduzierten Verfahrensgebühr nach Nrn. 3100, 3101 Nr. 1 VV kommt eine 1,2-Terminsgebühr nach Nr. 3104 VV hinzu, da diese Gebühr nach Vorbem. 3 Abs. 3 S. 3 Nr. 2 VV auch entsteht, wenn der Anwalt Verhandlungen zur Vermeidung des Verfahrens führt, und zwar auch schon vor Anhängigkeit. Dass im Beweisverfahren eine mündliche Verhandlung nicht vorgeschrieben ist, ist dabei unerheblich.[7]

1.	0,8-Verfahrensgebühr, Nr. 3100, 3101 VV (Wert: 30.000,00 EUR)	690,40 EUR
2.	1,2-Terminsgebühr, Nr. 3104 VV (Wert: 30.000,00 EUR)	1.035,60 EUR
3.	Postentgeltpauschale, Nr. 7002 VV	20,00 EUR
	Zwischensumme 1.746,00 EUR	
4.	19 % Umsatzsteuer, Nr. 7008 VV	331,74 EUR
Gesamt		**2.077,74 EUR**

Wird über weiter gehende Gegenstände lediglich verhandelt, ohne dass es zu einer Einigung kommt, entsteht zum einen aus dem Mehrwert die 0,8-Verfahrensgebühr (Nr. 3101 Nr. 1, 2 VV) und ebenfalls die Terminsgebühr aus dem höheren Wert.   26

Beispiel 11 | **Beweisverfahren, vorzeitige Erledigung aufgrund Besprechung auch über weiter gehende Gegenstände**

Der Anwalt führt ein Beweisverfahren über Baumängel in Höhe von 30.000,00 EUR durch. Es kommt nach Begutachtung zur Anhörung des Sachverständigen (§§ 492 Abs. 1, 411 Abs. 3 ZPO). Dort wird auch über weiter gehende Ansprüche in Höhe von 20.000,00 EUR verhandelt, ohne dass es zu einer Einigung kommt.

Aus dem Mehrwert entsteht unter Beachtung des § 15 Abs. 3 RVG die ermäßigte Verfahrensgebühr nach Nrn. 3101 Nr. 1, 2 VV und die 1,2-Terminsgebühr nach Nr. 3104 VV.

---

6 Siehe dazu § 13 Rn 54 ff.
7 Siehe dazu § 13 Rn 54 ff.

§ 12 Selbstständiges Beweisverfahren

1.	1,3-Verfahrensgebühr, Nr. 3100 VV (Wert: 30.000,00 EUR)	1.121,90 EUR
2.	0,8-Verfahrensgebühr, Nr. 3100, 3101 VV (Wert: 20.000,00 EUR) gem. § 15 Abs. 3 RVG nicht mehr als 1,3 aus 50.000,00 EUR	593,60 EUR 1.511,90 EUR
3.	1,2-Terminsgebühr, Nr. 3104 VV (Wert: 50.000,00 EUR)	1.395,60 EUR
4.	Postentgeltpauschale, Nr. 7002 VV Zwischensumme	20,00 EUR 2.927,50 EUR
5.	19 % Umsatzsteuer, Nr. 7008 VV	556,23 EUR
	Gesamt	**3.483,73 EUR**

27 Zur Anrechnung dieser Mehrvergütung in einem nachfolgenden gerichtlichen Verfahren siehe § 14 Rn 1.

c) Einigungsgebühr

28 Kommt es im Beweisverfahren zu einer Einigung, so entsteht die **Einigungsgebühr** grundsätzlich in Höhe von 1,5. Die Anhängigkeit im Beweisverfahren ist unerheblich (arg. e. Nr. 1003 VV).

> **Beispiel 12** | **Beweisverfahren mit Besprechung und Einigung**
>
> **Der Anwalt führt ein Beweisverfahren über einen Gegenstandswert in Höhe von 30.000,00 EUR. Nach Erhalt des Gutachtens verhandeln die Anwälte telefonisch zur Vermeidung eines Hauptsacheverfahrens und erzielen eine Einigung.**
>
> Es entsteht neben der 1,3-Verfahrensgebühr nach Nr. 3100 VV und der 1,2-Terminsgebühr wiederum eine Einigungsgebühr nach Nr. 1000 VV, und zwar ebenfalls in Höhe von 1,5. Zwar ist jetzt die Sache anhängig; jedoch ist in Nr. 1003 VV die Reduzierung wegen bloßer Anhängigkeit im selbstständigen Beweisverfahren ausgeschlossen. Erst dann, wenn die Hauptsache bereits anhängig ist, reduziert sich die Einigungsgebühr.
>
> | | | |
> |---|---|---|
> | 1. | 1,3-Verfahrensgebühr, Nr. 3100 VV (Wert: 30.000,00 EUR) | 1.121,90 EUR |
> | 2. | 1,2-Terminsgebühr, Nr. 3104 VV (Wert: 30.000,00 EUR) | 1.035,60 EUR |
> | 3. | 1,5-Einigungsgebühr, Nr. 1000 VV (Wert: 30.000,00 EUR) | 1.294,50 EUR |
> | 4. | Postentgeltpauschale, Nr. 7002 VV Zwischensumme | 20,00 EUR 3.472,00 EUR |
> | 5. | 19 % Umsatzsteuer, Nr. 7008 VV | 659,68 EUR |
> | | **Gesamt** | **4.131,68 EUR** |

29 Ebenso unschädlich ist ein Antrag auf Bewilligung von Prozesskostenhilfe für das selbstständige Beweisverfahren (Anm. zu Nr. 1003 VV RVG).[8] Ist allerdings die Hauptsache schon anhängig oder hierfür bereits Prozesskostenhilfe beantragt, ist die Einigungsgebühr nach Nr. 1003 VV zu ermäßigen.

---

[8] Geändert durch das 2. Justizmodernisierungsgesetz, BGBl I 2006 S. 3416.

II. Beweisverfahren in zivilgerichtlichen Verfahren § 12

> **Beispiel 13** Beweisverfahren mit Besprechung und Einigung bei anhängigem Prozesskostenhilfeantrag für die Hauptsache

Der Anwalt führt ein Beweisverfahren mit Gegenstandswert in Höhe von 30.000,00 EUR. Nach Erhalt des Gutachtens verhandeln die Anwälte zunächst erfolglos, sodass der Antragsteller Prozesskostenhilfe für das Hauptsacheverfahren beantragt. Anschließend einigen sich die Parteien doch noch im Beweisverfahren.

Abzurechnen ist zunächst wie im vorangegangenen Beispiel. Allerdings entsteht die Einigungsgebühr nach Nrn. 1000, 1003 VV jetzt nur noch in Höhe von 1,0. Zwar steht die Anhängigkeit im Beweisverfahren einer 1,5-Gebühr nicht entgegen; da jedoch schon für die Hauptsache Prozesskostenhilfe beantragt worden ist, greift Anm. zu Nr. 1003 VV.

(Zur Abrechnung und Anrechnung im nachfolgenden Prozesskostenhilfeprüfungsverfahren siehe unten Rn 53).

1.	1,3-Verfahrensgebühr, Nr. 3100 VV (Wert: 30.000,00 EUR)		1.121,90 EUR
2.	1,2-Terminsgebühr, Nr. 3104 VV (Wert: 30.000,00 EUR)		1.035,60 EUR
3.	1,0-Einigungsgebühr, Nrn. 1000, 1003 VV (Wert: 30.000,00 EUR)		863,00 EUR
4.	Postentgeltpauschale, Nr. 7002 VV		20,00 EUR
	Zwischensumme	3.040,50 EUR	
5.	19 % Umsatzsteuer, Nr. 7008 VV		577,70 EUR
Gesamt			**3.618,20 EUR**

Die Besprechung und Einigung müssen dabei nicht mit der Gegenpartei oder deren Bevollmächtigtem erfolgen. Auch Besprechungen und Einigungen mit Dritten reichen im Rahmen der Vorbem. 3 Abs. 3 S. 3 Nr. 2 VV aus. Solche Fälle sind etwa gegeben, wenn z.B. nach Einleitung des Beweisverfahrens der Sachbearbeiter des Haftpflicht- oder Schadensversicherers anruft, um den Schaden einvernehmlich zu regulieren oder wenn sich der Antragsteller im Bauprozess an den „falschen" Antragsgegner gewandt hat und der tatsächlich verantwortliche Unternehmer sich dann zwecks Regelung beim Antragsteller meldet. 30

In Betracht kommt, auch, dass im selbstständigen Beweisverfahren **weitere Gegenstände** in eine Einigung mit einbezogen werden. Es gilt dann das gleiche wie im gerichtlichen Verfahren (siehe § 13 Rn 219 ff.). 31

> **Beispiel 14** Beweisverfahren mit Besprechung und Einigung auch über weiter gehende Ansprüche

Der Anwalt führt ein Beweisverfahren (Gegenstandswert: 30.000,00 EUR). Nach Erhalt des Gutachtens verhandeln die Anwälte telefonisch zur Vermeidung eines Hauptsacheverfahrens und erzielen eine Einigung, in die sie weitere nicht anhängige Mängel in Höhe von 20.000,00 EUR einbeziehen.

Die 1,5-Einigungsgebühr nach Nr. 1000 VV und die 1,2-Terminsgebühr nach Nr. 3104 VV entstehen aus dem Gesamtwert von 50.000,00 EUR. Die Verfahrensgebühr entsteht zu 1,3 aus 30.000,00 EUR (Nr. 3100 VV) und zu 0,8 aus 20.000,00 EUR (Nr. 3101 Nr. 1 VV), da sich insoweit die Sache vorzeitig erledigt hat. Zu beachten ist § 15 Abs. 3 RVG. Es darf nicht mehr als eine Gebühr nach dem höchsten Satz aus dem Gesamtwert berechnet werden.

§ 12 Selbstständiges Beweisverfahren

1.	1,3-Verfahrensgebühr, Nr. 3100 VV (Wert: 30.000,00 EUR)	1.121,90 EUR
2.	0,8-Verfahrensgebühr, Nrn. 3100, 3101 Nr. 1 VV (Wert: 20.000,00 EUR) gem. § 15 Abs. 3 RVG nicht mehr als 1,3 aus 50.000,00 EUR	593,60 EUR 1.511,90 EUR
3.	1,2-Terminsgebühr, Nr. 3104 VV (Wert: 50.000,00 EUR)	1.395,60 EUR
4.	1,5-Einigungsgebühr, Nr. 1000 VV (Wert: 50.000,00 EUR)	1.744,50 EUR
5.	Postentgeltpauschale, Nr. 7002 VV Zwischensumme	20,00 EUR 4.672,00 EUR
6.	19 % Umsatzsteuer, Nr. 7008 VV	887,68 EUR
	Gesamt	**5.559,68 EUR**

32 Ebenso wäre abzurechnen, wenn im gerichtlichen Termin eine Einigung protokolliert oder wenn die Parteien das Zustandekommen ihres Vergleichs nach § 278 Abs. 6 ZPO hätten gerichtlich feststellen lassen.

d) Zusatzgebühr für besonders umfangreiche Beweisaufnahmen

33 Darüber hinaus kann seit Inkrafttreten des 2. KostRMoG auch eine 0,3-Zusatzgebühr nach Nr. 1010 VV für besonders umfangreiche Beweisaufnahmen anfallen, wenn es zu mindestens drei Terminen zur Vernehmung von Zeugen oder Sachverständigen kommt. Hier werden i.d.R. nur Vernehmungen des Sachverständigen in Betracht kommen (zu Einzelheiten dieser Gebühr siehe § 13 Rn 177 ff.).

Beispiel 15 | **Beweisverfahren mit Besprechung und Zusatzgebühr**

Der Anwalt führt in einer Bausache ein besonders umfangreiches Beweisverfahren über einen Gegenstandswert in Höhe von 3 Mio. EUR. Es werden zahlreiche Gutachten verschiedener Gutachter eingeholt. Drei der Gutachter werden auf Antrag nach § 411 Abs. 3 ZPO in einem gerichtlichen Termin vernommen.

Es entsteht neben der 1,3-Verfahrensgebühr nach Nr. 3100 VV und der 1,2-Terminsgebühr die Zusatzgebühr der Nr. 1010 VV.

1.	1,3-Verfahrensgebühr, Nr. 3100 VV (Wert: 3 Mio. EUR)	13.926,90 EUR
2.	1,2-Terminsgebühr, Nr. 3104 VV (Wert: 3 Mio. EUR)	12.855,60 EUR
3.	0,3-Zusatzgebühr, Nr. 1010 VV (Wert: 3 Mio. EUR)	3.213,90 EUR
4.	Postentgeltpauschale, Nr. 7002 VV Zwischensumme	20,00 EUR 30.016,40 EUR
5.	19 % Umsatzsteuer, Nr. 7008 VV	5.703,12 EUR
	Gesamt	**35.719,52 EUR**

34 Kommt es nach dem Beweisverfahren zum Hauptsacheverfahren, kann dort die Zusatzgebühr erneut entstehen, wenn es auch dort zu mindestens drei Terminen zur Vernehmung von Zeugen und Sachverständen kommt.

3. Abrechnung Beweisverfahren mit nachfolgendem Hauptsacheverfahren

Kommt es nach dem Beweisverfahren zum Hauptsacheverfahren oder kommt es während des Hauptsacheverfahrens zu einem selbstständigen Beweisverfahren, so sind die Verfahrensgebühren nach Vorbem. 3 Abs. 5 VV aufeinander anzurechnen. Dabei ist es dem Anwalt unbenommen, ob er die Verfahrensgebühr des Beweisverfahrens auf die des Rechtsstreits anrechnet (§ 15a Abs. 1 RVG) oder umgekehrt (siehe unten Rn 49). Die gegenteilige Auffassung des OLG Frankfurt[9] ist falsch und widerspricht dem Wortlaut des § 15a Abs. 1 RVG. In den nachfolgenden Fällen wird der Übersichtlichkeit halber immer chronologisch angerechnet. Eine umgekehrte Anrechnung ist aber ebenso möglich (§ 15a RVG). Siehe dazu insbesondere Rn 49.

Beispiel 16 | Beweisverfahren mit nachfolgendem Hauptsacheverfahren

Der Anwalt führt ein Beweisverfahren über Baumängel in Höhe von 30.000,00 EUR. Es ergeht ein schriftliches Gutachten. Anschließend kommt es zum Hauptsacheverfahren, in dem nach mündlicher Verhandlung ein Urteil ergeht.

In beiden Verfahren entsteht eine 1,3-Verfahrensgebühr nach Nr. 3100 VV. Die 1,3-Verfahrensgebühr des selbstständigen Beweisverfahrens ist auf die Verfahrensgebühr des Rechtsstreits anzurechnen.

I. Selbstständiges Beweisverfahren (Wert: 30.000,00 EUR)		
1. 1,3-Verfahrensgebühr, Nr. 3100 VV		1.121,90 EUR
2. Postentgeltpauschale, Nr. 7002 VV		20,00 EUR
Zwischensumme	1.141,90 EUR	
3. 19 % Umsatzsteuer, Nr. 7008 VV		216,96 EUR
Gesamt		**1.358,86 EUR**
II. Rechtsstreit (Wert: 30.000,00 EUR)		
1. 1,3-Verfahrensgebühr, Nr. 3100 VV		1.121,90 EUR
2. gem. Vorbem. 3 Abs. 5 VV anzurechnen, 1,3 aus 30.000,00 EUR		– 1.121,90 EUR
3. 1,2-Terminsgebühr, Nr. 3104 VV		1.035,60 EUR
4. Postentgeltpauschale, Nr. 7002 VV		20,00 EUR
Zwischensumme	1.055,60 EUR	
5. 19 % Umsatzsteuer, Nr. 7008 VV		200,56 EUR
Gesamt		**1.256,16 EUR**

Vertritt der Anwalt mehrere Auftraggeber wegen desselben Gegenstands, so ist die erhöhte Verfahrensgebühr des Beweisverfahrens auf die erhöhte Gebühr des Rechtsstreits anzurechnen, da die Erhöhung nach Nr. 1008 VV keine selbstständige Gebühr ist.[10]

Beispiel 17 | Beweisverfahren mit nachfolgendem Hauptsacheverfahren

Der Anwalt führt ein Beweisverfahren über Baumängel in Höhe von 30.000,00 EUR. Es ergeht ein schriftliches Gutachten. Anschließend kommt es zum Hauptsacheverfahren, in dem nach mündlicher Verhandlung ein Urteil ergeht.

---

[9] AGS 2013, 163 m. Anm. *N. Schneider*.
[10] OLG Stuttgart AGS 2010, 121.

§ 12 Selbstständiges Beweisverfahren

In beiden Verfahren entsteht eine 1,3-Verfahrensgebühr nach Nr. 3100 VV. Die 1,3-Verfahrensgebühr des selbstständigen Beweisverfahrens ist auf die Verfahrensgebühr des Rechtsstreits anzurechnen.

I. Selbstständiges Beweisverfahren (Wert: 30.000,00 EUR)
1. 1,3-Verfahrensgebühr, Nr. 3100 VV — 1.121,90 EUR
2. Postentgeltpauschale, Nr. 7002 VV — 20,00 EUR
   Zwischensumme — 1.141,90 EUR
3. 19 % Umsatzsteuer, Nr. 7008 VV — 216,96 EUR
   Gesamt — 1.358,86 EUR

II. Rechtsstreit (Wert: 30.000,00 EUR)
1. 1,3-Verfahrensgebühr, Nr. 3100 VV — 1.121,90 EUR
2. gem. Vorbem. 3 Abs. 5 VV anzurechnen, 1,3 aus 30.000,00 EUR — – 1.121,90 EUR
3. 1,2-Terminsgebühr, Nr. 3104 VV — 1.035,60 EUR
4. Postentgeltpauschale, Nr. 7002 VV — 20,00 EUR
   Zwischensumme — 1.055,60 EUR
5. 19 % Umsatzsteuer, Nr. 7008 VV — 200,56 EUR
   Gesamt — 1.256,16 EUR

37 Ausgeschlossen ist die Anrechnung, wenn zwischen Abschluss des Beweisverfahrens und Einleitung des Hauptsacheverfahrens **mehr als zwei Kalenderjahre** liegen (§ 15 Abs. 5 S. 2 RVG).[11]

> **Beispiel 18** **Beweisverfahren mit nachfolgendem Hauptsacheverfahren nach Ablauf von zwei Kalenderjahren**

Der Anwalt hatte ein Beweisverfahren über Baumängel in Höhe von 30.000,00 EUR eingeleitet. Es ist ein schriftliches Gutachten ergangen. Das Beweisverfahren endete im Dezember 2011. Anschließend haben die Parteien über die Durchführung von Mängelbeseitigungsarbeiten verhandelt. Im Februar 2014 ist das Hauptsacheverfahren eingeleitet worden, in dem nach mündlicher Verhandlung ein Urteil ergeht.

Eine Anrechnung ist jetzt ausgeschlossen. Allerdings ist im Beweisverfahren gem. § 60 RVG noch nach altem Recht abzurechnen.

I. Selbstständiges Beweisverfahren (Wert: 30.000,00 EUR)
1. 1,3-Verfahrensgebühr, Nrn. 3100 VV — 985,40 EUR
2. Postentgeltpauschale, Nr. 7002 VV — 20,00 EUR
   Zwischensumme — 1.005,40 EUR
3. 19 % Umsatzsteuer, Nr. 7008 VV — 191,03 EUR
   Gesamt — 1.196,43 EUR

II. Rechtsstreit (Wert: 30.000,00 EUR)
1. 1,3-Verfahrensgebühr, Nr. 3100 VV — 1.121,90 EUR
2. 1,2-Terminsgebühr, Nr. 3104 VV — 1.035,60 EUR
3. Postentgeltpauschale, Nr. 7002 VV — 20,00 EUR
   Zwischensumme — 2.177,50 EUR
4. 19 % Umsatzsteuer, Nr. 7008 VV — 413,73 EUR
   Gesamt — 2.591,23 EUR

38 Anzurechnen ist auch, wenn im Beweisverfahren nur die ermäßigte Gebühr nach Nrn. 3100, 3101 Nr. 1 VV angefallen ist.

---

[11] AnwK-RVG/*N. Schneider*, § 15 Rn 293; AnwK-RVG/*Onderka*/*N. Schneider*, Vorbem. 3 Rn 269; so auch schon zum früheren Recht OLG Zweibrücken JurBüro 1999, 414.

II. Beweisverfahren in zivilgerichtlichen Verfahren §12

Beispiel 19 | **Vorzeitig erledigtes Beweisverfahren mit nachfolgendem Hauptsacheverfahren**

Der Anwalt erhält den Auftrag für ein selbstständiges Beweisverfahren über Baumängel in Höhe von **30.000,00 EUR**. Hierzu kommt es aber nicht mehr. Stattdessen wird Klage erhoben, auf die nach mündlicher Verhandlung ein Urteil ergeht.

Im selbstständigen Beweisverfahren entsteht jetzt nur eine 0,8-Verfahrensgebühr nach Nrn. 3100, 3101 Nr. 1 VV. Diese Gebühr ist auf die Verfahrensgebühr anzurechnen.

I. **Selbstständiges Beweisverfahren (Wert: 30.000,00 EUR)**
1. 0,8-Verfahrensgebühr, Nrn. 3100, 3101 VV — 690,40 EUR
2. Postentgeltpauschale, Nr. 7002 VV — 20,00 EUR
   Zwischensumme — 710,40 EUR
3. 19 % Umsatzsteuer, Nr. 7008 VV — 134,98 EUR
   Gesamt — **845,38 EUR**

II. **Rechtsstreit (Wert: 30.000,00 EUR)**
1. 1,3-Verfahrensgebühr, Nr. 3100 VV — 1.121,90 EUR
2. gem. Vorbem. 3 Abs. 5 VV anzurechnen, 0,8 aus 30.000,00 EUR — – 690,40 EUR
3. 1,2-Terminsgebühr, Nr. 3104 VV — 1.035,60 EUR
4. Postentgeltpauschale, Nr. 7002 VV — 20,00 EUR
   Zwischensumme — 1.487,10 EUR
5. 19 % Umsatzsteuer, Nr. 7008 VV — 282,55 EUR
   Gesamt — **1.769,65 EUR**

Ebenso ist anzurechnen, wenn im gerichtlichen Verfahren nur die ermäßigte Gebühr nach Nrn. 3100, 3101 Nr. 1 VV angefallen ist. Die Anrechnung ist dann allerdings auf 0,8 beschränkt. **39**

Beispiel 20 | **Vorzeitig erledigtes Beweisverfahren mit nachfolgendem Hauptsacheverfahren**

Der Anwalt erhält den Auftrag für ein selbstständiges Beweisverfahren über Baumängel in Höhe von **30.000,00 EUR**. Er nimmt an dem Sachverständigentermin teil. Nach Abschluss des Verfahrens erhält der Anwalt den Auftrag zur Klage. Dazu komm es aber nicht mehr.

Im selbstständigen Beweisverfahren entsteht jetzt die volle 1,3-Verfahrensgebühr, während im gerichtlichen Verfahren nur eine 0,8-Verfahrensgebühr nach Nrn. 3100, 3101 Nr. 1 VV entsteht. Diese 1,3-Verfahrenggebühr ist zu einem Satz von 0,8 auf die Verfahrensgebühr des Klageauftrags anzurechnen.

I. **Selbstständiges Beweisverfahren (Wert: 30.000,00 EUR)**
1. 1,3-Verfahrensgebühr, Nr. 3100 VV — 1.121,90 EUR
2. 1,2-Terminsgebühr, Nr. 3104 VV — 1.035,60 EUR
3. Postentgeltpauschale, Nr. 7002 VV — 20,00 EUR
   Zwischensumme — 2.177,50 EUR
4. 19 % Umsatzsteuer, Nr. 7008 VV — 413,73 EUR
   Gesamt — **2.591,23 EUR**

II. **Rechtsstreit (Wert: 30.000,00 EUR)**
1. 0,8-Verfahrensgebühr, Nrn. 3100, 3101 VV — 690,40 EUR
2. gem. Vorbem. 3 Abs. 5 VV anzurechnen, 0,8 aus 30.000,00 EUR — – 690,40 EUR
3. Postentgeltpauschale, Nr. 7002 VV — 20,00 EUR
   Zwischensumme — 20,00 EUR
4. 19 % Umsatzsteuer, Nr. 7008 VV — 3,80 EUR
   Gesamt — **23,80 EUR**

40 Ist im Beweisverfahren eine Terminsgebühr entstanden, bleibt diese dem Anwalt erhalten, da insoweit keine Anrechnung vorgesehen ist.

> **Beispiel 21** — Beweisverfahren mit Besprechung und nachfolgendem Hauptsacheverfahren mit Termin

Der Anwalt führt ein Beweisverfahren über Baumängel in Höhe von 30.000,00 EUR. Es findet ein Sachverständigentermin statt, an dem er teilnimmt. Anschließend kommt es zum Hauptsacheverfahren, in dem nach mündlicher Verhandlung ein Urteil ergeht.

In beiden Verfahren entsteht wiederum eine 1,3-Verfahrensgebühr nach Nr. 3100 VV. Die 1,3-Verfahrensgebühr des selbstständigen Beweisverfahrens ist auf die Verfahrensgebühr anzurechnen. Auch entsteht in beiden Verfahren eine 1,2-Terminsgebühr. Für diese Gebühren ist eine Anrechnung nicht vorgesehen, sodass beide Gebühren verbleiben.

I. Selbstständiges Beweisverfahren (Wert: 30.000,00 EUR)		
1. 1,3-Verfahrensgebühr, Nr. 3100 VV		1.121,90 EUR
2. 1,2-Terminsgebühr, Nr. 3104 VV		1.035,60 EUR
3. Postentgeltpauschale, Nr. 7002 VV		20,00 EUR
Zwischensumme	2.177,50 EUR	
4. 19 % Umsatzsteuer, Nr. 7008 VV		413,73 EUR
Gesamt		**2.591,23 EUR**
II. Rechtsstreit (Wert: 30.000,00 EUR)		
1. 1,3-Verfahrensgebühr, Nr. 3100 VV		1.121,90 EUR
2. gem. Vorbem. 3 Abs. 5 VV anzurechnen, 1,3 aus 30.000,00 EUR		– 1.121,90 EUR
3. 1,2-Terminsgebühr, Nr. 3104 VV		1.035,60 EUR
4. Postentgeltpauschale, Nr. 7002 VV		20,00 EUR
Zwischensumme	1.055,60 EUR	
5. 19 % Umsatzsteuer, Nr. 7008 VV		200,56 EUR
Gesamt		**1.256,16 EUR**

41 Soweit sich die Gegenstände von Beweisverfahren und Hauptsacheverfahren nicht decken, unterbleibt analog Vorbem. 3 Abs. 4 S. 3 VV die Anrechnung.

> **Beispiel 22** — Beweisverfahren mit Terminswahrnehmung und nachfolgendem Hauptsacheverfahren bei unterschiedlichen Gegenständen – Hauptsachewert ist höher

Der Anwalt führt ein Beweisverfahren über Baumängel in Höhe von 30.000,00 EUR. Es findet ein Sachverständigentermin statt, an dem er teilnimmt. Anschließend kommt es zum Hauptsacheverfahren über die Mängel und weitere Schadensersatzforderungen in Höhe von 20.000,00 EUR. Nach mündlicher Verhandlung ergeht ein Urteil.

Anzurechnen ist die Verfahrensgebühr jetzt nur nach dem Wert des Beweisverfahrens, soweit sich der Gegenstand im Rechtsstreit fortsetzt (analog Vorbem. 3 Abs. 4 S. 3 VV), also nach 30.000,00 EUR.

I. Selbstständiges Beweisverfahren (Wert: 30.000,00 EUR)		
1. 1,3-Verfahrensgebühr, Nr. 3100 VV		1.121,90 EUR
2. 1,2-Terminsgebühr, Nr. 3104 VV		1.035,60 EUR
3. Postentgeltpauschale, Nr. 7002 VV		20,00 EUR
Zwischensumme	2.177,50 EUR	

4. 19 % Umsatzsteuer, Nr. 7008 VV		413,73 EUR
Gesamt		**2.591,23 EUR**
II. Rechtsstreit (Wert: 50.000,00 EUR)		
1. 1,3-Verfahrensgebühr, Nr. 3100 VV		1.511,90 EUR
2. gem. Vorbem. 3 Abs. 5 VV anzurechnen, 1,3 aus 30.000,00 EUR		– 1.121,90 EUR
3. 1,2-Terminsgebühr, Nr. 3104 VV		1.395,60 EUR
4. Postentgeltpauschale, Nr. 7002 VV		20,00 EUR
Zwischensumme	1.805,60 EUR	
5. 19 % Umsatzsteuer, Nr. 7008 VV		343,06 EUR
Gesamt		**2.148,66 EUR**

Beispiel 23 | **Beweisverfahren mit Terminswahrnehmung und nachfolgendem Hauptsacheverfahren bei unterschiedlichen Gegenständen, Hauptsachewert ist geringer**

Im selbstständigen Beweisverfahren werden Baumängel in Höhe von 100.000,00 EUR behauptet. Der Sachverständige stellt Baumängel in Höhe von 10.000,00 EUR fest. Anschließend wird Hauptsacheklage auf Beseitigung der festgestellten Baumängel in Höhe von lediglich 10.000,00 EUR erhoben.

Anzurechnen ist die Verfahrensgebühr nur aus dem geringeren Wert des Beweisverfahrens (analog Vorbem. 3 Abs. 4 S. 3 VV), also nach 10.000,00 EUR.

I. Selbstständiges Beweisverfahren (Wert: 100.000,00 EUR)		
1. 1,3-Verfahrensgebühr, Nr. 3100 VV		1.953,90 EUR
2. 1,2-Terminsgebühr, Nr. 3104 VV		1.803,60 EUR
3. Auslagenpauschale, Nr. 7002 VV		20,00 EUR
Zwischensumme	3.777,50 EUR	
4. 19 % Umsatzsteuer, Nr. 7008 VV		717,73 EUR
Gesamt		**4.495,23 EUR**
II. Rechtsstreit (Wert: 10.000,00 EUR)		
1. 1,3-Verfahrensgebühr, Nr. 3100 VV		725,40 EUR
2. gem. Vorbem. 3 Abs. 5 VV anzurechnen, 1,3 aus 10.000,00 EUR		– 725,40 EUR
3. 1,2-Terminsgebühr, Nr. 3104 VV		669,60 EUR
4. Auslagenpauschale, Nr. 7002 VV		20,00 EUR
Zwischensumme	689,60 EUR	
5. 19 % Umsatzsteuer, Nr. 7008 VV		131,02 EUR
Gesamt		**820,62 EUR**

Achtung: 42

In solchen Fällen, in denen die Gegenstände des Hauptsacheverfahren hinter denen des Beweisverfahrens zurückbleiben, ist unbedingt darauf zu achten, dass das Gericht, sofern es die Klage nicht ohnehin kostenpflichtig abweist, eine Kostenquote analog §§ 92, 96 ZPO trifft. Orientiert sich das Gericht nur am Obsiegen der Klage und erlegt es dem Beklagten die Kosten des Rechtsstreits auf, sind darin auch die Kosten des selbstständigen Beweisverfahrens nach dem höheren Wert enthalten, obwohl insoweit der Beklagte letztlich siegreich war.[12]

---

[12] BGH BGHReport 2006, 687 = BauR 2006, 865 = ZfBR 2006, 348 = Rpfleger 2006, 338 = NZBau 2006, 374 = NJW-RR 2006, 810 = IBR 2006, 237 = RVGreport 2006, 192 = NJW-Spezial 2006, 312 = JurBüro 2006, 437 = WuM 2006, 467 = NJW 2006, 2557 = MDR 2006, 1075.

§ 12 Selbstständiges Beweisverfahren

43 Möglich ist auch eine Kombination von Ermäßigung und Erweiterung. Auch dann ist Vorbem. 3 Abs. 4 S. 3 VV entsprechend anzuwenden.

> **Beispiel 24** — Beweisverfahren mit Terminswahrnehmung und nachfolgendem Hauptsacheverfahren bei nur teilweise identischen Gegenständen

Der Anwalt führt ein Beweisverfahren über Baumängel in Höhe von 30.000,00 EUR. Es findet ein Sachverständigentermin statt, an dem er teilnimmt. Da der Sachverständige nur Mängel in Höhe von 10.000,00 EUR feststellt, kommt es auch nur insoweit zur Klageerhebung, allerdings werden noch weitere Ansprüche in Höhe von 15.000,00 EUR geltend gemacht, die nicht Gegenstand des Beweisverfahrens waren.

Anzurechnen ist die Verfahrensgebühr auch hier nur, soweit sich die Gegenstände von Beweisverfahren und Rechtsstreit decken (analog Vorbem. 3 Abs. 4 S. 3 VV), also nach 10.000,00 EUR.

I. Selbstständiges Beweisverfahren (Wert: 30.000,00 EUR)		
1. 1,3-Verfahrensgebühr, Nr. 3100 VV		1.121,90 EUR
2. 1,2-Terminsgebühr, Nr. 3104 VV		1.035,60 EUR
3. Postentgeltpauschale, Nr. 7002 VV		20,00 EUR
Zwischensumme	2.177,50 EUR	
4. 19 % Umsatzsteuer, Nr. 7008 VV		413,73 EUR
Gesamt		**2.591,23 EUR**
II. Rechtsstreit (Wert: 25.000,00 EUR)		
1. 1,3-Verfahrensgebühr, Nr. 3100 VV		1.024,40 EUR
2. gem. Vorbem. 3 Abs. 5 VV anzurechnen, 1,3 aus 10.000,00 EUR		– 725,40 EUR
3. 1,2-Terminsgebühr, Nr. 3104 VV		945,00 EUR
4. Postentgeltpauschale, Nr. 7002 VV		20,00 EUR
Zwischensumme	1.264,00 EUR	
5. 19 % Umsatzsteuer, Nr. 7008 VV		240,16 EUR
Gesamt		**1.504,16 EUR**

44 Möglich ist ferner, dass sowohl im Beweisverfahren als auch im Hauptsacheverfahren eine Einigung getroffen wird. Auch insoweit ist eine Anrechnung nicht vorgesehen. Die Einigungsgebühren entstehen gesondert.

> **Beispiel 25** — Beweisverfahren mit Terminswahrnehmung und nachfolgendem Hauptsacheverfahren mit Termin, Einigung in Beweisverfahren und Hauptsache

Der Eigentümer eines Pkw leitet gegen seine Kfz-Werkstatt nach durchgeführter Reparatur ein selbstständiges Beweisverfahren ein über die Ursache eines Motorschadens und die Höhe der Schadensbeseitigungskosten, die er mit 5.000,00 EUR beziffert. Die Werkstatt bestreitet die Ursache, wendet Verjährung ein und beziffert die Schadensbeseitigungskosten mit nur 3.000,00 EUR. Der Sachverständige stellt die Verursachung der Werkstatt wegen mangelhafter Reparaturarbeiten fest. Zur Höhe sind noch weitere Ermittlungen des Sachverständigen erforderlich. Um diese zu vermeiden, einigen sich die Parteien über die Höhe der streitigen Reparaturkosten und legen diese auf 4.000,00 EUR fest. Anschließend wird Hauptsacheklage über 4.000,00 EUR erhoben und darüber verhandelt. Die Parteien einigen sich daraufhin, dass 2.000,00 EUR zum Ausgleich der Klageforderung gezahlt werden.

Da es sich bei Beweisverfahren und Hauptsacheverfahren um verschiedene Angelegenheiten i.S.d. § 15 RVG handelt, kann die Einigungsgebühr in jeder Angelegenheit gesondert anfallen. Im Beweisverfahren fällt die Einigungsgebühr allerdings nur nach der streitigen Differenz (5.000,00 EUR – 3.000,00 EUR = 2.000,00 EUR) an, während die Einigungsgebühr in der Hauptsache nach dem vollen dort anhängigen Wert entsteht.

I. Selbstständiges Beweisverfahren
1. 1,3-Verfahrensgebühr, Nr. 3100 VV (Wert: 5.000,00 EUR)   393,90 EUR
2. 1,2-Terminsgebühr, Nr. 3104 VV (Wert: 5.000,00 EUR)   363,60 EUR
3. 1,5-Einigungsgebühr, Nr. 1000 VV (Wert: 2.000,00 EUR)   225,00 EUR
4. Postentgeltpauschale, Nr. 7002 VV   20,00 EUR
    Zwischensumme   1.002,50 EUR
5. 19 % Umsatzsteuer, Nr. 7008 VV   190,48 EUR
Gesamt   **1.192,98 EUR**

II. Rechtsstreit (Wert: 4.000,00 EUR)
1. 1,3-Verfahrensgebühr, Nr. 3100 VV   327,60 EUR
2. gem. Vorbem 3 Abs. 5 VV anzurechnen, 1,3 aus 4.000,00 EUR   – 327,60 EUR
3. 1,2-Terminsgebühr, Nr. 3104 VV   302,40 EUR
4. 1,0-Einigungsgebühr, Nrn. 1000, 1003 VV   252,00 EUR
5. Postentgeltpauschale, Nr. 7002 VV   20,00 EUR
    Zwischensumme   574,40 EUR
6. 19 % Umsatzsteuer, Nr. 7008 VV   109,14 EUR
Gesamt   **683,54 EUR**

4. Beweisverfahren während anhängigem Hauptsacheverfahren

Wird ein Beweisverfahren während der Anhängigkeit der Hauptsache eingeleitet, handelt es sich ebenfalls um zwei verschiedene Angelegenheiten. Auch jetzt ist anzurechnen. Dabei ist auch hier unerheblich, ob die Verfahrensgebühr des Beweisverfahrens angerechnet wird oder die Verfahrensgebühr des Hauptsacheverfahrens. Dies hat wegen § 15a Abs. 1 RVG auf die Abrechnung keinen Einfluss,[13] kann allerdings für die Kostenerstattung bedeutsam sein (siehe Rn 49 ff.). Der Übersichtlichkeit halber wird auch im Folgenden chronologisch angerechnet. Eine umgekehrte Anrechnung ist aber ebenso möglich.

Beispiel 26   **Beweisverfahren während anhängigem Hauptsacheverfahren**

Der Anwalt ist in einem Rechtsstreit tätig (Wert: 30.000,00 EUR). Nach mündlicher Verhandlung wird ein selbstständiges Beweisverfahren eingeleitet. Es wird ein Sachverständigengutachten eingeholt, ohne dass dort ein Termin stattfindet.

Die Verfahrensgebühren sind aufeinander anzurechnen (Vorbem. 3 Abs. 5 VV).

I. Rechtsstreit (Wert: 30.000,00 EUR)
1. 1,3-Verfahrensgebühr, Nr. 3100 VV   1.121,90 EUR
2. 1,2-Terminsgebühr, Nr. 3104 VV   1.035,60 EUR
3. Postentgeltpauschale, Nr. 7002 VV   20,00 EUR
    Zwischensumme   2.177,50 EUR

---

13 Unzutreffend insoweit OLG Frankfurt AGS 2013, 163 m. Anm. *N. Schneider*.

§ 12 Selbstständiges Beweisverfahren

    4. 19 % Umsatzsteuer, Nr. 7008 VV   413,73 EUR
Gesamt   **2.591,23 EUR**
II. Selbstständiges Beweisverfahren (Wert: 30.000,00 EUR)
    1. 1,3-Verfahrensgebühr, Nr. 3100 VV   1.121,90 EUR
    2. gem. Vorbem. 3 Abs. 5 VV anzurechnen,   – 1.121,90 EUR
        1,3 aus 30.000,00 EUR
    3. Postentgeltpauschale, Nr. 7002 VV   20,00 EUR
        Zwischensumme   20,00 EUR
    4. 19 % Umsatzsteuer, Nr. 7008 VV   3,80 EUR
Gesamt   **23,80 EUR**

46 Auch hier kann die Terminsgebühr mehrmals anfallen.

> **Beispiel 27**   **Beweisverfahren während anhängigem Hauptsacheverfahren mit Termin im Beweisverfahren**

Der Anwalt ist in einem Rechtsstreit tätig (Wert: 30.000,00 EUR). Nach mündlicher Verhandlung wird ein selbstständiges Beweisverfahren eingeleitet. Es findet ein Sachverständigentermin statt.

Die Terminsgebühr entsteht zweimal. Eine Anrechnung ist auch hier nicht vorgesehen.

    I. Rechtsstreit (Wert: 30.000,00 EUR)
    1. 1,3-Verfahrensgebühr, Nr. 3100 VV   1.121,90 EUR
    2. 1,2-Terminsgebühr, Nr. 3104 VV   1.035,60 EUR
    3. Postentgeltpauschale, Nr. 7002 VV   20,00 EUR
        Zwischensumme   2.177,50 EUR
    4. 19 % Umsatzsteuer, Nr. 7008 VV   413,73 EUR
Gesamt   **2.591,23 EUR**
II. Selbstständiges Beweisverfahren (Wert: 30.000,00 EUR)
    1. 1,3-Verfahrensgebühr, Nr. 3100 VV   1.121,90 EUR
    2. gem. Vorbem. 3 Abs. 5 VV anzurechnen,   – 1.121,90 EUR
        1,3 aus 30.000,00 EUR
    3. 1,2-Terminsgebühr, Nr. 3104 VV   1.035,60 EUR
    4. Postentgeltpauschale, Nr. 7002 VV   20,00 EUR
        Zwischensumme   1.055,60 EUR
    5. 19 % Umsatzsteuer, Nr. 7008 VV   200,56 EUR
Gesamt   **1.256,16 EUR**

> **Beispiel 28**   **Beweisverfahren während anhängigem Hauptsacheverfahren mit Termin im Beweisverfahren und Einigung in der Hauptsache**

Der Anwalt ist in einem Rechtsstreit tätig (Wert: 30.000,00 EUR). Nach mündlicher Verhandlung wird ein selbstständiges Beweisverfahren eingeleitet. Es findet ein Sachverständigentermin statt. Anschließend vergleichen sich die Parteien in der Hauptsache.

Jetzt entsteht zusätzlich eine Einigungsgebühr nach Nr. 1000 VV. Die Höhe der Gebühr beläuft sich nach Nr. 1003 VV auf 1,0.

    I. Rechtsstreit (Wert: 30.000,00 EUR)
    1. 1,3-Verfahrensgebühr, Nr. 3100 VV   1.121,90 EUR
    2. 1,2-Terminsgebühr, Nr. 3104 VV   1.035,60 EUR
    3. 1,0-Einigungsgebühr, Nrn. 1000, 1003 VV   863,00 EUR
    4. Postentgeltpauschale, Nr. 7002 VV   20,00 EUR
        Zwischensumme   3.040,50 EUR

5. 19 % Umsatzsteuer, Nr. 7008 VV		577,70 EUR
Gesamt		**3.618,20 EUR**
II. Selbstständiges Beweisverfahren (Wert: 30.000,00 EUR)		
1. 1,3-Verfahrensgebühr, Nr. 3100 VV		1.121,90 EUR
2. gem. Vorbem. 3 Abs. 5 VV anzurechnen, 1,3 aus 30.000,00 EUR		– 1.121,90 EUR
3. 1,2-Terminsgebühr, Nr. 3104 VV		1.035,60 EUR
4. Postentgeltpauschale, Nr. 7002 VV		20,00 EUR
Zwischensumme	1.055,60 EUR	
5. 19 % Umsatzsteuer, Nr. 7008 VV		200,56 EUR
Gesamt		**1.256,16 EUR**

Wird die Einigung im Beweisverfahren geschlossen, ändert sich im Ergebnis nichts. Die Einigungsgebühr entsteht dann nicht im Hauptsacheverfahren, sondern im Beweisverfahren. Sie beträgt dann aber auch nur 1,0, da die Hauptsache anhängig ist. Dass die Einigung im Beweisverfahren getroffen wird, reicht nicht, um eine Ermäßigung abzulehnen.

5. Mehrere Beweisverfahren vor Hauptsacheverfahren

Möglich ist auch, dass in einem Hauptsacheverfahren mehrere einzelne Beweisverfahren vorausgehen.[14] Die Lösung liegt dann in der entsprechenden Anwendung des § 15 Abs. 3 RVG. Kommt es in einem gerichtlichen Verfahren zur Anrechnung mehrerer vorausgegangener Gebühren, die sämtlich anzurechnen sind, dann werden diese Gebühren zwar angerechnet, allerdings in analoger Anwendung des § 15 Abs. 3 RVG nicht mehr als eine Gebühr aus dem höchsten Gebührensatz nach dem Gesamtwert.[15]

Beispiel 29 | **Mehrere Beweisverfahren vor Hauptsache**

Der Anwalt war für den Kläger zunächst in dem selbstständigen Beweisverfahren 1/14 tätig, in dem es um Gewerke im Wert von 10.000,00 EUR ging. Später kam es zu einem weiteren Beweisverfahren 2/14 über Gewerke im Wert von 15.000,00 EUR und später noch zu einem dritten Beweisverfahren 3/14 über 40.000,00 EUR. Hiernach kam es zum Hauptsacheverfahren über die gesamten Mängel in Höhe von 65.000,00 EUR.

Anzurechnen sind alle Verfahrensgebühren, jedoch in entsprechender Anwendung nicht mehr als 1,3 aus dem Gesamtwert.

I. Selbstständiges Beweisverfahren 1/14 (Wert: 10.000,00 EUR)		
1. 1,3-Verfahrensgebühr, Nr. 3100 VV		725,40 EUR
2. Postentgeltpauschale, Nr. 7002 VV		20,00 EUR
Zwischensumme	745,40 EUR	
3. 19 % Umsatzsteuer, Nr. 7008 VV		141,63 EUR
Gesamt		**887,03 EUR**
II. Selbstständiges Beweisverfahren 2/14 (Wert: 15.000,00 EUR)		
1. 1,3-Verfahrensgebühr, Nr. 3100 VV		845,00 EUR
2. Postentgeltpauschale, Nr. 7002 VV		20,00 EUR
Zwischensumme	865,00 EUR	
3. 19 % Umsatzsteuer, Nr. 7008 VV		164,35 EUR
Gesamt		**1.029,35 EUR**

---

14 Siehe OLG Frankfurt AGS 2013, 163 m. Anm. *N. Schneider*.
15 OLG Koblenz AGS 2011, 585 = JurBüro 2012, 76; ebenso zum Fall der Anrechnung mehrerer Geschäftsgebühren auf eine Verfahrensgebühr: OLG Koblenz AGS 2009, 167 = OLGR 2009, 463 = JurBüro 2009, 304 = NJW-Spezial 2009, 252 = FamRZ 2009, 1089.

§ 12 Selbstständiges Beweisverfahren

III. Selbstständiges Beweisverfahren 3/14 (Wert: 40.000,00 EUR)
1. 1,3-Verfahrensgebühr, Nr. 3100 VV   1.316,90 EUR
2. Postentgeltpauschale, Nr. 7002 VV   20,00 EUR
   Zwischensumme   1.336,90 EUR
3. 19 % Umsatzsteuer, Nr. 7008 VV   254,01 EUR
Gesamt   **1.590,91 EUR**

IV. Rechtsstreit (Wert: 65.000,00 EUR)
1. 1,3-Verfahrensgebühr, Nr. 3100 VV   1.622,40 EUR
2. Gem. Vorbem. 3 Abs. 5 VV anzurechnen,   – 725,40 EUR
   1,3 aus 10.000,00 EUR
   1,3 aus 40.000,00 EUR   – 845,00 EUR
   1,3 aus 65.000,00 EUR,   – 1.316,90 EUR
   Gem. § 15 Abs. 3 RVG nicht mehr als 1,3 aus   – 1.622,40 EUR
   65.000,00 EUR
3. 1,2-Terminsgebühr, Nr. 3104 VV   1.497,60 EUR
4. Postentgeltpauschale, Nr. 7002 VV   20,00 EUR
   Zwischensumme   1.517,60 EUR
5. 19 % Umsatzsteuer, Nr. 7008 VV   288,34 EUR
Gesamt   **1.805,94 EUR**

6. Kostenerstattung bei unterschiedlichen Kostenquoten für Beweisverfahren und Hauptsache

49 Zu beachten ist, dass die Kostenentscheidung hinsichtlich Beweisverfahren und Hauptsache unterschiedlich ausfallen kann. Dann kann sich die erstattungsberechtigte Partei auf die ihr günstigste Variante berufen.[16]

> **Beispiel 30** | Unterschiedliche Kostenquoten für Beweisverfahren und Hauptsache

Die Anwälte sind zunächst in einem selbstständigen Beweisverfahren tätig (Wert: 6.000,00 EUR). Hiernach wird Hauptsacheklage in Höhe von 10.000,00 EUR erhoben. Das Gericht gibt der Klage in Höhe von 6.000,00 EUR statt. Die Kosten des Beweisverfahrens erlegt das Gericht dem Beklagten insgesamt auf, die Kosten des Rechtsstreits hat der Beklagte dagegen nur zu 60 % zu tragen. Die weiteren 40 % trägt der Kläger selbst.

Jetzt haben beide Parteien ein Wahlrecht, wie sie anmelden.

A. Abrechnung Kläger
a) 1. Variante (Anrechnung im gerichtlichen Verfahren)
I. Selbstständiges Beweisverfahren
1. 1,3-Verfahrensgebühr, Nr. 3100 VV   460,20 EUR
   (Wert: 6.000,00 EUR)
2. Postentgeltpauschale, Nr. 7002 VV   20,00 EUR
   Zwischensumme   480,20 EUR
3. 19 % Umsatzsteuer, Nr. 7008 VV   91,24 EUR
Gesamt   **571,44 EUR**
II. Rechtsstreit
1. 1,3-Verfahrensgebühr, Nr. 3100 VV   725,40 EUR
   (Wert: 10.000,00 EUR)
2. gem. Vorbem. 3 Abs. 5 VV anzurechnen, 1,3 aus   – 460,20 EUR
   6.000,00 EUR
3. 1,2-Terminsgebühr, Nr. 3104 VV   669,60 EUR
   (Wert: 10.000,00 EUR)

---

16 Unzutreffend insoweit OLG Frankfurt AGS 2013, 163 m. Anm. *N. Schneider.*

4. Postentgeltpauschale, Nr. 7002 VV		20,00 EUR
Zwischensumme	954,80 EUR	
5. 19 % Umsatzsteuer, Nr. 7008 VV		181,41 EUR
Gesamt		**1.136,21 EUR**
Dies ergibt für den Kläger		
Beweisverfahren (100 % aus 571,44 EUR)		571,44 EUR
Rechtsstreit (60 % aus 1.136,21 EUR)		681,73 EUR
Gesamt		**1.253,17 EUR**

b) **2. Variante (Anrechnung im Beweisverfahren)**
I. **Selbstständiges Beweisverfahren**

1. 1,3-Verfahrensgebühr, Nr. 3100 VV		460,20 EUR
(Wert: 6.000,00 EUR)		
2. gem. Vorbem. 3 Abs. 5 VV anzurechnen, 1,3 aus 6.000,00 EUR		– 460,20 EUR
3. Postentgeltpauschale, Nr. 7002 VV		20,00 EUR
Zwischensumme	20,00 EUR	
4. 19 % Umsatzsteuer, Nr. 7008 VV		3,80 EUR
Gesamt		**23,80 EUR**

II. **Rechtsstreit**

1. 1,3-Verfahrensgebühr, Nr. 3100 VV		725,40 EUR
(Wert: 10.000,00 EUR)		
2. 1,2-Terminsgebühr, Nr. 3104 VV		669,60 EUR
(Wert: 10.000,00 EUR)		
3. Postentgeltpauschale, Nr. 7002 VV		20,00 EUR
Zwischensumme	1.415,00 EUR	
4. 19 % Umsatzsteuer, Nr. 7008 VV		268,85 EUR
Gesamt		**1.683,85 EUR**
Dies ergibt für den Kläger		
Beweisverfahren (100 % aus 23,80 EUR)		23,80 EUR
Rechtsstreit (60 % aus 1.683,85 EUR)		1.010,31 EUR
Gesamt		**1.034,11 EUR**

Für den Kläger ist es also günstiger, das Beweisverfahren voll abzurechnen und die Anrechnung im Rechtsstreit vorzunehmen.

B. **Abrechnung Beklagter**
a) **1. Variante (Anrechnung im gerichtlichen Verfahren)**

1. 1,3-Verfahrensgebühr, Nr. 3100 VV		460,20 EUR
(Wert: 6.000,00 EUR)		
2. Postentgeltpauschale, Nr. 7002 VV		20,00 EUR
Zwischensumme	480,20 EUR	
3. 19 % Umsatzsteuer, Nr. 7008 VV		91,24 EUR
Gesamt		**571,44 EUR**

II. **Rechtsstreit**

1. 1,3-Verfahrensgebühr, Nr. 3100 VV		725,40 EUR
(Wert: 10.000,00 EUR)		
2. gem. Vorbem. 3 Abs. 5 VV anzurechnen, 1,3 aus 6.000,00 EUR		– 460,20 EUR
3. 1,2-Terminsgebühr, Nr. 3104 VV		669,60 EUR
(Wert: 10.000,00 EUR)		
4. Postentgeltpauschale, Nr. 7002 VV		20,00 EUR
Zwischensumme	954,80 EUR	
5. 19 % Umsatzsteuer, Nr. 7008 VV		181,41 EUR
Gesamt		**1.136,21 EUR**
Dies ergibt für den Beklagten		
Beweisverfahren (0 % aus 571,40 EUR)		0,00 EUR
Rechtsstreit (40 % aus 1.136,21 EUR)		454,48 EUR
Gesamt		**454,48 EUR**

b) **2. Variante (Anrechnung im Beweisverfahren)**
I. **Selbstständiges Beweisverfahren**

1.	1,3-Verfahrensgebühr, Nr. 3100 VV (Wert: 6.000,00 EUR)	460,20 EUR
2.	gem. Vorbem. 3 Abs. 5 VV anzurechnen, 1,3 aus 6.000,00 EUR	– 460,20 EUR
3.	Postentgeltpauschale, Nr. 7002 VV	20,00 EUR
	Zwischensumme 20,00 EUR	
4.	19 % Umsatzsteuer, Nr. 7008 VV	3,80 EUR
	Gesamt	**23,80 EUR**

II. **Rechtsstreit**

1.	1,3-Verfahrensgebühr, Nr. 3100 VV (Wert: 10.000,00 EUR)	725,40 EUR
2.	1,2-Terminsgebühr, Nr. 3104 VV (Wert: 10.000,00 EUR)	669,60 EUR
3.	Postentgeltpauschale, Nr. 7002 VV	20,00 EUR
	Zwischensumme 1.415,00 EUR	
4.	19 % Umsatzsteuer, Nr. 7008 VV	268,85 EUR
	Gesamt	**1.683,85 EUR**

Dies ergibt für den Beklagten

Beweisverfahren (0 % aus 23,80 EUR)	0,00 EUR
Rechtsstreit (40 % 1.683,85 EUR)	673,54 EUR
Gesamt	**673,54 EUR**

Für den Beklagten ist es also günstiger, den Rechtsstreit voll abzurechnen und die Anrechnung im Beweisverfahren vorzunehmen.

7. Beweisverfahren mit vorangegangener außergerichtlicher Vertretung

50 Ist dem Beweisverfahren eine außergerichtliche Vertretung vorausgegangen, so wird die Geschäftsgebühr der Nr. 2300 VV oder auch die der Nr. 2302 VV nach Vorbem. 3 Abs. 4 VV auf die Verfahrensgebühr des selbstständigen Beweisverfahrens zur Hälfte, höchstens zu 0,75, angerechnet, da dies dann das erste nachfolgende gerichtliche Verfahren nach Teil 3 VV ist.[17] Die Geschäftsgebühr wird dann allerdings nicht nochmals auf die Verfahrensgebühr des Rechtsstreits angerechnet.

Beispiel 31 | **Beweisverfahren mit vorangegangener Vertretungstätigkeit**

Der Anwalt ist zunächst außergerichtlich tätig wegen Baumängeln in Höhe von 30.000,00 EUR. Die Sache ist sehr umfangreich, so dass eine 2,0-Gebühr angemessen ist. Anschließend führt der Anwalt das Beweisverfahren durch. Es findet ein Sachverständigentermin statt, an dem er teilnimmt.

Die Geschäftsgebühr ist auf die Verfahrensgebühr des Beweisverfahrens mit dem Höchstsatz von 0,75 anzurechnen (Vorbem. 3 Abs. 4 VV).

I. **Außergerichtliche Vertretung (Wert: 30.000,00 EUR)**

1.	2,0-Geschäftsgebühr, Nr. 2300 VV	1.726,00 EUR
2.	Postentgeltpauschale, Nr. 7002 VV	20,00 EUR
	Zwischensumme 1.746,00 EUR	
3.	19 % Umsatzsteuer, Nr. 7008 VV	331,74 EUR
	Gesamt	**2.077,74 EUR**

---

[17] OLG Stuttgart AGS 2008, 383 = Justiz 2008, 330 = JurBüro 2008, 525 = NJW-Spezial 2008, 541 = BauR 2008, 1500 = RVGreport 2008, 346.

II. Beweisverfahren in zivilgerichtlichen Verfahren §12

    II. **Selbstständiges Beweisverfahren (Wert: 30.000,00 EUR)**
1. 1,3-Verfahrensgebühr, Nr. 3100 VV   1.121,90 EUR
2. gem. Vorbem. 3 Abs. 4 VV anzurechnen,   – 647,25 EUR
 0,75 aus 30.000,00 EUR
3. 1,2-Terminsgebühr, Nr. 3104 VV   1.035,60 EUR
4. Postentgeltpauschale, Nr. 7002 VV   20,00 EUR
     Zwischensumme   1.530,25 EUR
5. 19 % Umsatzsteuer, Nr. 7008 VV   290,75 EUR
     Gesamt   **1.821,00 EUR**

Kommt es dann nach dem Beweisverfahren zum Hauptsacheverfahren, ist die volle Verfahrensgebühr des Beweisverfahrens – nicht der um die Anrechnung der Geschäftsgebühr verminderte Betrag nach Vorbem. 3 Abs. 5 VV – auf die Verfahrensgebühr des Rechtsstreits anzurechnen.[18]   51

Beispiel 32 | **Beweisverfahren mit nachfolgendem Hauptsacheverfahren und vorangegangener Vertretungstätigkeit**

Der Anwalt ist zunächst außergerichtlich tätig wegen Baumängeln in Höhe von 30.000,00 EUR. Die Sache ist sehr umfangreich, so dass eine 2,0-Gebühr angemessen ist. Anschließend führt der Anwalt das Beweisverfahren durch. Es findet ein Sachverständigentermin statt, an dem er teilnimmt. Hiernach kommt es zum Hauptsacheverfahren, in dem nach mündlicher Verhandlung ein Urteil ergeht.

Die Geschäftsgebühr ist auf die Verfahrensgebühr des Beweisverfahrens mit dem Höchstsatz von 0,75 anzurechnen (Vorbem. 3 Abs. 4 VV). Die (volle, nicht die um die Anrechnung verminderte) Verfahrensgebühr ist wiederum auf die Verfahrensgebühr des Rechtsstreits anzurechnen (nach Vorbem. 3 Abs. 5 VV[19]).

    I. **Außergerichtliche Vertretung (Wert: 30.000,00 EUR)**
1. 2,0-Geschäftsgebühr, Nr. 2300 VV   1.726,00 EUR
2. Postentgeltpauschale, Nr. 7002 VV   20,00 EUR
     Zwischensumme   1.746,00 EUR
3. 19 % Umsatzsteuer, Nr. 7008 VV   331,74 EUR
     Gesamt   **2.077,74 EUR**
    II. **Selbstständiges Beweisverfahren (Wert: 30.000,00 EUR)**
1. 1,3-Verfahrensgebühr, Nr. 3100 VV   1.121,90 EUR
2. gem. Vorbem. 3 Abs. 4 VV anzurechnen,   – 647,25 EUR
 0,75 aus 30.000,00 EUR
3. 1,2-Terminsgebühr, Nr. 3104 VV   1.035,60 EUR
4. Postentgeltpauschale, Nr. 7002 VV   20,00 EUR
     Zwischensumme   1.530,25 EUR
5. 19 % Umsatzsteuer, Nr. 7008 VV   290,75 EUR
     Gesamt   **1.821,00 EUR**
    III. **Rechtsstreit (Wert: 30.000,00 EUR)**
1. 1,3-Verfahrensgebühr, Nr. 3100 VV   1.121,90 EUR
2. gem. Vorbem. 3 Abs. 5 VV anzurechnen,   – 1.121,90 EUR
 1,3 aus 30.000,00 EUR
3. 1,2-Terminsgebühr, Nr. 3104 VV   1.035,60 EUR
4. Postentgeltpauschale, Nr. 7002 VV   20,00 EUR
     Zwischensumme   1.055,60 EUR

---

18 Im Ergebnis, wenn auch mit anderer Anrechnungsreihenfolge: OLG Stuttgart AGS 2008, 384 = JurBüro 2008, 526 = OLGR 2008, 893 = Justiz 2009, 9 = BauR 2008, 1500 = NJW-Spezial 2008, 603 = AnwBl 2008, 719 = RVGreport 2009, 100; OLG München AGS 2009, 438 = JurBüro 2009, 475 = NJW-Spezial 2009, 588.
19 BGH AGS 2010, 621 = MDR 2011, 137 = Rpfleger 2011, 180 = NJW 2011, 1368; OLG Hamm, Beschl. v. 2.9.2014 – 25 W 135/14.

5. 19 % Umsatzsteuer, Nr. 7008 VV	200,56 EUR
Gesamt	**1.256,16 EUR**

52 Kommt es zu unterschiedlichen Werten, so ist gem. Vorbem. 3 Abs. 4 S. 3 VV bzw. in entsprechender Anwendung dieser Vorschrift stets nur nach dem Wert anzurechnen, der in die nächste Angelegenheit übergeht. Soweit die Geschäftsgebühr wegen ihres höheren Werts nicht aus dem Gesamtwert auf die Verfahrensgebühr des Beweisverfahrens angerechnet werden kann, ist der noch verbleibende Anrechnungsbetrag dann im Rechtsstreit anzurechnen.[20]

> **Beispiel 33** **Beweisverfahren mit geringerem Wert als nachfolgendes Hauptsacheverfahren und vorangegangene Vertretungstätigkeit**[21]

Der Anwalt war zunächst nach einem Wert von 10.243,96 EUR außergerichtlich tätig. Anschließend wurde ein selbstständiges Beweisverfahren über einen Teilbetrag in Höhe von 5.010,00 EUR geführt und danach der Rechtsstreit, wiederum über 10.243,96 EUR.

Zunächst einmal war eine 1,3-Geschäftsgebühr Nr. 2300 VV aus 10.243,96 EUR angefallen.

Im selbstständigen Beweisverfahren ist eine Verfahrensgebühr nach Nr. 3100 VV angefallen, allerdings nur aus dem geringeren Wert von 5.010,00 EUR. Darauf ist die Geschäftsgebühr hälftig anzurechnen, und zwar gem. Vorbem. 3 Abs. 4 S. 3 VV aus dem Wert, der außergerichtlicher Vertretung und Beweisverfahren gemeinsam ist, also aus 5.010,00 EUR.

Im Rechtsstreit entsteht eine Verfahrensgebühr nach Nr. 3100 VV aus dem Wert von 10.243,96 EUR. Darauf ist die Verfahrensgebühr des selbstständigen Beweisverfahrens nach Vorbem. 3 Abs. 5 VV anzurechnen, und zwar in voller Höhe. Des Weiteren ist noch zu berücksichtigen, dass die Geschäftsgebühr im Beweisverfahren bisher nur teilweise angerechnet worden ist, nämlich soweit sich der Gegenstand der außergerichtlichen Vertretung im Beweisverfahren fortgesetzt hat, also aus 5.010,00 EUR. Hinsichtlich des Mehrbetrags ist erst das gerichtliche Verfahren das „nachfolgende" Verfahren, sodass der verbliebene Restbetrag der Geschäftsgebühr noch anzurechnen ist. Hinzu kommt dann noch die Terminsgebühr.

I. Außergerichtliche Vertretung		
1. 1,3-Geschäftsgebühr, Nr. 2300 VV (Wert: 10.243,96 EUR)		785,20 EUR
2. Postentgeltpauschale, Nr. 7002 VV		20,00 EUR
Zwischensumme	805,20 EUR	
3. 19 % Umsatzsteuer, Nr. 7008 VV		152,99 EUR
Gesamt		**958,19 EUR**
II. Selbstständiges Beweisverfahren		
1. 1,3-Verfahrensgebühr, Nr. 3100 VV (Wert: 5.010,00 EUR)		460,20 EUR
2. anzurechnen gem. Vorbem. 3 Abs. 4 VV, 0,65 aus 5.010,00 EUR		– 230,10 EUR
3. Postentgeltpauschale, Nr. 7002 VV		20,00 EUR
Zwischensumme	250,10 EUR	
4. 19 % Umsatzsteuer, Nr. 7008 VV		47,52 EUR
Gesamt		**297,62 EUR**

---

[20] OLG München AGS 2009, 438 = JurBüro 2009, 475 = NJW-Spezial 2009, 588.
[21] Beispiel nach OLG München AGS 2009, 438 = JurBüro 2009, 475 = NJW-Spezial 2009, 588.

III. Rechtsstreit

1.	1,3-Verfahrensgebühr, Nr. 3100 VV (Wert: 10.243,96 EUR)	785,20 EUR
2.	anzurechnen gem. Vorbem. 3 Abs. 5 VV, 1,3 aus 5.010,00 EUR	– 460,20 EUR
3.	anzurechnen gem. Vorbem. 3 Abs. 4 VV, 0,65 aus 10.243,96 EUR – 392,60 EUR – bereits im Beweisverfahren angerechneter 230,10 EUR	– 162,50 EUR
4.	1,2-Terminsgebühr, Nr. 3104 VV (Wert: 10.243,96 EUR)	724,80 EUR
5.	Postentgeltpauschale, Nr. 7002 VV	20,00 EUR
	Zwischensumme 907,30 EUR	
6.	19 % Umsatzsteuer, Nr. 7008 VV	172,39 EUR
Gesamt		**1.079,69 EUR**

8. Beweisverfahren und nachfolgendes Prozesskostenhilfeprüfungsverfahren zur Hauptsache

Wird nach einem selbstständigen Beweisverfahren ein Verfahren auf Bewilligung von Prozesskostenhilfe eingeleitet, dann wird die Verfahrensgebühr des selbstständigen Beweisverfahrens ebenfalls nach Vorbem. 3 Abs. 5 VV angerechnet, jetzt auf die 1,0-Verfahrensgebühr nach Nr. 3335 VV. Angerechnet wird dann allerdings nur zu 1,0.   53

Beispiel 34 — Beweisverfahren mit nachfolgendem Prozesskostenhilfeprüfungsverfahren zur Hauptsache

Der Anwalt ist für den Antragsgegner in einem selbstständigen Beweisverfahren tätig (Wert: 30.000,00 EUR). Nach Abschluss des Verfahrens beantragt der Antragsteller Prozesskostenhilfe für die Hauptsache. Nach Stellungnahme des Anwalts wird der Antrag auf Prozesskostenhilfe zurückgewiesen.

Im Beweisverfahren entstehen die 1,3-Verfahrensgebühr und die 1,2-Terminsgebühr. Im Prozesskostenhilfeprüfungsverfahren zur Hauptsache, das eine neue Angelegenheit darstellt, entsteht die 1,0-Gebühr nach Nr. 3335 VV. Hierauf ist die Verfahrensgebühr des Beweisverfahrens anzurechnen, allerdings nur zu 1,0, da nie mehr angerechnet werden kann, als in der anzurechnenden Angelegenheit an Gebühren anfällt.

I. Selbstständiges Beweisverfahren (Wert: 30.000,00 EUR)

1.	1,3-Verfahrensgebühr, Nr. 3100 VV	1.121,90 EUR
2.	1,2-Terminsgebühr, Nr. 3104 VV	1.035,60 EUR
3.	1,0-Einigungsgebühr, Nrn. 1000, 1003 VV	863,00 EUR
4.	Postentgeltpauschale, Nr. 7002 VV	20,00 EUR
	Zwischensumme 3.040,50 EUR	
5.	19 % Umsatzsteuer, Nr. 7008 VV	577,70 EUR
Gesamt		**3.618,20 EUR**

II. Prozesskostenhilfeprüfungsverfahren (Wert: 30.000,00 EUR)

1.	1,0-Verfahrensgebühr, Nr. 3335 VV	863,00 EUR
2.	gem. Vorbem. 3 Abs. 5 VV anzurechnen, 1,3 aus 30.000,00 EUR	– 863,00 EUR
3.	Postentgeltpauschale, Nr. 7002 VV	20,00 EUR
	Zwischensumme 20,00 EUR	
4.	19 % Umsatzsteuer, Nr. 7008 VV	3,80 EUR
Gesamt		**23,80 EUR**

9. Beweisverfahren im Berufungsverfahren

54 Wird ein selbstständiges Beweisverfahren **während eines Berufungs- oder Revisionsverfahrens** durchgeführt, so ist grundsätzlich das Berufungsgericht zuständig.[22] Es entstehen dann auch im Beweisverfahren die höheren Gebühren des Rechtsmittelverfahrens nach Teil 3 Abschnitt 2 (Nrn. 3200 ff. VV).[23] Dies ergibt sich letztlich auch aus einem Umkehrschluss zu Vorbem. 3.2 Abs. 2 VV. Der Anwalt erhält also eine 1,6-Verfahrensgebühr nach Nr. 3200 VV sowie eine 1,2-Terminsgebühr nach Nr. 3202 VV.[24] Die 1,6-Verfahrensgebühr des Berufungsverfahrens wird dann nach Vorbem. 3 Abs. 5 VV auf die 1,6-Verfahrensgebühr des selbstständigen Beweisverfahrens angerechnet.

> **Beispiel 35** | **Beweisverfahren in der Berufungsinstanz**
>
> Nach Erlass des erstinstanzlichen Urteils über 15.000,00 EUR legt der Anwalt Berufung ein. Noch vor Einreichung der Berufungsbegründung wird ein selbstständiges Beweisverfahren eingeleitet. Es findet ein Sachverständigentermin statt, an dem die Anwälte teilnehmen. Anschließend wird in der Hauptsache verhandelt und eine Einigung getroffen.

Im Beweisverfahren entsteht jetzt die höhere Verfahrensgebühr nach Nr. 3200 VV. Die Verfahrensgebühr des Berufungsverfahrens ist nach Vorbem. 3 Abs. 5 VV auf die des Beweisverfahrens anzurechnen.

I. **Rechtsstreit (Wert: 15.000,00 EUR)**		
1. 1,6-Verfahrensgebühr, Nr. 3200 VV		1.040,00 EUR
2. 1,2-Terminsgebühr, Nr. 3202 VV		780,00 EUR
3. 1,3-Einigungsgebühr, Nrn. 1000, 1004 VV		845,00 EUR
4. Postentgeltpauschale, Nr. 7002 VV		20,00 EUR
Zwischensumme	2.685,00 EUR	
5. 19 % Umsatzsteuer, Nr. 7008 VV		510,15 EUR
Gesamt		**3.195,15 EUR**
II. **Selbstständiges Beweisverfahren (Wert: 15.000,00 EUR)**		
1. 1,6-Verfahrensgebühr, Nr. 3200 VV		1.040,00 EUR
2. gem. Vorbem. 3 Abs. 5 VV anzurechnen, 1,6 aus 15.000,00 EUR		– 1.040,00 EUR
3. 1,2-Terminsgebühr, Nr. 3202 VV		780,00 EUR
4. Postentgeltpauschale, Nr. 7002 VV		20,00 EUR
Zwischensumme	800,00 EUR	
5. 19 % Umsatzsteuer, Nr. 7008 VV		152,00 EUR
Gesamt		**952,00 EUR**

10. Verfahren über die Kostenentscheidung

55 Wird nach Abschluss des Beweisverfahrens beantragt, dem Antragsteller nach § 494a Abs. 1 ZPO aufzugeben, Hauptsacheklage zu erheben, um eine Kostenentscheidung zu erzwingen, falls dieser der Aufforderung nicht nachkommt (§ 494a Abs. 2 ZPO), zählt diese Tätigkeit noch zum Beweisverfahren und löst keine gesonderte Vergütung aus (§ 19 Abs. 1 S. 1 RVG).

---

22 Zöller/*Herget*, § 487 ZPO Rn 3.
23 A.A. Gerold/Schmidt/Müller-Rabe, Anhang III Rn 8.
24 Ist ausnahmsweise der BGH zuständig (Zöller/*Herget*, § 487 ZPO Rn 3), würde sich nichts ändern, da für den Antrag kein Anwaltszwang besteht (§ 486 Abs. 4 ZPO). Nur für das Verfahren besteht Anwaltszwang. Dann würde sich die Verfahrensgebühr auf 2,3 (Nrn. 3206, 3208 VV) erhöhen und die Terminsgebühr auf 1,5 (Nr. 3210 VV).

II. Beweisverfahren in zivilgerichtlichen Verfahren   § 12

| Beispiel 36 | Antrag auf Fristsetzung zur Hauptsacheklage |

Nach Abschluss des Beweisverfahrens beantragt der Antragsgegner, den Antragsteller eine Frist zur Hauptsacheklage zu setzen.

Die Tätigkeit im Hinblick auf die Fristsetzung ist durch die Gebühren des Beweisverfahren mit abgegolten

Auch das Verfahren über die Kostenentscheidung bei unterlassener Hauptsacheklage zählt noch zum Beweisverfahren (§ 19 Abs. 1 S. 1 Nr. 9 RVG). 56

| Beispiel 37 | Antrag auf Kostenentscheidung nach Ablauf der Frist zur Hauptsacheklage |

Nach Abschluss des Beweisverfahrens beantragt der Antragsgegner, den Antragsteller eine Frist zur Hauptsacheklage zu setzen, was dann auch geschieht. Die Klage wird nicht erhoben, so dass der Anwalt des Antragsgegners beantragt, dem Antragsteller gem. § 494a Abs. 2 ZPO die Kosten des Verfahrens aufzuerlegen.

Die Tätigkeit im Hinblick auf die Kostenentscheidung ist wiederum durch die Gebühren des Beweisverfahren mit abgegolten

Wird gegen die Kostenentscheidung oder deren Verweigerung eine Beschwerde eingelegt, ist dies eine neue Angelegenheit (§ 18 Abs. 1 Nr. 3 RVG), die neben den Kosten des Beweisverfahrens eine Verfahrensgebühr nach Nr. 3500 VV auslöst. 57

| Beispiel 38 | Beschwerde gegen Kostenentscheidung |

Es wird ein Beweisverfahren zur Höhe von Mängelbeseitigungskosten eingeholt. Das Sachverständigengutachten wird ohne Anberaumung eines Termins erstattet. Der Streitwert wird auf 30.000,00 EUR festgesetzt. Hiernach beantragt der Antragsgegner dem Antragsteller Frist zur Hauptsacheklage zu setzen. Nach Fristablauf werden dem Antragsteller auf Antrag des Antragsgegners die Kosten des Beweisverfahrens auferlegt. Hiergegen legt er Beschwerde ein.

Im Beweisverfahren entsteht nur die 1,3-Verfahrensgebühr nach Nr. 3100 VV. Fristsetzung und Kostenantrag gehören noch zum Rechtszug (siehe oben Rn 13, 35, 55 ff.).

Für die Beschwerde entsteht dagegen eine gesonderte 0,5-Verfahrensgebühr nach Nr. 3500 VV. Der Gegenstandswert richtet sich nach § 23 Abs. 2 RVG und bemisst sich nach dem Wert der Erstattungsforderung, also hier 1.358,86 EUR.

```
I.  Selbstständiges Beweisverfahren (Wert: 30.000,00 EUR)
1.  1,3-Verfahrensgebühr, Nr. 3100 VV                              1.121,90 EUR
2.  Postentgeltpauschale, Nr. 7002 VV                                  20,00 EUR
    Zwischensumme                            1.141,90 EUR
3.  19 % Umsatzsteuer, Nr. 7008 VV                                    216,96 EUR
Gesamt                                                              1.358,86 EUR
II. Beschwerdeverfahren (Wert: 1.358,86 €)
1.  0,5-Verfahrensgebühr, Nr. 3500 VV                                  57,50 EUR
2.  Postentgeltpauschale, Nr. 7002 VV                                  11,50 EUR
    Zwischensumme                               69,00 EUR
```

3. 19 % Umsatzsteuer, Nr. 7008 VV	13,11 EUR
Gesamt	**82,11 EUR**

III. Selbstständiges Beweisverfahren in arbeitsgerichtlichen Verfahren

58 Auch in arbeitsgerichtlichen Verfahren ist ein selbstständiges Beweisverfahren möglich (§ 46 Abs. 2 ArbGG). Der Anwalt erhält die gleichen Gebühren wie in den zivilgerichtlichen Verfahren. Kommt es nachfolgend zum Hauptsacheverfahren, erstreckt sich der Ausschluss der Kostenerstattung nach § 12a ArbGG auch auf das vorangegangene Beweisverfahren.

IV. Selbstständiges Beweisverfahren in Familiensachen

59 Auch in Familiensachen ist ein selbstständiges Beweisverfahren möglich, allerdings nur in Ehe- und Familienstreitsachen. Die Vorschriften der §§ 485 ff. ZPO gelten für diese Verfahren entsprechend (§ 113 Abs. 1 S. 2 FamFG). Der Anwalt erhält die gleichen Gebühren wie in den zivilgerichtlichen Verfahren. Wird das Beweisverfahren während eines Beschwerdeverfahrens durchgeführt, ist ebenso abzurechnen wie im Berufungsverfahren (Vorbem. 3.2.1 Nr. 2 b) VV).

V. Selbstständiges Beweisverfahren in verwaltungsgerichtlichen Verfahren

60 In den verwaltungsgerichtlichen selbstständigen Beweisverfahren (§ 98 VwGO) gelten die Ausführungen zu den zivilgerichtlichen Verfahren entsprechend. Siehe hierzu auch § 29. Neben der Einigungsgebühr Nrn. 1000 VV kommt hier auch eine Erledigungsgebühr nach Nrn. 1002 ff. VV in Betracht.

VI. Selbstständiges Beweisverfahren in finanzgerichtlichen Verfahren

61 Das selbstständige Beweisverfahren in finanzgerichtlichen Verfahren folgt den Regelungen der ZPO (§ 82 FGO). Hinsichtlich der Vergütung gelten die Ausführungen zu den Zivilsachen entsprechend, allerdings mit der Maßgabe, dass hier die Gebühren nach Teil 3 Abschnitt 2 Unterabschnitt 1 VV gelten, also nach den Nrn. 3200 ff. VV. Auch hier dürfte neben einer Einigungsgebühr eine Erledigungsgebühr nach Nr. 1002 VV in Betracht kommen.

VII. Selbstständiges Beweisverfahren in sozialgerichtlichen Verfahren

62 Wegen des Zusammenhangs, soweit Rahmengebühren gelten, siehe insoweit § 31 Rn 175 ff. Soweit nach Wertgebühren abzurechnen ist, gelten wiederum die Ausführungen zu den Gebühren in zivilgerichtlichen Verfahren entsprechend. In beiden Fällen kommt anstelle der Einigungsgebühr auch eine Erledigungsgebühr nach Nrn. 1002 ff. VV in Betracht. Bei Abrechnung nach Betragsrahmen dürfte hier der Gebührenrahmen der Nr. 1005 VV anzuwenden sein. Die Unanwendbarkeit der Nr. 1006 VV ist offensichtlich vom Gesetzgeber übersehen worden. Es ist jedenfalls kein Grund ersichtlich, weshalb bei Wertgebühren die Anhängigkeit nicht zur Reduzierung der Gebühren führen soll, bei den Rahmengebühren dagegen schon.

§ 13 Bürgerliche Rechtsstreitigkeiten erster Instanz

Inhalt

I. Übersicht 1
1. Die Gebühren 1
2. Umfang der Angelegenheit 2
3. Verfahrensgebühr 5
4. Terminsgebühr 11
5. Einigungsgebühr 14
6. Zusatzgebühr für besonders umfangreiche Beweisaufnahmen 15
7. Auslagen 16
8. Anrechnungen 17
9. Gegenstandswert 24

II. Grundfälle 26
1. Verfahrensgebühr 26
2. Terminsgebühr 32
   a) Überblick 32
   b) Termine nach Vorbem. 3 Abs. 3 VV 34
      aa) Überblick 34
      bb) Gerichtliche Termine (Vorbem. 3 Abs. 3 S. 1 VV) 35
         (1) Grundfälle 35
         (2) Klagerücknahme 46
         (3) Erledigung der Hauptsache 51
         (4) Gemeinsame Verhandlung mehrerer Verfahren 58
      cc) Außergerichtliche Termine (Vorbem. 3 Abs. 3 S. 3 VV) 61
         (1) Überblick 61
         (2) Teilnahme an einem Sachverständigentermin (Vorbem. 3 Abs. 3 S. 3 Nr. 1 VV) 63
         (3) Mitwirkung an auf die Erledigung des Verfahrens gerichteten Besprechungen auch ohne Beteiligung des Gerichts (Vorbem. 3 Abs. 3 S. 3 Nr. 2 VV) 72
      dd) Höhe der Gebühr 85
         (1) Grundsatz 85
         (2) Ermäßigte Terminsgebühr (Nr. 3105 VV) 86
            (a) Überblick 86
            (b) Grundfälle 89
            (c) Versäumnisurteil bei Erscheinen der Gegenpartei (Flucht in die Säumnis) 96
            (d) Säumnis der Gegenpartei, aber Erörterung mit dem Gericht 98
            (e) Im Anwaltsprozess erscheint die Gegenpartei persönlich ohne anwaltliche Vertretung 101
                (aa) Überblick 101
                (bb) Es ergeht sogleich Versäumnisurteil 103
                (cc) Vor Erlass des Versäumnisurteils wird erörtert 105

            (f) Verhandlung nach Einspruch 106
            (g) Zweites Versäumnisurteil ... 110
            (h) Verwerfung des Einspruchs .. 114
            (i) Mischfälle 116
                (aa) Teilweise Anzeige der Verteidigungsbereitschaft und nachfolgende Verhandlung 117
                (bb) Teileinspruch und nachfolgende Verhandlung 118
                (cc) Versäumnisurteil nach Klageerweiterung 119
                (dd) Säumnis und Teilerörterung 120
                   (1) Überblick 120
                   (2) Erörterung nur über Teil der Hauptforderung 121
                   (3) Erörterung nur über Nebenforderung 124
                   (4) Mehrere Gegner – nur einer ist säumig 127
   c) Terminsgebühr in sonstigen Fällen 131
      aa) Überblick 131
      bb) Entscheidung ohne mündliche Verhandlung im Einverständnis mit den Parteien (Anm. Abs. 1 Nr. 1, 1. Var. zu Nr. 3104 VV) 132
      cc) Entscheidung nach § 307 ZPO (Anm. Abs. 1 Nr. 1, 2. Var. zu Nr. 3104 VV) 137
      dd) Entscheidung im Verfahren nach § 495a ZPO (Anm. Abs. 1 Nr. 1, 3. Var. zu Nr. 3104 VV) 142
      ee) Entscheidung im schriftlichen Verfahren bei mangelnder Beteiligung des Beklagten 145
         (1) Versäumnisurteil 146
         (2) Entscheidung zur Prozess- und Sachleitung 147
         (3) „Streitiges" Urteil 148
      ff) Schriftlicher Vergleich (Anm. Abs. 1 Nr. 1, 4. Var. zu Nr. 3104 VV) 149
      gg) Versäumnisurteil im schriftlichen Vorverfahren nach § 333 Abs. 3 ZPO (Anm. Abs. 2 zu Nr. 3105 VV) 152
      hh) Sonstige Fälle der Entscheidung ohne mündliche Verhandlung 157
3. Einigungsgebühr 160
   a) Grundfälle 160
   b) Mehrere Einigungen 171
   c) Einigung unter Widerrufsvorbehalt oder aufschiebender Bedingung 172
   d) Anfechtung einer Einigung 173
4. Zusatzgebühr für besonders umfangreiche Beweisaufnahmen 177

III. Abrechnung bei vorzeitiger Beendigung des Verfahrens (Nr. 3101 Nr. 1 VV) 190

§ 13 Bürgerliche Rechtsstreitigkeiten erster Instanz

IV. Abrechnung bei Einbeziehung nicht oder anderweitig anhängiger Ansprüche 198
1. Überblick 198
2. Verhandlungen vor Gericht über in diesem Verfahren nicht anhängige Gegenstände ohne Einigung 205
3. Verhandlungen außerhalb des Gericht über in diesem Verfahren nicht anhängige Gegenstände ohne Einigung 211
4. Bloße Protokollierung einer Einigung über in diesem Verfahren nicht anhängige Gegenstände ohne Beteiligung des Anwalts an der Einigung 214
5. Mitwirkung an einer Einigung auch über in diesem Verfahren nicht anhängige Gegenstände 219
   a) Einigung im gerichtlichen Termin 220
   b) Einigung außerhalb eines gerichtlichen Termins 230
6. Mitwirkung an einer Einigung vor Anhängigkeit auch über weitergehende Gegenstände ... 236

I. Übersicht

1. Die Gebühren

1 In bürgerlichen Rechtsstreiten erster Instanz erhält der Anwalt seine Vergütung nach Teil 3 VV, und zwar nach Abschnitt 1, also nach den Nrn. 3100 ff. VV. Hinzukommen kann eine Einigungsgebühr nach Anm. Abs. 1 Nr. 1 S. 1 zu Nr. 1000 VV sowie eine Zusatzgebühr für besonders umfangreiche Beweisaufnahmen nach Nr. 1010 VV.

2. Umfang der Angelegenheit

2 Welche **Nebenverfahren** noch mit zum Rechtszug gehören und damit durch die Gebühren der Nrn. 3100 ff. VV mit abgegolten werden, ergibt sich aus § 16 RVG. Danach zählen z.B. das Verfahren auf Bewilligung von Prozesskostenhilfe und spätere Überprüfungsverfahren mit zum Rechtszug (§ 16 Nr. 2 u. 3 RVG). Auch ein Gerichtsstandsbestimmungsverfahren ist für den Prozessbevollmächtigten immer Teil des Verfahrens und löst keine gesonderte Vergütung aus (§ 16 Nr. 3a RVG).

3 Welche **Nebentätigkeiten** zum Rechtszug gehören und damit durch die Gebühren der Nrn. 3100 ff. VV mit abgegolten werden, ergibt sich aus § 19 Abs. 1 RVG. Danach gehören Vorbereitungs-, Neben- und Abwicklungstätigkeiten mit zum Rechtszug, insbesondere außergerichtliche Verhandlungen (§ 19 Abs. 1 S. 2 Nr. 1 RVG), Zwischenstreite und Streitwertfestsetzung (§ 19 Abs. 1 S. 2 Nr. 3 RVG), die Entgegennahme von Entscheidungen und Rechtsmittelschriften (§ 19 Abs. 1 S. 2 Nr. 9 RVG), die Kostenfestsetzung (§ 19 Abs. 1 S. 2 Nr. 14 RVG). Wird der Anwalt ausschließlich mit solchen Nebentätigkeiten beauftragt, entsteht entweder die Vergütung nach Teil 3 Abschnitt 3 Unterabschnitt 5 VV oder es liegt ein Auftrag zur Einzeltätigkeit nach Nr. 3403 VV vor (siehe § 20 Rn 70 ff.).

4 Auch ein **gerichtsnahes Mediationsverfahren** zählt mit zum Rechtszug und wird durch die Gebühren der Nrn. 3100 ff. VV abgegolten.[1]

---

[1] OLG Rostock AGS 2007, 124 u. 343 = OLGR 2007, 159 = NJ 2007, 76 = RVGreport 2007, 28; AGS 2007, 126 = OLGR 2007, 336 = JurBüro 2007, 194 = NJ 2007, 230 = RVGreport 2008, 54; OLG Braunschweig AGS 2007, 127 = Rpfleger 2007, 114 = OLGR 2007, 162 = NdsRpfl 2007, 72 = AnwBl 2007, 88 = JurBüro 2007, 196 = MDR 2007, 684 = RVGreport 2007, 27.

3. Verfahrensgebühr

Der Anwalt erhält zunächst einmal eine **Verfahrensgebühr** nach Nr. 3100 VV. Die Gebühr entsteht unter den Voraussetzungen der Vorbem. 3 Abs. 2 VV, also für das **Betreiben des Geschäfts** einschließlich der Information. Die Höhe der Gebühr beläuft sich grundsätzlich auf 1,3 (Nr. 3100 VV).

Endet der Auftrag,
- bevor der Rechtsanwalt
- die Klage,
- einen das Verfahren einleitenden Antrag
  oder
- einen Schriftsatz, der Sachanträge, Sachvortrag, die Zurücknahme der Klage oder die Zurücknahme des Antrags enthält, eingereicht

und
- bevor er für seine Partei einen gerichtlichen Termin wahrgenommen

hat, **reduziert** sich die Verfahrensgebühr auf 0,8 (Nr. 3101 Nr. 1 VV) (siehe Rn 190 ff.).

Ebenfalls nur eine 0,8-Verfahrensgebühr erhält der Anwalt, soweit er beauftragt ist,
- einen **Antrag auf Protokollierung einer Einigung** der Parteien oder mit Dritten über in diesem Verfahren nicht rechtshängige Ansprüche zu stellen oder eine solche Einigung nach § 278 Abs. 6 ZPO feststellen zu lassen (Nr. 3101 Nr. 2, 1. Alt. VV) (siehe Rn 214 ff.).
  oder
- **Verhandlungen vor Gericht zur Einigung** über solche Ansprüche zu führen (Nr. 3101 Nr. 2, 2. Alt. VV) (siehe Rn 211 ff.).

Fällt die Verfahrensgebühr aus einem Teil der Gegenstände in voller Höhe zu 1,3 an (Nr. 3100 VV) und aus einem anderen Teil der Gegenstände in ermäßigter Höhe zu 0,8 (Nr. 3101 VV), ist § 15 Abs. 3 RVG zu beachten. Die Summe aus der 1,3-Verfahrensgebühr nach Nr. 3100 VV und der 0,8-Verfahrensgebühr nach Nrn. 3100, 3101 VV darf den Betrag einer 1,3-Gebühr aus dem Gesamtwert nicht übersteigen.

Vertritt der Anwalt **mehrere Auftraggeber** wegen desselben Gegenstands, so erhöhen sich die Verfahrensgebühren um 0,3 je weiteren Auftraggeber, höchstens jedoch um 2,0. So erhöht sich also bei zwei Auftraggebern die 1,3-Verfahrensgebühr der Nr. 3100 VV auf 1,6 und die 0,8-Verfahrensgebühr nach Nrn. 3100, 3101 VV auf 1,1.

Gebührenerhöhung nach Nr. 1008 VV bei mehreren Auftraggebern		
Anzahl der Auftraggeber	volle Verfahrensgebühr (Nr. 3100 VV)	ermäßigte Verfahrensgebühr (Nr. 3101 VV)
1	1,3	0,8
2	1,6	1,1
3	1,9	1,4
4	2,2	1,7

Gebührenerhöhung nach Nr. 1008 VV bei mehreren Auftraggebern		
Anzahl der Auftraggeber	volle Verfahrensgebühr (Nr. 3100 VV)	ermäßigte Verfahrensgebühr (Nr. 3101 VV)
5	2,5	2,0
6	2,8	2,3
7	3,1	2,6
8 und mehr	3,3	2,8

4. Terminsgebühr

11 Neben der Verfahrensgebühr verdient der Anwalt eine **Terminsgebühr** nach Nr. 3104 VV,
- wenn der an einem Termin i.S.d. Vorbem. 3 Abs. 3 VV teilnimmt (siehe Rn 61)
oder
- in den sonstigen Fällen nach Anm. Abs. 1 Nr. 1 zu Nr. 3104 u. Anm. Abs. 1 Nr. 2 zu Nr. 3105 VV (siehe Rn 131 ff.).

12 Die Höhe der Terminsgebühr beläuft sich **grundsätzlich auf 1,2** (Nr. 3104 VV). Ob streitig oder nicht streitig verhandelt wird, ist unerheblich.

13 Ist der Gegner zu einem Verhandlungstermin nicht erschienen und auch nicht ordnungsgemäß vertreten und wird daraufhin lediglich der Erlass eine Versäumnisurteils beantragt oder ein Antrag zur Prozess- und Sachleitung gestellt oder entscheidet das Gericht von Amts wegen zur Prozess- und Sachleitung, entsteht nur eine **ermäßigte 0,5-Gebühr** (Nr. 3105 VV) (siehe Rn 86). Entsprechendes gilt auch bei einer Entscheidung im schriftlichen Verfahren (Anm. Abs. 1 Nr. 2 zu Nr. 3105 VV) (siehe Rn 152 f.).

5. Einigungsgebühr

14 Hinzukommen kann noch eine **Einigungsgebühr** (Anm. Abs. 1 Nr. 1 S. 1 zu Nr. 1000 VV), wenn die Parteien im Rechtsstreit eine Einigung i.S.d. Abs. 1 Nr. 1 S. 1 zu Nr. 1000 VV treffen. Die Höhe der Einigungsgebühr beläuft sich auf 1,0, soweit die Gegenstände, über die die Parteien sich einigen, in einem gerichtlichen Verfahren anhängig sind (Nr. 1003 VV). Soweit nicht anhängige Gegenstände in die Einigung mit einbezogen werden, entsteht eine 1,5-Gebühr (Nr. 1000 VV) und soweit die mit einbezogenen Gegenstände in einem Berufungs- oder Revisionsverfahren anhängig sind, eine 1,3-Einigungsgebühr (Nr. 1004 VV). Auch hier ist wiederum § 15 Abs. 3 RVG zu berücksichtigen. Die Summe der Teilgebühren darf nicht höher liegen als eine Einigungsgebühr nach dem höchsten Gebührensatz aus dem Gesamtwert (siehe Rn 129 ff.).

6. Zusatzgebühr für besonders umfangreiche Beweisaufnahmen

15 Des Weiteren kann noch eine Zusatzgebühr für besonders umfangreiche Beweisaufnahmen hinzukommen (siehe Rn 177).

7. Auslagen

Zusätzlich erhält der Anwalt seine **Auslagen** nach Teil 7 VV (siehe § 38). **16**

8. Anrechnungen

Ist dem Rechtsstreit eine **Beratung** vorangegangen, so ist die Beratungsgebühr – unabhängig davon, ob sie sich nach BGB berechnet oder aus einer Vereinbarung ergibt – gem. § 34 Abs. 2 RVG in voller Höhe auf die Verfahrensgebühr der Nr. 3100 VV **anzurechnen**, sofern nichts Abweichendes vereinbart ist (siehe § 6 Rn 20 ff.). **17**

Die für eine **außergerichtliche Vertretung** angefallene Geschäftsgebühr ist hälftig auf die Verfahrensgebühr anzurechnen, höchstens jedoch zu 0,75 (Vorbem. 3 Abs. 4 VV) (siehe § 8 Rn 22 ff.). **18**

Auch die in einem **Güte- oder Schlichtungsverfahren** angefallene Geschäftsgebühr ist hälftig auf die Verfahrensgebühr anzurechnen, höchstens jedoch zu 0,75 (Vorbem. 2.3 Abs. 6 VV) (siehe § 9 Rn 15 ff.). **19**

Ist ein **Mahnverfahren** vorangegangen, ist sowohl die 1,0-Verfahrensgebühr des Antragstellers nach Nr. 3305 VV als auch die 0,5-Verfahrensgebühr des Antragsgegners (Nr. 3307 VV) auf die Verfahrensgebühr der Nr. 3100 VV anzurechnen (Anm. zu Nr. 3305 VV, Anm. zu Nr. 3307 VV). Ebenso ist auch eine im Mahnverfahren angefallene Terminsgebühr anzurechnen (Anm. Abs. 2 zu Nr. 3104 VV) (siehe § 11 Rn 107 ff.). **20**

Des Weiteren ist die Verfahrensgebühr eines vorangegangenen **Beweisverfahrens** anzurechnen (Vorbem. 3 Abs. 5 VV). Umgekehrt ist auch die Verfahrensgebühr der Nr. 3100 VV auf die Verfahrensgebühr eines nachfolgenden Beweisverfahrens anzurechnen (siehe § 12 Rn 35 ff.). **21**

Schließlich kann auch noch der in einem vorangegangenen Verfahren angefallene Mehrbetrag einer Verfahrens- und einer Terminsgebühr anzurechnen sein, wenn die Gegenstände des Verfahrens bereits in einem vorangegangenen Verfahren als nicht anhängige Gegenstände mit erörtert, verhandelt oder mitverglichen worden sind (Anm. Abs. 1 zu Nr. 3100 VV; Anm. Abs. 3 zu Nr. 3104 VV) (siehe § 14 Rn 1 ff.). **22**

Zur Anrechnung nach einer **Zurückverweisung** siehe § 14 Rn 61 ff. **23**

9. Gegenstandswert

Der **Gegenstandswert** der anwaltlichen Tätigkeit bestimmt sich gem. § 23 Abs. 1 S. 1 RVG grundsätzlich nach dem Wert, der für die Gerichtsgebühren festgesetzt worden ist. Dieser vom Gericht festgesetzte Wert ist nach § 32 Abs. 1 RVG für Anwalt und Auftraggeber bindend. Soweit es an einem Wert für die Gerichtsgebühren fehlt oder der für die Gerichtsgebühren festgesetzte Wert ausnahmsweise nicht auch für die Anwaltsgebühren gilt, so können Anwalt und auch Auftraggeber nach § 33 RVG eine gesonderte Wertfestsetzung beantragen. **24**

Zu den Problemen der Wertbegrenzung nach § 22 RVG siehe § 14 Rn 101 f. **25**

II. Grundfälle

1. Verfahrensgebühr

26 Die Verfahrensgebühr entsteht nach Vorbem. 3 Abs. 2 VV für das Betreiben des Geschäfts einschließlich der Information. Die Höhe der vollen Verfahrensgebühr beträgt im erstinstanzlichen Verfahren grundsätzlich 1,3 (Nr. 3100 VV). Unter bestimmten Voraussetzungen reduziert sich die Gebühr auf 0,8 (Nr. 3101 VV) (siehe Rn 109 ff., 198 ff.)

Beispiel 1   Verfahrensgebühr

Der Anwalt reicht eine Klage in Höhe von **10.000,00 EUR** ein. Bevor es zu einem Termin kommt, nimmt er auftragsgemäß die Klage zurück.

Es entsteht die **1,3-Verfahrensgebühr** nach Nr. 3100 VV, da die Klage bereits eingereicht ist.

1. 1,3-Verfahrensgebühr, Nr. 3100 VV (Wert: 10.000,00 EUR)		725,40 EUR
2. Postentgeltpauschale, Nr. 7002 VV		20,00 EUR
Zwischensumme	745,40 EUR	
3. 19 % Umsatzsteuer, Nr. 7008 VV		141,63 EUR
Gesamt		**887,03 EUR**

27 Vertritt der Anwalt **mehrere Auftraggeber**, erhöht sich die Verfahrensgebühr um 0,3 je weiteren Auftraggeber, wenn der **Gegenstand** der anwaltlichen Tätigkeit derselbe ist (Nr. 1008 VV). Unzutreffend wäre es, eine gesonderte Erhöhungsgebühr nach Nr. 1008 VV abzurechnen. Eine solche Erhöhungsgebühr gibt es nicht, es gibt nur eine erhöhte (einheitliche) Verfahrensgebühr[2] (siehe dazu auch Beispiel 4).

Beispiel 2   Verfahrensgebühr bei mehreren Auftraggebern, derselbe Gegenstand

Der Anwalt erhält von zwei Gesamtschuldnern den Auftrag, sie gegen eine Klage in Höhe von **10.000,00 EUR** zu vertreten. Der Anwalt bestellt sich und reicht einen Schriftsatz ein, in dem er die Zurückweisung der Klage beantragt. Hiernach nimmt die Gegenseite die Klage zurück, ohne dass es zu einem Termin gekommen war.

Die **1,3-Verfahrensgebühr** erhöht sich für den Anwalt der Beklagten nach Nr. 1008 VV um 0,3 auf 1,6. Unzutreffend wäre es, eine 1,3-Verfahrensgebühr nach Nr. 3100 VV sowie eine 0,3-Erhöhungsgebühr nach Nr. 1008 VV abzurechnen, obwohl das Ergebnis hier dasselbe wäre.

1. 1,6-Verfahrensgebühr, Nrn. 3100, 1008 VV (Wert: 10.000,00 EUR)		892,80 EUR
2. Postentgeltpauschale, Nr. 7002 VV		20,00 EUR
Zwischensumme	912,80 EUR	
3. 19 % Umsatzsteuer, Nr. 7008 VV		173,43 EUR
Gesamt		**1.086,23 EUR**

---

[2] Mayer/Kroiß/*Dinkat*, RVG, Nr. 1008 Rn 7.

Die Erhöhung greift auch dann, wenn der Anwalt bereits außergerichtlich tätig war und dort bereits eine nach Nr. 1008 VV erhöhte Geschäftsgebühr verdient hatte[3] (siehe dazu § 8 Rn 26). 28

Vertritt der Anwalt **mehrere Auftraggeber** wegen **verschiedener Gegenstände**, so kommt eine Erhöhung nach Nr. 1008 VV nicht in Betracht. Stattdessen sind die Streitwerte der einzelnen Ansprüche nach § 23 Abs. 1 S. 1 RVG i.V.m. § 39 Abs. 1 GKG zu addieren. 29

> **Beispiel 3**   **Verfahrensgebühr bei mehreren Auftraggebern, unterschiedliche Gegenstände**

Der Anwalt vertritt zwei Auftraggeber, die auf Unterlassung verklagt worden sind (Wert eines jeden Unterlassungsanspruchs: 10.000,00 EUR). Bevor es zu einem Termin kommt, wird die Klage zurückgenommen.

Mehrere Unterlassungsansprüche sind grundsätzlich **verschiedene Gegenstände**, da jeder Unterlassungsschuldner nur die eigene Unterlassung schuldet.[4] Die Verfahrensgebühr erhöht sich daher für den Anwalt der Beklagten nicht nach Nr. 1008 VV. Vielmehr sind die Streitwerte der einzelnen Ansprüche nach § 23 Abs. 1 S. 1 RVG i.V.m. § 39 Abs. 1 GKG zu addieren. Es entsteht also nur eine **1,3-Verfahrensgebühr** nach Nr. 3100 VV aus 20.000,00 EUR.

1.	1,3-Verfahrensgebühr, Nr. 3100 VV (Wert: 20.000,00 EUR)		964,60 EUR
2.	Postentgeltpauschale, Nr. 7002 VV		20,00 EUR
	Zwischensumme	984,60 EUR	
3.	19 % Umsatzsteuer, Nr. 7008 VV		187,07 EUR
	Gesamt		**1.171,67 EUR**

Vertritt der Anwalt **mehrere Auftraggeber zum Teil wegen desselben und zum Teil wegen verschiedener Gegenstände**, so ist die Berechnung umstritten. Nach einer Auffassung ist aus dem Gesamtwert die einfache 1,3-Gebühr zu berechnen und aus dem Wert der gemeinschaftlichen Beteiligung eine „Erhöhungsgebühr".[5] Zutreffend ist es jedoch, nach Teilwerten abzurechnen, da es eine „Erhöhungsgebühr" nicht gibt. Aus dem Teilwert der einfachen Beteiligung ist lediglich die **einfache 1,3-Verfahrensgebühr** abzurechnen und aus dem Teilwert der gemeinschaftlichen Beteiligung die entsprechend nach Nr. 1008 VV **erhöhte Verfahrensgebühr**. Insgesamt darf der Anwalt jedoch nach § 15 Abs. 3 RVG nicht mehr als eine Gebühr nach den höchsten Gebührensatz aus dem Gesamtwert (§ 23 Abs. 1 S. 1 RVG i.V.m. §§ 39 Abs. 1, 45 Abs. 1 GKG) berechnen.[6] 30

---

[3] LG Düsseldorf AGS 2007, 381 = MDR 2007, 1164 = JurBüro 2007, 480 = Rpfleger 2007, 629 = RVGreport 2007, 298; AG Stuttgart AGS 2007, 385 = MDR 2007, 1107 = ZMR 2007, 737 = JurBüro 2007, 522 = NJW-RR 2007, 1725; LG Ulm AGS 2008, 163 = AnwBl 2008, 73 = NJW-Spezial 2008, 155; KG AGS 2009, 4 = NJ 2008, 461 = Rpfleger 2008, 669 = KGR 2008, 968 = JurBüro 2008, 585 = RVGreport 2008, 391 = NJW-Spezial 2009, 92.

[4] OLG Köln OLGR 2006, 134; OLG Hamburg AGS 2001, 168 = OLGR 2001, 172; zu Ausnahmefällen siehe KG AGS 2005, 495 = KGR 2005, 725 = JurBüro 2005, 589 = MDR 2006, 177 = RVGreport 2006, 56; KGR 2005, 883.

[5] So aber OLG Köln Rpfleger 1987, 175; OLG Frankfurt/M. MDR 1983, 764; OLG Saarbrücken JurBüro, 1988, 189; LG Berlin Rpfleger 1981, 123; LG Freiburg Rpfleger 1982, 393; OLG Hamburg MDR 2001, 56; OLG München AnwBl 1998, 666 = MDR 1998, 1439 = AGS 1999, 19; OLG Düsseldorf JurBüro 1990, 601; Gerold/Schmidt/*Müller-Rabe*, Nr. 1008 Rn 227 ff.; anders noch bis zur 16. Aufl., Gerold/Schmidt/*von Eicken*, Nr. 1008 Rn 13 und erst Recht zur BRAGO: Gerold/Schmidt/*von Eicken*, BRAGO, 15. Aufl., § 6 Rn 35.

[6] LG Saarbrücken AGS 2012, 56 = DAR 2012, 177 = NJW-Spezial 2012, 27 = VRR 2012, 120; AG Augsburg AGS 2008, 434 = DAR 2008, 673 = NJW-Spezial 2008, 636 = VRR 2008, 479; OLG Hamburg MDR 1978, 767; LG Bonn Rpfleger 1995, 384 m. Anm. *N. Schneider*; AnwK-RVG/*N. Schneider*, § 15 Rn 225 ff.; *Lappe*, Rpfleger 1981, 94; siehe hierzu ausführlich *N. Schneider*, BRAGOreport 2000, 21; *ders.*, ProzRB 2003, 130; NZV 2009, 221; *Onderka*, Gebühren in Verkehrssachen, § 2 Rn 24.

| Beispiel 4 | **Verfahrensgebühr, mehrere Auftraggeber, derselbe Gegenstand und unterschiedliche Gegenstände (I)** |

Der Anwalt erhält in einer Verkehrsunfallsache von dem geschädigten Eigentümer den Auftrag, Schadensersatz in Höhe von 12.000,00 EUR einzuklagen. Später erhebt der Unfallgegner Widerklage in Höhe von 7.000,00 EUR gegen den geschädigten Eigentümer als Halter sowie Drittwiderklage gegen den Fahrer und den Haftpflichtversicherer. Der Anwalt erhält auch das Mandat für den Fahrer und den Haftpflichtversicherer. Nach mündlicher Verhandlung ergeht ein Urteil.

Der Gesamtwert beläuft sich gem. § 23 Abs. 1 S. 1 RVG i.V.m. § 45 Abs. 1 S. 1 GKG auf 19.000,00 EUR. An einem Teilwert von 12.000,00 EUR ist nur ein Auftraggeber beteiligt; an dem Teilwert von 7.000,00 EUR sind drei Auftraggeber gemeinschaftlich beteiligt. Aus dem Teilwert von 12.000,00 EUR entsteht daher die **einfache 1,3-Verfahrensgebühr** und aus 7.000,00 EUR eine nach Nr. 1008 VV **erhöhte 1,9-Verfahrensgebühr**. Insgesamt darf nach § 15 Abs. 3 RVG nicht mehr als eine 1,9-Gebühr aus dem Gesamtwert von 19.000,00 EUR berechnet werden. Die Terminsgebühr berechnet sich dagegen aus dem Gesamtwert von 19.000,00 EUR.

1. 1,3-Verfahrensgebühr, Nr. 3100 VV
   (Wert: 12.000,00 EUR)   785,20 EUR
2. 1,9-Verfahrensgebühr, Nrn. 3100, 1008 VV
   (Wert: 7.000,00 EUR)   769,50 EUR
   gem. § 15 Abs. 3 RVG nicht mehr als 1,9 aus
   19.000,00 EUR   1.322,40 EUR
3. 1,2-Terminsgebühr, Nr. 3104 VV
   (Wert: 19.000,00 EUR)   835,20 EUR
4. Postentgeltpauschale, Nr. 7002 VV   20,00 EUR
   Zwischensumme   2.177,60 EUR
5. 19 % Umsatzsteuer, Nr. 7008 VV   413,74 EUR
   Gesamt   **2.591,34 EUR**

Die Gegenauffassung würde aus dem Gesamtwert von 19.000,00 EUR eine 1,3-Gebühr berechnen und aus dem Wert der gemeinschaftlichen Beteiligung eine „0,6-Erhöhungsgebühr". Sie käme damit zu einem geringeren Gebührenaufkommen.

1. 1,3-Verfahrensgebühr, Nr. 3100 VV
   (Wert: 19.000,00 EUR)   904,80 EUR
2. 0,6-„Erhöhungsgebühr", Nrn. 3100, 1008 VV
   (Wert: 7.000,00 EUR)   243,00 EUR
3. 1,2-Terminsgebühr, Nr. 3104 VV
   (Wert: 19.000,00 EUR)   835,20 EUR
4. Postentgeltpauschale, Nr. 7002 VV   20,00 EUR
   Zwischensumme   2.003,00 EUR
5. 19 % Umsatzsteuer, Nr. 7008 VV   380,57 EUR
   Gesamt   **2.383,57 EUR**

| Beispiel 5 | **Verfahrensgebühr, mehrere Auftraggeber, derselbe Gegenstand und unterschiedliche Gegenstände (II)** |

Der Anwalt vertritt in einer Bausache sechs Vertragsparteien, die Gewährleistungsansprüche aus der Errichtung einer Wohnungseigentumsanlage geltend machen. Vier Vertragsparteien bestehen aus Eheleuten und zwei aus Einzelpersonen. Jede Partei macht Gewährleistungsansprüche in Höhe von **4.000,00 EUR** geltend.

Die sechs Gewährleistungsansprüche der Parteien stellen jeweils verschiedene Gegenstände dar, so dass deren Werte zu addieren sind (§ 23 Abs. 1 S. 1 RVG i.V.m. § 39 Abs. 1 GKG). Der Gesamtwert beläuft sich also auf (6 x 4.000,00 EUR =) 24.000,00 EUR. Eine Erhöhung nach Nr. 1008 VV scheidet insoweit aus. Da vier der sechs Parteien jedoch aus zwei Auftraggebern bestehen, ist insoweit die Verfahrensgebühr um 0,3 nach Nr. 1008 VV zu erhöhen, also aus einem Teilwert von (4 x 4.000,00 EUR =) 16.000,00 EUR.

Damit ist aus dem Teilwert von 16.000,00 EUR ist eine 1,6-Verfahrensgebühr angefallen. Aus dem restlichen Teilwert von 8.000,00 EUR verbleibt es dagegen bei einer 1,3-Verfahrensgebühr. Zu beachten ist wiederum § 15 Abs. 3 RVG.

1. 1,3-Verfahrensgebühr, Nr. 3100 VV
   (Wert: 8.000,00 EUR)   592,80 EUR
2. 1,6-Verfahrensgebühr, Nrn. 3100, 1008 VV
   (Wert: 16.000,00 EUR)   1.040,00 EUR
   gem. § 15 Abs. 3 RVG nicht mehr als 1,6 aus   1.260,80 EUR
   24.000,00 EUR
3. 1,2-Terminsgebühr, Nr. 3104 VV   945,60 EUR
   (Wert: 24.000,00 EUR)
4. Postentgeltpauschale, Nr. 7002 VV   20,00 EUR
   Zwischensumme   2.226,40 EUR
5. 19 % Umsatzsteuer, Nr. 7008 VV   423,02 EUR
Gesamt   **2.649,42 EUR**

Der Gegenstandswert der Verfahrensgebühr berechnet sich nach dem Gesamtwert **sämtlicher** 31 während eines Rechtsstreits anhängiger – und gegebenenfalls miteinbezogener nicht anhängiger (siehe Rn 198 ff., § 14 Rn 84 f.) – Gegenstände; es ist nicht erforderlich, dass die Gegenstände gleichzeitig anhängig waren.[7]

| Beispiel 6 | Verfahrensgebühr, wechselnde Streitgegenstände |

Der Anwalt erhält den Auftrag, Mieten in Höhe von jeweils 1.000,00 EUR für die Monate Januar, Februar und März gerichtlich geltend zu machen und reicht insoweit Klage ein. Im Prozess stellt sich heraus, dass die Mieten für Januar und Februar bereits gezahlt waren, so dass insoweit in der mündlichen Verhandlung die Klage zurückgenommen wird. Wegen der zwischenzeitlich weiteren Rückstände für April und Mai wird die Klage erweitert.

Der Gegenstandswert der Anwaltsgebühren (und auch der Streitwert der Gerichtsgebühren) beläuft sich auf 5.000,00 EUR, da im Verlaufe des Rechtsstreites insgesamt fünf Mieten zu jeweils 1.000,00 EUR anhängig waren. Darauf, dass nie mehr als drei Mieten in Höhe von insgesamt 3.000,00 EUR zeitgleich anhängig waren, kommt es nicht an.

1. 1,3-Verfahrensgebühr, Nr. 3100 VV   393,90 EUR
   (Wert: 5.000,00 EUR)
2. 1,2-Terminsgebühr, Nr. 3104 VV   363,60 EUR
   (Wert: 5.000,00 EUR)
3. Postentgeltpauschale, Nr. 7002 VV   20,00 EUR
   Zwischensumme   777,50 EUR

---

[7] OLG Hamm AGS 2007, 516 = OLGR 2007, 324 = NJW-Spezial 2007, 493; OLG Koblenz AGS 2007, 151 = WuM 2006, 45 = DWW 2006, 72 = MietRB 2006, 268 = GuT 2006, 88; OLG Celle JurBüro 1986, 741; unzutreffend OLG Dresden AGS 2007, 517 = OLGR 2007, 470 = JurBüro 2007, 315; OLG Frankfurt/M. AGS 2009, 247 = OLGR 2009, 582 = NJW-RR 2009, 1078; OLG Düsseldorf AGS 2011, 86 = JurBüro 2010, 648.

4. 19 % Umsatzsteuer, Nr. 7008 VV	147,73 EUR
Gesamt	**925,23 EUR**

2. Terminsgebühr

a) Überblick

32 Neben der Verfahrensgebühr kann der Anwalt eine Terminsgebühr nach Nr. 3104 VV verdienen

33 Mit dem 2. KostRMoG hat der Gesetzgeber das System der Terminsgebühren in Teil 3 VV neu strukturiert, um damit Klarheit herbeizuführen und insbesondere einer verfehlten Rspr. des BGH in mehreren Fällen entgegenzuwirken. Das Gesetz unterscheidet jetzt – auch wenn dies nicht so klar im Gesetzestext zum Ausdruck kommt – zwischen
- Terminsgebühren für **Termine nach Vorbem. 3 Abs. 3 VV** und
- Terminsgebühren in **sonstigen Fällen**.[8]

b) Termine nach Vorbem. 3 Abs. 3 VV

aa) Überblick

34 Die Termine nach Vorbem. 3 Abs. 3 VV wiederum sind unterteilt in:
- **gerichtliche Termine** (Vorbem. 3 Abs. 3 S. 1, 2 VV) und
- **außergerichtliche Termine** (Vorbem. 3 Abs. 3 S. 3 VV).

bb) Gerichtliche Termine (Vorbem. 3 Abs. 3 S. 1 VV)

(1) Grundfälle

35 Anstelle der früheren Aufzählung von Verhandlungs-, Erörterungs- und Beweisaufnahmeterminen und der damit verbundenen Ausgrenzung anderer Termine (so noch Vorbem. 3 Abs. 3 VV a.F.) ist jetzt nur noch die Rede von „**gerichtlichen Terminen**" (Vorbem. 3 Abs. 3 S. 1 VV). Alle gerichtlichen Termine sollen nach dem Willen des Gesetzgebers[9] eine Terminsgebühr auslösen. Diese Neuregelung soll insbesondere die bislang vom Wortlaut nicht gedeckten Anhörungs- oder Protokollierungstermine erfassen.

36 Eine Ausnahme gilt nur für bloße **Verkündungstermine** (Vorbem. 3 Abs. 3 S. 2 VV); diese lösen nach wie vor keine Terminsgebühr aus.

37 Für das Entstehen der Terminsgebühr ist es unerheblich, ob verhandelt wird oder nicht. Die Teilnahme am Termin (nach Aufruf der Sache) genügt. Daher entsteht die Terminsgebühr auch dann, wenn die Klage **im Termin zurückgenommen** wird.[10]

38 Ebenso kann die Terminsgebühr anfallen, wenn im Termin die **Hauptsache übereinstimmend** für erledigt erklärt wird.

---

8 „ …, wenn nichts anderes bestimmt ist", s. Vorbem. 3 Abs. 3 S. 1 aE.
9 Auszug aus der Gesetzesbegründung (BT-Drucks 17/11471 (neu), S. 274 re. Sp.): „Der neu gefasste Absatz 3 soll zweierlei bewirken. Zum einen sollen künftig auch Anhörungstermine unter die Regelung der Terminsgebühr fallen, zum anderen (…). Der geltende Wortlaut des Absatzes 3 nennt lediglich die Vertretung in einem Verhandlungs-, Erörterungs- oder Beweisaufnahmetermin als Voraussetzung für den Anfall der Terminsgebühr im gerichtlichen Verfahren. Es ist aber sachgerecht, auch die Teilnahme an einem Anhörungstermin in gleicher Weise zu entgelten wie die Teilnahme an einem Erörterungstermin. Der Aufwand und die Verantwortung des Anwalts ist in beiden Fällen vergleichbar."
10 LAG Baden-Württemberg AGS 2010, 528 = RVGreport 2010, 386.

Die Höhe der Terminsgebühr beläuft sich grundsätzlich auf 1,2 (Nr. 3104 VV). Ob streitig oder nicht streitig verhandelt wird, ist unerheblich. Nur im Falle der Nr. 3105 VV ermäßigt sich die Terminsgebühr auf 0,5 (siehe Rn 86 ff.). 39

Der **Gegenstandswert** der Terminsgebühr bemisst sich nach dem Gesamtbetrag aller Gegenstände, aus denen im Verlaufe des Verfahrens die Gebühr ausgelöst worden ist. Der Wert kann geringer sein als der der Verfahrensgebühr, niemals aber höher, da mit jeder Teilnahme an einem Termin oder jeder Mitwirkung an einer Besprechung zugleich auch das Verfahren i.S.d. Vorbem. 3 Abs. 2 VV betrieben wird. 40

| Beispiel 7 | Gerichtliches Verfahren mit mündlicher Verhandlung | 41 |

Der Anwalt erhält den Auftrag, eine Klage in Höhe von 10.000,00 EUR einzureichen. Hierüber wird mündlich verhandelt. Sodann ergeht ein Urteil.

Neben der Verfahrensgebühr nach Nr. 3100 VV entsteht auch eine 1,2-Terminsgebühr nach Nr. 3104 VV.

1. 1,3-Verfahrensgebühr, Nr. 3100 VV   725,40 EUR
   (Wert: 10.000,00 EUR)
2. 1,2-Terminsgebühr, Nr. 3104 VV   669,60 EUR
   (Wert: 10.000,00 EUR)
3. Postentgeltpauschale, Nr. 7002 VV   20,00 EUR
   Zwischensumme   1.415,00 EUR
4. 19 % Umsatzsteuer, Nr. 7008 VV   268,85 EUR
   Gesamt   **1.683,85 EUR**

| Beispiel 8 | Gerichtliches Verfahren mit Erörterung |

Nach Einreichung der Klage beraumt der Vorsitzende als ersuchter Richter einen Erörterungstermin an, zu dem die Anwälte erscheinen. Später wird die Klage zurückgenommen.

Auch die Teilnahme an einem Erörterungstermin löst die Terminsgebühr aus.

Abzurechnen ist wie im vorangegangenen Beispiel 7.

Auch die Teilnahme an einem Termin in einem gerichtsnahem Mediationsverfahren löst die Terminsgebühr aus,[11] wobei offen bleiben kann, ob diese nach Vorbem. 3 Abs. 3 S. 1 VV[12] ausgelöst wird oder nach Vorbem. 3 Abs. 3 S. 3 Nr. 2 Var. VV.[13] Zutreffend dürfte es sein, diesen Termin nach Vorbem. 3 Abs. 3 S. 3 Nr. 2 VV als außergerichtlichen Termin anzusehen (arg. e § 19 Abs. 1 S. 2 Nr. 1 RVG). 42

---

11 OLG Celle AGS 2009, 173 u. 267 = OLGR 2009, 117 = NJW 2009, 1219 = RVGreport 2009, 223; AG Hannover NdsRpfl 2007, 72; KG AGS 2009, 450 = KGR 2009, 481 = MDR 2009, 835 = NJW 2009, 2754 = ZKM 2010, 31 = RVGreport 2009, 222 = FamRB 2009, 345 = FF 2009, 513; OLG Hamm AnwBl 2006, 287 = NJW 2006, 2499 = NJW-RR 2006, 1512 = RVGreport 2006, 305; OVG Mecklenburg-Vorpommern NordÖR 2006, 299 = JurBüro 2007, 136.
12 So z.B. OLG Celle AGS 2009, 173 u. 267 = OLGR 2009, 117 = NJW 2009, 1219 = RVGreport 2009, 223.
13 So. z.B. KG AGS 2009, 450 = KGR 2009, 481 = MDR 2009, 835 = NJW 2009, 2754 = RVGreport 2009, 222 = FamRB 2009, 345 = FF 2009, 513; OLG Hamm AnwBl 2006, 287 = NJW 2006, 2499 = NJW-RR 2006, 1512 = RVGreport 2006, 305.

§ 13 Bürgerliche Rechtsstreitigkeiten erster Instanz

Beispiel 9 | **Gerichtliches Verfahren mit Mediationstermin**

Nach Einreichung der Klage wird eine gerichtsnahe Mediation durchgeführt. Dort kommt es zu einem Termin vor dem als Mediator eingesetzten Richter. Später wird die Klage zurückgenommen.

Auch die Teilnahme an einem Mediationstermin löst die Terminsgebühr aus.

Abzurechnen ist wie in Beispiel 7.

Beispiel 10 | **Gerichtliches Verfahren mit Beweistermin**

Nach mündlicher Verhandlung ergeht ein Beweisbeschluss, wonach eine Zeugenvernehmung durchzuführen ist. Der Beklagte beauftragt jetzt erstmals einen Anwalt. Nach Durchführung des Beweistermins wird die Klage (Wert: 10.000,00 EUR) zurückgenommen.

Auch die Teilnahme an einem Beweistermin löst die Terminsgebühr aus. Der Anwalt des Beklagten erhält daher ebenfalls eine Terminsgebühr. Abzurechnen ist wie im Beispiel 7.

43 Nicht ganz eindeutig war die frühere Rechtslage, wenn der Anwalt nur einen Protokollierungstermin wahrgenommen hatte. Mit der Neufassung ist dies geklärt. Auch der bloße Protokollierungstermin ist ein gerichtlicher Termin nach Vorbem. 3 Abs. 3 S. 1 VV und löst die Terminsgebühr aus (zum Ausnahmefall der Anm. Abs. 3 zu Nr. 3104 VV siehe Rn 214 ff.).

Beispiel 11 | **Bloße Protokollierung einer Einigung**

Das gerichtliche Verfahren (Wert: 10.000,00 EUR) wird vor der mündlichen Verhandlung zum Ruhen gebracht, da Vergleichsverhandlungen geführt werden sollen. Die Parteien einigen sich daraufhin untereinander ohne Mitwirkung ihrer Anwälte und bitten diese anschließend, die Einigung in einem gerichtlichen Termin protokollieren zu lassen. Das Gericht beraumt einen Protokollierungstermin an, in dem nur die Einigung protokolliert wird.

Auch die Wahrnehmung eines bloßen Protokollierungstermins löst die Terminsgebühr aus. Abzurechnen ist wie im Beispiel 7.

44 Im Gegensatz zur Verfahrensgebühr spielt es für die Höhe der Terminsgebühr keine Rolle, ob der Anwalt mehrere Auftraggeber vertritt. Nr. 1008 VV gilt nur für die Verfahrensgebühr.

Beispiel 12 | **Gerichtliches Verfahren mit mündlicher Verhandlung, mehrere Auftraggeber**

Der Anwalt vertritt drei Gesamtschuldner. Nach Verhandlung ergeht ein Urteil.

Die **Verfahrensgebühr** erhöht sich um 0,3 je weiteren Auftraggeber (siehe Rn 27 ff.). Auf die **Terminsgebühr** hat die Auftraggebermehrheit dagegen keinen Einfluss.

1. 1,9-Verfahrensgebühr, Nrn. 3100, 1008 VV (Wert: 10.000,00 EUR)		1.060,20 EUR
2. 1,2-Terminsgebühr, Nr. 3104 VV (Wert: 10.000,00 EUR)		669,60 EUR
3. Postentgeltpauschale, Nr. 7002 VV		20,00 EUR
Zwischensumme	1.749,80 EUR	
4. 19 % Umsatzsteuer, Nr. 7008 VV		332,46 EUR
Gesamt		**2.082,26 EUR**

Eine Unterscheidung zwischen streitiger und nicht streitiger Verhandlung kennt das RVG nicht. Abgesehen von den Fällen der Nr. 3105 VV (siehe Rn 86 ff.) entsteht die Terminsgebühr immer zu 1,2, also insbesondere bei Anerkenntnis, Verzicht oder Klagerücknahme (zur Klagerücknahme siehe Rn 46 ff.). **45**

Beispiel 13 — Gerichtliches Verfahren, Anerkenntnis

Im Rechtsstreit über 10.000,00 EUR erkennt der Anwalt des Beklagten für diesen im Termin zur mündlichen Verhandlung die Klageforderung an.

Es fällt sowohl für den Anwalt des Klägers als auch für den Anwalt des Beklagten die volle **1,2-Terminsgebühr** an.[14]

1. 1,3-Verfahrensgebühr, Nr. 3100 VV (Wert: 10.000,00 EUR)		725,40 EUR
2. 1,2-Terminsgebühr, Nr. 3104 VV (Wert: 10.000,00 EUR)		669,60 EUR
3. Postentgeltpauschale, Nr. 7002 VV		20,00 EUR
Zwischensumme	1.415,00 EUR	
4. 19 % Umsatzsteuer, Nr. 7008 VV		268,85 EUR
Gesamt		**1.683,85 EUR**

(2) Klagerücknahme

Wird die **Klage im Termin zurückgenommen**, entsteht bereits die volle 1,2-Terminsgebühr.[15] Für die Terminsgebühr ist es unerheblich, ob über die anhängigen Gegenstände verhandelt wird oder nicht. **46**

Beispiel 14 — Gerichtliches Verfahren, Klagerücknahme

Im Rechtsstreit über 10.000,00 EUR nimmt der Anwalt des Klägers für diesen im Termin zur mündlichen Verhandlung die Klage zurück.

Auch hier fällt sowohl für den Anwalt des Klägers als auch für den Anwalt des Beklagten die volle 1,2-Terminsgebühr an.

Abzurechnen ist wie im vorangegangenen Beispiel 13.

---

14 OLG München AGS 2006, 328 = NJW-RR 2006, 1583 = FamRZ 2006, 1474; LG Bonn, Beschl. v. 13.3.2007 – 6 T 309/06 (juris); zum vergleichbaren schriftlichen Verfahren: OLG Stuttgart AGS 2006, 24 = MDR 2005, 1259 = JurBüro 2005, 587 = NJW-RR 2005, 1735 = OLGR 2006, 33 = RVG-Letter 2005, 111 = RVG-B 2005, 182; OLG Karlsruhe OLGR 2006 = JurBüro 2006, 195.
15 LAG Hamburg AGS 2010, 528 = RVGreport 2010, 386; KG KGR 2006, 281 = RVGreport 2006, 149.

47 Die Terminsgebühr entsteht in diesem Fall auch dann in voller Höhe von 1,2, wenn der Gegner nicht erschienen ist.[16]

| Beispiel 15 | Gerichtliches Verfahren, Klagerücknahme bei Säumnis des Gegners |

Im Rechtsstreit über 10.000,00 EUR erscheint der Beklagte nicht. Der Anwalt des Klägers nimmt für diesen die Klage zurück.

Auch hier fällt sowohl für den Anwalt des Klägers die volle 1,2-Terminsgebühr an. Die Ermäßigung nach Nr. 3105 VV greift nicht (siehe Rn 86 ff.).

Abzurechnen ist wie im Beispiel 13.

48 Strittig ist, wie abzurechnen ist, wenn die **Klage bereits vor dem Termin zurückgenommen und der Termin aufgehoben worden** ist, der Anwalt des Beklagten aber in Unkenntnis der Rücknahme und Terminsaufhebung zum Termin erscheint. Das OLG Köln[17] will auch in diesem Fall eine Terminsgebühr zugestehen (verlangt war nur eine Terminsgebühr in Höhe von 0,5 nach Nr. 3105 VV). Diese Auffassung ist jedoch unzutreffend. Ist der Termin einmal aufgehoben, dann findet kein Termin mehr statt, selbst wenn der Anwalt des Beklagten erscheint und mit dem Gericht über die Sache spricht. Eine fiktive Terminsgebühr wie in Straf- und Bußgeldsachen (Vorbem. 4 Abs. 3 S. 2, 3; Vorbem. 5 Abs. 3 S. 2, 3 VV) ist in Teil 3 VV nicht vorgesehen.

| Beispiel 16 | Gerichtliches Verfahren, Klagerücknahme vor Termin, Termin wird aufgehoben |

Im Rechtsstreit über 10.000,00 EUR nimmt der Anwalt des Klägers unmittelbar vor dem Termin zur mündlichen Verhandlung die Klage zurück. Der Termin wird aufgehoben. Der Anwalt des Klägers reist in Unkenntnis der Terminsaufhebung an und erscheint im Sitzungssaal, wo ihm dann die Klagerücknahme und Terminsaufhebung eröffnet wird.

Eine Terminsgebühr kann nicht entstehen. Es entsteht nur die 1,3-Verfahrensgebühr.

1. 1,3-Verfahrensgebühr, Nr. 3100 VV 725,40 EUR
   (Wert: 10.000,00 EUR)
2. Postentgeltpauschale, Nr. 7002 VV 20,00 EUR
   Zwischensumme 745,40 EUR
3. 19 % Umsatzsteuer, Nr. 7008 VV 141,63 EUR
   Gesamt **887,03 EUR**

49 Anders verhält es sich, wenn der Termin **trotz Klagerücknahme nicht aufgehoben** worden ist. Dann entsteht eine Terminsgebühr. Da mit Klagerücknahme die Rechtshängigkeit entfällt, kann aber nur noch über die Kosten (§ 269 Abs. 3 ZPO) verhandelt werden. Daher fällt die 1,2-Terminsgebühr nur aus dem Wert der Kosten an.[18] Eine Ermäßigung nach Nr. 3105 VV kommt nicht in Betracht, da kein Versäumnisurteil beantragt wird, sondern ein (Kosten-)Beschluss. A.A. ist das LG Saarbrücken,[19] das in diesem Fall eine volle Terminsgebühr aus dem vollen Wert zugesprochen hat.[20]

---

16 LAG Baden-Württemberg AGS 2010, 528 = RVGreport 2010, 386.
17 Beschl. v. 16.10.2008 – 17 W 252/08.
18 OLG Stuttgart RVGreport 2009, 184; KG KGR 2006, 281 = RVGreport 2006, 149.
19 AGS 2011, 480 = RVGreport 2011, 425.
20 Ebenso OLG Köln AGS 2008, 28 = OLGR 2008, 30 im Falle der Berufungsrücknahme.

II. Grundfälle § 13

Beispiel 17 | **Gerichtliches Verfahren, Klagerücknahme vor Termin, Termin wird durchgeführt**

Im Rechtsstreit über 10.000,00 EUR nimmt der Anwalt des Klägers unmittelbar vor dem Termin zur mündlichen Verhandlung die Klage zurück. Im Termin teilt der Richter dem Anwalt des Beklagten die Rücknahme mit. Daraufhin beantragt dieser, dem Kläger die Kosten des Verfahrens aufzuerlegen. Der Wert der Kosten wird auf 1.860,00 EUR festgesetzt.

Es fällt die 1,3-Verfahrensgebühr aus der Hauptsache an und die 1,2-Terminsgebühr aus dem Wert der Kosten.

1.	1,3-Verfahrensgebühr, Nr. 3100 VV		725,40 EUR
	(Wert: 10.000,00 EUR)		
2.	1,2-Terminsgebühr, Nr. 3104 VV		180,00 EUR
	(Wert: 1.860,00 EUR)		
3.	Postentgeltpauschale, Nr. 7002 VV		20,00 EUR
	Zwischensumme	925,40 EUR	
4.	19 % Umsatzsteuer, Nr. 7008 VV		175,83 EUR
Gesamt			**1.101,23 EUR**

Wird die Klage vor dem Termin teilweise zurückgenommen, entsteht die Terminsgebühr nur noch aus einem geringeren Streitwert. Dieser Wert ist auf Antrag nach § 33 RVG gesondert festzusetzen. **50**

Beispiel 18 | **Teilklagerücknahme vor mündlicher Verhandlung**

Der Anwalt reicht für seine Partei eine Klage in Höhe von 10.000,00 EUR ein. Vor der mündlichen Verhandlung wird die Klage in Höhe von 4.000,00 EUR zurückgenommen. Sodann wird nur noch über den Restbetrag in Höhe von 6.000,00 EUR verhandelt.

Die **Verfahrensgebühr** nach Nr. 3100 VV bemisst sich nach dem vollen Wert von 10.000,00 EUR. Die **Terminsgebühr** ist dagegen nur nach dem geringeren Wert von 6.000,00 EUR angefallen. die anteiligen Kosten aus den erledigten 4.000,00 EUR spielen keine Rolle (§ 43 Abs. 3 GKG).

1.	1,3-Verfahrensgebühr, Nr. 3100 VV		725,40 EUR
	(Wert: 10.000,00 EUR)		
2.	1,2-Terminsgebühr, Nr. 3104 VV		424,80 EUR
	(Wert: 6.000,00 EUR)		
3.	Postentgeltpauschale, Nr. 7002 VV		20,00 EUR
	Zwischensumme	1.170,20 EUR	
4.	19 % Umsatzsteuer, Nr. 7008 VV		222,34 EUR
Gesamt			**1.392,54 EUR**

(3) Erledigung der Hauptsache

Ebenso fällt die Terminsgebühr an, wenn **im Termin die Hauptsache übereinstimmend für** **51** **erledigt erklärt wird**. Die Terminsgebühr entsteht dann aus dem vollen Wert, da erst die Erledigungserklärung zur Reduzierung des Gegenstandswertes führt.[21] Dieser Fall ist nicht zu verwechseln mit dem Fall, dass vor der mündlichen Verhandlung der Rechtsstreit für erledigt erklärt worden ist und im Termin nur noch über die Kosten verhandelt wird (Rn 55) oder nur noch über die Kosten im schriftlichen Verfahren entschieden wird (siehe Rn 158).

---

21 OLG Köln OLGR 2006, 884; OLG Koblenz OLGR 2009, 504 = JurBüro 2009, 425 = RVGreport 2009, 271 = NJW-Spezial 2009, 523 = RVGprof. 2009, 162 = FamRZ 2009, 1857; LG Berlin AGS 2009, 174.

> **Beispiel 19** | Gerichtliches Verfahren, übereinstimmende Erledigungserklärungen, Erledigung der Hauptsache im Termin

Im Rechtsstreit (Wert: 10.000,00 EUR) gibt der Beklagte die geforderte Unterlassungserklärung ab. Daraufhin erklären die Parteien im Termin den Rechtsstreit in der Hauptsache übereinstimmend für erledigt.

Auch hier fällt sowohl für beide Anwälte die volle 1,2-Termingebühr an.

Abzurechnen ist wie im Beispiel 13.

52 Strittig ist, ob das auch gilt, wenn sich der Rechtsstreit vor dem Termin erledigt hat, die Erledigung aber im Termin erst erklärt wird. Nach zutreffender Ansicht kann hier nichts anderes gelten, weil es nicht auf die Erledigung, sondern auf die Erklärung der Erledigung ankommt.[22] Ebenso ist es unerheblich, ob die Erledigung nicht schon vor dem Termin hätte erklärt werden können. Das ist keine Frage des Gebührenrechts, sondern eine Frage, ob der Anwalt sich pflichtwidrig verhalten hat, indem er nicht den kostengünstigsten Weg beschritten hat.[23]

> **Beispiel 20** | Gerichtliches Verfahren, übereinstimmende Erledigungserklärungen, Erledigung der Hauptsache vor dem Termin

Im Rechtsstreit über eine Forderung i.H.v. 10.000,00 EUR zahlt der Beklagte vor dem Termin die Klageforderung. Daraufhin erklären die Parteien im Termin den Rechtsstreit in der Hauptsache übereinstimmend für erledigt.

Auch hier fällt für beide Anwälte die volle 1,2-Termingebühr an.

Abzurechnen ist wie im Beispiel 13. Ob diese auch zu erstatten ist, ist eine andere Frage.[24]

53 Wird das Verfahren vor dem Termin nur teilweise übereinstimmend für erledigt, entsteht die Termingebühr nur aus dem Wert der verbliebenen Hauptsache. Dieser Wert ist gegebenenfalls nach § 33 RVG gesondert festzusetzen.

> **Beispiel 21** | Übereinstimmende teilweise Erledigungserklärungen vor dem Termin, Verhandlung über den Rest

Im Rechtsstreit über 10.000,00 EUR erklären die Parteien bereits vor dem Termin den Rechtsstreit in der Hauptsache in Höhe eines Betrages von 4.000,00 EUR übereinstimmend für erledigt. Im Termin wird über den Restbetrag der 6.000,00 EUR verhandelt und es werden im Hinblick auf die übereinstimmende Erledigung wechselseitig Kostenanträge gestellt.

---

22 KG AGS 2008, 65 = KGR 2007, 608 = Rpfleger 2007, 507 = NJ 2007, 229 = JurBüro 2007, 413 = RVGreport 2007, 185 = AnwBl 2007, 384; *Enders*, JurBüro 2005, 113; a.A. OLG München AGS 2008, 67 = OLGR 2007, 917 = JurBüro 2007, 588 = RVGreport 2007, 396.
23 BGH AGS 2010, 561 = MDR 2010, 1342 = JurBüro 2010, 651 = Rpfleger 2011, 116 = NJW 2011, 529–530 = DAR 2011, 552 = RVGreport 2010, 427 = FamRZ 2010, 1900 = NJW-Spezial 2011, 138 = AnwBl 2011, 226.
24 Der BGH hat in seiner Entscheidung (s. vorangegangene Fn.) die Kostenerstattung nach Treu und Glauben auf eine Termingebühr aus dem Kostenstreitwert begrenzt.

Abzurechnen ist wie im Beispiel 18. Dass auch über die Kosten des erledigten Teils verhandelt worden ist, ist unerheblich, da diese den Streitwert nicht erhöhen, solange noch ein Teil der Hauptsache anhängig bleibt (§ 43 Abs. 3 GKG).[25]

Nach überwiegender Rechtsprechung ist ebenso abzurechnen, wenn das Verfahren vor dem Termin einseitig für erledigt erklärt wird. Auch dann soll die Terminsgebühr nur noch aus dem Wert der verbliebenen Hauptsache entstehen, der wiederum auf Antrag nach § 33 RVG gesondert festzusetzen ist. 54

| Beispiel 22 | Einseitige teilweise Erledigungserklärungen vor dem Termin, Verhandlung über den Rest |

Im Rechtsstreit über 10.000,00 EUR erklärt der Kläger bereits vor dem Termin den Rechtsstreit in der Hauptsache in Höhe eines Betrages von 4.000,00 EUR für erledigt. Der Beklagte widerspricht. Im Termin wird über den Restbetrag der 6.000,00 EUR verhandelt und die Feststellung der Erledigung beantragt.

Die **Verfahrensgebühr** nach Nr. 3100 VV bemisst sich nach dem vollen Wert von 10.000,00 EUR. Die **Terminsgebühr** ist dagegen nur nach dem geringeren Wert von 6.000,00 EUR angefallen. die anteiligen Kosten aus den erledigten 4.000,00 EUR spielen keine Rolle (§ 43 Abs. 3 GKG).

1.	1,3-Verfahrensgebühr, Nr. 3100 VV (Wert: 10.000,00 EUR)		725,40 EUR
2.	1,2-Terminsgebühr, Nr. 3104 VV (Wert: 6.000,00 EUR)		424,80 EUR
3.	Postentgeltpauschale, Nr. 7002 VV		20,00 EUR
	Zwischensumme	1.170,20 EUR	
4.	19 % Umsatzsteuer, Nr. 7008 VV		222,34 EUR
Gesamt			**1.392,54 EUR**

Eindeutig wiederum ist die Rechtslage, wenn die Hauptsache vor dem Termin übereinstimmend für erklärt und dann nur noch über die Kosten verhandelt wird. Die Terminsgebühr entsteht dann nur noch aus dem Wert der Kosten, der wiederum auf Antrag nach § 33 RVG gesondert festzusetzen ist. 55

| Beispiel 23 | Übereinstimmende Erledigungserklärungen vor dem Termin, Verhandlung nur über die Kosten |

Im Rechtsstreit über 10.000,00 EUR haben die Parteien bereits vor dem Termin den Rechtsstreit in der Hauptsache übereinstimmend für erledigt erklärt. Im Termin wird nur noch über die Kosten verhandelt. Den Kostenstreitwert setzt das Gericht auf 1.860,00 EUR fest.

Die Verfahrensgebühren der beteiligten Anwälte entstehen aus dem vollen Wert von 10.000,00 EUR. Die Terminsgebühren entstehen dagegen nur aus dem Wert der Kosten (§ 23 Abs. 1 S. 1 RVG i.V.m. § 43 Abs. 3 GKG).[26]

---

[25] BGH NJW-RR 1995, 1089 = FamRZ 1995, 1137.
[26] Dieser Fall darf nicht mit dem Fall verwechselt werden, dass über die Kosten nach § 128 Abs. 3 ZPO ohne mündliche Verhandlung entschieden wird (siehe Rn 158).

1. 1,3-Verfahrensgebühr, Nr. 3100 VV (Wert: 10.000,00 EUR)	725,40 EUR
2. 1,2-Terminsgebühr, Nr. 3104 VV (Wert: 1.860,00 EUR)	180,00 EUR
3. Postentgeltpauschale, Nr. 7002 VV	20,00 EUR
Zwischensumme	925,40 EUR
4. 19 % Umsatzsteuer, Nr. 7008 VV	175,83 EUR
Gesamt	**1.101,23 EUR**

56 Nach h.M. entsteht die Terminsgebühr auch nur aus dem geringeren (Kostenstreitwert), wenn die Hauptsache nur einseitig für erledigt erklärt worden ist.[27]

Beispiel 24 | Einseitige Erledigungserklärung vor mündlicher Verhandlung

Der Anwalt reicht für seine Partei eine Klage in Höhe von 10.000,00 EUR ein. Vor der mündlichen Verhandlung erklärt der Kläger den Rechtsstreit in der Hauptsache für erledigt. Der Beklagte gibt keine Erklärung ab. Sodann wird mündlich verhandelt.

Nach h.M. führt bereits die einseitige Erledigungserklärung zur Reduzierung des Streitwerts, so dass danach die Terminsgebühr nur noch aus dem Kostenstreitwert angefallen wäre. Abzurechnen wäre danach wie im vorangegangenen Beispiel 23.

Folgt man der Auffassung, dass die einseitige Erledigungserklärung noch nicht zu einer Reduzierung des Streitwerts führt, dann wäre die Terminsgebühr aus dem vollen Wert angefallen. Abzurechnen wäre dann wie in Beispiel 13.

57 Die Terminsgebühr kann in gerichtlichen Verfahren **nur einmal** entstehen (§ 15 Abs. 2 RVG). Sofern es zu mehreren Terminen kommt, entsteht die Terminsgebühr also insgesamt nur einmal aus dem Gesamtwert (§ 23 Abs. 1 S. 1 RVG i.V.m. § 39 GKG). Nur dann, wenn mehrere Angelegenheiten gegeben sind (etwa nach §§ 17 Nr. 5, 21 Abs. 1, 15 Abs. 5 S. 2 RVG) kann die Terminsgebühr, mehrmals anfallen, nämlich in jeder Angelegenheit einmal.[28]

Beispiel 25 | Mehrere Termine

Der Anwalt reicht für seine Partei eine Klage in Höhe von 10.000,00 EUR ein. Es wird zunächst mündlich verhandelt. Hiernach nimmt der Anwalt an einem Sachverständigentermin teil. Im nächsten Termin wird ein Zeuge vernommen und nochmals verhandelt.

Die Terminsgebühr entsteht insgesamt nur einmal (§ 15 Abs. 2 RVG).

1. 1,3-Verfahrensgebühr, Nr. 3100 VV (Wert: 10.000,00 EUR)	725,40 EUR
2. 1,2-Terminsgebühr, Nr. 3104 VV (Wert: 10.000,00 EUR)	669,60 EUR
3. Postentgeltpauschale, Nr. 7002 VV	20,00 EUR
Zwischensumme	1.415,00 EUR
4. 19 % Umsatzsteuer, Nr. 7008 VV	268,85 EUR
Gesamt	**1.683,85 EUR**

---

27 Siehe Schneider/Herget/*Kurpat*, Rn 2211 ff. m. w. Nachw.
28 Siehe zum Urkundenverfahren § 18, zur Zurückverweisung § 14 Rn 67 und zum Fall des § 15 Abs. 5 S. 2 RVG bei Anfechtung eines Prozessvergleichs Rn 173 ff.

(4) Gemeinsame Verhandlung mehrerer Verfahren

Werden mehrere Verfahren gemeinsam verhandelt, ohne dass sie verbunden worden sind, entstehen die Terminsgebühren jeweils gesondert. **58**

Beispiel 26 | **Gemeinsames Verhandeln mehrerer Verfahren**

Zwischen den Parteien sind zwei Verfahren über 10.000,00 EUR (Az. 1/14) und 5.000,00 EUR (Az. 2/14) anhängig. Beide Verfahren werden auf dieselbe Uhrzeit terminiert und verhandelt, ohne dass sie förmlich verbunden worden sind.

Beide Verfahren sind jeweils gesondert abzurechnen. Die gemeinsame Verhandlung führt nicht zu einer Angelegenheit, so dass die Terminsgebühr nur aus dem Gesamtwert anfallen würde.

Verfahren 1/14

1. 1,3-Verfahrensgebühr, Nr. 3100 VV   725,40 EUR
   (Wert: 10.000,00 EUR)
2. 1,2-Terminsgebühr, Nr. 3104 VV   669,60 EUR
   (Wert: 10.000,00 EUR)
3. Postentgeltpauschale, Nr. 7002 VV   20,00 EUR
   Zwischensumme   1.415,00 EUR
4. 19 % Umsatzsteuer, Nr. 7008 VV   268,85 EUR
Gesamt   **1.683,85 EUR**

Verfahren 2/14

1. 1,3-Verfahrensgebühr, Nr. 3100 VV   393,90 EUR
   (Wert: 5.000,00 EUR)
2. 1,2-Terminsgebühr, Nr. 3104 VV   363,60 EUR
   (Wert: 5.000,00 EUR)
3. Postentgeltpauschale, Nr. 7002 VV   20,00 EUR
   Zwischensumme   777,50 EUR
4. 19 % Umsatzsteuer, Nr. 7008 VV   147,73 EUR
Gesamt   **925,23 EUR**

Von der gemeinsamen Verhandlung zu unterscheiden ist der Fall, dass nur ein Verfahren zur Verhandlung ansteht und in diesem Verfahren dann ein anderes nicht terminiertes Verfahren miterörtert (siehe Rn 198; § 14 Rn 1 ff.) oder mitverglichen wird (siehe § 14 Rn 11 ff.). **59**

Im Übrigen siehe **60**
- zur Verbindung vor und nach mündlicher Verhandlung: § 14 Rn 50,
- zur Trennung vor und nach mündlicher Verhandlung: § 14 Rn 55.

cc) Außergerichtliche Termine (Vorbem. 3 Abs. 3 S. 3 VV)

(1) Überblick

Neben den gerichtlichen Terminen (Vorbem. 3 Abs. 3 S. 1 VV) mit Ausnahme des bloßen Verkündungstermins (Vorbem. 3 Abs. 3 S. 2 VV) regelt Vorbem. 3 Abs. 3 VV in seinem S. 3 auch zwei außergerichtliche Termin. Damit sind nicht etwa Termine im Rahmen eines außergerichtlichen Vertretungsauftrags nach Teil 2 VV gemeint, sondern Termine außerhalb eines gerichtlichen Termins. Auch für diese Termine ist Voraussetzung, dass ein unbedingter Auftrag für das gerichtliche Verfahren bereits erteilt ist (Vorbem. 3 Abs. 1 VV). **61**

§ 13 Bürgerliche Rechtsstreitigkeiten erster Instanz

62 An außergerichtlichen Terminen regelt Vorbem. 3 Abs. 3 S. 2 VV zwei Varianten:
- die Teilnahme an einem Sachverständigentermin (Nr. 1),
- die Mitwirkung an auf die Erledigung des Verfahrens gerichteten Besprechungen (Nr. 2).

(2) Teilnahme an einem Sachverständigentermin (Vorbem. 3 Abs. 3 S. 3 Nr. 1 VV)

63 Die Terminsgebühr kann auch dann anfallen, wenn es nicht zu einem gerichtlichen Termin kommt, der Anwalt aber an einem von einem gerichtlichen Sachverständigen anberaumten Termin teilnimmt (Vorbem. 3 Abs. 3 S. 3 Nr. 1 VV).

64 Voraussetzung für die Terminsgebühr ist in diesem Falle ist die Teilnahme am Sachverständigentermin. Die bloße Entgegennahme des Beweisbeschlusses reicht nicht aus.

65 Der Hauptanwendungsfall dieser Variante liegt im selbstständigen Beweisverfahren, bei dem es häufig zu einem Sachverständigentermin kommt, nicht aber zu einem gerichtlichen Termin (siehe hierzu § 12 Rn 23).

66 Im erstinstanzlichen Erkenntnisverfahren kommt diese Variante insbesondere dann zur Anwendung, wenn aufgrund eines vorbereitenden Beweisbeschlusses gem. § 358a ZPO ein Sachverständigentermin durchgeführt wird und es anschließend nicht mehr zur Verhandlung kommt.

> **Beispiel 27**   Gerichtliches Verfahren, Teilnahme an Sachverständigentermin

In einem Mieterhöhungsprozess (Wert: 1.200,00 EUR) erlässt das Gericht nach § 358a ZPO vorbereitend einen Beweisbeschluss. Der Sachverständige beraumt daraufhin einen Ortstermin in der Wohnung an, an dem beide Anwälte teilnehmen. Das Gutachten kommt zu dem eindeutigen Ergebnis, dass die Mieterhöhung völlig unbegründet sei. Die Klage wird daraufhin zurückgenommen.

Obwohl es nicht zu einem gerichtlichen Termin gekommen ist, haben beide Anwälte nach Vorbem. 3 Abs. 3 S. 3 Nr. 1 VV die Terminsgebühr verdient, da sie an einem von einem gerichtlichen Sachverständigen anberaumten Termin teilgenommen haben.

1.	1,3-Verfahrensgebühr, Nr. 3100 VV (Wert: 1.200,00 EUR)	149,50 EUR
2.	1,2-Terminsgebühr, Nr. 3104 VV (Wert: 1.200,00 EUR)	138,00 EUR
3.	Postentgeltpauschale, Nr. 7002 VV	20,00 EUR
	Zwischensumme	307,50 EUR
4.	19 % Umsatzsteuer, Nr. 7008 VV	58,43 EUR
	Gesamt	**365,93 EUR**

67 Von Bedeutung ist diese Variante auch, wenn der Anwalt erst im Verlaufe des Verfahrens beauftragt wird und nur noch an einem Sachverständigentermin teilnimmt, weil sich das Verfahren danach erledigt (z.B. durch Klagerücknahme).

> **Beispiel 28**   Teilnahme an Sachverständigentermin, anschließende Teilklagerücknahme (I)

In einem Rechtsstreit (Wert: 10.000,00 EUR) erlässt das Gericht einen Beweisbeschluss, nach dem ein Sachverständiger mit der Erstellung eines Gutachtens beauftragt wird. Hiernach

beauftragt der Beklagte einen Anwalt, der an dem vom Sachverständigen anberaumten Termin teilnimmt. Später wird die Klage zurückgenommen, ohne dass es nochmals zu einer mündlichen Verhandlung kommt.

Da der Anwalt des Beklagten zwar nicht an der mündlichen Verhandlung teilgenommen hat, dafür aber an dem Sachverständigentermin, ist für ihn die Terminsgebühr gem. Vorbem. 3 Abs. 3 S. 3 Nr. 1 VV entstanden.

1.	1,3-Verfahrensgebühr, Nr. 3100 VV (Wert: 10.000,00 EUR)		725,40 EUR
2.	1,2-Terminsgebühr, Nr. 3104 VV (Wert: 10.000,00 EUR)		669,60 EUR
3.	Postentgeltpauschale, Nr. 7002 VV		20,00 EUR
	Zwischensumme	1.415,00 EUR	
4.	19 % Umsatzsteuer, Nr. 7008 VV		268,85 EUR
Gesamt			**1.683,85 EUR**

Bedeutung kann ein Sachverständigentermin in trotz nachfolgender Verhandlung auch haben, wenn die Klage nach dem Sachverständigentermin teilweise zurückgenommen worden ist.

Beispiel 29 | **Teilnahme an Sachverständigentermin, anschließende Teilklagerücknahme (II)**

In einem Rechtsstreit wegen Baumängeln im Umfang von 10.000,00 EUR erlässt das Gericht gem. § 358a ZPO einen Beweisbeschluss, nach dem ein Sachverständiger mit der Erstellung eines Gutachten beauftragt wird. Der Anwalt nimmt am Sachverständigentermin teil. Der Sachverständige bestätigt nur Mängel in Höhe von 6.000,00 EUR, so dass die Klage in Höhe von 4.000,00 EUR zurückgenommen und darüber verhandelt wird.

Die Terminsgebühr für die Wahrnehmung des gerichtlichen Termins wäre wegen der vorherigen Klagerücknahme nur nach dem Wert von 6.000,00 EUR angefallen. Da der Anwalt jedoch schon am Sachverständigentermin teilgenommen hat, ist für ihn die Terminsgebühr aus dem vollen Wert von 10.000,00 EUR angefallen, so dass dieser trotz des gerichtlichen Verhandlungstermins Bedeutung behält.

Abzurechnen ist wie in Beispiel 28.

Voraussetzung für die Terminsgebühr ist in diesem Falle ist die Teilnahme am Sachverständigentermin. Die bloße Entgegennahme des Beweisbeschlusses reicht nicht aus.

Der Hauptanwendungsfall dieser Variante liegt im selbstständigen Beweisverfahren, bei dem es häufig zu einem Sachverständigentermin kommt, nicht aber zu einem gerichtlichen Termin. Siehe hierzu § 12 Rn 28.

Im erstinstanzlichen Erkenntnisverfahren kommt diese Variante insbesondere dann zur Anwendung, wenn aufgrund eines vorbereitenden Beweisbeschlusses gem. § 358a ZPO ein Sachverständigentermin durchgeführt wird und es anschließend nicht mehr zur Verhandlung kommt.

(3) Mitwirkung an auf die Erledigung des Verfahrens gerichteten Besprechungen auch ohne Beteiligung des Gerichts (Vorbem. 3 Abs. 3 S. 3 Nr. 2 VV)

Die Terminsgebühr entsteht auch dann, wenn es weder zu einem gerichtlichen Termin noch zu einem Sachverständigentermin kommt, der Anwalt aber mit dem Gegner oder einem Dritten eine

Besprechung zur Erledigung oder Vermeidung des Verfahrens führt (Vorbem. 3 Abs. 3 S. 3 Nr. 2 VV).[29] Besprechungen mit dem Auftraggeber oder dem Gericht reichen nicht aus.[30]

73 Soweit das Verfahren bereits anhängig ist, entsteht die Terminsgebühr in der Variante der „Erledigung". Die Variante der „Vermeidung" kommt nur dann in Betracht, wenn die Besprechungen nach Verfahrensauftrag, aber noch vor Anhängigkeit geführt werden (siehe Rn 190) oder wenn nicht anhängige Gegenstände in Einigungsverhandlungen einbezogen werden (siehe Rn 198).

74 Unerheblich ist, ob die Besprechung erfolgreich ist, also tatsächlich zur Erledigung führt oder nicht.[31]

Beispiel 30 | **Besprechung mit dem Gegner zur Erledigung des Verfahrens**

Der Anwalt reicht auftragsgemäß eine Klage in Höhe von 10.000,00 EUR ein. Nach Klagezustellung ruft ihn der Beklagtenvertreter an und erörtert mit ihm die Sache. Dabei weist dieser darauf hin, dass die Klageforderung verjährt sei. Anschließend nimmt der Anwalt nach Rücksprache mit dem Kläger die Klage zurück.

Für beide Anwälte ist die **Terminsgebühr** nach Nr. 3104 VV entstanden. Außergerichtliche Besprechungen ohne Beteiligung des Gerichts lösen bereits die Terminsgebühr aus (Vorbem. 3 Abs. 3 S. 3 Nr. 2 VV).

1. 1,3-Verfahrensgebühr, Nr. 3100 VV (Wert: 10.000,00 EUR)		725,40 EUR
2. 1,2-Terminsgebühr, Nr. 3104 VV (Wert: 10.000,00 EUR)		669,90 EUR
3. Postentgeltpauschale, Nr. 7002 VV		20,00 EUR
Zwischensumme	1.415,00 EUR	
4. 19 % Umsatzsteuer, Nr. 7008 VV		268,85 EUR
Gesamt		**1.683,85 EUR**

75 Die Besprechung kann auch nach Erlass eines Versäumnisurteils geführt werden.[32]

Beispiel 31 | **Besprechung mit dem Gegner zur Erledigung des Verfahrens nach Versäumnisurteil**

Gegen den Beklagten war ein Versäumnisurteil ergangen, gegen das er Einspruch eingelegt hat. Daraufhin ruft der Anwalt des Klägers den Anwalt des Beklagten an und führt mit ihm eine Besprechung, die diesen dazu bewegt, den Einspruch wieder zurückzunehmen.

Auch hier ist für beide Anwälte die **Terminsgebühr** nach Nr. 3104 VV entstanden (Vorbem. 3 Abs. 3 S. 3 Nr. 2 VV). Während für den Anwalt des Klägers die ursprüngliche 0,5-Terminsgebühr der Nr. 3104, 3105 VV zu einer vollen Gebühr erstarkt, entsteht für den Anwalt des Beklagten erstmals die Terminsgebühr.

Abzurechnen ist wie im vorangegangenen Beispiel 30.

---

29 BGH AGS 2010, 164 = zfs 2010, 286 = RVGreport 2010, 187; OLG Hamburg AGS 2007, 31 = OLGR 2006, 574.
30 OVG Nordrhein-Westfalen AGS 2014, 124 = NJW 2014, 1465 = NJW-Spezial 2014, 221.
31 BGH AGS 2007, 292 = Rpfleger 2007, 344 = FamRZ 2007, 904 = AnwBl 2007, 461 = BGHReport 2007, 634 = WM 2007, 1146 = JurBüro 2007, 303 = MDR 2007, 862 = NJW 2007, 2858 = zfs 2007, 285 = RVGreport 2007, 183 = BRAK-Mitt 2007, 127 = BauR 2007, 1289; AGS 2010, 164 = zfs 2010, 286 = RVGreport 2010, 187.
32 OLG Karlsruhe JurBüro 2008, 416.

Die Besprechung muss auf eine Erledigung des Verfahrens gerichtet sein. Besprechungen zum bloßen Verfahrensablauf genügen nicht, etwa Verhandlungen darüber, ob man das Verfahren zum Ruhen bringen kann.[33]

76

> **Beispiel 32** | **Besprechung mit dem Gegner zum Verfahrensablauf**
>
> **Nach Klageerhebung (Wert: 10.000,00 EUR) ruft der Anwalt des Beklagten den Anwalt des Klägers an und bespricht mit ihm, ob das Verfahren zum Ruhen gebracht werden könne.**
>
> Eine Terminsgebühr entsteht nicht, da das bloße Erörtern über das Ruhen des Verfahrens nicht ausreicht.[34] Es bleibt bei der Verfahrensgebühr, die auch solche Besprechungen, die nicht auf die Erledigung des Verfahrens gerichtet sind, mit abgilt.
>
> | | | |
> |---|---|---|
> | 1. 1,3-Verfahrensgebühr, Nr. 3100 VV (Wert: 10.000,00 EUR) | | 725,40 EUR |
> | 2. Postentgeltpauschale, Nr. 7002 VV | | 20,00 EUR |
> | Zwischensumme | 745,40 EUR | |
> | 3. 19 % Umsatzsteuer, Nr. 7008 VV | | 141,63 EUR |
> | **Gesamt** | | **887,03 EUR** |

Auch eine bloße telefonische Informationsbeschaffung reicht nicht aus.[35]

77

> **Beispiel 33** | **Bloße telefonische Informationsbeschaffung**
>
> **Der Prozessbevollmächtigte fragt telefonisch bei dem gegnerischen Anwalt nach dem Verbleib der angekündigten Zahlung des Klagebetrages (10.000,00 EUR) an. Dieser teilt in einem weiteren Telefonat mit, dass die Zahlung versehentlich unterblieben und nunmehr veranlasst sei. Nach Zahlungseingang wird der Rechtsstreit in der Hauptsache übereinstimmend für erledigt erklärt und über die Kosten im schriftlichen Verfahren entschieden.**
>
> Eine Terminsgebühr entsteht nicht, da die bloße Informationsbeschaffung nicht ausreicht.[36] Hinsichtlich der Kosten wird ebenfalls eine Terminsgebühr nicht ausgelöst (siehe Rn 158).
>
> Abzurechnen ist wie im Beispiel 32.

Erforderlich sind Besprechungen. Der Austausch von E-Mails genügt nicht.[37]

78

> **Beispiel 34** | **Wechselseitiger Austausch von E-Mails**
>
> **Nach Klageerhebung (Wert: 10.000,00 EUR) wechseln die beteiligten Rechtsanwälte mehre E-Mails. Daraufhin wird die Klage zurückgenommen.**

---

33 BGH AGS 2014, 211 = zfs 2014, 286 = MDR 2014, 627 = RVGreport 2014, 230; OLG Stuttgart AGS 2009, 316 = OLGR 2009, 490 = Justiz 2009, 263 = JurBüro 2009, 250; zu Einzelheiten siehe AnwK-RVG/*Onderka*, Vorbem. 3 Rn 139 ff.
34 OLG Stuttgart AGS 2009, 316 = OLGR 2009, 490 = Justiz 2009, 263 = JurBüro 2009, 250.
35 OLG Köln AGS 2006, 226 = OLGR 2006, 290 = JurBüro 2006, 251 = NJW-RR 2006, 720 = RVGreport 2006, 63 = NJW 2006, 1984.
36 OLG Köln AGS 2006, 226 = OLGR 2006, 290 = JurBüro 2006, 251 = NJW-RR 2006, 720 = RVGreport 2006, 63 = NJW 2006, 1984.
37 BGH AGS 2009, 530 = zfs 2009, 705 = VersR 2010, 85 = FamRZ 2010, 26 = Rpfleger 2010, 109 = NJW 2010, 381 = JurBüro 2010, 81 = NJW-Spezial 2009, 779 = RVGreport 2009, 463 = RVGprof. 2010, 19 = FF 2010, 85 = AnwBl 2010, 142; gegen OLG Koblenz AGS 2007, 347 = MDR 2007, 985 = JurBüro 2007, 413 = AnwBl 2007, 633 = VersR 2007, 1288 = OLGR 2007, 764 = RVGreport 2007, 268 = BRAK-Mitt 2007, 236 = FamRZ 2007, 1761.

Eine Terminsgebühr entsteht nicht. Es bleibt bei der Verfahrensgebühr, die auch die wechselseitige E-Mail-Korrespondenz mit abgilt.

Abzurechnen ist wie im Beispiel 32.

79 Die Besprechung muss nicht in Anwesenheit beider Gesprächspartner erfolgen. Ausreichend ist auch eine telefonische Besprechung oder einer Besprechung via Skype, Facetime o.Ä.

80 Wie sich aus der zum 1.1.2007 seinerzeit eingeführten Neufassung der Vorbem. 3 Abs. 3, 3. Var. VV a.F.[38] ergibt, kann die Besprechung auch in Gegenwart des Gerichts geführt werden. Damit ist die nach der vorherigen Fassung bestehende Streitfrage erledigt, ob die damalige Formulierung „ohne Beteiligung des Gerichts" die Terminsgebühr hindert, wenn die Besprechung in Gegenwart des Gerichts geführt wird.[39]

| Beispiel 35 | Besprechung in Anwesenheit des Gerichts |

Nach Schluss der mündlichen Verhandlung in Sachen A ./. B sprechen die beteiligten Rechtsanwälte das Verfahren C ./. D (Streitwert: 10.000,00 EUR) an, in dem sie ebenfalls die beiden Parteien vertreten und für das derselbe Abteilungsrichter zuständig ist. Die Anwälte verhandeln über eine Lösungsmöglichkeit. Der Richter rät zur Vermeidung einer Beweisaufnahme zu einem Vergleich.

Eine Terminsgebühr nach Vorbem. 3 Abs. 3 S. 1 VV ist nicht angefallen, da in der Sache C ./. D kein gerichtlicher Termin stattgefunden hat. Die Terminsgebühr entsteht jedoch nach Vorbem. 3 Abs. 3 S. 3 Nr. 2 VV. Die Beteiligung des Gerichts ist unschädlich.

Abzurechnen ist wie im Beispiel 30.

81 Gem. Vorbem. 3 Abs. 3 S. 3 Nr. 2 VV muss die Besprechung nicht mit dem Gegner selbst geführt werden. Eine Besprechung mit einem Dritten reicht aus.

| Beispiel 36 | Besprechung mit Dritten (I) |

Der Anwalt erhält den Auftrag, eine Werklohnklage in Höhe von 10.000,00 EUR zu erheben. Der Beklagte bestreitet, den Auftrag erteilt zu haben. Nach Klageeinreichung ruft der tatsächliche Auftraggeber beim Anwalt an und klärt den wahren Sachverhalt auf. Daraufhin wird die Klage gegen den Beklagten zurückgenommen.

Gem. Vorbem. 3 Abs. 3 S. 3 Nr. 2 VV muss die Besprechung nicht mit dem Gegner geführt werden; eine Besprechung mit einem Dritten reicht aus.

Abzurechnen ist wie im Beispiel 30.

82 Konstellationen wie die vorgehende treten insbesondere in Haftpflichtfällen auf, in denen kein Direktanspruch gegen den Versicherer besteht, wenn der Versicherer sich nach Klageerhebung für den Versicherungsnehmer beim Anwalt des Geschädigten meldet und mit ihm Verhandlungen führt.

---

38 Geändert durch das Zweite Justizmodernisierungsgesetz (2. JuMoG) – dort Art. 20 – (BGBl I S. 3416 – in Kraft getreten bereits am 31.12.2006).
39 So wohl OLG Stuttgart AGS 2005, 256 = JurBüro 2005, 303 = NJW-RR 2005, 940 = MDR 2005, 838 = OLGR 2005, 559 = Justiz 2005, 327 = RVG-Letter 2005, 39.

| Beispiel 37 | Besprechung mit Dritten (II) |

Der Anwalt erhält den Auftrag, eine Schadensersatzklage in Höhe von 10.000,00 EUR zu erheben. Nach Zustellung der Klage ruft der Sachbearbeiter des Privathaftpflichtversicherers des Beklagten den Anwalt an und weist auf ein fehlendes Verschulden des Versicherungsnehmers hin. Daraufhin wird die Klage zurückgenommen.

Abzurechnen ist wie im Beispiel 30.

Werden in außergerichtlichen Verhandlungen zwischen den Prozessbevollmächtigten der Parteien zugleich mehrere Parallelverfahren besprochen, so fallen für die beteiligten Rechtsanwälte die Terminsgebühren in allen besprochenen Fällen aus dem jeweiligen Gegenstandswert an und nicht nur aus dem addierten Wert der betroffenen Verfahren.[40] Das steht in gewissem Widerspruch zur Rechtslage bei der Terminsgebühr nach Vorbem. 3 Abs. 3 S. 1 VV, bei der nur eine Gebühr angenommen wird, wenn ein anderes Verfahren mitbesprochen wird (siehe Rn 58). Zur Anrechnung in dem mitverhandelten Verfahren siehe § 14 Rn 1.

83

| Beispiel 38 | Außergerichtliche Verhandlungen über mehrere Verfahren |

Anhängig sind zwei Verfahren über 10.000,00 EUR (Az. 1/14) und 5.000,00 EUR (Az. 2/14). Die Anwälte führen eine außergerichtliche Besprechung, in der sie versuchen eine Gesamteinigung über beide Verfahren herzustellen. Diese kommt jedoch nicht zustande.

In beiden Verfahren ist jeweils eine 1,3-Verfahrensgebühr angefallen. Hinzu kommt jeweils auch eine 1,2-Terminsgebühr nach Nr. 3104 VV.

Verfahren 1/14

1. 1,3-Verfahrensgebühr, Nr. 3100 VV   725,40 EUR
   (Wert: 10.000,00 EUR)
2. 1,2-Terminsgebühr, Nr. 3104 VV   669,60 EUR
   (Wert: 10.000,00 EUR)
3. Postentgeltpauschale, Nr. 7002 VV   20,00 EUR
   Zwischensumme   1.415,00 EUR
4. 19 % Umsatzsteuer, Nr. 7008 VV   268,85 EUR
Gesamt   **1.683,85 EUR**

Verfahren 2/14

1. 1,3-Verfahrensgebühr, Nr. 3100 VV   393,90 EUR
   (Wert: 5.000,00 EUR)
2. 1,2-Terminsgebühr, Nr. 3104 VV   363,60 EUR
   (Wert: 5.000,00 EUR)
3. Postentgeltpauschale, Nr. 7002 VV   20,00 EUR
   Zwischensumme   777,50 EUR
4. 19 % Umsatzsteuer, Nr. 7008 VV   147,73 EUR
Gesamt   **925,23 EUR**

---

[40] BGH AGS 2012, 376 = NJW-RR 2012, 314 = MDR 2012, 376 = Rpfleger 2012, 287 = JurBüro 2012, 242 = AnwBl 2012, 286 = FamRZ 2012, 545 = FamRB 2012, 115 = RVGreport 2012, 148 = RVG prof. 2012, 94; OLG München AGS 2010, 122 = MDR 2010, 531 = JurBüro 2010, 191 = RVGreport 2010, 102 = FamRZ 2010, 923; a.A. KG AGS 2009, 175 = JurBüro 2009, 80 = KGR 2009, 221 = RVGreport 2009, 72 = RVGprof. 2009, 128.

Nach Auffassung des KG[41] wäre die Terminsgebühr nur einmal aus dem addierten Wert aller betroffenen Verfahren zu berechnen. Jedem Verfahren wäre dann der Gebührenanteil zuzuordnen, der dem Anteil des Verfahrens am Gesamtstreitwert entspricht.

Verfahren 1/14

1.	1,3-Verfahrensgebühr, Nr. 3100 VV (Wert: 10.000,00 EUR)	725,40 EUR
2.	1,2-Terminsgebühr, Nr. 3104 VV (Wert: 15.000,00 EUR)	780,00 EUR
	hiervon 10.000/15.000	520,00 EUR
3.	Postentgeltpauschale, Nr. 7002 VV	20,00 EUR
	Zwischensumme	1.265,40 EUR
4.	19 % Umsatzsteuer, Nr. 7008 VV	240,43 EUR
Gesamt		**1.505,83 EUR**

Verfahren 2/14

1.	1,3-Verfahrensgebühr, Nr. 3100 VV (Wert: 5.000,00 EUR)	393,90 EUR
2.	1,2-Terminsgebühr, Nr. 3104 VV (Wert: 15.000,00 EUR)	780,00 EUR
	hiervon 5.000/15.000	260,00 EUR
3.	Postentgeltpauschale, Nr. 7002 VV	20,00 EUR
	Zwischensumme	673,90 EUR
4.	19 % Umsatzsteuer, Nr. 7008 VV	128,04 EUR
Gesamt		**801,94 EUR**

84 Wie sich aus der Neufassung der Vorschrift zum 1.8.2013 und der Gesetzesbegründung hierzu ergibt,[42] ist es für die Variante der Besprechung zur Erledigung eines Verfahrens nicht erforderlich, dass im zugrunde liegenden Verfahren eine mündliche Verhandlung vorgeschrieben ist. Daher kann einer Terminsgebühr nach Vorbem. 3 Abs. 3 S. 3 Nr. 2 VV auch dann anfallen, wenn im konkreten Fall eine Entscheidung ohne mündliche Verhandlung möglich ist.

---

41 AGS 2009, 175 = JurBüro 2009, 80 = KGR 2009, 221 = RVGreport 2009, 72 = RVGprof. 2009, 128.
42 Auszug aus der Gesetzesbegründung (BT-Drucks 17/11471 (neu), S. 274 re. Sp.): „Der neu gefasste Absatz 3 soll zweierlei bewirken. Zum einen (…), zum anderen soll klargestellt werden, dass die Terminsgebühr für die Mitwirkung an auf die Vermeidung oder Erledigung des Verfahrens gerichtete außergerichtliche Besprechungen unabhängig davon entsteht, ob für das gerichtliche Verfahren eine mündliche Verhandlung vorgeschrieben ist. (…) – Der Neuaufbau des Absatzes 3 soll einen Streit in der Rechtsprechung zum Anfall der Terminsgebühr für Besprechungen dahingehend entscheiden, dass die Terminsgebühr für die Mitwirkung an auf die Vermeidung oder Erledigung des Verfahrens gerichtete außergerichtliche Besprechungen auch dann entsteht, wenn die gerichtliche Entscheidung ohne mündliche Verhandlung durch Beschluss ergeht. Diese Auffassung entspricht den Entscheidungen des OLG München vom 27. August 2010 (AGS 2010, 420 f.) und 25. März 2011 (AGS 2011, 213 ff.), die einer Entscheidung des BGH vom 1. Februar 2007 (AGS 2007, 298 ff.) entgegengetreten. Der BGH hat seine Entscheidung mit Beschl. v. 2. November 2011 (XII ZB 458/10, nachgewiesen unter juris) dahingehend eingeschränkt, dass die Terminsgebühr jedenfalls dann anfällt, wenn in dem Verfahren eine mündliche Verhandlung für den Fall vorgeschrieben ist, dass eine Partei sie beantragt. Die nunmehr vorgeschlagene Klärung der Streitfrage entspricht der Intention des Gesetzgebers, wie sich aus Vorbemerkung 3.3.2 ableiten lässt. Nach dieser Vorbemerkung bestimmt sich die Terminsgebühr im Mahnverfahren nach Teil 3 Abschnitt 1. Diese Bestimmung würde keinen Sinn ergeben, wenn eine mündliche Verhandlung in dem Verfahren vorgeschrieben sein müsste oder zumindest auf Antrag stattfinden müsste. Der erste Satz soll verdeutlichen, dass die Terminsgebühr sowohl durch gerichtliche als auch durch außergerichtliche anwaltliche Tätigkeiten unabhängig voneinander anfallen kann."

| Beispiel 39 | **Außergerichtliche Verhandlungen über Kosten des Verfahrens nach übereinstimmender Erledigungserklärung** |

Nach Klageerhebung (10.000,00 EUR) wird der Rechtsstreit schriftsätzlich in der Hauptsache übereinstimmend für erledigt erklärt und wechselseitig Kostenantrag gestellt. Hiernach besprechen sich die Anwälte, um eine Einigung über die Kosten zu erzielen. Diese kommt jedoch nicht zustande, so dass das Gericht gem. § 128 Abs. 3 ZPO im schriftlichen Verfahren entscheidet. Den Kostenstreitwert setzt das Gericht auf 3.000,00 EUR fest.

Neben der 1,3-Verfahrensgebühr aus der Hauptsache ist nach Vorbem. 3 Abs. 3 S. 3 Nr. 2 VV auch eine 1,2-Terminsgebühr angefallen, allerdings nur aus dem Wert der Kosten. Dass über die Kosten auch ohne mündliche Verhandlung entschieden werden kann, ist unerheblich.

Verfahren 1/10

1. 1,3-Verfahrensgebühr, Nr. 3100 VV
   (Wert: 10.000,00 EUR)   725,40 EUR
2. 1,2-Terminsgebühr, Nr. 3104 VV
   (Wert: 3.000,00 EUR)   241,20 EUR
3. Postentgeltpauschale, Nr. 7002 VV   20,00 EUR
   Zwischensumme   986,60 EUR
4. 19 % Umsatzsteuer, Nr. 7008 VV   187,45 EUR

Gesamt   **1.174,05 EUR**

dd) Höhe der Gebühr

(1) Grundsatz

Die Terminsgebühr entsteht im erstinstanzlichen Verfahren grundsätzlich zu einem Gebührensatz von 1,2. Auf den Verlauf des Termins kommt es vorbehaltlich der Ermäßigung nach Nr. 3105 VV nicht an. Insbesondere ist es unerheblich, ob streitig, nicht streitig verhandelt wird, ob der Rechtsstreit für erledigt erklärt, die Klage zurückgenommen oder ein Vergleich geschlossen wird. In allen Fällen entsteht die Terminsgebühr grundsätzlich zu 1,2.

85

(2) Ermäßigte Terminsgebühr (Nr. 3105 VV)

(a) Überblick

Nach Nr. 3105 VV ermäßigt sich die 1,2-Terminsgebühr der Nr. 3104 VV auf 0,5. Die Ermäßigung tritt danach ein

86

1. wenn
   a) die Gegenpartei
      – nicht erschienen
      und
      – auch nicht ordnungsgemäß vertreten ist
      oder
   b) die Gegenpartei in einem Verfahren mit Anwaltszwang zwar selbst erschienen ist, allerdings ohne Anwalt und damit wegen des Postulationszwangs des § 78 Abs. 1 S. 1 ZPO nicht ordnungsgemäß vertreten ist,
2. und
   a) lediglich ein Antrag auf Erlass eines Versäumnisurteils gestellt wird
      oder

b) lediglich ein Antrag zur Prozess- und Sachleitung gestellt wird
oder
c) das Gericht von Amts wegen zur Prozess- und Sachleitung entscheidet.

87 Die Vorschrift des § 333 ZPO (Nichtverhandeln trotz Erscheinens) ist nicht entsprechend anzuwenden (Anm. Abs. 2 zu Nr. 3105 VV).

88 Erforderlich für das Entstehen der Terminsgebühr ist lediglich, dass ein Antrag auf Erlass eines Versäumnisurteils gestellt wird. Ob das Versäumnisurteil dann auch ergeht, oder möglicherweise wegen nicht ordnungsgemäßer Ladung des Gegners der Antrag auf Erlass des Versäumnisurteils zurückgewiesen wird, ist unerheblich.[43]

(b) Grundfälle

89 Erscheint weder der Gegner noch für diesen ein Anwalt und wird dann sofort ein Antrag auf Erlass eines Versäumnisurteils gestellt, ermäßigt sich die Verfahrensgebühr nach Nr. 3105 VV auf 0,5. Dabei ist unerheblich, ob der Kläger bei Säumnis des Beklagten oder der Beklagte bei Säumnis des Klägers den Antrag auf Erlass des Versäumnisurteils stellt.

| Beispiel 40 | Antrag auf Versäumnisurteil im Termin, Versäumnisurteil wird erlassen |

Im Termin zur mündlichen Verhandlung erscheint der Kläger nicht. Der Beklagte beantragt den Erlass eines klageabweisenden Versäumnisurteils, das dann auch ergeht. Der Gegenstandswert beträgt 8.000,00 EUR.

Es entsteht neben der Verfahrensgebühr nur eine 0,5-Terminsgebühr nach Nrn. 3104, 3105 VV.

1. 1,3-Verfahrensgebühr, Nr. 3100 VV 592,80 EUR
   (Wert: 8.000,00 EUR)
2. 0,5-Terminsgebühr, Nrn. 3104, 3105 VV 228,00 EUR
   (Wert: 8.000,00 EUR)
3. Postentgeltpauschale, Nr. 7002 VV 20,00 EUR
   Zwischensumme 840,80 EUR
4. 19 % Umsatzsteuer, Nr. 7008 VV 159,75 EUR
Gesamt 1.000,55 EUR

90 Ebenso zu rechnen ist, wenn das Gericht das beantragte Versäumnisurteil nicht erlässt, sei es, weil die Ladung nicht ordnungsgemäß zugestellt worden ist oder das Gericht die Klage für unschlüssig hält. Auch jetzt entsteht nur eine 0,5-Terminsgebühr.[44]

| Beispiel 41 | Antrag auf Versäumnisurteil im Termin, Versäumnisurteil wird nicht erlassen |

Im Termin zur mündlichen Verhandlung erscheint der Beklagte nicht. Der Kläger beantragt den Erlass eines Versäumnisurteils. Das Gericht lehnt mangels Schlüssigkeit der Klage den Erlass eines Versäumnisurteils ab (§ 335 ZPO).

---

43 *Hansens/Braun/Schneider*, a.a.O. Teil 8 Rn 251.
44 *Hansens/Braun/Schneider*, a.a.O. Teil 8 Rn 251.

Ob das Versäumnisurteil erlassen wird, ist unerheblich. Zu rechnen ist wie im vorangegangenen Beispiel 40.

Ebenso ist zu rechnen, wenn nicht ein Antrag auf Erlass eines Versäumnisurteils gestellt wird, sondern ein Antrag zur Prozess- und Sachleitung. 91

| Beispiel 42 | Antrag auf Entscheidung zur Prozess- und Sachleitung |

Im Termin zur mündlichen Verhandlung erscheint der Beklagte nicht. Der Kläger beantragt Vertagung.

Zu rechnen ist wie im Beispiel 40.

Gleichfalls ist so zu rechnen, wenn von Amts wegen eine Entscheidung zur Prozess- und Sachleitung ergeht (Anm. Abs. 1 Nr. 1 zu Nr. 3105 VV). 92

| Beispiel 43 | Entscheidung von Amts wegen zur Prozess- und Sachleitung |

Im Termin zur mündlichen Verhandlung erscheint der Beklagte nicht. Der Kläger stellt keinen Antrag. Das Gericht beschließt das Ruhen des Verfahrens.

Zu rechnen ist wie im Beispiel 40.

Anders verhält es sich dagegen bei **mehreren Terminen**, in denen nur Anträge zur Prozess- und Sachleitung gestellt werden oder das Gericht hierzu von Amts wegen entscheidet. Die Ermäßigung greift nur bei Wahrnehmung „eines" Termins und ist bei der Wahrnehmung mehrerer Termine nicht anwendbar. Siehe hierzu den vergleichbaren Fall des zweiten Versäumnisurteils und die dazu ergangene Rspr. u. Rn 110 ff. 93

| Beispiel 44 | Mehrere Termine mit Anträgen zur Prozess- und Sachleitung |

Im ersten Termin zur mündlichen Verhandlung (Streitwert 5.000,00 EUR) erscheint der Beklagte nicht. Der Anwalt des Klägers beantragt Vertagung. Im zweiten Termin erscheint der Beklagte wieder nicht. Der Anwalt des Klägers beantragt, das Verfahren zum Ruhen zu bringen. Hiernach wird die Klage zurückgenommen.

Da der Anwalt des Klägers mehr als einen Termin wahrgenommen hat, ist die Ermäßigung nach Nr. 3105 VV nicht anwendbar. Es entsteht die Terminsgebühr zu 1,2.

1.	1,3-Verfahrensgebühr, Nr. 3100 VV (Wert: 5.000,00 EUR)	393,90 EUR
2.	1,2-Terminsgebühr, Nr. 3104 VV (Wert: 5.000,00 EUR)	363,60 EUR
3.	Postentgeltpauschale, Nr. 7002 VV	20,00 EUR
	Zwischensumme 777,50 EUR	
4.	19 % Umsatzsteuer, Nr. 7008 VV	147,73 EUR
	Gesamt	**925,23 EUR**

Nicht anwendbar ist die Ermäßigung nach Nr. 3105 VV, wenn bei Säumnis des Gegners eine Entscheidung nach Lage der Akten beantragt wird (§ 251a Abs. 1 ZPO). 94

§ 13 Bürgerliche Rechtsstreitigkeiten erster Instanz

Beispiel 45 | **Entscheidung nach Lage der Akten**

Im ersten Termin zur mündlichen Verhandlung (Streitwert 5.000,00 EUR) verhandeln die Parteien zur Sache. Es kommt zu einem zweiten Termin, zu dem der Kläger erstmals einen Anwalt beauftragt. Der Beklagte erscheint zu diesem Termin nicht. Der Anwalt des Klägers beantragt eine Entscheidung nach Lage der Akten.

Da kein Antrag auf Erlass eines Versäumnisurteils gestellt worden ist, sondern eine Entscheidung nach Lage der Akten beantragt wurde, ist die volle 1,2-Terminsgebühr angefallen. Abzurechnen ist wie im Beispiel 40.

95 Ebensowenig greift ist die Ermäßigung nach Nr. 3105 VV, wenn bei Säumnis des Gegners im Termin die Klage zurückgenommen oder ein anderer Antrag zur Sache gestellt wird.

Beispiel 46 | **Klagerücknahme im Termins bei Säumnis des Beklagten**

Im ersten Termin zur mündlichen Verhandlung (Streitwert 5.000,00 EUR) erscheint der Beklagte nicht. Ohne weitere Erörterungen erklärt der Kläger die Rücknahme der Klage.

Die Rücknahme der Klage im Termin löst die volle 1,2-Terminsgebühr aus. Abzurechnen ist daher wie im Beispiel 44.

Beispiel 47 | **Erledigungserklärung im Termins bei Säumnis des Beklagten**

Im ersten Termin zur mündlichen Verhandlung (Streitwert 5.000,00 EUR) erscheint der Beklagte nicht. Der Kläger erklärt den Rechtsstreit in der Hauptsache für erledigt, da der Beklagte die Klageforderung unmittelbar vor dem Termin erfüllt hat.

Die Erledigungserklärung im Termin löst die volle 1,2-Terminsgebühr aus. Abzurechnen ist daher wie im Beispiel 44.

(c) Versäumnisurteil bei Erscheinen der Gegenpartei (Flucht in die Säumnis)

96 Erscheint der Gegner oder Gegenanwalt, erklärt er aber, er trete nicht auf und stelle keinen Antrag, so dass daraufhin Versäumnisurteil beantragt wird, liegt der Ermäßigungstatbestand der Nr. 3105 VV nicht vor, da der Gegner im Termin erschienen bzw. vertreten war. Dass er keinen Antrag gestellt hat, ist unerheblich. Das RVG fordert für das Entstehen der Terminsgebühr nur, dass der Anwalt vertretungsbereit im Termin erscheint. Dies ergibt sich im Übrigen ausdrücklich aus dem Gesetz, das das Nichterscheinen zur Tatbestandsvoraussetzung macht. Zudem ist in Anm. Abs. 2 zu Nr. 3105 VV ausdrücklich angeordnet, dass die Vorschrift des § 333 ZPO, wonach die nicht verhandelnde Partei als nicht erschienen gilt, nicht entsprechend anzuwenden ist.

Beispiel 48 | **Versäumnisurteil trotz Erscheinen des Gegners**

Der Anwalt des Beklagten erscheint im Termin zur mündlichen Verhandlung und erklärt, er trete heute nicht auf. Sodann ergeht gegen den Beklagten ein Versäumnisurteil.

Da die Reduzierung nach Nr. 3105 VV nur eintritt, wenn der Beklagte nicht erschienen und auch nicht ordnungsgemäß vertreten ist, fällt jetzt die volle 1,2-Terminsgebühr an.[45]

1.	1,3-Verfahrensgebühr, Nr. 3100 VV (Wert: 10.000,00 EUR)		725,40 EUR
2.	1,2-Terminsgebühr, Nr. 3102 VV (Wert: 10.000,00 EUR)		669,60 EUR
3.	Postentgeltpauschale, Nr. 7002 VV Zwischensumme	1.415,00 EUR	20,00 EUR
4.	19 % Umsatzsteuer, Nr. 7008 VV		268,85 EUR
Gesamt			**1.683,85 EUR**

Ebenso rechnet in diesem Falle der Anwalt des Beklagten ab. Da er zum Termin erschienen ist, erhält auch er die 1,2-Terminsgebühr. Dass er nicht verhandelt hat, ist irrelevant.

(d) Säumnis der Gegenpartei, aber Erörterung mit dem Gericht

Erscheint weder der Gegner noch ein Vertreter und erörtert das Gericht vor Erlass des Versäumnisurteils mit dem erschienenen Anwalt, greift der Ermäßigungstatbestand nicht. Voraussetzung der Ermäßigung ist, dass „lediglich" ein Antrag auf Erlass eines Versäumnisurteils gestellt wird. Daran fehlt es, wenn zuvor erörtert wird. Dann wird nicht „lediglich" ein Antrag gestellt. In diesem Fall entsteht also die volle 1,2-Terminsgebühr.[46]

Beispiel 49 | **Säumnis des Beklagten, Erörterung mit dem Gericht**

Der Anwalt erhebt Klage wegen einer Forderung i.H.v. 10.000,00 EUR. Der Beklagte erscheint im Termin nicht. Das Gericht hat Bedenken gegen die Schlüssigkeit der Klage und erörtert darüber mit dem Klägervertreter. Nach Erörterung berät das Gericht und erlässt das Versäumnisurteil gegen den Beklagten.

Da hinsichtlich der gesamten Klageforderung erörtert worden ist, greift der Ermäßigungstatbestand der Nr. 3105 VV nicht, so dass die volle 1,2-Terminsgebühr anfällt.

Abzurechnen ist wie im vorangegangenen Beispiel 48.

Ebenso ist zu rechnen, wenn der Kläger aufgrund der Erörterung mit dem Gericht eine andere Erklärung abgibt, etwa die Erledigung der Hauptsache, die Rücknahme der Klage, einen Verweisungsantrag. Auch in diesem Fällen entsteht eine die volle Terminsgebühr und nicht die nach Nr. 3105 VV ermäßigte Gebühr, da kein Antrag auf Erlass eines Versäumnisurteils gestellt worden ist.

Beispiel 50 | **Säumnis des Beklagten, Erledigung der Hauptsache, Klagerücknahme, Verweisungsantrag mit dem Gericht**

Der Anwalt erhebt Klage wegen einer Forderung i.H.v. 10.000,00 EUR. Der Beklagte erscheint im Termin nicht. Nach Erörterung mit dem Gericht

---

[45] KG AGS 2006, 117 = JurBüro 2006, 134 = Rpfleger 2006, 227 = RVGreport 2006, 66; OLG Köln AGS 2008, 439 = OLGR 2008, 687 = RVGreport 2008, 306 = NJW-Spezial 2008, 604 = Info M 2009, 38.
[46] KG AGS 2006, 117 = JurBüro 2006, 134 = Rpfleger 2006, 227 = RVGreport 2006, 66; RVGreport 2006, 184; OLG Koblenz AGS 2005, 190 m. Anm. *N. Schneider* u. *Madert* = RVGreport 2005, 231; LAG Hessen RVG-Letter 2006, 52; OLG Naumburg AGS 2014, 388 = NJW-Spezial 2014, 539.

a) nimmt der Kläger die Klage zurück,
b) erklärt der Kläger den Rechtsstreit in der Hauptsache für erledigt,
c) beantragt der Kläger die Verweisung des Rechtsstreits,
d) beantragt der Kläger das Ruhen oder die Aussetzung des Verfahrens.

Da hinsichtlich der Klageforderung erörtert worden ist, greift der Ermäßigungstatbestand der Nr. 3105 VV nicht, so dass die volle 1,2-Terminsgebühr anfällt, und zwar auch im Fall d), in dem nur ein Antrag zur Prozess- und Sachleitung gestellt worden ist.

Abzurechnen ist wie im vorangegangenen Beispiel 48.

100   Zur Teilerörterung siehe Rn 116 ff.

(e) Im Anwaltsprozess erscheint die Gegenpartei persönlich ohne anwaltliche Vertretung

(aa) Überblick

101   Voraussetzung der Gebührenermäßigung der Nr. 3105 VV ist dem Wortlaut nach, dass der Gegner entweder nicht erscheint (1. Alt.) oder nicht ordnungsgemäß vertreten ist (2. Alt.). Mit anderen Worten:

- Kann sich die Partei selbst vertreten, ist für eine Ermäßigung nach Nr. 3105 VV erforderlich, dass weder sie noch ein Vertreter erscheint.
- Kann sich die Partei nicht selbst vertreten, also soweit im Verfahren nach § 78 Abs. 1 S. 1 ZPO Postulationszwang besteht, ist das Erscheinen der Partei selbst irrelevant, weil dann die 2. Alt. gegeben ist.[47]

102   Das Nichterscheinen der Partei oder das Erscheinen der nicht postulationsfähigen Partei führt jedoch nicht zwingend zu einer Ermäßigung der Terminsgebühr. Auch hier sind Fälle möglich, in denen die volle Terminsgebühr entstehen kann.

(bb) Es ergeht sogleich Versäumnisurteil

103   Erscheint die nicht postulationsfähige Partei und ergeht gegen sie daraufhin sogleich ein Versäumnisurteil, so entsteht lediglich eine 0,5-Terminsgebühr nach den Nrn. 3104, 3105 VV. Das gilt auch dann, wenn das Gericht die Partei darauf hinweist, dass sie wegen § 78 ZPO keine Anträge stellen kann.[48]

| Beispiel 51 | Erscheinen der nicht postulationsfähigen Partei, Versäumnisurteil |

Im Termin zur mündlichen Verhandlung vor dem Landgericht erscheint der Beklagte persönlich, jedoch ohne anwaltliche Vertretung. Das Gericht weist ihn darauf hin, dass er keinen Antrag stellen könne, sondern dazu einen Anwalt benötige. Der Beklagte erklärt daraufhin nichts Weiteres. Sodann beantragt der Anwalt des Klägers den Erlass eines Versäumnisurteils gegen den Beklagten.

Es entsteht nur die 0,5-Terminsgebühr nach Nrn. 3104, 3105 VV. Dass der Beklagte erschienen ist, ist irrelevant, da er nicht postulationsfähig ist. Der Hinweis auf die fehlende Postulationsfähigkeit ist noch keine Erörterung.

---

47   OLG Köln AGS 2007, 238 = NJW 2007, 1694 = RVGreport 2007, 188.
48   OLG Köln AGS 2007, 238 = NJW 2007, 1694 = RVGreport 2007, 188.

1.	1,3-Verfahrensgebühr, Nr. 3100 VV (Wert: 10.000,00 EUR)	725,40 EUR
2.	0,5-Terminsgebühr, Nrn. 3104, 3105 VV (Wert: 10.000,00 EUR)	279,00 EUR
3.	Postentgeltpauschale, Nr. 7002 VV	20,00 EUR
	Zwischensumme 1.024,40 EUR	
4.	19 % Umsatzsteuer, Nr. 7008 VV	194,64 EUR
Gesamt		**1.219,04 EUR**

Das Gleiche gilt, wenn lediglich ein Antrag zu Prozess- und Sachleitung gestellt wird. **104**

Beispiel 52 — **Erscheinen der nicht postulationsfähigen Partei, Antrag zur Prozess- und Sachleitung**

Im Termin zur mündlichen Verhandlung vor dem Landgericht erscheint der Beklagte persönlich, jedoch ohne anwaltliche Vertretung. Das Gericht weist den Beklagten darauf hin, dass er keinen Antrag stellen könne, sondern dazu einen Anwalt benötige. Der Anwalt des Klägers beantragt daraufhin Vertagung.

Abzurechnen ist wie im vorangegangen Beispiel 51.

(cc) Vor Erlass des Versäumnisurteils wird erörtert

Wird mit der erschienenen Partei zunächst erörtert, gilt wiederum das Gleiche wie bei einer Erörterung mit dem Gericht im Falle der Säumnis, zumal das Gericht sich in diesen Fällen ohnehin an der Erörterung beteiligen wird (siehe Rn 98). Es entsteht die 1,2-Terminsgebühr.[49] **105**

Beispiel 53 — **Erscheinen der nicht postulationsfähigen Partei, vor Erlass des Versäumnisurteils wird erörtert**

Im Termin zur mündlichen Verhandlung vor dem Landgericht erscheint der Beklagte persönlich, jedoch ohne anwaltliche Vertretung. Das Gericht erörtert die Sache dennoch mit den Parteien. Hiernach beantragt der Anwalt dann den Erlass eines Versäumnisurteils gegen den Beklagten.

Jetzt fällt die volle 1,2-Terminsgebühr nach Nr. 3104 VV an, nicht aufgrund der Anwesenheit des Beklagten, sondern aufgrund der Erörterung.

1.	1,3-Verfahrensgebühr, Nr. 3100 VV (Wert: 10.000,00 EUR)	725,40 EUR
2.	1,2-Terminsgebühr, Nr. 3104 VV (Wert: 10.000,00 EUR)	669,60 EUR
3.	Postentgeltpauschale, Nr. 7002 VV	20,00 EUR
	Zwischensumme 1.415,00 EUR	
4.	19 % Umsatzsteuer, Nr. 7008 VV	268,85 EUR
Gesamt		**1.683,85 EUR**

---

[49] BGH AGS 2007, 226 = NJW 2007, 1692 = Rpfleger 2007, 343 = AnwBl 2007, 383 = BGHR 2007, 530 = MDR 2007, 804 = JurBüro 2007, 304 = VersR 2007, 1533 = RVG-Letter 2007, 40 = FamRZ 2007, 722 = RVGprof. 2007, 75 = RVGreport 2007, 187 = FA 2007, 145 = NJW-Spezial 2007, 288 = BRAK-Mitt 2007, 128 = VRR 2007, 280.

(f) Verhandlung nach Einspruch

106 Ergeht im ersten Termin oder im schriftlichen Vorverfahren ein Versäumnisurteil, so dass hier nur die 0,5-Terminsgebühr nach Nrn. 3104, 3105 VV ausgelöst worden ist und wird dann auf Einspruch des Beklagten hin ein neuer Termin anberaumt, zu dem der Beklagte oder sein Vertreter erscheint, so entsteht insgesamt nur eine 1,2-Terminsgebühr. Die zunächst angefallene 0,5-Terminsgebühr erstarkt dann zu einer 1,2-Gebühr.[50]

107 Eine zusätzliche Terminsgebühr für das Erwirken des Versäumnisurteils, wie dies nach § 38 BRAGO für die frühere Verhandlungsgebühr noch der Fall war, kennt das RVG nicht. Daher kann neben der 1,2-Terminsgebühr keine weitere zusätzliche 0,5-Terminsgebühr entstehen (§ 15 Abs. 2 RVG).

108 Folglich können durch ein erstes Versäumnisurteil hinsichtlich der Terminsgebühr auch keine zusätzlichen Kosten der Säumnis anfallen.[51]

> **Beispiel 54** | **Verhandeln nach Einspruch (I)**
>
> **Im ersten Termin ist der Beklagte säumig, so dass gegen ihn ein Versäumnisurteil über 10.000,00 EUR ergeht. Hiergegen legt er Einspruch ein. In dem daraufhin anberaumten Termin zur mündlichen Verhandlung erscheint sein Anwalt und verhandelt.**
>
> Jetzt fällt die volle 1,2-Terminsgebühr nach Nr. 3104 VV an. Die im ersten Termin lediglich ausgelöste 0,5-Terminsgebühr der Nrn. 3104, 3105 VV „erstarkt" zu einer vollen 1,2-Terminsgebühr.
>
> Abzurechnen ist wie im vorangegangenen Beispiel 53.

109 Das gilt auch, wenn das Versäumnisurteil im schriftlichen Verfahren nach § 331 Abs. 3 ZPO ergangen war.

> **Beispiel 55** | **Verhandeln nach Einspruch (II)**
>
> **Im schriftlichen Vorverfahren war gegen den Beklagten ein Versäumnisurteil über 10.000,00 EUR ergangen. Hiergegen hat er Einspruch eingelegt. Daraufhin wird Termin zur mündlichen Verhandlung anberaumt, in dem der Anwalt des Beklagten erscheint und zur Sache verhandelt.**
>
> Abzurechnen ist wie im Beispiel 53.

(g) Zweites Versäumnisurteil

110 Auch für ein zweites Versäumnisurteil entsteht grundsätzlich nur eine 0,5-Terminsgebühr gem. Nrn. 3104, 3105 VV. Das betrifft allerdings nur den Fall, dass der Anwalt an dem ersten Versäumnisurteil nicht beteiligt war oder dass das zweite Versäumnisurteil auf einen Vollstreckungsbescheid hin ergeht. War der Anwalt auch schon am ersten Versäumnisurteil beteiligt, fällt die volle 1,2-Temingebühr an (siehe Rn 112).

---

[50] OLG Köln OLGR 2009, 709 = RVGreport 2010, 111; *Gerold/Schmidt/Müller-Rabe*, Nr. 3104 Rn 57.
[51] KG AGS 2006, 117 = JurBüro 2006, 134 = Rpfleger 2006, 227 = Rpfleger 2006, 227 = KGR 2006, 412 = RVGreport 2006, 66; AGS 2008, 591 = Rpfleger 2009, 51 = KGR 2008, 1007 = JurBüro 2008, 647 = VRR 2008, 403 = RVGreport 2009, 17; AG Bremen, Beschl. v. 19.6.2009 – 23 C 385/07.

II. Grundfälle § 13

Beispiel 56 | Antrag auf zweites Versäumnisurteil, Anwalt war an erstem Versäumnisurteil nicht beteiligt

Gegen das Versäumnisurteil (Wert: 8.000,00 EUR) legt der Beklagte Einspruch ein. Daraufhin beauftragt der Kläger einen Anwalt. In dem auf den Einspruch anberaumten Termin erscheint der Beklagte nicht, so dass zweites Versäumnisurteil ergeht.

Da der Anwalt des Klägers lediglich einen Termin wahrgenommen hat, in dem der Beklagte nicht erschienen ist und ein Versäumnisurteil beantragt hat, erhält er nur eine 0,5-Terminsgebühr nach Nrn. 3104, 3105 VV.

1.	1,3-Verfahrensgebühr, Nr. 3100 VV (Wert: 8.000,00 EUR)	592,80 EUR
2.	0,5-Terminsgebühr, Nrn. 3104, 3105 VV (Wert: 8.000,00 EUR)	228,00 EUR
3.	Postentgeltpauschale, Nr. 7002 VV	20,00 EUR
	Zwischensumme 840,80 EUR	
4.	19 % Umsatzsteuer, Nr. 7008 VV	159,75 EUR
	Gesamt	**1.000,55 EUR**

Ergeht auf den Einspruch gegen einen Vollstreckungsbescheid hin ein zweites Versäumnisurteil, so entsteht ebenfalls nur eine Terminsgebühr in Höhe von 0,5 nach Nrn. 3104, 3105 VV,[52] und zwar auch dann, wenn er bereits im Mahnverfahren tätig war und dort die Gebühr im Verfahren über den Erlass des Vollstreckungsbescheids nach Nr. 3308 VV bereits verdient hatte.[53]

111

Beispiel 57 | Antrag auf zweites Versäumnisurteil nach Vollstreckungsbescheid

Im Mahnverfahren ergeht ein Vollstreckungsbescheid über 10.000,00 EUR. Hiergegen legt der Beklagte Einspruch ein. Im daraufhin anberaumten Termin bleibt er säumig, so dass sein Einspruch durch zweites Versäumnisurteil nach §§ 700 Abs. 6 S. 1, 345 ZPO verworfen wird.

Da der Anwalt des Klägers lediglich einen Termin wahrgenommen hat, in dem der Beklagte nicht erschienen ist und in dem er lediglich den Erlass eines Versäumnisurteils beantragt hat, erhält er wiederum nur eine 0,5-Terminsgebühr nach Nrn. 3104, 3105 VV.

Allerdings ist im Mahnverfahren für den Vollstreckungsbescheid bereits eine 0,5-Verfahrensgebühr angefallen (Nr. 3308 VV), die – im Gegensatz zu der Verfahrensgebühr nach Nr. 3305 VV – nicht angerechnet wird.

I.	**Mahnverfahren**	
1.	1,0-Verfahrensgebühr, Nr. 3305 VV (Wert: 10.000,00 EUR)	558,00 EUR
2.	0,5-Verfahrensgebühr, Nr. 3308 VV (Wert: 10.000,00 EUR)	279,00 EUR
3.	Postentgeltpauschale, Nr. 7002 VV	20,00 EUR
	Zwischensumme 857,00 EUR	
4.	19 % Umsatzsteuer, Nr. 7008 VV	162,83 EUR
	Gesamt	**1.019,83 EUR**

---

52 OLG Nürnberg AGS 2008, 486 = OLGR 2008, 661 = MDR 2008, 1127 = Rpfleger 2008, 598 = RVGreport 2008, 305.
53 OLG Köln AGS 2007, 296 = RVGreport 2007, 189; AG Kaiserslautern JurBüro 2005, 475; OLG Brandenburg, AGkompakt 2010, 42 = JurBüro 2010, 243.

II. Streitiges Verfahren

1.	1,3-Verfahrensgebühr, Nr. 3100 VV (Wert: 10.000,00 EUR)	725,40 EUR
2.	gem. Anm. zu Nr. 3305 VV anzurechnen, 1,0 aus 10.000 EUR	– 558,00 EUR
3.	0,5-Terminsgebühr, Nrn. 3104, 3105 VV (Wert: 10.000,00 EUR)	279,00 EUR
4.	Postentgeltpauschale, Nr. 7002 VV	20,00 EUR
	Zwischensumme	466,40 EUR
5.	19 % Umsatzsteuer, Nr. 7008 VV	88,62 EUR
	Gesamt	**555,02 EUR**

112 War der Anwalt dagegen schon am ersten Versäumnisurteil beteiligt und hat er dadurch bereits die 0,5-Terminsgebühr nach Nrn. 3104, 3105 VV verdient, so erhöht sich die Terminsgebühr für den auf den Einspruch hin anberaumten zweiten Verhandlungstermin (§ 341a ZPO), in dem der Einspruch dann durch zweites Versäumnisurteil verworfen wird, auf 1,2.[54] Die Ermäßigung nach Nr. 3105 VV tritt nur dann ein, wenn der Anwalt lediglich „einen" Termin wahrnimmt. Der BGH geht davon aus, dass es sich hierbei um ein Zahlwort und nicht um einen unbestimmten Artikel handelt, so dass die Ermäßigung nach Nr. 3105 VV beim zweiten Versäumnisurteil nicht mehr anwendbar sei. Dieser Auffassung ist die einhellige Rechtsprechung zwischenzeitlich gefolgt.

> **Beispiel 58** — **Antrag auf zweites Versäumnisurteil, Anwalt hatte auch das erste Versäumnisurteil erwirkt, erstes Versäumnisurteil in mündlicher Verhandlung ergangen**

Im ersten Verhandlungstermin ist der Beklagte säumig. Der Anwalt des Klägers beantragt den Erlass eines Versäumnisurteils über 10.000,00 EUR. Hiergegen legt der Beklagte Einspruch ein. In dem daraufhin anberaumten Termin zur mündlichen Verhandlung erscheint er wieder nicht, so dass der Anwalt des Klägers ein zweites Versäumnisurteil nach § 345 ZPO erwirkt.

Es entsteht die volle 1,2-Terminsgebühr nach Nr. 3104 VV.

1.	1,3-Verfahrensgebühr, Nr. 3100 VV (Wert: 10.000,00 EUR)	725,40 EUR
2.	1,2-Terminsgebühr, Nr. 3102 VV (Wert: 10.000,00 EUR)	669,60 EUR
3.	Postentgeltpauschale, Nr. 7002 VV	20,00 EUR
	Zwischensumme	1.415,00 EUR
4.	19 % Umsatzsteuer, Nr. 7008 VV	268,85 EUR
	Gesamt	**1.683,85 EUR**

113 Ist das erste Versäumnisurteil im schriftlichen Vorverfahren nach § 331 Abs. 3 ZPO ergangen, ist nicht anders zu rechnen, da die Entscheidung im schriftlichen Verfahren nach Anm. Abs. 2 zu Nr. 3105 VV i.V.m. Anm. Abs. 1 Nr. 1 zu Nr. 3104 VV einem Termin gleichsteht, so dass insgesamt zwei Termine angefallen sind und damit der Ermäßigungstatbestand der Nr. 3105 VV wiederum nicht gegeben ist.

---

54 BGH AGS 2006, 487 = NJW 2006, 2927 = AnwBl 2006, 675 = Rpfleger 2006, 625 = BGHR 2006, 1391 = JurBüro 2006, 639 = MDR 2007, 178; AGS 2006, 366 = FamRZ 2006, 1273 = AnwBl 2006, 674 = BRAK-Mitt 2006, 228 = BGHR 2006, 1394 = NJW 2006, 3430 = JurBüro 2006, 585 = RpflStud 2007, 25 = RVGreport 2006, 304 = RVG-Letter 2006, 86 = BB 2006, 1879 = RVGprof. 2006, 181.

II. Grundfälle §13

Beispiel 59 | **Antrag auf zweites Versäumnisurteil, Anwalt hatte auch das erste Versäumnisurteil erwirkt, erstes Versäumnisurteil im schriftlichen Vorverfahren ergangen**

Wie vorangegangenes Beispiel 58; jedoch ist das erste Versäumnisurteil im schriftlichen Vorverfahren ergangen.

Es entsteht auch hier die volle 1,2-Terminsgebühr nach Nr. 3104 VV.[55]

Abzurechnen ist wie im vorangegangenen Beispiel 58.

(h) Verwerfung des Einspruchs

Wird der Einspruch gegen ein Versäumnisurteil im Termin als unzulässig verworfen, ist ebenso abzurechnen wie bei einem zweiten Versäumnisurteil   114

Beispiel 60 | **Verwerfung des Einspruchs in mündlicher Verhandlung**

Der Anwalt des Klägers hatte für diesen ein Versäumnisurteil erwirkt (Wert: 8.000,00 EUR). Dagegen legt der Beklagte Einspruch ein. In dem auf den Einspruch anberaumten Termin wird der Einspruch durch Urteil als unzulässig verworfen.

Für beide Anwälte entsteht eine 1,2-Terminsgebühr. Auch soweit der Anwalt des Klägers am ersten Versäumnisurteil beteiligt war, bleibt es bei 1,2. Die zuvor entstandene 0,5-Terminsgebühr geht in der 1,2-Terminsgebühr auf.

1.	1,3-Verfahrensgebühr, Nr. 3100 VV (Wert: 8.000,00 EUR)	592,80 EUR
2.	1,2-Terminsgebühr, Nr. 3104 VV (Wert: 8.000,00 EUR)	547,20 EUR
3.	Postentgeltpauschale, Nr. 7002 VV	20,00 EUR
	Zwischensumme	1.160,00 EUR
4.	19 % Umsatzsteuer, Nr. 7008 VV	220,40 EUR
	Gesamt	**1.380,40 EUR**

Zum Falle der Verwerfung des Einspruchs im schriftlichen Verfahren nach § 341 Abs. 2 ZPO siehe Beispiel 104.   115

(i) Mischfälle

Möglich sind auch Mischfälle, so dass also aus einem Teilwert die volle 1,2-Terminsgebühr anfällt und aus einem anderen Teilwert lediglich eine 0,5-Terminsgebühr. Hier sind verschiedene Varianten denkbar.   116

(aa) Teilweise Anzeige der Verteidigungsbereitschaft und nachfolgende Verhandlung

Wird auf die Klage hin die Verteidigungsbereitschaft nur hinsichtlich eines Teils der Klageanträge angezeigt, so ergeht im Übrigen ein Versäumnisurteil. Es entsteht dann eine 0,5-Terminsgebühr (Nrn. 3104, 3105 VV) aus dem Wert, nach dem das Versäumnisurteil ergeht, und eine 1,2-Terminsgebühr (Nr. 3104 VV) aus dem restlichen Wert, über den der Termin stattfindet.   117

---

[55] BGH AGS 2006, 366 = FamRZ 2006, 1273 = AnwBl 2006, 674 = BRAK-Mitt 2006, 228 = BGHR 2006, 1394 = NJW 2006, 3430 = JurBüro 2006, 585 = RpflStud 2007, 25 = RVGreport 2006, 304 = RVG-Letter 2006, 86 = BB 2006, 1879 = RVGprof. 2006, 181.

§ 13 Bürgerliche Rechtsstreitigkeiten erster Instanz

Beispiel 61 — Teilweise Anzeige der Verteidigungsbereitschaft mit Teilversäumnisurteil

Der Kläger reicht auftragsgemäß eine Klage über 10.000,00 EUR ein. Der Anwalt des Beklagten sieht nur in Höhe von 2.000,00 EUR Erfolgsaussichten und zeigt die Verteidigungsbereitschaft des Beklagten auftragsgemäß lediglich wegen eines Teilbetrages in Höhe von 2.000,00 EUR an. Über 8.000,00 EUR ergeht daraufhin ein Versäumnisurteil im schriftlichen Vorverfahren; über die weiteren 2.000,00 EUR wird verhandelt und entschieden.

Der **Anwalt des Klägers** erhält neben der vollen 1,3-Verfahrensgebühr für den Antrag auf Erlass des Versäumnisurteils aus dem Wert von 8.000,00 EUR die Terminsgebühr nach Nrn. 3104, 3105 VV lediglich in Höhe von 0,5. In Höhe des weitergehenden Betrages, über den verhandelt worden ist, entsteht dagegen die 1,2-Terminsgebühr nach Nr. 3104 VV. Zu beachten ist § 15 Abs. 3 RVG.

Für den **Beklagtenvertreter** ist hinsichtlich der Verfahrensgebühr zu differenzieren. Aus 8.000,00 EUR erhält er lediglich eine 0,8-Gebühr (Nr. 3101 Nr. 1 VV), da er keinen Antrag gestellt hat. Aus dem weitergehenden Betrag in Höhe von 2.000,00 EUR entsteht die volle 1,3-Verfahrensgebühr nach Nr. 3100 VV. Zu beachten ist wiederum § 15 Abs. 3 RVG. Die Terminsgebühr entsteht dagegen für ihn nur aus 2.000,00 EUR.

I. Klägervertreter
1. 1,3-Verfahrensgebühr, Nr. 3100 VV 725,40 EUR
(Wert: 10.000,00 EUR)
2. 0,5-Terminsgebühr, Nrn. 3104, 3105 VV 228,00 EUR
(Wert: 8.000,00 EUR)
3. 1,2-Terminsgebühr, Nr. 3104 VV 180,00 EUR
(Wert: 2.000,00 EUR)
die Höchstgrenze des § 15 Abs. 3 RVG, nicht mehr als 1,2 aus 10.000,00 EUR = 669,60, ist nicht überschritten
4. Postentgeltpauschale, Nr. 7002 VV 20,00 EUR
Zwischensumme 1.153,40 EUR
5. 19 % Umsatzsteuer, Nr. 7008 VV 219,15 EUR
Gesamt **1.372,55 EUR**

II. Beklagtenvertreter
1. 1,3-Verfahrensgebühr, Nr. 3100 VV 195,00 EUR
(Wert: 2.000,00 EUR)
2. 0,8-Verfahrensgebühr, Nr. 3101 Nr. 1 VV 364,80 EUR
(Wert: 8.000,00 EUR)
die Höchstgrenze des § 15 Abs. 3 RVG, nicht mehr als 1,3 aus 10.000,00 EUR = 725,40, ist nicht überschritten
3. 1,2-Terminsgebühr, Nr. 3104 VV 180,00 EUR
(Wert: 2.000,00 EUR)
4. Postentgeltpauschale, Nr. 7002 VV 20,00 EUR
Zwischensumme 759,80 EUR
5. 19 % Umsatzsteuer, Nr. 7008 VV 144,36 EUR
Gesamt **904,16 EUR**

(bb) Teileinspruch und nachfolgende Verhandlung

118 Ergeht zunächst ein Versäumnisurteil und wird sodann nur teilweise Einspruch eingelegt und hierüber verhandelt, so ist zunächst aus dem Gesamtwert die 0,5-Terminsgebühr (Nrn. 3104, 3105 VV) angefallen. Aus dem Teilwert des Einspruchs erhöht sich die Terminsgebühr dann auf 1,2, so dass zwei verschiedene Gebühren zu berechnen sind. Insgesamt darf der Anwalt jedoch wiederum nicht mehr abrechnen als eine 1,2-Gebühr aus dem Gesamtwert (§ 15 Abs. 3 RVG).

II. Grundfälle § 13

Beispiel 62 | **Teileinspruch und nachfolgende Verhandlung**

Gegen den Beklagten ergeht im schriftlichen Vorverfahren ein Versäumnisurteil in Höhe von 10.000,00 EUR. Der Beklagte legt hiergegen Einspruch ein, soweit er zu mehr als 4.000,00 EUR verurteilt worden ist.

Für den Anwalt des Klägers entsteht die Terminsgebühr zunächst in Höhe von 0,5 aus 10.000,00 EUR. Durch die Verhandlung erhöht sie sich auf 1,2 aus dem Teilwert von 6.000,00 EUR. Zu beachten ist § 15 Abs. 3 RVG.

1. 1,3-Verfahrensgebühr, Nr. 3100 VV
   (Wert: 10.000,00 EUR) — 725,40 EUR
2. 0,5-Terminsgebühr, Nrn. 3104, 3105 VV
   (Wert: 4.000,00 EUR) — 126,00 EUR
3. 1,2-Terminsgebühr, Nr. 3104 VV — 424,80 EUR
   (Wert: 6.000,00 EUR)
   Kein Abgleich gem. § 15 Abs. 3 RVG, da nicht mehr als
   1,2 aus 10.000,00 EUR (669,60 EUR)
4. Postentgeltpauschale, Nr. 7002 VV — 20,00 EUR
   Zwischensumme — 1.296,20 EUR
5. 19 % Umsatzsteuer, Nr. 7008 VV — 246,28 EUR
   Gesamt — **1.542,48 EUR**

(cc) Versäumnisurteil nach Klageerweiterung

Auch der umgekehrte Fall ist möglich, nämlich, dass zunächst nur eine 1,2-Terminsgebühr (Nr. 3104 VV) entsteht und aus einem weiteren Teilwert dann noch eine 0,5-Terminsgebühr nach Nrn. 3104, 3105 VV. Zu beachten ist dann wiederum § 15 Abs. 3 RVG.

Beispiel 63 | **Versäumnisurteil nach Klageerweiterung**

Der Anwalt reicht für seinen Mandanten Klage in Höhe von 10.000,00 EUR ein, über die verhandelt wird. Es wird dann ein neuer Termin anberaumt. Zu diesem Termin wird die Klage um 5.000,00 EUR erweitert. In dem erneuten Termin ergeht ein Versäumnisurteil gegen den Beklagten über die Gesamtforderung.

Für den Anwalt des Klägers ist die Terminsgebühr zunächst in Höhe von 1,2 aus 10.000,00 EUR entstanden. Für das Versäumnisurteil aus der Klageerweiterung erhält der Anwalt zusätzlich noch eine 0,5-Terminsgebühr nach Nrn. 3104, 3105 VV. Zu beachten ist § 15 Abs. 3 RVG.

1. 1,3-Verfahrensgebühr, Nr. 3100 VV
   (Wert: 15.000,00 EUR) — 845,00 EUR
2. 1,2-Terminsgebühr, Nr. 3104 VV — 669,60 EUR
   (Wert: 10.000,00 EUR)
3. 0,5-Terminsgebühr, Nrn. 3104, 3105 VV
   (Wert: 5.000,00 EUR) — 151,50 EUR
   gem. § 15 Abs. 3 RVG nicht mehr als 1,2 aus — 780,00 EUR
   15.000,00 EUR
4. Postentgeltpauschale, Nr. 7002 VV — 20,00 EUR
   Zwischensumme — 1.645,00 EUR
5. 19 % Umsatzsteuer, Nr. 7008 VV — 312,55 EUR
   Gesamt — **1.957,55 EUR**

(dd) Säumnis und Teilerörterung

(1) Überblick

120 Möglich ist auch, dass im Falle der Säumnis des Gegners zwar mit dem Gericht erörtert wird, aber nur über einen Teil der Gegenstände. Dann entstehen mehrere Terminsgebühren, eine zu 1,2 (Nr. 3104 VV) und eine zu 0,5 (Nrn. 3104, 3015 VV). Zu beachten ist wiederum § 15 Abs. 3 RVG.

(2) Erörterung nur über Teil der Hauptforderung

121 Wird nur über einen Teil der Hauptforderung erörtert, fällt insoweit die 1,2-Terminsgebühr der Nr. 3104 VV an; im Übrigen entsteht nur die 0,5-Terminsgebühr nach Nr. 3105 VV. Insgesamt darf jedoch nicht mehr verlangt werden als eine 1,2-Gebühr aus dem Gesamtwert.[56]

Beispiel 64 | **Säumnis und Teilerörterung (I)**

Im Termin zur mündlichen Verhandlung erscheint der Beklagte nicht und ist auch nicht anwaltlich vertreten. Das Gericht weist darauf hin, dass zwar der Klageantrag zu 1) über 4.000,00 EUR schlüssig sei, nicht jedoch der Klageantrag zu 2) über 6.000,00 EUR. Durch die Erörterung lässt sich das Gericht überzeugen und erlässt das Versäumnisurteil über die Gesamtforderung.

Aus dem Teilwert von 4.000,00 EUR ist nur die 0,5-Terminsgebühr nach Nrn. 3104, 3105 VV angefallen, da insoweit nur ein Antrag auf Erlass eines Versäumnisurteils gestellt worden ist. Aus dem weiteren Teilwert von 6.000,00 EUR ist die 1,2-Terminsgebühr entstanden, da insoweit vor Erlass des Versäumnisurteils erörtert worden ist.

1.	1,3-Verfahrensgebühr, Nr. 3100 VV (Wert: 10.000,00 EUR)	725,40 EUR
2.	1,2-Terminsgebühr, Nr. 3104 VV (Wert: 6.000,00 EUR)	424,80 EUR
3.	0,5-Terminsgebühr, Nrn. 3104, 3105 VV (Wert: 4.000,00 EUR) die Begrenzung des § 15 Abs. 3 RVG, da nicht mehr als 1,2 aus 10.000,00 EUR (669,60 EUR) ist nicht überschritten	126,00 EUR
4.	Postentgeltpauschale, Nr. 7002 VV	20,00 EUR
	Zwischensumme	1.296,20 EUR
5.	19 % Umsatzsteuer, Nr. 7008 VV	246,28 EUR
	Gesamt	**1.542,48 EUR**

---

122 A.A. sind allerdings ArbG Siegburg[57] und *Schons*,[58] die in den vorstehenden Fällen von vornherein eine volle 1,2-Terminsgebühr aus dem Gesamtwert abrechnen wollen. Unterschiede zwischen diesen beiden Auffassungen ergeben sich jedoch nur, wenn § 15 Abs. 3 RVG nicht greift, wenn also die Summe der Einzelgebühren unter dem Betrag einer Gebühr nach dem Höchstsatz aus dem Gesamtwert liegt.

---

56 OLG Köln AGS 2006, 224 m. Anm. *Schons* = JMBlNW 2006, 144 = JurBüro 2006, 254 = RVGreport 2006, 104; ausführlich *N. Schneider*, Mischfälle der Terminsgebühr – volle und ermäßigte Gebühr, RVGreport 2013, 82 ff.
57 AGS 2010, 479.
58 Anm. zu OLG Köln AGS 2006, 224.

II. Grundfälle §13

Da der Erlass eines Urteils nicht Voraussetzung für eine Terminsgebühr nach Nrn. 3104, 3105 VV ist, entsteht die Gebühr daher auch, wenn kein Urteil ergeht. **123**

Beispiel 65 | **Säumnis und Teilerörterung (II)**

Wie vorangegangenes Beispiel 64; jedoch wird der Klageantrag zu 2) nach Erörterung zurückgenommen.

An der Abrechnung zu Beispiel 64 ändert sich nichts.

(3) Erörterung nur über Nebenforderung

Wird nur aus dem Wert einer Nebenforderung, z.B. der Zinsen oder wegen vorgerichtlicher Kosten, erörtert, gilt prinzipiell das gleiche wie bei Erörterung über eine Teil-Hauptforderung. Zu beachten ist allerdings jetzt § 43 Abs. 1 u. 2 GKG. **124**

Aus dem Wert der Hauptsache entsteht nur die 0,5-Terminsgebühr nach Nr. 3105 VV. Aus dem Wert der Nebenforderung (§ 23 Abs. 1 S. 1 RVG i.V.m. § 43 Abs. 2 GKG) fällt dagegen eine volle 1,2-Terminsgebühr an. **125**

Insgesamt darf wiederum nicht mehr verlangt werden als eine 1,2-Gebühr aus dem Gesamtwert, wobei hier zu berücksichtigen ist, dass sich der Gesamtwert nur auf die Hauptforderung beläuft, da nach § 23 Abs. 1 S. 1 RVG i.V.m. § 43 Abs. 1 GKG ein Additionsverbot besteht. **126**

Beispiel 66 | **Erörterung über Nebenforderung (vorgerichtliche Kosten)**

Im Termin zur mündlichen Verhandlung weist das Gericht darauf hin, dass die Klage in Höhe von 5.000,00 EUR zwar schlüssig sei, nicht jedoch der Antrag auf Ersatz der vorgerichtlich entstandenen 1,3-Geschäftsgebühr (Nr. 2300 VV) nebst Auslagen und Umsatzsteuer in Höhe von 492,54 EUR. Nach Erörterung wird der Antrag auf Ersatz der vorgerichtlichen Kosten zurückgenommen. Im Übrigen beantragt der Kläger ein Versäumnisurteil.

Angefallen ist eine 0,5-Terminsgebühr aus der Hauptsache (Wert: 10.000,00 EUR) und eine 1,2-Terminsgebühr aus dem Wert der vorgerichtlichen Kosten (492,54 EUR). Insgesamt darf jedoch nicht mehr abgerechnet werden als eine 1,2-Terminsgebühr aus dem Gesamtwert, der sich nach § 43 Abs. 1 GKG nur auf 10.000,00 EUR beläuft. A.A. ist wiederum *Schons*,[59] der auch in diesem Fall von vornherein eine volle 1,2-Terminsgebühr aus dem Gesamtwert abrechnen will.

1.	1,3-Verfahrensgebühr, Nr. 3100 VV (Wert: 10.000,00 EUR)	725,40 EUR
2.	1,2-Terminsgebühr, Nr. 3104 VV (Wert: 492,54 EUR)	54,00 EUR
3.	0,5-Terminsgebühr, Nrn. 3104, 3105 VV (Wert: 10.000,00 EUR) die Begrenzung nach § 15 Abs. 3 RVG, nicht mehr als 1,2 aus 10.000,00 EUR (583,20 EUR) ist nicht überschritten	279,00 EUR
4.	Postentgeltpauschale, Nr. 7002 VV	20,00 EUR
	Zwischensumme	1.078,40 EUR

---
[59] Anm. zu OLG Köln AGS 2006, 224.

5. 19 % Umsatzsteuer, Nr. 7008 VV	204,90 EUR
Gesamt	**1.283,30 EUR**

Beispiel 67 | Erörterung über Nebenforderung (Zinsantrag)

Im Termin zur mündlichen Verhandlung weist das Gericht darauf hin, dass die Klage in Höhe von 10.000,00 EUR zwar schlüssig sei, nicht jedoch der Zinsantrag (Streitwert: 100,00 EUR). Nach Erörterung wird der Zinsantrag zurückgenommen. Der Kläger beantragt ein Versäumnisurteil.

Angefallen ist eine 0,5-Terminsgebühr aus der Hauptsache (Wert: 10.000,00 EUR) und eine 1,2-Terminsgebühr aus dem Wert der Zinsen (100,00 EUR). Insgesamt darf nicht mehr abgerechnet werden, als eine 1,2-Terminsgebühr aus dem Gesamtwert (10.000,00 EUR). A.A. ist wiederum *Schons*,[60] der auch in diesem Fall von vornherein eine volle 1,2-Terminsgebühr aus dem Gesamtwert abrechnen will.

Abzurechnen ist wie im vorangegangenen Beispiel.

1. 1,3-Verfahrensgebühr, Nr. 3100 VV (Wert: 10.000,00 EUR)		725,40 EUR
2. 1,2-Terminsgebühr, Nr. 3104 VV (Wert: 100,00 EUR)		54,00 EUR
3. 0,5-Terminsgebühr, Nrn. 3104, 3105 VV (Wert: 10.000,00 EUR) die Begrenzung nach § 15 Abs. 3 RVG, nicht mehr als 1,2 aus 10.000,00 EUR (669,60 EUR) ist nicht überschritten		279,00 EUR
4. Postentgeltpauschale, Nr. 7002 VV		20,00 EUR
Zwischensumme	1.078,40 EUR	
5. 19 % Umsatzsteuer, Nr. 7008 VV		204,90 EUR
Gesamt		**1.283,30 EUR**

(4) Mehrere Gegner – nur einer ist säumig

127 Mischfälle können ferner dann auftreten, wenn von mehreren Beklagten nur einer säumig ist und gegen ihn ein Versäumnisurteil ergeht. Voraussetzung für die reduzierte 0,5-Terminsgebühr ist allerdings, dass es sich um unterschiedliche Streitgegenstände handelt, da anderenfalls die volle 1,2-Terminsgebühr anfiele.

128 Soweit es sich um denselben Streitgegenstand handelt, fällt nur eine 1,2-Terminsgebühr an.

Beispiel 68 | Versäumnisurteil gegen einen von mehreren Beklagten, Gesamtschuldner

Der Anwalt erhebt für seinen Mandanten Klage gegen zwei Beklagte als Gesamtschuldner auf Zahlung von jeweils 10.000,00 EUR. Der Beklagte zu 1) erscheint und verhandelt; der Beklagte zu 2) ist säumig und auch nicht vertreten. Gegen ihn ergeht antragsgemäß ein Versäumnisurteil.

Aus den 10.000,00 EUR entsteht die volle 1,2-Terminsgebühr der Nr. 3104 VV.

---

60 Anm. zu OLG Köln AGS 2006, 224.

1.	1,3-Verfahrensgebühr, Nr. 3100 VV (Wert: 10.000,00 EUR)	725,40 EUR
2.	1,2-Terminsgebühr, Nr. 3104 VV (Wert: 10.000,00 EUR)	669,60 EUR
3.	Postentgeltpauschale, Nr. 7002 VV	20,00 EUR
	Zwischensumme 1.415,00 EUR	
4.	19 % Umsatzsteuer, Nr. 7008 VV	268,85 EUR
	Gesamt	**1.683,85 EUR**

Ob im Rahmen der Festsetzung gegen den säumigen Beklagten gegebenenfalls nur eine 0,5-Terminsgebühr angemeldet werden kann, ist eine andere Frage.[61]

129

Anders verhält es sich bei unterschiedlichen Streitgegenständen.

130

> **Beispiel 69** **Versäumnisurteil gegen einen von mehreren Beklagten, verschiedene Gegenstände**

Der Anwalt erhebt für seinen Mandanten Klage gegen zwei Beklagte auf Zahlung von jeweils 5.000,00 EUR. Der Beklagte zu 1) erscheint und verhandelt; der Beklagte zu 2) ist säumig und auch nicht vertreten, so dass gegen ihn antragsgemäß Versäumnisurteil ergeht.

Aus den 5.000,00 EUR (Beklagter zu 1) entsteht die volle 1,2-Terminsgebühr. Aus den 5.000,00 EUR (Beklagter zu 2) entsteht dagegen nur die 0,5-Terminsgebühr. Zu beachten ist aber wiederum § 15 Abs. 3 RVG.

1.	1,3-Verfahrensgebühr, Nr. 3100 VV (Wert: 10.000,00 EUR)	725,40 EUR
2.	1,2-Terminsgebühr, Nr. 3104 VV (Wert: 5.000,00 EUR)	363,60 EUR
3.	0,5-Terminsgebühr, Nrn. 3104, 3105 VV (Wert: 5.000,00 EUR) der Höchstbetrag des § 15 Abs. 3 RVG, nicht mehr als 1,2 aus 10.000,00 EUR (669,60 EUR) ist nicht überschritten	151,50 EUR
4.	Postentgeltpauschale, Nr. 7002 VV	20,00 EUR
	Zwischensumme 1.260,50 EUR	
5.	19 % Umsatzsteuer, Nr. 7008 VV	239,50 EUR
	Gesamt	**1.500,00 EUR**

c) Terminsgebühr in sonstigen Fällen

aa) Überblick

Neben den Fällen der Vorbem. 3 Abs. 3 VV kann eine Terminsgebühr auch in sonstigen Fällen – also außerhalb des Anwendungsbereichs der Vorbem. 3 Abs. 3 VV – anfallen. Es handelt sich dabei um folgende Fälle:

131

- In einem **Verfahren, für das eine mündliche Verhandlung vorgeschrieben ist**,
- ergeht
  - im Einverständnis der Parteien (Anm. Abs. 1 Nr. 1, 1. Var. zu Nr. 3104 VV) oder
  - gem. § 307 ZPO (Anm. Abs. 1 Nr. 1, 2. Var. zu Nr. 3104 VV) oder
  - gem. § 495a ZPO (Anm. Abs. 1 Nr. 1, 3. Var. zu Nr. 3104 VV)
  eine Entscheidung ohne mündliche Verhandlung

---

61 OLG Köln AGS 2010, 412 = OLGR 2009, 709 = RVGreport 2010, 111.

- wird ein **schriftlicher Vergleich** geschlossen (Anm. Abs. 1 Nr. 1, 4. Var. zu Nr. 3104 VV);
- wird **nach § 333 ZPO** entschieden (Anm. Abs. 2 zu Nr. 3105 VV).

bb) Entscheidung ohne mündliche Verhandlung im Einverständnis mit den Parteien (Anm. Abs. 1 Nr. 1, 1. Var. zu Nr. 3104 VV)

132 Nach Anm. Abs. 1 Nr. 1 zu Nr. 3104 VV entsteht eine Terminsgebühr, wenn das Gericht in einem Verfahren, für das mündliche Verhandlung vorgeschrieben ist, im Einverständnis mit den Parteien ohne mündliche Verhandlung entscheidet. Im erstinstanzlichen Verfahren ist hiermit der Fall des § 128 Abs. 2 ZPO gemeint. Nach § 128 Abs. 1 ZPO ist im erstinstanzlichen Verfahren grundsätzlich mündlich zu verhandeln. Im Einverständnis der Parteien kann das Gericht jedoch auch ohne mündliche Verhandlung entscheiden.

133 Voraussetzung ist eine Entscheidung. Dabei muss es sich nicht um eine Endentscheidung handeln. Vielmehr genügt jede Entscheidung, durch die die beabsichtigte Endentscheidung wesentlich sachlich vorbereitet wird, nicht jedoch eine Entscheidung zur Prozess- und Sachleitung.[62]

134 Erforderlich ist, dass die Entscheidung ohne mündliche Verhandlung aufgrund des Einverständnisses der Parteien im Verfahren nach § 128 Abs. 2 ZPO ergeht. Soweit das Gericht ohne mündliche Verhandlung entscheidet, weil es hierzu ohnehin nicht des Einverständnisses der Parteien bedarf, entsteht keine Terminsgebühr. Gegebenenfalls muss genau geprüft werden, auf welche Grundlage das Gericht seine Entscheidung gestützt hat. Das Kostenrecht folgt insoweit immer dem Prozessrecht. Es kommt also nicht darauf an, ob das Gericht auch aus anderen Gründen ohne mündliche Verhandlung hätte entscheiden können, sondern nur darauf, worauf das Gericht seine Befugnis gestützt hat, ohne mündliche Verhandlung zu entscheiden. Ebenso wie eine Terminsgebühr anfällt, wenn in einem gerichtlichen Termin verhandelt worden ist, obwohl eine mündliche Verhandlung gar nicht erforderlich gewesen wäre, entsteht die Terminsgebühr auch dann, wenn das Gericht das Gericht im Verfahren nach § 128 Abs. 2 ZPO entscheidet, obwohl es auch aus anderen Gründen ohne mündliche Verhandlung hätte entscheiden dürfen.

Beispiel 70 | **Entscheidung im schriftlichen Verfahren nach § 128 Abs. 2 ZPO, Urteil**

Nach Klageerhebung (Wert: 5.000,00 EUR) ordnet das Gericht mit Einverständnis der Parteien das schriftliche Verfahren gem. § 128 Abs. 2 ZPO an und entscheidet durch Urteil.

Nach Anm. Abs. 1 Nr. 1 zu Nr. 3104 VV erhält der Anwalt die gleichen Gebühren wie bei mündlicher Verhandlung. Es entsteht also neben der 1,3-Verfahrensgebühr die volle 1,2-Terminsgebühr.

1.	1,3-Verfahrensgebühr, Nr. 3100 VV (Wert: 5.000,00 EUR)	393,90 EUR
2.	1,2-Terminsgebühr, Nr. 3104 VV (Wert: 5.000,00 EUR)	363,60 EUR
3.	Postentgeltpauschale, Nr. 7002 VV	20,00 EUR
	Zwischensumme	777,50 EUR
4.	19 % Umsatzsteuer, Nr. 7008 VV	147,73 EUR
	Gesamt	**925,23 EUR**

---

[62] AnwK-RVG/*Wahlen/Onderka/N. Schneider*, Nr. 3104 Rn 58 ff.

| Beispiel 71 | **Entscheidung im schriftlichen Verfahren nach § 128 Abs. 2 ZPO, Beweisbeschluss, Zeugenvernehmung**

Nach Klageerhebung (Wert: 5.000,00 EUR) ordnet das Gericht mit Einverständnis der Parteien das schriftliche Verfahren nach § 128 Abs. 2 ZPO an und erlässt nach Ablauf des von ihm bestimmten Tages, bis zu dem Schriftsätze eingereicht werden können (§ 128 Abs. 2 S. 1 ZPO) einen Beweisbeschluss, wonach mehrere Zeugen vernommen werden sollen. Hiernach wird die Klage zurückgenommen.

Bei der Entscheidung i.S.d. Anm. Abs. 1 Nr. 1 zu Nr. 3104 VV muss es sich nicht um eine Endentscheidung handeln. Auch eine die Endentscheidung vorbereitende Entscheidung, wie z.B. ein Beweisbeschluss reicht aus. Da auch der Beweisbeschluss, der auf Ladung eines Zeugen gerichtet ist, eine mündliche Verhandlung voraussetzt (arg. e. § 358a ZPO),[63] entsteht unstreitig eine Terminsgebühr.

Abzurechnen ist wie im vorherigen Beispiel 70.

| Beispiel 72 | **Entscheidung im schriftlichen Verfahren nach § 128 Abs. 2 ZPO, Beweisbeschluss Sachverständigengutachten**

Nach Klageerhebung (Wert: 5.000,00 EUR) ordnet das Gericht mit Einverständnis der Parteien das schriftliche Verfahren nach § 128 Abs. 2 ZPO an und erlässt nach Ablauf des von ihm bestimmten Tages, bis zu dem Schriftsätze eingereicht werden können (§ 128 Abs. 2 S. 1 ZPO), einen Beweisbeschluss, wonach mehrere Zeugen vernommen werden sollen. Hiernach wird die Klage zurückgenommen.

Zwar hätte der Beweisbeschluss auch vor einer mündlichen Verhandlung erlassen werden können, so dass er keine mündlichen Verhandlung bedarf (§ 358a ZPO); hier ist er aber in schriftlichen Verfahren ergangen, da der mündlichen Verhandlung gleichsteht, so dass die Terminsgebühr angefallen ist.

Abzurechnen ist wie im Beispiel 70.

| Beispiel 73 | **Entscheidung im schriftlichen Verfahren nach § 128 Abs. 2 ZPO, Hinweisbeschluss**

Nach Klageerhebung (Wert: 5.000,00 EUR) ordnet das Gericht mit Einverständnis der Parteien das schriftliche Verfahren nach § 128 Abs. 2 ZPO an und erlässt nach Ablauf des von ihm bestimmten Tages, bis zu dem Schriftsätze eingereicht werden können (§ 128 Abs. 2 S. 1 ZPO) einen Hinweisbeschluss. Hiernach wird die Klage zurückgenommen.

Da es sich bei der Entscheidung i.S.d. Anm. Abs. 1 Nr. 1 zu Nr. 3104 VV nicht um eine Endentscheidung handeln muss, reicht auch ein Hinweisbeschluss aus. Dass ein Hinweisbeschluss keine mündliche Verhandlung voraussetzt, ist unerheblich, da das Gericht nun einmal im Verfahren nach § 128 Abs. 2 ZPO entschieden hat. Der Anwalt hätte ja auch eine Terminsgebühr verdient, wenn der Hinweisbeschluss aufgrund mündlicher Verhandlung ergangen wäre.

Abzurechnen ist wie im Beispiel 70.

---

[63] Die Anordnung einer Zeugenvernehmung ist im Verfahren nach § 358a ZPO nicht möglich. Das verkennt *Gerold/Schmidt/Müller-Rabe*, Nr. 3101 Rn 26.

Nach a.A.[64] fällt in diesem Fall keine Terminsgebühr an. Danach wäre wie folgt zu rechnen:

1.	1,3-Verfahrensgebühr, Nr. 3100 VV (Wert: 5.000,00 EUR)	393,90 EUR
2.	Postentgeltpauschale, Nr. 7002 VV	20,00 EUR
	Zwischensumme	413,90 EUR
3.	19 % Umsatzsteuer, Nr. 7008 VV	78,64 EUR
	Gesamt	**492,54 EUR**

Beispiel 74 — **Schriftliches Verfahren nach § 128 Abs. 2 ZPO, Verweisungsbeschluss**

Nach Klageerhebung (Wert: 5.000,00 EUR) ordnet das Gericht mit Einverständnis der Parteien das schriftliche Verfahren gem. § 128 Abs. 2 ZPO an. Nachdem mehrere Schriftsätze gewechselt worden sind, verweist das Gericht die Sache auf Antrag der Parteien an das örtlich zuständige Gericht. Dort wird die Klage dann zurückgenommen.

Zwar kann die Verweisung ohne mündliche Verhandlung ergehen (§§ 281, 128 Abs. 4 ZPO), hier ist sie jedoch im Verfahren nach § 128 Abs. 3 ZPO ergangen, so dass damit eine Terminsgebühr entstanden ist.[65] Wäre die Verweisung in einem gerichtlichen Termin verwiesen worden, wäre auch eine Terminsgebühr angefallen. Zu rechnen ist wie in Beispiel 70. Dieser Fall darf nicht mit dem Fall verwechselt werden, dass das Gericht die Verweisung außerhalb des Verfahrens nach § 128 Abs. 2 ZPO ausspricht (siehe Rn 159).

135 Die Terminsgebühr entsteht nur, wenn auch eine Entscheidung ergeht. Fehlt es an einer Entscheidung, entsteht keine Terminsgebühr, so etwa im Falle der Klagerücknahme[66] oder übereinstimmend erklärten Erledigung der Hauptsache.

Beispiel 75 — **Schriftliches Verfahren nach § 128 Abs. 2 ZPO ohne Entscheidung (Klagerücknahme)**

Nach Klageerhebung (Wert: 5.000,00 EUR) ordnet das Gericht mit Einverständnis der Parteien das schriftliche Verfahren gem. § 128 Abs. 2 ZPO an. Nachdem mehrere Schriftsätze gewechselt worden sind, wird die Klage zurückgenommen.

Da keine Entscheidung des Gerichts ergangen ist, ist unstreitig auch keine Terminsgebühr angefallen. Es verbleibt bei der Verfahrensgebühr. Eine noch zu treffende Kostenentscheidung führt nicht zur Terminsgebühr (siehe Rn 157).

1.	1,3-Verfahrensgebühr, Nr. 3100 VV (Wert: 5.000,00 EUR)	393,90 EUR
2.	Postentgeltpauschale, Nr. 7002 VV	20,00 EUR
	Zwischensumme	413,90 EUR
3.	19 % Umsatzsteuer, Nr. 7008 VV	78,64 EUR
	Gesamt	**492,54 EUR**

---

64 So insbesondere *Gerold/Schmidt/Müller-Rabe*, Nr. 3101 Rn 14 ff.
65 A.A. *Gerold/Schmidt/Müller-Rabe*, Nr. 3104 Rn 14 ff., der nur eine Verfahrensgebühr abrechnen will.
66 OLG Naumburg AGS 2014, 118 = NJW-RR 2013, 896 = RVGreport 2014, 22.

II. Grundfälle §13

Beispiel 76 — Schriftliches Verfahren nach § 128 Abs. 2 ZPO ohne Entscheidung (Erledigung der Hauptsache)

Nach Klageerhebung (Wert: 5.000,00 EUR) ordnet das Gericht mit Einverständnis der Parteien das schriftliche Verfahren gem. § 128 Abs. 2 ZPO an. Nachdem mehrere Schriftsätze gewechselt worden sind, wird der Rechtsstreit in der Hauptsache übereinstimmend für erledigt erklärt.

Auch hier ergeht keine Entscheidung des Gerichts mehr im Verfahren nach § 128 Abs. 2 ZPO, so dass auch keine Terminsgebühr anfällt. Die noch zu treffende Kostenentscheidung führt nicht zur Terminsgebühr (siehe Rn 157).

Abzurechnen ist wie im vorangegangenen Beispiel 75.

Ergeht nur zum Teil eine Entscheidung, dann entsteht die Terminsgebühr auch nur aus dem (Teil-)Wert, über den noch entschieden worden ist. Dieser Wert ist gegebenenfalls nach § 33 RVG festzusetzen. **136**

Beispiel 77 — Schriftliches Verfahren nach § 128 Abs. 2 ZPO mit Teilklagerücknahme

Nach Klageerhebung (Wert: 5.000,00 EUR) ordnet das Gericht mit Einverständnis der Parteien das schriftliche Verfahren gem. § 128 Abs. 2 ZPO an. Nachdem mehrere Schriftsätze gewechselt worden sind, wird die Klage in Höhe von 2.000,00 EUR zurückgenommen. Über die verbleibenden 3.000,00 EUR entscheidet das Gericht durch Urteil.

Die Verfahrensgebühr ist aus dem Gesamtwert angefallen. Die Terminsgebühr entsteht dagegen nur aus dem verbliebenen Wert von 3.000,00 EUR, über den auch entschieden worden ist.

1.	1,3-Verfahrensgebühr, Nr. 3100 VV (Wert: 5.000,00 EUR)	393,90 EUR
2.	1,2-Terminsgebühr, Nr. 3104 VV (Wert: 3.000,00 EUR)	241,20 EUR
3.	Postentgeltpauschale, Nr. 7002 VV	20,00 EUR
	Zwischensumme 655,10 EUR	
4.	19 % Umsatzsteuer, Nr. 7008 VV	124,47 EUR
Gesamt		**779,57 EUR**

Beispiel 78 — Schriftliches Verfahren nach § 128 Abs. 2 ZPO mit teilweiser Erledigung der Hauptsache

Nach Klageerhebung (Wert: 5.000,00 EUR) ordnet das Gericht mit Einverständnis der Parteien das schriftliche Verfahren gem. § 128 Abs. 2 ZPO an. Nachdem mehrere Schriftsätze gewechselt worden sind, wird der Rechtsstreit in der Hauptsache übereinstimmend in Höhe von 2.000,00 EUR für erledigt erklärt. Über die verbleibenden 3.000,00 EUR entscheidet das Gericht durch Urteil.

Die Verfahrensgebühr ist wiederum aus dem Gesamtwert angefallen. Die Terminsgebühr entsteht dagegen nur aus dem verbliebenen Wert von 3.000,00 EUR, über den auch entschieden worden ist. Die Kosten des erledigten Verfahrens erhöhen den Wert nicht (§ 23 Abs. S. 1 i.V.m. § 43 Abs. 1 GKG).

Abzurechnen ist wie im vorangegangenen Beispiel 77.

cc) Entscheidung nach § 307 ZPO (Anm. Abs. 1 Nr. 1, 2. Var. zu Nr. 3104 VV)

137 Des Weiteren fällt gem. Anm. Abs. 1 Nr. 1, 2. Var. zu Nr. 3104 VV eine Terminsgebühr an, wenn im schriftlichen Verfahren gem. § 307 ZPO entschieden wird, wenn also ein Anerkenntnisurteil ergeht.[67]

> **Beispiel 79** — Anerkenntnisurteil im schriftlichen Verfahren nach § 307 ZPO auf Antrag
>
> **Nach Klageerhebung (Wert: 5.000,00 EUR) wird Termin zur mündlichen Verhandlung anberaumt. Nun erkennt der Beklagte die Klageforderung an. auf Antrag des Klägers ergeht sodann gem. § 307 ZPO ein Anerkenntnisurteil.**
>
> Die Terminsgebühr entsteht sowohl für den Anwalt des Klägers, der das Anerkenntnisurteil beantragt, als auch für den Anwalt des Beklagten, der das Anerkenntnis abgibt.
>
> | | | |
> |---|---|---:|
> | 1. | 1,3-Verfahrensgebühr, Nr. 3100 VV (Wert: 5.000,00 EUR) | 393,90 EUR |
> | 2. | 1,2-Terminsgebühr, Nr. 3104 VV (Wert: 5.000,00 EUR) | 363,60 EUR |
> | 3. | Postentgeltpauschale, Nr. 7002 VV | 20,00 EUR |
> | | Zwischensumme 777,50 EUR | |
> | 4. | 19 % Umsatzsteuer, Nr. 7008 VV | 147,73 EUR |
> | **Gesamt** | | **925,23 EUR** |

138 Da weder die Anm. Abs. 1 Nr. 1, 2. Var. zu Nr. 3104 VV noch § 307 ZPO einen Antrag auf Erlass eines Anerkenntnisurteils voraussetzen, entsteht die Gebühr auch dann, wenn das Anerkenntnisurteil ohne Antrag ergeht.

> **Beispiel 80** — Anerkenntnisurteil im schriftlichen Verfahren nach § 307 ZPO ohne Antrag
>
> **Nach Klageerhebung (Wert: 5.000,00 EUR) wird Termin zur mündlichen Verhandlung anberaumt. Nun erkennt der Beklagte die Klageforderung an, so dass das Gericht ohne vorherige Anhörung des Klägers gem. § 307 ZPO ein Anerkenntnisurteil erlässt.**
>
> Da ein Antrag nicht erforderlich ist, entsteht auch in diesem Fall die Terminsgebühr. Abzurechnen ist wie im vorangegangenen Beispiel 79.

139 Unerheblich ist, ob das Anerkenntnisurteil im schriftlichen Vorverfahren ergeht oder zu einem späteren Zeitpunkt.[68]

---

[67] OLG Karlsruhe OLGR 2006, 246 = JurBüro 2006, 195; OLG Jena JurBüro 2005, 529 = OLG-NL 2005, 240 = Rpfleger 2005, 699 = OLGR 2005, 975 = MDR 2005, 1436 = RVGreport 2005, 389 = NJ 2005, 505; OLG Stuttgart AGS 2006, 24 = MDR 2005, 1259 = JurBüro 2005, 587 = NJW-RR 2005, 1735 = OLGR 2006, 33 = RVG-Letter 2005, 111 = RVG-B 2005, 182; LG Stuttgart AGS 2005, 328 = NJW 2005, 3152 = RVG-Letter 2005, 68.

[68] A.A. AG Halle (Saale) AGS 2008, 280.

II. Grundfälle § 13

> **Beispiel 81** — Anerkenntnisurteil im schriftlichen Verfahren nach § 307 ZPO

Nach Klageerhebung (Wert: 5.000,00 EUR) ordnet das Gericht das schriftliche Vorverfahren an. Nach Ablauf der Frist zur Anzeige der Verteidigungsbereitschaft erkennt der Beklagte die Klageforderung an, so dass gem. § 307 Abs. 2 ZPO ein Anerkenntnisurteil ergeht.

Auch jetzt entsteht eine 1,2-Terminsgebühr. A.A. ist das AG Halle (Saale).[69] Nach seiner Auffassung entsteht keine Terminsgebühr, weil im schriftlichen Vorverfahren vor Anzeige der Verteidigungsbereitschaft ohne mündliche Verhandlung durch Versäumnisurteil entschieden werden könne, falle in dieser Phase auch für ein Anerkenntnis keine Terminsgebühr an. Das ist jedoch unzutreffend. Abzustellen ist nicht auf das Vorverfahren, sondern auf das gesamte Verfahren. Daher entsteht hier eine Terminsgebühr sowohl für den Anwalt des Klägers, der das Anerkenntnisurteil beantragt, als auch für den Anwalt des Beklagten, der das Anerkenntnis abgibt.

Abzurechnen ist wie in Beispiel 79.

Auch hier entsteht die Terminsgebühr nur, wenn auch ein Anerkenntnisurteil ergeht. Daran fehlt es, wenn sich das Verfahren zuvor erledigt, bevor das Urteil ergangen ist. **140**

> **Beispiel 82** — Anerkenntnis im schriftlichen Verfahren nach § 307 ZPO ohne Anerkenntnisurteil

Nach Klageerhebung (Wert: 5.000,00 EUR) wird Termin zur mündlichen Verhandlung anberaumt. Darauf erkennt der Beklagte die Klageforderung an und bezahlt sie sogleich. Der Kläger erklärt daraufhin den Rechtsstreit in der Hauptsache für erledigt; der Beklagte stimmt zu. Ein Anerkenntnisurteil ergeht nicht mehr.

Das Anerkenntnis alleine reicht nicht aus. Mangels Anerkenntnisurteil ist keine Terminsgebühr entstanden. Es bleibt bei der 1,3-Verfahrensgebühr.

1.	1,3-Verfahrensgebühr, Nr. 3100 VV (Wert: 5.000,00 EUR)	393,90 EUR
2.	Postentgeltpauschale, Nr. 7002 VV	20,00 EUR
	Zwischensumme	413,90 EUR
3.	19 % Umsatzsteuer, Nr. 7008 VV	78,64 EUR
	Gesamt	**492,54 EUR**

Eine Terminsgebühr entsteht dagegen nicht, wenn nur noch die Kosten anerkannt werden. **141**

> **Beispiel 83** — Kostenanerkenntnis

Nach Klageerhebung (Wert: 5.000,00 EUR) wird Rechtsstreit in der Hauptsache übereinstimmend für erledigt erklärt. Der Beklagte erklärt, die Kostenlast anzuerkennen.

Das Anerkenntnis der Kosten löst keine Terminsgebühr aus, da über die Kosten nicht mehr durch (Anerkenntnis-)Urteil entschieden wird, sondern durch Beschluss und es insoweit keiner mündlichen Verhandlung bedarf. Es bleibt bei der 1,3-Verfahrensgebühr.

---

[69] AGS 2008, 280.

1. 1,3-Verfahrensgebühr, Nr. 3100 VV   393,90 EUR
   (Wert: 5.000,00 EUR)
2. Postentgeltpauschale, Nr. 7002 VV   20,00 EUR
   Zwischensumme   413,90 EUR
3. 19 % Umsatzsteuer, Nr. 7008 VV   78,64 EUR
   Gesamt   **492,54 EUR**

dd) Entscheidung im Verfahren nach § 495a ZPO (Anm. Abs. 1 Nr. 1, 3. Var. zu Nr. 3104 VV)

142 Die Terminsgebühr entsteht auch im Verfahren nach § 495a ZPO, wenn dort ohne mündliche Verhandlung entschieden wird. Erforderlich ist auch hier eine Entscheidung, die jedoch wiederum keine Endentscheidung sein muss. Auch hier ist es aus den gleichen Gründen wie im Verfahren nach § 128 Abs. 2 ZPO nicht erforderlich, dass es sich um eine Entscheidung handelt, die eine mündliche Verhandlung voraussetzt (siehe Rn 134).

| Beispiel 84 | **Entscheidung im schriftlichen Verfahren nach § 495a ZPO, Urteil** |

Nach Klageerhebung (Wert: 500,00 EUR) ordnet das Gericht das schriftliche Verfahren nach § 495a ZPO an und entscheidet durch Urteil.

Die Terminsgebühr entsteht auch bei einer Entscheidung im Verfahren nach § 495a ZPO.

1. 1,3-Verfahrensgebühr, Nr. 3100 VV   58,50 EUR
   (Wert: 500,00 EUR)
2. 1,2-Terminsgebühr, Nr. 3104 VV   54,00 EUR
   (Wert: 500,00 EUR)
3. Postentgeltpauschale, Nr. 7002 VV   20,00 EUR
   Zwischensumme   132,50 EUR
4. 19 % Umsatzsteuer, Nr. 7008 VV   25,18 EUR
   Gesamt   **157,68 EUR**

| Beispiel 85 | **Entscheidung im schriftlichen Verfahren nach § 495a ZPO, Hinweisbeschluss** |

Nach Klageerhebung (Wert: 500,00 EUR) ordnet das Gericht das Verfahren nach § 495a ZPO an und erlässt einen Hinweisbeschluss. Hiernach wird die Klage zurückgenommen.

Da es sich bei der Entscheidung i.S.d. Anm. Abs. 1 Nr. 1 zu Nr. 3104 VV nicht um eine Endentscheidung handeln muss, reicht auch ein Hinweisbeschluss aus. Wäre der Hinweisbeschluss in der mündlichen Verhandlung ergangen, wäre die Terminsgebühr ebenfalls angefallen.

Abzurechnen ist wie im vorherigen Beispiel 84.

Nach a.A.[70] fällt in diesem Fall keine Terminsgebühr an. Danach wäre wie folgt zu rechnen:

1. 1,3-Verfahrensgebühr, Nr. 3100 VV   58,50 EUR
   (Wert: 500,00 EUR)
2. Postentgeltpauschale, Nr. 7002 VV   11,70 EUR
   Zwischensumme   70,20 EUR
3. 19 % Umsatzsteuer, Nr. 7008 VV   13,34 EUR
   Gesamt   **83,54 EUR**

---

70 So insbesondere *Gerold/Schmidt/Müller-Rabe*, Nr. 3101 Rn 14 ff.

> **Beispiel 86** Entscheidung im schriftlichen Verfahren nach § 495a ZPO, Verweisungsbeschluss

Nach Klageerhebung (Wert: 500,00 EUR) ordnet das Gericht das schriftliche Verfahren nach § 495a ZPO an. Nachdem mehrere Schriftsätze gewechselt worden sind, verweist das Gericht die Sache auf Antrag der Parteien an das örtlich zuständige Gericht. Dort wird die Klage dann zurückgenommen.

Zwar kann die Verweisung ohne mündliche Verhandlung ergehen (§§ 281, 128 Abs. 4 ZPO), hier ist sie jedoch im Verfahren nach § 495a ZPO ergangen, so dass damit eine Terminsgebühr entstanden ist.[71]

Zu rechnen ist wie in Beispiel 84.

Die Terminsgebühr entsteht auch im Verfahren nach § 495a ZPO nur, wenn auch eine Entscheidung ergeht. Fehlt es an einer Entscheidung, entsteht auch keine Terminsgebühr.

143

> **Beispiel 87** Verfahren nach § 495a ZPO ohne Entscheidung (Klagerücknahme)

Nach Klageerhebung (Wert: 500,00 EUR) ordnet das Gericht das Verfahren nach § 495a ZPO an. Nachdem mehrere Schriftsätze gewechselt worden sind, wird die Klage zurückgenommen.

Da keine Entscheidung des Gerichts ergangen ist, ist unstreitig auch keine Terminsgebühr angefallen. Es verbleibt bei der Verfahrensgebühr. Eine noch zu treffende Kostenentscheidung führt nicht zur Terminsgebühr (siehe Rn 157 ff.).

1.	1,3-Verfahrensgebühr, Nr. 3100 VV (Wert: 500,00 EUR)	58,50 EUR
2.	Postentgeltpauschale, Nr. 7002 VV	11,70 EUR
	Zwischensumme	70,20 EUR
3.	19 % Umsatzsteuer, Nr. 7008 VV	13,34 EUR
	Gesamt	**83,54 EUR**

> **Beispiel 88** Schriftliches Verfahren nach § 495a ZPO ohne Entscheidung (Erledigung der Hauptsache)

Nach Klageerhebung (Wert: 5.000,00 EUR) ordnet das Gericht das Verfahren gem. § 495a ZPO an. Nachdem mehrere Schriftsätze gewechselt worden sind, wird der Rechtsstreit in der Hauptsache übereinstimmend für erledigt erklärt.

Auch hier ergeht keine Entscheidung des Gerichts mehr im Verfahren nach § 495a ZPO, so dass keine Terminsgebühr anfällt. Die noch zu treffende Kostenentscheidung führt nicht zur Terminsgebühr (siehe Rn 157 ff.).

Abzurechnen ist wie im vorangegangenen Beispiel 87.

Ergeht nur zum Teil eine Entscheidung, dann entsteht die Terminsgebühr auch nur aus dem (Teil-)Wert, über den noch entschieden worden ist.

144

---

[71] A.A. *Gerold/Schmidt/Müller-Rabe*, Nr. 3104 Rn 14 ff., der nur eine Verfahrensgebühr abrechnen will.

§ 13 Bürgerliche Rechtsstreitigkeiten erster Instanz

Beispiel 89 | **Schriftliches Verfahren nach § 495a ZPO mit Teilklagerücknahme**

Nach Klageerhebung (Wert: 550,00 EUR) ordnet das Gericht das Verfahren gem. § 495a ZPO an. Nachdem mehrere Schriftsätze gewechselt worden sind, wird die Klage in Höhe von 250,00 EUR zurückgenommen. Über die verbleibenden 300,00 EUR entscheidet das Gericht durch Urteil.

Die Verfahrensgebühr ist aus dem Gesamtwert von 550,00 EUR angefallen. Die Terminsgebühr entsteht dagegen nur aus dem verbliebenen Wert von 300,00 EUR, über den auch entschieden worden ist.

1. 1,3-Verfahrensgebühr, Nr. 3100 VV   104,00 EUR
   (Wert: 550,00 EUR)
2. 1,2-Terminsgebühr, Nr. 3104 VV   54,00 EUR
   (Wert: 300,00 EUR)
3. Postentgeltpauschale, Nr. 7002 VV   20,00 EUR
   Zwischensumme   178,00 EUR
4. 19 % Umsatzsteuer, Nr. 7008 VV   33,82 EUR
   Gesamt   **211,82 EUR**

Beispiel 90 | **Schriftliches Verfahren nach § 495a ZPO mit teilweiser Erledigung der Hauptsache**

Nach Klageerhebung (Wert: 550,00 EUR) ordnet das Gericht das schriftliche Verfahren gem. § 495a ZPO an. Nachdem mehrere Schriftsätze gewechselt worden sind, wird der Rechtsstreit in der Hauptsache übereinstimmend in Höhe von 250,00 EUR für erledigt erklärt. Über die verbleibenden 300,00 EUR entscheidet das Gericht durch Urteil.

Die Verfahrensgebühr ist wiederum aus dem Gesamtwert von 500,00 EUR angefallen. Die Terminsgebühr entsteht dagegen nur aus dem verbliebenen Wert von 300,00 EUR, über den auch entschieden worden ist. Die Kosten des erledigten Verfahrens erhöhen den Wert nicht (§ 43 Abs. 1 GKG).

Abzurechnen ist wie im Beispiel 87.

ee) Entscheidung im schriftlichen Verfahren bei mangelnder Beteiligung des Beklagten

145 Ergeht eine Entscheidung im schriftlichen Verfahren nach § 495a ZPO oder nach § 128 Abs. 2 ZPO, ohne dass sich der Beklagte beteiligt, ist zu differenzieren:

(1) Versäumnisurteil

146 Ergeht im Verfahren nach § 495a ZPO ein Versäumnisurteil, so entsteht nur eine 0,5-Terminsgebühr nach Anm. Abs. 1 Nr. 1 zu Nr. 3105 VV.

Beispiel 91 | **Versäumnisurteil im schriftlichen Verfahren**

Das Gericht ordnet das schriftliche Verfahren nach § 495a ZPO an (Streitwert: 500,00 EUR). Der Beklagte meldet sich nicht, so dass das Gericht in diesem Verfahren auf Antrag ein Versäumnisurteil erlässt.

Es gilt Anm. Abs. 1 Nr. 1 zu Nr. 3105 VV. Die Terminsgebühr entsteht nur zu 0,5.

1. 1,3-Verfahrensgebühr, Nr. 3100 VV (Wert: 500,00 EUR)		58,50 EUR
2. 0,5-Terminsgebühr, Nrn. 3104, 3105 VV (Wert: 500,00 EUR)		22,50 EUR
3. Postentgeltpauschale, Nr. 7002 VV		16,20 EUR
Zwischensumme	97,20 EUR	
4. 19 % Umsatzsteuer, Nr. 7008 VV		18,47 EUR
Gesamt		**115,67 EUR**

(2) Entscheidung zur Prozess- und Sachleitung

Ergeht im Verfahren nach § 495a ZPO oder nach § 128 ZPO, an dem sich der Beklagte nicht beteiligt lediglich eine Entscheidung zur Prozess- und Sachleitung – unabhängig davon, ob dies der Kläger beantragt hat oder nicht –, so greift wiederum der Ausnahmetatbestand der Anm. Abs. 1 Nr. 1 zu Nr. 3105 VV. Es entsteht lediglich eine 0,5-Terminsgebühr. 147

Beispiel 92 — Antrag oder Entscheidung zur Prozess- und Sachleitung im schriftlichen Verfahren

Das Gericht ordnet das schriftliche Verfahren nach § 495a ZPO an (Streitwert: 500,00 EUR). Der Beklagte meldet sich nicht. Der Kläger beantragt zunächst das Ruhen des Verfahrens, das auch beschlossen wird. Später nimmt er die Klage zurück.

Es gilt wiederum Anm. Abs. 1 Nr. 1 zu Nr. 3105 VV. Die Terminsgebühr entsteht nur zu 0,5.

Abzurechnen ist wie im vorangegangenen Beispiel 91.

(3) „Streitiges" Urteil

Ergeht dagegen im Verfahren nach § 495a ZPO ein endgültiges, also „streitiges" Urteil, obwohl sich der Beklagte am Verfahren nicht beteiligt hat, entsteht dennoch die 1,2-Terminsgebühr nach Nr. 3104 VV. Der Ausnahmetatbestand der Nr. 3105 VV ist seinem Wortlaut nach schon nicht anwendbar, weil nicht lediglich der Erlass eines Versäumnisurteils beantragt worden ist.[72] 148

Beispiel 93 — Urteil im schriftlichen Verfahren ohne Beteiligung des Beklagten

Das Gericht ordnet das schriftliche Verfahren nach § 495a ZPO an (Streitwert 500,00 EUR). Der Beklagte meldet sich nicht, so dass das Gericht in diesem Verfahren ein endgültiges Urteil erlässt.

Die Ermäßigung nach Anm. Abs. 1 Nr: 1 zu Nr. 3105 VV greift nicht. Die Terminsgebühr entsteht zu 1,2.

---

[72] OLG Düsseldorf AGS 2009, 172 = JurBüro 2009, 364 = OLGR 2009, 524 = NJW-Spezial 2009, 284 = RVGprof. 2009, 96 = RVGreport 2009, 185; AG Kleve 2006, 542; AnwK-RVG/*Onderka*, Nr. 3105 VV Rn 39; Hartung/Römermann/ *Schons*, Nr. 3105 Rn 18; a.A. AG München AGS 2007, 442 m. abl. Anm. *Schons*; AG Freising AGS 2008, 71 = JurBüro 2008, 142; AG Cloppenburg JurBüro 2007, 79.

1. 1,3-Verfahrensgebühr, Nr. 3100 VV (Wert: 500,00 EUR)		58,50 EUR
2. 1,2-Terminsgebühr, Nrn. 3104 VV (Wert: 500,00 EUR)		54,00 EUR
3. Postentgeltpauschale, Nr. 7002 VV		20,00 EUR
Zwischensumme	132,50 EUR	
4. 19 % Umsatzsteuer, Nr. 7008 VV		25,18 EUR
Gesamt		**157,68 EUR**

ff) Schriftlicher Vergleich (Anm. Abs. 1 Nr. 1, 4. Var. zu Nr. 3104 VV)

149 Ebenso entsteht die Terminsgebühr, wenn in einem Verfahren, für das mündliche Verhandlung vorgeschrieben ist, ein schriftlicher Vergleich geschlossen wird. Hauptanwendungsfall dieser Variante ist das Zustandekommen eines Vergleichs nach § 278 Abs. 6 ZPO.[73] Die Anm. Abs. 1 Nr. 1 zu Nr. 3104 VV ist jedoch nicht auf die Fälle des § 278 Abs. 6 ZPO beschränkt.

Beispiel 94 **Zustandekommen eines Vergleichs nach § 278 Abs. 6 ZPO**

Eingeklagt sind 6.000,00 EUR. Nach Eingang der Klageerwiderung schlägt das Gericht vor, die Parteien mögen sich dahingehend einigen, dass der Beklagte zum Ausgleich der Klageforderung 4.000,00 EUR zahle. Beide Parteien stimmen dem zu, ohne dass es zu einer mündlichen Verhandlung oder zu Besprechungen der Anwälte kommt. Das Gericht beschließt nach § 278 Abs. 6 ZPO das Zustandekommen des Vergleichs.

Der Anwalt erhält nach Anm. Abs. 1 Nr. 1 zu Nr. 3104 VV eine Terminsgebühr. Hinzu kommt eine 1,0-Einigungsgebühr.

1. 1,3-Verfahrensgebühr, Nr. 3100 VV (Wert: 6.000,00 EUR)		460,20 EUR
2. 1,2-Terminsgebühr, Nr. 3104 VV (Wert: 6.000,00 EUR)		424,80 EUR
3. 1,0-Einigungsgebühr, Nrn. 1000, 1003 VV (Wert: 6.000,00 EUR)		354,00 EUR
4. Postentgeltpauschale, Nr. 7002 VV		20,00 EUR
Zwischensumme	1.259,00 EUR	
5. 19 % Umsatzsteuer, Nr. 7008 VV		239,21 EUR
Gesamt		**1.498,21 EUR**

150 Für die Terminsgebühr ist nicht erforderlich, dass das Zustandekommen des Vergleichs nach § 278 Abs. 6 ZPO protokolliert wird. Die Terminsgebühr entsteht schon dann, wenn ein schriftlicher Vergleich geschlossen wird. Das kann auch ein privatschriftlicher Vergleich sein.[74] Der Wortlaut ist insoweit eindeutig und beschränkt sich im Gegensatz zu Nr. 3101 Nr. 2, 2. Alt. VV nicht auf einen Vergleich nach § 278 Abs. 6 ZPO. Es wäre zudem widersinnig, wenn nur der Anwalt die Terminsgebühr erhielte, der dem Gericht noch die Mehrarbeit der Protokollierung bzw. Beschluss-

---

73 BGH AGS 2006, 488 = AnwBl 2006, 676 = Rpfleger 2006, 624 = BGHReport 2006, 1391 = NJW-RR 2006, 1507 = BRAK-Mitt 2006, 287 = MDR 2007, 179 = RVG-Letter 2006, 99 = FamRZ 2006, 1373 = RVGprof. 2006, 163 = RVGreport 2006, 387 = NJW 2007, 160; AGS 2007, 341 = AnwBl 2007, 462 = Rpfleger 2007, 431 = JurBüro 2007, 360 = MDR 2007, 917 = NJW-RR 2007, 1149 = BGHRt 2007, 687 = FamRZ 2007, 1013 = BRAK-Mitt 2007, 127 = RVGreport 2007, 229 = NJ 2007, 312.
74 LAG Hamburg RVGreport 2011, 110 = RVGprof. 2010, 192; *N. Schneider*, Terminsgebühr bei Abschluss eines schriftlichen Vergleichs, NJW-Spezial 2014, 283; AnwK-RVG/*Onderka*, Nr. 3104 Rn 77; Bischof/Jungbauer, Nr. 3104 Rn 54; Gerold/Schmidt/Müller-Rabe, Nr. 3104 Rn 69.

fassung macht und der Anwalt, der diese Mehrarbeit dadurch vermeidet, dass er selbst den Vergleichstext fixiert nur eine geringere Vergütung erhielte.

> **Beispiel 95** | **Schriftlicher Vergleich ohne gerichtliche Feststellung oder Protokollierung**

Eingeklagt sind 6.000,00 EUR. Anschließend korrespondieren die Anwälte und handeln schriftsätzlich einen Vergleich aus, aufgrund dessen die Klage zurückgenommen wird.

Abzurechnen ist wie im vorangegangenen Beispiel 94.

Wird in einem Verfahrensstadium, in dem eine mündliche Verhandlung nicht (mehr) vorgeschrieben ist, ein schriftlicher Vergleich geschlossen, so entsteht keine Terminsgebühr. Die Terminsgebühr entsteht nur, wenn im Falle einer Entscheidung eine mündliche Verhandlung vorgeschrieben wäre. 151

> **Beispiel 96** | **Kostenvergleich nach § 278 Abs. 6 ZPO**

Nachdem der Beklagte die Klageforderung in Höhe von 6.000,00 EUR bezahlt hat, erklären die Parteien den Rechtsstreit übereinstimmend für erledigt und beantragen einen Kostenvergleich nach § 278 Abs. 6 ZPO zu protokollieren. Der Kostenstreitwert wird auf 1.200,00 EUR festgesetzt.

Da über die Kosten gem. § 128 Abs. 3 ZPO ohne mündliche Verhandlung entschieden werden kann, entsteht auch für die Protokollierung des Vergleichs keine Terminsgebühr. Es fällt nur die Verfahrensgebühr an sowie eine Einigungsgebühr aus dem Wert der Kosten.

1.	1,3-Verfahrensgebühr, Nr. 3100 VV (Wert: 6.000,00 EUR)		460,20 EUR
2.	1,0-Einigungsgebühr, Nrn. 1000, 1003 VV (Wert: 1.200,00 EUR)		115,00 EUR
3.	Postentgeltpauschale, Nr. 7002 VV		20,00 EUR
	Zwischensumme	595,20 EUR	
4.	19 % Umsatzsteuer, Nr. 7008 VV		113,09 EUR
	Gesamt		**708,29 EUR**

gg) Versäumnisurteil im schriftlichen Vorverfahren nach § 333 Abs. 3 ZPO (Anm. Abs. 2 zu Nr. 3105 VV)

Zeigt der Beklagte seine Verteidigungsbereitschaft entgegen § 276 Abs. 1 S. 1, Abs. 2 ZPO nicht rechtzeitig an und ergeht daraufhin im schriftlichen Vorverfahren auf Antrag des Klägers, der bereits in der Klageschrift gestellt werden kann, nach § 331 Abs. 3 ZPO ein Versäumnisurteil, so wird hierdurch ebenfalls nur die 0,5-Terminsgebühr ausgelöst. Dies folgt aus Anm. Abs. 1 Nr. 1 zu Nr. 3105 VV. 152

Unerheblich ist insoweit, ob ein Versäumnisurteil in vollem Umfang ergeht oder ob nach § 331 Abs. 3 S. 3 ZPO die Klage hinsichtlich einer Nebenforderung abgewiesen wird. 153

§ 13 Bürgerliche Rechtsstreitigkeiten erster Instanz

Beispiel 97 — Versäumnisurteil im schriftlichen Vorverfahren auf Antrag des Klägers

Der Kläger reicht eine Klage über 10.000,00 EUR ein und beantragt für den Fall, dass die Verteidigungsbereitschaft nicht angezeigt wird, den Erlass eines Versäumnisurteils. Der Beklagte zeigt die Verteidigungsbereitschaft nicht an, so dass ein Versäumnisurteil im schriftlichen Vorverfahren ergeht.

Es gilt Anm. Abs. 1 Nr. 2 zu Nr. 3105 VV. Die Terminsgebühr entsteht nur zu 0,5.

1.	1,3-Verfahrensgebühr, Nr. 3100 VV (Wert: 10.000,00 EUR)	725,40 EUR
2.	0,5-Terminsgebühr, Nrn. 3104, 3105 VV (Wert: 10.000,00 EUR)	669,60 EUR
3.	Postentgeltpauschale, Nr. 7002 VV	20,00 EUR
	Zwischensumme	1.415,00 EUR
4.	19 % Umsatzsteuer, Nr. 7008 VV	268,85 EUR
	Gesamt	**1.683,85 EUR**

154 Erlässt das Gericht ein Versäumnisurteil im schriftlichen Verfahren, obwohl dies nicht beantragt war, so entsteht gleichwohl die 0,5-Terminsgebühr nach Nr. 3105 VV, da es auf einen Antrag nicht (mehr) ankommt. Ebenso wenig wie nach Anm. Abs. 1 Nr. 1 zu Nr. 3104 VV (im Falle eines Anerkenntnisurteils) ein Antrag oder eine Anregung des Anwalts erforderlich ist, setzt Anm. Abs. 1 Nr. 2 zu Nr. 3105 VV einen Antrag voraus;[75] es kommt nur darauf an, dass das Versäumnisurteil erlassen wird: „*eine Entscheidung gemäß § 331 Abs. 3 ZPO ergeht.*"

Beispiel 98 — Versäumnisurteil im schriftlichen Vorverfahren ohne Antrag

Der Anwalt reicht für den Kläger Klage ein und vergisst, den Antrag auf Erlass eines Versäumnisurteils zu stellen. Das Gericht übersieht den fehlenden Antrag und erlässt routinemäßig nach Ablauf der Frist zur Anzeige der Verteidigungsbereitschaft das Versäumnisurteil.

Es gilt wiederum Anm. Abs. 1 Nr. 2 zu Nr. 3105 VV. Die Terminsgebühr entsteht nur zu 0,5.

Abzurechnen ist wie im vorangegangenen Beispiel 97.

155 Wird das Versäumnisurteil zwar erlassen, aber nach § 331 Abs. 3 S. 3 ZPO die Klage hinsichtlich einer Nebenforderung abgewiesen, gilt nichts anderes. Es bleibt bei einer 0,5-Terminsgebühr aus dem Gesamtwert. Aus dem abgewiesenen Teil entsteht nicht etwa die volle 1,2-Terminsgebühr.

Beispiel 99 — Antrag auf Versäumnisurteil im Termin, Versäumnisurteil wird erlassen, allerdings unter Abweisung einer Nebenforderung

Eingeklagt sind 10.000,00 EUR nebst Zinsen und vorgerichtlicher Kosten. Das Gericht weist darauf hin, dass es die Zinsforderung und die Forderung auf Ersatz der vorgerichtlichen

---

[75] LG Berlin RVGreport 2006, 105; OLG Jena AGS 2006, 227 m. Anm. *Schons* = OLGR 2006, 280 = RVGreport 2006, 187 = MDR 2006, 1196 = Rpfleger 2006, 289 = JurBüro 2006, 254 = NJ 2006, 277; OLG München = JurBüro 2007, 589 = FamRZ 2008, 913 = RVGreport 2007 = OLGR 2007, 875; a.A. OLG Oldenburg AGS 2008, 386 = MDR 2008, 887 = Rpfleger 2008, 538 = FamRZ 2008, 2144 = NJW-RR 2008, 1670 = OLGR 2009, 82 = RVGreport 2008, 263 = NJW-Spezial 2008, 475 = AnwBl 2008, 638.

Kosten für unschlüssig halte. Der Kläger bleibt bei seiner Auffassung. Daraufhin ergeht ein Versäumnisurteil, mit dem der Beklagte zur Zahlung der 10.000,00 EUR verurteilt wird, gleichzeitig aber auch die Klage hinsichtlich der Zinsen und der vorgerichtlichen Kosten abgewiesen wird.

Es entsteht wiederum nur eine 0,5-Terminsgebühr nach Nrn. 3104, 3105 VV.

1.	1,3-Verfahrensgebühr, Nr. 3100 VV (Wert: 8.000,00 EUR)	592,80 EUR
2.	0,5-Terminsgebühr, Nrn. 3104, 3105 VV (Wert: 8.000,00 EUR)	22.800 EUR
3.	Postentgeltpauschale, Nr. 7002 VV Zwischensumme	20,00 EUR 840,80 EUR
4.	19 % Umsatzsteuer, Nr. 7008 VV	159,75 EUR
Gesamt		**1.000,55 EUR**

Ergeht im vereinfachten Verfahren nach § 495a ZPO ein Versäumnisurteil, so wird – ungeachtet des Wegfalls der Anm. Abs. 2 zu Nr. 3105 VV – lediglich eine reduzierte 0,5-Terminsgebühr.[76] Dieser Fall darf nicht mit der Konstellation verwechselt werden, dass sich der Beklagte im Verfahren nach § 495a ZPO nicht meldet und ein Schlussurteil ergeht (siehe Rn 148). **156**

hh) Sonstige Fälle der Entscheidung ohne mündliche Verhandlung

Wird in einem Verfahren, für das eine mündliche Verhandlung nicht vorgeschrieben ist, ohne mündliche Verhandlung entschieden, so entsteht keine Terminsgebühr. Anm. Abs. 1 Nr. 1 zu Nr. 3104 VV ist nicht anwendbar und auch nicht analogiefähig. **157**

Daher entsteht insbesondere dann keine Terminsgebühr, wenn im schriftlichen Verfahren nur noch über die Kosten entschieden wird, da diese Entscheidung nach § 128 Abs. 3 ZPO ohne mündliche Verhandlung ergehen kann.[77] **158**

Beispiel 100 — **Entscheidung im schriftlichen Verfahren nur über die Kosten (Erledigung der Hauptsache)**

Nachdem der Beklagte die Klageforderung in Höhe von 6.000,00 EUR bezahlt hat, erklären die Parteien den Rechtsstreit übereinstimmend für erledigt und stellen wechselseitige Kostenanträge. Das Gericht entscheidet gem. § 128 Abs. 3 ZPO ohne mündliche Verhandlung und legt die Kosten des Verfahrens dem Beklagten auf.

Soweit nur noch über die Kosten zu entscheiden ist, kann dies gem. § 128 Abs. 3 ZPO immer ohne mündliche Verhandlung geschehen. Eine Terminsgebühr entsteht daher nicht. Es fällt nur die Verfahrensgebühr an.

1.	1,3-Verfahrensgebühr, Nr. 3100 VV (Wert: 6.000,00 EUR)	460,20 EUR
2.	Postentgeltpauschale, Nr. 7002 VV Zwischensumme	20,00 EUR 480,20 EUR
3.	19 % Umsatzsteuer, Nr. 7008 VV	91,24 EUR
Gesamt		**571,44 EUR**

---

[76] AG Mönchengladbach AGS 2013, 383 = NJW-Spezial 2013, 507 = RVGprof. 2013, 150.
[77] BGH AGS 2007, 610 u. 2008, 610 = MDR 2007, 1454 = BGHR 2008, 52 = Rpfleger 2008, 45 = JurBüro 2008, 23 = BRAK-Mitt 2008, 37 = VersR 2008, 231 = FamRZ 2008, 261 = NJW 2008, 668 = NJW-Spezial 2007, 555 = RVGreport 2007, 460 = DAR 2008, 56 = RVGprof. 2008, 97.

| Beispiel 101 | **Entscheidung im schriftlichen Verfahren nur über die Kosten (Erledigung der Hauptsache im schriftlichen Verfahren oder im Verfahren nach § 495a ZPO)** |

Nach Eingang der Klage in Höhe von 500,00 EUR hat das Gericht im Einverständnis mit den Parteien das schriftliche Verfahren nach § 128 Abs. 2 ZPO angeordnet oder das Verfahren nach § 495a ZPO. Im Verlaufe des Verfahrens erklären die Parteien den Rechtsstreit übereinstimmend für erledigt und stellen wechselseitige Kostenanträge. Das Gericht entscheidet ohne mündliche Verhandlung und legt die Kosten des Verfahrens dem Beklagten auf.

Mit übereinstimmend erklärter Erledigung der Hauptsache entfällt die Rechtshängigkeit, so dass sowohl das schriftliche Verfahren nach § 128 Abs. 2 ZPO als auch das Verfahren nach § 495a ZPO endet. Die Kostenentscheidung ergeht, wenn darüber nicht verhandelt wird, auch hier im Verfahren nach § 128 Abs. 4 ZPO, so dass eine Terminsgebühr nicht entsteht. Es fällt nur die Verfahrensgebühr an.

1. 1,3-Verfahrensgebühr, Nr. 3100 VV   58,50 EUR
   (Wert: 500,00 EUR)
2. Postentgeltpauschale, Nr. 7002 VV   11,70 EUR
   Zwischensumme   70,20 EUR
3. 19 % Umsatzsteuer, Nr. 7008 VV   13,34 EUR
Gesamt   **83,54 EUR**

| Beispiel 102 | **Entscheidung im schriftlichen Verfahren nur über die Kosten (Klagerücknahme)** |

In einem Rechtsstreit über 6.000,00 EUR ordnet das Gericht das schriftliche Verfahren nach § 128 Abs. 2 ZPO an. Hiernach wird die Klage zurückgenommen. Das Gericht entscheidet anschließend gem. § 269 Abs. 3 ZPO über die Kosten.

Zweifelhaft ist, ob hier überhaupt eine Entscheidung in einem Verfahren nach § 128 Abs. 2 ZPO ergangen ist, da mit Klagerücknahme die Rechtshängigkeit entfällt und damit auch das Verfahren nach § 128 Abs. 2 ZPO beendet und die Kostenentscheidung im Verfahren nach § 128 Abs. 3 ZPO ergangen sein dürfte. Letztlich wird es darauf nicht ankommen, da die Entscheidung über die Kosten in einem „normalen" Verfahren auch ohne mündliche Verhandlung ergehen kann. Daher entsteht keine Terminsgebühr, sondern nur die Verfahrensgebühr.[78]

159 Auch wenn aus anderen Gründen als denen der Anm. Abs. 1 Nr. 1 zu Nr. 3104 VV ohne mündliche Verhandlung entschieden, entsteht keine Terminsgebühr. Die Vorschrift der Anm. Abs. 1 Nr. 1 zu Nr. 3104 VV ist als Ausnahmevorschrift nicht analogiefähig.

| Beispiel 103 | **Schriftliches Verfahren, Verweisung** |

Nach Klageerhebung verweist das LG Köln auf Antrag den Rechtsstreit an das LG München. Dort wird die Klage anschließend zurückgenommen.

Die Verweisung ergeht durch Beschluss (§ 281 Abs. 1 S. 1 ZPO) und setzt daher keine mündliche Verhandlung voraus. Eine Terminsgebühr entsteht daher nicht. Es bleibt bei der Verfahrensgebühr.

---

[78] A.A. LG Mönchengladbach AGS 2008, 25.

1. 1,3-Verfahrensgebühr, Nr. 3100 VV (Wert: 6.000,00 EUR)		460,20 EUR
2. Postentgeltpauschale, Nr. 7002 VV Zwischensumme	480,20 EUR	20,00 EUR
3. 19 % Umsatzsteuer, Nr. 7008 VV		91,24 EUR
Gesamt		**571,44 EUR**

Beispiel 104 — Schriftliches Verfahren, Verwerfung des Einspruchs gegen einen Vollstreckungsbescheid als unzulässig

Der Anwalt wird beauftragt, gegen einen Vollstreckungsbescheid in Höhe von 6.000,00 EUR Einspruch einzulegen. Der Einspruch wird als unzulässig verworfen.

Die Verwerfung eines Einspruchs als unzulässig kann nach §§ 700 Abs. 1, 341 Abs. 2 ZPO ohne mündliche Verhandlung ausgesprochen werden. Daher entsteht keine Terminsgebühr, sondern nur die Verfahrensgebühr.[79]

Abzurechnen ist wie in Beispiel 103.

Beispiel 105 — Erlass eines Beweisbeschlusses nach § 358a ZPO

Nach Klageeinreichung (Wert: 1.860,00 EUR) erlässt das Gericht nach § 358a ZPO vorbereitend einen Beweisbeschluss. Vor Durchführung der Beweisaufnahme wird die Klage zurückgenommen.

Ein Beweisbeschluss nach § 358a ZPO kann ohne mündliche Verhandlung ergehen. Ein Einverständnis der Parteien ist nicht erforderlich. Eine analoge Anwendung des 358a ZPO kommt nicht in Betracht.[80] Daher entsteht keine Terminsgebühr, sondern nur die Verfahrensgebühr.

1. 1,3-Verfahrensgebühr, Nr. 3100 VV (Wert: 1.860,00 EUR)		195,00 EUR
2. Postentgeltpauschale, Nr. 7002 VV Zwischensumme	215,00 EUR	20,00 EUR
3. 19 % Umsatzsteuer, Nr. 7008 VV		40,85 EUR
Gesamt		**255,85 EUR**

Beispiel 106 — Einholung eines Kammergutachtens im Vergütungsprozess

Nach Klageeinreichung in einem Rechtsstreit auf Zahlung einer anwaltlichen Vergütung (Wert: 1.860,00 EUR) ordnet das Gericht das schriftliche Vorverfahren an. Nachdem mehrere Schriftsätze gewechselt worden sind, holt das Gericht gem. § 14 Abs. 2 RVG ein Gutachten des Vorstands der Rechtsanwaltskammer ein.

Ein Gutachten des Vorstands der Rechtsanwaltskammer kann auch ohne vorherige mündliche Verhandlung eingeholt werden. Daher entsteht auch her keine Terminsgebühr, sondern nur die Verfahrensgebühr. Abzurechnen ist wie im vorangegangenen Beispiel.

---

79 AG Ansbach AGS 2006, 544 = RVGreport 2006, 388; LG Berlin RVGreport 2006, 347.
80 OLG München AGS 2008, 69 = JurBüro 2008, 196 = NJW-Spezial 2008, 91.

3. Einigungsgebühr

a) Grundfälle

160 Kommt es im Rechtsstreit zu einer Einigung über die in dem Verfahren anhängigen Gegenstände, so erhält der Anwalt, sofern er an der Einigung mitgewirkt hat, eine 1,0-Einigungsgebühr nach den Nrn. 1000, 1003 VV.

161 Zur Einigung auch über nicht in diesem Rechtsstreit anhängige Ansprüche siehe unten Rn 219 ff.

Beispiel 107 | **Gesamteinigung über alle anhängigen Ansprüche**

Eingeklagt sind 10.000,00 EUR. In der mündlichen Verhandlung einigen sich die Parteien über die Klageforderung.

Der Anwalt erhält neben der Verfahrens- und der Terminsgebühr eine 1,0-Einigungsgebühr aus 10.000,00 EUR.

1.	1,3-Verfahrensgebühr, Nr. 3100 VV (Wert: 10.000,00 EUR)	725,40 EUR
2.	1,2-Terminsgebühr, Nr. 3104 VV (Wert: 10.000,00 EUR)	669,60 EUR
3.	1,0-Einigungsgebühr, Nrn. 1000, 1003 VV (Wert: 10.000,00 EUR)	558,00 EUR
4.	Postentgeltpauschale, Nr. 7002 VV	20,00 EUR
	Zwischensumme	1.973,00 EUR
5.	19 % Umsatzsteuer, Nr. 7008 VV	374,87 EUR
	Gesamt	**2.347,87 EUR**

162 Wird eine Einigung ohne mündliche Verhandlung geschlossen, so entsteht neben der **Einigungsgebühr** ebenfalls die **1,2-Terminsgebühr** nach Nr. 3104 VV (Anm. Abs. 1 Nr. 1 zu Nr. 3104 VV), wenn im Verfahren eine mündliche Verhandlung vorgeschrieben ist oder es sich um ein Verfahren nach § 495a ZPO handelt. Hierzu zählt vor allem der Vergleichsabschluss im Verfahren nach § 278 Abs. 6 ZPO.[81]

Beispiel 108 | **Einigung mit Beschlussfassung nach § 278 Abs. 6 ZPO**

Eingeklagt sind 6.000,00 EUR. Nach Eingang der Klageerwiderung schlägt das Gericht vor, die Parteien mögen sich dahingehend einigen, dass der Beklagte zum Ausgleich der Klageforderung 4.000,00 EUR zahle. Beide Parteien stimmen dem zu. Das Gericht stellt nach § 278 Abs. 6 ZPO das Zustandekommen des Vergleichs fest.

Durch die Protokollierung nach § 278 Abs. 6 ZPO wird auch die Terminsgebühr ausgelöst.

1.	1,3-Verfahrensgebühr, Nr. 3100 VV (Wert: 6.000,00 EUR)	460,20 EUR
2.	1,2-Terminsgebühr, Nr. 3104 VV (Wert: 6.000,00 EUR)	424,80 EUR

---

[81] BGH AGS 2006, 488 = AnwBl 2006, 676 = Rpfleger 2006, 624 = BGHR 2006, 1391 = NJW-RR 2006, 1507 = BRAK-Mitt 2006, 287 = MDR 2007, 179 = RVG-Letter 2006, 99 = FamRZ 2006, 1373 = RVGprof. 2006, 163 = RVGreport 2006, 387 = NJW 2007, 160; AGS 2007, 341 = AnwBl 2007, 462 = Rpfleger 2007, 431 = JurBüro 2007, 360 = NZBau 2007, 447 = MDR 2007, 917 = NJW-RR 2007, 1149 = BGHR 2007, 687 = FamRZ 2007, 1013 = BRAK-Mitt 2007, 127 = RVGprof. 2007, 110 = RVGreport 2007, 229 = NJ 2007, 312.

3.	1,0-Einigungsgebühr, Nrn. 1000, 1003 VV (Wert: 6.000,00 EUR)	354,00 EUR
4.	Postentgeltpauschale, Nr. 7002 VV	20,00 EUR
	Zwischensumme 1.259,00 EUR	
5.	19 % Umsatzsteuer, Nr. 7008 VV	239,21 EUR
Gesamt		**1.498,21 EUR**

> **Beispiel 109** | **Einigung im Verfahren nach § 495a ZPO mit Beschlussfassung nach § 278 Abs. 6 ZPO**

Eingeklagt sind 500,00 EUR. Nach Eingang der Klageerwiderung schlägt das Gericht vor, die Parteien mögen sich dahingehend einigen, dass der Beklagte zum Ausgleich der Klageforderung 250,00 EUR zahle. Beide Parteien stimmen dem zu. Das Gericht stellt nach § 278 Abs. 6 ZPO das Zustandekommen des Vergleichs fest.

Durch die Protokollierung nach § 278 Abs. 6 ZPO wird auch hier die Terminsgebühr ausgelöst.

1.	1,3-Verfahrensgebühr, Nr. 3100 VV (Wert: 500,00 EUR)	58,50 EUR
2.	1,2-Terminsgebühr, Nr. 3104 VV (Wert: 500,00 EUR)	54,00 EUR
3.	1,0-Einigungsgebühr, Nrn. 1000, 1003 VV (Wert: 500,00 EUR)	45,00 EUR
4.	Postentgeltpauschale, Nr. 7002 VV	20,00 EUR
	Zwischensumme 177,50 EUR	
5.	19 % Umsatzsteuer, Nr. 7008 VV	33,73 EUR
Gesamt		**211,23 EUR**

Der Vergleich muss dabei nicht protokolliert worden sein. Es reicht ein schriftlicher Vergleich aus.[82]

> **Beispiel 110** | **Schriftlicher Vergleich**

Eingeklagt sind 6.000,00 EUR. Nach Eingang der Klageerwiderung schlägt der Beklagte vor, zum Ausgleich der Klageforderung 4.000,00 EUR zu zahlen, wenn die Klage zurückgenommen werde und jede Partei ihre Kosten selbst trage. Der Vergleich kommt zustande und wird schriftlich fixiert. Daraufhin wird die Klage zurückgenommen.

Auch jetzt entstehen neben der Verfahrensgebühr die Termins- und die Einigungsgebühr. Abzurechnen ist wie im Beispiel 109.

Möglich ist, dass die Einigungsgebühr nur nach einem geringeren Wert anfällt als die Verfahrensgebühr und gegebenenfalls die Terminsgebühr, nämlich dann, wenn die Parteien sich nur über einen Teil der anhängigen Gegenstände einigen oder wenn sich ein Teil der Gegenstände bereits erledigt hat.

---

[82] *N. Schneider*, Terminsgebühr bei Abschluss eines schriftlichen Vergleichs, NJW-Spezial 2014, 283; AnwK-RVG/*Onderka*, Nr. 3104 Rn 77; *Bischof/Jungbauer*, Nr. 3104 Rn 54; Gerold/Schmidt/*Müller-Rabe*, Nr. 3104 Rn 69.

§ 13 Bürgerliche Rechtsstreitigkeiten erster Instanz

Beispiel 111 | **Teileinigung**

Nach Klageerhebung (Wert: 10.000,00 EUR) einigen sich die Parteien im Termin zur mündlichen Verhandlung über einen Teilbetrag von 4.000,00 EUR. Im Übrigen wird entschieden.

Die **Verfahrensgebühr** und die **Terminsgebühr** sind nach dem vollen Wert von 10.000,00 EUR angefallen. Die **Einigungsgebühr** ist dagegen nur nach dem geringeren Wert von 4.000,00 EUR angefallen.

1.	1,3-Verfahrensgebühr, Nr. 3100 VV (Wert: 10.000,00 EUR)	725,40 EUR
2.	1,2-Terminsgebühr, Nr. 3104 VV (Wert: 10.000,00 EUR)	302,40 EUR
3.	1,0-Einigungsgebühr, Nrn. 1000, 1003 VV (Wert: 4.000,00 EUR)	252,00 EUR
4.	Postentgeltpauschale, Nr. 7002 VV	20,00 EUR
	Zwischensumme	1.667,00 EUR
5.	19 % Umsatzsteuer, Nr. 7008 VV	316,73 EUR
	Gesamt	**1.983,73 EUR**

Beispiel 112 | **Einigung nach einer teilweisen Hauptsacheerledigung**

Nach Klageerhebung (Wert: 10.000,00 EUR) zahlt der Beklagte 6.000,00 EUR. Über den Restbetrag in Höhe von 4.000,00 EUR einigen sich die Parteien im Termin zur mündlichen Verhandlung.

Die **Verfahrensgebühr** ist nach dem vollen Wert von 10.000,00 EUR angefallen. **Termins- und Einigungsgebühr** entstehen dagegen nur nach dem geringeren Wert von 4.000,00 EUR.

1.	1,3-Verfahrensgebühr, Nr. 3100 VV (Wert: 10.000,00 EUR)	725,40 EUR
2.	1,2-Terminsgebühr, Nr. 3104 VV (Wert: 4.000,00 EUR)	302,40 EUR
3.	1,0-Einigungsgebühr, Nrn. 1000, 1003 VV (Wert: 4.000,00 EUR)	252,00 EUR
4.	Postentgeltpauschale, Nr. 7002 VV	20,00 EUR
	Zwischensumme	1.299,80 EUR
5.	19 % Umsatzsteuer, Nr. 7008 VV	246,96 EUR
	Gesamt	**1.546,76 EUR**

Beispiel 113 | **Einigung nach einer teilweisen Klagerücknahme**

Nach Klageerhebung (Wert: 10.000,00 EUR) wird die Klage vor der mündlichen Verhandlung in Höhe von 6.000,00 EUR zurückgenommen. Über den Restbetrag in Höhe von 4.000,00 EUR einigen sich die Parteien im Termin zur mündlichen Verhandlung.

Die **Verfahrensgebühr** ist nach dem vollen Wert von 10.000,00 EUR angefallen. **Termins- und Einigungsgebühr** entstehen dagegen nur nach dem geringeren Wert von 4.000,00 EUR.

Abzurechnen ist wie im vorangegangenen Beispiel 112.

165 Die Einigung kann auch dann einen geringeren Wert haben, wenn sie nur zum Grund getroffen wird.

II. Grundfälle §13

> **Beispiel 114** | **Einigung zum Haftungsgrund**

Eingeklagt werden Schadensersatzforderungen in Höhe von insgesamt 200.000,00 EUR. Grund und Höhe sind streitig. Auf Vorschlag des Gerichts schließen die Parteien einen Vergleich, wonach von einer 50 % Haftung auszugehen sein soll. Der Wert für die Einigungsgebühr wird gem. § 33 RVG auf 80 % der Klageforderung, also 160.000,00 EUR festgesetzt.

Die Verfahrensgebühr und die Terminsgebühr sind nach dem vollen Wert angefallen. Die Einigungsgebühr ist dagegen nur nach dem geringeren Wert von 160.000,00 EUR entstanden.

1. 1,3-Verfahrensgebühr, Nr. 3100 VV   2.616,90 EUR
   (Wert: 200.000,00 EUR)
2. 1,2-Terminsgebühr, Nr. 3104 VV   2.415,60 EUR
   (Wert: 200.000,00 EUR)
3. 1,0-Einigungsgebühr, Nrn. 1000, 1003 VV   1.843,00 EUR
   (Wert: 160.000,00 EUR)
4. Postentgeltpauschale, Nr. 7002 VV   20,00 EUR
   Zwischensumme   6.895,50 EUR
5. 19 % Umsatzsteuer, Nr. 7008 VV   1.310,15 EUR
   Gesamt   **8.205,65 EUR**

Die Einigung kann auch im Falle einer Stufenklage einen geringeren Wert haben, wenn die Einigung nur über die Auskunftsstufe geschlossen wird. Zur Stufenklage siehe auch § 14 Rn 87 ff. **166**

> **Beispiel 115** | **Teileinigung bei Stufenklage**

Der Kläger geht im Wege der Stufenklage auf Auskunft und Zahlung vor. Über den Auskunftsanspruch schließen die Parteien einen Vergleich. Sodann wird zur Höhe entschieden. **Die Werte werden wie folgt festgesetzt: Auskunft 1.500,00 EUR; Leistung 6.000,00 EUR.**

Die Verfahrensgebühr und die Terminsgebühr sind nach dem vollen Wert angefallen. Die Einigungsgebühr ist dagegen nur nach dem geringeren Wert der Auskunftsstufe entstanden.

1. 1,3-Verfahrensgebühr, Nr. 3100 VV   460,20 EUR
   (Wert: 6.000,00 EUR)
2. 1,2-Terminsgebühr, Nr. 3104 VV   424,80 EUR
   (Wert: 6.000,00 EUR)
3. 1,0-Einigungsgebühr, Nrn. 1000, 1003 VV   201,00 EUR
   (Wert: 1.500,00 EUR)
4. Postentgeltpauschale, Nr. 7002 VV   20,00 EUR
   Zwischensumme   1.106,00 EUR
5. 19 % Umsatzsteuer, Nr. 7008 VV   210,14 EUR
   Gesamt   **1.316,14 EUR**

Möglich ist auch, dass die Parteien sich nur über eine Nebenforderung einigen. Dann entsteht die Einigungsgebühr nur aus dem Wert der Nebenforderung, der allerdings den Wert der Hauptforderung nicht übersteigen darf (§ 43 Abs. 2 GKG). **167**

> **Beispiel 116** | **Einigung nur über Zinsen**

Eingeklagt sind 10.000,00 EUR. Im Termin zur mündlichen Verhandlung erkennt der Beklagte die Hauptforderung an, allerdings ohne Zinsen. Die Parteien einigen sich anschließend darüber. **Der Wert der Zinsen wird auf 500,00 EUR festgesetzt.**

405

Die **Verfahrensgebühr** und die **Terminsgebühr** sind bereits aus dem vollen Wert der Hauptsache angefallen. Die **Einigungsgebühr** entsteht nur aus dem Wert der Zinsen (§ 23 Abs. 1 S. 1 RVG i.V.m. § 43 Abs. 2 GKG), also aus dem Wert von 500,00 EUR.

1.	1,3-Verfahrensgebühr, Nr. 3100 VV (Wert: 10.000,00 EUR)		725,40 EUR
2.	1,2-Terminsgebühr, Nr. 3104 VV (Wert: 10.000,00 EUR)		669,60 EUR
3.	1,0-Einigungsgebühr, Nrn. 1000, 1003 VV (Wert: 500,00 EUR)		45,00 EUR
4.	Postentgeltpauschale, Nr. 7002 VV Zwischensumme	1.460,00 EUR	20,00 EUR
5.	19 % Umsatzsteuer, Nr. 7008 VV		277,40 EUR
Gesamt			**1.737,40 EUR**

168 Die Parteien können sich auch nur über die Kosten einigen. Dann entsteht die Einigungsgebühr nur aus dem Wert der Kosten, der allerdings den Wert der Hauptforderung nicht übersteigen darf (§ 23 Abs. 1 S. 2 RVG i.V.m. § 43 Abs. 3 GKG). Da das Gericht den Kostenstreitwert nicht von Amts wegen festsetzt, muss der Anwalt gegebenenfalls nach § 33 Abs. 1 RVG die Festsetzung des Wertes beantragen.

Beispiel 117 | **Einigung nur über Kosten**

Nachdem der Rechtsstreit (Wert: 10.000,00 EUR) in der Hauptsache übereinstimmend für erledigt erklärt worden ist, vergleichen sich die Parteien über die Kosten des Rechtsstreits. Das Gericht setzt gem. § 33 Abs. 1 RVG den Kostenstreitwert auf 1.860,00 EUR fest.

Angefallen ist aus dem Wert der Hauptsache nur die Verfahrensgebühr. Eine Terminsgebühr entsteht nicht, da über die Kosten nicht mündlich verhandelt werden muss (§ 128 Abs. 3 ZPO). Hinzu kommt aber die Einigungsgebühr aus dem Wert der Kosten, also aus dem Wert von 1.860,00 EUR.

1.	1,3-Verfahrensgebühr, Nr. 3100 VV (Wert: 10.000,00 EUR)		725,40 EUR
2.	1,0-Einigungsgebühr, Nrn. 1000, 1003 VV (Wert: 1.860,00 EUR)		150,00 EUR
3.	Postentgeltpauschale, Nr. 7002 VV Zwischensumme	895,40 EUR	20,00 EUR
4.	19 % Umsatzsteuer, Nr. 7008 VV		170,13 EUR
Gesamt			**1.065,53 EUR**

169 Wird lediglich eine Einigung protokolliert, die die Parteien selbst, also ohne Beteiligung der Anwälte, abgeschlossen haben, entsteht keine Einigungsgebühr, sondern lediglich eine Verfahrens- und eine Terminsgebühr.

Beispiel 118 | **Bloße Protokollierung einer Einigung**

Nach Klageerhebung (Wert: 10.000,00 EUR) einigen sich die Parteien ohne Mitwirkung ihrer Anwälte und bitten diese lediglich noch, den Vergleich in einem gerichtlichen Termin zu protokollieren.

Da die Anwälte an der Einigung nicht mitgewirkt haben, entsteht ihnen keine Einigungsgebühr. Sie erhalten neben der Verfahrensgebühr lediglich eine 1,2-Terminsgebühr (siehe Rn 35, 43).

1.	1,3-Verfahrensgebühr, Nr. 3100 VV (Wert: 10.000,00 EUR)	725,40 EUR
2.	1,2-Terminsgebühr, Nr. 3104 VV (Wert: 10.000,00 EUR)	669,60 EUR
3.	Postentgeltpauschale, Nr. 7002 VV	20,00 EUR
	Zwischensumme 1.415,00 EUR	
4.	19 % Umsatzsteuer, Nr. 7008 VV	268,85 EUR
	Gesamt	**1.683,85 EUR**

Anders verhält es sich, wenn die Einigung der notariellen Beurkundung bedarf. Dann wird die Einigung der Parteien erst mit der Protokollierung als Vergleich wirksam (§ 127a BGB), so dass die Mitwirkung des Anwalts ursächlich ist, und er für die Protokollierung die Einigungsgebühr erhält.[83]

170

| Beispiel 119 | Bloße Protokollierung einer formbedürftigen Einigung |

Der Kläger klagt vor dem LG auf Auflassung eines Grundstücks (Wert: 10.000,00 EUR). Nach Ruhen des Verfahrens einigen sich die Parteien untereinander ohne Mitwirkung ihrer Anwälte und bitten diese, den Vergleich in einem gerichtlichen Termin zu protokollieren, was dann auch geschieht.

Die Anwälte haben zwar an der Einigung selbst nicht mitgewirkt. Da die Einigung aber erst durch die Protokollierung wirksam zustande gekommen ist (§ 127a BGB), steht ihnen jetzt auch eine Einigungsgebühr zu.

1.	1,3-Verfahrensgebühr, Nr. 3100 VV (Wert: 10.000,00 EUR)	725,40 EUR
2.	1,2-Terminsgebühr, Nr. 3104 VV (Wert: 10.000,00 EUR)	669,60 EUR
3.	1,0-Einigungsgebühr, Nrn. 1000, 1003 VV (Wert: 10.000,00 EUR)	558,00 EUR
4.	Postentgeltpauschale, Nr. 7002 VV	20,00 EUR
	Zwischensumme 1.973,00 EUR	
5.	19 % Umsatzsteuer, Nr. 7008 VV	374,87 EUR
	Gesamt	**2.347,87 EUR**

b) Mehrere Einigungen

Werden mehrere (Teil-)Einigungen geschlossen, entsteht nach § 15 Abs. 2 RVG nur eine einzige Einigungsgebühr aus dem Gesamtwert (§ 22 Abs. 1 RVG).

171

| Beispiel 120 | Mehrere Einigungen |

In einem Rechtsstreit über Räumung (Wert: 6.000,00 EUR) und rückständige Mieten (3.000,00 EUR) einigen sich die Parteien im ersten Termins zur mündlichen Verhandlung über die Räumung. In einem späteren Termin wird dann auch ein Vergleich über die Mieten geschlossen.

Insgesamt entsteht nur eine Einigungsgebühr aus dem Gesamtwert von 9.000,00 EUR.

---

83 OLG Brandenburg OLGR 1995, 186; AnwK-RVG/*Onderka/Schafhausen/Schneider/Thiel*, Nr. 1000 Rn 127.

§ 13 Bürgerliche Rechtsstreitigkeiten erster Instanz

1.	1,3-Verfahrensgebühr, Nr. 3100 VV (Wert: 9.000,00 EUR)		659,10 EUR
2.	1,2-Terminsgebühr, Nr. 3104 VV (Wert: 9.000,00 EUR)		608,40 EUR
3.	1,0-Einigungsgebühr, Nrn. 1000, 1003 VV (Wert: 9.000,00 EUR)		507,00 EUR
4.	Postentgeltpauschale, Nr. 7002 VV		20,00 EUR
	Zwischensumme	1.794,50 EUR	
5.	19 % Umsatzsteuer, Nr. 7008 VV		340,96 EUR
	Gesamt		**2.135,46 EUR**

Beispiel 121 | **Einigung über Grund und Höhe**

Eingeklagt ist Schadensersatz in Höhe von 20.000,00 EUR auf der Basis einer vollen Haftung des Beklagten. Im ersten Termin einigen sich die Parteien, dass der Beklagte zu 60 % hafte und der Kläger sich zu 40 % ein Mitverschulden anrechnen lasse. Über die Höhe wird Beweis erhoben. Nach der Beweisaufnahme einigen sich die Parteien, dass zum Ausgleich der Klageforderung noch 10.000,00 EUR gezahlt werden. Auf Antrag nach § 33 RVG setzt das Gericht den Gegenstandswert der Einigung zum Haftungsgrund mit 16.000,00 EUR fest (20 % Feststellungsabschlag).

Angefallen ist insgesamt nur eine Einigungsgebühr aus dem Gesamtwert. Dieser berechnet sich wie folgt:

	Haftungsgrund		16.000,00 EUR
+	Zahlungsanspruch		12.000,00 EUR
–	wirtschaftliche Identität (80 % von 6.000,00 EUR)		– 9.600,00 EUR
	Gesamt		**18.400,00 EUR**
1.	1,3-Verfahrensgebühr, Nr. 3100 VV (Wert: 20.000,00 EUR)		964,60 EUR
2.	1,2-Terminsgebühr, Nr. 3104 VV (Wert: 20.000,00 EUR)		890,40 EUR
3.	1,0-Einigungsgebühr, Nrn. 1000, 1003 VV (Wert: 18.400,00 EUR)		696,00 EUR
4.	Postentgeltpauschale, Nr. 7002 VV		20,00 EUR
	Zwischensumme	2.571,00 EUR	
5.	19 % Umsatzsteuer, Nr. 7008 VV		488,49 EUR
	Gesamt		**3.059,49 EUR**

c) Einigung unter Widerrufsvorbehalt oder aufschiebender Bedingung

172 Wird eine Einigung unter einem **Widerrufsvorbehalt** oder einer **aufschiebenden Bedingung** getroffen und wird die Einigung widerrufen oder tritt die Bedingung nicht ein, fällt keine Einigungsgebühr an (Anm. Abs. 3 zu Nr. 1000 VV).

Beispiel 122 | **Einigung unter Widerrufsvorbehalt mit anschließendem Widerruf**

In einem Rechtsstreit über 10.000,00 EUR schließen die Parteien im Termin einen Vergleich unter Widerrufsvorbehalt. Die Einigung wird später widerrufen.

Neben der **Verfahrens- und der Terminsgebühr** ist **keine Einigungsgebühr** angefallen. Diese entsteht bei einer Einigung unter dem Vorbehalt eines Widerrufs erst, wenn die Einigung nicht widerrufen worden ist und auch nicht mehr widerrufen werden kann (Anm. Abs. 3 zu Nr. 1000 VV).

Abzurechnen ist wie im Beispiel 118.

d) Anfechtung einer Einigung

Wird eine Einigung im Nachhinein **angefochten**, so gilt sie damit nach § 142 BGB als von Anfang an nichtig. Diese Rechtsfolge ist auch für das Gebührenrecht beachtlich, so dass eine Einigungsgebühr nicht anfällt.[84] Die Gegenauffassung[85] vermag nicht zu überzeugen. Ist die Einigung nach materiellem Recht nichtig, so haben es die Anwälte gerade nicht erreicht, eine einigungsweise Erledigung herbeizuführen. Der angestrebte Erfolg ist nicht eingetreten. Hinzu kommt, dass infolge der Anfechtung der Einigung die Angelegenheit nicht erledigt ist und den Anwälten ohnehin weitere Gebühren entstehen. Es ist ihnen unbenommen, erneut eine – diesmal wirksame – Einigung abzuschließen (siehe Beispiel 125).

173

| Beispiel 123 | Einigung mit anschließender erfolgreicher Anfechtung |

In einem Rechtsstreit über 10.000,00 EUR schließen die Parteien im Termin einen Vergleich. Die Einigung wird später wirksam nach § 123 Abs. 1 BGB wegen arglistiger Täuschung angefochten. Das Gericht entscheidet hiernach durch Urteil.

Infolge der Anfechtung setzt sich der Rechtsstreit fort. Allerdings entstehen die bereits angefallenen Gebühren nicht erneut (§ 15 Abs. 2 RVG).[86]

Die zunächst angefallene **Einigungsgebühr** entfällt nachträglich wieder.

1. 1,3-Verfahrensgebühr, Nr. 3100 VV 725,40 EUR
   (Wert: 10.000,00 EUR)
2. 1,2-Terminsgebühr, Nr. 3104 VV 669,60 EUR
   (Wert: 10.000,00 EUR)
3. Postentgeltpauschale, Nr. 7002 VV 20,00 EUR
   Zwischensumme 1.415,00 EUR
4. 19 % Umsatzsteuer, Nr. 7008 VV 268,85 EUR
   Gesamt **1.683,85 EUR**

Bleibt die Anfechtung erfolglos, so bleibt die Einigungsgebühr bestehen.

174

| Beispiel 124 | Einigung mit anschließender erfolgloser Anfechtung |

In einem Rechtsstreit über 10.000,00 EUR schließen die Parteien im Termin eine Einigung. Der Beklagte erklärt später die Anfechtung des Vergleichs nach § 123 Abs. 1 BGB wegen arglistiger Täuschung. Das Gericht hält die Anfechtung für unbegründet und stellt durch Urteil den Fortbestand des Vergleichs fest.

---

[84] OLG München MDR 1991, 263 = AnwBl 1991, 273-; AnwK-RVG/*Onderka/Schafhausen/Schneider/Thiel*, Nr. 1000 VV Rn 57; a.A. OLG Karlsruhe OLGR 1999, 332; SchlHA 1991, 67 = JurBüro 1991, 932 (beide noch zur Vergleichsgebühr nach § 23 BRAGO).
[85] OLG Schleswig JurBüro 1991, 923 = SchlHA 1991, 67; OLG Karlsruhe OLGR 1999, 332.
[86] *N. Schneider*, Gebührenberechnung und Kostenerstattung bei Fortsetzung des Rechtsstreits nach Prozessvergleich, MDR 2005, 19.

§ 13 Bürgerliche Rechtsstreitigkeiten erster Instanz

Infolge der Anfechtung setzt sich der Rechtsstreit fort. Die Gebühren entstehen auch hier nicht erneut. Allerdings bleibt jetzt die bereits angefallene Einigungsgebühr bestehen.[87]

1.	1,3-Verfahrensgebühr, Nr. 3100 VV (Wert: 10.000,00 EUR)	725,40 EUR
2.	1,2-Terminsgebühr, Nr. 3104 VV (Wert: 10.000,00 EUR)	669,60 EUR
3.	1,0-Einigungsgebühr, Nrn. 1000, 1003 VV (Wert: 10.000,00 EUR)	558,00 EUR
4.	Postentgeltpauschale, Nr. 7002 VV	20,00 EUR
	Zwischensumme	1.973,00 EUR
5.	19 % Umsatzsteuer, Nr. 7008 VV	374,87 EUR
	Gesamt	**2.347,87 EUR**

175 Wird das Verfahren über die Anfechtung eines Vergleichs durch einen (erneuten) Vergleich beendet, entsteht ebenfalls eine Einigungsgebühr.

> **Beispiel 125** — Anfechtung des Vergleichs mit anschließender erneuter Einigung
>
> **In einem Rechtsstreit über 10.000,00 EUR schließen die Parteien im Termin eine Einigung. Der Beklagte erklärt später die Anfechtung des Vergleichs nach § 123 Abs. 1 BGB wegen arglistiger Täuschung. In der folgenden mündlichen Verhandlung schließen die Parteien einen neuen Vergleich, der Bestand behält.**
>
> Infolge der Anfechtung setzt sich der Rechtsstreit wiederum fort. Die Gebühren entstehen auch hier nicht erneut. Ob durch den ersten Vergleich eine Einigungsgebühr entstanden oder durch Anfechtung entfallen ist, kann jetzt dahinstehen, da die Einigungsgebühr jedenfalls durch den erneuen Vergleich ausgelöst worden ist.
>
> Abzurechnen ist wie im vorangegangenen Beispiel 124.

176 Anders verhält es sich, wenn zwischen Abschluss des ursprünglichen Vergleichs und der Fortsetzung des Verfahrens über die Anfechtung mehr als zwei Kalenderjahre liegen. In diesem Fall entstehen in analoger Anwendung des § 15 Abs. 5 S. 2 RVG alle Gebühren erneut.[88]

> **Beispiel 126** — Anfechtung des Vergleichs nach Ablauf von zwei Kalenderjahren, Anfechtung greift nicht
>
> **In einem Rechtsstreit über 10.000,00 EUR hatten die Parteien im Dezember 2008 einen Vergleich geschlossen. Im Januar 2011 erklärt der Beklagte die Anfechtung des Vergleichs nach § 123 Abs. 1 BGB wegen arglistiger Täuschung. Daraufhin wird das Verfahren fortgesetzt. Das Gericht stellt nach mündlicher Verhandlung durch Urteil fest, dass der Vergleich wirksam ist und das Verfahren beendet hat.**
>
> Infolge der Anfechtung setzt sich der Rechtsstreit wiederum fort. Die Gebühren entstehen jetzt in analoger Anwendung des § 15 Abs. 5 S. 2 RVG erneut. Da die Anfechtung nicht durchgreift, bleibt die Vergleichsgebühr im Ausgangsverfahren erhalten.

---

87 *N. Schneider*, Gebührenberechnung und Kostenerstattung bei Fortsetzung des Rechtsstreits nach Prozessvergleich, MDR 2005, 19.

88 BGH AGS 2010, 477 m. Anm. *Onderka* = MDR 2010, 1218 = FamRZ 2010, 1723 = VersR 2010, 1664 = JurBüro 2010, 640 = AnwBl 2010, 804 = FamRB 2010, 335 = FuR 2010, 687 = BRAK-Mitt 2010, 274 = FF 2010, 508 = RVGreport 2011, 17 = RVGprof. 2011, 40 = FamFR 2010, 442.

II. Grundfälle § 13

I. **Ausgangsverfahren**
1. 1,3-Verfahrensgebühr, Nr. 3100 VV   725,40 EUR
(Wert: 10.000,00 EUR)
2. 1,2-Terminsgebühr, Nr. 3104 VV   669,60 EUR
(Wert: 10.000,00 EUR)
3. 1,0-Einigungsgebühr, Nrn. 1000, 1003 VV   558,00 EUR
(Wert: 10.000,00 EUR)
4. Postentgeltpauschale, Nr. 7002 VV   20,00 EUR
Zwischensumme   1.973,00 EUR
5. 19 % Umsatzsteuer, Nr. 7008 VV   374,87 EUR
Gesamt   **2.347,87 EUR**

II. **Verfahren nach Anfechtung**
1. 1,3-Verfahrensgebühr, Nr. 3100 VV   725,40 EUR
(Wert: 10.000,00 EUR)
2. 1,2-Terminsgebühr, Nr. 3104 VV   669,60 EUR
(Wert: 10.000,00 EUR)
3. Postentgeltpauschale, Nr. 7002 VV   20,00 EUR
Zwischensumme   1.415,00 EUR
4. 19 % Umsatzsteuer, Nr. 7008 VV   268,85 EUR
Gesamt   **1.683,85 EUR**

Beispiel 127 | Anfechtung des Vergleichs nach Ablauf von zwei Kalenderjahren, Anfechtung greift

Wie Beispiel 126; das Gericht geht von einer wirksamen Anfechtung aus und entscheidet nach mündlicher Verhandlung zur Sache.

Infolge der Anfechtung setzt sich der Rechtsstreit wiederum fort. Die Gebühren entstehen in analoger Anwendung des § 15 Abs. 5 S. 2 RVG wiederum erneut. Da die Anfechtung durchgreift, fällt Vergleichsgebühr im Ausgangsverfahren fort.

I. **Ausgangsverfahren**
1. 1,3-Verfahrensgebühr, Nr. 3100 VV   725,40 EUR
(Wert: 10.000,00 EUR)
2. 1,2-Terminsgebühr, Nr. 3104 VV   669,60 EUR
(Wert: 10.000,00 EUR)
3. Postentgeltpauschale, Nr. 7002 VV   20,00 EUR
Zwischensumme   1.415,00 EUR
4. 19 % Umsatzsteuer, Nr. 7008 VV   268,82 EUR
Gesamt   **1.683,85 EUR**

II. **Verfahren nach Anfechtung**
1. 1,3-Verfahrensgebühr, Nr. 3100 VV   725,40 EUR
(Wert: 10.000,00 EUR)
2. 1,2-Terminsgebühr, Nr. 3104 VV   669,60 EUR
(Wert: 10.000,00 EUR)
3. Postentgeltpauschale, Nr. 7002 VV   20,00 EUR
Zwischensumme   1.415,00 EUR
4. 19 % Umsatzsteuer, Nr. 7008 VV   268,82 EUR
Gesamt   **1.683,85 EUR**

Beispiel 128 | Anfechtung des Vergleichs nach Ablauf von zwei Kalenderjahren, erneuter Vergleich

Wie Beispiel 126 und 127; zur Vermeidung des Streits über die Wirksamkeit des ursprünglichen Vergleichs wird ein erneuter Vergleich geschlossen.

Infolge der Anfechtung setzt sich der Rechtsstreit wiederum fort. Die Gebühren entstehen in analoger Anwendung des § 15 Abs. 5 S. 2 RVG wiederum erneut. Im Verfahren nach Anfechtung entsteht jetzt zusätzlich eine Einigungsgebühr. Ob auch eine Einigungsgebühr im Ausgangsverfahren entsteht, hängt davon ab, ob man von einer wirksamen Anfechtung ausgeht – dann ist dort letztlich keine Einigungsgebühr angefallen (siehe Beispiel 126) oder von einer unwirksamen Anfechtung – dann bleibt auch die erste Einigungsgebühr bestehen (siehe Beispiel 125).

Ia. Ausgangsverfahren (Anfechtung greift durch)
1. 1,3-Verfahrensgebühr, Nr. 3100 VV 725,40 EUR
 (Wert: 10.000,00 EUR)
2. 1,2-Terminsgebühr, Nr. 3104 VV 669,60 EUR
 (Wert: 10.000,00 EUR)
3. Postentgeltpauschale, Nr. 7002 VV 20,00 EUR
 Zwischensumme 1.415,00 EUR
4. 19 % Umsatzsteuer, Nr. 7008 VV 268,85 EUR
Gesamt **1.683,85 EUR**

Ib. Ausgangsverfahren (Anfechtung greift nicht durch)
1. 1,3-Verfahrensgebühr, Nr. 3100 VV 725,40 EUR
 (Wert: 10.000,00 EUR)
2. 1,2-Terminsgebühr, Nr. 3104 VV 669,60 EUR
 (Wert: 10.000,00 EUR)
3. 1,0-Einigungsgebühr, Nrn. 1000, 1003 VV 558,00 EUR
 (Wert: 10.000,00 EUR)
4. Postentgeltpauschale, Nr. 7002 VV 20,00 EUR
 Zwischensumme 1.973,00 EUR
5. 19 % Umsatzsteuer, Nr. 7008 VV 374,87 EUR
Gesamt **2.347,87 EUR**

II. Verfahren nach Anfechtung
1. 1,3-Verfahrensgebühr, Nr. 3100 VV 725,40 EUR
 (Wert: 10.000,00 EUR)
2. 1,2-Terminsgebühr, Nr. 3104 VV 669,60 EUR
 (Wert: 10.000,00 EUR)
3. 1,0-Einigungsgebühr, Nrn. 1000, 1003 VV 558,00 EUR
 (Wert: 10.000,00 EUR)
4. Postentgeltpauschale, Nr. 7002 VV 20,00 EUR
 Zwischensumme 1.973,00 EUR
5. 19 % Umsatzsteuer, Nr. 7008 VV 374,87 EUR
Gesamt **2.347,87 EUR**

4. Zusatzgebühr für besonders umfangreiche Beweisaufnahmen

177 Nach Nr. 1010 VV kann der Anwalt im Falle einer besonders umfangreichen Beweisaufnahme eine Zusatzgebühr verdienen. Voraussetzungen dieser Gebühr sind
- eine besonders umfangreiche Beweisaufnahme
 und
- mindestens drei gerichtliche Termine, in denen Sachverständige oder Zeugen vernommen werden.

Beide Voraussetzungen müssen kumulativ erfüllt sein.

178 Die Zusatzgebühr entsteht neben den anderen Gebühren (Verfahrens-, Termins- und ggf. Einigungsgebühr) gesondert.

179 Zunächst einmal ist Voraussetzung, dass eine „besonders umfangreiche Beweisaufnahme" stattgefunden hat. Eine umfangreiche Beweisaufnahme genügt nicht. Sie muss besonders umfangreich sein. Klargestellt ist jedenfalls durch das Tatbestandsmerkmal der „besonders umfangreichen Beweisaufnahme", dass drei gerichtliche Termine zur Vernehmung von Sachverständigen oder Zeugen für sich allein nicht ausreichen.

> **Beispiel 129** | **Fehlender besonderer Umfang**

In Rechtsstreit (Wert: 200.000,00 EUR) kommt es zu drei Beweisterminen, in denen jeweils ein Zeuge für jeweils zehn Minuten vernommen wird.

Von einem besonderen Umfang der Beweisaufnahme kann nicht ausgegangen werden. Eine Zusatzgebühr entsteht nicht. Es bleibt bei Verfahrens- und Terminsgebühr.

1.	1,3-Verfahrensgebühr, Nr. 3100 VV (Wert: 200.000,00 EUR)		2.616,90 EUR
2.	1,2-Terminsgebühr, Nr. 3104 VV (Wert: 200.000,00 EUR)		2.415,60 EUR
3.	Postentgeltpauschale, Nr. 7002 VV		20,00 EUR
	Zwischensumme	5.052,50 EUR	
4.	19 % Umsatzsteuer, Nr. 7008 VV		959,98 EUR
Gesamt			**6.012,48 EUR**

Andererseits fordert der Wortlaut nicht, dass sich der besondere Umfang gerade aus der Vernehmung von Sachverständigen oder Zeugen ergeben muss. Es genügt, dass die Beweisaufnahme insgesamt besonders umfangreich war. **180**

> **Beispiel 130** | **Besonderer Umfang aus anderen Gründen**

Wie vorangegangenes Beispiel 129. Vor der Vernehmung der Zeugen war es zu zahlreichen und umfangreichen Sachverständigenterminen und mehreren Gutachten gekommen.

Jetzt kann ein besonderer Umfang bei der Beweisaufnahme vorliegen, sodass durch die drei Zeugenvernehmungstermine die Zusatzgebühr ausgelöst wird.

Hinzukommen muss, dass mindestens drei gerichtliche Termine zur Vernehmung von Zeugen oder Sachverständigen stattgefunden haben. Es ist allerdings nicht erforderlich, dass der Anwalt an den Terminen auch teilgenommen hat. Es handelt sich nicht um eine zusätzliche Terminsgebühr, die für die Terminsteilnahme gewährt wird, wie z.B. Nr. 4102 VV, sondern um eine Zusatzgebühr, die den Mehraufwand der besonders umfangreichen Beweisaufnahme abdecken soll. **181**

> **Beispiel 131** | **Zusätzliche Gebühr auch ohne Teilnahme am Termin**

In einem Rechtsstreit (Streitwert: 200.000,00 EUR) hatte der Anwalt bereits an zwei Terminen zur Vernehmung von Zeugen teilgenommen. Es wird sodann ein weiterer Zeuge vor einem auswärtigen Gericht im Wege der Rechtshilfe vernommen. Daran nimmt der Anwalt nicht teil.

Das Erfordernis der drei Termine ist erfüllt. Dass der Anwalt nicht an allen drei Terminen teilgenommen hat, ist unerheblich, zumal er sich mit der Beweiswürdigung des Termins befassen muss und eine solche Beweiswürdigung erfahrungsgemäß schwieriger und aufwändiger ist, wenn man an dem Termin nicht teilgenommen hat.

Die Termine müssen in derselben Angelegenheit i.S.d. § 15 RVG stattgefunden haben, also in demselben Rechtszug. Zu beachten ist, dass das selbstständige Beweisverfahren und das **182**

Hauptsacheverfahren oder ein Verfahren vor und nach Zurückverweisung jeweils gesonderte Angelegenheiten darstellen, sodass jeweils gesondert gezählt werden muss. Die Anrechnung der Verfahrensgebühr in diesen Fällen ist unerheblich (Vorbem. 3 Abs. 5 VV).

183 Termine zur Vernehmung eines Zeugen müssen solche nach den §§ 394 ff. ZPO oder nach vergleichbaren Vorschriften anderer Verfahrensordnungen sein. Schriftliche Zeugenaussagen zählen nicht hierzu. Unerheblich ist, ob der Zeuge vor dem erkennenden Gericht, dem beauftragten oder ersuchten Richter vernommen worden ist.

184 Erforderlich ist eine Vernehmung des Zeugen. Dazu reicht bereits die Vernehmung zur Person, auch wenn er sich zur Sache auf ein Zeugnis- oder Aussageverweigerungsrecht beruft. Dagegen reicht es nicht aus, wenn der geladene Zeuge erschienen ist, es aber nicht mehr zur Vernehmung kommt, etwa weil sich die Parteien doch noch zuvor einigen, die Beweisfrage unstreitig wird, der Beweisführer auf den Zeugen verzichtet oder der Zeuge ohnehin nur vorbereitend geladen war und letztlich doch nicht benötigt wird. Unerheblich ist, wie viele Zeugen vernommen werden.

185 Termine zur Vernehmung eines Sachverständigen müssen solche nach § 411 Abs. 3 ZPO oder nach vergleichbaren Vorschriften anderer Verfahrensordnungen sein. Schriftliche Gutachten zählen nicht hierzu, ebensowenig Termine, die von einem gerichtlichen Sachverständigen anberaumt worden sind, da es sich insoweit nicht um gerichtliche Termine handelt. Das ergibt sich eindeutig aus der Unterscheidung in Vorbem. 3 Abs. 3 S. 1 u. S. 3 Nr. 1 VV.

186 Wird derselbe Zeuge oder Sachverständige in mehreren Terminen vernommen, so zählen diese gesondert. Werden Zeugen und Sachverständige in einem Termin vernommen, zählt dies auch nur als ein Termin.

187 Die Höhe des Gebührensatzes beträgt immer 0,3. Das gilt unabhängig davon, in welcher Instanz die Gebühr anfällt. Eine Erhöhung dieser Gebühr bei mehreren Auftraggebern nach Nr. 1008 VV findet nicht statt, da es sich nicht um eine Verfahrensgebühr handelt.

188 Maßgebender Wert ist der Gesamtwert der Gegenstände, über die Beweis erhoben worden ist (§ 2 Abs. 1 RVG). Dieser Wert kann hinter dem Wert der Hauptsache zurückbleiben und ist dann auf Antrag nach § 33 RVG gesondert festzusetzen.

> **Beispiel 132** | Zusätzliche Gebühr bei umfangreicher Beweisaufnahme
>
> **In dem Verfahren (Wert: 200.000,00 EUR) kommt es zu einer umfangreichen Beweisaufnahme mit drei Terminen zur Vernehmung von Zeugen und Sachverständigen.**
>
> Neben der Verfahrens- und der Terminsgebühr entsteht jetzt die Zusatzgebühr der Nr. 1010 VV.
>
> 1. 1,3-Verfahrensgebühr, Nr. 3100 VV   2.616,90 EUR
> (Wert: 200.000,00 EUR)
> 2. 1,2-Terminsgebühr, Nr. 3104 VV   2.415,60 EUR
> (Wert: 200.000,00 EUR)
> 3. 0,3-Zusatzgebühr, Nr. 1010 VV   603,90 EUR
> (Wert: 200.000,00 EUR)
> 4. Postentgeltpauschale, Nr. 7002 VV   20,00 EUR
>   Zwischensumme   5.656,40 EUR
> 5. 19 % Umsatzsteuer, Nr. 7008 VV   1.074,72 EUR
> **Gesamt**   **6.731,12 EUR**

III. Abrechnung bei vorzeitiger Beendigung des Verfahrens (Nr. 3101 Nr. 1 VV) § 13

| Beispiel 133 | Zusätzliche Gebühr bei umfangreicher Beweisaufnahme (Beweisaufnahme nur über einen Teil des Streitgegenstands) | 189 |

In dem Verfahren (Wert: 200.000,00 EUR) kommt es wegen eines Teils der Forderungen i.H.v. 120.000,00 EUR zu einer umfangreichen Beweisaufnahme mit drei Terminen zur Vernehmung von Zeugen und Sachverständigen.

Neben der Verfahrens- und der Terminsgebühr aus dem Gesamtwert entsteht jetzt die Zusatzgebühr der Nr. 1010 VV nur aus dem Wert von 120.000,00 EUR.

1. 1,3-Verfahrensgebühr, Nr. 3100 VV   2.616,90 EUR
   (Wert: 200.000,00 EUR)
2. 1,2-Terminsgebühr, Nr. 3104 VV   2.415,60 EUR
   (Wert: 200.000,00 EUR)
3. 0,3-Zusatzgebühr, Nr. 1010 VV   476,40 EUR
   (Wert: 120.000,00 EUR)
4. Postentgeltpauschale, Nr. 7002 VV   20,00 EUR
   Zwischensumme   5.528,90 EUR
5. 19 % Umsatzsteuer, Nr. 7008 VV   1.050,49 EUR
   Gesamt   6.579,39 EUR

III. Abrechnung bei vorzeitiger Beendigung des Verfahrens (Nr. 3101 Nr. 1 VV)

Endigt der Auftrag, bevor der Rechtsanwalt 190

- die Klage oder einen das Verfahren einleitenden Antrag

oder

- einen Schriftsatz, der Sachanträge, Sachvortrag, die Zurücknahme der Klage oder die Zurücknahme des Antrags enthält, eingereicht hat

oder

- für seine Partei einen gerichtlichen Termin wahrgenommen hat,

reduziert sich die Verfahrensgebühr auf 0,8 (Nr. 3101 Nr. 1 VV).

Auch die 0,8-Gebühr kann sich wiederum bei mehreren Auftraggebern nach Nr. 1008 VV um 191 jeweils 0,3 erhöhen.

Im Falle einer teilweise vorzeitigen Beendigung, tritt die Ermäßigung nur hinsichtlich eines 192 Teilwertes ein. Zu beachten ist dann § 15 Abs. 3 RVG.

| Beispiel 134 | Reduzierte Verfahrensgebühr, Kläger |

Der Anwalt erhält den Auftrag, eine Klage über 10.000,00 EUR einzureichen. Er entwirft die Klageschrift. Diese wird jedoch nicht mehr eingereicht, da sich die Angelegenheit vorzeitig erledigt.

Jetzt erhält der Anwalt die Verfahrensgebühr nach Nr. 3101 Nr. 1 VV nur in ermäßigter Höhe von 0,8.

1. 0,8-Verfahrensgebühr, Nr. 3101 Nr. 1 VV (Wert: 10.000,00 EUR)		446,40 EUR
2. Postentgeltpauschale, Nr. 7002 VV		20,00 EUR
Zwischensumme	466,40 EUR	
3. 19 % Umsatzsteuer, Nr. 7008 VV		88,62 EUR
Gesamt		**555,02 EUR**

193 Ebenfalls lediglich eine 0,8-Verfahrensgebühr nach Nr. 3101 Nr. 1 VV entsteht, wenn der Anwalt des Beklagten sich zunächst nur bestellt ohne einen Antrag zu stellen. Das gilt auch dann, wenn er die Verteidigungsbereitschaft anzeigt. [89]

Beispiel 135	Reduzierte Verfahrensgebühr, bloße Bestellung und Anzeige der Verteidigungsbereitschaft

Der Anwalt bestellt sich für den Beklagten und zeigt dessen Verteidigungsbereitschaft an. Hiernach wird die Klage zurückgenommen.

Der Anwalt des Beklagten erhält jetzt ebenfalls nur eine 0,8-Verfahrensgebühr nach Nr. 3101 Nr. 1 VV, da er bislang weder einen Schriftsatz mit Anträgen oder Sachvortrag eingereicht hatte. Die bloße Bestellung und Anzeige der Verteidigungsbereitschaft reicht noch nicht für die volle 1,3-Verfahrensgebühr.

Abzurechnen ist wie im Beispiel 134.

194 Wird der Anwalt von **mehreren Auftraggebern** wegen desselben Gegenstands beauftragt, erhöht sich auch die ermäßigte Verfahrensgebühr um 0,3 je weiterer Auftraggeber. Sie beträgt z.B. bei zwei Auftraggebern 1,1 (siehe dazu auch die Tabelle Rn 10).

Beispiel 136	Reduzierte Verfahrensgebühr, mehrere Auftraggeber

Der Anwalt wird von zwei Gesamtschuldnern beauftragt, eine Klage in Höhe von 10.000,00 EUR abzuwehren. Er zeigt die Verteidigungsbereitschaft an, ohne bereits einen Sachantrag zu stellen. Hiernach wird die Klage ohne Termin zurückgenommen.

Die bloße Bestellung beinhaltet noch keinen Sachantrag und löst daher nur eine reduzierte 0,8-Verfahrensgebühr aus. Auch diese Gebühr erhöht sich bei mehreren Auftraggebern nach Nr. 1008 VV um jeweils 0,3, sofern der Gegenstand derselbe ist. Sie beträgt bei zwei Auftraggebern folglich 1,1

1. 1,1-Verfahrensgebühr, Nrn. 3100, 3101 Nr. 1, 1008 VV (Wert: 10.000,00 EUR)		613,80 EUR
2. Postentgeltpauschale, Nr. 7002 VV		20,00 EUR
Zwischensumme	633,80 EUR	
3. 19 % Umsatzsteuer, Nr. 7008 VV		120,42 EUR
Gesamt		**754,22 EUR**

195 Möglich ist auch, dass der Auftrag nur **teilweise endigt**. Dann tritt die Ermäßigung nur hinsichtlich des Teilwertes ein. Zu beachten ist allerdings § 15 Abs. 3 RVG. Insgesamt darf der Anwalt nicht mehr berechnen als eine volle Verfahrensgebühr.

---

[89] *Gerold/Schmidt/Müller-Rabe*, RVG, Nr. 3101 Rn 34; OLG Düsseldorf AGS 2001, 54 = MDR 2000, 1396 = JMBl NW 2001, 59 = Rpfleger 2000, 567 = OLGR 2000, 479 = BRAGOreport 2002, 41 (noch zu §§ 31, 32 BRAGO); a.A. AnwK-RVG/*Onderka*, Nr. 3101 Rn 43.

III. Abrechnung bei vorzeitiger Beendigung des Verfahrens (Nr. 3101 Nr. 1 VV) § 13

> **Beispiel 137** | **Volle und reduzierte Verfahrensgebühr**

Der Anwalt erhält den Auftrag, eine Klage über 10.000,00 EUR einzureichen. Er entwirft die Klageschrift. Diese wird jedoch nur noch in Höhe von 6.000,00 EUR eingereicht, da der Beklagte vor Klageerhebung noch 4.000,00 EUR gezahlt hat.

Die Verfahrensgebühr entsteht jetzt aus den jeweiligen Teilwerten zu unterschiedlichen Gebührensätzen. Aus 6.000,00 EUR entsteht die Verfahrensgebühr zu 1,3 nach Nr. 3100 VV und aus 4.000,00 EUR entsteht sie nur in reduzierter Höhe von 0,8 nach Nr. 3101 Nr. 1 VV. Zu beachten ist § 15 Abs. 3 RVG. Der Anwalt erhält nicht mehr als eine 1,3-Gebühr aus dem Gesamtwert (§ 23 Abs. 1 S. 1 RVG i.V.m. § 39 Abs. 1 GKG).

1. 1,3-Verfahrensgebühr, Nr. 3100 VV (Wert: 6.000,00 EUR)		460,20 EUR
2. 0,8-Verfahrensgebühr, Nrn. 3100, 3101 Nr. 1 VV (Wert: 4.000,00 EUR) die Grenze des § 15 Abs. 3 RVG, nicht mehr als 1,3 aus 10.000,00 EUR (725,40 EUR) ist nicht überschritten		201,60 EUR
3. Postentgeltpauschale, Nr. 7002 VV		20,00 EUR
Zwischensumme	681,80 EUR	
4. 19 % Umsatzsteuer, Nr. 7008 VV		129,54 EUR
Gesamt		**811,34 EUR**

Auch dann, wenn sich die Sache vorzeitig erledigt, kann gleichwohl eine Terminsgebühr bereits anfallen. Voraussetzung ist lediglich, dass ein unbedingter Verfahrensauftrag bestand.[90] **196**

> **Beispiel 138** | **Vorzeitige Erledigung mit Besprechung**

Der Anwalt erhält den Auftrag, eine Schadensersatzklage in Höhe von 10.000,00 EUR zu erheben. Bevor die Klage eingereicht wird, ruft der Gegner an und weist auf ein Zurückbehaltungsrecht hin. Nachdem dieses ausgeräumt ist, zahlt der Beklagte. Die Klage wird nicht mehr eingereicht.

Da die Klage noch nicht eingereicht war, ist lediglich eine 0,8-Verfahrensgebühr nach Nr. 3101 Nr. 1 VV entstanden. Für die Besprechung ist dagegen die volle 1,2-Terminsgebühr nach Nr. 3104 VV angefallen (Vorbem. 3 Abs. 3 S. 3 Nr. 2 VV), da bereits ein Klageauftrag bestand und somit nach Teil 3 VV abzurechnen ist. Das Gespräch diente auch der Vermeidung des Verfahrens.

1. 0,8-Verfahrensgebühr, Nr. 3101 Nr. 1 VV (Wert: 10.000,00 EUR)		446,40 EUR
2. 1,2-Terminsgebühr, Nr. 3104 VV (Wert: 10.000,00 EUR)		669,60 EUR
3. Postentgeltpauschale, Nr. 7002 VV		20,00 EUR
Zwischensumme	1.136,00 EUR	
4. 19 % Umsatzsteuer, Nr. 7008 VV		215,84 EUR
Gesamt		**1.351,84 EUR**

Möglich ist, dass in dieser Phase auch eine Einigungsgebühr anfällt. Deren Höhe richtet sich nach Nr. 1000 VV und beträgt 1,5, wenn der Rechtsstreit noch nicht anhängig ist und nach Nr. 1003 auf 1,0, wenn der Rechtsstreit bereits anhängig war. **197**

---

90 BGH AGS 2007, 166 = FamRZ 2007, 721 = AnwBl 2007, 381 = BGHR 2007, 478 = NJW-RR 2007, 720 = JurBüro 2007, 241 = Rpfleger 2007, 430 = MDR 2007, 863 = DAR 2007, 551 = RVGreport 2007, 143 = RVG-Letter 2007, 38 = NJW-Spezial 2007, 210 = zfs 2007, 285 = RVGprof. 2007, 95 = BRAK-Mitt 2007, 127 = VRR 2007, 198 = FamRB 2007, 207.

> **Beispiel 139** Vorzeitige Erledigung mit Besprechung und Einigung ohne Anhängigkeit

Der Anwalt erhält den Auftrag, eine Schadensersatzklage in Höhe von 10.000,00 EUR zu erheben. Bevor die Klage eingereicht wird, ruft der Haftpflichtversicherer des Anspruchsgegners den Anwalt an und erzielt mit ihm eine Einigung.

Da die Klage noch nicht eingereicht war, ist lediglich eine **0,8-Verfahrensgebühr** nach Nr. 3101 Nr. 1 VV entstanden. Für die Besprechung ist wiederum die volle **1,2-Terminsgebühr** nach Nr. 3104 VV angefallen (Vorbem. 3 Abs. 3 S. 3 Nr. 2 VV), da bereits ein Klageauftrag bestand. Hinzu kommt eine 1,5-Einigungsgebühr.

1.	0,8-Verfahrensgebühr, Nr. 3101 Nr. 1 VV (Wert: 10.000,00 EUR)	446,40 EUR
2.	1,2-Terminsgebühr, Nr. 3104 VV (Wert: 10.000,00 EUR)	669,60 EUR
3.	1,5-Einigungsgebühr, Nr. 1000 VV (Wert: 10.000,00 EUR)	837,00 EUR
4.	Postentgeltpauschale, Nr. 7002 VV	20,00 EUR
	Zwischensumme 1.973,00 EUR	
5.	19 % Umsatzsteuer, Nr. 7008 VV	374,87 EUR
	Gesamt	**2.347,87 EUR**

> **Beispiel 140** Vorzeitige Erledigung mit Besprechung und Einigung nach Anhängigkeit

Der Anwalt wird vom Beklagten beauftragt, ihn gegen eine Schadensersatzklage in Höhe von 10.000,00 EUR zu vertreten. Der Anwalt bestellt sich und zeigt die Verteidigungsbereitschaft an. Bevor der Anwalt einen Antrag stellt und zur Sache vorträgt, führen die Anwälte eine Besprechung durch, die mit einem Vergleich endet.

Da der Anwalt des Beklagten noch keinen Schriftsatz mit Sachanträgen oder Sachvortrag eingereicht hat, erhält er lediglich eine **0,8-Verfahrensgebühr** nach Nr. 3101 Nr. 1 VV. Für die Besprechung ist wiederum die volle **1,2-Terminsgebühr** nach Nr. 3104 VV angefallen, da bereits ein Klageauftrag bestand. Hinzu kommt jetzt nur eine 1,0-Einigungsgebühr.

1.	0,8-Verfahrensgebühr, Nr. 3101 Nr. 1 VV (Wert: 10.000,00 EUR)	446,40 EUR
2.	1,2-Terminsgebühr, Nr. 3104 VV (Wert: 10.000,00 EUR)	669,60 EUR
3.	1,0-Einigungsgebühr, Nr. 1000 VV (Wert: 10.000,00 EUR)	558,00 EUR
4.	Postentgeltpauschale, Nr. 7002 VV	20,00 EUR
	Zwischensumme 1.694,00 EUR	
5.	19 % Umsatzsteuer, Nr. 7008 VV	321,86 EUR
	Gesamt	**2.015,86 EUR**

IV. Abrechnung bei Einbeziehung nicht oder anderweitig anhängiger Ansprüche

1. Überblick

198 Nicht oder anderweitig anhängige Gegenstände können in verschiedenster Weise in ein gerichtliches Verfahren mit einbezogen werden.

IV. Abrechnung bei Einbeziehung nicht oder anderweitig anhängiger Ansprüche § 13

In jedem Fall entsteht immer eine **Verfahrensgebühr** aus dem Wert der weiteren anhängigen Gegenstände, da durch die Einbeziehung auch insoweit das Geschäft betrieben wird (Vorbem. 3 Abs. 2 VV). Die Verfahrensgebühr aus dem Mehrwert entsteht dann zu 0,8 (Nr. 3101 VV), wobei gegebenenfalls ein Abgleich nach § 15 Abs. 3 RVG vorzunehmen ist. 199

Soweit über die im Verfahren nicht anhängigen Gegenstände verhandelt oder erörtert wird oder Besprechungen zur Vermeidung eines gerichtlichen Verfahrens geführt werden, entsteht aus deren Wert auch eine **Terminsgebühr** nach Nr. 3104 VV (Vorbem. 3 Abs. 3 S. 3 Nr. 2 VV) (siehe Rn 72 ff.). 200

Lediglich für die bloße Protokollierung nicht anhängiger Gegenstände wird die Terminsgebühr nicht ausgelöst (Anm. Abs. 3 zu Nr. 3104 VV) (siehe Rn 214). 201

Soweit über nicht oder anderweitig anhängigen Gegenstände auch eine Einigung erzielt wird, entsteht insoweit auch die **Einigungsgebühr**. Deren Höhe hängt davon ab, ob die weitergehenden Gegenstände nicht oder in einem anderen Verfahren anhängig sind (siehe Rn 219). 202

Zu beachten sein können in diesen Fällen Anrechnungsvorschriften, wenn die mit einbezogenen Gegenstände anderweitig anhängig sind oder werden. Anzurechnen ist 203
- die Verfahrensgebühr aus dem Mehrwert, gegebenenfalls der nach Kürzung gem. § 15 Abs. 3 RVG verbleibende Betrag (Anm. zu Nr. 3101 VV),
- die Terminsgebühr aus dem Mehrwert (Anm. zu Nr. 3104 VV).

Von der Darstellung der Anrechnungen in einem anderen Verfahren oder bei einer außergerichtlichen Vertretung wird an dieser Stelle abgesehen. Insoweit werden diese Anrechnungsfälle in § 14 Rn 1 ff. und § 8 Rn 43 f. behandelt.

Darüber hinaus kann auch eine Geschäftsgebühr nach Vorbem. 3 Abs. 4 VV anzurechnen sein, wenn die einbezogenen Gegenstände auch Gegenstand einer außergerichtgerichtlichen Vertretung sind oder werden. 204

2. Verhandlungen vor Gericht über in diesem Verfahren nicht anhängige Gegenstände ohne Einigung

Werden lediglich Verhandlungen oder Erörterungen über nicht in diesem Verfahren anhängige Gegenstände geführt, wird also lediglich verhandelt, ohne dass es zu einer Einigung kommt, so entsteht zwar die volle 1,2-Terminsgebühr (arg. e. Anm. Abs. 2 zu Nr. 3104 VV); es fällt jedoch nur eine 0,8-Verfahrensgebühr aus dem Mehrwert an, und zwar nach Nr. 3101 Nr. 2, 2. Alt. VV. Zu beachten ist gegebenenfalls § 15 Abs. 3 RVG. 205

Dieser Wert der nicht anhängigen Gegenstände ist auf Antrag im Verfahren nach § 33 RVG vom Gericht festzusetzen.[91] 206

Zur Anrechnung, wenn die mit einbezogenen Gegenstände in einem anderen Verfahren anhängig sind oder später anhängig gemacht werden oder wenn sie später Gegenstand einer außergerichtlichen Vertretung werden, siehe § 14 Rn 1 ff. und § 8 Rn 43. 207

---

91 AG Siegburg AGS 2008, 361.

§ 13 Bürgerliche Rechtsstreitigkeiten erster Instanz

Beispiel 141 | **Bloßes Verhandeln über nicht anhängige Ansprüche ohne Einigung**

In einem Rechtsstreit über 10.000,00 EUR versuchen die Parteien, sich unter Mitwirkung ihrer Anwälte im Termin über die Klageforderung und über weitergehende nicht anhängige 5.000,00 EUR zu einigen. Eine Einigung kommt nicht zustande. Wegen der 5.000,00 EUR war der Anwalt außergerichtlich nicht beauftragt.

Aus dem Wert der anhängigen Ansprüche (10.000,00 EUR) entstehen eine 1,3-Verfahrensgebühr und eine 1,2-Terminsgebühr.

Aus dem Wert der nicht anhängigen Gegenstände (5.000,00 EUR) entsteht unter Beachtung des § 15 Abs. 3 RVG nur eine 0,8-Verfahrensgebühr nach Nr. 3101 Nr. 2, 2. Alt. VV. Darüber hinaus wird auch eine Terminsgebühr ausgelöst, da es für deren Entstehung nicht darauf ankommt, ob die Gegenstände, über die verhandelt oder erörtert wird, anhängig sind (arg. e Anm. Abs. 2 zu Nr. 3104 VV).[92]

1.	1,3-Verfahrensgebühr, Nr. 3100 VV (Wert: 10.000,00 EUR)	725,40 EUR
2.	0,8-Verfahrensgebühr, Nr. 3101 Nr. 2 VV (Wert: 5.000,00 EUR)	242,40 EUR
	gem. § 15 Abs. 3 RVG nicht mehr als 1,3 aus 15.000,00 EUR	845,00 EUR
3.	1,2-Terminsgebühr, Nr. 3104 VV (Wert: 15.000,00 EUR)	780,00 EUR
4.	Postentgeltpauschale, Nr. 7002 VV	20,00 EUR
	Zwischensumme	1.645,00 EUR
5.	19 % Umsatzsteuer, Nr. 7008 VV	312,55 EUR
	Gesamt	**1.957,55 EUR**

Zur Anrechnung, soweit über die weitergehenden Gegenstände ein gerichtliches Verfahren später noch anhängig wird oder soweit eine Geschäftstätigkeit nachfolgt, siehe § 14 Rn 1 ff. und § 8 Rn 43.

208 War der Anwalt hinsichtlich der in die Verhandlungen mit einbezogenen Gegenstände außergerichtlich bereits beauftragt, ist die vorgerichtlich angefallene Geschäftsgebühr nach Vorbem. 3 Abs. 4 VV hälftig anzurechnen.

209 Bei dieser Variante spielt es keine Rolle, ob die mit einbezogenen Ansprüche gar nicht anhängig sind oder anderweitig anhängig. Nach dem Wortlaut der Nr. 3101 Nr. 2, 2. Alt VV dürfen die Gegenständen lediglich in diesem Verfahren nicht anhängig sein; sie können dagegen in einem anderen Verfahren anhängig sein.

Beispiel 142 | **Bloßes Verhandeln auch über anderweitig anhängige Ansprüche**

In einem Rechtsstreit über 10.000,00 EUR versuchen sich die Parteien unter Mitwirkung ihrer Anwälte im Termin über die Klageforderung und über weitergehende 5.000,00 EUR zu einigen, die in einem anderen Verfahren anhängig sind. Eine Einigung kommt nicht zustande.

Abzurechnen ist wie im vorangegangenen Beispiel 141.

---

[92] OLG Stuttgart AGS 2006, 592 = AnwBl 2006, 769 = JurBüro 2006, 640 = OLGR 2007, 108 = RVG-Letter 2006, 112; OLG Koblenz AGS 2006, 349 = JurBüro 2006, 473 = OLGR 2006, 895 = AnwBl 2006, 587 = FamRZ 2006, 1691 = MDR 2007, 182 = RVG-Letter 2006, 83.

IV. Abrechnung bei Einbeziehung nicht oder anderweitig anhängiger Ansprüche § 13

Im Parallelverfahren ist jetzt allerdings die Anrechnung nach Anm. Abs. 1 zu Nr. 3101 VV und Anm. Abs. 2 zu Nr. 3104 VV zu beachten (siehe § 14 Rn 1, 11 ff.).

Wird nur über die anhängigen Gegenstände eine Einigung erzielt, nicht aber auch über die weiter gehenden in diesem Verfahren nicht anhängigen Ansprüche, ändert sich an der Berechnung nur, dass aus dem Wert der anhängigen Gegenstände eine 1,0-Einigungsgebühr (Nrn. 1000, 1003 VV) hinzukommt. **210**

> **Beispiel 143** Bloßes Verhandeln über nicht anhängige Ansprüche mit Einigung nur über die anhängigen Gegenstände

In einem Rechtsstreit über 10.000,00 EUR versuchen die Parteien, sich unter Mitwirkung ihrer Anwälte im Termin über die Klageforderung und über weitergehende nicht anhängige 5.000,00 EUR zu einigen. Eine Einigung kommt nur nach dem Wert der anhängigen 10.000,00 EUR zustande. Im Übrigen scheitern die Verhandlungen.

Gegenüber dem vorangegangenen Beispiel 142 kommt jetzt noch eine 1,0-Einigungsgebühr aus 10.000,00 EUR hinzu.

1.	1,3-Verfahrensgebühr, Nr. 3100 VV (Wert: 10.000,00 EUR)	725,40 EUR
2.	0,8-Verfahrensgebühr, Nr. 3101 Nr. 2 VV (Wert: 5.000,00 EUR)	242,40 EUR
	gem. § 15 Abs. 3 RVG nicht mehr als 1,3 aus 15.000,00 EUR	845,00 EUR
3.	1,2-Terminsgebühr, Nr. 3104 VV (Wert: 15.000,00 EUR)	780,00 EUR
4.	1,0-Einigungsgebühr, Nrn. 1000, 1003 VV (Wert: 10.000,00 EUR)	558,00 EUR
5.	Postentgeltpauschale, Nr. 7002 VV	20,00 EUR
	Zwischensumme	2.203,00 EUR
6.	19 % Umsatzsteuer, Nr. 7008 VV	418,57 EUR
	Gesamt	**2.621,57 EUR**

Zur Anrechnung, soweit über die weitergehenden Gegenstände später ein gerichtliches Verfahren noch anhängig wird oder soweit eine Geschäftstätigkeit nachfolgt, siehe § 14 Rn 1 ff. und § 8 Rn 43.

3. Verhandlungen außerhalb des Gericht über in diesem Verfahren nicht anhängige Gegenstände ohne Einigung

Werden die Verhandlungen nicht vor Gericht geführt, sondern außerhalb eines gerichtlichen Termins, würde die Ermäßigung der Nr. 3101 Nr. 2 VV dem Wortlaut nach nicht greifen. Es würde dann nach dem Wortlaut die volle 1,3-Verfahrensgebühr anfallen. Aus dem Mehrwert entsteht nämlich auf jeden Fall eine Terminsgebühr. Damit wird aber das Geschäft betrieben (Vorbem. 3 Abs. 2 VV), so dass auch eine Verfahrensgebühr anfällt. Insoweit dürfte eine planwidrige Lücke vorliegen. Man wird auch auf diesen Fall den Ermäßigungstatbestand der Nr. 3101 Nr. 2 entsprechend anwenden müssen. **211**

§ 13 Bürgerliche Rechtsstreitigkeiten erster Instanz

Beispiel 144 — Verhandeln über weitergehende nicht anhänge Ansprüche mit Mehrwert

In einem Rechtsstreit über 10.000,00 EUR verhandeln die Anwälte telefonisch über die Klageforderung und weitergehende nicht anhängige 5.000,00 EUR. Eine Einigung kommt nicht zustande.

Aus dem Wert der anhängigen Ansprüche (10.000,00 EUR) entsteht die 1,3-Verfahrensgebühr. Aus dem Wert der nicht anhängigen Gegenstände (5.000,00 EUR) entsteht unter Beachtung des § 15 Abs. 3 RVG in entsprechender Anwendung der Nr. 3101 Nr. 2 VV nur eine 0,8-Verfahrensgebühr. Die Terminsgebühr entsteht aus dem Gesamtwert.

1. 1,3-Verfahrensgebühr, Nr. 3100 VV
   (Wert: 10.000,00 EUR)   725,40 EUR
2. 0,8-Verfahrensgebühr, Nr. 3101 Nr. 2 VV
   (Wert: 5.000,00 EUR)   242,40 EUR
   gem. § 15 Abs. 3 RVG nicht mehr als 1,3 aus
   15.000,00 EUR   845,00 EUR
3. 1,2-Terminsgebühr, Nr. 3104 VV
   (Wert: 15.000,00 EUR)   780,00 EUR
4. Postentgeltpauschale, Nr. 7002 VV   20,00 EUR
   Zwischensumme   1.645,00 EUR
5. 19 % Umsatzsteuer, Nr. 7008 VV   312,55 EUR
   Gesamt   **1.957,55 EUR**

Zur Anrechnung, soweit über die weitergehenden Gegenstände ein gerichtliches Verfahren später noch anhängig wird oder soweit eine Geschäftstätigkeit nachfolgt, siehe § 14 Rn 1 ff. und § 8 Rn 43.

212   Bloße Verhandlungen über weitergehende nicht anhängige Gegenstände sind auch schon vor Klageerhebung möglich. Sofern bereits ein Verfahrensauftrag besteht, wird insoweit wiederum eine 0,8-Verfahrensgebühr ausgelöst (siehe Rn 190 ff.). Da jetzt auch für die in dem Verfahren geltend zu machenden Gegenstände nur eine 0,8-Verfahrensgebühr anfällt (Nr. 3101 Nr. 1 VV), entsteht einheitlich eine 0,8-Verfahrensgebühr aus dem Gesamtwert.

Hinzu kommt eine Terminsgebühr aus dem Gesamtwert (zur Terminsgebühr bei unbedingtem Verfahrensauftrag siehe Rn 196).

Beispiel 145 — Vorzeitige Erledigung bei Besprechungen auch über nicht anhängige Ansprüche

Der Anwalt erhält den Auftrag für eine Klage über 10.000,00 EUR. Bevor die Klage eingereicht wird, verhandelt der Anwalt nochmals mit dem Gegner und versucht, eine Einigung über die 10.000,00 EUR sowie über weitergehende nicht anhängige 5.000,00 EUR zu erzielen. Die Verhandlungen scheitern.

Aus dem Wert des Klageauftrags (10.000,00 EUR) entstehen eine 0,8-Verfahrensgebühr nach Nr. 3101 Nr. 1 VV und eine 1,2-Terminsgebühr nach Nr. 3104 VV.

Aus dem Wert der weiteren Gegenstände (5.000,00 EUR) entsteht wiederum eine 0,8-Verfahrensgebühr nach Nr. 3101 Nr. 2 VV. Darüber hinaus wird auch eine Terminsgebühr ausgelöst, da es

IV. Abrechnung bei Einbeziehung nicht oder anderweitig anhängiger Ansprüche § 13

für deren Entstehung nicht darauf ankommt, ob die Gegenstände, über die verhandelt oder erörtert wird, anhängig sind (arg. e Anm. Abs. 2 zu Nr. 3104 VV).[93]

1.	0,8-Verfahrensgebühr, Nrn. 3100, 3101 Nr. 1 u. 2 VV (Wert: 15.000,00 EUR)	520,00 EUR
2.	1,2-Terminsgebühr, Nr. 3104 VV (Wert: 15.000,00 EUR)	780,00 EUR
3.	Postentgeltpauschale, Nr. 7002 VV	20,00 EUR
	Zwischensumme 1.320,00 EUR	
4.	19 % Umsatzsteuer, Nr. 7008 VV	250,80 EUR
	Gesamt	**1.570,80 EUR**

Zur Anrechnung, soweit über die weitergehenden Gegenstände ein gerichtliches Verfahren später noch anhängig wird oder soweit eine Geschäftstätigkeit nachfolgt, siehe § 14 Rn 1 ff. und § 8 Rn 43.

War eine Geschäftstätigkeit (auch) hinsichtlich der mit einbezogenen Gegenstände vorausgegangen, ist die Geschäftsgebühr nach Vorbem. 3 Abs. 4 VV hälftig anzurechnen. 213

4. Bloße Protokollierung einer Einigung über in diesem Verfahren nicht anhängige Gegenstände ohne Beteiligung des Anwalts an der Einigung

Ist der Anwalt hinsichtlich der im Verfahren nicht anhängigen Gegenstände nur mit der Protokollierung einer Einigung beauftragt, haben die Parteien die Einigung also ohne den Anwalt selbst bereits ausgehandelt und abgeschlossen, so entsteht insoweit lediglich die **0,8-Verfahrensgebühr** nach Nr. 3101 Nr. 2, 1. Alt. VV. 214

Bei der **Terminsgebühr** ist zu differenzieren: 215
- Für die bloße Protokollierung einer Einigung über nicht anhängige Gegenstände fällt keine Terminsgebühr an (Anm. Abs. 3 zu Nr. 3104 VV).
- Anders verhält es sich, wenn die miteinbezogenen Gegenstände anderweitig anhängig sind. Dann entsteht auch eine Terminsgebühr aus dem Mehrwert. Der Ausschluss der Anm. Abs. 3 zu Nr. 3104 VV greift nicht schon dann, wenn die Gegenstände in diesem Verfahren nicht anhängig sind, sondern nur dann, wenn die Gegenstände überhaupt nicht anhängig sind.[94]

Eine **Einigungsgebühr** aus dem Wert der nicht anhängigen Gegenstände entsteht grundsätzlich nicht, da es an der Mitwirkung des Anwalts fehlt, wenn die Parteien die Einigung selbst aushandeln. Zur Abrechnung bei Mitwirkung des Anwalts siehe Rn 219 ff. 216

| Beispiel 146 | Bloße Protokollierung einer Einigung mit Mehrwert (nicht anhängig) |

In einem Rechtsstreit über 10.000,00 EUR einigen sich die Parteien unter Mitwirkung ihrer Anwälte über die Klageforderung und lassen weitergehende nicht anhängige 5.000,00 EUR protokollieren, über die die Parteien sich bereits selbst geeinigt hatten.

Aus dem Wert der anhängigen Ansprüche (10.000,00 EUR) entstehen die 1,3-Verfahrensgebühr, die 1,2-Terminsgebühr und die 1,0-Einigungsgebühr.

---

93 OLG Stuttgart AGS 2006, 592 = AnwBl 2006, 769 = JurBüro 2006, 640 = OLGR 2007, 108 = RVG-Letter 2006, 112; OLG Koblenz AGS 2006, 349 = JurBüro 2006, 473 = OLGR 2006, 895 = AnwBl 2006, 587 = FamRZ 2006, 1691 = MDR 2007, 182 = RVG-Letter 2006, 83.
94 Gerold/Schmidt/*Müller-Rabe*, Nr. 3104 Rn 140 ff.

Aus dem Wert der nicht anhängigen Gegenstände (5.000,00 EUR) entsteht unter Beachtung des § 15 Abs. 3 RVG nur eine 0,8-Verfahrensgebühr nach Nr. 3101 Nr. 2, 1. Alt. VV. Eine Terminsgebühr fällt aus dem Mehrwert nicht an (Anm. Abs. 3 zu Nr. 3104 VV). Für eine Einigungsgebühr aus dem Mehrwert fehlt es an der Mitwirkung, da sich die Parteien ohne die Anwälte geeinigt haben.

1. 1,3-Verfahrensgebühr, Nr. 3100 VV
   (Wert: 10.000,00 EUR) — 725,40 EUR
2. 0,8-Verfahrensgebühr, Nr. 3101 Nr. 2 VV
   (Wert: 5.000,00 EUR) — 242,40 EUR
   gem. § 15 Abs. 3 RVG nicht mehr als 1,3 aus 15.000,00 EUR — 845,00 EUR
3. 1,2-Terminsgebühr, Nr. 3104 VV
   (Wert: 10.000,00 EUR) — 669,60 EUR
4. 1,0-Einigungsgebühr, Nrn. 1000, 1003 VV
   (Wert: 10.000,00 EUR) — 558,00 EUR
5. Postentgeltpauschale, Nr. 7002 VV — 20,00 EUR
   Zwischensumme — 2.092,60 EUR
6. 19 % Umsatzsteuer, Nr. 7008 VV — 397,59 EUR
   Gesamt — **2.490,19 EUR**

217 Wird dagegen eine Einigung über anderweitig anhängige Gegenstände protokolliert, entsteht auch die Terminsgebühr aus dem Mehrwert.

> **Beispiel 147** — **Bloße Protokollierung einer Einigung mit Mehrwert (anderweitig anhängig)**

In einem Rechtsstreit über 10.000,00 EUR einigen sich die Parteien unter Mitwirkung ihrer Anwälte über die Klageforderung und protokollieren weitergehende 5.000,00 EUR, die in einem anderen Verfahren anhängig sind, über die die Parteien sich aber selbst bereits geeinigt hatten.

Jetzt kommt aus dem Mehrwert auch die Terminsgebühr hinzu. Eine Einigungsgebühr entsteht allerdings auch hier nicht, da der Anwalt an der Einigung nicht mitgewirkt hat

1. 1,3-Verfahrensgebühr, Nr. 3100 VV
   (Wert: 10.000,00 EUR) — 725,40 EUR
2. 0,8-Verfahrensgebühr, Nr. 3101 Nr. 2 VV
   (Wert: 5.000,00 EUR) — 242,40 EUR
   gem. § 15 Abs. 3 RVG nicht mehr als 1,3 aus 15.000,00 EUR — 845,00 EUR
3. 1,2-Terminsgebühr, Nr. 3104 VV
   (Wert: 15.000,00 EUR) — 780,00 EUR
4. Postentgeltpauschale, Nr. 7002 VV — 20,00 EUR
   Zwischensumme — 1.645,00 EUR
5. 19 % Umsatzsteuer, Nr. 7008 VV — 312,55 EUR
   Gesamt — **1.957,55 EUR**

Zur Anrechnung, soweit der Anwalt auch in dem weitergehenden Verfahren tätig war, siehe § 14 Rn 1, 11 ff.

218 Bedarf die Einigung der notariellen Beurkundung, z.B. nach § 311b Abs. 1 BGB, so entsteht auch eine Einigungsgebühr, da die Einigung erst durch die gerichtliche Protokollierung als Vergleich zustande kommt (§ 127a BGB).[95]

---

[95] OLG Brandenburg OLGR 1995, 186; AnwK-RVG/*Onderka/Schafhausen/Schneider/Thiel*, Nr. 1000 VV Rn 127.

IV. Abrechnung bei Einbeziehung nicht oder anderweitig anhängiger Ansprüche § 13

Beispiel 148 | **Bloße Protokollierung einer Einigung mit Mehrwert, Einigung ist formbedürftig**

In einem Rechtsstreit über 10.000,00 EUR einigen sich die Parteien unter Mitwirkung ihrer Anwälte über die Klageforderung und protokollieren weitergehende nicht anhängige 5.000,00 EUR, über die die Parteien sich selbst bereits geeinigt hatten. Die Einigung über den Mehrwert bedarf der notariellen Beurkundung.

Jetzt kommt aus dem Mehrwert auch die Terminsgebühr und eine 1,5-Einigungsgebühr hinzu, da insoweit die Anwälte an der Einigung mitgewirkt haben. Zu beachten ist § 15 Abs. 3 RVG.

1. 1,3-Verfahrensgebühr, Nr. 3100 VV
   (Wert: 10.000,00 EUR) 725,40 EUR
2. 0,8-Verfahrensgebühr, Nr. 3101 Nr. 2 VV
   (Wert: 5.000,00 EUR) 242,40 EUR
   gem. § 15 Abs. 3 RVG nicht mehr als 1,3 aus 845,00 EUR
   15.000,00 EUR
3. 1,2-Terminsgebühr, Nr. 3104 VV 780,00 EUR
   (Wert: 15.000,00 EUR)
4. 1,0-Einigungsgebühr, Nrn. 1000, 1003 VV
   (Wert: 10.000,00 EUR) 558,00 EUR
5. 1,5-Einigungsgebühr, Nr. 1000 VV
   (Wert: 5.000,00 EUR) 454,50 EUR
   gem. § 15 Abs. 3 RVG nicht mehr als 1,5 aus 975,00 EUR
   15.000,00 EUR
6. Postentgeltpauschale, Nr. 7002 VV 20,00 EUR
   Zwischensumme 2.620,00 EUR
7. 19 % Umsatzsteuer, Nr. 7008 VV 497,90 EUR
   Gesamt **3.117,80 EUR**

Zur Anrechnung, soweit der Anwalt auch in dem weitergehenden Verfahren tätig war, siehe § 14 Rn 1, 11.

5. Mitwirkung an einer Einigung auch über in diesem Verfahren nicht anhängige Gegenstände

Werden Gegenstände, die in diesem Verfahren nicht anhängig sind, in eine Einigung einbezogen, so ist wiederum zu differenzieren, ob dies in einem gerichtlichen Termin geschieht oder außerhalb eines gerichtlichen Termins. **219**

a) Einigung im gerichtlichen Termin

Wird die Einigung im Termin erzielt, entsteht aus dem Wert der in diesem Verfahren nicht anhängigen Gegenstände nur eine 0,8-Verfahrensgebühr nach Nr. 3101 Nr. 2 VV. **220**

Es entsteht darüber hinaus eine Terminsgebühr aus dem Gesamtwert. **221**

Schließlich entsteht auch eine Einigungsgebühr aus dem Mehrwert. Deren Höhe hängt davon ab, ob die in die Einigung einbezogenen Ansprüche **222**
- nicht anhängig,
- anderweitig erstinstanzlich anhängig oder
- anderweitig in einem Berufungs-, Revisions- oder diesen gleichgestellten Verfahren anhängig sind.

223 Sind die Ansprüche nicht anhängig, entsteht aus dem Mehrwert unter Beachtung des § 15 Abs. 3 RVG eine 1,5-Einigungsgebühr nach Nr. 1000 VV.

> **Beispiel 149** **Einigung unter Einbeziehung nicht anhängiger Gegenstände, mit Kürzung nach § 15 Abs. 3 RVG**

In einem Rechtsstreit über 10.000,00 EUR einigen sich die Parteien im Termin über die Klageforderung sowie über weitergehende nicht anhängige 2.000,00 EUR.

Aus dem Mehrwert entsteht jetzt nur die 0,8-Verfahrensgebühr nach Nr. 3101 Nr. 2 VV unter Beachtung des § 15 Abs. 3 RVG. Die Terminsgebühr entsteht dagegen aus dem Gesamtwert. Die Einigungsgebühr entsteht auch aus dem Gesamtwert, allerdings zu unterschiedlichen Sätzen mit der Begrenzung nach § 15 Abs. 3 RVG.

1. 1,3-Verfahrengebühr, Nr. 3100 VV (Wert: 10.000,00 EUR)	725,40 EUR
2. 0,8-Verfahrensgebühr, Nrn. 3100, 3101 VV (Wert: 2.000,00 EUR)	120,00 EUR
gem. § 15 Abs. 3 RVG nicht mehr als 1,3 aus 12.000,00 EUR	785,20 EUR
3. 1,2-Terminsgebühr, Nr. 3104 VV (Wert: 12.000,00 EUR)	724,80 EUR
4. 1,0-Einigungsgebühr, Nr. 1000, 1003 VV (Wert: 10.000,00 EUR)	558,00 EUR
5. 1,5-Einigungsgebühr, Nr. 1000 VV (Wert: 2.000,00 EUR) die Grenze des § 15 Abs. 3 RVG, nicht mehr als 1,5 aus 12.000,00 (906,00 EUR) ist nicht erreicht	225,00 EUR
6. Postentgeltpauschale, Nr. 7002 VV	20,00 EUR
Zwischensumme	2.313,00 EUR
7. 19 % Umsatzsteuer, Nr. 7008 VV	439,47 EUR
Gesamt	**2.752,47 EUR**

Zur Anrechnung, soweit der Anwalt auch in dem weitergehenden Verfahren tätig war, siehe § 14 Rn 1, 11.

> **Beispiel 150** **Einigung unter Einbeziehung nicht anhängiger Gegenstände, keine Kürzung nach § 15 Abs. 3 RVG**

In einem Rechtsstreit über 2.000,00 EUR einigen sich die Parteien im Termin über die Klageforderung sowie über weitergehende nicht anhängige 10.000,00 EUR.

Aus dem Mehrwert entsteht jetzt nur die 0,8-Verfahrensgebühr nach Nr. 3101 Nr. 2 VV. Die Terminsgebühr entsteht dagegen aus dem Gesamtwert. Die Einigungsgebühr entsteht auch aus dem Gesamtwert, allerdings zu unterschiedlichen Sätzen mit der Begrenzung nach § 15 Abs. 3 RVG.

1. 1,3-Verfahrensgebühr, Nr. 3100 VV (Wert: 2.000,00 EUR)	195,00 EUR
2. 0,8-Verfahrensgebühr, Nr. 3101 Nr. 2 VV (Wert: 10.000,00 EUR) die Höchstgrenze des § 15 Abs. 3 RVG, nicht mehr als 1,3 aus 12.000,00 EUR (785,20 EUR) ist nicht überschritten	446,40 EUR

IV. Abrechnung bei Einbeziehung nicht oder anderweitig anhängiger Ansprüche § 13

3.	1,2-Terminsgebühr, Nr. 3104 VV (Wert: 12.000,00 EUR)		724,80 EUR
4.	1,0-Einigungsgebühr, Nrn. 1000, 1003 VV (Wert: 2.000,00 EUR)		150,00 EUR
5.	1,5-Einigungsgebühr, Nr. 1000 VV (Wert: 10.000,00 EUR) gem. § 15 Abs. 3 RVG nicht mehr als 1,5 aus 12.000,00 EUR		837,00 EUR 906,00 EUR
6.	Postentgeltpauschale, Nr. 7002 VV Zwischensumme	2.292,20 EUR	20,00 EUR
7.	19 % Umsatzsteuer, Nr. 7008 VV		435,52 EUR
Gesamt			**2.727,72 EUR**

Zur Anrechnung, soweit der Anwalt auch in dem weitergehenden Verfahren tätig war, siehe § 14 Rn 1, 11.

Werden Ansprüche einbezogen, die zwar in diesem Verfahren nicht anhängig sind, aber in einem anderen erstinstanzlichen Verfahren, ändert sich nur die Höhe der Einigungsgebühr, die sich dann insgesamt nur auf 1,0 beläuft. **224**

Wie in dem anderen Verfahren abzurechnen ist, hängt davon ab, ob in dem anderen Verfahren bereits die volle Verfahrensgebühr ausgelöst worden ist und ob dort schon ein Termin i.S.d. Vorbem. 3 Abs. 3 VV stattgefunden hat (siehe § 14 Rn 1, 11). **225**

Beispiel 151	Einigung unter Einbeziehung anderweitig anhängiger Ansprüche

In einem Rechtsstreit über 2.000,00 EUR vor dem AG einigen sich die Parteien im Termin über die Klageforderung sowie über weitergehende 10.000,00 EUR, die in einem erstinstanzlichen Verfahren vor dem LG anhängig sind.

Abzurechnen ist in dem Verfahren vor dem AG, in dem man sich geeinigt hat, wie im vorangegangenen Beispiel 150; lediglich die Einigungsgebühr entsteht jetzt insgesamt zu 1,0 (Nr. 1003 VV).

1.	1,3-Verfahrensgebühr, Nr. 3100 VV (Wert: 2.000,00 EUR)		195,00 EUR
2.	0,8-Verfahrensgebühr, Nr. 3101 Nr. 2 VV (Wert: 10.000,00 EUR) die Höchstgrenze des § 15 Abs. 3 RVG, nicht mehr als 1,3 aus 12.000,00 EUR (785,20 EUR) ist nicht überschritten		446,40 EUR
3.	1,2-Terminsgebühr, Nr. 3104 VV (Wert: 12.000,00 EUR)		724,80 EUR
4.	1,0-Einigungsgebühr, Nr. 1000, 1003 VV (Wert: 12.000,00 EUR)		604,00 EUR
5.	Postentgeltpauschale, Nr. 7002 VV Zwischensumme	1.990,20 EUR	20,00 EUR
6.	19 % Umsatzsteuer, Nr. 7008 VV		378,14 EUR
Gesamt			**2.368,39 EUR**

Zur Anrechnung, soweit der Anwalt auch in dem weitergehenden Verfahren tätig war, siehe § 14 Rn 1 ff, 11 ff.

Werden Ansprüche einbezogen, die zwar in diesem Verfahren nicht anhängig sind, aber in einem Berufungs- oder Revisionsverfahren oder einem diesem nach Nr. 1004 VV gleichgestellten Verfahren, ändert sich wiederum nur die Höhe der Einigungsgebühr, die sich dann aus dem Mehrwert auf 1,3 beläuft (Nr. 1004 VV). Zu beachten ist wiederum § 15 Abs. 3 RVG. **226**

§ 13 Bürgerliche Rechtsstreitigkeiten erster Instanz

> **Beispiel 152** Einigung unter Einbeziehung anderweitiger in einem Rechtsmittelverfahren anhängiger Ansprüche

In einem Rechtsstreit über 2.000,00 EUR einigen sich die Parteien im Termin über die Klageforderung sowie über weitergehende 10.000,00 EUR, die in einem Berufungsverfahren vor dem Landgericht anhängig sind.

Abzurechnen ist wie im Beispiel 150; lediglich die Einigungsgebühr entsteht jetzt aus dem Mehrwert zu 1,3, allerdings unter Beachtung des § 15 Abs. 3 RVG.

1. 1,3-Verfahrensgebühr, Nr. 3100 VV
   (Wert: 2.000,00 EUR)   195,00 EUR
2. 0,8-Verfahrensgebühr, Nr. 3101 Nr. 2 VV
   (Wert: 10.000,00 EUR)   446,40 EUR
   die Höchstgrenze des § 15 Abs. 3 RVG, nicht mehr als
   1,3 aus 12.000,00 EUR (785,20 EUR) ist nicht überschritten
3. 1,2-Terminsgebühr, Nr. 3104 VV
   (Wert: 12.000,00 EUR)   724,80 EUR
4. 1,0-Einigungsgebühr, Nrn. 1000, 1003 VV
   (Wert: 2.000,00 EUR)   150,00 EUR
5. 1,3-Einigungsgebühr, Nrn. 1000, 1004 VV
   (Wert: 10.000,00 EUR)   725,40 EUR
   gem. § 15 Abs. 3 RVG nicht mehr als
   1,3 aus 12.000,00 EUR   785,20 EUR
6. Postentgeltpauschale, Nr. 7002 VV   20,00 EUR
   Zwischensumme   2.171,40 EUR
7. 19 % Umsatzsteuer, Nr. 7008 VV   412,57 EUR
   Gesamt   **2.583,97 EUR**

Zur Anrechnung, soweit der Anwalt auch in dem weitergehenden Verfahren tätig war, siehe § 14 Rn 1 ff., 11 ff.

227 Möglich ist auch, dass sowohl Ansprüche einbezogen werden, die nicht anhängig sind und solche, die in einem Berufungs- oder Revisionsverfahren anhängig sind. Dann entsteht die Einigungsgebühr nach drei verschiedenen Sätzen, wiederum unter Beachtung des § 15 Abs. 3 RVG.

> **Beispiel 153** Einigung unter Einbeziehung anderweitiger Ansprüche, die zum Teil in einem Rechtsmittelverfahren anhängig und zum Teil nicht anhängig sind

In einem Rechtsstreit über 10.000,00 EUR einigen sich die Parteien im Termin über die Klageforderung sowie über weitergehende 6.000,00 EUR, die in einem Berufungsverfahren vor dem Landgericht anhängig sind und weitere 4.000,00 EUR, die noch gar nicht anhängig sind.

Die Einigungsgebühr entsteht jetzt aus dem Mehrwert von 6.000,00 EUR zu 1,3 und aus dem Mehrwert von 4.000,00 zu 1,5. Insgesamt darf nicht mehr abgerechnet werden als 1,5 aus 20.000,00 EUR.

IV. Abrechnung bei Einbeziehung nicht oder anderweitig anhängiger Ansprüche § 13

1.	1,3-Verfahrensgebühr, Nr. 3100 VV (Wert: 10.000,00 EUR)	725,40 EUR
2.	0,8-Verfahrensgebühr, Nrn. 3100, 3101 VV (Wert: 10.000,00 EUR)	446,40 EUR
	gem. § 15 Abs. 3 RVG nicht mehr als 1,3 aus 20.000,00 EUR	964,60 EUR
2.	1,2-Terminsgebühr, Nr. 3104 VV (Wert: 20.000,00 EUR)	890,40 EUR
3.	1,0-Einigungsgebühr, Nrn. 1000, 1003 VV (Wert: 10.000,00 EUR)	558,00 EUR
4.	1,3-Einigungsgebühr, Nrn. 1000, 1004 VV (Wert: 6.000,00 EUR)	460,20 EUR
5.	1,5-Einigungsgebühr, Nr. 1000 VV (Wert: 4.000,00 EUR)	378,00 EUR
	gem. § 15 Abs. 3 RVG nicht mehr als 1,5 aus 20.000,00 EUR	1.113,00 EUR
6.	Postentgeltpauschale, Nr. 7002 VV	20,00 EUR
	Zwischensumme	2.988,00 EUR
7.	19 % Umsatzsteuer, Nr. 7008 VV	567,72 EUR
	Gesamt	**3.555,72 EUR**

Zur Anrechnung, soweit der Anwalt auch in dem weitergehenden Verfahren tätig war, siehe § 14 Rn 1 ff, 11 ff.

Wird die Einigung **widerrufen**, entsteht keine Einigungsgebühr (Anm. Abs. 3 zu Nr. 1000 VV). **228** Die Verfahrensgebühr und die Terminsgebühr aus dem Mehrwert bleiben dann allerdings bestehen, da sie nicht von der Einigung abhängen.

Beispiel 154 Einigung mit Mehrwert unter Widerrufsvorbehalt mit anschließendem Widerruf

In einem Rechtsstreit über 2.000,00 EUR vergleichen sich die Parteien im Termin unter dem Vorbehalt des Widerrufs über die Klageforderung sowie über weitergehende nicht anhängige 10.000,00 EUR. Der Vergleich wird widerrufen.

Eine Einigungsgebühr ist nicht entstanden. Die Verfahrens- und die Terminsgebühr sind dagegen auch aus dem Mehrwert angefallen. Insoweit ist der Mehrwert auf Antrag im Verfahren nach § 33 RVG festzusetzen.[96]

1.	1,3-Verfahrensgebühr, Nr. 3100 VV (Wert: 2.000,00 EUR)	195,00 EUR
2.	0,8-Verfahrensgebühr, Nr. 3101 Nr. 2 VV (Wert: 10.000,00 EUR) die Höchstgrenze des § 15 Abs. 3 RVG, nicht mehr als 1,3 aus 20.000,00 EUR (785,20 EUR) ist nicht überschritten	446,40 EUR
3.	1,2-Terminsgebühr, Nr. 3104 VV (Wert: 12.000,00 EUR)	724,80 EUR
4.	Postentgeltpauschale, Nr. 7002 VV	20,00 EUR
	Zwischensumme	1.386,20 EUR
5.	19 % Umsatzsteuer, Nr. 7008 VV	263,38 EUR
	Gesamt	**1.649,58 EUR**

---

96 AG Siegburg AGS 2008, 361.

Zur Anrechnung, soweit der Anwalt auch in dem weitergehenden Verfahren tätig war, siehe § 14 Rn 1 ff., 11 ff.

229 Möglich ist auch, dass im Termin über nicht anhängige Ansprüche verhandelt wird, eine Einigung aber nur über einen Teil der Ansprüche erzielt wird. Dann entsteht aus dem Mehrwert die 0,8-Verfahrensgebühr der Nr. 3101 Nr. 2 VV sowie die Terminsgebühr. Die Einigungsgebühr entsteht dagegen nur aus dem Wert der Einigung.

> **Beispiel 155** | **Mitverhandeln anderweitiger Ansprüche mit nur teilweiser Einigung**
>
> **In einem Rechtsstreit über 10.000,00 EUR verhandeln die Parteien im Termin über die Klageforderung sowie über weitergehende Forderungen i.H.v. 6.000,00 EUR und 4.000,00 EUR, die nicht anhängig sind. Eine Einigung kommt nur über die Klageforderung sowie weitergehende 6.000,00 EUR zustande. Im Übrigen scheitern die Verhandlungen.**
>
> Aus dem Mehrwert der 10.000,00 EUR entsteht unter Beachtung des § 15 Abs. 3 RVG eine 0,8-Verfahrensgebühr nach Nr. 3101 Nr. 2 VV sowie die Terminsgebühr. Die Einigungsgebühr entsteht aus dem Mehrwert jedoch nur nach dem Wert von 6.000,00 EUR.
>
> 1. 1,3-Verfahrensgebühr, Nr. 3100 VV
> (Wert: 10.000,00 EUR)   845,00 EUR
> 2. 0,8-Verfahrensgebühr, Nr. 3101 Nr. 2, 2. Alt. VV
> (Wert: 10.000,00 EUR)   446,40 EUR
> gem. § 15 Abs. 3 RVG nicht mehr als 1,3 aus 20.000,00 EUR)   964,60 EUR
> 3. 1,2-Terminsgebühr, Nr. 3104 VV
> (Wert: 20.000,00 EUR)   890,40 EUR
> 4. 1,0-Einigungsgebühr, Nrn. 1000, 1003 VV
> (Wert: 10.000,00 EUR)   558,00 EUR
> 5. 1,5-Einigungsgebühr, Nr. 1000 VV
> (Wert: 6.000,00 EUR)   531,00 EUR
> gem. § 15 Abs. 3 RVG nicht mehr als 1,5 aus 16.000,00 EUR   975,00 EUR
> 6. Postentgeltpauschale, Nr. 7002 VV   20,00 EUR
>   Zwischensumme   2.850,00 EUR
> 7. 19 % Umsatzsteuer, Nr. 7008 VV   541,50 EUR
> **Gesamt**   **3.391,50 EUR**

Zur Anrechnung, soweit der Anwalt auch in dem weitergehenden Verfahren tätig war, siehe § 14 Rn 1 ff., 1 ff.

b) Einigung außerhalb eines gerichtlichen Termins

230 Werden Gegenstände, die in diesem Verfahren nicht anhängig sind, außerhalb eines gerichtlichen Termins in eine Einigung einbezogen, so entsteht ebenfalls nur eine 0,8-Verfahrensgebühr nach Nr. 3101 VV. Auch hier fehlt zwar eine Ermäßigungsregelung, so dass auch hier Nr. 3101 Nr. 2 VV entsprechend anzuwenden ist (siehe Rn 211); i.d.R. wird sich hier sich hier die Ermäßigung aber ohnehin bereits aus der Protokollierung des Vergleichs ergeben.

IV. Abrechnung bei Einbeziehung nicht oder anderweitig anhängiger Ansprüche § 13

Beispiel 156 | **Einigung unter Einbeziehung nicht anhängiger Gegenstände aufgrund einer Besprechung**

In einem Rechtsstreit über 10.000,00 EUR einigen sich die Anwälte aufgrund eines Telefonats mündlich über die Klageforderung und weitergehende nicht anhängige 5.000,00 EUR. Die Klage wird aufgrund der Einigung zurück genommen.

Aus dem Wert der Klageforderung sind die 1,3-Verfahrensgebühr (Nr. 3100 VV) angefallen sowie die 1,2-Terminsgebür (Nr. 3104 VV) und eine 1,0-Einigungsgebühr (Nrn. 1000, 1003 VV).

Aus dem Wert der nicht anhängigen Gegenstände ist eine 0,8-Verfahrensgebühr nach Nr. 3101 Nr. 2 VV entstanden. Darüber hinaus entsteht aus dem Mehrwert auch die 1,2-Terminsgebühr nach Nr. 3104 VV. Hinzu kommt unter Beachtung des § 15 Abs. 3 RVG eine 1,5-Einigungsgebühr (Nr. 1000 VV).

1.	1,3-Verfahrensgebühr, Nr. 3100 VV (Wert: 10.000,00 EUR)	725,40 EUR
2.	0,8-Verfahrensgebühr, Nr. 3101 Nr. 1 VV (Wert: 5.000,00 EUR) gem. § 15 Abs. 3 RVG nicht mehr als 1,3 aus 15.000,00 EUR	242,40 EUR 845,00 EUR
3.	1,2-Terminsgebühr, Nr. 3104 VV (Wert: 15.000,00 EUR)	780,00 EUR
4.	1,0-Einigungsgebühr, Nrn. 1000, 1003 VV (Wert: 10.000,00 EUR)	558,00 EUR
5.	1,5-Einigungsgebühr, Nr. 1000 VV (Wert: 5.000,00 EUR) gem. § 15 Abs. 3 RVG nicht mehr als 1,5 aus 15.000,00 EUR	454,50 EUR 975,00 EUR
6.	Postentgeltpauschale, Nr. 7002 VV	20,00 EUR
	Zwischensumme	2.620,00 EUR
7.	19 % Umsatzsteuer, Nr. 7008 VV	497,80 EUR
	Gesamt	**3.117,80 EUR**

Zur Anrechnung, soweit der Anwalt auch in dem weitergehenden Verfahren tätig war, siehe § 14 Rn 1 ff., 11 ff.

Sind die miteinbezogenen Gegenstände nicht in diesem Verfahren anhängig, aber in einem anderen Verfahren, ändert sich nur die Höhe der Einigungsgebühr.

231

Beispiel 157 | **Einigung unter Einbeziehung anderweitig erstinstanzlich anhängiger Gegenstände aufgrund einer Besprechung**

In einem Rechtsstreit über 10.000,00 EUR einigen sich die Anwälte aufgrund eines Telefonats mündlich über die Klageforderung und weitergehende 5.000,00 EUR, die in einem anderen erstinstanzlichen Verfahren anhängig sind. Die Klage wird aufgrund der Einigung zurück genommen.

Abzurechnen ist wie im vorangegangenen Beispiel 156. Lediglich die Einigungsgebühr entsteht jetzt insgesamt zu 1,0 aus dem Gesamtwert von 15.000,00 EUR.

§ 13 Bürgerliche Rechtsstreitigkeiten erster Instanz

1. 1,3-Verfahrensgebühr, Nr. 3100 VV
   (Wert: 10.000,00 EUR) — 725,40 EUR
2. 0,8-Verfahrensgebühr, Nrn. 3100, 3101 VV
   (Wert: 5.000,00 EUR) — 242,40 EUR
   gem. § 15 Abs. 3 RVG nicht mehr als 1,3 aus 15.000,00 EUR — 845,00 EUR
3. 1,2-Terminsgebühr, Nr. 3104 VV
   (Wert: 15.000,00 EUR) — 780,00 EUR
4. 1,0-Einigungsgebühr, Nrn. 1000, 1003 VV
   (Wert: 15.000,00 EUR) — 650,00 EUR
5. Postentgeltpauschale, Nr. 7002 VV — 20,00 EUR
   Zwischensumme — 2.295,00 EUR
6. 19 % Umsatzsteuer, Nr. 7008 VV — 436,05 EUR
   Gesamt — **2.731,05 EUR**

Zur Anrechnung, soweit der Anwalt auch in dem weitergehenden Verfahren tätig war, siehe § 14 Rn 1 ff., 11 ff.

Beispiel 158 — **Einigung unter Einbeziehung anderweitig in einem Berufungsverfahren anhängiger Gegenstände aufgrund einer Besprechung**

In einem Rechtsstreit über 10.000,00 EUR einigen sich die Anwälte aufgrund eines Telefonats mündlich über die Klageforderung und weitergehende 5.000,00 EUR, die in einem Berufungsverfahren vor dem LG anhängig sind. Klage und Berufung werden aufgrund der Einigung zurück genommen.

Abzurechnen ist wie im Beispiel 156; allerdings entsteht die Einigungsgebühr aus dem Mehrwert jetzt zu 1,3, wobei wiederum § 15 Abs. 3 RVG zu beachten ist.

1. 1,3-Verfahrensgebühr, Nr. 3100 VV
   (Wert: 10.000,00 EUR) — 725,40 EUR
2. 0,8-Verfahrensgebühr, Nrn. 3100, 3101 VV
   (Wert: 5.000,00 EUR) — 242,40 EUR
   gem. § 15 Abs. 3 RVG nicht mehr als 1,3 aus 15.000,00 EUR — 845,00 EUR
3. 1,2-Terminsgebühr, Nr. 3104 VV
   (Wert: 15.000,00 EUR) — 780,00 EUR
4. 1,0-Einigungsgebühr, Nrn. 1000, 1003 VV
   (Wert: 10.000,00 EUR) — 558,00 EUR
5. 1,3-Einigungsgebühr, Nrn. 1000, 1004 VV
   (Wert: 5.000,00 EUR) — 393,90 EUR
   gem. § 15 Abs. 3 RVG nicht mehr als 1,3 aus 15.000,00 EUR — 845,00 EUR
6. Postentgeltpauschale, Nr. 7002 VV — 20,00 EUR
   Zwischensumme — 2.490,00 EUR
7. 19 % Umsatzsteuer, Nr. 7008 VV — 473,10 EUR
   Gesamt — **2.963,10 EUR**

Zur Anrechnung, soweit der Anwalt auch in dem weitergehenden Verfahren tätig war, siehe § 14 Rn 1 ff., 11 ff.

IV. Abrechnung bei Einbeziehung nicht oder anderweitig anhängiger Ansprüche § 13

Kommt es zu einer Einigung, ohne dass eine Besprechung stattgefunden hat, so löst jedenfalls ein schriftlicher Vergleich die Terminsgebühr auch aus dem Wert der nicht anhängigen Gegenstände aus.[97]

Beispiel 159 | **Einigung unter Einbeziehung nicht anhängiger Gegenstände ohne Besprechung aber mit Protokollierung nach § 278 Abs. 6 ZPO**

In einem Rechtsstreit über 10.000,00 EUR unterbreitet das Gericht nach Eingang der Klageschrift einen Einigungsvorschlag, in den auch weitergehende nicht anhängige 5.000,00 EUR einbezogen sind. Die Anwälte erklären, den Einigungsvorschlag anzunehmen, so dass das Zustandekommen der Einigung sodann nach § 278 Abs. 6 ZPO ohne vorherige mündliche Verhandlung festgestellt wird.

Aus dem Wert der anhängigen Ansprüche (10.000,00 EUR) entstehen die 1,3-Verfahrensgebühr, die 1,2-Terminsgebühr (Anm. Abs. 1 Nr. 1 zu Nr. 3104 VV) und die 1,0-Einigungsgebühr.

Aus dem Wert der nicht anhängigen Gegenstände (5.000,00 EUR) entsteht unter Beachtung des § 15 Abs. 3 RVG wiederum nur eine 0,8-Verfahrensgebühr nach Nr. 3101 Nr. 2 VV.

Es entstehen ferner daraus eine 1,2-Terminsgebühr und eine Einigungsgebühr i.H.v. 1,5 unter Beachtung des § 15 Abs. 3 RVG.

1. 1,3-Verfahrensgebühr, Nr. 3100 VV
   (Wert: 10.000,00 EUR)   725,40 EUR
2. 0,8-Verfahrensgebühr, Nrn. 3100, 3101 VV
   (Wert: 5.000,00 EUR)   242,40 EUR
   gem. § 15 Abs. 3 RVG nicht mehr als 1,3 aus 15.000,00 EUR   845,00 EUR
3. 1,2-Terminsgebühr, Nr. 3104 VV
   (Wert: 15.000,00 EUR)   780,00 EUR
4. 1,0-Einigungsgebühr, Nrn. 1000, 1003 VV
   (Wert: 10.000,00 EUR)   558,00 EUR
5. 1,5-Einigungsgebühr, Nr. 1000 VV
   (Wert: 5.000,00 EUR)   454,50 EUR
   gem. § 15 Abs. 3 RVG nicht mehr als 1,5 aus 15.000,00 EUR   975,00 EUR
6. Postentgeltpauschale, Nr. 7002 VV   20,00 EUR
   Zwischensumme   2.620,00 EUR
7. 19 % Umsatzsteuer, Nr. 7008 VV   497,80 EUR
   Gesamt   **3.117,80 EUR**

Zur Anrechnung, soweit der Anwalt auch in dem weitergehenden Verfahren tätig war, siehe § 14 Rn 1 ff., 11 ff.

Ebenso ist zu rechnen, wenn nur ein schriftlicher Vergleich geschlossen wird. Siehe Rn 149 ff.

Beispiel 160 | **Schriftlicher Vergleich unter Einbeziehung nicht anhängiger Gegenstände ohne Besprechung**

In einem Rechtsstreit über 10.000,00 EUR unterbreitet der Anwalt des Klägers ein Einigungsangebot, in dem auch weitergehende nicht anhängige 5.000,00 EUR einbezogen sind.

---

[97] OLG Saarbrücken AGS 2010, 161 = ErbR 2010, 162 = NJW-Spezial 2010, 188 = MDR 2010, 720 = JurBüro 2010, 302 = AGkompakt 2010, 29.

Der Anwalt des Beklagten nimmt die Einigung an, die schriftlich fixiert wird. Anschließend wird die Klage zurückgenommen.

Auch jetzt entsteht die Terminsgebühr aus dem Gesamtwert, da die Anm. Abs. 1 Nr. 1 zu Nr. 3104 VV nur einen schriftlichen Vergleich erfordert.

Abzurechnen ist wie im vorangegangenen Beispiel 159.

234 Sind die mit einbezogenen Gegenstände anderweitig erstinstanzlich anhängig, ist ebenso zu rechnen, mit der Maßgabe, dass insgesamt eine 1,0-Einigungsgebühr anfällt (Nrn. 1000, 1003 VV).

| Beispiel 161 | Einigung unter Einbeziehung anderweitig erstinstanzlich anhängiger Gegenstände ohne Besprechung aber mit Protokollierung nach § 278 Abs. 6 ZPO |

In einem Rechtsstreit über 10.000,00 EUR unterbreitet das Gericht nach Eingang der Klage einen Einigungsvorschlag, in den auch weitergehende in einem anderen Verfahren anhängige 5.000,00 EUR einbezogen sind. Die Anwälte erklären, den Einigungsvorschlag anzunehmen, so dass das Zustandekommen der Einigung sodann nach § 278 Abs. 6 ZPO ohne vorherige mündliche Verhandlung festgestellt wird.

Abzurechnen ist wie in Beispiel 159, allerdings mit der Maßgabe, dass jetzt auch aus dem Mehrwert eine 1,0-Einigungsgebühr anfällt.

1.	1,3-Verfahrensgebühr, Nr. 3100 VV (Wert: 10.000,00 EUR)	725,40 EUR
2.	0,8-Verfahrensgebühr, Nrn. 3100, 3101 VV (Wert: 5.000,00 EUR)	242,40 EUR
	gem. § 15 Abs. 3 RVG nicht mehr als 1,3 aus 15.000,00 EUR	845,00 EUR
3.	1,2-Terminsgebühr, Nr. 3104 VV (Wert: 15.000,00 EUR)	780,00 EUR
4.	1,0-Einigungsgebühr, Nrn. 1000, 1003 VV (Wert: 15.000,00 EUR)	650,00 EUR
5.	Postentgeltpauschale, Nr. 7002 VV	20,00 EUR
	Zwischensumme	2.295,00 EUR
7.	19 % Umsatzsteuer, Nr. 7008 VV	436,05 EUR
Gesamt		**2.731,05 EUR**

Zur Anrechnung, soweit der Anwalt auch in dem weitergehenden Verfahren tätig war, siehe § 14 Rn 1 ff., 11 ff.

235 Sind die mitverglichenen Ansprüche in einem Rechtsmittelverfahren anhängig, so entsteht aus dem Mehrwert die 1,3-Einigungsgebühr (Nrn. 1000, 1004 VV).

| Beispiel 162 | Einigung unter Einbeziehung anderweitig in einem Rechtsmittelverfahren anhängiger Gegenstände ohne Besprechung aber mit Protokollierung nach § 278 Abs. 6 ZPO |

In einem Rechtsstreit über 10.000,00 EUR unterbreitet das Gericht nach Eingang der Klage einen Einigungsvorschlag, in den auch weitergehende 5.000,00 EUR einbezogen sind, die in einem Berufungsverfahren anhängig sind. Die Anwälte erklären, den Einigungsvorschlag anzunehmen, so dass das Zustandekommen der Einigung sodann nach § 278 Abs. 6 ZPO ohne vorherige mündliche Verhandlung festgestellt wird.

1.	1,3-Verfahrensgebühr, Nr. 3100 VV (Wert: 10.000,00 EUR)	725,40 EUR	
2.	0,8-Verfahrensgebühr, Nrn. 3100, 3101 VV (Wert: 5.000,00 EUR)	242,40 EUR	
	gem. § 15 Abs. 3 RVG nicht mehr als 1,3 aus 15.000,00 EUR		845,00 EUR
3.	1,2-Terminsgebühr, Nr. 3104 VV (Wert: 15.000,00 EUR)		780,00 EUR
4.	1,0-Einigungsgebühr, Nrn. 1000, 1003 VV (Wert: 10.000,00 EUR)	558,00 EUR	
5.	1,3-Einigungsgebühr, Nr. 1000 VV (Wert: 5.000,00 EUR)	393,90 EUR	
	gem. § 15 Abs. 3 RVG nicht mehr als 1,3 aus 15.000,00 EUR		845,00 EUR
6.	Postentgeltpauschale, Nr. 7002 VV		20,00 EUR
	Zwischensumme	2.490,00 EUR	
7.	19 % Umsatzsteuer, Nr. 7008 VV		473,10 EUR
Gesamt			**2.963,10 EUR**

Zur Anrechnung, soweit der Anwalt auch in dem weitergehenden Verfahren tätig war, siehe § 14 Rn 1 ff., 11 ff.

6. Mitwirkung an einer Einigung vor Anhängigkeit auch über weitergehende Gegenstände

Möglich ist auch, dass vor Anhängigkeit eine Einigung über weitergehende Gegenstände geschlossen wird. Dann entsteht insgesamt nur eine 0,8-Verfahrensgebühr nach Nr. 3101 Nr. 1 und 2 VV. Die Terminsgebühr entsteht aus dem Gesamtwert. Hinsichtlich der Einigungsgebühr ist zu differenzieren, ob die Parteien sich über anhängige oder nicht anhängige Gegenstände einigen.

Beispiel 163 | **Einigung unter Einbeziehung weiterer nicht anhängiger Gegenstände**

Der Anwalt wird beauftragt, eine Klage über 10.000,00 EUR einzureichen. Bevor es dazu kommt, führt der Anwalt eine Besprechung mit dem Beklagten und erzielt eine Einigung, in die auch weitergehende nicht anhängige 5.000,00 EUR einbezogen werden.

Aus 10.000,00 EUR entsteht die 0,8-Verfahrensgebühr nach Nrn. 3100, 3101 Nr. 1 VV. Aus dem Mehrwert von 5.000,00 EUR entsteht die 0,8-Verfahrensgebühr nach Nrn. 3100, 3101 Nr. 2 VV. Insgesamt entsteht also eine einheitliche 0,8-Verfahensgebühr aus dem Gesamtwert.

Die Terminsgebühr entsteht ebenfalls aus dem Gesamtwert, da in Höhe von insgesamt 15.000,00 EUR zur Vermeidung eines Verfahrens gesprochen worden ist.

Die Einigungsgebühr entsteht ebenfalls aus dem Gesamtwert, und zwar zu einem Satz von 1,5, da alle Gegenstände nicht anhängig sind.

§ 13 Bürgerliche Rechtsstreitigkeiten erster Instanz

1. 0,8-Verfahrensgebühr, Nr. 3100, 3101 Nr. 1 u. 2 VV (Wert: 15.000,00 EUR)	520,00 EUR
2. 1,2-Terminsgebühr, Nr. 3104 VV (Wert: 15.000,00 EUR)	780,00 EUR
3. 1,5-Einigungsgebühr, Nr. 1000 VV (Wert: 15.000,00 EUR)	975,00 EUR
4. Postentgeltpauschale, Nr. 7002 VV	20,00 EUR
Zwischensumme	2.295,00 EUR
5. 19 % Umsatzsteuer, Nr. 7008 VV	436,05 EUR
Gesamt	**2.731,05 EUR**

237 Sind die miteinbezogenen Gegenstände anderweitig anhängig, ist lediglich insoweit anders abzurechnen, als jetzt die Einigungsgebühr einheitlich zu 1,0 anfällt (Nr. 1003 VV).

> **Beispiel 164** Einigung unter Einbeziehung weiterer anhängiger Gegenstände vor Klageeinreichung

Der Anwalt wird beauftragt, eine Klage über 10.000,00 EUR einzureichen. Bevor es dazu kommt, führt der Anwalt eine Besprechung mit dem Beklagten und erzielt eine Einigung, in die auch weitergehende 5.000,00 EUR einbezogen werden, die in einem gerichtlichen Verfahren bereits anhängig sind.

Abzurechnen ist wie im vorangegangenen Beispiel mit der Maßgabe, dass aus dem Mehrwert unter Beachtung des § 15 Abs. 3 RVG eine 1,0 Einigungsgebühr (Nrn. 1000, 1003 VV) entsteht.

1. 0,8-Verfahrensgebühr, Nr. 3100, 3101 Nr. 1 u. 2 VV (Wert: 15.000,00 EUR)		520,00 EUR
2. 1,2-Terminsgebühr, Nr. 3104 VV (Wert: 15.000,00 EUR)		780,00 EUR
3. 1,0-Einigungsgebühr, Nrn. 1000, 1003 VV (Wert: 10.000,00 EUR)	558,00 EUR	
4. 1,5-Einigungsgebühr, Nr. 1000 VV (Wert: 5.000,00 EUR)	454,50 EUR	
gem. § 15 Abs. 3 RVG nicht mehr als 1,5 aus 15.000,00 EUR		975,00 EUR
5. Postentgeltpauschale, Nr. 7002 VV		20,00 EUR
Zwischensumme	2.295,00 EUR	
6. 19 % Umsatzsteuer, Nr. 7008 VV		436,05 EUR
Gesamt		**2.731,05 EUR**

Zur Anrechnung, soweit der Anwalt auch in dem weitergehenden Verfahren tätig war, siehe § 14 Rn 1 ff., 11 ff.

238 Waren die miteinbezogenen Gegenstände in einem Rechtsmittelverfahren anhängig, ist lediglich insoweit anders abzurechnen, als jetzt aus dem Mehrwert Einigungsgebühr zu 1,3 anfällt (Nr. 1004 VV).

§ 14 Besondere Verfahrenssituationen in bürgerlichen Rechtsstreitigkeiten

Inhalt

I. Verfahren nach gescheitertem Einigungsversuch in einem vorangegangenen Verfahren 1

II. Mitvergleichen anderweitig anhängiger Gegenstände 11
1. Überblick 11
2. Einigung in einem erstinstanzliche Verfahren 18
   a) Anrechnung der Verfahrensgebühr 18
      aa) Überblick 18
      bb) Anrechnung bei Mitvergleichen eines anderen erstinstanzlichen Verfahrens 21
         (1) Keine Kürzung nach § 15 Abs. 3 RVG 21
         (2) Kürzung nach § 15 Abs. 3 RVG 22
         (3) Anrechnung bei Mitvergleichen eines Berufungsverfahrens 23
   b) Anrechnung der Terminsgebühr 24
3. Anrechnung bei mehreren einbezogenen Verfahren 25
4. Einigung in einem Berufungsverfahren 27
   a) Einigung über weiteres Berufungsverfahren 28
   b) Einigung über weiteres erstinstanzliches Verfahren 29
5. Revision 30

III. Hilfsaufrechnung 31
1. Überblick 31
2. Aufrechnungsforderung ist nicht höher als die Klageforderung 36
3. Aufrechnungsforderung ist höher als die Klageforderung 42
4. Mehrfache (Hilfs-)Aufrechnung 44

IV. Verbindung mehrerer Verfahren 50
1. Überblick 50
2. Die Gebühren sind sowohl vor als auch nach der Verbindung entstanden 51
3. Einzelne Gebühren sind nur vor der Verbindung entstanden 53
4. Einzelne Gebühren sind nur nach der Verbindung entstanden 54

V. Trennung eines Verfahrens 55
1. Überblick 55
2. Einzelne Gebühren sind sowohl vor als auch nach der Trennung entstanden 57
3. Einzelne Gebühren sind nur nach der Trennung entstanden 59
4. Einzelne Gebühren sind nur vor der Trennung entstanden 60

VI. Abgabe und Verweisung, Zurückverweisung 61
1. Überblick 61
2. Verweisung und Abgabe an ein Gericht derselben Instanz (Horizontalverweisung) 63
3. Verweisung an ein Gericht eines niedrigeren Rechtszugs (Diagonalverweisung) 65
4. Zurückverweisung durch Rechtsmittelgericht (Vertikalverweisung) 67
5. Sonderfall: Zurückverweisung durch das Rechtsmittelgericht an ein zuvor befasstes Gericht und anschließende Weiterverweisung an ein anderes Gericht 77

VII. Parteiwechsel 78

VIII. Klagerücknahme und -erweiterung 84

IX. Stufenklage 87

X. Gerichtliches Mediationsverfahren 92

XI. Tätigkeit im Gerichtsstandbestimmungsverfahren 94

XII. Wertbegrenzung nach § 22 Abs. 2 RVG 101

I. Verfahren nach gescheitertem Einigungsversuch in einem vorangegangenen Verfahren

Haben die Parteien erfolglos versucht, sich in einem Rechtsstreit (auch) über nicht anhängige Gegenstände zu einigen, so entsteht aus diesem Mehrwert die Verfahrensgebühr der Nr. 3100 VV nur zu 0,8 (Nr. 3101 Nr. 2, 2. Alt. VV) sowie die 1,2-Terminsgebühr nach Nr. 3104 VV (siehe dazu § 13 Rn 205 ff.). Wird hinsichtlich dieser Gegenstände später anderweitig noch ein Rechtsstreit geführt, so sind zwei Anrechnungsbestimmungen zu beachten. 1

Nach Anm. Abs. 1 zu Nr. 3101 VV wird von dem sich nach § 15 Abs. 3 RVG ergebenden Gesamtbetrag der die **Verfahrensgebühr** der Nr. 3100 VV aus dem Wert der anhängigen Gegenstände übersteigende Betrag auf eine Verfahrensgebühr angerechnet, die wegen **desselben Gegenstands** in einer anderen Angelegenheit entsteht. Kommt es nicht zu einer Kürzung nach § 15 Abs. 3 RVG 2

§ 14 Besondere Verfahrenssituationen in bürgerlichen Rechtsstreitigkeiten

ist erst recht anzurechnen, und zwar dann die komplette 0,8-Verfahrensgebühr aus Nrn. 3100, 3101 Nr. 2 VV. Anzurechnen ist in beiden Fällen nach folgender Formel:

Anrechnungsformel Verfahrensgebühr (Anm. Abs. 1 zu Nr. 3101 VV)

	1,3-Verfahrensgebühr aus dem Wert der anhängigen Gegenstände
+	0,8-Verfahrensgebühr aus dem Wert der nicht anhängigen Gegenstände (gegebenenfalls nach § 15 Abs. 3 RVG gekürzt)
–	1,3-Verfahrensgebühr aus dem Wert der anhängigen Gegenstände
=	anzurechnender Betrag

3 Bei mehreren Auftraggebern ist mit den entsprechenden erhöhten Gebührensätzen (Nr. 1008 VV) zu rechnen, also z.B. bei zwei Auftraggebern mit 1,6 und 1,1.

4 Auch bei der **Terminsgebühr** hat in diesem Fall eine Anrechnung zu erfolgen. Der Mehrbetrag der Terminsgebühr, der aus dem Mehrwert der nicht anhängigen Gegenstände entsteht, ist auf die Terminsgebühr des späteren Verfahrens anzurechnen, soweit diese aus **demselben Gegenstand** entsteht. Anzurechnen ist hier nach folgender Formel:

Anrechnungsformel Terminsgebühr (Anm. Abs. 2 zu Nr. 3104 VV)

	1,2-Terminsgebühr aus dem Gesamtwert
–	1,2-Terminsgebühr aus dem Wert der anhängigen Gegenstände
=	anzurechnender Betrag

Beispiel 1 — Anrechnung der Verfahrens- und Terminsgebühr nach gescheiterter Einigung in einem nachfolgenden erstinstanzlichen Verfahren, Kürzung der Verfahrensgebühr im Ausgangsverfahren nach § 15 Abs. 3 RVG

In einem Rechtsstreit über 10.000,00 EUR (Verfahren 1) wird im Termin über die anhängigen 10.000,00 EUR sowie weitere nicht anhängige 8.000,00 EUR verhandelt. Eine Einigung scheitert. Es wird dann über die 10.000,00 EUR durch Urteil entschieden. Wegen der 8.000,00 EUR wird nunmehr Klage erhoben (Verfahren 2) und darüber verhandelt.

Im **Verfahren 1** entsteht neben der 1,3-Verfahrensgebühr nach Nr. 3100 VV aus 10.000,00 EUR unter Beachtung des § 15 Abs. 3 RVG eine 0,8-Verfahrensgebühr aus 8.000,00 EUR (Nrn. 3100, 3101 Nr. 2, 2. Alt. VV). Die Terminsgebühr entsteht dagegen aus dem Gesamtwert von 18.000,00 EUR (siehe hierzu auch § 13 Beispiel 141).

Für das **Verfahren 2** entstehen aus dem Wert von 8.000,00 EUR sowohl eine 1,3-Verfahrens- als auch eine 1,2-Terminsgebühr. Hier sind jetzt allerdings die Anrechnungsbestimmungen zu beachten.

I. Verfahren 1
1. 1,3-Verfahrensgebühr, Nr. 3100 VV165
   (Wert: 10.000,00 EUR)   725,40 EUR
2. 0,8-Verfahrensgebühr, Nrn. 3100, 3101 Nr. 2, 2. Alt. VV
   (Wert: 8.000,00 EUR)   364,80 EUR
   gem. § 15 Abs. 3 RVG nicht mehr als 1,3 aus   904,80 EUR
   18.000,00 EUR
3. 1,2-Terminsgebühr, Nr. 3104 VV   835,20 EUR
   (Wert: 18.000,00 EUR)

I. Verfahren nach gescheitertem Einigungsversuch in einem vorangegangenen Verfahren § 14

4. Postentgeltpauschale, Nr. 7002 VV		20,00 EUR
Zwischensumme	1.760,00 EUR	
5. 19 % Umsatzsteuer, Nr. 7008 VV		334,40 EUR
Gesamt		**2.094,40 EUR**

II. Berechnung des Anrechnungsbetrags der Verfahrensgebühr (Anm. Abs. 1 zu Nr. 3101 VV)

1,3-Verfahrensgebühr, Nr. 3100 VV165 (Wert: 10.000,00 EUR)		725,40 EUR
0,8-Verfahrensgebühr, Nrn. 3100, 3101 Nr. 2, 2. Alt. VV (Wert: 8.000,00 EUR)		364,80 EUR
gem. § 15 Abs. 3 RVG nicht mehr als 1,3 aus 18.000,00 EUR		904,80 EUR
./. 1,3-Verfahrensgebühr, Nr. 3100 VV (Wert: 10.000,00 EUR)		– 725,40 EUR
Gesamt		**179,40 EUR**

III. Berechnung des Anrechnungsbetrags der Terminsgebühr (Anm. Abs. 2 zu Nr. 3104 VV)

1,2-Terminsgebühr aus 18.000,00 EUR		835,20 EUR
./. 1,2-Terminsgebühr aus 10.000,00 EUR		– 669,60 EUR
Gesamt		**165,60 EUR**

IV. Verfahren 2

1. 1,3-Verfahrensgebühr, Nr. 3100 VV (Wert: 8.000,00 EUR)		592,80 EUR
2. gem. Anm. Abs. 1 zu Nr. 3101 VV anzurechnen		– 179,40 EUR
3. 1,2-Terminsgebühr, Nr. 3104 VV (Wert: 8.000,00 EUR)		547,20 EUR
4. gem. Anm. Abs. 2 zu Nr. 3104 VV anzurechnen		– 165,60 EUR
5. Postentgeltpauschale, Nr. 7002 VV		20,00 EUR
Zwischensumme	815,00 EUR	
6. 19 % Umsatzsteuer, Nr. 7008 VV		154,85 EUR
Gesamt		**969,85 EUR**
Gesamt I. + IV.		**3.064,25 EUR**

Damit soll erreicht werden, dass der Anwalt im Falle erfolgloser Verhandlungen nicht mehr erhält, als wenn er beide Verfahren gesondert geführt hätte. Dann wäre wie folgt zu rechnen.[1]

I. Verfahren 1

1. 1,3-Verfahrensgebühr, Nr. 3100 VV (Wert: 10.000,00 EUR)		725,40 EUR
2. 1,2-Terminsgebühr, Nr. 3104 VV (Wert: 10.000,00 EUR)		669,60 EUR
3. Postentgeltpauschale, Nr. 7002 VV		20,00 EUR
Zwischensumme	1.415,00 EUR	
4. 19 % Umsatzsteuer, Nr. 7008 VV		268,85 EUR
Gesamt		**1.683,85 EUR**

II. Verfahren 2

1. 1,3-Verfahrensgebühr, Nr. 3100 VV (Wert: 8.000,00 EUR)		592,80 EUR
2. 1,2-Terminsgebühr, Nr. 3104 VV (Wert: 8.000,00 EUR)		547,20 EUR
3. Postentgeltpauschale, Nr. 7002 VV		20,00 EUR
Zwischensumme	1.160,00 EUR	
4. 19 % Umsatzsteuer, Nr. 7008 VV		220,40 EUR
Gesamt		**1.380,40 EUR**
Gesamt I. + II.		**3.064,25 EUR**

---

1 In Hinblick auf § 15a RVG wäre diese Abrechnung auch zulässig. Sie ist insbesondere für die Kostenerstattung von Bedeutung.

§ 14 Besondere Verfahrenssituationen in bürgerlichen Rechtsstreitigkeiten

5 Bei **mehreren Auftraggebern** ist nach demselben Schema anzurechnen, wobei jetzt die nach Nr. 1008 VV erhöhten Gebührensätze zu berücksichtigen sind.

> **Beispiel 2**
>
> Anrechnung der Verfahrens- und Terminsgebühr nach gescheiterter Einigung in einem nachfolgenden erstinstanzlichen Verfahren bei mehreren Auftraggebern, Kürzung der Verfahrensgebühr im Ausgangsverfahren nach § 15 Abs. 3 RVG

Wie Beispiel 1; jedoch hat der Anwalt zwei Auftraggeber vertreten.

Vorzugehen ist wie im vorangegangenen Beispiel 1; bei den Verfahrensgebühren sind jetzt lediglich die höheren Gebührensätze zu berücksichtigen.

   I. Verfahren 1
1. 1,6-Verfahrensgebühr, Nrn. 3100, 1008 VV
   (Wert: 10.000,00 EUR)   892,80 EUR
2. 1,1-Verfahrensgebühr, Nrn. 3100, 3101 Nr. 2, 2. Alt., 1008 VV
   (Wert: 8.000,00 EUR)   501,60 EUR
   gem. § 15 Abs. 3 RVG nicht mehr als 1,6 aus   1.113,60 EUR
   18.000,00 EUR
3. 1,2-Terminsgebühr, Nr. 3104 VV   835,20 EUR
   (Wert: 18.000,00 EUR)
4. Postentgeltpauschale, Nr. 7002 VV   20,00 EUR
   Zwischensumme   1.968,80 EUR
5. 19 % Umsatzsteuer, Nr. 7008 VV   374,07 EUR
   Gesamt   **2.342,87 EUR**

   II. Berechnung des Anrechnungsbetrags der Verfahrensgebühr (Anm. Abs. 1 zu Nr. 3101 VV)

    1,6-Verfahrensgebühr, Nrn. 3100, 1008 VV
    (Wert: 10.000,00 EUR)   892,80 EUR
    1,1-Verfahrensgebühr, Nrn. 3100, 3101 Nr. 2, 2. Alt., 1008 VV
    (Wert: 8.000,00 EUR)   501,60 EUR
    gem. § 15 Abs. 3 RVG nicht mehr als 1,6 aus   1.113,60 EUR
    18.000,00 EUR
    ./. 1,6-Verfahrensgebühr, Nr. 3100 VV   – 892,80 EUR
    (Wert: 10.000,00 EUR)
    Gesamt   **220,80 EUR**

   III. Berechnung des Anrechnungsbetrags der Terminsgebühr (Anm. Abs. 2 zu Nr. 3104 VV)
    1,2-Terminsgebühr aus 18.000,00 EUR   835,20 EUR
    ./. 1,2-Terminsgebühr aus 10.000,00 EUR   – 669,60 EUR
   Gesamt   **165,60 EUR**

   IV. Verfahren 2
1. 1,6-Verfahrensgebühr, Nr. 3100, 1008 VV   729,60 EUR
   (Wert: 8.000,00 EUR)
2. gem. Anm. Abs. 1 zu Nr. 3101 VV anzurechnen   – 220,80 EUR
3. 1,2-Terminsgebühr, Nr. 3104 VV   547,20 EUR
   (Wert: 8.000,00 EUR)
4. gem. Anm. Abs. 2 zu Nr. 3104 VV anzurechnen   – 165,60 EUR
5. Postentgeltpauschale, Nr. 7002 VV   20,00 EUR
   Zwischensumme   910,40 EUR
6. 19 % Umsatzsteuer, Nr. 7008 VV   172,98 EUR
   Gesamt   **1.083,38 EUR**

   Gesamt I. + IV.   **3.426,25 EUR**

6 Kommt es nicht zu einer Kürzung nach § 15 Abs. 3 RVG, ist erst recht anzurechnen, und zwar dann die komplette 0,8-Verfahrensgebühr aus Nrn. 3100, 3101 Nr. 2 VV.

I. Verfahren nach gescheitertem Einigungsversuch in einem vorangegangenen Verfahren § 14

Beispiel 3 — Anrechnung nach gescheiterter Einigung in einem nachfolgenden erstinstanzlichen Verfahren ohne Kürzung nach § 15 Abs. 3 RVG

In einem Rechtsstreit über 2.000,00 EUR (Verfahren 1) wird über die anhängigen 2.000,00 EUR sowie über weitere nicht anhängige 8.000,00 EUR verhandelt. Eine Einigung scheitert. Es wird dann über die 2.000,00 EUR durch Urteil entschieden. Wegen der 8.000,00 EUR wird nunmehr Klage erhoben (Verfahren 2) und darüber verhandelt.

Da hinsichtlich der Verfahrensgebühr jetzt nicht die Begrenzung nach § 15 Abs. 3 RVG greift, ist im Ergebnis die 0,8-Gebühr voll anzurechnen.

I. Verfahren 1
1. 1,3-Verfahrensgebühr, Nr. 3100 VV   195,00 EUR
   (Wert: 2.000,00 EUR)
2. 0,8-Verfahrensgebühr, Nrn. 3100, 3101 Nr. 2, 2. Alt. VV   364,80 EUR
   (Wert: 8.000,00 EUR)
   die Höchstgrenze gem. § 15 Abs. 3 RVG, nicht mehr als
   1,3 aus 10.000,00 EUR (725,40 EUR), wird nicht überschritten
3. 1,2-Terminsgebühr, Nr. 3104 VV   669,60 EUR
   (Wert: 10.000,00 EUR)
4. Postentgeltpauschale, Nr. 7002 VV   20,00 EUR
   Zwischensumme   1.249,40 EUR
5. 19 % Umsatzsteuer, Nr. 7008 VV   237,39 EUR
   Gesamt   **1.486,79 EUR**

II. Berechnung des Anrechnungsbetrags der Verfahrensgebühr (Anm. Abs. 1 zu Nr. 3101 VV)
    1,3-Verfahrensgebühr, Nr. 3100 VV   195,00 EUR
    (Wert: 2.000,00 EUR)
    0,8-Verfahrensgebühr, Nrn. 3100, 3101 Nr. 2, 2. Alt. VV   364,80 EUR
    (Wert: 8.000,00 EUR)
    ./. 1,3-Verfahrensgebühr, Nr. 3101 Nr. 2 VV   – 195,00 EUR
    (Wert: 2.000,00 EUR)
    Gesamt   **364,80 EUR**

III. Berechnung des Anrechnungsbetrags der Terminsgebühr (Anm. Abs. 2 zu Nr. 3104 VV)
    1,2-Terminsgebühr aus 10.000,00 EUR   669,60 EUR
    ./. 1,2-Terminsgebühr aus 2.000,00 EUR   – 180,00 EUR
    Gesamt   **489,60 EUR**

IV. Verfahren 2
1. 1,3-Verfahrensgebühr, Nr. 3100 VV   592,80 EUR
   (Wert: 8.000,00 EUR)
2. gem. Anm. Abs. 1 zu Nr. 3101 VV anzurechnen   – 364,80 EUR
3. 1,2-Terminsgebühr, Nr. 3104 VV   547,20 EUR
   (Wert: 8.000,00 EUR)
4. gem. Anm. Abs. 2 zu Nr. 3104 VV anzurechnen   – 489,60 EUR
5. Postentgeltpauschale, Nr. 7002 VV   20,00 EUR
   Zwischensumme   305,60 EUR
6. 19 % Umsatzsteuer, Nr. 7008 VV   58,06 EUR
   Gesamt   **363,66 EUR**

Schließt sich das nachfolgende Verfahren nur wegen eines Teilwerts an, ist ebenso zu rechnen.   7
Allerdings ist die Anrechnung jetzt nur aus dem Teilwert vorzunehmen.

§ 14 Besondere Verfahrenssituationen in bürgerlichen Rechtsstreitigkeiten

Beispiel 4: Anrechnung nach gescheiterter Einigung in einem nachfolgenden erstinstanzlichen Verfahren wegen eines Teilwerts

In einem Rechtsstreit über 10.000,00 EUR (Verfahren 1) verhandeln die Anwälte über die anhängigen 10.000,00 EUR sowie über weitere nicht anhängige 8.000,00 EUR. Eine Einigung scheitert. Es wird dann über die 10.000,00 EUR durch Urteil entschieden. Wegen eines Teilbetrags der 8.000,00 EUR, nämlich in Höhe von 5.000,00 EUR, wird nunmehr Klage erhoben (Verfahren 2) und darüber verhandelt.

Auch jetzt greifen die Anrechnungsbestimmungen der Anm. Abs. 1 zu Nr. 3100 VV und Anm. Abs. 2 zu Nr. 3104 VV. Angerechnet wird jetzt jedoch nur nach einem Wert von 5.000,00 EUR. Es ist also so anzurechnen, als seien im ersten Verfahren nur 5.000,00 EUR mit in die Einigungsverhandlungen einbezogen worden.

I. Verfahren 1
1. 1,3-Verfahrensgebühr, Nr. 3100 VV
   (Wert: 10.000,00 EUR)   725,40 EUR
2. 0,8-Verfahrensgebühr, Nrn. 3100, 3101 Nr. 2, 2. Alt. VV
   (Wert: 8.000,00 EUR)   364,80 EUR
   gem. § 15 Abs. 3 RVG nicht mehr als 1,3 aus
   18.000,00 EUR   904,80 EUR
3. 1,2-Terminsgebühr, Nr. 3104 VV
   (Wert: 18.000,00 EUR)   835,20 EUR
4. Postentgeltpauschale, Nr. 7002 VV   20,00 EUR
   Zwischensumme   1.760,00 EUR
5. 19 % Umsatzsteuer, Nr. 7008 VV   334,40 EUR
   Gesamt   **2.094,40 EUR**

II. Berechnung des Anrechnungsbetrags der Verfahrensgebühr (Anm. Abs. 1 zu Nr. 3101 VV)
    1,3-Verfahrensgebühr, Nr. 3100 VV
    (Wert: 10.000,00 EUR)   725,40 EUR
+ 0,8-Verfahrensgebühr, Nr. 3101 Nr. 2, 2. Alt. VV
    (Wert: 5.000,00 EUR)   242,40 EUR
    gem. § 15 Abs. 3 RVG nicht mehr als 1,3 aus
    15.000,00 EUR   845,00 EUR
− 1,3-Verfahrensgebühr, Nr. 3101 Nr. 2 VV
    (Wert: 10.000,00 EUR)   − 725,40 EUR
    Gesamt   **119,60 EUR**

III. Berechnung des Anrechnungsbetrags der Terminsgebühr (Anm. Abs. 2 zu Nr. 3104 VV)
    1,2-Terminsgebühr aus 15.000,00 EUR   780,00 EUR
    ./. 1,2-Terminsgebühr aus 10.000,00 EUR   − 669,60 EUR
    Gesamt   **110,40 EUR**

IV. Verfahren 2
1. 1,3-Verfahrensgebühr, Nr. 3100 VV
   (Wert: 5.000,00 EUR)   393,90 EUR
2. gem. Anm. Abs. 1 zu Nr. 3101 VV anzurechnen   − 119,60 EUR
3. 1,2-Terminsgebühr, Nr. 3104 VV
   (Wert: 5.000,00 EUR)   363,60 EUR
4. gem. Anm. Abs. 2 zu Nr. 3104 VV anzurechnen   − 110,40 EUR
5. Postentgeltpauschale, Nr. 7002 VV   20,00 EUR
   Zwischensumme   547,50 EUR
6. 19 % Umsatzsteuer, Nr. 7008 VV   104,03 EUR
   Gesamt   **651,53 EUR**

8   Anzurechnen ist nicht nur auf eine volle Verfahrensgebühr nach Nr. 3100 VV, sondern auch auf eine ermäßigte Verfahrensgebühr nach Nrn. 3100, 3101 Nr. 1 oder Nr. 2 VV.

I. Verfahren nach gescheitertem Einigungsversuch in einem vorangegangenen Verfahren § 14

Beispiel 5 — **Anrechnung nach gescheiterter Einigung und erneuter Einigung im nachfolgenden Rechtsstreit**

In einem Rechtsstreit (Verfahren 1) einigen sich die Parteien über offene Mietforderungen in Höhe von 4.000,00 EUR sowie über eine nicht anhängige Forderung auf Nebenkostennachzahlung in Höhe von 2.000,00 EUR. Die Einigung wird widerrufen. Später wird auf Rückzahlung der Mietkaution in Höhe von 5.000,00 EUR geklagt (Verfahren 2). In diesem Verfahren kommt es dann zu einer außergerichtlichen Besprechung der Anwälte über die Mietkaution und auch über die Nebenkostenforderung, allerdings ohne eine Einigung zu erzielen.

Aus dem Wert der mit in die Einigung einbezogenen Nebenkosten entsteht jetzt im zweiten Verfahren nur die ermäßigte Verfahrensgebühr nach Nrn. 3100, 3101 Nr. 2 VV. Auf diese Gebühr ist jetzt anzurechnen.

I. **Verfahren 1**
1. 1,3-Verfahrensgebühr, Nr. 3100 VV 327,60 EUR
   (Wert: 4.000,00 EUR)
2. 0,8-Verfahrensgebühr, Nrn. 3100, 3101 Nr. 2, 2. Alt. VV 120,00 EUR
   (Wert: 2.000,00 EUR)
   die Höchstgrenze gem. § 15 Abs. 3 RVG, nicht mehr als
   1,3 aus 6.000,00 EUR (460,20 EUR), ist nicht erreicht
3. 1,2-Terminsgebühr, Nr. 3104 VV 424,80 EUR
   (Wert: 6.000,00 EUR)
4. Postentgeltpauschale, Nr. 7002 VV 20,00 EUR
   Zwischensumme 892,40 EUR
5. 19 % Umsatzsteuer, Nr. 7008 VV 169,56 EUR
   Gesamt **1.061,96 EUR**

II. **Berechnung des Anrechnungsbetrags der Verfahrensgebühr (Anm. Abs. 1 zu Nr. 3101 VV)**
   1,3-Verfahrensgebühr, Nr. 3100 VV 327,60 EUR
   (Wert: 4.000,00 EUR)
   0,8-Verfahrensgebühr, Nr. 3101 Nr. 2, 2. Alt. VV 120,00 EUR
   (Wert: 2.000,00 EUR)
   ./. 1,3-Verfahrensgebühr, Nr. 3100 VV aus 4.000,00 EUR – 327,60 EUR
   Gesamt **120,00 EUR**

III. **Berechnung des Anrechnungsbetrags der Terminsgebühr (Anm. Abs. 2 zu Nr. 3104 VV)**
   1,2-Terminsgebühr aus 6.000,00 EUR 424,80 EUR
   ./. 1,2-Terminsgebühr aus 4.000,00 EUR – 302,40 EUR
   Gesamt **122,40 EUR**

IV. **Verfahren 2**
1. 1,3-Verfahrensgebühr, Nr. 3100 VV
   (Wert: 5.000,00 EUR) 393,90 EUR
2. 0,8-Verfahrensgebühr, Nrn. 3100, 3101 Nr. 2, 2. Alt. VV
   (Wert: 2.000,00 EUR) 120,00 EUR
3. gem. Anm. Abs. 1 zu Nr. 3101 VV anzurechnen – 120,00 EUR
4. 1,2-Terminsgebühr, Nr. 3104 VV 486,00 EUR
   (Wert: 7.000,00 EUR)
5. gem. Anm. Abs. 2 zu Nr. 3104 VV anzurechnen – 122,40 EUR
6. Postentgeltpauschale, Nr. 7002 VV 20,00 EUR
   Zwischensumme 777,50 EUR
7. 19 % Umsatzsteuer, Nr. 7008 VV 167,73 EUR
   Gesamt **925,23 EUR**

Anzurechnen ist auch auf Verfahrens- und Terminsgebühren eines nachfolgenden **Rechtsmittelverfahrens**. 9

§ 14 Besondere Verfahrenssituationen in bürgerlichen Rechtsstreitigkeiten

> **Beispiel 6** Anrechnung nach gescheiterter Einigung und erneuter Einigung im Berufungsverfahren

Im erstinstanzlichen Verfahren einigen sich die Parteien über die anhängigen 10.000,00 EUR sowie über nicht anhängige 8.000,00 EUR. Die Einigung wird widerrufen. Im Berufungsverfahren wird dann im Termin die Einigung über die weiteren 8.000,00 EUR erneut geschlossen.

Die überschießenden Beträge der erstinstanzlichen Verfahrens- und Terminsgebühren sind wiederum nach derselben Formel zu ermitteln. Auf die Berechnung der Anrechnungsbeträge kann daher auf Beispiel 1 Bezug genommen werden. Diese sind jetzt auf die Verfahrens- und Terminsgebühr des Berufungsverfahrens anzurechnen.

I. Rechtsstreit erster Instanz
1. 1,3-Verfahrensgebühr, Nr. 3100 VV
   (Wert: 10.000,00 EUR) — 725,40 EUR
2. 0,8-Verfahrensgebühr, Nrn. 3100, 3101 Nr. 2, 2. Alt. VV
   (Wert: 8.000,00 EUR) — 364,80 EUR
   gem. § 15 Abs. 3 RVG nicht mehr als 1,3 aus 18.000,00 EUR — 904,80 EUR
3. 1,2-Terminsgebühr, Nr. 3104 VV
   (Wert: 18.000,00 EUR) — 835,20 EUR
4. Postentgeltpauschale, Nr. 7002 VV — 20,00 EUR
   Zwischensumme — 1.760,00 EUR
5. 19 % Umsatzsteuer, Nr. 7008 VV — 334,40 EUR
   Gesamt — **2.094,40 EUR**

II. Berufung
1. 1,6-Verfahrensgebühr, Nr. 3200 VV
   (Wert: 18.000,00 EUR) — 1.113,60 EUR
2. gem. Anm. Abs. 1 zu Nr. 3101 VV anzurechnen — – 179,40 EUR
3. 1,2-Terminsgebühr, Nr. 3202 VV
   (Wert: 18.000,00 EUR) — 835,20 EUR
4. gem. Anm. Abs. 1 zu Nr. 3202 VV anzurechnen — – 165,60 EUR
5. 1,3-Einigungsgebühr, Nrn. 1000, 1004 VV
   (Wert: 10.000,00 EUR) — 725,40 EUR
6. 1,5-Einigungsgebühr, Nr. 1000 VV
   (Wert: 8.000,00 EUR) — 684,00 EUR
   gem. § 15 Abs. 3 RVG nicht mehr als 1,5 aus 18.000,00 EUR — 1.044,00 EUR
7. Postentgeltpauschale, Nr. 7002 VV — 20,00 EUR
   Zwischensumme — 2.667,80 EUR
8. 19 % Umsatzsteuer, Nr. 7008 VV — 506,88 EUR
   Gesamt — **3.174,68 EUR**

10 Anzurechnen ist die Verfahrensgebühr auch dann, wenn auf die erfolglosen Verhandlungen im Rechtsstreit eine **nachfolgende außergerichtliche Vertretung** folgt, die die Geschäftsgebühr nach Nr. 2300 VV auslöst (siehe dazu § 8 Rn 43 ff.).

II. Mitvergleichen anderweitig anhängiger Gegenstände

1. Überblick

11 Werden in einem gerichtlichen Verfahren Gegenstände mit verglichen, die in einem anderen gerichtlichen Verfahren anhängig sind, so wirkt sich dieser Mehrwert auf die Gebühren des

Verfahrens aus, in dem der Vergleich geschlossen wird. Andererseits sind dann aber auch Anrechnungsvorschriften zu beachten, die verhindern sollen, dass der Anwalt aus denselben Gegenständen (in dem anderen Verfahren) doppelt vergütet wird.

Wird ein solcher Mehrwertvergleich über Gegenstände geschlossen, die in einem anderen gerichtlichen Verfahren anhängig sind, entsteht in dem Verfahren, in dem der Mehrvergleich geschlossen wird, zunächst eine zusätzliche Verfahrensdifferenzgebühr nach Nr. 3101 Nr. 2 VV aus dem Mehrwert, allerdings unter Beachtung des § 15 Abs. 3 RVG. 12

Soweit die Einigung in einem Termin geschlossen wird, entsteht auch die Terminsgebühr aus dem Mehrwert. Gleiches gilt bei Abschluss eines schriftlichen Vergleichs, wenn in dem Verfahren, in dem der Vergleich geschlossen wird, eine mündliche Verhandlung vorgeschrieben ist (Anm. Abs. 1 Nr. 1 zu Nr. 3104 VV) 13

Darüber hinaus entsteht aus dem Mehrwert auch die Einigungsgebühr, wobei gegebenenfalls ein anderer Gebührensatz gilt, sodass auch hier nach § 15 Abs. 3 RVG zu kürzen sein kann. 14

Zu beachten sind in diesem Fall die Anrechnungsvorschriften 15
- für die **Verfahrensgebühr** nach Anm. Abs. 1 zu Nr. 3101 VV; Anm. Abs. 1 S. 2 zu Nr. 3201 VV; Anm. zu 3207 VV i.V.m. Anm. Abs. 1 S. 2 zu Nr. 3201 VV und
- für die **Terminsgebühr** nach Anm. Abs. 2 zu Nr. 3104 VV; Anm. Abs. 1 zu Nr. 3202 i.V.m. Anm. Abs. 2 zu Nr. 3104 VV; Anm. zu Nr. 3210 VV i.V.m. Anm. Abs. 2 zu Nr. 3104 VV.

Danach sind die durch die Einbeziehung anfallenden Mehrgebühren in dem einbezogenen Verfahren anzurechnen. 16

In dem einbezogenen Verfahren entstehen aufgrund des Vergleichs dagegen keine weiteren Gebühren. Insbesondere wird dort durch den Vergleich keine Terminsgebühr ausgelöst.[2] Auch eine Einigungsgebühr fällt dort nicht an. 17

2. Einigung in einem erstinstanzliche Verfahren

a) Anrechnung der Verfahrensgebühr

aa) Überblick

Nach Anm. Abs. 1 zu Nr. 3101 VV wird die Verfahrensdifferenzgebühr der Nr. 3101 Nr. 2 VV (gegebenenfalls der davon nach § 15 Abs. 3 RVG verbleibende Betrag) auf die Verfahrensgebühr angerechnet, die wegen desselben Gegenstands in einer anderen Angelegenheit entsteht bzw. entstanden ist. Kommt es nicht zu einer Kürzung nach § 15 Abs. 3 RVG ist die 0,8-Verfahrensgebühr aus Nrn. 3100, 3101 Nr. 2 VV insgesamt anzurechnen, anderenfalls der nach der Kürzung gem. § 15 Abs. 3 RVG verbleibende Mehrbetrag. Anzurechnen ist in beiden Fällen nach folgender Formel: 18

---

[2] BAG AGS 2014, 213; OLG Stuttgart AGS 2005, 256 = JurBüro 2005, 303 = NJW-RR 2005, 940 = MDR 2005, 838 = OLGR 2005, 559 = Justiz 2005, 327 = MittdtschPatAnw 2006, 330; OLG Frankfurt AGS 2008, 224 = OLGR 2008, 576 = NJW-Spezial 2008, 348; OLG Köln AGS 2012, 62.

§ 14 Besondere Verfahrenssituationen in bürgerlichen Rechtsstreitigkeiten

19 **Anrechnungsformel Verfahrensgebühr (Anm. Abs. 1 zu Nr. 3101 VV)**

  1,3-Verfahrensgebühr aus dem Wert der anhängigen Gegenstände
+ 0,8-Verfahrensgebühr aus dem Wert der nicht anhängigen Gegenstände
  (gegebenenfalls nach § 15 Abs. 3 RVG gekürzt)
− 1,3-Verfahrensgebühr aus dem Wert der anhängigen Gegenstände
= anzurechnender Betrag

20 Bei mehreren Auftraggebern ist mit den entsprechenden erhöhten Gebührensätzen (Nr. 1008 VV) zu rechnen, also z.B. bei zwei Auftraggebern mit 1,6 und 1,1.

bb) Anrechnung bei Mitvergleichen eines anderen erstinstanzlichen Verfahrens

(1) Keine Kürzung nach § 15 Abs. 3 RVG

| Beispiel 7 | **Mitvergleichen eines anderen erstinstanzlichen Verfahrens (keine Kürzung nach § 15 Abs. 3 RVG)** |

In einem Rechtsstreit (1/14) über 5.000,00 EUR verhandeln die Parteien unter Mitwirkung ihrer Anwälte im Termin über die Klageforderung und über weiter gehende 10.000,00 EUR, die in einem anderen Verfahren (2/14) anhängig sind, und schließen einen Gesamtvergleich, der beide Verfahren erledigt.

Im Verfahren 1/14 entsteht neben den Gebühren aus 5.000,00 EUR auch eine Verfahrensdifferenzgebühr nach Nrn. 3100, 3101 Nr. 2 VV aus dem Mehrwert von 10.000,00 EUR.

Darüber hinaus entsteht die Terminsgebühr aus dem Gesamtwert beider Verfahren, also in Höhe von 15.000,00 EUR. Durch den Mehrwertvergleich entsteht die Terminsgebühr nur in dem Verfahren, in dem die anderweitig anhängigen Gegenstände einbezogen werden, nicht auch in dem Verfahren, das einbezogen worden ist. Dort kann allerdings die Terminsgebühr schon früher angefallen sein (siehe unten Rn 24).

Die Einigungsgebühr beträgt 1,0, da alle Gegenstände erstinstanzlich anhängig sind (Nr. 1003 VV). Es entsteht auch hier nur eine Gebühr in dem Verfahren, in dem die Einigung geschlossen worden ist.

I. Verfahren 1/14
1. 1,3-Verfahrensgebühr, Nr. 3100 VV 393,90 EUR
   (Wert: 5.000,00 EUR)
2. 0,8-Verfahrensgebühr, Nr. 3101 Nr. 2 VV 446,40 EUR
   (Wert: 10.000,00 EUR)
   die Begrenzung des § 15 Abs. 3 RVG, nicht mehr als 1,3
   aus 15.000,00 EUR (845,00 EUR) wird nicht überschritten
3. 1,2-Terminsgebühr, Nr. 3104 VV 780,00 EUR
   (Wert: 15.000,00 EUR)
4. 1,0-Einigungsgebühr, Nrn. 1000, 1003 VV 650,00 EUR
   (Wert: 15.000,00 EUR)
5. Postentgeltpauschale, Nr. 7002 VV 20,00 EUR
   Zwischensumme 2.290,30 EUR
6. 19 % Umsatzsteuer, Nr. 7008 VV 435,16 EUR
   Gesamt **2.725,46 EUR**

II. Mitvergleichen anderweitig anhängiger Gegenstände § 14

II. **Verfahren 2/14**
1. 1,3-Verfahrensgebühr, Nr. 3100 VV   725,40 EUR
   (Wert: 10.000,00 EUR)
2. gem. Anm. Abs. 1 zu Nr. 3101 VV anzurechnen, 0,8-Ver-   – 446,40 EUR
   fahrensgebühr aus 10.000,00 EUR
3. Postentgeltpauschale, Nr. 7002 VV   20,00 EUR
   Zwischensumme   299,00 EUR
4. 19 % Umsatzsteuer, Nr. 7008 VV   56,81 EUR
Gesamt   **355,81 EUR**

Gesamt I. + II.   **3.081,27 EUR**

Nach § 15a Abs. 1 RVG wäre es auch erlaubt, umgekehrt anzurechnen, also in dem Verfahren, in dem der Vergleich geschlossen worden ist.

I. **Verfahren 1/14**
1. 1,3-Verfahrensgebühr, Nr. 3100 VV   393,90 EUR
   (Wert: 5.000,00 EUR)
2. 0,8-Verfahrensgebühr, Nr. 3101 Nr. 2 VV   446,40 EUR
   (Wert: 10.000,00 EUR)
3. gem. Anm. Abs. 1 zu Nr. 3101 VV anzurechnen, 0,8-Ver-   – 446,40 EUR
   fahrensgebühr aus 10.000,00 EUR)
4. 1,2-Terminsgebühr, Nr. 3104 VV   780,00 EUR
   (Wert: 15.000,00 EUR)
5. 1,0-Einigungsgebühr, Nrn. 1000, 1003 VV   650,00 EUR
   (Wert: 15.000,00 EUR)
6. Postentgeltpauschale, Nr. 7002 VV   20,00 EUR
   Zwischensumme   1.843,90 EUR
7. 19 % Umsatzsteuer, Nr. 7008 VV   350,34 EUR
Gesamt   **2.194,24 EUR**

II. **Verfahren 2/14**
1. 1,3-Verfahrensgebühr, Nr. 3100 VV   725,40 EUR
   (Wert: 10.000,00 EUR)
2. Postentgeltpauschale, Nr. 7002 VV   20,00 EUR
   Zwischensumme   745,40 EUR
3. 19 % Umsatzsteuer, Nr. 7008 VV   141,63 EUR
Gesamt   **887,03 EUR**

Gesamt I. + II.   **3.081,27 EUR**

Das Gesamtergebnis ist also dasselbe. Bei der zweiten Berechnungsmethode läuft die Anrechnung auf ein „Null-Summen-Spiel" hinaus, sodass man sie an sich auch weglassen könnte, um zwei Rechenvorgänge zu sparen.

Von Bedeutung sein kann die Frage, wo angerechnet wird, wenn sich in den jeweiligen Verfahren unterschiedliche Erstattungsquoten ergeben oder nur teilweise Deckungsschutz seitens des Rechtsschutzversicherers besteht. **21**

(2) Kürzung nach § 15 Abs. 3 RVG

Soweit durch die 0,8-Verfahrensdifferenzverfahrensgebühr eine 1,3-Gebühr aus dem Gesamtwert überschritten wird, muss nach § 15 Abs. 3 RVG gekürzt werden. Anzurechnen ist dann nur der nach Kürzung verbleibende Mehrbetrag. **22**

§ 14 Besondere Verfahrenssituationen in bürgerlichen Rechtsstreitigkeiten

Beispiel 8 Anrechnung bei Mitvergleichen eines anderen erstinstanzlichen Verfahrens (Kürzung nach § 15 Abs. 3 RVG)

In einem Rechtsstreit (1/14) über 10.000,00 EUR verhandeln die Parteien unter Mitwirkung ihrer Anwälte im Termin über die Klageforderung und über weiter gehende 8.000,00 EUR, die in einem anderen Verfahren (2/14) anhängig sind und schließen einen Gesamtvergleich, der beide Verfahren erledigt.

Jetzt ist wegen der Kürzung nach § 15 Abs. 3 RVG nicht die volle Verfahrensdifferenzgebühr anzurechnen, sondern nur der davon nach Kürzung verbleibende Betrag.

I. Verfahren 1/14
1. 1,3-Verfahrensgebühr, Nr. 3100 VV
   (Wert: 10.000,00 EUR) 725,40 EUR
2. 0,8-Verfahrensgebühr, Nrn. 3100, 3101 Nr. 2 VV
   (Wert: 8.000,00 EUR) 364,80 EUR
   gem. § 15 Abs. 3 RVG nicht mehr als 1,3 aus
   18.000,00 EUR 904,80 EUR
3. 1,2-Terminsgebühr, Nr. 3104 VV
   (Wert: 18.000,00 EUR) 835,20 EUR
4. 1,0-Einigungsgebühr, Nr. 1000, 1003 VV
   (Wert: 18.000,00 EUR) 696,00 EUR
5. Postentgeltpauschale, Nr. 7002 VV 20,00 EUR
   Zwischensumme 2.456,00 EUR
6. 19 % Umsatzsteuer, Nr. 7008 VV 466,64 EUR
   Gesamt **2.922,64 EUR**

II. Verfahren 2/14

Jetzt ist zunächst der Anrechnungsbetrag im Verfahren 1/14 nach der o.g. Formel zu ermitteln und dann im Verfahren 2/14 anzurechnen.

1. **Berechnung des Anrechnungsbetrags der Verfahrensgebühr (Anm. Abs. 1 zu Nr. 3101 VV)**
   1,3-Verfahrensgebühr, Nr. 3100 VV
   (Wert: 10.000,00 EUR) 725,40 EUR
   + 0,8-Verfahrensgebühr, Nrn. 3100, 3101 Nr. 2 VV
   (Wert: 8.000,00 EUR) 364,80 EUR
   gem. § 15 Abs. 3 RVG nicht mehr als 1,3 aus
   18.000,00 EUR 904,80 EUR
   − 1,3-Verfahrensgebühr, Nr. 3100 VV
   (Wert: 10.000,00 EUR) − 725,40 EUR
   Gesamt **179,40 EUR**

2. **Berechnung der Vergütung**
   1. 1,3-Verfahrensgebühr, Nr. 3100 VV
      (Wert: 8.000,00 EUR) 592,80 EUR
   2. gem. Anm. Abs. 1 zu Nr. 3101 VV anzurechnen − 179,40 EUR
   3. Postentgeltpauschale, Nr. 7002 VV 20,00 EUR
      Zwischensumme 433,40 EUR
   4. 19 % Umsatzsteuer, Nr. 7008 VV 82,35 EUR
      Gesamt **515,75 EUR**

(3) Anrechnung bei Mitvergleichen eines Berufungsverfahrens

23 Möglich ist auch, dass in einem erstinstanzlichen Verfahren Gegenstände mit verglichen werden, die in einem Berufungsverfahren anhängig sind. Es ist dann nach der gleichen Methode vorzugehen.

II. Mitvergleichen anderweitig anhängiger Gegenstände § 14

Beispiel 9 | **Anrechnung bei Mitvergleichen eines Berufungsverfahrens**

In einem Rechtsstreit (1/14) über 10.000,00 EUR verhandeln die Parteien unter Mitwirkung ihrer Anwälte im Termin über die Klageforderung und über weiter gehende 8.000,00 EUR, die in einem Berufungsverfahren (2/14) anhängig sind, und schließen einen Gesamtvergleich, der beide Verfahren erledigt.

Im Ausgangsverfahren ist jetzt aus dem Mehrwert unter Berücksichtigung des § 15 Abs. 3 RVG eine 1,3-Einigungsgebühr angefallen (Nr. 1003 VV). Im Übrigen ist anzurechnen wie im vorangegangenen Beispiel.

I. Verfahren 1/14
1. 1,3-Verfahrensgebühr, Nr. 3100 VV   725,40 EUR
   (Wert: 10.000,00 EUR)
2. 0,8-Verfahrensgebühr, Nrn. 3100, 3101 Nr. 2 VV   364,80 EUR
   (Wert: 8.000,00 EUR)
   gem. § 15 Abs. 3 RVG nicht mehr als 1,3 aus   904,80 EUR
   18.000,00 EUR
3. 1,2-Terminsgebühr, Nr. 3104 VV   835,20 EUR
   (Wert: 18.000,00 EUR)
4. 1,0-Einigungsgebühr, Nrn. 1000, 1003 VV   558,00 EUR
   (Wert: 10.000,00 EUR)
5. 1,3-Einigungsgbüehr, Nrn. 1000, 1004 VV   592,80 EUR
   (Wert: 8.000,00 EUR)
   gem. § 15 Abs. 3 RVG nicht mehr als 1,3 aus   904,80 EUR
   18.000,00 EUR
6. Postentgeltpauschale, Nr. 7002 VV   20,00 EUR
   Zwischensumme   2.664,80 EUR
7. 19 % Umsatzsteuer, Nr. 7008 VV   506,31 EUR

Gesamt   **3.171,11 EUR**

II. Verfahren 2/14
1. **Berechnung des Anrechnungsbetrags der Verfahrensgebühr (Anm. Abs. 1 zu Nr. 3101 VV)**
       1,3-Verfahrensgebühr, Nr. 3100 VV   725,40 EUR
   (Wert: 10.000,00 EUR)
   + 0,8-Verfahrensgebühr, Nrn. 3100, 3101 Nr. 2 VV   364,80 EUR
   (Wert: 8.000,00 EUR)
   gem. § 15 Abs. 3 RVG nicht mehr als 1,3 aus   904,80 EUR
   18.000,00 EUR
   − 1,3-Verfahrensgebühr, Nr. 3100 VV   − 725,40 EUR
   (Wert: 10.000,00 EUR)
   Gesamt   **179,40 EUR**

2. **Berechnung der Vergütung**
   1. 1,6-Verfahrensgebühr, Nr. 3200 VV   729,60 EUR
      (Wert: 8.000,00 EUR)
   2. gem. Anm. Abs. 1 zu Nr. 3101 VV anzurechnen   − 179,40 EUR
   3. Postentgeltpauschale, Nr. 7002 VV   20,00 EUR
      Zwischensumme   570,20 EUR
   4. 19 % Umsatzsteuer, Nr. 7008 VV   108,34 EUR

   Gesamt   **678,54 EUR**

b) Anrechnung der Terminsgebühr

Auch bei der Terminsgebühr hat eine Anrechnung zu erfolgen (Anm. Abs. 2 zu Nr. 3104 VV). Der Mehrbetrag der Terminsgebühr, der aus dem Mehrwert der nicht anhängigen Gegenstände entsteht, ist auf die Terminsgebühr des anderen Verfahrens anzurechnen, soweit diese aus demselben Gegenstand bereits entstanden ist. Anzurechnen ist hier nach folgender Formel:

Anrechnungsformel Terminsgebühr (Anm. Abs. 2 zu Nr. 3104 VV)

    1,2-Terminsgebühr aus dem Gesamtwert
–   1,2-Terminsgebühr aus dem Wert der anhängigen Gegenstände
=   anzurechnender Betrag

Beispiel 10 | **Anrechnung Verfahrens- und Terminsgebühr**

In einem Rechtsstreit über 10.000,00 EUR (Verfahren 1/14) wird im Termin über die anhängigen 10.000,00 EUR sowie weitere im Verfahren 2/14 anhängige 8.000,00 EUR verhandelt und eine Einigung getroffen. Im Verfahren 2/14 war bereits verhandelt worden.

Jetzt ist nicht nur die Verfahrensdifferenzgebühr anzurechnen (Anm. Abs. 1 zu Nr. 3101 VV), sondern auch die Terminsgebühr (Anm. Abs. 2 zu Nr. 3104 VV), soweit diese aus dem Mehrwert angefallen ist.

  I. Verfahren 1/14
    1. 1,3-Verfahrensgebühr, Nr. 3100 VV   725,40 EUR
       (Wert: 10.000,00 EUR)
    2. 0,8-Verfahrensgebühr, Nrn. 3100, 3101 Nr. 2 VV   364,80 EUR
       (Wert: 8.000,00 EUR)
       gem. § 15 Abs. 3 RVG nicht mehr als 1,3 aus   904,80 EUR
       18.000,00 EUR
    3. 1,2-Terminsgebühr, Nr. 3104 VV   835,20 EUR
       (Wert: 18.000,00 EUR)
    4. 1,0-Einigungsgebühr, Nrn. 1000, 1003 VV   696,00 EUR
       (Wert: 18.000,00 EUR)
    5. Postentgeltpauschale, Nr. 7002 VV   20,00 EUR
       Zwischensumme   2.456,00 EUR
    6. 19 % Umsatzsteuer, Nr. 7008 VV   466,64 EUR
  Gesamt   **2.922,64 EUR**
  II. Verfahren 2/14
    1. **Berechnung des Anrechnungsbetrags der Verfahrensgebühr (Anm. Abs. 1 zu Nr. 3101 VV)**
       1,3-Verfahrensgebühr, Nr. 3100 VV   725,40 EUR
       (Wert: 10.000,00 EUR)
   + 0,8-Verfahrensgebühr, Nrn. 3100, 3101 Nr. 2 VV   364,80 EUR
       (Wert: 8.000,00 EUR)
       gem. § 15 Abs. 3 RVG nicht mehr als 1,3 aus   904,80 EUR
       18.000,00 EUR
   - 1,3-Verfahrensgebühr, Nr. 3100 VV   – 725,40 EUR
       (Wert: 10.000,00 EUR)
    Gesamt   **179,40 EUR**
    2. **Berechnung des Anrechnungsbetrags der Terminsgebühr (Anm. Abs. 2 zu Nr. 3104 VV)**
       1,2-Terminsgebühr aus 18.000,00 EUR   835,20 EUR
   - 1,2-Terminsgebühr aus 10.000,00 EUR   – 669,60 EUR
    Gesamt   **165,60 EUR**
    3. **Berechnung der Vergütung**
     1. 1,3-Verfahrensgebühr, Nr. 3100 VV   592,80 EUR
       (Wert: 8.000,00 EUR)
     2. gem. Anm. Abs. 1 zu Nr. 3101 VV anzurechnen   – 179,40 EUR

II. Mitvergleichen anderweitig anhängiger Gegenstände § 14

3.	1,2-Terminsgebühr, Nr. 3104 VV	547,20 EUR
	(Wert: 8.000,00 EUR)	
4.	gem. Anm. Abs. 2 zu Nr. 3104 VV anzurechnen	– 165,60 EUR
5.	Postentgeltpauschale, Nr. 7002 VV	20,00 EUR
	Zwischensumme 815,00 EUR	
6.	19 % Umsatzsteuer, Nr. 7008 VV	154,85 EUR
Gesamt		**969,85 EUR**

3. Anrechnung bei mehreren einbezogenen Verfahren

Möglich ist auch, dass mehr als ein weiteres Verfahren in den Vergleich mit einbezogen wird. Dann ist vom Prinzip her ebenso zu rechnen.   25

Beispiel 11 | **Anrechnung bei mehreren Verfahren**

In einem Rechtsstreit über 10.000,00 EUR (Verfahren 1/14) wird im Termin über die anhängigen 10.000,00 EUR sowie anhängige 8.000,00 EUR (Verfahren 2/14) und weitere 6.000,00 EUR (Verfahren 3/14) verhandelt und eine Einigung getroffen. Im Verfahren 2/14 war bereits verhandelt worden, im Verfahren 3/10 dagegen noch nicht.

I. Verfahren 1/14
1. 1,3-Verfahrensgebühr, Nr. 3100 VV   725,40 EUR
   (Wert: 10.000,00 EUR)
2. 0,8-Verfahrensgebühr, Nrn. 3100, 3101 Nr. 2 VV   520,00 EUR
   (Wert: 14.000,00 EUR)
   gem. § 15 Abs. 3 RVG nicht mehr als 1,3 aus   1.024,40 EUR
   24.000,00 EUR
3. 1,2-Terminsgebühr, Nr. 3104 VV   945,60 EUR
   (Wert: 24.000,00 EUR)
4. 1,0-Einigungsgebühr, Nrn. 1000, 1003 VV   788,00 EUR
   (Wert: 24.000,00 EUR)
5. Postentgeltpauschale, Nr. 7002 VV   20,00 EUR
   Zwischensumme   2.778,00 EUR
6. 19 % Umsatzsteuer, Nr. 7008 VV   527,82 EUR
   Gesamt   **3.305,82 EUR**

II. Verfahren 2/14
1. Berechnung des Anrechnungsbetrags der Verfahrensgebühr (Anm. Abs. 1 zu Nr. 3101 VV)
   1,3-Verfahrensgebühr, Nr. 3100 VV   725,40 EUR
   (Wert: 10.000,00 EUR)
 + 0,8-Verfahrensgebühr, Nrn. 3100, 3101 Nr. 2 VV   520,00 EUR
   (Wert: 14.000,00 EUR)
   gem. § 15 Abs. 3 RVG nicht mehr als 1,3 aus   1.024,40 EUR
   24.000,00 EUR
 – 1,3-Verfahrensgebühr, Nr. 3100 VV (Wert: – 845,00 EUR
   14.000,00 EUR)
   Gesamt   **179,40 EUR**
2. Berechnung des Anrechnungsbetrags der Terminsgebühr (Anm. Abs. 2 zu Nr. 3104 VV)
   1,2-Terminsgebühr aus 24.000,00 EUR   945,60 EUR
 – 1,2-Terminsgebühr aus 14.000,00 EUR   – 780,00 EUR
   Gesamt   **165,60 EUR**
3. Berechnung der Vergütung
   1. 1,3-Verfahrensgebühr, Nr. 3100 VV   592,80 EUR
      (Wert: 8.000,00 EUR)

§ 14 Besondere Verfahrenssituationen in bürgerlichen Rechtsstreitigkeiten

2. gem. Anm. Abs. 1 zu Nr. 3101 VV anzurechnen		– 179,40 EUR
3. 1,2-Terminsgebühr, Nr. 3104 VV (Wert: 8.000,00 EUR)		547,20 EUR
4. gem. Anm. Abs. 2 zu Nr. 3104 VV anzurechnen		– 165,60 EUR
5. Postentgeltpauschale, Nr. 7002 VV		20,00 EUR
Zwischensumme	815,00 EUR	
6. 19 % Umsatzsteuer, Nr. 7008 VV		154,85 EUR
Gesamt		**969,85 EUR**

III. Verfahren 3/14

1. **Berechnung des Anrechnungsbetrags der Verfahrensgebühr (Anm. Abs. 1 zu Nr. 3101 VV)**

1,3-Verfahrensgebühr, Nr. 3100 VV (Wert: 10.000,00 EUR)		725,40 EUR
+ 0,8-Verfahrensgebühr, Nrn. 3100, 3101 Nr. 2 VV (Wert: 14.000,00 EUR)		520,00 EUR
gem. § 15 Abs. 3 RVG nicht mehr als 1,3 aus 24.000,00 EUR		1.024,40 EUR
– 1,3-Verfahrensgebühr, Nr. 3100 VV (Wert: 18.000,00 EUR)		– 904,80 EUR
Gesamt		**119,60 EUR**

2. **Berechnung der Vergütung**

1. 1,3-Verfahrensgebühr, Nr. 3100 VV (Wert: 6.000,00 EUR)		460,20 EUR
2. gem. Anm. Abs. 1 zu Nr. 3101 VV anzurechnen		– 119,60 EUR
3. Postentgeltpauschale, Nr. 7002 VV		20,00 EUR
Zwischensumme	360,60 EUR	
4. 19 % Umsatzsteuer, Nr. 7008 VV		68,52 EUR
Gesamt		**429,12 EUR**
Gesamt I. – III.		**4.704,79 EUR**

26 Auch hier wäre es gem. § 15a Abs. 1 RVG möglich, den Mehrwert erst gar nicht abzurechnen, um ihn dann auch nicht anrechnen zu müssen. Das bedeutet im Beispiel, dass die Verfahrensgebühr nur aus dem Wert der anhängigen Ansprüche abgerechnet wird und die Terminsgebühr nur den Mehrwert berücksichtigt, über den anderweitig nicht verhandelt worden ist.

I. Verfahren 1/14

1. 1,3-Verfahrensgebühr, Nr. 3100 VV (Wert: 10.000,00 EUR)		725,40 EUR
2. 1,2-Terminsgebühr, Nr. 3104 VV (Wert: 16.000,00 EUR)		780,00 EUR
3. 1,0-Einigungsgebühr, Nrn. 1000, 1003 VV (Wert: 24.000,00 EUR)		788,00 EUR
4. Postentgeltpauschale, Nr. 7002 VV		20,00 EUR
Zwischensumme	2.313,40 EUR	
5. 19 % Umsatzsteuer, Nr. 7008 VV		439,55 EUR
Gesamt		**2.752,95 EUR**

II. Verfahren 2/14

1. 1,3-Verfahrensgebühr, Nr. 3100 VV (Wert: 8.000,00 EUR)		592,80 EUR
2. 1,2-Terminsgebühr, Nr. 3104 VV (Wert: 8.000,00 EUR)		547,20 EUR
3. Postentgeltpauschale, Nr. 7002 VV		20,00 EUR
Zwischensumme	1.160,00 EUR	
4. 19 % Umsatzsteuer, Nr. 7008 VV		220,40 EUR
Gesamt		**1.380,40 EUR**

II. Mitvergleichen anderweitig anhängiger Gegenstände § 14

III. Verfahren 3/14

1.	1,3-Verfahrensgebühr, Nr. 3100 VV	460,20 EUR
	(Wert: 6.000,00 EUR)	
3.	Postentgeltpauschale, Nr. 7002 VV	20,00 EUR
	Zwischensumme	480,20 EUR
4.	19 % Umsatzsteuer, Nr. 7008 VV	91,24 EUR
Gesamt		**571,44 EUR**
Gesamt I. – III.		**4.704,79 EUR**

4. Einigung in einem Berufungsverfahren

Auch in einem Berufungsverfahren kann es zu einem Gesamtvergleich über anderweitig anhängige Gegenstände kommen. Auch dann ist dann nach der gleichen Methode vorzugehen. 27

a) Einigung über weiteres Berufungsverfahren

Soweit ein anderes Berufungsverfahren mitverglichen wird, entsteht eine 1,1-Verfahrensdifferenzgebühr (Nr. 3202 Nr. 2 VV) und eine einheitliche 1,3-Einigungsgebühr (Nr. 1004 VV). 28

Beispiel 12 | **Einigung über weiteres Berufungsverfahren**

In einem Berufungsverfahren (1/14) über 10.000,00 EUR verhandeln die Parteien unter Mitwirkung ihrer Anwälte im Termin über die Klageforderung und über weitergehende 8.000,00 EUR, die in einem weiteren Berufungsverfahren (2/14) anhängig sind, und schließen einen Gesamtvergleich, der beide Verfahren erledigt.

Im Berufungsverfahren entstehen jetzt eine 1,6-Verfahrensgebühr und eine 1,1-Verfahrensdifferenzgebühr. Die anzuwendende Anrechnungsmethode ist jedoch die gleiche, da Anm. Abs. 1 S. 2 zu Nr. 3201 VV den gleichen Regelungsgehalt hat wie die Anm. Abs. 1 zu Nr. 3101 VV und Anm. Abs. 1 zu Nr. 3202 VV ohnehin auf die Anm. Abs. 2 zu Nr. 3104 VV verweist.

I. Verfahren 1/14

1.	1,6-Verfahrensgebühr, Nr. 3200 VV		892,80 EUR
	(Wert: 10.000,00 EUR)		
2.	1,1-Verfahrensgebühr, Nrn. 3200, 3201 Nr. 2 VV		501,60 EUR
	(Wert: 8.000,00 EUR)		
	gem. § 15 Abs. 3 RVG nicht mehr als 1,6 aus		1.113,60 EUR
	18.000,00 EUR		
3.	1,2-Terminsgebühr, Nr. 3202 VV		835,20 EUR
	(Wert: 18.000,00 EUR)		
4.	1,3-Einigungsgebühr, Nr. 1000, 1004 VV		904,80 EUR
	(Wert: 18.000,00 EUR)		
5.	Postentgeltpauschale, Nr. 7002 VV		20,00 EUR
	Zwischensumme	2.873,60 EUR	
6.	19 % Umsatzsteuer, Nr. 7008 VV		545,98 EUR
Gesamt			**3.419,58 EUR**

II. Verfahren 2/14

1.	**Berechnung des Anrechnungsbetrags der Verfahrensgebühr (Anm. Abs. 1 S. 1 zu Nr. 3201 VV)**	
	1,6-Verfahrensgebühr, Nr. 3200 VV	892,80 EUR
	(Wert: 10.000,00 EUR)	
+	1,1-Verfahrensgebühr, Nrn. 3100, 3201 Nr. 2 VV	501,60 EUR
	(Wert: 8.000,00 EUR)	

§ 14 Besondere Verfahrenssituationen in bürgerlichen Rechtsstreitigkeiten

gem. § 15 Abs. 3 RVG nicht mehr als 1,6 aus 18.000,00 EUR		1.113,60 EUR
- 1,6-Verfahrensgebühr, Nr. 3100 VV (Wert: 10.000,00 EUR)		– 892,80 EUR
Gesamt		**220,80 EUR**

2. **Berechnung der Gesamtvergütung**
1. 1,6-Verfahrensgebühr, Nr. 3200 VV   729,60 EUR
   (Wert: 8.000,00 EUR)
2. gem. Anm. Abs. 1 S. 2 zu Nr. 3201 VV anzurechnen   – 220,80 EUR
3. Postentgeltpauschale, Nr. 7002 VV   20,00 EUR
   Zwischensumme   528,80 EUR
4. 19 % Umsatzsteuer, Nr. 7008 VV   100,47 EUR
Gesamt   629,27 EUR

b) Einigung über weiteres erstinstanzliches Verfahren

29 Auch in diesem Fall entsteht die 1,1-Verfahrensdifferenzgebühr der Anm. Abs. 1 Nr. 2 zu Nr. 3201 VV. Die Einigungsgebühr fällt jetzt aus dem Wert der mit verglichenen Gegenstände dagegen nur zu 1,0 an.

Beispiel 13 | **Einigung über weiteres erstinstanzliches Verfahren**

In einem Berufungsverfahren (1/14) über 10.000,00 EUR verhandeln die Parteien unter Mitwirkung ihrer Anwälte im Termin über die Klageforderung und über weitergehende 8.000,00 EUR, die in einem erstinstanzlichen Verfahren (2/14) anhängig sind, und schließen einen Gesamtvergleich, der beide Verfahren erledigt.

I. **Verfahren 1/14**
1. 1,6-Verfahrensgebühr, Nr. 3200 VV   892,80 EUR
   (Wert: 10.000,00 EUR)
2. 1,1-Verfahrensgebühr, Nrn. 3200, 3201 Nr. 2 VV   501,60 EUR
   (Wert: 8.000,00 EUR)
   gem. § 15 Abs. 3 RVG nicht mehr als 1,6 aus   1.113,60 EUR
   18.000,00 EUR
3. 1,2-Terminsgebühr, Nr. 3202 VV   835,20 EUR
   (Wert: 18.000,00 EUR)
4. 1,3-Einigungsgebühr, Nrn. 1000, 1004 VV   725,40 EUR
   (Wert: 10.000,00 EUR)
5. 1,0-Einigungsbühr, Nrn. 1000, 1003 VV   456,00 EUR
   (Wert: 8.000,00 EUR)
   gem. § 15 Abs. 3 RVG nicht mehr als 1,3 aus   904,80 EUR
   18.000,00 EUR
6. Postentgeltpauschale, Nr. 7002 VV   20,00 EUR
   Zwischensumme   2.873,60 EUR
7. 19 % Umsatzsteuer, Nr. 7008 VV   545,98 EUR
Gesamt   3.419,58 EUR

II. **Verfahren 2/14**
1. **Berechnung des Anrechnungsbetrags der Verfahrensgebühr (Anm. Abs. 1 S. 2 zu Nr. 3201 VV)**
   1,6-Verfahrensgebühr, Nr. 3200 VV   892,80 EUR
   (Wert: 10.000,00 EUR)
   + 1,1-Verfahrensgebühr, Nrn. 3200, 3201 Nr. 2 VV   501,60 EUR
   (Wert: 8.000,00 EUR)
   gem. § 15 Abs. 3 RVG nicht mehr als 1,6 aus   1.113,60 EUR
   18.000,00 EUR

–	1,6-Verfahrensgebühr, Nr. 3100 VV (Wert: 10.000,00 EUR)	– 892,80 EUR
	Gesamt	**220,80 EUR**

2. Berechnung der Vergütung

1.	1,3-Verfahrensgebühr, Nr. 3100 VV (Wert: 8.000,00 EUR)		592,80 EUR
2.	gem. Anm. Abs. 1 S. 2 zu Nr. 3201 VV anzurechnen		– 220,80 EUR
3.	Postentgeltpauschale, Nr. 7002 VV		20,00 EUR
	Zwischensumme	392,00 EUR	
4.	19 % Umsatzsteuer, Nr. 7008 VV		74,48 EUR
	Gesamt		**466,48 EUR**

5. Revision

Ebenso ist zu rechnen, wenn eine Einigung über anderweitig anhängige Gegenstände in einem Revisionsverfahren geschlossen wird. In der Praxis hat diese Variante allerdings keine Bedeutung, sodass vom Abdruck eines Berechnungsbeispiels abgesehen wird. 30

III. Hilfsaufrechnung

1. Überblick

Wird der Anwalt mit einer Hilfsaufrechnung befasst, ergeben sich Streitwertprobleme, die vor allem aus der Frage resultieren, inwieweit § 45 Abs. 3 u. 4 GKG auf die anwaltliche Tätigkeit anzuwenden ist. 31

Nach § 43 Abs. 3 GKG kann sich bei einer Hilfsaufrechnung der Streitwert erhöhen. Voraussetzung ist 32

- eine **hilfsweise Aufrechnung** (die Klageforderung muss also bestritten sein),
- mit einer **bestrittenen Gegenforderung** (diese muss wiederum vom Kläger bestritten werden) und
- es muss über die Hilfsaufrechnung eine **der Rechtskraft fähige Entscheidung** ergehen (da die Aufrechnungsforderung selbst nicht Streitgegenstand ist, sondern nur die Klageforderung zu Fall bringt, kommt eine rechtskräftige Entscheidung nur unter den Voraussetzungen des § 322 Abs. 2 ZPO in Betracht).

Das Gleiche gilt nach § 45 Abs. 4 GKG im Falle eines Vergleichs, wenn und soweit eine gerichtliche Entscheidung mit dem Inhalt des Vergleichs nach § 322 Abs. 2 ZPO in Rechtskraft erwachsen würde.[3] Nicht ausreichend ist dagegen ein außergerichtlicher Vergleich, auch wenn er den Rechtsstreit beendet.[4] 33

Im Falle einer Primäraufrechnung oder einer Hilfsaufrechnung mit einer unbestrittenen Gegenforderung tritt dagegen keine Werterhöhung ein. Es bleibt dann beim einfachen Wert. 34

Beispiel 14	Primäraufrechnung mit bestrittener Forderung

In einem Rechtsstreit über 10.000,00 EUR bestreitet der Beklagte die Klageforderung als solche nicht. Er erklärt jedoch die Aufrechnung mit einer Gegenforderung, die der Kläger bestreitet.

---

[3] OLG Düsseldorf AGS 2010, 339 = JurBüro 2010, 423 m. w. Nachw.
[4] OLG Karlsruhe AGS 2013, 286 = MDR 2013, 424 = JurBüro 2013, 249 = NJW-RR 2013, 638.

Der Gegenstandswert beträgt 10.000,00 EUR. Die Parteien streiten faktisch nur über die Aufrechnungsforderung. Eine solche Primäraufrechnung führt nicht zu einer Erhöhung des Streitwerts.

1.	1,3-Verfahrensgebühr, Nr. 3100 VV (Wert: 10.000,00 EUR)	725,40 EUR
2.	1,2-Terminsgebühr, Nr. 3104 VV (Wert: 10.000,00 EUR)	669,60 EUR
3.	Postentgeltpauschale, Nr. 7002 VV	20,00 EUR
	Zwischensumme 1.415,00 EUR	
4.	19 % Umsatzsteuer, Nr. 7008 VV	268,85 EUR
Gesamt		**1.683,85 EUR**

> **Beispiel 15** | **Hilfsaufrechnung mit unbestrittener Forderung**

In einem Rechtsstreit über 10.000,00 EUR bestreitet der Beklagte die Klageforderung und rechnet hilfsweise mit einer unstreitigen Gegenforderung in Höhe von 10.000,00 EUR auf. Das Gericht hält die Klageforderung für schlüssig, weist die Klage aber wegen Bestehens der Gegenforderung ab.

Auch hier erhöht sich der Gegenstandswert nicht nach § 45 Abs. 3 GKG. Zwar liegt jetzt eine Hilfsaufrechnung vor. Da jedoch diese Forderung unstreitig ist, streiten die Parteien letztlich nur über die Klageforderung. Der Wert beträgt 10.000,00 EUR.

Abzurechnen ist wie in Beispiel 14.

35 Erforderlich ist vielmehr, dass ein „doppelter Streit" besteht. Sowohl die Klageforderung als auch die hilfsweise zur Aufrechnung gestellte Forderung müssen streitig sein.

2. Aufrechnungsforderung ist nicht höher als die Klageforderung

36 Soweit der Wert der Hilfsaufrechnung den Wert der Klageforderung nicht übersteigt, ergeben sich keine Probleme. Soweit über die Hilfsaufrechnung eine Entscheidung ergeht oder ein Vergleich geschlossen wird, erhöht sich der Wert, so dass sich auch die Anwaltsgebühren aus diesem höheren Wert berechnen.

> **Beispiel 16** | **Hilfsaufrechnung mit Entscheidung über Hilfsaufrechnung (Klageabweisung)**

In einem Rechtsstreit über 10.000,00 EUR erklärt der Beklagte die Hilfsaufrechnung mit einer streitigen Gegenforderung in Höhe von 10.000,00 EUR. Das Gericht hält die Klage für schlüssig, weist sie aber wegen Bestehens der Gegenforderung ab.

Der Gegenstandswert erhöht sich nach § 45 Abs. 3 GKG um den Wert der Hilfsaufrechnung, da insoweit eine der Rechtskraft fähige Entscheidung ergangen ist. Abzurechnen sind alle Gebühren nach einem Wert von 20.000,00 EUR.

1.	1,3-Verfahrensgebühr, Nr. 3100 VV (Wert: 20.000,00 EUR)	964,60 EUR
2.	1,2-Terminsgebühr, Nr. 3104 VV (Wert: 20.000,00 EUR)	890,40 EUR
3.	Postentgeltpauschale, Nr. 7002 VV	20,00 EUR
	Zwischensumme 1.855,00 EUR	
4.	19 % Umsatzsteuer, Nr. 7008 VV	352,45 EUR
Gesamt		**2.207,45 EUR**

III. Hilfsaufrechnung § 14

> **Beispiel 17** | **Hilfsaufrechnung mit Entscheidung über Hilfsaufrechnung (Verurteilung)**

Wie vorangegangenes Beispiel 16; jedoch hält das Gericht die Aufrechnungsforderung für nicht begründet und gibt der Klage statt.

Auch in diesem Fall ist eine der Rechtskraft fähige Entscheidung ergangen. Abzurechnen ist wie im vorangegangenen Beispiel 16.

Bleibt die zur Hilfsaufrechnung gestellte Forderung hinter der Klageforderung zurück, erhöht sich der Streitwert nur um den Wert der geringeren Hilfsaufrechnungsforderung. 37

> **Beispiel 18** | **Hilfsaufrechnung mit geringerem Betrag und Entscheidung über Hilfsaufrechnung (Verurteilung)**

In einem Rechtsstreit über 10.000,00 EUR erklärt der Beklagte die Hilfsaufrechnung mit einer streitigen Gegenforderung in Höhe von 6.000,00 EUR. Das Gericht hält die Klage für schlüssig ebenso aber auch die Gegenforderung. Es gibt der Klage in Höhe von 4.000,00 EUR statt und weist sie im Übrigen ab.

Über die Hilfsaufrechnung ist wiederum eine der Rechtskraft fähige Entscheidung ergangen. Da diese aber nur einen Wert von 6.000,00 EUR hat, beläuft sich der Streitwert jetzt nur auf 16.000,00 EUR.

1.	1,3-Verfahrensgebühr, Nr. 3100 VV (Wert: 16.000,00 EUR)		845,00 EUR
2.	1,2-Terminsgebühr, Nr. 3104 VV (Wert: 16.000,00 EUR)		780,00 EUR
3.	Postentgeltpauschale, Nr. 7002 VV		20,00 EUR
	Zwischensumme	1.645,00 EUR	
4.	19 % Umsatzsteuer, Nr. 7008 VV		312,55 EUR
Gesamt			**1.957,55 EUR**

Im Falle einer Einigung kommt eine Einigungsgebühr nach Nr. 1000 VV hinzu. Auch für diese Gebühr gilt der höhere Wert. Zu berücksichtigen ist allerdings, dass die Hilfsaufrechnung nicht zur Anhängigkeit führt, so dass also aus dem Wert der Hilfsaufrechnungsforderung – unter Beachtung des § 15 Abs. 3 RVG – eine 1,5-Gebühr nach Nr. 1000 VV entsteht,[5] während aus dem Wert der Klageforderung nur die nach Nr. 1003 VV ermäßigte 1,0-Einigungsgebühr entsteht. 38

> **Beispiel 19** | **Hilfsaufrechnung mit Einigung auch über Hilfsaufrechnung**

In einem Rechtsstreit über 10.000,00 EUR erklärt der Beklagte die Hilfsaufrechnung mit einer streitigen Gegenforderung in Höhe von 10.000,00 EUR. Im Termin treffen die Parteien eine Einigung sowohl über die Klageforderung als auch über die Gegenforderung.

Auch jetzt erhöht sich der Streitwert um den Wert der Hilfsaufrechnung (§ 45 Abs. 4 i.V.m. Abs. 3 GKG). Die Einigungsgebühr entsteht aus 10.000,00 EUR zu 1,0 und unter Beachtung des § 15 Abs. 3 RVG aus zu den weiteren 10.000,00 EUR zu 1,5.

---

[5] OLG Hamm JurBüro 1999, 470 = KostRsp. BRAGO § 23 Nr. 122 m. Anm. *N. Schneider*; AnwK-RVG/*N. Schneider/Thiel*, Anhang zu Nr. 1003, 1004 VV Rn 90; *N. Schneider*, AGS 2003, 150 mit Berechnungsbeispielen.

1. 1,3-Verfahrensgebühr, Nr. 3100 VV (Wert: 20.000,00 EUR)		839,80 EUR
2. 1,2-Terminsgebühr, Nr. 3104 VV (Wert: 20.000,00 EUR)		775,20 EUR
3. 1,0-Einigungsgebühr, Nrn. 1000, 1003 VV (Wert: 10.000,00 EUR)	486,00 EUR	
4. 1,5-Einigungsgebühr, Nr. 1000 VV (Wert: 10.000,00 EUR)	729,00 EUR	
gem. § 15 Abs. 3 RVG nicht mehr als 1,5 aus 20.000,00 EUR		969,00 EUR
5. Postentgeltpauschale, Nr. 7002 VV		20,00 EUR
Zwischensumme	2.604,00 EUR	
6. 19 % Umsatzsteuer, Nr. 7008 VV		494,76 EUR
Gesamt		**3.098,76 EUR**

39 Strittig ist die Abrechnung, wenn keine Entscheidung über die Hilfsaufrechnung ergeht und auch kein Vergleich geschlossen wird.

> **Beispiel 20** **Hilfsaufrechnung ohne Entscheidung und ohne Vergleich über die Hilfsaufrechnung**

In einem Rechtsstreit über 10.000,00 EUR erklärt der Beklagte die Hilfsaufrechnung mit einer streitigen Gegenforderung in Höhe von 10.000,00 EUR. Das Gericht sieht die Klage als unschlüssig an und weist sie ab.

Da über die Hilfsaufrechnung nicht entschieden worden ist, erhöht sich der Streitwert für die Gerichtsgebühren nicht. Eine Werterhöhung soll nach h.M.[6] auch nicht für die Gebühren des Anwalts greifen, da § 45 Abs. 3 GKG auch uneingeschränkt für die Anwaltsgebühren gelte. Abzurechnen ist danach nur aus dem Wert der Klageforderung.

1. 1,3-Verfahrensgebühr, Nr. 3100 VV (Wert: 10.000,00 EUR)		725,40 EUR
2. 1,2-Terminsgebühr, Nr. 3104 VV (Wert: 10.000,00 EUR)		669,60 EUR
3. Postentgeltpauschale, Nr. 7002 VV		20,00 EUR
Zwischensumme	1.235,00 EUR	
4. 19 % Umsatzsteuer, Nr. 7008 VV		234,65 EUR
Gesamt		**1.469,65 EUR**

Nach zutreffender Ansicht[7] ist eine Addition der Werte vorzunehmen, da § 45 Abs. 3 GKG nicht für die Anwaltsgebühren gilt, sondern vielmehr insoweit nach § 33 RVG ein gesonderter Wert festzusetzen ist. Der Anwalt muss sich – im Gegensatz zum Gericht – mit der Hilfsaufrechnung befassen, auch wenn die Klage bereits unschlüssig ist. Da sich der Gegenstandswert der Anwaltsgebühren aber nach dem Wert der anwaltlichen Tätigkeit richtet (§ 2 Abs. 1 RVG), muss dieser Wert der auf die Hilfsaufrechnung gerichteten Tätigkeit auch berücksichtigt werden, und zwar mit einer vollen Verfahrensgebühr, da der Anwalt insoweit einen Schriftsatz mit Sachvortrag

---

6 BGH AGS 2008, 584 m. abl. Anm. *Bischof* = MDR 2009, 54 = NJW 2009, 231 = zfs 2009, 41 = AnwBl 2009, 148 = BGHReport 2009, 205 = DAR 2009, 175 = FamRZ 2009, 43 = RVGreport 2009, 32 = RVGprof. 2009, 132; OLG Hamm 2007, 254 m. abl. Anm. *E. Schneider* = OLGR 2007, 194 = JurBüro 2007, 204 = MDR 2007, 618 = RVGreport 2007, 237.

7 AnwK-RVG/*Thiel*, § 33 Rn 20; *Bischof*, AGS 2008, 317; für den vergleichbaren Fall des nicht beschiedenen Hilfsantrags OVG Baden-Württemberg AGS 2008, 138 = Justiz 2008, 196 = NJW-Spezial 2008, 188 = RVGreport 2008, 154 = ArbRB 2008, 143.

eingereicht hat (arg. e. Nr. 3101 Nr. 1 VV). Abzurechnen ist danach aus dem Gesamtwert der Klage- und Hilfsaufrechnungsforderung.

1.	1,3-Verfahrensgebühr, Nr. 3100 VV (Wert: 20.000,00 EUR)		839,80 EUR
2.	1,2-Terminsgebühr, Nr. 3104 VV (Wert: 20.000,00 EUR)		775,20 EUR
3.	Postentgeltpauschale, Nr. 7002 VV Zwischensumme	1.635,00 EUR	20,00 EUR
4.	19 % Umsatzsteuer, Nr. 7008 VV		310,65 EUR
Gesamt			**1.945,65 EUR**

Im Folgenden orientieren sich die Abrechnungen an der h.M. **40**

Wird über die hilfsweise zur Aufrechnung gestellte Forderung nur teilweise entschieden, weil die Klageforderung vom Gericht nur teilweise als schlüssig angesehen wird, so kann der Wert der Aufrechnungsforderung höher sein als der Wert der schlüssigen Klageforderung. Da die Entscheidung – unabhängig davon, ob das Gericht die Aufrechnungsforderung für begründet oder unbegründet hält – nach § 322 Abs. 2 ZPO nur in Höhe des Wertes der schlüssigen Klageforderung in Rechtskraft erwächst, ist auch nur dieser Teilwert hinzuzurechnen. **41**

> **Beispiel 21** — **Hilfsaufrechnung mit teilweiser Entscheidung über die Hilfsaufrechnung (Klageabweisung)**

In einem Rechtsstreit über 10.000,00 EUR erklärt der Beklagte die Hilfsaufrechnung mit einer streitigen Gegenforderung in Höhe von 10.000,00 EUR. Das Gericht sieht die Klage in Höhe von 6.000,00 EUR als schlüssig und in Höhe von 4.000,00 EUR als unschlüssig an. Die hilfsweise zur Aufrechnung gestellte Forderung sieht es jedenfalls in Höhe von 6.000,00 EUR als begründet an und weist die Klage insgesamt ab.

Da über die Hilfsaufrechnung nur in Höhe von 6.000,00 EUR entschieden worden ist, erhöht sich nach h.M. (siehe Rn 39) der Streitwert nur um 6.000,00 EUR (§ 45 Abs. 3 GKG). Abzurechnen ist danach nur aus dem Wert von 16.000,00 EUR.

1.	1,3-Verfahrensgebühr, Nr. 3100 VV (Wert: 16.000,00 EUR)		845,00 EUR
2.	1,2-Terminsgebühr, Nr. 3104 VV (Wert: 16.000,00 EUR)		780,00 EUR
3.	Postentgeltpauschale, Nr. 7002 VV Zwischensumme	1.435,00 EUR	20,00 EUR
4.	19 % Umsatzsteuer, Nr. 7008 VV		272,65 EUR
Gesamt			**1.707,65 EUR**

> **Beispiel 22** — **Hilfsaufrechnung mit teilweiser Entscheidung über die Hilfsaufrechnung (Verurteilung)**

Wie vorangegangenes Beispiel 21; jedoch sieht das Gericht die hilfsweise zur Aufrechnung gestellte Forderung als unschlüssig an und verurteilt den Beklagten zur Zahlung von 6.000,00 EUR; im Übrigen weist es die Klage ab.

Auch jetzt erwächst die Entscheidung über die Hilfsaufrechnungsforderung nur in Höhe der Klageforderung, also 6.000,00 EUR, nach § 322 Abs. 2 ZPO in Rechtskraft, so dass auch hier nur

6.000,00 EUR nach § 45 Abs. 3 GKG hinzuzurechnen sind, so dass sich nach h.M. (siehe Rn 39) auch hier ein Wert von 16.000,00 EUR ergibt.

Abzurechnen ist wie im vorangegangenen Beispiel 21.

| Beispiel 23 | Hilfsaufrechnung mit teilweisem Vergleich über die Hilfsaufrechnung |

In einem Rechtsstreit über 10.000,00 EUR erklärt der Beklagte die Hilfsaufrechnung mit einer streitigen Gegenforderung in Höhe von 10.000,00 EUR. Die Parteien einigen sich dahingehend, dass der Kläger auf die Klageforderung und der Beklagte auf seine Gegenforderung in Höhe eines Teilbetrages von 6.000,00 EUR verzichte. Im Übrigen bleibt dem Beklagten vorbehalten, die weiteren 4.000,00 EUR gesondert geltend zu machen.

Auch jetzt sind nur 6.000,00 EUR von der Aufrechnungsforderung verbraucht. Daher ist auch nur dieser Wert hinzuzurechnen. Abzurechnen ist nach einem Wert von 16.000,00 EUR, wobei für die Einigungsgebühr wiederum unterschiedliche Gebührensätze anfallen.

1. 1,3-Verfahrensgebühr, Nr. 3100 VV
   (Wert: 16.000,00 EUR)   845,00 EUR
2. 1,2-Terminsgebühr, Nr. 3104 VV
   (Wert: 16.000,00 EUR)   780,00 EUR
3. 1,0-Einigungsgebühr, Nrn. 1000, 1003 VV
   (Wert: 10.000,00 EUR)   486,00 EUR
4. 1,5-Einigungsgebühr, Nr. 1000 VV
   (Wert: 6.000,00 EUR)   507,00 EUR
   gem. § 15 Abs. 3 RVG nicht mehr als 1,5 aus 16.000,00 EUR   849,00 EUR
5. Postentgeltpauschale, Nr. 7002 VV   20,00 EUR
   Zwischensumme   2.284,00 EUR
6. 19 % Umsatzsteuer, Nr. 7008 VV   433,96 EUR
   Gesamt   **2.717,96 EUR**

3. Aufrechnungsforderung ist höher als die Klageforderung

42 Übersteigt der Wert der Hilfsaufrechnung den Wert der Klageforderung, so ist dies im Falle einer Entscheidung unbeachtlich, weil die Hilfsaufrechnungsforderung maximal in Höhe der Klageforderung zur Aufrechnung eingesetzt wird und auch nur insoweit eine der Rechtskraft fähige Entscheidung ergehen kann. Das ist auch bei einem Vergleich zu beachten.

| Beispiel 24 | Hilfsaufrechnung mit Entscheidung über die Hilfsaufrechnung, Hilfsaufrechnung hat höheren Wert als die Klageforderung |

In einem Rechtsstreit über 10.000,00 EUR erklärt der Beklagte die Hilfsaufrechnung mit einer streitigen Gegenforderung in Höhe von 15.000,00 EUR. Das Gericht sieht die Klage als schlüssig an, weist sie jedoch wegen Bestehens der Gegenforderung zurück.

Hier ergeben sich wiederum keine Probleme. Der Wert des Verfahrens beläuft sich gem. § 45 Abs. 3 GKG auf 20.000,00 EUR, da nur in Höhe von 10.000,00 EUR über die Aufrechnungsforderung eine der Rechtskraft fähige Entscheidung ergeht. Die weitergehende Forderung i.H.v. 5.000,00 EUR ist unbeachtlich, wenn man der h.M. folgt (siehe Rn 39).

1. 1,3-Verfahrensgebühr, Nr. 3100 VV (Wert: 20.000,00 EUR)		839,80 EUR
2. 1,2-Terminsgebühr, Nr. 3104 VV (Wert: 20.000,00 EUR)		775,20 EUR
3. Postentgeltpauschale, Nr. 7002 VV		20,00 EUR
Zwischensumme	1.635,00 EUR	
4. 19 % Umsatzsteuer, Nr. 7008 VV		310,65 EUR
Gesamt		**1.945,65 EUR**

Wird die Hilfsaufrechnung mit einer Forderung erklärt, die über den Wert der Klageforderung hinausgeht und wird auch darüber eine Einigung getroffen, so ist der Mehrwert nach h.M. unstreitig zu berücksichtigen. 43

Beispiel 25 **Hilfsaufrechnung mit Einigung im Termin über die Hilfsaufrechnung, Hilfsaufrechnung hat höheren Wert als die Klageforderung**

In einem Rechtsstreit über 10.000,00 EUR erklärt der Beklagte die Hilfsaufrechnung mit einer streitigen Gegenforderung in Höhe von 15.000,00 EUR. Im Termin einigen sich die Parteien auch über die gesamte Gegenforderung.

Der Streitwert des Verfahrens beträgt 20.000,00 EUR, der Mehrwert des Vergleichs 5.000,00 EUR. Aus dem Streitwert des Verfahrens entsteht jetzt eine 1,3-Verfahrensgebühr nach Nr. 3100 VV, aus dem Mehrwert eine 0,8-Verfahrensgebühr (Nr. 3101 Nr. 2 VV).

Hinzu kommt eine 1,2-Terminsgebühr aus dem Gesamtwert.

Die Einigungsgebühr entsteht zu 1,0 aus den anhängigen 10.000,00 EUR und zu 1,5 aus den nicht anhängigen 15.000,00 EUR.

1. 1,3-Verfahrensgebühr, Nr. 3100 VV (Wert: 20.000,00 EUR)	964,60 EUR	
2. 0,8-Verfahrensgebühr, Nrn. 3100, 3101 VV (Wert: 5.000,00 EUR)	242,20 EUR	
gem. § 15 Abs. 3 RVG nicht mehr als 1,3 aus 25.00,00 EUR		1.024,40 EUR
3. 1,2-Terminsgebühr, Nr. 3104 VV (Wert: 25.000,00 EUR)		945,60 EUR
4. 1,0-Einigungsgebühr, Nrn. 1000, 1003 VV (Wert: 10.000,00 EUR)	558,00 EUR	
5. 1,5-Einigungsgebühr, Nr. 1000 VV (Wert: 15.000,00 EUR)	975,00 EUR	
gem. § 15 Abs. 3 RVG nicht mehr als 1,5 aus 25.00,00 EUR		1.182,00 EUR
6. Postentgeltpauschale, Nr. 7002 VV		20,00 EUR
Zwischensumme	3.172,00 EUR	
7. 19 % Umsatzsteuer, Nr. 7008 VV		602,68 EUR
Gesamt		**3.774,68 EUR**

4. Mehrfache (Hilfs-)Aufrechnung

Werden mehrere Hilfsaufrechnungsforderungen gestaffelt erhoben, dann ist jede Hilfsaufrechnungsforderung bis zur Höhe der Klageforderung zu berücksichtigen, soweit darüber eine der Rechtskraft fähige Entscheidung ergeht.[8] 44

---

8 OLG Düsseldorf AGS 2001, 339 = JurBüro 2010, 423 m. w. Nachw.

§ 14 Besondere Verfahrenssituationen in bürgerlichen Rechtsstreitigkeiten

> **Beispiel 26** Mehrfache Hilfsaufrechnung (Entscheidung)

In einem Rechtsstreit über 10.000,00 EUR bestreitet der Beklagte die Klageforderung und erklärt Hilfsaufrechnung mit einer streitigen Kaufpreisforderung in Höhe von 10.000,00 EUR, hilfsweise mit einer Darlehnsforderung in Höhe von 8.000,00 EUR und äußerst hilfsweise einer Schadensersatzforderung in Höhe von 6.000,00 EUR. Das Gericht sieht die Klage als schlüssig an. Die Kaufpreisforderung hält es für unbegründet, ebenso die Darlehnsforderung. Die Schadensersatzforderung greift durch, so dass der Beklagte zur Zahlung in Höhe von 4.000,00 EUR verurteilt wird. Im Übrigen wird die Klage abgewiesen.

Der Wert der Klage beträgt 10.000,00 EUR.

Die erste Hilfsaufrechnungsforderung erhöht den Wert um 10.000,00 EUR).

Die zweite Hilfsaufrechnung erhöht um weitere 8.000,00 EUR.

Die dritte Hilfsaufrechnung erhöht nochmals um 6.000,00 EUR.

Es ergibt sich damit ein Wert in Höhe von 34.000,00 EUR.

1.	1,3-Verfahrensgebühr, Nr. 3100 VV (Wert: 34.000,00 EUR)	1.219,40 EUR
2.	1,2-Terminsgebühr, Nr. 3104 VV (Wert: 34.000,00 EUR)	1.125,60 EUR
3.	Postentgeltpauschale, Nr. 7002 VV	20,00 EUR
	Zwischensumme	2.365,00 EUR
4.	19 % Umsatzsteuer, Nr. 7008 VV	449,35 EUR
	Gesamt	**2.814,34 EUR**

45 Auch hier gilt, dass jede Hilfsaufrechnungsforderung maximal bis zur Höhe der Klageforderung berücksichtigt werden kann.

> **Beispiel 27** Mehrfache Hilfsaufrechnung (Entscheidung)

In einem Rechtsstreit über 10.000,00 EUR bestreitet der Beklagte die Klageforderung und erklärt Hilfsaufrechnung mit einer streitigen Kaufpreisforderung in Höhe von 14.000,00 EUR, hilfsweise mit einer Darlehnsforderung in Höhe von 12.000,00 EUR und äußerst hilfsweise einer Schadensersatzforderung in Höhe von 8.000,00 EUR. Das Gericht sieht die Klage als schlüssig an. Die Kaufpreisforderung hält es für unbegründet, ebenso die Darlehnsforderung. Die Schadensersatzforderung greift durch, so dass der Beklagte zur Zahlung in Höhe von 2.000,00 EUR verurteilt wird. Im Übrigen wird die Klage abgewiesen.

Der Wert der Klage beträgt 10.000,00 EUR.

Die erste Hilfsaufrechnungsforderung erhöht den Wert nur um 10.000,00 EUR (siehe Rn 42).

Auch die zweite Hilfsaufrechnung erhöht um weitere 10.000,00 EUR.

Die dritte Hilfsaufrechnung erhöht um weitere 8.000,00 EUR.

Es ergibt sich damit ein Wert in Höhe von 38.000,00 EUR.

1.	1,3-Verfahrensgebühr, Nr. 3100 VV (Wert: 38.000,00 EUR)	1.316,90 EUR
2.	1,2-Terminsgebühr, Nr. 3104 VV (Wert: 38.000,00 EUR)	1.215,60 EUR

III. Hilfsaufrechnung § 14

3. Postentgeltpauschale, Nr. 7002 VV		20,00 EUR
Zwischensumme	2.552,50 EUR	
4. 19 % Umsatzsteuer, Nr. 7008 VV		484,98 EUR
Gesamt		**3.037,48 EUR**

Führt eine vorangegangene Hilfsaufrechnung zur Reduzierung der Klageforderung, so reduziert 46
sich damit auch der Wert der nachfolgenden Hilfsaufrechnungen.

| Beispiel 28 | Mehrfache Hilfsaufrechnung, Entscheidung (I) |

In einem Rechtsstreit über 10.000,00 EUR bestreitet der Beklagte die Klageforderung und erklärt Hilfsaufrechnung mit einer streitigen Kaufpreisforderung in Höhe von 10.000,00 EUR, hilfsweise mit einer Darlehnsforderung in Höhe von 8.000,00 EUR und äußerst hilfsweise einer Schadensersatzforderung in Höhe von 6.000,00 EUR. Das Gericht sieht die Klage nur in Höhe von 6.000,00 EUR als schlüssig an. Die Kaufpreisforderung hält es in Höhe von 4.000,00 EUR für begründet, die Darlehnsforderung für unbegründet. Die Schadensersatzforderung hält es dagegen in voller Höhe für begründet. Die Klage wird abgewiesen.

Der Wert der Klage beträgt 10.000,00 EUR.

Die erste Hilfsaufrechnungsforderung erhöht den Wert jetzt nur noch um 6.000,00 EUR (siehe Rn 42).

Auch die zweite Hilfsaufrechnung erhöht nur noch um weitere 2.000,00 EUR, weil sich infolge der ersten Hilfsaufrechnung die Klageforderung bereits auf 2.000,00 EUR reduziert hatte.

Die dritte Hilfsaufrechnung erhöht jetzt ebenfalls nur noch um 2.000,00 EUR.

Es ergibt sich damit ein Wert in Höhe von 20.000,00 EUR.

1. 1,3-Verfahrensgebühr, Nr. 3100 VV (Wert: 20.000,00 EUR)		964,60 EUR
2. 1,2-Terminsgebühr, Nr. 3104 VV (Wert: 20.000,00 EUR)		890,40 EUR
3. Postentgeltpauschale, Nr. 7002 VV		20,00 EUR
Zwischensumme	1.875,00 EUR	
4. 19 % Umsatzsteuer, Nr. 7008 VV		356,25 EUR
Gesamt		**2.231,25 EUR**

| Beispiel 29 | Mehrfache Hilfsaufrechnung, Entscheidung (II) | 47 |

Wie vorangegangenes Beispiel; das Gericht sieht die Klage nur in Höhe von 6.000,00 EUR als schlüssig an. Die Kaufpreisforderung hält es in voller Höhe für begründet und weist die Klage ab.

Der Wert der Klage beträgt 10.000,00 EUR.

Die erste Hilfsaufrechnungsforderung erhöht den Wert jetzt nur noch um 6.000,00 EUR (siehe Rn 42).

Die weiteren Hilfsaufrechnungen erhöhen jetzt den Wert nicht mehr, da die Klageforderung bereits durch die erste Hilfsaufrechnung erloschen ist.

§ 14 Besondere Verfahrenssituationen in bürgerlichen Rechtsstreitigkeiten

Es ergibt sich damit ein Wert in Höhe von 16.000,00 EUR.

1.	1,3-Verfahrensgebühr, Nr. 3100 VV (Wert: 16.000,00 EUR)	845,00 EUR
2.	1,2-Terminsgebühr, Nr. 3104 VV (Wert: 16.000,00 EUR)	780,00 EUR
3.	Postentgeltpauschale, Nr. 7002 VV	20,00 EUR
	Zwischensumme 1.645,00 EUR	
4.	19 % Umsatzsteuer, Nr. 7008 VV	312,55 EUR
	Gesamt	**1.957,55 EUR**

48 Ähnlich ist zu rechnen im Falle eines Vergleichs.

Beispiel 30 | Mehrfache Hilfsaufrechnung, Vergleich (I)

In einem Rechtsstreit über 10.000,00 EUR bestreitet der Beklagte die Klageforderung und erklärt Hilfsaufrechnung mit einer streitigen Kaufpreisforderung in Höhe von 8.000,00 EUR, hilfsweise mit einer Darlehnsforderung in Höhe von 6.000,00 EUR und einer Schadensersatzforderung in Höhe von 4.000,00 EUR. Die Parteien vergleichen sich im Termin dahingehend, dass keine Partei mehr etwas von der anderen verlangen kann und damit sowohl die Klageforderung als auch alle Aufrechnungsforderungen erledigt seien.

Der Streitwert des Verfahrens beläuft sich auf (10.000,00 EUR + 8.000,00 EUR + 6.000,00 EUR + 8.000,00 EUR =) 28.000,00 EUR. Bei der Einigungsgebühr ist allerdings wiederum zu differenzieren. Sie entsteht aus 10.000,00 EUR zu 1,0 (Nr. 1003 VV) und aus 18.000,00 EUR zu 1,5 (Nr. 1000 VV).

1.	1,3-Verfahrensgebühr, Nr. 3100 VV (Wert: 28.000,00 EUR)		1.121,90 EUR
2.	1,2-Terminsgebühr, Nr. 3104 VV (Wert: 28.000,00 EUR)		1.035,60 EUR
3.	1,0-Einigungsgebühr, Nrn. 1000, 1003 VV (Wert: 10.000,00 EUR)	558,00 EUR	
4.	1,5-Einigungsgebühr, Nr. 1000 VV (Wert: 18.000,00 EUR)	1.044,00 EUR	
	gem. § 15 Abs. 3 RVG nicht mehr als 1,5 aus 38.000,00 EUR		1.519,50 EUR
5.	Postentgeltpauschale, Nr. 7002 VV		20,00 EUR
	Zwischensumme	3.697,00 EUR	
6.	19 % Umsatzsteuer, Nr. 7008 VV		702,43 EUR
	Gesamt		**4.399,43 EUR**

Beispiel 31 | Mehrfache Hilfsaufrechnung, Vergleich (II)

In einem Rechtsstreit über 10.000,00 EUR bestreitet der Beklagte die Klageforderung und erklärt Hilfsaufrechnung mit einer streitigen Kaufpreisforderung in Höhe von 12.000,00 EUR, hilfsweise mit einer Darlehnsforderung in Höhe von 8.000,00 EUR und äußerst hilfsweise mit einer Schadensersatzforderung in Höhe von 6.000,00 EUR. Die Parteien vergleichen sich im Termin dahingehend, dass keine Partei mehr etwas von der anderen verlangen kann und damit sowohl die Klageforderung als auch alle Aufrechnungsforderungen erledigt seien.

III. Hilfsaufrechnung § 14

Der Streitwert des Verfahrens beläuft sich jetzt auf (10.000,00 EUR + 10.000,00 EUR + 8.000,00 EUR + 6.000,00 EUR =) 34.000,00 EUR, der Mehrwert des Vergleichs auf 2.000,00 EUR, nämlich insoweit als die Kaufpreisforderung den Betrag von 10.000,00 EUR übersteigt.

1.	1,3-Verfahrensgebühr, Nr. 3100 VV (Wert: 34.000,00 EUR)	1.219,40 EUR	
2.	0,8-Verfahrensgebühr, Nrn. 3100, 3101 VV (Wert: 2.000,00 EUR)	120,00 EUR	
	gem. § 15 Abs. 3 RVG nicht mehr als 1,3 aus 34.000,00 EUR		1.219,40 EUR
3.	1,2-Terminsgebühr, Nr. 3104 VV (Wert: 34.000,00 EUR)		1.125,60 EUR
4.	1,0-Einigungsgebühr, Nrn. 1000, 1003 VV (Wert: 10.000,00 EUR)	558,00 EUR	
5.	1,5-Einigungsgebühr, Nr. 1000 VV (Wert: 24.000,00 EUR)	1.182,00 EUR	
	gem. § 15 Abs. 3 RVG nicht mehr als 1,5 aus 34.000,00 EUR		1.407,00 EUR
6.	Postentgeltpauschale, Nr. 7002 VV		20,00 EUR
	Zwischensumme	3.772,00 EUR	
7.	19 % Umsatzsteuer, Nr. 7008 VV		716,68 EUR
Gesamt			**4.488,68 EUR**

Ist bei einer gestaffelten Aufrechnung mehrerer Forderungen die Klageforderung unstreitig, dann ist die erste Aufrechnungsforderung als Primäraufrechnung zu behandeln und die übrigen Aufrechnungen als Hilfsaufrechnungen. 49

Beispiel 32 | Mehrfache Hilfsaufrechnung (Klageforderung ist unstreitig)

Wie Beispiel 31; jedoch ist die Klageforderung unstreitig.

Jetzt handelt es sich bei der ersten Aufrechnung um eine Primäraufrechnung, die den Wert nicht beeinflusst. Erst die Werte der weiteren Aufrechnungsforderungen werden hinzugerechnet. Es ergibt sich damit ein Wert in Höhe von (10.000,00 EUR + 8.000,00 EUR + 6.000,00 EUR =) 24.000,00 EUR.

1.	1,3-Verfahrensgebühr, Nr. 3100 VV (Wert: 22.000,00 EUR)	964,60 EUR	
2.	0,8-Verfahrensgebühr, Nrn. 3100, 3101 VV (Wert: 2.000,00 EUR)	120,00 EUR	
	gem. § 15 Abs. 3 RVG nicht mehr als 1,3 aus 24.000,00 EUR		1.024,40 EUR
3.	1,2-Terminsgebühr, Nr. 3104 VV (Wert: 24.000,00 EUR)		945,60 EUR
4.	1,0-Einigungsgebühr, Nrn. 1000, 1003 VV (Wert: 10.000,00 EUR)	558,00 EUR	
5.	1,5-Einigungsgebühr, Nr. 1000 VV (Wert: 14.000,00 EUR)	975,00 EUR	
	gem. § 15 Abs. 3 RVG nicht mehr als 1,5 aus 34.000,00 EUR		1.407,00 EUR
6.	Postentgeltpauschale, Nr. 7002 VV		20,00 EUR
	Zwischensumme	3.397,00 EUR	
7.	19 % Umsatzsteuer, Nr. 7008 VV		645,43 EUR
Gesamt			**4.042,43 EUR**

IV. Verbindung mehrerer Verfahren

1. Überblick

50 Werden mehrere Verfahren miteinander verbunden, so liegt ab dem Zeitpunkt der Verbindung nur noch eine einzige Angelegenheit i.S.d. § 15 Abs. 2 RVG vor. Bis zur Verbindung bleiben die Verfahren dagegen selbstständige Angelegenheiten.[9] Die Gebühren fallen vor der Verbindung aus dem jeweiligen Wert der einzelnen Verfahren an, da es sich um eigene Angelegenheiten handelt;[10] nach Verbindung entstehen die Gebühren dagegen nur ein einziges Mal (§ 15 Abs. 1, 2 RVG), und zwar aus dem Gesamtwert der Gegenstände (§ 23 Abs. 1 S. 1 i.V.m. §§ 39 Abs. 1, 45 Abs. 1 RVG).[11] Drei Fallkonstellationen sind möglich:

2. Die Gebühren sind sowohl vor als auch nach der Verbindung entstanden

51 Sind die Gebührentatbestände **sowohl vor als auch nach der Verbindung** ausgelöst worden, ist der Anwalt frei, zu wählen, ob er seine Gebühren aus den Einzelwerten vor Verbindung oder aus dem Gesamtwert nach Verbindung berechnet.[12] In aller Regel ist es dabei aufgrund der Gebührendegression für den Anwalt günstiger, die getrennte Berechnung zu wählen.

> **Beispiel 33** Verbindung, getrennte Abrechnung ist günstiger

A klagt gegen B auf Zahlung von **6.000,00 EUR** (Az. 1/14). B erhebt gleichzeitig Klage gegen A auf Zahlung von **4.000,00 EUR** (Az. 2/14). Nachdem in beiden Verfahren mündlich verhandelt worden ist, wird die Klage des B als Widerklage zum Verfahren 1/14 verbunden. Anschließend wird erneut verhandelt.

In beiden Verfahren ist sowohl die Verfahrens- als auch die Terminsgebühr vor und nach der Verbindung angefallen. Die getrennte Abrechnung dieser Gebühren nach den Einzelwerten der Verfahren ist günstiger als die gemeinsame Abrechnung nach Verbindung aus dem Gesamtwert (§ 23 Abs. 1 S. 2 RVG i.V.m. § 45 Abs. 1 GKG).

I. **Gemeinsame Berechnung, verbundenes Verfahren 1/14**
1. 1,3-Verfahrensgebühr, Nr. 3100 VV   725,40 EUR
   (Wert: 10.000,00 EUR)
2. 1,2-Terminsgebühr, Nr. 3104 VV   669,60 EUR
   (Wert: 10.000,00 EUR)
3. Postentgeltpauschale, Nr. 7002 VV   20,00 EUR
   Zwischensumme   1.235,00 EUR
4. 19 % Umsatzsteuer, Nr. 7008 VV   234,65 EUR
   Gesamt   **1.469,65 EUR**

II. **Getrennte Abrechnung**
a) **Verfahren 1/14 vor Verbindung**
1. 1,3-Verfahrensgebühr, Nr. 3100 VV   460,20 EUR
   (Wert: 6.000,00 EUR)
2. 1,2-Terminsgebühr, Nr. 3104 VV   424,80 EUR
   (Wert: 6.000,00 EUR)

---

[9] BGH AGS 2010, 317 = DAR 2010, 358 = RVGreport 2010, 214 = OLG Koblenz JurBüro 1986, 1523; AnwK-RVG/*N. Schneider*, § 15 Rn 175 ff.
[10] BGH AGS 2010, 317 = DAR 2010, 358 = RVGreport 2010, 214; OLG Koblenz JurBüro 1986, 1523.
[11] BGH AGS 2010, 317 = DAR 2010, 358 = RVGreport 2010, 214; AnwK-RVG/*N. Schneider*, § 15 Rn 175 ff.
[12] VGH Kassel JurBüro 1987, 1360; AnwK-RVG/*N. Schneider*, § 15 Rn 175 ff.

IV. Verbindung mehrerer Verfahren § 14

   3. Postentgeltpauschale, Nr. 7002 VV   20,00 EUR
       Zwischensumme   865,00 EUR
   4. 19 % Umsatzsteuer, Nr. 7008 VV   164,35 EUR
Gesamt   **1.029,35 EUR**
b) Verfahren 2/14 vor Verbindung
   1. 1,3-Verfahrensgebühr, Nr. 3100 VV   327,60 EUR
       (Wert: 4.000,00 EUR)
   2. 1,2-Terminsgebühr, Nr. 3104 VV   302,40 EUR
       (Wert: 4.000,00 EUR)
   3. Postentgeltpauschale, Nr. 7002 VV   20,00 EUR
       Zwischensumme   632,50 EUR
   4. 19 % Umsatzsteuer, Nr. 7008 VV   120,18 EUR
Gesamt   **752,68 EUR**
Gesamt (1/14 + 2/14)   **1.782,03 EUR**

Beispiel 34 | **Verbindung, gemeinsame Abrechnung ist günstiger**

A klagt gegen B auf Zahlung von 50.000,00 EUR (Az. 1/14). B erhebt gleichzeitig Klage gegen A auf Zahlung von 500,00 EUR (Az. 2/14). Nachdem in beiden Verfahren mündlich verhandelt worden ist, wird die Klage des B als Widerklage zum Verfahren 2/14 verbunden. Anschließend wird erneut verhandelt.

Auch hier sind Verfahrens- und Terminsgebühr sowohl vor als auch nach Verbindung angefallen. Allerdings ist jetzt die gemeinsame Abrechnung günstiger.

   I. Gemeinsame Berechnung, verbundenes Verfahren
   1. 1,3-Verfahrensgebühr, Nr. 3100 VV   1.622,40 EUR
       (Wert: 50.500,00 EUR)
   2. 1,2-Terminsgebühr, Nr. 3104 VV   1.497,60 EUR
       (Wert: 50.500,00 EUR)
   3. Postentgeltpauschale, Nr. 7002 VV   20,00 EUR
       Zwischensumme   3.140,00 EUR
   4. 19 % Umsatzsteuer, Nr. 7008 VV   596,60 EUR
Gesamt   **3.736,60 EUR**
   II. Getrennte Abrechnung
   a) Verfahren 1/14
   1. 1,3-Verfahrensgebühr, Nr. 3100 VV   1.511,90 EUR
       (Wert: 50.000,00 EUR)
   2. 1,2-Terminsgebühr, Nr. 3104 VV   1.395,60 EUR
       (Wert: 50.000,00 EUR)
   3. Postentgeltpauschale, Nr. 7002 VV   20,00 EUR
       Zwischensumme   2.927,50 EUR
   4. 19 % Umsatzsteuer, Nr. 7008 VV   556,23 EUR
Gesamt   **3.483,73 EUR**
   b) Verfahren 2/14
   1. 1,3-Verfahrensgebühr, Nr. 3100 VV   54,00 EUR
       (Wert: 500,00 EUR)
   2. 1,2-Terminsgebühr, Nr. 3104 VV   45,00 EUR
       (Wert: 500,00 EUR)
   3. Postentgeltpauschale, Nr. 7002 VV   19,80 EUR
       Zwischensumme   118,80 EUR
   4. 19 % Umsatzsteuer, Nr. 7008 VV   22,58 EUR
Gesamt   **141,37 EUR**
Gesamt (1/14 + 2/14)   **3.625,10 EUR**

Die gemeinsame Abrechnung wäre hier also günstiger.

52 Möglich ist auch, dass hinsichtlich eines Gebührentatbestands die getrennte Berechnung günstiger ist, während hinsichtlich eines anderen Gebührentatbestands die gemeinsame Berechnung günstiger ist. Ein solcher Fall kann sich ergeben, wenn einzelne Gebühren nur nach Teilwerten anfallen.

> **Beispiel 35** **Verbindung, getrennte Abrechnung ist hinsichtlich der einen Gebühr günstiger, hinsichtlich einer anderen ungünstiger**
>
> A klagt gegen B auf Zahlung von 50.000,00 EUR (Az. 1/14). B erhebt gleichzeitig Klage gegen A auf Zahlung von 6.000,00 EUR (Az. 2/14), die dann vor der mündlichen Verhandlung bis auf 500,00 EUR zurückgenommen wird. Nach mündlicher Verhandlung in beiden Verfahren wird verbunden und erneut verhandelt.
>
> Hinsichtlich der **Verfahrensgebühr** ist die getrennte Abrechnung aus den jeweiligen Teilwerten günstiger (siehe Beispiel 33).
>
> Hinsichtlich der **Terminsgebühr** ist die verbundene Abrechnung dagegen günstiger, da eine 1,2-Gebühr aus dem Gesamtwert (50.500,00 EUR) mit 1.497,60 EUR über der Summe der Einzelgebühren aus den Teilwerten (50.000,00 EUR und 500,00 EUR) liegt: 1.395,60 EUR + 54,00 EUR = 1.449,60 EUR.
>
> Die **günstigste Berechnung** sieht also so aus, dass die Verfahrensgebühren jeweils aus den einzelnen Werten berechnet werden, die Terminsgebühr dagegen nur einmal aus dem gemeinsamen Wert. Zu rechnen ist wie folgt:
>
> I. Verfahren 1/14
> 1. 1,3-Verfahrensgebühr, Nr. 3100 VV   1.622,40 EUR
>   (Wert: 50.000,00 EUR)
> 2. 1,2-Terminsgebühr, Nr. 3104 VV   1.497,60 EUR
>   (Wert: 50.500,00 EUR)
> 3. Postentgeltpauschale, Nr. 7002 VV   20,00 EUR
>   Zwischensumme   3.140,00 EUR
> 4. 19 % Umsatzsteuer, Nr. 7008 VV   590,60 EUR
> **Gesamt**   **3.736,60 EUR**
> II. Verfahren 2/14
> 1. 1,3-Verfahrensgebühr, Nr. 3100 VV   460,20 EUR
>   (Wert: 6.000,00 EUR)
> 2. Postentgeltpauschale, Nr. 7002 VV   20,00 EUR
>   Zwischensumme   489,20 EUR
> 3. 19 % Umsatzsteuer, Nr. 7008 VV   91,242 EUR
> **Gesamt**   **571,44 EUR**

3. Einzelne Gebühren sind nur vor der Verbindung entstanden

53 Soweit einzelne Gebühren nur vor der Verbindung, nicht aber auch nach der Verbindung nochmals ausgelöst worden sind, können nur die Gebühren aus den getrennten Verfahren berechnet werden.[13]

---

13 AnwK-RVG/*N. Schneider*, § 15 Rn 175 ff.

IV. Verbindung mehrerer Verfahren § 14

Beispiel 36 | **Verfahrensverbindung, nachdem ein Termin stattgefunden hat, kein erneuter Termin im verbundenen Verfahren**

Zwei Klagen über **6.000,00 EUR** Kaufpreis (Az. 1/14) und **4.000,00 EUR** Miete (Az. 2/14) werden verbunden, nachdem jeweils verhandelt worden ist. Nach der Verbindung erledigen sich beide Verfahren, ohne dass es zu einem erneuten Termin i.S.d. Vorbem. 3 Abs. 3 VV kommt.

Die Verfahrensgebühr ist in jedem Verfahren vor und nach Verbindung entstanden, insoweit besteht wiederum das Wahlrecht (siehe Beispiel 33). Hier ist die getrennte Abrechnung günstiger.

Die Terminsgebühren entstehen jedoch nur einzeln, und zwar aus den jeweiligen Werten der Verfahren vor Verbindung.

I. **Verfahren 1/14 vor Verbindung (Gegenstandswert: 6.000,00 EUR)**
1. 1,3-Verfahrensgebühr, Nr. 3100 VV — 460,20 EUR
2. 1,2-Terminsgebühr, Nr. 3104 VV — 424,80 EUR
3. Postentgeltpauschale, Nr. 7002 VV — 20,00 EUR
   Zwischensumme — 865,00 EUR
4. 19 % Umsatzsteuer, Nr. 7008 VV — 164,35 EUR
Gesamt — **1.029,35 EUR**

II. **Verfahren 2/14 vor Verbindung (Gegenstandswert: 4.000,00 EUR)**
1. 1,3-Verfahrensgebühr, Nr. 3100 VV — 327,60 EUR
2. 1,2-Terminsgebühr, Nr. 3104 VV — 302,40 EUR
3. Postentgeltpauschale, Nr. 7002 VV — 20,00 EUR
   Zwischensumme — 632,50 EUR
4. 19 % Umsatzsteuer, Nr. 7008 VV — 120,18 EUR
Gesamt — **752,68 EUR**

4. Einzelne Gebühren sind nur nach der Verbindung entstanden

Soweit einzelne Gebühren **nur nach der Verbindung** anfallen, entsteht nur eine Gebühr nach dem Gesamtwert (§ 23 Abs. 1 S. 1 RVG i.V.m. §§ 39 Abs. 1, 45 Abs. 1 GKG) des verbundenen Verfahrens. Ein Wahlrecht besteht in diesem Fall nicht.[14]

54

Beispiel 37 | **Verfahrensverbindung, bevor ein Termin stattgefunden hat, Termin erstmals im verbundenen Verfahren**

Zwei Klagen über **6.000,00 EUR** Kaufpreis (Az. 1/14) und **4.000,00 EUR** Miete (Az. 2/14) werden verbunden, bevor ein Termin stattgefunden hat. Nach der Verbindung wird verhandelt.

Die Verfahrensgebühr ist in beiden Verfahren entstanden. Insoweit besteht wiederum ein Wahlrecht (siehe Beispiel 33). Die getrennte Abrechnung ist günstiger.

Die Terminsgebühr ist nur im verbundenen Verfahren 1/14 entstanden und kann nur dort berechnet werden, und zwar aus dem Gesamtwert (§ 23 Abs. 1 RVG i.V.m. § 39 Abs. 1 GKG).

---

14 BGH AGS 2010, 317 = DAR 2010, 358 = RVGreport 2010, 214 = MDR 2010, 776 = zfs 2010, 402 = Rpfleger 2010, 446 = VersR 2010, 1198 = JurBüro 2010, 414 = FamRZ 2010, 1071 = AnwBl 2010, 627; AnwK-RVG/*N. Schneider*, § 15 Rn 175 ff.

§ 14 Besondere Verfahrenssituationen in bürgerlichen Rechtsstreitigkeiten

I. **Verfahren 1/14**
1. 1,3-Verfahrensgebühr, Nr. 3100 VV   460,20 EUR
   (Wert: 6.000,00 EUR)
2. 1,2-Terminsgebühr, Nr. 3104 VV   669,60 EUR
   (Wert: 10.000,00 EUR)
3. Postentgeltpauschale, Nr. 7002 VV   20,00 EUR
   Zwischensumme   1.042,60 EUR
4. 19 % Umsatzsteuer, Nr. 7008 VV   198,09 EUR
   Gesamt   **1.240,69 EUR**

II. **Verfahren 2/14**
1. 1,3-Verfahrensgebühr, Nr. 3100 VV   327,60 EUR
   (Wert: 4.000,00 EUR)
2. Postentgeltpauschale, Nr. 7002 VV   20,00 EUR
   Zwischensumme   338,50 EUR
3. 19 % Umsatzsteuer, Nr. 7008 VV   64,32 EUR
   Gesamt   **402,82 EUR**

V. Trennung eines Verfahrens

1. Überblick

55 Wird ein Verfahren in mehrere einzelne Verfahren getrennt (z.B. nach § 145 ZPO), so sind ab dem Zeitpunkt der Trennung mehrere selbstständige Angelegenheiten i.S.d. § 15 RVG gegeben. Bis zur Trennung bleibt es dagegen bei einer Angelegenheit.[15]

56 Vor der Trennung fallen die Gebühren nur ein einziges Mal an (§ 15 Abs. 1, 2 RVG), und zwar aus dem Gesamtwert der Gegenstände (§ 23 Abs. 1 S. 3 RVG i.V.m. §§ 39 Abs. 1, 45 Abs. 1 GKG). Nach Trennung entstehen die Gebühren dagegen gesondert aus dem jeweiligen Wert der einzelnen Verfahren.[16] Drei Fallkonstellationen sind dabei zu unterscheiden:

2. Einzelne Gebühren sind sowohl vor als auch nach der Trennung entstanden

57 Sind die Gebührentatbestände sowohl vor als auch nach der Trennung ausgelöst worden, kann der Anwalt frei entscheiden, ob er seine Gebühren einzeln nach der Trennung oder insgesamt aus dem Gesamtwert (§ 23 Abs. 1 S. 1 RVG i.V.m. §§ 39 Abs. 1, 45 Abs. 1 GKG) vor Trennung berechnet.[17] In aller Regel ist es in diesem Fall günstiger, die getrennte Berechnung zu wählen.

Beispiel 38 | **Verfahrenstrennung, getrennte Abrechnung ist günstiger**

A klagt in demselben Verfahren (Az. 1/14) gegen B auf Zahlung einer Kaufpreisforderung in Höhe von 2.000,00 EUR sowie auf Zahlung einer Darlehensforderung in Höhe von 4.000,00 EUR. Nach mündlicher Verhandlung wird das Verfahren wegen der Darlehensforderung abgetrennt und als neue Sache (Az. 2/14) geführt. Anschließend wird erneut verhandelt.

---

15 AnwK-RVG/*N. Schneider*, § 15 Rn 167 ff.
16 AnwK-RVG/*N. Schneider*, § 15 Rn 167 ff.
17 OLG Düsseldorf AGS 2000, 84 = JurBüro 2001, 136 = Rpfleger 2001, 136; AnwK-RVG/*N. Schneider*, § 15 Rn 167 ff.

Sowohl die Verfahrens- als auch die Terminsgebühr sind vor und nach Trennung entstanden. Insoweit hat der Anwalt die Wahl, ob er getrennt nach Einzelwerten abrechnet oder gemeinsam aus dem Gesamtwert (§ 23 Abs. 1 S. 1 RVG i.V.m. § 39 Abs. 1 GKG). Die getrennte Berechnung ist hier günstiger.

I. Gemeinsame Berechnung
1. 1,3-Verfahrensgebühr, Nr. 3100 VV 460,20 EUR
   (Wert: 6.000,00 EUR)
2. 1,2-Terminsgebühr, Nr. 3104 VV 424,80 EUR
   (Wert: 6.000,00 EUR)
3. Postentgeltpauschale, Nr. 7002 VV 20,00 EUR
   Zwischensumme 865,00 EUR
4. 19 % Umsatzsteuer, Nr. 7008 VV 164,35 EUR
Gesamt **1.029,35 EUR**

II. Getrennte Berechnung
a) Verfahren 1/14 nach Trennung
1. 1,3-Verfahrensgebühr, Nr. 3100 VV 195,00 EUR
   (Wert: 2.000,00 EUR)
2. 1,2-Terminsgebühr, Nr. 3104 VV 180,00 EUR
   (Wert: 2.000,00 EUR)
3. Postentgeltpauschale, Nr. 7002 VV 20,00 EUR
   Zwischensumme 352,50 EUR
4. 19 % Umsatzsteuer, Nr. 7008 VV 66,98 EUR
Gesamt **419,48 EUR**

b) Verfahren 2/14 nach Trennung
1. 1,3-Verfahrensgebühr, Nr. 3100 VV 327,60 EUR
   (Wert: 4.000,00 EUR)
2. 1,2-Terminsgebühr, Nr. 3104 VV 302,40 EUR
   (Wert: 4.000,00 EUR)
3. Postentgeltpauschale, Nr. 7002 VV 20,00 EUR
   Zwischensumme 632,50 EUR
4. 19 % Umsatzsteuer, Nr. 7008 VV 120,18 EUR
Gesamt **752,68 EUR**

Gesamt (1/14 + 2/14) **1.172,16 EUR**

Nur in seltenen Fällen werden die Gebühren vor der Trennung höher liegen als nach der Trennung. 58

| Beispiel 39 | Verfahrenstrennung, gemeinsame Abrechnung ist günstiger |

Der Vermieter klagt in einem Verfahren (Az. 1/14) auf Räumung (Wert: 50.000,00 EUR) und auf Zahlung einer Nachforderung aus einer Nebenkostenabrechnung (Wert: 500,00 EUR). Nach mündlicher Verhandlung wird das Verfahren auf Zahlung der Nebenkostennachforderung als neues Verfahren (Az. 2/14) abgetrennt. In beiden Verfahren wird erneut verhandelt.

Auch hier sind sowohl die Verfahrens- als auch die Terminsgebühr vor und nach Trennung entstanden. Es besteht wiederum ein Wahlrecht. Die gemeinsame Berechnung ist hier günstiger.

I. Gemeinsame Berechnung
1. 1,3-Verfahrensgebühr, Nr. 3100 VV 1.622,40 EUR
   (Wert: 50.500,00 EUR)
2. 1,2-Terminsgebühr, Nr. 3104 VV 1.395,60 EUR
   (Wert: 50.500,00 EUR)
3. Postentgeltpauschale, Nr. 7002 VV 20,00 EUR
   Zwischensumme 3.038,00 EUR

4. 19 % Umsatzsteuer, Nr. 7008 VV		577,22 EUR
Gesamt		**3.615,22 EUR**

II. Getrennte Abrechnung
a) Verfahren 1/14 nach Trennung

1. 1,3-Verfahrensgebühr, Nr. 3100 VV (Wert: 50.000,00 EUR)		1.511,90 EUR
2. 1,2-Terminsgebühr, Nr. 3104 VV (Wert: 50.000,00 EUR)		1.395,60 EUR
3. Postentgeltpauschale, Nr. 7002 VV		20,00 EUR
Zwischensumme	2.927,50 EUR	
4. 19 % Umsatzsteuer, Nr. 7008 VV		556,23 EUR
Gesamt		**3.483,73 EUR**

b) Verfahren 2/14 nach Trennung

1. 1,3-Verfahrensgebühr, Nr. 3100 VV (Wert: 500,00 EUR)		54,00 EUR
2. 1,2-Terminsgebühr, Nr. 3104 VV (Wert: 500,00 EUR)		45,00 EUR
3. Postentgeltpauschale, Nr. 7002 VV		19,80 EUR
Zwischensumme	118,80 EUR	
4. 19 % Umsatzsteuer, Nr. 7008 VV		22,57 EUR
Gesamt		**141,37 EUR**
Gesamt (Verfahren 1/14 + 2/14)		**3.625,10 EUR**

3. Einzelne Gebühren sind nur nach der Trennung entstanden

59 Soweit die Gebühren nur nach der Trennung anfallen, ergeben sich keine Probleme. Es entstehen nur die Gebühren aus den Einzelwerten.

> **Beispiel 40** **Verfahrenstrennung, bevor ein Termin stattfindet**

Eine gemeinsame Klage (Az. 1/14) über 6.000,00 EUR Kaufpreis und 4.000,00 EUR Miete wird in zwei Verfahren getrennt. Das Verfahren über die Miete wird als Verfahren 2/14 abgetrennt. Nach der Trennung findet in beiden Verfahren erstmals ein Termin i.S.d. Vorbem. 3 Abs. 3 VV statt.

Die Verfahrensgebühr ist schon entstanden, insoweit besteht das gleiche Wahlrecht wie beim umgekehrten Fall der Verbindung (siehe Beispiel 33). Hier ist die getrennte Abrechnung günstiger.

Die Terminsgebühren entstehen jeweils einzeln, und zwar aus den jeweiligen Werten der Verfahren nach der Trennung.

I. Verfahren 1/14 nach Trennung

1. 1,3-Verfahrensgebühr, Nr. 3100 VV (Wert: 6.000,00 EUR)		460,20 EUR
2. 1,2-Terminsgebühr, Nr. 3104 VV (Wert: 6.000,00 EUR)		424,80 EUR
3. Postentgeltpauschale, Nr. 7002 VV		20,00 EUR
Zwischensumme	865,00 EUR	
4. 19 % Umsatzsteuer, Nr. 7008 VV		164,35 EUR
Gesamt		**1.029,35 EUR**

II. Verfahren 2/14 nach Trennung

1. 1,3-Verfahrensgebühr, Nr. 3100 VV (Wert: 4.000,00 EUR)		327,60 EUR
2. 1,2-Terminsgebühr, Nr. 3104 VV (Wert: 4.000,00 EUR)		302,40 EUR

3. Postentgeltpauschale, Nr. 7002 VV		20,00 EUR
Zwischensumme	632,50 EUR	
4. 19 % Umsatzsteuer, Nr. 7008 VV		120,18 EUR
Gesamt		**752,68 EUR**

4. Einzelne Gebühren sind nur vor der Trennung entstanden

Soweit einzelne Gebühren nur vor der Trennung entstanden sind, nicht aber auch nach der Trennung nochmals ausgelöst werden, können nur die Gebühren aus dem gemeinsamen Verfahren berechnet werden. 60

> **Beispiel 41** Verfahrenstrennung, nachdem ein Termin stattgefunden hat, kein erneuter Termin im abgetrennten Verfahren

Eine gemeinsame Klage (Az. 1/14) über 6.000,00 EUR Kaufpreis und 4.000,00 EUR Miete wird nach mündlicher Verhandlung in zwei Verfahren getrennt. Das Verfahren über die Miete wird als Verfahren 2/14 abgetrennt. In diesem Verfahren wird die Klage später zurückgenommen, ohne dass ein erneuter Termin i.S.d. Vorbem. 3 Abs. 3 VV stattgefunden hat.

Die Verfahrensgebühr ist in beiden Verfahren entstanden, insoweit besteht wiederum ein Wahlrecht (siehe Beispiel 38). Die getrennte Abrechnung ist günstiger.

Die Terminsgebühr ist dagegen nur im Verfahren 1/14 entstanden und kann nur dort berechnet werden, und zwar aus dem Gesamtwert (§ 23 Abs. 1 S. 1 RVG i.V.m. § 39 Abs. 1 GKG).

I. Verfahren 1/14		
1. 1,3-Verfahrensgebühr, Nr. 3100 VV		460,20 EUR
(Wert: 6.000,00 EUR)		
2. 1,2-Terminsgebühr, Nr. 3104 VV		669,60 EUR
(Wert: 10.000,00 EUR)		
3. Postentgeltpauschale, Nr. 7002 VV		20,00 EUR
Zwischensumme	1.042,60 EUR	
4. 19 % Umsatzsteuer, Nr. 7008 VV		198,09 EUR
Gesamt		**1.240,69 EUR**
II. Verfahren 2/14		
1. 1,3-Verfahrensgebühr, Nr. 3100 VV		327,60 EUR
(Wert: 4.000,00 EUR)		
2. Postentgeltpauschale, Nr. 7002 VV		20,00 EUR
Zwischensumme	338,50 EUR	
3. 19 % Umsatzsteuer, Nr. 7008 VV		64,32 EUR
Gesamt		**402,82 EUR**

VI. Abgabe und Verweisung, Zurückverweisung

1. Überblick

Die §§ 20 und 21 RVG regeln drei Fälle der Verweisung bzw. Abgabe und der Zurückverweisung. Insoweit gilt Folgendes: 61

- Wird ein Verfahren an ein anderes Gericht derselben Instanz abgegeben oder verwiesen (sog. **Horizontalverweisung**), liegt stets nur eine einzige Angelegenheit vor (Fall des § 20 S. 1 RVG) (siehe Rn 63 ff).

§ 14 Besondere Verfahrenssituationen in bürgerlichen Rechtsstreitigkeiten

- Wird die Verweisung erst vom Rechtsmittelgericht ausgesprochen (sog. **Diagonalverweisung**), wird dagegen eine neue selbstständige Angelegenheit ausgelöst (Fall des § 20 S. 2 RVG) (siehe Rn 65 ff.).
- Wird die Sache von einem Rechtsmittelgericht an ein untergeordnetes Gericht zurückverwiesen (sog. **Vertikalverweisung**), so ist das Verfahren nach Zurückverweisung eine neue Angelegenheit (Fall des § 21 Abs. 1 RVG) (siehe Rn 67 ff). Hier können also drei Angelegenheiten vorliegen, nämlich
  - das Ausgangsverfahren,
  - das Rechtsmittelverfahren und
  - das Verfahren nach Zurückverweisung.
  - In Verfahren nach Teil 3 VV ist dabei allerdings die Anrechnungsbestimmung der Vorbem. 3 Abs. 6 VV zu berücksichtigen. Die Verfahrensgebühr des Verfahrens vor Zurückverweisung wird auf die Verfahrensgebühr des Verfahrens nach Zurückverweisung angerechnet, wenn an ein Gericht zurückverwiesen wird, das mit der Sache bereits befasst war.

Eine Sonderregelung findet sich in § 21 Abs. 2 RVG für Scheidungsverfahren (siehe § 28 Rn 286).

62 Übersichtlich lassen sich die Regelungen der §§ 20 und 21 RVG an folgendem Ablaufschema deutlich machen:

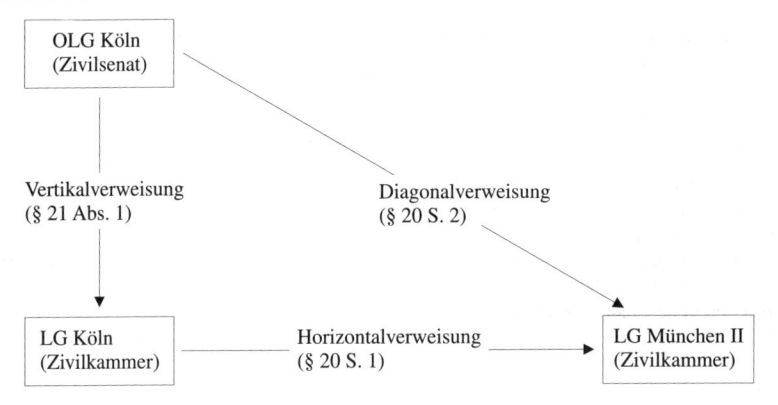

```
              OLG Köln
             (Zivilsenat)
             /         \
            /           \
  Vertikalverweisung   Diagonalverweisung
    (§ 21 Abs. 1)         (§ 20 S. 2)
         |                    \
         ▼                     ▼
    LG Köln    Horizontalverweisung   LG München II
  (Zivilkammer) ────(§ 20 S. 1)────→  (Zivilkammer)
```

2. Verweisung und Abgabe an ein Gericht derselben Instanz (Horizontalverweisung)

63 Verweist ein Gericht an ein anderes Gericht derselben Instanz, so zählen nach § 20 S. 1 RVG das Verfahren vor dem abgebenden und dem empfangenden Gericht als eine Angelegenheit. Das Gleiche gilt im Falle einer Abgabe. Die Gebühren entstehen nur einmal (§ 15 Abs. 2 RVG).

Beispiel 42 | **Verweisung**

Es wird Klage auf Zahlung von 10.000,00 EUR vor dem ArbG erhoben. Das ArbG verweist die Sache an das zuständige LG, vor dem dann die mündliche Verhandlung stattfindet.

Es liegt nach § 20 S. 1 RVG nur eine Angelegenheit vor. Der Anwalt erhält die Gebühren nur einmal.

VI. Abgabe und Verweisung, Zurückverweisung   § 14

1.	1,3-Verfahrensgebühr, Nr. 3100 VV (Wert: 10.000,00 EUR)	725,40 EUR
2.	1,2-Terminsgebühr, Nr. 3104 VV (Wert: 10.000,00 EUR)	669,60 EUR
3.	Postentgeltpauschale, Nr. 7002 VV	20,00 EUR
	Zwischensumme 1.235,00 EUR	
4.	19 % Umsatzsteuer, Nr. 7008 VV	234,65 EUR
Gesamt		**1.469,65 EUR**

Wird in eine andere Gerichtsbarkeit verwiesen, kann es dazu kommen, dass andere Wertvorschriften anzuwenden sind. Es bleibt dann zwar bei einer Angelegenheit; die Gebühren nach Verweisung richten sich aber nach einem anderen Gegenstandswert. **64**

Beispiel 43 | **Verweisung, unterschiedliche Wertvorschriften**

Nach Kündigung eines Anstellungsvertrages wird vor dem LG auf Feststellung des Fortbestands des Anstellungsverhältnisses geklagt (Jahreseinkommen 120.000,00 EUR). Das LG verweist die Sache ohne mündliche Verhandlung an das ArbG. Dort wird verhandelt.

Insgesamt liegt nur eine Angelegenheit vor (§ 20 S. 1 RVG). Vor dem LG richtet sich der Gegenstandswert gem. § 42 Abs. 1 GKG nach dem dreifachen Jahreswert. Für das Verfahren vor dem ArbG gilt dagegen § 42 Abs. 2 GKG. Maßgebend ist hier nur das Quartalseinkommen. Die Terminsgebühr entsteht daher nur nach dem geringeren Wert.

1.	1,3-Verfahrensgebühr, Nr. 3100 VV (Wert: 360.000,00 EUR)	3.218,20 EUR
2.	1,2-Terminsgebühr, Nr. 3104 VV (Wert: 40.000,00 EUR)	1.082,40 EUR
3.	Postentgeltpauschale, Nr. 7002 VV	20,00 EUR
	Zwischensumme 4.320,60 EUR	
4.	19 % Umsatzsteuer, Nr. 7008 VV	820,91 EUR
Gesamt		**5.141,51 EUR**

3. Verweisung an ein Gericht eines niedrigeren Rechtszugs (Diagonalverweisung)

Wird an ein Gericht eines niedrigeren Rechtszugs verwiesen, so gilt § 20 S. 2 RVG. Das weitere Verfahren vor dem Empfangsgericht gilt als neue Angelegenheit, auch gegenüber dem vorangegangenen Verfahren. Eine Anrechnung ist hier im Gegensatz zu § 21 Abs. 1 RVG nicht vorgesehen. **65**

Beispiel 44 | **Verweisung an ein untergeordnetes Gericht**

Es wird Klage (Wert: 10.000,00 EUR) vor dem ArbG erhoben, welches die Klage als unzulässig abweist. Das LAG hebt auf die Berufung das Urteil des ArbG auf und verweist die Sache auf den jetzt hilfsweise gestellten Verweisungsantrag an das zuständige LG, vor dem dann erneut verhandelt wird.

Da das LAG nicht an ein untergeordnetes Gericht zurückverwiesen hat, liegt kein Fall des § 21 Abs. 1 RVG vor, sondern ein Fall des § 20 S. 2 RVG. Das weitere Verfahren vor dem LG ist eine neue Angelegenheit, in der alle Gebühren anrechnungsfrei erneut entstehen.

§ 14 Besondere Verfahrenssituationen in bürgerlichen Rechtsstreitigkeiten

I. Erste Instanz vor ArbG
1. 1,3-Verfahrensgebühr, Nr. 3100 VV 725,40 EUR
   (Wert: 10.000,00 EUR)
2. 1,2-Terminsgebühr, Nr. 3104 VV 669,60 EUR
   (Wert: 10.000,00 EUR)
3. Postentgeltpauschale, Nr. 7002 VV 20,00 EUR
   Zwischensumme 1.235,00 EUR
4. 19 % Umsatzsteuer, Nr. 7008 VV 234,65 EUR
Gesamt **1.469,65 EUR**

II. Berufungsverfahren vor LAG
1. 1,6-Verfahrensgebühr, Nr. 3200 VV 892,80 EUR
   (Wert: 10.000,00 EUR)
2. 1,2-Terminsgebühr, Nr. 3202 VV 669,60 EUR
   (Wert: 10.000,00 EUR)
3. Postentgeltpauschale, Nr. 7002 VV 20,00 EUR
   Zwischensumme 1.380,80 EUR
4. 19 % Umsatzsteuer, Nr. 7008 VV 262,35 EUR
Gesamt **1.643,15 EUR**

III. Verfahren nach Verweisung vor LG
1. 1,3-Verfahrensgebühr, Nr. 3100 VV 725,40 EUR
   (Wert: 10.000,00 EUR)
2. 1,2-Terminsgebühr, Nr. 3104 VV 669,60 EUR
   (Wert: 10.000,00 EUR)
3. Postentgeltpauschale, Nr. 7002 VV 20,00 EUR
   Zwischensumme 1.235,00 EUR
4. 19 % Umsatzsteuer, Nr. 7008 VV 234,65 EUR
Gesamt **1.469,65 EUR**

66 Auch hier kann sich nach Verweisung ein anderer Streitwert ergeben.

> **Beispiel 45** | **Verweisung an ein Gericht eines niedrigeren Rechtszugs, unterschiedliche Wertvorschriften**

Nach Kündigung eines Anstellungsvertrags wird vor dem LG auf Feststellung des Fortbestands des Anstellungsverhältnisses geklagt (Jahreseinkommen 120.000,00 EUR). Das LG gibt der Klage statt. Auf die Berufung hebt das OLG das Urteil des LG wegen Verstoßes gegen § 17a GVG auf und verweist die Sache an das ArbG.

Das weitere Verfahren nach Verweisung stellt wiederum eine neue Angelegenheit dar (§ 20 S. 2 RVG). Während vor dem LG auf § 42 Abs. 1 GKG abzustellen ist (dreifacher Jahreswert), gilt für das Verfahren vor dem ArbG § 42 Abs. 2 GKG. Maßgebend ist nur das Quartalseinkommen.

I. Verfahren vor LG
1. 1,3-Verfahrensgebühr, Nr. 3100 VV 3.218,20 EUR
   (Wert: 360.000,00 EUR)
2. 1,2-Terminsgebühr, Nr. 3104 VV 3.028,80 EUR
   (Wert: 360.000,00 EUR)
3. Postentgeltpauschale, Nr. 7002 VV 20,00 EUR
   Zwischensumme 6.267,00 EUR
4. 19 % Umsatzsteuer, Nr. 7008 VV 1.190,73 EUR
Gesamt **7.457,73 EUR**

II. Berufungsverfahren
1. 1,6-Verfahrensgebühr, Nr. 3200 VV 4.038,40 EUR
   (Wert: 360.000,00 EUR)
2. 1,2-Terminsgebühr, Nr. 3202 VV 3.028,80 EUR
   (Wert: 360.000,00 EUR)

VI. Abgabe und Verweisung, Zurückverweisung § 14

3. Postentgeltpauschale, Nr. 7002 VV		20,00 EUR
Zwischensumme	7.087,20 EUR	
4. 19 % Umsatzsteuer, Nr. 7008 VV		1.346,57 EUR
Gesamt		**8.433,77 EUR**
III. Verfahren vor dem ArbG		
1. 1,3-Verfahrensgebühr, Nr. 3100 VV		1.172,60 EUR
(Wert: 40.000,00 EUR)		
2. 1,2-Terminsgebühr, Nr. 3104 VV		1.082,40 EUR
(Wert: 40.000,00 EUR)		
3. Postentgeltpauschale, Nr. 7002 VV		20,00 EUR
Zwischensumme	2.275,00 EUR	
4. 19 % Umsatzsteuer, Nr. 7008 VV		432,25 EUR
Gesamt		**2.707,25 EUR**

4. Zurückverweisung durch Rechtsmittelgericht (Vertikalverweisung)

Hebt ein Rechtsmittelgericht die angefochtene Entscheidung auf und verweist das Verfahren an das vorinstanzliche Gericht zur erneuten Entscheidung zurück, liegt ein Fall des § 21 Abs. 1 RVG vor.[18] Das Verfahren nach Zurückverweisung ist eine neue Angelegenheit, in der alle Gebühren erneut entstehen können. Lediglich hinsichtlich der Verfahrensgebühr ist eine Anrechnung vorgesehen (Vorbem. 3 Abs. 6 VV), wenn an ein Gericht zurückverwiesen wird, das mit der Sache bereits befasst war. 67

Eine Besonderheit besteht nach § 21 Abs. 2 RVG in Ehesachen (siehe dazu § 28 Rn 286). 68

Beispiel 46 | Zurückverweisung durch ein Rechtsmittelgericht

Das LG hatte den Beklagten antragsgemäß zur Zahlung von 10.000,00 EUR verurteilt. Auf die Berufung hebt das OLG das Urteil des LG auf und verweist die Sache an das LG zur erneuten Entscheidung zurück.

Das Verfahren nach Zurückverweisung stellt eine neue Angelegenheit dar (§ 21 Abs. 1 RVG). Allerdings wird die Verfahrensgebühr des Ausgangsverfahrens auf die Verfahrensgebühr des Verfahrens nach Zurückverweisung angerechnet (Vorbem. 3 Abs. 6 VV).

I. **Verfahren vor Zurückverweisung**		
1. 1,3-Verfahrensgebühr, Nr. 3100 VV		725,40 EUR
(Wert: 10.000,00 EUR)		
2. 1,2-Terminsgebühr, Nr. 3104 VV		669,60 EUR
(Wert: 10.000,00 EUR)		
3. Postentgeltpauschale, Nr. 7002 VV		20,00 EUR
Zwischensumme	1.235,00 EUR	
4. 19 % Umsatzsteuer, Nr. 7008 VV		234,65 EUR
Gesamt		**1.469,65 EUR**
II. **Verfahren nach Zurückverweisung**		
1. 1,3-Verfahrensgebühr, Nr. 3100 VV		725,40 EUR
(Wert: 10.000,00 EUR)		
2. gem. Vorbem. 3 Abs. 6 VV anzurechnen,		– 725,40 EUR
1,3 aus 10.000,00 EUR		
3. 1,2-Terminsgebühr, Nr. 3104 VV		669,60 EUR
(Wert: 10.000,00 EUR)		
4. Postentgeltpauschale, Nr. 7002 VV		20,00 EUR
Zwischensumme	603,20 EUR	

---

18 Zu den Anwendungsfällen des § 21 RVG siehe AnwK-RVG/*N. Schneider*, § 21 Rn 24 ff.

5. 19 % Umsatzsteuer, Nr. 7008 VV		114,61 EUR
Gesamt		**717,81 EUR**

69 Eine Zurückverweisung i.S.d. § 21 Abs. 1 RVG liegt auch dann vor, wenn ein Verfassungsgericht die Entscheidung eines ordentlichen Gerichts aufhebt und die Sache an dieses zurückverweist. Das weitere Verfahren vor diesem Gericht ist dann auch ein neuer Rechtszug.[19]

Beispiel 47 | **Zurückverweisung durch ein Verfassungsgericht**

Das OLG hatte die Berufung (Streitwert 10.000,00 EUR) zurückgewiesen. Die hiergegen erhobene Verfassungsbeschwerde hatte Erfolg und führte zur Aufhebung des Berufungsurteils und Rückgabe an das OLG zur erneuten Entscheidung.

Das Verfahren nach Zurückverweisung stellt eine neue Angelegenheit dar (§ 21 Abs. 1 RVG). Allerdings wird die Verfahrensgebühr des Ausgangsverfahrens auf die Verfahrensgebühr des Verfahrens nach Zurückverweisung angerechnet (Vorbem. 3 Abs. 6 VV).

I. Verfahren vor Zurückverweisung		
1. 1,3-Verfahrensgebühr, Nr. 3100 VV (Wert: 10.000,00 EUR)		725,40 EUR
2. 1,2-Terminsgebühr, Nr. 3104 VV (Wert: 10.000,00 EUR)		669,60 EUR
3. Postentgeltpauschale, Nr. 7002 VV		20,00 EUR
Zwischensumme	1.235,00 EUR	
4. 19 % Umsatzsteuer, Nr. 7008 VV		234,65 EUR
Gesamt		**1.469,65 EUR**
II. Verfahren nach Zurückverweisung		
1. 1,3-Verfahrensgebühr, Nr. 3100 VV (Wert: 10.000,00 EUR)		725,40 EUR
2. gem. Vorbem. 3 Abs. 6 VV anzurechnen, 1,3 aus 10.000,00 EUR		– 725,40 EUR
3. 1,2-Terminsgebühr, Nr. 3104 VV (Wert: 10.000,00 EUR)		669,60 EUR
4. Postentgeltpauschale, Nr. 7002 VV		20,00 EUR
Zwischensumme	603,20 EUR	
5. 19 % Umsatzsteuer, Nr. 7008 VV		114,61 EUR
Gesamt		**717,81 EUR**

70 Wird nur **teilweise zurückverwiesen**, so ist auch nur teilweise anzurechnen.

Beispiel 48 | **Teilweise Zurückverweisung**

Das LG hatte den Beklagten zur Zahlung von 10.000,00 EUR verurteilt. Auf die Berufung hebt das OLG das Urteil des LG in Höhe von 6.000,00 EUR auf und verweist die Sache an das LG zur erneuten Entscheidung zurück.

Auch hier stellt das Verfahren nach Zurückverweisung eine neue Angelegenheit dar (§ 21 Abs. 1 RVG). Die Gebühren im Verfahren nach Zurückverweisung entstehen jetzt allerdings nur aus dem geringeren Wert von 6.000,00 EUR. Nur nach diesem Wert wird die Verfahrensgebühr des Ausgangsverfahrens angerechnet (Vorbem. 3 Abs. 6 VV).

---

19 BGH AGS 2013, 453 = MDR 2013, 1376 = NJW 2013, 3453 = AnwBl 2013, 939 = Rpfleger 2014, 45 = JurBüro 2014, 20 = ZfBR 2014, 41 = DVBl 2014, 63 = BayVBl 2014, 250 = NJW-Spezial 2013, 701 = ZIP 2013, 2284 = RVGreport 2013, 465 = StRR 2013, 443 = RVGprof. 2014, 2 = FF 2014, 40.

VI. Abgabe und Verweisung, Zurückverweisung § 14

I. **Verfahren vor Zurückverweisung**		
1. 1,3-Verfahrensgebühr, Nr. 3100 VV (Wert: 10.000,00 EUR)		725,40 EUR
2. 1,2-Terminsgebühr, Nr. 3104 VV (Wert: 10.000,00 EUR)		669,60 EUR
3. Postentgeltpauschale, Nr. 7002 VV		20,00 EUR
Zwischensumme	1.235,00 EUR	
4. 19 % Umsatzsteuer, Nr. 7008 VV		234,65 EUR
Gesamt		**1.469,65 EUR**
II. **Verfahren nach Zurückverweisung**		
1. 1,3-Verfahrensgebühr, Nr. 3100 VV (Wert: 6.000,00 EUR)		460,20 EUR
2. gem. Vorbem. 3 Abs. 6 VV anzurechnen, 1,3 aus 6.000,00 EUR		– 460,20 EUR
3. 1,2-Terminsgebühr, Nr. 3104 VV (Wert: 6.000,00 EUR)		424,80 EUR
4. Postentgeltpauschale, Nr. 7002 VV		20,00 EUR
Zwischensumme	444,80 EUR	
5. 19 % Umsatzsteuer, Nr. 7008 VV		84,51 EUR
Gesamt		**529,31 EUR**

Ebenso zu rechnen ist, wenn das Rechtsmittel nur teilweise eingelegt wird oder wenn erstinstanzlich nur eine teilweise Verurteilung erfolgt ist und das Rechtsmittelgericht aufhebt und zurückverweist. 71

Beispiel 49 | **Teilweise Berufung und Zurückverweisung**

Das LG hatte den Beklagten zur Zahlung von 10.000,00 EUR verurteilt. Der Beklagte legt in Höhe von 6.000,00 EUR Berufung ein. Das OLG hebt das Urteil des LG auf und verweist die Sache an das LG zurück.

Es ist ebenso zu rechnen wie in Beispiel 48.

Beispiel 50 | **Teilweise Verurteilung, Berufung mit Zurückverweisung**

Auf die Klage über 10.000,00 EUR hatte das LG den Beklagten zur Zahlung von 6.000,00 EUR verurteilt. Auf die hiergegen gerichtete Berufung hebt das OLG das Urteil des LG in Höhe von 6.000,00 EUR auf und verweist die Sache an das LG zurück.

Auch hier liegt eine Zurückverweisung nur in Höhe von 6.000,00 EUR vor, so dass nur nach diesem Wert die Verfahrensgebühr des Ausgangsverfahrens angerechnet wird. Zu rechnen ist wie in Beispiel 48.

Möglich ist nicht nur eine Reduzierung des Gegenstandswertes zwischen Ausgangsverfahren und Verfahren nach Zurückverweisung, sondern auch eine Erhöhung des Gegenstandswertes infolge Klageerweiterung. In diesem Fall bleibt es bei zwei verschiedenen Angelegenheiten. Allerdings ist eine Anrechnung nur vorzunehmen, soweit die Gegenstände identisch sind. 72

Beispiel 51 | **Klageerweiterung nach Zurückverweisung**

Gegen die Abweisung der Klage in Höhe von 10.000,00 EUR hatte der Kläger Berufung eingelegt und die Klage im Berufungsverfahren um 5.000,00 EUR erweitert. Das OLG hebt das Urteil des LG auf und verweist die Sache an das LG zurück.

Das Verfahren nach Zurückverweisung ist wiederum eine neue Angelegenheit. Allerdings berechnen sich die Gebühren jetzt nach dem höheren Wert. Angerechnet wird jedoch nur nach dem geringeren Wert des Ausgangsverfahrens.

I. Verfahren vor Zurückverweisung

1. 1,3-Verfahrensgebühr, Nr. 3100 VV (Wert: 10.000,00 EUR)		725,40 EUR
2. 1,2-Terminsgebühr, Nr. 3104 VV (Wert: 10.000,00 EUR)		669,60 EUR
3. Postentgeltpauschale, Nr. 7002 VV		20,00 EUR
Zwischensumme	1.235,00 EUR	
4. 19 % Umsatzsteuer, Nr. 7008 VV		234,65 EUR
Gesamt		**1.469,65 EUR**

II. Verfahren nach Zurückverweisung

1. 1,3-Verfahrensgebühr, Nr. 3100 VV (Wert: 15.000,00 EUR)		845,00 EUR
2. gem. Vorbem. 3 Abs. 6 VV anzurechnen, 1,3 aus 10.000,00 EUR		– 725,40 EUR
3. 1,2-Terminsgebühr, Nr. 3104 VV (Wert: 15.000,00 EUR)		780,00 EUR
4. Postentgeltpauschale, Nr. 7002 VV		20,00 EUR
Zwischensumme	919,60 EUR	
5. 19 % Umsatzsteuer, Nr. 7008 VV		174,72 EUR
Gesamt		**1.094,32 EUR**

73   Wird ein Grundurteil in der Rechtsmittelinstanz bestätigt und die Sache an das Vorgericht zurückgegeben, so liegt kein Fall des § 21 Abs. 1 RVG vor. Der BGH hat die bisherige Streitfrage zwischenzeitlich geklärt.[20] Eine Zurückverweisung i.S.d. § 21 Abs. 1 RVG ist nur dann gegeben, wenn die Berufung gegen das Grundurteil erfolgreich war.[21] Spricht das Rechtsmittelgericht z.B. auf die Berufung hin eine höhere Haftungsquote aus, so ist dagegen insoweit eine Zurückverweisung gegeben.[22]

Beispiel 52 | **Zurückverweisung nach teilweise erfolgreicher Berufung gegen Grundurteil**

In einem Schadensersatzprozess werden 100.000,00 EUR eingeklagt. Das LG erlässt ein Grundurteil, wonach dem Kläger 50 % seines Schadens dem Grunde nach zugesprochen werden. Auf die Berufung des Klägers wird das Urteil des LG dahin gehend abgeändert, dass dem Kläger 75 % Schadensersatz zustehen. Anschließend wird das Betragsverfahren vor dem LG fortgesetzt.

Soweit das Berufungsgericht das erstinstanzliche Urteil bestätigt hat, liegt keine Zurückverweisung vor.[23] Soweit das Urteil dagegen abgeändert wurde, ist eine Zurückverweisung i.S.d. § 21 Abs. 1 RVG gegeben. Während sich das LG aufgrund seines Urteils im Betragsverfahren nur noch mit 50 % des Schadens zu befassen gehabt hätte (Wert: 50.000,00 EUR), muss es sich jetzt mit 75 % befassen (75.000,00 EUR). In Höhe von 25.000,00 EUR liegt daher eine Zurückverweisung vor. Nur nach diesem Wert ist auch gem. Vorbem. 3 Abs. 6 VV anzurechnen. Die weiterge-

---

20 AGS 2004, 234 m. Anm. *N. Schneider* = BGHR 2004, 1128 = JurBüro 2004, 479 = RVG-Letter 2004, 76 = RVGreport 2004, 273 = RVG-B 2004, 67.
21 OLG Schleswig AGS 1995, 63 = JurBüro 1996, 135 = SchlHA 1995, 171; AnwK-RVG/*N. Schneider*, § 21 Rn 25 ff.
22 OLG Schleswig AGS 1995, 63 = JurBüro 1996, 135 = SchlHA 1995, 171.
23 BGH AGS 2004, 234 m. Anm. *N. Schneider*.

hende Tätigkeit nach Zurückverweisung aus dem über 25.000,00 EUR hinausgehenden Wert wird durch die bereits entstandenen Gebühren mit abgegolten.

I. Verfahren vor Zurückverweisung
1. 1,3-Verfahrensgebühr, Nr. 3100 VV
   (Wert: 100.000,00 EUR) 1.760,20 EUR
2. 1,2-Terminsgebühr, Nr. 3104 VV
   (Wert: 100.000,00 EUR) 1.624,80 EUR
3. Postentgeltpauschale, Nr. 7002 VV 20,00 EUR
   Zwischensumme 3.405,00 EUR
4. 19 % Umsatzsteuer, Nr. 7008 VV 646,95 EUR
Gesamt **4.051,95 EUR**

II. Verfahren nach Zurückverweisung
1. 1,3-Verfahrensgebühr, Nr. 3100 VV
   (Wert: 25.000,00 EUR) 891,80 EUR
2. gem. Vorbem. 3 Abs. 6 VV anzurechnen,
   1,3 aus 25.000,00 EUR – 891,80 EUR
3. 1,2-Terminsgebühr, Nr. 3104 VV
   (Wert: 25.000,00 EUR) 823,20 EUR
4. Postentgeltpauschale, Nr. 7002 VV 20,00 EUR
   Zwischensumme 843,20 EUR
5. 19 % Umsatzsteuer, Nr. 7008 VV 160,21 EUR
Gesamt **1.003,41 EUR**

Wird gegen ein Teilurteil Rechtsmittel eingelegt und das Urteil daraufhin aufgehoben und zurückverwiesen, führt dies dazu, dass nach Zurückverweisung zwei Angelegenheiten nebeneinander laufen, nämlich der verbliebene Teil des ursprünglichen Verfahrens und das Verfahren nach Zurückverweisung.

74

| Beispiel 53 | Zurückverweisung nach Teilurteil |

Der Kläger macht aus einem Verkehrsunfall Schadensersatz in Höhe 10.000,00 EUR (6.000,00 EUR Sachschaden und 4.000,00 EUR Schmerzensgeld) geltend. Nach Verhandlung ergeht ein Teilurteil über 6.000,00 EUR (Sachschaden). Das Teilurteil wird in der Berufung aufgehoben und die Sache zurückverwiesen. Nunmehr wird erneut verhandelt und eine Einigung erzielt.

Soweit zurückverwiesen worden ist, liegt wiederum eine neue Angelegenheit vor. Trotz einheitlicher Verhandlung und Einigung fallen jetzt zwei Terminsgebühren und auch zwei Einigungsgebühren an. Im Ausgangsverfahren berechnet sich die Gebühr allerdings nur aus den verbliebenen 4.000,00 EUR, in jedem Verfahren eine nach dem jeweiligen Wert.

I. Verfahren vor Zurückverweisung
1. 1,3-Verfahrensgebühr, Nr. 3100 VV
   (Wert: 10.000,00 EUR) 725,40 EUR
2. 1,2-Terminsgebühr, Nr. 3104 VV
   (Wert: 10.000,00 EUR) 669,60 EUR
3. 1,0-Einigungsgebühr, Nrn. 1000, 1003 VV
   (Wert: 4.000,00 EUR) 245,00 EUR
4. Postentgeltpauschale, Nr. 7002 VV 20,00 EUR
   Zwischensumme 1.660,00 EUR
5. 19 % Umsatzsteuer, Nr. 7008 VV 315,40 EUR
Gesamt **1.975,40 EUR**

II. Berufungsverfahren
1. 1,6-Verfahrensgebühr, Nr. 3200 VV   566,40 EUR
   (Wert: 6.000,00 EUR)
2. 1,2-Terminsgebühr, Nr. 3202 VV   424,80 EUR
   (Wert: 6.000,00 EUR)
3. Postentgeltpauschale, Nr. 7002 VV   20,00 EUR
   Zwischensumme   1.011,20 EUR
4. 19 % Umsatzsteuer, Nr. 7008 VV   192,13 EUR

Gesamt   **1.203,33 EUR**

III. Verfahren nach Zurückverweisung
1. 1,3-Verfahrensgebühr, Nr. 3100 VV   460,20 EUR
   (Wert: 6.000,00 EUR)
2. gem. Vorbem. 3 Abs. 6 VV anzurechnen,   – 460,20 EUR
   1,3 aus 6.000,00 EUR
3. 1,2-Terminsgebühr, Nr. 3104 VV   424,80 EUR
   (Wert: 6.000,00 EUR)
4. 1,0-Einigungsgebühr, Nrn. 1000, 1003 VV   354,00 EUR
   (Wert: 6.000,00 EUR)
5. Postentgeltpauschale, Nr. 7002 VV   20,00 EUR
   Zwischensumme   798,80 EUR
6. 19 % Umsatzsteuer, Nr. 7008 VV   151,77 EUR

Gesamt   **950,57 EUR**

75 Erhöht sich der Gebührensatz der Verfahrensgebühr nach Zurückverweisung, so ergeben sich jetzt als Anrechnungsfall im Gegensatz zum bisherigen Recht keine Probleme. Angerechnet wird nur nach dem Gebührensatz des Ausgangsverfahrens.

> **Beispiel 54**   **Erhöhung des Gebührensatzes der Verfahrensgebühr nach Zurückverweisung**

Der Anwalt erhebt für seinen Mandanten Klage auf Zahlung von 5.000,00 EUR. Die Klage wird abgewiesen. Während des Berufungsverfahrens stirbt der Mandant und wird von seinen drei Kindern beerbt. Das Urteil des AG wird aufgehoben und die Sache zurückverwiesen.

Durch den Tod des Auftraggebers und die Fortsetzung des Rechtsstreits durch seine Erben erhöht sich die Verfahrensgebühr nach Nr. 1008 VV.[24] Im Berufungsverfahren erhält der Anwalt also eine 2,2-Verfahrensgebühr. Im Verfahren nach Zurückverweisung entsteht jetzt die nach Nr. 1008 VV erhöhte Verfahrensgebühr (1,9), auf die die einfache 1,3-Verfahrensgebühr angerechnet wird.

I. Ausgangsverfahren (Wert: 5.000,00 EUR)
1. 1,3-Verfahrensgebühr, Nr. 3100 VV   393,90 EUR
2. 1,2-Terminsgebühr, Nr. 3104 VV   363,60 EUR
3. Postentgeltpauschale, Nr. 7002 VV   20,00 EUR
   Zwischensumme   772,50 EUR
4. 19 % Umsatzsteuer, Nr. 7008 VV   146,78 EUR

Gesamt   **919,28 EUR**

II. Berufungsverfahren
1. 2,2-Verfahrensgebühr, Nrn. 3200, 1008 VV   666,60 EUR
   (Wert: 5.000,00 EUR)
2. 1,2-Terminsgebühr, Nr. 3202 VV   363,60 EUR
   (Wert: 5.000,00 EUR)
3. Postentgeltpauschale, Nr. 7002 VV   20,00 EUR
   Zwischensumme   1.050,20 EUR

---

24 OLG Düsseldorf MDR 1996, 1300; AnwK-RVG/*Volpert*, Nr. 1008 VV Rn 18 m. w. Nachw.

VI. Abgabe und Verweisung, Zurückverweisung § 14

4. 19 % Umsatzsteuer, Nr. 7008 VV		199,54 EUR
Gesamt		**1.249,79 EUR**

III. Verfahren nach Zurückverweisung (Wert: 5.000,00 EUR)

1. 1,9-Verfahrensgebühr, Nrn. 3100, 1008 VV		575,70 EUR
2. gem. Vorbem 3 Abs. 6 VV anzurechnen, 1,3 aus 5.000,00 EUR		– 393,90 EUR
3. 1,2-Terminsgebühr, Nr. 3104 VV		363,60 EUR
4. Postentgeltpauschale, Nr. 7002 VV		20,00 EUR
Zwischensumme	565,40 EUR	
5. 19 % Umsatzsteuer, Nr. 7008 VV		107,43 EUR
Gesamt		**672,83 EUR**

Liegen zwischen der Beendigung des Ausgangsverfahrens und der Zurückverweisung mehr als zwei Kalenderjahre, so ist gem. § 15 Abs. 5 S. 2 RVG eine Anrechnung nach Vorbem. 3 Abs. 6 VV ausgeschlossen.[25] Nach OLG Hamburg[26] soll in diesem Fall nicht die Zurückverweisung selbst, sondern die Kenntnis des Anwalts von der Zurückverweisung maßgebend sein, was jedoch unzutreffend ist. Es kommt auf den Auftrag an und bei einem bedingten Auftrag auf den Eintritt der Bedingung. Die Vorschrift des § 158 BGB stellt nicht auf Kenntnis vom Bedingungseintritt ab.[27]

76

Beispiel 55 | **Zurückverweisung nach Ablauf von zwei Kalenderjahren**

Der Beklagte war im Dezember 2013 zur Zahlung von 10.000,00 EUR verurteilt worden. Das OLG hebt im Januar 2016 das Urteil des LG auf und verweist die Sache an das LG zurück.

Da zwischenzeitlich zwei Kalenderjahre vergangen sind, entstehen nach Zurückverweisung alle Gebühren erneut, ohne dass anzurechnen ist.

I. Verfahren vor Zurückverweisung

1. 1,3-Verfahrensgebühr, Nr. 3100 VV (Wert: 10.000,00 EUR)		725,40 EUR
2. 1,2-Terminsgebühr, Nr. 3104 VV (Wert: 10.000,00 EUR)		669,60 EUR
3. Postentgeltpauschale, Nr. 7002 VV		20,00 EUR
Zwischensumme	1.235,00 EUR	
4. 19 % Umsatzsteuer, Nr. 7008 VV		234,65 EUR
Gesamt		**1.469,65 EUR**

II. Verfahren nach Zurückverweisung

1. 1,3-Verfahrensgebühr, Nr. 3100 VV (Wert: 10.000,00 EUR)		725,40 EUR
2. 1,2-Terminsgebühr, Nr. 3104 VV (Wert: 10.000,00 EUR)		669,60 EUR
3. Postentgeltpauschale, Nr. 7002 VV		20,00 EUR
Zwischensumme	1.235,00 EUR	
4. 19 % Umsatzsteuer, Nr. 7008 VV		234,65 EUR
Gesamt		**1.469,65 EUR**

---

[25] OLG München AGS 2006, 369 = OLGR 2006, 681 = AnwBl 2006, 588 = RVG-Letter 2006, 87; AnwK-RVG/*N. Schneider*, § 21 Rn 9.
[26] OLG Hamburg AGS 2014, 267 m. abl. Anm. *N. Schneider*.
[27] *N. Schneider* in Anm. zu OLG Hamburg AGS 2014, 267 m. abl. Anm. *N. Schneider*.

5. Sonderfall: Zurückverweisung durch das Rechtsmittelgericht an ein zuvor befasstes Gericht und anschließende Weiterverweisung an ein anderes Gericht

77 Wird ein Verfahren vom Rechtsmittelgericht an das erstinstanzliche Gericht zurückverwiesen und verweist dieses Gericht nunmehr seinerseits das Verfahren an ein anderes erstinstanzliches Gericht, so würde zunächst § 21 Abs. 1 RVG gelten, wonach das Verfahren nach Zurückverweisung eine neue Angelegenheit wäre, allerdings mit der Maßgabe, dass die Verfahrensgebühr nach Vorbem. 3 Abs. 6 VV anzurechnen wäre. Die Weiterverweisung wiederum würde nach § 20 S. 1 RVG keine neue Angelegenheit auslösen. Das Ergebnis wäre insoweit allerdings kurios, als der Anwalt bei einer unmittelbaren Verweisung das weitere Empfangsgericht gemäß § 20 S. 2 RVG die Verfahrensgebühr anrechnungsfrei erhalten hätte. Daher sind in diesem Fall die §§ 21 Abs. 1 S. 2, 20 S. 2 RVG (zumindest analog) anzuwenden, da in dem weiteren Verfahren nach Zurückverweisung (auch) ein bisher nicht befasstes Gericht tätig wird.[28]

> **Beispiel 56** Zurückverweisung nach Ablauf von zwei Kalenderjahren
>
> Das LG Bonn entscheidet über die Klage i.H.v. 10.000,00 EUR. Auf die Berufung hin hebt das OLG Köln das Urteil des LG Bonn auf und verweist die Sache zurück an das LG Bonn; das LG Bonn wiederum verweist die Sache an das örtlich zuständige LG Köln.

Die Anwälte erhalten ihre Gebühren nach Zurückverweisung anrechnungsfrei.

Abzurechnen ist wie im vorangegangenen Beispiel 55.

VII. Parteiwechsel

78 Ein Parteiwechsel kann sowohl auf Seiten des Klägers als auch auf Seiten des Beklagten vorkommen. Auf Seiten des Klägers erfolgt der Wechsel durch Eintritt eines neuen Klägers und durch Ausscheiden des bisherigen Klägers. Auf Seiten des Beklagten erfolgt der Parteiwechsel dadurch, dass der Kläger erklärt, die Klage richte sich fortan nicht mehr gegen den bisherigen Beklagten, sondern gegen einen anderen Beklagten. Der Parteiwechsel bedarf gegebenenfalls der Zustimmung des Gegners.

79 Für die gebührenrechtliche Betrachtung, also ob eine oder mehrere Angelegenheiten vorliegen, hatte die frühere h.M. danach differenziert, auf wessen Seite der Anwalt tätig ist.

80 Für den Anwalt auf Seiten der wechselnden Partei wurde danach unterschieden, ob die neue Partei erst eingetreten ist, nachdem die bisherige Partei bereits ausgeschieden war oder nicht. Im ersten Fall wurden zwei Angelegenheiten angenommen. Die Vertretung der bisherigen Partei und die Vertretung der neuen Partei sollten jeweils eine eigene Angelegenheit darstellen. Dies galt sowohl dann, wenn der Anwalt den ausscheidenden und den neu eintretenden Kläger vertrat,[29] also auch dann, wenn der Anwalt mehrere nacheinander verklagte Beklagte vertrat.[30] Soweit der

---

28 OLG Hamm JMBlNRW 1979, 119; so auch *E. Schneider* in Anm. zu OLG Schleswig KostRsp. BRAGO § 14 Nr. 2.
29 OLG Stuttgart Justiz 1982, 138 = JurBüro 1982, 551 m. Anm. *Mümmler*.
30 OLG Karlsruhe JurBüro 2001, 88 = OLGR 2001, 34 = KostRsp. BRAGO § 13 Nr. 144 m. Anm. *N. Schneider*; AnwK-RVG/*N. Schneider*, § 15 Rn 149 ff. m. w. Nachw.

Anwalt dagegen – wenn auch nur für einen kurzen Zeitraum – sowohl die ausscheidende als auch die eintretende Partei gleichzeitig vertrat, sollte nur eine Angelegenheit vorliegen.[31]

Für den **Anwalt auf Seiten des Gegners der wechselnden Partei** war die Sache dagegen eindeutig. Insoweit blieb es immer nur bei einer Angelegenheit. Für ihn war der Wechsel der Gegenpartei unerheblich, da er nach wie vor dieselbe Partei vertritt und der gegen seine Partei gerichtete Anspruch der gleiche blieb.[32]

Der BGH hat diese Streitfragen zwischenzeitlich geklärt. Bei einem Parteiwechsel liegt für den Rechtsanwalt, der beide wechselnden Parteien vertritt bzw. vertreten hat, immer nur eine Gebührenangelegenheit vor, so dass er seine Gebühren nur einmal erhält. Allerdings erhöht sich die Verfahrensgebühr nach Nr. 1008 VV wegen der damit verbundenen Auftraggebermehrheit.[33]

| Beispiel 57 | Parteiwechsel durch Erweiterung und anschließende Teilklagerücknahme |

Der Kläger klagt zunächst gegen A auf Zahlung von 10.000,00 EUR. Später stellt sich heraus, dass die Klage gegen B hätte gerichtet werden müssen. Er nimmt die Klage gegen den A zurück und richtet sie nunmehr gegen den B.

Es entstehen für den **Anwalt des Beklagten**, der die Vertretung des A und des B übernommen hat, die Gebühren nur einmal, da nur eine Angelegenheit i.S.d. § 15 RVG gegeben ist. Die Verfahrensgebühr erhöht sich allerdings nach Nr. 1008 VV.

1.	1,6-Verfahrensgebühr, Nrn. 3100, 1008 VV (Wert: 10.000,00 EUR)	892,80 EUR
2.	1,2-Terminsgebühr, Nr. 3104 VV (Wert: 10.000,00 EUR)	669,60 EUR
3.	Postentgeltpauschale, Nr. 7002 VV	20,00 EUR
	Zwischensumme	1.380,80 EUR
4.	19 % Umsatzsteuer, Nr. 7008 VV	262,35 EUR
	Gesamt	**1.643,15 EUR**

Strittig ist, ob auch bei **Eintritt eines Erben** ein Parteiwechsel mit der Folge der Gebührenerhöhung eintritt. Unstreitig greift Nr. 1008 VV, wenn mehrere Erben in den Rechtsstreit eintreten.[34] Die Streitfrage ist aber die, ob auch der Erblasser als weiterer Auftraggeber gilt.

| Beispiel 58 | Eintritt eines Erben in den Rechtsstreit |

Nach Klageerhebung stirbt der Kläger und wird von seinem einzigen Sohn als Alleinerbe beerbt. Dieser erteilt dem Anwalt den Auftrag, den Rechtsstreit fortzuführen.

Nach Auffassung des SG Fulda[35] und Müller-Rabe[36] ist dieser Fall wie ein Parteiwechsel zu behandeln, mit der Folge, dass sich die Verfahrensgebühr um 0,3 erhöht.

---

31 OLG Hamburg AGS 2003, 198 m. Anm. *N. Schneider*; AnwK-RVG/*N. Schneider*, § 15 Rn 149 ff. m. w. Nachw.
32 AnwK-RVG/*N. Schneider*, § 15 Rn 149 m. w. Nachw.
33 BGH AGS 2006, 583 = JurBüro 2007, 76 = NJW 2007, 769 = zfs 2007, 226 = RVGreport 2007, 25 = RVGprof. 2007, 27; ebenso OLG Nürnberg AGS 2010, 167 = MDR 2010, 532; OLG Stuttgart AGS 2010, 7 = FamRZ 2010, 831.
34 OLG Köln ZEV 2014, 421 = MDR 2014, 1052 = RVGreport 2014, 362; OLG Brandenburg AGS 2008, 21 = ZEV 2008, 44 = JurBüro 2007, 524; AnwK-RVG/*Volpert*, Nr. 1008 Rn 18 ff.
35 AGS 2013, 398 = ErbR 2013, 385 = ASR 2013, 283 NJW-Spezial 2013, 636 = NZS 2013, 840; ebenso OLG Köln ZEV 2014, 421 = MDR 2014, 1052 = RVGreport 2014, 362.
36 Gerold/Schmidt/*Müller-Rabe*, Nr. 1008 Rn 80.

Nach zutreffender Ansicht[37] liegt im Falle der Rechtsnachfolge keine Auftraggebermehrheit vor. Der Rechtsnachfolger tritt vielmehr in den bestehenden Vertrag ein, so dass insoweit keine Gebührenerhöhung ausgelöst wird.

VIII. Klagerücknahme und -erweiterung

84 Probleme bereitet in der Praxis die Berechnung der Vergütung, wenn sich der Gegenstandswert während des Verfahrens infolge Klagerücknahme oder Hauptsacheerledigung und Klageerweiterung verändert.

85 Der Gebührenstreitwert richtet sich in diesem Fall nach der Summe aller Forderungen, die innerhalb eines Prozesses erhoben werden (§ 23 Abs. 1 S. 1 RVG i.V.m. § 39 Abs. 1 GKG).[38]

86 Für jede Gebühr ist allerdings der Gegenstandswert gesondert zu ermitteln.

> **Beispiel 59** | **Klagerücknahme und -erweiterung**
>
> **Der Kläger klagt zunächst auf Zahlung von fünf Monatsmieten (Januar bis Mai) zu 2.000,00 EUR, insgesamt also 10.000,00 EUR. Später nimmt er die Klage wegen der Januarmiete zurück. Vor der mündlichen Verhandlung erweitert er die Klage um die zwischenzeitlich rückständige Junimiete.**
>
> Obwohl nie mehr als 10.000,00 EUR zugleich anhängig waren, liegt der Gegenstandswert für die Verfahrensgebühr jedoch höher. Zu bewerten sind alle Gegenstände, die im Verlaufe des Verfahrens anhängig waren, also insgesamt 12.000,00 EUR (Mieten Januar bis Juni). Die Terminsgebühr ist dagegen nur nach dem Wert der Mieten Februar bis Juni, also 5 x 2.000,00 EUR, angefallen.
>
> | | | |
> |---|---|---|
> | 1. | 1,3-Verfahrensgebühr, Nr. 3100 VV (Wert: 12.000,00 EUR) | 683,80 EUR |
> | 2. | 1,2-Terminsgebühr, Nr. 3104 VV (Wert: 10.000,00 EUR) | 669,60 EUR |
> | 3. | Postentgeltpauschale, Nr. 7002 VV | 20,00 EUR |
> | | Zwischensumme | 1.287,00 EUR |
> | 4. | 19 % Umsatzsteuer, Nr. 7008 VV | 244,53 EUR |
> | | **Gesamt** | **1.531,53 EUR** |

IX. Stufenklage

87 Wird eine Stufenklage erhoben, also eine Klage, mit der ein Anspruch auf Rechnungslegung oder Erstellung eines Vermögensverzeichnisses und/oder Abgabe der eidesstattlichen Versicherung mit einem (zunächst) unbezifferten Leistungsantrag verbunden wird (§ 254 ZPO), liegt eine objektive Klagehäufung vor. Alle Ansprüche werden sofort rechtshängig und sind daher gesondert zu

---

37 AnwK-RVG/*Volpert*, Nr. 1008 Rn 18 ff.
38 OLG Celle AGS 2008, 466 = OLGR 2008, 630; OLG Koblenz AGS 2007, 151 = WuM 2006, 45; OLG Hamm AGS 2007, 516 = OLGR 2007, 324; KG AGS 2008, 188 = MDR 2008, 173 = JurBüro 2008, 148 = KGR 2008, 216; OLG Koblenz AGS 2007, 151 = WuM 2006, 45 = DWW 2006, 72 = MietRB 2006, 268 = GuT 2006, 88; a.A. OLG Dresden AGS 2007, 517 = OLGR 2007, 470 = JurBüro 2007, 315; OLG Schleswig SchlHA 2012, 263 u. 351 = RVGprof. 2012, 92; AGS 2011, 86 = JurBüro 2010, 648; OLG Stuttgart MDR 2012, 314; OLG Frankfurt AGS 2009, 247 = OLGR 2009, 582 = NJW-RR 2009, 1078; OLG Nürnberg, Beschl. v. 27.9.2010 – 8 W 1685/10.

IX. Stufenklage § 14

bewerten, wobei der Leistungsantrag, wenn er nicht beziffert wird, zu schätzen ist. Der Wert des unbezifferten Leitungsbegehrens bestimmt sich grundsätzlich nach den ursprünglichen Zahlungserwartungen des Klägers zum Zeitpunkt der Einreichung der Klage.[39] Entgegen § 39 Abs. 1 GKG werden die Werte jedoch nicht zusammengerechnet. Vielmehr gilt nach § 44 GKG nur der höhere Wert.

Dieser Wert ist auch für die Anwaltsgebühren maßgebend (§§ 23 Abs. 1 S. 2, 32 Abs. 1 RVG). Hier kann es allerdings zu gestaffelten Werten kommen. 88

Beispiel 60 | **Stufenklage, Verhandlung auch über den Leistungsantrag**

Der Kläger erhebt Stufenklage auf Auskunft und auf Zahlung eines noch zu beziffernden Pflichtteilsanspruchs. Zunächst wird über die Auskunft verhandelt und der Beklagte verurteilt. Nach Auskunftserteilung wird zur Höhe verhandelt und entschieden. Auszugehen ist von folgenden Werten: Zahlungsantrag 6.000,00 EUR, Auskunftsantrag 1.500,00 EUR.

Abzurechnen sind alle Gebühren gem. § 44 GKG nach dem höheren Wert, also nach 6.000,00 EUR.

1. 1,3-Verfahrensgebühr, Nr. 3100 VV 460,20 EUR
   (Wert: 6.000,00 EUR)
2. 1,2-Terminsgebühr, Nr. 3104 VV 424,80 EUR
   (Wert: 6.000,00 EUR)
3. Postentgeltpauschale, Nr. 7002 VV 20,00 EUR
   Zwischensumme 865,00 EUR
4. 19 % Umsatzsteuer, Nr. 7008 VV 164,35 EUR
Gesamt **1.029,35 EUR**

Beispiel 61 | **Stufenklage, Verhandlung über Auskunft und Gesamtvergleich, Leistungsantrag**

Der Kläger erhebt Stufenklage auf Auskunft und auf Zahlung eines noch zu beziffernden Pflichtteilsanspruchs. Zunächst wird Termin zur mündlichen Verhandlung über die Auskunft anberaumt. Dort wird dann eine Einigung auch über den Leistungsantrag erzielt. Auszugehen ist von folgenden Werten: Zahlungsantrag 6.000,00 EUR, Auskunftsantrag 1.500,00 EUR.

Abzurechnen sind alle Gebühren gem. § 44 GKG nach dem höheren Wert, also nach 6.000,00 EUR. Für die Terminsgebühr folgt dies daraus, dass im Rahmen der Vergleichsgespräche auch über den Leistungsantrag erörtert worden ist; zumindest ist aber ein schriftlicher Vergleich geschlossen worden, der die Terminsgebühr nach Anm. Abs. 1 Nr. 1 zu Nr. 3104 VV auslöst.

1. 1,3-Verfahrensgebühr, Nr. 3100 VV 460,20 EUR
   (Wert: 6.000,00 EUR)
2. 1,2-Terminsgebühr, Nr. 3104 VV 424,80 EUR
   (Wert: 6.000,00 EUR)
3. 1,0-Einigungsgebühr, Nrn. 1000, 1003 VV 338,00 EUR
   (Wert: 6.000,00 EUR)
4. Postentgeltpauschale, Nr. 7002 VV 20,00 EUR
   Zwischensumme 1.203,00 EUR

---

[39] Siehe ausführlich m. Nachw. zur Rspr. *Schneider/Herget/Kurpat*, Rn 1061 ff.

5. 19 % Umsatzsteuer, Nr. 7008 VV	228,57 EUR
Gesamt	**1.431,57 EUR**

89 Nach h.M. kann das Gericht die Klage auch vor einer Bezifferung zurückweisen, wenn es der Auffassung ist, dass der Leistungsantrag unter keinem rechtlichen Gesichtspunkt bestehen kann. Es muss dann nicht abwarten, bis ein Anspruch beziffert wird, den das Gericht ohnehin zurückweisen wird. In diesem Fall gilt dann auch für die Terminsgebühr der volle Wert, da über den Leistungsantrag in einer der Rechtskraftfähigen Weise entschieden wird. Die Abweisung der Stufenklage erwächst hinsichtlich des vollen Anspruchs – auch des Leistungsantrags – in Rechtskraft.[40]

> **Beispiel 62** Stufenklage, Verhandlung auch über den Auskunftsantrag, Abweisung der gesamten Klage
>
> Der Kläger erhebt Stufenklage auf Auskunft und auf Zahlung eines noch zu beziffernden Pflichtteilsanspruchs. Über den Auskunftsantrag wird verhandelt. Die Stufenklage wird daraufhin insgesamt abgewiesen, weil ein Leistungsanspruch aus keinem rechtlichen Gesichtspunkt in Betracht kommt. Auszugehen ist von folgenden Werten: Zahlungsantrag 6.000,00 EUR, Auskunftsantrag 1.500,00 EUR.
>
> Abzurechnen sind alle Gebühren nach dem höheren Wert, da auch über den Leistungsantrag entschieden worden ist.
>
> Abzurechnen ist wie im vorangegangenen Beispiel 61.

90 Wird nur über den Auskunftsantrag verhandelt, entsteht die Terminsgebühr nur auch dem geringeren Wert des Auskunftsanspruchs, soweit sie nicht anderweitig, etwa durch Mitwirkung an einer Besprechungen i.S.d. Vorbem. 3 Abs. 3 S. 3 Nr. 2 VV aus dem Wert der Hauptsache angefallen ist. Für das Gericht ist dieser Wert ohne Belang, da sich die Gerichtsgebühr immer nach dem vollen Wert der Hauptsache richtet. Daher hat das Gericht insoweit auch keine Wertfestsetzung zu treffen. Nur auf Antrag nach § 33 RVG hat das Gericht einen abweichenden Gegenstandswert für die Terminsgebühr festzusetzen.

> **Beispiel 63** Stufenklage, Verhandlung nur über den Auskunftsantrag
>
> Der Kläger erhebt Stufenklage auf Auskunft und auf Zahlung eines noch zu beziffernden Pflichtteilsanspruchs. Über den Auskunftsantrag wird verhandelt. Sodann wird die Auskunft erteilt und die Klage insgesamt zurückgenommen. Auszugehen ist von folgenden Werten: Zahlungsantrag 6.000,00 EUR, Auskunftsantrag 1.500,00 EUR.
>
> Auch jetzt ist die Verfahrensgebühr (Nr. 3100 VV) aus dem höheren Wert des Zahlungsantrags angefallen (§ 44 GKG).[41] Die Terminsgebühr (Nr. 3104 VV) ist dagegen nur aus dem geringeren Wert des Auskunftsantrags entstanden.

---

40 KG AGS 2008, 40 = KGR 2007, 888 = MDR 2008, 45 = RVGreport 2008, 78; OLG Schleswig MDR 2014, 494; a.A. OLG Celle AGS 2010, 38 = OLGR 2009, 487 = FamRZ 2009, 1855 = ZErb 2009, 163; OLG Koblenz AGS 2014, 185 = MDR 2014, 243 = JurBüro 2014, 248.
41 OLG Naumburg AGS 2010, 300; OLG Celle FamRZ 2009, 452 = OLGR 2009, 490; OLG Karlsruhe ZEV 2009, 40; AGS 2009, 134.

1.	1,3-Verfahrensgebühr, Nr. 3100 VV	460,20 EUR
	(Wert: 6.000,00 EUR)	
2.	1,2-Terminsgebühr, Nr. 3104 VV	126,00 EUR
	(Wert: 1.500,00 EUR)	
3.	Postentgeltpauschale, Nr. 7002 VV	20,00 EUR
	Zwischensumme 585,40 EUR	
4.	19 % Umsatzsteuer, Nr. 7008 VV	111,23 EUR
	Gesamt	**696,63 EUR**

Möglich ist auch, dass nur die Einigungsgebühr aus dem geringeren Wert des Auskunftsanspruchs anfällt. 91

Beispiel 64 | **Stufenklage Einigung nur über den Auskunftsantrag**

Der Kläger erhebt Stufenklage auf Auskunft und auf Zahlung eines noch zu beziffernden Pflichtteilsanspruchs. Über den Auskunftsantrag wird verhandelt und eine Einigung erzielt, inwieweit noch Auskünfte und Unterlagen beizubringen sind. Nach Erteilung der vereinbarten Auskünfte wird über den Leistungsantrag verhandelt. Auszugehen ist von folgenden Werten: 6.000,00 EUR, Auskunftsantrag 1.500,00 EUR.

Die Verfahrens- und Terminsgebühr (Nr. 3100 VV) sind aus dem höheren Wert des Zahlungsantrags angefallen. Die Einigungsgebühr (Nr. 1000 VV) ist dagegen nur aus dem geringeren Wert des Auskunftsantrags entstanden.

1.	1,3-Verfahrensgebühr, Nr. 3100 VV	460,20 EUR
	(Wert: 6.000,00 EUR)	
2.	1,2-Terminsgebühr, Nr. 3104 VV	424,80 EUR
	(Wert: 6.000,00 EUR)	
3.	1,0-Einigungsgebühr, Nrn. 1000, 1003 VV	105,00 EUR
	(Wert: 1.500,00 EUR)	
4.	Postentgeltpauschale, Nr. 7002 VV	20,00 EUR
	Zwischensumme 970,00 EUR	
5.	19 % Umsatzsteuer, Nr. 7008 VV	184,30 EUR
	Gesamt	**1.154,30 EUR**

Beispiel 65 | **Stufenklage, Verhandlung nur über den Auskunftsantrag, Berufung und Gesamtvergleich**

Der Kläger erhebt Stufenklage auf Auskunft und auf Zahlung eines noch zu beziffernden Pflichtteilsanspruchs. Über den Auskunftsantrag wird verhandelt und entschieden. Dagegen wird Berufung eingelegt. Im Termin zur mündlichen Verhandlung schließen die Parteien dann einen Vergleich, mit dem der Rechtsstreit insgesamt erledigt wird. Die Werte werden wie folgt festgesetzt: Zahlungsantrag 6.000,00 EUR, Auskunftsantrag 1.500,00 EUR.

In erster Instanz ist die Verfahrensgebühr (Nr. 3100 VV) aus dem höheren Wert des Zahlungsantrags angefallen. Die Terminsgebühr (Nr. 3104 VV) ist dagegen nur aus dem geringeren Wert des Auskunftsantrags entstanden.

Im Berufungsverfahren ist die volle 1,6-Verfahrensgebühr aus dem Gesamtwert angefallen (siehe § 15 Rn 41). Auch die 1,2-Terminsgebühr der Nr. 3202 VV ist aus dem Gesamtwert entstanden. Ebenso berechnet sich die Einigungsgebühr aus dem Gesamtwert, allerdings aus dem Wert der Auskunft zu 1,3 (Nr. 1004 VV), da dieser Gegenstand bereits im Berufungsverfahren anhängig war, und aus dem Wert der Leistung zu 1,0 (Nr. 1003 VV), da dieser Gegenstand noch in der ersten Instanz anhängig war.

I. Erstinstanzliches Verfahren
1. 1,3-Verfahrensgebühr, Nr. 3100 VV 460,20 EUR
   (Wert: 6.000,00 EUR)
2. 1,2-Terminsgebühr, Nr. 3104 VV 126,00 EUR
   (Wert: 1.500,00 EUR)
3. Postentgeltpauschale, Nr. 7002 VV 20,00 EUR
   Zwischensumme 585,40 EUR
4. 19 % Umsatzsteuer, Nr. 7008 VV 111,23 EUR
   Gesamt **696,63 EUR**

II. Berufungsverfahren
1. 1,6-Verfahrensgebühr, Nr. 3200 VV 540,80 EUR
   (Wert: 6.000,00 EUR)
2. 1,2-Terminsgebühr, Nr. 3202 VV 424,80 EUR
   (Wert: 6.000,00 EUR)
3. 1,3-Einigungsgebühr, Nrn. 1000, 1004 VV 136,50 EUR
   (Wert: 1.500,00 EUR)
4. 1,0-Einigungsgebühr, Nrn. 1000, 1003 VV 338,00 EUR
   (Wert: 6.000,00 EUR)
5. gem. § 15 Abs. 3 RVG nicht mehr als 1,3-Gebühr aus 460,20 EUR
   6.000,00 EUR
6. Postentgeltpauschale, Nr. 7002 VV 20,00 EUR
   Zwischensumme 1.405,80 EUR
7. 19 % Umsatzsteuer, Nr. 7008 VV 267,10 EUR
   Gesamt **1.672,90 EUR**

X. Gerichtliches Mediationsverfahren

92 Die Tätigkeit in einem Verfahren der gerichtlichen Mediation löst keine gesonderte Angelegenheit aus. Die Tätigkeit gehört nach § 19 Abs. 1 S. 2 Nr. 2 RVG mit zur jeweiligen Instanz. Daher erhält der Anwalt für seine Tätigkeit im Verfahren der gerichtlichen Mediation keine gesonderten Gebühren.[42]

> **Beispiel 66** Teilnahme an der gerichtlichen Mediation (erfolgloser Versuch)

In einem Rechtsstreit (Wert: 10.000,00 EUR) wird zunächst der Versuch einer gerichtlichen Mediation eingeleitet und dort ein Mediationsgespräch geführt. Der Versuch scheitert, so dass das Gericht schließlich durch Urteil entscheidet.

Es liegt nur eine Angelegenheit vor. Die zusätzliche Tätigkeit im Mediationsverfahren löst keine gesonderte Vergütung aus.

1. 1,3-Verfahrensgebühr, Nr. 3100 VV 725,40 EUR
   (Wert: 10.000,00 EUR)
2. 1,2-Terminsgebühr, Nr. 3104 VV 669,60 EUR
   (Wert: 10.000,00 EUR)
3. Postentgeltpauschale, Nr. 7002 VV 20,00 EUR
   Zwischensumme 1.235,00 EUR

---

42 OLG Rostock AGS 2007, 126 = OLGR 2007, 336 = JurBüro 2007, 194; AGS 2007, 124 u. 343 = RVGreport 2007, 28 = OLGR 2007, 159; OLG Braunschweig AGS 2007, 127 u. 393; OLGR 2007, 162 = AnwBl 2007, 88 = JurBüro 2007, 196 = MDR 2007, 684 = RVGreport 2007, 27.

4. 19 % Umsatzsteuer, Nr. 7008 VV	234,65 EUR
Gesamt	**1.469,65 EUR**

Auch wenn die Tätigkeit im Mediationsverfahren keine neue Angelegenheit und keine gesonderte Vergütung auslöst, können dort jedoch einzelne Gebührentatbestände entstehen, die im gerichtlichen Verfahren noch nicht entstanden waren, etwa eine Terminsgebühr oder eine Einigungsgebühr. Auch die Teilnahme an einem Termin im Mediationsverfahren löst die Terminsgebühr aus,[43] wobei offen bleiben kann, ob diese nach Vorbem. 3 Abs. 3 S. 1 VV[44] ausgelöst wird oder nach Vorbem. 3 Abs. 3 S. 3 Nr. 2 VV.[45] Zutreffend ist Vorbem. 3 Abs. 3 S. 3 Nr. 2 VV, da der Termin nicht vom erkennenden Gericht anberaumt wird. Es handelt sich vielmehr um eine außergerichtliche Tätigkeit nach § 19 Abs. 1 S. 2 Nr. 2 RVG, die zum Rechtszug gehört. Auch zusätzliche Auslagen nach Nrn. 7000 ff. VV können anfallen.[46]

93

Beispiel 67	Teilnahme an der gerichtlichen Mediation (erfolgreicher Versuch)

In einem Rechtsstreit (Wert: 10.000,00 EUR) wird zunächst der Versuch einer gerichtlichen Mediation eingeleitet und dort ein Mediationsgespräch durchgeführt. Dort wird eine Einigung erzielt.

Im gerichtlichen Verfahren war nur die Verfahrensgebühr entstanden. Die Teilnahme an dem Mediationstermin hat zusätzlich eine 1,2-Terminsgebühr ausgelöst und die dort getroffene Einigung auch eine 1,0-Einigungsgebühr.

Auch die Teilnahme an einem Termin im Mediationsverfahren löst die Terminsgebühr aus,[47] wobei offen bleiben kann, ob diese nach Vorbem. 3 Abs. 3, 1. Var. VV[48] ausgelöst wird oder nach Vorbem. 3 Abs. 3 S. 3 Nr. 2 VV.[49]

1. 1,3-Verfahrensgebühr, Nr. 3100 VV (Wert: 10.000,00 EUR)		725,40 EUR
2. 1,2-Terminsgebühr, Nr. 3104 VV (Wert: 10.000,00 EUR)		669,60 EUR
3. 1,0-Einigungsgebühr, Nrn. 1000, 1003 VV (Wert: 10.000,00 EUR)		486,00 EUR
4. Postentgeltpauschale, Nr. 7002 VV		20,00 EUR
Zwischensumme	1.721,00 EUR	
5. 19 % Umsatzsteuer, Nr. 7008 VV		326,99 EUR
Gesamt		**2.047,99 EUR**

---

[43] OLG Celle AGS 2009, 173 u. 267 = OLGR 2009, 117 = NJW 2009, 1219 = RVGreport 2009, 223; AG Hannover NdsRpfl 2007, 72; KG AGS 2009, 450 = KGR 2009, 481 = NJW 2009, 2754 = RVGreport 2009, 222 = FF 2009, 513; OLG Hamm AnwBl 2006, 287 = NJW 2006, 2499 = NJW-RR 2006, 1512 = RVGreport 2006, 305; OVG Mecklenburg-Vorpommern NordÖR 2006, 299 = JurBüro 2007, 136.
[44] So z.B. OLG Celle AGS 2009, 173 u. 267 = OLGR 2009, 117 = NJW 2009, 1219 = RVGreport 2009, 223.
[45] So z.B. KG AGS 2009, 450 = KGR 2009, 481 = NJW 2009, 2754 = RVGreport 2009, 222 = FF 2009, 513; OLG Hamm AnwBl 2006, 287 = NJW 2006, 2499 = NJW-RR 2006, 1512 = RVGreport 2006, 305.
[46] OLG Rostock AGS 2007, 126 = OLGR 2007, 336 = JurBüro 2007, 194 = NJ 2007, 230.
[47] OLG Celle AGS 2009, 173 u. 267 = OLGR 2009, 117 = NJW 2009, 1219 = RVGreport 2009, 223; AG Hannover NdsRpfl 2007, 72; KG AGS 2009, 450 = KGR 2009, 481 = NJW 2009, 2754 = RVGreport 2009, 222 = FF 2009, 513; OLG Hamm AnwBl 2006, 287 = NJW 2006, 2499 = NJW-RR 2006, 1512 = RVGreport 2006, 305; OVG Mecklenburg-Vorpommern NordÖR 2006, 299 = JurBüro 2007, 136.
[48] So z.B. OLG Celle AGS 2009, 173 u. 267 = OLGR 2009, 117 = NJW 2009, 1219 = RVGreport 2009, 223.
[49] So. z.B. KG AGS 2009, 450 = KGR 2009, 481 = NJW 2009, 2754 = RVGreport 2009, 222 = FF 2009, 513; OLG Hamm AnwBl 2006, 287 = NJW 2006, 2499 = NJW-RR 2006, 1512 = RVGreport 2006, 305.

XI. Tätigkeit im Gerichtsstandbestimmungsverfahren

94 Wird der Anwalt, dem bereits ein Prozessauftrag erteilt worden ist, in einem Gerichtsstandbestimmungsverfahren tätig, so zählt dieses Verfahren mit zum Rechtszug, und zwar seit dem zum 1.8.2013 neu eingeführten § 16 Nr. 3a RVG unabhängig davon, ob es auch zu einer Bestimmung kommt und der Rechtsstreit dann vor dem bestimmten Gericht eingeleitet bzw. durchgeführt wird. Entgegen der früheren Rspr. ist keine gesonderte Angelegenheit mehr gegeben, wenn das Gerichtsstandbestimmungsverfahren durch Rücknahme oder Zurückweisung des Bestimmungsantrags endet. Zu „Altfällen" siehe die Vorauflage.

95 Eine gesonderte Angelegenheit ist daher nur noch dann gegeben, wenn der Anwalt ausschließlich in einem Gerichtsstandbestimmungsverfahren tätig wird, ohne dass er bereits Prozessauftrag hat. Der Anwalt erhält dann eine 0,8-Verfahrensgebühr für eine Einzeltätigkeit (Nr. 3403 VV).

96 Der Gegenstandswert ist nach § 23 Abs. 1 S. 2 RVG i.V.m. § 48 Abs. 1 S. 1 GKG, § 3 ZPO zu schätzen und richtet sich nach dem Interesse des Antragstellers, die Antragsgegner bei demselben Gericht verklagen zu können. Dieses Interesse entspricht in der Regel einem Bruchteil des Wertes der Hauptsache. Vertreten wird insoweit ein Viertel,[50] ein Fünftel[51] oder gar nur ein Zehntel.[52] Da im Verfahren auf Gerichtsstandbestimmung keine Gerichtsgebühren anfallen, ist der Gegenstandswert für die Anwaltsgebühren nach § 33 RVG auf Antrag festzusetzen.

> **Beispiel 68** Erfolgreicher Antrag auf Bestimmung des zuständigen Gerichts und nachfolgender Rechtsstreit

Der Anwalt soll eine Forderung i.H.v. 10.000,00 EUR gegen zwei Beklagte einklagen. Er ruft zunächst das OLG an und beantragt, das zuständige LG zu bestimmen. Das OLG bestimmt ein LG, vor dem dann die Klage erhoben wird.

Dieser Fall war immer schon unstritig. Es liegt nur eine Angelegenheit vor. Die Tätigkeit im Bestimmungsverfahren zählt nach § 16 Nr. 3a RVG zum Rechtszug und löst keine gesonderte Vergütung aus.

I. Abrechnung Klägervertreter
1. 1,3-Verfahrensgebühr, Nr. 3100 VV 725,40 EUR
   (Wert: 10.000,00 EUR)
2. 1,2-Terminsgebühr, Nr. 3104 VV 669,60 EUR
   (Wert: 10.000,00 EUR)
3. Postentgeltpauschale, Nr. 7002 VV 20,00 EUR
   Zwischensumme 1.235,00 EUR
4. 19 % Umsatzsteuer, Nr. 7008 VV 234,65 EUR
Gesamt 1.469,65 EUR

II. Abrechnung Beklagtenvertreter
1. 1,3-Verfahrensgebühr, Nr. 3100 VV 725,40 EUR
   (Wert: 10.000,00 EUR)
2. 1,2-Terminsgebühr, Nr. 3104 VV 669,60 EUR
   (Wert: 10.000,00 EUR)
3. Postentgeltpauschale, Nr. 7002 VV 20,00 EUR
   Zwischensumme 1.235,00 EUR

---

50 BayObLG IBR 2002, 584; Beschl. v. 30.8.1988 – 1Z AR 30/88.
51 OLG Karlsruhe AGS 2008, 223 = OLGR 2008, 280 = MDR 2008, 473 = Justiz 2008, 141.
52 OLG Koblenz OLGR 2007, 138 = NJW 2006, 3723 = NZG 2006, 902 = VuR 2006, 487; OLG Köln AGS 2003, 205 = ProzRB 2003, 260.

4. 19 % Umsatzsteuer, Nr. 7008 VV	234,65 EUR
Gesamt	**1.469,65 EUR**

Kommt es nicht zu einer Bestimmung des Gerichts (etwa, weil bereits ein gemeinsamer Gerichtsstand gegeben ist) und wird danach die Hauptsacheklage eingereicht, so greift jetzt ebenfalls § 16 Nr. 3a RVG.

97

> **Beispiel 69** — **Erfolgloser Antrag auf Bestimmung des zuständigen Gerichts und nachfolgender Rechtsstreit**

Der Anwalt soll eine Forderung i.H.v. 10.000,00 EUR gegen zwei Beklagte einklagen. Er ruft zunächst das OLG an und beantragt, das zuständige LG zu bestimmen. Das OLG weist darauf hin, dass ein gemeinsamer Gerichtsstand bestehe, worauf der Antrag zurückgenommen wird. Anschließend wird vor dem gemeinsam zuständigen LG die Klage erhoben. Den Gegenstandswert des Bestimmungsverfahrens setzt das OLG mit einem Viertel der Hauptsache, also 2.500,00 EUR fest.

Abzurechnen ist wie im vorangegangenen Beispiel 68. Das Gerichtsstandbestimmungsverfahren löst keine gesonderte Vergütung aus.

Wird das Zuständigkeitsbestimmungsverfahren eingeleitet, nachdem die Hauptsache bereits anhängig ist, so ändert sich Ansicht nichts. Auch hier zählt das Bestimmungsverfahren zur Hauptsache und keine gesonderte Vergütung aus.

98

> **Beispiel 70** — **Erfolgloser Antrag auf Bestimmung des zuständigen Gerichts während Anhängigkeit des Rechtsstreits**

Nachdem der Kläger bereits vor dem LG A wegen einer Forderung i.H.v. 10.000,00 EUR gegen zwei Beklagte Klage erhoben hat, ruft der Kläger das zuständige OLG an und beantragt die Bestimmung eines gemeinsamen Gerichts. Dieses weist darauf hin, dass ein gemeinsamer Gerichtsstand bereits in A bestehe, worauf der Antrag zurückgenommen wird.

Abzurechnen ist wie in Beispiel 68.

Hat der Anwalt bereits den Klageauftrag, kommt es aber nach dem Gerichtsstrandbestimmungsverfahren nicht mehr zur Einreichung der Klage, dann erhält er nur die ermäßigte Gebühr nach Nrn. 3100, 3101 VV.

99

> **Beispiel 71** — **Erledigung im Gerichtstandbestimmungsverfahren**

Die Partei möchte den in München wohnenden A und den in Berlin wohnenden B gemeinsam verklagen und beauftragt einen Anwalt, die Klage über 50.000,00 EUR einzureichen und zuvor das Gerichtsstandbestimmungsverfahren durchzuführen. Der Anwalt beantragt zunächst vor dem KG die Bestimmung eines gemeinsamen Gerichts. Daraufhin zahlt der Gegner, so dass es nicht mehr zur Klage kommt.

Der Anwalt hatte bereits Klageauftrag, sodass er die Verfahrensgebühr nach Vorbem. 3 Abs. 2, Nr. 3100 VV verdient hat, allerdings wegen der vorzeitigen Erledigung nur in Höhe von 0,8 (Nr. 3101 Nr. 1 VV). Durch diese Gebühr ist auch das Bestimmungsverfahren mit abgegolten.

1. 0,8-Verfahrensgebühr, Nr. 3100, 3101 VV (Wert: 50.000,00 EUR)		930,40 EUR
2. Postentgeltpauschale, Nr. 7002 VV		20,00 EUR
Zwischensumme	950,40 EUR	
3. 19 % Umsatzsteuer, Nr. 7008 VV		180,58 EUR
Gesamt		**1.130,98 EUR**

100 Nur dann, wenn der Anwalt ausschließlich im Gerichtsstandbestimmungsverfahren beauftragt ist, liegt eine Einzeltätigkeit vor, die nach Nr. 3403 VV abzurechnen ist.

> **Beispiel 72** | **Isoliertes Gerichtsstandbestimmungsverfahren**

Die Partei möchte den in München wohnenden A und den in Berlin wohnenden B gemeinsam verklagen und beauftragt einen Berliner Anwalt, zunächst einmal nur vor dem KG die Bestimmung eines gemeinsamen Gerichts zu beantragen. Das KG bestimmt daraufhin das LG München als gemeinsames Gericht. Die Partei beauftragt daraufhin einen Münchener Anwalt mit der Klage vor dem LG München.

In diesem Fall hatte der Berliner Anwalt noch keinen Auftrag für das Klageverfahren, sondern lediglich einen isolierten Auftrag für eine Einzeltätigkeit im Gerichtsstandbestimmungsverfahren. Der Anwalt erhält jetzt eine 0,8-Gebühr nach Nr. 3403 VV RVG.

1. 0,8-Verfahrensgebühr, Nr. 3403 VV (Wert: 50.000,00 EUR)		930,40 EUR
2. Postentgeltpauschale, Nr. 7002 VV		20,00 EUR
Zwischensumme	950,40 EUR	
3. 19 % Umsatzsteuer, Nr. 7008 VV		180,58 EUR
Gesamt		**1.130,98 EUR**

XII. Wertbegrenzung nach § 22 Abs. 2 RVG

101 Nach § 23 Abs. 1 S. 1 RVG i.V.m. § 39 Abs. 2 GKG beträgt der Streitwert höchstens 30 Mio. EUR. Für die Anwaltsgebühren sieht § 23 Abs. 1 S. 4 i.V.m. § 22 Abs. 2 RVG allerdings die Möglichkeit einer Erhöhung vor, wenn der Anwalt mehrere Auftraggeber vertritt.

> **Beispiel 73** | **Ein Auftraggeber**

Der Beklagte wird auf Zahlung eines Betrages in Höhe von 100 Mio. EUR in Anspruch genommen.

Der Gegenstandswert ist auf 30 Mio. EUR zu begrenzen (§ 23 Abs. 1 S. 1 RVG i.V.m. § 39 Abs. 2 GKG).

1. 1,3-Verfahrensgebühr, Nr. 3100 VV (Wert: 30 Mio. EUR)		118.944,80 EUR
2. 1,2-Terminsgebühr, Nr. 3104 VV (Wert: 30 Mio. EUR)		109.795,20 EUR
3. Postentgeltpauschale, Nr. 7002 VV		20,00 EUR
Zwischensumme	228.760,00 EUR	
4. 19 % Umsatzsteuer, Nr. 7008 VV		43.464,40 EUR
Gesamt		**272.224,40 EUR**

XII. Wertbegrenzung nach § 22 Abs. 2 RVG   § 14

Die Begrenzung auf 30 Mio. EUR gilt auch dann, wenn der Auftraggeber in **unterschiedlicher** 102
Parteirolle betroffen ist. Angeknüpft wird an die Person des Auftraggebers, nicht an dessen prozessuale Stellung.

| Beispiel 74 | Ein Auftraggeber in unterschiedlicher Parteirolle |

Der Anwalt erhebt für den Kläger Klage auf Zahlung von 40 Mio. EUR. Es wird Widerklage erhoben mit einem Wert von 50 Mio. EUR.

Zwar werden die Werte von Klage- und Widerklage zusammen gerechnet (§ 23 Abs. 1 S. 1 RVG i.V.m. § 45 Abs. 1 GKG); auch hier greift jedoch die Höchstgrenze nach § 23 Abs. 1 S. 1 RVG i.V.m. § 39 Abs. 2 GKG. Es bleibt beim Höchstwert von 30 Mio. EUR.

Abzurechnen ist wie im vorangegangen Beispiel 73.

Vertritt der Anwalt in derselben Angelegenheit **mehrere Auftraggeber**, so wird die Begrenzung 103
nach § 23 Abs. 1 S. 4 RVG insoweit gelockert, als der Gegenstandswert je Person 30 Mio. EUR betragen darf (§ 22 Abs. 2 S. 2, 1. Hs. RVG). Insgesamt wird der Gegenstandswert jedoch dann auf 100 Mio. EUR begrenzt (§ 22 Abs. 2 S. 2, 2. Hs. RVG).

Aus der Formulierung, dass der Wert für jede Person höchstens 30 Mio. EUR beträgt, ergibt sich, 104
dass die Streitwertgrenze nicht mit jedem weiteren Auftraggeber automatisch um 30 Mio. EUR steigt. Vielmehr ist wie folgt vorzugehen:
- Zunächst einmal ist für jeden Auftraggeber getrennt zu prüfen, nach welchem Gegenstandswert er dem Anwalt einen Auftrag erteilt hat. Dieser Gegenstandswert ist dann gegebenenfalls auf 30 Mio. EUR zu begrenzen.
- Hiernach ist dann nach § 23 Abs. 1 S. 1 RVG i.V.m. § 39 Abs. 1 GKG zusammenzurechnen, wobei in Fällen wirtschaftlicher Identität eine Addition zu unterbleiben hat (siehe unten Rn 106).
- Insgesamt darf aber kein höherer Wert als 100 Mio. EUR angenommen werden (§§ 23 Abs. 1 S. 4 i.V.m. 22 Abs. 2 S. 2, 2. Hs. RVG)

| Beispiel 75 | Mehrere Auftraggeber, jeweils über 30. Mio. EUR |

Der Anwalt vertritt zwei Auftraggeber, die jeweils einen Anspruch in Höhe von 40 Mio. EUR geltend machen.

Der Gegenstandswert ist zunächst je Person auf 30 Mio. EUR zu begrenzen (§ 23 Abs. 1 S. 1 RVG i.V.m. § 39 Abs. 1 GKG). Da verschiedene Gegenstände zugrunde liegen, sind die Werte zu addieren. Der nach § 23 Abs. 1 S. 4 i.V.m. § 23 Abs. 2 S. 2 RVG zu berechnende Gesamtwert beläuft sich jetzt auf 60 Mio. EUR.

1.	1,3-Verfahrensgebühr, Nr. 3100 VV (Wert: 60 Mio. EUR)		235.944,80 EUR
2.	1,2-Terminsgebühr, Nr. 3104 VV (Wert: 60 Mio. EUR)		217.795,20 EUR
3.	Postentgeltpauschale, Nr. 7002 VV		20,00 EUR
	Zwischensumme	453.760,00 EUR	
4.	19 % Umsatzsteuer, Nr. 7008 VV		86.214,40 EUR
Gesamt			**539.974,40 EUR**

105 Die Summe der einzelnen Werte darf den Betrag von 100 Mio. EUR nicht übersteigen (§ 22 Abs. 2 S. 2 RVG).

> **Beispiel 76** — **Mehrere Auftraggeber, jeweils über 30. Mio. EUR und insgesamt über 100 Mio. EUR**

Der Anwalt vertritt fünf Auftraggeber, die jeweils einen Anspruch in Höhe von 40 Mio. EUR geltend machen.

Der Gegenstandswert ist zunächst je Person wiederum auf 30 Mio. EUR zu begrenzen (§ 19 Abs. 1 S. 2 RVG). Da verschiedene Gegenstände zugrunde liegen, sind die Werte zu addieren. Da sich der nach § 22 Abs. 1 RVG zu berechnende Gesamtwert jetzt auf 150 Mio. EUR belaufen würde, ist die Höchstgrenze von 100 Mio. EUR erreicht, so dass nach diesem Wert abzurechnen ist (§ 23 Abs. 1 S. 4 i.V.m. § 22 Abs. 2 RVG).

1.	1,3-Verfahrensgebühr, Nr. 3100 VV (Wert: 100 Mio. EUR)	392.944,80 EUR
2.	1,2-Terminsgebühr, Nr. 3104 VV (Wert: 100 Mio. EUR)	361.795,20 EUR
3.	Postentgeltpauschale, Nr. 7002 VV	20,00 EUR
	Zwischensumme	754.760,00 EUR
4.	19 % Umsatzsteuer, Nr. 7008 VV	143.404,40 EUR
Gesamt		**898.164,40 EUR**

> **Beispiel 77** — **Mehrere Auftraggeber, jeweils unter 30. Mio. EUR, insgesamt aber über 100 Mio. EUR**

Der Anwalt vertritt fünf Auftraggeber, die jeweils einen Anspruch in Höhe von 25 Mio. EUR geltend machen.

Jetzt greift die Begrenzung hinsichtlich des einzelnen Auftraggebers nicht, da jeder Einzelwert unter 30 Mio. EUR liegt. Zu beachten ist allerdings die Höchstgrenze der §§ 23 Abs. 1 S. 4 i.V.m. § 22 Abs. 2 S. 2, 2. Hs. RVG von 100 Mio. EUR, so dass auch hier nach diesem Wert abzurechnen ist.

Abzurechnen ist wie in Beispiel 76.

> **Beispiel 78** — **Mehrere Auftraggeber, teils über 30. Mio. EUR und teils unter 30 Mio. EUR**

Der Anwalt vertritt zwei Auftraggeber. Für den einen macht er einen Anspruch in Höhe von 10 Mio. EUR geltend, für den anderen in Höhe von 40 Mio. EUR.

Der Gegenstandswert für den einen Kläger beläuft sich auf 10 Mio. EUR. Für den anderen ist er auf 30 Mio. EUR zu begrenzen (§ 23 Abs. 1 S. 1 RVG i.V.m. § 39 Abs. 2 GKG). Da verschiedene Gegenstände zugrunde liegen, sind die Werte zu addieren. Der Gesamtwert beläuft sich jetzt auf 40 Mio. EUR. Keinesfalls darf mit der Begründung addiert werden, der Gesamtbetrag (10 Mio. EUR + 40 Mio. EUR = 50 Mio. EUR) liege unter der Grenze für zwei Auftraggeber von 60 Mio. EUR.

1. 1,3-Verfahrensgebühr, Nr. 3100 VV (Wert: 40 Mio. EUR)		157.944,80 EUR
2. 1,2-Terminsgebühr, Nr. 3104 VV (Wert: 40 Mio. EUR)		145.795,20 EUR
3. Postentgeltpauschale, Nr. 7002 VV		20,00 EUR
Zwischensumme	303.760,00 EUR	
4. 19 % Umsatzsteuer, Nr. 7008 VV		57.714,40 EUR
Gesamt		**361.474,40 EUR**

Eine Addition hat zu unterbleiben, wenn derselbe Gegenstand zugrunde liegt. Dann wird der Mehraufwand des Anwalts bereits durch die Erhöhung nach Nr. 1008 VV abgegolten.[53] Die früher vertretene Gegenauffassung[54] dürfte angesichts der Entscheidung des BGH trotz der Bedenken von *Bischof*[55] nicht mehr vertretbar sein.   106

Beispiel 79 | **Mehrere Auftraggeber, jeweils über 30. Mio. EUR, derselbe Gegenstand**

Drei Personen werden als Gesamtschuldner auf Zahlung eines Betrages in Höhe von 100 Mio. EUR in Anspruch genommen.

Der Gegenstandswert ist je Person auf 30 Mio. EUR zu begrenzen (§ 23 Abs. 1 S. 1 RVG i.V.m. § 39 Abs. 2 GKG). Der nach § 23 Abs. 1 S. 4, 22 Abs. 2 S. 2, 1. Hs. RVG zu berechnende Gesamtwert beläuft sich jetzt nicht auf 90 Mio. EUR, sondern auf 30 Mio. EUR, da wegen wirtschaftlicher Identität eine Addition unterbleibt. Der Anwalt erhält lediglich die Gebührenerhöhung nach Nr. 1008 VV.

1. 1,6-Verfahrensgebühr, Nrn. 3100, 1008 VV (Wert: 30 Mio. EUR)		146.393,60 EUR
2. 1,2-Terminsgebühr, Nr. 3104 VV (Wert: 30 Mio. EUR)		109.795,20 EUR
3. Postentgeltpauschale, Nr. 7002 VV		20,00 EUR
Zwischensumme	256.208,80 EUR	
4. 19 % Umsatzsteuer, Nr. 7008 VV		48.679,67 EUR
Gesamt		**304.888,47 EUR**

---

53 BGH AGS 2010, 213 = WM 2010, 823 = NJW 2010, 1373 = zfs 2010, 342 = BRAK-Mitt 2010, 144 = zfs 2010, 342 = MDR 2010, 718 = JurBüro 2010, 367 = Rpfleger 2010, 448 = NJW-Spezial 2010, 315 = FamRZ 2010, 891 = BRAK-Mitt 2010, 144 = MittdtschPatAnw 2010, 318 = AnwBl 2010, 533 = RVGreport 2010, 272; OLG Hamm AGS 2010, 394 = RVGreport 2010, 273.
54 OLG Köln AGS 2009, 454 = JurBüro 2009, 485 = NJW 2009, 3586 = AnwBl 2010, 67 = RVGreport 2009, 399; OLG Dresden AGS 2007, 521; *Maier-Reimer*, NJW 2009, 3550.
55 NJW 2010, 1374.

§ 15 Berufung in Zivilsachen

Inhalt

I. Überblick 1
1. Umfang der Angelegenheit 1
2. Verfahrensgebühr 7
3. Terminsgebühr 14
4. Einigungsgebühr 19

II. Abrechnung 21
1. Verfahrensgebühr 21
   a) Berufungskläger 21
   b) Berufungsbeklagter 27
   c) Wechselseitige Berufungen 40
2. Terminsgebühr 43
   a) Überblick 43
   b) Gerichtlicher Termin 44
   c) Entscheidung ohne mündliche Verhandlung 48
   d) Schriftlicher Vergleich 51
   e) Außergerichtliche Besprechungen ... 54
   f) Säumnisfälle 58
      aa) Säumnis des Berufungsklägers .. 58
      bb) Säumnis des Berufungsbeklagten 61
      cc) Säumnis bei wechselseitigen Berufungen 62
      dd) Erledigung der Hauptsache bei Säumnis des Beklagten als Berufungskläger 63
3. Einigungsgebühr 64
4. Zurückverweisung an das Berufungsgericht ... 67
5. Mehrere Berufungen gegen mehrere erstinstanzliche Entscheidungen 70
   a) Überblick 70
   b) Erneute Berufung nach Zurückverweisung an erste Instanz 71
   c) Erneute Berufung nach Schlussurteil 72
   d) Berufung im Urkunden-, Scheck- oder Wechselprozess und Nachverfahren bzw. im ordentlichen Verfahren nach Abstandnahme 75
6. Anrechnung nach bloßen Verhandlungen 76

I. Überblick

1. Umfang der Angelegenheit

Im Berufungsverfahren gelten die Vorschriften nach Teil 3 Abschnitt 2 VV, und zwar Unterabschnitt 1. Das Berufungsverfahren ist gegenüber dem erstinstanzlichen Verfahren eine **eigene Angelegenheit** (§ 17 Nr. 1 RVG). Es beginnt für den Anwalt des Berufungsklägers mit Einlegung der Berufung und für den Anwalt des Berufungsbeklagten mit dem ersten auftragsgemäßen Tätigwerden nach Entgegennahme der gegnerischen Berufung. **1**

Wechselseitig geführte Berufungen, die miteinander verbunden werden, sind eine Angelegenheit.[1] Die Gebühren entstehen dann insgesamt nur einmal, und zwar aus den zusammengerechneten Werten (§ 45 Abs. 2, Abs. 1 S. 1 GKG), sofern nicht derselbe Gegenstand zugrunde liegt; dann gilt nur der höhere Wert (§ 45 Abs. 2, Abs. 1 S. 3 GKG).[2] **2**

Die Tätigkeit des Anwalts im Hinblick auf die **Zulassung der Revision** durch das Berufungsgericht zählt noch zum Rechtszug (§ 16 Nr. 11 RVG). Erst die Nichtzulassungsbeschwerde ist nach § 17 Nr. 9 RVG eine neue Angelegenheit (siehe § 16 Rn 4 ff.). **3**

Wie abzurechnen ist, wenn im Berufungsverfahren die **vorläufige Vollstreckbarkeit** nach § 537 ZPO beantragt wird, siehe § 24. **4**

Auch im Berufungsverfahren kann ein **Verkehrsanwalt** beauftragt werden. Er erhält seine Vergütung ebenfalls nach Nr. 3400 VV und zwar in Höhe der Gebühr, die der Verfahrensbevollmächtigte erhält. Allerdings gilt wiederum der Höchstsatz von 1,0 (siehe § 20 Rn 22 Beispiel 2). Ebenso kann hier ein Terminsvertreter beauftragt werden (siehe § 20 Rn 45 Beispiel 29). **5**

---

1 AnwK-RVG/*N. Schneider*, § 15 Rn 108.
2 LG Berlin JurBüro 1988, 462 = MDR 1988, 329 m. Anm. *Herget*; AnwK-RVG/*N. Schneider*, § 15 Rn 108.

6 Wird ein Berufungsurteil vom BGH aufgehoben und die Sache an das Berufungsgericht zurückverwiesen, so stellt das **Verfahren nach Zurückverweisung** (zur Zurückverweisung siehe auch § 14 Rn 67 ff.) eine **neue Angelegenheit** dar (§ 21 Abs. 1 RVG). Der Anwalt kann dann sämtliche Gebühren erneut verdienen. Die Verfahrensgebühr des vorangegangenen Berufungsverfahrens wird allerdings auf die Verfahrensgebühr des Berufungsverfahrens nach Zurückverweisung angerechnet, es sei denn, es wird an ein Gericht zurückverwiesen, das mit der Sache noch nicht befasst war (Vorbem. 3 Abs. 6 VV) oder seit Beendigung des ersten Berufungsverfahrens sind zwischenzeitlich mehr als zwei Kalenderjahre vergangen (§ 15 Abs. 5 S. 2 RVG) (siehe Rn 69).

2. Verfahrensgebühr

7 Für seine Tätigkeit im Berufungsverfahren, also für das Betreiben des Geschäfts (Vorbem. 3 Abs. 2 VV), erhält der Anwalt nach Nr. 3200 VV zunächst einmal eine **1,6-Verfahrensgebühr**. Vertritt er **mehrere Auftraggeber** gemeinschaftlich wegen desselben Gegenstands, erhöht sich die Verfahrensgebühr nach Nr. 1008 VV um 0,3 je weiteren Auftraggeber, höchstens um 2,0.

8 **Erledigt sich das Berufungsverfahren vorzeitig**, also bevor der Rechtsanwalt die Berufung eingelegt oder einen Schriftsatz, der Sachanträge, Sachvortrag, die Zurücknahme der Klage oder die Zurücknahme der Berufung enthält, eingereicht oder bevor er für seine Partei einen gerichtlichen Termin wahrgenommen hat, so reduziert sich die Verfahrensgebühr gem. Nr. 3201 Nr. 1 VV auf 1,1, also z.B. wenn der Anwalt den Auftrag zur Berufung erhält, von deren Einlegung aber abrät und die Berufung auch nicht einlegt.

9 Soweit der Anwalt noch nicht den Auftrag hatte, die Berufung einzulegen, sondern er zunächst die **Erfolgsaussicht der Berufung prüfen** sollte, und er von der Einlegung der Berufung abrät, liegt noch kein Berufungsauftrag vor. Abzurechnen ist dann nicht nach Teil 3 VV, sondern nach Teil 2 VV. Der Anwalt erhält dann lediglich eine Prüfungsgebühr nach Nr. 2100 VV in Höhe von 0,5 bis 1,0 und, wenn die Prüfung der Erfolgsaussicht mit der Ausarbeitung eines Gutachtens verbunden ist, eine 1,3-Gebühr nach Nr. 2101 VV, die allerdings im Berufungsverfahren anzurechnen ist (siehe hierzu § 6 Rn 20).

10 Ein weiterer häufiger Anwendungsfall der Nr. 3201 Nr. 1 VV liegt darin, dass der erstinstanzlich Unterlegene zunächst (fristwahrend) Berufung eingelegt, diese aber, ohne dass sie begründet worden ist, wieder zurück nimmt. Der Anwalt des Berufungsgegners, der in dieser Phase noch keinen Zurückweisungsantrag gestellt hatte, erhält dann ebenfalls nur eine 1,1-Gebühr nach Nr. 3201 Nr. 1 VV, die auch erstattungsfähig ist (siehe Beispiel 8).

11 Ebenso entsteht nur eine 1,1-Verfahrensgebühr, soweit beantragt ist, eine Einigung der Parteien oder mit Dritten über in diesem Verfahren nicht rechtshängige Ansprüche zu Protokoll zu nehmen oder festzustellen (§ 278 Abs. 6 ZPO), oder soweit lediglich Verhandlungen zur Einigung über solche Ansprüche geführt werden (Nr. 3201 Nr. 2 VV).

12 Zu beachten ist § 15 Abs. 3 RVG. Die Summe aus der vollen 1,6-Verfahrensgebühr nach Nr. 3200 VV und der ermäßigten 1,1-Verfahrensgebühr aus Nr. 3201 VV darf den Betrag einer 1,6-Gebühr aus dem Gesamtwert nicht übersteigen.

13 Hinsichtlich der Gebühr der Nr. 3201 Nr. 2 VV ist in Anm. zu Nr. 3201 VV wiederum vorgesehen, dass diese nach dem Wert der nicht rechtshängigen Ansprüche auf eine Verfahrensgebühr, die wegen desselben Gegenstands in einem anderen Verfahren entsteht, angerechnet wird (siehe § 11 Rn 1, 11).

3. Terminsgebühr

Neben der Verfahrensgebühr erhält der Anwalt nach Nr. 3202 VV eine **Terminsgebühr**, die zunächst einmal unter den Voraussetzungen der Vorbem. 3 Abs. 3 VV entsteht, also insbesondere bei **Wahrnehmung eines gerichtlichen Termins** (Vorbem. 3 Abs. 3 S. 1 VV) oder auch für die **Mitwirkung an auf die Vermeidung oder Erledigung des Berufungsverfahrens gerichteten Besprechungen** auch ohne Beteiligung des Gerichts (Vorbem. 3 Abs. 3 S. 3 Nr. 2 VV).[3] Dazu reicht es bereits aus, wenn ein Prozessbevollmächtigter die Möglichkeit eines Vergleichsabschlusses zur Diskussion stellt und der andere Prozessbevollmächtigte um entsprechende schriftliche Vorschläge bittet.[4] Ausreichend ist es ebenso, dass sich der Gegner auf das Gespräch einlässt, indem er die ihm unterbreiteten Vorschläge zur Kenntnis nimmt und deren Prüfung zusagt.[5] Eine Terminsgebühr fällt dagegen nicht an, wenn die Besprechung lediglich die allgemeine Möglichkeit der Erledigung einer Vielzahl gleich gelagerter Fälle betrifft.[6]

14

Die Terminsgebühr entsteht – da es sich bei einem Berufungsverfahren um ein Verfahren mit vorgeschriebener mündlicher Verhandlung handelt (§§ 525 Abs. 1, 128 Abs. 1 ZPO) – ferner unter den Voraussetzungen der Anm. Abs. 1 zu Nr. 3202 VV i.V.m. Anm. Abs. 1 Nr. 1 zu Nr. 3104 VV, wenn im Einverständnis mit den Parteien oder gem. § 307 ZPO **ohne mündliche** Verhandlung entschieden oder ein schriftlicher Vergleich geschlossen wird. Kein Fall der Anm. Abs. 1 zu Nr. 3202 i.V.m. Anm. Abs. 1 Nr. 1 zu Nr. 3104 VV liegt vor, wenn das Gericht nach § 522 Abs. 1 oder 2 ZPO entscheidet (siehe Rn 50 Beispiel 18, 19). Ebenso wenig entsteht die Terminsgebühr, wenn nur noch über die Kosten entschieden wird (§ 128 Abs. 3 ZPO).[7]

15

Die Terminsgebühr entsteht im Berufungsverfahren grundsätzlich zu 1,2 (Nr. 3202 VV).

16

Erscheint der Anwalt des **Berufungsklägers** nicht und stellt der Anwalt des Berufungsbeklagten daraufhin

17

- einen Antrag auf Erlass eines Versäumnisurteils gegen den Berufungskläger oder
- Anträge zur Prozess- oder Sachleitung,

entsteht die Terminsgebühr lediglich in Höhe von 0,5 (Nrn. 3202, 3203 VV). Das Gleiche gilt, wenn das Gericht von Amts wegen zur Prozess- oder Sachleitung entscheidet (Anm. Abs. 1 zu Nr. 3203 VV i.V.m. Anm. Abs. 1 Nr. 1 zu Nr. 3105 VV).

Bei der vollen Terminsgebühr bleibt es dagegen, wenn der **Anwalt des Berufungsbeklagten nicht erscheint** und gegen ihn ein Versäumnisurteil ergeht (arg. e. Nr. 3203 VV).

18

4. Einigungsgebühr

Kommt es im Berufungsverfahren zu einer Einigung der Parteien über die dort anhängigen Gegenstände, so erhalten die beteiligten Anwälte zusätzlich die **Einigungsgebühr** nach Nr. 1000

19

---

[3] BGH AGS 2007, 292 = Rpfleger 2007, 344 = FamRZ 2007, 904 = AnwBl 2007, 461 = BGHR 2007, 634 = WM 2007, 1146 = JurBüro 2007, 303 = MDR 2007, 862 = NJW 2007, 2858 = zfs 2007, 285 = RVGreport 2007, 183 = RVG-Letter 2007, 50 = BRAK-Mitt 2007, 127 = BauR 2007, 1289; AGS 2007, 115 = JurBüro 2007, 26 = zfs 2007, 105 = BGHR 2007, 231 = NJW-RR 2007, 286 = Rpfleger 2007, 165 = AnwBl 2007, 238 = FamRZ 2007, 464 = GE 2007, 361 = MDR 2007, 557 = RVG-Letter 2007, 4 = RVGprof. 2007, 19 = FA 2007, 54 = RVGreport 2007, 73 = BB 2007, 465 = NJW 2007, 1214; AnwK-RVG/*N. Schneider*, Nr. 3202 VV Rn 8.
[4] LAG Hessen RVGprof. 2009, 153.
[5] OLG Dresden AGS 2008, 333 = OLGR 2008, 676 = NJW-RR 2008, 1667 = NJW-Spezial 2008, 444.
[6] OLG Jena AGS 2005, 516 = RVGreport 2005, 434.
[7] Siehe dazu § 13 Rn 157 ff.

VV und zwar in Höhe von 1,3 (Nr. 1004 VV). Das gilt auch dann, wenn Ansprüche aus einem anderen Rechtsmittelverfahren in die Einigung miteinbezogen werden (Nr. 1004 VV). Die Gebühr entsteht dann aus dem Gesamtwert (§ 23 Abs. 1 S. 1 RVG i.V.m. § 39 Abs. 1 GKG).

20 Soweit Ansprüche in eine Einigung mit einbezogen werden, die nicht in einem Rechtsmittelverfahren anhängig sind, erhält der Anwalt eine 1,0-Gebühr nach Nr. 1003 VV, soweit die Ansprüche erstinstanzlich anhängig sind, und eine 1,5-Gebühr, soweit die Ansprüche nicht anhängig sind (Nr. 1000 VV). Insgesamt darf die Summe der Einigungsgebühren dann aber eine Gebühr aus dem höchsten Satz nach dem Gesamtstreitwert nicht übersteigen (§ 15 Abs. 3 RVG).

II. Abrechnung

1. Verfahrensgebühr

a) Berufungskläger

21 Der Anwalt des Berufungsklägers erhält die volle Verfahrensgebühr nach Nr. 3200 VV bereits mit Einlegung der Berufung. Eines zusätzlichen Antrags bedarf es nicht. Die Berufung ist bereits Sachantrag i.S.d. Nr. 3201 VV. Wird die Berufung nicht oder nicht fristgerecht begründet, gilt der volle Wert der Beschwer (§ 47 Abs. 1 S. 2 GKG).

22 **Beispiel 1** | **Volle Verfahrensgebühr**

Der Anwalt legt gegen die erstinstanzliche Verurteilung des Mandanten zur Zahlung von 15.000,00 EUR Berufung ein. Die Berufung wird noch vor Ablauf der Begründungsfrist zurückgenommen.

Es entsteht bereits die volle 1,6-Verfahrensgebühr (Nr. 3200 VV) aus dem Wert der Bescher, also 15.000,00 EUR. Eine weitere Antragstellung ist für den Anfall der vollen Gebühr nicht erforderlich.

1.	1,6-Verfahrensgebühr, Nr. 3200 VV (Wert: 15.000,00 EUR)	1.040,00 EUR
2.	Postentgeltpauschale, Nr. 7002 VV	20,00 EUR
	Zwischensumme	1.060,00 EUR
3.	19 % Umsatzsteuer, Nr. 7008 VV	201,40 EUR
	Gesamt	**1.261,40 EUR**

23 Wird die Berufung begründet, entstehen dadurch keine weiteren Gebühren, da die volle Gebühr bereits durch die Einlegung der Berufung ausgelöst worden ist.

Beispiel 2 | **Volle Verfahrensgebühr**

Der Anwalt legt zunächst gegen die erstinstanzliche Verurteilung des Mandanten zur Zahlung von 15.000,00 EUR Berufung ein. Später begründet er diese und beantragt in Abänderung des vorinstanzlichen Urteils die Abweisung der Klage. Die Berufung wird nach gerichtlichem Hinweis zurückgenommen.

Es entsteht auch jetzt nur eine 1,6-Verfahrensgebühr (Nr. 3200 VV).

1. 1,6-Verfahrensgebühr, Nr. 3200 VV (Wert: 15.000,00 EUR)		1.040,00 EUR
2. Postentgeltpauschale, Nr. 7002 VV Zwischensumme	1.060,00 EUR	20,00 EUR
3. 19 % Umsatzsteuer, Nr. 7008 VV		201,40 EUR
Gesamt		**1.261,40 EUR**

Wird die Berufung nur beschränkt durchgeführt, richten sich die Gebühren nur nach dem Wert des beschränkten Antrags (§ 47 Abs. 1 S. 1 RVG). **24**

Beispiel 3 | **Beschränkte Berufung**

Gegen seine Verurteilung zur Zahlung von 15.000,00 EUR legt der Beklagte zunächst Berufung ein. Später wird die Berufung begründet und die Abänderung des erstinstanzlichen Urteils beantragt, soweit der Beklagte zu mehr als 7.000,00 EUR verurteilt worden ist. Die Berufung wird nach Hinweis des Gerichts zurückgenommen.

Sämtliche Gebühren berechnen sich lediglich nach dem Wert von 8.000,00 EUR. Der gestellte Antrag ist maßgebend (§ 47 Abs. 1 S. 1 RVG). Nur dann, wenn die Berufung insgesamt ohne Begründung zurückgenommen wird, gilt kraft der Fiktion des § 47 Abs. 1 S. 2 GKG der volle Wert der Beschwer. Ein solcher Fall ist hier nicht gegeben, sodass also für beide Anwälte nach einem Wert von 8.000,00 EUR abzurechnen ist.

1. 1,6-Verfahrensgebühr, Nr. 3200 VV (Wert: 8.000,00 EUR)		729,60 EUR
2. Postentgeltpauschale, Nr. 7002 VV Zwischensumme	749,60 EUR	20,00 EUR
3. 19 % Umsatzsteuer, Nr. 7008 VV		142,42 EUR
Gesamt		**892,02 EUR**

Vertritt der Anwalt **mehrere Auftraggeber** wegen desselben Gegenstands, erhöht sich die Verfahrensgebühr nach Nr. 1008 VV um 0,3 je weiteren Auftraggeber. **25**

Beispiel 4 | **Volle Verfahrensgebühr, mehrere Auftraggeber**

Der Anwalt wird von zwei Gesamtschuldnern beauftragt, gegen die erstinstanzliche Verurteilung zur Zahlung von 15.000,00 EUR Berufung einzulegen. Die Berufung wird nach gerichtlichem Hinweis zurückgenommen.

Die 1,6-Verfahrensgebühr erhöht sich nach Nr. 1008 VV um 0,3 auf 1,9.

1. 1,9-Verfahrensgebühr, Nrn. 3200, 1008 VV (Wert: 15.000,00 EUR)		1.235,00 EUR
2. Postentgeltpauschale, Nr. 7002 VV Zwischensumme	1.255,00 EUR	20,00 EUR
3. 19 % Umsatzsteuer, Nr. 7008 VV		238,45 EUR
Gesamt		**1.493,45 EUR**

Erledigt sich das Berufungsverfahren vorzeitig, ermäßigt sich die Verfahrensgebühr auf 1,1 (Nr. 3201 Nr. 1 VV). **26**

§ 15 Berufung in Zivilsachen

> **Beispiel 5** — Ermäßigte Verfahrensgebühr

Der Anwalt erhält den Auftrag zur Einlegung einer Berufung gegen die Verurteilung zur Zahlung von 15.000,00 EUR. Er rät von einer Berufung ab, sodass die Berufung nicht mehr eingelegt wird.

Der Anwalt hatte bereits den Auftrag, die Berufung einzulegen, sodass sich die Vergütung nach Teil 3 VV richtet und nicht nach Nr. 2100 VV. Da sich die Sache vorzeitig erledigt hat, entsteht nur die reduzierte 1,1-Verfahrensgebühr (Nrn. 3200, 3201 Nr. 1 VV).

1.	1,1-Verfahrensgebühr, Nrn. 3200, 3201 Nr. 1 VV (Wert: 15.000,00 EUR)	715,00 EUR
2.	Postentgeltpauschale, Nr. 7002 VV	20,00 EUR
	Zwischensumme	735,00 EUR
3.	19 % Umsatzsteuer, Nr. 7008 VV	139,65 EUR
	Gesamt	**874,65 EUR**

> **Beispiel 6** — Ermäßigte Verfahrensgebühr, mehrere Auftraggeber

Der Anwalt wird von zwei Gesamtschuldnern beauftragt, gegen ihre Verurteilung zur Zahlung von 15.000,00 EUR Berufung einzulegen. Zur Einlegung der Berufung kommt es nicht mehr.

Jetzt erhöht sich die ermäßigte 1,1-Verfahrensgebühr der Nr. 3200, Anm. Abs. 1 Nr. 1 zu 3201 VV nach Nr. 1008 VV um 0,3 auf 1,4.

1.	1,4-Verfahrensgebühr, Nr. 3200, Anm. Abs. 1 Nr. 1 zu Nr. 3201, 1008 VV (Wert: 15.000,00 EUR)	910,00 EUR
2.	Postentgeltpauschale, Nr. 7002 VV	20,00 EUR
	Zwischensumme	930,00 EUR
3.	19 % Umsatzsteuer, Nr. 7008 VV	176,70 EUR
	Gesamt	**1.106,70 EUR**

b) Berufungsbeklagter

27 Für den Berufungsbeklagten entsteht ebenfalls eine Verfahrensgebühr nach Nr. 3200 VV. Sie entsteht mit der ersten Tätigkeit nach Erteilung des Auftrags für das Berufungsverfahren, i.d.R. also mit der Entgegennahme der Information (Vorbem. 3 Abs. 2 VV).

28 Für die volle Gebühr ist allerdings Voraussetzung, dass der Anwalt einen Schriftsatz, der Sachanträge oder Sachvortrag enthält, eingereicht oder er für seine Partei einen gerichtlichen Termin wahrgenommen hat (arg. e Anm. Abs. 1 Nr. 1 zu Nr. 3201 VV).

> **Beispiel 7** — Volle Verfahrensgebühr

Der Anwalt legt gegen die erstinstanzliche Verurteilung des Mandanten zur Zahlung von 15.000,00 EUR Berufung ein und beantragt in Abänderung des vorinstanzlichen Urteils die Abweisung der Klage. Der Anwalt des Klägers bestellt sich im Berufungsverfahren und beantragt die Zurückweisung der Berufung.

Es entsteht auch jetzt nur eine 1,6-Verfahrensgebühr (Nr. 3200 VV).

1.	1,6-Verfahrensgebühr, Nr. 3200 VV (Wert: 15.000,00 EUR)	1.040,00 EUR
2.	Postentgeltpauschale, Nr. 7002 VV	20,00 EUR
	Zwischensumme 1.060,00 EUR	
3.	19 % Umsatzsteuer, Nr. 7008 VV	201,40 EUR
Gesamt		**1.261,40 EUR**

Fehlt es an einem Schriftsatz, der Sachanträge oder Sachvortrag enthält, und einem gerichtlichen Termin, entsteht lediglich die ermäßigte 1,1-Verfahrensgebühr nach Anm. Abs. 1 Nr. 1 zu Nr. 3201 VV. **29**

Beispiel 8 **Ermäßigte Verfahrensgebühr**

Der Anwalt legt gegen die erstinstanzliche Verurteilung des Mandanten zur Zahlung von 15.000,00 EUR Berufung ein. Der Anwalt des Klägers bestellt sich im Berufungsverfahren. Später wird die Berufung zurückgenommen.

Es entsteht für den Anwalt des Berufungsbeklagten jetzt nur eine 1,1-Verfahrensgebühr (Nr. 3200, Anm. Abs. 1 Nr. 1 zu Nr. 3201 VV). Die Bestellung im Berufungsverfahren ist noch kein Sachantrag und löst daher die volle Gebühr nicht aus.[8]

1.	1,1-Verfahrensgebühr, Nr. 3200, 3201 VV (Wert: 15.000,00 EUR)	715,00 EUR
2.	Postentgeltpauschale, Nr. 7002 VV	20,00 EUR
	Zwischensumme 735,00 EUR	
3.	19 % Umsatzsteuer, Nr. 7008 VV	139,65 EUR
Gesamt		**874,65 EUR**

Hätte der Anwalt des Berufungsbeklagten bereits mit Bestellung die Zurückweisung der Berufung beantragt, dann wäre die volle 1,6-Verfahrensgebühr angefallen. Es wäre dann zu rechnen wie in Beispiel 7.[9] **30**

Nur eine ermäßigte Gebühr nach Anm. Abs. 1 Nr. 1 zu Nr. 3201 VV entsteht auch dann, wenn sich die Tätigkeit des Prozessbevollmächtigten darauf beschränkt, gegenüber dem Gericht anzuzeigen, dass die Parteien sich auf eine vergleichsweise Erledigung des Rechtsstreits verständigt hätten, den Vergleichstext mitzuteilen und darauf hinzuweisen, dass nach der Zustimmung des Beklagten nach § 278 Abs. 6 ZPO verfahren werden könne.[10] **31**

Ebenso entsteht nur die ermäßigte 1,1-Verfahrensgebühr nach Anm. Abs. 1 Nr. 1 zu Nr. 3201 VV, wenn der Prozessbevollmächtigte des Berufungsbeklagten auf Anfrage des Gerichts einer Verlängerung der Berufungsbegründungsfrist nach § 520 Abs. 2 S. 2 ZPO widerspricht.[11] **32**

Vertritt der Anwalt des Berufungsbeklagten **mehrere Auftraggeber** wegen desselben Gegenstands, dann erhöht sich seine Verfahrensgebühr ebenfalls um 0,3 je weiteren Auftraggeber, höchstens um 2,0. Insoweit kann auf die Berechnungen zu den Beispielen 4 und 6 Bezug genommen werden. **33**

---

8 Diese Gebühr ist erstattungsfähig. Siehe hierzu ausführlich *Schneider/Thiel*, Das ABC der Kostenerstattung, „Rücknahme der Berufung".
9 Die Gebühr ist allerdings grundsätzlich nur zu 1,1 zu erstatten. Siehe hierzu ausführlich *Schneider/Thiel*, Das ABC der Kostenerstattung, „Rücknahme der Berufung".
10 OLG Celle AGS 2013, 326 = NJW-Spezial 2013, 443 = IBR 2013, 502 = RVGprof. 2013, 147 = ArbRB 2013, 275 = AnwBl 2013, 772 = RVGreport 2013, 390.
11 KG AGS 2009, 196 = KGR 2008, 970 = Rpfleger 2009, 52 = JurBüro 2008, 646.

34 Problematisch ist es, festzustellen, wann dem Anwalt des Berufungsbeklagten der Auftrag zur Berufung erteilt worden ist und ob er bereits Tätigkeiten im Hinblick auf die Berufung vorgenommen hat. Eindeutig ist die Rechtslage, wenn dem Anwalt der Auftrag erteilt worden ist, sich im Berufungsverfahren zu bestellen und er den Berufungsbeklagten insoweit vertreten soll. Andererseits ist eine Bestellung nicht erforderlich, da die Verfahrensgebühr nicht erst mit Bestellung, sondern bereits mit Entgegennahme der Information entsteht (Vorbem. 3 Abs. 2 VV).

35 Die Rspr. ist hier uneinheitlich. Nach einer älteren Entscheidung des KG[12] entsteht die Verfahrensgebühr, wenn der erstinstanzliche Prozessbevollmächtigte eine gegen seinen Mandanten gerichtete Rechtsmittelschrift entgegennimmt, da anzunehmen sei, dass er anschließend prüfe, ob etwas für den Mandanten zu veranlassen sei. Damit entfalte er eine Tätigkeit, die bereits die Verfahrensgebühr nach Nr. 3200 VV zum Entstehen bringe, allerdings in verminderter Höhe nach Anm. Abs. 1 Nr. 1 zu Nr. 3201 VV; die Einreichung eines Schriftsatzes ist hierfür nicht erforderlich. Zugleich liege in dieser Tätigkeit keine bloße Neben- bzw. Abwicklungstätigkeit der erstinstanzlichen Beauftragung gemäß § 19 Abs. 1 S. 2 Nr. 9 RVG.

36 Nach einer neueren Entscheidung des KG[13] reicht dagegen die bloße Entgegennahme und Weiterleitung der Berufungsschrift und des Antrags auf Verlängerung der Berufungsbegründungsfrist nicht, sondern diese ist noch durch die erstinstanzlichen Gebühren abgegolten. Ebenso entschieden hat der BGH:[14] „Eine mit der Entgegennahme der Berufungsschrift verbundene Prüfung von Fragen, die gebührenrechtlich zur ersten Instanz gehören, löst die Verfahrensgebühr für die Berufungsinstanz nicht aus." Es besteht auch keine Vermutung dafür, dass ein Prozessbevollmächtigter nach Eingang einer nicht begründeten Berufung ohne Weiteres in eine inhaltliche Prüfung der Angelegenheit eintritt. Die Entgegennahme der Berufung führt daher nicht ohne Weiteres zu einer Verfahrensgebühr nach Nr. 3201 VV.[15]

37 Zu beachten ist, dass für den Anwalt des Berufungsgegners auch ein Auftrag bestanden haben muss, bereits im Berufungsverfahren tätig zu werden. Dieser Auftrag ist im Kostenfestsetzungsverfahren glaubhaft zu machen. Eine vor Einreichung der Klage „für alle Instanzen" erteilte Prozessvollmacht genügt hierfür nicht.[16]

38 Nach zutreffender Ansicht ist es aber nicht erforderlich, dass der Anwalt des Berufungsbeklagten sich bereits zur Gerichtsakte bestellt hat. Die Verfahrensgebühr der Nr. 3200 VV setzt nicht voraus, dass der Anwalt gegenüber dem Gericht tätig geworden ist, indem er sich etwa bestellt hat.[17] Ebenso wenig ist erforderlich, dass der Berufungsbeklagte seine Verteidigung im Berufungsverfahren angezeigt hat. Der Auftrag für das Berufungsverfahren genügt. Wie sich aus Vorbem. 3 Abs. 2 VV ergibt, entsteht die Verfahrensgebühr bereits mit dem Auftrag und der Entgegennahme der Information.[18] Allerdings fällt hier i.d.R. nur die ermäßigte Gebühr nach Nr. 3201 VV an.

---

12 KG AGS 2009, 354 = MDR 2009, 469 = KGR 2009, 312 = JurBüro 2009, 261.
13 KGR 2006, 413 = RVGreport 2006, 30.
14 AGS 2013, 7 = NJW 2013, 312 = MDR 2013, 123 = FamRZ 2013, 292 = Rpfleger 2013, 175 = zfs 2013, 103 = JurBüro 2013, 134 = FA 2013, 17 = VRR 2013, 3 = RVGreport 2013, 58 = BRAK-Mitt 2013, 48 = VRR 2013, 120.
15 Ebenso LAG Berlin-Brandenburg AGS 2012, 517 = AE 2012, 248 = RVGreport 2012, 387 = NJW-Spezial 2012, 763.
16 LAG Berlin-Brandenburg AE 2013, 28.
17 OLG Zweibrücken OLGR 2006, 750 = RVGprof. 2006, 148; LG Stuttgart JurBüro 2005, 654; KG KGR 2005, 684 = JurBüro 2005, 418 = Rpfleger 2005, 569 = RVGreport 2005, 314.
18 OLG Koblenz AGS 2013, 8 = JurBüro 2013, 90 = FamRZ 2013, 1064; ebenso OLG Naumburg AGkompakt 2012, 56 u. 70 = MDR 2012, 553 = JurBüro 2012, 312 = NJW-Spezial 2012, 348 = RVGprof. 2012, 97.

Für die Kostenfestsetzung ist erforderlich, dass der Auftrag an den Anwalt glaubhaft gemacht wird. Nach OLG Koblenz[19] wird trotz eines bestrittenen Prozessauftrags vermutet, dass der Berufungsbeklagte seinen Anwalt beauftragt hat. In einer weiteren Entscheidung hat das OLG Koblenz[20] zur Glaubhaftmachung verlangt, dass dem Anwalt für das Berufungsverfahren bereits ein Auftrag erteilt worden sei.

c) Wechselseitige Berufungen

Beispiel 9 | **Verfahrensgebühr, wechselseitige Berufungen**

Eingeklagt sind 20.000,00 EUR. Das LG verurteilt den Beklagten zur Zahlung von 15.000,00 EUR und weist die Klage im Übrigen ab. Beide Parteien legen gegen das Urteil Berufung ein und begründen sie. Nach Hinweis des Gerichts werden beide Berufungen zurückgewiesen.

Es entsteht insgesamt nur eine 1,6-Verfahrensgebühr und zwar aus dem Gesamtwert (§ 45 Abs. 2, Abs. 1 S. 1 GKG).[21] Dass aus rechtlichen Gründen nur einer der beiden Berufungen stattgegeben werden kann, ist unerheblich.

1.	1,6-Verfahrensgebühr, Nr. 3200 VV (Wert: 20.000,00 EUR)	1.187,20 EUR
2.	Postentgeltpauschale, Nr. 7002 VV	20,00 EUR
	Zwischensumme	1.207,20 EUR
3.	19 % Umsatzsteuer, Nr. 7008 VV	229,37 EUR
	Gesamt	**1.436,57 EUR**

Auch die **unselbstständige Anschlussberufung** löst die volle Verfahrensgebühr aus, sodass insoweit die volle 1,6-Terminsgebühr nach Nr. 3200 VV aus dem Gesamtwert (§ 45 Abs. 2, Abs. 1 S. 1 GKG) beider Berufungen anfällt.

Beispiel 10 | **Berufung und unselbstständige Anschlussberufung**

Erstinstanzlich eingeklagt waren 10.000,00 EUR. Das Gericht hat den Beklagten zur Zahlung von 5.000,00 EUR verurteilt und im Übrigen die Klage abgewiesen. Der Beklagte legt gegen seine Verurteilung Berufung ein. Der Kläger erhebt später unselbstständige Anschlussberufung. Der Beklagte nimmt nach Hinweis des Gerichts seine Berufung zurück, sodass damit die Anschlussberufung ihre Wirkung verliert.

Die Verfahrensgebühr entsteht aus dem Gesamtwert beider Berufungen (§ 45 Abs. 2, Abs. 1 S. 1 GKG), also aus 10.000,00 EUR.

1.	1,6-Verfahrensgebühr, Nr. 3200 VV (Wert: 10.000,00 EUR)	892,80 EUR
2.	Postentgeltpauschale, Nr. 7002 VV	20,00 EUR
	Zwischensumme	912,80 EUR
3.	19 % Umsatzsteuer, Nr. 7008 VV	173,43 EUR
	Gesamt	**1.086,23 EUR**

---

[19] OLG Koblenz JurBüro 2008, 196 = OLGR 2008, 284 = FamRZ 2008, 1018.
[20] OLG Koblenz AGS 2007, 275 = OLGR 2007, 146 = JurBüro 2007, 89 = MDR 2007, 494 = FamRZ 2007, 847.
[21] LG Berlin JurBüro 1988, 462 = MDR 1988, 329 m. Anm. *Herget*; AnwK-RVG/*N. Schneider*, § 15 Rn 108.

42 Wird nur eine der beiden wechselseitigen Berufungen begründet, kann es für den jeweiligen Anwalt des Berufungsverfahrens zu unterschiedlichen Gebührensätzen kommen. Es gilt dann § 15 Abs. 3 RVG.

> **Beispiel 11** — **Verfahrensgebühr, wechselseitige Berufungen, Rücknahme einer Berufung**
>
> Eingeklagt sind 20.000,00 EUR. Das LG verurteilt den Beklagten zur Zahlung von 15.000,00 EUR und weist die Klage im Übrigen ab. Beide Parteien legen gegen das Urteil Berufung ein und bestellen sich für die Berufung des jeweils anderen. Der Anwalt des Beklagten begründet dessen Berufung, woraufhin der Anwalt des Klägers die Zurückweisung beantragt. Die eigene Berufung des Klägers wird jedoch ohne Antrag wieder zurückgenommen. Die Berufung des Beklagten wird nach Hinweis des Gerichts später ebenfalls zurückgenommen.

Es entsteht zwar auch hier für beide Anwälte aus dem Gesamtwert von 20.000,00 EUR eine Verfahrensgebühr. Für den Anwalt des Beklagten entsteht die volle 1,6-Verfahrensgebühr jedoch nur aus dem Wert seiner Berufung; hinsichtlich der Berufung des Klägers entsteht nur eine 1,1-Verfahrensgebühr. Zu beachten ist § 15 Abs. 3 RVG. Für den Anwalt des Klägers entsteht dagegen die volle 1,6-Verfahrensgebühr aus dem Gesamtwert.

I. Abrechnung Anwalt Kläger
1. 1,6-Verfahrensgebühr, Nr. 3200 VV 1.187,20 EUR
   (Wert: 20.000,00 EUR)
2. Postentgeltpauschale, Nr. 7002 VV 20,00 EUR
   Zwischensumme 1.207,20 EUR
3. 19 % Umsatzsteuer, Nr. 7008 VV 229,37 EUR
Gesamt **1.436,57 EUR**

II. Abrechnung Anwalt Beklagter
1. 1,6-Verfahrensgebühr, Nr. 3200 VV 1.040,00 EUR
   (Wert: 15.000,00 EUR)
2. 1,1-Verfahrensgebühr, Nr. 3200 VV 333,30 EUR
   (Wert: 5.000,00 EUR)
   gem. § 15 Abs. 3 RVG nicht mehr als 1,6 aus 1.187,20 EUR
   20.000,00 EUR
3. Postentgeltpauschale, Nr. 7002 VV 20,00 EUR
   Zwischensumme 1.207,20 EUR
4. 19 % Umsatzsteuer, Nr. 7008 VV 229,37 EUR
Gesamt **1.436,57 EUR**

2. Terminsgebühr

a) Überblick

43 Neben der Verfahrensgebühr kann der Anwalt sowohl unter den Voraussetzungen der Vorbem. 3 Abs. 3 VV als auch unter denen der Anm. Abs. 1 zu Nr. 3202 VV i.V.m. Anm. Abs. 1 Nr. 1 zu Nr. 3104 VV verdienen.

b) Gerichtlicher Termin

Nimmt der Anwalt an einem gerichtlichen Termin teil, entsteht neben der Verfahrensgebühr zusätzlich nach Vorbem. 3 Abs. 3 S. 1 VV eine Terminsgebühr nach Nr. 3202 VV.

> **Beispiel 12** Berufungsverfahren mit gerichtlichem Termin
>
> **Gegen seine erstinstanzliche Verurteilung zur Zahlung von 15.000,00 EUR legt der Beklagte Berufung ein. Hierüber wird mündlich verhandelt.**

Neben der Verfahrensgebühr (Nr. 3200 VV) entsteht jetzt die 1,2-Terminsgebühr nach Vorbem. 3 Abs. 3 S. 1 VV i.V.m. Nr. 3202 VV.

1.	1,6-Verfahrensgebühr, Nr. 3200 VV (Wert: 15.000,00 EUR)	1.040,00 EUR
2.	1,2-Terminsgebühr, Nr. 3202 VV (Wert: 15.000,00 EUR)	780,00 EUR
3.	Postentgeltpauschale, Nr. 7002 VV	20,00 EUR
	Zwischensumme 1.840,00 EUR	
4.	19 % Umsatzsteuer, Nr. 7008 VV	349,60 EUR
	Gesamt	**2.189,60 EUR**

Die Terminsgebühr muss nicht zwingend aus dem Wert des Verfahrens anfallen. Sie kann aufgrund einer Teilrücknahme auch nur aus einem geringeren Wert anfallen.

> **Beispiel 13** Berufung mit mündlicher Verhandlung, Teilrücknahme vor Verhandlung
>
> **Der Beklagte legt gegen seine erstinstanzliche Verurteilung zur Zahlung von 15.000,00 EUR insgesamt Berufung ein und begründet diese. Vor der mündlichen Verhandlung wird die Berufung in Höhe von 4.000,00 EUR zurückgenommen.**

Für beide Anwälte entsteht die Verfahrensgebühr nach Nr. 3200 VV aus dem vollen Wert von 15.000,00 EUR. Die Terminsgebühr entsteht allerdings nur noch aus dem geringeren Wert von 11.000,00 EUR, da nur hierüber verhandelt worden ist. Dieser abweichende Wert ist gegebenenfalls nach § 33 RVG gesondert festzusetzen.

1.	1,6-Verfahrensgebühr, Nr. 3200 VV (Wert: 15.000,00 EUR)	1.040,00 EUR
2.	1,2-Terminsgebühr, Nr. 3202 VV (Wert: 11.000,00 EUR)	724,80 EUR
3.	Postentgeltpauschale, Nr. 7002 VV	20,00 EUR
	Zwischensumme 1.784,80 EUR	
4.	19 % Umsatzsteuer, Nr. 7008 VV	339,11 EUR
	Gesamt	**2.123,91 EUR**

Eine Terminsgebühr nach Nr. 3202 VV für die Vertretung in einem Gerichtstermin entsteht nur, wenn der Termin auch stattfindet. Dies setzt voraus, dass das Gericht, sofern der Termin nicht förmlich aufgerufen wird, zumindest konkludent mit dem Termin „begonnen" hat. Ist die Berufung vor dem Termin zurückgenommen worden und wird der Termin nicht mehr durchgeführt, entsteht keine Terminsgebühr nach Nr. 3202 VV.[22]

---

[22] BGH AGS 2010, 527 = MDR 2011, 74 = NJW 2011, 388 = BRAK-Mitt 2011, 40 = Rpfleger 2011, 179 = WuM 2010, 766 = FamRZ 2011, 104 = RVGreport 2011, 63 = RVGprof. 2011, 48 = AnwBl 2011, 226.

§ 15 Berufung in Zivilsachen

> **Beispiel 14** **Berufungsverfahren, Rücknahme vor gerichtlichem Termin**

Vor dem Termin zur mündlichen Verhandlung wird die Berufung per Telefax zurückgenommen. Da der Prozessbevollmächtigte des Berufungsbeklagten von der Rücknahme keine Kenntnis erlangt, erscheint er zum Termin, der immer noch auf der Sitzungsrolle steht. Der Vorsitzende eröffnet dem Anwalt des Berufungsbeklagten, dass die Berufung zurückgenommen worden sei.

Eine Terminsgebühr ist nicht angefallen, da die Sache nicht aufgerufen worden ist. Der Anwalt kann nur seine Verfahrensgebühr, gegebenenfalls zuzüglich Reisekosten zum Termin abrechnen.

47 Werden im Termin weitergehende, in diesem Verfahren nicht anhängige Gegenstände in Einigungsverhandlungen mit einbezogen, ohne dass es zu einer Einigung kommt, entsteht unter Beachtung des § 15 Abs. 3 RVG insoweit die ermäßigte Verfahrensgebühr nach Anm. Abs. 1 Nr. 2, 2. Alt. zu Nr. 3201 VV und auch eine Terminsgebühr.

> **Beispiel 15** **Verhandlung auch über weitergehende Ansprüche**

Nachdem der Beklagte gegen seine erstinstanzliche Verurteilung von 15.000,00 EUR Berufung eingelegt hat, verhandeln die Parteien darüber im Termin zur mündlichen Verhandlung. Es wird versucht, eine Gesamtbereinigung aller Ansprüche zu erzielen. Zu diesem Zweck werden weitere in einem erstinstanzlichen Verfahren anhängige Gegenstände im Wert von 5.000,00 EUR sowie weitere Forderungen, die nicht anhängig sind, im Wert von 3.000,00 EUR in die Vergleichsgespräche mit einbezogen. Die Einigung scheitert.

Neben der 1,6-Verfahrensgebühr der Nr. 3200 VV aus dem Wert der Berufung erhalten beide Anwälte aus dem Mehrwert (5.000,00 EUR + 3.000,00 EUR = 8.000,00 EUR) zusätzlich eine 1,1-Verfahrensgebühr nach Anm. Abs. 1 Nr. 2, 2. Alt. zu Nr. 3201 VV. Unerheblich ist, dass aus dem Wert von 5.000,00 EUR bereits eine erstinstanzliche Verfahrensgebühr angefallen ist (arg. e. Anm. Abs. 1 Nr. 2 zu Nr. 3201 VV). Zu beachten ist allerdings § 15 Abs. 3 RVG.

Die Terminsgebühr nach Nr. 3202 VV entsteht dagegen in voller Höhe aus dem Gesamtwert.

Zur eventuellen Anrechnung von Verfahrens- und Terminsgebühr siehe § 14 Rn 1 ff., 11 ff.

1. 1,6-Verfahrensgebühr, Nr. 3200 VV
   (Wert: 15.000,00 EUR)   1.040,00 EUR
2. 1,1-Verfahrensgebühr, Anm. Abs. 1 Nr. 2 zu Nr. 3201 VV
   (Wert: 8.000,00 EUR)   501,60 EUR
   gem. § 15 Abs. 3 RVG nicht mehr als 1,6 aus   1.260,80 EUR
   23.000,00 EUR
3. 1,2-Terminsgebühr, Nr. 3202 VV
   (Wert: 23.000,00 EUR)   945,60 EUR
4. Postentgeltpauschale, Nr. 7002 VV   20,00 EUR
   Zwischensumme   2.226,40 EUR
5. 19 % Umsatzsteuer, Nr. 7008 VV   423,02 EUR
   Gesamt   **2.649,42 EUR**

c) Entscheidung ohne mündliche Verhandlung

48 Wird ohne mündliche Verhandlung **im Einverständnis der Parteien** im schriftlichen Verfahren entschieden, entsteht auch im Berufungsverfahren eine Terminsgebühr (Anm. Abs. 2 zu Nr. 3202 i.V.m. Anm. Abs. 1 Nr. 1 zu Nr. 3104 VV).

II. Abrechnung § 15

Beispiel 16 | **Berufungsverfahren mit schriftlichem Verfahren**

Gegen seine erstinstanzliche Verurteilung zur Zahlung von 15.000,00 EUR legt der Beklagte Berufung ein. Im Einverständnis der Parteien entscheidet das Gericht im schriftlichen Verfahren.

Die 1,2-Terminsgebühr entsteht jetzt nach Anm. Abs. 2 zu Nr. 3202 VV i.V.m. Anm. Abs. 1 Nr. 1 zu Nr. 3104 VV.

1.	1,6-Verfahrensgebühr, Nr. 3200 VV (Wert: 15.000,00 EUR)	1.040,00 EUR
2.	1,2-Terminsgebühr, Nr. 3202 VV (Wert: 15.000,00 EUR)	780,00 EUR
3.	Postentgeltpauschale, Nr. 7002 VV	20,00 EUR
	Zwischensumme	1.840,00 EUR
4.	19 % Umsatzsteuer, Nr. 7008 VV	349,60 EUR
Gesamt		**2.189,60 EUR**

Gleiches gilt bei einem **Anerkenntnisurteil** (Anm. Abs. 2 zu Nr. 3202 i.V.m. Anm. Abs. 1 Nr. 1 zu Nr. 3104 VV).

49

Beispiel 17 | **Berufungsverfahren mit Anerkenntnisurteil im schriftlichen Verfahren**

Das LG hatte die Klage gegen den Beklagten auf Zahlung von 15.000,00 EUR mangels Fälligkeit abgewiesen. Der Kläger legt Berufung ein. Nachdem zwischenzeitlich Fälligkeit eingetreten ist, erkennt der Beklagte die Forderung an. Es ergeht daraufhin im schriftlichen Verfahren ein Anerkenntnisurteil.

Auch jetzt entsteht eine 1,2-Terminsgebühr nach Anm. Abs. 2 zu Nr. 3202 VV i.V.m. Anm. Abs. 1 Nr. 1 zu Nr. 3104 VV. Abzurechnen ist wie im vorangegangenen Beispiel 16.

Ergeht eine **Entscheidung nach § 522 ZPO**, entsteht dadurch allein keine Terminsgebühr, unabhängig davon, ob die Berufung nach § 522 Abs. 1 ZPO als unzulässig verworfen oder nach § 522 Abs. 2 ZPO als offensichtlich unbegründet zurückgewiesen wird. Zwar ist im Berufungsverfahren eine mündliche Verhandlung vorgeschrieben (§§ 525 Abs. 1, 128 Abs. 1 ZPO); jedoch ist weder die Entscheidung nach § 522 Abs. 1 noch nach Abs. 2 ZPO in Anm. Abs. 2 zu Nr. 3202 VV i.V.m. Anm. Abs. 1 Nr. 1 zu Nr. 3104 VV erwähnt.[23]

50

Beispiel 18 | **Verwerfung der Berufung nach § 522 Abs. 1 ZPO**

Gegen die erstinstanzliche Verurteilung zur Zahlung von 15.000,00 EUR ist Berufung eingelegt worden. Das Gericht verwirft die Berufung nach § 522 Abs. 1 ZPO ohne mündliche Verhandlung.

Da die Entscheidung nach § 522 Abs. 1 S. 3 ZPO in Anm. Abs. 1 zu Nr. 3202 VV i.V.m. Anm. Abs. 1 Nr. 1 zu Nr. 3104 VV nicht erwähnt ist, fällt auch keine Terminsgebühr an.

---

[23] Im Ergebnis ebenso, allerdings mit der unzutreffenden Begründung, bei dem „Verfahren nach § 522 ZPO" handele es sich um ein eigenes Verfahren, das keine mündliche Verhandlung voraussetze: BGH AGS 2007, 397 = BGHR 2007, 735 = NJW 2007, 2644 = AnwBl 2007, 631 = MDR 2007, 1103 = Rpfleger 2007, 574 = JurBüro 2007, 525 = BB 2007, 1360 = FamRZ 2007, 1096 = RVGreport 2007, 271 = NZBau 2007, 448 = NJ 2007, 365 = zfs 2007, 467; noch zur BRAGO: OLG Nürnberg 2003, 161 = JurBüro 2003, 249 = MDR 2003, 718 = Rpfleger 2003, 385 = AnwBl 2003, 372 = OLGR 2003, 297 = NJW-RR 2003, 1295 = BRAGOreport 2003, 90.

1. 1,6-Verfahrensgebühr, Nr. 3200 VV (Wert: 15.000,00 EUR)		1.040,00 EUR
2. Postentgeltpauschale, Nr. 7002 VV		20,00 EUR
Zwischensumme	1.060,00 EUR	
3. 19 % Umsatzsteuer, Nr. 7008 VV		201,40 EUR
Gesamt		**1.261,40 EUR**

Beispiel 19 — **Zurückweisung der Berufung nach § 522 Abs. 2 ZPO**

Gegen die erstinstanzliche Verurteilung zur Zahlung von 15.000,00 EUR ist Berufung eingelegt worden. Das Gericht weist die Berufung ohne mündliche Verhandlung einstimmig nach § 522 Abs. 2 ZPO als offensichtlich unbegründet zurück.

Auch die Entscheidung nach § 522 Abs. 2 ZPO ist in Anm. Abs. 1 zu Nr. 3202 i.V.m. Anm. Abs. 1 Nr. 1 zu Nr. 3104 VV nicht erwähnt, sodass auch hier keine Terminsgebühr entsteht.[24] Abzurechnen ist wie im vorangegangenen Beispiel.

d) Schriftlicher Vergleich

51 Schließen die Parteien einen schriftlichen Vergleich, entsteht nach Anm. Abs. 2 zu Nr. 3202 i.V.m. Anm. Abs. 1 Nr. 1 zu Nr. 3104 VV ebenfalls eine Terminsgebühr.

Beispiel 20 — **Berufungsverfahren mit schriftlichem Vergleich**

Gegen seine erstinstanzliche Verurteilung zur Zahlung von 15.000,00 EUR legt der Beklagte Berufung ein. Das Gericht schlägt den Parteien einen Vergleich vor, den beide Parteien annehmen, sodass dessen Zustandekommen nach § 278 Abs. 6 ZPO vom Gericht beschlossen wird.

Auch jetzt entsteht eine 1,2-Terminsgebühr nach Anm. Abs. 2 zu Nr. 3202 VV i.V.m. Anm. Abs. 1 Nr. 1 zu Nr. 3104 VV. Hinzu kommt eine 1,3-Einigungsgebühr. Zur Berechnung siehe Beispiel 29.

52 Nicht erforderlich ist, dass die Berufung bereits begründet worden ist. Die Terminsgebühr entsteht im Berufungsverfahren auch dann, wenn noch während der laufenden Frist zur Berufungsbegründung ein schriftlicher Vergleich gem. § 278 Abs. 6 ZPO geschlossen wird.[25]

53 Die Terminsgebühr entsteht auch insoweit, als nicht anhängige Gegenstände in einen schriftlichen Vergleich mit einbezogen werden (siehe dazu ausführlich § 13 Rn 198 ff.).

e) Außergerichtliche Besprechungen

54 Die Terminsgebühr kann ferner auch dann anfallen, wenn der Anwalt an einer Besprechung zur Vermeidung oder Erledigung des Verfahrens mitwirkt (Vorbem. 3 Abs. 3 S. 3 Nr. 2 VV).

---

[24] BGH AGS 2007, 397 = BGHR 2007, 735 = NJW 2007, 2644 = AnwBl 2007, 631 = MDR 2007, 1103 = Rpfleger 2007, 574 = JurBüro 2007, 525 = BB 2007, 1360 = FamRZ 2007, 1096 = RVGreport 2007, 271 = NZBau 2007, 448 = NJ 2007, 365 = zfs 2007, 467; noch zur BRAGO: OLG Nürnberg 2003, 161 = JurBüro 2003, 249 = MDR 2003, 718 = Rpfleger 2003, 385 = AnwBl 2003, 372 = OLGR 2003, 297 = NJW-RR 2003, 1295 = BRAGOreport 2003, 90.

[25] BGH AGS 2013, 326 = NJW-Spezial 2013, 443 = IBR 2013, 502 = RVGprof. 2013, 147 = ArbRB 2013, 275 = AnwBl 2013, 772 = RVGreport 2013, 390.

Beispiel 21 | Berufungsverfahren mit außergerichtlicher Besprechung

Gegen seine erstinstanzliche Verurteilung zur Zahlung von 15.000,00 EUR legt der Beklagte Berufung ein. Anschließend führen die Anwälte eine telefonische Besprechung, woraufhin die Berufung zurückgenommen wird.

Auch jetzt entsteht die 1,2-Terminsgebühr der Nr. 3202 VV, und zwar nach Vorbem. 3 Abs. 3 S. 3 Nr. 2 VV.

1.	1,6-Verfahrensgebühr, Nr. 3200 VV (Wert: 15.000,00 EUR)	1.040,00 EUR
2.	1,2-Terminsgebühr, Nr. 3202 VV (Wert: 15.000,00 EUR)	780,00 EUR
3.	Postentgeltpauschale, Nr. 7002 VV	20,00 EUR
	Zwischensumme 1.840,00 EUR	
4.	19 % Umsatzsteuer, Nr. 7008 VV	349,60 EUR
Gesamt		**2.189,60 EUR**

Soweit der BGH zur früheren Fassung der Vorbem. 3 Abs. 3, 3. Var. VV a.F. die Auffassung vertreten hat, eine Terminsgebühr könne nicht anfallen, sobald das Gericht die Prüfung eingeleitet habe, ob es nach § 522 Abs. 2 ZPO entscheide, da in einem Verfahren nach § 522 Abs. 2 ZPO keine mündliche Verhandlung vorgeschrieben sei, war diese Auffassung schon nach altem Recht unzutreffend; nach der Neufassung der Vorbem. 3 Abs. 3 VV ist die Auffassung jedenfalls nicht mehr haltbar (siehe dazu ausführlich § 13 Rn 72).

55

Beispiel 22 | Berufungsverfahren mit außergerichtlicher Besprechung

Gegen seine erstinstanzliche Verurteilung zur Zahlung von 15.000,00 EUR legt der Beklagte Berufung ein. Das Gericht erlässt einen Beschluss, mit dem es ankündigt, die Berufung nach § 522 Abs. 2 ZPO als offensichtlich unbegründet zurückweisen zu wollen. Daraufhin nimmt der Anwalt des Berufungsklägers zur Sache nochmals Stellung und führt hiernach mit dem Anwalt des Berufungsbeklagten eine telefonische Besprechung, um doch noch eine Einigung zu erzielen. Diese kommt jedoch nicht zustande, woraufhin die Berufung nach § 522 Abs. 2 ZPO als unbegründet zurückgewiesen wird.

Aufgrund der Besprechung zur Erledigung des Verfahrens entsteht eine 1,2-Terminsgebühr nach Nr. 3202 VV i.V.m. Vorbem. 3 Abs. 3 S. 3 Nr. 2 VV.

1.	1,6-Verfahrensgebühr, Nr. 3200 VV (Wert: 15.000,00 EUR)	1.040,00 EUR
2.	1,2-Terminsgebühr, Nr. 3202 VV (Wert: 15.000,00 EUR)	780,00 EUR
3.	Postentgeltpauschale, Nr. 7002 VV	20,00 EUR
	Zwischensumme 1.840,00 EUR	
4.	19 % Umsatzsteuer, Nr. 7008 VV	349,60 EUR
Gesamt		**2.189,60 EUR**

Die Terminsgebühr nach Vorbem. 3 Abs. 3 S. 3 Nr. 2 VV kann auch vor Einreichung der Berufung anfallen. Ausreichend ist ein Auftrag zur Berufung (Vorbem. 3 Abs. 1 VV).

56

§ 15 Berufung in Zivilsachen

> **Beispiel 23** | **Vorzeitige Erledigung mit Besprechung**

Der Beklagte beauftragt seinen Anwalt, gegen seine erstinstanzliche Verurteilung zur Zahlung von 15.000,00 EUR Berufung einzulegen. Bevor dies geschieht, verhandelt der Anwalt mit der Gegenpartei nochmals. Aufgrund der dabei gewonnenen neuen Erkenntnisse wird der Auftrag zur Berufung zurückgezogen und diese nicht mehr eingelegt.

Der Anwalt des Beklagten hatte bereits Berufungsauftrag, sodass für ihn eine Verfahrensgebühr angefallen ist (Vorbem. 3 Abs. 2 VV). Da die Berufung noch nicht eingelegt worden ist, erhält er lediglich eine 1,1-Verfahrensgebühr (Nr. 3200, Anm. Abs. 1 Nr. 1 zu Nr. 3201 VV).

Daneben erhält er aber bereits eine Terminsgebühr nach Nr. 3202 VV, da bereits ein Auftrag für das Berufungsverfahren vorlag[26] und Vorbem. 3 Abs. 3 S. 3 Nr. 2 VV auch hier gilt, wonach außergerichtliche Verhandlungen die volle Terminsgebühr auslösen.

1. 1,1-Verfahrensgebühr, Nrn. 3200, 3201 Nr. 1 VV (Wert: 15.000,00 EUR)		715,00 EUR
2. 1,2-Terminsgebühr, Nr. 3202 VV (Wert: 15.000,00 EUR)		780,00 EUR
3. Postentgeltpauschale, Nr. 7002 VV		20,00 EUR
Zwischensumme	1.515,00 EUR	
4. 19 % Umsatzsteuer, Nr. 7008 VV		287,85 EUR
Gesamt		**1.802,85 EUR**

57 Wird anlässlich eines Berufungsverfahren in eine Besprechung zur Erledigung des Berufungsverfahrens auch ein zwischen den Parteien anderweitig anhängiges Verfahren mit einbezogen, fällt nach der Rspr. des BGH[27] die Terminsgebühr in jedem der Verfahren gesondert an, berechnet nach den jeweiligen Streitwerten der betroffenen Verfahren.

> **Beispiel 24** | **Besprechung auch über anderweitiges Verfahren**

Nachdem der Beklagte gegen seine erstinstanzliche Verurteilung von 15.000,00 EUR Berufung eingelegt hat, verhandelt der Anwalt mit dem Gegenanwalt telefonisch über die Erledigung des Verfahrens. Dabei wird auch ein weiteres erstinstanzlich anhängiges Verfahren (Wert: 30.000,00 EUR) in die Verhandlungen mit einbezogen. Eine Einigung kommt nicht zustande.

Die Anwälte erhalten nach der Rspr. des BGH zwei gesonderte Terminsgebühren, eine nach Nr. 3202 VV aus dem Wert des Berufungsverfahrens und eine nach Nr. 3104 VV aus dem Wert des erstinstanzlichen Verfahrens.

I. Berufungsverfahren

1. 1,6-Verfahrensgebühr, Nr. 3200 VV (Wert: 15.000,00 EUR)		1.040,00 EUR
2. 1,2-Terminsgebühr, Nr. 3202 VV (Wert: 15.000,00 EUR)		780,00 EUR
3. Postentgeltpauschale, Nr. 7002 VV		20,00 EUR
Zwischensumme	1.840,00 EUR	
4. 19 % Umsatzsteuer, Nr. 7008 VV		349,60 EUR
Gesamt		**2.189,60 EUR**

---

26 Siehe zum vergleichbaren erstinstanzlichen Fall § 13 Rn 196 ff.
27 BGH AGS 2012, 124 = NJW-RR 2012, 314 = MDR 2012, 376 = Rpfleger 2012, 287 = JurBüro 2012, 242 = AnwBl 2012, 286 = FamRZ 2012, 545 = FamRB 2012, 115 = RVGreport 2012, 148 = RVGprof. 2012, 94.

II. Erstinstanzliches Verfahren

1.	1,3-Verfahrensgebühr, Nr. 3200 VV (Wert: 30.000,00 EUR)	1.121,90 EUR
2.	1,2-Terminsgebühr, Nr. 3104 VV (Wert: 30.000,00 EUR)	1.035,60 EUR
3.	Postentgeltpauschale, Nr. 7002 VV	20,00 EUR
	Zwischensumme 2.177,50 EUR	
4.	19 % Umsatzsteuer, Nr. 7008 VV	413,73 EUR
Gesamt		**2.591,23 EUR**

f) Säumnisfälle

aa) Säumnis des Berufungsklägers

Erscheint der Anwalt des Berufungsklägers nicht und wird daraufhin lediglich der Erlass eines Versäumnisurteils gegen den Berufungskläger beantragt, entsteht nach Nr. 3203 VV nur eine 0,5-Terminsgebühr. 58

Beispiel 25 | **Versäumnisurteil gegen Berufungskläger**

Gegen seine erstinstanzliche Verurteilung zur Zahlung von 15.000,00 EUR legt der Beklagte Berufung ein. Im Termin zur mündlichen Verhandlung erscheint sein Prozessbevollmächtigter nicht, sodass ein die Berufung zurückweisendes Versäumnisurteil ergeht.

Beim Versäumnisurteil gegen den Berufungskläger ermäßigt sich die Terminsgebühr nach Nr. 3203 VV, sodass hier nur eine 0,5-Terminsgebühr anfällt.

1.	1,6-Verfahrensgebühr, Nr. 3200 VV (Wert: 15.000,00 EUR)	1.040,00 EUR
2.	0,5-Terminsgebühr, Nrn. 3203, 3202 VV (Wert: 15.000,00 EUR)	325,00 EUR
3.	Postentgeltpauschale, Nr. 7002 VV	20,00 EUR
	Zwischensumme 1.385,00 EUR	
4.	19 % Umsatzsteuer, Nr. 7008 VV	263,15 EUR
Gesamt		**1.648,15 EUR**

Ebenso wäre abzurechnen, wenn der Berufungsbeklagte einen Antrag zur Prozess- und Sachleitung (z.B. Vertagung) gestellt hätte oder wenn das Gericht vom Amts wegen zur Prozess- und Sachleitung entschieden hätte (Anm. zu Nr. 3202 i.V.m. Anm. Abs. 1 zu Nr. 3105 VV). 59

Wegen weiterer Konstellationen bei Säumnis des Berufungsklägers kann auf die Darstellung der erstinstanzlichen Verfahren zurückgegriffen werden (siehe § 13 Rn 85 ff.). Die dortigen Ausführungen gelten entsprechend. 60

bb) Säumnis des Berufungsbeklagten

Anders verhält es sich dagegen bei **Säumnis des Berufungsbeklagten**. Hier ist eine Ermäßigung der Terminsgebühr nicht vorgesehen, da das Gericht, ungeachtet der Säumnis, die Begründetheit der Berufung prüfen muss. 61

§ 15 Berufung in Zivilsachen

Beispiel 26 | **Versäumnisurteil gegen Berufungsbeklagten**

Gegen seine erstinstanzliche Verurteilung zur Zahlung von 15.000,00 EUR legt der Beklagte Berufung ein. Der Kläger (Berufungsbeklagter) erscheint in der mündlichen Verhandlung nicht und ist auch nicht vertreten. Es ergeht antragsgemäß ein Versäumnisurteil.

Das Versäumnisurteil gegen den Berufungsbeklagten führt nicht zu einer Ermäßigung der Terminsgebühr (arg. e. Nr. 3203 VV). Es fällt daher die volle 1,2-Terminsgebühr nach Nr. 3202 VV an.

1.	1,6-Verfahrensgebühr, Nr. 3200 VV (Wert: 15.000,00 EUR)		1.040,00 EUR
2.	1,2-Terminsgebühr, Nr. 3202 VV (Wert: 15.000,00 EUR)		780,00 EUR
3.	Postentgeltpauschale, Nr. 7002 VV		20,00 EUR
	Zwischensumme	1.840,00 EUR	
4.	19 % Umsatzsteuer, Nr. 7008 VV		349,60 EUR
Gesamt			**2.189,60 EUR**

cc) Säumnis bei wechselseitigen Berufungen

62 Kommt es zu wechselseitigen Berufungen, kann im Falle der Säumnis sowohl eine 1,2- als auch eine 0,5-Terminsgebühr anfallen.

Beispiel 27 | **Wechselseitige Berufungen, Säumnis des Berufungsklägers**

Auf die Klage über 20.000,00 EUR hat das Gericht den Beklagten auf Zahlung von 10.000,00 EUR verurteilt. Der Kläger legt gegen die Abweisung der Klage Berufung ein. Der Berufungsbeklagte erhebt eine selbstständige Anschlussberufung, mit der er die vollständige Abweisung der Klage verfolgt. In der mündlichen Verhandlung erscheint der Berufungskläger nicht, sodass auf Antrag des Berufungsbeklagten die Berufung des Klägers zurückgewiesen, und der Berufung des Berufungsbeklagten stattgegeben wird.

Aus dem Wert der Berufung ist lediglich die 0,5-Terminsgebühr nach Nr. 3203 VV angefallen. Aus dem Wert der Anschlussberufung ist dagegen die volle 1,2-Terminsgebühr nach Nr. 3202 VV angefallen, da insoweit der Berufungsbeklagte selbst Berufungskläger ist. Zu beachten ist § 15 Abs. 3 RVG.

1.	1,6-Verfahrensgebühr, Nr. 3200 VV (Wert: 20.000,00 EUR)		1.187,20 EUR
2.	1,2-Terminsgebühr, Nr. 3202 VV (Wert: 10.000,00 EUR)	669,60 EUR	
3.	0,5-Terminsgebühr, Nrn. 3202, 3203 VV (Wert: 10.000,00 EUR)	279,00 EUR	
	gem. § 15 Abs. 3 RVG nicht mehr als 1,2 aus 20.000,00 EUR		890,40 EUR
4.	Postentgeltpauschale, Nr. 7002 VV		20,00 EUR
	Zwischensumme	2.097,60 EUR	
5.	19 % Umsatzsteuer, Nr. 7008 VV		398,54 EUR
Gesamt			**2.496,14 EUR**

dd) Erledigung der Hauptsache bei Säumnis des Beklagten als Berufungskläger

Nach zutreffender Auffassung des OLG Düsseldorf[28] greift die Ermäßigung auch dann nicht, wenn der Kläger als Berufungsbeklagter in der Berufung die Hauptsache für erledigt erklärt und dann eine gerichtliche Entscheidung darüber ergehen muss, ob sich der Rechtsstreit in der Hauptsache erledigt hat.

Beispiel 28 | **Erledigung der Hauptsache, Säumnis des Berufungsklägers**

Gegen seine Verurteilung in Höhe von 15.000,00 EUR legt der Beklagte Berufung ein. Vier Wochen vor dem Verhandlungstermin zahlt er die 15.000,00 EUR, sodass der Kläger den Rechtsstreit in der Hauptsache für erledigt erklärt. Der Berufungskläger erklärt sich hierzu nicht und bleibt im Termin säumig. Daraufhin stellt das Gericht im Termin die Erledigung der Hauptsache fest.

Angefallen ist jetzt die volle 1,2-Terminsgebühr. Abzurechnen ist wie in Beispiel 26.

3. Einigungsgebühr

Kommt es im Berufungsverfahren zu einer **Einigung**, entsteht aus dem Wert der im Berufungsverfahren anhängigen Gegenstände eine 1,3-Einigungsgebühr (Nrn. 1000, 1004 VV). Wird die Einigung auch über weitergehende Gegenstände geschlossen, entsteht die Einigungsgebühr auch aus deren Werten, gegebenenfalls mit anderen Gebührensätzen.

Beispiel 29 | **Einigung im Berufungsverfahren**

Der Beklagte legt gegen seine erstinstanzliche Verurteilung zur Zahlung von 15.000,00 EUR Berufung ein. In der mündlichen Verhandlung einigen sich die Parteien, dass zum Ausgleich der Klageforderung 8.000,00 EUR gezahlt werden.

Neben der Verfahrens- und Terminsgebühr ist jetzt auch eine Einigungsgebühr nach Nr. 1000 VV angefallen. Deren Höhe beläuft sich auf 1,3 (Nr. 1004 VV) und berechnet sich ebenfalls aus 15.000,00 EUR, da es nicht darauf ankommt, worauf sich die Parteien einigen, sondern worüber.

1.	1,6-Verfahrensgebühr, Nr. 3200 VV (Wert: 15.000,00 EUR)	1.040,00 EUR
2.	1,2-Terminsgebühr, Nr. 3202 VV (Wert: 15.000,00 EUR)	780,00 EUR
3.	1,3-Einigungsgebühr, Nrn. 1000, 1004 VV (Wert: 15.000,00 EUR)	845,00 EUR
4.	Postentgeltpauschale, Nr. 7002 VV	20,00 EUR
	Zwischensumme 2.685,00 EUR	
5.	19 % Umsatzsteuer, Nr. 7008 VV	510,15 EUR
	Gesamt	**3.195,15 EUR**

Eine Einigung ist auch schon von Einlegung der Berufung möglich. Es entsteht dann nur eine 0,8-Verfahrensgebühr (Nr. 3201 Nr. 1 VV), gleichwohl aber schon eine 1,2-Terminsgebühr. Auch eine Einigungsgebühr entsteht. Diese bemisst sich aber nicht nach Nr. 1003 VV, sondern nach

---

28 OLG Düsseldorf JurBüro 1999, 358 m. Anm. *Pfeiffer* = KostRsp. BRAGO § 33 Rn 52; a.A. OLG Düsseldorf JurBüro 2000, 199 = MDR 2000, 667 = Rpfleger 2000, 238 = KostRsp. BRAGO § 33 Rn 54.

Nr. 1000 VV, da die Sache in der Berufungsinstanz noch nicht anhängig ist, sondern bis zum Eintritt der Rechtskraft oder der Einlegung eines Rechtsmittels erstinstanzlich anhängig bleibt.

> **Beispiel 30** | **Vorzeitige Erledigung mit Besprechung und Einigung**
>
> **Der Beklagte beauftragt seinen Anwalt, gegen seine erstinstanzliche Verurteilung zur Zahlung von 15.000,00 EUR Berufung einzulegen. Bevor dies geschieht, verhandelt der Anwalt mit der Gegenpartei nochmals und erzielt eine Einigung.**

Da der Anwalt des Beklagten bereits Berufungsauftrag hatte, ist für ihn eine Verfahrensgebühr angefallen, allerdings lediglich in Höhe von 1,1 (Nrn. 3200, 3201 Nr. 1 VV). Hinzu kommt eine Terminsgebühr nach Nr. 3202 VV, da Vorbem. 3 Abs. 3 VV auch hier gilt (siehe Rn 14 f.).

Darüber hinaus entsteht jetzt auch eine Einigungsgebühr, und zwar in Höhe von 1,0. Solange noch keine Berufung eingelegt worden ist, sind die Ansprüche immer noch in der ersten Instanz anhängig, sodass nicht Nr. 1003 VV gilt, sondern Nr. 1004 VV.

1.	1,1-Verfahrensgebühr, Nrn. 3200, 3201 Nr. 1 VV (Wert: 15.000,00 EUR)	715,00 EUR
2.	1,2-Terminsgebühr, Nr. 3202 VV (Wert: 15.000,00 EUR)	780,00 EUR
3.	1,0-Einigungsgebühr, Nrn. 1000, 1003 VV (Wert: 15.000,00 EUR)	650,00 EUR
4.	Postentgeltpauschale, Nr. 7002 VV	20,00 EUR
	Zwischensumme	2.165,00 EUR
5.	19 % Umsatzsteuer, Nr. 7008 VV	411,35 EUR
	Gesamt	**2.576,35 EUR**

66 Kommt es zu einer Einigung auch über nicht anhängige Gegenstände, entsteht neben der 1,3-Einigungsgebühr aus dem Wert der im Berufungsverfahren anhängigen Gegenstände (Nrn. 1000, 1004 VV) und aus dem Mehrwert eine 1,5-Einigungsgebühr nach Nr. 1000 VV, wobei § 15 Abs. 3 RVG zu beachten ist. Darüber hinaus entstehen aus dem Mehrwert auch die Terminsgebühr und eine 1,1-Verfahrensgebühr.

> **Beispiel 31** | **Einigung auch über nicht anhängige Gegenstände im Termin**
>
> **Gegen seine erstinstanzliche Verurteilung zur Zahlung von 15.000,00 EUR legt der Beklagte Berufung ein. Im Termin zur mündlichen Verhandlung einigen sich die Parteien über die Klageforderung sowie über weitergehende nicht anhängige 5.000,00 EUR.**

Es entsteht jetzt eine 1,6-Verfahrensgebühr nach Nr. 3200 VV aus 15.000,00 EUR und eine 1,1-Verfahrensgebühr nach Nr. 3201 VV aus 5.000,00 EUR.

Die Terminsgebühr entsteht aus dem Gesamtwert von 20.000,00 EUR.

Die Einigungsgebühr entsteht zu 1,3 aus dem Wert der im Berufungsverfahren anhängigen Gegenstände (Nr. 1004 VV) und zu 1,5 aus dem Wert der nicht anhängigen Gegenstände (Nr. 1000 VV). Auch hier ist wiederum § 15 Abs. 3 RVG zu beachten.

1. 1,6-Verfahrensgebühr, Nr. 3200 VV 1.040,00 EUR
   (Wert: 15.000,00 EUR)
2. 1,1-Verfahrensgebühr, Nrn. 3200, 3201 VV 333,30 EUR
   (Wert: 5.000,00 EUR)
   gem. § 15 Abs. 3 RVG nicht mehr als 1,6 aus 1.187,20 EUR
   20.000,00 EUR
3. 1,2-Terminsgebühr, Nr. 3202 VV
   (Wert: 20.000,00 EUR) 890,40 EUR
4. 1,3-Einigungsgebühr, Nrn. 1000, 1004 VV
   (Wert: 15.000,00 EUR) 845,00 EUR
5. 1,5-Einigungsgebühr, Nr. 1000 VV
   (Wert: 5.000,00 EUR) 454,50 EUR
   gem. § 15 Abs. 3 RVG nicht mehr als 1,5 aus 1.113,00 EUR
   20.000,00 EUR
6. Postentgeltpauschale, Nr. 7002 VV 20,00 EUR
   Zwischensumme 3.210,60 EUR
7. 19 % Umsatzsteuer, Nr. 7008 VV 610,01 EUR
   Gesamt **3.820,61 EUR**

Beispiel 32 — Einigung auch über erstinstanzlich anhängige Ansprüche im Termin

Gegen seine Verurteilung zur Zahlung von 15.000,00 EUR legt der Beklagte Berufung ein. Im Termin einigen sich die Parteien über die Klageforderung sowie über eine weitere Forderung in Höhe von 5.000,00 EUR, die zurzeit noch vor dem AG anhängig ist.

Die Einigungsgebühr entsteht zu 1,3 aus dem Wert der im Berufungsverfahren anhängigen Ansprüche (Nr. 1004 VV) und zu 1,0 aus dem Wert der mit einbezogenen erstinstanzlich anhängigen Ansprüche (Nr. 1003 VV). Zu beachten ist wiederum § 15 Abs. 3 RVG.

1. 1,6-Verfahrensgebühr, Nr. 3200 VV 1.040,00 EUR
   (Wert: 15.000,00 EUR)
2. 1,1-Verfahrensgebühr, Nrn. 3200, 3201 VV 333,30 EUR
   (Wert: 5.000,00 EUR)
   gem. § 15 Abs. 3 RVG nicht mehr als 1,6 aus 1.187,20 EUR
   20.000,00 EUR
3. 1,2-Terminsgebühr, Nr. 3202 VV
   (Wert: 20.000,00 EUR) 890,40 EUR
4. 1,3-Einigungsgebühr, Nrn. 1000, 1004 VV
   (Wert: 15.000,00 EUR) 845,00 EUR
5. 1,0-Einigungsgebühr, Nrn. 1000, 1003 VV
   (Wert: 5.000,00 EUR) 303,00 EUR
   gem. § 15 Abs. 3 RVG nicht mehr als 1,3 aus 964,60 EUR
   20.000,00 EUR
6. Postentgeltpauschale, Nr. 7002 VV 20,00 EUR
   Zwischensumme 3.062,20 EUR
7. 19 % Umsatzsteuer, Nr. 7008 VV 581,82 EUR
   Gesamt **3.644,02 EUR**

Beispiel 33 — Einigung unter Einbeziehung erstinstanzlicher und nicht anhängiger Gegenstände im Termin

Gegen seine Verurteilung zur Zahlung von 15.000,00 EUR legt der Beklagte Berufung ein. Im Termin zur mündlichen Verhandlung vergleichen sich die Parteien über eine weitergehende

§ 15 Berufung in Zivilsachen

Forderung in Höhe von 5.000,00 EUR, die nicht anhängig ist, sowie über weitere 3.000,00 EUR, die bereits vor dem AG anhängig sind.

Die Einigungsgebühr entsteht jetzt unter Berücksichtigung des § 15 Abs. 3 RVG zu drei verschiedenen Sätzen, nämlich zu 1,3 aus dem Wert der im Berufungsverfahren anhängigen Gegenstände (Nr. 1004 VV), zu 1,0 aus dem Wert der erstinstanzlich anhängigen Ansprüche (Nr. 1003 VV) und zu 1,5 aus dem Wert der nicht anhängigen Gegenstände (Nr. 1000 VV).

1. 1,6-Verfahrensgebühr, Nr. 3200 VV
   (Wert: 15.000,00 EUR) .... 1.040,00 EUR
2. 1,1-Verfahrensgebühr, Nrn. 3200, 3201 VV
   (Wert: 8.000,00 EUR) .... 501,60 EUR
   gem. § 15 Abs. 3 RVG nicht mehr als 1,6 aus
   23.000,00 EUR .... 1.260,80 EUR
3. 1,2-Terminsgebühr, Nr. 3202 VV
   (Wert: 23.000,00 EUR) .... 945,60 EUR
4. 1,3-Einigungsgebühr, Nrn. 1000, 1004 VV
   (Wert: 15.000,00 EUR) .... 845,00 EUR
5. 1,0-Einigungsgebühr, Nrn. 1000, 1003 VV
   (Wert: 3.000,00 EUR) .... 201,00 EUR
6. 1,5-Einigungsgebühr, Nr. 1000 VV
   (Wert: 5.000,00 EUR) .... 454,50 EUR
   gem. § 15 Abs. 3 RVG nicht mehr als 1,5 aus
   23.000,00 EUR .... 1.182,00 EUR
7. Postentgeltpauschale, Nr. 7002 VV .... 20,00 EUR
   Zwischensumme .... 3.408,40 EUR
8. 19 % Umsatzsteuer, Nr. 7008 VV .... 647,60 EUR
   Gesamt .... **4.056,00 EUR**

> **Beispiel 34** | **Berufung gegen Grundurteil, Einigung auch zur Höhe**

Der Kläger hatte erstinstanzlich Schadenersatzansprüche in Höhe von 20.000,00 EUR eingeklagt. Das LG hat zunächst ein Grundurteil erlassen und die Haftung des Beklagten zu 50 % ausgesprochen. Hiergegen legt der Kläger Berufung ein. Der Gegenstandswert für das Berufungsverfahren wird auf 10.000,00 EUR festgesetzt. Im Termin zur mündlichen Verhandlung einigen sich die Parteien dann, dass zum Ausgleich der Klageforderung ein Betrag in Höhe von 15.000,00 EUR gezahlt werde.

Im Berufungsverfahren ist zunächst einmal eine volle 1,6-Verfahrensgebühr nach Nr. 3200 VV aus 10.000,00 EUR angefallen. Dadurch dass im Termin auch der noch erstinstanzlich anhängige Zahlungsanspruch im Werte von 20.000,00 EUR mit in die Einigung einbezogen worden ist, ist zusätzlich noch eine 1,1-Verfahrensgebühr aus 20.000,00 EUR entstanden. Zu beachten ist § 15 Abs. 3 RVG. Insgesamt darf der Anwalt nicht mehr abrechnen als eine 1,6-Gebühr aus dem Gesamtwert, der wegen der wirtschaftlichen Identität nur 20.000,00 EUR beträgt.

Die Terminsgebühr entsteht ebenfalls aus dem Gesamtwert von 20.000,00 EUR.

Für die Einigung wiederum fallen zwei Gebührensätze an, nämlich eine 1,3-Gebühr (Nr. 1003 VV) aus dem Wert der im Berufungsverfahren anhängigen Gegenstände, also aus 10.000,00 EUR, sowie eine 1,0-Gebühr (Nr. 1000 VV) aus dem Wert der erstinstanzlich anhängigen Ansprüche, also aus dem Wert von 20.000,00 EUR. Auch hier wiederum gilt § 15 Abs. 3 RVG. Insgesamt darf der Anwalt nicht mehr abrechnen als eine 1,3-Gebühr aus dem Gesamtwert, der wegen der wirtschaftlichen Identität nur 20.000,00 EUR beträgt.

1.	1,6-Verfahrensgebühr, Nr. 3200 VV (Wert: 10.000,00 EUR)	892,80 EUR	
2.	1,1-Verfahrensgebühr, Nrn. 3200, 3201 VV (Wert: 20.000,00 EUR)	816,20 EUR	
	gem. § 15 Abs. 3 RVG nicht mehr als 1,6 aus 20.000,00 EUR		1.187,20 EUR
3.	1,2-Terminsgebühr, Nr. 3202 VV (Wert: 20.000,00 EUR)		890,40 EUR
4.	1,3-Einigungsgebühr, Nrn. 1000, 1004 VV (Wert: 10.000,00 EUR)	725,40 EUR	
5.	1,0-Einigungsgebühr, Nrn. 1000, 1003 VV (Wert: 20.000,00 EUR)	742,00 EUR	
	gem. § 15 Abs. 3 RVG nicht mehr als 1,3 aus 20.000,00 EUR		964,60 EUR
6.	Postentgeltpauschale, Nr. 7002 VV		20,00 EUR
	Zwischensumme	3.062,20 EUR	
7.	19 % Umsatzsteuer, Nr. 7008 VV		581,82 EUR
	Gesamt		**3.644,02 EUR**

4. Zurückverweisung an das Berufungsgericht[29]

Wird auf die Revision hin die Sache an das Berufungsgericht **zurückverwiesen**, ist das erneute Verfahren vor dem Berufungsgericht gem. § 21 Abs. 1 RVG eine neue Angelegenheit, in der die Gebühren erneut entstehen. Allerdings ist die Verfahrensgebühr des vorangegangenen Berufungsverfahrens auf die Verfahrensgebühr des Berufungsverfahrens nach Zurückverweisung anzurechnen, soweit an das Gericht zurückverwiesen worden ist, das mit der Sache bereits befasst war (Vorbem. 3 Abs. 6 VV) und seit Beendigung des ersten Berufungsverfahrens nicht mehr als zwei Kalenderjahre vergangen sind (siehe Rn 69 ff.).[30]

67

Beispiel 35	Erneutes Berufungsverfahren nach Zurückverweisung

68

Gegen seine Verurteilung zur Zahlung von 15.000,00 EUR legt der Beklagte Berufung ein. Gegen das zurückweisende Urteil des OLG legt der Beklagte Revision ein. Der BGH hebt das Berufungsurteil auf und verweist die Sache an das OLG zurück. Dort wird erneut verhandelt.

Das Verfahren nach Zurückverweisung stellt gem. § 21 Abs. 1 RVG eine neue Angelegenheit dar. Der Anwalt erhält sämtliche Gebühren erneut. Die Verfahrensgebühr des vorangegangenen Berufungsverfahrens wird allerdings auf die Verfahrensgebühr des Berufungsverfahrens nach Zurückverweisung angerechnet, da das Gericht, an das zurückverwiesen worden ist, mit der Sache bereits befasst war (Vorbem. 3 Abs. 6 VV).

---

[29] Siehe zur Zurückverweisung ausführlich auch § 14 Rn 67 ff.
[30] Zur Anrechnung, wenn das vorangegangene Verfahren noch nach der BRAGO abzurechnen war, siehe 3. Aufl. § 36 Rn 145.

I. **Berufungsverfahren vor Zurückverweisung**
1. 1,6-Verfahrensgebühr, Nr. 3200 VV   1.040,00 EUR
   (Wert: 15.000,00 EUR)
2. 1,2-Terminsgebühr, Nr. 3202 VV   780,00 EUR
   (Wert: 15.000,00 EUR)
3. Postentgeltpauschale, Nr. 7002 VV   20,00 EUR
   Zwischensumme   1.840,00 EUR
4. 19 % Umsatzsteuer, Nr. 7008 VV   349,60 EUR
Gesamt   **2.189,60 EUR**

II. **Berufungsverfahren nach Zurückverweisung**
1. 1,6-Verfahrensgebühr, Nr. 3200 VV   1.040,00 EUR
   (Wert: 15.000,00 EUR)
2. gem. Vorbem. 3 Abs. 6 VV anzurechnen, 1,6 aus   – 1.040,00 EUR
   15.000,00 EUR
3. 1,2-Terminsgebühr, Nr. 3202 VV   780,00 EUR
   (Wert: 15.000,00 EUR)
4. Postentgeltpauschale, Nr. 7002 VV   20,00 EUR
   Zwischensumme   800,00 EUR
5. 19 % Umsatzsteuer, Nr. 7008 VV   152,00 EUR
Gesamt   **952,00 EUR**

69 Liegen zwischen der Beendigung des ersten Berufungsverfahrens und dem Beginn des Berufungsverfahrens nach Zurückverweisung **mehr als zwei Kalenderjahre**, ist gem. § 15 Abs. 5 S. 2 RVG eine Anrechnung ausgeschlossen.[31]

> **Beispiel 36** | **Erneutes Berufungsverfahren, Zurückverweisung nach Ablauf von zwei Kalenderjahren**

Gegen seine Verurteilung zur Zahlung von 15.000,00 EUR im August 2013 hatte der Beklagte Berufung eingelegt. Der BGH hebt das Berufungsurteil im Januar 2016 auf und verweist die Sache an das OLG zurück. Dort wird erneut verhandelt.

Das Verfahren nach Zurückverweisung stellt gem. § 21 Abs. 1 RVG eine neue Angelegenheit dar, in der der Anwalt sämtliche Gebühren erneut erhält. Da seit der Beendigung des ersten Verfahrens (August 2013) und dem Beginn des Verfahrens nach Zurückverweisung (Januar 2016) allerdings zwei Kalenderjahre vergangen sind, ist gem. § 15 Abs. 5 S. 2 RVG eine Anrechnung ausgeschlossen, sodass die weitere Verfahrensgebühr anrechnungsfrei entsteht.

I. **Berufungsverfahren vor Zurückverweisung**
1. 1,6-Verfahrensgebühr, Nr. 3200 VV   1.040,00 EUR
   (Wert: 15.000,00 EUR)
2. 1,2-Terminsgebühr, Nr. 3202 VV   780,00 EUR
   (Wert: 15.000,00 EUR)
3. Postentgeltpauschale, Nr. 7002 VV   20,00 EUR
   Zwischensumme   1.840,00 EUR
4. 19 % Umsatzsteuer, Nr. 7008 VV   349,60 EUR
Gesamt   **2.189,60 EUR**

---

[31] OLG München AGS 2006, 369 = OLGR 2006, 681 = AnwBl 2006, 588 = FamRZ 2006, 1561 = RVG-Letter 2006, 87; OLG Köln AGkompakt 2009, 54 = OLGR Köln 2009, 601; OLG Düsseldorf AGS 2009, 212 = OLGR 2009, 455 = NJW-Spezial 2009, 220 = RVGprof. 2009, 93 = RVGreport 2009, 181.

II. Abrechnung § 15

II. Berufungsverfahren nach Zurückverweisung
1. 1,6-Verfahrensgebühr, Nr. 3200 VV   1.040,00 EUR
   (Wert: 15.000,00 EUR)
2. 1,2-Terminsgebühr, Nr. 3202 VV   780,00 EUR
   (Wert: 15.000,00 EUR)
3. Postentgeltpauschale, Nr. 7002 VV   20,00 EUR
   Zwischensumme   1.840,00 EUR
4. 19 % Umsatzsteuer, Nr. 7008 VV   349,60 EUR
Gesamt   **2.189,60 EUR**

5. Mehrere Berufungen gegen mehrere erstinstanzliche Entscheidungen

a) Überblick

Möglich ist, dass es zu mehreren Berufungen kommt, etwa bei Aufhebung des vorinstanzlichen Urteils oder bei Berufung gegen Teil- und Schlussurteil oder auch im Urkunden-, Wechsel- oder Scheckverfahren. **70**

b) Erneute Berufung nach Zurückverweisung an erste Instanz

Wird eine Entscheidung der Vorinstanz durch das Berufungsgericht aufgehoben und die Sache an das Vordergericht zurückverwiesen (siehe zur Zurückverweisung ausführlich auch § 14 Rn 67 ff.), kann gegen das erneute erstinstanzliche Urteil wiederum Berufung eingelegt werden. Das neue Berufungsverfahren stellt dann wiederum eine eigene Angelegenheit dar (§ 17 Nr. 1 RVG). Der Anwalt erhält im zweiten Berufungsverfahren alle Gebühren erneut. Eine Anrechnung der Gebühren ist nicht vorgesehen. Der Gegenstandswert des zweiten Berufungsverfahrenshängt hängt dann davon ab, welche Anträge dort gestellt werden. Hier können sich abweichende Werte ergeben. **71**

> **Beispiel 37** | **Erneutes Berufungsverfahren nach Zurückverweisung**

Gegen seine Verurteilung zur Zahlung von 15.000,00 EUR hatte der Beklagte Berufung eingelegt. Das OLG hebt das erstinstanzliche Urteil auf und verweist die Sache an das LG zur erneuten Verhandlung und Entscheidung zurück. Das Landgericht verurteilt den Beklagten nach erneuter Verhandlung zur Zahlung i.H.v. 10.000,00 EUR. Dagegen legt der Beklagte erneut Berufung ein, über die mündlich verhandelt wird.

Es liegen jetzt zwei verschiedene Angelegenheiten vor. Jedes Berufungsverfahren ist eine eigene Angelegenheit i.S.d. § 15 RVG. Der Streitwert im ersten Berufungsverfahren belief sich auf 15.000,00 EUR; der Streitwert des zweiten Berufungsverfahrens beträgt dagegen 10.000,00 EUR.

I. Erstes Berufungsverfahren
1. 1,6-Verfahrensgebühr, Nr. 3200 VV   1.040,00 EUR
   (Wert: 15.000,00 EUR)
2. 1,2-Terminsgebühr, Nr. 3202 VV   780,00 EUR
   (Wert: 15.000,00 EUR)
3. Postentgeltpauschale, Nr. 7002 VV   20,00 EUR
   Zwischensumme   1.840,00 EUR
4. 19 % Umsatzsteuer, Nr. 7008 VV   349,60 EUR
Gesamt   **2.189,60 EUR**

II. Zweites Berufungsverfahren

1. 1,6-Verfahrensgebühr, Nr. 3200 VV (Wert: 10.000,00 EUR)		892,80 EUR
2. 1,2-Terminsgebühr, Nr. 3202 VV (Wert: 10.000,00 EUR)		669,60 EUR
3. Postentgeltpauschale, Nr. 7002 VV		20,00 EUR
Zwischensumme	1.582,40 EUR	
4. 19 % Umsatzsteuer, Nr. 7008 VV		300,66 EUR
Gesamt		**1.883,06 EUR**

c) Erneute Berufung nach Schlussurteil

72 Wird sowohl gegen ein Teilurteil als auch gegen ein Schlussurteil Berufung eingelegt, stellt das neue Berufungsverfahren wiederum eine eigene Angelegenheit dar (§ 17 Nr. 1 RVG). Der Anwalt erhält in beiden Verfahren seine Gebühren gesondert aus dem jeweiligen Wert.

Beispiel 38 | Berufung gegen Teil- und Schlussurteil

Der Kläger klagt auf Zahlung von 20.000,00 EUR. In Höhe von 15.000,00 EUR wird der Beklagte durch Teilurteil verurteilt. Dagegen legt er Berufung ein, über die mündlich verhandelt wird. Später wird der verbliebenen Klage durch Schlussurteil ebenfalls stattgegeben. Auch dagegen legt der Beklagte Berufung ein, über die verhandelt wird.

Es liegen jetzt zwei verschiedene Angelegenheiten vor. Jedes Berufungsverfahren ist eine eigene Angelegenheit i.S.d. § 15 RVG. Der Streitwert im ersten Berufungsverfahren belief sich auf 15.000,00 EUR; der Streitwert des zweiten Berufungsverfahrens beträgt 5.000,00 EUR.

I. Erstes Berufungsverfahren

1. 1,6-Verfahrensgebühr, Nr. 3200 VV (Wert: 15.000,00 EUR)		1.040,00 EUR
2. 1,2-Terminsgebühr, Nr. 3202 VV (Wert: 15.000,00 EUR)		780,00 EUR
3. Postentgeltpauschale, Nr. 7002 VV		20,00 EUR
Zwischensumme	1.840,00 EUR	
4. 19 % Umsatzsteuer, Nr. 7008 VV		349,60 EUR
Gesamt		**2.189,60 EUR**

II. Zweites Berufungsverfahren

1. 1,6-Verfahrensgebühr, Nr. 3200 VV (Wert: 5.000,00 EUR)		484,80 EUR
2. 1,2-Terminsgebühr, Nr. 3202 VV (Wert: 5.000,00 EUR)		363,60 EUR
3. Postentgeltpauschale, Nr. 7002 VV		20,00 EUR
Zwischensumme	868,40 EUR	
4. 19 % Umsatzsteuer, Nr. 7008 VV		165,00 EUR
Gesamt		**1.033,40 EUR**

73 Ein Hauptanwendungsfall dieser Konstellation ist die Berufung gegen die Entscheidung in der Auskunftsstufe aufgrund einer Stufenklage und die spätere Berufung gegen die Entscheidung im Betragsverfahren.

74 Ebenso ist ein solcher Fall bei vorherigem Erlass eines Grundurteils gegeben (das ja ebenfalls nur eine besondere Form des Teilurteils ist). auch dann fallen die Gebühren in der Berufung gesondert an.

Beispiel 39 | Berufung gegen Grund- und Schlussurteil

Der Kläger klagt auf Schadensersatz in Höhe von 20.000,00 EUR. Das Gericht erlässt ein Grundurteil, wonach der Beklagte zu 75 % hafte. Dagegen legt der Beklagte Berufung ein, über die mündlich verhandelt wird. Der Wert wird auf 8.000,00 EUR festgesetzt (50 % der Klageforderung abzüglich 20 % Feststellungsabschlag). Nach Bestätigung des Urteils verurteilt das LG den Beklagten ausgehend von einem angenommenen Gesamtschaden von 15.000,00 EUR zur Zahlung von 7.500,00 EUR. Auch dagegen legt der Beklagte Berufung ein, über die verhandelt wird.

Es liegen jetzt zwei verschiedene Angelegenheiten vor. Jedes Berufungsverfahren ist eine eigene Angelegenheit i.S.d. § 15 RVG. Der Streitwert im ersten Berufungsverfahren beläuft sich auf 8.000,00 EUR; der Streitwert des zweiten Berufungsverfahrens beträgt 7.500,00 EUR.

I. Erstes Berufungsverfahren
1. 1,6-Verfahrensgebühr, Nr. 3200 VV   729,60 EUR
   (Wert: 8.000,00 EUR)
2. 1,2-Terminsgebühr, Nr. 3202 VV   547,20 EUR
   (Wert: 8.000,00 EUR)
3. Postentgeltpauschale, Nr. 7002 VV   20,00 EUR
   Zwischensumme   1.296,80 EUR
4. 19 % Umsatzsteuer, Nr. 7008 VV   246,39 EUR
   Gesamt   **1.543,19 EUR**

II. Zweites Berufungsverfahren
1. 1,6-Verfahrensgebühr, Nr. 3200 VV   729,60 EUR
   (Wert: 7.500,00 EUR)
2. 1,2-Terminsgebühr, Nr. 3202 VV   547,20 EUR
   (Wert: 7.500,00 EUR)
3. Postentgeltpauschale, Nr. 7002 VV   20,00 EUR
   Zwischensumme   1.296,80 EUR
4. 19 % Umsatzsteuer, Nr. 7008 VV   246,39 EUR
   Gesamt   **1.543,19 EUR**

d) Berufung im Urkunden-, Scheck- oder Wechselprozess und Nachverfahren bzw. im ordentlichen Verfahren nach Abstandnahme

Wegen des Zusammenhangs wird insoweit auf die Darstellung des Urkunden-, Scheck- und Wechselverfahrens verwiesen (§ 18 Rn 18 ff.).

6. Anrechnung nach bloßen Verhandlungen

Auch im Berufungsverfahren ist eine Anrechnung vorgesehen, wenn in einem gerichtlichen Verfahren nicht anhängige Gegenstände zunächst lediglich (erfolglos) verhandelt wurden und anschließend in einem weiteren Verfahren geltend gemacht werden (Anm. zu Nr. 3201 VV; Anm. Abs. 1 zu Nr. 3202 i.V.m. Anm. Abs. 2 zu Nr. 3104 VV).[32]

---

[32] Siehe zur Anrechnung nach bloßen Verhandlungen ausführlich auch § 8 Rn 43 ff.

> **Beispiel 40** Anrechnung von Verfahrens- und Terminsgebühren nach gescheiterter Einigung über nicht anhängige Gegenstände

Gegen seine Verurteilung zur Zahlung von 15.000,00 EUR legt der Beklagte Berufung ein. Im Termin zur mündlichen Verhandlung vor dem OLG führen die Parteien Vergleichsgespräche. Es wird versucht, eine Gesamtbereinigung aller Ansprüche zu erzielen. Zu diesem Zweck werden weitere nicht anhängige Gegenstände im Wert von 8.000,00 EUR in die Vergleichsgespräche mit einbezogen. Die Einigung scheitert. Die 8.000,00 EUR werden sodann in einem neuen Verfahren vor dem LG eingeklagt.

Im Berufungsverfahren entsteht neben der 1,6-Verfahrensgebühr der Nr. 3200 VV aus dem Wert des Berufungsverfahrens für beide Anwälte aus dem Mehrwert von 8.000,00 EUR zusätzlich eine 1,1-Verfahrensgebühr nach Nr. 3201 Nr. 2 VV. Zu beachten ist allerdings § 15 Abs. 3 RVG.

Die Terminsgebühr entsteht in voller Höhe aus dem Gesamtwert von 23.000,00 EUR.

In dem neuen erstinstanzlichen Verfahren entstehen jetzt die Gebühren nach Nrn. 3100 und 3104 VV. Allerdings ist jetzt nach Anm. zu Nr. 3201 VV die Verfahrensgebühr und nach Anm. Abs. 1 zu Nr. 3202 i.V.m. Anm. Abs. 2 zu Nr. 3104 VV die Terminsgebühr des Berufungsverfahrens teilweise auf die Verfahrens- und Terminsgebühr des nachfolgenden erstinstanzlichen Verfahrens anzurechnen (zur Berechnungsformel siehe § 14 Rn 1 ff.).

I. Berufungsverfahren
1. 1,6-Verfahrensgebühr, Nr. 3200 VV
(Wert: 15.000,00 EUR)   1.040,00 EUR
2. 1,1-Verfahrensgebühr, Nr. 3201 Nr. 2 VV
(Wert: 8.000,00 EUR)   501,60 EUR
gem. § 15 Abs. 3 RVG nicht mehr als 1,6 aus 23.000,00 EUR   1.260,80 EUR
3. 1,2-Terminsgebühr, Nr. 3202 VV
(Wert: 23.000,00 EUR)   945,60 EUR
4. Postentgeltpauschale, Nr. 7002 VV   20,00 EUR
Zwischensumme   2.226,40 EUR
5. 19 % Umsatzsteuer, Nr. 7008 VV   423,02 EUR
Gesamt   **2.649,42 EUR**

II. Berechnung der anzurechnenden Verfahrensgebühr (Anm. zu Nr. 3201 VV)
Gesamtbetrag nach § 15 Abs. 3 RVG   1.260,80 EUR
− 1,6-Verfahrensgebühr, Nr. 3200 VV
(Wert: 15.000,00 EUR)   − 1.040,00 EUR
= anzurechnen   **220,80 EUR**

III. Berechnung der anzurechnenden Terminsgebühr (Anm. Abs. 1 zu Nr. 3202 VV)
1,2-Terminsgebühr, Nr. 3202 VV
(Wert: 23.000,00 EUR)   945,60 EUR
− 1,2-Terminsgebühr, Nr. 3202 VV
(Wert: 15.000,00 EUR)   − 780,00 EUR
= anzurechnen   **165,60 EUR**

IV. Nachfolgendes erstinstanzliches Verfahren
1. 1,3-Verfahrensgebühr, Nr. 3100 VV
(Wert: 8.000,00 EUR)   592,80 EUR
2. Gem. Anm. zu Nr. 3200 VV anzurechnen   − 220,80 EUR
3. 1,2-Terminsgebühr, Nr. 3104 VV
(Wert: 8.000,00 EUR)   547,20 EUR
4. gem. Anm. Abs. 1 zu Nr. 3202 VV i.V.m. Anm. Abs. 2 zu Nr. 3104 VV anzurechnen   − 165,60 EUR

5. Postentgeltpauschale, Nr. 7002 VV   20,00 EUR
   Zwischensumme   773,60 EUR
6. 19 % Umsatzsteuer, Nr. 7008 VV   146,98 EUR
Gesamt   **920,58 EUR**

§ 16 Nichtzulassungsbeschwerde, Revision und Sprungrevision in bürgerlichen Rechtsstreitigkeiten

Inhalt

I. Überblick 1	V. Sprungrevision 39
II. Nichtzulassungsbeschwerde nach § 544 ZPO 4	1. Überblick 39
III. Revision 17	2. Die Abgabe der Einwilligungserklärung 44
IV. Anrechnung bei vorangegangener Nichtzulassungsbeschwerde 37	a) Vertretung des Erklärenden 44
	b) Vertretung des Erklärungsempfängers 47
	3. Vertretung im Zulassungsverfahren 50
	4. Vertretung im zugelassenen Revisionsverfahren 56

I. Überblick

Gegen Berufungsurteile der Landgerichte und der Oberlandesgerichte ist die Revision gegeben, wenn das Berufungsgericht sie zugelassen hat. Ist die Revision nicht zugelassen worden, kann nach § 544 ZPO Nichtzulassungsbeschwerde erhoben werden. Ist die Beschwerde erfolgreich, so gilt die Beschwerde als Revision (§ 544 Abs. 6 ZPO); das Revisionsverfahren schließt sich dann unmittelbar an. **1**

Darüber hinaus ist gegen die erstinstanzlichen Urteile der Amts- und Landgerichte, die ohne Zulassung der Berufung unterliegen, die Sprungrevision gegeben, wenn der Rechtsmittelgegner in die Übergehung der Berufungsinstanz einwilligt und der BGH die Sprungrevision zulässt (§ 566 Abs. 1 ZPO). **2**

Schließlich ist auch die Revision gegen erstinstanzliche Urteile des OLG in Verfahren bei überlangen Gerichtsverfahren und strafrechtlichen Ermittlungsverfahren gegeben (§ 201 Abs. 2 S. 3, 1. Hs. GVG). Ebenso kommt hier die Nichtzulassungsbeschwerde in Betracht (§ 201 Abs. 2 S. 3, 2. Hs. GVG). **3**

II. Nichtzulassungsbeschwerde nach § 544 ZPO

Die Nichtzulassungsbeschwerde nach § 544 ZPO ist abweichend von den sonstigen Beschwerden (Nr. 3500 VV) in den Nrn. 3506 ff. VV geregelt. **4**

Das Verfahren über die Nichtzulassungsbeschwerde stellt gegenüber dem Berufungsverfahren eine **eigene gebührenrechtliche Angelegenheit** dar, in der der Anwalt gesonderte Gebühren erhält (§ 18 Abs. 1 Nr. 3 RVG). Das sich an eine erfolgreiche Nichtzulassungsbeschwerde anschließende Revisionsverfahren stellt wiederum eine **weitere Angelegenheit** dar. Dies folgt gegenüber dem vorinstanzlichen Verfahren aus § 17 Nr. 1 RVG und gegenüber der Nichtzulassungsbeschwerde aus § 17 Nr. 9 RVG. Insgesamt sind also **drei Angelegenheiten** gegeben: **5**

- Berufungsverfahren, bzw. das erstinstanzliche Verfahren bei überlangen Gerichtsverfahren und strafrechtlichen Ermittlungsverfahren,
- Nichtzulassungsbeschwerdeverfahren,
- Revisionsverfahren.

§ 16 Nichtzulassungsbeschwerde, Revision und Sprungrevision

6 Allerdings wird die Verfahrensgebühr des Nichtzulassungsbeschwerdeverfahrens auf die Verfahrensgebühr des nachfolgenden Revisionsverfahrens **angerechnet** (Anm. zu Nr. 3506 VV).

7 Für seine Tätigkeit im Verfahren der Nichtzulassungsbeschwerde erhält der Anwalt nach Nr. 3506 VV eine **1,6-Verfahrensgebühr**. Diese Gebühr erhöht sich gem. Nr. 3508 VV auf eine **2,3-Verfahrensgebühr**, soweit sich die Parteien nur durch einen am BGH zugelassenen Anwalt vertreten lassen können. Dies ist der Regelfall (§ 78 Abs. 1 S. 3 ZPO) (zur Vertretung durch einen nicht am BGH zugelassenen Anwalt siehe Rn 14).

8 Vertritt der Anwalt **mehrere Auftraggeber** wegen desselben Gegenstands, so erhöht sich die Gebühr um 0,3 je weiteren Auftraggeber (Nr. 1008 VV).

9 **Endet der Auftrag** des Anwalts **vorzeitig** i.S.d. Anm. Abs. 1 Nr. 1 zu Nr. 3201 VV (Anm. zu Nr. 3507 VV), so ermäßigt sich die 1,6-Verfahrensgebühr der Nr. 3506 VV auf 1,1 (Nr. 3507 VV). Soweit sich die Parteien nur durch einen am BGH zugelassenen Anwalt vertreten lassen können, beträgt die ermäßigte Gebühr 1,8 (Nr. 3509 VV). Auch hier gilt die Anm. zu Nr. 3201 VV entsprechend (Anm. zu Nr. 3509 VV).

10 Das Gleiche gilt, wenn die Parteien eine **Einigung über in diesem Verfahren nicht anhängige** Gegenstände treffen oder **Verhandlungen** über solche Gegenstände führen (Anm. zu Nr. 3507 i.V.m. Anm. Abs. 1 Nr. 2 zu Nr. 3201 VV).

11 Neben der Verfahrensgebühr kann unter den Voraussetzungen der Vorbem. 3 Abs. 3 VV auch eine **1,2-Terminsgebühr** nach Nr. 3516 VV anfallen. Soweit der BGH der Auffassung war, die Terminsgebühr nach Nr. 3516 VV könne im Verfahren der Nichtzulassungsbeschwerde nicht schon dann entstehen, wenn die Rechtsanwälte der Parteien sich ohne Mitwirkung des Gerichts über die Erledigung des Verfahrens besprechen, weil es sich nicht um ein Verfahren mit obligatorischer mündlicher Verhandlung handele,[1] ist diese Auffassung seit der Neufassung der Vorbem. 3 Abs. 3 VV nicht mehr vertretbar. Der Gesetzgeber hat klargestellt, dass eine Terminsgebühr für die Mitwirkung an Besprechungen zur Vermeidung oder Erledigung des Verfahrens keine obligatorische mündliche Verhandlung voraussetzt (siehe § 13 Rn 84).

12 Kommt es im Verfahren der Nichtzulassungsbeschwerde zu einer Einigung, so entsteht zusätzlich eine **Einigungsgebühr** nach Nrn. 1000, 1004 VV. Auch dies ist jetzt durch die mit dem 2. KostRMoG erweiterte Fassung der Nr. 1004 VV klargestellt worden.

13 Der **Gegenstandswert** des Nichtzulassungsbeschwerdeverfahrens richtet sich nach dem Wert hinsichtlich dessen die Zulassung der Revision begehrt wird (§ 47 Abs. 3 GKG). Dieser Wert muss mit dem späteren Revisionsverfahren nicht identisch sein, da sich infolge einer Revisionserweiterung, einer Anschlussrevision oder gegebenenfalls einer teilweisen Erledigung vor Einlegen der Revision Veränderungen ergeben können.

| Beispiel 1 | Nichtzulassungsbeschwerde |

Das OLG hat den Beklagten zur Zahlung von 100.000,00 EUR verurteilt und die Revision nicht zugelassen. Der Beklagte beauftragt einen BGH-Anwalt, gegen das Urteil Nichtzulassungsbeschwerde einzulegen. Die Beschwerde wird zurückgewiesen.

---

[1] AGS 2007, 298 = BGHR 2007, 369 = NJW 2007, 1461 = NJ 2007, 223 = RVGprof. 2007, 78 = JurBüro 2007, 252 = MDR 2007, 742 = RVGreport 2007, 269 = zfs 2007, 467 = NJW 2007, 411.

II. Nichtzulassungsbeschwerde nach § 544 ZPO § 16

Es entsteht nur eine **2,3-Verfahrensgebühr** nach Nrn. 3506, 3508 VV.

1.	2,3-Verfahrensgebühr, Nrn. 3506, 3508 VV	3.456,90 EUR
	(Wert: 100.000,00 EUR)	
2.	Postentgeltpauschale, Nr. 7002 VV	20,00 EUR
	Zwischensumme	3.476,90 EUR
3.	19 % Umsatzsteuer, Nr. 7008 VV	660,61 EUR
	Gesamt	**4.137,51 EUR**

> **Beispiel 2** — Nichtzulassungsbeschwerde für mehrere Auftraggeber

Das OLG hat zwei Beklagte als Gesamtschuldner zur Zahlung von 100.000,00 EUR verurteilt und die Revision nicht zugelassen. Die Beklagten beauftragen einen BGH-Anwalt, gegen das Urteil Nichtzulassungsbeschwerde einzulegen. Die Beschwerde wird zurückgewiesen.

Die **2,3-Verfahrensgebühr** der Nrn. 3506, 3508 VV erhöht sich jetzt gem. Nr. 1008 VV um 0,3 für den weiteren Auftraggeber.

1.	2,6-Verfahrensgebühr, Nrn. 3506, 3508, 1008 VV	
	(Wert: 100.000,00 EUR)	3.907,80 EUR
2.	Postentgeltpauschale, Nr. 7002 VV	20,00 EUR
	Zwischensumme	3.927,80 EUR
3.	19 % Umsatzsteuer, Nr. 7008 VV	746,28 EUR
	Gesamt	**4.674,08 EUR**

> **Beispiel 3** — Nichtzulassungsbeschwerde, vorzeitige Erledigung

Das OLG hat den Beklagten zur Zahlung von 100.000,00 EUR verurteilt und die Revision nicht zugelassen. Der BGH-Anwalt erhält den Auftrag, gegen das Urteil Nichtzulassungsbeschwerde einzulegen. Hierzu kommt es jedoch nicht mehr, da der Auftrag vor Einlegung der Nichtzulassungsbeschwerde zurückgenommen wird.

Die **Verfahrensgebühr** der Nrn. 3506, 3508 VV ermäßigt sich nach Nr. 3509 VV auf 1,8 (Anm. zu Nr. 3509 VV i.V.m. Anm. zu Nr. 3201 VV).

1.	1,8-Verfahrensgebühr, Nrn. 3506, 3508, 3509 VV	
	(Wert: 100.000,00 EUR)	2.705,40 EUR
2.	Postentgeltpauschale, Nr. 7002 VV	20,00 EUR
	Zwischensumme	2.725,40 EUR
3.	19 % Umsatzsteuer, Nr. 7008 VV	517,83 EUR
	Gesamt	**3.243,23 EUR**

> **Beispiel 4** — Nichtzulassungsbeschwerde, vorzeitige Erledigung, mehrere Auftraggeber

Das OLG hat zwei Beklagte als Gesamtschuldner zur Zahlung von 100.000,00 EUR verurteilt und die Revision nicht zugelassen. Der BGH-Anwalt erhält von beiden Beklagten den Auftrag, gegen das Urteil Nichtzulassungsbeschwerde einzulegen. Hierzu kommt es jedoch nicht mehr, da der Auftrag vor Einlegung der Nichtzulassungsbeschwerde zurückgenommen wird.

Die **Verfahrensgebühr** der Nrn. 3506. 3508 VV ermäßigt sich nach Nr. 3509 VV auf 1,8 (Anm. zu Nr. 3509 VV i.V.m. Anm. zu Nr. 3201 VV), erhöht sich aber gleichzeitig nach Nr. 1008 VV um 0,3.

1. 2,1-Verfahrensgebühr, Nrn. 3506, 3508, 3509, 1008 VV
   (Wert: 100.000,00 EUR)   3.156,30 EUR
2. Postentgeltpauschale, Nr. 7002 VV   20,00 EUR
   Zwischensumme   3.176,30 EUR
3. 19 % Umsatzsteuer, Nr. 7008 VV   603,50 EUR
   Gesamt   **3.779,80 EUR**

> **Beispiel 5** — Nichtzulassungsbeschwerde zur Fristwahrung, Rücknahme ohne Begründung

Der Anwalt legt für den zur Zahlung von 50.000,00 EUR verurteilten Berufungsbeklagten fristwahrend Nichtzulassungsbeschwerde ein. Der Gegner beauftragt einen BGH-Anwalt, der sich im Nichtzulassungsbeschwerdeverfahren bestellt, ohne einen Antrag zu stellen. Die Nichtzulassungsbeschwerde wird ohne Begründung wieder zurückgenommen.

Der Anwalt des Berufungsbeklagten und Beschwerdeführers erhält die volle **2,3-Verfahrensgebühr** nach Nrn. 3506, 3508 VV.

Der Anwalt des Beschwerdegegners erhält mangels Sachantrags nur eine ermäßigte 1,8-**Verfahrensgebühr** nach Nrn. 3506, 3508, 3509 VV (Anm. zu Nr. 3509 VV i.V.m. Anm. zu Nr. 3201 VV). Diese Gebühr ist auch erstattungsfähig.[2]

Der **Streitwert** des Verfahrens berechnet sich gem. § 47 Abs. 1 S. 2 GKG nach dem vollen Wert der Beschwer.

I. Anwalt des Beschwerdeführers
1. 2,3-Verfahrensgebühr, Nrn. 3506, 3508 VV
   (Wert: 50.000,00 EUR)   2.674,90 EUR
2. Postentgeltpauschale, Nr. 7002 VV   20,00 EUR
   Zwischensumme   2.694,90 EUR
3. 19 % Umsatzsteuer, Nr. 7008 VV   512,03 EUR
   Gesamt   **3.206,93 EUR**

II. Anwalt des Beschwerdegegners
1. 1,8-Verfahrensgebühr, Nrn. 3506, 3508, 3509 VV
   (Wert: 50.000,00 EUR)   2.093,40 EUR
2. Postentgeltpauschale, Nr. 7002 VV   20,00 EUR
   Zwischensumme   2.113,40 EUR
3. 19 % Umsatzsteuer, Nr. 7008 VV   401,55 EUR
   Gesamt   **2.514,95 EUR**

14 Strittig ist, wie ein nicht postulationsfähiger Anwalt im Nichtzulassungsbeschwerdeverfahren abrechnet. Die Rechtsprechung will dem Anwalt nur eine 0,8-Gebühr nach Nr. 3403 VV zugestehen.[3] Zutreffend dürfte es jedoch sein, dem Anwalt dieselben Gebühren zuzugestehen, wie dem

---

[2] OLG Hamburg AGS 2003, 539 m. Anm. *N. Schneider*; AnwK-RVG/*N. Schneider*, Nrn. 3506 bis 3509 VV Rn 43; ausführlich *Schneider/Thiel*, Das ABC der Kostenerstattung, „Nichtzulassungsbeschwerde".

[3] AGS 2006, 491 = RVG-Letter 2006, 74 = NJW 2006, 2266 = Rpfleger 2006, 508 = RVGreport 2006, 348 = BGHR 2006, 1068 = MDR 2006, 1435 = RVGprof. 2006, 115 = JurBüro 2007, 27; AGS 2007, 298 = BGHR 2007, 369 = NJW 2007, 1461 = NJ 2007, 223 = RVGprof. 2007, 78 = JurBüro 2007, 252 = MDR 2007, 742 = RVGreport 2007, 269 = zfs 2007, 467 = NJ 2007, 411; ebenso OLG München AnwBl 2010, 68; OLG Frankfurt AGS 2009, 25 = JurBüro 2008, 538 = OLGR 2009, 187; OLG Köln AGS 2007, 301; AGS 2010, 530 = JurBüro 2010, 654 = NJW-Spezial 2010, 731 = Rpfleger 2011, 181; OLG Brandenburg OLGR 2007, 383.

BGH-Anwalt, da er auch als nicht zugelassener Anwalt sinnvolle Tätigkeiten ausführen kann.[4] Voraussetzung ist, dass ein Auftrag zur Vertretung erteilt worden ist. Der bloße Rat des vorinstanzlichen Prozessbevollmächtigten dahin, dass eine Vertretung durch einen am BGH zugelassenen Rechtsanwalt nicht erforderlich sei, weil ein Versäumnisurteil ausgeschlossen werden könne, löst dagegen noch keine gesonderte Vergütung aus.[5]

Beispiel 6 | **Nichtzulassungsbeschwerde, Vertretung durch einen nicht postulationsfähigen Anwalt**

Das OLG hat den Beklagten zur Zahlung von 100.000,00 EUR verurteilt und die Revision nicht zugelassen. Dieser legt Nichtzulassungsbeschwerde ein. Der Berufungsanwalt nimmt schriftsätzlich hierzu Stellung und beantragt, die Nichtzulassungsbeschwerde zu verwerfen, da sie verspätet eingelegt worden sei. Der BGH verwirft die Beschwerde als unzulässig.

Der Berufungsanwalt war im Nichtzulassungsbeschwerdeverfahren beauftragt und hat dort die Gebühr nach Nr. 3506 VV verdient. Da im Verfahren eine Vertretung durch einen am BGH zugelassenen Anwalt erforderlich war, erhöht sich die Gebühr nach Nr. 3508 VV auf 2,3. Dass der Berufungsanwalt am BGH nicht zugelassen ist, spielt keine Rolle. Nr. 3508 VV spricht ausdrücklich nicht davon, dass die Erhöhung nur für den am BGH zugelassenen Anwalt eintrete, sondern knüpft die Erhöhung an die Zulassungspflicht. Sofern der nicht zugelassene Berufungsanwalt Tätigkeiten im Verfahren erbringt, muss er entsprechend vergütet werden. Die Vergütung ist m.E. nach auch erstattungsfähig, soweit die Kosten eines zugelassenen Anwalts erspart wurden und diese erstattungsfähig gewesen wären.

1.	2,3-Verfahrensgebühr, Nrn. 3506, 3508 VV (Wert: 100.000,00 EUR)	3.456,90 EUR
2.	Postentgeltpauschale, Nr. 7002 VV	20,00 EUR
	Zwischensumme	3.476,90 EUR
3.	19 % Umsatzsteuer, Nr. 7008 VV	606,61 EUR
	Gesamt	**4.137,51 EUR**

Nach BGH und der ihm folgenden Gerichte wäre dagegen wie folgt zu rechnen:[6]

1.	0,8-Verfahrensgebühr, Nr. 3403 VV (Wert: 100.000,00 EUR)	1.202,40 EUR
2.	Postentgeltpauschale, Nr. 7002 VV	20,00 EUR
	Zwischensumme	1.222,40 EUR
3.	19 % Umsatzsteuer, Nr. 7008 VV	232,26 EUR
	Gesamt	**1.454,66 EUR**

Auch im Nichtzulassungsbeschwerdeverfahren kann eine **Terminsgebühr** entstehen. Zwar findet dort keine gerichtliche Verhandlung statt, die Gebühr kann jedoch unter den sonstigen Voraussetzungen der Vorbem. 3 Abs. 3 S. 3 Nr. 2 VV entstehen, etwa bei außergerichtlichen Vergleichsgesprächen in diesem Stadium. Die frühere gegenteilige Rechtsprechung des BGH ist durch die Neufassung der Vorbem. 3 Abs. 3 VV infolge des 2. KostRMoG überholt. Soweit die Gebühr entsteht, bemisst sie sich nach Nr. 3516 VV. Im Gegensatz zur Revision beläuft sich die Terminsgebühr nur auf 1,2 und nicht auf 1,5.

---

4 AnwK-RVG/*N. Schneider*, Nrn. 3506 bis 3509 Rn 16 ff.; *N. Schneider*, in: Anm. zu BGH AGS 2006, 491.
5 OLG Stuttgart AGS 2009, 220 m. Anm. *N. Schneider* = OLGR 2008, 732 = FamRZ 2009, 146 = Justiz 2009, 69 = MDR 2008, 1367 = RVGreport 2009, 64.
6 Zur Erstattungsfähigkeit dieser Gebühr siehe *Schneider/Thiel*, Das ABC der Kostenerstattung, „Nichtzulassungsbeschwerde".

§ 16 Nichtzulassungsbeschwerde, Revision und Sprungrevision

Beispiel 7 | **Nichtzulassungsbeschwerde mit außergerichtlicher Besprechung**

Das OLG hat den Beklagten zur Zahlung von 100.000,00 EUR verurteilt und die Revision nicht zugelassen. Der BGH-Anwalt legt auftragsgemäß gegen das Urteil Nichtzulassungsbeschwerde ein. Es kommt zu einer außergerichtlichen Besprechung der BGH-Anwälte, worauf die Nichtzulassungsbeschwerde zurückgenommen wird.

Neben der Verfahrensgebühr entsteht nach Vorbem. 3 Abs. 3 S. 3 Nr. 2 VV i.V.m. Nr. 3516 VV eine 1,2-Terminsgebühr.

1.	2,3-Verfahrensgebühr, Nrn. 3506, 3508 VV (Wert: 100.000,00 EUR)	3.456,90 EUR
2.	1,2-Terminsgebühr, Nr. 3516 VV (Wert: 100.000,00 EUR)	1.803,60 EUR
3.	Postentgeltpauschale, Nr. 7002 VV	20,00 EUR
	Zwischensumme	5.280,50 EUR
4.	19 % Umsatzsteuer, Nr. 7008 VV	1.003,30 EUR
	Gesamt	**6.283,80 EUR**

16 Kommt es im Verfahren der Nichtzulassungsbeschwerde zu einer Einigung, so entsteht zusätzlich eine **Einigungsgebühr** nach Nrn. 1000, 1004 VV. Mit der Änderung der Nr. 1004 VV durch das 2. KostRMoG ist klargestellt, dass die höhere Einigungsgebühr auch in Verfahren der Nichtzulassungsbeschwerde gilt. Werden weiter gehende Ansprüche mit in die Einigung einbezogen, gilt das gleiche wie im Revisionsverfahren.

Beispiel 8 | **Nichtzulassungsbeschwerde mit außergerichtlicher Besprechung und Einigung**

Das OLG hat den Beklagten zur Zahlung von 100.000,00 EUR verurteilt und die Revision nicht zugelassen. Der Anwalt erhält den Auftrag, gegen das Urteil Nichtzulassungsbeschwerde einzulegen. Die Anwälte der Parteien besprechen sich außergerichtlich und treffen eine Einigung.

1.	2,3-Verfahrensgebühr, Nrn. 3506, 3508 VV (Wert: 100.000,00 EUR)	3.456,90 EUR
2.	1,2-Terminsgebühr, Nr. 3516 VV (Wert: 100.000,00 EUR)	1.803,60 EUR
3.	1,3-Einigungsgebühr, Nrn. 1000, 1004 VV (Wert: 100.000,00 EUR)	1.953,90 EUR
4.	Postentgeltpauschale, Nr. 7002 VV	20,00 EUR
	Zwischensumme	7.234,40 EUR
5.	19 % Umsatzsteuer, Nr. 7008 VV	1.374,54 EUR
	Gesamt	**8.608,94 EUR**

Beispiel 9 | **Nichtzulassungsbeschwerde mit Einigung auch über nicht anhängige Gegenstände**

Das OLG hat den Beklagten zur Zahlung von 100.000,00 EUR verurteilt und die Revision nicht zugelassen. Der Anwalt erhält den Auftrag, gegen das Urteil Nichtzulassungsbeschwerde einzulegen. Die Anwälte der Parteien besprechen sich außergerichtlich und treffen eine Einigung, in die sie weitere nicht anhängige 30.000,00 EUR einbeziehen.

Es entsteht jetzt aus 100.000,00 EUR die volle **2,3-Verfahrensgebühr** nach Nrn. 3506, 3508 VV. Aus dem nicht anhängigen Mehrwert von 30.000,00 EUR entsteht nach Nrn. 3506, 3509 VV eine **1,8-Verfahrensgebühr** (Anm. zu Nr. 3509 VV i.V.m. Anm. S. 1 Nr. 1 zu Nr. 3201 VV). Zu beachten ist § 15 Abs. 3 RVG. Die Terminsgebühr entsteht aus dem Gesamtwert von 130.000,00 EUR. Dass im Verfahren eine mündliche Verhandlung nicht vorgeschrieben ist, ist insoweit irrelevant.

1. 2,3-Verfahrensgebühr, Nrn. 3506, 3508 VV (Wert: 100.000,00 EUR)	3.456,90 EUR	
2. 1,8-Verfahrensgebühr, Nrn. 3506, 3508, 3509 VV (Wert: 30.000,00 EUR)	1.553,40 EUR	
gem. § 15 Abs. 3 RVG nicht mehr als 2,3 aus 130.000,00 EUR		3.847,90 EUR
3. 1,2-Terminsgebühr, Nr. 3516 VV (Wert: 130.000,00 EUR)		2.007,60 EUR
4. 1,3-Einigungsgebühr, Nrn. 1000, 1004 VV (Wert: 100.000,00 EUR)	1.953,90 EUR	
5. 1,5-Einigungsgebühr, Nr. 1000 VV (Wert: 30.000,00 EUR)	1.294,50 EUR	
gem. § 15 Abs. 3 RVG nicht mehr als 1,5 aus 130.000,00 EUR		2.509,50 EUR
6. Postentgeltpauschale, Nr. 7002 VV		20,00 EUR
Zwischensumme	8.385,00 EUR	
7. 19 % Umsatzsteuer, Nr. 7008 VV		1.593,15 EUR
Gesamt		**9.978,15 EUR**

III. Revision

Die Gebühren im Revisionsverfahren sind in Teil 3, Abschnitt 2, Unterabschnitt 2 VV geregelt. Der Anwalt erhält wiederum eine **Verfahrens-** und eine **Terminsgebühr**. Daneben kommt auch hier eine **Einigungsgebühr** in Betracht. 17

Das Revisionsverfahren ist ein **neuer Rechtszug** (§ 17 Nr. 1 RVG). 18

Wechselseitig geführte Revisionen, die miteinander verbunden werden, sind eine Angelegenheit. Die Gebühren entstehen dann aus den zusammengerechneten Werten insgesamt nur einmal (§ 23 Abs. 1 S. 1 RVG i.V.m. § 45 Abs. 2 GKG). 19

Wird ein Berufungsurteil im Revisionsverfahren **aufgehoben und die Sache an das Berufungsgericht zurückverwiesen** und wird gegen das erneute Berufungsurteil **wiederum Revision** eingelegt, so sind die beiden Revisionsverfahren zwei verschiedene Angelegenheiten, sodass der Anwalt die Gebühren gesondert erhält. Eine Anrechnung ist nicht vorgesehen. 20

Nach Nr. 3206 VV erhält der Anwalt im Revisionsverfahren grundsätzlich eine **Verfahrensgebühr** i.H.v. 1,6. Gleichzeitig sieht Nr. 3208 VV vor, dass sich die Verfahrensgebühr auf 2,3 erhöht, wenn sich die Parteien nur durch einen beim BGH zugelassenen Anwalt vertreten lassen können. Da im Revisionsverfahren vor dem BGH nach § 78 ZPO grundsätzlich Postulationszwang besteht, wird in Zivilsachen die Nr. 3208 VV mit einem Gebührensatz von 2,3 der Regelfall sein. 21

Das Problem der Gebührenberechnung, wenn sich eine Partei durch einen nicht am BGH zugelassenen Anwalt vertreten lässt, stellt sich hier ebenso wie im Nichtzulassungsbeschwerdeverfahren, sodass auf die dortigen Ausführungen zu Rn 14 verwiesen werden kann. In der Praxis kommen diese Fälle allerdings seltener vor. 22

23 **Endet der Auftrag vorzeitig**, so erhält der Anwalt nach Nr. 3207 VV die Verfahrensgebühr der Nr. 3206 VV lediglich i.H.v. 1,1. Soweit der Anwalt am BGH zugelassen ist und die Parteien sich in diesem Verfahren auch nur durch einen am BGH zugelassenen Anwalt vertreten lassen können – was der Regelfall ist –, beläuft sich die Gebühr nach Nrn. 3207, 3209 VV auf 1,8.

24 Ein solcher Fall der vorzeitigen Erledigung wird insbesondere dann gegeben sein, wenn die Gegenseite **fristwahrend** Revision eingelegt hat und diese dann aber ohne Begründung wieder zurückgenommen wird. Die hierbei anfallende 1,8-Gebühr des Anwalts des Revisionsbeklagten ist in diesem Falle erstattungsfähig, selbst dann, wenn der Revisionsführer darum gebeten hatte, dass noch kein Anwalt bestellt werde.[7]

25 Die reduzierte Verfahrensgebühr nach Nrn. 3206, 3207 VV entsteht auch dann, wenn die Parteien lediglich beantragen, eine **Einigung zu Protokoll zu nehmen** oder sie über **nicht anhängige Ansprüche** zum Zwecke der Erledigung des Rechtsstreits **verhandeln**. Die Anm. zu Nr. 3201 VV gilt insoweit entsprechend (Anm. zu Nr. 3207 VV).

26 Für die Wahrnehmung eines Termins erhält der Anwalt nach Nr. 3210 VV eine **1,5-Terminsgebühr**. Eine Erhöhung dieser Gebühr für Verfahren, in denen sich die Parteien nur durch einen am BGH zugelassenen Rechtsanwalt vertreten lassen können, ist nicht vorgesehen. Die Terminsgebühr entsteht unter den gleichen Voraussetzungen wie auch die erstinstanzliche Terminsgebühr (siehe § 13 Rn 32 ff.). Die Anm. Abs. 1 Nr. 1 sowie Abs. 2 und 3 zu Nr. 3104 VV gelten entsprechend (Anm. zu Nr. 3210 VV).

27 Erscheint der Anwalt des **Revisionsklägers** nicht oder ist der Revisionskläger nicht ordnungsgemäß vertreten und stellt der Anwalt des Revisionsbeklagten daraufhin lediglich
- einen Antrag auf Erlass eines Versäumnisurteils gegen den Revisionskläger oder
- Anträge zur Prozess- oder Sachleitung,

entsteht für ihn die Terminsgebühr lediglich i.H.v. 0,8 (Nr. 3211 VV; Anm. zu Nr. 3211 VV). Das Gleiche gilt, wenn das Gericht von Amts wegen zur Prozess- oder Sachleitung entscheidet (Anm. zu Nr. 3211 VV i.V.m. Anm. Abs. 1 Nr. 1 zu Nr. 3105 VV).

28 Erscheint der Anwalt des **Revisionsbeklagten** nicht oder ist der Revisionsbeklagte nicht ordnungsgemäß vertreten und ergeht gegen ihn ein Versäumnisurteil, oder werden in diesem Fall lediglich Anträge zur Prozess- oder Sachleitung gestellt, so entsteht immer eine 1,2-Gebühr nach Nr. 3210 VV. Die Vorschrift der Nr. 3211 VV ist nicht anwendbar.

29 Im Übrigen gelten Anm. zu Nr. 3105 VV und Anm. Abs. 2 zu Nr. 3202 VV entsprechend (Anm. zu Nr. 3211 VV).

30 Wird im Revisionsverfahren eine **Einigung** über die dort anhängigen Ansprüche getroffen, so entsteht insoweit nach Nrn. 1000, 1004 VV eine 1,3-Einigungsgebühr. Werden Ansprüche mit in die Einigung einbezogen, die in einem anderen Rechtsmittelverfahren anhängig sind, entsteht die 1,3-Gebühr aus dem Gesamtwert (§ 23 Abs. 1 S. 1 RVG i.V.m. § 39 Abs. 1 GKG). Soweit Ansprüche mit in die Einigung einbezogen werden, die nicht in einem Rechtsmittelverfahren anhängig sind, erhält der Anwalt eine
- 1,0-Gebühr nach Nrn. 1000, 1003 VV, soweit die Ansprüche erstinstanzlich anhängig sind,
- 1,5-Gebühr, soweit die Ansprüche nicht anhängig sind (Nr. 1000 VV).

---

[7] Siehe grundlegend BGH AGS 2003, 221; AnwK-RVG/*N. Schneider*, Nrn. 3206 bis 3209 VV Rn 24; *Schneider/Thiel*, Das ABC der Kostenerstattung, „Revision".

III. Revision §16

Insgesamt darf die Summe der Einigungsgebühren eine Gebühr aus dem Höchstsatz nach dem Gesamtstreitwert nicht übersteigen (§ 15 Abs. 3 RVG). 31

Beispiel 10 | **Revisionsverfahren ohne Termin**

Der Anwalt legt auftragsgemäß gegen die Verurteilung des Berufungsbeklagten zur Zahlung von 50.000,00 EUR Revision ein. Diese Revision wird auf Hinweis des Gerichts zurückgenommen, ohne dass ein Termin stattgefunden hat.

Kommt es nicht zu einem Termin, entsteht nur die **Verfahrensgebühr** der Nr. 3206 VV, hier zu 2,3 nach Nr. 3208 VV.

1. 2,3-Verfahrensgebühr, Nrn. 3206, 3208 VV
   (Wert: 50.000,00 EUR)   2.674,90 EUR
2. Postentgeltpauschale, Nr. 7002 VV   20,00 EUR
   Zwischensumme   2.694,90 EUR
3. 19 % Umsatzsteuer, Nr. 7008 VV   512,03 EUR
   Gesamt   **3.206,93 EUR**

Beispiel 11 | **Revisionsverfahren ohne Termin, mehrere Auftraggeber**

Der Anwalt legt für drei zur Zahlung von 50.000,00 EUR verurteilte Gesamtschuldner auftragsgemäß Revision ein. Diese Revision wird auf Hinweis des Gerichts zurückgenommen, ohne dass ein Termin stattgefunden hat.

Die Verfahrensgebühr erhöht sich um 0,3 je weiteren Auftraggeber nach Nr. 1008 VV, also um insgesamt 0,6.

1. 2,9-Verfahrensgebühr, Nrn. 3206, 3208, 1008 VV
   (Wert: 50.000,00 EUR)   3.372,70 EUR
2. Postentgeltpauschale, Nr. 7002 VV   20,00 EUR
   Zwischensumme   3.392,70 EUR
3. 19 % Umsatzsteuer, Nr. 7008 VV   644,61 EUR
   Gesamt   **4.037,31 EUR**

Beispiel 12 | **Revisionsverfahren ohne Termin, ermäßigte Verfahrensgebühr**

Der Anwalt ist beauftragt, Revision (Wert: 50.000,00 EUR) einzulegen. Er rät hiervon ab. Die Revision wird nicht mehr eingelegt.

Es gilt nicht Nr. 2100 VV, da kein Prüfungs-, sondern ein Prozessauftrag bestand. Die Verfahrensgebühr der Nrn. 3206, 3208 VV ermäßigt sich allerdings nach Nr. 3209 auf 1,8 (Anm. zu Nr. 3209 i.V.m. Anm. zu Nr. 3201 VV).

1. 1,8-Verfahrensgebühr, Nrn. 3206, 3208, 3209 VV
   (Wert: 50.000,00 EUR)   2.093,40 EUR
2. Postentgeltpauschale, Nr. 7002 VV   20,00 EUR
   Zwischensumme   2.113,40 EUR
3. 19 % Umsatzsteuer, Nr. 7008 VV   401,55 EUR
   Gesamt   **2.514,95 EUR**

§ 16 Nichtzulassungsbeschwerde, Revision und Sprungrevision

Beispiel 13 | **Revisionsverfahren ohne Termin, ermäßigte Verfahrensgebühr bei mehreren Auftraggebern**

Der Anwalt ist von zwei Gesamtschuldnern beauftragt, Revision (Wert: 50.000,00 EUR) einzulegen. Er rät hiervon ab. Die Revision wird nicht mehr eingelegt.

Die **Verfahrensgebühr** der Nrn. 3206, 3208 VV ermäßigt sich nach Nr. 3209 VV auf 1,8, erhöht sich aber gleichzeitig nach Nr. 1008 VV um 0,3 für den weiteren Auftraggeber.

1. 2,1-Verfahrensgebühr, Nrn. 3206, 3208, 1008 VV
   (Wert: 50.000,00 EUR)   2.442,30 EUR
2. Postentgeltpauschale, Nr. 7002 VV   20,00 EUR
   Zwischensumme   2.462,30 EUR
3. 19 % Umsatzsteuer, Nr. 7008 VV   467,84 EUR
   Gesamt   **2.930,14 EUR**

Beispiel 14 | **Revision zur Fristwahrung, Rücknahme ohne Begründung**

Der Anwalt legt für den zur Zahlung von 50.000,00 EUR verurteilten Berufungsbeklagten fristwahrend Revision ein. Der Revisionsbeklagte beauftragt einen Anwalt, der sich im Revisionsverfahren bestellt. Die Revision wird ohne Begründung wieder zurückgenommen.

Der Anwalt des Berufungsbeklagten und Revisionsklägers erhält die volle **Verfahrensgebühr** nach Nrn. 3206, 3208 VV.

Der Anwalt des Revisionsbeklagten erhält mangels Stellung eines Sachantrags nur eine **ermäßigte Verfahrensgebühr** nach Nrn. 3206, 3208, 3209 VV. Diese Gebühr ist auch erstattungsfähig.[8] Hätte der Anwalt des Revisionsbeklagten bereits die Zurückweisung der Revision beantragt, wäre zwar die volle 2,3-Verfahrengebühr entstanden. Zu erstatten wäre dann aber auch wiederum nur die ermäßigte 1,8-Verfahrensgebühr.

Der **Streitwert** des Verfahrens berechnet sich gem. § 47 Abs. 1 S. 2 GKG nach dem vollen Wert der Beschwer.

I. Anwalt des Revisionsklägers
1. 2,3-Verfahrensgebühr, Nrn. 3206, 3208 VV
   (Wert: 50.000,00 EUR)   2.674,90 EUR
2. Postentgeltpauschale, Nr. 7002 VV   20,00 EUR
   Zwischensumme   2.694,90 EUR
3. 19 % Umsatzsteuer, Nr. 7008 VV   512,03 EUR
   Gesamt   **3.206,93 EUR**

II. Anwalt des Revisionsbeklagten
1. 1,8-Verfahrensgebühr, Nrn. 3206, 3208, 3209 VV
   (Wert: 50.000,00 EUR)   2.093,40 EUR
2. Postentgeltpauschale, Nr. 7002 VV   20,00 EUR
   Zwischensumme   2.113,40 EUR
3. 19 % Umsatzsteuer, Nr. 7008 VV   401,55 EUR
   Gesamt   **2.514,95 EUR**

---

[8] BGH AGS 2003, 221; AnwK-RVG/*N. Schneider*, Nrn. 3206 bis 3209 VV Rn 24; *Schneider/Thiel*, Das ABC der Kostenerstattung „Revision".

III. Revision   § 16

| Beispiel 15 | Revisionsverfahren mit Termin |

Der Anwalt legt für den zur Zahlung von **50.000,00 EUR** verurteilten Berufungsbeklagten Revision ein. Hierüber wird verhandelt.

Jetzt entsteht neben der **2,3-Verfahrensgebühr** nach Nrn. 3206, 3208 VV auch eine **1,5-Terminsgebühr** nach Nr. 3210 VV.

1.	2,3-Verfahrensgebühr, Nrn. 3206, 3208 VV (Wert: 50.000,00 EUR)	2.674,90 EUR
2.	1,5-Terminsgebühr, Nr. 3210 VV (Wert: 50.000,00 EUR)	1.744,50 EUR
3.	Postentgeltpauschale, Nr. 7002 VV	20,00 EUR
	Zwischensumme	4.439,40 EUR
4.	19 % Umsatzsteuer, Nr. 7008 VV	843,49 EUR
	Gesamt	**5.282,89 EUR**

| Beispiel 16 | Revisionsverfahren mit Termin, Versäumnisurteil gegen Revisionskläger |

Der Beklagte hatte gegen seine Verurteilung zur Zahlung von **50.000,00 EUR** Revision eingelegt. Im Termin erscheint sein Anwalt nicht, so dass auf Antrag des Revisionsbeklagten ein zurückweisendes Versäumnisurteil ergeht.

Jetzt entsteht neben der **2,3-Verfahrensgebühr** nach Nrn. 3206, 3208 VV nur eine **0,8-Terminsgebühr** nach Nrn. 3210, 3211 VV.

1.	2,3-Verfahrensgebühr, Nrn. 3206, 3208 VV (Wert: 50.000,00 EUR)	2.674,90 EUR
2.	0,8-Terminsgebühr, Nrn. 3210, 3211 VV (Wert: 50.000,00 EUR)	930,40 EUR
3.	Postentgeltpauschale, Nr. 7002 VV	20,00 EUR
	Zwischensumme	3.625,30 EUR
4.	19 % Umsatzsteuer, Nr. 7008 VV	688,81 EUR
	Gesamt	**4.314,11 EUR**

Ergeht ein **Versäumnisurteil gegen den Revisionsbeklagten**, verbleibt es dagegen bei der 1,5-Terminsgebühr. Nr. 3211 VV ist nicht anwendbar.   32

| Beispiel 17 | Revisionsverfahren mit Termin und Einigung |

Der Anwalt legt für den zur Zahlung von **50.000,00 EUR** verurteilten Berufungsbeklagten Revision ein. Im Termin erscheint für den Revisionsbeklagten niemand. Es ergeht Versäumnisurteil.

Jetzt entsteht neben der **2,3-Verfahrensgebühr** nach Nrn. 3206, 3208 VV die volle **1,5-Terminsgebühr** nach Nr. 3210 VV.

Zu rechnen ist wie in Beispiel 15.

Kommt es zu einer Einigung, entsteht eine 1,3-Einigungsgebühr nach Nrn. 1000, 1004 VV.   33

§ 16 Nichtzulassungsbeschwerde, Revision und Sprungrevision

> **Beispiel 18** | **Revisionsverfahren mit Termin und Einigung**

Der Anwalt legt für den zur Zahlung von 50.000,00 EUR verurteilten Berufungsbeklagten Revision ein. Im Termin einigen sich die Parteien.

Jetzt entsteht neben der **2,3-Verfahrensgebühr** nach Nrn. 3206, 3208 VV und der **1,5-Terminsgebühr** nach Nr. 3210 VV eine **Einigungsgebühr**. Die Höhe beläuft sich auf 1,3 (Nr. 1004 VV).

1.	2,3-Verfahrensgebühr, Nrn. 3206, 3208 VV (Wert: 50.000,00 EUR)	2.674,90 EUR
2.	1,5-Terminsgebühr, Nr. 3210 VV (Wert: 50.000,00 EUR)	1.744,50 EUR
3.	1,3-Einigungsgebühr, Nrn. 1000, 1004 VV (Wert: 50.000,00 EUR)	1.511,90 EUR
4.	Postentgeltpauschale, Nr. 7002 VV	20,00 EUR
	Zwischensumme	5.951,30 EUR
5.	19 % Umsatzsteuer, Nr. 7008 VV	1.130,75 EUR
	Gesamt	**7.082,05 EUR**

34 Kommt es zu einer Einigung, mit einem Mehrwert, entsteht daraus eine weitere 1,5-, 1,0-, oder 1,3-Einigungsgebühr, gegebenenfalls unter Beachtung des § 15 Abs. 3 RVG. Hinzu kommen eine Verfahrensdifferenzgebühr und eine höhere Terminsgebühr.

> **Beispiel 19** | **Revisionsverfahren Einigung auch über einen Mehrwert im Termin**

Der Anwalt legt für den zur Zahlung von 50.000,00 EUR verurteilten Berufungsbeklagten Revision ein. Im Termin zur mündlichen Verhandlung einigen sich die Parteien und beziehen darin eine weitere Forderung über 30.000,00 EUR ein, die gerichtlich nicht anhängig ist.

Jetzt entstehen neben der **2,3-Verfahrensgebühr** nach Nrn. 3206, 3208 VV aus 50.000,00 EUR eine 1,8-Verfahrensesgebühr nach Nrn. 3206, 3208, 3209 VV. Zu beachten ist § 15 Abs. 3 RVG

Hinzu kommt eine **1,5-Terminsgebühr** nach Nr. 3210 VV aus dem Gesamtwert.

Die **Einigungsgebühr** entsteht aus dem Wert der anhängigen Gegenstände zu 1,3 (Nr. 1004 VV) und aus dem Wert der nicht anhängigen Gegenstände zu 1,5 (Nr. 1000 VV). Zu beachten ist § 15 Abs. 3 RVG.

1.	2,3-Verfahrensgebühr, Nrn. 3206, 3208 VV (Wert: 50.000,00 EUR)	2.674,90 EUR	
2.	1,8-Verfahrensgebühr, Nrn. 3206, 3208, 3209 VV (Wert: 30.000,00 EUR)	1.553,40 EUR	
	gem. § 15 Abs. 3 RVG nicht mehr als 2,3 aus 80.000,00 EUR		3.065,90 EUR
3.	1,5-Terminsgebühr, Nr. 3210 VV (Wert: 80.000,00 EUR)		1.999,50 EUR
4.	1,3-Einigungsgebühr, Nrn. 1000, 1004 VV (Wert: 50.000,00 EUR)	1.511,90 EUR	
5.	1,5-Einigungsgebühr, Nr. 1000 VV (Wert: 30.000,00 EUR)	1.294,50 EUR	
	gem. § 15 Abs. 3 RVG nicht mehr als 1,5 aus 80.000,00 EUR		1.999,50 EUR
6.	Postentgeltpauschale, Nr. 7002 VV		20,00 EUR
	Zwischensumme	7.084,90 EUR	
7.	19 % Umsatzsteuer, Nr. 7008 VV		1.346,13 EUR
	Gesamt		**8.431,03 EUR**

III. Revision **§ 16**

Einigen sich die Anwälte außerhalb des Termins zur mündlichen Verhandlung, ist ebenso zu rechnen. **35**

> **Beispiel 20** **Revisionsverfahren Einigung mit Mehrwert außerhalb eines gerichtlichen Termins**

Der Anwalt legt für den zur Zahlung von 50.000,00 EUR verurteilten Berufungsbeklagten Revision ein. Vor dem Termin zur mündlichen Verhandlung einigen sich die Parteien und beziehen darin eine weitere Forderung über 30.000,00 EUR ein, die gerichtlich nicht anhängig ist.

Abzurechnen wie im vorangegangenen Beispiel 19.

Sind die mit verglichenen Gegenstände in einem erstinstanzlichen Verfahren anhängig oder in einem Berufungsverfahren, dann entsteht aus dem Mehrwert nur eine 1,0 oder eine 1,3-Einigungsgebühr. **36**

> **Beispiel 21** **Revisionsverfahren Einigung auch über einen Mehrwert im Termin, Mehrwert ist erstinstanzlich anhängig**

Der Anwalt legt für den zur Zahlung von 50.000,00 EUR verurteilten Berufungsbeklagten Revision ein. Vor dem Termin zur mündlichen Verhandlung einigen sich die Parteien und beziehen darin eine weitere Forderung über 30.000,00 EUR ein, die erstinstanzlich anhängig ist.

Neben der 1,3-Einigungsgebühr entsteht unter Beachtung des § 15 Abs. 3 RVG aus dem Mehrwert eine 1,0-Einigungsgebühr (Nr. 1003 VV).

1. 2,3-Verfahrensgebühr, Nrn. 3206, 3208 VV (Wert: 50.000,00 EUR)	2.674,90 EUR	
2. 1,8-Verfahrensgebühr, Nrn. 3206, 3208, 3209 VV (Wert: 30.000,00 EUR)	1.553,40 EUR	
gem. § 15 Abs. 3 RVG nicht mehr als 2,3 aus 80.000,00 EUR		3.065,90 EUR
3. 1,5-Terminsgebühr, Nr. 3210 VV (Wert: 80.000,00 EUR)		1.999,50 EUR
4. 1,3-Einigungsgebühr, Nrn. 1000, 1004 VV (Wert: 50.000,00 EUR)	1511,90 EUR	
5. 1,0-Einigungsgebühr, Nr. 1000 VV (Wert: 30.000,00 EUR)	863,00 EUR	
gem. § 15 Abs. 3 RVG nicht mehr als 1,3 aus 80.000,00 EUR		1.732,90 EUR
6. Postentgeltpauschale, Nr. 7002 VV		20,00 EUR
Zwischensumme	6.818,30 EUR	
7. 19 % Umsatzsteuer, Nr. 7008 VV		1.295,48 EUR
Gesamt		**8.113,78 EUR**

> **Beispiel 22** **Revisionsverfahren Einigung auch über einen Mehrwert im Termin, Mehrwert ist ebenfalls im Rechtsmittelverfahren anhängig**

Der Anwalt legt für den zur Zahlung von 50.000,00 EUR verurteilten Berufungsbeklagten Revision ein. Vor einem Termin zur mündlichen Verhandlung einigen sich die Parteien und beziehen darin eine weitere Forderung über 30.000,00 EUR ein, die in der Berufungsinstanz oder in einem anderen Revisionsverfahren anhängig ist.

Jetzt entsteht insgesamt nur eine 1,3-Einigungsgebühr (Nr. 1004 VV).

1.	2,3-Verfahrensgebühr, Nrn. 3206, 3208 VV (Wert: 50.000,00 EUR)	2.674,90 EUR
2.	1,8-Verfahrensgebühr, Nrn. 3206, 3208, 3209 VV (Wert: 30.000,00 EUR)	1.553,40 EUR
	gem. § 15 Abs. 3 RVG nicht mehr als 2,3 aus 80.000,00 EUR	3.065,90 EUR
3.	1,5-Terminsgebühr, Nr. 3210 VV (Wert: 80.000,00 EUR)	1.999,50 EUR
4.	1,3-Einigungsgebühr, Nrn. 1000, 1004 VV (Wert: 80.000,00 EUR)	1.732,90 EUR
5.	Postentgeltpauschale, Nr. 7002 VV	20,00 EUR
	Zwischensumme	6.818,30 EUR
6.	19 % Umsatzsteuer, Nr. 7008 VV	1.295,48 EUR
	Gesamt	**8.113,78 EUR**

IV. Anrechnung bei vorangegangener Nichtzulassungsbeschwerde

37 Kommt es erst auf die Nichtzulassungsbeschwerde hin zur Durchführung des Revisionsverfahrens, so ist die Revision gegenüber dem Nichtzulassungsbeschwerdeverfahren eine neue Angelegenheit (§ 17 Nr. 9 RVG), (siehe oben Rn 4). Die Verfahrensgebühr des Nichtzulassungsbeschwerdeverfahrens (Nr. 3506 VV) ist dann nach Anm. zu Nr. 3506 VV auf die entsprechende Verfahrensgebühr des Revisionsverfahrens (Nr. 3206 VV) **anzurechnen**. Die Anrechnung einer eventuellen Terminsgebühr ist nicht vorgesehen.

> **Beispiel 23** — Anrechnung bei Nichtzulassungsbeschwerde und nachfolgender Revision

Das OLG hat den Beklagten zur Zahlung von 100.000,00 EUR verurteilt und die Revision nicht zugelassen. Der Anwalt erhält den Auftrag, gegen das Urteil Nichtzulassungsbeschwerde einzulegen. Diese ist erfolgreich. Die Revision wird durchgeführt und hierüber mündlich verhandelt.

I.	**Nichtzulassungsbeschwerdeverfahren (Wert: 100.000,00 EUR)**	
1.	2,3-Verfahrensgebühr, Nrn. 3506, 3508 VV	3.456,90 EUR
2.	Postentgeltpauschale, Nr. 7002 VV	20,00 EUR
	Zwischensumme	3.476,90 EUR
3.	19 % Umsatzsteuer, Nr. 7008 VV	660,61 EUR
	Gesamt	**4.137,51 EUR**
II.	**Revisionsverfahren (Wert: 100.000,00 EUR)**	
1.	2,3-Verfahrensgebühr, Nrn. 3206, 3208 VV	3.456,90 EUR
2.	gem. Anm. zu Nr. 3506 VV anzurechnen, 2,3 aus 100.000,00 EUR	– 3.456,90 EUR
3.	1,5-Terminsgebühr, Nr. 3210 VV	2.254,50 EUR
4.	Postentgeltpauschale, Nr. 7002 VV	20,00 EUR
	Zwischensumme	2.274,50 EUR
5.	19 % Umsatzsteuer, Nr. 7008 VV	432,16 EUR
	Gesamt	**2.706,66 EUR**

IV. Anrechnung bei vorangegangener Nichtzulassungsbeschwerde §16

Beispiel 24 | **Anrechnung bei Nichtzulassungsbeschwerde und nachfolgender Revision, geringerer Wert im Revisionsverfahren**

Das OLG hat Klage und Widerklage über jeweils 50.000,00 EUR abgewiesen. Die Revision ist nicht zugelassen worden. Beide Parteien legen Nichtzulassungsbeschwerde ein und beantragen, die Nichtzulassungsbeschwerde der anderen Partei zurückzuweisen. Die Nichtzulassungsbeschwerde hinsichtlich der Klage wird zurückgewiesen; die Revision gegen die Abweisung der Widerklage wird zugelassen und hierüber verhandelt. Eine Anschlussrevision hinsichtlich der Klage wird nicht eingelegt.

Während sich das Nichtzulassungsbeschwerdeverfahren nur nach einem Wert von 100.000,00 EUR richtet, gilt für das Revisionsverfahren nur ein Streitwert von 50.000,00 EUR. Analog Vorbem. 3 Abs. 4 VV ist die **Verfahrensgebühr** nur nach dem Wert anzurechnen, der sich im Revisionsverfahren fortsetzt.[9]

I. **Nichtzulassungsbeschwerdeverfahren (Wert: 100.000,00 EUR)**		
1. 2,3-Verfahrensgebühr, Nrn. 3506, 3508 VV		3.456,90 EUR
2. Postentgeltpauschale, Nr. 7002 VV		20,00 EUR
Zwischensumme	3.476,90 EUR	
3. 19 % Umsatzsteuer, Nr. 7008 VV		660,61 EUR
Gesamt		**4.137,51 EUR**
II. **Revisionsverfahren (Wert: 50.000,00 EUR)**		
1. 2,3-Verfahrensgebühr, Nrn. 3206, 3208 VV		2.674,90 EUR
2. gem. Anm. zu Nr. 3506 VV anzurechnen, 2,3 aus 50.000,00 EUR		– 2.674,90 EUR
3. 1,5-Terminsgebühr, Nr. 3210 VV		1.744,50 EUR
4. Postentgeltpauschale, Nr. 7002 VV		20,00 EUR
Zwischensumme	1.764,50 EUR	
5. 19 % Umsatzsteuer, Nr. 7008 VV		335,26 EUR
Gesamt		**2.099,76 EUR**

Beispiel 25 | **Anrechnung bei Nichtzulassungsbeschwerde und nachfolgender Revision, höherer Wert im Revisionsverfahren**

Das OLG hat Klage und Widerklage über jeweils 50.000,00 EUR abgewiesen. Die Revision ist nicht zugelassen worden. Der Beklagte legt gegen seine Verurteilung Nichtzulassungsbeschwerde ein. Der Beschwerde wird stattgegeben. Anschließend legt der Kläger Anschlussrevision ein.

Während sich jetzt das Nichtzulassungsbeschwerdeverfahren nur nach einem Wert von 50.000,00 EUR richtet, gilt für das Revisionsverfahren ein Streitwert von 100.000,00 EUR. Auch hier ist analog Vorbem. 3 Abs. 4 VV die **Verfahrensgebühr** nur nach dem Wert anzurechnen, der sich im Revisionsverfahren fortsetzt.[10]

I. **Nichtzulassungsbeschwerdeverfahren (Wert: 50.000,00 EUR)**		
1. 2,3-Verfahrensgebühr, Nrn. 3506, 3508 VV		2.674,90 EUR
2. Postentgeltpauschale, Nr. 7002 VV		20,00 EUR
Zwischensumme	2.694,90 EUR	
3. 19 % Umsatzsteuer, Nr. 7008 VV		512,03 EUR
Gesamt		**3.206,93 EUR**

---

9 AnwK-RVG/*N. Schneider*, Nrn. 3206 bis 3209 VV Rn 23.
10 AnwK-RVG/*N. Schneider*, Nrn. 3206 bis 3209 VV Rn 23.

§ 16 Nichtzulassungsbeschwerde, Revision und Sprungrevision

    II. **Revisionsverfahren (Wert: 100.000,00 EUR)**
1. 2,3-Verfahrensgebühr, Nrn. 3206, 3208 VV   3.456,90 EUR
2. gem. Anm. zu Nr. 3506 VV anzurechnen,   − 2.674,90 EUR
    2,3 aus 50.000,00 EUR
3. 1,5-Terminsgebühr, Nr. 3210 VV   2.254,50 EUR
4. Postentgeltpauschale, Nr. 7002 VV   20,00 EUR
    Zwischensumme   3.056,50 EUR
5. 19 % Umsatzsteuer, Nr. 7008 VV   580,73 EUR
    Gesamt   **3.637,24 EUR**

38 Kommt es im Verfahren über die Nichtzulassungsbeschwerde zu einem Termin (siehe Rn 15 und Beispiel 7) und wird die Revision zugelassen, so dass es dort zu einem weiteren Termin kommt, kann die Terminsgebühr ein zweites Mal entstehen. Eine Anrechnung dieser Gebühren findet nicht statt.

> **Beispiel 26**   **Anrechnung bei Nichtzulassungsbeschwerde mit Termin und nachfolgender Revision**

Das OLG hat den Beklagten zur Zahlung von 100.000,00 EUR verurteilt und die Revision nicht zugelassen. Der Anwalt erhält den Auftrag, gegen das Urteil Nichtzulassungsbeschwerde einzulegen. Daraufhin verhandeln die Anwälte und versuchen, eine Einigung zu erzielen, was jedoch scheitert. Die Revision wird zugelassen und darüber mündlich verhandelt.

    I. **Nichtzulassungsbeschwerdeverfahren (Wert: 100.000,00 EUR)**
1. 2,3-Verfahrensgebühr, Nrn. 3506, 3508 VV   3.456,90 EUR
2. 1,2-Terminsgebühr, Nr. 3516 VV   1.803,60 EUR
3. Postentgeltpauschale, Nr. 7002 VV   20,00 EUR
    Zwischensumme   5.280,50 EUR
4. 19 % Umsatzsteuer, Nr. 7008 VV   1.003,30 EUR
    Gesamt   **6.283,80 EUR**
    II. **Revisionsverfahren (Wert: 100.000,00 EUR)**
1. 2,3-Verfahrensgebühr, Nrn. 3206, 3208 VV   3.456,90 EUR
2. gem. Anm. zu Nr. 3506 VV anzurechnen,   − 3.456,90 EUR
    2,3 aus 100.000,00 EUR
3. 1,5-Terminsgebühr, Nr. 3210 VV   2.254,50 EUR
4. Postentgeltpauschale, Nr. 7002 VV   20,00 EUR
    Zwischensumme   2.274,50 EUR
5. 19 % Umsatzsteuer, Nr. 7008 VV   432,16 EUR
    Gesamt   **2.706,66 EUR**

V. Sprungrevision

1. Überblick

39 Gegen die im ersten Rechtszug erlassenen Endurteile – also auch gegen Urteile der Amtsgerichte – findet unter Übergehung der Berufungsinstanz unmittelbar die Revision (Sprungrevision) statt (§ 566 Abs. 1 S. 1 ZPO). Voraussetzung hierfür ist ein entsprechender Antrag der beschwerten Partei sowie die Einwilligung des Gegners (§ 566 Abs. 1 S. 1 Nr. 1 ZPO). Die Sprungrevision ist nur statthaft, wenn das Revisionsgericht sie zulässt (§ 566 Abs. 1 S. 1 Nr. 2 ZPO).

40 Der Antrag auf Zulassung der Sprungrevision ist durch Einreichung eines Schriftsatzes beim Revisionsgericht zu stellen (§ 566 Abs. 2 S. 1 ZPO). Dem Antrag ist die schriftliche Einwilligungserklärung der Gegenpartei beizufügen (§ 566 Abs. 2 S. 2 ZPO), die allerdings noch während der

Revisionsfrist nachgereicht werden kann.[11] Über den Antrag auf Zulassung der Sprungrevision entscheidet das Revisionsgericht ohne mündliche Verhandlung durch Beschluss (§ 566 Abs. 5 S. 1 ZPO). Wird die Revision nicht zugelassen, endet das Verfahren; das erstinstanzliche Urteil wird rechtskräftig (§ 566 Abs. 6 ZPO). Wird die Sprungrevision dagegen zugelassen, so wird das Verfahren als Revisionsverfahren fortgesetzt (§ 566 Abs. 7 S. 1 ZPO). Der Antrag auf Zulassung gilt dann als Einlegung der Revision (§ 566 Abs. 7 S. 2 ZPO).

Wird der Anwalt als Prozessbevollmächtigter in diesem Verfahren auf Zulassung der Sprungrevision tätig, so zählt seine Tätigkeit bereits zum Revisionsverfahren (§ 16 Nr. 11 i.V.m. § 17 Nr. 1 RVG). Da das Verfahren auf Zulassung der Sprungrevision nicht als Beschwerdeverfahren ausgestaltet ist, kommt § 17 Nr. 9 RVG nicht zur Anwendung. **41**

Sofern sich der Antragsgegner bereits im Verfahren auf Zulassung der Revision durch einen Anwalt vertreten lässt, beginnt auch für diesen mit der Tätigkeit im Zulassungsverfahren bereits das Revisionsverfahren (§ 16 Nr. 11 i.V.m. § 17 Nr. 1). **42**

Von der Tätigkeit im Zulassungsverfahren ist die Tätigkeit hinsichtlich der Abgabe der Einwilligungserklärung zu unterscheiden. Diese zählt grundsätzlich noch zur ersten Instanz (§ 19 Abs. 1 S. 2 Nr. 9 RVG), kann aber auch eine Einzeltätigkeit nach Nr. 3403 VV RVG darstellen oder in Ausnahmefällen ebenfalls bereits dem Revisionsverfahren zuzuordnen sein. **43**

2. Die Abgabe der Einwilligungserklärung

a) Vertretung des Erklärenden

Die Abgabe der Einwilligung zur Sprungrevision zählt nach § 19 Abs. 1 S. 2 Nr. 9 RVG für den erstinstanzlichen Prozessbevollmächtigten zur Instanz. Er erhält also dafür keine zusätzliche Vergütung. **44**

Wird der Anwalt erstmals mit der Abgabe der Einwilligungserklärung beauftragt, so liegt eine Einzeltätigkeit nach Nr. 3403 VV vor, für die er eine 0,8-Verfahrensgebühr erhält. **45**

Wird die Einwilligung zur Sprungrevision von dem bereits im Zulassungsverfahren bestellten Prozessbevollmächtigten erklärt, so gilt für diesen Anwalt wiederum § 19 Abs. 1 S. 2 Nr. 9 RVG.[12] Die Erklärung wird durch die Verfahrensgebühr des Zulassungsverfahrens mit abgegolten. **46**

| Beispiel 27 | Abgabe der Einwilligung zur Sprungrevision durch erstinstanzlichen Anwalt |

Das LG hat den Beklagten erstinstanzlich zur Zahlung von 50.000,00 EUR verurteilt. Dieser will Sprungrevision einlegen und fragt beim Kläger nach der Einwilligung hierzu nach. Für den Kläger erklärt daraufhin dessen erstinstanzlicher Prozessbevollmächtigter die Einwilligung zur Sprungrevision.

Weder der Anwalt des Klägers noch der des Beklagten erhalten eine zusätzliche Vergütung für das Einholen bzw. die Abgabe der Einwilligung, da diese Tätigkeit noch zur ersten Instanz zählt (§ 19 Abs. 1 S. 2 Nr. 9 RVG).

---

11 *Baumbach/Hartmann*, ZPO, § 566 Rn 6, allerdings mit Fehlzitat zur Rspr. des BGH.
12 AnwK-RVG/*Mock/N. Schneider/Wolf*, § 19 Rn 87; Hartung/Römermann/*Schons*, § 19 Rn 75.

> **Beispiel 28** Abgabe der Einwilligung zur Sprungrevision durch bisher nicht beauftragten Anwalt

Das AG hat die Klage auf Zahlung von 4.000,00 EUR gegen den sich selbst vertretenden Beklagten abgewiesen. Der Kläger will Sprungrevision einlegen. Der Beklagte beauftragt daraufhin einen Anwalt, der für ihn die Einwilligung zur Sprungrevision erklärt.

Der Anwalt des Beklagten erhält jetzt eine 0,8-Verfahrensgebühr nach Nr. 3403 VV.

1. 0,8-Verfahrensgebühr, Nr. 3403 VV (Wert: 4.000,00 EUR)		201,60 EUR
2. Postentgeltpauschale, Nr. 7002 VV		20,00 EUR
Zwischensumme	221,60 EUR	
3. 19 % Umsatzsteuer, Nr. 7008 VV		42,10 EUR
Gesamt		**263,70 EUR**

b) Vertretung des Erklärungsempfängers

47 Die Entgegennahme der Einwilligung zur Sprungrevision zählt nach § 19 Abs. 1 S. 2 Nr. 9 RVG auch für den erstinstanzlichen Prozessbevollmächtigten zur Instanz. Er erhält also ebenfalls keine zusätzliche Vergütung, wenn er die Erklärung anfordert und entgegennimmt.

48 Wird der Anwalt erstmals mit dem Einholen der Einwilligungserklärung beauftragt, so liegt wiederum eine Einzeltätigkeit nach Nr. 3403 VV vor, für die der Anwalt eine 0,8-Verfahrensgebühr erhält.

49 Wird die Einwilligung zur Sprungrevision von dem bereits im Zulassungsverfahren bestellten Prozessbevollmächtigten eingeholt, so soll für diesen Anwalt wiederum § 19 Abs. 1 S. 2 Nr. 9 RVG gelten. Das Einholen der Erklärung wird durch die Verfahrensgebühr des Zulassungsverfahrens mit abgegolten (siehe oben Rn 41 ff.).

> **Beispiel 29** Einholen der Einwilligung zur Sprungrevision durch erstinstanzlichen Anwalt

Das LG hat den Beklagten erstinstanzlich zur Zahlung von 50.000,00 EUR verurteilt. Er beauftragt seinen Anwalt, vom Kläger die Zustimmung zur Sprungrevision einzuholen.

Der Anwalt des Klägers erhält keine Vergütung für das Einholen der Einwilligung, da seine Tätigkeit noch zur ersten Instanz zählt (§ 19 Abs. 1 S. 2 Nr. 9 RVG).

> **Beispiel 30** Abgabe der Einwilligung zur Sprungrevision durch bisher nicht beauftragten Anwalt

Das AG hatte die Klage des sich selbst vertretenden Klägers auf Zahlung von 4.000,00 EUR abgewiesen. Der Kläger will Sprungrevision einlegen und beauftragt einen Anwalt, die Zustimmung beim Beklagten einzuholen.

Der Anwalt des Klägers erhält jetzt eine 0,8-Verfahrensgebühr nach Nr. 3403 VV.

1. 0,8-Verfahrensgebühr, Nr. 3403 VV (Wert: 4.000,00 EUR)		201,60 EUR
2. Postentgeltpauschale, Nr. 7002 VV		20,00 EUR
Zwischensumme	221,60 EUR	
3. 19 % Umsatzsteuer, Nr. 7008 VV		42,10 EUR
Gesamt		**263,70 EUR**

3. Vertretung im Zulassungsverfahren

Sowohl der Anwalt des Antragstellers als auch der Anwalt des Antragsgegners erhält im Verfahren über die Zulassung der Sprungrevision die 1,6-Verfahrensgebühr der Nr. 3206 VV. Der Anwalt des Antragsgegners erhält die volle Verfahrensgebühr allerdings nur, wenn er einen Schriftsatz einreicht, der einen Sachantrag enthält, also wenn er z.B. beantragt, die Sprungrevision nicht zuzulassen. Bestellt sich der Anwalt des Antragsgegners lediglich oder gibt er nur die Einwilligungserklärung nach § 566 Abs. 1 S. 1 Nr. 1, Abs. 2 S. 4 ZPO ab, und wartet er im Übrigen ab, wie das Revisionsgericht entscheidet, verdient er nur eine 1,1-Gebühr (Nr. 3207 VV). Die Einwilligungserklärung enthält keinen Sachantrag, zumal diese Erklärung nicht gegenüber dem Gericht, sondern gegenüber dem Gegner abzugeben ist.

50

Da für den Antrag auf Zulassung der Sprungrevision Postulationszwang besteht, muss sich die antragstellende Partei durch einen am BGH zugelassenen Anwalt vertreten lassen. Diesem Anwalt entsteht die Verfahrensgebühr daher zu 2,3 zu (Nr. 3208 VV).

51

Für den Anwalt des Antragsgegners besteht kein Zulassungszwang, sofern er keinen eigenen Antrag stellen will. Lässt sich die Partei im Zulassungsverfahren durch einen nicht am BGH zugelassenen Anwalt vertreten, der nur schriftsätzliche Stellungnahmen abgeben und das Verfahren überwachen soll, so entsteht für ihn nur die Verfahrensgebühr nach VV 3206. Nach der Rspr. des BGH dürfte insoweit allerdings nur eine Einzeltätigkeit anzunehmen sein (siehe Rn 14).

52

Das anschließende (zugelassene) Revisionsverfahren stellt gebührenrechtlich keine neue Angelegenheit dar. Es bildet mit dem Verfahren auf Zulassung der Sprungrevision vielmehr eine einzige Angelegenheit (§ 16 Nr. 11 RVG), in der der Anwalt die Gebühren insgesamt nur einmal verdienen kann (§ 15 Abs. 2 RVG). Die bereits im Zulassungsverfahren verdiente Verfahrensgebühr kann der Anwalt im folgenden Revisionsverfahren daher nicht erneut verdienen. Soweit die Verfahrensgebühr mangels Stellung eines Sachantrags nur zu 1,8 entstanden ist, erstarkt sie dann im Revisionsverfahren zu einer vollen 2,3-Verfahrensgebühr.

53

Wird die Revision später erweitert oder legt die Gegenseite Anschlussrevision ein, was zulassungsfrei möglich ist, kann sich der Streitwert erhöhen, so dass der Anwalt also die Verfahrensgebühr dann nach dem erhöhten Wert erhält.

54

| Beispiel 31 | Antrag auf Zulassung der Sprungrevision |

Das LG hat den Beklagten erstinstanzlich zur Zahlung von 50.000,00 EUR verurteilt. Er beauftragt einen am BGH zugelassenen Anwalt, der die Zulassung der Sprungrevision beantragt.

Der BGH-Anwalt des Beklagten erhält die 2,3-Verfahrensgebühr nach Nrn. 3206, 3208 VV, da der Zulassungsantrag bereits zum Revisionsverfahren zählt (§ 16 Nr. 11 i.V.m. § 17 Nr. 1 RVG).

1. 2,3-Verfahrensgebühr, Nrn. 3206, 3208 VV   2.674,90 EUR
   (Wert: 50.000,00 EUR)
2. Postentgeltpauschale, Nr. 7002 VV   20,00 EUR
   Zwischensumme   2.694,90 EUR
3. 19 % Umsatzsteuer, Nr. 7008 VV   512,03 EUR
   Gesamt   **3.206,93 EUR**

§ 16 Nichtzulassungsbeschwerde, Revision und Sprungrevision

Beispiel 32 | **Antrag auf Zulassung der Sprungrevision, vorzeitige Erledigung**

Das LG hat den Beklagten erstinstanzlich zur Zahlung von 50.000,00 EUR verurteilt. Er beauftragt einen am BGH zugelassenen Anwalt, die Zulassung der Sprungrevision zu beantragen. Zur Einlegung der Sprungrevision kommt es dann aber nicht mehr (etwa weil sich die Partei doch noch für eine Berufung entscheidet).[13]

Der BGH-Anwalt des Beklagten erhält jetzt nur die 1,8-Verfahrensgebühr nach Nrn. 3206, 3208, 3209 i.V.m. Nr. 3201 VV.

1. 1,8-Verfahrensgebühr, Nrn. 3206, 3208, 3209 VV
   (Wert: 50.000,00 EUR) .... 2.093,40 EUR
2. Postentgeltpauschale, Nr. 7002 VV .... 20,00 EUR
   Zwischensumme .... 2.113,40 EUR
3. 19 % Umsatzsteuer, Nr. 7008 VV .... 401,55 EUR
   Gesamt .... **2.514,95 EUR**

Beispiel 33 | **Antrag auf Zurückweisung des Zulassungsantrags**

Das LG hat den Beklagten erstinstanzlich zur Zahlung von 50.000,00 EUR verurteilt. Er beauftragt einen am BGH zugelassenen Anwalt, die Zulassung der Sprungrevision zu beantragen. Der Kläger beauftragt einen BGH-Anwalt, der sich im Zulassungsverfahren bestellt und Antrag auf Zurückweisung des Zulassungsantrags stellt.

Der BGH-Anwalt des Klägers erhält ebenfalls die 2,3-Verfahrensgebühr nach Nrn. 3206, 3208 VV, da auch für ihn der Zulassungsantrag bereits zum Revisionsverfahren zählt (§ 16 Nr. 11 i.V.m. § 17 Nr. 1 RVG).

Abzurechnen ist wie in Beispiel 31.

Beispiel 34 | **Bloße Bestellung im Zulassungsverfahren**

Das LG hat den Beklagten erstinstanzlich zur Zahlung von 50.000,00 EUR verurteilt. Er beauftragt einen am BGH zugelassenen Anwalt, die Zulassung der Sprungrevision zu beantragen. Der Kläger beauftragt einen BGH-Anwalt, der sich im Zulassungsverfahren bestellt, aber keinen Antrag stellt.

Der BGH-Anwalt des Beklagten erhält jetzt nur die 1,8-Verfahrensgebühr nach Nrn. 3206, 3208, 3209 VV.

Abzurechnen ist wie in Beispiel 32.

Beispiel 35 | **Antrag auf Zurückweisung der Zulassung durch nicht am BGH zugelassenen Anwalt**

Das LG hat den Beklagten erstinstanzlich zur Zahlung von 50.000,00 EUR verurteilt. Er beauftragt einen am BGH zugelassenen Anwalt, die Zulassung der Sprungrevision zu bean-

---

[13] Das Einfordern der Einwilligung führt noch nicht zum Verlust des Berufungsrechts, sondern erst, wenn die Zulassung der Sprungrevision beantragt wird (BGH MDR 1997, 776 = NJW 1997, 2387 = WM 1997, 1684 = NJ 1997, 391 = GRUR 1997, 684).

tragen. Der Kläger beauftragt einen nicht am BGH zugelassenen Anwalt, der sich im Zulassungsverfahren bestellt und Antrag auf Zurückweisung des Zulassungsantrags stellt und zur Sache rechtliche Ausführungen abgibt.

Der Anwalt des Klägers erhält jetzt ebenfalls eine 2,3-Verfahrensgebühr nach Nrn. 3206, 3208 VV. Abzurechnen ist wie in Beispiel 31. Nach Auffassung des BGH wäre lediglich eine Einzeltätigkeit anzunehmen, so dass nur eine 0,8-Verfahrensgebühr nach Nr. 3403 VV entstünde.

| Beispiel 36 | Bloße Bestellung im Zulassungsverfahren durch einen nicht am BGH zugelassenen Anwalt |

Das LG hat den Beklagten erstinstanzlich zur Zahlung von 50.000,00 EUR verurteilt. Er beauftragt einen am BGH zugelassenen Anwalt, die Zulassung der Sprungrevision zu beantragen. Der Kläger beauftragt einen nicht am BGH zugelassenen Anwalt, der sich im Zulassungsverfahren bestellt, aber keinen Antrag stellt.

Der Anwalt des Klägers erhält jetzt nur die 1,8-Verfahrensgebühr nach Nrn. 3206, 3208, 3209 VV.

Abzurechnen ist wie in Beispiel 32.

War der BGH-Anwalt zunächst nur mit der Abgabe oder dem Einholen der Einwilligung beauftragt, und wird er später dann mit der Vertretung im Zulassungsverfahren beauftragt, so gilt § 15 Abs. 6 RVG. Der Anwalt erhält insgesamt nicht mehr, als wenn er von vornherein mit der gesamten Tätigkeit beauftragt worden wäre. Die zunächst entstandene 0,8-Verfahrensgebühr der Nr. 3403 VV erstarkt dann zu einer 2,3-Verfahrensgebühr.

| Beispiel 37 | Abgabe der Einwilligung zur Sprungrevision durch BGH-Anwalt |

Das LG hat die Klage auf Zahlung von 50.000,00 EUR abgewiesen. Der Kläger will Sprungrevision einlegen und beauftragt einen BGH-Anwalt mit der Einholung der Einwilligung. Der Beklagte beauftragt daraufhin einen BGH-Anwalt, der für ihn die Einwilligung zur Sprungrevision abgibt. Daraufhin wird der Zulassungsantrag gestellt. Beide Anwälte werden nunmehr mit der Vertretung im Zulassungsverfahren beauftragt.

Beide Anwälte hatten zunächst nur den Auftrag für das Einholen bzw. die Abgabe der Einwilligung. Dafür entsteht nur eine 0,8-Verfahrensgebühr nach Nr. 3403 VV. Für die Vertretung im Zulassungsverfahren erhalten sie jetzt die Vergütung nach Nrn. 3206, 3208 VV. Die Vergütung nach Nr. 3403 VV geht gem. § 15 Abs. 6 RVG darin auf.

    I. Abgabe der Einwilligungserklärung
    1. 0,8-Verfahrensgebühr, Nr. 3403 VV   930,40 EUR
        (Wert: 50.000,00 EUR)
    2. Postentgeltpauschale, Nr. 7002 VV   20,00 EUR
        Zwischensumme   950,40 EUR
    3. 19 % Umsatzsteuer, Nr. 7008 VV   180,58 EUR
    Gesamt   **1.130,98 EUR**

§ 16 Nichtzulassungsbeschwerde, Revision und Sprungrevision

II. Zulassungsverfahren

1.	2,3-Verfahrensgebühr, Nrn. 3206, 3208 VV (Wert: 50.000,00 EUR)	2.674,90 EUR
2.	Postentgeltpauschale, Nr. 7002 VV	20,00 EUR
3.	./. Vergütung für Einzeltätigkeit (§ 15 Abs. 5 RVG)	– 930,40 EUR
	Zwischensumme 1.764,50 EUR	
4.	19 % Umsatzsteuer, Nr. 7008 VV	335,26 EUR
	Gesamt	**2.099,76 EUR**

4. Vertretung im zugelassenen Revisionsverfahren

56 Wird die Revision zugelassen, dann zählt die weitere Tätigkeit im Revisionsverfahren als eine Angelegenheit. Der Anwalt erhält die Gebühren der Nrn. 3206 ff. VV insgesamt nur einmal (§ 16 Nr. 11 RVG). Durch eine Erweiterung können sich allerdings Wertveränderungen ergeben.

> **Beispiel 38** Revisionsverfahren nach Zulassung der Sprungrevision
>
> Das LG hat den Beklagten erstinstanzlich zur Zahlung von 50.000,00 EUR verurteilt. Er beauftragt daraufhin einen am BGH zugelassenen Anwalt, der die Zulassung der Sprungrevision beantragt. Der Kläger beauftragt einen am BGH zugelassenen Anwalt mit seiner Vertretung im Zulassungsverfahren. Die Revision wird zugelassen und vor dem BGH verhandelt.

Die beteiligten Anwälte erhalten die Gebühren des Revisionsverfahrens nur einmal. Für das Zulassungsverfahren verbleiben keine gesonderten Gebühren, da diese Tätigkeiten für beide Anwälte zum Revisionsverfahren zählen (§ 16 Nr. 11 i.V.m. § 17 Nr. 1 RVG).

Beide Anwälte erhalten

1.	2,3-Verfahrensgebühr, Nrn. 3206, 3208 VV (Wert: 50.000,00 EUR)	2.674,90 EUR
2.	1,5-Terminsgebühr, Nr. 3210 VV (Wert: 50.000,00 EUR)	1.744,50 EUR
3.	Postentgeltpauschale, Nr. 7002 VV	20,00 EUR
	Zwischensumme 4.439,40 EUR	
4.	19 % Umsatzsteuer, Nr. 7008 VV	843,49 EUR
	Gesamt	**5.282,89 EUR**

> **Beispiel 39** Revisionsverfahren nach Zulassung der Sprungrevision mit Anschlussrevision
>
> Das LG hat den Beklagten erstinstanzlich zur Zahlung von 50.000,00 EUR verurteilt und im Übrigen (25.000,00 EUR) die Klage abgewiesen. Er beauftragt daraufhin einen am BGH zugelassenen Anwalt, der die Zulassung der Sprungrevision beantragt. Der Beklagte beauftragt einen am BGH zugelassenen Anwalt mit seiner Vertretung im Revisionszulassungsverfahren. Die Revision wird zugelassen. Sodann erhebt der Kläger Anschlussrevision hinsichtlich der Abweisung seiner Klage.

Die Gebühren entstehen wiederum nur einmal, allerdings jetzt aus einem Wert i.H.v. 75.000,00 EUR (§ 23 Abs. 1 S. 1 RVG i.V.m. § 45 Abs. 2, Abs. 1 S. 1 GKG).

Beide Anwälte erhalten

1. 2,3-Verfahrensgebühr, Nrn. 3206, 3208 VV 3.065,90 EUR
   (Wert: 75.000,00 EUR)
2. 1,5-Terminsgebühr, Nr. 3210 VV 1.999,90 EUR
   (Wert: 75.000,00 EUR)
3. Postentgeltpauschale, Nr. 7002 VV 20,00 EUR
   Zwischensumme 5.085,80 EUR
4. 19 % Umsatzsteuer, Nr. 7008 VV 966,30 EUR

Gesamt **6.052,10 EUR**

§ 17 Rechtsbeschwerde

Inhalt

I. Überblick 1	2. Gegenstandswert 8
II. Rechtsbeschwerde nach Teil 3 Abschnitt 5 VV 4	3. Verfahrensgebühr 10
	4. Terminsgebühr 13
1. Umfang der Angelegenheit 4	5. Einigungsgebühr 14

I. Überblick

Rechtsbeschwerden sind im RVG an verschiedenen Stellen geregelt. Soweit keine vorrangigen Sonderregelungen greifen, gelten die Gebühren nach Teil 3 Abschnitt 5 VV und zwar die Nrn. 3502, 3503, 3516 VV. Der Anwendungsbereich dieser Vorschrift ist zuletzt durch das FGG-ReformG[1] geändert worden. Während Nr. 3502 VV zunächst ausdrücklich nur für die Rechtsbeschwerde nach 574 ZPO galt[2] und später auch auf die Rechtsbeschwerde nach § 78 S. 2 des ArbGG erweitert wurde,[3] gilt sie jetzt für alle Rechtsbeschwerden in Verfahren nach Teil 3 VV, soweit nicht die besonderen Regelungen der Vorbem. 3.2.1 Nr. 2 oder 3.2.2 Nr. 1 u. 2 VV vorgehen (Vorbem. 3.5 VV). Zur Vergütung in diesen Verfahren wird auf die Darstellung des jeweiligen Sachgebiets verwiesen. 1

Nr. 3502 VV gilt ferner nicht für Rechtsbeschwerden außerhalb von Teil 3 VV, also 2
- in **schiedsrichterlichen Verfahren** (§ 1065 ZPO); es gelten die VV 3100 ff. (Vorbem. 3.1 Abs. 2 VV).
- in **Bußgeldsachen** (§ 72 OWiG); es gilt Nr. 5113 VV (siehe hierzu § 36 Rn 120 ff.).
- in **Freiheitsentziehungsverfahren** (§§ 415 ff. FamFG); es gelten die Nr. 6300 ff. VV.
- in **Unterbringungssachen** (§§ 312 ff. FamFG); es gelten die Nr. 6300 ff. VV.
- bei **Unterbringungsmaßnahmen** nach § 151 Nr. 6 u. 7 FamFG; es gelten die Nrn. 6300 ff. VV.

VV 3502 gilt ebenfalls nicht für Verfahren über eine **weitere Beschwerde**, wie sie noch vereinzelt vorgesehen ist (so. z.B. im GKG, GNotKG oder RVG).[4] 3

II. Rechtsbeschwerde nach Teil 3 Abschnitt 5 VV

1. Umfang der Angelegenheit

Das Verfahren über die in Teil 3 Abschnitt 5 VV geregelten Rechtsbeschwerden ist nach § 17 Nr. 1 RVG eine **eigene Gebührenangelegenheit**. 4

Mehrere Rechtsbeschwerden sind jeweils gesonderte Angelegenheiten (§ 15 Abs. 2 RVG). Das gilt auch dann, wenn aufgrund einer ersten Rechtsbeschwerde die Entscheidung der Vorinstanz aufgehoben wird, und gegen die neue Entscheidung erneut Rechtsbeschwerde eingelegt wird. 5

---
1 FGG-ReformG v. 17.12.2008, BGBl I S. 2586.
2 FGG-ReformG v. 17.12.2008, BGBl I S. 2586.
3 FGG-ReformG v. 17.12.2008, BGBl I S. 2586.
4 OLG Celle AGS 2012, 124 = MDR 2012, 680 = NJW-Spezial 2012, 93.

§ 17 Rechtsbeschwerde

6 Die **Gebühren** richten sich nach den Nrn. 3502, 3503, 3516 VV.

7 Hinzu kommen wiederum **Auslagen** nach Teil 7 VV, insbesondere also auch eine eigene **Postentgeltpauschale** nach Nr. 7002 VV.

2. Gegenstandswert

8 Da im Verfahren über die Rechtbeschwerde keine wertabhängigen Gerichtsgebühren erhoben werden, sondern Festgebühren, darf von Amts wegen kein Wert festgesetzt werden, was allerdings häufig dennoch geschieht. Da sich aber die Gebühren des Anwalts nach dem Wert richten (§ 2 Abs. 1 RVG), muss das Rechtsbeschwerdegericht auf Antrag des Anwalts oder eines Beteiligten nach § 33 Abs. 1 eine Wertfestsetzung vornehmen.[5]

9 Der Wert richtet sich nach § 23 Abs. 2 RVG und ist unter Berücksichtigung des Interesses des Beschwerdeführers nach § 23 Abs. 3 S. 2 RVG zu bestimmen, soweit das RVG keine vorrangigen Regelungen enthält wie z.B. § 23a RVG. Der Gegenstandswert des Rechtsbeschwerdeverfahrens ist durch den Wert des zugrunde liegenden Verfahrens begrenzt (§ 23 Abs. 2 S. 2 RVG).

3. Verfahrensgebühr

10 Der Anwalt erhält für das Betreiben des Geschäfts (Vorbem. 3 Abs. 2 VV) nach Nr. 3502 VV zunächst eine **Verfahrensgebühr** in Höhe von 1,0.

Beispiel 1 | **Rechtsbeschwerde**

Der Anwalt wird im Kostenfestsetzungsverfahren beauftragt, gegen die Beschwerdeentscheidung des LG, mit der Kosten für ein vorgerichtliches Gutachten in Höhe 3.000,00 EUR abgesetzt worden sind, Rechtsbeschwerde einzulegen.

Es entsteht nur eine 1,0-Verfahrensgebühr nach Nr. 3502 VV.

1. 1,0-Verfahrensgebühr, Nr. 3502 VV (Wert: 3.000,00 EUR)		201,00 EUR
2. Postentgeltpauschale, Nr. 7002 VV		20,00 EUR
Zwischensumme	221,00 EUR	
3. 19 % Umsatzsteuer, Nr. 7008 VV		41,99 EUR
Gesamt		**262,99 EUR**

11 Bei **vorzeitiger Beendigung** des Auftrags ermäßigt sich die Gebühr der Nr. 3502 VV auf eine 0,5-Gebühr (Nr. 3503 VV). Die Anm. zu Nr. 3201 VV gilt entsprechend (Anm. zu Nr. 3503 VV).

Beispiel 2 | **Rechtsbeschwerde, vorzeitige Erledigung**

Das LG lässt die Rechtsbeschwerde gegen einen Streitwertbeschluss zu (Beschwer 1.860,00 EUR). Der BGH-Anwalt erhält den Auftrag, diese einzulegen, rät hiervon jedoch ab, da die Rechtsbeschwerde nicht statthaft ist.[6]

---

[5] BGH AGS 2013, 32 = FamRZ 2012, 1937 = FF 2012, 512 = NJW-Spezial 2013, 60.
[6] Siehe hierzu BGH BGHR 2002, 750; 2003, 94 = NJW 2003, 69 = MDR 2003, 115 = NZBau 2003, 36 = JurBüro 2003, 95; BAG AGS 2003, 318 = JurBüro 2003, 421 = MDR 2003, 956 = EzA § 78 ArbGG 1979 Nr. 6 = AP Nr. 14 zu § 78 ArbGG 1979 = ArbuR 2003, 239 = BRAGOreport 2300, 143 = AP Nr. 3 zu § 574 ZPO 2002.

II. Rechtsbeschwerde nach Teil 3 Abschnitt 5 VV § 17

Da der Anwalt den Auftrag zur Rechtsbeschwerde hatte und nicht etwa nur einen Prüfungsauftrag nach Nr. 2100 VV, richtet sich die Vergütung nach Nr. 3502 VV, allerdings reduziert nach Nr. 3503 VV auf einen Gebührensatz von 0,5, da es zur Einlegung der Rechtsbeschwerde nicht mehr gekommen ist.

1.	0,5-Verfahrensgebühr, Nrn. 3502, 3503 VV (Wert: 1.860,00 EUR)		75,00 EUR
2.	Postentgeltpauschale, Nr. 7002 VV		15,00 EUR
	Zwischensumme	90,00 EUR	
3.	19 % Umsatzsteuer, Nr. 7008 VV		17,10 EUR
	Gesamt		**107,10 EUR**

Sofern der Anwalt für **mehrere Auftraggeber** wegen desselben Gegenstands tätig wird, erhöht sich die jeweilige Verfahrensgebühr um 0,3 je weiteren Auftraggeber (Nr. 1008 VV), höchstens um 2,0.

12

Beispiel 3 — Rechtsbeschwerde, mehrere Auftraggeber

Der Anwalt wird im Kostenfestsetzungsverfahren von zwei gesamtschuldnerisch auch in die Kosten verurteilten Auftraggebern beauftragt, gegen die Beschwerdeentscheidung des LG, mit der Kosten für ein vorgerichtliches Gutachten in Höhe 3.000,00 EUR gesamtschuldnerisch festgesetzt worden sind, Rechtsbeschwerde einzulegen.

Die Verfahrensgebühr erhöht sich nach Nr. 1008 VV um 0,3.

1.	1,3-Verfahrensgebühr, Nrn. 3502, 1008 VV (Wert: 3.000,00 EUR)		261,30 EUR
2.	Postentgeltpauschale, Nr. 7002 VV		20,00 EUR
	Zwischensumme	281,30 EUR	
3.	19 % Umsatzsteuer, Nr. 7008 VV		53,45 EUR
	Gesamt		**334,75 EUR**

4. Terminsgebühr

Eine **Terminsgebühr** ist im Verfahren der Rechtsbeschwerde seit dem 1.1.2005 möglich (Nr. 3516 VV).[7] Auch wenn hier kein gerichtlicher Termin vorgesehen ist, können die Anwälte doch außergerichtliche Verhandlungen führen (Vorbem. 3. Abs. 3 S. 3 Nr. 2 VV). Dass eine mündliche Verhandlung im Verfahren der Rechtsbeschwerde nicht vorgeschrieben ist, ist insoweit unerheblich.[8]

13

Beispiel 4 — Rechtsbeschwerde mit Termin

Der Anwalt wird im Kostenfestsetzungsverfahren beauftragt, gegen die Beschwerdeentscheidung des LG (Wert: 3.000,00 EUR) Rechtsbeschwerde einzulegen. Der Anwalt des Beschwerdegegners ruft, nachdem er bereits die Zurückweisung der Beschwerde beantragt hatte, den Anwalt des Beschwerdeführers an und unterbreitet ein Einigungsangebot, das abgelehnt wird.

---

[7] Erweitert durch das Gesetz über die Rechtsbehelfe bei Verletzung des Anspruchs auf rechtliches Gehör (Anhörungsrügengesetz) vom 9.12.2004, BGBl I 2004, S. 3220.
[8] Zu dem Problem siehe § 13 Rn 84.

Beide Anwälte erhalten neben der 1,0-Verfahrensgebühr (Nr. 3502 VV) nach Nr. 3516 VV i.V.m. Vorbem. 3 Abs. 3 S. 3 Nr. 2 VV eine 1,2-Terminsgebühr.

1.	1,0-Verfahrensgebühr, Nr. 3502 VV (Wert: 3.000,00 EUR)		201,00 EUR
2.	1,2-Terminsgebühr, Nr. 3516 VV (Wert: 3.000,00 EUR)		241,20 EUR
3.	Postentgeltpauschale, Nr. 7002 VV Zwischensumme	462,20 EUR	20,00 EUR
4.	19 % Umsatzsteuer, Nr. 7008 VV		87,82 EUR
Gesamt			**550,02 EUR**

5. Einigungsgebühr

14 Möglich ist ferner eine **Einigungsgebühr**, die in der Praxis aber wohl kaum vorkommt. Anzuwenden ist in diesem Fall Nr. 1003 VV; eine analoge Anwendung der Nr. 1004 VV dürfte hier nicht in Betracht kommen, nachdem der Gesetzgeber die Nr. 1004 VV mehrmals geändert und sie nur auf die in Vorbem. 3.2.1 und 3.2.2 VV genannten Rechtsbeschwerdeverfahren erweitert hat,[9] nicht aber auf alle Rechtsbeschwerdeverfahren.[10]

> **Beispiel 5**   **Rechtsbeschwerde mit Einigung**

Die Beschwerde gegen eine Kostenentscheidung nach § 91a ZPO (Beschwer 2.500,00 EUR) wird zurückgewiesen. Hiergegen legt der Beschwerdeführer Rechtsbeschwerde ein. Die Parteien einigen sich schriftsätzlich, die Kosten gegeneinander aufzuheben; die Rechtsbeschwerde wird daraufhin zurückgenommen.

Neben der Verfahrensgebühr entsteht eine Einigungsgebühr. Diese bemisst sich nach Nr. 1003 VV.

1.	1,0-Verfahrensgebühr, Nr. 3502 VV (Wert: 2.500,00 EUR)		201,00 EUR
2.	1,0-Einigungsgebühr, Nrn. 1000, 1003 VV (Wert: 2.500,00 EUR)		201,00 EUR
3.	Postentgeltpauschale, Nr. 7002 VV Zwischensumme	422,00 EUR	20,00 EUR
4.	19 % Umsatzsteuer, Nr. 7008 VV		80,18 EUR
Gesamt			**502,18 EUR**

> **Beispiel 6**   **Rechtsbeschwerde mit Termin und Einigung**

Der Anwalt wird im Kostenfestsetzungsverfahren beauftragt, gegen die Beschwerdeentscheidung des LG (Wert: 3.000,00 EUR) Rechtsbeschwerde einzulegen. Der Anwalt des Beschwerdegegners ruft, ohne bereits die Zurückweisung der Beschwerde beantragt zu haben, den Anwalt des Beschwerdeführers an und unterbreitet ein Einigungsangebot, das angenommen wird. Die Rechtsbeschwerde wird daraufhin zurückgenommen.

---

9 FGG-ReformG v. 17.12.2008 BGBl I, S. 2586.
10 AnwK-RVG/*N. Schneider/Thiel*, Anhang zu Nrn. 1003, 1004 Rn 112 f.

II. Rechtsbeschwerde nach Teil 3 Abschnitt 5 VV   § 17

Der **Anwalt des Beschwerdeführers** erhält eine 1,0-Verfahrensgebühr sowie nach Nr. 3516 VV i.V.m. Vorbem. 3 Abs. 3 S. 3 Nr. 2 VV eine 1,2-Terminsgebühr und eine 1,0-Einigungsgebühr nach Nrn. 1000, 1003 VV.

Der **Anwalt des Beschwerdegegners** erhält nur die 0,5-Verfahrensgebühr nach Nrn. 3502, 3503 VV, da er noch keinen Antrag gestellt hatte. Hinzu kommt für ihn aber auch nach Nr. 3516 VV i.V.m. Vorbem. 3 Abs. 3 S. 3 Nr. 2 VV eine 1,2-Terminsgebühr sowie eine 1,0-Einigungsgebühr nach Nrn. 1000, 1003 VV.

I. Anwalt des Beschwerdeführers
1. 1,0-Verfahrensgebühr, Nr. 3502 VV   201,00 EUR
   (Wert: 3.000,00 EUR)
2. 1,2-Terminsgebühr, Nr. 3516 VV   241,20 EUR
   (Wert: 3.000,00 EUR)
3. 1,0-Einigungsgebühr, Nrn. 1000, 1003 VV   201,00 EUR
   (Wert: 3.000,00 EUR)
4. Postentgeltpauschale, Nr. 7002 VV   20,00 EUR
   Zwischensumme   663,20 EUR
5. 19 % Umsatzsteuer, Nr. 7008 VV   126,01 EUR
Gesamt   **789,21 EUR**

II. Anwalt des Beschwerdegegners
1. 0,5-Verfahrensgebühr, Nrn. 3502, 3503 VV   100,50 EUR
   (Wert: 3.000,00 EUR)
2. 1,2-Terminsgebühr, Nr. 3516 VV   241,20 EUR
   (Wert: 3.000,00 EUR)
3. 1,0-Einigungsgebühr, Nrn. 1000, 1003 VV   201,00 EUR
   (Wert: 3.000,00 EUR)
4. Postentgeltpauschale, Nr. 7002 VV   20,00 EUR
   Zwischensumme   562,70 EUR
5. 19 % Umsatzsteuer, Nr. 7008 VV   106,91 EUR
Gesamt   **669,61 EUR**

§ 18 Urkunden-, Wechsel- und Scheckprozess und Nachverfahren

Inhalt

I. Überblick	1	V. Anrechnung bei vorangegangener Geschäftstätigkeit	20
II. Abrechnung	9	VI. Anrechnung bei vorangegangenem Mahnverfahren	21
III. Anrechnungsausschluss nach zwei Kalenderjahren	13	VII. Übergangsrecht	25
IV. Berufungsverfahren	15		

I. Überblick

Nach § 17 Nr. 5 RVG gilt das ordentliche Verfahren, das nach Abstandnahme vom Urkunden-, Wechsel- oder Scheckprozess anhängig bleibt, bzw. das Nachverfahren nach Erlass eines Vorbehaltsurteils als **neue selbstständige Gebührenangelegenheit**. Die Vorschrift spricht zwar nur von Urkunden- und Wechselverfahren und erwähnt das Scheckverfahren nicht. Da es sich jedoch bei dem Scheckverfahren lediglich um eine besondere Art des Urkundenverfahrens handelt (§ 605a ZPO), ist es allgemeine Auffassung, dass § 17 Nr. 5 RVG auch für den Scheckprozess gilt.[1]   1

Dies hat zur Folge, dass **sämtliche Gebühren** sowohl im Urkunden-, Wechsel- und Scheckprozess einerseits als auch im ordentlichen Verfahren nach Abstandnahme oder nach Erlass eines Vorbehaltsurteils andererseits gesondert anfallen können. Auch die **Postentgeltpauschale** nach Nr. 7002 VV kann zweimal entstehen.[2]   2

Die Vergütung im Urkunden-, Wechsel- und Scheckprozess richtet sich nach Teil 3 VV. Insoweit sei ergänzend auf die Ausführungen zu den §§ 10 bis 17 verwiesen.   3

Der Anwalt erhält zunächst einmal eine **1,3-Verfahrensgebühr** nach Nr. 3100 VV, die sich bei mehreren Auftraggebern nach Nr. 1008 VV erhöhen kann. Allerdings ist in Anm. Abs. 2 zu Nr. 3100 VV ist angeordnet, dass die Verfahrensgebühr, die im Urkunden-, Wechsel- oder Scheckprozess entstanden ist, auf die Verfahrensgebühr des Nachverfahrens oder des ordentlichen Verfahrens nach Abstandnahme **angerechnet wird**. Insoweit gilt § 15a Abs. 1 RVG (siehe hierzu § 5).   4

Neben der Verfahrensgebühr entsteht unter den Voraussetzungen der Vorbem. 3 Abs. 3 VV die **1,2-Terminsgebühr** nach Nr. 3104 VV, gegebenenfalls nach Nr. 3105 VV nur in Höhe von 0,5. Infolge des erweiterten Anwendungsbereichs der **Terminsgebühr** gegenüber der früheren Verhandlungsgebühr reicht auch schon die **bloße Erklärung** des Klägervertreters im Termin, er nehme **vom Urkundenprozess Abstand**, um dort die Terminsgebühr auszulösen.[3]   5

Für die **Terminsgebühr** (Nr. 3104 VV) ist **keine Anrechnung** vorgesehen. Diese kann also sowohl im Urkunden-, Wechsel- oder Scheckprozess als auch im Nachverfahren oder im ordentlichen Verfahren nach Abstandnahme gesondert entstehen.   6

Möglich ist darüber hinaus auch eine **Einigungsgebühr** nach Nrn. 1000 ff. VV.   7

---
1 AnwK-RVG/*Onderka*, § 17 Rn 370; Gerold/Schmidt/*Müller-Rabe*, Nr. 3100 VV Rn 221.
2 LG Kiel AnwBl 1979, 354; LG Aachen AnwBl 1969, 414.
3 AnwK-RVG/*Onderka*, § 17 Rn 356; Gerold/Schmidt/*Müller-Rabe*, Nr. 3100 VV Rn 227; *N. Schneider*, Terminsgebühr für übereinstimmende Erledigungserklärung und Abstandnahme vom Urkundenprozess?, AGS 2005, 99.

8 Daneben erhält der Anwalt Ersatz seiner **Auslagen** nach Teil 7 VV. Insbesondere erhält der Anwalt jeweils eine gesonderte **Postentgeltpauschale** für den Urkunden-, Wechsel- oder Scheckprozess einerseits und das Nachverfahren andererseits.[4] Soweit Kopien gefertigt werden, ist je Angelegenheit gesondert zu zählen.[5]

II. Abrechnung

9 | Beispiel 1 | **Vorbehaltsurteil und Nachverfahren**

Auf eine Scheckklage über 5.000,00 EUR ergeht nach mündlicher Verhandlung ein Vorbehaltsurteil. Der Kläger beantragt, das Urteil für vorbehaltlos zu erklären. Im daraufhin anberaumten Termin im Nachverfahren wird erneut verhandelt.

Die Gebühren im Nachverfahren entstehen erneut (§ 17 Nr. 5 RVG). Die Verfahrensgebühr des Scheckverfahrens wird dabei auf die des Nachverfahrens angerechnet (Anm. Abs. 2 zu Nr. 3100 VV). Die Terminsgebühr entsteht dagegen zweimal anrechnungsfrei.

I. Scheckverfahren (Wert: 5.000,00 EUR)	
1. 1,3-Verfahrensgebühr, Nr. 3100 VV	393,90 EUR
2. 1,2-Terminsgebühr, Nr. 3104 VV	363,60 EUR
3. Postentgeltpauschale, Nr. 7002 VV	20,00 EUR
Zwischensumme	777,50 EUR
4. 19 % Umsatzsteuer, Nr. 7008 VV	147,73 EUR
Gesamt	**925,23 EUR**
II. Nachverfahren (Wert: 5.000,00 EUR)	
1. 1,3-Verfahrensgebühr, Nr. 3100 VV	393,90 EUR
2. gem. Anm. Abs. 2 zu Nr. 3100 VV anzurechnen, 1,3 aus 5.000,00 EUR	– 393,90 EUR
3. 1,2-Terminsgebühr, Nr. 3104 VV	363,60 EUR
4. Postentgeltpauschale, Nr. 7002 VV	20,00 EUR
Zwischensumme	383,60 EUR
5. 19 % Umsatzsteuer, Nr. 7008 VV	72,88 EUR
Gesamt	**456,48 EUR**

10 Die gesonderten Gebühren fallen auch dann an, wenn im selben Termin sowohl im Urkunden- als auch im Nachverfahren verhandelt wird.[6]

| Beispiel 2 | **Scheckverfahren und ordentliches Verfahren nach Abstandnahme**

Es wird Scheckklage in Höhe von 10.000,00 EUR erhoben. Im Termin nimmt der Kläger Abstand vom Scheckverfahren; es wird sodann im ordentlichen Verfahren verhandelt.

Obwohl der Anwalt insgesamt nur einen Termin wahrgenommen hat, entsteht die Terminsgebühr zweimal, da in beiden Angelegenheiten ein Termin stattgefunden hat.

---

4 LG Aachen AnwBl 1969, 414; LG Kiel AnwBl 1969, 354 = MDR 1969, 1021; LG München I AnwBl 1968, 238; AnwK-RVG/*N. Schneider*, Nrn. 7001, 7002 Rn 33.
5 Siehe hierzu § 38 Rn 26, Beispiel 21.
6 AnwK-RVG/*Onderka*, § 17 Rn 356; Gerold/Schmidt/*Müller-Rabe*, Nr. 3100 VV Rn 227; *N. Schneider*, Terminsgebühr für übereinstimmende Erledigungserklärung und Abstandnahme vom Urkundenprozess?, AGS 2005, 99.

I. **Scheckverfahren (Wert: 10.000,00 EUR)**
1. 1,3-Verfahrensgebühr, Nr. 3100 VV — 725,40 EUR
2. 1,2-Terminsgebühr, Nr. 3104 VV — 669,60 EUR
3. Postentgeltpauschale, Nr. 7002 VV — 20,00 EUR
   Zwischensumme — 1.415,00 EUR
4. 19 % Umsatzsteuer, Nr. 7008 VV — 268,85 EUR

Gesamt — **1.683,85 EUR**

II. **Ordentliches Verfahren (Wert: 10.000,00 EUR)**
1. 1,3-Verfahrensgebühr, Nr. 3100 VV — 725,40 EUR
2. gem. Anm. Abs. 2 zu Nr. 3100 VV anzurechnen, 1,3 aus 10.000,00 EUR — − 725,40 EUR
3. 1,2-Terminsgebühr, Nr. 3104 VV — 669,60 EUR
4. Postentgeltpauschale, Nr. 7002 VV — 20,00 EUR
   Zwischensumme — 689,60 EUR
5. 19 % Umsatzsteuer, Nr. 7008 VV — 131,02 EUR

Gesamt — **820,62 EUR**

Beispiel 3 **Abstandnahme nach Versäumnisurteil**

Es wird eine Scheckklage in Höhe von 5.000,00 EUR erhoben. Der Kläger lässt im Scheckverfahren gegen sich zunächst Versäumnisurteil ergehen. Mit dem Einspruch nimmt er Abstand vom Scheckverfahren; es wird anschließend im ordentlichen Verfahren verhandelt.

I. **Scheckverfahren (Wert: 5.000,00 EUR)**
a) **Der Klägervertreter erhält**
1. 1,3-Verfahrensgebühr, Nr. 3100 VV — 393,90 EUR
2. Postentgeltpauschale, Nr. 7002 VV — 20,00 EUR
   Zwischensumme — 413,90 EUR
3. 19 % Umsatzsteuer, Nr. 7008 VV — 78,64 EUR

Gesamt — **492,54 EUR**

b) **Der Beklagtenvertreter erhält**
1. 1,3-Verfahrensgebühr, Nr. 3100 VV — 393,90 EUR
2. 0,5-Terminsgebühr, Nr. 3105 VV — 151,50 EUR
3. Postentgeltpauschale, Nr. 7002 VV — 20,00 EUR
   Zwischensumme — 565,40 EUR
4. 19 % Umsatzsteuer, Nr. 7008 VV — 107,43 EUR

Gesamt — **672,83 EUR**

II. **Ordentliches Verfahren (Wert: 5.000,00 EUR)**
Beide Anwälte erhalten
1. 1,3-Verfahrensgebühr, Nr. 3100 VV — 393,90 EUR
2. gem. Anm. Abs. 2 zu Nr. 3100 VV anzurechnen, 1,3 aus 5.000,00 EUR — − 393,90 EUR
3. 1,2-Terminsgebühr, Nr. 3104 VV — 363,60 EUR
4. Postentgeltpauschale, Nr. 7002 VV — 20,00 EUR
   Zwischensumme — 383,60 EUR
5. 19 % Umsatzsteuer, Nr. 7008 VV — 72,88 EUR

Gesamt — **456,48 EUR**

Beispiel 4 **Versäumnisurteil nach Abstandnahme**

Auf die Scheckklage in Höhe von 5.000,00 EUR ergeht ein Vorbehaltsurteil. Der Kläger beantragt daraufhin, das Urteil für vorbehaltlos erklären zu lassen. Im Nachverfahren erscheint für den Beklagten niemand, so dass ein Versäumnisurteil gegen ihn ergeht.

Der **Klägervertreter** erhält jetzt im Nachverfahren eine weitere Terminsgebühr nach Nr. 3105 VV.

I. Scheckverfahren (Wert: 5.000,00 EUR)
1. 1,3-Verfahrensgebühr, Nr. 3100 VV 393,90 EUR
2. 1,2-Terminsgebühr, Nr. 3104 VV 363,60 EUR
3. Postentgeltpauschale, Nr. 7002 VV 20,00 EUR
   Zwischensumme 777,50 EUR
4. 19 % Umsatzsteuer, Nr. 7008 VV 147,73 EUR
Gesamt **925,23 EUR**

II. Nachverfahren (Wert: 5.000,00 EUR)
1. 1,3-Verfahrensgebühr, Nr. 3100 VV 393,90 EUR
2. gem. Anm. Abs. 2 zu Nr. 3100 VV anzurechnen, 1,3 aus 5.000,00 EUR – 393,90 EUR
3. 0,5-Terminsgebühr, Nr. 3105 VV 151,50 EUR
4. Postentgeltpauschale, Nr. 7002 VV 20,00 EUR
   Zwischensumme 171,50 EUR
5. 19 % Umsatzsteuer, Nr. 7008 VV 32,59 EUR
Gesamt **204,09 EUR**

Die Vergütung des **Beklagtenvertreters** hängt davon ab, ob er im Nachverfahren überhaupt tätig geworden ist. Allenfalls erhält er hier eine Verfahrensgebühr, auf die die vorangegangene Verfahrensgebühr anzurechnen wäre (Anm. zu Nr. 3100 VV), so dass nur die Postentgeltpauschale nach Nr. 7002 VV verbliebe. Eine Terminsgebühr entsteht für ihn jedenfalls nicht, es sei denn, er hätte zuvor an einer Besprechung i.S.d. Vorbem. 3 Abs. 3 S. 3 Nr. 2 VV mitgewirkt.

Beispiel 5 | Scheck- und Nachverfahren, Einigung im Nachverfahren

Es wird Scheckklage in Höhe von 10.000,00 EUR erhoben, auf die ein Vorbehaltsurteil ergeht. Der Kläger beantragt, das Urteil für vorbehaltlos zu erklären. Im daraufhin anberaumten Nachverfahren wird erneut verhandelt. Sodann einigen sich die Parteien.

Jetzt entsteht im Nachverfahren zusätzlich noch die Einigungsgebühr nach Nrn. 1000, 1003 VV.

I. Scheckverfahren (Wert: 10.000,00 EUR)
1. 1,3-Verfahrensgebühr, Nr. 3100 VV 725,40 EUR
2. 1,2-Terminsgebühr, Nr. 3104 VV 669,60 EUR
3. Postentgeltpauschale, Nr. 7002 VV 20,00 EUR
   Zwischensumme 1.415,00 EUR
4. 19 % Umsatzsteuer, Nr. 7008 VV 268,85 EUR
Gesamt **1.683,85 EUR**

II. Nachverfahren (Wert: 10.000,00 EUR)
1. 1,3-Verfahrensgebühr, Nr. 3100 VV 725,40 EUR
2. gem. Anm. Abs. 2 zu Nr. 3100 VV anzurechnen, 1,3 aus 10.000,00 EUR – 725,40 EUR
3. 1,2-Terminsgebühr, Nr. 3104 VV 669,60 EUR
4. 1,0-Einigungsgebühr, Nrn. 1000, 1003 VV 558,00 EUR
5. Postentgeltpauschale, Nr. 7002 VV 20,00 EUR
   Zwischensumme 1.247,60 EUR
6. 19 % Umsatzsteuer, Nr. 7008 VV 237,04 EUR
Gesamt **1.484,64 EUR**

Beispiel 6 | Urkundenverfahren und ordentliches Verfahren, Einigung im Urkundenverfahren

Es wird eine Urkundenklage in Höhe von 10.000,00 EUR erhoben. Der Beklagte bestreitet die Echtheit der Urkunde und erhebt darüber hinaus weitere Einwände, die nur durch

Zeugenbeweis zu klären sind. Zur Vermeidung eines aufwändigen Gutachtens über die Echtheit vergleichen sich die Parteien dahingehend, dass der Beklagte treuhänderisch **8.000,00 EUR an den Prozessbevollmächtigten des Klägers zahle und der Kläger daraufhin vom Urkundenverfahren Abstand nehme. Im anschließenden ordentlichen Verfahren nach Abstandnahme ergeht nach mündlicher Verhandlung und Beweisaufnahme ein Urteil.**

Auch die Einigung über die weitere Verfahrensweise kann eine Einigungsgebühr auslösen. Daher ist im Urkundenverfahren eine Einigungsgebühr angefallen, obwohl damit das Verfahren noch nicht beendet worden ist.

I. Urkundenverfahren (Wert: 10.000,00 EUR)
1. 1,3-Verfahrensgebühr, Nr. 3100 VV   725,40 EUR
2. 1,2-Terminsgebühr, Nr. 3104 VV   669,60 EUR
3. 1,0-Einigungsgebühr, Nrn. 1000, 1003 VV   558,00 EUR
4. Postentgeltpauschale, Nr. 7002 VV   20,00 EUR
   Zwischensumme   1.973,00 EUR
5. 19 % Umsatzsteuer, Nr. 7008 VV   374,87 EUR
Gesamt   2.347,87 EUR
II. Ordentliches Verfahren (Wert: 10.000,00 EUR)
1. 1,3-Verfahrensgebühr, Nr. 3100 VV   725,40 EUR
2. gem. Anm. Abs. 2 zu Nr. 3100 VV anzurechnen,   − 725,40 EUR
   1,3 aus 10.000,00 EUR
3. 1,2-Terminsgebühr, Nr. 3104 VV   669,60 EUR
4. Postentgeltpauschale, Nr. 7002 VV   20,00 EUR
   Zwischensumme   689,60 EUR
5. 19 % Umsatzsteuer, Nr. 7008 VV   131,02 EUR
Gesamt   820,62 EUR

> **Beispiel 7** | **Urkundenverfahren und ordentliches Verfahren nach Abstandnahme, Einigung im Urkundenverfahren und im ordentlichen Verfahren**

Wie Beispiel 6; im ordentlichen Verfahren einigen sich die Parteien, dass der Beklagte zum Ausgleich der Klageforderung insgesamt 5.000,00 EUR zahle.

Jetzt fällt sowohl im Urkundenverfahren als auch im ordentlichen Verfahren eine Einigungsgebühr an.

I. Urkundenverfahren (Wert: 10.000,00 EUR)
1. 1,3-Verfahrensgebühr, Nr. 3100 VV   725,40 EUR
2. 1,2-Terminsgebühr, Nr. 3104 VV   669,60 EUR
3. 1,0-Einigungsgebühr, Nrn. 1000, 1003 VV   558,00 EUR
4. Postentgeltpauschale, Nr. 7002 VV   20,00 EUR
   Zwischensumme   1.973,00 EUR
5. 19 % Umsatzsteuer, Nr. 7008 VV   374,87 EUR
Gesamt   2.347,87 EUR
II. Nachverfahren (Wert: 10.000,00 EUR)
1. 1,3-Verfahrensgebühr, Nr. 3100 VV   725,40 EUR
2. gem. Anm. Abs. 2 zu Nr. 3100 VV anzurechnen, 1,3 aus   − 725,40 EUR
   10.000,00 EUR
3. 1,2-Terminsgebühr, Nr. 3104 VV   669,60 EUR
4. 1,0-Einigungsgebühr, Nrn. 1000, 1003 VV   558,00 EUR
5. Postentgeltpauschale, Nr. 7002 VV   20,00 EUR
   Zwischensumme   1.247,60 EUR
6. 19 % Umsatzsteuer, Nr. 7008 VV   237,04 EUR
Gesamt   1.484,64 EUR

§ 18 Urkunden-, Wechsel- und Scheckprozess und Nachverfahren

11   Haben Urkunden- und Nachverfahren bzw. ordentliches Verfahren nach Abstandnahme unterschiedliche Werte, so wird nur insoweit angerechnet, als sich die Werte von Urkunden- und Nachverfahren decken (analog Vorbem. 3 Abs. 4 S. 5 VV).

> **Beispiel 8** — Unterschiedliche Gegenstandswerte, Nachverfahren hat höheren Wert

Es wird eine Urkundenklage in Höhe von 5.000,00 EUR erhoben. Nach mündlicher Verhandlung ergeht ein Vorbehaltsurteil. Der Kläger beantragt, dieses für vorbehaltlos zu erklären. Der Beklagte erklärt im Nachverfahren die Hilfsaufrechnung mit einer streitigen Forderung in Höhe von 1.500,00 EUR. Hierüber wird verhandelt und unter Einbeziehung der Hilfsaufrechnung entschieden.

Der Wert des Nachverfahrens erhöht sich durch die Hilfsaufrechnung um deren Wert, da hierüber entschieden worden ist (§ 45 Abs. 3 GKG). Angerechnet werden darf aber nur nach dem Wert des Urkundenverfahrens, also nach 5.000,00 EUR.

I. Urkundenverfahren (Wert: 5.000,00 EUR)
1. 1,3-Verfahrensgebühr, Nr. 3100 VV   393,90 EUR
2. 1,2-Terminsgebühr, Nr. 3104 VV   363,60 EUR
3. Postentgeltpauschale, Nr. 7002 VV   20,00 EUR
   Zwischensumme   777,50 EUR
4. 19 % Umsatzsteuer, Nr. 7008 VV   147,73 EUR
Gesamt   **925,23 EUR**

II. Nachverfahren (Wert: 6.500,00 EUR)
1. 1,3-Verfahrensgebühr, Nr. 3100 VV   526,50 EUR
   (Wert: 6.500,00 EUR)
2. gem. Anm. Abs. 2 zu Nr. 3100 VV anzurechnen,
   1,3 aus 5.000,00 EUR   – 393,90 EUR
3. 1,2-Terminsgebühr, Nr. 3104 VV   486,00 EUR
   (Wert: 6.500,00 EUR)
4. Postentgeltpauschale, Nr. 7002 VV   20,00 EUR
   Zwischensumme   638,60 EUR
5. 19 % Umsatzsteuer, Nr. 7008 VV   121,33 EUR
Gesamt   **759,93 EUR**

> **Beispiel 9** — Unterschiedliche Gegenstandswerte, Nachverfahren hat geringeren Wert

Es wird eine Urkundenklage in Höhe von 6.500,00 EUR erhoben. Nach mündlicher Verhandlung ergeht ein Vorbehaltsurteil. Der Beklagte beantragt, in Höhe von 5.000,00 EUR das Urteil aufzuheben. Hierüber wird verhandelt und entschieden.

Auch hier darf nur angerechnet werden, soweit sich die Werte von Urkunden- und Nachverfahren decken, also nach 5.000,00 EUR (analog Vorbem. 3 Abs. 4 S. 5 VV).

I. Urkundenverfahren (Wert: 6.500,00 EUR)
1. 1,3-Verfahrensgebühr, Nr. 3100 VV   526,50 EUR
2. 1,2-Terminsgebühr, Nr. 3104 VV   486,00 EUR
3. Postentgeltpauschale, Nr. 7002 VV   20,00 EUR
   Zwischensumme   1.032,50 EUR
4. 19 % Umsatzsteuer, Nr. 7008 VV   196,18 EUR
Gesamt   **1.228,68 EUR**

II. Nachverfahren (Wert: 5.000,00 EUR)
1. 1,3-Verfahrensgebühr, Nr. 3100 VV   393,90 EUR
2. gem. Anm. Abs. 2 zu Nr. 3100 VV anzurechnen,   – 393,90 EUR
   1,3 aus 5.000,00 EUR
3. 1,2-Terminsgebühr, Nr. 3104 VV   363,60 EUR
4. Postentgeltpauschale, Nr. 7002 VV   20,00 EUR
   Zwischensumme   383,60 EUR
5. 19 % Umsatzsteuer, Nr. 7008 VV   72,88 EUR
Gesamt   **456,48 EUR**

| **Beispiel 10** | **Unterschiedliche Gegenstandswerte, teilweise Deckung** |

Es wird eine Urkundenklage in Höhe von 6.500,00 EUR erhoben. Nach mündlicher Verhandlung ergeht ein Vorbehaltsurteil. Der Beklagte beantragt, in Höhe von 5.000,00 EUR das Urteil aufzuheben. Der Kläger erweitert daraufhin die Klage um 3.000,00 EUR. Hierüber wird verhandelt und entschieden.

Das Nachverfahren hat einen Gegenstandswert in Höhe von (5.000,00 EUR + 3.000,00 EUR =) 8.000,00 EUR (§ 23 Abs. 1 S. 1 RVG i.V.m. § 39 Abs. 1 GKG). Das Urkundenverfahren hat einen Gegenstandswert von 6.500,00 EUR. Hiervon gehen aber nur 5.000,00 EUR in das Nachverfahren über, so dass nur insoweit (analog Vorbem. 3 Abs. 4 S. 5 VV) anzurechnen ist.

I. Urkundenverfahren (Wert: 6.500,00 EUR)
1. 1,3-Verfahrensgebühr, Nr. 3100 VV   526,50 EUR
2. 1,2-Terminsgebühr, Nr. 3104 VV   486,00 EUR
3. Postentgeltpauschale, Nr. 7002 VV   20,00 EUR
   Zwischensumme   1.032,50 EUR
4. 19 % Umsatzsteuer, Nr. 7008 VV   196,18 EUR
Gesamt   **1.228,68 EUR**

II. Nachverfahren (Wert: 8.000,00 EUR)
1. 1,3-Verfahrensgebühr, Nr. 3100 VV   592,80 EUR
2. gem. Anm. Abs. 2 zu Nr. 3100 VV anzurechnen,   – 393,90 EUR
   1,3 aus 5.000,00 EUR
3. 1,2-Terminsgebühr, Nr. 3104 VV   547,20 EUR
4. Postentgeltpauschale, Nr. 7002 VV   20,00 EUR
   Zwischensumme   766,10 EUR
5. 19 % Umsatzsteuer, Nr. 7008 VV   145,56 EUR
Gesamt   **911,66 EUR**

Unter Umständen können sich im Scheck- oder Wechselverfahren und im ordentlichen Verfahren unterschiedliche Werte ergeben, obwohl die gleiche Forderung geltend gemacht wird. Im Scheck- und Wechselverfahren bestimmt nämlich die Scheck- oder Wechselsumme den Wert, während es im Nachverfahren auf die Zusammensetzung der Forderung ankommt, und hier insbesondere Zinsen und sonstige Nebenforderungen nach § 43 Abs. 1 GKG nicht hinzugerechnet werden. Das OLG Hamm[7] will in diesen Fällen sogar von einer Klagerücknahme ausgehen, was allerdings unzutreffend ist.[8]

---

[7] OLG Hamm KostRsp. ZPO § 4 Nr. 53 m. Anm. *E. Schneider* = AnwBl 1984, 504 m. abl. Anm. *Chemnitz*.
[8] Siehe hierzu *N. Schneider*, Streitwertreduzierung durch Abstandnahme vom Urkundenprozess, Festschrift für Wolfgang Madert, 2006.

§ 18 Urkunden-, Wechsel- und Scheckprozess und Nachverfahren

Beispiel 11 | **Unterschiedliche Gegenstandswerte, teilweise Deckung**

Der Kläger hatte von dem Beklagten für eine Kaufpreisforderung in Höhe von 9.000,00 EUR zuzüglich zwischenzeitlich aufgelaufener Zinsen in Höhe von 3.000,00 EUR einen Wechsel über die gesamten 12.000,00 EUR erhalten. Nach Protest erhebt der Kläger im Wechselprozess Klage gegen den B auf Zahlung von 12.000,00 EUR und beruft sich auf die Wechselforderung. Nach mündlicher Verhandlung nimmt der Kläger vom Wechselprozess Abstand und geht ins ordentliche Verfahren über. Er stützt jetzt sein Klagebegehren nicht mehr auf die Wechselforderung, sondern auf das Grundgeschäft, also auf den Kaufvertrag, ohne jedoch den Klageantrag zu ändern.

Der Gegenstandswert des Wechselprozesses beläuft sich gem. § 3 ZPO auf 12.000,00 EUR, da es hier ausschließlich auf die Wechselforderung ankommt (§§ 23 Abs. 1 S. 1 RVG; § 48 Abs. 1 S. 1 GKG, § 4 Abs. 2 ZPO). Zwar sind in der Wechselforderung auch Zinsen aus dem Grundgeschäft enthalten. Dies ist aber für die Wertbemessung im Wechselprozess unerheblich. Die Wechselforderung ist eine eigene selbstständige Forderung, die unabhängig vom Grundgeschäft entstanden ist und sich ausschließlich auf den Wechsel stützt, so dass es letztlich unerheblich ist, aus welchen Positionen sich die Wechselforderung zusammensetzt.[9]

Bei der Bewertung der Klageforderung im ordentlichen Verfahren ist zu berücksichtigen, dass die Hauptforderung nur lediglich noch 9.000,00 EUR beträgt. Hinzu kommen 3.000,00 EUR Zinsen, die nach § 43 Abs. 1 GKG als Nebenforderung unberücksichtigt bleiben.

Obwohl im Ergebnis weiterhin dasselbe verlangt wird, hat sich der Gegenstandswert durch die Abstandnahme und die gleichzeitig vorgenommene Klageänderung um 3.000,00 EUR reduziert.

I. Scheckverfahren (Wert: 12.000,00 EUR)
1. 1,3-Verfahrensgebühr, Nr. 3100 VV .... 785,20 EUR
2. 1,2-Terminsgebühr, Nr. 3104 VV .... 724,80 EUR
3. Auslagenpauschale, Nr. 7002 VV .... 20,00 EUR
   Zwischensumme .... 1.530,00 EUR
4. 19 % Umsatzsteuer, Nr. 7008 VV .... 290,70 EUR
Gesamt .... **1.820,70 EUR**

II. Nachverfahren (Wert: 9.000,00 EUR)
1. 1,3-Verfahrensgebühr, Nr. 3100 VV .... 659,10 EUR
2. gem. Anm. Abs. 2 zu Nr. 3100 VV anzurechnen,
   1,3 aus 9.000,00 EUR .... – 659,10 EUR
3. 1,2-Terminsgebühr, Nr. 3104 VV .... 608,40 EUR
4. Auslagenpauschale, Nr. 7002 VV .... 20,00 EUR
   Zwischensumme .... 628,40 EUR
5. 19 % Umsatzsteuer, Nr. 7008 VV .... 119,40 EUR
Gesamt .... **747,80 EUR**

III. Anrechnungsausschluss nach zwei Kalenderjahren

13   Da für die Einleitung des Nachverfahrens weder für den Kläger noch für den Beklagten eine Frist besteht, ist es durchaus möglich, dass erst nach Ablauf von zwei Kalenderjahren der Kläger beantragt, das Urteil im Scheck-, Wechsel- oder Urkundenverfahren für vorbehaltlos zu erklären oder der Beklagte die Abweisung der Klage unter Aufhebung des im Scheck-, Wechsel- oder

---

[9] OLG Hamm KostRsp. ZPO § 4 Nr. 53 m. Anm. *E. Schneider* = AnwBl 1984, 504; *Hillach/Rohs*, Handbuch des Streitwerts in Zivilsachen, 9. Aufl. 1994, S. 391.

Urkundenverfahren ergangenen Urteils erst nach Ablauf von zwei Kalenderjahren beantragt. Solche Fälle sind insbesondere dann denkbar, wenn erst nach einem Berufungs- oder Revisionsverfahren endgültig feststeht, dass es im Urkunden-, Scheck- oder Wechselverfahren bei dem Vorbehaltsurteil bleibt.

Nach § 15 Abs. 5 S. 2 RVG ist nach Erledigung einer Angelegenheit eine Anrechnung ausgeschlossen, wenn zwischenzeitlich mehr als zwei Kalenderjahre vergangen sind. Mit Abschluss des erstinstanzlichen Scheck-, Wechsel- oder Urkundenverfahrens ist – unbeschadet eines Rechtsmittels (§ 17 Nr. 1 RVG) – diese Angelegenheit abgeschlossen. Wird dann nach Ablauf von zwei Kalenderjahren das Nachverfahren eingeleitet, so ist nicht mehr anzurechnen. 14

Beispiel 12 | **Anrechnungsausschluss nach mehr als zwei Kalenderjahren**

Auf eine Scheckklage über 50.000,00 EUR war nach mündlicher Verhandlung in 2013 ein Vorbehaltsurteil ergangen. Dagegen hatte der Beklagte Berufung eingelegt und hiernach Revision. Im Januar 2016 wird die Revision zurückgewiesen. Nunmehr leitet der Beklagte das Nachverfahren ein.

Die Gebühren im Nachverfahren entstehen jetzt erneut (§ 17 Nr. 1 RVG). Die Verfahrensgebühr des Scheckverfahrens wird jetzt nicht nach Anm. Abs. 2 zu Nr. 3100 VV auf die Verfahrensgebühr des Nachverfahrens angerechnet, da seit der Beendigung des erstinstanzlichen Scheckverfahrens mehr als zwei Kalenderjahre vergangen sind (§ 15 Abs. 5 S. 2 RVG).

 I. **Scheckverfahren (Wert: 50.000,00 EUR)**
 1. 1,3-Verfahrensgebühr, Nr. 3100 VV   1.511,90 EUR
 2. 1,2-Terminsgebühr, Nr. 3104 VV   1.395,60 EUR
 3. Postentgeltpauschale, Nr. 7002 VV   20,00 EUR
  Zwischensumme   2.927,50 EUR
 4. 19 % Umsatzsteuer, Nr. 7008 VV   556,23 EUR
 Gesamt   **3.483,73 EUR**
 II. **Nachverfahren (Wert: 50.000,00 EUR)**
 1. 1,3-Verfahrensgebühr, Nr. 3100 VV   1.511,90 EUR
 2. 1,2-Terminsgebühr, Nr. 3104 VV   1.395,60 EUR
 3. Postentgeltpauschale, Nr. 7002 VV   20,00 EUR
  Zwischensumme   2.927,50 EUR
 4. 19 % Umsatzsteuer, Nr. 7008 VV   556,23 EUR
 Gesamt   **3.483,73 EUR**

IV. Berufungsverfahren

Wird gegen ein Scheck-, Wechsel- oder Urkundenurteil Berufung eingelegt, ergeben sich keine Besonderheiten (siehe hierzu § 15). 15

Bestätigt das Berufungsgericht ein Scheck-, Wechsel- oder Urkundenurteil, so ist das Verfahren zunächst beendet bis eine Partei dann in erster Instanz das Nachverfahren einleitet. Es gilt dann nichts anderes als bei einem gewöhnlichen Nachverfahren. 16

§ 18 Urkunden-, Wechsel- und Scheckprozess und Nachverfahren

> **Beispiel 13** — Abstandnahme im Berufungsverfahren

Der Beklagte war im Urkundenverfahren vor dem LG unter Vorbehalt der Rechte im Nachverfahren zur Zahlung eines Betrags in Höhe von 10.000,00 EUR verurteilt worden. Die Berufung war erfolglos. Hiernach wird das Nachverfahren durchgeführt.

In erster Instanz entstehen die Gebühren nach den Nrn. 3100, 3104 VV. Im Berufungsverfahren entstehen die Gebühren nach den Nrn. 3200 ff. VV. Im Verfahren nach Abstandnahme entstehen die Gebühren nach den Nrn. 3100 ff. VV erneut (§ 17 Nr. 5 RVG). Die Verfahrensgebühr des erstinstanzlichen Urkundenverfahrens wird dann auf die Verfahrensgebühr des Nachverfahrens angerechnet (Anm. Abs. 2 zu Nr. 3100 VV).

I. Urkundenverfahren, erste Instanz (Wert: 10.000,00 EUR)		
1. 1,3-Verfahrensgebühr, Nr. 3100 VV		725,40 EUR
2. 1,2-Terminsgebühr, Nr. 3104 VV		669,60 EUR
3. Postentgeltpauschale, Nr. 7002 VV		20,00 EUR
Zwischensumme	1.415,00 EUR	
4. 19 % Umsatzsteuer, Nr. 7008 VV		268,85 EUR
Gesamt		**1.683,85 EUR**
II. Urkundenverfahren, Berufung (Wert: 10.000,00 EUR)		
1. 1,6-Verfahrensgebühr, Nr. 3200 VV		892,80 EUR
2. 1,2-Terminsgebühr, Nr. 3202 VV		669,60 EUR
3. Postentgeltpauschale, Nr. 7002 VV		20,00 EUR
Zwischensumme	1.582,40 EUR	
4. 19 % Umsatzsteuer, Nr. 7008 VV		300,66 EUR
Gesamt		**1.883,06 EUR**
III. Verfahren nach Abstandnahme (Wert: 10.000,00 EUR)		
1. 1,3-Verfahrensgebühr, Nr. 3100 VV		725,40 EUR
2. gem. Anm. zu Nr. 3100 VV anzurechnen		– 725,40 EUR
3. 1,2-Terminsgebühr, Nr. 3104 VV		669,60 EUR
4. Postentgeltpauschale, Nr. 7002 VV		20,00 EUR
Zwischensumme	689,60 EUR	
5. 19 % Umsatzsteuer, Nr. 7008 VV		131,02 EUR
Gesamt		**820,62 EUR**

17 Hebt das Berufungsgericht ein Scheck-, Wechsel- oder Urkundenurteil auf und verweist es an die erste Instanz zurück, gilt § 21 Abs. 1 RVG. Das zurückverwiesene Verfahren ist eine neue Angelegenheit mit der Maßgabe der Anrechnung nach Vorbem. 3 Abs. 6 VV (siehe hierzu § 14 Rn 67 ff.). Wird nach Zurückverweisung vom Urkundenverfahren Abstand genommen oder das Nachverfahren eingeleitet, handelt es sich wiederum um eine neue Angelegenheit (§ 17 Nr. 5 RVG), wobei jetzt die Anrechnung nach Anm. Abs. 2 zu Nr. 3100 VV RVG zu beachten ist.

> **Beispiel 14** — Abstandnahme im Berufungsverfahren

Die Klage über 10.000,00 EUR war im Urkundenverfahren vor dem LG abgewiesen worden. Das Berufungsgericht hebt das Urteil des LG auf und verweist die Sache zur erneuten Entscheidung an das LG zurück. Im Verfahren nach Zurückverweisung wird der Beklagte verurteilt. Hiernach wird das Nachverfahren durchgeführt.

In erster Instanz entstehen die Gebühren nach den Nrn. 3100, 3104 VV. Im Berufungsverfahren entstehen die Gebühren nach den Nrn. 3200 ff. VV. Im Verfahren nach Zurückverweisung entstehen die Gebühren nach den Nrn. 3100 ff. VV erneut (§ 21 Abs. 1 RVG). Die Verfahrensgebühr des Verfahrens vor Zurückverweisung wird dann auf die Verfahrensgebühr des Verfahrens nach

Zurückverweisung angerechnet (Vorbem. 3 Abs. 6 VV). Im Verfahren nach Abstandnahme entstehen die Gebühren nach den Nrn. 3100 ff. VV ein weiteres Mal (§ 17 Nr. 5 RVG). Die Verfahrensgebühr des erstinstanzlichen Urkundenverfahrens nach Zurückverweisung wird jetzt auf die Verfahrensgebühr des Verfahrens nach Abstandnahme angerechnet (Anm. Abs. 2 zu Nr. 3100 VV).

I. Urkundenverfahren, erste Instanz (Wert: 10.000,00 EUR)
1. 1,3-Verfahrensgebühr, Nr. 3100 VV   725,40 EUR
2. 1,2-Terminsgebühr, Nr. 3104 VV   669,60 EUR
3. Postentgeltpauschale, Nr. 7002 VV   20,00 EUR
   Zwischensumme   1.415,00 EUR
4. 19 % Umsatzsteuer, Nr. 7008 VV   268,85 EUR
Gesamt   **1.683,85 EUR**

II. Urkundenverfahren, Berufung (Wert: 10.000,00 EUR)
1. 1,6-Verfahrensgebühr, Nr. 3200 VV   892,80 EUR
2. 1,2-Terminsgebühr, Nr. 3202 VV   669,60 EUR
3. Postentgeltpauschale, Nr. 7002 VV   20,00 EUR
   Zwischensumme   1.582,40 EUR
4. 19 % Umsatzsteuer, Nr. 7008 VV   300,66 EUR
Gesamt   **1.883,06 EUR**

III. Verfahren nach Zurückverweisung (Wert: 10.000,00 EUR)
1. 1,3-Verfahrensgebühr, Nr. 3100 VV   725,40 EUR
2. gem. Vorbem. 3 Abs. 6 VV anzurechnen   – 725,40 EUR
3. 1,2-Terminsgebühr, Nr. 3104 VV   669,60 EUR
4. Postentgeltpauschale, Nr. 7002 VV   20,00 EUR
   Zwischensumme   689,60 EUR
5. 19 % Umsatzsteuer, Nr. 7008 VV   131,02 EUR
Gesamt   **820,62 EUR**

IV. Verfahren nach Abstandnahme (Wert: 10.000,00 EUR)
1. 1,3-Verfahrensgebühr, Nr. 3100 VV   725,40 EUR
2. gem. Anm. zu Nr. 3100 VV anzurechnen   – 725,40 EUR
3. 1,2-Terminsgebühr, Nr. 3104 VV   669,60 EUR
4. Postentgeltpauschale, Nr. 7002 VV   20,00 EUR
   Zwischensumme   689,60 EUR
5. 19 % Umsatzsteuer, Nr. 7008 VV   131,02 EUR
Gesamt   **820,62 EUR**

Wird zunächst gegen ein Scheck-, Wechsel- oder Urkundenurteil Berufung eingelegt und später auch gegen das Urteil im Nachverfahren oder Verfahren nach Abstandnahme, entstehen hier die Gebühren der Nrn. 3200 ff. VV gesondert und anrechnungsfrei, da jedes Rechtsmittel eine eigene Angelegenheit darstellt (§ 17 Nr. 1 RVG) und eine Anrechnung nur greift, wenn innerhalb der Instanz vom Scheck-, Wechsel- oder Urkundenverfahren Abstand genommen oder in das ordentliche Verfahren übergegangen wird.[10]

> **Beispiel 15** | **Berufung sowohl gegen Urkundenurteil als auch gegen Urteil in Nachverfahren**

Der Beklagte war im Urkundenverfahren vor dem LG unter Vorbehalt der Rechte im Nachverfahren zur Zahlung eines Betrags in Höhe von 10.000,00 EUR verurteilt worden. Die Berufung war erfolglos. Hiernach wird das Nachverfahren durchgeführt. Das Vorbehaltsurteil wird aufrechterhalten. Auch dagegen wird Berufung eingelegt.

---

10 AnwK-RVG/*Onderka*, § 17 Rn 372; Gerold/Schmidt/*Müller-Rabe*, Nr. 3100 VV Rn 222.

§ 18 Urkunden-, Wechsel- und Scheckprozess und Nachverfahren

In erster Instanz entstehen die Gebühren nach den Nrn. 3100, 3104 VV. Im Berufungsverfahren entstehen die Gebühren nach den Nrn. 3200 ff. VV. Im Verfahren nach Abstandnahme entstehen die Gebühren nach den Nrn. 3100 ff. VV erneut (§ 17 Nr. 5 RVG). Die Verfahrensgebühr des erstinstanzlichen Urkundenverfahrens wird dann auf die Verfahrensgebühr des Verfahrens nach Abstandnahme angerechnet (Anm. Abs. 2 zu Nr. 3100 VV). Im erneuten Berufungsverfahren entstehen die Gebühren der Nrn. 3200 ff. VV wiederum erneut.

I. Urkundenverfahren, erste Instanz (Wert: 10.000,00 EUR)
1. 1,3-Verfahrensgebühr, Nr. 3100 VV — 725,40 EUR
2. 1,2-Terminsgebühr, Nr. 3104 VV — 669,60 EUR
3. Postentgeltpauschale, Nr. 7002 VV — 20,00 EUR
   Zwischensumme — 1.415,00 EUR
4. 19 % Umsatzsteuer, Nr. 7008 VV — 268,85 EUR
   Gesamt — 1.683,85 EUR

II. Urkundenverfahren, Berufung (Wert: 10.000,00 EUR)
1. 1,6-Verfahrensgebühr, Nr. 3200 VV — 892,80 EUR
2. 1,2-Terminsgebühr, Nr. 3202 VV — 669,60 EUR
3. Postentgeltpauschale, Nr. 7002 VV — 20,00 EUR
   Zwischensumme — 1.582,40 EUR
4. 19 % Umsatzsteuer, Nr. 7008 VV — 300,66 EUR
   Gesamt — 1.883,06 EUR

III. Verfahren nach Abstandnahme (Wert: 10.000,00 EUR)
1. 1,3-Verfahrensgebühr, Nr. 3100 VV — 725,40 EUR
2. gem. Anm. zu Nr. 3100 VV anzurechnen — – 725,40 EUR
3. 1,2-Terminsgebühr, Nr. 3104 VV — 669,60 EUR
4. Postentgeltpauschale, Nr. 7002 VV — 20,00 EUR
   Zwischensumme — 689,60 EUR
5. 19 % Umsatzsteuer, Nr. 7008 VV — 131,02 EUR
   Gesamt — 820,62 EUR

IV. Verfahren nach Abstandnahme, Berufung (Wert: 10.000,00 EUR)
1. 1,6-Verfahrensgebühr, Nr. 3200 VV — 892,80 EUR
2. 1,2-Terminsgebühr, Nr. 3202 VV — 669,60 EUR
3. Postentgeltpauschale, Nr. 7002 VV — 20,00 EUR
   Zwischensumme — 1.582,40 EUR
4. 19 % Umsatzsteuer, Nr. 7008 VV — 300,66 EUR
   Gesamt — 1.883,06 EUR

19 Die **Abstandnahme** vom Scheck-, Wechsel- oder Urkundenverfahren **in der Berufungsinstanz** ist zulässig und führt dazu, dass der Rechtsstreit im zweiten Rechtszug im ordentlichen Verfahren anhängig bleibt.[11] Auch in diesem Fall greift zwar § 17 Nr. 5 RVG, wonach es sich um zwei verschiedene Angelegenheiten handelt; es fehlt jedoch eine Anrechnungsvorschrift. Die Anrechnungsvorschrift in Anm. Abs. 2 zu Nr. 3100 VV gilt dem Wortlaut nach nur für erstinstanzliche Verfahren. Nach Sinn und Zweck der Regelung, nämlich dass der Anwalt in derselben Instanz die Verfahrensgebühr nur einmal erhalten soll, muss die Anrechnungsvorschrift jedoch auch hier angewandt werden.[12] Dafür spricht auch die Entstehungsgeschichte. Mit Anm. Abs. 2 zu Nr. 3100 VV sollte lediglich die Vorschrift des § 39 S. 2 RVG übernommen werden, der ohne Beachtung der Instanz eine Anrechnung der Prozessgebühr vorsah. Aus dem Gesetzgebungsverfahren lässt sich nicht entnehmen, dass der Gesetzgeber mit Inkrafttreten des RVG die Anrechnung auf die erste Instanz beschränken wollte.

---

11 BGH NZM 2011, 482 = WM 2011, 1388 = MDR 2011, 936 = NJW 2011, 2796 = FamRZ 2011, 1050 = NJ 2011, 342 = GuT 2011, 310; MDR 2012, 986 = NJW 2012, 2662 = NZM 2012, 559 = GE 2012, 1374 = WuM 2013, 54 = Info M 2012, 342.
12 *N. Schneider*, NJW 2014, 2333.

V. Anrechnung bei vorangegangener Geschäftstätigkeit § 18

Beispiel 16 | **Abstandnahme im Berufungsverfahren**

Die Urkundenklage in Höhe von 10.000,00 EUR ist in erster Instanz abgewiesen worden. Der Kläger legt Berufung ein. Vor der mündlichen Verhandlung nimmt er vom Urkundenverfahren Abstand. Es wird sodann im ordentlichen Verfahren verhandelt.

In erster Instanz entstehen die Gebühren nach den Nrn. 3100, 3104 VV. Im Berufungsverfahren entsteht zunächst die 1,6-Verfahrensgebühr der Nr. 3200 VV. Im ordentlichen Verfahren nach Abstandnahme entsteht eine weitere 1,6-Verfahrensgebühr (§ 17 Nr. 5 RVG). Darauf ist die erste Verfahrensgebühr analog Anm. Abs. 2 zu Nr. 3100 VV RVG anzurechnen. Hinzu kommt im ordentlichen Verfahren nach Abstandnahme noch eine 1,2-Terminsgebühr nach Nr. 3202 VV.

I. Urkundenverfahren, erste Instanz (Wert: 10.000,00 EUR)
1. 1,3-Verfahrensgebühr, Nr. 3100 VV   725,40 EUR
2. 1,2-Terminsgebühr, Nr. 3104 VV   669,60 EUR
3. Postentgeltpauschale, Nr. 7002 VV   20,00 EUR
   Zwischensumme   1.415,00 EUR
4. 19 % Umsatzsteuer, Nr. 7008 VV   268,85 EUR
   Gesamt   **1.683,85 EUR**

II. Urkundenverfahren, Berufung (Wert: 10.000,00 EUR)
1. 1,6-Verfahrensgebühr, Nr. 3200 VV   892,80 EUR
2. Postentgeltpauschale, Nr. 7002 VV   20,00 EUR
   Zwischensumme   912,80 EUR
3. 19 % Umsatzsteuer, Nr. 7008 VV   173,43 EUR
   Gesamt   **1.086,23 EUR**

III. Verfahren nach Abstandnahme in der Berufung (Wert: 10.000,00 EUR)
1. 1,6-Verfahrensgebühr, Nr. 3200 VV   892,80 EUR
2. analog. Anm. Abs. 2 zu Nr. 3100 VV anzurechnen,
   1,6 aus 10.000,00 EUR   – 892,80 EUR
3. 1,2-Terminsgebühr, Nr. 3202 VV   669,60 EUR
4. Postentgeltpauschale, Nr. 7002 VV   20,00 EUR
   Zwischensumme   689,60 EUR
5. 19 % Umsatzsteuer, Nr. 7008 VV   131,02 EUR
   Gesamt   **820,62 EUR**

V. Anrechnung bei vorangegangener Geschäftstätigkeit

Geht einem Urkunden-, Scheck- oder Wechselprozess eine außergerichtliche Vertretung voraus, so wird die Geschäftsgebühr nach Vorbem. 3 Abs. 4 VV hälftig, höchstens zu 0,75 auf die Verfahrensgebühr des Urkunden-, Scheck- oder Wechselprozesses angerechnet, da dieses jetzt das erste nachfolgende gerichtliche Verfahren ist. Im Übrigen bleibt es dabei, dass die Verfahrensgebühr des Urkunden-, Scheck- oder Wechselprozess auf die des Nachverfahrens oder des ordentlichen Verfahrens angerechnet wird. 20

Beispiel 17 | **Anrechnung nach vorangegangener Geschäftstätigkeit**

Der Anwalt wird wegen einer Forderung i.H.v. 7.500,00 EUR außergerichtlich tätig. Hiernach erhält den Auftrag, die 7.500,00 EUR im Urkundenverfahren geltend zu machen. Dort erwirkt er ein Vorbehaltsurteil. Hiernach kommt es zum ordentlichen Verfahren, in dem der Anwalt beantragt, das Urteil für vorbehaltlos zu erklären.

Für die außergerichtliche Vertretung entsteht eine Geschäftsgebühr nach Nr. 2300 VV, die hier mit einem Gebührensatz von 1,3 angenommen werden soll (Anm. zu Nr. 2300 VV). Diese Geschäftsgebühr wird gem. Vorbem. 3 Abs. 4 VV hälftig auf die Verfahrensgebühr des Urkundenverfahrens angerechnet. Die Verfahrensgebühr des Urkundenverfahrens wiederum wird angerechnet auf die Verfahrensgebühr des Nachverfahrens (Anm. Abs. 2 zu Nr. 3100 VV).

I. Außergerichtliche Vertretung
1. 1,3-Geschäftsgebühr, Nr. 2300 VV   592,80 EUR
   (Wert: 7.500,00 EUR)
2. Postentgeltpauschale, Nr. 7002 VV   20,00 EUR
   Zwischensumme   612,80 EUR
3. 19 % Umsatzsteuer, Nr. 7008 VV   116,43 EUR
   Gesamt   **729,23 EUR**

II. Urkundenverfahren
1. 1,3-Verfahrensgebühr, Nr. 3100 VV   592,80 EUR
   (Wert: 7.500,00 EUR)
2. anzurechnen gem. Vorbem. 3 Abs. 4 VV, 0,65 aus   – 296,40 EUR
   7.500,00 EUR
3. 1,2-Terminsgebühr, Nr. 3104 VV
   (Wert: 7.500,00 EUR)   547,20 EUR
4. Postentgeltpauschale, Nr. 7002 VV   20,00 EUR
   Zwischensumme   863,60 EUR
5. 19 % Umsatzsteuer, Nr. 7008 VV   164,08 EUR
   Gesamt   **1.027,68 EUR**

III. Streitiges Verfahren nach Vorbehaltsurteil
1. 1,3-Verfahrensgebühr, Nr. 3100 VV   592,80 EUR
   (Wert: 7.500,00 EUR)
2. anzurechnen gem. Anm. Abs. 2 zu Nr. 3100 VV,
   1,3 aus 7.500,00 EUR   – 592,80 EUR
3. 1,2-Terminsgebühr, Nr. 3104 VV   547,20 EUR
   (Wert: 7.500,00 EUR)
4. Postentgeltpauschale, Nr. 7002 VV   20,00 EUR
   Zwischensumme   567,20 EUR
5. 19 % Umsatzsteuer, Nr. 7008 VV   107,77 EUR
   Gesamt   **674,97 EUR**

VI. Anrechnung bei vorangegangenem Mahnverfahren

21 Auch dem Urkunden-, Wechsel- oder Scheckprozess kann ein Mahnverfahren vorausgehen (§ 703a ZPO). In diesen Mahnverfahren ist abzurechnen wie in gewöhnlichen Mahnverfahren (siehe dazu § 11 Rn 45 ff. u. 107 ff.).

22 Kommt es nach einem Urkunden-, Wechsel- oder Scheckmahnverfahren zum streitigen Verfahren, so handelt es sich beim dem Verfahren nach Abgabe automatisch um einen Urkunden-, Wechsel- oder Scheckprozess. Die Gebühren des Mahnverfahrens sind dann auf die Verfahrens- und Terminsgebühren des Urkunden-, Wechsel- oder Scheckprozesses anzurechnen, nicht aber auf die des ordentlichen Verfahrens, da dieses nicht das „nachfolgende" Verfahren ist.

VI. Anrechnung bei vorangegangenem Mahnverfahren § 18

Beispiel 18 | **Anrechnung nach Urkundenmahnverfahren**

Der Anwalt erhält den Auftrag zur Einleitung eines Urkunden-Mahnverfahrens über 7.500,00 EUR. Hiernach verhandeln die Parteien zwecks einer Einigung, die jedoch nicht zustande kommt. Daraufhin legt der Antragsgegner fristgerecht Widerspruch ein, so dass das Verfahren an das zuständige LG abgegeben wird. Dort wird im Urkundenverfahren mündlich verhandelt. Nach Erlass eines Vorbehaltsurteils wird das Nachverfahren eingeleitet und dort erneut verhandelt.

Im Mahnverfahren entsteht die Terminsgebühr für die Besprechung zur Vermeidung und Erledigung des Verfahrens (Vorbem. 3.3.2, Nr. 3104 VV i.V.m. Vorbem. 3 Abs. 3 S. 3 Nr. 2 VV).

Im Urkundenverfahren entsteht für die Teilnahme an der mündlichen Verhandlung erneut die Terminsgebühr nach Nr. 3104 VV. Hierauf ist allerdings die Terminsgebühr des Urkundenmahnverfahrens anzurechnen (Anm. Abs. 4 zu Nr. 3104 VV), da es sich unstreitig um ein „nachfolgendes" Verfahren handelt.

Im anschließenden Verfahren nach Abstandnahme entstehen alle Gebühren erneut, da es sich um eine neue selbstständige Gebührenangelegenheit handelt (§ 17 Nr. 5 RVG). Allerdings wird die im Urkundenverfahren entstandene Verfahrensgebühr gem. Anm. Abs. 2 zu Nr. 3100 VV auf die Verfahrensgebühr des Verfahrens nach Abstandnahme angerechnet.

Eine Anrechnung der Terminsgebühren zwischen Urkundenverfahren und ordentlichem Verfahren nach Abstandnahme oder nach Erlass eines Vorbehaltsurteils ist dagegen nicht vorgesehen.

Eine Anrechnung der Terminsgebühr des Mahnverfahrens wiederum kommt nicht in Betracht, da diese bereits auf das nachfolgende Urkundenverfahren angerechnet worden ist und eine weitere Anrechnung auf ein nachnachfolgendes Verfahren nicht vorgesehen ist.

Zu rechnen ist daher wie folgt:

I. **Urkundenmahnverfahren**
1. 1,0-Verfahrensgebühr, Nr. 3305 VV 456,00 EUR
   (Wert: 7.500,00 EUR)
2. 1,2-Terminsgebühr, Vorbem. 3.3.2 i.V.m. Nr. 3104 VV
   (Wert: 7.500,00 EUR) 547,20 EUR
3. Postentgeltpauschale, Nr. 7002 VV 20,00 EUR
   Zwischensumme 1.023,20 EUR
4. 19 % Umsatzsteuer, Nr. 7008 VV 194,41 EUR
   Gesamt **1.217,61 EUR**

II. **Streitiges Urkundenverfahren**
1. 1,3-Verfahrensgebühr, Nr. 3100 VV 592,80 EUR
   (Wert: 7.500,00 EUR)
2. anzurechnen gem. Anm. zu Nr. 3305 VV, 1,0 aus – 456,00 EUR
   7.500,00 EUR
3. 1,2-Terminsgebühr, Nr. 3104 VV
   (Wert: 7.500,00 EUR) 547,20 EUR
4. anzurechnen gem. Anm. Abs. 4 zu Nr. 3104 VV,
   1,2 aus 7.500,00 EUR – 547,20 EUR
5. Postentgeltpauschale, Nr. 7002 VV 20,00 EUR
   Zwischensumme 156,80 EUR
6. 19 % Umsatzsteuer, Nr. 7008 VV 29,79 EUR
   Gesamt **186,59 EUR**

§ 18 Urkunden-, Wechsel- und Scheckprozess und Nachverfahren

III. Streitiges Verfahren nach Vorbehaltsurteil
1. 1,3-Verfahrensgebühr, Nr. 3100 VV 592,80 EUR
   (Wert: 7.500,00 EUR)
2. anzurechnen gem. Anm. Abs. 2 zu Nr. 3100 VV,
   1,3 aus 7.500,00 EUR – 592,80 EUR
3. 1,2-Terminsgebühr, Nr. 3104 VV 547,20 EUR
   (Wert: 7.500,00 EUR)
4. Postentgeltpauschale, Nr. 7002 VV 20,00 EUR
   Zwischensumme 567,20 EUR
5. 19 % Umsatzsteuer, Nr. 7008 VV 107,77 EUR
   Gesamt **674,97 EUR**

23 Wie an dem vorangegangenen Beispiel zu sehen ist, wird eine im Urkundenmahnverfahren angefallene Terminsgebühr nur auf eine Terminsgebühr des streitigen Urkundenverfahrens angerechnet, nicht dagegen auch auf die Terminsgebühr des ordentlichen Verfahrens nach Abstandnahme oder nach Erlass eines Vorbehaltsurteils. Dann kann es sich aber nicht anders verhalten, wenn im Urkundenverfahren keine Terminsgebühr entsteht. Vielmehr muss dann die Anrechnung der im Urkundenmahnverfahren entstandenen Terminsgebühr unterbleiben.

> **Beispiel 19** Anrechnung nach Urkundenmahnverfahren und anschließendem Übergang in das ordentliche Verfahren ohne Termin im ordentlichen Verfahren

Der Anwalt erhält den Auftrag für ein Urkunden-Mahnverfahren über 7.500,00 EUR. Hiernach verhandeln die Parteien zwecks einer Einigung, die jedoch nicht zustande kommt. Daraufhin legt der Antragsgegner fristgerecht Widerspruch ein, so dass das Verfahren an das zuständige LG abgegeben wird. Dort nimmt der Kläger vom Urkundenverfahren Abstand, so dass sofort im ordentlichen Verfahren mündlich verhandelt wird.

Abzurechnen ist wie im vorangegangenen Beispiel 18. Die Terminsgebühr des Mahnverfahrens bleibt jetzt jedoch anrechnungsfrei, da im nachfolgenden Urkundenverfahren keine Terminsgebühr angefallen ist. Eine Anrechnung der im Mahnverfahren entstandenen Terminsgebühr auf die Terminsgebühr des ordentlichen Verfahrens kommt ebenso wenig wie in Beispiel 18 in Betracht.

I. Urkundenmahnverfahren
1. 1,0-Verfahrensgebühr, Nr. 3305 VV 456,00 EUR
   (Wert: 7.500,00 EUR)
2. 1,2-Terminsgebühr, Vorbem. 3.3.2 i.V.m. Nr. 3104 VV
   (Wert: 7.500,00 EUR) 547,20 EUR
3. Postentgeltpauschale, Nr. 7002 VV 20,00 EUR
   Zwischensumme 1.023,20 EUR
4. 19 % Umsatzsteuer, Nr. 7008 VV 194,41 EUR
   Gesamt **1.217,61 EUR**

II. Streitiges Urkundenverfahren
1. 1,3-Verfahrensgebühr, Nr. 3100 VV 592,80 EUR
   (Wert: 7.500,00 EUR)
2. anzurechnen gem. Anm. zu Nr. 3305 VV, 1,0 aus
   7.500,00 EUR – 456,00 EUR
3. Postentgeltpauschale, Nr. 7002 VV 20,00 EUR
   Zwischensumme 156,80 EUR
4. 19 % Umsatzsteuer, Nr. 7008 VV 29,79 EUR
   Gesamt **186,59 EUR**

VI. Anrechnung bei vorangegangenem Mahnverfahren § 18

III. Streitiges Verfahren nach Vorbehaltsurteil

1.	1,3-Verfahrensgebühr, Nr. 3100 VV (Wert: 7.500,00 EUR)		592,80 EUR
2.	anzurechnen gem. Anm. Abs. 2 zu Nr. 3100 VV, 1,3 aus 7.500,00 EUR		– 592,80 EUR
3.	1,2-Terminsgebühr, Nr. 3104 VV (Wert: 7.500,00 EUR)		547,20 EUR
4.	Postentgeltpauschale, Nr. 7002 VV Zwischensumme	567,20 EUR	20,00 EUR
5.	19 % Umsatzsteuer, Nr. 7008 VV		107,77 EUR
Gesamt			**674,97 EUR**

Ebenso wäre bei einem nach § 703a Abs. 2 Nr. 4 ZPO beschränkten Einspruch abzurechnen. **24**

Beispiel 20 — Anrechnung nach Urkundenmahnverfahren und einem nach § 703a Abs. 2 Nr. 4 ZPO beschränkten Einspruch

Der Anwalt erhält den Auftrag für ein Urkundenmahnverfahren über 7.500,00 EUR. Nach Erlass des Mahnbescheids verhandeln die Parteien zwecks einer Einigung, die jedoch nicht zustande kommt. Der Antragsgegner legt fristgerecht Widerspruch ein, den er nach § 703a Abs. 2 Nr. 4 ZPO beschränkt. Anschließend wird das Verfahren an das zuständige LG abgegeben, vor dem das ordentliche Verfahren durchgeführt und mündlich verhandelt wird.

Ein nachfolgender Rechtsstreit zum Urkundenmahnverfahren i.S.d. Anm. Abs. 4 zu Nr. 3104 VV wäre auch hier nur ein Urkundenverfahren, zu dem es aber grundsätzlich nicht mehr kommen kann, da gegen den Vorbehaltsvollstreckungsbescheid ein Einspruch nicht zulässig ist.[13] Nur dann, wenn versehentlich anstelle des Vorbehaltsvollstreckungsbescheids ein uneingeschränkter Vollstreckungsbescheid ergeht, ist ein darauf gegründeter Einspruch zulässig. Daher scheidet auch hier eine Anrechnung der Terminsgebühr aus.

I. Urkundenmahnverfahren

1.	1,0-Verfahrensgebühr, Nr. 3305 VV (Wert: 7.500,00 EUR)		456,00 EUR
2.	1,2-Terminsgebühr, Vorbem. 3.3.2 i.V.m. Nr. 3104 VV (Wert: 7.500,00 EUR)		547,20 EUR
3.	0,5-Verfahrensgebühr, Nr. 3308 VV (Wert: 7.500,00 EUR)		228,00 EUR
4.	Postentgeltpauschale, Nr. 7002 VV Zwischensumme	1.251,20 EUR	20,00 EUR
5.	19 % Umsatzsteuer, Nr. 7008 VV		237,73 EUR
Gesamt			**1.488,93 EUR**

II. Streitiges Verfahren

1.	1,3-Verfahrensgebühr, Nr. 3100 VV (Wert: 7.500,00 EUR)		592,80 EUR
2.	anzurechnen gem. Anm. Abs. 2 zu Nr. 3100 VV, 1,3 aus 7.500,00 EUR		– 592,80 EUR
3.	1,2-Terminsgebühr, Nr. 3104 VV (Wert: 7.500,00 EUR)		547,20 EUR
4.	Postentgeltpauschale, Nr. 7002 VV Zwischensumme	567,20 EUR	20,00 EUR
5.	19 % Umsatzsteuer, Nr. 7008 VV		107,77 EUR
Gesamt			**674,97 EUR**

---

13 *Thomas/Putzo*, ZPO, § 703a Rn 6; MüKo-ZPO/*Holch*, § 703a Rn 9.

VII. Übergangsrecht

25 Da das Nachverfahren und das Verfahren nach Abstandnahme gegenüber dem Urkunden-, Wechsel- oder Scheckprozess nach § 17 Nr. 5 RVG eine gesonderte Angelegenheit darstellen, kann sich auch eine Änderung des Gebührenrechts auswirken (§ 60 RVG). So können sich insbesondere im Urkunden-, Wechsel- oder Scheckprozess einerseits und im Nachverfahren oder Verfahren nach Abstandnahme andererseits unterschiedliche Gebührenbeträge ergeben. Es gelten dann im Urkunden-, Wechsel- oder Scheckprozess die alten Beträge und im Nachverfahren oder im Verfahren nach Abstandnahme die neuen Beträge. Angerechnet wird nach den alten Beträgen, da ein Anwalt sich nicht mehr anrechnen lassen muss, als er erhalten hat.

Beispiel 21 | **Urkundenverfahren vor dem 1.8.2013 – Nachverfahren nach dem 31.7.2013**

Im Januar 2103 hatte der Kläger eine Klage im Urkundenverfahren über 12.000,00 EUR erhoben. Nach mündlicher Verhandlung ist ein Vorbehaltsurteil ergangen. Der Kläger beantragt im August 2013, das Urteil für vorbehaltlos zu erklären. Im daraufhin anberaumten Nachverfahren wird erneut verhandelt.

Die Gebühren im Urkundenverfahren richten sich nach den bis zum 31.7.2013 geltenden Gebührenbeträgen, während im Nachverfahren die Gebührenbeträge nach den ab dem 1.8.2013 geltenden Gebühren entstehen (§ 60 Abs. 1 RVG). Die Verfahrensgebühr des Urkundenverfahrens wird auf die des Nachverfahrens angerechnet (Anm. Abs. 2 zu Nr. 3100 VV), allerdings nur nach den alten Gebührenbeträgen.

I. Urkundenverfahren (Wert: 12.000,00 EUR)
1. 1,3-Verfahrensgebühr, Nr. 3100 VV   683,80 EUR
2. 1,2-Terminsgebühr, Nr. 3104 VV   631,20 EUR
3. Postentgeltpauschale, Nr. 7002 VV   20,00 EUR
   Zwischensumme   1.335,00 EUR
4. 19 % Umsatzsteuer, Nr. 7008 VV   253,65 EUR
Gesamt   **1.588,65 EUR**

II. Nachverfahren (Wert: 12.000,00 EUR)
1. 1,3-Verfahrensgebühr, Nr. 3100 VV   785,20 EUR
2. gem. Anm. Abs. 2 zu Nr. 3100 VV anzurechnen, 1,3 aus 5.000,00 EUR − 683,80 EUR
3. 1,2-Terminsgebühr, Nr. 3104 VV   724,80 EUR
4. Postentgeltpauschale, Nr. 7002 VV   20,00 EUR
   Zwischensumme   846,20 EUR
5. 19 % Umsatzsteuer, Nr. 7008 VV   160,78 EUR
Gesamt   **1.006,98 EUR**

26 In den Übergangsfällen BRAGO/RVG, also wenn der Urkunden-, Wechsel- oder Scheckprozess vor dem 1.7.2004 eingeleitet worden ist, das Nachverfahren bzw. das ordentliche Verfahren dagegen erst nach dem 30.6.2004, richtet sich das Urkunden-, Wechsel- oder Scheckverfahren noch nach der BRAGO, während sich das Nachverfahren oder das ordentliche Verfahren dagegen bereits nach dem RVG richtet (§ 61 RVG). In diesem Fall ist die 10/10-Prozessgebühr des Urkunden-, Wechsel- oder Scheckverfahrens (§ 31 Abs. 1 Nr. 1 BRAGO) auf die Verfahrensgebühr des Nachverfahren oder des ordentlichen Verfahrens anzurechnen (§ 39 S. 2 BRAGO/Anm. Abs. 2 zu Nr. 3100 VV).[14] Zu sonstigen Übergangsfällen BRAGO/RVG wird auf die 2. Auflage, § 36 verwiesen.

---

14 KG AGS 2006, 78 = KGR 2006, 36 = RVGreport 2005, 223.

§ 19 Arrest- und einstweiliges Verfügungsverfahren

Inhalt

I. Überblick 1	c) Verfahren auf Aufhebung wegen veränderter Umstände nach § 927 ZPO 105
1. Umfang der Angelegenheit 1	d) Verfahren auf Aufhebung gegen Sicherheitsleistung (§ 939 ZPO) 110
2. Erstinstanzliche Verfahren 8	e) Aufhebungsverfahren nach § 942 Abs. 3 ZPO 111
3. Berufung 17	f) Anhang: Kostenentscheidung und -festsetzung bei gegenläufigen Kostenentscheidungen im Anordnungs- und Abänderungsverfahren 113
4. Beschwerde 18	
5. Vollziehung 19	
6. Gegenstandswert 20	
7. Abmahnung und Abschlussschreiben 21	
II. Schutzschrift 23	g) Anhang: Aufhebung der Kostenentscheidung nach abweichender Entscheidung in der Hauptsache 115
III. Erstinstanzliches Verfahren 29	
1. Anordnungsverfahren 29	**IV. Vorgerichtliche Vertretung** 116
a) Verfahren ohne Termin 29	**V. Anrechnung bei vorgerichtlicher Vertretung** 117
b) Verfahren mit Termin oder Besprechung 34	
c) Verfahren mit Einigung 42	**VI. Beschwerdeverfahren** 121
d) Verfahren mit Einigung auch über weitergehende Gegenstände 46	**VII. Berufung** 125
2. Widerspruchsverfahren 52	**VIII. Revision und Rechtsbeschwerde** 126
a) Überblick 52	**IX. Antrag auf Erlass einer einstweiligen Verfügung oder Anordnung eines Arrests im Rechtsmittelverfahren** 127
b) Erledigung vor Widerspruch 56	
c) Gesamtwiderspruch 60	
d) Teilwiderspruch zur Hauptsache 69	**X. Vollziehung** 129
aa) Überblick 69	**XI. Abschlussschreiben** 130
bb) Ursprünglicher Gesamtauftrag 71	1. Überblick 130
cc) Von vornherein beschränkter Auftrag 76	2. Noch kein Auftrag zur Hauptsacheklage 133
e) Kostenwiderspruch 77	a) Abrechnung 133
aa) Ursprünglicher Gesamtauftrag 79	b) Abschlussschreiben nach vorheriger Abmahnung 134
bb) Von vornherein beschränkter Auftrag 84	c) Anrechnung auf nachfolgendes Hauptsacheverfahren 135
3. Rechtfertigungsverfahren 90	3. Auftrag zur Hauptsacheklage bereits erteilt .. 136
4. Abänderungs- und Aufhebungsverfahren 94	
a) Überblick 94	
b) Verfahren auf Aufhebung nach § 926 Abs. 2 ZPO 100	

I. Überblick

1. Umfang der Angelegenheit

Im Verfahren über einen Antrag auf **Anordnung eines Arrests** (§§ 916 ff. ZPO) oder **Erlass einer einstweiligen Verfügung** (§§ 935, 936 i.V.m. §§ 916 ff. ZPO) erhält der Anwalt die Gebühren nach Teil 3 VV unmittelbar. Ergänzend hierzu ordnet § 17 Nr. 4 Buchst. a) und b) RVG an, dass solche Verfahren gegenüber dem Hauptsacheverfahren als **besondere Angelegenheit i.S.d. § 15 RVG** gelten. Daher verdient auch der Anwalt, der im Hauptsacheverfahren tätig ist, neben den dortigen Gebühren die vollen Gebühren der Nrn. 3100 ff. VV für seine Vertretung im Arrest- oder einstweiligen Verfügungsverfahren.

Mehrere durch **gesonderte Anträge** eingeleitete Arrest- oder einstweilige Verfügungsverfahren 2
gelten jeweils als besondere Angelegenheiten. Soweit allerdings die Möglichkeit bestanden hätte,

die verschiedenen Verfügungen in demselben Verfahren zu beantragen, sind die dadurch entstandenen Mehrkosten nur insoweit zu erstatten, als sie bei einheitlichem Vorgehen angefallen wären.[1]

3 Mehrere Angelegenheiten liegen auch dann vor, wenn ein **Antrag wiederholt** wird, etwa weil ein früheres Gesuch zurückgewiesen worden ist oder weil die zeitliche Befristung einer einstweiligen Verfügung oder die Vollziehungsfrist abgelaufen war.[2]

4 Mit zum Verfahren auf Anordnung eines Arrests oder einer einstweiligen Verfügung zählen auch das Widerspruchsverfahren nach den §§ 924, 925 ZPO und das Rechtfertigungsverfahren nach § 942 ZPO. Beide „Nachverfahren" sind noch keine Abänderungs- oder Aufhebungsverfahren nach § 16 Nr. 5 RVG, sondern Teil des Anordnungsverfahrens.

5 Verfahren über die **Abänderung oder Aufhebung eines Arrests oder einer einstweiligen Verfügung** sind zwar ebenfalls gegenüber der Hauptsache eine gesonderte Angelegenheit (§ 17 Nr. 4 Buchst. d) RVG). Gegenüber dem zugrunde liegenden Anordnungsverfahren sind sie jedoch nicht gesondert abzurechnen; es liegt insoweit vielmehr nur eine Angelegenheit vor (§ 16 Nr. 5 RVG). Die Gebühren im gesamten Verfahren entstehen nur einmal (§ 15 Abs. 2 RVG).

6 Als eine einzige gebührenrechtliche Angelegenheit gelten danach
- das Anordnungsverfahren (§ 922 ZPO),
- das Widerspruchsverfahren (§§ 924, 925 ZPO),
- das Rechtfertigungsverfahren (§ 942 ZPO),
- das Verfahren auf Aufhebung wegen nicht fristgemäßer Klageerhebung (§ 926 Abs. 2 ZPO),
- das Verfahren auf Aufhebung wegen veränderter Umstände (§ 927 ZPO),
- das Verfahren auf Aufhebung gegen Sicherheitsleistung (§ 939 ZPO) und
- das Verfahren auf Aufhebung der einstweiligen Verfügung wegen Nichteinhaltung der Ladungsfrist (§ 942 Abs. 3 ZPO).

7 Auch das Einreichen einer **Schutzschrift** zählt gebührenrechtlich mit zum Rechtszug und wird für den Anwalt des Antragsgegners durch die Verfahrensgebühr abgegolten[3] (zur Höhe der Vergütung siehe Rn 23 ff.).

2. Erstinstanzliche Verfahren

8 In **erstinstanzlichen Arrest- und einstweiligen Verfügungsverfahren** erhält der Anwalt die **Gebühren nach den Nrn. 3100 ff. VV**. Dies gilt auch dann, wenn das erstinstanzliche Arrest- oder Verfügungsverfahren vor dem Berufungsgericht als Gericht der Hauptsache (§ 943 ZPO) stattfindet (Vorbem. 3.2 Abs. 2 S. 1 VV).

9 Ebenso wie im Erkenntnisverfahren erhält der Anwalt auch im Arrest- und Verfügungsverfahren zunächst einmal eine **1,3-Verfahrensgebühr** nach Nr. 3100 VV. Hier gelten grundsätzlich keine Besonderheiten.

10 **Erledigt sich die Angelegenheit vorzeitig**, also bevor der Antrag eingereicht, ein Sachantrag gestellt oder ein Termin wahrgenommen worden ist, entsteht nur eine 0,8-Gebühr nach Nrn. 3100, 3101 Nr. 1 VV (zu den Besonderheiten einer Schutzschrift siehe Rn 23 ff.).

---

1 OLG Köln JurBüro 2011, 536; KG AGS 2007, 216 = KGR 2007, 79 = RVGreport 2007, 36.
2 OLG Hamburg JurBüro 1991, 1084.
3 BGH AGS 2003, 272 m. Anm. *N. Schneider*; OLG Bamberg AGS 2003, 537 m. Anm. *N. Schneider*.

Werden **nicht anhängige Gegenstände** miteinbezogen, so erhöht sich auch hier der Gegenstandswert der Verfahrensgebühr (Vorbem. 3 Abs. 2 VV). Es entsteht dann aus dem Mehrwert eine ermäßigte **0,8-Verfahrensgebühr** nach Nr. 3101 Nr. 1 oder 2 VV, jeweils unter Beachtung des § 15 Abs. 3 RVG. Diese Fälle kommen insbesondere dann in Betracht, wenn sich die Parteien im Arrest- oder Verfügungsverfahren auch über die Hauptsache einigen. 11

Ist eine Geschäftstätigkeit vorangegangen, so ist die **Geschäftsgebühr** nach Vorbem. 3 Abs. 4 VV zur Hälfte, höchstens mit 0,75, auf die Verfahrensgebühr des Arrest- oder Verfügungsverfahrens **anzurechnen**. Voraussetzung ist, dass die Geschäftstätigkeit denselben Gegenstand betraf wie das Arrest- oder Verfügungsverfahren. Betraf die Geschäftstätigkeit dagegen die Hauptsache, unterbleibt eine Anrechnung, weil es dann an demselben Gegenstand fehlt[4] (siehe dazu Rn 116 ff.). 12

Die **Terminsgebühr** (Nr. 3104 VV) entsteht unter den gleichen Voraussetzungen wie im Erkenntnisverfahren (Vorbem. 3 Abs. 3 VV). Insoweit kann auf die dortigen Ausführungen Bezug genommen werden. 13

Mit der Neufassung der Vorbem. 3 Abs. 3 VV ist insoweit auch klargestellt, dass die Terminsgebühr auch dann anfallen kann, wenn der Anwalt an einer Besprechung zur Erledigung oder Vermeidung des Verfahren mitwirkt, da hierfür ein Verfahren mit mündlicher Verhandlung nicht vorgeschrieben ist.

Dagegen kommt eine Terminsgebühr nach Anm. Abs. 1 Nr. 1 zu Nr. 3104 VV im Anordnungsverfahren nicht in Betracht, da dort eine mündliche Verhandlung nicht vorgeschrieben ist. Erst im Abänderungs- oder Aufhebungsverfahren ist eine Terminsgebühr nach dieser Variante möglich. 14

Entscheidet das Gericht gem. § 922 Abs. 1 S. 1 ZPO durch Beschluss, bedarf es keiner mündlichen Verhandlung, so dass die Voraussetzungen der Anm. Abs. 1 Nr. 1 zu Nr. 3104 VV nicht gegeben sind. Eine Terminsgebühr entsteht dann nicht. 15

Maßgeblich ist auch hier nur der **Gegenstandswert**, über den verhandelt oder erörtert wird. Ist z.B. gegen eine einstweilige Verfügung lediglich wegen eines Teils Widerspruch eingelegt worden oder nur wegen der Kosten, so gilt für die Terminsgebühr ein reduzierter Wert. Werden **nicht anhängige Gegenstände** mit erörtert, so erhöht sich dadurch auch im Arrest- und einstweiligen Verfügungsverfahren der Gegenstandswert. 16

3. Berufung

Im Verfahren über die **Berufung gegen den Erlass oder die Zurückweisung eines Arrest- oder Verfügungsantrags** erhält der Anwalt die höheren Gebühren nach Teil 3 Abschnitt 2 Unterabschnitt 1 VV (Nrn. 3200 ff. VV). Insoweit gelten keine Besonderheiten, so dass auf § 15 verwiesen werden kann. 17

4. Beschwerde

Wird der Antrag auf Erlass eines Arrests oder einer einstweiligen Verfügung ohne mündliche Verhandlung zurückgewiesen, so ist hiergegen nach § 567 Abs. 1 Nr. 2 ZPO die **Beschwerde** gegeben. Die Gebühren für dieses Beschwerdeverfahren richten sich nach den Nrn. 3500, 3513, 18

---

4 Ausführlich *N. Schneider*, NJW 2009, 2017.

3514 VV. Insoweit kann zwar auf § 21 Bezug genommen werden; allerdings gelten hier Besonderheiten.

5. Vollziehung

19 Die **Vollziehung** einer einstweiligen Verfügung oder eines Arrests richtet sich gem. § 928 ZPO nach den Vorschriften der Zwangsvollstreckung (§§ 704 ff. ZPO), soweit die §§ 929–934 ZPO keine abweichenden Regelungen enthalten. Konsequenterweise erhält der Anwalt daher auch die Gebühren der Nrn. 3309, 3310 VV (Vorbem. 3.3.3 S. 1 Nr. 4 VV).

6. Gegenstandswert

20 Der **Gegenstandswert** für das Arrest- oder einstweilige Verfügungsverfahren ist gesondert festzusetzen. Die Bewertung richtet sich nach § 53 Abs. 1 Nr. 1 GKG i.V.m. § 3 ZPO. Keinesfalls darf ohne Weiteres der Wert der Hauptsache angesetzt werden. In aller Regel ist vom Wert der Hauptsache auszugehen und ein entsprechender Abschlag vorzunehmen.[5] Soweit die einstweilige Verfügung die Hauptsache vorwegnimmt, kann auch bis zum vollen Wert der Hauptsache festgesetzt werden.[6]

7. Abmahnung und Abschlussschreiben

21 Abmahnung und Abschlussschreiben sind außergerichtliche Tätigkeiten, die nach Teil 2 VV vergütet werden. Sie betreffen nicht die vorläufige Regelung, sondern den Hauptsacheanspruch und richten sich folglich auch nach dem Wert der Hauptsache (ausführlich siehe hierzu Rn 130 ff.).

22 Kontrovers diskutiert wurde die Frage, wann mehrere Abmahnungen für mehrere Auftraggeber und/oder gegen mehrere Gegner eine Angelegenheit seien. Der BGH hat in mehreren Entscheidungen klargestellt, dass Abmahnungen für mehrere Mandanten und/oder gegen mehrere Gegner dann eine einzige Angelegenheit i.S.d. § 15 RVG darstellen, wenn zwischen ihnen ein innerer Zusammenhang besteht, unabhängig davon, ob diese in einem gemeinsamen oder in getrennten Schreiben erfolgen.[7]

II. Schutzschrift

23 Ist der Anwalt beauftragt, eine Schutzschrift einzureichen, so verdient er damit bereits die **Verfahrensgebühr** nach Teil 3 VV, da er den Auftrag hat, im gerichtlichen Verfahren tätig zu werden.

---

5 Siehe ausführlich *Schneider/Herget*, Rn 374 ff. und 1583 ff.
6 Siehe ausführlich *Schneider/Herget*, Rn 377, 378 ff. und 1590 ff.
7 BGH MDR 2011, 949 = WRP 2011, 1190 = AfP 2011, 360 = NJW 2011, 3167 = Rpfleger 2011, 633 = ZUM 2011, 733 = JurBüro 2011, 522 = FamRZ 2011, 1294 = RVG prof. 2011, 149 = RVGreport 2011, 339 = BRAK-Mitt 2011, 252 = Schaden-Praxis 2012, 32; BGH AfP 2011, 184 = CR 2011, 396 = MMR 2011, 419 = Rpfleger 2011, 401 = WRP 2011, 579 = NJW 2011, 2591 = GRUR-RR 2011, 389 = JurBüro 2011, 365; WRP 2011, 353 = MDR 2011, 263 = GRUR 2011, 271 = NJW 2011, 784 = AfP 2011, 162 = Rpfleger 2011, 294 = ZUM-RD 2011, 219 = JurBüro 2011, 194 = VersR 2012, 121 = GRURPrax 2011, 92 = Schaden-Praxis 2011, 198; BGH WRP 2011, 79 = AfP 2010, 573 = AGS 2010, 590 = NJW 2011, 155 = ZUM-RD 2011, 8 = MMR 2011, 137 = GRUR 2011, 268 = JurBüro 2011, 82 = Rpfleger 2011, 235 = BRAK-Mitt. 2011, 40 = CR 2011, 203; WRP 2011, 77 = AfP 2010, 571 = AGS 2010, 587 = AnwBl 2011, 74 = ZUM-RD 2011, 11 = MDR 2010, 1492 = NJW 2011, 782 = Rpfleger 2011, 237 = GRURPrax 2010, 569 = RVGreport 2011, 14 = BRAK-Mitt 2011, 42 = JurBüro 2011, 81; MDR 2010, 1156 = NJW 2010, 3035 = K&R 2010, 658 = AfP 2010, 469 = CR 2010, 742 = ZUM-RD 2010, 592 = JurBüro 2010, 638 = GRUR-RR 2010, 494 = MMR 2011, 114 = VersR 2011, 771 = ZBB 2010, 433 = RVGreport 2011, 16 = GRUR 2011, 272.

Mangels Anhängigkeit kann der Anwalt zwar noch keinen Sachantrag stellen; andererseits enthält die Schutzschrift bereits Sachvortrag, so dass damit die volle 1,3-Verfahrensgebühr nach Nr. 3100 VV ausgelöst wird und nicht etwa nur die ermäßigte 0,8-Verfahrensgebühr nach Nrn. 3100, 3101 Nr. 1 VV.[8]

Werden **mehrere Schutzschriften** bei verschiedenen Gerichten wegen desselben drohenden Arrests oder derselben drohenden einstweiligen Verfügung eingereicht, weil ungewiss ist, vor welchem Gericht der Arrest oder die einstweilige Verfügung beantragt wird, liegt nur eine Angelegenheit i.S.d. § 15 RVG vor.[9] **24**

Kommt es später zur Durchführung des einstweiligen Verfügungsverfahrens und wird der Anwalt des Antragsgegners daran beteiligt, dann verdient er keine weitere Verfahrensgebühr. Da für ihn bereits die volle 1,3-Verfahrensgebühr nach Nr. 3100 VV entstanden ist, erhält er für das Betreiben des Geschäfts keine weitere Vergütung. Allenfalls kann sich der Streitwert erhöhen. **25**

Hinzukommen können allerdings andere Gebühren, die durch die Schutzschrift noch nicht ausgelöst worden sind, also die Terminsgebühr nach Nr. 3104 VV oder die Einigungsgebühr nach Nr. 1000 VV. **26**

Kommt es nach Einreichung der Schutzschrift zum Verfügungsantrag und wird dieser zurückgewiesen, so ist die für die Schutzschrift angefallene Vergütung zu **erstatten** und kann festgesetzt werden. Das gilt auch dann, wenn die Schutzschrift erst nach Rücknahme des Antrags auf Erlass einer einstweiligen Verfügung eingereicht worden ist und der Antragsgegner die Antragsrücknahme nicht kannte oder kennen musste.[10] **27**

Wird der Verfügungsantrag nicht (mehr) eingereicht, kommt mangels Prozessrechtsverhältnis eine Kostenerstattung nicht in Betracht. Hier kann allenfalls ein **materiell-rechtlicher Kostenerstattungsanspruch** geltend gemacht werden.[11] **28**

Beispiel 1	Schutzschrift ohne nachfolgendes Verfügungsverfahren

Der Anwalt reicht eine Schutzschrift bei Gericht ein (Gegenstandswert: 50.000,00 EUR). Der erwartete Verfügungsantrag wird nicht mehr gestellt.

Für das Einreichen einer Schutzschrift entsteht bereits die Verfahrensgebühr nach Nr. 3100 VV (siehe Rn 23 ff.).

---

8 BGH AGS 2008, 274 = zfs 2008, 406 = BGHR 2008, 830 = Rpfleger 2008, 535 = NJW-Spezial 2008, 379 = RVGreport 2008, 223 = AnwBl 2008, 550 = BRAK-Mitt 2008, 184 = MDR 2008, 1126; BGH AGkompakt 2010, 81 = RVGreport 2009, 265 (unter Aufgabe der bisherigen Rspr. AGS 2007, 477 = BGHR 2007, 739 = MDR 2007, 1163 = Rpfleger 2007, 509 = RVGreport 2007, 348); OLG Frankfurt AGS 2008, 442 = RVGreport 2008, 314 = NJW-Spezial 2008, 604 = NJW-Spezial 2008, 700; OLG Hamburg AGS 2007, 448 = OLGR 2007, 276 = MDR 2007, 493; OLG Düsseldorf AGS 2006, 489 = JurBüro 2007, 36 = OLGR 2007, 128 = Rpfleger 2007, 48 = GuT 2006, 267; OLG Nürnberg AGS 2005, 339 = OLGR 2005, 397 = NJW-RR 2005, 941 = MDR 2005, 1317.
9 Zur Erstattung der damit verbundenen Kopiekosten siehe OLG Hamburg AGS 2014, 47 = MDR 2013, 1477 = WRP 2014, 100 = GRUR-RR 2014, 96 = NJW-RR 2014, 157 = GRUR 2014, 208.
10 BGH AGS 2008, 274 = zfs 2008, 406 = BGHR 2008, 830 = Rpfleger 2008, 535 = NJW-Spezial 2008, 379 = RVGreport 2008, 223 = AnwBl 2008, 550 = BRAK-Mitt 2008, 184 = MDR 2008, 1126; BGH AGkompakt 2010, 81 = RVGreport 2009, 265.
11 Siehe dazu *Stöber*, AGS 2007, 9 ff.

1.	1,3-Verfahrensgebühr, Nr. 3100 VV (Wert: 50.000,00 EUR)	1.511,90 EUR
2.	Postentgeltpauschale, Nr. 7002 VV	20,00 EUR
	Zwischensumme 1.531,90 EUR	
3.	19 % Umsatzsteuer, Nr. 7008 VV	291,06 EUR
	Gesamt	**1.822,96 EUR**

Beispiel 2 — Schutzschrift mit nachfolgendem Verfügungsantrag, der ohne mündliche Verhandlung zurückgewiesen wird

Der Anwalt reicht eine Schutzschrift bei Gericht ein (Gegenstandswert: 50.000,00 EUR). Hiernach geht der Verfügungsantrag bei Gericht ein. Der Antrag wird zurückgewiesen.

Auch jetzt entsteht nur eine 1,3-Verfahrensgebühr. Aufgrund der Kostenentscheidung des Zurückweisungsbeschlusses ist diese Gebühr vom Verfügungskläger zu erstatten und kann gegen diesen festgesetzt werden.[12] Eine Terminsgebühr fällt nicht an, da über den Verfügungsantrag ohne mündliche Verhandlung entschieden worden ist und für die Zurückweisung des Verfügungsantrags eine mündliche Verhandlung nicht vorgeschrieben ist (§ 922 Abs. 1 S. 1 ZPO). Die Voraussetzungen der Anm. Abs. 1 Nr. 1 zu Nr. 3104 VV liegen daher nicht vor.

Abzurechnen ist wie im vorangegangenen Beispiel 1.

Beispiel 3 — Schutzschrift mit nachfolgendem Verfügungsantrag, der ohne mündliche Verhandlung ergeht und gegen den kein Widerspruch eingelegt wird

Der Anwalt reicht eine Schutzschrift bei Gericht ein (Gegenstandswert: 50.000,00 EUR). Hiernach geht der Verfügungsantrag bei Gericht ein. Die Verfügung wird erlassen. Der Antragsgegner legt keinen Widerspruch ein.

Auch hier fällt nur eine 1,3-Verfahrensgebühr nach Nr. 3100 VV an.

Abzurechnen ist wie in Beispiel 1.

Beispiel 4 — Schutzschrift mit nachfolgendem Verfügungsantrag, über den verhandelt wird

Der Anwalt reicht eine Schutzschrift bei Gericht ein (Gegenstandswert: 50.000,00 EUR). Hiernach geht der Verfügungsantrag bei Gericht ein. Das Gericht beraumt Termin zur mündlichen Verhandlung an, an dem der Anwalt teilnimmt.

Wird nach Einreichung der Schutzschrift das gerichtliche Verfahren eingeleitet, so verbleibt es für das Betreiben des Geschäfts (Vorbem. 3 Abs. 2 VV) bei einer 1,3-Verfahrensgebühr nach

---

12 BGH AGS 2008, 274 = zfs 2008, 406 = BGHR 2008, 830 = Rpfleger 2008, 535 = NJW-Spezial 2008, 379 = RVGreport 2008, 223 = AnwBl 2008, 550 = BRAK-Mitt 2008, 184 = MDR 2008, 1126; BGH AGkompakt 2010, 81 = RVGreport 2009, 265; AGS 2003, 272 m. Anm. *N. Schneider* = BRAGOreport 2003, 114 m. Anm. *Hansens*; KG KGR 1997, 284 = JurBüro 1998, 30; OLG Nürnberg AGS 2005, 339 = OLGR 2005, 397 = MDR 2005, 1317 = RVGreport 2005, 230 = NJW-RR 2006, 936; OLG Düsseldorf AGS 2008, 413 = OLGR 2008, 785 = JurBüro 2008, 59; AGS 2006, 489 = JurBüro 2007, 36 = OLGR 2007, 128 = Rpfleger 2007, 48; OLG Frankfurt AGS 2008, 442 = RVGreport 2008, 314 = NJW-Spezial 2008, 604 = NJW-Spezial 2008, 700 = Info M 2009, 39; OLG Hamburg AGS 2007, 493 = MDR 2007, 493 = OLGR 2007, 276.

Nr. 3100 VV. Allerdings kommt für die Teilnahme am Verhandlungstermin eine 1,2-Terminsgebühr nach Nr. 3104 VV hinzu.

1. 1,3-Verfahrensgebühr, Nr. 3100 VV　　　　　　　　　　　　　　　　　1.511,90 EUR
   (Wert: 50.000,00 EUR)
2. 1,2-Terminsgebühr, Nr. 3104 VV　　　　　　　　　　　　　　　　　　1.395,60 EUR
   (Wert: 50.000,00 EUR)
3. Postentgeltpauschale, Nr. 7002 VV　　　　　　　　　　　　　　　　　　20,00 EUR
   Zwischensumme　　　　　　　　　　　　　　2.927,50 EUR
4. 19 % Umsatzsteuer, Nr. 7008 VV　　　　　　　　　　　　　　　　　　　556,23 EUR
   Gesamt　　　　　　　　　　　　　　　　　　　　　　　　　　　　　**3.483,73 EUR**

III. Erstinstanzliches Verfahren

1. Anordnungsverfahren

a) Verfahren ohne Termin

Im Verfahren auf Anordnung eines Arrests oder Erlass einer einstweiligen Verfügung (im folgenden Anordnungsverfahren) entsteht für das Betreiben des Geschäfts zunächst einmal eine 1,3-Verfahrensgebühr nach Nr. 3100 VV (Vorbem. 3 Abs. 2 VV). Unter den Voraussetzungen der Nr. 3101 VV ermäßigt sich die Gebühr auf 0,8. 　29

Bei **mehreren Auftraggebern** erhöht sich die Verfahrensgebühr um 0,3 je weiteren Auftraggeber, sofern der Gegenstand der anwaltlichen Tätigkeit derselbe ist. 　30

> **Beispiel 5**　Zurückweisung des Antrags ohne mündliche Verhandlung

Der Anwalt beantragt den Erlass einer einstweiligen Verfügung (Wert: 50.000,00 EUR). Der Antrag wird ohne mündliche Verhandlung zurückgewiesen. Der Antragsteller verfolgt die Sache nicht weiter.

Für den Anwalt des Antragstellers fällt eine volle 1,3-Verfahrensgebühr an, da er den Antrag eingereicht hat. Ob dem Antrag stattgegeben oder dieser zurückgewiesen wird, ist für den Anwalt des Antragstellers unerheblich.

1. 1,3-Verfahrensgebühr, Nr. 3100 VV　　　　　　　　　　　　　　　　　1.511,90 EUR
   (Wert: 50.000,00 EUR)
2. Postentgeltpauschale, Nr. 7002 VV　　　　　　　　　　　　　　　　　　20,00 EUR
   Zwischensumme　　　　　　　　　　　　　　1.531,90 EUR
3. 19 % Umsatzsteuer, Nr. 7008 VV　　　　　　　　　　　　　　　　　　　291,06 EUR
   Gesamt　　　　　　　　　　　　　　　　　　　　　　　　　　　　　**1.822,96 EUR**

> **Beispiel 6**　Erlass einer einstweiligen Verfügung ohne mündliche Verhandlung

Der Anwalt beantragt eine einstweilige Verfügung (Wert: 50.000,00 EUR), die ohne mündliche Verhandlung erlassen wird.

Wird die einstweilige Verfügung erlassen, entsteht ebenfalls nur eine 1,3-Verfahrensgebühr (Nr. 3100 VV). Eine Terminsgebühr entsteht nicht, da im Verfahren auf Erlass einer einstweiligen Verfügung ohne mündliche Verhandlung entschieden werden kann (§ 922 Abs. 1 S. 1 ZPO). Die Voraussetzungen der Anm. Abs. 1 Nr. 1 zu Nr. 3104 VV sind nicht erfüllt.

Abzurechnen ist wie im vorangegangenen Beispiel 5.

31 Im Falle einer **vorzeitigen Erledigung** entsteht nur eine 0,8-Verfahrensgebühr nach Nrn. 3100, 3101 Nr. 1 VV.

| Beispiel 7 | Vorzeitige Erledigung, Antragsteller |

Der Anwalt erhält den Auftrag, den Erlass einer einstweiligen Verfügung (Wert: 50.000,00 EUR) zu beantragen. Hierzu kommt es nicht mehr, weil die Wiederholungsgefahr zuvor ausgeräumt wird.

Der Anwalt des Antragstellers erhält in diesem Fall nur die ermäßigte Verfahrensgebühr nach Nrn. 3100, 3101 Nr. 1 VV, da sich die Angelegenheit vorzeitig erledigt hat.

1. 0,8-Verfahrensgebühr, Nrn. 3100, 3101 Nr. 1 VV   930,40 EUR
   (Wert: 50.000,00 EUR)
2. Postentgeltpauschale, Nr. 7002 VV   20,00 EUR
   Zwischensumme   950,40 EUR
3. 19 % Umsatzsteuer, Nr. 7008 VV   180,58 EUR
   Gesamt   **1.130,98 EUR**

32 Eine (0,8-)Verfahrensgebühr entsteht für den Rechtsanwalt auf Antragsgegnerseite im einstweiligen Verfügungsverfahren bereits dann, wenn er die Antragsschrift entgegengenommen hat, um die Rechtsverteidigung vorzubereiten, auch wenn es infolge Antragsrücknahme nicht mehr zur Einreichung eines Schriftsatzes bei Gericht kommt.[13]

| Beispiel 8 | Vorzeitige Erledigung, Antragsgegner (Antragsrücknahme) |

Gegen den Mandanten wird der Erlass einer einstweiligen Verfügung beantragt (Wert: 50.000,00 EUR). Das Gericht will nicht ohne mündliche Verhandlung entscheiden und übersendet dem Antragsgegner die Antragsschrift nebst Terminsladung. Er beauftragt daraufhin seinen Anwalt, ihn zu vertreten. Bevor dieser einen Schriftsatz einreicht, wird der Verfügungsantrag zurückgenommen.

Der Anwalt des Antragsgegners erhält in diesem Fall ebenfalls nur die ermäßigte Verfahrensgebühr nach Nrn. 3100, 3101 Nr. 1 VV, da sich die Angelegenheit für ihn vorzeitig erledigt hat, bevor er einen Schriftsatz eingereicht hat, der Sachanträge oder Sachvortrag enthält und bevor er einen gerichtlichen Termin wahrgenommen hat.

Abzurechnen ist wie im vorangegangenen Beispiel 7.

33 Vertritt der Anwalt **mehrere Auftraggeber**, so ist danach zu unterscheiden, ob er die Auftraggeber wegen desselben Gegenstands oder wegen verschiedener Gegenstände vertritt. Bei verschiedenen Gegenständen sind die einzelnen Werte zu addieren (§ 23 Abs. 1 S. 1 RVG i.V.m. § 39 Abs. 1 GKG). Bei demselben Gegenstand unterbleibt eine Wertaddition; dafür erhöht sich die Verfahrensgebühr um 0,3 je weiteren Auftraggeber (Nr. 1008 VV).

---

13 OLG Hamm AGS 2005, 338 = OLGR 2005, 385 = AnwBl 2005, 587 = JurBüro 2005, 593 = RVGreport 2005, 230.

III. Erstinstanzliches Verfahren § 19

Beispiel 9 | **Einstweilige Verfügung, mehrere Auftraggeber – unterschiedliche Gegenstände**

Der Anwalt wird von zwei Auftraggebern beauftragt, den Erlass einer einstweiligen Verfügung auf Unterlassung von Beleidigungen zu beantragen (Wert: jeweils 5.000,00 EUR). Die Verfügung wird erlassen. Der Antragsgegner legt keinen Widerspruch ein.

Bei mehreren Unterlassungsansprüchen sind in aller Regel unterschiedliche Gegenstände gegeben,[14] da jedem Antragsteller ein eigener Unterlassungsanspruch zusteht. Der Antragsteller kann grundsätzlich nur Unterlassung gegenüber sich selbst beantragen. Fälle, in denen auch die Unterlassung für einen anderen verlangt werden kann, sind die Ausnahme. Daher gilt § 23 Abs. 1 S. 1 RVG i.V.m. § 39 Abs. 1 GKG. Die einzelnen Werte werden addiert. Es liegt kein Fall der Gebührenerhöhung nach Nr. 1008 VV vor.

1.	1,3-Verfahrensgebühr, Nr. 3100 VV (Wert: 10.000,00 EUR)	725,40 EUR
2.	Postentgeltpauschale, Nr. 7002 VV	20,00 EUR
	Zwischensumme	745,40 EUR
3.	19 % Umsatzsteuer, Nr. 7008 VV	141,63 EUR
	Gesamt	**887,03 EUR**

Beispiel 10 | **Einstweilige Verfügung, mehrere Auftraggeber, derselbe Gegenstand**

Der Anwalt beantragt für zwei Mieter, den Erlass einer einstweiligen Verfügung gegen den Vermieter auf Wiederinbetriebnahme der Heizungsanlage (Wert: 1.000,00 EUR).

Hier ist derselbe Gegenstand gegeben. Daher liegt ein Fall der Nr. 1008 VV vor. Die Verfahrensgebühr erhöht sich um 0,3.

1.	1,6-Verfahrensgebühr, Nrn. 3100, 1008 VV (Wert: 1.000,00 EUR)	128,00 EUR
2.	Postentgeltpauschale, Nr. 7002 VV	20,00 EUR
	Zwischensumme	148,00 EUR
3.	19 % Umsatzsteuer, Nr. 7008 VV	28,12 EUR
	Gesamt	**176,12 EUR**

b) Verfahren mit Termin oder Besprechung

Kommt es zu einem Termin i.S.d. Vorbem. 3 Abs. 3 VV, entsteht neben der Verfahrensgebühr eine Terminsgebühr nach Nr. 3104 VV. Die Terminsgebühr entsteht bei Wahrnehmung eines gerichtlichen Termins (Vorbem. 3 Abs. 3 S. 1) oder bei der Teilnahme an Besprechungen zur Erledigung des Verfahrens auch ohne Beteiligung des Gerichts (Vorbem. 3 Abs. 3 S. 3 Nr. 2 VV). 34

Eine Terminsgebühr kann im Anordnungsverfahren nicht unter den Voraussetzungen der Anm. Abs. 1 Nr. 1 zu Nr. 3104 VV entstehen, da im Anordnungsverfahren eine mündliche Verhandlung nicht vorgeschrieben ist (§ 922 Abs. 1 S. 1 ZPO).[15] 35

---

14 OLG Frankfurt JurBüro 2001, 130 = MDR 2002, 236; AnwK-RVG/*Volpert*, Nr. 1008 VV Rn 32.
15 OLG München AGS 2005, 486 = OLGR 2005, 817 = AnwBl 2006, 147 = RVG-B 2005, 161 = RVGreport 2005, 427 = FamRZ 2006, 220.

§ 19 Arrest- und einstweiliges Verfügungsverfahren

> **Beispiel 11** Einstweilige Verfügung mit mündlicher Verhandlung

Der Anwalt beantragt den Erlass einer einstweiligen Verfügung (Wert: 10.000,00 EUR). Das Gericht beraumt Termin zur mündlichen Verhandlung an, an der der Anwalt teilnimmt.

Sowohl für den Anwalt des Antragstellers als auch für den Anwalt des Antragsgegners entstehen jetzt eine 1,3-Verfahrensgebühr (Nr. 3100 VV) und auch eine 1,2-Terminsgebühr (Nr. 3104 VV).

1.	1,3-Verfahrensgebühr, Nr. 3100 VV (Wert: 10.000,00 EUR)	725,40 EUR
2.	1,2-Terminsgebühr, Nr. 3104 VV (Wert: 10.000,00 EUR)	669,60 EUR
3.	Postentgeltpauschale, Nr. 7002 VV	20,00 EUR
	Zwischensumme	1.415,00 EUR
4.	19 % Umsatzsteuer, Nr. 7008 VV	268,85 EUR
	Gesamt	**1.683,85 EUR**

36 Die 1,2-Terminsgebühr kann gem. Vorbem. 3 Abs. 3 S. 3 Nr. 2 VV auch durch **außergerichtliche Verhandlungen** zur Vermeidung oder Erledigung des Verfahrens ausgelöst werden. Die Terminsgebühr fällt an, sobald ein Verfahrensauftrag besteht (siehe § 13 Rn 196). Unerheblich ist nach Klarstellung durch das 2. KostRMoG insoweit, dass das Gericht über den Antrag auf Erlass einer einstweiligen Verfügung auch ohne mündliche Verhandlung entscheiden kann (ausführlich siehe dazu § 13 Rn 84 ff.).

> **Beispiel 12** Einstweilige Verfügung mit Besprechung der Anwälte

Der Anwalt beantragt den Erlass einer einstweiligen Verfügung (Wert: 10.000,00 EUR). Das Gericht beraumt Termin zur mündlichen Verhandlung an. Der Anwalt des Antragsgegners beantragt die Zurückweisung des Verfügungsantrags und nimmt schriftsätzlich Stellung. Zum Termin kommt es nicht mehr, da aufgrund einer Besprechung der Anwälte der Verfügungsantrag zurückgenommen wird.

Auch hier fällt für beide Anwälte neben der 1,3-Verfahrensgebühr (Nr. 3100 VV) eine 1,2-Terminsgebühr (Nr. 3104 VV) an, da die Anwälte eine Besprechung zur Erledigung des Verfahrens geführt haben (Vorbem. 3 Abs. 3 S. 3 Nr. 2 VV).

Abzurechnen ist wie im vorangegangenen Beispiel 11.

37 Die Terminsgebühr kann auch neben der ermäßigten Verfahrensgebühr nach Nrn. 3100, 3101 VV entstehen.

> **Beispiel 13** Erledigung vor Antragseinreichung mit Besprechung (Anwalt des Antragstellers)

Der Anwalt erhält den Auftrag, eine einstweilige Verfügung zu beantragen (Wert: **50.000,00 EUR**). Vorsorglich mahnt er den Antragsgegner zunächst nochmals ab und droht den Erlass einer einstweiligen Verfügung an. Hierauf kommt es zu außergerichtlichen Verhandlungen mit der Gegenseite, worauf diese die geforderte Unterlassungserklärung abgibt.

Für den Anwalt des Antragstellers entsteht nur eine 0,8-Verfahrensgebühr nach Nrn. 3100, 3101 Nr. 1 VV. Es bestand bereits ein Verfahrensauftrag, so dass Teil 2 VV nicht mehr anwendbar ist, sondern bereits ein Auftrag nach Teil 3 VV vorlag und sich die Angelegenheit vorzeitig erledigt hat, bevor der Anwalt einen Schriftsatz eingereicht oder einen Termin wahrgenommen hat.

Allerdings ist hier eine 1,2-Terminsgebühr entstanden, da die Anwälte außergerichtliche Verhandlungen zur Vermeidung des Verfahrens i.S.d. Vorbem. 3 Abs. 3 S. 3 Nr. 2 VV geführt haben.

Eine Einigungsgebühr ist dagegen nicht angefallen, da ein Anerkenntnis – und als solches muss man die Abgabe einer geforderten Unterlassungserklärung ansehen – noch keine Einigungsgebühr auslöst (Anm. Abs. 1 S. 2 zu Nr. 1000 VV).[16]

1. 0,8-Verfahrensgebühr, Nrn. 3100, 3101 Nr. 1 VV   930,40 EUR
   (Wert: 50.000,00 EUR)
2. 1,2-Terminsgebühr, Nr. 3104 VV   1.395,60 EUR
   (Wert: 50.000,00 EUR)
3. Postentgeltpauschale, Nr. 7002 VV   20,00 EUR
   Zwischensumme   2.346,00 EUR
4. 19 % Umsatzsteuer, Nr. 7008 VV   445,74 EUR
Gesamt   **2.791,74 EUR**

Beispiel 14   **Erledigung vor Antragseinreichung mit Besprechung (Anwalt des Antragsgegners)**

Der Anwalt beantragt den Erlass einer einstweiligen Verfügung (Wert: 10.000,00 EUR). Das Gericht beraumt Termin zur mündlichen Verhandlung an. Bevor der Anwalt des Antragsgegners einen Antrag stellt oder zur Sache Stellung nimmt, kommt es zu einer Besprechung der Anwälte, worauf der Verfügungsantrag zurückgenommen wird.

Für den **Anwalt des Antragstellers** ist abzurechnen wie in Beispiel 11.

Für den **Anwalt des Antragsgegners** entsteht dagegen nur die ermäßigte 0,8-Verfahrensgebühr nach Nrn. 3100, 3101 Nr. 1 VV, da sich die Sache für ihn vorzeitig erledigt hat, bevor er einen Schriftsatz eingereicht oder einen Termin wahrgenommen hat. Daneben entsteht aber auch für ihn eine 1,2-Terminsgebühr (Nr. 3104 VV), da er eine Besprechung zur Erledigung des Verfahrens geführt hat (Vorbem. 3 Abs. 3 S. 3 Nr. 2 VV).

Anwalt Antragsgegner
1. 0,8-Verfahrensgebühr, Nrn. 3100, 3101 Nr. 1 VV   446,40 EUR
   (Wert: 10.000,00 EUR)
2. 1,2-Terminsgebühr, Nr. 3104 VV   669,60 EUR
   (Wert: 10.000,00 EUR)
3. Postentgeltpauschale, Nr. 7002 VV   20,00 EUR
   Zwischensumme   1.136,00 EUR
4. 19 % Umsatzsteuer, Nr. 7008 VV   215,84 EUR
Gesamt   **1.351,84 EUR**

Möglich ist, dass lediglich eine **ermäßigte Terminsgebühr** nach Nrn. 3104, 3105 VV anfällt.   38

Beispiel 15   **Einstweilige Verfügung mit ermäßigter Terminsgebühr (Versäumnisurteil)**

Der Antragsteller beantragt den Erlass einer einstweiligen Verfügung (Wert: 10.000,00 EUR). Das Gericht will nicht ohne mündliche Verhandlung entscheiden. Im an-

---

16 Zum Fall, dass auch eine Einigung erzielt wird, siehe Beispiel 20.

schließenden Termin erscheint für den Antragsgegner niemand, so dass dem Antrag durch Versäumnisurteil stattgegeben wird.

Für den Anwalt des Antragstellers entsteht jetzt neben der 1,3-Verfahrensgebühr (Nr. 3100 VV) nur eine 0,5-Terminsgebühr (Nrn. 3104, 3105 VV).

1.	1,3-Verfahrensgebühr, Nr. 3100 VV (Wert: 10.000,00 EUR)		725,40 EUR
2.	0,5-Terminsgebühr, Nrn. 3104, 3105 VV (Wert: 10.000,00 EUR)		279,00 EUR
3.	Postentgeltpauschale, Nr. 7002 VV		20,00 EUR
	Zwischensumme	1.024,40 EUR	
4.	19 % Umsatzsteuer, Nr. 7008 VV		194,64 EUR
	Gesamt		**1.219,04 EUR**

39 Möglich ist ebenfalls, dass die Terminsgebühr auch aus nicht anhängigen Gegenständen entsteht, wenn die Parteien auch über weitergehende Ansprüche verhandeln.

Beispiel 16 | **Einstweilige Verfügung mit Erörterung weiter gehender Gegenstände**

Der Anwalt des Antragstellers beantragt den Erlass einer einstweiligen Verfügung (Wert: 3.000,00 EUR). Das Gericht beraumt Termin zur mündlichen Verhandlung an. Dort wird ausführlich zum Zwecke einer Einigung auch über weitergehende Gegenstände im Wert von 6.000,00 EUR verhandelt und erörtert. Eine Einigung kommt allerdings nicht zustande.

Für beide Anwälte entsteht die Verfahrensgebühr zu 1,3 aus 3.000,00 EUR (Nr. 3100 VV) sowie zu 0,8 aus dem Mehrwert von 6.000,00 EUR (Nr. 3101 Nr. 2, 2. Alt. VV), allerdings unter Beachtung des § 15 Abs. 3 RVG. Hinzu kommt eine 1,2-Terminsgebühr (Nr. 3104 VV) aus dem Gesamtwert von 9.000,00 EUR.

1.	1,3-Verfahrensgebühr, Nr. 3100 VV (Wert: 3.000,00 EUR)		261,30 EUR
2.	0,8-Verfahrensgebühr, Nrn. 3100, 3101 Nr. 2 VV (Wert: 6.000,00 EUR) die Höchstgrenze des § 15 Abs. 3 RVG, nicht mehr als 1,3 aus 9.000,00 EUR (659,10 EUR) ist nicht überschritten		283,20 EUR
3.	1,2-Terminsgebühr, Nr. 3104 VV (Wert: 9.000,00 EUR)		608,40 EUR
4.	Postentgeltpauschale, Nr. 7002 VV		20,00 EUR
	Zwischensumme	1.172,90 EUR	
5.	19 % Umsatzsteuer, Nr. 7008 VV		222,85 EUR
	Gesamt		**1.395,75 EUR**

40 Kommt es anschließend zu einem gerichtlichen Verfahren über die weitergehenden Gegenstände, sind die Mehrbeträge der Verfahrens- und Terminsgebühr allerdings anzurechnen (Anm. Abs. 1 zu Nr. 3101 VV; Anm. Abs. 2 zu Nr. 3104 VV) (siehe auch § 14 Rn 1 ff.).

41 Ebenso ist zu rechnen, wenn die Hauptsache mit erörtert wird. Für die Verfahrens- und Terminsgebühren ist dabei unerheblich, ob die Hauptsache bereits anhängig ist.

| Beispiel 17 | Einstweilige Verfügung mit Erörterung der Hauptsache |

Der Anwalt des Antragstellers beantragt den Erlass einer einstweiligen Verfügung (Wert: 3.000,00 EUR). Das Gericht beraumt Termin zur mündlichen Verhandlung an. Dort wird ausführlich zum Zwecke einer Einigung auch über die Hauptsache (Wert: 6.000,00 EUR) verhandelt und erörtert. Eine Einigung kommt allerdings nicht zustande.

Abzurechnen ist wie im vorangegangenen Beispiel 16. Hauptsache und einstweilige Verfügung betreffen verschiedene Gegenstände.

c) Verfahren mit Einigung

Auch die **Einigungsgebühr** nach Nrn. 1000 ff. VV kann in Arrest- und einstweiligen Verfügungsverfahren anfallen. Es gelten hier grundsätzlich keine Besonderheiten. 42

Die Anforderungen dürfen auch hier nicht zu hoch gestellt werden. So entsteht eine Einigungsgebühr bereits dann, wenn die Parteien sich über die Beendigung des Verfügungsverfahrens und eine Kostenregelung einigen. Dass die Einigung der Parteien einen sachlich-rechtlichen Gehalt haben muss, ist nicht erforderlich. Auch bloße Prozesserledigungs- und Kostenabsprachen haben Einigungscharakter.[17] 43

| Beispiel 18 | Einstweilige Verfügung mit mündlicher Verhandlung und Einigung |

Der Anwalt beantragt den Erlass einer einstweiligen Verfügung (Wert: 10.000,00 EUR). Das Gericht beraumt Termin zur mündlichen Verhandlung an. Dort wird verhandelt und ein Vergleich geschlossen.

Sowohl für den Anwalt des Antragstellers als auch für den Anwalt des Antragsgegners entsteht jetzt neben der 1,3-Verfahrensgebühr (Nr. 3100 VV) und der 1,2-Terminsgebühr (Nr. 3104 VV) eine 1,0-Einigungsgebühr (Nrn. 1000, 1003 VV).

1. 1,3-Verfahrensgebühr, Nr. 3100 VV 725,40 EUR
   (Wert: 10.000,00 EUR)
2. 1,2-Terminsgebühr, Nr. 3104 VV 669,60 EUR
   (Wert: 10.000,00 EUR)
3. 1,0-Einigungsgebühr, Nrn. 1000, 1003 VV 558,00 EUR
   (Wert: 10.000,00 EUR)
4. Postentgeltpauschale, Nr. 7002 VV 20,00 EUR
   Zwischensumme 1.973,00 EUR
5. 19 % Umsatzsteuer, Nr. 7008 VV 374,87 EUR
Gesamt **2.347,87 EUR**

| Beispiel 19 | Antrag auf Erlass einer einstweiligen Verfügung mit Besprechung der Anwälte und Einigung |

Der Anwalt beantragt für den Antragsteller den Erlass einer einstweiligen Verfügung (Wert: 10.000,00 EUR). Das Gericht beraumt Termin zur mündlichen Verhandlung an. Der Anwalt des Antragsgegners beantragt Zurückweisung des Antrags. Daraufhin führen die Anwälte eine Besprechung und schließen außergerichtlich einen Vergleich.

Abzurechnen ist wie im vorangegangenen Beispiel 18.

---

17 OLG Koblenz AGS 2003, 536 = JurBüro 2003, 637 = OLGR 2004, 72 = MDR 2004, 356.

§ 19 Arrest- und einstweiliges Verfügungsverfahren

44 Möglich ist auch, dass die Einigungsgebühr neben einer ermäßigten Verfahrensgebühr nach Nrn. 3100, 3101 Nr. 1 VV anfällt.

> **Beispiel 20** Vorzeitige Erledigung mit Besprechung der Anwälte und Einigung (Antragsteller)

Der Anwalt erhält den Auftrag, eine einstweilige Verfügung zu beantragen (Wert: 10.000,00 EUR). Vorsorglich mahnt er den Gegner zunächst nochmals ab und droht den Erlass einer einstweiligen Verfügung an. Hierauf kommt es zu außergerichtlichen Verhandlungen mit dem Gegner, worauf ein Vergleich geschlossen wird.

Der Anwalt des Antragstellers erhält jetzt nur eine 0,8-Verfahrensgebühr nach Nrn. 3100, 3101 Nr. 1 VV, da sich die Sache für ihn erledigt hat, bevor er einen Schriftsatz eingereicht oder einen Termin wahrgenommen hat. Hinzu kommt jedoch eine Terminsgebühr nach Vorbem. 3 Abs. 3 S. 3 Nr. 2 VV i.V.m. Nr. 3104 VV und eine Einigungsgebühr (Nr. 1000 VV), die sich mangels Anhängigkeit auf 1,5 beläuft (Nr. 1000 VV).

1.	0,8-Verfahrensgebühr, Nrn. 3100, 3101 Nr. 1 VV (Wert: 10.000,00 EUR)	446,40 EUR
2.	1,2-Terminsgebühr, Nr. 3104 VV (Wert: 10.000,00 EUR)	669,60 EUR
3.	1,5-Einigungsgebühr, Nrn. 1000, 1003 VV (Wert: 10.000,00 EUR)	837,00 EUR
4.	Postentgeltpauschale, Nr. 7002 VV	20,00 EUR
	Zwischensumme 1.973,00 EUR	
5.	19 % Umsatzsteuer, Nr. 7008 VV	374,87 EUR
	Gesamt	**2.347,87 EUR**

> **Beispiel 21** Vorzeitige Erledigung mit Besprechung der Anwälte und Einigung (Antragsgegner)

Der Anwalt beantragt den Erlass einer einstweiligen Verfügung (Wert: 10.000,00 EUR). Das Gericht beraumt Termin zur mündlichen Verhandlung an. Bevor der Antragsgegner die Zurückweisung des Antrags beantragt und zur Sache vorträgt, führen die Anwälte eine Besprechung und schließen einen Vergleich.

Für den **Anwalt des Antragstellers** ist abzurechnen wie im Beispiel 18.

Für den **Anwalt des Antragsgegners** entsteht lediglich eine 0,8-Verfahrensgebühr (Nrn. 3100, 3101 Nr. 1 VV), da sich die Sache für ihn erledigt hat, bevor er einen Schriftsatz eingereicht oder einen Termin wahrgenommen hat.[18] Hinzu kommen allerdings eine Termins- und eine Einigungsgebühr.

Anwalt Antragsgegner

1.	0,8-Verfahrensgebühr, Nrn. 3100, 3101 Nr. 1 VV (Wert: 10.000,00 EUR)	446,40 EUR
2.	1,2-Terminsgebühr, Nr. 3104 VV (Wert: 10.000,00 EUR)	669,60 EUR
3.	1,0-Einigungsgebühr, Nrn. 1000, 1003 VV (Wert: 10.000,00 EUR)	558,00 EUR
4.	Postentgeltpauschale, Nr. 7002 VV	20,00 EUR
	Zwischensumme 1.694,00 EUR	

---

[18] OLG Hamm AGS 2005, 338 = OLGR 2005, 385 = AnwBl 2005, 587 = JurBüro 2005, 593 = RVGreport 2005, 230.

5. 19 % Umsatzsteuer, Nr. 7008 VV	321,86 EUR
Gesamt	**2.015,86 EUR**

Wird lediglich ein schriftlicher Vergleich geschlossen oder nach § 278 Abs. 6 ZPO protokolliert, ohne dass Besprechungen der Anwälte vorausgegangen sind, entsteht keine Terminsgebühr,[19] weil eine mündliche Verhandlung im Verfahren auf Erlass einer einstweiligen Verfügung nicht vorgeschrieben ist (§ 922 Abs. 1 S. 1 ZPO). Die Voraussetzungen der Anm. Abs. 1 Nr. 1 zu Nr. 3104 VV sind nicht erfüllt. 45

Beispiel 22	Einstweilige Verfügung mit Vergleich im schriftlichen Verfahren

Der Anwalt beantragt den Erlass einer einstweiligen Verfügung (Wert: 10.000,00 EUR). Das Gericht unterbreitet daraufhin einen Vergleichsvorschlag, der von beiden Parteien angenommen und nach § 278 Abs. 6 ZPO protokolliert wird.

Für die beteiligten Anwälte entsteht lediglich eine 1,3-Verfahrensgebühr (Nr. 3100 VV). Eine Terminsgebühr entsteht nicht, da die Voraussetzungen der Anm. Abs. 1 Nr. 1 zu Nr. 3104 VV nicht erfüllt sind.

1. 1,3-Verfahrensgebühr, Nr. 3100 VV (Wert: 10.000,00 EUR)		725,40 EUR
2. 1,0-Einigungsgebühr, Nrn. 1000, 1003 VV (Wert: 10.000,00 EUR)		558,00 EUR
3. Postentgeltpauschale, Nr. 7002 VV		20,00 EUR
Zwischensumme	1.303,40 EUR	
4. 19 % Umsatzsteuer, Nr. 7008 VV		247,65 EUR
Gesamt		**1.551,05 EUR**

d) Verfahren mit Einigung auch über weiter gehende Gegenstände

Wird im Verfügungsverfahren eine Einigung geschlossen, die auch **weitere Gegenstände** umfasst, entsteht daraus ebenfalls eine Einigungsgebühr, deren Höhe davon abhängt, ob die weiter gehenden Gegenstände anhängig sind oder nicht. 46

Daneben erhöht sich der Gegenstandswert der Verfahrensgebühr (Vorbem. 3 Abs. 2 VV). Es entsteht unter Beachtung des § 15 Abs. 3 RVG aus dem Mehrwert allerdings nur eine 0,8-Verfahrensgebühr nach Nrn. 3100, 3101 VV. 47

Beispiel 23	Einstweilige Verfügung mit Einigung über weiter gehende Gegenstände ohne Besprechung und Termin

Der Anwalt beantragt für den Antragsteller den Erlass einer einstweiligen Verfügung (Wert: 1.500,00 EUR). Das Gericht schlägt einen Vergleich vor, der auch gerichtlich nicht anhängige Gegenstände im Wert von 6.000,00 EUR beinhaltet. Der Vergleich wird von beiden Parteien schriftsätzlich angenommen und nach § 278 Abs. 6 ZPO durch Beschluss festgestellt.

Für beide Anwälte entsteht die Verfahrensgebühr zu 1,3 aus 1.500,00 EUR (Nr. 3100 VV) sowie zu 0,8 aus dem Mehrwert von 6.000,00 EUR (Nr. 3101 Nr. 1 VV), allerdings unter Beachtung des § 15 Abs. 3 RVG.

---

[19] OLG München AGS 2005, 486 = OLGR 2005, 817 = AnwBl 2006, 147 = RVGreport 2005, 427 = FamRZ 2006, 220.

Eine 1,2-Terminsgebühr entsteht nicht, da eine mündliche Verhandlung nicht vorgeschrieben ist (§ 922 Abs. 1 S. 1 ZPO) und damit die Voraussetzungen der Anm. Abs. 1 Nr. 1 zu Nr. 3104 VV nicht erfüllt sind.

Die Einigungsgebühr entsteht aus 1.500,00 EUR zu 1,0 (Nr. 1003 VV) und aus 6.000,00 EUR zu 1,5 (Nr. 1000 VV). Zu beachten ist § 15 Abs. 3 RVG.

1.	1,3-Verfahrensgebühr, Nr. 3100 VV (Wert: 1.500,00 EUR)	149,50 EUR
2.	0,8-Verfahrensgebühr, Nrn. 3100, 3101 Nr. 1 VV (Wert: 3.000,00 EUR) der Höchstbetrag des § 15 Abs. 3 RVG, 1,3 aus 4.500,00 EUR (393,90 EUR) wird nicht überschritten	160,80 EUR
3.	1,0-Einigungsgebühr, Nrn. 1000, 1003 VV (Wert: 1.500,00 EUR)	115,00 EUR
4.	1,5-Einigungsgebühr, Nr. 1000 VV (Wert: 3.000,00 EUR) der Höchstbetrag des § 15 Abs. 3 RVG, 1,5 aus 4.500,00 EUR (454,50 EUR) wird nicht überschritten	301,50 EUR
5.	Postentgeltpauschale, Nr. 7002 VV	20,00 EUR
	Zwischensumme 746,80 EUR	
6.	19 % Umsatzsteuer, Nr. 7008 VV	141,89 EUR
Gesamt		**888,69 EUR**

48 Soweit die Voraussetzungen der Vorbem. 3 Abs. 3 VV gegeben sind, entsteht auch eine Terminsgebühr nach Nr. 3104 VV aus dem Gesamtwert.

> **Beispiel 24** **Einstweilige Verfügung mit Einigung über weiter gehende Gegenstände mit Besprechung der Anwälte**

Der Anwalt beantragt für den Antragsteller den Erlass einer einstweiligen Verfügung (Wert: 1.500,00 EUR). Das Gericht beraumt Termin zur mündlichen Verhandlung an. Anschließend verhandeln die Anwälte telefonisch auch über weiter gehende Gegenstände im Wert von 6.000,00 EUR und erzielen eine Einigung. Der Verfügungsantrag wird daraufhin zurückgenommen.

Für beide Anwälte entsteht die Verfahrensgebühr zu 1,3 aus 1.500,00 EUR (Nr. 3100 VV) sowie zu 0,8 aus dem Mehrwert von 6.000,00 EUR (Nr. 3101 Nr. 1 VV), allerdings unter Beachtung des § 15 Abs. 3 RVG.

Hinzu kommt eine 1,2-Terminsgebühr (Nr. 3104 VV) aus dem Gesamtwert von 7.500,00 EUR (Vorbem. 3 Abs. 3 S. 3 Nr. 2 VV).

Die Einigungsgebühr entsteht aus 1.500,00 EUR zu 1,0 (Nr. 1003 VV) und aus 6.000,00 EUR zu 1,5 (Nr. 1000 VV). Zu beachten ist § 15 Abs. 3 RVG.

III. Erstinstanzliches Verfahren § 19

1.	1,3-Verfahrensgebühr, Nr. 3100 VV (Wert: 1.500,00 EUR)	149,50 EUR
2.	0,8-Verfahrensgebühr, Nrn. 3100, 3101 Nr. 1 VV (Wert: 3.000,00 EUR) der Höchstbetrag des § 15 Abs. 3 RVG, 1,3 aus 4.500,00 EUR (393,90 EUR) wird nicht überschritten	160,80 EUR
3.	1,2-Terminsgebühr, Nr. 3104 VV (Wert: 4.500,00 EUR)	363,60 EUR
4.	1,0-Einigungsgebühr, Nrn. 1000, 1003 VV (Wert: 1.500,00 EUR)	115,00 EUR
5.	1,5-Einigungsgebühr, Nr. 1000 VV (Wert: 3.000,00 EUR) der Höchstbetrag des § 15 Abs. 3 RVG, 1,5 aus 4.500,00 EUR (454,50 EUR) wird nicht überschritten	301,50 EUR
6.	Postentgeltpauschale, Nr. 7002 VV Zwischensumme 1.110,40 EUR	20,00 EUR
7.	19 % Umsatzsteuer, Nr. 7008 VV	210,98 EUR
	Gesamt	**1.321,38 EUR**

Wird die Einigung nach Verhandlungen im Termin geschlossen, ist ebenso abzurechnen. **49**

Beispiel 25 — **Einstweilige Verfügung mit Einigung weiter gehender Gegenstände im Termin**

Der Anwalt beantragt für den Antragsteller den Erlass einer einstweiligen Verfügung (Wert: 1.500,00 EUR). Das Gericht beraumt Termin zur mündlichen Verhandlung an. Dort verhandeln die Anwälte auch über weiter gehende Gegenstände im Wert von 6.000,00 EUR und erzielen eine Einigung, die im Termin dann protokolliert wird.

1.	1,3-Verfahrensgebühr, Nr. 3100 VV (Wert: 1.500,00 EUR)	149,50 EUR
2.	0,8-Verfahrensgebühr, Nrn. 3100, 3101 Nr. 1 VV (Wert: 6.000,00 EUR) der Höchstbetrag des § 15 Abs. 3 RVG, 1,3 aus 7.500,00 EUR (592,80 EUR) wird nicht überschritten	283,20 EUR
3.	1,2-Terminsgebühr, Nr. 3104 VV (Wert: 7.500,00 EUR)	547,20 EUR
4.	1,0-Einigungsgebühr, Nrn. 1000, 1003 VV (Wert: 1.500,00 EUR)	115,00 EUR
5.	1,5-Einigungsgebühr, Nr. 1000 VV (Wert: 6.000,00 EUR) die Begrenzung des § 15 Abs. 3 RVG nicht mehr als 1,5 aus 7.500,00 EUR (684,00 EUR) wird nicht überschritten	531,00 EUR
6.	Postentgeltpauschale, Nr. 7002 VV Zwischensumme 1.645,90 EUR	20,00 EUR
7.	19 % Umsatzsteuer, Nr. 7008 VV	312,72 EUR
	Gesamt	**1.958,62 EUR**

Ebenso ist zu rechnen, wenn die bereits anhängige Hauptsache mit verglichen wird; allerdings **50** entsteht dann die Einigungsgebühr insgesamt nur zu 1,0, und zwar aus den zusammengerechneten Werten von Hauptsache und Eilverfahren (§ 23 Abs. 1 S. 3 RVG, § 39 Abs. 1 GKG). Die Werte beider Verfahren sind zu addieren.[20]

---

[20] OLG München AnwBl 1993, 530; OLG Hamburg MDR 1991, 904 = JurBüro 1991, 1065; LG Stuttgart ZAP Fach 24, S. 609 m. ausf. Anm. *Clausnitzer*; a.A. OLG Frankfurt JurBüro 1981, 918: nur der höhere Wert der Hauptsache, gegebenenfalls zuzüglich Wert der Kosten des Arrest- oder Verfügungsverfahrens.

§ 19 Arrest- und einstweiliges Verfügungsverfahren

> **Beispiel 26** — **Einstweilige Verfügung mit Einigung auch über die Hauptsache im Termin (Hauptsache noch nicht anhängig)**

Der Anwalt beantragt für den Antragsteller den Erlass einer einstweiligen Verfügung (Wert: 1.500,00 EUR). Das Gericht beraumt Termin zur mündlichen Verhandlung an. Dort verhandeln die Anwälte auch über die Hauptsache (Wert: 6.000,00 EUR) und erzielen eine Einigung, die im Termin dann protokolliert wird. Das Hauptsacheverfahren war noch nicht anhängig.

Abzurechnen ist ebenso wie im vorangegangenen Beispiel. Hinzu kommt eine 1,2-Terminsgebühr. Die Einigungsgebühr entsteht aus dem Gesamtwert, allerdings zu 1,0 aus dem Wert des Verfügungsverfahrens und zu 1,5 aus dem Wert der Hauptsache.

1. 1,3-Verfahrensgebühr, Nr. 3100 VV
   (Wert: 1.500,00 EUR)   149,50 EUR
2. 0,8-Verfahrensgebühr, Nrn. 3100, 3101 Nr. 1 VV
   (Wert: 6.000,00 EUR)   283,20 EUR
   der Höchstbetrag des § 15 Abs. 3 RVG, 1,3 aus
   7.500,00 EUR (592,80 EUR) wird nicht überschritten
3. 1,2-Terminsgebühr, Nr. 3104 VV
   (Wert: 7.500,00 EUR)   547,20 EUR
4. 1,0-Einigungsgebühr, Nrn. 1000, 1003 VV
   (Wert: 1.500,00 EUR)   115,00 EUR
5. 1,5-Einigungsgebühr, Nr. 1000 VV
   (Wert: 6.000,00 EUR)   531,00 EUR
   die Begrenzung des § 15 Abs. 3 RVG, nicht mehr als 1,5
   aus 7.500,00 EUR (684,00 EUR), ist nicht überschritten
6. Postentgeltpauschale, Nr. 7002 VV   20,00 EUR
   Zwischensumme   1.645,90 EUR
7. 19 % Umsatzsteuer, Nr. 7008 VV   312,72 EUR
Gesamt   **1.958,62 EUR**

> **Beispiel 27** — **Einstweilige Verfügung mit Einigung auch über die Hauptsache im Termin (Hauptsache bereits anhängig)**

Der Anwalt beantragt für den Antragsteller den Erlass einer einstweiligen Verfügung (Wert: 1.500,00 EUR). Das Gericht beraumt Termin zur mündlichen Verhandlung an. Dort verhandeln die Anwälte auch über die Hauptsache (Wert: 5.000,00 EUR) und erzielen eine Einigung, die im Termin dann protokolliert wird. Das Hauptsacheverfahren war bereits anhängig.

Abzurechnen ist wie im vorangegangenen Beispiel; es entsteht aus dem Gesamtwert jedoch nur eine 1,0-Einigungsgebühr.

1. 1,3-Verfahrensgebühr, Nr. 3100 VV
   (Wert: 1.500,00 EUR)   149,50 EUR
2. 0,8-Verfahrensgebühr, Nrn. 3100, 3101 Nr. 1 VV
   (Wert: 5.000,00 EUR)   242,40 EUR
   der Höchstbetrag des § 15 Abs. 3 RVG, 1,3 aus
   6.500,00 EUR (526,50 EUR) wird nicht überschritten
3. 1,2-Terminsgebühr, Nr. 3104 VV
   (Wert: 6.500,00 EUR)   486,00 EUR
4. 1,0-Einigungsgebühr, Nrn. 1000, 1003 VV
   (Wert: 6.500,00 EUR)   405,00 EUR
5. Postentgeltpauschale, Nr. 7002 VV   20,00 EUR
   Zwischensumme   1.302,90 EUR

6. 19 % Umsatzsteuer, Nr. 7008 VV	247,55 EUR
Gesamt	**1.550,45 EUR**

Zur anteiligen Anrechnung der Verfahrensgebühr und gegebenenfalls auch der Terminsgebühr siehe § 14 Rn 1 ff., 14 ff.

2. Widerspruchsverfahren

a) Überblick

Das Verfahren, in dem der Arrest oder die einstweilige Verfügung erlassen wird und das weitere Verfahren, das auf den Widerspruch nach § 924 ZPO folgt, sind eine Angelegenheit i.S.d. § 15 RVG. Dies folgt nicht aus § 16 Nr. 5 RVG, sondern unmittelbar aus § 15 RVG, da es sich weder um ein Abänderungs- noch um ein Aufhebungsverfahren handelt, sondern lediglich um die Fortsetzung des bereits eingeleiteten Verfahrens. Die Gebühren entstehen daher insgesamt nur einmal (§ 15 Abs. 2 RVG). Es entsteht auch keine gesonderte Postentgeltpauschale nach Nr. 7002 VV.

Für den Anwalt, der erstmals im Verfahren über den Widerspruch tätig wird, entstehen die Gebühren nach den Nrn. 3100 ff. VV jetzt erstmalig.

Für den bereits im Anordnungsverfahren tätigen Rechtsanwalt können bereits entstandene Gebühren nicht erneut ausgelöst werden. Es können jetzt allerdings weitere Gebühren entstehen, die bisher noch nicht entstanden waren, insbesondere eine Terminsgebühr oder eine Einigungsgebühr. Ebenso kann sich durch Einbeziehung weiter gehender Gegenstände, etwa im Rahmen einer Einigung auch über die Hauptsache der Streitwert erhöhen.

Auch ist zu berücksichtigen, dass eventuell ein gegenüber dem Anordnungsverfahren geringerer Wert gelten kann, insbesondere, wenn dem Antrag auf Anordnung des Arrests oder auf Erlass der einstweiligen Verfügung nur teilweise stattgegeben worden ist, wenn nur ein beschränkter Widerspruch eingelegt oder wenn der Widerspruch teilweise wieder zurückgenommen wird. Daher kann auch eine gesonderte Wertfestsetzung erforderlich sein.

b) Erledigung vor Widerspruch

Die Tätigkeit im Widerspruchsverfahren kann sich vorzeitig erledigen, nämlich dann, wenn der Widerspruch nicht oder nur zum Teil eingelegt wird.

Ein solcher Fall ist insbesondere dann gegeben, wenn der Antragsgegner einen Anwalt mit seiner Vertretung beauftragt, dieser jedoch rät, die einstweilige Verfügung zu akzeptieren und keinen Widerspruch einzulegen.

Beispiel 28	Vorzeitige Erledigung, Antragsgegner (Verfügung wird akzeptiert)

Gegen den Mandanten ergeht eine einstweilige Verfügung (Wert: 50.000,00 EUR). Er beauftragt daraufhin seinen Anwalt, ihn zu vertreten. Dieser rät dazu, die einstweilige Verfügung zu akzeptieren und dagegen keinen Widerspruch einzulegen.

Der Anwalt des Antragsgegners erhält in diesem Fall nur die ermäßigte Verfahrensgebühr nach Nrn. 3100, 3101 Nr. 1 VV, da sich die Angelegenheit für ihn vorzeitig erledigt hat, bevor er einen Schriftsatz eingereicht oder einen Termin wahrgenommen hat.

1. 0,8-Verfahrensgebühr, Nrn. 3100, 3101 Nr. 1 VV		930,40 EUR
(Wert: 50.000,00 EUR)		
2. Postentgeltpauschale, Nr. 7002 VV		20,00 EUR
Zwischensumme	950,40 EUR	
3. 19 % Umsatzsteuer, Nr. 7008 VV		180,58 EUR
Gesamt		**1.130,98 EUR**

58 Anfallen kann in dieser Phase auch bereits eine Terminsgebühr, wenn die Anwälte eine Besprechung zur Erledigung des Verfahrens, insbesondere zur Vermeidung des Widerspruchs führen (Vorbem. 3 Abs. 3 S. 3 Nr. 2 VV).

> **Beispiel 29** | **Vorzeitige Erledigung, Verfügung wird nach Besprechung akzeptiert**

Wie vorangegangener Fall. Die Anwälte der Parteien führen eine Besprechung, in der der Anwalt des Antragstellers den Anwalt des Antragsgegners davon überzeugt, keinen Widerspruch einzulegen.

Für beide Anwälte entsteht eine Terminsgebühr nach Vorbem. 3 Abs. 3 S. 3 Nr. 2 VV. Für den Anwalt des Antragstellers entsteht die Gebühr neben der 1,3-Verfahrensgebühr nach Nr. 3100 VV und für den Anwalt des Antragsgegners neben der 0,8-Verfahrensgebühr nach Nrn. 3100, 3101 Nr. 1 VV.

I. Anwalt Antragsteller

1. 1,3-Verfahrensgebühr, Nr. 3100 VV		1.511,90 EUR
(Wert: 50.000,00 EUR)		
2. 1,2-Terminsgebühr, Nr. 3104 VV		1.395,60 EUR
(Wert: 50.000,00 EUR)		
3. Postentgeltpauschale, Nr. 7002 VV		20,00 EUR
Zwischensumme	2.927,50 EUR	
4. 19 % Umsatzsteuer, Nr. 7008 VV		556,23 EUR
Gesamt		**3.483,73 EUR**

II. Anwalt Antragsgegner

1. 0,8-Verfahrensgebühr, Nrn. 3100, 3101 Nr. 1 VV		930,40 EUR
(Wert: 50.000,00 EUR)		
2. 1,2-Terminsgebühr, Nr. 3104 VV		1.395,60 EUR
(Wert: 50.000,00 EUR)		
3. Postentgeltpauschale, Nr. 7002 VV		20,00 EUR
Zwischensumme	2.346,00 EUR	
4. 19 % Umsatzsteuer, Nr. 7008 VV		445,74 EUR
Gesamt		**2.791,74 EUR**

Soweit der Anwalt des Antragstellers die Verfahrensgebühr für das Anordnungsverfahren schon abgerechnet hatte, muss er diese in der Schlussrechnung gutschreiben. Abzurechnen ist dann wie folgt:

I. Abrechnung Anordnungsverfahren

1. 1,3-Verfahrensgebühr, Nr. 3100 VV		1.511,90 EUR
(Wert: 50.000,00 EUR)		
2. Postentgeltpauschale, Nr. 7002 VV		20,00 EUR
Zwischensumme	1.531,90 EUR	
3. 19 % Umsatzsteuer, Nr. 7008 VV		291,06 EUR
Gesamt		**1.822,96 EUR**

II. Schlussrechnung

1. 1,3-Verfahrensgebühr, Nr. 3100 VV		1.511,90 EUR
(Wert: 50.000,00 EUR)		

2.	1,2-Terminsgebühr, Nr. 3104 VV (Wert: 50.000,00 EUR)	1.395,60 EUR
3.	Postentgeltpauschale, Nr. 7002 VV	20,00 EUR
4.	abzüglich bereits abgerechneter (netto)	– 1.531,90 EUR
	Zwischensumme 1.395,60 EUR	
5.	19 % Umsatzsteuer, Nr. 7008 VV	265,16 EUR
Gesamt		**1.660,76 EUR**

Rät der Anwalt, die einstweilige Verfügung teilweise zu akzeptieren und im Übrigen Widerspruch einzulegen, dann entsteht aus dem einen Teilwert die ermäßigte Verfahrensgebühr und aus dem anderen Teilwert die volle Verfahrensgebühr. Zu beachten ist in diesem Fall § 15 Abs. 3 RVG (siehe dazu Rn 69 ff.). 59

c) Gesamtwiderspruch

Wird gegen die einstweilige Verfügung oder den Arrestbeschluss insgesamt Widerspruch eingelegt und kommt es dann zur Durchführung des Widerspruchsverfahrens, ist insgesamt nur eine Angelegenheit gegeben. Die Gebühren entstehen nur einmal (§ 15 Abs. 2 RVG). Da es sich nicht um ein Aufhebungs- oder Abänderungsverfahren handelt, gilt nicht § 16 Nr. 5 RVG. 60

Allerdings können jetzt weitere Gebühren ausgelöst werden, nämlich eine Terminsgebühr, es sei denn, sie ist aufgrund einer Besprechung der Anwälte bereits im Anordnungsverfahren entstanden (siehe Beispiel 12) oder eine Einigungsgebühr, wenn es zu einer Einigung kommt. 61

| Beispiel 30 | Erledigung ohne Termin |

Gegen die im Beschlusswege ergangene einstweilige Verfügung (Wert: 50.000,00 EUR) wird Widerspruch eingelegt. Der Widerspruch wird vor der mündlichen Verhandlung wieder zurückgenommen.

Für beide Anwälte entsteht insgesamt nur eine 1,3-Verfahrensgebühr aus 50.000,00 EUR. Insbesondere entsteht auch für den Anwalt des Antragsgegners die volle 1,3-Verfahrensgebühr. Der Widerspruch ist bereits ein Sachantrag, der einer Ermäßigung nach Nr. 3101 Nr. 1 VV entgegensteht, wenn das Verfahren über den Widerspruch ohne mündliche Verhandlung endet.

1.	1,3-Verfahrensgebühr, Nr. 3100 VV (Wert: 50.000,00 EUR)	1.511,90 EUR
2.	Postentgeltpauschale, Nr. 7002 VV	20,00 EUR
	Zwischensumme 1.531,90 EUR	
3.	19 % Umsatzsteuer, Nr. 7008 VV	291,06 EUR
Gesamt		**1.822,96 EUR**

Wird über den Widerspruch nach § 924 Abs. 2 S. 2 ZPO mündlich verhandelt, entsteht eine Terminsgebühr nach Nr. 3104 VV. 62

| Beispiel 31 | Mündliche Verhandlung |

Gegen die im Beschlusswege ergangene einstweilige Verfügung (Wert: 50.000,00 EUR) wird Widerspruch eingelegt. Das Gericht beraumt Termin zur mündlichen Verhandlung an, an der die Anwälte teilnehmen.

Für beide Anwälte entsteht jetzt neben der 1,3-Verfahrensgebühr auch eine 1,2-Terminsgebühr nach Nr. 3104 VV.

1.	1,3-Verfahrensgebühr, Nr. 3100 VV (Wert: 50.000,00 EUR)	1.511,90 EUR
2.	1,2-Terminsgebühr, Nr. 3104 VV (Wert: 50.000,00 EUR)	1.395,60 EUR
3.	Postentgeltpauschale, Nr. 7002 VV	20,00 EUR
	Zwischensumme	2.927,50 EUR
4.	19 % Umsatzsteuer, Nr. 7008 VV	556,23 EUR
	Gesamt	**3.483,73 EUR**

63 Die Terminsgebühr entsteht auch, wenn die Anwälte Besprechungen zur Erledigung des Verfahrens führen und es daraufhin nicht mehr zur mündlichen Verhandlung kommt (Vorbem. 3 Abs. 3 S. 3 Nr. 2 VV).

Beispiel 32 | Besprechung der Anwälte

Gegen die im Beschlusswege ergangene einstweilige Verfügung (Wert: 50.000,00 EUR) wird Widerspruch eingelegt. Das Gericht beraumt Termin zur mündlichen Verhandlung an. Dazu kommt es nicht mehr, da die Anwälte eine Besprechung führen, aufgrund derer der Widerspruch zurückgenommen wird.

Abzurechnen ist wie im vorangegangenen Beispiel 31.

64 Kommt es im Widerspruchsverfahren zu einer Einigung, entsteht auch eine Einigungsgebühr nach Nr. 1000 VV, und zwar in Höhe von 1,0 (Nr. 1003 VV).

Beispiel 33 | Mündliche Verhandlung mit Einigung

Gegen die im Beschlusswege ergangene einstweilige Verfügung (Wert: 50.000,00 EUR) wird Widerspruch eingelegt. Das Gericht beraumt Termin zur mündlichen Verhandlung an, an der die Anwälte teilnehmen. Dort wird ein Vergleich geschlossen.

Für beide Anwälte entsteht jetzt neben der 1,3-Verfahrensgebühr und der 1,2-Terminsgebühr auch eine 1,0-Einigungsgebühr nach Nrn. 1000, 1003 VV.

1.	1,3-Verfahrensgebühr, Nr. 3100 VV (Wert: 50.000,00 EUR)	1.511,90 EUR
2.	1,2-Terminsgebühr, Nr. 3104 VV (Wert: 50.000,00 EUR)	1.395,60 EUR
3.	1,0-Einigungsgebühr, Nr. 3104 VV (Wert: 50.000,00 EUR)	1.163,00 EUR
4.	Postentgeltpauschale, Nr. 7002 VV	20,00 EUR
	Zwischensumme	4.090,50 EUR
5.	19 % Umsatzsteuer, Nr. 7008 VV	777,20 EUR
	Gesamt	**4.867,70 EUR**

65 Wird im Verfahren nach Widerspruch ein schriftlicher Vergleich geschlossen, entsteht jetzt nach Anm. Abs. 1 Nr. 1 zu Nr. 3104 VV auch eine Terminsgebühr, da im Gegensatz zum Anordnungsverfahren eine mündliche Verhandlung vorgeschrieben ist (§§ 925 Abs. 1, 128 ZPO). Die Entscheidung des OLG München[21] ist auf diesen Fall nicht übertragbar.

---

21 AGS 2005, 486 = OLGR 2005, 817 = AnwBl 2006, 147 = RVGreport 2005, 427 = FamRZ 2006, 220.

Beispiel 34 | Einstweilige Verfügung mit schriftlichem Vergleich nach Widerspruch

Der Anwalt erwirkt im Beschlusswege den Erlass einer einstweiligen Verfügung (Wert: 10.000,00 EUR). Nach Widerspruch unterbreitet das Gericht einen Vergleichsvorschlag, der von beiden Parteien angenommen und dessen Zustandekommen dann nach § 278 Abs. 6 ZPO durch Beschluss festgestellt wird.

Für die beteiligten Anwälte entsteht jetzt neben der Einigungsgebühr (Nrn. 1000, 1003 VV) gem. Anm. Abs. 1 Nr. 1 zu Nr. 3104 VV auch eine Terminsgebühr nach Nr. 3104 VV.

Abzurechnen ist daher wie im vorangegangenen Beispiel 33.

Eine gesonderte Vergütung im Widerspruchsverfahren kommt lediglich dann in Betracht, wenn zwischen dem Erlass des Arrests oder der einstweiligen Verfügung und dem Widerspruch mehr als zwei Kalenderjahre vergangen sind (§ 15 Abs. 5 S. 2 RVG).

Beispiel 35 | Widerspruch nach mehr als zwei Kalenderjahren

Im Beschlusswege war im Dezember 2013 eine einstweilige Verfügung ergangen (Wert: 50.000,00 EUR). Im Januar 2016 beauftragt der Antragsgegner einen Anwalt, der Widerspruch eingelegt. Das Gericht beraumt Termin zur mündlichen Verhandlung an, an der die Anwälte teilnehmen.

Für den **Anwalt des Antragstellers** ist im Anordnungsverfahren bereits eine 1,3-Verfahrensgebühr nach Nr. 3100 VV nebst Auslagen und Umsatzsteuer entstanden. Das nachfolgende Verfahren über den Widerspruch zählt für ihn gem. § 15 Abs. 5 S. 2 RVG als neue Angelegenheit, da seit dem Erlass der einstweiligen Anordnung mehr als zwei Kalenderjahre vergangen sind. Er erhält daher eine weitere 1,3-Verfahrensgebühr sowie eine der 1,2-Terminsgebühr nebst Auslagen.

Der **Anwalt des Antragsgegners** war erst mit dem Widerspruch beauftragt worden. Für ihn entstehen daher nur eine 1,3-Verfahrensgebühr und eine 1,2-Terminsgebühr nebst Auslagen und Umsatzsteuer.

I. **Anwalt Antragsteller**
a) **Anordnungsverfahren**
1. 1,3-Verfahrensgebühr, Nr. 3100 VV   1.511,90 EUR
   (Wert: 50.000,00 EUR)
2. Postentgeltpauschale, Nr. 7002 VV   20,00 EUR
   Zwischensumme   1.531,90 EUR
3. 19 % Umsatzsteuer, Nr. 7008 VV   291,06 EUR
Gesamt   **1.822,96 EUR**
b) **Widerspruchsverfahren**
1. 1,3-Verfahrensgebühr, Nr. 3100 VV   1.511,90 EUR
   (Wert: 50.000,00 EUR)
2. 1,2-Terminsgebühr, Nr. 3104 VV   1.395,60 EUR
   (Wert: 50.000,00 EUR)
3. Postentgeltpauschale, Nr. 7002 VV   20,00 EUR
   Zwischensumme   2.927,50 EUR
4. 19 % Umsatzsteuer, Nr. 7008 VV   556,23 EUR
Gesamt   **3.483,73 EUR**

II. Anwalt Antragsgegner

1.	1,3-Verfahrensgebühr, Nr. 3100 VV (Wert: 50.000,00 EUR)	1.511,90 EUR
2.	1,2-Terminsgebühr, Nr. 3104 VV (Wert: 50.000,00 EUR)	1.395,60 EUR
3.	Postentgeltpauschale, Nr. 7002 VV	20,00 EUR
	Zwischensumme 2.927,50 EUR	
4.	19 % Umsatzsteuer, Nr. 7008 VV	556,23 EUR
	Gesamt	**3.483,73 EUR**

67 Insbesondere in einstweiligen Verfügungsverfahren kann es zu unterschiedlichen Streitwerten für Anordnungs- und Widerspruchsverfahren kommen. Dies sind die Fälle
- des Widerspruchs nach teilweisem Erlass der beantragten einstweiligen Verfügung,
- der Teilrücknahme des Widerspruchs,
- des Teilwiderspruchs zur Hauptsache oder
- des Kostenwiderspruchs.

Besonders Acht zu geben ist in diesen Fällen auch, dass sich die Verfahrensgebühr für Antragsteller und Antragsgegner nach unterschiedlichen Werten berechnen kann.

Beispiel 36 | **Verhandlung nach Teilrücknahme des Widerspruchs**

Der Anwalt des Antragstellers erwirkt im Beschlusswege eine einstweilige Verfügung wegen zweier Wettbewerbsverstöße (Wert: jeweils 10.000,00 EUR). Der Antragsgegner lässt durch seinen Anwalt Widerspruch einlegen. Hinsichtlich eines Wettbewerbsverstoßes wird der Widerspruch vor der mündlichen Verhandlung zurückgenommen. Im Übrigen wird verhandelt.

Der **Anwalt des Antragstellers** erhält die Verfahrensgebühr der Nr. 3100 VV aus dem vollen Wert von 20.000,00 EUR. Die Terminsgebühr der Nr. 3104 VV berechnet sich dagegen nur nach dem geringeren verbliebenen Wert von 10.000,00 EUR.

Auch der **Anwalt des Antragsgegners** hatte zunächst den Auftrag zur Gesamtvertretung und hat insoweit auch Widerspruch eingelegt, so dass für die Verfahrensgebühr der Nr. 3100 VV der volle Wert von 20.000,00 EUR maßgebend ist. Es liegt kein Fall der vorzeitigen Erledigung vor, da er Widerspruch eingelegt und damit einen Sachantrag i.S.d. Nr. 3101 Nr. 1 VV gestellt hat. Die Terminsgebühr der Nr. 3104 VV berechnet sich dagegen auch für ihn nur nach dem geringeren verbliebenen Wert von 10.000,00 EUR.

1.	1,3-Verfahrensgebühr, Nr. 3100 VV (Wert: 20.000,00 EUR)	964,60 EUR
2.	1,2-Terminsgebühr, Nr. 3104 VV (Wert: 10.000,00 EUR)	669,60 EUR
3.	Postentgeltpauschale, Nr. 7002 VV	20,00 EUR
	Zwischensumme 1.654,20 EUR	
4.	19 % Umsatzsteuer, Nr. 7008 VV	314,30 EUR
	Gesamt	**1.968,50 EUR**

68 Wird dann noch eine Einigung geschlossen, entsteht auch die Einigungsgebühr nur aus dem geringeren Wert.

| Beispiel 37 | Verhandlung nach Teilrücknahme des Widerspruchs mit Einigung |

Wie Beispiel 36. Im Termin wird ein Vergleich über den noch anhängigen Verfügungsantrag geschlossen.

Für beide Anwälte kommt jetzt noch eine 1,0-Einigungsgebühr nach Nrn. 1000, 1003 VV hinzu.

1.	1,3-Verfahrensgebühr, Nr. 3100 VV (Wert: 20.000,00 EUR)		964,60 EUR
2.	1,2-Terminsgebühr, Nr. 3104 VV (Wert: 10.000,00 EUR)		669,60 EUR
3.	1,0-Einigungsgebühr, Nrn. 1000, 1003 VV (Wert: 10.000,00 EUR)		558,00 EUR
4.	Postentgeltpauschale, Nr. 7002 VV		20,00 EUR
	Zwischensumme	2.212,20 EUR	
5.	19 % Umsatzsteuer, Nr. 7008 VV		420,32 EUR
	Gesamt		**2.632,52 EUR**

d) Teilwiderspruch zur Hauptsache

aa) Überblick

Wird gegen einen im Beschlussweg ergangenen Arrest oder eine im Beschlussweg ergangene einstweilige Verfügung nur zum Teil Widerspruch eingelegt, entstehen nach Widerspruch die Gebühren nur aus dem geringeren Wert des Abänderungsantrags. Die zuvor aus dem höheren Wert verdienten Gebühren bleiben dagegen erhalten. Hier kann es zu Stufenwerten kommen. 69

Für die Abrechnung auf Seiten des Anwalts des Antragsgegners kommt es für die Abrechnung darauf an, ob er von vornherein den Auftrag nur zu einem beschränkten Widerspruch hatte oder ob er zunächst einen Gesamtauftrag hatte, der nachträglich eingeschränkt wurde. 70

bb) Ursprünglicher Gesamtauftrag

Bestand ursprünglich für den Anwalt des Antragsgegners ein Gesamtauftrag, wird dann aber nur teilweise Widerspruch eingelegt, entsteht für ihn die Verfahrensgebühr der Nr. 3100 VV aus dem Gesamtwert, allerdings zum Teil nur zu 0,8 (Nr. 3101 VV), wobei wiederum § 15 Abs. 3 RVG zu beachten ist. 71

| Beispiel 38 | Teilwiderspruch, ursprünglicher Gesamtauftrag des Antragsgegners |

Gegen den Mandanten ist im Beschlussweg eine einstweilige Verfügung wegen zweier Wettbewerbsverstöße ergangen (Wert: jeweils 50.000,00 EUR). Er beauftragt daraufhin seinen Anwalt, ihn zu vertreten. Dieser rät dazu, die einstweilige Verfügung hinsichtlich des einen Verstoßes zu akzeptieren und dagegen keinen Widerspruch einzulegen. Hinsichtlich des anderen Verstoßes empfiehlt er, Widerspruch einzulegen, was dann auch geschieht. Der Widerspruch wird vor mündlicher Verhandlung wieder zurückgenommen.

Für den **Anwalt des Antragstellers** bleibt es bei der 1,3-Verfahrensgebühr aus dem Gesamtwert, die er bereits im Anordnungsverfahren verdient hat. Eine weitere Vergütung erhält er nicht, da für ihn insgesamt nur eine einzige Angelegenheit gegeben ist.

§ 19 Arrest- und einstweiliges Verfügungsverfahren

Der **Anwalt des Antragsgegners** erhält dagegen aus dem Teilwert von 50.000,00 EUR nur die ermäßigte 0,8-Verfahrensgebühr nach Nrn. 3100, 3101 Nr. 1 VV, da sich die Angelegenheit für ihn insoweit vorzeitig erledigt hat, bevor er einen Schriftsatz eingereicht oder einen Termin wahrgenommen hat. Hinsichtlich des anderen Teilwertes von 50.000,00 EUR entsteht dagegen infolge des Widerspruchs die volle 1,3-Verfahrensgebühr. Insgesamt kann der Anwalt jedoch gem. § 15 Abs. 3 RVG nicht mehr verlangen als eine 1,3-Gebühr aus dem Gesamtwert von 100.000,00 EUR.

I. Anwalt Antragsteller
1. 1,3-Verfahrensgebühr, Nr. 3100 VV
   (Wert: 100.000,00 EUR)   1.953,90 EUR
2. Postgeltpauschale, Nr. 7002 VV   20,00 EUR
   Zwischensumme   1.973,90 EUR
3. 19 % Umsatzsteuer, Nr. 7008 VV   375,04 EUR

Gesamt   **2.348,94 EUR**

II. Anwalt Antragsgegner
1. 1,3-Verfahrensgebühr, Nr. 3100 VV
   (Wert: 50.000,00 EUR)   1.511,90 EUR
2. 0,8-Verfahrensgebühr, Nrn. 3100, 3101 Nr. 1 VV
   (Wert: 50.000,00 EUR)   930,40 EUR
   gem. § 15 Abs. 3 RVG nicht mehr als 1,3 aus
   100.000,00 EUR   1.953,90 EUR
3. Postgeltpauschale, Nr. 7002 VV   20,00 EUR
   Zwischensumme   1.973,90 EUR
4. 19 % Umsatzsteuer, Nr. 7008 VV   375,04 EUR

Gesamt   **2.348,94 EUR**

72 Kommt es nach einem Teilwiderspruch zur mündlichen Verhandlung, so entsteht für beide Anwälte die Terminsgebühr nach Nr. 3104 VV.

> **Beispiel 39**   **Verhandlung nach Teilwiderspruch, ursprünglicher Gesamtauftrag des Antragsgegners**

Der Anwalt des Antragstellers hat im Beschlussweg eine einstweilige Verfügung wegen zweier Wettbewerbsverstöße (Wert: jeweils 10.000,00 EUR) erwirkt. Der Antragsgegner beauftragt seinen Anwalt, Widerspruch einzulegen. Dieser rät dazu, nur hinsichtlich eines Verstoßes Widerspruch einzulegen, was dann auch geschieht. Hierüber wird mündlich verhandelt.

Für den **Anwalt des Antragstellers** ist die 1,3-Verfahrensgebühr aus dem Gesamtwert entstanden, da er insoweit einen Antrag eingereicht hat. Lediglich bei der Terminsgebühr ist für ihn der geringere Wert maßgebend.

Der **Anwalt des Antragsgegners** hatte zunächst den Auftrag zur Gesamtvertretung. Da er aber nur hinsichtlich eines Teils auch Widerspruch eingelegt hat, ist nur hinsichtlich dieses Teils die volle 1,3-Verfahrensgebühr der Nr. 3100 VV entstanden. Im Übrigen, also soweit er abgeraten hat, ist lediglich die 0,8-Verfahrensgebühr nach Nrn. 3100, 3101 Nr. 1 VV entstanden. Zu beachten ist § 15 Abs. 3 RVG. Insgesamt darf der Anwalt nicht mehr als eine 1,3-Gebühr aus dem Gesamtwert verlangen (siehe Beispiel 38). Die Terminsgebühr berechnet sich ebenfalls nur nach dem geringeren Wert.

I. Anwalt Antragsteller

1. 1,3-Verfahrensgebühr, Nr. 3100 VV (Wert: 20.000,00 EUR)		964,60 EUR
2. 1,2-Terminsgebühr, Nr. 3104 VV (Wert: 10.000,00 EUR)		669,60 EUR
3. Postentgeltpauschale, Nr. 7002 VV		20,00 EUR
Zwischensumme	1.654,20 EUR	
4. 19 % Umsatzsteuer, Nr. 7008 VV		314,30 EUR
Gesamt		**1.968,50 EUR**

II. Anwalt Antragsgegner

1. 1,3-Verfahrensgebühr, Nr. 3100 VV (Wert: 10.000,00 EUR)		725,40 EUR
2. 0,8-Verfahrensgebühr, Nrn. 3100, 3101 Nr. 1 VV (Wert: 10.000,00 EUR)	446,40 EUR	
gem. § 15 Abs. 3 RVG nicht mehr als 1,3 aus 20.000,00 EUR		964,60 EUR
3. 1,2-Terminsgebühr, Nr. 3104 VV (Wert: 10.000,00 EUR)		669,60 EUR
4. Postentgeltpauschale, Nr. 7002 VV		20,00 EUR
Zwischensumme	1.654,20 EUR	
5. 19 % Umsatzsteuer, Nr. 7008 VV		314,30 EUR
Gesamt		**1.968,50 EUR**

Ebenso kann die Terminsgebühr nach Vorbem. 3 Abs. 3 S. 3 Nr. 2 VV durch eine Besprechung der Anwälte entstehen.

Beispiel 40 | **Besprechung nach Teilwiderspruch, ursprünglicher Gesamtauftrag des Antragsgegners**

Wie vorangegangenes Beispiel 39; die Anwälte führen eine Besprechung aufgrund derer der Widerspruch vor mündlicher Verhandlung wieder zurückgenommen wird.

Abzurechnen ist wie im vorangegangenen Beispiel 39. Die Terminsgebühr ergibt sich jetzt aus Vorbem. 3 Abs. 3 S. 3 Nr. 2 VV.

Anders verhält es sich, wenn vor dem Teilwiderspruch über die gesamten Gegenstände zwischen den Anwälten verhandelt worden ist. Dann entsteht die Terminsgebühr aus dem Gesamtwert.

Beispiel 41 | **Besprechung vor Teilwiderspruch, ursprünglicher Gesamtauftrag des Antragsgegners**

Der Anwalt des Antragstellers hat im Beschlussweg eine einstweilige Verfügung wegen zweier Wettbewerbsverstöße (Wert: jeweils 10.000,00 EUR) erwirkt. Der Antragsgegner beauftragt seinen Anwalt, Widerspruch einzulegen. Dieser führt mit dem Anwalt des Antragstellers eine Besprechung und rät dem Antragsgegner daraufhin, nur hinsichtlich eines Verstoßes Widerspruch einzulegen, was dann auch geschieht. Hierüber wird mündlich verhandelt.

Für den **Anwalt des Antragstellers** ist die 1,3-Verfahrensgebühr aus dem Gesamtwert entstanden, da er insoweit einen Antrag eingereicht hat. Auch die Terminsgebühr ist jetzt aus dem vollen Wert angefallen, da über sämtliche Gegenstände zwischen den Anwälten verhandelt worden ist.

Der **Anwalt des Antragsgegners** erhält wie in den vorangegangenen Beispielen unter Beachtung des § 15 Abs. 3 RVG die volle 1,3-Verfahrensgebühr nach Nr. 3100 VV aus dem Wert des

Widerspruchs und die 0,8-Verfahrensgebühr nach Nrn. 3100, 3101 Nr. 1 VV aus dem nicht widersprochenen Teil. Auch er erhält jetzt aber die Terminsgebühr nach dem Gesamtwert, da auch er über sämtliche Gegenstände verhandelt hat.

I. Anwalt Antragsteller
1. 1,3-Verfahrensgebühr, Nr. 3100 VV   964,60 EUR
   (Wert: 20.000,00 EUR)
2. 1,2-Terminsgebühr, Nr. 3104 VV   890,40 EUR
   (Wert: 20.000,00 EUR)
3. Postentgeltpauschale, Nr. 7002 VV   20,00 EUR
   Zwischensumme   1.875,00 EUR
4. 19 % Umsatzsteuer, Nr. 7008 VV   356,25 EUR
Gesamt   **2.231,25 EUR**

II. Anwalt Antragsgegner
1. 1,3-Verfahrensgebühr, Nr. 3100 VV
   (Wert: 10.000,00 EUR)   725,40 EUR
2. 0,8-Verfahrensgebühr, Nrn. 3100, 3101 Nr. 1 VV
   (Wert: 10.000,00 EUR)   446,40 EUR
   gem. § 15 Abs. 3 RVG nicht mehr als 1,3 aus   964,60 EUR
   20.000,00 EUR
3. 1,2-Terminsgebühr, Nr. 3104 VV   890,40 EUR
   (Wert: 20.000,00 EUR)
4. Postentgeltpauschale, Nr. 7002 VV   20,00 EUR
   Zwischensumme   1.875,00 EUR
5. 19 % Umsatzsteuer, Nr. 7008 VV   356,25 EUR
Gesamt   **2.231,25 EUR**

75 Kommt es nach einem Teilwiderspruch zu einer Einigung im Widerspruchsverfahren, entsteht die Einigungsgebühr auch nur aus dem geringeren Wert des Widerspruchs, soweit keine weiteren Gegenstände in die Einigung mit einbezogen werden.[22]

| Beispiel 42 | Teilwiderspruch, ursprünglicher Gesamtauftrag des Antragsgegners mit Verhandlung und Einigung |

Wie Beispiel 41. Im Termin schließen die Parteien eine Einigung über den noch anhängigen Anspruch.

Für beide Anwälte kommt jetzt noch eine 1,0-Einigungsgebühr hinzu, allerdings nur aus dem geringeren Wert des Widerspruchs.

I. Anwalt Antragsteller
1. 1,3-Verfahrensgebühr, Nr. 3100 VV   964,60 EUR
   (Wert: 20.000,00 EUR)
2. 1,2-Terminsgebühr, Nr. 3104 VV   890,40 EUR
   (Wert: 20.000,00 EUR)
3. 1,0-Einigungsgebühr, Nrn. 1000, 1003 VV   558,00 EUR
   (Wert: 10.000,00 EUR)
4. Postentgeltpauschale, Nr. 7002 VV   20,00 EUR
   Zwischensumme   2.433,00 EUR
5. 19 % Umsatzsteuer, Nr. 7008 VV   462,27 EUR
Gesamt   **2.895,27 EUR**

---

22 Bei Einbeziehung weiterer Gegenstände ist entsprechend abzurechnen wie in den Beispielen 23 ff.

II. Anwalt Antragsgegner
1. 1,3-Verfahrensgebühr, Nr. 3100 VV
   (Wert: 10.000,00 EUR)   725,40 EUR
2. 0,8-Verfahrensgebühr, Nrn. 3100, 3101 Nr. 1 VV
   (Wert: 10.000,00 EUR)   446,40 EUR
   gem. § 15 Abs. 3 RVG nicht mehr als 1,3 aus   964,60 EUR
   20.000,00 EUR
3. 1,2-Terminsgebühr, Nr. 3104 VV   890,40 EUR
   (Wert: 20.000,00 EUR)
4. 1,0-Einigungsgebühr, Nrn. 1000, 1003 VV   558,00 EUR
   (Wert: 10.000,00 EUR)
5. Postentgeltpauschale, Nr. 7002 VV   20,00 EUR
   Zwischensumme   2.433,00 EUR
6. 19 % Umsatzsteuer, Nr. 7008 VV   462,27 EUR
   Gesamt   **2.895,27 EUR**

cc) Von vornherein beschränkter Auftrag

War der Auftrag von vornherein beschränkt, dann ändert sich für den Anwalt des Antragstellers nichts. Für ihn ist unerheblich, ob der Gegner vor dem Teilwiderspruch Gesamtauftrag hatte oder nicht. Für den Anwalt des Antragsgegners entsteht dagegen in diesem Fall nur die 1,3-Verfahrengebühr aus dem Wert der Hauptsache. Für eine 0,8-Verfahrensgebühr aus dem Wert des nicht angegriffenen Teils ist daneben kein Raum.

Beispiel 43   **Teilwiderspruch aufgrund von vornherein eingeschränkten Auftrags**

Gegen eine einstweilige Verfügung wegen zweier Wettbewerbsverstöße (Wert: jeweils 10.000,00 EUR) legt der Anwalt des Antragsgegners auftragsgemäß Widerspruch nur hinsichtlich eines Wettbewerbsverstoßes ein. Der Widerspruch wird vor mündlicher Verhandlung wieder zurückgenommen.

Für den **Anwalt des Antragstellers** ändert sich nichts. Es bleibt für ihn bei einer vollen 1,3-Verfahrensgebühr aus dem Gesamtwert.

Für den **Anwalt des Antragsgegners** entsteht dagegen von vornherein aufgrund des eingeschränkten Auftrags lediglich eine 1,3-Verfahrensgebühr (Nr. 3100 VV) aus dem Teilwert. Eine weitere 0,8-Verfahrensgebühr nach Nrn. 3100, 3101 Nr. 1 VV entsteht jetzt nicht.

I. Anwalt Antragsteller
1. 1,3-Verfahrensgebühr, Nr. 3100 VV   964,60 EUR
   (Wert: 20.000,00 EUR)
2. Postentgeltpauschale, Nr. 7002 VV   20,00 EUR
   Zwischensumme   984,60 EUR
3. 19 % Umsatzsteuer, Nr. 7008 VV   187,07 EUR
   Gesamt   **1.171,67 EUR**

II. Anwalt Antragsgegner
1. 1,3-Verfahrensgebühr, Nrn. 3100, 3101 Nr. 1 VV   725,40 EUR
   (Wert: 10.000,00 EUR)
2. Postentgeltpauschale, Nr. 7002 VV   20,00 EUR
   Zwischensumme   745,40 EUR
3. 19 % Umsatzsteuer, Nr. 7008 VV   141,63 EUR
   Gesamt   **887,03 EUR**

§ 19 Arrest- und einstweiliges Verfügungsverfahren

Beispiel 44 — Verhandlung nach Teilwiderspruch, von vornherein eingeschränkter Auftrag des Antragsgegners

Gegen eine einstweilige Verfügung wegen zweier Wettbewerbsverstöße (Wert: jeweils 10.000,00 EUR) legt der Anwalt des Antragsgegners auftragsgemäß Widerspruch nur hinsichtlich eines Wettbewerbsverstoßes ein. Das Gericht beraumt Termin zur mündlichen Verhandlung an, an der die Anwälte teilnehmen.

Dem **Anwalt des Antragstellers** verbleibt die 1,3-Verfahrensgebühr aus dem Gesamtwert; die Terminsgebühr entsteht dagegen nur aus dem geringeren Wert.

Der **Anwalt des Antragsgegners** erhält lediglich eine 1,3-Verfahrensgebühr (Nr. 3100 VV) aus dem Teilwert. Auch die Terminsgebühr entsteht für ihn nur aus dem geringeren Wert.

I. Anwalt Antragsteller
1. 1,3-Verfahrensgebühr, Nr. 3100 VV (Wert: 20.000,00 EUR) — 964,60 EUR
2. 1,2-Terminsgebühr, Nr. 3104 VV (Wert: 10.000,00 EUR) — 669,60 EUR
3. Postentgeltpauschale, Nr. 7002 VV — 20,00 EUR
   Zwischensumme — 1.654,20 EUR
4. 19 % Umsatzsteuer, Nr. 7008 VV — 314,30 EUR
Gesamt — 1.968,50 EUR

II. Anwalt Antragsgegner
1. 1,3-Verfahrensgebühr, Nrn. 3100, 3101 Nr. 1 VV (Wert: 10.000,00 EUR) — 725,40 EUR
2. 1,2-Terminsgebühr, Nr. 3104 VV (Wert: 10.000,00 EUR) — 669,60 EUR
3. Postentgeltpauschale, Nr. 7002 VV — 20,00 EUR
   Zwischensumme — 1.415,00 EUR
4. 19 % Umsatzsteuer, Nr. 7008 VV — 268,85 EUR
Gesamt — 1.683,85 EUR

Beispiel 45 — Verhandlung und Einigung

Wie Beispiel 44. Im Termin wird eine Einigung über den anhängigen Anspruch geschlossen.

Jetzt kommt für beide Anwälte noch eine 1,0-Einigungsgebühr hinzu (Nrn. 1000, 1003 VV).

I. Anwalt Antragsteller
1. 1,3-Verfahrensgebühr, Nr. 3100 VV (Wert: 20.000,00 EUR) — 964,60 EUR
2. 1,2-Terminsgebühr, Nr. 3104 VV (Wert: 10.000,00 EUR) — 669,60 EUR
3. 1,0-Einigungsgebühr, Nrn. 1000, 1003 VV (Wert: 10.000,00 EUR) — 558,00 EUR
4. Postentgeltpauschale, Nr. 7002 VV — 20,00 EUR
   Zwischensumme — 2.212,20 EUR
5. 19 % Umsatzsteuer, Nr. 7008 VV — 420,32 EUR
Gesamt — 2.632,52 EUR

II. Anwalt Antragsgegner
1. 1,3-Verfahrensgebühr, Nrn. 3100, 3101 Nr. 1 VV (Wert: 10.000,00 EUR) — 725,40 EUR
2. 1,2-Terminsgebühr, Nr. 3104 VV (Wert: 10.000,00 EUR) — 669,60 EUR
3. 1,0-Einigungsgebühr, Nrn. 1000, 1003 VV (Wert: 10.000,00 EUR) — 558,00 EUR

4. Postentgeltpauschale, Nr. 7002 VV		20,00 EUR
Zwischensumme	1.973,00 EUR	
5. 19 % Umsatzsteuer, Nr. 7008 VV		374,87 EUR
Gesamt		**2.347,87 EUR**

e) Kostenwiderspruch

Wird die Hauptsache akzeptiert und nur gegen die Kostenentscheidung Widerspruch erhoben, ist grundsätzlich ebenso abzurechnen wie bei einem Teilwiderspruch in der Hauptsache. Die nach Widerspruch anfallenden Gebühren berechnen sich dann nach dem Wert der bis zum Widerspruch angefallenen Kosten, soweit er den Wert der Hauptsache nicht übersteigt (§ 43 Abs. 3 GKG). 77

Auch hier ist wiederum für den Antragsgegner danach zu differenzieren, ob ursprünglich ein Gesamtauftrag bestand oder ob von vornherein nur der Auftrag zum Kostenwiderspruch erteilt worden ist. 78

aa) Ursprünglicher Gesamtauftrag

Bestand ursprünglich für den Anwalt des Antragsgegners ein Gesamtauftrag, so richten sich bis zum Widerspruch die Gebühren nach der Hauptsache, wobei daraus nur die ermäßigte 0,8-Verfahrensgebühr nach Nrn. 3100, 3101 Nr. 1 VV anfällt. Die Gebühren nach Widerspruch berechnen sich dagegen nur aus dem Wert der Kosten, soweit er den Wert der Hauptsache nicht übersteigt (§ 43 Abs. 3 GKG). 79

Die Frage, welche Vergütung bei dieser Konstellation anfällt, darf nicht mit der Frage verwechselt werden, welche Kosten im Obsiegensfall zu erstatten sind. Der BGH vertritt insoweit die Auffassung, dass nur die Vergütung aus dem Kostenwert zu erstatten sei.[23] Der gegenteiligen Auffassung der Instanzrechtsprechung[24] hat er damit eine Absage erteilt. Die mangelnde Erstattungsfähigkeit bedeutet aber nicht, dass der Anwalt diese Vergütung bei entsprechendem Auftrag nicht vom Mandanten verlangen kann. 80

> **Beispiel 46** **Einstweilige Verfügung, Gesamtauftrag des Antragsgegners, aber nur Kostenwiderspruch, der zurückgenommen wird**
>
> **Gegen eine einstweilige Verfügung (Wert: 10.000,00 EUR) soll der Anwalt Widerspruch einlegen. Er rät davon ab, empfiehlt allerdings, hinsichtlich der Kosten Widerspruch einzulegen, was dann auch geschieht. Der Widerspruch wird auf Hinweis des Gerichts später wieder zurückgenommen. Der Wert der Kosten wird auf 1.248,53 EUR festgesetzt (Anwaltskosten Antragsteller + 1,5-Gerichtsgebühr).**

Für den **Anwalt des Antragstellers** bleibt es bei der vollen 1,3-Verfahrensgebühr nach Nr. 3100 VV aus dem Gesamtwert.

Der **Anwalt des Antragsgegners** hatte zunächst Gesamtauftrag, so dass er die Verfahrensgebühr nach einem Streitwert von 10.000,00 EUR abrechnen kann. Insoweit ist allerdings lediglich die

---

23 BGH AGS 2013, 536 = NJW 2013, 3104 = MDR 2013, 1253 = WRP 2013, 1484 = AnwBl 2013, 828 = Rpfleger 2013, 705 = GRUR 2013, 1286 = JurBüro 2013, 637 = NJW-Spezial 2013, 733.
24 Zuletzt OLG München AGS 2012, 545 = JurBüro 2013, 33 = Rpfleger 2013, 116; AGS 2005, 496 = OLGR 2005, 818 = AnwBl 2005, 795 = RVGreport 2006, 28.

0,8-Verfahrensgebühr nach Nrn. 3100, 3101 Nr. 1 VV entstanden, da er weder einen gerichtlichen Termin wahrgenommen noch einen Sachantrag gestellt oder Sachvortrag eingereicht hat. Nur aus dem Wert der Kosten (§ 43 Abs. 3 GKG) ist die volle 1,3-Verfahrensgebühr angefallen.

Auch hier gilt wiederum, dass der Anwalt nach § 15 Abs. 3 RVG höchstens eine Gebühr aus dem Gesamtwert nach dem höchsten Gebührensatz verlangen kann.[25] Der Gesamtwert berechnet sich nach der Hauptsache; der Wert der Kosten des Verfahrens wird hier nicht berücksichtigt, da sie nicht Streitgenstand sind (arg. e § 43 Abs. 3 GKG). Maßgebend ist nur der Hauptsachewert. Der Anwalt kann also nicht mehr verlangen als eine 1,3-Gebühr aus 10.000,00 EUR.

I. Anwalt Antragsteller
1. 1,3-Verfahrensgebühr, Nr. 3100 VV 725,40 EUR
   (Wert: 10.000,00 EUR)
2. Postentgeltpauschale, Nr. 7002 VV 20,00 EUR
   Zwischensumme 745,40 EUR
3. 19 % Umsatzsteuer, Nr. 7008 VV 141,63 EUR
Gesamt **887,03 EUR**

II. Anwalt Antragsgegner
1. 1,3-Verfahrensgebühr, Nr. 3100 VV 149,50 EUR
   (Wert: 1.248,53 EUR)
2. 0,8-Verfahrensgebühr, Nrn. 3100, 3101 Nr. 1 VV 446,40 EUR
   (Wert: 10.000,00 EUR)
   die Höchstgrenze des. § 15 Abs. 3 RVG, nicht mehr als
   1,3 aus 10.000,00 EUR (725,40 EUR) ist nicht überschritten
3. Postentgeltpauschale, Nr. 7002 VV 20,00 EUR
   Zwischensumme 615,90 EUR
4. 19 % Umsatzsteuer, Nr. 7008 VV 117,02 EUR
Gesamt **732,92 EUR**

| Beispiel 47 | **Einstweilige Verfügung, Gesamtauftrag des Antragsgegners, aber nur Kostenwiderspruch, über den im schriftlichen Verfahren entschieden wird** |

Der Auftraggeber will die gegen ihn ergangene einstweilige Verfügung (Wert: 10.000,00 EUR) in der Hauptsache akzeptieren, nicht jedoch hinsichtlich der Kosten. Daher beauftragt er einen Anwalt, nur Kostenwiderspruch einzulegen, was auch geschieht. Darüber wird im schriftlichen Verfahren entschieden. Den Kostenstreitwert setzt das Gericht auf 1.248,53 EUR fest (Anwaltskosten Antragsteller + 1,5-Gerichtsgebühr).

Eine Terminsgebühr entsteht nicht, da über die Kosten ohne mündliche Verhandlung entschieden werden kann (§ 128 Abs. 3 ZPO). Die Voraussetzungen der Anm. Abs. 1 Nr. 1 zu Nr. 3104 VV sind daher nicht erfüllt.

Abzurechnen ist für beide Anwälte wie im vorangegangenen Beispiel 46.

| Beispiel 48 | **Abraten vom Widerspruch in der Hauptsache, Kostenwiderspruch mit mündlicher Verhandlung** |

Gegen eine einstweilige Verfügung (Wert: 10.000,00 EUR) soll der Anwalt Widerspruch einlegen. Er rät davon ab, empfiehlt allerdings hinsichtlich der Kosten Widerspruch einzule-

---

25 OLG München AGS 2005, 496 = OLGR 2005, 818 = AnwBl 2005, 795 = RVGreport 2006, 28.

gen. Dies geschieht. Über die Kosten wird mündlich verhandelt und entschieden. Den Kostenstreitwert setzt das Gericht auf 1.248,53 EUR fest (Anwaltskosten Antragsteller + 1,5-Gerichtsgebühr).

Für den **Anwalt des Antragstellers** entsteht wiederum die volle 1,3-Verfahrengebühr nach Nr. 3100 VV aus dem Wert der Hauptsache. Die 1,2-Termingebühr (Nr. 3104 VV) fällt dagegen nur aus dem Kostenwert an.

Der **Anwalt des Antragsgegners** hatte auch zunächst Gesamtauftrag, so dass er die Verfahrensgebühr nach einem Streitwert von 10.000,00 EUR abrechnen kann. Insoweit ist allerdings lediglich die 0,8-Verfahrensgebühr nach Nrn. 3100, 3101 Nr. 1 VV entstanden, da insoweit weder ein gerichtlicher Termin wahrgenommen oder ein Sachantrag gestellt oder Sachvortrag eingereicht wurde. Nur aus dem Wert der Kosten (§ 43 Abs. 3 GKG) ist die volle 1,3-Verfahrensgebühr angefallen. Auch hier gilt wiederum, dass der Anwalt nach § 15 Abs. 3 RVG höchstens eine Gebühr aus dem Gesamtwert nach dem höchsten Gebührensatz verlangen kann.[26] Der Gesamtwert berechnet sich nach § 23 Abs. 1 S. 1 RVG, § 43 Abs. 1 GKG: Hauptsache und Kosten werden nicht addiert; maßgebend ist der höhere Hauptsachewert. Der Anwalt kann also nicht mehr verlangen als eine 1,3-Gebühr aus 10.000,00 EUR. Die 1,2-Termingebühr (Nr. 3104 VV) entsteht auch für ihn nur noch aus dem geringeren Kostenwert.

I. Anwalt Antragsteller
1. 1,3-Verfahrensgebühr, Nr. 3100 VV   725,40 EUR
   (Wert: 10.000,00 EUR)
2. 1,2-Termingebühr, Nr. 3104 VV   138,00 EUR
   (Wert: 1.248,53 EUR)
3. Postentgeltpauschale, Nr. 7002 VV   20,00 EUR
   Zwischensumme   883,40 EUR
4. 19 % Umsatzsteuer, Nr. 7008 VV   167,85 EUR

Gesamt   **1.051,25 EUR**

II. Anwalt Antragsgegner
1. 1,3-Verfahrensgebühr, Nr. 3100 VV   149,50 EUR
   (Wert: 1.248,53 EUR)
2. 0,8-Verfahrensgebühr, Nrn. 3100, 3101 Nr. 1 VV   446,40 EUR
   (Wert: 10.000,00 EUR)
   die Höchstgrenze des. § 15 Abs. 3 RVG, nicht mehr als
   1,3 aus 10.000,00 EUR (725,40 EUR) ist nicht überschritten
3. 1,2-Termingebühr, Nr. 3104 VV   138,00 EUR
   (Wert: 1.248,53 EUR)
4. Postentgeltpauschale, Nr. 7002 VV   20,00 EUR
   Zwischensumme   753,90 EUR
5. 19 % Umsatzsteuer, Nr. 7008 VV   143,24 EUR

Gesamt   **897,14 EUR**

Beispiel 49   **Einstweilige Verfügung, Gesamtauftrag des Antragsgegners, aber nur Kostenwiderspruch, Besprechung**

Wie vorangegangenes Beispiel 48. Der Widerspruch wird nach einer Besprechung der Anwälte zurückgenommen.

---

[26] OLG München AGS 2005, 496 = OLGR 2005, 818 = AnwBl 2005, 795 = RVGreport 2006, 28.

Es gilt nichts anderes als im vorangegangenen Beispiel 48. Die Terminsgebühr entsteht jetzt aufgrund der Besprechung der Anwälte (Vorbem. 3 Abs. 3 S. 3 Nr. 2 VV). Dass über die Kosten auch ohne mündliche Verhandlung entschieden werden kann (siehe Rn 85), ist für die Terminsgebühr nach Vorbem. 3 Abs. 3 S. 3 Nr. 2 VV unerheblich (ausführlich siehe hierzu § 13 Rn 84).

Abzurechnen ist für beide Anwälte wie im vorangegangenen Beispiel 48.

81 Eine Terminsgebühr entsteht nicht, wenn über die Kosten ohne mündliche Verhandlung entschieden wird. Die Voraussetzungen der Anm. Abs. 1 Nr. 1 zu Nr. 3104 VV sind nicht erfüllt, da über die Kosten auch ohne mündliche Verhandlung entschieden werden kann (§ 128 Abs. 3 ZPO). Auch eine analoge Anwendung von Anm. Abs. 1 Nr. 1 zu Nr. 3104 VV scheidet aus.[27]

| Beispiel 50 | Entscheidung über die Kosten ohne mündliche Verhandlung (schriftliches Verfahren) |

Gegen eine einstweilige Verfügung (Wert: 10.000,00 EUR) soll der Anwalt Widerspruch einlegen. Er rät davon ab, empfiehlt allerdings hinsichtlich der Kosten Widerspruch einzulegen. Dies geschieht. Über die Kosten (1.248,53 EUR, Anwaltskosten Antragsteller + 1,5-Gerichtsgebühr) wird im schriftlichen Verfahren nach § 128 Abs. 3 ZPO entschieden.

Es entstehen nur die Verfahrensgebühren. Eine Terminsgebühr entsteht nicht.

I. Anwalt Antragsteller
1. 1,3-Verfahrensgebühr, Nr. 3100 VV   725,40 EUR
   (Wert: 10.000,00 EUR)
2. Postentgeltpauschale, Nr. 7002 VV   20,00 EUR
   Zwischensumme   745,40 EUR
3. 19 % Umsatzsteuer, Nr. 7008 VV   141,63 EUR
Gesamt   887,03 EUR

II. Anwalt Antragsgegner
1. 1,3-Verfahrensgebühr, Nr. 3100 VV   149,50 EUR
   (Wert: 1.248,53 EUR)
2. 0,8-Verfahrensgebühr, Nrn. 3100, 3101 Nr. 1 VV   446,40 EUR
   (Wert: 10.000,00 EUR)
   die Höchstgrenze des. § 15 Abs. 3 RVG, nicht mehr als
   1,3 aus 10.000,00 EUR (725,40 EUR) ist nicht überschritten
3. Postentgeltpauschale, Nr. 7002 VV   20,00 EUR
   Zwischensumme   615,90 EUR
4. 19 % Umsatzsteuer, Nr. 7008 VV   117,02 EUR
Gesamt   732,92 EUR

82 Möglich ist eine Terminsgebühr allerdings, wenn die Anwälte an einer Besprechung zur Erledigung des Widerspruchsverfahrens mitwirken, da Vorbem. 3 Abs. 3 S. 3 Nr. 2 VV kein Verfahren mit mündlicher Verhandlung voraussetzt.

| Beispiel 51 | Abraten vom Widerspruch in der Hauptsache, Kostenwiderspruch mit Besprechung |

Wie Beispiel 50; jedoch hatten die Beteiligten Anwälte zuvor eine erfolglose Besprechung zur Erledigung des Kostenwiderspruchs geführt.

---

27 OLG Frankfurt/M. AGS 2007, 70 = OLGR 2006, 1016 = MDR 2007, 56 = RVGreport 2006, 388 = NJW 2006, 3504 = JurBüro 2006, 532 = OLGR 2006, 1016.

III. Erstinstanzliches Verfahren § 19

Für beide Anwälte kommt jetzt noch eine Terminsgebühr hinzu.

I. Anwalt Antragsteller
1. 1,3-Verfahrensgebühr, Nr. 3100 VV   725,40 EUR
   (Wert: 10.000,00 EUR)
2. 1,2-Terminsgebühr, Nr. 3104 VV   138,00 EUR
   (Wert: 1.248,53 EUR)
3. Postentgeltpauschale, Nr. 7002 VV   20,00 EUR
   Zwischensumme   883,40 EUR
4. 19 % Umsatzsteuer, Nr. 7008 VV   167,85 EUR

Gesamt   **1.051,25 EUR**

II. Anwalt Antragsgegner
1. 1,3-Verfahrensgebühr, Nr. 3100 VV   149,50 EUR
   (Wert: 1.248,53 EUR)
2. 0,8-Verfahrensgebühr, Nrn. 3100, 3101 Nr. 1 VV   446,40 EUR
   (Wert: 10.000,00 EUR)
   die Höchstgrenze des. § 15 Abs. 3 RVG, nicht mehr als
   1,3 aus 10.000,00 EUR (725,40 EUR) ist nicht überschritten
3. 1,2-Terminsgebühr, Nr. 3104 VV   138,00 EUR
   (Wert: 1.248,53 EUR)
4. Postentgeltpauschale, Nr. 7002 VV   20,00 EUR
   Zwischensumme   753,90 EUR
5. 19 % Umsatzsteuer, Nr. 7008 VV   143,24 EUR

Gesamt   **897,14 EUR**

Wird über die Kosten eine Einigung erzielt, entsteht auch noch eine Einigungsgebühr aus dem Kostenwert. 83

Beispiel 52 | **Abraten vom Widerspruch in der Hauptsache, Kostenwiderspruch mit mündlicher Verhandlung oder Besprechung und Einigung**

Wie vorangegangenes Beispiel; jedoch schließen die Parteien eine Einigung über die Kosten.

Für beide Anwälte kommt jetzt noch eine Einigungsgebühr hinzu.

I. Anwalt Antragsteller
1. 1,3-Verfahrensgebühr, Nr. 3100 VV   725,40 EUR
   (Wert: 10.000,00 EUR)
2. 1,2-Terminsgebühr, Nr. 3104 VV   138,00 EUR
   (Wert: 1.248,53 EUR)
3. 1,0-Einigungsgebühr, Nrn. 1000, 1003 VV   115,00 EUR
   (Wert: 1.248,53 EUR)
4. Postentgeltpauschale, Nr. 7002 VV   20,00 EUR
   Zwischensumme   998,40 EUR
5. 19 % Umsatzsteuer, Nr. 7008 VV   189,70 EUR

Gesamt   **1.188,10 EUR**

II. Anwalt Antragsgegner
1. 1,3-Verfahrensgebühr, Nr. 3100 VV   149,50 EUR
   (Wert: 1.248,53 EUR)
2. 0,8-Verfahrensgebühr, Nrn. 3100, 3101 Nr. 1 VV   446,40 EUR
   (Wert: 10.000,00 EUR)
   die Höchstgrenze des. § 15 Abs. 3 RVG, nicht mehr als
   1,3 aus 10.000,00 EUR (725 EUR) ist nicht überschritten
3. 1,2-Terminsgebühr, Nr. 3104 VV   138,00 EUR
   (Wert: 1.248,53 EUR)

4. 1,0-Einigungsgebühr, Nrn. 1000, 1003 VV (Wert: 1.248,53 EUR)		115,00 EUR
5. Postentgeltpauschale, Nr. 7002 VV		20,00 EUR
Zwischensumme	868,90 EUR	
6. 19 % Umsatzsteuer, Nr. 7008 VV		165,09 EUR
Gesamt		**1.033,99 EUR**

bb) Von vornherein beschränkter Auftrag

84 Hatte der Antragsgegner von vornherein nur einen Auftrag zum Kostenwiderspruch erteilt, ändert sich für den Anwalt des Antragstellers nichts. Für den Anwalt des Antragsgegners entstehen die Gebühren dagegen insgesamt nur nach dem Kostenwert. Aus dem Wert der Hauptsache fallen keine Gebühren an.

> **Beispiel 53** Beschränkter Auftrag zum Kostenwiderspruch, anschließende Rücknahme

Gegen eine einstweilige Verfügung (Wert: 10.000,00 EUR) wird auftragsgemäß Widerspruch nur hinsichtlich der Kosten eingelegt. Der Widerspruch wird vor mündlicher Verhandlung zurückgenommen. Den Kostenstreitwert setzt das Gericht auf 1.248,53 EUR fest (Anwaltskosten Antragsteller + 1,5-Gerichtsgebühr).

Für den **Anwalt des Antragstellers** bleibt es bei der vollen 1,3-Verfahrensgebühr (Nr. 3100 VV) aus dem Gesamtwert (§ 43 Abs. 1 GKG).

Der **Anwalt des Antragsgegners** erhält lediglich eine 1,3-Verfahrensgebühr (Nr. 3100 VV) aus dem Kostenwert (§ 43 Abs. 3 GKG). Für eine zusätzliche 0,8-Gebühr (Nrn. 3100, 3101 Nr. 1 VV) aus dem Wert der Hauptsache ist mangels Auftrags kein Raum.

I. Anwalt Antragsteller		
1. 1,3-Verfahrensgebühr, Nr. 3100 VV (Wert: 10.000,00 EUR)		725,40 EUR
2. Postentgeltpauschale, Nr. 7002 VV		20,00 EUR
Zwischensumme	745,40 EUR	
3. 19 % Umsatzsteuer, Nr. 7008 VV		141,63 EUR
Gesamt		**887,03 EUR**
II. Anwalt Antragsgegner		
1. 1,3-Verfahrensgebühr, Nr. 3100 VV (Wert: 1.248,53 EUR)		149,50 EUR
2. Postentgeltpauschale, Nr. 7002 VV		20,00 EUR
Zwischensumme	169,50 EUR	
3. 19 % Umsatzsteuer, Nr. 7008 VV		32,21 EUR
Gesamt		**201,71 EUR**

85 Eine Terminsgebühr entsteht auch hier nicht, wenn über die Kosten ohne mündliche Verhandlung entschieden wird. Auch dann sind die Voraussetzungen der Anm. Abs. 1 Nr. 1 zu Nr. 3104 VV nicht erfüllt, da über die Kosten ohne mündliche Verhandlung entschieden werden kann (§ 128 Abs. 3 ZPO). Auch eine analoge Anwendung von Anm. Abs. 1 Nr. 1 zu Nr. 3104 VV scheidet aus.[28]

---

[28] OLG Frankfurt/M. AGS 2007, 70 = JurBüro 2006, 532 = NJW-RR 2006, 1438 = OLGR 2006, 1016 = MDR 2007, 56 = RVGreport 2006, 388 = NJW 2006, 3504.

III. Erstinstanzliches Verfahren § 19

Beispiel 54 | **Entscheidung über die Kosten ohne mündliche Verhandlung (schriftliches Verfahren)**

Gegen eine einstweilige Verfügung (Wert: 10.000,00 EUR) wird auftragsgemäß Widerspruch nur hinsichtlich der Kosten (Wert: 1.248,53 EUR) eingelegt. Hiernach wird im schriftlichen Verfahren nach § 128 Abs. 3 ZPO entschieden.

Abzurechnen ist wie im vorangegangenen Beispiel 53.

Wird über die Kosten mündlich verhandelt, dann entsteht gem. Vorbem. 3 Abs. 3 S. 1 VV die Terminsgebühr nach Nr. 3104 VV. **86**

Beispiel 55 | **Beschränkter Auftrag zum Kostenwiderspruch mit Verhandlung**

Gegen eine einstweilige Verfügung (Wert: 10.000,00 EUR) wird auftragsgemäß Widerspruch nur hinsichtlich der Kosten eingelegt. Hierüber wird verhandelt und entschieden. Den Kostenstreitwert setzt das Gericht auf 1.248,53 EUR fest.

Hinsichtlich der Verfahrensgebühr ist abzurechnen wie in den vorangegangenen Beispielen 52 und 53. Für beide Anwälte entsteht jetzt zusätzlich noch eine Terminsgebühr aus dem Kostenwert.

I. Anwalt Antragsteller
1. 1,3-Verfahrensgebühr, Nr. 3100 VV   725,40 EUR
   (Wert: 10.000,00 EUR)
2. 1,2-Terminsgebühr, Nr. 3104 VV   138,00 EUR
   (Wert: 1.248,53 EUR)
3. Postentgeltpauschale, Nr. 7002 VV   20,00 EUR
   Zwischensumme   883,40 EUR
4. 19 % Umsatzsteuer, Nr. 7008 VV   167,85 EUR
Gesamt   **1.051,25 EUR**

II. Anwalt Antragsgegner
1. 1,3-Verfahrensgebühr, Nr. 3100 VV   149,50 EUR
   (Wert: 1.248,53 EUR)
2. 1,2-Terminsgebühr, Nr. 3104 VV   138,00 EUR
   (Wert: 1.248,53 EUR)
3. Postentgeltpauschale, Nr. 7002 VV   20,00 EUR
   Zwischensumme   307,50 EUR
4. 19 % Umsatzsteuer, Nr. 7008 VV   58,43 EUR
Gesamt   **365,93 EUR**

Die Terminsgebühr entsteht gem. Vorbem. 3 Abs. 3 S. 3 Nr. 2 VV auch dann, wenn über die Kosten zwischen den Anwälten eine Besprechung geführt wird und sich eine mündliche Verhandlung damit erledigt. **87**

Beispiel 56 | **Beschränkter Auftrag zum Kostenwiderspruch mit Besprechung**

Gegen eine einstweilige Verfügung (Wert: 10.000,00 EUR) wird auftragsgemäß Widerspruch nur hinsichtlich der Kosten eingelegt. Hierüber findet eine Besprechung der Anwälte statt, worauf der Widerspruch zurückgenommen wird. Der Kostenstreitwert beläuft sich auf 1.248,53 EUR.

Die Terminsgebühr ist jetzt durch die Besprechung der Anwälte entstanden (Vorbem. 3 Abs. 3 S. 3 Nr. 2 VV).

§ 19 Arrest- und einstweiliges Verfügungsverfahren

Abzurechnen ist wie im vorangegangenen Beispiel 55.

88 Hinzukommen kann auch eine Einigungsgebühr nach Nr. 1000 VV, wenn über die Kosten eine Einigung getroffen wird. Die Einigungsgebühr entsteht dann auch lediglich aus dem Kostenwert.

| Beispiel 57 | Beschränkter Auftrag zum Kostenwiderspruch mit Besprechung und Einigung |

Gegen eine einstweilige Verfügung (Wert: 10.000,00 EUR) wird auftragsgemäß Widerspruch nur hinsichtlich der Kosten eingelegt. Hierüber findet eine Besprechung der Anwälte statt, die mit einer Einigung über die Kosten endet. Der Kostenstreitwert beläuft sich auf 1.248,53 EUR.

Hinsichtlich der Verfahrens- und der Terminsgebühr ist abzurechnen wie in den vorangegangenen Beispielen 54 und 55. Für beide Anwälte entsteht jetzt zusätzlich noch eine Einigungsgebühr aus dem Kostenwert, und zwar in Höhe von 1,0, da die Kosten anhängig sind (Nr. 1003 VV).

I. **Anwalt Antragsteller**
1. 1,3-Verfahrensgebühr, Nr. 3100 VV 725,40 EUR
   (Wert: 10.000,00 EUR)
2. 1,2-Terminsgebühr, Nr. 3104 VV 138,00 EUR
   (Wert: 1.248,53 EUR)
3. 1,0-Einigungsgebühr, Nrn. 1000, 1003 VV 115,00 EUR
   (Wert: 1.248,53 EUR)
4. Postentgeltpauschale, Nr. 7002 VV 20,00 EUR
   Zwischensumme 998,40 EUR
5. 19 % Umsatzsteuer, Nr. 7008 VV 189,70 EUR
   Gesamt **1.188,10 EUR**

II. **Anwalt Antragsgegner**
1. 1,3-Verfahrensgebühr, Nr. 3100 VV 149,50 EUR
   (Wert: 1.248,53 EUR)
2. 1,2-Terminsgebühr, Nr. 3104 VV 138,00 EUR
   (Wert: 1.248,53 EUR)
3. 1,0-Einigungsgebühr, Nrn. 1000, 1003 VV 115,00 EUR
   (Wert: 1.248,53 EUR)
4. Postentgeltpauschale, Nr. 7002 VV 20,00 EUR
   Zwischensumme 422,50 EUR
5. 19 % Umsatzsteuer, Nr. 7008 VV 80,28 EUR
   Gesamt **502,78 EUR**

89 Wird nur eine schriftliche Einigung über die Kosten getroffen, entsteht zwar auch die Einigungsgebühr nach Nrn. 1000, 1003 VV. Es fällt jetzt jedoch keine Terminsgebühr an. Die Voraussetzungen der Anm. Abs. 1 Nr. 1 zu Nr. 3104 VV sind nicht erfüllt, da über die Kosten ohne mündliche Verhandlung entschieden werden kann (§ 128 Abs. 3 ZPO).[29]

| Beispiel 58 | Beschränkter Auftrag zum Kostenwiderspruch und Einigung |

Gegen eine einstweilige Verfügung (Wert: 10.000,00 EUR) wird auftragsgemäß Widerspruch nur hinsichtlich der Kosten (Wert: 1.248,53 EUR) eingelegt. Auf schriftlichen Vorschlag des Gerichts wird eine Einigung geschlossen und nach § 278 Abs. 6 ZPO festgestellt.

---

[29] OLG Frankfurt/M. AGS 2007, 70 = JurBüro 2006, 532 = NJW-RR 2006, 1438 = OLGR 2006, 1016 = MDR 2007, 56 = RVGreport 2006, 388 = NJW 2006, 3504.

Hinsichtlich der Verfahrensgebühr ist abzurechnen wie in den vorangegangenen Beispielen. Für beide Anwälte entsteht jetzt zusätzlich noch eine Einigungsgebühr aus dem Kostenwert, und zwar in Höhe von 1,0, da die Kosten anhängig sind (Nr. 1003 VV).

I. Anwalt Antragsteller

1.	1,3-Verfahrensgebühr, Nr. 3100 VV (Wert: 10.000,00 EUR)	725,40 EUR
2.	1,0-Einigungsgebühr, Nrn. 1000, 1003 VV (Wert: 1.248,53 EUR)	115,00 EUR
3.	Postentgeltpauschale, Nr. 7002 VV	20,00 EUR
	Zwischensumme 860,40 EUR	
4.	19 % Umsatzsteuer, Nr. 7008 VV	163,48 EUR
Gesamt		**1.023,88 EUR**

II. Anwalt Antragsgegner

1.	1,3-Verfahrensgebühr, Nr. 3100 VV (Wert: 1.248,53 EUR)	149,50 EUR
2.	1,0-Einigungsgebühr, Nrn. 1000, 1003 VV (Wert: 1.248,53 EUR)	115,00 EUR
3.	Postentgeltpauschale, Nr. 7002 VV	20,00 EUR
	Zwischensumme 284,50 EUR	
4.	19 % Umsatzsteuer, Nr. 7008 VV	54,06 EUR
Gesamt		**338,56 EUR**

3. Rechtfertigungsverfahren

Nach § 942 Abs. 1 ZPO kann in dringenden Fällen das Amtsgericht, in dessen Bezirk sich der Streitgegenstand befindet, eine einstweilige Verfügung erlassen. Insoweit gilt das gleiche wie für sonstige Verfahren auf Erlass einer einstweiligen Verfügung. **90**

Auf Antrag des Gegners (§ 942 Abs. 2 S. 2 ZPO) hat das Gericht eine Frist zu bestimmen, innerhalb der die Ladung des Gegners zur mündlichen Verhandlung über die Rechtmäßigkeit der einstweiligen Verfügung bei dem Gericht der Hauptsache zu beantragen ist (§ 942 Abs. 1 ZPO). Dort wird dann die Rechtmäßigkeit der einstweiligen Verfügung im sog. Rechtfertigungsverfahren überprüft. Dieses Verfahren ist dem Widerspruchsverfahren (siehe Rn 52 ff.) vergleichbar. **91**

Das Verfahren über die Fristsetzung (§ 942 Abs. 2 S. 2 ZPO) zählt noch zum Anordnungsverfahren[30] und löst für den Antragsteller keine weiteren Gebühren aus. Für den Anwalt des Antragsgegners entsteht durch den Antrag auf Fristsetzung die Verfahrensgebühr, soweit sie nicht schon vorher entstanden ist. Da es sich nicht weder um einen das Verfahren einleitenden Antrag noch um einen Sachantrag handelt, entsteht in dieser Phase nur eine 0,8-Verfahrensgebühr nach Nrn. 3100, 3101 Nr. 1 VV. **92**

> **Beispiel 59** Einstweilige Verfügung vor dem Gericht der belegenen Sache mit anschließender Fristsetzung zur Hauptsache

Vor dem Gericht der belegenen Sache wird eine einstweilige Verfügung erwirkt (Wert: 10.000,00 EUR). Der Antragsgegner beauftragt einen Anwalt, der beantragt, dem Antragsteller eine Frist zu setzen, innerhalb der die Ladung zur mündlichen Verhandlung vor dem Gericht der Hauptsache zu beantragen ist. Der Antrag auf Fristsetzung wird später wieder zurückgenommen, bevor das Gericht die Frist gesetzt hat.

---

30 OLG Schleswig JurBüro 1989, 637.

§ 19 Arrest- und einstweiliges Verfügungsverfahren

Für den **Anwalt des Antragstellers** entsteht eine 1,3-Verfahrensgebühr nach Nr. 3100 VV nebst Auslagen und Umsatzsteuer.

Der **Anwalt des Antragsgegners** hat zwar auch eine Verfahrensgebühr nach Nr. 3100 VV nebst Auslagen und Umsatzsteuer verdient, allerdings nur in Höhe von 0,8 (Nr. 3101 Nr. 1 VV), da sich die Sache für ihn vorzeitig erledigt hat, bevor er einen Sachantrag gestellt hat.

I.	**Anwalt Antragsteller**		
1.	1,3-Verfahrensgebühr, Nr. 3100 VV (Wert: 10.000,00 EUR)		725,40 EUR
2.	Postentgeltpauschale, Nr. 7002 VV		20,00 EUR
	Zwischensumme	745,40 EUR	
3.	19 % Umsatzsteuer, Nr. 7008 VV		141,63 EUR
	Gesamt		**887,03 EUR**
II.	**Anwalt Antragsgegner**		
1.	0,8-Verfahrensgebühr, Nrn. 3100, 3101 Nr. 1 VV (Wert: 10.000,00 EUR)		446,40 EUR
2.	Postentgeltpauschale, Nr. 7002 VV		20,00 EUR
	Zwischensumme	466,40 EUR	
3.	19 % Umsatzsteuer, Nr. 7008 VV		88,62 EUR
	Gesamt		**555,02 EUR**

93 Kommt es zur Durchführung des Rechtfertigungsverfahrens, dann bilden das Anordnungs- und das Rechtfertigungsverfahren eine einzige Angelegenheit i.S.d. § 15 Abs. 1 RVG. Auch dies ist kein Fall des § 16 Nr. 5 RVG. Vielmehr stellen das Anordnungs- und das Rechtfertigungsverfahren schon nach § 15 RVG eine einzige Angelegenheit dar, vergleichbar dem Widerspruchsverfahren. Kommt es also zur Durchführung der mündlichen Verhandlung vor dem Gericht der Hauptsache, erhalten die Anwälte die Verfahrensgebühr nur einmal, weil das Verfahren vor dem Amtsgericht der belegenen Sache und vor dem Hauptsachegericht als ein Rechtszug gilt. Soweit nicht bereits im Anordnungsverfahren angefallen, entsteht jetzt zusätzlich die Terminsgebühr nach Nr. 3104 VV. Hinzukommen kann auch die Einigungsgebühr.

Beispiel 60 | **Einstweilige Verfügung vor dem Gericht der belegenen Sache mit anschließendem Rechtfertigungsverfahren**

Vor dem Gericht der belegenen Sache wird eine einstweilige Verfügung erwirkt (Wert: 9.000,00 EUR). Der Antragsgegner beauftragt einen Anwalt, der Antrag auf Ladung zur mündlichen Verhandlung vor dem Gericht der Hauptsache stellt. Vor dem zuständigen Gericht wird dann die Ladung fristgerecht vom Antragsteller beantragt und über die Rechtmäßigkeit der einstweiligen Verfügung verhandelt.

Das Anordnungsverfahren und das Rechtfertigungsverfahren sind eine Angelegenheit. Die Gebühren entstehen nur einmal. Für beide Anwälte entsteht die Verfahrens- und Terminsgebühr. Soweit für den Anwalt des Antragstellers die 1,3-Verfahrensgebühr bereits im Anordnungsverfahren abgerechnet worden ist, kann er jetzt nur noch den Differenzbetrag, also Terminsgebühr nebst eventueller weiterer Auslagen, nachfordern.

1.	1,3-Verfahrensgebühr, Nr. 3100 VV (Wert: 9.000,00 EUR)		659,10 EUR
2.	1,2-Terminsgebühr, Nr. 3104 VV (Wert: 9.000,00 EUR)		608,40 EUR
3.	Postentgeltpauschale, Nr. 7002 VV		20,00 EUR
	Zwischensumme	1.287,50 EUR	

4. 19 % Umsatzsteuer, Nr. 7008 VV	244,63 EUR
Gesamt	**1.532,13 EUR**

4. Abänderungs- und Aufhebungsverfahren

a) Überblick

In Verfahren über die **Abänderung oder Aufhebung eines Arrests** erhält der Anwalt ebenfalls die Gebühren der Nrn. 3100 ff. VV, und zwar auch hier gesondert neben den Gebühren der Hauptsache (§ 17 Nr. 4 Buchst. d) RVG). Diese Gebühren entstehen aber nicht, soweit der Anwalt die Gebühren bereits im Anordnungsverfahren verdient hat, da das Verfahren über einen Antrag auf Anordnung eines Arrests oder Erlass einer einstweiligen Verfügung einerseits und jedes Verfahren auf deren Abänderung oder Aufhebung, andererseits als eine Angelegenheit gelten (§ 16 Nr. 5 RVG). Zu den Abänderungs- und Aufhebungsverfahren nach § 16 Nr. 5 RVG gehören 94

- das Verfahren auf Aufhebung wegen nicht fristgemäßer Klageerhebung (§ 926 Abs. 2 ZPO),
- das Verfahren auf Aufhebung wegen veränderter Umstände (§ 927 ZPO),
- das Verfahren auf Aufhebung gegen Sicherheitsleistung (§ 939 ZPO),
- das Verfahren auf Aufhebung der einstweiligen Verfügung wegen Nichteinhaltung der Ladungsfrist (§ 942 Abs. 3 ZPO).

Soweit der Anwalt also **bereits im Anordnungsverfahren tätig** war, erhält er die dort bereits verdienten Gebühren nicht erneut. 95

Es können allerdings weitere Gebühren, die bisher noch nicht entstanden waren, ausgelöst werden, insbesondere eine Terminsgebühr oder eine Einigungsgebühr. Auch kann sich durch Einbeziehung weiter gehender Gegenstände, etwa im Rahmen einer Einigung auch über die Hauptsache oder andere Gegenstände der Streitwert erhöhen. 96

Zu beachten ist, dass der Streitwert eines Aufhebungs- oder Abänderungsverfahren geringer sein kann als der des Anordnungsverfahrens, etwa wenn die beantragte Verfügung oder der beantragte Arrest nur zum Teil erlassen worden ist oder wenn nur teilweise Abänderung oder Aufhebung beantragt wird. Daher ist gegebenenfalls eine gesonderte Wertfestsetzung erforderlich. 97

Zu beachten ist, dass Anordnungs- und Aufhebungs- bzw. Abänderungsverfahren auch dann nach § 16 Nr. 5 RVG eine Angelegenheit sind, wenn zwischenzeitlich das Berufungs- oder Beschwerdegericht mit der Sache befasst war, selbst wenn erst das Berufungs- oder Beschwerdegericht den Arrest oder die einstweilige Verfügung erlassen hat. 98

Für den Anwalt, der **erstmals im Abänderungs- und Aufhebungsverfahren** tätig wird, entstehen die betreffenden Gebühren jetzt erstmalig. Auch hier ist zu berücksichtigen, dass eventuell ein gegenüber dem Anordnungsverfahren geringerer Wert gelten kann, insbesondere, wenn dem Antrag auf Anordnung des Arrests oder auf Erlass der einstweiligen Verfügung nur teilweise stattgegeben worden ist oder wenn nur wegen eines Teils die Aufhebung oder Abänderung beantragt worden ist. 99

b) Verfahren auf Aufhebung nach § 926 Abs. 2 ZPO

Nach § 926 Abs. 2 ZPO ist ein Arrest oder eine einstweilige Verfügung aufzuheben, wenn der Antragsteller der Fristsetzung zur Hauptsacheklage (§ 926 Abs. 1 ZPO) nicht nachkommt. 100

101 Das Verfahren über den Antrag auf Fristsetzung zählt noch mit zum Anordnungsverfahren und wird durch die dort verdienten Gebühren abgegolten.[31]

102 Die Entscheidung über den Aufhebungsantrag ergeht durch Urteil und setzt damit eine mündliche Verhandlung voraus. Auch hier sind Anordnungs- und Aufhebungsverfahren nach § 16 Nr. 5 RVG eine Angelegenheit.

103 Der Anwalt kann daher Verfahrens- und Terminsgebühr insgesamt nur einmal verlangen. Sofern die Terminsgebühr im Anordnungsverfahren noch nicht angefallen war, entsteht sie jetzt im Aufhebungsverfahren. Soweit sie bereits im Anordnungsverfahren entstanden ist, erhält der Anwalt keine weiteren Gebühren, es sei denn, es wird im Aufhebungsverfahren eine Einigung geschlossen, so dass dort noch die Einigungsgebühr nach Nrn. 1000, 1003 VV entsteht.

> **Beispiel 61** **Antrag auf Aufhebung wegen Verstreichens der Frist zur Hauptsacheklage**
>
> **Gegen den Antragsgegner ist nach mündlicher Verhandlung eine einstweilige Verfügung ergangen (Streitwert: 50.000,00 EUR). Er lässt dem Antragsteller eine Frist zur Hauptsacheklage setzen, die dieser nicht einhält. Daraufhin beantragt der Antragsteller die Aufhebung der einstweiligen Verfügung nach § 926 Abs. 2 ZPO. Das Gericht hebt nach mündlicher Verhandlung die einstweilige Verfügung durch Urteil auf.**
>
> Unabhängig davon, welche Gebühren bereits im Anordnungsverfahren entstanden sind, erhalten die beteiligten Anwälte insgesamt nur eine 1,3-Verfahrensgebühr (Nr. 3100 VV) sowie die 1,2-Terminsgebühr nach Nr. 3104 VV.
>
> | | | |
> |---|---|---:|
> | 1. | 1,3-Verfahrensgebühr, Nr. 3100 VV (Wert: 50.000,00 EUR) | 1.511,90 EUR |
> | 2. | 1,2-Terminsgebühr, Nr. 3104 VV (Wert: 50.000,00 EUR) | 1.395,60 EUR |
> | 3. | Postentgeltpauschale, Nr. 7002 VV | 20,00 EUR |
> | | Zwischensumme | 2.927,50 EUR |
> | 4. | 19 % Umsatzsteuer, Nr. 7008 VV | 556,23 EUR |
> | | **Gesamt** | **3.483,73 EUR** |

104 Da nach § 926 Abs. 2 ZPO durch Urteil zu entscheiden und damit eine mündliche Verhandlung vorgeschrieben ist, würde die Terminsgebühr auch dann anfallen, wenn im Einverständnis der Beteiligten im schriftlichen Verfahren entschieden oder wenn ein schriftlicher Vergleich geschlossen wird (Anm. Abs. 1 Nr. 1 zu Nr. 3104 VV).

c) Verfahren auf Aufhebung wegen veränderter Umstände nach § 927 ZPO

105 Nach § 927 ZPO kann ein Arrest oder eine einstweilige Verfügung wegen veränderter Umstände aufgehoben werden. Auch in diesem Fall ist das Anordnungs- und das Abänderungsverfahren eine Angelegenheit i.S.d. § 16 Nr. 5 RVG und zwar unabhängig davon, ob das Arrest- oder Verfügungsgericht oder gem. § 927 Abs. 2, 2. Hs. ZPO ein davon abweichendes Gericht der Hauptsache entscheidet.

---

31 OLG Karlsruhe WRP 1985, 40.

Der Anwalt kann daher Verfahrens- und Terminsgebühr insgesamt nur einmal fordern. Sofern die Terminsgebühr im Anordnungsverfahren noch nicht angefallen war,[32] entsteht sie jetzt im Aufhebungsverfahren.[33] Soweit sie bereits im Anordnungsverfahren entstanden ist, erhält der Anwalt keine weiteren Gebühren, es sei denn, es wird im Aufhebungsverfahren eine Einigung geschlossen, so dass dort noch die Einigungsgebühr nach Nrn. 1000, 1003 VV entsteht.

106

| Beispiel 62 | Antrag auf Aufhebung wegen veränderter Umstände nach § 927 ZPO |

Gegen den Antragsgegner ist nach mündlicher Verhandlung eine einstweilige Verfügung ergangen (Streitwert 50.000,00 EUR). Später beantragt er gem. § 927 ZPO die Aufhebung wegen veränderter Umstände. Das Gericht weist den Antrag nach mündlicher Verhandlung zurück.

Im Anordnungsverfahren hatten die beteiligten Anwälte bereits die 1,3-Verfahrensgebühr (Nr. 3100 VV) sowie die 1,2-Terminsgebühr nach Nr. 3104 VV verdient:

Das Verfahren auf Abänderung wegen veränderter Umstände löst nach § 16 Nr. 5 RVG keine neue Angelegenheit aus, so dass die beteiligten Anwälte keine weitere Vergütung erhalten. Es bleibt vielmehr bei der im Anordnungsverfahren verdienten Vergütung:

1.	1,3-Verfahrensgebühr, Nr. 3100 VV (Wert: 50.000,00 EUR)	1.511,90 EUR
2.	1,2-Terminsgebühr, Nr. 3104 VV (Wert: 50.000,00 EUR)	1.395,60 EUR
3.	Postentgeltpauschale, Nr. 7002 VV	20,00 EUR
	Zwischensumme 2.927,50 EUR	
4.	19 % Umsatzsteuer, Nr. 7008 VV	556,23 EUR
	Gesamt	**3.483,73 EUR**

War der Arrest oder die einstweilige Verfügung ohne mündliche Verhandlung ergangen und ist zunächst gem. § 924 ZPO Widerspruch eingelegt und durch Urteil zurückgewiesen worden und wird dann später nach § 927 ZPO Abänderung beantragt, zählen alle drei Verfahren als eine Angelegenheit, in der die Gebühren nur einmal entstehen können.

107

| Beispiel 63 | Antrag auf Aufhebung wegen veränderter Umstände nach § 927 ZPO mit mündlicher Verhandlung |

Gegen den Antragsgegner war ohne Verhandlung eine einstweilige Verfügung ergangen (Streitwert: 50.000,00 EUR). Später beantragt er gem. § 927 ZPO die Aufhebung wegen veränderter Umstände. Das Gericht weist den Antrag nach mündlicher Verhandlung zurück.

Im Anordnungsverfahren (I.) hatten die beteiligten Anwälte bereits die 1,3-Verfahrensgebühr (Nr. 3100 VV) verdient:

---

32 Dieser Fall ist praktisch kaum denkbar, da das Verfahren nach § 927 ZPO gegenüber dem Widerspruch subsidiär ist und die Anwälte daher die Terminsgebühr bereits verdient haben müssen.
33 Möglich ist hier auch die ermäßigte Terminsgebühr nach Nr. 3105 VV.

§ 19 Arrest- und einstweiliges Verfügungsverfahren

1. 1,3-Verfahrensgebühr, Nr. 3100 VV (Wert: 50.000,00 EUR)		1.511,90 EUR
2. Postentgeltpauschale, Nr. 7002 VV		20,00 EUR
Zwischensumme	1.531,90 EUR	
4. 19 % Umsatzsteuer, Nr. 7008 VV		291,06 EUR
Gesamt		**1.822,96 EUR**

Im Verfahren auf Abänderung wegen veränderter Umstände (II.) kommt jetzt noch eine 1,2-Terminsgebühr hinzu, so dass folgende Schlussrechnung zu erteilen ist:

1. 1,3-Verfahrensgebühr, Nr. 3100 VV (Wert: 50.000,00 EUR)		1.511,90 EUR
2. 1,2-Terminsgebühr, Nr. 3104 VV (Wert: 50.000,00 EUR)		1.395,60 EUR
3. abzüglich bereits im Anordnungsverfahren abgerechneter (netto)		-1.531,90 EUR
4. Postentgeltpauschale, Nr. 7002 VV		20,00 EUR
Zwischensumme	1.395,60 EUR	
5. 19 % Umsatzsteuer, Nr. 7008 VV		265,16 EUR
Gesamt		**1.660,76 EUR**
Gesamt I. + II.		**3.483,72 EUR**[34]

108 Gesonderte Gebühren können dann anfallen, wenn zwischen Anordnung und Abänderungsantrag mehr als zwei Kalenderjahre vergangen sind (§ 15 Abs. 5 S. 2 RVG). Die Regelung des § 15 Abs. 5 S. 2 RVG geht der des § 16 Nr. 5 RVG vor.

> **Beispiel 64** Abänderungsantrag nach mehr als zwei Kalenderjahren

Nach mündlicher Verhandlung war im Dezember 2013 eine einstweilige Verfügung ergangen (Wert: 50.000,00 EUR). Im Januar 2016 beauftragt der Antragsgegner die Aufhebung der einstweiligen Verfügung wegen veränderter Umstände. Das Gericht beraumt Termin zur mündlichen Verhandlung an, an der die Anwälte teilnehmen.

Für beide Anwälte war im Anordnungsverfahren bereits eine 1,3-Verfahrensgebühr nach Nr. 3100 VV sowie eine 1,2-Terminsgebühr nebst Auslagen und Umsatzsteuer entstanden. Das nachfolgende Verfahren über den Abänderungsantrag zählt für sie gem. § 15 Abs. 5 S. 2 RVG als neue Angelegenheit, da seit dem Erlass der einstweiligen Anordnung mehr als zwei Kalenderjahre vergangen sind. Die Regelung des § 16 Nr. 5 RVG tritt insoweit zurück. Die Anwälte erhalten daher eine weitere 1,3-Verfahrensgebühr sowie eine der 1,2-Terminsgebühr nebst Auslagen.

I. Anordnungs- und Widerspruchsverfahren

1. 1,3-Verfahrensgebühr, Nr. 3100 VV (Wert: 50.000,00 EUR)		1.511,90 EUR
2. 1,2-Terminsgebühr, Nr. 3104 VV (Wert: 50.000,00 EUR)		1.395,60 EUR
3. Postentgeltpauschale, Nr. 7002 VV		20,00 EUR
Zwischensumme	2.927,50 EUR	
4. 19 % Umsatzsteuer, Nr. 7008 VV		556,23 EUR
Gesamt		**3.483,73 EUR**

---

[34] Die Differenz von 0,01 EUR gegenüber Beispiel 62 erklärt sich aus einer Rundungsdifferenz.

III. Erstinstanzliches Verfahren § 19

II. Abänderungsverfahren
1. 1,3-Verfahrensgebühr, Nr. 3100 VV　　　　　　　　　　　　　　　1.511,90 EUR
   (Wert: 50.000,00 EUR)
2. 1,2-Terminsgebühr, Nr. 3104 VV　　　　　　　　　　　　　　　　1.395,60 EUR
   (Wert: 50.000,00 EUR)
3. Postentgeltpauschale, Nr. 7002 VV　　　　　　　　　　　　　　　　20,00 EUR
   Zwischensumme　　　　　　　　　　　　　　2.927,50 EUR
4. 19 % Umsatzsteuer, Nr. 7008 VV　　　　　　　　　　　　　　　　　556,23 EUR
   Gesamt　　　　　　　　　　　　　　　　　　　　　　　　　　**3.483,73 EUR**

Anordnungs- und Aufhebungs- bzw. Abänderungsverfahren sind auch dann nach § 16 Nr. 5 RVG eine Angelegenheit, wenn zwischenzeitlich das Berufungs- oder Beschwerdegericht mit der Sache befasst war, selbst wenn erst das Berufungs- oder Beschwerdegericht den Arrest oder die einstweilige Verfügung erlassen hat. 　109

Beispiel 65 | **Abänderungsverfahren nach Berufung**

Das LG hatte aufgrund mündlicher Verhandlung die beantragte einstweilige Verfügung erlassen (Wert: 50.000,00 EUR). Dagegen wird Berufung zum OLG eingelegt, die jedoch zurückgewiesen wurde. Später wird nach § 927 ZPO vom Antragsgegner die Aufhebung der einstweiligen Verfügung wegen veränderter Umstände beantragt. Das Gericht beraumt Termin zur mündlichen Verhandlung an, an der die Anwälte teilnehmen.

Das Berufungsverfahren ist nach § 17 Nr. 1 RVG gesondert abzurechnen (siehe Rn 125). Im Anordnungs- und Abänderungsverfahren entstehen die Gebühren und Auslagen nach § 16 Nr. 5 RVG nur einmal. Das zwischenzeitliche Berufungsverfahren schafft keine Zäsur.[35]

Beide Anwälte erhalten daher folgende Vergütung:

I. Anordnungs- und Abänderungsverfahren
1. 1,3-Verfahrensgebühr, Nr. 3100 VV　　　　　　　　　　　　　　　1.511,90 EUR
   (Wert: 50.000,00 EUR)
2. 1,2-Terminsgebühr, Nr. 3104 VV　　　　　　　　　　　　　　　　1.395,60 EUR
   (Wert: 50.000,00 EUR)
3. Postentgeltpauschale, Nr. 7002 VV　　　　　　　　　　　　　　　　20,00 EUR
   Zwischensumme　　　　　　　　　　　　　　2.927,50 EUR
4. 19 % Umsatzsteuer, Nr. 7008 VV　　　　　　　　　　　　　　　　　556,23 EUR
   Gesamt　　　　　　　　　　　　　　　　　　　　　　　　　　**3.483,73 EUR**

II. Berufungsverfahren
1. 1,6-Verfahrensgebühr, Nr. 3200 VV　　　　　　　　　　　　　　　1.860,80 EUR
   (Wert: 50.000,00 EUR)
2. 1,2-Terminsgebühr, Nr. 3202 VV　　　　　　　　　　　　　　　　1.395,60 EUR
   (Wert: 50.000,00 EUR)
3. Postentgeltpauschale, Nr. 7002 VV　　　　　　　　　　　　　　　　20,00 EUR
   Zwischensumme　　　　　　　　　　　　　　3.276,40 EUR
4. 19 % Umsatzsteuer, Nr. 7008 VV　　　　　　　　　　　　　　　　　622,52 EUR
   Gesamt　　　　　　　　　　　　　　　　　　　　　　　　　　**3.898,92 EUR**

---

35 OLG München JurBüro 1988, 474.

| Beispiel 66 | **Abänderung einer erst im Berufungsverfahren ergangenen einstweiligen Verfügung**

Das LG hatte aufgrund mündlicher Verhandlung den Erlass der beantragten einstweiligen Verfügung abgelehnt (Wert: 50.000,00 EUR). Dagegen wird Berufung zum OLG eingelegt, die Erfolg hatte. Das OLG erlässt die einstweilige Verfügung.

Später wird nach § 927 ZPO vom Antragsgegner die Aufhebung der einstweiligen Verfügung wegen veränderter Umstände beantragt. Das Gericht beraumt Termin zur mündlichen Verhandlung an, an der die Anwälte teilnehmen.

Auch hier ist das Berufungsverfahren nach § 17 Nr. 1 RVG gesondert abzurechnen (siehe Rn 125 f.). Das Anordnungsverfahren vor dem LG und das Abänderungsverfahren, das ebenfalls vor dem LG stattfindet,[36] sind nach § 16 Nr. 5 RVG wiederum nur eine Angelegenheit, so dass die Gebühren nach § 17 Nr. 1 RVG nur einmal entstehen. Dass die einstweilige Verfügung hier erst vom Berufungsgericht erlassen worden ist, ist dabei unerheblich.

Beide Anwälte erhalten daher die gleiche Vergütung wie in Beispiel 65.

d) Verfahren auf Aufhebung gegen Sicherheitsleistung (§ 939 ZPO)

110 Unter besonderen Umständen kann nach § 939 ZPO eine einstweilige Verfügung gegen Sicherheitsleistung aufgehoben werden. Auch dieses Verfahren zählt zusammen mit dem Anordnungsverfahren gem. § 16 Nr. 5 RVG als eine Angelegenheit. Das Verfahren richtet sich nach § 924 ZPO oder nach § 927 ZPO, so dass auf die dortigen Ausführungen Bezug genommen wird.

e) Aufhebungsverfahren nach § 942 Abs. 3 ZPO

111 Setzt das Gericht der belegenen Sache auf Antrag nach § 942 Abs. 2 S. 2 ZPO eine Frist nach § 942 Abs. 1 ZPO zur Ladung vor dem Gericht der Hauptsache fest und wird innerhalb dieser Frist keine Hauptsacheklage erhoben, dann wird von dem Amtsgericht der belegenen Sache die einstweilige Verfügung durch Beschluss aufgehoben. Hierüber wird ohne mündliche Verhandlung durch Beschluss entschieden (§ 942 Abs. 4 ZPO). Dieses Verfahren auf Aufhebung wegen Fristablaufs nach § 942 Abs. 3 ZPO und das vorangegangene Anordnungsverfahren sind gem. § 16 Nr. 5 RVG eine Angelegenheit, so dass die Gebühren nur einmal entstehen.

112 Eine Terminsgebühr entsteht grundsätzlich nicht, da das Gericht ohne mündliche Verhandlung entscheidet. Die Terminsgebühr kann hier allenfalls anfallen, wenn zuvor zwischen den Anwälten Besprechungen i.S.d. Vorbem. 3 Abs. 3 S. 3 Nr. 2 VV geführt worden sind.

| Beispiel 67 | **Einstweilige Verfügung vor dem Gericht der belegenen Sache mit anschließendem Aufhebungsverfahren**

Vor dem Gericht der belegenen Sache wird eine einstweilige Verfügung erwirkt (Wert: 10.000,00 EUR). Das Gericht setzt auf Antrag des Gegners dem Antragsteller eine Frist, innerhalb der die Ladung zur mündlichen Verhandlung vor dem Gericht der Hauptsache zu beantragen ist. Vor dem zuständigen Gericht wird die Ladung fristgerecht beantragt

---

36 OLG Hamm MDR 2987, 593 = OLGZ 1987, 492.

und über die Rechtmäßigkeit der einstweiligen Verfügung verhandelt. **Der Streitwert wird auf 9.000,00 EUR festgesetzt.**

Da das Anordnungsverfahren und das Aufhebungsverfahren nach § 16 Nr. 5 RVG eine Angelegenheit darstellen, entsteht die Verfahrensgebühr nur einmal. Eine Terminsgebühr entsteht nicht, da nach § 942 Abs. 4 ZPO die Entscheidung ohne mündliche Verhandlung ergeht und damit die Voraussetzungen der Anm. Abs. 1 Nr. 1 zu Nr. 3104 VV nicht erfüllt sind.

1.	1,3-Verfahrensgebühr, Nr. 3100 VV (Wert: 9.000,00 EUR)		659,10 EUR
2.	1,2-Terminsgebühr, Nr. 3104 VV (Wert: 9.000,00 EUR)		608,40 EUR
3.	Postentgeltpauschale, Nr. 7002 VV		20,00 EUR
	Zwischensumme	1.287,50 EUR	
4.	19 % Umsatzsteuer, Nr. 7008 VV		244,63 EUR
Gesamt			**1.532,13 EUR**

f) Anhang: Kostenentscheidung und -festsetzung bei gegenläufigen Kostenentscheidungen im Anordnungs- und Abänderungsverfahren

Sind im Anordnungs- und Aufhebungsverfahren auch nur teilweise gegenläufige Kostenentscheidungen ergangen, so kann jede Partei aus der für sie günstigen Kostenentscheidung die erwachsenen Kosten erstattet verlangen.[37]   113

Beispiel 68 | **Gegenläufige Kostenentscheidungen in Anordnungs- und Aufhebungs- bzw. Abänderungsverfahren**

Der Antragsteller hatte durch seinen Anwalt eine einstweilige Verfügung ohne mündliche Verhandlung erwirkt. Im Verfahren auf Aufhebung wegen Verstreichens der Klagefrist wird die einstweilige Verfügung nach mündlicher Verhandlung aufgehoben.

Jetzt ergehen für das Anordnungs- und das Aufhebungsverfahren gesonderte Kostenentscheidungen. Während der Antragsgegner die Kosten des Anordnungsverfahrens zu tragen hat, muss der Antragsteller die Kosten des Aufhebungsverfahrens tragen.

Der Antragsteller kann also eine 1,3-Verfahrensgebühr nebst Auslagen und Umsatzsteuer aus dem Wert des Anordnungsverfahrens erstattet verlangen. Der Antragsgegner kann eine 1,3-Verfahrensgebühr und eine 1,2-Terminsgebühr aus dem Wert des Aufhebungsverfahrens erstattet verlangen. Dass die 1,3-Verfahrensgebühr für den Anwalt des Antragsgegners schon im Anordnungsverfahren angefallen ist, ist unerheblich. Anderer Ansicht ist das OLG Frankfurt,[38] das wohl nur die Mehrkosten, also die Terminsgebühr als erstattungsfähig ansieht.

I.	**Kostenerstattung Antragsteller**		
1.	1,3-Verfahrensgebühr, Nr. 3100 VV (Wert: 10.000,00 EUR)		725,40 EUR
2.	Postentgeltpauschale, Nr. 7002 VV		20,00 EUR
	Zwischensumme	745,40 EUR	
3.	19 % Umsatzsteuer, Nr. 7008 VV		141,63 EUR
Gesamt			**887,03 EUR**

---

37 OLG Hamburg MDR 1974, 150.
38 WRP 1992, 248 = JurBüro 1992, 422 = GRUR 1992, 890.

§ 19 Arrest- und einstweiliges Verfügungsverfahren

II. Kostenerstattung Antragsgegner

1.	1,3-Verfahrensgebühr, Nr. 3100 VV (Wert: 10.000,00 EUR)	725,40 EUR
2.	1,2-Terminsgebühr, Nr. 3104 VV (Wert: 10.000,00 EUR)	669,60 EUR
3.	Postentgeltpauschale, Nr. 7002 VV	20,00 EUR
	Zwischensumme 1.415,00 EUR	
4.	19 % Umsatzsteuer, Nr. 7008 VV	268,85 EUR
	Gesamt	**1.683,85 EUR**

114 Zu beachten ist, dass keine Partei nach § 15 Abs. 2 RVG mehr als 100 Prozent der ihr insgesamt in beiden Verfahren erwachsenen Kosten erstattet verlangen kann.[39]

> **Beispiel 69** Unterschiedliche Kostenentscheidungen in Anordnungs- und Aufhebungs- bzw. Abänderungsverfahren

Der Antragsteller hatte durch seinen Anwalt den Erlass einer einstweiligen Verfügung beantragt. Nach mündlicher Verhandlung ist die beantragte Verfügung überwiegend erlassen worden. Die Kosten sind zu 75 % dem Antragsgegner und zu 25 % dem Antragsteller auferlegt worden. Die Kostenausgleichung wurde durchgeführt. Später wird die einstweilige Verfügung im Verfahren nach § 927 ZPO aufgehoben. Die Kosten des Aufhebungsverfahrens werden dem Antragsteller auferlegt.

Im Aufhebungsverfahren sind eine 1,3-Verfahrensgebühr und eine 1,2-Terminsgebühr angefallen, die grundsätzlich nach der Kostenentscheidung im Aufhebungsverfahren zu erstatten sind. Zu beachten ist jetzt allerdings, dass im Anordnungsverfahren bereits 25 % dieser Kosten im Rahmen der Ausgleichung berücksichtigt worden sind. Es können daher nur noch restliche 75 % der Kosten des Aufhebungsverfahrens berücksichtigt und festgesetzt werden.

Kostenerstattung Antragsgegner im Aufhebungsverfahren

1.	1,3-Verfahrensgebühr, Nr. 3100 VV (Wert: 10.000,00 EUR)	725,40 EUR
2.	1,2-Terminsgebühr, Nr. 3104 VV (Wert: 10.000,00 EUR)	669,60 EUR
3.	Postentgeltpauschale, Nr. 7002 VV	20,00 EUR
	Zwischensumme 1.415,00 EUR	
4.	19 % Umsatzsteuer, Nr. 7008 VV	268,85 EUR
	Gesamt	**1.683,85 EUR**
	Hiervon 75 %	**1.262,89 EUR**

g) Anhang: Aufhebung der Kostenentscheidung nach abweichender Entscheidung in der Hauptsache

115 Wurde die Klage in der Hauptsache anders entschieden als das vorausgegangene Eilverfahren und dadurch festgestellt, dass die einstweilige Verfügung von Anfang an unberechtigt war, kann die im Hauptsacheverfahren obsiegende Partei die Verfügungskosten von der unterlegenen Partei erstattet verlangen. Die im Hauptsacheverfahren obsiegende Partei kann die dem Gegner erstatteten Verfügungskosten nach einem obiter dictum des BGH als Vollziehungsschaden nach § 945 ZPO (erweiterte Auslegung) geltend machen[40] und hinsichtlich der eigenen Kosten des Verfü-

---

39 KG AGS 2009, 513 = KGR 2009, 516 = JurBüro 2009, 423 = NJW-RR 2009, 1438; OLG Hamburg JurBüro 1981, 277; OLG Schleswig AGS 1995, 67 = JurBüro 1995, 308; OLG Koblenz JurBüro 1978, 1823; a.A. KG JurBüro 1974, 1395.
40 BGHZ 45, 251.

gungsverfahrens ein Aufhebungsverfahren nach § 927 ZPO einleiten mit dem Ziel einer isolierten Aufhebung der Kostenentscheidung.[41]

IV. Vorgerichtliche Vertretung

Zu beachten ist, dass der Anwalt auch außergerichtlich hinsichtlich der Eilsache tätig werden kann, also hinsichtlich des Gegenstands, der nachfolgend Streitgegenstand des Arrests oder der einstweiligen Verfügung wird. Es liegen dann auch außergerichtlich zwei verschiedene gebührenrechtliche Angelegenheiten i.S.d. § 15 RVG vor. Für verwaltungsrechtliche Angelegenheiten ist dies in § 17 Nr. 1a RVG klargestellt. In Zivilsachen ergibt sich letztlich nichts anderes. Ebenso wie einstweilige Verfügung und Hauptsache verschiedene Gegenstände sind und die Gebühren nach § 17 Nr. 4 Buchst. b) RVG gesondert entstehen lassen, liegen auch außergerichtlich verschiedene Gegenstände vor, die die Geschäftsgebühr gesondert entstehen lassen.[42]

116

Beispiel 70 — Außergerichtliche Vertretung zu einer vorläufigen und einer endgültigen Regelung

Der A hat ein Grundstück, das nur über das Grundstück des B zu erreichen ist. B sperrt sein Grundstück eigenmächtig ab, so dass der A sein Grundstück nicht mehr erreichen kann. Er beauftragt daraufhin einen Anwalt, der zum einen eine vorläufige Zugangsregelung (Wert: 5.000,00 EUR) herbeiführen und zum anderen eine endgültige Regelung (Wert: 10.000,00 EUR) vereinbaren soll.

Es liegen zwei außergerichtliche Tätigkeiten vor, eine gerichtet auf eine vorläufige Zugangsregelung und eine gerichtet auf eine endgültige Regelung. Der Anwalt erhält daher die Geschäftsgebühr zweimal, einmal aus dem vollen Wert der Hauptsache (§ 48 Abs. 1 S. 1 GKG i.V.m. § 3 ZPO) und einmal aus dem ermäßigten Wert der Eilsache (§ 53 Abs. 1 Nr. 1 GKG i.V.m. § 3 ZPO); § 23 Abs. 1 S. 3 RVG. Ausgehend von einem Wert der Hauptsache von 10.000,00 EUR und einem Wert der vorläufigen Regelung von 5.000,00 EUR ergäbe sich unter Ansatz jeweils einer Mittelgebühr folgende Berechnung:

I. Vorläufige Regelung (Wert: 5.000,00 EUR)		
1. 1,5-Geschäftsgebühr, Nr. 2300 VV		454,50 EUR
2. Postentgeltpauschale, Nr. 7002 VV		20,00 EUR
Zwischensumme	474,50 EUR	
3. 19 % Umsatzsteuer, Nr. 7008 VV		90,16 EUR
Gesamt		**564,66 EUR**
II. Endgültige Regelung (Wert: 10.000,00 EUR)		
1. 1,5-Geschäftsgebühr, Nr. 2300 VV		837,00 EUR
2. Postentgeltpauschale, Nr. 7002 VV		20,00 EUR
Zwischensumme	857,00 EUR	
3. 19 % Umsatzsteuer, Nr. 7008 VV		162,83 EUR
Gesamt		**1.019,83 EUR**

---

41 *Hees*, MDR 1994, 438 m.w.N.
42 BGH AGS 2009, 261 = AnwBl 2009, 462 = NJW 2009, 2068 = Rpfleger 2009, 414 = BRAK-Mitt 2009, 138 = RVGreport 2009, 261 = VersR 2010, 496.

V. Anrechnung bei vorgerichtlicher Vertretung

117 Auch in Arrest- und einstweiligen Verfügungsverfahren ist gem. Vorbem. 3 Abs. 4 VV eine zuvor angefallene Geschäftsgebühr nach Nr. 2300 VV hälftig anzurechnen.

118 Hier wird allerdings von der überwiegenden Rspr.[43] und der Kommentarliteratur[44] – häufig ohne nähere Begründung – nicht genügend differenziert. Nach Vorbem. 3 Abs. 4 VV ist die Geschäftsgebühr auf ein nachfolgendes Verfahren anzurechnen, das „**denselben Gegenstand**" betrifft. Daran fehlt es, wenn der Anwalt außergerichtlich hinsichtlich der Hauptsache tätig war (etwa im Falle der Abmahnung), während das einstweilige Verfügungsverfahren eine vorläufige Regelung zum Inhalt hat. Es liegen dann verschiedene Gegenstände vor,[45] so dass eine Anrechnung zu unterbleiben hat.[46]

119 Eine vorangegangene Geschäftsgebühr kann hier nur dann angerechnet werden, wenn sie aus dem Gegenstand des Verfügungsverfahrens angefallen ist, wenn der Anwalt also außergerichtlich auch hinsichtlich einer vorläufigen Regelung tätig war. Dann entsteht aus diesem Gegenstand eine (weitere) Geschäftsgebühr (siehe oben Beispiel 116), die dann auf die Verfahrensgebühr des einstweiligen Verfügungsverfahrens anzurechnen ist.[47]

120 Am besten lässt sich dies anhand folgender Übersicht verdeutlichen:

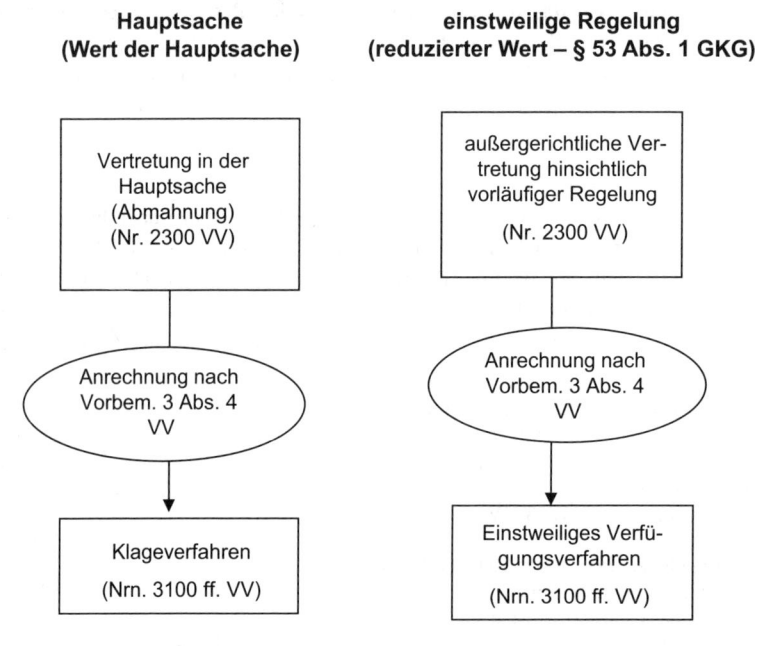

Hauptsache (Wert der Hauptsache)	einstweilige Regelung (reduzierter Wert – § 53 Abs. 1 GKG)
Vertretung in der Hauptsache (Abmahnung) (Nr. 2300 VV)	außergerichtliche Vertretung hinsichtlich vorläufiger Regelung (Nr. 2300 VV)
Anrechnung nach Vorbem. 3 Abs. 4 VV	Anrechnung nach Vorbem. 3 Abs. 4 VV
Klageverfahren (Nrn. 3100 ff. VV)	Einstweiliges Verfügungsverfahren (Nrn. 3100 ff. VV)

---

43 BGH WRP 2009, 75 = RVGreport 2008, 470; KG JurBüro 2009, 27 = KGR 2009, 76 = RVGreport 2008, 471; OLG Stuttgart AGS 2007, 104 = OLGR 2006, 691 = AnwBl 2006, 679 = MDR 2007, 57 = RVGreport 2007, 74; OLG Hamburg zfs 2005, 201; KG AGS 2009, 53 = KGR 2009, 135 = AnwBl 2009, 236 = RVGreport 2009, 29 = RVGprof. 2009, 127; in seinen Gründen auch BGH NJW 2008, 1744.
44 Gerold/Schmidt/*Mayer*, Nrn. 2300, 2301 Rn 41; Gerold/Schmidt/*Müller-Rabe*, Anhang II Rn 147.
45 *Schuschke/Walker*, Vollstreckung und Vorläufiger Rechtsschutz, Bd. II, Arrest und Einstweilige Verfügung, 3. Aufl. 2004, § 935 Rn 2, 3.
46 Ausführlich *N. Schneider*, NJW 2009, 2017; ebenso *Weber* in Münchener Anwaltshandbuch Vergütungsrecht, § 11 Rn 14 ff.
47 *N. Schneider*, NJW 2009, 2017; *Weber* in Münchener Anwaltshandbuch Vergütungsrecht, § 11 Rn 18.

V. Anrechnung bei vorgerichtlicher Vertretung § 19

Beispiel 71 | **Außergerichtliche Vertretung zur Hauptsache und einstweilige Verfügung**

Der A hat ein Grundstück, das nur über einen Weg auf dem Grundstück des B zu erreichen ist. B sperrt sein Grundstück eigenmächtig ab, so dass der A sein Grundstück nicht mehr erreichen kann. Der A beauftragt daraufhin einen Anwalt, der unter Fristsetzung die Wiedereinräumung des ungehinderten Zugangs zum Grundstück verlangt (Wert: 10.000,00 EUR). Als dies nicht geschieht, beantragt der Anwalt für den A den Erlass einer einstweiligen Verfügung (Wert: 5.000,00 EUR), mit der dem B aufgegeben werden soll, den Zugang in bestimmtem Umfang vorläufig zu ermöglichen.

Die außergerichtliche Tätigkeit betrifft die Hauptsache. Das gerichtliche Verfahren betrifft dagegen die Eilsache. Es liegen verschiedene Gegenstände vor. Eine Anrechnung der Geschäftsgebühr nach Vorbem. 3 Abs. 4 VV kommt nicht in Betracht. Geht man in der Hauptsache von einem Wert in Höhe von 10.000,00 EUR aus und hinsichtlich der einstweiligen Verfügung von 5.000,00 EUR, dann ergibt sich bei Annahme einer Mittelgebühr folgende Berechnung:

    I. **Außergerichtliche Vertretung (Wert: 10.000,00 EUR)**
      1. 1,5-Geschäftsgebühr, Nr. 2300 VV   837,00 EUR
      2. Postentgeltpauschale, Nr. 7002 VV   20,00 EUR
         Zwischensumme   857,00 EUR
      3. 19 % Umsatzsteuer, Nr. 7008 VV   162,83 EUR
      Gesamt   **1.019,83 EUR**
    II. **Einstweiliges Verfügungsverfahren (Wert: 5.000,00 EUR)**
      1. 1,3-Verfahrensgebühr, Nr. 3100 VV   393,90 EUR
      2. Postentgeltpauschale, Nr. 7002 VV   20,00 EUR
         Zwischensumme   413,90 EUR
      3. 19 % Umsatzsteuer, Nr. 7008 VV   78,64 EUR
    Gesamt   **492,54 EUR**

Beispiel 72 | **Außergerichtliche Vertretung zur vorläufigen Regelung und einstweilige Verfügung**

Wie vorangegangenes Beispiel 71. Der A beauftragt jedoch den Anwalt außergerichtlich lediglich damit, den B aufzufordern ihm vorläufig und in bestimmtem Umfang den Zugang zu gewähren. Einen dauerhaften Anspruch auf Zugang zum Grundstück soll der Anwalt nicht geltend machen, da der A sich einen anderweitigen Zugang verschaffen will.

Die außergerichtliche Vertretung betrifft jetzt nur eine vorläufige Regelung, ebenso wie das einstweilige Verfügungsverfahren. Die Geschäftsgebühr ist daher hälftig nach Vorbem. 3 Abs. 4 VV anzurechnen. Ausgehend von einem Wert in Höhe von 5.000,00 EUR ergibt sich bei Annahme einer Mittelgebühr folgende Berechnung:

    I. **Außergerichtliche Vertretung (Wert: 5.000,00 EUR)**
      1. 1,5-Geschäftsgebühr, Nr. 2300 VV   454,50 EUR
      2. Postentgeltpauschale, Nr. 7002 VV   20,00 EUR
         Zwischensumme   474,50 EUR
      3. 19 % Umsatzsteuer, Nr. 7008 VV   90,16 EUR
    Gesamt   **564,66 EUR**
    II. **Einstweiliges Verfügungsverfahren (Wert: 5.000,00 EUR)**
      1. 1,3-Verfahrensgebühr, Nr. 3100 VV   393,90 EUR
      2. gem. Vorbem. 3 Abs. 4 VV anzurechnen, 0,75 aus   – 227,25 EUR
         5.000,00 EUR
      3. 1,2-Terminsgebühr, Nr. 3104 VV   363,60 EUR

4. Postentgeltpauschale, Nr. 7002 VV		20,00 EUR
Zwischensumme	550,25 EUR	
5. 19 % Umsatzsteuer, Nr. 7008 VV		104,55 EUR
Gesamt		**654,80 EUR**

Beispiel 73	Außergerichtliche Vertretung in der Hauptsache, einstweilige Verfügung und anschließende Hauptsacheklage

Wie Beispiel 71; nachdem der B der Forderung auf Gestattung des ungehinderten Zugangs zum Grundstück nicht nachgekommen ist, beantragt der Anwalt den Erlass einer einstweiligen Anordnung, mit der dem B aufgegeben werden soll, den Zugang in bestimmtem Umfang vorläufig zu ermöglichen. Gleichzeitig wird auch Klage zur Hauptsache auf dauerhaften Zugang erhoben.

Vorgerichtlich ist der Anwalt hinsichtlich der Hauptsache tätig geworden. Die gerichtlichen Verfahren betreffen zum einen ebenfalls die Hauptsache und zum anderen nur die Eilsache (Verfügungsverfahren). Die angefallene Geschäftsgebühr aus der Hauptsache ist jetzt anzurechnen auf die Verfahrensgebühr des Hauptsacheverfahrens. Im einstweiligen Verfügungsverfahren findet keine Anrechnung statt, da hinsichtlich der Eilsache keine vorgerichtliche Vertretung stattgefunden hat. Ausgehend von einem Wert der Hauptsache in Höhe von 10.000,00 EUR und hinsichtlich der einstweiligen Verfügung von 5.000,00 EUR, ergibt sich bei Annahme einer Mittelgebühr folgende Berechnung:

I. Außergerichtliche Vertretung (Wert: 10.000,00 EUR)		
1. 1,5-Geschäftsgebühr, Nr. 2300 VV		837,00 EUR
2. Postentgeltpauschale, Nr. 7002 VV		20,00 EUR
Zwischensumme	857,00 EUR	
3. 19 % Umsatzsteuer, Nr. 7008 VV		162,83 EUR
Gesamt		**1.019,83 EUR**
II. Hauptsacheklage (Wert: 10.000,00 EUR)		
1. 1,3-Verfahrensgebühr, Nr. 3100 VV		725,40 EUR
2. gem. Vorbem. 3 Abs. 4 VV anzurechnen, 0,75 aus 10.000,00 EUR		– 418,50 EUR
3. 1,2-Terminsgebühr, Nr. 3104 VV		669,60 EUR
4. Postentgeltpauschale, Nr. 7002 VV		20,00 EUR
Zwischensumme	996,50 EUR	
5. 19 % Umsatzsteuer, Nr. 7008 VV		189,34 EUR
Gesamt		**1.185,84 EUR**
III. Einstweiliges Verfügungsverfahren (Wert: 5.000,00 EUR)		
1. 1,3-Verfahrensgebühr, Nr. 3100 VV		393,90 EUR
2. Postentgeltpauschale, Nr. 7002 VV		20,00 EUR
Zwischensumme	413,90 EUR	
3. 19 % Umsatzsteuer, Nr. 7008 VV		78,64 EUR
Gesamt		**492,54 EUR**

Beispiel 74	Außergerichtliche Vertretung hinsichtlich einer vorläufigen und einer endgültigen Regelung, einstweilige Verfügung und Hauptsacheklage

Wie Beispiel 71; der A beauftragt seinen Anwalt zum einen, den ungehinderten Zugang auf Dauer zu verlangen und darüber hinaus bis zur endgültigen Klärung der Sache, ihm vorläufig und in bestimmtem Umfang den Zugang zu gewähren. Da der B auf beides nicht reagiert, beantragt der Anwalt auftragsgemäß den Erlass einer einstweiligen Verfügung, mit der dem

B aufgegeben werden soll, den Zugang in bestimmtem Umfang vorläufig zu ermöglichen. Gleichzeitig wird auch Klage zur Hauptsache auf dauerhaften Zugang erhoben.

Außergerichtlich ist der Anwalt sowohl hinsichtlich der Hauptsache als auch einer vorläufigen Regelung tätig geworden. Er erhält daher die Geschäftsgebühr (Nr. 2300 VV) zweimal, einmal aus dem Wert der Hauptsache und einmal aus dem Wert der Eilsache.

Die Geschäftsgebühr aus dem Gegenstand der vorläufigen Regelung ist gem. Vorbem. 3 Abs. 4 VV anzurechnen auf die Verfahrensgebühr des einstweiligen Verfügungsverfahrens. Die Geschäftsgebühr betreffend die endgültige Regelung ist anzurechnen auf die Verfahrensgebühr des Hauptsacheverfahrens.

Ausgehend von einem Wert der Hauptsache in Höhe von 10.000,00 EUR und hinsichtlich der einstweiligen Verfügung von 5.000,00 EUR, ergibt sich bei Annahme einer Mittelgebühr folgende Berechnung:

I. **Außergerichtliche Vertretung, vorläufige Regelung (Wert: 5.000,00 EUR)**
1. 1,5-Geschäftsgebühr, Nr. 2300 VV   454,50 EUR
2. Postentgeltpauschale, Nr. 7002 VV   20,00 EUR
   Zwischensumme   474,50 EUR
3. 19 % Umsatzsteuer, Nr. 7008 VV   90,16 EUR
Gesamt   **564,66 EUR**

II. **Einstweiliges Verfügungsverfahren (Wert: 5.000,00 EUR)**
1. 1,3-Verfahrensgebühr, Nr. 3100 VV   393,90 EUR
2. gem. Vorbem. 3 Abs. 4 VV anzurechnen, 0,75 aus 5.000,00 EUR   − 227,25 EUR
3. 1,2-Terminsgebühr, Nr. 3104 VV   363,60 EUR
4. Postentgeltpauschale, Nr. 7002 VV   20,00 EUR
   Zwischensumme   550,25 EUR
5. 19 % Umsatzsteuer, Nr. 7008 VV   104,55 EUR
Gesamt   **654,80 EUR**

III. **Außergerichtliche Vertretung Hauptsache (Wert: 10.000,00 EUR)**
1. 1,5-Geschäftsgebühr, Nr. 2300 VV   837,00 EUR
2. Postentgeltpauschale, Nr. 7002 VV   20,00 EUR
   Zwischensumme   857,00 EUR
3. 19 % Umsatzsteuer, Nr. 7008 VV   162,83 EUR
Gesamt   **1.019,83 EUR**

IV. **Hauptsacheklage (Wert: 10.000,00 EUR)**
1. 1,3-Verfahrensgebühr, Nr. 3100 VV   725,40 EUR
2. gem. Vorbem. 3 Abs. 4 VV anzurechnen, 0,75 aus 10.000,00 EUR   − 418,50 EUR
3. 1,2-Terminsgebühr, Nr. 3104 VV   669,60 EUR
4. Postentgeltpauschale, Nr. 7002 VV   20,00 EUR
   Zwischensumme   996,50 EUR
5. 19 % Umsatzsteuer, Nr. 7008 VV   189,34 EUR
Gesamt   **1.185,84 EUR**

VI. Beschwerdeverfahren

Weist das Gericht den Antrag auf Erlass einer einstweiligen Verfügung oder eines Arrests ohne mündliche Verhandlung durch Beschluss zurück, so ist hiergegen die sofortige Beschwerde gegeben (§ 567 Abs. 1 Nr. 2 ZPO). Dieses Beschwerdeverfahren wiederum stellt gem. § 17 Nr. 1 RVG eine **eigene Angelegenheit** dar, die nach den Nrn. 3500 ff. VV zu vergüten ist.

§ 19 Arrest- und einstweiliges Verfügungsverfahren

122 Wird eine solche Beschwerde eingereicht, hat das Beschwerdegericht prozessual zwei Möglichkeiten:
- Das Beschwerdegericht kann ohne mündliche Verhandlung entscheiden. Dann ergeht die Entscheidung im Beschlussverfahren.
- Das Beschwerdegericht kann aber auch eine mündliche Verhandlung anordnen. In diesem Fall gelten für das Verfahren die allgemeinen Regelungen für das Urteilsverfahren.[48]

123 Während im Beschlussverfahren die 0,5-Terminsgebühr nach Nr. 3513 VV entsteht (nur möglich bei Mitwirkung an einer Besprechung zur Erledigung des Verfahrens), richtet sich die Terminsgebühr im Urteilsverfahren nach Nr. 3514 VV und beträgt 1,2.

124 Nach der bis zum 31.7.2013 geltenden Fassung des RVG sollte die höhere 1,2-Terminsgebühr der Nr. 3514 VV nach dem Wortlaut des Gesetzes nur dann anfallen, wenn das Gericht aufgrund mündlicher Verhandlung durch Urteil entschied. Durch die Neufassung der Nr. 3514 VV ist jetzt klargestellt worden, dass in allen Fällen, in denen das Beschwerdegericht einen Termin zur mündlichen Verhandlung anberaumt und damit zu erkennen gibt, dass es vom Beschlussverfahren in das Urteilsverfahren übergehen will, die höhere Terminsgebühr anfällt.

Beispiel 75 | Beschwerde gegen Nichterlass einer einstweiligen Verfügung ohne mündliche Verhandlung

Das LG lehnt den Erlass einer einstweiligen Verfügung (Wert: 5.000,00 EUR) ab. Der Antragsteller legt dagegen Beschwerde ein. Im Beschwerdeverfahren entscheidet das OLG ohne mündliche Verhandlung.

Im Verfügungsverfahren entsteht die Verfahrensgebühr nach Nr. 3100 VV. Für das Beschwerdeverfahren entsteht die Beschwerdegebühr nach Nr. 3500 VV.

I. Verfügungsverfahren vor dem LG
1. 1,3-Verfahrensgebühr, Nr. 3100 VV (Wert: 5.000,00 EUR)   393,90 EUR
2. Postentgeltpauschale, Nr. 7002 VV   20,00 EUR
    Zwischensumme   413,90 EUR
3. 19 % Umsatzsteuer, Nr. 7008 VV   78,64 EUR
Gesamt   **492,54 EUR**

II. Beschwerdeverfahren vor dem OLG
1. 0,5-Verfahrensgebühr, Nr. 3500 VV (Wert: 5.000,00 EUR)   151,50 EUR
2. Postentgeltpauschale, Nr. 7002 VV   20,00 EUR
    Zwischensumme   171,50 EUR
3. 19 % Umsatzsteuer, Nr. 7008 VV   32,59 EUR
Gesamt   **204,09 EUR**

Beispiel 76 | Beschwerde gegen Nichterlass einer einstweiligen Verfügung mit außergerichtlicher Besprechung

Das LG lehnt den Erlass einer einstweiligen Verfügung (Wert: 5.000,00 EUR) ab. Der Antragsteller legt dagegen Beschwerde ein. Im Beschwerdeverfahren verhandeln die Parteien

---

48 Musielak/*Huber*, ZPO, § 921 Rn 14.

VI. Beschwerdeverfahren § 19

außerhalb des Gerichts. Eine Einigung scheitert. Das OLG entscheidet ohne mündliche Verhandlung.

Im Verfügungsverfahren entsteht wiederum die Verfahrensgebühr nach Nr. 3100 VV (siehe Beispiel 75). Im Beschwerdeverfahren entsteht neben der Beschwerdegebühr nach Nr. 3500 VV jetzt auch die Terminsgebühr nach Nr. 3513 VV, da auch hier Vorbem. 3 Abs. 3 S. 3 Nr. 2 VV gilt. Nr. 3514 VV greift nicht, weil kein gerichtlicher Termin anberaumt war.

1. 0,5-Verfahrensgebühr, Nr. 3500 VV 151,50 EUR
   (Wert: 5.000,00 EUR)
2. 0,5-Terminsgebühr, Nr. 3513 VV 151,50 EUR
   (Wert: 5.000,00 EUR)
3. Postentgeltpauschale, Nr. 7002 VV 20,00 EUR
   Zwischensumme 323,00 EUR
4. 19 % Umsatzsteuer, Nr. 7008 VV 61,37 EUR
   Gesamt **384,37 EUR**

Beispiel 77 — **Beschwerde gegen Nichterlass einer einstweiligen Verfügung mit außergerichtlicher Besprechung und Einigung**

Das LG lehnt den Erlass einer einstweiligen Verfügung (Wert: 5.000,00 EUR) ab. Der Antragsteller legt dagegen Beschwerde ein. Im Beschwerdeverfahren verhandeln die Parteien außerhalb des Gerichts und einigen sich.

Zu rechnen ist wie in Beispiel 76. Hinzu kommt jetzt noch eine 1,0-Einigungsgebühr (Nrn. 1000, 1003 VV). Die Regelung der Nr. 1004 VV greift nicht, da diese Vorschrift nur für Berufungs- und Revisionsverfahren sowie die besonderen Beschwerdeverfahren nach Vorbem. 3.2.1 VV gilt, nicht aber auch für einfache Beschwerdeverfahren.

1. 0,5-Verfahrensgebühr, Nr. 3500 VV 151,50 EUR
   (Wert: 5.000,00 EUR)
2. 0,5-Terminsgebühr, Nr. 3513 VV 151,50 EUR
   (Wert: 5.000,00 EUR)
3. 1,0-Einigungsgebühr, Nrn. 1000, 1003 VV 303,00 EUR
   (Wert: 5.000,00 EUR)
4. Postentgeltpauschale, Nr. 7002 VV 20,00 EUR
   Zwischensumme 626,00 EUR
5. 19 % Umsatzsteuer, Nr. 7008 VV 118,94 EUR
   Gesamt **744,94 EUR**

Beispiel 78 — **Beschwerde gegen Nichterlass einer einstweiligen Verfügung mit mündlicher Verhandlung**

Das LG lehnt den Erlass einer einstweiligen Verfügung (Wert: 5.000,00 EUR) ab. Der Antragsteller legt dagegen Beschwerde ein. Im Beschwerdeverfahren beraumt das OLG Termin zur mündlichen Verhandlung an und entscheidet hiernach durch Urteil.

Im Verfügungsverfahren entsteht wiederum die Verfahrensgebühr nach Nr. 3100 VV (siehe Beispiele 75 ff.). Im Beschwerdeverfahren entsteht neben der Verfahrensgebühr nach Nr. 3500 VV wiederum die Terminsgebühr der Nr. 3513 VV, allerdings in der Höhe der Nr. 3514 VV.

§ 19 Arrest- und einstweiliges Verfügungsverfahren

1. 0,5-Verfahrensgebühr, Nr. 3500 VV 151,50 EUR
   (Wert: 5.000,00 EUR)
2. 1,2-Terminsgebühr, Nrn. 3513, 3514 VV 363,60 EUR
   (Wert: 5.000,00 EUR)
3. Postentgeltpauschale, Nr. 7002 VV 20,00 EUR
   Zwischensumme 535,10 EUR
4. 19 % Umsatzsteuer, Nr. 7008 VV 101,67 EUR
   Gesamt **636,77 EUR**

| Beispiel 79 | Beschwerde gegen Nichterlass einer einstweiligen Verfügung mit mündlicher Verhandlung und übereinstimmender Hauptsacheerledigung |

Das LG lehnt den Erlass einer einstweiligen Verfügung (Wert: 5.000,00 EUR) ab. Der Antragsteller legt dagegen Beschwerde ein. Im Beschwerdeverfahren beraumt das OLG Termin zur mündlichen Verhandlung an. Dort wird die Hauptsache übereinstimmend für erledigt erklärt.

Obwohl es jetzt nicht mehr zu einem Urteil gekommen ist, wird ebenso wie im vorangegangenen Beispiel 78 abgerechnet. Nach bisherigem Recht wäre dem Wortlaut zur Folge nur eine 0,5-Terminsgebühr angefallen.

| Beispiel 80 | Beschwerde gegen Nichterlass einer einstweiligen Verfügung mit mündlicher Verhandlung mit Antrags- oder Beschwerderücknahme |

Das LG lehnt den Erlass einer einstweiligen Verfügung (Wert: 5.000,00 EUR) ab. Der Antragsteller legt dagegen Beschwerde ein. Im Beschwerdeverfahren beraumt das OLG Termin zur mündlichen Verhandlung an. Dort nimmt der Antragsteller seinen Antrag oder seine Beschwerde zurück.

Auch jetzt fällt – im Gegensatz zum früheren Recht – eine Terminsgebühr an, obwohl es nicht mehr zu einem Urteil gekommen ist. Abzurechnen ist wie in Beispiel 78.

| Beispiel 81 | Beschwerde gegen Nichterlass einer einstweiligen Verfügung mit mündlicher Verhandlung und Einigung |

Das LG lehnt die Anordnung eines Arrests (Wert: 5.000,00 EUR) ab. Der Antragsteller legt dagegen Beschwerde ein. Im Beschwerdeverfahren beraumt das OLG Termin zur mündlichen Verhandlung an. Dort einigen sich die Parteien.

Im Verfügungsverfahren entsteht die Verfahrensgebühr nach Nr. 3100 VV (siehe Beispiele 75 ff.). Im Beschwerdeverfahren entsteht neben der Verfahrensgebühr nach Nr. 3500 VV wiederum eine Terminsgebühr nach Nrn. 3513, 3514 VV, auch wenn eine Entscheidung nicht ergangen ist. Entscheidend ist, dass die mündliche Verhandlung anberaumt war und dort verhandelt wurde.

Hinzu kommt eine Einigungsgebühr nach Nr. 1000 VV. Da es sich nicht um ein Berufungsverfahren handelt, bleibt es bei einer 1,0-Gebühr nach Nr. 1003 VV; die Erhöhung nach Nr. 1004 VV ist nicht einschlägig.

1. 0,5-Verfahrensgebühr, Nr. 3500 VV (Wert: 5.000,00 EUR)		151,50 EUR
2. 1,2-Terminsgebühr, Nrn. 3513, 3514 VV (Wert: 5.000,00 EUR)		363,60 EUR
3. 1,0-Einigungsgebühr, Nrn. 1000, 1003 VV (Wert: 5.000,00 EUR)		303,00 EUR
4. Postentgeltpauschale, Nr. 7002 VV		20,00 EUR
Zwischensumme	838,10 EUR	
5. 19 % Umsatzsteuer, Nr. 7008 VV		159,24 EUR
Gesamt		**997,34 EUR**

VII. Berufung

Im Berufungsverfahren gelten keine Besonderheiten. Abzurechnen ist wie im Erkenntnisverfahren (siehe hierzu § 15). **125**

Beispiel 82 **Berufung mit mündlicher Verhandlung**

Das LG lehnt den Erlass einer einstweiligen Verfügung (Wert: 5.000,00 EUR) nach mündlicher Verhandlung durch Urteil ab. Hiergegen wird Berufung eingelegt und verhandelt.

Es entstehen die Verfahrensgebühr nach Nr. 3200 VV und die Terminsgebühr nach Nr. 3202 VV.

1. 1,6-Verfahrensgebühr, Nr. 3200 VV (Wert: 5.000,00 EUR)		484,80 EUR
2. 1,2-Terminsgebühr, Nr. 3202 VV (Wert: 5.000,00 EUR)		363,60 EUR
3. Postentgeltpauschale, Nr. 7002 VV		20,00 EUR
Zwischensumme	868,40 EUR	
4. 19 % Umsatzsteuer, Nr. 7008 VV		165,00 EUR
Gesamt		**1.033,40 EUR**

VIII. Revision und Rechtsbeschwerde

Weder Revision noch Rechtsbeschwerde sind nach Ansicht des BGH – weder in der Hauptsache[49] noch gegen eine Kostenentscheidung nach § 91a ZPO[50] – in Arrest- und einstweiligen Verfügungsverfahren zulässig (§ 542 ZPO analog). Das heißt jedoch nicht, dass im Verfügungsverfahren nicht doch Revision oder eine Rechtsbeschwerde eingelegt wird (wie die o.g. Entscheidungen zeigen). Abzurechnen ist dann wie im Revisionsverfahren oder im Verfahren der Nichtzulassungsbeschwerde. **126**

Beispiel 83 **Rechtsbeschwerde**

Das LG verwirft die Berufung gegen eine einstweilige Verfügung (Wert: 50.000,00 EUR) als unzulässig. Hiergegen wird Rechtsbeschwerde erhoben, die vom BGH als unzulässig verworfen wird.

---

[49] BGHR 2003, 628 = NJW 2003, 69 = BGHZ 152, 195 = WM 2002, 2435 = ZfBR 2003, 33 = BauR 2003, 130 = MDR 2003, 827 = VersR 2003, 1056 = BB 2003, 1200.
[50] AGS 2004, 37 = NJW 2003, 3565 = BGHR 2003, 1362 = WM 2004, 104 = GRUR 2004, 81 = MDR 2004, 108 = InVo 2004, 200.

Die Unzulässigkeit hat keinen Einfluss auf die anfallenden Gebühren. Abzurechnen ist wie in einem zulässigen Rechtsbeschwerdeverfahren.

1.	1,0-Verfahrensgebühr, Nr. 3502 VV (Wert: 50.000,00 EUR)	1.163,00 EUR
2.	Postentgeltpauschale, Nr. 7002 VV	20,00 EUR
	Zwischensumme	1.183,00 EUR
3.	19 % Umsatzsteuer, Nr. 7008 VV	224,77 EUR
	Gesamt	**1.407,77 EUR**

IX. Antrag auf Erlass einer einstweiligen Verfügung oder Anordnung eines Arrests im Rechtsmittelverfahren

127 Wird der Erlass einer einstweiligen Verfügung oder die Anordnung eines Arrests während der Anhängigkeit der Hauptsache im Berufungsverfahren beantragt, ist das Berufungsgericht für den Erlass des Arrests oder der einstweiligen Verfügung zuständig (§ 943 ZPO). In der Hauptsache gelten dann zwar die Gebühren nach den Nrn. 3200 ff. VV, im Arrest- oder Verfügungsverfahren bleiben jedoch die Gebühren der Nrn. 3100 ff. VV anwendbar (Vorbem. 3.2 Abs. 2 S. 1 VV).

> **Beispiel 84** | **Antrag auf Erlass einer einstweiligen Verfügung erstmals im Berufungsverfahren**

Gegen das Urteil des AG zur Hauptsache wird Berufung eingelegt (Wert: 5.000,00 EUR). Dort wird erstmals ein Antrag auf Erlass einer einstweiligen Verfügung gestellt.

In der Hauptsache erhält der Anwalt die Gebühren nach den Nrn. 3200 ff. VV.

Die einstweilige Verfügung ist jetzt nach § 943 ZPO zwar vor dem Berufungsgericht als Gericht der Hauptsache zu beantragen. Dennoch verbleibt es bei den erstinstanzlichen Gebühren (Vorbem. 3.2 Abs. 2 S. 1 VV).

I.	**Hauptsache**	
1.	1,6-Verfahrensgebühr, Nr. 3200 VV (Wert: 5.000,00 EUR)	484,80 EUR
2.	1,2-Terminsgebühr, Nr. 3202 VV (Wert: 5.000,00 EUR)	363,60 EUR
3.	Postentgeltpauschale, Nr. 7002 VV	20,00 EUR
	Zwischensumme	868,40 EUR
4.	19 % Umsatzsteuer, Nr. 7008 VV	165,00 EUR
	Gesamt	**1.033,40 EUR**
II.	**Einstweiliges Verfügungsverfahren**	
1.	1,3-Verfahrensgebühr, Nr. 3100 VV (Wert: 5.000,00 EUR)	393,90 EUR
2.	Postentgeltpauschale, Nr. 7002 VV	20,00 EUR
	Zwischensumme	413,90 EUR
3.	19 % Umsatzsteuer, Nr. 7008 VV	78,64 EUR
	Gesamt	**492,54 EUR**

128 Ist die Hauptsache in der Revision anhängig, ergeben sich keine Probleme, da dann ohnehin das erstinstanzliche Gericht zuständig ist (§ 943 ZPO). Es gelten auch hier nur die Gebühren der Nrn. 3100 ff. VV.

X. Vollziehung

Für die Vollziehung einer einstweiligen Verfügung oder eines Arrests gilt Teil 3 Abschnitt 3 Unterabschnitt 3 VV (Vorbem. 3.3.3 S. 1 Nr. 4 VV). Es entstehen die Gebühren der Nrn. 3309, 3310 VV (wegen Einzelheiten siehe § 33 Rn 150 ff.). **129**

XI. Abschlussschreiben

1. Überblick

Ein sog. Abschlussschreiben, also ein Schreiben, mit dem der Rechtsanwalt den Antragsgegner nach Erlass einer einstweiligen Verfügung auffordert, den Verfügungsanspruch anzuerkennen und auf seine Rechte gegen die Verfügung zu verzichten, zählt nicht mehr zur Gebühreninstanz des Verfügungsverfahrens. Diese Tätigkeit betrifft vielmehr die Hauptsache.[51] Wie abzurechnen ist, hängt davon ab, ob insoweit ein Auftrag zur außergerichtlichen Vertretung vorlag oder ob bereits Klageauftrag erteilt worden war. **130**

Hatte der Anwalt bereits Klageauftrag zur Hauptsache, dann zählt das Abschlussschreiben als Vorbereitungshandlung bereits zur Instanz (§ 19 Abs. 1 S. 2 Nr. 1 RVG), also zur Hauptsacheklage, so dass er durch das Abschlussschreiben eine 0,8-Verfahrensgebühr nach Nrn. 3100, 3101 Nr. 1 VV verdient.[52] **131**

Hat der Anwalt noch keinen Klageauftrag, so löst das Abschlussschreiben eine Geschäftsgebühr nach Nr. 2300 VV aus.[53] **132**

2. Noch kein Auftrag zur Hauptsacheklage

a) Abrechnung

Hat der Anwalt noch keinen Klageauftrag, so löst das Abschlussschreiben eine Geschäftsgebühr nach Nr. 2300 VV aus.[54] Diese Gebühr ist nach Vorbem. 3 Abs. 4 VV zur Hälfte, höchstens mit 0,75 auf ein nachfolgendes Hauptsacheverfahren anzurechnen. **133**

> **Beispiel 85** Außergerichtliches Abschlussschreiben nach Verfügungsverfahren
>
> **Nach Erlass einer einstweiligen Verfügung (Wert: 7.500,00 EUR), die der Anwalt für seinen Mandanten im Beschlussverfahren ohne mündliche Verhandlung erwirkt hat, fordert er auftragsgemäß den Antragsgegner außergerichtlich auf, den Verfügungsanspruch (Hauptsa-**

---

51 BGH NJW 1973, 901 = MDR 1973, 482 = BB 1973, 813 = GRUR 1973, 384.
52 Zur vergleichbaren Lage nach der BRAGO (§ 37 Nr. 1, §§ 31 Abs. 1 Nr. 1, 32 Abs. 2 BRAGO): AG Saarbrücken AnwBl 1980, 517 = MDR 1981, 55 = JurBüro 1981, 276 = VersR 1981, 644; LG Hannover JurBüro 1981, 223; OLG Stuttgart WRP 1984, 230 = Justiz 1984, 343; OLG Köln GRUR 1986, 96; OLG Hamm GRUR 1991, 336 = MDR 1991, 545 = WRP 1991, 496 = NJW-RR 1991, 1335.
53 BGH = NJW 2008, 1744 = RVGreport 2008, 184 = BRAK-Mitt 2008, 140 = AnwBl 2008, 550; BGHR 2007, 297 = VersR 2007, 506 = WM 2007, 753 = MDR 2007, 585 = AnwBl 2007, 548; OLG Hamburg MDR 1981, 944 = WRP 1981, 470.
54 BGH NJW 2008, 1744 = RVGreport 2008, 184 = BRAK-Mitt 2008, 140 = AnwBl 2008, 550; BGHR 2007, 297 = VersR 2007, 506 = WM 2007, 753 = MDR 2007, 585 = AnwBl 2007, 548; OLG Hamburg MDR 1981, 944 = WRP 1981, 470.

chewert: 30.000,00 EUR) anzuerkennen und auf seine Rechte gegen die Verfügung zu verzichten, was dann auch geschieht.

Für das Verfügungsverfahren entsteht die Gebühr nach Nr. 3100 VV aus dem Wert von 7.500,00 EUR. Für die außergerichtliche Vertretung entsteht eine Geschäftsgebühr nach Nr. 2300 VV aus dem Wert der Hauptsache, also aus 30.000,00 EUR. Hier soll von der Mittelgebühr ausgegangen werden. Eine Anrechnung ist nicht vorgesehen.

I.	**Verfügungsverfahren**		
1.	1,3-Verfahrensgebühr, Nr. 3100 VV (Wert: 7.500,00 EUR)		592,80 EUR
2.	Postentgeltpauschale, Nr. 7002 VV		20,00 EUR
	Zwischensumme	612,80 EUR	
3.	19 % Umsatzsteuer, Nr. 7008 VV		116,43 EUR
Gesamt			**729,23 EUR**
II.	**Abschlussschreiben**		
1.	1,5-Geschäftsgebühr, Nr. 2300 VV (Wert: 30.000,00 EUR)		1.294,50 EUR
2.	Postentgeltpauschale, Nr. 7002 VV		20,00 EUR
	Zwischensumme	1.314,50 EUR	
3.	19 % Umsatzsteuer, Nr. 7008 VV		249,76 EUR
Gesamt			**1.564,26 EUR**

b) Abschlussschreiben nach vorheriger Abmahnung

134 Wenig Beachtung findet die Frage, wie sich das Abschlussschreiben zur Abmahnung verhält. Beides sind außergerichtliche Tätigkeiten, die eine Geschäftsgebühr auslösen. In beiden Fällen ist der Gegenstand derselbe, nämlich der Hauptsacheanspruch. Daher ist insoweit von derselben Angelegenheit i.S.d. § 15 RVG auszugehen.[55] Mit dem Abschlussschreiben wird die außergerichtliche Vertretung hinsichtlich der Hauptsache wieder aufgenommen und dem Verfügungsgegner nochmals Gelegenheit gegeben, die Sache ohne Hauptsacheprozess aus der Welt zu schaffen. Bei dem Abschlussschreiben handelt es sich folglich nicht um einen neuen Auftrag, sondern nur um den Auftrag, in der Hauptsache weiter tätig zu werden. Die Gebühren entstehen daher nicht erneut (§ 15 Abs. 5 S. 1 RVG).[56] Allerdings wird das Abschlussschreiben dazu führen, dass sich der Gebührensatz der außergerichtlichen Vertretung erhöht.

> **Beispiel 86** **Außergerichtliches Abschlussschreiben nach Abmahnung und Verfügungsverfahren**
>
> Der Anwalt mahnt den Gegner zunächst ab (Wert der Hauptsache: 30.000,00 EUR). Da der Gegner nicht reagiert, beantragt der Anwalt den Erlass einer einstweiligen Verfügung (Wert: 7.500,00 EUR), die der Anwalt für seinen Mandanten im Beschlussverfahren ohne mündliche Verhandlung erwirkt. Hiernach fordert er auftragsgemäß den Antragsgegner außergerichtlich auf, den Verfügungsanspruch anzuerkennen und auf seine Rechte gegen die Verfügung zu verzichten, was dann auch geschieht.

---

55 KG AfP 2006, 369 = KGR 2006, 850 = WRP 2006, 1035 = RVGreport 2006, 344.
56 Unzutreffend Gerold/Schmidt/*Müller-Rabe*, Anhang II Rn 193 u. § 15 Rn 24 u. *Weber*, a.a.O. § 11 Rn 50, die hier von zwei Angelegenheiten ausgehen und zwei Geschäftsgebühren ansetzen wollen, eine für die Abmahnung und eine für die Aufforderung zur Abschlusserklärung.

XI. Abschlussschreiben § 19

Für das Verfügungsverfahren entsteht die Gebühr nach Nr. 3100 VV aus dem Wert von 7.500,00 EUR. Für die Abmahnung ist eine Geschäftsgebühr nach Nr. 2300 VV aus dem Wert der Hauptsache, also aus 30.000,00 EUR entstanden. Hier soll von der Mittelgebühr ausgegangen werden. Durch die Wiederaufnahme der außergerichtlichen Vertretung entsteht keine weitere Geschäftsgebühr. Die Tätigkeit betreffend das Abschlussschreiben stellt sich vielmehr als Fortsetzung der außergerichtlichen Vertretung dar und führt lediglich zu einer Erhöhung des Gebührensatzes, der hier mit 1,8 angenommen werden soll.

I. Außergerichtliche Vertretung betreffend Abmahnung und Abschlussschreiben
1. 1,8-Geschäftsgebühr, Nr. 2300 VV   1.553,40 EUR
(Wert: 30.000,00 EUR)
2. Postentgeltpauschale, Nr. 7002 VV   20,00 EUR
Zwischensumme   1.573,40 EUR
3. 19 % Umsatzsteuer, Nr. 7008 VV   298,95 EUR
Gesamt   **1.872,35 EUR**

II. Verfügungsverfahren
1. 1,3-Verfahrensgebühr, Nr. 3100 VV   592,80 EUR
(Wert: 7.500,00 EUR)
2. Postentgeltpauschale, Nr. 7002 VV   20,00 EUR
Zwischensumme   612,80 EUR
3. 19 % Umsatzsteuer, Nr. 7008 VV   116,43 EUR
Gesamt   **729,23 EUR**

Hatte der Anwalt die 1,5-Geschäftsgebühr für die Abmahnung bereits abgerechnet, muss diese Vergütung in der Schlussrechnung gutgeschrieben werden.

I. Abmahnung
1. 1,5-Geschäftsgebühr, Nr. 2300 VV   1.294,50 EUR
(Wert: 30.000,00 EUR)
2. Postentgeltpauschale, Nr. 7002 VV   20,00 EUR
Zwischensumme   1.314,50 EUR
3. 19 % Umsatzsteuer, Nr. 7008 VV   249,76 EUR
Gesamt   **1.564,26 EUR**

II. Verfügungsverfahren
1. 1,3-Verfahrensgebühr, Nr. 3100 VV   592,80 EUR
(Wert: 7.500,00 EUR)
2. Postentgeltpauschale, Nr. 7002 VV   20,00 EUR
Zwischensumme   612,80 EUR
3. 19 % Umsatzsteuer, Nr. 7008 VV   116,43 EUR
Gesamt   **729,23 EUR**

III. Abschlussschreiben
1. 1,8-Geschäftsgebühr, Nr. 2300 VV   1.553,40 EUR
(Wert: 30.000,00 EUR)
2. Postentgeltpauschale, Nr. 7002 VV   20,00 EUR
3. abzüglich für Abmahnung bereits abgerechneter (netto)   − 1.294,50 EUR
Zwischensumme   278,90 EUR
4. 19 % Umsatzsteuer, Nr. 7008 VV   52,99 EUR
Gesamt   **331,89 EUR**

c) Anrechnung auf nachfolgendes Hauptsacheverfahren

Folgt nach dem Abschlussschreiben das Hauptsacheverfahren, dann ist die für das Abschlussschreiben entstandene Geschäftsgebühr gem. Vorbem. 3 Abs. 4 VV hälftig auf die Verfahrensgebühr des Hauptsacheverfahrens anzurechnen, höchstens allerdings zu 0,75.

§ 19 Arrest- und einstweiliges Verfügungsverfahren

Beispiel 87 | **Außergerichtliches Abschlussschreiben nach Verfügungsverfahren mit anschließender Hauptsacheklage**

Nach Erlass einer einstweiligen Verfügung (Wert: 7.500,00 EUR), die der Anwalt für seinen Mandanten im Beschlussverfahren ohne mündliche Verhandlung erwirkt hat, fordert er auftragsgemäß den Antragsgegner außergerichtlich auf, den Verfügungsanspruch (Hauptsachewert: 30.000,00 EUR) anzuerkennen und auf seine Rechte gegen die Verfügung zu verzichten. Der Antragsgegner reagiert nicht. Es wird sodann Hauptsacheklage erhoben und zur Hauptsache verhandelt.

Für das Verfügungsverfahren entsteht wiederum die Gebühr nach Nr. 3100 VV aus dem Wert der Eilsache (7.500,00 EUR). Für das anschließende Abschlussschreiben fällt eine Geschäftsgebühr nach Nr. 2300 VV aus dem Wert der Hauptsache (30.000,00 EUR) an. Im sich hieran anschließenden Hauptsacheverfahren entsteht eine weitere Verfahrensgebühr nach Nr. 3100 VV; allerdings ist die vorangegangene Geschäftsgebühr hälftig anzurechnen (Vorbem. 3 Abs. 4 VV).

I.	**Verfügungsverfahren**	
1.	1,3-Verfahrensgebühr, Nr. 3100 VV (Wert: 7.500,00 EUR)	592,80 EUR
2.	Postentgeltpauschale, Nr. 7002 VV	20,00 EUR
	Zwischensumme	612,80 EUR
3.	19 % Umsatzsteuer, Nr. 7008 VV	116,43 EUR
	Gesamt	**729,23 EUR**
II.	**Abschlussschreiben**	
1.	1,5-Geschäftsgebühr, Nr. 2300 VV (Wert: 30.000,00 EUR)	1.294,50 EUR
2.	Postentgeltpauschale, Nr. 7002 VV	20,00 EUR
	Zwischensumme	1.314,50 EUR
3.	19 % Umsatzsteuer, Nr. 7008 VV	249,76 EUR
	Gesamt	**1.564,26 EUR**
III.	**Hauptsacheverfahren**	
1.	1,3-Verfahrensgebühr, Nr. 3100 VV (Wert: 30.000,00 EUR)	1.121,90 EUR
2.	gem. Vorbem. 3 Abs. 4 VV anzurechnen, 0,75 aus 30.000,00 EUR	– 647,25 EUR
3.	1,2-Terminsgebühr, Nr. 3104 VV (Wert: 30.000,00 EUR)	1.035,60 EUR
4.	Postentgeltpauschale, Nr. 7002 VV	20,00 EUR
	Zwischensumme	1.530,25 EUR
5.	19 % Umsatzsteuer, Nr. 7008 VV	290,75 EUR
	Gesamt	**1.821,00 EUR**

Beispiel 88 | **Abmahnung, Verfügungsverfahren und außergerichtliches Abschlussschreiben mit anschließender Hauptsacheklage**

Der Anwalt mahnt den Gegner zunächst außergerichtlich ab. Da dieser nicht reagiert, beantragt er den Erlass einer einstweiligen Verfügung (Wert: 7.500,00 EUR) im Beschlusswege ohne mündliche Verhandlung. Hiernach fordert er auftragsgemäß den Antragsgegner außergerichtlich auf, den Verfügungsanspruch (Hauptsachewert: 30.000,00 EUR) anzuerkennen und auf seine Rechte gegen die Verfügung zu verzichten. Der Antragsgegner reagiert nicht. Es wird sodann Hauptsacheklage erhoben und zur Hauptsache verhandelt.

Für die Abmahnung fällt eine Geschäftsgebühr nach Nr. 2300 VV aus dem Wert der Hauptsache (30.000,00 EUR) an.

Für das Verfügungsverfahren entsteht wiederum die Gebühr nach Nr. 3100 VV aus dem Wert der Eilsache (7.500,00 EUR).

Das anschließende Abschlussschreiben löst keine neue Gebühr aus, sondern stellt sich als Fortsetzung der mit der Abmahnung begonnen Geschäftstätigkeit dar. Insoweit soll insgesamt von einem Gebührensatz von 1,8 ausgegangen werden.

Im sich hieran anschließenden Hauptsacheverfahren entsteht eine weitere Verfahrensgebühr nach Nr. 3100 VV; allerdings ist die vorangegangene Geschäftsgebühr für Abmahnung und Abschlussschreiben hälftig anzurechnen (Vorbem. 3 Abs. 4 VV).

I.	**Verfügungsverfahren**	
1.	1,3-Verfahrensgebühr, Nr. 3100 VV (Wert: 7.500,00 EUR)	592,80 EUR
2.	Postentgeltpauschale, Nr. 7002 VV	20,00 EUR
	Zwischensumme	612,80 EUR
3.	19 % Umsatzsteuer, Nr. 7008 VV	116,43 EUR
	Gesamt	**729,23 EUR**
II.	**Außergerichtliche Vertretung hinsichtlich Abmahnung und Abschlussschreiben**	
1.	1,8-Geschäftsgebühr, Nr. 2300 VV (Wert: 30.000,00 EUR)	1.553,40 EUR
2.	Postentgeltpauschale, Nr. 7002 VV	20,00 EUR
	Zwischensumme	1.573,40 EUR
3.	19 % Umsatzsteuer, Nr. 7008 VV	298,95 EUR
	Gesamt	**1.872,35 EUR**
III.	**Hauptsacheverfahren**	
1.	1,3-Verfahrensgebühr, Nr. 3100 VV (Wert: 30.000,00 EUR)	1.121,90 EUR
2.	gem. Vorbem. 3 Abs. 4 VV anzurechnen, 0,75 aus 30.000,00 EUR	– 647,25 EUR
3.	1,2-Terminsgebühr, Nr. 3104 VV (Wert: 30.000,00 EUR)	1.035,60 EUR
4.	Postentgeltpauschale, Nr. 7002 VV	20,00 EUR
	Zwischensumme	1.530,25 EUR
5.	19 % Umsatzsteuer, Nr. 7008 VV	290,75 EUR
	Gesamt	**1.821,00 EUR**

3. Auftrag zur Hauptsacheklage bereits erteilt

War zum Zeitpunkt des Abschlussschreibens bereits Klageauftrag zur Hauptsache erteilt, dann wird die Tätigkeit des Anwalts nicht mehr nach Teil 2 VV (Geschäftsgebühr) vergütet, sondern bereits nach Teil 3 VV und löst eine Verfahrensgebühr aus, allerdings nur in ermäßigter Höhe von 0,8 (Nr. 3101 Nr. 1 VV).

Beispiel 89 — Abschlussschreiben nach Verfügungsverfahren, Klageauftrag bereits erteilt

Nach Erlass einer einstweiligen Verfügung (Wert: 7.500,00 EUR), die der Anwalt für seinen Mandanten im Beschlussverfahren ohne mündliche Verhandlung erwirkt hat, erhält er den Auftrag zur Hauptsacheklage (Wert: 30.000,00 EUR). Er fordert vorsorglich den Antragsgegner nochmals auf, den Verfügungsanspruch anzuerkennen und auf seine Rechte gegen die Verfügung zu verzichten, was dann auch geschieht.

Für das Verfügungsverfahren entsteht wiederum die Gebühr nach Nr. 3100 VV. Für die außergerichtliche Vertretung entsteht jetzt ebenfalls eine Verfahrensgebühr, da bereits Klageauftrag bestand. Infolge der vorzeitigen Erledigung reduziert sich diese Gebühr allerdings auf 0,8 (Nr. 3101 Nr. 1 VV).

I. Verfügungsverfahren
1. 1,3-Verfahrensgebühr, Nr. 3100 VV   592,80 EUR
   (Wert: 7.500,00 EUR)
2. Postentgeltpauschale, Nr. 7002 VV   20,00 EUR
   Zwischensumme   612,80 EUR
3. 19 % Umsatzsteuer, Nr. 7008 VV   116,43 EUR
Gesamt   **729,23 EUR**

II. Abschlussschreiben
1. 0,8-Verfahrensgebühr, Nrn. 3100, 3101 Nr. 1 VV   690,40 EUR
   (Wert: 30.000,00 EUR)
2. Postentgeltpauschale, Nr. 7002 VV   20,00 EUR
   Zwischensumme   710,40 EUR
3. 19 % Umsatzsteuer, Nr. 7008 VV   134,98 EUR
Gesamt   **845,38 EUR**

137 War eine Abmahnung vorangegangen, so ist die dafür angefallene Geschäftsgebühr auf die Verfahrensgebühr für das Abschlussschreiben gem. Vorbem. 3 Abs. 4 VV anzurechnen.

> **Beispiel 90** **Abschlussschreiben nach Verfügungsverfahren und Abmahnung, Klageauftrag bereits erteilt**

Der Anwalt mahnt den Antragsgegner zunächst ab. Da dieser nicht reagiert, wird der Erlass einer einstweiligen Verfügung (Wert: 7.500,00 EUR) beantragt, die im Beschlusswege ergeht. Hiernach erhält der Anwalt den Auftrag zur Hauptsacheklage (Wert: 30.000,00 EUR). Er fordert vorsorglich den Antragsgegner nochmals auf, den Verfügungsanspruch anzuerkennen und auf seine Rechte gegen die Verfügung zu verzichten, was dann auch geschieht.

Für die Abmahnung entsteht eine Geschäftsgebühr aus dem Wert der Hauptsache. Für das Verfügungsverfahren entsteht wiederum die Gebühr nach Nr. 3100 VV. Für die außergerichtliche Vertretung entsteht jetzt ebenfalls eine Verfahrensgebühr, da bereits Klageauftrag bestand. Infolge der vorzeitigen Erledigung reduziert sich diese Gebühr allerdings auf 0,8 (Nr. 3101 Nr. 1 VV). Die für die Abmahnung angefallene Geschäftsgebühr ist hierauf gem. Vorbem. 3 Abs. 4 VV hälftig, höchstens zu 0,75 anzurechnen.

I. Abmahnung
1. 1,3-Geschäftsgebühr, Nr. 2300 VV   1.121,90 EUR
   (Wert: 30.000,00 EUR)
2. Postentgeltpauschale, Nr. 7002 VV   20,00 EUR
   Zwischensumme   1.141,90 EUR
3. 19 % Umsatzsteuer, Nr. 7008 VV   216,96 EUR
Gesamt   **1.358,86 EUR**

II. Einstweiliges Verfügungsverfahren
1. 1,3-Verfahrensgebühr, Nr. 3100 VV   592,80 EUR
   (Wert: 7.500,00 EUR)
2. Postentgeltpauschale, Nr. 7002 VV   20,00 EUR
   Zwischensumme   612,80 EUR
3. 19 % Umsatzsteuer, Nr. 7008 VV   116,43 EUR
Gesamt   **729,23 EUR**

XI. Abschlussschreiben § 19

III. Abschlussschreiben
1. 0,8-Verfahrensgebühr, Nrn. 3100, 3101 Nr. 1 VV   690,40 EUR
   (Wert: 30.000,00 EUR)
2. Gem. Vorbem. 3 Abs. 4 VV anzurechnen, 0,75 aus   − 647,25 EUR
   30.000,00 EUR
3. Postentgeltpauschale, Nr. 7002 VV   20,00 EUR
   Zwischensumme   63,15 EUR
4. 19 % Umsatzsteuer, Nr. 7008 VV   12,00 EUR
Gesamt   **75,15 EUR**

Kommt es nach dem Abschlussschreiben zur Hauptsacheklage, dann entsteht keine neue Angelegenheit; vielmehr erstarkt die bisherige 0,8-Verfahrensgebühr aus Nrn. 3100, 3101 Nr. 1 VV zu einer vollen 1,3-Verfahrensgebühr nach Nr. 3100 VV.

138

> **Beispiel 91** Abschlussschreiben nach Verfügungsverfahren, Klageauftrag bereits erteilt, Hauptsacheverfahren folgt

Nach Erlass einer einstweiligen Verfügung (Wert: 7.500,00 EUR), die der Anwalt für seinen Mandanten im Beschlussverfahren ohne mündliche Verhandlung erwirkt hat, erhält er den Auftrag zur Hauptsacheklage (Wert: 30.000,00 EUR). Er fordert vorsorglich den Antragsgegner nochmals auf, den Verfügungsanspruch anzuerkennen und auf seine Rechte gegen die Verfügung zu verzichten, was nicht geschieht, so dass hiernach Hauptsacheklage erhoben und darüber verhandelt wird.

Die zuvor entstandene 0,8-Verfahrensgebühr erhöht sich jetzt auf 1,3 (Nr. 3100 VV).

I. Verfügungsverfahren
1. 1,3-Verfahrensgebühr, Nr. 3100 VV   592,80 EUR
   (Wert: 7.500,00 EUR)
2. Postentgeltpauschale, Nr. 7002 VV   20,00 EUR
   Zwischensumme   612,80 EUR
3. 19 % Umsatzsteuer, Nr. 7008 VV   116,43 EUR
Gesamt   **729,23 EUR**

II. Abschlussschreiben
1. 0,8-Verfahrensgebühr, Nr. 3104 VV   690,40 EUR
   (Wert: 30.000,00 EUR)
2. Postentgeltpauschale, Nr. 7002 VV   20,00 EUR
   Zwischensumme   710,40 EUR
3. 19 % Umsatzsteuer, Nr. 7008 VV   134,98 EUR
Gesamt   **845,38 EUR**

III. Hauptsacheverfahren
1. 1,3-Verfahrensgebühr, Nr. 3100 VV   1.121,90 EUR
   (Wert: 30.000,00 EUR)
2. 1,2-Terminsgebühr, Nr. 3104 VV   1.035,60 EUR
   (Wert: 30.00,00 EUR)
3. Postentgeltpauschale, Nr. 7002 VV   20,00 EUR
4. ./. bereits für Abschlussschreiben abgerechnet (netto) − 690,40 EUR
   Zwischensumme   1.487,10 EUR
5. 19 % Umsatzsteuer, Nr. 7008 VV   282,55 EUR
Gesamt   **1.769,65 EUR**

§ 20 Verkehrsanwalt, Terminsvertreter, Einzeltätigkeiten

Inhalt

I. Überblick 1	(1) Grundfälle 39
II. Einzeltätigkeiten nach Teil 3 VV 2	(2) Mehrere Auftraggeber 47
1. Überblick 2	(3) Vorzeitige Erledigung 48
2. Abrechnung nach Wertgebühren 5	(4) Keine Terminsgebühr in „sonstigen Fällen" 50
a) Überblick 5	(5) Versäumnisurteil 51
b) Verkehrsanwalt 7	(6) Mehrere Terminsvertretungen in derselben Angelegenheit 53
aa) Überblick 7	(7) Mehrere Terminsvertretungen in verschiedenen Angelegenheiten 56
bb) Verkehrsanwalt nach Nr. 3400 VV ... 8	
(1) Überblick 8	
(2) Grundfälle 20	(8) Nachfolgender Gesamtauftrag .. 58
(3) Vorzeitige Erledigung des Verkehrsanwaltsauftrags 23	(9) Terminsgebühr auch für Hauptbevollmächtigten 59
(4) Vorzeitige Erledigung beim Prozessbevollmächtigten 24	(10) Terminsvertretung mit Einigung 62
(5) Mehrere Auftraggeber 25	(11) Einbeziehung nicht anhängiger Gegenstände 66
(6) Unterschiedliche Gegenstandswerte 26	(12) Terminvertreter im Rechtsmittelverfahren 68
(7) Tätigkeit in verschiedenen Angelegenheiten 28	d) Verkehrsanwalt mit anschließendem Auftrag zur Terminsvertretung 69
(8) Verkehrsanwaltstätigkeit mit Einigung 30	e) Sonstige Einzeltätigkeiten 70
(9) Einbeziehung nicht anhängiger Gegenstände 31	3. Abrechnung nach Betragsrahmengebühren ... 79a
(10) Zusatzgebühr für besonders umfangreiche Beweisaufnahmen 32	**III. Einzeltätigkeiten nach Teil 4 VV** 80
cc) Verkehrsanwalt nach Anm. zu Nr. 3400 VV 33	**IV. Einzeltätigkeiten nach Teil 5 VV** 83
c) Terminsvertreter 37	**V. Einzeltätigkeiten nach Teil 6 VV** 85
aa) Begriff des Terminsvertreters 37	**VI. Einzeltätigkeiten in Schiedsrichterlichen Verfahren und Verfahren vor dem Schiedsgericht** 87
bb) Die Vergütung des Terminsvertreters 39	

I. Überblick

In sämtlichen Angelegenheiten muss einem Anwalt nicht ein umfassendes Mandat zu Vollvertretung erteilt worden sein. Möglich ist auch, dass der Anwalt nur mit Einzeltätigkeiten, insbesondere als Verkehrsanwalt oder als Terminsvertreter beauftragt worden ist. Er erhält in diesem Fall grundsätzlich nicht die Vergütung eines umfassend beauftragten Verfahrensbevollmächtigten, sondern i.d.R. eine geringere Vergütung, die wiederum davon abhängt, in welcher Angelegenheit der Anwalt tätig geworden ist. **1**

II. Einzeltätigkeiten nach Teil 3 VV

1. Überblick

In Teil 3 VV Vierter Abschnitt (Nrn. 3400 ff. VV) sind Einzeltätigkeiten des Anwalts in gerichtlichen Verfahren nach Teil 3 VV geregelt. Das RVG unterscheidet hier zwischen

- der Tätigkeit als **Verkehrsanwalt**,
- der Tätigkeit als **Terminsvertreter** und
- **sonstigen Einzeltätigkeiten**.

2 Neben den Gebührentatbeständen der Nrn. 3400 ff. VV gelten die allgemeinen Vorschriften, insbesondere
- zur **Einigungs- und Erledigungsgebühr** die Nrn. 1000 ff. VV,
- zur **Gebührenerhöhung bei mehreren Auftraggebern** Nr. 1008 VV und
- zur **Zusatzgebühr bei besonders umfangreichen Beweisaufnahmen** Nr. 1010 VV.

3 Des Weiteren gelten die Auslagentatbestände nach Teil 7 VV.

4 Hinsichtlich der Gebühren ist danach zu unterscheiden, ob gem. §§ 2 Abs. 1, 3 Abs. 1 S. 2 u. 3 RVG nach dem Gegenstandswert abzurechnen ist oder ob gem. § 3 Abs. 1 RVG Rahmengebühren gelten.

2. Abrechnung nach Wertgebühren

a) Überblick

5 Soweit die Tätigkeit des Anwalts nach dem Gegenstandswert abzurechnen ist, gelten für den Anwalt, der mit Einzeltätigkeiten beauftragt ist, ebenfalls Wertgebühren.

6 Der Gegenstandswert richtet sich gem. § 23 Abs. 1 S. 1 RVG i.V.m. nach den Wertvorschriften des gerichtlichen Verfahrens. Die Wertfestsetzung des Gerichts ist insoweit nach § 32 Abs. 1 RVG auch für den mit einer Einzeltätigkeit beauftragten Anwalt maßgebend. Soweit sich für den mit der Einzeltätigkeit beauftragten Anwalt ein abweichender Wert ergibt, ist dieser Wert vom Gericht auf Antrag nach § 33 RVG gesondert festzusetzen, so in den Fällen der Beispiele 7, 13.

b) Verkehrsanwalt

aa) Überblick

7 Das RVG kennt zwei verschiedene Tätigkeiten als Verkehrsanwalt.
- Zum einen regelt Nr. 3400 VV die Tätigkeit des Anwalts, der lediglich den **Verkehr der Partei mit dem Verfahrensbevollmächtigten** führt.
- Zum anderen regelt Anm. zu Nr. 3400 VV die Vergütung des Anwalts, der die **Handakten an den Rechtsanwalt eines höheren Rechtszugs übersendet** und dies auftragsgemäß mit **gutachterlichen Äußerungen** verbindet.

bb) Verkehrsanwalt nach Nr. 3400 VV

(1) Überblick

8 Die Vergütung des Verkehrsanwalts, der lediglich den Verkehr der Partei mit dem Verfahrensbevollmächtigten führt, ist in Nr. 3400 VV geregelt. Voraussetzung ist ein **Drei-Personen-Verhältnis** (Auftraggeber – Verkehrsanwalt – Verfahrensbevollmächtigter). Fehlt es hieran, kommt Nr. 3400 VV nicht zur Anwendung.[1] Daher kann ein Anwalt in eigener Sache nicht Verkehrsanwalt sein und auch keine Kostenerstattung nach § 91 Abs. 2 S. 3 ZPO erhalten.[2]

---

[1] AnwK-RVG/*N. Schneider*, Nr. 3400 VV Rn 1, 18.
[2] OLG Düsseldorf Rpfleger 1984, 37 = JurBüro 1984, 766; OLG Saarbrücken OLGR 2009, 380.

Der Verkehrsanwalt kann in sämtlichen Instanzen bestellt werden. Eine Postulationsfähigkeit ist nicht erforderlich, da der Verkehrsanwalt nicht vor dem Gericht tätig wird, sondern lediglich den Informationsaustausch zwischen der Partei und dem Verfahrensbevollmächtigten vermittelt.

9

Nach Nr. 3400 VV erhält der Verkehrsanwalt eine Gebühr **in Höhe der dem Verfahrensbevollmächtigten zustehenden Verfahrensgebühr, höchstens jedoch 1,0**. Die Vorschrift stellt damit eine Akzessorietät zur Verfahrensgebühr des Verfahrensbevollmächtigten her. Entgegen dem Wortlaut gilt diese Abhängigkeit jedoch nicht uneingeschränkt. So erhält der Verkehrsanwalt die Gebühr nach Nr. 3400 VV auch dann, wenn noch gar kein Verfahrensbevollmächtigter bestellt worden ist, sondern dieser erst noch bestellt werden soll. Der Verkehrsanwalt erhält dann eine Gebühr in der Höhe, in der ein bereits bestellter Verfahrensbevollmächtigter die Verfahrensgebühr erhalten hätte, allerdings nach Nr. 3405 Nr. 1 VV höchstens zu 0,5.

10

Im Übrigen ist für Gebühren erhöhende oder Gebühren mindernde Merkmale danach zu unterscheiden, ob es sich um persönliche oder sachliche Merkmale handelt.[3]

11

Soweit der Verfahrensbevollmächtigte in **mehreren Angelegenheiten** tätig wird, gilt dies auch für den Verkehrsanwalt.

12

Wird der Rechtsstreit vom Rechtsmittelgericht **zurückverwiesen**, so beginnt damit auch für den Verkehrsanwalt eine neue Angelegenheit (§ 21 Abs. 1 RVG).[4] Auch die Verkehrsanwaltsgebühr nach Nr. 3400 VV entsteht dann erneut (§ 21 Abs. 1 RVG), wird aber angerechnet (Vorbem. 3 Abs. 6 VV), es sei denn, es wird an ein Gericht verwiesen, das mit der Sache noch nicht befasst war oder es sind mehr als zwei Kalenderjahre verstrichen (§ 15 Abs. 5 S. 2 RVG).

13

Schließt sich an das **Urkunden-, Wechsel- oder Scheckverfahren** das **ordentliche Verfahren** oder das **Nachverfahren** an, so erhält auch der Verkehrsanwalt die Gebühr nach Nr. 3400 VV erneut (§ 17 Nr. 5 RVG). Die im Urkundenverfahren entstandene Gebühr ist jedoch auf die Gebühr des nachfolgenden ordentlichen Verfahrens anzurechnen (Anm. Abs. 2 zu Nr. 3100 VV). Das gilt auch für den Verkehrsanwalt.

14

Gesonderte Angelegenheiten sind auch für den Verkehrsanwalt die Tätigkeit in einem **Eilverfahren und einem Hauptsacheverfahren** (§ 17 Nr. 4 RVG).

15

Eine **Terminsgebühr** kann der Anwalt unmittelbar als Verkehrsanwalt nicht erhalten (Vorbem. 3.4 Abs. 1 VV). Allerdings kann dem Verkehrsanwalt ein weiter gehender zusätzlicher Auftrag nach Nrn. 3401, 3402 VV erteilt werden, so dass er dann zusätzliche Gebühren unter Beachtung des § 15 Abs. 6 RVG erhält (siehe Rn 69 und Beispiel 68).

16

Neben der Gebühr nach Nr. 3400 VV kann der Verkehrsanwalt auch eine **Einigungs- oder Erledigungsgebühr** nach den Nrn. 1000, 1002 VV verdienen, in Familiensachen gegebenenfalls auch eine **Aussöhnungsgebühr**.

17

Der **Gegenstandswert** der Verkehrsanwaltsgebühr bestimmt sich nicht nach dem Wert der Verfahrensgebühr, sondern nach dem Wert der Gegenstände, hinsichtlich deren der Verkehrsanwalt tätig werden soll. Der Gegenstandswert für die Verfahrensgebühr des Verfahrensbevollmächtigten kann daher höher (siehe Beispiel 7) oder auch niedriger liegen (siehe Beispiel 13). Soweit er vom gerichtlich festgesetzten Wert abweicht, ist er gegebenenfalls nach § 33 RVG festzusetzen.

18

---

[3] Siehe hierzu AnwK-RVG/*N. Schneider*, Nr. 3400 VV Rn 36 ff.
[4] AnwK-RVG/*N. Schneider*, Nr. 3400 VV Rn 54.

19 Für die Tätigkeit als Verkehrsanwalt besteht im Rahmen einer Rechtsschutzversicherung Deckungsschutz, sofern zwischen dem Wohn- oder Geschäftssitz der versicherten Person und dem Gericht eine Entfernung von mehr als 100 km (Luftlinie) liegt. Versicherungsschutz besteht dann auch in einem Rechtsmittelverfahren.[5]

(2) Grundfälle

20 Im erstinstanzlichen gerichtlichen Verfahren beträgt die Verfahrensgebühr des Verkehrsanwalts grundsätzlich 1,0, da hier die Begrenzung auf 1,0 greift.

> **Beispiel 1** — **Verkehrsanwalt im erstinstanzlichen Verfahren**
>
> **In einem Rechtsstreit vor dem LG Hamburg über eine Forderung von 10.000,00 EUR beauftragt die in Köln ansässige Partei einen ortsansässigen Anwalt, der den Verkehr mit dem Hamburger Prozessbevollmächtigten führen soll.**
>
> Die Vergütung des **Prozessbevollmächtigten** richtet sich nach den Nrn. 3100, 3104 VV.
>
> Der **Verkehrsanwalt** erhält eine Gebühr in Höhe der Verfahrensgebühr des Prozessbevollmächtigten nach Nr. 3100 VV, allerdings begrenzt auf 1,0 (Nr. 3400 VV).
>
> **I. Prozessbevollmächtigter**
> 1. 1,3-Verfahrensgebühr, Nr. 3100 VV
>   (Wert: 10.000,00 EUR) — 725,40 EUR
> 2. 1,2-Terminsgebühr, Nr. 3104 VV
>   (Wert: 10.000,00 EUR) — 669,60 EUR
> 3. Postentgeltpauschale, Nr. 7002 VV — 20,00 EUR
>   Zwischensumme — 1.415,00 EUR
> 4. 19 % Umsatzsteuer, Nr. 7008 VV — 268,85 EUR
>   **Gesamt — 1.683,85 EUR**
>
> **II. Verkehrsanwalt**
> 1. 1,0-Verfahrensgebühr, Nrn. 3400, 3100 VV
>   (Wert: 10.000,00 EUR) — 558,00 EUR
> 2. Postentgeltpauschale, Nr. 7002 VV — 20,00 EUR
>   Zwischensumme — 578,00 EUR
> 3. 19 % Umsatzsteuer, Nr. 7008 VV — 109,82 EUR
>   **Gesamt — 687,82 EUR**

21 Bei einer 1,0-Verfahrensgebühr des Verkehrsanwalts bleibt es auch dann, wenn erstinstanzlich für den Hauptbevollmächtigten eine höhere Gebühr als 1,3 anfällt, etwa in einem Verfahren vor den Finanzgerichten (Vorbem. 3.2.1 Nr. 1 VV) oder in Verfahren bei überlangen Gerichtsverfahren und strafrechtlichen Ermittlungsverfahren vor einem obersten Landesgericht oder einem obersten Gerichtshof des Bundes (Nr. 3300 Nr. 3 VV).

22 Auch in einem Rechtsmittelverfahren beträgt die Verfahrensgebühr des Verkehrsanwalts grundsätzlich 1,0. Eine Erhöhung für den Verkehrsanwalt ist nicht vorgesehen. Erforderlich ist aber eine Vertretungstätigkeit. Neben- und Abwicklungstätigkeiten der Vorinstanz i.S.d. § 19 Abs. 1 S. 2 Nr. 9 RVG zählen auch für den Verkehrsanwalt noch zur Vorinstanz.[6]

---

[5] BGH AGS 2007, 327 = RVGreport 2007, 316 = FamRZ 2007, 719 = NJW 2007, 1465 = RuS 2007, 195 = NZV 2007, 296 = AnwBl 2007, 464 = BGHR 2007, 550 = MDR 2007, 864 = VersR 2007, 488 = NZV 2007, 296 = Schaden-Praxis 2007, 443 = zfs 2007, 712.
[6] OLG Hamburg MDR 2013, 1136 = AGS 2013, 385 = NJW-Spezial 2013, 635.

Beispiel 2 — Verkehrsanwalt im Berufungsverfahren

Im Berufungsverfahren vor dem OLG Hamburg beauftragt die in Köln ansässige Partei ihren Anwalt, den Verkehr mit dem Hamburger Prozessbevollmächtigten zu führen.

Die Vergütung des **Prozessbevollmächtigten** richtet sich jetzt nach den Nrn. 3200, 3202 VV.

Der **Verkehrsanwalt** erhält eine Gebühr in Höhe der Verfahrensgebühr nach Nr. 3200 VV, allerdings wiederum begrenzt auf 1,0 (Nr. 3400 VV). Eine Erhöhung der Verkehrsanwaltsgebühr ist im Berufungsverfahren nicht vorgesehen.

I. Prozessbevollmächtigter		
1. 1,6-Verfahrensgebühr, Nr. 3200 VV (Wert: 10.000,00 EUR)		892,80 EUR
2. 1,2-Terminsgebühr, Nr. 3202 VV (Wert: 10.000,00 EUR)		669,60 EUR
3. Postentgeltpauschale, Nr. 7002 VV		20,00 EUR
Zwischensumme	1.582,40 EUR	
4. 19 % Umsatzsteuer, Nr. 7008 VV		300,66 EUR
Gesamt		**1.883,06 EUR**
II. Verkehrsanwalt		
1. 1,0-Verfahrensgebühr, Nrn. 3400, 3200 VV (Wert: 10.000,00 EUR)		558,00 EUR
2. Postentgeltpauschale, Nr. 7002 VV		20,00 EUR
Zwischensumme	578,00 EUR	
3. 19 % Umsatzsteuer, Nr. 7008 VV		109,82 EUR
Gesamt		**687,82 EUR**

Beispiel 3 — Verkehrsanwalt im Rechtsbeschwerdeverfahren

Gegen eine Beschwerdeentscheidung des OLG (Wert: 5.000,00 EUR) lässt die Partei durch einen am BGH zugelassenen Anwalt Rechtsbeschwerde nach § 574 ZPO einlegen und beauftragt ihren bisherigen Anwalt, den Verkehr mit dem BGH-Anwalt zu führen.

Die Vergütung des **Verfahrensbevollmächtigten** richtet sich nach Nr. 3502 VV und beläuft sich auf 1,0.

Der **Verkehrsanwalt** erhält eine Gebühr in der gleichen Höhe (Nr. 3400 VV). Die Begrenzung kommt hier nicht zum Tragen.

I. Verfahrensbevollmächtigter		
1. 1,0-Verfahrensgebühr, Nr. 3502 VV (Wert: 5.000,00 EUR)		303,00 EUR
2. Postentgeltpauschale, Nr. 7002 VV		20,00 EUR
Zwischensumme	323,00 EUR	
3. 19 % Umsatzsteuer, Nr. 7008 VV		61,37 EUR
Gesamt		**384,37 EUR**
II. Verkehrsanwalt		
1. 1,0-Verfahrensgebühr, Nrn. 3400, 3502 VV (Wert: 5.000,00 EUR)		303,00 EUR
2. Postentgeltpauschale, Nr. 7002 VV		20,00 EUR
Zwischensumme	323,00 EUR	
3. 19 % Umsatzsteuer, Nr. 7008 VV		61,37 EUR
Gesamt		**384,37 EUR**

§ 20 Verkehrsanwalt, Terminsvertreter, Einzeltätigkeiten

Beispiel 4 | **Verkehrsanwalt in der Zwangsvollstreckung**

In einem Ordnungsgeldverfahren vor dem LG Hamburg wegen eines Anspruchs in Höhe von 10.000,00 EUR beauftragt die in Köln ansässige Partei ihren dortigen Anwalt, den Verkehr mit dem Hamburger Anwalt zu führen.

Die Vergütung des **Verfahrensbevollmächtigten** richtet sich nach Nrn. 3309, 3310 VV.

Der **Verkehrsanwalt** erhält daher ebenfalls nur eine Gebühr in Höhe von 0,3, wobei offen bleiben kann, ob Nr. 3309 VV unmittelbar anzuwenden ist[7] oder ob Nr. 3400 VV gilt,[8] die dann wiederum auf Nr. 3309 VV Bezug nimmt.

I. Prozessbevollmächtigter		
1. 0,3-Verfahrensgebühr, Nr. 3309 VV (Wert: 10.000,00 EUR)		167,40 EUR
2. 0,3-Terminsgebühr, Nr. 3310 VV (Wert: 10.000,00 EUR)		167,40 EUR
3. Postentgeltpauschale, Nr. 7002 VV		20,00 EUR
Zwischensumme	354,80 EUR	
4. 19 % Umsatzsteuer, Nr. 7008 VV		67,41 EUR
Gesamt		**422,21 EUR**
II. Verkehrsanwalt		
1. 0,3-Verfahrensgebühr, Nr. 3309 VV[9] (Wert: 10.000,00 EUR)		167,40 EUR
2. Postentgeltpauschale, Nr. 7002 VV		20,00 EUR
Zwischensumme	187,40 EUR	
3. 19 % Umsatzsteuer, Nr. 7008 VV		35,61 EUR
Gesamt		**223,01 EUR**

(3) Vorzeitige Erledigung des Verkehrsanwaltsauftrags

23 Erledigt sich die Angelegenheit, bevor ein Verfahrensbevollmächtigter bestellt ist, oder bevor der Verkehrsanwalt diesem gegenüber tätig geworden ist, so ist die Gebühr nach Nr. 3400 VV auf eine 0,5-Gebühr begrenzt (Nr. 3405 Nr. 1 VV).

Beispiel 5 | **Vorzeitige Erledigung des Verkehrsanwaltsauftrags, noch kein Prozessbevollmächtigter beauftragt**

Die in Köln wohnende Partei will einen Rechtsstreit vor dem LG Berlin über 10.000,00 EUR führen und beauftragt zunächst einen Kölner Anwalt als Verkehrsanwalt, der den Verkehr mit einem in Berlin noch zu bestellenden Prozessbevollmächtigten führen soll. Zur Beauftragung des Berliner Anwalts kommt es nicht mehr, da sich die Sache vorzeitig erledigt.

Die Vergütung des **Verkehrsanwalts** richtet sich nach Nrn. 3400, 3100 VV, da der Prozessbevollmächtigte nach Nr. 3100 VV abgerechnet hätte. Weil es zur Bestellung des Prozessbevollmächtigten nicht mehr gekommen ist, gilt Nr. 3405 Nr. 1, 1. Alt. VV. Er erhält höchstens eine 0,5-Gebühr.

---

7 So AnwK-RVG/*N. Schneider*, Nr. 3400 VV Rn 16; *Hartmann*, KostG, Nr. 3400 VV Rn 37.
8 Gerold/Schmidt/*Müller-Rabe*, Nr. 3400 VV Rn 8, 37.
9 Gegebenenfalls i.V.m. Nr. 3400 VV.

II. Einzeltätigkeiten nach Teil 3 VV § 20

1. 0,5-Verfahrensgebühr, Nrn. 3400, 3100, 3405 Nr. 1 VV
   (Wert: 10.000,00 EUR)   279,00 EUR
2. Postentgeltpauschale, Nr. 7002 VV   20,00 EUR
   Zwischensumme   299,00 EUR
3. 19 % Umsatzsteuer, Nr. 7008 VV   56,81 EUR

Gesamt   **355,81 EUR**

Beispiel 6   **Vorzeitige Erledigung des Verkehrsanwaltsauftrags, noch nicht gegenüber Prozessbevollmächtigtem tätig geworden**

Die in Köln wohnende Partei wird in einem Rechtsstreit vor dem LG Berlin auf Zahlung von 10.000,00 EUR verklagt und hat dort bereits einen Prozessbevollmächtigten bestellt. Sie beauftragt dann noch einen Kölner Anwalt als Verkehrsanwalt, der den Verkehr mit dem Berliner Prozessbevollmächtigten führen soll. Bevor sich der Kölner Anwalt an den prozessbevollmächtigten Berliner Anwalt wendet, wird die Klage zurückgenommen, so dass sich die Sache erledigt.

Die Vergütung des **Verkehrsanwalts** richtet sich nach Nrn. 3400, 3100 VV. Da es zu einer Kontaktaufnahme mit dem Prozessbevollmächtigten nicht mehr gekommen ist, gilt Nr. 3405 Nr. 1, 2. Alt. VV. Er erhält lediglich eine 0,5-Gebühr.

1. 0,5-Verfahrensgebühr, Nrn. 3400, 3100, 3405 Nr. 1 VV
   (Wert: 10.000,00 EUR)   279,00 EUR
2. Postentgeltpauschale, Nr. 7002 VV   20,00 EUR
   Zwischensumme   299,00 EUR
3. 19 % Umsatzsteuer, Nr. 7008 VV   56,81 EUR

Gesamt   **355,81 EUR**

Beispiel 7   **Teilweise vorzeitige Erledigung des Verkehrsanwaltsauftrags**

Die in Köln wohnende Partei will vor dem LG Bremen Klage auf Zahlung von **10.000,00 EUR** erheben und beauftragt einen Kölner Anwalt, der mit dem in Bremen noch zu bestellenden Prozessbevollmächtigten den Verkehr führen soll. Bevor es zur Bestellung des Bremer Anwalts kommt, zahlt der Gegner **4.000,00 EUR**. Der Bremer Anwalt wird nur noch mit einer Klage über **6.000,00 EUR** beauftragt.

Die Verfahrensgebühr des **Prozessbevollmächtigten** (Nr. 3100 VV) berechnet sich nach dem Wert der Klage (6.000,00 EUR).

Der **Verkehrsanwalt** erhält dagegen seine Vergütung aus 10.000,00 EUR. Aus 6.000,00 EUR entsteht eine 1,0-Gebühr gem. Nrn. 3400, 3100 VV und aus 4.000,00 EUR eine 0,5-Gebühr nach Nrn. 3400, 3405 Nr. 1, 1. Alt. VV. Zu beachten ist § 15 Abs. 3 RVG.

I. Prozessbevollmächtigter
1. 1,3-Verfahrensgebühr, Nr. 3100 VV   460,20 EUR
   (Wert: 6.000,00 EUR)
2. 1,2-Terminsgebühr, Nr. 3104 VV   424,80 EUR
   (Wert: 6.000,00 EUR)
3. Postentgeltpauschale, Nr. 7002 VV   20,00 EUR
   Zwischensumme   905,00 EUR
4. 19 % Umsatzsteuer, Nr. 7008 VV   171,95 EUR

Gesamt   **1.076,95 EUR**

§ 20 Verkehrsanwalt, Terminsvertreter, Einzeltätigkeiten

II. Verkehrsanwalt
1. 1,0-Verfahrensgebühr, Nrn. 3400, 3100 VV 354,00 EUR
   (Wert: 6.000,00 EUR)
2. 0,5-Verfahrensgebühr, Nrn. 3400, 3100, 3405 Nr. 1 VV 126,00 EUR
   (Wert: 4.000,00 EUR)
   die Höchstgrenze nach § 15 Abs. 3 RVG, nicht mehr als
   1,0 aus 10.000,00 EUR (558,00 EUR) wird nicht überschritten
3. Postentgeltpauschale, Nr. 7002 VV 20,00 EUR
   Zwischensumme 500,00 EUR
4. 19 % Umsatzsteuer, Nr. 7008 VV 95,00 EUR
   Gesamt **595,00 EUR**

(4) Vorzeitige Erledigung beim Prozessbevollmächtigten

24 Erledigt sich dagegen der Auftrag beim Verfahrensbevollmächtigten vorzeitig, ist dies kein Fall der Nr. 3405 Nr. 1 VV. Vielmehr richtet sich dann die Gebühr der Nr. 3400 VV gegebenenfalls nach der für den Verfahrensbevollmächtigten geltenden reduzierten Gebühr.

Beispiel 8 — Tätigkeit des Prozessbevollmächtigten erledigt sich vorzeitig

Die in Köln wohnende Partei wird vor dem LG Berlin auf Zahlung von 5.000,00 EUR verklagt. Sie bestellt in Köln einen Verkehrsanwalt, der namens der Partei in Berlin einen Prozessbevollmächtigten beauftragt und ihm die Informationen vermittelt. Der Berliner Anwalt bestellt sich zunächst und zeigt die Verteidigungsbereitschaft an. Hiernach wird die Klage zurückgenommen.

Der **Prozessbevollmächtigte** erhält nur die reduzierte 0,8-Verfahrensgbühr nach Nrn. 3100, 3101 Nr. 1 VV, da er noch keinen Sachantrag gestellt hat.[10]

Die Vergütung des **Verkehrsanwalts** richtet sich nach Nrn. 3400, 3101 Nr. 1 VV. Er erhält ebenfalls nur eine 0,8-Gebühr. Die Begrenzung nach Nr. 3405 Nr. 1 VV greift dagegen nicht, da der Verkehrsanwalt gegenüber dem Prozessbevollmächtigten tätig geworden ist.

I. Verfahrensbevollmächtigter
1. 0,8-Verfahrensgebühr, Nrn. 3100, 3101 Nr. 1 VV 242,40 EUR
   (Wert: 5.000,00 EUR)
2. Postentgeltpauschale, Nr. 7002 VV 20,00 EUR
   Zwischensumme 262,40 EUR
3. 19 % Umsatzsteuer, Nr. 7008 VV 49,86 EUR
   Gesamt **312,26 EUR**

II. Verkehrsanwalt
1. 0,8-Verfahrensgebühr, Nrn. 3400, 3100, 3101 Nr. 1 VV 242,40 EUR
   (Wert: 5.000,00 EUR)
2. Postentgeltpauschale, Nr. 7002 VV 20,00 EUR
   Zwischensumme 262,40 EUR
3. 19 % Umsatzsteuer, Nr. 7008 VV 49,86 EUR
   Gesamt **312,26 EUR**

---

10 Die Bestellung alleine löst noch nicht die volle 1,3-Gebühr aus (siehe § 13 Rn 193).

II. Einzeltätigkeiten nach Teil 3 VV § 20

Beispiel 9 — **Tätigkeit des Prozessbevollmächtigten erledigt sich zum Teil vorzeitig**

Die in Köln wohnende Partei will vor dem LG Berlin Klage auf Zahlung von 15.000,00 EUR erheben. Sie beauftragt in Köln einen Verkehrsanwalt, der namens der Partei in Berlin einen Prozessbevollmächtigten mit der Klageerhebung beauftragt und ihm die Informationen vermittelt. Infolge einer Teilzahlung des Gegners über 5.000,00 EUR wird die Klage nur noch in Höhe von **10.000,00 EUR** eingereicht.

Der **Prozessbevollmächtigte** erhält jetzt nur aus 10.000,00 EUR die volle 1,3-Verfahrensgebühr (Nr. 3100 VV) und im Übrigen nur die reduzierte 0,8-Verfahrensgebühr nach Nrn. 3100, 3101 Nr. 1 VV, da er insoweit noch keinen Sachantrag gestellt hatte. Zu beachten ist § 15 Abs. 3 RVG. Hinzu kommt eine Terminsgebühr nach Nr. 3104 VV.

Der **Verkehrsanwalt** erhält nach Nrn. 3400, 3100 VV eine 1,0-Verfahrensgebühr aus 10.000,00 EUR und aus 5.000,00 EUR eine 0,8-Verfahrensgebühr nach Nrn. 3400, 3100, 3101 Nr. 1 VV. Die Begrenzung nach Nr. 3405 Nr. 1 VV greift wiederum nicht, da der Verkehrsanwalt gegenüber dem Prozessbevollmächtigten tätig geworden ist. Zu beachten ist auch hier § 15 Abs. 3 RVG.

I. **Prozessbevollmächtigter**
1. 1,3-Verfahrensgebühr, Nr. 3100 VV
 (Wert: 10.000,00 EUR) 725,40 EUR
2. 0,8-Verfahrensgebühr, Nrn. 3100, 3101 Nr. 1 VV
 (Wert: 5.000,00 EUR) 242,40 EUR
 gem. § 15 Abs. 3 RVG nicht mehr als 1,3 aus 845,00 EUR
 15.000,00 EUR
3. 1,2-Terminsgebühr, Nr. 3104 VV 780,00 EUR
 (Wert: 15.000,00 EUR)
4. Postentgeltpauschale, Nr. 7002 VV 20,00 EUR
 Zwischensumme 1.645,00 EUR
5. 19 % Umsatzsteuer, Nr. 7008 VV 312,55 EUR
 Gesamt **1.957,55 EUR**

II. **Verkehrsanwalt**
1. 1,0-Verfahrensgebühr, Nrn. 3400, 3100 VV
 (Wert: 10.000,00 EUR) 558,00 EUR
2. 0,8-Verfahrensgebühr, Nrn. 3400, 3100, 3101 Nr. 1 VV
 (Wert: 5.000,00 EUR) 242,40 EUR
 die Begrenzung des § 15 Abs. 3 RVG, nicht mehr als 1,3
 aus 15.000,00 EUR (735,80 EUR) ist nicht erreicht
3. Postentgeltpauschale, Nr. 7002 VV 20,00 EUR
 Zwischensumme 820,40 EUR
4. 19 % Umsatzsteuer, Nr. 7008 VV 155,88 EUR
 Gesamt **976,25 EUR**

(5) Mehrere Auftraggeber

Vertritt der Verkehrsanwalt **mehrere Auftraggeber**, so erhöht sich auch seine Verfahrensgebühr nach Nr. 1008 VV um 0,3 je weiteren Auftraggeber, höchstens um 2,0, sofern der Gegenstand (auch) für den Verkehrsanwalt derselbe ist.[11]

---

11 AnwK-RVG/*N. Schneider*, Nr. 3400 VV Rn 42.

§ 20 Verkehrsanwalt, Terminsvertreter, Einzeltätigkeiten

> **Beispiel 10** | **Mehrere Auftraggeber**

Zwei Gesamtgläubiger aus München erheben vor dem LG Cottbus Klage auf Zahlung von 10.000,00 EUR durch einen dortigen Prozessbevollmächtigten und beauftragen in München einen Verkehrsanwalt.

Die Verfahrensgebühr (Nr. 3100 VV) des **Prozessbevollmächtigten** erhöht sich nach Nr. 1008 VV auf 1,3.

Der **Verkehrsanwalt** erhält eine Gebühr in Höhe der Verfahrensgebühr nach Nr. 3100 VV, allerdings wiederum begrenzt auf 1,0 (Nr. 3400 VV). Da jedoch auch der Verkehrsanwalt mehrere Auftraggeber vertritt, erhöht sich seine Gebühr ebenfalls um 0,3 nach Nr. 1008 VV.

I. Prozessbevollmächtigter
1. 1,6-Verfahrensgebühr, Nrn. 3100, 1008 VV   892,80 EUR
   (Wert: 10.000,00 EUR)
2. 1,2-Terminsgebühr, Nr. 3104 VV   669,60 EUR
   (Wert: 10.000,00 EUR)
3. Postentgeltpauschale, Nr. 7002 VV   20,00 EUR
   Zwischensumme   1.582,40 EUR
4. 19 % Umsatzsteuer, Nr. 7008 VV   300,66 EUR
Gesamt   **1.883,06 EUR**
II. Verkehrsanwalt
1. 1,3-Verfahrensgebühr, Nrn. 3400, 3100, 1008 VV   725,40 EUR
   (Wert: 10.000,00 EUR)
2. Postentgeltpauschale, Nr. 7002 VV   20,00 EUR
   Zwischensumme   745,40 EUR
3. 19 % Umsatzsteuer, Nr. 7008 VV   141,63 EUR
Gesamt   **887,03 EUR**

> **Beispiel 11** | **Mehrere Auftraggeber nur beim Prozessbevollmächtigten**

Zwei Gesamtschuldner aus München werden vor dem LG Cottbus auf Zahlung von 10.000,00 EUR verklagt und durch einen dortigen Prozessbevollmächtigten vertreten. Nur einer von ihnen beauftragt einen Verkehrsanwalt in München.

Die Verfahrensgebühr (Nr. 3100 VV) des **Prozessbevollmächtigten** erhöht sich wiederum nach Nr. 1008 VV auf 1,3 VV.

Der **Verkehrsanwalt** erhält jedoch nur die 1,0-Gebühr nach Nrn. 3400, 3100 VV, da er nicht mehrere Auftraggeber vertritt.

I. Prozessbevollmächtigter
1. 1,6-Verfahrensgebühr, Nrn. 3100, 1008 VV   892,80 EUR
   (Wert: 10.000,00 EUR)
2. 1,2-Terminsgebühr, Nr. 3104 VV   669,60 EUR
   (Wert: 10.000,00 EUR)
3. Postentgeltpauschale, Nr. 7002 VV   20,00 EUR
   Zwischensumme   1.582,40 EUR
4. 19 % Umsatzsteuer, Nr. 7008 VV   300,66 EUR
Gesamt   **1.883,06 EUR**
II. Verkehrsanwalt
1. 1,0-Verfahrensgebühr, Nrn. 3400, 3100 VV   558,00 EUR
   (Wert: 10.000,00 EUR)
2. Postentgeltpauschale, Nr. 7002 VV   20,00 EUR
   Zwischensumme   578,00 EUR

3. 19 % Umsatzsteuer, Nr. 7008 VV	109,82 EUR
Gesamt	**687,82 EUR**

> **Beispiel 12** **Mehrere Auftraggeber nur beim Verkehrsanwalt**

Zwei Gesamtschuldner aus München werden vor dem LG Cottbus auf Zahlung von 10.000,00 EUR verklagt und durch jeweils einen eigenen dortigen Prozessbevollmächtigten vertreten. Sie beauftragen später einen gemeinsamen Verkehrsanwalt in München.

Jeder **Prozessbevollmächtigte** erhält eine 1,3-Verfahrensgebühr (Nr. 3100 VV).

Der **Verkehrsanwalt** erhält dagegen nur eine Verfahrensgebühr nach Nrn. 3400, 3100 VV. Da er jedoch mehrere Auftraggeber vertritt, erhöht sich für ihn die Verfahrensgebühr nach Nr. 1008 VV um 0,3.

I. Prozessbevollmächtigte, jeweils		
1. 1,3-Verfahrensgebühr, Nr. 3100 VV (Wert: 10.000,00 EUR)		725,40 EUR
2. 1,2-Terminsgebühr, Nr. 3104 VV (Wert: 10.000,00 EUR)		669,60 EUR
3. Postentgeltpauschale, Nr. 7002 VV		20,00 EUR
Zwischensumme	1.415,00 EUR	
4. 19 % Umsatzsteuer, Nr. 7008 VV		268,85 EUR
Gesamt		**1.683,85 EUR**
II. Verkehrsanwalt		
1. 1,3-Verfahrensgebühr, Nrn. 3400, 3100, 1008 VV (Wert: 10.000,00 EUR)		725,40 EUR
2. Postentgeltpauschale, Nr. 7002 VV		20,00 EUR
Zwischensumme	745,40 EUR	
3. 19 % Umsatzsteuer, Nr. 7008 VV		141,63 EUR
Gesamt		**887,03 EUR**

(6) Unterschiedliche Gegenstandswerte

Der **Gegenstandswert** der Verkehrsanwaltstätigkeit ist stets gesondert zu bestimmen. Er kann insbesondere dann geringer sein, wenn der Verkehrsanwalt erst nach einer Teilklagerücknahme beauftragt wird oder wenn er den Verkehr nur hinsichtlich eines Teils der Gegenstände führen soll.

26

> **Beispiel 13** **Unterschiedliche Gegenstandswerte bei Verkehrsanwalt und Prozessbevollmächtigtem**

Die in Köln wohnende Partei klagt vor dem LG München auf Zahlung von 10.000,00 EUR und beauftragt dort einen Prozessbevollmächtigten, den sie selbst unterrichtet. Später wird Widerklage in Höhe von 15.000,00 EUR erhoben. Hierfür beauftragt sie einen Kölner Anwalt mit der Führung des Verkehrs mit dem Münchener Prozessbevollmächtigten.

Die Verfahrensgebühr des **Prozessbevollmächtigten** (Nr. 3100 VV) berechnet sich nach dem Gesamtwert (§ 23 Abs. 1 S. 1 RVG i.V.m. § 45 Abs. 1 S. 1 GKG) von 25.000,00 EUR.

Der **Verkehrsanwalt** erhält dagegen nur eine 1,0-Gebühr nach Nrn. 3400, 3100 VV aus dem Wert der Widerklage von 15.000,00 EUR, da er nur insoweit beauftragt ist.

§ 20 Verkehrsanwalt, Terminsvertreter, Einzeltätigkeiten

    I. **Prozessbevollmächtigter**
1. 1,3-Verfahrensgebühr, Nr. 3100 VV   1.024,40 EUR
(Wert: 25.000,00 EUR)
2. 1,2-Terminsgebühr, Nr. 3104 VV   945,60 EUR
(Wert: 25.000,00 EUR)
3. Postentgeltpauschale, Nr. 7002 VV   20,00 EUR
Zwischensumme   1.990,00 EUR
4. 19 % Umsatzsteuer, Nr. 7008 VV   378,10 EUR
Gesamt   **2.368,10 EUR**

    II. **Verkehrsanwalt**
1. 1,0-Verfahrensgebühr, Nrn. 3400, 3100 VV   650,00 EUR
(Wert: 15.000,00 EUR)
2. Postentgeltpauschale, Nr. 7002 VV   20,00 EUR
Zwischensumme   670,00 EUR
3. 19 % Umsatzsteuer, Nr. 7008 VV   127,30 EUR
Gesamt   **797,30 EUR**

27 Der Gegenstandswert der Verkehrsanwaltstätigkeit kann auch höher liegen, nämlich dann, wenn sich die Tätigkeit des Verkehrsanwalts teilweise erledigt hat, bevor der Verfahrensbevollmächtigte beauftragt worden ist (siehe Beispiel 7).

(7) Tätigkeit in verschiedenen Angelegenheiten

28 Sofern für den Verfahrensbevollmächtigten **mehrere Angelegenheiten** ausgelöst werden, gilt dies auch für den Verkehrsanwalt.

29 Wird der Verkehrsanwalt in **mehreren Instanzen** beauftragt, gilt auch für ihn § 17 Nr. 1 RVG. Der Verkehrsanwalt erhält seine Vergütung in jeder Angelegenheit gesondert.

> **Beispiel 14**   **Verkehrsanwalt im erstinstanzlichen Verfahren und im Berufungsverfahren**

Der Verkehrsanwalt wird in einem Rechtsstreit über eine Forderung von 10.000,00 EUR zunächst im erstinstanzlichen Verfahren vor dem LG und sodann im Berufungsverfahren vor dem OLG beauftragt.

Die Vergütung des Verkehrsanwalts entsteht gem. § 17 Nr. 1 RVG in jeder Instanz gesondert.

    I. **Erstinstanzliches Verfahren vor dem LG**
1. 1,0-Verfahrensgebühr, Nrn. 3400, 3100 VV   558,00 EUR
(Wert: 10.000,00 EUR)
2. Postentgeltpauschale, Nr. 7002 VV   20,00 EUR
Zwischensumme   578,00 EUR
3. 19 % Umsatzsteuer, Nr. 7008 VV   109,82 EUR
Gesamt   **687,82 EUR**

    II. **Berufungsverfahren vor dem OLG**
1. 1,0-Verfahrensgebühr, Nrn. 3400, 3200 VV   558,00 EUR
(Wert: 10.000,00 EUR)
2. Postentgeltpauschale, Nr. 7002 VV   20,00 EUR
Zwischensumme   578,00 EUR
3. 19 % Umsatzsteuer, Nr. 7008 VV   109,82 EUR
Gesamt   **687,82 EUR**

II. Einzeltätigkeiten nach Teil 3 VV § 20

Beispiel 15 | **Verkehrsanwalt im Urkunden- und Nachverfahren**

Auf eine Urkundenklage über 5.000,00 EUR ergeht nach mündlicher Verhandlung ein Vorbehaltsurteil. Der Kläger beantragt, das Urteil für vorbehaltlos zu erklären. Im daraufhin anberaumten Nachverfahren wird erneut verhandelt. Sowohl im Urkundenverfahren als auch im Nachverfahren ist ein Verkehrsanwalt beauftragt worden.

Urkundenverfahren und ordentliches Verfahren sind zwei verschiedene Angelegenheiten (§ 17 Nr. 5 RVG), so dass die Gebühren gesondert anfallen. Zu beachten ist allerdings auch für den Verkehrsanwalt die Anrechnungsbestimmung der Anm. Abs. 2 zu Nr. 3100 VV. Der Verkehrsanwalt erhält daher:

    I. **Urkundenverfahren (Wert: 8.000,00 EUR)**
1. 1,0-Verfahrensgebühr, Nrn. 3400, 3100 VV   456,00 EUR
2. Postentgeltpauschale, Nr. 7002 VV   20,00 EUR
    Zwischensumme   476,00 EUR
3. 19 % Umsatzsteuer, Nr. 7008 VV   90,44 EUR
Gesamt   **566,44 EUR**

    II. **Nachverfahren (Wert: 8.000,00 EUR)**
1. 1,0-Verfahrensgebühr, Nrn. 3400, 3100 VV   456,00 EUR
2. gem. Anm. Abs. 2 zu Nr. 3100 VV anzurechnen, 1,0 aus 8.000,00 EUR   – 456,00 EUR
3. Postentgeltpauschale, Nr. 7002 VV   20,00 EUR
    Zwischensumme   20,00 EUR
4. 19 % Umsatzsteuer, Nr. 7008 VV   3,80 EUR
Gesamt   **23,80 EUR**

Beispiel 16 | **Verfahren nach Zurückverweisung**

In einem Rechtsstreit vor dem LG über 14.000,00 EUR ist der Anwalt als Verkehrsanwalt beauftragt. Auf die Berufung wird das Urt. v. OLG aufgehoben und die Sache an das LG zurückverwiesen. Dort wird der Anwalt wiederum als Verkehrsanwalt tätig.

Auch das Verfahren nach Zurückverweisung ist eine gesonderte Angelegenheit (§ 21 Abs. 1 RVG), so dass die Gebühren gesondert anfallen. Zu beachten ist hier die Anrechnungsbestimmung der Vorbem. 3 Abs. 6 VV. Der Verkehrsanwalt erhält daher:

    I. **Ausgangsverfahren (Wert: 14.000,00 EUR)**
1. 1,0-Verfahrensgebühr, Nrn. 3400, 3100 VV   650,00 EUR
2. Postentgeltpauschale, Nr. 7002 VV   20,00 EUR
    Zwischensumme   670,00 EUR
3. 19 % Umsatzsteuer, Nr. 7008 VV   127,30 EUR
Gesamt   **797,30 EUR**

    II. **Verfahren nach Zurückverweisung (Wert: 14.000,00 EUR)**
1. 1,0-Verfahrensgebühr, Nrn. 3400, 3100 VV   650,00 EUR
2. gem. Vorbem. 3 Abs. 6 VV anzurechnen, 1,0 aus 14.000,00 EUR   – 650,00 EUR
3. Postentgeltpauschale, Nr. 7002 VV   20,00 EUR
    Zwischensumme   20,00 EUR
4. 19 % Umsatzsteuer, Nr. 7008 VV   3,80 EUR
Gesamt   **23,80 EUR**

(8) Verkehrsanwaltstätigkeit mit Einigung

30 Sofern der Verkehrsanwalt an einer **Einigung** mitwirkt, kann er auch eine Einigungsgebühr verdienen.

> **Beispiel 17** — Verkehrsanwaltstätigkeit mit Einigung
>
> In einem Rechtsstreit über 5.000,00 EUR wird eine Einigung unter Widerrufsvorbehalt geschlossen. Der Verkehrsanwalt bespricht die Einigung mit der Partei, die auf seinen Rat dann auch von einem Widerruf absieht.
>
> Das Abraten von einem Widerrufsrecht reicht bereits aus, um eine Einigungsgebühr auszulösen.[12] Der **Verkehrsanwalt** hat daher neben der Verfahrensgebühr der Nrn. 3400, 3100 VV auch eine 1,0-Einigungsgebühr nach Nrn. 1000, 1003 VV verdient.
>
> Auch der **Prozessbevollmächtigte** erhält für seine Tätigkeit die Einigungsgebühr (Anm. Abs. 3 zu Nr. 1000 VV).
>
> I. Prozessbevollmächtigter
> 1. 1,3-Verfahrensgebühr, Nr. 3100 VV
>   (Wert: 5.000,00 EUR)   393,90 EUR
> 2. 1,2-Terminsgebühr, Nr. 3104 VV
>   (Wert: 5.000,00 EUR)   363,60 EUR
> 3. 1,0-Einigungsgebühr, Nrn. 1000, 1003 VV
>   (Wert: 5.000,00 EUR)   303,00 EUR
> 4. Postentgeltpauschale, Nr. 7002 VV   20,00 EUR
>   Zwischensumme   1.080,50 EUR
> 5. 19 % Umsatzsteuer, Nr. 7008 VV   205,30 EUR
>   **Gesamt**   **1.285,80 EUR**
>
> II. Verkehrsanwalt
> 1. 1,0-Verfahrensgebühr, Nrn. 3400, 3100 VV
>   (Wert: 5.000,00 EUR)   303,00 EUR
> 2. 1,0-Einigungsgebühr, Nrn. 1000, 1003 VV
>   (Wert: 5.000,00 EUR)   303,00 EUR
> 3. Postentgeltpauschale, Nr. 7002 VV   20,00 EUR
>   Zwischensumme   626,00 EUR
> 4. 19 % Umsatzsteuer, Nr. 7008 VV   118,94 EUR
>   **Gesamt**   **744,94 EUR**

(9) Einbeziehung nicht anhängiger Gegenstände

31 Der Verkehrsanwalt kann auch – ebenso wie der Verfahrensbevollmächtigte – zusätzlich mit nicht anhängigen Gegenständen beauftragt werden. Dann entsteht auch für ihn aus dem Mehrwert eine zusätzliche 0,8-Verfahrensgebühr nach Nrn. 3100, 3101 VV.

> **Beispiel 18** — Verkehrsanwaltstätigkeit mit teilweiser vorzeitiger Erledigung nicht anhängiger Gegenstände
>
> In einem Rechtsstreit über 5.000,00 EUR beauftragt der Verkehrsanwalt den Prozessbevollmächtigten, weitere anhängige 3.000,00 EUR einzuklagen. Daraufhin findet eine außergerichtliche Besprechung zwischen den Prozessbevollmächtigten statt. Es kommt zu einer

---

[12] OLG Frankfurt/M. AnwBl 1983, 186; AnwK-RVG/*Onderka/Schafhausen/Schneider/Thiel*, Nr. 1000 VV Rn 127; Gerold/Schmidt/*Müller-Rabe*, Nr. 1000 Rn 249 (zur vergleichbaren Lage beim Terminsvertreter siehe Rn 64 ff.).

Einigung sowohl über die anhängigen 5.000,00 EUR und die weiteren 3.000,00 EUR. Die Klage wird in Vollziehung der Einigung zurückgenommen.

Der **Prozessbevollmächtigte** erhält unter Beachtung des § 15 Abs. 3 RVG eine 1,3-Verfahrensgebühr aus 5.000,00 EUR (Nr. 3100 VV) und eine 0,8-Verfahrensgebühr aus 3.000,00 EUR (Nrn. 3100, 3101 Nr. 1 VV – vorzeitige Erledigung). Hinzu kommt eine Terminsgebühr aus 8.000,00 EUR. Die Einigungsgebühr entsteht aus 5.000,00 EUR nur zu 1,0 und aus 3.000,00 EUR zu 1,5, wobei § 15 Abs. 3 RVG zu beachten ist.

Der **Verkehrsanwalt** erhält unter Beachtung des § 15 Abs. 3 RVG eine 1,0-Verfahrensgebühr nach Nrn. 3400, 3100 VV aus 5.000,00 EUR und eine 0,8-Verfahrensgebühr nach Nrn. 3400, 3100, 3101 Nr. 1 VV aus 3.000,00 EUR.

Hinzu kommt für beide Anwälte eine 1,0-Einigungsgebühr nach Nrn. 1000, 1003 VV aus dem Wert der anhängigen 5.000,00 EUR und eine 1,5-Einigungsgebühr aus dem Wert der nicht anhängigen 3.000,00 EUR. Zu beachten ist auch hier § 15 Abs. 3 RVG.

I. **Prozessbevollmächtigter**
1. 1,3-Verfahrensgebühr, Nr. 3100 VV
   (Wert: 5.000,00 EUR) 393,90 EUR
2. 0,8-Verfahrensgebühr, Nrn. 3100, 3101 Nr. 1 VV
   (Wert: 3.000,00 EUR) 160,80 EUR
   die Höchstgrenze nach § 15 Abs. 3 RVG, nicht mehr als
   1,3 aus 8.000,00 EUR (592,80 EUR) wird nicht überschritten
3. 1,2-Terminsgebühr, Nr. 3104 VV 547,20 EUR
   (Wert: 8.000,00 EUR)
4. 1,0-Einigungsgebühr, Nrn. 1000, 1003 VV 303,00 EUR
   (Wert: 5.000,00 EUR)
5. 1,5-Einigungsgebühr, Nr. 1000 VV 301,50 EUR
   (Wert: 3.000,00 EUR)
   die Höchstgrenze nach § 15 Abs. 3 RVG, nicht mehr als
   1,5 aus 8.000,00 EUR (684,00 EUR), wird nicht überschritten
6. Postentgeltpauschale, Nr. 7002 VV 20,00 EUR
   Zwischensumme 1.726,40 EUR
7. 19 % Umsatzsteuer, Nr. 7008 VV 328,02 EUR
   Gesamt **2.054,42 EUR**

II. **Verkehrsanwalt**
1. 1,0-Verfahrensgebühr, Nrn. 3400, 3100 VV
   (Wert: 5.000,00 EUR) 303,00 EUR
2. 0,8-Verfahrensgebühr, Nrn. 3400, 3100, 3101 Nr. 1 VV
   (Wert: 3.000,00 EUR) 160,80 EUR
   gem. § 15 Abs. 3 RVG nicht mehr als 1,0 aus 456,00 EUR
   8.000,00 EUR
3. 1,0-Einigungsgebühr, Nrn. 1000, 1003 VV 303,00 EUR
   (Wert: 5.000,00 EUR)
4. 1,5-Einigungsgebühr, Nr. 1000 VV 301,50 EUR
   (Wert: 3.000,00 EUR)
   die Höchstgrenze nach § 15 Abs. 3 RVG, nicht mehr als
   1,5 aus 8.000,00 EUR (684,00 EUR) wird nicht überschritten
5. Postentgeltpauschale, Nr. 7002 VV 20,00 EUR
   Zwischensumme 1.080,50 EUR
6. 19 % Umsatzsteuer, Nr. 7008 VV 205,30 EUR
   Gesamt **1.285,80 EUR**

§ 20 Verkehrsanwalt, Terminsvertreter, Einzeltätigkeiten

Beispiel 19 — **Verkehrsanwaltstätigkeit mit bloßer Protokollierung weiter gehender nicht anhängiger Gegenstände**

In einem Rechtsstreit über 5.000,00 EUR unterrichtet der Verkehrsanwalt den Prozessbevollmächtigten davon, dass er sich mit dem Gegner bereits über weitere nicht anhängige 3.000,00 EUR geeinigt habe und beauftragt diesen, im Termin diese Einigung zu protokollieren und zu versuchen, sich dort über die 5.000,00 EUR zu einigen. Der Prozessbevollmächtigte erzielt eine Einigung über die 5.000,00 EUR und protokolliert auch die Einigung über die weiteren 3.000,00 EUR.

Der **Prozessbevollmächtigte** erhält unter Beachtung des § 15 Abs. 3 RVG eine 1,3-Verfahrensgebühr aus 5.000,00 EUR (Nr. 3100 VV) und eine 0,8-Verfahrensgebühr aus 3.000,00 EUR (Nr. 3101 Nr. 2, 1. Alt. VV). Hinzu kommt eine Terminsgebühr aus 5.000,00 EUR (für das bloße Protokollieren der weiter gehenden Einigung über 3.000,00 EUR erhält er keine Terminsgebühr – Anm. Abs. 3 zu Nr. 3104 VV). Die Einigungsgebühr entsteht für ihn nur zu 1,0 aus 5.000,00 EUR; an der weiter gehenden Einigung war der Prozessbevollmächtigte nicht beteiligt.

Der **Verkehrsanwalt** erhält unter Beachtung des § 15 Abs. 3 RVG eine 1,0-Verfahrensgebühr nach Nrn. 3400, 3100 VV und eine 0–8-Verfahrensgebühr nach Nrn. 3400, 3100, 3101 Nr. 2, 1. Alt. VV. Hinzu kommt eine 1,0-Einigungsgebühr nach Nrn. 1000, 1003 VV aus dem Wert der anhängigen 5.000,00 EUR und eine 1,5-Einigungsgebühr aus dem Wert der nicht anhängigen 3.000,00 EUR. Zu beachten ist auch hier § 15 Abs. 3 RVG.

I. Prozessbevollmächtigter
1. 1,3-Verfahrensgebühr, Nr. 3100 VV
   (Wert: 5.000,00 EUR) — 393,90 EUR
2. 0,8-Verfahrensgebühr, Nrn. 3100, 3101 Nr. 2, 1. Alt. VV
   (Wert: 3.000,00 EUR) — 160,80 EUR
   die Höchstgrenze nach § 15 Abs. 3 RVG, nicht mehr als 1,3 aus 8.000,00 EUR (592,80 EUR), wird nicht überschritten
3. 1,2-Terminsgebühr, Nr. 3104 VV
   (Wert: 5.000,00 EUR) — 363,60 EUR
4. 1,0-Einigungsgebühr, Nrn. 1000, 1003 VV
   (Wert: 5.000,00 EUR) — 303,00 EUR
5. Postentgeltpauschale, Nr. 7002 VV — 20,00 EUR
   Zwischensumme — 1.241,30 EUR
6. 19 % Umsatzsteuer, Nr. 7008 VV — 235,85 EUR

Gesamt — **1.477,15 EUR**

II. Verkehrsanwalt
1. 1,0-Verfahrensgebühr, Nrn. 3400, 3100 VV
   (Wert: 5.000,00 EUR) — 303,00 EUR
2. 0,8-Verfahrensgebühr, Nrn. 3400, 3100, 3101 Nr. 2, 1. Alt. VV
   (Wert: 3.000,00 EUR) — 160,80 EUR
   gem. § 15 Abs. 3 RVG nicht mehr als 1,0 aus 8.000,00 EUR — 456,00 EUR
3. 1,0-Einigungsgebühr, Nrn. 1000, 1003 VV
   (Wert: 5.000,00 EUR) — 303,00 EUR
4. 1,5-Einigungsgebühr, Nr. 1000 VV
   (Wert: 3.000,00 EUR) — 301,50 EUR
   die Höchstgrenze nach § 15 Abs. 3 RVG, nicht mehr als 1,5 aus 8.000,00 EUR (684,00 EUR), wird nicht überschritten
5. Postentgeltpauschale, Nr. 7002 VV — 20,00 EUR
   Zwischensumme — 1.080.50 EUR

II. Einzeltätigkeiten nach Teil 3 VV § 20

6. 19 % Umsatzsteuer, Nr. 7008 VV	205,30 EUR
Gesamt	**1.285,80 EUR**

Beispiel 20 — **Verkehrsanwaltstätigkeit mit Einigungsverhandlungen auch über nicht anhängige Gegenstände**

In einem Rechtsstreit über 5.000,00 EUR unterrichtet der Verkehrsanwalt den Prozessbevollmächtigten über weitere nicht anhängige 3.000,00 EUR und beauftragt diesen, im Termin sowohl über die anhängigen 5.000,00 EUR als auch über die nicht anhängigen 3.000,00 EUR zum Zwecke einer Gesamteinigung zu verhandeln. Das geschieht, die Einigung scheitert jedoch.

Der **Prozessbevollmächtigte** erhält unter Beachtung des § 15 Abs. 3 RVG eine 1,3-Verfahrensgebühr aus 5.000,00 EUR (Nr. 3100 VV) sowie eine 0,8-Verfahrensgebühr aus 3.000,00 EUR (Nrn. 3100, 3101 Nr. 2, 2. Alt. VV) und eine Terminsgebühr (Nr. 3104 VV) aus 8.000,00 EUR.

Der **Verkehrsanwalt** erhält unter Beachtung des § 15 Abs. 3 RVG eine 1,0-Verfahrensgebühr aus 5.000,00 EUR (Nrn. 3400, 3100 VV) sowie eine 0,8-Verfahrensgebühr aus 3.000,00 EUR (Nrn. 3400, 3100, 3101 Nr. 2, 2. Alt. VV).

I. **Prozessbevollmächtigter**
1. 1,3-Verfahrensgebühr, Nr. 3100 VV
   (Wert: 5.000,00 EUR)   393,90 EUR
2. 0,8-Verfahrensgebühr, Nrn. 3100, 3101 Nr. 2, 2. Alt. VV
   (Wert: 3.000,00 EUR)   160,80 EUR
   die Höchstgrenze nach § 15 Abs. 3 RVG, nicht mehr als
   1,3 aus 8.000,00 EUR (592,80 EUR), wird nicht überschritten
3. 1,2-Terminsgebühr, Nr. 3104 VV
   (Wert: 8.000,00 EUR)   547,20 EUR
4. Postentgeltpauschale, Nr. 7002 VV   20,00 EUR
   Zwischensumme   1.121,90 EUR
5. 19 % Umsatzsteuer, Nr. 7008 VV   213,16 EUR
   Gesamt   **1.335,06 EUR**

II. **Verkehrsanwalt**
1. 1,0-Verfahrensgebühr, Nrn. 3400, 3100 VV
   (Wert: 5.000,00 EUR)   303,00 EUR
2. 0,8-Verfahrensgebühr, Nrn. 3400, 3100, 3101 Nr. 2, 2. Alt VV
   (Wert: 3.000,00 EUR)   160,80 EUR
   gem. § 15 Abs. 3 RVG nicht mehr als 1,0 aus   456,00 EUR
   8.000,00 EUR
3. Postentgeltpauschale, Nr. 7002 VV   20,00 EUR
   Zwischensumme   476,00 EUR
4. 19 % Umsatzsteuer, Nr. 7008 VV   90,44 EUR
   Gesamt   **566,44 EUR**

Beispiel 21 — **Verkehrsanwaltstätigkeit mit Einigung auch über nicht anhängige Gegenstände**

In einem Rechtsstreit über 5.000,00 EUR wird im Termin eine Einigung über die anhängigen 5.000,00 EUR sowie weitere nicht anhängige 3.000,00 EUR unter Widerrufsvorbehalt geschlossen. Der Verkehrsanwalt bespricht die Einigung mit der Partei, die auf seinen Rat dann auch von einem Widerruf absieht.

§ 20 Verkehrsanwalt, Terminsvertreter, Einzeltätigkeiten

Beide Anwälte verdienen eine 1,0-Einigunggebühr nach Nrn. 1000, 1003 VV aus dem Wert der anhängigen Gegenstände (5.000,00 EUR) und eine 1,5-Einigungsgebühr aus dem Wert der nicht anhängigen Gegenstände (3.000,00 EUR). Zu beachten ist § 15 Abs. 3 RVG.

Darüber hinaus erhält der **Prozessbevollmächtigte** eine 1,3-Verfahrensgebühr aus dem Wert der anhängigen Gegenstände und eine 0,8-Verfahrensgebühr aus dem Wert der nicht anhängigen Gegenstände. Zu beachten ist § 15 Abs. 3 RVG.

Der **Verkehrsanwalt** erhält eine 1,0-Verfahrensgebühr aus dem Wert der anhängigen Gegenstände und eine 0,8-Verfahrensgebühr aus dem Wert der nicht anhängigen Gegenstände. Zu beachten ist § 15 Abs. 3 RVG.

I. Prozessbevollmächtigter

1. 1,3-Verfahrensgebühr, Nr. 3100 VV
   (Wert: 5.000,00 EUR) — 393,90 EUR
2. 0,8-Verfahrensgebühr, Nrn. 3100, 3101 Nr. 1 VV
   (Wert: 3.000,00 EUR) — 160,80 EUR
   die Höchstgrenze nach § 15 Abs. 3 RVG, nicht mehr als 1,3 aus 8.000,00 EUR (592,80 EUR), wird nicht überschritten
3. 1,2-Terminsgebühr, Nr. 3104 VV
   (Wert: 8.000,00 EUR) — 547,20 EUR
4. 1,0-Einigungsgebühr, Nrn. 1000, 1003 VV
   (Wert: 5.000,00 EUR) — 303,00 EUR
5. 1,5-Einigungsgebühr, Nr. 1000 VV
   (Wert: 3.000,00 EUR) — 301,50 EUR
   die Höchstgrenze nach § 15 Abs. 3 RVG, nicht mehr als 1,5 aus 8.000,00 EUR (684,00 EUR) wird nicht überschritten
6. Postentgeltpauschale, Nr. 7002 VV — 20,00 EUR
   Zwischensumme — 1.726,40 EUR
7. 19 % Umsatzsteuer, Nr. 7008 VV — 328,02 EUR

Gesamt — **2.054,42 EUR**

II. Verkehrsanwalt

1. 1,0-Verfahrensgebühr, Nrn. 3400, 3100 VV
   (Wert: 5.000,00 EUR) — 303,00 EUR
2. 0,8-Verfahrensgebühr, Nrn. 3400, 3100, 3101 Nr. 2, 1. Alt. VV
   (Wert: 3.000,00 EUR) — 160,80 EUR
   gem. § 15 Abs. 3 RVG nicht mehr als 1,0 aus 8.000,00 EUR — 456,00 EUR
3. 1,0-Einigungsgebühr, Nrn. 1000, 1003 VV
   (Wert: 5.000,00 EUR) — 303,00 EUR
4. 1,5-Einigungsgebühr, Nr. 1000 VV
   (Wert: 3.000,00 EUR) — 301,50 EUR
   die Höchstgrenze nach § 15 Abs. 3 RVG, nicht mehr als 1,5 aus 8.000,00 EUR (684,00 EUR) wird nicht überschritten
5. Postentgeltpauschale, Nr. 7002 VV — 20,00 EUR
   Zwischensumme — 1.080,50 EUR
6. 19 % Umsatzsteuer, Nr. 7008 VV — 205,30 EUR

Gesamt — **1.285,80 EUR**

(10) Zusatzgebühr für besonders umfangreiche Beweisaufnahmen

32 Der Verkehrsanwalt kann auch – ebenso wie der Verfahrensbevollmächtigte – eine Zusatzgebühr für besonders umfangreiche Beweisaufnahmen verdienen (siehe dazu § 13 Rn 177 ff.). Es handelt sich um eine Allgemeine Gebühr nach Teil 1 VV, so dass diese auch auf den Verkehrsanwalt Anwendung findet. Da eine Teilnahme an den Vernehmungsterminen nicht erforderlich ist, kann die Gebühr also auch beim Verkehrsanwalt entstehen.

> **Beispiel 22** **Verkehrsanwaltstätigkeit mit Zusatzgebühr für besonders umfangreiche Beweisaufnahmen**

In einem Rechtsstreit über 50.000,00 EUR beauftragt die Partei einen Verkehrsanwalt an ihrem Sitz und einen Prozessbevollmächtigten am Gerichtsort. Es kommt zu einer besonders umfangreichen Beweisaufnahme mit mehr als drei Terminen zur Vernehmung von Zeugen.

Jetzt entsteht sowohl für den Prozessbevollmächtigten als auch für den Verkehrsanwalt eine Zusatzgebühr nach Nr. 1010 VV. Dass der Verkehrsanwalt an den Beweisterminen nicht teilgenommen hat, ist unerheblich (siehe § 13 Rn 177 ff.).

I. Prozessbevollmächtigter
1. 1,3-Verfahrensgebühr, Nr. 3104 VV
   (Wert: 50.000,00 EUR)   1.511,90 EUR
2. 1,2-Terminsgebühr, Nr. 3104 VV
   (Wert: 50.000,00 EUR)   1.395,60 EUR
3. 0,3-Zusatzgebühr, Nr. 1010 VV
   (Wert: 50.000,00 EUR)   348,90 EUR
4. Postentgeltpauschale, Nr. 7002 VV   20,00 EUR
   Zwischensumme   3.276,40 EUR
5. 19 % Umsatzsteuer, Nr. 7008 VV   622,52 EUR
Gesamt   **3.898,92 EUR**

II. Verkehrsanwalt
1. 1,0-Verfahrensgebühr, Nrn. 3400, 3104 VV
   (Wert: 50.000,00 EUR)   1.163,00 EUR
2. 0,3-Zusatzgebühr, Nr. 1010 VV
   (Wert: 50.000,00 EUR)   348,90 EUR
3. Postentgeltpauschale, Nr. 7002 VV   20,00 EUR
   Zwischensumme   1.531,90 EUR
4. 19 % Umsatzsteuer, Nr. 7008 VV   291,06 EUR
Gesamt   **1.822,96 EUR**

cc) Verkehrsanwalt nach Anm. zu Nr. 3400 VV

In der Anm. zu Nr. 3400 VV ist eine besondere Verkehrsanwaltsgebühr enthalten. Grundsätzlich zählt die Übersendung der Handakten an einen anderen Rechtsanwalt nach § 19 Abs. 1 S. 2 Nr. 17 RVG zum Rechtszug. Die Vorschrift der Anm. zu Nr. 3400 VV macht hiervon eine Ausnahme, wenn der Anwalt im Einverständnis mit dem Auftraggeber die Übersendung der Akten an den Rechtsanwalt eines höheren Rechtszugs mit gutachterlichen Äußerungen verbindet.[13]   33

Erledigt sich der Auftrag, bevor der übersendende Anwalt gegenüber dem Verfahrensbevollmächtigten des Rechtsmittelverfahrens tätig geworden ist, reduziert sich diese Gebühr nach Nr. 3405 Nr. 1 VV auf 0,5.   34

Auch hier greift wiederum Nr. 1008 VV, wenn der Anwalt für **mehrere Auftraggeber** tätig wird.   35

---

13 Zur Abgrenzung zu § 34 Abs. 1 RVG und Nrn. 2100 ff. VV siehe AnwK-RVG/*N. Schneider*, Nr. 3400 VV Rn 128.

§ 20 Verkehrsanwalt, Terminsvertreter, Einzeltätigkeiten

> **Beispiel 23** — Übersendung der Handakten an den Rechtsmittelanwalt

Nach Erlass des Berufungsurteils (Wert: 50.000,00 EUR) wird Revision zum BGH eingelegt. Der Berufungsanwalt übersendet dem BGH-Anwalt seine Handakten und verbindet dies auftragsgemäß mit gutachterlichen Äußerungen.

Der **BGH-Anwalt** erhält nach Nrn. 3206, 3208 VV eine 2,3-Verfahrensgebühr.

Der **Verkehrsanwalt** erhält jedoch wiederum nur die 1,0-Gebühr.

1. 1,0-Verfahrensgebühr, Nrn. 3400, 3206, 3208 VV
   (Wert: 50.000,00 EUR)   1.163,00 EUR
2. Postentgeltpauschale, Nr. 7002 VV   20,00 EUR
   Zwischensumme   1.183,00 EUR
3. 19 % Umsatzsteuer, Nr. 7008 VV   224,77 EUR
   Gesamt   **1.407,77 EUR**

> **Beispiel 24** — Übersendung der Handakten an den Rechtsmittelanwalt, mehrere Auftraggeber

Nach Erlass des Berufungsurteils gegen zwei Gesamtschuldner (Wert: 50.000,00 EUR) wird Revision zum BGH eingelegt. Der Berufungsanwalt übersendet dem BGH-Anwalt seine Handakten und verbindet dies auftragsgemäß mit gutachterlichen Äußerungen.

Der **BGH-Anwalt** erhält nach Nrn. 3206, 3208, 1008 VV jetzt eine 2,6-Verfahrensgebühr.

Der **Verkehrsanwalt** erhält eine nach Nr. 1008 VV erhöhte 1,3-Gebühr.

1. 1,3-Verfahrensgebühr, Nrn. 3400, 3206, 3208, 1008 VV
   (Wert: 50.000,00 EUR)   1.511,90 EUR
2. Postentgeltpauschale, Nr. 7002 VV   20,00 EUR
   Zwischensumme   1.531,90 EUR
3. 19 % Umsatzsteuer, Nr. 7008 VV   291,06 EUR
   Gesamt   **1.822,96 EUR**

36   Im Falle der vorzeitigen Erledigung reduziert sich auch die Gebühr nach Anm. zu Nr. 3400 VV nach Nr. 3405 Nr. 1 VV auf 0,5.

> **Beispiel 25** — Übersendung der Handakten an den Rechtsmittelanwalt, vorzeitige Erledigung

Nach Erlass des Berufungsurteils (Wert: 50.000,00 EUR) legt die Gegenseite Revision zum BGH ein. Der Berufungsanwalt soll seine Handakten dem zwischenzeitlich beauftragten BGH-Anwalt übersenden und dies mit gutachterlichen Äußerungen verbinden. Bevor es dazu kommt, wird die Revision zurückgenommen; der Auftrag erledigt sich.

Der **BGH-Anwalt** erhält nach Nrn. 3206, 3207, 3209 VV eine 1,8-Verfahrensgebühr. Der **Verkehrsanwalt** erhält nach Nr. 3405 Nr. 1 VV nur eine 0,5-Gebühr.

1. 0,5-Verfahrensgebühr, Nrn. 3400, 3405 Nr. 1, 3206, 3208 VV
   (Wert: 50.000,00 EUR)   581,50 EUR
2. Postentgeltpauschale, Nr. 7002 VV   20,00 EUR
   Zwischensumme   601,50 EUR
3. 19 % Umsatzsteuer, Nr. 7008 VV   114,29 EUR
   Gesamt   **715,79 EUR**

c) Terminsvertreter

aa) Begriff des Terminsvertreters

Terminsvertreter ist derjenige Anwalt, der im Auftrag des Mandanten einen Termin i.S.d. Vorbem. 3 Abs. 3 VV wahrnehmen soll, der also nicht mit der Prozessführung insgesamt beauftragt ist. Er erhält seine Vergütung nach den Nrn. 3401, 3402 VV. 37

Vom Terminsvertreter, der im Namen des Mandanten beauftragt wird, ist der vom Anwalt selbst in eigenem Namen beauftragte Vertreter für einen Termin, zu unterscheiden. Beauftragt der Anwalt in eigenem Namen einen anderen Anwalt, für ihn einen Termin wahrzunehmen, so richtet sich dieses Vergütungsverhältnis nicht nach dem RVG. Die Vergütung ist frei vereinbar.[14] Hier kommt es auch oft vor, dass der betreffende Anwalt kollegialiter unentgeltlich tätig wird. Das ist zulässig. 38

Beispiel 26 | **Vertreter des Anwalts im Termin**

In einem Rechtsstreit ist der Prozessbevollmächtigte am Tag der mündlichen Verhandlung verhindert und beauftragt einen anderen Anwalt, der für ihn den Termin wahrnimmt.

Der **Prozessbevollmächtigte** erhält vom Mandanten die 1,3-Verfahrensgebühr nach Nr. 3100 VV und über § 5 RVG die 1,2-Terminsgebühr.

Der mit der Wahrnehmung des Termins beauftragte **Vertreter** kann nicht mit dem Mandanten abrechnen, da er von ihm keinen Auftrag erhalten hat. Er rechnet unmittelbar mit dem Prozessbevollmächtigten ab. Insoweit ist die Vergütung frei vereinbar.

Beispiel 27 | **Mitauftreten für anderen Anwalt im Termin**

In einem Rechtsstreit tritt der Prozessbevollmächtigte des Beklagten zugleich auch für den an diesem Tag verhinderten Prozessbevollmächtigten des ihm beigetretenen Streithelfers auf.

Der Prozessbevollmächtigte des Beklagten wird nicht als Terminsvertreter für den Streitverkündeten tätig, sondern als Vertreter für den Streithelfer, so dass dieser einen Gebührenanspruch gem. § 5 RVG gegen den Streithelfer auch auf die Terminsgebühr erwirbt.[15] Die Vergütung zwischen den beiden Anwälten ist frei vereinbar.

---

14 BGH AGS 2001, 302 = WM 2001, 167 = WRP 2001, 144 = NJW 2001, 753 = GRUR 2001, 256 = AnwBl 2001, 302 = BRAK-Mitt 2001, 140 = MDR 2001, 173 = BB 2000, 2544 = NJ 2001, 41 = DStZ 2001, 60 = BRAGOreport 2001, 26; BGH AGS 2006, 471 = WRP 2006, 1221 = AnwBl 2006, 672 = BRAK-Mitt 2006, 229 = FamRZ 2006, 1523 = BGHR 2006, 1372 = GRUR 2006, 955 = NJW 2006, 3569 = JurBüro 2007, 19 = MDR 2007, 180 = WM 2007, 42 = NJW-Spezial 2006, 478 = RVGprof. 2006, 184 = RVGreport 2006, 438 = DAR 2006, 717.

15 BGH AGS 2006, 486 = FamRZ 2006, 1373 = BGHR 2006, 1276 = NJ 2006, 505 = Rpfleger 2006, 675 = NJW 2006, 3571 = VersR 2006, 1660 = RuS 2007, 44 = JurBüro 2007, 27 = MDR 2007, 243 = RVGprof. 2006, 163 = RVG-Letter 2006, 110 = RVGreport 2006, 421.

bb) Die Vergütung des Terminsvertreters

(1) Grundfälle

39 Der Terminsvertreter erhält nach Nr. 3401 VV zunächst einmal eine **Verfahrensgebühr** in Höhe der Hälfte der Verfahrensgebühr, die dem Verfahrensbevollmächtigten entsteht bzw. ihm entstehen würde. Zu fragen ist also danach, welche Verfahrensgebühr ein Verfahrensbevollmächtigter erhält oder erhalten würde. Hiervon erhält dann der Terminsvertreter die Hälfte. Eine Begrenzung ist hier im Gegensatz zu Nr. 3400 VV nicht vorgesehen. Erstinstanzlich entsteht also regelmäßig eine 0,65-Verfahrensgebühr.

40 Soweit der Terminsvertreter **mehrere Auftraggeber** vertritt, erhöht sich die hälftige Verfahrensgebühr nach Nr. 1008 VV um 0,3, höchstens um 2,0.

41 **Erledigt sich der Auftrag vorzeitig**, so reduziert sich die Verfahrensgebühr der Nr. 3401 VV nach Nr. 3405 Nr. 2 VV auf 0,5. Bei mehreren Auftraggebern erhöht sich diese Gebühr wiederum um 0,3 je weiteren Auftraggeber (Nr. 1008 VV), höchstens um 2,0.

42 Neben der Verfahrensgebühr erhält der Terminsvertreter nach Nr. 3402 VV zusätzlich eine **Terminsgebühr** in Höhe der Terminsgebühr, die ein Verfahrensbevollmächtigter erhalten würde. Erstinstanzlich entsteht also die Gebühr grundsätzlich nach Nr. 3104 VV und im Falle eines **Versäumnisurteils** die 0,5-Gebühr nach Nr. 3105 VV.

43 Die Terminsgebühr entsteht für den Terminsvertreter unter den Voraussetzungen der Vorbem. 3 Abs. 3 VV. Sie entsteht also
- bei Wahrnehmung eines **gerichtlichen Termins**,
- bei Wahrnehmung eines von einem **Sachverständigen anberaumten Termins** und
- für die **Mitwirkung** an auf die Vermeidung oder Erledigung des Verfahrens gerichteten **Besprechungen**.

44 Wirkt der Terminsvertreter an einer Einigung i.S.d. Nrn. 1000 ff. VV oder einer Erledigung i.S.d. Nr. 1002 VV mit, so erhält er daneben auch eine **Einigungs-** oder **Erledigungsgebühr**, und zwar in Höhe von 1,0, soweit die Gegenstände anhängig sind (Nr. 1003 VV), im Rechtsmittelverfahren zu 1,3 (Nr. 1004 VV) und in Höhe von 1,5, sofern nicht anhängige Gegenstände in die Einigung oder Erledigung mit einbezogen werden (Nr. 1000 VV).

45 Für den **Verfahrensbevollmächtigten** entsteht keine zusätzliche Gebühr mehr für das Übertragen der mündlichen Verhandlung (früher § 33 Abs. 3 BRAGO). Das Übertragen wird für den Verfahrensbevollmächtigten durch die Verfahrensgebühr mit abgegolten. Allerdings kann der Verfahrensbevollmächtigte auch neben dem Terminsvertreter eine Terminsgebühr verdienen, wenn auch er an einem gerichtlichen Termin oder einem Sachverständigentermin teilnimmt oder wenn er Besprechungen mit dem Gegner führt (Vorbem. 3 Abs. 3 VV).

| Beispiel 28 | Terminsvertreter im erstinstanzlichen Verfahren |

In einem Rechtsstreit über 8.000,00 EUR bestellt die Partei neben dem Prozessbevollmächtigten für den auswärtigen Termin einen Anwalt mit der Wahrnehmung des Verhandlungstermins, den dieser auch wahrnimmt.

Der **Prozessbevollmächtigte** erhält nur die 1,3-Verfahrensgebühr nach Nr. 3100 VV.

Der **Terminsvertreter** erhält seine Vergütung nach den Nrn. 3401, 3402, 3104 VV.

II. Einzeltätigkeiten nach Teil 3 VV **§ 20**

I. **Prozessbevollmächtigter**
1. 1,3-Verfahrensgebühr, Nr. 3100 VV .... 592,80 EUR
   (Wert: 8.000,00 EUR)
2. Postentgeltpauschale, Nr. 7002 VV .... 20,00 EUR
   Zwischensumme .... 612,80 EUR
3. 19 % Umsatzsteuer, Nr. 7008 VV .... 116,43 EUR
Gesamt .... **729,2 EUR**

II. **Terminsvertreter**
1. 0,65-Verfahrensgebühr, Nrn. 3401, 3100 VV .... 296,40 EUR
   (Wert: 8.000,00 EUR)
2. 1,2-Terminsgebühr, Nrn. 3402, 3104 VV .... 547,20 EUR
   (Wert: 8.000,00 EUR)
3. Postentgeltpauschale, Nr. 7002 VV .... 20,00 EUR
   Zwischensumme .... 863,60 EUR
4. 19 % Umsatzsteuer, Nr. 7008 VV .... 164,08 EUR
Gesamt .... **1.027,68 EUR**

Beispiel 29 | **Terminsvertreter im Berufungsverfahren**

In einem Rechtsstreit über 8.000,00 EUR bestellt die Partei neben dem Prozessbevollmächtigten für den auswärtigen Termin vor dem Berufungsgericht einen Anwalt mit der Wahrnehmung des Verhandlungstermins.

Der **Prozessbevollmächtigte** erhält jetzt eine 1,6-Verfahrensgebühr nach Nr. 3200 VV. Der **Terminsvertreter** erhält eine 0,8-Verfahrensgebühr nach den Nrn. 3401, 3200 VV sowie eine 1,2-Terminsgebühr nach Nrn. 3402, 3202 VV.

I. **Prozessbevollmächtigter**
1. 1,6-Verfahrensgebühr, Nr. 3200 VV .... 729,60 EUR
   (Wert: 8.000,00 EUR)
2. Postentgeltpauschale, Nr. 7002 VV .... 20,00 EUR
   Zwischensumme .... 749,60 EUR
3. 19 % Umsatzsteuer, Nr. 7008 VV .... 142,42 EUR
Gesamt .... **892,02 EUR**

II. **Terminsvertreter**
1. 0,8-Verfahrensgebühr, Nrn. 3401, 3200 VV .... 364,80 EUR
   (Wert: 8.000,00 EUR)
2. 1,2-Terminsgebühr, Nrn. 3402, 3202 VV .... 547,20 EUR
   (Wert: 8.000,00 EUR)
3. Postentgeltpauschale, Nr. 7002 VV .... 20,00 EUR
   Zwischensumme .... 932,00,00 EUR
4. 19 % Umsatzsteuer, Nr. 7008 VV .... 177,08 EUR
Gesamt .... **1.109,08 EUR**

Beispiel 30 | **Terminsvertreter in der Zwangsvollstreckung**

In einem Ordnungsgeldverfahren über 8.000,00 EUR bestellt die Partei neben dem Verfahrensbevollmächtigten für den auswärtigen Termin einen weiteren Anwalt mit der Wahrnehmung des Verhandlungstermins.

Der **Prozessbevollmächtigte** erhält eine 0,3-Verfahrensgebühr nach Nr. 3309 VV.

Der **Terminsvertreter** erhält ebenfalls eine 0,3-Verfahrensgebühr nach Nr. 3309 VV sowie eine 0,3-Terminsgebühr (Nr. 3310 VV). Die Vorschriften der Nrn. 3400 ff. VV sind unanwendbar.[16]

1.	0,3-Verfahrensgebühr, Nr. 3309 VV (Wert: 8.000,00 EUR)	136,80 EUR
2.	0,3-Terminsgebühr, Nr. 3310 VV (Wert: 8.000,00 EUR)	136,80 EUR
3.	Postentgeltpauschale, Nr. 7002 VV	20,00 EUR
	Zwischensumme	293,60 EUR
4.	19 % Umsatzsteuer, Nr. 7008 VV	55,78 EUR
	Gesamt	**349,38 EUR**

Beispiel 31 — Terminsvertreter im Güte- oder Schlichtungsverfahren

In einem Schlichtungsverfahren über 400,00 EUR nach § 15a EGZPO bestellt die Partei neben dem Verfahrensbevollmächtigten für den auswärtigen Termin einen Anwalt mit der Wahrnehmung des Schlichtungstermins.

Hier ist unstrittig, dass Nr. 3400 VV nicht greift, weil sich das Schlichtungsverfahren nicht nach Teil 3 VV richtet. Der Terminsvertreter erhält daher die volle 1,5-Geschäftsgebühr nach Nr. 2403 Nr. 1 VV.[17] Sowohl der Hauptbevollmächtigte als auch der Terminsvertreter erhalten:

1.	1,5-Geschäftsgebühr, Nr. 2403 Nr. 1 VV (Wert: 400,00 EUR)	67,50 EUR
2.	Postentgeltpauschale, Nr. 7002 VV	13,50 EUR
	Zwischensumme	81,00 EUR
3.	19 % Umsatzsteuer, Nr. 7008 VV	15,39 EUR
	Gesamt	**96,39 EUR**

46 Eine Tätigkeit als Terminsvertreter liegt auch dann vor, wenn der Anwalt nur einen Protokollierungstermin wahrnehmen soll. Das ist durch die Neufassung der Vorbem. 3 Abs. 3 VV zum 1.8.2013 durch das 2. KostRMoG klargestellt worden, da jeder gerichtliche Termin ausreicht und nicht mehr ein Verhandlungs-, Erörterungs- oder Beweistermin erforderlich ist.

Beispiel 32 — Vertretung in einem Protokollierungstermin (I)

In einem Rechtsstreit über 10.000,00 EUR wird ein Anwalt vor dem auswärtigen Gericht lediglich beauftragt, einen Termin zur Protokollierung eines Vergleichs wahrzunehmen, den der Hauptbevollmächtigte bereits mit dem Gegenanwalt geschlossen hat.

Auch die bloße Protokollierung einer Einigung löst eine Terminsgebühr nach Nrn. 3402, 3104 VV aus. Eine Einigungsgebühr entsteht für den Terminsvertreter dagegen nicht, da die Einigung bereits geschlossen worden war und er daher daran nicht mehr mitgewirkt hat.

I. Prozessbevollmächtigter

1.	1,3-Verfahrensgebühr, Nr. 3100 VV (Wert: 10.000,00 EUR)	725,40 EUR
2.	1,0-Einigungsgebühr, Nrn. 1000, 1003 VV (Wert: 10.000,00 EUR)	558,00 EUR
3.	Postentgeltpauschale, Nr. 7002 VV	20,00 EUR
	Zwischensumme	1.303,40 EUR

---

16 AnwK-RVG/*N. Schneider*, Nr. 3401–3402 VV Rn 9; *Hartmann*, KostG, Nr. 3400 VV Rn 37; a.A. Gerold/Schmidt/*Müller-Rabe*, Nr. 3401 VV Rn 5 ff., der nur eine 0,15-Gebühr gewähren will.
17 AnwK-RVG/*N. Schneider*, Nr. 2303 VV Rn 12.

4. 19 % Umsatzsteuer, Nr. 7008 VV		247,65 EUR
Gesamt		**1.551,05 EUR**

II. Terminsvertreter

1. 0,8-Verfahrensgebühr, Nrn. 3401, 3100 VV (Wert: 10.000,00 EUR)		446,40 EUR
2. 1,2-Terminsgebühr, Nrn. 3402, 3104 VV (Wert: 10.000,00 EUR)		669,60 EUR
3. Postentgeltpauschale, Nr. 7002 VV Zwischensumme	1.136,00 EUR	20,00 EUR
4. 19 % Umsatzsteuer, Nr. 7008 VV		215,84 EUR
Gesamt		**1.351,84 EUR**

Beispiel 33 — **Vertretung in einem Protokollierungstermin (I)**

Der Anwalt ist beauftragt, in einem Scheidungstermin lediglich einen Vergleich über den Versorgungsausgleich (Wert 4.500,00 EUR) zu protokollieren.

Jetzt erhält der neben der Verfahrens- und Terminsgebühr auch noch eine Einigungsgebühr, da der Vergleich nach § 7 Abs. 1 VersAusglG formbedürftig ist und daher gem. § 127a BGB erst mit der Protokollierung wirksam zustande kommt. Daher liegt eine Mitwirkung des Anwalts vor,[18] so dass er eine 1,0-Einigungsgebühr nach Nrn. 1000, 1003 VV erhält.

1. 0,65-Verfahrensgebühr, Nrn. 3401, 3100 VV (Wert: 4.500,00 EUR)		196,95 EUR
2. 1,2-Terminsgebühr, Nrn. 3402, 3104 VV (Wert: 4.500,00 EUR)		363,60 EUR
2. 1,0-Einigungsgebühr, Nrn. 1000, 1003 VV (Wert: 4.500,00 EUR)		303,00 EUR
3. Postentgeltpauschale, Nr. 7002 VV Zwischensumme	883,55 EUR	20,00 EUR
4. 19 % Umsatzsteuer, Nr. 7008 VV		167,87 EUR
Gesamt		**1.051,42 EUR**

(2) Mehrere Auftraggeber

Vertritt der Terminsvertreter **mehrere Auftraggeber**, so erhöht sich für ihn die Verfahrensgebühr um 0,3 je weiteren Auftraggeber. Ob auch der Verfahrensbevollmächtigte mehrere Auftraggeber vertritt, ist unerheblich.

47

Beispiel 34 — **Terminsvertreter, mehrere Auftraggeber**

In einem Rechtsstreit über 8.000,00 EUR bestellen die beiden Mandanten neben dem Prozessbevollmächtigten für den auswärtigen Termin einen Anwalt mit der Wahrnehmung des Verhandlungstermins.

Der **Prozessbevollmächtigte** erhält jetzt gem. Nr. 1008 VV eine 1,6-Verfahrensgebühr nach Nr. 3100 VV.

---

18 AG Groß-Gerau JurBüro 1998, 76; AnwK-RVG/*Onderka/Schafhausen/Schneider/Thiel*, Nr. 1000 VV Rn 127; Gerold/Schmidt/*Müller-Rabe*, Nr. 3104 Rn 259.

Die Verfahrensgebühr des **Terminsvertreters** erhöht sich ebenfalls nach Nr. 1008 VV um 0,3. Er erhält nicht etwa nur die hälftige Gebühr (0,8) des Prozessbevollmächtigten.[19]

I. Prozessbevollmächtigter
1. 1,6-Verfahrensgebühr, Nrn. 3100, 1008 VV   729,60 EUR
   (Wert: 8.000,00 EUR)
2. Postentgeltpauschale, Nr. 7002 VV   20,00 EUR
   Zwischensumme   749,60 EUR
3. 19 % Umsatzsteuer, Nr. 7008 VV   142,42 EUR

Gesamt   **892,02 EUR**

II. Terminsvertreter
1. 0,95-Verfahrensgebühr, Nrn. 3401, 3100, 1008 VV
   (Wert: 8.000,00 EUR)   433,20 EUR
2. 1,2-Terminsgebühr, Nrn. 3402, 3104 VV   547,20 EUR
   (Wert: 8.000,00 EUR)
3. Postentgeltpauschale, Nr. 7002 VV   20,00 EUR
   Zwischensumme   1.000,40 EUR
4. 19 % Umsatzsteuer, Nr. 7008 VV   190,08 EUR

Gesamt   **1.190,48 EUR**

Beispiel 35   **Prozessbevollmächtigter, ein Auftraggeber – Terminsvertreter, mehrere Auftraggeber**

In einem Rechtsstreit über 8.000,00 EUR bestellen die beiden Mandanten jeweils einen eigenen Prozessbevollmächtigten. Für den auswärtigen Termin einigen sie sich jedoch auf einen gemeinsamen Anwalt, den sie mit der Wahrnehmung des Verhandlungstermins beauftragen.

Die **Prozessbevollmächtigten** erhalten jeweils nur eine 1,3-Verfahrensgebühr nach Nr. 3100 VV.

Die Verfahrensgebühr des **Terminsvertreters** erhöht sich dagegen wiederum nach Nr. 1008 VV um 0,3 auf 0,95.

I. Prozessbevollmächtigte (jeweils)
1. 1,3-Verfahrensgebühr, Nr. 3100 VV   592,80 EUR
   (Wert: 8.000,00 EUR)
2. Postentgeltpauschale, Nr. 7002 VV   20,00 EUR
   Zwischensumme   612,80 EUR
3. 19 % Umsatzsteuer, Nr. 7008 VV   116,43 EUR

Gesamt   **729,23 EUR**

II. Terminsvertreter
1. 0,95-Verfahrensgebühr, Nrn. 3401, 3100, 1008 VV
   (Wert: 8.000,00 EUR)   433,20 EUR
2. 1,2-Terminsgebühr, Nrn. 3402, 3104 VV   547,20 EUR
   (Wert: 8.000,00 EUR)
3. Postentgeltpauschale, Nr. 7002 VV   20,00 EUR
   Zwischensumme   1.000,40 EUR
4. 19 % Umsatzsteuer, Nr. 7008 VV   190,08 EUR

Gesamt   **1.190,48 EUR**

---

[19] AnwK-RVG/N. *Schneider*, Nr. 3401–3402 VV Rn 49; *Henke*, Berechnung des Mehrvertretungszuschlags bei Korrespondenzanwalt und Terminsvertreter, AnwBl 2005, 135.

II. Einzeltätigkeiten nach Teil 3 VV § 20

Beispiel 36 | **Prozessbevollmächtigter, mehrere Auftraggeber – Terminsvertreter, ein Auftraggeber**

In einem Rechtsstreit über 8.000,00 EUR werden die beiden Streitgenossen von einem gemeinsamen Prozessbevollmächtigten vertreten. Für den auswärtigen Beweistermin beauftragt nur einer der Streitgenossen einen Anwalt mit der Wahrnehmung des Termins.

Der **Prozessbevollmächtigte** erhält jetzt gem. Nr. 1008 VV eine 1,6-Verfahrensgebühr nach Nr. 3100 VV.

Die Verfahrensgebühr des **Terminsvertreters** erhöht sich dagegen nicht nach Nr. 1008 VV um 0,3. Er erhält auch nicht etwa die hälftige Gebühr (0,8) des Prozessbevollmächtigten, sondern nur eine 0,65-Gebühr.

I. **Prozessbevollmächtigter**		
1. 1,6-Verfahrensgebühr, Nrn. 3100, 1008 VV (Wert: 8.000,00 EUR)		729,60 EUR
2. Postentgeltpauschale, Nr. 7002 VV		20,00 EUR
Zwischensumme	749,60 EUR	
3. 19 % Umsatzsteuer, Nr. 7008 VV		142,42 EUR
Gesamt		**892,02 EUR**
II. **Terminsvertreter**		
1. 0,65-Verfahrensgebühr, Nrn. 3401, 3100 VV (Wert: 8.000,00 EUR)		296,40 EUR
2. 1,2-Terminsgebühr, Nrn. 3402, 3104 VV (Wert: 8.000,00 EUR)		547,20 EUR
3. Postentgeltpauschale, Nr. 7002 VV		20,00 EUR
Zwischensumme	863,60 EUR	
4. 19 % Umsatzsteuer, Nr. 7008 VV		164,08 EUR
Gesamt		**1.027,68 EUR**

(3) Vorzeitige Erledigung

Endet der Auftrag für den Terminsvertreter vorzeitig, so ermäßigt sich die Gebühr der Nr. 3401 VV nach Nr. 3405 Nr. 2 VV auf 0,5, wobei sich diese Gebühr dann bei mehreren Auftraggebern wiederum um jeweils 0,3 erhöht. 48

Beispiel 37 | **Vorzeitige Erledigung**

Der Anwalt wird für einen Verhandlungstermin beauftragt. Unmittelbar vor dem Termin wird die Klage zurückgenommen.

Infolge der vorzeitigen Erledigung reduziert sich die Verfahrensgebühr der Nr. 3401 VV gem. Nr. 3405 Nr. 2 VV auf 0,5. Mangels Termin entsteht keine Gebühr nach Nr. 3402 VV.

1. 0,5-Verfahrensgebühr, Nrn. 3401, 3100, 3405 Nr. 2 VV (Wert: 8.000,00 EUR)		228,00 EUR
2. Postentgeltpauschale, Nr. 7002 VV		20,00 EUR
Zwischensumme	248,00 EUR	
3. 19 % Umsatzsteuer, Nr. 7008 VV		47,12 EUR
Gesamt		**295,12 EUR**

§ 20 Verkehrsanwalt, Terminsvertreter, Einzeltätigkeiten

> **Beispiel 38** | **Vorzeitige Erledigung, mehrere Auftraggeber**

Der Anwalt wird von zwei Auftraggebern für einen Verhandlungstermin beauftragt. Unmittelbar vor dem Termin wird die Klage zurückgenommen.

Infolge der vorzeitigen Erledigung reduziert sich die Verfahrensgebühr der Nr. 3401 VV gem. Nr. 3405 Nr. 2 VV auf 0,5, erhöht sich nach Nr. 1008 VV aber gleichzeitig um 0,3 auf 0,8.

1. 0,8-Verfahrensgebühr, Nrn. 3401, 3100, 3405 Nr. 2, 1008 VV (Wert: 8.000,00 EUR)		364,80 EUR
2. Postentgeltpauschale, Nr. 7002 VV		20,00 EUR
Zwischensumme	384,80 EUR	
3. 19 % Umsatzsteuer, Nr. 7008 VV		73,11 EUR
Gesamt		**457,91 EUR**

> **Beispiel 39** | **Vorzeitige Erledigung mit Besprechung**

Der Anwalt wird für die Wahrnehmung eines Verhandlungstermins als Terminsvertreter beauftragt. Der Streitwert beträgt 8.000,00 EUR. Vor dem Termin ruft der Gegenanwalt an und bespricht die Sache mit dem Terminsvertreter zwecks einer gütlichen Einigung. Da diese nicht zustande kommt, wird die Klage zurückgenommen.

Infolge der vorzeitigen Erledigung reduziert sich die Verfahrensgebühr der Nrn. 3401, 3100 VV wiederum auf 0,5 (Nr. 3405 Nr. 2 VV). Hinzu kommt aber eine Terminsgebühr, da diese auch für die Mitwirkung an auf die Vermeidung oder Erledigung des Verfahrens gerichteten Besprechungen auch ohne Beteiligung des Gerichts entsteht (Vorbem. 3 Abs. 3 S. 3 Nr. 2 VV).

1. 0,5-Verfahrensgebühr, Nrn. 3401, 3100, 3405 Nr. 2 VV (Wert: 8.000,00 EUR)		228,00 EUR
2. 1,2-Verfahrensgebühr, Nrn. 3402, 3104 VV (Wert: 8.000,00 EUR)		547,20 EUR
3. Postentgeltpauschale, Nr. 7002 VV		20,00 EUR
Zwischensumme	795,20 EUR	
4. 19 % Umsatzsteuer, Nr. 7008 VV		151,09 EUR
Gesamt		**946,29 EUR**

49 Möglich ist auch eine nur teilweise vorzeitige Erledigung. Dann entsteht die Verfahrensgebühr zu unterschiedlichen Sätzen. Gleichzeitig ist wiederum § 15 Abs. 3 RVG zu beachten.

> **Beispiel 40** | **Teilweise vorzeitige Erledigung**

Der Anwalt wird für einen Verhandlungstermin (Wert: 8.000,00 EUR) beauftragt. Unmittelbar vor dem Termin wird die Klage in Höhe von 3.000,00 EUR zurückgenommen und nur noch über 5.000,00 EUR verhandelt.

Infolge der vorzeitigen Erledigung reduziert sich die Verfahrensgebühr der Nr. 3401 VV gem. Nr. 3405 Nr. 2 VV aus einem Teilwert von 3.000,00 EUR auf 0,5. Zu beachten ist § 15 Abs. 3 RVG. Die Terminsgebühr entsteht nach dem Wert von 5.000,00 EUR. Der Terminsvertreter erhält:

1. 0,65-Verfahrensgebühr, Nrn. 3401, 3100 VV (Wert: 5.000,00 EUR)		196,95 EUR
2. 0,5-Verfahrensgebühr, Nrn. 3401, 3100, 3405 Nr. 2 VV (Wert: 3.000,00 EUR)		100,50 EUR
gem. § 15 Abs. 3 RVG nicht mehr als 0,65 aus 8.000,00 EUR		296,40 EUR
3. 1,2-Terminsgebühr, Nrn. 3402, 3104 VV (Wert: 5.000,00 EUR)		363,60 EUR
4. Postentgeltpauschale, Nr. 7002 VV		20,00 EUR
Zwischensumme	680,00 EUR	
5. 19 % Umsatzsteuer, Nr. 7008 VV		129,20 EUR
Gesamt		**809,20 EUR**

(4) Keine Terminsgebühr in „sonstigen Fällen"

Soweit eine Terminsgebühr in sonstigen Fällen entsteht (siehe § 13 Rn 131 ff.), gilt dies nicht für den Terminsvertreter. Er kann die Terminsgebühr nur in den Fällen der Vorbem 3 Abs. 3 VV verdienen, nicht aber auch den Fällen der Anm. Abs. 1 zu Nr. 3104 VV.

50

Beispiel 41 | **Terminsvertreter, Versäumnisurteil**

Der Anwalt wird für einen Verhandlungstermin beauftragt. Er regt einen schriftlichen Vergleich an, den er bereits vorformuliert. Dieser Vergleich wird dann auch in dieser Fassung von Prozessbevollmächtigten abgeschlossen, so dass es nicht mehr zur Durchführung des Verhandlungstermins kommt.

Der Hauptbevollmächtigte erhält für den Abschluss des schriftlichen Vergleichs nach Anm. Abs. 1 Nr. 1 VV eine 1,2-Terminsgebühr. Für den Terminsvertreter kann dagegen die Terminsgebühr nach Anm. Abs. 1 Nr. 1 VV nicht entstehen. Er erhält wohl eine Einigungsgebühr nach Nrn. 1000, 1003 VV, da er an der Einigung mitgewirkt hat.

1. 0,5-Verfahrensgebühr, Nrn. 3401, 3100, 3405 VV (Wert: 8.000,00 EUR)		228,00 EUR
2. 1,0-Einigungsgebühr, Nrn. 1000, 1003 VV (Wert: 8.000,00 EUR)		456,00 EUR
3. Postentgeltpauschale, Nr. 7002 VV		20,00 EUR
Zwischensumme	704,00 EUR	
4. 19 % Umsatzsteuer, Nr. 7008 VV		133,76 EUR
Gesamt		**837,76 EUR**

(5) Versäumnisurteil

Soweit bei Säumnis des Gegners ein **Versäumnisurteil** beantragt wird oder bei Säumnis nur Anträge zur Prozess- und Sachleitung gestellt werden oder das Gericht von Amts wegen zur Sach- oder Prozessleitung entscheidet, richtet sich die Höhe der Terminsgebühr nach Nr. 3105 VV.

51

Beispiel 42 | **Terminsvertreter, Versäumnisurteil**

Der Anwalt wird für einen Verhandlungstermin beauftragt. Der Gegner erscheint nicht, so dass ein Versäumnisurteil ergeht.

An der Verfahrensgebühr ändert sich nichts. Lediglich die Höhe der Terminsgebühr richtet sich jetzt nach Nr. 3105 VV. Der Terminsvertreter erhält:

1.	0,65-Verfahrensgebühr, Nrn. 3401, 3100 VV (Wert: 8.000,00 EUR)	296,40 EUR
2.	0,5-Terminsgebühr, Nrn. 3402, 3104, 3105 VV (Wert: 8.000,00 EUR)	228,00 EUR
3.	Postentgeltpauschale, Nr. 7002 VV	20,00 EUR
	Zwischensumme 544,40 EUR	
4.	19 % Umsatzsteuer, Nr. 7008 VV	103,44 EUR
	Gesamt	**647,84 EUR**

52 Zur Berechnung, wenn der Terminsvertreter sowohl das erste als auch das zweite Versäumnisurteil erwirkt, siehe Rn 45. Erwirkt der Verfahrensbevollmächtigte das erste Versäumnisurteil und der Terminsvertreter das zweite, siehe Rn 61, Beispiel 56.

(6) Mehrere Terminsvertretungen in derselben Angelegenheit

53 Wird der Anwalt mit der Wahrnehmung mehrerer Termine beauftragt, gilt § 15 Abs. 2 RVG. Die Gebühren können nur einmal anfallen, unabhängig davon, ob der Terminsvertreter mehrere Termine wahrnimmt.

> **Beispiel 43** | **Mehrere Terminsvertretungen**

Der Anwalt ist mit der Wahrnehmung eines Verhandlungstermins (Wert: 8.000,00 EUR) beauftragt. Später erhält er den Auftrag, in demselben Rechtsstreit an einem Beweisaufnahmetermin teilzunehmen.

Es gilt § 15 Abs. 2 RVG. Der Anwalt erhält die Gebühren nur einmal.

1.	0,65-Verfahrensgebühr, Nrn. 3401, 3100 VV (Wert: 8.000,00 EUR)	296,40 EUR
2.	1,2-Terminsgebühr, Nrn. 3402, 3104 VV (Wert: 8.000,00 EUR)	547,20 EUR
3.	Postentgeltpauschale, Nr. 7002 VV	20,00 EUR
	Zwischensumme 863,60 EUR	
4.	19 % Umsatzsteuer, Nr. 7008 VV	164,08 EUR
	Gesamt	**1.027,68 EUR**

54 Möglich ist, dass sich der Streitwert durch den zweiten Termin erhöht.

> **Beispiel 44** | **Mehrere Terminsvertretungen**

Der Anwalt ist mit der Wahrnehmung eines Verhandlungstermins (Wert: 8.000,00 EUR) beauftragt. Später erhebt der Beklagte Widerklage über 4.000,00 EUR. Es kommt zu einem erneuten Verhandlungstermin, an dem der Terminsvertreter teilnimmt.

Es gilt § 15 Abs. 2 RVG. Der Anwalt erhält die Gebühren nur einmal. Infolge der Widerklage erhöht sich allerdings der Streitwert auf 12.000,00 EUR (§ 23 Abs. 1 S. 1 RVG i.V.m. § 45 Abs. 1 S. 1 GKG).

II. Einzeltätigkeiten nach Teil 3 VV   § 20

1. 0,65-Verfahrensgebühr, Nrn. 3401, 3100 VV (Wert: 12.000,00 EUR)		392,60 EUR
2. 1,2-Terminsgebühr, Nrn. 3402, 3104 VV (Wert: 12.000,00 EUR)		724,80 EUR
3. Postentgeltpauschale, Nr. 7002 VV		20,00 EUR
Zwischensumme	1.137,40 EUR	
4. 19 % Umsatzsteuer, Nr. 7008 VV		216,11 EUR
Gesamt		**1.353,51 EUR**

Erwirkt der Terminsvertreter sowohl ein erstes als auch ein zweites Versäumnisurteil, liegt ebenfalls nur eine Angelegenheit vor. Die zunächst entstandene 0,5-Terminsgebühr nach Nrn. 3402, 3104, 3105 VV erstarkt dann zu einer vollen 1,2-Terminsgebühr nach Nrn. 3402, 3104 VV (siehe § 13 Rn 107 f.). 55

Beispiel 45 | **Terminsvertreter, erstes und zweites Versäumnisurteil**

Der Anwalt wird für einen Verhandlungstermin beauftragt (Wert: 8.000,00 EUR). Der Gegner erscheint nicht, so dass ein erstes Versäumnisurteil ergeht. Der Gegner legt Einspruch ein, so dass ein zweiter Termin stattfindet, den wiederum der Terminsvertreter wahrnimmt.

Die Terminsgebühr beläuft sich jetzt auf 1,2.

1. 0,65-Verfahrensgebühr, Nrn. 3401, 3100 VV (Wert: 8.000,00 EUR)		296,40 EUR
2. 1,2-Terminsgebühr, Nrn. 3402, 3104 VV (Wert: 8.000,00 EUR)		547,20 EUR
3. Postentgeltpauschale, Nr. 7002 VV		20,00 EUR
Zwischensumme	863,60 EUR	
4. 19 % Umsatzsteuer, Nr. 7008 VV		164,08 EUR
Gesamt		**1.027,68 EUR**

(7) Mehrere Terminsvertretungen in verschiedenen Angelegenheiten

Handelt es sich bei den verschiedenen Terminsvertretungen dagegen um **verschiedene oder besondere Angelegenheiten**, so entstehen die Gebühren gesondert. 56

Beispiel 46 | **Terminsvertretung im erstinstanzlichen Verfahren und im Berufungsverfahren**

Der Anwalt nimmt einen Termin im erstinstanzlichen Verfahren wahr (8.000,00 EUR). Später erhält er den Auftrag zur Terminswahrnehmung im Berufungsverfahren.

Es sind auch für den Terminsvertreter zwei verschiedene Angelegenheiten gegeben (§ 17 Nr. 1 RVG). Die Gebühren entstehen gesondert. Der Terminsvertreter erhält:

I. Erstinstanzliches Verfahren

1. 0,65-Verfahrensgebühr, Nrn. 3401, 3100 VV (Wert: 8.000,00 EUR)		296,40 EUR
2. 1,2-Terminsgebühr, Nrn. 3402, 3104 VV (Wert: 8.000,00 EUR)		547,20 EUR
3. Postentgeltpauschale, Nr. 7002 VV		20,00 EUR
Zwischensumme	863,60 EUR	
4. 19 % Umsatzsteuer, Nr. 7008 VV		164,08 EUR
Gesamt		**1.027,68 EUR**

II. Berufungsverfahren

1.	0,8-Verfahrensgebühr, Nrn. 3401, 3200 VV (Wert: 8.000,00 EUR)		364,80 EUR
2.	1,2-Terminsgebühr, Nrn. 3402, 3202 VV (Wert: 8.000,00 EUR)		547,20 EUR
3.	Postentgeltpauschale, Nr. 7002 VV		20,00 EUR
	Zwischensumme	932,00 EUR	
4.	19 % Umsatzsteuer, Nr. 7008 VV		177,08 EUR
	Gesamt		**1.109,08 EUR**

57 Zu beachten sind auch für den Terminsvertreter gegebenenfalls Anrechnungsvorschriften.

Beispiel 47 | **Terminsvertretung im Urkunden- und Nachverfahren**

Der Anwalt nimmt einen Termin im Urkundenverfahren wahr. Später erhält er den Auftrag zur Terminswahrnehmung im Nachverfahren.

Urkunden- und Nachverfahren sind zwei verschiedene Angelegenheiten (§ 17 Nr. 5 RVG). Die Gebühren entstehen gesondert. Allerdings ist auch hier die Anrechnungsvorschrift der Anm. Abs. 2 zu Nr. 3100 VV zu beachten. Der Terminsvertreter erhält:

I. Urkundenverfahren

1.	0,65-Verfahrensgebühr, Nrn. 3401, 3100 VV (Wert: 8.000,00 EUR)		296,40 EUR
2.	1,2-Terminsgebühr, Nrn. 3402, 3104 VV (Wert: 8.000,00 EUR)		547,20 EUR
3.	Postentgeltpauschale, Nr. 7002 VV		20,00 EUR
	Zwischensumme	863,60 EUR	
4.	19 % Umsatzsteuer, Nr. 7008 VV		164,08 EUR
	Gesamt		**1.027,68 EUR**

II. Nachverfahren

1.	0,65-Verfahrensgebühr, Nrn. 3401, 3100 VV (Wert: 8.000,00 EUR)		296,40 EUR
2.	gem. Anm. Abs. 2 zu Nr. 3100 VV anzurechnen, 0,65 aus 8.000,00 EUR		– 296,40 EUR
3.	1,2-Terminsgebühr, Nrn. 3402, 3104 VV (Wert: 8.000,00 EUR)		547,20 EUR
4.	Postentgeltpauschale, Nr. 7002 VV		20,00 EUR
	Zwischensumme	567,20 EUR	
5.	19 % Umsatzsteuer, Nr. 7008 VV		107,77 EUR
	Gesamt		**674,97 EUR**

Beispiel 48 | **Terminsvertretung im Verfahren nach Aufhebung und Zurückverweisung**

Der Anwalt nimmt einen Termin im erstinstanzlichen Verfahren vor dem LG wahr. Das OLG hebt später das Urteil auf und verweist zurück, so dass es zur erneuten Verhandlung vor dem LG kommt. Hier wird der Terminsvertreter wieder beauftragt.

Das Verfahren vor und nach Zurückverweisung sind zwei verschiedene Angelegenheiten (§ 21 Abs. 1 RVG). Die Gebühren entstehen gesondert. Allerdings ist auch hier die Anrechnungsvorschrift der Vorbem. 3 Abs. 6 VV zu beachten. Der Terminsvertreter erhält:

I. Ausgangsverfahren vor dem LG

1.	0,65-Verfahrensgebühr, Nrn. 3401, 3100 VV (Wert: 8.000,00 EUR)	296,40 EUR
2.	1,2-Terminsgebühr, Nrn. 3402, 3104 VV (Wert: 8.000,00 EUR)	547,20 EUR
3.	Postentgeltpauschale, Nr. 7002 VV	20,00 EUR
	Zwischensumme 863,60 EUR	
4.	19 % Umsatzsteuer, Nr. 7008 VV	164,08 EUR
	Gesamt	**1.027,68 EUR**

II. Verfahren vor dem LG nach Zurückverweisung

1.	0,65-Verfahrensgebühr, Nrn. 3401, 3100 VV (Wert: 8.000,00 EUR)	296,40 EUR
2.	gem. Vorbem. 3 Abs. 6 VV anzurechnen, 0,65 aus 8.000,00 EUR	– 96,40 EUR
3.	1,2-Terminsgebühr, Nrn. 3402, 3104 VV (Wert: 8.000,00 EUR)	547,20 EUR
4.	Postentgeltpauschale, Nr. 7002 VV	20,00 EUR
	Zwischensumme 567,20 EUR	
5.	19 % Umsatzsteuer, Nr. 7008 VV	107,77 EUR
	Gesamt	**674,97 EUR**

(8) Nachfolgender Gesamtauftrag

Wird der Anwalt zunächst als Terminsvertreter beauftragt und wird er **später Verfahrensbevollmächtigter**, so liegt nach § 15 Abs. 5 S. 1 RVG nur eine Angelegenheit vor, da der bisherige Auftrag erweitert wird. Die Gebühren entstehen nur einmal. Allerdings erhält der Anwalt dann die höheren Gebühren eines Verfahrensbevollmächtigten. **58**

> **Beispiel 49** **Terminsvertreter und nachfolgender Gesamtauftrag**

Der Anwalt ist zunächst nur als Terminsvertreter beauftragt und nimmt einen Termin wahr. Später erhält er den Auftrag als Prozessbevollmächtigter und nimmt an einem weiteren Termin teil.

Insgesamt liegt nur eine Angelegenheit vor. Der Anwalt erhält insgesamt die Vergütung eines Prozessbevollmächtigten.

1.	1,3-Verfahrensgebühr, Nrn. 3401, 3100 VV (Wert: 8.000,00 EUR)	592,80 EUR
2.	1,2-Terminsgebühr, Nr. 3104 VV (Wert: 8.000,00 EUR)	547,20 EUR
3.	Postentgeltpauschale, Nr. 7002 VV	20,00 EUR
	Zwischensumme 1.160,00 EUR	
4.	19 % Umsatzsteuer, Nr. 7008 VV	220,40 EUR
	Gesamt	**1.380,40 EUR**

(9) Terminsgebühr auch für Hauptbevollmächtigten

Möglich ist auch, dass sowohl der Verfahrensbevollmächtigte als auch der Terminsvertreter eine Terminsgebühr verdienen. **59**

§ 20 Verkehrsanwalt, Terminsvertreter, Einzeltätigkeiten

| Beispiel 50 | **Terminsvertreter nimmt Verhandlungstermin wahr; Prozessbevollmächtigter nimmt an Beweistermin teil** |

Die in München wohnende Partei bestellt für einen Rechtsstreit von dem LG Köln in München einen Prozessbevollmächtigten und in Köln einen Terminsvertreter. Das LG Köln erlässt anschließend einen Beweisbeschluss, wonach vor dem AG München im Wege der Rechtshilfe ein Zeuge vernommen werden soll. An diesem Beweistermin nimmt der Münchener Prozessbevollmächtigte teil.

Der **Terminsvertreter** erhält eine hälftige Verfahrensgebühr sowie die Terminsgebühr.

Auch der **Prozessbevollmächtigte** verdient jetzt neben der 1,3-Verfahrensgebühr auch eine Terminsgebühr nach Nr. 3104 VV.

    I. Prozessbevollmächtigter
1. 1,3-Verfahrensgebühr, Nr. 3100 VV   592,80 EUR
(Wert: 8.000,00 EUR)
2. 1,2-Terminsgebühr, Nr. 3104 VV   547,20 EUR
(Wert: 8.000,00 EUR)
3. Postentgeltpauschale, Nr. 7002 VV   20,00 EUR
    Zwischensumme   1.160,00 EUR
4. 19 % Umsatzsteuer, Nr. 7008 VV   220,40 EUR
Gesamt   **1.380,40 EUR**

    II. Terminsvertreter
1. 0,65-Verfahrensgebühr, Nrn. 3401, 3100 VV   296,40 EUR
(Wert: 8.000,00 EUR)
2. 1,2-Terminsgebühr, Nrn. 3402, 3104 VV   547,20 EUR
(Wert: 8.000,00 EUR)
3. Postentgeltpauschale, Nr. 7002 VV   20,00 EUR
    Zwischensumme   863,60 EUR
4. 19 % Umsatzsteuer, Nr. 7008 VV   164,08 EUR
Gesamt   **1.027,68 EUR**

| Beispiel 51 | **Terminsvertreter nimmt Verhandlungstermin wahr; Prozessbevollmächtigter führt außergerichtliche Besprechung mit Gegner** |

Der Terminsvertreter nimmt an der mündlichen Verhandlung teil. Dort unterbreitet das Gericht einen Vergleichsvorschlag. Anschließend verhandelt der Prozessbevollmächtigte telefonisch mit dem Gegenanwalt.

Auch jetzt entsteht für beide Anwälte eine Terminsgebühr. Zu rechnen ist wie im vorangegangenen Beispiel 50.

| Beispiel 52 | **Prozessbevollmächtigter und Terminsvertreter nehmen an Verhandlungsterminen teil** |

Der Prozessbevollmächtigte nimmt am Termin zur mündlichen Verhandlung vor dem AG Köln teil. Dort wird das Verfahren an das örtlich zuständige AG München verwiesen. Für diesen Termin wird in München ein Terminsvertreter bestellt, der an der mündlichen Verhandlung teilnimmt.

Auch jetzt entsteht für beide Anwälte eine Terminsgebühr. Zu rechnen ist wie im vorangegangenen Beispiel 50.

| Beispiel 53 | **Terminsvertreter nimmt Verhandlungstermin wahr; anschließend Entscheidung im schriftlichen Verfahren** |

Der Terminsvertreter nimmt an der mündlichen Verhandlung teil. Dort erteilt das Gericht umfassende Hinweise und Auflagen. Nach weiteren Stellungnahmen geht das Gericht in das schriftliche Verfahren gem. § 128 Abs. 2 ZPO über und entscheidet.

Auch jetzt entsteht für beide Anwälte eine Terminsgebühr, für den Verfahrensbevollmächtigten nach Anm. Abs. 1 Nr. 1 zu Nr. 3104 VV. Zu rechnen ist wie im Beispiel 50.

| Beispiel 54 | **Terminsvertreter nimmt Verhandlungstermin wahr; anschließend Vergleich im schriftlichen Verfahren** |

Der Terminsvertreter nimmt an der mündlichen Verhandlung teil. Dort erteilt das Gericht umfassende Hinweise und Auflagen. Später schließen die Parteien, vertreten durch ihre Hauptbevollmächtigten, einen schriftlichen Vergleich, dessen Zustandekommen nach § 278 Abs. 6 ZPO festgestellt wird.

Auch jetzt entsteht für beide Anwälte eine Terminsgebühr, für den Terminsvertreter nach Vorbem. 3 Abs. 3 S. 1 VV und für den Prozessbevollmächtigten nach Anm. Abs. 1 Nr. 1 zu Nr. 3104 VV. Zu rechnen ist wie im Beispiel 50. A.A. ist das LG Mönchengladbach,[20] das eine Terminsgebühr nach Anm. Abs. 1 Nr. 1 zu Nr. 3104 VV verneint, wenn bereits ein Termin stattgefunden hat, und zwar auch für den Hauptbevollmächtigten, wenn der Terminsvertreter den Termin wahrgenommen hat. Diese Entscheidung ist jedoch mit dem Gesetz nicht zu vereinbaren und wird daher von der Praxis auch zu Recht nicht beachtet.

Möglich ist auch, dass beide Anwälte nur die ermäßigte Terminsgebühr nach Nr. 3105 VV erhalten. **60**

| Beispiel 55 | **Prozessbevollmächtigter erwirkt erstes Versäumnisurteil, Terminsvertreter erwirkt zweites Versäumnisurteil** |

Im schriftlichen Vorverfahren ergeht ein Versäumnisurteil, weil der Beklagte seine Verteidigungsbereitschaft nicht anzeigt. Dagegen wird Einspruch eingelegt. Für den Termin zur mündlichen Verhandlung wird vom Kläger ein Terminsvertreter bestellt. Der Beklagte erscheint nicht, so dass zweites Versäumnisurteil ergeht.

Beide Anwälte erhalten nur eine 0,5-Terminsgebühr nach Nrn. 3104, 3105 VV.

I. **Prozessbevollmächtigter**
1. 1,3-Verfahrensgebühr, Nr. 3100 VV   592,80 EUR
   (Wert: 8.000,00 EUR)
2. 0,5-Terminsgebühr, Nrn. 3104, 3105 VV   228,00 EUR
   (Wert: 8.000,00 EUR)
3. Postentgeltpauschale, Nr. 7002 VV   20,00 EUR
   Zwischensumme   840,80 EUR
4. 19 % Umsatzsteuer, Nr. 7008 VV   159,75 EUR
   Gesamt   **1.000,55 EUR**

---

[20] AGS 2009, 266 = MDR 2009, 472 = JurBüro 2009, 251 = RVGreport 2009, 145.

II. Terminsvertreter

1. 0,65-Verfahrensgebühr, Nrn. 3401, 3100 VV (Wert: 8.000,00 EUR)		296,40 EUR
2. 0,5-Terminsgebühr, Nrn. 3402. 3104, 3105 VV (Wert: 8.000,00 EUR)		228,00 EUR
3. Postentgeltpauschale, Nr. 7002 VV		20,00 EUR
Zwischensumme	544,40 EUR	
4. 19 % Umsatzsteuer, Nr. 7008 VV		103,44 EUR
Gesamt		**647,84 EUR**

61 Erscheint der Beklagte im Termin über den Einspruch, so bleibt es für den Hauptbevollmächtigten bei der 0,5-Terminsgebühr nach Nrn. 3014, 3105 VV. Der Terminsvertreter erhält dagegen die volle 1,2-Terminsgebühr.

> **Beispiel 56** Prozessbevollmächtigter erwirkt erstes Versäumnisurteil, Terminsvertreter verhandelt

Im schriftlichen Vorverfahren ergeht ein Versäumnisurteil, weil der Beklagte seine Verteidigungsbereitschaft nicht anzeigt. Dagegen wird Einspruch eingelegt. Für den Termin zur mündlichen Verhandlung wird vom Kläger ein Terminsvertreter bestellt. Der Beklagte erscheint, es wird verhandelt.

Nur die Terminsgebühr des **Hauptbevollmächtigten** ermäßigt sich auf 0,5.

Der **Terminsvertreter** erhält die volle 1,2-Terminsgebühr.

I. Prozessbevollmächtigter

1. 1,3-Verfahrensgebühr, Nr. 3100 VV (Wert: 8.000,00 EUR)		592,80 EUR
2. 0,5-Terminsgebühr, Nrn. 3104, 3105 VV (Wert: 8.000,00 EUR)		296,40 EUR
3. Postentgeltpauschale, Nr. 7002 VV		20,00 EUR
Zwischensumme	909,20 EUR	
4. 19 % Umsatzsteuer, Nr. 7008 VV		172,75 EUR
Gesamt		**1.081,95 EUR**

II. Terminsvertreter

1. 0,65-Verfahrensgebühr, Nrn. 3401, 3100 VV (Wert: 8.000,00 EUR)		296,40 EUR
2. 1,2-Terminsgebühr, Nrn. 3402, 3104 VV (Wert: 8.000,00 EUR)		547,20 EUR
3. Postentgeltpauschale, Nr. 7002 VV		20,00 EUR
Zwischensumme	863,60 EUR	
4. 19 % Umsatzsteuer, Nr. 7008 VV		164,08 EUR
Gesamt		**1.027,68 EUR**

(10) Terminsvertretung mit Einigung

62 Neben der Verfahrens- und der Terminsgebühr kann der Terminsvertreter auch eine **Einigungsgebühr** nach den Nrn. 1000 ff. VV verdienen.[21]

---

[21] OLG München OLGR 2009, 688 = JurBüro 2009, 487 = RVGreport 2009, 315 = FamRZ 2009, 1782 = FamRB 2009, 345; AG Berlin-Mitte JurBüro 2006, 422 = AnwBl 2007, 91; AG Köln AGS 2007, 133 = AnwBl 2007, 239 = JurBüro 2007, 139.

| Beispiel 57 | Terminsvertretung mit Einigung |

Der Terminsvertreter nimmt zusammen mit der Partei an der mündlichen Verhandlung teil (Wert: 8.000,00 EUR). Dort wird ein Vergleich geschlossen.

Der Terminsvertreter erhält jetzt zusätzlich eine 1,0-Einigungsgebühr nach Nrn. 1000, 1003 VV. Der Prozessbevollmächtigte erhält mangels Mitwirkung dagegen keine Einigungsgebühr.

I. Prozessbevollmächtigter
1. 1,3-Verfahrensgebühr, Nr. 3100 VV   592,80 EUR
   (Wert: 8.000,00 EUR)
2. Postentgeltpauschale, Nr. 7002 VV   20,00 EUR
   Zwischensumme   612,80 EUR
3. 19 % Umsatzsteuer, Nr. 7008 VV   116,43 EUR
   Gesamt   **729,23 EUR**

II. Terminsvertreter
1. 0,65-Verfahrensgebühr, Nrn. 3401, 3100 VV   296,40 EUR
   (Wert: 8.000,00 EUR)
2. 1,2-Terminsgebühr, Nrn. 3402, 3104 VV   547,20 EUR
   (Wert: 8.000,00 EUR)
3. 1,0-Einigungsgebühr, Nrn. 1000, 1003 VV   456,00 EUR
   (Wert: 8.000,00 EUR)
4. Postentgeltpauschale, Nr. 7002 VV   20,00 EUR
   Zwischensumme   1.319,60 EUR
5. 19 % Umsatzsteuer, Nr. 7008 VV   250,72 EUR
   Gesamt   **1.570,32 EUR**

Möglich ist auch, dass beide Anwälte eine Einigungsgebühr verdienen, wenn sie beide an der Einigung mitgewirkt haben. 63

| Beispiel 58 | Terminsvertretung mit Einigung, die in Sitzungspause mit dem Prozessbevollmächtigter abgestimmt wird |

In einem Verfahren über 8.000,00 EUR unterbreitet das Gericht in der mündlichen Verhandlung einen Vergleichsvorschlag. Der Terminsvertreter bittet um eine Unterbrechung und ruft den Prozessbevollmächtigten an, mit dem er dann den Inhalt des abzuschließenden Vergleichs bespricht. Anschließend wird ein entsprechender Vergleich geschlossen.

Jetzt hat nicht nur der Terminsvertreter eine 1,0-Einigungsgebühr nach Nrn. 1000, 1003 VV verdient, sondern auch der Prozessbevollmächtigte, da er an der Einigung mitgewirkt hat.[22]

I. Prozessbevollmächtigter
1. 1,3-Verfahrensgebühr, Nr. 3100 VV   592,80 EUR
   (Wert: 8.000,00 EUR)
2. 1,0-Einigungsgebühr, Nrn. 1000, 1003 VV   456,00 EUR
   (Wert: 8.000,00 EUR)
3. Postentgeltpauschale, Nr. 7002 VV   20,00 EUR
   Zwischensumme   1.068,80 EUR
4. 19 % Umsatzsteuer, Nr. 7008 VV   203,07 EUR
   Gesamt   **1.271,87 EUR**

---

22 OLG München AGS 2008, 52 u. 102 = JurBüro 2007, 595 = OLGR 2007, 1001 = RVGreport 2007, 392 = NJW-Spezial 2008, 60.

II. Terminsvertreter

1.	0,65-Verfahrensgebühr, Nrn. 3401, 3100 VV (Wert: 8.000,00 EUR)	296,40 EUR
2.	1,2-Terminsgebühr, Nrn. 3402, 3104 VV (Wert: 8.000,00 EUR)	547,20 EUR
3.	1,0-Einigungsgebühr, Nrn. 1000, 1003 VV (Wert: 8.000,00 EUR)	456,00 EUR
4.	Postentgeltpauschale, Nr. 7002 VV	20,00 EUR
	Zwischensumme 1.319,60 EUR	
5.	19 % Umsatzsteuer, Nr. 7008 VV	250,72 EUR
	Gesamt	**1.570,32 EUR**

64 Die Einigungsgebühr fällt für den Verfahrensbevollmächtigten auch schon dann an, wenn er von dem Widerruf eines vom Terminsvertreter abgeschlossenen Vergleichs abrät.[23]

Beispiel 59 — **Terminsvertretung mit Einigung unter Widerrufsvorbehalt – Prozessbevollmächtigter rät von Widerruf ab**

Der Terminsvertreter schließt einen Vergleich unter dem Vorbehalt des Widerrufs und unterrichtet den Prozessbevollmächtigten. Dieser bespricht die Sache mit der Partei und rät vom Widerruf ab. Der Vergleich wird bestandskräftig.

Auch jetzt hat nicht nur der Terminsvertreter eine 1,0-Einigungsgebühr nach Nrn. 1000, 1003 VV verdient, sondern auch der Prozessbevollmächtigte, da das Abraten vom Widerruf bereits die Einigungsgebühr auslöst.

Abzurechnen ist wie im vorangegangenen Beispiel 58.

65 Ebenso ist zu rechnen gewesen, wenn der Verfahrensbevollmächtigte oder der Terminsvertreter vor dem Termin an der Einigung mitgewirkt hat.

Beispiel 60 — **Terminsvertretung mit Einigung auf Anweisung des Prozessbevollmächtigten**

Der Prozessbevollmächtigte weist den Terminsvertreter an, im Termin unter bestimmten Voraussetzungen eine Einigung zu schließen und gibt ihm die Bedingungen für einen Vergleich vor. Der Vergleich wird daraufhin vom Terminsvertreter ausgehandelt und abgeschlossen.

Abzurechnen ist wie im vorangegangenen Beispiel 58, da der Prozessbevollmächtigte auch hier an der Einigung mitgewirkt hat.[24]

---

23 BGH AGS 2014, 499 = MDR 2014, 499 = FamRZ 2014, 747 = AnwBl 2014, 454 = BB 2014, 770 = NJW-Spezial 2014, 284 = FF 2014, 219 = FA 2014, 148; AG Berlin-Mitte JurBüro 2006, 422 = AnwBl 2007, 91; OLG Frankfurt/M. AnwBl 1983, 186; AG Berlin-Charlottenburg AGkompakt 2014, 38; AnwK-RVG/*Onderka/Schafhausen/Schneider/Thiel*, Nr. 1000 VV Rn 127; Gerold/Schmidt/*Müller-Rabe*, Nr. 1000 Rn 249.

24 OLG München AGS 2008, 52 u. 102 = JurBüro 2007, 595 = OLGR 2007, 1001 = RVGreport 2007, 392 = NJW-Spezial 2008, 60; OLG München OLGR 2009, 688 = JurBüro 2009, 487 = RVGreport 2009, 315 = FamRZ 2009, 1782 = FamRB 2009, 345.

II. Einzeltätigkeiten nach Teil 3 VV § 20

(11) Einbeziehung nicht anhängiger Gegenstände

Werden nicht anhängige Gegenstände in das Verfahren mit einbezogen, entsteht unter Berücksichtigung des § 15 Abs. 3 RVG eine zusätzliche ermäßigte hälftige Verfahrensgebühr nach Nrn. 3401, 3100, 3101 VV.

66

> **Beispiel 61** Terminsvertretung mit Erörterung nicht anhängiger Gegenstände

Der Terminsvertreter nimmt in einem Rechtsstreit über 8.000,00 EUR an der mündlichen Verhandlung teil. Er hat darüber hinaus den Auftrag, auch über weiter gehende Ansprüche in Höhe von 4.000,00 EUR zu erörtern, um eine Gesamtbereinigung herbeizuführen. Es wird auch über die weitergehenden 4.000,00 EUR erörtert. Eine Einigung scheitert jedoch.

Der **Prozessbevollmächtigte** erhält neben der 1,3-Verfahrensgebühr nach Nr. 3100 VV aus dem Wert von 8.000,00 EUR eine weitere 0,8-Verfahrensgebühr nach Nrn. 3100, 3101 Nr. 1 VV, da für ihn ein Fall der vorzeitigen Erledigung gegeben ist. Zu beachten ist allerdings § 15 Abs. 3 RVG.

Der **Terminsvertreter** erhält neben der 0,65-Verfahrensgebühr nach Nrn. 3401, 3100 VV eine weitere ermäßigte hälftige Verfahrensgebühr aus dem Mehrwert, und zwar die Hälfte einer 0,8-Gebühr nach Nrn. 3100, 3101 Nr. 2, 2. Alt. VV, da er insoweit lediglich über nicht anhängige Gegenstände verhandelt hat. Auch hier ist § 15 Abs. 3 RVG zu beachten. Die Terminsgebühr entsteht aus 12.000,00 EUR in voller Höhe (1,2).

I. **Prozessbevollmächtigter**
1. 1,3-Verfahrensgebühr, Nr. 3100 VV
 (Wert: 8.000,00 EUR) 592,80 EUR
2. 0,8-Verfahrensgebühr, Nrn. 3100, 3101 Nr. 1 VV
 (Wert: 4.000,00 EUR) 201,60 EUR
 gem. § 15 Abs. 3 RVG nicht mehr als 1,3 aus 785,20 EUR
 12.000,00 EUR
3. Postentgeltpauschale, Nr. 7002 VV 20,00 EUR
 Zwischensumme 805,20 EUR
4. 19 % Umsatzsteuer, Nr. 7008 VV 152,99 EUR
Gesamt **958,19 EUR**

II. **Terminsvertreter**
1. 0,65-Verfahrensgebühr, Nrn. 3401, 3100 VV
 (Wert: 8.000,00 EUR) 296,40 EUR
2. 0,4-Verfahrensgebühr, Nrn. 3401, 3100 3101 Nr. 2 VV
 (Wert: 4.000,00 EUR) 201,60 EUR
 gem. § 15 Abs. 3 RVG nicht mehr als 0,65 aus 392,60 EUR
 12.000,00 EUR
3. 1,2-Terminsgebühr, Nrn. 3402, 3104 VV 724,80 EUR
 (Wert: 12.000,00 EUR)
4. Postentgeltpauschale, Nr. 7002 VV 20,00 EUR
 Zwischensumme 1.137,40 EUR
5. 19 % Umsatzsteuer, Nr. 7008 VV 216,11 EUR
Gesamt **1.353,51 EUR**

> **Beispiel 62** Terminsvertretung mit Protokollierung nicht anhängiger Gegenstände

Der Terminsvertreter nimmt in einem Rechtsstreit über 8.000,00 EUR an der mündlichen Verhandlung teil. Später kommt es zu einer Einigung unmittelbar zwischen den Prozessbe-

§ 20 Verkehrsanwalt, Terminsvertreter, Einzeltätigkeiten

vollmächtigten über die Klageforderung und über weitergehende Forderungen in Höhe von 4.000,00 EUR. Der Terminsvertreter wird beauftragt, den Vergleich zu protokollieren.

Der **Prozessbevollmächtigte** erhält neben der 1,3-Verfahrensgebühr nach Nr. 3100 VV aus dem Wert von 8.000,00 EUR auch hier eine weitere 0,8-Verfahrensgebühr nach Nrn. 3100, 3101 Nr. 1, 2 VV. Zu beachten ist allerdings § 15 Abs. 3 RVG.

Der **Terminsvertreter** erhält neben der 0,65-Verfahrensgebühr nach Nrn. 3401, 3100 VV eine weitere hälftige Verfahrensgebühr aus dem Mehrwert, und zwar die Hälfte einer 0,8-Gebühr nach Nrn. 3100, 3101 Nr. 2, 1. Alt. VV, da er insoweit lediglich nicht anhängige Gegenstände protokolliert hat. Auch hier ist § 15 Abs. 3 RVG zu beachten. Die Terminsgebühr entsteht aus jetzt nur aus 8.000,00 EUR, nicht auch aus dem Mehrwert (Anm. Abs. 3 zu Nr. 3104 VV).

I. Prozessbevollmächtigter	
1. 1,3-Verfahrensgebühr, Nr. 3100 VV (Wert: 8.000,00 EUR)	592,80 EUR
2. 0,8-Verfahrensgebühr, Nrn. 3100, 3101 Nr. 1 VV (Wert: 4.000,00 EUR)	201,60 EUR
gem. § 15 Abs. 3 RVG nicht mehr als 1,3 aus 12.000,00 EUR	785,20 EUR
3. Postentgeltpauschale, Nr. 7002 VV	20,00 EUR
Zwischensumme	805,20 EUR
4. 19 % Umsatzsteuer, Nr. 7008 VV	152,99 EUR
Gesamt	**958,19 EUR**
II. Terminsvertreter	
1. 0,65-Verfahrensgebühr, Nrn. 3401, 3100 VV (Wert: 8.000,00 EUR)	296,40 EUR
2. 0,4-Verfahrensgebühr, Nrn. 3401, 3100, 3101 Nr. 2 VV (Wert: 4.000,00 EUR)	100,80 EUR
gem. § 15 Abs. 3 RVG nicht mehr als 0,65 aus 12.000,00 EUR	392,60 EUR
3. 1,2-Terminsgebühr, Nrn. 3402, 3104 VV (Wert: 8.000,00 EUR)	547,20 EUR
4. Postentgeltpauschale, Nr. 7002 VV	20,00 EUR
Zwischensumme	959,80 EUR
5. 19 % Umsatzsteuer, Nr. 7008 VV	182,36 EUR
Gesamt	**1.142,16 EUR**

67 Ist der Verfahrensbevollmächtigte an dem Mehrwert beteiligt, erhält auch er eine Verfahrensgebühr (allerdings nur ermäßigt) und eine Einigungsgebühr.

> **Beispiel 63** **Terminsvertretung, Einigung unter Widerrufsvorbehalt mit Mehrwert – Prozessbevollmächtigter rät vom Widerruf ab**

Der Terminsvertreter schließt einen Vergleich unter dem Vorbehalt des Widerrufs. Der Vergleich erstreckt sich über die rechtshängigen 8.000,00 EUR sowie über nicht anhängige weitere 4.000,00 EUR. Der Prozessbevollmächtigte bespricht die Sache mit der Partei und rät vom Widerruf ab.

Jetzt erhält der **Prozessbevollmächtigte** unter Beachtung des § 15 Abs. 3 RVG aus dem Mehrwert eine 0,8-Verfahrensgebühr nach Nrn. 3100, 3101 Nr. 1 VV, da für ihn eine vorzeitige Erledigung gegeben ist. Hinzu kommt – ebenfalls unter Beachtung des § 15 Abs. 3 RVG – eine 1,5-Einigungsgebühr (Nr. 1000 VV).

Für den **Terminsvertreter** ändert sich gegenüber dem vorangegangenen Beispiel nichts.

I. Prozessbevollmächtigter

1. 1,3-Verfahrensgebühr, Nr. 3100 VV		
(Wert: 8.000,00 EUR)	592,80 EUR	
2. 0,8-Verfahrensgebühr, Nrn. 3100, 3101 Nr. 1 VV		
(Wert: 4.000,00 EUR)	201,60 EUR	
gem. § 15 Abs. 3 RVG nicht mehr als 1,3 aus		785,20 EUR
12.000,00 EUR		
3. 1,0-Einigungsgebühr, Nrn. 1000, 1003 VV		456,00 EUR
(Wert: 8.000,00 EUR)		
4. 1,5-Einigungsgebühr, Nr. 1000 VV		378,00 EUR
(Wert: 4.000,00 EUR)		
die Höchstgrenze des § 15 Abs. 3 RVG, 1,5 aus		
12.000,00 EUR (906,00 EUR), ist nicht überschritten		
5. Postentgeltpauschale, Nr. 7002 VV		20,00 EUR
Zwischensumme	1.639,20 EUR	
6. 19 % Umsatzsteuer, Nr. 7008 VV		311,45 EUR
Gesamt		**1.950,65 EUR**

II. Terminsvertreter

1. 0,65-Verfahrensgebühr, Nrn. 3401, 3100 VV		392,60 EUR
(Wert: 12.000,00 EUR)		
2. 1,2-Terminsgebühr, Nrn. 3401, 3104 VV		724,80 EUR
(Wert: 12.000,00 EUR)		
3. 1,0-Einigungsgebühr, Nrn. 1000, 1003 VV		456,00 EUR
(Wert: 8.000,00 EUR)		
4. 1,5-Einigungsgebühr, Nr. 1000 VV		378,00 EUR
(Wert: 4.000,00 EUR)		
die Höchstgrenze des § 15 Abs. 3 RVG, 1,5 aus		
12.000,00 EUR (906,00 EUR), ist nicht überschritten		
5. Postentgeltpauschale, Nr. 7002 VV		20,00 EUR
Zwischensumme	1.971,40 EUR	
6. 19 % Umsatzsteuer, Nr. 7008 VV		374,57 EUR
Gesamt		**2.345,97 EUR**

(12) Terminvertreter im Rechtsmittelverfahren

Auch im **Rechtsmittelverfahren** kommt eine Terminsvertretung in Betracht. Der Terminsvertreter erhält auch hier die Hälfte der dem Verfahrensbevollmächtigten zustehenden Verfahrensgebühr sowie eine volle Terminsgebühr.

68

Beispiel 64 | **Terminsvertretung im Berufungsverfahren**

Für den Termin zur mündlichen Verhandlung vor dem Berufungsgericht wird ein Terminsvertreter bestellt. Der Wert des Berufungsverfahrens beläuft sich auf 8.000,00 EUR.

Jetzt erhält der **Prozessbevollmächtigte** eine 1,6-Verfahrensgebühr und der **Terminsvertreter** eine 0,8-Verfahrensgebühr sowie eine 1,2-Terminsgebühr.

I. Prozessbevollmächtigter

1. 1,6-Verfahrensgebühr, Nr. 3200 VV		729,60 EUR
(Wert: 8.000,00 EUR)		
2. Postentgeltpauschale, Nr. 7002 VV		20,00 EUR
Zwischensumme	749,60 EUR	
3. 19 % Umsatzsteuer, Nr. 7008 VV		142,42 EUR
Gesamt		**892,02 EUR**

II. Terminsvertreter

1.	0,8-Verfahrensgebühr, Nrn. 3401, 3200 VV (Wert: 8.000,00 EUR)	364,80 EUR
2.	1,2-Terminsgebühr, Nrn. 3402, 3202 VV (Wert: 8.000,00 EUR)	547,20 EUR
3.	Postentgeltpauschale, Nr. 7002 VV	20,00 EUR
	Zwischensumme 932,00 EUR	
4.	19 % Umsatzsteuer, Nr. 7008 VV	177,08 EUR
	Gesamt	**1.109,08 EUR**

Beispiel 65 | **Terminsvertretung im Berufungsverfahren, vorzeitige Erledigung**

Für den Termin zur mündlichen Verhandlung wird ein Terminsvertreter bestellt. Der Wert des Berufungsverfahrens beläuft sich auf 8.000,00 EUR. Bevor es zum Termin kommt, nimmt der Gegner die Berufung zurück.

Der **Prozessbevollmächtigte** erhält wiederum eine 1,6-Verfahrensgebühr.

Der **Terminsvertreter** erhält jedoch wegen der vorzeitigen Erledigung nur die 0,5-Verfahrensgebühr der Nr. 3405 Nr. 2 VV. Eine Erhöhung im Berufungsverfahren ist hier nicht vorgesehen.

I. Prozessbevollmächtigter

1.	1,6-Verfahrensgebühr, Nr. 3200 VV (Wert: 8.000,00 EUR)	729,60 EUR
2.	Postentgeltpauschale, Nr. 7002 VV	20,00 EUR
	Zwischensumme 749,60 EUR	
3.	19 % Umsatzsteuer, Nr. 7008 VV	142,42 EUR
	Gesamt	**892,02 EUR**

II. Terminsvertreter

1.	0,5-Verfahrensgebühr, Nrn. 3401, 3200 VV (Wert: 8.000,00 EUR)	228,00 EUR
2.	Postentgeltpauschale, Nr. 7002 VV	20,00 EUR
	Zwischensumme 248,00 EUR	
3.	19 % Umsatzsteuer, Nr. 7008 VV	47,12 EUR
	Gesamt	**295,12 EUR**

Beispiel 66 | **Terminsvertretung im Berufungsverfahren mit Abschluss einer Einigung auch über nicht anhängige Gegenstände**

Für den Termin zur mündlichen Verhandlung vor dem Berufungsgericht wird ein Terminsvertreter bestellt. Dort wird eine Einigung unter Widerrufsvorbehalt über die Klageforderung von 8.000,00 EUR sowie weitere nicht anhängige 4.000,00 EUR geschlossen. Der Prozessbevollmächtigte rät vom Widerruf ab.

Der **Prozessbevollmächtigte** erhält eine 1,6-Verfahrensgebühr aus dem Wert der anhängigen 8.000,00 EUR sowie unter Beachtung des § 15 Abs. 3 RVG eine 1,1-Gebühr aus dem Mehrwert der Einigung (Nr. 3201 Nr. 1 VV). Daneben entstehen zwei Einigungsgebühren, wiederum unter Beachtung des § 15 Abs. 3 RVG.

Der **Terminsvertreter** erhält eine 0,8-Verfahrensgebühr aus dem Gesamtwert, da ein Prozessbevollmächtigter insgesamt eine 1,6-Verfahrensgebühr erhalten hätte. Daneben entstehen auch für ihn zwei Einigungsgebühren unter Beachtung des § 15 Abs. 3 RVG.

II. Einzeltätigkeiten nach Teil 3 VV § 20

I. **Prozessbevollmächtigter**
1. 1,6-Verfahrensgebühr, Nr. 3200 VV
   (Wert: 8.000,00 EUR)   729,60 EUR
2. 1,1-Verfahrensgebühr, Nr. 3201 Nr. 1 VV
   (Wert: 4.000,00 EUR)   100,80 EUR
   die Höchstgrenze des § 15 Abs. 3 RVG, nicht mehr als
   1,6 aus 12.000,00 EUR (966,40 EUR), wird nicht überschritten
3. 1,3-Einigungsgebühr, Nrn. 1000, 1004 VV
   (Wert: 8.000,00 EUR)   592,80 EUR
4. 1,5-Einigungsgebühr, Nr. 1000 VV
   (Wert: 4.000,00 EUR)   378,00 EUR
   gem. § 15 Abs. 3 RVG nicht mehr als 1,5 aus   906,00 EUR
   12.000,00 EUR
5. Postentgeltpauschale, Nr. 7002 VV   20,00 EUR
   Zwischensumme   1.754,40 EUR
6. 19 % Umsatzsteuer, Nr. 7008 VV   333,34 EUR
Gesamt   **2.087,74 EUR**

II. **Terminsvertreter**
1. 0,8-Verfahrensgebühr, Nrn. 3401, 3200 VV   483,20 EUR
   (Wert: 12.000,00 EUR)
2. 1,2-Terminsgebühr, Nrn. 3402, 3202 VV   724,80 EUR
   (Wert: 12.000,00 EUR)
3. 1,3-Einigungsgebühr, Nrn. 1000, 1004 VV
   (Wert: 8.000,00 EUR)   592,80 EUR
4. 1,5-Einigungsgebühr, Nr. 1000 VV
   (Wert: 4.000,00 EUR)   378,00 EUR
   gem. § 15 Abs. 3 RVG nicht mehr als 1,5 aus   906,00 EUR
   12.000,00 EUR
5. Postentgeltpauschale, Nr. 7002 VV   20,00 EUR
   Zwischensumme   2.134,00 EUR
6. 19 % Umsatzsteuer, Nr. 7008 VV   405,46 EUR
Gesamt   **2.539,46 EUR**

Beispiel 67 | **Terminsvertretung im Revisionsverfahren**

Für den Termin zur mündlichen Verhandlung vor dem Bundesarbeitsgericht wird ein Terminsvertreter bestellt. Der Wert des Revisionsverfahrens beläuft sich auf 8.000,00 EUR.

Jetzt erhält der Prozessbevollmächtigte eine 1,6-Verfahrensgebühr nach Nr. 3206 VV und der **Terminsvertreter** eine 0,8-Verfahrensgebühr sowie eine 1,5-Terminsgebühr (Nr. 3210 VV).

I. **Prozessbevollmächtigter**
1. 1,6-Verfahrensgebühr, Nr. 3206 VV   729,60 EUR
   (Wert: 8.000,00 EUR)
2. Postentgeltpauschale, Nr. 7002 VV   20,00 EUR
   Zwischensumme   749,60 EUR
3. 19 % Umsatzsteuer, Nr. 7008 VV   142,42 EUR
Gesamt   **892,02 EUR**

II. **Terminsvertreter**
1. 0,8-Verfahrensgebühr, Nrn. 3401, 3206 VV   364,80 EUR
   (Wert: 8.000,00 EUR)
2. 1,5-Terminsgebühr, Nrn. 3402, 3210 VV   684,00 EUR
   (Wert: 8.000,00 EUR)
3. Postentgeltpauschale, Nr. 7002 VV   20,00 EUR
   Zwischensumme   1.068,80 EUR
4. 19 % Umsatzsteuer, Nr. 7008 VV   203,07 EUR
Gesamt   **1.271,87 EUR**

d) Verkehrsanwalt mit anschließendem Auftrag zur Terminsvertretung

69 Eine Terminsgebühr kann der Verkehrsanwalt als solcher zwar nicht verdienen, da dem Vorbem. 3.4 Abs. 1 VV entgegensteht. Möglich ist aber, dass dem Verkehrsanwalt nachträglich auch noch ein weiter gehender Auftrag zu einer Terminsvertretung erteilt wird. In diesem Fall entstehen die Gebühren nach Nr. 3400 VV und Nrn. 3401, 3402 VV nebeneinander.[25]

> **Beispiel 68** Verkehrsanwalt mit anschließendem Auftrag zur Terminsvertretung
>
> **Der in München ansässige Anwalt ist zunächst nur als Verkehrsanwalt für einen Rechtsstreit vor dem LG Hamburg beauftragt. Später erhält er den weiteren Auftrag, an einem Beweistermin vor dem ersuchten Richter am AG München wahrzunehmen.**

Der Auftrag zur Verkehrsanwaltstätigkeit erstreckt sich nicht auch auf die Wahrnehmung von Terminen. Daher ist für den Beweistermin ein weiterer Auftrag zur Terminsvertretung erforderlich. Es entstehen aus diesem Grund neben der bereits verdienten Gebühr nach Nr. 3400 VV jetzt auch noch die Gebühren nach Nrn. 3401, 3402 VV. Zu beachten ist jetzt aber § 15 Abs. 6 RVG. Der Anwalt kann nicht mehr verlangen als der mit der gesamten Tätigkeit beauftragte Anwalt. Für einen von vornherein mit der gesamten Tätigkeit beauftragten Anwalt gibt es aber keinen Gebührentatbestand. Für ihn wären daher mangels entsprechender Regelungen in Teil 3 Abschnitt 4 VV die Gebühren nach Teil 3 Abschnitt 1 VV einschlägig. Der Anwalt erhält:

I. Verkehrsanwaltstätigkeit		
1. 1,0-Verfahrensgebühr, Nrn. 3400, 3401, 3100 VV (Wert: 8.000,00 EUR)		456,00 EUR
2. Postentgeltpauschale, Nr. 7002 VV		20,00 EUR
Zwischensumme	476,00 EUR	
3. 19 % Umsatzsteuer, Nr. 7008 VV		90,44 EUR
Gesamt		**566,44 EUR**
II. Terminsvertretung		
1. 0,65-Verfahrensgebühr, Nrn. 3401, 3100 VV (Wert: 8.000,00 EUR)	296,40 EUR	
gem. § 15 Abs. 6 RVG jedoch nicht mehr als		
1,3-Verfahrensgebühr, Nr. 3100 VV	592,80 EUR	
./. bereits abgerechneter 1,0 aus 8.000,00 EUR	– 456,00 EUR	
		136,80 EUR
2. 1,2-Termingebühr, Nrn. 3402, 3104 VV (Wert: 8.000,00 EUR)		547,20 EUR
3. Postentgeltpauschale, Nr. 7002 VV		20,00 EUR
Zwischensumme	704,00 EUR	
4. 19 % Umsatzsteuer, Nr. 7008 VV		133,76 EUR
Gesamt		**837,76 EUR**

e) Sonstige Einzeltätigkeiten

70 Die Vorschrift der Nr. 3403 VV ergänzt die Vorschriften der Nrn. 3401, 3402 VV und vergütet diejenigen Einzeltätigkeiten des Anwalts, die von den vorgenannten VV-Nrn. nicht erfasst werden.

71 Für eine Einzeltätigkeit, die nicht durch die Gebühren der Nrn. 3400, 3401, 3402 VV abgegolten werden, insbesondere für das Einreichen, Anfertigen oder Unterzeichnen von Schriftsätzen erhält

---

[25] AnwK-RVG/*N. Schneider*, Nr. 3400 VV Rn 71; Gerold/Schmidt/*Müller-Rabe*, Nr. 3400 Rn 57 f.

der Anwalt eine 0,8-Gebühr. Erledigt sich der Auftrag vorzeitig, so erhält der Anwalt nach Nr. 3405 VV, die der Nrn. 3100, 3101 Nr. 1 VV nachgebildet ist, nur eine Gebühr in Höhe von 0,5 (Anm. zu Nr. 3405 VV).

Diese Gebühr kann zum einen anfallen für einen Anwalt, der nur mit einer einzelnen Tätigkeit beauftragt ist, oder auch für einen Verfahrensbevollmächtigten, wenn er weitere Tätigkeiten ausübt, die nicht schon nach § 19 RVG durch seine Verfahrensgebühr abgegolten sind. **72**

In Ergänzung hierzu regelt Nr. 3404 VV die Höhe der Vergütung für ein **einfaches Schreiben**. Danach erhält der Anwalt nur eine 0,3-Verfahrensgebühr. Zu beachten sein kann hier die Mindestgebühr des § 13 Abs. 2 RVG. **73**

Vertritt der Anwalt **mehrere Auftraggeber**, so erhöht sich auch die Verfahrensgebühr der Nr. 3403 VV gem. Nr. 1008 VV um 0,3 je weiteren Auftraggeber, höchstens um 2,0. **74**

Im Einzelfall kann auch bei einer Einzeltätigkeit eine **Einigungsgebühr** anfallen. **75**

| Beispiel 69 | Einzeltätigkeit |

Der Anwalt wird vom Mandanten beauftragt, einen Vergütungsfestsetzungsantrag seines früheren Anwalts über 700,00 EUR abzuwehren.

Die Vertretung des Antragsgegners in einem Vergütungsfestsetzungsverfahren nach § 11 RVG ist eine Einzeltätigkeit nach Nr. 3403 VV und lässt eine 0,8-Gebühr aus dem Wert der zur Festsetzung angemeldeten Kosten entstehen.[26]

1. 0,8-Verfahrensgebühr, Nr. 3403 VV (Wert: 700,00 EUR)		64,00 EUR
2. Postentgeltpauschale, Nr. 7002 VV		12,80 EUR
Zwischensumme	76,80 EUR	
3. 19 % Umsatzsteuer, Nr. 7008 VV		14,59 EUR
Gesamt		**91,39 EUR**

| Beispiel 70 | Einzeltätigkeit |

Der Anwalt wird nach Abschluss des Rechtsstreits vom Mandanten beauftragt, ihn im Kostenfestsetzungsverfahren (Wert: 700,00 EUR) zu vertreten.

Die Vertretung des Antragsgegners in einem Kostenfestsetzungsverfahren zählt nach § 19 Abs. 1 S. 2 Nr. 14 RVG für den Verfahrensbevollmächtigten zum Rechtszug. Wird ein Anwalt nur mit der Vertretung im Kostenfestsetzungsverfahren beauftragt, liegt wiederum eine Einzeltätigkeit nach Nr. 3403 VV vor, die eine 0,8-Gebühr aus dem Wert der zur Festsetzung angemeldeten Kosten entstehen lässt.[27]

Abzurechnen ist wie im vorausgegangenen Beispiel 69.

---

[26] OLG Düsseldorf NJW 1964, 1233 = JurBüro 1964, 367 = JMBlNRW 1964, 33; AnwK-RVG/*N. Schneider*, Nrn. 3403 bis 3404 VV Rn 22 m.w.N.

[27] AnwK-RVG/*N. Schneider*, Nrn. 3403 bis 3404 VV Rn 22 m.w.N.

§ 20 Verkehrsanwalt, Terminsvertreter, Einzeltätigkeiten

76 Die Gebühr nach Nr. 3403 VV kann nach h.M. auch dann anfallen, wenn der Anwalt vor einem Gericht tätig wird, vor dem er nicht zugelassen ist, dort aber eine sinnvolle Tätigkeit ausübt.[28]

> **Beispiel 71** Nichtzulassungsbeschwerde, Vertretung durch einen nicht postulationsfähigen Anwalt

Das OLG hat den Beklagten zur Zahlung von 100.000,00 EUR verurteilt und die Revision nicht zugelassen. Dieser legt Nichtzulassungsbeschwerde ein. Der Berufungsanwalt des Klägers nimmt schriftsätzlich hierzu Stellung und beantragt, die Nichtzulassungsbeschwerde zurückzuweisen.

Nach Auffassung des BGH und der ihm folgenden Gerichte ist für den Anwalt des Klägers im Nichtzulassungsbeschwerdeverfahren lediglich eine 0,8-Verfahrensgebühr nach Nr. 3403 VV angefallen (siehe im Einzelnen § 16 Rn 4).

1.	0,8-Verfahrensgebühr, Nr. 3403 VV (Wert: 100.000,00 EUR)		1.202,40 EUR
2.	Postentgeltpauschale, Nr. 7002 VV		20,00 EUR
	Zwischensumme	1.222,40 EUR	
3.	19 % Umsatzsteuer, Nr. 7008 VV		232,26 EUR
	Gesamt		**1.454,66 EUR**

77 Die Gebühr nach Nr. 3403 VV kann auch für einen Prozessbevollmächtigten anfallen, wenn die Tätigkeit nicht durch die Verfahrensgebühr abgegolten ist. Hauptanwendungsfall war früher die Vertretung in einem Gerichtsstandbestimmungsverfahren, wenn es nicht zur Bestimmung kam (siehe § 14 Rn 94). Durch die Neufassung des § 16 Nr. 3a RVG kann dieser Fall nicht mehr auftreten. Es gibt daher zu dieser Variante kaum noch Anwendungsfälle.

> **Beispiel 72** Tätigkeit im Vergütungsfestsetzungsverfahren

Der Mandant kündigte seinem bisherigen Anwalt A und beauftragt den Anwalt B mit der Prozessvertretung (Streitwert 10.000,00 EUR). Nunmehr reicht Anwalt A einen Vergütungsfestsetzungsantrag nach § 11 RVG ein (Wert: 1.683,85 EUR). Der Mandant beauftragt Anwalt B, ihn auch insoweit zu vertreten.

Nur das Einfordern der eigenen Vergütung zählt nach § 19 Abs. 1 S. 2 Nr. 14 RVG zum Rechtszug, nicht aber der Abwehr des Vergütungsanspruchs eines anderen Anwalts. Daher kann Anwalt B, obwohl er Prozessbevollmächtigter ist, für das Verfahren nach § 11 RVG eine gesonderte Vergütung verlangen. Diese richtet sich nach Nr. 3403 VV.

I. Bestimmungsverfahren

1.	0,8-Verfahrensgebühr, Nr. 3403 VV (Wert: 1.683,85 EUR)		120,00 EUR
2.	Postentgeltpauschale, Nr. 7002 VV		20,00 EUR
	Zwischensumme	140,00 EUR	
3.	19 % Umsatzsteuer, Nr. 7008 VV		26,60 EUR
	Gesamt		**166,60 EUR**

---

[28] AGS 2006, 491 = RVG-Letter 2006, 74 = NJW 2006, 2266 = Rpfleger 2006, 508 = RVGreport 2006, 348 = BGHR 2006, 1068 = MDR 2006, 1435 = RVGprof. 2006, 115 = JurBüro 2007, 27; AGS 2007, 298 = BGHR 2007, 369 = NJW 2007, 1461 = NJ 2007, 223 = RVGprof. 2007, 78 = JurBüro 2007, 252 = MDR 2007, 742 = RVGreport 2007, 269 = zfs 2007, 467 = NJ 2007, 411; ebenso OLG München AnwBl 2010, 68; OLG Frankfurt AGS 2009, 25 = JurBüro 2008, 538 = OLGR 2009, 187; OLG Köln AGS 2007, 301; OLG Brandenburg OLGR 2007, 383.

II. Klageverfahren
1. 1,3-Verfahrensgebühr, Nr. 3100 VV 725,40 EUR
   (Wert: 10.000,00 EUR)
2. 1,2-Terminsgebühr, Nr. 3104 VV 669,60 EUR
   (Wert: 10.000,00 EUR)
3. Postentgeltpauschale, Nr. 7002 VV 20,00 EUR
   Zwischensumme 1.415,00 EUR
4. 19 % Umsatzsteuer, Nr. 7008 VV 268,85 EUR
   Gesamt **1.683,85 EUR**

Ebenfalls kann die Gebühr nach Nr. 3403 VV für einen Prozessbevollmächtigten anfallen, wenn seine Tätigkeit seit mehr als zwei Kalenderjahren erledigt war und er dann mit einer Einzeltätigkeit beauftragt wird, die grundsätzlich nach § 19 RVG zum Rechtszug gehört.

78

| Beispiel 73 | Weitere Tätigkeit nach Ablauf von zwei Kalenderjahren |

Der Anwalt hatte den im Rechtsstreit (Wert: 5.000,00 EUR) unterlegenen Beklagten vertreten und die Sache nach Erlass des Urteils im Jahre 2007 abgeschlossen. Im Dezember 2010 beantragt der Kläger die Kostenfestsetzung (Wert: 1.200,00 EUR). Der Anwalt des Beklagten wird insoweit wieder tätig.

Da seit der Erledigung des Auftrags mehr als zwei Kalenderjahre vergangen sind, löst die weitere Vertretung im Kostenfestsetzungsverfahren nach § 15 Abs. 5 S. 2 RVG eine neue Angelegenheit und damit ein weitere Vergütung aus, die sich jetzt, da kein Gesamtauftrag mehr besteht, sondern nur noch ein Einzelauftrag für das Kostenfestsetzungsverfahren dahin gehend auswirkt, dass insoweit nur eine Gebühr nach Nr. 3403 VV aus dem Wert des Kostenfestsetzungsverfahrens entsteht.[29]

I. Rechtsstreit
1. 1,3-Verfahrensgebühr, Nr. 3100 VV 393,90 EUR
   (Wert: 5.000,00 EUR)
2. 1,2-Terminsgebühr, Nr. 3104 VV 363,60 EUR
   (Wert: 5.000,00 EUR)
3. Postentgeltpauschale, Nr. 7002 VV 20,00 EUR
   Zwischensumme 777,40 EUR
4. 19 % Umsatzsteuer, Nr. 7008 VV 147,71 EUR
   Gesamt **925,11 EUR**

II. Kostenfestsetzungsverfahren
1. 0,8-Verfahrensgebühr, Nr. 3403 VV 92,00 EUR
   (Wert: 1.200,00 EUR)
2. Postentgeltpauschale, Nr. 7002 VV 18,40 EUR
   Zwischensumme 110,40 EUR
3. 19 % Umsatzsteuer, Nr. 7008 VV 20,98 EUR
   Gesamt **131,38 EUR**

| Beispiel 74 | Einzeltätigkeit, mehrere Auftraggeber |

Der Anwalt wird von den Mandanten beauftragt, einen gegen sie als Gesamtschuldner gerichteten Vergütungsfestsetzungsantrag ihres früheren Anwalts über 700,00 EUR abzuwehren.

---

29 VG Potsdam AGS 2010, 366 = Rpfleger 2009, 700.

Die Gebühr nach Nr. 3403 VV erhöht sich nach Nr. 1008 VV um 0,3 auf 1,1.[30]

1. 1,1-Verfahrensgebühr, Nrn. 3403, 1008 VV 88,00 EUR
   (Wert: 700,00 EUR)
2. Postentgeltpauschale, Nr. 7002 VV 17,60 EUR
   Zwischensumme 105,60 EUR
3. 19 % Umsatzsteuer, Nr. 7008 VV 20,06 EUR
   Gesamt **125,66 EUR**

Beispiel 75 — Einzeltätigkeit, vorzeitige Erledigung

Der Anwalt wird vom Mandanten beauftragt, einen Vergütungsfestsetzungsantrag seines früheren Anwalts über **700,00 EUR** abzuwehren. Bevor er einen Schriftsatz einreicht, wird der Festsetzungsantrag zurückgenommen.

Die Gebühr nach Nr. 3403 VV reduziert sich jetzt nach Anm. zu Nr. 3405 VV auf 0,5.

1. 0,5-Verfahrensgebühr, Nr. 3403, Anm. zu Nr. 3405 VV 40,00 EUR
   (Wert: 700,00 EUR)
2. Postentgeltpauschale, Nr. 7002 VV 8,00 EUR
   Zwischensumme 48,00 EUR
3. 19 % Umsatzsteuer, Nr. 7008 VV 9,12 EUR
   Gesamt **57,12 EUR**

Beispiel 76 — Einzeltätigkeit, einfaches Schreiben

Der Mandant hatte den Rechtsstreit selbst geführt und wartet vergeblich auf die Rückzahlung nicht verbrauchter Gerichtskosten. Er beauftragt einen Anwalt, bei Gericht an die Rückzahlung der nicht verbrauchten Gerichtskosten i.H.v. **1.860,00 EUR** zu erinnern.

Ein solches Schreiben, das lediglich dem äußeren Betreiben eines Verfahrens dient, dürfte ein einfaches Schreiben darstellen. Da sich der Auftrag hierauf beschränkte, fällt folglich nach Anm. zu Nr. 3404 VV lediglich eine 0,3-Gebühr an.

1. 0,3-Verfahrensgebühr, Nr. 3404 VV 45,00 EUR
   (Wert: 1.860,00 EUR)
2. Postentgeltpauschale, Nr. 7002 VV 9,00 EUR
   Zwischensumme 54,00 EUR
3. 19 % Umsatzsteuer, Nr. 7008 VV 10,26 EUR
   Gesamt **64,26 EUR**

79 Auch diese Gebühr erhöht sich bei mehreren Auftraggebern nach Nr. 1008 VV.

Beispiel 77 — Einzeltätigkeit, einfaches Schreiben, mehrere Auftraggeber

Wie vorangegangenes Beispiel; jedoch wird der Anwalt für zwei Auftraggeber tätig.

Die 0,3-Verfahrensgebühr der Anm. zu Nr. 3404 VV erhöht sich um 0,3 nach Nr. 1008 VV.

---

30 AnwK-RVG/*N. Schneider*, Nr. 3403 bis 3404 VV Rn 31, 50.

1. 0,6-Verfahrensgebühr, Nrn. 3404, 1008 VV (Wert: 1.860,00 EUR)		90,00 EUR
2. Postentgeltpauschale, Nr. 7002 VV		18,00 EUR
Zwischensumme	108,00 EUR	
3. 19 % Umsatzsteuer, Nr. 7008 VV		20,52 EUR
Gesamt		**128,52 EUR**

Beispiel 78 | **Einzeltätigkeit, einfaches Schreiben, Mindestbetrag**

Der Mandant hatte den Rechtsstreit selbst geführt und wartet vergeblich auf die Rückzahlung nicht verbrauchter Gerichtskosten. Er beauftragt einen Anwalt, bei Gericht an die Rückzahlung der nicht verbrauchten Gerichtskosten i.H.v. 162,00 EUR zu erinnern.

Es fällt wiederum nach Anm. zu Nr. 3404 VV lediglich eine 0,3-Gebühr an. Zu beachten ist jetzt die Mindestgebühr von 10,00 EUR (§ 13 Abs. 2 RVG).

1. 0,3-Verfahrensgebühr, Nr. 3404 VV (Wert: 162,00 EUR)		13,50 EUR
2. Postentgeltpauschale, Nr. 7002 VV		2,70 EUR
Zwischensumme	16,20 EUR	
3. 19 % Umsatzsteuer, Nr. 7008 VV		3,08 EUR
Gesamt		**19,28 EUR**

Beispiel 79 | **Mehrere Einzeltätigkeiten**

Der Anwalt, der den Mandanten im vorangegangenen Rechtsstreit (2.000,00 EUR) nicht vertreten hatte, soll ihn im Verfahren auf Festsetzung des Streitwerts vertreten und eine Gegenvorstellung erheben (Wert: 300,00 EUR). Nach Abänderung des Streitwerts wird er beauftragt, gem. § 107 ZPO die Abänderung der Kostenfestsetzung und Rückfestsetzung zu beantragen (Wert: 200,00 EUR).

Sowohl die isolierte Streitwertfestsetzung als auch der isolierte Festsetzungsantrag nach § 107 ZPO sind Einzeltätigkeiten, so dass zunächst einmal zwei Angelegenheiten gegeben sind, die jeweils eine Gebühr nach Nr. 3403 VV auslösen. Zu beachten ist § 15 Abs. 6 RVG. Der Anwalt erhält nicht mehr, als wenn er von Vornherein insgesamt mit der Streitwertfestsetzung und der Kostenfestsetzung beauftragt worden wäre. Das Gebührenaufkommen ist daher auf eine 0,8-Gebühr aus dem höheren Wert begrenzt, da insoweit nicht zusammenzurechnen ist, weil wirtschaftliche Identität besteht.

1. 0,8-Verfahrensgebühr, Nr. 3403 VV (Wert: 300,00 EUR)		36,00 EUR
2. Postentgeltpauschale, Nr. 7002 VV		7,20 EUR
Zwischensumme	43,20 EUR	
3. 19 % Umsatzsteuer, Nr. 7008 VV		8,21 EUR
Gesamt		**51,41 EUR**

Beispiel 80 | **Einzeltätigkeit und nachfolgender Gesamtauftrag**

Der in Köln ansässige Anwalt wird zunächst nur damit beauftragt, für eine gegen den A in Köln und den B in Berlin anzustrengende Klage über 20.000,00 EUR gem. § 36 ZPO einen gemeinsamen Gerichtsstand bestimmen zu lassen. Das OLG bestimmt das LG Köln als zuständiges Gericht. Der Anwalt erhält nunmehr den Auftrag, als Prozessbevollmächtigter tätig zu werden. Den Streitwert für das Gerichtsstandsbestimmungsverfahren setzt das OLG auf 4.000,00 EUR fest.

Insgesamt liegt nur eine Angelegenheit vor. Der ursprüngliche Einzelauftrag wird zu einem Gesamtauftrag erweitert. Die 0,8-Verfahrensgebühr der Nr. 3403 VV erstarkt damit zu einer vollen 1,3-Verfahrensgebühr nach Nr. 3100 VV. Der Anwalt erhält insgesamt die Vergütung eines Prozessbevollmächtigten. Soweit der Anwalt die 0,8-Verfahrensgebühr bereits abgerechnet hatte, muss er diesen Betrag dem Mandanten gutschreiben.

I. Gerichtsstandsbestimmungsverfahren		
1. 0,8-Verfahrensgebühr, Nr. 3403 VV		201,60 EUR
(Wert: 4.000,00 EUR)		
2. Postentgeltpauschale, Nr. 7002 VV		20,00 EUR
Zwischensumme	221,00 EUR	
3. 19 % Umsatzsteuer, Nr. 7008 VV		41,99 EUR
Gesamt		**262,99 EUR**
II. Prozessvertretung		
1. 1,3-Verfahrensgebühr, Nr. 3100 VV		964,60 EUR
(Wert: 20.000,00 EUR)		
2. 1,2-Terminsgebühr, Nr. 3104 VV		890,40 EUR
(Wert: 20.000,00 EUR)		
3. Postentgeltpauschale, Nr. 7002 VV		20,00 EUR
4. abzüglich bereits für Protokollierung berechneter		− 221,00 EUR
Zwischensumme	1.654,00 EUR	
5. 19 % Umsatzsteuer, Nr. 7008 VV		314,26 EUR
Gesamt		**1.968,26 EUR**

Beispiel 81 | **Einzeltätigkeit und nachfolgender Auftrag als Verkehrsanwalt**

Wie vorangegangenes Beispiel 80. Das OLG bestimmt das LG Berlin als zuständiges Gericht. Der Anwalt erhält nunmehr den Auftrag, als Verkehrsanwalt tätig zu werden.

Insgesamt liegt nur eine Angelegenheit vor. Der ursprüngliche Einzelauftrag wird wiederum zu einem Gesamtauftrag erweitert. Die 0,8-Verfahrensgebühr der Nr. 3403 VV erstarkt jetzt zu einer vollen 1,0-Verfahrensgebühr nach Nrn. 3400, 3100 VV. Der Anwalt erhält insgesamt die Vergütung eines Verkehrsanwalts. Soweit der Anwalt die 0,8-Verfahrensgebühr bereits abgerechnet hatte, muss er diesen Betrag dem Mandanten wiederum gutschreiben.

I. Protokollierung		
1. 0,8-Verfahrensgebühr, Nr. 3403 VV		201,60 EUR
(Wert: 4.000,00 EUR)		
2. Postentgeltpauschale, Nr. 7002 VV		20,00 EUR
Zwischensumme	221,00 EUR	
3. 19 % Umsatzsteuer, Nr. 7008 VV		41,99 EUR
Gesamt		**262,69 EUR**
II. Verkehrsanwalt		
1. 1,0-Verfahrensgebühr, Nrn. 3400, 3100 VV		742,00 EUR
(Wert: 20.000,00 EUR)		
2. Postentgeltpauschale, Nr. 7002 VV		20,00 EUR
3. abzüglich bereits für Protokollierung berechneter		− 221,00 EUR
Zwischensumme	541,00 EUR	
4. 19 % Umsatzsteuer, Nr. 7008 VV		102,79 EUR
Gesamt		**643,79 EUR**

VI. Einzeltätigkeiten in Schiedsrichterlichen Verfahren und Verfahren vor dem Schiedsgericht § 20

3. Abrechnung nach Betragsrahmengebühren

Soweit in Angelegenheiten des Teils 3 VV nach Betragsrahmen abgerechnet wird, sei wegen des Zusammenhangs auf § 31 verwiesen und zwar: 79a
- zum Verkehrsanwalt auf die Rn 264 ff.
- zum Terminsvertreter auf die Rn 272 ff. und
- zu sonstigen Einzeltätigkeiten auf die Rn 281 ff.

III. Einzeltätigkeiten nach Teil 4 VV

Einzeltätigkeiten in Strafsachen sind in Teil 4 Abschnitt 3 VV (den Nrn. 4300 ff. VV) gesondert geregelt. Hier finden sich differenzierte Regelungen als in Teil 3 VV. So regelt 80
- Nr. 4301 Nr. 3 VV den **Verkehrsanwalt**
- Nr. 4301 Nr. 4 VV den **Terminsvertreter** und
- die Nrn. 4300 Nr. 1 bis 3, Nr. 4301 Nr. 1, 2, 4 bis 6 und Nr. 4302 Nr. 1 bis 3 VV **weitere Einzeltätigkeiten**.

Für die Tätigkeit des Rechtsanwalts, die sich auf die Geltendmachung oder Abwehr eines aus der Straftat erwachsenen vermögensrechtlichen Anspruchs im Strafverfahren beschränkt, gelten die Nrn. 4143 bis 4145 VV (Vorbem. 4.3 Abs. 2 VV). 81

Zur Abrechnung in diesen Fällen wird wegen des Zusammenhangs auf die Darstellung in § 35 Rn 164 ff. Bezug genommen. 82

IV. Einzeltätigkeiten nach Teil 5 VV

Einzeltätigkeiten in Bußgeldsachen sind in Teil 5 Abschnitt 2 VV (Nr. 5200 VV) gesondert geregelt. Hier findet sich nur ein einziger Gebührentatbestand, der alle Einzeltätigkeiten erfasst. 83

Auch hier wird zur Abrechnung wegen des Zusammenhangs auf die Darstellung zu den Bußgeldsachen in § 36 Rn 149 ff. Bezug genommen. 84

V. Einzeltätigkeiten nach Teil 6 VV

Einzeltätigkeiten in Angelegenheiten nach Teil 6 VV sind in Teil 6 Abschnitt 5 VV (Nr. 6500 VV) geregelt. Auch hier findet sich nur ein einziger Gebührentatbestand, der alle Einzeltätigkeiten erfasst. 85

Von der Darstellung der Gebühren nach Teil 6 VV wird angesichts deren geringer praktischer Bedeutung abgesehen. 86

VI. Einzeltätigkeiten in Schiedsrichterlichen Verfahren und Verfahren vor dem Schiedsgericht

In schiedsrichterlichen Verfahren nach der ZPO und Verfahren vor dem Schiedsgericht nach § 104 ArbGG gelten wiederum die Gebühren nach Teil 3 Abschnitt 4 VV, obwohl es sich um 87

§ 20 Verkehrsanwalt, Terminsvertreter, Einzeltätigkeiten

außergerichtliche Tätigkeiten handelt. Dies ist mit der Änderung des § 36 RVG zum 1.8.2013 klargestellt worden.[31]

88 Insoweit gelten also die Ausführungen zu diesem Kapitel entsprechend.

---

[31] Änderung durch Art. 8 Abs. 1 Nr. 19 KostRMoG.

§ 21 Beschwerde- und Erinnerungsverfahren

Inhalt

I. Überblick 1	2. Erinnerungen in Verfahren nach Teil 3 VV ... 44
II. Beschwerdeverfahren 4	a) Gesetzliche Regelung 44
1. Überblick 4	b) Eigene Angelegenheiten 47
2. Beschwerdeverfahren nach Teil 3 VV 5	aa) Grundsatz 47
a) Gesetzliche Regelung 5	bb) Sonderfall: Mehrere Erinnerungen gegen den Kostenansatz oder die Kostenfestsetzung 50
b) Eigene Angelegenheiten 8	
c) Besondere Beschwerden 11	c) Gebühren 51
d) Die Vergütung in allgemeinen Beschwerdeverfahren 18	**IV. Erinnerungsgleiche Anträge auf gerichtliche Entscheidung** 58
3. Beschwerden außerhalb Teil 3 VV 33	1. Überblick 58
a) Beschwerden in Strafsachen 33	2. Verwaltungsgerichtliche Verfahren 59
b) Beschwerden in Bußgeldsachen 37	3. Sozialgerichtliche Verfahren 61
c) Beschwerden in Verfahren nach Teil 6 VV ... 40	4. Strafsachen 63
III. Erinnerungsverfahren 43	5. Bußgeldverfahren 64
1. Überblick 43	6. Verfahren nach Teil 6 VV 66

I. Überblick

Beschwerde- und Erinnerungsverfahren finden sich in fast sämtlichen Verfahrensordnungen. Hier gelten je nach Verfahren Besonderheiten. **1**

Soweit sich die Vergütung nach Teil 3 VV richtet, gelten die Nrn. 3500 ff. VV. Allerdings sind hier für einige Beschwerdeverfahren besondere Vorschriften vorgesehen (siehe Rn 11). Während jedes Beschwerdeverfahren nach Teil 3 VV als besondere Angelegenheit gilt (§§ 18 Abs. 1 Nr. 3, 17 Nr. 1 RVG), zählen Erinnerungen grundsätzlich nach § 19 Abs. 1 S. 1, S. 2 Nr. 5 RVG noch zum Rechtszug (Ausnahme § 18 Abs. 1 Nr. 3 RVG – Erinnerungen gegen einen Kostenfestsetzungsbeschluss). **2**

Erinnerungen und Beschwerden sind aber auch in Verfahren nach den Teilen 4 bis 6 VV vorgesehen. Hier werden diese Tätigkeiten, soweit sie nicht durch die allgemeinen Gebühren bereits abgegolten sind (Vorbem. 4.1 Abs. 2, Vorbem. 5.1 Abs. 1, Vorbem. 6.2 Abs. 1 VV), entweder nach besonderen Gebührentatbeständen oder als Einzeltätigkeit vergütet. Darüber hinaus wird auch in einigen Fällen wiederum auf die Vorschriften des Teils 3 VV verwiesen Vorbem. 4 Abs. 5, Vorbem. 5 Abs. 4, Vorbem. 6.2 Abs. 3 VV). **3**

II. Beschwerdeverfahren

1. Überblick

Beschwerdeverfahren sind in fast allen Verfahrensordnungen vorgesehen. Hier gelten je nach Verfahren Besonderheiten. **4**

2. Beschwerdeverfahren nach Teil 3 VV

a) Gesetzliche Regelung

5 Die Gebühren für **allgemeine Beschwerden** sind in den Nrn. 3500 ff. VV geregelt. Daneben gibt es zahlreiche **Spezialregelungen** (siehe Rn 11 ff.).

6 Grundsätzlich wird auch in Beschwerdeverfahren nach dem **Wert der anwaltlichen Tätigkeit** abgerechnet (§ 2 Abs. 1 RVG). Der Gegenstandswert ergibt sich aus § 23 Abs. 1 S. 1 RVG oder aus § 23 Abs. 2 S. 1 u. 2 RVG. § 23 Abs. 1 S. 2 RVG ist nicht anwendbar, da § 23 Abs. 2 S. 1 u. 2 RVG als speziellere Wertvorschrift in diesem Fall vorgeht.

7 In **sozialgerichtlichen Verfahren, in denen das GKG nicht anzuwenden** ist, gelten dagegen Rahmengebühren (§ 3 Abs. 1 S. 1 RVG). Wegen des Sachzusammenhangs werden diese Beschwerdeverfahren in § 31 gesondert behandelt.

b) Eigene Angelegenheiten

8 Beschwerdeverfahren in Angelegenheiten, die sich nach Teil 3 VV richten, stellen stets **eigene selbstständige Gebührenangelegenheiten** dar (§ 17 Nr. 1 RVG). Jede Beschwerde gilt dabei als eigene Angelegenheit (§ 18 Abs. 1 Nr. 3 RVG).

9 **Wechselseitige Beschwerden**, die im selben Verfahren geführt werden, gelten allerdings als eine Angelegenheit. Deren Werte werden zusammengerechnet, soweit sie nicht denselben Gegenstand betreffen (§ 23 Abs. 1 S. 1 RVG i.V.m. § 45 Abs. 2, Abs. 1 S. 1 u. 3 GKG, § 39 Abs. 2, Abs. 1 S. 1 u. 3 FamGKG oder § 23 Abs. 2 S. 1, Abs. 3 S. 2 RVG, wobei die Wertung der §§ 45 Abs. 2, Abs. 1 S. 1 u. 3 GKG, § 39 Abs. 2, Abs. 1 S. 1 u. 3 FamGKG auch hier entsprechend heranzuziehen ist).

10 Ist eine **weitere Beschwerde** gegeben, so ist auch dies eine eigene selbstständige Angelegenheit (§§ 17 Nr. 1, 18 Abs. 1 Nr. 3 RVG).[1]

c) Besondere Beschwerden

11 Abweichend von den Gebühren für allgemeine Beschwerden in den Nrn. 3500 ff. VV ordnet Vorbem. 3.2.1 Abs. 1 Nr. 2 u. 3 VV an, dass bestimmte Beschwerden gegen den **Rechtszug beendende Entscheidungen** ebenso abzurechnen sind wie Berufungen. Die Gebühren nach Teil 3 Abschnitt 5 VV gelten dann nicht (Vorbem. 3.5 VV)

12 Das betrifft Verfahren über Beschwerden
- gegen den Rechtszug beendende Entscheidungen in Verfahren über Anträge auf Vollstreckbarerklärung ausländischer Titel oder auf Erteilung der Vollstreckungsklausel zu ausländischen Titeln sowie Anträge auf Aufhebung oder Abänderung der Vollstreckbarerklärung oder der Vollstreckungsklausel (Vorbem. 3.2.1 Nr. 2 Buchst. a) VV),
- gegen Endentscheidungen in Familiensachen und in den Angelegenheiten der freiwilligen Gerichtsbarkeit (Vorbem. 3.2.1 Nr. 2 Buchst. b) VV),
- gegen den Rechtszug beendende Entscheidungen im Beschlussverfahren vor den Gerichten für Arbeitssachen (Vorbem. 3.2.1 Nr. 2 Buchst. c) VV),

---

[1] OLG München AGS 2006, 475 m. Anm. *N. Schneider* = OLGR 2006, 363 = JurBüro 2006, 312 = Rpfleger 2006, 441 = MDR 2006, 1016 = NJW-RR 2006, 1727 = RVG-Letter 2006, 38 = RVGreport 2006, 307 = ZEV 2006, 366.

- gegen die den Rechtszug beendenden Entscheidungen im personalvertretungsrechtlichen Beschlussverfahren vor den Gerichten der Verwaltungsgerichtsbarkeit (Vorbem. 3.2.1 Nr. 2 Buchst. d) VV),
- nach dem GWB (Vorbem. 3.2.1 Nr. 2 Buchst. e) VV),
- nach dem EnWG (Vorbem. 3.2.1 Nr. 2 Buchst. f) VV),
- nach dem KSpG (Vorbem. 3.2.1 Nr. 2 Buchst. g) VV),
- nach dem VSchDG (Vorbem. 3.2.1 Nr. 2 Buchst. h) VV),
- nach dem SpruchG (Vorbem. 3.2.1 Nr. 2 Buchst. i) VV),
- nach dem WpÜG (Vorbem. 3.2.1 Nr. 2 Buchst. j) VV),
- gegen die Entscheidung des Verwaltungs- oder Sozialgerichts wegen des Hauptgegenstands in Verfahren des vorläufigen oder einstweiligen Rechtsschutzes (Vorbem. 3.2.1 Nr. 3 Buchst. a) VV),
- nach dem WpHG (Vorbem. 3.2.1 Nr. 3 Buchst. b) VV).

Keine Anwendung finden die allgemeinen Beschwerdegebühren ferner nach Vorbem. 3.2.2 VV in Verfahren über Beschwerden 13
- vor dem BGH gegen Entscheidungen des BPatG (Vorbem. 3.2.2 Nr. 2) VV), und
- vor dem BFH über Beschwerden nach § 128 Abs. 3 FGO (Vorbem. 3.2.2 Nr. 3 VV).

In allen diesen Fällen sind die Gebühren nach Teil 3 Abschnitt 5 VV unanwendbar (Vorbem. 3.5 VV). Es gelten dann die Gebühren nach den Nrn. 3200 ff. VV, also die Vorschriften über die Berufung in den Fällen der Vorbem. 3.2.1 VV oder der Revision in den Fällen der Vorbem. 3.2.2 VV. 14

Ebenfalls abweichend von den allgemeinen Beschwerdegebühren sind für **Rechtsbeschwerden** (insbesondere nach § 574 ZPO und § 78 S. 2 ArbGG) in den Nrn. 3502, 3503, 3516 VV gesonderte Gebührentatbestände vorgesehen, die den Nrn. 3500, 3513 VV vorgehen (siehe hierzu § 17.) 15

Schließlich sind auch für die **Nichtzulassungsbeschwerden** gesonderte Gebührentatbestände in den Nrn. 3504 ff. VV enthalten, die ebenfalls als speziellere Regelungen den Nrn. 3500, 3513 VV vorgehen (siehe hierzu § 16; § 29 Rn 113 ff.; § 31 Rn 176 ff., 190 ff.). 16

Ebenfalls nicht nach den Nrn. 3500 ff. VV abgerechnet wird die sog. **Notarkostenbeschwerde**, bei der es sich entgegen dem Wortlaut gar nicht um ein Beschwerdeverfahren handelt, sondern um ein gewöhnliches erstinstanzliches Verfahren, das folglich auch nach den Nrn. 3100 ff. VV abgerechnet wird[2] (siehe dazu § 26 Rn 25). 17

d) Die Vergütung in allgemeinen Beschwerdeverfahren

Die sonstigen, nicht gesondert geregelten Beschwerdeverfahren werden nach Teil 3 Abschnitt 5 VV (Nrn. 3500 ff. VV) vergütet. 18

Danach erhält der Anwalt zunächst einmal eine **0,5-Verfahrensgebühr** nach Nr. 3500 VV. Eine Reduzierung bei **vorzeitiger Erledigung** ist nicht vorgesehen. 19

---

[2] LG Berlin AGS 2006, 484 = RVGreport 2006, 306; a.A. KG AGS 2010, 368 = ErbR 2009, 310 = FGPrax 2009, 235 = KGR 2009, 797 = RVGreport 2009, 384 = JurBüro 2009, 531.

20 Vertritt der Anwalt **mehrere Auftraggeber** wegen desselben Gegenstands, so erhöht sich die Verfahrensgebühr um 0,3 je weiteren Auftraggeber, höchstens um 2,0 (Nr. 1008 VV).[3] Vertritt der Anwalt mehrere Auftraggeber wegen verschiedener Gegenstände, tritt keine Erhöhung nach Nr. 1008 VV ein; stattdessen sind die Werte der einzelnen Gegenstände zusammenzurechnen (§ 23 Abs. 1 S. 2 RVG i.V.m. § 39 Abs. 1 GKG, § 33 Abs. 1 FamGKG oder § 22 Abs. 1 RVG).

21 Die Verfahrensgebühr entsteht bereits mit **Entgegennahme der Information** (Vorbem. 3 Abs. 2 VV). Für die Entstehung dieser Gebühr ist eine irgendwie geartete Tätigkeit, insbesondere die Prüfung der Erfolgsaussicht, im Beschwerdeverfahren ausreichend. Die Einreichung eines Schriftsatzes ist nicht erforderlich.[4]

22 Für den Anwalt des Beschwerdegegners entsteht die Vergütung, sobald er auftragsgemäß in irgendeiner Form im Beschwerdeverfahren tätig wird. Die bloße Entgegennahme des Beschwerdebeschlusses und seine Mitteilung an die Partei genügt hierfür allerdings nicht.[5] Ausreichend ist es jedoch, dass der Anwalt die Beschwerdeschrift entgegennimmt und prüft (§ 19 Abs. 1 S. 2 Nr. 9 RVG), ob etwas zu veranlassen ist, selbst dann, wenn er nichts Weiteres unternimmt.[6] Voraussetzung ist allerdings immer ein **gesonderter Auftrag** für das Beschwerdeverfahren,[7] der auch konkludent erteilt werden kann.

23 Findet im Beschwerdeverfahren ausnahmsweise ein Termin i.S.d. Vorbem. 3 Abs. 3 VV statt, so erhält der Anwalt nach Nr. 3513 VV eine **0,5-Terminsgebühr**. Es kann sich dabei um einen gerichtlichen Termin handeln (Vorbem. 3 Abs. 3 S. 1 VV), einen Sachverständigentermin (Vorbem. 3 Abs. 3 S. 3 Nr. 1 VV) oder auch um die Mitwirkung an einer auf die Vermeidung oder Erledigung des Verfahrens gerichteten Besprechung (Vorbem. 3 Abs. 3 S. 3 Nr. 2 VV).

24 In dem besonderen Fall der Beschwerde gegen den Nichterlass eines Arrests oder einer einstweiligen Verfügung kann auch eine 1,2-Terminsgebühr nach Nr. 3514 VV in Betracht kommen (siehe hierzu wegen des Sachzusammenhangs § 19 Rn 121 ff.).

25 Hinzukommen kann auch eine Einigungsgebühr (Nr. 1000 VV). Die Gebühr entsteht zu 1,0 (Nr. 1003 VV). Eine Erhöhung nach Nr. 1004 VV für Beschwerdeverfahren – jedenfalls für allgemeine Beschwerdeverfahren – ist nicht vorgesehen (arg. e. Anm. Abs. 1 zu Nr. 1004 VV).[8] Soweit gerichtlich nicht anhängige Gegenstände in die Einigung mit einbezogen werden, beträgt der Gebührensatz 1,5, wobei § 15 Abs. 3 RVG zu beachten ist.

26 Der **Gegenstandswert** des Beschwerdeverfahrens muss nicht mit dem des Hauptverfahrens identisch sein. Er richtet sich
- nach § 23 Abs. 1 S. 1 RVG i.V.m. den gerichtlichen Wertvorschriften, wenn im gerichtlichen Verfahren Gebühren nach dem Wert erhoben werden;
- nach § 23 Abs. 2 S. 1 i.V.m. Abs. 3 S. 2 RVG, also nach billigem Ermessen, wobei aber die Wertvorschriften des GKG im Rahmen des Ermessen mit herangezogen werden können. Der

---

[3] AG Augsburg/OLG München AGS 2006, 475 m. Anm. *N. Schneider* = OLGR 2006, 363 = JurBüro 2006, 312 = Rpfleger 2006, 441 = MDR 2006, 1016 = NJW-RR 2006, 1727 = RVG-Letter 2006, 38 = RVGreport 2006, 307 = ZEV 2006, 366.
[4] OLG Rostock RVGreport 2006, 308 = OLGR 2006, 686 = MDR 2006, 1194; AG Meißen JurBüro 2005, 594.
[5] LG Berlin JurBüro 1984, 62.
[6] BGH AGS 2013, 251 = zfs 2013, 344 = JurBüro 2013, 483 = NJW-Spezial 2013, 348 = RVGprof. 2013, 95 = RVGreport 2013, 237; OLG Hamburg MDR 1994, 522; missverständlich im Leitsatz, zutreffend aber in der Begründung: OLG Koblenz AGS 2004, 67 m. Anm. *N. Schneider* = JurBüro 2004, 32 = MDR 2004, 417 = NJW-RR 2004, 1510.
[7] AnwK-RVG/*N. Schneider*, Nr. 3500 VV Rn 14 f.
[8] AnwK-RVG/*N. Schneider*, Nr. 3500 VV Rn 39 f.

Gegenstandswert ist in diesem Fall durch den Wert des zugrunde liegenden Verfahrens begrenzt (§ 23 Abs. 2 S. 2 RVG).

Die Gebühren der Nrn. 3500, 3513 VV gelten unabhängig davon, ob sich die Beschwerde gegen eine den Rechtszug beendende Entscheidung richtet oder gegen eine Zwischenentscheidung.

27

> **Beispiel 1** Beschwerde gegen Endentscheidung

Der Anwalt ist beauftragt, gegen einen Beschluss nach § 91a ZPO Beschwerde einzulegen. Der Wert des Beschwerdeverfahrens beläuft sich auf 1.500,00 EUR.

Es entsteht lediglich die 0,5-Verfahrensgebühr.

1. 0,5-Verfahrensgebühr, Nr. 3500 VV (Wert: 1.500,00 EUR)		57,50 EUR
2. Postentgeltpauschale, Nr. 7002 VV		11,50 EUR
Zwischensumme	69,00 EUR	
3. 19 % Umsatzsteuer, Nr. 7008 VV		13,11 EUR
Gesamt		**82,11 EUR**

> **Beispiel 2** Beschwerde gegen Zwischenentscheidung

Das Gericht hat den Antrag auf Ablehnung eines Richters zurückgewiesen. Dagegen legt der Anwalt auftragsgemäß gem. §§ 46 Abs. 2, 567 ZPO Beschwerde ein. Der Wert der Hauptsache beläuft sich auf 30.000,00 EUR.

Auch für Beschwerden gegen Entscheidungen in Zwischenverfahren sind die Nrn. 3500, 3513 VV anzuwenden.

Der Gegenstandswert einer Beschwerde im Richterablehnungsverfahren richtet sich nach zutreffender Ansicht nach dem vollen Wert der Hauptsache.[9]

Über die Kosten des Beschwerdeverfahrens ist gesondert zu entscheiden. Die entstandenen Anwaltskosten sind nach dieser Kostenentscheidung auch erstattungsfähig.[10]

1. 0,5-Verfahrensgebühr, Nr. 3500 VV (Wert: 30.000,00 EUR)		431,50 EUR
2. Postentgeltpauschale, Nr. 7002 VV		20,00 EUR
Zwischensumme	451,50 EUR	
3. 19 % Umsatzsteuer, Nr. 7008 VV		85,79 EUR
Gesamt		**537,29 EUR**

Vertritt der Anwalt im Beschwerdeverfahren **mehrere Auftraggeber**, so erhöht sich die 0,5-Verfahrensgebühr auch im Beschwerdeverfahren gem. Nr. 1008 VV um 0,3 je weiteren Auftraggeber, höchstens um 2,0. Voraussetzung ist, dass die mehreren Auftraggeber gemeinschaftlich beteiligt sind. Diese gemeinschaftliche Beteiligung ist für das Beschwerdeverfahren gesondert zu prüfen. Eine gemeinschaftliche Beteiligung im Ausgangsverfahren reicht nicht aus.[11]

28

---

9 Zuletzt OLG Frankfurt/M. AGS 2006, 299 = MDR 2006, 1079 = JurBüro 2006, 370; ausführlich *Schneider/Herget*, Streitwertkommentar, Rn 931 ff.
10 BGH Rpfleger 2005, 481 = NJW 2005, 2233 = BGHR 2005, 1150 = MDR 2005, 1016 = AGS 2005, 413 = RVGreport 2005, 275 = RVG-Letter 2005, 86 = RVG-B 2005, 136 = FamRZ 2005, 1563 = JurBüro 2005, 482.
11 OLG Köln JurBüro 1986, 1663; AnwK-RVG/*N. Schneider*, Nr. 3500 VV Rn 34.

§ 21 Beschwerde- und Erinnerungsverfahren

Beispiel 3 — Beschwerdeverfahren – Mehrere Auftraggeber, verschiedene Gegenstände

Zwei Kläger erheben Klage wegen einer gemeinschaftlichen Forderung gegen ihren vermeintlichen Schuldner. Die Klage wird kostenpflichtig abgewiesen. Die Kosten des Beklagten (1.000,00 EUR) werden gegen beide Kläger zugleich festgesetzt. Dagegen erheben sie durch ihren gemeinsamen Anwalt Beschwerde und beantragen, die Festsetzung aufzuheben, soweit sie über den jeweiligen Kopfteil (§ 100 Abs. 1 ZPO), also 500,00 EUR, hinausgeht.

Für den Rechtsstreit erhält der gemeinsame Anwalt die nach Nr. 1008 VV erhöhte Verfahrensgebühr, da beide Kläger an der Klageforderung gemeinschaftlich beteiligt waren. Im Beschwerdeverfahren ist Nr. 1008 VV dagegen nicht anwendbar. Jeder Kläger wehrt sich gegen seine eigene, seinen Kopfteil übersteigende Haftung von jeweils 500,00 EUR. Es liegen somit verschiedene Streitgegenstände vor, so dass die jeweiligen Werte nach § 22 Abs. 1 RVG zu addieren sind. Der Anwalt erhält daher eine 0,5-Verfahrensgebühr nach Nr. 3500 VV aus dem Gesamtwert (§ 22 Abs. 1 RVG) von 1.000,00 EUR und nicht etwa eine 0,8-Verfahrensgebühr aus 500,00 EUR.[12]

1. 0,5-Verfahrensgebühr, Nr. 3500 VV
   (Wert: 1.000,00 EUR)   40,00 EUR
2. Postentgeltpauschale, Nr. 7002 VV   8,00 EUR
   Zwischensumme   48,00 EUR
3. 19 % Umsatzsteuer, Nr. 7008 VV   9,12 EUR
   Gesamt   **57,12 EUR**

Beispiel 4 — Beschwerdeverfahren – Mehrere Auftraggeber, derselbe Gegenstand

Der Anwalt ist von zwei Gesamtschuldnern beauftragt, gegen einen Beschluss nach § 91a ZPO, durch den ihnen die Kosten als Gesamtschuldner auferlegt worden sind, gem. § 91a Abs. 2 ZPO Beschwerde einzulegen. Der Beschwerdewert beläuft sich auf 1.500,00 EUR.

Die Verfahrensgebühr erhöht sich jetzt nach Nr. 1008 VV um 0,3.

1. 0,8-Verfahrensgebühr, Nrn. 3500, 1008 VV
   (Wert: 1.500,00 EUR)   92,00 EUR
2. Postentgeltpauschale, Nr. 7002 VV   18,40 EUR
   Zwischensumme   110,40 EUR
3. 19 % Umsatzsteuer, Nr. 7008 VV   20,98 EUR
   Gesamt   **131,38 EUR**

Beispiel 5 — Wechselseitige Beschwerden, verschiedene Gegenstände

Der Anwalt erhebt gegen den Kostenfestsetzungsbeschluss für seinen Mandanten sofortige Beschwerde, weil nach seiner Auffassung 1.000,00 EUR zu wenig festgesetzt worden sind. Der Gegner legt ebenfalls Beschwerde ein, weil nach seiner Auffassung 860,00 EUR zuviel festgesetzt worden sind.

Es liegt nur eine Angelegenheit vor. Der Wert des Verfahrens berechnet sich aus dem Gesamtwert beider Beschwerden (§ 23 Abs. 2 S. 1, 2 Abs. 3 S. 2 RVG, § 45 Abs. 2, Abs. 1 S. 1 GKG).

---

[12] OLG Köln JurBüro 1986, 1663; AnwK-RVG/*N. Schneider*, Nr. 3500 VV Rn 34.

1. 0,5-Verfahrensgebühr, Nr. 3500 VV   75,00 EUR
   (Wert: 1.860,00 EUR)
2. Postentgeltpauschale, Nr. 7002 VV   15,00 EUR
   Zwischensumme   90,00 EUR
3. 19 % Umsatzsteuer, Nr. 7008 VV   17,10 EUR
Gesamt   **107,10 EUR**

| Beispiel 6 | Wechselseitige Beschwerden, derselbe Gegenstand |

Gegen die Aussetzung des Verfahrens (Wert: 50.000,00 EUR) legen beide Parteien Beschwerde ein.

Beide Beschwerdeverfahren gelten auch jetzt nur als eine Angelegenheit. Ihre Werte werden dagegen nicht zusammengerechnet, da derselbe Gegenstand betroffen ist (§ 23 Abs. 2 S. 1, Abs. 3 S. 2 RVG – gegebenenfalls unter Heranziehung der Grundsätze des § 45 Abs. 2, Abs. 1 S. 3 GKG).

Der Gegenstandswert im Aussetzungsverfahren beläuft sich nach überwiegender Rspr. auf ein Fünftel der Hauptsache.[13] Das gilt auch für das Beschwerdeverfahren.[14] Der Wert beträgt hier also 10.000,00 EUR.

1. 0,5-Verfahrensgebühr, Nr. 3500 VV   279,00 EUR
   (Wert: 10.000,00 EUR)
2. Postentgeltpauschale, Nr. 7002 VV   20,00 EUR
   Zwischensumme   299,00 EUR
3. 19 % Umsatzsteuer, Nr. 7008 VV   56,81 EUR
Gesamt   **355,81 EUR**

| Beispiel 7 | Beschwerdeverfahren mit gerichtlichem Termin |

Der Anwalt wird beauftragt, gegen die Aussetzung des Rechtsstreits Beschwerde einzulegen. Über die Beschwerde wird mündlich verhandelt. Der Beschwerdewert beläuft sich auf 10.000,00 EUR.[15]

Der Anwalt erhält eine 0,5-Verfahrensgebühr (Nr. 3500 VV) und eine 0,5-Terminsgebühr (Nr. 3513 VV).

1. 0,5-Verfahrensgebühr, Nr. 3500 VV   279,00 EUR
   (Wert: 10.000,00 EUR)
2. 0,5-Terminsgebühr, Nr. 3513 VV   279,00 EUR
   (Wert: 10.000,00 EUR)
3. Postentgeltpauschale, Nr. 7002 VV   20,00 EUR
   Zwischensumme   578,00 EUR
4. 19 % Umsatzsteuer, Nr. 7008 VV   109,82 EUR
Gesamt   **678,82 EUR**

Die Terminsgebühr kann im Beschwerdeverfahren nicht nur bei einem gerichtlichen Termin anfallen, sondern auch durch Besprechungen zur Vermeidung oder Erledigung des Beschwerdeverfahrens ausgelöst werden. Die Vorbem. 3 Abs. 3 S. 3 Nr. 2 VV gilt auch hier.

29

---

13 Siehe *Schneider/Herget*, Rn 1491 ff.
14 Siehe *Schneider/Herget*, Rn 1493 m.w.N.
15 Zur Wertfestsetzung siehe ausführlich: *N. Schneider*, Kosten der Aussetzungsbeschwerde, NJW-Spezial 2011, 91.

§ 21 Beschwerde- und Erinnerungsverfahren

Beispiel 8 — Beschwerdeverfahren mit außergerichtlicher Besprechung

Der Anwalt ist beauftragt, gegen einen Beschluss nach § 91a ZPO Beschwerde gem. § 91a Abs. 2 ZPO einzulegen. Die Parteien verhandeln außergerichtlich. Eine Einigung scheitert jedoch. Der Beschwerdewert beläuft sich auf 1.500,00 EUR.

Außergerichtliche Besprechungen lösen auch im Beschwerdeverfahren die Terminsgebühr aus, da die Vorbem. 3 Abs. 3 VV auch hier gilt.[16] Neben der 0,5-Verfahrensgebühr (Nr. 3500 VV) entsteht daher auch eine 0,5-Terminsgebühr nach Nr. 3513 VV.

1. 0,5-Verfahrensgebühr, Nr. 3500 VV (Wert: 1.500,00 EUR)	57,50 EUR
2. 0,5-Terminsgebühr, Nr. 3513 VV (Wert: 1.500,00 EUR)	57,50 EUR
3. Postentgeltpauschale, Nr. 7002 VV	20,00 EUR
Zwischensumme 135,00 EUR	
4. 19 % Umsatzsteuer, Nr. 7008 VV	25,65 EUR
Gesamt	**160,65 EUR**

Beispiel 9 — Beschwerdeverfahren mit außergerichtlicher Besprechung und Einigung

Der Anwalt ist beauftragt, gegen einen Beschluss nach § 91a ZPO Beschwerde gem. § 91a Abs. 2 ZPO einzulegen. Die Parteien verhandeln außergerichtlich und erzielen eine Einigung. Der Beschwerdewert beläuft sich auf 1.500,00 EUR.

Jetzt kommt neben der Terminsgebühr auch noch eine Einigungsgebühr nach Nrn. 1000, 1003 VV hinzu.

1. 0,5-Verfahrensgebühr, Nr. 3500 VV (Wert: 1.500,00 EUR)	57,50 EUR
2. 0,5-Terminsgebühr, Nr. 3513 VV (Wert: 1.500,00 EUR)	57,50 EUR
3. 1,0-Einigungsgebühr, Nrn. 1000, 1003 VV (Wert: 1.500,00 EUR)	115,00 EUR
4. Postentgeltpauschale, Nr. 7002 VV	20,00 EUR
Zwischensumme 250,00 EUR	
5. 19 % Umsatzsteuer, Nr. 7008 VV	47,50 EUR
Gesamt	**297,50 EUR**

30 Die gleichen Gebühren wie für die Beschwerde gelten auch für eine **weitere Beschwerde**.

Beispiel 10 — Sofortige weitere Beschwerde

Der Anwalt wird mit einer sofortigen weiteren Beschwerde (§§ 68 Abs. 1 S. 5, 66 Abs. 4 GKG) gegen die Streitwertfestsetzung beauftragt (Gegenstandswert 2.000,00 EUR). Hierüber wird ohne mündliche Verhandlung entschieden.

Für das Verfahren über die weitere Beschwerde erhält der Anwalt die Verfahrensgebühr nach Nr. 3500 VV.

---

[16] AnwK-RVG/*N. Schneider*, Nr. 3500 VV Rn 37.

1. 0,5-Verfahrensgebühr, Nr. 3500 VV		75,00 EUR
(Wert: 2.000,00 EUR)		
2. Postentgeltpauschale, Nr. 7002 VV		15,00 EUR
Zwischensumme	90,00 EUR	
3. 19 % Umsatzsteuer, Nr. 7008 VV		17,10 EUR
Gesamt		**107,10 EUR**

Wird der Anwalt sowohl mit der Beschwerde als auch mit der weiteren Beschwerde beauftragt, liegen nach §§ 17 Nr. 1, 18 Abs. 1 Nr. 3 RVG zwei verschiedene Angelegenheiten vor, in denen der Anwalt die Gebühren gesondert erhält. **31**

Beispiel 11 | Beschwerde und weitere Beschwerde

Der Anwalt ist beauftragt, gegen einen Streitwertbeschluss Herabsetzungsbeschwerde nach § 68 Abs. 1 GKG einzulegen. Das LG als Beschwerdegericht weist die Beschwerde zurück, lässt aber gem. § 68 Abs. 1 S. 5 i.V.m. § 66 Abs. 4 GKG die weitere Beschwerde zu, die der Anwalt auch auftragsgemäß einlegt. Der Beschwerdewert beläuft sich auf 2.500,00 EUR.

Für das **Beschwerdeverfahren** erhält der Anwalt die Vergütung nach Nr. 3500 VV. Dass in Verfahren der Streitwertbeschwerde keine Gerichtskosten erhoben werden (§ 68 Abs. 3 S. 1 GKG) und eine Kostenerstattung ausgeschlossen ist (§ 68 Abs. 3 S. 2 GKG), darf nicht zu dem Trugschluss verleiten, der Anwalt könne von seinem Mandanten keine Vergütung verlangen.[17]

Die **weitere Beschwerde** ist nach §§ 17 Nr. 1, 18 Abs. 1 Nr. 3 RVG wiederum eine eigene Angelegenheit, so dass die Gebühren nach Nr. 3500 VV erneut entstehen.

I. Beschwerdeverfahren		
1. 0,5-Verfahrensgebühr, Nr. 3500 VV		100,50 EUR
(Wert: 2.500,00 EUR)		
2. Postentgeltpauschale, Nr. 7002 VV		20,00 EUR
Zwischensumme	120,50 EUR	
3. 19 % Umsatzsteuer, Nr. 7008 VV		22,90 EUR
Gesamt		**143,40 EUR**
II. Verfahren über die weitere Beschwerde		
1. 0,5-Verfahrensgebühr, Nr. 3500 VV		100,50 EUR
(Wert: 2.500,00 EUR)		
2. Postentgeltpauschale, Nr. 7002 VV		20,00 EUR
Zwischensumme	120,50 EUR	
3. 19 % Umsatzsteuer, Nr. 7008 VV		22,90 EUR
Gesamt		**143,40 EUR**

Beispiel 12 | Mehrere Beschwerden

Der Anwalt des Klägers legt gegen einen Kostenfestsetzungsbeschluss Beschwerde ein, da nach seiner Auffassung 2.500,00 EUR zu viel festgesetzt sind. Der Rechtspfleger hilft der Beschwerde ab. Hiergegen legt der Anwalt des Beklagten für diesen nunmehr Beschwerde ein und wehrt sich dagegen, dass mehr als 1.600,00 EUR abgesetzt worden sind.

Es liegen zwei verschiedene Beschwerdeverfahren vor, da sich jede Beschwerde gegen eine andere Entscheidung richtet (§§ 17 Nr. 1, 18 Abs. 1 Nr. 3 RVG). Für die zweite Beschwerde

---

17 Siehe hierzu ausführlich *N. Schneider*, AGS 2004, 13.

entsteht wiederum die Gebühr nach Nr. 3500 VV.[18] Der Gegenstandswert der zweiten Beschwerde ist allerdings geringer, da sich der Beschwerdeführer nur gegen die über 600,00 EUR hinausgehende Absetzung wehrt. Der Gegenstandswert beläuft sich also auf (1.500,00 EUR – 600,00 EUR =) 900,00 EUR.

I. **Verfahren auf Beschwerde des Klägers**
1. 0,5-Verfahrensgebühr, Nr. 3500 VV 100,50 EUR
  (Wert: 2.500,00 EUR)
2. Postentgeltpauschale, Nr. 7002 VV 20,00 EUR
  Zwischensumme 120,50 EUR
3. 19 % Umsatzsteuer, Nr. 7008 VV 22,90 EUR
Gesamt **143,40 EUR**

II. **Verfahren auf Beschwerde des Beklagten**
1. 0,5-Verfahrensgebühr, Nr. 3500 VV 40,00 EUR
  (Wert: 900,00 EUR)
2. Postentgeltpauschale, Nr. 7002 VV 8,00 EUR
  Zwischensumme 48,00 EUR
3. 19 % Umsatzsteuer, Nr. 7008 VV 9,12 EUR
Gesamt **57,12 EUR**

Beispiel 13 | **Erneute Beschwerde nach Zurückverweisung**

Der Anwalt des Klägers legt gegen einen Kostenfestsetzungsbeschluss Beschwerde ein, da nach seiner Auffassung 2.500,00 EUR zu viel festgesetzt seien. Der Rechtspfleger des LG hilft der Beschwerde nicht ab. Das Beschwerdegericht hebt den Kostenfestsetzungsbeschluss auf und verweist die Sache zur erneuten Entscheidung an das LG zurück. Gegen den daraufhin ergehenden Kostenfestsetzungsbeschluss, der wiederum über 2.500,00 EUR lautet, wird erneut Beschwerde eingelegt.

Es liegen zwei verschiedene Beschwerdeverfahren vor (§ 18 Abs. 1 Nr. 3 RVG). Die Gebühren entstehen daher gesondert.

I. **Erstes Beschwerdeverfahren**
1. 0,5-Verfahrensgebühr, Nr. 3500 VV 100,50 EUR
  (Wert: 2.500,00 EUR)
2. Postentgeltpauschale, Nr. 7002 VV 20,00 EUR
  Zwischensumme 120,50 EUR
3. 19 % Umsatzsteuer, Nr. 7008 VV 22,90 EUR
Gesamt **143,40 EUR**

II. **Zweites Beschwerdeverfahren**
1. 0,5-Verfahrensgebühr, Nr. 3500 VV 100,50 EUR
  (Wert: 2.500,00 EUR)
2. Postentgeltpauschale, Nr. 7002 VV 20,00 EUR
  Zwischensumme 120,50 EUR
3. 19 % Umsatzsteuer, Nr. 7008 VV 22,90 EUR
Gesamt **143,40 EUR**

Beispiel 14 | **Zurückverweisung im Verfahren der weiteren Beschwerde**

Der Anwalt des Klägers legt gegen die Streitwertfestsetzung des AG Beschwerde ein (Wert: 2.500,00 EUR). Das LG weist die Beschwerde zurück, lässt aber die weitere Beschwerde

---

18 AnwK-RVG/*N. Schneider*, Nr. 3500 VV Rn 20.

zum OLG zu. Das OLG hebt die Beschwerdeentscheidung des LG auf und verweist die Sache zur erneuten Entscheidung an das LG zurück.

Es liegen drei verschiedene Beschwerdeverfahren vor, da das Verfahren nach Zurückverweisung als neue Angelegenheit gilt (§ 21 Abs. 1 RVG).[19] Allerdings wird die Verfahrensgebühr des Erstbeschwerdeverfahrens gem. Vorbem. 3 Abs. 6 VV auf die Verfahrensgebühr des Beschwerdeverfahrens nach Zurückverweisung angerechnet.

I. Beschwerdeverfahren	
1. 0,5-Verfahrensgebühr, Nr. 3500 VV (Wert: 2.500,00 EUR)	100,50 EUR
2. Postentgeltpauschale, Nr. 7002 VV	20,00 EUR
Zwischensumme	120,50 EUR
3. 19 % Umsatzsteuer, Nr. 7008 VV	22,90 EUR
Gesamt	**143,40 EUR**
II. Weitere Beschwerde	
1. 0,5-Verfahrensgebühr, Nr. 3500 VV (Wert: 2.500,00 EUR)	100,50 EUR
2. Postentgeltpauschale, Nr. 7002 VV	20,00 EUR
Zwischensumme	120,50 EUR
3. 19 % Umsatzsteuer, Nr. 7008 VV	22,90 EUR
Gesamt	**143,40 EUR**
III. Beschwerdeverfahren nach Zurückverweisung	
1. 0,5-Verfahrensgebühr, Nr. 3500 VV (Wert: 2.500,00 EUR)	100,50 EUR
2. gem. Vorbem. 3 Abs. 6 VV anzurechnen, 0,5 aus 2.500,00 EUR	– 100,50 EUR
3. Postentgeltpauschale, Nr. 7002 VV	20,00 EUR
Zwischensumme	20,00 EUR
4. 19 % Umsatzsteuer, Nr. 7008 VV	3,80 EUR
Gesamt	**23,80 EUR**

Nicht verwechselt werden dürfen die beiden vorangegangenen Fälle mit dem Fall, dass das Beschwerdegericht die Sache an das Ausgangsgericht zurückgibt, damit dieses über die Abhilfe (erneut) entscheidet. Das ist keine Zurückverweisung i.S.d. § 21 Abs. 1 RVG, so dass auch dann keine neuen Beschwerdegebühren anfallen, wenn nach erneuter Entscheidung über die Nichtabhilfe die Sache dem Beschwerdegericht wieder vorgelegt wird.[20]

32

> **Beispiel 15** **Rückgabe der Sache zur erneuten Abhilfeentscheidung und erneute Vorlage an das Beschwerdegericht**

Der Anwalt hatte gegen den Streitwertbeschluss für den Mandanten Herabsetzungsbeschwerde (Wert: 2.500,00 EUR) eingelegt, der der Einzelrichter nicht abgeholfen hat. Das Beschwerdegericht hebt den Nichtabhilfebeschluss auf, da die Kammer in voller Besetzung hätte entscheiden müssen, und gibt die Sache zur erneuten Entscheidung über die Abhilfe zurück. Die Kammer hilft nicht ab und legt die Sache dem Beschwerdegericht erneut vor.

Es liegt nur ein einziges Beschwerdeverfahren vor. Die Verfahrensgebühr entsteht daher nur einmal.

---

19 AnwK-RVG/*N. Schneider*, Nr. 3500 VV Rn 25.
20 *N. Schneider*, AGS 2005, 187; ebenso zur BRAGO: OLG Köln AGS 1998, 183 = KostRsp. BRAGO § 61 Nr. 51.

1. 0,5-Verfahrensgebühr, Nr. 3500 VV (Wert: 2.500,00 EUR)		100,50 EUR
2. Postentgeltpauschale, Nr. 7002 VV		20,00 EUR
Zwischensumme	120,50 EUR	
3. 19 % Umsatzsteuer, Nr. 7008 VV		22,90 EUR
Gesamt		**143,40 EUR**

3. Beschwerden außerhalb Teil 3 VV

a) Beschwerden in Strafsachen

33 Beschwerdeverfahren in Strafsachen lösen **grundsätzlich** keine besonderen Gebühren aus, sondern werden durch die **Gebühren in der Hauptsache** mit abgegolten (§ 19 Abs. 1 S. 1, 2 Nr. 10a RVG; Vorbem 4.1 Abs. 2 VV). Die Mehrarbeit kann lediglich im Rahmen des § 14 Abs. 1 RVG berücksichtigt werden.

34 Besteht nur ein Auftrag für das Beschwerdeverfahren, ist diese Tätigkeit als **Einzeltätigkeit** nach Nr. 4302 VV zu vergüten (siehe hierzu § 35 Rn 164).

35 **Ausnahmen** sind in Nr. 4147 VV und Vorbem. 4.2 VV geregelt. Danach können für bestimmte Beschwerdeverfahren besondere Gebühren anfallen.

36 Darüber hinaus sind für **Beschwerden in Kostenfestsetzungs- und Kostenansatzverfahren** sowie **in der Zwangsvollstreckung** die Beschwerdevorschriften nach Teil 3 VV entsprechend anzuwenden (Vorbem. 4 Abs. 5 VV).

b) Beschwerden in Bußgeldsachen

37 Beschwerdeverfahren in Bußgeldsachen lösen **grundsätzlich** ebenfalls keine besonderen Gebühren aus, sondern werden durch die **Gebühren in der Hauptsache** mit abgegolten (§ 19 Abs. 1 S. 1 Nr. 10a RVG, Vorbem 5.1 Abs. 1 VV). Die Mehrarbeit kann auch hier lediglich im Rahmen des § 14 Abs. 1 RVG berücksichtigt werden.

38 Besteht nur ein Auftrag für das Beschwerdeverfahren, ist diese Tätigkeit als **Einzeltätigkeit** nach Nr. 5200 VV zu vergüten (siehe hierzu § 36 Rn 149 ff.).

39 Lediglich für **Beschwerden in Kostenfestsetzungs- und Kostenansatzverfahren** sowie **in der Zwangsvollstreckung** und für **Anträge auf gerichtliche Entscheidung gegen einen Kostenfestsetzungsbescheid und den Ansatz der Gebühren und Auslagen (§ 108 OWiG)** sind die Beschwerdevorschriften nach Teil 3 VV entsprechend anzuwenden (Vorbem. 5 Abs. 4 VV) (siehe hierzu § 36 Rn 156 ff., 161 ff.).

c) Beschwerden in Verfahren nach Teil 6 VV

40 Beschwerdeverfahren in Angelegenheiten nach Teil 6 VV lösen **grundsätzlich** ebenfalls keine besonderen Gebühren aus, sondern werden auch hier durch die **Gebühren in der Hauptsache** mit abgegolten (§ 19 Abs. 1 S. 1, 2 Nr. 10a RVG; Vorbem 6.2 Abs. 1 VV). Die Mehrarbeit kann auch hier lediglich im Rahmen des § 14 Abs. 1 RVG berücksichtigt werden.

41 Besteht nur ein Auftrag für ein Beschwerdeverfahren, ist diese Tätigkeit als **Einzeltätigkeit** nach Nr. 6404 VV zu vergüten.

Auch hier gelten für **Beschwerden in Kostenfestsetzungs- und Kostenansatzverfahren** sowie **in der Zwangsvollstreckung** die Vorschriften nach Teil 3 VV entsprechend (Vorbem. 6.2 Abs. 1 VV).

III. Erinnerungsverfahren

1. Überblick

Erinnerungsverfahren kommen sowohl in Angelegenheiten nach Teil 3 VV als auch in Angelegenheiten nach den Teilen 4 bis 6 VV in Betracht. Geregelt ist eine gesonderte Vergütung nur in Teil 3 VV.

2. Erinnerungen in Verfahren nach Teil 3 VV

a) Gesetzliche Regelung

Die Gebühren für Erinnerungen in Verfahren nach Teil 3 VV sind in den Nrn. 3500 ff. VV geregelt.

Grundsätzlich wird auch in Erinnerungsverfahren **nach dem Wert der anwaltlichen Tätigkeit** abgerechnet (§ 2 Abs. 1 RVG). Der Gegenstandswert ergibt sich aus § 23 Abs. 2 S. 3 i.V.m. Abs. 2 S. 1 u. 2 RVG. § 23 Abs. 1 S. 1 RVG kann hier nie anwendbar sein, da die Kostengesetze für Erinnerungen keine Gebühren vorsehen.

In **sozialgerichtlichen Verfahren**, in denen das GKG nicht anzuwenden ist, gelten dagegen Rahmengebühren (§ 3 Abs. 1 S. 1 RVG). Wegen des Sachzusammenhangs werden diese Erinnerungsverfahren in § 31 Rn 260 ff. gesondert behandelt.

b) Eigene Angelegenheiten

aa) Grundsatz

Hinsichtlich der Erinnerungsverfahren ist zu differenzieren:
- Erinnerungen gegen **Entscheidungen des Rechtspflegers** zählen nach § 18 Abs. 1 Nr. 3 RVG stets als eigene Angelegenheit i.S.d. § 15 RVG – ausgenommen die **Vollstreckungserinnerung** nach § 766 ZPO (§ 19 Abs. 2 Nr. 2 RVG).[21]
- Erinnerungen gegen **Entscheidungen über die Kostenfestsetzung** zählen nach § 18 Abs. 1 Nr. 3 RVG ebenfalls stets als eigene Angelegenheit i.S.d. § 15 RVG, unabhängig davon, ob die Festsetzung von einem Rechtspfleger vorgenommen worden ist.
- **Sonstige Erinnerungen** sind dagegen nach § 19 Abs. 1 S. 1, S. 2 Nr. 5 RVG Teil des Hauptsacheverfahrens und werden neben den Gebühren der Hauptsache nicht gesondert vergütet. Soweit der Anwalt in diesen Verfahren allerdings **ausschließlich mit der Erinnerung** beauftragt ist, gilt wiederum Nr. 3500 VV.

Werden **mehrere Erinnerungen** geführt, die gegenüber der Hauptsache eigene Angelegenheiten sind, zählt grundsätzlich jede Erinnerung als eigene Angelegenheit (§ 18 Abs. 1 Nr. 3 RVG),

---

21 Diese Einschränkung ist zum 31.12.2006 durch das Zweite Justizmodernisierungsgesetz (2. JuMoG), dort Art. 20 (BGBl I S. 3416), eingeführt worden, um die bisherige Streitfrage zu beseitigen.

ausgenommen mehrere Erinnerungen gegen den Kostenansatz oder die Kostenfestsetzung (§ 16 Nr. 10 RVG).

49 **Wechselseitige Erinnerungen**, die im selben Verfahren geführt werden, gelten als eine Angelegenheit. Deren Werte werden zusammengerechnet, soweit sie nicht denselben Gegenstand betreffen (§§ 23 Abs. 2 S. 3, 1, Abs. 3, 22 Abs. 1 RVG gegebenenfalls unter Heranziehung der Grundsätze der § 45 Abs. 2 Abs. 1 S. 1 u. 3 GKG u. § 38 Abs. 2 Abs. 1 S. 1 u. 3 FamGKG).

bb) Sonderfall: Mehrere Erinnerungen gegen den Kostenansatz oder die Kostenfestsetzung

50 Nach § 16 Nr. 10 Buchst. a) RVG zählen mehrere Erinnerungsverfahren gegen den Kostenansatz einerseits und mehrere Erinnerungsverfahren im Kostenfestsetzungsverfahren andererseits als eine Angelegenheit. Hier wiederum gilt Folgendes:[22]
- **Mehrere Erinnerungen gegen den Kostenansatz.** Mehrere Erinnerungen gegen **dieselbe Kostenrechnung** zählen als eine einzige Angelegenheit. Dies gilt sowohl dann, wenn von derselben Partei mehrere Erinnerungen eingelegt werden, als auch dann, wenn wechselseitig von verschiedenen Parteien Erinnerungen eingelegt werden. Werden dagegen mehrere Erinnerungen gegen **verschiedene Kostenrechnungen** geführt, dann handelt es sich um verschiedene Angelegenheiten.
- **Mehrere Erinnerungen gegen die Kostenfestsetzung.** Darüber hinaus werden mehrere Erinnerungen in der Kostenfestsetzung zusammengefasst. Auch hier ist allerdings wiederum zu differenzieren:
- Werden gegen **denselben Kostenfestsetzungsbeschluss** mehrere Erinnerungsverfahren geführt, handelt es sich stets nur um eine Angelegenheit i.S.d. § 15 RVG. Die Gebühren entstehen nur einmal, allerdings aus den nach § 22 Abs. 1 RVG zusammengerechneten Werten. Gleiches gilt, wenn **gegen den auf die Erinnerung ergangenen Abhilfebeschluss** des Rechtspflegers **erneut Erinnerung** eingelegt wird, Verfahrensgegenstand bleibt auch dann die ursprüngliche Festsetzung, jetzt in der Fassung der Abhilfeentscheidung.
- Werden dagegen mehrere Erinnerungen in der Kostenfestsetzung gegen **verschiedene Kostenfestsetzungsbeschlüsse** geführt, dann handelt es sich um verschiedene Angelegenheiten.
- Verschiedene Angelegenheiten sind auch dann gegeben, wenn gegen **verschiedene Kostenfestsetzungen aus verschiedenen Instanzen** gesonderte Erinnerungen geführt werden.
- **Erinnerungen gegen den Kostenansatz einerseits und die Kostenfestsetzung andererseits.** Klargestellt ist, dass Erinnerungen gegen den Kostenansatz einerseits und Erinnerungen gegen die Kostenfestsetzung andererseits nicht als eine Angelegenheit gelten. Dies war nach der BRAGO unklar und umstritten.[23]

c) Gebühren

51 Im Erinnerungsverfahren erhält der Anwalt zunächst einmal eine **0,5-Verfahrensgebühr** nach Nr. 3500 VV. Eine Reduzierung bei **vorzeitiger Erledigung** ist auch hier nicht vorgesehen.

52 Vertritt der Anwalt **mehrere Auftraggeber** wegen desselben Gegenstands, so erhöht sich die Gebühr um 0,3 je weiteren Auftraggeber (Nr. 1008 VV), höchstens um 2,0.[24]

---

22 Zu Einzelheiten siehe AnwK-RVG/*N. Schneider*, § 16 Rn 205 ff.
23 Siehe hierzu ausführlich *Hansens*, BRAGO, § 61 Rn 17; AnwK-BRAGO/*N. Schneider*, § 61 Rn 88.
24 AnwK-RVG/*N. Schneider*, Nr. 3500 VV Rn 66.

III. Erinnerungsverfahren **§ 21**

Findet im Erinnerungsverfahren ausnahmsweise ein Termin i.S.d. Vorbem. 3 Abs. 3 VV statt, so erhält der Anwalt nach Nr. 3513 VV eine **0,5-Terminsgebühr**.[25] 53

Denkbar ist auch hier eine **Einigungsgebühr** (Nrn. 1000, 1003 VV). 54

Der **Gegenstandswert** des Erinnerungsverfahrens muss nicht mit dem des Hauptverfahrens identisch sein. Der Wert richtet nach § 23 Abs. 2 S. 3, 1, Abs. 3 S. 2 RVG. Maßgebend ist das Interesse des Erinnerungsführers, das dieser verfolgt, begrenzt auf den Wert des zugrunde liegenden Verfahrens (§ 23 Abs. 2 S. 2 RVG). 55

Beispiel 16 | **Erinnerungsverfahren – Normalfall**

Der Anwalt ist beauftragt, gegen einen Kostenfestsetzungsbeschluss Erinnerung einzulegen. Der Gegenstandswert beläuft sich auf 100,00 EUR.

1.	0,5-Verfahrensgebühr, Nr. 3500 VV	22,50 EUR
	(Wert: 100,00 EUR)	
2.	Postentgeltpauschale, Nr. 7002 VV	4,50 EUR
	Zwischensumme	27,00 EUR
3.	19 % Umsatzsteuer, Nr. 7008 VV	5,13 EUR
Gesamt		**32,13 EUR**

Beispiel 17 | **Erinnerungsverfahren – Mehrere Auftraggeber**

Der Anwalt ist von zwei Gesamtschuldnern beauftragt, gegen einen Kostenfestsetzungsbeschluss Erinnerung einzulegen. Der Gegenstandswert beläuft sich auf 100,00 EUR.

Die Verfahrensgebühr erhöht sich jetzt nach Nr. 1008 VV um 0,3. Zur Frage, ob eine gemeinsame Beteiligung vorliegt, siehe Rn 28 ff., Beispiele 3 ff.

1.	0,8-Verfahrensgebühr, Nrn. 3500, 1008 VV	92,00 EUR
	(Wert: 1.500,00 EUR)	
2.	Postentgeltpauschale, Nr. 7002 VV	18,40 EUR
	Zwischensumme	110,40 EUR
3.	19 % Umsatzsteuer, Nr. 7008 VV	20,98 EUR
Gesamt		**131,38 EUR**

Beispiel 18 | **Wechselseitige Erinnerungen, die in einem gemeinsamen Verfahren behandelt werden, verschiedene Gegenstände**

Der Anwalt legt gegen den Kostenfestsetzungsbeschluss für seinen Mandanten Erinnerung ein, weil nach seiner Auffassung zu Unrecht Fahrtkosten i.H.v. 60,00 EUR nicht festgesetzt worden sind. Der Gegner legt ebenfalls Erinnerung ein, weil nach seiner Auffassung die Einigungsgebühr (85,00 EUR) nicht hätte festgesetzt werden dürfen.

Es liegt nur eine Angelegenheit vor (§ 16 Nr. 10 RVG). Der Wert des Verfahrens berechnet sich aus dem Gesamtwert beider Erinnerungen (§§ 23 Abs. 2 S. 3, 2, Abs. 3 S. 2, 22 RVG unter Heranziehung des Gedanken des § 45 Abs. 2, Abs. 1 S. 1 GKG).

---

25 AnwK-RVG/*N. Schneider*, Nr. 3500 VV Rn 73.

§ 21 Beschwerde- und Erinnerungsverfahren

1. 0,5-Verfahrensgebühr, Nr. 3500 VV (Wert: 145,00 EUR)	22,50 EUR
2. Postentgeltpauschale, Nr. 7002 VV	4,50 EUR
Zwischensumme 27,00 EUR	
3. 19 % Umsatzsteuer, Nr. 7008 VV	5,13 EUR
Gesamt	**32,13 EUR**

> **Beispiel 19** — Wechselseitige Erinnerungen, die in einem gemeinsamen Verfahren behandelt werden, derselbe Gegenstand

Gegen die Abrechnung der Gerichtskosten mit einer 3,0-Gebühr über insgesamt 213,00 EUR legen der Kläger als Antragsschuldner und auch der Beklagte als Übernahmeschuldner Erinnerung ein, mit dem Ziel der Ermäßigung auf eine 1,0-Gebühr.

Beide Erinnerungsverfahren gelten auch jetzt nur als eine Angelegenheit. Ihre Werte werden dagegen nicht zusammengerechnet, da derselbe Gegenstand betroffen ist (§ 23 Abs. 2 S. 3, 1, Abs. 3 S. 2 RVG – gegebenenfalls in entsprechender Anwendung der Grundsätze des § 45 Abs. 2, Abs. 1 S. 3 GKG).

1. 0,5-Verfahrensgebühr, Nr. 3500 VV (Wert: 142,00 EUR)	22,50 EUR
2. Postentgeltpauschale, Nr. 7002 VV	4,50 EUR
Zwischensumme 27,00 EUR	
3. 19 % Umsatzsteuer, Nr. 7008 VV	5,13 EUR
Gesamt	**32,13 EUR**

56 Wird gegen einen auf eine Erinnerung ergangenen Abhilfebeschluss des Rechtspflegers nunmehr von der Gegenpartei Erinnerung eingelegt, liegt nach § 16 Nr. 10 Buchst. a) RVG nur eine Angelegenheit vor.[26] Verfahrensgegenstand bleibt die ursprüngliche Festsetzung, jetzt in der Fassung der Abhilfe.

> **Beispiel 20** — Mehrere Erinnerungen gegen die Kostenfestsetzung

Der Anwalt legt gegen den Kostenfestsetzungsbeschluss für seinen Mandanten Erinnerung ein, weil nach seiner Auffassung Fahrtkosten i.H.v. 60,00 EUR zu Unrecht nicht festgesetzt worden sind. Das Gericht hilft ab und setzt die Fahrtkosten fest. Daraufhin legt der Gegner Erinnerung ein, weil nach seiner Auffassung die Fahrtkosten nicht hätten festgesetzt werden dürfen. Der Rechtspfleger hilft nicht ab, sondern legt die Sache dem Richter vor, der abschließend entscheidet.

Obwohl zwei Erinnerungen eingelegt worden sind, handelt es sich nur um eine Angelegenheit. Die Anwälte erhalten die Gebühren nur einmal (§ 16 Nr. 10 Buchst. a) RVG).

1. 0,5-Verfahrensgebühr, Nr. 3500 VV (Wert: 60,00 EUR)	22,50 EUR
2. Postentgeltpauschale, Nr. 7002 VV	4,50 EUR
Zwischensumme 27,00 EUR	
3. 19 % Umsatzsteuer, Nr. 7008 VV	5,13 EUR
Gesamt	**32,13 EUR**

---

26 BPatGE 27, 235 = MittdtschPatAnw 1986, 151; AnwK-RVG/*N. Schneider*, Nr. 3500 VV Rn 67 m. w. Nachw.

III. Erinnerungsverfahren § 21

Beispiel 21 | **Erinnerungsverfahren mit außergerichtlicher Besprechung**

Der Anwalt legt auftragsgemäß gegen die Festsetzung der Umsatzsteuer (180,00 EUR) Erinnerung ein. Er ruft sodann den Gegenanwalt an und weist ihn darauf hin, dass nach §§ 3a, 3b UStG der Leistungsort im Ausland liege und daher keine Umsatzsteuer hätte angesetzt werden dürfen. Gleichzeitig droht er eine Vollstreckungsabwehrklage nach Abschluss des Festsetzungsverfahrens an. Daraufhin wird der Festsetzungsantrag im Erinnerungsverfahren hinsichtlich der Umsatzsteuer zurückgenommen, so dass sich die Erinnerung erledigt.

Außergerichtliche Besprechungen lösen auch im Erinnerungsverfahren die Terminsgebühr aus, da Vorbem. 3 Abs. 3 S. 3 Nr. 2 VV auch hier gilt.[27] Neben der 0,5-Verfahrensgebühr (Nr. 3500 VV) entsteht daher auch eine 0,5-Terminsgebühr nach Nr. 3513 VV.

1. 0,5-Verfahrensgebühr, Nr. 3500 VV (Wert: 180,00 EUR)		22,50 EUR
2. 0,5-Terminsgebühr, Nr. 3513 VV (Wert: 180,00 EUR)		22,50 EUR
3. Postentgeltpauschale, Nr. 7002 VV		9,00 EUR
Zwischensumme	54,00 EUR	
4. 19 % Umsatzsteuer, Nr. 7008 VV		10,26 EUR
Gesamt		**64,26 EUR**

Beispiel 22 | **Erinnerungsverfahren mit Termin und Einigung**

Der Anwalt ist beauftragt, gegen die Festsetzung der Parteiauslagen in Höhe von 150,00 EUR Erinnerung einzulegen. Er ruft den Gegenanwalt an und einigt sich mit ihm, dass die Kosten zur Hälfte übernommen werden.

Neben der Verfahrens- und der Terminsgebühr der Nrn. 3500, 3513 VV ist jetzt auch eine Einigungsgebühr nach Nr. 1000 VV angefallen. Da der Gegenstand gerichtlich anhängig war, beläuft sich die Gebühr auf 1,0 (Nr. 1003 VV).

1. 0,5-Verfahrensgebühr, Nr. 3500 VV (Wert: 180,00 EUR)		22,50 EUR
2. 0,5-Terminsgebühr, Nr. 3513 VV (Wert: 180,00 EUR)		22,50 EUR
3. 1,0-Einigungsgebühr, Nrn. 1000, 1003 VV (Wert: 180,00 EUR)		22,50 EUR
4. Postentgeltpauschale, Nr. 7002 VV		13,50 EUR
Zwischensumme	81,00 EUR	
5. 19 % Umsatzsteuer, Nr. 7008 VV		15,39 EUR
Gesamt		**96,39 EUR**

Beispiel 23 | **Mehrere Erinnerungsverfahren gegen verschiedene Kostenfestsetzungsbeschlüsse**

Der Anwalt legt gegen den Kostenfestsetzungsbeschluss über die Kosten der ersten Instanz Erinnerung ein. Der Gegenstandswert beläuft sich auf 100,00 EUR. Gegen den Kostenfestsetzungsbeschluss über die Kosten des Berufungsverfahrens legt der Anwalt ebenfalls Erinnerung ein (Wert: 150,00 EUR).

---

[27] AnwK-RVG/*N. Schneider*, Nr. 3500 Rn 74.

Es liegen zwei verschiedene Erinnerungsverfahren vor.[28] Die Gebühr nach Nr. 3500 VV entsteht zwei Mal, da zwei verschiedene Kostenfestsetzungsbeschlüsse angefochten werden.

I. Erinnerung gegen die Festsetzung der Kosten des erstinstanzlichen Verfahrens
1. 0,5-Verfahrensgebühr, Nr. 3500 VV 22,50 EUR
(Wert: 100,00 EUR)
2. Postentgeltpauschale, Nr. 7002 VV 4,50 EUR
Zwischensumme 27,00 EUR
3. 19 % Umsatzsteuer, Nr. 7008 VV 5,13 EUR
Gesamt **32,13 EUR**

II. Erinnerung gegen die Festsetzung der Kosten des Berufungsverfahrens
1. 0,5-Verfahrensgebühr, Nr. 3500 VV 22,50 EUR
(Wert: 150,00 EUR)
2. Postentgeltpauschale, Nr. 7002 VV 4,50 EUR
Zwischensumme 27,00 EUR
3. 19 % Umsatzsteuer, Nr. 7008 VV 5,13 EUR
Gesamt **32,13 EUR**

57 Ergeht auf eine Beschwerde hin eine Abhilfeentscheidung und wird dagegen nunmehr Erinnerung eingelegt, liegen wiederum zwei verschiedene Angelegenheiten vor, so dass die Gebühren gesondert entstehen können.

> **Beispiel 24** | **Erinnerung gegen Abhilfe im Beschwerdeverfahren**
>
> **Der Anwalt des Klägers legt gegen einen Kostenfestsetzungsbeschluss Beschwerde ein, da nach seiner Auffassung 500,00 EUR zu viel festgesetzt worden sind. Der Rechtspfleger hilft der Beschwerde ab. Hiergegen legt der Anwalt des Beklagten für diesen nunmehr Erinnerung ein und wehrt sich dagegen, dass mehr als 400,00 EUR abgesetzt worden sind.**

Für das Beschwerdeverfahren entsteht die 0,5-Verfahrensgebühr aus Nr. 3500 VV nach einem Wert von 500,00 EUR. Mit der Abhilfeentscheidung des Rechtspflegers ist dieses Verfahren beendet. Die hiergegen eingelegte Erinnerung gilt nach § 18 Abs. 1 Nr. 3 RVG als neue Angelegenheit.[29] Für dieses Verfahren entsteht wiederum die Gebühr nach Nr. 3500 VV. Der Gegenstandswert des Erinnerungsverfahrens liegt allerdings geringer, da sich der Beklagte nur gegen die über 400,00 EUR hinausgehende Absetzung wehrt. Der Gegenstandswert beläuft sich also auf (500,00 EUR – 400,00 EUR =) 100,00 EUR.

I. Verfahren auf Beschwerde des Klägers
1. 0,5-Verfahrensgebühr, Nr. 3500 VV 22,50 EUR
(Wert: 500,00 EUR)
2. Postentgeltpauschale, Nr. 7002 VV 4,50 EUR
Zwischensumme 27,00 EUR
3. 19 % Umsatzsteuer, Nr. 7008 VV 5,13 EUR
Gesamt **32,13 EUR**

II. Verfahren auf Erinnerung des Beklagten
1. 0,5-Verfahrensgebühr, Nr. 3500 VV 22,50 EUR
(Wert: 100,00 EUR)
2. Postentgeltpauschale, Nr. 7002 VV 4,50 EUR
Zwischensumme 27,00 EUR
3. 19 % Umsatzsteuer, Nr. 7008 VV 5,13 EUR
Gesamt **32,13 EUR**

---

28 AnwK-RVG/*N. Schneider*, § 16 Rn 205 ff.
29 AnwK-RVG/*N. Schneider*, Nr. 3500 VV Rn 67.

IV. Erinnerungsgleiche Anträge auf gerichtliche Entscheidung

1. Überblick

In einigen Verfahrensordnungen ist anstelle der Erinnerung der Rechtsbehelf des Antrags auf gerichtliche Entscheidung gegeben. Wie die Tätigkeit des Anwalts in diesen Verfahren zu vergüten ist, regelt nur Vorbem. 5 Abs. 4 VV. Es dürften wohl auch im Übrigen die Nrn. 3500, 3513 VV entsprechend anzuwenden sein, soweit sich die Vergütung nach Teil 3 VV richtet.

2. Verwaltungsgerichtliche Verfahren

Nach § 151 VwGO kann gegen die Entscheidungen des beauftragten oder ersuchten Richters oder des Urkundsbeamten die Entscheidung des Gerichts beantragt werden. Die Überschrift zum 14. Abschnitt der VwGO spricht insoweit von „Erinnerung". Unabhängig davon, ob es sich bei diesen Verfahren über Anträge auf gerichtliche Entscheidung um Erinnerungen handelt oder nicht, sind die Nrn. 3500 ff. VV entsprechend anzuwenden.

Die frühere Streitfrage, ob es sich bei diesen Verfahren um eine eigene Angelegenheit handele, weil hier nicht der Rechtspfleger die Kostenfestsetzung durchführt, sondern der Urkundsbeamte der Geschäftsstelle, ist durch die Neufassung des § 18 Abs. 1 Nr. 3 RVG geklärt, dass diese Vorschrift jetzt alle Erinnerungen gegen eine Kostenfestsetzung erfasst.[30]

3. Sozialgerichtliche Verfahren

Nach § 178 SGG kann gegen Entscheidungen des ersuchten oder beauftragten Richters oder des Urkundsbeamten binnen eines Monats nach Bekanntgabe das Gericht angerufen werden, das endgültig entscheidet. Unabhängig davon, ob es sich bei diesen Verfahren über Anträge auf gerichtliche Entscheidung um Erinnerungen handelt oder nicht, sind auch hier die Nrn. 3500 ff. VV entsprechend anzuwenden.

Auch hier hatte sich die gleiche Streitfrage wie in verwaltungsgerichtlichen Verfahren gestellt, da auch hier der Urkundsbeamte die Kostenfestsetzung durchführt (§ 197 Abs. 1 S. 1 SGG). Auch hier ist die Streitfrage durch die Neufassung des § 18 Abs. 1 Nr. 3 RVG geklärt.

4. Strafsachen

Anträge auf gerichtliche Entscheidung in Strafsachen lösen grundsätzlich keine gesonderte Vergütung aus (Vorbem 4.1 Abs. 2 VV), es sei denn, der Anwalt ist ausschließlich mit dem Antrag auf gerichtliche Entscheidung beauftragt. Dann wird diese Tätigkeit als Einzeltätigkeit nach Nr. 4302 VV vergütet (siehe hierzu § 35 Rn 164 f.).

5. Bußgeldverfahren

In Bußgeldsachen lösen Anträge auf gerichtliche Entscheidung ebenfalls grundsätzlich keine gesonderte Vergütung aus (Vorbem. 5.1 Abs. 1 VV), es sei denn, der Anwalt ist ausschließlich mit dem Antrag auf gerichtliche Entscheidung beauftragt. Dann wird diese Tätigkeit als Einzeltätigkeit nach Nr. 5200 VV vergütet (siehe hierzu § 36 Rn 149 f.).

---

30 Siehe ausführlich *Schneider/Thiel*, Das neue Gebührenrecht für Rechtsanwälte § 3 Rn 104 ff.

65 Ausnahmsweise erhält auch der Verteidiger in Bußgeldsachen für Anträge auf gerichtliche Entscheidung gesonderte Gebühren, und zwar gem. Vorbem. 5 Abs. 4 VV für den Antrag auf gerichtliche Entscheidung gegen einen Kostenfestsetzungsbescheid und den Ansatz der Gebühren und Auslagen (§ 108 OWiG). Siehe hierzu § 36 Rn 156 f.

6. Verfahren nach Teil 6 VV

66 In Verfahren nach Teil 6 VV lösen Anträge auf gerichtliche Entscheidung grundsätzlich ebenfalls keine gesonderte Vergütung aus (Vorbem 6.2 Abs. 1 VV), es sei denn, der Anwalt ist ausschließlich mit dem Antrag auf gerichtliche Entscheidung beauftragt. Dann wird diese Tätigkeit als Einzeltätigkeit nach Nr. 6500 VV vergütet.

§ 22 Verfahren über eine Rüge wegen der Verletzung des Anspruchs auf rechtliches Gehör

Inhalt

I. Überblick 1	d) Der Anwalt war im Ausgangsverfahren nicht tätig, wird aber nach erfolgreicher Rüge im weiteren Verfahren tätig 19
1. Erfasste Verfahren 1	
2. Verfahren nach Teil 3 VV 3	
3. Strafsachen 4	3. Verfahren nach Betragsrahmengebühren 20
4. Bußgeldsachen 5	a) Sozialgerichtliche Verfahren 20
5. Verfahren nach Teil 6 VV 6	aa) Der Anwalt war im Ausgangsverfahren bereits tätig 20
II. **Verfahren nach Teil 3 VV** 7	bb) Der Anwalt war im Ausgangsverfahren nicht tätig 21
1. Überblick 7	
2. Verfahren nach Gegenstandswert 10	
a) Überblick 10	cc) Der Anwalt war im Ausgangsverfahren nicht tätig, wird aber nach erfolgreicher Rüge im weiteren Verfahren tätig 29
b) Der Anwalt war im Ausgangsverfahren bereits tätig 17	
c) Der Anwalt war im Ausgangsverfahren nicht tätig 18	b) Verfahren nach VV Teil 6 30

I. Überblick

1. Erfasste Verfahren

Soweit der Anwalt bereits in der Hauptsache tätig ist, bestimmt § 19 Abs. 1 S. 2 Nr. 5b) RVG, dass die Tätigkeit in einem Verfahren über eine Rüge wegen der Verletzung des Anspruchs auf rechtliches Gehör zur Hauptsache gehört und keine gesonderte Vergütung auslöst.[1] Die Frage der Vergütung für die Tätigkeit des Anwalts in solchen Verfahren stellt sich daher nur dann, wenn der Anwalt **ausschließlich** mit der Rüge oder mit der Abwehr einer vom Gegner erhobenen Rüge beauftragt ist.   **1**

Vorgesehen ist die Gehörsrüge in sämtlichen Verfahrensordnungen (§§ 321a, 544 Abs. 6, 705 ZPO; § 44 FamFG; § 71a GWB; § 78a ArbGG; § 152a VwGO; § 178a SGG; § 133a FGO; §§ 33a, 356a StPO; § 55 Abs. 4 JGG i.V.m. § 356a StPO; § 79 Abs. 1 S. 1 Nr. 5 OWiG; § 121a WDO und in allen Kostengesetzen, vgl. § 61 FamGKG; § 81 Abs. 3 GBO; § 89 Abs. 3 SchRegO; § 69a GKG; § 131 GNotKG (vormals §§ 131d, 157a KostO); § 4a JVEG; § 12a RVG; § 2 Abs. 2 S. 1 GVKostG i.V.m. § 69a GKG; § 22 JVKostG i.V.m. § 69a GKG (vormals § 13 Abs. 2 JVKostO i.V.m. § 157a KostO).   **2**

2. Verfahren nach Teil 3 VV

Soweit sich die Vergütung in diesen Verfahren nach Teil 3 VV richtet, erhält der Anwalt die Vergütung nach Teil 3 Abschnitt 3 Unterabschnitt 6 VV. Einschlägig sind die Nrn. 3330, 3331 VV. Ansonsten sind keine gesonderten Gebührentatbestände vorgesehen.   **3**

---

1 OLG Brandenburg AGS 2008, 223 = OLGR 2008, 217; FG Hamburg RVGreport 2005, 65 = EFG 2005, 210 = StE 2004, 659.

3. Strafsachen

4 Auch in **Strafsachen** ist eine Gehörsrüge möglich. Soweit sie dort eine eigene Angelegenheit darstellt, handelt es sich um eine Einzeltätigkeit nach Nr. 4302 Nr. 3 VV[2] (siehe § 35 Rn 164 ff.). Soweit in den Fällen der Vorbem. 4 Abs. 5 VV auf Teil 3 VV verwiesen wird, erfasst dies auch die Verweisung auf Nr. 3330, 3331 VV.[3]

4. Bußgeldsachen

5 Da auch in **Bußgeldsachen** eine gesetzliche Regelung fehlt, ist hier ebenfalls von einer Einzeltätigkeit auszugehen, die nach Nr. 5200 VV vergütet wird[4] (siehe § 36 Rn 149 ff.). Auch hier dürften allerdings die Nnr. 3330, 3331 VV anzuwenden sein, wenn auf Teil 3 VV verwiesen wird (Vorbem. 5 Abs. 4 VV).

5. Verfahren nach Teil 6 VV

6 In Verfahren nach Teil 6 VV richtet sich die Gehörsrüge nach Teil 3 VV. Da Teil 6 VV für Gehörsrügen keine gesonderten Gebühren vorsieht, werden insoweit die Gebühren nach Teil 3 VV nicht verdrängt (Vorbem. 3 Abs. 7 VV).[5]

II. Verfahren nach Teil 3 VV

1. Überblick

7 Für eine **isolierte Tätigkeit** in einem Verfahren über eine Rüge wegen der Verletzung des Anspruchs auf rechtliches Gehör erhält der Anwalt die Vergütung nach den Nrn. 3330, 3331 VV. Diese Regelungen gelten seit den Änderungen durch das 2. KostRMoG auch in Verfahren, in denen nach Betragsrahmen abzurechnen ist. Entsprechende Regelungen fehlten bislang.

8 Wird der Anwalt zunächst mit der Vertretung im Verfahren über die Rüge beauftragt und nach Erfolg der Rüge im **anschließenden fortgesetzten Verfahren**, so liegt insoweit nur eine Angelegenheit vor. Die Vergütung nach den Nrn. 3330, 3331 VV geht dann in der anschließenden Vergütung des jeweiligen Hauptsacheverfahrens auf (siehe Beispiele 9, 10). Die weitere Tätigkeit bildet mit der Gehörsrüge eine Angelegenheit i.S.d. § 15 Abs. 2 RVG (§ 19 Abs. 1 S. 2 Nr. 5b) RVG). Es entsteht nicht etwa eine neue Angelegenheit nach § 17 Nr. 1 RVG, da es sich nicht um ein Rechtsmittel handelt.

9 Das Gleiche gilt auch dann, wenn der Anwalt nach einer erfolgreichen Gehörsrüge in dem dann **fortzusetzenden Verfahren** weiter beauftragt wird.

---

[2] AnwK-RVG/*N. Schneider*, Nr. 3330, 3331 VV Rn 3.
[3] AnwK-RVG/*N. Schneider*, Nr. 3330, 3331 VV Rn 3.
[4] AnwK-RVG/*N. Schneider*, Nr. 3330, 3331 VV Rn 3.
[5] AnwK-RVG/*N. Schneider*, Nr. 3330, 3331 Rn 3.

2. Verfahren nach Gegenstandswert

a) Überblick

Im **isolierten Verfahren** über eine Rüge wegen der Verletzung des Anspruchs auf rechtliches Gehör, in denen nach dem Gegenstandswert abzurechnen ist (§§ 2 Abs. 1, 3 Abs. 1 S. 2 RVG) erhält der Anwalt zunächst einmal eine **Verfahrensgebühr** nach Nr. 3330 VV. Die Höhe der Gebühr beläuft sich auf die Höhe der Verfahrensgebühr des Verfahrens, in dem die Rüge erheben wird, höchstens jedoch auf 0,5. Das gilt auch dann, wenn die Gehörsrüge im Rechtsmittelverfahren erhoben wird.[6] — 10

Soweit im Ausgangsverfahren Gebühren von 0,5 gelten (z.B. einfache Beschwerdeverfahren) oder geringere Gebühren als 0,5 (z.B. in Zwangsvollstreckungs- oder Zwangsversteigerungsverfahren), erhält der Anwalt eine Gebühr in dieser Höhe. Gelten im Ausgangsverfahren höhere Verfahrensgebühren (z.B. im Erkenntnisverfahren), erhält der Anwalt eine 0,5-Gebühr. — 11

Vertritt der Anwalt **mehrere Auftraggeber** wegen desselben Gegenstands, erhöht sich die Verfahrensgebühr nach Nr. 1008 VV um jeweils 0,3 je weiteren Auftraggeber, höchstens um 2,0. — 12

Eine Reduzierung der Verfahrensgebühr bei **vorzeitiger Erledigung** ist nicht vorgesehen (arg. e. Nr. 3337 VV). — 13

Findet im Verfahren über die Gehörsrüge ein Termin i.S.d. Vorbem. 3 Abs. 3 VV statt, so erhält der Anwalt nach Nr. 3331 VV zusätzlich eine **Terminsgebühr**. Die Höhe dieser Gebühr richtet sich wiederum nach der Terminsgebühr des Verfahrens, in dem die Rüge erheben wird. Auch sie beträgt jedoch höchstens 0,5. — 14

Eine **fiktive Terminsgebühr** bei Entscheidung ohne mündliche Verhandlung, Abschluss eines schriftlichen Vergleichs oder Annahme eines Anerkenntnisses ist mangels Bezugnahme auf die entsprechenden Vorschriften (Anm. Abs. 1 Nr. 1 zu Nr. 3104 VV etc.) nicht vorgesehen, abgesehen davon, dass eine mündliche Verhandlung über die Gehörsrüge nicht vorgeschrieben ist. — 15

Möglich ist auch der Anfall einer **Einigungsgebühr** nach Nr. 1000 VV.[7] Da der Gegenstand im Verfahren der Gehörsrüge noch anhängig i.S.d. Nr. 1003 VV ist, entsteht die Gebühr nur zu 1,0; bei Anhängigkeit im Rechtsmittelverfahren zu 1,3. Soweit sich auch über nicht anhängige Gegenstände geeinigt wird, entsteht die Gebühr zu 1,5.[8] Zu beachten ist auch hier die Begrenzung nach § 15 Abs. 3 RVG. — 16

b) Der Anwalt war im Ausgangsverfahren bereits tätig

War der Anwalt im Ausgangsverfahren über die Gehörsrüge bereits tätig, so ist auch seine weitere Tätigkeit im Verfahren über die Gehörsrüge durch die Gebühren in der Hauptsache abgegolten (§ 19 Abs. 1 S. 2 Nr. 5b) RVG). Der Anwalt erhält neben den Gebühren der Hauptsache keine gesonderte Vergütung.[9] — 17

---

6 AnwK-RVG/*N. Schneider*, Nr. 3330, 3331 VV Rn 7.
7 AnwK-RVG/*N. Schneider*, Nr. 3330, 3331 VV Rn 14.
8 AnwK-RVG/*N. Schneider*, Nr. 3330, 3331 VV Rn 14.
9 OLG Brandenburg AGS 2008, 223 = OLGR 2008, 217; LAG München AGS 2009, 24; FG Hamburg EFG 2005, 210 = StE 2004, 659 = RVGreport 2005, 65.

§ 22 Verfahren über eine Rüge wegen der Verletzung des Anspruchs auf rechtliches Gehör

Beispiel 1 | **Nachträglicher Auftrag zur Gehörsrüge**

Nach Klageabweisung (Wert: 400,00 EUR) erhält der Prozessbevollmächtigte des Klägers den Auftrag, Gehörsrüge zu erheben. Die Rüge wird ohne mündliche Verhandlung zurückgewiesen.

Es gilt § 19 Abs. 1 S. 2 Nr. 5b) RVG. Die Tätigkeit im Verfahren über die Gehörsrüge ist durch die Gebühren in der Hauptsache abgegolten. Der Anwalt erhält neben den Gebühren der Hauptsache keine gesonderte Vergütung.

1.	1,3-Verfahrensgebühr, Nr. 3100 VV (Wert: 400,00 EUR)	58,50 EUR
2.	1,2-Terminsgebühr, Nr. 3104 VV (Wert: 400,00 EUR)	54,00 EUR
3.	Postentgeltpauschale, Nr. 7002 VV	20,00 EUR
	Zwischensumme	132,50 EUR
4.	19 % Umsatzsteuer, Nr. 7008 VV	25,18 EUR
Summe		**157,68 EUR**

c) Der Anwalt war im Ausgangsverfahren nicht tätig

18 Ist der Anwalt ausschließlich im Verfahren über die Gehörsrüge tätig, so erhält er nicht die Vergütung des jeweiligen Hauptsacheverfahrens, sondern die nach Nrn. 3330, 3331 VV.

Beispiel 2 | **Isolierter Auftrag zur Gehörsrüge**

Nach Klageabweisung (Wert: 400,00 EUR) wird der bis dahin nicht mandatierte Anwalt vom Kläger beauftragt, Gehörsrüge zu erheben. Die Rüge wird ohne mündliche Verhandlung zurückgewiesen.

Es entsteht jetzt lediglich die 0,5-Verfahrensgebühr nach Nr. 3330 VV.

1.	0,5-Verfahrensgebühr, Nr. 3330 VV (Wert: 400,00 EUR)	22,50 EUR
2.	Postentgeltpauschale, Nr. 7002 VV	4,50 EUR
	Zwischensumme	27,00 EUR
3.	19 % Umsatzsteuer, Nr. 7008 VV	5,13 EUR
Summe		**32,13 EUR**

Beispiel 3 | **Isolierter Auftrag zur Gehörsrüge mit geringeren Gebühren im Ausgangsverfahren**

In einem Zwangsvollstreckungsverfahren (Wert: 5.000,00 EUR) wird der bis dahin nicht mandatierte Anwalt beauftragt, Gehörsrüge zu erheben. Die Rüge wird ohne mündliche Verhandlung zurückgewiesen.

Auch hier entsteht lediglich die Verfahrensgebühr nach Nr. 3330 VV. Da sich die Verfahrensgebühr in der Zwangsvollstreckung jedoch nur auf 0,3 beläuft (Nr. 3309 VV), entsteht die Verfahrensgebühr der Nr. 3330 VV ebenfalls nur zu 0,3.

1.	0,3-Verfahrensgebühr, Nr. 3330 VV (Wert: 5.000,00 EUR) gekürzt nach § 15 Abs. 6 RVG i.V.m. Nr. 3309 VV	90,90 EUR
2.	Postentgeltpauschale, Nr. 7002 VV	18,18 EUR
	Zwischensumme 109,08 EUR	
3.	19 % Umsatzsteuer, Nr. 7008 VV	20,73 EUR
Summe		**129,81 EUR**

Beispiel 4 — Isolierter Auftrag zur Gehörsrüge, mehrere Auftraggeber

Nach Klageabweisung (Wert: 400,00 EUR) wird der bis dahin nicht mandatierte Anwalt von den beiden Klägern beauftragt, Gehörsrüge zu erheben. Die Rüge wird ohne mündliche Verhandlung zurückgewiesen.

1.	0,8-Verfahrensgebühr, Nrn. 3330, 1008 VV (Wert: 400,00 EUR)	36,00 EUR
2.	Postentgeltpauschale, Nr. 7002 VV	7,20 EUR
	Zwischensumme 43,20 EUR	
3.	19 % Umsatzsteuer, Nr. 7008 VV	8,21 EUR
Summe		**51,41 EUR**

Beispiel 5 — Isolierter Auftrag zur Gehörsrüge mit Verhandlung

Nach Klageabweisung (Wert: 400,00 EUR) erhält der bis dahin nicht beauftragte Prozessbevollmächtigte vom Kläger den Auftrag, Gehörsrüge zu erheben. Die Rüge wird nach mündlicher Verhandlung zurückgewiesen.

Soweit nur über die Rüge verhandelt wird, also nicht auch über die Hauptsache, entsteht neben der Verfahrensgebühr nur eine 0,5-Terminsgebühr nach Nr. 3331 VV.

1.	0,5-Verfahrensgebühr, Nr. 3330 VV (Wert: 400,00 EUR)	22,50 EUR
2.	0,5-Terminsgebühr, Nr. 3331 VV (Wert: 400,00 EUR)	22,50 EUR
3.	Postentgeltpauschale, Nr. 7002 VV	9,00 EUR
	Zwischensumme 54,00 EUR	
4.	19 % Umsatzsteuer, Nr. 7008 VV	10,26 EUR
Summe		**64,26 EUR**

Beispiel 6 — Isolierter Auftrag zur Gehörsrüge mit Verhandlung, geringere Gebühren im Ausgangsverfahren

In einem Vollstreckungsverfahren auf Verhängung eines Zwangsgelds (Wert: 5.000,00 EUR) erhält der Prozessbevollmächtigte des Klägers den Auftrag, Gehörsrüge zu erheben. Die Rüge wird nach mündlicher Verhandlung zurückgewiesen.

Jetzt ist nicht nur die Verfahrensgebühr (siehe Beispiel 3) auf 0,3 begrenzt (siehe Nr. 3309 VV), sondern auch die Terminsgebühr (siehe Nr. 3310 VV).

§ 22 Verfahren über eine Rüge wegen der Verletzung des Anspruchs auf rechtliches Gehör

1. 0,3-Verfahrensgebühr, Nr. 3330 VV   90,90 EUR
   (Wert: 5.000,00 EUR)
2. 0,3-Terminsgebühr, Nr. 3331 VV   90,90 EUR
   (Wert: 5.000,00 EUR)
3. Postentgeltpauschale, Nr. 7002 VV   20,00 EUR
   Zwischensumme   201,80 EUR
4. 19 % Umsatzsteuer, Nr. 7008 VV   38,34 EUR
Summe   **240,14 EUR**

| Beispiel 7 | Isolierter Auftrag zur Gehörsrüge mit Verhandlung und Einigung |

Nach Klageabweisung (Wert: 2.000,00 EUR) erhält der bislang nicht befasste Anwalt den Auftrag, Gehörsrüge zu erheben. Nach Erhebung der Rüge verhandeln die Anwälte außerhalb des Gerichts und einigen sich.

Es ist neben der Verfahrensgebühr (Nr. 3330 VV) eine Terminsgebühr (Nr. 3331 VV) angefallen, da auch hier außergerichtliche Besprechungen zur Erledigung des Verfahrens gem. Vorbem. 3 Abs. 3 S. 3 Nr. 2 VV die Terminsgebühr auslösen.[10] Hinzu kommt eine Einigungsgebühr, die sich auf 1,0 beläuft (Nr. 1003 VV), da der Gegenstand der Einigung gerichtlich anhängig ist.

1. 0,5-Verfahrensgebühr, Nr. 3330 VV   75,00 EUR
   (Wert: 2.000,00 EUR)
2. 0,5-Terminsgebühr, Nr. 3331 VV   75,00 EUR
   (Wert: 2.000,00 EUR)
3. 1,0-Einigungsgebühr, Nrn. 1000, 1003 VV   150,00 EUR
   (Wert: 2.000,00 EUR)
4. Postentgeltpauschale, Nr. 7002 VV   20,00 EUR
   Zwischensumme   320,00 EUR
5. 19 % Umsatzsteuer, Nr. 7008 VV   60,80 EUR
Summe   **380,80 EUR**

| Beispiel 8 | Isolierter Auftrag zur Gehörsrüge mit Verhandlung und Einigung im Rechtsmittelverfahren |

Nach Zurückweisung der Berufung (Wert: 2.000,00 EUR) beauftragt der Kläger einen anderen Prozessbevollmächtigten damit, Gehörsrüge zu erheben. Nach Erhebung der Rüge verhandeln die Anwälte außerhalb des Gerichts und einigen sich.

An der Höhe der Verfahrens- und Terminsgebühr ändert sich nichts. Die Einigungsgebühr beläuft sich jetzt allerdings auf 1,3 (Nr. 1004 VV).

1. 0,5-Verfahrensgebühr, Nr. 3330 VV   75,00 EUR
   (Wert: 2.000,00 EUR)
2. 0,5-Terminsgebühr, Nr. 3331 VV   75,00 EUR
   (Wert: 2.000,00 EUR)
3. 1,3-Einigungsgebühr, Nrn. 1000, 1004 VV   195,00 EUR
   (Wert: 2.000,00 EUR)
4. Postentgeltpauschale, Nr. 7002 VV   20,00 EUR
   Zwischensumme   365,00 EUR
5. 19 % Umsatzsteuer, Nr. 7008 VV   69,35 EUR
Summe   **434,35 EUR**

---

10 Dass im Verfahren über die Gehörsrüge eine mündliche Verhandlung nicht vorgeschrieben ist, ist unerheblich (siehe § 13 Rn 84).

d) Der Anwalt war im Ausgangsverfahren nicht tätig, wird aber nach erfolgreicher Rüge im weiteren Verfahren tätig

Wird der Anwalt zunächst nur mit der Vertretung im Verfahren über die Rüge beauftragt, entsteht die Vergütung nach den Nrn. 3330, 3331 VV. Wird er nach Erfolg der Rüge auch im anschließenden fortgesetzten Verfahren mandatiert, so liegt nur eine Angelegenheit vor (§ 19 Abs. 1 S. 2 Nr. 5b) RVG).[11] Die Vergütung nach Nrn. 3330, 3331 VV geht in der anschließenden Vergütung des jeweiligen gerichtlichen Verfahrens auf.

19

Beispiel 9 | **Erfolgreiche Gehörsrüge und Fortsetzung des Verfahrens**

Nach Klageabweisung (Wert: 500,00 EUR) beauftragt der Kläger einen Anwalt mit der Gehörsrüge, über die mündlich verhandelt wird. Die Gehörsrüge ist erfolgreich, so dass das Verfahren fortgesetzt und in der Hauptsache verhandelt wird.

Im Ergebnis entstehen jetzt nur die Gebühren nach Nrn. 3100 ff. VV. Die zuvor verdienten Gebühren nach den Nrn. 3330, 3331 VV gehen in den Gebühren der Nrn. 3100, 3104 VV auf.

1.	1,3-Verfahrensgebühr, Nr. 3100 VV (Wert: 500,00 EUR)	58,50 EUR
2.	1,2-Terminsgebühr, Nr. 3104 VV (Wert: 500,00 EUR)	54,00 EUR
3.	Postentgeltpauschale, Nr. 7002 VV	20,00 EUR
	Zwischensumme 132,50 EUR	
4.	19 % Umsatzsteuer, Nr. 7008 VV	25,18 EUR
Summe		**157,68 EUR**

Beispiel 10 | **Erfolgreiche Gehörsrüge und Fortsetzung des Verfahrens ohne mündliche Verhandlung**

Nach Erlass des der Klage stattgebenden Urteils (Wert: 500,00 EUR) beauftragt der Beklagte einen Anwalt mit der Gehörsrüge, über die mündlich verhandelt wird. Die Gehörsrüge ist erfolgreich, so dass das Verfahren fortgesetzt wird. Vor der erneuten mündlichen Verhandlung in der Hauptsache nimmt der Kläger die Klage zurück.

Auch hier liegt nur eine Angelegenheit vor (§ 19 Abs. 1 S. 2 Nr. 5b) RVG), so dass die Gebühr nach Nr. 3330 VV in der anschließenden Gebühr der Nr. 3100 VV aufgeht. Da jedoch in der Hauptsache keine Terminsgebühr anfällt, bleibt die Terminsgebühr nach Nr. 3331 VV bestehen.

1.	1,3-Verfahrensgebühr, Nr. 3330 VV (Wert: 500,00 EUR)	58,50 EUR
2.	0,5-Terminsgebühr, Nr. 3331 VV (Wert: 500,00 EUR)	22,50 EUR
3.	Postentgeltpauschale, Nr. 7002 VV	16,20 EUR
	Zwischensumme 97,20 EUR	
4.	19 % Umsatzsteuer, Nr. 7008 VV	18,47 EUR
Summe		**115,67 EUR**

---

11 FG Hamburg RVGreport 2005, 65 = EFG 2005, 210 = StE 2004, 659.

3. Verfahren nach Betragsrahmengebühren

a) Sozialgerichtliche Verfahren

aa) Der Anwalt war im Ausgangsverfahren bereits tätig

20 War der Anwalt bereits im Hauptsacheverfahren beauftragt, gilt auch für ihn § 19 Abs. 1 S. 2 Nr. 5b) RVG. Das Verfahren über die Gehörsrüge zählt zur Hauptsache, sodass keine gesonderte Vergütung anfällt.

Beispiel 11 | **Nachträglicher Auftrag zur Gehörsrüge**

Nach Abweisung der Klage durch das SG erhält der Verfahrensbevollmächtigte des Klägers den Auftrag, Gehörsrüge zu erheben. Die Rüge wird ohne mündliche Verhandlung zurückgewiesen.

Es gilt wiederum § 19 Abs. 1 S. 2 Nr. 5b) RVG. Die Tätigkeit im Verfahren über die Gehörsrüge ist durch die Gebühren in der Hauptsache abgegolten. Der Anwalt erhält neben den Gebühren der Hauptsache keine gesonderte Vergütung.

1. Verfahrensgebühr, Nr. 3102 VV		300,00 EUR
2. Terminsgebühr, Nr. 3106 VV		280,00 EUR
3. Postentgeltpauschale, Nr. 7002 VV		20,00 EUR
Zwischensumme	600,00 EUR	
4. 19 % Umsatzsteuer, Nr. 7008 VV		114,00 EUR
Summe		**714,00 EUR**

---

bb) Der Anwalt war im Ausgangsverfahren nicht tätig

21 War der Anwalt im Hauptsacheverfahren nicht beauftragt, dann erhält er im Verfahren der Gehörsrüge die Vergütung nach den Nrn. 3330, 3331 VV.

22 Auch hier erhält der Anwalt zunächst einmal eine **Verfahrensgebühr** nach Nr. 3330 VV. Die Höhe der Gebühr im Verfahren über die Rüge beläuft sich auf die Höhe der Verfahrensgebühr im zugrunde liegenden Verfahren, höchstens jedoch auf 220,00 EUR. Das gilt auch dann, wenn die Gehörsrüge im Rechtsmittelverfahren erhoben wird.

23 Die Begrenzung greift nur, wenn die Hauptsachegebühr nicht ohnehin unter 220,00 EUR liegt (so z.B. in Beschwerde- oder Erinnerungsverfahren mit 210,00 EUR, Nr. 3501 VV).

Beispiel 12 | **Isolierter Auftrag zur Gehörsrüge**

Nach Klageabweisung durch das SG wird der bis dahin nicht mandatierte Anwalt vom Kläger beauftragt, Gehörsrüge zu erheben. Die Rüge wird ohne mündliche Verhandlung zurückgewiesen.

Es entsteht jetzt lediglich eine Verfahrensgebühr nach Nr. 3330 VV. Ausgehend davon, dass die Mittelgebühr angemessen wäre, also 300,00 EUR wäre jetzt von dem Höchstbetrag von 220,00 EUR auszugehen.

II. Verfahren nach Teil 3 VV § 22

1. Verfahrensgebühr, Nr. 3330 VV		220,00 EUR
2. Postentgeltpauschale, Nr. 7002 VV		20,00 EUR
Zwischensumme	240,00 EUR	
3. 19 % Umsatzsteuer, Nr. 7008 VV		45,60 EUR
Summe		**285,60 EUR**

Die Verfahrensgebühr erhöht sich nach Nr. 1008 VV bei **mehreren Auftraggebern**, und zwar – unabhängig davon, ob derselbe Gegenstand zugrunde liegt – um 30 % je weiteren Auftraggeber, höchstens um das Doppelte des Mindest- und Höchstbetrags. **24**

> **Beispiel 13** Isolierter Auftrag zur Gehörsrüge, mehrere Auftraggeber
>
> **Nach Klageabweisung durch das SG wird der bis dahin nicht mandatierte Anwalt von den Klägern, einer Bedarfsgemeinschaft aus vier Personen, beauftragt, Gehörsrüge zu erheben. Die Rüge wird ohne mündliche Verhandlung zurückgewiesen.**
>
> Die Verfahrensgebühr und auch die Höchstgrenze erhöhen sich nach Nr. 1008 VV um 30 % je weiteren Auftraggeber. Ausgehend davon, dass die Mittelgebühr angemessen wäre, also 570,00 EUR, wäre jetzt von dem um 90 % erhöhten Höchstbetrag von 418,00 EUR auszugehen.
>
> | | | |
> |---|---|---|
> | 1. Verfahrensgebühr, Nrn. 3330, 1008 VV | | 418,00 EUR |
> | 2. Postentgeltpauschale, Nr. 7002 VV | | 20,00 EUR |
> | Zwischensumme | 438,00 EUR | |
> | 3. 19 % Umsatzsteuer, Nr. 7008 VV | | 83,22 EUR |
> | **Summe** | | **521,22 EUR** |

Eine Reduzierung der Verfahrensgebühr bei vorzeitiger Erledigung nicht vorgesehen (arg. e Nr. 3337 VV). **25**

Findet im Verfahren über die Gehörsrüge ein Termin i.S.d. Vorbem. 3 Abs. 3 VV statt, so erhält der Anwalt eine **Terminsgebühr** nach Nr. 3331 VV. Der Anwendungsbereich richtet sich auch hier nach Vorbem. 3 Abs. 3 VV. **26**

> **Beispiel 14** Isolierter Auftrag zur Gehörsrüge mit Verhandlung
>
> **Nach Klageabweisung durch das SG wird der bis dahin nicht mandatierte Anwalt vom Kläger beauftragt, Gehörsrüge zu erheben. Über die Rüge wird mündlich verhandelt.**
>
> Es entsteht jetzt neben der Verfahrensgebühr nach Nr. 3330 VV auch eine Terminsgebühr nach Nr. 3331 VV. Ausgehend davon, dass die Mittelgebühr angemessen wäre, also 300,00 EUR wäre jetzt sowohl für die Verfahrens- als auch für die Terminsgebühr von dem Höchstbetrag i.H.v. 220,00 EUR auszugehen.
>
> | | | |
> |---|---|---|
> | 1. Verfahrensgebühr, Nr. 3330 VV | | 220,00 EUR |
> | 2. Verfahrensgebühr, Nr. 3331 VV | | 220,00 EUR |
> | 3. Postentgeltpauschale, Nr. 7002 VV | | 20,00 EUR |
> | Zwischensumme | 460,00 EUR | |
> | 4. 19 % Umsatzsteuer, Nr. 7008 VV | | 87,40 EUR |
> | **Summe** | | **547,40 EUR** |

Eine **fiktive Terminsgebühr** bei Entscheidung ohne mündliche Verhandlung, Abschluss eines schriftlichen Vergleichs oder Annahme eines Anerkenntnisses ist mangels Bezugnahme auf die entsprechenden Vorschriften (Anm. Abs. 1 zu Nr. 3106 VV etc.) nicht möglich, abgesehen davon, dass eine mündliche Verhandlung über die Gehörsrüge auch hier nicht vorgeschrieben ist. **27**

§ 22 Verfahren über eine Rüge wegen der Verletzung des Anspruchs auf rechtliches Gehör

28 Möglich ist auch der Anfall einer **Einigungsgebühr**. Die Gebühr entsteht gem. Nr. 1006 VV in Höhe der konkret bestimmten Verfahrensgebühr nach Nr. 3330 VV.

> **Beispiel 15** | **Isolierter Auftrag zur Gehörsrüge mit Verhandlung und Einigung**
>
> **Nach Klageabweisung durch das SG wird der bis dahin nicht mandatierte Anwalt vom Kläger beauftragt, Gehörsrüge zu erheben. Über die Rüge wird mündlich verhandelt. Es wird dort eine Einigung erzielt.**
>
> Es entsteht jetzt neben der Verfahrensgebühr nach Nr. 3330 VV und der Terminsgebühr nach Nr. 3331 VV auch eine Einigungsgebühr, deren Höhe sich gem. Nr. 1006 VV nach der Höhe der Verfahrensgebühr der Nr. 3330 VV richtet.
>
> | | | |
> |---|---|---:|
> | 1. | Verfahrensgebühr, Nr. 3330 VV | 220,00 EUR |
> | 2. | Verfahrensgebühr, Nr. 3331 VV | 220,00 EUR |
> | 3. | Einigungsgebühr, Nrn. 1006, 3330 VV | 220,00 EUR |
> | 4. | Postentgeltpauschale, Nr. 7002 VV | 20,00 EUR |
> | | Zwischensumme | 680,00 EUR |
> | 5. | 19 % Umsatzsteuer, Nr. 7008 VV | 129,20 EUR |
> | | **Summe** | **809,20 EUR** |

cc) Der Anwalt war im Ausgangsverfahren nicht tätig, wird aber nach erfolgreicher Rüge im weiteren Verfahren tätig

29 Wird der Anwalt zunächst nur mit der Vertretung im Verfahren über die Rüge beauftragt, entsteht die Vergütung nach den Nrn. 3330, 3331 VV. Wird er nach Erfolg der Rüge auch im anschließenden fortgesetzten Verfahren mandatiert, so liegt nur eine Angelegenheit vor (§ 19 Abs. 1 S. 2 Nr. 5b) RVG).[12] Die Vergütung nach Nrn. 3330, 3331 VV geht in der anschließenden Vergütung des fortgesetzten Verfahrens auf.

> **Beispiel 16** | **Erfolgreiche Gehörsrüge und Fortsetzung des Verfahrens**
>
> **Nach Klageabweisung durch das SG beauftragt der Kläger einen Anwalt mit der Gehörsrüge, über die mündlich verhandelt wird. Die Gehörsrüge ist erfolgreich, so dass das Verfahren fortgesetzt und in der Hauptsache verhandelt wird.**
>
> Im Ergebnis entstehen jetzt nur die Gebühren nach Nrn. 3100 ff. VV. Die zuvor verdienten Gebühren nach den Nrn. 3330, 3331 VV gehen in den nachfolgenden Gebühren der Nrn. 3102, 3106 VV auf.
>
> | | | |
> |---|---|---:|
> | 1. | Verfahrensgebühr, Nr. 3330 VV | 220,00 EUR |
> | 2. | Verfahrensgebühr, Nr. 3331 VV | 220,00 EUR |
> | 3. | Postentgeltpauschale, Nr. 7002 VV | 20,00 EUR |
> | | Zwischensumme | 460,00 EUR |
> | 4. | 19 % Umsatzsteuer, Nr. 7008 VV | 87,40 EUR |
> | | **Summe** | **547,40 EUR** |

---

12 FG Hamburg RVGreport 2005, 65 = EFG 2005, 210 = StE 2004, 659.

b) Verfahren nach VV Teil 6

In Verfahren nach VV Teil 6 erhält der Anwalt ebenfalls eine Verfahrensgebühr nach Nr. 3330 VV (siehe oben Rn 21). Die **Höhe der Gebühr** im Verfahren über die Rüge beläuft sich auch hier auf die Höhe der Verfahrensgebühr im zugrunde liegenden Verfahren, höchstens jedoch auf 220,00 EUR. Das gilt auch dann, wenn die Gehörsrüge im Rechtsmittelverfahren erhoben wird. **30**

Findet im Verfahren über die Gehörsrüge ein Termin i.S.d. Vorbem. 3 Abs. 3 VV statt, so erhält der Anwalt jetzt ebenfalls eine Terminsgebühr nach Nr. 3331 VV. **31**

Hinzukommen kann auch hier eine Einigungsgebühr. **32**

Hinsichtlich der Abrechnung kann auf die Rn 21 ff. Bezug genommen werden. **33**

§ 23 Prozess-/Verfahrenskostenhilfe-Prüfungsverfahren

Inhalt

I. Überblick	1
1. Umfang der Angelegenheit	1
a) Tätigkeit auch in der Hauptsache	1
b) Tätigkeit nur im Prozess- bzw. Verfahrenskostenhilfeverfahren	4
2. Verfahren nach Teil 3 VV	5
3. Verfahren nach Teil 4 VV	6
II. Betragsrahmengebühren nach Teil 3 VV	8
III. Wertgebühren nach Teil 3 VV	9
1. Bewilligungsverfahren	9
a) Überblick	9
b) Der Gegenstandswert	16
c) Gebühren	21
aa) Verfahrensgebühr	21
(1) Volle Verfahrensgebühr	21
(2) Ermäßigte Verfahrensgebühr	23
(3) Mehrere Auftraggeber	25
(4) Anrechnung einer vorangegangenen Gebühr	28
bb) Terminsgebühr	32
(1) Termine nach Vorbem. 3 Abs. 3 VV	32
(2) Keine Terminsgebühr in den Fällen der Anm. Abs. 1 zu Nr. 3104 VV	36
cc) Einigungsgebühr	37
dd) Erledigungsgebühr	41
ee) Aussöhnungsgebühr	42
2. Beschwerdeverfahren	43
3. Rechtsbeschwerde	50
4. Nachfolgendes Hauptsacheverfahren	53
a) Überblick	53
b) Verfahrens- oder Prozesskostenhilfebewilligung wird abgelehnt, Rechtsstreit wird dennoch durchgeführt	56
c) Uneingeschränkte Verfahrens- oder Prozesskostenhilfebewilligung	57
d) Teilweise Verfahrens- oder Prozesskostenhilfebewilligung, Fortführung des Verfahrens nur im Rahmen der Bewilligung	58
e) Teilweise Verfahrens- oder Prozesskostenhilfebewilligung, Fortführung des Verfahrens auch soweit Prozess- oder Verfahrenskostenhilfe nicht bewilligt worden ist	59

I. Überblick

1. Umfang der Angelegenheit

a) Tätigkeit auch in der Hauptsache

Das Verfahren über die Prozess- oder Verfahrenskostenhilfe zählt nach § 16 Nr. 2 RVG zum **Rechtszug** und wird durch die dort verdienten Gebühren mit abgegolten. Auch dann, wenn **mehrere Prozess- oder Verfahrenskostenhilfeverfahren** während desselben Rechtszugs stattfinden, werden sie durch die Gebühren der Hauptsache abgegolten, da mehrere Prozess- oder Verfahrenskostenhilfeverfahren desselben Rechtszugs nach § 16 Nr. 3 RVG nur eine Angelegenheit darstellen, die ihrerseits wiederum nach § 16 Nr. 2 RVG zur Hauptsache zählt. Erfasst werden dabei nicht nur mehrere Verfahren auf Bewilligung von Prozess- oder Verfahrenskostenhilfe, sondern auch spätere Abänderungs- oder Aufhebungsverfahren.

> **Beispiel 1**   **Prozesskostenhilfebewilligungsverfahren als Teil der Hauptsache**   2
>
> **Der Anwalt wird vom Beklagten beauftragt, ihn gegen eine Klage zu verteidigen. Der Anwalt bestellt sich und beantragt Klageabweisung. Gleichzeitig beantragt er, dem Beklagten unter seiner Beiordnung Prozesskostenhilfe zu bewilligen.**

Der Anwalt hat sogleich die Gebühren in der Hauptsache verdient (Nrn. 3100 ff. VV). Damit ist auch die Tätigkeit im Prozesskostenhilfeprüfungsverfahren abgegolten (§ 16 Nr. 2 RVG). Eine gesonderte Vergütung erhält der Anwalt hier nicht.

§ 23 Prozess-/Verfahrenskostenhilfe-Prüfungsverfahren

> **Beispiel 2** — Überprüfungsverfahren als Teil der Hauptsache

Wie vorangegangenes Beispiel 1; dem Beklagten wird Prozesskostenhilfe bewilligt und der Anwalt beigeordnet. Nach Abschluss des Verfahrens werden die wirtschaftlichen Verhältnisse der Partei gem. § 120 Abs. 4 ZPO überprüft. Der Anwalt reicht daraufhin für die bedürftige Partei eine neue Erklärung zu den persönlichen und wirtschaftlichen Verhältnissen ein.

Auch das Überprüfungsverfahren löst keine neue Angelegenheit aus, sondern zählt zusammen mit dem Bewilligungsverfahren nach § 16 Nr. 3 RVG als eine Angelegenheit. Diese wiederum zählt nach § 16 Nr. 2 RVG mit zur Hauptsache und ist durch die dortigen Gebühren mit abgegolten.

3 Eine gesonderte Vergütung kann allerdings im Falle des § 15 Abs. 5 S. 2 RVG entstehen, wenn zwischen dem Abschluss des Verfahrens und der Einleitung eines Überprüfungsverfahrens **mehr als zwei Kalenderjahre** liegen.

> **Beispiel 3** — Überprüfungsverfahren nach mehr als zwei Kalenderjahren

Wie vorangegangenes Beispiel 2. Das Verfahren in der Hauptsache war im Jahr 2011 durch Urteil abgeschlossen worden. Das Verfahren auf Überprüfung der wirtschaftlichen Verhältnisse wird im März 2014 eingeleitet.

Da seit der Beendigung des Hauptsacheverfahrens in 2011 zwischenzeitlich mehr als zwei Kalenderjahre vergangen sind, gilt der weitere Auftrag im Prozesskostenhilfeverfahren nach § 15 Abs. 5 S. 2 RVG als neue Angelegenheit, der gesonderte Gebühren auslöst. Abzurechnen ist für dieses Verfahren nach den Nrn. 3335 ff. VV (siehe unten Rn 9 ff.).

b) Tätigkeit nur im Prozess- bzw. Verfahrenskostenhilfeverfahren

4 Wird der Anwalt **ausschließlich im Verfahren über die Prozess- oder Verfahrenskostenhilfe** tätig, so erhält er hierfür eine gesonderte Vergütung. Allerdings erhält er auch hier in mehreren Prozess- oder Verfahrenskostenhilfeverfahren desselben Rechtszugs die Gebühren nur einmal (§ 16 Nr. 3 RVG).

> **Beispiel 4** — Antrag auf Prozesskostenhilfe wird abgelehnt

Der Anwalt beantragt für seine Mandantin Prozesskostenhilfe, ohne dass er bereits in der Hauptsache beauftragt ist. Der Antrag wird abgelehnt.

Der Anwalt erhält nur die Vergütung für das Verfahren auf Bewilligung von Prozesskostenhilfe.

> **Beispiel 5** — Antrag auf Prozesskostenhilfe wird stattgegeben, Beiordnung wird abgelehnt

Der Anwalt beantragt für seinen Mandanten Prozesskostenhilfe, ohne dass er bereits in der Hauptsache beauftragt ist. Prozesskostenhilfe wird bewilligt; allerdings wird die Beiordnung des Antrags abgelehnt, da diese nicht notwendig sei. Der Mandant führt den Rechtsstreit daraufhin selbst.

Auch jetzt erhält der Anwalt die Vergütung nur für das Verfahren auf Bewilligung von Prozesskostenhilfe.

| Beispiel 6 | **Mehrfacher Antrag** |

Der Anwalt beantragt im Januar 2014 für seine Mandantin Verfahrenskostenhilfe für ein beabsichtigtes Scheidungsverfahren. Der Antrag wird abgelehnt, da das Trennungsjahr noch nicht abgelaufen ist. Im Juni – nach Ablauf des Trennungsjahres – beantragt der Anwalt erneut Verfahrenskostenhilfe für das beabsichtigte Scheidungsverfahren. Diesmal wird der Antrag zurückgewiesen, weil die Mandantin Vermögen hat, aus dem sie die Scheidungskosten bestreiten kann.

Der Anwalt erhält die Vergütung für das Verfahren auf Bewilligung von Verfahrenskostenhilfe nur einmal (§ 16 Nr. 3 RVG).

2. Verfahren nach Teil 3 VV

Wird der Anwalt in Angelegenheiten nach Teil 3 VV **ausschließlich im Verfahren über die Prozess- oder Verfahrenskostenhilfe** tätig, so richtet sich die Vergütung nach den Nrn. 3335, 3337, Vorbem. 3.3.6 S. 2 VV. Kommt es später zur Hauptsache, gilt § 16 Nr. 2 RVG. Die Gebühren des Prozess- oder Verfahrenskostenhilfeprüfungsverfahrens gehen in den (gegebenenfalls höheren) Gebühren der Hauptsache auf.[1]

5

3. Verfahren nach Teil 4 VV

Auch in Strafsachen nach Teil 4 VV kommt die Bewilligung von Prozesskostenhilfe in Betracht (§§ 379 Abs. 3, 379a, 404 Abs. 5 StPO). Hier fehlt es allerdings an gesonderten Gebührentatbeständen. Soweit die Tätigkeit im Prozesskostenhilfeprüfungsverfahren nicht durch die Gebühren der Hauptsache abgegolten ist (§ 16 Nr. 2 RVG gilt auch hier), dürfte die Vertretung in diesen Verfahren als Einzeltätigkeit i.S.d. Nr. 4302 Nr. 2 VV anzusehen sein. Für die Wahrnehmung eines Termins dürfte dann die Gebühr nach Nr. 4301 Nr. 4 VV oder die Gebühr nach Nr. 4302 Nr. 3 VV greifen (siehe hierzu § 35 Rn 164 ff.).

6

Soweit in Verfahren nach Teil 4 VV allerdings Wertgebühren gelten (Nrn. 4142–4146 VV), erscheint es dagegen sachgerechter, die Nrn. 3335, 3337, Vorbem. 3.3.6 S. 2 VV analog anzuwenden.

7

II. Betragsrahmengebühren nach Teil 3 VV

Sofern in Verfahren nach Teil 3 VV in der Hauptsache nach Betragsrahmengebühren abzurechnen ist (§ 3 Abs. 1 S. 1 RVG), erhält der Anwalt für die Vertretung im Prozesskostenhilfeprüfungsverfahren gesonderte Verfahrensgebühren und zwar ebenfalls Rahmengebühren. Die Verfahrensgebühr ergibt sich auch hier aus Nr. 3335 VV. Kommt es zu einem Termin, erhält der Anwalt zusätzlich eine Terminsgebühr nach Vorbem. 3.3.6 S. 2 i.V.m. der Terminsgebühr des jeweiligen Hauptsacheverfahrens. Wegen des Zusammenhangs siehe hierzu § 31 Rn 290 ff.

8

---

1 Im Ergebnis ebenso, allerdings davon ausgehend, dass die Gebühren wegfallen: BGH AGS 2008, 435 = FamRZ 2008, 982.

III. Wertgebühren nach Teil 3 VV

1. Bewilligungsverfahren

a) Überblick

9 Ist in Verfahren aus Teil 3 VV nach Wertgebühren abzurechnen (§§ 2 Abs. 1, 3 Abs. 1 S. 2 u. 3 RVG), erhält der Anwalt nach Nr. 3335 VV eine **Verfahrensgebühr** in Höhe der Verfahrensgebühr der Hauptsache, höchstens jedoch 1,0. Die Verfahrensgebühr entsteht bereits mit der Entgegennahme der Information (Vorbem. 3 Abs. 2 VV). Die volle Verfahrensgebühr wird für den Anwalt des Antragstellers in der Regel ausgelöst durch Einreichen des Prozess- oder Verfahrenskostenhilfeantrags und für den Anwalt des Antragsgegners durch die Stellungnahme hierauf (arg. e. Anm. zu Nr. 3337 VV).

10 Soweit der Anwalt **mehrere Auftraggeber** wegen desselben Gegenstands vertritt, erhöht sich die Gebühr nach Nr. 1008 VV um 0,3 je weiteren Auftraggeber, höchstens um 2,0.

11 Erledigt sich der Auftrag vorzeitig, so ermäßigt sich die Verfahrensgebühr der Nr. 3335 VV nach Anm. Nr. 1 zu Nr. 3337 VV auf 0,5, soweit die volle Gebühr nicht darunter liegt. Gleiches gilt, wenn lediglich beantragt wird, eine Einigung über gerichtlich nicht anhängige Gegenstände zu Protokoll zu nehmen oder die Parteien lediglich über gerichtlich nicht anhängige Gegenstände verhandeln (Anm. Nr. 2 zu Nr. 3337 VV).

12 Kommt es im Prozess- oder Verfahrenskostenhilfeprüfungsverfahren zu einem Termin i.S.d. Vorbem. 3 Abs. 3 VV, so entsteht nach Vorbem. 3.3.6 S. 2 VV eine **Terminsgebühr**, wie sie auch im Verfahren entstehen würde, für das Prozesskostenhilfe beantragt ist.

13 Auch eine **Einigungsgebühr** nach Nrn. 1000, 1003 VV kann im Verfahren über die Prozess- oder Verfahrenskostenhilfe anfallen. Die Gebühr beläuft sich auf 1,0 (Nr. 1003 VV) und im Berufungs-, Revisions- oder einem nach Anm. zu Nr. 1004 VV gleichgestellten Verfahren auf 1,3 (Nr. 1004 VV), da der Antrag auf Prozess- oder Verfahrenskostenhilfe bereits zur Anhängigkeit i.S.d. Nrn. 1003, 1004 VV führt. Lediglich dann, wenn Prozesskostenhilfe für ein selbstständiges Beweisverfahren beantragt wird, bleibt es bei 1,5 (Anm. Abs. 1 S. 1 zu Nr. 1003 VV). Soweit gerichtlich nicht anhängige Gegenstände in die Einigung mit einbezogen werden, entsteht insoweit eine 1,5-Einigungsgebühr (Nr. 1000 VV), und zwar auch dann, wenn für den Abschluss der Einigung ebenfalls Prozess- oder Verfahrenskostenhilfe beantragt ist (Anm. Abs. 1 zu Nr. 1003 VV).

14 Ebenso können **Erledigungsgebühr** (Nr. 1002 VV) und **Aussöhnungsgebühr** anfallen (siehe Rn 37 ff. und 41).

15 Für den **Gegenstandswert** enthält § 23a RVG eine besondere Regelung, da nach dem GKG, FamGKG und dem GNotKG Gerichtsgebühren für diese Verfahren nicht entstehen und insoweit auch in den Gerichtskostengesetzen keine Wertvorschriften vorgesehen sind.

b) Der Gegenstandswert

16 Der **Gegenstandswert** beläuft sich im erstinstanzlichen Verfahren der Bewilligung von Prozesskostenhilfe oder in Verfahren auf Aufhebung der Bewilligung nach § 124 Abs. 1 Nr. 1 ZPO auf den Wert der Hauptsache (§ 23a Abs. 1, 1. Hs. RVG). Wird die Prozess- oder Verfahrenskostenhilfe nur hinsichtlich eines Teils der Hauptsache beantragt, so ist dieser Wert maßgebend.

III. Wertgebühren nach Teil 3 VV § 23

In sonstigen Verfahren, die nicht auf Bewilligung oder deren Aufhebung nach § 124 Abs. 1 Nr. 1 ZPO gerichtet sind, ergibt sich der Gegenstandswert aus dem **Kosteninteresse** und ist nach billigem Ermessen zu bestimmen (§ 23a Abs. 1, 2. Hs. RVG). Gemeint sind hiermit die Fälle des **§ 124 Abs. 1 Nr. 2 bis 5 ZPO**. Wird also beispielsweise ein Aufhebungsverfahren eingeleitet, das sich auf die Gründe des § 124 Nr. 2 bis 5 ZPO stützt, bestimmt sich der Wert nach dem Kosteninteresse. 17

Festgesetzt wird der Gegenstandswert auf Antrag eines Beteiligten im Verfahren nach § 33 RVG,[2] da in Verfahren über die Bewilligung von Prozess- oder Verfahrenskostenhilfe keine Gerichtsgebühren erhoben werden. 18

> **Beispiel 7** Prozesskostenhilfebewilligungsverfahren

Der Anwalt wird von der bedürftigen Partei beauftragt, für eine beabsichtigte Klage in Höhe von 5.000,00 EUR Prozesskostenhilfe zu beantragen. Das Gericht weist den Antrag zurück. Daraufhin nimmt die Partei von der Klage Abstand.

Der Gegenstandswert beläuft sich gem. § 23a Abs. 1, 1. Hs. RVG auf 5.000,00 EUR.

1.	1,0-Verfahrensgebühr, Nrn. 3335, 3100 VV (Wert: 5.000,00 EUR)	303,00 EUR
2.	Postentgeltpauschale, Nr. 7002 VV	20,00 EUR
	Zwischensumme 323,00 EUR	
3.	19 % Umsatzsteuer, Nr. 7008 VV	61,37 EUR
Gesamt		**384,37 EUR**

Wird die Prozess- oder Verfahrenskostenhilfe nur hinsichtlich eines Teils der Hauptsache beantragt, so ist auch nur dieser Teilwert maßgebend. 19

> **Beispiel 8** Prozesskostenhilfebewilligungsverfahren ohne Termin, Antrag nur für Teil der Hauptsache

In einem Verkehrsunfallprozess werden Halter, Fahrer und Haftpflichtversicherer auf Schadensersatz verklagt. Der Haftpflichtversicherer beauftragt seinen Anwalt mit der Vertretung. Der Fahrer möchte Widerklage auf Schmerzensgeld in Höhe von 2.000,00 EUR erheben und beauftragt einen eigenen Anwalt, dafür Prozesskostenhilfe zu beantragen, die jedoch abgelehnt wird.

Der Gegenstandswert des Prozesskostenhilfeprüfungsverfahrens berechnet sich nur nach dem Wert der angestrebten Widerklage und beträgt somit 2.000,00 EUR.

1.	1,0-Verfahrensgebühr, Nrn. 3335, 3100 VV (Wert: 2.000,00 EUR)	150,00 EUR
2.	Postentgeltpauschale, Nr. 7002 VV	20,00 EUR
	Zwischensumme 170,00 EUR	
3.	19 % Umsatzsteuer, Nr. 7008 VV	32,30 EUR
Gesamt		**202,30 EUR**

In sonstigen Verfahren, die nicht auf Bewilligung, Aufhebung oder Abänderung gerichtet sind, ergibt sich der Gegenstandswert aus dem **Kosteninteresse** und ist nach billigem Ermessen zu 20

---

2 VGH Baden-Württemberg AGS 2009, 404 = NJW 2009, 404 = RVGreport 2009, 234.

bestimmen (Anm. Abs. 1, 2. Hs. zu Nr. 3335 VV). Gemeint sind hiermit die Fälle der §§ 120a, 124 Abs. 1 Nr. 2 bis 5 ZPO. Wird also beispielsweise ein Aufhebungsverfahren eingeleitet, das sich auf die Gründe des § 124 Abs. 1 Nr. 2 bis 5 ZPO stützt, bestimmt sich der Wert nach dem Kosteninteresse.

Beispiel 9 | Isoliertes Aufhebungsverfahren nach § 124 ZPO

In einem Rechtsstreit war dem Mandanten für eine Klage auf Zahlung von 10.000,00 EUR Prozesskostenhilfe ohne Ratenzahlung unter Beiordnung des Rechtsanwalts A bewilligt worden. Die Klage wurde abgewiesen. Die von der Staatskasse gezahlten Anwaltskosten belaufen sich auf 937,13 EUR die Gerichtskosten auf 723,00 EUR. Später wird ein Überprüfungsverfahren nach § 120a ZPO eingeleitet, in dem die bedürftige Partei nunmehr Rechtsanwalt B beauftragt.

Für Rechtsanwalt B handelt es sich um ein selbstständiges Verfahren. Er erhält eine Verfahrensgebühr nach Nr. 3335 VV. Maßgebend ist jetzt gem. § 23a Abs. 1 2. Hs. RVG das Kosteninteresse. Das wiederum beläuft sich auf (937,13 EUR + 723,00 EUR =) 1.660,13 EUR, da die bedürftige Partei von diesem Betrag nach wie vor freigestellt bleiben will.

1.	1,0-Verfahrensgebühr, Nrn. 3335, 3100 VV (Wert: 1.660,13 EUR)	150,00 EUR
2.	Postentgeltpauschale, Nr. 7002 VV	20,00 EUR
	Zwischensumme	170,00 EUR
3.	19 % Umsatzsteuer, Nr. 7008 VV	32,30 EUR
	Gesamt	**202,30 EUR**

Beispiel 10 | Isoliertes Abänderungsverfahren nach § 120a ZPO (I)

In einem Rechtsstreit war dem Mandanten Prozesskostenhilfe gegen Ratenzahlung von 45,00 EUR bewilligt worden. Die gesamten von der Staatskasse übernommenen Kosten belaufen sich auf 2.400,00 EUR. Aufgrund der verschlechterten wirtschaftlichen Verhältnisse beantragt der Anwalt eine Herabsetzung der Raten auf 15,00 EUR, nachdem bereits acht Raten gezahlt worden sind.

Maßgebend ist jetzt der Differenzbetrag der noch offenen Raten.[3] Wenn es bei 45,00 EUR bliebe, wären noch 40 × 45,00 EUR zu zahlen, also 1.800,00 EUR. Werden die Raten dagegen auf 15,00 EUR herabgesetzt, wären nur noch 40 × 15,00 EUR zahlen, also 600,00 EUR. Der Gegenstandswert beläuft sich also auf (1.800,00 EUR – 600,00 EUR =) 1.200,00 EUR.

1.	1,0-Verfahrensgebühr, Nrn. 3335, 3100 VV (Wert: 1.200,00 EUR)	115,00 EUR
2.	Postentgeltpauschale, Nr. 7002 VV	20,00 EUR
	Zwischensumme	135,00 EUR
3.	19 % Umsatzsteuer, Nr. 7008 VV	25,65 EUR
	Gesamt	**160,65 EUR**

---

3 BGH AGS 2013, 32 = FamRZ 2012, 1937 = FF 2012, 512 = NJW-Spezial 2013, 60.

III. Wertgebühren nach Teil 3 VV § 23

Beispiel 11 | **Isoliertes Abänderungsverfahren nach § 120a ZPO (II)**

Wie vorangegangenes Beispiel 10; jedoch belaufen sich die von der Staatskasse übernommenen Kosten auf lediglich 1.500,00 EUR.

Da bereits 360,00 EUR gezahlt und damit nur noch 1.140,00 EUR offen sind, wären auch bei der herabgesetzten Rate die gesamten Kosten abzuzahlen. Das Interesse der bedürftigen Partei geht hier letztlich also nicht auf eine Freistellung, sondern nur auf eine Streckung der Ratenzahlung. Dieser Wert ist nach billigem Ermessen zu schätzen. Insoweit bietet sich eine analoge Anwendung des § 31b RVG an, der von 20 % der Forderung ausgeht. Dies würde dann hier einen Wert von 228,00 EUR ergeben.

1. 1,0-Verfahrensgebühr, Nrn. 3335, 3100 VV 45,00 EUR
   (Wert: 228,00 EUR)
2. Postentgeltpauschale, Nr. 7002 VV 9,00 EUR
   Zwischensumme 54,00 EUR
3. 19 % Umsatzsteuer, Nr. 7008 VV 10,26 EUR
   Gesamt **64,26 EUR**

c) Gebühren

aa) Verfahrensgebühr

(1) Volle Verfahrensgebühr

Für seine Tätigkeit im Prozess- oder Verfahrenskostenhilfeprüfungsverfahren erhält der Anwalt zunächst einmal für das Betreiben des Geschäfts (Vorbem. 3 Abs. 2 VV) eine Verfahrensgebühr nach Nr. 3335 VV. Deren Höhe beläuft sich grundsätzlich auf die Höhe der Verfahrensgebühr des Verfahrens, für das Prozesskostenhilfe beantragt wird; der Gebührensatz ist jedoch auf 1,0 begrenzt. 21

Beispiel 12 | **Prozesskostenhilfebewilligungsverfahren ohne Termin**

Der Anwalt wird von der bedürftigen Partei beauftragt, für eine beabsichtigte Klage in Höhe von 5.000,00 EUR Prozesskostenhilfe zu beantragen. Das Gericht weist den Antrag zurück. Daraufhin nimmt die Partei von der Klage Abstand.

Mangels (unbedingten) Klageauftrags entsteht nur die Vergütung für das Prozesskostenhilfeprüfungsverfahren. Diese würde sich gem. Nr. 3100 VV auf 1,3 belaufen, wird aber nach Nr. 3335 VV auf 1,0 begrenzt.

1. 1,0-Verfahrensgebühr, Nrn. 3335, 3100 VV 303,00 EUR
   (Wert: 5.000,00 EUR)
2. Postentgeltpauschale, Nr. 7002 VV 20,00 EUR
   Zwischensumme 323,00 EUR
3. 19 % Umsatzsteuer, Nr. 7008 VV 61,37 EUR
   Gesamt **384,37 EUR**

Soweit die Verfahrensgebühr des Verfahrens, für das Prozesskostenhilfe beantragt worden ist, den Gebührensatz von 1,0 nicht überschreitet, bleibt es bei dem vollen Gebührensatz der Verfahrensgebühr. 22

| Beispiel 13 | **Prozesskostenhilfebewilligungsverfahren ohne Termin, Zwangsvollstreckung**

Der Anwalt wird von der bedürftigen Partei beauftragt, für eine beabsichtigte Zwangsvollstreckung in Höhe von 5.000,00 EUR Prozesskostenhilfe zu beantragen. Das Gericht weist den Antrag zurück. Daraufhin nimmt die Partei von der Zwangsvollstreckung Abstand.

Die Begrenzung der Verfahrensgebühr nach Nr. 3335 VV greift nicht. Der Anwalt erhält also eine 0,3-Verfahrensgebühr.

1.	0,3-Verfahrensgebühr, Nrn. 3335, 3309 VV (Wert: 5.000,00 EUR)	90,90 EUR
2.	Postentgeltpauschale, Nr. 7002 VV	18,18 EUR
	Zwischensumme	109,08 EUR
3.	19 % Umsatzsteuer, Nr. 7008 VV	20,73 EUR
	Gesamt	**129,81 EUR**

| Beispiel 14 | **Prozesskostenhilfebewilligungsverfahren ohne Termin, Beschwerdeverfahren**

Der Anwalt wird von der bedürftigen Partei beauftragt, für eine beabsichtigte Beschwerde gegen eine einstweilige Verfügung (Wert: 10.000,00 EUR) Prozesskostenhilfe zu beantragen. Das Gericht weist den Antrag zurück. Daraufhin nimmt die Partei vom Beschwerdeverfahren Abstand.

Auch hier greift die Begrenzung der Nr. 3335 VV nicht. Der Anwalt erhält eine Verfahrensgebühr nach Nr. 3500 VV in Höhe von 0,5.

1.	0,5-Verfahrensgebühr, Nrn. 3335, 3500 VV (Wert: 10.000,00 EUR)	279,00 EUR
2.	Postentgeltpauschale, Nr. 7002 VV	20,00 EUR
	Zwischensumme	299,00 EUR
3.	19 % Umsatzsteuer, Nr. 7008 VV	56,81 EUR
	Gesamt	**355,81 EUR**

(2) Ermäßigte Verfahrensgebühr

23 Im Falle einer **vorzeitigen Erledigung** ermäßigt sich die 1,0-Verfahrensgebühr der Nr. 3335 VV gem. Nr. 3337 VV auf 0,5, sofern die Verfahrensgebühr des Verfahrens, für das Prozesskostenhilfe beantragt wird, nicht ohnehin schon darunter liegt.

| Beispiel 15 | **Prozesskostenhilfebewilligungsverfahren ohne Termin, vorzeitige Erledigung (Antragsteller)**

Der Anwalt wird von der bedürftigen Partei beauftragt, für eine beabsichtigte Klage in Höhe von 5.000,00 EUR Prozesskostenhilfe zu beantragen. Hiernach zahlt der Gegner. Der PKH-Antrag wird nicht mehr eingereicht.

Aufgrund der vorzeitigen Erledigung ermäßigt sich die 1,0-Gebühr der Nr. 3335 VV nach Anm. Nr. 1 zu Nr. 3337 VV auf 0,5.

1. 0,5-Verfahrensgebühr, Nrn. 3335, 3337 VV		151,50 EUR
(Wert: 5.000,00 EUR)		
2. Postentgeltpauschale, Nr. 7002 VV		20,00 EUR
Zwischensumme	171,50 EUR	
3. 19 % Umsatzsteuer, Nr. 7008 VV		32,59 EUR
Gesamt		**204,09 EUR**

Beispiel 16 — Prozesskostenhilfebewilligungsverfahren ohne Termin, vorzeitige Erledigung (Antragsgegner)

Der Anwalt wird vom Antragsgegner im Prozesskostenhilfeverfahren beauftragt. Er prüft den Antrag der Gegenseite und rät, nichts Weiteres zu veranlassen, sondern abzuwarten, wie das Gericht entscheidet. Der Prozesskostenhilfeantrag wird zurückgewiesen. Zur Hauptsache kommt es nicht mehr.

Auch für den Anwalt des Antragsgegners gilt Nr. 3335 VV. Abzurechnen ist wie im vorangegangenen Beispiel 15.

Soweit die Verfahrensgebühr des Verfahrens, für das Prozesskostenhilfe beantragt worden ist, den Gebührensatz von 0,5 nicht überschreitet, bleibt es bei dem vollen Gebührensatz der Verfahrensgebühr. Eine Ermäßigung findet hier nicht statt.

24

Beispiel 17 — Prozesskostenhilfebewilligungsverfahren für Zwangsvollstreckung, vorzeitige Erledigung

Der Anwalt wird von der bedürftigen Partei beauftragt, für eine beabsichtigte Zwangsvollstreckung in Höhe von 5.000,00 EUR Prozesskostenhilfe zu beantragen. Bevor der Antrag eingereicht wird, zahlt der Schuldner doch noch, sodass sich die Vollstreckung und damit auch der PKH-Antrag erübrigen.

Die Begrenzung der Verfahrensgebühr nach Nr. 3337 VV greift nicht. Der Anwalt erhält also die volle 0,3-Verfahrensgebühr.

1. 0,3-Verfahrensgebühr, Nrn. 3335, 3309 VV		90,90 EUR
(Wert: 5.000,00 EUR)		
2. Postentgeltpauschale, Nr. 7002 VV		18,18 EUR
Zwischensumme	109,08 EUR	
3. 19 % Umsatzsteuer, Nr. 7008 VV		20,73 EUR
Gesamt		**129,81 EUR**

(3) Mehrere Auftraggeber

Wird der Anwalt für **mehrere Auftraggeber** wegen desselben Gegenstands tätig, so erhöht sich die jeweilige Verfahrensgebühr nach Nr. 1008 VV um 0,3 je weiteren Auftraggeber, höchstens um 2,0.

25

Beispiel 18 — Prozesskostenhilfebewilligungsverfahren ohne Termin, mehrere Auftraggeber, derselbe Gegenstand

Der Anwalt wird von zwei Mandanten als Gesamtgläubiger beauftragt, für eine beabsichtigte Klage in Höhe von 5.000,00 EUR Prozesskostenhilfe zu beantragen. Das Gericht weist den Antrag zurück. Daraufhin nehmen die Mandanten von der Klage Abstand.

§ 23 Prozess-/Verfahrenskostenhilfe-Prüfungsverfahren

Auch die Verfahrensgebühr der Nr. 3335 VV erhöht sich bei mehreren Auftraggebern nach Nr. 1008 VV um 0,3 je weiteren Auftraggeber, sofern der Gegenstand der Tätigkeit in der Hauptsache derselbe ist.

1.	1,3-Verfahrensgebühr, Nrn. 3335, 3100, 1008 VV (Wert: 5.000,00 EUR)	393,90 EUR
2.	Postentgeltpauschale, Nr. 7002 VV	20,00 EUR
	Zwischensumme	413,90 EUR
3.	19 % Umsatzsteuer, Nr. 7008 VV	78,64 EUR
	Gesamt	**492,54 EUR**

26 Wird der Anwalt für mehrere Auftraggeber wegen verschiedener Gegenstände tätig, kommt eine Erhöhung der Verfahrensgebühr nach Nr. 1008 VV nicht in Betracht. Stattdessen werden die Werte nach § 22 RVG zusammengerechnet.

> **Beispiel 19** **Prozesskostenhilfebewilligungsverfahren ohne Termin, mehrere Auftraggeber, verschiedene Gegenstände**

Der Anwalt wird von zwei Mandanten beauftragt, die jeweils einen Pflichtteilsanspruch in Höhe von 5.000,00 EUR geltend machen wollen. Der Anwalt soll zunächst für eine beabsichtigte Klage Prozesskostenhilfe beantragen. Das Gericht weist den Antrag zurück. Daraufhin nehmen die Mandanten von der Klage Abstand.

Die Verfahrensgebühr der Nr. 3335 VV bemisst sich jetzt nach den addierten Werten der beiden Anträge, also aus 10.000,00 EUR.

1.	1,0-Verfahrensgebühr, Nrn. 3335, 3100 VV (Wert: 10.000,00 EUR)	558,00 EUR
2.	Postentgeltpauschale, Nr. 7002 VV	20,00 EUR
	Zwischensumme	578,00 EUR
3.	19 % Umsatzsteuer, Nr. 7008 VV	109,82 EUR
	Gesamt	**687,82 EUR**

27 Wird der Anwalt für mehrere Auftraggeber tätig und erledigt sich das Prüfungsverfahren vorzeitig, ist die 0,5-Gebühr um jeweils 0,3 zu erhöhen, so dass diese Gebühr sogar über der Grenze der Nr. 3335 VV von 1,0 liegen kann.

> **Beispiel 20** **Prozesskostenhilfebewilligungsverfahren mit vorzeitiger Erledigung bei mehreren Auftraggebern**

Der Anwalt wird von drei Mandanten beauftragt, für eine beabsichtigte Klage in Höhe von 5.000,00 EUR Prozesskostenhilfe zu beantragen. Der Prozesskostenhilfeantrag wird nicht mehr eingereicht, da sich die Sache vorzeitig erledigt.

Die Verfahrensgebühr der Nr. 3335 VV ermäßigt sich zwar einerseits gem. Nr. 3337 VV auf 0,5; andererseits erhöht sie sich für die weiteren zwei Auftraggeber nach Nr. 1008 VV um 0,6, sodass sich ein Gebührensatz von 1,1 ergibt.

1.	1,1-Verfahrensgebühr, Nrn. 3335, 3337, 3100, 1008 VV (Wert: 5.000,00 EUR)	333,30 EUR
2.	Postentgeltpauschale, Nr. 7002 VV	20,00 EUR
	Zwischensumme	353,30 EUR
3.	19 % Umsatzsteuer, Nr. 7008 VV	67,13 EUR
	Gesamt	**420,43 EUR**

(4) Anrechnung einer vorangegangenen Gebühr

Hat der Anwalt für eine vorangegangene Tätigkeit bereits eine Gebühr verdient, die im gerichtlichen Verfahren anzurechnen ist, dann wird diese Gebühr auf die Verfahrensgebühr der Nr. 3335 VV angerechnet.

Ist eine Geschäftsgebühr vorangegangen, ist diese hälftig auf die Verfahrensgebühr der Nr. 3335 VV anzurechnen, höchstens zu 0,75 (Vorbem. 3 Abs. 4 VV).

Beispiel 21 — Prozesskostenhilfebewilligungsverfahren mit vorausgegangener Geschäftsgebühr

Der Anwalt war wegen einer Forderung in Höhe von 5.000,00 EUR außergerichtlich als Wahlanwalt tätig. Die Sache war weder umfangreich noch schwierig. Anschließend erhält er den Auftrag, für die beabsichtige Klage Prozesskostenhilfe zu beantragen. Das Gericht weist den Antrag zurück. Daraufhin nimmt die Partei von der Klage Abstand.

Für die außergerichtliche Vertretung erhält der Anwalt eine 1,3-Geschäftsgebühr (Anm. zu Nr. 2300 VV). Für das Prozesskostenhilfeprüfungsverfahren erhält er eine 1,0-Verfahrensgebühr nach Nrn. 3335, 3100 VV. Darauf ist die Geschäftsgebühr nach Vorbem. 3 Abs. 4 VV hälftig anzurechnen.

I. Außergerichtliche Vertretung		
1. 1,3-Geschäftsgebühr, Nr. 2300 VV (Wert: 5.000,00 EUR)		393,90 EUR
2. Postentgeltpauschale, Nr. 7002 VV		20,00 EUR
Zwischensumme	413,90 EUR	
3. 19 % Umsatzsteuer, Nr. 7008 VV		78,64 EUR
Gesamt		**492,54 EUR**
II. Prozesskostenhilfeprüfungsverfahren		
1. 1,0-Verfahrensgebühr, Nr. 3335 VV (Wert: 5.000,00 EUR)		303,00 EUR
2. gem. Vorbem. 3 Abs. 4 VV anzurechnen, 0,65 aus 5.000,00 EUR		– 196,95 EUR
3. Postentgeltpauschale, Nr. 7002 VV		20,00 EUR
Zwischensumme	126,05 EUR	
4. 19 % Umsatzsteuer, Nr. 7008 VV		23,95 EUR
Gesamt		**150,00 EUR**

Ebenso ist im Falle einer vorangegangenen Beratung anzurechnen, § 34 Abs. 2 RVG.

Beispiel 22 — Beratungsgebühr mit Anrechnung

Der Mandant hatte sich vom Anwalt wegen einer Forderung i.H.v. 6.000,00 EUR beraten lassen. Die Parteien hatten für die Beratung eine pauschale Gebühr i.H.v. 300,00 EUR zuzüglich Auslagen und Umsatzsteuer vereinbart. Später beauftragt der Mandant den Anwalt, für ihn Prozesskostenhilfe zu beantragen (Wert: 6.000,00 EUR).

Da nichts Abweichendes vereinbart worden ist, wird die Beratungsgebühr in voller Höhe auf die Vergütung für das Prozesskostenhilfeprüfungsverfahren angerechnet (§ 34 Abs. 2 RVG) (zur Anrechnung siehe § 6 Rn 20).

§ 23 Prozess-/Verfahrenskostenhilfe-Prüfungsverfahren

I. Beratung		
1. Beratungsgebühr		300,00 EUR
2. Postentgeltpauschale, Nr. 7002 VV		20,00 EUR
Zwischensumme	320,00 EUR	
3. 19 % Umsatzsteuer, Nr. 7008 VV		60,80 EUR
Gesamt		**380,80 EUR**
II. Gerichtliche Vertretung		
1. 1,0-Verfahrensgebühr, Nrn. 3335, 3100 VV (Wert: 6.000,00 EUR)		354,00 EUR
2. gem. § 34 Abs. 2 RVG anzurechnen		– 300,00 EUR
3. 1,2-Terminsgebühr, Vorb. 3.3.6 S. 2, Nr. 3104 VV (Wert: 6.000,00 EUR)		424,80 EUR
4. Postentgeltpauschale, Nr. 7002 VV		20,00 EUR
Zwischensumme	498,80 EUR	
5. 19 % Umsatzsteuer, Nr. 7008 VV		94,77 EUR
Gesamt		**593,57 EUR**

31 Anzurechnen kann auch nach einem Mahnverfahren sein.

Beispiel 23 — **Anrechnung der Mahnverfahrensgebühr**

Der Anwalt hatte für den Mandanten einen Mahnbescheid über **7.500,00 EUR** erwirkt und abgerechnet. Der Antragsgegner legt fristgerecht Widerspruch ein. Der Anwalt beantragt nunmehr Prozesskostenhilfe für das streitige Verfahren.

I. Mahnverfahren		
1. 1,0-Verfahrensgebühr, Nrn. 3335, 3305 VV (Wert: 7.500,00 EUR)		456,00 EUR
2. Postentgeltpauschale, Nr. 7002 VV		20,00 EUR
Zwischensumme	476,00 EUR	
3. 19 % Umsatzsteuer, Nr. 7008 VV		90,44 EUR
Gesamt		**566,44 EUR**
II. Streitiges Verfahren		
1. 1,0-Verfahrensgebühr, Nr. 3100 VV (Wert: 7.500,00 EUR)		456,00 EUR
2. anzurechnen gem. Anm. zu Nr. 3305 VV, 1,0 aus 7.500,00 EUR		– 456,00 EUR
3. Postentgeltpauschale, Nr. 7002 VV		20,00 EUR
Zwischensumme	20,00 EUR	
4. 19 % Umsatzsteuer, Nr. 7008 VV		3,80 EUR
Gesamt		**23,80 EUR**

bb) Terminsgebühr

(1) Termine nach Vorbem. 3 Abs. 3 VV

32 Kommt es zu einem Termin i.S.d. Vorbem. 3 Abs. 3 VV, so entsteht nach Vorbem. 3.3.6 S. 2 VV eine Terminsgebühr in Höhe der Terminsgebühr, die auch im Hauptsacheverfahren anfallen würde.

Beispiel 24 — **Prozesskostenhilfebewilligungsverfahren mit Termin, Abrechnung Antragstellervertreter**

Der Anwalt wird von der bedürftigen Partei beauftragt, für eine beabsichtigte Klage in Höhe von **5.000,00 EUR** Prozesskostenhilfe zu beantragen. Das Gericht ordnet eine mündliche

III. Wertgebühren nach Teil 3 VV §23

Verhandlung im Prozesskostenhilfeprüfungsverfahren an. Nach Erörterung weist es den Antrag zurück. Daraufhin nimmt die Partei von der Klage Abstand.

Zu der 1,0-Verfahrensgebühr kommt eine 1,2-Terminsgebühr nach Vorbem. 3.3.6 S. 2 VV i.V.m. Nr. 3104 VV hinzu.

1.	1,0-Verfahrensgebühr, Nrn. 3335, 3100 VV (Wert: 5.000,00 EUR)		303,00 EUR
2.	1,2-Terminsgebühr, Vorbem. 3.3.6 S. 2 i.V.m. Nr. 3104 VV (Wert: 5.000,00 EUR)		363,60 EUR
3.	Postentgeltpauschale, Nr. 7002 VV Zwischensumme	686,60 EUR	20,00 EUR
4.	19 % Umsatzsteuer, Nr. 7008 VV		130,45 EUR
Gesamt			**817,05 EUR**

> **Beispiel 25** — **Prozesskostenhilfebewilligungsverfahren mit Termin, Abrechnung Antragsgegnervertreter**

Der Anwalt wird beauftragt, zu einem Prozesskostenhilfeantrag der Gegenseite für eine beabsichtigte Klage in Höhe von 5.000,00 EUR Stellung zu nehmen Das Gericht ordnet eine mündliche Verhandlung im Prozesskostenhilfeprüfungsverfahren an. Nach Erörterung weist es den Antrag zurück. Daraufhin nimmt die Gegenpartei von der Klage Abstand.

Auch für den Anwalt des Antragsgegners gilt Nr. 3335 VV, wenn er im Prozesskostenhilfeprüfungsverfahren tätig wird. Er verdient ebenso eine Terminsgebühr.

1.	1,0-Verfahrensgebühr, Nrn. 3335, 3100 VV (Wert: 5.000,00 EUR)		303,00 EUR
2.	1,2-Terminsgebühr, Nr. 3104 VV (Wert: 5.000,00 EUR)		363,60 EUR
3.	Postentgeltpauschale, Nr. 7002 VV Zwischensumme	686,60 EUR	20,00 EUR
4.	19 % Umsatzsteuer, Nr. 7008 VV		130,45 EUR
Gesamt			**817,05 EUR**

Soweit die Terminsgebühr der Hauptsache nach einem geringeren Satz anfällt, gilt dies auch im Bewilligungsverfahren, wie jetzt durch die Neufassung der Vorbem. 3.3.6 S. 2 VV klargestellt worden ist. 33

> **Beispiel 26** — **Prozesskostenhilfebewilligungsverfahren für beabsichtigte Zwangsvollstreckung mit Termin**

Der Anwalt wird von der bedürftigen Partei beauftragt, für eine beabsichtigte Zwangsvollstreckung (Verhängung eines Ordnungsgelds) Prozesskostenhilfe zu beantragen (Wert: 5.000,00 EUR). Das Gericht beraumt einen Termin im Prozesskostenhilfeverfahren an. Dort wird der Prozesskostenhilfeantrag zurückgewiesen.

Die Verfahrensgebühr nach Nr. 3335 VV entsteht jetzt wiederum nur in Höhe von 0,3 (vgl. Nr. 3309 VV). Nichts anderes gilt für die Terminsgebühr nach Vorbem. 3.3.6 S. 2 VV, die nach Nr. 3310 VV ebenfalls nur in Höhe von 0,3 entsteht.

1. 0,3-Verfahrensgebühr, Nrn. 3335, 3309 VV (Wert: 5.000,00 EUR)		90,90 EUR
2. 0,3-Terminsgebühr, Nrn. 3335, 3310 VV (Wert: 5.000,00 EUR)		90,90 EUR
3. Postentgeltpauschale, Nr. 7002 VV		20,00 EUR
Zwischensumme	201,80 EUR	
4. 19 % Umsatzsteuer, Nr. 7008 VV		38,34 EUR
Gesamt		**240,14 EUR**

34 Die Terminsgebühr kann nach Vorbem. 3 Abs. 3 S. 3 Nr. 2 VV auch durch Mitwirkung an einer Besprechung mit dem Gegner zur Erledigung des Prüfungsverfahrens und zur Vermeidung eines Hauptsacheverfahrens ausgelöst werden. Dies hat der Gesetzgeber durch die Neufassung der Vorbem. 3 Abs. 3 VV zum 1.8.2013 ausdrücklich klargestellt. Die frühere Rechtsprechung des BGH,[4] die schon damals unzutreffend war, kann angesichts dessen jedenfalls nicht weiter aufrechterhalten werden.

Beispiel 27 | Verfahren mit außergerichtlicher Besprechung

Der Anwalt wird beauftragt, einen Prozesskostenhilfeantrag für eine beabsichtigte Klage in Höhe von 5.000,00 EUR einzureichen. Nach Zustellung des Antrags kommt es zu einer Besprechung mit der Gegenpartei, die daraufhin zahlt.

Der Anwalt erhält nach Nrn. 3335, 3100 VV eine 1,0-Verfahrensgebühr und gem. Vorbem. 3.3.6 S. 2 i.V.m. Vorbem. 3 Abs. 3 S. 3 Nr. 2, Nr. 3104 VV eine 1,2-Terminsgebühr.

1. 1,0-Verfahrensgebühr, Nrn. 3335, 3337 VV (Wert: 5.000,00 EUR)		303,00 EUR
2. 1,2-Terminsgebühr, Vorbem. 3.3.6 S. 2 i.V.m. Nr. 3104 VV (Wert: 5.000,00 EUR)		363,60 EUR
3. Postentgeltpauschale, Nr. 7002 VV		20,00 EUR
Zwischensumme	686,60 EUR	
4. 19 % Umsatzsteuer, Nr. 7008 VV		130,45 EUR
Gesamt		**817,05 EUR**

35 Die Terminsgebühr kann auch neben der ermäßigten Verfahrensgebühr der Nrn. 3335, 3337 VV entstehen. Auch hier ist für die Terminsgebühr ausreichend, dass ein Verfahrensauftrag besteht.

Beispiel 28 | Vorzeitige Erledigung aufgrund Besprechung

Der Anwalt wird beauftragt, einen Prozesskostenhilfeantrag für eine beabsichtigte Klage in Höhe von 5.000,00 EUR einzureichen. Vor Einreichung kommt es zu einer Besprechung mit der Gegenpartei, die daraufhin zahlt. Zur Einreichung des Prozesskostenhilfeantrags kommt es nicht mehr.

Der Anwalt erhält nach Nrn. 3335, 3100, 3337 VV eine 0,5-Verfahrensgebühr und gem. Vorbem. 3 Abs. 3 S. 3 Nr. 2 i.V.m. Nr. 3104 VV eine 1,2-Terminsgebühr.

---

4 AGS 2012, 274 = NJW 2012, 1294 = FamRZ 2012, 708 = AnwBl 2012, 470 = MDR 2012, 615 = zfs 2012, 342 = JurBüro 2012, 302 = Rpfleger 2012, 392 = RVGprof. 2012, 55 = RVGprof. 2012, 77 = RVGreport 2012, 184 = NJW-Spezial 2012, 317 = FuR 2012, 483.

1. 0,5-Verfahrensgebühr, Nrn. 3335, 3337 VV (Wert: 5.000,00 EUR)		151,50 EUR
2. 1,2-Terminsgebühr, Vorbem. 3.3.6 S. 2 i.V.m. Nr. 3104 VV (Wert: 5.000,00 EUR)		363,60 EUR
3. Postentgeltpauschale, Nr. 7002 VV		20,00 EUR
Zwischensumme	535,10 EUR	
4. 19 % Umsatzsteuer, Nr. 7008 VV		101,67 EUR
Gesamt		**636,77 EUR**

(2) Keine Terminsgebühr in den Fällen der Anm. Abs. 1 zu Nr. 3104 VV

Eine Terminsgebühr nach Anm. Abs. 1 Nr. 1 zu Nr. 3104 VV bei einer Entscheidung ohne mündliche Verhandlung oder bei Abschluss eines schriftlichen Vergleichs kommt bei einem Prozess- bzw. Verfahrenskostenhilfebewilligungsverfahren nicht in Betracht, da in diesem Verfahren auf Prozess- oder Verfahrenskostenhilfe eine mündliche Verhandlung nicht vorgeschrieben ist (§ 127 Abs. 1 S. 1 ZPO). Die gegenteilige Auffassung des KG,[5] das eine Terminsgebühr bejaht, ist mit dem eindeutigen Gesetzeswortlaut nicht zu vereinbaren und zudem auch vom BGH abgelehnt worden.[6]

36

Beispiel 29 | **Prozesskostenhilfebewilligungsverfahren mit schriftlicher Entscheidung**

Der Anwalt beantragt für die bedürftige Partei Prozesskostenhilfe für eine beabsichtigte Klage in Höhe von 5.000,00 EUR. Das Gericht entscheidet ohne mündliche Verhandlung und lehnt die beantragte Prozesskostenhilfe ab.

Es entsteht die Verfahrensgebühr. Eine Terminsgebühr nach Anm. Abs. 1 Nr. 1 zu Nr. 3104 VV kommt nicht in Betracht, da im Verfahren eine mündliche Verhandlung nicht vorgeschrieben ist.

1. 1,0-Verfahrensgebühr, Nrn. 3335, 3100 VV (Wert: 5.000,00 EUR)		303,00 EUR
2. Postentgeltpauschale, Nr. 7002 VV		20,00 EUR
Zwischensumme	323,00 EUR	
3. 19 % Umsatzsteuer, Nr. 7008 VV		61,37 EUR
Gesamt		**384,37 EUR**

Beispiel 30 | **Prozesskostenhilfebewilligungsverfahren mit schriftlichem Vergleich**

Der Anwalt beantragt für die bedürftige Partei Prozesskostenhilfe für eine beabsichtigte Klage in Höhe von 5.000,00 EUR. Auf Vorschlag des Gerichts schließen die Parteien einen Vergleich, dessen Zustandekommen sie nach § 278 Abs. 6 ZPO feststellen lassen. Prozesskostenhilfe wird nicht bewilligt.

---

5 AGS 2008, 68 = RVGreport 2007, 458 = NJW-Spezial 2007, 619 = KGR 2007, 1019; ebenso *Hartung/Römermann/Schons*, Nr. 3335 Rn 16.
6 Der BGH hat hier allerdings in der Sache unzutreffend entschieden, da er davon ausgegangen ist, auch für die Terminsgebühr aufgrund einer Besprechung zur Erledigung oder Vermeidung des Verfahrens sei ein Verfahren mit obligatorischer mündlicher Verhandlung erforderlich: AGS 2012, 274 = NJW 2012, 1294 = FamRZ 2012, 708 = AnwBl 2012, 470 = MDR 2012, 615 = zfs 2012, 342 = JurBüro 2012, 302 = Rpfleger 2012, 392 = RVGprof. 2012, 55 = RVGprof. 2012, 77 = RVGreport 2012, 184 = NJW-Spezial 2012, 317 = FuR 2012, 483.

§ 23 Prozess-/Verfahrenskostenhilfe-Prüfungsverfahren

Es entstehen die Verfahrensgebühr und die Einigungsgebühr. Eine Terminsgebühr nach Anm. Abs. 1 Nr. 1 zu Nr. 3104 VV kommt nicht in Betracht, da im Verfahren eine mündliche Verhandlung nicht vorgeschrieben ist.

1.	1,0-Verfahrensgebühr, Nrn. 3335, 3100 VV (Wert: 5.000,00 EUR)	303,00 EUR
2.	1,0-Einigungsgebühr, Nrn. 1000, 1003 VV (Wert: 5.000,00 EUR)	303,00 EUR
3.	Postentgeltpauschale, Nr. 7002 VV	20,00 EUR
	Zwischensumme 626,00 EUR	
4.	19 % Umsatzsteuer, Nr. 7008 VV	118,94 EUR
	Gesamt	**744,94 EUR**

cc) Einigungsgebühr

37 Kommt es im Prozess- oder Verfahrenskostenhilfeprüfungsverfahren zu einer Einigung, fällt auch hier eine Einigungsgebühr an. Zu beachten ist, dass bereits der Antrag auf Prozess- oder Verfahrenskostenhilfe zur Anhängigkeit i.S.d. Nr. 1003 VV führt (Anm. Abs. 1 zu Nr. 1003 VV), so dass sich die Gebühr nur auf 1,0 beläuft, ausgenommen im Falle eines Antrags auf Prozess- oder Verfahrenskostenhilfe für ein selbstständiges Beweisverfahren (Anm. Abs. 1 zu Nr. 1003 VV).

Beispiel 31 | **Prozesskostenhilfebewilligungsverfahren mit Termin und Einigung**

Der Anwalt wird von der bedürftigen Partei beauftragt, für eine beabsichtigte Klage in Höhe von 5.000,00 EUR Prozesskostenhilfe zu beantragen. Das Gericht ordnet mündliche Verhandlung im Prozesskostenhilfeprüfungsverfahren an. Dort einigen sich die Parteien, ohne dass Prozesskostenhilfe bewilligt wird.

Zu der Verfahrens- und der Terminsgebühr kommt eine 1,0-Einigungsgebühr nach Nrn. 1000, 1003 VV hinzu.

1.	1,0-Verfahrensgebühr, Nrn. 3335, 3100 VV (Wert: 5.000,00 EUR)	303,00 EUR
2.	1,2-Terminsgebühr, Vorbem. 3.3.6 S. 2 i.V.m. Nr. 3104 VV (Wert: 5.000,00 EUR)	363,60 EUR
3.	1,0-Einigungsgebühr, Nrn. 1000, 1003 VV (Wert: 5.000,00 EUR)	303,00 EUR
4.	Postentgeltpauschale, Nr. 7002 VV	20,00 EUR
	Zwischensumme 989,60 EUR	
5.	19 % Umsatzsteuer, Nr. 7008 VV	188,02 EUR
	Gesamt	**1.177,62 EUR**

Beispiel 32 | **Prozesskostenhilfebewilligungsverfahren für ein selbstständiges Beweisverfahren mit Einigung**

Der Anwalt wird von der bedürftigen Partei beauftragt, für ein beabsichtigtes selbstständiges Beweisverfahren (Wert: 5.000,00 EUR) Prozesskostenhilfe zu beantragen. Nach Eingang des Antrags verhandeln die Anwälte telefonisch und schließen einen Vergleich, ohne dass Prozesskostenhilfe noch bewilligt wird.

Zu der Verfahrensgebühr und der Terminsgebühr kommt jetzt noch eine 1,5-Einigungsgebühr nach Nr. 1000 VV hinzu, da bei einem Antrag auf Prozesskostenhilfe für ein selbstständiges Beweisverfahren keine Reduzierung der Einigungsgebühr eintritt (Nr. 1003 VV).

1.	1,0-Verfahrensgebühr, Nrn. 3335, 3100 VV (Wert: 5.000,00 EUR)		303,00 EUR
2.	1,2-Terminsgebühr, Vorbem. 3.3.6 S. 2 i.V.m. Nr. 3104 VV (Wert: 5.000,00 EUR)		363,60 EUR
3.	1,5-Einigungsgebühr, Nr. 1000 VV (Wert: 5.000,00 EUR)		454,50 EUR
4.	Postentgeltpauschale, Nr. 7002 VV		20,00 EUR
	Zwischensumme	1.141,10 EUR	
5.	19 % Umsatzsteuer, Nr. 7008 VV		216,81 EUR
Gesamt			**1.357,91 EUR**

Wird lediglich ein schriftlicher Vergleich geschlossen, ohne dass ein gerichtlicher Termin stattgefunden hat und ohne dass eine Besprechung i.S.d. Vorbem. 3 Abs. 3 S. 3 Nr. 2 VV stattgefunden hat, entsteht keine Terminsgebühr. Die Anm. Abs. 1 Nr. 1 zu Nr. 3104 VV ist nicht anwendbar (siehe oben Rn 36).

38

Werden neben den im Prozess- oder Verfahrenskostenhilfeprüfungsverfahren anhängigen Gegenständen auch weitergehende Gegenstände in die Einigung mit einbezogen, fällt die Einigungsgebühr zu unterschiedlichen Sätzen an. Aus dem Wert der anhängigen Gegenstände entsteht die Einigungsgebühr zu 1,0, aus dem Wert der weitergehenden Gegenstände zu 1,5.

39

> **Beispiel 33** **Prozesskostenhilfebewilligungsverfahren mit Termin sowie Verhandlung und Einigung auch über weitere Gegenstände**

Der Anwalt wird von der bedürftigen Partei beauftragt, für eine beabsichtigte Klage in Höhe von 5.000,00 EUR Prozesskostenhilfe zu beantragen. Das Gericht ordnet eine mündliche Verhandlung im Prozesskostenhilfeprüfungsverfahren an. Dort einigen sich die Parteien nach Verhandlungen über die 5.000,00 EUR sowie über eine Gegenforderung in Höhe von 3.000,00 EUR und protokollieren die Einigung, ohne dass Prozesskostenhilfe bewilligt wird.

Infolge des Verhandelns und Einigens über weitere Gegenstände entsteht die Verfahrensgebühr aus dem Gesamtwert von 8.000,00 EUR; allerdings entsteht sie zu 1,0 nach Nr. 3335, 3100 VV nur aus dem Wert der anhängigen Ansprüche (5.000,00 EUR) und aus dem Mehrwert von 3.000,00 EUR nur zu 0,5 (Nr. 3337 VV).

Die Terminsgebühr nach Nr. 3104 VV entsteht ebenfalls aus den vollen 8.000,00 EUR (Vorbem. 3.3.6 S. 2 VV).

Darüber hinaus entsteht die Einigungsgebühr zu unterschiedlichen Sätzen. Aus dem Wert der im Prozesskostenhilfeprüfungsverfahren anhängigen Gegenstände entsteht die Einigungsgebühr zu 1,0 (Anm. zu Nr. 1003 VV). Aus dem Wert der weiter gehenden Ansprüche entsteht die Einigungsgebühr zu 1,5 (Nr. 1000 VV). Zu beachten ist § 15 Abs. 3 RVG.

1.	1,0-Verfahrensgebühr, Nrn. 3335, 3100 VV (Wert: 5.000,00 EUR)	303,00 EUR
2.	0,5-Verfahrensgebühr, Nrn. 3335, 3337 VV (Wert: 3.000,00 EUR) die Höchstgrenze gem. § 15 Abs. 3 RVG, nicht mehr als 1,5 aus 8.000,00 EUR (684,00 EUR), ist nicht überschritten	100,50 EUR
3.	1,2-Terminsgebühr, Vorbem. 3.3.6 S. 2 i.V.m. Nr. 3104 VV (Wert: 8.000,00 EUR)	547,20 EUR
4.	1,0-Einigungsgebühr, Nrn. 1000, 1003 VV (Wert: 5.000,00 EUR)	303,00 EUR
5.	1,5-Einigungsgebühr, Nr. 1000 VV (Wert: 3.000,00 EUR) die Höchstgrenze gem. § 15 Abs. 3 RVG, nicht mehr als 1,5 aus 8.000,00 EUR (684,00 EUR), ist nicht überschritten	301,50 EUR
6.	Postentgeltpauschale, Nr. 7002 VV	20,00 EUR
	Zwischensumme 1.575,20 EUR	
7.	19 % Umsatzsteuer, Nr. 7008 VV	299,29 EUR
	Gesamt	**1.874,49 EUR**

> **Beispiel 34** **Prozesskostenhilfebewilligungsverfahren mit Besprechung und Einigung weiterer Gegenstände**

Der Anwalt wird von der bedürftigen Partei beauftragt, für eine beabsichtigte Klage in Höhe von 5.000,00 EUR Prozesskostenhilfe zu beantragen. Die Anwälte der Parteien verhandeln daraufhin außergerichtlich (§ 19 Abs. 1 S. 2 Nr. 2 RVG) und einigen sich über die 5.000,00 EUR sowie eine Gegenforderung in Höhe von 3.000,00 EUR. Das Zustandekommen des Vergleichs wird sodann nach § 278 Abs. 6 ZPO festgestellt. Prozesskostenhilfe wird nicht bewilligt.

Abzurechnen ist wie im vorangegangenen Beispiel. Die Terminsgebühr entsteht jetzt nach Vorbem. 3 Abs. 3 S. 3 Nr. 2 VV.

40 Wird im Prozess- oder Verfahrenskostenhilfeprüfungsverfahren über nicht anhängige Gegenstände lediglich verhandelt, fehlt es unverständlicherweise an einer gesetzlichen Regelung. Hier dürfte die Verfahrensgebühr (analog Anm. Nr. 2 zu Nr. 3335 VV) ebenfalls auf 0,5 zu reduzieren sein. Es ist nicht nachzuvollziehen, wieso hier eine volle 1,0-Verfahrensgebühr anfallen sollte.

> **Beispiel 35** **Prozesskostenhilfebewilligungsverfahren mit Termin und Verhandlung weiterer Gegenstände ohne Einigung**

Der Anwalt wird von der bedürftigen Partei beauftragt, für eine beabsichtigte Klage in Höhe von 5.000,00 EUR Prozesskostenhilfe zu beantragen. Das Gericht ordnet eine mündliche Verhandlung im Prozesskostenhilfeprüfungsverfahren an. Dort verhandeln die Anwälte auch über weitere nicht anhängige 5.000,00 EUR, ohne dass es zu einer Einigung kommt. Prozesskostenhilfe wird nicht bewilligt.

Infolge des Mehrwerts der Verhandlungen entsteht auch aus diesem Wert die Verfahrensgebühr nach Nr. 3335 VV. Analog Anm. Nr. 2 zu Nr. 3337 VV dürfte die Gebühr nur in Höhe von 0,5 anzusetzen sein, weil die Anwälte im Termin lediglich verhandelt haben. Zu beachten ist wiederum

§ 15 Abs. 3 RVG. Der Anwalt darf nicht mehr als eine 1,0-Verfahrensgebühr aus dem Gesamtwert abrechnen.

Die Terminsgebühr nach Nr. 3104 VV entsteht aus den vollen 8.000,00 EUR.

1. 1,0-Verfahrensgebühr, Nrn. 3335, 3100 VV   303,00 EUR
   (Wert: 5.000,00 EUR)
2. 0,5-Verfahrensgebühr, Nrn. 3335, 3337 VV   151,50 EUR
   (Wert: 5.000,00 EUR)
   die Höchstgrenze gem. § 15 Abs. 3 RVG, nicht mehr als
   1,0 aus 10.000,00 EUR (558,00 EUR), ist nicht überschritten
3. 1,2-Terminsgebühr, Vorbem. 3.3.6 S. 2 i.V.m. Nr. 3104 VV   669,60 EUR
   (Wert: 10.000,00 EUR)
4. Postentgeltpauschale, Nr. 7002 VV   20,00 EUR
   Zwischensumme   1.144,10 EUR
5. 19 % Umsatzsteuer, Nr. 7008 VV   217,38 EUR
   Gesamt   **1.361,48 EUR**

dd) Erledigungsgebühr

Soweit der Anwalt in einem Prozesskostenhilfeprüfungsverfahren vor dem VG tätig wird, kann anstelle der Einigungsgebühr auch eine **Erledigungsgebühr** (Nrn. 1002, 1003 VV) anfallen. Abzurechnen ist dann ebenso wie bei einer Einigung. 41

ee) Aussöhnungsgebühr

Wird Verfahrenskostenhilfe für ein beabsichtigtes Scheidungsverfahren beantragt, kann auch eine **1,0-Aussöhnungsgebühr** nach Nrn. 1001, 1003 VV anfallen, wenn dort eine Aussöhnung der Ehegatten erreicht wird, und der Anwalt daran mitwirkt. 42

2. Beschwerdeverfahren

Im Verfahren über die **Beschwerde** gegen die Ablehnung der Prozess- oder Verfahrenskostenhilfe erhält der Anwalt eine Gebühr nach Nr. 3500 VV. 43

Kommt es im Beschwerdeverfahren zu einem Termin, gilt Nr. 3513 VV. Unter den Voraussetzungen der Vorbem. 3 Abs. 3 VV entsteht eine 0,5-Teminsgebühr. 44

Die 0,5-Gebühren nach den Nrn. 3500, 3513 VV entstehen immer. Eine Begrenzung auf die Gebühren in der Hauptsache ist hier nicht vorgesehen. Diese wäre auch nicht sachgerecht, da auch in anderen Angelegenheiten mit geringeren Gebührensätzen (z.B. Zwangsvollstreckung) in den Beschwerdeverfahren ebenfalls die 0,5-Gebühren anfallen. 45

Strittig war, welcher Gegenstandswert im Beschwerdeverfahren gilt, wenn sich die Beschwerde gegen die Versagung der Prozess- oder Verfahrenskostenhilfe oder die Aufhebung der Bewilligung nach § 124 Abs. 1 Nr. 1 ZPO richtet. Zum Teil wurde vertreten, maßgeblich für die Wertbestimmung im Prozesskostenhilfe-Beschwerdeverfahren sei das Kostenrisiko und nicht der für die Hauptsache anzusetzende Wert.[7] Die zutreffende Auffassung hat dagegen immer schon den Haupt- 46

---

[7] VGH Baden-Württemberg AGS 2009, 404 = NJW 2009, 1692 = DVBl 2009, 672 = RVGreport 2009, 234 = DÖV 2009, 548; Bayerischer VGH RVGreport 2009, 397.

§ 23 Prozess-/Verfahrenskostenhilfe-Prüfungsverfahren

sachewert angenommen.[8] Infolge der Einführung des § 23a RVG ist diese Streitfrage jetzt dahingehend geklärt, dass der Hauptsachewert auch in Beschwerdeverfahren gilt.

47 Hat das Gericht zwar Prozess- oder Verfahrenskostenhilfe bewilligt, es aber abgelehnt, einen Anwalt beizuordnen (z.B. im Fall des § 78 Abs. 2 FamFG) und wird dagegen Beschwerde mit dem Ziel der Beiordnung erhoben, ist ebenfalls auf den vollen Hauptsachewert abzustellen.[9] Macht ein Beteiligter geltend, er benötige einen Anwalt, weil er wegen der Schwierigkeit der Sache nicht selbst in der Lage sei, sein Begehren gerichtlich zu verfolgen, kommt die Ablehnung der Beiordnung einer Versagung seines Rechtsschutzes gleich, so dass – wie in den Fällen der § 23a RVG – auf den Wert der Hauptsache abzustellen ist.

48 In allen anderen Fällen ist der Wert gem. § 23a Abs. 1, 2. Hs. RVG entsprechend dem Kosteninteresse nach billigem Ermessen zu schätzen. Hier gelten die gleichen Grundsätze wie im erstinstanzlichen Verfahren (siehe oben Rn 16 ff.).

> **Beispiel 36** | **Beschwerdeverfahren ohne Termin**

Der Anwalt wird von der bedürftigen Partei beauftragt, für eine beabsichtigte Klage in Höhe von 5.000,00 EUR Prozesskostenhilfe zu beantragen. Das Gericht weist den Antrag zurück. Daraufhin erhebt der Anwalt für seine Partei Beschwerde gegen die Versagung der Prozesskostenhilfe.

Im Antragsverfahren entsteht die 1,0-Verfahrensgebühr nach Nr. 3335 VV. Im Beschwerdeverfahren entsteht die 0,5-Verfahrensgebühr der Nr. 3500 VV.

I. Antragsverfahren		
1. 1,0-Verfahrensgebühr, Nrn. 3335, 3100 VV (Wert: 5.000,00 EUR)		303,00 EUR
2. Postentgeltpauschale, Nr. 7002 VV		20,00 EUR
Zwischensumme	323,00 EUR	
3. 19 % Umsatzsteuer, Nr. 7008 VV		61,37 EUR
Gesamt		**384,37 EUR**
II. Beschwerdeverfahren		
1. 0,5-Verfahrensgebühr, Nr. 3500 VV (Wert: 5.000,00 EUR)		151,50 EUR
2. Postentgeltpauschale, Nr. 7002 VV		20,00 EUR
Zwischensumme	171,50 EUR	
3. 19 % Umsatzsteuer, Nr. 7008 VV		32,59 EUR
Gesamt		**204,09 EUR**

> **Beispiel 37** | **Beschwerdeverfahren mit Termin**

Der Anwalt wird von der bedürftigen Partei beauftragt, für eine beabsichtigte Klage in Höhe von 5.000,00 EUR Prozesskostenhilfe zu beantragen. Das Gericht weist den Antrag zurück. Daraufhin erhebt der Anwalt für seine Partei Beschwerde gegen die Versagung

---

8 BGH AGS 2011, 305 = NJW-Spezial 2011, 349 = RVGprof. 2011, 129 = RVGreport 2011, 348 = RVGprof. 2012, 1; Bayerischer VGH AGS 2007, 48 = JurBüro 2006, 596 = NJW 2007, 861 = RVGreport 2006, 316; Gerold/Schmidt/*Müller-Rabe*, Nr. 3335 VV Rn 77; OLG Frankfurt JurBüro 1992, 98 = MDR 1992, 524 = AnwBl 1992, 93 = Rpfleger 1992, 166 = zfs 1992, 135; JurBüro 1991, 1645; OLG Oldenburg OLGR 1994, 111.
9 BGH AGS 2010, 549 = MDR 2010, 1350 = FamRZ 2010, 1892 = FGPrax 2010, 321 = JurBüro 2011, 31 = FuR 2011, 48 = FamRB 2011, 9 = RVGprof. 2011, 19 = RVGreport 2011, 72 = FamFR 2010, 516.

der Prozesskostenhilfe. Im Beschwerdeverfahren führen die Anwälte Verhandlungen zur Vermeidung des Rechtsstreits, die aber scheitern.

Jetzt entsteht im Beschwerdeverfahren neben der 0,5-Verfahrensgebühr zusätzlich eine 0,5-Terminsgebühr aus Nr. 3513 VV, da auch hier die Vorbem. 3 Abs. 3 S. 3 Nr. 2 VV gilt.

1.	0,5-Verfahrensgebühr, Nr. 3500 VV (Wert: 5.000,00 EUR)	151,50 EUR
2.	0,5-Terminsgebühr, Nr. 3513 VV (Wert: 5.000,00 EUR)	151,50 EUR
3.	Postentgeltpauschale, Nr. 7002 VV	20,00 EUR
	Zwischensumme 323,00 EUR	
4.	19 % Umsatzsteuer, Nr. 7008 VV	61,37 EUR
	Gesamt	**384,37 EUR**

Kommt es im Beschwerdeverfahren zu einer Einigung, entsteht nur die 1,0-Einigungsgebühr der Nr. 1000 VV. Eine Erhöhung im Beschwerdeverfahren ist nicht vorgesehen. Soweit nicht anhängige Gegenstände mit in die Einigung einbezogen werden, entsteht insoweit unter Beachtung des § 15 Abs. 3 RVG eine 1,5-Einigungsgebühr nach Nr. 1000 VV.

49

Beispiel 38 | Beschwerdeverfahren mit Termin und Einigung

Der Anwalt wird von der bedürftigen Partei beauftragt, für eine beabsichtigte Klage in Höhe von 5.000,00 EUR Prozesskostenhilfe zu beantragen. Das Gericht weist den Antrag zurück. Daraufhin erhebt der Anwalt für seine Partei Beschwerde gegen die Versagung der Prozesskostenhilfe. Im Beschwerdeverfahren führen die Anwälte Verhandlungen zur Vermeidung des Rechtsstreits, die zum Abschluss eines Vergleichs führen. Prozesskostenhilfe wird nicht bewilligt.

Jetzt entsteht im Beschwerdeverfahren neben der 0,5-Verfahrensgebühr und der 0,5-Terminsgebühr gemäß Nr. 3513 VV auch eine 1,0-Einigungsgebühr nach Nrn. 1000, 1003 VV. VV.

1.	0,5-Verfahrensgebühr, Nr. 3500 VV (Wert: 5.000,00 EUR)	151,50 EUR
2.	0,5-Terminsgebühr, Nr. 3513 VV (Wert: 5.000,00 EUR)	151,50 EUR
3.	1,0-Einigungsgebühr, Nrn. 1000, 1003 VV (Wert: 5.000,00 EUR)	303,00 EUR
4.	Postentgeltpauschale, Nr. 7002 VV	20,00 EUR
	Zwischensumme 626,00 EUR	
5.	19 % Umsatzsteuer, Nr. 7008 VV	118,94 EUR
	Gesamt	**744,94 EUR**

Beispiel 39 | Beschwerde gegen Aufhebung der Prozesskostenhilfe

Das Gericht hat die Prozesskostenhilfe aufgehoben, weil die bedürftige Partei die Raten nicht gezahlt hat (§ 124 Abs. 1 Nr. 5 ZPO). Die gesamten von der Staatskasse übernommenen Kosten belaufen sich auf 2.400,00 EUR; vier Raten zu 15,00 EUR waren bereits gezahlt. Gegen den Aufhebungsbeschluss legt der Anwalt für die bedürftige Partei Beschwerde ein.

Der Gegenstandswert im Beschwerdeverfahren richtet sich jetzt nach dem Wert der noch offenen Kosten i.H.v. (2.400,00 EUR – 60,00 EUR =) 2.340,00 EUR.

1. 0,5-Verfahrensgebühr, Nr. 3500 VV (Wert: 2.340,00 EUR)		100,50 EUR
2. Postentgeltpauschale, Nr. 7002 VV		20,00 EUR
Zwischensumme	120,50 EUR	
3. 19 % Umsatzsteuer, Nr. 7008 VV		22,90 EUR
Gesamt		**143,40 EUR**

Beispiel 40 | **Beschwerde gegen Abänderung der Ratenzahlung**

Das Gericht hat die nachträglich zu zahlenden Raten von 15,00 EUR auf 45,00 EUR angehoben. Die gesamten von der Staatskasse übernommenen Kosten belaufen sich auf 2.400,00 EUR; vier Raten zu 15,00 EUR waren bereits gezahlt. Gegen den Abänderungsbeschluss legt der Anwalt für die bedürftige Partei Beschwerde ein.

Zu zahlen sind noch 44 Raten. Bei einer Rate von 15,00 EUR wären also noch 660,00 EUR zu zahlen gewesen. Nunmehr sind noch 44 × 45,00 EUR zu zahlen, also 1.980,00 EUR. Das Kosteninteresse des Beschwerdeführers beläuft sich auf die Differenz, also auf (1.980,00 EUR − 660,00 EUR =) 1.320,00 EUR. Darüber hinaus ist noch ein Aufschlag vorzunehmen, da die ohnehin zu zahlenden 660,00 EUR jetzt sofort fällig geworden sind (siehe Beispiel 11). Dieser Aufschlag dürfte nach der Wertung des § 31b RVG mit 20 % anzunehmen sein, also mit weiteren 132,00 EUR, so dass sich ein Gesamtwert i.H.v. 1.452,00 EUR ergibt.

1. 0,5-Verfahrensgebühr, Nr. 3500 VV (Wert: 1.320,00 EUR)		57,50 EUR
2. Postentgeltpauschale, Nr. 7002 VV		11,50 EUR
Zwischensumme	69,00 EUR	
3. 19 % Umsatzsteuer, Nr. 7008 VV		13,11 EUR
Gesamt		**82,11 EUR**

3. Rechtsbeschwerde

50 Auch in Prozess- oder Verfahrenskostenhilfeprüfungsverfahren kommt die Rechtsbeschwerde nach § 574 ZPO in Betracht. Dies gilt allerdings nur in solchen Verfahren, in denen die ZPO anwendbar ist, also in Zivilsachen und in Verfahren nach dem FamFG (§ 76 Abs. 1 FamFG). Die Rechtsbeschwerde bedarf der Zulassung. Diese ist wiederum nur möglich, wenn es um Fragen des Verfahrens der Prozess- oder Verfahrenskostenhilfe oder der persönlichen Voraussetzungen ihrer Bewilligung geht.[10] Allerdings ist der BGH an eine zu Unrecht zugelassene Rechtsbeschwerde gebunden.[11]

51 Die Rechtsbeschwerde kann zulässigerweise nur durch einen am BGH zugelassenen Anwalt eingelegt werden. Der Anwalt erhält hier nach Nr. 3502 VV eine Gebühr in Höhe von 1,0, die sich bei vorzeitiger Erledigung auf 0,5 reduziert (Nr. 3503 VV) und sich bei mehreren Auftraggebern um 0,3 je weiterer Auftraggeber erhöht. Eine 1,2-Terminsgebühr nach Nr. 3516 VV ist unter den Voraussetzungen der Vorbem. 3 Abs. 3 VV möglich. Sie kommt in der Praxis aber nicht vor. Ebenso ist eine 1,0-Einigungsgebühr möglich, aber ebenfalls in der Praxis ohne Bedeutung. Zur Abrechnung im Einzelnen sei insoweit auf § 17 verwiesen.

---

10 BGH NJW 2003, 1126 = BGHReport 2003, 407 = MDR 2003, 477 = FamRZ 2003, 671 = FuR 2003, 306 = WM 2003, 1827 = EzFamR aktuell 2003, 24 BRAGOreport 2003, 121; AGS 2003, 213; BGHReport 2003, 559 = NJW-RR 2003, 1001.
11 BGH AGS 2003, 213; BGHReport 2003, 559 = NJW-RR 2003, 1001.

Der Gegenstandswert richtet sich auch hier nach § 23a RVG. Es gilt das Gleiche wie im Beschwerdeverfahren. 52

Beispiel 41 | **Rechtsbeschwerde gegen Abänderung der Ratenzahlung**

Der Antrag auf Bewilligung von Prozesskostenhilfe für eine Klage über 3.000,00 EUR wird zurückgewiesen. Die Beschwerde hat keinen Erfolg. Der Anwalt wird daraufhin beauftragt, die zugelassene Rechtsbeschwerde einzulegen.

1. 1,0-Verfahrensgebühr, Nr. 3502 VV
 (Wert: 3.000,00 EUR)   201,00 EUR
2. Postgeltpauschale, Nr. 7002 VV   20,00 EUR
 Zwischensumme   221,00 EUR
3. 19 % Umsatzsteuer, Nr. 7008 VV   41,99 EUR
 Summe   **262,99 EUR**

4. Nachfolgendes Hauptsacheverfahren

a) Überblick

Kommt es nach dem Bewilligungsverfahren zur Hauptsache, so geht die nach Nr. 3335 VV verdiente Vergütung in der des nachfolgenden Verfahrens auf. Der Anwalt erhält seine Gebühren nach § 16 Nr. 2 RVG nur einmal.[12] Dies gilt unabhängig davon, ob die beantragte Prozess- oder Verfahrenskostenhilfe bewilligt worden ist oder nicht. 53

Allerdings ist bei der Abrechnung danach zu unterscheiden, ob die beantragte Prozess- oder Verfahrenskostenhilfe bewilligt worden ist oder nicht. Soweit Prozess- oder Verfahrenskostenhilfe bewilligt worden ist, greift nämlich die Sperre des § 122 Abs. 1 Nr. 3 ZPO. Der Anwalt kann den Auftraggeber im Rahmen der Bewilligung nicht in Anspruch nehmen. Abgesehen davon sind im Falle der Bewilligung bei Gegenstandswerten von mehr als 4.000,00 EUR geringere Gebührenbeträge vorgesehen. 54

Zu beachten ist dabei, dass die Gegenstandswerte von Hauptsache und Prozess- bzw. Verfahrenskostenhilfeverfahren nicht zusammengerechnet werden, soweit sich die Gegenstände decken (§ 23a Abs. 2 RVG). Soweit im Verfahrenskostenhilfeprüfungsverfahren dagegen Gegenstände anhängig waren, die nicht in den Rechtsstreit übergegangen sind oder im Rechtsstreit neue Gegenstände hinzukommen, sind die Werte zu addieren (§ 22 RVG). Dabei kann es insbesondere bei der Verfahrensgebühr vorkommen, dass unterschiedliche Gebührensätze anfallen, so dass dann § 15 Abs. 3 RVG Anwendung findet. 55

b) Verfahrens- oder Prozesskostenhilfebewilligung wird abgelehnt, Rechtsstreit wird dennoch durchgeführt

Wird die der Antrag auf Verfahrens- oder Prozesskostenhilfe abgelehnt und das Hauptsacheverfahren dennoch durchgeführt, geht die im Bewilligungsverfahren verdiente Vergütung in der Vergütung des Hauptsacheverfahrens auf (§ 16 Nr. 2 RVG). 56

---

12 Im Ergebnis ebenso, allerdings davon ausgehend, dass die Gebühren wegfallen: BGH AGS 2008, 435 = FamRZ 2008, 982.

§ 23 Prozess-/Verfahrenskostenhilfe-Prüfungsverfahren

> **Beispiel 42** Uneingeschränkte Prozesskostenhilfebewilligung, Durchführung des Rechtsstreits

Der Anwalt wird von der bedürftigen Partei beauftragt, für eine beabsichtigte Klage in Höhe von 5.000,00 EUR Prozesskostenhilfe zu beantragen. Das Gericht lehnt den Antrag auf Prozesskostenhilfe ab, da der Antragsteller über einzusetzendes Vermögen verfüge. Daraufhin wird die Klage ohne Prozesskostenhilfe erhoben und darüber mündlich verhandelt.

Im Prüfungsverfahren ist eine 1,0-Verfahrensgebühr nach Nrn. 3335, 3100 VV angefallen. Diese Gebühr ist dann in der Verfahrensgebühr des Rechtsstreits aufgegangen. Hinzukommt eine Terminsgebühr nach Nr. 3104 V.

1. 1,3-Verfahrensgebühr, Nr. 3100 VV (Wert: 5.000,00 EUR)	393,90 EUR
2. 1,2-Terminsgebühr, Vorbem. 3.3.6 S. 2 i.V.m. Nr. 3104 VV (Wert: 5.000,00 EUR)	363,60 EUR
3. Postentgeltpauschale, Nr. 7002 VV	20,00 EUR
Zwischensumme	777,50 EUR
4. 19 % Umsatzsteuer, Nr. 7008 VV	147,73 EUR
Gesamt	**925,23 EUR**

c) Uneingeschränkte Verfahrens- oder Prozesskostenhilfebewilligung

57 Wird die beantragte Verfahrens- oder Prozesskostenhilfe in vollem Umfang bewilligt, geht die im Bewilligungsverfahren verdiente Vergütung in der Vergütung des Hauptsacheverfahrens auf (§ 16 Nr. 2 RVG). Soweit der Anwalt die Vergütung für das Bewilligungsverfahren noch nicht abgerechnet hat, greift mit der Beiordnung die Sperre des § 122 Abs. 1 Nr. 3 ZPO. Er kann ab dann seine Vergütung nicht mehr gegen den Auftraggeber geltend machen. Er erhält dann seine Vergütung aus der Staatskasse, allerdings aus den geringeren Beträgen des § 49 RVG. Die weitergehende Vergütung kann er dann nur im Rahmen des § 50 RVG geltend machen oder gegebenenfalls im Wege der Kostenerstattung nach § 126 ZPO.

> **Beispiel 43** Uneingeschränkte Prozesskostenhilfebewilligung, Durchführung des Rechtsstreits

Der Anwalt wird von der bedürftigen Partei beauftragt, für eine beabsichtigte Klage in Höhe von 5.000,00 EUR Prozesskostenhilfe zu beantragen. Das Gericht ordnet einen Termin im Prozesskostenhilfeprüfungsverfahren an und bewilligt nach mündlicher Verhandlung im Prüfungsverfahren Prozesskostenhilfe. Der Anwalt wird daraufhin beauftragt, die Klage einzureichen, über die dann anschließend auch verhandelt wird.

Im Prüfungsverfahren sind nach den Beträgen des § 13 RVG die Gebühren aus 5.000,00 EUR angefallen. Aus der Landeskasse erhält der Anwalt die Gebühren dagegen nur aus den Beträgen des § 49 RVG. Die Gegenstandswerte von Hauptsache und Prozess- bzw. Verfahrenskostenhilfeverfahren werden nicht zusammengerechnet (§ 23a Abs. 2 RVG).

Hatte der Auftraggeber die Vergütung für das Prozess- oder Verfahrenskostenhilfeverfahren bereits bezahlt, darf der Anwalt diese behalten. Er muss sie sich dann nach § 58 RVG auf die Vergütung aus der Landeskasse anrechnen lassen.

Hatte der Auftraggeber die Vergütung für das Prozess- oder Verfahrenskostenhilfeverfahren noch nicht bezahlt, darf er jetzt den Auftraggeber wegen § 122 Abs. 1 Nr. 3 ZPO nicht mehr in Anspruch nehmen.

I. Im **Prozesskostenhilfeprüfungsverfahren** hatte der Anwalt verdient:
1. 1,0-Verfahrensgebühr, Nr. 3100 VV, § 13 RVG 303,00 EUR
   (Wert: 5.000,00 EUR)
2. 1,2-Terminsgebühr, Vorbem. 3.3.6 S. 2 i.V.m. Nr. 3104 363,60 EUR
   VV, § 13 RVG
   (Wert: 5.000,00 EUR)
3. Postentgeltpauschale, Nr. 7002 VV 20,00 EUR
   Zwischensumme 686,60 EUR
4. 19 % Umsatzsteuer, Nr. 7008 VV 130,45 EUR
Gesamt **817,05 EUR**

II. Hatte der Anwalt diese Vergütung (I.) vom Mandanten nicht erhalten, darf er sie nach Bewilligung nicht mehr einfordern. Er erhält stattdessen aus der Landeskasse folgende Vergütung:
1. 1,3-Verfahrensgebühr, Nr. 3100 VV, § 49 RVG 334,10 EUR
   (Wert: 5.000,00 EUR)
2. 1,2-Terminsgebühr, Nr. 3104 VV, § 49 RVG 308,40 EUR
   (Wert: 5.000,00 EUR)
3. Postentgeltpauschale, Nr. 7002 VV 20,00 EUR
   Zwischensumme 662,50 EUR
4. 19 % Umsatzsteuer, Nr. 7008 VV 125,88 EUR
Gesamt **788,38 EUR**

III. Hatte der Anwalt die Vergütung (I.) vom Mandanten bereits erhalten, so ist diese nach § 58 Abs. 2 RVG zunächst auf die nicht gedeckten Wahlanwaltsgebühren anzurechnen; der verbleibende Betrag ist dann auf die aus der Landeskasse zu zahlende Vergütung noch anzurechnen. Das ergibt folgende Berechnung:
a) **Nicht gedeckte Wahlanwaltsvergütung**:
1. 1,3-Verfahrensgebühr, Nr. 3100 VV, § 13 RVG 393,90 EUR
   (Wert: 5.000,00 EUR)
2. ./.1,0-Verfahrensgebühr, Nr. 3100 VV, § 49 RVG – 303,00 EUR
   (Wert: 5.000,00 EUR)
3. 1,2-Terminsgebühr, Nr. 3104 VV, § 13 RVG 363,60 EUR
   (Wert: 5.000,00 EUR)
4. ./. 1,2-Terminsgebühr, Vorbem. 3.3.6 S. 2 i.V.m. Nr. 3104 – 363,60 EUR
   VV, § 13 RVG
   (Wert: 5.000,00 EUR)
5. Postentgeltpauschale, Nr. 7002 VV 20,00 EUR
6. Postentgeltpauschale, Nr. 7002 VV – 20,00 EUR
Gesamt **90,90 EUR**
Anzurechnen sind somit (675,33 EUR – 205,00 EUR =) 470,33 EUR

b) **Vergütung aus der Landeskasse**:
1. 1,3-Verfahrensgebühr, Nr. 3100 VV, § 49 RVG 334,10 EUR
   (Wert: 5.000,00 EUR)
2. 1,2-Terminsgebühr, Vorbem. 3.3.6 S. 2 i.V.m. Nr. 3104 308,40 EUR
   VV, § 49 RVG
   (Wert: 5.000,00 EUR)
3. Postentgeltpauschale, Nr. 7002 VV 20,00 EUR
4. anzurechnende Wahlanwaltsvergütung – 90,90 EUR
   Zwischensumme 571,60 EUR
5. 19 % Umsatzsteuer, Nr. 7008 VV 108,60 EUR
Gesamt **680,20 EUR**

d) Teilweise Verfahrens- oder Prozesskostenhilfebewilligung, Fortführung des Verfahrens nur im Rahmen der Bewilligung

58 Beschränkt sich die Partei nach teilweiser Prozess- oder Verfahrenskostenhilfebewilligung darauf, das Verfahren nur im Rahmen der Bewilligung durchzuführen, verbleibt dem Anwalt der Mehrbetrag der Gebühren im Prüfungsverfahren aus dem höheren Wert. Insoweit greift die Sperre des § 122 Abs. 1 Nr. 3 ZPO nicht, da diese nur im Rahmen der Bewilligung gilt. Von der Wahlanwaltsvergütung ist dann derjenige Teil auszuscheiden, der gem. § 16 Nr. 2 RVG durch die PKH-Vergütung aus der Hauptsache abgegolten wird.[13] Es gilt dann die Formel

	Gesamte Wahlanwaltsvergütung
−	fiktive Wahlanwaltsvergütung, soweit Prozess- oder Verfahrenskostenhilfe bewilligt worden ist
=	Restforderung gegen Auftraggeber

> **Beispiel 44** — Teilweise Prozesskostenhilfebewilligung, Durchführung des Rechtsstreits nur im Rahmen der bewilligten Prozesskostenhilfe, Abrechnung des Antragstellervertreters

Der Anwalt wird von der bedürftigen Partei beauftragt, für eine beabsichtigte Klage in Höhe von 25.000,00 EUR Prozesskostenhilfe zu beantragen. Das Gericht ordnet einen Termin im Prozesskostenhilfeprüfungsverfahren an und bewilligt nach mündlicher Verhandlung im Prüfungsverfahren Prozesskostenhilfe lediglich in Höhe von 20.000,00 EUR; in Höhe der weiteren 5.000,00 EUR sieht das Gericht keine hinreichenden Erfolgsaussichten und lehnt den Antrag ab. Der Anwalt wird daraufhin beauftragt, das Verfahren lediglich nach einem Wert von 20.000,00 EUR durchzuführen, nach dem dann anschließend auch verhandelt wird.

Die Sperre des § 122 Abs. 1 Nr. 3 ZPO greift hier nur, soweit der Anwalt beigeordnet worden ist, also nach einem Wert von 20.000,00 EUR. Im Übrigen kann der Mandant in Anspruch genommen werden, da die Sperre des § 122 Abs. 1 Nr. 1 ZPO nicht greift.

I. Vergütung aus der Staatskasse

1.	1,3-Verfahrensgebühr, Nr. 3100 VV, § 49 RVG (Wert: 20.000,00 EUR)	471,90 EUR
2.	1,2-Terminsgebühr, Vorbem. 3.3.6 S. 2 i.V.m. Nr. 3104 VV, § 49 RVG (Wert: 20.000,00 EUR)	435,60 EUR
3.	Postentgeltpauschale, Nr. 7002 VV	20,00 EUR
	Zwischensumme 927,50 EUR	
4.	19 % Umsatzsteuer, Nr. 7008 VV	176,23 EUR
	Gesamt	**1.103,73 EUR**

II. Weitergehende Vergütung gegen den Auftraggeber

1.	1,3-Verfahrensgebühr, Nr. 3100 VV, § 13 RVG (Wert: 20.000,00 EUR)	964,60 EUR
2.	1,0-Verfahrensgebühr, Nr. 3335 VV, § 13 RVG (Wert: 5.000,00 EUR) gem. § 15 Abs. 3 RVG nicht mehr als 1,3 aus 25.000,00 EUR	303,00 EUR
		1.024,40 EUR

---

[13] Zur Vergütung bei teilweiser Bewilligung von Prozess- oder Verfahrenskostenhilfe siehe ausführlich mit Berechnungsbeispielen AnwK-RVG/*N. Schneider*, § 15 Rn 211 ff.; *ders.*, BRAGOreport 2001, 1 ff.; ProzRB 2002, 86.

3.	./. 1,3-Verfahrensgebühr, Nr. 3100 VV, § 13 RVG (Wert: 20.000,00 EUR)	– 964,40 EUR
4.	1,2-Terminsgebühr, Vorbem. 3.3.6 S. 2 i.V.m. Nr. 3104 VV, § 13 RVG (Wert: 25.000,00 EUR)	945,60 EUR
5.	./. 1,2-Terminsgebühr, Vorbem. 3.3.6 S. 2 i.V.m. Nr. 3104 VV, § 13 RVG (Wert: 20.000,00 EUR)	– 890,40 EUR
6.	Postentgeltpauschale, Nr. 7002 VV	20,00 EUR
7.	./. Postentgeltpauschale, Nr. 7002 VV	– 20,00 EUR
	Zwischensumme 115,20 EUR	
8.	19 % Umsatzsteuer, Nr. 7008 VV	21,89 EUR
Gesamt		**137,09 EUR**
III. Gesamt		

Insgesamt erhält der Anwalt also:

- Prozesskostenhilfe-Vergütung aus der Staatskasse: 1.103,73 EUR
- Wahlanwaltsgebühren vom Mandanten: 137,09 EUR
- **Summe** **1.240,82 EUR**

Beispiel 45 **Teilweise Prozesskostenhilfebewilligung, Durchführung des Rechtsstreits nur im Rahmen der bewilligten Prozesskostenhilfe, Abrechnung des Antragsgegnervertreters**

Die bedürftige Partei beantragt, für eine beabsichtigte Klage in Höhe von 25.000,00 EUR Prozesskostenhilfe. Der Antragsgegner beauftragt seinen Anwalt, im Prozesskostenhilfeprüfungsverfahren eine Stellungnahme abzugeben und Zurückweisung zu beantragen. Das Gericht ordnet einen Termin im Prozesskostenhilfeprüfungsverfahren an und bewilligt nach mündlicher Verhandlung im Prüfungsverfahren Prozesskostenhilfe lediglich in Höhe von 20.000,00 EUR; in Höhe der weiteren 5.000,00 EUR sieht das Gericht keine hinreichenden Erfolgsaussichten und lehnt den Antrag ab. Das Verfahren wird nur nach einem Wert von 20.000,00 EUR durchgeführt und hierüber auch verhandelt.

Der Antragsgegner rechnet anders ab. Soweit die Sache im Prozesskostenhilfeverfahren „stecken geblieben" ist, entsteht nur eine 1,0-Verfahrensgebühr nach Nr. 3335 VV. Soweit das Verfahren durchgeführt wird, entsteht eine 1,3-Verfahrensgebühr nach Nr. 3100 VV. Zu beachten ist wiederum § 15 Abs. 3 RVG.

Die Terminsgebühr fällt dagegen zu 1,2 aus dem Gesamtwert an.

1.	1,3-Verfahrensgebühr, Nr. 3100 VV (Wert: 20.000,00 EUR)	964,60 EUR	
2.	1,0-Verfahrensgebühr, Nr. 3335 VV (Wert: 5.000,00 EUR) gem. § 15 Abs. 3 RVG nicht mehr als 1,3 aus 25.000,00 EUR	303,00 EUR	1.024,40 EUR
3.	1,2-Terminsgebühr, Vorbem. 3.3.6 S. 2 i.V.m. Nr. 3104 VV, (Wert: 25.000,00 EUR)		945,60 EUR
4.	Postentgeltpauschale, Nr. 7002 VV		20,00 EUR
	Zwischensumme	1.990,00 EUR	
5.	19 % Umsatzsteuer, Nr. 7008 VV		378,10 EUR
Gesamt			**2.368,10 EUR**

e) Teilweise Verfahrens- oder Prozesskostenhilfebewilligung, Fortführung des Verfahrens auch soweit Prozess- oder Verfahrenskostenhilfe nicht bewilligt worden ist

59 Beschränkt sich die Partei nach teilweiser Prozess- oder Verfahrenskostenhilfebewilligung nicht darauf, den Rechtsstreit nur im Rahmen der Bewilligung durchzuführen, sondern verfolgt sie die Sache auch weiter, soweit ihr keine Prozess- oder Verfahrenskostenhilfe bewilligt worden ist, kann der Anwalt die vollen Beträge nach § 13 RVG abrechnen, da keine Prozess- oder Verfahrenskostenhilfe bewilligt worden ist. Die im Prüfungsverfahren aus dem nicht bewilligten Wert angefallenen Gebühren gehen dann in den vollen Gebühren auf. Die Sperre des § 122 Abs. 1 Nr. 3 ZPO greift insoweit nicht.

> **Beispiel 46** **Teilweise Prozesskostenhilfebewilligung, Durchführung des Rechtsstreits auch soweit die Prozesskostenhilfe nicht bewilligt worden ist, Abrechnung des Antragstellervertreters**

Der Beklagte will seinen Anwalt mit der Abwehr einer gegen ihn gerichteten Klage in Höhe von 20.000,00 EUR beauftragen und bittet ihn, zunächst hierfür Prozesskostenhilfe zu beantragen. Dem Beklagten wird Prozesskostenhilfe lediglich zur Abwehr eines Teilbetrags in Höhe von 12.000,00 EUR bewilligt. Im Übrigen wird die Prozesskostenhilfe mangels hinreichender Erfolgsaussichten abgelehnt. Die bedürftige Partei beauftragt den Anwalt ungeachtet dessen, das Verfahren in voller Höhe durchzuführen. Nach mündlicher Verhandlung ergeht ein Urteil.

Wird das Verfahren ungeachtet der teilweisen Ablehnung der Prozesskostenhilfe durchgeführt, gilt gleiches wie in Beispiel 44. Die Sperre des § 122 Abs. 1 Nr. 3 ZPO greift wiederum nur, soweit der Anwalt beigeordnet worden ist, also nach einem Wert von 12.000,00 EUR. Im Übrigen kann der Mandant in Anspruch genommen werden.

I. Vergütung aus der Staatskasse (Wert: 12.000,00 EUR)		
1. 1,3-Verfahrensgebühr, Nr. 3100 VV, § 49 RVG		417,30 EUR
2. 1,2-Terminsgebühr, Vorbem. 3.3.6 S. 2 i.V.m. Nr. 3104 VV, § 49 RVG		385,20 EUR
3. Postentgeltpauschale, Nr. 7002 VV		20,00 EUR
Zwischensumme	822,50 EUR	
4. 19 % Umsatzsteuer, Nr. 7008 VV		156,28 EUR
Gesamt		**978,78 EUR**
II. Weitere Vergütung gegen den Auftraggeber		
1. 1,3-Verfahrensgebühr, Nr. 3100 VV, § 13 RVG (Wert: 20.000,00 EUR)		964,60 EUR
2. ./. 1,3-Verfahrensgebühr, Nr. 3100 VV, § 13 RVG (Wert: 12.000,00 EUR)		– 785,20 EUR
3. 1,2 Terminsgebühr, Vorbem. 3.3.6 S. 2 i.V.m. Nr. 3104 VV, § 13 RVG (Wert: 20.000,00 EUR)		890,40 EUR
4. ./. 1,2-Terminsgebühr, Vorbem. 3.3.6 S. 2 i.V.m. Nr. 3104 VV, § 13 RVG (Wert: 12.000,00 EUR)		– 724,80 EUR
5. Postentgeltpauschale, Nr. 7002 VV		20,00 EUR
6. ./. Postentgeltpauschale, Nr. 7002 VV		– 20,00 EUR
Zwischensumme	345,00 EUR	
7. 19 % Umsatzsteuer, Nr. 7008 VV		65,55 EUR
Gesamt		**410,55 EUR**

Insgesamt erhält der Anwalt also:

- Prozesskostenhilfe-Vergütung aus der Staatskasse: 978,78 EUR
- Wahlanwaltsgebühren vom Mandanten: 410,55 EUR
- **Gesamt** **1.389,33 EUR**

Beispiel 47 | **Teilweise Prozesskostenhilfebewilligung, Durchführung des Rechtsstreits auch soweit Prozesskostenhilfe nicht bewilligt worden ist, Abrechnung des Antragsgegnervertreters**

Die bedürftige Partei beauftragt ihren Anwalt, Prozesskostenhilfe für eine Klage in Höhe von 20.000,00 EUR zu beantragen. Der Antragsgegner beauftragt einen Anwalt, der im Prozesskostenhilfeprüfungsverfahren Stellung nimmt und die Zurückweisung beantragt. Dem Kläger wird Prozesskostenhilfe lediglich in Höhe eines Teilbetrags von 12.000,00 EUR bewilligt. Im Übrigen wird die Prozesskostenhilfe mangels hinreichender Erfolgsaussichten abgelehnt. Die bedürftige Partei beauftragt den Anwalt ungeachtet dessen, das Verfahren in voller Höhe durchzuführen. Nach mündlicher Verhandlung ergeht ein Urteil.

Für den Anwalt des nicht bedürftigen Antragsgegners gelten hier keine Besonderheiten. Da das Verfahren insgesamt durchgeführt worden ist, erhält er die vollen Wahlanwaltsgebühren.

1. 1,3-Verfahrensgebühr, Nr. 3100 VV, § 13 RVG
   (Wert: 20.000,00 EUR) 964,60 EUR
2. 1,2-Terminsgebühr, Vorbem. 3.3.6 S. 2 i.V.m. Nr. 3104 VV, § 13 RVG
   (Wert: 20.000,00 EUR) 890,40 EUR
3. Postentgeltpauschale, Nr. 7002 VV 20,00 EUR
   Zwischensumme 1.875,00 EUR
4. 19 % Umsatzsteuer, Nr. 7008 VV 356,25 EUR
Gesamt **2.231,25 EUR**

Beispiel 48 | **Eingeschränkte Prozesskostenhilfebewilligung zu den Bedingungen eines Anwalts aus dem Gerichtsbezirk**

Der in Düsseldorf ansässige Anwalt wird dem Kläger für einen Rechtsstreit in Höhe von 4.000,00 EUR vor dem AG Köln im Rahmen der Prozesskostenhilfe beigeordnet, allerdings nur zu den Bedingungen eines im Gerichtsbezirk des AG Köln niedergelassenen Anwalts. Es findet ein Termin zur mündlichen Verhandlung vor dem AG Köln statt, an dem der Anwalt teilnimmt.

§ 23 Prozess-/Verfahrenskostenhilfe-Prüfungsverfahren

Aus der Landeskasse erhält der Anwalt keine Reisekosten, da die Beiordnung diesbezüglich eingeschränkt ist.[14] Daraus folgt, dass die Sperre des § 122 Abs. 1 Nr. 3 ZPO insoweit nicht greift, und er die bedürftige Partei in Anspruch nehmen kann.[15]

I. Vergütung aus der Staatskasse (Wert: 4.000,00 EUR)
1. 1,3-Verfahrensgebühr, Nr. 3100 VV, § 49 RVG   327,60 EUR
2. 1,2-Termingebühr, Nr. 3104 VV, § 49 RVG   302,40 EUR
3. Postentgeltpauschale, Nr. 7002 VV   20,00 EUR
    Zwischensumme   650,00 EUR
4. 19 % Umsatzsteuer, Nr. 7008 VV   123,50 EUR

Gesamt   **773,50 EUR**

II. Weitere Vergütung gegen den Auftraggeber
1. Fahrtkosten, Nr. 7003 VV
    Düsseldorf – Köln und zurück, 2 × 50 km × 0,30 EUR   30,00 EUR
2. Abwesenheitsgeld, Nr. 7005 Nr. 1 VV   25,00 EUR
    Zwischensumme   55,00 EUR
3. 19 % Umsatzsteuer, Nr. 7008 VV   10,45 EUR

Gesamt   **65,45 EUR**

---

14 **Achtung:** Ein am Gericht zugelassener Anwalt kann nicht eingeschränkt beigeordnet werden, da die ZPO dies nicht vorsieht. Im Gegensatz zur BRAGO (§ 126 Abs. 1 S. 2 BRAGO) sieht das RVG in diesem Fall auch keine Begrenzung der Kostenübernahme vor. Die Vorschrift des § 46 RVG enthält keine dahingehende Einschränkung. Die Reisekosten des am Gericht zugelassenen Anwalts sind daher stets aus der Staatskasse zu übernehmen (grundlegend OLG Oldenburg AGS 2006, 110 m. Anm. *N. Schneider* = OLGR 2006, 189 = NJW 2006, 851 = FamRZ 2006, 629 = VRS 110, 84 = JurBüro 2006, 320 = MDR 2006, 777; ebenso OLG Dresden AGS 2006, 393).
Nur ein am Gericht nicht zugelassener Anwalt kann eingeschränkt beigeordnet werden. Das wiederum ist aber dann nicht möglich, wenn die bedürftige Partei einen Anspruch auf einen Verkehrsanwalt hat. Siehe hierzu grundlegend BGH AGS 2004, 384 m. Anm. *N. Schneider* = BGHZ 159, 370 = FamRZ 2004, 1362 = NJW 2004, 2749 = BGHR 2004, 1371 = FPR 2004, 628 = JurBüro 2004, 604 = Rpfleger 2004, 708 = ProzRB 2005, 8 = FuR 2005, 87 = RVG-Letter 2004, 93 = BB 2004, 2100 = RVGreport 2004, 356 = FamRB 2004, 393 = VersR 2004, 1577 = MDR 2004, 1373; zuletzt OLG Zweibrücken AGS 2006, 350.

15 OLG Nürnberg AGS 2002, 67 u. 175 = FamRZ 2001, 1157 = OLGR 2001, 318 = BRAGOreport 2002, 71 = JurBüro 2001, 481; unzutreffend OLGR Frankfurt AGS 2002, 95 = OLGR 2002, 28 = BRAGOreport 2002, 43.

§ 24 Verfahren auf Vollstreckbarerklärung der durch Rechtsmittelanträge nicht angefochtenen Teile eines Urteils (§§ 537, 558 ZPO)

Inhalt

I. Überblick 1
II. Der nicht angegriffene Teil des Urteils war niemals Gegenstand des Rechtsmittelverfahrens 8
III. Der nicht angegriffene Teil des Urteils war (auch) Gegenstand des Rechtsmittelverfahrens 13

I. Überblick

Das Verfahren auf Vollstreckbarerklärung der durch Rechtsmittelanträge nicht angefochtenen Teile eines Urteils (§§ 537, 558 ZPO) zählt grundsätzlich nach § 19 Abs. 1 S. 2 Nr. 9 RVG zum Rechtszug („Vollstreckbarerklärung eines Urteils auf besonderen Antrag"). Diese an sich klare Vorschrift wird häufig missverstanden.[1] Voraussetzung für die Anwendung des § 19 Abs. 1 S. 2 Nr. 9 RVG ist, dass der Gegenstand, hinsichtlich dessen die vorläufige Vollstreckbarkeit beantragt wird, Gegenstand des Rechtsmittelverfahrens ist oder war. Dies sind die Fälle, in denen 1

- der Rechtsmittelkläger sein ursprünglich beschränktes Rechtsmittel auf den zunächst nicht angefochtenen Teil **nachträglich erweitert**,
- der Rechtsmittelkläger das Rechtsmittel **nachträglich beschränkt** oder
- die Parteien im Rechtsmittelverfahren eine Einigung auch über den nicht angegriffenen Teil des Urteils erzielen oder darüber Verhandlungen führen und diese Gegenstände somit auch zum Gegenstand des Rechtsmittelverfahrens machen.[2]

Ist der nicht angegriffene Teil des Urteils dagegen **niemals Gegenstand des Rechtsmittelverfahrens** gewesen, ist § 19 Abs. 1 S. 2 Nr. 9 RVG nicht anwendbar. Die Tätigkeit des Anwalts wird vielmehr als **gesonderte Angelegenheit** nach Nrn. 3329, 3332 VV vergütet.[3] 2

Der Anwalt erhält im isolierten Verfahren auf Vollstreckbarerklärung zunächst eine **0,5-Verfahrensgebühr** (Nr. 3329 VV). Diese Gebühr deckt die gesamte Tätigkeit des Anwalts ab. Bei **mehreren gemeinschaftlich beteiligten Auftraggebern** erhöht sich die Gebühr nach Nr. 1008 VV um 0,3 je weiteren Auftraggeber. 3

Für die Wahrnehmung eines Termins entsteht zusätzlich eine **0,5-Terminsgebühr** nach Nr. 3332 VV. 4

Möglich ist auch hier eine **Einigungsgebühr** nach den Nrn. 1000 ff. VV. 5

Die Berechnung des **Gegenstandswerts** für die Gebühren der Nrn. 3329, 3332 VV ist strittig. Die Bewertung hat nach § 23 Abs. 1 S. 2 i.V.m. S. 1 RVG zu erfolgen. 6

---

[1] Ausführlich *E. Schneider*, Unbedingte Vollstreckbarerklärung nach §§ 534, 560 ZPO, DRiZ 1979, 44; *N. Schneider*, Vergütung im Verfahren auf unbedingte Vollstreckbarerklärung, ZAP Fach 24, S. 597; *ders.*, Anwaltsgebühren im Verfahren auf Vollstreckbarerklärung des im Rechtsmittelverfahren nicht angefochtenen Teils eines Urteils, AGS 1996, 85.
[2] OLG Hamburg JurBüro 1982, 1512 = MDR 1982, 945 = VersR 1983, 465.
[3] LG Bonn AGS 2001, 76 = JurBüro 2001, 252 = BRAGOreport 2001, 58 = MDR 2001, 416 = BRAGOreport 2001, 58 = KostRsp. BRAGO § 49 Nr. 11 m. Anm. *N. Schneider*.

§ 24 Verfahren auf Vollstreckbarerklärung der nicht angefochtenen Teile eines Urteils

- Nach Auffassung des OLG Hamm[4] ist ein Bruchteil der Hauptsache anzusetzen. Insoweit ist das Gericht von einem Anteil von 1/5 ausgegangen.[5]
- Das OLG Frankfurt[6] stellt auf die zu vermeidenden Avalkosten für eine sonst zu stellende Bürgschaft ab.
- Zutreffend dürfte es sein, den vollen Wert des für vorläufig vollstreckbar zu erklärenden Teils des Urteils ohne Nebenforderungen anzusetzen.[7] Die geringere Bedeutung des Verfahrens ist bereits durch die geringeren Gebühren berücksichtigt.

7 Die **Wertfestsetzung** erfolgt im Verfahren nach § 33 RVG, da keine Gerichtsgebühren erhoben werden.

II. Der nicht angegriffene Teil des Urteils war niemals Gegenstand des Rechtsmittelverfahrens

8 War der nicht angegriffene Teil des Urteils niemals Gegenstand des Rechtsmittelverfahrens, so ist eine **gesonderte Angelegenheit** gegeben, in der die Gebühren nach Nrn. 3329, 3332 VV ausgelöst werden.

> **Beispiel 1** — Antrag auf vorläufige Vollstreckbarerklärung ohne Termin
>
> Der Beklagte wird vom Landgericht zur Zahlung eines Betrages in Höhe von 40.000,00 EUR verurteilt. Er legt Berufung ein und beantragt jetzt nur noch, die Klage in Höhe von 30.000,00 EUR abzuweisen. Daraufhin beantragt der Berufungsanwalt des Klägers, das landgerichtliche Urteil in Höhe von 10.000,00 EUR für vorläufig vollstreckbar zu erklären. Nach Ablauf der Berufungsbegründungsfrist ergeht der beantragte Beschluss ohne mündliche Verhandlung.
>
> I. Berufungsverfahren (Wert: 30.000,00 EUR)
> 1. 1,6-Verfahrensgebühr, Nr. 3200 VV   1.380,80 EUR
> 2. 1,2-Terminsgebühr, Nr. 3202 VV   1.035,60 EUR
> 3. Postentgeltpauschale, Nr. 7002 VV   20,00 EUR
>   Zwischensumme   2.436,40 EUR
> 4. 19 % Umsatzsteuer, Nr. 7008 VV   462,92 EUR
> **Gesamt**   **2.899,32 EUR**
>
> II. Verfahren auf Vollstreckbarerklärung (Wert: 10.000,00 EUR)
> 1. 0,5-Verfahrensgebühr, Nr. 3329 VV   279,00 EUR
> 2. Postentgeltpauschale, Nr. 7002 VV   20,00 EUR
>   Zwischensumme   299,00 EUR
> 3. 19 % Umsatzsteuer, Nr. 7008 VV   56,81 EUR
> **Gesamt**   **355,81 EUR**

---

4 FamRZ 1994, 248.
5 So auch OLG Koblenz AGkompakt 2010, 123 = RVGprof. 2010, 177.
6 OLGR 1996, 48 = JurBüro 1996, 312.
7 LG Bonn AGS 2001, 76 = JurBüro 2001, 252 = BRAGOreport 2001, 58 = MDR 2001, 416; AnwK-RVG/*N. Schneider*, Nr. 3329 VV Rn 24 f.; *Hansens*, BRAGO, § 50 Rn 12; a.A. OLG Hamm FamRZ 1994, 248 = KostRsp. ZPO § 3 Nr. 1181 m. Anm. *Herget*: 1/5.

II. Der nicht angegriffene Teil des Urteils war nie Gegenstand des Rechtsmittelverfahrens § 24

Beispiel 2 | **Antrag auf vorläufige Vollstreckbarerklärung mit Termin**

Der Beklagte wird vor dem Landgericht zur Zahlung eines Betrages in Höhe von 40.000,00 EUR verurteilt. Er legt Berufung ein und beantragt jetzt nur noch, die Klage in Höhe von 30.000,00 EUR abzuweisen. Daraufhin beantragt der Berufungsanwalt des Klägers, das landgerichtliche Urteil in Höhe von 10.000,00 EUR für vorläufig vollstreckbar zu erklären. In der mündlichen Verhandlung ergeht der beantragte Beschluss.

Jetzt entsteht im Verfahren auf Vollstreckbarerklärung auch eine Terminsgebühr nach Nr. 3332 VV.

    I. **Berufungsverfahren (Wert: 30.000,00 EUR)**
1. 1,6-Verfahrensgebühr, Nr. 3200 VV   1.380,80 EUR
2. 1,2-Terminsgebühr, Nr. 3202 VV   1.035,60 EUR
3. Postentgeltpauschale, Nr. 7002 VV   20,00 EUR
    Zwischensumme   2.436,40 EUR
4. 19 % Umsatzsteuer, Nr. 7008 VV   462,92 EUR
Gesamt   **2.899,32 EUR**
    III. **Verfahren auf Vollstreckbarerklärung (Wert: 10.000,00 EUR)**
1. 0,5-Verfahrensgebühr, Nr. 3329 VV   279,00 EUR
2. 0,5-Terminsgebühr, Nr. 3332 VV   279,00 EUR
3. Postentgeltpauschale, Nr. 7002 VV   20,00 EUR
    Zwischensumme   578,00 EUR
4. 19 % Umsatzsteuer, Nr. 7008 VV   109,82 EUR
Gesamt   **687,82 EUR**

Vertritt der Anwalt **mehrere Auftraggeber**, kommt eine Erhöhung nach Nr. 1008 VV in Betracht oder eine Erhöhung des Streitwertes nach § 23 Abs. 1 S. 1 RVG i.V.m. § 39 Abs. 1 GKG.   9

Beispiel 3 | **Antrag auf vorläufige Vollstreckbarerklärung, mehrere Auftraggeber – derselbe Gegenstand**

Zwei Kläger klagen vor dem Landgericht als Gesamtgläubiger auf Zahlung eines Betrages in Höhe von 40.000,00 EUR. Das Landgericht gibt der Klage statt. Der Beklagte legt Berufung ein und beantragt jetzt nur noch, die Klage in Höhe von 30.000,00 EUR abzuweisen. Daraufhin beantragt der Berufungsanwalt der Kläger, das landgerichtliche Urteil in Höhe von 10.000,00 EUR für vorläufig vollstreckbar zu erklären. In der mündlichen Verhandlung ergeht der beantragte Beschluss.

Sowohl die Verfahrensgebühr der Nr. 3200 VV als auch die der Nr. 3329 VV erhöhen sich nach Nr. 1008 VV um 0,3.

    I. **Berufungsverfahren (Wert: 30.000,00 EUR)**
1. 1,9-Verfahrensgebühr, Nrn. 3200, 1008 VV   1.639,70 EUR
2. 1,2-Terminsgebühr, Nr. 3202 VV   1.035,60 EUR
3. Postentgeltpauschale, Nr. 7002 VV   20,00 EUR
    Zwischensumme   2.695,30 EUR
4. 19 % Umsatzsteuer, Nr. 7008 VV   512,11 EUR
Gesamt   **3.207,41 EUR**
    II. **Verfahren auf Vollstreckbarerklärung (Wert: 10.000,00 EUR)**
1. 0,8-Verfahrensgebühr, Nrn. 3329, 1008 VV   446,40 EUR
2. 0,5-Terminsgebühr, Nr. 3332 VV   279,00 EUR
3. Postentgeltpauschale, Nr. 7002 VV   20,00 EUR
    Zwischensumme   745,40 EUR
4. 19 % Umsatzsteuer, Nr. 7008 VV   141,63 EUR
Gesamt   **887,03 EUR**

10 Liegen dem Verfahren zwar mehrere Auftraggeber, aber verschiedene Gegenstände zu Grunde, werden die Werte nach § 23 Abs. 1 S. 1 RVG i.V.m. § 39 Abs. 1 GKG addiert. Eine Erhöhung nach Nr. 1008 VV tritt dann nicht ein.

> **Beispiel 4** — Antrag auf vorläufige Vollstreckbarerklärung, mehrere Auftraggeber – verschiedene Gegenstände
>
> **Zwei Kläger klagen vor dem Landgericht auf Zahlung ihres Pflichtteils von jeweils 20.000,00 EUR. Der Beklagte wird antragsgemäß verurteilt. Der Beklagte legt Berufung ein, soweit er zu einer höheren Zahlung als jeweils 5.000,00 EUR verurteilt worden ist. Daraufhin beantragt der Berufungsanwalt der Kläger, das landgerichtliche Urteil in Höhe der nicht angefochtenen 2 x 5.000,00 EUR, also in Höhe von 10.000,00 EUR für vorläufig vollstreckbar zu erklären. In der mündlichen Verhandlung ergeht der beantragte Beschluss.**

Eine Erhöhung kommt nicht in Betracht, da dem Verfahren nicht derselbe Gegenstand zugrunde liegt. Die Gebühren entstehen jeweils aus den Gesamtwerten der einzelnen Pflichtteilsansprüche, Abzurechnen ist wie in Beispiel 2.

11 Denkbar ist auch eine **Einigungsgebühr**, die sich dann nach Nr. 1004 VV richtet, da die Tätigkeit im Verfahren auf Vollstreckbarerklärung bereits zur Rechtsmittelinstanz zählt[8] und der Gegenstand nach wie vor anhängig ist.

> **Beispiel 5** — Die Parteien einigen sich außerhalb des Berufungsverfahrens
>
> **Der Beklagte wird zur Zahlung in Höhe von 20.000,00 EUR verurteilt. Hiergegen legt er Berufung ein, soweit er zur Zahlung eines höheren Betrages als 12.000,00 EUR verurteilt worden ist. Der Anwalt des Klägers beantragt daraufhin auftragsgemäß die Zurückweisung der Berufung. Darüber hinaus beantragt er, das erstinstanzliche Urteil in Höhe von 12.000,00 EUR ohne Sicherheitsleistung für vorläufig vollstreckbar zu erklären. Der Beklagtenvertreter verhandelt daraufhin mit dem Klägervertreter und erreicht eine Ratenzahlung der 12.000,00 EUR, worauf im Gegenzug der Antrag auf Vollstreckbarerklärung zurückgenommen wird.**

Im Verfahren auf Vollstreckbarerklärung entsteht die Terminsgebühr nach Nr. 3332 VV, da auch hier die Vorbem. 3 Abs. 3, 3. Var. VV gilt, wonach Besprechungen zur Erledigung des Verfahrens auch ohne Beteiligung des Gerichts die Terminsgebühr auslösen. Hinzu kommt eine Einigungsgebühr, die sich nach Nr. 1004 VV auf 1,3 beläuft. Die nicht angefochtenen 12.000,00 EUR sind im Verfahren auf Vollstreckbarerklärung anhängig. Da dieses zum Berufungsrechtszug gehört, dürfte also Nr. 1004 VV greifen.[9]

---

[8] OLG München JurBüro 1993, 156 = AGS 1993, 12 = MDR 1992, 1087 = Rpfleger 1993, 215 = KostRsp. BRAGO § 49 Nr. 9; OLG Düsseldorf JurBüro 1980, 62 = KostRsp. BRAGO § 49 Nr. 5 m. Anm. *E. Schneider*.

[9] So schon zu § 49 Abs. 2 BRAGO: OLG München JurBüro 1993, 156 = AGS 1993, 12 = MDR 1992, 1087 = Rpfleger 1993, 215 = KostRsp. BRAGO § 49 Nr. 9; OLG Düsseldorf JurBüro 1980, 62 = KostRsp. BRAGO § 49 Nr. 5 m. Anm. *E. Schneider*.

II. Der nicht angegriffene Teil des Urteils war nie Gegenstand des Rechtsmittelverfahrens § 24

I. Berufungsverfahren (Wert: 8.000,00 EUR)		
1. 1,6-Verfahrensgebühr, Nrn. 3200 VV		729,60 EUR
2. 1,2-Terminsgebühr, Nr. 3202 VV		547,20 EUR
3. Postentgeltpauschale, Nr. 7002 VV		20,00 EUR
Zwischensumme	1.296,80 EUR	
4. 19 % Umsatzsteuer, Nr. 7008 VV		246,39 EUR
Gesamt		**1.543,19 EUR**
II. Verfahren auf Vollstreckbarerklärung (Wert: 12.000,00 EUR)		
1. 0,5-Verfahrensgebühr, Nr. 3329 VV		302,00 EUR
2. 0,5-Terminsgebühr, Nr. 3332 VV		302,00 EUR
3. 1,3-Einigungsgebühr, Nrn. 1000, 1004 VV		785,20 EUR
4. Postentgeltpauschale, Nr. 7002 VV		20,00 EUR
Zwischensumme	1.409,20 EUR	
5. 19 % Umsatzsteuer, Nr. 7008 VV		267,75 EUR
Gesamt		**1.676,95 EUR**

Für den Anwalt des Beklagten kann sich eine **Anrechnung** ergeben, wenn er zuvor beauftragt worden war, die Erfolgsaussicht eines Rechtsmittels zu prüfen. 12

> **Beispiel 6** Anrechnung einer vorangegangenen Gebühr für die Prüfung der Erfolgsaussicht des Rechtsmittels

Gegen seine erstinstanzliche Verurteilung in Höhe von 20.000,00 EUR will der Beklagte Berufung einlegen und lässt sich beraten, ob die Berufung Aussicht auf Erfolg hat. Der beauftragte Anwalt prüft dies und bejaht die Erfolgsaussicht in Höhe von 10.000,00 EUR, so dass ihm hiernach der Auftrag zur Berufung in diesem Umfang erteilt und die Berufung auch durchgeführt wird. Der Kläger beantragt wegen der weiteren 10.000,00 EUR die vorläufige Vollstreckbarerklärung.

Die Prüfungsgebühr der Nr. 2100 VV wird nach Anm. zu Nr. 2100 VV zum einen auf die Verfahrensgebühr des Berufungsverfahrens angerechnet und zum anderen auch auf die Gebühr für das Verfahren auf Vollstreckbarerklärung. Insoweit darf aber nur zu einem Gebührensatz von 0,5 angerechnet werden, da nie nach einem höheren Gebührensatz angerechnet werden darf, als in der nachfolgenden Angelegenheit anfällt.

Des Weiteren muss berücksichtigt werden, dass nicht doppelt angerechnet werden darf. Soweit daher im Berufungsverfahren angerechnet worden ist, darf dieselbe Gebühr nicht auch noch einmal auf die Gebühren des Verfahrens auf Vollstreckbarerklärung angerechnet werden. Die Anrechnung ist daher auf den Restbetrag beschränkt, der noch nicht durch die erste Anrechnung im Berufungsverfahren verbraucht ist. Dieser ergibt sich dadurch, dass man aus dem Gesamtwert eine Gebühr nach dem anzurechnenden Satz errechnet und davon den Betrag nach dem anzurechnenden Gebührensatz aus dem Teilwert abzieht, also hier:

0,5 aus 20.000,00 EUR		371,00 EUR
./. davon bereits durch die erste Anrechnung verbraucht, 0,5 aus 10.000,00 EUR		– 279,00 EUR
verbleiben noch anzurechnende		92,00 EUR
I. Prüfung der Erfolgsaussicht		
1. 0,75-Prüfungsgebühr, Nr. 2100 VV (Wert: 20.000,00 EUR)		556,50 EUR
2. Postentgeltpauschale, Nr. 7002 VV[10]		20,00 EUR
Zwischensumme	576,50 EUR	

---

10 Die Postentgeltpauschale fällt nur an, wenn tatsächlich auch Entgelte entstanden sind (siehe § 38 Rn 43).

761

3. 19 % Umsatzsteuer, Nr. 7008 VV		109,54 EUR
Gesamt		**686,04 EUR**

II. Berufungsverfahren

1. 1,6-Verfahrensgebühr, Nr. 3200 VV (Wert: 10.000,00 EUR)		892,80 EUR
2. gem. Anm. zu Nr. 2100 VV anzurechnen 0,75 aus 10.000,00 EUR		– 418,50 EUR
3. 1,2-Terminsgebühr, Nr. 3202 VV (Wert: 10.000,00 EUR)		669,60 EUR
4. Postentgeltpauschale, Nr. 7002 VV		20,00 EUR
Zwischensumme	1.163,90 EUR	
5. 19 % Umsatzsteuer, Nr. 7008 VV		221,14 EUR
Gesamt		**1.385,04 EUR**

III. Verfahren auf Vollstreckbarerklärung

1. 0,5-Verfahrensgebühr, Nrn. 3329 VV (Wert: 10.000,00 EUR)		279,00 EUR
2. gem. Anm. zu Nr. 2100 VV anzurechnen 0,5 aus 10.000,00 EUR jedoch nicht mehr als (323,00 EUR – 243,00 EUR)		– 92,00 EUR
3. Postentgeltpauschale, Nr. 7002 VV		20,00 EUR
Zwischensumme	207,00 EUR	
4. 19 % Umsatzsteuer, Nr. 7008 VV		39,33 EUR
Gesamt		**246,33 EUR**

III. Der nicht angegriffene Teil des Urteils war (auch) Gegenstand des Rechtsmittelverfahrens

13 War oder wird der nicht mit dem Rechtsmittel angegriffene Teil des Urteils Gegenstand des Rechtsmittelverfahrens, entstehen keine gesonderten Gebühren nach Nrn. 3329, 3332 VV. Das Verfahren auf Vollstreckbarerklärung gehört dann vielmehr zum Rechtsmittelverfahren (§ 19 Abs. 1 S. 2 Nr. 9 RVG) und wird durch die dortigen Gebühren abgegolten.

Beispiel 7	Das ursprünglich unbeschränkt eingelegte Rechtsmittel wird nachträglich im Termin beschränkt

Der Beklagte ist verurteilt worden, 10.000,00 EUR zu zahlen. Er legt gegen das Urteil insgesamt Berufung ein. In der mündlichen Verhandlung nimmt er die Berufung teilweise zurück und wehrt sich nur noch gegen seine Verurteilung, soweit diese über 6.000,00 EUR hinausgeht. Der Kläger beantragt, die Berufung zurückzuweisen und den nicht angegriffenen Teil des Urteils vorläufig für vollstreckbar zu erklären.

Die gesamten 10.000,00 EUR waren anfangs Gegenstand des Berufungsverfahrens. Die spätere Teilrücknahme der Berufung ändert daran nichts mehr. Es liegt daher nach § 19 Abs. 1 S. 2 Nr. 9 RVG nur eine Angelegenheit vor.[11] Zu rechnen ist für den Anwalt des Klägers wie folgt:

1. 1,6-Verfahrensgebühr, Nr. 3200 VV (Wert: 10.000,00 EUR)		892,80 EUR
2. 1,2-Terminsgebühr, Nr. 3202 VV (Wert: 10.000,00 EUR)		669,60 EUR
3. Postentgeltpauschale, Nr. 7002		20,00 EUR
Zwischensumme	1.582,40 EUR	

---

11 *E. Schneider*, DRiZ 1979, 44; *Hansens*, BRAGO, § 49 Rn 10; *N. Schneider*, AGS 1996, 85; *ders.*, ZAP Fach 24, S. 597.

III. Der nicht angegriffene Teil des Urteils war (auch) Gegenstand des Rechtsmittelverfahrens § 24

4. 19 % Umsatzsteuer, Nr. 7008	300,66 EUR
Gesamt	**1.883,06 EUR**

Wird das Rechtsmittel vor dem Termin teilweise zurückgenommen und ergeht die Entscheidung 14 über die vorläufige Vollstreckbarkeit ohne Verhandlung, entsteht die Terminsgebühr nur nach dem geringeren Wert.

> **Beispiel 8** Das ursprünglich unbeschränkt eingelegte Rechtsmittel wird nachträglich vor dem Termin beschränkt

Der Beklagte ist verurteilt worden, 10.000,00 EUR zu zahlen. Er legt gegen das Urteil insgesamt Berufung ein. Vor der mündlichen Verhandlung nimmt er die Berufung teilweise zurück und wehrt sich nur noch gegen seine Verurteilung, soweit diese über 6.000,00 EUR hinausgeht. Der Kläger beantragt, die Berufung zurückzuweisen und den nicht angegriffenen Teil des Urteils vorläufig für vollstreckbar zu erklären. Das Gericht spricht die vorläufige Vollstreckbarkeit durch Beschluss aus und beraumt anschließend Termin zur mündlichen Verhandlung an, die dann auch mit dem reduzierten Antrag durchgeführt wird.

Die gesamten 10.000,00 EUR waren anfangs Gegenstand des Berufungsverfahrens. Die spätere Teilrücknahme der Berufung ändert daran nichts mehr. Es liegt daher nach § 19 Abs. 1 S. 2 Nr. 9 RVG nur eine Angelegenheit vor.[12] Die Verfahrensgebühr entsteht aus dem Gesamtwert. Allerdings entsteht jetzt die Terminsgebühr nur aus dem reduzierten Wert. Zu rechnen ist wie folgt:

1. 1,6-Verfahrensgebühr, Nr. 3200 VV (Wert: 10.000,00 EUR)		892,80 EUR
2. 1,2-Terminsgebühr, Nr. 3202 VV (Wert: 4.000,00 EUR)		302,40 EUR
3. Postentgeltpauschale, Nr. 7002		20,00 EUR
Zwischensumme	1.215,20 EUR	
4. 19 % Umsatzsteuer, Nr. 7008		230,89 EUR
Gesamt		**1.446,09 EUR**

> **Beispiel 9** Das ursprünglich unbeschränkt eingelegte Rechtsmittel wird nachträglich erweitert

Der Beklagte ist verurteilt worden, 14.000,00 EUR zu zahlen. Er legt Berufung ein und wendet sich nur gegen die Verurteilung, soweit sie einen Betrag in Höhe von 11.000,00 EUR übersteigt. Daraufhin beantragt der Kläger, das Urteil in Höhe von 3.000,00 EUR für vorläufig vollstreckbar zu erklären. Anschließend erweitert der Beklagte jedoch sein Rechtsmittel und beantragt nunmehr, das erstinstanzliche Urteil insgesamt abzuändern. Der Kläger beantragt, die Berufung zurückzuweisen. Mit diesen Anträgen wird verhandelt.

Zunächst waren nur die angegriffenen 11.000,00 EUR Gegenstand des Berufungsverfahrens, so dass zunächst einmal eine Gebühr nach Nr. 3329 VV aus den weiteren 3.000,00 EUR entstanden war. Durch die nachträgliche Erweiterung der Berufung sind jedoch die vollen 14.000,00 EUR zum Gegenstand des Berufungsverfahrens geworden, so dass wiederum § 19 Abs. 1 S. 2 Nr. 9 RVG greift.[13] Die Gebühr der Nr. 3329 VV geht in der der Nr. 3100 VV auf.[14]

---

12 *E. Schneider*, DRiZ 1979, 44; *Hansens*, BRAGO, § 49 Rn 10; *N. Schneider*, AGS 1996, 85; *ders.*, ZAP Fach 24, S. 597.
13 *Hansens*, BRAGO, § 49 Rn 10; *N. Schneider*, AGS 1996, 85; *ders.*, ZAP Fach 24, S. 597.
14 OLG Celle NdsRpfl 1959, 152; Zöller/*Gummer*, § 537 ZPO Rn 15.

§ 24 Verfahren auf Vollstreckbarerklärung der nicht angefochtenen Teile eines Urteils

1. 1,6-Verfahrensgebühr, Nr. 3200 VV (Wert: 14.000,00 EUR)		1.040,00 EUR
2. 1,2-Terminsgebühr, Nr. 3202 VV (Wert: 14.000,00 EUR)		780,00 EUR
3. Postentgeltpauschale, Nr. 7002		20,00 EUR
Zwischensumme	1.840,00 EUR	
4. 19 % Umsatzsteuer, Nr. 7008		349,60 EUR
Gesamt		**2.189,60 EUR**

> **Beispiel 10** Über den nicht angefochtenen Teil des Urteils wird im Termin verhandelt und dieser in eine Einigung einbezogen

Gegen seine Verurteilung zur Zahlung von **10.000,00 EUR** legt der Beklagte nur in Höhe von **6.000,00 EUR** Berufung ein. Der Kläger beantragt daraufhin, wegen der weiteren **4.000,00 EUR** das erstinstanzliche Urteil für vorläufig vollstreckbar zu erklären. In der mündlichen Verhandlung einigen sich die Parteien über die gesamte Klageforderung in Höhe von **10.000,00 EUR**, also auch, soweit sie durch die Berufung nicht angegriffen worden ist.

Durch die Einbeziehung in die Einigung ist die gesamte Urteilsforderung zum Gegenstand des Berufungsverfahrens gemacht worden, so dass auch hier wiederum § 19 Abs. 1 S. 2 Nr. 9 RVG gilt. Da auch hinsichtlich der weiteren 4.000,00 EUR ein Termin stattgefunden hat und weder lediglich protokolliert noch lediglich verhandelt worden ist, entsteht die volle 1,6-Gebühr aus dem Gesamtwert. Die Einigungsgebühr bemisst sich nach Nrn. 1000, 1004 VV, weil die weitergehende Forderung noch anhängig und das Verfahren insoweit noch nicht rechtskräftig abgeschlossen ist. Da die Sache im Rechtsmittelverfahren anhängig ist, entsteht eine 1,3-Gebühr nach Nr. 1004 VV.

1. 1,6-Verfahrensgebühr, Nr. 3200 VV (Wert: 10.000,00 EUR)		892,80 EUR
2. 1,2-Terminsgebühr, Nr. 3202 VV (Wert: 10.000,00 EUR)		669,60 EUR
3. 1,3-Einigungsgebühr, Nrn. 1000, 1004 VV (Wert: 10.000,00 EUR)		725,40 EUR
4. Postentgeltpauschale, Nr. 7002 VV		20,00 EUR
Zwischensumme	2.307,80 EUR	
5. 19 % Umsatzsteuer, Nr. 7008 VV		438,48 EUR
Gesamt		**2.746,28 EUR**

> **Beispiel 11** Über den nicht angefochtenen Teil des Urteils wird außergerichtlich eine Einigung erzielt und diese im Termin lediglich protokolliert

Gegen seine Verurteilung zur Zahlung von **10.000,00 EUR** legt der Beklagte nur in Höhe von **6.000,00 EUR** Berufung ein. Der Kläger beantragt daraufhin, wegen der weiteren **4.000,00 EUR** das erstinstanzliche Urteil für vorläufig vollstreckbar zu erklären. Außergerichtlich einigen sich die Parteien über die gesamte Klageforderung in Höhe von **10.000,00 EUR**, also auch, soweit sie durch die Berufung nicht angegriffen worden ist. Diese Einigung wird im Termin protokolliert.

Durch die Einbeziehung in die Einigung ist die gesamte Urteilsforderung wiederum zum Gegenstand des Berufungsverfahrens gemacht worden, so dass auch hier wiederum § 19 Abs. 1 S. 2 Nr. 9 RVG gilt. Aus dem Wert des nicht angefochtenen Teils ist jetzt jedoch nur eine 1,1-Gebühr

III. Der nicht angegriffene Teil des Urteils war (auch) Gegenstand des Rechtsmittelverfahrens § 24

nach Nr. 3201 Nr. 2 VV angefallen, da insoweit lediglich protokolliert worden ist. Diese Gebühr deckt auch die Tätigkeit im Verfahren auf vorläufige Vollstreckbarerklärung ab.[15] Die Terminsgebühr ist dagegen in voller Höhe angefallen, da über die gesamte Forderung verhandelt worden ist (Vorbem. 3 Abs. 3, 3. Var. VV). Die Einigungsgebühr bemisst sich wiederum nach Nrn. 1000, 1004 VV.

1. 1,6-Verfahrensgebühr, Nr. 3200 VV
   (Wert: 6.000,00 EUR)   566,40 EUR
2. 1,1-Verfahrensgebühr, Nr. 3201 Nr. 2 VV
   (Wert: 4.000,00 EUR)   277,20 EUR
   gem. § 15 Abs. 3 RVG nicht mehr als 1,6 aus   892,80 EUR
   10.000,00 EUR
3. 1,2-Terminsgebühr, Nr. 3202 VV
   (Wert: 10.000,00 EUR)   669,60 EUR
4. 1,3-Einigungsgebühr, Nrn. 1004, 1000 VV
   (Wert: 10.000,00 EUR)   725,40 EUR
5. Postentgeltpauschale, Nr. 7002 VV   20,00 EUR
   Zwischensumme   2.258,60 EUR
6. 19 % Umsatzsteuer, Nr. 7008 VV   429,13 EUR

Gesamt   **2.687,73 EUR**

Im Ergebnis ergibt sich hier im Gegensatz zum vorangegangenen Beispiel wegen § 15 Abs. 3 RVG kein Unterschied. Wenn allerdings die Kürzung nach § 15 Abs. 3 RVG nicht greift, ergeben sich geringere Gebühren, wenn nicht im Termin verhandelt wird.

15

---

[15] So zum Vorgänger der Nr. 3101 Nr. 2 VV, dem früheren § 32 Abs. 2 BRAGO: LG Hamburg JurBüro 1982, 1512 = MDR 1982, 945 = VersR 1983, 465; *Hansens*, BRAGO, § 49 Rn 10; *N. Schneider*, AGS 1996, 85; *ders.*, ZAP Fach 24, S. 597.

§ 25 Verfahren vor dem Prozessgericht oder dem Amtsgericht auf Bewilligung, Verlängerung oder Verkürzung einer Räumungsfrist (§§ 721, 794a ZPO)

Inhalt

I. Überblick 1
 1. Ausgangsverfahren 1
 2. Rechtsmittelverfahren 6
  a) Entscheidung im selbstständigen Räumungsfristverfahren 6
  b) Entscheidung im Urteil 7
II. Vergütung im selbstständigen Räumungsfristverfahren 13
 1. Ausgangsverfahren 13
 2. Beschwerdeverfahren 21
 3. Rechtsbeschwerdeverfahren 25
III. Die Vergütung im unselbstständigen Räumungsfristverfahren 27
 1. Ausgangsverfahren 27
 2. Rechtsmittelverfahren 30
  a) Berufung 30
  b) Beschwerdeverfahren 33
  c) Beschwerde und Berufung 34
  d) Rechtsbeschwerde 35

I. Überblick

1. Ausgangsverfahren

Wie die Tätigkeit des Anwalts in einem Verfahren über die Bewilligung auf Aufhebung oder Verkürzung einer Räumungsfrist zu vergüten ist, hängt davon ab, ob es sich um ein selbstständiges oder unselbstständiges Räumungsfristverfahren handelt. **1**

Das **unselbstständige Räumungsfristverfahren** zählt nach § 19 Abs. 1 S. 2 Nr. 11 RVG (vorläufige Beschränkung der Zwangsvollstreckung) zum Gebührenrechtszug des Räumungsprozesses und wird durch die dortigen Gebühren (Nrn. 3100 ff., 3200 ff. VV) abgegolten.[1] **2**

Das **selbstständige Räumungsfristverfahren** ist dagegen eine eigene Angelegenheit i.S.d. § 15 RVG und wird durch die Gebühren der Nrn. 3334, 3337 VV, Vorbem. 3.3.6 VV i.V.m. Nr. 3104 VV vergütet.[2] **3**

Ein **unselbstständiges Räumungsfristverfahren** liegt immer dann vor, wenn das Verfahren mit der Hauptsache verbunden ist. In Betracht kommen insoweit nur Verfahren nach § 721 Abs. 1 ZPO, da hier der Antrag vor Schluss der mündlichen Verhandlung zu stellen ist und das Gericht i.d.R. im Räumungsurteil zugleich auch über den Räumungsfristantrag entscheidet. **4**

Ein **selbstständiges Räumungsfristverfahren**, also ein nicht verbundenes Verfahren i.S.d. Nr. 3334 VV, liegt immer dann vor, wenn der Antrag auf Bewilligung, Verlängerung oder Verkürzung der Räumungsfrist erst nach Schluss der mündlichen Verhandlung gestellt wird und das Gericht ihn somit in seinem Urteil nicht mehr berücksichtigen kann. **5**
- Dies sind zum einen also immer die Fälle des **§ 721 Abs. 2 und 3 ZPO**, da hier der Antrag erst nach Schluss der mündlichen Verhandlung gestellt werden kann und eine Verbindung daher nicht in Betracht kommt. Das gilt auch dann, wenn nach **§ 721 Abs. 4 ZPO** das Berufungsgericht zuständig ist. Es entscheidet nämlich dann nicht im Rahmen der Berufung, sondern in einem selbstständigen Beschlussverfahren.[3]

---

[1] AnwK-RVG/*N. Schneider*, Nr. 3334 VV Rn 3.
[2] AnwK-RVG/*N. Schneider*, Nr. 3334 VV Rn 3.
[3] Zöller/*Stöber*, § 721 ZPO Rn 8.

- Auch im Falle des **§ 721 Abs. 1 ZPO** ist ein selbstständiges Verfahren i.S.d. Nr. 3334 VV möglich, nämlich dann, wenn das Gericht seinen Willen zur Trennung zum Ausdruck gebracht hat. Das kann etwa durch gesonderte Verhandlung oder durch gesonderte Beweiserhebung geschehen.[4] Ebenso verhält es sich, wenn das Gericht zunächst über die Räumungsklage ein Teilurteil erlässt und dann erst über die Räumungsfrist verhandelt. In dem Erlass eines Teilurteils liegt dann eine Zäsur, die zur Trennung der beiden Verfahren führt.[5] Gleiches gilt, wenn nach Erlass eines Teil-Anerkenntnisurteils zur Räumung über den Räumungsfristantrag gesondert verhandelt wird.[6]
- Ebenso zählt hierzu das **Verfahren nach § 794a ZPO**, das immer ein selbstständiges Verfahren ist.

2. Rechtsmittelverfahren

a) Entscheidung im selbstständigen Räumungsfristverfahren

6 Wird die Entscheidung eines **selbstständigen Räumungsfristverfahrens** angefochten, ist nach § 721 Abs. 6 oder § 794a ZPO immer die sofortige Beschwerde gegeben.[7] Es gelten dann die Nrn. 3500, 3501 VV. Insoweit liegt immer eine eigene Angelegenheit vor (§ 18 Abs. 1 Nr. 3 RVG).

b) Entscheidung im Urteil

7 Soweit das **Urteil im Räumungsrechtsstreit** mit der **Berufung** insgesamt angefochten wird, und in der Berufung auch der Ausspruch zur Räumungsfrist mit angefochten oder der Antrag erstmals gestellt wird, ist einheitlich die Berufung gegeben. Soweit das Berufungsgericht das Räumungsfristverfahren mit der Hauptsache verbunden durchführt, entstehen keine gesonderten Gebühren. Das Räumungsfristverfahren gehört auch dann zur Hauptsache (§ 19 Abs. 1 S. 2 Nr. 11 RVG).

8 Soweit das Berufungsgericht allerdings das Verfahren über die Räumungsfrist gesondert führt, werden wiederum die Gebühren nach Nr. 3334, Vorbem. 3.3.6 i.V.m. Nr. 3104 VV ausgelöst.

9 Wird ein **Urteil nur hinsichtlich des Ausspruchs zur Räumungsfrist** angefochten, ist gem. § 721 Abs. 6 oder § 794a ZPO die **sofortige Beschwerde** nach § 721 Abs. 6 ZPO gegeben.[8] Es gelten dann die Nrn. 3500, 3501 VV. Insoweit liegt immer eine eigene Angelegenheit vor.

10 Wird von einer Partei Berufung eingelegt und von der anderen sofortige Beschwerde, geht die Berufung vor.[9]

11 Eine **weitere Beschwerde** ist nicht gegeben, wohl ist aber die **Rechtsbeschwerde nach § 574 ZPO** möglich, wenn sie vom Beschwerdegericht zugelassen worden ist.[10]

---

4 *Hansens*, BRAGO, § 50 Rn 1.
5 *Tschischgale*, JurBüro 1966, 1010; AnwK-RVG/*N. Schneider*, Nr. 3334 Rn 8; Hartung/Römermann/*Schons*, Nr. 3334 Rn 10.
6 Hartung/Römermann/*Schons*, Nr. 3334 Rn 10.
7 *Schuschke*, § 721 ZPO Rn 19.
8 *Schuschke*, § 721 ZPO Rn 19.
9 LG Landshut NJW 1967, 1374; LG Düsseldorf ZMR 1990, 380.
10 Zöller/*Stöber*, § 794a ZPO Rn 5.

Ist über die Räumung durch **Versäumnisurteil** entschieden worden und soll nur die Entscheidung über die Räumungsfrist (also i.d.R. deren Nichtgewährung) angegriffen werden, soll also lediglich die Bewilligung einer Räumungsfrist erreicht werden, ist der Einspruch gegeben.[11]

II. Vergütung im selbstständigen Räumungsfristverfahren

1. Ausgangsverfahren

Im selbstständigen Räumungsfristverfahren erhält der Anwalt nach Nr. 3334 VV zunächst eine **1,0-Verfahrensgebühr**.

Bei **mehreren Auftraggebern** erhöht sich diese Gebühr nach Nr. 1008 VV um 0,3 je weiteren Auftraggeber.

Erledigt sich die Angelegenheit vorzeitig, ist Anm. Nr. 1 zu Nr. 3337 VV anzuwenden. Die Verfahrensgebühr reduziert sich auf 0,5.

Für die Teilnahme an der Verhandlung über den Räumungsfristantrag oder an einem anderweitigen Termin i.S.d. Vorbem. 3 Abs. 3 VV erhält der Anwalt die volle **1,2-Terminsgebühr** nach Nr. 3104 VV (Vorbem. 3.3.6 VV), da Nr. 3334 VV in Nr. 3332 VV nicht erwähnt ist.

Daneben kommt auch eine **Einigungsgebühr** nach Nr. 1000 VV in Betracht. Da das Räumungsfristverfahren zur Anhängigkeit i.S.d. Nr. 1003 VV führt, entsteht nur eine 1,0-Einigungsgebühr.[12]

Wird der Räumungsfristantrag im **Berufungsverfahren** gestellt (§ 721 Abs. 4, 2. Hs. ZPO), so erhält der Anwalt die gleichen Gebühren wie im erstinstanzlichen Verfahren. Lediglich die Einigungsgebühr erhöht sich gem. Nr. 1004 VV auf 1,3. Auch wenn das Räumungsfristverfahren selbst kein Berufungsverfahren ist, zählt es doch prozessual zur Berufungsinstanz, so dass der höhere Gebührensatz gerechtfertigt ist. Dieser entstünde ja auch dann, wenn die Einigung im verbundenen Verfahren erzielt wird.

Der **Gegenstandswert** eines Räumungsfristverfahrens bemisst sich nach § 23 Abs. 1 S. 2 RVG, da im gerichtlichen Verfahren Festgebühren erhoben werden (Nr. 2112 GKG-KV, § 48 Abs. 1 GKG, § 3 ZPO). Im Rahmen dieser Vorschriften ist nach h.M. jedoch wiederum die Vorschrift des § 41 Abs. 1 GKG (§ 16 Abs. 1 GKG a.F.) als Orientierungshilfe heranzuziehen.[13] Maßgebend ist danach die auf die "streitige Zeit" entfallende Nutzungsentschädigung,[14] also die Nutzungsentschädigung für den beantragten Zeitraum.[15]

---

11 So LG München NZM 1999, 308; *Schuschke*, § 721 ZPO Rn 19, der darauf hinweist, dass es wegen der Einspruchsmöglichkeit am Rechtsschutzbedürfnis für eine Beschwerde fehlt.
12 AnwK-RVG/*N. Schneider*, Nr. 3334 Rn 15.
13 OLG Braunschweig Rpfleger 1964, 66; LG Kempten AnwBl 1988, 58; AnwK-RVG/*N. Schneider*, Nr. 3334 VV Rn 18f; *Hansens*, BRAGO, § 50 Rn 3.
14 OLG München NZM 2008, 839 = ZMR 2009, 372; *Anders/Gehle/Kunze*, Streitwert-Lexikon, 4. Auflage 2002, „Miete und Pacht" Rn 41.
15 Da nach §§ 721 Abs. 5, 794a Abs. 3 ZPO nicht mehr als ein Jahr zugesprochen werden darf, wird dies auch i.d.R. der Höchstwert sein. Wird allerdings unzulässigerweise mehr beantragt, so ist dies maßgebend, da das Streitwertrecht nicht nach der Zulässigkeit des zu bewertenden Antrags fragt.

§ 25 Verfahren auf Bewilligung, Verlängerung oder Verkürzung einer Räumungsfrist

Beispiel 1 | **Selbstständiges Räumungsfristverfahren ohne Termin**

Die Parteien hatten im Rechtsstreit einen Räumungsvergleich geschlossen. Später beantragt der Räumungsschuldner nach § 794a Abs. 1 ZPO eine Räumungsfrist von sechs Monaten, die das Gericht bewilligt (Monatsmiete 600,00 EUR).

Es entsteht nur die gesonderte Verfahrensgebühr nach Nr. 3334 VV. Der Gegenstandswert beläuft sich auf 6 x 600,00 EUR = 3.600,00 EUR.

1.	1,0-Verfahrensgebühr, Nr. 3334 VV (Wert: 3.600,00 EUR)	252,00 EUR
2.	Postentgeltpauschale, Nr. 7002 VV	20,00 EUR
	Zwischensumme	272,00 EUR
3.	19 % Umsatzsteuer, Nr. 7008 VV	51,68 EUR
Gesamt		**323,68 EUR**

Beispiel 2 | **Selbstständiges Räumungsfristverfahren ohne Termin, mehrere Auftraggeber**

Nach einem Räumungsvergleich bewilligt das Gericht den beiden Räumungsschuldnern antragsgemäß nach § 794a Abs. 1 ZPO eine Räumungsfrist von sechs Monaten (Monatsmiete 600,00 EUR).

Die Verfahrensgebühr der Nr. 3334 VV erhöht sich nach Nr. 1008 VV um 0,3.

1.	1,3-Verfahrensgebühr, Nrn. 3334, 1008 VV (Wert: 3.600,00 EUR)	327,60 EUR
2.	Postentgeltpauschale, Nr. 7002 VV	20,00 EUR
	Zwischensumme	347,60 EUR
3.	19 % Umsatzsteuer, Nr. 7008 VV	66,04 EUR
Gesamt		**413,64 EUR**

Beispiel 3 | **Selbstständiges Räumungsfristverfahren mit gesonderter Verhandlung**

Im Räumungsrechtsstreit beantragt der Räumungsschuldner eine Räumungsfrist von sechs Monaten (Monatsmiete 600,00 EUR). Das Gericht bewilligt nach gesonderter Verhandlung gem. § 721 ZPO eine Räumungsfrist von drei Monaten.

Die Gebühren für das Räumungsfristverfahren entstehen gesondert (§ 19 Abs. 1 S. 2 Nr. 11 RVG). Der Gegenstandswert im Räumungsfristverfahren beträgt wiederum 3.600,00 EUR, da es auf den Antrag ankommt, nicht auf den bewilligten Zeitraum. Hinzu kommt die Terminsgebühr nach Vorbem. 3.3.6 i.V.m. Nr. 3104 VV.

I. Hauptsacheverfahren (Wert: 7.200,00 EUR)

1.	1,3-Verfahrensgebühr, Nr. 3100 VV	592,80 EUR
2.	1,2-Terminsgebühr, Nr. 3104 VV	547,20 EUR
3.	Postentgeltpauschale, Nr. 7002 VV	20,00 EUR
	Zwischensumme	1.160,00 EUR
4.	19 % Umsatzsteuer, Nr. 7008 VV	220,40 EUR
Gesamt		**1.380,40 EUR**

II. **Räumungsfristverfahren (Wert: 3.600,00 EUR)**
1. 1,0-Verfahrensgebühr, Nr. 3334 VV — 252,00 EUR
2. 1,2-Terminsgebühr, Vorbem. 3.3.6 i.V.m. Nr. 3104 VV — 302,40 EUR
3. Postentgeltpauschale, Nr. 7002 VV — 20,00 EUR
   Zwischensumme — 574,40 EUR
4. 19 % Umsatzsteuer, Nr. 7008 VV — 109,14 EUR
Gesamt — **683,54 EUR**

Beispiel 4 | **Selbstständiges Räumungsfristverfahren mit Termin und Einigung**

In einem selbstständigen Räumungsfristverfahren, in dem eine Räumungsfrist von sechs Monaten beantragt ist (Wert: 3.600,00 EUR), besprechen sich die Anwälte außergerichtlich und vereinbaren eine Räumungsfrist von drei Monaten.

Da die Vorbem. 3 Abs. 3, 3. Var. VV auch hier gilt, entsteht die Terminsgebühr nach Vorbem. 3.3.6 i.V.m. Nr. 3104 VV auch für außergerichtliche Besprechungen.

Für die Einigung fällt daneben eine 1,0-Einigungsgebühr an.

1. 1,0-Verfahrensgebühr, Nr. 3334 VV
   (Wert: 3.600,00 EUR) — 252,00 EUR
2. 1,2-Terminsgebühr, Vorbem. 3.3.6 i.V.m. Nr. 3104 VV
   (Wert: 3.600,00 EUR) — 302,40 EUR
3. 1,0-Einigungsgebühr, Nrn. 1000, 1003 VV
   (Wert: 3.600,00 EUR) — 252,00 EUR
4. Postentgeltpauschale, Nr. 7002 VV — 20,00 EUR
   Zwischensumme — 826,40 EUR
5. 19 % Umsatzsteuer, Nr. 7008 VV — 157,02 EUR
Gesamt — **983,42 EUR**

Werden **mehrere selbstständige Räumungsfristverfahren** nacheinander eingeleitet, so handelt es sich jeweils um eigene Angelegenheiten i.S.d. § 15 RVG.[16]

Beispiel 5 | **Mehrere selbstständige Räumungsfristverfahren**

Im Räumungsrechtsstreit bewilligt das Gericht gem. § 721 Abs. 1 ZPO nach gesonderter Verhandlung eine Räumungsfrist von sechs Monaten (Wert: 3.600,00 EUR). Vor Ablauf der Räumungsfrist beantragt der Mieter die Verlängerung um weitere drei Monate (Wert: 1.800,00 EUR), die ohne mündliche Verhandlung gewährt wird.

Es handelt sich um zwei verschiedene Angelegenheiten i.S.d. § 15 RVG. Der Anwalt erhält sowohl für das Verfahren über den Antrag auf erstmalige Räumungsfrist (§ 721 Abs. 1 ZPO) als auch im Verfahren über die Verlängerung nach § 721 Abs. 3 ZPO jeweils die Vergütung nach Nr. 3334 VV.

I. **Erstes Räumungsfristverfahren (Wert: 3.600,00 EUR)**
1. 1,0-Verfahrensgebühr, Nr. 3334 VV — 252,00 EUR
2. 1,2-Terminsgebühr, Vorbem. 3.3.6 i.V.m. Nr. 3104 VV — 302,40 EUR
3. Postentgeltpauschale, Nr. 7002 VV — 20,00 EUR
   Zwischensumme — 574,40 EUR
4. 19 % Umsatzsteuer, Nr. 7008 — 109,14 EUR
Gesamt — **683,54 EUR**

---

16 AnwK-RVG/*N. Schneider*, Nr. 3334 VV Rn 20.

II. Zweites Räumungsfristverfahren (Wert: 1.800,00 EUR)

1.	1,0-Verfahrensgebühr, Nr. 3334 VV	150,00 EUR
2.	Postentgeltpauschale, Nr. 7002 VV	20,00 EUR
	Zwischensumme 170,00 EUR	
3.	19 % Umsatzsteuer, Nr. 7008 VV	32,30 EUR
	Gesamt	**202,30 EUR**

2. Beschwerdeverfahren

21 Wird die Entscheidung im **selbstständigen Räumungsfristverfahren** angefochten, ist nach § 721 Abs. 6 oder § 794a ZPO die sofortige Beschwerde gegeben.[17] Es gelten dann die Nrn. 3500, 3513 VV, und zwar sowohl für den Anwalt des Beschwerdeführers als auch für den Anwalt des Beschwerdegegners. Insoweit liegt immer eine besondere Angelegenheit vor (§ 18 Abs. 1 Nr. 3 RVG).

Beispiel 6   Beschwerdeverfahren – Normalfall

Der Anwalt des Klägers ist beauftragt, gegen die Bewilligung einer Räumungsfrist von drei Monaten sofortige Beschwerde einzulegen. Der Mietwert beträgt 500,00 EUR.

Neben der Vergütung für das selbstständige Räumungsfristverfahren (siehe oben Rn 13) erhält der Anwalt für das Beschwerdeverfahren die Gebühr nach Nr. 3500 VV.

Der Gegenstandswert des Beschwerdeverfahrens richtet sich nach § 23 Abs. 2 RVG und beläuft sich auf das Interesse an der Bewilligung oder Versagung der Räumungsfrist und wird mit der Miete bzw. Nutzungsentschädigung der streitigen Zeit bemessen.[18]

1.	0,5-Verfahrensgebühr, Nr. 3500 VV (Wert: 1.500,00 EUR)	57,50 EUR
2.	Postentgeltpauschale, Nr. 7002 VV	11,50 EUR
	Zwischensumme 69,00 EUR	
3.	19 % Umsatzsteuer, Nr. 7008 VV	13,11 EUR
	Gesamt	**82,11 EUR**

22 Vertritt der Anwalt im Beschwerdeverfahren **mehrere Auftraggeber**, so erhöht sich die 0,5-Verfahrensgebühr auch im Beschwerdeverfahren gem. Nr. 1008 VV um 0,3 je weiteren Auftraggeber.

Beispiel 7   Beschwerdeverfahren – Mehrere Auftraggeber

Der Anwalt vertritt das Mieterehepaar, dem eine Räumungsfrist von drei Monaten bewilligt worden ist, in dem nunmehr vom Vermieter eingeleiteten Beschwerdeverfahren. Der Mietwert beträgt 500,00 EUR.

Die Verfahrensgebühr erhöht sich nach Nr. 1008 VV um 0,3.

1.	0,8-Verfahrensgebühr, Nrn. 3500, 1008 VV (Wert: 1.500,00 EUR)	92,00 EUR
2.	Postentgeltpauschale, Nr. 7002 VV	18,40 EUR
	Zwischensumme 110,40 EUR	

---

17 *Schuschke*, § 721 ZPO Rn 19; *Zimmermann*, § 721 Rn 8.
18 OLG Stuttgart AGS 2006, 563 m. Anm. *N. Schneider* = WM 2006, 538.

3. 19 % Umsatzsteuer, Nr. 7008 VV	20,98 EUR
Gesamt	**131,38 EUR**

Möglich ist im Beschwerdeverfahren auch der Anfall einer **Terminsgebühr (Nr. 3513 VV)**, zumindest dann, wenn außergerichtliche Verhandlungen geführt werden (Vorbem. 3 Abs. 3, 3. Var. VV, § 19 Abs. 1 S. 2 Nr. 1 RVG). 23

Auch eine **Einigungsgebühr** kann anfallen. Diese beläuft sich auf 1,0, da die Sache gerichtlich anhängig ist. Eine Erhöhung nach Nr. 1004 VV kommt im Beschwerdeverfahren nicht in Betracht. Zu Abrechnungen in diesen Fällen siehe § 20 (Beschwerde und Erinnerung). 24

3. Rechtsbeschwerdeverfahren

Sofern zugelassen, ist auch die Rechtsbeschwerde nach § 574 ZPO möglich.[19] Es handelt sich um eine eigene Gebührenangelegenheit (§ 15 Abs. 2 RVG). Die Gebühren richten sich nach Nrn. 3502, 3516 VV. 25

Beispiel 8 — Rechtsbeschwerdeverfahren

Nachdem das Beschwerdegericht die vom Beklagten gegen die Ablehnung der beantragten Verlängerung einer Räumungsfrist um sechs Monate eingelegte Beschwerde zurückgewiesen hat, lässt er hiergegen eine zugelassene Rechtsbeschwerde einlegen. Der Mietwert beträgt 500,00 EUR.

1. 1,0-Verfahrensgebühr, Nr. 3502 VV (Wert: 3.000,00 EUR)		201,00 EUR
2. Postentgeltpauschale, Nr. 7002 VV		20,00 EUR
Zwischensumme	221,00 EUR	
3. 19 % Umsatzsteuer, Nr. 7008 VV		41,99 EUR
Gesamt		**262,99 EUR**

Zu sonstigen Verfahrenskonstellationen in der Rechtsbeschwerde siehe § 16. 26

III. Die Vergütung im unselbstständigen Räumungsfristverfahren

1. Ausgangsverfahren

Ist das Verfahren über die Räumungsfrist Teil des Hauptsacheverfahrens, dann liegt insgesamt nur eine Angelegenheit vor (§ 19 Abs. 1 S. 2 Nr. 11 RVG). Der Anwalt erhält nur die Gebühren nach Nrn. 3100 ff. VV. Der Gebührentatbestand der Nr. 3334 VV ist unanwendbar. Dies führt jedoch nicht dazu, dass der Anwalt für seine Tätigkeit im Verfahren über die Räumungsfrist keine zusätzliche Vergütung erhalten kann.[20] 27

Der Gegenstandswert bemisst sich – da im gerichtlichen Verfahren keine Gebühren erhoben werden – analog § 23 Abs. 1 S. 2 RVG[21] i.V.m. § 41 Abs. 2 GKG. Es kommt also auf die streitige 28

---

19 Zöller/*Stöber*, § 794a ZPO Rn 5; *Schuschke*, § 721 Rn 19; *Zimmermann*, Rn 8.
20 So aber LG Frankfurt/M. Rpfleger 1984, 287; siehe hierzu *N. Schneider*, ZAP Fach 24, S. 137.
21 Der an sich nur für Festgebühren gilt, aber analog auch auf Verfahren ohne Gerichtsgebühren angewandt werden muss. Zum selben Ergebnis käme man aber auch über § 23 Abs. 3 RVG i.V.m. § 25 KostO.

§ 25 Verfahren auf Bewilligung, Verlängerung oder Verkürzung einer Räumungsfrist

Zeit an, also auf die Miete bzw. Nutzungsentschädigung für die Zeit, für die die Räumungsfrist, deren Verlängerung oder Bewilligung verlangt wird.

29 Der Antrag auf Räumungsfrist hat zwar einen eigenen Wert. Dieser wird jedoch dem Wert des Räumungsantrags nicht hinzugerechnet, da insoweit wirtschaftliche Identität besteht. Wenn schon der stärkere Antrag auf Fortsetzung eines Mietverhältnisses nicht zu einer Addition führt (§ 41 Abs. 3 GKG), dann gilt dies erst recht für den schwächeren Räumungsfristantrag.

Beispiel 9 | Räumungsrechtsstreit mit Räumungsfristantrag

In der mündlichen Verhandlung wird über den Räumungsanspruch verhandelt (Wert: 12 x 1.000,00 EUR) und gleichzeitig die Gewährung einer Räumungsfrist von fünf Monaten beantragt. Das Gericht entscheidet durch Urteil.

Der Wert des Räumungsfristantrags fällt jetzt beim Streitwert nicht ins Gewicht (analog § 41 Abs. 3 GKG), so dass alle Gebühren nach dem Wert von 12.000,00 EUR anfallen.

1.	1,3-Verfahrensgebühr, Nr. 3100 VV (Wert: 12.000,00 EUR)	785,20 EUR
2.	1,2-Terminsgebühr, Nr. 3104 VV (Wert: 12.000,00 EUR)	724,80 EUR
3.	Postentgeltpauschale, Nr. 7002 VV	20,00 EUR
	Zwischensumme	1.530,00 EUR
4.	19 % Umsatzsteuer, Nr. 7008 VV	290,70 EUR
	Gesamt	**1.820,70 EUR**

Beispiel 10 | Räumungsrechtsstreit mit Einigung über Räumungsfristantrag

In der mündlichen Verhandlung erkennt der Beklagte den Räumungsanspruch (Wert: 12 x 1.000,00 EUR) an und beantragt die Gewährung einer Räumungsfrist von fünf Monaten. Es ergeht ein Anerkenntnisurteil. Darüber hinaus einigen sich die Parteien auf eine Räumungsfrist von drei Monaten.

Die Verfahrens- und die Terminsgebühr sind nach dem höheren Wert der Räumung angefallen. Die Einigungsgebühr ist dagegen analog § 41 Abs. 3 GKG lediglich nach dem Wert des Räumungsfristantrags (5 x 1.000,00 EUR = 5.000,00 EUR) entstanden. Abzurechnen ist wie folgt:

1.	1,3-Verfahrensgebühr, Nr. 3100 VV (Wert: 12.000,00 EUR)	785,20 EUR
2.	1,2-Terminsgebühr, Nr. 3104 VV (Wert: 12.000,00 EUR)	724,80 EUR
3.	1,0-Einigungsgebühr, Nrn. 1000, 1003 VV (Wert: 5.000,00 EUR)	303,00 EUR
4.	Postentgeltpauschale, Nr. 7002 VV	20,00 EUR
	Zwischensumme	1.833,00 EUR
5.	19 % Umsatzsteuer, Nr. 7008 VV	348,27 EUR
	Gesamt	**2.181,27 EUR**

Beispiel 11 | Urteilsergänzung wegen nicht beschiedenem Räumungsfristantrag

In der mündlichen Verhandlung wird im Räumungsprozess (Wert: 12 x 1.000,00 EUR) streitig verhandelt. Vorsorglich beantragt der Beklagte eine Räumungsfrist von fünf Mona-

ten. Das Gericht erlässt ein Räumungsurteil und übersieht den Räumungsfristantrag. Daraufhin beantragt der Beklagte Urteilsergänzung nach § 321 ZPO.

Das Verfahren auf Urteilsergänzung gehört nach § 19 Abs. 1 S. 2 Nr. 6 RVG zum Rechtszug. Auch wenn hier eine mündliche Verhandlung über den Ergänzungsantrag vorgesehen ist (§ 321 Abs. 3 ZPO), führt dies nicht zu einer gesonderten Verhandlung i.S.d. Nr. 3334 VV.[22] Abzurechnen ist daher wie in Beispiel 9.

Beispiel 12 Versäumnisurteil über Räumung, streitige Verhandlung über Räumungsfristantrag

In der mündlichen Verhandlung des Räumungsprozesses erklärt der Beklagtenvertreter, zur Hauptsache (Wert: 12 x 1.000,00 EUR) keinen Antrag zu stellen, allerdings beantrage er eine Räumungsfrist von fünf Monaten.

Da der Beklagtenvertreter zum Termin erschienen ist, ist auch aus der Hauptsache bereits die 1,2-Terminsgebühr nach Nr. 3104 VV entstanden und nicht die reduzierte 0,5-Gebühr nach Nr. 3105 VV.[23] Dass der Anwalt nur über den Räumungsfristantrag streitig verhandelt, ist unerheblich. Abzurechnen ist wie in Beispiel 9.

Beispiel 13 Versäumnisurteil über Räumung, streitige Verhandlung nach Einspruch nur über Räumungsfristantrag

Im schriftlichen Vorverfahren ergeht ein Räumungsurteil (Wert: 12 x 1.000,00 EUR). Der Beklagte beauftragt sodann einen Anwalt, der zunächst auftragsgemäß Einspruch einlegt und diesen nachträglich darauf beschränkt, dass dem Beklagten keine Räumungsfrist gewährt worden sei, die er mit fünf Monaten beantragt.

Das Verfahren über den Räumungsfristantrag ist auch hier mit der Hauptsache verbunden, da das Einspruchsverfahren zum Rechtsstreit gehört (§ 19 Abs. 1 S. 1 RVG).

Aus dem Wert des Räumungsantrags ist für den Klägeranwalt jetzt nur die 0,5-Terminsgebühr nach Nrn. 3104, 3105 VV entstanden (Anm. Abs. 1 Nr. 2 VV) und aus dem Wert des Räumungsfristantrags die 1,2-Terminsgebühr (Nr. 3104 VV). Zu beachten ist jetzt noch § 15 Abs. 3 RVG.

Der Anwalt des Beklagten erhält dagegen nur die 1,2-Terminsgebühr aus dem Wert des Räumungsfristantrags.

    I. **Anwalt Kläger**
    1. 1,3-Verfahrensgebühr, Nr. 3100 VV   785,20 EUR
       (Wert: 12.000,00 EUR)
    2. 0,5-Terminsgebühr, Nr. 3104 VV   302,00 EUR
       (Wert: 12.000,00 EUR)
    3. 1,2-Terminsgebühr, Nr. 3104 VV   363,60 EUR
       (Wert: 5.000,00 EUR)
       (die Höchstgrenze gem. § 15 Abs. 3 RVG (nicht mehr als
       1,2-Gebühr aus 17.000,00 EUR = 835,20 EUR) ist nicht
       erreicht)

---

[22] AG Frankfurt/M. Rpfleger 1984, 247 = KostRspr. BRAGO § 50 Nr. 4 m. abl. Anm. *Lappe*; Mayer/Kroiß/*Gierl*, Nr. 3334 VV Rn 4.

[23] OLG Koblenz AGS 2005, 190 m. Anm. *N. Schneider* u. *Madert* = RVGreport 2005, 231; LAG Hessen RVG-Letter 2006, 52.

§ 25 Verfahren auf Bewilligung, Verlängerung oder Verkürzung einer Räumungsfrist

4.	Postentgeltpauschale, Nr. 7002 VV		20,00 EUR
	Zwischensumme	1.470,80 EUR	
5.	19 % Umsatzsteuer, Nr. 7008 VV		279,45 EUR
Gesamt			**1.750,25 EUR**

II. Anwalt Beklagter

1.	1,3-Verfahrensgebühr, Nr. 3100 VV		785,20 EUR
	(Wert: 12.000,00 EUR)		
2.	1,2-Terminsgebühr, Nr. 3104 VV		363,60 EUR
	(Wert: 5.000,00 EUR)		
3.	Postentgeltpauschale, Nr. 7002 VV		20,00 EUR
	Zwischensumme	1.168,80 EUR	
4.	19 % Umsatzsteuer, Nr. 7008 VV		222,07 EUR
Gesamt			**1.390,87 EUR**

2. Rechtsmittelverfahren

a) Berufung

30 Wird das **Urteil im Räumungsrechtsstreit** mit der **Berufung** angefochten, und wird in der Berufung auch der Ausspruch zur Räumungsfrist mit angefochten oder der Antrag auf Räumungsfrist erstmals gestellt (§ 721 Abs. 4, 2. Hs. ZPO), ohne dass hierüber gesondert verhandelt oder entschieden wird, entstehen nur die Gebühren nach Nrn. 3200 ff. VV, die dann auch die Tätigkeit im Räumungsfristverfahren mit abgelten.

31 Soweit das Berufungsgericht allerdings das Verfahren über die Räumungsfrist gesondert führt, werden wiederum die Gebühren nach Nr. 3334, Vorbem. 3.3.6 i.V.m. Nr. 3104 VV gesondert ausgelöst. Eine Erhöhung der Verfahrensgebühren wegen Zugehörigkeit zum Rechtsmittelverfahren ist insoweit nicht vorgesehen; lediglich die Einigungsgebühr erhöht sich (Nr. 1004 VV).

> **Beispiel 14** **Berufung gegen Räumungsurteil mit abgetrenntem Räumungsfristverfahren**

Gegen das Räumungsurteil legt der Mieter Berufung ein und beantragt eine Räumungsfrist von sechs Monaten (Monatsmiete 600,00 EUR). Das Gericht weist die Berufung zurück, bewilligt aber nach gesonderter Verhandlung gem. § 721 ZPO eine Räumungsfrist von drei Monaten.

Die Gebühren für das Räumungsfristverfahren entstehen gesondert (§ 19 Abs. 1 S. 2 Nr. 11 RVG) neben den Gebühren des Berufungsverfahrens. Der Gegenstandswert im Räumungsfristverfahren beträgt 3.600,00 EUR, da es auf den Antrag ankommt, nicht auf den bewilligten Zeitraum. Hinzu kommt die Terminsgebühr nach Vorbem. 3.3.6 i.V.m. Nr. 3104 VV.

I. Hauptsacheverfahren (Wert: 7.200,00 EUR)

1.	1,3-Verfahrensgebühr, Nr. 3200 VV		592,80 EUR
2.	1,2-Terminsgebühr, Nr. 3104 VV		547,20 EUR
3.	Postentgeltpauschale, Nr. 7002 VV		20,00 EUR
	Zwischensumme	1.160,00 EUR	
4.	19 % Umsatzsteuer, Nr. 7008 VV		220,40 EUR
Gesamt			**1.380,40 EUR**

II. **Räumungsfristverfahren (Wert: 3.600,00 EUR)**
1. 1,0-Verfahrensgebühr, Nr. 3334 VV   252,00 EUR
2. 1,2-Terminsgebühr, Vorbem. 3.3.6 i.V.m. Nr. 3104 VV   302,40 EUR
3. Postentgeltpauschale, Nr. 7002 VV   20,00 EUR
   Zwischensumme   574,40 EUR
4. 19 % Umsatzsteuer, Nr. 7008 VV   109,14 EUR
Gesamt   **683,54 EUR**

Wird der Räumungsfristantrag im **Berufungsverfahren** gestellt (§ 721 Abs. 4, 2. Hs. ZPO), so erhält der Anwalt die gleichen Gebühren wie im erstinstanzlichen Verfahren. Lediglich die Einigungsgebühr erhöht sich gem. Nr. 1004 VV auf 1,3. **32**

b) Beschwerdeverfahren

Wird ein **Urteil nur hinsichtlich des Ausspruchs zur Räumungsfrist** angefochten, ist nach § 721 Abs. 6 oder § 794a ZPO die **sofortige Beschwerde** gegeben.[24] Abzurechnen ist dann nach den Nrn. 3500, 3513 VV. Insoweit ist ebenso abzurechnen wie bei einer Beschwerde gegen eine isolierte Räumungsfristentscheidung (siehe oben Rn 21 ff.). **33**

c) Beschwerde und Berufung

Wird von einer Partei Berufung eingelegt und von der anderen sofortige Beschwerde, geht die Berufung vor.[25] Es ist dann nur eine Angelegenheit gegeben. Die zunächst angefallene Verfahrensgebühr des Beschwerdeverfahrens geht in der Verfahrensgebühr des Berufungsverfahrens auf. **34**

d) Rechtsbeschwerde

Gegen die Entscheidung des Berufungsgerichts über die Räumungsfrist im verbundenen Verfahren ist wiederum die Rechtsbeschwerde gegeben, wenn sie zugelassen worden ist.[26] Wird sie eingelegt, ist ebenso zu rechnen wie unter Rn 25, Beispiel 8. **35**

---

24 *Schuschke*, § 721 Rn 19.
25 LG Landshut NJW 1967, 1374; LG Düsseldorf ZMR 1990, 380.
26 *Schuschke*, § 721 Rn 19.

§ 26 Verfahren der freiwilligen Gerichtsbarkeit

Inhalt

I. Überblick 1	h) Verfahren nach Zurückverweisung 51
II. Allgemeine Verfahren der freiwilligen Gerichtsbarkeit 4	i) Einstweilige Anordnungen 53
1. Außergerichtliche Tätigkeiten 4	aa) Umfang der Angelegenheit 53
2. Gerichtliche Verfahren 6	(1) Verschiedene Angelegenheiten nach § 17 Nr. 4 Buchst. b RVG ... 53
a) Überblick 6	(2) Aufhebungs- und Abänderungsverfahren 55
b) Erstinstanzliche Verfahren 8	bb) Die Gebühren 56
aa) Überblick 8	(1) Einstweilige Anordnung vor dem erstinstanzlichen Gericht 56
bb) Verfahrensgebühr 9	(2) Einstweilige Anordnung vor dem Beschwerdegericht 63
cc) Terminsgebühr 15	(3) Beschwerde gegen einstweilige Anordnung 64
dd) Einigungsgebühr 22	j) Sonstige gerichtliche Tätigkeiten 65
ee) Zusatzgebühr für besonders umfangreiche Beweisaufnahmen 24	3. Vollstreckung 66
c) Problem: Notarkostenbeschwerde 25	**III. Gerichtliche Verfahren bei Freiheitsentziehung und in Unterbringungssachen** 69
d) Beschwerde gegen eine den Rechtszug beendende Entscheidung in der Hauptsache .. 26	1. Überblick 69
aa) Überblick 26	2. Verfahren in Freiheitsentziehungssachen nach § 415 FamFG, in Unterbringungssachen nach § 312 FamFG und bei Unterbringungsmaßnahmen nach § 151 Nr. 6 u. 7 FamFG 70
bb) Verfahrensgebühr 28	
cc) Terminsgebühr 36	
dd) Einigungsgebühr 39	
e) Rechtsbeschwerde gegen eine den Rechtszug beendende Entscheidung in der Hauptsache 40	3. Sonstige Verfahren 74
f) Sonstige Beschwerden 47	
g) Sonstige Rechtsbeschwerden 50	

I. Überblick

In den **allgemeinen Angelegenheiten der freiwilligen Gerichtsbarkeit** erhält der Anwalt grundsätzlich die gleichen Gebühren und Auslagen wie in allgemeinen Zivilsachen. Eine ausdrückliche Gleichstellung – wie noch vor Inkrafttreten des FGG-ReformG – ist im RVG nicht mehr angeordnet. Allerdings enthält das RVG für allgemeine Verfahren der freiwilligen Gerichtsbarkeit in einigen Fällen besondere Regelungen. **1**

Besonderheiten gelten in **Familiensachen der freiwilligen Gerichtsbarkeit**. Hierzu wird auf die gesonderte Darstellung in § 28 verwiesen. **2**

Abweichend von den übrigen Verfahren der freiwilligen Gerichtsbarkeit sind die **gerichtlichen Verfahren bei Freiheitsentziehung und in Unterbringungssachen** nicht in Teil 3 VV geregelt, sondern in Teil 6 VV. Hier richten sich die Gebühren nicht nach dem Gegenstandswert, sondern nach Betragsrahmengebühren (siehe Rn 69 ff.). **3**

II. Allgemeine Verfahren der freiwilligen Gerichtsbarkeit

1. Außergerichtliche Tätigkeiten

Wird der Anwalt außergerichtlich beauftragt, so gelten hier grundsätzlich keine Besonderheiten. **4**

- Für die außergerichtliche Vertretung entsteht auch hier die Geschäftsgebühr nach Nr. 2300 VV (siehe hierzu § 8), bzw. im Fall der Beratungshilfe, die auch hier möglich ist, die Geschäftsgebühr nach Nr. 2503 VV (siehe § 10).
- Für Beratung und Gutachten gilt § 34 RVG (siehe § 6).
- Für die Prüfung der Erfolgsaussicht eines Rechtsmittels gelten die Nrn. 2100, 2101 VV (siehe § 7).

5 Der **Gegenstandswert** der außergerichtlichen Tätigkeit richtet sich gem. § 23 Abs. 1 S. 3 RVG nach dem Wert, der in einem entsprechenden gerichtlichen Verfahren gelten würde.

2. Gerichtliche Verfahren

a) Überblick

6 Für gerichtliche Verfahren gilt Teil 3 VV unmittelbar, auch wenn der entsprechende Hinweis in der Überschrift zu Teil 3 VV bereits mit Inkrafttreten des FGG-ReformG weggefallen ist. Es wird also nicht unterschieden zwischen bürgerlichen Rechtsstreitigkeiten und Verfahren in Angelegenheiten der freiwilligen Gerichtsbarkeit. Der Anwalt erhält grundsätzlich die gleichen Gebühren wie in einem bürgerlichen Rechtsstreit. Insoweit kann auf die Gebühren in Zivilsachen Bezug genommen werden. Allerdings ergeben sich hier einige Besonderheiten.

7 Der **Gegenstandswert** für die anwaltliche Tätigkeit richtet sich gem. § 23 Abs. 1 S. 1 RVG nach dem Geschäftswert, der für die gerichtlichen Verfahren gilt. Er ergibt sich i.d.R. aus dem GNotKG und wird nach § 79 GNotKG oder nach § 33 RVG festgesetzt.

b) Erstinstanzliche Verfahren

aa) Überblick

8 Erstinstanzliche gerichtliche Verfahren richten sich nach Teil 3 Abschnitt 1 VV, also nach den Nrn. 3100 ff. VV. Daneben können die Allgemeinen Gebühren nach Teil 1 VV sowie die Auslagen nach Teil 7 VV entstehen.

bb) Verfahrensgebühr

9 Zunächst einmal erhält der Anwalt auch in Verfahren der freiwilligen Gerichtsbarkeit eine Verfahrensgebühr nach Nr. 3100 VV, die sich grundsätzlich auf **1,3** beläuft.

10 **Erledigt sich der Auftrag vorzeitig**, bevor ein verfahrenseinleitender Antrag oder ein Schriftsatz, der Sachanträge, Sachvortrag oder eine Antragsrücknahme enthält, eingereicht oder bevor ein gerichtlicher Termin wahrgenommen wird, reduziert sich die Verfahrensgebühr – ebenso wie in sonstigen Verfahren – nach Nr. 3101 Nr. 1 VV auf 0,8.

11 Ebenfalls reduziert sich die Verfahrensgebühr auf 0,8,
- soweit beantragt ist, eine Einigung der Parteien oder mit Dritten über in diesem Verfahren **nicht rechtshängige Ansprüche zu Protokoll** zu nehmen (**Nr. 3101 Nr. 2, 1. Alt. VV**) oder
- soweit **Verhandlungen vor Gericht** zur Einigung über solche Ansprüche geführt werden (**Nr. 3101 Nr. 2, 2. Alt. VV**).

12 Darüber hinaus entsteht in Verfahren der freiwilligen Gerichtsbarkeit nach Nr. 3101 Nr. 3, 2. Hs. VV ebenfalls nur eine auf 0,8 ermäßigte Verfahrensgebühr, wenn

II. Allgemeine Verfahren der freiwilligen Gerichtsbarkeit § 26

- lediglich ein Antrag gestellt

und

- eine Entscheidung des Gerichts entgegengenommen wird.

Das gilt erst recht, wenn nur ein Antrag gestellt oder nur eine Entscheidung des Gerichts entgegengenommen wird.[1]

Der Ermäßigungstatbestand der Nr. 3101 Nr. 3, 2. Hs. VV wird in Anm. Abs. 2 zu Nr. 3101 VV aber sogleich für streitige Verfahren der freiwilligen Gerichtsbarkeit, insbesondere für Verfahren nach dem Gesetz über das gerichtliche Verfahren in Landwirtschaftssachen, wieder aufgehoben. In diesen Verfahren ist Nr. 3101 Nr. 3, 2. Hs. VV nicht anzuwenden. Es bleibt dann bei der vollen 1,3-Verfahrensgebühr nach Nr. 3100 VV. 13

| Beispiel 1 | Verfahren ohne Termin |

Der Anwalt vertritt den Antragsteller in einem Verfahren auf Erteilung eines Erbscheins. Der Antrag wird später wieder zurückgenommen. Der Geschäftswert wird auf 30.000,00 EUR festgesetzt.

Der Anwalt erhält ebenso wie im bürgerlichen Rechtsstreit eine 1,3-Verfahrensgebühr nach Nr. 3100 VV.

1.	1,3-Verfahrensgebühr, Nr. 3100 VV (Wert: 30.000,00 EUR)	1.121,90 EUR
2.	Postentgeltpauschale, Nr. 7002 VV	20,00 EUR
	Zwischensumme	1.141,90 EUR
3.	19 % Umsatzsteuer, Nr. 7008 VV	216,96 EUR
	Gesamt	**1.358,86 EUR**

Vertritt der Anwalt mehrere Auftraggeber wegen desselben Gegenstands, erhöht sich die Verfahrensgebühr nach Nr. 1008 VV um 0,3 je weiteren Auftraggeber, höchstens um 2,0. 14

| Beispiel 2 | Mehrere Auftraggeber |

Der Anwalt vertritt eine Erbengemeinschaft, bestehend aus drei Miterben, für die er einen Antrag auf Entlassung des Testamentsvollstreckers stellt (Geschäftswert: 20.000,00 EUR). Der Antrag wird später ohne mündliche Verhandlung zurückgenommen.

Die Verfahrensgebühr erhöht sich nach Nr. 1008 VV auf 1,9.

1.	1,9-Verfahrensgebühr, Nrn. 3100, 1008 VV (Wert: 20.000,00 EUR)	1.409,80 EUR
2.	Postentgeltpauschale, Nr. 7002 VV	20,00 EUR
	Zwischensumme	1.429,80 EUR
3.	19 % Umsatzsteuer, Nr. 7008 VV	271,66 EUR
	Gesamt	**1.701,46 EUR**

---

1 Zur Bedeutung dieser Vorschrift siehe *Hansens/Braun/Schneider*, Vergütungsrecht, Teil 11 Rn 25.

§ 26 Verfahren der freiwilligen Gerichtsbarkeit

> **Beispiel 3** — **Vorzeitige Erledigung**

Der Anwalt erhält den Auftrag, ein Verfahren auf Abberufung eines Testamentsvollstreckers einzuleiten (Wert: 20.000,00 EUR). Bevor der Anwalt den Antrag fertiggestellt und eingereicht hat, erledigt sich das Verfahren. Der Antrag wird nicht mehr eingereicht.

Nach Nr. 3101 Nr. 1 VV ist nur eine 0,8-Verfahrensgebühr entstanden.

1. 0,8-Verfahrensgebühr, Nrn. 3100, 3101 Nr. 1 VV
   (Wert: 20.000,00 EUR)   593,60 EUR
2. Postentgeltpauschale, Nr. 7002 VV   20,00 EUR
   Zwischensumme   613,60 EUR
3. 19 % Umsatzsteuer, Nr. 7008 VV   116,58 EUR
   Gesamt   **730,18 EUR**

> **Beispiel 4** — **Bloße Antragstellung und Entgegennahme der Entscheidung**

Nach dem Tode des Erblassers übersendet der Anwalt im Auftrag des Alleinerben den Erbschein an das Grundbuchamt und beantragt die Umschreibung der Eigentumsverhältnisse (Geschäftswert 30.000,00 EUR).

Es handelt sich um ein Verfahren der freiwilligen Gerichtsbarkeit. Da der Anwalt – ohne in der Sache vorzutragen – nur einen Antrag gestellt und die Entscheidung entgegengenommen hat, erhält er nach Nr. 3101 Nr. 3, 2. Hs. VV hierfür lediglich eine Verfahrensgebühr i.H.v. 0,8.

1. 0,8-Verfahrensgebühr, Nrn. 3100, 3101 Nr. 3 VV
   (Wert: 30.000,00 EUR)   690,40 EUR
2. Postentgeltpauschale, Nr. 7002 VV   20,00 EUR
   Zwischensumme   710,40 EUR
3. 19 % Umsatzsteuer, Nr. 7008 VV   134,98 EUR
   Gesamt   **845,38 EUR**

> **Beispiel 5** — **Bloße Antragstellung und Entgegennahme der Entscheidung, mehrere Auftraggeber**

Wie Beispiel 4; der Anwalt stellt den Antrag für eine aus drei Personen bestehende Erbengemeinschaft.

Jetzt erhöht sich die 0,8-Verfahrensgebühr der Nr. 3101 Nr. 3 VV nach Nr. 1008 VV um 0,6 auf 1,4.

1. 1,4-Verfahrensgebühr, Nrn. 3100, 3101 Nr. 3, 1008 VV
   (Wert: 30.000,00 EUR)   1.208,20 EUR
2. Postentgeltpauschale, Nr. 7002 VV   20,00 EUR
   Zwischensumme   1.228,20 EUR
3. 19 % Umsatzsteuer, Nr. 7008 VV   233,36 EUR
   Gesamt   **1.461,56 EUR**

> **Beispiel 6** — **Antragstellung und Entgegennahme der Entscheidung mit weiteren Ausführungen**

Der Anwalt hat für den unter Betreuung stehenden Mandanten einen notariellen Vertrag über die Veräußerung eines Grundstücks geschlossen. Der Kaufvertrag muss noch vom

Familiengericht genehmigt werden. Der Rechtsanwalt reicht den Vertrag beim Familiengericht ein und beantragt die Erteilung der notwendigen Genehmigung. Das Gericht hat allerdings Zweifel und stellt zur Sachverhaltsaufklärung Nachfragen. Der Anwalt macht nunmehr Ausführungen zur Sache. Anschließend wird die Genehmigung erteilt (Geschäftswert 50.000,00 EUR).

Jetzt steht dem Anwalt die volle 1,3-Verfahrensgebühr zu. Die Ermäßigung nach Nr. 3101 Nr. 3 VV greift nicht.

1. 1,3-Verfahrensgebühr, Nr. 3100 VV
   (Wert: 50.000,00 EUR) — 1.511,90 EUR
2. Postentgeltpauschale, Nr. 7002 VV — 20,00 EUR
   Zwischensumme — 1.531,90 EUR
3. 19 % Umsatzsteuer, Nr. 7008 VV — 291,06 EUR
   Gesamt — **1.822,96 EUR**

Beispiel 7 Bloße Antragstellung und Entgegennahme der Entscheidung in einem landwirtschaftsgerichtlichen Verfahren

In einem landwirtschaftsgerichtlichen Verfahren nach den §§ 9 ff. LwVfG bestellt sich der Anwalt des Antragsgegners und beantragt die Zurückweisung des Antrags (Geschäftswert: 4.000,00 EUR), ohne Ausführungen zur Sache zu machen; diese behält er sich nur vor. Hiernach nimmt der Antragsteller seinen Antrag zurück.

Mit der Einreichung des Schriftsatzes, in dem die Zurückweisung des Antrags beantragt wird, ist die 1,3-Verfahrensgebühr bereits entstanden. Die Ermäßigung nach Nr. 3101 Nr. 3 VV ist gem. Anm. Abs. 2 zu Nr. 3101 VV in landwirtschaftsgerichtlichen Verfahren nicht anwendbar.

1. 1,3-Verfahrensgebühr, Nr. 3100 VV
   (Wert: 4.000,00 EUR) — 327,60 EUR
2. Postentgeltpauschale, Nr. 7002 VV — 20,00 EUR
   Zwischensumme — 347,60 EUR
3. 19 % Umsatzsteuer, Nr. 7008 VV — 66,04 EUR
   Gesamt — **413,64 EUR**

cc) Terminsgebühr

Kommt es zur Wahrnehmung eines gerichtlichen Termins, entsteht nach Nr. 3104 VV eine Terminsgebühr in Höhe von 1,2.

Auch in Verfahren der freiwilligen Gerichtsbarkeit gilt Vorbem. 3 Abs. 3 VV. Die Terminsgebühr entsteht unter den dort genannten Voraussetzungen. Die Anwendung bereitet hier seit dem Inkrafttreten des 2. KostRMoG keine Probleme mehr, da Vorbem. 3 Abs. 3 VV nicht mehr auf Verhandlungs-, Erörterungs- oder Beweisaufnahmetermine beschränkt ist, sondern jegliche gerichtlichen Termine erfasst, insbesondere auch bloße Anhörungstermine.

Die Vorschrift der Anm. Abs. 1 Nr. 1 zu Nr. 3104 VV, wonach die Terminsgebühr auch dann entsteht, wenn eine Entscheidung ohne mündliche Verhandlung ergeht, ist in Verfahren der freiwilligen Gerichtsbarkeit entsprechend anwendbar. Hier muss man gegebenenfalls statt „vorgeschriebener mündlicher Verhandlung" lesen: „vorgeschriebene mündliche Erörterung oder Anhö-

§ 26 Verfahren der freiwilligen Gerichtsbarkeit

rung", da in Angelegenheiten der freiwilligen Gerichtsbarkeit i.d.R. „Verhandlungstermine" im eigentlichen Sinne nicht vorgesehen sind.[2]

18 Dies gilt auch dann, wenn der Wortlaut des Gesetzes nicht klar zu erkennen gibt, dass grundsätzlich eine mündliche Verhandlung vorgeschrieben ist.[3]

19 Daher kann in **landwirtschaftsgerichtlichen Verfahren** nach §§ 9 ff. LwVfG die Terminsgebühr gem. Anm. Abs. 1 Nr. 1 zu Nr. 3104 VV entstehen, wenn ohne mündliche Verhandlung entschieden wird, da nach § 15 Abs. 1 LwVfG das Gericht auf Antrag eines Beteiligten mündlich verhandeln muss. Stellt kein Beteiligter einen entsprechenden Antrag, ist dies als Zustimmung zum schriftlichen Verfahren zu werten.[4]

20 Eine **Ermäßigung der Terminsgebühr** nach Nr. 3105 VV kommt in Verfahren der freiwilligen Gerichtsbarkeit nicht in Betracht. Eine Versäumnisentscheidung kann hier ohnehin nicht ergehen. Aber auch auf einseitige Anträge zur Verfahrens- und Sachleitung ist Nr. 3105 VV nicht anwendbar, da die Vorschrift voraussetzt, dass eine Versäumnisentscheidung möglich ist.[5]

Beispiel 8 **Verfahren mit Termin**

Der Anwalt vertritt den Antragsteller in einem Verfahren auf Erteilung eines Erbscheins. Das Gericht beraumt einen Termin zur Zeugenvernehmung und zur Erörterung an, an dem der Anwalt teilnimmt. Der Geschäftswert wird auf 30.000,00 EUR festgesetzt.

Der Anwalt erhält ebenso wie in einem bürgerlichen Rechtsstreit sowohl eine 1,3-Verfahrensgebühr als auch eine 1,2-Terminsgebühr.

1.	1,3-Verfahrensgebühr, Nr. 3100 VV (Wert: 30.000,00 EUR)	1.121,90 EUR
2.	1,2-Terminsgebühr, Nr. 3104 VV (Wert: 30.000,00 EUR)	1.035,60 EUR
3.	Postentgeltpauschale, Nr. 7002 VV	20,00 EUR
	Zwischensumme	2.177,50 EUR
4.	19 % Umsatzsteuer, Nr. 7008 VV	413,73 EUR
	Gesamt	**2.591,23 EUR**

Beispiel 9 **Verfahren mit Termin, Ausbleiben des Gegners**

Der Anwalt vertritt den Antragsteller in einem Verfahren auf Erteilung eines Erbscheins (Wert: 30.000,00 EUR). Das Gericht beraumt einen Termin zur Erörterung an, an dem der Anwalt teilnimmt. Der Antragsgegner erscheint nicht zum Termin.

---

2 Siehe dazu auch *Keuter*, NJW 2009, 2922.
3 So zu den früheren WEG-Verfahren BGH AGS 2006, 268 = Rpfleger 2006, 438 = ZMR 2006, 539 = JurBüro 2006, 362 = NJW 2006, 2495 = NZM 2006, 660 = AnwBl 2006, 494 = DWW 2006, 215 = WuM 2006, 274 = RVGreport 2006, 225 = BGHR 2006, 881 = Info M 2006, 153 = NJW-Spezial 2006, 341 = FGPrax 2006, 178 = MietRB 2006, 246 = MDR 2006, 1134; so auch schon zur BRAGO: BGH AGS 2003, 450 m. Anm. *N. Schneider* = BRAGOreport 2003, 195 m. Anm. *Hansens* = BGH NJW 2003, 3133 = JurBüro 2003, 588.
4 *N. Schneider*, RdL 2007, 312; *Schons*, AGS 2007, 490; *Göttlich/Mümmler*, Stichwort Landwirtschaftssachen, 1,2 Terminsgebühr; a.A. OLG Oldenburg AGS 2008, 331 m. abl. Anm. *N. Schneider* = RdL 2008, 216 = OLGR 2008, 840 = AUR 2008, 389 = NJW-Spezial 2008, 411 = RVGreport 2008, 424; *Gerold/Schmidt/Müller-Rabe*, Nr. 3104 Rn 32.
5 *Hansens/Braun/Schneider*, Vergütungsrecht, Teil 11 Rn 38.

Eine Ermäßigung der Terminsgebühr nach Nr. 3105 VV kommt nicht in Betracht, da eine Versäumnisentscheidung im Erbscheinverfahren nicht vorgesehen ist.

Abzurechnen ist wie in Beispiel 8.

| Beispiel 10 | Entscheidung im schriftlichen Verfahren ohne obligatorische mündliche Verhandlung |

In einem Verfahren auf Erteilung eines Erbscheins (Wert: 30.000,00 EUR) entscheidet das Gericht ohne mündliche Verhandlung.

Der Anwalt erhält nur die 1,3-Verfahrensgebühr. Eine 1,2-Terminsgebühr entsteht nicht, da eine mündliche Verhandlung, Erörterung oder Anhörung im Erbscheinverfahren nicht vorgeschrieben ist und somit Anm. Abs. 1 Nr. 1 zu Nr. 3104 VV nicht greift.

1. 1,3-Verfahrensgebühr, Nr. 3100 VV
   (Wert: 30.000,00 EUR)   1.121,90 EUR
2. Postentgeltpauschale, Nr. 7002 VV   20,00 EUR
   Zwischensumme   1.141,90 EUR
3. 19 % Umsatzsteuer, Nr. 7008 VV   216,96 EUR
   Gesamt   **1.358,86 EUR**

| Beispiel 11 | Entscheidung im schriftlichen Verfahren, landwirtschaftliches Verfahren |

Der Anwalt vertritt einen Erben, der einen Antrag auf Erteilung eines Hofnachfolgezeugnisses (Wert: 200.000,00 EUR) gestellt hat. Das Gericht entscheidet ohne mündliche Verhandlung durch Beschluss, da keiner der Beteiligten gem. § 15 Abs. 1 LwVfG einen Antrag auf mündliche Verhandlung gestellt hat.

Der Anwalt erhält jetzt neben der 1,3-Verfahrensgebühr eine 1,2-Terminsgebühr, da auch in landwirtschaftsgerichtlichen Verfahren nach den §§ 9 ff. LwVfG gegen den Willen der Beteiligten nicht ohne mündliche Verhandlung entschieden werden darf (§ 15 Abs. 1 LwVfG).[6]

1. 1,3-Verfahrensgebühr, Nr. 3100 VV
   (Wert: 200.000,00 EUR)   2.616,90 EUR
2. 1,2-Terminsgebühr, Nr. 3104 VV
   (Wert: 200.000,00 EUR)   2.415,60 EUR
3. Postentgeltpauschale, Nr. 7002 VV   20,00 EUR
   Zwischensumme   5.052,50 EUR
4. 19 % Umsatzsteuer, Nr. 7008 VV   959,98 EUR
   Gesamt   **6.012,48 EUR**

| Beispiel 12 | Verfahren mit außergerichtlicher Besprechung |

In einem Verfahren auf Abberufung eines Testamentsvollstreckers (Wert: 20.000,00 EUR) führt der Anwalt mit der Gegenseite eine außergerichtliche Besprechung. Daraufhin wird der Antrag zurückgenommen.

---

[6] *N. Schneider*, RdL 2007, 312; Schons, AGS 2007, 490; *Göttlich/Mümmler*, Stichwort Landwirtschaftssachen, 1,2 Terminsgebühr; a.A. OLG Oldenburg AGS 2008, 331 m. abl. Anm. *N. Schneider* = RdL 2008, 216 = OLGR 2008, 840 = AUR 2008, 389 = NJW-Spezial 2008, 411 = RVGreport 2008, 424; *Gerold/Schmidt/Müller-Rabe*, Nr. 3104 Rn 32.

Neben der 1,3-Verfahrensgebühr entsteht die 1,2-Terminsgebühr nach Nr. 3104 VV, da auch hier Vorbem. 3 Abs. 3 S. 3 Nr. 2 VV gilt. Dass eine mündliche Verhandlung im Verfahren nicht vorgeschrieben ist, ist unerheblich (siehe hierzu § 13 Rn 84).

1.	1,3-Verfahrensgebühr, Nr. 3100 VV (Wert: 20.000,00 EUR)	964,60 EUR
2.	1,2-Terminsgebühr, Nr. 3104 VV (Wert: 20.000,00 EUR)	890,40 EUR
3.	Postentgeltpauschale, Nr. 7002 VV	20,00 EUR
	Zwischensumme 1.875,00 EUR	
4.	19 % Umsatzsteuer, Nr. 7008 VV	356,25 EUR
Gesamt		**2.231,25 EUR**

21 Die Terminsgebühr entsteht auch bei Abschluss eines schriftlichen Vergleichs (siehe unten Rn 23).

dd) Einigungsgebühr

22 Soweit eine Einigung der Beteiligten in Betracht kommt, kann der Anwalt auch in Verfahren der freiwilligen Gerichtsbarkeit eine Einigungsgebühr nach den Nrn. 1000 ff. VV verdienen. Sind die Gegenstände anhängig, entsteht die Einigungsgebühr zu 1,0 (Nr. 1003 VV). Soweit nicht anhängige Gegenstände mit in die Einigung einbezogen werden, entsteht aus deren Wert unter der Beachtung des § 15 Abs. 3 RVG die Einigungsgebühr zu 1,5-Gebühr. Insoweit wird auf die Ausführungen zu den zivilrechtlichen Gebühren (siehe § 13 Rn 160 ff.) verwiesen.

> **Beispiel 13**   **Verfahren mit schriftlicher Einigung im Termin**

In einem Verfahren auf Abberufung eines Testamentsvollstreckers (Wert: 20.000,00 EUR) wird im gerichtlichen Termin ein Vergleich geschlossen.

Neben der 1,3-Verfahrensgebühr und der 1,2-Terminsgebühr entsteht eine 1,0-Einigunggebühr (Nrn. 1000, 1003 VV).

1.	1,3-Verfahrensgebühr, Nr. 3100 VV (Wert: 20.000,00 EUR)	964,60 EUR
2.	1,2-Terminsgebühr, Nr. 3104 VV (Wert: 20.000,00 EUR)	890,40 EUR
3.	1,0-Einigungsgebühr, Nrn. 1000, 1003 VV (Wert: 20.000,00 EUR)	742,00 EUR
4.	Postentgeltpauschale, Nr. 7002 VV	20,00 EUR
	Zwischensumme 2.617,00 EUR	
5.	19 % Umsatzsteuer, Nr. 7008 VV	497,23 EUR
Gesamt		**3.114,23 EUR**

23 Die Terminsgebühr entsteht auch dann, wenn in einem Verfahren, für das eine mündliche Verhandlung vorgeschrieben ist, ein schriftlicher Vergleich geschlossen wird. Ist eine mündliche Verhandlung dagegen nicht vorgeschrieben, entstehen nur Verfahrens- und Einigungsgebühr.

> **Beispiel 14**   **Verfahren mit schriftlichem Vergleich**

In einem Verfahren auf Abberufung eines Testamentsvollstreckers (Wert: 20.000,00 EUR) schlägt das Gericht schriftlich einen Vergleich vor, der von den Beteiligten angenommen wird, ohne dass eine Besprechung erfolgt ist.

Neben der 1,3-Verfahrensgebühr entsteht nur eine 1,0-Einigunggebühr (Nrn. 1000, 1003 VV). Eine 1,2-Terminsgebühr nach Anm. Abs. 1 Nr. 1 zu Nr. 3104 VV entsteht nicht, da eine mündliche Verhandlung im Verfahren nicht vorgeschrieben ist.

1. 1,3-Verfahrensgebühr, Nr. 3100 VV
   (Wert: 20.000,00 EUR)   964,60 EUR
2. 1,0-Einigungsgebühr, Nrn. 1000, 1003 VV
   (Wert: 20.000,00 EUR)   742,00 EUR
3. Postentgeltpauschale, Nr. 7002 VV   20,00 EUR
   Zwischensumme   1.726,60 EUR
4. 19 % Umsatzsteuer, Nr. 7008 VV   328,05 EUR
   Gesamt   **2.054,65 EUR**

> **Beispiel 15**   Verfahren mit schriftlicher Einigung in einem landwirtschaftsgerichtlichen Verfahren

In einem Verfahren über ein Hofnachfolgezeugnis (Wert: 200.000,00 EUR) schlägt das Gericht einen Vergleich vor, der von den Beteiligten angenommen wird, ohne dass eine Besprechung erfolgt ist.

Neben der 1,3-Verfahrensgebühr und der 1,0-Einigungsgebühr (Nrn. 1000, 1003 VV) entsteht jetzt auch eine 1,2-Terminsgebühr nach Anm. Abs. 1 Nr. 1 zu Nr. 3104 VV, da eine mündliche Verhandlung vorgeschrieben ist (siehe oben Rn 17 f.).

1. 1,3-Verfahrensgebühr, Nr. 3100 VV
   (Wert: 200.000,00 EUR)   2.616,90 EUR
2. 1,2-Terminsgebühr, Nr. 3104 VV
   (Wert: 200.000,00 EUR)   2.415,60 EUR
3. 1,0-Einigungsgebühr, Nrn. 1000, 1003 VV
   (Wert: 200.000,00 EUR)   2.013,00 EUR
4. Postentgeltpauschale, Nr. 7002 VV   20,00 EUR
   Zwischensumme   7.065,50 EUR
5. 19 % Umsatzsteuer, Nr. 7008 VV   1.342,45 EUR
   Gesamt   **8.407,95 EUR**

ee) Zusatzgebühr für besonders umfangreiche Beweisaufnahmen

Neben den Gebühren nach den Nrn. 3100 ff. VV und der Einigungsgebühr nach Nr. 1000 VV kann auch eine Zusatzgebühr für besonders umfangreiche Beweisaufnahmen (Nr. 1010 VV) anfallen. Da diese Gebühr in Verfahren der freiwilligen Gerichtsbarkeit kaum praktische Bedeutung haben dürfte, wird insoweit auf die Ausführungen in § 13 Rn 177 Bezug genommen.   **24**

c) Problem: Notarkostenbeschwerde

Strittig war die Abrechnung in Verfahren der sog. „Notarkostenbeschwerde" (§ 156 KostO). Zum Teil wurde früher die Auffassung vertreten, dass es sich um eine gewöhnliche Beschwerde handele, die nach den Nrn. 3500 ff. VV zu behandeln sei.[7] Das LG Berlin[8] hatte dagegen auch früher schon die Gebühren nach den Nrn. 3100 ff. VV zugesprochen. Da es sich jetzt um gewöhnliche erstinstanzliche Verfahren auf Überprüfung der Kostenrechnung handelt (§ 127 GNotKG),   **25**

---

[7] KG RVGreport 2010, 224.
[8] AGS 2006, 484 = RVGreport 2006, 306.

für die das FamFG gilt (§ 130 Abs. 3 S. 1 GNotKG), ist jetzt auch klargestellt, dass nach den Gebühren eines erstinstanzlichen Verfahrens abzurechnen ist (Nrn. 3100 ff. VV).

> **Beispiel 16** | **Notarkostenbeschwerde**
>
> Gegen die Notarkostenrechnung wird Antrag auf gerichtliche Entscheidung gestellt. Geltend gemacht wird, dass die Kostenrechnung um 1.000,00 EUR zu hoch ausgefallen sei. Das Gericht entscheidet ohne mündliche Verhandlung.
>
> Der Anwalt erhält aus dem Wert der Anfechtung eine 1,3-Verfahrensgebühr.
>
> 1. 1,3-Verfahrensgebühr, Nr. 3100 VV
>   (Wert: 1.000,00 EUR)   104,00 EUR
> 2. Postentgeltpauschale, Nr. 7002 VV   20,00 EUR
>   Zwischensumme   124,00 EUR
> 3. 19 % Umsatzsteuer, Nr. 7008 VV   23,56 EUR
> **Gesamt**   **147,56 EUR**

d) Beschwerde gegen eine den Rechtszug beendende Entscheidung in der Hauptsache

aa) Überblick

26 Bislang waren in Vorbem. 3.2.1 VV aus dem Bereich der freiwilligen Gerichtsbarkeit nur die Beschwerden in Verfahren nach dem Gesetz über Landwirtschaftssachen (Nr. 2 Buchst. c a.F.) und die Beschwerden gegen Endentscheidungen in Familiensachen (Vorbem. 3.2.1 Nr. 2 Buchst b VV a.F.) geregelt und damit aufgewertet. Seit dem Inkrafttreten des 2. KostRMoG zum 1.8.2013 werden nach Vorbem. 3.2.1 Nr. 2 Buchst. b VV alle Beschwerden gegen eine Entscheidung wegen des Hauptgegenstands in Verfahren der freiwilligen Gerichtsbarkeit erfasst und nach den Gebühren eines Berufungsverfahrens vergütet.

27 Nur für einfache Beschwerden gegen Zwischen- oder Nebenentscheidungen und verfahrensleitende Beschlüsse der ersten Instanz ist es danach bei der Anwendung der Nrn. 3500 ff. VV geblieben. Gleiches gilt für Beschwerden gegen Nebenentscheidungen, wie z.B. Kostenentscheidungen,[9] Festsetzungen des Geschäftswerts, Kostenfestsetzungen etc. Insoweit bleibt es bei den Gebühren nach Teil 3 Abschnitt 5 VV, den Nrn. 3500 ff. VV (siehe hierzu Rn 47).

> **Beispiel 17** | **Beschwerde gegen Zwischenentscheidung**
>
> Der Antragsteller lehnt im Verfahren auf Abberufung des Testamentsvollstreckers den Richter wegen der Besorgnis der Befangenheit ab. Der Ablehnungsantrag wird vom Stellvertreter des Richters zurückgewiesen. Hiergegen wird Beschwerde erhoben.
>
> Im Beschwerdeverfahren gilt nicht Vorbem. 3.2.1 Nr. 2 Buchst. b VV. Die Gebühren richten sich vielmehr nach den Nrn. 3500 ff. VV, da nicht eine Entscheidung in der Hauptsache angegriffen wird.

---

[9] OLG Köln AGS 2012, 462 m. Anm. *Thiel* = AGS 2012, 563 = JurBüro 2012, 653 = FamRZ 2013, 730 = NJW-Spezial 2012, 540 = RVGreport 2012, 420.

II. Allgemeine Verfahren der freiwilligen Gerichtsbarkeit § 26

bb) Verfahrensgebühr

In Verfahren über eine Beschwerde gegen eine Entscheidung in der Hauptsache erhält der Anwalt nunmehr eine **Verfahrensgebühr** nach Nr. 3200 VV, die sich grundsätzlich auf 1,6 beläuft. **28**

Wie in allen Verfahren ermäßigt sich diese Gebühr bei vorzeitiger Erledigung nach Anm. Abs. 1 Nr. 1 zu Nr. 3201 VV auf 1,1, also wenn der Auftrag endet, bevor der Rechtsanwalt das Rechtsmittel eingelegt oder einen Schriftsatz, der Sachanträge, Sachvortrag, die Zurücknahme des Antrags oder die Zurücknahme des Rechtsmittels enthält, eingereicht oder bevor er einen gerichtlichen Termin wahrgenommen hat. **29**

Ebenso ermäßigt sich die Verfahrensgebühr bei vorzeitiger Erledigung nach Anm. Abs. 1 Nr. 2 zu 3201 VV auf 1,1, soweit eine Einigung über nicht anhängige Gegenstände protokolliert oder über solche Gegenstände verhandelt wird. **30**

Darüber hinaus ist in Verfahren der freiwilligen Gerichtsbarkeit in Anm. Abs. 2 Nr. 2 zu Nr. 3201 VV eine weitere Ermäßigung vorgesehen. Danach entsteht ebenfalls nur die ermäßigte Verfahrensgebühr in Höhe von 1,1, bei einer sog. „**eingeschränkten Tätigkeit**". Eine solche eingeschränkte Tätigkeit wiederum liegt nach Anm. Abs. 2 zu Nr. 3201 VV vor, wenn sich die Tätigkeit auf die Einlegung und Begründung des Rechtsmittels und die Entgegennahme der Rechtsmittelentscheidung beschränkt. **31**

Der Gesetzgeber wollte nicht in allen Fällen dem Anwalt die 1,6-Verfahrensgebühr für das Beschwerdeverfahren zugestehen. In Verfahren der freiwilligen Gerichtsbarkeit gibt es „einseitige" Verfahren, die keinen „echten" Gegner kennen, der sich beteiligt oder sich gegen ein Rechtsmittel wehrt. Zum Teil gibt es zwar einen „Gegner"; dieser beteiligt sich aber in Verfahren nicht, so dass die Sache „einseitig" bleibt, und es der Anwalt nur mit dem Gericht zu tun hat. Diese Fälle sollen mit einer 1,1-Verfahrensgebühr vergütet werden. **32**

| Beispiel 18 | Eingeschränkte Tätigkeit im Beschwerdeverfahren |

Gegen den Beschluss des Nachlassgerichts, mit dem der Erbscheinantrag des Mandanten abgelehnt worden ist, legt der Anwalt auftragsgemäß Beschwerde ein und begründet diese. Das Gericht weist die Beschwerde ohne mündliche Verhandlung zurück und setzt den Geschäftswert auf 10.000,00 EUR fest. Andere Verfahrensbeteiligte sind nicht vorhanden.

Der Anwalt erhält jetzt nur eine 1,1-Verfahrensgebühr nach Vorbem. 3.2.1 Nr. 2 Buchst. b, Nr. 3200, Anm. Abs. 2 Nr. 2 zu Nr. 3201 VV.

1.	1,1-Verfahrensgebühr, Nrn. 3200, 3201 VV (Wert: 10.000,00 EUR)	613,80 EUR
2.	Postentgeltpauschale, Nr. 7002 VV	20,00 EUR
	Zwischensumme	633,80 EUR
3.	19 % Umsatzsteuer, Nr. 7008 VV	120,42 EUR
	Gesamt	**754,22 EUR**

Schließt sich an die Begründung dagegen eine weitere Tätigkeit an, werden also Schriftsätze gewechselt, kommt es zu einem Termin o.ä., dann greift nicht mehr die Ermäßigung der Anm. Abs. 2 zu Nr. 3201 VV; in diesem Fall erhält der Anwalt vielmehr die volle Verfahrensgebühr nach Nr. 3200 VV. **33**

34 Die volle Verfahrensgebühr nach Nr. 3200 VV wird daher insbesondere dann ausgelöst, wenn
- über die erste Begründung hinaus weitere Schriftsätze verfasst werden müssen, etwa weil
- der Gegner sich am Verfahren beteiligt und auf seine Erwiderung repliziert werden muss oder
- das Gericht Hinweise gibt, zu denen schriftsätzlich Stellung genommen werden muss.
- Die weitergehenden Schriftsätze müssen dabei nicht die Sache selbst betreffen. Auch weitere Schriftsätze zu Zwischenverfahren oder Zwischenentscheidungen führen zum Anfall der vollen Gebühr, etwa Wiedereinsetzungsanträge, Anträge auf Ablehnung des Richters o.Ä.;
- ein Termin zur mündlichen Verhandlung, Erörterung oder Anhörung durchgeführt wird, an dem der Anwalt teilnimmt oder zu dessen Ergebnis er Stellung nimmt;
- mit dem Gegner Besprechungen zur Erledigung des Verfahrens i.S.d. Vorbem. 3 Abs. 3 S. 3 Nr. 2 VV geführt werden;

Beweiserhebungen o.Ä. erfolgen.

Beispiel 19 | **Umfassende Tätigkeit im Beschwerdeverfahren**

Gegen den Beschluss des Nachlassgerichts, mit dem der Erbscheinantrag des Beteiligten zu 1) abgelehnt und dem Antrag des Beteiligten zu 2) stattgegeben worden ist, legt der Anwalt des Beteiligten zu 1) auftragsgemäß Beschwerde ein und begründet diese. Der Beteiligte zu 2) erwidert darauf, worauf der Anwalt des Beteiligten zu 1) nochmals Stellung nimmt. Hiernach weist das Gericht die Beschwerde ohne mündliche Verhandlung zurück und setzt den Geschäftswert auf 10.000,00 EUR fest.

Der Anwalt erhält eine volle 1,6-Verfahrensgebühr nach Vorbem. 3.2.1 Nr. 2 Buchst. b, Nr. 3200 VV.

1. 1,6-Verfahrensgebühr, Nrn. 3200 VV
   (Wert: 10.000,00 EUR)   892,80 EUR
2. Postentgeltpauschale, Nr. 7002 VV   20,00 EUR
   Zwischensumme   912,80 EUR
3. 19 % Umsatzsteuer, Nr. 7008 VV   173,43 EUR
   Gesamt   **1.086,23 EUR**

35 Auch die Verfahrensgebühr nach Nr. 3201 VV i.V.m. Vorbem. 3.2.1 Nr. 2 Buchst. b VV erhöht sich bei **mehreren Auftraggebern** gem. Nr. 1008 VV um 0,3 je weiteren Auftraggeber, höchstens um 2,0.

Beispiel 20 | **Beschwerde gegen eine den Rechtszug beendende Entscheidung, mehrere Auftraggeber**

Gegen den Beschluss des Gerichts, mit dem der Antrag dreier Miterben auf Entlassung des Testamentsvollstreckers zurückgewiesen worden ist (Wert: 20.000,00 EUR), legt der Anwalt Beschwerde zum OLG ein, über die verhandelt wird.

Die Verfahrensgebühr erhöht sich um 0,6 auf 2,2.

1. 2,2-Verfahrensgebühr, Vorbem. 3.2.1 Nr. 2 Buchst. b,
   Nrn. 3200, 1008 VV
   (Wert: 20.000,00 EUR) .... 1.632,40 EUR
2. 1,2-Terminsgebühr, Vorbem. 3.2.1 Nr. 2 Buchst. b,
   Nr. 3202 VV
   (Wert: 20.000,00 EUR) .... 890,40 EUR
3. Postentgeltpauschale, Nr. 7002 VV .... 20,00 EUR
   Zwischensumme .... 2.542,80 EUR
4. 19 % Umsatzsteuer, Nr. 7008 VV .... 483,13 EUR
Gesamt .... **3.025,93 EUR**

cc) Terminsgebühr

Auch die Terminsgebühr fällt nunmehr höher aus. Sie bestimmt sich gem. Vorbem. 3.2.1 Nr. 2 Buchst. b VV nach Nr. 3202 VV und beläuft sich auf 1,2. Eine Ermäßigung nach Nr. 3203 VV ist nicht möglich, da in Verfahren der freiwilligen Gerichtsbarkeit eine Versäumnisentscheidung nicht vorgesehen ist. **36**

| Beispiel 21 | Beschwerdeverfahren mit mündlicher Verhandlung | **37** |

Über die Beschwerde des Antragstellers (Wert: 10.000,00 EUR) wird vor dem Beschwerdegericht mündlich verhandelt.

Der Anwalt erhält jetzt schon allein wegen der Terminswahrnehmung die volle 1,6-Verfahrensgebühr nach Vorbem. 3.2.1 Nr. 2 Buchst. b, Nr. 3200 VV. Hinzu kommt eine 1,2-Terminsgebühr nach Nr. 3202 VV.

1. 1,6-Verfahrensgebühr, Nr. 3200 VV
   (Wert: 10.000,00 EUR) .... 892,80 EUR
2. 1,2-Terminsgebühr, Nr. 3202 VV
   (Wert: 10.000,00 EUR) .... 669,60 EUR
3. Postentgeltpauschale, Nr. 7002 VV .... 20,00 EUR
   Zwischensumme .... 1.582,40 EUR
4. 19 % Umsatzsteuer, Nr. 7008 VV .... 300,66 EUR
Gesamt .... **1.883,06 EUR**

Wegen weiterer Einzelheiten kann auf die Ausführungen zum Berufungsverfahren in Zivilsachen (siehe § 15) Bezug genommen werden. **38**

dd) Einigungsgebühr

Dadurch, dass die Beschwerdeverfahren in Angelegenheiten der freiwilligen Gerichtsbarkeit nunmehr in den Katalog der Vorbem. 3.2.1 VV aufgenommen worden sind, gilt folglich auch der höhere Gebührensatz der Nr. 1004 VV. Die Gebühr der Nr. 1000 VV ermäßigt sich also nur auf 1,3. **39**

| Beispiel 22 | Beschwerdeverfahren mit mündlicher Verhandlung und Einigung |

Gegen den Beschluss des Nachlassgerichts, mit dem die Abberufung des Testamentsvollstreckers abgelehnt worden ist, legt der Anwalt auftragsgemäß Beschwerde ein. Es kommt zu einem Termin zur mündlichen Verhandlung, in dem ein Vergleich geschlossen wird. Der Geschäftswert wird auf 10.000,00 EUR festgesetzt.

Der Anwalt erhält jetzt die volle 1,6-Verfahrensgebühr nach Vorbem. 3.2.1 Nr. 2 Buchst. b, Nr. 3200 VV, eine 1,2-Terminsgebühr nach Nr. 3202 VV und eine 1,3-Einigungsgebühr nach Nrn. 1000, 1004 VV.

1.	1,6-Verfahrensgebühr, Nrn. 3200 VV (Wert: 10.000,00 EUR)	892,80 EUR
2.	1,2-Terminsgebühr, Nr. 3202 VV (Wert: 10.000,00 EUR)	669,60 EUR
3.	1,3-Einigungsgebühr, Nrn. 1000, 1004 VV (Wert: 10.000,00 EUR)	725,40 EUR
4.	Postentgeltpauschale, Nr. 7002 VV	20,00 EUR
	Zwischensumme	2.307,80 EUR
5.	19 % Umsatzsteuer, Nr. 7008 VV	438,48 EUR
Gesamt		**2.746,28 EUR**

e) Rechtsbeschwerde gegen eine den Rechtszug beendende Entscheidung in der Hauptsache

40 Rechtsbeschwerden gegen eine den Rechtszug beendende Entscheidung in der Hauptsache richten sich seit dem 1.8.2013 nach Vorbem. 3.2.2 Nr. 1 Buchst. a i.V.m. Vorbem. 3.2.1 Nr. 2 Buchst. b VV. Für sonstige Rechtsbeschwerden gelten die Nrn. 3506 ff. VV (siehe Rn 50 ff.).

41 Da für Rechtsbeschwerden in Verfahren der freiwilligen Gerichtsbarkeit der BGH zuständig ist, erhält der Anwalt eine **2,3-Verfahrensgebühr** nach Nrn. 3206, 3208 VV.

42 Bei **vorzeitiger Erledigung** ermäßigt sich die Gebühr auf 1,8 (Nr. 3209 VV).

43 Sofern es zu einem Termin i.S.d. Vorbem. 3 Abs. 3 VV kommt, entsteht eine **1,5-Terminsgebühr** nach Nr. 3210 VV.

44 Wirkt der Anwalt an einer Einigung mit, so entsteht die erhöhte **1,3-Einigungsgebühr** der Nr. 1004 VV (Anm. Abs. 1 zu Nr. 1004 VV).

Beispiel 23 | **Rechtsbeschwerde**

Gegen einen in der Hauptsache erlassenen Beschluss des OLG in einer Landwirtschaftssache (Wert: 10.000,00 EUR) wird Rechtsbeschwerde zum BGH erhoben. Anschließend werden noch mehrere Schriftsätze gewechselt.

Der Anwalt erhält eine 2,3-Verfahrensgebühr nach Nrn. 3206, 3208 VV.

1.	2,3-Verfahrensgebühr, Vorbem. 3.2.2 Nr. 1 Buchst. a, Nrn. 3206, 3208 VV (Wert: 10.000,00 EUR)	1.283,40 EUR
2.	Postentgeltpauschale, Nr. 7002 VV	20,00 EUR
	Zwischensumme	1.303,40 EUR
3.	19 % Umsatzsteuer, Nr. 7008 VV	247,65 EUR
Gesamt		**1.551,05 EUR**

45 Auch hier kommt eine eingeschränkte Tätigkeit mit einem reduzierten Gebührensatz von 1,8 (Nr. 3207, 3208 VV) in Betracht. Die Anm. Abs. 2 zu Nr. 3201 VV gilt entsprechend (Anm. zu Nr. 3207 VV).

II. Allgemeine Verfahren der freiwilligen Gerichtsbarkeit § 26

Beispiel 24 | **Rechtsbeschwerde mit eingeschränkter Tätigkeit**

Gegen einen in der Hauptsache erlassenen Beschluss des OLG in einer Landwirtschaftssache (Wert: 10.000,00 EUR) wird lediglich eine Rechtsbeschwerde zum BGH erhoben und begründet. Später nimmt der Anwalt noch die Entscheidung des BGH entgegen. Weitere Korrespondenz erfolgt nicht.

Der Anwalt erhält jetzt nur eine ermäßigte 1,8-Verfahrensgebühr nach Nrn. 3206, 3207, 3208, 3209 VV.

1. 1,8-Verfahrensgebühr, Vorbem. 3.2.2 Nr. 1 Buchst. a,
   Nrn. 3206, 3208, 3208, 3209 VV
   (Wert: 10.000,00 EUR)   1.004,40 EUR
2. Postentgeltpauschale, Nr. 7002 VV   20,00 EUR
   Zwischensumme   1.024,40 EUR
3. 19 % Umsatzsteuer, Nr. 7008 VV   194,64 EUR
   Gesamt   **1.219,04 EUR**

Zu den weiteren Gebühren wird auf die Ausführungen zum Revisionsverfahren Bezug genommen (siehe § 16).   46

f) Sonstige Beschwerden

Für sonstige Beschwerden, die nicht den Hauptgegenstand betreffen, gelten die allgemeinen Regelungen der Nrn. 3500, 3513 VV (siehe hierzu § 21 Rn 4 ff.). Hierzu zählen insbesondere Beschwerden gegen eine Kostenentscheidung, gegen die Kostenfestsetzung, im Verfahren über die Ablehnung eines Richters oder Sachverständigen, gegen eine Aussetzung u.Ä.   47

Der Anwalt erhält in diesen Fällen eine **0,5-Verfahrensgebühr** nach Nr. 3500 VV.   48

Unter den Voraussetzungen der Vorbem. 3 Abs. 3 VV entsteht eine **0,5-Terminsgebühr** nach Nr. 3513 VV. Eine Terminsgebühr bei Entscheidung ohne mündliche Verhandlung oder Abschluss eines schriftlichen Vergleichs ist hier nicht vorgesehen.   49

g) Sonstige Rechtsbeschwerden

Für sonstige Rechtsbeschwerden, die nicht den Hauptgegenstand betreffen, gelten die allgemeinen Regelungen zur Rechtsbeschwerde nach den Nrn. 3502, 3516 VV (siehe hierzu § 17).   50

h) Verfahren nach Zurückverweisung

Wird im Beschwerdeverfahren die erstinstanzliche Entscheidung oder im Rechtsbeschwerdeverfahren die vorangegangene Beschwerdeentscheidung aufgehoben und die Sache an das Vorgericht zurückverwiesen, so ist auch in Verfahren der freiwilligen Gerichtsbarkeit § 21 Abs. 1 RVG anwendbar. Die Gebühren entstehen erneut, wobei die Verfahrensgebühr nach Vorbem. 3 Abs. 6 VV anzurechnen ist.   51

Beispiel 25 | **Zurückverweisung durch das Beschwerdegericht im Beschwerdeverfahren**

In einem Verfahren auf Erteilung eines Erbscheins (Wert: 10.000,00 EUR) wird gegen die Zurückweisung des Erbscheinantrags Beschwerde zum OLG erhoben. Das OLG hebt die Entscheidung des Amtsgerichts auf und verweist die Sache an das Amtsgericht zurück.

Auch hier gilt § 21 Abs. 1 RVG. Die Gebühren im Verfahren nach Zurückverweisung entstehen erneut. Zu beachten ist allerdings die Anrechnungsvorschrift der Vorbem. 3 Abs. 6 VV.

I. Antragsverfahren
1. 1,3-Verfahrensgebühr, Nr. 3100 VV
   (Wert: 10.000,00 EUR)   725,40 EUR
2. Postentgeltpauschale, Nr. 7002 VV   20,00 EUR
   Zwischensumme   745,40 EUR
3. 19 % Umsatzsteuer, Nr. 7008 VV   141,63 EUR
Gesamt   **887,03 EUR**

II. Beschwerdeverfahren
1. 1,6-Verfahrensgebühr, Nr. 3200 VV
   (Wert: 10.000,00 EUR)   892,80 EUR
2. Postentgeltpauschale, Nr. 7002 VV   20,00 EUR
   Zwischensumme   912,80 EUR
3. 19 % Umsatzsteuer, Nr. 7008 VV   173,43 EUR
Gesamt   **1.086,23 EUR**

III. Verfahren nach Zurückverweisung
1. 1,3-Verfahrensgebühr, Nr. 3100 VV
   (Wert: 10.000,00 EUR)   725,40 EUR
2. gem. Vorbem. 3 Abs. 6 VV anzurechnen, 1,3 aus 10.000,00 EUR   – 725,40 EUR
3. Postentgeltpauschale, Nr. 7002 VV   20,00 EUR
   Zwischensumme   20,00 EUR
4. 19 % Umsatzsteuer, Nr. 7008 VV   3,80 EUR
Gesamt   **23,80 EUR**

52 Wird die Beschwerdeentscheidung vom Rechtsbeschwerdegericht aufgehoben, fallen die Gebühren des Beschwerdeverfahrens erneut an. In einfachen Beschwerdeverfahren entstehen also die Gebühren der Nrn. 3500 ff. VV erneut und in Beschwerdeverfahren der Vorbem. 3.2.1 Nr. 1 Buchst. b VV die Gebühren der Nrn. 3200 ff. VV.

> **Beispiel 26**   **Zurückverweisung an das Beschwerdegericht durch das Rechtsbeschwerdegericht im landwirtschaftsgerichtlichen Verfahren**

In einem Verfahren auf Erteilung eines Hofnachfolgezeugnisses (Wert: 10.000,00 EUR) wird gegen die Entscheidung des OLG im Beschwerdeverfahren Rechtsbeschwerde zum BGH erhoben. Der BGH hebt die Beschwerdeentscheidung auf und verweist die Sache an das OLG zurück.

Auch hier gilt § 21 Abs. 1 RVG. Im erneuten Beschwerdeverfahren entstehen die Gebühren der Nrn. 3200 ff. VV erneut, allerdings unter Anrechnung der Verfahrensgebühr (Vorbem. 3 Abs. 6 VV).

I. Beschwerdeverfahren
1. 1,6-Verfahrensgebühr, Vorbem. 3.2.1 Nr. 2 Buchst. b, Nr. 3200 VV
   (Wert: 10.000,00 EUR)   892,80 EUR
2. Postentgeltpauschale, Nr. 7002 VV   20,00 EUR
   Zwischensumme   912,80 EUR
3. 19 % Umsatzsteuer, Nr. 7008 VV   173,43 EUR
Gesamt   **1.086,23 EUR**

II. Rechtsbeschwerdeverfahren
1. 2,3-Verfahrensgebühr, Vorbem. 3.2.2 Nr. 1 Buchst. a,
   Nrn. 3206, 3208 VV
   (Wert: 10.000,00 EUR) — 1.283,40 EUR
2. Postentgeltpauschale, Nr. 7002 VV — 20,00 EUR
   Zwischensumme — 1.303,40 EUR
3. 19 % Umsatzsteuer, Nr. 7008 VV — 247,65 EUR
   Gesamt — **1.551,05 EUR**

III. Erneutes Beschwerdeverfahren nach Zurückverweisung
1. 1,6-Verfahrensgebühr, Vorbem. 3.2.1 Nr. 2 Buchst. b,
   Nr. 3200 VV
   (Wert: 10.000,00 EUR) — 892,80 EUR
2. gem. Vorbem. 3 Abs. 6 VV anzurechnen, 1,6 aus
   10.000,00 EUR — – 892,80 EUR
3. Postentgeltpauschale, Nr. 7002 VV — 20,00 EUR
   Zwischensumme — 20,00 EUR
4. 19 % Umsatzsteuer, Nr. 7008 VV — 3,80 EUR
   Gesamt — **23,80 EUR**

i) Einstweilige Anordnungen

aa) Umfang der Angelegenheit

(1) Verschiedene Angelegenheiten nach § 17 Nr. 4 Buchst. b RVG

Einstweilige Anordnungen in Angelegenheiten der freiwilligen Gerichtsbarkeit zählen gem. § 17 Nr. 4 Buchst. b RVG zu den **eigenen Angelegenheiten i.S.d. § 15 RVG**, so dass der Anwalt in den einstweiligen Anordnungsverfahren eine gesonderte Vergütung verlangen kann. 53

Da zwischenzeitlich der Wortlaut des § 17 Nr. 4 RVG dahingehend geändert worden ist, dass jegliche Anordnungsverfahren eigene Angelegenheiten darstellen und nicht nur Verfahren, die auf Antrag eines Beteiligten eingeleitet werden, ist die Streitfrage, ob von Amts wegen eingeleitete Verfahren als eigene Angelegenheiten gelten,[10] erledigt. 54

(2) Aufhebungs- und Abänderungsverfahren

Zu beachten ist auch hier, dass das Verfahren auf Erlass einer einstweiligen oder vorläufigen Anordnung sowie ein nachfolgendes Verfahren auf Aufhebung oder Abänderung zusammen mit dem Anordnungsverfahren nach § 16 Nr. 5 RVG **eine Angelegenheit** i.S.d. § 15 RVG bilden. Der Anwalt erhält daher keine weiteren Gebühren. Wird der Anwalt dagegen erstmals im Aufhebungs- oder Abänderungsverfahren beauftragt, gilt für ihn § 17 Nr. 4 Buchst. b RVG. Er erhält eine gesonderte Vergütung. 55

bb) Die Gebühren

(1) Einstweilige Anordnung vor dem erstinstanzlichen Gericht

Die Gebühren richten sich auch hier nach Teil 3 VV. Im erstinstanzlichen Verfahren gelten also wiederum die Nrn. 3100 ff. VV. 56

---

10 Verneinend: AG Darmstadt AGS 2007, 445 m. abl. Anm. *N. Schneider*; bejahend LG Ravensburg AGS 2007, 445 = RVGreport 2007, 138.

§ 26 Verfahren der freiwilligen Gerichtsbarkeit

Beispiel 27 | **Hauptsache und einstweilige Anordnung**

In einem landwirtschaftsgerichtlichen Verfahren (Hauptsachewert: 6.000,00 EUR) erlässt das Gericht auf Antrag einer Partei eine einstweilige Anordnung (Wert: 2.000,00 EUR).

Es liegen nach § 17 Nr. 4 Buchst. b RVG zwei verschiedene Angelegenheiten vor. Die Gebühren entstehen gesondert.

I. Hauptsache
1. 1,3-Verfahrensgebühr, Nr. 3100 VV
   (Wert: 6.000,00 EUR)   460,20 EUR
2. 1,2-Terminsgebühr, Nr. 3104 VV
   (Wert: 6.000,00 EUR)   424,80 EUR
3. Postentgeltpauschale, Nr. 7002 VV   20,00 EUR
   Zwischensumme   905,00 EUR
4. 19 % Umsatzsteuer, Nr. 7008 VV   171,95 EUR
Gesamt   **1.076,95 EUR**

II. Einstweilige Anordnung
1. 1,3-Verfahrensgebühr, Nr. 3100 VV
   (Wert: 2.000,00 EUR)   195,00 EUR
2. Postentgeltpauschale, Nr. 7002 VV   20,00 EUR
   Zwischensumme   215,00 EUR
3. 19 % Umsatzsteuer, Nr. 7008 VV   40,85 EUR
Gesamt   **255,85 EUR**

57 Soweit sich das Anordnungsverfahren für den Anwalt vorzeitig erledigt, also bevor er einen Antrag oder einen Schriftsatz mit Sachanträgen eingereicht oder einen gerichtlichen Termin wahrgenommen hat, ermäßigt sich die Verfahrensgebühr auf 0,8 (Nr. 3101 VV).

Ein solcher Fall ist insbesondere dann gegeben, wenn lediglich eine einstweilige Anordnung entgegengenommen wird.

Beispiel 28 | **Vorzeitige Erledigung der einstweiligen Anordnung**

Der Anwalt erhält den Auftrag, den Erlass einer einstweiligen Anordnung zu beantragen (Geschäftswert 2.000,00 EUR). Dazu kommt es aber nicht, da sich die Sache zuvor erledigt.

Der Anwalt erhält nur die ermäßigte 0,8-Verfahrensgebühr nach Nr. 3100, 3101 Nr. 1 VV.

1. 0,8-Verfahrensgebühr, Nr. 3100 VV
   (Wert: 2.000,00 EUR)   120,00 EUR
2. Postentgeltpauschale, Nr. 7002 VV   20,00 EUR
   Zwischensumme   140,00 EUR
3. 19 % Umsatzsteuer, Nr. 7008 VV   26,60 EUR
Gesamt   **166,60 EUR**

Beispiel 29 | **Bloße Entgegennahme einer einstweiligen Anordnung**

Nachdem dem Mandanten eine einstweilige Anordnung zugestellt worden ist (Geschäftswert 2.000,00 EUR), beauftragt er einen Anwalt mit seiner Vertretung. Der Anwalt rät dazu, die einstweilige Anordnung zu akzeptieren und nichts Weiteres zu veranlassen.

Der Anwalt erhält auch jetzt nur die ermäßigte 0,8-Verfahrensgebühr nach Nr. 3100, 3101 Nr. 1 VV. Abzurechnen ist wie im vorangegangenen Beispiel.

II. Allgemeine Verfahren der freiwilligen Gerichtsbarkeit § 26

Wird über die einstweilige Anordnung mündlich verhandelt, so entsteht auch hier eine Terminsgebühr. Das gilt auch in den übrigen Fällen der Vorbem. 3 Abs. 3 VV. **58**

Beispiel 30 | Hauptsache und einstweilige Anordnung mit mündlicher Verhandlung

Wie Beispiel 29; über die eine einstweilige Anordnung wird verhandelt.

Jetzt entsteht auch im einstweiligen Anordnungsverfahren eine 1,2-Terminsgebühr nach Nr. 3104 VV.

    I. **Hauptsache**
1. 1,3-Verfahrensgebühr, Nr. 3100 VV
   (Wert: 6.000,00 EUR)   460,20 EUR
2. 1,2-Terminsgebühr, Nr. 3104 VV
   (Wert: 6.000,00 EUR)   424,80 EUR
3. Postentgeltpauschale, Nr. 7002 VV   20,00 EUR
   Zwischensumme   905,00 EUR
4. 19 % Umsatzsteuer, Nr. 7008 VV   171,95 EUR
   Gesamt   **1.076,95 EUR**

    II. **Einstweilige Anordnung**
1. 1,3-Verfahrensgebühr, Nr. 3100 VV
   (Wert: 2.000,00 EUR)   195,00 EUR
2. 1,2-Terminsgebühr, Nr. 3104 VV
   (Wert: 2.000,00 EUR)   180,00 EUR
3. Postentgeltpauschale, Nr. 7002 VV   20,00 EUR
   Zwischensumme   395,00 EUR
4. 19 % Umsatzsteuer, Nr. 7008 VV   75,05 EUR
   Gesamt   **470,05 EUR**

Entscheidet das Gericht über den Antrag auf Erlass der einstweiligen Anordnung, entsteht keine Terminsgebühr, da im Verfahren eine mündliche Verhandlung nicht vorgeschrieben ist (§ 51 Abs. 2 S. 2 FamFG) und es demzufolge auch keines Einverständnisses der Beteiligten bedarf, um ohne mündliche Verhandlung zu entscheiden. **59**

Beispiel 31 | Einstweilige Anordnung ohne mündliche Verhandlung

Das Gericht erlässt auf Antrag eine einstweilige Anordnung ohne mündliche Verhandlung (Geschäftswert 3.000,00 EUR).

Es entsteht nur die Verfahrensgebühr.

1. 1,3-Verfahrensgebühr, Nr. 3100 VV
   (Wert: 3.000,00 EUR)   261,30 EUR
2. Postentgeltpauschale, Nr. 7002 VV   20,00 EUR
   Zwischensumme   281,30 EUR
3. 19 % Umsatzsteuer, Nr. 7008 VV   53,45 EUR
   Gesamt   **334,75 EUR**

Eine Terminsgebühr kann dagegen entstehen, wenn die Beteiligten Besprechungen zur Vermeidung oder Erledigung des Verfahrens führen. Nach der Neufassung der Vorbem. 3 Abs. 3 S. 3 Nr. 2 VV ist klargestellt, dass für diese Variante der Terminsgebühr ein Verfahren mit vorgeschriebener mündlicher Verhandlung nicht erforderlich ist. **60**

§ 26 Verfahren der freiwilligen Gerichtsbarkeit

Beispiel 32 | Einstweilige Anordnung mit Besprechung

Nach Eingang des Antrags auf Erlass einer einstweiligen Anordnung (Geschäftswert 2.000,00 EUR) führen die Beteiligten eine Besprechung, die aber zu keinem Ergebnis führt, so dass das Gericht im schriftlichen Verfahren entscheidet.

Jetzt entsteht auch im einstweiligen Anordnungsverfahren eine 1,2-Terminsgebühr nach Nr. 3104 VV.

1. 1,3-Verfahrensgebühr, Nr. 3100 VV (Wert: 2.000,00 EUR)	195,00 EUR
2. 1,2-Terminsgebühr, Nr. 3104 VV (Wert: 2.000,00 EUR)	180,00 EUR
3. Postentgeltpauschale, Nr. 7002 VV	20,00 EUR
Zwischensumme	395,00 EUR
4. 19 % Umsatzsteuer, Nr. 7008 VV	75,05 EUR
Gesamt	**470,05 EUR**

61 Im Falle einer bloßen schriftlichen Einigung entsteht dagegen keine Terminsgebühr, da diese Variante (Anm. Abs. 1 Nr. 1 zu Nr. 3104 VV) ein Verfahren mit obligatorischer mündlicher Verhandlung voraussetzt, an der es aber im einstweiligen Anordnungsverfahren fehlt (§ 51 Abs. 2 S. 2 FamFG).

Beispiel 33 | Einstweilige Anordnung mit schriftlichem Vergleich

Im Verfahren auf Erlass einer einstweiligen Anordnung schließt der Anwalt mit der Gegenseite einen schriftlichen Vergleich, ohne dass eine Besprechung stattgefunden hat (Geschäftswert: 3.000,00 EUR).

Es entstehen nur die Verfahrensgebühr und die Einigungsgebühr. Eine Terminsgebühr entsteht nicht, da eine mündliche Verhandlung nicht vorgeschrieben ist.

1. 1,3-Verfahrensgebühr, Nr. 3100 VV (Wert: 3.000,00 EUR)	261,30 EUR
2. 1,0-Einigungsgebühr, Nr. 3100 VV (Wert: 3.000,00 EUR)	201,00 EUR
3. Postentgeltpauschale, Nr. 7002 VV	20,00 EUR
Zwischensumme	482,30 EUR
4. 19 % Umsatzsteuer, Nr. 7008 VV	91,64 EUR
Gesamt	**573,94 EUR**

Mehrere einstweilige Anordnungen in derselben Hauptsache sind jeweils gesonderte Angelegenheiten. Eine Zusammenfassung mehrerer einstweiliger Anordnungen zu einer Angelegenheit (§ 18 Nr. 2 RVG a.F.) ist seit Inkrafttreten des FGG-ReformG nicht mehr vorgesehen.

Beispiel 34 | Mehrere einstweilige Anordnungen

Wie Beispiel 30; im Verlauf des Hauptsacheverfahrens werden mehrere einstweilige Anordnungen beantragt (Geschäftswert: jeweils 2.000,00 EUR).

Jede einstweilige Anordnung ist jetzt eine selbstständige Angelegenheit und kann gesondert abgerechnet werden.

I. Hauptsache

1. 1,3-Verfahrensgebühr, Nr. 3100 VV
   (Wert: 6.000,00 EUR)   460,20 EUR
2. 1,2-Terminsgebühr, Nr. 3104 VV
   (Wert: 6.000,00 EUR)   424,80 EUR
3. Postentgeltpauschale, Nr. 7002 VV   20,00 EUR
   Zwischensumme   905,00 EUR
4. 19 % Umsatzsteuer, Nr. 7008 VV   171,95 EUR

Gesamt   **1.076,95 EUR**

II. Erste einstweilige Anordnung

1. 1,3-Verfahrensgebühr, Nr. 3100 VV
   (Wert: 2.000,00 EUR)   195,00 EUR
2. Postentgeltpauschale, Nr. 7002 VV   20,00 EUR
   Zwischensumme   215,00 EUR
3. 19 % Umsatzsteuer, Nr. 7008 VV   40,85 EUR

Gesamt   **255,85 EUR**

III. Zweite einstweilige Anordnung

1. 1,3-Verfahrensgebühr, Nr. 3100 VV
   (Wert: 2.000,00 EUR)   195,00 EUR
2. Postentgeltpauschale, Nr. 7002 VV   20,00 EUR
   Zwischensumme   215,00 EUR
3. 19 % Umsatzsteuer, Nr. 7008 VV   40,85 EUR

Gesamt   **255,85 EUR**

Abänderungs- und Aufhebungsverfahren gelten zusammen mit dem Anordnungsverfahren als eine Angelegenheit (§ 16 Nr. 5 RVG). Der Anwalt erhält also im Abänderungsverfahren Gebühren, die er schon im Anordnungsverfahren verdient hat, nicht erneut. Es können jetzt allenfalls weitere, noch nicht verdiente Gebühren hinzukommen, etwa eine Termins- oder Einigungsgebühr.   **62**

(2) Einstweilige Anordnung vor dem Beschwerdegericht

Wird der Antrag auf Erlass einer einstweiligen Anordnung im Beschwerdeverfahren gestellt, so gilt grundsätzlich keine Besonderheit. Das Verfahren auf Erlass einer einstweiligen Anordnung ist auch hier nach § 17 Nr. 4 Buchst. b RVG eine eigene Angelegenheit. Allerdings gelten hier die Gebühren des erstinstanzlichen Verfahrens (Vorbem. 3.2 Abs. 2 VV).   **63**

Beispiel 35   **Einstweilige Anordnung vor dem Beschwerdegericht (Landwirtschaftsverfahren)**

Im landwirtschaftsgerichtlichen Beschwerdeverfahren vor dem OLG (Wert: 6.000,00 EUR) beantragt der Beschwerdeführer den Erlass einer einstweiligen Anordnung (Wert: 2.000,00 EUR).

Das Verfahren auf Erlass der einstweiligen Anordnung ist eine eigene Angelegenheit. Es gelten nach Vorbem. 3.2 Abs. 2 VV jedoch nur die Vorschriften nach den Nrn. 3100 ff. VV, während in der Hauptsache die Nrn. 3200 ff. VV gelten (Vorbem. 3.2.1 Nr. 2 Buchst. b VV).

I. Beschwerdeverfahren

1. 1,6-Verfahrensgebühr, Vorbem. 3.2.1 Nr. 2 Buchst. b,
   Nr. 3200 VV
   (Wert: 6.000,00 EUR)   566,40 EUR
2. 1,2-Terminsgebühr, Vorbem. 3.2.1 Nr. 2 Buchst. b,
   Nr. 3202 VV
   (Wert: 6.000,00 EUR)   424,80 EUR

3. Postentgeltpauschale, Nr. 7002 VV		20,00 EUR
Zwischensumme	1.011,20 EUR	
4. 19 % Umsatzsteuer, Nr. 7008 VV		192,13 EUR
Gesamt		**1.203,33 EUR**

II. Einstweilige Anordnung
1. 1,3-Verfahrensgebühr, Nr. 3100 VV
   (Wert: 2.000,00 EUR) — 195,00 EUR
2. Postentgeltpauschale, Nr. 7002 VV — 20,00 EUR
   Zwischensumme — 215,00 EUR
3. 19 % Umsatzsteuer, Nr. 7008 VV — 40,85 EUR
Gesamt — 255,85 EUR

(3) Beschwerde gegen einstweilige Anordnung

64 Da die Entscheidung über eine einstweilige Anordnung eine den Rechtszug beendende Entscheidung betreffend den Hauptgegenstand darstellt, gelten die gleichen Gebühren wie in der Hauptsache, also die Gebühren der Nrn. 3200 ff. VV (Vorbem. 3.2.1 Nr. 2 Buchst. b VV).

Beispiel 36 | **Beschwerde gegen einstweilige Anordnung in Landwirtschaftssache**

Gegen eine einstweilige Anordnung in einer Landwirtschaftssache (Wert: 3.000,00 EUR) wird Beschwerde zum OLG erhoben.

Im Anordnungsverfahren gelten wiederum die Nrn. 3100 ff. VV. Im Beschwerdeverfahren gelten dagegen jetzt gem. Vorbem. 3.2.1 Nr. 2 Buchst. b VV die Gebühren der Nrn. 3200 ff. VV.

I. Einstweiliges Anordnungsverfahren
1. 1,3-Verfahrensgebühr, Nr. 3100 VV
   (Wert: 3.000,00 EUR) — 261,30 EUR
2. Postentgeltpauschale, Nr. 7002 VV — 20,00 EUR
   Zwischensumme — 281,30 EUR
3. 19 % Umsatzsteuer, Nr. 7008 VV — 53,45 EUR
Gesamt — 334,75 EUR

II. Beschwerdeverfahren
1. 1,6-Verfahrensgebühr, Vorbem. 3.2.1 Nr. 2 Buchst. b
   Nr. 3200 VV
   (Wert: 3.000,00 EUR) — 321,60 EUR
2. Postentgeltpauschale, Nr. 7002 VV — 20,00 EUR
   Zwischensumme — 341,60 EUR
3. 19 % Umsatzsteuer, Nr. 7008 VV — 64,90 EUR
Gesamt — 406,50 EUR

j) Sonstige gerichtliche Tätigkeiten

65 Auch sonstige Tätigkeiten in gerichtlichen Angelegenheiten der freiwilligen Gerichtsbarkeit richten sich nach den Gebühren des Teils 3 VV. Insbesondere entsprechend anzuwenden sind:

- Nr. 3400 VV Verkehrsanwalt (siehe § 20)
- Nrn. 3401, 3402 VV Terminsvertreter (siehe § 20)
- Nr. 3403 VV Einzeltätigkeiten (siehe § 20)
- Nr. 3404 VV Schreiben einfacher Art (siehe § 20)
- Nrn. 3330, 3331 VV Gehörsrüge (siehe § 22)
- Nr. 3335 VV Prozesskostenhilfeprüfungsverfahren (siehe § 23).

3. Vollstreckung

Soweit in Angelegenheiten der freiwilligen Gerichtsbarkeit eine Vollstreckung oder Zwangsvollstreckung stattfindet, gilt Teil 3 Abschnitt 3 Unterabschnitt 3 VV. Anzuwenden sind die Nrn. 3309 ff. VV. Dies gilt unabhängig davon, ob sich die Vollstreckung nach der ZPO richtet, etwa bei Vollstreckungen wegen Geldforderungen, oder ob sich die Vollstreckung nach dem FamFG richtet. Nach Vorbem. 3.3.3 VV gelten die Vorschriften des Teils 3 Abschnitt 3 Unterabschnitt 3 VV für alle Verfahren.

Beispiel 37 | **Zwangsgeldverfahren nach § 95 FamFG**

In einem Zwangsgeldverfahren nach § 95 FamFG wegen einer vorzunehmenden Handlung vertritt der Anwalt den Schuldner. Der Gegenstandswert beträgt 5.000,00 EUR.

Für den Anwalt gelten gem. Vorbem. 3.3.3 VV die Nrn. 3309, 3310 VV.

1. 0,3-Verfahrensgebühr, Nr. 3309 VV
   (Wert: 5.000,00 EUR)   90,90 EUR
2. Postentgeltpauschale, Nr. 7002 VV   18,18 EUR
   Zwischensumme   109,08 EUR
3. 19 % Umsatzsteuer, Nr. 7008 VV   20,73 EUR
Gesamt   **129,81 EUR**

Vertritt der Anwalt mehrere Auftraggeber wegen desselben Gegenstandes, ist wiederum Nr. 1008 VV anzuwenden. Auch die 0,3-Verfahrensgebühr der Nr. 3309 VV erhöht sich um 0,3 je weiterem Auftraggeber (siehe § 33 Rn 41 ff.).

Beispiel 38 | **Zwangsgeldverfahren nach § 95 FamFG, mehrere Auftraggeber**

In einem Zwangsgeldverfahren nach § 95 FGG wegen einer vorzunehmenden Handlung vertritt der Anwalt zwei Gläubiger. Der Gegenstandswert beträgt 5.000,00 EUR.

Für den Anwalt gelten gem. Vorbem. 3.3.3 VV die Nrn. 3309, 3310 VV. Die Gebühr erhöht sich gem. Nr. 1008 VV um 0,3.

1. 0,6-Verfahrensgebühr, Nrn. 3309, 1008 VV
   (Wert: 5.000,00 EUR)   181,80 EUR
2. Postentgeltpauschale, Nr. 7002 VV   20,00 EUR
   Zwischensumme   201,80 EUR
3. 19 % Umsatzsteuer, Nr. 7008 VV   38,34 EUR
Gesamt   **240,14 EUR**

Wird in einem Vollstreckungsverfahren Beschwerde erhoben, gilt nicht Vorbem. 3.2.1 Nr. 2 Buchst. b VV. Es bleibt bei den allgemeinen Gebühren.

Beispiel 39 | **Beschwerde gegen Zwangsgeldbeschluss**

Gegen den Schuldner ist gem. § 95 FamFG wegen einer vorzunehmenden Handlung ein Zwangsgeld festgesetzt. Der Anwalt legt hiergegen für den Schuldner Beschwerde ein.

Die Beschwerde ist gegenüber dem Vollstreckungsverfahren nach § 18 Abs. 1 Nr. 3 RVG eine eigene Angelegenheit. Es gilt Nr. 3500 VV. Der Beschwerdewert richtet sich nach § 23 Abs. 2 S. 1, Abs. 3 S. 2 RVG und dürfte hier mit dem des Vollstreckungsverfahrens identisch sein.

I. Vollstreckungsverfahren
1. 0,3-Verfahrensgebühr, Nr. 3309 VV
   (Wert: 5.000,00 EUR) .... 90,90 EUR
2. Postentgeltpauschale, Nr. 7002 VV .... 18,18 EUR
   Zwischensumme .... 109,08 EUR
3. 19 % Umsatzsteuer, Nr. 7008 VV .... 20,73 EUR
   Gesamt .... **129,81 EUR**

II. Beschwerdeverfahren
1. 0,5-Verfahrensgebühr, Nr. 3500 VV
   (Wert: 5.000,00 EUR) .... 151,50 EUR
2. Postentgeltpauschale, Nr. 7002 VV .... 20,00 EUR
   Zwischensumme .... 171,50 EUR
3. 19 % Umsatzsteuer, Nr. 7008 VV .... 32,59 EUR
   Gesamt .... **204,09 EUR**

III. Gerichtliche Verfahren bei Freiheitsentziehung und in Unterbringungssachen

1. Überblick

69 Die Gebühren in gerichtlichen Verfahren bei Freiheitsentziehung und in Unterbringungssachen richten sich nach Teil 6 Abschnitt 3 VV. Die Gebühren nach Teil 3 VV sind unanwendbar, soweit Teil 6 VV besondere Vorschriften enthält (Vorbem. 3 Abs. 7 VV). Soweit in Teil 6 Abschnitt 3 VV keine besonderen Gebühren vorgesehen sind, bleibt Teil 3 VV anwendbar, so z.B. für ein Verfahren über eine Gehörsrüge (Nrn. 3330, 3331 VV).

2. Verfahren in Freiheitsentziehungssachen nach § 415 FamFG, in Unterbringungssachen nach § 312 FamFG und bei Unterbringungsmaßnahmen nach § 151 Nr. 6 u. 7 FamFG

70 In Verfahren bei **erstmaliger Freiheitsentziehung** in Freiheitsentziehungssachen nach § 415 FamFG, in Unterbringungssachen nach § 312 FamFG und bei Unterbringungsmaßnahmen nach § 151 Nr. 6 u. 7 FamFG erhält der Anwalt für jeden Rechtszug (§ 17 Nr. 1 RVG) eine **Verfahrensgebühr** nach Nr. 6300 VV i.H.v. 40,00 EUR bis 470,00 EUR (Mittelgebühr 255,00 EUR). Der gerichtlich bestellte oder beigeordnete Rechtsanwalt erhält eine Festgebühr i.H.v. 204,00 EUR.

71 Nimmt der Anwalt an einem gerichtlichen Termin teil, entsteht darüber hinaus in jeder Instanz eine **Terminsgebühr** nach Nr. 6301 VV. Voraussetzung ist ein gerichtlicher Termin, der auch stattgefunden hat (Vorbem. 6 Abs. 3 S. 1 VV i.V.m. Anm. zu Nr. 6301 VV. Weder reicht eine Besprechung wie in Vorbem. 3 Abs. 3 S. 3 Nr. 3 VV noch entsteht die Gebühr für einen ausgefallenen Termin. Die Regelung der Vorbem. 6 Abs. 3 S. 2 VV ist in Teil 6 Abschnitt 3 unanwendbar (Anm. zu Nr. 6301 VV). Die Gebühr entsteht – anders als in Strafsachen – für mehrere Termine nur einmal (§ 15 Abs. 2 RVG) und beläuft sich auf denselben Rahmen wie die Verfahrensgebühr.

72 Eine **Einigungs- oder Erledigungsgebühr** ist nicht möglich.

> **Beispiel 40** | Vertretung in einem erstmaligen Verfahren auf Freiheitsentziehung

Der Anwalt vertritt den Betroffenen in einem Verfahren auf Freiheitsentziehung nach § 415 FamFG und nimmt an der Anhörung teil.

III. Gerichtliche Verfahren bei Freiheitsentziehung und in Unterbringungssachen § 26

Der Anwalt erhält eine Verfahrensgebühr nach Nr. 6300 VV sowie eine Terminsgebühr nach Nr. 6301 VV (Vorbem. 6 Abs. 3 S. 1 VV). Ausgehend jeweils von der Mittelgebühr ist wie folgt zu rechnen.

1.	Verfahrensgebühr, Nr. 6300 VV	255,00 EUR
2.	Terminsgebühr, Nr. 6301 VV	255,00 EUR
3.	Postentgeltpauschale, Nr. 7002 VV	20,00 EUR
	Zwischensumme 530,00 EUR	
4.	19 % Umsatzsteuer, Nr. 7008 VV	100,70 EUR
Gesamt		**630,70 EUR**

Kommt es zu einem **einstweiligen Anordnungsverfahren**, liegt auch hier eine gesonderte Angelegenheit vor, da § 17 Nr. 4 RVG auch für Verfahren nach Teil 6 VV gilt. Gesonderte Angelegenheiten sind auch dann gegeben, wenn die einstweilige Anordnung von Amts wegen ergeht (§§ 331 S. 1, 332 S. 1; § 427 Abs. 1 S. 1 FamFG). **73**

> **Beispiel 41** Vertretung in einem erstmaligen Verfahren auf Freiheitsentziehung

Der Anwalt vertritt den Betroffenen in einem Verfahren auf Freiheitsentziehung nach § 415 FamFG und nimmt an der Anhörung teil. Es ergeht sodann ohne mündliche Verhandlung eine einstweilige Anordnung.

Im Hauptsacheverfahren entstehen die Gebühren wie im vorangegangenen Beispiel 40. Hinzu kommt eine Verfahrensgebühr für das Anordnungsverfahren, wiederum nach Nr. 6300 VV. Wegen der geringeren Bedeutung der einstweiligen Anordnung soll hier von der hälftigen Mittelgebühr ausgegangen werden.

I. Hauptsacheverfahren

Wie Beispiel 40.

II.

1.	Verfahrensgebühr, Nr. 6300 VV	127,50 EUR
2.	Postentgeltpauschale, Nr. 7002 VV	20,00 EUR
	Zwischensumme 147,50 EUR	
3.	19 % Umsatzsteuer, Nr. 7008 VV	28,03 EUR
Gesamt		**175,53 EUR**

3. Sonstige Verfahren

In sonstigen Verfahren entsteht eine **Verfahrensgebühr** nach Nr. 6302 VV. Diese Gebühr entsteht insbesondere für jeden Rechtszug des Verfahrens über die Verlängerung oder Aufhebung der Freiheitsentziehung nach den §§ 425, 426 FamFG oder einer Unterbringungsmaßnahme nach den §§ 329, 330 FamFG (Anm. zu Nr. 6302 VV). Der Wahlanwalt erhält eine Verfahrensgebühr i.H.v. 20,00 EUR bis 300,00 EUR (Mittelgebühr 160,00 EUR). Der gerichtlich bestellte oder beigeordnete Rechtsanwalt erhält 128,00 EUR. **74**

Hinzukommen kann nach Nr. 6303 VV eine **Terminsgebühr** für die Teilnahme an gerichtlichen Terminen (Anm. zu Nr. 6303 VV). Auch diese Gebühr entsteht für mehrere Termine nur einmal (§ 15 Abs. 2 RVG) und bemisst sich ebenfalls nach demselben Rahmen wie die Verfahrensgebühr. **75**

> **Beispiel 42** — Verfahren auf Verlängerung einer Unterbringung

Der Anwalt vertritt den Betroffenen in einem Verfahren auf Verlängerung einer Unterbringung und nimmt an der Anhörung teil.

Der Anwalt erhält eine Verfahrensgebühr nach Nr. 6302 VV sowie eine Terminsgebühr nach Nr. 6303 VV (Vorbem. 6 Abs. 3 S. 1 VV). Ausgehend jeweils von der Mittelgebühr ist wie folgt zu rechnen.

1.	Verfahrensgebühr, Nr. 6302 VV	160,00 EUR
2.	Terminsgebühr, Nr. 6303 VV	160,00 EUR
3.	Postentgeltpauschale, Nr. 7002 VV	20,00 EUR
	Zwischensumme	340,00 EUR
4.	19 % Umsatzsteuer, Nr. 7008 VV	64,60 EUR
	Gesamt	**404,60 EUR**

76 Auch hier sind **einstweilige Anordnungsverfahren** nach § 17 Nr. 4 RVG gesonderte Angelegenheiten.

§ 27 Arbeitsrechtliche Angelegenheiten

Inhalt

I. Überblick ... 1	IX. Revisionsverfahren ... 48
II. Beratung ... 4	X. Nichtzulassungsbeschwerde im Beschlussverfahren ... 53
III. Außergerichtliche Vertretung ... 7	XI. Rechtsbeschwerde im Beschlussverfahren ... 54
1. Geschäftstätigkeit ... 8	
2. Einfaches Schreiben ... 16	
3. Verfahren vor einem Ausschuss nach § 111 Abs. 2 ArbGG, vor dem Seemannsamt oder einer sonstigen Güte- oder Schiedsstelle ... 17	XII. Rechtsbeschwerde nach § 78 Abs. 2 ArbGG ... 56
4. Behördliche Zustimmungsverfahren und Kündigung ... 22	XIII. Sonstige Beschwerden ... 57
IV. Mahnverfahren ... 28	XIV. Arrest- und Einstweilige Verfügungsverfahren ... 59
V. Gerichtliches Verfahren im ersten Rechtszug ... 29	XV. Beweisverfahren ... 60
1. Erkenntnisverfahren ... 29	XVI. Einzeltätigkeiten ... 61
2. Beschlussverfahren ... 34	1. Besondere Einzeltätigkeiten ... 61
VI. Berufungsverfahren ... 37	2. Sonstige Einzeltätigkeiten ... 65
VII. Beschwerden in Beschlussverfahren ... 41	XVII. Zwangsvollstreckung ... 66
VIII. Nichtzulassungsbeschwerde ... 43	XVIII. Verfahren nach dem Gesetz über den Rechtsschutz bei überlangen Gerichtsverfahren ... 67

I. Überblick

Bei arbeitsgerichtlichen Mandaten handelt es sich um besondere zivilrechtliche Angelegenheiten. Die Ausführungen zur Vergütung in Zivilsachen gelten daher entsprechend. Allerdings sind einige Besonderheiten zu beachten. **1**

Ebenso gelten die Ausführungen zur Beratungs- und Prozesskostenhilfe entsprechend. **2**

Probleme bereitet häufig die Bemessung des Gegenstandswerts in arbeitsrechtlichen Angelegenheiten. Hierzu hat die Präsidentenkonferenz der Landesarbeitsgerichte einen Streitwertkatalog für die Arbeitsgerichtsbarkeit erarbeitet.[1] Der Katalog enthält lediglich Empfehlungen für die Praxis, also keine bindenden Vorgaben. Gleichwohl orientiert sich die überwiegende Praxis hieran. **3**

II. Beratung

Wird der Anwalt beratend tätig und hat er keine Gebührenvereinbarung abgeschlossen, erhält er seine Vergütung nach § 34 Abs. 1 S. 2 BGB (siehe dazu § 6). **4**

Berät der Anwalt einen **Arbeitgeber**, so kommt eine Begrenzung auf die sog. **Erstberatungsgebühr** i.H.v. 190,00 EUR (§ 34 Abs. 1 S. 3 RVG) nicht in Betracht, da dieser unstrittig kein Verbraucher i.S.d. § 13 BGB ist. **5**

Strittig war die Anwendung der Begrenzung für eine Erstberatung (früher Nr. 2102 VV a.F.) auf einen **Arbeitnehmer**. Nach der Auffassung des OLG Hamm sollte die Begrenzung bei einer **6**

---

1 Abgedruckt in AGS 2014, 365 ff.

Erstberatung auf den Arbeitnehmer nicht anzuwenden sein.[2] Das dürfte jedoch unzutreffend sein. Der eindeutige Gesetzeswortlaut spricht schon dafür, dass auch der Arbeitnehmer Verbraucher i.S.d. § 13 BGB ist. Die gegenteilige Auffassung des OLG Hamm hat sich daher in der Praxis auch nicht durchgesetzt.[3]

III. Außergerichtliche Vertretung

7 Die außergerichtliche Vertretung in Arbeitssachen richtet sich nach den Nrn. 2300 ff. VV.

1. Geschäftstätigkeit

8 Der Anwalt erhält zunächst einmal für die außergerichtliche Vertretung eine Geschäftsgebühr nach Nr. 2300 VV. Zu beachten ist auch hier die Schwellengebühr nach Anm. zu Nr. 2300 VV (siehe hierzu § 8 Rn 9 ff.).

9 Hinzukommen kann eine Einigungsgebühr. Häufigster Fall der Einigungsgebühr ist ein Vergleich über die Beendigung eines Arbeitsverhältnisses. Der Gegenstandswert der Einigungsgebühr bemisst sich dabei nach § 42 Abs. 2 GKG.[4] Maßgebend ist höchstens das Quartalseinkommen (§ 42 Abs. 2, 1. Hs. GKG). Eine Abfindung wird nicht hinzugerechnet (§ 42 Abs. 2, 2. Hs. GKG).

10 | **Beispiel 1** | **Einigung über die Beendigung eines Arbeitsverhältnisses**

Der Arbeitgeber hat gegenüber dem Arbeitnehmer die Kündigung des Arbeitsverhältnisses ausgesprochen (Monatseinkommen 3.000,00 EUR). Der Arbeitnehmer beauftragt daraufhin einen Anwalt mit seiner außergerichtlichen Vertretung. Der Anwalt schließt einen Vergleich, wonach das Arbeitsverhältnis beendet wird und der Arbeitnehmer eine Abfindung in Höhe von 5.000,00 EUR erhält.

Der Anwalt erhält zunächst eine Geschäftsgebühr nach Nr. 2300 VV, wobei hier von der Mittelgebühr ausgegangen werden soll.

Daneben entsteht eine 1,5-Einigungsgebühr nach Nr. 1000 VV. Abzurechnen ist gem. § 42 Abs. 2, 1. Hs. GKG nach dem Gegenstandswert von (3 × 3.000,00 EUR =) 9.000,00 EUR. Die Abfindung bleibt nach § 42 Abs. 2, 2. Hs. GKG außer Ansatz.

1.	1,5-Geschäftsgebühr, Nr. 2300 VV (Wert: 9.000,00 EUR)	760,50 EUR
2.	1,5-Einigungsgebühr, Nr. 1000 VV (Wert: 9.000,00 EUR)	760,50 EUR
3.	Postentgeltpauschale, Nr. 7002 VV	20,00 EUR
	Zwischensumme 1.541,00 EUR	
4.	19 % Umsatzsteuer, Nr. 7008 VV	292,79 EUR
	Gesamt	**1.833,79 EUR**

11 Soll der Anwalt einen **Arbeitsvertrag** entwerfen, erhält er dafür ebenfalls eine Geschäftsgebühr nach Nr. 2300 VV, da diese Gebühr auch die Mitwirkung bei der Gestaltung eines Vertrags erfasst

---

2 AGS 2005, 51 m. Anm. *Madert* = RVGreport 2004, 432 m. Anm. *Hansens* = RVG-B 2005, 1 m. Anm. *Goebel*.
3 BGH AGS 2008, 7 = AnwBl 2007, 870 = BRAK-Mitt 2008, 38 u. 58 = JurBüro 2008, 267 = NJW-Spezial 2007, 591 = RVGreport 2008, 19 = FA 2008, 21.
4 Bis zum 31.7.2013: § 43 Abs. 3 GKG; vom 1.7.2004 bis zum 31.8.2009: § 43 Abs. 4 GKG; davor § 12 Abs. 7 ArbGG.

(Vorbem. 2.3 Abs. 3 VV). Eine Einigungsgebühr für den Vertragsabschluss entsteht allerdings nicht, da der bloße Abschluss eines Vertrags weder einen Streit noch eine Ungewissheit beseitigt. Etwas anderes würde nur gelten, wenn durch den Arbeitsvertrag ein Streit über einen Vorvertrag oder eine Arbeitsplatzzusage beseitigt werden soll.

Der **Gegenstandswert** für den Abschluss eines Arbeitsvertrags bemisst sich nicht nach § 42 GKG, sondern nach § 23 Abs. 3 S. 1 RVG i.V.m. § 99 Abs. 2 GNotKG, da der Entwurf und Abschluss eines Vertrags selbst nicht Gegenstand eines Rechtsstreits sein kann. Maßgebend ist also der Wert der Bezüge des Arbeitnehmers während der Dauer des Arbeitsverhältnisses, höchstens der fünfjährige Bezug. 12

| Beispiel 2 | Entwurf eines Arbeitsvertrags |

Der Arbeitgeber beauftragt den Anwalt, einen unbefristeten Arbeitsvertrag zu entwerfen, der dann später auch abgeschlossen wird. Vereinbart wird ein monatliches Gehalt in Höhe von 2.500,00 EUR, zuzüglich eines 13. Monatsgehalts.

Für die Mitwirkung bei der Gestaltung eines Vertrags erhält der Anwalt eine Geschäftsgebühr nach Nr. 2300 VV (Vorbem. 2.3 Abs. 3 VV), wobei hier von einer 2,0-Gebühr ausgegangen werden soll. Eine Einigungsgebühr für den Vertragsabschluss entsteht nicht, da der Vertrag weder einen Streit noch eine Ungewissheit beseitigt.

Der Gegenstandswert bemisst sich nach § 23 Abs. 3 S. 1 RVG i.V.m. § 99 Abs. 2 GNotKG. Maßgebend ist der Wert der Bezüge des Arbeitnehmers während der nächsten fünf Jahre, also 5 × 13 × 2.500,00 EUR = 162.500,00 EUR.

1.	2,0-Geschäftsgebühr, Nr. 2300 VV (Wert: 162.500,00 EUR)		3.686,00 EUR
2.	Postentgeltpauschale, Nr. 7002 VV		20,00 EUR
	Zwischensumme	3.706,00 EUR	
3.	19 % Umsatzsteuer, Nr. 7008 VV		704,14 EUR
	Gesamt		**4.410,14 EUR**

Wird ein **Aufhebungsvertrag** geschlossen, gilt grundsätzlich das Gleiche wie bei Abschluss eines Arbeitsvertrags, da die Aufhebung nur die Kehrseite des Arbeitsvertrags ist, so dass sich der Wert wiederum nach § 23 Abs. 3 S. 1 RVG i.V.m. § 99 Abs. 2 GNotKG richtet. Dient der Aufhebungsvertrag allerdings der Beseitigung eines Streits oder einer Ungewissheit über eine bereits ausgesprochene oder auch nur drohende Kündigung, gilt wiederum § 42 Abs. 2 GKG.[5] Das BAG dehnt den Anwendungsbereich des § 42 Abs. 2 GKG sehr weit aus. 13

| Beispiel 3 | Entwurf eines Aufhebungsvertrags |

Der Arbeitgeber will seinem Arbeitnehmer (Monatsgehalt 2.000,00 EUR) einen Aufhebungsvertrag anbieten und beabsichtigt, das Arbeitsverhältnis zu kündigen, falls der Aufhebungsvertrag nicht zustande kommen sollte. Er beauftragt seinen Anwalt, den Aufhebungsvertrag zu entwerfen, der dann später auch abgeschlossen wird.

---

5 BAG AGS 2001, 77 = NZA 2000, 1246 = ZMV 2001, 44 = NJW-RR 2001, 495 = EzA § 8 BRAGO Nr. 4 = MDR 2001, 174 = JurBüro 2001, 477 = JR 2001, 220 = JurBüro 2001, 470 = BRAGOreport 2001, 62.

Der Anwalt erhält eine Geschäftsgebühr nach Nr. 2300 VV (Vorbem. 2.3 Abs. 3 VV), wobei hier von einer 2,0-Gebühr ausgegangen werden soll. Hinzu kommt eine 1,5-Einigungsgebühr, da der Vertrag einen Streit und die Ungewissheit über die drohende Kündigung beseitigt.

Der Gegenstandswert bemisst sich nach § 42 Abs. 2 GKG (§ 23 Abs. 1 S. 3 RVG).

1.	2,0-Geschäftsgebühr, Nr. 2300 VV (Wert: 6.000,00 EUR)		708,00 EUR
2.	1,5-Einigungsgebühr, Nr. 1000 VV (Wert: 6.000,00 EUR)		531,00 EUR
3.	Postentgeltpauschale, Nr. 7002 VV		20,00 EUR
	Zwischensumme	1.259,00 EUR	
4.	19 % Umsatzsteuer, Nr. 7008 VV		239,21 EUR
	Gesamt		**1.498,21 EUR**

14 Eine Geschäftsgebühr entsteht auch, wenn der Anwalt am **Abschluss eines Sozialplans** mitwirkt. Eine Einigungsgebühr für den Abschluss entsteht allerdings nicht, da der Sozialplan keinen Vertrag i.S.d. Nr. 1000 VV darstellt.[6]

15 Der Gegenstandswert bemisst sich nach dem Volumen des Sozialplans.[7]

Beispiel 4	**Abschluss eines Sozialplans**

Der Anwalt wird vom Betriebsrat beauftragt, bei der Gestaltung eines Sozialplans mit einem Volumen von 1,2 Mio. EUR mitzuwirken. Der Sozialplan kommt schließlich zustande.

Für seine außergerichtliche Tätigkeit erhält der Anwalt ebenfalls eine Geschäftsgebühr nach Nr. 2300 VV (Vorbem. 2.3 Abs. 3 VV), wobei hier von einer 2,5-Gebühr ausgegangen werden soll. Eine Einigungsgebühr für den Abschluss entsteht nicht. Der Gegenstandswert bemisst sich nach dem Volumen des Sozialplans und beläuft sich auf 1,2 Mio. EUR.

1.	2,5-Geschäftsgebühr, Nr. 2300 VV (Wert: 1,2 Mio. EUR)		13.282,50 EUR
2.	Postentgeltpauschale, Nr. 7002 VV		20,00 EUR
	Zwischensumme	13.302,50 EUR	
3.	19 % Umsatzsteuer, Nr. 7008 VV		2.527,48 EUR
	Gesamt		**15.829,98 EUR**

2. Einfaches Schreiben

16 Sofern der Anwalt nur mit einem einfachen Schreiben beauftragt ist, reduziert sich die Geschäftsgebühr nach Nr. 2301 VV auf eine 0,3-Gebühr. Zu beachten ist, dass der Auftrag bereits auf ein einfaches Schreiben gerichtet sein muss. Es kommt nicht auf das Erscheinungsbild des letztlich verfassten Schreibens an (Anm. zu Nr. 2301 VV).

---

6 ArbG Berlin NZA-RR 2006, 543 = RVGreport 2006, 425; so auch schon BAG zu § 23 BRAGO: AGS 1998, 161 = DB 1998, 1670 = NZA 1998, 900 = EzA § 80 BetrVG 1972 Nr. 42 = JurBüro 1999, 17 u. 24 = FA 1998, 291 = RdA 1998, 320 = EWiR 1998, 1061 = ArbuR 1999, 33 = AP Nr. 21 zu § 779 BGB = ZBVR 2000, 36 = AuA 2003, Nr. 8, 48.
7 So BAG zum vergleichbaren Fall, dass nur Streit über die Höhe des Volumens besteht. Dann ist nur die Differenz der Volumina maßgebend: AGS 2005, 72 = NZA 2005, 70 = JurBüro 2005, 146 = BAGReport 2005, 63 = FA 2005, 51 = ArbRB 2005, 44 = DB 2005, 564 = JurBüro 2005, 137 = RVGreport 2005, 198.

| Beispiel 5 | Abrechnung Kündigungsschreiben |

Der Arbeitgeber beauftragt den Anwalt, die Kündigung eines Arbeitsverhältnisses auszusprechen (Monatseinkommen 3.000,00 EUR). Der Anwalt prüft sämtliche bestehenden Kündigungsmöglichkeiten und kommt zu dem Ergebnis, dass nur eine einfache ordentliche Kündigung möglich sei. Er verfasst daraufhin ein einzeiliges Schreiben, wonach dem Arbeitnehmer zum nächstmöglichen Termin das Arbeitsverhältnis aufgekündigt werde.

Vom Erscheinungsbild handelt es sich zwar um ein einfaches Schreiben, da dieses nur aus einem Satz besteht und keine weiteren rechtlichen Ausführungen enthält. Der Auftrag ging jedoch weiter. Der Anwalt sollte sämtliche Kündigungsmöglichkeiten prüfen und die Kündigung aussprechen. Abzurechnen ist folglich nach Nr. 2300 VV. Angemessen sein dürfte in diesem Falle mindestens die Mittelgebühr. Die Schwellengebühr wird nicht in Betracht kommen, da eine solche Tätigkeit umfangreich und schwierig ist.

Der Gegenstandswert berechnet sich nach § 23 Abs. 1 S. 3 RVG, § 42 Abs. 2 GKG und beläuft sich auf das Quartalseinkommen, also 9.000,00 EUR.

1.	1,5-Geschäftsgebühr, Nr. 2300 VV (Wert: 9.000,00 EUR)		760,50 EUR
2.	Postentgeltpauschale, Nr. 7002 VV		20,00 EUR
	Zwischensumme	780,50 EUR	
3.	19 % Umsatzsteuer, Nr. 7008 VV		148,30 EUR
Gesamt			**928,80 EUR**

3. Verfahren vor einem Ausschuss nach § 111 Abs. 2 ArbGG, vor dem Seemannsamt oder einer sonstigen Güte- oder Schiedsstelle

In arbeitsrechtlichen Angelegenheiten ist zum Teil vorgeschrieben, dass vor Einleitung eines Rechtsstreits ein Schlichtungsverfahren durchzuführen ist, so nach § 111 Abs. 2 ArbGG, nach §§ 51, 69 SeemannsG i.V.m. der SeemannsamtVO oder nach §§ 76a, 112 BetrVG und in weiteren Fällen. Für diese Verfahren sieht Nr. 2303 Nrn. 2, 3 und 4 VV vor, dass eine gesonderte 1,5-Geschäftsgebühr anfällt.[8] Hierzu siehe § 9.

17

Nach § 17 Nr. 7 RVG stellt das Schlichtungsverfahren eine eigene Angelegenheit dar. Dies gilt sowohl gegenüber der vorangegangenen außergerichtlichen Vertretung als auch gegenüber einem nachfolgenden Rechtsstreit. Insgesamt sind also drei Angelegenheiten gegeben, nämlich
- außergerichtliche Vertretung,
- Tätigkeit im Schlichtungsverfahren und
- Tätigkeit im Rechtsstreit vor dem ArbG.

18

In allen drei Angelegenheiten erhält der Anwalt seine Vergütung gesondert, insbesondere auch eine gesonderte Postentgeltpauschale nach Nr. 7002 VV.[9]

Für die **außergerichtliche Vertretung**, gerichtet auf die Abwehr der Kündigung, erhält der Anwalt eine Geschäftsgebühr nach Nr. 2300 VV.

19

Das **Schlichtungsverfahren** ist gegenüber der außergerichtlichen Tätigkeit eine eigene Angelegenheit (§ 17 Nr. 7 RVG). Der Anwalt erhält hier also eine weitere Vergütung (§ 15 Abs. 1, 2

20

---

8 Siehe zu Einzelheiten AnwK-RVG/*N. Schneider*, Nr. 2303 VV Rn 59 ff., 64 ff.
9 AnwK-RVG/*N. Schneider*, § 17 Rn 422.

RVG). Die Gebühren richten sich dabei nach Nr. 2303 Nr. 2 VV. Dem Anwalt steht eine Geschäftsgebühr in Höhe von 1,5 zu. Im Gegensatz zur Geschäftsgebühr nach Nr. 2300 VV besteht bei der Gebühr nach Nr. 2303 VV kein Ermessensspielraum. Die Gebühr ist mit 1,5 festgeschrieben. Zu berücksichtigen ist, dass die Geschäftsgebühr der Nr. 2300 VV gem. Vorbem. 2.3 Abs. 6 VV auf die Gebühr nach Nr. 2303 VV **anzurechnen** ist, allerdings lediglich zur Hälfte, höchstens zu 0,75.

21 Im **anschließenden Kündigungsschutzprozess** erhält der Anwalt seine Vergütung nach den Nrn. 3100 ff. VV. Zunächst einmal erhält er eine **1,3-Verfahrensgebühr** nach Nr. 3100 VV. Auf diese Gebühr **anzurechnen** ist nach Vorbem. 3 Abs. 4 S. 1 VV allerdings eine vorausgegangene Geschäftsgebühr der Nrn. 2300 bis 2303 VV. Da hier mehrere Geschäftsgebühren angefallen sind, wird nur die letzte Gebühr angerechnet (Vorbem. 3 Abs. 4 S. 3 VV), also die 1,5-Gebühr nach Nr. 2303 Nr. 2 VV. Auch hier ist die Anrechnung auf die Hälfte beschränkt, also auf 0,75 (Vorbem. 3 Abs. 4 S. 1 VV).

Beispiel 6	Schlichtungsverfahren nach § 111 Abs. 2 ArbGG

Der Arbeitgeber spricht gegenüber seinem Auszubildenden die fristlose Kündigung des Ausbildungsverhältnisses aus (monatliche Ausbildungsvergütung 800,00 EUR). Daraufhin beauftragt der Auszubildende einen Anwalt, der zunächst versucht, außergerichtlich die Kündigung abzuwehren. Die Tätigkeit ist weder umfangreich noch schwierig. Hiernach ruft der Anwalt den zuständigen Ausschuss (Kreishandwerkerschaft o.Ä.) an. Das Verfahren endet ohne Ergebnis. Es kommt zum Kündigungsschutzprozess, in dem die Parteien in der mündlichen Verhandlung eine Einigung treffen.

Für die **außergerichtliche Vertretung** erhält der Anwalt eine Geschäftsgebühr nach Nr. 2300 VV. Da die Tätigkeit im Beispiel weder umfangreich noch schwierig war, ist lediglich eine 1,3-Gebühr abzurechnen (Anm. zu Nr. 2300 VV).

Für das **Schlichtungsverfahren** erhält der Anwalt eine weitere Geschäftsgebühr nach Nr. 2303 Nr. 2 VV in Höhe von 1,5. Auf diese Geschäftsgebühr ist die Geschäftsgebühr der Nr. 2300 VV gem. Vorbem. 2.3 Abs. 6 VV hälftig, also zu 0,65, anzurechnen.

Im **anschließenden Kündigungsschutzprozess** erhält der Anwalt zunächst einmal eine **1,3-Verfahrensgebühr** nach Nr. 3100 VV. Auf diese Gebühr hälftig **anzurechnen** ist gem. Vorbem. 3 Abs. 4 S. 1, 3 VV die Geschäftsgebühr der Nr. 2303 Nr. 2 VV, also mit 0,75 (Vorbem. 3 Abs. 4 S. 1 VV).

Hinzu kommt eine **1,2-Terminsgebühr** nach Nr. 3104 VV.

Für den Abschluss der Einigung erhält der Anwalt darüber hinaus nach Nrn. 1000, 1003 VV eine **1,0-Einigungsgebühr**.

Der **Gegenstandswert** ergibt sich aus § 42 Abs. 2 GKG. Dieser Gegenstandswert nach § 42 Abs. 2 GKG gilt nicht nur für das gerichtliche Verfahren (§ 23 Abs. 1 S. 1 RVG), sondern nach § 23 Abs. 1 S. 3 RVG auch für die außergerichtliche Tätigkeit. Auszugehen ist somit von dem Vierteljahreseinkommen i.H.v. 2.400,00 EUR.

    I. **Außergerichtliche Vertretung (Wert: 2.400,00 EUR)**
    1. 1,3-Geschäftsgebühr, Nr. 2300 VV   261,30 EUR
    2. Postentgeltpauschale, Nr. 7002 VV   20,00 EUR
       Zwischensumme   281,30 EUR

3. 19 % Umsatzsteuer, Nr. 7008 VV		53,45 EUR
Gesamt		**334,75 EUR**
II. Schlichtungsverfahren (Wert: 2.400,00 EUR)		
1. 1,5-Geschäftsgebühr, Nr. 2303 Nr. 2 VV		301,50 EUR
2. gem. Vorbem. 2.3 Abs. 6 VV anzurechnen, 0,65 aus 2.400,00 EUR		– 130,65 EUR
3. Postentgeltpauschale, Nr. 7002 VV		20,00 EUR
Zwischensumme	190,85 EUR	
4. 19 % Umsatzsteuer, Nr. 7008 VV		36,26 EUR
Gesamt		**227,11 EUR**
III. Rechtsstreit (Wert: 2.400,00 EUR)		
1. 1,3-Verfahrensgebühr, Nr. 3100 VV		261,30 EUR
2. gem. Vorbem. 3 Abs. 4 S. 1 VV anzurechnen, 0,75 aus 2.400,00 EUR		– 150,75 EUR
3. 1,2-Terminsgebühr, Nr. 3104 VV		241,20 EUR
4. 1,0-Einigungsgebühr, Nrn. 1000, 1003 VV		201,00 EUR
5. Postentgeltpauschale, Nr. 7002 VV		20,00 EUR
Zwischensumme	572,75 EUR	
6. 19 % Umsatzsteuer, Nr. 7008 VV		108,82 EUR
Gesamt		**681,57 EUR**

4. Behördliche Zustimmungsverfahren und Kündigung

In einigen Fällen bedarf die Kündigung der Zustimmung einer behördlichen Stelle, so nach §§ 85 ff. SGB IX des Integrationsamtsamts bei Kündigung eines Schwerbehinderten, oder der Zulässigkeitserklärung, so nach § 18 Abs. 1 S. 2 BEEG bei Kündigung während der Elternzeit oder nach § 9 Abs. 3 S. 1 MuSchG bei Kündigungen während der Schwangerschaft.

Wird der Anwalt vom Auftraggeber in diesen Fällen sowohl mit dessen Vertretung vor der Behörde als auch dem Ausspruch der Kündigung bzw. deren Abwehr beauftragt, so liegen zwei verschiedene Angelegenheiten i.S.d. § 15 RVG vor. Bei der einen (Zustimmungs- oder Zulässigkeitsverfahren) handelt es sich um eine **verwaltungsrechtliche Angelegenheit** (siehe daher wegen weiterer Einzelheiten auch die Darstellung zur Vertretung in verwaltungsrechtlichen Angelegenheiten § 30), bei der anderen (Kündigung bzw. deren Abwehr) um eine **arbeitsrechtliche Angelegenheit**. Der Anwalt erhält daher zwei Geschäftsgebühren.

Im Verfahren vor der Behörde kann der Anwalt die Geschäftsgebühr zudem zweimal verdienen, nämlich zum einen im Verwaltungsverfahren und zum anderen im Widerspruchsverfahren. Beide Verfahren stellen zwei verschiedene Angelegenheiten dar (§ 17 Nr. 1a RVG).

Sowohl für das Verwaltungsverfahren als auch das Widerspruchsverfahren erhält der Anwalt die Geschäftsgebühr aus dem Rahmen der Nr. 2300 VV. Sofern der Anwalt allerdings bereits im Verwaltungsverfahren tätig war, ist die dort verdiente Geschäftsgebühr nach Vorbem. 2.3 Abs. 4 VV hälftig anzurechnen, höchstens zu 0,75 (siehe dazu ausführlich § 29 Rn 13 ff.). Kommt es dann noch zu einem Rechtsstreit vor dem Verwaltungsgericht, ist die Gebühr nach Nrn. 2300 VV wiederum zur Hälfte, höchstens zu 0,75, auf die Verfahrensgebühr des gerichtlichen Verfahrens anzurechnen (Vorbem. 3 Abs. 4 S. 1 VV), bei mehreren Gebühren ist die zuletzt entstandene Gebühr für die Anrechnung maßgebend (Vorbem. 3 Abs. 4 S. 3 VV) (siehe hierzu ausführlich § 29 Rn 81 ff.).

26 Der **Gegenstandswert** im Zustimmungsverfahren vor dem Integrationsamt nach §§ 85 ff. SGB IX bemisst sich gem. Nr. 39 des Streitwertkatalogs für die Verwaltungsgerichtsbarkeit[10] nach dem Auffangwert und beläuft sich gem. § 52 Abs. 2 GKG auf 5.000,00 EUR.[11] Es ist nicht auf den Quartalswert des § 42 Abs. 2 GKG abzustellen.[12] Gleiches gilt für die Zulässigkeitserklärungen nach § 9 Abs. 3 MuSchG (Nr. 27.1 des Streitwertkatalogs)[13] und nach § 18 Abs. 1 S. 2 BEEG (Nr. 27.2 des Streitwertkatalogs).

> **Beispiel 7** Zustimmungsverfahren vor dem Integrationsamt und Kündigung

Der Arbeitgeber des schwerbehinderten Mandanten möchte diesem kündigen und beantragt vor dem Integrationsamt die Zustimmung hierzu. Der Mandant beauftragt seinen Anwalt, ihn in diesem Verfahren zu vertreten. Die Genehmigung wird erteilt. Anschließend erhält der Mandant die Kündigung (Monatseinkommen 2.000,00 EUR). Hiergegen wendet sich der Anwalt auftragsgemäß zunächst außergerichtlich.

I. Verfahren vor dem Integrationsamt		
1. 1,5-Geschäftsgebühr, Nr. 2300 VV (Wert: 5.000,00 EUR)		454,50 EUR
2. Postentgeltpauschale, Nr. 7002 VV		20,00 EUR
Zwischensumme	474,50 EUR	
3. 19 % Umsatzsteuer, Nr. 7008 VV		90,16 EUR
Gesamt		**564,66 EUR**
II. Außergerichtliche Vertretung hinsichtlich der Kündigung		
1. 1,5-Geschäftsgebühr, Nr. 2300 VV (Wert: 6.000,00 EUR)		531,00 EUR
2. Postentgeltpauschale, Nr. 7002 VV		20,00 EUR
Zwischensumme	551,00 EUR	
3. 19 % Umsatzsteuer, Nr. 7008 VV		104,69 EUR
Gesamt		**655,69 EUR**

> **Beispiel 8** Zustimmungsverfahren vor dem Integrationsamt mit Widerspruchsverfahren und Kündigung mit Kündigungsschutzprozess

Der Arbeitgeber des schwerbehinderten Mandanten möchte diesem kündigen und beantragt vor dem Integrationsamt die Zustimmung hierzu. Der Mandant beauftragt seinen Anwalt, ihn in diesem Verfahren zu vertreten. Die Genehmigung wird schließlich im Widerspruchsverfahren erteilt. Anschließend erhält der Mandant die Kündigung. Hiergegen wendet sich der Anwalt auftragsgemäß zunächst außergerichtlich und erhebt anschließend Kündigungsschutzklage (Wert: 6.000,00 EUR), über die sich die Parteien dann im Gütetermin einigen.

---

10 In der Fassung der am 31.5./1.6.2012 und am 18.7.2013 beschlossenen Änderungen, abgedr. in AGS 2013, 549.
11 BayVGH, Beschl. v. 11.5.2010 – 12 C 10.1026; VG Ansbach, Beschl. v. 26.3.2010 – AN 14 K 09.02214; Beschl. v. 11.2.2010 – AN 14 K 09.01309; a.A. VG Hannover NVwZ-RR 2009, 224, das § 23 Abs. 3 RVG anwenden will und zu einem Wert von 4.000,00 EUR gelangt.
12 LG Mainz, Urt. v. 27.5.2008 – 6 S 179/07.
13 VG München, Beschl. v. 19.11.2008 – M 18 K 08.3981.

I. Verfahren vor dem Integrationsamt
a) Außergerichtliche Vertretung (Wert: 5.000,00 EUR)
1. 1,5-Geschäftsgebühr, Nr. 2300 VV 454,50 EUR
2. Postentgeltpauschale, Nr. 7002 VV 20,00 EUR
   Zwischensumme 474,50 EUR
3. 19 % Umsatzsteuer, Nr. 7008 VV 90,16 EUR
Gesamt **564,66 EUR**
b) Widerspruchsverfahren (Wert: 5.000,00 EUR)
1. 1,5-Geschäftsgebühr, Nrn. 2300 VV 454,50 EUR
2. gem. Vorbem. 2.3 Abs. 4 VV anzurechnen, 0,75 aus – 227,25 EUR
   5.000,00 EUR
3. Postentgeltpauschale, Nr. 7002 VV 20,00 EUR
   Zwischensumme 247,25 EUR
4. 19 % Umsatzsteuer, Nr. 7008 VV 46,98 EUR
Gesamt **294,23 EUR**
II. Kündigung
a) Außergerichtliche Tätigkeit (Wert: 6.000,00 EUR)
1. 1,5-Geschäftsgebühr, Nr. 2300 VV 531,00 EUR
2. Postentgeltpauschale, Nr. 7002 VV 20,00 EUR
   Zwischensumme 551,00 EUR
3. 19 % Umsatzsteuer, Nr. 7008 VV 104,69 EUR
Gesamt **655,69 EUR**
b) Rechtsstreit (Wert: 6.000,00 EUR)
1. 1,3-Verfahrensgebühr, Nr. 3100 VV 460,20 EUR
2. gem. Vorbem. 3 Abs. 4 VV anzurechnen, 0,75 aus – 265,50 EUR
   6.000,00 EUR
3. 1,2-Terminsgebühr, Nr. 3104 VV 424,80 EUR
4. 1,0-Einigungsgebühr, Nrn. 1000, 1003 VV 354,00 EUR
5. Postentgeltpauschale, Nr. 7002 VV 20,00 EUR
   Zwischensumme 993,50 EUR
6. 19 % Umsatzsteuer, Nr. 7008 VV 188,77 EUR
Gesamt **1.182,27 EUR**

Wird in einem Vergleich die Beendigung des Arbeitsverhältnisses vereinbart und regeln die Parteien zusätzlich die Verpflichtung des Arbeitnehmers, seinen eingelegten Widerspruch gegen den Bescheid des Integrationsamts zurückzunehmen, dann hat dieser Regelungsgegenstand keinen Mehrwert. Mit der Beendigung des Arbeitsverhältnisses wird der Widerspruch gegenstandslos, so dass der rein deklaratorisch festgeschriebenen Rücknahmevereinbarung im arbeitsgerichtlichen Vergleich kein zusätzlicher wirtschaftlicher Wert zukommt.[14]

IV. Mahnverfahren

Im Mahnverfahren nach § 46a ArbGG gelten keine Besonderheiten. Insoweit siehe § 11.

V. Gerichtliches Verfahren im ersten Rechtszug

1. Erkenntnisverfahren

Im ersten Rechtszug erhält der Anwalt auch in Arbeitssachen die Gebühren nach Teil 3 Abschnitt 1 VV, also nach den Nrn. 3100 ff. VV. Auch insoweit ergeben sich keine Besonderheiten.

---

14 LAG Rheinland-Pfalz AGS 2012, 424.

30 Die **Terminsgebühr** entsteht auch schon dann, wenn der Anwalt an der Güteverhandlung vor dem Vorsitzenden nach § 54 ArbGG teilnimmt.[15] Sie entsteht ebenso bei Abschluss eines schriftlichen Vergleichs, auch wenn weder ein gerichtlicher Termin noch eine Besprechung der Anwälte stattgefunden hat.[16]

31 Auch die **Einigungsgebühr** kann im gerichtlichen Verfahren anfallen. Eine Einigung entsteht insbesondere dann, wenn in einem Kündigungsrechtsstreit der Arbeitgeber die Kündigung zurücknimmt und dem Arbeitnehmer anbietet, er könne wieder arbeiten kommen, und der Arbeitnehmer dieses Angebot annimmt.[17]

> **Beispiel 9** | **Güteverhandlung mit Einigung**
>
> **In der Güteverhandlung erklärt der beklagte Arbeitgeber, er sei bereit, aufgrund der Kündigungsschutzklage die Kündigung zurückzunehmen; der Beklagte könne ab sofort wieder arbeiten kommen (Monatseinkommen 2.000,00 EUR). Der Beklagte geht darauf ein.**
>
> Entstanden ist neben der Verfahrens- und der Terminsgebühr jetzt auch eine Einigungsgebühr, da die Voraussetzungen der Nr. 1000 VV erfüllt sind. Der Gegenstandswert ergibt sich aus § 23 Abs. 1 S. 1 RVG i.V.m. § 42 Abs. 2 GKG.
>
> | | | |
> |---|---|---|
> | 1. | 1,3-Verfahrensgebühr, Nr. 3100 VV (Wert: 6.000,00 EUR) | 460,20 EUR |
> | 2. | 1,2-Terminsgebühr, Nr. 3104 VV (Wert: 6.000,00 EUR) | 424,80 EUR |
> | 3. | 1,0-Einigungsgebühr, Nrn. 1000, 1003 VV (Wert: 6.000,00 EUR) | 354,00 EUR |
> | 4. | Postentgeltpauschale, Nr. 7002 VV | 20,00 EUR |
> | | Zwischensumme | 1.259,00 EUR |
> | 5. | 19 % Umsatzsteuer, Nr. 7008 VV | 239,21 EUR |
> | | **Gesamt** | **1.498,21 EUR** |

32 Einigen sich die Parteien über die Aufhebung des Arbeitsverhältnisses und vereinbaren sie dabei eine Abfindung, die der Arbeitnehmer erhalten soll, bleibt diese beim Gegenstandswert außer Ansatz (§ 42 Abs. 2, 2. Hs. GKG). Sonstige Vereinbarungen (Zeugnis, Dienstwagen etc.) erhöhen dagegen den Wert, vorausgesetzt, es bestand insoweit ein Streit oder eine Ungewissheit.

33 Soweit die Parteien anlässlich eines Vergleichs über die Aufhebung des Arbeitsverhältnisses weitere Gegenstände regeln, entsteht eine Einigungsgebühr nur dann, wenn über diese Gegenstände Streit oder Ungewissheit bestand. Anderenfalls handelt es sich nur um deklaratorische Regelungen, die nicht zu einem Vergleichsmehrwert führen. Zum Teil wird hier noch ein Mehrwert in Höhe eines Bruchteils für das Titulierungsinteresse angenommen.

---

15 *Hansens/Braun/Schneider*, Vergütungsrecht, Teil 9 Rn 41.
16 BAG AGS 2007, 189 = NZA 2006, 1060 = NJW 2006, 3022 = MDR 2007, 116 = BB 2006, 1916 = RVGreport 2006, 386 = FA 2006, 309, 352 u. 384 = BB 2006, 2760.
17 BAG NZA 2006, 693 = NJW 2006, 1997 = JurBüro 2006, 581, 587 = DB 2006, 1280 = RVG-Letter 2006, 69 = ArbuR 2006, 215 = RVGreport 2006, 222 = ArbRB 2006, 203 = RVGprof. 2006, 128; ebenso bereits zur BRAGO: RVGreport 2006, 23 = ArbuR 2006, 175; LAG Rheinland-Pfalz, Beschl. v. 17.3.2010 – 8 Ta 40/10; AnwK-RVG/*N. Schneider*, Nr. 1000 VV Rn 93 m. w. Nachw.

V. Gerichtliches Verfahren im ersten Rechtszug § 27

Beispiel 10 | **Rechtsstreit mit Einigung über Kündigung und Vereinbarungen über weitere Gegenstände**

In der Güteverhandlung einigen sich die Parteien über die Aufhebung des Arbeitsverhältnisses. Gleichzeitig vereinbaren sie, dass der Arbeitgeber ein Zeugnis mit der Note „gut" erhalte (Monatseinkommen 2.000,00 EUR).

a) Die Erteilung des Zeugnisses oder die Benotung waren streitig.

b) Über die Erteilung des Zeugnisses war zuvor noch nicht gesprochen worden. Die Regelung wird zur Klarstellung mit aufgenommen.

c) Der Arbeitgeber hatte schon zuvor schriftlich zugesagt, ein gutes Zeugnis zu erteilen.

Im Fall a) ist ein Mehrwert gegeben, der nach dem Streitwertkatalog der Arbeitsgerichtsbarkeit mit einem Monatsgehalt zu bewerten ist (Anm. S. 1 zu Nr. 25.1 des Streitwertkatalogs).

Im Fall b) bestand zwar kein Streit; hier dürfte jedoch das Titulierungsinteresse als Mehrwert mit 20 % zu berücksichtigen sein (Anm. S. 2 zu Nr. 25.1 des Streitwertkatalogs).

Im Fall c) bestand weder Streit noch Ungewissheit. Ebenso wenig bestand ein Titulierungsinteresse, da das gute Zeugnis bereits schriftlich zugesagt worden war. Hier dürfte es bereits tatbestandlich an einer Einigung über weitergehende Gegenstände fehlen.

    I.   **Abrechnung in Fall a)**
1. 1,3-Verfahrensgebühr, Nr. 3100 VV   460,20 EUR
(Wert: 6.000,00 EUR)
2. 0,8-Verfahrensgebühr, Nrn. 3100, 3101 VV   64,00 EUR
(Wert: 1.000,00 EUR)
Kein Abgleich gem. § 15 Abs. 3 RVG, da nicht mehr als
1,3 aus 7.000,00 EUR (526,50 EUR)
3. 1,2-Terminsgebühr, Nr. 3104 VV   486,00 EUR
(Wert: 7.000,00 EUR)
4. 1,0-Einigungsgebühr, Nrn. 1000, 1003 VV   354,00 EUR
(Wert: 6.000,00 EUR)
5. 1,5-Einigungsgebühr, Nr. 1000 VV   120,00 EUR
(Wert: 1.000,00 EUR)
Kein Abgleich gem. § 15 Abs. 3 RVG, da nicht mehr als
1,5 aus 7.000,00 EUR (607,50 EUR)
6. Postentgeltpauschale, Nr. 7002 VV   20,00 EUR
   Zwischensumme   1.504,20 EUR
7. 19 % Umsatzsteuer, Nr. 7008 VV   285,80 EUR
Gesamt   **1.790,00 EUR**

    I.   **Abrechnung in Fall b)**
1. 1,3-Verfahrensgebühr, Nr. 3100 VV   460,20 EUR
(Wert: 6.000,00 EUR)
2. 0,8-Verfahrensgebühr, Nrn. 3100, 3101 VV   36,00 EUR
(Wert: 200,00 EUR)
Kein Abgleich gem. § 15 Abs. 3 RVG nicht mehr als 1,3
aus 6.200,00 EUR (526,50 EUR)
3. 1,2-Terminsgebühr, Nr. 3104 VV   486,00 EUR
(Wert: 6.200,00 EUR)
4. 1,0-Einigungsgebühr, Nrn. 1000, 1003 VV   354,00 EUR
(Wert: 6.000,00 EUR)
5. 1,5-Einigungsgebühr, Nr. 1000 VV   67,50 EUR
(Wert: 200,00 EUR)
Kein Abgleich gem. § 15 Abs. 3 RVG, da nicht mehr als
1,5 aus 6.200,00 EUR (607,50 EUR)

§ 27 Arbeitsrechtliche Angelegenheiten

6. Postentgeltpauschale, Nr. 7002 VV		20,00 EUR
Zwischensumme	1.423,20 EUR	
7. 19 % Umsatzsteuer, Nr. 7008 VV		270,50 EUR
Gesamt		**1.693,70 EUR**

III. Abrechnung in Fall c)

Wie Beispiel 9.

2. Beschlussverfahren

34 Soweit das ArbG im Beschlussverfahren nach den §§ 80 ff. ArbGG entscheidet, entstehen dieselben Gebühren wie in einem Erkenntnisverfahren. Die Vorschriften der Nrn. 3100 ff. VV sind unmittelbar anzuwenden.[18]

> **Beispiel 11** Beschlussverfahren mit Verhandlung
>
> In einem Beschlussverfahren nach §§ 80 ff. ArbGG (Wert: 10.000,00 EUR) entscheidet das Gericht aufgrund mündlicher Verhandlung durch Beschluss.
>
> Angefallen ist sowohl die 1,3-Verfahrensgebühr nach Nr. 3100 VV als auch die 1,2-Terminsgebühr nach Nr. 3104 VV.
>
> | | | |
> |---|---|---|
> | 1. 1,3-Verfahrensgebühr, Nr. 3100 VV (Wert: 10.000,00 EUR) | | 725,40 EUR |
> | 2. 1,2-Terminsgebühr, Nr. 3104 VV (Wert: 10.000,00 EUR) | | 669,60 EUR |
> | 3. Postentgeltpauschale, Nr. 7002 VV | | 20,00 EUR |
> | Zwischensumme | 1.415,00 EUR | |
> | 4. 19 % Umsatzsteuer, Nr. 7008 VV | | 268,85 EUR |
> | **Gesamt** | | **1.683,85 EUR** |

35 Anzuwenden ist auch Anm. Abs. 1 Nr. 1 zu Nr. 3104 VV, da im Beschlussverfahren eine mündliche Verhandlung vorgeschrieben ist (§ 80 Abs. 2 ArbGG) und das Gericht nur im Einverständnis der Parteien davon absehen kann (§ 83 Abs. 4 S. 3 ArbGG). Eine Terminsgebühr kann daher in diesem Fall auch bei einer **schriftlichen Entscheidung** oder bei **Abschluss eines schriftlichen Vergleichs** anfallen.

36 Da die Parteien über den Prozessstoff verfügen können, kommt auch eine **Einigungsgebühr** in Betracht.

> **Beispiel 12** Beschlussverfahren mit Verhandlung und Einigung
>
> In einem Beschlussverfahren nach §§ 80 ff. ArbGG (Wert: 10.000,00 EUR) einigen sich die Parteien nach außergerichtlichen Verhandlungen.
>
> Angefallen ist sowohl die 1,3-Verfahrensgebühr nach Nr. 3100 VV als auch die 1,2-Terminsgebühr nach Nr. 3104 VV, da die Vorbem. 3 Abs. 3 S. 3 Nr. 2 VV auch hier gilt. Für die Einigung entsteht zusätzlich eine 1,0-Einigungsgebühr aus Nr. 1000 VV.

---

18 *Hansens/Braun/Schneider*, Vergütungsrecht, Teil 9 Rn 37.

1.	1,3-Verfahrensgebühr, Nr. 3100 VV (Wert: 10.000,00 EUR)	725,40 EUR
2.	1,2-Terminsgebühr, Nr. 3104 VV (Wert: 10.000,00 EUR)	669,60 EUR
3.	1,0-Einigungsgebühr, Nrn. 1000, 1003 VV (Wert: 10.000,00 EUR)	558,00 EUR
4.	Postentgeltpauschale, Nr. 7002 VV	20,00 EUR
	Zwischensumme 1.973,00 EUR	
5.	19 % Umsatzsteuer, Nr. 7008 VV	374,87 EUR
Gesamt		**2.347,87 EUR**

VI. Berufungsverfahren

Im Berufungsverfahren erhält der Anwalt die gleiche Vergütung wie in Zivilsachen, also die Gebühren nach Teil 3 Abschnitt 2 VV, Nrn. 3200 ff. VV.

37

Es entsteht also eine **1,6-Verfahrensgebühr** nach Nr. 3200 VV, die sich im Falle der vorzeitigen Erledigung auf 1,1 reduziert (Anm. Abs. 1 Nr. 1 zu Nr. 3201 VV). Wird der Anwalt beauftragt, lediglich zu beantragen, eine Einigung der Parteien oder mit Dritten über in diesem Verfahren nicht rechtshängige Ansprüche zu Protokoll zu nehmen oder feststellen zu lassen (§ 278 Abs. 6 ZPO), oder lediglich Verhandlungen zur Einigung über solche Ansprüche zu führen, entsteht ebenfalls nur eine 1,1-Gebühr nach Anm. Abs. 1 Nr. 2 zu Nr. 3201 VV. Zu beachten ist gegebenenfalls § 15 Abs. 3 RVG.

38

Kommt es zu einem Termin im Berufungsverfahren, so entsteht eine **1,2-Terminsgebühr** nach Nr. 3202 VV. Im Einzelnen siehe § 15.

39

Insoweit kann auf die Ausführungen zu den Berufungsverfahren in Zivilsachen (§ 15) Bezug genommen werden.

40

VII. Beschwerden in Beschlussverfahren

Hat das ArbG erstinstanzlich im Beschlussverfahren entschieden und wird hiergegen Beschwerde eingelegt, so gelten nach Vorbem. 3.2.1 Nr. 2 Buchst. c) VV die Gebühren für das Berufungsverfahren entsprechend. Der Anwalt erhält also die Gebühren nach den Nrn. 3200 ff. VV.

41

Unklar war lange Zeit, in welcher Höhe sich eine **Einigungsgebühr** im Beschwerdeverfahren berechnet. Nach der zum 1.9.2009[19] eingefügten Anm. zu Nr. 1004 VV ist die Frage geklärt. Der Anwalt erhält die erhöhte 1,3-Einigungsgebühr nach Nr. 1004 VV.

42

Beispiel 13	Beschwerde im Beschlussverfahren mit Einigung

In einem Beschlussverfahren nach §§ 80 ff. ArbGG (Wert: 10.000,00 EUR) legt der Anwalt für seinen Mandanten gegen den Beschluss des ArbG Beschwerde ein. Die Parteien verhandeln daraufhin außergerichtlich und erzielen eine Einigung.

---

[19] Durch das Gesetz zur Reform des Verfahrens in Familiensachen und in den Angelegenheiten der freiwilligen Gerichtsbarkeit vom 17. Dezember 2008 – BGBl I 2008, S. 2586 (FGG-ReformG).

Entstanden ist die **1,6-Verfahrensgebühr** (Nr. 3200 VV). Hinzu kommt eine **1,2-Terminsgebühr** (Nr. 3202 VV), da auch hier Vorbem. 3 Abs. 3 VV gilt. Außergerichtliche Verhandlungen lösen die Terminsgebühr aus. Des Weiteren kommt eine **Einigungsgebühr** hinzu, die sich nach Anm. zu Nr. 1004 VV auf 1,3 beläuft.

1.	1,6-Verfahrensgebühr, Nr. 3200 VV (Wert: 10.000,00 EUR)		892,80 EUR
2.	1,2-Terminsgebühr, Nr. 3202 VV (Wert: 10.000,00 EUR)		669,60 EUR
3.	1,3-Einigungsgebühr, Nrn. 1000, 1004 VV (Wert: 10.000,00 EUR)		725,40 EUR
4.	Postentgeltpauschale, Nr. 7002 VV		20,00 EUR
	Zwischensumme	2.307,80 EUR	
5.	19 % Umsatzsteuer, Nr. 7008 VV		438,48 EUR
Gesamt			**2.746,28 EUR**

VIII. Nichtzulassungsbeschwerde

43 Wird gegen die Nichtzulassung der Revision durch das LAG die Nichtzulassungsbeschwerde zum BAG erhoben, so stellt dieses Verfahren eine eigene Angelegenheit gegenüber dem Berufungsverfahren dar (§ 18 Abs. 1 Nr. 3 RVG). Kommt es anschließend zur Durchführung des Revisionsverfahrens, ist dieses wiederum eine eigene Angelegenheit (§ 17 Nr. 9 RVG). Insgesamt sind also dann drei Angelegenheiten gegeben:
- Berufungsverfahren,
- Nichtzulassungsbeschwerdeverfahren und
- Revisionsverfahren.

44 Im Verfahren über die Nichtzulassungsbeschwerde erhält der Anwalt eine **Verfahrensgebühr** in Höhe von 1,6 (Nr. 3506 VV).[20]

45 Eine Erhöhung des Gebührensatzes auf 2,3 nach Nr. 3508 VV – wie in Allgemeinen Zivilsachen – kommt nicht in Betracht, da eine Zulassung des Anwalts beim BGH hier nicht erforderlich ist.

46 Hinzukommen kann eine **1,2-Terminsgebühr** nach Nr. 3516 VV. Auch wenn über die Nichtzulassungsbeschwerde nicht vor Gericht verhandelt wird, kommt nach Vorbem. 3 Abs. 3 S. 3 Nr. 2 VV eine Terminsgebühr in Betracht, wenn die Parteien an auf die Vermeidung oder Erledigung des Verfahrens gerichteten Besprechungen auch ohne Beteiligung des Gerichts mitwirken.

47 Kommt es zu einer Einigung, entsteht eine **1,3-Einigungsgebühr**.

Beispiel 14 | Nichtzulassungsbeschwerde zum BAG

Die Kündigungsschutzklage des Klägers (Wert: 9.000,00 EUR) ist im Berufungsverfahren abgewiesen worden. Das LAG hat die Revision nicht zugelassen. Hiergegen erhebt der Kläger Nichtzulassungsbeschwerde.

---

20 Hessisches LAG AGS 2007, 612 = NZA-RR 2006, 600 = RVGreport 2006, 309 = RVG-Letter 2006, 106 = AE 2007, 102; ArbG Koblenz AGS 2005, 292 = RVGreport 2005, 106.

IX. Revisionsverfahren § 27

1.	1,6-Verfahrensgebühr, Nr. 3506 VV (Wert: 9.000,00 EUR)		811,20 EUR
2.	Postentgeltpauschale, Nr. 7002 VV Zwischensumme	831,20 EUR	20,00 EUR
3.	19 % Umsatzsteuer, Nr. 7008 VV		157,93 EUR
Gesamt			**989,13 EUR**

Beispiel 15 — Nichtzulassungsbeschwerde zum BAG mit Termin

Die Kündigungsschutzklage des Klägers (Wert: 9.000,00 EUR) ist im Berufungsverfahren abgewiesen worden. Das LAG hat die Revision nicht zugelassen. Hiergegen erhebt der Kläger Nichtzulassungsbeschwerde. Anschließend führen die Anwälte außergerichtliche Verhandlungen, worauf die Nichtzulassungsbeschwerde zurückgenommen wird.

1.	1,6-Verfahrensgebühr, Nr. 3506 VV (Wert: 9.000,00 EUR)		811,20 EUR
2.	1,2-Terminsgebühr, Nr. 3516 VV (Wert: 9.000,00 EUR)		608,40 EUR
3.	Postentgeltpauschale, Nr. 7002 VV Zwischensumme	1.439,60 EUR	20,00 EUR
4.	19 % Umsatzsteuer, Nr. 7008 VV		273,52 EUR
Gesamt			**1.713,12 EUR**

Beispiel 16 — Nichtzulassungsbeschwerde zum BAG mit Termin und Einigung

Die Kündigungsschutzklage des Klägers (Wert: 9.000,00 EUR) ist im Berufungsverfahren abgewiesen worden. Das LAG hat die Revision nicht zugelassen. Hiergegen erhebt der Kläger Nichtzulassungsbeschwerde. Anschließend führen die Anwälte außergerichtliche Verhandlungen, die zu einer Einigung führen.

1.	1,6-Verfahrensgebühr, Nr. 3506 VV (Wert: 9.000,00 EUR)		811,20 EUR
2.	1,2-Terminsgebühr, Nr. 3516 VV (Wert: 9.000,00 EUR)		608,40 EUR
3.	1,3-Einigungsgebühr, Nrn. 1000, 1004 VV (Wert: 9.000,00 EUR)		659,10 EUR
4.	Postentgeltpauschale, Nr. 7002 VV Zwischensumme	2.098,70 EUR	20,00 EUR
5.	19 % Umsatzsteuer, Nr. 7008 VV		398,75 EUR
Gesamt			**2.497,45 EUR**

IX. Revisionsverfahren

Im Revisionsverfahren erhält der Anwalt die Gebühren nach den Nrn. 3206 ff. VV. 48

Die **Verfahrensgebühr** beläuft sich auch hier auf 1,6 (Nr. 3206 VV), die ermäßigte Verfahrensgebühr auf 1,1 (Nr. 3207 VV). 49

Die **Terminsgebühr** im Revisionsverfahren entsteht zu einem Gebührensatz von 1,5 (Nr. 3210 VV). 50

Hinzukommen kann eine **Einigungsgebühr** i.H.v. 1,3 (Nr. 1004 VV). 51

§ 27 Arbeitsrechtliche Angelegenheiten

Beispiel 17 | **Revision**

Gegen die Abweisung der Kündigungsschutzklage (Wert: 9.000,00 EUR) durch das LAG im Berufungsverfahren wird die Revision durchgeführt. Nach mündlicher Verhandlung ergeht ein Urteil.

1.	1,6-Verfahrensgebühr, Nr. 3206 VV (Wert: 9.000,00 EUR)	811,20 EUR
2.	1,5-Terminsgebühr, Nr. 3210 VV (Wert: 9.000,00 EUR)	760,50 EUR
3.	Postentgeltpauschale, Nr. 7002 VV	20,00 EUR
	Zwischensumme	1.591,70 EUR
4.	19 % Umsatzsteuer, Nr. 7008 VV	302,42 EUR
	Gesamt	**1.894,12 EUR**

52 War ein Nichtzulassungsbeschwerdeverfahren vorangegangen, so ist die dortige Verfahrensgebühr **anzurechnen** (Anm. zu Nr. 3506 VV).

Beispiel 18 | **Revision nach erfolgreicher Nichtzulassungsbeschwerde**

Die Kündigungsschutzklage des Klägers (Wert: 9.000,00 EUR) ist im Berufungsverfahren abgewiesen worden. Das LAG hat die Revision nicht zugelassen. Die hiergegen erhobene Nichtzulassungsbeschwerde hatte Erfolg. Die Revision wird durchgeführt. Nach mündlicher Verhandlung ergeht ein Urteil.

Die **Nichtzulassungsbeschwerde** ist abzurechnen wie in Beispiel 14. Für das **Revisionsverfahren** entstehen die Gebühren nach Nrn. 3206, 3210 VV. Zu beachten ist allerdings die **Anrechnungsbestimmung** der Anm. zu Nr. 3506 VV.

1.	1,6-Verfahrensgebühr, Nr. 3206 VV (Wert: 9.000,00 EUR)	811,20 EUR
2.	gem. Anm. zu Nr. 3506 VV anzurechnen, 1,6 aus 9.000,00 EUR	– 811,20 EUR
3.	1,5-Terminsgebühr, Nr. 3210 VV (Wert: 9.000,00 EUR)	760,50 EUR
4.	Postentgeltpauschale, Nr. 7002 VV	20,00 EUR
	Zwischensumme	780,50 EUR
5.	19 % Umsatzsteuer, Nr. 7008 VV	148,30 EUR
	Gesamt	**928,80 EUR**

X. Nichtzulassungsbeschwerde im Beschlussverfahren

53 Wird im Beschlussverfahren die Rechtsbeschwerde (§ 92 ArbGG) nicht zugelassen, so ist nach § 92a ArbGG die Nichtzulassungsbeschwerde gegeben. Eine besondere Regelung dieser Nichtzulassungsbeschwerde hatte das VV ursprünglich nicht vorgesehen. Mit dem 2. KostRMoG ist der Tatbestand der Nr. 3506 VV dahingehend erweitert worden, dass diese Gebühr jetzt auch im Verfahren der Nichtzulassungsbeschwerde nach § 92a ArbGG gilt.

Beispiel 19 | **Beschwerde gegen die Nichtzulassung der Rechtsbeschwerde**

Das LAG hat die Beschwerde im Beschlussverfahren zurückgewiesen und die Rechtsbeschwerde nicht zugelassen. Hiergegen wird Nichtzulassungsbeschwerde nach § 92a ArbGG erhoben (Wert: 10.000,00 EUR).

Der Anwalt erhält hierfür nach Nr. 3506 VV eine 1,6-Verfahrensgebühr.

1. 1,6-Verfahrensgebühr, Nr. 3506 VV		892,80 EUR
(Wert: 10.000,00 EUR)		
2. Postentgeltpauschale, Nr. 7002 VV		20,00 EUR
Zwischensumme	912,80 EUR	
3. 19 % Umsatzsteuer, Nr. 7008 VV		173,43 EUR
Gesamt		**1.086,23 EUR**

XI. Rechtsbeschwerde im Beschlussverfahren

Kommt es im Beschlussverfahren zur Rechtsbeschwerde (§ 92 ArbGG), so gelten nach Vorbem. 3.2.2 Nr. 1 Buchst. a) i.V.m. 3.2.1 Nr. 2 Buchst. c) VV die Gebühren des Revisionsverfahrens entsprechend. Der Anwalt erhält also auch hier die Vergütung nach den Nrn. 3206 ff. VV. 54

> **Beispiel 20** Rechtsbeschwerde zum BAG im Beschlussverfahren
>
> **Gegen die Entscheidung des LAG über eine Beschwerde im Beschlussverfahren wird Rechtsbeschwerde zum BAG erhoben (Wert: 10.000,00 EUR).**

Der Anwalt erhält hierfür eine 1,6-Verfahrensgebühr nach Vorbem. 3.2.2 Nr. 1 Buchst. a) i.V.m. 3.2.1 Nr. 2 Buchst. c) VV i.V.m. Nr. 3206 VV.

1. 1,6-Verfahrensgebühr, Nr. 3206 VV		892,80 EUR
(Wert: 10.000,00 EUR)		
2. Postentgeltpauschale, Nr. 7002 VV		20,00 EUR
Zwischensumme	912,80 EUR	
3. 19 % Umsatzsteuer, Nr. 7008 VV		173,43 EUR
Gesamt		**1.086,23 EUR**

War ein Nichtzulassungsbeschwerdeverfahren nach § 92a ArbGG vorangegangen, ist die dort verdiente Verfahrensgebühr der Nr. 3506 VV (siehe Rn 53) anzurechnen (Anm. zu Nr. 3506 VV). 55

XII. Rechtsbeschwerde nach § 78 Abs. 2 ArbGG

Für eine Rechtsbeschwerde nach § 78 Abs. 2 ArbGG ist ebenso wie für die nach § 574 ZPO der besondere Gebührentatbestand der Nr. 3502 VV anzuwenden.[21] Siehe zu Einzelheiten § 17. 56

> **Beispiel 21** Rechtsbeschwerde gegen einen Kostenfestsetzungsbeschluss
>
> **Gegen die Beschwerdeentscheidung des LAG im Kostenfestsetzungsverfahren legt der Anwalt für den Mandanten Rechtsbeschwerde zum BAG ein (Wert: 600,00 EUR).**

Der Anwalt erhält eine 1,0-Verfahrensgebühr nach Nr. 3502 VV.

---

21 Eingeführt durch das Zweite Justizmodernisierungsgesetz (2. JuMoG) – dort Art. 20 – (BGBl I S. 3416) – in Kraft getreten bereits am 31.12.2006.

1. 1,0-Verfahrensgebühr, Nr. 3502 VV (Wert: 600,00 EUR)		80,00 EUR
2. Postentgeltpauschale, Nr. 7002 VV		16,00 EUR
Zwischensumme	96,00 EUR	
3. 19 % Umsatzsteuer, Nr. 7008 VV		18,24 EUR
Gesamt		**114,24 EUR**

XIII. Sonstige Beschwerden

57 Sonstige Beschwerden sind nach Nr. 3500 VV abzurechnen. Es entsteht eine 0,5-Verfahrensgebühr nach Nr. 3500 VV und gegebenenfalls eine 0,5-Terminsgebühr nach Nr. 3513 VV.

> **Beispiel 22** | **Beschwerde gegen einen Kostenfestsetzungsbeschluss**

Gegen die Entscheidung des ArbG im Kostenfestsetzungsverfahren legt der Anwalt für den Mandanten Beschwerde zum LAG ein (Wert: 600,00 EUR).

Der Anwalt erhält nur eine 0,5-Verfahrensgebühr nach Nr. 3500 VV.

1. 0,5-Verfahrensgebühr, Nr. 3500 VV (Wert: 600,00 EUR)		40,00 EUR
2. Postentgeltpauschale, Nr. 7002 VV		8,00 EUR
Zwischensumme	48,00 EUR	
3. 19 % Umsatzsteuer, Nr. 7008 VV		9,12 EUR
Gesamt		**57,12 EUR**

58 Auch im Falle der Beschwerde nach § 92b ArbGG (Sofortige Beschwerde wegen verspäteter Absetzung der Beschwerdeentscheidung) sind die Nrn. 3500 ff. VV anzuwenden. Es gilt nicht Nr. 3506 VV.

> **Beispiel 23** | **Beschwerde wegen verspäteter Absetzung der Beschwerdeentscheidung**

Gegen den Beschluss des LAG im Beschwerdeverfahren (§ 91 ArbGG) legt der Anwalt für den Mandanten Beschwerde ein, weil der Beschluss nicht rechtzeitig abgefasst worden ist. Der Streitwert beträgt 15.000,00 EUR.

Der Anwalt erhält wiederum nur eine 0,5-Verfahrensgebühr nach Nr. 3500 VV.

1. 0,5-Verfahrensgebühr, Nr. 3500 VV (Wert: 15.000,00 EUR)		325,00 EUR
2. Postentgeltpauschale, Nr. 7002 VV		20,00 EUR
Zwischensumme	345,00 EUR	
3. 19 % Umsatzsteuer, Nr. 7008 VV		65,55 EUR
Gesamt		**410,55 EUR**

XIV. Arrest- und Einstweilige Verfügungsverfahren

59 Soweit vor den Arbeitsgerichten Arrest- oder einstweilige Verfügungsverfahren stattfinden, gelten gegenüber den zivilrechtlichen Verfahren keine Besonderheiten, so dass auf § 19 Bezug genommen werden kann.

XV. Beweisverfahren

Auch vor den Arbeitsgerichten gelten die §§ 485 ff. ZPO entsprechend (§ 46 Abs. 2 ArbGG), so dass auch hier ein selbstständiges Beweisverfahren möglich ist. Es gelten die gleichen Regelungen wie in Zivilsachen (siehe § 12 Rn 9). **60**

XVI. Einzeltätigkeiten

1. Besondere Einzeltätigkeiten

Nach Nr. 3326 VV erhält der Anwalt für bestimmte Verfahren vor den Arbeitsgerichten eine **0,75- Verfahrensgebühr**, und zwar **61**
- wenn sich die Tätigkeit auf eine gerichtliche Entscheidung über die Bestimmung einer Frist (§ 102 Abs. 2 S. 3 ArbGG),
- die Ablehnung eines Schiedsrichters (§ 103 Abs. 3 ArbGG) oder
- die Vornahme einer Beweisaufnahme oder einer Vereidigung (§ 106 Abs. 2 ArbGG)

beschränkt. Eine Reduzierung bei vorzeitiger Erledigung ist nicht vorgesehen.

Ist der Anwalt allerdings auch in der Hauptsache beauftragt, gilt § 16 Nr. 9 RVG. Die Tätigkeiten gehören mit zum Rechtszug und werden dann nicht gesondert vergütet. **62**

Hinzukommen kann in den vorgenannten Verfahren, soweit sie als Einzeltätigkeiten abzurechnen sind, eine **0,5-Terminsgebühr** nach Nr. 3332 VV und auch eine **Einigungsgebühr** (Nrn. 1000 ff. VV). **63**

Wird der Anwalt zunächst nur mit einer Einzeltätigkeit beauftragt und anschließend mit der Gesamtvertretung, gilt § 15 Abs. 1 RVG. Die für die Einzeltätigkeit entstandene Vergütung geht in der Vergütung der Hauptsache auf. **64**

Beispiel 24	Einzeltätigkeit nach Nr. 3326 VV

Der Anwalt ist in einem Verfahren nach § 102 Abs. 3 ArbGG beauftragt. Einen Auftrag in der Hauptsache hat er nicht. Es kommt zu einem gerichtlichen Termin (Wert: 3.000,00 EUR).

Der Anwalt erhält nach Nr. 3326 VV eine 0,75-Verfahrensgebühr und nach Nr. 3332 VV eine 0,5-Terminsgebühr.

1.	0,75-Verfahrensgebühr, Nr. 3326 VV (Wert: 3.000,00 EUR)		150,75 EUR
2.	0,5-Terminsgebühr, Nr. 3332 VV (Wert: 3.000,00 EUR)		100,50 EUR
3.	Postentgeltpauschale, Nr. 7002 VV Zwischensumme	271,25 EUR	20,00 EUR
4.	19 % Umsatzsteuer, Nr. 7008 VV		51,54 EUR
	Gesamt		**322,79 EUR**

2. Sonstige Einzeltätigkeiten

Wegen sonstiger Tätigkeiten des Anwalts (Verkehrsanwalt, Terminsvertreter und Einzeltätigkeiten) siehe § 20. **65**

XVII. Zwangsvollstreckung

66 Wird aus Entscheidungen, die vor den Arbeitsgerichten ergangen sind, die Zwangsvollstreckung betrieben, gelten die Vorschriften der Nrn. 3309, 3310 VV. Insoweit ergeben sich keine Besonderheiten (siehe § 33).

XVIII. Verfahren nach dem Gesetz über den Rechtsschutz bei überlangen Gerichtsverfahren

67 Zur Vergütung in Verfahren nach dem Gesetz über den Rechtsschutz bei überlangen Gerichtsverfahren und strafrechtlichen Ermittlungsverfahren v. 24.11.2011[22] vor den Arbeitsgerichten siehe § 32.

---

22 BGBl I 2011, S. 2302 ff.

§ 28 Familiensachen

Inhalt

I. Überblick 1
II. Beratung 4
III. Prüfung der Erfolgsaussicht eines Rechtsmittels 5
IV. Außergerichtliche Vertretung 6
  1. Überblick 6
  2. Ermittlung des Gegenstandswerts 8
  3. Vorläufige und endgültige Regelung 10
  4. Gegenstandswert bei außergerichtlicher Vertretung in Unterhaltssachen 12
  5. Außergerichtliche Aussöhnung 13
  6. Mehrere Auftraggeber 14
V. Beratungshilfe 16
  1. Umfang der Angelegenheit 16
  2. Postentgeltpauschale 17
  3. Mehrere Auftraggeber 18
VI. Mahnverfahren 20
VII. Vereinfachtes Verfahren auf Festsetzung des Unterhalts Minderjähriger 21
  1. Verfahren nach §§ 249 ff. FamFG 21
  2. Beschwerde 29
VIII. Vermittlungsverfahren nach § 165 FamFG 30
IX. Isolierte Familiensachen erster Instanz 33
  1. Überblick 33
  2. Abstammungssachen 45
  3. Adoptionssachen 50
  4. Anspruch auf Auskunft über die persönlichen Verhältnisse des Kindes 55
  5. Ehesache 59
  6. Ehewohnungssachen 65
  7. Elterliche Sorge 70
  8. Gewaltschutzsachen 78
  9. Haushaltssachen 83
  10. Kindesherausgabe 88
  11. Sonstige Familienstreitsachen 92
  12. Übrige Kindschaftssachen 98
  13. Umgangsrecht 102
  14. Unterhaltsverfahren nach § 231 Abs. 1 FamFG 110
    a) Gebühren 110
    b) Verfahrenswerte 113
      aa) Überblick 113
      bb) Fällige Beträge 115
      cc) Wiederkehrende zukünftige Leistung 118
      dd) Wiederkehrende Leistung und fällige Beträge 122
      ee) Abänderung 126
      ff) „Titulierungsantrag" 128
      gg) Stufenantrag 129
      hh) Nachträgliche Antragserweiterung 134
  15. Unterhaltssachen nach § 231 Abs. 2 FamFG 135
  16. Versorgungsausgleichssachen 140
    a) Verfahrenswert 140
    b) Gebühren 147
  17. Zugewinn 153
    a) Gebühren 153
    b) Verfahrenswert 156
X. Verbundverfahren 166
  1. Überblick 166
  2. Verfahrensgebühr 169
    a) Volle Verfahrensgebühr 169
    b) Ermäßigte Verfahrensgebühr 173
    c) Anrechnung vorangegangener Geschäftsgebühren 178
  3. Termingebühr 183
  4. Einigungsgebühr 186
  5. Aussöhnungsgebühr 189
  6. Verfahrenswert 190
    a) Überblick 190
    b) Ehesache 191
    c) Versorgungsausgleich 193
    d) Kindschaftssachen 195
    e) Zugewinnausgleich 200
    f) Ehewohnungssache 202
    g) Haushaltsverfahren 203
    h) Kindesunterhalt 204
    i) Ehegattenunterhalt 208
    j) Vergleichsmehrwerte 211
    k) Verhandlungen über nicht anhängige Gegenstände 213
    l) Unzulässige Anträge 214
  7. Abrechnungshilfe 215
  8. Abtrennung aus dem Verbund 216
    a) Überblick 216
    b) Grundsatz: Keine Lösung aus dem Verbund 217
    c) Ausnahme: Lösung aus dem Verbund .. 220
  9. Aufnahme in den Verbund 225
  10. Wiederaufnahme abgetrennter Versorgungsausgleichsverfahren nach altem Recht 227
  11. Änderung des Gebührenrechts nach Art. 111 Abs. 5 FGG-ReformG 236
XI. Einstweilige Anordnungen 241
  1. Überblick 241
  2. Verfahrenswert 245
  3. Einstweilige Anordnungen in erster Instanz 249
    a) Gebühren 249
    b) Mehrere einstweilige Anordnungen 254
    c) Anordnung und Abänderung 259
  4. Einstweilige Anordnungen im Beschwerdeverfahren 261
  5. Beschwerden gegen einstweilige Anordnungen 262
XII. Arrestverfahren 264

§ 28 Familiensachen

XIII. **Beschwerde gegen den Rechtszug beendende Entscheidungen** 268
   1. Überblick 268
   2. Verfahrenswert 271
   3. Die Gebühren 277

XIV. **Rechtsbeschwerde** 282

XV. **Aufhebung und Zurückverweisung** .. 286

XVI. **Allgemeine Beschwerden** 293

XVII. **Allgemeine Rechtsbeschwerden** 295

XVIII. **Fluranwalt** 296

XIX. **Vollstreckung** 297

XX. **Besonderheiten bei der Verfahrenskostenhilfe** 298
   1. Überblick 298
   2. Versorgungsausgleich im Verbund 300
   3. Widerantrag in Ehe und Lebenspartnerschaftssachen 301
   4. Anschlussbeschwerde oder -rechtsbeschwerde 302
   5. Vollstreckung einstweiliger Anordnungen 303
   6. Vollziehung eines Arrests 304
   7. Vollstreckung in das bewegliche Vermögen 305
   8. Vereinbarungen im Verbundverfahren 306
     a) Umfang der Beiordnung 306
     b) Umfang des Vergütungsanspruchs 316
   9. Sonstige Mehrwertvergleiche 319

I. Überblick

1 Familiensachen sind Zivilsachen, so dass sich die Gebühren grundsätzlich so berechnen wie in allgemeinen Zivilsachen. Einige Besonderheiten sind hier jedoch zu beachten. Zum einen gibt es spezielle familienrechtliche Verfahren, wie z.B. das Verfahren auf Festsetzung des Unterhalts Minderjähriger (§§ 249 ff. FamFG) oder das Vermittlungsverfahren nach § 165 FamFG. Daneben gibt es zahlreiche besondere Konstellationen, die nur in Familiensachen auftreten können, etwa das Verbundverfahren oder das einstweilige Anordnungsverfahren.

2 Die Probleme, zunächst einmal die Anwendbarkeit des zutreffenden Gebührenrechts festzustellen, ergeben sich nicht mehr. Zwar differenziert das Gesetz – ähnlich wie früher ZPO-/FGG-Verfahren – immer noch – jetzt Familienstreitsachen/Familiensachen der freiwilligen Gerichtsbarkeit; das RVG enthält für Verfahren der **freiwilligen Gerichtsbarkeit** in Familiensachen jedoch nur noch vereinzelt besondere Vorschriften (Nr. 3101 Nr. 3 VV, Anm. Abs. 2 Nr. 1 und 2 zu Nr. 3201 VV), nachdem jetzt auch für die Beschwerden gegen Endentscheidungen in Verfahren der freiwilligen Gerichtsbarkeit die Vorschriften des Berufungsverfahrens anzuwenden sind.

3 Im Gegensatz zu dem bis zum 31.8.2009 geltenden Recht ergeben sich in den gerichtlichen Verfahren jetzt auch keine Probleme mehr bei der Ermittlung des zutreffenden **Gegenstandswerts**. Die Mehrspurigkeit GKG/ZPO/RVG/KostO ist beseitigt worden. Sämtliche Verfahrenswerte sind abschließend im FamGKG geregelt. Diese Werte gelten über die Verweisung in § 23 Abs. 1 S. 1 RVG entsprechend. Außergerichtlich gelten diese Werte grundsätzlich auch. Lediglich in außergerichtlichen Angelegenheiten der vorsorgenden Rechtspflege ist über § 23 Abs. 3 RVG das GNotKG anzuwenden.

II. Beratung

4 Für die Beratung in Familiensachen ergeben sich keine Besonderheiten. Zu beachten ist insbesondere hier die Begrenzung bei einer **Erstberatung** nach § 34 Abs. 1 S. 3 RVG, da der Mandant hier grundsätzlich Verbraucher ist. Insoweit kann auf die Ausführungen zu § 6 verwiesen werden.

III. Prüfung der Erfolgsaussicht eines Rechtsmittels

Ist der Anwalt beauftragt, in Familiensachen zunächst die Erfolgsaussicht eines Rechtsmittels, also einer Beschwerde oder Rechtbeschwerde, zu prüfen, gelten die Nrn. 2100 ff. VV. Auch insoweit ergeben sich keine Besonderheiten. Auf die Darstellung in § 7 kann insoweit verwiesen werden. **5**

IV. Außergerichtliche Vertretung

1. Überblick

Für die außergerichtliche Vertretung erhält der Anwalt in Familiensachen ebenfalls die Vergütung nach Nr. 2300 VV, also eine Geschäftsgebühr (0,5 bis 2,5). Auch insoweit ergeben sich bei den Gebühren keine Besonderheiten, so dass auf die Darstellung zu § 8 verwiesen werden kann. **6**

Die sog. **Schwellengebühr** nach Anm. zu Nr. 2300 VV kommt zwar auch in Betracht, wird in Familiensachen aber eher die Ausnahme sein, da die Tätigkeiten des Anwalts hier in aller Regel umfangreich oder schwierig sind. **7**

2. Ermittlung des Gegenstandswerts

Problematisch kann hier die **Ermittlung des Gegenstandswerts** sein, wenn nach § 23 Abs. 1 S. 3 RVG auf den Wert eines entsprechenden gerichtlichen Verfahrens abzustellen ist, aber verschiedene gerichtliche Verfahren möglich sind, also wenn der Gegenstand der außergerichtlichen Tätigkeit sowohl Gegenstand eines isolierten Verfahrens als auch einer Verbundfolgesache oder sogar einer einstweiligen Anordnung sein kann. **8**

> **Beispiel 1** | **Außergerichtliche Umgangsrechtsregelung**
>
> **Die Mandantin ist dringend auf eine kurzfristige einstweilige Umgangsregelung angewiesen. Sie beauftragt den Anwalt, zunächst außergerichtlich vorzugehen.**
>
> Denkbare Hauptsache i.S.d. § 23 Abs. 1 S. 3 RVG kann zum einen ein **isoliertes Umgangsrechtsverfahren** sein. Der Gegenstandswert richtet sich dann nach § 45 Abs. 1 S. 1 Nr. 2 FamGKG (siehe Rn 102 f.). Es gilt ein Regelwert von 3.000,00 EUR.
>
> Das anzustrengende gerichtliche Umgangsrechtsverfahren kann aber auch **Teil des Verbunds als Folgesache** sein. Dann gilt nach § 44 Abs. 2 S. 1 FamGKG ein Regelwert in Höhe von 20 % des Werts der Ehesache, höchstens 3.000,00 EUR (siehe Rn 166 ff.).
>
> Da die Mandantin an einer dringlichen vorläufigen Regelung interessiert ist, kommt auch eine **einstweilige Anordnung** als gerichtliches Verfahren in Betracht. Es gilt dann nach §§ 41, 45 Abs. 1 S. 1 Nr. 2 FamGKG gegebenenfalls ein geringerer Wert (siehe Rn 249 f.).

Die Annahme des im Verbundverfahren geltenden Werts scheidet aus, weil § 44 Abs. 2 S. 1 FamGKG nur für den Verbund gilt und es außergerichtlich keinen Verbund gibt. Im Übrigen kommt es auf den Auftrag an. Soll der Anwalt eine endgültige Umgangsregelung durchsetzen, so ist vom vollen Wert des § 45 FamGKG auszugehen. Soll der Anwalt dagegen nur eine vorläufige Umgangsregelung erreichen, dann würde der Wert des Verfahrens einer einstweiligen Anordnung **9** gelten, also der gegebenenfalls ermäßigte Hauptsachewert (§ 41 FamGKG) (siehe Rn 245 ff.). In diesem Fall würde der Anwalt die Geschäftsgebühr allerdings erneut erhalten, wenn er dann auch hinsichtlich der endgültigen Regelung beauftragt wird (siehe Beispiel 2).

3. Vorläufige und endgültige Regelung

10 Zu beachten ist, dass außergerichtlich mehrere Angelegenheiten gegeben sein können, wenn der Anwalt sowohl hinsichtlich einer vorläufigen Regelung beauftragt ist als auch hinsichtlich einer endgültigen Regelung.[1]

> **Beispiel 2**   **Vorläufige und endgültige Regelung, Umgangsrecht**
>
> **Der Kindesvater beauftragt den Anwalt, eine dauerhafte und endgültige Regelung zum Umgang mit den beiden gemeinsamen Kindern herbeizuführen. Daneben soll der Anwalt bis zur endgültigen Vereinbarung eine Regelung zu vorläufigen Besuchskontakten herbeiführen, damit bis zur endgültigen Regelung eine Entfremdung der Kinder vermieden wird.**
>
> Der Anwalt erhält zwei Geschäftsgebühren nach Nr. 2300 VV.
>
> Eine Geschäftsgebühr erhält er für die Tätigkeit, gerichtet auf das endgültige Umgangsrecht (Wert: 3.000,00 EUR – § 45 Abs. 1 FamGKG) und eine weitere Geschäftsgebühr für die Tätigkeit gerichtet auf die vorläufigen Besuchskontakte (Wert: 1.500,00 EUR – §§ 45 Abs. 1, 41 FamGKG).
>
> **I. Außergerichtliche Vertretung hinsichtlich der vorläufigen Regelung**
> 1. 1,5-Geschäftsgebühr, Nr. 2300 VV   172,50 EUR
>   (Wert: 1.500,00 EUR)
> 2. Postentgeltpauschale, Nr. 7002 VV   20,00 EUR
>   Zwischensumme   192,50 EUR
> 3. 19 % Umsatzsteuer, Nr. 7008 VV   36,58 EUR
>   **Gesamt**   **229,08 EUR**
>
> **II. Außergerichtliche Vertretung hinsichtlich der endgültigen Regelung**
> 1. 1,5-Geschäftsgebühr, Nr. 2300 VV   301,50 EUR
>   (Wert: 3.000,00 EUR)
> 2. Postentgeltpauschale, Nr. 7002 VV   20,00 EUR
>   Zwischensumme   321,50 EUR
> 3. 19 % Umsatzsteuer, Nr. 7008 VV   61,09 EUR
>   **Gesamt**   **382,59 EUR**

> **Beispiel 3**   **Vorläufige und endgültige Regelung, Unterhalt**
>
> **Die Ehefrau beauftragt den Anwalt im Januar 2014, ihren Ehemann zur sofortigen vorläufigen Unterhaltszahlung (monatlich 400,00 EUR) zu veranlassen, da sie hierauf angewiesen ist. Gleichzeitig beauftragt sie ihn, auch den endgültigen Unterhalt zu berechnen und geltend zu machen, den der Anwalt nach Auskunftserteilung später mit monatlich 600,00 EUR beziffert.**
>
> Der Anwalt erhält zunächst eine Geschäftsgebühr (Nr. 2300 VV) für die Tätigkeit gerichtet auf die vorläufigen Unterhaltszahlungen. Der Wert bestimmt sich nach § 23 Abs. 1 S. 3, 1 RVG i.V.m.

---

[1] Siehe dazu die vergleichbare Lage bei einstweiligen Verfügungen § 19 Rn 116 ff.; BGH AGS 2009, 261 = AnwBl 2009, 462 = NJW 2009, 2068 = Rpfleger 2009, 414 = BRAK-Mitt 2009, 138 = RVGreport 2009, 261 = VersR 2010, 496.

IV. Außergerichtliche Vertretung §28

§§ 35, 51, 41 RVG und richtet sich nach dem geforderten vorläufigen Unterhalt von 400,00 EUR monatlich.

Für die weitere Tätigkeit, gerichtet auf den laufenden endgültigen Unterhalt, erhält der Anwalt eine weitere Geschäftsgebühr, da diese eine eigene Angelegenheit ist. Diese Geschäftsgebühr berechnet sich nach § 23 Abs. 1 S. 3, 1 RVG i.V.m. §§ 35, 51 RVG und richtet sich nach dem geforderten endgültigen Betrag von 600,00 EUR.

I. Außergerichtliche Vertretung hinsichtlich der vorläufigen Regelung		
1. 1,5-Geschäftsgebühr, Nr. 2300 VV (Wert: 2.400,00 EUR)		301,50 EUR
2. Postentgeltpauschale, Nr. 7002 VV		20,00 EUR
Zwischensumme	321,50 EUR	
3. 19 % Umsatzsteuer, Nr. 7008 VV		61,09 EUR
Gesamt		**382,59 EUR**
II. Außergerichtliche Vertretung hinsichtlich der endgültigen Regelung		
1. 1,5-Geschäftsgebühr, Nr. 2300 VV (Wert: 7.200,00 EUR)		684,00 EUR
2. Postentgeltpauschale, Nr. 7002 VV		20,00 EUR
Zwischensumme	704,00 EUR	
3. 19 % Umsatzsteuer, Nr. 7008 VV		133,76 EUR
Gesamt		**837,76 EUR**

Kommt es nach der außergerichtlichen Vertretung zu einem gerichtlichen Verfahren, so ist die Geschäftsgebühr der vorläufigen Regelung gem. Vorbem. 3 Abs. 4 VV auf die Verfahrensgebühr eines einstweiligen Anordnungsverfahrens hälftig anzurechnen und die Geschäftsgebühr für die endgültige Regelung hälftig auf die Verfahrensgebühr eines Hauptsacheverfahrens. 11

Beispiel 4 — **Vorläufige und endgültige Regelung, Unterhalt mit nachfolgender einstweiliger Anordnung und Hauptsacheverfahren**

Wie vorangegangenes Beispiel 3. Da der Unterhaltsschuldner trotz Fristsetzung nicht zahlt, erhebt der Anwalt noch im Januar auftragsgemäß Stufenantrag und stellt gleichzeitig den Antrag auf Erlass einer einstweiligen Anordnung, mit der 400,00 EUR verlangt werden. Der Unterhalt im Hauptsacheverfahren wird später mit 600,00 EUR beziffert. Das Gericht setzt die Verfahrenswerte wie folgt fest: Einstweilige Anordnung 2.400,00 EUR; Hauptsache 7.200,00 EUR.

Der Anwalt erhält zunächst eine Geschäftsgebühr (Nr. 2300 VV) für die Tätigkeit, gerichtet auf die vorläufigen Unterhaltszahlungen, also aus 2.400,00 EUR.

Für die weitere Tätigkeit, gerichtet auf den laufenden endgültigen Unterhalt, erhält der Anwalt eine weitere Geschäftsgebühr, da diese eine eigene Angelegenheit ist. Diese Geschäftsgebühr berechnet sich aus 7.200,00 EUR.

Angerechnet wird die Geschäftsgebühr für die vorläufige Unterhaltszahlung auf die Verfahrensgebühr des einstweiligen Anordnungsverfahrens und die Geschäftsgebühr für die endgültige Unterhaltszahlung auf die Verfahrensgebühr des Hauptsacheverfahrens.

§ 28 Familiensachen

I. Außergerichtliche Vertretung hinsichtlich der vorläufigen Regelung
1. 1,5-Geschäftsgebühr, Nr. 2300 VV   301,50 EUR
   (Wert: 2.400,00 EUR)
2. Postentgeltpauschale, Nr. 7002 VV   20,00 EUR
   Zwischensumme   321,50 EUR
3. 19 % Umsatzsteuer, Nr. 7008 VV   61,09 EUR

Gesamt   382,59 EUR

II. Einstweilige Anordnung
1. 1,3-Verfahrensgebühr, Nr. 3100 VV   261,30 EUR
   (Wert: 2.400,00 EUR)
2. gem. Vorbem. 3 Abs. 4 VV anzurechnen, 0,75 aus   – 150,75 EUR
   2.400,00 EUR
3. Postentgeltpauschale, Nr. 7002 VV   20,00 EUR
   Zwischensumme   130,55 EUR
4. 19 % Umsatzsteuer, Nr. 7008 VV   24,81 EUR

Gesamt   155,36 EUR

III. Außergerichtliche Vertretung hinsichtlich der endgültigen Regelung
1. 1,5-Geschäftsgebühr, Nr. 2300 VV   684,00 EUR
   (Wert: 7.200,00 EUR)
2. Postentgeltpauschale, Nr. 7002 VV   20,00 EUR
   Zwischensumme   704,00 EUR
3. 19 % Umsatzsteuer, Nr. 7008 VV   133,76 EUR

Gesamt   837,76 EUR

IV. Hauptsacheverfahren
1. 1,3-Verfahrensgebühr, Nr. 3100 VV   592,80 EUR
   (Wert: 7.200,00 EUR)
2. gem. Vorbem. 3 Abs. 4 VV anzurechnen, 0,75 aus   – 342,00 EUR
   7.200,00 EUR
3. 1,2-Terminsgebühr, Nr. 3104 VV   547,20 EUR
   (Wert: 7.200,00 EUR)
4. Postentgeltpauschale, Nr. 7002 VV   20,00 EUR
   Zwischensumme   818,00 EUR
5. 19 % Umsatzsteuer, Nr. 7008 VV   155,42 EUR

Gesamt   973,42 EUR

4. Gegenstandswert bei außergerichtlicher Vertretung in Unterhaltssachen

12 Bei der außergerichtlichen Vertretung in Unterhaltssachen ist zu beachten, dass nach § 23 Abs. 1 S. 3 RVG i.V.m. § 51 Abs. 1 FamGKG nicht nur die Unterhaltsbeträge der nächsten folgenden zwölf Monate zu berücksichtigen sind, sondern nach § 51 Abs. 2 FamGKG auch alle fälligen Beträge.[2]

| Beispiel 5 | Außergerichtlicher Unterhaltsvergleich |

Der Anwalt wird im Januar beauftragt, vom Antragsgegner Auskunft über dessen Einkommen zu verlangen. Nach Auskunftserteilung im Mai wird im Juni der Unterhalt beziffert. Der Anwalt verlangt für seine Mandantin 500,00 EUR monatlich, rückwirkend ab Januar. Im Oktober wird schließlich eine Einigung getroffen, dass der Unterhaltsschuldner rückwirkend ab Januar monatlich 400,00 EUR zahle.

---

2 OLG Nürnberg AGS 2002, 232; *N. Schneider*, Gebührenberechnung bei außergerichtlichem Vergleich über Unterhaltszahlungen, AGS 2004, 58; a.A. *Kindermann*, Die Abrechnung in Ehe- und Familiensachen, Rn 126: nur bei Auftragserteilung fällige Beträge.

Der Anwalt erhält für seine außergerichtliche Vertretung eine Geschäftsgebühr nach Nr. 2300 VV sowie eine 1,5-Einigungsgebühr nach Nr. 1000 VV. Problematisch ist die Berechnung des Gegenstandswerts. Dabei ist zu berücksichtigen, dass es außergerichtlich keine Antragseinreichung gibt und somit sämtliche fälligen Beträge beim Gegenstandswert zu berücksichtigen sind, zuzüglich des Gegenstandswerts für die laufenden Zahlungen, also der nächsten zwölf Monate. Man braucht sich nur gem. § 23 Abs. 1 S. 3 RVG zu fragen, wie der Wert eines gerichtlichen Verfahrens zu bemessen gewesen wäre, wenn am Tage der Beendigung der außergerichtlichen Vertretung der Zahlungsantrag eingereicht worden wäre. Wäre hier im Oktober der Antrag eingereicht worden, so wären zehn Unterhaltsbeträge zu 500,00 EUR fällig und für den laufenden Unterhalt die Beträge ab November bis Oktober nächsten Jahres (12 x 500,00 EUR = 6.000,00 EUR) zu berücksichtigen gewesen. Auszugehen ist von einem Monatsbetrag in Höhe von 500,00 EUR, da dieser Betrag gefordert war. Auf den Betrag, auf den man sich geeinigt hat, kommt es nicht an.

Der **Gegenstandswert** berechnet sich also wie folgt:

laufender Bezug, §§, 35, 51 Abs. 1 FamGKG (12 x 500,00 EUR)		6.000,00 EUR
fällige Beträge, §§ 35, 51 Abs. 2 FamGKG (10 x 500,00 EUR)		5.000,00 EUR
Gesamt		**11.000,00 EUR**

Ausgehend hiervon ergibt sich folgende Vergütung:

1. 1,5-Geschäftsgebühr, Nr. 2300 VV (Wert: 11.000,00 EUR)		906,00 EUR
2. 1,5-Einigungsgebühr, Nr. 1000 VV (Wert: 11.000,00 EUR)		906,00 EUR
3. Postentgeltpauschale, Nr. 7002 VV		20,00 EUR
Zwischensumme	1.832,00 EUR	
4. 19 % Umsatzsteuer, Nr. 7008 VV		348,08 EUR
Gesamt		**2.180,08 EUR**

5. Außergerichtliche Aussöhnung

Wirkt der Anwalt außergerichtlich an einer Aussöhnung der Eheleute mit, erhält er nach Nr. 1001 VV eine Aussöhnungsgebühr. Eine Einigungsgebühr (Nr. 1000 VV) kann nach Anm. Abs. 5 S. 1 zu Nr. 1000 VV insoweit nicht entstehen. Die Höhe der Aussöhnungsgebühr beläuft sich auf 1,5, wenn die Ehesache noch nicht anhängig und auch noch kein entsprechender Verfahrenskostenhilfeantrag gestellt worden ist. Ob andere Familiensachen anhängig sind, ist unerheblich.

13

> **Beispiel 6** Außergerichtliche Vertretung mit Aussöhnung der Eheleute
>
> **Der Anwalt beantragt für die Ehefrau Zahlung von Trennungsunterhalt. Er ist zudem auch beauftragt, außergerichtlich mit dem Ehemann wegen der Scheidung (Wert: 6.000,00 EUR) zu verhandeln. Hierbei erreicht der Anwalt eine Aussöhnung der Eheleute.**

In der Ehesache war der Anwalt außergerichtlich tätig und erhält hierfür eine Geschäftsgebühr nach Nr. 2300 VV. Hinzu kommt eine 1,5-Aussöhnungsgebühr nach Nr. 1001 VV. Eine Reduzierung nach Nr. 1003 VV tritt nicht ein, da die Ehesache selbst nicht anhängig war. Die Anhängigkeit anderer Gegenstände ist insoweit unerheblich, selbst dann, wenn es sich um Gegenstände handelt, die im Falle des Scheidungsantrags als Verbundsache zu führen gewesen wären.[3]

1. 1,5-Geschäftsgebühr, Nr. 2300 VV 531,00 EUR
   (Wert: 6.000,00 EUR)
2. 1,5-Aussöhnungsgebühr, Nr. 1001 VV 531,00 EUR
   (Wert: 6.000,00 EUR)
3. Postentgeltpauschale, Nr. 7002 VV 20,00 EUR
   Zwischensumme 1.082,00 EUR
4. 19 % Umsatzsteuer, Nr. 7008 VV 205,58 EUR
   Gesamt **1.287,58 EUR**

6. Mehrere Auftraggeber

14 Vertritt der Anwalt mehrere Auftraggeber, so wird eine Erhöhung nach Nr. 1008 VV in aller Regel nicht in Betracht kommen, da nach Wertgebühren abzurechnen ist und es in Familiensachen an der erforderlichen gemeinschaftlichen Beteiligung fehlt, die für eine Erhöhung nach Nr. 1008 VV erforderlich ist (zur Gebührenerhöhung bei den Festgebühren der Beratungshilfe siehe Rn 18 ff.). Insbesondere dann, wenn der Anwalt Frau und Kinder in einer Unterhaltssache vertritt, fehlt es am gemeinschaftlichen Gegenstand. Das gilt auch bei scheinbar gleich lautenden Auskunftsansprüchen.

Beispiel 7 Vertretung von Ehefrau und Kindern, nachehelicher Unterhalt

Die rechtskräftig geschiedene Ehefrau beauftragt den Anwalt, wegen eigener nachehelicher Unterhaltsansprüche sowie wegen Kindesunterhalts für ihre beiden Kinder außergerichtlich Auskunft vom geschiedenen Ehemann zu verlangen. Der Wert des Auskunftsanspruchs beträgt 1.000,00 EUR.

Es liegen unterschiedliche Gegenstände vor, da jeder Unterhaltsanspruch einen eigenen Gegenstand darstellt und folglich auch der dazugehörige Auskunftsanspruch.[4] Eine Erhöhung nach Nr. 1008 VV tritt daher nicht ein. Allerdings sind die Werte der drei Auskunftsansprüche nach § 23 Abs. 1 S. 3 RVG i.V.m. § 33 Abs. 1 FamGKG zu addieren, so dass nach einem Gegenstandswert von 3.000,00 EUR abzurechnen ist.[5] Ausgehend von der Mittelgebühr ist wie folgt abzurechnen:

1. 1,5-Geschäftsgebühr, Nr. 2300 VV 301,50 EUR
   (Wert: 3.000,00 EUR)
2. Postentgeltpauschale, Nr. 7002 VV 20,00 EUR
   Zwischensumme 321,50 EUR
3. 19 % Umsatzsteuer, Nr. 7008 VV 61,09 EUR
   Gesamt **382,59 EUR**

15 Ausnahmsweise kommt eine Erhöhung in Betracht, wenn der Anwalt beide Elternteile hinsichtlich des Sorgerechts vertritt.[6]

---

[3] AnwK-RVG/*N. Schneider/Thiel*, Nr. 1001 VV Rn 11, 12.
[4] OLG Frankfurt MDR 2002, 236 = JurBüro 2002, 139; AnwK-RVG/*Volpert*, Nr. 1008 VV Rn 23 ff.; *Hansens/Braun/Schneider*, Vergütungsrecht, Teil 10 Rn 22.
[5] *Hansens/Braun/Schneider*, Vergütungsrecht, Teil 10 Rn 22.
[6] *N. Schneider*, Gebühren in Familiensachen, Rn 758.

| Beispiel 8 | Vertretung beide Elternteile, Sorgerecht |

Das Jugendamt beantragt, den Eltern die gemeinsame elterliche Sorge zu entziehen. Beide Eltern lassen sich durch einen gemeinsamen Anwalt vertreten.

Jetzt liegt derselbe Gegenstand zugrunde.[7] Ausgehend von dem Regelwert des § 45 Abs. 1 FamGKG (§ 23 Abs. 1 S. 3, 1 RVG) und des Ansatzes der Mittelgebühr ist wie folgt abzurechnen:

1. 1,8-Geschäftsgebühr, Nrn. 2300, 1008 VV 361,80 EUR
   (Wert: 3.000,00 EUR)
2. Postentgeltpauschale, Nr. 7002 VV 20,00 EUR
   Zwischensumme 381,80 EUR
3. 19 % Umsatzsteuer, Nr. 7008 VV 72,54 EUR
   Gesamt **454,34 EUR**

V. Beratungshilfe

1. Umfang der Angelegenheit

In der Beratungshilfe (Nrn. 2500 ff. VV) ergeben sich in Familiensachen ebenfalls keine Besonderheiten. Problematisch ist insbesondere hier sehr häufig, ob eine Angelegenheit gegeben ist oder ob mehrere Angelegenheiten vorliegen. Die Rechtsprechung ist früher überwiegend – jedoch unzutreffenderweise – davon ausgegangen, dass die Beratung und Vertretung hinsichtlich der verschiedenen Gegenstände in Familiensachen (Unterhalt, Haushalt, Zugewinn o.Ä.) als eine Angelegenheit i.S.d. § 15 Abs. 1 RVG anzusehen ist und die Beratungshilfegebühren daher insgesamt nur einmal ausgelöst werden.[8] Zahlreiche neuere Entscheidungen lehnen jedoch einen sog. „Beratungshilfeverbund" ab und gehen zu Recht hinsichtlich verschiedener Familiensachen im Rahmen der Beratungshilfe auch von verschiedenen Angelegenheiten aus.

Übersicht über die Rechtsprechung der Oberlandesgerichte seit Inkrafttreten des FGG-ReformG

KG[9]	Bei der Tätigkeit in den Bereichen „Ehescheidung", „Hausrat/Wohnungszuweisung" und „Umgangsrecht/Sorgerecht" handelt es sich jeweils um eigene gebührenrechtliche Angelegenheiten, da zwischen diesen Angelegenheiten kein innerer Zusammenhang besteht.
OLG Brandenburg[10]	Die Regelung von Trennungsunterhaltsansprüchen und vermögensrechtlichen Angelegenheiten während des Getrenntlebens bei noch bestehender Ehe sind als jeweils verschiedene Angelegenheiten anzusehen.

---

7 OLG Karlsruhe AGS 2007, 522 = OLGR 2008, 44.
8 Siehe hierzu ausführlich AnwK-RVG/Fölsch, Vor 2.5 VV Rn 160 ff.; Hansens/Braun/Schneider, Vergütungsrecht, Teil 10 Rn 205 ff.
9 AGS 2010, 612 = RVGreport 2010, 141.
10 FamRZ 2010, 833.

OLG Brandenburg[11]	Der gebührenrechtliche Begriff der „Angelegenheit" ist auch für die Bestimmung des Begriffs der „Angelegenheit" im Sinne des Beratungshilfegesetzes maßgebend. Die Scheidung und die dazugehörigen Folgesachen Versorgungsausgleich, Zugewinnausgleich und nachehelicher Unterhalt sind dieselbe Angelegenheit. Der Ehegattentrennungsunterhalt ist eine davon verschiedene Angelegenheit.
OLG Celle[12]	Wenn Beratungshilfe für die Angelegenheiten „Unterhalt, Scheidung oder Personensorge" gewährt wird, ist für die Frage, ob „dieselbe Angelegenheit" vorliegt, zwischen der Scheidung und den zugehörigen Folgesachen sowie den Angelegenheiten im Zusammenhang mit der Trennung zu differenzieren und insgesamt vier Komplexe, nämlich 1. Scheidung als solche, 2. Angelegenheiten im Zusammenhang mit dem persönlichen Verhältnis zu den Kindern (Personensorge, Umgangsrecht), 3. Angelegenheiten im Zusammenhang mit der Ehewohnung und dem Hausrat und 4. Finanzielle Auswirkung von Trennung und Scheidung (Unterhaltsansprüche, Güterrecht und Vermögensauseinandersetzung) zu bilden.
OLG Dresden[13]	§ 16 Nr. 4 RVG ist auf das Beratungshilfeverfahren nicht analog anwendbar. Gewährt ein Rechtsanwalt daher pflichtgemäß Beratungshilfe in mehreren unterschiedlichen Familiensachen, deren Gemeinsamkeit lediglich darin liegt, dass sie Folge desselben Trennungskonflikts sind, so kann er grundsätzlich auch dann, wenn nur ein Berechtigungsschein erteilt ist, seine anwaltliche Tätigkeit in mehreren Angelegenheiten, entsprechend der Anzahl der betroffenen Lebenssachverhalte, gegenüber der Staatskasse abrechnen.
OLG Dresden[14]	1. Gegenständlich unterschiedliche Familiensachen, für die ein Beratungshilfeschein (Beratung wegen Ehescheidung und Folgesachen) erteilt ist, stellen in der Regel vergütungsrechtlich unterschiedliche Angelegenheiten dar. 2. Eine analoge Anwendung von § 16 Nr. 4 RVG auf das Beratungshilfeverfahren scheidet aus, da es zum einen bereits an einer erforderlichen Regelungslücke im Gesetz fehlt und § 16 RVG zum anderen auf die kostenrechtliche Abwicklung des Beratungshilfeverfahrens nicht passt, weil im gerichtlichen Verbundverfahren der anwaltlichen Vergütung die kumulierten Gegenstandswerte der verbundenen Verfahrensgegenstände zugrunde gelegt werden, während bei der Abrech-

---

11 AGS 2009, 593 = OLGR 2009, 965 = MDR 2009, 1417 = Rpfleger 2010, 221 = FamRZ 2010, 1187 = FamRB 2010, 113 = RVGreport 2010, 143.
12 AGS 2011, 504 = FamFR 2011, 372 = NJW 2011, 3109 = FamRZ 2011, 1894.
13 AGS 2011, 138 = NJW-RR 2011, 713 = FamRZ 2011, 1684 = RVGreport 2011, 219.
14 OLG Dresden, Beschl. v. 7.2.2011 – 20 WF 1311/10.

	nung der Beratungshilfetätigkeit pro Angelegenheit lediglich eine streitwertunabhängige Festgebühr in Ansatz gebracht wird.
OLG Düsseldorf[15]	Im Rahmen der Beratungshilfe für die Trennung und deren Folgen ist gebührenrechtlich von verschiedenen Angelegenheiten auszugehen.
OLG Düsseldorf[16]	1. Scheidungssachen und Scheidungsfolgesachen sind für die Festsetzung der Beratungsgebühr selbstständige Angelegenheiten. 2. Die Regelung des § 16 Nr. 4 RVG betrifft lediglich das gerichtliche Verbundverfahren und erfasst nicht die vorgelagerte außergerichtliche Beratungshilfe in Scheidungs- und Folgesachen. Eine analoge Anwendung des § 16 Nr. 4 RVG kommt nicht in Betracht. 3. Bei einer Beratungshilfetätigkeit für die Scheidung und deren Folgen ist gebührenrechtlich von verschiedenen Angelegenheiten auch dann auszugehen, wenn diese später im gerichtlichen Verbundverfahren geltend zu machen wären.
OLG Düsseldorf[17]	Ein Berechtigungsschein betreffend anwaltliche Beratungshilfe für „Trennung und alle daraus resultierenden Angelegenheiten" beschränkt den Vergütungsanspruch des Rechtsanwalts gegen die Staatskasse nicht auf **eine** Angelegenheit, sondern kann Gebührenansprüche für verschiedene Angelegenheiten (hier: Beratungshilfe für Trennungsunterhalt, Kindesunterhalt, Versorgungsausgleich, Vermögensauseinandersetzung, Scheidung, Besuchsrecht bei den Kindern, elterliche Sorge und Hausrat) begründen.
OLG Frankfurt[18]	Die verschiedenen Trennungsfolgen (hier: Ehegattenunterhalt, Kindesunterhalt, Hausratsteilung, Auflösung der Ehewohnung) stellen im Bereich der Beratungshilfe verschiedene Angelegenheiten dar.
OLG Frankfurt[19]	Eine unbewusste Regelungslücke im Beratungshilferecht als Voraussetzung für eine entsprechende Anwendung des § 16 Nr. 4 RVG bei den Trennungsfolgen liegt nicht vor.
OLG Hamm[20]	Im Rahmen der Beratungshilfe ist für die Folgen der Trennung von verschiedenen Angelegenheiten auszugehen. Es erscheint angemessen, wenn die ohnehin schon geringe Vergütung nicht durch eine vom Gesetzgeber nicht ausdrücklich vorgesehene Ausweitung des gebührenrechtlichen Begriffs der "Angelegenheit" noch weiter reduziert wird.

---

15 AGS 2008, 556 = AnwBl 2009, 69 = OLGR 2009, 188 = Rpfleger 2009, 241 = FamRZ 2009, 713 = ASR 2009, 186 = JurBüro 2009, 40.
16 AGS 2009, 79 = JurBüro 2009, 39 = OLGR 2009, 154 = NJW-RR 2009, 430 = FamRZ 2009, 1244 = Rpfleger 2009, 90.
17 AGS 2012, 591 = MDR 2012, 1499 = Rpfleger 2013, 212 = FamRZ 2013, 725 = AnwBl 2013, 236.
18 AGS 2009, 593 = FamRZ 2010, 230 = RVG prof. 2010, 54 = RVGreport 2010, 143 = FamFR 2010, 65.
19 AGS 2010, 192.
20 FamFR 2011, 377 = FamRZ 2011, 1685–1686.

OLG Koblenz[21]	1. Für das Vorliegen einer Angelegenheit im gebührenrechtlichen Sinn ist entscheidend, ob ein gleichzeitiger Auftrag, ein gleicher Rahmen und ein innerer Zusammenhang zwischen den verschiedenen Gegenständen der anwaltlichen Tätigkeit gegeben sind. 2. Bei der Geltendmachung des Ehegattenunterhalts und des Kindesunterhalts handelt es sich nur um eine gebührenrechtliche Angelegenheit.
OLG Köln[22]	Auch wenn nur ein Beratungshilfeschein erteilt worden ist, sind die Beratung/Vertretung in Fragen – des Ehegattenunterhalts, – des Kindesunterhalts, – des Umgangsrechts und – des ehelichen Güterrechts einschließlich Haushalt und Vermögensauseinandersetzung vier verschiedene Angelegenheiten.
OLG München[23]	Wird in einer familienrechtlichen Angelegenheit Beratungshilfe zur Regelung von mehreren Trennungsfolgen und gleichzeitig für den Fall der Scheidung nebst Folgesachen bewilligt, so liegen für den die Beratungshilfe leistenden Rechtsanwalt mindestens zwei Angelegenheiten im Sinne des Beratungshilfegesetzes vor.
OLG Naumburg[24]	1. Im Verfahren auf Festsetzung der Vergütung eines Beratungshilfe gewährenden Rechtsanwalts kommt es für die Entscheidung, ob mehrere Tätigkeiten als eine Angelegenheit anzusehen sind, nicht darauf an, ob ein oder mehrere Berechtigungsscheine erteilt worden sind. 2. Für die Abgrenzung der erforderlichen anwaltlichen Tätigkeiten in einer familienrechtlichen Auseinandersetzung ist zu unterscheiden zwischen Streitgegenständen einer (u.U. vorübergehenden) Trennung und einer (endgültigen) Beendigung der Ehe bzw. Lebenspartnerschaft. 3. Ausgehend von den im Rahmen der Gewährung von Beratungshilfe zu berücksichtigenden Lebenssachverhalten, deren Abgrenzbarkeit untereinander und den jeweils angesprochenen Tätigkeitsfeldern des Anwalts wird es im Regelfall angemessen sein, zwischen folgenden, bis zu sechs verschiedenen beratungshilferechtlichen Angelegenheiten im Zusammenhang mit der Beendigung der Ehe zu unterscheiden:

---

21 JurBüro 2012, 419 = FamFR 2012, 67.
22 AGS 2009, 422 = FamRZ 2009, 1345 = Rpfleger 2009, 516 = OLGR 2009, 818 = RVGreport 2010, 142.
23 AGS 2012, 25 = MDR 2011, 1386 = Rpfleger 2012, 88 = FamRZ 2012, 326.
24 AGS 2013, 353 = FamFR 2013, 356 = Rpfleger 2013, 625 = FamRZ 2014, 238.

	– Ehesachen i.S.v. §§ 111 Nr. 1, 121 FamFG, – Kindschaftssachen i.S.v. §§ 111 Nr. 2, 151 FamFG (gegebenenfalls auch §§ 111 Nr. 10 i.V.m. 266 Abs. 1 Nr. 4 und Nr. 5 FamFG), – Ehewohnungs- und Haushaltssachen i.S.v. §§ 111 Nr. 5, 200 FamFG, – Versorgungsausgleichssachen i.S.v. §§ 111 Nr. 7, 217 FamFG, – Unterhaltssachen i.S.v. §§ 111 Nr. 8, 231 FamFG (d.h. sowohl Kindes- als auch Ehegattenunterhalt) sowie – Güterrecht i.S.v. §§ 111 Nr. 9, 261 FamFG und sonstige Vermögensauseinandersetzungen (gegebenenfalls auch §§ 111 Nr. 10 i.V.m. 266 Abs. 1 Nr. 2 und Nr. 3 FamFG).
OLG Nürnberg[25]	Wird von dem Amtsgericht ein Beratungshilfeschein für die Angelegenheiten „Getrenntleben, Scheidung mit Folgesachen" erteilt, sind bei einer anschließenden umfassenden Beratung durch einen Rechtsanwalt die vier Komplexe Scheidung, Angelegenheiten im Zusammenhang mit dem persönlichen Verhältnis zu Kindern, Angelegenheiten im Zusammenhang mit der Ehewohnung und dem Hausrat sowie sonstige finanzielle Auswirkungen von Trennung und Scheidung (Unterhaltsansprüche, Güterrecht und Vermögensauseinandersetzung) jeweils als gesonderte gebührenrechtliche Angelegenheiten zu behandeln, so dass die Beratungsgebühr für insgesamt bis zu vier Angelegenheiten geltend gemacht werden kann.
OLG Rostock[26]	§ 16 Nr. 4 RVG findet für die außergerichtliche Beratungshilfe keine Anwendung. Die Vorschrift betrifft lediglich das gerichtliche Verbundverfahren. Für die Frage, ob dieselbe Angelegenheit vorliegt, kommt es darauf an, ob die Beratung in unterschiedlichen Lebensbereichen bzw. zu unterschiedlichen Lebenssachverhalten erfolgt ist.
OLG Schleswig[27]	Im Bereich familienrechtlicher Beratungsgegenstände werden unterschiedliche juristische Auffassungen vertreten. Der Senat schließt sich der Auffassung an, dass in generalisierender Betrachtung von bis zu vier möglichen Angelegenheiten auszugehen sei, nämlich: – Scheidung als solche, – Persönliches Verhältnis zu den Kindern (Personensorge, Umgangsrecht), – Fragen im Zusammenhang mit der Ehewohnung und den Hausrat, – Finanzielle Auswirkungen von Trennung und Scheidung (Unterhalt, Güterrecht, Vermögensauseinandersetzung).

---

[25] AGS 2011, 298 = MDR 2011, 759 = Rpfleger 2011, 531 = NJW 2011, 3108 = FamRZ 2011, 1687 = FuR 2011, 588.
[26] AGS 2011, 80 = JurBüro 2011, 206 = FamRZ 2011, 834 = NJW-RR 2011, 871 = NJW-Spezial 2011, 92 = RVGreport 2011, 106.
[27] AGS 2013, 301 = Rpfleger 2013, 546 = FamFR 2013, 329 = NJW-Spezial 2013, 476 = RVGreport 2013, 314.

OLG Stuttgart[28]	Wird ein Beratungshilfeschein für die Angelegenheiten „Trennung, Scheidung und Folgesachen" erteilt, sind bei einer anschließenden umfassenden Beratung durch einen Rechtsanwalt die vier Komplexe: – Scheidung als solche, – das persönliche Verhältnis zu den Kindern (Personensorge, Umgangsrecht), – Fragen im Zusammenhang mit Ehewohnung und Hausrat, – finanzielle Auswirkungen von Trennung und Scheidung (Unterhaltsansprüche, Güterrecht, Vermögensauseinandersetzung) jeweils als gesonderte gebührenrechtliche Angelegenheiten zu behandeln, so dass die Beratungsgebühr für insgesamt bis zu vier Angelegenheiten geltend gemacht werden kann.

2. Postentgeltpauschale

17   Im Rahmen der **Beratungshilfe** war die Berechnung der Postentgeltpauschale umstritten. Nach der Neuregelung der Anm. Abs. 2 zu Nr. 7002 VV ist klargestellt, dass von den Beratungshilfegebühren auszugehen ist (ausführlich siehe § 38 Rn 39 f.).

3. Mehrere Auftraggeber

18   Zu berücksichtigen ist auch hier, dass sich die Beratungshilfegebühren nach Nr. 1008 VV bei mehreren Auftraggebern um 30 % je weiteren Auftraggeber erhöhen, unabhängig davon, ob derselbe Gegenstand zugrunde liegt oder nicht. Bei Festgebühren kommt es im Gegensatz zu den Wertgebühren auf eine gemeinschaftliche Beteiligung nicht an.[29]

Beispiel 9	Vertretung von Ehefrau und Kindern, nachehelicher Unterhalt

Im Rahmen der Beratungshilfe lässt sich die rechtskräftig geschiedene Ehefrau von dem Anwalt wegen eigener nachehelicher Unterhaltsansprüche sowie wegen Kindesunterhalts für ihre beiden Kinder vertreten.

Obwohl unterschiedliche Gegenstände vorliegen, ist die Geschäftsgebühr der Beratungshilfe (Nr. 2503 VV) nach Nr. 1008 VV um 60 % zu erhöhen, da insgesamt drei Auftraggeber vorliegen.

  1. Geschäftsgebühr, Nrn. 2503, 1008 VV   136,00 EUR
  2. Postentgeltpauschale, Nr. 7002 VV   20,00 EUR
     Zwischensumme   156,00 EUR
  3. 19 % Umsatzsteuer, Nr. 7008 VV   29,64 EUR
  Gesamt   **185,64 EUR**

19   Auch dann liegen mehrere Auftraggeber vor, wenn die Ehe noch nicht rechtskräftig geschieden ist.

---

28   AGS 2012, 589 = Rpfleger 2013, 101 = Justiz 2013, 114 = JurBüro 2013, 95 = FamRZ 2013, 726 = FamFR 2012, 569 = AnwBl 2013, 236.
29   OLG Düsseldorf AGS 2006, 244 = RVGreport 2006, 225; LG Kleve AGS 2006, 244; OLG Oldenburg AGS 2007, 45 = OLGR 2007, 164 = JurBüro 2007, 140 = NJW-RR 2007, 431; RVGreport 2006, 465; OLG Koblenz JurBüro 2012, 419 = FamFR 2012, 67; AG Traunstein FamRZ 2009, 717.

VII. Vereinfachtes Verfahren auf Festsetzung des Unterhalts Minderjähriger § 28

Beispiel 10 | **Vertretung der Ehefrau, Trennungsunterhalt und Kindesunterhalt**

Die Ehefrau lässt sich von dem Anwalt im Rahmen der Beratungshilfe wegen Trennungsunterhalts sowie wegen Kindesunterhalts beraten. Die Ehe ist noch nicht rechtskräftig geschieden.

Bis zur Rechtskraft der Scheidung macht die Ehefrau Kindesunterhaltsansprüche für die bei ihr lebenden Kinder im gerichtlichen Verfahren im eigenen Namen geltend (§ 1629 Abs. 3 S. 1 BGB). Die Ansprüche vereinigen sich daher in einer Person, so dass nur ein Auftraggeber vorliegt. Das darf aber nicht dazu verleiten, auch außergerichtlich nur von einem Auftraggeber auszugehen. Die Prozess- (Verfahrens-)standschaft gilt, wie der Begriff bereits zum Ausdruck bringt, nur im gerichtlichen Verfahren, nicht auch außergerichtlich. Hier bleibt es bei mehreren Auftraggebern und damit einer Gebührenerhöhung nach Nr. 1008 VV.[30]

Abzurechnen ist daher wie im vorangegangenen Beispiel 9.

VI. Mahnverfahren

Soweit ausnahmsweise das Mahnverfahren in Familiensachen in Betracht kommt (Unterhalt, Zugewinn oder sonstige auf Geld gerichtete Familienstreitsachen – § 113 Abs. 2 FamFG), gelten wiederum keine Besonderheiten. Insoweit kann daher auf die Ausführungen zu § 15 verwiesen werden. **20**

VII. Vereinfachtes Verfahren auf Festsetzung des Unterhalts Minderjähriger

1. Verfahren nach §§ 249 ff. FamFG

Unter den Voraussetzungen der §§ 249 ff. FamFG[31] kann das minderjährige Kind, das mit dem in Anspruch genommenen Elternteil nicht in einem Haushalt lebt, im vereinfachten Verfahren seinen Unterhalt festsetzen lassen. Die Gebühren richten sich nach den Nrn. 3100 ff. VV. Hinzukommen kann eine Einigungsgebühr (Nr. 1000 VV). **21**

Der **Gegenstandswert** bestimmt sich nach §§ 42, 51 FamGKG. **22**

Beispiel 11 | **Vereinfachtes Verfahren auf Unterhaltsfestsetzung**

Im Januar wird zunächst ein vereinfachtes Verfahren nach §§ 249 ff. FamFG auf Festsetzung eines monatlichen Unterhalts i.H.v. 300,00 EUR ab Februar eingeleitet.

Für das vereinfachte Unterhaltsfestsetzungsverfahren entsteht die 1,3-Verfahrensgebühr nach Nr. 3100 VV zuzüglich Auslagen und Umsatzsteuer. Der Verfahrenswert beläuft sich auf 12 x 300,00 EUR = 3.600,00 EUR).

    I. Vereinfachtes Verfahren
    1. 1,3-Verfahrensgebühr, Nr. 3100 VV   327,60 EUR
       (Wert: 3.600,00 EUR)

---

[30] AG Heidenheim AGS 2009, 338.
[31] Früher §§ 645 ff. ZPO.

2. Postentgeltpauschale, Nr. 7002 VV		20,00 EUR
Zwischensumme	347,60 EUR	
3. 19 % Umsatzsteuer, Nr. 7008 VV		66,04 EUR
Gesamt		**413,64 EUR**

23 Auch hier sind die bei Einreichung fälligen Beträge hinzuzurechnen (§ 51 Abs. 2 FamGKG).[32]

> **Beispiel 12** — Vereinfachtes Verfahren auf Unterhaltsfestsetzung mit fälligen Beträgen

Im Januar wird zunächst ein vereinfachtes Verfahren nach §§ 249 ff. FamFG auf Festsetzung eines monatlichen Unterhalts i.H.v. 300,00 EUR ab Januar eingeleitet.

Jetzt beläuft sich der Verfahrenswert auf 3.900,00 EUR.

24 Neben der Verfahrensgebühr kann eine Terminsgebühr entstehen, wenn eine Besprechung zur Vermeidung oder Erledigung des Verfahrens geführt wird (Vorbem. 3 Abs. 3 S. 3 Nr. 2 VV).

> **Beispiel 13** — Vereinfachtes Verfahren auf Unterhaltsfestsetzung mit Besprechung

Im Januar wird vom Jugendamt zunächst ein vereinfachtes Verfahren nach §§ 249 ff. FamFG auf Festsetzung eines monatlichen Unterhalts i.H.v. 300,00 EUR ab Februar eingeleitet. Der Anwalt führt eine Besprechung mit der Behörde, worauf diese den Antrag zurücknimmt.

Zur Verfahrensgebühr kommt jetzt noch eine Terminsgebühr nach Vorbem. 3 Abs. 3 S. 3 Nr. 2 i.V.m. Nr. 3104 VV hinzu.

I. Vereinfachtes Verfahren

1. 1,3-Verfahrensgebühr, Nr. 3100 VV (Wert: 3.600,00 EUR)		327,60 EUR
2. 1,2-Terminsgebühr, Nr. 3104 VV (Wert: 3.600,00 EUR)		302,40 EUR
3. Postentgeltpauschale, Nr. 7002 VV		20,00 EUR
Zwischensumme	650,00 EUR	
4. 19 % Umsatzsteuer, Nr. 7008 VV		123,50 EUR
Gesamt		**773,50 EUR**

Kommt es zu einer Einigung, erhält der Anwalt zusätzlich eine **1,0-Einigungsgebühr** nach Nrn. 1000, 1003 VV, da der Gegenstand mit Stellung des Festsetzungsantrags anhängig i.S.d. Nr. 1003 VV wird.

> **Beispiel 14** — Vereinfachtes Verfahren auf Unterhaltsfestsetzung mit Besprechung

Im Januar wird vom Jugendamt zunächst ein vereinfachtes Verfahren nach §§ 249 ff. FamFG auf Festsetzung eines monatlichen Unterhalts i.H.v. 300,00 EUR ab Februar eingeleitet. Der Anwalt führt eine Besprechung mit der Behörde, worauf man sich auf einen monatlichen Unterhalt i.H.v. 200,00 EUR einigt.

Jetzt kommt noch eine 1,0-Einigungsgebühr nach Nr. 1000, 1003 VV hinzu.

---

[32] KG JAmt 2014, 230 = FF 2014, 257 = NZFam 2014, 143 = FamRB 2014, 219.

VII. Vereinfachtes Verfahren auf Festsetzung des Unterhalts Minderjähriger § 28

I. **Vereinfachtes Verfahren**
1. 1,3-Verfahrensgebühr, Nr. 3100 VV   327,60 EUR
   (Wert: 3.600,00 EUR)
2. 1,2-Terminsgebühr, Nr. 3104 VV   302,40 EUR
   (Wert: 3.600,00 EUR)
3. 1,0-Einigungsgebühr, Nr. 1000, 1003 VV 252,00 EUR
   (Wert: 3.600,00 EUR)
4. Postentgeltpauschale, Nr. 7002 VV   20,00 EUR
   Zwischensumme   902,00 EUR
5. 19 % Umsatzsteuer, Nr. 7008 VV   171,38 EUR
   Gesamt   **1.073,38 EUR**

Wird anschließend nach § 255 FamFG die Durchführung des **streitigen Verfahrens** beantragt, stellt dieses Verfahren nach § 17 Nr. 3 RVG eine **neue Angelegenheit** dar. Lediglich die Verfahrensgebühr des vereinfachten Verfahrens wird nach Anm. Abs. 1 zu Nr. 3100 VV auf die Verfahrensgebühr des nachfolgenden streitigen Verfahrens **angerechnet**. Alle übrigen Gebühren können gesondert entstehen. Insbesondere entsteht auch eine gesonderte Postentgeltpauschale nach Nr. 7002 VV. 25

Zu beachten ist, dass es für die Berechnung der bei Einreichung fälligen Beträge im Falle der Abgabe an das streitige Verfahren nicht auf den Zeitpunkt der Einreichung des streitigen Verfahrens ankommt, sondern auf den Zeitpunkt der Einreichung des Festsetzungsantrags.[33] 26

Beispiel 15 Vereinfachtes Verfahren auf Unterhaltsfestsetzung und nachfolgendes streitiges Verfahren

Im Januar wird zunächst ein vereinfachtes Verfahren nach §§ 249 ff. FamFG auf Festsetzung eines monatlichen Unterhalts i.H.v. 300,00 EUR ab Februar eingeleitet. Der Unterhaltsschuldner erhebt Einwendungen, so dass nach § 255 FamFG das streitige Verfahren durchgeführt wird.

Für das vereinfachte Unterhaltsfestsetzungsverfahren entsteht die 1,3-Verfahrensgebühr nach Nr. 3100 VV zuzüglich Auslagen und Umsatzsteuer. Die Tätigkeit im nachfolgenden streitigen Verfahren ist nach § 17 Nr. 3 RVG eine neue Angelegenheit, so dass der Anwalt dort die Gebühren nach Nrn. 3100 ff. VV erneut erhält. Zu beachten ist die Anrechnungsbestimmung aus Anm. Abs. 1 zu Nr. 3100 VV.

I. **Vereinfachtes Verfahren**
1. 1,3-Verfahrensgebühr, Nr. 3100 VV   327,60 EUR
   (Wert: 3.600,00 EUR)
2. Postentgeltpauschale, Nr. 7002 VV   20,00 EUR
   Zwischensumme   347,60 EUR
3. 19 % Umsatzsteuer, Nr. 7008 VV   66,04 EUR
   Gesamt   **413,64 EUR**

II. **Streitiges Verfahren**
1. 1,3-Verfahrensgebühr, Nr. 3100 VV   327,60 EUR
   (Wert: 3.600,00 EUR)
2. gem. Anm. Abs. 1 zu Nr. 3100 VV   – 327,60 EUR
   anzurechnen, 1,3 aus 3.600,00 EUR
3. 1,2-Terminsgebühr, Nr. 3104 VV   302,40 EUR
   (Wert: 3.600,00 EUR)
4. Postentgeltpauschale, Nr. 7002 VV   20,00 EUR
   Zwischensumme   322,40 EUR

[33] OLG Celle AGS 2014, 129 = NJW-Spezial 2014, 93 = NZFam 2014, 180 = FamRB 2014, 178.

5. 19 % Umsatzsteuer, Nr. 7008 VV		61,26 EUR
Gesamt		**383,66 EUR**

27 Auch eine im vereinfachten Verfahren angefallene Terminsgebühr ist anzurechnen (Anm. Abs. 4 zu Nr. 3104 VV).

> **Beispiel 16** **Vereinfachtes Abänderungsverfahren mit Termin und nachfolgendes streitiges Verfahren**

Wie vorangegangenes Beispiel 15; jedoch hatten die Beteiligten im vereinfachten Verfahren außergerichtlich eine Besprechung geführt.

Im vereinfachten Festsetzungsverfahren ist jetzt auch eine Terminsgebühr angefallen. Diese ist jedoch gem. Anm. Abs. 4 zu Nr. 3104 VV auf die Verfahrensgebühr des streitigen Verfahrens anzurechnen.

I. Vereinfachtes Verfahren
1. 1,3-Verfahrensgebühr, Nr. 3100 VV
   (Wert: 3.600,00 EUR) — 327,60 EUR
2. 1,2-Terminsgebühr, Nr. 3104 VV
   (Wert: 3.600,00 EUR) — 302,40 EUR
3. Postentgeltpauschale, Nr. 7002 VV — 20,00 EUR
   Zwischensumme — 650,00 EUR
4. 19 % Umsatzsteuer, Nr. 7008 VV — 123,50 EUR

Gesamt — 773,50 EUR

II. Streitiges Verfahren
1. 1,3-Verfahrensgebühr, Nr. 3100 VV
   (Wert: 3.600,00 EUR) — 327,60 EUR
2. gem. Anm. Abs. 1 zu Nr. 3100 VV
   anzurechnen, 1,3 aus 3.600,00 EUR — – 327,60 EUR
3. 1,2-Terminsgebühr, Nr. 3104 VV
   (Wert: 3.600,00 EUR) — 302,40 EUR
4. gem. Anm. Abs. 4 zu Nr. 3104 VV
   anzurechnen, 1,2 aus 3.600,00 EUR — – 302,40 EUR
5. Postentgeltpauschale, Nr. 7002 VV — 20,00 EUR
   Zwischensumme — 20,00 EUR
6. 19 % Umsatzsteuer, Nr. 7008 VV — 3,80 EUR

Gesamt — 23,80 EUR

28 Bei der Anrechnung ist zu beachten, dass das nachfolgende gerichtliche Verfahren u.U. einen geringeren Gegenstandswert haben kann, so dass auch nur teilweise angerechnet wird.

> **Beispiel 17** **Vereinfachtes Abänderungsverfahren und nachfolgendes streitiges Verfahren mit geringerem Wert**

Wie Beispiel 15; jedoch wird das streitige Verfahren nur wegen eines Differenzbetrags i.H.v. 150,00 EUR monatlich durchgeführt.

Im vereinfachten Festsetzungsverfahren ändert sich nichts. Das streitige Verfahren hat jetzt jedoch nur noch einen Verfahrenswert i.H.v. (12 x 150,00 EUR =) 1.800,00 EUR. Nur nach diesem Wert wird angerechnet.

I. **Vereinfachtes Verfahren**		
1.	1,3-Verfahrensgebühr, Nr. 3100 VV	327,60 EUR
	(Wert: 3.600,00 EUR)	
2.	1,2-Terminsgebühr, Nr. 3104 VV	302,40 EUR
	(Wert: 3.600,00 EUR)	
3.	Postentgeltpauschale, Nr. 7002 VV	20,00 EUR
	Zwischensumme	650,00 EUR
4.	19 % Umsatzsteuer, Nr. 7008 VV	123,50 EUR
Gesamt		**773,50 EUR**
II. **Streitiges Verfahren**		
1.	1,3-Verfahrensgebühr, Nr. 3100 VV	195,00 EUR
	(Wert: 1.800,00 EUR)	
2.	gem. Anm. Abs. 1 zu Nr. 3100 VV anzurechnen, 1,3 aus 1.800,00 EUR	– 195,00 EUR
3.	1,2-Terminsgebühr, Nr. 3104 VV	180,00 EUR
	(Wert: 1.800,00 EUR)	
4.	Postentgeltpauschale, Nr. 7002 VV	20,00 EUR
	Zwischensumme	200,00 EUR
5.	19 % Umsatzsteuer, Nr. 7008 VV	38,00 EUR
Gesamt		**238,00 EUR**

2. Beschwerde

Wird gegen eine Entscheidung im vereinfachten Verfahren Beschwerde hinsichtlich des Hauptgegenstands eingelegt, richtet sich die Vergütung auch hier gem. Vorbem. 3.2.1 Nr. 2 Buchst. b) VV, nach den Nrn. 3200 ff. VV (siehe hierzu Rn 268 ff.). 29

VIII. Vermittlungsverfahren nach § 165 FamFG

Nach § 165 FamFG[34] vermittelt das FamG auf Antrag, wenn ein Elternteil geltend macht, dass der andere Elternteil die Durchführung einer gerichtlichen Verfügung über den Umgang mit dem gemeinschaftlichen Kind vereitelt. Die Vergütung richtet sich nach den Nrn. 3100 ff. VV. Neben der 1,3-Verfahrensgebühr nach Nr. 3100 VV kann hier auch eine Terminsgebühr nach Nr. 3104 VV in Betracht kommen. Ebenso ist eine Einigungsgebühr nach Nrn. 1000, 1003 VV möglich.[35] Zu beachten ist die Anrechnungsvorschrift der Anm. Abs. 3 zu Nr. 3100 VV. 30

Der **Verfahrenswert** berechnet sich gem. § 23 Abs. 1 S. 1 RVG nach § 45 FamGKG. Es gilt damit ein Regelwert von 3.000,00 EUR.[36] Die frühere Streitfrage der Bewertung ist erledigt. Auf ältere Rechtsprechung zum Verfahren nach § 52a FGG kann daher nicht zurückgegriffen werden. Eine Herabsetzung ist in diesen Verfahren grundsätzlich nicht vorzunehmen; sie bestimmt sich vielmehr nach den Umständen des Einzelfalls.[37] 31

---

34 Früher § 52a Abs. 1 S. 2 FGG.
35 AGS 2006, 374 u. 397 = JurBüro 2006, 474 = NJW-RR 2006, 1368 = FamRZ 2006, 1473 = NJ 2006, 419 = RVGreport 2006, 426.
36 OLG Karlsruhe AGS 2012, 578 = ZKJ 2013, 80 = FamRZ 2013, 722 = RVGreport 2013, 73 = FuR 2013, 175 = FF 2013, 131 u. 262.
37 OLG Karlsruhe AGS 2012, 578 = ZKJ 2013, 80 = FamRZ 2013, 722 = RVGreport 2013, 73 = FuR 2013, 175 = FF 2013, 131 u. 262.

§ 28 Familiensachen

> **Beispiel 18** — Vermittlungsverfahren nach § 165 FamFG mit Einigung

Vor dem FamG findet zunächst ein Vermittlungsverfahren nach § 165 FamFG statt. Im Vermittlungstermin (§ 165 Abs. 2 FamFG) wird eine Einigung erzielt.

Im Vermittlungsverfahren erhält der Anwalt eine Verfahrens- und eine Terminsgebühr. Hinzu kommt eine Einigungsgebühr (Nr. 1000 VV). Diese beläuft sich auf 1,0, da das Vermittlungsverfahren bereits zur Anhängigkeit führt.

1. 1,3-Verfahrensgebühr, Nr. 3100 VV (Wert: 3.000,00 EUR)		261,30 EUR
2. 1,2-Terminsgebühr, Nr. 3104 VV (Wert: 3.000,00 EUR)		241,20 EUR
3. 1,0-Einigungsgebühr, Nrn. 1000, 1003 VV (Wert: 3.000,00 EUR)		201,00 EUR
4. Postentgeltpauschale, Nr. 7002 VV		20,00 EUR
Zwischensumme	723,50 EUR	
5. 19 % Umsatzsteuer, Nr. 7008 VV		137,47 EUR
Gesamt		**860,97 EUR**

32 Schließt sich bei Erfolglosigkeit des Vermittlungsversuchs ein **gerichtliches Verfahren** an, so ist dies eine neue Angelegenheit (§ 17 Nr. 8 RVG). Allerdings wird die Verfahrensgebühr des Vermittlungsverfahrens auf die Verfahrensgebühr des nachfolgenden Verfahrens **angerechnet** (Anm. Abs. 3 zu Nr. 3100 VV). Eine Anrechnung der Terminsgebühr ist – im Gegensatz zum vereinfachten Verfahren auf Festsetzung des Unterhalts Minderjähriger (Anm. Abs. 4 zu Nr. 3104 VV) – im Gesetz nicht vorgesehen.

> **Beispiel 19** — Vermittlungsverfahren nach § 165 FamFG und nachfolgendes gerichtliches Verfahren

Vor dem FamG findet zunächst ein Vermittlungsverfahren nach § 165 FamFG statt. Da die Vermittlung trotz eines Vermittlungstermins (§ 165 Abs. 2 FamFG) scheitert, leitet die Mutter ein Umgangsrechtsverfahren ein, in dem wieder ein Termin stattfindet.

Vermittlungsverfahren nach § 165 FamFG und nachfolgendes gerichtliches Verfahren sind zwei verschiedene Angelegenheiten (§ 17 Nr. 8 RVG). Die Gebühren nach Nrn. 3100 ff. VV entstehen jeweils gesondert. Da sowohl im Vermittlungsverfahren als auch im streitigen Verfahren ein Termin stattgefunden hat, erhält der Anwalt jeweils eine Terminsgebühr. Zu beachten ist die Anrechnungsbestimmung nach Anm. Abs. 3 zu Nr. 3100 VV, wonach die Verfahrensgebühr angerechnet wird. Eine Anrechnung der Terminsgebühr kommt dagegen nicht in Betracht. Der Gegenstandswert bestimmt sich in beiden Verfahren nach § 45 FamGKG. Es gilt ein Regelwert von 3.000,00 EUR.

I. Verfahren nach § 165 FamFG (Wert: 3.000,00 EUR)		
1. 1,3-Verfahrensgebühr, Nr. 3100 VV		261,30 EUR
2. 1,2-Terminsgebühr, Nr. 3104 VV		241,20 EUR
3. Postentgeltpauschale, Nr. 7002 VV		20,00 EUR
Zwischensumme	522,50 EUR	
4. 19 % Umsatzsteuer, Nr. 7008 VV		99,28 EUR
Gesamt		**621,78 EUR**
II. Gerichtliches Umgangsrechtsverfahren (Wert: 3.000,00 EUR)		
1. 1,3-Verfahrensgebühr, Nr. 3100 VV		261,30 EUR
2. gem. Anm. Abs. 3 zu Nr. 3100 VV anzurechnen, 1,3 aus 3.000,00 EUR		– 261,30 EUR

3.	1,2-Terminsgebühr, Nr. 3104 VV	241,20 EUR
4.	Postentgeltpauschale, Nr. 7002 VV	20,00 EUR
	Zwischensumme	261,20 EUR
5.	19 % Umsatzsteuer, Nr. 7008 VV	49,63 EUR
Gesamt		**310,83 EUR**

IX. Isolierte Familiensachen erster Instanz

1. Überblick

In isolierten Verfahren erster Instanz ergeben sich hinsichtlich der Gebühren grundsätzlich keine Besonderheiten. Abzurechnen ist hier wie in allgemeinen Zivilverfahren, so dass auf die dortigen Ausführungen Bezug genommen werden kann. **33**

Der Anwalt erhält unter den Voraussetzungen der Vorbem. 3 Abs. 2 VV eine **Verfahrensgebühr** nach Nr. 3100 VV, die sich unter den Voraussetzungen der Nr. 3101 Nr. 1 u. 2 ermäßigen kann. Eine Ermäßigung der Verfahrensgebühr nach Nr. 3101 Nr. 3 VV (siehe § 26 Rn 12 ff., Beispiele 4–7) ist nur in nicht streitigen Familiensachen der freiwilligen Gerichtsbarkeit möglich (Anm. Abs. 2 zu Nr. 3101 VV). **34**

Hinzu kommt eine **Terminsgebühr** nach Nr. 3104 VV unter den Voraussetzungen der Vorbem. 3 Abs. 3 VV. Insoweit kommt insbesondere immer eine Terminsgebühr für eine Besprechung zur Vermeidung oder Erledigung des Verfahrens nach Vorbem. 3 Abs. 3 S. 3 Nr. 2 VV in Betracht, wenn der Anwalt an einer Besprechung zur Vermeidung oder Erledigung des Verfahrens mitwirkt. Ob im zugrunde liegenden Verfahren eine mündliche Verhandlung vorgeschrieben ist, ist unerheblich. **35**

Hinsichtlich der Frage, ob eine Terminsgebühr nach Anm. Abs. 1 Nr. 1 zu Nr. 3104 VV, also bei einer **Entscheidung im schriftlichen Verfahren** oder bei **Abschluss eines schriftlichen Vergleichs** entstehen kann, ist zu differenzieren. **36**

In **Familienstreitsachen** ist eine Terminsgebühr nach Anm. Abs. 1 Nr. 1 zu Nr. 3104 VV nach einhelliger Auffassung möglich, da hier eine mündliche Verhandlung vorgeschrieben ist (§ 113 FamFG i.V.m. § 128 ZPO). Gleiches gilt für die **Ehesache**.[38] **37**

In **Familiensachen der freiwilligen Gerichtsbarkeit** ist dagegen strittig, ob eine Terminsgebühr nach Anm. Abs. 1 Nr. 1 zu Nr. 3104 VV in Betracht kommt. Nach früherem Recht wurde eine Terminsgebühr bei einer Entscheidung im schriftlichen Verfahren[39] oder bei Abschluss eines schriftlichen Vergleichs[40] zum Teil abgelehnt mit der Begründung, eine mündliche Verhandlung sei in diesen Verfahren nicht vorgeschrieben. Lediglich in Verfahren nach der früheren HausratsVO wurde die Terminsgebühr bei einer Entscheidung im schriftlichen Verfahren oder bei Abschluss eines schriftlichen Vergleichs gewährt, weil dort (§ 13 HausratsVO) geregelt war, dass das Gericht mündlich verhandeln soll.[41] **38**

---

38 OLG Stuttgart AGS 2008, 594.
39 OLG Koblenz AGS 2008, 339 = OLGR 2008, 703 = FamRZ 2008, 1971 = Rpfleger 2008, 599 = MDR 2008, 1005 = FamRB 2008, 273 = RVGreport 2008, 350; AG Koblenz FamRZ 2007, 233; OLG Köln, Beschl. v. 21.6.2007 – 4 WF 82/07; AGS 2008, 593; a.A. OLG Schleswig AGS 2007, 502 = OLGR 2007, 475 = RVGreport 2007, 388 = SchlHA 2007, 391.
40 OLG Düsseldorf AGS 2009, 114.
41 So zu der Vorgängervorschrift des § 13 HausratsVO: OLG Saarbrücken, AGS 2008, 171 = FamRZ 2008, 1464 = RVGreport 2008, 185 = FamRB 2008, 207, 208.

39 In den Familiensachen der freiwilligen Gerichtsbarkeit nach dem FamFG finden sich zum Teil keine besonderen Regelungen, ob über die Sache verhandelt oder erörtert werden soll. Insoweit gilt § 32 FamFG, wonach die Verhandlung oder Erörterung dem Gericht freigestellt ist (so z.B. in Gewaltschutzsachen). Es handelt sich dann also nicht um Verfahren mit obligatorischer mündlicher Verhandlung oder Erörterung, so dass in diesen Verfahren jedenfalls keine Terminsgebühr ausgelöst wird, wenn eine Entscheidung im schriftlichen Verfahren ergeht oder – soweit überhaupt möglich – ein schriftlicher Vergleich geschlossen wird.

40 Anders verhält es sich dagegen in den Familiensachen der freiwilligen Gerichtsbarkeit, in denen in Buch 2 des FamFG angeordnet ist, dass das Gericht mit den Beteiligten die Sache erörtern soll, so in

- § 157 Abs. 1 FamFG für Kindschaftssachen,
- § 165 Abs. 2 FamFG für Vermittlungsverfahren,
- § 175 Abs. 2 FamFG für Abstammungssachen,
- § 207 FamFG für Ehewohnungs- und Haushaltssachen und
- § 221 FamFG für Versorgungsausgleichssachen.

41 Dass hier nicht die „Verhandlung" vor Gericht angeordnet wird, beruht darauf, dass es sich um Verfahren der freiwilligen Gerichtsbarkeit handelt, in denen nicht – wie in Familienstreitsachen – verhandelt werden muss, in denen also Anträge gestellt werden müssen. Ungeachtet dessen muss das Gericht auch hier grundsätzlich einen Termin anberaumen, in dem die Sache mit den Beteiligten besprochen wird. Es darf davon nur Abstand nehmen, wenn die Beteiligten damit einverstanden sind, wobei die Beteiligten ihr Einverständnis dadurch konkludent zum Ausdruck bringen können, dass sie einer Entscheidung ohne mündliche Verhandlung nicht widersprechen. Erklären sich die Beteiligten damit einverstanden, dass das Gericht von einem Erörterungstermin absieht, dann wird dem Gericht – ebenso wie in Familienstreitsachen – der Aufwand und die Arbeit eines gerichtlichen Termins erspart, so dass dies dafür spricht, Anm. Abs. 1 zu Nr. 3104 VV hierauf anzuwenden. Es wäre beim besten Willen nicht einzusehen, wieso für die Anwälte ein Anreiz geschaffen werden soll, in Familienstreitsachen den obligatorischen gerichtlichen Termin entbehrlich zu machen, in Familiensachen der freiwilligen Gerichtsbarkeit den obligatorischen Erörterungstermin aber nicht. Diese Gesetzesauslegung würde nicht dem Willen des Gesetzgebers entsprechen, durch einen Gebührenanreiz eine Vereinfachung und Beschleunigung der Verfahren und eine Entlastung der Gerichte zu erreichen.[42]

42 Eine **Ermäßigung der Terminsgebühr** nach Nr. 3105 VV ist möglich, allerdings nur in Familienstreitsachen (§§ 113 Abs. 1 S. 2 FamFG i.V.m. §§ 330 ff. ZPO) und in der Ehesache (§ 130 FamFG). In Familiensachen der freiwilligen Gerichtsbarkeit ist die Ermäßigung dagegen ausgeschlossen, da dort eine Versäumnisentscheidung nicht möglich ist. In einstweiligen Anordnungsverfahren ist auch in Familienstreitsachen eine Versäumnisentscheidung nicht möglich (§ 51 Abs. 2 S. 3 FamFG).

---

[42] OLG Stuttgart AGS 2010, 586 = NJW 2010, 3524 = RVGreport 2010, 420 = NJW-Spezial 2010, 764; AG Auerbach AGS 2013, 228 = FamRZ 2013, 729; *Schneider*, Gebühren in Familiensachen, Rn 403 ff.; *Keuter*, NJW 2009, 2922; a.A. OLG Celle AGS 2011, 580 = MDR 2011, 1266 = NJW 2011, 3783 = NdsRpfl 2011, 426 = JurBüro 2011, 641 = FamRZ 2012, 245 = FamFR 2011, 492 = RVGreport 2012, 29; OLG München AGS 2012, 134 = Rpfleger 2012, 355 = JurBüro 2012, 246 = MDR 2012, 812 = FamRZ 2012, 1582 = NJW-Spezial 2012, 187 = RVGreport 2012, 182 = FF 2012, 466; OLG Hamm AGS 2012, 562 = NJW-RR 2013, 318 = JurBüro 2013, 79 = FamFR 2012, 543 = FamRZ 2013, 728; OLG Schleswig AGS 2014, 121 = NZFam 2014, 470 = RVGreport 2014, 190.

Die ermäßigte Terminsgebühr entsteht aber dann, wenn in einer Familienstreitsache **im schriftlichen Vorverfahren ein Versäumnisbeschluss** ergeht.[43]

| Beispiel 20 | Versäumnisbeschluss im schriftlichen Vorverfahren |

Nach Eingang des Antrags auf Unterhalt (Wert: 4.200,00 EUR) leitet das FamG das schriftliche Vorverfahren ein. Vor dem FamG findet zunächst ein schriftliches Verfahren nach § 113 Abs. 1 S. 2 FamFG i.V.m. § 128 Abs. 2 ZPO statt. Der Antragsgegner zeigt seine Verteidigungsbereitschaft nicht an, so dass ein Versäumnisbeschluss gegen ihn ergeht.

Der Anwalt erhält neben der 1,3-Verfahrensgebühr eine 0,5-Terminsgebühr nach Nrn. 3104, Anm. Abs. 1 Nr. 2 zu 3105 VV.

1.	1,3-Verfahrensgebühr, Nr. 3100 VV (Wert: 4.200,00 EUR)	393,90 EUR
2.	0,5-Terminsgebühr, Nr. 3104, Anm. Abs. 1 Nr. 2 zu Nr. 3105 VV (Wert: 4.200,00 EUR)	151,50 EUR
3.	Postentgeltpauschale, Nr. 7002 VV	20,00 EUR
	Zwischensumme 565,40 EUR	
4.	19 % Umsatzsteuer, Nr. 7008 VV	107,43 EUR
Gesamt		**672,83 EUR**

Der **Verfahrenswert** der anwaltlichen Tätigkeit in isolierten Familiensachen ergibt sich gem. § 23 Abs. 1 S. 1 RVG aus den Vorschriften des FamGKG über die Verfahrenswerte (§§ 33 ff. FamGKG). Die Wertfestsetzung des Gerichts ist für den Anwalt bindend (§ 32 Abs. 1 RVG).

2. Abstammungssachen

Die Gebühren richten sich nach Teil 3 VV, den Nrn. 3100 ff. VV.

Eine Terminsgebühr im schriftlichen Verfahren oder bei Abschluss eines schriftlichen Vergleichs ist möglich, da nach § 175 Abs. 1 FamFG ein Erörterungstermin vorgeschrieben ist (siehe Rn 36 f.).

Da es sich um eine Familiensache der freiwilligen Gerichtsbarkeit handelt, kommt eine Ermäßigung der Terminsgebühr nach Nr. 3105 VV nicht in Betracht (siehe Rn 42).

Der **Verfahrenswert** richtet sich in den Verfahren nach § 169 Nr. 1 und Nr. 4 FamFG nach § 47 Abs. 1 FamGKG. Es gilt ein Regelwert in Höhe von 2.000,00 EUR. Für die übrigen Abstammungssachen (§ 169 Nr. 2 und 3 FamFG) gilt ein Regelwert in Höhe von 1.000,00 EUR. Ist der Regelwert nach den besonderen Umständen unbillig, kann das Gericht auch einen höheren oder niedrigeren Wert festsetzen (§ 47 Abs. 2 FamGKG).[44]

Wird ein Verfahren auf Feststellung der Vaterschaft (§ 169 Nr. 1 FamFG) mit einem Verfahren auf Zahlung von Kindesunterhalt verbunden (§ 169 Abs. 1 S. 2 i.V.m. § 237 FamFG), so sind die Werte von Vaterschaftsfeststellung und Unterhalt zwar gesondert festzusetzen; es gilt jedoch nach § 33 Abs. 1 S. 2 FamGKG ein Additionsverbot. Insgesamt maßgebend ist nur der höhere Wert, also in der Regel der Wert des Zahlungsantrags.

---

43 OLG Hamm AGS 2012, 16 = FamRZ 2012, 246 = FamRB 2011, 276 = FamFR 2011, 475 = NJW-Spezial 2011, 699 = RVGreport 2012, 108.
44 Zu Einzelheiten der Bewertung siehe Schneider/Wolf/Volpert/*Türck-Brocker*, FamGKG § 47.

Beispiel 21 | Vaterschaftsfeststellung und Kindesunterhalt

Das Kind beantragt im Verfahren auf Feststellung der Vaterschaft zugleich gem. §§ 179 Abs. 1 S. 2, 237 FamFG die Zahlung eines monatlichen Unterhalts in Höhe des Mindestbetrags. Es wird mündlich verhandelt.

Der Wert für den Feststellungsantrag wird auf 2.000,00 EUR festgesetzt (§ 47 Abs. 1 FamGKG) und der Wert für den Zahlungsantrag auf 2.700,00 EUR (§§ 35, 51 FamGKG). Es gilt gem. § 33 Abs. 1 S. 2 FamGKG nur der höhere Wert, hier also der Wert des Zahlungsantrags mit 2.700,00 EUR. Alle Gebühren entstehen nur aus diesem Wert.

1.	1,3-Verfahrensgebühr, Nr. 3100 VV (Wert: 2.700,00 EUR)	261,30 EUR
2.	1,2-Terminsgebühr, Nr. 3104 VV (Wert: 2.700,00 EUR)	241,20 EUR
3.	Postentgeltpauschale, Nr. 7002 VV	20,00 EUR
	Zwischensumme	522,50 EUR
4.	19 % Umsatzsteuer, Nr. 7008 VV	99,28 EUR
	Gesamt	**621,78 EUR**

3. Adoptionssachen

50 Es gelten die Gebühren der Nrn. 3100 ff. VV.

51 Eine Terminsgebühr im schriftlichen Verfahren oder bei Abschluss eines schriftlichen Vergleichs kommt nicht in Betracht, da weder ein Verhandlungs- noch ein Erörterungstermin vorgeschrieben ist (siehe Rn 36 ff.).

52 Da es sich um ein Verfahren der freiwilligen Gerichtsbarkeit handelt, ist auch eine Ermäßigung der Terminsgebühr nach Nr. 3105 VV nicht möglich.

53 Eine Einigungsgebühr ist in diesen Verfahren nicht denkbar.

54 Da im gerichtlichen Verfahren keine wertabhängigen Gebühren erhoben werden, fehlt eine ausdrückliche Regelung zum Verfahrenswert. Es ist daher auf § 42 Abs. 2 FamGKG zurückzugreifen.[45] Sofern sich hinsichtlich des Umfangs und der Bedeutung der Sache sowie der Vermögens- und Einkommensverhältnisse der Beteiligten keine genügenden Anhaltspunkte für die Wertfestsetzung ergeben, ist auf den Auffangwert des § 42 Abs. 3 FamGKG i.H.v. derzeit 5.000,00 EUR zurückzugreifen.[46]

4. Anspruch auf Auskunft über die persönlichen Verhältnisse des Kindes

55 Im Verfahren über den Anspruch nach § 1686 BGB gelten die Gebühren der Nrn. 3100 ff. VV.

56 Eine Terminsgebühr im schriftlichen Verfahren oder bei Abschluss eines schriftlichen Vergleichs ist möglich, da nach § 157 Abs. 1 FamFG ein Erörterungstermin vorgeschrieben ist (siehe Rn 36 ff.).

---

45 OLG Celle AGS 2013, 420 = FamRZ 2013, 2008 = FamFR 2013, 330 = RVGreport 2013, 361 = RVGprof. 2014, 19; OLG Düsseldorf AGS 2011, 562 = FamRZ 2010, 1937 = NJW-RR 2010, 1661 = FamRB 2010, 371 = RVGreport 2011, 154; OLG Bamberg FamRZ 2012, 737.
46 OLG Celle AGS 2013, 420 = FamRZ 2013, 2008 = FamFR 2013, 330 = RVGreport 2013, 361 = RVGprof. 2014, 19; OLG Düsseldorf AGS 2011, 562 = FamRZ 2010, 1937 = NJW-RR 2010, 1661 = FamRB 2010, 371 = RVGreport 2011, 154.

Da es sich um ein Verfahren der freiwilligen Gerichtsbarkeit handelt, ist eine Ermäßigung der Terminsgebühr nach Nr. 3105 VV nicht möglich. 57

Der **Verfahrenswert** richtet sich nach § 45 Abs. 1 Nr. 3 FamGKG.[47] Es ist von einem Regelwert von 3.000,00 EUR auszugehen.[48] Dass es hier „nur" um Auskunft geht, rechtfertigt keinen Abschlag. Der Gesetzgeber wollte nach dem ausdrücklichen Wortlaut des Gesetzes auch diese Verfahren mit dem Regelwert bewertet wissen. Betrifft das Verfahren mehrere Kinder, liegt nur ein Gegenstand vor (§ 45 Abs. 2 FamGKG). Erscheint der Regelwert unbillig, so kann er herauf- oder herabgesetzt werden. 58

5. Ehesache

In isolierten Ehesachen (zum Verbund siehe Rn 166 ff.) gelten die Gebühren nach den Nrn. 3100 ff. VV. 59

Eine **Terminsgebühr** im schriftlichen Verfahren nach Anm. Abs. 1 Nr. 1 zu Nr. 3104 VV ist möglich.[49] 60

Eine **ermäßigte Terminsgebühr** nach Nr. 3105 VV ist ebenfalls möglich. Zwar kann dem Scheidungsantrag nicht durch eine Versäumnisentscheidung entsprochen werden (§ 130 Abs. 2 FamFG); jedoch kommt eine Versäumnisentscheidung in Betracht, wenn der Antragsteller nicht erscheint. Es ist dann nach § 130 Abs. 2 FamFG auszusprechen, dass der Antrag als zurückgenommen gilt. Die Ermäßigung tritt auch dann ein, wenn bei Säumnis des Antragstellers der Antragsgegner lediglich Anträge zur Verfahrens- und Sachleitung stellt oder das Gericht von Amts wegen nur zur Verfahrens- oder Sachleitung entscheidet (Anm. Abs. 1 Nr. 1 zu Nr. 3105 VV). 61

Eine **Einigungsgebühr** ist ausgeschlossen (Anm. Abs. 5 S. 1 zu Nr. 1000 VV). Stattdessen kann eine **Aussöhnungsgebühr** (Nr. 1001 VV) anfallen. 62

Der **Verfahrenswert** der Ehesache bemisst sich nach § 43 FamGKG. Dieser Wert gilt auch für die Aussöhnungsgebühr. Abzustellen ist auf die Umstände des Einzelfalls unter Berücksichtigung der Einkommens- und Vermögensverhältnisse der Ehegatten. Hinsichtlich der Einkommensverhältnisse ist auf das dreifache Nettoeinkommen beider Ehegatten abzustellen (§ 43 Abs. 2 FamGKG). Maßgebend ist das Einkommen der Ehegatten bei Einreichung des Scheidungsantrags (§ 34 FamGKG). Einzelheiten zur Bewertung (Berücksichtigung von Kindern, Vermögen etc.) werden von der Rechtsprechung unterschiedlich gehandhabt.[50] Der Mindestwert beträgt 3.000,00 EUR. 63

Wechselseitige Scheidungsanträge betreffen denselben Gegenstand. Ihre Werte sind nach § 39 Abs. 1 S. 3 FamGKG nicht zusammenzurechnen. 64

---

47 Eingeführt zum 12.7.2013 mit dem Gesetz zur Stärkung der Rechte des leiblichen, nicht rechtlichen Vaters vom 4.7.2013 (BGBl I S. 2176).
48 So schon zum früheren Recht: OLG Schleswig AGS 2014, 121 = NZFam 2014, 470 = RVGreport 2014, 190.
49 A.A. OLG Schleswig AGS 2014, 121 = NZFam 2014, 470 = RVGreport 2014, 190.
50 Zu Einzelheiten der Bewertung siehe *Schneider/Herget/Thiel*, Rn 7085 ff.; Schneider/Wolf/Volpert/*Türck-Brocker*, FamGKG, § 43.

6. Ehewohnungssachen

65 Die Gebühren richten sich nach den Nrn. 3100 ff. VV.

66 Eine Terminsgebühr im schriftlichen Verfahren oder bei Abschluss eines schriftlichen Vergleichs ist möglich, da nach § 207 FamFG ein Erörterungstermin vorgeschrieben ist (siehe Rn 36 ff.).

67 Da es sich um ein Verfahren der freiwilligen Gerichtsbarkeit handelt, ist eine Ermäßigung der Terminsgebühr nach Nr. 3105 VV nicht möglich.

68 Der **Verfahrenswert** in Verfahren auf Überlassung der Ehewohnung bemisst sich nach § 48 Abs. 1 FamGKG. Wird die endgültige Überlassung der Ehewohnung beantragt, so gilt ein Regelwert von 4.000,00 EUR. Wird die vorläufige Überlassung beantragt, gilt ein Regelwert in Höhe von 3.000,00 EUR. Ist der Regelwert nach den besonderen Umständen unbillig, kann das Gericht auch einen höheren oder niedrigeren Wert festsetzen (§ 48 Abs. 3 FamGKG).[51] Eine solche Anhebung kann gerechtfertigt sein, wenn die Wohnungsüberlassung eine besonders teure Wohnung betrifft.[52]

69 Werden Zahlungsansprüche, insbesondere Nutzungsentgelt, geltend gemacht, so gilt nicht § 35 FamGKG. Auch in diesem Fall geht § 48 Abs. 1, 3 FamGKG vor.[53]

7. Elterliche Sorge

70 Es gelten die Gebühren der Nrn. 3100 ff. VV.

71 Ausnahmsweise ist hier eine Erhöhung der Verfahrensgebühr für **mehrere Auftraggeber** nach Nr. 1008 VV möglich, wenn der Anwalt die Eltern in Verfahren auf Entziehung der elterlichen Sorge vertritt (siehe unten Rn 76).

72 Eine **Terminsgebühr** im schriftlichen Verfahren oder bei Abschluss eines schriftlichen Vergleichs ist möglich, da nach § 157 Abs. 1 FamFG ein Erörterungstermin vorgeschrieben ist (siehe Rn 36 ff.).[54]

73 Da es sich um ein Verfahren der freiwilligen Gerichtsbarkeit handelt, ist eine Ermäßigung der Terminsgebühr nach Nr. 3105 VV nicht möglich.

74 Eine **Einigungsgebühr** ist möglich (Anm. Abs. 2 zu Nr. 1003 VV), nämlich dann, wenn der Anwalt am Abschluss eines gerichtlich gebilligten Vergleichs (§ 156 Abs. 2 FamFG) oder an einer Vereinbarung über die elterliche Sorge mitwirkt und hierdurch eine gerichtliche Entscheidung entbehrlich wird oder die gerichtliche Entscheidung der getroffenen Vereinbarung folgt.

75 Der **Verfahrenswert** richtet sich nach § 45 Abs. 1 Nr. 1 FamGKG. Es gilt ein Regelwert von 3.000,00 EUR. Betrifft das Verfahren mehrere Kinder, liegt nur ein Gegenstand vor (§ 45 Abs. 2 FamGKG). Ist der Regelwert nach den besonderen Umständen unbillig, kann das Gericht auch einen höheren oder niedrigeren Wert festsetzen (§ 45 Abs. 3 FamGKG).[55]

---

51 Zu Einzelheiten der Bewertung siehe Schneider/Wolf/Volpert/*Türck-Brocker*, FamGKG, § 48.
52 OLG Köln AGS 2014, 130 = NJW-Spezial 2014, 60 = NZFam 2014, 41 = RVGreport 2014, 122 = FamRB 2014, 220 = RVGprof. 2014, 91.
53 OLG Bamberg AGS 2011, 197 = FamRZ 2011, 1424 = NJW-Spezial 2011, 252; OLG Brandenburg AGS 2014, 31 = FamRZ 2013, 1980; OLG Koblenz AGS 2013, 287 = FamRZ 2014, 692 = NJW-Spezial 2013, 412 = FamFR 2013, 354 = FF 2013, 380 = FuR 2013, 666.
54 OLG Stuttgart AGS 2010, 586 = NJW 2010, 3524 = RVGreport 2010, 420 = NJW-Spezial 2010, 764; OLG Schleswig AGS 2014, 121 = NZFam 2014, 470 = RVGreport 2014, 190.
55 Zu Einzelheiten der Bewertung siehe Schneider/Wolf/Volpert/*Türck-Brocker*, FamGKG, § 45.

IX. Isolierte Familiensachen erster Instanz § 28

Beispiel 22 | **Sorgerechtsverfahren mit Entscheidung im schriftlichen Verfahren**

Die Ehefrau beantragt die Übertragung der elterlichen Sorge. Die Beteiligten erklären sich damit einverstanden, dass im schriftlichen Verfahren ohne mündliche Verhandlung oder Erörterung entschieden wird.

Die Anwälte erhalten nach zutreffender Ansicht (siehe Rn 36 ff.) neben der Verfahrensgebühr auch eine Terminsgebühr nach Anm. Abs. 1 Nr. 1 zu Nr. 3104 VV. Der Verfahrenswert beläuft sich gem. § 45 Abs. 1 Nr. 1 FamGKG auf 3.000,00 EUR.

1.	1,3-Verfahrensgebühr, Nr. 3100 VV (Wert: 3.000,00 EUR)	261,30 EUR
2.	1,2-Terminsgebühr, Nr. 3104 VV (Wert: 3.000,00 EUR)	241,20 EUR
3.	Postentgeltpauschale, Nr. 7002 VV	20,00 EUR
	Zwischensumme 522,50 EUR	
4.	19 % Umsatzsteuer, Nr. 7008 VV	99,28 EUR
	Gesamt	**621,78 EUR**

Beispiel 23 | **Sorgerechtsverfahren mit Einigung**

Die Ehefrau beantragt die Übertragung der elterlichen Sorge. Im Termin einigen sich die Beteiligten. Die Einigung wird vom Gericht genehmigt.

Die Anwälte erhalten eine Verfahrens-, eine Termins- und eine Einigungsgebühr. Der Gegenstandswert beläuft sich gem. § 45 Abs. 1 Nr. 1 FamGKG auf 3.000,00 EUR.

1.	1,3-Verfahrensgebühr, Nr. 3100 VV (Wert: 3.000,00 EUR)	261,30 EUR
2.	1,2-Terminsgebühr, Nr. 3104 VV (Wert: 3.000,00 EUR)	241,20 EUR
3.	1,0-Einigungsgebühr, Nrn. 1000, 1003 VV (Wert: 3.000,00 EUR)	201,00 EUR
4.	Postentgeltpauschale, Nr. 7002 VV	20,00 EUR
	Zwischensumme 723,50 EUR	
5.	19 % Umsatzsteuer, Nr. 7008 VV	137,47 EUR
	Gesamt	**860,97 EUR**

Ausnahmsweise kommt eine Erhöhung nach Nr. 1008 VV in Betracht, wenn der Anwalt beide Elternteile hinsichtlich des Sorgerechts vertritt.[56]

76

Beispiel 24 | **Vertretung beide Elternteile, Sorgerecht**

Das Jugendamt beantragt beim FamG, den Eltern die gemeinsame elterliche Sorge zu entziehen. Beide Eltern lassen sich durch einen gemeinsamen Anwalt vertreten.

Es liegt derselbe Gegenstand zugrunde.[57] Ausgehend von dem Regelwert des § 45 Abs. 1 Nr. 1 FamGKG ist wie folgt abzurechnen:

---

[56] N. Schneider, Gebühren in Familiensachen, Rn 758.
[57] OLG Karlsruhe AGS 2007, 522 = OLGR 2008, 44.

1.	1,6-Verfahrensgebühr, Nrn. 3100, 1008 VV (Wert: 3.000,00 EUR)	321,60 EUR
2.	1,2-Terminsgebühr, Nr. 3104 VV (Wert: 3.000,00 EUR)	241,20 EUR
3.	Postentgeltpauschale, Nr. 7002 VV	20,00 EUR
	Zwischensumme 582,80 EUR	
4.	19 % Umsatzsteuer, Nr. 7008 VV	110,73 EUR
Gesamt		**693,53 EUR**

77 Zu beachten ist, dass Sorgerecht und Umgangsrecht zwei verschiedene Gegenstände sind. Wird im Verfahren zur elterlichen Sorge auch eine Einigung zum Umgang erzielt, so ergibt sich insoweit ein Mehrwert.[58]

> **Beispiel 25** | **Sorgerechtsverfahren mit Vereinbarung zum Umgangsrecht**
>
> **Die Ehefrau beantragt die Übertragung der elterlichen Sorge. Im Termin einigen sich die Beteiligten über die Sorge und treffen auch eine Vereinbarung zum Umgangsrecht.**
>
> Sorge- und Umgangsrecht sind zwei verschiedene Gegenstände.
>
> Die Gebühren entstehen aus den zusammengerechneten Werten der elterlichen Sorge (3.000,00 EUR – § 45 Abs. 1 Nr. 1 FamGKG) und des Umgangsrechts (ebenfalls 3.000,00 EUR – § 45 Abs. 1 Nr. 2 FamGKG).
>
> Hinsichtlich der Einigungsgebühren ist allerdings zu differenzieren. Aus dem Wert der elterlichen Sorge entsteht die **1,0-Einigungsgebühr** (Nrn. 1000, 1003 VV), aus dem Wert des Umgangsrechts eine **1,5-Einigungsgebühr** (Nr. 1000 VV), allerdings mit der Begrenzung nach § 15 Abs. 3 RVG, die hier jedoch nicht erreicht wird.
>
> | | | |
> |---|---|---|
> | 1. | 1,3-Verfahrensgebühr, Nr. 3100 VV (Wert: 3.000,00 EUR) | 261,30 EUR |
> | 2. | 0,8-Verfahrensgebühr, Nrn. 3100, 3101 VV (Wert: 3.000,00 EUR) die Höchstgrenze des § 15 Abs. 3 RVG, nicht mehr als 1,3 aus 6.000,00 EUR (460,20 EUR), ist nicht überschritten | 160,80 EUR |
> | 3. | 1,0-Einigungsgebühr, Nrn. 1000, 1003 VV (Wert: 3.000,00 EUR) | 201,00 EUR |
> | 4. | 1,5-Einigungsgebühr, Nr. 1000 VV (Wert: 3.000,00 EUR) die Höchstgrenze des § 15 Abs. 3 RVG, nicht mehr als 1,5 aus 6.000,00 EUR (531,00 EUR), ist nicht überschritten | 301,50 EUR |
> | 5. | Postentgeltpauschale, Nr. 7002 VV | 20,00 EUR |
> | | Zwischensumme 944,60 EUR | |
> | 6. | 19 % Umsatzsteuer, Nr. 7008 VV | 179,47 EUR |
> | **Gesamt** | | **1.124,07 EUR** |

---

[58] *Kindermann*, Abrechnung in Ehe- und Familiensachen, Rn 220.

8. Gewaltschutzsachen

In Verfahren nach dem GewSchG (§§ 210 ff. FamFG) gelten die Gebühren der Nrn. 3100 ff. VV. **78**

Eine Terminsgebühr im schriftlichen Verfahren oder bei Abschluss eines schriftlichen Vergleichs kommt nicht in Betracht, da weder ein Verhandlungs- noch ein Erörterungstermin vorgeschrieben ist (siehe Rn 36 ff.). **79**

Da es sich um ein Verfahren der freiwilligen Gerichtsbarkeit handelt, ist eine Ermäßigung der Terminsgebühr nach Nr. 3105 VV nicht möglich. **80**

Eine Einigungsgebühr (Nr. 1000 VV) kann dagegen entstehen. **81**

Der **Verfahrenswert** richtet sich nach § 49 FamGKG. **82**
- In Verfahren über Maßnahmen nach § 1 GewSchG beträgt der Regelwert 2.000,00 EUR;
- In Verfahren nach § 2 GewSchG beträgt der Regelwert 3.000,00 EUR.
- Soweit beide Ansprüche betroffen sind, ist nach § 33 Abs. 1 FamGKG zu addieren.
- Dagegen findet keine Addition statt, wenn mehrere Gewaltschutzanordnungen, die sämtlich auf der Grundlage derselben Vorschrift ergehen (also z.B. nach § 1 GewSchG ein Näherungsverbot, ein Kontaktaufnahmeverbot usw.). In diesem Fall ist der Verfahrenswert nach § 49 FamGKG nur einmal anzusetzen, nicht für jede Einzelanordnung gesondert.[59]

Ist der Regelwert nach den besonderen Umständen unbillig, kann das Gericht auch einen höheren oder niedrigeren Wert festsetzen (§ 49 Abs. 2 FamGKG).[60]

Beispiel 26	Gewaltschutzverfahren mit gerichtlichem Termin

Die Ehefrau beantragt, dem Ehemann das Betreten der ehelichen Wohnung zu untersagen. Das Gericht entscheidet nach mündlicher Erörterung.

Die Anwälte erhalten eine Verfahrensgebühr und Terminsgebühr aus dem Wert von 3.000,00 EUR.

1. 1,3-Verfahrensgebühr, Nr. 3100 VV   261,30 EUR
   (Wert: 3.000,00 EUR)
2. 1,2-Terminsgebühr, Nr. 3104 VV   241,20 EUR
   (Wert: 3.000,00 EUR)
3. Postentgeltpauschale, Nr. 7002 VV   20,00 EUR
   Zwischensumme   522,50 EUR
4. 19 % Umsatzsteuer, Nr. 7008 VV   99,28 EUR
Gesamt   **621,78 EUR**

9. Haushaltssachen

In Haushaltssachen (§§ 200 ff. FamFG) gelten die Gebühren nach den Nrn. 3100 ff. VV. **83**

Eine Terminsgebühr im schriftlichen Verfahren oder bei Abschluss eines schriftlichen Vergleichs ist möglich, da nach § 207 FamFG ein Erörterungstermin vorgeschrieben ist (siehe Rn 38 ff.). **84**

Da es sich um Verfahren der freiwilligen Gerichtsbarkeit handelt, ist eine Ermäßigung der Terminsgebühr nach Nr. 3105 VV ausgeschlossen. **85**

---

[59] AG Bergen (Rügen), Beschl. v. 28.5.2014 – 4 F 293/14.
[60] Zu Einzelheiten der Bewertung siehe Schneider/Wolf/Volpert/*Türck-Brocker*, FamGKG, § 49.

86 In Verfahren betreffend die Zuweisung des Haushalts richtet sich der **Verfahrenswert** nach § 48 Abs. 2 FamGKG. Es gilt ein Regelwert in Höhe von 3.000,00 EUR für die endgültige Überlassung der Haushaltsgegenstände und in Höhe von 2.000,00 EUR für die vorläufige Zuweisung. Ist der Regelwert nach den besonderen Umständen unbillig, kann das Gericht auch einen höheren oder niedrigeren Wert festsetzen (§ 48 Abs. 3 FamGKG).[61] Eine Anhebung kommt z.B. in Betracht wegen eines besonderen Verfahrensumfangs oder aufgrund konkret aufgeworfener tatsächlich oder rechtlich besonders schwieriger Fragestellungen.[62] Die Höhe einer verlangten Ausgleichszahlung ist unerheblich.[63]

87 Werden Zahlungsansprüche geltend gemacht, gilt ebenfalls § 48 Abs. 2 FamGKG. Zur vergleichbaren Lage in Ehewohnungssachen siehe Rn 69.

10. Kindesherausgabe

88 Es gelten die Gebühren der Nrn. 3100 ff. VV.

89 Eine Terminsgebühr im schriftlichen Verfahren oder bei Abschluss eines schriftlichen Vergleichs ist möglich, da nach § 157 Abs. 1 FamFG ein Erörterungstermin vorgeschrieben ist (siehe Rn 36 ff.).

90 Da es sich um ein Verfahren der freiwilligen Gerichtsbarkeit handelt, ist eine Ermäßigung der Terminsgebühr nach Nr. 3105 VV nicht möglich.

91 Der **Verfahrenswert** richtet sich nach § 45 Abs. 1 Nr. 4 FamGKG. Es ist von einem Regelwert von 3.000,00 EUR auszugehen. Betrifft das Verfahren mehrere Kinder, liegt nur ein Gegenstand vor (§ 45 Abs. 2 FamGKG). Ist der Regelwert nach den besonderen Umständen unbillig, kann das Gericht auch einen höheren oder niedrigeren Wert festsetzen (§ 45 Abs. 3 FamGKG).

11. Sonstige Familienstreitsachen

92 In sonstigen Familienstreitsachen nach § 266 FamFG gelten die Nrn. 3100 ff. VV.

93 Eine Terminsgebühr im schriftlichen Verfahren oder bei Abschluss eines schriftlichen Vergleichs ist möglich, da nach § 113 Abs. 1 S. 2 FamFG i.V.m. § 128 ZPO eine mündliche Verhandlung vorgeschrieben ist.

94 Eine ermäßigte Terminsgebühr nach Nr. 3105 VV ist möglich.

95 Auch eine Einigungsgebühr ist möglich.

96 Der **Verfahrenswert** bemisst sich nach § 35 FamGKG,[64] wenn eine bezifferte Geldforderung geltend gemacht wird, im Übrigen nach § 42 FamGKG.

97 Werden **vertragliche Unterhaltsansprüche** geltend gemacht, richtet sich der Verfahrenswert nach § 51 Abs. 1 u. 2 FamGKG, so dass auf die Rn 113 ff. Bezug genommen werden kann.

---

61 Zu Einzelheiten der Bewertung siehe Schneider/Wolf/Volpert/*Türck-Brocker*, FamGKG, § 48.
62 OLG Celle AGS 2014, 187 = NdsRpfl 2014, 187 = JurBüro 2014, 304 = FamRB 2014, 220 = RVGreport 2014, 245.
63 OLG Celle AGS 2014, 187 = NdsRpfl 2014, 187 = JurBüro 2014, 304 = FamRB 2014, 220 = RVGreport 2014, 245.
64 Unzutreffend OLG Hamm (AGS 2013, 183 = RVGprof. 2013, 55 = NJW-Spezial 2013, 285 = FamFR 2013, 254), das im Falle eines Antrags auf Zahlung einer Nutzungsentschädigung nach der Scheidung § 48 FamGKG anwenden will.

12. Übrige Kindschaftssachen

In den übrigen Kindschaftssachen (außer denen des § 45 FamGKG) gelten die Gebühren nach den Nrn. 3100 ff. VV. **98**

Eine Terminsgebühr im schriftlichen Verfahren oder bei Abschluss eines schriftlichen Vergleichs kommt nicht in Betracht, da weder ein Verhandlungs- noch ein Erörterungstermin vorgeschrieben ist (siehe Rn 36 ff.). **99**

Da es sich um Familiensachen der freiwilligen Gerichtsbarkeit handelt, kommt eine Ermäßigung der Terminsgebühr nach Nr. 3105 VV nicht in Betracht. **100**

Der **Verfahrenswert** bemisst sich nach § 46 FamGKG.[65] **101**

13. Umgangsrecht

Es gelten die Nrn. 3100 ff. VV. **102**

Eine Terminsgebühr im schriftlichen Verfahren oder bei Abschluss eines schriftlichen Vergleichs ist möglich, da nach § 157 Abs. 1 FamFG ein Erörterungstermin vorgeschrieben ist (siehe Rn 36 ff.).[66] **103**

Da es sich um ein Verfahren der freiwilligen Gerichtsbarkeit handelt, ist eine Ermäßigung der Terminsgebühr nach Nr. 3105 VV nicht möglich. **104**

Möglich ist allerdings eine Einigungsgebühr (Anm. Abs. 2 zu Nr. 1003 VV). **105**

Ist ein Vermittlungsverfahren nach § 165 FamFG vorausgegangen, so ist die dort angefallene Verfahrensgebühr anzurechnen (Anm. Abs. 3 zu Nr. 3100 VV), nicht jedoch auch eine dort eventuell angefallene Terminsgebühr (siehe hierzu Rn 32 ff.). **106**

Der **Verfahrenswert** bemisst sich nach § 45 FamGKG. Es gilt ein Regelwert in Höhe von 3.000,00 EUR (§ 45 Abs. 1 Nr. 2 FamGKG). Mehrere Kinder gelten als ein Gegenstand (§ 45 Abs. 2 FamGKG). Ist der Regelwert nach den besonderen Umständen unbillig, kann das Gericht auch einen höheren oder niedrigeren Wert festsetzen (§ 45 Abs. 3 FamGKG).[67] **107**

Eine Einigungsgebühr entsteht, wenn der Anwalt am Abschluss eines gerichtlich gebilligten Vergleichs (§ 156 Abs. 2 FamFG) mitwirkt, so dass eine gerichtliche Entscheidung entbehrlich wird oder die Entscheidung der getroffenen Vereinbarung folgt. **108**

Beispiel 27 | **Umfangsverfahren mit Einigung**

Der Ehemann beantragt eine Regelung zum Umgang mit dem gemeinsamen Kind. Das Gericht entscheidet nach mündlicher Erörterung.

Die Anwälte erhalten eine Verfahrensgebühr, eine Terminsgebühr und eine Einigungsgebühr aus dem Wert von 3.000,00 EUR.

---

[65] Zu Einzelheiten der Bewertung siehe Schneider/Wolf/Volpert/*Thiel*, FamGKG, § 46.
[66] AG Auerbach AGS 2013, 228 = FamRZ 2013, 729.
[67] Zu Einzelheiten der Bewertung siehe Schneider/Wolf/Volpert/*Türck-Brocker*, FamGKG, § 45.

1. 1,3-Verfahrensgebühr, Nr. 3100 VV (Wert: 3.000,00 EUR)		261,30 EUR
2. 1,2-Terminsgebühr, Nr. 3104 VV (Wert: 3.000,00 EUR)		241,20 EUR
3. 1,0-Terminsgebühr, Nr. 3104 VV (Wert: 3.000,00 EUR)		201,00 EUR
4. Postentgeltpauschale, Nr. 7002 VV		20,00 EUR
Zwischensumme	723,50 EUR	
5. 19 % Umsatzsteuer, Nr. 7008 VV		137,47 EUR
Gesamt		**860,97 EUR**

109 Möglich ist auch eine **Zwischeneinigung**.[68] Der Wert der Einigung ist dann allerdings i.d.R. geringerer zu bemessen.[69]

> **Beispiel 28** Umfangsverfahren mit Zwischeneinigung

Der Ehemann beantragt eine Regelung zum Umgang mit dem gemeinsamen Kind. Im Termin zur mündlichen Verhandlung einigen sich die Beteiligten über eine für sechs Monate geltende Regelung. Im Übrigen soll das Gericht nach Einholung eines Gutachtens entscheiden. Der Wert für das Verfahren wird auf 3.000,00 EUR festgesetzt; der Wert der Einigung auf 1.500,00 EUR.

Jetzt entsteht zwar eine Einigungsgebühr, allerdings nur aus dem geringeren Wert von 1.500,00 EUR.

1. 1,3-Verfahrensgebühr, Nr. 3100 VV (Wert: 3.000,00 EUR)		261,30 EUR
2. 1,2-Terminsgebühr, Nr. 3104 VV (Wert: 3.000,00 EUR)		241,20 EUR
3. 1,0-Terminsgebühr, Nr. 3104 VV (Wert: 1.500,00 EUR)		115,00 EUR
4. Postentgeltpauschale, Nr. 7002 VV		20,00 EUR
Zwischensumme	637,50 EUR	
5. 19 % Umsatzsteuer, Nr. 7008 VV		121,13 EUR
Gesamt		**758,63 EUR**

14. Unterhaltsverfahren nach § 231 Abs. 1 FamFG

a) Gebühren

110 In Unterhaltsverfahren nach § 231 Abs. 1 FamFG gelten die Nrn. 3100 ff. VV (zu dem vereinfachten Festsetzungsverfahren siehe Rn 21 ff.).

111 Eine Terminsgebühr im schriftlichen Verfahren oder bei Abschluss eines schriftlichen Vergleichs ist möglich, da nach § 113 Abs. 1 S. 2 FamFG i.V.m. § 128 ZPO eine mündliche Verhandlung vorgeschrieben ist.

112 Da es sich um eine Familienstreitsache handelt, ist auch eine Ermäßigung der Terminsgebühr nach Nr. 3105 VV möglich.

---

[68] OLG Schleswig SchlHA 2013, 489 = FamRZ 2014, 237; OLG Zweibrücken AGS 2014, 269 m. Anm. *Thiel* = RVGreport 2014, 272; OLG Oldenburg NJW 2013, 1613 = Rpfleger 2013, 417 = MDR 2013, 880 = JurBüro 2013, 361 = FamFR 2013, 159 = RVGreport 2013, 191; a.A. OLG Brandenburg AGS 2003, 206.

[69] OLG Zweibrücken AGS 2014, 269 m. Anm. *Thiel* = RVGreport 2014, 272; OLG Oldenburg NJW 2013, 1613 = Rpfleger 2013, 417 = MDR 2013, 880 = JurBüro 2013, 361 = FamFR 2013, 159 = RVGreport 2013, 191.

b) Verfahrenswerte

aa) Überblick

Wird Unterhalt als bezifferte Geldforderung geltend gemacht, gilt § 35 FamGKG. Der geforderte Betrag ist maßgebend. Mehrere Beträge sind nach § 33 Abs. 1 FamGKG zusammenzurechnen. Wird wiederkehrender Unterhalt verlangt, ist § 51 Abs. 1 u. 2 FamGKG zu beachten. **113**

Wird Naturalunterhalt verlangt, gilt § 42 Abs. 1 FamGKG.[70] **114**

bb) Fällige Beträge

Wird lediglich eine bezifferte Unterhaltforderung geltend gemacht, so sind deren Werte nach § 35 FamGKG maßgebend. Auf § 51 FamGKG kommt es dann gar nicht an. **115**

Beispiel 29 | **Fälliger Betrag**

Die Ehefrau beantragt für das gemeinsame Kind 350,00 EUR Sonderbedarf für die Kosten einer Klassenfahrt.

Der Verfahrenswert richtet sich nach § 35 FamGKG und beträgt 350,00 EUR.

Werden mehrere fällige Unterhaltsbeträge geltend gemacht, so sind deren Werte nach § 33 Abs. 1 FamGKG zusammenzurechnen. **116**

Beispiel 30 | **Mehrere fällige Beträge (I)**

Die Ehefrau beantragt im Dezember 2014 monatlichen Unterhalt i.H.v. 500,00 EUR für die Monate Juli bis November 2014.

Der Verfahrenswert richtet sich nach §§ 35, 33 Abs. 1 FamGKG. Die geforderten Monatsbeträge sind zusammenzurechnen. Der Wert beläuft sich auf 5 x 500,00 EUR = 2.500,00 EUR.

Eine Begrenzung – wie bei den wiederkehrenden Leistungen – ist hier nicht vorgesehen. Daher kann der Wert der fälligen Beträge auch über dem zwölffachen Monatsbetrag liegen. **117**

Beispiel 31 | **Fällige Beträge (II)**

Die Ehefrau beantragt im Dezember 2014 monatlichen Unterhalt i.H.v. 500,00 EUR für die Monate Juli 2013 bis November 2014.

Der Verfahrenswert richtet sich nach §§ 35, 33 Abs. 1 FamGKG. Die geforderten Monatsbeträge sind zusammenzurechnen. Der Wert beläuft sich auf 17 x 500,00 EUR = 8.500,00 EUR.

cc) Wiederkehrende zukünftige Leistung

Wird zukünftiger laufender Unterhalt verlangt, so gilt § 51 Abs. 1 FamGKG. **118**

---

70 Zu Einzelheiten der Bewertung siehe Schneider/Wolf/Volpert/*N. Schneider*, FamGKG, § 51.

119 Soweit **bezifferter Unterhalt** verlangt wird, ist der Wert der für die ersten zwölf Monate nach Einreichung des Antrags geforderten Beträge maßgebend, höchstens jedoch der Gesamtbetrag der geforderten Leistung. Zu beachten ist, dass es sich hier nicht um einen Jahresbetrag handelt, sondern, dass es genau auf die der Antragseinreichung folgenden zwölf Monate ankommt.

> **Beispiel 32** | **Antrag auf zukünftigen Unterhalt, identischer Betrag**
>
> Die Ehefrau beantragt im Dezember 2014 monatlichen Unterhalt i.H.v. 500,00 EUR ab Januar 2015.
>
> Der Wert der künftigen Unterhaltsforderungen richtet sich gem. §§ 35, 51 Abs. 1 FamGKG nach dem Wert der auf die Antragseinreichung folgenden zwölf Monate, also für Januar bis Dezember 2015, 12 x 500,00 EUR = 6.000,00 EUR.

> **Beispiel 33** | **Antrag auf zukünftigen Unterhalt, wechselnde Beträge**
>
> Im Dezember 2014 wird für das minderjährige Kind Unterhalt ab Januar 2015 beantragt. Das Kind ist elf Jahre alt. Es wird im Mai 2015 zwölf Jahre. Es wird daher beantragt, den Kindesvater zu einer monatlichen Unterhaltszahlung i.H.v. 240,00 EUR bis einschließlich Mai 2015 und i.H.v. 295,00 EUR ab Mai 2015 zu verpflichten.
>
> Maßgebend ist wiederum gem. § 51 Abs. 1 FamGKG der Wert der auf die Antragseinreichung folgenden zwölf Monate, also für Januar bis Dezember 2015. Die auf die Einreichung des Antrags die folgenden zwölf Monatsbeträge sind wie folgt zu berechnen
>
> – 4 x 272,00 EUR =   1.088,00 EUR
> – 8 x 334,00 EUR =   2.672,00 EUR
> **Gesamt**   **3.760,00 EUR.**

120 Wird der Unterhalt **dynamisiert** geltend gemacht (§§ 1612a bis 1612c BGB), gilt nach § 51 Abs. 1 S. 2 FamGKG das Zwölffache des prozentualen Mindestunterhalts, wie er sich nach der zum Zeitpunkt der Einreichung maßgebenden Altersstufe berechnet. Anzurechnendes Kindergeld ist abzuziehen. Nachfolgende Veränderungen haben hier also keinen Einfluss auf den Wert.

> **Beispiel 34** | **Antrag auf zukünftigen Unterhalt, wechselnde Beträge**
>
> **Das minderjährige Kind ist bei Einreichung des Antrags im Dezember 2014 elf Jahre alt. Es wird im Mai 2015 zwölf Jahre. Es beantragt, den Vater zur Zahlung eines Mindestunterhalts i.H.v. 100 % nach der jeweiligen Altersstufe zu verpflichten.**
>
> Es gilt der zwölffache Betrag des Monats Dezember 2014, also 12 x 272,00 EUR = 3.264,00 EUR.

121 Soweit Unterhalt für einen geringeren Zeitraum als ein Jahr verlangt wird, ist der geringere Zeitraum maßgebend.

> **Beispiel 35** | **Antrag auf zukünftigen Unterhalt, geringer als ein Jahr**
>
> Die Ehefrau beantragt im Dezember 2014 monatlichen Unterhalt i.H.v. 500,00 EUR ab Januar 2015 bis einschließlich Juni 2015.

Der Wert der künftigen Unterhaltsforderungen richtet sich gem. §§ 35, 51 Abs. 1 FamGKG jetzt nur nach dem Wert der auf die Antragseinreichung folgenden sechs Monate, also für Januar bis Juni 2015, 6 x 500,00 EUR = 3.000,00 EUR.

dd) Wiederkehrende Leistung und fällige Beträge

Werden neben laufendem zukünftigem Unterhalt zugleich auch fällige Beträge verlangt, so gilt § 51 Abs. 2 FamGKG (früher § 42 Abs. 5 GKG a.F.). Der Wert der bei Einreichung des Antrags fälligen Beträge wird dem Verfahrenswert des Antrags auf zukünftige Leistung hinzugerechnet. Da Unterhalt monatlich im Voraus zu zahlen ist (§ 1612 Abs. 3 S. 1 BGB), sind die Unterhaltsbeträge des Monats, in dem der Antrag eingereicht wird, bereits fällig und somit nach § 51 Abs. 2 FamGKG zu addieren.[71]

122

Beispiel 36 Antrag auf zukünftigen und fälligen Unterhalt

Die Ehefrau beantragt im Dezember 2014 monatlichen Unterhalt i.H.v. 500,00 EUR ab Oktober 2014.

Für den zukünftigen Unterhalt gilt gem. §§ 35, 51 Abs. 1 FamGKG der Wert der auf die Antragseinreichung folgenden zwölf Monate, also für Januar bis Dezember 2015, 12 x 500,00 EUR = 6.000,00 EUR.

Hinzukommt nach § 51 Abs. 2 FamGKG der Wert der bei Einreichung fälligen Beträge. Da der Unterhalt monatlich im Voraus, also bis zum ersten eines jeden Monats zu zahlen ist (§ 1612 Abs. 3 S. 1 BGB), sind die Unterhaltsbeträge des Monats, in dem der Antrag eingereicht wird, bereits fällig und somit nach § 51 Abs. 2 FamGKG zu addieren.[72] Es ergeben sich für Oktober 2014 bis Dezember 2014 fällige Beträge i.H.v. 3 x 500,00 EUR = 1.500,00 EUR. Der Verfahrenswert beträgt somit 7.500,00 EUR.

Ist ein Verfahren auf Bewilligung von Verfahrenskostenhilfe vorausgegangen, ist für die Beurteilung der Fälligkeit auf den Zeitpunkt der Einreichung des Verfahrenskostenhilfeantrags abzustellen (§ 51 Abs. 2 S. 2 FamGKG).

123

Beispiel 37 Antrag auf zukünftigen Unterhalt mit vorangegangenem Verfahrenskostenhilfeverfahren

Wie Beispiele 30 u. 31. Es wurde im Dezember zunächst Verfahrenskostenhilfe beantragt. Diese wurde im Februar bewilligt.

Abzustellen ist jetzt nicht auf den Bedingungseintritt für das Unterhaltsverfahren (Februar 2011), sondern auf den Zeitpunkt der Einreichung des Verfahrenskostenhilfeantrags. An den Abrechnungen zu den Beispielen 30 u. 31 ändert sich somit nichts.

Ist ein Verfahren auf vereinfachte Festsetzung des Unterhalts Minderjähriger vorausgegangen, so ist auf den Zeitpunkt der Einreichung des Festsetzungsantrags abzustellen. Bis zur Abgabe weiter fällig gewordene Beträge sind nicht hinzuzurechnen (siehe Rn 26).

124

---

71 OLG Hamm AGS 2004, 32 m. Anm. *N. Schneider*.
72 OLG Hamm AGS 2004, 32 m. Anm. *N. Schneider*.

125 Im Falle eines Stufenantrags ist auf den Zeitpunkt der Antragseinreichung abzustellen, nicht auf den Zeitpunkt der Bezifferung des Leistungsantrags.[73]

ee) Abänderung

126 Dieselben Bewertungsgrundsätze wie für Zahlungsanträge gelten auch für einen Abänderungsantrag. Maßgebend ist hier der jeweilige Abänderungsbetrag.

> **Beispiel 38** | **Abänderungsantrag auf zukünftigen und fälligen Unterhalt**
>
> **Der Kindesvater ist zur Unterhaltszahlung von 400,00 EUR monatlich verpflichtet. Im Dezember 2014 beantragt er die Abänderung dahingehend, ab August 2014 nur noch 300,00 EUR zahlen zu müssen.**
>
> Für den zukünftigen Unterhalt gilt gem. § 51 Abs. 1 FamGKG ein Wert von 12 x 100,00 EUR = 1.200,00 EUR. Hinzukommt nach § 51 Abs. 2 FamGKG der Wert der bei Einreichung fälligen Abänderungsbeträge, 5 x 100,00 EUR = 500,00 EUR. Der Gesamtwert beläuft sich also auf 1.700,00 EUR.
>
> | | | |
> |---|---|---|
> | 1. 1,3-Verfahrensgebühr, Nr. 3100 VV (Wert: 1.700,00 EUR) | | 195,00 EUR |
> | 2. 1,2-Terminsgebühr, Nr. 3104 VV (Wert: 1.700,00 EUR) | | 180,00 EUR |
> | 3. Postentgeltpauschale, Nr. 7002 VV | | 20,00 EUR |
> | Zwischensumme | 395,00 EUR | |
> | 4. 19 % Umsatzsteuer, Nr. 7008 VV | | 75,05 EUR |
> | **Gesamt** | | **470,05 EUR** |

127 Im Falle wechselseitiger Abänderungsanträge, also bei Antrag und Widerantrag auf Herauf- bzw. Herabsetzung, sind die Werte ebenfalls zu addieren. Es liegt kein Fall des § 39 Abs. 1 S. 3 FamGKG vor.[74] Zwar schließen sich die Abänderungsanträge gegenseitig aus; zu berücksichtigen ist jedoch hier auch eine wirtschaftliche Betrachtung. A.A. ist das OLG Hamm, das die überholte Identitätsformel anwendet und eine wirtschaftliche Betrachtung rechtsirrig außer Acht lässt.[75]

> **Beispiel 39** | **Antrag und Widerantrag auf Abänderung**
>
> **Der Kindesvater ist zur Unterhaltszahlung von 400,00 EUR monatlich verpflichtet. Im November 2014 beantragt er Abänderung dahingehend, ab Dezember 2014 nur noch 300,00 EUR zahlen zu müssen. Das Kind beantragt im Dezember 2014 Abänderung dahingehend, den Unterhalt ab Januar 2015 auf 455,00 EUR zu erhöhen.**
>
> Der Wert des Antrags beläuft sich nach § 51 Abs. 1 FamGKG auf 12 x 100,00 EUR = 1.200,00 EUR, der Wert des Widerantrags auf 12 x 55,00 EUR = 660,00 EUR. Die Werte sind zusammenzurechnen (§ 39 Abs. 1 S. 1 FamGKG). Der Verfahrenswert beträgt 1.860,00 EUR.

---

73 OLG Bremen AGS 2013, 583 = FF 2014, 87 = NZFam 2014, 234.
74 OLG Naumburg JurBüro 2004, 379; OLG München AGS 2007, 364 = FamRZ 2007, 750 = OLGR 2007, 416 = ZFE 2007, 315; hier nimmt auch *Hartmann* – im Gegensatz zum Zugewinn – verschiedene Gegenstände an, § 45 GKG Rn 25.
75 OLG Hamm AGS 2004, 32 m. abl. Anm. *N. Schneider*.

1.	1,3-Verfahrensgebühr, Nr. 3100 VV (Wert: 1.860,00 EUR)	195,00 EUR
2.	1,2-Terminsgebühr, Nr. 3104 VV (Wert: 1.860,00 EUR)	180,00 EUR
3.	Postentgeltpauschale, Nr. 7002 VV	20,00 EUR
	Zwischensumme 395,00 EUR	
4.	19 % Umsatzsteuer, Nr. 7008 VV	75,05 EUR
Gesamt		**470,05 EUR**

ff) „Titulierungsantrag"

Zahlt der Unterhaltsschuldner den laufenden Unterhalt regelmäßig pünktlich und freiwillig, beantragt der Unterhaltsgläubiger dennoch, den Unterhaltsschuldner zu laufender Zahlung zu verpflichten, weil er einen Vollstreckungstitel über den laufenden Unterhalt erhalten will, richtet sich der Verfahrenswert gem. § 51 Abs. 1 S. 1 FamGKG nach dem vollen Unterhalt der auf die Antragseinreichung folgenden zwölf Monate. Dass es dem Antragsteller nur um das sog. „Titulierungsinteresse" geht, ist unerheblich.[76] Eventuelle fällige Beträge, die hier i.d.R. allerdings nicht vorkommen, wären hinzuzurechnen.

Beispiel 40 | **Titulierungsantrag**

Die Ehefrau beantragt im Oktober 2014, den Ehemann zu monatlichem Unterhalt i.H.v. 500,00 EUR ab November 2014 zu verurteilen, da er sich weigert, eine Notarurkunde beizubringen.

Der Wert richtet sich nach §§ 35, 51 Abs. 1 FamGKG und beträgt, 12 x 500,00 EUR = 6.000,00 EUR.

gg) Stufenantrag

Insbesondere in Unterhaltsverfahren kommen häufig Stufenanträge vor, also Verfahren, in denen ein Anspruch auf Rechnungslegung oder Erstellung eines Vermögensverzeichnisses und/oder Abgabe der eidesstattlichen Versicherung mit einem zunächst unbezifferten Leistungsantrag verbunden wird (§ 113 Abs. 1 S. 2 FamFG i.V.m. § 254 ZPO). In diesen Fällen liegt eine objektive Antragshäufung vor. Beide Anträge werden sofort rechtshängig und sind daher gesondert zu bewerten, wobei der zunächst noch unbezifferte Leistungsantrag zu schätzen ist. Entgegen § 33 Abs. 1 S. 1 FamGKG werden die Werte jedoch nicht zusammengerechnet. Vielmehr gilt nach § 38 FamGKG nur der höhere Wert.

Sofern auch über den Zahlungsantrag ein Termin stattfindet, entstehen alle Gebühren aus dem höheren Wert des Zahlungsantrags.

Beispiel 41 | **Stufenantrag auf Auskunft und Unterhaltszahlung (I)**

Die Antragstellerin hat Stufenantrag auf Auskunft und auf Zahlung eines noch zu beziffernden Unterhalts erhoben. Zunächst wird über die Auskunft verhandelt und der Antragsgeg-

---

76 OLG Hamburg AGS 2013, 184 = MDR 2013, 600 = NJW-Spezial 2013, 251 = RVGprof. 2013, 73 = FamFR 2013, 185 = RVGreport 2013, 244.

ner verurteilt. Nach Auskunftserteilung wird zur Höhe verhandelt und entschieden. Die Werte werden wie folgt festgesetzt: Unterhalt 6.000,00 EUR, Auskunft 1.500,00 EUR.

Da über beide Stufen verhandelt worden ist, entstehen beide Gebühren aus dem höheren Wert (§ 38 FamGKG).

1. 1,3-Verfahrensgebühr, Nr. 3100 VV (Wert: 6.000,00 EUR) 460,20 EUR
2. 1,2-Terminsgebühr, Nr. 3202 VV (Wert: 6.000,00 EUR) 424,80 EUR
3. Postentgeltpauschale, Nr. 7002 VV 20,00 EUR
   Zwischensumme 905,00 EUR
4. 19 % Umsatzsteuer, Nr. 7008 VV 171,95 EUR
Gesamt **1.076,95 EUR**

| Beispiel 42 | Stufenantrag auf Auskunft und Unterhaltszahlung (II) |

Die Antragstellerin hat Stufenantrag auf Auskunft und auf Zahlung eines noch zu beziffernden Unterhalts erhoben. Der Stufenantrag wird nach Verhandlung insgesamt abgewiesen. Die Werte werden wie folgt festgesetzt: Unterhalt 6.000,00 EUR, Auskunft 1.500,00 EUR.

Abzurechnen ist wie im vorangegangenen Beispiel 41, da über den Leistungsantrag entschieden worden ist.[77] Die Abweisung des Stufenantrags erwächst hinsichtlich des vollen Anspruchs – auch des Leistungsantrags – in Rechtskraft.

131 Unterschiedliche Werte können sich aber dann ergeben, wenn über die zweite Stufe nicht verhandelt wird, also wenn der Stufenantrag in der ersten Stufe „stecken geblieben" ist.

132 Der Wert des Verfahrens richtet sich auch dann nach dem Wert der beanspruchten Leistung, wenn es nicht zu einer Bezifferung in der Leistungsstufe kommt. Dieser ist nach der Erwartung des den Antrag stellenden Beteiligten bei Beginn der Instanz zu schätzen.[78] Sind keine Anhaltspunkte vorhanden, ist mit dem Auffangwert des § 42 Abs. 3 FamGKG i.H.v. derzeit 5.000,00 EUR zu bewerten.[79]

133 Für die Terminsgebühr kann gegebenenfalls nur der geringere Wert des Auskunftsantrags maßgebend sein, wenn nur darüber verhandelt worden ist. Dieser Wert darf nur auf Antrag nach § 33 RVG festgesetzt werden.

| Beispiel 43 | „Stecken gebliebener" Stufenantrag auf Auskunft und Unterhaltszahlung |

Die Antragstellerin verlangt Unterhalt und geht im Wege des Stufenantrags (Auskunft und Zahlung) gegen den Antragsgegner vor. Über den Auskunftsantrag wird verhandelt. Sodann wird die Auskunft erteilt und der Antrag insgesamt zurückgenommen.

---

[77] KG AGS 2008, 40 = KGR 2007, 888 = MDR 2008, 45 = RVGreport 2008, 78; a.A. OLG Koblenz AGS 2014, 185 = MDR 2014, 243 = JurBüro 2014, 248 = FamRZ 2014, 1224; OLG Celle AGS 2010, 38 = OLGR 2009, 487 = FamRZ 2009, 1855 = ZErb 2009, 163.

[78] OLG Stuttgart AGS 2007, 632; OLG Bremen OLGR 1998, 192; OLG Celle FamRZ 1997, 99; OLG Bamberg FamRZ 1994, 640; OLG Schleswig AGS 2014, 187 = SchlHA 2014, 36 = FamRZ 2014, 689 = FamFR 2013, 546; OLG Hamm FamRZ 2014, 1224 = FF 2013, 331 = FuR 2014, 185; OLG Jena AGS 2013, 469 = JurBüro 2013, 26 = FamRZ 2013, 489 = FamFR 2012, 447; OLG Stuttgart AGS 2012, 33 = Justiz 2012, 88 = FamRZ 2012, 393 = FamFR 2012, 16 = RVGprof. 2012, 38 = FamRB 2012, 214.

[79] OLG Hamm AGS 2012, 194 = FamRZ 2011, 582 = FamFR 2011, 41 = FF 2011, 219; AGS 2013, 589; OLG Jena NJW-Spezial 2014, 443.

Die Verfahrensgebühr bemisst sich nach dem höheren Wert von 6.000,00 EUR, da der Zahlungsantrag – wenn auch unbeziffert – bereits anhängig war. Die Terminsgebühr richtet sich dagegen nur nach dem Wert von 1.500,00 EUR, da nur über die Auskunft, nicht aber auch über die Zahlung, verhandelt worden ist.

1. 1,3-Verfahrensgebühr, Nr. 3100 VV (Wert: 6.000,00 EUR)		460,20 EUR
2. 1,2-Terminsgebühr, Nr. 3104 VV (Wert: 1.500,00 EUR)		138,00 EUR
3. Postentgeltpauschale, Nr. 7002 VV		20,00 EUR
Zwischensumme	618,20 EUR	
4. 19 % Umsatzsteuer, Nr. 7008 VV		117,46 EUR
Gesamt		**735,66 EUR**

hh) Nachträgliche Antragserweiterung

Umstritten ist die Berechnung, wenn später der Antrag erweitert und rückwirkend ein höherer Unterhaltsbetrag geltend gemacht wird. **134**

> **Beispiel 44** — Antrag auf zukünftigen und fälligen Unterhalt mit nachträglicher Antragserweiterung

Im Juli 2014 beantragt die Ehefrau Unterhalt in Höhe von 400,00 EUR seit April 2014. Im Oktober 2014 erweitert die Ehefrau den Antrag und begehrt einen monatlichen Unterhalt in Höhe von 600,00 EUR beginnend ab April 2014.

Der Wert des Antrags auf zukünftige Leistung beläuft sich auf 12 x 600,00 EUR =	7.200,00 EUR
Für die Zeit von April bis Juli sind 4 x 600,00 EUR gem. § 51 Abs. 2 FamGKG zu berücksichtigen, also	2.400,00 EUR

Nach einem Teil der Rspr. sind die fälligen Beträge für die Zeit nach Antragseinreichung bis zur Antragserweiterung (hier August bis Oktober 2014) nicht nach § 51 Abs. 2 FamGKG hinzuzurechnen, da auf den Zeitpunkt der Antragseinreichung abzustellen sei.[80]

Zutreffend ist es dagegen, auch die bei Antragserweiterung fälligen Erhöhungsbeträge nach § 51 Abs. 2 FamGKG hinzuzurechnen.[81]

Hinzukommen also weitere 3 x 200,00 EUR =	600,00 EUR
so dass sich ein Verfahrenswert in Höhe von insgesamt	10.200,00 EUR

ergibt.

Antrag und Antragserweiterung sind also wertmäßig wie zwei getrennte Anträge zu behandeln. Anschließend sind die Werte dann zusammenzurechnen. Dies ergibt folgende Berechnung:

I. Antrag	
Laufender Unterhalt, 12 x 400,00 EUR	4.800,00 EUR
Fällige Beträge (April – Juli 2014) 4 x 400,00 EUR	1.600,00 EUR
Gesamt	**6.400,00 EUR**

---

[80] OLG München EzFamR aktuell 2000, 7 = OLGR 2000, 73 = FuR 2000, 298 = FamRZ 2000 239; OLG Schleswig OLGR 2000, 477 = AGS 2001, 35; OLG Karlsruhe EzFamR aktuell 1999, 179 = FuR 1999, 440.
[81] OLG Köln AGS 2004, 32 m. Anm. *N. Schneider* = FamRB 2004, 45 m. Anm. *N. Schneider* = OLGR Köln 2003, 301 = FamRZ 2004, 1226 = FuR 2004, 380.

II. Antragserweiterung

Laufender weiterer Unterhalt, 12 x 200,00 EUR	2.400,00 EUR
Fällige weitere Beträge im Zeitpunkt der Antragserweiterung 7 x 200,00 EUR	1.400,00 EUR
Gesamt	**3.800,00 EUR**
Gesamt I. + II.	**10.200,00 EUR**
1. 1,3-Verfahrensgebühr, Nr. 3100 VV (Wert: 10.200,00 EUR)	785,20 EUR
2. 1,2-Terminsgebühr, Nr. 3104 VV (Wert: 10.200,00 EUR)	724,80 EUR
3. Postentgeltpauschale, Nr. 7002 VV	20,00 EUR
Zwischensumme	1.530,00 EUR
4. 19 % Umsatzsteuer, Nr. 7008 VV	290,70 EUR
Gesamt	**1.820,70 EUR**

15. Unterhaltssachen nach § 231 Abs. 2 FamFG

135 In Unterhaltsverfahren nach § 231 Abs. 2 FamFG (Zuweisung des Kindergeldes) gelten die Gebühren nach den Nrn. 3100 ff. VV.

136 Eine Terminsgebühr im schriftlichen Verfahren oder bei Abschluss eines schriftlichen Vergleichs kommt nicht in Betracht, da weder ein Verhandlungs- noch ein Erörterungstermin vorgeschrieben ist (siehe Rn 38 ff.).

137 Da es sich um Verfahren der freiwilligen Gerichtsbarkeit handelt, kommt eine Ermäßigung der Terminsgebühr nach Nr. 3105 VV nicht in Betracht.

138 Eine Einigungsgebühr ist dagegen möglich.

139 Der **Verfahrenswert** bemisst sich nach § 51 Abs. 3 S. 1 FamGKG. Es ist von einem Regelwert in Höhe von 500,00 EUR auszugehen. Betrifft das Verfahren mehrere Kinder, so ist zu addieren.[82] Ist der Regelwert nach den besonderen Umständen unbillig, kann das Gericht auch einen höheren Wert festsetzen (§ 51 Abs. 3 S. 2 FamGKG).[83]

16. Versorgungsausgleichssachen

a) Verfahrenswert

140 Hinsichtlich des **Verfahrenswerts** ist zu differenzieren:
- In Versorgungsausgleichssachen ist für jedes auszugleichende Anrecht ein Betrag in Höhe von 10 % des dreifachen Nettoeinkommens[84] beider Ehegatten anzusetzen. Abzustellen ist gem. § 34 FamGKG auf den Zeitpunkt der Einreichung des Scheidungsantrags.[85]
- Bei Ausgleichsansprüchen nach der Scheidung sind 20 % des dreifachen Nettoeinkommens zu berücksichtigen, und zwar je Anrecht.

In beiden Fällen gilt jedoch ein Mindestwert von 1.000,00 EUR.

---

[82] OLG Dresden FamRZ 2014, 1055 = NZFam 2014, 230 = RVGreport 2014, 163 = FamRB 2014, 166; Schneider/Wolf/Volpert/*N. Schneider*, FamGKG, § 51 Rn 198; a.A. OLG Stuttgart AGS 2010, 198 = Justiz 2010, 177 = MDR 2010, 507 = FamRB 2010, 177.
[83] Zu Einzelheiten der Bewertung siehe Schneider/Wolf/Volpert/*N. Schneider*, FamGKG, § 51 Rn 193 ff.
[84] Kinderfreibeträge sind nicht abzuziehen (AG Ludwigslust AGS 2010, 350); a.A. OLG Nürnberg FuR 2010, 588.
[85] OLG Brandenburg FamRZ 2011, 1797 = FF 2012, 43; OLG Brandenburg FamRZ 2011, 1812; *N. Schneider*, Maßgebender Zeitpunkt für die Wertfestsetzung der Folgesache Versorgungsausgleich, FamRZ 2010, 87.

Wird lediglich **Auskunft oder Abtretung** verlangt, ist ein Regelwert von 500,00 EUR anzusetzen (§ 50 Abs. 2 FamGKG). 141

Ist der Regelwert **nach den besonderen Umständen des Einzelfalls unbillig**, kann das Gericht auch einen höheren oder niedrigeren Wert festsetzen (§ 50 Abs. 3 FamGKG).[86] Das Unterschreiten des Mindestwerts ist nicht zulässig.[87] 142

| Beispiel 45 | Versorgungsausgleich, mehrere Anrechte |

Das monatliche Nettoeinkommen des Ehemannes beträgt 2.000,00 EUR, das der Ehefrau 1.000,00 EUR. Beide Ehegatten haben jeweils eine gesetzliche Anwartschaft; der Ehemann darüber hinaus auch noch eine betriebliche Altersversorgung.

Verfahrensgegenstand sind drei Anrechte, so dass für jedes Anrecht 10 % des dreifachen „reinen" Nettoeinkommens der Eheleute anzusetzen ist.

Der Wert beläuft sich auf 3 x 10 % x 3 x (2.000,00 EUR + 1.000,00 EUR) = 2.700,00 EUR.

Vorgesehen ist ein **Mindestwert** von 1.000,00 EUR. Dieser kommt nur dann zum Tragen, wenn die Summe aller prozentual errechneten Werte unter 1.000,00 EUR liegt. Der Mindestwert gilt nicht etwa für jedes Anrecht gesondert. Ein Unterschreiten des Mindestwerts ist nicht zulässig.[88] 143

| Beispiel 46 | Versorgungsausgleich, Mindestwert |

Wie Beispiel 45; nur der Ehemann hat eine gesetzliche Altersversorgung.

Jetzt ist nur ein Anrecht Verfahrensgegenstand, so dass sich der Wert auf 10 % x 9.000,00 EUR = 900,00 EUR belaufen würde. Dieser Wert ist auf den Mindestwert von 1.000,00 EUR anzuheben.

Ost- und West-Anrechte gelten jeweils als gesonderte Anwartschaften.[89] 144

| Beispiel 47 | Versorgungsausgleich, Ost- und Westrenten |

Beide Eheleute haben jeweils gesetzliche Anwartschaften beim Rententräger Ost und West; der Ehemann darüber hinaus auch noch eine betriebliche Altersversorgung. Das monatliche Nettoeinkommen des Ehemannes beträgt 2.000,00 EUR, das der Ehefrau 1.000,00 EUR.

Jetzt sind fünf Anrechte Verfahrensgegenstand, nämlich zwei Ost-Anwartschaften, zwei West-Anwartschaften und eine Betriebsrente.

Der Wert beläuft sich auf 5 x 10 % x 3 x (2.000,00 EUR + 1.000,00 EUR) = 4.500,00 EUR

Auch in den Fällen einer **negativen Feststellungsentscheidung** (§ 224 Abs. 3 FamFG), also wenn es nicht zum Ausgleich kommt, ist jedes Anrecht zu berücksichtigen. 145

---

86 Zu Einzelheiten der Bewertung siehe Schneider/Wolf/Volpert/*Thiel*, FamGKG, § 50; *Schneider/Herget/Thiel* Rn 8712.
87 Schneider/Volpert/Fölsch/*Thiel*, § 50 Rn 34 ff.; a.A. OLG Köln AGS 2012, 356 m. abl. Anm. *Thiel* = FamRZ 2012, 1943 = NJW-Spezial 2012, 445 = RVGReport 2012, 432; AG Schöneberg JurBüro 2011, 90.
88 Schneider/Volpert/Fölsch/*Thiel*, § 50 Rn 34 ff.
89 OLG Jena FuR 2010, 589; OLG Nürnberg AGS 2010, 401; OLG Dresden FamRB 2010, 300; OLG Stuttgart AGS 2010, 399; AG Ludwigslust AGS 2010, 357; AG Erfurt AGS 2010, 403.

Beispiel 48 | Versorgungsausgleich, kein Ausgleich wegen kurzer Ehedauer

Wie Beispiel 45; jedoch findet wegen kurzer Ehedauer (§ 3 Abs. 3 VersAusglG) ein Ausgleich nicht statt.

An der Bewertung ändert sich nichts. Alle drei Anwartschaften sind zu berücksichtigen.[90]

Beispiel 49 | Versorgungsausgleich, kein Ausgleich wegen Geringfügigkeit

Wie Beispiel 45; jedoch findet wegen Geringfügigkeit (§ 18 VersAusglG) ein Ausgleich nicht statt.

An der Bewertung ändert sich nichts. Alle drei Anwartschaften sind zu berücksichtigen.[91]

Beispiel 50 | Versorgungsausgleich, vertraglicher Ausschluss

Wie Beispiel 45; jedoch findet ein Ausgleich nicht statt, da die Beteiligten durch notariellen Vertrag den Ausgleich ausgeschlossen hatten (§§ 6, 8 VersAusglG).

An der Bewertung ändert sich nichts. Alle drei Anwartschaften sind zu berücksichtigen.[92]

146 Auch dann wenn der Versorgungsausgleich aus anderen Gründen nicht durchgeführt wird, etwa wegen Unbilligkeit nach § 27 VersAusglG oder des Todes eines Ehegatten,[93] ist grundsätzlich der volle Wert anzusetzen.

b) Gebühren

147 In Versorgungsausgleichsverfahren gelten die Gebühren der Nrn. 3100 ff. VV.

148 Eine **Terminsgebühr im schriftlichen Verfahren** oder bei Abschluss eines schriftlichen Vergleichs ist möglich, da nach § 221 FamFG ein Erörterungstermin vorgeschrieben ist (siehe Rn 36 ff.).[94]

149 Da es sich um Verfahren der freiwilligen Gerichtsbarkeit handelt, ist eine Ermäßigung der Terminsgebühr nach Nr. 3105 VV nicht möglich.

150 Eine **Einigungsgebühr** nach Nr. 1000 VV kann entstehen. Die Einigungsgebühr entsteht insbesondere bei einem Verzicht auf die Durchführung des Versorgungsausgleichs. Im Gegensatz zum früheren Recht, in dem faktisch nur auf den Saldoanspruch einseitig verzichtet wurde, setzt ein Verzicht auf die Durchführung des Versorgungsausgleichs nunmehr voraus, dass beide Beteiligten

---

90 OLG Düsseldorf AGS 2010, 398 = FuR 2010, 525 = FamRZ 2010, 2102 = JurBüro 2011, 259 = RVGreport 2010, 397 = ZFE 2010, 428.
91 OLG München FamRZ 2012, 1973.
92 OLG München AGS 2011, 389 = FamRZ 2011, 1813 = RVGreport 2011, 313 = FF 2012, 43; OLG Celle AGS 2010, 397 = FamRZ 2010, 2103 = NJW-Spezial 2010, 508 = RVGreport 2010, 310.
93 OLG Oldenburg, Beschl. v. 17.3.2014 – 14 WF 46/14.
94 A.A. die ganz einhellige Rspr.: OLG Schleswig AGS 2013, 168; SchlHA 2013, 255 = NJW-Spezial 2013, 315; OLG Frankfurt JurBüro 2013, 192; OLG Rostock AGS 2011, 588 = JurBüro 2012, 192 = FamRZ 2012, 1581 = FamFR 2012, 111; OLG Bremen AGkompakt 2013, 50 = MDR 2012, 1315 = RVGreport 2012, 419 = FamRZ 2013, 487; OLG Dresden AGS 2012, 459 = NJW-Spezial 2012, 668 = FamFR 2012, 448 = FamRZ 2013, 729; OLG Brandenburg AGS 2013, 240 = JurBüro 2012, 586 = FamRZ 2013, 729; FamRZ 2012, 1581; OLG Naumburg, Beschl. v. 16.9.2011 – 8 WF 225/11; KG AGS 2011, 324 = FamRZ 2011, 1978 = JurBüro 2011, 639 = RVGreport 2011, 306.

wechselseitig auf ihre Ansprüche verzichten, so dass jetzt auf jeden Fall eine Einigung gegeben ist.[95]

| Beispiel 51 | Isoliertes Verfahren über den Versorgungsausgleich mit Einigung |

In einem wiederaufgenommenen Verfahren zum Versorgungsausgleich ist der Anwalt im September 2013 beauftragt worden. Das Nettoeinkommen beider Ehegatten beläuft sich auf 4.000,00 EUR. Es sind fünf Anrechte insgesamt vorhanden. Es wird ein Vergleich geschlossen, wonach wechselseitig auf die Durchführung des Versorgungsausgleichs verzichtet wird. Der Verfahrenswert wird auf 12.000,00 EUR festgesetzt.

Das abgetrennte Verfahren über den Versorgungsausgleich ist eine selbstständige Familiensache geworden (siehe Rn 227 ff.). Für den Anwalt gilt neues Recht mit den neuen Gebührenbeträgen (§ 61 Abs. 1 S. 1 RVG).

Der Anwalt erhält eine Verfahrens-, eine Termins- und eine Einigungsgebühr, wegen Anhängigkeit in Höhe von 1,0 (Nr. 1003 VV).

1. 1,3-Verfahrensgebühr, Nr. 3100 VV   785,20 EUR
    (Wert: 12.000,00 EUR)
2. 1,2-Terminsgebühr, Nr. 3104 VV   724,80 EUR
    (Wert: 12.000,00 EUR)
3. 1,0-Einigungsgebühr, Nrn. 1000, 1003 VV   604,00 EUR
    (Wert: 12.000,00 EUR)
4. Postentgeltpauschale, Nr. 7002 VV   20,00 EUR
    Zwischensumme   2.134,00 EUR
5. 19 % Umsatzsteuer, Nr. 7008 VV   405,46 EUR
    Gesamt   **2.539,46 EUR**

Dagegen entsteht eine Einigungsgebühr nicht bereits dadurch, dass die Verfahrensbevollmächtigten der Beteiligten in einem Telefongespräch den vom FamG übermittelten Entscheidungsentwurf übereinstimmend billigen.[96]

151

Die Einigungsgebühr entsteht nicht nur dann, wenn eine gerichtliche Entscheidung über den Versorgungsausgleich insgesamt entbehrlich wird, sondern bereits dann, wenn sich die Beteiligten über eine wesentliche Grundlage für die Durchführung des Versorgungsausgleichs – hier: Berechnung der Startgutschriften – endgültig einigen. Der Gegenstandswert der Einigungsgebühr richtet sich in diesem Fall nach dem Wert des Teilvergleichs und ist in der Regel niedriger als der Gegenstandswert der Verfahrensgebühr.[97]

152

| Beispiel 52 | Isoliertes Verfahren über den Versorgungsausgleich mit Teil-Einigung |

In einem wiederaufgenommenen Verfahren zum Versorgungsausgleich ist der Anwalt im September 2013 beauftragt worden. Das Nettoeinkommen beider Ehegatten beläuft sich auf

---

95 OLG Frankfurt AGS 2010, 424 = FamRZ 2010, 922 = FamRB 2010, 79 = RVGreport 2010, 296; OLG München AGS 2012, 174 = NJW 2012, 1089 = MDR 2012, 495 = JurBüro 2012, 193 = Rpfleger 2012, 354 = FamRZ 2012, 1580 = NJW-Spezial 2012, 123 = FamFR 2012, 131 = RVGreport 2012, 103 = FF 2012, 466; OLG Karlsruhe AGS 2012, 135 = FamRZ 2012, 395 = NJW-RR 2012, 328 = FamFR 2011, 573.
96 OLG Dresden AGS 2012, 459 = NJW-Spezial 2012, 668 = FamFR 2012, 448 = FamRZ 2013, 729.
97 OLG Hamm AGS 2012, 464 = MDR 2012, 1468 = FamRZ 2013, 397 = FamFR 2012, 377 = NJW-Spezial 2012, 605 = RVGreport 2012, 459.

4.000,00 EUR. Im Termin wird festgestellt, dass die Auskunft zu einer der fünf Anwartschaften zu einem unzutreffenden Bewertungsstichtag berechnet ist. Die Beteiligten einigen sich, dass diese Auskünfte dennoch der gerichtlichen Entscheidung zugrunde gelegt werden sollen. Der Verfahrenswert wird auf 12.000,00 EUR festgesetzt. Der Wert der Einigung auf 2.000,00 EUR.

Abzurechnen ist wie im vorangegangenen Beispiel; lediglich die Einigungsgebühr entsteht aus einem geringeren Wert.

1.	1,3-Verfahrensgebühr, Nr. 3100 VV (Wert: 12.000,00 EUR)		785,20 EUR
2.	1,2-Terminsgebühr, Nr. 3104 VV (Wert: 12.000,00 EUR)		724,80 EUR
3.	1,0-Einigungsgebühr, Nrn. 1000, 1003 VV (Wert: 2.000,00 EUR)		150,00 EUR
4.	Postentgeltpauschale, Nr. 7002 VV		20,00 EUR
	Zwischensumme	1.680,00 EUR	
5.	19 % Umsatzsteuer, Nr. 7008 VV		319,20 EUR
	Gesamt		**1.999,20 EUR**

17. Zugewinn

a) Gebühren

153 Im Verfahren über den Zugewinnausgleich gelten die Gebühren nach den Nrn. 3100 ff. VV.

154 Soweit es sich um eine Familienstreitsache handelt (z.B. Antrag auf Zugewinnausgleich), kann eine Terminsgebühr nach Anm. Abs. 1 Nr. 1 zu Nr. 3104 VV anfallen. Soweit es sich um eine Familiensache der freiwilligen Gerichtsbarkeit handelt (z.B. vorzeitiger Zugewinnausgleich), kommt eine Terminsgebühr nach Anm. Abs. 1 Nr. 1 zu Nr. 3104 VV nicht in Betracht, da eine Verhandlung oder Erörterung nicht vorgeschrieben ist.

155 Soweit es sich um eine Familienstreitsache handelt, kommt auch eine Ermäßigung der Terminsgebühr nach Nr. 3105 VV in Betracht.

b) Verfahrenswert

156 Wird **Zugewinnausgleich**, also Zahlung, geltend gemacht wird, richtet sich der Verfahrenswert nach § 35 FamGKG, da es sich um eine Geldforderung handelt.

157 Wird **Auskunft** nach § 1379 BGB verlangt, so ist nach § 42 Abs. 1 FamGKG lediglich ein Bruchteil des zu erwartenden Zugewinnausgleichsanspruchs anzusetzen. Die Praxis geht von 1/10 bis 1/3 aus.

158 Der Verfahrenswert eines Antrags auf **Stundung des Zugewinns** richtet sich ebenfalls nach § 42 FamGKG. Maßgebend ist das Interesse des Antragstellers an der Stundung. Das OLG Köln[98] orientiert sich insoweit an dem Interesse des Antragstellers, die Kosten der Finanzierung der Forderung zu ersparen.

159 Auch dann, wenn nach § 1383 Abs. 1 BGB die **Übertragung bestimmter Vermögensgegenstände** unter Anrechnung auf den Zugewinnausgleich geltend gemacht wird, richtet sich der Wert

---

[98] AGS 2003, 362 m. Anm. *N. Schneider*.

nach § 42 Abs. 1 FamGKG. Es dürfte auf den Wert der Sache, deren Übertragung beantragt wird, abzustellen sein.[99]

Bei einem Antrag auf **vorzeitigen Zugewinnausgleich** (§§ 1385, 1386 BGB) gilt § 42 Abs. 1 FamGKG. Es ist nicht der volle Wert anzusetzen, sondern nur ein Bruchteil, da es sich um einen Gestaltungsantrag handelt. Nach einer älteren Entscheidung des BGH soll der Wert in der Regel auf ein Viertel des zu erwartenden Zugewinnausgleichs festzusetzen sein und geringer, wenn bereits der Scheidungsantrag anhängig und zu erwarten ist, dass die Ehe ohnehin in nicht allzu ferner Zeit aufgelöst wird.[100] Das dürfte in jeder Hinsicht unzutreffend sein. Maßgebend ist, welcher höhere oder niedrigere Zugewinn sich bei Vorverlagerung des Stichtags ergibt. Ist dieser Mehr- oder Minderbetrag nicht feststellbar, ist gem. § 42 Abs. 3 FamGKG vom Auffangwert i.H.v. derzeit 5.000,00 EUR auszugehen.[101]

160

Problematisch sind hier die Fälle von **Antrag- und Widerantrag**.

161

Wird wechselseitig die Zahlung eines Zugewinnausgleichs beantragt, so werden die Werte von Antrag und Widerantrag addiert (§ 39 Abs. 1 S. 1 FamGKG). Es liegt nicht derselbe Gegenstand i.S.d. § 39 Abs. 1 S. 3 FamGKG vor.[102] Das gilt auch dann, wenn einerseits Zahlung und andererseits im Wege des Widerantrags ein Stufenantrag mit einem unbezifferten Zahlungsantrag gestellt wird.[103] Zwar schließt der Zugewinnausgleichsanspruch des einen Ehegatten den des anderen aus; es fehlt jedoch an einer wirtschaftlichen Identität. Unzutreffend daher OLG Hamm,[104] das für Antrag und Widerantrag von demselben Verfahrensgegenstand ausgeht, weil sich die Ansprüche gegenseitig ausschließen und daher gem. § 39 Abs. 1 S. 3 FamGKG nur den höheren Wert annimmt.

162

| Beispiel 53 | Antrag und Widerantrag auf Zahlung von Zugewinn |

Der Ehemann beantragt Zugewinnausgleich i.H.v. 20.000,00 EUR. Die Ehefrau erhebt Widerantrag auf Zugewinnausgleich i.H.v. 30.000,00 EUR. Über Antrag und Widerantrag wird verhandelt.

Die Werte von Antrag und Widerantrag werden addiert (§ 39 Abs. 1 S. 1 FamGKG). Der Wert des Verfahrens beläuft sich auf 50.000,00 EUR. Nach Auffassung des OLG Hamm wäre nach § 39 Abs. 1 S. 2 FamGKG nur ein Wert in Höhe von 30.000,00 EUR anzusetzen.

Wird einerseits Zahlung beantragt und mit dem Widerantrag Auskunft verlangt oder umgekehrt, gilt das Gleiche wie bei wechselseitigen Zahlungs- oder Auskunftsanträgen. Hier kann ebenfalls nicht derselbe Gegenstand angenommen werden. Auch greift hier nicht die Regelung des § 38 FamGKG. Es handelt sich nicht um einen Stufenantrag.

163

---

99 OLG Frankfurt/M. MDR 1990, 58.
100 BGH NJW 1973, 369 = MDR 1973, 393.
101 OLG Schleswig AGS 2012, 35 = SchlHA 2012, 191 = FamRZ 2012, 897 = RVGreport 2012, 197; OLG Köln AGS 2014, 282 = NJW-Spezial 2014, 380 =NZFam 2014, 607.
102 OLG Stuttgart AGS 2007, 47 = FamRZ 2006, 1055 = Justiz 2007, 144 = OLGR 2006, 912; OLG Karlsruhe NJW 1976, 3247; OLG Bamberg FamRZ 1995, 492; OLG München FamRZ 1997, 41; OLG Köln FamRZ 1997, 41; OLG Köln BRAGOreport 2001, 63 (*N. Schneider*) = FamRZ 2001, 1386 = MDR 2001, 941 = OLGR 2001, 203; OLGR 2001, 9; OLG Hamburg AGS 2000, 230 = OLGR 2000, 306; *Schneider/Herget/Thiel*, Rn 9012; ausführlich *N. Schneider*, FamRB 2002, 379; *ders.*, ZFE 2007, 464.
103 OLG Köln AGS 2014, 282 = NJW-Spezial 2014, 380 = NZFam 2014, 607.
104 Zu § 45 Abs. 1 S. 3 GKG: RVGreport 2007, 38; Beschl. v. 9.8.2006 – 10 WF 154/06.

Beispiel 54 | Antrag auf Zugewinn und Widerantrag auf Auskunft

Ehemann beantragt Zugewinnausgleich in Höhe von 20.000,00 EUR. Die Ehefrau erhebt Widerantrag auf Auskunft über das Endvermögen des Ehemannes. Der Verfahrenswert des Auskunftsantrags wird auf 3.000,00 EUR festgesetzt.

Die Werte von Antrag und Widerantrag sind zu addieren. Die beteiligten Anwälte erhalten ihre Gebühren aus einem Wert von 23.000,00 EUR.

164 Wird im Verfahren auf Zugewinnausgleich primär Antragsabweisung beantragt und für den Fall, dass das Gericht der Gegenseite den von ihr begehrten Zugewinn zuspricht, hilfsweise Stundung verlangt, ist § 52 FamGKG zu beachten. Der Wert des Stundungsantrags ist nur hinzuzurechnen, wenn dem Zahlungsanspruch stattgegeben wird und damit über den Stundungsantrag entschieden werden muss. Es handelt sich insoweit um einen unechten Hilfsantrag.

Beispiel 55 | Antrag auf Zahlung von Zugewinn und Stundungsantrag des Beklagten

Die Ehefrau beantragt Zugewinnausgleich in Höhe von 20.000,00 EUR. Der Ehemann beantragt Antragsabweisung, hilfsweise Stundung des Zugewinns.

Hinsichtlich des Verfahrenswerts ist jetzt zu differenzieren:
- Wird bereits der Antrag abgewiesen, bleibt es bei dem Wert von 20.000,00 EUR (§ 52 S. 1 FamGKG), da dann über den Stundungsantrag nicht entschieden werden muss.
- Wird dem Antrag dagegen stattgegeben, muss das Gericht nunmehr über den Hilfsantrag auf Stundung entscheiden. Der Wert des Stundungsantrags ist hinzuzurechnen (§ 52 S. 2 FamGKG).
- Gibt das Gericht dem Zahlungsantrag nur teilweise statt, dann muss es sich auch nur hinsichtlich dieses Teils mit der Stundung befassen. Der Stundungsantrag hat jetzt einen geringeren Wert und ist insoweit hinzuzurechnen.

165 Wird im Wege des **Stufenantrags** vorgegangen (§ 113 Abs. 1 S. 2 FamFG i.V.m. § 254 ZPO), gilt das Gleiche wie bei einem Antrag auf Unterhalt, so dass auf die dortigen Ausführungen (Rn 129) verwiesen wird. Siehe zur Stufenklage auch § 14 Rn 87 ff.

X. Verbundverfahren

1. Überblick

166 Die Vergütung in Verbundverfahren richtet sich nach Teil 3 VV. Es gelten die Gebühren der Nrn. 3100 ff. VV.

167 Zu beachten ist, dass die Ehesache und die Folgesachen gem. § 16 Nr. 4 RVG nur **eine Angelegenheit** i.S.d. § 15 RVG bilden, so dass der Anwalt die Gebühren nur einmal erhält, allerdings aus den nach § 23 Abs. 1 S. 1 RVG i.V.m. § 44 Abs. 2 S. 2 FamGKG zusammengerechneten Verfahrenswerten.

168 Auch die Auslagen entstehen nur einmal; insbesondere entsteht nur eine Postentgeltpauschale.[105]

---

[105] OLG Braunschweig JurBüro 1979, 1821; OLG Bamberg JurBüro 1984, 1514; OLG Düsseldorf AnwBl 1983, 556 = JurBüro 1984, 223; OLGR 2000, 288; OLG München AnwBl 1984, 203 = JurBüro 1984, 769.

2. Verfahrensgebühr

a) Volle Verfahrensgebühr

Für das Betreiben des Geschäfts einschließlich der Information (Vorbem. 3 Abs. 2 VV) erhält der Anwalt zunächst einmal die Verfahrensgebühr nach Nr. 3100 VV, die sich grundsätzlich auf 1,3 beläuft. **169**

Der Verfahrenswert dieser Gebühr bemisst sich nach dem Wert der Ehesache sowie sämtlicher im Verlauf des Verfahrens anhängig gewordener und mit verglichener oder mit erörterter Folgesachen (§ 23 Abs. 1 S. 1 RVG i.V.m. § 44 Abs. 2 S. 2 FamGKG). **170**

Hinsichtlich der Ehesache entsteht für den Antragsteller die volle Gebühr mit Einreichung des Scheidungsantrags. Da hier ein Gegenantrag nicht erforderlich ist und in der Regel nicht gestellt wird, genügt für den Anwalt des Antragsgegners die Zustimmung zum Scheidungsantrag, um die volle Gebühr auszulösen. Ebenso reicht es aus, wenn der Rechtsanwalt des Antragsgegners einen Schriftsatz mit Sachvortrag einreicht. **171**

In Amtsverfahren, wie z.B. dem Verfahren über den Versorgungsausgleich, sind Anträge nicht erforderlich. Werden sie gestellt, handelt es sich der Sache nach um „Anregungen". Dennoch lösen sie die volle Verfahrensgebühr aus, zumal schon ein Schriftsatz mit Sachvortrag ausreicht (arg. e Nr. 3101 Nr. 1 VV).[106] Spätestens wird die volle Verfahrensgebühr hier durch die Teilnahme an einem gerichtlichen Termin ausgelöst. **172**

b) Ermäßigte Verfahrensgebühr

Die Verfahrensgebühr ermäßigt sich auf 0,8 bei **173**
- vorzeitiger Beendigung des Auftrags, bevor der Rechtsanwalt den das Verfahren einleitenden Antrag oder einen Schriftsatz, der Sachanträge, Sachvortrag, die Zurücknahme des Antrags enthält, eingereicht oder bevor er einen gerichtlichen Termin wahrgenommen hat (Nr. 3101 Nr. 1 VV),
- Protokollierung einer Einigung der Beteiligten (Nr. 3101 Nr. 2, 1. Alt. VV) oder
- Verhandeln bzw. Erörtern nicht anhängiger Gegenstände (Nr. 3101 Nr. 2, 2. Alt. VV).

Eine Ermäßigung nach Nr. 3101 Nr. 3 VV ist im Verbundverfahren nicht möglich (Anm. Abs. 2 zu Nr. 3100 VV). **174**

Beispiel 56 | **Bloße Protokollierung nicht anhängiger Gegenstände**

Im Verbundverfahren (Ehesache 9.000,00 EUR, Versorgungsausgleich 1.800,00 EUR) protokolliert der Anwalt eine von den Beteiligten selbst ohne Mitwirkung der Anwälte ausgehandelte Einigung über den Haushalt (Wert: 3.000,00 EUR).

Die **Verfahrensgebühr** entsteht aus dem Gesamtwert von Ehesache, Versorgungsausgleich und Haushalt (§ 44 Abs. 2 S. 2 FamGKG), also aus 13.800,00 EUR. Dabei entsteht aus dem Wert von Ehesache und Versorgungsausgleich die Verfahrensgebühr zu 1,3 (Nr. 3100 VV), während sich

---

[106] BGH AGS 2008 = WRP 2008, 951 = GRUR 2008, 640 = zfs 2008, 406 = NJW-RR 2008, 1093 = BGHReport 2008, 830 = Rpfleger 2008, 535 = JurBüro 2008, 428 = NJW-Spezial 2008, 379 = RVGreport 2008, 223 = AnwBl 2008, 550 = MDR 2008, 1126.

aus dem Wert des Haushalts die Verfahrensgebühr nach Nr. 3101 Nr. 2, 1. Alt. VV unter Beachtung des § 15 Abs. 3 RVG auf 0,8 ermäßigt.

Die **Terminsgebühr** entsteht nur aus dem Wert von Ehesache und Versorgungsausgleich. Das bloße Protokollieren einer Einigung der Beteiligten löst keine Terminsgebühr aus (Anm. Abs. 3 zu Nr. 3104 VV).

Eine **Einigungsgebühr** (Nr. 1000 VV) entsteht nicht, da der Anwalt an der Einigung nicht mitgewirkt hat, sondern die Beteiligten die Einigung selbst ausgehandelt und abgeschlossen haben.

1.	1,3-Verfahrensgebühr, Nr. 3100 VV (Wert: 10.800,00 EUR)		785,20 EUR
2.	0,8-Verfahrensgebühr, Nr. 3101 Nr. 2 VV (Wert: 3.000,00 EUR)		160,80 EUR
	gem. § 15 Abs. 3 RVG nicht mehr als 1,3 aus 13.800,00 EUR		845,00 EUR
3.	1,2-Terminsgebühr, Nr. 3104 VV (Wert: 10.800,00 EUR)		724,80 EUR
4.	Postentgeltpauschale, Nr. 7002 VV		20,00 EUR
	Zwischensumme	1.589,80 EUR	
5.	19 % Umsatzsteuer, Nr. 7008 VV		302,06 EUR
	Gesamt		**1.891,86 EUR**

175 Wird eine Einigung über nicht anhängige Gegenstände unter Mitwirkung des Anwalts geschlossen, entsteht ebenfalls nur die ermäßigte Verfahrensgebühr nach Nr. 3101 Nr. 2 VV. Jetzt kommen allerdings Termins- und Einigungsgebühr hinzu.

> **Beispiel 57** | **Einigung auch über nicht anhängige Gegenstände**

Wie vorangegangenes Beispiel 56; jedoch hat der Anwalt an der Einigung über den Haushalt (Wert: 3.000,00 EUR) mitgewirkt.

Die **Verfahrensgebühr** entsteht wiederum aus dem Gesamtwert von Ehesache, Versorgungsausgleich und Haushalt (§ 44 Abs. 2 S. 2 FamGKG), also aus 10.800,00 EUR. Dabei entsteht aus dem Wert von Ehesache und Versorgungsausgleich die Gebühr zu 1,3 (Nr. 3100 VV), während sich aus dem Wert des Haushalts die Verfahrensgebühr nach Nr. 3101 Nr. 1 VV auf 0,8 ermäßigt, da insoweit jetzt eine vorzeitige Beendigung gegeben ist. Zu beachten ist wiederum die Begrenzung des § 15 Abs. 3 RVG.

Die **Terminsgebühr** entsteht ebenfalls aus dem Gesamtwert, da die Anwälte hinsichtlich des Haushalts eine Besprechung zur Vermeidung eines Verfahrens geführt haben (Vorbem. 3 Abs. 3 S. 3 Nr. 2 VV) oder zumindest ein schriftlicher Vergleich geschlossen worden ist (Anm. Abs. 1 Nr. 1 zu Nr. 3104 VV).

Hinzu kommt die **1,5-Einigungsgebühr** (Nr. 1000 VV) aus dem Wert des Haushalts, da der Anwalt daran mitgewirkt hat.

1.	1,3-Verfahrensgebühr, Nr. 3100 VV (Wert: 10.800,00 EUR)		785,20 EUR
2.	0,8-Verfahrensgebühr, Nr. 3101 Nr. 1 VV (Wert: 3.000,00 EUR)		160,80 EUR
	gem. § 15 Abs. 3 RVG nicht mehr als 1,3 aus 13.800,00 EUR		845,00 EUR

3. 1,2-Terminsgebühr, Nr. 3104 VV (Wert: 13.800,00 EUR)		780,00 EUR
4. 1,5-Einigungsgebühr, Nr. 1000 VV (Wert: 3.000,00 EUR)		301,50 EUR
5. Postentgeltpauschale, Nr. 7002 VV		20,00 EUR
Zwischensumme	1.946,50 EUR	
6. 19 % Umsatzsteuer, Nr. 7008 VV		369,84 EUR
Gesamt		**2.316,34 EUR**

Nach Nr. 3101 Nr. 2, 2. Alt. 2 VV entsteht die Verfahrensgebühr ebenfalls nur zu 0,8, wenn über nicht anhängige Gegenstände lediglich verhandelt oder erörtert worden ist, ohne dass es zu einem Vergleich gekommen ist. Das kann darauf beruhen, dass das Gericht erörtert, ob eine Folgesache von Amts wegen anhängig gemacht werden soll, dass erfolglose Einigungsverhandlungen geführt worden sind oder dass ein Vergleich widerrufen worden ist. **176**

> **Beispiel 58** **Erfolglose Einigungsverhandlungen unter Einbeziehung nicht anhängiger Gegenstände**

Im Verbundverfahren (Werte: Ehesache 9.000,00 EUR, Versorgungsausgleich 1.800,00 EUR) versuchen die Beteiligten unter Mitwirkung ihrer Anwälte eine Einigung über den Zugewinn (Wert: 15.000,00 EUR) herbeizuführen. Die Einigungsverhandlungen scheitern.

Die **Verfahrensgebühr** entsteht wiederum aus dem Gesamtwert (§ 44 Abs. 2 S. 2 FamGKG) von Ehesache, Versorgungsausgleich und Zugewinn (25.800,00 EUR). Dabei entsteht aus dem Wert von Ehesache und Versorgungsausgleich die Gebühr zu 1,3 (Nr. 3100 VV), während sich aus dem Wert des Zugewinns die Verfahrensgebühr nach Nr. 3101 Nr. 2, 2. Alt. VV auf 0,8 ermäßigt, da insoweit lediglich verhandelt worden ist.

Hinzukommt die **1,2-Terminsgebühr** nach Nr. 3104 VV (Vorbem. 3 Abs. 3 S. 3 Nr. 2 VV) aus dem Gesamtwert.

Eine **Einigungsgebühr** entsteht nicht, da eine Einigung nicht zustande gekommen ist.

1. 1,3-Verfahrensgebühr, Nr. 3100 VV (Wert: 10.800,00 EUR)	785,20 EUR	
2. 0,8-Verfahrensgebühr, Nr. 3101 Nr. 2 VV (Wert: 15.000,00 EUR) gem. 15 Abs. 3 RVG nicht mehr als 1,3 aus 25.800,00 EUR	520,00 EUR	1.121,90 EUR
3. 1,2-Terminsgebühr, Nr. 3104 VV (Wert: 25.800,00 EUR)		1.035,60 EUR
4. Postentgeltpauschale, Nr. 7002 VV		20,00 EUR
Zwischensumme	2.177,50 EUR	
5. 19 % Umsatzsteuer, Nr. 7008 VV		413,73 EUR
Gesamt		**2.591,23 EUR**

Soweit eine Einigung über anhängige und nicht anhängige Folgesachen geschlossen wird, ist ebenso abzurechnen. Die Einigungsgebühr entsteht dann unter Beachtung des § 15 Abs. 3 RVG zu unterschiedlichen Sätzen. **177**

§ 28 Familiensachen

> **Beispiel 59** — Einigung über anhängige und nicht anhängige Gegenstände im gerichtlichen Termin

Wie vorangegangenes Beispiel 58. Auch über den Versorgungsausgleich wird eine Einigung erzielt.

Abzurechnen ist wie folgt:

1.	1,3-Verfahrensgebühr, Nr. 3100 VV (Wert: 25.800,00 EUR)	1.121,90 EUR
2.	1,2-Terminsgebühr, Nr. 3104 VV (Wert: 25.800,00 EUR)	1.035,60 EUR
3.	1,0-Einigungsgebühr, Nrn. 1000, 1003 VV (Wert: 1.800,00 EUR)	150,00 EUR
4.	1,5-Einigungsgebühr, Nr. 1000 VV (Wert: 15.000,00 EUR) gem. 15 Abs. 3 RVG nicht mehr als 1,5 aus 16.800,00 EUR	975,00 EUR 1.044,00 EUR
5.	Postentgeltpauschale, Nr. 7002 VV	20,00 EUR
	Zwischensumme	3.221,50 EUR
6.	19 % Umsatzsteuer, Nr. 7008 VV	612,09 EUR
	Gesamt	**3.833,59 EUR**

c) Anrechnung vorangegangener Geschäftsgebühren

178 Ist dem Verbundverfahren eine Geschäftsgebühr nach Nr. 2300 VV aus der Ehesache oder einer Folgesache vorausgegangen, so ist diese hälftig, höchstens zu 0,75 auf die Verfahrensgebühr des Verbundverfahrens anzurechnen (Vorbem. 3 Abs. 4 VV).

179 Entgegen einer weit verbreiteten Ansicht kann der Anwalt auch hinsichtlich der Ehesache außergerichtlich tätig werden, etwa indem der Trennungszeitraum abgeklärt wird, indem die Voraussetzungen einer einvernehmlichen Scheidung abgeklärt oder auch nur die Trennungsvoraussetzungen geschaffen werden.

180 Besondere Anrechnungsprobleme ergeben sich insoweit, als hier oft mehrere außergerichtliche Geschäftsgebühren aus verschiedenen einzelnen außergerichtlichen Angelegenheiten auf eine einheitliche Verfahrensgebühr des Verbundverfahrens anzurechnen sind. In diesem Fall ist jede Geschäftsgebühr hälftig, höchstens zu 0,75 anzurechnen (Vorbem. 3 Abs. 4 VV). In analoger Anwendung des § 15 Abs. 3 RVG darf jedoch nicht mehr angerechnet werden als ein Betrag nach dem höchsten hälftigen Satz aus dem Gesamtwert der einzelnen Angelegenheiten.[107]

> **Beispiel 60** — Anrechnung mehrerer Geschäftsgebühren im Verbund

Der Anwalt war außergerichtlich jeweils gesondert tätig hinsichtlich des Zugewinns (Wert: 20.000,00 EUR), der Auseinandersetzung des Haushalts (Wert: 4.000,00 EUR) sowie Kindesunterhalt (Wert: 3.600,00 EUR). Abgerechnet hatte der Anwalt insoweit wie folgt:

I. Zugewinn (Wert: 20.000,00 EUR)

1.	1,0-Geschäftsgebühr, Nr. 2300 VV	742,00 EUR
2.	Postentgeltpauschale, Nr. 7002 VV	20,00 EUR
	Zwischensumme	762,00 EUR

---

[107] Siehe OLG Koblenz AGS 2009, 167 zum vergleichbaren Fall bei vorgerichtlicher Tätigkeit für mehrere Auftraggeber und einheitlichem Rechtsstreit.

3. 19 % Umsatzsteuer, Nr. 7008 VV		144,78 EUR
Gesamt		**906,78 EUR**
II. Haushalt (Wert: 4.000,00 EUR)		
1. 1,5-Geschäftsgebühr, Nr. 2300 VV		378,00 EUR
2. Postentgeltpauschale, Nr. 7002 VV		20,00 EUR
Zwischensumme	398,00 EUR	
3. 19 % Umsatzsteuer, Nr. 7008 VV		75,62 EUR
Gesamt		**473,62 EUR**
III. Unterhalt (Wert: 3.600,00 EUR)		
1. 1,3-Geschäftsgebühr, Nr. 2300 VV		327,60 EUR
2. Postentgeltpauschale, Nr. 7002 VV		20,00 EUR
Zwischensumme	347,60 EUR	
3. 19 % Umsatzsteuer, Nr. 7008 VV		66,04 EUR
Gesamt		**413,64 EUR**

Es kommt hiernach zum Scheidungsverfahren (Werte: Ehesache 6.000,00 EUR; Versorgungsausgleich 1.200,00 EUR). Zugewinn, Kindesunterhalt und Haushalt werden als Folgesache anhängig gemacht.

Es wird jeweils die vorgerichtlich entstandene Geschäftsgebühr hälftig, höchstens zu 0,75 angerechnet, jedoch nicht mehr als ein Betrag nach dem höchsten hälftigen Gebührensatz (also 0,75) aus dem Gesamtwert von 27.600,00 EUR:

IV. Verbundverfahren (Wert: 34.800,00 EUR)		
1. 1,3-Verfahrensgebühr, Nr. 3100 VV		1.219,40 EUR
2. gem. Vorbem. 3 Abs. 4 VV anzurechnen		
– 0,5 aus 20.000,00 EUR	– 371,00 EUR	
– 0,75 aus 4.000,00 EUR	– 189,00 EUR	
– 0,65 aus 3.600,00 EUR	– 163,80 EUR	
analog § 15 Abs. 3 RVG nicht mehr als 0,75 aus 27.600,00 EUR		– 647,25 EUR
3. 1,2-Terminsgebühr, Nr. 3104 VV		1.125,60 EUR
4. Postentgeltpauschale, Nr. 7002 VV		20,00 EUR
Zwischensumme	1.717,76 EUR	
5. 19 % Umsatzsteuer, Nr. 7008 VV		326,37 EUR
Gesamt		**2.044,13 EUR**

Anzurechnen ist auch dann, wenn im Verbundverfahren die Verfahrensgebühr nur mit dem ermäßigten Satz von 0,8 angefallen ist.

Beispiel 61	Anrechnung mehrerer Geschäftsgebühren im Verbund

Wie vorangegangenes Beispiel 60; im Scheidungsverfahren wird die Folgesache Zugewinn anhängig gemacht. Über Haushalt und Umgangsrecht werden im Termin Vergleichsverhandlungen geführt. Eine Einigung kommt allerdings nicht zustande.

Abzurechnen ist wie folgt:

1. 1,3-Verfahrensgebühr, Nr. 3100 VV (Wert: 27.200,00 EUR)	1.121,90 EUR
2. gem. Vorbem. 3 Abs. 4 VV anzurechnen, 0,5 aus 20.000,00 EUR	– 371,00 EUR
3. 0,8-Verfahrensgebühr, Nrn. 3100, 3101 Nr. 2 VV (Wert: 7.600,00 EUR)	364,80 EUR

§ 28 Familiensachen

4. gem. Vorbem. 3 Abs. 4 VV anzurechnen		
– 0,75 aus 4.000,00 EUR	– 189,00 EUR	
– 0,65 aus 3.600,00 EUR	– 163,80 EUR	
analog § 15 Abs. 3 RVG nicht mehr als 0,75 aus 7.600,00 EUR		– 342,00 EUR
5. 1,2-Terminsgebühr, Nr. 3104 VV (Wert: 34.800,00 EUR)		1.125,60 EUR
6. Postentgeltpauschale, Nr. 7002 VV		20,00 EUR
Zwischensumme	1.919,30 EUR	
7. 19 % Umsatzsteuer, Nr. 7008 VV		364,67 EUR
Gesamt		**2.283,97 EUR**

182 Ein weiteres Anrechnungsproblem kann sich wegen der unterschiedlichen Gegenstandswerte ergeben, wenn der Anwalt in einer Kindschaftssache außergerichtlich tätig war und diese dann als Folgesache im Verbund anhängig gemacht wird. Insoweit gilt Vorbem. 3 Abs. 4 S. 5 VV entsprechend. Angerechnet wird nur nach dem Wert der Folgesache, es sei denn, der Wert der vorgerichtlichen Tätigkeit ist ausnahmsweise geringer. Dann gilt nur der geringere Wert.

Beispiel 62 | **Anrechnung mehrerer Geschäftsgebühren im Verbund**

Der Anwalt war außergerichtlich hinsichtlich des Umgangsrechts tätig und hat ausgehend von dem Regelwert des § 45 Abs. 1 Nr. 2 FamGKG wie folgt abgerechnet:

I. Umgangsrecht (Wert: 3.000,00 EUR)		
1. 1,3-Geschäftsgebühr, Nr. 2300 VV		261,30 EUR
2. Postentgeltpauschale, Nr. 7002 VV		20,00 EUR
Zwischensumme	281,30 EUR	
3. 19 % Umsatzsteuer, Nr. 7008 VV		53,45 EUR
Gesamt		**334,75 EUR**

Es kommt hiernach zum Scheidungsverfahren (Werte: Ehesache 6.000,00 EUR; Versorgungsausgleich 1.200,00 EUR). Das Umgangsrecht wird als Folgesache anhängig gemacht. Der Wert der Folgesache Umgangsrecht wird gem. § 44 Abs. 2 S. 1 FamGKG auf 1.200,00 EUR festgesetzt.

Die vorgerichtlich entstandene Geschäftsgebühr wird jetzt hälftig nur aus dem Wert des gerichtlichen Verfahrens angerechnet, also nur, soweit sie aus 1.200,00 EUR angefallen wäre.

Abzurechnen ist wie folgt:

II. Verbundverfahren (Wert: 8.400,00 EUR)		
1. 1,3-Verfahrensgebühr, Nr. 3100 VV		659,10 EUR
2. gem. Vorbem. 3 Abs. 4 VV anzurechnen, 0,65 aus 1.200,00 EUR		– 74,75 EUR
3. 1,2-Terminsgebühr, Nr. 3104 VV		608,40 EUR
4. Postentgeltpauschale, Nr. 7002 VV		20,00 EUR
Zwischensumme	1.212,75 EUR	
5. 19 % Umsatzsteuer, Nr. 7008 VV		230,42 EUR
Gesamt		**1.443,17 EUR**

3. Terminsgebühr

183 Neben der Verfahrensgebühr entsteht gem. Vorbem. 3 Abs. 3 VV eine Terminsgebühr nach Nr. 3104 VV.

184 In der Ehesache und in Folgesachen ist eine Terminsgebühr nach Anm. 1 S. 1 zu Nr. 3104 VV bei einer Entscheidung im schriftlichen Verfahren oder bei Abschluss eines schriftlichen Vergleichs möglich, da nach §§ 113 Abs. 1 S. 2, 137 Abs. 1 FamFG, § 128 Abs. 1 ZPO eine mündliche Verhandlung vorgeschrieben ist.[108]

In der Ehesache und in Folgesachen, die als isolierte Verfahren Familienstreitsachen wären, kommt auch eine Ermäßigung der Terminsgebühr nach Nr. 3105 VV in Betracht. **185**

4. Einigungsgebühr

Darüber hinaus kann der Anwalt auch eine Einigungsgebühr (Nr. 1000 VV) verdienen. Die Höhe der Einigungsgebühr hängt davon ab, ob die Einigung über anhängige Gegenstände getroffen wird (1,0 nach Nr. 1003 VV) oder über nicht anhängige Gegenstände (1,0 nach Nr. 1003 VV). Gegebenenfalls ist § 15 Abs. 3 RVG zu beachten. **186**

Zu den Voraussetzungen der Einigungsgebühr wird auf die Darstellung der isolierten Verfahren Bezug genommen, insbesondere zum Versorgungsausgleich. **187**

Aus der **Ehesache** selbst kann die Einigungsgebühr allerdings nicht entstehen (Anm. Abs. 5 S. 1 zu Nr. 1000 VV). Soweit also eine Einigung über Folgesachen geschlossen wird, bleibt der Wert der Ehesache außer Ansatz (Anm. Abs. 5 S. 2 zu Nr. 1000 VV). In der Ehesache kommt stattdessen eine Aussöhnungsgebühr nach Nr. 1001 VV in Betracht (siehe Rn 189 ff.) **188**

5. Aussöhnungsgebühr

Kommt es zu einer **Aussöhnung der Eheleute**, an der der Anwalt mitgewirkt hat, so entsteht nach Nrn. 1001, 1003 VV eine 1,0-Aussöhnungsgebühr. **189**

| Beispiel 63 | Verbundverfahren mit Aussöhnung |

Im Verbundverfahren (Werte: Ehesache 6.000,00 EUR; Versorgungsausgleich 1.200,00 EUR) söhnen sich die Beteiligten unter Mitwirkung der beteiligten Anwälte aufgrund außergerichtlicher Verhandlungen aus.

Neben der Verfahrensgebühr aus dem Gesamtwert entsteht jetzt nur eine Terminsgebühr aus dem Wert der Ehesache, da nur insoweit gem. Vorbem. 3. Abs. 3 VV Besprechungen geführt worden sind. Hinzukommt eine 1,0-Aussöhnungsgebühr nach Nrn. 1001, 1003 VV.

1. 1,3-Verfahrensgebühr, Nr. 3100 VV 592,80 EUR
   (Wert: 7.200,00 EUR)
2. 1,2-Terminsgebühr, Nr. 3104 VV 424,80 EUR
   (Wert: 6.000,00 EUR)
3. 1,0-Aussöhnungsgebühr, Nr. 1001 VV 354,00 EUR
   (Wert: 6.000,00 EUR)
4. Postentgeltpauschale, Nr. 7002 VV 20,00 EUR
   Zwischensumme 1.391,60 EUR
5. 19 % Umsatzsteuer, Nr. 7008 VV 264,40 EUR
   Gesamt **1.656,00 EUR**

---

108 OLG Stuttgart AGS 2008, 594 = FamRZ 2009, 145 = OLGR 2009, 155 = Justiz 2009, 104.

§ 28 Familiensachen

> **Beispiel 64** Verbundverfahren mit Aussöhnung und weiterer Einigung

Im Verbundverfahren (Werte: Ehesache: 6.000,00 EUR; Versorgungsausgleich 1.200,00 EUR) versöhnen sich die Beteiligten im Termin und treffen vorsorglich eine Einigung betreffend das gemeinsame Hausgrundstück (Wert: 20.000,00 EUR).

Hinzukommt jetzt noch eine 1,5-Einigungsgebühr aus dem Wert des Hausgrundstücks. Eine Begrenzung der Gebühren nach § 15 Abs. 3 RVG aus Nrn. 1000, 1003 VV einerseits, aus Nr. 1001 VV andererseits auf den Gesamtwert von Grundstück und Ehesache kommt nicht in Betracht.[109]

1.	1,3-Verfahrensgebühr, Nr. 3100 VV (Wert: 7.200,00 EUR)	592,80 EUR
2.	0,8-Verfahrensgebühr, Nrn. 3100, 3101 VV (Wert: 20.000,00 EUR)	593,60 EUR
	gem. 15 Abs. 3 RVG nicht mehr als 1,3 aus 27.200,00 EUR	1.121,90 EUR
3.	1,2-Terminsgebühr, Nr. 3104 VV (Wert: 27.200,00 EUR)	1.035,60 EUR
4.	1,0-Aussöhnungsgebühr, Nrn. 1001, 1003 VV (Wert: 6.000,00 EUR)	354,00 EUR
5.	1,5-Einigungsgebühr, Nr. 1000 VV (Wert: 20.000,00 EUR)	1.113,00 EUR
6.	Postentgeltpauschale, Nr. 7002 VV	20,00 EUR
	Zwischensumme	3.644,45 EUR
7.	19 % Umsatzsteuer, Nr. 7008 VV	692,46 EUR
	Gesamt	**4.336,96 EUR**

6. Verfahrenswert

a) Überblick

190 Der Verfahrenswert eines Scheidungsverbundverfahrens bemisst sich nach der Summe der Werte von Ehe- und Folgesachen (§ 44 Abs. 2 S. 2 FamGKG). Die Werte von Ehe- und Folgesachen sind zunächst gesondert zu bewerten und dann zusammenzurechnen. Für die Ehesache und die einzelnen Folgesachen gelten dabei die Wertvorschriften, die für die isolierten Verfahren gelten (siehe Rn 33 ff.). Lediglich für die Kindschaftssachen ist im Verbundverfahren ein von den isolierten Verfahren abweichender Wert vorgesehen (siehe Rn 195 f.).

b) Ehesache

191 Der Wert der Ehesache richtet sich nach § 43 FamGKG (siehe Rn 59). Werden wechselseitige Scheidungsanträge gestellt, handelt es sich um denselben Gegenstand i.S.d. § 39 Abs. 1 S. 3 FamGKG, so dass nicht addiert wird.

192 Wird allerdings einerseits die Scheidung beantragt, im Wege des Widerantrags die Aufhebung der Ehe oder umgekehrt, ist zu addieren (§ 38 Abs. 1 S. 1 FamGKG).[110] Gleiches gilt, wenn primär die Aufhebung und hilfsweise die Scheidung beantragt wird (§ 38 Abs. 1 S. 2 FamGKG).

---

[109] *N. Schneider*, ZFE 2006, 429.
[110] OLG Zweibrücken AGS 2002, 38 u. 156 = OLGR 2001, 492 = FamRZ 2002, 255 = EzFamR aktuell 2002, 43.

c) Versorgungsausgleich

Der Wert eines Versorgungsausgleichsverfahrens richtet sich nach § 50 FamGKG. Für jedes auszugleichende Anrecht sind 10 % des in drei Monaten erzielten Nettoeinkommens beider Ehegatten anzusetzen (§ 50 S. 1 FamGKG). Der Wert beträgt gem. § 50 Abs. 1 S. 2 FamGKG insgesamt mindestens 1.000,00 EUR. (Zu Einzelheiten siehe Rn 140 ff.) **193**

Bei der Ermittlung des maßgeblichen Nettoeinkommens der Ehegatten ist auf den Zeitpunkt der Einreichung des Scheidungsantrags abzustellen.[111] **194**

d) Kindschaftssachen

Für Kindschaftssachen als Folgesachen (Umgang, Elterliche Sorge und Kindesherausgabe) enthält § 44 Abs. 2 S. 1, Abs. 3 FamGKG eine spezielle Regelung. Es gilt also nicht § 45 FamGKG, der lediglich für selbstständige Kindschaftssachen maßgeblich ist. **195**

Der Regelwert beträgt gem. § 44 Abs. 2 S. 1 FamGKG 20 % des Werts der Ehesache, höchstens jedoch 3.000,00 EUR. Eine Abweichung vom Regelwert ist möglich (§ 44 Abs. 3 FamGKG). **196**

Sind **mehrere Kinder** betroffen, ist nur von einem Gegenstand auszugehen (§ 44 Abs. 2 S. 1 Hs. 2 FamGKG). Auch bei **wechselseitigen Anträgen zur selben Kindschaftssache**, bleibt es ebenfalls beim einfachen Wert (§ 39 Abs. 1 S. 1, 3 FamGKG), der lediglich nach § 44 Abs. 3 FamGKG angehoben werden kann. **197**

Sind dagegen mehrere Kindschaftssachen Teil des Verbundverfahrens, dann sind diese einzeln zu bewerten und zusammenzurechnen. **198**

> **Beispiel 65** | **Verbundverfahren mit mehreren Kindschaftssachen**
>
> **Die Ehefrau beantragt die Übertragung der elterlichen Sorge. Der Ehemann stellt einen Antrag zum Umgangsrecht.**
>
> Es liegen zwei verschiedene Kindschaftssachen vor, die jeweils nach § 44 Abs. 2 S. 1 FamGKG gesondert zu bewerten sind, so dass sich hier der Wert der Ehesache – vorbehaltlich § 44 Abs. 3 FamGKG – für jede Kindschaftssache um 20 % erhöht, insgesamt also um 40 %.

Zur Abtrennung einer Kindschaftssache aus dem Verbund siehe Rn 220 ff.; zur Aufnahme einer Kindschaftssache in den Verbund siehe Rn 225. **199**

e) Zugewinnausgleich

Der Antrag auf Zugewinnausgleich ist eine Geldforderung und damit nach § 35 FamGKG zu bewerten. Zur Bewertung von gleichzeitigen Anträgen aus Stundung oder auf Übertragung bestimmter Vermögensgegenstände siehe Rn 164 ff. Zu sonstigen Einzelheiten siehe Rn 156 ff. **200**

Im Falle eines Stufenantrags gilt § 38 FamGKG (siehe Rn 165 sowie § 14 Rn 87 ff.). **201**

---

111 OLG Brandenburg AGS 2014, 188 = MDR 2013, 1043 = FamRZ 2013, 2009 = FuR 2013, 721.

f) Ehewohnungssache

202 Wird die Überlassung der Ehewohnung beantragt, gilt nach § 48 Abs. 1, 1. Alt. FamGKG ein Regelwert in Höhe von 4.000,00 EUR, der nach § 48 Abs. 3 FamGKG bei Unbilligkeit höher oder niedriger festgesetzt werden kann. (Siehe auch Rn 65 ff.)

g) Haushaltsverfahren

203 Für Verfahren auf Überlassung von Haushaltsgegenständen gilt nach § 48 Abs. 2, 2. Alt FamGKG ein Regelwert von 3.000,00 EUR, der nach § 48 Abs. 3 FamGKG bei Unbilligkeit höher oder niedriger festgesetzt werden kann. (Siehe auch Rn 83 ff.)

h) Kindesunterhalt

204 Für die Folgesache Kindesunterhalt gilt zunächst § 35 FamGKG. Da der nacheheliche Unterhalt als wiederkehrende Leistung geltend gemacht wird, gilt ergänzend § 51 Abs. 1 FamGKG. Maßgebend ist der Betrag der auf die Rechtskraft der Scheidung folgenden zwölf Monate, soweit nicht ein geringerer Betrag geltend gemacht wird (§ 51 Abs. 1 S. 1 FamGKG).

205 Werden Ansprüche nach §§ 1612a bis 1612c BGB geltend gemacht, ist der Monatsbetrag des zum Zeitpunkt der Einreichung des Antrags geltenden Mindestunterhalts nach der zu diesem Zeitpunkt maßgebenden Altersstufe zugrunde zu legen (§ 51 Abs. 1 S. 2 FamGKG).

206 Wird im Wege des Stufenantrags auf Auskunft und/oder eidesstattliche Versicherung und Zahlung vorgegangen, gilt § 38 FamGKG. Maßgebend ist nur der Wert des höheren Antrags, in der Regel der des Zahlungsantrags.

207 Fällige Beträge, die nach § 51 Abs. 2 FamGKG hinzuzurechnen wären, können sich grundsätzlich nicht ergeben, da im Verbund Unterhalt nur für die Zeit nach der rechtskräftigen Scheidung verlangt werden kann. Werden unzulässigerweise auch fällige Beträge verlangt, sind sie allerdings zu bewerten (siehe Rn 214).

i) Ehegattenunterhalt

208 Für den Ehegattenunterhalt gelten ebenfalls die §§ 35, 51 Abs. 1 FamGKG. Abzustellen ist auf die der Rechtskraft der Scheidung folgenden zwölf Monate, soweit nicht ein geringerer Betrag geltend gemacht wird (§ 51 Abs. 1 S. 1 FamGKG).

209 Wird im Wege des Stufenantrags auf Auskunft und/oder eidesstattliche Versicherung und Zahlung vorgegangen, gilt § 38 FamGKG. Maßgebend ist nur der Wert des höheren Antrags, in der Regel der des Zahlungsantrags.

210 Fällige Beträge, die nach § 51 Abs. 2 FamGKG hinzuzurechnen wären, können sich grundsätzlich nicht ergeben, da im Verbund Unterhalt nur für die Zeit nach der rechtskräftigen Scheidung verlangt werden kann. Werden unzulässiger Weise auch fällige Beträge verlangt, sind sie allerdings zu bewerten (siehe Rn 214).

j) Vergleichsmehrwerte

Wird im Verbundverfahren eine Einigung (auch) über nicht anhängige Gegenstände geschlossen – insbesondere über Ansprüche, die Gegenstand einer Folgesache sein könnten –, so erhöht sich der Gegenstandswert der anwaltlichen Tätigkeit, wobei sich aus dem Mehrwert allerdings bei der Verfahrensgebühr ein geringerer Satz (0,8 nach Nr. 3101 VV) und bei der Einigungsgebühr ein höherer Satz (1,5 nach Nr. 1000 VV) ergeben kann. Der Mehrwert für den Vergleich richtet sich nach den allgemeinen Wertvorschriften. Maßgebend ist der insoweit für die Gerichtsgebühren festgesetzte Wert (§ 32 Abs. 1 RVG). 211

Wird eine Kindschaftssache im Wege eines Folgenvergleichs geregelt, so gilt nicht der Wert des § 44 Abs. 2 S. 1 FamGKG, sondern der Wert des § 45 FamGKG. Die Regelung des § 44 Abs. 2 S. 1 FamGKG gilt nur für die Fälle, in denen eine oder mehrere der in § 137 Abs. 3 FamFG genannten Kindschaftssachen Folgesache i.S.d. § 137 FamFG geworden sind. Zu einer Folgesache wird eine Kindschaftssache aber nur dadurch, dass ein Ehegatte vor Schluss der mündlichen Verhandlung im ersten Rechtszug in der Scheidungssache einen Antrag auf Durchführung des Verfahrens im Verbund stellt (§ 137 Abs. 3 FamFG). Das ist aber wiederum nicht der Fall, wenn die Beteiligten lediglich einen Vergleich abschließen. Dass ein Gegenstand durch Vergleichsabschluss zur Folgesache wird, sehen weder das FamFG noch das FamGKG vor.[112] 212

| Beispiel 66 | Folgenvereinbarung über Umgangsrecht |

Im Verbundverfahren (Werte: Ehesache 6.000,00 EUR, Versorgungsausgleich 1.200,00 EUR) einigen sich die Beteiligten im gerichtlichen Termin unter Mitwirkung ihrer Anwälte nach Verhandlungen über das Umgangsrecht.

Der Wert des Umgangsrechts richtet sich nach § 45 Abs. 1 Nr. 2 FamGKG und beläuft sich auf 3.000,00 EUR.

Es entstehen eine 1,3-Verfahrensgebühr aus den Werten von Ehesache und Versorgungsausgleich (7.200,00 EUR) sowie unter Beachtung des § 15 Abs. 3 RVG eine 0,8-Verfahrensdifferenzgebühr aus 3.000,00 EUR. Hinzu kommt eine 1,2-Terminsgebühr aus dem Gesamtwert von 10.200,00 EUR sowie eine 1,5-Einigungsgebühr aus 3.000,00 EUR.

1. 1,3-Verfahrensgebühr, Nr. 3100 VV 592,80 EUR
   (Wert: 7.200,00 EUR)
2. 0,8-Verfahrensgebühr, Nrn. 3100, 3101 VV 160,80 EUR
   (Wert: 3.000,00 EUR)
   die Grenze des § 15 Abs. 3 RVG, nicht mehr als 1,3 aus
   10.200,00 EUR (785,20 EUR) ist nicht überschritten
3. 1,2-Terminsgebühr, Nr. 3104 VV 724,80 EUR
   (Wert: 10.200,00 EUR)
4. 1,5-Einigungsgebühr, Nr. 1000 VV 301,50 EUR
   (Wert: 3.000,00 EUR)
5. Postentgeltpauschale, Nr. 7002 VV 20,00 EUR
   Zwischensumme 1.799,90 EUR
6. 19 % Umsatzsteuer, Nr. 7008 VV 341,98 EUR
   Gesamt **2.141,88 EUR**

---

112 *Schneider/Thiel*, Gegenstandswert einer Folgenvereinbarung über Kindschaftssachen, FamFR 2010, 529.

k) Verhandlungen über nicht anhängige Gegenstände

213 Werden im Verbundverfahren über nicht anhängige Gegenstände – insbesondere über potentielle Folgesachen – lediglich Verhandlungen geführt, ohne dass es zu einer Einigung kommt, entstehen dem Anwalt dafür Gebühren, nämlich eine 0,8-Verfahrensgebühr nach Nrn. 3100, 3101 Nr. 2, 2. Alt. VV sowie eine Terminsgebühr nach Nr. 3104 VV (Vorbem. 3 Abs. 3 S. 3 Nr. 2 VV). Das Gericht muss daher auf Antrag nach § 33 Abs. 1 RVG insoweit einen Wert für die Anwaltsgebühren festsetzen.[113]

l) Unzulässige Anträge

214 Werden im Verbundverfahren unzulässige Anträge gestellt, also zu Gegenständen, die nicht Verbundsache sein können, etwa isolierte Auskunftsanträge oder fällige Unterhaltsbeträge, sind deren Werte gleichwohl zu berücksichtigen.[114]

7. Abrechnungshilfe

215 Abrechnungsprobleme in Verbundverfahren bestehen häufig darin, nach Beendigung des Verfahrens noch den Überblick zu behalten, welche Gebühren nach welchen Verfahrenswerten angefallen sind. Insoweit ist zu empfehlen, sich als Arbeitshilfe eine Tabelle anzufertigen, die einerseits nach den in Betracht kommenden Gebührentatbeständen aufgeteilt ist und andererseits nach Ehe- und Folgesachen unterscheidet. In diese Tabelle können dann zunächst die jeweiligen einzelnen Verfahrenswerte der Ehe- und Folgesachen zu den jeweiligen Gebührentatbeständen eingesetzt werden, so dass anschließend einfach der Gesamtwert zu jeder Gebühr ermittelt werden kann.

> **Beispiel 67** | **Umfangreiches Verbundverfahren**
>
> Im Verbundverfahren (Ehesache Wert: 12.000,00 EUR – beiderseitiges Monatseinkommen 4.000,00 EUR) wird von der Ehefrau ein Antrag zum Sorgerecht und vom Ehemann ein Antrag zum Umgangsrecht gestellt. Der Ehemann nimmt seinen Antrag vor Verhandlung wieder zurück. In der ersten mündlichen Verhandlung war über einen Stufenantrag nachehelicher Unterhalt (Werte: Zahlung 6.000,00 EUR; Auskunft 1.200,00 EUR) ein Versäumnisbeschluss über die Auskunft ergangen. Der Zahlungsantrag wird nach Auskunftserteilung zurückgenommen. Im zweiten Termin wird verhandelt und eine Folgenvereinbarung geschlossen über den Versorgungsausgleich (je eine Anwartschaft der Eheleute) und nach Verhandlung auch über eine Zugewinnausgleichsforderung in Höhe von 30.000,00 EUR. Darüber hinaus wird der nicht anhängige Kindesunterhalt in Höhe von 300,00 EUR/monatlich, über den sich die Beteiligten bereits selbst geeinigt hatten, protokolliert. Schließlich hatte der Anwalt noch den Auftrag zu einem Antrag auf Überlassung der Ehewohnung; zur Einreichung des Antrags ist es jedoch nicht mehr gekommen.

---

113 AG Siegburg AGS 2008, 361.
114 OLG Stuttgart AGS 2012, 33 = Justiz 2012, 88 = FamRZ 2012, 393 = FamFR 2012, 16 = RVGprof. 2012, 38 = FamRB 2012, 214.

Angefallen sind eine 1,3-Verfahrensgebühr, eine 0,8-Verfahrensgebühr, eine 1,2-Terminsgebühr, eine 0,8-Terminsgebühr, eine 1,0-Einigungsgebühr und eine 1,5-Einigungsgebühr. Die Probleme in solchen umfangreichen Verfahren bestehen i.d.R. darin, für die entsprechenden Gebühren die zutreffenden Werte zu ermitteln.

Der Gegenstandswert für die 1,3-Verfahrensgebühr (Nr. 3100 VV) berechnet sich aus Ehesache (12.000,00 EUR) + Sorgerecht (2.400,00 EUR) + Umgangsrecht (2.400,00 EUR) + Versorgungsausgleich (2.400,00 EUR) + Ehegattenunterhalt (6.000,00 EUR) + Zugewinn (30.000,00 EUR) =	55.200,00 EUR
Der Gegenstandswert für die 0,8-Verfahrensgebühr nach Nr. 3101 VV berechnet sich aus Kindesunterhalt (3.600,00 EUR) + Haushalt (4.000,00 EUR) =	7.600,00 EUR.
Der Gegenstandswert für die 1,2-Terminsgebühr (Nr. 3104 VV) berechnet sich aus Scheidung (12.000,00 EUR) + Versorgungsausgleich (2.400,00 EUR) + Sorgerecht (2.400,00 EUR) + Zugewinnausgleich (30.000,00 EUR) =	46.800,00 EUR.
Für die 0,5-Terminsgebühr (Nr. 3105 VV) ist nur der Wert des Auskunftsantrags zum Ehegattenunterhalt maßgebend =	1.200,00 EUR.
Der Gegenstandswert für die 1,0-Einigungsgebühr berechnet sich nur aus dem Wert des Versorgungsausgleichs =	2.400,00 EUR.
Der Gegenstandswert für die 1,5-Einigungsgebühr berechnet sich aus dem Wert von Zugewinnausgleich (30.000,00 EUR) =	30.000,00 EUR.

Übersichtlicher lässt sich dies mit nachstehendem Abrechnungsschema darstellen:

	1,3-Verfahrensgebühr (Nr. 3100 VV)	0,8-Verfahrensgebühr (Nr. 3101 VV)	1,2-Terminsgebühr (Nr. 3104 VV)	0,5-Terminsgebühr (Nr. 3105 VV)	1,0-Einigungs- oder Aussöhnungsgebühr (Nrn. 1000, 1001 VV)	1,5-Einigungsgebühr (Nrn. 1000, 1003 VV)
Ehesache	12.000,00 EUR		12.000,00 EUR			
Versorgungsausgleich	2.400,00 EUR		2.400,00 EUR		2.400,00 EUR	
Sorgerecht	2.400,00 EUR		2.400,00 EUR			
Umgangsrecht	2.400,00 EUR					
Unterhalt Ehegatte	6.000,00 EUR			1.200,00 EUR		
Unterhalt Kind		3.600,00 EUR				
Zugewinn	30.000,00 EUR		30.000,00 EUR			30.000,00 EUR
Ehewohnung		4.000,00 EUR				
Haushalt						
Gesamtwert	55.200,00 EUR	7.600,00 EUR	46.800,00 EUR	1.200,00 EUR	2.400,00 EUR	30.000,00 EUR

Damit ergibt sich folgende Gebührenberechnung:

1.	1,3-Verfahrensgebühr, Nr. 3100 VV (Wert: 55.200,00 EUR)	1.622,40 EUR	
2.	0,8-Verfahrensgebühr, Nrn. 3100, 3101 Nr. 1 VV (Wert: 7.600,00 EUR)	364,80 EUR	
	gem. § 15 Abs. 3 RVG nicht mehr als 1,3 aus 62.800,00 EUR		1.622,40 EUR
3.	1,2-Terminsgebühr, Nr. 3104 VV (Wert: 46.800,00 EUR)	1.395,60 EUR	
4.	0,5-Terminsgebühr, Nrn. 3104, 3105 VV (Wert: 1.200,00 EUR)	57,50 EUR	
	gem. § 15 Abs. 3 RVG nicht mehr als 1,2 aus 48.000,00 EUR		1.395,60 EUR
5.	1,0-Einigungsgebühr, Nrn. 1000, 1003 VV (Wert: 2.400,00 EUR)	201,00 EUR	
6.	1,5-Einigungsgebühr, Nr. 1000 VV (Wert: 30.000,00 EUR)	1.294,50 EUR	
	gem. § 15 Abs. 3 RVG nicht mehr als 1,5 aus 32.400,00 EUR		1.407,00 EUR
7.	Postentgeltpauschale, Nr. 7002 VV		20,00 EUR
	Zwischensumme	4.445,00 EUR	
8.	19 % Umsatzsteuer, Nr. 7008 VV		844,55 EUR
Gesamt			**5.289,55 EUR**

8. Abtrennung aus dem Verbund

a) Überblick

216 Wird eine Folgesache aus dem Verbund abgetrennt (§ 140 FamFG), so kann dies zur Auflösung des Verbunds führen, so dass das abgetrennte Verfahren seine Eigenschaft als Folgesache verliert und als isolierte Familiensache fortgeführt wird. Die Vorschrift des § 16 Nr. 4 RVG gilt dann ebenso wenig wie die des § 44 Abs. 1 FamGKG. Eine Verfahrenstrennung nach § 20 FamFG ist allerdings nicht möglich. Dies würde dem Prinzip des Verbundverfahrens widersprechen.

b) Grundsatz: Keine Lösung aus dem Verbund

217 Grundsätzlich erfolgt im Falle der Abtrennung einer Folgesache keine Lösung aus dem Verbund. Das abgetrennte Verfahren bleibt Folgesache (§ 137 Abs. 5 S. 1 FamFG). Kostenrechtlich hat die Abtrennung in diesen Fällen also keine Auswirkungen, abgesehen davon, dass Teilfälligkeiten eintreten können (§ 8 Abs. 1 S. 2 RVG).

218 Für die Anwaltsgebühren gilt unbeschadet einer Abtrennung, die keine Lösung aus dem Verbund zur Folge hat, weiterhin § 16 Nr. 4 RVG. Das gesamte Verbundverfahren ist eine Angelegenheit und kann nur einheitlich abgerechnet werden.

219 Am Verfahrenswert ändert sich nichts. Es bleibt bei der einheitlichen Bewertung nach § 44 Abs. 2 S. 2 FamGKG.

Beispiel 68	Abtrennung ohne Auflösung des Verbunds (Unterhalt)

Während des Scheidungsverfahrens wird, nachdem bereits verhandelt worden war, die Folgesache Kindesunterhalt nach § 140 Abs. 1 S. 1 FamFG wegen Eintritts der Volljährigkeit

abgetrennt (Werte: Ehesache 6.000,00 EUR; Versorgungsausgleich 1.200,00 EUR; Kindesunterhalt 3.600,00 EUR).

Es gilt § 137 Abs. 2 Nr. 2, Abs. 5 S. 1 FamFG. Die Unterhaltssache bleibt Folgesache. Es besteht kein Wahlrecht. Insgesamt ist wie bei einer einheitlichen Entscheidung abzurechnen.

An dem Verfahrenswert ändert sich ebenfalls nichts. Es bleibt bei der einheitlichen Bewertung nach § 44 Abs. 2 S. 2 FamGKG.

1.	1,3-Verfahrensgebühr, Nr. 3100 VV (Wert: 10.800,00 EUR)	785,20 EUR
2.	1,2-Terminsgebühr, Nr. 3104 VV (Wert: 10.800,00 EUR)	724,80 EUR
3.	Postentgeltpauschale, Nr. 7002 VV	20,00 EUR
	Zwischensumme 1.530,00 EUR	
4.	19 % Umsatzsteuer, Nr. 7008 VV	290,70 EUR
Gesamt		**1.820,70 EUR**

Beispiel 69 | **Abtrennung ohne Auflösung des Verbunds (Versorgungsausgleich)**

Im Scheidungstermin wird der Versorgungsausgleich abgetrennt (Werte: Ehesache 6.000,00 EUR; Versorgungsausgleich 1.200,00 EUR).

Es gilt § 137 Abs. 2 Nr. 1, Abs. 5 S. 1 FamFG. Der Versorgungsausgleich bleibt Folgesache.[115] Über die Ehesache wird lediglich vorweg entschieden.

1.	1,3-Verfahrensgebühr, Nr. 3100 VV (Wert: 7.200,00 EUR)	592,80 EUR
2.	1,2-Terminsgebühr, Nr. 3104 VV (Wert: 7.200,00 EUR)	547,20 EUR
3.	Postentgeltpauschale, Nr. 7002 VV	20,00 EUR
	Zwischensumme 1.160,00 EUR	
4.	19 % Umsatzsteuer, Nr. 7008 VV	220,40 EUR
Gesamt		**1.380,40 EUR**

c) Ausnahme: Lösung aus dem Verbund

Kommt es im Falle einer Abtrennung zur Auflösung des Verbunds, wird die abgetrennte Folgesache also zu einer selbstständigen Familiensache, hat dies auch kostenrechtliche Konsequenzen. Der gebührenrechtliche Verbund (§ 16 Nr. 4 RVG; § 44 Abs. 1 FamGKG) wird aufgelöst. 220

Nicht eindeutig geregelt ist, ob für das abgetrennte Verfahren ein gesonderter Verfahrenskostenhilfeantrag und eine gesonderte Bewilligung und Beiordnung erforderlich ist oder ob sich eine für das Verbundverfahren bewilligte Verfahrenskostenhilfe auf das abgetrennte Verfahren erstreckt. Die Rspr. lehnt eine Erstreckung grundsätzlich ab.[116] Daher sollte vorsorglich ein neuer Antrag auf Bewilligung von Verfahrenskostenhilfe gestellt werden. 221

---

115 OLG Nürnberg AGS 2013, 386 = MDR 2013, 1042 = FamFR 2013, 400 = NJW-Spezial 2013, 637.
116 OLG Braunschweig AGS 2003, 167 m. abl. Anm. *N. Schneider* = OLGR 2003, 5 = ZFE 2003, 56; OLG Naumburg FamRZ 2001, 1469 = BRAGOreport 2001, 189 = EzFamR aktuell 2001, 269 = FamRB 2002, 44; BGH AGS 2011, 167 = NJW 2011, 1141 = FamRZ 2011, 635 = MDR 2011, 442 = FF 2011, 205 = JurBüro 2011, 298 = FPR 2012, 286 = NJW-Spezial 2011, 219 = FamRB 2011, 104 = NJW-Spezial 2011, 230 = FamFR 2011, 177 = RVGreport 2011, 193 = Familienrecht kompakt 2011, 97 = FuR 2011, 322 = ZFE 2011, 202 = ZFE 2011, 266.

222 Eine Lösung aus dem Verbund folgt – abgesehen von dem Übergangsfall des Art. 11 Abs. 4 FGG-ReformG (siehe hierzu Rn 227 ff.) – nur
- bei Abtrennung einer **Kindschaftssache** nach § 140 Abs. 2 Nr. 3 FamFG (§ 137 Abs. 3, Abs. 5 S. 2 FamFG),
- bei Fortführung einer Folgesache nach § 141 FamFG (**Vorbehalt bei Rücknahme des Scheidungsantrags**),
- bei Fortführung einer Folgesache nach § 142 FamFG (**Vorbehalt bei Abweisung des Scheidungsantrags**).

223 Kommt es zu einer solchen Abtrennung, so dass das abgetrennte Verfahren zur selbstständigen Familiensache wird, gilt § 16 Nr. 4 RVG hinsichtlich des abgetrennten Verfahrens nicht mehr. Das abgetrennte Verfahren ist vielmehr eine selbstständige Angelegenheit i.S.d. § 15 RVG. Allerdings sind das fortgeführte Verfahren und das frühere Verfahren dieselbe Angelegenheit (§ 21 Abs. 3 RVG). Die Gebühren entstehen also aus dem Wert des abgetrennten Verfahrens nicht zweimal – einmal im Verbund und einmal im isolierten Verfahren; der Anwalt hat vielmehr ein Wahlrecht wie er abrechnet, wobei die getrennte Abrechnung i.d.R. die günstigere ist. Insoweit kann auch auf die Ausführungen zur Trennung von Verfahren (§ 14 Rn 55 ff.) Bezug genommen werden.

> **Beispiel 70** Abtrennung mit Auflösung des Verbunds, Kindschaftssache

In einem Verbundverfahren (Ehesache 6.000,00 EUR, Versorgungsausgleich 1.200,00 EUR, elterliche Sorge 1.200,00 EUR) wird nach mündlicher Verhandlung gem. § 140 Abs. 2 Nr. 3 FamFG die Folgesache elterliche Sorge abgetrennt. Sowohl im Verbund als auch im isolierten Verfahren wird nach der Abtrennung erneut verhandelt.

Es gilt § 137 Abs. 3, Abs. 5 S. 2 FamFG. Die Kindschaftssache wird selbstständige Familiensache. Der Anwalt kann wählen, ob er gemeinsam oder getrennt abrechnet, wobei hier zu beachten ist, dass mit der Abtrennung der Kindschaftssache diese zu einer selbstständigen Familiensache wird und daher nicht mehr der Wert des § 44 Abs. 2 S. 1 FamGKG, sondern der des § 45 FamGKG gilt (siehe Rn 107).

    I. Gemeinsame Abrechnung Verbundverfahren
1. 1,3-Verfahrensgebühr, Nr. 3100 VV   659,10 EUR
   (Wert: 8.400,00 EUR)
2. 1,2-Terminsgebühr Nr. 3104 VV   608,40 EUR
   (Wert: 8.400,00 EUR)
3. Postentgeltpauschale, Nr. 7002 VV   20,00 EUR
   Zwischensumme   1.287,50 EUR
4. 19 % Umsatzsteuer, Nr. 7008 VV   244,63 EUR
   Gesamt   **1.532,13 EUR**

    II. Getrennte Abrechnung
    a) Verbundverfahren ohne elterliche Sorge
1. 1,3-Verfahrensgebühr, Nr. 3100 VV   592,80 EUR
   (Wert: 7.200,00 EUR)
2. 1,2-Terminsgebühr Nr. 3104 VV   547,20 EUR
   (Wert: 7.200,00 EUR)
3. Postentgeltpauschale, Nr. 7002 VV   20,00 EUR
   Zwischensumme   1.160,00 EUR
4. 19 % Umsatzsteuer, Nr. 7008 VV   220,40 EUR
   Gesamt   **1.380,40 EUR**

X. Verbundverfahren §28

b) Isoliertes Verfahren über elterliche Sorge
1. 1,3-Verfahrensgebühr, Nr. 3100 VV   261,30 EUR
   (Wert: 3.000,00 EUR)
2. 1,2-Terminsgebühr Nr. 3104 VV   241,20 EUR
   (Wert: 3.000,00 EUR)
3. Postentgeltpauschale, Nr. 7002 VV   20,00 EUR
   Zwischensumme   522,50 EUR
4. 19 % Umsatzsteuer, Nr. 7008 VV   99,28 EUR
Gesamt   **621,78 EUR**
Gesamt II. a) + b)   **2.002,18 EUR**

Die getrennte Abrechnung ist günstiger.

Ebenso zu rechnen ist bei einer Abtrennung nach §§ 140 oder 141 FamFG.   **224**

Beispiel 71   **Abtrennung mit Auflösung des Verbunds, Kindschaftssache**

Der Scheidungsantrag wird zurückgenommen, nachdem bereits verhandelt worden war. Die Antragstellerin beantragt jedoch nach § 141 S. 2 FamFG, die Folgesache Kindesunterhalt fortzuführen (Ehesache 6.000,00 EUR; Versorgungsausgleich 1.200,00 EUR; Unterhalt 3.600,00 EUR).

I. Gemeinsame Abrechnung – Verbundverfahren mit Unterhalt
1. 1,3-Verfahrensgebühr, Nr. 3100 VV   785,20 EUR
   (Wert: 10.800,00 EUR)
2. 1,2-Terminsgebühr, Nr. 3104 VV   724,80 EUR
   (Wert: 10.800,00 EUR)
3. Postentgeltpauschale, Nr. 7002 VV   20,00 EUR
   Zwischensumme   1.530,00 EUR
4. 19 % Umsatzsteuer, Nr. 7008 VV   290,70 EUR
Gesamt   **1.820,70 EUR**

II. Getrennte Abrechnung
a) Verbundverfahren ohne Unterhalt
1. 1,3-Verfahrensgebühr, Nr. 3100 VV   592,80 EUR
   (Wert: 7.200,00 EUR)
2. 1,2-Terminsgebühr, Nr. 3104 VV   547,20 EUR
   (Wert: 7.200,00 EUR)
3. Postentgeltpauschale, Nr. 7002 VV   20,00 EUR
   Zwischensumme   1.160,00 EUR
4. 19 % Umsatzsteuer, Nr. 7008 VV   220,40 EUR
Gesamt   **1.380,40 EUR**

b) Unterhaltsverfahren nach Fortführung
   (Wert: 3.600,00 EUR)
1. 1,3-Verfahrensgebühr, Nr. 3100 VV   327,60 EUR
   (Wert: 3.600,00 EUR)
2. 1,2-Terminsgebühr, Nr. 3104 VV   302,40 EUR
   (Wert: 3.600,00 EUR)
3. Postentgeltpauschale, Nr. 7002 VV   20,00 EUR
   Zwischensumme   650,00 EUR
4. 19 % Umsatzsteuer, Nr. 7008 VV   123,50 EUR
Gesamt   **773,50 EUR**
Gesamt a) + b)   **2.153,90 EUR**

Der Anwalt steht sich also auch hier bei getrennter Berechnung günstiger.

9. Aufnahme in den Verbund

225 Gerät eine bislang isolierte Familiensache durch Anhängigkeit einer Scheidungssache kraft Gesetzes gem. § 137 Abs. 4 FamFG oder durch Verbindung nach § 20 FamFG in den Verbund, so gilt ab dann § 16 Nr. 4 RVG. Die Gebühren entstehen ab dann nur einmal aus dem Gesamtwert (§ 23 Abs. 1 S. 1 RVG, § 44 Abs. 2 S. 2 FamGKG). Für die Zeit bis zur Aufnahme in den Verbund bleibt die Angelegenheit dagegen gesondert abrechenbar. Die Berechnung der mehrfach – also vor und nach Aufnahme – ausgelösten Gebührentatbestände ist nach dem Grundsatz einer Verfahrensverbindung zu behandeln, wobei bereits einmal entstandene Gebühren nicht durch die nachträgliche verfahrensrechtliche Veränderung in Wegfall geraten können, anderseits aus dem bereits berücksichtigten Wert nicht noch einmal neu anfallen können.[117]

| Beispiel 72 | Aufnahme in den Verbund, Ehegattenunterhalt |

Der Anwalt war zunächst in einem isolierten Verfahren auf nachehelichen Ehegattenunterhalt vor dem AG Köln beauftragt worden (Wert: 3.660,00 EUR). Nach Umzug der Ehefrau mit den Kindern nach München wurde dort die Scheidung eingereicht (Werte: Ehesache 6.000,00 EUR – § 43 FamGKG; Versorgungsausgleich 1.200,00 EUR – § 50 Abs. 1 FamGKG). Das isolierte Unterhaltsverfahren wurde daraufhin an das AG München als Gericht der Ehesache (§ 122 FamFG) abgegeben und gem. § 137 Abs. 4 FamFG als Folgesache in das Verbundverfahren übernommen. Anschließend wurde erstmals verhandelt.

Im isolierten Unterhaltsverfahren ist vor dem AG Köln folgende Vergütung angefallen:

I. **Isoliertes Verfahren über Kindesunterhalt**
1. 1,3-Verfahrensgebühr, Nr. 3100 VV   327,60 EUR
   (Wert: 3.660,00 EUR)
2. Postentgeltpauschale, Nr. 7002 VV   20,00 EUR
   Zwischensumme   347,60 EUR
3. 19 % Umsatzsteuer, Nr. 7008 VV   66,04 EUR
   Gesamt   **413,64 EUR**

Diese Vergütung kann nachträglich nicht entfallen, sondern bleibt dem Anwalt erhalten. Nur die weiteren Gebühren richten sich jetzt nach den Regelungen des Verbundverfahrens. Allerdings muss der Wert der Unterhaltssache jetzt im Verbundverfahren bei der Berechnung der Verfahrensgebühr außer Ansatz gelassen werden. Der Anwalt kann die Gebühren aus der Unterhaltssache nicht zweimal abrechnen. Lediglich bei der Terminsgebühr besteht kein Wahlrecht, weil diese Gebühr nicht auch isoliert angefallen ist, sondern nur im Verbund.

II. **Verbundverfahren**
1. 1,3-Verfahrensgebühr, Nr. 3100 VV   592,80 EUR
   (Wert: 7.200,00 EUR – ohne Kindesunterhalt)
2. 1,2-Terminsgebühr Nr. 3104 VV   724,80 EUR
   (Wert: 10.860,00 EUR – mit Kindesunterhalt)
3. Postentgeltpauschale, Nr. 7002 VV   20,00 EUR
   Zwischensumme   1.337,60 EUR
4. 19 % Umsatzsteuer, Nr. 7008 VV   254,14 EUR
   Gesamt   **1.591,74 EUR**
   Gesamt I. + II.   **2.005,38 EUR**

---

[117] OLG Frankfurt/M. AGS 2006, 193 m. Anm. *N. Schneider* = NJW-RR 2006, 655 = FamRZ 2006, 1057 = RVGprof. 2006, 48 = RVGreport 2006, 159 = NJW-Spezial 2006, 203 = OLGR 2006, 548; OLG Zweibrücken AGS 2006, 303 = OLGR 2006, 686 = JurBüro 2006, 425 = FamRZ 2006, 1696.

Stattdessen kann der Anwalt aber auch nur die Gebühren des Verbundverfahrens abrechnen. Dann darf er den Wert der Kindschaftssache im Verbund mit berücksichtigen. Im Falle einer solchen gemeinsamen Abrechnung würde der Anwalt erhalten:

Gemeinsame Abrechnung Verbundverfahren
1. 1,3-Verfahrensgebühr, Nr. 3100 VV   785,20 EUR
   (Wert: 10.860,00 EUR)
2. 1,2-Terminsgebühr Nr. 3104 VV   724,80 EUR
   (Wert: 10.860,00 EUR)
3. Postentgeltpauschale, Nr. 7002 VV   20,00 EUR
   Zwischensumme   1.530,00 EUR
4. 19 % Umsatzsteuer, Nr. 7008 VV   290,70 EUR
Gesamt   **1.820,70 EUR**

Diese Berechnung wäre für den Anwalt also ungünstiger.

Nach anderer Auffassung[118] ist anzurechnen. Danach würde sich im isolierten Verfahren nichts ändern. Im Verbund wäre wie folgt zu rechnen:

1. 1,3-Verfahrensgebühr, Nr. 3100 VV   785,20 EUR
   (Wert: 10.860,00 EUR)
2. anzurechnen, 1,3-Verfahrensgebühr aus 3.660,00 EUR   – 327,60 EUR
3. 1,2-Terminsgebühr Nr. 3104 VV   724,80 EUR
   (Wert: 10.860,00 EUR)
4. Postentgeltpauschale, Nr. 7002 VV   20,00 EUR
   Zwischensumme   1.202,40 EUR
5. 19 % Umsatzsteuer, Nr. 7008 VV   228,46 EUR
Gesamt   **1.430,86 EUR**

Diese Auffassung ist jedoch abzulehnen. Abgesehen davon, dass es im RVG keine diesbezügliche Anrechnungsvorschrift gibt, kann die Anrechnungsmethode bei bestimmen Konstellationen zu abweichenden Berechnungen führen.

Handelt es sich bei dem aufgenommenen Verfahren um eine Kindschaftssache, ist zudem zu beachten, dass sich der Wert der Kindschaftssache mit der Aufnahme in den Verbund ändert.

226

| Beispiel 73 | Aufnahme in den Verbund, Kindschaftssache |

Der Anwalt war zunächst vom Mandanten in einem isolierten Umgangsrechtsverfahren vor dem AG Köln beauftragt worden (Wert: 3.000,00 EUR – § 45 Abs. 1 S. 1 Nr. 2 FamGKG). Nach Umzug der Kindesmutter nach München wurde dort die Scheidung eingereicht (Werte: Ehesache 6.000,00 EUR – § 43 FamGKG; Versorgungsausgleich 1.200,00 EUR – § 50 Abs. 1 FamGKG). Das isolierte Umgangsrechtsverfahren wurde daraufhin gem. § 153 S. 1 FamFG an das AG München als Gericht der Ehesache (§ 122 FamFG) abgegeben und dort gem. § 137 Abs. 4 FamFG als Folgesache in das Verbundverfahren übernommen. Im isolierten Verfahren war bereits verhandelt worden. Im Verbundverfahren wird eine Einigung der Beteiligten über das Umgangsrecht getroffen und gerichtlich gebilligt (§ 156 Abs. 2 S. 2 FamFG).

Im isolierten Kindschaftsverfahren ist vor dem AG Köln folgende Vergütung angefallen:

---

118 OLG Köln AGS 2008, 116 = OLGR 2007, 231 = FamRZ 2007, 647 = FamRB 2007, 76.

I. Isoliertes Verfahren über elterliche Sorge

1.	1,3-Verfahrensgebühr, Nr. 3100 VV (Wert: 3.000,00 EUR)	261,30 EUR
2.	1,2-Terminsgebühr, Nr. 3104 VV (Wert: 3.000,00 EUR)	241,20 EUR
3.	Postentgeltpauschale, Nr. 7002 VV	20,00 EUR
	Zwischensumme	522,50 EUR
4.	19 % Umsatzsteuer, Nr. 7008 VV	99,28 EUR
Gesamt		**621,78 EUR**

Diese Vergütung kann nachträglich nicht entfallen, sondern bleibt dem Anwalt erhalten. Nur die weiteren Gebühren richten sich jetzt nach den Regelungen des Verbundverfahrens, so dass jetzt für die Kindschaftssache der Wert des § 44 Abs. 2 S. 1 FamGKG gilt (20 % des Wertes der Ehesache = 1.200,00 EUR). Allerdings muss der Wert der Kindschaftssache jetzt im Verbundverfahren bei der Berechnung der Verfahrens- und Terminsgebühr außer Ansatz gelassen werden. Der Anwalt kann die Gebühren aus der Kindschaftssache nicht zweimal abrechnen. Lediglich die Einigungsgebühr kann im Verbundverfahren gesondert erhoben werden.

II. Verbundverfahren

1.	1,3-Verfahrensgebühr, Nr. 3100 VV (Wert: 7.200,00 EUR – ohne elterliche Sorge)	592,80 EUR
2.	1,2-Terminsgebühr, Nr. 3104 VV (Wert: 7.200,00 EUR – ohne elterlicher Sorge)	547,20 EUR
3.	1,0-Einigungsgebühr, Nrn. 1000, 1003 VV (Wert: 1.200,00 EUR)	115,00 EUR
4.	Postentgeltpauschale, Nr. 7002 VV	20,00 EUR
	Zwischensumme	1.275,00 EUR
5.	19 % Umsatzsteuer, Nr. 7008 VV	242,25 EUR
Gesamt		**1.517,25 EUR**
Gesamt I. + II.		**2.139,03 EUR**

Stattdessen kann der Anwalt aber auch nur die Gebühren des Verbundverfahrens abrechnen. Dann darf er den Wert der Kindschaftssache im Verbund mit berücksichtigen. Im Falle einer solchen gemeinsamen Abrechnung würde der Anwalt erhalten:

Gemeinsame Abrechnung Verbundverfahren

1.	1,3-Verfahrensgebühr, Nr. 3100 VV (Wert: 8.400,00 EUR)	659,10 EUR
2.	1,2-Terminsgebühr, Nr. 3104 VV (Wert: 8.400,00 EUR)	608,40 EUR
3.	1,0-Einigungsgebühr, Nrn. 1000, 1003 VV (Wert: 1.200,00 EUR)	115,00 EUR
4.	Postentgeltpauschale, Nr. 7002 VV	20,00 EUR
	Zwischensumme	1.402,50 EUR
5.	19 % Umsatzsteuer, Nr. 7008 VV	266,48 EUR
Gesamt		**1.668,98 EUR**

Diese Berechnung wäre für den Anwalt wiederum ungünstiger.

Nach der Anrechnungsmethode müsste im Verbundverfahren die vorausgegangene 1,3-Gebühr insoweit angerechnet werden, als sie aus dem Wert der Verbund-Kindschaftssache angefallen wäre, also aus einem Wert von 1.200,00 EUR. Im Ergebnis käme dies jedoch wiederum auf dasselbe Ergebnis heraus.

10. Wiederaufnahme abgetrennter Versorgungsausgleichsverfahren nach altem Recht

War das Scheidungsverfahren nach altem Recht, also noch nach der ZPO i.d.F. vor dem 1.9.2009 eingeleitet und war die Folgesache Versorgungsausgleich,
- bereits am 1.9.2009 aus dem Verbund abgetrennt oder ist sie
- nach dem 31.8.2009 vom Verbund abgetrennt worden,

gilt Art. 111 Abs. 4 FGG-ReformG. Diese Regelung hat zur Folge, dass das abgetrennte Verfahren Versorgungsausgleich und gegebenenfalls weitere mit ihm noch im Verbund stehende Folgesachen als selbstständige Familiensachen fortgeführt werden (Art. 111 Abs. 4 S. 2 FGG-ReformG) und gem. Art. 111 Abs. 4 S. 1 FamFG zwingend nach neuem Recht und damit auch nach neuem Kostenrecht zu behandeln ist.

227

Allerdings gelten die Gebührenbeträge i.d.F. bis zum 31.7.2013, da die neue Angelegenheit im Fall des Art. 111 Abs. 4 FGG-ReformG immer in der Zeit zwischen dem 1.8.2009 und dem 31.8.2010 begonnen haben muss.

228

Die Vorschrift des Art. 111 Abs. 4 FGG-ReformG gilt nicht für Verfahren, die nach dem 31.8.2009 eingeleitet wurden, für die also ohnehin bereits nach Art. 111 Abs. 1 FamFG neues Recht gilt. Hier bleibt die Folgesache Versorgungsausgleich trotz Abtrennung weiterhin Folgesache, so dass hier nur einheitlich abgerechnet werden kann (§ 137 Abs. 5 S. 1 FamFG).

229

Im abgetrennten Versorgungsausgleichsverfahren berechnet sich der Verfahrenswert jetzt nicht mehr nach § 49 GKG a.F., sondern nach § 50 FamGKG.

230

Hinsichtlich des Nettoeinkommens ist nach § 34 FamGKG auf den Zeitpunkt der Einleitung des Verfahrens abzustellen. Einleitung ist nicht die Abtrennung, sondern die Einleitung durch den seinerzeitigen Scheidungsantrag. Es ist also nicht auf die aktuellen Einkommensverhältnisse abzustellen, sondern auf die Einkommensverhältnisse bei Einreichung des Scheidungsantrags.[119] Diese müssen gegebenenfalls ermittelt werden. Dies dürfte allerdings keine großen Schwierigkeiten bereiten, da hinsichtlich der Ehesache das Einkommen für die Verfahrenswertfestsetzung bereits ermittelt und herangezogen worden sein muss.

231

Hat der Anwalt seine Gebühren aus der Folgesache Versorgungsausgleich noch nicht berechnet, dann kann er anrechnungsfrei die Gebühren für das abgetrennte Verfahren berechnen. Hat er jedoch aus der Folgesache Versorgungsausgleich im Verbund bereits abgerechnet, dann muss er jetzt im Wege einer Vergleichsberechnung ermitteln, welche Mehrkosten er bereits vereinnahmt hat. Dies folgt letztlich aus § 21 Abs. 3 RVG, wonach im Falle der Abtrennung das Verfahren vor und nach Abtrennung als eine Gebührenangelegenheit gilt und der Anwalt seine Gebühren nur einmal erhält.

232

Der Anwalt kann insoweit auch nicht die Vorschrift des § 15 Abs. 5 S. 1 RVG ins Feld führen. Danach wird nach Ablauf von zwei Kalenderjahren eine Angelegenheit fingiert mit der Folge, dass der Anwalt seine Gebühren ohnehin erneut erhält und sich auch keine vorangegangenen Zahlungen anrechnen lassen muss. Ein Fall des § 15 Abs. 5 S. 1 RVG liegt jedoch nicht vor. Allein durch die Abtrennung eines Versorgungsausgleichsverfahrens endet insoweit nicht die Angelegenheit. Auch wenn das Versorgungsausgleichsverfahren ausgesetzt und zum Ruhen ge-

233

---

119 OLG Jena AGS 2010, 352; AGS 2010, 355; AG Ludwigslust AGS 2010, 350; AGS 2010, 357; OLG Nürnberg AGS 2010, 401.

§ 28 Familiensachen

bracht worden ist, führt dies nicht zur Anwendung des § 15 Abs. 5 S. 1 RVG, weil damit der Auftrag nicht erledigt ist. Ungeachtet einer Aussetzung oder der Anordnung des Ruhens des Verfahrens muss der Anwalt weiterhin in der Sache tätig bleiben. Insbesondere muss er regelmäßig überprüfen, ob die Gründe für die Aussetzung bzw. das Ruhen des Verfahrens noch vorliegen oder ob er die Fortsetzung des Verfahrens beantragen muss.

234 Um den Mehrbetrag aus dem Scheidungsverfahren zu ermitteln, muss der Anwalt eine Vergleichsbetrachtung anstellen. Er muss zum einen die tatsächlich abgerechneten Kosten ermitteln und dem gegenüberstellen, welche Vergütung er erhalten hätte, wenn er das Scheidungsverbundverfahren ohne die Folgesache Versorgungsausgleich abgerechnet hätte.

235 Diese Berechnung wiederum hängt davon ab, wann das Scheidungsverfahren eingeleitet worden ist.

> **Beispiel 74** — **Abtrennung des Versorgungsausgleichs in Altfällen, Scheidungsverfahren richtet sich nach RVG (19 % Umsatzsteuer)**

Das Scheidungsverfahren war in 2008 eingeleitet worden. Das dreifache Nettoeinkommen der Beteiligten belief sich auf 9.000,00 EUR. Auszugleichen sind auf Seiten jedes Ehegatten eine gesetzliche Anwartschaft und auf Seiten des Ehemannes eine betriebliche Anwartschaft. Über die Scheidung ist im Mai 2009 nach § 628 Abs. 2 Nr. 4, 5 ZPO a.F. vorab entschieden worden; gleichzeitig ist der Versorgungsausgleich (Wert: 2.000,00 EUR) „abgetrennt" worden. Im Januar 2010 ist der Versorgungsausgleich wieder aufgenommen und darüber nach mündlicher Verhandlung entschieden worden.

Abzurechnen war im Verbundverfahren zunächst wie folgt:

I. Verbundverfahren
1. 1,3-Verfahrensgebühr, Nr. 3100 VV   683,80 EUR
   (Wert: 11.000,00 EUR)
2. 1,2-Terminsgebühr, Nr. 3104 VV   631,20 EUR
   (Wert: 11.000,00 EUR)
3. Postentgeltpauschale, Nr. 7002 VV   20,00 EUR
   Zwischensumme   1.335,00 EUR
4. 19 % Umsatzsteuer, Nr. 7008 VV   253,65 EUR
   Gesamt   **1.588,65 EUR**

Im abgetrennten Verfahren Versorgungsausgleich sind jetzt nach § 50 FamGKG die Gebühren aus dem Wert von (3 x 10 % x 9.000,00 EUR =) 2.700,00 EUR entstanden. Allerdings muss sich der Anwalt die bereits im Verbund aus der Folgesache Versorgungsausgleich verdiente Vergütung anrechnen lassen. Da der Umsatzsteuersatz derselbe ist, kann auf Netto-Basis abgerechnet werden. Anzurechnen sind danach:

II. Anrechnungsbetrag
1,3-Verfahrensgebühr, Nr. 3100 VV   683,80 EUR
(11.000,00 EUR)
./. 1,3-Verfahrensgebühr, Nr. 3100 VV   – 583,70 EUR
(9.000,00 EUR)
1,2-Terminsgebühr, Nr. 3104 VV   631,20 EUR
(11.000,00 EUR)
./. 1,2-Terminsgebühr, Nr. 3104 VV   – 538,80 EUR
(9.000,00 EUR)
Gesamt   **192,50 EUR**

Im abgetrennten Versorgungsausgleichsverfahren berechnet sich der Verfahrenswert jetzt nach § 50 FamGKG. Da drei Anrechte zu verteilen sind, beläuft sich der Verfahrenswert auf 30 % des dreifachen Nettoeinkommens, also auf 2.700,00 EUR. Der Anwalt erhält also noch:

III. Abgetrenntes Verfahren Versorgungsausgleich			
1.	1,3-Verfahrensgebühr, Nr. 3100 VV		245,70 EUR
	(Wert: 2.700,00 EUR)		
2.	1,2-Terminsgebühr, Nr. 3104 VV		226,80 EUR
	(Wert: 2.700,00 EUR)		
3.	./. bereits im Verbund abgerechneter		– 192,50 EUR
4.	Postentgeltpauschale, Nr. 7002 VV		20,00 EUR
	Zwischensumme	300,00 EUR	
5.	19 % Umsatzsteuer, Nr. 7008 VV		57,00 EUR
Gesamt			**357,00 EUR**

> **Beispiel 75** **Abtrennung des Versorgungsausgleichs in Altfällen, Scheidungsverfahren richtet sich nach RVG (16 % Umsatzsteuer)**

Wie vorangegangenes Beispiel 74. Die Scheidung war in 2005 eingereicht worden. Die Scheidung und Abtrennung erfolgten im November 2006.

Zu berücksichtigen ist, dass das Scheidungsverfahren jetzt mit 16 % Umsatzsteuer abzurechnen war. An dem Netto-Differenzbetrag in Höhe von 192,50 EUR, den sich der Anwalt anrechnen lassen muss, ändert sich jedoch nichts.

I.	**Scheidungsverbundverfahren**		
1.	1,3-Verfahrensgebühr, Nr. 3100 VV		683,80 EUR
	(Wert: 11.000,00 EUR)		
2.	1,2-Terminsgebühr, Nr. 3104 VV		631,20 EUR
	(Wert: 11.000,00 EUR)		
3.	Postentgeltpauschale, Nr. 7002 VV		20,00 EUR
	Zwischensumme	1.335,00 EUR	
4.	16 % Umsatzsteuer, Nr. 7008 VV		213,60 EUR
Gesamt			**1.548,60 EUR**
II.	**Anrechnungsbetrag**		
	1,3-Verfahrensgebühr, Nr. 3100 VV		683,80 EUR
	(11.000,00 EUR)		
	./. 1,3-Verfahrensgebühr, Nr. 3100 VV		– 583,70 EUR
	(9.000,00 EUR)		
	1,2-Terminsgebühr, Nr. 3104 VV		631,20 EUR
	(11.000,00 EUR)		
	./. 1,2-Terminsgebühr, Nr. 3104 VV		– 538,80 EUR
	(9.000,00 EUR)		
Gesamt			**192,50 EUR**
III.	**Abgetrenntes Verfahren Versorgungsausgleich**		
1.	1,3-Verfahrensgebühr, Nr. 3100 VV		245,70 EUR
	(Wert: 2.700,00 EUR)		
2.	1,2-Terminsgebühr, Nr. 3104 VV		226,80 EUR
	(Wert: 2.700,00 EUR)		
3.	./. bereits im Verbund abgerechneter		– 192,50 EUR
4.	Postentgeltpauschale, Nr. 7002 VV		20,00 EUR
	Zwischensumme	300,00 EUR	
5.	19 % Umsatzsteuer, Nr. 7008 VV		57,00 EUR
Gesamt			**357,00 EUR**

§ 28 Familiensachen

Beispiel 76 — Abtrennung des Versorgungsausgleichs in Altfällen, Scheidungsverfahren richtet sich nach BRAGO ab 2002

Die Scheidung war bereits in 2002 eingereicht worden. Das Gericht hat die Werte wie folgt festgesetzt: Scheidung 6.000,00 EUR; Versorgungsausgleich 12 x 100,00 EUR = 1.200,00 EUR. Die Scheidung und Abtrennung erfolgte im November 2007.

Jetzt berechnet sich die Vergütung im Scheidungsverfahren nach der BRAGO 2002. Der Anrechnungsbetrag ist jetzt aus den BRAGO-Beträgen zu ermitteln.

I. Scheidungsverbundverfahren
1. 10/10 Prozessgebühr, § 31 Abs. 1 Nr. 1 BRAGO — 412,00 EUR
   (Wert: 7.200,00 EUR)
2. 10/10 Verhandlungsgebühr, § 31 Abs. 1 Nr. 2 BRAGO — 412,00 EUR
   (Wert: 7.200,00 EUR)
3. 10/10 Beweisgebühr, § 31 Abs. 1 Nr. 3 BRAGO — 338,00 EUR
   (Wert: 6.000,00 EUR)
4. Postentgeltpauschale, § 26 BRAGO — 20,00 EUR
   Zwischensumme — 1.182,00 EUR
5. 16 % Umsatzsteuer, § 25 BRAGO — 189,12 EUR
Gesamt — 1.371,12 EUR

II. Anrechnungsbetrag
10/10 Prozessgebühr, § 31 Abs. 1 Nr. 1 BRAGO — 412,00 EUR
(7.200,00 EUR)
10/10 Verhandlungsgebühr, § 31 Abs. 1 Nr. 2 BRAGO — 412,00 EUR
(7.200,00 EUR)
./. 10/10 Prozessgebühr, § 31 Abs. 1 Nr. 1 BRAGO — – 338,00 EUR
(6.000,00 EUR)
./. 10/10 Verhandlungsgebühr, § 31 Abs. 1 Nr. 2 BRAGO — – 338,00 EUR
(6.000,00 EUR)
Gesamt — 148,00 EUR

III. Abgetrenntes Verfahren Versorgungsausgleich
1. 1,3-Verfahrensgebühr, Nr. 3100 VV — 245,70 EUR
   (Wert: 2.700,00 EUR)
2. 1,2-Terminsgebühr, Nr. 3104 VV — 226,80 EUR
   (Wert: 2.700,00 EUR)
3. ./. bereits im Verbund abgerechneter — – 148,00 EUR
4. Postentgeltpauschale, Nr. 7002 VV — 20,00 EUR
   Zwischensumme — 344,50 EUR
5. 19 % Umsatzsteuer, Nr. 7008 VV — 65,46 EUR
Gesamt — 409,96 EUR

Beispiel 77 — Abtrennung des Versorgungsausgleichs in Altfällen, Scheidungsverfahren richtet sich nach BRAGO vor 2002

Wie vorangegangenes Beispiel 76; die Scheidung war bereits in 2001 eingereicht worden. Das Gericht hat die Werte wie folgt festgesetzt: Scheidung (3 x 4.000,00 DM) 12.000,00 DM; Versorgungsausgleich 12 x 200,00 DM = 2.400,00 DM. Die Scheidung und Abtrennung erfolgten im November 2007.

Für das Scheidungsverfahren galten noch die BRAGO-Gebühren und zwar die nach der DM-Tabelle. Der Wert des abgetrennten Versorgungsausgleichsverfahrens richtet sich nach dem dreifachen Nettoeinkommen bei Einreichung des Scheidungsantrags und ist in EUR umzurechnen.

X. Verbundverfahren § 28

I.	**Scheidungsverbundverfahren**	
1.	10/10-Prozessgebühr, § 31 Abs. 1 Nr. 1 BRAGO (Wert: 14.400,00 DM)	805,00 DM
2.	10/10-Verhandlungsgebühr, § 31 Abs. 1 Nr. 2 BRAGO (Wert: 14.400,00 DM)	805,00 DM
3.	10/10-Beweisgebühr, § 31 Abs. 1 Nr. 3 BRAGO (Wert: 12.000,00 DM)	805,00 DM
4.	Postentgeltpauschale, § 26 BRAGO	40,00 DM
	Zwischensumme 2.455,00 DM	
5.	16 % Umsatzsteuer, § 25 BRAGO	392,80 DM
	Gesamt	**2.847,80 DM**
II.	**Anrechnungsbetrag**	
	10/10-Prozessgebühr, § 31 Abs. 1 Nr. 1 BRAGO (14.400,00 DM)	805,00 DM
	10/10-Verhandlungsgebühr, § 31 Abs. 1 Nr. 2 BRAGO (14.400,00 DM)	805,00 DM
	./. 10/10-Prozessgebühr, § 31 Abs. 1 Nr. 1 BRAGO (12.000,00 DM)	– 665,00 DM
	./. 10/10-Verhandlungsgebühr, § 31 Abs. 1 Nr. 2 BRAGO (12.000,00 DM)	– 665,00 DM
	Gesamt	**280,00 DM**
	umgerechnet in EUR	**143,16 EUR**
III.	**Abgetrenntes Verfahren Versorgungsausgleich (2.400,00 DM)**	
1.	1,3-Verfahrensgebühr, Nr. 3100 VV (Wert: 2.700,00 EUR)	245,70 EUR
2.	1,2-Terminsgebühr, Nr. 3104 VV (Wert: 2.700,00 EUR)	226,80 EUR
3.	./. bereits im Verbund abgerechneter	– 143,16 EUR
4.	Postentgeltpauschale, Nr. 7002 VV	20,00 EUR
	Zwischensumme 349,34 EUR	
5.	19 % Umsatzsteuer, Nr. 7008 VV	66,38 EUR
	Gesamt	**415,72 EUR**

11. Änderung des Gebührenrechts nach Art. 111 Abs. 5 FGG-ReformG

Nach Art. 111 Abs. 5 FGG-ReformG ist auf alle Versorgungsausgleichsverfahren, für die nicht ohnehin schon Art. 111 Abs. 4 FGG-ReformG gilt, neues Recht anzuwenden, wenn über den Versorgungsausgleich nicht bis zum 31.8.2010 im ersten Rechtszug entschieden worden ist. **236**

Im Gegensatz zu Art. 111 Abs. 4 FGG-ReformG sieht Art. 111 Abs. 5 FGG-ReformG nicht vor, dass der Versorgungsausgleich nunmehr zu einem selbstständigen Verfahren wird. Der Verbund bleibt in diesen Fällen also erhalten, so dass nur einheitlich abgerechnet werden kann. **237**

Die Vorschrift des Art. 111 Abs. 5 FGG-ReformG ordnet jedoch an, dass das Verfahren über den Versorgungsausgleich, wenn bis zum 31.8.2010 erstinstanzlich noch keine Entscheidung ergangen ist, fortan – also ab dem 1.9.2010 – nach neuem Recht behandelt wird. Das bedeutet nicht nur, dass neues Verfahrensrecht Anwendung findet, sondern auch, dass neues Kostenrecht gilt. Damit nicht genug; Art. 111 Abs. 5 FGG-ReformG ordnet darüber hinaus auch an, dass sich diese Wirkung nicht nur auf die Folgesache Versorgungsausgleich beschränkt, sondern sich auch auf die damit im Verbund stehende Ehesache und sämtliche Folgesachen erstreckt. Damit ist also das gesamte Verbundverfahren nach neuem Recht und damit nach neuem Kostenrecht zu behandeln. **238**

Für die Gerichtsgebühren bedeutet dies, dass diese nach neuem Recht zu erheben sind, allerdings nach den Gebührenbeträgen i.d.F. bis zum 31.7.2013. Folglich gelten auch die Verfahrenswerte nach neuem Recht. Das gilt dann auch für den Anwalt. **239**

240 Soweit sich die Verfahrenswerte erhöht haben, ergeben sich für den Anwalt keine Probleme. Soweit sich die Werte verringert haben, dürfte die Sache beim Anwalt im Ergebnis auch unproblematisch sein, da aus § 15 Abs. 4 RVG der Grundsatz folgt, dass einmal verdiente Gebühren nicht nachträglich entfallen können. Gebühren, die nach einem früheren höheren Wert angefallen sind, müssen daher m.E. dem Anwalt erhalten bleiben.

> **Beispiel 78** **Nicht entschiedener Versorgungsausgleich, Verfahrenswert erhöht sich**
>
> **In dem 2008 eingeleiteten Scheidungsverbundverfahren (Wert: Ehesache 18.000,00 EUR) war nur der Versorgungsausgleich anhängig, jeweils eine gesetzliche Anwartschaft Ost und West und zwei Betriebsrenten. Das dreifache Nettoeinkommen der Eheleute belief sich bei Einreichung der Scheidung auf 18.000,00 EUR. Erst im Dezember 2014 wird verhandelt und über Scheidung und Versorgungsausgleich entschieden.**
>
> Nach Art. 111 Abs. 5 FGG-ReformG richtet sich jetzt der Wert für die Folgesache Versorgungsausgleich nach neuem Recht[120] und zieht damit auch die Ehesache und die übrigen Folgesachen, hier also die Folgesache Unterhalt mit sich.
>
> Nach altem Recht wäre hier ein Wert von 2.000,00 EUR anzusetzen gewesen (§ 49 GKG a.F.). Nach neuem Recht gilt jedoch ein Wert von 6 x 10 % x 18.000,00 EUR = 10.800,00 EUR. Hier dürfte sogar an eine Anwendung des § 50 Abs. 3 FamGKG zu denken sein. Infolge der Anwendbarkeit des neuen Rechts entsteht jetzt zusätzlicher Aufwand für den Anwalt. Er musste gegebenenfalls bereits nach altem Recht den Versorgungsausgleich durchrechnen. Jetzt werden neue Auskünfte eingeholt. Es muss neu gerechnet werden. Dies könnte eine Erhöhung des Regelwerts von 10 % der Ehesache je Anrecht rechtfertigen. Hier soll vom Regelwert ausgegangen werden.
>
> Da die Verfahrensgebühr des Anwalts mit jedem Betreiben des Geschäfts erneut ausgelöst wird, richten sich alle Gebühren nach dem höheren Wert.
>
> | | | |
> |---|---|---:|
> | 1. | 1,3-Verfahrensgebühr, Nr. 3100 VV (Wert: 28.800,00 EUR) | 985,40 EUR |
> | 2. | 1,2-Terminsgebühr, Nr. 3104 VV (Wert: 28.800,00 EUR) | 909,60 EUR |
> | 3. | Postentgeltpauschale, Nr. 7002 VV | 20,00 EUR |
> | | Zwischensumme 1.915,00 EUR | |
> | 4. | 19 % Umsatzsteuer, Nr. 7008 VV | 363,85 EUR |
> | | **Gesamt** | **2.278,85 EUR** |

> **Beispiel 79** **Nicht entschiedener Versorgungsausgleich, Verfahrenswert verringert sich**
>
> **Wie vorangegangenes Beispiel 78; im Scheidungsverbundverfahren war auch die Folgesache Ehewohnung anhängig. Der Mietwert der Ehewohnung beläuft sich auf 700,00 EUR.**
>
> Nach altem Recht wäre hier ein Wert von 12 x 700,00 EUR = 8.400,00 EUR anzusetzen gewesen. Nach neuem Recht gilt jedoch nur der Regelwert von 4.000,00 EUR.

---

120 Allerdings hier noch nach den Beträgen bis zum 31.7.2013 (§ 60 Abs. 1 S. 1 RVG).

Für die Verfahrensgebühr ist daher in entsprechender Anwendung des § 15 Abs. 4 RVG von dem höheren Wert der Wohnungssache (8.400,00 EUR) auszugehen, so dass sich ein Wert in Höhe von 18.000,00 EUR + 10.800,00 EUR + 8.400,00 EUR = 37.200,00 EUR ergibt. Für die Terminsgebühr ist dagegen für die Ehewohnungssache nur der geringere Wert von 4.000,00 EUR zu berücksichtigen, so dass sich ein Wert in Höhe von 18.000,00 EUR + 10.800,00 EUR + 4.000,00 EUR = 32.800,00 EUR ergibt.

1.	1,3-Verfahrensgebühr, Nr. 3100 VV (Wert: 37.200,00 EUR)		1.172,60 EUR
2.	1,2-Terminsgebühr, Nr. 3104 VV (Wert: 32.800,00 EUR)		996,00 EUR
3.	Postentgeltpauschale, Nr. 7002 VV		20,00 EUR
	Zwischensumme	2.188,60 EUR	
4.	19 % Umsatzsteuer, Nr. 7008 VV		415,83 EUR
Gesamt			**2.604,43 EUR**

XI. Einstweilige Anordnungen

1. Überblick

Einstweilige Anordnungsverfahren werden wie sonstige gerichtliche Verfahren vergütet. Es gelten also die Nrn. 3100 ff. VV. **241**

Zu beachten ist, dass einstweilige Anordnungen nach § 17 Nr. 4 Buchst. b) RVG eigene Angelegenheiten gegenüber dem jeweiligen Hauptsacheverfahren darstellen. Das gilt unabhängig davon, ob die einstweilige Anordnung auf Antrag oder von Amts wegen eingeleitet worden ist. Das hat der Gesetzgeber mit dem 2. KostRMoG zum 1.8.2013 klargestellt. **242**

Der Anwalt erhält also neben der Vergütung in der Hauptsache die Vergütung in den einstweiligen Anordnungsverfahren gesondert. Zu beachten ist, dass auch gesondert Verfahrenskostenhilfe zu beantragen ist.[121] **243**

Anordnungs- und Abänderungsverfahren sind dagegen nur eine Angelegenheit (§ 16 Nr. 5 RVG). **244**

2. Verfahrenswert

Das FamGKG sieht im Gegensatz zum früheren Recht davon ab, besondere Vorschriften für die jeweiligen einstweiligen Anordnungsverfahren vorzugeben. In einstweiligen Anordnungsverfahren ist daher grundsätzlich vom jeweiligen Wert der Hauptsache auszugehen. **245**

Soweit die einstweilige Anordnung allerdings eine geringere Bedeutung gegenüber der Hauptsache hat, ist von einem geringeren Wert auszugehen (§ 41 S. 1 FamGKG). Dabei gibt das FamGKG als Grundsatz den hälftigen Wert der Hauptsache vor. **246**

Zu prüfen ist daher stets, ob das einstweilige Anordnungsverfahren, tatsächlich eine geringere Bedeutung hat als die Hauptsache. Davon ist nicht auszugehen, wenn die einstweilige Anordnung die Hauptsache faktisch vorwegnimmt. **247**

---

121 OLG Naumburg AGS 2003, 23 m. Anm. *N. Schneider* = FamRB 2003, 11.

§ 28 Familiensachen

Beispiel 80 | **Einstweilige Anordnung neben Hauptsache, Umgangsrechtsverfahren**

Der Kindesvater stellt einen Antrag zum Umgangsrecht und beantragt gleichzeitig den Erlass einer einstweiligen Anordnung.

Die einstweilige Anordnung dürfte hier eine geringere Bedeutung haben. Auszugehen ist daher vom hälftigen Wert der Hauptsache (§ 45 Abs. 1 S. 1 Nr. 2 FamGKG), also von 1.500,00 EUR.

Beispiel 81 | **Einstweilige Anordnung auf Verfahrenskostenvorschuss**

Die Ehefrau beantragt den Erlass einer einstweiligen Anordnung auf Zahlung eines Verfahrenskostenvorschusses in Höhe von 1.860,00 EUR.

Da die einstweilige Anordnung hier die Hauptsache faktisch vorweg nimmt, greift die Ermäßigung nach § 41 FamGKG nicht, so dass der volle Hauptsachewert (§ 35 FamGKG) anzusetzen ist.[122]

Beispiel 82 | **Einstweilige Anordnung Unterhalt mit Hauptsache**

Die Ehefrau beantragt im Dezember 2014 Unterhaltszahlungen in Höhe von 500,00 EUR ab Januar 2015 und stellt gleichzeitig einen Antrag auf Erlass einer einstweiligen Anordnung.

Der Hauptsachewert beläuft sich auf 12 x 500,00 EUR = 6.000,00 EUR.

Die einstweilige Anordnung hat hier gegenüber der Hauptsache eine geringere Bedeutung, so dass vom hälftigen Wert, also 3.000,00 EUR auszugehen ist.[123]

Beispiel 83 | **Einstweilige Anordnung Unterhalt ohne Hauptsache**

Die Ehefrau beantragt für das Kind den Erlass einer einstweiligen Anordnung auf Zahlung zukünftigen Kindesunterhalts, ohne auch einen Hauptsacheantrag zu stellen.

Jetzt ist nicht von einer geringeren Bedeutung der einstweiligen Anordnung auszugehen, da diese für die Zeit ihrer Dauer i.d.R. endgültige Zustände schafft.[124]

---

[122] OLG Bamberg AGS 2011, 454 = RVGreport 2011, 271= FamRB 2011, 343; OLG Frankfurt AGS 2013, 585 = FamRZ 2014, 689 = NJW-Spezial 2013, 700 = FamFR 2013, 471 = FF 2013, 466; Beschl. v. 12.6.2014 – 3 WF 136/14; OLG Hamm, Beschl. v. 25.2.2014 – II-6 WF 8/14, 6 WF 8/14; OLG Düsseldorf AGS 2014, 237 = NZFam 2014, 469 = NJW-Spezial 2014, 316; a.A. OLG Celle AGS 2013, 423 = MDR 2013, 1356 = JurBüro 2013, 588 = NdsRpfl 2013, 371 = FamRZ 2014, 690 = NJW-Spezial 2013, 541 = RVGprof. 2013, 167 = FamFR 2013, 426 = FuR 2013, 663; OLG Frankfurt, Beschl. v. 4.4.2014 – 5 WF 40/14.

[123] OLG Brandenburg AGS 2010, 358 = JurBüro 2010, 368 = FPR 2010, 363 = FamRB 2010, 174.

[124] OLG Düsseldorf AGS 2010, 105 = NJW 2010, 1385 = JurBüro 2010, 305 = FPR 2010, 363 = NJW-Spezial 2010, 220 = RVGreport 2010, 158 = FuR 2010, 475; FuR 2010, 526 = Familienrecht kompakt 2010, 156; AG Lahnstein AGS 2010, 264 = NJW-Spezial 2010, 412; Schneider/Wolf/Volpert/*Fölsch*, FamGKG, § 41 Rn 14; a.A. OLG Köln AGS 2014, 238 = NZFam 2014, 608: OLG Celle MDR 2012, 165 = NJW 2012, 789 = NdsRpfl 2012, 73 = FamRZ 2012, 737 = JurBüro 2012, 195 = FamFR 2012, 65 = RVGreport 2012, 235; AGS 2013, 423 = MDR 2013, 1356 = JurBüro 2013, 588 = NdsRpfl 2013, 371 = FamRZ 2014, 690 = NJW-Spezial 2013, 541 = RVGprof. 2013, 167 = FamFR 2013, 426 = FuR 2013, 663; OLG Bamberg AGS 2012, 32 = FamRZ 2012, 739 = FamFR 2012, 41 = FuR 2012, 144; OLG Stuttgart AGS 2010, 617 = FamRZ 2011, 757 = RVGreport 2011, 76 = ZFE 2011, 112 = FamFR 2011, 16.

XI. Einstweilige Anordnungen § 28

Zu beachten ist, dass auch in einstweiligen Anordnungsverfahren fällige Beträge mitzurechnen sind. Soweit man nur vom hälftigen Wert der Hauptsache ausgeht, ist der hälftige Wert der fälligen Beträge hinzuzurechnen.[125]

248

> **Beispiel 84** — Einstweilige Anordnung Unterhalt mit fälligen Beträgen

Der Anwalt reicht im August auftragsgemäß eine einstweilige Anordnung beim FamG ein, mit der ein monatlicher Unterhalt i.H.v. 500,00 EUR ab August beantragt wird. Parallel dazu wird auch die Hauptsache mit den gleichen Anträgen eingereicht. Das Gericht geht davon aus, dass für die einstweilige Anordnung nur der hälftige Wert der Hauptsache anzusetzen sei.

Der Wert der Hauptsache beträgt:

zukünftiger Unterhalt, 12 x 500,00 EUR =	6.000,00 EUR
bei Einreichung fällige Beträge	500,00 EUR
Gesamt	**6.500,00 EUR**
Die Hälfte hiervon beträgt	3.250,00 EUR

> **Beispiel 85** — Einstweilige Anordnung nach dem GewSchG ohne Hauptsache

Die Ehefrau beantragt den Erlass einer einstweiligen Anordnung nach dem GewSchG, wonach dem Ehemann das Betreten der Wohnung für die Dauer von sechs Monaten untersagt werden soll.

Auch hier dürfte die einstweilige Anordnung die Hauptsache vorwegnehmen,[126] so dass vom vollen Wert der Hauptsache (§ 49 FamGKG) auszugehen ist.

> **Beispiel 86** — Einstweilige Anordnung nach dem GewSchG mit Einigung zur Hauptsache

Die Ehefrau beantragt den Erlass einer einstweiligen Anordnung nach dem GewSchG, wonach dem Ehemann das Betreten der Wohnung für die Dauer von sechs Monaten untersagt werden soll. Im Termin einigen sich die Beteiligten über eine endgültige Regelung zur Ehewohnung.

Soweit man auch in Gewaltschutzsachen grundsätzlich von einem geringeren Wert ausgeht, rechtfertigt die Einigung zur Hauptsache jedenfalls keinen höheren Wert.[127] Es liegt dann vielmehr eine Einigung mit einem Mehrwert in Höhe der nicht anhängigen Hauptsache vor.[128]

---

125 OLG München AGS 2011, 306 = NJW-Spezial 2011, 476; OLG Köln AGS 2010, 618 = FamRZ 2011, 758 = RVGreport 2011, 114 = FamFR 2011, 15; OLG Bamberg AGS 2011, 454 = RVGreport 2011, 271.
126 OLG Zweibrücken AGS 2010, 57 = ZFE 2010, 75 = NJW 2010, 540 = FGPrax 2010, 62 = FamRZ 2010, 666 = FamRB 2010, 43 = NJW-Spezial 2010, 124 = FuR 2010, 178.
127 So aber OLG Düsseldorf AGkompakt 2011, 10 = FuR 2010, 526 = FamRZ 2010, 1936 = RVGreport 2011, 32 = FamFR 2010, 397.
128 OLG Zweibrücken AGS 2012, 309 = MDR 2012, 919 = FuR 2012, 498; OLG Schleswig AGS 2012, 39 = SchlHA 2011, 341 = FamRZ 2011, 1424 = NJW-Spezial 2011, 220 = RVGreport 2011, 272.

3. Einstweilige Anordnungen in erster Instanz

a) Gebühren

249 Im erstinstanzlichen Verfahren richtet sich die Vergütung in einstweiligen Anordnungsverfahren nach den Nrn. 3100 ff. VV. Hinzukommen kann eine Einigungsgebühr.

250 Der Anwalt erhält zunächst einmal eine Verfahrensgebühr nach Nr. 3100 VV (Vorbem. 3 Abs. 2 VV).

> **Beispiel 87** | **Einstweilige Anordnung neben Hauptsache**
>
> Der Kindesvater stellt einen Hauptsacheantrag zum Umgangsrecht und beantragt gleichzeitig den Erlass einer einstweiligen Anordnung. Die einstweilige Anordnung wird erlassen. In der Hauptsache wird später verhandelt. Die Verfahrenswerte werden wie folgt festgesetzt: Hauptsache 3.000,00 EUR; einstweilige Anordnung 1.500,00 EUR.
>
> Im einstweiligen Anordnungsverfahren entstehen jetzt die Gebühren gesondert. Hier entsteht allerdings nur die Verfahrensgebühr, da es im Anordnungsverfahren nicht zu einem Termin gekommen ist und Anm. Abs. 1 Nr. 1 zu Nr. 3104 VV hier nicht greift. (Siehe Rn 253 ff.)
>
> I. **Hauptsacheverfahren (Wert: 3.000,00 EUR)**
> 1. 1,3-Verfahrensgebühr, Nr. 3100 VV   261,30 EUR
> 2. 1,2-Terminsgebühr, Nr. 3104 VV   241,20 EUR
> 3. Postentgeltpauschale, Nr. 7002 VV   20,00 EUR
>   Zwischensumme   522,50 EUR
> 4. 19 % Umsatzsteuer, Nr. 7008 VV   99,28 EUR
>   **Gesamt**   **621,78 EUR**
>
> II. **Einstweilige Anordnung (Wert: 1.500,00 EUR)**
> 1. 1,3-Verfahrensgebühr, Nr. 3100 VV   149,50 EUR
> 2. Postentgeltpauschale, Nr. 7002 VV   20,00 EUR
>   Zwischensumme   169,50 EUR
> 3. 19 % Umsatzsteuer, Nr. 7008 VV   32,21 EUR
>   **Gesamt**   **201,71 EUR**

251 Soweit die einstweilige Anordnung von Amts wegen ergeht oder auf Antrag des Gegners und der Anwalt nicht mehr veranlasst, als diese entgegenzunehmen und an den Mandanten weiterzuleiten, erhält er lediglich eine **ermäßigte 0,8-Verfahrensgebühr** nach Nr. 3101 Nr. 3 VV.

> **Beispiel 88** | **Einstweilige Anordnung von Amts wegen, vorzeitige Erledigung**
>
> Der Anwalt beantragt für seinen Mandanten beim FamG die Übertragung der alleinigen elterlichen Sorge. Das FamG erlässt daraufhin von Amts wegen eine einstweilige Anordnung nach § 1666 BGB, entzieht beiden Elternteilen die elterliche Sorge und bestellt dem Betroffenen Kind einen Vertreter des Jugendamts als Vormund.
>
> Nach § 17 Nr. 4 Buchst. b) RVG liegen wiederum zwei verschiedene Angelegenheiten vor. Der Anwalt, der im Anordnungsverfahren tätig wird, erhält neben den Gebühren der Hauptsache die Vergütung für die einstweilige Anordnung gesondert, hier allerdings nur eine 0,8-Verfahrensgebühr nach Nr. 3101 Nr. 3 VV.

1. 0,8-Verfahrensgebühr, Nrn. 3100, 3101 Nr. 3 VV (Wert: 1.500,00 EUR)		92,00 EUR
2. Postentgeltpauschale, Nr. 7002 VV		18,40 EUR
Zwischensumme	110,40 EUR	
3. 19 % Umsatzsteuer, Nr. 7008 VV		20,98 EUR
Gesamt		**131,38 EUR**

Hinzu kommt eine **Terminsgebühr** unter den Voraussetzungen der Vorbem. 3 Abs. 3 VV. Die Gebühr entsteht zum einen immer dann, wenn das Gericht über den Antrag auf Erlass der einstweiligen Anordnung erörtert oder verhandelt.

252

> **Beispiel 89** Einstweilige Anordnung mit mündlicher Verhandlung

Der Kindesvater beantragt den Erlass einer einstweiligen Anordnung zum Umgangsrecht. Über die einstweilige Anordnung wird mündlich verhandelt. Der Verfahrenswert wird auf 1.500,00 EUR festgesetzt.

Es entsteht neben der Verfahrensgebühr auch eine Terminsgebühr nach Nr. 3104 VV.

1. 1,3-Verfahrensgebühr, Nr. 3100 VV		149,50 EUR
2. 1,2-Terminsgebühr, Nr. 3104 VV		138,00 EUR
3. Postentgeltpauschale, Nr. 7002 VV		20,00 EUR
Zwischensumme	307,50 EUR	
4. 19 % Umsatzsteuer, Nr. 7008 VV		58,43 EUR
Gesamt		**365,93 EUR**

Die Terminsgebühr entsteht unabhängig davon, ob vor der Entscheidung mündlich verhandelt wird oder erst auf Antrag nach § 54 Abs. 2 FamFG.

252a

> **Beispiel 89a** Einstweilige Anordnung mit nachträglicher mündlicher Verhandlung

Der Kindesvater beantragt den Erlass einer einstweiligen Anordnung zum Umgangsrecht, die ohne mündliche Verhandlung ergeht. Auf Antrag der Kindesmutter gem. § 54 Abs. 2 FamG wird mündlich verhandelt. Der Verfahrenswert wird auf 1.500,00 EUR festgesetzt.

Jetzt ist die Terminsgebühr zunächst nicht angefallen, da die Anordnung ohne mündliche Verhandlung ergangen ist (siehe Rn 253a). Die Terminsgebühr ist jedoch im Verfahren auf Neuentscheidung entstanden. Da insoweit nur eine Angelegenheit vorliegt, entsteht keine neue Verfahrensgebühr.

Abzurechnen ist wie in Beispiel 89.

Die Terminsgebühr kann auch aus einem geringeren Wert als die Verfahrensgebühr anfallen.

252b

> **Beispiel 89b** Einstweilige Anordnung mit mündlicher Verhandlung über geringeren Wert

Die Kindesmutter beantragt eine einstweilige Anordnung auf zukünftigen Unterhalt i.H.v. 500,00 EUR monatlich. Das Gericht erlässt die einstweilige Anordnung ohne mündliche Verhandlung über Unterhalt i.H.v. 300,00 EUR monatlich. Der Ehemann beantragt nach § 54 Abs. 2 FamG, aufgrund mündlicher Verhandlung neu zu entscheiden.

Geht man vom hälftigen Wert der einstweiligen Anordnung aus (Rn 245 ff.), ergibt sich ein Verfahrenswert von 3.000,00 EUR. Die Terminsgebühr wäre dann nur aus 1.800,00 EUR entstanden.[129]

1.	1,3-Verfahrensgebühr, Nr. 3100 VV (Wert: 3.000,00 EUR)	261,30 EUR
2.	1,2-Terminsgebühr, Nr. 3104 VV (Wert: 1.800,00 EUR)	138,00 EUR
3.	Postentgeltpauschale, Nr. 7002 VV	20,00 EUR
	Zwischensumme	419,30 EUR
4.	19 % Umsatzsteuer, Nr. 7008 VV	79,67 EUR
	Gesamt	**498,97 EUR**

252c Die Terminsgebühr entsteht auch unter den Voraussetzungen der Vorbem. 3 Abs. 3 S. 3 Nr. 2 VV, also bei Mitwirkung an einer Besprechung zur Erledigung des Verfahrens. Dies galt auch schon vor Änderung der Vorbem. 3 Abs. 3 VV, da der BGH davon ausgeht, dass es sich wegen der Vorschrift des § 54 Abs. 2 FamFG um ein Verfahren mit obligatorischer mündlicher Verhandlung handelt.[130]

| Beispiel 90 | **Einstweilige Anordnung mit Besprechung** |

Wie Beispiel 89; nach Zustellung des Antrags auf Erlass der einstweiligen Anordnung führt der Anwalt des Antragsgegners mit dem des Antragstellers eine Besprechung zur Erledigung des Verfahrens. Da eine Einigung nicht zustande kommt, entscheidet das Gericht ohne mündliche Verhandlung.

Die Terminsgebühr ist jetzt gem. Vorbem. 3 Abs. 3 S. 3 Nr. 2 VV entstanden.

Abzurechnen ist wie im Beispiel 89.

253 Eine Terminsgebühr nach Anm. Abs. 1 Nr. 1 zu Nr. 3104 VV bei einer Entscheidung im schriftlichen Verfahren oder Abschluss eines schriftlichen Vergleichs kommt hier ebenfalls in Betracht, da nach der Rspr. des BGH (siehe Rn 252c) eine mündliche Verhandlung vorgeschrieben ist.

253a Im Falle einer Entscheidung ohne mündliche Verhandlung muss es sich aber um eine solche handeln, die aufgrund des Einverständnisses der Beteiligten ergeht. Kann das Gericht aus anderen Gründen ohne mündliche Verhandlung entscheiden – insbesondere im Fall des § 51 Abs. 2 S. 2 FamFG, kommt eine Terminsgebühr nach Anm. Abs. 1 Nr. 1 zu Nr. 3104 VV nicht in Betracht. Daher hat diese Variante in der Praxis kaum Bedeutung.

| Beispiel 90a | **Verfahren auf Erlass einer einstweiligen Anordnung mit Entscheidung ohne mündliche Verhandlung (I)** |

Der Anwalt beantragt für den Kindesvater zum Umgangsrecht den Erlass einer einstweiligen Anordnung. Das Gericht entscheidet gem. § 51 Abs. 2 S. 2 FamFG ohne mündliche Verhandlung.

---

[129] Soweit man der zutreffenden Auffassung folgt und hier vom Hauptsachewert ausgeht, wäre für das Verfahren ein Wert von 6.000,00 EUR anzusetzen und für die Terminsgebühr i.H.v. 3.600,00 EUR.
[130] BGH AGS 2012, 10 = MDR 2012, 57 = zfs 2012, 43 = FamRZ 2012, 110 = Rpfleger 2012, 102 = NJW 2012, 459 = JurBüro 2012, 137 = FF 2012, 43 = FuR 2012, 93 = FamFR 2012, 36 = FamRB 2012, 47 = RVGreport 2012, 59 = NJW-Spezial 2012, 156; OLG München AGS 2010, 420 = NJW-Spezial 2010, 635.

XI. Einstweilige Anordnungen § 28

Es liegt zwar ein Verfahren mit obligatorischer mündlicher Verhandlung vor. Die Entscheidung ist aber nicht aufgrund des Einverständnisses der Beteiligten ohne mündliche Verhandlung ergangen, sondern weil das Gericht ohnehin ohne mündliche Verhandlung entscheiden kann. Eine Terminsgebühr ist daher nicht angefallen.

1.	1,3-Verfahrensgebühr, Nr. 3100 VV (Wert: 1.500,00 EUR)		149,50 EUR
2.	Postentgeltpauschale, Nr. 7002 VV		20,00 EUR
	Zwischensumme	169,50 EUR	
3.	19 % Umsatzsteuer, Nr. 7008 VV		32,21 EUR
	Gesamt		**201,71 EUR**

Beispiel 90b Verfahren auf Erlass einer einstweiligen Anordnung mit Entscheidung ohne mündliche Verhandlung (II)

Der Anwalt beantragt für die Kindemutter den Erlass einer einstweiligen Anordnung auf Unterhalt (Verfahrenswert 3.000,00 EUR). Das Gericht entscheidet gem. § 51 Abs. 2 S. 2 FamFG ohne mündliche Verhandlung. Daraufhin beantragt der Kindesvater, aufgrund mündlicher Verhandlung neu zu entscheiden. Gem. § 113 Abs. 1 S. 2 FamFG i.V.m. § 128 Abs. 2 ZPO erklären sich die Beteiligten mit einer Entscheidung im schriftlichen Verfahren einverstanden, so dass im schriftlichen Verfahren neu entschieden wird.

Es liegt ein Verfahren mit obligatorischer mündlicher Verhandlung vor. Die erneute Entscheidung konnte nur aufgrund des Einverständnisses der Beteiligten ohne mündliche Verhandlung ergehen. Eine Terminsgebühr ist daher angefallen.

1.	1,3-Verfahrensgebühr, Nr. 3100 VV (Wert: 3.000,00 EUR)		261,30 EUR
2.	1,2-Terminsgebühr, Nr. 3104 VV (Wert: 3.000,00 EUR)		241,20 EUR
3.	Postentgeltpauschale, Nr. 7002 VV		20,00 EUR
	Zwischensumme	522,50 EUR	
4.	19 % Umsatzsteuer, Nr. 7008 VV		99,28 EUR
	Gesamt		**621,78 EUR**

Des Weiteren kann eine Terminsgebühr nach Abs. 1 Nr. 1 zu Nr. 3104 VV entstehen, wenn in einem einstweiligen Anordnungsverfahren, das eine Familienstreitsache ist, gem. § 113 Abs. 1 S. 2 FamFG i.V.m. § 307 ZPO aufgrund eines Anerkenntnisses entschieden wird. **253b**

Beispiel 90c Verfahren auf Erlass einer einstweiligen Anordnung mit Anerkenntnis

Der Anwalt beantragt für die Kindesmutter den Erlass einer einstweiligen Anordnung auf Zahlung monatlichen Unterhalts i.H.v. 500,00 EUR. Der Ehemann erkennt den Anspruch an, so dass ein entsprechender Anerkenntnisbeschluss ergeht.

Abzurechnen ist wie in Beispiel 90b.

Möglich ist die Terminsgebühr nach Anm. Abs. 1 Nr. 1 zu Nr. 3104 VV auch bei Abschluss eines schriftlichen Vergleichs. **253c**

§ 28 Familiensachen

Beispiel 91 | **Schriftlicher Vergleich im Verfahren auf Erlass einer einstweiligen Anordnung ohne mündliche Verhandlung (I)**

Der Anwalt beantragt für die Kindesmutter den Erlass einer einstweiligen Anordnung zum Unterhalt (Wert: 1.500,00 EUR). Es kommt auf Vorschlag des Gerichts zum Abschluss eines Vergleichs, dessen Zustandekommen nach § 113 Abs. 1 S. 2 FamFG i.V.m. § 278 Abs. 6 ZPO festgestellt wird.

Im einstweiligen Anordnungsverfahren entstehen jetzt sowohl Verfahrens-, Termins- und Einigungsgebühr.

1.	1,3-Verfahrensgebühr, Nr. 3100 VV (Wert: 1.500,00 EUR)	149,50 EUR
2.	1,2-Terminsgebühr, Nr. 3104 VV (Wert: 1.500,00 EUR)	138,00 EUR
3.	1,0-Einigungsgebühr, Nrn. 1000, 1003 VV (Wert: 1.500,00 EUR)	115,00 EUR
4.	Postentgeltpauschale, Nr. 7002 VV	20,00 EUR
	Zwischensumme	422,50 EUR
5.	19 % Umsatzsteuer, Nr. 7008 VV	80,28 EUR
	Gesamt	**502,78 EUR**

253d Erforderlich ist nicht, dass der Vergleich vor Gericht geschlossen wird. Es reicht auch ein privatschriftlicher Vergleich (siehe § 13 Rn 150).

Beispiel 92 | **Schriftlicher Vergleich im Verfahren auf Erlass einer einstweiligen Anordnung ohne mündliche Verhandlung (II)**

Der Anwalt beantragt für die Kindesmutter zum Unterhalt den Erlass einer einstweiligen Anordnung (Wert: 1.500,00 EUR). Die Anwälte schließen sodann untereinander einen schriftlichen Vergleich, aufgrund dessen der Antrag auf Erlass der einstweiligen Anordnung zurückgenommen wird.

Da ein schriftlicher Vergleich ausreicht, ist abzurechnen wie im vorangegangenen Beispiel 91.

253e Soweit der Vergleich einen Mehrwert hat, entsteht die Terminsgebühr auch aus dem Mehrwert (siehe § 13 Rn 232). Eine solche Konstellation kommt insbesondere dann vor, wenn die Hauptsache mit verglichen wird.

Beispiel 92a | **Schriftlicher Vergleich im Verfahren auf Erlass einer einstweiligen Anordnung auch über die Hauptsache ohne mündliche Verhandlung**

Der Anwalt beantragt für den Kindesvater den Erlass einer einstweiligen Anordnung zum Umgangsrecht (Wert: 1.500,00 EUR). Es kommt auf Vorschlag des Gerichts zum Abschluss eines Vergleichs, in dem sowohl eine vorläufige als auch eine endgültige Umgangsregelung getroffen wird. Der Mehrwert des Vergleichs wird auf 3.000,00 EUR festgesetzt.

Im einstweiligen Anordnungsverfahren erhöht sich jetzt der Wert der Terminsgebühr um den Wert der Hauptsache. Hinzukommen eine Verfahrensdifferenzgebühr (Nr. 3101 Nr. 2 VV) und eine 1,5-Einigungsgebühr aus dem Mehrwert, jeweils unter Berücksichtigung des § 15 Abs. 3 RVG.

1.	1,3-Verfahrensgebühr, Nr. 3100 VV (Wert: 1.500,00 EUR)	149,50 EUR
2.	0,8-Verfahrensgebühr, Nrn. 3100, 3101 VV (Wert: 3.000,00 EUR) die Höchstgrenze des § 15 Abs. 3 RVG, nicht mehr als 1,3 aus 4.500,00 EUR (393,90 EUR), ist nicht überschritten	160,80 EUR
3.	1,2-Terminsgebühr, Nr. 3104 VV (Wert: 4.500,00 EUR)	363,60 EUR
4.	1,0-Einigungsgebühr, Nrn. 1000, 1003 VV (Wert: 1.500,00 EUR)	115,00 EUR
5.	1,5-Einigungsgebühr, Nr. 1000 VV (Wert: 3.000,00 EUR)	301,50 EUR
.	die Höchstgrenze des § 15 Abs. 3 RVG, nicht mehr als 1,5 aus 4.500,00 EUR (454,50 EUR), ist nicht überschritten	
6.	Postentgeltpauschale, Nr. 7002 VV	20,00 EUR
	Zwischensumme 1.110,40 EUR	
7.	19 % Umsatzsteuer, Nr. 7008 VV	210,98 EUR
	Gesamt	**1.321,38 EUR**

b) Mehrere einstweilige Anordnungen

Für das Verhältnis mehrerer einstweiliger Anordnungen zueinander war früher § 18 Nr. 1 RVG a.F. zu beachten, wonach in Familiensachen mehrere einstweilige Anordnungen anlässlich derselben Hauptsache untereinander als eine Angelegenheit galten, wenn sie zur selben Buchstabengruppe des § 18 Nr. 1 RVG a.F. gehörten. Danach waren also mehrere einstweilige Anordnungen anlässlich derselben Hauptsache als eine gebührenrechtliche Angelegenheit i.S.d. § 15 RVG zusammenzufassen, so dass die Gebühren nur einmal entstehen konnten. Im Gegenzug wurden dafür aber die Werte der jeweiligen einstweiligen Anordnungsverfahren zusammengerechnet. Das galt selbst dann, wenn derselbe Gegenstand betroffen war. Eine gleich lautende Regelung fand sich in § 18 Nr. 2 RVG a.F. für einstweilige und vorläufige Anordnungsverfahren der freiwilligen Gerichtsbarkeit.

254

Da einstweilige Anordnungsverfahren nach dem FamFG auch ohne Hauptsacheverfahren zulässig sind (§ 51 Abs. 3 FamFG) und es daher in vielen Fällen an der „Klammerwirkung" des Hauptsacheverfahrens fehlen wird, passte diese Regelung nicht mehr. Der Gesetzgeber hat daher § 18 Nr. 1 und 2 RVG a.F. ersatzlos aufgehoben.

255

In Familiensachen sind also einstweilige Anordnungsverfahren nach den §§ 49 ff. FamFG jeweils eigene gebührenrechtliche Angelegenheiten i.S.d. § 15 RVG, in denen der Anwalt seine Gebühren jeweils gesondert abrechnen kann.

256

> **Beispiel 93** — Mehrere einstweilige Anordnungen während desselben Verfahrens, isoliertes Verfahren

257

In einem isolierten Umgangsrechtsverfahren erlässt das Gericht eine befristete einstweilige Anordnung zu vorläufigen Besuchskontakten. Nach Auslauf dieser einstweiligen Anordnung ergeht später eine weitere einstweilige Anordnung zum Besuchsrecht. Über Hauptsache und einstweilige Anordnungen wird verhandelt.

Beide einstweiligen Anordnungen sind selbstständig abzurechnen. Ausgehend von dem hälftigen Hauptsachewert ergibt sich folgende Berechnung:

§ 28 Familiensachen

    I. **Hauptsacheverfahren**
       (siehe Beispiel 89)
    II. **Erstes einstweiliges Anordnungsverfahren (Wert: 1.500,00 EUR)**
      1. 1,3-Verfahrensgebühr, Nr. 3100 VV   149,50 EUR
      2. 1,2-Terminsgebühr, Nr. 3104 VV   138,00 EUR
      3. Postentgeltpauschale, Nr. 7002 VV   20,00 EUR
         Zwischensumme   307,50 EUR
      4. 19 % Umsatzsteuer, Nr. 7008 VV   58,43 EUR
      Gesamt   **365,93 EUR**
    III. **Zweites einstweiliges Anordnungsverfahren (Wert: 1.500,00 EUR)**
      1. 1,3-Verfahrensgebühr, Nr. 3100 VV   149,50 EUR
      2. 1,2-Terminsgebühr, Nr. 3104 VV   138,00 EUR
      3. Postentgeltpauschale, Nr. 7002 VV   20,00 EUR
         Zwischensumme   307,50 EUR
      4. 19 % Umsatzsteuer, Nr. 7008 VV   58,43 EUR
    Gesamt   **365,93 EUR**

> **Beispiel 94**   **Mehrere einstweilige Anordnungen während desselben Verfahrens, Verbund**

Im Scheidungsverbundverfahren ergeht zunächst ohne mündliche Verhandlung eine einstweilige Anordnung auf Zahlung eines Kostenvorschusses i.H.v. 1.860,00 EUR. Anschließend wird eine einstweilige Anordnung zum Unterhalt auf künftige Zahlungen in Höhe von 250,00 EUR erlassen und später eine einstweilige Anordnung zum Umgangsrecht, über die jeweils verhandelt wird.

Nach früherem Recht wäre von folgenden Werten auszugehen:
    – Verfahrenskostenvorschuss, § 48 Abs. 1 S. 1 GKG a.F. i.V.m. § 3 ZPO   1.860,00 EUR
    – Umgangsrecht, § 24 RVG a.F.   500,00 EUR
    – Unterhalt, § 53 Abs. 2 S. 1 GKG a.F. (6 x 250,00 EUR)   1.500,00 EUR

Nach früherem Recht wären die drei Anordnungsverfahren nach § 18 Nr. 1 RVG zu einer Gebührenangelegenheit zusammenzufassen, da sie in derselben Buchstabengruppe (nämlich § 18 Nr. 1 Buchst. b) RVG a.F.) aufgeführt waren. Die Werte der einzelnen Anordnungsverfahren sind allerdings zusammenzurechnen.

Seit Inkrafttreten des FGG-ReformG ist jedes einstweilige Anordnungsverfahren eine eigene selbstständige Angelegenheit i.S.d. § 15 RVG, so dass die Gebühren jeweils gesondert anfallen.

Die Werte ergeben sich jeweils aus § 41 FamGKG. Ausgehend von dem hälftigen Hauptsachewert wäre wie folgt zu rechnen:

    I. **Einstweiliges Anordnungsverfahren Kostenvorschuss**
      1. 1,3-Verfahrensgebühr, Nr. 3100 VV   195,00 EUR
         (Wert: 1.860,00 EUR)
      2. Postentgeltpauschale, Nr. 7002   20,00 EUR
         Zwischensumme   215,00 EUR
      3. 19 % Umsatzsteuer, Nr. 7008 VV   40,85 EUR
    Gesamt   **255,85 EUR**
    II. **Einstweiliges Anordnungsverfahren Unterhalt (12 x 250,00 EUR : 2)**
      1. 1,3-Verfahrensgebühr, Nr. 3100 VV   149,50 EUR
         (Wert: 1.500,00 EUR)
      2. 1,2-Terminsgebühr, Nr. 3104 VV   138,00 EUR
         (Wert: 1.500,00 EUR)
      3. Postentgeltpauschale, Nr. 7002   20,00 EUR
         Zwischensumme   307,50 EUR

4. 19 % Umsatzsteuer, Nr. 7008 VV	58,43 EUR
Gesamt	**365,93 EUR**

III. Einstweiliges Anordnungsverfahren Umgangsrecht (Wert: 1.500,00 EUR)

1. 1,3-Verfahrensgebühr, Nr. 3100 VV		149,50 EUR
2. 1,2-Terminsgebühr, Nr. 3104 VV		138,00 EUR
3. Postentgeltpauschale, Nr. 7002 VV		20,00 EUR
Zwischensumme	307,50 EUR	
4. 19 % Umsatzsteuer, Nr. 7008 VV		58,43 EUR
Gesamt		**365,93 EUR**

258 Mehrere Angelegenheiten sind auch dann gegeben, wenn in einer Gewaltschutzsache eine einstweilige Anordnung ergeht und später die Verlängerung der Anordnung beantragt wird.[131]

> **Beispiel 95** **Einstweilige Anordnung nach dem GewSchG und Verlängerung**
>
> Der Anwalt erwirkt eine auf sechs Monate befristete einstweilige Anordnung gegen den Antragsgegner, die diesem den Kontakt mit der Antragstellerin untersagt. Vor Ablauf der sechs Monate beantragt der Antragsteller die Verlängerung der einstweiligen Anordnung.

Es sind zwei verschiedene Angelegenheiten gegeben. Die Gebühren entstehen daher jeweils gesondert aus dem Wert der §§ 49 Abs. 1, 41 FamGKG.

I. Einstweiliges Anordnungsverfahren (Wert: 1.000,00 EUR)

1. 1,3-Verfahrensgebühr, Nr. 3100 VV		104,00 EUR
2. Postentgeltpauschale, Nr. 7002 VV		20,00 EUR
Zwischensumme	124,00 EUR	
3. 19 % Umsatzsteuer, Nr. 7008 VV		23,56 EUR
Gesamt		**147,56 EUR**

II. Verlängerungsverfahren (Wert: 1.000,00 EUR)

1. 1,3-Verfahrensgebühr, Nr. 3100 VV		104,00 EUR
2. Postentgeltpauschale, Nr. 7002 VV		20,00 EUR
Zwischensumme	124,00 EUR	
3. 19 % Umsatzsteuer, Nr. 7008 VV		23,56 EUR
Gesamt		**147,56 EUR**

c) Anordnung und Abänderung

259 Wird die Abänderung einer einstweiligen Anordnung beantragt, so ist § 16 Nr. 5 RVG zu beachten. Insgesamt liegt nur eine Angelegenheit vor; eine Addition der Werte von Anordnung und Abänderung kommt nicht in Betracht. Die früher vertretene Gegenauffassung[132] ist nach Wegfall des § 18 Nr. 1 und 2 RVG a.F. nicht mehr haltbar.

---

[131] OLG Zweibrücken AGS 2012, 461 = JurBüro 2012, 523 = NJW-RR 2012, 1094 = MDR 2012, 1438 = FamRZ 2013, 324 = NJW 2012, 3045 = NJW-Spezial 2012, 636 = RVGreport 2012, 377; OLG Frankfurt FamRZ 2007, 849; AG Bad Kreuznach AGS 2009, 64 = NJW-Spezial 2009, 124 = RVGprof. 2009, 114.

[132] OLG München AGS 2007 424 = NJW-RR 2006, 357 = OLGR 2006, 283 = FuR 2006, 229 = FamRZ 2006, 1218 = NJW 2006, 2196; OLG Koblenz AGS 2007, 425 = JurBüro 2007, 203 = MDR 2007, 745 = FamRZ 2007, 1114 = OLGR 2007, 474.

§ 28 Familiensachen

> **Beispiel 96** — Einstweilige Anordnung auf elterliche Sorge und späteres Abänderungsverfahren

Der Anwalt erwirkt eine einstweilige Anordnung zur elterlichen Sorge (Wert: 1.500,00 EUR). Später wird die Abänderung beantragt (Wert: ebenfalls 1.500,00 EUR). Sowohl über den Antrag als auch über die Abänderung war verhandelt worden.

Es gilt § 16 Nr. 5 RVG. Die Gebühren entstehen nur einmal aus 1.500,00 EUR.

Einstweiliges Anordnungs- und Abänderungsverfahren (Wert: 1.500,00 EUR)

1. 1,3-Verfahrensgebühr, Nr. 3100 VV		149,50 EUR
2. 1,2-Terminsgebühr, Nr. 3104 VV		138,00 EUR
3. Postentgeltpauschale, Nr. 7002 VV		20,00 EUR
Zwischensumme	307,50 EUR	
4. 19 % Umsatzsteuer, Nr. 7008 VV		58,43 EUR
Gesamt		**365,93 EUR**

260 Bedeutung hat das Abänderungsverfahren nur, wenn der Anwalt dort erstmals tätig wird oder dort weitere Gebühren anfallen.

> **Beispiel 97** — Einstweilige Anordnung auf Unterhalt und späteres Abänderungsverfahren

Im Januar 2014 hatte der Anwalt für seine Mandantin eine einstweilige Anordnung auf Unterhaltszahlungen ab Februar 2014 in Höhe von 600,00 EUR beantragt. Es war ein entsprechender Beschluss ohne mündliche Verhandlung ergangen. Im September 2014 beantragt der Ehemann eine Abänderung der einstweiligen Anordnung auf 300,00 EUR, da sich seine Einkommensverhältnisse verschlechtert haben. Hierüber wird mündlich verhandelt. Die Werte werden wie folgt festgesetzt: Anordnungsverfahren 3.600,00 EUR; Abänderungsverfahren 1.800,00 EUR).

Es gilt jetzt wiederum § 16 Nr. 5 RVG. Es liegt nur eine Angelegenheit vor. Die Gebühren richten sich nach dem höchsten Wert, aus dem sie angefallen sind. Während sich die Verfahrensgebühr aus dem Wert des Anordnungsverfahrens berechnet, entsteht die Terminsgebühr nur aus dem Wert der Abänderung.

Einstweiliges Anordnungs- und Abänderungsverfahren

1. 1,3-Verfahrensgebühr, Nr. 3100 VV (Wert: 3.600,00 EUR)		327,60 EUR
2. 1,2-Terminsgebühr, Nr. 3104 VV (Wert: 1.800,00 EUR)		180,00 EUR
3. Postentgeltpauschale, Nr. 7002 VV		20,00 EUR
Zwischensumme	527,60 EUR	
4. 19 % Umsatzsteuer, Nr. 7008 VV		100,24 EUR
Gesamt		**627,84 EUR**

> **Beispiel 98** — Auftrag nur im Abänderungsverfahren

Wie vorausgegangenes Beispiel 97. Der Anwalt war nur im Abänderungsverfahren beauftragt.

Jetzt erhält der Anwalt die Gebühren nur aus dem geringeren Wert von 1.800,00 EUR.

XI. Einstweilige Anordnungen § 28

1.	1,3-Verfahrensgebühr, Nr. 3100 VV (Wert: 1.800,00 EUR)	195,00 EUR
2.	1,2-Terminsgebühr, Nr. 3104 VV (Wert: 1.800,00 EUR)	180,00 EUR
3.	Postentgeltpauschale, Nr. 7002 VV	20,00 EUR
	Zwischensumme 395,00 EUR	
4.	19 % Umsatzsteuer, Nr. 7008 VV	75,05 EUR
	Gesamt	**470,05 EUR**

4. Einstweilige Anordnungen im Beschwerdeverfahren

Ist die Hauptsache in einem Beschwerdeverfahren anhängig und wird in dieser Phase eine einstweilige Anordnung beantragt, so ist das Beschwerdegericht als Gericht der Hauptsache zuständig (§ 50 Abs. 1 S. 2 FamFG). Ungeachtet dessen richtet sich die Vergütung im einstweiligen Anordnungsverfahren jedoch nach den erstinstanzlichen Gebühren der Nrn. 3100 ff. VV (Vorbem. 3.2 Abs. 2 VV).

261

> **Beispiel 99** — Einstweilige Anordnung im Beschwerdeverfahren
>
> Gegen die Antragsabweisung im Unterhaltsverfahren (Wert: 7.200,00 EUR) legt die Antragstellerin Beschwerde ein und beantragt den Erlass einer einstweiligen Anordnung auf Zahlung künftigen Unterhalts in Höhe von 300,00 EUR.

Im Beschwerdeverfahren erhält der Anwalt die Gebühren nach Nrn. 3200 ff. VV (Vorbem. 3.2.1. Nr. 2 Buchst b) VV). Im einstweiligen Anordnungsverfahren fallen die Gebühren nach Nrn. 3100 ff. VV (Vorbem. 3.2 Abs. 2 VV) an.

I. Beschwerdeverfahren (Wert: 7.200,00 EUR)

1.	1,6-Verfahrensgebühr, Nr. 3200 VV	729,60 EUR
2.	1,2-Terminsgebühr, Nr. 3202 VV	547,20 EUR
3.	Postentgeltpauschale, Nr. 7002 VV	20,00 EUR
	Zwischensumme 1.296,80 EUR	
4.	19 % Umsatzsteuer, Nr. 7008 VV	246,39 EUR
	Gesamt	**1.543,19 EUR**

II. Einstweiliges Anordnungsverfahren (Wert: 1.800,00 EUR)

1.	1,3-Verfahrensgebühr, Nr. 3100 VV	195,00 EUR
2.	1,2-Terminsgebühr, Nr. 3104 VV	180,00 EUR
3.	Postentgeltpauschale, Nr. 7002 VV	20,00 EUR
	Zwischensumme 395,00 EUR	
4.	19 % Umsatzsteuer, Nr. 7008 VV	75,05 EUR
	Gesamt	**470,05 EUR**

5. Beschwerden gegen einstweilige Anordnungen

Beschwerden gegen Entscheidungen betreffend den Hauptgegenstand in Verfahren über den Antrag auf Erlass einer einstweiligen Anordnung werden seit dem 1.8.2013 wie Berufungen vergütet (Vorbem. 3.2.1 Nr. 2 Buchst. b) VV), also nicht nach den Nrn. 3500 VV.

262

> **Beispiel 100** — Beschwerde gegen einstweilige Anordnung zur Ehewohnung
>
> Gegen die aufgrund mündlicher Verhandlung ergangene Antragsabweisung im Verfahren auf Zuweisung der Ehewohnung legt der Antragsteller Beschwerde ein, über die das OLG nach mündlicher Verhandlung entscheidet.

Im einstweiligen Anordnungsverfahren fallen die Gebühren nach den Nrn. 3100 ff. VV an. Im Beschwerdeverfahren erhält der Anwalt jetzt die Gebühren nach den Nrn. 3200 ff. VV (Vorbem. 3.2.1. Nr. 2 Buchst b) VV).

I.	**Einstweiliges Anordnungsverfahren (Wert: 1.500,00 EUR)**		
1.	1,3-Verfahrensgebühr, Nr. 3100 VV		149,50 EUR
2.	1,2-Terminsgebühr, Nr. 3104 VV		138,00 EUR
3.	Postentgeltpauschale, Nr. 7002 VV		20,00 EUR
	Zwischensumme	307,50 EUR	
4.	19 % Umsatzsteuer, Nr. 7008 VV		58,43 EUR
	Gesamt		**365,93 EUR**
II.	**Beschwerdeverfahren (Wert: 1.500,00 EUR)**		
1.	1,6-Verfahrensgebühr, Nr. 3200 VV		184,00 EUR
2.	1,2-Terminsgebühr, Nr. 3202 VV		138,00 EUR
3.	Postentgeltpauschale, Nr. 7002 VV		20,00 EUR
	Zwischensumme	342,00 EUR	
4.	19 % Umsatzsteuer, Nr. 7008 VV		64,98 EUR
	Gesamt		**406,98 EUR**

263 Zu Einzelheiten siehe Rn 268 ff.

XII. Arrestverfahren

264 Arrestverfahren werden ebenfalls wie sonstige gerichtliche Verfahren vergütet. Es gelten also die Nrn. 3100 ff. VV.

265 Zu beachten ist, dass Arrestverfahren nach § 17 Nr. 4 Buchst. a) RVG eigene Angelegenheiten gegenüber dem jeweiligen Hauptsacheverfahren darstellen. Der Anwalt erhält also neben den Gebühren in der Hauptsache die Vergütung im Arrestverfahren gesondert.

266 Anordnungs- und Abänderungs- oder Aufhebungsverfahren sind dagegen nur eine Angelegenheit (§ 16 Nr. 5 RVG).

267 Der **Verfahrenswert** richtet sich nach § 42 FamGKG. Die Vorschrift des § 41 FamGKG ist nicht anzuwenden. Der Wert ist in der Regel mit einem Drittel der zu sichernden Hauptforderung anzusetzen.[133]

XIII. Beschwerde gegen den Rechtszug beendende Entscheidungen

1. Überblick

268 Soweit Beschwerden gegen den Rechtszug beendende Entscheidungen in Familiensachen betreffend den Hauptgegenstand des Verfahrens erhoben werden, gelten nach Vorbem. 3.2.1 Nr. 2 Buchst. b) VV die Gebühren nach Teil 3 Abschnitt 2 Unterabschnitt 1 VV entsprechend. Anzuwenden sind also die Vorschriften, die für ein Berufungsverfahren gelten (siehe § 15).

---

[133] OLG Celle AGS 2010, 555 = NdsRpfl 2011, 19 = NJW-Spezial 2010, 699 = FamRZ 2011, 759; OLG Brandenburg AGS 2010, 556 = FamRZ 2011, 758; OLG München FamRZ 2011, 746.

Beschwerden gegen Zwischenentscheidungen oder den Rechtszug beendende Entscheidungen in einem Nebenverfahren werden dagegen nach Nr. 3500 ff. VV abgerechnet[134] (siehe hierzu § 21 Rn 4 ff.). 269

Die Gebühren der Nrn. 3200 ff. VV gelten für alle Beschwerdeverfahren, unabhängig davon, ob sich die Beschwerde gegen eine Familienstreitsache richtet, gegen eine Familiensache der freiwilligen Gerichtsbarkeit oder gegen eine Entscheidung aus dem Verbundverfahren. Die Gebühren gelten auch für Beschwerden gegen einstweilige Anordnungen, bzw. gegen Entscheidungen, mit denen der Erlass einer einstweiligen Anordnung abgelehnt worden ist. 270

2. Verfahrenswert

Der **Verfahrenswert** im Beschwerdeverfahren richtet sich nach § 40 FamGKG. Gem. § 40 Abs. 1 S. 1 FamGKG kommt es auf die gestellten Anträge an. 271

Wird kein Antrag gestellt oder erst nach Ablauf der Begründungsfrist, gilt der Wert der Beschwer (§ 40 Abs. 1 S. 2 FamGKG), der sich gem. § 113 Abs. 1 S. 2 FamFG nach den Vorschriften der §§ 3 ff. ZPO richtet. Gleiches gilt, wenn rechtsmissbräuchlich nur ein geringer Antrag gestellt wird.[135] 272

Beispiel 101 | **Fehlender oder verspäteter Antrag**

Der Ehemann ist verpflichtet worden, 20.000,00 EUR Zugewinn zu zahlen. Sein Anwalt legt dagegen Beschwerde ein und nimmt diese später wieder zurück.
 a) Ein Antrag war nicht gestellt.
 b) Es war erst nach Ablauf der Begründungsfrist eine Abänderung auf nicht mehr als 18.000,00 EUR beantragt.

In beiden Fällen gilt der volle Wert der Beschwer, also 20.000,00 EUR.

Die Werte **wechselseitiger Beschwerden** werden zusammengerechnet, sofern sie nicht denselben Verfahrensgegenstand betreffen (§ 39 Abs. 2 FamGKG). 273

Beispiel 102 | **Wechselseitige Beschwerden, Unterhalt**

Auf den Antrag der Ehefrau, den Ehemann zur Zahlung von monatlichem zukünftigen Unterhalt in Höhe von 500,00 EUR wird der Ehemann zur Zahlung von 300,00 EUR monatlich verpflichtet. Der Ehemann legt Beschwerde ein mit dem Antrag, den Unterhaltsantrag abzuweisen. Die Ehefrau legt Beschwerde ein mit dem Antrag, ihrem Antrag in voller Höhe stattzugeben.

Es liegen verschiedene Gegenstände zugrunde. Die Werte der beiden Anträge (12 x 300,00 EUR =) 3.600,00 EUR und (12 x 200,00 EUR =) 2.400,00 EUR sind zusammenzurechnen, so dass ein Wert i.H.v. 6.000,00 EUR gilt.

---

[134] OLG Köln AGS 2012, 462 u. 563 = JurBüro 2012, 653 = FamRZ 2013, 730 = NJW-Spezial 2012, 540 = RVGreport 2012, 420; OLG Hamm AGS 2013, 171 = JurBüro 2013, 421 = NJW-Spezial 2013, 284 = MDR 2013, 816 = RVGreport 2013, 317 (Beschwerde gegen eine Kostenentscheidung).
[135] Siehe zu Einzelheiten Schneider/Volpert/Fölsch/*Schneider*, § 40 Rn 16 ff.

274 Betreffen die wechselseitigen Beschwerdeanträge denselben Gegenstand, gilt nur der höhere Wert.

275 Derselbe Gegenstand liegt auch dann vor, wenn einerseits der zu befristeten Unterhaltszahlungen verpflichtete Beschwerdeführer Antragsabweisung bzw. eine kürzere Befristung begehrt, während der Gegner mit der Anschlussbeschwerde eine Verlängerung oder den Wegfall der Befristung erreichen will.[136]

Beispiel 103 | **Wechselseitige Beschwerden, befristeter Unterhalt**

Der Ehemann ist zur befristeten Unterhaltszahlung für drei Jahre verpflichtet worden. Er legt Beschwerde ein mit dem Ziel der Abweisung der Antragsabweisung. Die Ehefrau legt Beschwerde ein mit dem Ziel, die Befristung auf fünf Jahre heraufzusetzen.

Es liegt derselbe Gegenstand zugrunde, so dass nach § 39 Abs. 2 FamGKG nur der höherwertige Antrag gilt.

---

276 Zu beachten ist, dass der Wert des Beschwerdeverfahrens nach § 40 Abs. 2 FamGKG nie höher sein kann als der Wert der vorangegangenen Instanz, es sei denn, die Anträge sind erweitert worden. Ein solcher Fall kommt häufig in Unterhaltssachen vor, wenn sich der Beschwerdeführer nur gegen einen Teil der erstinstanzlich zugesprochenen oder abgewiesenen Unterhaltsbeträge richtet.[137] Da in diesen Fällen die angefochtenen Unterhaltsbeträge höher sein können als die Beträge der ersten zwölf Monate nach Antragseinreichung, kann sich insoweit auch ein höherer Wert ergeben. Dieser Wert ist dann aber nach § 40 Abs. 2 S. 1 FamGKG zu begrenzen.

Beispiel 104 | **Begrenzung des Verfahrenswerts**

Die Ehefrau macht Unterhalt geltend, und zwar für die ersten zwölf Monate nach Antragseinreichung i.H.v. 1.000,00 EUR und für die weiteren Monate i.H.v. 1.200,00 EUR. Der Ehemann wird antragsgemäß verurteilt und legt Beschwerde ein, mit der er sich nur gegen die Verurteilung zur Unterhaltszahlung nach Ablauf eines Jahres wehrt.

Der Wert des erstinstanzlichen Verfahrens beläuft sich gem. §§ 35, 51 Abs. 1 S. 1 FamGKG auf 12 x 1.000,00 EUR = 12.000,00 EUR. Der Wert des Rechtsmittelverfahrens würde sich nach § 51 Abs. 1 S. 1 FamGKG grundsätzlich auf 12 x 1.200,00 EUR = 14.400,00 EUR belaufen. Gem. § 40 Abs. 2 S. 1 FamGKG wird der Wert jedoch auf den erstinstanzlichen Wert, also auf 12.000,00 EUR, begrenzt.

---

3. Die Gebühren

277 Im Beschwerdeverfahren entsteht zunächst unter den Voraussetzungen der Vorbem. 3 Abs. 2 VV eine **Verfahrensgebühr**. Die Höhe beläuft sich auf 1,6 (Nr. 3200 VV). Bei vorzeitiger Erledigung ermäßigt sie sich auf 1,1 (Anm. Abs. 1 Nr. 1 zu Nr. 3201 VV). Gleiches gilt, soweit eine Einigung

---

[136] OLG Oldenburg AGS 2009, 83 = OLGR 2008, 955 = FamRZ 2009, 73 = ZFE 2009, 36 = RVGreport 2009, 78 = FPR 2009, 136 = FamRB 2009, 114 = FuR 2009, 226 = FF 2009, 176 = FF 2009, 218.
[137] Siehe OLG Stuttgart AGS 2008, 192 = OLGR 2008, 148 = FamRZ 2008, 1205 = FamRB 2008, 77 = FPR 2008, 121 = FF 2008, 339; OLG Oldenburg AGS 2009, 83 = OLGR 2008, 955 = FamRZ 2009, 73 = ZFE 2009, 36 = RVGreport 2009, 78 = FPR 2009, 136 = FamRB 2009, 114 = FuR 2009, 226 = FF 2009, 176 = FF 2009, 218.

XIII. Beschwerde gegen den Rechtszug beendende Entscheidungen § 28

der Beteiligten über nicht anhängige Gegenstände protokolliert wird oder Verhandlungen darüber geführt werden (Anm. Abs. 1 Nr. 2 zu Nr. 3201 VV). Zu Einzelheiten siehe § 15 Rn 21 ff.

Unter den Voraussetzungen der Vorbem. 3 Abs. 3 VV erhält der Anwalt darüber hinaus eine **Terminsgebühr**. Die Höhe beläuft sich auf 1,2 (Nr. 3202 VV), wobei in Familienstreitsachen und in Ehesachen auch eine Ermäßigung nach Nr. 3202 VV auf 0,5 in Betracht kommt. 278

Beispiel 105 Beschwerdeverfahren mit mündlicher Verhandlung

Gegen den Beschluss des FamG, mit dem der Antragsgegner zur Zahlung von 15.000,00 EUR verpflichtet worden ist, legt er Beschwerde ein. Vor dem OLG wird mündlich verhandelt.

1.	1,6-Verfahrensgebühr, Nr. 3200 VV (Wert: 15.000,00 EUR)	1.040,00 EUR
2.	1,2-Terminsgebühr, Nr. 3202 VV (Wert: 15.000,00 EUR)	780,00 EUR
3.	Postentgeltpauschale, Nr. 7002 VV	20,00 EUR
	Zwischensumme	1.840,00 EUR
4.	19 % Umsatzsteuer, Nr. 7008 VV	349,60 EUR
	Gesamt	**2.189,60 EUR**

Die Terminsgebühr entsteht gem. Anm. Abs. 1 zu Nr. 3202 VV auch unter den Voraussetzungen der Anm. Abs. 1 Nr. 1 und 3 zu Nr. 3104 VV, also bei einer **Entscheidung im Einverständnis der Beteiligten ohne mündliche Verhandlung**, bei Erlass eines **Anerkenntnisbeschlusses** oder bei **Abschluss ein schriftlichen Vergleichs**. 279

Kein Fall der Anm. Abs. 1 zu Nr. 3202 VV i.V.m. Anm. Abs. 1 Nr. 1 und 3 zu Nr. 3104 VV liegt vor, wenn das Gericht nach § 68 Abs. 3 S. 2 FamFG von einer mündlichen Verhandlung absieht. Unerheblich ist dabei, ob das Vorgehen verfahrensfehlerfrei gewesen ist.[138] 280

Beispiel 106 Beschwerdeverfahren mit Entscheidung nach § 68 Abs. 3 S. 2 FamFG

Wie vorangegangenes Beispiel: jedoch entscheidet das Gericht nach § 68 Abs. 3 S. 2 FamFG ohne mündliche Verhandlung.

Jetzt entsteht nur die Verfahrensgebühr, nicht aber auch eine Terminsgebühr.

1.	1,6-Verfahrensgebühr, Nr. 3200 VV (Wert: 15.000,00 EUR)	1.040,00 EUR
2.	Postentgeltpauschale, Nr. 7002 VV	20,00 EUR
	Zwischensumme	1.060,00 EUR
3.	19 % Umsatzsteuer, Nr. 7008 VV	201,40 EUR
	Gesamt	**1.261,40 EUR**

Kommt es im Beschwerdeverfahren zu einer **Einigung**, entsteht eine 1,3-Einigungsgebühr nach Nr. 1004 VV (Anm. Abs. 2 zu Nr. 1004 VV). 281

---

138 KG AGS 2012, 130 = FamRZ 2012, 812 = NJW-Spezial 2012, 61 = FamFR 2012, 40 = FF 2012, 335; OLG Naumburg AGS 2013, 63 = JurBüro 2013, 306 = NJW-Spezial 2013, 92; OLG Celle FF 2013, 168.

§ 28 Familiensachen

> **Beispiel 107** | **Beschwerde gegen Sorgerechtsentscheidung**

Gegen die Entscheidung des FamG über die elterliche Sorge erhebt der Ehemann Beschwerde zum OLG, über die mündlich verhandelt wird.

Im Beschwerdeverfahren entstehen nach Vorbem. 3.2.1 Nr. 2 Buchst. b) VV die Gebühren der Nrn. 3200 ff. VV.

1.	1,6-Verfahrensgebühr, Vorbem. 3.2.1 Nr. 2 Buchst. b), Nr. 3200 VV (Wert: 3.000,00 EUR)	321,60 EUR
2.	1,2-Terminsgebühr, Vorbem. 3.2.1 Abs. 1 Nr. 2 Buchst. b), Nr. 3202 VV (Wert: 3.000,00 EUR)	241,20 EUR
3.	Postentgeltpauschale, Nr. 7002 VV	20,00 EUR
	Zwischensumme 582,80 EUR	
4.	19 % Umsatzsteuer, Nr. 7008 VV	110,73 EUR
	Gesamt	**693,53 EUR**

> **Beispiel 108** | **Beschwerde gegen Umgangsrechtsentscheidung mit Einigung**

Gegen die Entscheidung des FamG über das Umgangsrecht erhebt die Ehefrau Beschwerde zum OLG, über die die Beteiligten nach mündlicher Verhandlung eine Einigung erzielen.

Zu den Gebühren der Nrn. 3200 VV kommt jetzt noch eine 1,3-Einigungsgebühr (Anm. Abs. 2 zu Nr. 1004 VV) hinzu.

1.	1,6-Verfahrensgebühr, Vorbem. 3.2.1 Nr. 2 Buchst. b), Nr. 3200 VV (Wert: 3.000,00 EUR)	321,60 EUR
2.	1,2-Terminsgebühr, Vorbem. 3.2.1 Nr. 2 Buchst. b), Nr. 3202 VV (Wert: 3.000,00 EUR)	241,20 EUR
3.	1,3-Einigungsgebühr, Nrn. 1000, 1004 VV (Wert: 3.000,00 EUR)	261,30 EUR
4.	Postentgeltpauschale, Nr. 7002 VV	20,00 EUR
	Zwischensumme 844,10 EUR	
5.	19 % Umsatzsteuer, Nr. 7008 VV	160,38 EUR
	Gesamt	**1.004,48 EUR**

XIV. Rechtsbeschwerde

282 Rechtsbeschwerden gegen den Rechtszug beendende Entscheidungen betreffend die Hauptsache in familiengerichtlichen Verfahren werden gem. Vorbem. 3.2.2 Nr. 1 Buchst. a) VV abgerechnet wie Revisionsverfahren. Es gelten die Nrn. 3206 ff. VV (siehe hierzu § 16 Rn 17 ff.).

283 Rechtsbeschwerden gegen Zwischenentscheidungen oder den Rechtszug beendende Entscheidungen in einem Nebenverfahren werden dagegen nach Nr. 3504 VV abgerechnet (siehe hierzu § 17).

284 Da in den Rechtsbeschwerdeverfahren grundsätzlich eine Vertretung durch einen beim BGH zugelassenen Anwalt erforderlich ist, entsteht die Verfahrensgebühr nach den höheren Sätzen der Nrn. 3208, 3209 VV.

Auch hier wird nicht danach unterschieden, ob es sich bei der angefochtenen Entscheidung um eine Familienstreitsache handelt, um eine Familiensache der freiwilligen Gerichtsbarkeit oder um eine Verbundentscheidung.

Beispiel 109 | **Rechtsbeschwerde im isolierten Versorgungsausgleichsverfahren**

Gegen die Entscheidung des FamG über den Versorgungsausgleich in einem isolierten Verfahren wird Beschwerde und anschließend Rechtsbeschwerde erhoben.

Im Rechtsbeschwerdeverfahren entstehen nach Vorbem. 3.2.2 Nr. 1 Buchst. a) VV die Gebühren der Nrn. 3206 ff. VV. Da eine Zulassung am BGH erforderlich ist, gilt Nr. 3208 VV.

1.	2,3-Verfahrensgebühr, Vorbem. 3.2.2 Nr. 1 Buchst. a), Nrn. 3206, 3208 VV (Wert: 1.000,00 EUR)	184,00 EUR
2.	1,5-Terminsgebühr, Vorbem. 3.2.2 Nr. 1 Buchst. a), Nr. 3210 VV (Wert: 1.000,00 EUR)	120,00 EUR
3.	Postentgeltpauschale, Nr. 7002 VV	20,00 EUR
	Zwischensumme 324,00 EUR	
4.	19 % Umsatzsteuer, Nr. 7008 VV	61,56 EUR
Gesamt		**385,56 EUR**

XV. Aufhebung und Zurückverweisung

Bei Aufhebung und Zurückverweisung gilt zunächst § 21 Abs. 1 RVG. Das Verfahren nach Zurückverweisung ist eine neue Angelegenheit, allerdings mit der Maßgabe, dass die Verfahrensgebühr des vorangegangenen Verfahrens gem. Vorbem. 3 Abs. 6 VV auf die Verfahrensgebühr nach Zurückverweisung anzurechnen ist.

Eine Besonderheit gilt in Verbundverfahren allerdings nach § 21 Abs. 2 RVG im Falle einer Zurückverweisung gem. § 146 FamG, also wenn
- neben der Ehesache auch Folgesachen anhängig gemacht worden sind,
- das Gericht den Scheidungsantrag abgewiesen hat und
- das Rechtsmittelgericht den Scheidungsantrag für begründet hält und daher die Sache zurückverweist.

Obwohl in diesem Fall die Voraussetzungen des § 21 Abs. 1 RVG erfüllt sind, findet diese Regelung nach § 21 Abs. 2 RVG keine Anwendung. Das Verfahren vor und nach Zurückverweisung gilt als eine Angelegenheit i.S.d. § 15 Abs. 1 RVG. Der Anwalt erhält die Gebühren daher insgesamt nur einmal. Allerdings kann sich der Wert des Verfahrens erhöhen, wenn nach Zurückverweisung noch weitere Folgesachen anhängig gemacht werden.[139]

Beispiel 110 | **Aufhebung und Zurückverweisung**

Das FamG weist den Scheidungsantrag (Werte: Ehesache 6.000,00 EUR; Versorgungsausgleich 1.200,00 EUR) zurück. Auf die Beschwerde hält das OLG den Scheidungsantrag für begründet und verweist die Sache an das FamG zurück.

---
139 Gerold/Schmidt/*Mayer*, § 21 Rn 14.

Das Verfahren nach Zurückverweisung gilt gem. § 21 Abs. 2 RVG als dieselbe Angelegenheit. Die Gebühren vor dem FamG entstehen nur einmal.

I. Verfahren vor dem FamG
1. 1,3-Verfahrensgebühr, Nr. 3100 VV   592,80 EUR
   (Wert: 7.200,00 EUR)
2. 1,2-Terminsgebühr, Nr. 3104 VV   547,20 EUR
   (Wert: 7.200,00 EUR)
3. Postentgeltpauschale, Nr. 7002 VV   20,00 EUR
   Zwischensumme   1.160,00 EUR
4. 19 % Umsatzsteuer, Nr. 7008 VV   220,40 EUR
   Gesamt   **1.380,40 EUR**

II. Beschwerdeverfahren
1. 1,6-Verfahrensgebühr, Nr. 3200 VV   566,40 EUR
   (Wert: 6.000,00 EUR)
2. 1,2-Terminsgebühr, Nr. 3202 VV   424,80 EUR
   (Wert: 6.000,00 EUR)
3. Postentgeltpauschale, Nr. 7002 VV   20,00 EUR
   Zwischensumme   1.011,20 EUR
4. 19 % Umsatzsteuer, Nr. 7008 VV   192,13 EUR
   Gesamt   **1.203,33 EUR**

289 Liegen zwischen dem Abschluss des erstinstanzlichen Verfahrens und der Zurückverweisung allerdings **mehr als zwei Kalenderjahre**, gilt nicht § 21 Abs. 2 RVG, sondern § 15 Abs. 5 S. 2 RVG, so dass dann alle Gebühren erneut entstehen.

| Beispiel 111 | Aufhebung und Zurückverweisung nach Ablauf von mehr als zwei Kalenderjahren |

Das FamG hat den Scheidungsantrag im November 2013 zurückgewiesen. Die Beschwerde zum OLG bleibt erfolglos. Hiergegen wird Rechtsbeschwerde eingelegt. Der BGH hält den Scheidungsantrag für begründet und verweist im Januar 2016 die Sache an das FamG zurück.

Das Verfahren nach Zurückverweisung gilt gem. § 15 Abs. 5 S. 2 RVG als neue Angelegenheit. Alle Gebühren entstehen erneut.

I. Ausgangsverfahren vor dem FamG
1. 1,3-Verfahrensgebühr, Nr. 3100 VV   592,80 EUR
   (Wert: 7.200,00 EUR)
2. 1,2-Terminsgebühr, Nr. 3104 VV   547,20 EUR
   (Wert: 7.200,00 EUR)
3. Postentgeltpauschale, Nr. 7002 VV   20,00 EUR
   Zwischensumme   1.160,00 EUR
4. 19 % Umsatzsteuer, Nr. 7008 VV   220,40 EUR
   Gesamt   **1.380,40 EUR**

II. Beschwerdeverfahren
1. 1,6-Verfahrensgebühr, Nr. 3200 VV   566,40 EUR
   (Wert: 6.000,00 EUR)
2. 1,2-Terminsgebühr, Nr. 3202 VV   424,80 EUR
   (Wert: 6.000,00 EUR)
3. Postentgeltpauschale, Nr. 7002 VV   20,00 EUR
   Zwischensumme   1.011,20 EUR
4. 19 % Umsatzsteuer, Nr. 7008 VV   192,13 EUR
   Gesamt   **1.203,33 EUR**

III. Rechtsbeschwerdeverfahren

1. 2,3-Verfahrensgebühr, Nrn. 3206, 3208 VV 814,20 EUR
   (Wert: 6.000,00 EUR)
2. 1,5-Terminsgebühr, Nr. 3210 VV 531,00 EUR
   (Wert: 6.000,00 EUR)
3. Postentgeltpauschale, Nr. 7002 VV 20,00 EUR
   Zwischensumme 1.365,20 EUR
4. 19 % Umsatzsteuer, Nr. 7008 VV 259,39 EUR
   Gesamt **1.624,59 EUR**

IV. Erneutes Verfahren vor dem FamG

1. 1,3-Verfahrensgebühr, Nr. 3100 VV 592,80 EUR
   (Wert: 7.200,00 EUR)
2. 1,2-Terminsgebühr, Nr. 3104 VV 547,20 EUR
   (Wert: 7.200,00 EUR)
3. Postentgeltpauschale, Nr. 7002 VV 20,00 EUR
   Zwischensumme 1.160,00 EUR
4. 19 % Umsatzsteuer, Nr. 7008 VV 220,40 EUR
   Gesamt **1.380,40 EUR**

Die Vorschrift des § 21 Abs. 2 RVG gilt nicht, wenn das Rechtsmittelgericht die Sache nach § 69 Abs. 1 S. 2 FamFG zurückverweist. In diesem Fall bleibt es bei der allgemeinen Regelung des § 21 Abs. 1 RVG. **290**

Beispiel 112 | **Aufhebung und Zurückverweisung wegen Verfahrensmangel**

Das FamG weist den Scheidungsantrag ab (Ehesache 6.000,00 EUR; Versorgungsausgleich 1.200,00 EUR). Das OLG hebt den Beschluss auf und verweist wegen eines schweren Verfahrensfehlers die Sache gem. § 69 Abs. 1 S. 2 FamFG zurück.

Es gilt nicht § 21 Abs. 2 RVG, sondern § 21 Abs. 1 S. 1 RVG. Das Verfahren hinsichtlich der Ehesache ist eine neue Angelegenheit, so dass hieraus die Gebühren – vorbehaltlich der Anrechnung nach Vorbem. 3 Abs. 6 VV – erneut entstehen. Hinsichtlich der Folgesachen (hier Versorgungsausgleich) liegt dagegen keine Zurückverweisung vor, so dass hier auch keine neuen Gebühren entstehen können.

I. Verfahren vor dem FamG

1. 1,3-Verfahrensgebühr, Nr. 3100 VV 592,80 EUR
   (Wert: 7.200,00 EUR)
2. 1,2-Terminsgebühr, Nr. 3104 VV 547,20 EUR
   (Wert: 7.200,00 EUR)
3. Postentgeltpauschale, Nr. 7002 VV 20,00 EUR
   Zwischensumme 1.160,00 EUR
4. 19 % Umsatzsteuer, Nr. 7008 VV 220,40 EUR
   Gesamt **1.380,40 EUR**

II. Beschwerdeverfahren

1. 1,6-Verfahrensgebühr, Nr. 3200 VV 566,40 EUR
   (Wert: 6.000,00 EUR)
2. 1,2-Terminsgebühr, Nr. 3202 VV 424,80 EUR
   (Wert: 6.000,00 EUR)
3. Postentgeltpauschale, Nr. 7002 VV 20,00 EUR
   Zwischensumme 1.011,20 EUR
4. 19 % Umsatzsteuer, Nr. 7008 VV 192,13 EUR
   Gesamt **1.203,33 EUR**

III. Erneutes Verfahren vor dem FamG nach Zurückverweisung

1.	1,3-Verfahrensgebühr, Nr. 3100 VV (Wert: 6.000,00 EUR)	460,20 EUR
2.	gem. Vorbem 3 Abs. 6 VV anzurechnen, 1,3 aus 6.000,00 EUR	– 460,20 EUR
3.	1,2-Terminsgebühr, Nr. 3104 VV (Wert: 6.000,00 EUR)	424,80 EUR
4.	Postentgeltpauschale, Nr. 7002 VV	20,00 EUR
	Zwischensumme 444,80 EUR	
5.	19 % Umsatzsteuer, Nr. 7008 VV	84,51 EUR
	Gesamt	**529,31 EUR**

291 Gleiches gilt, wenn das FamG über die Ehesache gem. § 140 FamFG vorab entschieden hatte und Folgesachen anhängig geblieben sind.

> **Beispiel 113** | **Aufhebung und Zurückverweisung nach Vorabentscheidung**

Das FamG „trennt" den Versorgungsausgleich ab und gibt dem Scheidungsantrag statt. Das OLG hebt den Scheidungsbeschluss auf und verweist die Sache gem. § 69 Abs. 1 S. 2 FamFG zurück. Nach erneuter Verhandlung und Anhörung der Beteiligten wird dem Scheidungsantrag durch Verbundbeschluss stattgegeben.

Obwohl auch hier eine Folgesache erstinstanzlich anhängig geblieben ist, gilt nicht § 21 Abs. 2 RVG, sondern § 21 Abs. 1 RVG. Die Anwälte erhalten also die Gebühren erneut, allerdings unter Berücksichtigung der Anrechnung nach Vorbem. 3 Abs. 6 VV. Abzurechnen ist ebenso wie im vorangegangenen Beispiel 112.

292 Werden **nur Folgesachen angefochten** und verweist das Rechtsmittelgericht die Sache zurück, gilt ebenfalls nicht § 21 Abs. 2 RVG, sondern wiederum die allgemeine Regel des § 21 Abs. 1 RVG.

> **Beispiel 114** | **Aufhebung und Zurückverweisung einer Folgesache**

Das FamG gibt dem Scheidungsantrag statt (Werte: Ehesache 6.000,00 EUR; Versorgungsausgleich 1.200,00 EUR). Der im Verbund als Folgesache erhobene Antrag auf nachehelichen Unterhalt in Höhe von 155,00 EUR monatlich wird dagegen zurückgewiesen. Hiergegen legt der Antragsteller Beschwerde ein. Das OLG hebt den Verbundbeschluss hinsichtlich des Ausspruchs zum Unterhalt auf und verweist wegen eines schweren Verfahrensfehlers die Sache gem. § 69 Abs. 1 S. 2 FamFG zurück.

Es gilt nicht § 21 Abs. 2 RVG, sondern § 21 Abs. 1 S. 1 RVG. Das zurückverwiesene Verfahren hinsichtlich des Unterhalts ist eine neue Angelegenheit, so dass hieraus die Gebühren erneut entstehen. Die Verfahrensgebühr ist wiederum nach Vorbem. 3 Abs. 6 VV anzurechnen, allerdings nur aus dem Wert des Unterhalts (12 x 155,00 EUR = 1.860,00 EUR – § 51 Abs. 1 FamGKG).

I. Verfahren vor dem FamG

1.	1,3-Verfahrensgebühr, Nr. 3100 VV (Wert: 9.060,00 EUR)	725,40 EUR
2.	1,2-Terminsgebühr, Nr. 3104 VV (Wert: 9.060,00 EUR)	669,60 EUR
3.	Postentgeltpauschale, Nr. 7002 VV	20,00 EUR
	Zwischensumme 1.415,00 EUR	
4.	19 % Umsatzsteuer, Nr. 7008 VV	268,85 EUR
	Gesamt	**1.683,85 EUR**

II. Beschwerdeverfahren

1. 1,6-Verfahrensgebühr, Nr. 3200 VV (Wert: 1.860,00 EUR)		240,00 EUR
2. 1,2-Terminsgebühr, Nr. 3202 VV (Wert: 1.860,00 EUR)		180,00 EUR
3. Postentgeltpauschale, Nr. 7002 VV		20,00 EUR
Zwischensumme	440,00 EUR	
4. 19 % Umsatzsteuer, Nr. 7008 VV		83,60 EUR
Gesamt		**523,60 EUR**

III. Erneutes Verfahren vor dem FamG nach Zurückverweisung

1. 1,3-Verfahrensgebühr, Nr. 3100 VV (Wert: 1.860,00 EUR)		195,00 EUR
2. 1,2-Terminsgebühr, Nr. 3104 VV (Wert: 1.860,00 EUR)		180,00 EUR
3. gem. Vorbem. 3 Abs. 6 VV anzurechnen, 1,3 aus 1.860,00 EUR		– 195,00 EUR
4. Postentgeltpauschale, Nr. 7002 VV		20,00 EUR
Zwischensumme	200,00 EUR	
5. 19 % Umsatzsteuer, Nr. 7008 VV		38,00 EUR
Gesamt		**238,00 EUR**

XVI. Allgemeine Beschwerden

In allgemeinen Beschwerdeverfahren, also Beschwerden gegen Zwischenentscheidungen oder den Rechtszug abschließenden Entscheidungen in Nebenverfahren gilt Vorbem. 3.2.1 Nr. 2 Buchst. b) VV nicht. Die Vergütung richtet sich in diesen Fällen vielmehr nach den allgemeinen Beschwerdegebühren der Nrn. 3500 VV (siehe hierzu § 21 Rn 4 ff.). **293**

Der Gegenstandswert richtet sich nach § 23 Abs. 2 S. 1 RVG und ist nach § 33 RVG auf Antrag festzusetzen, da im gerichtlichen Verfahren keine von einem Wert abhängigen Gebühren erhoben werden. **294**

> **Beispiel 115** | **Beschwerde gegen Kostenentscheidung**

Der Anwalt erhebt gegen die Kostenentscheidung des FamG sofortige Beschwerde zum OLG. Der Gegenstandswert beträgt 2.000,00 EUR.

Es gilt nicht Vorbem. 3.2.1 Nr. 2 Buchst. b) VV, sondern Teil 3 Abschnitt 5 VV. Abzurechnen ist nach den Gebühren der Nrn. 3500, 3501 VV.[140]

1. 0,5-Verfahrensgebühr, Nr. 3500 VV (Wert: 2.000,00 EUR)		75,00 EUR
2. Postentgeltpauschale, Nr. 7002 VV		15,00 EUR
Zwischensumme	90,00 EUR	
3. 19 % Umsatzsteuer, Nr. 7008 VV		17,10 EUR
Gesamt		**107,10 EUR**

---

[140] OLG Köln AGS 2012, 462 u. 563 = JurBüro 2012, 653 = FamRZ 2013, 730 = NJW-Spezial 2012, 540 = RVGreport 2012, 420; OLG Hamm AGS 2013, 171 = JurBüro 2013, 421 = NJW-Spezial 2013, 284 = MDR 2013, 816 = RVGreport 2013, 317.

XVII. Allgemeine Rechtsbeschwerden

295 In allgemeinen Rechtsbeschwerdeverfahren, also Rechtsbeschwerden gegen Zwischenentscheidungen oder den Rechtszug abschließenden Entscheidungen in Nebenverfahren, gilt Vorbem. 3.2.2 Nr. 1 Buchst. a) VV nicht. Die Vergütung richtet sich in diesen Fällen vielmehr nach den allgemeinen Gebühren für Rechtsbeschwerden nach den Nrn. 3502, 3516 VV (siehe hierzu § 17).

XVIII. Fluranwalt

296 Mitunter wird ein Anwalt lediglich zum Abschluss oder zur Protokollierung eines Vergleichs oder zur Abgabe eines Rechtsmittelverzichts hinzugezogen. Häufig wird dabei ein auf den nächsten Termin wartender Kollege gebeten, bei der Protokollierung mitzuwirken oder den Rechtsmittelverzicht zu erklären (sog. Fluranwalt).[141] Wird keine Vereinbarung über die Vergütung getroffen, so wurde die Tätigkeit des Fluranwalts bisher als Einzeltätigkeit nach Nr. 3403 VV vergütet.[142] Nachdem Vorbem. 3 Abs. 3 VV erweitert worden ist und alle Termine erfasst sind, auch bloße Protokollierungstermine, ist die Tätigkeit als „Fluranwalt" abzurechnen wie eine gewöhnliche Terminsvertretung. (Siehe hierzu § 20 Rn 46)

XIX. Vollstreckung

297 Zur Vergütung von Vollstreckungsangelegenheiten in Familiensachen siehe § 38 Rn 165 ff.

XX. Besonderheiten bei der Verfahrenskostenhilfe

1. Überblick

298 Gem. § 48 Abs. 1 RVG bestimmt sich der Umfang des Vergütungsanspruchs des Anwalts nach den Beschlüssen des Gerichts, durch die Verfahrenskostenhilfe bewilligt und der Anwalt beigeordnet worden ist.

299 Zu beachten ist jedoch, dass sich die Verfahrenskostenhilfe in Familiensachen auch auf weitere Verfahren oder Gegenstände erstreckt.

2. Versorgungsausgleich im Verbund

300 In Scheidungssachen ist § 149 FamFG zu beachten. Danach erstreckt sich die Bewilligung der Verfahrenskostenhilfe kraft Gesetzes auf die Folgesache zum Versorgungsausgleich, sofern nicht eine Erstreckung im Beiordnungsbeschluss ausdrücklich ausgeschlossen wird.

3. Widerantrag in Ehe und Lebenspartnerschaftssachen

301 In Ehesachen und in Lebenspartnerschaftssachen nach § 269 Abs. 1 Nr. 1 und 2 FamFG erstreckt sich die bewilligte Verfahrenskostenhilfe auch auf die Rechtsverteidigung gegen einen Widerantrag (§ 48 Abs. 5 S. 2 Nr. 4 RVG).

---

141 Zu den haftungsrechtlichen Risiken des sog. Fluranwalts s. *Kleinwegener*, FF 2003, 23.
142 Siehe hierzu die Vorauflage § 28 Rn 255.

4. Anschlussbeschwerde oder -rechtsbeschwerde

Ist dem bedürftigen Beteiligten Verfahrenskostenhilfe für eine Beschwerde oder eine Rechtsbeschwerde bewilligt worden, so erstreckt sich die Bewilligung und Beiordnung kraft Gesetzes auch auf die Rechtsverteidigung gegen eine Anschlussbeschwerde oder Anschlussrechtsbeschwerde des Gegners (§ 48 Abs. 2 S. 1 RVG), sofern der Beiordnungsbeschluss nichts anderes bestimmt (§ 48 Abs. 2 S. 2 RVG). 302

> **Beispiel 116** | **Verfahrenskostenhilfe für Anschlussbeschwerde**

Die Ehefrau hatte beantragt, den Ehemann zu einer zukünftigen monatlichen Unterhaltszahlung in Höhe von 600,00 EUR zu verpflichten. Das FamG hat den Ehemann verpflichtet, 400,00 EUR monatlich zu zahlen. Dagegen legt er Beschwerde nach § 58 FamFG ein, mit der er seinen Abweisungsantrag weiterverfolgt. Dafür wird ihm antragsgemäß Verfahrenskostenhilfe bewilligt. Daraufhin erhebt die Ehefrau Anschlussbeschwerde gem. § 66 FamFG, mit der sie ihren weitergehenden Antrag auf Zahlung von Unterhalt in Höhe von 600,00 EUR weiter verfolgt.

Einer gesonderten Verfahrenskostenhilfebewilligung für die Anschlussbeschwerde bedarf es nicht. Die für die eigene Beschwerde des Ehemannes bewilligte Verfahrenskostenhilfe erstreckt sich auch auf die Abwehr der Anschlussbeschwerde. Der dem Ehemann beigeordnete Anwalt kann daher aus dem vollen Wert von 12 x 600,00 EUR auch im Beschwerdeverfahren abrechnen.

5. Vollstreckung einstweiliger Anordnungen

Für ein Vollstreckungsverfahren ist grundsätzlich gesondert Verfahrenskostenhilfe zu beantragen (§ 48 Abs. 5 S. 2 Nr. 1 RVG). Nach § 48 Abs. 2 S. 1 RVG erstreckt sich jedoch die in einem Verfahren auf Erwirkung einer einstweiligen Anordnung bewilligte Verfahrenskostenhilfe und die Beiordnung eines Anwalts in diesem Verfahren auch auf die Vollstreckung der einstweiligen Anordnung, sofern im Beiordnungsbeschluss nichts Abweichendes bestimmt ist (§ 48 Abs. 2 S. 2 RVG). 303

> **Beispiel 117** | **Vollstreckung einstweiliger Anordnung**

Die Ehefrau hatte einen Beschluss im Wege der einstweiligen Anordnung auf Kindesunterhalt erwirkt und will daraus jetzt vollstrecken.

Einer gesonderten Verfahrenskostenhilfebewilligung für die Vollstreckung bedarf es nicht. Es müssen weder Gerichtskosten noch Gerichtsvollzieherkosten gezahlt werden. Zudem werden die Anwaltskosten übernommen.

6. Vollziehung eines Arrests

Gleiches (siehe Rn 303) gilt im Falle der Verfahrenskostenhilfe für ein Verfahren auf Erwirkung eines Arrests. Hier erstreckt sich die Verfahrenskostenhilfe auf Vollziehung des Arrests, sofern im Beiordnungsbeschluss nichts Abweichendes bestimmt ist (§ 48 Abs. 2 S. 2 RVG). 304

7. Vollstreckung in das bewegliche Vermögen

305 Darüber hinaus ist § 119 Abs. 2 ZPO (§§ 76 Abs. 1, 113 Abs. 1 S. 2 FamFG) bzw. § 77 Abs. 2 FamFG zu beachten: Die Bewilligung von Verfahrenskostenhilfe für die Vollstreckung in das bewegliche Vermögen umfasst **alle Vollstreckungshandlungen im Bezirk des Vollstreckungsgerichts** einschließlich des **Verfahrens auf Abgabe der Vermögensauskunft**. Auch insoweit sind also keine weiteren Bewilligungen erforderlich. Eine Möglichkeit, wie in § 48 Abs. 2 S. 2 RVG, etwas anderes im Bewilligungsbeschluss zu bestimmen, also den Umfang des § 119 Abs. 2 ZPO einzuschränken, besteht nicht.

8. Vereinbarungen im Verbundverfahren

a) Umfang der Beiordnung

306 Eine Besonderheit für das Verbundverfahren ist in § 48 Abs. 3 RVG enthalten. Die Beiordnung des Rechtsanwalts in einer Ehesache (§ 121 FamFG) erstreckt sich auch auf den Abschluss eines Vertrags i.S.d. Nr. 1000 VV (insbesondere einer **Folgenvereinbarung**), die
- den gegenseitigen Unterhalt der Ehegatten,
- den Unterhalt gegenüber den Kindern im Verhältnis der Ehegatten zueinander,
- die Sorge der Person der gemeinschaftlichen minderjährigen Kinder,
- die Regelung des Umgangs mit einem Kind,
- die Rechtsverhältnisse an der Ehewohnung,
- die Rechtsverhältnisse am Haushalt und
- Ansprüche aus dem ehelichen Güterrecht

betrifft.

307 Wird zu den vorgenannten Gegenständen eine Vereinbarung getroffen, so braucht hierfür keine gesonderte Verfahrenskostenhilfe beantragt zu werden. Die in der Ehesache bewilligte Verfahrenskostenhilfe erstreckt sich kraft Gesetzes auch auf die Einigung. Das Gericht kann die Verfahrenskostenhilfe insoweit auch nicht einschränken. Insbesondere kann eine Vereinbarung nicht als mutwillig abgetan werden.[143]

> **Beispiel 118** | **Vereinbarung über nachehelichen Unterhalt und elterliche Sorge**
>
> In der Ehesache ist beiden Beteiligten Verfahrenskostenhilfe bewilligt worden. Im Scheidungstermin wird eine Folgenvereinbarung über den nachehelichen Unterhalt und die elterliche Sorge abgeschlossen.
>
> Die in der Ehesache bewilligte Verfahrenskostenhilfe erstreckt sich auch auf den Abschluss der Einigung über Unterhalt und elterliche Sorge. Gleiches gilt für die Beiordnung des Rechtsanwalts.

308 Da § 48 Abs. 3 RVG nur von „Unterhalt" und nicht von „nachehelichem Unterhalt" spricht und auch nur von einer „Einigung" und nicht von einer „Scheidungsfolgen-"Vereinbarung, werden sämtliche Unterhaltsansprüche erfasst, also auch Trennungsunterhalt.[144]

---

[143] OLG Rostock AGS 2007, 145 = OLGR 2007, 83.
[144] OLG Nürnberg AGS 2011, 230 = MDR 2011, 325 = AnwBl 2011, 230 = NJW 2011, 1297 = Rpfleger 2011, 278 = FamRZ 2011, 1976 = NJW-Spezial 2011, 124 = FamFR 2011, 88 = FuR 2011, 349.

XX. Besonderheiten bei der Verfahrenskostenhilfe § 28

| Beispiel 119 | Vereinbarung über nachehelichen Unterhalt |

In der Ehesache ist beiden Beteiligten Verfahrenskostenhilfe bewilligt worden. Im Scheidungstermin wird eine Vereinbarung geschlossen, dass zum Ausgleich der aufgelaufenen Forderungen auf Trennungsunterhalt ein bestimmter Betrag gezahlt werde.

Die in der Ehesache bewilligte Verfahrenskostenhilfe und die Beiordnung des Rechtsanwalts erstrecken sich auch auf den Abschluss der Einigung über den Trennungsunterhalt.

| Beispiel 120 | Vereinbarung über Nutzungsentschädigung |

Im Verbundverfahren einigen sich die Beteiligten, denen Verfahrenskostenhilfe bewilligt worden ist, auch über eine Nutzungsentschädigung der Ehewohnung für die Trennungszeit.

Der Anspruch auf Nutzungsentschädigung kann zwar nicht Folgesache sein; es handelt sich aber um eine Ehewohnungssache (§ 200 Abs. 1 Nr. 1 FamFG), so dass die Erstreckung des § 48 Abs. 3 RVG auch hier greift.

Die Regelung des § 48 Abs. 3 RVG gilt auch für eine Einigung, mit der gemeinsames Vermögen der Ehegatten auseinandergesetzt werden soll, etwa die Übertragung des Miteigentums an einem Grundstück. Zum Teil wird gefordert, dass mit der Auseinandersetzung des gemeinsamen Vermögens auch eine güterrechtliche Vereinbarung einhergehen müsse, etwa dass mit Auseinandersetzung des Eigentums gleichzeitig auch wechselseitige Zugewinnausgleichsansprüche erledigt werden. Danach wäre dann ein gesonderter Verfahrenskostenhilfeantrag erforderlich, dem aber grundsätzlich stattzugeben wäre.[145] Nach anderer Auffassung ist dies nicht notwendig. Der Begriff des „Güterrechts" i.S.d. § 48 Abs. 3 RVG ist danach weit zu fassen und deckt auch die Auseinandersetzung des gemeinsamen ehelichen Vermögens.[146]

Ein solcher Folgenvergleich ist keinesfalls mutwillig i.S.d. § 114 ZPO.[147]

| Beispiel 121 | Vereinbarung über Vermögensauseinandersetzung und Zugewinn |

Die Beteiligten, denen für die Ehesache Verfahrenskostenhilfe bewilligt worden ist, vergleichen sich, dass die Ehefrau zum Ausgleich des Zugewinns ihren ½-Anteil am gemeinsamen Hausgrundstück auf den Ehemann überträgt und er die bestehenden Hausverbindlichkeiten übernimmt und die Ehefrau davon freistellt.

Es liegt eine Einigung über Ansprüche aus dem ehelichen Güterrecht vor, so dass sich die Wirkung des § 48 Abs. 3 RVG darauf erstreckt.

Soweit sonstige Gegenstände außerhalb des Katalogs des § 48 Abs. 3 RVG mit in eine Einigung einbezogen werden sollen, gilt § 48 Abs. 3 RVG nicht. Es bedarf einer Erstreckung der Verfahrenskostenhilfe auf den Abschluss der Einigung.[148]

---

145 OLG Nürnberg AGS 2009, 331 = OLGR 2009, 684; OLG Frankfurt FamRZ 2009, 137.
146 OLG Köln AGS 2006, 138 = FamRZ 2005, 1851 = RVGprof. 2006, 61; OLG Zweibrücken RVGprof. 2006, 61; offen gelassen OLG Nürnberg AGS 2009, 331 = OLGR 2009, 684.
147 OLG Zweibrücken AGS 2007, 464; OLG Rostock AGS 2007, 145 = OLGR 2007, 83.
148 OLG Koblenz AGS 2004, 147 = FamRZ 2004, 1804 = RVG-B 2004, 65.

> **Beispiel 122** | **Vereinbarung über Steuerrückerstattung**
>
> **Im Verbundverfahren einigen sich die Beteiligten, denen Verfahrenskostenhilfe bewilligt worden ist, über die Verteilung der letzten Steuerrückerstattung.**
>
> Die Auseinandersetzung über Ausgleichsansprüche anlässlich der gemeinsamen steuerlichen Veranlagung fällt nicht unter § 48 Abs. 3 RVG, so dass für den Abschluss des Vergleichs gesondert Verfahrenskostenhilfe beantragt werden muss.

311 Auf andere Familiensachen ist die Regelung des § 48 Abs. 3 RVG nicht – auch nicht analog – anwendbar. Sie erstreckt sich daher nicht auf isolierte Familiensachen. Dafür muss gesondert Verfahrenskostenhilfe beantragt und bewilligt werden.

> **Beispiel 123** | **Vereinbarung im Verfahren der elterlichen Sorge auch über Umgang**
>
> **Im Verfahren über die elterliche Sorge, für das Verfahrenskostenhilfe bewilligt ist, einigen sich die Beteiligten auch über das Umgangsrecht.**
>
> Die Verfahrenskostenhilfe in einem Verfahren über die elterliche Sorge erstreckt sich nicht auch auf eine Einigung über ein nicht anhängiges Umgangsrecht.[149] Dafür muss gesondert Verfahrenskostenhilfe beantragt und bewilligt werden.

312 Nicht erforderlich ist, dass die Einigung in einem gerichtlichen Termin oder gem. § 113 Abs. 1 S. 2 FamFG i.V.m. § 278 Abs. 6 ZPO gerichtlich festgestellt wird.

313 Ausreichend ist auch ein privatschriftlicher Vergleich.[150]

> **Beispiel 124** | **Privatschriftliche Vereinbarung über Haushaltsgegenstände**
>
> **Im Verbundverfahren einigen sich die Beteiligten auch über den Haushalt und schließen einen privatschriftlichen Vergleich darüber.**
>
> Die Verfahrenskostenhilfe erstreckt sich nach § 48 Abs. 3 RVG auch auf den außergerichtlich abgeschlossenen Vergleich.

314 Ebenso reicht eine während der Beiordnung im Verbundverfahren abgeschlossene notarielle Vereinbarung.[151]

> **Beispiel 125** | **Notarielle Vereinbarung**
>
> **Anlässlich des Verbundverfahrens einigen sich die Beteiligten über Unterhalt, Haushaltsgegenstände und Zugewinn und schließen einen notariellen Vertrag darüber ab.**
>
> Die Verfahrenskostenhilfe erstreckt sich nach § 48 Abs. 3 RVG auch auf den notariell abgeschlossenen Vergleich.

---

149 OLG Zweibrücken Rpfleger 2001, 557; OLG München BRAGOreport 2001, 13 = AGS 2000, 31 = FamRZ 2000, 1389 = JurBüro 1999, 589; OLG Koblenz JurBüro 2001, 311; a.A. OLG Stuttgart FamRZ 1999, 389.
150 OLG Rostock AGS 2008, 399 = FamRZ 2008, 708 = OLGR 2008, 524 = JurBüro 2008, 373; OLG Köln AGS 2006, 138 = RVGprof. 2006, 60.
151 OLG Brandenburg AGS 2007, 146 = FamRZ 2005, 1264.

XX. Besonderheiten bei der Verfahrenskostenhilfe §28

Soweit ein Vergleich über Kindesunterhalt geschlossen wird, reicht auch die Errichtung einer Jugendamtsurkunde.[152]

Beispiel 126 | **Außergerichtliche Vereinbarung über Kindesunterhalt mit Erstellung einer Jugendamtsurkunde**

Anlässlich des Verbundverfahrens einigen sich die Beteiligten über den Kindesunterhalt und lassen über den vereinbarten Unterhalt eine Jugendamtsurkunde erstellen.

Die Verfahrenskostenhilfe erstreckt sich nach § 48 Abs. 3 RVG auch auf den Unterhaltsvergleich, der durch die Jugendamtsurkunde dokumentiert worden ist.

b) Umfang des Vergütungsanspruchs

Schließt der Anwalt im Scheidungsverbundverfahren einen Vergleich über nicht anhängige Gegenstände, die in den Katalog des § 48 Abs. 3 RVG fallen, dann erhält er von der Landeskasse aus dem Mehrwert **alle mit der Herbeiführung der Einigung** verbundenen Gebühren.

Der Anwalt erhält aus dem Mehrwert also auch die **Einigungsgebühr** aus der Landeskasse. Soweit die Gegenstände nicht anhängig sind, was der Regelfall sein wird, entsteht eine 1,5 Einigungsgebühr nach Nr. 1000 VV. Zu berücksichtigen ist dann allerdings § 15 Abs. 3 RVG. Soweit der Gegenstand des Vergleichs in einem anderen Verfahren anhängig ist, entsteht eine 1,0 Gebühr (Nr. 1003 VV) bei erstinstanzlicher Anhängigkeit und bei Anhängigkeit in einem Beschwerdeverfahren in Höhe von 1,3.

Der Anwalt erhält aus dem Mehrwert aber auch eine **0,8-Verfahrensdifferenzgebühr** (Nrn. 3100, 3101 Nr. 2 VV), die **Terminsgebühr** aus dem Gesamtwert.

Beispiel 127 | **Einigung unter Einbeziehung nicht anhängiger Gegenstände**

Im Verbundverfahren (Werte: Ehesache 6.000,00 EUR, Versorgungsausgleich 1.200,00 EUR) einigen sich die Beteiligten im gerichtlichen Termin unter Mitwirkung ihrer Anwälte nach Verhandlungen über den Versorgungsausgleich und den nicht anhängigen Zugewinn (Wert: 10.000,00 EUR).

Der Anwalt erhält aus dem Mehrwert die 0,8-Verfahrensgebühr nach Nrn. 3100, 3101 Nr. 2 VV unter Beachtung des § 15 Abs. 3 RVG. Die Terminsgebühr entsteht aus dem Gesamtwert. Hinzukommt eine Einigungsgebühr aus 11.200,00 EUR, wobei diese aus 10.000,00 EUR zu 1,5 entsteht und aus 1.200,00 EUR zu 1,0 (Nr. 1003 VV).

1. 1,3-Verfahrensgebühr, Nr. 3100 VV, § 49 RVG
   (Wert: 7.200,00 EUR)   373,10 EUR
2. 0,8-Verfahrensgebühr, Nrn. 3100, 3101 Nr. 2 VV, § 49 RVG
   (Wert: 10.000,00 EUR)   245,00 EUR
   gem. § 15 Abs. 3 RVG nicht mehr als 1,3 aus 17.200,00 EUR, § 49 RVG   453,70 EUR

---

152 OLG Celle AGS 2007, 514 = JurBüro 2006, 319.

3.	1,2-Terminsgebühr, Nr. 3104 VV, § 49 RVG (Wert: 17.200,00 EUR)	418,80 EUR
4.	1,5-Einigungsgebühr, Nr. 1000 VV, § 49 RVG (Wert: 10.000,00 EUR)	460,50 EUR
5.	1,0-Einigungsgebühr, Nr. 1000 VV, § 49 RVG (Wert: 1.200,00 EUR)	115,00 EUR
	gem. § 15 Abs. 3 RVG nicht mehr als 1,5 aus 11.200,00 EUR, § 49 RVG	481,50 EUR
6.	Postentgeltpauschale, Nr. 7002 VV	20,00 EUR
	Zwischensumme	1.374,00 EUR
7.	19 % Umsatzsteuer, Nr. 7008 VV	261,06 EUR
	Gesamt	**1.635,06 EUR**

9. Sonstige Mehrwertvergleiche

319 Wird außerhalb des Anwendungsbereichs des § 48 Abs. 3 RVG eine Einigung über nicht anhängige Gegenstände geschlossen und die Verfahrenskostenhilfe auf den Mehrwert der Einigung erstreckt, ist strittig, ob die Erstreckung auch die Verfahrensdifferenzgebühr nach Nrn. 3100, 3101 Nr. 2 VV und die Terminsgebühr greift. Neuere Rspr.[153] schließt im Umkehrschluss aus der Neufassung des § 48 Abs. 3 RVG, dass sich in diesen Fällen die Verfahrenskostenhilfe nur auf die Einigungsgebühr erstrecke und der bedürftige Beteiligte die übrigen Kosten selbst tragen müsse. Diese Auffassung ist unzutreffend.

> **Beispiel 128** Einigung unter Einbeziehung nicht anhängiger Gegenstände
>
> **Im Verfahren auf Zahlung von Zugewinnausgleich i.H.v. 6.000,00 EUR wird ein Vergleich auch über nicht anhängigen Unterhalt geschlossen (Wert: 3.600,00 EUR).**

Eine Erstreckung nach § 48 Abs. 3 RVG kommt jetzt nicht in Betracht. Nach der o.g. Auffassung müsste die Landeskasse aus dem Mehrwert lediglich die Einigungsgebühr zahlen.

1.	1,3-Verfahrensgebühr, Nr. 3100 VV, § 49 RVG (Wert: 6.000,00 EUR)		347,10 EUR
2.	1,2-Terminsgebühr, Nr. 3104 VV, § 49 RVG (Wert: 6.000,00 EUR)		320,40 EUR
3.	1,0-Einigungsgebühr, Nrn. 1000, 1003 VV, § 49 RVG (Wert: 6.000,00 EUR)	267,00 EUR	
4.	1,5-Einigungsgebühr, Nr. 1000 VV, § 49 RVG (Wert: 3.600,00 EUR)	378,00 EUR	
	gem. § 15 Abs. 3 RVG nicht mehr als 1,5 aus 9.600,00 EUR, § 49 RVG		460,50 EUR
5.	Postentgeltpauschale, Nr. 7002 VV		20,00 EUR
	Zwischensumme	1.148,00 EUR	
6.	19 % Umsatzsteuer, Nr. 7008 VV		218,12 EUR
	Gesamt		**1.366,12 EUR**

---

[153] OLG Dresden AGS 2014, 347 m. abl. Anm. *Thiel* = MDR 2014, 686 = Rpfleger 2014, 387 = NJW-Spezial 2014, 445; OLG Koblenz AGS 2014, 348.

Der Mandant müsste aus der eigenen Tasche hinzuzahlen:[154]

1. 1,3-Verfahrensgebühr, Nr. 3100 VV, § 13 RVG
   (Wert: 6.000,00 EUR)   460,20 EUR
2. 0,8-Verfahrensgebühr, Nrn. 3100, 3101 Nr. 2 VV, § 13 RVG
   (Wert: 3.600,00 EUR)   201,60 EUR
   Die Grenze des § 15 Abs. 3 RVG, nicht mehr als 1,3 aus 9.600,00 EUR (725,40 EUR) ist nicht überschritten
3. abzüglich 1,3-Verfahrensgebühr, Nr. 3100 VV, § 13 RVG
   (Wert: 6.000,00 EUR)   – 460,20 EUR
4. 1,2-Terminsgebühr, Nr. 3104 VV, § 13 RVG
   (Wert: 9.600,00 EUR)   669,60 EUR
5. 1,2-Terminsgebühr, Nr. 3104 VV, § 13 RVG
   (Wert: 6.000,00 EUR)   – 424,80 EUR
   Zwischensumme   446,40 EUR
6. 19 % Umsatzsteuer, Nr. 7008 VV   84,82 EUR

Gesamt   **531,22 EUR**

In diesen Fällen sollte daher ausdrücklich die Erstreckung auch auf die Verfahrensdifferenzgebühr und die Terminsgebühr beantragt werden oder – wie es in § 48 Abs. 3 RVG heißt: *„auf alle mit der Herbeiführung der Einigung erforderlichen Tätigkeiten"*.

320

---

154 Siehe § 3 Rn 79 ff.

§ 29 Allgemeine verwaltungsrechtliche Angelegenheiten

Inhalt

I. Überblick	1
II. Gegenstandswert	4
III. Beratung und Gutachten	7
IV. Außergerichtliche Vertretung	13
1. Umfang der Angelegenheit	13
2. Gebühren	16
a) Geschäftsgebühr	16
aa) Überblick	16
bb) Verwaltungsverfahren	24
cc) Nachprüfungsverfahren	28
(1) Überblick	28
(2) Erstmalige Beauftragung im Nachprüfungsverfahren	29
dd) Der Anwalt war bereits im Verwaltungsverfahren tätig	31
(1) Überblick	31
(2) Gesonderte Prüfung der Schwellengebühr	37
(3) Begrenzung der Anrechnung	38
(4) Anrechnung bei geringerem Wert	39
(5) Anrechnung bei mehreren Auftraggebern	39
ee) Verwaltungsverfahren auf Aussetzung oder Anordnung der sofortigen Vollziehung sowie über einstweilige Maßnahmen zur Sicherung der Rechte Dritter	40
ff) Verwaltungsverfahren und Neubescheidungsverfahren nach Klage	44
b) Außergerichtliche Vertretung mit Einigung oder Erledigung	45
c) Anrechnung der Geschäftsgebühr	51
V. Erstinstanzliches Erkenntnisverfahren vor dem Verwaltungsgericht	55
1. Überblick	55
2. Verfahrensgebühr	57
3. Terminsgebühr	63
4. Einigung oder Erledigung	77
5. Zusatzgebühr für besonders umfangreiche Beweisaufnahmen	80
6. Anrechnung der Geschäftsgebühr	81
VI. Untätigkeitsklage	85
1. Hauptsacheklage	85
2. Reine Bescheidungsklage	86
VII. Selbstständiges Beweisverfahren	87
VIII. Erstinstanzliche Verfahren vor dem Bundesverwaltungsgericht, einem Oberverwaltungsgericht oder Verwaltungsgerichtshof	88
IX. Prüfung der Erfolgsaussicht einer Berufung	97
X. Berufung	99
1. Überblick	99
2. Verfahrensgebühr	101
3. Terminsgebühr	105
4. Einigungs- und Erledigungsgebühr	111
XI. Prüfung der Erfolgsaussicht einer Revision oder Nichtzulassungsbeschwerde	112
XII. Nichtzulassungsbeschwerde	113
1. Umfang der Angelegenheit	113
2. Verfahrensgebühr	114
3. Terminsgebühr	116
4. Einigung oder Erledigung	118
5. Anrechnung	119
XIII. Revisionsverfahren	120
1. Überblick	120
2. Terminsgebühr	125
3. Einigungs- oder Erledigungsgebühr	130
4. Vorausgegangene Nichtzulassungsbeschwerde	131
XIV. Zurückverweisung	132
XV. Personalvertretungsrechtliche Beschlussverfahren	134
1. Überblick	134
2. Erstinstanzliche Verfahren	136
3. Beschwerdeverfahren	137
4. Nichtzulassungsbeschwerde	139
5. Rechtsbeschwerde	140
XVI. Allgemeine Beschwerdeverfahren	141
XVII. Erinnerung	147
XVIII. Einstweiliger Rechtsschutz	148
1. Überblick	148
2. Anordnung oder Wiederherstellung der aufschiebenden Wirkung eines Verwaltungsaktes sowie Aufhebung der Vollziehung oder Anordnung der sofortigen Vollziehung eines Verwaltungsakts	150
a) Überblick	150
b) Die Gebühren im erstinstanzlichen Anordnungsverfahren	153
aa) Überblick	153
bb) Verfahrensgebühr	157
cc) Terminsgebühr	159
dd) Einigungs- und Erledigungsgebühr	161
c) Verhältnis von einstweiligem Anordnungsverfahren zur Hauptsache	162
d) Die Anrechnung der Geschäftsgebühr bei einstweiligem Anordnungsverfahren und Hauptsache	163
e) Einstweiligen Anordnungsverfahren und späteres Abänderungs- und Aufhebungsverfahren	167
3. Antrag auf Erlass oder Abänderung einer einstweiligen Anordnung nach § 123 VwGO	169
4. Beschwerdeverfahren	176

XIX. Verwaltungsvollstreckungsverfahren 180	XXII. Als gemeinsamer Vertreter bestellter Rechtsanwalt 185
XX. Verkehrsanwalt 183	XXIII. Prozesskostenhilfe 190
XXI. Terminsvertreter 184	XXIV. Beratungshilfe 191
	XXV. Verfahren nach dem Gesetz über den Rechtsschutz bei überlangen Gerichtsverfahren 193

I. Überblick

1 Verwaltungsrechtliche Angelegenheiten haben ein breites Spektrum. Besondere Regelungen gelten für

- **sozialrechtliche Angelegenheiten** (siehe dazu das gesonderte Kapitel § 31),
- **steuerrechtliche Angelegenheiten** (siehe dazu das gesonderte Kapitel § 30),
- **Disziplinarverfahren** (abgerechnet wird nach Rahmengebühren – Teil 6 Abschnitt 2 VV).[1]
- **Verfahren nach der Wehrbeschwerdeordnung** (abgerechnet wird nach Rahmengebühren – Teil 6 Abschnitt 4 VV).[2]

und

- **allgemeine verwaltungsrechtliche Angelegenheiten**, die in diesem Kapitel behandelt werden.

2 Allgemeine verwaltungsrechtliche Angelegenheiten richten sich ausschließlich nach dem Gegenstandswert (§ 2 Abs. 1 RVG),[3] so dass die Wertgebühren des jeweiligen Teils des Vergütungsverzeichnisses anzuwenden sind.

3 Von Bedeutung sind hier
- Teil 2 VV – außergerichtliche Tätigkeiten
- Teil 3 VV – gerichtliche Tätigkeiten

sowie ergänzend
- Teil 1 VV – Allgemeine Gebühren und
- Teil 7 VV – Auslagen.

II. Gegenstandswert

4 Der **Gegenstandswert** richtet sich gem. § 23 Abs. 1 S. 1 und 3 RVG nach § 52 GKG.
- Abzustellen ist grundsätzlich auf die sich aus dem Antrag des Klägers (oder eines anderen Antragstellers, § 52 Abs. 7 GKG) für ihn ergebenden Bedeutung der Sache (§ 52 Abs. 1 GKG).
- Ist der Antrag auf eine **bezifferte Geldleistung** oder einen hierauf gerichteten Verwaltungsakt gerichtet, ist deren Höhe maßgebend (§ 52 Abs. 3 S. 1 GKG). Hat der Antrag des Klägers

---

[1] Von einer Darstellung wird angesichts der geringen praktischen Bedeutung hier abgesehen.
[2] Von einer Darstellung wird auch hier angesichts der geringen praktischen Bedeutung abgesehen.
[3] Darauf muss der Anwalt auch in verwaltungsrechtlichen Angelegenheiten hinweisen (§ 49b Abs. 5 BRAO). Unterbleibt der Hinweis, kann dies zu Schadensersatzansprüchen des Auftraggebers führen (BGH AGS 2007, 386 = WM 2007, 1390 = NJW 2007, 2332 = BRAK-Mitt 2007, 159 u. 175 = ZGS 2007, 315 = NJW-Spezial 2007, 382 = RVGreport 2007, 316 = FamRZ 2007, 1322 = MDR 2007, 1046 = AnwBl 2007, 628 = zfs 2007, 465 = VersR 2007, 1377 = JurBüro 2007, 478 = DB 2007, 1639 = RVGprof. 2007, 133 = ZFE 2007, 402 = ZErb 2007, 416 = FamRB 2007, 363; AGS 2008, 9 = DB 2007, 2704 = WM 2007, 2351 = BB 2007, 2768 = FamRZ 2008, 144 = AnwBl 2008, 68 = NJW 2008, 371 = zfs 2008, 45 = BRAK-Mitt 2008, 35 = BGHReport 2008, 183 = JurBüro 2008, 145 = NJW-Spezial 2007, 622 = RVGreport 2008, 37 = BRAK-Mitt 2008, 14 = FamRB 2008, 76).

offensichtlich absehbare Auswirkungen auf künftige Geldleistungen, ist der Wert um den Betrag der offensichtlich absehbaren zukünftigen Auswirkungen für den Kläger anzuheben, wobei die Summe das Dreifache des Werts nach § 52 Abs. 1 S. 1 GKG nicht übersteigen darf.

- Bietet der Sach- und Streitstand für die Bestimmung des Streitwerts keine genügenden Anhaltspunkte, ist ein **Regelwert** von 5.000,00 EUR anzunehmen (§ 52 Abs. 2 GKG).
- Den Wert bei Streitigkeiten über die **Begründung, die Umwandlung, das Bestehen, das Nichtbestehen oder die Beendigung eines besoldeten öffentlich-rechtlichen Dienst- oder Amtsverhältnisses oder die Verleihung eines anderen Amts oder den Zeitpunkt einer Versetzung in den Ruhestand** regelt § 52 Abs. 5 und 6 GKG.

Zur Konkretisierung des § 52 GKG, insbesondere des § 52 Abs. 1 GKG, haben das BVerwG und die OVG/VGH den sog. **Streitwertkatalog für die Verwaltungsgerichtsbarkeit** erarbeitet, der als unverbindliche Richtlinie gilt.[4]

In Verfahren des **einstweiligen Rechtsschutzes** ergibt sich der Streitwert aus § 53 Abs. 2 Nr. 1 u. 2 GKG i.V.m. § 52 Abs. 1 u. 2 GKG. Nach dem Streitwertkatalog ist der Wert grundsätzlich mit der Hälfte des Hauptsachewerts anzusetzen, bei Geldleistungen in der Regel mit einem Viertel der Hauptsache. Der Wert kann aber auch bei besonderer Bedeutung, insbesondere Vorwegnahme der Hauptsache den vollen Wert der Hauptsache erreichen (siehe Streitwertkatalog 1.5).

III. Beratung und Gutachten

Seit dem 1.7.2006 sind im RVG für Beratung und Gutachten keine Gebührentatbestände mehr vorgesehen. Der Anwalt soll für seine Beratungs- und Gutachtentätigkeit eine **Gebührenvereinbarung** schließen, nach der er abrechnet (§ 34 Abs. 1 S. 1 RVG).

Trifft er keine Vereinbarung, gilt eine Vergütung nach **bürgerlichem Recht** geschuldet, also im Falle der Beratung nach § 612 BGB und im Falle eines Gutachtens nach § 632 BGB (§ 34 Abs. 1 S. 2 RVG). Geschuldet ist dann die ortsübliche Vergütung, wie auch immer diese zu berechnen ist (siehe hierzu ausführlich § 6).

Darüber hinaus ist gegenüber einem **Verbraucher** i.S.d. § 13 BGB im Falle der **Erstberatung**, also eines ersten Beratungsgesprächs die Höhe der Gebühr auf 190,00 EUR begrenzt und im Übrigen auf 250,00 EUR. Eine Begrenzung der Gebühr für ein Gutachten ist nicht vorgesehen.

Wird nichts Abweichendes vereinbart, so ist die bürgerlich-rechtliche und auch vereinbarte Gebühr für eine Beratung auf die Vergütung für eine nachfolgende Angelegenheit **anzurechnen** (§ 34 Abs. 2 RVG). Eine Anrechnung der Gebühr eines Gutachtens ist nicht vorgesehen.

Unbeschadet des § 34 Abs. 1 RVG bleiben die Gebühren nach den Nrn. 1000, 1002 VV anwendbar, sofern sich aus einer eventuellen Vereinbarung nichts Abweichendes ergibt. Der Anwalt kann also auch neben einer Beratungsgebühr eine **Einigungs- oder Erledigungsgebühr** verdienen.[5]

Ebenso bleiben die gesetzlichen Auslagentatbestände des Teils 7 VV anwendbar, sofern nichts Abweichendes vereinbart ist.

---

[4] In der Fassung der am 31.5./1.6.2012 und am 18.7.2013 beschlossenen Änderungen, abgedr. in AGS 2013, 549 ff.
[5] Noch zur BRAGO, aber nach wie vor gültig: OVG Lüneburg AnwBl 1983, 282; VG Münster AnwBl 1981, 163; OVG Münster AnwBl 1985, 391 = JurBüro 1985, 1500 = Rpfleger 1985, 325.

| **Beispiel 1** | **Beratung mit Erledigung** |

Der Anwalt berät den Mandanten in einem Widerspruchsverfahren (Wert: 5.000,00 EUR) umfassend. Aufgrund des erteilten Rats kann der Auftraggeber selbst eine Erledigung des Verwaltungsverfahrens erreichen.

Mangels Vereinbarung erhält der Anwalt für die Beratung eine Gebühr nach § 612 BGB, die hier mit 250,00 EUR angesetzt werden soll. Hinzukommt eine Erledigungsgebühr nach Nr. 1002 VV, da er an der Erledigung mitgewirkt hat.

1. Beratungsgebühr, § 34 Abs. 1 S. 2 RVG, § 612 BGB   250,00 EUR
2. 1,5-Erledigungsgebühr, Nr. 1002 VV   454,50 EUR
   (Wert: 5.000,00 EUR)
3. Postentgeltpauschale, Nr. 7002 VV[6]   20,00 EUR
   Zwischensumme   724,50 EUR
4. 19 % Umsatzsteuer, Nr. 7008 VV   137,66 EUR
Gesamt   **862,16 EUR**

IV. Außergerichtliche Vertretung

1. Umfang der Angelegenheit

13 Die außergerichtliche Vertretung in verwaltungsrechtlichen Angelegenheiten richtet sich nach Teil 2 VV. Die Vorschriften der Nrn. 2300 ff. VV gelten für sämtliche außergerichtliche Angelegenheiten, also insbesondere für Verwaltungsverfahren, Widerspruchsverfahren, Einspruchsverfahren und für Verfahren auf Aussetzung oder Anordnung der sofortigen Vollziehung sowie für Verfahren über einstweilige Maßnahmen zur Sicherung der Rechte Dritter.

14 Das Verwaltungsverfahren, das Nachprüfungsverfahren und das behördliche Verfahren auf Aussetzung oder Anordnung der sofortigen Vollziehung zählen nach § 17 Nr. 1a RVG gegenüber dem gerichtlichen Verfahren als eigene Angelegenheit. Darüber hinaus zählen diese Verfahren nach § 17 Nr. 1a RVG auch untereinander als verschiedene Angelegenheiten.

15 Gesonderte Angelegenheiten sind also
- das **Verwaltungsverfahren**,
- das einem gerichtlichen Verfahren vorausgehende und der Nachprüfung des Verwaltungsakts dienende weitere Verwaltungsverfahren, sog. **Nachprüfungsverfahren** (Vorverfahren, Einspruchsverfahren, Beschwerdeverfahren, Abhilfeverfahren) und
- das **Verwaltungsverfahren auf Aussetzung oder Anordnung der sofortigen Vollziehung** sowie über einstweilige Maßnahmen zur Sicherung der Rechte Dritter,[7]
- das jeweils **nachfolgende gerichtliche Verfahren**.

---

6 Sofern bei der Beratung Telekommunikationsentgelte angefallen sind.
7 BVerwG AGS 2012, 337 = Buchholz 450.1 § 16a WBO Nr. 4 (zum vergleichbaren Fall des Wehrbeschwerdeverfahrens – Geschäftsgebühr nach Nr. 2302 Nr. 2 VV [Nr. 2400 VV a.F.]; BSG AGS 2013, 519 = RVGreport 2013, 393 (zum vergleichbaren Fall in sozialrechtlichen Angelegenheiten).

2. Gebühren

a) Geschäftsgebühr

aa) Überblick

Für die außergerichtliche Vertretung im Verwaltungsverfahren erhält der Anwalt eine Geschäftsgebühr nach Nr. 2300 VV. Der Gebührenrahmen beläuft sich von 0,5 bis auf 2,5. Die Mittelgebühr beträgt 1,5.   **16**

Die Höhe der Gebühr bestimmt der Anwalt unter Berücksichtigung der Kriterien des § 14 Abs. 1 RVG, also nach   **17**
- dem Umfang der anwaltlichen Tätigkeit,
- der Schwierigkeit der anwaltlichen Tätigkeit,
- der Bedeutung der Angelegenheit,
- den Einkommensverhältnissen des Auftraggebers,
- den Vermögensverhältnissen des Auftraggebers sowie
- dem besonderen Haftungsrisiko des Anwalts.

Eine Vereinbarung mit dem Auftraggeber über die Höhe des Gebührensatzes ist möglich und zweckmäßig. Zu beachten sind dann allerdings die §§ 3a ff. RVG.[8]   **18**

Auch in Verwaltungsverfahren ist die sog. **Schwellengebühr** nach Anm. zu Nr. 2300 VV zu berücksichtigen. Eine höhere Gebühr als 1,3 kann also auch hier nur gefordert werden, wenn die Tätigkeit umfangreich oder schwierig war.   **19**

Zu beachten sein kann Nr. 2301 VV. Beschränkt sich der Auftrag auf ein **einfaches Schreiben**, so erhält der Anwalt nur eine 0,3-Gebühr. Diese Gebührenreduzierung hat in der Praxis allerdings keine Bedeutung. Sie erfasst z.B. den Fall, dass der Anwalt zunächst nur mit einer bloßen Sachstandsanfrage beauftragt wird, ohne dass ihm ein weitergehender Vertretungsauftrag erteilt worden ist.   **20**

Vertritt der Anwalt **mehrere Auftraggeber gemeinschaftlich**, so erhöht sich gem. Nr. 1008 VV der Gebührenrahmen der Geschäftsgebühr nach Nr. 2300 VV um 0,3 je weiteren Auftraggeber, höchstens um 2,0. Die Erhöhung um 0,3 je weiteren Auftraggeber gilt auch   **21**
- für die Schwellengebühr nach Anm. zu Nr. 2300 VV (Anm. Abs. 4 zu Nr. 1008 VV)
- für den ermäßigten Gebührensatz nach Nr. 2301 VV.

Unanwendbar ist dagegen Nr. 2303 VV für **Güte- und Schlichtungsverfahren**, da solche in verwaltungsrechtlichen Angelegenheiten nicht vorgesehen sind.   **22**

Ist der außergerichtlichen Vertretung eine Beratungstätigkeit vorangegangen, so ist die Beratungsgebühr in voller Höhe anzurechnen (§ 34 Abs. 2 RVG), sofern nichts anderes vereinbart ist (siehe § 6 Rn 29 ff.).   **23**

bb) Verwaltungsverfahren

Im Verwaltungsverfahren erhält der Anwalt für das Betreiben des Geschäfts (Vorbem. 2.3 Abs. 2 VV) eine Geschäftsgebühr nach Nr. 2300 VV. Der Gebührenrahmen beträgt (bei einem Auftraggeber) 0,5 bis 2,5. Die Mittelgebühr beträgt 1,5.   **24**

---

8 *N. Schneider*, Die Vergütungsvereinbarung, Rn 817 ff.

§ 29 Allgemeine verwaltungsrechtliche Angelegenheiten

> **Beispiel 2** | **Außergerichtliche Vertretung**

Der Anwalt wird beauftragt, den Mandanten in einem Verwaltungsverfahren zu vertreten. Der Wert beläuft sich auf **5.000,00 EUR**. Die Sache ist durchschnittlich, aber umfangreich.

Der Anwalt erhält jetzt eine Geschäftsgebühr in Höhe der Mittelgebühr von 1,5.

1.	1,5-Geschäftsgebühr, Nr. 2300 VV (Wert: 5.000,00 EUR)		454,50 EUR
2.	Postentgeltpauschale, Nr. 7002 VV		20,00 EUR
	Zwischensumme	474,50 EUR	
3.	19 % Umsatzsteuer, Nr. 7008 VV		90,16 EUR
	Gesamt		**564,66 EUR**

25 Wird der Anwalt für **mehrere Auftraggeber** tätig, so erhöht sich auch hier die Geschäftsgebühr nach Nr. 1008 VV um 0,3 je weiteren Auftraggeber, höchstens um 2,0.

> **Beispiel 3** | **Außergerichtliche Vertretung, mehrere Auftraggeber**

Der Anwalt wird von Eheleuten beauftragt, sie in einem Baugenehmigungsverfahren zu vertreten. Der Wert beläuft sich auf **20.000,00 EUR**. Die Sache ist durchschnittlich, aber umfangreich.

Die Geschäftsgebühr erhöht sich gem. Nr. 1008 VV um 0,3 auf 1,8.

1.	1,8-Geschäftsgebühr, Nrn. 2300, 1008 VV (Wert: 20.000,00 EUR)		1.335,60 EUR
2.	Postentgeltpauschale, Nr. 7002 VV		20,00 EUR
	Zwischensumme	1.355,60 EUR	
3.	19 % Umsatzsteuer, Nr. 7008 VV		257,56 EUR
	Gesamt		**1.613,16 EUR**

26 Zu berücksichtigen sein kann die Schwellengebühr nach Anm. zu Nr. 2300 VV.

> **Beispiel 4** | **Außergerichtliche Vertretung, weder umfangreich noch schwierig**

Der Anwalt wird beauftragt, den Mandanten in einem Verwaltungsverfahren zu vertreten. Die Tätigkeit ist durchschnittlich, aber weder umfangreich noch schwierig. Der Wert beläuft sich auf **5.000,00 EUR**.

Abgerechnet werden kann jetzt nach Anm. zu Nr. 2300 VV nur eine 1,3-Gebühr.

1.	1,3-Geschäftsgebühr, Anm. zu Nr. 2300 VV (Wert: 5.000,00 EUR)		393,90 EUR
2.	Postentgeltpauschale, Nr. 7002 VV		20,00 EUR
	Zwischensumme	413,90 EUR	
3.	19 % Umsatzsteuer, Nr. 7008 VV		78,64 EUR
	Gesamt		**492,54 EUR**

27 Wegen sonstiger Einzelheiten kann auf § 8 verwiesen werden.

cc) Nachprüfungsverfahren

(1) Überblick

28 Kommt es nach einem Verwaltungsverfahren zu einem Nachprüfungsverfahren, also dem einem gerichtlichen Verfahren vorausgehenden und der Nachprüfung des Verwaltungsaktes dienenden weiteren Verwaltungsverfahren (Vorverfahren, Einspruchsverfahren, Beschwerdeverfahren oder Abhilfeverfahren), so erhält der Anwalt wiederum die Vergütung nach Teil 2 VV. Allerdings ist zu beachten, dass dieses Verfahren nach § 17 Nr. 1a RVG gegenüber dem Verwaltungsverfahren als eigene Angelegenheit gilt. Entgegen der bis zum 31.7.2013 geltenden Fassung des RVG erhält der Anwalt jetzt die gleichen Gebühren wie im Verwaltungsverfahren; allerdings ist bei einer Vorbefassung die im Verwaltungsverfahren verdiente Geschäftsgebühr nach Maßgabe der Vorbem. 2.3 Abs. 4 VV anzurechnen.

(2) Erstmalige Beauftragung im Nachprüfungsverfahren

Wird der Anwalt erstmals im Nachprüfungsverfahren beauftragt, ergeben sich keine Besonderheiten. Die Ausführungen zum Verwaltungsverfahren gelten hier entsprechend. 29

Beispiel 5 | **Erstmalige außergerichtliche Vertretung im Nachprüfungsverfahren**

Der Anwalt wird beauftragt, gegen einen Bescheid über 5.000,00 EUR Widerspruch zu erheben. Die Sache ist durchschnittlich, aber umfangreich.

Es gilt Nr. 2300 VV. Der Anwalt erhält die Mittelgebühr in Höhe von 1,5.

1.	1,5-Geschäftsgebühr, Nr. 2300 VV (Wert: 5.000,00 EUR)	454,50 EUR
2.	Postentgeltpauschale, Nr. 7002 VV	20,00 EUR
	Zwischensumme	474,50 EUR
3.	19 % Umsatzsteuer, Nr. 7008 VV	90,16 EUR
	Gesamt	**564,66 EUR**

Beispiel 6 | **Erstmalige außergerichtliche Vertretung im Nachprüfungsverfahren, weder umfangreich noch schwierig**

Der Anwalt wird beauftragt, gegen einen Bescheid über 8.000,00 EUR Widerspruch zu erheben. Die Tätigkeit ist durchschnittlich, aber weder umfangreich noch schwierig.

Abgerechnet werden kann jetzt nach Anm. zu Nr. 2300 VV nur eine 1,3-Gebühr.

1.	1,3-Geschäftsgebühr, Nr. 2300 VV (Wert: 8.000,00 EUR)	592,80 EUR
2.	Postentgeltpauschale, Nr. 7002 VV	20,00 EUR
	Zwischensumme	612,80 EUR
3.	19 % Umsatzsteuer, Nr. 7008 VV	116,43 EUR
	Gesamt	**729,23 EUR**

Vertritt der Anwalt mehrere Auftraggeber, so ist auch hier die Verfahrensgebühr nach Nr. 1008 VV zu erhöhen (siehe Beispiel 3). 30

dd) Der Anwalt war bereits im Verwaltungsverfahren tätig

(1) Überblick

War der Anwalt bereits im vorangegangenen Verwaltungsverfahren beauftragt, so erhält er im Nachprüfungsverfahren zwar auch eine Gebühr nach Nr. 2300 VV mit einem Rahmen von 0,5–2,5 (Mittelgebühr 1,5) und der Begrenzung in weder umfangreichen noch schwierigen Sachen 31 auf die Schwellengebühr (Anm. zu Nr. 2300 VV); im Gegenzug wird allerdings die im Verwaltungsverfahren entstandene Geschäftsgebühr hälftig auf die weitere Geschäftsgebühr des Nachprüfungsverfahrens **angerechnet** (Vorbem. 2.3 Abs. 4 VV).

32 Zugleich ist – ebenso wie in Vorbem. 3 Abs. 4 VV – eine **Anrechnungsgrenze** enthalten. Es darf nicht mehr als 0,75 angerechnet werden (Vorbem. 2 Abs. 4 S. 1 VV). Bis zu einer 1,5-Geschäftsgebühr ist also die Hälfte anzurechnen. Ein darüber hinaus gehender Gebührensatz bleibt anrechnungsfrei.

33 Soweit das Nachprüfungsverfahren einen geringeren Wert hat als das Verwaltungsverfahren, wird nur nach dem Wert des Gegenstands angerechnet, der auch in das Nachprüfungsverfahren übergegangen ist (Vorbem. 2.3 Abs. 4 S. 4 VV).

34 Ungeachtet der Umstellung von gesonderten Gebührenrahmen auf eine Gebührenanrechnung bleibt es aber dabei, dass bei der Gebührenbemessung die Vorbefassung im Nachprüfungsverfahren nicht im Rahmen des § 14 Abs. 1 RVG Gebühren mindernd berücksichtigt werden darf (Vorbem. 2.3 Abs. 4 S. 3 VV).

35 Die vorgesehene Umstellung auf eine „echte" Anrechnungslösung kann im Einzelfall zu einem geringeren Gebührenaufkommen führen als bisher. Andererseits findet künftig § 15a Abs. 2 RVG Anwendung, was sich dann bei der Kostenerstattung auswirkt, an der der Anwalt insbesondere in Beratungshilfesachen profitiert, da er dann über § 9 S. 2 BerHG einen höheren Erstattungsanspruch geltend machen kann als bisher (siehe § 5 Rn 5 ff., 11; § 10 Rn 44 ff.).

> **Beispiel 7** | Anrechnung der Geschäftsgebühr im Widerspruchsverfahren

Der Anwalt wird im Verwaltungsverfahren vor der Behörde beauftragt (Wert: 6.000,00 EUR). Gegen den Bescheid der Behörde legt er Widerspruch ein. Sowohl im Verwaltungsverfahren als auch im Widerspruchsverfahren war die Sache umfangreich und schwierig, aber durchschnittlich.

Der Anwalt erhält sowohl im Verwaltungsverfahren als auch im Widerspruchsverfahren eine Geschäftsgebühr nach Nr. 2300 VV. Im Verwaltungsverfahren ist aufgrund des Umfangs und der Schwierigkeit die Mittelgebühr von 1,5 anzusetzen. Im Widerspruchsverfahren ist wegen der dort ebenso gegebenen Schwierigkeit und des Umfangs ebenfalls die Mittelgebühr von 1,5 anzusetzen. Die Vorbefassung im Beschwerdeverfahren darf nicht Gebühren mindernd berücksichtigt werden (Vorbem. 2.3 Abs. 4 S. 3 VV). Zu beachten ist, dass die erste Geschäftsgebühr hälftig auf die zweite Gebühr anzurechnen ist (Vorbem. 2.3 Abs. 4 S. 1 VV).

I. Verwaltungsverfahren
1. 1,5-Geschäftsgebühr, Nr. 2300 VV 531,00 EUR
   (Wert: 6.000,00 EUR)
2. Postentgeltpauschale, Nr. 7002 VV 20,00 EUR
   Zwischensumme 551,00 EUR
3. 19 % Umsatzsteuer, Nr. 7008 VV 104,69 EUR
   Gesamt **655,69 EUR**

II. Widerspruchsverfahren

1.	1,5-Geschäftsgebühr, Nr. 2300 VV	531,00 EUR
	(Wert: 6.000,00 EUR)	
2.	gem. Vorbem. 2.3 Abs. 4 S. 1 VV anzurechnen, 0,75 aus 6.000,00 EUR	– 265,50 EUR
3.	Postentgeltpauschale, Nr. 7002 VV	20,00 EUR
	Zwischensumme 285,50 EUR	
4.	19 % Umsatzsteuer, Nr. 7008 VV	54,25 EUR
Gesamt		**339,75 EUR**
Gesamt I. + II.		**995,44 EUR**

Zu erstatten wäre bei erfolgreichem Widerspruchsverfahren unter Berücksichtigung des § 15a Abs. 2 RVG die volle Geschäftsgebühr unbeschadet der Anrechnung:

1.	1,5-Geschäftsgebühr, Nr. 2300 VV	531,00 EUR
	(Wert: 6.000,00 EUR)	
2.	Postentgeltpauschale, Nr. 7002 VV	20,00 EUR
	Zwischensumme 551,00 EUR	
3.	19 % Umsatzsteuer, Nr. 7008 VV	104,69 EUR
Gesamt		**655,69 EUR**

Zu weiteren Einzelheiten der Kostenerstattung in verwaltungsrechtlichen Anrechnungsfällen siehe § 5 Rn 5 ff., 11.

(2) Gesonderte Prüfung der Schwellengebühr

Zu beachten ist, dass die Anwendung der Schwellengebühr für jeden Verfahrensabschnitt gesondert zu prüfen ist. Schwierigkeit und Umfang im Verwaltungsverfahren begründen noch keine Schwierigkeit und keinen Umfang im Nachprüfungsverfahren und umgekehrt. Es ist also möglich, dass in einem Verfahrensabschnitt die Schwellengebühr greift, in dem anderen aber nicht, dass sie in beiden Verfahrensabschnitten greift oder in keinem.

> **Beispiel 8** — Anrechnung der Geschäftsgebühr im Widerspruchsverfahren (jeweils Schwellengebühr)

Der Anwalt wird im Verwaltungsverfahren vor der Behörde beauftragt (Wert: 6.000,00 EUR). Gegen den Bescheid der Behörde legt er Widerspruch ein. Sowohl im Verwaltungsverfahren als auch im Widerspruchsverfahren war die Sache weder umfangreich noch schwierig.

Der Anwalt erhält sowohl im Verwaltungsverfahren als auch im Widerspruchsverfahren eine 1,3-Geschäftsgebühr nach Nr. 2300 VV. Anzurechnen ist i.H.v. 0,65.

I. Verwaltungsverfahren

1.	1,3-Geschäftsgebühr, Nr. 2300 VV, Anm. zu Nr. 2300 VV	460,20 EUR
	(Wert: 6.000,00 EUR)	
2.	Postentgeltpauschale, Nr. 7002 VV	20,00 EUR
	Zwischensumme 480,20 EUR	
3.	19 % Umsatzsteuer, Nr. 7008 VV	91,24 EUR
Gesamt		**571,44 EUR**

§ 29 Allgemeine verwaltungsrechtliche Angelegenheiten

II. Widerspruchsverfahren
1. 1,3-Geschäftsgebühr, Nr. 2300 VV, Anm. zu Nr. 2300 460,20 EUR
(Wert: 6.000,00 EUR)
2. gem. Vorbem. 2.3 Abs. 4 S. 1 VV anzurechnen, 0,65 aus – 230,10 EUR
6.000,00 EUR
3. Postentgeltpauschale, Nr. 7002 VV 20,00 EUR
   Zwischensumme 250,10 EUR
4. 19 % Umsatzsteuer, Nr. 7008 VV 47,52 EUR
Gesamt **297,62 EUR**

Beispiel 9	**Anrechnung der Geschäftsgebühr im Widerspruchsverfahren (Schwellengebühr im Verwaltungsverfahren/Mittelgebühr im Nachprüfungsverfahren)**

Der Anwalt wird im Verwaltungsverfahren vor der Behörde beauftragt (Wert: 6.000,00 EUR). Gegen den Bescheid der Behörde legt er Widerspruch ein. Im Verwaltungsverfahren war die Sache weder umfangreich noch schwierig; im Widerspruchsverfahren war sie dagegen umfangreich und schwierig, aber durchschnittlich.

Der Anwalt erhält im Verwaltungsverfahren eine 1,3-Geschäftsgebühr und im Widerspruchsverfahren eine 1,5-Geschäftsgebühr. Anzurechnen ist i.H.v. 0,65.

I. Verwaltungsverfahren
1. 1,3-Geschäftsgebühr, Nr. 2300 VV 460,20 EUR
(Wert: 6.000,00 EUR)
2. Postentgeltpauschale, Nr. 7002 VV 20,00 EUR
   Zwischensumme 480,20 EUR
3. 19 % Umsatzsteuer, Nr. 7008 VV 91,24 EUR
Gesamt **571,44 EUR**

II. Widerspruchsverfahren
1. 1,5-Geschäftsgebühr, Nr. 2300 VV 531,00 EUR
(Wert: 6.000,00 EUR)
2. gem. Vorbem. 2.3 Abs. 4 S. 1 VV anzurechnen, 0,65 aus – 230,10 EUR
6.000,00 EUR
3. Postentgeltpauschale, Nr. 7002 VV 20,00 EUR
   Zwischensumme 320,90 EUR
4. 19 % Umsatzsteuer, Nr. 7008 VV 60,97 EUR
Gesamt **381,87 EUR**

Beispiel 10	**Anrechnung der Geschäftsgebühr im Widerspruchsverfahren (Mittelgebühr im Verwaltungsverfahren/Schwellengebühr im Nachprüfungsverfahren)**

Der Anwalt wird im Verwaltungsverfahren vor der Behörde beauftragt (Wert: 6.000,00 EUR). Gegen den Bescheid der Behörde legt er Widerspruch ein. Im Verwaltungsverfahren war die Sache umfangreich und schwierig, aber durchschnittlich; im Widerspruchsverfahren war sie dagegen weder umfangreich noch schwierig.

Der Anwalt erhält im Verwaltungsverfahren eine 1,5-Geschäftsgebühr und im Widerspruchsverfahren i.H.v. 1,3. Anzurechnen ist i.H.v. 0,75.

IV. Außergerichtliche Vertretung § 29

I. Verwaltungsverfahren	
1. 1,5-Geschäftsgebühr, Nr. 2300 VV (Wert: 6.000,00 EUR)	531,00 EUR
2. Postentgeltpauschale, Nr. 7002 VV	20,00 EUR
Zwischensumme	551,00 EUR
3. 19 % Umsatzsteuer, Nr. 7008 VV	104,69 EUR
Gesamt	**655,69 EUR**
II. Widerspruchsverfahren	
1. 1,3-Geschäftsgebühr, Nr. 2300 VV, Anm. zu Nr. 2300 VV (Wert: 6.000,00 EUR)	460,20 EUR
2. gem. Vorbem. 2.3 Abs. 4 S. 1 VV anzurechnen, 0,75 aus 6.000,00 EUR	– 265,50 EUR
3. Postentgeltpauschale, Nr. 7002 VV	20,00 EUR
Zwischensumme	214,70 EUR
4. 19 % Umsatzsteuer, Nr. 7008 VV	40,79 EUR
Gesamt	**255,49 EUR**

> **Beispiel 11** Anrechnung der Geschäftsgebühr im Widerspruchsverfahren (jeweils Mittelgebühr)

Der Anwalt wird im Verwaltungsverfahren vor der Behörde beauftragt (Wert: 6.000,00 EUR). Gegen den Bescheid der Behörde legt er Widerspruch ein. Sowohl im Verwaltungsverfahren als auch im Widerspruchsverfahren war die Sache umfangreich und schwierig, aber durchschnittlich.

Der Anwalt erhält sowohl im Verwaltungsverfahren als auch im Widerspruchsverfahren eine 1,5-Geschäftsgebühr nach Nr. 2300 VV. Anzurechnen ist i.H.v. 0,75.

I. Verwaltungsverfahren	
1. 1,5-Geschäftsgebühr, Nr. 2300 VV (Wert: 6.000,00 EUR)	531,00 EUR
2. Postentgeltpauschale, Nr. 7002 VV	20,00 EUR
Zwischensumme	551,00 EUR
3. 19 % Umsatzsteuer, Nr. 7008 VV	104,69 EUR
Gesamt	**655,69 EUR**
II. Widerspruchsverfahren	
1. 1,5-Geschäftsgebühr, Nr. 2300 VV (Wert: 6.000,00 EUR)	531,00 EUR
2. gem. Vorbem. 2.3 Abs. 4 S. 1 VV anzurechnen, 0,75 aus 6.000,00 EUR	– 265,50 EUR
3. Postentgeltpauschale, Nr. 7002 VV	20,00 EUR
Zwischensumme	285,50 EUR
4. 19 % Umsatzsteuer, Nr. 7008 VV	54,25 EUR
Gesamt	**339,75 EUR**

(3) Begrenzung der Anrechnung

Zu beachten ist, dass die Anrechnung gem. Vorbem. 2.3 Abs. 4 S. 2 VV auf einen Gebührensatz von 0,75 begrenzt ist. Diese Grenze greift immer dann, wenn die anzurechnende Geschäftsgebühr über einem Gebührensatz von 1,5 liegt.

38

§ 29 Allgemeine verwaltungsrechtliche Angelegenheiten

> **Beispiel 12** — Anrechnung der Geschäftsgebühr im Widerspruchsverfahren (Begrenzung der Anrechnung)

Wie vorangegangenes Beispiel 11; jedoch war die Tätigkeit im Verwaltungsverfahren äußerst umfangreich und schwierig, sodass ein Gebührensatz oberhalb der Mittelgebühr (hier 1,8) anzusetzen ist.

Jetzt ist zu beachten, dass die Anrechnung auf maximal 0,75 beschränkt ist (Vorbem. 2.3 Abs. 4 S. 1 VV).

I. Verwaltungsverfahren
1. 1,8-Geschäftsgebühr, Nr. 2300 VV 637,20 EUR
   (Wert: 6.000,00 EUR)
2. Postentgeltpauschale, Nr. 7002 VV 20,00 EUR
   Zwischensumme 657,20 EUR
3. 19 % Umsatzsteuer, Nr. 7008 VV 124,87 EUR
   Gesamt **782,07 EUR**

II. Widerspruchsverfahren
1. 1,5-Geschäftsgebühr, Nr. 2300 VV 531,00 EUR
   (Wert: 6.000,00 EUR)
2. gem. Vorbem. 2.3 Abs. 4 S. 1 VV anzurechnen, 0,75 aus – 265,50 EUR
   6.000,00 EUR
3. Postentgeltpauschale, Nr. 7002 VV 20,00 EUR
   Zwischensumme 285,50 EUR
4. 19 % Umsatzsteuer, Nr. 7008 VV 54,25 EUR
   Gesamt **339,75 EUR**
   Gesamt I. + II. **1.121,82 EUR**

(4) Anrechnung bei geringerem Wert

38a Soweit das Nachprüfungsverfahren einen geringeren Wert hat als das Verwaltungsverfahren, wird nur nach dem Wert des Gegenstands angerechnet, der auch in das Nachprüfungsverfahren übergegangen ist (Vorbem. 2.3 Abs. 4 S. 4 VV).

> **Beispiel 13** — Anrechnung der Geschäftsgebühr im Widerspruchsverfahren (geringerer Wert im Nachprüfungsverfahren)

Das Straßenverkehrsamt droht die Verhängung einer Fahrtenbuchauflage für die Dauer von zwei Jahren an. Schließlich wird die Fahrtenbuchauflage nur für ein Jahr angeordnet. Dagegen wird Widerspruch eingelegt.

Der Gegenstandswert des Verwaltungsverfahrens beläuft sich gem. Nr. 46.12 des Streitwertkatalogs für die Verwaltungsgerichtsbarkeit[9] auf 9.600,00 EUR.[10] Der Gegenstandswert des Widerspruchsverfahrens beträgt dagegen nur 4.800,00 EUR. Daher wird auch nur nach diesem Wert angerechnet.

Ausgehend jeweils von der Mittelgebühr ist wie folgt zu rechnen:

---

9 Abgedruckt in AGS 2013, 549 ff.
10 Nach Auffassung des Hessischen VGH nur auf 5.800,00 EUR (AGS 2012, 248 = RVGprof. 2012, 60 = VRR 2012, 83 = DÖV 2012, 407 = NJW-Spezial 2012, 348).

I. **Verwaltungsverfahren**
1. 1,5-Geschäftsgebühr, Nr. 2300 VV   837,00 EUR
   (Wert: 9.600,00 EUR)
2. Postentgeltpauschale, Nr. 7002 VV   20,00 EUR
   Zwischensumme   857,00 EUR
3. 19 % Umsatzsteuer, Nr. 7008 VV   162,83 EUR
Gesamt   **1.019,83 EUR**

II. **Widerspruchsverfahren**
1. 1,5-Geschäftsgebühr, Nr. 2300 VV   454,50 EUR
   (Wert: 4.800,00 EUR)
2. gem. Vorbem. 2.3 Abs. 4 S. 1 VV anzurechnen, 0,75 aus   – 227,25 EUR
   4.800,00 EUR
3. Postentgeltpauschale, Nr. 7002 VV   20,00 EUR
   Zwischensumme   247,25 EUR
4. 19 % Umsatzsteuer, Nr. 7008 VV   46,98 EUR
Gesamt   **294,23 EUR**

(5) Anrechnung bei mehreren Auftraggebern

Vertritt der Anwalt mehrere Auftraggeber, so greift die Erhöhung nach Nr. 1008 VV für beide Geschäftsgebühren. Anzurechnen ist dann aber dennoch maximal eine 0,75-Gebühr. Die Anrechnungsgrenze erhöht sich bei mehreren Auftraggebern nicht, sondern bleibt bei 0,75.[11]

| Beispiel 14 | **Anrechnung der Geschäftsgebühr im Widerspruchsverfahren (Mehrere Auftraggeber)** |

Der Anwalt ist von zwei Auftraggebern zunächst im Verwaltungsverfahren und sodann im Widerspruchsverfahren beauftragt worden. Der Gegenstandswert beläuft sich auf **6.000,00 EUR**. Die Sache war weder im Verwaltungsverfahren noch im Widerspruchsverfahren umfangreich oder schwierig.

Ausgehend jeweils von der erhöhten Schwellengebühr (siehe Anm. Abs. 4 zu Nr. 1008 VV) ist wie folgt zu rechnen:

I. **Verwaltungsverfahren**
1. 1,6-Geschäftsgebühr, Nrn. 2300, 1008 VV   566,40 EUR
   (Wert: 6.000,00 EUR)
2. Postentgeltpauschale, Nr. 7002 VV   20,00 EUR
   Zwischensumme   586,40 EUR
3. 19 % Umsatzsteuer, Nr. 7008 VV   111,42 EUR
Gesamt   **697,82 EUR**

II. **Widerspruchsverfahren**
1. 1,6-Geschäftsgebühr, Nrn. 2300, 1008 VV   566,40 EUR
   (Wert: 6.000,00 EUR)
2. gem. Vorbem. 2.3 Abs. 4 S. 1 VV anzurechnen, 0,65 aus   – 230,10 EUR
   6.000,00 EUR
3. Postentgeltpauschale, Nr. 7002 VV   20,00 EUR
   Zwischensumme   356,30 EUR
4. 19 % Umsatzsteuer, Nr. 7008 VV   67,70 EUR
Gesamt   **424,00 EUR**

---

11 LG Düsseldorf AGS 2007, 381 = MDR 2007, 1164 = JurBüro 2007, 480 = Rpfleger 2007, 629 = RVGreport 2007, 298 = VRR 2007, 399 = RVG prof. 182; AG Stuttgart AGS 2007, 385 = MDR 2007, 1107 = ZMR 2007, 737 = JurBüro 2007, 522 = NJW-RR 2007, 1725; LG Ulm AGS 2008, 163 = AnwBl. 2008, 73 = NJW-Spezial 2008, 155; KG AGS 2009, 4 = NJ 2008, 461 = Rpfleger 2008, 669 = KGR 2008, 968 = JurBüro 2008, 585 = RVGreport 2008, 391 = NJW-Spezial 2009, 92 = VRR 2008, 439.

ee) Verwaltungsverfahren auf Aussetzung oder Anordnung der sofortigen Vollziehung sowie über einstweilige Maßnahmen zur Sicherung der Rechte Dritter

40 Wird anlässlich des Verwaltungsverfahrens, eines Nachprüfungsverfahrens oder eines gerichtlichen Verfahrens ein Verwaltungsverfahren über die Aussetzung der sofortigen Vollziehung oder deren Anordnung eingeleitet oder über einstweilige Maßnahmen zur Sicherung der Rechte Dritter, so stellt dieses Verwaltungsverfahren eine weitere selbstständige Angelegenheit i.S.d. § 15 RVG dar (§ 17 Nr. 1a RVG). Der Anwalt erhält auch in diesem Verfahren seine Gebühren gesondert.

41 Insoweit erhält der Anwalt wiederum eine Geschäftsgebühr nach Nr. 2300 VV in Höhe von 0,5 bis 2,5. Die Mittelgebühr beträgt 1,5. Die Schwellengebühr nach Anm. zu Nr. 2300 VV ist hier ebenfalls zu berücksichtigen. Auch die Ermäßigung nach Nr. 2301 VV für ein einfaches Schreiben kommt in Betracht (siehe Rn 20).

42 Der **Gegenstandswert** wird üblicherweise mit der Hälfte der Hauptsache angesetzt, bei Geldleistungen mit einem Viertel der Hauptsache.[12]

43 Ist über die Aussetzung oder Anordnung der sofortigen Vollziehung oder über eine einstweilige Maßnahme zur Sicherung der Rechte Dritter eine Entscheidung ergangen und wird später ein weiteres Verwaltungsverfahren auf **Abänderung oder Aufhebung dieser Entscheidung** eingeleitet (z.B. nach § 80 Abs. 7 VwGO), so zählt dies nach § 16 Nr. 1 RVG noch mit zur Angelegenheit und löst keine neuen Gebühren aus, soweit der Anwalt bereits im Ausgangsverfahren tätig war.[13] In diesem Falle ist die weitere Tätigkeit lediglich im Rahmen des § 14 Abs. 1 RVG bei Umfang und Schwierigkeit und gegebenenfalls Bedeutung der Angelegenheit gebührenerhöhend zu berücksichtigen.

> **Beispiel 15** Verwaltungsverfahren und eine einstweilige Maßnahme zur Sicherung der Rechte Dritter

Der Anwalt ist im Verwaltungsverfahren (Wert: 5.000,00 EUR) tätig. Es ergeht sodann eine einstweilige Maßnahme zur Sicherung der Rechte Dritter (Wert: 2.500,00 EUR). Die Tätigkeit ist sowohl im Verwaltungsverfahren als auch im Verfahren über die einstweilige Maßnahme zur Sicherung der Rechte Dritter durchschnittlich, aber schwierig.

Es liegen zwei Gebührenangelegenheiten vor. Der Anwalt erhält sowohl für das Verwaltungsverfahren als auch für das Verfahren zur Sicherung der Rechte Dritter jeweils eine Gebühr nach Nr. 2300 VV wobei hier gem. Anm. zu Nr. 2300 VV von einer 1,3-Gebühr auszugehen ist.

I. Verwaltungsverfahren
1. 1,5-Geschäftsgebühr, Nr. 2300 VV   454,50 EUR
 (Wert: 5.000,00 EUR)
2. Postentgeltpauschale, Nr. 7002 VV   20,00 EUR
 Zwischensumme   474,50 EUR
3. 19 % Umsatzsteuer, Nr. 7008 VV   90,16 EUR
Gesamt   **564,66 EUR**

---

12 Siehe Streitwertkatalog 1.5 (abgedr. in AGS 2013, 549 ff.).
13 Bayerischer VGH AGS 2007, 567 = NJW 2007, 2715 = BayVBl 2008, 702; VGH Baden-Württemberg AGS 2012, 17 = JZ 2012, 421 = DÖV 2012, 164 = NVwZ-RR 2012, 88; VG Sigmaringen AGS 2011, 230 = NJW-Spezial 2011, 315; noch zur BRAGO: BVerwG AGS 2003, 456 = BRAGOreport 2003, 217.

IV. Außergerichtliche Vertretung §29

II. Verfahren über die einstweilige Maßnahme zur Sicherung der Rechte Dritter
1. 1,5-Geschäftsgebühr, Nr. 2300 VV   301,50 EUR
   (Wert: 2.500,00 EUR)
2. Postentgeltpauschale, Nr. 7002 VV   20,00 EUR
   Zwischensumme   321,50 EUR
3. 19 % Umsatzsteuer, Nr. 7008 VV   61,09 EUR
Gesamt   **382,59 EUR**

Beispiel 16 **Verwaltungsverfahren und eine einstweilige Maßnahme zur Sicherung der Rechte Dritter, weder umfangreich noch schwierig**

Der Anwalt ist im Verwaltungsverfahren (Wert: 5.000,00 EUR) tätig. Es ergeht sodann eine einstweilige Maßnahme zur Sicherung der Rechte Dritter (Wert: 2.500,00 EUR). Die Tätigkeit ist sowohl im Verwaltungsverfahren als auch im Verfahren über die einstweilige Maßnahme zur Sicherung der Rechte Dritter weder umfangreich noch schwierig.

Für das Verwaltungsverfahren entsteht die Gebühr nach Nr. 2300 VV; für das Verfahren zur Sicherung der Rechte Dritter die nach Nr. 2300 VV in Höhe von 1,3 (Anm. zu Nr. 2300 VV).

I. Verwaltungsverfahren
1. 1,3-Geschäftsgebühr, Nr. 2300 VV   393,90 EUR
   (Wert: 5.000,00 EUR)
2. Postentgeltpauschale, Nr. 7002 VV   20,00 EUR
   Zwischensumme   413,90 EUR
3. 19 % Umsatzsteuer, Nr. 7008 VV   78,64 EUR
Gesamt   **492,54 EUR**

II. Verfahren über die einstweilige Maßnahme zur Sicherung der Rechte Dritter
1. 1,3-Geschäftsgebühr, Nr. 2300 VV   261,30 EUR
   (Wert: 2.500,00 EUR)
2. Postentgeltpauschale, Nr. 7002 VV   20,00 EUR
   Zwischensumme   281,30 EUR
3. 19 % Umsatzsteuer, Nr. 7008 VV   53,45 EUR
Gesamt   **334,75 EUR**

Beispiel 17 **Behördliches Verfahren auf Aussetzung der sofortigen Vollziehung und späteres Abänderungsverfahren**

Gegen einen Bescheid über 10.000,00 EUR hatte der Mandanten selbst Widerspruch erhoben. Er beauftragt seinen Anwalt daraufhin, die Aussetzung der sofortigen Vollziehung bei der Behörde zu beantragen. Die Behörde setzt daraufhin die sofortige Vollziehung nach § 80 Abs. 4 VwGO befristet aus. Vor Ablauf der Frist beantragt der Anwalt, die Abänderung dahingehend, dass die Frist verlängert wird.

Das Verfahren auf Wiederherstellung der aufschiebenden Wirkung und das Abänderungsverfahren sind nach § 16 Nr. 1 RVG eine Angelegenheit. Die Gebühren entstehen insgesamt nur einmal.

1. 1,3-Geschäftsgebühr, Nr. 2300 VV   261,30 EUR
   (Wert: 2.500,00 EUR)
2. Postentgeltpauschale, Nr. 7002 VV   20,00 EUR
   Zwischensumme   281,30 EUR
3. 19 % Umsatzsteuer, Nr. 7008 VV   53,45 EUR
Gesamt   **334,75 EUR**

§ 29 Allgemeine verwaltungsrechtliche Angelegenheiten

> **Beispiel 18** — Nachprüfungsverfahren und Verfahren auf Aussetzung der sofortigen Vollziehung

Der Anwalt wird erstmals im Widerspruchsverfahren (Wert: 5.000,00 EUR) beauftragt. Er beantragt die Aussetzung der sofortigen Vollziehung (Wert: 2.500,00 EUR).

Sowohl für das Nachprüfungsverfahren als auch für das Verfahren auf Aussetzung der sofortigen Vollziehung entsteht die Gebühr nach Nr. 2300 VV.

I. Nachprüfungsverfahren
1. 1,5-Geschäftsgebühr, Nr. 2300 VV   454,50 EUR
   (Wert: 5.000,00 EUR)
2. Postentgeltpauschale, Nr. 7002 VV   20,00 EUR
   Zwischensumme   474,50 EUR
3. 19 % Umsatzsteuer, Nr. 7008 VV   90,16 EUR
   Gesamt   564,66 EUR

II. Verfahren über die Aussetzung der sofortigen Vollziehung
1. 1,5-Geschäftsgebühr, Nr. 2300 VV   301,50 EUR
   (Wert: 2.500,00 EUR)
2. Postentgeltpauschale, Nr. 7002 VV   20,00 EUR
   Zwischensumme   321,50 EUR
3. 19 % Umsatzsteuer, Nr. 7008 VV   61,09 EUR
   Gesamt   382,59 EUR

> **Beispiel 19** — Verwaltungs- und Nachprüfungsverfahren sowie Verfahren auf Aussetzung der sofortigen Vollziehung

Der Anwalt wird im Verwaltungs- und im Widerspruchsverfahren beauftragt. Nach Erlass des Bescheides beantragt er die Aussetzung der sofortigen Vollziehung.

Für das Verwaltungsverfahren entsteht die Geschäftsgebühr nach Nr. 2300 VV, für das Nachprüfungsverfahren die nach Nr. 2300 VV. Für das Verfahren auf Aussetzung der sofortigen Vollziehung entsteht wiederum eine Geschäftsgebühr nach Nr. 2300 VV, wobei hier von der Mittelgebühr ausgegangen werden soll.

I. Verwaltungsverfahren
1. 1,5-Geschäftsgebühr, Nr. 2300 VV   454,50 EUR
   (Wert: 5.000,00 EUR)
2. Postentgeltpauschale, Nr. 7002 VV   20,00 EUR
   Zwischensumme   474,50 EUR
3. 19 % Umsatzsteuer, Nr. 7008 VV   90,16 EUR
   Gesamt   564,66 EUR

II. Nachprüfungsverfahren
1. 1,5-Geschäftsgebühr, Nr. 2300 VV   454,50 EUR
   (Wert: 5.000,00 EUR)
2. Gem. Vorbem. 2.3 Abs. 4 VV anzurechnen, 0,75 aus   – 227,25 EUR
   5.000,00 EUR
3. Postentgeltpauschale, Nr. 7002 VV   20,00 EUR
   Zwischensumme   247,25 EUR
4. 19 % Umsatzsteuer, Nr. 7008 VV   46,98 EUR
   Gesamt   294,23 EUR

III. Verfahren über die Aussetzung der sofortigen Vollziehung

1.	1,5-Geschäftsgebühr, Nr. 2300 VV (Wert: 2.500,00 EUR)	301,50 EUR
2.	Postentgeltpauschale, Nr. 7002 VV	20,00 EUR
	Zwischensumme	321,50 EUR
3.	19 % Umsatzsteuer, Nr. 7008 VV	61,09 EUR
	Gesamt	**382,59 EUR**

ff) Verwaltungsverfahren und Neubescheidungsverfahren nach Klage

Wird nach dem Widerspruchsverfahren Klage erhoben und schließt sich danach ein Neubescheidungsverfahren an, so handelt es sich um ein neues Verwaltungsverfahren, in dem die Geschäftsgebühr nach Nr. 2300 VV entsteht. War der Anwalt zuvor bereits im vorangegangenen Nachprüfungsverfahren tätig, findet keine Anrechnung nach Vorbem. 2.3. Abs. 4 VV statt, da dem Neubescheidungsverfahren kein Verwaltungsverfahren vorausgegangen ist, und die Anrechnung nach Vorbem. 2.3 Abs. 4 VV bereits im ersten Widerspruchsverfahren berücksichtigt worden ist.[14]

44

> **Beispiel 20** Verwaltungs- und Nachprüfungsverfahren sowie Neubescheidungsverfahren nach Klage

Der Anwalt beantragt für den Auftraggeber den Erlass einer Erlaubnis (Wert: 5.000,00 EUR). Der Antrag wird im Verwaltungsverfahren abgelehnt. Das Widerspruchsverfahren hat keinen Erfolg. Auf die Klage hin hebt das Gericht den Widerspruchsbescheid auf und verpflichtet die Widerspruchsbehörde, den Antrag unter Beachtung der Rechtsauffassung des Gerichts neu zu bescheiden.

Im Verwaltungsverfahren entsteht die Gebühr nach Nr. 2300 VV und im Widerspruchsverfahren die nach Nrn. 2300 VV unter hälftiger Anrechnung der vorangegangenen Geschäftsgebühr (Vorbem. 2.3 Abs. 4 VV).

Im Klageverfahren entstehen die Gebühren nach Nrn. 3100 ff. VV unter Anrechnung der Geschäftsgebühr des Widerspruchsverfahrens (Vorbem. 3 Abs. 4 VV).

Im Verfahren auf Neubescheidung entsteht jetzt erneut eine Gebühr nach Nr. 2300 VV. Die Anrechnung einer vorangegangenen Geschäftsgebühr kommt nicht in Betracht, da dem Neubescheidungsverfahren kein Verwaltungs- oder Widerspruchsverfahren vorausgegangen ist und die vorausgegangenen Geschäftsgebühren bereits jeweils hälftig angerechnet worden sind.

Ausgehend jeweils von der Mittelgebühr ist wie folgt zu rechnen:

I. Verwaltungsverfahren

1.	1,5-Geschäftsgebühr, Nr. 2300 VV (Wert: 5.000,00 EUR)	454,50 EUR
2.	Postentgeltpauschale, Nr. 7002 VV	20,00 EUR
	Zwischensumme	474,50 EUR
3.	19 % Umsatzsteuer, Nr. 7008 VV	90,16 EUR
	Gesamt	**564,66 EUR**

II. Widerspruchsverfahren

1.	1,5-Geschäftsgebühr, Nr. 2300 VV (Wert: 5.000,00 EUR)	454,50 EUR

---

14 Zur früheren Rechtslage (Nr. 2301 VV a.F.): SG Aachen AGS 2006, 551 = RVGreport 2006, 187 (ebenfalls zu Wertgebühren).

2. gem. Vorbem. 2.3 Abs. 4 S. 1 VV anzurechnen, 0,75 aus 4.800,00 EUR	– 227,25 EUR
3. Postgeltpauschale, Nr. 7002 VV	20,00 EUR
Zwischensumme 247,25 EUR	
4. 19 % Umsatzsteuer, Nr. 7008 VV	46,98 EUR
Gesamt	**294,23 EUR**

III. Gerichtliches Verfahren

1. 1,3-Verfahrensgebühr, Nr. 3100 VV (Wert: 5.000,00 EUR)	393,90 EUR
2. 1,2-Terminsgebühr, Nr. 3104 VV (Wert: 5.000,00 EUR)	363,60 EUR
3. gem. Vorbem. 3.4 Abs. 4 S. 1 VV anzurechnen, 0,75 aus 5.000,00 EUR	– 227,25 EUR
4. Postgeltpauschale, Nr. 7002 VV	20,00 EUR
Zwischensumme 550,25 EUR	
5. 19 % Umsatzsteuer, Nr. 7008 VV	104,55 EUR
Gesamt	**654,80 EUR**

IV. Neubescheidungsverfahren

1. 1,5-Geschäftsgebühr, Nr. 2300 VV (Wert: 5.000,00 EUR)	454,50 EUR
2. Postgeltpauschale, Nr. 7002 VV	20,00 EUR
Zwischensumme 474,50 EUR	
3. 19 % Umsatzsteuer, Nr. 7008 VV	90,16 EUR
Gesamt	**564,66 EUR**

b) Außergerichtliche Vertretung mit Einigung oder Erledigung

45 Kommt es im Rahmen der außergerichtlichen Vertretung zu einer Einigung, so entsteht neben der Geschäftsgebühr eine Einigungsgebühr nach Nr. 1000 VV und bei einer Erledigung eine Erledigungsgebühr nach Nr. 1002 VV. Die Höhe der Einigungs- oder Erledigungsgebühr beläuft sich jeweils auf 1,5, da in diesem Stadium die Sache noch nicht anhängig ist.

46 Zu beachten ist allerdings, dass eine Erledigungsgebühr nach Nr. 1002 VV im Verwaltungsverfahren nicht anfallen kann, da diese tatbestandlich voraussetzt, dass sich die Rechtssache nach einem Rechtsbehelf erledigt, was frühestens im Widerspruchsverfahren der Fall sein kann.

> **Beispiel 21**   **Verwaltungsverfahren mit Einigung**
>
> **Der Anwalt wird im Verwaltungsverfahren (Wert: 5.000,00 EUR) beauftragt. Dort kommt es zu einer Einigung mit der Behörde.**
>
> Neben der Geschäftsgebühr der Nr. 2300 VV entsteht eine Einigungsgebühr nach Nr. 1000 VV. Die Höhe beläuft sich auf 1,5.
>
> | | |
> |---|---|
> | 1. 1,5-Geschäftsgebühr, Nr. 2300 VV (Wert: 5.000,00 EUR) | 454,50 EUR |
> | 2. 1,5-Einigungsgebühr, Nr. 1000 VV (Wert: 5.000,00 EUR) | 454,50 EUR |
> | 3. Postgeltpauschale, Nr. 7002 VV | 20,00 EUR |
> | Zwischensumme 929,00 EUR | |
> | 4. 19 % Umsatzsteuer, Nr. 7008 VV | 176,51 EUR |
> | **Gesamt** | **1.105,51 EUR** |

47 Außergerichtlich können auch mehrere Einigungsgebühren anfallen. Dies ist der Fall, wenn mehrere Teileinigungen erfolgen.

IV. Außergerichtliche Vertretung § 29

Beispiel 22 | **Teilweise Einigung im Verwaltungsverfahren und weitere Einigung im Nachprüfungsverfahren**

Der Anwalt wird im Verwaltungsverfahren (Wert: 8.000,00 EUR) beauftragt. Dort wird eine teilweise Einigung (Wert: 5.000,00 EUR) herbeigeführt. Anschließend kommt es zum Widerspruchsverfahren. Dort kommt es zu einer Einigung über die weiteren 3.000,00 EUR.

Für das Verwaltungsverfahren entsteht die Geschäftsgebühr aus Nr. 2300 VV sowie eine 1,5-Einigungsgebühr nach Nr. 1000 VV aus dem Teilwert von 5.000,00 EUR. Für das Nachprüfungsverfahren entsteht eine weitere Geschäftsgebühr nach Nr. 2300 VV nebst einer weiteren 1,5-Einigungsgebühr nach Nr. 1000 VV aus dem Wert von 3.000,00 EUR.

I.	**Verwaltungsverfahren**		
1.	1,5-Geschäftsgebühr, Nr. 2300 VV (Wert: 8.000,00 EUR)		684,00 EUR
2.	1,5-Einigungsgebühr, Nr. 1000 VV (Wert: 5.000,00 EUR)		454,50 EUR
3.	Postentgeltpauschale, Nr. 7002 VV		20,00 EUR
	Zwischensumme	1.158,50 EUR	
4.	19 % Umsatzsteuer, Nr. 7008 VV		220,12 EUR
Gesamt			**1.378,62 EUR**
II.	**Nachprüfungsverfahren**		
1.	1,5-Geschäftsgebühr, Nr. 2300 VV (Wert: 3.000,00 EUR)		301,50 EUR
2.	gem. Vorbem. 2.3 Abs. 4 S. 1 VV anzurechnen, 0,75 aus 3.000,00 EUR		– 150,75 EUR
3.	1,5-Einigungsgebühr, Nr. 1000 VV (Wert: 3.000,00 EUR)		301,50 EUR
4.	Postentgeltpauschale, Nr. 7002 VV		20,00 EUR
	Zwischensumme	472,25 EUR	
5.	19 % Umsatzsteuer, Nr. 7008 VV		89,73 EUR
Gesamt			**561,98 EUR**

Kommt zu einer Erledigung, entsteht eine 1,5-Erledigungsgebühr nach Nr. 1002 VV. **48**

Beispiel 23 | **Verwaltungsverfahren und Nachprüfungsverfahren mit Erledigung**

Der Anwalt wird im Verwaltungsverfahren und anschließend im Widerspruchsverfahren beauftragt. Dort kommt es zu einer Erledigung. Der Gegenstandswert beläuft sich auf **8.000,00 EUR**.

Für das Verwaltungsverfahren entsteht die Geschäftsgebühr aus Nr. 2300 VV. Für das Nachprüfungsverfahren entsteht die Geschäftsgebühr nach Nr. 2300 VV und daneben eine Erledigungsgebühr nach Nr. 1002 VV. Die Höhe beläuft sich auf 1,5.

I.	**Verwaltungsverfahren**		
1.	1,5-Geschäftsgebühr, Nr. 2300 VV (Wert: 8.000,00 EUR)		684,00 EUR
2.	Postentgeltpauschale, Nr. 7002 VV		20,00 EUR
	Zwischensumme	704,00 EUR	
3.	19 % Umsatzsteuer, Nr. 7008 VV		133,76 EUR
Gesamt			**837,76 EUR**
II.	**Nachprüfungsverfahren**		
1.	1,5-Geschäftsgebühr, Nr. 2300 VV (Wert: 8.000,00 EUR)		684,00 EUR
2.	gem. Vorbem. 2.3 Abs. 4 S. 1 VV anzurechnen, 0,75 aus 8.000,00 EUR		– 342,00 EUR

3. 1,5-Erledigungsgebühr, Nr. 1002 VV (Wert: 8.000,00 EUR)	684,00 EUR
4. Postentgeltpauschale, Nr. 7002 VV	20,00 EUR
Zwischensumme	1.046,00 EUR
5. 19 % Umsatzsteuer, Nr. 7008 VV	198,74 EUR
Gesamt	**1.244,74 EUR**

49 Im Aussetzungsverfahren wiederum kann nur eine Einigungsgebühr anfallen, nicht auch eine Erledigungsgebühr.

> **Beispiel 24** **Verfahren auf Aussetzung der sofortigen Vollziehung mit Einigung**

Der Anwalt wird im Widerspruchsverfahren gegen einen Bescheid über 5.000,00 EUR beauftragt und beantragt die Aussetzung der sofortigen Vollziehung (Wert: 1.250,00 EUR). Im Verfahren auf Aussetzung der sofortigen Vollziehung einigen sich die Parteien auf eine Ratenzahlung und Abtretung der Gehaltsansprüche.

Im Verfahren auf Aussetzung der sofortigen Vollziehung (Wert: 1.250,00 EUR) hat der Anwalt jetzt auch eine Einigungsgebühr verdient.

I. Widerspruchsverfahren

1. 1,5-Geschäftsgebühr, Nr. 2300 VV (Wert: 5.000,00 EUR)	454,50 EUR
2. Postentgeltpauschale, Nr. 7002 VV	20,00 EUR
Zwischensumme	474,50 EUR
3. 19 % Umsatzsteuer, Nr. 7008 VV	90,16 EUR
Gesamt	**564,66 EUR**

II. Verfahren über die Aussetzung der sofortigen Vollziehung

1. 1,5-Geschäftsgebühr, Nr. 2300 VV (Wert: 1.250,00 EUR)	172,50 EUR
2. 1,5-Einigungsgebühr, Nr. 1000 VV (Wert: 1.250,00 EUR)	172,50 EUR
3. Postentgeltpauschale, Nr. 7002 VV	20,00 EUR
Zwischensumme	365,00 EUR
4. 19 % Umsatzsteuer, Nr. 7008 VV	69,35 EUR
Gesamt	**434,35 EUR**

50 Möglich ist, dass im Aussetzungsverfahren eine Einigungsgebühr (Nr. 1000 VV) anfällt und im Nachprüfungsverfahren eine Erledigungsgebühr (Nr. 1002 VV).

> **Beispiel 25** **Nachprüfungsverfahren mit Erledigung und Verfahren auf Aussetzung der sofortigen Vollziehung mit Einigung**

Der Anwalt wird im Widerspruchsverfahren gegen einen Bescheid über 5.000,00 EUR beauftragt und beantragt die Aussetzung der sofortigen Vollziehung (Wert: 1.250,00 EUR). Im Verfahren auf Aussetzung der sofortigen Vollziehung einigen sich die Parteien auf eine Ratenzahlung und Abtretung der Gehaltsansprüche. Im Widerspruchsverfahren wird sodann eine Erledigung herbeigeführt.

Im Verfahren auf Aussetzung der sofortigen Vollziehung (Wert: 1.250,00 EUR) hat der Anwalt eine Einigungsgebühr verdient, im Widerspruchsverfahren eine Erledigungsgebühr.

I. Widerspruchsverfahren

1.	1,5-Geschäftsgebühr, Nr. 2300 VV (Wert: 5.000,00 EUR)	454,50 EUR
2.	1,5-Erledigungsgebühr, Nr. 1002 VV (Wert: 5.000,00 EUR)	454,50 EUR
3.	Postentgeltpauschale, Nr. 7002 VV	20,00 EUR
	Zwischensumme 929,00 EUR	
4.	19 % Umsatzsteuer, Nr. 7008 VV	176,51 EUR
Gesamt		**1.105,51 EUR**

II. Verfahren über die Aussetzung der sofortigen Vollziehung

1.	1,5-Geschäftsgebühr, Nr. 2300 VV (Wert: 1.250,00 EUR)	172,50 EUR
2.	1,5-Einigungsgebühr, Nr. 1000 VV (Wert: 1.250,00 EUR)	172,50 EUR
3.	Postentgeltpauschale, Nr. 7002 VV	20,00 EUR
	Zwischensumme 365,00 EUR	
4.	19 % Umsatzsteuer, Nr. 7008 VV	69,35 EUR
Gesamt		**434,35 EUR**

c) Anrechnung der Geschäftsgebühr

Anzurechnen ist die Geschäftsgebühr der Nr. 2300 VV eines Verwaltungs- oder Widerspruchsverfahrens auf die Verfahrensgebühr eines nachfolgenden gerichtlichen Verfahrens wegen desselben Gegenstands (Vorbem. 3 Abs. 4 S. 1 VV). Angerechnet wird die Gebühr zur Hälfte, höchstens allerdings mit einem Gebührensatz von 0,75. Soweit also eine höhere Geschäftsgebühr als 1,5 angefallen ist, bleibt dieser Mehrbetrag anrechnungsfrei. 51

Sind außergerichtlich mehrere Geschäftsgebühren angefallen, war der Anwalt also sowohl im Verwaltungsverfahren als auch im Nachprüfungsverfahren tätig, so wird nur die zweite Geschäftsgebühr, der Nr. 2300 VV angerechnet (Vorbem. 3 Abs. 4 S. 3 VV). 52

Angerechnet wird nur nach dem Wert des Gegenstands, der in das gerichtliche Verfahren übergegangen ist (Vorbem. 3 Abs. 4 S. 5 VV). 53

Zur Durchführung der Anrechnung im gerichtlichen Verfahren siehe Rn 81 ff. 54

V. Erstinstanzliches Erkenntnisverfahren vor dem Verwaltungsgericht

1. Überblick

Im gerichtlichen Verfahren erster Instanz vor dem Verwaltungsgericht erhält der Anwalt die Gebühren nach Teil 3 Abschnitt 1 VV. 55

Probleme bereitet in der Praxis die Abrechnung mehrerer gleichartiger zeitgleich betriebener Verfahren. Nach zutreffender Ansicht ist jedes Verfahren eine Angelegenheit, so dass die Gebühren in jedem Verfahren gesondert anfielen.[15] Zum Teil wird von der Rechtsprechung jedoch trotz mehrerer gerichtlicher Verfahren nur eine Angelegenheit angenommen.[16] 56

---

15 OVG Nordrhein-Westfalen AGS 2010, 372; AGS 2011, 487 = NJW-Spezial 2011, 699; OVG Lüneburg AGS 2009, 226 = NdsRpfl 2009, 174 = JurBüro 2009, 251.
16 BVerwG AGS 2001, 246 = NJW 2000, 2289 = DVBl 2000, 1462 = BayVBl 2000, 603 = VA 2000, 160 = DÖV 2000, 969 = BRAGOreport 2001, 104; Bayerischer VGH AGS 2009, 392 = RVGreport 2009, 263; OVG Nordrhein-Westfalen BauR 2001, 1402; AGS 2006, 16 = NVwZ-RR 2006, 437; Sächsisches OVG, Beschl. v. 24.3.2011 – 5 E 113/10.

2. Verfahrensgebühr

57 Der Anwalt erhält zunächst einmal für seine Tätigkeit im Rechtsstreit eine 1,3-**Verfahrensgebühr** nach Nr. 3100 VV.

58 Vertritt der Anwalt **mehrere Auftraggeber** wegen desselben Gegenstands, so erhöht sich die Verfahrensgebühr nach Nr. 1008 VV um 0,3 je weiteren Auftraggeber.

59 Erledigt sich der Auftrag vorzeitig, also insbesondere vor Klageeinreichung, so **ermäßigt** sich die Verfahrensgebühr auf 0,8 (Nr. 3101 Nr. 1 VV).

60 Das Gleiche gilt, soweit beantragt wird, eine **Einigung über nicht anhängige Gegenstände zu Protokoll** zu nehmen oder soweit Verhandlungen vor Gericht zur Einigung über solche Ansprüche geführt werden (Nr. 3101 Nr. 2 VV).

61 Für den Fall, dass eine **Erledigung nicht anhängiger Gegenstände zu Protokoll** genommen wird oder darüber Gespräche geführt werden, entsteht ebenfalls eine Gebühr nach Nrn. 3100, 3101 Nr. 2 VV (str., siehe Rn 78 f.).

62 Ist vorgerichtlich eine **Geschäftsgebühr** angefallen, so ist diese gem. Vorbem. 3 Abs. 4 VV hälftig auf die Verfahrensgebühr **anzurechnen** (siehe dazu Rn 81 ff.).

3. Terminsgebühr

63 Neben der Verfahrensgebühr erhält der Anwalt nach Nr. 3104 VV eine 1,2-**Terminsgebühr**. Diese Gebühr entsteht zum einen unter den Voraussetzungen der Vorbem. 3 Abs. 3 VV.

64 Sie entsteht aber auch dann, wenn in einem **Verfahren, für das eine mündliche Verhandlung vorgeschrieben ist**,
- im Einverständnis mit den Parteien ohne mündliche Verhandlung entschieden wird (Anm. Abs. 1 Nr. 1, 1. Alt. zu Nr. 3104 VV),
- ein schriftlicher Vergleich geschlossen wird (Anm. Abs. 1 Nr. 1, 2. Alt. zu Nr. 3104 VV).

65 Die Terminsgebühr entsteht ferner, wenn das Gericht nach § 84 Abs. 1 S. 1 VwGO durch **Gerichtsbescheid** entscheidet, sofern dagegen eine mündliche Verhandlung beantragt werden kann (Anm. Abs. 1 Nr. 2 zu Nr. 3104 VV).

Beispiel 26 | **Verfahrens- und Terminsgebühr aufgrund mündlicher Verhandlung**

Der Mandant beauftragt den Anwalt, gegen den ergangenen Widerspruchsbescheid Anfechtungsklage zu erheben (Gegenstandswert: 4.000,00 EUR). Das Verwaltungsgericht entscheidet nach mündlicher Verhandlung.

Neben der 1,3-Verfahrensgebühr entsteht eine 1,2-Terminsgebühr nach Nr. 3104 VV.

1. 1,3-Verfahrensgebühr, Nr. 3100 VV
(Wert: 4.000,00 EUR)   327,60 EUR
2. 1,2-Terminsgebühr, Nr. 3104 VV
(Wert: 4.000,00 EUR)   302,40 EUR
3. Postentgeltpauschale, Nr. 7002 VV   20,00 EUR
Zwischensumme   650,00 EUR
4. 19 % Umsatzsteuer, Nr. 7008 VV   123,50 EUR
Gesamt   **773,50 EUR**

Eine Ermäßigung nach Nr. 3105 VV kommt in verwaltungsgerichtlichen Verfahren nicht in Betracht.[17]

66

| Beispiel 27 | Terminsgebühr bei Säumnis des Gegners |

Der Mandant beauftragt den Anwalt, gegen den ergangenen Widerspruchsbescheid Anfechtungsklage zu erheben (Gegenstandswert: 4.000,00 EUR). Im Termin zur mündlichen Verhandlung erscheint für die Behörde niemand. Der Anwalt beantragt daraufhin die Verlegung des Termins. Die Klage wird später zurückgenommen.

Neben der 1,3-Verfahrensgebühr entsteht wiederum eine 1,2-Terminsgebühr nach Anm. Abs. 1 zu Nr. 3104 VV. Die Vorschrift der Nr. 3105 VV ist im Verwaltungsrechtsstreit nicht anwendbar.

1. 1,3-Verfahrensgebühr, Nr. 3100 VV   327,60 EUR
   (Wert: 4.000,00 EUR)
2. 1,2-Terminsgebühr, Nr. 3104 VV   302,40 EUR
   (Wert: 4.000,00 EUR)
3. Postentgeltpauschale, Nr. 7002 VV   20,00 EUR
   Zwischensumme   650,00 EUR
4. 19 % Umsatzsteuer, Nr. 7008 VV   123,50 EUR

Gesamt   **773,50 EUR**

Die Terminsgebühr entsteht auch bei Teilnahme an einer auf die Vermeidung oder Erledigung des Verfahrens gerichteten Besprechung.[18] Eine solche Besprechung – die auch telefonisch geführt werden kann – setzt den Austausch von Erklärungen voraus mit dem konkreten Ziel, das Streitverfahren einvernehmlich zu beenden.[19] Eine Terminsgebühr entsteht dann nicht, wenn die Behörde der Gegenseite von sich aus oder auf deren Nachfrage lediglich mitteilt, dass sie aufgrund eines behördeninternen Entscheidungsprozesses zu dem Ergebnis gelangt ist, dass ein angefochtener Verwaltungsakt aufzuheben oder eine begehrte Leistung zu bewilligen ist. Eine solche Mitteilung ist keine auf die Vermeidung oder Erledigung des Verfahrens gerichtete Besprechung. Das gilt auch für den Fall, dass die Gegenseite zur Abgabe einer Erledigungserklärung aufgefordert wird. Erwartet die Behörde von der Gegenseite hingegen ein Entgegenkommen oder Tätigwerden, wie beispielsweise eine Kostenübernahme, die Klagerücknahme oder sonstige Zugeständnisse, wird eine Terminsgebühr ausgelöst.[20]

67

Nicht ausreichend ist trotz des Amtsermittlungsgrundsatzes eine Besprechung zwischen einem Verfahrensbevollmächtigten und dem Gericht.[21]

68

| Beispiel 28 | Verfahrens- und Terminsgebühr aufgrund außergerichtlicher Besprechung |

Der Mandant beauftragt den Anwalt, gegen den ergangenen Widerspruchsbescheid Anfechtungsklage zu erheben (Gegenstandswert: 4.000,00 EUR). Nach Klageerhebung verhandelt der Anwalt mit dem Sachbearbeiter der Behörde zum Zwecke der Erledigung des Verfahrens. Da die Besprechung ohne Ergebnis bleibt, wird die Klage zurückgenommen.

---

17 *Hansens/Braun/Schneider*, Teil 11 Rn 83; a.A. *Beutling*, Anwaltsvergütung, Rn 399 ff.
18 OVG Bremen AGS 2009, 30 = JurBüro 2008, 531 = RVGreport 2008, 423.
19 OVG Bremen AGS 2009, 30 = JurBüro 2008, 531 = RVGreport 2008, 423.
20 OVG Bremen AGS 2009, 30 = JurBüro 2008, 531 = RVGreport 2008, 423.
21 OVG Nordrhein-Westfalen, Beschl. v. 3.2.2014 – 6 E 1209/12.

Hat der Rechtsanwalt des Klägers während eines laufenden verwaltungsgerichtlichen Verfahrens an einer außergerichtlichen, auf die Erledigung des Verfahrens zielenden (telefonischen) Besprechung mit einem Behördenvertreter teilgenommen, so löst dies gem. Vorbem. 3 Abs. 3 S. 3 Nr. 2 VV die Terminsgebühr der Nr. 3104 VV aus.[22] Ob ein Ergebnis erzielt wird, ist unerheblich.

1.	1,3-Verfahrensgebühr, Nr. 3100 VV (Wert: 4.000,00 EUR)		327,60 EUR
2.	1,2-Terminsgebühr, Nr. 3104 VV (Wert: 4.000,00 EUR)		302,40 EUR
3.	Postentgeltpauschale, Nr. 7002 VV		20,00 EUR
	Zwischensumme	650,00 EUR	
4.	19 % Umsatzsteuer, Nr. 7008 VV		123,50 EUR
	Gesamt		**773,50 EUR**

Beispiel 29 | **Bloße Sachstandsanfrage**

Der Mandant beauftragt den Anwalt, gegen den ergangenen Widerspruchsbescheid Anfechtungsklage zu erheben (Gegenstandswert: 4.000,00 EUR). Nach Klageerhebung regt das Gericht eine Erledigung des Verfahrens an. Da die Behörde zunächst nicht reagiert, ruft der Anwalt bei der Behörde an und erkundigt sich nach dem Sachstand. Anschließend erledigt sich das Verfahren.

Die bloße telefonische Sachstandsanfrage löst keine Terminsgebühr aus. Es entsteht daher nur die Verfahrensgebühr.

1.	1,3-Verfahrensgebühr, Nr. 3100 VV (Wert: 4.000,00 EUR)		327,60 EUR
2.	Postentgeltpauschale, Nr. 7002 VV		20,00 EUR
	Zwischensumme	347,60 EUR	
3.	19 % Umsatzsteuer, Nr. 7008 VV		66,04 EUR
	Gesamt		**413,64 EUR**

69 Im erstinstanzlichen Verfahren ist grundsätzlich mündlich zu verhandeln (§ 101 Abs. 1 VwGO). Wenn hier im Einverständnis der Beteiligten eine Entscheidung im schriftlichen Verfahren ergeht (§ 101 Abs. 2 VwGO), entsteht die 1,2-Terminsgebühr nach Anm. Abs. 1 Nr. 1, 1. Alt. zu Nr. 3104 VV.

Beispiel 30 | **Verfahrens- und Terminsgebühr bei Entscheidung im schriftlichen Verfahren**

Der Mandant beauftragt den Anwalt, gegen den ergangenen Widerspruchsbescheid Anfechtungsklage zu erheben (Gegenstandswert: 4.000,00 EUR). Das Verwaltungsgericht entscheidet im Einverständnis der Parteien gem. § 101 Abs. 2 VwGO ohne mündliche Verhandlung.

Neben der 1,3-Verfahrensgebühr ist auch eine 1,2-Terminsgebühr nach Anm. Abs. 1 Nr. 1, 1. Alt. zu Nr. 3104 VV angefallen. Abzurechnen ist wie in Beispiel 28.

70 Voraussetzung ist, dass nach § 101 Abs. 2 VwGO im Einverständnis der Beteiligten entschieden worden ist. So reicht eine bloße Entscheidung über die Kosten, etwa nach Hauptsacherledigung

---

22 OVG Lüneburg 2007, 32 = JurBüro 2007, 78 = NVwZ-RR 2007, 215 = AnwBl 2007, 156 = RVGreport 2007, 32 = RVGprof. 2007, 84 = NJW 2007, 1995.

nicht aus, da über die Kosten ohnehin durch Beschluss entschieden wird (§ 101 Abs. 3 VwGO) und ein Einverständnis der Beteiligten nicht erforderlich ist.

> **Beispiel 31** Entscheidung über die Kosten nach Erledigung

Der Mandant beauftragt den Anwalt, gegen den ergangenen Widerspruchsbescheid Anfechtungsklage zu erheben (Gegenstandswert: 4.000,00 EUR). Nach Klageerhebung hilft die Behörde ab, so dass das Verfahren in der Hauptsache für erledigt erklärt wird. Das Gericht entscheidet über die Kosten im schriftlichen Verfahren.

Da für die Kostenentscheidung nach Erledigung des Verfahrens keine mündliche Verhandlung vorgeschrieben ist, entsteht keine Terminsgebühr. Die Voraussetzungen der Anm. Abs. 1 Nr. 1 zu Nr. 3104 VV sind nicht erfüllt.[23] Es entsteht nur die Verfahrensgebühr.

1.	1,3-Verfahrensgebühr, Nr. 3100 VV (Wert: 4.000,00 EUR)	327,60 EUR
2.	Postentgeltpauschale, Nr. 7002 VV	20,00 EUR
	Zwischensumme 347,60 EUR	
3.	19 % Umsatzsteuer, Nr. 7008 VV	66,04 EUR
	Gesamt	**413,64 EUR**

Eine Terminsgebühr entsteht aber, wenn ein schriftlicher Vergleich (z.B. nach § 106 S. 2 VwGO) geschlossen wird.[24] **71**

> **Beispiel 32** Verfahrens- und Terminsgebühr bei Abschluss eines Vergleichs

Der Mandant beauftragt den Anwalt, gegen den ergangenen Widerspruchsbescheid Anfechtungsklage zu erheben (Gegenstandswert: 4.000,00 EUR). Nach Klageerhebung schlägt das Gericht den Parteien einen Vergleich vor, den diese annehmen, so dass sich das Verfahren erledigt.

Neben der Verfahrensgebühr entsteht jetzt gem. Anm. Abs. 1 Nr. 1, 2. Alt. zu Nr. 3104 VV auch eine 1,2-Terminsgebühr. Darüber hinaus entsteht auch eine 1,0-Einigungsgebühr nach Nr. 1000, 1003 VV.

1.	1,3-Verfahrensgebühr, Nr. 3100 VV (Wert: 4.000,00 EUR)	327,60 EUR
2.	1,2-Terminsgebühr, Nr. 3104 VV (Wert: 4.000,00 EUR)	302,40 EUR
3.	1,0-Einigungsgebühr, Nrn. 1000, 1003 VV	252,00 EUR
4.	Postentgeltpauschale, Nr. 7002 VV	20,00 EUR
	Zwischensumme 902,00 EUR	
5.	19 % Umsatzsteuer, Nr. 7008 VV	171,38 EUR
	Gesamt	**1.073,38 EUR**

Nach § 84 Abs. 1 S. 1 VwGO kann das VG ohne mündliche Verhandlung durch **Gerichtsbescheid** **72** entscheiden. Der Gerichtsbescheid ist unter den gleichen Voraussetzungen anfechtbar wie ein Urteil (§ 84 Abs. 3, 1. Hs. VwGO). Eine Zustimmung der Parteien zur Entscheidung per Gerichts-

---

[23] VGH Mannheim NJW 2007, 860 = DÖV 2007, 212 = AGS 2007, 294 = Justiz 2007, 245 = RVG-Letter 2007, 15 = RVGreport 2007, 186.
[24] OVG Nordrhein-Westfalen AGkompakt 2010, 98 = DVBl. 2009, 1128 = DÖV 2009, 776.

bescheid ist nicht erforderlich. Daher soll hier grundsätzlich keine Terminsgebühr mehr anfallen, wenn das Gericht durch Gerichtsbescheid entscheidet.

73 Nur dann, wenn gegen den Gerichtsbescheid ein Antrag auf mündliche Verhandlung gestellt werden kann, wird weiterhin eine Terminsgebühr ausgelöst. Das wiederum ist der Fall, wenn keine Berufung gegeben ist. Die Parteien haben dann die Möglichkeit, innerhalb von einem Monat nach Erlass des Gerichtsbescheids eine mündliche Verhandlung zu beantragen (§ 84 Abs. 2 Nr. 5 VwGO).

> **Beispiel 33** | **Entscheidung durch Gerichtsbescheid (I)**
>
> **Das Verwaltungsgericht entscheidet über die Anfechtungsklage (Wert: 5.000,00 EUR) durch Gerichtsbescheid nach § 84 Abs. 1 S. 1 VwGO und lässt die Berufung nicht zu.**
>
> Da mangels Zulassung der Berufung gegen den Gerichtsbescheid der Antrag auf mündliche Verhandlung gegeben ist (§ 84 Abs. 2 Nr. 5 VwGO), entsteht eine Terminsgebühr nach Anm. Abs. 1 Nr. 2 VV.
>
> | | | |
> |---|---|---:|
> | 1. | 1,3-Verfahrensgebühr, Nr. 3100 VV (Wert: 5.000,00 EUR) | 393,90 EUR |
> | 2. | 1,2-Terminsgebühr, Anm. Abs. 1 Nr. 2 zu Nr. 3104 VV (Wert: 5.000,00 EUR) | 363,60 EUR |
> | 3. | Postentgeltpauschale, Nr. 7002 VV | 20,00 EUR |
> | | Zwischensumme 777,50 EUR | |
> | 4. | 19 % Umsatzsteuer, Nr. 7008 VV | 147,73 EUR |
> | | **Gesamt** | **925,23 EUR** |

> **Beispiel 34** | **Entscheidung durch Gerichtsbescheid (II)**
>
> **Das Verwaltungsgericht entscheidet über die Anfechtungsklage (Wert: 5.000,00 EUR) durch Gerichtsbescheid und lässt die Berufung zu.**
>
> Da wegen der Möglichkeit der Berufung gegen den Gerichtsbescheid ein Antrag auf mündliche Verhandlung nicht gegeben ist (§ 84 Abs. 2 Nr. 5 VwGO), entsteht keine Terminsgebühr nach Anm. Abs. 1 Nr. 2 VV.
>
> | | | |
> |---|---|---:|
> | 1. | 1,3-Verfahrensgebühr, Nr. 3100 VV (Wert: 5.000,00 EUR) | 393,90 EUR |
> | 2. | Postentgeltpauschale, Nr. 7002 VV | 20,00 EUR |
> | | Zwischensumme 413,90 EUR | |
> | 3. | 19 % Umsatzsteuer, Nr. 7008 VV | 78,64 EUR |
> | | **Gesamt** | **492,54 EUR** |

74 Strittig ist, ob die Terminsgebühr bereits mit der Entscheidung durch Gerichtsbescheid entsteht oder ob darüber hinaus erforderlich ist, dass der Gerichtsbescheid auch rechtskräftig werden muss. Nach § 84 Abs. 2 Nr. 3 VwGO ist vorgesehen, dass gegen einen Gerichtsbescheid Antrag auf mündliche Verhandlung gestellt werden kann, wenn ein Rechtsmittel nicht gegeben ist. In diesem Fall wird der Gerichtsbescheid wirkungslos (§ 83 Abs. 3 VwGO). Das Gericht entscheidet dann durch Urteil. Hier kann es vorkommen, dass sich nach Antrag auf mündliche Verhandlung das Verfahren erledigt, bevor es zum gerichtlichen Termin gekommen ist. Zum Teil wird vertreten, dass in diesem Fall keine Terminsgebühr anfalle. Eine Terminsgebühr für den Gerichtsbescheid

V. Erstinstanzliches Erkenntnisverfahren vor dem Verwaltungsgericht § 29

könne nicht anfallen, weil dieser wirkungslos geworden sei.[25] Nach zutreffender Auffassung kann dagegen die einmal durch den Erlass des Gerichtsbescheids angefallene Terminsgebühr nicht nachträglich wegfallen.[26]

Beispiel 35 Verfahrens- und Terminsgebühr bei Entscheidung durch Gerichtsbescheid, der bestandskräftig wird

Der Mandant beauftragt den Anwalt, gegen den ergangenen Widerspruchsbescheid Anfechtungsklage zu erheben (Gegenstandswert: 4.000,00 EUR). Das Verwaltungsgericht entscheidet durch Gerichtsbescheid, der rechtskräftig wird.

Neben der 1,3-Verfahrensgebühr entsteht eine 1,2-Terminsgebühr nach Anm. Abs. 1 Nr. 2 zu Nr. 3104 VV.

1.	1,3-Verfahrensgebühr, Nr. 3100 VV (Wert: 4.000,00 EUR)		327,60 EUR
2.	1,2-Terminsgebühr, Nr. 3104 VV (Wert: 4.000,00 EUR)		302,40 EUR
3.	Postentgeltpauschale, Nr. 7002 VV		20,00 EUR
	Zwischensumme	650,00 EUR	
4.	19 % Umsatzsteuer, Nr. 7008 VV		123,50 EUR
Gesamt			**773,50 EUR**

Beispiel 36 Verfahrens- und Terminsgebühr bei Entscheidung durch Gerichtsbescheid, der nicht rechtskräftig wird

Das Verwaltungsgericht entscheidet durch Gerichtsbescheid (Streitwert: 4.000,00 EUR). Hierauf stellt die Behörde gem. § 84 Abs. 2 Nr. 3 VwGO Antrag auf mündliche Verhandlung, die dann auch anberaumt wird. Vor der mündlichen Verhandlung hilft die Behörde ab und stellt den Kläger klaglos, woraufhin der Rechtsstreit übereinstimmend für erledigt erklärt und der Termin aufgehoben wird.

Nach einer Auffassung entsteht keine Terminsgebühr, sondern nur die Verfahrensgebühr, weil der Gerichtsbescheid nicht rechtskräftig geworden ist und es nicht zur mündlichen Verhandlung gekommen ist. Die spätere Kostenentscheidung kann ebenfalls nicht mehr zu einer Terminsgebühr führen, weil über die Kosten auch ohne mündliche Verhandlung entschieden werden kann (siehe Beispiel 31).

Nach zutreffender Auffassung kann dagegen die einmal durch den Erlass des Gerichtsbescheids angefallene Terminsgebühr nicht nachträglich wegfallen, so dass abzurechnen ist wie im vorangegangenen Beispiel 35.

Problematisch ist die Berechnung, wenn mehrere Verfahren zeitgleich verhandelt werden. Solange die Verfahren nicht miteinander verbunden sind (siehe dazu § 13 Rn 58 ff.) erhält der Rechtsanwalt, der in jedem der Verfahren vertritt und vertretungsbereit anwesend ist, die Terminsgebühr in jeder der Sachen nach dem für sie jeweils maßgebenden Gegenstandswert.[27]

---

[25] OVG Nordrhein-Westfalen AGS 2014, 123 = NVwZ-RR 2012, 375 = DÖV 2012, 532; so auch zur vergleichbaren Lage in finanzgerichtlichen Verfahren FG Köln AGS 2010, 21 = EFG 2009, 978 = StE 2009, 251.
[26] *N. Schneider*, NJW-Spezial 2010, 91.
[27] OVG Nordrhein-Westfalen AGS 2009, 576 = JurBüro 2009, 529 = RVGreport 2009, 345 = NJW 2010, 955.

76 Verbindet das Gericht nach Aufruf der Sache mehrere Verfahren zur gemeinsamen Verhandlung, kann die bereits entstandene Terminsgebühr dadurch nicht mehr beeinflusst werden.[28]

> **Beispiel 37** | **Verhandlung mehrerer Verfahren**

Das Gericht beraumt in zwei Verfahren, 1/14 und 2/14, (Gegenstandswert: 4.000,00 EUR) gemeinsamen Termin zur mündlichen Verhandlung an. Nach Aufruf der Sache verbindet es die Verfahren zur gemeinsamen Verhandlung.

Mit Aufruf der Sache ist in jedem der Verfahren die Terminsgebühr entstanden, so dass der Anwalt die Gebühren in jedem Verfahren gesondert abrechnen kann.

I. **Verfahren 1/14**
1. 1,3-Verfahrensgebühr, Nr. 3100 VV 327,60 EUR
   (Wert: 4.000,00 EUR)
2. 1,2-Terminsgebühr, Nr. 3104 VV 302,40 EUR
   (Wert: 4.000,00 EUR)
3. Postentgeltpauschale, Nr. 7002 VV 20,00 EUR
   Zwischensumme 650,00 EUR
4. 19 % Umsatzsteuer, Nr. 7008 VV 123,50 EUR
Gesamt **773,50 EUR**

II. **Verfahren 2/14**
1. 1,3-Verfahrensgebühr, Nr. 3100 VV 327,60 EUR
   (Wert: 4.000,00 EUR)
2. 1,2-Terminsgebühr, Nr. 3104 VV 302,40 EUR
   (Wert: 4.000,00 EUR)
3. Postentgeltpauschale, Nr. 7002 VV 20,00 EUR
   Zwischensumme 650,00 EUR
4. 19 % Umsatzsteuer, Nr. 7008 VV 123,50 EUR
Gesamt **773,50 EUR**

4. Einigung oder Erledigung

77 Soweit es im gerichtlichen Verfahren zu einer Einigung oder einer Erledigung kommt, entsteht zusätzlich eine 1,0-Einigungsgebühr nach Nrn. 1000, 1003 VV oder eine 1,0-Erledigungsgebühr nach Nrn. 1002, 1003 VV entstehen. Soweit auch nicht anhängige Gegenstände in die Einigung oder Erledigung einbezogen werden, entsteht die Gebühr zu 1,5 (Nrn. 1000, 1002 VV); werden Gegenstände einbezogen, die in einem Berufungs- oder Revisionsverfahren anhängig sind, entsteht die Gebühr zu 1,3 (Nr. 1004 VV).

78 Strittig ist, ob im Fall der Erledigung weiter gehender nicht anhängiger Gegenstände eine Verfahrensgebühr (Nr. 3101 Nr. 2 VV) ausgelöst wird.

> **Beispiel 38** | **Gerichtliches Verfahren mit Erledigung**

Der Anwalt vertritt den Mandanten in einem Verfahren vor dem Verwaltungsgericht. Dort kommt es im Termin zu einer Erledigung i.S.d. Nr. 1002 VV.

---

28 BVerwG RVGreport 2010, 186 = DVBl 2010, 663 = NJW 2010, 1391; AGS 2010, 228 = JurBüro 2010, 249; Bayerischer VGH NVwZ-RR 2008, 504 = BayVBl 2008, 30; OVG Lüneburg AGS 2010, 229 = NdsRpfl 2010, 134 = NVwZ-RR 2010, 540 = JurBüro 2010, 191 = RVGreport 2010, 255; OVG Hamburg NordÖR 2009, 260; a.A. VGH Baden-Württemberg RdL 2006, 308 NVwZ 2006, 855 = DÖV 2006, 967 = BauR 2006, 2032 = Justiz 2007, 220.

V. Erstinstanzliches Erkenntnisverfahren vor dem Verwaltungsgericht § 29

Neben der Verfahrens- und Terminsgebühr entsteht jetzt eine Erledigungsgebühr nach Nr. 1002 VV. Die Höhe beläuft sich auf 1,0 (Nr. 1003 VV), da die Erledigung hinsichtlich eines anhängigen Gegenstandes eingetreten ist.

1.	1,3-Verfahrensgebühr, Nr. 3100 VV (Wert: 4.000,00 EUR)		327,60 EUR
2.	1,2-Terminsgebühr, Nr. 3104 VV (Wert: 4.000,00 EUR)		302,40 EUR
3.	1,0-Erledigungsgebühr, Nrn. 1002, 1003 VV (Wert: 4.000,00 EUR)		252,00 EUR
4.	Postentgeltpauschale, Nr. 7002 VV		20,00 EUR
	Zwischensumme	902,00 EUR	
5.	19 % Umsatzsteuer, Nr. 7008 VV		171,38 EUR
Gesamt			**1.073,38 EUR**

> **Beispiel 39** **Gerichtliches Verfahren mit Einigung auch über weiter gehende Gegenstände**

Der Anwalt legt für den Mandanten gegen zwei Bescheide (Wert: 5.000,00 EUR und 2.000,00 EUR) jeweils Widerspruch ein. Hinsichtlich des Bescheides über 5.000,00 EUR ergeht ein Widerspruchsbescheid. Hiergegen wird Anfechtungsklage erhoben. Im Termin kommt es zu einer Einigung, die gleichzeitig auch den weiteren Bescheid mit erfasst.

Im gerichtlichen Verfahren entsteht jetzt die 1,3-Verfahrensgebühr aus dem Wert der anhängigen 5.000,00 EUR und die 1,1-Verfahrensgebühr auf 2.000,00 EUR, allerdings unter Beachtung des § 15 Abs. 3 RVG. Hinzu kommen die Terminsgebühr aus dem Gesamtwert sowie eine Einigungsgebühr nach Nr. 1000 VV. Die Höhe der Einigungsgebühr beläuft sich aus 5.000,00 EUR auf 1,0 (Nr. 1003 VV), aus den weiteren 2.000,00 EUR auf 1,5 (Nr. 1000 VV). Zu beachten ist § 15 Abs. 3 RVG.

I. Widerspruchsverfahren 1

1.	1,5-Geschäftsgebühr, Nr. 2300 VV (Wert: 5.000,00 EUR)		454,50 EUR
2.	Postentgeltpauschale, Nr. 7002 VV		20,00 EUR
	Zwischensumme	474,50 EUR	
3.	19 % Umsatzsteuer, Nr. 7008 VV		90,16 EUR
Gesamt			**564,66 EUR**

II. Widerspruchsverfahren 2

1.	1,5-Geschäftsgebühr, Nr. 2300 VV (Wert: 2.000,00 EUR)		225,00 EUR
2.	Postentgeltpauschale, Nr. 7002 VV		20,00 EUR
	Zwischensumme	245,00 EUR	
3.	19 % Umsatzsteuer, Nr. 7008 VV		46,55 EUR
Gesamt			**291,55 EUR**

III. Gerichtliches Verfahren

1.	1,3-Verfahrensgebühr, Nr. 3100 VV (Wert: 5.000,00 EUR)	393,90 EUR
2.	gem. Vorbem. 3 Abs. 4 VV anzurechnen, 0,75 aus 5.000,00 EUR	– 227,25 EUR
3.	0,8-Verfahrensgebühr, Nr. 3101 Nr. 2 VV (Wert: 2.000,00 EUR)	120,00 EUR

4.	gem. Vorbem. 3 Abs. 4 VV anzurechnen, 0,75 aus 2.000,00 EUR die Höchstgrenze gem. § 15 Abs. 3 RVG, nicht mehr als 1,3 aus 7.000,00 EUR (526,50 EUR) wird nicht überschritten	– 112,50 EUR
5.	1,2-Terminsgebühr, Nr. 3104 VV (Wert: 7.000,00 EUR)	486,00 EUR
6.	1,0-Einigungsgebühr, Nrn. 1000, 1003 VV (Wert: 5.000,00 EUR)	303,00 EUR
7.	1,5-Einigungsgebühr, Nr. 1000 VV (Wert: 2.000,00 EUR) die Höchstgrenze gem. § 15 Abs. 3 RVG, nicht mehr als 1,5 aus 7.000,00 EUR (607,50 EUR), wird nicht überschritten	225,00 EUR
8.	Postentgeltpauschale, Nr. 7002 VV	20,00 EUR
	Zwischensumme 1.208,15 EUR	
9.	19 % Umsatzsteuer, Nr. 7008 VV	229,55 EUR
Gesamt		**1.437,70 EUR**

> **Beispiel 40** — Gerichtliches Verfahren mit Erledigung auch über weitergehende Gegenstände

Der Anwalt legt für den Mandanten gegen zwei Leistungsbescheide (Werte: 5.000,00 EUR und 2.000,00 EUR) jeweils Widerspruch ein. Hinsichtlich des Bescheides über 5.000,00 EUR ergeht ein Widerspruchsbescheid. Hiergegen wird Anfechtungsklage erhoben. Im Termin kommt es zu einer Erledigung i.S.d. Nr. 1002 VV, die gleichzeitig auch den weiteren Bescheid mit erledigt.

Im gerichtlichen Verfahren entstehen jetzt neben der Verfahrens- und Terminsgebühr zwei Erledigungsgebühren nach Nr. 1002 VV. Die Höhe der einen beläuft sich auf 1,0 (Nr. 1003 VV), die der anderen auf 1,5 (Nr. 1002 VV). Nach zutreffender Ansicht ergeben sich keine Probleme.

I. Widerspruchsverfahren 1
1. 1,5-Geschäftsgebühr, Nr. 2300 VV 454,50 EUR
   (Wert: 5.000,00 EUR)
2. Postentgeltpauschale, Nr. 7002 VV 20,00 EUR
   Zwischensumme 474,50 EUR
3. 19 % Umsatzsteuer, Nr. 7008 VV 90,16 EUR
Gesamt 564,66 EUR

II. Widerspruchsverfahren 2
1. 1,5-Geschäftsgebühr, Nr. 2300 VV 225,00 EUR
   (Wert: 2.000,00 EUR)
2. Postentgeltpauschale, Nr. 7002 VV 20,00 EUR
   Zwischensumme 245,00 EUR
3. 19 % Umsatzsteuer, Nr. 7008 VV 46,55 EUR
Gesamt 291,55 EUR

III. Gerichtliches Verfahren
1. 1,3-Verfahrensgebühr, Nr. 3100 VV 393,90 EUR
   (Wert: 5.000,00 EUR)
2. gem. Vorbem. 3 Abs. 4 VV anzurechnen, – 227,25 EUR
   0,75 aus 5.000,00 EUR
3. 0,8-Verfahrensgebühr, Nr. 3101 Nr. 2 VV 120,00 EUR
   (Wert: 2.000,00 EUR)

4. gem. Vorbem. 3 Abs. 4 VV anzurechnen, 0,75 aus 2.000,00 EUR die Höchstgrenze gem. § 15 Abs. 3 RVG, nicht mehr als 1,3 aus 7.000,00 EUR (526,50 EUR) wird nicht überschritten	– 112,50 EUR
5. 1,2-Terminsgebühr, Nr. 3104 VV (Wert: 7.000,00 EUR)	486,00 EUR
6. 1,0-Einigungsgebühr, Nrn. 1000, 1003 VV (Wert: 5.000,00 EUR)	303,00 EUR
7. 1,5-Einigungsgebühr, Nr. 1000 VV (Wert: 2.000,00 EUR) die Höchstgrenze gem. § 15 Abs. 3 RVG, nicht mehr als 1,5 aus 7.000,00 EUR (607,50 EUR), wird nicht überschritten	225,00 EUR
8. Postentgeltpauschale, Nr. 7002 VV	20,00 EUR
Zwischensumme	1.208,15 EUR
9. 19 % Umsatzsteuer, Nr. 7008 VV	229,55 EUR
Gesamt	**1.437,70 EUR**

Folgt man dagegen der Ansicht, die im Falle der Einigung nur eine 0,8-Verfahrensgebühr für den Mehrwert gewähren will, ergeben sich insoweit Probleme, als für den Fall einer Erledigung nicht anhängiger Gegenstände keine Gebühr nach Nr. 3101 VV vorgesehen ist. Daher hat das FG Baden-Württemberg eine 0,8-Verfahrensdifferenzgebühr für diesen Fall abgelehnt.[29] Danach wäre wie folgt abzurechnen:

III. Gerichtliches Verfahren

1. 1,3-Verfahrensgebühr, Nr. 3100 VV (Wert: 5.000,00 EUR)	393,90 EUR
2. gem. Vorbem. 3 Abs. 4 VV anzurechnen, 0,75 aus 5.000,00 EUR	– 227,25 EUR
3. 1,2-Terminsgebühr, Nr. 3104 VV (Wert: 7.000,00 EUR)	486,00 EUR
4. 1,0-Erledigungsgebühr, Nrn. 1002, 1003 VV (Wert: 5.000,00 EUR)	303,00 EUR
5. 1,5-Erledigungsgebühr, Nr. 1002 VV (Wert: 2.000,00 EUR) die Höchstgrenze gem. § 15 Abs. 3 RVG, nicht mehr als 1,5 aus 7.000,00 EUR (607,50 EUR), ist nicht überschritten	225,00 EUR
6. Postentgeltpauschale, Nr. 7002 VV	20,00 EUR
Zwischensumme	1.200,65 EUR
7. 19 % Umsatzsteuer, Nr. 7008 VV	228,12 EUR
Gesamt	**1.428,77 EUR**

Auch im gerichtlichen Verfahren kann es zu einer nur teilweisen Erledigung kommen. Dann berechnet sich der Wert der Erledigungsgebühr nur aus dem Teilwert.

Beispiel 41 | **Gerichtliches Verfahren mit teilweiser Erledigung und weitere Erledigung im gerichtlichen Verfahren**

Der Anwalt erhebt für den Mandanten Anfechtungsklage gegen zwei Leistungsbescheide über 3.000,00 EUR und 5.000,00 EUR. Hinsichtlich des Bescheides über 5.000,00 EUR kommt es im Termin zu einer Erledigung. Im Übrigen ergeht ein Urteil.

Die Erledigungsgebühr entsteht jetzt nur aus dem Teilwert von 5.000,00 EUR.

---

29 AGS 2007, 454.

§ 29 Allgemeine verwaltungsrechtliche Angelegenheiten

1. 1,3-Verfahrensgebühr, Nr. 3100 VV (Wert: 8.000,00 EUR)		592,80 EUR
2. 1,2-Terminsgebühr, Nr. 3104 VV (Wert: 8.000,00 EUR)		547,20 EUR
3. 1,0-Erledigungsgebühr, Nrn. 1002, 1003 VV (Wert: 5.000,00 EUR)		303,00 EUR
4. Postentgeltpauschale, Nr. 7002 VV		20,00 EUR
Zwischensumme	1.463,00 EUR	
5. 19 % Umsatzsteuer, Nr. 7008 VV		277,97 EUR
Gesamt		**1.740,97 EUR**

5. Zusatzgebühr für besonders umfangreiche Beweisaufnahmen

80 Auch in verwaltungsgerichtlichen Verfahren kann eine Zusatzgebühr nach Nr. 1010 VV für besonders umfangreiche Beweisaufnahmen in Betracht kommen. Insoweit gelten hier keine Besonderheiten. Da in verwaltungsgerichtlichen Verfahren mehr als drei Termine zur Vernehmung von Zeugen oder Sachverständigen kaum vorkommen, wird insoweit von gesonderten Berechnungen abgesehen und auf die Ausführungen zu § 13 Rn 177 ff. Bezug genommen.

6. Anrechnung der Geschäftsgebühr

81 Auch in Verwaltungssachen wird die Geschäftsgebühr angerechnet, und zwar nach Vorbem. 3 Abs. 4 S. 1 VV zur Hälfte, höchstens jedoch zu einem Gebührensatz von 0,75. Das gilt auch bei mehreren Auftraggebern (siehe dazu § 8 Rn 26 ff. m. Nachw. zur Rspr.). Hatte der Anwalt vorgerichtlich mehrere Geschäftsgebühren verdient, war er also sowohl im Verwaltungsverfahren tätig als auch im Nachprüfungsverfahren, so ist nach Vorbem. 3 Abs. 4 S. 3 VV nur die letzte Geschäftsgebühr anzurechnen. Anzurechnen ist nach dem Wert, der vom Widerspruchsverfahren in das gerichtliche Verfahren übergeht (Vorbem. 3 Abs. 4 S. 5 VV).

82 Eine im behördlichen Verfahren auf Aussetzung oder Anordnung der sofortigen Vollziehung sowie über einstweilige Maßnahmen zur Sicherung der Rechte Dritter entstandene Geschäftsgebühr ist dagegen im Hauptsacheverfahren vor dem Verwaltungsgericht nicht anzurechnen. Sie wird allerdings auf eine Verfahrensgebühr im Eilverfahren angerechnet (siehe Rn 151 ff., 163 ff.).

Beispiel 42 | **Gerichtliches Verfahren mit vorangegangener Tätigkeit im Verwaltungsverfahren**

Der Mandant beauftragt den Anwalt, gegen den ergangenen Bescheid Widerspruch einzulegen und nachdem der Widerspruch zurückgewiesen worden ist, hiergegen Anfechtungsklage zu erheben (Wert: 4.000,00 EUR).

Für das Widerspruchsverfahren erhält der Anwalt die Gebühr nach Nr. 2300 VV. Diese Gebühr ist nunmehr hälftig auf die Verfahrensgebühr anzurechnen. Ausgehend von einem Streitwert von 4.000,00 EUR sowie der Mittelgebühr bei der Geschäftsgebühr ergibt sich folgende Berechnung:

I. Widerspruchsverfahren (Wert: 4.000,00 EUR)		
1. 1,5-Geschäftsgebühr, Nr. 2300 VV		378,00 EUR
2. Postentgeltpauschale, Nr. 7002 VV		20,00 EUR
Zwischensumme	398,00 EUR	
3. 19 % Umsatzsteuer, Nr. 7008 VV		75,62 EUR
Gesamt		**473,62 EUR**

V. Erstinstanzliches Erkenntnisverfahren vor dem Verwaltungsgericht § 29

   II. Rechtsstreit (Wert: 4.000,00 EUR)
1. 1,3-Verfahrensgebühr, Nr. 3100 VV   327,60 EUR
2. gem. Vorbem. 3 Abs. 4 VV anzurechnen, 0,75 aus 4.000,00 EUR   – 189,00 EUR
3. 1,2-Terminsgebühr, Nr. 3104 VV   302,40 EUR
4. Postentgeltpauschale, Nr. 7002 VV   20,00 EUR
   Zwischensumme   461,00 EUR
5. 19 % Umsatzsteuer, Nr. 7008 VV   87,59 EUR
   Gesamt   **548,59 EUR**

Beispiel 43   **Gerichtliches Verfahren mit vorangegangener Tätigkeit im Widerspruchsverfahren, überdurchschnittliche Gebühr im Widerspruchsverfahren**

Der Mandant beauftragt den Anwalt, gegen den ergangenen Bescheid Widerspruch einzulegen und nachdem der Widerspruch zurückgewiesen worden ist, hiergegen Anfechtungsklage zu erheben (Wert: 4.000,00 EUR). Die Geschäftsgebühr ist mit 2,0 anzusetzen.

Diese Gebühr ist wiederum hälftig auf die Verfahrensgebühr anzurechnen. Allerdings greift jetzt die Begrenzung auf 0,75.

   I. Widerspruchsverfahren (Wert: 4.000,00 EUR)
1. 2,0-Geschäftsgebühr, Nr. 2300 VV   504,00 EUR
2. Postentgeltpauschale, Nr. 7002 VV   20,00 EUR
   Zwischensumme   524,00 EUR
3. 19 % Umsatzsteuer, Nr. 7008 VV   99,56 EUR
   Gesamt   **623,56 EUR**

   II. Rechtsstreit (Wert: 4.000,00 EUR)
1. 1,3-Verfahrensgebühr, Nr. 3100 VV   327,60 EUR
2. gem. Vorbem. 3 Abs. 4 VV anzurechnen, 0,75 aus 4.000,00 EUR   – 189,00 EUR
3. 1,2-Terminsgebühr, Nr. 3104 VV   302,40 EUR
4. Postentgeltpauschale, Nr. 7002 VV   20,00 EUR
   Zwischensumme   461,00 EUR
5. 19 % Umsatzsteuer, Nr. 7008 VV   87,59 EUR
   Gesamt   **548,59 EUR**

Beispiel 44   **Gerichtliches Verfahren mit vorangegangener Tätigkeit im Widerspruchsverfahren, mehrere Auftraggeber**

Der Anwalt wird von drei Auftraggebern beauftragt, gegen den ergangenen Bescheid Widerspruch einzulegen und nachdem der Widerspruch zurückgewiesen worden ist, hiergegen Anfechtungsklage zu erheben (Wert: 4.000,00 EUR). Die Tätigkeit im Widerspruchsverfahren war weder umfangreich noch schwierig.

Für das Widerspruchsverfahren erhält der Anwalt die Gebühr nach Nr. 2300 VV. Ausgehend von einer 1,3-Gebühr erhöht sich die Gebühr auf 1,9 (Nr. 1008 VV). Diese Gebühr ist nunmehr hälftig auf die Verfahrensgebühr anzurechnen, allerdings höchstens jedoch zu 0,75.[30] Dort entsteht die Erhöhung erneut.[31]

---

[30] Siehe dazu § 8 Rn 26 m. Nachw. zur Rspr.
[31] Siehe dazu § 8 Rn 26 m. Nachw. zur Rspr.

§ 29 Allgemeine verwaltungsrechtliche Angelegenheiten

I. **Widerspruchsverfahren (Wert: 4.000,00 EUR)**
1. 1,9-Geschäftsgebühr, Nrn. 2300, 1008 VV . . . . 478,80 EUR
2. Postentgeltpauschale, Nr. 7002 VV . . . . 20,00 EUR
   Zwischensumme . . . . 498,80 EUR
3. 19 % Umsatzsteuer, Nr. 7008 VV . . . . 94,77 EUR
Gesamt . . . . **593,57 EUR**

II. **Rechtsstreit (Wert: 4.000,00 EUR)**
1. 1,9-Verfahrensgebühr, Nrn. 3100, 1008 VV . . . . 478,80 EUR
2. gem. Vorbem. 3 Abs. 4 VV anzurechnen 0,75 aus
   4.000,00 EUR . . . . – 189,00 EUR
3. 1,2-Terminsgebühr, Nr. 3104 VV . . . . 302,40 EUR
4. Postentgeltpauschale, Nr. 7002 VV . . . . 20,00 EUR
   Zwischensumme . . . . 612,20 EUR
5. 19 % Umsatzsteuer, Nr. 7008 VV . . . . 116,32 EUR
Gesamt . . . . **728,52 EUR**

83 War der Anwalt **sowohl im Verwaltungsverfahren als auch im Nachprüfungsverfahren** tätig, dann ist die Geschäftsgebühr des Verwaltungsverfahrens hälftig auf die des Nachprüfungsverfahrens anzurechnen und die des Nachprüfungsverfahrens hälftig auf die des gerichtlichen Verfahrens.

> **Beispiel 45** **Anrechnung der Geschäftsgebühr im Widerspruchsverfahren und im nachfolgenden gerichtlichen Verfahren**

Der Anwalt wird im Verwaltungsverfahren vor der Behörde beauftragt (Wert: 6.000,00 EUR). Gegen den Bescheid der Behörde legt er Widerspruch ein. Die Tätigkeit ist weder im Verwaltungs- noch im Widerspruchsverfahren umfangreich oder schwierig. Gegen den Widerspruchsbescheid wird sodann Klage erhoben und darüber mündlich verhandelt.

Es entstehen zwei Geschäftsgebühren nach Nr. 2300 VV, wobei die erste gem. Vorbem. 2.3 Abs. 4 S. 3 VV hälftig auf die zweite anzurechnen ist. Die zweite Geschäftsgebühr ist dann hälftig auf die Verfahrensgebühr anzurechnen (Vorbem. 3 Abs. 4 S. 1 VV).

Angerechnet wird die Hälfte der Gebühr und nicht etwa die Hälfte des nach Anrechnung der vorhergehenden Geschäftsgebühr verbleibenden Rests.

I. **Verwaltungsverfahren**
1. 1,3-Geschäftsgebühr, Nrn. 2300, Anm. zu Nr. 2300 VV . . . . 460,20 EUR
   (Wert: 6.000,00 EUR)
2. Postentgeltpauschale, Nr. 7002 VV . . . . 20,00 EUR
   Zwischensumme . . . . 480,20 EUR
3. 19 % Umsatzsteuer, Nr. 7008 VV . . . . 91,24 EUR
Gesamt . . . . **571,44 EUR**

II. **Widerspruchsverfahren**
1. 1,3-Geschäftsgebühr, Nr. 2300 VV . . . . 460,20 EUR
   (Wert: 6.000,00 EUR)
2. gem. Vorbem. 2.3 Abs. 4 S. 1 VV anzurechnen, 0,65 aus
   6.000,00 EUR . . . . – 230,10 EUR
3. Postentgeltpauschale, Nr. 7002 VV . . . . 20,00 EUR
   Zwischensumme . . . . 250,10 EUR
4. 19 % Umsatzsteuer, Nr. 7008 VV . . . . 47,52 EUR
Gesamt . . . . **297,62 EUR**

III. Rechtsstreit
1. 1,3-Verfahrensgebühr, Nr. 3100 VV   460,20 EUR
   (Wert: 6.000,00 EUR)
2. gem. Vorbem. 3 Abs. 4 VV anzurechnen, 0,65 aus   – 230,10 EUR
   6.000,00 EUR
3. 1,2-Terminsgebühr, Nr. 3104 VV   424,80 EUR
   (Wert: 6.000,00 EUR)
4. Postentgeltpauschale, Nr. 7002 VV   20,00 EUR
   Zwischensumme   674,90 EUR
5. 19 % Umsatzsteuer, Nr. 7008 VV   128,23 EUR
Gesamt   **803,13 EUR**

Soweit nur die Kosten des gerichtlichen Verfahrens zu erstatten sind, ergeben sich durch das neue Recht keine Abweichungen. Es gilt § 15a Abs. 2 RVG. Danach ist die volle Verfahrensgebühr – unbeschadet einer Anrechnung – zu erstatten (siehe dazu § 5 Rn 14 ff.). 84

VI. Untätigkeitsklage

1. Hauptsacheklage

In aller Regel führt die Untätigkeit der Behörde im Widerspruchsverfahren in Verwaltungssachen nur dazu, dass die Durchführung des Nachprüfungsverfahrens aufgrund des Zeitablaufes und der Untätigkeit entbehrlich wird (§ 78 VwGO). Die „Untätigkeitsklage" betrifft hier also die Hauptsache. Daraus wiederum folgt, dass der Streitgegenstand von Verwaltungs-, Nachprüfungs- und Klageverfahren derselbe ist, so wie es Vorbem. 3 Abs. 4 VV voraussetzt. Folglich wird durch die „Untätigkeitsklage" kein zusätzlicher Instanzenzug ausgelöst, so dass auch nur eine Verfahrensgebühr anfällt und darauf dann die Geschäftsgebühr der Nr. 2300 VV, sei es die für das Verwaltungs- oder die des Nachprüfungsverfahren hälftig anzurechnen ist. 85

Beispiel 46 | **Untätigkeitsklage (Hauptsacheklage)**

Der Anwalt wird im Verwaltungsverfahren beauftragt, in dem er sich gegen einen drohenden Rückzahlungsbescheid über 5.000,00 EUR wehren soll. Der Rückzahlungsbescheid wird dennoch erlassen. Anschließend wird der Anwalt mit Erhebung des Widerspruchs beauftragt und nachdem dieser nach sechs Monaten nicht beschieden worden ist, mit der Erhebung einer Anfechtungsklage. Daraufhin wird der beantragte Bescheid ohne mündliche Verhandlung erlassen und die Hauptsache für erledigt erklärt.

Jetzt ist nur ein Instanzenzug gegeben. Für das Verwaltungsverfahren entsteht die Gebühr nach Nr. 2300 VV und für das Widerspruchsverfahren eine weitere Gebühr nach Nr. 2300 VV. Im Rechtsstreit kommt die Verfahrensgebühr nach Nr. 3100 VV hinzu, auf die die letzte Geschäftsgebühr hälftig anzurechnen ist. Eine Erledigungsgebühr entsteht nicht.

I. Verwaltungsverfahren
1. 1,5-Geschäftsgebühr, Nr. 2300 VV   531,00 EUR
   (Wert: 6.000,00 EUR)
2. Postentgeltpauschale, Nr. 7002 VV   20,00 EUR
   Zwischensumme   551,00 EUR
3. 19 % Umsatzsteuer, Nr. 7008 VV   104,69 EUR
Gesamt   **655,69 EUR**

§ 29 Allgemeine verwaltungsrechtliche Angelegenheiten

II. Widerspruchsverfahren
1. 1,5-Geschäftsgebühr, Nr. 2300 VV   531,00 EUR
   (Wert: 6.000,00 EUR)
2. gem. Vorbem. 2.3 Abs. 4 S. 1 VV anzurechnen, 0,75 aus   – 265,50 EUR
   6.000,00 EUR
3. Postentgeltpauschale, Nr. 7002 VV   20,00 EUR
   Zwischensumme   285,50 EUR
4. 19 % Umsatzsteuer, Nr. 7008 VV   54,25 EUR
Gesamt   **339,75 EUR**

III. Anfechtungsklage
1. 1,3-Verfahrensgebühr, Nr. 3100 VV   393,90 EUR
   (Wert: 5.000,00 EUR)
2. gem. Vorbem. 3 Abs. 4 VV anzurechnen, 0,75 aus   – 227,50 EUR
   5.000,00 EUR
3. Postentgeltpauschale, Nr. 7002 VV   20,00 EUR
   Zwischensumme   186,40 EUR
4. 19 % Umsatzsteuer, Nr. 7008 VV   35,42 EUR
Gesamt   **221,82 EUR**

2. Reine Bescheidungsklage

86 Wird eine reine Bescheidungsklage erhoben, so sind die Gegenstände von Verwaltungsverfahren und Klageverfahren unterschiedlich, so dass die Geschäftsgebühr des Verwaltungsverfahrens nicht angerechnet wird.[32] Sie wird erst angerechnet, wenn es nach Bescheidung zu einem Klageverfahren zur Hauptsache kommt.

> **Beispiel 47** | **Untätigkeitsklage (Bescheidungsklage)**
>
> **Der Anwalt war im Verwaltungs- und Widerspruchsverfahren (Wert: 5.000,00 EUR) beauftragt und anschließend mit der Erhebung einer Untätigkeitsklage, die ausschließlich auf Bescheidung gerichtet ist (Wert: 2.500,00 EUR). Daraufhin wird der Widerspruch beschieden. Hiergegen wird Anfechtungsklage erhoben und darüber verhandelt.**

Jetzt ist die Geschäftsgebühr des Widerspruchsverfahrens nicht auf die Bescheidungsklage anzurechnen, sondern erst auf die spätere Anfechtungsklage.

I. Verwaltungsverfahren
1. 1,5-Geschäftsgebühr, Nr. 2300 VV   531,00 EUR
   (Wert: 6.000,00 EUR)
2. Postentgeltpauschale, Nr. 7002 VV   20,00 EUR
   Zwischensumme   551,00 EUR
3. 19 % Umsatzsteuer, Nr. 7008 VV   104,69 EUR
Gesamt   **655,69 EUR**

II. Widerspruchsverfahren
1. 1,5-Geschäftsgebühr, Nr. 2300 VV   531,00 EUR
   (Wert: 6.000,00 EUR)
2. gem. Vorbem. 2.3 Abs. 4 S. 1 VV anzurechnen, 0,75 aus   – 265,50 EUR
   6.000,00 EUR
3. Postentgeltpauschale, Nr. 7002 VV   20,00 EUR
   Zwischensumme   285,50 EUR
4. 19 % Umsatzsteuer, Nr. 7008 VV   54,25 EUR
Gesamt   **339,75 EUR**

---

32 Siehe die vergleichbare Lage in sozialgerichtlichen Verfahren: SG Berlin ASR 2005, 40 m. Anm. *Weber*; AnwK-RVG/*Wahlen*, Nr. 3104 VV Rn 7; siehe auch *Hergenröder*, AGS 2006, 313, 315.

III. Bescheidungsklage

1.	1,3-Verfahrensgebühr, Nr. 3100 VV	261,30 EUR
	(Wert: 2.500,00 EUR)	
2.	1,0-Erledigungsgebühr, Nrn. 1002, 1003 VV	201,00 EUR
	(Wert: 2.500,00 EUR)	
3.	Postentgeltpauschale, Nr. 7002 VV	20,00 EUR
	Zwischensumme 482,30 EUR	
4.	19 % Umsatzsteuer, Nr. 7008 VV	91,64 EUR
Gesamt		**573,94 EUR**

IV. Anfechtungsklage

1.	1,3-Verfahrensgebühr, Nr. 3100 VV	393,90 EUR
	(Wert: 5.000,00 EUR)	
2.	gem. Vorbem. 3 Abs. 4 VV anzurechnen, 0,75 aus 5.000,00 EUR	– 265,50 EUR
3.	1,2-Terminsgebühr, Nr. 3104 VV	363,60 EUR
	(Wert: 5.000,00 EUR)	
4.	Postentgeltpauschale, Nr. 7002 VV	20,00 EUR
	Zwischensumme 512,00 EUR	
5.	19 % Umsatzsteuer, Nr. 7008 VV	97,28 EUR
Gesamt		**609,28 EUR**

VII. Selbstständiges Beweisverfahren

Nach § 98 VwGO i.V.m. §§ 485 bis 494 ZPO kann vor den Verwaltungsgerichten ein selbstständiges Beweisverfahren durchgeführt werden. Es gilt hier nichts anderes als in Zivilverfahren (siehe hierzu § 12). **87**

VIII. Erstinstanzliche Verfahren vor dem Bundesverwaltungsgericht, einem Oberverwaltungsgericht oder Verwaltungsgerichtshof

Erstinstanzliche Verfahren vor dem Bundesverwaltungsgericht (§ 50 VwGO), einem Oberverwaltungsgericht oder Verwaltungsgerichtshof (§§ 47, 48 VwGO) richten sich nach Teil 3 Abschnitt 3 Unterabschnitt 1 VV. Danach erhält der Anwalt gem. Nr. 3300 Nr. 2 VV[33] für die erstinstanzlichen Verfahren vor dem Bundesverwaltungsgericht und dem Oberverwaltungsgericht/Verwaltungsgerichtshof eine 1,6-Verfahrensgebühr. Diese Gebühr ermäßigt sich bei vorzeitiger Erledigung nach Nr. 3301 VV[34] auf 1,0. **88**

Daneben erhält der Anwalt eine Terminsgebühr nach Nr. 3104 VV[35] in Höhe von 1,2 (Vorbem. 3.3.1 VV). **89**

Hinzukommen kann auch hier eine Einigungs- oder Erledigungsgebühr (Nrn. 1000, 1002, 1003 VV). **90**

---

33 Frühere Nr. 3302 Nr. 2 VV geändert durch das Zweite Justizmodernisierungsgesetz (2. JuMoG) – dort Art. 20 – (BGBl I S. 3416 – in Kraft getreten bereits am 31.12.2006).
34 Frühere Nr. 3303 geändert durch das Zweite Justizmodernisierungsgesetz (2. JuMoG) – dort Art. 20 – (BGBl I S. 3416 – in Kraft getreten bereits am 31.12.2006).
35 Die frühere gesonderte Regelung der Nr. 3304 VV ist aufgehoben durch das Zweite Justizmodernisierungsgesetz (2. JuMoG) – dort Art. 20 – (BGBl I S. 3416 – in Kraft getreten bereits am 31.12.2006).

§ 29 Allgemeine verwaltungsrechtliche Angelegenheiten

> **Beispiel 48** Erstinstanzliches Verfahren vor dem Oberverwaltungsgericht/Verwaltungsgerichtshof

Der Anwalt vertritt den Mandanten im erstinstanzlichen Normenkontrollverfahren vor dem Oberverwaltungsgericht (Wert: 10.000,00 EUR). Der Antrag wird vor mündlicher Verhandlung zurückgenommen.

1.	1,6-Verfahrensgebühr, Nr. 3300 Nr. 2 VV (10.000,00 EUR)	892,80 EUR
2.	Postentgeltpauschale, Nr. 7002 VV	20,00 EUR
	Zwischensumme	912,80 EUR
3.	19 % Umsatzsteuer, Nr. 7008 VV	173,43 EUR
	Gesamt	**1.086,23 EUR**

91 Gerade in Normenkontrollverfahren kann es vorkommen, dass der Anwalt mehrere Auftraggeber vertritt. In diesem Fall erhöht sich die Verfahrensgebühr um 0,3 je weiteren Auftraggeber, sofern der Gegenstand derselbe ist.

92 Möglich sind insbesondere hier unterschiedliche Beteiligungen, so z.B. wenn mehrere Auftraggeber gegen einen Bebauungsplan vorgehen. Zwar verfolgt jeder Eigentümer nur sein eigenes Interesse, so dass durch mehrere Eigentumsparteien keine Erhöhung eintritt, sondern die Werte zu addieren sind. Soweit aber hinsichtlich eines Grundstücks mehrere Miteigentümer oder Mitberechtigte vorhanden sind, erhöht dies die Verfahrensgebühr nach Nr. 1008 VV, denn ihre Zielrichtung ist regelmäßig dieselbe, nämlich die Abwehr durch den Plan erwarteter Nachteile für dasselbe Grundstück.[36]

> **Beispiel 49** Normenkontrollverfahren, mehrere Auftraggeber, derselbe Gegenstand und unterschiedliche Gegenstände

Der Anwalt vertritt in einem Normenkontrollverfahren die Eigentümer von insgesamt sechs Grundstücken. Das Gericht setzt den Streitwert auf 120.000,00 EUR fest, nämlich 20.000,00 EUR je Grundstück. Vier Grundstücke gehören jeweils Eheleuten, die anderen beiden Grundstücke jeweils Einzelpersonen.

Die Verfahrensgebühr ist insgesamt aus einem Wert von 120.000,00 EUR zu berechnen. Aus dem Teilwert von (4 x 20.000,00 EUR =) 80.000,00 EUR erhöht sich die Verfahrensgebühr um 0,3 auf 1,9, da insoweit eine Auftraggebermehrheit vorliegt. Im Übrigen (40.000,00 EUR) bleibt es bei einer 1,6-Verfahrensgebühr. Zu beachten ist § 15 Abs. 3 RVG. Der Anwalt erhält nicht mehr als eine 1,9-Verfahrensgebühr aus dem Gesamtwert von 120.000,00 EUR.

1.	1,6-Verfahrensgebühr, Nr. 3300 Nr. 2 VV (Wert: 40.000,00 EUR)		1.620,80 EUR
2.	1,9-Verfahrensgebühr, Nrn. 3300 Nr. 2, 1008 VV (Wert: 80.000,00 EUR)		2.532,70 EUR
	gem. § 15 Abs. 3 RVG nicht mehr als 1,9 aus 120.000,00 EUR		3.017,20 EUR
3.	1,2-Terminsgebühr, Vorbem. 3.3.1, Nr. 3104 VV (Wert: 120.000,00 EUR)		1.905,60 EUR
4.	Postentgeltpauschale, Nr. 7002 VV		20,00 EUR
	Zwischensumme	4.942,80 EUR	
5.	19 % Umsatzsteuer, Nr. 7008 VV		939,13 EUR
	Gesamt		**5.881,93 EUR**

---

[36] Siehe OVG Berlin-Brandenburg AGS 2006, 166.

VIII. Erstinstanzliche Verfahren vor dem BVerwG, einem OVG oder VGH § 29

Das OVG Berlin-Brandenburg[37] will demgegenüber wie folgt abrechnen, was jedoch unzutreffend ist, da es keine Erhöhungsgebühren gibt.

1.	1,6-Verfahrensgebühr, Nr. 3300 Nr. 2 VV (Wert: 120.000,00 EUR)	2.540,80 EUR
2.	0,3-Erhöhungsgebühr, Nr. 1008 VV (Wert: 20.000,00 EUR)	222,60 EUR
3.	0,3-Erhöhungsgebühr, Nr. 1008 VV (Wert: 20.000,00 EUR)	222,60 EUR
4.	0,3-Erhöhungsgebühr, Nr. 1008 VV (Wert: 20.000,00 EUR)	222,60 EUR
5.	0,3-Erhöhungsgebühr, Nr. 1008 VV (Wert: 20.000,00 EUR)	222,60 EUR
6.	1,2-Terminsgebühr, Vorbem. 3.3.1, Nr. 3104 VV (Wert: 120.000,00 EUR)	1.905,60 EUR
7.	Postentgeltpauschale, Nr. 7002 VV	20,00 EUR
	Zwischensumme 5.356,80 EUR	
8.	19 % Umsatzsteuer, Nr. 7008 VV	1.017,79 EUR
	Gesamt	**6.374,59 EUR**

Neben der Verfahrensgebühr nach Nr. 3300 Nr. 2 VV kann auch eine **Terminsgebühr** entstehen. Diese richtet sich gem. Vorbem. 3.3.1 VV nach Nr. 3104 VV. 93

| Beispiel 50 | Erstinstanzliches Verfahren vor dem OVG/VGH mit Termin |

Der Anwalt vertritt den Mandanten im erstinstanzlichen Verfahren vor dem OVG (Wert: 40.000,00 EUR). Es wird mündlich verhandelt.

Hinzu kommt jetzt noch eine Terminsgebühr nach Nr. 3300 Nr. 2 VV (Vorbem. 3.3.1 VV).

1.	1,6-Verfahrensgebühr, Nr. 3300 Nr. 2 VV (Wert: 40.000,00 EUR)	1.620,80 EUR
2.	1,2-Terminsgebühr, Vorbem. 3.3.1, Nr. 3104 VV (Wert: 40.000,00 EUR)	1.215,60 EUR
3.	Postentgeltpauschale, Nr. 7002 VV	20,00 EUR
	Zwischensumme 2.856,40 EUR	
4.	19 % Umsatzsteuer, Nr. 7008 VV	542,72 EUR
	Gesamt	**3.399,12 EUR**

In den Verfahren nach § 47 VwGO hat das Gericht die Wahl, ob es durch Urteil (dann grundsätzlich mündliche Verhandlung) oder durch Beschluss ohne mündliche Verhandlung entscheidet. Entscheidet das Gericht durch Beschluss, ist Anm. Abs. 1 Nr. 1 zu Nr. 3104 VV daher nicht anwendbar. Wird dagegen im Verfahren nach § 103 Abs. 2 VwGO mit Einverständnis der Beteiligten im schriftlichen Verfahren durch Urteil entschieden, dann entsteht nach Anm. Abs. 1 Nr. 1 zu Nr. 3104 VV eine Terminsgebühr. Das Gleiche gilt, wenn nach § 84 VwGO durch Gerichtsbescheid entschieden wird, sofern keine mündliche Verhandlung beantragt werden kann (Anm. Abs. 1 Nr. 2 zu Nr. 3104 VV) (siehe dazu die Ausführungen zu den Rn 72 ff.). 94

In den Verfahren nach § 48 VwGO und 50 VwGO gelten dagegen die allgemeinen Vorschriften für das erstinstanzliche Verfahren. so dass hier die Terminsgebühr wie in allgemeinen erstinstanzlichen Verfahren anfällt (siehe dazu die Ausführungen zu den Rn 63 ff.). 95

---

37 AGS 2006, 166 m. abl. Anm. *N. Schneider*.

96 Kommt es zu einer **Einigung** nach Nr. 1000 VV oder einer **Erledigung** i.S.d. Nr. 1002 VV, entsteht eine Einigungs- oder Erledigungsgebühr, die sich gem. Nr. 1003 VV auf 1,0 beläuft. Eine Anhebung nach Nr. 1004 VV auf 1,3 kommt nicht in Betracht, da es sich um ein erstinstanzliches Verfahren handelt.[38] Nur die Verfahrensgebühr wird angehoben, andere Gebühren, auch die Terminsgebühr dagegen nicht. Eine Regelungslücke dürfte spätestens seit der Änderung der Nr. 1004 VV zum 1.8.2013 durch das 2. KostRMoG nicht mehr vorliegen. Der Gesetzgeber hat Nr. 1004 VV inzwischen auf zahlreiche weitere Verfahren erweitert; für andere Verfahren, in denen höhere Gebühren entstehen (insbesondere Verfahren vor dem FG), hat er es dagegen bewusst bei der einfachen Gebühr belassen.

> **Beispiel 51** — **Erstinstanzliches Verfahren vor dem Bundesverwaltungsgericht mit Erledigung**

Der Anwalt vertritt den Mandanten im erstinstanzlichen Verfahren vor dem Bundesverwaltungsgericht (Wert: 40.000,00 EUR). Im Termin kommt es zu einer Erledigung i.S.d. Nr. 1002 VV.

Hinzu kommt jetzt noch eine Erledigungsgebühr nach Nrn. 1002, 1003 VV.

1.	1,6-Verfahrensgebühr, Nr. 3300 Nr. 2 VV (Wert: 40.000,00 EUR)	1.620,80 EUR
2.	1,2-Terminsgebühr, Vorbem. 3.3.1, Nr. 3104 VV (Wert: 40.000,00 EUR)	1.215,60 EUR
3.	1,0-Erledigungsgebühr, Nrn. 1002, 1003 VV (Wert: 40.000,00 EUR)	1.013,00 EUR
4.	Postentgeltpauschale, Nr. 7002 VV	20,00 EUR
	Zwischensumme 3.869,40 EUR	
5.	19 % Umsatzsteuer, Nr. 7008 VV	735,19 EUR
	Gesamt	**4.604,59 EUR**

IX. Prüfung der Erfolgsaussicht einer Berufung

97 Lässt sich der Mandant, nachdem das erstinstanzliche Urteil ergangen ist, über die Erfolgsaussicht einer Berufung beraten, ohne dass er dem Anwalt bereits einen Berufungsauftrag erteilt, erhält der Anwalt eine Prüfungsgebühr nach Nr. 2100 VV. Der Gebührenrahmen beläuft sich auf 0,5 bis 1,0 (Mittelgebühr 0,75) und, sofern die Prüfung der Erfolgsaussicht mit der Ausarbeitung eines schriftlichen Gutachtens verbunden ist, auf 1,3 (Nr. 2101 VV).

> **Beispiel 52** — **Prüfung der Erfolgsaussicht einer Berufung mit nachfolgendem Berufungsverfahren**

Gegen seine erstinstanzliche Verurteilung in Höhe von 20.000,00 EUR will der Beklagte Berufung einlegen und lässt sich beraten, ob die Berufung Aussicht auf Erfolg hat. Der beauftragte Anwalt prüft dies und bejaht die Erfolgsaussicht, so dass ihm hiernach der Auftrag zur Berufung erteilt und diese auch durchgeführt wird.

---

[38] BVerwG AGS 2009, 226; a.A. *Hellstab*, AGS 2009, 208.

I. **Prüfung der Erfolgsaussicht**		
1. 0,75-Prüfungsgebühr, Nr. 2100 VV		556,50 EUR
(Wert: 20.000,00 EUR)		
2. Postentgeltpauschale, Nr. 7002 VV		20,00 EUR
Zwischensumme	576,50 EUR	
3. 19 % Umsatzsteuer, Nr. 7008 VV		109,54 EUR
Gesamt		**686,04 EUR**
II. **Rechtsmittelverfahren**		
1. 1,6-Verfahrensgebühr, Nr. 3200 VV		1.187,20 EUR
(Wert: 20.000,00 EUR)		
2. 1,2-Terminsgebühr, Nr. 3202 VV		890,40 EUR
(Wert: 20.000,00 EUR)		
3. gem. Anm. zu Nr. 2100 VV anzurechnen		– 556,50 EUR
0,75 aus 20.000,00 EUR		
4. Postentgeltpauschale, Nr. 7002 VV		20,00 EUR
Zwischensumme	1.541,11 EUR	
5. 19 % Umsatzsteuer, Nr. 7008 VV		292,81 EUR
Gesamt		**1.833,92 EUR**

Zu Einzelheiten siehe § 7.

X. Berufung

1. Überblick

Im Berufungsverfahren richten sich die Gebühren des Anwalts nach Teil 3 Abschnitt 2 VV.

Ist ein Zulassungsverfahren vorgeschaltet, z.B. nach § 124a Abs. 4 VwGO, zählt dies mit zur Instanz (§ 16 Nr. 11 RVG).

2. Verfahrensgebühr

Im Berufungsverfahren erhält der Anwalt zunächst die Verfahrensgebühr nach Nr. 3200 VV. Deren Höhe beläuft sich auf 1,6. Die Verfahrensgebühr entsteht auch hier mit der Entgegennahme der Information und deckt sämtliche Tätigkeiten im Verfahren ab, mit Ausnahme der Wahrnehmung von Terminen (Vorbem. 3 Abs. 2 VV).

Erfasst wird auch die Tätigkeit im Verfahren auf Zulassung der Berufung nach § 124a VwGO.

Beispiel 53	**Verfahren auf Zulassung der Berufung, Zurückweisung des Antrags**

Das Verwaltungsgericht hat die Anfechtungsklage (Wert: 10.000,00 EUR) zurückgewiesen und die Berufung nicht zugelassen. Der Anwalt des Klägers beantragt nach § 124a Abs. 4 VwGO die Zulassung. Der Antrag wird vom OVG zurückgewiesen.

Obwohl der Antrag beim Verwaltungsgericht einzureichen ist (§ 124a Abs. 4 S. 2 VwGO), zählt er nach § 16 Nr. 11 RVG schon zum Berufungsverfahren. Der Anwalt des Klägers erhält also eine 1,6-Verfahrensgebühr nach Nr. 3200 VV. Der Antrag auf Zulassung löst bereits die volle Gebühr aus. Dies gilt auch für den Anwalt des Beklagten, sofern er bereits den Antrag auf Zurückweisung des Zulassungsantrags gestellt hatte.

Eine Terminsgebühr entsteht nicht, da das Verfahren nach § 124a Abs. 4 VwGO in Anm. Abs. 2 zu Nr. 3202 VV nicht erwähnt ist und auch kein Fall der Anm. Abs. 1 zu Nr. 3202 VV i.V.m.

Anm. Abs. 1 Nr. 1 zu Nr. 3204 VV vorliegt. Im Verfahren über die Zulassung der Berufung kann das OVG/der VGH durch Beschluss (§ 124a Abs. 5 VwGO) ohne mündliche Verhandlung entscheiden (§ 101 Abs. 3 VwGO).

1.	1,6-Verfahrensgebühr, Nr. 3200 VV (Wert: 10.000,00 EUR)	892,80 EUR
2.	Postentgeltpauschale, Nr. 7002 VV	20,00 EUR
	Zwischensumme	912,80 EUR
3.	19 % Umsatzsteuer, Nr. 7008 VV	173,43 EUR
	Gesamt	**1.086,23 EUR**

Beispiel 54	Verfahren auf Zulassung der Berufung und nachfolgende Berufung

Das Verwaltungsgericht hat die Anfechtungsklage (Wert: 10.000,00 EUR) zurückgewiesen und die Berufung nicht zugelassen. Der Anwalt des Klägers beantragt nach § 124a VwGO die Zulassung. Die Berufung wird zugelassen und erledigt sich ohne mündliche Verhandlung.

Das Verfahren auf Zulassung der Berufung und das sich anschließende Berufungsverfahren zählen nach § 16 Nr. 11 RVG als eine Angelegenheit. Die 1,6-Verfahrensgebühr entsteht nur einmal.

1.	1,6-Verfahrensgebühr, Nr. 3200 VV (Wert: 10.000,00 EUR)	892,80 EUR
2.	Postentgeltpauschale, Nr. 7002 VV	20,00 EUR
	Zwischensumme	912,80 EUR
3.	19 % Umsatzsteuer, Nr. 7008 VV	173,43 EUR
	Gesamt	**1.086,23 EUR**

103 Erledigt sich der Auftrag für das Berufungsverfahren vorzeitig, so reduziert sich die Verfahrensgebühr nach Nr. 3201 VV auf 1,1. Ebenso entsteht eine 1,1-Verfahrensgebühr, soweit lediglich beantragt ist, eine Einigung der Parteien oder der Beteiligten oder mit Dritten über in diesem Verfahren nicht rechtshängige Ansprüche zu Protokoll zu nehmen oder festzustellen (§ 278 Abs. 6 ZPO) oder soweit lediglich Verhandlungen vor Gericht zur Einigung über solche Ansprüche geführt werden oder (Nr. 3201 Nr. 2 VV).

104 Fällt sowohl die Gebühr nach Nr. 3200 VV als auch nach Nr. 3201 VV an, kann der Anwalt insgesamt nicht mehr verlangen als eine 1,6-Gebühr aus dem Gesamtwert (§ 15 Abs. 3 RVG).

3. Terminsgebühr

105 Neben der Verfahrensgebühr erhält der Anwalt im Berufungsverfahren nach Nr. 3202 VV eine 1,2-Terminsgebühr für die Wahrnehmung eines Termins i.S.d. Vorbem. 3 Abs. 3 VV.

Beispiel 55	Berufung mit mündlicher Verhandlung

Das Verwaltungsgericht hat die Anfechtungsklage (Wert: 10.000,00 EUR) zurückgewiesen. Dagegen legt der Anwalt des Klägers für diesen die zugelassene Berufung ein, über die mündlich verhandelt wird.

Neben der 1,6-Verfahrensgebühr entsteht eine 1,2-Terminsgebühr nach Nr. 3202 VV.

X. Berufung § 29

1. 1,6-Verfahrensgebühr, Nr. 3200 VV (Wert: 10.000,00 EUR)		892,80 EUR
2. 1,2-Terminsgebühr, Nr. 3202 VV (Wert: 10.000,00 EUR)		669,60 EUR
3. Postentgeltpauschale, Nr. 7002 VV		20,00 EUR
Zwischensumme	1.582,40 EUR	
4. 19 % Umsatzsteuer, Nr. 7008 VV		300,66 EUR
Gesamt		**1.883,06 EUR**

Aus der Verweisung in der Anm. Abs. 1 zu Nr. 3202 VV auf die Anm. Abs. 1 Nr. 1 zu Nr. 3104 VV folgt, dass die Terminsgebühr auch dann entsteht, wenn im Berufungsverfahren **ohne mündliche Verhandlung entschieden** oder ein **schriftlicher Vergleich** geschlossen wird. Voraussetzung ist allerdings, dass eine Entscheidung ergeht, die einer mündlichen Verhandlung bedarf. Im Berufungsverfahren ist eine mündliche Verhandlung grundsätzlich vorgeschrieben (§ 125 Abs. 1 S. 1 i.V.m. § 101 Abs. 1 VwGO), so dass bei einer Entscheidung im schriftlichen Verfahren mit Einverständnis der Beteiligten oder bei einem schriftlichen Vergleich die Terminsgebühr nach Nr. 3202 VV anfällt (Anm. Abs. 1 zu Nr. 3202 i.V.m. Anm. Abs. 1 Nr. 1 zu Nr. 3104 VV). 106

Beispiel 56	Berufung mit Entscheidung im schriftlichen Verfahren

Das Verwaltungsgericht hat die Anfechtungsklage (Wert: 10.000,00 EUR) zurückgewiesen. Dagegen legt der Anwalt des Klägers für diesen die zugelassene Berufung ein, über die im Einverständnis der Beteiligten im schriftlichen Verfahren entschieden wird.

Es entsteht die Terminsgebühr nach Nr. 3202 VV (Anm. Abs. 2 zu Nr. 3202 VV).

Abzurechnen ist wie im vorangegangenen Beispiel 55.

Wird die Berufung dagegen als unzulässig verworfen, entsteht keine Terminsgebühr, weil darüber nach § 125 Abs. 2 VwGO ohne mündliche Verhandlung entschieden werden kann. 107

Beispiel 57	Verwerfung der Berufung im schriftlichen Verfahren

Das Verwaltungsgericht hat die Anfechtungsklage (Wert: 10.000,00 EUR) zurückgewiesen. Dagegen legt der Anwalt des Klägers für diesen die zugelassene Berufung ein, die als unzulässig verworfen wird.

Es entsteht nur die Verfahrensgebühr, keine Terminsgebühr.

1. 1,6-Verfahrensgebühr, Nr. 3200 VV (Wert: 10.000,00 EUR)		892,80 EUR
2. Postentgeltpauschale, Nr. 7002 VV		20,00 EUR
Zwischensumme	912,80 EUR	
3. 19 % Umsatzsteuer, Nr. 7008 VV		173,43 EUR
Gesamt		**1.086,23 EUR**

Eine Entscheidung durch Gerichtsbescheid ist im Berufungsverfahren ausgeschlossen (§ 125 Abs. 1 S. 2 VwGO). 108

Auch dann, wenn das OVG/der VGH nach § 130a VwGO im Berufungsverfahren ohne mündliche Verhandlung entscheidet, also wenn die Berufung **einstimmig für begründet oder unbegründet** gehalten wird (Anm. Abs. 2 zu Nr. 3202 VV) entsteht keine Terminsgebühr. Die bisherige gegen- 109 teilige Regelung ist durch das 2. KostRMoG geändert worden, da in keinem Fall mehr eine fiktive Terminsgebühr entstehen soll, wenn eine mündliche Verhandlung nicht vorgeschrieben ist.

> **Beispiel 58** **Einstimmige Entscheidung über die Berufung im schriftlichen Verfahren**
>
> Das Verwaltungsgericht hat die Anfechtungsklage (Wert: 10.000,00 EUR) zurückgewiesen. Dagegen legt der Anwalt des Klägers für diesen die zugelassene Berufung ein. Das OVG weist die Berufung im schriftlichen Verfahren nach § 130a VwGO zurück, da es sie einstimmig für unbegründet hält.
>
> Der Anwalt des Klägers erhält nur die 1,6-Verfahrensgebühr nach Nr. 3200 VV, aber keine Terminsgebühr.
>
> Abzurechnen ist wie in Beispiel 57.

110 Die Anwendung der Nr. 3203 VV scheidet aus, da diese Vorschrift nur auf den Zivilrechtsstreit anzuwenden ist.[39]

4. Einigungs- und Erledigungsgebühr

111 Auch im Berufungsverfahren kann eine Einigungs- oder Erledigungsgebühr anfallen. Soweit die Gegenstände im Berufungsverfahren anhängig sind, beläuft sich die Einigungs- oder Erledigungsgebühr nach Nr. 1004 VV auf 1,3.

> **Beispiel 59** **Berufung mit Erledigung**
>
> Im Berufungsverfahren vor dem OVG wirkt der Anwalt in der mündlichen Verhandlung an einer Erledigung des Verfahrens i.S.d. Nr. 1002 VV mit.
>
> Der Anwalt des Klägers erhält neben der 1,6-Verfahrensgebühr nach Nr. 3200 VV und der Terminsgebühr nach Nr. 3202 VV auch eine 1,3-Erledigungsgebühr nach Nrn. 1002, 1004 VV.
>
> | | | |
> |---|---|---|
> | 1. | 1,6-Verfahrensgebühr, Nr. 3200 VV (Wert: 10.000,00 EUR) | 892,80 EUR |
> | 2. | 1,2-Verfahrensgebühr, Nr. 3202 VV (Wert: 10.000,00 EUR) | 669,60 EUR |
> | 3. | 1,3-Erledigungsgebühr, Nrn. 1002, 1004 VV (Wert: 10.000,00 EUR) | 725,40 EUR |
> | 4. | Postentgeltpauschale, Nr. 7002 VV | 20,00 EUR |
> | | Zwischensumme 2.307,80 EUR | |
> | 5. | 19 % Umsatzsteuer, Nr. 7008 VV | 438,48 EUR |
> | | **Gesamt** | **2.746,28 EUR** |

XI. Prüfung der Erfolgsaussicht einer Revision oder Nichtzulassungsbeschwerde

112 Wird der Anwalt beauftragt, über die Erfolgsaussichten einer Revision oder einer Nichtzulassungsbeschwerde zu beraten, ohne dass ihm bereits der Auftrag zur Revision erteilt worden ist, erhält

---

39 *Hansens/Braun/Schneider*, Teil 12 Rn 54; a.A. *Beutling*, Anwaltsvergütung, Rn 429.

er wiederum die Gebühr nach Nr. 2100 VV und im Falle des Gutachtens nach Nr. 2101 VV. Zu Einzelheiten siehe § 7.

XII. Nichtzulassungsbeschwerde

1. Umfang der Angelegenheit

Lässt das Oberverwaltungsgericht (der Verwaltungsgerichtshof) die Revision nicht zu, so ist hiergegen die Nichtzulassungsbeschwerde gegeben (§ 133 Abs. 1 VwGO). Das Verfahren über die Nichtzulassungsbeschwerde stellt gebührenrechtlich eine eigene Angelegenheit dar (§§ 18 Abs. 1 Nr. 3, 17 Nr. 9 RVG). Insgesamt sind also drei Angelegenheiten gegeben: 113
- Berufungsverfahren,
- Verfahren über die Nichtzulassungsbeschwerde

und
- Revisionsverfahren.

2. Verfahrensgebühr

Der Anwalt erhält für das Verfahren über die Beschwerde gegen die Nichtzulassung der Revision (§ 133 Abs. 1 VwGO) die Vergütung nach Teil 3 Abschnitt 5 VV. Danach entsteht eine 1,6-Verfahrensgebühr nach Nr. 3506 VV. Endet der Auftrag vorzeitig, reduziert sich diese Gebühr gem. Nr. 3507 VV auf 1,1. 114

Bei Vertretung mehrerer Auftraggeber erhöhen sich diese Gebühren gem. Nr. 1008 VV um 0,3 je weiteren Auftraggeber, sofern diese am Gegenstand gemeinschaftlich beteiligt sind. 115

3. Terminsgebühr

Daneben kann auch im Nichtzulassungsbeschwerdeverfahren eine Terminsgebühr unter den Voraussetzungen der Vorbem. 3 Abs. 3 VV anfallen. Diese beläuft sich gem. Nr. 3516 VV auf 1,2. 116

Eine Terminsgebühr im schriftlichen Verfahren ist nicht vorgesehen, abgesehen davon, dass im Nichtzulassungsbeschwerdeverfahren eine mündliche Verhandlung ohnehin nicht vorgeschrieben ist (§ 101 Abs. 3 VwGO). 117

4. Einigung oder Erledigung

Kommt es im Verfahren der Nichtzulassungsbeschwerde zu einer Einigung oder Erledigung, entsteht seit Inkrafttreten des 2. KostRMoG der höhere 1,3-Gebührensatz nach Nr. 1004 VV. 118

5. Anrechnung

Ist die Nichtzulassungsbeschwerde erfolgreich und schließt sich hier das Revisionsverfahren an, ist die Verfahrensgebühr des Nichtzulassungsbeschwerdeverfahrens auf die des Revisionsverfahrens anzurechnen (Anm. zu Nr. 3506 VV). 119

§ 29 Allgemeine verwaltungsrechtliche Angelegenheiten

Beispiel 60 — Nichtzulassungsbeschwerde

Das Oberverwaltungsgericht hat die Berufung (Wert: 10.000,00 EUR) zurückgewiesen und die Revision nicht zugelassen. Der Anwalt des Klägers beantragt nach § 133 Abs. 1 VwGO die Zulassung der Revision. Der Antrag wird abgelehnt.

Es entsteht nur eine 1,6-Verfahrensgebühr nach Nr. 3506 VV. Eine Terminsgebühr entsteht nicht.

1.	1,6-Verfahrensgebühr, Nr. 3506 VV (Wert: 10.000,00 EUR)		892,80 EUR
2.	Postentgeltpauschale, Nr. 7002 VV		20,00 EUR
	Zwischensumme	912,80 EUR	
3.	19 % Umsatzsteuer, Nr. 7008 VV		173,43 EUR
Gesamt			**1.086,23 EUR**

Beispiel 61 — Nichtzulassungsbeschwerde, vorzeitige Erledigung

Das Oberverwaltungsgericht hat die Berufung (Wert: 10.000,00 EUR) zurückgewiesen und die Revision nicht zugelassen. Der Anwalt des Klägers beantragt nach § 133 Abs. 1 VwGO fristwahrend die Zulassung der Revision, nimmt diesen Antrag aber später wieder zurück. Der Anwalt des Beklagten hatte sich bereits bestellt, aber noch keinen Antrag gestellt.

Für den Anwalt des Berufungsklägers entsteht wiederum die 1,6-Verfahrensgebühr nach Nr. 3506 VV. Zu rechnen ist wie im vorangegangenen Beispiel. Der Anwalt des Berufungsbeklagten hat dagegen mangels Sachantrags nur die 1,1-Gebühr nach Nrn. 3506, 3507 VV verdient.[40]

1.	1,1-Verfahrensgebühr, Nrn. 3506, 3507 VV (Wert: 10.000,00 EUR)		613,80 EUR
2.	Postentgeltpauschale, Nr. 7002 VV		20,00 EUR
	Zwischensumme	633,80 EUR	
3.	19 % Umsatzsteuer, Nr. 7008 VV		120,42 EUR
Gesamt			**754,22 EUR**

Beispiel 62 — Nichtzulassungsbeschwerde mit Termin und Erledigung

Das Oberverwaltungsgericht hat die Berufung (Wert: 10.000,00 EUR) zurückgewiesen und die Revision nicht zugelassen. Der Anwalt des Klägers beantragt nach § 133 Abs. 1 VwGO die Zulassung der Revision und begründet diesen Antrag. Der Anwalt des Beklagten beantragt die Zurückweisung. Hiernach verhandeln die Anwälte außergerichtlich. Es kommt zu einer Erledigung i.S.d. Nr. 1002 VV.

Beide Anwälte erhalten eine 1,6-Verfahrensgebühr nach Nr. 3506 VV. Darüber hinaus entsteht eine 1,2-Terminsgebühr nach Nr. 3516 VV, da Vorbem. 3 Abs. 3 VV auch hier gilt. Daneben entsteht die Erledigungsgebühr nach Nr. 1002 VV. Die Höhe der Gebühr bestimmt sich nach Nr. 1004 VV.

---

[40] Hätte er einen Abweisungsantrag gestellt, wäre zwar die volle 1,6-Gebühr nach Nr. 3506 VV angefallen. Die Gebühr wäre aber nicht erstattungsfähig, OLG Hamburg AGS 2004, 539 m. Anm. *N. Schneider*.

1. 1,6-Verfahrensgebühr, Nr. 3506 VV (Wert: 10.000,00 EUR)		892,80 EUR
2. 1,2-Terminsgebühr, Nr. 3516 VV (Wert: 10.000,00 EUR)		669,60 EUR
3. 1,3-Erledigungsgebühr, Nrn. 1002, 1004 VV (Wert: 10.000,00 EUR)		725,40 EUR
4. Postentgeltpauschale, Nr. 7002 VV		20,00 EUR
Zwischensumme	2.307,80 EUR	
5. 19 % Umsatzsteuer, Nr. 7008 VV		438,42 EUR
Gesamt		**2.746,28 EUR**

XIII. Revisionsverfahren

1. Überblick

Im Revisionsverfahren erhält der Anwalt die Vergütung nach Abschnitt 2 Unterabschnitt 2 Teil 3 VV. Das Revisionsverfahren ist nach § 17 Nr. 1 RVG immer eine neue Angelegenheit, auch dann, wenn eine Nichtzulassungsbeschwerde vorausgegangen ist (§ 17 Nr. 9 RVG). **120**

Zunächst erhält der Anwalt eine Verfahrensgebühr nach Nr. 3206 VV in Höhe von 1,6. Die Gebühr entsteht wiederum mit der Entgegennahme der Information und deckt sämtliche Tätigkeiten im Revisionsverfahren ab (Vorbem. 3 Abs. 2 VV), ausgenommen die Wahrnehmung von Terminen. **121**

Erledigt sich der Auftrag vorzeitig, so reduziert sich diese Gebühr nach Nr. 3207 VV auf 1,1. **122**

Beispiel 63 | **Revision**

Der Anwalt legt gegen das Urteil des Oberverwaltungsgerichts (Beschwer: 10.000,00 EUR) Revision ein. Diese wird anschließend zurückgenommen, ohne dass ein Termin stattgefunden hat.

Die Einlegung der Revision löst die volle 1,6-Verfahrensgebühr nach Nr. 3206 VV aus. Weitere Gebühren entstehen nicht.

1. 1,6-Verfahrensgebühr, Nr. 3206 VV (Wert: 10.000,00 EUR)		892,80 EUR
2. Postentgeltpauschale, Nr. 7002 VV		20,00 EUR
Zwischensumme	912,80 EUR	
3. 19 % Umsatzsteuer, Nr. 7008 VV		173,43 EUR
Gesamt		**1.086,23 EUR**

Beispiel 64 | **Revision, vorzeitige Erledigung**

Gegen das Urteil des Verwaltungsgerichtshofs (Beschwer: 10.000,00 EUR) wird fristwahrend Revision eingelegt. Der Anwalt des Revisionsbeklagten bestellt sich. Anschließend wird die Revision zurückgenommen.

Der Anwalt des Revisionsklägers erhält die volle 1,6-Verfahrensgebühr (siehe vorangegangenes Beispiel). Für den Anwalt des Beklagten entsteht jetzt jedoch nur die reduzierte Verfahrensgebühr nach Nr. 3207 VV (Anm. zu Nr. 3207 VV i.V.m. Anm. zu Nr. 3201 VV).

§ 29 Allgemeine verwaltungsrechtliche Angelegenheiten

1. 1,1-Verfahrensgebühr, Nrn. 3206, 3207 VV (Wert: 10.000,00 EUR)		613,80 EUR
2. Postentgeltpauschale, Nr. 7002 VV		20,00 EUR
Zwischensumme	633,80 EUR	
3. 19 % Umsatzsteuer, Nr. 7008 VV		120,42 EUR
Gesamt		**754,22 EUR**

123 Vertritt der Anwalt mehrere Auftraggeber, so erhöht sich die Gebühr nach Nr. 1008 VV um 0,3 je weiteren Auftraggeber.

> **Beispiel 65** | **Revision, mehrere Auftraggeber**
>
> **Der Anwalt legt für drei Auftraggeber gegen das Urteil des Verwaltungsgerichtshofs (Beschwer: 10.000,00 EUR) Revision ein. Es kommt zur mündlichen Verhandlung.**
>
> Es gilt jetzt Nr. 1008 VV. Die 1,6-Verfahrensgebühr nach Nr. 3206 VV erhöht sich um 0,6 auf 2,2.

1. 2,2-Verfahrensgebühr, Nrn. 3206, 1008 VV (Wert: 10.000,00 EUR)		1.227,60 EUR
2. 1,5-Terminsgebühr, Nr. 3210 VV (Wert: 10.000,00 EUR)		837,00 EUR
3. Postentgeltpauschale, Nr. 7002 VV		20,00 EUR
Zwischensumme	2.084,60 EUR	
4. 19 % Umsatzsteuer, Nr. 7008 VV		396,07 EUR
Gesamt		**2.480,67 EUR**

124 Ist eine Nichtzulassungsbeschwerde vorangegangen, in der der Anwalt tätig war, so wird die dort verdiente 1,6-Verfahrensgebühr aus Nr. 3506 VV auf die Verfahrensgebühr des Revisionsverfahrens angerechnet (Anm. zu Nr. 3506 VV).

2. Terminsgebühr

125 Neben der Verfahrensgebühr erhält der Anwalt nach Nr. 3210 VV eine Terminsgebühr in Höhe von 1,5.

126 Auch hier kommt eine Reduzierung nicht in Betracht, selbst wenn lediglich Anträge zur Prozess- und Sachleitung gestellt werden.

127 Nach Anm. zu Nr. 3210 VV gilt die Anm. Abs. 1 Nr. 1 zu Nr. 3104 VV entsprechend. Auch im Revisionsverfahren ist eine mündliche Verhandlung vorgeschrieben (§§ 141 S. 1, 125 Abs. 1 S. 1 i.V.m. § 101 Abs. 1 VwGO), so dass bei einer Entscheidung im schriftlichen Verfahren mit Einverständnis der Beteiligten oder bei einem schriftlichen Vergleich die Terminsgebühr nach Nr. 3210 VV anfällt (Anm. zu Nr. 3210 i.V.m. Anm. Abs. 1 Nr. 1 zu Nr. 3104 VV).

128 Eine Entscheidung durch Gerichtsbescheid ist im Revisionsverfahren ausgeschlossen (§ 141 S. 1 VwGO), so dass insoweit eine Terminsgebühr nicht möglich ist.

129 Wird die Revision als unzulässig verworfen, entsteht keine Terminsgebühr, weil darüber nach § 144 Abs. 1 VwGO ohne mündliche Verhandlung entschieden werden kann.

XIII. Revisionsverfahren § 29

Beispiel 66 | **Revision mit Termin**

Gegen das Urteil des Verwaltungsgerichtshofs (Beschwer: 10.000,00 EUR) wird Revision eingelegt und hierüber verhandelt.

Es entsteht die 1,6-Verfahrensgebühr nach Nr. 3206 VV sowie die 1,5-Terminsgebühr nach Nr. 3210 VV.

1.	1,6-Verfahrensgebühr, Nr. 3206 VV (Wert: 10.000,00 EUR)		892,80 EUR
2.	1,5-Terminsgebühr, Nr. 3210 VV (Wert: 10.000,00 EUR)		837,00 EUR
3.	Postentgeltpauschale, Nr. 7002 VV		20,00 EUR
	Zwischensumme	1.749,80 EUR	
4.	19 % Umsatzsteuer, Nr. 7008 VV		332,46 EUR
Gesamt			**2.082,26 EUR**

3. Einigungs- oder Erledigungsgebühr

Auch im Revisionsverfahren kann eine Einigungs- oder Erledigungsgebühr anfallen. Deren Höhe beläuft sich dann nach Nr. 1004 VV auf 1,3. **130**

Beispiel 67 | **Revision mit Termin und Erledigung**

Gegen das Urteil des Verwaltungsgerichtshofs (Beschwer: 10.000,00 EUR) wird Revision eingelegt. Dort kommt es zu einer außergerichtlichen Verhandlung und Erledigung des Verfahrens.

Neben der 1,6-Verfahrensgebühr entsteht eine 1,5-Terminsgebühr, da Vorbem. 3 Abs. 3 S. 3 Nr. 2 VV auch hier gilt. Hinzu kommt eine Erledigungsgebühr nach Nr. 1002 VV, deren Höhe sich auf 1,3 beläuft (Nr. 1004 VV).

1.	1,6-Verfahrensgebühr, Nr. 3206 VV (Wert: 10.000,00 EUR)		892,80 EUR
2.	1,5-Terminsgebühr, Nr. 3210 VV (Wert: 10.000,00 EUR)		837,00 EUR
3.	1,3-Erledigungsgebühr, Nrn. 1002, 1004 VV (Wert: 10.000,00 EUR)		725,40 EUR
4.	Postentgeltpauschale, Nr. 7002 VV		20,00 EUR
	Zwischensumme	2.475,20 EUR	
5.	19 % Umsatzsteuer, Nr. 7008 VV		470,29 EUR
Gesamt			**2.945,49 EUR**

4. Vorausgegangene Nichtzulassungsbeschwerde

Ist eine Nichtzulassungsbeschwerde vorausgegangen, so ist die Anrechnung nach Anm. zu Nr. 3506 VV zu beachten. **131**

Beispiel 68 | **Revision mit Termin und vorangegangener Nichtzulassungsbeschwerde**

Das Oberverwaltungsgericht hat die Revision gegen sein Urteil nicht zugelassen. Hiergegen wird Nichtzulassungsbeschwerde erhoben (Wert: 8.000,00 EUR), die erfolgreich ist. Daran schließt sich das Revisionsverfahren mit mündlicher Verhandlung an.

§ 29 Allgemeine verwaltungsrechtliche Angelegenheiten

    I. Nichtzulassungsbeschwerde
1. 1,6-Verfahrensgebühr, Nr. 3506 VV   729,60 EUR
(Wert: 8.000,00 EUR)
2. Postentgeltpauschale, Nr. 7002 VV   20,00 EUR
Zwischensumme   749,60 EUR
3. 19 % Umsatzsteuer, Nr. 7008 VV   142,42 EUR
Gesamt   **892,02 EUR**

    II. Revisionsverfahren
1. 1,6-Verfahrensgebühr, Nr. 3206 VV   729,60 EUR
(Wert: 8.000,00 EUR)
2. gem. Anm. zu Nr. 3506 VV anzurechnen, 1,6 aus   – 729,60 EUR
8.000,00 EUR
3. 1,5-Terminsgebühr, Nr. 3210 VV   684,00 EUR
(Wert: 8.000,00 EUR)
4. Postentgeltpauschale, VV 7002 VV   20,00 EUR
Zwischensumme   704,00 EUR
5. 19 % Umsatzsteuer, Nr. 7008 VV   133,76 EUR
Gesamt   **837,76 EUR**

XIV. Zurückverweisung

132 Das Verfahren nach Zurückverweisung stellt auch in verwaltungsgerichtlichen Angelegenheiten gebührenrechtlich gegenüber dem Ausgangsverfahren eine **eigene Angelegenheit** dar (§ 21 Abs. 1 RVG). Der Anwalt erhält also alle Gebühren erneut. Allerdings ist die Verfahrensgebühr des vorausgegangenen Verfahrens auf die Verfahrensgebühr des Verfahrens nach Zurückverweisung **anzurechnen** (Vorbem. 3 Abs. 6 VV).

> **Beispiel 69**   **Verfahren nach Zurückverweisung**

Das Verwaltungsgericht hat die Anfechtungsklage (Wert: 10.000,00 EUR) zurückgewiesen. Das Oberverwaltungsgericht hebt das Urteil auf und verweist die Sache zur erneuten Verhandlung an das Verwaltungsgericht zurück.

Die Gebühren entstehen im erstinstanzlichen Verfahren erneut. Allerdings wird die Verfahrensgebühr vor Zurückverweisung angerechnet auf die Verfahrensgebühr nach Zurückverweisung (§ 21 Abs. 1 RVG).

    I. Verfahren vor Zurückverweisung
1. 1,3-Verfahrensgebühr, Nr. 3100 VV   725,40 EUR
(Wert: 10.000,00 EUR)
2. 1,2-Terminsgebühr, Nr. 3104 VV   669,60 EUR
(Wert: 10.000,00 EUR)
3. Postentgeltpauschale, Nr. 7002 VV   20,00 EUR
Zwischensumme   1.415,00 EUR
4. 19 % Umsatzsteuer, Nr. 7008 VV   268,85 EUR
Gesamt   **1.683,85 EUR**

    II. Berufungsverfahren
1. 1,6-Verfahrensgebühr, Nr. 3200 VV   892,80 EUR
(Wert: 10.000,00 EUR)
2. 1,2-Terminsgebühr, Nr. 3202 VV   669,60 EUR
(Wert: 10.000,00 EUR)
3. Postentgeltpauschale, Nr. 7002 VV   20,00 EUR
Zwischensumme   1.582,40 EUR

4. 19 % Umsatzsteuer, Nr. 7008 VV		300,67 EUR
Gesamt		**1.883,06 EUR**

III. Verfahren nach Zurückverweisung
1. 1,3-Verfahrensgebühr, Nr. 3100 VV 725,40 EUR
   (Wert: 10.000,00 EUR)
2. gem. Vorbem. 3 Abs. 6 VV anzurechnen, 1,3 aus – 725,40 EUR
   10.000,00 EUR
3. 1,2-Terminsgebühr, Nr. 3104 VV 669,60 EUR
   (Wert: 10.000,00 EUR)
4. Postentgeltpauschale, Nr. 7002 VV 20,00 EUR
   Zwischensumme 689,60 EUR
5. 19 % Umsatzsteuer, Nr. 7008 VV 131,02 EUR
   Gesamt **820,62 EUR**

Eine Anrechnung unterbleibt, wenn zwischen Beendigung des Verfahrens vor Zurückverweisung und dem Auftrag für das Verfahren nach Zurückverweisung **mehr als zwei Kalenderjahre** vergangen sind (§ 15 Abs. 5 S. 2 RVG). 133

Beispiel 70 | **Verfahren nach Zurückverweisung (mehr als zwei Kalenderjahre)**

Das Oberverwaltungsgericht hat die Klage (Wert: 10.000,00 EUR) im Dezember 2013 zurückgewiesen. Das Bundesverwaltungsgericht hebt das Urteil im Juni 2016 auf und verweist es zur erneuten Verhandlung an das Oberverwaltungsgericht zurück.

Die Gebühren im Berufungsverfahren entstehen erneut. Die Verfahrensgebühr vor Zurückverweisung wird jetzt nicht angerechnet auf die Verfahrensgebühr nach Zurückverweisung (§ 15 Abs. 5 S. 2 RVG).

I. Verfahren vor Zurückverweisung
1. 1,6-Verfahrensgebühr, Nr. 3200 VV 892,80 EUR
   (Wert: 10.000,00 EUR)
2. 1,2-Terminsgebühr, Nr. 3202 VV 669,60 EUR
   (Wert: 10.000,00 EUR)
3. Postentgeltpauschale, Nr. 7002 VV 20,00 EUR
   Zwischensumme 1.582,40 EUR
4. 19 % Umsatzsteuer, Nr. 7008 VV 300,67 EUR
   Gesamt **1.883,06 EUR**

II. Revisionsverfahren
1. 1,6-Verfahrensgebühr, Nr. 3206 VV 892,80 EUR
   (Wert: 10.000,00 EUR)
2. 1,5-Terminsgebühr, Nr. 3210 VV 837,00 EUR
   (Wert: 10.000,00 EUR)
3. Postentgeltpauschale, Nr. 7002 VV 20,00 EUR
   Zwischensumme 1.749,80 EUR
4. 19 % Umsatzsteuer, Nr. 7008 VV 332,46 EUR
   Gesamt **2.082,26 EUR**

III. Verfahren nach Zurückverweisung
1. 1,6-Verfahrensgebühr, Nr. 3200 VV 892,80 EUR
   (Wert: 10.000,00 EUR)
2. 1,2-Terminsgebühr, Nr. 3202 VV 669,60 EUR
   (Wert: 10.000,00 EUR)
3. Postentgeltpauschale, Nr. 7002 VV 20,00 EUR
   Zwischensumme 1.582,40 EUR
4. 19 % Umsatzsteuer, Nr. 7008 VV 300,67 EUR
   Gesamt **1.883,06 EUR**

XV. Personalvertretungsrechtliche Beschlussverfahren

1. Überblick

134 In personalvertretungsrechtlichen Beschlussverfahren vor den Gerichten der Verwaltungsgerichtsbarkeit nach §§ 83, 84 BPersVG gelten die Vorschriften des ArbGG über das Beschlussverfahren entsprechend (§ 83 Abs. 2 BPersVG; ebenso die entsprechenden landesrechtlichen Vorschriften der Landespersonalvertretungsgesetze).

135 Ebenso wie in den vergleichbaren arbeitsrechtlichen Beschlussverfahren gelten in den personalvertretungsrechtlichen Beschlussverfahren vor den Gerichten der Verwaltungsgerichtsbarkeit daher auch die gleichen Gebühren wie in einem vergleichbaren Erkenntnisverfahren.

2. Erstinstanzliche Verfahren

136 Im erstinstanzlichen Verfahren vor den Verwaltungsgerichten richten sich die Gebühren nach **Teil 3 Abschnitt 1 VV**, also nach den Nrn. 3100 ff. VV. Hinzukommen kann eine Einigungsgebühr (Nr. 1000 VV). Insoweit kann auf die Ausführungen zu den erstinstanzlichen Erkenntnisverfahren (siehe Rn 55 ff.) Bezug genommen werden

3. Beschwerdeverfahren

137 Während nach der bisherigen Fassung des RVG in Beschwerdeverfahren nach § 87 Abs. 1 ArbGG i.V.m. den Personalvertretungsgesetzen die allgemeinen Beschwerdegebühren der Nrn. 3500 ff. VV anzuwenden waren, entstehen seit Inkrafttreten des 2. KostRMoG gem. Vorbem. 3.2.1 Nr. 2 Buchst. d) VV die **Gebühren eines Berufungsverfahrens**, also die Gebühren nach den Nrn. 3200 ff. VV.

| Beispiel 71 | Beschwerde in personalvertretungsrechtlichem Beschlussverfahren mit mündlicher Verhandlung |

Gegen den Beschluss des Verwaltungsgerichts wird Beschwerde erhoben und darüber mündlich verhandelt (Streitwert 10.000,00 EUR).

Es entstehen gem. Vorbem. 3.2.1 Nr. 2 Buchst. d) VV eine 1,6-Verfahrensgebühr nach Nr. 3200 VV und eine 1,2-Terminsgebühr nach Nr. 3202 VV.

1.	1,6-Verfahrensgebühr, Nr. 3200 VV (Wert: 10.000,00 EUR)	892,80 EUR
2.	1,2-Terminsgebühr, Nr. 3202 VV (Wert: 10.000,00 EUR)	669,60 EUR
3.	Postentgeltpauschale, Nr. 7002 VV	20,00 EUR
	Zwischensumme 1.582,40 EUR	
4.	19 % Umsatzsteuer, Nr. 7008 VV	300,67 EUR
	Gesamt	**1.883,06 EUR**

138 Kommt es in diesem Verfahren zu einer Einigung, entsteht die höhere Einigungsgebühr nach Nr. 1004 VV, da auch diese Vorschrift mit dem 2. KostRMoG geändert worden ist.

4. Nichtzulassungsbeschwerde

In einem Verfahren der Nichtzulassungsbeschwerde vor dem BVerwG nach §§ 92 Abs. 1 S. 2, 72a ArbGG erhält der Anwalt die Gebühren nach den Nrn. 3506 ff. VV, da diese seit der Neufassung durch das 2. KostRMoG auch in Beschwerdeverfahren nach Vorbem. 3.2.1, 3.2.2 VV anzuwenden sind. Abzurechnen ist daher wie in Verfahren über die Beschwerde gegen die Nichtzulassung der Revision (siehe Rn 113). 139

5. Rechtsbeschwerde

In den Verfahren der Rechtsbeschwerde nach § 91 Abs. 1 S. 1 ArbGG gelten gem. Vorbem. 3.2.2. Nr. 1 Buchst. a) VV die Gebühren eines **Revisionsverfahrens**, also die der Nrn. 3206 ff. VV sowie die höhere Einigungs- und Erledigungsgebühr nach Nr. 1004 VV. Abzurechnen ist wie in Revisionsverfahren (siehe Rn 120). 140

XVI. Allgemeine Beschwerdeverfahren

In Beschwerdeverfahren (§§ 146 ff. VwGO) – mit Ausnahme der Nichtzulassungsbeschwerden, der Beschwerden gegen Entscheidungen betreffend den Hauptgegenstand in Verfahren des einstweiligen Rechtsschutzes und der Beschwerden in personalvertretungsrechtlichen Angelegenheiten – erhält der Anwalt auch in verwaltungsgerichtlichen Verfahren die Gebühren nach den Nrn. 3500, 3513 VV. Das gilt auch dann, wenn die Beschwerde zum BVerwG erhoben wird (§ 99 Abs. 2 VwGO). 141

Der Anwalt erhält danach eine 0,5-Verfahrensgebühr aus Nr. 3500 VV sowie eine Terminsgebühr nach Nr. 3513 VV in Höhe von ebenfalls 0,5, sofern es zu einem Termin i.S.d. Vorbem. 3 Abs. 3 VV kommt. 142

Beispiel 72 | Beschwerde

Gegen die Aussetzung des Verfahrens durch das Verwaltungsgericht wird Beschwerde zum Oberverwaltungsgericht erhoben. Der Wert des Beschwerdeverfahrens wird auf **3.000,00 EUR** festgesetzt.

Es entsteht lediglich eine 0,5-Verfahrensgebühr nach Nr. 3500 VV.

1. 0,5-Verfahrensgebühr, Nr. 3500 VV (Wert: 3.000,00 EUR)		100,50 EUR
2. Postentgeltpauschale, Nr. 7002 VV		20,00 EUR
Zwischensumme	120,50 EUR	
3. 19 % Umsatzsteuer, Nr. 7008 VV		22,90 EUR
Gesamt		**143,40 EUR**

Möglich ist auch eine Terminsgebühr im Beschwerdeverfahren, da Vorbem. 3 Abs. 3 VV auch hier gilt. Die Terminsgebühr richtet sich dann nach Nr. 3513 VV. 143

Eine Gebühr für eine Entscheidung im schriftlichen Verfahren ist nicht vorgesehen, abgesehen davon, dass im Beschwerdeverfahren eine mündliche Verhandlung ohnehin nicht vorgeschrieben ist (§ 101 Abs. 3 VwGO). 144

Ebenso wenig entsteht eine Terminsgebühr für den Abschluss eines schriftlichen Vergleichs. 145

146 In Betracht kommt dagegen eine Einigungs- oder Erledigungsgebühr nach den Nrn. 1000, 1002 ff. VV.

XVII. Erinnerung

147 In Erinnerungsverfahren erhält der Anwalt ebenfalls die Gebühren nach Nrn. 3500, 3513 VV. Strittig war, ob Erinnerungen im Kostenfestsetzungsverfahren die Gebühr nach Nr. 3500 VV auslösen.[41] Mit der Neufassung des § 18 Abs. 1 Nr. 3 RVG ist jetzt klargestellt, dass auch im verwaltungsgerichtlichen Festsetzungsverfahren die Erinnerung gegen die Kostenfestsetzung eine eigene Angelegenheit darstellt und damit gesonderte Gebühren auslöst.

> **Beispiel 73** | **Erinnerung gegen einen Kostenfestsetzungsbeschluss**
>
> Der Anwalt hatte beantragt, die Kosten der Partei i.H.v. 1.860,00 EUR festzusetzen. Der Urkundsbeamte hat nur 1.500,00 EUR festgesetzt. Der Anwalt legt dagegen Erinnerung ein.
>
> Es entsteht eine 0,5-Verfahrensgebühr nach Nr. 3500 VV aus dem Wert von 360,00 EUR.
>
> | | | |
> |---|---|---:|
> | 1. | 0,5-Verfahrensgebühr, Nr. 3500 VV (Wert: 360,00 EUR) | 22,50 EUR |
> | 2. | Postentgeltpauschale, Nr. 7002 VV | 4,50 EUR |
> | | Zwischensumme | 27,00 EUR |
> | 3. | 19 % Umsatzsteuer, Nr. 7008 VV | 5,13 EUR |
> | | **Gesamt** | **32,13 EUR** |

XVIII. Einstweiliger Rechtsschutz

1. Überblick

148 In Verfahren des einstweiligen Rechtsschutzes erhält der Anwalt gesonderte Gebühren, da es sich um eigene Angelegenheiten handelt (§ 17 Nr. 4 RVG). Die Gebühren nach Nrn. 3100 ff. VV entstehen also gegenüber der Hauptsache gesondert in Verfahren

- auf Erlass einer einstweiligen Verfügung (§ 17 Nr. 4 Buchst. b) RVG),
- auf Anordnung der aufschiebenden Wirkung eines Verwaltungsakts (§ 17 Nr. 4 Buchst. c) RVG),
- auf Wiederherstellung der aufschiebenden Wirkung eines Verwaltungsakts (§ 17 Nr. 4 Buchst. c) RVG),
- auf Aufhebung der Vollziehung oder Anordnung der sofortigen Vollziehung eines Verwaltungsakts (§ 17 Nr. 4 Buchst. c) RVG),
- auf Abänderung oder Aufhebung einer der vorgenannten Entscheidungen (§ 17 Nr. 4 Buchst. d) RVG).

149 Anordnungs- und Abänderungs- bzw. Aufhebungsverfahren sind allerdings dieselbe Angelegenheit (§ 16 Nr. 5 RVG).

---

[41] Dafür: BVerwG NVwZ-RR 2007, 717 = Rpfleger 2007, 595 = JurBüro 2007, 534 = RVGreport 2007, 342; dagegen VG Regensburg AGS 2005, 549 m. Anm. *N. Schneider* = JurBüro 2005, 595 = RVGreport 2005, 382.

2. Anordnung oder Wiederherstellung der aufschiebenden Wirkung eines Verwaltungsaktes sowie Aufhebung der Vollziehung oder Anordnung der sofortigen Vollziehung eines Verwaltungsakts

a) Überblick

In den Verfahren des vorläufigen Rechtsschutzes nach § 80 Abs. 5 VwGO, in denen der Antragsteller die Anordnung der Wiederherstellung der aufschiebenden Wirkung eines Rechtsbehelfs oder Rechtsmittels gegen einen sofort vollziehbaren Verwaltungsakt beantragt, sowie in den Verfahren nach §§ 80a Abs. 3, 80 Abs. 5 VwGO gelten die Gebühren nach Teil 3 VV. Es handelt sich sowohl gegenüber der außergerichtlichen Tätigkeit als auch gegenüber der Hauptsache um eine eigene Gebührenangelegenheit (§ 17 Nr. 4 Buchst. c) RVG).

Darüber hinaus gilt jedes Verfahren nach § 80 Abs. 5 VwGO (i.V.m. § 80a Abs. 3 VwGO) gegenüber der Hauptsache gebührenrechtlich als besondere Angelegenheit. Im Gegensatz zu Anm. S. 1 zu Nr. 3328 VV ist eine abgesonderte mündliche Verhandlung hier nicht erforderlich. Es handelt sich stets um eine eigene Angelegenheit.

Zusammen mit den vorgenannten einstweiligen Rechtsschutzverfahren bilden die weiteren Verfahren auf Abänderung oder Aufhebung einer der in den vorgenannten Verfahren ergangenen Entscheidungen wiederum dieselbe Angelegenheit (§ 16 Nr. 5 RVG), so dass hierfür keine weiteren Gebühren entstehen. Gesonderte Gebühren kann der Anwalt hier nur erhalten, wenn er ausschließlich im Abänderungsverfahren beauftragt wird (§ 17 Nr. 4 Buchst. d) RVG).

b) Die Gebühren im erstinstanzlichen Anordnungsverfahren

aa) Überblick

Der Anwalt erhält in den genannten Verfahren die gleichen Gebühren wie im erstinstanzlichen Rechtsstreit. Die Gebühren nach Teil 3 VV sowie nach Teil 1 VV gelten wie in einem Hauptsacheverfahren.

Wird der Antrag auf Erlass einer einstweiligen Verfügung oder auf Anordnung oder Wiederherstellung der aufschiebenden Wirkung, Aufhebung der Vollziehung oder Anordnung der sofortigen Vollziehung eines Verwaltungsakts **vor dem Rechtsmittelgericht als Gericht der Hauptsache** gestellt, so bleibt es bei den Gebühren nach Abschnitt 1 Teil 3 VV, also bei den erstinstanzlichen Gebühren, auch wenn das Rechtsmittelgericht als Gericht der Hauptsache zuständig ist und entscheidet (Vorbem. 3.2 Abs. 2 VV).

Im Falle einer **vorzeitigen Erledigung** entsteht die Gebühr der Nr. 3100 VV lediglich in Höhe von 0,8 (Nr. 3101 VV) und die der Nr. 3300 Nr. 2 VV in Höhe von 1,0 (Nr. 3301 VV).

Der **Streitwert** in Verfahren auf Erlass einer einstweiligen Anordnung ergibt sich aus § 53 Nr. 1 GKG i.V.m. § 3 ZPO. Nach dem Streitwertkatalog ist der Wert grundsätzlich mit der Hälfte des Hauptsachewertes anzusetzen, bei Geldleistungen in der Regel mit einem Viertel der Hauptsache (siehe Streitwertkatalog 1.5).

bb) Verfahrensgebühr

Der Anwalt erhält im erstinstanzlichen einstweiligen Anordnungsverfahren grundsätzlich eine 1,3-Verfahrensgebühr (Nr. 3100 VV). In erstinstanzlichen Verfahren vor dem OVG oder dem OVG bestimmt sich die Verfahrensgebühr nach Nr. 3300 Nr. 2 VV und beträgt 1,6.

§ 29 Allgemeine verwaltungsrechtliche Angelegenheiten

Beispiel 74 | **Antrag auf Aussetzung der sofortigen Vollziehung**

Gegen einen Bescheid (Wert: 10.000,00 EUR) hat der Mandant selbst Widerspruch eingelegt. Er beauftragt den Anwalt, beim Verwaltungsgericht einen Antrag auf Aussetzung der sofortigen Vollziehung zu stellen. Die Aussetzung der sofortigen Vollziehung wird ohne mündliche Verhandlung durch Beschluss ausgesprochen.

Der Anwalt erhält nur eine 1,3-Verfahrensgebühr nach Nr. 3100 VV. Eine Terminsgebühr fällt nicht an (siehe Rn 64). Der Streitwert ist nach Nr. 1.5 des Streitwertkatalogs mit einem Viertel der Hauptsache zu bemessen, also mit 2.500,00 EUR.

1.	1,3-Verfahrensgebühr, Nr. 3100 VV		261,30 EUR
	(Wert: 2.500,00 EUR)		
2.	Postentgeltpauschale, Nr. 7002 VV		20,00 EUR
	Zwischensumme	281,30 EUR	
3.	19 % Umsatzsteuer, Nr. 7008 VV		53,45 EUR
Gesamt			**334,75 EUR**

158 Ist der Anwalt im Verfahren auf Aussetzung der sofortigen Vollziehung sowohl außergerichtlich (§ 80 Abs. 4 VwGO) als auch anschließend gerichtlich im Verfahren nach § 80 Abs. 5 VwGO tätig, so erhält er sowohl die Geschäftsgebühr nach Nr. 2300 VV (siehe Rn 40 ff.) als auch die Gebühren nach den Nrn. 3100 ff. VV, allerdings mit der Maßgabe der Anrechnung (Vorbem. 3 Abs. 4 VV).

Beispiel 75 | **Antrag auf Aussetzung der sofortigen Vollziehung mit vorangegangenem behördlichem Aussetzungsantrag**

Gegen einen Bescheid (Wert: 10.000,00 EUR) hat der Mandant selbst Widerspruch eingelegt. Er beauftragt den Anwalt, zunächst bei der Behörde nach § 80 Abs. 4 VwGO die Aussetzung der sofortigen Vollziehung zu beantragen und nachdem dieser Antrag abgelehnt worden ist, beim Verwaltungsgericht einen Antrag auf Aussetzung der sofortigen Vollziehung nach § 80 Abs. 5 VwGO zu stellen. Die Aussetzung der sofortigen Vollziehung wird vom Verwaltungsgericht ohne mündliche Verhandlung durch Beschluss ausgesprochen.

Im Verfahren nach § 80 Abs. 4 VwGO hat der Anwalt eine Geschäftsgebühr nach Nr. 2300 VV verdient (siehe Rn 40 ff.). Im Verfahren vor dem Verwaltungsgericht hat er eine 1,3-Verfahrensgebühr (Nr. 3100 VV) verdient. Die Geschäftsgebühr im Verfahren nach § 80 Abs. 4 VwGO ist jetzt nach Vorbem. 3 Abs. 4 S. 1 VV hälftig, höchstens zu 0,75 auf die Verfahrensgebühr des gerichtlichen Aussetzungsverfahrens anzurechnen.

I.	**Behördliches Verfahren auf Aussetzung der sofortigen Vollziehung**		
1.	1,5-Geschäftsgebühr, Nr. 2300 VV		301,50 EUR
	(Wert: 2.500,00 EUR)		
2.	Postentgeltpauschale, Nr. 7002 VV		20,00 EUR
	Zwischensumme	321,50 EUR	
3.	19 % Umsatzsteuer, Nr. 7008 VV		61,09 EUR
Gesamt			**382,59 EUR**
II.	**Gerichtliches Verfahren auf Aussetzung der sofortigen Vollziehung**		
1.	1,3-Verfahrensgebühr, Nr. 3100 VV		261,30 EUR
	(Wert: 2.500,00 EUR)		
2.	gem. Vorbem. 3 Abs. 4 VV anzurechnen		– 150,75 EUR
	0,75 aus 2.500,00 EUR		
3.	Postentgeltpauschale, Nr. 7002 VV		20,00 EUR
	Zwischensumme	130,55 EUR	

4. 19 % Umsatzsteuer, Nr. 7008 VV	24,80 EUR
Gesamt	**155,35 EUR**

cc) Terminsgebühr

Im Falle eines Termins i.S.d. Vorbem. 3 Abs. 3 VV entsteht eine Terminsgebühr in Höhe von 1,2 (Nr. 3104 VV). **159**

> **Beispiel 76** — **Antrag auf Aussetzung der sofortigen Vollziehung mit gerichtlichem Termin**

Gegen einen Bescheid (Wert: 10.000,00 EUR) hat der Mandant selbst Widerspruch eingelegt. Er beauftragt den Anwalt, beim Verwaltungsgericht einen Antrag auf Aussetzung der sofortigen Vollziehung zu stellen. Das Verwaltungsgericht beraumt Termin zur mündlichen Verhandlung an, in dem der Antrag zurückgewiesen wird.

Neben der 1,3-Verfahrensgebühr nach Nr. 3100 VV entsteht jetzt auch eine 1,2-Terminsgebühr nach Nr. 3104 VV.

1. 1,3-Verfahrensgebühr, Nr. 3100 VV (Wert: 2.500,00 EUR)		261,30 EUR
2. 1,2-Terminsgebühr, Nr. 3104 VV (Wert: 2.500,00 EUR)		241,20 EUR
3. Postentgeltpauschale, Nr. 7002 VV		20,00 EUR
Zwischensumme	522,50 EUR	
4. 19 % Umsatzsteuer, Nr. 7008 VV		99,28 EUR
Gesamt		**621,78 EUR**

Strittig war, ob in Verfahren des einstweiligen Rechtsschutzes eine Terminsgebühr nach Vorbem. 3 Abs. 3, 3. Var. VV a.F. durch eine Besprechung mit der Behörde anfallen konnte. Die Rechtsprechung hatte dies überwiegend mit der Begründung verneint, eine Terminsgebühr für eine Besprechung könne nur in Verfahren mit vorgeschriebener mündlicher Verhandlung entstehen.[42] Mit der Neufassung der Vorbem. 3 Abs. 3 VV durch das 2. KostRMoG ist nunmehr klargestellt, dass die Terminsgebühr für Besprechungen unabhängig davon anfällt, ob im Verfahren eine mündliche Verhandlung vorgeschrieben ist.[43] **160**

> **Beispiel 77** — **Antrag auf Aussetzung der sofortigen Vollziehung mit Besprechung**

Gegen einen Bescheid (Wert: 10.000,00 EUR) hat der Mandant selbst Widerspruch eingelegt. Er beauftragt den Anwalt, beim Verwaltungsgericht einen Antrag auf Aussetzung der sofortigen Vollziehung zu stellen. Daraufhin kommt es zu einer Besprechung mit der Behörde über die Aussetzung, die jedoch zu keinem Ergebnis führt.

Neben der 1,3-Verfahrensgebühr nach Nr. 3100 VV entsteht jetzt gem. Vorbem. 3 Abs. 3 S. 3 Nr. 2 VV auch eine 1,2-Terminsgebühr nach Nr. 3104 VV.

Abzurechnen ist wie in Beispiel 76.

---

42 Sächsisches OVG AGS 2010, 326; OVG Nordrhein-Westfalen, Beschl. v. 26.8.2011 – 4 E 760/11.
43 OVG Nordrhein Westfalen, Beschl. v. 17.7.2014 – 8 E 376/14.

dd) Einigungs- und Erledigungsgebühr

161 Möglich ist auch der Anfall einer Einigungsgebühr nach Nrn. 1000, 1003 VV. Eine Erledigungsgebühr (Nr. 1002 VV) kommt hier nicht in Betracht. Diese ist nur in der Hauptsache möglich.

> **Beispiel 78** **Antrag auf Aussetzung der sofortigen Vollziehung mit gerichtlichem Termin**
>
> **Gegen den Entzug der Fahrerlaubnis (Wert: 10.000,00 EUR) hat der Mandant selbst Widerspruch eingelegt. Er beauftragt den Anwalt, beim Verwaltungsgericht einen Antrag auf Aussetzung der sofortigen Vollziehung zu stellen. Das Verwaltungsgericht beraumt Termin zur mündlichen Verhandlung an. Dort einigen sich die Parteien, dass die Vollziehung zunächst ausgesetzt werde und dem Kläger eine neue Frist eingeräumt wird, ein medizinisch-psychologisches Gutachten zu seiner Fahreignung beizubringen.**

Neben der 1,3-Verfahrensgebühr nach Nr. 3100 VV und der 1,2-Terminsgebühr nach Nr. 3104 VV erhält der Anwalt jetzt auch eine 1,0-Einigungsgebühr nach Nrn. 1000, 1003 VV.

1.	1,3-Verfahrensgebühr, Nr. 3100 VV (Wert: 2.500,00 EUR)	261,30 EUR
2.	1,2-Terminsgebühr, Nr. 3104 VV (Wert: 2.500,00 EUR)	241,20 EUR
3.	1,0-Einigungebühr, Nrn. 100, 1003 VV (Wert: 2.500,00 EUR)	201,00 EUR
4.	Postentgeltpauschale, Nr. 7002 VV	20,00 EUR
	Zwischensumme 723,50 EUR	
5.	19 % Umsatzsteuer, Nr. 7008 VV	137,47 EUR
Gesamt		**860,97 EUR**

c) Verhältnis von einstweiligem Anordnungsverfahren zur Hauptsache

162 Die Verfahren des vorläufigen Rechtsschutzes nach § 80 Abs. 5 VwGO sind gegenüber der Hauptsache eigene selbstständige Gebührenangelegenheiten (§ 17 Nr. 4 Buchst. c) RVG), so dass die Gebühren jeweils gesondert entstehen.

> **Beispiel 79** **Anfechtungsklage und Antrag auf Aussetzung der sofortigen Vollziehung**
>
> **Gegen einen Bescheid (Wert: 5.000,00 EUR) legt der Anwalt Anfechtungsklage ein. Gleichzeitig stellt er beim Verwaltungsgericht einen Antrag auf Aussetzung der sofortigen Vollziehung. Die Aussetzung der sofortigen Vollziehung wird durch Beschluss ausgesprochen (Wert: 1.250,00 EUR). Anschließend wird in der Hauptsache verhandelt.**

Hauptsacheverfahren und Verfahren auf Aussetzung der sofortigen Vollziehung sind zwei verschiedene Angelegenheiten (§ 17 Nr. 4 Buchst. c) RVG). In beiden Verfahren entstehen die Gebühren nach den Nrn. 3100 ff. VV. Eine Anrechnung wie in Vorbem. 2.3 Abs. 4 oder Vorbem. 3 Abs. 4 VV ist hier nicht vorgesehen.

I. Anfechtungsklage

1.	1,3-Verfahrensgebühr, Nr. 3100 VV		393,90 EUR
	(Wert: 5.000,00 EUR)		
2.	1,2-Terminsgebühr, Nr. 3104 VV		363,60 EUR
	(Wert: 5.000,00 EUR)		
3.	Postentgeltpauschale, Nr. 7002 VV		20,00 EUR
	Zwischensumme	777,50 EUR	
4.	19 % Umsatzsteuer, Nr. 7008 VV		147,73 EUR
Gesamt			**925,23 EUR**

II. Verfahren auf Aussetzung der sofortigen Vollziehung

1.	1,3-Verfahrensgebühr, Nr. 3100 VV		149,50 EUR
	(Wert: 1.250,00 EUR)		
2.	Postentgeltpauschale, Nr. 7002 VV		20,00 EUR
	Zwischensumme	169,50 EUR	
3.	19 % Umsatzsteuer, Nr. 7008 VV		32,21 EUR
Gesamt			**201,71 EUR**

> **Beispiel 80** Anfechtungsklage und Antrag auf Aussetzung der sofortigen Vollziehung mit Einigung und Erledigung

Gegen einen Bescheid (Wert: 5.000,00 EUR) legt der Anwalt Anfechtungsklage ein. Gleichzeitig stellt er beim Verwaltungsgericht einen Antrag auf Aussetzung der sofortigen Vollziehung (Wert: 1.250,00 EUR). Im Verfahren auf Aussetzung der sofortigen Vollziehung kommt es zu einer Einigung. Anschließend wird in der Hauptsache verhandelt; dort erledigt sich dann die Hauptsache.

Anfechtungsklage und Verfahren auf Aussetzung der sofortigen Vollziehung sind wiederum zwei verschiedene Angelegenheiten (§ 17 Nr. 4 Buchst. c) RVG). Da das Aussetzungsverfahren durch eine Einigung und das Hauptsacheverfahren durch eine Erledigung i.S.d. Nr. 1002 VV beendet wurden, erhält der Anwalt im Aussetzungsverfahren eine Einigungsgebühr und im Hauptsacheverfahren eine Erledigungsgebühr. Da es sich bei dem Verfahren auf Aussetzung der sofortigen Vollziehung um ein gerichtliches Verfahren handelt, wird auch hier nur die 1,0-Gebühr ausgelöst (Nr. 1003 VV).

I. Anfechtungsklage

1.	1,3-Verfahrensgebühr, Nr. 3100 VV		393,90 EUR
	(Wert: 5.000,00 EUR)		
2.	1,2-Terminsgebühr, Nr. 3104 VV		363,60 EUR
	(Wert: 5.000,00 EUR)		
3.	1,0-Erledigungsgebühr, Nrn. 1002, 1005 VV		303,00 EUR
	(Wert: 5.000,00 EUR)		
4.	Postentgeltpauschale, Nr. 7002 VV		20,00 EUR
	Zwischensumme	1.080,50 EUR	
5.	19 % Umsatzsteuer, Nr. 7008 VV		205,30 EUR
Gesamt			**1.285,80 EUR**

II. Verfahren auf Aussetzung der sofortigen Vollziehung

1.	1,3-Verfahrensgebühr, Nr. 3100 VV		149,50 EUR
	(Wert: 1.250,00 EUR)		
2.	1,0-Einigungsgebühr, Nrn. 1000, 1003		115,00 EUR
	(Wert: 1.250,00 EUR)		
3.	Postentgeltpauschale, Nr. 7002 VV		20,00 EUR
	Zwischensumme	284,50 EUR	
4.	19 % Umsatzsteuer, Nr. 7008 VV		54,06 EUR
Gesamt			**338,56 EUR**

d) Die Anrechnung der Geschäftsgebühr bei einstweiligem Anordnungsverfahren und Hauptsache

163 Ist dem gerichtlichen Verfahren ein Verwaltungsverfahren vorangegangen, so sind die dort verdienten Gebühren der Nr. 2300 VV nach Vorbem. 3 Abs. 4 VV anzurechnen.

164 Zu beachten ist, dass jeweils nur die entsprechende vorangegangene außergerichtliche Tätigkeit anzurechnen ist.
- In der Hauptsache ist also nur anzurechnen, wenn dort ein Verwaltungsverfahren vorangegangen ist;
- im einstweiligen Rechtsschutzverfahren nur dann, wenn ein entsprechendes behördliches Verfahren vorangegangen ist, etwa wenn zuvor bei der Behörde ein Antrag nach § 80 Abs. 4 VwGO gestellt worden ist. Hier kommt die Anrechnung der im Widerspruchsverfahren entstandenen Geschäftsgebühr nicht in Betracht.[44]

165 Am besten lässt sich dies anhand folgender Übersicht verdeutlichen:

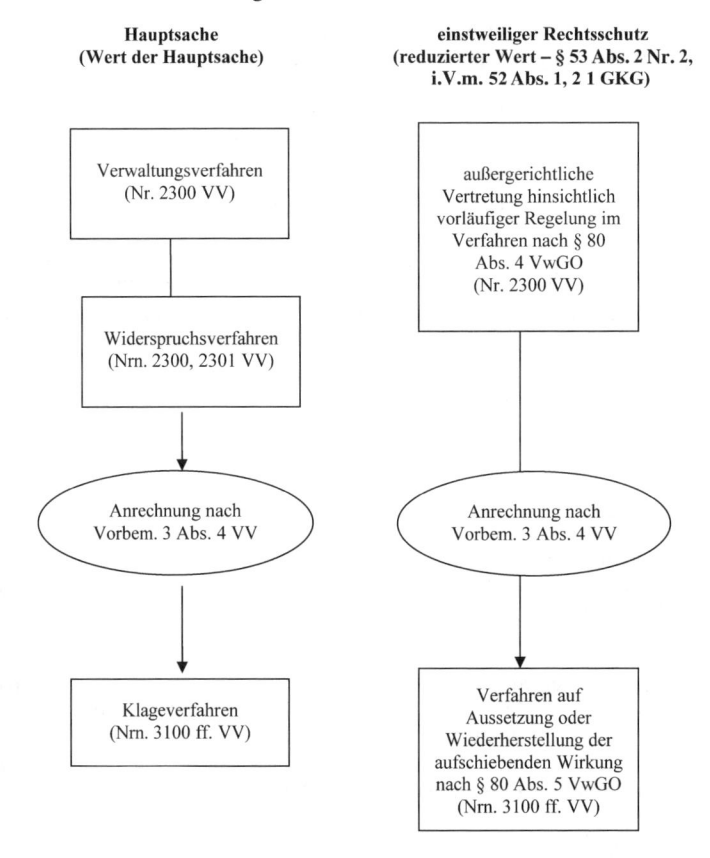

Hauptsache (Wert der Hauptsache)	einstweiliger Rechtsschutz (reduzierter Wert – § 53 Abs. 2 Nr. 2, i.V.m. 52 Abs. 1, 2 1 GKG)
Verwaltungsverfahren (Nr. 2300 VV)	außergerichtliche Vertretung hinsichtlich vorläufiger Regelung im Verfahren nach § 80 Abs. 4 VwGO (Nr. 2300 VV)
↓	↓
Widerspruchsverfahren (Nrn. 2300, 2301 VV)	
↓	
Anrechnung nach Vorbem. 3 Abs. 4 VV	Anrechnung nach Vorbem. 3 Abs. 4 VV
↓	↓
Klageverfahren (Nrn. 3100 ff. VV)	Verfahren auf Aussetzung oder Wiederherstellung der aufschiebenden Wirkung nach § 80 Abs. 5 VwGO (Nrn. 3100 ff. VV)

---

44 Hessischer VGH AGS 2009, 115 = NJW 2009, 2077 = NJW-Spezial 2009, 155 = DÖV 2009, 468; OVG Hamburg NJW 2009, 2075 = AGS 2009, 274 = Rpfleger 2009, 416 = RVGreport 2009, 344 = AGS 2009, 538.

XVIII. Einstweiliger Rechtsschutz § 29

Beispiel 81 — **Anfechtungsklage und Antrag auf Aussetzung der sofortigen Vollziehung mit vorangegangenem Widerspruchsverfahren und behördlichem Aussetzungsantrag**

Gegen einen Bescheid (Wert: 5.000,00 EUR) legt der Anwalt Widerspruch ein und beantragt bei der Behörde die Aussetzung der sofortigen Vollziehung. Widerspruch und Aussetzungsantrag werden zurückgewiesen. Anschließend legt der Anwalt Anfechtungsklage ein und stellt gleichzeitig beim Verwaltungsgericht einen Antrag auf Aussetzung der sofortigen Vollziehung. Die Aussetzung der sofortigen Vollziehung wird durch Beschluss ausgesprochen (Wert: 1.250,00 EUR). Anschließend wird in der Hauptsache verhandelt.

Das Hauptsache-Verwaltungsverfahren sowie das Verwaltungsverfahren auf Aussetzung der sofortigen Vollziehung sind zwei verschiedene Angelegenheiten (§ 17 Nr. 1a RVG), so dass die Gebühren nach Nr. 2300 VV gesondert anfallen.

Darüber hinaus sind Anfechtungsklage und Verfahren nach § 80 Abs. 5 VwGO jeweils eigene Angelegenheiten (§ 17 Nr. 4 Buchst. c) RVG), auf die allerdings die vorangegangenen Geschäftsgebühren der entsprechenden Verwaltungsverfahren nach Vorbem. 3 Abs. 4 S. 1 VV anzurechnen sind.

I. Widerspruchsverfahren
1. 1,5-Geschäftsgebühr, Nr. 2300 VV   454,50 EUR
(Wert: 5.000,00 EUR)
2. Postentgeltpauschale, Nr. 7002 VV   20,00 EUR
Zwischensumme   474,50 EUR
3. 19 % Umsatzsteuer, Nr. 7008 VV   90,16 EUR
Gesamt   **564,66 EUR**

II. Anfechtungsklage
1. 1,3-Verfahrensgebühr Nr. 3100 VV   393,90 EUR
(Wert: 5.000,00 EUR)
2. gem. Vorbem. 3 Abs. 4 VV anzurechnen   – 227,25 EUR
0,75 aus 5.000,00 EUR
3. 1,2-Terminsgebühr Nr. 3104 VV   363,60 EUR
(Wert: 5.000,00 EUR)
4. Postentgeltpauschale, Nr. 7002 VV   20,00 EUR
Zwischensumme   550,25 EUR
5. 19 % Umsatzsteuer, Nr. 7008 VV   104,55 EUR
Gesamt   **654,80 EUR**

III. Behördliches Verfahren auf Aussetzung der sofortigen Vollziehung
1. 1,5-Geschäftsgebühr, Nr. 2300 VV   172,50 EUR
(Wert: 1.250,00 EUR)
2. Postentgeltpauschale, Nr. 7002 VV   20,00 EUR
Zwischensumme   192,50 EUR
3. 19 % Umsatzsteuer, Nr. 7008 VV   36,58 EUR
Gesamt   **229,08 EUR**

IV. Gerichtliches Verfahren auf Aussetzung der sofortigen Vollziehung
1. 1,3-Verfahrensgebühr, Nr. 3100 VV   149,50 EUR
(Wert: 1.250,00 EUR)
2. gem. Vorbem. 3 Abs. 4 VV anzurechnen   – 86,25 EUR
0,75 aus 1.250,00 EUR
3. Postentgeltpauschale, Nr. 7002 VV   20,00 EUR
Zwischensumme   83,25 EUR
4. 19 % Umsatzsteuer, Nr. 7008 VV   15,82 EUR
Gesamt   **99,07 EUR**

166 Unzulässig wäre es, die im Widerspruchsverfahren angefallene Geschäftsgebühr im einstweiligen Anordnungsverfahren nach § 80 Abs. 5 VwGO anzurechnen oder die im behördlichen Verfahren nach § 80 Abs. 4 VwGO angefallene Geschäftsgebühr in Erkenntnisverfahren vor dem Verwaltungsgericht.

> **Beispiel 82** **Widerspruchsverfahren und Antrag auf Aussetzung der sofortigen Vollziehung**

Gegen einen Bescheid (Wert: 5.000,00 EUR) legt der Anwalt Widerspruch ein und beantragt beim Verwaltungsgericht einen Antrag auf Aussetzung der sofortigen Vollziehung. Die Aussetzung der sofortigen Vollziehung wird durch Beschluss ausgesprochen (Wert: 1.250,00 EUR). Anschließend hilft die Behörde dem Widerspruch ab.

Im Widerspruchsverfahren erhält der Anwalt die Gebühr nach Nr. 2300 VV aus dem Wert der Hauptsache (siehe Rn 28 f.). Im Verfahren auf Aussetzung der sofortigen Vollziehung nach § 80 Abs. 5 VwGO entsteht die 1,3-Verfahrensgebühr nach Nr. 3100 VV aus dem Wert der Eilsache. Eine Anrechnung der im Widerspruchsverfahren angefallenen Geschäftsgebühr nach Vorbem. 3 Abs. 4 VV kommt nicht in Betracht, da beiden Verfahren unterschiedliche Gegenstände zugrunde liegen (siehe Rn 163 ff.). Die Geschäftsgebühr des Widerspruchsverfahrens wäre nach Vorbem. 3 Abs. 4 VV auf die Verfahrensgebühr einer Anfechtungsklage anzurechnen gewesen. Dazu ist es aber nicht mehr gekommen.

I. Widerspruchsverfahren		
1. 1,5-Geschäftsgebühr, Nr. 2300 VV (Wert: 5.000,00 EUR)		454,50 EUR
2. Postentgeltpauschale, Nr. 7002 VV		20,00 EUR
Zwischensumme	474,50 EUR	
3. 19 % Umsatzsteuer, Nr. 7008 VV		90,16 EUR
Gesamt		**564,66 EUR**
II. Gerichtliches Verfahren auf Aussetzung der sofortigen Vollziehung		
1. 1,3-Verfahrensgebühr, Nr. 3100 VV (Wert: 1.250,00 EUR)		149,50 EUR
2. Postentgeltpauschale, Nr. 7002 VV		20,00 EUR
Zwischensumme	169,50 EUR	
3. 19 % Umsatzsteuer, Nr. 7008 VV		32,21 EUR
Gesamt		**201,71 EUR**

> **Beispiel 83** **Anfechtungsklage mit vorausgegangenem Antrag auf Aussetzung der sofortigen Vollziehung vor der Behörde**

Gegen einen Bescheid (Wert: 5.000,00 EUR) legt der Mandant selbst Widerspruch ein und beauftragt den Anwalt, bei der Behörde die Aussetzung der sofortigen Vollziehung zu beantragen, die auch gewährt wird. Nachdem der Widerspruch zurückgewiesen worden ist, beauftragt der Mandant den Anwalt, Anfechtungsklage zu erheben, über die mündlich verhandelt wird.

Im Verfahren auf Aussetzung der Vollziehung nach § 80 Abs. 4 VwGO entsteht eine Geschäftsgebühr (siehe Rn 40 f.). Im Verfahren vor dem Verwaltungsgericht entstehen eine 1,3-Verfahrensgebühr und eine 1,2-Terminsgebühr. Eine Anrechnung der Geschäftsgebühr nach Vorbem. 3 Abs. 4 S. 1 VV kommt auch hier nicht in Betracht, da der außergerichtlichen Tätigkeit (Eilsache) und dem gerichtlichen Verfahren (Hauptsache) unterschiedliche Gegenstände zugrunde liegen.

XVIII. Einstweiliger Rechtsschutz § 29

I. **Behördliches Verfahren auf Aussetzung der sofortigen Vollziehung**
1. 1,5-Geschäftsgebühr, Nr. 2300 VV   172,50 EUR
 (Wert: 1.250,00 EUR)
2. Postentgeltpauschale, Nr. 7002 VV   20,00 EUR
 Zwischensumme   192,50 EUR
3. 19 % Umsatzsteuer, Nr. 7008 VV   36,58 EUR

Gesamt   **229,08 EUR**

II. **Anfechtungsklage**
1. 1,3-Verfahrensgebühr Nr. 3100 VV   393,90 EUR
 (Wert: 5.000,00 EUR)
2. 1,2-Terminsgebühr Nr. 3104 VV   363,60 EUR
 (Wert: 5.000,00 EUR)
3. Postentgeltpauschale, Nr. 7002 VV   20,00 EUR
 Zwischensumme   777,50 EUR
4. 19 % Umsatzsteuer, Nr. 7008 VV   147,73 EUR

Gesamt   **925,23 EUR**

e) Einstweiligen Anordnungsverfahren und späteres Abänderungs- und Aufhebungsverfahren

Wird nachträglich die Abänderung einer nach § 17 Nr. 4 Buchst. c) RVG ergangenen Entscheidung beantragt, handelt es sich zwar auch gegenüber der Hauptsache um eine selbstständige Angelegenheit (§ 17 Nr. 4 Buchst. d) RVG). Ein Verfahren nach § 17 Nr. 4 Buchst. c) RVG und ein Abänderungsverfahren nach § 17 Nr. 4 Buchst. d) RVG stellen jedoch nach § 16 Nr. 5 RVG nur eine Angelegenheit dar. Der Anwalt erhält die Gebühr also nur einmal.   **167**

> **Beispiel 84**   Antrag auf Aussetzung der sofortigen Vollziehung und späteres Abänderungsverfahren

Gegen einen Bescheid über 10.000,00 EUR erhebt der Anwalt für seinen Mandanten Anfechtungsklage. Gleichzeitig beantragt er die Aussetzung der sofortigen Vollziehung. Das Gericht setzt die sofortige Vollziehung nach § 80 Abs. 5 S. 5 VwGO befristet aus. Vor Ablauf der Frist beantragt der Anwalt, die Abänderung dahingehend, dass die Frist verlängert wird.

Das Verfahren auf Wiederherstellung der aufschiebenden Wirkung und das Abänderungsverfahren sind nach § 16 Nr. 5 RVG eine Angelegenheit. Die Gebühren entstehen insgesamt nur einmal.

1. 1,3-Verfahrensgebühr, Nr. 3100 VV   261,30 EUR
 (Wert: 2.500,00 EUR)
2. Postentgeltpauschale, Nr. 7002 VV   20,00 EUR
 Zwischensumme   281,30 EUR
3. 19 % Umsatzsteuer, Nr. 7008 VV   53,45 EUR

Gesamt   **334,75 EUR**

Möglich ist allerdings, dass im Abänderungsverfahren weitere Gebühren anfallen.   **168**

> **Beispiel 85**   Antrag auf Aussetzung der sofortigen Vollziehung und späteres Abänderungsverfahren mit Erledigung

Gegen einen Leistungsbescheid in Höhe von 10.000,00 EUR hat der Anwalt für seinen Mandanten Anfechtungsklage eingereicht und gleichzeitig die Aussetzung der sofortigen Vollziehung beantragt. Diesem Antrag hat das Gericht befristet stattgegeben. Vor Ablauf der Frist beantragt der Anwalt die Verlängerung der Aussetzung. Da das Gericht Bedenken gegen eine Verlängerung hat, einigt sich der Anwalt in einer Besprechung mit der Behörde, dass diese aus dem Bescheid nicht vollstreckt, wenn der Mandant monatliche Raten in Höhe von 500,00 EUR zahlt. **Der Wert des Aussetzungsverfahrens wird auf 5.000,00 EUR festgesetzt.**

Die Verfahrensgebühr ist bereits im Aussetzungsverfahren entstanden und kann wegen § 16 Nr. 5 RVG im Abänderungsverfahren nicht erneut entstehen. Wohl ist aber eine Terminsgebühr entstanden, da Vorbem. 3 Abs. 3 VV auch hier gilt (siehe Rn 160 f.). Darüber hinaus ist auch eine Einigungsgebühr nach Nrn. 1000, 1003 VV angefallen.

1. 1,3-Verfahrensgebühr, Nr. 3100 VV   393,90 EUR
   (Wert: 5.000,00 EUR)
2. 1,2-Terminsgebühr, Nr. 3104 VV   363,60 EUR
   (Wert: 5.000,00 EUR)
3. 1,0-Erledigungsgebühr, Nrn. 1000, 1003 VV   303,00 EUR
   (Wert: 5.000,00 EUR)
4. Postentgeltpauschale, Nr. 7002 VV   20,00 EUR
   Zwischensumme   1.080,50 EUR
5. 19 % Umsatzsteuer, Nr. 7008 VV   205,30 EUR
   Gesamt   **1.285,80 EUR**

3. Antrag auf Erlass oder Abänderung einer einstweiligen Anordnung nach § 123 VwGO

169 Im Falle eines Verfahrens auf Erlass oder Abänderung einer einstweiligen Anordnung nach § 123 VwGO gilt § 17 Nr. 4 Buchst. b) RVG. Auch dieses Verfahren ist gegenüber der Hauptsache eine gesonderte Angelegenheit. Der Anwalt erhält auch hier die Gebühren nach Nrn. 3100 ff. VV.

170 Er erhält also insbesondere eine 1,3-Verfahrensgebühr nach Nr. 3100 VV, die sich unter den Voraussetzungen der Nr. 3101 VV auf 0,8 reduzieren kann.

171 Darüber hinaus erhält er eine Terminsgebühr, sofern er einen Termin i.S.d. Vorbem. 3 Abs. 3 VV wahrnimmt. Die Höhe der Terminsgebühr beläuft sich auch hier auf 1,2 (Nr. 3104 VV).

172 Da im Verfahren nach § 123 VwGO ohne mündliche Verhandlung entschieden werden kann (§§ 101 Abs. 3; 123 Abs. 4 VwGO), entsteht keine Terminsgebühr soweit in diesen Verfahren eine Entscheidung ergeht oder die Parteien lediglich einen schriftlichen Vergleich schließen. Anm. Abs. 1 Nr. 1 zu Nr. 3104 VV ist nicht anwendbar.

173 Wird der Antrag vor dem Rechtsmittelgericht gestellt, so bleibt es bei den Gebühren nach Abschnitt 1 Teil 3 VV, also bei den Gebühren nach Nrn. 3100 ff. VV (Vorbem. 3.2 Abs. 2 VV).

174 Wird der Antrag im erstinstanzlichen Verfahren vor dem Bundesverwaltungsgericht, einem Oberverwaltungsgericht oder Verwaltungsgerichtshof gestellt, so greift wiederum Nr. 3300 Nr. 2 VV. Der Anwalt erhält hier die 1,6-Verfahrensgebühr. Für die Wahrnehmung eines Termins bleibt es dagegen bei einer 1,2-Terminsgebühr nach Nr. 3104 VV (Vorbem. 3.3.1 VV).

175 Auch hier ist wiederum zu beachten, dass das Verfahren über einen Antrag auf Abänderung oder Aufhebung der einstweiligen Anordnung mit dem Verfahren über den Antrag als dieselbe Angelegenheit gilt.

4. Beschwerdeverfahren

Beschwerdeverfahren wegen des **Hauptgegenstands des einstweiligen Rechtsschutzes** wurden in verwaltungsgerichtlichen Angelegenheiten bisher nach den Nrn. 3500, 3513 VV vergütet. Versuche, zu einer analogen Anwendung der Vorbem. 3.2.1 VV zu gelangen oder über einen Umkehrschluss aus Vorbem. 3.2 VV zu erreichen, dass die höheren Gebühren eines Berufungsverfahrens gelten, sind von der Rechtsprechung[45] zurückgewiesen worden. Weder konnte also die höhere Verfahrensgebühr noch die höhere Terminsgebühr eines Berufungsverfahrens beansprucht werden. Auch gab es – im Gegensatz zu den zivilrechtlichen Arrest- und einstweiligen Verfügungsverfahren – keinen Sondertatbestand für die Terminsgebühr (Nr. 3514 VV), wenn das Beschwerdegericht die mündliche Verhandlung anberaumte. Es blieb hier vielmehr stets bei den einfachen Gebühren. Mit Inkrafttreten des 2. KostRMoG entstehen für den Rechtsanwalt die gleichen Gebühren wie in einem Berufungsverfahren. Der Gesetzgeber hat erkannt, dass in den verwaltungsgerichtlichen Beschwerdeverfahren betreffend Entscheidungen des einstweiligen Rechtsschutzes in der Hauptsache die geringeren Beschwerdegebühren nach Teil 3 Abschnitt 5 VV nicht angemessen sind, da diese Verfahren häufig sehr viel Arbeit und Aufwand verursachen und eine hohe Verantwortung des Anwalts gegeben ist. Daher hat der Gesetzgeber die Beschwerden gegen Entscheidungen der Verwaltungsgerichte im einstweiligen Rechtsschutz in den Katalog der Vorbem. 3.2.1 VV als neue Nr. 3 Buchst. a) aufgenommen. Der Anwalt erhält jetzt die gleichen Gebühren wie in einem Berufungsverfahren.

176

Für **Beschwerden gegen Zwischen- und Nebenentscheidungen** in Verfahren des einstweiligen Rechtsschutzes ist es dagegen bei den Gebühren nach Teil 3 Abschnitt 5 VV, also bei den Gebühren der Nrn. 3500, 3513 VV geblieben.

177

Für das Betreiben des Geschäfts (Vorbem. 3 Abs. 2 VV) im Beschwerdeverfahren erhält der Anwalt eine 1,6-Verfahrensgebühr nach Nr. 3200 VV. Soweit es zu einem Termin kommt, erhält er eine 1,2-Terminsgebühr nach Nr. 3202 VV.

178

| Beispiel 86 | Beschwerde gegen einstweilige Anordnung des Verwaltungsgerichts |

Gegen den Beschluss des VG, mit dem das Gericht den Antrag auf Aussetzung der sofortigen Vollziehung des Antragstellers abgelehnt hat, legt dieser Beschwerde zum OVG ein. Das OVG weist die Beschwerde ohne mündliche Verhandlung zurück und setzt den Streitwert auf 1.500,00 EUR fest.

Im Beschwerdeverfahren ist wie folgt zu rechnen:

1. 1,6-Verfahrensgebühr, Nr. 3200 VV   184,00 EUR
   (Wert: 1.500,00 EUR)
2. Postentgeltpauschale, Nr. 7002 VV   20,00 EUR
   Zwischensumme   204,00 EUR
3. 19 % Umsatzsteuer, Nr. 7008 VV   38,76 EUR
   Gesamt   **242,76 EUR**

---

[45] OVG Sachsen-Anhalt AGS 2012, 330 m. Anm. *N. Schneider* = JurBüro 2012, 298 = NJW-Spezial 2012, 445.

| Beispiel 87 | **Beschwerde gegen einstweilige Anordnung des Verwaltungsgerichts mit Termin** |

Wie vorangegangenes Beispiel; es kommt zu einem Termin zur mündlichen Verhandlung vor dem OVG.

Hinzu kommt jetzt eine 1,2-Terminsgebühr nach Nr. 3202 VV.

1.	1,6-Verfahrensgebühr, Nr. 3200 VV (Wert: 1.500,00 EUR)		184,00 EUR
2.	1,2-Terminsgebühr, Nr. 3202 VV (Wert: 1.500,00 EUR)		138,00 EUR
3.	Postentgeltpauschale, Nr. 7002 VV		20,00 EUR
	Zwischensumme	342,00 EUR	
4.	19 % Umsatzsteuer, Nr. 7008 VV		64,98 EUR
	Gesamt		**406,98 EUR**

179 Kommt es hier zu einer Einigung oder Erledigung, entsteht nach Anm. Abs. 1 zu Nr. 1004 VV eine 1,3-Einigungs- oder Erledigungsgebühr.

| Beispiel 88 | **Beschwerde gegen einstweilige Anordnung des Verwaltungsgerichts mit Termin und Einigung** |

Wie vorangegangenes Beispiel; im Termin zur mündlichen Verhandlung vor dem OVG wird eine Einigung erzielt.

Hinzu kommt jetzt noch eine 1,3-Einigungsgebühr nach Nrn. 1000, 1004 VV (Anm. Abs. 1 zu Nr. 1004 VV):

1.	1,6-Verfahrensgebühr, Nr. 3200 VV (Wert: 1.500,00 EUR)		184,00 EUR
2.	1,2-Terminsgebühr, Nr. 3202 VV (Wert: 1.500,00 EUR)		138,00 EUR
3.	1,3-Einigungsgebühr, Nr. 1000, 1004 VV (Wert: 1.500,00 EUR)		149,50 EUR
4.	Postentgeltpauschale, Nr. 7002 VV		20,00 EUR
	Zwischensumme	491,50 EUR	
5.	19 % Umsatzsteuer, Nr. 7008 VV		93,39 EUR
	Gesamt		**584,89 EUR**

XIX. Verwaltungsvollstreckungsverfahren

180 In den Verfahren der Verwaltungsvollstreckung gelten die Gebühren nach Abschnitt 3 Unterabschnitt 3 Teil 3 VV. Dies gilt für gerichtliche Verfahren über einen Akt der Zwangsvollstreckung (des Verwaltungszwangs) gem. Vorbem. 3.3.3 VV sowie für die außergerichtliche Tätigkeit im Verwaltungszwangsverfahren (Vorbem. 2.3 Abs. 1 VV). Dies gilt auch, sofern lediglich die Aufhebung einer Vollstreckungsmaßnahme beantragt ist, nicht jedoch für den Antrag auf Aufhebung der Vollziehung nach § 80 Abs. 5 VwGO. Dies sind Verfahren des einstweiligen Rechtsschutzes.

181 Auch hier gilt, dass jede einzelne Vollstreckungs- bzw. Verwaltungszwangsmaßnahme eine eigene Angelegenheit darstellt (§ 18 Abs. 1 Nr. 1 RVG).

182 Siehe im Einzelnen § 33 Rn 171 ff.

XX. Verkehrsanwalt

Auch in verwaltungsgerichtlichen Verfahren kommt ein Verkehrsanwalt in Betracht. Dieser erhält seine Vergütung ebenso wie in Zivilsachen nach Nr. 3400 VV. Er erhält also eine Verfahrensgebühr in Höhe der Gebühr des Hauptbevollmächtigten, höchstens jedoch 1,0 (siehe hierzu § 20 Rn 7 ff.).

183

XXI. Terminsvertreter

Wird im Verwaltungsrechtsstreit ein Terminsvertreter beauftragt, so bemisst sich seine Vergütung nach Nrn. 3401, 3402 VV. Der Terminsvertreter erhält zunächst einmal eine halbe Verfahrensgebühr (Nr. 3401 VV), erstinstanzlich also eine 0,65-Gebühr, und im Rechtsmittelverfahren eine 0,8-Gebühr. Daneben erhält der Terminsvertreter nach Nr. 3402 VV die volle Terminsgebühr. In erster und zweiter Instanz beläuft sich die Terminsgebühr auf 1,2, im Revisionsverfahren auf 1,5 (siehe hierzu § 20 Rn 37).

184

XXII. Als gemeinsamer Vertreter bestellter Rechtsanwalt

Nach § 67a Abs. 1 S. 2 VwGO kann das Gericht einen Rechtsanwalt als gemeinsamen Vertreter unter den dort genannten Voraussetzungen bestellen. In diesem Fall kann der bestellte Anwalt nach § 40 RVG die Vergütung eines von mehreren Auftraggebern zum Prozessbevollmächtigten bestellten Rechtsanwalts verlangen (§ 40 RVG).

185

Da die Bestellung eines Rechtsanwalts nach § 67a VwGO erst ab 20 Beteiligten möglich ist, wird die Höchstgrenze der Erhöhung nach Nr. 1008 VV stets erreicht, so dass der Anwalt also stets die um 2,0 erhöhte Verfahrensgebühr, in erster Instanz also 3,3, erhält.

186

Die Beteiligten selbst haften gesamtschuldnerisch, und zwar ein jeder von ihnen in der Höhe, in der er haften würde, wenn er den Auftrag allein erteilt hätte (§ 7 Abs. 2 RVG), also in Höhe der einfachen 1,3-Verfahrensgebühr.

187

Neben der Inanspruchnahme der Beteiligten kann der als gemeinsamer Vertreter bestellte Rechtsanwalt mit der Staatskasse abrechnen. Er erhält allerdings die Gebühren dann nur aus den Beträgen nach § 49 RVG. Eine Abrechnung gegenüber der Staatskasse ist nach § 45 Abs. 2 RVG allerdings nur möglich, wenn die Vertretenen mit der Zahlung in Verzug sind.

188

> **Beispiel 89** Abrechnung mit den Vertretenen im erstinstanzlichen Verfahren
>
> **Das Verwaltungsgericht hat in einem verwaltungsgerichtlichen Verfahren (Wert: 20.000,00 EUR) nach § 67a Abs. 1 S. 2 VwGO den Rechtsanwalt als gemeinsamen Vertreter für 25 Beteiligte bestellt. Es wird mündlich verhandelt.**
>
> Der Anwalt erhält von den Vertretenen die nach Nr. 1008 VV erhöhte Verfahrensgebühr sowie die Terminsgebühr.
>
> | | | |
> |---|---|---:|
> | 1. | 3,3-Verfahrensgebühr, Nrn. 3100, 1008 VV (Wert 20.000,00 EUR) | 2.448,60 EUR |
> | 2. | 1,2-Terminsgebühr, Nr. 3104 VV (Wert 20.000,00 EUR) | 890,40 EUR |
> | 3. | Postentgeltpauschale, Nr. 7002 VV | 20,00 EUR |
> | | Zwischensumme | 3.359,00 EUR |
> | 4. | 19 % Umsatzsteuer, Nr. 7008 VV | 638,21 EUR |
> | | **Gesamt** | **3.997,21 EUR** |

| Beispiel 90 | Abrechnung mit der Staatskasse |

Im vorangegangenen Beispiel zahlen die Beteiligten trotz Mahnung nicht. Der Rechtsanwalt rechnet daraufhin mit der Staatskasse ab.

Geraten die Beteiligten in Verzug, so kann der Anwalt mit der Staatskasse abrechnen (§ 45 Abs. 2 RVG). Er erhält dann dieselben Gebühren, allerdings nur nach den Beträgen des § 49 RVG.

1. 3,3-Verfahrensgebühr, Nrn. 3100, 1008 VV, § 49 RVG 1.197,90 EUR
   (Wert 20.000,00 EUR)
2. 1,2-Terminsgebühr, Nr. 3104 VV, § 49 RVG 435,60 EUR
3. Postentgeltpauschale, Nr. 7002 VV 20,00 EUR
   Zwischensumme 1.653,50 EUR
4. 19 % Umsatzsteuer, Nr. 7008 VV 314,17 EUR
   Gesamt **1.967,67 EUR**

Der Anspruch auf den Differenzbetrag zu den gesetzlichen Gebühren gegen die Beteiligten bleibt dem Anwalt erhalten. Er kann diesen Anspruch weiterhin geltend machen.

189 Einen **unmittelbaren Anspruch gegen den Gegner** wie im Fall des § 126 ZPO kann der gemeinsame Vertreter nicht geltend machen, es sei denn, er ist (auch) im Wege der Prozesskostenhilfe beigeordnet.

XXIII. Prozesskostenhilfe

190 Nach § 166 VwGO gelten die Vorschriften der ZPO über die Prozesskostenhilfe entsprechend. Insoweit gelten hier keine Besonderheiten. Der im Rahmen der Prozesskostenhilfe beigeordnete Anwalt kann hier mit der Staatskasse abrechnen ebenso wie in Zivilsachen (siehe zu Einzelheiten § 3).

XXIV. Beratungshilfe

191 Nach § 2 Abs. 2 BerHG wird auch in Angelegenheiten des Verwaltungsrechts Beratungshilfe gewährt. Insoweit ergeben sich hier keine Besonderheiten. Entstehen kann eine Beratungsgebühr (Nr. 2501 VV), eine Geschäftsgebühr (Nr. 2503 VV) und eine Einigungs-/Erledigungsgebühr (Nr. 2508 VV).

192 Die Gebühren können im Verwaltungs- und Nachprüfungsverfahren gesondert entstehen (§ 17 Nr. 1a RVG).

XXV. Verfahren nach dem Gesetz über den Rechtsschutz bei überlangen Gerichtsverfahren

193 Zur Vergütung in Verfahren nach dem Gesetz über den Rechtsschutz bei überlangen Gerichtsverfahren und strafrechtlichen Ermittlungsverfahren v. 24.11.2011[46] vor den Verwaltungsgerichten siehe § 32.

---

46 BGBl I 2011, S. 2302 ff.

§ 30 Steuerrechtliche Angelegenheiten

Inhalt

I. Überblick 1	1. Anwendbare Vorschriften 43
II. Beratung und Gutachten 6	2. Verfahrensgebühr 44
III. Prüfung der Erfolgsaussicht eines Rechtsmittels 7	a) Gebühr 44
IV. Außergerichtliche Vertretung 8	b) Anrechnung bei vorangegangener Tätigkeit 49
1. Hilfeleistungen in Steuersachen nach der StBVV 8	aa) Überblick 49
2. Außergerichtliche Vertretung im Besteuerungs- oder Verwaltungsverfahren außerhalb der StBVV 17	bb) Vorangegangene Tätigkeit richtet sich nach dem RVG 50
a) Überblick 17	cc) Vorangegangene Tätigkeit richtet sich nach der StBVV 52
b) Außergerichtliche Vertretung in einem Besteuerungsverfahren oder einem anderen Verwaltungsverfahren vor den Steuerbehörden 18	3. Terminsgebühr 54
	4. Einigung und Erledigung 61
3. Außergerichtliche Vertretung in einem Rechtsbehelfsverfahren 23	VI. Prüfung der Aussicht einer Revision oder Nichtzulassungsbeschwerde 64
a) Überblick 23	VII. Nichtzulassungsbeschwerde 65
b) Erstmalige Tätigkeit im Rechtsbehelfsverfahren 26	VIII. Revision 67
c) Tätigkeit im Rechtsbehelfsverfahren bei Vorbefassung im Besteuerungs- oder Verwaltungsverfahren 30	IX. Verfahren nach Zurückverweisung ... 72
	X. Einstweiliger Rechtsschutz 73
aa) Überblick 30	XI. Beschwerde im einstweiligen Rechtsschutz vor dem BFH nach § 128 Abs. 3 FGO 79
bb) Vorbefassung richtet sich nach RVG 31	XII. Allgemeine Beschwerdeverfahren 83
cc) Vorbefassung richtet sich nach StBVV 33	XIII. Erinnerungsverfahren 84
4. Außergerichtliche Vertretung in einem Verfahren auf Aussetzung der Vollziehung 38	XIV. Sonstige Angelegenheiten 86
V. Erstinstanzliche gerichtliche Tätigkeiten im Erkenntnisverfahren 43	XV. Verfahren nach dem Gesetz über den Rechtsschutz bei überlangen Gerichtsverfahren 88

I. Überblick

Steuerrechtliche Angelegenheiten sind **besondere Verwaltungsangelegenheiten**, so dass zunächst einmal die Regelungen für die Vergütung in verwaltungsrechtlichen Angelegenheiten entsprechend gelten. Auf die dortigen Ausführungen (siehe § 29) wird Bezug genommen. Die nachfolgende Darstellung beschränkt sich daher im Wesentlichen auf die Besonderheiten, die sich in **steuerrechtlichen und finanzgerichtlichen Angelegenheiten** ergeben.   **1**

Im außergerichtlichen Bereich ergibt sich insoweit eine Besonderheit, als § 35 RVG für bestimmte **Hilfeleistungen bei der Erfüllung allgemeiner Steuerpflichten und bei der Erfüllung steuerlicher Buchführungs- und Aufzeichnungspflichten** auch für den Anwalt auf die Steuerberatervergütungsverordnung (StBVV) verweist und in diesem Anwendungsbereich das RVG für unanwendbar erklärt (Vorbem. 2 Abs. 1 VV).   **2**

Eine weitere Besonderheit ergibt sich in **erstinstanzlichen Verfahren vor dem FG**, als dort nicht die Gebühren nach Teil 3 Abschnitt 1 VV gelten, sondern gem. Vorbem. 3.2.1 Nr. 1 VV die Gebühren nach Teil 3 Abschnitt 2 VV, also die Gebühren eines Berufungsverfahrens.   **3**

4 Die **Beschwerden nach § 128 Abs. 3 FGO** gegen Entscheidungen über eine Aussetzung der Vollziehung sind abweichend in Vorbem. 3.2.2 Nr. 3 VV geregelt und folgen den Vorschriften eines Revisionsverfahrens.

5 Der **Gegenstandswert** richtet sich
- soweit über § 35 RVG die Wertvorschriften der StBVV anzuwenden sind, nach den Wertvorschriften der StBVV. § 22 Abs. 2 RVG ist nicht anzuwenden;
- im Übrigen nach § 23 Abs. 1 RVG i.V.m. § 52 Abs. 1–3 GKG. Hier gilt – mit Ausnahmen – gem. § 52 Abs. 4 Nr. 1 GKG ein **Mindestwert** von 1.500,00 EUR.
- In Verfahren auf **Aussetzung der Vollziehung** gilt § 23 Abs. 1 S. 1 RVG i.V.m. § 53 Abs. 1 i.V.m. § 51 Abs. 1 und 2 GKG. Hier ist der Mindestwert des § 52 Abs. 4 GKG nicht anzuwenden.[1]

Ergänzend sind hier die Empfehlungen des **Streitwertkatalogs für die Finanzgerichtsbarkeit** heranzuziehen.

II. Beratung und Gutachten

6 Beratungs- und Gutachtentätigkeiten fallen nicht unter § 35 RVG, da sie in den §§ 21, 22 StBVV geregelt sind, auf die § 35 RVG nicht Bezug nimmt. Es gelten insoweit die allgemeinen Vorschriften (siehe hierzu § 6 Rn 1 ff.).[2] Lediglich auf die Prüfung von Steuerbescheiden (§ 28 StBVV) wird Bezug genommen, so dass diese Regelung den Tatbeständen des RVG vorgeht.

III. Prüfung der Erfolgsaussicht eines Rechtsmittels

7 Soll der Anwalt die Erfolgsaussicht eines Rechtsmittels, also einer Revision, einer Nichtzulassungsbeschwerde oder einer Beschwerde prüfen, gelten die Nrn. 2100, 2101 VV, da die StBVV insoweit keine Tatbestände enthält, auf die § 35 RVG verweist. Die Prüfung der Erfolgsaussicht eines Einspruchs gegen einen Steuerbescheid fällt nicht unter Nrn. 2100, 2101 VV, da der Einspruch kein Rechtsmittel, sondern ein Rechtsbehelf ist (zur Abrechnung siehe § 7 Rn 1 ff.).

IV. Außergerichtliche Vertretung

1. Hilfeleistungen in Steuersachen nach der StBVV

8 Für bestimmte außergerichtliche Tätigkeiten in Steuersachen gilt nach § 35 RVG die StBVV entsprechend. Insoweit sind die Gebührentatbestände nach Teil 2 VV ausgeschlossen (Vorbem. 2 Abs. 1 VV). Die Regelungen der anderen Teile des VV sind dagegen anzuwenden, also z.B. auch die Einigungsgebühr nach Nr. 1000 VV sowie die Auslagen nach Teil 7 VV.

---

1 BFH AGS 2008, 96 = DStR 2008, 49 = StE 2008, 24 = NJW-Spezial 2008, 59 = DStRE 2008, 196 = DStZ 2008, 94 = RVGreport 2008, 76; FG Düsseldorf AGS 2007, 568 = EFG 2006, 1103; FG Sachsen-Anhalt EFG 2007, 293 = StE 2007, 122; FG Brandenburg EFG 2006, 1704 = StE 2006, 473; FG Köln RVGreport 2007, 255 = EFG 2007, 793 = StE 2007, 315; Thüringer FG EFG 2005, 1563 = FGReport 2005, 84; a.A. Sächsisches FG AGS 2007, 568 = EFG 2006, 1103.
2 *Mayer/Kroiß/Teubel*, § 35 Rn 9.

Soweit die StBVV besondere Regelungen zum Gegenstandswert enthält, gehen diese gem. § 35 RVG ebenfalls den Vorschriften des RVG (§§ 23 ff. RVG) vor.

Unklar ist hier lediglich, ob auch hier die Begrenzung des Gegenstandswerts nach § 22 Abs. 2 RVG gilt. Dies wird man zutreffenderweise verneinen müssen.[3]

Erbringt der Anwalt **Hilfeleistungen bei der Erfüllung allgemeiner Steuerpflichten und bei der Erfüllung steuerlicher Buchführungs- und Aufzeichnungspflichten**, so sind nach § 35 RVG die Gebührentatbestände der §§ 23 bis 39 StBVV i.V.m. den §§ 10 und 13 StBVV entsprechend anzuwenden. Soweit diese anzuwenden sind, kommen Gebühren nach Teil 2 VV nicht in Betracht (Vorbem. 2 Abs. 1 VV).

Auch wenn vorrangig die StBVV gilt und die Gebührentatbestände nach Teil 2 VV insoweit ausgeschlossen sind, bedeutet dies nicht, dass insgesamt das RVG nicht gelte, was sich schon aus dem Umkehrschluss zu Vorbem. 2 Abs. 1 VV ergibt. Die sonstigen Regelungen des RVG bleiben anwendbar, so insbesondere die Vorschriften über eine Vergütungsvereinbarung (§§ 3a ff. RVG), zur Fälligkeit (§ 9 RVG), zur Form der Abrechnung (§ 10 RVG), zur Bestimmung von Rahmengebühren (§ 14 RVG) etc.

Anzuwenden sind auch Vergütungstatbestände außerhalb Teil 2 VV, also die Allgemeinen Gebühren nach Teil 1 VV (Nrn. 1000 ff. VV).[4] Der Anwalt kann daher eine **Einigungsgebühr** nach Nr. 1000 VV verdienen. Eine **Erledigungsgebühr** kommt dagegen tatbestandlich nicht in Betracht, da diese Vorschrift ein Rechtsbehelfsverfahren voraussetzt.

Eine **Gebührenerhöhung bei Vertretung mehrerer Auftraggeber** bei der Hilfeleistung in Steuersachen kommt nicht in Betracht, da die StBVV eine solche Erhöhung nur in Rechtsbehelfsverfahren vor den Verwaltungsbehörden kennt (§§ 6, 40 Abs. 5 S. 1 StBVV). Die Anwendung der Nr. 1008 VV scheidet tatbestandlich aus, da es sich bei den in § 35 RVG in Bezug genommenen Gebühren der StBVV nicht um Geschäftsgebühren handelt. Der Mehraufwand kann nur im Rahmen des § 14 Abs. 1 RVG berücksichtigt werden.

Anzuwenden sind ferner die **Auslagentatbestände** der Nrn. 7000 ff. VV, da auch insoweit nicht auf die entsprechenden Regelungen der StBVV verwiesen wird.

| Beispiel 1 | Hilfeleistung bei Abgabe einer Steuererklärung |

Der Anwalt fertigt für den Mandanten die Erbschaftssteuererklärung (Wert des Nachlasses: 150.000,00 EUR). Es ergeht ein Erbschaftssteuerbescheid über 4.000,00 EUR.

Für die Abgabe der Steuererklärung gilt § 35 RVG i.V.m. § 24 Nr. 12. Hs. 1 StBVV. Der Anwalt erhält eine Gebühr von 2/10–10/10 nach Tabelle A.

Der Gegenstandswert bestimmt sich nach § 24 Nr. 12 Hs. 2 StBVV. Maßgebend ist der Wert des Erwerbs von Todes wegen vor Abzug der Schulden und Lasten, jedoch mindestens 16.000,00 EUR.

---

[3] Siehe ausführlich *N. Schneider*, AGS 2005, 322.
[4] Auf die Erledigungsgebühr des Steuerberaters (§ 40 Abs. 2 StBGebV) wird nicht Bezug genommen.

Ausgehend von der Mittelgebühr ist daher wie folgt abzurechnen:

1. 6/10-Gebühr, § 35 RVG i.V.m. § 24 Nr. 12 StBVV
   (Wert: 150.000,00 EUR) — 998,40 EUR
2. Postentgeltpauschale, Nr. 7002 VV — 20,00 EUR
   Zwischensumme — 1.018,40 EUR
3. 19 % Umsatzsteuer, Nr. 7008 VV — 193,50 EUR
   Gesamt — **1.211,90 EUR**

Beispiel 2 | **Hilfeleistung bei Abgabe einer Steuererklärung mit Einigung**

Der Anwalt fertigt für den Mandanten die Erbschaftssteuererklärung (Wert des Nachlasses: 150.000,00 EUR). Es finden hiernach Verhandlungen mit der Behörde über die Bewertung des Nachlasses statt. Insoweit wird eine Einigung mit dem Finanzamt über den zu versteuernden Nachlasswert erzielt.

Abzurechnen ist wie im vorangegangenen Beispiel; hinzu kommt noch eine 1,5-Einigungsgebühr nach Nr. 1000 VV.

1. 6/10-Gebühr, § 35 RVG i.V.m. § 24 Nr. 12 StBVV
   (Wert: 150.000,00 EUR) — 998,40 EUR
2. 1,5-Einigungsgebühr, Nr. 1000 VV
   (Wert: 150.000,00 EUR) — 2.637,00 EUR
3. Postentgeltpauschale, Nr. 7002 VV — 20,00 EUR
   Zwischensumme — 3.655,40 EUR
4. 19 % Umsatzsteuer, Nr. 7008 VV — 694,53 EUR
   Gesamt — **4.349,93 EUR**

16 Wird der Anwalt mit einem Antrag auf **Stundung einer Steuerforderung** beauftragt, so handelt es sich um eine Einzeltätigkeit, die sich nach § 35 RVG i.V.m. § 23 Nr. 2 StBVV berechnet. Die Gebühren hierfür erhält der Anwalt gesondert neben einer Tätigkeit im Besteuerungs-, Widerspruchs- oder Klageverfahren. Der Anwalt erhält für einen Antrag auf Stundung 2/10 bis 8/10 einer vollen Gebühr nach Tabelle A (Anlage 1 zur StBVV).

Beispiel 3 | **Stundungsantrag**

Der Anwalt stellt für den Mandanten einen Antrag auf Stundung der Erbschaftssteuerforderung i.H.v. 20.000,00 EUR.

Gegenstandswert ist das Interesse (§ 10 Abs. 1 StBVV), dass die StBVV keine ausdrückliche Wertvorschrift enthält. Hier soll von 1/4 der zu stundenden Forderung ausgegangen werden. Ausgehend von der Mittelgebühr erhält der Anwalt für den Stundungsantrag:

1. 5/10-Gebühr, § 35 RVG i.V.m. § 23 Nr. 2 StBVV
   (Wert: 5.000,00 EUR) — 158,00 EUR
2. Postentgeltpauschale, Nr. 7002 VV — 20,00 EUR
   Zwischensumme — 178,00 EUR
3. 19 % Umsatzsteuer, Nr. 7008 VV — 33,82 EUR
   Gesamt — **211,82 EUR**

2. Außergerichtliche Vertretung im Besteuerungs- oder Verwaltungsverfahren außerhalb der StBVV

a) Überblick

Sonstige außergerichtliche Tätigkeiten in steuer- und finanzrechtlichen Angelegenheiten, also Tätigkeiten, die nicht unter § 35 RVG fallen, werden nach dem RVG vergütet. **17**

b) Außergerichtliche Vertretung in einem Besteuerungsverfahren oder einem anderen Verwaltungsverfahren vor den Steuerbehörden

Für die außergerichtliche Vertretung in einem Besteuerungsverfahren oder einem anderen Verwaltungsverfahren vor den Steuerbehörden außerhalb des Anwendungsbereichs des § 35 RVG erhält der Anwalt die Gebühr nach Nr. 2300 VV (z.B. in einem Verfahren auf Grundbesitz-Bedarfswertfeststellung nach dem BewG oder in Kindergeldverfahren). **18**

Anzuwenden ist jetzt auch Nr. 1008 VV bei Vertretung mehrerer Auftraggeber. **19**

Hinzukommen kann auch hier eine **1,5-Einigungsgebühr** nach Nr. 1000 VV. **20**

Die **Auslagen** richten sich nach Teil 7 VV. **21**

Insoweit kann auf die Ausführungen zu den allgemeinen Verwaltungsverfahren (siehe § 29 Rn 13 ff.) verwiesen werden. **22**

3. Außergerichtliche Vertretung in einem Rechtsbehelfsverfahren

a) Überblick

Gegenüber dem Besteuerungsverfahren oder einem sonstigen Verwaltungsverfahren ist das Einspruchsverfahren oder ein anderes Rechtsbehelfsverfahren nach § 17 Nr. 1a RVG eine **eigene Angelegenheit**. **23**

Anzuwenden ist ausschließlich das RVG. Die Vorschrift des § 35 RVG verweist nicht auf die §§ 40 ff. StBVV. Der Anwalt erhält also immer eine Geschäftsgebühr nach Nr. 2300 VV mit einem Rahmen von 0,5–2,5 und einer Schwellengebühr von 1,3 (Anm. zu Nr. 2300 VV). Vertritt der Anwalt mehrere Auftraggeber wegen desselben Gegenstands, erhöht sich die Gebühr nach Nr. 1008 VV um 0,3 je weiteren Auftraggeber, höchstens um 2,0. **24**

Hinzukommen kann eine 1,5-Einigungsgebühr (Nr. 1000 VV) oder eine 1,5-Erledigungsgebühr (Nr. 1002 VV). **25**

b) Erstmalige Tätigkeit im Rechtsbehelfsverfahren

Wird der Anwalt erstmals im Rechtsbehelfsverfahren beauftragt, entsteht die Geschäftsgebühr der Nr. 2300 VV sowie gegebenenfalls eine Einigungs- oder Erledigungsgebühr nebst Auslagen nach Teil 7 VV. **26**

§ 30 Steuerrechtliche Angelegenheiten

Beispiel 4 | **Vertretung in einem Einspruchsverfahren**

Der Anwalt legt für den Mandanten gegen den Steuerbescheid über 8.000,00 EUR Einspruch ein.

Für das Einspruchsverfahren erhält der Anwalt eine Geschäftsgebühr nach Nr. 2300 VV. Ausgehend von der Mittelgebühr ist wie folgt abzurechnen:

1.	1,5-Geschäftsgebühr, Nr. 2300 VV		684,00 EUR
2.	Postentgeltpauschale, Nr. 7002 VV		20,00 EUR
	Zwischensumme	704,00 EUR	
3.	19 % Umsatzsteuer, Nr. 7008 VV		133,76 EUR
	Gesamt		**837,76 EUR**

27 Vertritt der Anwalt mehrere Auftraggeber, erhöht sich die Geschäftsgebühr nach Nr. 1008 VV um 0,3 je weiteren Auftraggeber, höchstens um 2,0, sofern der Gegenstand derselbe ist.

Beispiel 5 | **Vertretung in einem Einspruchsverfahren, mehrere Auftraggeber**

Der Anwalt legt für die zusammen veranlagten Eheleute gegen deren Steuerbescheid über 8.000,00 EUR Einspruch ein.

Für das Einspruchsverfahren erhält der Anwalt eine Geschäftsgebühr nach Nr. 2300 VV. Ausgehend von der Schwellengebühr ist wie folgt abzurechnen:

1.	1,6-Geschäftsgebühr, Nrn. 2300, 1008 VV		729,60 EUR
2.	Postentgeltpauschale, Nr. 7002 VV		20,00 EUR
	Zwischensumme	749,60 EUR	
3.	19 % Umsatzsteuer, Nr. 7008 VV		142,42 EUR
	Gesamt		**892,02 EUR**

28 Kommt es zu einer Einigung i.S.d. Nr. 1000 VV, erhält der Anwalt zusätzlich eine 1,5-Einigungsgebühr nach Nr. 1000 VV.

Beispiel 6 | **Vertretung in einem Einspruchsverfahren mit Einigung**

Der Anwalt legt für den Mandanten gegen den Steuerbescheid über 8.000,00 EUR Einspruch ein. Es kommt zu einer Einigung mit dem Finanzamt.

Abzurechnen ist wie in Beispiel 4; hinzu kommt eine 1,5-Einigungsgebühr.

1.	1,5-Geschäftsgebühr, Nr. 2300 VV		684,00 EUR
2.	1,5-Einigungsgebühr, Nr. 1000 VV		684,00 EUR
3.	Postentgeltpauschale, Nr. 7002 VV		20,00 EUR
	Zwischensumme	1.388,00 EUR	
4.	19 % Umsatzsteuer, Nr. 7008 VV		263,72 EUR
	Gesamt		**1.651,72 EUR**

29 Kommt es zu einer Erledigung i.S.d. Nr. 1002 VV, erhält der Anwalt zusätzlich eine 1,5- Erledigungsgebühr nach Nr. 1002 VV.

IV. Außergerichtliche Vertretung § 30

Beispiel 7 — **Vertretung in einem Einspruchsverfahren mit Erledigung**

Der Anwalt legt für den Mandanten gegen den Steuerbescheid über 8.000,00 EUR Einspruch ein. Es kommt zu einer Erledigung.

Abzurechnen ist wie in Beispiel 4; hinzu kommt eine 1,5-Erledigungsgebühr.

1.	1,5-Geschäftsgebühr, Nr. 2300 VV		684,00 EUR
2.	1,5-Erledigungsgebühr, Nr. 1002 VV		684,00 EUR
3.	Postentgeltpauschale, Nr. 7002 VV		20,00 EUR
	Zwischensumme	1.388,00 EUR	
4.	19 % Umsatzsteuer, Nr. 7008 VV		263,72 EUR
	Gesamt		**1.651,72 EUR**

c) Tätigkeit im Rechtsbehelfsverfahren bei Vorbefassung im Besteuerungs- oder Verwaltungsverfahren

aa) Überblick

War der Anwalt bereits im Besteuerungsverfahren oder einem anderen Verwaltungsverfahren vor der Steuerbehörde oder einer anderen Verwaltungsbehörde tätig, ist die dort verdiente Gebühr hälftig anzurechnen, bei mehreren Gebühren sind sämtliche Gebühren anzurechnen. **30**

- Soweit eine Geschäftsgebühr nach Nr. 2300 VV angefallen ist, ergibt sich die Anrechnung aus Vorbem. 2.3 Abs. 4 VV.
- Soweit eine Gebühr nach der StBVV angefallen ist, erfolgt die Anrechnung nach § 35 Abs. 2 StBVV i.V.m. Vorbem. 2.3 Abs. 4 VV.

bb) Vorbefassung richtet sich nach RVG

Hatte der Anwalt im Besteuerungs- oder Verwaltungsverfahren eine Geschäftsgebühr nach Nr. 2300 VV verdient, ist diese nach Vorbem. 2.3 Abs. 4 S. 1 VV hälftig anzurechnen, höchstens zu 0,75. **31**

Beispiel 8 — **Anrechnung einer Geschäftsgebühr im Verwaltungs-/Besteuerungsverfahren auf die nachfolgende Geschäftsgebühr des Einspruchsverfahrens**

Die Kindergeldkasse hatte von der Mandantin Kindergeld für sechs Monate zurückverlangt. Der Anwalt hatte das Verlangen zurückgewiesen. Gegen den hiernach ergangenen Rückforderungsbescheid legt der Anwalt Widerspruch ein.

Für das Verwaltungsverfahren erhält der Anwalt eine Geschäftsgebühr nach Nr. 2300 VV. Für das Widerspruchsverfahren entsteht eine weitere Geschäftsgebühr nach Nr. 2300 VV, auf die gem. Vorbem. 2.3 Abs. 4 S. 1 VV die erste Gebühr hälftig anzurechnen ist.

Der Gegenstandswert berechnet sich gem. dem Streitwertkatalog der Finanzgerichtsbarkeit nach dem verlangten Betrag, also hier nach dem Wert i.H.v. 6 x 184,00 EUR = 1.104,00 EUR. Der Mindestbetrag des § 52 Abs. 4 Nr. 1 GKG greift hier nicht, da er nicht für Kindergeldangelegenheiten gilt.

Ausgehend jeweils von der sog. Schwellengebühr i.H.v. 1,3 ergibt dies folgende Berechnung:

§ 30 Steuerrechtliche Angelegenheiten

I. Besteuerungsverfahren
1. 1,3-Geschäftsgebühr, Nr. 2300 VV
   (Wert: 1.104,00 EUR) — 149,50 EUR
2. Postentgeltpauschale, Nr. 7002 VV — 20,00 EUR
   Zwischensumme — 169,50 EUR
3. 19 % Umsatzsteuer, Nr. 7008 VV — 32,21 EUR
Gesamt — 201,71 EUR

II. Einspruchsverfahren
1. 1,3-Geschäftsgebühr, Nr. 2300 VV
   (Wert: 1.104,00 EUR) — 149,50 EUR
2. gem. Vorbem. 2.3 Abs. 4 S. 1 VV anzurechnen, 0,65 aus 1.104,00 EUR — − 74,75 EUR
3. Postentgeltpauschale, Nr. 7002 VV — 20,00 EUR
   Zwischensumme — 94,75 EUR
4. 19 % Umsatzsteuer, Nr. 7008 VV — 18,00 EUR
Gesamt — 112,75 EUR

32 Wegen der Einzelheiten kann auf die Ausführungen zu den allgemeinen Verwaltungsverfahren (siehe § 29 Rn 28 ff.) Bezug genommen werden.

cc) Vorbefassung richtet sich nach StBVV

33 Aufgrund der Umstellung durch das 2. KostRMoG von einer ermäßigten Rahmengebühr nach Nr. 2301 VV a.F. bei Vorbefassung auf eine Gebührenanrechnung war in § 35 RVG eine ergänzende Regelung für die Fälle erforderlich, in denen sich die Gebühren in einer dem Nachprüfungsverfahren (Einspruchsverfahren) vorangehenden anwaltlichen Tätigkeit nicht nach dem RVG richten, sondern gem. § 35 Abs. 1 RVG nach der StBVV.

34 Diese Regelung findet sich in § 35 Abs. 2 S. 1 RVG. Danach ist eine Gebühr nach §§ 23, 24 oder 31 StBVV anzurechnen wie eine Geschäftsgebühr nach Nr. 2300 VV. Eine solche Gebühr wird also hälftig angerechnet, höchstens zu einem Satz von 0,75 (Vorbem. 2.3 Abs. 4 S. 1 VV).

35 Da der Gegenstandswert nach der StBVV im Verwaltungsverfahren (Besteuerungsverfahren) i.d.R. höher ist als der Gegenstandswert nach dem RVG im Nachprüfungsverfahren, ordnet § 35 Abs. 2 S. 2 RVG ergänzend an, dass die Gebühr nach der StBVV nur nach dem geringeren Wert der nachfolgenden Geschäftsgebühr anzurechnen ist.

Beispiel 9 — **Anrechnung einer Gebühr nach der StBVV auf nachfolgende Geschäftsgebühr**

Der Anwalt hatte für den Mandanten die Erbschaftssteuererklärung (Wert des Nachlasses: 150.000,00 EUR) erstellt und beim Finanzamt eingereicht. Es ist ein Erbschaftssteuerbescheid über 4.000,00 EUR ergangen. Dagegen legt der Anwalt auftragsgemäß Einspruch ein.

Für das Besteuerungsverfahren erhält der Anwalt eine Gebühr nach § 35 RVG i.V.m. § 24 Abs. 1 Nr. 12 StBVV aus der Tabelle A der StBVV (Anlage 1 zur StBVV). Der Gegenstandswert richtet sich nach Anm. zu § 24 Abs. 1 Nr. 12 StBVV und beläuft sich auf den Wert des Nachlasses.

Im Einspruchsverfahren greift die Verweisung des § 35 RVG nicht, da auf § 40 StBVV nicht Bezug genommen wird. Der Anwalt erhält daher eine Geschäftsgebühr nach Nr. 2300 VV. Maßgebend ist jetzt gem. § 23 Abs. 1 S. 3 RVG i.V.m. § 52 Abs. 1, 3 GKG der Wert der angegriffenen Steuerforderung, hier also 4.000,00 EUR.

Anzurechnen ist jetzt noch die Gebühr des § 24 Abs. 1 Nr. 12 StBVV zur Hälfte (Vorbem. 2.3. Abs. 4 S. 1 VV), und zwar aus dem Wert der Steuerforderung (§ 35 Abs. 2 S. 2 RVG).

Ausgehend jeweils von den Mittelgebühren ergibt dies folgende Berechnung:

I. Besteuerungsverfahren
1. 6/10-Gebühr, § 35 RVG i.V.m. § 24 Abs. 1 Nr. 12 StBVV
   (Wert: 150.000,00 EUR) 998,40 EUR
2. Postentgeltpauschale, Nr. 7002 VV 20,00 EUR
   Zwischensumme 1.018,40 EUR
3. 19 % Umsatzsteuer, Nr. 7008 VV 193,50 EUR
   Gesamt **1.211,90 EUR**

II. Einspruchsverfahren
1. 1,5-Geschäftsgebühr, Nr. 2300 VV
   (Wert: 4.000,00 EUR) 378,00 EUR
2. gem. § 35 Abs. 2 RVG i.V.m. Vorbem. 2.3 Abs. 4 S. 1
   VV anzurechnen, 3/10 aus 4.000,00 EUR nach Anlage 1
   Tabelle A StBVV − 77,10 EUR
3. Postentgeltpauschale, Nr. 7002 VV 20,00 EUR
   Zwischensumme 320,90 EUR
4. 19 % Umsatzsteuer, Nr. 7008 VV 60,97 EUR
   Gesamt **381,87 EUR**

Weiterhin ist zu berücksichtigen, dass nach der StBVV mehrere Gebühren anfallen können. In diesem Fall sollen alle Gebühren hälftig angerechnet werden, indem die Summe der Gebühren hälftig angerechnet wird (§ 35 Abs. 2 S. 2 RVG). 36

| Beispiel 10 | Anrechnung mehrerer Gebühren nach der StBVV auf nachfolgende Geschäftsgebühr |

Der Anwalt hatte für den Mandanten eine Körperschaftssteuererklärung erstellt (Wert: 120.000,00 EUR) und insoweit mit dem Finanzamt eine Besprechung geführt. Es ist ein Steuerbescheid ergangen. Dagegen legt der Anwalt auftragsgemäß Einspruch ein, da die Steuerforderung nach Auffassung des Mandanten um 3.000,00 EUR zu hoch angesetzt ist.

Für das Besteuerungsverfahren erhält der Anwalt eine Gebühr nach § 35 RVG i.V.m. § 24 Abs. 1 Nr. 3 StBVV sowie eine weitere Gebühr für die Besprechung nach § 31 StBVV. Der Gegenstandswert richtet sich nach Anm. zu § 24 Abs. 1 Nr. 3 StBVV.

Anzurechnen ist jetzt das gesamte Gebührenaufkommen (§ 35 Abs. 2 S. 1 RVG), allerdings auch hier nur aus dem übergegangenen Wert i.H.v. 4.000,00 EUR (§ 35 Abs. 2 S. 2 RVG).

Ausgehend jeweils von den Mittelgebühren ergibt dies folgende Berechnung:

I. Besteuerungsverfahren
1. 5/10-Gebühr, § 35 RVG i.V.m. § 24 Abs. 1 Nr. 3 StBVV
   (Wert: 120.000,00 EUR) 751,50 EUR
2. 7,5/10-Gebühr, § 35 RVG i.V.m. § 31 StBVV
   (Wert: 120.000,00 EUR) 1.127,25 EUR
3. Postentgeltpauschale, Nr. 7002 VV 20,00 EUR
   Zwischensumme 1.898,75 EUR
4. 19 % Umsatzsteuer, Nr. 7008 VV 360,76 EUR
   Gesamt **2.259,51 EUR**

§ 30 Steuerrechtliche Angelegenheiten

II. Einspruchsverfahren
1. 1,5-Geschäftsgebühr, Nr. 2300 VV
   (Wert: 4.000,00 EUR) — 378,00 EUR
2. gem. § 35 Abs. 2 RVG i.V.m. Vorbem. 2.3 Abs. 4 S. 1
   VV anzurechnen (12,5/10 : 2 =) 6,25/10 aus
   4.000,00 EUR nach Anlage 1 Tabelle A StBVV — − 160,63 EUR
3. Postentgeltpauschale, Nr. 7002 VV — 20,00 EUR
   Zwischensumme — 237,37 EUR
4. 19 % Umsatzsteuer, Nr. 7008 VV — 45,10 EUR
   Gesamt — **282,47 EUR**

37 Zu beachten ist auch hier die Begrenzung der Anrechnung auf 0,75 nach Vorbem. 2.3 Abs. 4 S. 1 VV, wenn die Summe der Gebühren nach der StBVV über 15/10 gelegen ist.

> **Beispiel 11** — Anrechnung mehrerer Gebühren nach der StBVV auf nachfolgende Geschäftsgebühr mit Anrechnungsbegrenzung

Wie vorangegangenes Beispiel 10; jedoch soll für die Gebühren nach der StBVV von den Höchstsätzen ausgegangen werden.

Für das Besteuerungsverfahren ergeben sich jetzt Gebühren i.H.v. 8/10 + 10/10 = 18/10, so dass hälftig 9/10 anzurechnen wären. Gem. Vorbem. 2.3 Abs. 4 S. 1 VV bleibt die Anrechnung jedoch auf 7,5/10 beschränkt.

I. Besteuerungsverfahren
1. 8/10-Gebühr, § 35 RVG i.V.m. § 24 Abs. 1 Nr. 3 StBVV
   (Wert: 120.000,00 EUR) — 1.202,40 EUR
2. 10/10-Gebühr, § 35 RVG i.V.m. § 31 StBVV
   (Wert: 120.000,00 EUR) — 1.503,00 EUR
3. Postentgeltpauschale, Nr. 7002 VV — 20,00 EUR
   Zwischensumme — 2.725,40 EUR
4. 19 % Umsatzsteuer, Nr. 7008 VV — 517,83 EUR
   Gesamt — **3.243,23 EUR**

II. Gerichtliches Verfahren
1. 1,5-Geschäftsgebühr, Nr. 2300 VV
   (Wert: 4.000,00 EUR) — 378,00 EUR
2. gem. § 35 Abs. 2 RVG i.V.m. Vorbem. 2.3 Abs. 4 S. 1
   VV anzurechnen (18/10 : 2 =) 9/10, aber gem. Vorbem.
   2.3 Abs. 4 S. 1 RVG nicht mehr als 7,5/10 aus
   4.000,00 EUR nach Anlage 1 Tabelle A StBVV — − 192,75 EUR
3. Postentgeltpauschale, Nr. 7002 VV — 20,00 EUR
   Zwischensumme — 205,25 EUR
4. 19 % Umsatzsteuer, Nr. 7008 VV — 39,00 EUR
   Gesamt — **244,25 EUR**

4. Außergerichtliche Vertretung in einem Verfahren auf Aussetzung der Vollziehung

38 Für die Vertretung in einem Verfahren auf Aussetzung der Vollziehung nach § 69 Abs. 2 FGO vor dem Finanzamt oder einer anderen Behörde gilt das RVG i.V.m. den Vorschriften des VV, nicht § 35 i.V.m. der StBVV, da in § 35 RVG nicht auch auf § 44 StBVV Bezug genommen wird. Die Tätigkeit ist nach § 17 Nr. 1a RVG gegenüber der Tätigkeit im Einspruchsverfahren eine **eigene selbstständige Angelegenheit**, so dass der Anwalt hier wiederum eine Geschäftsgebühr erhält.

IV. Außergerichtliche Vertretung § 30

Diese richtet sich nach Nr. 2300 VV, und zwar auch dann, wenn der Anwalt bereits im Besteuerungsverfahren tätig war.

Der Gegenstandswert im Verfahren auf Aussetzung bemisst sich i.d.R. mit 10 % der Steuerforderung.[5] Der Mindeststreitwert des § 52 Abs. 4 GKG greift hier nicht.[6] **39**

> **Beispiel 12** Hilfeleistung bei Abgabe einer Steuererklärung mit anschließendem Einspruchsverfahren und Verfahren auf Aussetzung der Vollziehung

Der Anwalt fertigt für den Mandanten die Erbschaftssteuererklärung (Wert des Nachlasses: 150.000,00 EUR). Es ergeht ein Erbschaftssteuerbescheid über 4.000,00 EUR. Der Mandant beauftragt den Anwalt, gegen den Steuerbescheid Einspruch einzulegen und zugleich gem. § 69 Abs. 2 FGO die Aussetzung der Vollziehung zu beantragen.

Für die Abgabe der Steuererklärung gilt wiederum § 35 RVG i.V.m. § 24 Nr. 12 StBVV, für das Einspruchsverfahren gilt Nr. 2300 VV unter hälftiger Anrechnung der vorangegangenen Gebühr.

Das Verfahren auf Aussetzung ist nach § 17 Nr. 1a RVG eine weitere eigene Angelegenheit, die nach Nr. 2300 VV vergütet wird, allerdings aus dem geringeren Wert.

I. Steuererklärung (Wert: 150.000,00 EUR)		
1. 6/10-Gebühr, § 35 RVG i.V.m. § 24 Nr. 12 StBVV		998,40 EUR
2. Postentgeltpauschale, Nr. 7002 VV		20,00 EUR
Zwischensumme	1.018,40 EUR	
3. 19 % Umsatzsteuer, Nr. 7008 VV		193,50 EUR
Gesamt		**1.211,90 EUR**
II. Einspruchsverfahren (Wert: 4.000,00 EUR)		
1. 1,5-Geschäftsgebühr, Nr. 2300 VV		378,00 EUR
2. gem. § 35 Abs. 2 S. 1 RVG anzurechnen, 3/10 aus 4.000,00 EUR		− 77,10 EUR
3. Postentgeltpauschale, Nr. 7002 VV		20,00 EUR
Zwischensumme	320,90 EUR	
4. 19 % Umsatzsteuer, Nr. 7008 VV		60,97 EUR
Gesamt		**381,87 EUR**
III. Verfahren auf Aussetzung (Wert: 400,00 EUR)		
1. 1,5-Geschäftsgebühr, Nr. 2300 VV		67,50 EUR
2. Postentgeltpauschale, Nr. 7002 VV		13,50 EUR
Zwischensumme	81,00 EUR	
3. 19 % Umsatzsteuer, Nr. 7008 VV		15,39 EUR
Gesamt		**96,39 EUR**

Zur **Anrechnung der Verfahrensgebühr** in einem nachfolgenden gerichtlichen Verfahren auf Aussetzung siehe unten (vgl. Rn 75). **40**

Darüber hinaus kann der Anwalt auch eine **1,5-Einigungsgebühr** nach Nr. 1000 VV verdienen. **41**

---

5 Siehe Streitwertkatalog der Finanzgerichtsbarkeit Nr. 8.
6 BFH AGS 2008, 96 = DStR 2008, 49 = StE 2008, 24 = NJW-Spezial 2008, 59 = DStRE 2008, 196 = DStZ 2008, 94 = RVGreport 2008, 76; FG Düsseldorf AGS 2007, 568 = EFG 2006, 1103; FG Sachsen-Anhalt EFG 2007, 293 = StE 2007, 122; FG Brandenburg EFG 2006, 1704 = StE 2006, 473; FG Köln RVGreport 2007, 255 = EFG 2007, 793 = StE 2007, 315; Thüringer FG EFG 2005, 1563 = FGReport 2005, 84; a.A. Sächsisches FG AGS 2007, 568 = EFG 2006, 1103.

| **Beispiel 13** | **Vertretung im Verfahren auf Aussetzung mit Einigung** |

Der Anwalt wird beauftragt, die Aussetzung der Vollziehung eines Steuerbescheids über 50.000,00 EUR zu beantragen. Aufgrund der Mitwirkung des Anwalts kommt es zu einer Einigung mit dem Finanzamt. Als Gegenstandswert ist für die Aussetzung der Vollziehung 1/10 der Steuerforderung in Ansatz zu bringen.

Der Anwalt erhält neben der Geschäftsgebühr auch eine 1,5-Einigungsgebühr nach Nr. 1000 VV.

1. 1,5-Geschäftsgebühr, Nr. 2300 VV
   (Wert: 5.000,00 EUR)   454,50 EUR
2. 1,5-Einigungsgebühr, Nr. 1002 VV
   (Wert: 5.000,00 EUR)   454,50 EUR
3. Postentgeltpauschale, Nr. 7002 VV   20,00 EUR
   Zwischensumme   929,00 EUR
4. 19 % Umsatzsteuer, Nr. 7008 VV   176,51 EUR
   Gesamt   **1.105,51 EUR**

42   Eine **1,5-Erledigungsgebühr** nach Nr. 1002 VV dürfte nicht in Betracht kommen, da es sich bei dem Aussetzungsverfahren nicht um ein Rechtsbehelfsverfahren handelt, was aber tatbestandlich für die Gebühr nach Nr. 1002 VV Voraussetzung ist. Soweit man eine Erledigung für möglich hält, wäre abzurechnen wie im vorangegangenen Beispiel mit der Maßgabe, dass anstelle der Einigungsgebühr eine Erledigungsgebühr in gleicher Höhe anzusetzen wäre.

V. Erstinstanzliche gerichtliche Tätigkeiten im Erkenntnisverfahren

1. Anwendbare Vorschriften

43   In den gerichtlichen Erkenntnisverfahren erster Instanz vor den Finanzgerichten erhält der Anwalt zwar auch die Gebühren nach Teil 3 VV, nicht jedoch nach Abschnitt 1, also nach den Nrn. 3100 ff. VV, sondern gem. Vorbem. 3.2.1 Nr. 1 VV die Gebühren nach Abschnitt 2, also nach den für die Berufung geltenden Gebührenvorschriften. Finanzgerichte sind auf der Ebene der Obergerichte angesiedelt; gegen ihre Entscheidungen ist nur die Revision zum Bundesfinanzhof (BFH) gegeben. Dieser besonderen Stellung der Finanzgerichte trägt das RVG Rechnung, indem es auch die Gebührenvorschriften für die Obergerichte, also die Gebühren des Berufungsverfahrens für entsprechend anwendbar erklärt.

2. Verfahrensgebühr

a) Gebühr

44   Der Anwalt erhält im erstinstanzlichen Verfahren vor dem FG eine **1,6-Verfahrensgebühr** nach Nr. 3200 VV, die sich bei vorzeitiger Beendigung (Anm. Abs. 1 Nr. 1 zu Nr. 3201 VV) sowie unter den Voraussetzungen der Anm. Abs. 1 Nr. 2 zu Nr. 3201 VV auf eine 1,1-Verfahrensgebühr **ermäßigt**.

| **Beispiel 14** | **Erstinstanzliches Verfahren ohne Termin** |

Gegen den Mandanten ist ein Steuerbescheid über 4.000,00 EUR ergangen. Der Mandant legt gegen den Steuerbescheid selbst Einspruch ein und beauftragt, nachdem dieser zurückgewiesen worden ist, den Anwalt, hiergegen Klage zu erheben. Daraufhin nimmt das Finanzamt den angefochtenen Bescheid zurück.

Anzuwenden sind die Nrn. 3200 ff. VV. Der Anwalt erhält lediglich eine 1,6-Verfahrensgebühr.

1. 1,6-Verfahrensgebühr, Nr. 3200 VV (Wert: 4.000,00 EUR)		403,20 EUR
2. Postentgeltpauschale, Nr. 7002 VV		20,00 EUR
Zwischensumme	423,20 EUR	
3. 19 % Umsatzsteuer, Nr. 7008 VV		80,41 EUR
Gesamt		**503,61 EUR**

Erledigt sich das Verfahren vorzeitig, so reduziert sich die Verfahrensgebühr nach Anm. Abs. 1 Nr. 1 zu Nr. 3201 VV.   **45**

Beispiel 15   **Erstinstanzliches Verfahren vor dem FG, vorzeitige Erledigung**

Gegen den Mandanten ist ein Steuerbescheid über 4.000,00 EUR ergangen, gegen den er selbst Einspruch eingelegt hat. Nachdem dieser zurückgewiesen worden ist, wird der Anwalt beauftragt, hiergegen Klage zu erheben. Vor Einreichung der Klage nimmt der Mandant den Klageauftrag zurück. Zur Einreichung der Klage kommt es nicht mehr.

Infolge der vorzeitigen Erledigung entsteht jetzt nur eine 1,1-Verfahrensgebühr nach Nr. 3200, Anm. Abs. 1 Nr. 1 zu Nr. 3201 VV.

1. 1,1-Verfahrensgebühr, Nr. 3200, Anm. Abs. 1 Nr. 1 zu Nr. 3201 VV (Wert: 4.000,00 EUR)		277,20 EUR
2. Postentgeltpauschale, Nr. 7002 VV		20,00 EUR
Zwischensumme	297,20 EUR	
3. 19 % Umsatzsteuer, Nr. 7008 VV		56,47 EUR
Gesamt		**353,67 EUR**

Vertritt der Anwalt **mehrere Auftraggeber**, so erhöht sich die Verfahrensgebühr um 0,3 je   **46**
weiteren Auftraggeber, höchstens um 2,0.[7] Ein solcher Fall ist insbesondere dann gegeben, wenn zusammenveranlagte Ehegatten gegen ihren Steuerbescheid klagen.[8]

Beispiel 16   **Erstinstanzliches Verfahren vor dem FG, vorzeitige Erledigung, mehrere Auftraggeber**

Gegen die beiden Mandanten ist ein Steuerbescheid über 4.000,00 EUR ergangen. Sie legen hiergegen selbst Einspruch ein und beauftragen, nachdem der Einspruch zurückgewiesen worden ist, den Anwalt, hiergegen Klage zu erheben. Vor Einreichung der Klage nehmen die Mandanten den Auftrag zurück. Zur Einreichung der Klage kommt es nicht mehr.

Infolge der vorzeitigen Erledigung entsteht jetzt wiederum nur eine 1,1-Verfahrensgebühr nach Nr. 3200, Anm. Abs. 1 Nr. 1 zu Nr. 3201 VV, die sich nach Nr. 1008 VV um 0,3 auf 1,4 erhöht.

---

7 FG Köln AGS 2010, 489 = EFG 2010, 1638 = StE 2010, 586.
8 FG Köln AGS 2010, 489 = EFG 2010, 1638 = StE 2010, 586.

§ 30 Steuerrechtliche Angelegenheiten

1. 1,4-Verfahrensgebühr, Nr. 3200, Anm. Abs. 1 Nr. 1 zu Nr. 3201, Nr. 1008 VV (Wert: 4.000,00 EUR)		352,80 EUR
2. Postentgeltpauschale, Nr. 7002 VV		20,00 EUR
Zwischensumme	372,80 EUR	
3. 19 % Umsatzsteuer, Nr. 7008 VV		70,83 EUR
Gesamt		**443,63 EUR**

47 Soweit nicht anhängige Gegenstände verhandelt werden, entsteht nach Anm. Abs. 1. Nr. 2 zu Nr. 3201 VV unter Beachtung des § 15 Abs. 3 RVG eine 1,1-Verfahrensgebühr (siehe dazu Rn 59).

48 Werden in eine Einigung oder Erledigung nicht anhängige Gegenstände mit einbezogen, so entsteht zusätzlich auch noch eine 1,5-Einigungsgebühr nach Nr. 1000 VV, allerdings unter Beachtung des § 15 Abs. 3 RVG (siehe dazu Rn 63).

b) Anrechnung bei vorangegangener Tätigkeit

aa) Überblick

49 War der Anwalt bereits im vorangegangenen Besteuerungs-, Verwaltungs- oder Widerspruchsverfahren tätig, sind die dort angefallenen Gebühren – vorbehaltlich einer Begrenzung – hälftig anzurechnen (Vorbem. 3 Abs. 4 S. 3 VV, § 35 Abs. 2 RVG).

bb) Vorangegangene Tätigkeit richtet sich nach dem RVG

50 Ist im vorangegangenen Besteuerungs-, Verwaltungs- oder Widerspruchsverfahren eine Geschäftsgebühr angefallen, so ist diese zur Hälfte **anzurechnen**, höchstens jedoch zu 0,75 (Vorbem. 3 Abs. 4 S. 1 VV). Sind dem gerichtlichen Verfahren mehrere anzurechnende Gebühren vorausgegangen, ist nur die Geschäftsgebühr der Nr. 2300 VV hälftig anzurechnen (Vorbem. 3 Abs. 4 S. 3 VV).

> **Beispiel 17** Erstinstanzliches Verfahren vor dem FG mit vorangegangenem Einspruchsverfahren

Gegen den Mandanten ist ein Steuerbescheid über 4.000,00 EUR ergangen. Der Mandant beauftragt den Anwalt, gegen den Steuerbescheid Einspruch einzulegen und, nachdem dieser zurückgewiesen worden ist, hiergegen Klage zu erheben. Es wird mündlich verhandelt.

Vorgerichtlich ist eine Geschäftsgebühr nach Nr. 2300 VV angefallen. Diese ist nach Vorbem. 3 Abs. 4 S. 1 VV zur Hälfte anzurechnen.

I. Einspruchsverfahren		
1. 1,5-Geschäftsgebühr, Nr. 2300 VV		378,00 EUR
2. Postentgeltpauschale, Nr. 7002 VV		20,00 EUR
Zwischensumme	398,00 EUR	
3. 19 % Umsatzsteuer, Nr. 7008 VV		75,62 EUR
Gesamt		**473,62 EUR**
II. Rechtsstreit		
1. 1,6-Verfahrensgebühr, Nr. 3200 VV		403,20 EUR
2. gem. Vorbem. 3 Abs. 4 VV anzurechnen 0,75 aus 4.000,00 EUR		– 189,00 EUR
3. 1,2-Terminsgebühr, Nr. 3202 VV		302,40 EUR

V. Erstinstanzliche gerichtliche Tätigkeiten im Erkenntnisverfahren § 30

4. Postentgeltpauschale, Nr. 7002 VV		20,00 EUR
Zwischensumme	536,60 EUR	
5. 19 % Umsatzsteuer, Nr. 7008 VV		101,95 EUR
Gesamt		**638,55 EUR**

Ebenso ist anzurechnen, wenn dem Widerspruchsverfahren eine Tätigkeit im Verwaltungsverfahren vorausgegangen ist, die nach der StBVV abzurechnen ist. **51**

> **Beispiel 18** — **Hilfeleistung bei Abgabe einer Steuererklärung; anschließendes Einspruchsverfahren und nachfolgender Rechtsstreit**

Der Anwalt fertigt für den Mandanten die Erbschaftssteuererklärung (Wert des Nachlasses: 150.000,00 EUR). Es ergeht ein Erbschaftssteuerbescheid über 4.000,00 EUR. Der Mandant beauftragt den Anwalt, gegen den Steuerbescheid Einspruch einzulegen und nach abschlägigem Bescheid Klage zu erheben.

Für die Abgabe der Steuererklärung gilt § 35 RVG i.V.m. § 24 Abs. 1 Nr. 12 StBVV.

Im Einspruchsverfahren fällt jetzt die Geschäftsgebühr nach Nr. 2300 VV an. Darauf ist die 6/10-Gebühr des Besteuerungsverfahrens hälftig anzurechnen, und zwar gem. § 35 Abs. 2 S. 2 RVG nach dem Wert, der in das Einspruchsverfahren übergeht, also aus 4.000,00 EUR.

Im gerichtlichen Verfahren entsteht die 1,6-Verfahrensgebühr; darauf ist wiederum gem. Vorbem. 3 Abs. 4 S. 1, 2 VV die Geschäftsgebühr des Einspruchsverfahrens hälftig anzurechnen.

I. Steuererklärung (Wert: 150.000,00 EUR)		
1. 6/10-Gebühr, § 35 RVG i.V.m. § 24 Abs. 1 Nr. 12 StBVV		998,40 EUR
2. Postentgeltpauschale, Nr. 7002 VV		20,00 EUR
Zwischensumme	1.018,40 EUR	
3. 19 % Umsatzsteuer, Nr. 7008 VV		193,50 EUR
Gesamt		**1.211,90 EUR**
II. Einspruchsverfahren (Wert: 4.000,00 EUR)		
1. 1,5-Geschäftsgebühr, Nr. 2300 VV		378,00 EUR
2. gem. § 35 Abs. 2 RVG anzurechnen, 3/10 aus 4.000,00 EUR		– 77,10 EUR
3. Postentgeltpauschale, Nr. 7002 VV		20,00 EUR
Zwischensumme	320,90 EUR	
4. 19 % Umsatzsteuer, Nr. 7008 VV		60,97 EUR
Gesamt		**381,87 EUR**
III. Rechtsstreit (Wert: 4.000,00 EUR)		
1. 1,6-Verfahrensgebühr, Nr. 3200 VV		403,20 EUR
2. gem. Vorbem. 3 Abs. 4 S. 1, 3 VV anzurechnen 0,75 aus 4.000,00 EUR		– 189,00 EUR
3. 1,2-Terminsgebühr, Nr. 3202 VV		302,40 EUR
4. Postentgeltpauschale, Nr. 7002 VV		20,00 EUR
Zwischensumme	536,60 EUR	
5. 19 % Umsatzsteuer, Nr. 7008 VV		101,95 EUR
Gesamt		**638,55 EUR**

cc) Vorangegangene Tätigkeit richtet sich nach der StBVV

Ebenso ist anzurechnen, wenn der gerichtlichen Tätigkeit ein Verfahren vorausgegangen ist, das nach der StBVV abzurechnen ist. Es gilt dann § 35 Abs. 2 RVG i.V.m. Vorbem. 3 Abs. 4 S. 1 VV. **52**

§ 30 Steuerrechtliche Angelegenheiten

> **Beispiel 19** — Anrechnung einer Gebühr nach der StBVV auf nachfolgende gerichtliche Verfahrensgebühr

Der Anwalt hatte für den Mandanten die Erbschaftssteuererklärung (Wert des Nachlasses: 150.000,00 EUR) erstellt und beim Finanzamt eingereicht. Es ist ein Erbschaftssteuerbescheid über 4.000,00 EUR ergangen. Dagegen legt der Mandant selbst Einspruch ein. Nachdem dieser zurückgewiesen worden ist, beauftragt er den Anwalt, vor dem FG Klage zu erheben.

Für das Besteuerungsverfahren erhält der Anwalt wieder die Gebühr nach § 35 RVG i.V.m. § 24 Abs. 1 Nr. 12 StBVV.

Jetzt ist die Gebühr der Nr. 24 Abs. 1 Nr. 1 StBVV zur Hälfte auf die Verfahrensgebühr des gerichtlichen Verfahrens anzurechnen (Vorbem. 3 Abs. 4 S. 1 VV), und zwar wiederum nur aus dem Wert der Steuerforderung (§ 35 Abs. 2 S. 2 RVG).

I. Besteuerungsverfahren
1. 6/10-Gebühr, § 35 RVG i.V.m. § 24 Abs. 1 Nr. 12 StBVV
   (Wert: 150.000,00 EUR)   998,40 EUR
2. Postentgeltpauschale, Nr. 7002 VV   20,00 EUR
   Zwischensumme   1.018,40 EUR
3. 19 % Umsatzsteuer, Nr. 7008 VV   193,50 EUR
Gesamt   **1.211,90 EUR**

II. Gerichtliches Verfahren
1. 1,6-Verfahrensgebühr, Nr. 3200 VV
   (Wert: 4.000,00 EUR)   403,20 EUR
2. gem. § 35 Abs. 2 RVG i.V.m. Vorbem. 3 Abs. 4 S. 1
   VV anzurechnen, 3/10 aus 4.000,00 EUR nach Anlage 1
   Tabelle A StBVV   – 77,10 EUR
3. 1,2-Terminsgebühr, Nr. 3202 VV
   (Wert: 4.000,00 EUR)   302,40 EUR
4. Postentgeltpauschale, Nr. 7002 VV   20,00 EUR
   Zwischensumme   648,50 EUR
5. 19 % Umsatzsteuer, Nr. 7008 VV   123,22 EUR
Gesamt   **771,72 EUR**

53 Sind mehrere Gebühren nach der StBVV angefallen, so wird deren Summe hälftig angerechnet, aber höchstens 7,5/10 (siehe auch Rn 50).

> **Beispiel 20** — Anrechnung mehrerer Gebühren nach der StBVV auf nachfolgende Tätigkeit im gerichtlichen Verfahren mit Anrechnungsbegrenzung

Der Anwalt hatte für den Mandanten eine Körperschaftssteuererklärung erstellt (Wert: 120.000,00 EUR) und insoweit mit dem Finanzamt eine Besprechung geführt. Angefallen sind jeweils die Höchstgebühren. Es ist ein Steuerbescheid ergangen. Dagegen legt der Anwalt auftragsgemäß Einspruch ein, da die Steuerforderung nach Auffassung des Mandanten um 3.000,00 EUR zu hoch angesetzt ist.

Für das Besteuerungsverfahren ergeben sich jetzt Gebühren i.H.v. 8/10 + 10/10 = 18/10, so dass hälftig 9/10 anzurechnen wären. Gem. Vorbem. 3 Abs. 4 S. 1 VV bleibt die Anrechnung jedoch auf 7,5/10 beschränkt.

V. Erstinstanzliche gerichtliche Tätigkeiten im Erkenntnisverfahren § 30

I. **Besteuerungsverfahren**
1. 8/10-Gebühr, § 35 RVG i.V.m. § 24 Abs. 1 Nr. 3 StBVV
   (Wert: 120.000,00 EUR)   1.202,40 EUR
2. 10/10-Gebühr, § 35 RVG i.V.m. § 31 StBVV
   (Wert: 120.000,00 EUR)   1.503,00 EUR
3. Postentgeltpauschale, Nr. 7002 VV   20,00 EUR
   Zwischensumme   2.725,40 EUR
4. 19 % Umsatzsteuer, Nr. 7008 VV   517,83 EUR
   Gesamt   **3.243,23 EUR**

II. **Gerichtliches Verfahren**
1. 1,6-Verfahrensgebühr, Nr. 3200 VV
   (Wert: 4.000,00 EUR)   403,20 EUR
2. gem. § 35 Abs. 2 RVG i.V.m. Vorbem. 2.3 Abs. 4 S. 1
   VV anzurechnen (18/10 : 2 =) 9/10, aber gem. Vorbem. 2.3 Abs. 4 S. 1 RVG nicht mehr als 7,5/10 aus
   4.000,00 EUR nach Anlage 1 Tabelle A StBVV   – 192,75 EUR
3. 1,2-Terminsgebühr, Nr. 3202 VV
   (Wert: 4.000,00 EUR)   302,40 EUR
4. Postentgeltpauschale, Nr. 7002 VV   20,00 EUR
   Zwischensumme   532,85 EUR
5. 19 % Umsatzsteuer, Nr. 7008 VV   101,24 EUR
   Gesamt   **634,09 EUR**

3. Terminsgebühr

Neben der Verfahrensgebühr erhält der Anwalt die **1,2-Terminsgebühr** nach Nr. 3202 VV, wenn er an einem gerichtlichen Termin teilnimmt. Eine Ermäßigung nach Nr. 3203 VV kommt hier nicht in Betracht, da ein Versäumnisurteil in Amtsermittlungsverfahren nicht möglich ist.   54

| Beispiel 21 | **Erstinstanzliches Verfahren vor dem FG mit Termin** |

Gegen den Mandanten ist ein Steuerbescheid über 4.000,00 EUR ergangen. Der Mandant legt gegen den Steuerbescheid selbst Einspruch ein und beauftragt, nachdem dieser zurückgewiesen worden ist, den Anwalt, hiergegen Klage zu erheben. Es wird mündlich verhandelt.

Anzuwenden sind die Nrn. 3200 ff. VV. Der Anwalt erhält eine 1,6-Verfahrens- und eine 1,2-Terminsgebühr.

1. 1,6-Verfahrensgebühr, Nr. 3200 VV
   (Wert: 4.000,00 EUR)   403,20 EUR
2. 1,2-Terminsgebühr, Nr. 3202 VV
   (Wert: 4.000,00 EUR)   302,40 EUR
3. Postentgeltpauschale, Nr. 7002 VV   20,00 EUR
   Zwischensumme   725,60 EUR
4. 19 % Umsatzsteuer, Nr. 7008 VV   137,86 EUR
   Gesamt   **863,46 EUR**

Die Terminsgebühr erhält der Anwalt auch dann, wenn das Gericht im **Bagatellverfahren nach § 94a FGO ohne mündliche Verhandlung** entscheidet (Anm. Abs. 2 zu Nr. 3202 VV). Dazu gehört nicht eine Entscheidung über Kosten.[9]   55

---

9 FG Thüringen AGS 2009, 277.

§ 30 Steuerrechtliche Angelegenheiten

> **Beispiel 22** — Erstinstanzliches Verfahren vor dem FG, Entscheidung im Bagatellverfahren

Gegen den Mandanten ist ein Steuerbescheid über 400,00 EUR ergangen. Der Mandant legt gegen den Steuerbescheid selbst Einspruch ein und beauftragt, nachdem dieser zurückgewiesen worden ist, den Anwalt, hiergegen Klage zu erheben. Das Gericht entscheidet gem. § 94a FGO ohne mündliche Verhandlung.

Obwohl keine mündliche Verhandlung stattgefunden hat, entsteht die Terminsgebühr (Anm. Abs. 2 zu Nr. 3202 VV). Zu beachten ist hier der Mindestwert des § 52 Abs. 4 GKG i.H.v. 1.500,00 EUR.

1.	1,6-Verfahrensgebühr, Nr. 3200 VV (Wert: 1.500,00 EUR)	184,00 EUR
2.	1,2-Terminsgebühr, Nr. 3202 VV (Wert: 1.500,00 EUR)	138,00 EUR
3.	Postentgeltpauschale, Nr. 7002 VV	20,00 EUR
	Zwischensumme	342,00 EUR
4.	19 % Umsatzsteuer, Nr. 7008 VV	64,98 EUR
	Gesamt	**406,98 EUR**

56 Die Terminsgebühr erhält der Anwalt auch dann, wenn das Gericht gem. §§ 79a Abs. 2, 90a FGO durch **Gerichtsbescheid** entscheidet (Anm. Abs. 2 zu Nr. 3202 VV).

> **Beispiel 23** — Erstinstanzliches Verfahren vor dem FG, Entscheidung durch Gerichtsbescheid (I)

Wie vorangegangenes Beispiel 22. Das FG entscheidet durch Gerichtsbescheid nach § 90a Abs. 1 FGO. Der Bescheid wird rechtskräftig.

Obwohl keine mündliche Verhandlung stattgefunden hat, entsteht die Terminsgebühr (Anm. Abs. 2 zu Nr. 3202 VV). Abzurechnen ist wie im vorangegangenen Beispiel.

57 Strittig ist, ob im Falle des § 90a FGO (Entscheidung durch Gerichtsbescheid) erforderlich ist, dass der Gerichtsbescheid rechtskräftig wird. Nach FG Köln[10] entsteht keine Terminsgebühr gem. Anm. Abs. 2 Nr. 3202 VV, wenn nach Ergehen eines Gerichtsbescheids gem. § 90a Abs. 2 FGO mündliche Verhandlung beantragt wird, so dass es an einer Entscheidung durch einen Gerichtsbescheid fehlt (§ 90a Abs. 3 FGO). Dies dürfte jedoch unzutreffend sein, da das Gesetz insoweit keine Einschränkung enthält.

> **Beispiel 24** — Erstinstanzliches Verfahren vor dem FG, Entscheidung durch Gerichtsbescheid (II)

Wie vorangegangenes Beispiel 23. Das FG entscheidet durch Gerichtsbescheid nach § 90a Abs. 1 FGO. Die Behörde stellt daraufhin nach § 90a Abs. 2 FGO Antrag auf mündliche Verhandlung. Dazu kommt es nicht mehr, weil die Behörde den Mandanten zwischenzeitlich klaglos stellt.

Nach zutreffender Auffassung ist abzurechnen wie im vorangegangenen Beispiel.

---

10 AGS 2010, 21 m. abl. Anm. *N. Schneider* = EFG 2009, 978 = StE 2009, 251; ebenso zum Verwaltungsrecht OVG Nordrhein Westfalen AGS 2014, 123 = DÖV 2012, 532 = NVwZ-RR 2012, 375.

V. Erstinstanzliche gerichtliche Tätigkeiten im Erkenntnisverfahren § 30

Nach Auffassung des FG Köln[11] soll dagegen keine Terminsgebühr entstehen, da der Gerichtsbescheid nach § 90a Abs. 3 FGO als nicht ergangen gelte. Danach wäre abzurechnen wie in Beispiel 23.

Die Terminsgebühr entsteht darüber hinaus auch dann, wenn **Besprechungen zur Vermeidung oder Erledigung des Verfahrens** geführt werden (Vorbem. 3 Abs. 3 S. 3 Nr. 2 VV). 58

Beispiel 25 — Erstinstanzliches Verfahren vor dem FG, Terminsgebühr infolge Besprechungen zur Erledigung des Verfahrens

Der Anwalt hatte für seinen Mandanten die Schenkungssteuererklärung (Wert der Schenkung: 500.000,00 EUR) erstellt und beim Finanzamt eingereicht. Es ist ein Schenkungssteuerbescheid über 10.000,00 EUR ergangen. Gegen den Schenkungssteuerbescheid legt der Mandant selbst Einspruch ein. Nach Zurückweisung des Einspruchs erhebt der Rechtsanwalt Klage vor dem Finanzgericht, die er zurücknimmt, nachdem er mit dem Finanzamt gesprochen und eine Einigung über die zu zahlende Schenkungssteuer erzielt hat.

Für das Besteuerungsverfahren kann der Anwalt die Gebühr nach § 35 RVG i.V.m. § 24 Abs. 1 Nr. 13 StBVV abrechnen. Die Gebühr der Nr. 24 Abs. 1 Nr. 13 StBVV ist zur Hälfte auf die Verfahrensgebühr des gerichtlichen Verfahrens anzurechnen und zwar aus dem Wert der Steuerforderung (§ 35 Abs. 2 S. 2 RVG i.V.m. Vorbem. 3 Abs. 4 S. 1 VV). Die Besprechung des Rechtsanwalts mit dem Finanzamt war darauf gerichtet, das Verfahren zu erledigen, so dass eine Terminsgebühr nach Vorbem. 3 Abs. 3 S. 3 Nr. 2 VV ausgelöst worden ist. Abzurechnen ist deshalb wie folgt:

I. Anfertigung der Schenkungssteuererklärung
1. 6/10 Gebühr, § 35 RVG i.V.m. § 24 Abs. 1 Nr. 13 StBVV
   (Wert: 500.000,00 EUR)   1.634,40 EUR
2. Postentgeltpauschale, Nr. 7002 VV   20,00 EUR
   Zwischensumme   1.654,40 EUR
3. 19 % Umsatzsteuer, Nr. 7008 VV   310,54 EUR
   Gesamt   **1.964,94 EUR**

II. Gerichtliches Verfahren
1. 1,6-Verfahrensgebühr, Nr. 3200 VV
   (Wert: 10.000,00 EUR)   892,80 EUR
2. gem. § 35 Abs. 2 RVG i.V.m. Vorbem. 3 Abs. 4 S. 1 VV   – 153,00 EUR
   anzurechnen 3/10 aus 10.000,00 EUR nach Anlage 1 Tabelle A StBVV
3. 1,2-Terminsgebühr Nr. 3202 VV
   (Wert: 10.000,00 EUR)   669,60 EUR
4. Postentgeltpauschale, Nr. 7002 VV   20,00 EUR
   Zwischensumme   1.429,40 EUR
5. 19 % Umsatzsteuer, Nr. 7008 VV   271,59 EUR
   Gesamt   **1.700,99 EUR**

Soweit nicht anhängige Gegenstände verhandelt werden, entsteht eine Terminsgebühr aus dem Gesamtwert sowie nach Anm. Abs. 1. Nr. 2, 2. Alt. zu Nr. 3201 VV unter Beachtung des § 15 Abs. 3 RVG eine 1,1-Verfahrensgebühr. 59

---

11 AGS 2010, 21 m. abl. Anm. *N. Schneider* = EFG 2009, 978 = StE 2009, 251; ebenso zum Verwaltungsrecht OVG Nordrhein Westfalen AGS 2014, 123 = DÖV 2012, 532 = NVwZ-RR 2012, 375.

§ 30 Steuerrechtliche Angelegenheiten

Beispiel 26 — Erstinstanzliches Verfahren vor dem FG mit Erörterung nicht anhängiger Gegenstände

Gegen den Einkommensteuerbescheid 2012 hatte der Anwalt Klage erhoben und geltend gemacht, der Bescheid sei wegen Nichtberücksichtigung des privaten Arbeitszimmers um 4.000,00 EUR zu hoch. Im Termin erörtern die Parteien eine Erledigung des Verfahrens unter Einschluss des Einkommensteuerbescheids für 2013, gegen den Einspruch eingelegt worden ist, da auch hier das private Arbeitszimmer nicht berücksichtigt worden ist (Wert: 3.000,00 EUR). Zu einer Einigung oder Erledigung kommt es nicht.

Infolge der Verhandlungen über den nicht anhängigen Steuerbescheid 2013 entsteht unter Berücksichtigung des § 15 Abs. 3 RVG aus dem Mehrwert von 3.000,00 EUR die 1,1-Verfahrensgebühr nach Nr. 3200, Anm. Abs. 1 Nr. 1 zu Nr. 3201 VV. Die Terminsgebühr entsteht aus dem Gesamtwert von 7.000,00 EUR.

1.	1,6-Verfahrensgebühr, Nr. 3200 VV (Wert: 4.000,00 EUR)	403,20 EUR
2.	1,1-Verfahrensgebühr, Nr. 3200, Anm. Abs. 1 Nr. 2 zu Nr. 3201 VV (Wert: 3.000,00 EUR) Die Grenze des § 15 Abs. 3 RVG, nicht mehr als 1,6 aus 7.000,00 EUR (648,00 EUR), ist nicht erreicht.	221,10 EUR
3.	1,2-Terminsgebühr, Nr. 3202 VV (Wert: 7.000,00 EUR)	486,00 EUR
4.	Postentgeltpauschale, Nr. 7002 VV	20,00 EUR
	Zwischensumme	1.130,30 EUR
5.	19 % Umsatzsteuer, Nr. 7008 VV	214,76 EUR
	Gesamt	**1.345,06 EUR**

60 Zur Anrechnung der Mehrgebühren im Einspruchsverfahren nach Anm. Abs. 2 zu Nr. 3200 VV kann auf die vergleichbare Konstellation in Zivilsachen (vgl. § 14 Rn 1 ff.) verwiesen werden

4. Einigung und Erledigung

61 Auch im erstinstanzlichen Verfahren kommt eine **Einigungs- oder Erledigungsgebühr** in Betracht.

62 Die Höhe der Einigungs- oder Erledigungsgebühr beläuft sich nach Nr. 1003 VV auf 1,0. Zum Teil wurde zwar nach Inkrafttreten des RVG zunächst vertreten, dass die erhöhte Gebühr nach Nr. 1004 VV gelte.[12] Zur Begründung wurde ausgeführt, es handele sich zwar um ein erstinstanzliches Verfahren; es sei jedoch nicht einzusehen, dass sich Verfahrens- und Terminsgebühr gem. Teil 3 Abschnitt 2 Unterabschnitt 1 VV nach den erhöhten Gebühren für die Berufung bemessen (Vorbem. 3.2.1 Nr. 1 VV), die Einigungs- und Erledigungsgebühren sich dagegen nach den einfachen Gebührensätzen der ersten Instanz richten sollen.[13] Diese Auffassung ist jedoch nicht mehr haltbar. Der Gesetzgeber hat in Kenntnis dieses Problems in Nr. 1004 VV bereits bei der ersten Änderung der Vorschrift durch das FGG-ReformG[14] ausdrücklich nur die Einigung in den Beschwerde- und Rechtsbeschwerdeverfahren nach Vorbem. 3.2.1, 3.2.2 VV aufgewertet. Die Eini-

---

12 FG Baden-Württemberg AGS 2007, 349 = JurBüro 2007, 198; FG Rheinland-Pfalz AGS 2008, 181 = NJW-Spezial 2008, 157 = RVGreport 2008, 105; Kompaktkommentar/*Bischof*, Nr. 1004 Rn 4, 5; *Mayer/Kroiß*, Nr. 1004 Rn 6; RMOLK-RVG/*Baumgärtel*, Nr. 1004 Rn 2; *N. Schneider*, AnwBl 2005, 202; *Hansens/Braun/Schneider*, Teil 6 Rn 37; Teil 14 Rn 22; *Hartmann*, KostG, RVG Nr. 1004 Rn 3.
13 *Mayer/Kroiß*, RVG, Nr. 1004 VV Rn 6; *N. Schneider*, AnwBl 2005, 202.
14 Gesetz v. 17.12.2008, BGBl I 2586.

gungs- und Erledigungsgebühr in finanzgerichtlichen Verfahren hat er bewusst nicht verändert. Hier erschien ihm die Besserstellung bei der Verfahrensgebühr ausreichend.[15] Nachdem er auch jetzt bei der zweiten Änderung der Vorschrift durch das 2. KostRMoG die finanzgerichtlichen Verfahren nicht aufgeführt hat, kann eine Gesetzeslücke daher nicht mehr angenommen werden.[16]

Beispiel 27 **Erstinstanzliches Verfahren vor dem FG mit Erledigung**

Gegen den Mandanten ist ein Steuerbescheid über 4.000,00 EUR ergangen. Der Mandant legt gegen den Steuerbescheid selbst Einspruch ein und beauftragt, nachdem dieser zurückgewiesen worden ist, den Anwalt, hiergegen Klage zu erheben. Es wird mündlich verhandelt und unter Mitwirkung des Anwalts eine Erledigung erzielt.

Neben der 1,6-Verfahrens- und der 1,2-Terminsgebühr entsteht jetzt auch noch eine 1,0-Erledigungsgebühr.

1.	1,6-Verfahrensgebühr, Nr. 3200 VV (Wert: 4.000,00 EUR)		403,20 EUR
2.	1,2-Terminsgebühr, Nr. 3202 VV (Wert: 4.000,00 EUR)		302,40 EUR
3.	1,0-Erledigungsgebühr, Nrn. 1002, 1003 VV (Wert: 4.000,00 EUR)		252,00 EUR
4.	Postentgeltpauschale, Nr. 7002 VV		20,00 EUR
	Zwischensumme	977,60 EUR	
5.	19 % Umsatzsteuer, Nr. 7008 VV		185,74 EUR
Gesamt			**1.163,34 EUR**

Beispiel 28 **Erstinstanzliches Verfahren vor dem FG mit Einigung**

Gegen den Mandanten ist ein Steuerbescheid über 4.000,00 EUR ergangen. Der Mandant legt gegen den Steuerbescheid selbst Einspruch ein und beauftragt, nachdem dieser zurückgewiesen worden ist, den Anwalt, hiergegen Klage zu erheben. Es wird mündlich verhandelt und unter Mitwirkung des Anwalts eine Einigung erzielt.

Neben der 1,6-Verfahrens- und der 1,2-Terminsgebühr entsteht jetzt auch noch eine 1,0-Einigungsgebühr.

1.	1,6-Verfahrensgebühr, Nr. 3200 VV (Wert: 4.000,00 EUR)		403,20 EUR
2.	1,2-Terminsgebühr, Nr. 3202 VV (Wert: 4.000,00 EUR)		302,40 EUR
3.	1,0-Einigungsgebühr, Nrn. 1000, 1003 VV (Wert: 4.000,00 EUR)		252,00 EUR
4.	Postentgeltpauschale, Nr. 7002 VV		20,00 EUR
	Zwischensumme	977,60 EUR	
5.	19 % Umsatzsteuer, Nr. 7008 VV		185,74 EUR
Gesamt			**1.163,34 EUR**

---

[15] FG Köln EFG 2011, 1832 = StE 2011, 603; AnwK-RVG/*N. Schneider*, Nr. 1004 Rn 5; Gerold/Schmidt/*Müller-Rabe*, Nrn. 1003, 1004 Rn 56 im Hinblick auf die eingefügte Anm., die nach ihrem Wortlaut nur Beschwerde- und Rechtsbeschwerdeverfahren betrifft.
[16] AnwK-RVG/*N. Schneider*, Nr. 1004 VV Rn 1.

63 Soweit nicht anhängige Gegenstände in eine Einigung oder Erledigung einbezogen werden, entsteht nach Anm. Abs. 1. Nr. 2, 2. Alt. zu Nr. 3201 VV unter Beachtung des § 15 Abs. 3 RVG eine 1,1-Verfahrensgebühr.[17]

> **Beispiel 29** **Erstinstanzliches Verfahren vor dem FG mit Erledigung weiterer nicht anhängiger Gegenstände**
>
> Gegen den Einkommensteuerbescheid 2012 hatte der Anwalt Klage erhoben und geltend gemacht, der Bescheid sei wegen Nichtberücksichtigung des privaten Arbeitszimmers um 4.000,00 EUR zu hoch. Im Termin erörtern die Parteien eine Erledigung des Verfahrens unter Einschluss des Einkommensteuerbescheids für 2013, gegen den Einspruch eingelegt worden ist, da auch hier das private Arbeitszimmer nicht berücksichtigt worden ist (Wert: 3.000,00 EUR). Die Parteien erzielen eine Erledigung sowohl über den Einkommensteuerbescheid 2012 als auch über den Einkommenssteuerbescheid 2013.
>
> Infolge der Erledigung auch der nicht anhängigen Steuerforderung für 2013 entsteht unter Berücksichtigung des § 15 Abs. 3 RVG aus dem Mehrwert von 3.000,00 EUR die 1,1-Verfahrensgebühr nach Nr. 3200, Anm. Abs. 1 Nr. 2 zu Nr. 3201 VV.
>
> Die Terminsgebühr entsteht aus dem Gesamtwert von 7.000,00 EUR.
>
> Darüber hinaus entsteht neben der 1,0-Erledigungsgebühr aus dem Wert der anhängigen Gegenstände eine 1,5-Erledigungsgebühr aus dem Wert der nicht anhängigen Gegenstände, allerdings unter Beachtung des § 15 Abs. 3 RVG.
>
> 1. 1,6-Verfahrensgebühr, Nr. 3200 VV
>   (Wert: 4.000,00 EUR)   403,20 EUR
> 2. 1,1-Verfahrensgebühr, Nr. 3200, Anm. Abs. 1 Nr. 2 zu Nr. 3201 VV
>   (Wert: 3.000,00 EUR)   221,10 EUR
>   die Grenze des. § 15 Abs. 3 RVG, nicht mehr als 1,6 aus 7.000,00 EUR (648,00 EUR), wird nicht überschritten
> 3. 1,2-Terminsgebühr, Nr. 3202 VV
>   (Wert: 7.000,00 EUR)   486,00 EUR
> 4. 1,0-Einigungsgebühr, Nr. 1000, 1003 VV
>   (Wert: 4.000,00 EUR)   252,00 EUR
> 5. 1,5-Einigungsgebühr, Nr. 1000 VV
>   (Wert: 3.000,00 EUR)   301,50 EUR
>   die Grenze des § 15 Abs. 3 RVG, nicht mehr als 1,5 aus 7.000,00 EUR (607,50 EUR), wird nicht überschritten
> 6. Postentgeltpauschale, Nr. 7002 VV   20,00 EUR
>   Zwischensumme   1.683,80 EUR
> 7. 19 % Umsatzsteuer, Nr. 7008 VV   319,92 EUR
>   **Gesamt**   **2.003,72 EUR**

VI. Prüfung der Aussicht einer Revision oder Nichtzulassungsbeschwerde

64 Wird der Anwalt beauftragt, die Aussicht einer Revision oder einer Nichtzulassungsbeschwerde zum BFH zu prüfen, ohne dass er bereits Auftrag zur Revision oder zur Nichtzulassungsbe-

---

[17] Unzutreffend FG Baden-Württemberg AGS 2007, 454 m. abl. Anm. *N. Schneider* = Stbg 2007, 477.

VII. Nichtzulassungsbeschwerde

Hat das FG die Revision nicht zugelassen und wird hiergegen Nichtzulassungsbeschwerde nach § 115 Abs. 3 FGO eingelegt, so handelt es sich dabei um eine selbstständige Angelegenheit (§ 18 Abs. 1 Nr. 3 RVG). Der Anwalt erhält für das Nichtzulassungsbeschwerdeverfahren eine **1,6-Verfahrensgebühr** nach Nr. 3506 VV, die sich im Falle der vorzeitigen Erledigung nach Nr. 3507 VV auf 1,1 reduziert. 65

| Beispiel 30 | Nichtzulassungsbeschwerde |

Das FG hat die Klage (Streitwert 100.000,00 EUR) abgewiesen und die Revision nicht zugelassen. Der Kläger beauftragt einen Anwalt, gegen das Urteil Nichtzulassungsbeschwerde einzulegen. Die Beschwerde wird zurückgewiesen.

Es entsteht eine **1,6-Verfahrensgebühr** nach Nr. 3506 VV.

1. 1,6-Verfahrensgebühr, Nr. 3506 VV
   (Wert: 100.000,00 EUR)   2.404,80 EUR
2. Postentgeltpauschale, Nr. 7002 VV   20,00 EUR
   Zwischensumme   2.424,80 EUR
3. 19 % Umsatzsteuer, Nr. 7008 VV   460,71 EUR
   Gesamt   **2.885,51 EUR**

Im Übrigen kann auf § 29 Rn 112 und 131 ff. Bezug genommen werden.

Die Verfahrensgebühr ist nach Anm. zu Nr. 3506 VV auf die Verfahrensgebühr des eventuell nachfolgenden Revisionsverfahrens **anzurechnen**. 66

VIII. Revision

Im Revisionsverfahren erhält der Anwalt die Vergütung nach Teil 3 Abschnitt 2 Unterabschnitt 2 VV. Hier gilt also wiederum das gleiche wie in den allgemeinen verwaltungsrechtlichen Revisionsverfahren (siehe § 29 Rn 120 ff.). Der Anwalt erhält auch hier eine **1,6-Verfahrensgebühr** nach Nr. 3206 VV, die sich bei **vorzeitiger Beendigung** nach Nr. 3207 VV auf 1,1 reduziert (Anm. zu Nr. 3207 VV i.V.m. Anm. Abs. 1 Nr. 1 zu Nr. 3201 VV). 67

| Beispiel 31 | Revision |

Gegen die Klageabweisung (Streitwert 100.000,00 EUR) legt der Anwalt Revision ein, die jedoch ohne mündliche Verhandlung später wieder zurückgenommen wird.

Es entsteht eine **1,6-Verfahrensgebühr** nach Nr. 3206 VV.

1. 1,6-Verfahrensgebühr, Nr. 3206 VV
   (Wert: 100.000,00 EUR)   2.404,80 EUR
2. Postentgeltpauschale, Nr. 7002 VV   20,00 EUR
   Zwischensumme   2.424,80 EUR

| | 3. 19 % Umsatzsteuer, Nr. 7008 VV | 460,71 EUR |
| | **Gesamt** | **2.885,51 EUR** |

68 Daneben erhält der Anwalt eine **1,5-Terminsgebühr** nach Nr. 3210 VV, sofern es zu einem Termin i.S.d. Vorbem. 3 Abs. 3 VV kommt.

Beispiel 32 | **Revision mit Termin**

Im Revisionsverfahren (Streitwert 100.000,00 EUR) wird mündlich verhandelt.

Hinzu kommt noch eine 1,5-Terminsgebühr nach Nr. 3210 VV.

1. 1,6-Verfahrensgebühr, Nr. 3206 VV (Wert: 100.000,00 EUR)	2.404,80 EUR
2. 1,5-Terminsgebühr, Nr. 3210 VV (Wert: 100.000,00 EUR)	2.254,50 EUR
3. Postentgeltpauschale, Nr. 7002 VV	20,00 EUR
Zwischensumme 4.679,30 EUR	
4. 19 % Umsatzsteuer, Nr. 7008 VV	889,07 EUR
Gesamt	**5.568,37 EUR**

69 Die Terminsgebühr entsteht auch dann, wenn eine Entscheidung ohne mündliche Verhandlung ergeht oder der BFH durch **Gerichtsbescheid** entscheidet (Anm. zu Nr. 3210 VV i.V.m. Anm. Abs. 2 zu Nr. 3202 VV) (zu dem Problem, ob die Gebühr nur anfällt, wenn der Gerichtsbescheid rechtskräftig wird, siehe Rn 57).

70 Ist ein **Nichtzulassungsbeschwerdeverfahren** vorangegangen, so ist die Verfahrensgebühr der Nr. 3506 VV anzurechnen (Anm. zu Nr. 3506 VV).

Beispiel 33 | **Revision mit vorangegangener Nichtzulassungsbeschwerde**

Wie Beispiel 32. Die Revision wird zugelassen und darüber mündlich verhandelt.

Die vorangegangene Gebühr der Nr. 3506 VV ist nach Anm. zu Nr. 3506 VV auf die Verfahrensgebühr des Revisionsverfahrens anzurechnen.

I. Nichtzulassungsbeschwerde

Wie Beispiel 30.

II. Revisionsverfahren

1. 1,6-Verfahrensgebühr, Nr. 3206 VV (Wert: 100.000,00 EUR)	2.404,80 EUR
2. gem. Anm. zu Nr. 3506 VV anzurechnen, 1,6 aus 100.000,00 EUR	– 2.404,80 EUR
3. 1,5-Terminsgebühr, Nr. 3210 VV (Wert: 100.000,00 EUR)	2.254,50 EUR
4. Postentgeltpauschale, Nr. 7002 VV	20,00 EUR
Zwischensumme 2.274,50 EUR	
5. 19 % Umsatzsteuer, Nr. 7008 VV	432,16 EUR
Gesamt	**2.706,66 EUR**

71 Möglich ist hier auch noch eine **1,3-Einigungs- oder Erledigungsgebühr** (Nrn. 1000, 1002, 1004 VV).

IX. Verfahren nach Zurückverweisung

Hebt der BFH das Urteil des FG auf und verweist er die Sache an das FG zurück, so liegt nach § 21 Abs. 1 RVG eine neue Angelegenheit vor. Allerdings ist die Verfahrensgebühr anzurechnen (Vorbem. 3 Abs. 6 VV). Insoweit kann auf die vergleichbare Lage in Zivilsachen Bezug genommen werden (siehe hierzu § 14 Rn 67 ff.). Da Revisionsverfahren vor dem BFH oft länger als zwei Jahre dauern, ist insbesondere hier § 15 Abs. 5 S. 2 RVG zu beachten. Im Falle einer Zurückverweisung nach Ablauf von zwei Kalenderjahren ist eine Anrechnung ausgeschlossen.[18]

72

| Beispiel 34 | Zurückverweisung nach Ablauf von zwei Kalenderjahren |

Die Anfechtungsklage gegen den Steuerbescheid hatte das FG im Dezember 2013 zurückgewiesen. Der BFH hebt im August 2016 das Urteil des FG auf und verweist die Sache an das FG zurück.

Da zwischenzeitlich mehr als zwei Kalenderjahre vergangen sind, entstehen nach Zurückverweisung gem. § 21 RVG alle Gebühren erneut, ohne dass nach Vorbem. 3 Abs. 6 VV anzurechnen ist (§ 15 Abs. 5 S. 2 RVG).

I. **Verfahren vor Zurückverweisung**
1. 1,6-Verfahrensgebühr, Nr. 3200 VV
   (Wert: 4.000,00 EUR)   403,20 EUR
2. 1,2-Terminsgebühr, Nr. 3202 VV
   (Wert: 4.000,00 EUR)   302,40 EUR
3. Postentgeltpauschale, Nr. 7002 VV   20,00 EUR
   Zwischensumme   725,60 EUR
4. 19 % Umsatzsteuer, Nr. 7008 VV   137,86 EUR
   Gesamt   **863,46 EUR**

II. **Revisionsverfahren**
1. 1,6-Verfahrensgebühr, Nr. 3206 VV
   (Wert: 4.000,00 EUR)   403,20 EUR
2. 1,5-Terminsgebühr, Nr. 3210 VV
   (Wert: 4.000,00 EUR)   378,00 EUR
3. Postentgeltpauschale, Nr. 7002 VV   20,00 EUR
   Zwischensumme   801,20 EUR
4. 19 % Umsatzsteuer, Nr. 7008 VV   152,23 EUR
   Gesamt   **953,43 EUR**

III. **Verfahren nach Zurückverweisung**
1. 1,6-Verfahrensgebühr, Nr. 3200 VV
   (Wert: 4.000,00 EUR)   403,20 EUR
2. 1,2-Terminsgebühr, Nr. 3202 VV
   (Wert: 4.000,00 EUR)   302,40 EUR
3. Postentgeltpauschale, Nr. 7002 VV   20,00 EUR
   Zwischensumme   725,60 EUR
4. 19 % Umsatzsteuer, Nr. 7008 VV   137,86 EUR
   Gesamt   **863,46 EUR**

---

18 OLG Köln OLGR 2009, 601 = MDR 2009, 1365; OLG München AGS 2006, 369 = OLGR 2006, 681 = AnwBl 2006, 588 = FamRZ 2006, 1561; AnwK-RVG/*N. Schneider*, § 15 Rn 272; *ders.*, AGS 2003, 240; *ders.*, MDR 2003, 727.

X. Einstweiliger Rechtsschutz

73 In einstweiligen Rechtsschutzverfahren vor dem FG erhält der Anwalt ebenfalls die erhöhten Gebühren des Berufungsverfahrens nach den Nrn. 3200 ff. VV (Vorbem. 3.2.1 Nr. 1 VV).[19]

Der **Gegenstandswert** richtet sich nach § 23 Abs. 1 S. 1 RVG i.V.m. § 53 Abs. 1 i.V.m. § 51 Abs. 1 und 2 GKG. Hier ist der Mindestwert des § 52 Abs. 4 GKG nicht anzuwenden.[20]

> **Beispiel 35** | Anfechtungsklage und Antrag auf Aussetzung der Vollziehung
>
> **Der Anwalt erhebt auftragsgemäß Anfechtungsklage gegen einen Bescheid in Höhe von 8.000,00 EUR und beantragt beim FG nach § 69 Abs. 3 FGO zugleich die Aussetzung der Vollziehung. Außergerichtlich war der Anwalt noch nicht tätig.**
>
> Es liegen nach § 17 Nr. 4 Buchst. c) RVG zwei Angelegenheiten vor. Die Gebühren nach Nrn. 3200 ff. VV entstehen zwei Mal.
>
> Der Streitwert im Verfahren auf Aussetzung bemisst sich i.d.R. mit 10 % der Steuerforderung.[21] Der Mindeststreitwert des § 52 Abs. 4 GKG greift hier nicht.[22]
>
> I. **Anfechtungsklage (Wert: 8.000,00 EUR)**
> 1. 1,6-Verfahrensgebühr, Nr. 3200 VV — 729,60 EUR
> 2. 1,2-Terminsgebühr, Nr. 3202 VV — 547,20 EUR
> 3. Postentgeltpauschale, Nr. 7002 VV — 20,00 EUR
>   Zwischensumme — 1.296,80 EUR
> 4. 19 % Umsatzsteuer, Nr. 7008 VV — 246,39 EUR
>   **Gesamt** — **1.543,19 EUR**
>
> II. **Verfahren auf Aussetzung der Vollziehung (Wert: 800,00 EUR)**
> 1. 1,6-Verfahrensgebühr, Nr. 3200 VV — 128,00 EUR
> 2. Postentgeltpauschale, Nr. 7002 VV — 20,00 EUR
>   Zwischensumme — 148,00 EUR
> 3. 19 % Umsatzsteuer, Nr. 7008 VV — 28,12 EUR
>   **Gesamt** — **176,12 EUR**

74 Einstweilige Rechtsschutzverfahren kommen auch ohne Hauptsacheklage in Betracht (§ 69 Abs. 3 S. 2 FGO). Dann entsteht die Geschäftsgebühr für das Einspruchsverfahren und eine Verfahrensgebühr für das Aussetzungsverfahren vor dem FG. Eine Anrechnung der im Einspruchsverfahren entstandenen Geschäftsgebühr nach Vorbem. 3 Abs. 4 VV ist nicht vorzunehmen, da das Ein-

---

19 FG Köln EFG 2011, 2108 = StE 2011, 604; FG Niedersachsen AGS 2010, 438 = EFG 2010, 749 = StE 2010, 170 = RVGreport 2010, 223; FG Düsseldorf AGS 2009, 179 = EFG 2009, 217 = DStRE 2009, 700 = StE 2009, 26 = RVGreport 2009, 72 = NJW-Spezial 2009, 221; FG Brandenburg EFG 2006, 1704 = StE 2006, 473; A. A. (1,3-Verfahrensgebühr nach Nr. 3100 VV): FG Niedersachsen EFG 2005, 1803 = DStRE 2005, 1366 = StB 2005, 678 = FGreport 2005, 104 = RVGreport 2006, 29.
20 BFH AGS 2008, 96 = DStR 2008, 49 = StE 2008, 24 = NJW-Spezial 2008, 59 = DStRE 2008, 196 = DStZ 2008, 94 = RVGreport 2008, 76; FG Düsseldorf AGS 2007, 568 = EFG 2006, 1103; FG Sachsen-Anhalt EFG 2007, 293 = StE 2007, 122; FG Brandenburg EFG 2006, 1704 = StE 2006, 473; FG Köln RVGreport 2007, 255 = EFG 2007, 793 = StE 2007, 315; Thüringer FG EFG 2005, 1563 = FGReport 2005, 84; a.A. Sächsisches FG AGS 2007, 568 = EFG 2006, 1103.
21 Streitwertkatalog der Finanzgerichtsbarkeit Nr. 8.
22 BFH AGS 2008, 96 = DStR 2008, 49 = StE 2008, 24 = NJW-Spezial 2008, 59 = DStRE 2008, 196 = DStZ 2008, 94 = RVGreport 2008, 76; FG Düsseldorf AGS 2007, 568 = EFG 2006, 1103; FG Sachsen-Anhalt EFG 2007, 293 = StE 2007, 122; FG Brandenburg EFG 2006, 1704 = StE 2006, 473; FG Köln RVGreport 2007, 255 = EFG 2007, 793 = StE 2007, 315; Thüringer FG EFG 2005, 1563 = FGReport 2005, 84; a.A. Sächsisches FG AGS 2007, 568 = EFG 2006, 1103.

spruchsverfahren kein dem Aussetzungsverfahren vorangehendes Verwaltungs- oder Nachprüfungsverfahren ist.

Beispiel 36 **Einspruchsverfahren und gerichtliches Verfahren auf Aussetzung der Vollziehung**

Der Anwalt erhebt auftragsgemäß Einspruch gegen einen Bescheid in Höhe von 8.000,00 EUR und beantragt nach § 69 Abs. 3 i.V.m. Abs. 4 S. 2 Nr. 2 FGO beim FG zugleich die Aussetzung der Vollziehung, ohne zuvor den Antrag nach § 69 Abs. 2 FGO bei der Finanzbehörde gestellt zu haben.

Es liegen nach § 17 Nr. 4 Buchst. c) RVG zwei Angelegenheiten vor. Im Einspruchsverfahren entsteht die Gebühr nach Nr. 2300 VV.

Im gerichtlichen Verfahren auf Aussetzung entsteht die Gebühr nach Nr. 3200 VV. Eine Anrechnung der im Einspruchsverfahren angefallenen Geschäftsgebühr nach Vorbem. 3 Abs. 4 VV kommt nicht in Betracht.

I. **Einspruchsverfahren (Wert: 8.000,00 EUR)**		
1. 1,5-Geschäftsgebühr, Nr. 2300 VV		684,00 EUR
2. Postentgeltpauschale, Nr. 7002 VV		20,00 EUR
Zwischensumme	704,00 EUR	
3. 19 % Umsatzsteuer, Nr. 7008 VV		133,76 EUR
Gesamt		**837,76 EUR**
II. **Gerichtliches Verfahren auf Aussetzung der Vollziehung (Wert: 800,00 EUR)**		
1. 1,6-Verfahrensgebühr, Nr. 3200 VV		128,00 EUR
2. Postentgeltpauschale, Nr. 7002 VV		20,00 EUR
Zwischensumme	148,00 EUR	
3. 19 % Umsatzsteuer, Nr. 7008 VV		28,12 EUR
Gesamt		**176,12 EUR**

Ist dem Verfahren auf Aussetzung nach § 69 Abs. 3 S. 2 FGO dagegen ein Verfahren vor der Finanzbehörde nach § 69 Abs. 2 FGO vorangegangen, dann ist nach Vorbem. 3 Abs. 4 VV anzurechnen (siehe § 29 Rn 163 f.), und zwar wird die Geschäftsgebühr des finanzbehördlichen Aussetzungsverfahrens angerechnet auf die Verfahrensgebühr des gerichtlichen Aussetzungsverfahrens.

75

Beispiel 37 **Einspruchsverfahren mit nachfolgender Anfechtungsklage und gerichtlichem Verfahren auf Aussetzung mit vorangegangenem Aussetzungsverfahren vor der Behörde**

Der Anwalt erhebt auftragsgemäß Einspruch gegen einen Bescheid in Höhe von 8.000,00 EUR und beantragt nach § 69 Abs. 2 FGO beim Finanzamt die Aussetzung der Vollziehung. Der Antrag wird abgelehnt. Daraufhin wird nach § 69 Abs. 3 FGO beim FG die Aussetzung der Vollziehung beantragt. Da zwischenzeitlich der Einspruch abschlägig beschieden worden ist, wird auch Anfechtungsklage gegen den Steuerbescheid erhoben.

Im Einspruchsverfahren entsteht die Geschäftsgebühr nach Nr. 2300 VV und im Verfahren auf Aussetzung vor dem Finanzamt ebenfalls die Geschäftsgebühr der Nr. 2300 VV. Es liegen nach § 17 Nr. 1a RVG zwei Angelegenheiten vor.

Im gerichtlichen Hauptsacheverfahren entstehen die Gebühren der Nrn. 3200 ff. VV. Auf die Verfahrensgebühr ist nach Vorbem. 3 Abs. 4 VV die Geschäftsgebühr des Einspruchsverfahrens anzurechnen.

Im gerichtlichen Verfahren auf Aussetzung entsteht die Gebühr nach Nr. 3200 VV gesondert (§ 17 Nr. 4 Buchst. c) RVG). Hier ist die Geschäftsgebühr des verwaltungsbehördlichen Aussetzungsverfahrens nach Vorbem. 3 Abs. 4 VV hälftig anzurechnen.

I. Einspruchsverfahren (Wert: 8.000,00 EUR)
1. 1,5-Geschäftsgebühr, Nr. 2300 VV — 684,00 EUR
2. Postentgeltpauschale, Nr. 7002 VV — 20,00 EUR
   Zwischensumme — 704,00 EUR
3. 19 % Umsatzsteuer, Nr. 7008 VV — 133,76 EUR
Gesamt — 837,76 EUR

II. Verfahren auf Aussetzung der Vollziehung vor dem Finanzamt (Wert: 800,00 EUR)
1. 1,5-Geschäftsgebühr, Nr. 2300 VV — 120,00 EUR
2. Postentgeltpauschale, Nr. 7002 VV — 20,00 EUR
   Zwischensumme — 140,00 EUR
3. 19 % Umsatzsteuer, Nr. 7008 VV — 26,60 EUR
Gesamt — 166,60 EUR

III. Verfahren auf Aussetzung der Vollziehung vor dem Finanzgericht (Wert: 800,00 EUR)
1. 1,6-Verfahrensgebühr, Nr. 3200 VV — 128,00 EUR
2. gem. Vorbem. 3 Abs. 4 VV anzurechnen, 0,75 aus 800,00 EUR — – 60,00 EUR
3. Postentgeltpauschale, Nr. 7002 VV — 20,00 EUR
   Zwischensumme — 88,00 EUR
4. 19 % Umsatzsteuer, Nr. 7008 VV — 16,72 EUR
Gesamt — 104,72 EUR

IV. Anfechtungsklage (Wert: 8.000,00 EUR)
1. 1,6-Verfahrensgebühr, Nr. 3200 VV — 729,60 EUR
2. gem. Vorbem. 3 Abs. 4 VV anzurechnen, 0,75 aus 8.000,00 EUR — – 342,00 EUR
3. 1,2-Terminsgebühr, Nr. 3202 VV — 547,20 EUR
4. Postentgeltpauschale, Nr. 7002 VV — 20,00 EUR
   Zwischensumme — 954,80 EUR
5. 19 % Umsatzsteuer, Nr. 7008 VV — 181,41 EUR
Gesamt — 1.136,21 EUR

76 Wird die Aussetzung der Vollziehung vor dem BFH als Gericht der Hauptsache (§ 69 Abs. 3 FGO) beantragt,[23] bleibt es bei den Gebühren nach Teil 3 Abschnitt 2, Unterabschnitt 1, den Nrn. 3200 ff. VV (Vorbem. 3.2 Abs. 2 VV).

Beispiel 38 | Revisionsverfahren und gerichtliches Verfahren auf Aussetzung

Die Anfechtungsklage gegen den Steuerbescheid hatte das FG zurückgewiesen. Dagegen wird Revision zum BFH erhoben. Gleichzeitig wird vor dem BFH nach § 69 Abs. 3 FGO die Aussetzung der Vollziehung beantragt, und zwar wegen der drohenden Vollstreckung gem. § 69 Abs. 4 S. 2 Nr. 2 FGO ohne vorherigen Antrag bei der Finanzbehörde.

Im Hauptsacheverfahren vor dem BFH entstehen die Gebühren nach den Nrn. 3206 ff. VV (siehe oben Rn 67 ff.).

Im Verfahren auf Aussetzung der Vollziehung entstehen dagegen die Gebühren nach den Nrn. 3200 ff. VV.

---

23 Siehe BFH NV 2000, 970; NV 2005, 1834.

X. Einstweiliger Rechtsschutz § 30

I. **Verfahren vor dem BFH (Wert: 8.000,00 EUR)**
1. 1,6-Verfahrensgebühr, Nr. 3206 VV .... 729,60 EUR
2. 1,5-Terminsgebühr, Nr. 3210 VV .... 684,00 EUR
3. Postgeltpauschale, Nr. 7002 VV .... 20,00 EUR
   Zwischensumme .... 1.433,60 EUR
4. 19 % Umsatzsteuer, Nr. 7008 VV .... 272,38 EUR
   Gesamt .... **1.705,98 EUR**

II. **Verfahren auf Aussetzung der Vollziehung (Wert: 800,00 EUR)**
1. 1,6-Verfahrensgebühr, Nr. 3200 VV .... 128,00 EUR
2. Postgeltpauschale, Nr. 7002 VV .... 20,00 EUR
   Zwischensumme .... 148,00 EUR
3. 19 % Umsatzsteuer, Nr. 7008 VV .... 28,12 EUR
   Gesamt .... **176,12 EUR**

Kommt es im gerichtlichen Aussetzungsverfahren zu einem gerichtlichen Termin, so entsteht nach Vorbem. 3 Abs. 3 S. 3 Nr. 2 VV auch eine Terminsgebühr, und zwar sowohl vor dem FG als auch vor dem BFH nach Nr. 3202 VV (Vorbem. 3.2 Abs. 2 VV). **77**

Beispiel 39 | Verfahren auf Aussetzung der Vollziehung mit gerichtlichem Termin

Der Anwalt beantragt nach § 69 Abs. 3 FGO beim FG die Aussetzung der Vollziehung. Über den Antrag wird mündlich verhandelt (Streitwert 2.000,00 EUR).

Neben der Verfahrensgebühr entsteht auch eine Terminsgebühr nach Nr. 3202 VV.

1. 1,6-Verfahrensgebühr, Nr. 3200 VV .... 240,00 EUR
2. 1,2-Terminsgebühr, Nr. 3202 VV .... 180,00 EUR
3. Postgeltpauschale, Nr. 7002 VV .... 20,00 EUR
   Zwischensumme .... 440,00 EUR
4. 19 % Umsatzsteuer, Nr. 7008 VV .... 83,60 EUR
   Gesamt .... **523,60 EUR**

Die Terminsgebühr entsteht im Aussetzungsverfahren auch dann, wenn es nicht zu einem gerichtlichen Termin kommt, aber eine Besprechung mit der Finanzbehörde zur Erledigung des Verfahrens geführt wird (Vorbem. 3 Abs. 3 S. 3 Nr. 2 VV). Dass im Verfahren der Aussetzung der Vollziehung eine mündliche Verhandlung nicht vorgeschrieben ist, ist unerheblich.[24] (Siehe auch § 29 Rn 160) **78**

Beispiel 40 | Verfahren auf Aussetzung der Vollziehung mit gerichtlichem Termin

Der Anwalt beantragt nach § 69 Abs. 3 FGO beim FG die Aussetzung der Vollziehung beantragt. Er führt mit dem Sachbearbeiter des Finanzamts ein Gespräch, in dem er ihm nochmals seinen rechtlichen Standpunkt klar macht und versucht, ihn davon zu überzeugen, die Vollziehung auszusetzen. Die Verhandlungen bleiben erfolglos. Das Gericht setzt anschließend ohne mündliche Verhandlung die Vollziehung aus (Streitwert: 2.000,00 EUR).[25]

Auch hier entsteht gem. Vorbem. 3 Abs. 3 S. 3 Nr. 2 VV neben der Verfahrensgebühr auch eine Terminsgebühr nach Nr. 3202 VV.[26]

---

24 FG Niedersachsen AGS 2010, 383 = zfs 2010, 467 = RVGreport 2010, 304 = JurBüro 2010, 476 = StE 2010, 202.
25 Fall nach FG Niedersachsen AGS 2010, 383 = zfs 2010, 467 = RVGreport 2010, 304 = JurBüro 2010, 476 = StE 2010, 202.
26 FG Niedersachsen AGS 2010, 383 = zfs 2010, 467 = RVGreport 2010, 304 = JurBüro 2010, 476 = StE 2010, 202.

1. 1,6-Verfahrensgebühr, Nr. 3200 VV		240,00 EUR
2. 1,2-Terminsgebühr, Nr. 3202 VV		180,00 EUR
3. Postentgeltpauschale, Nr. 7002 VV		20,00 EUR
Zwischensumme	440,00 EUR	
4. 19 % Umsatzsteuer, Nr. 7008 VV		83,60 EUR
Gesamt		**523,60 EUR**

XI. Beschwerde im einstweiligen Rechtsschutz vor dem BFH nach § 128 Abs. 3 FGO

79 Gegen die Entscheidung über die Aussetzung der Vollziehung nach § 69 Abs. 3 und 5 FGO und über einstweilige Anordnungen nach § 114 Abs. 1 FGO steht den Beteiligten die Beschwerde zu, wenn sie in der Entscheidung zugelassen worden ist. Solche Beschwerdeverfahren wurden in finanzgerichtlichen Angelegenheiten bisher nach den Nrn. 3500, 3513 VV vergütet.[27]

80 Seit Inkrafttreten des 2. KostRMoG erhält der Rechtsanwalt in diesen Beschwerdeverfahren die gleichen Gebühren wie in einem Revisionsverfahren. Es gilt hier das gleiche wie in den Beschwerdeverfahren gegen Eilentscheidungen der Verwaltungsgerichte (siehe auch § 29 Rn 176 ff.) mit dem Unterschied, dass dort wegen des abweichenden Instanzenzugs die Gebühren eines Berufungsverfahrens gelten.

81 Für Beschwerden gegen Zwischen- und Nebenentscheidungen in Verfahren des einstweiligen Rechtsschutzes bleibt es dagegen bei den Gebühren nach Teil 3 Abschnitt 5 VV, also bei den Gebühren der Nrn. 3500, 3513 VV (siehe Rn 83).

82 In den genannten Verfahren erhält der Anwalt also eine 1,6-Verfahrensgebühr nach Nr. 3206 VV und eine 1,5-Terminsgebühr nach Nr. 3210 VV. Kommt es zu einer Einigung oder Erledigung, entsteht eine 1,3-Gebühr (Nrn. 1000, 1002, 1004 VV).

> **Beispiel 41** | **Beschwerde gegen Ablehnung der Aussetzung der Vollziehung**
>
> **Gegen den Beschluss des FG, mit dem das Gericht den Antrag auf Aussetzung der Vollziehung abgelehnt hat, legt der Antragsteller die zugelassene Beschwerde zum FG ein. Der BFH weist die Beschwerde ohne mündliche Verhandlung zurück und setzt den Streitwert auf 1.000,00 EUR fest.**

Der Anwalt erhält eine 1,6-Verfahrensgebühr aus dem Wert von 1.000,00 EUR. Der Mindestwert gilt hier nicht (siehe oben Rn 5, 73).

1. 1,6-Verfahrensgebühr, Nr. 3206 VV (Wert: 1.000,00 EUR)		128,00 EUR
2. Postentgeltpauschale, Nr. 7002 VV		20,00 EUR
Zwischensumme	148,00 EUR	
3. 19 % Umsatzsteuer, Nr. 7008 VV		28,12 EUR
Gesamt		**176,12 EUR**

---

27 Siehe hierzu zuletzt Sächsisches FG AGS 2014, 63 = NJW-Spezial 2014, 92.

XIII. Erinnerungsverfahren §30

| Beispiel 42 | **Beschwerde gegen Ablehnung der Aussetzung der Vollziehung mit Besprechung und Einigung** |

Wie vorangegangenes Beispiel 41. Aufgrund einer Besprechung mit dem Finanzamt wird eine Einigung über die Aussetzung getroffen.

Hinzu kommt jetzt eine 1,5-Terminsgebühr nach Nr. 3210 VV sowie eine 1,3-Einigungsgebühr nach Nrn. 1000, 1004 VV (Anm. Abs. 1 zu Nr. 1004 VV)

1.	1,6-Verfahrensgebühr, Nr. 3206 VV (Wert: 1.000,00 EUR)	128,00 EUR
2.	1,5-Terminsgebühr, Nr. 3210 VV (Wert: 1.000,00 EUR)	120,00 EUR
3.	1,3-Einigungsgebühr, Nr. 1000, 1004 VV (Wert: 1.000,00 EUR)	104,00 EUR
4.	Postentgeltpauschale, Nr. 7002 VV	20,00 EUR
	Zwischensumme	372,00 EUR
5.	19 % Umsatzsteuer, Nr. 7008 VV	70,68 EUR
	Gesamt	**442,68 EUR**

XII. Allgemeine Beschwerdeverfahren

Für allgemeine Beschwerden verbleibt es bei der Regelung der Nrn. 3500 ff. VV. Hier sind keine höheren Gebühren vorgesehen (siehe § 21 Rn 5 ff.).[28]

83

XIII. Erinnerungsverfahren

Für Erinnerungsverfahren gelten die Nrn. 3500, 3513 VV. Diese Gebühren sind allerdings grundsätzlich nur dann anwendbar, wenn der Anwalt ausschließlich im Erinnerungsverfahren beauftragt ist. Soweit er auch in der Hauptsache beauftragt ist, wird seine Tätigkeit durch die Vergütung in der Hauptsache abgegolten (§ 19 Abs. 1 S. 1; analog § 19 Abs. 1 S. 2 Nr. 5 Buchst. a) RVG).

84

Eine Ausnahme gilt für die **Erinnerung gegen einen Kostenfestsetzungsbeschluss** nach § 149 FGO. Dieses Erinnerungsverfahren stellt nach § 18 Abs. 1 Nr. 3 RVG auch für den in der Hauptsache beauftragten Anwalt eine selbstständige Angelegenheit dar. Dies ist jetzt mit dem 2. KostRMoG klargestellt worden.

85

| Beispiel 43 | **Erinnerung in finanzgerichtlichen Verfahren** |

Der Anwalt legt gegen den Kostenfestsetzungsbeschluss des FG, mit dem Reisekosten in Höhe von 90,00 EUR abgesetzt worden sind, Erinnerung ein.

Die Erinnerung ist nach § 18 Abs. 1 Nr. 3 RVG eine gesonderte Angelegenheit. Der Anwalt erhält die Gebühr nach Nr. 3500 VV aus dem Wert von 90,00 EUR.

1.	0,5-Verfahrensgebühr, Nr. 3500 VV (Wert: 90,00 EUR)	22,50 EUR
2.	Postentgeltpauschale, Nr. 7002 VV	4,50 EUR
	Zwischensumme	27,00 EUR

---

28 *Hansens/Braun/Schneider*, Vergütungsrecht, Teil 14 Rn 26.

3. 19 % Umsatzsteuer, Nr. 7008 VV	5,13 EUR
Gesamt	**32,13 EUR**

XIV. Sonstige Angelegenheiten

86 In sonstigen Angelegenheiten wie Prozesskostenhilfeprüfungsverfahren, in der Zwangsvollstreckung etc. gelten die gleichen Gebühren wie in allgemeinen Verwaltungssachen (siehe § 31 Rn 171 ff.).

87 Für das **selbstständige Beweisverfahren** in finanzgerichtlichen Verfahren gelten die Regelungen der ZPO (§ 82 FGO). Insoweit kann auf die Ausführungen zu den zivilrechtlichen Beweisverfahren verwiesen werden (siehe § 12 Rn 9), allerdings mit der Maßgabe, dass hier die Gebühren nach Teil 3 Abschnitt 2, Unterabschnitt 1 VV gelten, also nach den Nrn. 3200 ff. VV (Vorbem. 3.2.1 Nr. 1 VV). Zudem dürfte hier auch eine 1,5-Einigungsgebühr (Nr. 1000 VV) oder gegebenenfalls auch eine 1,5-Erledigungsgebühr nach Nr. 1002 VV in Betracht kommen.

XV. Verfahren nach dem Gesetz über den Rechtsschutz bei überlangen Gerichtsverfahren

88 Zur Vergütung in Verfahren nach dem Gesetz über den Rechtsschutz bei überlangen Gerichtsverfahren und strafrechtlichen Ermittlungsverfahren v. 24.11.2011[29] vor den Finanzgerichten siehe § 32 Rn 17 ff.

89 Zu beachten ist auch hier die Begrenzung der Anrechnung auf 0,75 nach Vorbem. 2.3 Abs. 4 S. 1, Vorbem. 3 Abs. 4 S. 1 VV, wenn die Summe der Gebühren nach der StBVV über 15/10 gelegen ist.

---

29 BGBl I 2011, S. 2302 ff.

§ 31 Sozialrechtliche Angelegenheiten

Inhalt

I. Überblick 1
II. Abrechnung nach Wertgebühren 2
 1. Überblick 2
 2. Besonderheiten 7
    a) Mahnverfahren 7
    b) Untätigkeitsklage 8
    c) Beschwerde gegen die Nichtzulassung der Berufung 10
    d) Vollstreckung gegen Behörden 21
    e) Besondere erstinstanzliche Verfahren vor den Landessozialgerichten und dem Bundessozialgericht 26
III. Abrechnung nach Rahmengebühren ... 35
 1. Überblick 35
 2. Beratung und Gutachten 37
 3. Prüfung der Erfolgsaussicht eines Rechtsmittels 41
    a) Überblick 41
    b) Prüfung der Erfolgsaussicht 42
    c) Prüfung der Erfolgsaussicht verbunden mit einem schriftlichen Gutachten 44
 4. Außergerichtliche Vertretung 46
    a) Überblick 46
    b) Vertretung im Verwaltungsverfahren 47
    c) Anrechnung im Verwaltungsverfahren bei vorangegangener Beratung 52
    d) Vertretung im Nachprüfungsverfahren 53
      aa) Überblick 53
      bb) Erstmalige Beauftragung im Nachprüfungsverfahren 54
      cc) Vertretung im Nachprüfungsverfahren nach vorangegangener Vertretung im Verwaltungsverfahren 57
        (1) Überblick 57
        (2) Grundfälle 60
        (3) Begrenzung der Anrechnung 62
        (4) Anrechnung bei mehreren Auftraggebern 63
    e) Außergerichtliche Vertretung mit Einigung oder Erledigung 64
      aa) Überblick 64
      bb) Mehrere Auftraggeber 75
      cc) Unbeachtlichkeit einer Anrechnung .. 78
      dd) Teileinigung oder -erledigung 79
      ee) Einbeziehung weiterer nicht anhängiger Gegenstände 82
      ff) Einbeziehung weiterer anhängiger Gegenstände 83
    f) Verfahren auf Aussetzung der sofortigen Vollziehung 84
 5. Gerichtliches Erkenntnisverfahren erster Instanz 94
    a) Überblick 94
    b) Verfahrensgebühr 100
      aa) Überblick 100
      bb) Mehrere Auftraggeber 102
      cc) Anrechnung 103
    c) Terminsgebühr 115
      aa) Überblick 115
      bb) Terminsgebühr nach Vorbem. 3 Abs. 3 VV 116
      cc) Fiktive Terminsgebühr 122
        (1) Überblick 122
        (2) Entscheidung ohne mündliche Verhandlung im Einverständnis der Parteien 124
        (3) Schriftlicher Vergleich 126
        (4) Entscheidung durch Gerichtsbescheid nach § 105 Abs. 1 S. 1 SGG 127
        (5) Angenommenes Anerkenntnis ... 129
        (6) Berechnung der fiktiven Terminsgebühren 137
          (a) Überblick 137
          (b) Mehrere Auftraggeber 141
          (c) Anrechnung einer Geschäftsgebühr 144
    d) Einigungs- und Erledigungsgebühr 145
      aa) Überblick 145
      bb) Teileinigung oder -erledigung 155
      cc) Einbeziehung nicht anhängiger Gegenstände im gerichtlichen Verfahren 158
    e) Zusatzgebühr für besonders umfangreiche Beweisaufnahmen 160
    f) Untätigkeitsklage 166
 6. Neubescheidungsverfahren nach erfolgreicher Klage 171
 7. Selbstständiges Beweisverfahren 175
 8. Beschwerde gegen die Nichtzulassung der Berufung 176
 9. Berufungsverfahren 182
 10. Beschwerde gegen die Nichtzulassung der Revision 190
 11. Revisionsverfahren 198
    a) Revision 198
    b) Sprungrevision 204
    c) Vorangegangene Nichtzulassungsbeschwerde 209
    d) Vorangegangene Prüfung der Erfolgsaussicht 211
 12. Verfahren nach Zurückverweisung 212
 13. Gerichtliche Verfahren auf Anordnung der sofortigen Vollziehung, Anordnung der aufschiebenden Wirkung, Wiederherstellung der sofortigen Vollziehung und Aufhebung der sofortigen Vollziehung 215
    a) Überblick 215
    b) Gerichtliches Verfahren ohne vorangegangene Tätigkeit im Verwaltungs- oder Nachprüfungsverfahren 224
    c) Gerichtliches Verfahren mit vorangegangener Tätigkeit im Verwaltungs- oder Nachprüfungsverfahren 230
    d) Gerichtliches Verfahren mit vorangegangener Tätigkeit vor der Behörde auf Anordnung der aufschiebenden Wirkung 232

e) Erstmaliger Antrag vor dem Berufungsgericht 233
f) Beschwerde 234
14. Einstweilige Anordnungsverfahren 238
 a) Selbstständige Angelegenheit 238
 b) Die Vergütung 240
 c) Einstweiliges Anordnungsverfahren vor dem Sozialgericht 241
  aa) Verfahrensgebühr nach Nr. 3102 VV . 241
  bb) Terminsgebühr 242
  cc) Einigungs- oder Erledigungsgebühr . . 245
  dd) Auslagen 246
  ee) Die Höhe der Gebühren 247
 d) Aufhebungs- oder Abänderungsverfahren 251
e) Einstweilige Anordnung im Berufungsverfahren 252
f) Beschwerde gegen einstweilige Anordnung 253
15. Allgemeine Beschwerdeverfahren 255
16. Erinnerung 260
17. Verkehrsanwalt 264
 a) Führung des Verkehrs mit dem Hauptbevollmächtigten 264
 b) Übersendung der Handakten mit gutachterlichen Äußerungen 271
18. Terminsvertreter 272
19. Einzeltätigkeit 281
20. Gehörsrüge 284
21. Prozesskostenhilfe-Prüfungsverfahren 290

I. Überblick

1 In sozialrechtlichen Angelegenheiten ist danach zu differenzieren, ob die Gebühren nach dem **Gegenstandswert** (§ 3 Abs. 1 S. 2, 3, Abs. 2 RVG) oder nach **Betragsrahmen** abzurechnen sind (§ 3 Abs. 1 S. 1, Abs. 2 RVG). Der Grundsatz des § 2 Abs. 1 S. 1 RVG wird hier durchbrochen, da in § 3 Abs. 1 S. 1, Abs. 2 RVG „etwas anderes bestimmt" ist. Die Abrechnung nach dem Gegenstandswert (§ 3 Abs. 1 S. 2, 3, Abs. 2 RVG) wird hier zur Ausnahme; die Abrechnung nach Betragsrahmen zum Grundsatz.

II. Abrechnung nach Wertgebühren

1. Überblick

2 Zum Teil gelten auch in sozialrechtlichen Angelegenheiten **Wertgebühren** (§ 3 Abs. 1 S. 2, 3 RVG) und zwar auch bei außergerichtlichen Tätigkeiten (§ 3 Abs. 2 RVG). In diesen Fällen ist abzurechnen wie in verwaltungsrechtlichen Angelegenheiten, so dass auf die dortigen Ausführungen und Beispiele Bezug genommen werden kann (siehe § 13).

3 Zur Abrechnung in **Verfahren nach dem Gesetz über den Rechtsschutz bei überlangen Gerichtsverfahren und strafrechtlichen Ermittlungsverfahren** siehe § 32.

4 Zur Abrechnung in Angelegenheiten der **Vollstreckung** siehe Rn 21 ff. und § 11 Rn 171 ff.

5 Der **Gegenstandswert** richtet sich nach § 23 Abs. 1 RVG i.V.m. § 52 GKG. Dies gilt sowohl für gerichtliche Tätigkeiten (§ 23 Abs. 1 S. 1 RVG) als auch für außergerichtliche Tätigkeiten (§ 23 Abs. 1 S. 3 RVG). Maßgebend ist die sich aus dem Antrag des Klägers für ihn ergebende Bedeutung der Sache, die nach Ermessen zu bestimmen ist (§ 52 Abs. 1 GKG).
- Betrifft der Antrag des Klägers eine **bezifferte Geldleistung** oder einen darauf gerichteten Verwaltungsakt, ist deren Höhe maßgebend (§ 52 Abs. 3 GKG).
- Bietet der Sach- und Streitstand für die Bestimmung des Streitwertes keine genügenden Anhaltspunkte, ist von einem **Regelstreitwert** in Höhe von 5.000,00 EUR auszugehen (§ 52 Abs. 2 GKG).
- Der Wert darf 2,5 Mio. EUR nicht übersteigen (§ 52 Abs. 4 GKG).

Zur Ausfüllung des Ermessensrahmen des § 52 Abs. 1 GKG haben die Präsidentinnen und Präsidenten der Landessozialgerichte einen **Streitwertkatalog**[1] mit Empfehlungen zur Wertfestsetzung entwickelt, an dem sich die Gerichte überwiegend orientieren.

2. Besonderheiten

a) Mahnverfahren

Im Gegensatz zu den verwaltungsrechtlichen Angelegenheiten kann in sozialrechtlichen Angelegenheiten nach § 182a SGG auch ein **Mahnverfahren** durchgeführt werden. Es gelten dann die Nrn. 3305 ff. VV (siehe § 11).

b) Untätigkeitsklage

Wird der Anwalt in sozialgerichtlichen Angelegenheiten, die nach dem Wert abgerechnet werden, mit einer Untätigkeitsklage beauftragt, stellt sich die Frage der Anrechnung einer vorangegangenen Geschäftsgebühr aus dem Verwaltungs- oder Nachprüfungsverfahren nach Vorbem. 3 Abs. 4 VV. Zu beachten ist, dass auch hier der Streitgegenstand derselbe sein muss (Vorbem. 3 Abs. 4 S. 1 RVG). Im Verwaltungs- oder Nachprüfungsverfahren ist der Anwalt jedoch in der Hauptsache tätig, während es im Verfahren der sozialgerichtlichen Untätigkeitsklage (siehe § 88 SGG) – im Gegensatz zur verwaltungsgerichtlichen Untätigkeitsklage ausschließlich um den Anspruch auf Bescheidung, nicht um die Sache selbst geht.[2] Eine Entscheidung über seinen Leistungsanspruch oder eine Abwehr seiner Inanspruchnahme erreicht der Kläger hier nicht. Es handelt sich also faktisch um einen eigenen Instanzenzug (zu den Rahmengebühren, bei denen sich die vergleichbare Frage stellt und die dort von der Rspr. eindeutig beantwortet wird, siehe Rn 166 ff., Beispiele 90 ff.). Daher findet hier keine Anrechnung der Geschäftsgebühr statt. Dies würde anderenfalls zu dem kuriosen Ergebnis führen, dass dieselbe Geschäftsgebühr zweimal angerechnet werden müsste, nämlich einmal auf das Bescheidungs-Klageverfahren und einmal auf den späteren Anfechtungs- oder Verpflichtungsprozess.

Hier ist allerdings für die Untätigkeitsklage von einem **geringeren Streitwert** auszugehen. In Sozialsachen wird vom Wert der Hauptsache ausgegangen und ein Betrag in Höhe von 10 – 25 % der Hauptsache angenommen.[3] Hier soll im Folgenden jeweils von 25 % ausgegangen werden.

> **Beispiel 1** | **Untätigkeitsklage nach Widerspruchsverfahren**
>
> **Der Anwalt wird erstmals mit Erhebung des Widerspruchs beauftragt (Gegenstandswert 5.000,00 EUR) und nachdem dieser nicht beschieden wird, mit der Erhebung einer Untätigkeitsklage. Daraufhin wird der beantragte Bescheid erlassen und die Hauptsache für erledigt erklärt.**

---

1 „Streitwertkatalog für die Sozialgerichtsbarkeit" in der Fassung der Überarbeitung des von der Konferenz der Präsidentinnen und Präsidenten der Landessozialgerichte am 16.5.2006 auf Vorschlag des LSG Rheinland-Pfalz beschlossenen Streitwertkatalogs 2006 (Stand 1.4.2009) (abgedruckt in NZS 2009, 427, 491).
2 So insbesondere SG Berlin ASR 2005, 40 m. Anm. *Weber*.
3 LSG Rheinland-Pfalz JurBüro 1995, 589.

Der Anwalt erhält im Widerspruchsverfahren die Geschäftsgebühr der Nr. 2300 VV. Hier soll von der Mittelgebühr ausgegangen werden. Hinzu kommt eine 1,3-Verfahrensgebühr nach Nr. 3100 VV. Eine Anrechnung findet nicht statt.

Der Gegenstandswert des Widerspruchsverfahrens beträgt 5.000,00 EUR; der Streitwert der Untätigkeitsklage ergibt bei einem Ansatz von 25 % einen Betrag i.H.v. 1.250,00 EUR.

Eine Erledigungsgebühr fällt nicht an. Die Anfangs dahingehend vertretene Auffassung wird – soweit ersichtlich – nicht mehr vertreten.

I. Widerspruchsverfahren		
1. 1,5-Geschäftsgebühr, Nr. 2300 VV (Wert: 5.000,00 EUR)		454,50 EUR
2. Postentgeltpauschale, Nr. 7002 VV		20,00 EUR
Zwischensumme	474,50 EUR	
3. 19 % Umsatzsteuer, Nr. 7008 VV		90,16 EUR
Gesamt		**564,66 EUR**
II. Untätigkeitsklage		
1. 1,3-Verfahrensgebühr, Nr. 3100 VV (Wert: 1.250,00 EUR)		149,50 EUR
2. Postentgeltpauschale, Nr. 7002 VV		20,00 EUR
Zwischensumme	169,50 EUR	
3. 19 % Umsatzsteuer, Nr. 7008 VV		32,21 EUR
Gesamt		**201,71 EUR**

Beispiel 2 **Untätigkeitsklage nach Verwaltungs- und Widerspruchsverfahren**

Der Anwalt wird im Verwaltungsverfahren beauftragt, in dem der Antrag abgelehnt wird. Anschließend wird er mit der Erhebung des Widerspruchs beauftragt und, nachdem dieser nicht beschieden wird, mit der Erhebung einer Untätigkeitsklage. Daraufhin wird der beantragte Bescheid erlassen und die Hauptsache für erledigt erklärt.

Jetzt erhält der Anwalt sowohl für das Verwaltungsverfahren als auch das Widerspruchsverfahren die Gebühr nach Nr. 2300 VV, wobei die erste Geschäftsgebühr gem. Vorbem. 2.3 Abs. 4 S. 1 VV hälftig auf die zweite Geschäftsgebühr anzurechnen ist. In beiden Fällen soll von der Mittelgebühr ausgegangen werden. Die Verfahrensgebühr nach Nr. 3100 VV für die Untätigkeitsklage erhält er dagegen anrechnungsfrei.

I. Verwaltungsverfahren		
1. 1,5-Geschäftsgebühr, Nr. 2300 VV (Wert: 5.000,00 EUR)		454,50 EUR
2. Postentgeltpauschale, Nr. 7002 VV		20,00 EUR
Zwischensumme	474,50 EUR	
3. 19 % Umsatzsteuer, Nr. 7008 VV		90,16 EUR
Gesamt		**564,66 EUR**
II. Widerspruchsverfahren		
1. 1,5-Geschäftsgebühr, Nr. 2300 VV (Wert: 5.000,00 EUR)		454,50 EUR
2. gem. Vorbem. 2.3 Abs. 4 VV anzurechnen, 0,75 aus 5.000,00 EUR		– 227,25 EUR
3. Postentgeltpauschale, Nr. 7002 VV		20,00 EUR
Zwischensumme	247,25 EUR	
4. 19 % Umsatzsteuer, Nr. 7008 VV		46,98 EUR
Gesamt		**294,23 EUR**

III. Untätigkeitsklage
1. 1,3-Verfahrensgebühr, Nr. 3100 VV   149,50 EUR
   (Wert: 1.250,00 EUR)
2. Postentgeltpauschale, Nr. 7002 VV   20,00 EUR
   Zwischensumme   169,50 EUR
3. 19 % Umsatzsteuer, Nr. 7008 VV   32,21 EUR
Gesamt   **201,71 EUR**

Beispiel 3   **Untätigkeitsklage nach Verwaltungs- und Widerspruchsverfahren mit anschließender Klage zur Hauptsache**

Der Anwalt war im Verwaltungs- und Widerspruchsverfahren beauftragt und anschließend mit der Erhebung einer Untätigkeitsklage. Daraufhin wird der Widerspruch beschieden. Hiergegen wird Anfechtungsklage erhoben und darüber verhandelt.

Jetzt löst die Anfechtungsklage eine weitere Angelegenheit aus. Hier entsteht die Verfahrensgebühr der Nr. 3100 VV aus dem vollen Streitwert. Allerdings ist jetzt die Geschäftsgebühr für das Widerspruchsverfahren gem. Vorbem. 3 Abs. 4 S. 1 VV hälftig anzurechnen.

I. Verwaltungsverfahren
1. 1,5-Geschäftsgebühr, Nr. 2300 VV   454,50 EUR
   (Wert: 5.000,00 EUR)
2. Postentgeltpauschale, Nr. 7002 VV   20,00 EUR
   Zwischensumme   474,50 EUR
3. 19 % Umsatzsteuer, Nr. 7008 VV   90,16 EUR
Gesamt   **564,66 EUR**

II. Widerspruchsverfahren
1. 1,5-Geschäftsgebühr, Nr. 2300 VV   454,50 EUR
   (Wert: 5.000,00 EUR)
2. gem. Vorbem. 2.3 Abs. 4 VV anzurechnen, 0,75 aus   – 227,25 EUR
   5.000,00 EUR
3. Postentgeltpauschale, Nr. 7002 VV   20,00 EUR
   Zwischensumme   247,25 EUR
4. 19 % Umsatzsteuer, Nr. 7008 VV   46,98 EUR
Gesamt   **294,23 EUR**

III. Untätigkeitsklage
1. 1,3-Verfahrensgebühr, Nr. 3100 VV   149,50 EUR
   (Wert: 1.250,00 EUR)
2. Postentgeltpauschale, Nr. 7002 VV   20,00 EUR
   Zwischensumme   169,50 EUR
3. 19 % Umsatzsteuer, Nr. 7008 VV   32,21 EUR
Gesamt   **201,71 EUR**

IV. Anfechtungsklage
1. 1,3-Verfahrensgebühr, Nr. 3100 VV   393,90 EUR
   (Wert: 5.000,00 EUR)
2. gem. Vorbem. 3 Abs. 4 S. 2 VV anzurechnen, 0,75 aus   – 227,25 EUR
   5.000,00 EUR
3. 1,2-Terminsgebühr, Nr. 3104 VV   363,60 EUR
   (Wert: 5.000,00 EUR)
4. Postentgeltpauschale, Nr. 7002 VV   20,00 EUR
   Zwischensumme   550,15 EUR
5. 19 % Umsatzsteuer, Nr. 7008 VV   104,53 EUR
Gesamt   **654,68 EUR**

c) Beschwerde gegen die Nichtzulassung der Berufung

10 Im Gegensatz zum verwaltungsgerichtlichen Verfahren, in dem das Verwaltungsgericht zu einer Nichtzulassung der Berufung nicht befugt ist (§ 124a Abs. 1 S. 3 VwGO), kann das Sozialgericht in seinem Urteil die Berufung nicht nur zulassen, sondern auch die Zulassung ablehnen. Die Ablehnung ist dann allerdings mit der Nichtzulassungsbeschwerde anfechtbar (§ 145 SGG), über die das Landessozialgericht entscheidet (§ 145 Abs. 4 S. 2 SGG). Das Sozialgericht ist zur Abhilfe nicht (mehr) berechtigt (§ 145 Abs. 4 S. 2 SGG).

11 Lässt das Landessozialgericht auf die Beschwerde hin die Berufung zu, wird das Beschwerdeverfahren als Berufungsverfahren fortgesetzt (§ 145 Abs. 5 S. 1 SGG).

12 Unabhängig davon, ob das Landessozialgericht die Berufung zulässt oder nicht, stellt das Verfahren über die Nichtzulassungsbeschwerde gebührenrechtlich eine **eigene Angelegenheit** dar (§ 17 Nr. 9 RVG).

13 Insgesamt sind also drei Angelegenheiten gegeben:
- das Verfahren vor dem Sozialgericht,
- das Verfahren über die Nichtzulassungsbeschwerde und
- das Berufungsverfahren.

14 Für das Verfahren über die Beschwerde gegen die Nichtzulassung der Berufung enthält das Vergütungsverzeichnis gesonderte Gebühren in den Nrn. 3504, 3505 und 3516 VV.

15 Danach entsteht zunächst einmal eine **1,6-Verfahrensgebühr** nach Nr. 3104 VV. **Endet der Auftrag vorzeitig**, reduziert sich diese Gebühr gem. Nr. 3505 VV auf 1,0.

16 Bei Vertretung **mehrerer Auftraggeber** erhöhen sich die Verfahrensgebühren gem. Nr. 1008 VV um 0,3 je weiterem Auftraggeber, höchstens um 2,0, sofern diese am Gegenstand gemeinschaftlich beteiligt sind.[4]

17 Daneben kann auch im Nichtzulassungsbeschwerdeverfahren eine **Terminsgebühr** unter den Voraussetzungen der Vorbem. 3 Abs. 3 VV anfallen. Diese beläuft sich gem. Nr. 3516 VV auf 1,2.

18 Der **Streitwert** des Nichtzulassungsbeschwerdeverfahrens ist gleich dem Wert des beabsichtigten Rechtsmittels (§ 47 Abs. 3 GKG).

> **Beispiel 4** | **Nichtzulassungsbeschwerde**
>
> Das Sozialgericht hat die Klage (Wert: 5.000,00 EUR) abgewiesen und die Berufung nicht zugelassen. Der Anwalt des Klägers legt gegen die Nichtzulassung der Berufung nach § 145 SGG Beschwerde ein. Die Beschwerde wird zurückgewiesen.
>
> Es entsteht nur eine 1,6-Verfahrensgebühr nach Nr. 3504 VV.

1. 1,6-Verfahrensgebühr, Nr. 3504 VV (Wert: 5.000,00 EUR)		484,80 EUR
2. Postentgeltpauschale, Nr. 7002 VV		20,00 EUR
Zwischensumme	504,80 EUR	
3. 19 % Umsatzsteuer, Nr. 7008 VV		95,91 EUR
Gesamt		**600,71 EUR**

---

4 SG Berlin AGS 2009, 582 = ErbR 2010, 16.

Beispiel 5: Nichtzulassungsbeschwerde, mehrere Auftraggeber

Das Sozialgericht hat die Klage der beiden Kläger (Wert: 5.000,00 EUR) abgewiesen und die Berufung nicht zugelassen. Der Anwalt des Klägers legt gegen die Nichtzulassung der Berufung nach § 145 SGG Beschwerde ein. Die Beschwerde wird zurückgewiesen.

Es entsteht eine 1,9-Verfahrensgebühr nach Nrn. 3504, 1008 VV.

1.	1,9-Verfahrensgebühr, Nrn. 3504, 1008 VV (Wert: 5.000,00 EUR)	575,70 EUR
2.	Postentgeltpauschale, Nr. 7002 VV	20,00 EUR
	Zwischensumme 595,70 EUR	
3.	19 % Umsatzsteuer, Nr. 7008 VV	113,18 EUR
Gesamt		**708,88 EUR**

Beispiel 6: Nichtzulassungsbeschwerde, vorzeitige Erledigung

Das Sozialgericht hatte der Klage (Wert: 5.000,00 EUR) stattgegeben und die Berufung nicht zugelassen. Die Behörde legt gegen die Nichtzulassung der Berufung nach § 145 SGG Beschwerde ein, nimmt die Beschwerde aber später wieder zurück. Der Anwalt des Beklagten hatte sich bereits im Verfahren über die Nichtzulassungsbeschwerde bestellt, aber noch keinen Antrag gestellt.

Der Anwalt des **Berufungsbeklagten** hat mangels Sachantrag nur die 1,1-Gebühr nach Nrn. 3504, 3505 VV verdient.[5]

1.	1,1-Verfahrensgebühr, Nrn. 3504, 3505 VV (Wert: 5.000,00 EUR)	333,30 EUR
2.	Postentgeltpauschale, Nr. 7002 VV	20,00 EUR
	Zwischensumme 353,30 EUR	
3.	19 % Umsatzsteuer, Nr. 7008 VV	67,13 EUR
Gesamt		**420,43 EUR**

Beispiel 7: Nichtzulassungsbeschwerde mit Termin und Erledigung

Das Sozialgericht hat die Klage (Wert: 5.000,00 EUR) abgewiesen und die Berufung nicht zugelassen. Der Anwalt des Klägers legt gegen die Nichtzulassung der Berufung nach § 145 SGG Beschwerde ein und begründet diese. Anschließend verhandelt der Anwalt ohne Beteiligung des Gerichts mit der Behörde. Es kommt zu einer Erledigung i.S.d. Nr. 1002 VV.

Der Anwalt erhält eine 1,6-Verfahrensgebühr nach Nr. 3504 VV. Darüber hinaus entsteht auch eine 1,2-Terminsgebühr nach Nr. 3516 VV, da Vorbem. 3 Abs. 3 S. 3 Nr. 2 VV auch hier gilt. Daneben entsteht die Erledigungsgebühr nach Nr. 1002 VV. Die Höhe der Gebühr bestimmt sich nach Nr. 1004 VV.

1.	1,6-Verfahrensgebühr, Nr. 3504 VV (Wert: 5.000,00 EUR)	484,80 EUR
2.	1,2-Terminsgebühr, Nr. 3516 VV (Wert: 5.000,00 EUR)	363,60 EUR

---

[5] Hätte er einen Abweisungsantrag gestellt, wäre zwar die volle 1,6-Gebühr nach Nr. 3305 VV angefallen. Die Gebühr wäre aber nicht erstattungsfähig, OLG Hamburg AGS 2004, 539 m. Anm. *N. Schneider*.

3.	1,3-Erledigungsgebühr, Nrn. 1002, 1004 VV (Wert: 5.000,00 EUR)	393,90 EUR
4.	Postentgeltpauschale, Nr. 7002 VV	20,00 EUR
	Zwischensumme 1.262,30 EUR	
5.	19 % Umsatzsteuer, Nr. 7008 VV	239,84 EUR
Gesamt		**1.502,14 EUR**

19 Ist die Nichtzulassungsbeschwerde erfolgreich und schließt sich hieran das Berufungsverfahren nach § 145 Abs. 5 S. 1 SGG an, ist die Verfahrensgebühr des Nichtzulassungsbeschwerdeverfahrens auf die des Berufungsverfahrens anzurechnen (Anm. zu Nr. 3504 VV).

> **Beispiel 8** **Erfolgreiche Nichtzulassungsbeschwerde mit nachfolgendem Berufungsverfahren**

Das Sozialgericht hat die Klage (Wert: 5.000,00 EUR) abgewiesen und die Berufung nicht zugelassen. Der Anwalt des Klägers legt gegen die Nichtzulassung der Berufung nach § 145 SGG Beschwerde ein. Das Landessozialgericht gibt der Beschwerde statt. Die Berufung wird mit mündlicher Verhandlung durchgeführt.

Im Verfahren über die Nichtzulassungsbeschwerde entsteht die 1,6-Verfahrensgebühr nach Nr. 3504 VV. Das Berufungsverfahren ist eine neue Angelegenheit. Dort entstehen die Gebühren der Nrn. 3200, 3202 VV. Die Verfahrensgebühr der Nr. 3504 VV wird allerdings auf die Gebühr der Nr. 3200 VV angerechnet (Anm. zu Nr. 3504 VV).

I.	Nichtzulassungsbeschwerde	
1.	1,6-Verfahrensgebühr, Nr. 3504 VV (Wert: 5.000,00 EUR)	484,80 EUR
2.	Postentgeltpauschale, Nr. 7002 VV	20,00 EUR
	Zwischensumme 504,80 EUR	
3.	19 % Umsatzsteuer, Nr. 7008 VV	95,91 EUR
Gesamt		**600,71 EUR**
II.	Berufungsverfahren	
1.	1,6-Verfahrensgebühr, Nr. 3200 VV (Wert: 5.000,00 EUR)	484,80 EUR
2.	gem. Anm. zu Nr. 3504 VV anzurechnen (Wert: 5.000,00 EUR)	– 484,80 EUR
3.	1,2-Terminsgebühr, Nr. 3202 VV (Wert: 5.000,00 EUR)	363,60 EUR
4.	Postentgeltpauschale, Nr. 7002 VV	20,00 EUR
	Zwischensumme 383,60 EUR	
5.	19 % Umsatzsteuer, Nr. 7008 VV	72,88 EUR
Gesamt		**456,48 EUR**

20 Ist im Nichtzulassungsbeschwerdeverfahren eine Terminsgebühr angefallen, wird diese nicht angerechnet, da es insoweit an einer Anrechnungsvorschrift fehlt.

> **Beispiel 9** **Erfolgreiche Nichtzulassungsbeschwerde mit Besprechung und nachfolgendem Berufungsverfahren**

Das Sozialgericht hat die Berufung (Wert: 5.000,00 EUR) zurückgewiesen und die Berufung nicht zugelassen. Der Anwalt des Klägers beantragt nach § 145 SGG die Zulassung der Berufung. Der Anwalt verhandelt mit der Behörde zum Zwecke einer Erledigung, die aber nicht zustande kommt. Das Landessozialgericht gibt daraufhin der Beschwerde statt. **Die Berufung wird mit mündlicher Verhandlung durchgeführt**.

Jetzt entsteht im Verfahren über die Nichtzulassungsbeschwerde auch noch eine 1,2-Terminsgebühr nach Nr. 3516 VV, die allerdings nicht angerechnet wird.

I.	**Nichtzulassungsbeschwerde**		
1.	1,6-Verfahrensgebühr, Nr. 3504 VV (Wert: 5.000,00 EUR)		484,80 EUR
2.	1,2-Terminsgebühr, Nr. 3516 VV (Wert: 5.000,00 EUR)		363,60 EUR
3.	Postentgeltpauschale, Nr. 7002 VV		20,00 EUR
	Zwischensumme	868,40 EUR	
4.	19 % Umsatzsteuer, Nr. 7008 VV		165,00 EUR
	Gesamt		**1.033,40 EUR**
II.	**Berufungsverfahren**		
1.	1,6-Verfahrensgebühr, Nr. 3200 VV (Wert: 5.000,00 EUR)		484,80 EUR
2.	gem. Anm. zu Nr. 3504 VV anzurechnen (Wert: 5.000,00 EUR)		– 484,80 EUR
3.	1,2-Terminsgebühr, Nr. 3202 VV (Wert: 5.000,00 EUR)		363,60 EUR
4.	Postentgeltpauschale, Nr. 7002 VV		20,00 EUR
	Zwischensumme	383,60 EUR	
5.	19 % Umsatzsteuer, Nr. 7008 VV		72,88 EUR
	Gesamt		**456,48 EUR**

d) Vollstreckung gegen Behörden

21 Mit dem 2. KostRMoG ist in § 3 Abs. 1 S. 2 RVG ein zweiter Halbsatz eingefügt worden, der auf die Vollstreckungsverfahren nach § 201 SGG Bezug nimmt. Die Ergänzung soll klarstellen, dass in dem Verfahren nach § 201 Abs. 1 SGG für den Anwalt Wertgebühren anfallen, selbst wenn in dem zugrunde liegenden Verfahren gem. § 3 Abs. 1 S. 1 RVG nach Betragsrahmen abzurechnen ist. Nach dem bisherigen Wortlaut des § 3 RVG hätte in diesen Verfahren nach Betragsrahmen abgerechnet werden müssen.[6] Da in Teil 3 Abschnitt 3 Unterabschnitt 3 VV „Vollstreckung und Vollziehung" jedoch keine Betragsrahmengebühren vorgesehen sind, lief der Wortlaut bisher ins Leere. Daher wurden in der Praxis bereits in entsprechender Anwendung die Wertgebühren nach den Nrn. 3309 ff. VV herangezogen.[7] Diese Praxis ist nunmehr Gesetz geworden.

22 Der **Gegenstandswert** der anwaltlichen Tätigkeit bestimmt sich nicht nach § 23 Abs. 1 RVG i.V.m. § 52 GKG, da im gerichtlichen Vollstreckungsverfahren vor den Sozialgerichten keine Gerichtsgebühren vorgesehen sind. Der Wert ist vielmehr nach § 25 Abs. 1 Nr. 3 RVG zu ermitteln. Maßgebend ist der Wert der zu erwirkenden Handlung, Duldung oder Unterlassung. Die Höhe des anzudrohenden oder zu verhängenden Zwangsgelds ist unbeachtlich, da dies nur Mittel zum Zweck ist.

23 Eine Wertfestsetzung von Amts wegen hat nicht zu erfolgen, da keine Gerichtsgebühren anfallen (siehe § 63 Abs. 1 GKG). Das Gericht hat diesen Wert vielmehr im Verfahren nach § 33 RVG nur auf Antrag eines Beteiligten festzusetzen.

---

6 So SG Fulda AGS 2012, 520 = NJW-Spezial 2012 = ASR 2013, 28 = NZS 2013, 80.
7 LSG Berlin-Brandenburg RVGreport 2008, 381; VG Bremen, Beschl. v. 15.6.2010 – S 4 E 101/10; A.A. ist das SG Fulda, das Nr. 3102 VV anwenden will (AGS 2012, 520 = NJW-Spezial 2012, 668 = ASR 2013, 28 = NZS 2013, 80).

§ 31 Sozialrechtliche Angelegenheiten

24 | **Beispiel 10** | **Vollstreckung gegen Behörde in Sozialsachen**

Die Behörde ist durch Urteil des Sozialgerichts zur Neubescheidung verpflichtet worden. Nachdem die Behörde dieser Verpflichtung nicht nachgekommen ist, beantragt der Anwalt für seinen Mandanten beim Sozialgericht gem. § 201 Abs. 1 SGG eine Fristsetzung unter Androhung eines Zwangsgelds. Der Gegenstandswert des Zwangsgeldverfahrens wird gem. § 25 Abs. 1 Nr. 3 RVG auf 2.000,00 EUR festgesetzt.

Der Anwalt erhält:

1.	0,3-Verfahrensgebühr, Nr. 3309 VV (Wert 2.000,00 EUR)		45,00 EUR
2.	Postentgeltpauschale, Nr. 7002 VV		9,00 EUR
	Zwischensumme	54,00 EUR	
3.	Umsatzsteuer, Nr. 7008 VV		10,26 EUR
	Gesamt		**64,26 EUR**

25 Zu weiteren Einzelheiten wird auf § 11 Bezug genommen.

e) Besondere erstinstanzliche Verfahren vor den Landessozialgerichten und dem Bundessozialgericht

26 In Nr. 3300 Nr. 2 VV sind mit dem 2. KostRMoG[8] auch die erstinstanzlichen Verfahren vor dem Bundessozialgericht und den Landessozialgerichten erfasst worden, die bisher als einfache erstinstanzliche Verfahren zu vergüten waren.

27 In allen diesen Verfahren ist das GKG anzuwenden und es entstehen **Wertgebühren**.

28 Dadurch wird in den folgenden, in § 29 SGG genannten **Verfahren vor den Landessozialgerichten** statt einer bisherigen 1,3-Verfahrensgebühr nunmehr eine 1,6-Verfahrensgebühr entstehen:
- Klagen gegen Entscheidungen der Landesschiedsämter und gegen Beanstandungen von Entscheidungen der Landesschiedsämter nach dem SGB V, gegen Entscheidungen der Schiedsstellen nach § 120 Abs. 4 SGB V, der Schiedsstelle nach § 76 SGB XI und der Schiedsstellen nach § 80 SGB XII,
- Aufsichtsangelegenheiten gegenüber Trägern der Sozialversicherung und ihren Verbänden, gegenüber den Kassenärztlichen und Kassenzahnärztlichen Vereinigungen sowie der Kassenärztlichen und Kassenzahnärztlichen Bundesvereinigung, bei denen die Aufsicht von einer Landes- oder Bundesbehörde ausgeübt wird,
- Klagen in Angelegenheiten der Erstattung von Aufwendungen nach § 6b SGB II,
- Anträge nach § 55a SGG,
- Streitigkeiten zwischen gesetzlichen Krankenkassen oder ihren Verbänden und dem Bundesversicherungsamt betreffend den Risikostrukturausgleich, die Anerkennung von strukturierten Behandlungsprogrammen und die Verwaltung des Gesundheitsfonds,
- Streitigkeiten betreffend den Finanzausgleich der gesetzlichen Pflegeversicherung,
- Streitigkeiten betreffend den Ausgleich unter den gewerblichen Berufsgenossenschaften nach dem SGB VIII,
- Klagen gegen die Entscheidung der gemeinsamen Schiedsämter nach § 89 Abs. 4 SGB V und des Bundesschiedsamts nach § 89 Abs. 7 SGB V sowie der erweiterten Bewertungsausschüsse

---

8 Änderung durch Art. 8 Abs. 2 Nr. 43.

II. Abrechnung nach Wertgebühren § 31

nach § 87 Abs. 4 SGB V, soweit die Klagen von den Einrichtungen erhoben werden, die diese Gremien bilden,
- Klagen gegen Entscheidungen des Bundesministeriums für Gesundheit nach § 87 Abs. 6 SGB V gegenüber den Bewertungsausschüssen und den erweiterten Bewertungsausschüssen sowie gegen Beanstandungen des Bundesministeriums für Gesundheit gegenüber den Bundesschiedsämtern,
- Klagen gegen Entscheidungen und Richtlinien des Gemeinsamen Bundesausschusses (§§ 91, 92 SGB V),
- Klagen in Aufsichtsangelegenheiten gegenüber dem Gemeinsamen Bundesausschuss, Klagen gegen die Festsetzung von Festbeträgen durch die Spitzenverbände der Krankenkassen oder den Spitzenverband Bund der Krankenkassen und
- Klagen gegen Entscheidungen der Schiedsstellen nach den §§ 129 und 130b SGB V.

Die erhöhte Verfahrensgebühr entsteht ferner in **Verfahren vor dem Bundessozialgericht** über Streitigkeiten nicht verfassungsrechtlicher Art zwischen dem Bund und den Ländern sowie zwischen verschiedenen Ländern. 29

Der Anwalt erhält gem. Nr. 3300 Nr. 2 VV eine 1,6-Verfahrensgebühr. Diese Gebühr ermäßigt sich bei vorzeitiger Erledigung nach Nr. 3301 VV auf 1,0. 30

Daneben erhält der Anwalt eine Terminsgebühr nach Nr. 3104 VV in Höhe von 1,2 (Vorbem. 3.3.1 VV). 31

Hinzukommen kann auch hier eine Einigungs- oder Erledigungsgebühr in Höhe der jeweiligen Verfahrensgebühr (Nrn. 1000, 1002, 1006 VV). 32

Beispiel 11 | **Erstinstanzliches Verfahren vor dem Landessozialgericht**

Der Anwalt vertritt den Mandanten im erstinstanzlichen Verfahren vor dem Landessozialgericht (Wert: 10.000,00 EUR). Der Antrag wird vor mündlicher Verhandlung zurückgenommen.

1.	1,6-Verfahrensgebühr, Nr. 3300 Nr. 2 VV (10.000,00 EUR)	892,80 EUR
2.	Postentgeltpauschale, Nr. 7002 VV	20,00 EUR
	Zwischensumme	912,80 EUR
3.	19 % Umsatzsteuer, Nr. 7008 VV	173,43 EUR
	Gesamt	**1.086,23 EUR**

Neben der Verfahrensgebühr nach Nr. 3300 Nr. 2 VV kann auch eine **Terminsgebühr** entstehen. Diese richtet sich gem. Vorbem. 3.3.1 VV nach Nr. 3104 VV. 33

Beispiel 12 | **Erstinstanzliches Verfahren vor dem Landessozialgericht**

Der Anwalt vertritt den Mandanten im erstinstanzlichen Verfahren vor dem Landessozialgericht (Wert: 40.000,00 EUR). Es wird mündlich verhandelt.

Hinzu kommt jetzt noch eine Terminsgebühr nach Nr. 3104 VV hinzu (Vorbem. 3.3.1 VV).

1. 1,6-Verfahrensgebühr, Nr. 3300 Nr. 2 VV (Wert: 40.000,00 EUR)		1.620,80 EUR
2. 1,2-Terminsgebühr, Vorbem. 3.3.1, Nr. 3104 VV (Wert: 40.000,00 EUR)		1.215,60 EUR
3. Postentgeltpauschale, Nr. 7002 VV		20,00 EUR
Zwischensumme	2.856,40 EUR	
4. 19 % Umsatzsteuer, Nr. 7008 VV		542,72 EUR
Gesamt		**3.399,12 EUR**

34 Wegen weiterer Einzelheiten zur Abrechnung kann auf die entsprechenden verwaltungsgerichtlichen Verfahren Bezug genommen werden (siehe § 19 Rn 55 ff.).

III. Abrechnung nach Rahmengebühren

1. Überblick

35 Grundsätzlich wird in sozialrechtlichen Angelegenheiten nach **Betragsrahmengebühren** abgerechnet (§ 3 Abs. 1 S. 1 RVG), und zwar auch bei außergerichtlicher Vertretung (§ 3 Abs. 2 RVG). Der Anwalt erhält die gleichen Gebühren wie in Angelegenheiten, die nach dem Gegenstandswert abgerechnet werden. Allerdings entstehen anstelle der Wertgebühren jeweils entsprechende Betragsrahmengebühren.

36 Ebenso ist eine **Gebührenerhöhung bei mehreren Auftraggebern** nach Nr. 1008 VV möglich, und zwar um 30 % je weiterem Auftraggeber, höchstens um 200 %. Auf eine gemeinschaftliche Beteiligung an demselben Streitgegenstand kommt es hier – im Gegensatz zu den Wertgebühren – nicht an. Daher kommt hier z.B. eine Erhöhung bei sog. Bedarfsgemeinschaften in Betracht, obwohl verschiedene Gegenstände vorliegen.[9]

2. Beratung und Gutachten

37 Hinsichtlich Beratung und Gutachten gelten für sozialrechtliche Angelegenheiten keine Besonderheiten. Es gilt auch hier § 34 RVG (siehe dazu § 6).

38 Führt die Beratung zu einer **Einigung** oder einer **Erledigung des Verfahrens**, kann daneben auch eine Einigungs-[10] oder Erledigungsgebühr[11] nach Nrn. 1000, 1002 VV entstehen. Eine Erledigungs- oder Einigungsgebühr wird durch § 34 RVG nicht ausgeschlossen. Lediglich die Beratungsgebühren der Nrn. 2100 ff. VV a.F. sind weggefallen. Die allgemeinen Gebühren nach Teil 1 VV sind dagegen anwendbar.[12]

39 Die Höhe der Einigungs- oder Erledigungsgebühr beträgt 50 % der sog. Schwellengebühr (Anm. Abs. 1 S. 3 zu Nr. 1005 VV), derzeit also 150,00 EUR, sofern die Sache noch nicht gerichtlich anhängig ist.

---

9 BSG AGS 2010, 373 = ASR 2010, 179 = zfs 2010, 463 = RVGreport 2010, 258; LSG Schleswig-Holstein AGS 2007, 407; SG Duisburg AGS 2007, 42 = AnwBl 2006, 858 = RVGreport 2007, 347; SG Hildesheim RVGreport 2006, 280; LSG Hessen, Beschl. v. 12.5.2101 – L 2 SF 342/09 E; LSG Nordrhein-Westfalen ASR 2010, 91; KG AGS 2007, 466 = KGR 2007, 703 = Rpfleger 2007, 553 = JurBüro 2007, 543 = RVGreport 2007, 299 = NJ 2008, 83; LSG Mecklenburg-Vorpommern AGS 2008, 286.
10 AG Neumünster AGS 2100, 475 = zfs 2011, 406.
11 OVG Lüneburg AnwBl 1983, 282; VG Münster AnwBl 1981, 163; OVG Münster AnwBl 1983, 391 = JurBüro 1985, 1500 = Rpfleger 1985, 325; AnwK-RVG/*Onderka/Schafhausen/Schneider/Thiel*, Nr. 1000 VV Rn 15.
12 *Mayer/Kroiß/Teubel/Winkler*, § 34 Rn 38.

Beispiel 13 | Beratung mit Erledigung (Hauptsache nicht anhängig)

Der Anwalt ist beauftragt, den Mandanten in einer (nicht anhängigen) sozialrechtlichen Angelegenheit zu beraten. Aufgrund der Beratung kommt es zu einer Erledigung des Verfahrens. Angemessen sei für die Beratung eine Gebühr in Höhe von 190,00 EUR.

Neben der Beratungsgebühr entsteht jetzt eine Erledigungsgebühr nach Nrn. 1005, 1002 VV, und zwar i.H.v. 150,00 EUR (Anm. Abs. 1 S. 4 zu Nr. 1005 VV).

1.	Beratungsgebühr, § 34 Abs. 1 S. 2, 3 RVG i.V.m. § 612 BGB	190,00 EUR
2.	Erledigungsgebühr, Nrn. 1002, 1005 VV	150,00 EUR
3.	Postentgeltpauschale, Nr. 7002 VV[13]	20,00 EUR
	Zwischensumme 360,00 EUR	
4.	19 % Umsatzsteuer, Nr. 7008 VV	68,40 EUR
	Gesamt	**428,40 EUR**

Für den Fall der bloßen Beratung während eines anhängigen Verfahrens fehlt eine Regelung. Hier dürfte Anm. Abs. 1 S. 4 zu Nr. 1005 VV analog anzuwenden sein, so dass ebenfalls ein Betrag in Höhe von 150,00 EUR anzusetzen ist.

40

Beispiel 14 | Beratung mit Erledigung (Hauptsache anhängig)

Der Mandant führt den Rechtsstreit vor dem Sozialgericht selbst. Als ihm ein Einigungsangebot unterbreitet wird, beauftragt er den Anwalt, ihn insoweit zu beraten. Der Anwalt berät den Mandanten dahingehend, dass er das Vergleichsangebot der Behörde annehmen solle, was dann auch geschieht.

Auch hier liegt nur ein Beratungsmandat vor. Es entsteht mangels Vereinbarung nur die Beratungsgebühr nach § 34 Abs. 1 RVG sowie eine Einigungsgebühr nach Nr. 1000 VV, und zwar i.H.v. 150,00 EUR (analog Anm. Abs. 1 S. 4 zu Nr. 1005 VV).

1.	Beratungsgebühr, § 34 Abs. 1 S. 2, 3 RVG i.V.m. § 612 BGB	190,00 EUR
2.	Einigungsgebühr, Nrn. 1000 VV	150,00 EUR
3.	Postentgeltpauschale, Nr. 7002 VV[14]	20,00 EUR
	Zwischensumme 360,00 EUR	
4.	19 % Umsatzsteuer, Nr. 7008 VV	68,40 EUR
	Gesamt	**428,40 EUR**

3. Prüfung der Erfolgsaussicht eines Rechtsmittels

a) Überblick

Für die Prüfung der Erfolgsaussicht eines Rechtsmittels in sozialrechtlichen Angelegenheiten, in denen im gerichtlichen Verfahren Betragsrahmengebühren entstehen (§ 3 Abs. 1 S. 1 RVG), richten sich die Gebühren nach den Nrn. 2102, 2103 VV (§ 3 Abs. 2 VV).

41

---

13 Nur, wenn auch tatsächlich Post- oder Telekommunikationsdienstleistungskosten angefallen sind, also nicht bei bloßer mündlicher Beratung, siehe AG Koblenz AGS 2004, 185 m. Anm. *N. Schneider*; AnwK-RVG/*N. Schneider*, Nrn. 7001, 7002 VV Rn 19.

14 Nur, wenn auch tatsächlich Post- oder Telekommunikationsdienstleistungskosten angefallen sind, also nicht bei bloßer mündlicher Beratung, siehe AG Koblenz AGS 2004, 185 m. Anm. *N. Schneider*; AnwK-RVG/*N. Schneider*, Nrn. 7001, 7002 VV Rn 19.

b) Prüfung der Erfolgsaussicht

42 Für die Prüfung der Erfolgsaussicht eines Rechtsmittels entsteht nach Nr. 2102 VV eine Gebühr in Höhe von 30,00 EUR bis 320,00 EUR; die Mittelgebühr beträgt 175,00 EUR. Diese Gebühr wird nach Anm. zu Nr. 2102 VV auf die Verfahrensgebühr eines nachfolgenden Rechtsmittelverfahrens angerechnet (siehe Rn 189, 211).

> **Beispiel 15** Prüfung der Erfolgsaussicht eines Rechtsmittels
>
> Der Anwalt ist beauftragt, die Erfolgsaussicht einer Revision gegen das Urteil des Landessozialgerichts zu prüfen.

Ausgehend von der Mittelgebühr ist wie folgt zu rechnen:

1. Prüfungsgebühr, Nr. 2102 VV		175,00 EUR
2. Postentgeltpauschale, Nr. 7002 VV		20,00 EUR
Zwischensumme	195,00 EUR	
3. 19 % Umsatzsteuer, Nr. 7008 VV		37,05 EUR
Gesamt		**232,05 EUR**

43 Auch die Prüfungsgebühr dürfte bei mehreren Auftraggebern nach Nr. 1008 VV zu erhöhen sein, obwohl es sich dem Wortlaut nach weder um eine Geschäfts- noch um eine Verfahrensgebühr handelt.[15]

> **Beispiel 16** Prüfung der Erfolgsaussicht eines Rechtsmittels, mehrere Auftraggeber
>
> Der Anwalt wird von zwei Mandanten beauftragt, die Erfolgsaussicht einer Revision gegen das Urteil des Landessozialgerichts zu prüfen.

Der Gebührenrahmen erhöht sich jetzt nach Nr. 1008 VV um 30 % auf 39,00 EUR bis 416,00 EUR; die Mittelgebühr beträgt 227,50 EUR.

1. Prüfungsgebühr, Nrn. 2102, 1008 VV		227,50 EUR
2. Postentgeltpauschale, Nr. 7002 VV		20,00 EUR
Zwischensumme	247,50 EUR	
3. 19 % Umsatzsteuer, Nr. 7008 VV		47,03 EUR
Gesamt		**294,53 EUR**

c) Prüfung der Erfolgsaussicht verbunden mit einem schriftlichen Gutachten

44 Ist die Prüfung der Erfolgsaussicht eines Rechtsmittels mit der Ausarbeitung eines schriftlichen Gutachtens verbunden, erhöht sich nach Nr. 2103 VV die Gebühr der Nr. 2102 VV auf einen Rahmen i.H.v. 50,00 EUR bis 550,00 EUR; die Mittelgebühr beträgt 300,00 EUR. Auch diese Gebühr wird auf die Verfahrensgebühr eines nachfolgenden Rechtsmittelverfahrens angerechnet (Anm. zu Nr. 2102 VV).

---

15 AnwK-RVG/*N. Schneider*, Nr. 2102 VV Rn 3.

III. Abrechnung nach Rahmengebühren § 31

Beispiel 17 — Prüfung der Erfolgsaussicht eines Rechtsmittels mit schriftlichem Gutachten

Der Anwalt ist beauftragt, die Erfolgsaussicht einer Revision gegen das Urteil des Landessozialgerichts in Form eines schriftlichen Gutachtens zu prüfen.

1. Prüfungsgebühr, Nrn. 2102, 2103 VV   300,00 EUR
2. Postentgeltpauschale, Nr. 7002 VV   20,00 EUR
   Zwischensumme   320,00 EUR
3. 19 % Umsatzsteuer, Nr. 7008 VV   60,80 EUR
   Gesamt   **380,80 EUR**

Auch hier dürfte Nr. 1008 VV anzuwenden sein. 45

Beispiel 18 — Prüfung der Erfolgsaussicht eines Rechtsmittels mit schriftlichem Gutachten, mehrere Auftraggeber

Der Anwalt ist beauftragt, für zwei Auftraggeber die Erfolgsaussicht einer Revision gegen das Urteil des Landessozialgerichts in Form eines schriftlichen Gutachtens zu prüfen.

Die Prüfungsgebühr erhöht sich jetzt nach Nr. 1008 VV um 30 % auf 65,00 EUR bis 650,00 EUR; die Mittelgebühr beträgt 375,50 EUR.

1. Prüfungsgebühr, Nrn. 2102, 2103, 1008 VV   375,50 EUR
2. Postentgeltpauschale, Nr. 7002 VV   20,00 EUR
   Zwischensumme   377,50 EUR
3. 19 % Umsatzsteuer, Nr. 7008 VV   71,73 EUR
   Gesamt   **449,23 EUR**

4. Außergerichtliche Vertretung

a) Überblick

Die Vergütung für die außergerichtliche Vertretung in sozialrechtlichen Angelegenheiten nach § 3 Abs. 1 S. 1 i.V.m. Abs. 2 RVG richtet sich seit dem 2. KostRMoG ebenfalls nach Teil 2 Abschnitt 3 VV,[16] und zwar nach Nr. 2302 Nr. 1 VV. Zu beachten ist, dass nach § 17 Nr. 1a RVG zwei verschiedene Angelegenheiten i.S.d. § 15 RVG vorliegen bei: 46
- Vertretung im Verwaltungsverfahren,
- Vertretung im Nachprüfungsverfahren (§§ 78 ff. SGG) und
- Vertretung in einem Verfahren auf Aussetzung der sofortigen Vollziehung (§ 86 Abs. 3 SGG).[17]

b) Vertretung im Verwaltungsverfahren

Für die Vertretung im Verwaltungsverfahren steht dem Anwalt eine **Geschäftsgebühr** nach Nr. 2302 Nr. 1 VV zu. Der Gebührenrahmen beläuft sich auf 50,00 EUR bis 640,00 EUR; die Mittelgebühr beträgt 345,00 EUR. 47

---

16 Teil 2 Abschnitt 4 VV ist aufgehoben worden.
17 BSG AGS 2013, 519 = FEVS 65, 60 = info also 2013, 184 = RVGreport 2013, 393.

§ 31 Sozialrechtliche Angelegenheiten

Beispiel 19 | **Außergerichtliche Vertretung**

Der Anwalt ist beauftragt, den Mandanten in einem sozialrechtlichen Verwaltungsverfahren zu vertreten. Die Tätigkeit ist durchschnittlich, aber umfangreich.

Angefallen ist eine Geschäftsgebühr nach Nr. 2302 Nr. 1 VV. Auszugehen ist von der Mittelgebühr.

1. Geschäftsgebühr, Nr. 2302 Nr. 1 VV		345,00 EUR
2. Postentgeltpauschale, Nr. 7002 VV		20,00 EUR
Zwischensumme	365,00 EUR	
3. 19 % Umsatzsteuer, Nr. 7008 VV		69,35 EUR
Gesamt		**434,35 EUR**

48   Nach Nr. 1008 VV erhöht sich bei **mehreren Auftraggebern** der Gebührenrahmen um 30 %, höchstens um 200 %. Das hat zur Folge, dass sowohl die Mindestgebühr als auch die Höchstgebühr um 30 % angehoben werden, so dass sich eine um 30 % erhöhte Mittelgebühr ergibt. Die Erhöhung ist unabhängig davon, ob der Tätigkeit derselbe Gegenstand zugrunde liegt oder nicht.[18]

Beispiel 20 | **Außergerichtliche Vertretung bei mehreren Auftraggebern**

Der Anwalt wird von zwei Mandanten beauftragt, sie in einem sozialgerichtlichen Verwaltungsverfahren zu vertreten. Die Tätigkeit ist durchschnittlich, aber umfangreich.

Der Gebührenrahmen erhöht sich nach Nr. 1008 VV um 30 % auf 65,00 EUR bis 832,00 EUR. Die Mittelgebühr beträgt jetzt 448,50 EUR.

1. Geschäftsgebühr, Nrn. 2302 Nr. 1, 1008 VV		448,50 EUR
2. Postentgeltpauschale, Nr. 7002 VV		20,00 EUR
Zwischensumme	468,50 EUR	
3. 19 % Umsatzsteuer, Nr. 7008 VV		89,02 EUR
Gesamt		**557,52 EUR**

49   Vorgesehen ist auch hier eine sog. **Schwellengebühr**, wenn die Tätigkeit weder umfangreich noch schwierig war (Anm. zu Nr. 2302 VV). Eine höhere Gebühr als 300,00 EUR darf dann nicht verlangt werden.

Beispiel 21 | **Außergerichtliche Vertretung, weder schwierig noch umfangreich**

Der Anwalt ist von einem Auftraggeber mit der außergerichtlichen Vertretung im Verwaltungsverfahren beauftragt. Die Tätigkeit ist nicht schwierig und auch nicht umfangreich.

Es gilt jetzt Anm. zu Nr. 2302 VV. Die Gebühr darf nicht mehr als 300,00 EUR betragen.

1. Geschäftsgebühr, Nr. 2302 Nr. 1 VV		300,00 EUR
2. Postentgeltpauschale, Nr. 7002 VV		20,00 EUR
Zwischensumme	320,00 EUR	
3. 19 % Umsatzsteuer, Nr. 7008 VV		60,80 EUR
Gesamt		**380,80 EUR**

---

18 BSG AGS 2010, 373 = ASR 2010, 179 = zfs 2010, 463 = RVGreport 2010, 258; LSG Schleswig-Holstein AGS 2007, 407; SG Duisburg AGS 2007, 42 = AnwBl 2006, 858 = RVGreport 2007, 347; SG Hildesheim RVGreport 2006, 280; LSG Hessen, Beschl. v. 12.5.2001 – L 2 SF 342/09 E; LSG Nordrhein-Westfalen ASR 2010, 91; KG AGS 2007, 466 = KGR 2007, 703 = Rpfleger 2007, 553 = JurBüro 2007, 543 = RVGreport 2007, 299 = NJ 2008, 83; LSG Mecklenburg-Vorpommern AGS 2008, 286.

Mit der neuen Anm. Abs. 4 zu Nr. 1008 VV (eingeführt durch das 2. KostRMoG) ist jetzt klargestellt, dass auch die sog. **Schwellengebühr** (Anm. zu Nr. 2302 VV) um 30 % je weiteren Auftraggeber anzuheben ist, höchstens um 200 %.[19]

50

| Beispiel 22 | Außergerichtliche Vertretung, mehrere Auftraggeber, weder schwierig noch umfangreich |

Der Anwalt ist von zwei Auftraggebern mit der außergerichtlichen Vertretung im Verwaltungsverfahren beauftragt worden. Die Tätigkeit ist weder schwierig noch umfangreich.

Es gilt wiederum Anm. zu Nr. 2302 VV. Allerdings erhöht sich die Gebühr nach Nr. 1008 VV um 30 %. Dies gilt auch für die sog. Schwellengebühr. Diese darf jetzt bis zu 390,00 EUR betragen.

1.	Geschäftsgebühr, Nrn. 2302 Nr. 1, 1008 VV	390,00 EUR
2.	Postentgeltpauschale, Nr. 7002 VV	20,00 EUR
	Zwischensumme 410,00 EUR	
3.	19 % Umsatzsteuer, Nr. 7008 VV	77,90 EUR
	Gesamt	**487,90 EUR**

Eine Erledigung im Verwaltungsverfahren ist nicht möglich, da die Erledigungsgebühr die Anfechtung eines Verwaltungsaktes voraussetzt. Anfallen kann hier allerdings eine Einigungsgebühr (siehe hierzu Rn 64 ff.).

51

c) Anrechnung im Verwaltungsverfahren bei vorangegangener Beratung

Ist der Vertretung eine Beratung vorangegangen, so ist die Beratungsgebühr in voller Höhe auf die Geschäftsgebühr anzurechnen, soweit nichts anderes vereinbart ist (§ 34 Abs. 2 RVG).

52

| Beispiel 23 | Außergerichtliche Vertretung mit vorangegangener Beratungsgebühr nach bürgerlichem Recht |

Der Anwalt war mit der Beratung des Mandanten beauftragt worden und erhält anschließend den Auftrag, den Mandanten im Verwaltungsverfahren zu vertreten. Eine Gebührenvereinbarung ist nicht getroffen worden. Die Tätigkeit ist durchschnittlich, aber umfangreich.

Die zuvor entstandene Beratungsgebühr aus § 34 Abs. 1 S. 1 RVG i.V.m. § 612 BGB (ausgegangen werden soll von einer angemessenen Gebühr i.H.v. 190,00 EUR netto) ist gem. § 34 Abs. 2 RVG auf die Geschäftsgebühr anzurechnen, da nichts Anderweitiges vereinbart ist.

I. Beratung

1.	Beratungsgebühr, § 34 Abs. 1 S. 2 RVG i.V.m. § 612 BGB	190,00 EUR
2.	Postentgeltpauschale, Nr. 7002 VV[20]	20,00 EUR
	Zwischensumme 210,00 EUR	

---

[19] So schon zuvor BSG AGS 2010, 373 = ASR 2010, 179 = zfs 2010, 463 = RVGreport 2010, 258; SG Karlsruhe AGS 2009, 488 = ASR 2009, 247 = NJW-Spezial 2009, 685 = RVG professionell 2010, 54; SG Aachen AGS 2010, 80 = ASR 2010, 55 = NJW-Spezial 2010, 157; die gegenteilige Rspr. des LSG Baden Württemberg AGS 2009, 73 = RVGreport 2010, 145 ist vom BSG in der eingangs zitierten Entscheidung aufgehoben worden.

[20] Die Postentgeltpauschale fällt wiederum nur an, wenn tatsächlich auch Auslagen entstehen, also etwa dann, wenn die Beratung schriftlich erfolgt oder der Anwalt das mündliche Beratungsgespräch wunschgemäß nochmals schriftlich zusammenfasst und dem Mandanten zusendet, also nicht bei bloßer mündlicher Beratung; AG Koblenz AGS 2004, 185 m. Anm. *N. Schneider*; AnwK-RVG/*N. Schneider*, Nrn. 7001, 7002 VV Rn 19.

3. 19 % Umsatzsteuer, Nr. 7008 VV		39,90 EUR
Gesamt		**249,90 EUR**

II. Außergerichtliche Vertretung

1. Geschäftsgebühr, Nr. 2302 Nr. 1 VV		345,00 EUR
2. gem. § 34 Abs. 2 RVG anzurechnen		– 190,00 EUR
3. Postentgeltpauschale, Nr. 7002 VV		20,00 EUR
Zwischensumme	175,00 EUR	
4. 19 % Umsatzsteuer, Nr. 7008 VV		33,25 EUR
Gesamt		**208,25 EUR**

d) Vertretung im Nachprüfungsverfahren

aa) Überblick

53 Wird der Anwalt mit der Vertretung im Nachprüfungsverfahren tätig, so ist zu differenzieren:
- Wird der Anwalt **erstmals im Nachprüfungsverfahren** beauftragt, so handelt es sich um eine gewöhnliche Geschäftstätigkeit nach Nr. 2302 Nr. 1 VV, so dass abzurechnen ist wie bei der Tätigkeit in Verwaltungsverfahren (siehe Rn 47 ff.).
- War der Anwalt bereits im Verwaltungsverfahren beauftragt und wird er **anschließend im Nachprüfungsverfahren** beauftragt, so liegen **zwei verschiedene Angelegenheiten** vor (§ 17 Nr. 1a RVG). Sowohl für das Verwaltungsverfahren als auch das Nachprüfungsverfahren entsteht jeweils die Gebühr nach Nr. 2302 Nr. 1 VV. Allerdings ist die Geschäftsgebühr des Verwaltungsverfahrens hälftig auf die Geschäftsgebühr des Nachprüfungsverfahrens anzurechnen, höchstens jedoch 175,00 EUR (Vorbem. 2.3. Abs. 4 VV).

bb) Erstmalige Beauftragung im Nachprüfungsverfahren

54 Wird der Anwalt **erstmals im Nachprüfungsverfahren** beauftragt, so richtet sich die Geschäftsgebühr nach Nr. 2302 Nr. 1 VV.

Beispiel 24 | **Erstmalige Beauftragung im Nachprüfungsverfahren**

Der Anwalt wird nach Erlass des Bescheides erstmals im Nachprüfungsverfahren mit der Vertretung beauftragt. Die Tätigkeit ist durchschnittlich, aber umfangreich.

1. Geschäftsgebühr, Nr. 2302 Nr. 1 VV		345,00 EUR
2. Postentgeltpauschale, Nr. 7002 VV		20,00 EUR
Zwischensumme	365,00 EUR	
3. 19 % Umsatzsteuer, Nr. 7008 VV		69,35 EUR
Gesamt		**434,35 EUR**

55 Im Übrigen kann auf die Ausführungen zu den Rn 47 ff. und die dortigen Beispiele Bezug genommen werden.

56 Im Gegensatz zur Vertretung im Verwaltungsverfahren kann hier nicht nur eine Einigungsgebühr jetzt allerdings auch eine Erledigungsgebühr anfallen (siehe Rn 64 ff.).

cc) Vertretung im Nachprüfungsverfahren nach vorangegangener Vertretung im Verwaltungsverfahren

(1) Überblick

57 Wird der Anwalt nach dem Verwaltungsverfahren auch im Widerspruchsverfahren tätig, erhält er ebenfalls eine Geschäftsgebühr nach Nr. 2302 Nr. 1 VV, da es sich insoweit nach § 17 Nr. 1a RVG um eine gesonderte Angelegenheit handelt.

58 War der Anwalt allerdings bereits im Verwaltungsverfahren tätig, muss er sich nach Vorbem. 2.3 Abs. 4 S. 1 VV die erste Geschäftsgebühr hälftig auf die zweite Geschäftsgebühr anrechnen lassen. Die Vorbefassung im Verwaltungsverfahren darf dann allerdings nicht noch zusätzlich Gebühren mindernd berücksichtigt werden (Vorbem. 2.3 Abs. 4 S. 3 VV).

Zu beachten ist, dass die Höhe der Gebühr und auch die Anwendung der Schwellengebühr für jeden Verfahrensabschnitt gesondert zu prüfen ist. Schwierigkeit und Umfang im Verwaltungsverfahren begründen noch keine Schwierigkeit und keinen Umfang im Nachprüfungsverfahren und umgekehrt. Es ist also möglich, dass in einem Verfahrensabschnitt die Schwellengebühr greift, in dem anderen aber nicht, dass sie in beiden Verfahrensabschnitten greift oder in gar keinem.

(2) Grundfälle

Beispiel 25 Vertretung im Verwaltungsverfahren und im Widerspruchsverfahren (jeweils Mittelgebühr)

59 Der Anwalt wird im Verwaltungsverfahren vor der Behörde beauftragt. Gegen den Bescheid der Behörde legt er Widerspruch ein. Sowohl im Verwaltungsverfahren als auch im Widerspruchsverfahren war die Sache umfangreich und schwierig, aber durchschnittlich.

Der Anwalt erhält sowohl im Verwaltungsverfahren als auch im Widerspruchsverfahren eine Geschäftsgebühr i.H.v. 345,00 EUR. Anzurechnen ist die erste Geschäftsgebühr i.H.v. 172,50 EUR.

```
I.  Verwaltungsverfahren
1.  Geschäftsgebühr, Nr. 2302 Nr. 1 VV                          345,00 EUR
2.  Postentgeltpauschale, Nr. 7002 VV                            20,00 EUR
    Zwischensumme                               365,00 EUR
3.  19 % Umsatzsteuer, Nr. 7008 VV                               69,35 EUR
Gesamt                                                          434,35 EUR
II. Widerspruchsverfahren
1.  Geschäftsgebühr, Nr. 2302 Nr. 1 VV                          345,00 EUR
2.  gem. Vorbem. 2.3 Abs. 4 S. 1 VV anzurechnen                – 172,50 EUR
3.  Postentgeltpauschale, Nr. 7002 VV                            20,00 EUR
    Zwischensumme                               192,50 EUR
4.  19 % Umsatzsteuer, Nr. 7008 VV                               36,58 EUR
Gesamt                                                          229,08 EUR
```

Beispiel 26 Vertretung im Verwaltungsverfahren und im Widerspruchsverfahren (jeweils Schwellengebühr)

Der Anwalt wird im Verwaltungsverfahren vor der Behörde beauftragt. Gegen den Bescheid der Behörde legt er Widerspruch ein. Sowohl im Verwaltungsverfahren als auch im Widerspruchsverfahren war die Sache weder umfangreich noch schwierig.

§ 31 Sozialrechtliche Angelegenheiten

Der Anwalt erhält sowohl im Verwaltungsverfahren als auch im Widerspruchsverfahren die Geschäftsgebühr nur i.H.v. 300,00 EUR. Anzurechnen ist i.H.v. 150,00 EUR.

I. Verwaltungsverfahren
1. Geschäftsgebühr, Nrn. 2302 Nr. 1, Anm. zu Nr. 2302 VV   300,00 EUR
2. Postentgeltpauschale, Nr. 7002 VV   20,00 EUR
    Zwischensumme   320,00 EUR
3. 19 % Umsatzsteuer, Nr. 7008 VV   60,80 EUR
    Gesamt   **380,80 EUR**

II. Widerspruchsverfahren
1. Geschäftsgebühr, Nrn. 2302 Nr. 1, Anm. zu Nr. 2302 VV   300,00 EUR
2. gem. Vorbem. 2.3 Abs. 4 S. 1 VV anzurechnen   − 150,00 EUR
3. Postentgeltpauschale, Nr. 7002 VV   20,00 EUR
    Zwischensumme   170,00 EUR
4. 19 % Umsatzsteuer, Nr. 7008 VV   32,30 EUR
    Gesamt   **202,30 EUR**

60   **Beispiel 27**   **Vertretung im Verwaltungsverfahren und im Widerspruchsverfahren (Schwellengebühr im Verwaltungsverfahren/Mittelgebühr im Nachprüfungsverfahren)**

Der Anwalt wird im Verwaltungsverfahren vor der Behörde beauftragt. Gegen den Bescheid der Behörde legt er Widerspruch ein. Im Verwaltungsverfahren war die Sache weder umfangreich noch schwierig; im Widerspruchsverfahren war sie dagegen umfangreich und schwierig, aber durchschnittlich.

Der Anwalt erhält im Verwaltungsverfahren die Geschäftsgebühr lediglich i.H.v. 300,00 EUR, im Widerspruchsverfahren dagegen i.H.v. 345,00 EUR. Anzurechnen ist i.H.v. 150,00 EUR.

I. Verwaltungsverfahren
1. Geschäftsgebühr, Nrn. 2302 Nr. 1, Anm. zu Nr. 2302 VV   300,00 EUR
2. Postentgeltpauschale, Nr. 7002 VV   20,00 EUR
    Zwischensumme   320,00 EUR
3. 19 % Umsatzsteuer, Nr. 7008 VV   60,80 EUR
    Gesamt   **380,80 EUR**

II. Widerspruchsverfahren
1. Geschäftsgebühr, Nr. 2302 Nr. 1 VV   345,00 EUR
2. gem. Vorbem. 2.3 Abs. 4 S. 1 VV anzurechnen   − 150,00 EUR
3. Postentgeltpauschale, Nr. 7002 VV   20,00 EUR
    Zwischensumme   215,00 EUR
4. 19 % Umsatzsteuer, Nr. 7008 VV   40,85 EUR
    Gesamt   **255,85 EUR**

61   **Beispiel 28**   **Vertretung im Verwaltungsverfahren und im Widerspruchsverfahren (Mittelgebühr im Verwaltungsverfahren/Schwellengebühr im Nachprüfungsverfahren)**

Der Anwalt wird im Verwaltungsverfahren vor der Behörde beauftragt. Gegen den Bescheid der Behörde legt er Widerspruch ein. Im Verwaltungsverfahren war die Sache umfangreich und schwierig, aber durchschnittlich; im Widerspruchsverfahren war sie dagegen weder umfangreich noch schwierig.

Der Anwalt erhält im Verwaltungsverfahren eine Geschäftsgebühr i.H.v. 345,00 EUR und im Widerspruchsverfahren i.H.v. 300,00 EUR. Anzurechnen ist i.H.v. 172,50 EUR.

I. Verwaltungsverfahren
1. Geschäftsgebühr, Nr. 2302 Nr. 1 VV   345,00 EUR
2. Postentgeltpauschale, Nr. 7002 VV   20,00 EUR
   Zwischensumme   365,00 EUR
3. 19 % Umsatzsteuer, Nr. 7008 VV   69,35 EUR
Gesamt   **434,35 EUR**

II. Widerspruchsverfahren
1. Geschäftsgebühr, Nrn. 2302 Nr. 1, Anm. zu Nr. 2302 VV   300,00 EUR
2. gem. Vorbem. 2.3 Abs. 4 S. 1 VV anzurechnen   – 172,50 EUR
3. Postentgeltpauschale, Nr. 7002 VV   20,00 EUR
   Zwischensumme   147,50 EUR
4. 19 % Umsatzsteuer, Nr. 7008 VV   28,03 EUR
Gesamt   **175,53 EUR**

(3) Begrenzung der Anrechnung

Zu beachten ist, dass die Anrechnung gem. Vorbem. 2.3 Abs. 4 S. 1 VV auf einen Betrag von 175,00 EUR begrenzt ist. Diese Grenze greift immer dann, wenn die anzurechnende Geschäftsgebühr oberhalb von 350,00 EUR liegt. **62**

> **Beispiel 29** — **Begrenzung der Anrechnung**
>
> **Der Anwalt wird im Verwaltungsverfahren vor der Behörde beauftragt. Gegen den Bescheid der Behörde legt er Widerspruch ein. Im Verwaltungsverfahren war die Sache besonders umfangreich und schwierig, so dass eine um 50 % erhöhte Mittelgebühr angemessen ist; im Widerspruchsverfahren war die Tätigkeit dagegen weder umfangreich noch schwierig.**

Jetzt ist zu beachten, dass die Anrechnung auf maximal 175,00 EUR beschränkt ist (Vorbem. 2.3 Abs. 4 S. 2 VV).

I. Verwaltungsverfahren
1. Geschäftsgebühr, Nr. 2302 Nr. 1 VV   517,50 EUR
2. Postentgeltpauschale, Nr. 7002 VV   20,00 EUR
   Zwischensumme   537,50 EUR
3. 19 % Umsatzsteuer, Nr. 7008 VV   102,13 EUR
Gesamt   **639,63 EUR**

II. Widerspruchsverfahren
1. Geschäftsgebühr, Nr. 2302 Nr. 1 VV   345,00 EUR
2. gem. Vorbem. 2.3 Abs. 4 S. 2 VV anzurechnen   – 175,00 EUR
3. Postentgeltpauschale, Nr. 7002 VV   20,00 EUR
   Zwischensumme   190,00 EUR
4. 19 % Umsatzsteuer, Nr. 7008 VV   36,10 EUR
Gesamt   **226,10 EUR**
Gesamt I. + II.   **865,73 EUR**

(4) Anrechnung bei mehreren Auftraggebern

Vertritt der Anwalt mehrere Auftraggeber, so greift die Erhöhung nach Nr. 1008 VV für beide Geschäftsgebühren. Anzurechnen ist dann aber dennoch maximal eine Gebühr i.H.v. 175,00 EUR. Die Anrechnungsgrenze erhöht sich bei mehreren Auftraggebern nicht, sondern bleibt bei 175,00 EUR.[21] **63**

---

[21] Zur entsprechenden Rechtslage bei den Wertgebühren: LG Düsseldorf AGS 2007, 381 = MDR 2007, 1164 = JurBüro 2007, 480 = Rpfleger 2007, 629 = RVGreport 2007, 298 = VRR 2007, 399 = RVG prof. 182; AG Stuttgart AGS 2007, 385 = MDR 2007, 1107 = ZMR 2007, 737 = JurBüro 2007, 522 = NJW-RR 2007, 1725; LG Ulm AGS 2008, 163 =

> **Beispiel 30** — Anrechnung der Geschäftsgebühr im Widerspruchsverfahren bei mehreren Auftraggebern

Der Anwalt ist von einer aus vier Personen bestehenden Bedarfsgemeinschaft sowohl im Verwaltungsverfahren als auch im Widerspruchsverfahren beauftragt worden. Auszugehen ist jeweils von der Schwellengebühr.

Die Schwellengebühr erhöht sich in beiden Angelegenheiten um 90 % und beträgt somit 570,00 EUR. Die erste Geschäftsgebühr ist gem. Vorbem. 2.3 Abs. 4 S. 1 VV hälftig auf die zweite anzurechnen, höchstens jedoch mit 175,00 EUR (Vorbem. 2.3 Abs. 4 S. 2 RVG).

Abzurechnen ist wie folgt:

I. **Verwaltungsverfahren**
1. Geschäftsgebühr, Nrn. 2302 Nr. 1, Anm. zu Nr. 2302, 1008 VV .... 570,00 EUR
2. Postentgeltpauschale, Nr. 7002 VV .... 20,00 EUR
   Zwischensumme .... 590,00 EUR
3. 19 % Umsatzsteuer, Nr. 7008 VV .... 112,10 EUR
Gesamt .... **702,10 EUR**

II. **Widerspruchsverfahren**
1. Geschäftsgebühr, Nrn. 2302 Nr. 1, Anm. zu Nr. 2302, 1008 VV .... 570,00 EUR
2. gem. Vorbem. 2.3 Abs. 4 S. 1 VV anzurechnen .... − 175,00 EUR
3. Postentgeltpauschale, Nr. 7002 VV .... 20,00 EUR
   Zwischensumme .... 415,00 EUR
4. 19 % Umsatzsteuer, Nr. 7008 VV .... 78,85 EUR
Gesamt .... **493,85 EUR**

e) Außergerichtliche Vertretung mit Einigung oder Erledigung

aa) Überblick

64 Zur Geschäftsgebühr hinzukommen kann unter den Voraussetzungen der Nr. 1000 VV eine Einigungsgebühr und unter den Voraussetzungen der Nr. 1002 VV eine Erledigungsgebühr. Die Höhe der Gebühren ist in Nr. 1005 VV geregelt.

65 Die **Einigungsgebühr** setzt auch hier die Mitwirkung beim Abschluss eines Vertrages voraus. Sie ist sowohl im Verwaltungsverfahren möglich als auch im Nachprüfungsverfahren. Voraussetzung für diese Gebühr ist, dass durch eine Einigung der Streit oder die Ungewissheit über ein Rechtsverhältnis beseitigt wird (Anm. Abs. 1 S. 1 zu Nr. 1000 VV). Die Gebühr entsteht nicht, wenn sich der Vertrag ausschließlich auf ein Anerkenntnis oder einen Verzicht beschränkt (Anm. Abs. 1 S. 2 zu Nr. 1000 VV). Hohe Anforderungen an die Mitwirkung werden hier nicht gestellt. Der Abschluss der Einigung ist i.d.R. bereits Mitwirkung genug.

66 Die **Erledigungsgebühr** wiederum setzt voraus, dass sich das Verfahren ganz oder teilweise nach Aufhebung oder Änderung des mit einem Rechtsbehelf angefochtenen Verwaltungsakts durch die anwaltliche Mitwirkung erledigt (Anm. S. 1 zu Nr. 1002 VV). Das Gleiche gilt, wenn sich eine Rechtssache ganz oder teilweise durch Erlass eines bisher abgelehnten Verwaltungsakts erledigt

AnwBl. 2008, 73 = NJW-Spezial 2008, 155; KG AGS 2009, 4 = NJ 2008, 461 = Rpfleger 2008, 669 = KGR 2008, 968 = JurBüro 2008, 585 = RVGreport 2008, 391 = NJW-Spezial 2009, 92 = VRR 2008, 439.

(Anm. S. 2 zu Nr. 1002 VV). Diese Gebühr ist nur im Nachprüfungsverfahren möglich, nicht im Verwaltungsverfahren, da die sie Anfechtung durch einen Rechtsbehelf vorsieht. Die Anforderungen, die die Praxis an die Mitwirkung bei der Erledigung stellt, sind zum Teil sehr hoch. Wegen Einzelheiten wird insoweit auf die einschlägigen Kommentierungen verwiesen.

Die **Höhe der Einigungs- oder Erledigungsgebühr** ergibt sich aus Nr. 1005 VV. Die Einigungsgebühr entsteht in Höhe der Geschäftsgebühr. Die Anknüpfung an die Geschäftsgebühr soll zu einer sachgerechten Gewichtung führen. Ist eine Angelegenheit besonders umfangreich und schwierig und fällt deshalb eine hohe Geschäftsgebühr an, ist der Entlastungseffekt einer Einigung oder Erledigung und die Verantwortung des Anwalts entsprechend hoch, sodass dann auch die Einigungs- und Erledigungsgebühren höher ausfallen sollen. Umgekehrt ist der Entlastungseffekt bei unterdurchschnittlichen Angelegenheiten auch unterdurchschnittlich, so dass dann auch die Einigungs- und Erledigungsgebühr entsprechend geringer ausfallen soll. **67**

Die Höhe der Einigungs- bzw. Erledigungsgebühr bemisst sich jetzt immer nach der konkreten Geschäftsgebühr, so wie sie vom Anwalt nach § 315 BGB, § 14 RVG angesetzt worden ist. Für die Einigungs- oder Erledigungsgebühr gibt es keinen eigenen Ermessensspielraum. Faktisch handelt es sich um eine Festgebühr in Höhe der zuvor bestimmten Geschäftsgebühr. **68**

Das gilt auch dann, wenn hinsichtlich der Geschäftsgebühr die Kappungsgrenze der sog. **Schwellengebühr** (Anm. zu Nr. 2302 VV) greift. Dann ist die Höhe der Einigungs- und Erledigungsgebühr ebenfalls auf diesen Betrag begrenzt. **69**

Eine Erhöhung bei **mehreren Auftraggebern** nach Nr. 1008 VV auch für die Gebührenrahmen der Einigungs- und Erledigungsgebühr kommt dagegen nicht in Betracht (Anm. Abs. 1 S. 3 zu Nr. 1005 VV). (Siehe Rn 75 ff.). **70**

| Beispiel 31 | Außergerichtliche Vertretung mit Einigung (Mittelgebühr) |

Der Anwalt vertritt den Mandanten im verwaltungsrechtlichen Verfahren und führt eine Einigung herbei. Die Tätigkeit ist durchschnittlich, aber umfangreich.

Neben der Geschäftsgebühr (Mittelgebühr) entsteht jetzt nach Nr. 1005 VV eine Einigungsgebühr in gleicher Höhe.

1.	Geschäftsgebühr, Nr. 2302 Nr. 1 VV	345,00 EUR
2.	Einigungsgebühr, Nrn. 1000, 1005 VV	345,00 EUR
3.	Postentgeltpauschale, Nr. 7002 VV	20,00 EUR
	Zwischensumme 710,00 EUR	
4.	19 % Umsatzsteuer, Nr. 7008 VV	134,90 EUR
	Gesamt	**844,90 EUR**

Soweit nur die **Schwellengebühr** der Anm. zu Nr. 2302 VV anzusetzen ist, beträgt auch die Einigungsgebühr nur 300,00 EUR, da sie sich von der konkreten Geschäftsgebühr ableitet. **71**

§ 31 Sozialrechtliche Angelegenheiten

Beispiel 32 | **Außergerichtliche Vertretung mit Einigung (Schwellengebühr)**

Der Anwalt vertritt den Mandanten im verwaltungsrechtlichen Verfahren und führt eine Einigung herbei. **Die Tätigkeit ist weder umfangreich noch schwierig.**

Die Geschäftsgebühr beträgt jetzt 300,00 EUR. Folglich entsteht die Einigungsgebühr nach Nr. 1005 VV auch in dieser Höhe.

1.	Geschäftsgebühr, Nr. 2302 Nr. 1 VV	300,00 EUR
2.	Einigungsgebühr, Nrn. 1000, 1005 VV	300,00 EUR
3.	Postentgeltpauschale, Nr. 7002 VV	20,00 EUR
	Zwischensumme	620,00 EUR
4.	19 % Umsatzsteuer, Nr. 7008 VV	117,80 EUR
	Gesamt	**737,80 EUR**

72 Die Die Höhe der **Erledigungsgebühr** (Nr. 1002 VV) ergibt sich dann ebenfalls aus Nr. 1005 VV und beläuft sich wiederum auf die Höhe der Geschäftsgebühr ohne Berücksichtigung einer eventuellen Gebührenerhöhung nach Nr. 1008 VV.

Beispiel 33 | **Erstmalige Beauftragung im Nachprüfungsverfahren mit Erledigung**

Der Anwalt wird nach Erlass des Bescheides erstmals im Nachprüfungsverfahren mit der Vertretung beauftragt. **Die Tätigkeit ist durchschnittlich, aber umfangreich und führt zu einer Erledigung.**

Neben der Geschäftsgebühr (Mittelgebühr) entsteht in gleicher Höhe eine Erledigungsgebühr.

1.	Geschäftsgebühr, Nr. 2302 Nr. 1 VV	345,00 EUR
2.	Erledigungsgebühr, Nrn. 1002, 1005 VV	345,00 EUR
3.	Postentgeltpauschale, Nr. 7002 VV	20,00 EUR
	Zwischensumme	710,00 EUR
4.	19 % Umsatzsteuer, Nr. 7008 VV	134,90 EUR
	Gesamt	**844,90 EUR**

73 Soweit nur die sog. **Schwellengebühr** (Anm. zu Nr. 2302 VV) greift, entsteht auch eine entsprechend geringere Erledigungsgebühr.

Beispiel 34 | **Erledigung im Nachprüfungsverfahren ohne Vorbefassung (Schwellengebühr)**

Der Anwalt wird erstmals in einem Nachprüfungsverfahren beauftragt und wirkt an einer Erledigung mit. **Die Sache ist durchschnittlich, aber weder umfangreich noch schwierig, sodass von der Schwellengebühr nach Anm. Nr. 2302 VV auszugehen ist.**

Die Erledigungsgebühr beläuft sich damit auch auf die Schwellengebühr.

1.	Geschäftsgebühr, Nr. 2302 Nr. 1 i.V.m. Anm. zu Nr. 2302 VV	300,00 EUR
2.	Erledigungsgebühr, Nrn. 1002, 1005 VV	300,00 EUR
3.	Postentgeltpauschale, Nr. 7002 VV	20,00 EUR
	Zwischensumme	620,00 EUR
4.	19 % Umsatzsteuer, Nr. 7008 VV	117,80 EUR
	Gesamt	**737,80 EUR**

III. Abrechnung nach Rahmengebühren § 31

Wird die Geschäftsgebühr überdurchschnittlich angesetzt, dann entsteht auch eine entsprechend hohe Einigungs- oder Erledigungsgebühr. **74**

Beispiel 35 | **Erledigung im Nachprüfungsverfahren**

Der Anwalt wird erstmals in einem Nachprüfungsverfahren beauftragt und wirkt an einer Erledigung mit. Die Sache ist äußerst umfangreich und schwierig, sodass von einer Gebühr i.H.v. 50 % über der Mittelgebühr auszugehen ist.

Die Erledigungsgebühr beläuft sich damit auch auf 50 % über der Mittelgebühr.

1. Geschäftsgebühr, Nr. 2302 Nr. 1 i.V.m. Anm. zu Nr. 2302 VV   517,50 EUR
2. Erledigungsgebühr, Nrn. 1002, 1005 VV   517,50 EUR
3. Postentgeltpauschale, Nr. 7002 VV   20,00 EUR
   Zwischensumme   1.055,00 EUR
4. 19 % Umsatzsteuer, Nr. 7008 VV   200,45 EUR
   Gesamt   **1.255,45 EUR**

bb) Mehrere Auftraggeber

Wird der Anwalt für mehrere Auftraggeber tätig, so erhöht sich der Gebührenrahmen der Geschäftsgebühr nach Nr. 1008 VV um 30 % je weiteren Auftraggeber, höchstens um 200 %, und zwar unabhängig davon, ob derselbe Gegenstand zugrunde liegt. Das gilt nach Anm. Abs. 4 zu Nr. 1008 VV auch für die sog. Schwellengebühr (Anm. zu Nr. 2302 VV). Die danach erhöhte Geschäftsgebühr soll jedoch nicht als Bezugsgröße für Einigungs- und Erledigungsgebühren gelten. Die entsprechende Einschränkung ist in Anm. Abs. 1 S. 3 zu Nr. 1005 VV geregelt. **75**

Soweit eine Standardgebühr (Mittelgebühr, Schwellen-, Mindest- oder Höchstgebühr) angesetzt wird, ist für die Einigungs- oder Erledigungsgebühr die jeweilige einfache Standardgebühr anzusetzen. **76**

Beispiel 36 | **Erledigung bei mehreren Auftraggebern (I)**

In einem Widerspruchsverfahren vertritt der Anwalt eine Bedarfsgemeinschaft, bestehend aus vier Personen und wirkt an einer Erledigung mit. Die Sache ist durchschnittlich, sodass die Mittelgebühr angemessen ist.

Der nach Nr. 1008 VV um 90 % erhöhte Gebührenrahmen der Nr. 2302 Nr. 1 VV beläuft sich auf (50,00 EUR × 1,9 =) 95,00 EUR bis (640,00 × 1,9 =) 1.216,00 EUR. Die Mittelgebühr beträgt somit (95,00 EUR + 1.216,00 EUR)/2 = 655,50 EUR.

Die Erledigungsgebühr beläuft sich dagegen nur auf die einfache Mittelgebühr i.H.v. 345,00 EUR.

1. Verfahrensgebühr, Nrn. 3102, 1008 VV   655,50 EUR
2. Erledigungsgebühr, Nrn. 1002, 1005 VV   345,00 EUR
3. Postentgeltpauschale, Nr. 7002 VV   20,00 EUR
   Zwischensumme   1.020,50 EUR
4. 19 % Umsatzsteuer, Nr. 7008 VV   193,90 EUR
   Gesamt   **1.214,40 EUR**

Soweit die erhöhte Verfahrensgebühr frei bestimmt ist, muss diese Gebühr dann um die Erhöhung bereinigt werden, indem 30 % je weiteren Auftraggeber wieder abgezogen werden. **77**

§ 31 Sozialrechtliche Angelegenheiten

Beispiel 37 | **Erledigung bei mehreren Auftraggebern (I)**

In einem Widerspruchsverfahren vertritt der Anwalt eine Bedarfsgemeinschaft, bestehend aus zwei Personen, und wirkt an einer Erledigung mit. Der Anwalt setzt eine leicht erhöhte Verfahrensgebühr unter Berücksichtigung der Nr. 1008 VV i.H.v. 500,00 EUR an.

Die Erledigungsgebühr beläuft sich auf 500,00 EUR : 1,3 = 384,62 EUR.

1. Verfahrensgebühr, Nrn. 3102, 1008 VV		500,00 EUR
2. Erledigungsgebühr, Nrn. 1002, 1005 VV		384,62 EUR
3. Postentgeltpauschale, Nr. 7002 VV		20,00 EUR
Zwischensumme	904,62 EUR	
4. 19 % Umsatzsteuer, Nr. 7008 VV		171,88 EUR
Gesamt		**1.076,50 EUR**

cc) Unbeachtlichkeit einer Anrechnung

78 Ohne Bedeutung ist es für den Gebührenrahmen der Einigungs- oder Erledigungsgebühr, wenn auf die zugrunde liegende Geschäftsgebühr eine zuvor entstandene Geschäfts-, oder Beratungsgebühr anzurechnen ist. Nach dem eindeutigen Wortlaut des Gesetzes ist auf die jeweilige Geschäftsgebühr abzustellen und nicht auf den im konkreten Fall verbleibenden Gebührenbetrag. Das folgt letztlich auch aus § 15a Abs. 1 RVG, wonach der Anwalt jede Gebühr unbeschadet einer Anrechnung in voller Höhe fordern kann.

Beispiel 38 | **Erledigung im gerichtlichen Verfahren bei vorangegangener Tätigkeit im Widerspruchsverfahren**

Der Anwalt vertritt den Auftraggeber zunächst im Verwaltungsverfahren und anschließend im Widerspruchsverfahren. Dort wirkt er an einer Erledigung mit. Die Sache ist umfangreich, aber durchschnittlich, sodass jeweils von der Mittelgebühr auszugehen ist.

Die Erledigungsgebühr bemisst sich aus dem Gebührenaufkommen der Geschäftsgebühr vor Anrechnung.

I. Vertretung im Verwaltungsverfahren		
1. Geschäftsgebühr, Nr. 2302 Nr. 1 VV		345,00 EUR
2. Postentgeltpauschale, Nr. 7002 VV		20,00 EUR
Zwischensumme	365,00 EUR	
3. 19 % Umsatzsteuer, Nr. 7008 VV		69,35 EUR
Gesamt		**434,35 EUR**
II. Vertretung im Widerspruchsverfahren		
1. Geschäftsgebühr, Nr. 2302 Nr. 1 VV		345,00 EUR
2. gem. Vorbem. 2.3 Abs. 4 VV anzurechnen		– 172,50 EUR
3. Erledigungsgebühr, Nrn. 1002, 1005 VV		345,00 EUR
4. Postentgeltpauschale, Nr. 7002 VV		20,00 EUR
Zwischensumme	537,50 EUR	
5. 19 % Umsatzsteuer, Nr. 7008 VV		102,13 EUR
Gesamt		**639,63 EUR**

dd) Teileinigung oder -erledigung

79 Lediglich dann, wenn die Einigung oder Erledigung nur einen Teil der zugrunde liegenden Gegenstände betrifft, versagt die Anknüpfung an die Geschäftsgebühr. Bei Abrechnung nach Wertgebühren würde eine Einigungs- oder Erledigungsgebühr dann nur aus dem betreffenden

III. Abrechnung nach Rahmengebühren §31

Teilwert anfallen. Da in Sozialsachen, in denen das GKG nicht anzuwenden ist, wertunabhängig abgerechnet wird, scheidet diese Anknüpfung aus.

Wird nur über einen Teil der zugrunde liegenden Gegenstände eine Einigung oder Erledigung erzielt, ist zwar auch von der bestimmten Höhe der Verfahrens- oder Geschäftsgebühr auszugehen. Es ist dann allerdings anhand der Kriterien des § 14 Abs. 1 RVG der auf diesen Teil der Angelegenheit entfallende Anteil an der Geschäftsgebühr zu schätzen, nach dem sich dann die Höhe der Einigungs- und Erledigungsgebühr bemisst (Anm. Abs. 2 zu Nr. 1005 VV). 80

Beispiel 39 — Einigung auch über nicht anhängige Gegenstände

Der A beantragt die Feststellung des Grades der Behinderung (GdB) von 80 Prozent. Zudem beantragt er die Feststellung der Merkzeichen G und H. Daraufhin beauftragt der A einen Anwalt mit seiner Vertretung im Widerspruchsverfahren. Dort wird eine Einigung geschlossen, aufgrund der die Behörde einen GdB von 70 % anerkennt. Hinsichtlich der Merkzeichen kommt eine Einigung nicht zustande.

Die Einigungsgebühr entsteht nach Anm. Abs. 2 zu Nr. 1005 VV jetzt nur in Höhe einer Quote der Verfahrensgebühr. Geht man davon aus, dass der Grad der Behinderung mit einem Anteil von 70 % zu bemessen ist, und die Merkzeichen mit 30 %, ergibt sich folgende Berechnung:

Gerichtliches Verfahren

1. Geschäftsgebühr, Nr. 2302 Nr. 1 VV   345,00 EUR
2. Einigungsgebühr, Nrn. 1000, 1005 VV   241,50 EUR
3. Postentgeltpauschale, Nr. 7002 VV   20,00 EUR
    Zwischensumme   606,50 EUR
4. 19 % Umsatzsteuer, Nr. 7008 VV   115,24 EUR
Gesamt   **721,74 EUR**

Auch bei mehreren Auftraggebern kann eine Teileinigung in Betracht kommen. Hier wird man dann entsprechend quoteln. 81

Beispiel 40 — Erledigung bei mehreren Auftraggebern

In einem Widerspruchsverfahren vor dem Sozialgericht vertritt der Anwalt zwei Auftraggeber, die Leistungen beanspruchen. Hinsichtlich des einen Auftraggebers wird eine Erledigung erzielt; der andere Auftraggeber nimmt seinen Antrag zurück.

Die Erledigungsgebühr dürfte hier mir der halben (einfachen) Verfahrensgebühr anzunehmen sein.

1. Geschäftsgebühr, Nrn. 2302 Nr. 1, 1008 VV   448,50 EUR
2. Einigungsgebühr, Nrn. 1000, 1005 VV   224,25 EUR
3. Postentgeltpauschale, Nr. 7002 VV   20,00 EUR
    Zwischensumme   692,75 EUR
4. 19 % Umsatzsteuer, Nr. 7008 VV   131,63 EUR
Gesamt   **824,38 EUR**

ee) Einbeziehung weiterer nicht anhängiger Gegenstände

Werden im Rahmen einer außergerichtlichen Vertretung weitergehende nicht anhängige Gegenstände mit erledigt oder in eine Einigung einbezogen, gilt die höchste Geschäftsgebühr (Anm. Abs. 1 S. 3 zu Nr. 1005 VV). 82

§ 31 Sozialrechtliche Angelegenheiten

> **Beispiel 41** Einigung auch über nicht weitere nicht anhängige Gegenstände

Der Mandant hatte die Feststellung des Grades der Behinderung (GdB) von zurzeit 60 auf 80 beantragt. Die Behörde hat dies abgelehnt. Dagegen legt der Anwalt Widerspruch ein. Das Widerspruchsverfahren ist umfangreich und schwierig. Des Weiteren hatte der Mandant vor der Behörde die Feststellung der Merkzeichen G und H beantragt, was diese ebenfalls ablehnt hatte. Auch dagegen hatte der Anwalt Widerspruch eingelegt. In diesem Verfahren wird eine Einigung geschlossen, mit der die Behörde das Merkzeichen G sowie einen GdB von 70 anerkennt. Das zweite Widerspruchsverfahren war weder umfangreich noch schwierig.

In dem ersten Widerspruchsverfahren entsteht eine Mittelgebühr, aber keine Einigungsgebühr, da die Einigung in der zweiten Angelegenheit stattgefunden hat. In der zweiten Angelegenheit entsteht die Einigungsgebühr. Obwohl dort nur die Schwellengebühr angefallen ist, richtet sich die Einigungsgebühr gem. Anm. Abs. 1 S. 1, 2 zu Nr. 1005 VV nach dem höheren Rahmen der Mittelgebühr des anderen Widerspruchsverfahrens.

I. Widerspruchsverfahren GdB		
1. Geschäftsgebühr, Nr. 2302 Nr. 1 VV		345,00 EUR
2. Postentgeltpauschale, Nr. 7002 VV		20,00 EUR
Zwischensumme	365,00 EUR	
3. 19 % Umsatzsteuer, Nr. 7008 VV		69,35 EUR
Gesamt		**434,35 EUR**
II. Widerspruchsverfahren Merkzeichen		
1. Geschäftsgebühr, Nrn. 2302 Nr. 1 VV		300,00 EUR
2. Einigungsgebühr, Nrn. 1000, 1005 VV		345,00 EUR
3. Postentgeltpauschale, Nr. 7002 VV		20,00 EUR
Zwischensumme	665,00 EUR	
4. 19 % Umsatzsteuer, Nr. 7008 VV		126,35 EUR
Gesamt		**791,35 EUR**

ff) Einbeziehung weiterer anhängiger Gegenstände

83 Werden im Rahmen einer außergerichtlichen Vertretung weitergehende anhängige Gegenstände mit erledigt oder in eine Einigung einbezogen, ist Nr. 1005 VV nicht anwendbar (Anm. Abs. 1 S. 2 zu Nr. 1005 VV). Es gilt dann Nr. 1006 VV (Anm. Abs. 1 S. 1 zu Nr. 1006 VV).

> **Beispiel 42** Einigung auch über nicht weitere anhängige Gegenstände

Der Mandant hatte die Feststellung des Grades der Behinderung (GdB) von zurzeit 60 auf 80 beantragt. Die Behörde hat dies abgelehnt. Dagegen hat der Anwalt Klage erhoben ein. Nunmehr beantragt der Mandant, vertreten durch seinen Anwalt, die Feststellung der Merkzeichen G und H. Es kommt im Verwaltungsverfahren zu einer Einigung sowohl über die Merkzeichen als auch über den GdB. Die Klage wird sodann zurückgenommen.

Die Einigungsgebühr entsteht im Verwaltungsverfahren, nicht im Klageverfahren. Ihre Höhe richtet sich jedoch nach Nr. 1006 VV (Anm. Abs. 1 S. 2 zu Nr. 1005, Anm. Abs. 1 S. 1 zu Nr. 1006 VV), was inkonsequent und widersprüchlich ist, da der Anwalt jetzt eine geringere Einigungsgebühr erhält, als wenn er sich nur über die Merkzeichen geeinigt hätte.

I. **Widerspruchsverfahren Merkzeichen**
1. Geschäftsgebühr, Nrn. 2302 Nr. 1 VV   345,00 EUR
2. Einigungsgebühr, Nrn. 1000, 1006 VV   300,00 EUR
3. Postentgeltpauschale, Nr. 7002 VV   20,00 EUR
   Zwischensumme   665,00 EUR
4. 19 % Umsatzsteuer, Nr. 7008 VV   126,35 EUR
Gesamt   **791,35 EUR**

II. **Klageverfahren GdB**
1. Verfahrensgebühr, Nr. 3102 VV   300,00 EUR
2. Postentgeltpauschale, Nr. 7002 VV   20,00 EUR
   Zwischensumme   320,00 EUR
3. 19 % Umsatzsteuer, Nr. 7008 VV   60,80 EUR
Gesamt   **380,80 EUR**

f) Verfahren auf Aussetzung der sofortigen Vollziehung

Wird der Anwalt im Verfahren auf Aussetzung der sofortigen Vollziehung vor der Behörde (§ 86a Abs. 3 SGG) tätig, so handelt es sich immer um eine weitere selbstständige Angelegenheit, in der der Anwalt seine Vergütung gesondert erhält, und zwar auch dann, wenn er auch in der Hauptsache, also im Widerspruchsverfahren, tätig ist; es handelt sich bei dem Aussetzungsantrag insoweit gem. § 17 Nr. 1a RVG um eine besondere Angelegenheit.[22]

84

Der Anwalt erhält im Verfahren auf Aussetzung der sofortigen Vollziehung vor der Behörde eine Geschäftsgebühr nach Nr. 2302 Nr. 1 VV. Die Anrechnung einer im Verwaltungsverfahren bereits verdienten Gebühr nach Nr. 2302 Nr. 1 VV kommt nicht in Betracht, da es sich beim Aussetzungsantrag nicht um ein Nachprüfungsverfahren handelt und ein vorhergehendes Verwaltungsverfahren insoweit auch nicht stattfindet. Dass sich die Hauptsache bereits im Nachprüfungsverfahren befindet, ist unerheblich, da es sich insoweit um eine eigene selbstständige Angelegenheit handelt (§ 17 Nr. 1a RVG).

85

Hinsichtlich der Höhe der Geschäftsgebühr geht die Rspr. ebenso wie bei den nachfolgenden gerichtlichen Verfahren nach § 86b SGG regelmäßig von einem unterdurchschnittlichen Gebührenbetrag aus. Diese pauschale Beurteilung ist jedoch unzutreffend. Die Aussetzung der sofortigen Vollziehung kann erhebliche Bedeutung haben, zumal auch hier – wenn auch andere – schwierige Fragen zu klären sind. Zudem besteht hier für den Anwalt ein Zeitdruck, der wiederum höhere Gebühren rechtfertigt. In den nachfolgenden Berechnungen wird daher stets von der Mittel- oder Schwellengebühr ausgegangen. Welche höhere oder niedrigere Gebühren im angemessen sind, muss der Anwalt jeweils im Einzelfall selbst entscheiden. An den abgerechneten Gebührentatbeständen ändert sich jedenfalls nichts.

86

Möglich ist auch hier eine **Einigungsgebühr** nach Nrn. 1000, 1005 VV, wenn über eine vorläufige Regelung Einvernehmen erzielt wird.

87

Eine **Erledigungsgebühr** nach Nrn. 1002, 1005 VV kann dagegen nicht entstehen, da hinsichtlich der Aussetzung kein Rechtsbehelfsverfahren stattfindet.

88

Schließt sich an das Aussetzungsverfahren ein gerichtliches Verfahren nach § 86b SGG vor dem Sozialgericht an, ist die im Aussetzungsverfahren angefallene Geschäftsgebühr gem. Vorbem. 3 Abs. 4 VV auf die dort entstehende Verfahrensgebühr anzurechnen, da dann dem Verfahren nach

89

---

22 BSG AGS 2013, 519 = FEVS 65, 60 = info also 2013, 184 = RVGreport 2013, 393.

§ 86a SGG dann eine Vertretung im Verwaltungsverfahren vorangegangen ist (siehe Rn 232 ff., Beispiele 142 ff.).

Beispiel 43 | **Vertretung im Verfahren auf Aussetzung der sofortigen Vollziehung (umfangreich und/oder schwierig)**

Der Mandant hat das Verwaltungsverfahren selbst betrieben und betreibt auch das Widerspruchsverfahren selbst. Er beauftragt den Anwalt mit dem Antrag auf Aussetzung der sofortigen Vollziehung vor der Behörde. Die Tätigkeit ist durchschnittlich aber umfangreich.

Es entsteht jetzt nur die Geschäftsgebühr nach Nr. 2302 Nr. 1 VV.

1. Geschäftsgebühr, Nr. 2302 Nr. 1 VV		345,00 EUR
2. Postentgeltpauschale, Nr. 7002 VV		20,00 EUR
Zwischensumme	365,00 EUR	
3. 19 % Umsatzsteuer, Nr. 7008 VV		69,35 EUR
Gesamt		**434,35 EUR**

Beispiel 44 | **Vertretung im Verfahren auf Aussetzung der sofortigen Vollziehung (weder umfangreich noch schwierig)**

Der Mandant hat das Verwaltungsverfahren selbst betrieben und betreibt auch das Widerspruchsverfahren selbst. Er beauftragt den Anwalt mit dem Antrag auf Aussetzung der sofortigen Vollziehung vor der Behörde. Die Tätigkeit ist weder umfangreich noch schwierig.

Auszugehen ist jetzt von der Schwellengebühr nach Anm. zu Nr. 2302 VV.

1. Geschäftsgebühr, Nr. 2302 Nr. 1 VV		300,00 EUR
2. Postentgeltpauschale, Nr. 7002 VV		20,00 EUR
Zwischensumme	320,00 EUR	
3. 19 % Umsatzsteuer, Nr. 7008 VV		60,80 EUR
Gesamt		**380,80 EUR**

Beispiel 45 | **Vertretung im Verfahren auf Aussetzung der sofortigen Vollziehung mit Einigung**

Der Mandant hat das Verwaltungsverfahren selbst betrieben und betreibt auch das Widerspruchsverfahren selbst. Er beauftragt den Anwalt nur mit dem Antrag auf Aussetzung der sofortigen Vollziehung vor der Behörde. Die Tätigkeit ist weder umfangreich noch schwierig. Der Anwalt erzielt hinsichtlich der Aussetzung eine Einigung.

Neben der Geschäftsgebühr aus Nr. 2302 Nr. 1 VV (Anm. zu Nr. 2302 VV) entsteht jetzt auch eine Einigungsgebühr nach Nrn. 1000, 1005 VV.

1. Geschäftsgebühr, Nr. 2302 Nr. 1 VV		300,00 EUR
2. Einigungsgebühr, Nrn. 1000, 1005 VV		300,00 EUR
3. Postentgeltpauschale, Nr. 7002 VV		20,00 EUR
Zwischensumme	620,00 EUR	
4. 19 % Umsatzsteuer, Nr. 7008 VV		117,80 EUR
Gesamt		**737,80 EUR**

War der Anwalt bereits im Widerspruchsverfahren beauftragt, so entstehen die Geschäftsgebühren für das Widerspruchsverfahren und das Verfahren auf Aussetzung der sofortigen Vollziehung gesondert. Eine Anrechnung der Gebühren ist nicht vorgesehen.

> **Beispiel 46** **Vertretung im Widerspruchsverfahren und im Verfahren auf Aussetzung der sofortigen Vollziehung**

Der Mandant hat das Verwaltungsverfahren selbst betrieben und beauftragt den Anwalt mit dem Widerspruchsverfahren und dem Antrag auf Aussetzung der sofortigen Vollziehung vor der Behörde. Die Tätigkeit ist in beiden Verfahren umfangreich, aber durchschnittlich.

Es liegen nach § 17 Nr. 1a RVG zwei verschiedene Angelegenheiten vor. Der Anwalt erhält sowohl im Widerspruchsverfahren als auch im Aussetzungsverfahren eine Gebühr nach Nr. 2302 Nr. 1 VV.

I. **Widerspruchsverfahren**
1. Geschäftsgebühr, Nr. 2302 Nr. 1 VV 345,00 EUR
2. Postentgeltpauschale, Nr. 7002 VV 20,00 EUR
   Zwischensumme 365,00 EUR
3. 19 % Umsatzsteuer, Nr. 7008 VV 69,35 EUR
Gesamt **434,35 EUR**

II. **Aussetzungsverfahren**
1. Geschäftsgebühr, Nr. 2302 Nr. 1 VV 345,00 EUR
2. Postentgeltpauschale, Nr. 7002 VV 20,00 EUR
   Zwischensumme 365,00 EUR
3. 19 % Umsatzsteuer, Nr. 7008 VV 69,35 EUR
Gesamt **434,35 EUR**

War der Anwalt sowohl im Verwaltungs- als auch bereits im Widerspruchsverfahren beauftragt, so entstehen die Geschäftsgebühren für das Verwaltungsverfahren, das Widerspruchsverfahren und das Verfahren auf Aussetzung der sofortigen Vollziehung gesondert (§ 17 Nr. 1a RVG). Eine Anrechnung ist nur vorgesehen für die Geschäftsgebühr des Verwaltungsverfahrens auf die des Widerspruchsverfahrens. Die Geschäftsgebühr für das Aussetzungsverfahren entsteht auch in diesem Fall anrechnungsfrei.

> **Beispiel 47** **Vertretung im Verwaltungs- und Widerspruchsverfahren sowie im Verfahren auf Aussetzung der sofortigen Vollziehung**

Der Anwalt war mit der Vertretung im Verwaltungsverfahren beauftragt. Er wird anschließend im Widerspruchsverfahren tätig und beantragt auftragsgemäß die auf Aussetzung der sofortigen Vollziehung vor der Behörde. Die Tätigkeit ist in allen Verfahren durchschnittlich, aber umfangreich.

Es liegen nach § 17 Nr. 1a RVG jetzt drei verschiedene Angelegenheiten vor. Der Anwalt erhält im Verwaltungsverfahren eine Gebühr nach Nr. 2302 Nr. 1 VV. Im Widerspruchsverfahren entsteht eine weitere Geschäftsgebühr nach Nr. 2302 Nr. 1 VV, auf die die Geschäftsgebühr des Verwaltungsverfahrens hälftig anzurechnen ist (Vorbem. 2.3 Abs. 4 VV). Im Aussetzungsverfahren entsteht eine dritte Geschäftsgebühr.

§ 31 Sozialrechtliche Angelegenheiten

I. Verwaltungsverfahren		
1. Geschäftsgebühr, Nr. 2302 Nr. 1 VV		345,00 EUR
2. Postentgeltpauschale, Nr. 7002 VV		20,00 EUR
Zwischensumme	365,00 EUR	
3. 19 % Umsatzsteuer, Nr. 7008 VV		69,35 EUR
Gesamt		**434,35 EUR**
II. Widerspruchsverfahren		
1. Geschäftsgebühr, Nr. 2302 Nr. 1 VV		345,00 EUR
2. gem. Vorbem. 2.3 Abs. 4 S. 2 VV anzurechnen		– 172,50 EUR
3. Postentgeltpauschale, Nr. 7002 VV		20,00 EUR
Zwischensumme	192,50 EUR	
4. 19 % Umsatzsteuer, Nr. 7008 VV		36,58 EUR
Gesamt		**229,08 EUR**
III. Aussetzungsverfahren		
1. Geschäftsgebühr, Nr. 2302 Nr. 1 VV		345,00 EUR
2. Postentgeltpauschale, Nr. 7002 VV		20,00 EUR
Zwischensumme	365,00 EUR	
3. 19 % Umsatzsteuer, Nr. 7008 VV		69,35 EUR
Gesamt		**434,35 EUR**

92 Erledigt sich das Widerspruchsverfahren und hat der Anwalt daran mitgewirkt, so erhält er im Widerspruchsverfahren die Erledigungsgebühr nach Nrn. 1002, 1005 VV. Eine Erledigungsgebühr im Aussetzungsverfahren kommt dagegen nicht in Betracht, da es insoweit an einem Rechtsbehelf fehlt.

> **Beispiel 48** **Vertretung im Verwaltungs- und Widerspruchsverfahren sowie im Verfahren auf Aussetzung der sofortigen Vollziehung mit Erledigung im Widerspruchsverfahren**

Der Anwalt war mit der Vertretung im Verwaltungsverfahren beauftragt. Er wird anschließend im Widerspruchsverfahren tätig und beantragt auftragsgemäß die Aussetzung der sofortigen Vollziehung vor der Behörde. Anschließend erledigt sich das Widerspruchsverfahren durch Abhilfe. Die Tätigkeit ist in allen Verfahren umfangreich, aber durchschnittlich.

Abzurechnen ist wie im vorangegangenen Beispiel, wobei im Widerspruchsverfahren jetzt noch eine Erledigungsgebühr nach Nrn. 1002, 1005 VV hinzukommt. Eine Erledigungsgebühr im Aussetzungsverfahren kommt nicht in Betracht. Zwar erledigt sich dieses Verfahren durch die Abhilfe in der Hauptsache ebenfalls, da insoweit jedoch kein Rechtsbehelfsverfahren stattfindet, kann die Gebühr nach Nrn. 1002, 1005 VV nicht entstehen.

I. Verwaltungsverfahren		
1. Geschäftsgebühr, Nr. 2302 Nr. 1 VV		345,00 EUR
2. Postentgeltpauschale, Nr. 7002 VV		20,00 EUR
Zwischensumme	365,00 EUR	
3. 19 % Umsatzsteuer, Nr. 7008 VV		69,35 EUR
Gesamt		**434,35 EUR**
II. Widerspruchsverfahren		
1. Geschäftsgebühr, Nr. 2302 Nr. 1 VV		345,00 EUR
2. gem. Vorbem. 2.3 Abs. 4 S. 2 VV anzurechnen		– 172,50 EUR
3. Erledigungsgebühr, Nrn. 1005, 1002 VV		345,00 EUR
4. Postentgeltpauschale, Nr. 7002 VV		20,00 EUR
Zwischensumme	537,50 EUR	
5. 19 % Umsatzsteuer, Nr. 7008 VV		102,13 EUR
Gesamt		**639,63 EUR**

III. Abrechnung nach Rahmengebühren § 31

III. Aussetzungsverfahren		
1. Geschäftsgebühr, Nr. 2302 Nr. 1 VV		345,00 EUR
2. Postentgeltpauschale, Nr. 7002 VV		20,00 EUR
Zwischensumme	365,00 EUR	
3. 19 % Umsatzsteuer, Nr. 7008 VV		69,35 EUR
Gesamt		**434,35 EUR**

Möglich ist allerdings, dass zunächst im Aussetzungsverfahren eine Einigungsgebühr nach Nrn. 1000, 1005 VV anfällt und im Widerspruchsverfahren anschließend eine Erledigungsgebühr nach Nrn. 1002, 1005 VV. 93

Beispiel 49 Vertretung im Verwaltungs- und Widerspruchsverfahren sowie im Verfahren auf Aussetzung der sofortigen Vollziehung mit Erledigung im Widerspruchsverfahren und Einigung im Aussetzungsverfahren

Der Anwalt war mit der Vertretung im Verwaltungsverfahren beauftragt. Er wird anschließend im Widerspruchsverfahren tätig und beantragt auftragsgemäß die Aussetzung der sofortigen Vollziehung vor der Behörde. Dort wird eine Einigung erzielt. Später erledigt sich das Widerspruchsverfahren durch Abhilfe. Die Tätigkeit ist in allen Verfahren umfangreich, aber durchschnittlich.

Abzurechnen ist wie im vorangegangenen Beispiel 48, wobei jetzt im Aussetzungsverfahren noch eine Einigungsgebühr hinzukommt.

I. Verwaltungsverfahren		
1. Geschäftsgebühr, Nr. 2302 Nr. 1 VV		345,00 EUR
2. Postentgeltpauschale, Nr. 7002 VV		20,00 EUR
Zwischensumme	365,00 EUR	
3. 19 % Umsatzsteuer, Nr. 7008 VV		69,35 EUR
Gesamt		**434,35 EUR**
II. Widerspruchsverfahren		
1. Geschäftsgebühr, Nr. 2302 Nr. 1 VV		345,00 EUR
2. gem. Vorbem. 2.3 Abs. 4 S. 2 VV anzurechnen		– 172,50 EUR
3. Erledigungsgebühr, Nrn. 1005, 1002 VV		345,00 EUR
4. Postentgeltpauschale, Nr. 7002 VV		20,00 EUR
Zwischensumme	537,50 EUR	
5. 19 % Umsatzsteuer, Nr. 7008 VV		102,13 EUR
Gesamt		**639,63 EUR**
III. Aussetzungsverfahren		
1. Geschäftsgebühr, Nr. 2302 Nr. 1 VV		345,00 EUR
2. Einigungsgebühr, Nrn. 1000, 1005 VV		345,00 EUR
3. Postentgeltpauschale, Nr. 7002 VV		20,00 EUR
Zwischensumme	710,00 EUR	
4. 19 % Umsatzsteuer, Nr. 7008 VV		134,90 EUR
Gesamt		**844,90 EUR**

5. Gerichtliches Erkenntnisverfahren erster Instanz

a) Überblick

94 Im erstinstanzlichen gerichtlichen Verfahren vor dem Sozialgericht erhält der Anwalt ebenso wie in den Verfahren, in denen sich die Gebühren nach dem Wert richten (§§ 2 Abs. 1, 3 Abs. 1 S. 2 RVG), eine Verfahrens- und eine Terminsgebühr sowie gegebenenfalls eine Einigungs- oder Erledigungsgebühr. Hinzukommen kann noch eine Zusatzgebühr für besonders umfangreiche Beweisaufnahmen (Nr. 1010 VV).

95 Es entsteht zunächst einmal eine **Verfahrensgebühr** (Nr. 3102 VV) für das Betreiben des Geschäfts (Vorbem. 3.2 Abs. 2 VV).

96 Eine Reduzierung wegen vorzeitiger Erledigung wie bei den Wertgebühren nach Nr. 3101 Nr. 1 VV ist bei den sozialrechtlichen Betragsgebühren nicht vorgesehen. Dies kann nur im Rahmen des § 14 Abs. 1 RVG berücksichtigt werden.

97 Neben der Verfahrensgebühr erhält der Anwalt eine **Terminsgebühr** nach Nr. 3106 VV, die unter den Voraussetzungen der Vorbem. 3 Abs. 3 VV entsteht oder in den Fällen der Anm. Anm. S. 1 zu Nr. 3106 VV, also wenn im Verfahren eine mündliche Verhandlung vorgeschrieben ist und

- das Gericht **im Einverständnis der Parteien ohne mündliche Verhandlung entscheidet** (Anm. Abs. 1 Nr. 1, 1. Alt zu Nr. 3106 VV),
- ein **schriftlicher Vergleich** geschlossen wird (Anm. Abs. 1 Nr. 1, 2. Alt. zu Nr. 3106 VV),
- das Gericht gem. § 105 Abs. 1 SGG **durch Gerichtsbescheid** entscheidet (Anm. S. 1 Nr. 2 zu Nr. 3106 VV), sofern kein Rechtsmittel gegen diesen Bescheid gegeben ist, oder
- das Verfahren ohne mündliche Verhandlung durch **angenommenes Anerkenntnis** endet (Anm. S. 1 Nr. 3 zu Nr. 3106 VV).

98 Daneben kommt noch eine **Einigungs- oder Erledigungsgebühr** (Nrn. 1000, 1002 VV) in Betracht.

99 Schließlich kann bei **besonders umfangreichen Beweisaufnahmen** auch noch eine Zusatzgebühr nach Nr. 1010 VV entstehen.

b) Verfahrensgebühr

aa) Überblick

100 Wird der Anwalt im Rechtsstreit tätig, erhält er zunächst einmal eine **Verfahrensgebühr** nach Nr. 3102 VV. Die Gebühr entsteht für das Betreiben des Geschäfts einschließlich der Entgegennahme der Information (Vorbem. 3 Abs. 2 VV).

101 Der Gebührenrahmen beläuft sich auf 50,00 EUR bis 550,00 EUR; die Mittelgebühr beträgt 300,00 EUR. **Erledigt sich der Auftrag vorzeitig**, ist dies im Rahmen des § 14 Abs. 1 RVG zu berücksichtigen. Eine Reduzierung wie in Nr. 3101 Nr. 1 VV ist für die Rahmengebühren nicht vorgesehen. Ebenso ist ein ermäßigter Rahmen bei Vorbefassung nicht mehr vorgesehen.

> **Beispiel 50** | Tätigkeit im Rechtsstreit ohne mündliche Verhandlung
>
> Der Anwalt wird erst nach Erlass des Widerspruchsbescheids beauftragt und erhebt Anfechtungsklage. Die Klage wird nach gerichtlichem Hinweis zurückgenommen.

Angefallen ist nur die Verfahrensgebühr. Ausgehend von der Mittelgebühr ergibt sich:

1. Verfahrensgebühr, Nr. 3102 VV		300,00 EUR
2. Postentgeltpauschale, Nr. 7002 VV		20,00 EUR
Zwischensumme	320,00 EUR	
3. 19 % Umsatzsteuer, Nr. 7008 VV		60,80 EUR
Gesamt		**380,80 EUR**

> **Beispiel 51** Tätigkeit im Rechtsstreit, vorzeitige Erledigung

Der Anwalt wird erst nach Erlass des Widerspruchsbescheids beauftragt und soll Anfechtungsklage erheben. Dazu kommt es jedoch nicht mehr, weil der Mandant den Auftrag zurückzieht.

Angefallen ist auch jetzt nur die Verfahrensgebühr. Diese dürfte allerdings geringer ausfallen. Hier soll von der halben Mittelgebühr ausgegangen werden.

1. Verfahrensgebühr, Nr. 3102 VV		150,00 EUR
2. Postentgeltpauschale, Nr. 7002 VV		20,00 EUR
Zwischensumme	170,00 EUR	
3. 19 % Umsatzsteuer, Nr. 7008 VV		32,30 EUR
Gesamt		**202,30 EUR**

bb) Mehrere Auftraggeber

Auch im gerichtlichen Verfahren erhöht sich die Verfahrensgebühr bei mehreren Auftraggebern nach Nr. 1008 VV. Auf eine gemeinschaftliche Beteiligung am Streitgegenstand kommt es nicht an (siehe Rn 48). **102**

> **Beispiel 52** Tätigkeit im Rechtsstreit ohne mündliche Verhandlung, mehrere Auftraggeber

Der Anwalt wird von zwei Auftraggebern nach Erlass des Widerspruchsbescheids beauftragt und erhebt für diese Klage. Die Klage wird vor der mündlichen Verhandlung zurückgenommen.

Der Gebührenrahmen beläuft sich jetzt auf 65,00 EUR bis 715,00 EUR; die Mittelgebühr beträgt 390,00 EUR.

1. Verfahrensgebühr, Nrn. 3102, 1008 VV		390,00 EUR
2. Postentgeltpauschale, Nr. 7002 VV		20,00 EUR
Zwischensumme	410,00 EUR	
3. 19 % Umsatzsteuer, Nr. 7008 VV		77,90 EUR
Gesamt		**487,90 EUR**

cc) Anrechnung

War der Anwalt bereits im Verwaltungs- oder Nachprüfungsverfahren tätig, so hat er dort eine **103** Geschäftsgebühr nach Nr. 2302 Nr. 1 VV bzw. im Falle der Beratungshilfe nach Nr. 2503 VV verdient. Diese Gebühren sind im gerichtlichen hälftig Verfahren anzurechnen. Die frühere Ermäßigung der Verfahrensgebühr (Nr. 3103 VV a.F.) ist aufgehoben.

104 Bei **vorangegangener Geschäfts- oder Beratungsgebühr der Beratungshilfe** wird nach Anm. Abs. 2 zu Nr. 2503 VV hälftig angerechnet (siehe § 10 Rn 28 f.).

105 Ebenso ist eine **Beratungsgebühr** nach § 34 Abs. 1 RVG hälftig anzurechnen (§ 34 Abs. 2 RVG).

106 Nach dem neu gefassten Abs. 4 der Vorbem. 3 VV[23] ist jetzt auch in sozialgerichtlichen Verfahren, in denen gem. § 3 Abs. 1 S. 1 RVG nach Betragsrahmengebühren abzurechnen ist, eine Anrechnung der Geschäftsgebühr eingeführt worden.

107 Im erstinstanzlichen gerichtlichen Verfahren ist eine vorangegangene Geschäftsgebühr, die im Verwaltungs- oder Widerspruchsverfahren entstanden ist, gem. Vorbem. 3 Abs. 4 S. 1 VV hälftig anzurechnen.

108 Die Vorbefassung im Verwaltungsverfahren darf dann allerdings nicht noch zusätzlich Gebühren mindernd berücksichtigt werden (Vorbem. 3 Abs. 4 S. 4 VV).

109 Die Anrechnung ist begrenzt auf einen Betrag in Höhe von maximal 175,00 EUR.

110 Sind vorgerichtlich mehrere Geschäftsgebühren angefallen, also sowohl im Verwaltungsverfahren als auch im Nachprüfungsverfahren (i.d.R. Widerspruchsverfahren), ist nur die letzte Gebühr anzurechnen (Vorbem. 3 Abs. 4 S. 3 VV).

> **Beispiel 53** | **Widerspruchsverfahren und nachfolgendes gerichtliches Verfahren**

Der Anwalt war im Widerspruchsverfahren tätig und anschließend im erstinstanzlichen gerichtlichen Verfahren vor dem Sozialgericht, das mündlich verhandelt. Das Widerspruchsverfahren war durchschnittlich aber schwierig.

Es entsteht die volle Verfahrensgebühr der Nr. 3102 VV. Darauf ist allerdings die vorangegangene Geschäftsgebühr (Nr. 2302 Nr. 1 VV) gem. Vorbem. 3 Abs. 4 S. 1 VV hälftig anzurechnen:

I. Widerspruchsverfahren		
1. Geschäftsgebühr, Nr. 2302 Nr. 1 VV		345,00 EUR
2. Postentgeltpauschale, Nr. 7002 VV		20,00 EUR
Zwischensumme	365,00 EUR	
3. 19 % Umsatzsteuer, Nr. 7008 VV		69,35 EUR
Gesamt		**434,35 EUR**
II. Gerichtliches Verfahren 1. Instanz		
1. Verfahrensgebühr, Nr. 3102 VV		300,00 EUR
2. gem. Vorbem. 3 Abs. 4 S. 1 VV anzurechnen		– 172,50 EUR
3. Terminsgebühr, Nr. 3106 VV		280,00 EUR
4. Postentgeltpauschale, Nr. 7002 VV		20,00 EUR
Zwischensumme	427,50 EUR	
5. 19 % Umsatzsteuer, Nr. 7008 VV		81,23 EUR
Gesamt		**508,73 EUR**

111 Zu beachten ist die Begrenzung der Anrechnung auf höchstens 175,00 EUR (Vorbem. 3 Abs. 4 S. 2 VV).

---

23 Änderung durch Art. 8 Abs. 2 Nr. 26 Buchst. b) 2. KostRMoG.

III. Abrechnung nach Rahmengebühren **§ 31**

> **Beispiel 54** Widerspruchsverfahren und nachfolgendes gerichtliches Verfahren (Begrenzung der Anrechnung)

Der Anwalt war im Widerspruchsverfahren tätig. Aufgrund des Umfangs und der Schwierigkeit ist die Geschäftsgebühr deutlich über der Mittelgebühr anzusetzen. Anschließend wird der Anwalt im erstinstanzlichen gerichtlichen Verfahren vor dem Sozialgericht tätig. Es wird mündlich verhandelt.

Abzurechnen ist wie folgt:

I.	Widerspruchsverfahren		
1.	Geschäftsgebühr, Nr. 2302 Nr. 1 VV		450,00 EUR
2.	Postentgeltpauschale, Nr. 7002 VV		20,00 EUR
	Zwischensumme	470,00 EUR	
3.	19 % Umsatzsteuer, Nr. 7008 VV		89,30 EUR
Gesamt			**559,30 EUR**
II.	Gerichtliches Verfahren 1. Instanz		
1.	Verfahrensgebühr, Nr. 3102 VV		300,00 EUR
2.	gem. Vorbem. 3 Abs. 4 S. 2 VV anzurechnen		– 175,00 EUR
3.	Terminsgebühr, Nr. 3106 VV		280,00 EUR
4.	Postentgeltpauschale, Nr. 7002 VV		20,00 EUR
	Zwischensumme	425,00 EUR	
5.	19 % Umsatzsteuer, Nr. 7008 VV		80,75 EUR
Gesamt			**505,75 EUR**

War der Anwalt vor dem Widerspruchsverfahren bereits im Verwaltungsverfahren tätig, erfolgt eine mehrfache Anrechnung. **112**

> **Beispiel 55** Verwaltungsverfahren, Widerspruchsverfahren und nachfolgendes gerichtliches Verfahren

Der Anwalt war zunächst im Verwaltungsverfahren tätig, sodann im Widerspruchsverfahren und anschließend im erstinstanzlichen gerichtlichen Verfahren vor dem Sozialgericht, das mündlich verhandelt hat.

Die erste Geschäftsgebühr ist nach Vorbem. 2.3 Abs. 4. S. 1 VV hälftig auf die zweite anzurechnen (siehe auch Rn 57 ff.). Die zweite Geschäftsgebühr ist hälftig auf die Verfahrensgebühr anzurechnen (Vorbem. 3 Abs. 4 S. 1 VV).

I.	Verwaltungsverfahren		
1.	Geschäftsgebühr, Nr. 2302 Nr. 1 VV		345,00 EUR
2.	Postentgeltpauschale, Nr. 7002 VV		20,00 EUR
	Zwischensumme	365,00 EUR	
3.	19 % Umsatzsteuer, Nr. 7008 VV		69,35 EUR
Gesamt			**434,35 EUR**
II.	Widerspruchsverfahren		
1.	Geschäftsgebühr, Nr. 2302 Nr. 1 VV		345,00 EUR
2.	gem. Vorbem. 2.3 Abs. 4 S. 1 VV anzurechnen		– 172,50 EUR
3.	Postentgeltpauschale, Nr. 7002 VV		20,00 EUR
	Zwischensumme	192,50 EUR	
4.	19 % Umsatzsteuer, Nr. 7008 VV		36,58 EUR
Gesamt			**229,08 EUR**
III.	Gerichtliches Verfahren 1. Instanz		
1.	Verfahrensgebühr, Nr. 3102 VV		300,00 EUR
2.	gem. Vorbem. 3 Abs. 4 S. 1 VV anzurechnen		– 172,50 EUR
3.	Terminsgebühr, Nr. 3106 VV		280,00 EUR

4. Postentgeltpauschale, Nr. 7002 VV		20,00 EUR
Zwischensumme	427,50 EUR	
5. 19 % Umsatzsteuer, Nr. 7008 VV		81,23 EUR
Gesamt		**508,73 EUR**

113 Möglich ist auch, dass der Anwalt zunächst im Verwaltungsverfahren tätig war und sich dann unmittelbar das gerichtliche Verfahren anschließt, da in einigen Bundesländern ein Widerspruchsverfahren nicht mehr vorgesehen ist.

> **Beispiel 56** — Verwaltungsverfahren und unmittelbar nachfolgendes gerichtliches Verfahren

Der Anwalt war im Verwaltungsverfahren tätig. Hiernach wird sofort Klage zum Sozialgericht erhoben, da in dem betreffenden Bundesland kein Widerspruchsverfahren mehr vorgesehen ist. Das Sozialgericht verhandelt mündlich.

Es entsteht wiederum die volle Verfahrensgebühr. Darauf ist die Geschäftsgebühr nach Vorbem. 3 Abs. 4 S. 1 VV hälftig anzurechnen:

I. Verwaltungsverfahren
1. Geschäftsgebühr, Nr. 2302 Nr. 1 VV		345,00 EUR
2. Postentgeltpauschale, Nr. 7002 VV		20,00 EUR
Zwischensumme	365,00 EUR	
3. 19 % Umsatzsteuer, Nr. 7008 VV		69,35 EUR
Gesamt		**434,35 EUR**

II. Gerichtliches Verfahren 1. Instanz
1. Verfahrensgebühr, Nr. 3102 VV		300,00 EUR
2. gem. Vorbem. 3 Abs. 4 S. 1 VV anzurechnen		– 172,50 EUR
3. Terminsgebühr, Nr. 3106 VV		280,00 EUR
4. Postentgeltpauschale, Nr. 7002 VV		20,00 EUR
Zwischensumme	427,50 EUR	
5. 19 % Umsatzsteuer, Nr. 7008 VV		81,23 EUR
Gesamt		**508,73 EUR**

114 Infolge der neuen Anrechnungsvorschrift wird damit auch im sozialgerichtlichen Verfahren § 15a RVG anwendbar, was sich auf die Kostenerstattung auswirken kann (siehe dazu § 5 Rn 17, Beispiel 10, 12).

c) Terminsgebühr

aa) Überblick

115 Neben der Verfahrensgebühr kann auch eine Terminsgebühr nach Nr. 3106 VV entstehen. Da es im sozialgerichtlichen Verfahren kein Versäumnisurteil gibt, gilt immer derselbe Gebührenrahmen. Eine Reduzierung wie in Nr. 3105 VV ist bei den Rahmengebühren nicht vorgesehen. Allerdings ist die Höhe der Terminsgebühr in den Fällen der fiktiven Terminsgebühr aus Anm. S. 1 zu Nr. 3106 VV gem. Anm. S. 2 zu Nr. 3106 VV festgeschrieben (siehe Rn 137 ff.).

bb) Terminsgebühr nach Vorbem. 3 Abs. 3 VV

116 Die Terminsgebühr kann in allen Varianten der Vorbem. 3 Abs. 3 VV entstehen, also in einem gerichtlichen Termin (Vorbem. 3 Abs. 3 S. 1 VV), bei Wahrnehmung eines von einem gerichtlichen Sachverständigen anberaumten Termin (Vorbem. 3 Abs. 3 S. 3 Nr. 1 VV) und auch für die Mitwirkung an einer Besprechung zur Vermeidung oder Erledigung eines Verfahrens (Vorbem. 3 Abs. 3 S. 3 Nr. 2 VV).

Der Gebührenrahmen beläuft sich auf 50,00 EUR bis 510,00 EUR. Die Mittelgebühr beträgt 280,00 EUR. **117**

Ob der Anwalt zuvor schon im Verwaltungs- oder Nachprüfungsverfahren tätig war, ist für die Terminsgebühr unerheblich. **118**

Beispiel 57 | **Vertretung im Rechtsstreit mit Verhandlungstermin**

Der Anwalt wird erst nach Erlass des Widerspruchsbescheids beauftragt und erhebt Klage, über die verhandelt wird.

1.	Verfahrensgebühr, Nr. 3102 VV	300,00 EUR
2.	Terminsgebühr, Nr. 3106 VV	280,00 EUR
3.	Postentgeltpauschale, Nr. 7002 VV	20,00 EUR
	Zwischensumme	600,00 EUR
4.	19 % Umsatzsteuer, Nr. 7008 VV	114,00 EUR
Gesamt		**714,00 EUR**

Beispiel 58 | **Vertretung im Rechtsstreit mit Besprechung**

Der Anwalt wird erst nach Erlass des Widerspruchsbescheids beauftragt und reicht Klage ein. Es kommt dann zu einer Besprechung mit dem zuständigen Sachbearbeiter, woraufhin die Klage zurückgenommen wird.

Auch jetzt entsteht für den Anwalt eine Terminsgebühr, diesmal nach Vorbem. 3 Abs. 3 S. 3 Nr. 2 VV.

1.	Verfahrensgebühr, Nr. 3102 VV	300,00 EUR
2.	Terminsgebühr, Nr. 3106 VV	280,00 EUR
3.	Postentgeltpauschale, Nr. 7002 VV	20,00 EUR
	Zwischensumme	600,00 EUR
4.	19 % Umsatzsteuer, Nr. 7008 VV	114,00 EUR
Gesamt		**714,00 EUR**

Werden **mehrere Verfahren gleichzeitig verhandelt**, ohne, dass die Verfahren förmlich verbunden worden sind, entstehen die Terminsgebühren in jeder Angelegenheit gesondert.[24] **119**

Beispiel 59 | **Gemeinsame Verhandlung mehrerer Verfahren**

Der Anwalt ist in zwei Klageverfahren (1/14 und 2/14) beauftragt worden. Beide Verfahren werden zur selben Uhrzeit terminiert und verhandelt.

Der Anwalt erhält in beiden Verfahren die Verfahrens- und die Terminsgebühr. Ob wegen des Synergieeffektes die Terminsgebühren geringer anzusetzen sind, ist eine Frage des Einzelfalls.[25]

Ausgehend jeweils von den Mittelgebühren wäre wie folgt abzurechnen:

---

[24] Sächsisches LSG AGS 2013, 394 = RVGreport 2013, 352.
[25] Siehe dazu Sächsisches LSG AGS 2013, 394 = RVGreport 2013, 352.

§ 31 Sozialrechtliche Angelegenheiten

I. Verfahren 1/14
1. Verfahrensgebühr, Nr. 3102 VV   300,00 EUR
2. Terminsgebühr, Nr. 3106 VV   280,00 EUR
3. Postentgeltpauschale, Nr. 7002 VV   20,00 EUR
    Zwischensumme   600,00 EUR
4. 19 % Umsatzsteuer, Nr. 7008 VV   114,00 EUR
Gesamt   **714,00 EUR**

II. Verfahren 2/14
1. Verfahrensgebühr, Nr. 3102 VV   300,00 EUR
2. Terminsgebühr, Nr. 3106 VV   280,00 EUR
3. Postentgeltpauschale, Nr. 7002 VV   20,00 EUR
    Zwischensumme   600,00 EUR
4. 19 % Umsatzsteuer, Nr. 7008 VV   114,00 EUR
Gesamt   **714,00 EUR**

120 Gleiches gilt auch dann, wenn erst im Termin verbunden wird. Die Verbindung entfaltet keine Rückwirkung. Einmal gesondert entstandene Gebühren können nachträglich nicht mehr entfallen.[26]

121 Anhängigkeit ist auch hier nicht erforderlich. Die Terminsgebühr kann auch schon dann entstehen, wenn Klageauftrag erteilt ist, diese aber noch nicht eingereicht ist (Vorbem. 3 Abs. 1 VV).

> **Beispiel 60** | **Klageauftrag mit Besprechung**
>
> Der Anwalt wird erst nach Erlass des Widerspruchsbescheids beauftragt, Klage zu erheben. Vor Einreichung der Klage bespricht der Anwalt die Sache mit dem zuständigen Sachbearbeiter und rät seinem Mandanten daraufhin von einer Klage ab. Dieser folgt dem Rat und nimmt von der beabsichtigten Klage wieder Abstand.

Mit Klageauftrag ist die Verfahrensgebühr angefallen (siehe Rn 100 ff. u. Beispiel 51). Hinzu kommt die Terminsgebühr für die Mitwirkung an der Besprechung zur Vermeidung des Verfahrens (Vorbem. 3 Abs. 3 S. 3 Nr. 2 VV).

Ausgehend von einem geringeren Gebührenbetrag wegen der vorzeitigen Erledigung (hier jeweils halbe Mittelgebühr) ergibt sich folgende Berechnung:

1. Verfahrensgebühr, Nr. 3102 VV   150,00 EUR
2. Terminsgebühr, Nr. 3106 VV   140,00 EUR
3. Postentgeltpauschale, Nr. 7002 VV   20,00 EUR
    Zwischensumme   310,00 EUR
4. 19 % Umsatzsteuer, Nr. 7008 VV   58,90 EUR
Gesamt   **368,90 EUR**

cc) Fiktive Terminsgebühr

(1) Überblick

122 Abgesehen von den Fällen der Vorbem. 3 Abs. 3 VV kann der Anwalt nach Anm. S. 1 zu Nr. 3106 VV auch eine (fiktive) Terminsgebühr erhalten. Voraussetzung ist, dass im Verfahren eine **mündliche Verhandlung vorgeschrieben** ist, was aber im erstinstanzlichen gerichtlichen Verfahren vor dem Sozialgericht immer der Fall ist (§ 124 Abs. 1 SGG). Die fiktive Terminsgebühr entsteht, wenn

---

26 Thüringer LSG AGS 2012, 279.

III. Abrechnung nach Rahmengebühren § 31

- das Gericht im **Einverständnis der Parteien ohne mündliche Verhandlung entscheidet** (Anm. S. 1 Nr. 1, 1. Alt zu Nr. 3106 VV),
- ein **schriftlicher Vergleich** geschlossen wird (Anm. S. Nr. 1, 2. Alt. zu Nr. 3106 VV),
- das Gericht gem. § 105 Abs. 1 SGG **durch Gerichtsbescheid** entscheidet (Anm. S. 1 Nr. 2 zu Nr. 3106 VV), sofern kein Rechtsmittel gegen diesen Bescheid gegeben ist, oder
- das Verfahren ohne mündliche Verhandlung durch **angenommenes Anerkenntnis** endet (Anm. S. 1 Nr. 3 zu Nr. 3106 VV).

Die Höhe der Terminsgebühr ist in diesen Fällen mit 90 % der jeweiligen Verfahrensgebühr festgeschrieben (Anm. S. 2 zu Nr. 3106 VV) (siehe dazu Rn 137 ff.). **123**

(2) Entscheidung ohne mündliche Verhandlung im Einverständnis der Parteien

Wird im Einverständnis der Parteien ohne mündliche Verhandlung entschieden, entsteht nach Anm. S. 1 Nr. 1 zu Nr. 3106 VV eine Terminsgebühr. **124**

Beispiel 61 | **Entscheidung ohne mündliche Verhandlung (I)**

Über die Anfechtungsklage wird im Einverständnis der Parteien ohne mündliche Verhandlung entschieden.

Da im Verfahren eine mündliche Verhandlung vorgeschrieben ist (§ 124 Abs. 1 SGG), entsteht nach Anm. S. 1 Nr. 1 zu Nr. 3106 VV eine Terminsgebühr. Die Höhe der Terminsgebühr beläuft sich auf 90 % der Verfahrensgebühr (Anm. S. 2 zu Nr. 3106 VV) (siehe Rn 137 ff.).

1.	Verfahrensgebühr, Nr. 3102 VV	300,00 EUR
2.	Terminsgebühr, Anm. S. 1 Nr. 1 zu Nr. 3106 VV	270,00 EUR
3.	Postentgeltpauschale, Nr. 7002 VV	20,00 EUR
	Zwischensumme 590,00 EUR	
4.	19 % Umsatzsteuer, Nr. 7008 VV	112,10 EUR
Gesamt		**702,10 EUR**

Eine Terminsgebühr entsteht nicht, wenn die Entscheidung nicht aufgrund des Einverständnisses der Parteien ergeht, sondern weil sie ohnehin ohne mündliche Verhandlung ergehen kann. **125**

Beispiel 62 | **Entscheidung ohne mündliche Verhandlung (II)**

Nach Erledigung des Verfahrens vor mündlicher Verhandlung entscheidet das Gericht nur noch über die Kosten des Verfahrens.

Da über die Kosten des Verfahrens ohnehin ohne mündliche Verhandlung entschieden werden kann (§ 123 Abs. 4 SGG), entsteht keine Terminsgebühr, sondern nur die Verfahrensgebühr.

1.	Verfahrensgebühr, Nr. 3102 VV	300,00 EUR
2.	Postentgeltpauschale, Nr. 7002 VV	20,00 EUR
	Zwischensumme 320,00 EUR	
3.	19 % Umsatzsteuer, Nr. 7008 VV	60,80 EUR
Gesamt		**380,80 EUR**

(3) Schriftlicher Vergleich

126 Umstritten war, ob die Terminsgebühr in sozialgerichtlichen Verfahren auch dann (analog Anm. Abs. 1 Nr. 1 zu Nr. 3104 VV) anfiel, wenn ein schriftlicher Vergleich geschlossen wurde. Der Gesetzgeber hatte zunächst eine der Anm. Abs. 1 Nr. 1 zu Nr. 3104 VV entsprechende Regelung in Nr. 3106 VV nicht vorgesehen. Daraus hat ein Teil der Rspr.[27] geschlossen, dass die Terminsgebühr nicht entstehe. Tatsächlich handelte es sich jedoch um ein Versehen des Gesetzgebers, zumal in sozialgerichtlichen Verfahren, die nach dem Gegenstandwert abgerechnet werden, Anm. Abs. 1 Nr. 1 zu Nr. 3104 VV schon immer unmittelbar anzuwenden war. Daher wurde von einigen Gerichten zu Recht die Terminsgebühr in analoger Anwendung der Anm. Abs. 1 Nr. 1 zu Nr. 3104 VV angenommen.[28] Mit der Neufassung der Anm. S. 1 Nr. 1 zu 3106 VV ist diese Streitfrage jetzt dahingehend geklärt, dass die Terminsgebühr anfällt.

> **Beispiel 63** Tätigkeit im Rechtsstreit mit Abschluss eines Vergleichs im schriftlichen Verfahren

Im gerichtlichen Verfahren wird ein schriftlicher Vergleich geschlossen. Zu einem gerichtlichen Termin kommt es daher nicht mehr. Außergerichtliche Besprechungen hatten nicht stattgefunden.

Der Anwalt erhält nach Anm. S. 1 Nr. 1 zu Nr. 3106 VV neben der Verfahrens- und der Einigungsgebühr auch eine Terminsgebühr. Die Höhe der Terminsgebühr beläuft sich auf wiederum auf 90 % der Verfahrensgebühr (Anm. S. 2 zu Nr. 3106 VV) (siehe hierzu Rn 137 ff.)

Die Einigungsgebühr beläuft sich auf die Höhe der Verfahrensgebühr (Nr. 1006 VV) (siehe hierzu Rn 145 ff.).

1.	Verfahrensgebühr, Nr. 3102 VV	300,00 EUR
2.	Terminsgebühr, Nr. 3106 VV	270,00 EUR
3.	Einigungsgebühr, Nrn. 1000, 1006 VV	300,00 EUR
4.	Postentgeltpauschale, Nr. 7002 VV	20,00 EUR
	Zwischensumme 890,00 EUR	
5.	19 % Umsatzsteuer, Nr. 7008 VV	169,10 EUR
	Gesamt	**1.059,10 EUR**

(4) Entscheidung durch Gerichtsbescheid nach § 105 Abs. 1 S. 1 SGG

127 Ebenso wie bei Anm. Abs. 1 Nr. 2 zu Nr. 3104 VV (siehe § 29 Rn 72 ff.) fällt auch in Verfahren vor den Sozialgerichten, in denen nach Rahmengebühren abgerechnet wird, im Falle einer Entscheidung durch Gerichtsbescheid gem. § 105 Abs. 1 S. 1 SGG[29] nur dann eine Terminsgebühr an, wenn auf Antrag mündlich verhandelt werden muss, also wenn eine Berufung nicht gegeben ist. Das wiederum ist nur der Fall, bei Entscheidungen des Sozialgerichts, die nicht kraft Gesetzes berufungsfähig sind und bei denen die Berufung auch nicht zugelassen worden ist. Eine Terminsgebühr entsteht dagegen nicht bei einer Entscheidung des Sozialgerichts durch Gerichtsbescheid,

---

27 SG Berlin AGS 2006, 131 m. Anm. *N. Schneider* = RVGreport 2006, 106; LSG Nordrhein Westfalen AGS 2006, 441 m. Anm. *Schons* = RVGreport 2006, 347; LSG Sachsen, Beschl. v. 17.6.2006 – L 6 B 168/06 R-KO, n.v.; LSG Schleswig-Holstein AGS 2006, 555 = RVGreport 2006, 188; LSG Nordrhein Westfalen RVGreport 2006, 469; SG Aachen RVGreport 2006, 227; LSG Niedersachsen-Bremen, Beschl. v. 13.9.2007 – L 13 B 7/07 SF.
28 SG Mannheim AGS 2008, 596 = NJW-Spezial 2009, 29 = NJW-RR 2009, 573; AGkompakt 2010, 40 = ASR 2010, 134 = NJW-Spezial 2010, 251; SG Stuttgart ASR 2008, 110 = RVGreport 2008, 59; SG Duisburg AGS 2006, 319; SG Ulm AGS 2006, 554; SG Karlsruhe AGS 2007, 456; Beschl. v. 16.10.2006 – S 10 SB 134/06 KO-A.
29 Änderung durch Art. 8 Abs. 2 Nr. 31 Buchst. a) bb) 2. KostRMoG.

wenn die Entscheidung kraft Gesetzes berufungsfähig ist oder das Sozialgericht die Berufung zugelassen hat.

| Beispiel 64 | Entscheidung durch berufungsfähigen Gerichtsbescheid |

Das Sozialgericht entscheidet durch Gerichtsbescheid und lässt die Berufung zu. Eine Berufung wird jedoch nicht eingelegt.

Eine Terminsgebühr entsteht nicht, da eine mündliche Verhandlung nicht hätte beantragt werden können. Es verbleibt bei der Verfahrensgebühr.

1. Verfahrensgebühr, Nr. 3102 VV   300,00 EUR
2. Postentgeltpauschale, Nr. 7002 VV   20,00 EUR
   Zwischensumme   320,00 EUR
3. 19 % Umsatzsteuer, Nr. 7008 VV   60,80 EUR
   Gesamt   **380,80 EUR**

| Beispiel 65 | Entscheidung durch nicht berufungsfähigen Gerichtsbescheid |

Das Sozialgericht entscheidet durch Gerichtsbescheid, gegen den eine Berufung nicht möglich und auch nicht zugelassen worden ist.

Da jetzt nach § 105 Abs. 2 SGG eine mündliche Verhandlung hätte beantragt werden können, entsteht eine Terminsgebühr nach Anm. S. 1 Nr. 2 zu Nr. 3106 VV. Die Höhe der Terminsgebühr beläuft sich auf 90 % der Verfahrensgebühr (Anm. S. 2 zu Nr. 3106 VV) (siehe Rn 137 ff.).

1. Verfahrensgebühr, Nr. 3102 VV   300,00 EUR
2. Terminsgebühr, Nr. 3106 VV   270,00 EUR
3. Postentgeltpauschale, Nr. 7002 VV   20,00 EUR
   Zwischensumme   590,00 EUR
4. 19 % Umsatzsteuer, Nr. 7008 VV   112,10 EUR
   Gesamt   **702,10 EUR**

Strittig ist, ob die Terminsgebühr bereits mit der Entscheidung durch Gerichtsbescheid entsteht oder ob es darüber hinaus erforderlich ist, dass der Gerichtsbescheid auch rechtskräftig werden muss. Nach § 105 Abs. 2 S. 2 SGG ist vorgesehen, dass gegen einen Gerichtsbescheid Antrag auf mündliche Verhandlung gestellt werden kann, wenn ein Rechtsmittel nicht gegeben ist. In diesem Fall wird der Gerichtsbescheid wirkungslos (§ 105 Abs. 3 SGG). Das Gericht entscheidet dann durch Urteil. Hier kann es vorkommen, dass sich nach Antrag auf mündliche Verhandlung das Verfahren erledigt, bevor es zum gerichtlichen Termin gekommen ist. Zum Teil wird vertreten, dass in diesem Fall keine Terminsgebühr anfalle. Eine Terminsgebühr für den Gerichtsbescheid könne nicht anfallen, weil dieser wirkungslos geworden sei.[30] Nach zutreffender Auffassung kann dagegen die einmal durch den Erlass des Gerichtsbescheids angefallene Terminsgebühr nicht nachträglich wegfallen.[31]

128

---

30 So zur vergleichbaren Rechtslage in verwaltungsgerichtlichen Verfahren: OVG Nordrhein-Westfalen AGS 2014, 123 = NVwZ-RR 2012, 375 = DÖV 2012, 532; auch zur vergleichbaren Lage in finanzgerichtlichen Verfahren FG Köln AGS 2010, 21 = EFG 2009, 978 = StE 2009, 251.
31 *N. Schneider*, NJW-Spezial 2010, 91.

| Beispiel 66 | **Verfahrens- und Terminsgebühr bei Entscheidung durch Gerichtsbescheid, der nicht rechtskräftig wird** |

Das Verwaltungsgericht entscheidet durch Gerichtsbescheid. Dagegen beantragt die Behörde mündliche Verhandlung und hilft sodann der Klage ab. Da Verfahren wird ohne mündliche Verhandlung für erledigt erklärt.

Nach der Rspr. soll keine Terminsgebühr entstehen, da der Gerichtsbescheid unwirksam geworden ist; abzurechnen wäre danach wie in Beispiel 64. Nach zutreffender Ansicht entsteht die Terminsgebühr, so dass abzurechnen ist wie in Beispiel 65.

(5) Angenommenes Anerkenntnis

129 In Anm. S. 1 Nr. 3 zu Nr. 3106 VV sind nach dem Wort „Verfahren" die Wörter „[…], für das mündliche Verhandlung vorgeschrieben ist," eingefügt worden.[32] Diese Regelung entspricht der gleich lautenden Regelung für die Verfahren, in denen nach Wertgebühren abgerechnet wird (Anm. Abs. 1 Nr. 2 zu Nr. 3104 VV), und soll erreichen, dass eine „fiktive" Terminsgebühr nur dann anfällt, wenn im Verfahren eine mündliche Verhandlung vorgeschrieben ist. Ist das nicht der Fall, soll die Terminsgebühr bei Annahme eines Anerkenntnisses (§ 101 Abs. 2 SGG) nicht entstehen. Da im erstinstanzlichen gerichtlichen Verfahren vor dem Sozialgericht immer eine mündliche Verhandlung vorgeschrieben ist (§ 124 Abs. 3 SGG), entsteht bei einem angenommenen Anerkenntnis immer die Terminsgebühr.

| Beispiel 67 | **Angenommenes Anerkenntnis in der Hauptsache** |

Das Verfahren über eine Verpflichtungsklage endet durch angenommenes Anerkenntnis, ohne dass mündlich verhandelt worden war.

Da im Verfahren eine mündliche Verhandlung vorgeschrieben ist (§ 124 Abs. 3 SGG), entsteht eine Terminsgebühr. Die Höhe der Terminsgebühr beläuft sich auf 90 % der Verfahrensgebühr (Anm. S. 2 zu Nr. 3106 VV) (siehe Rn 137 ff.).

1. Verfahrensgebühr, Nr. 3102 VV — 300,00 EUR
2. Terminsgebühr, Anm. S. 2 zu Nr. 3106 VV — 270,00 EUR
3. Postentgeltpauschale, Nr. 7002 VV — 20,00 EUR
   Zwischensumme — 590,00 EUR
4. 19 % Umsatzsteuer, Nr. 7008 VV — 112,10 EUR
   Gesamt — 702,10 EUR

130 Für den Anfall der Terminsgebühr nach Anm. S. 1 Nr. 3 zu Nr. 3106 VV kommt es unabhängig von der Wortwahl darauf an, ob inhaltlich ein Anerkenntnis vorliegt.[33]

131 Unerheblich ist auch, ob und in welchem Umfang Bemühungen des Rechtsanwalts zur einvernehmlichen Beendigung vorliegen. Die Annahme des Anerkenntnisses reicht aus.[34]

132 Nicht ausreichend ist ein bloßes Teilanerkenntnis, weil dieses nicht das Verfahren beendet.

---

[32] Änderung durch Art. 8 Abs. 2 Nr. 31 Buchst. a) cc).
[33] LSG Schleswig Holstein AGS 2014, 166 = NZS 2014, 399 = NJW-Spezial 2014, 316 (zur inhaltsgleichen Regelung der Anm. Abs. 1 Nr. 1 zu Nr. 3104 VV).
[34] LSG Schleswig Holstein AGS 2014, 166 = NZS 2014, 399 = NJW-Spezial 2014, 316 (zur inhaltsgleichen Regelung der Anm. Abs. 1 Nr. 1 zu Nr. 3104 VV).

Beispiel 68 | Teilanerkenntnis

Der Anwalt beantragt für den Kläger laufende Leistungen seit März. Die Behörde erkennt ihre Leistungspflicht ab August an. Der Anwalt nimmt das Anerkenntnis an und führt im Übrigen das Verfahren fort.

Da sich das Verfahren nicht erledigt hat, ist die Terminsgebühr nicht angefallen. Es bleibt bei der Verfahrensgebühr.

1. Verfahrensgebühr, Nr. 3102 VV		300,00 EUR
2. Postentgeltpauschale, Nr. 7002 VV		20,00 EUR
Zwischensumme	320,00 EUR	
3. 19 % Umsatzsteuer, Nr. 7008 VV		60,80 EUR
Gesamt		**380,80 EUR**

Wird nach einem Teilanerkenntnis die weitergehende Klage zurückgenommen, dürfte die Terminsgebühr anzuwenden sein.[35] Es kann hier nichts anderes gelten als bei vorheriger Teilklagerücknahme und nachfolgendem Anerkenntnis. Dann wäre die Sache eindeutig.

133

Beispiel 69 | Teilanerkenntnis mit Klagerücknahme

Der Anwalt beantragt für den Kläger laufende Leistungen seit März. Die Behörde erkennt ihre Leistungspflicht ab August an. Der Anwalt nimmt das Anerkenntnis an und die Klage im Übrigen zurück.

Jetzt hat sich das Verfahren erledigt, so dass eine Terminsgebühr anzunehmen ist.

1. Verfahrensgebühr, Nr. 3102 VV		300,00 EUR
2. Terminsgebühr, Anm. S. 1 Nr. 3 zu Nr. 3106 VV		270,00 EUR
3. Postentgeltpauschale, Nr. 7002 VV		20,00 EUR
Zwischensumme	590,00 EUR	
4. 19 % Umsatzsteuer, Nr. 7008 VV		112,10 EUR
Gesamt		**702,10 EUR**

Ausreichend ist auch ein Teilanerkenntnis verbunden mit der Erledigterklärung im Übrigen.

134

Beispiel 70 | Teilanerkenntnis mit Erledigung der Hauptsache

Der Anwalt beantragt für den Kläger laufende Leistungen seit März. Die Behörde erkennt ihre Leistungspflicht ab August an. Der Anwalt nimmt das Anerkenntnis an und erklärt den Rechtsstreit in der Hauptsache im Übrigen für erledigt.

Auch jetzt hat sich das gesamte Verfahren erledigt, so dass eine Terminsgebühr anzunehmen ist.

1. Verfahrensgebühr, Nr. 3102 VV		300,00 EUR
2. Terminsgebühr, Anm. S. 1 Nr. 3 zu Nr. 3106 VV		270,00 EUR
3. Postentgeltpauschale, Nr. 7002 VV		20,00 EUR
Zwischensumme	590,00 EUR	
4. 19 % Umsatzsteuer, Nr. 7008 VV		112,10 EUR
Gesamt		**702,10 EUR**

---

35 A.A. LSG Nordrhein-Westfalen NZS 2014, 119.

135 Ausreichend sein dürfte allerdings auch Teilanerkenntnis verbunden mit einem anderen Tatbestand der Anm. S. 1 zu Nr. 3106 VV, also einem Teilvergleich oder einer Entscheidung ohne mündliche Verhandlung oder durch Gerichtsbescheid im Übrigen.

Teilklagerücknahme und nachfolgendem Anerkenntnis. Dann wäre die Sache eindeutig.

> **Beispiel 71** | **Teilanerkenntnis und Entscheidung im schriftlichen Verfahren**
>
> **Der Anwalt beantragt für den Kläger laufende Leistungen seit März. Die Behörde erkennt ihre Leistungspflicht ab August an. Der Anwalt nimmt das Anerkenntnis an und die Klage im Übrigen zurück.**
>
> Jetzt hat sich das Verfahren erledigt, so dass eine Terminsgebühr anzunehmen ist.
>
> | | | |
> |---|---|---:|
> | 1. | Verfahrensgebühr, Nr. 3102 VV | 300,00 EUR |
> | 2. | Terminsgebühr, Anm. S. 1 Nr. 1, 3 zu Nr. 3106 VV | 270,00 EUR |
> | 3. | Postentgeltpauschale, Nr. 7002 VV | 20,00 EUR |
> | | Zwischensumme 590,00 EUR | |
> | 4. | 19 % Umsatzsteuer, Nr. 7008 VV | 112,10 EUR |
> | | **Gesamt** | **702,10 EUR** |

136 Erforderlich ist ein Anerkenntnis in der Hauptsache, da nur dieses nach § 101 Abs. 2 SGG der Annahme bedarf. Ein sonstiges Anerkenntnis, etwa zu den Kosten, reicht nicht.

> **Beispiel 72** | **Anerkenntnis zum Kostenpunkt**
>
> **Nach Erledigung der Hauptsache erkennt die Behörde an, die Kosten des Verfahrens zu tragen.**
>
> Da es sich nicht um ein nach § 101 Abs. 2 SGG anzunehmendes Anerkenntnis handelt, entsteht keine Terminsgebühr. Es bleibt bei der Verfahrensgebühr.
>
> | | | |
> |---|---|---:|
> | 1. | Verfahrensgebühr, Nr. 3102 VV | 300,00 EUR |
> | 2. | Postentgeltpauschale, Nr. 7002 VV | 20,00 EUR |
> | | Zwischensumme 320,00 EUR | |
> | 3. | 19 % Umsatzsteuer, Nr. 7008 VV | 60,80 EUR |
> | | **Gesamt** | **380,80 EUR** |

(6) Berechnung der fiktiven Terminsgebühren

(a) Überblick

137 In dem neuen S. 2 der Anm. zu Nr. 3106 VV ist die Höhe der Terminsgebühr für alle Fälle der Anm. S. 1 zu Nr. 3106 VV festgeschrieben worden. Ebenso wie der Gesetzgeber die Höhe einer Einigungs- oder Erledigungsgebühr auf die Höhe der jeweiligen Verfahrensgebühr festgeschrieben hat (Nrn. 1005, 1006 VV), hat er auch die „fiktive Terminsgebühr" anhand der jeweiligen Verfahrensgebühr festgeschrieben. Allerdings beläuft sich die Terminsgebühr nicht auf die volle Höhe der Verfahrensgebühr, sondern lediglich auf 90 % der im konkreten Fall bestimmten Höhe der Verfahrensgebühr.

138 Der Grund für diese Anbindung an die konkrete Höhe der Verfahrensgebühr liegt darin, dass die Terminsgebühr kaum anhand der Kriterien des § 14 Abs. 1 RVG bemessen werden kann, weil es für diese Gebühr insbesondere nicht auf Umfang und Schwierigkeit der anwaltlichen Tätigkeit ankommen kann. Bei der fiktiven Terminsgebühr kommt es darauf an, dem Anwalt das gebühren-

III. Abrechnung nach Rahmengebühren § 31

rechtliche Interesse an der Durchführung eines Termins zu nehmen. Die Höhe der zu erwartenden Terminsgebühr wird häufig von Umfang und Schwierigkeit der Angelegenheit abhängen. Daher scheint eine Anknüpfung an die Höhe der Verfahrensgebühr sachgerecht. Da die Höhe der Terminsgebühr bei den Wertgebühren grundsätzlich zur Höhe der Verfahrensgebühr in einem Verhältnis von 1,2 zu 1,3 steht, ist diese mit einem Prozentsatz von 90 % der Verfahrensgebühr anzusetzen.

Beispiel 73 | **Berechnung der fiktiven Terminsgebühr (I)**

Das Verfahren endet durch ein angenommenes Anerkenntnis, ohne dass mündlich verhandelt worden war. Der Anwalt berechnet bei der Verfahrensgebühr die Mittelgebühr.

Ausgehend von der Mittelgebühr (300,00 EUR) ist jetzt für die Terminsgebühr ein Anteil von 90 % zu ermitteln, also 270,00 EUR.

1. Verfahrensgebühr, Nr. 3102 VV		300,00 EUR
2. Terminsgebühr, Nr. 3106 VV		270,00 EUR
3. Postentgeltpauschale, Nr. 7002 VV		20,00 EUR
Zwischensumme	590,00 EUR	
4. 19 % Umsatzsteuer, Nr. 7008 VV		112,10 EUR
Gesamt		**702,10 EUR**

Wird die Verfahrensgebühr überdurchschnittlich angesetzt, dann fällt auch die fiktive Terminsgebühr entsprechend hoch aus. **139**

Beispiel 74 | **Berechnung der fiktiven Terminsgebühr (II)**

Das Verfahren endet durch ein angenommenes Anerkenntnis, ohne dass mündlich verhandelt worden war. Der Anwalt setzt eine Verfahrensgebühr von 400,00 EUR an.

Ausgehend von 400,00 EUR Verfahrensgebühr ist jetzt für die Terminsgebühr ein Anteil von 400,00 × 0,9 = 360,00 EUR anzusetzen.

1. Verfahrensgebühr, Nr. 3102 VV		400,00 EUR
2. Terminsgebühr, Nr. 3106 VV		360,00 EUR
3. Postentgeltpauschale, Nr. 7002 VV		20,00 EUR
Zwischensumme	780,00 EUR	
4. 19 % Umsatzsteuer, Nr. 7008 VV		148,20 EUR
Gesamt		**928,20 EUR**

Wird die Verfahrensgebühr unterdurchschnittlich angesetzt, dann fällt auch die fiktive Terminsgebühr entsprechend geringer aus. **140**

Beispiel 75 | **Berechnung der fiktiven Terminsgebühr (III)**

Das Verfahren endet durch ein angenommenes Anerkenntnis, ohne dass mündlich verhandelt worden war. Der Anwalt setzt eine unterdurchschnittliche Verfahrensgebühr von 200,00 EUR an.

Ausgehend von 200,00 EUR Verfahrensgebühr ist jetzt für die Terminsgebühr ein Anteil von 200,00 × 0,9 = 180,00 EUR anzusetzen.

§ 31 Sozialrechtliche Angelegenheiten

1. Verfahrensgebühr, Nr. 3102 VV	200,00 EUR
2. Terminsgebühr, Nr. 3106 VV	180,00 EUR
3. Postentgeltpauschale, Nr. 7002 VV	20,00 EUR
Zwischensumme 400,00 EUR	
4. 19 % Umsatzsteuer, Nr. 7008 VV	76,00 EUR
Gesamt	**476,00 EUR**

(b) Mehrere Auftraggeber

141 Vertritt der Anwalt mehrere Auftraggeber, so erhöht sich die Verfahrensgebühr nach Nr. 1008 VV um 30 % je weiteren Auftraggeber. Diese Erhöhung soll für die Terminsgebühr jedoch nicht gelten. Das könnte auch schon deshalb nicht sein, weil dann bei Ansatz des Höchstbetrags bei der Verfahrensgebühr die Höchstgrenze der Terminsgebühr überschritten wäre. Die erhöhte Höchstgebühr würde 715,00 EUR betragen. Davon würde sich eine fiktive Terminsgebühr i.H.v. 643,50 EUR ergeben. Die Höchstgebühr beträgt nach Nr. 3106 VV jedoch nur 510,00 EUR.

142 Die Ableitung der Terminsgebühr ist dann einfach, wenn bei der Verfahrensgebühr der Mindest- oder Höchstbetrag anzusetzen ist oder die Mittelgebühr.

> **Beispiel 76** | **Berechnung der fiktiven Terminsgebühr (mehrere Auftraggeber I)**

Das Verfahren endet durch ein angenommenes Anerkenntnis, ohne dass mündlich verhandelt worden war. Der Anwalt hatte eine Bedarfsgemeinschaft aus drei Auftraggebern vertreten und legt die Mittelgebühr zugrunde.

Während die Verfahrensgebühr um 60 % zu erhöhen ist, beläuft sich die Terminsgebühr auf 0,9 der einfachen Mittelgebühr.

1. Verfahrensgebühr, Nrn. 3102, 1008 VV	480,00 EUR
2. Terminsgebühr, Nr. 3106 VV	270,00 EUR
3. Postentgeltpauschale, Nr. 7002 VV	20,00 EUR
Zwischensumme 770,00 EUR	
4. 19 % Umsatzsteuer, Nr. 7008 VV	146,30 EUR
Gesamt	**916,30 EUR**

143 Der Anwalt ist an die Standardbeträge bei der Verfahrensgebühr jedoch nicht gebunden und kann auch abweichende Beträge ansetzen. Dann wird die Berechnung schwieriger. In allen Fällen der nach Nr. 1008 VV erhöhten Verfahrensgebühr muss man die Verfahrensgebühr um die Erhöhung bereinigen, indem der Erhöhungsprozentsatz wieder herausgerechnet wird. Die Verfahrensgebühr ist also dann noch zu dividieren.

> **Beispiel 77** | **Berechnung der fiktiven Terminsgebühr (mehrere Auftraggeber II)**

Das Verfahren endet durch ein angenommenes Anerkenntnis, ohne dass mündlich verhandelt worden war. Der Anwalt hatte eine Bedarfsgemeinschaft aus drei Auftraggebern vertreten und berechnet eine leicht überdurchschnittliche Verfahrensgebühr i.H.v. 500,00 EUR.

Die Terminsgebühr beläuft sich jetzt auf 500,00 EUR × 0,9 : 1,6 = 281,25 EUR.

1. Verfahrensgebühr, Nrn. 3102, 1008 VV	500,00 EUR
2. Terminsgebühr, Anm. S. 2 zu Nr. 3106 VV	281,25 EUR
3. Postentgeltpauschale, Nr. 7002 VV	20,00 EUR
Zwischensumme 801,25 EUR	

		152,24 EUR
4.	19 % Umsatzsteuer, Nr. 7008 VV	
Gesamt		**953,49 EUR**

(c) Anrechnung einer Geschäftsgebühr

Ebenso wie eine Gebührenerhöhung nach Nr. 1008 VV unbeachtlich ist, ist auch die Anrechnung einer vorherigen Geschäftsgebühr nach Vorbem. 3 Abs. 4 VV für die Berechnung der Terminsgebühr unbeachtlich. Die Terminsgebühr berechnet sich nach der Verfahrensgebühr und nicht aus einem nach Anrechnung verbleibenden Restbetrag. **144**

> **Beispiel 78** Berechnung der fiktiven Terminsgebühr (Anrechnung der Geschäftsgebühr)

Das Verfahren endet durch ein angenommenes Anerkenntnis, ohne dass mündlich verhandelt worden war. Der Anwalt war zuvor im Widerspruchsverfahren tätig. Auszugehen ist jeweils von den Mittelgebühren.

Die Terminsgebühr berechnet sich jetzt nicht aus dem nach Anrechnung verbleibenden Betrag, sondern aus der Verfahrensgebühr vor Anrechnung.

I.	**Widerspruchsverfahren**		
1.	Geschäftsgebühr, Nr. 2302 Nr. 1 VV		345,00 EUR
2.	Postentgeltpauschale, Nr. 7002 VV		20,00 EUR
	Zwischensumme	365,00 EUR	
3.	19 % Umsatzsteuer, Nr. 7008 VV		69,35 EUR
Gesamt			**434,35 EUR**
II.	**Gerichtliches Verfahren**		
1.	Verfahrensgebühr, Nr. 3102 VV		300,00 EUR
2.	gem. Vorbem. 3 Abs. 4 S. 1 VV anzurechnen		– 172,50 EUR
3.	Terminsgebühr, Nr. 3106 VV		270,00 EUR
4.	Postentgeltpauschale, Nr. 7002 VV		20,00 EUR
	Zwischensumme	417,50 EUR	
5.	19 % Umsatzsteuer, Nr. 7008 VV		79,33 EUR
Gesamt			**496,83 EUR**

d) Einigungs- und Erledigungsgebühr

aa) Überblick

Zur Verfahrensgebühr und gegebenenfalls zur Terminsgebühr hinzukommen kann unter den Voraussetzungen der Nr. 1000 VV eine Einigungsgebühr und unter den Voraussetzungen der Nr. 1002 VV eine Erledigungsgebühr. Die Höhe der Gebühren ist in Nr. 1006 VV geregelt. **145**

Die **Einigungsgebühr** setzt auch hier die Mitwirkung beim Abschluss eines Vertrages voraus, durch den der Streit oder die Ungewissheit über ein Rechtsverhältnis beseitigt wird (Anm. Abs. 1 S. 1 zu Nr. 1000 VV). Die Gebühr entsteht nicht, wenn sich der Vertrag ausschließlich auf ein Anerkenntnis oder einen Verzicht beschränkt (Anm. Abs. 1 S. 2 zu Nr. 1000 VV). Hohe Anforderungen an die Mitwirkung werden hier nicht gestellt. Der Abschluss der Einigung ist i.d.R. bereits Mitwirkung genug. **146**

Die **Erledigungsgebühr** wiederum setzt voraus, dass sich das Verfahren ganz oder teilweise nach Aufhebung oder Änderung des angefochtenen Verwaltungsakts durch die anwaltliche Mitwirkung erledigt (Nr. 1002 S. 1 VV). Das Gleiche gilt, wenn sich eine Rechtssache ganz oder teilweise **147** durch Erlass eines bisher abgelehnten Verwaltungsakts erledigt (Nr. 1002 S. 1 VV). Die Anforderungen, die die Praxis an die Mitwirkung bei der Erledigung stellt, sind zum Teil sehr hoch. Wegen Einzelheiten wird insoweit auf die einschlägigen Kommentierungen verwiesen.

148 Die Höhe der Einigungs- oder Erledigungsgebühr ergibt sich im gerichtlichen Verfahren aus Nr. 1006 VV. Die Einigungsgebühr entsteht in Höhe der Verfahrensgebühr. Die Anknüpfung an die Verfahrensgebühr soll zu einer sachgerechten Gewichtung führen. Ist eine Angelegenheit besonders umfangreich und schwierig und fällt deshalb eine hohe Verfahrensgebühr an, ist der Entlastungseffekt einer Einigung oder Erledigung und die Verantwortung des Anwalts entsprechend hoch, so dass dann auch die Einigungs- und Erledigungsgebühren höher ausfallen sollen als außergerichtlich.

149 Die Höhe der Einigungs- bzw. Erledigungsgebühr bemisst sich jetzt immer an der konkreten Verfahrensgebühr, so wie sie vom Anwalt nach § 315 BGB, § 14 RVG angesetzt worden ist. Sie hat keinen eigenen Ermessensspielraum. Faktisch handelt es sich um eine Festgebühr in Höhe der zuvor bestimmten Verfahrensgebühr.

150 Eine Erhöhung bei mehreren Auftraggebern nach Nr. 1008 VV auch für die Gebührenrahmen der Einigungs- und Erledigungsgebühr kommt dagegen nicht in Betracht (Anm. Abs. 1 S. 3 zu Nr. 1006 VV) (siehe Rn 141).

> **Beispiel 79** — **Erledigung im erstinstanzlichen Verfahren ohne Vorbefassung**
>
> Der Anwalt wird erstmals mit der Anfechtungsklage vor dem Sozialgericht beauftragt. Im Termin zur mündlichen Verhandlung wirkt er an einer Erledigung mit. Die Sache ist durchschnittlich, so dass von der Mittelgebühr auszugehen ist.
>
> Neben der Verfahrens und der Terminsgebühr entsteht jetzt eine Erledigungsgebühr. Die Höhe beläuft sich auf den Betrag der Verfahrensgebühr, also ebenfalls 300,00 EUR.
>
> | | |
> |---|---:|
> | 1. Verfahrensgebühr, Nr. 3102 VV | 300,00 EUR |
> | 2. Terminsgebühr, Nr. 3106 VV | 280,00 EUR |
> | 3. Erledigungsgebühr, Nrn. 1002, 1006 VV | 300,00 EUR |
> | 4. Postentgeltpauschale, Nr. 7002 VV | 20,00 EUR |
> | Zwischensumme | 900,00 EUR |
> | 5. 19 % Umsatzsteuer, Nr. 7008 VV | 171,00 EUR |
> | **Gesamt** | **1.071,00 EUR** |

> **Beispiel 80** — **Erledigung im erstinstanzlichen Verfahren ohne Vorbefassung (überdurchschnittliche Gebühr)**
>
> Wie vorangegangenes Beispiel 79; jedoch ist eine überdurchschnittliche Verfahrensgebühr i.H.v. 400,00 EUR angemessen.
>
> Jetzt ist auch die Erledigungsgebühr auf 400,00 EUR anzuheben.
>
> | | |
> |---|---:|
> | 1. Verfahrensgebühr, Nr. 3102 VV | 400,00 EUR |
> | 2. Terminsgebühr, Nr. 3106 VV | 280,00 EUR |
> | 3. Erledigungsgebühr, Nrn. 1002, 1006 VV | 400,00 EUR |
> | 4. Postentgeltpauschale, Nr. 7002 VV | 20,00 EUR |
> | Zwischensumme | 1.100,00 EUR |

5. 19 % Umsatzsteuer, Nr. 7008 VV		209,00 EUR
Gesamt		**1.309,00 EUR**

> **Beispiel 81** — Erledigung im erstinstanzlichen Verfahren ohne Vorbefassung (unterdurchschnittliche Gebühr)

Wie Beispiel 79; jedoch ist nur eine unterdurchschnittliche Verfahrensgebühr i.H.v. 200,00 EUR angemessen.

Jetzt ist auch die Erledigungsgebühr auf 200,00 EUR herabzusetzen.

1. Verfahrensgebühr, Nr. 3102 VV		200,00 EUR
2. Terminsgebühr, Nr. 3106 VV		280,00 EUR
3. Erledigungsgebühr, Nrn. 1002, 1006 VV		200,00 EUR
4. Postentgeltpauschale, Nr. 7002 VV		20,00 EUR
Zwischensumme	700,00 EUR	
5. 19 % Umsatzsteuer, Nr. 7008 VV		133,00 EUR
Gesamt		**833,00 EUR**

151 Wird der Anwalt für mehrere Auftraggeber tätig, so erhöht sich der Gebührenrahmen der Geschäfts- und Verfahrensgebühr nach Nr. 1008 VV um 30 % je weiteren Auftraggeber, höchstens um 200 %, und zwar unabhängig davon, ob derselbe Gegenstand zugrunde liegt. Die danach erhöhte Geschäfts- oder Verfahrensgebühr soll jedoch nicht als Bezugsgröße für Einigungs- und Erledigungsgebühren gelten. Die entsprechende Einschränkung ist in Anm. Abs. 1 S. 3 zu Nr. 1005 VV geregelt.

152 Soweit eine „Standardgebühr" (Mittelgebühr, Mindest- oder Höchstgebühr) angesetzt wird, ist für die Einigungs- oder Erledigungsgebühr die jeweilige einfache Standardgebühr anzusetzen.

> **Beispiel 82** — Erledigung bei mehreren Auftraggebern (I)

In einem Verfahren vor dem Sozialgericht vertritt der Anwalt eine Bedarfsgemeinschaft, bestehend aus vier Personen und wirkt im Termin zur mündlichen Verhandlung an einer Erledigung mit. Die Sache ist durchschnittlich, so dass die Mittelgebühr angemessen ist.

Der nach Nr. 1008 VV um 90 % erhöhte Gebührenrahmen der Nr. 3102 VV beläuft sich auf (50,00 EUR × 1,9 =) 95,00 EUR bis (550,00 × 1,9 =) 1.045,00 EUR. Die Mittelgebühr beträgt somit (95,00 EUR + 1.045,00 EUR) : 2 = 570,00 EUR.

Die Erledigungsgebühr beläuft sich dagegen nur auf die einfache Mittelgebühr i.H.v. 300,00 EUR.

1. Verfahrensgebühr, Nrn. 3102, 1008 VV		570,00 EUR
2. Terminsgebühr, Nr. 3106 VV		280,00 EUR
3. Erledigungsgebühr, Nrn. 1002, 1006 VV		300,00 EUR
4. Postentgeltpauschale, Nr. 7002 VV		20,00 EUR
Zwischensumme	1.170,00 EUR	
5. 19 % Umsatzsteuer, Nr. 7008 VV		222,30 EUR
Gesamt		**1.392,30 EUR**

153 Soweit die erhöhte Verfahrensgebühr frei bestimmt ist, muss diese Gebühr dann um die Erhöhung bereinigt werden, indem 30 % je weiteren Auftraggeber wieder abgezogen werden.

§ 31 Sozialrechtliche Angelegenheiten

Beispiel 83 — Erledigung bei mehreren Auftraggebern (II)

In einem Verfahren vor dem Sozialgericht vertritt der Anwalt eine Bedarfsgemeinschaft, bestehend aus vier Personen und wirkt im Termin zur mündlichen Verhandlung an einer Erledigung mit. Der Anwalt setzt eine leicht erhöhte Verfahrensgebühr unter Berücksichtigung der Nr. 1008 VV i.H.v. 600,00 EUR an.

Die Erledigungsgebühr beläuft sich auf 600,00 EUR : 1,9 = 315,79 EUR.

1.	Verfahrensgebühr, Nrn. 3102, 1008 VV	600,00 EUR
2.	Terminsgebühr, Nr. 3106 VV	280,00 EUR
3.	Erledigungsgebühr, Nrn. 1002, 1006 VV	315,79 EUR
4.	Postentgeltpauschale, Nr. 7002 VV	20,00 EUR
	Zwischensumme	1.215,79 EUR
5.	19 % Umsatzsteuer, Nr. 7008 VV	231,00 EUR
	Gesamt	**1.446,79 EUR**

154 Ohne Bedeutung ist es für den Gebührenrahmen der Einigungsgebühr, wenn auf die zugrunde liegende Verfahrensgebühr eine zuvor entstandene Geschäfts-, Verfahrens- oder Beratungsgebühr anzurechnen ist. Nach dem eindeutigen Wortlaut des Gesetzes ist auf die jeweilige Verfahrensgebühr abzustellen und nicht auf den im konkreten Fall verbleibenden Gebührenbetrag. Das folgt letztlich auch aus § 15a Abs. 1 RVG, wonach der Anwalt jede Gebühr unbeschadet einer Anrechnung in voller Höhe fordern kann.

Beispiel 84 — Erledigung im gerichtlichen Verfahren bei vorangegangener Tätigkeit im Widerspruchsverfahren

Der Anwalt vertritt den Auftraggeber zunächst im Widerspruchsverfahren und anschließend im gerichtlichen Verfahren vor dem SG. In der mündlichen Verhandlung wirkt er an einer Erledigung mit. Die Sache ist umfangreich, aber durchschnittlich, so dass jeweils von der Mittelgebühr auszugehen ist.

Die Erledigungsgebühr bemisst sich aus dem Gebührenaufkommen der Verfahrensgebühr vor Anrechnung.

I. Vertretung im Widerspruchsverfahren

1.	Geschäftsgebühr, Nr. 2302 Nr. 1 VV		345,00 EUR
2.	Postentgeltpauschale, Nr. 7002 VV		20,00 EUR
	Zwischensumme	365,00 EUR	
3.	19 % Umsatzsteuer, Nr. 7008 VV		69,35 EUR
	Gesamt		**434,35 EUR**

II. Vertretung im gerichtlichen Verfahren

1.	Verfahrensgebühr, Nr. 3102 VV		300,00 EUR
2.	gem. Vorbem. 3 Abs. 4 VV anzurechnen		– 172,50 EUR
3.	Terminsgebühr, Nr. 3106 VV		280,00 EUR
4.	Erledigungsgebühr, Nrn. 1002, 1006 VV		300,00 EUR
5.	Postentgeltpauschale, Nr. 7002 VV		20,00 EUR
	Zwischensumme	727,50 EUR	
6.	19 % Umsatzsteuer, Nr. 7008 VV		138,23 EUR
	Gesamt		**865,73 EUR**

bb) Teileinigung oder -erledigung

Lediglich dann, wenn die Einigung oder Erledigung nur einen Teil der zugrunde liegenden Gegenstände betrifft, versagt die Anknüpfung an die Verfahrensgebühr. Bei Abrechnung nach Wertgebühren würde eine Einigungs- oder Erledigungsgebühr dann nur aus dem betreffenden Teilwert anfallen. Da in Sozialsachen, in denen das GKG nicht anzuwenden ist, wertunabhängig abgerechnet wird, scheidet diese Anknüpfung aus.

Wird nur über einen Teil der zugrunde liegenden Gegenstände eine Einigung oder Erledigung erzielt, ist zwar auch von der bestimmten Höhe der Verfahrens- oder Geschäftsgebühr auszugehen. Es ist dann allerdings anhand der Kriterien des § 14 Abs. 1 RVG der auf diesen Teil der Angelegenheit entfallende Anteil an der Geschäftsgebühr unter Heranziehung der Kriterien nach § 14 Abs. 1 RVG zu schätzen, nach dem sich dann die Höhe der Einigungs- und Erledigungsgebühr bemisst (Anm. Abs. 2 zu Nr. 1006 VV).

| Beispiel 85 | Teileinigung im gerichtlichen Verfahren |

Beantragt wird die Feststellung des Grades der Behinderung (GdB) von 100 sowie die Feststellung der Merkzeichen G und H. Im Termin einigt sich der Anwalt mit der Behörde, dass von einem GdB von 60 ausgegangen werden soll. Hinsichtlich der Merkzeichen wird das Verfahren fortgesetzt. Die Sache ist durchschnittlich.

Auszugehen ist für die Verfahrens- und für die Terminsgebühr von der Mittelgebühr. Für die Einigungsgebühr ist jetzt zu fragen, welchen Anteil die Feststellung des GdB und die Feststellung der Merkzeichen ausmacht. Hier soll von einem Anteil von 70 % für den GdB und von 30 % für die Merkzeichen ausgegangen werden. Damit beläuft sich die Einigungsgebühr gem. Anm. Abs. 2 zu Nr. 1006 VV auf 70 % der Verfahrensgebühr.

1. Verfahrensgebühr, Nr. 3102 VV 300,00 EUR
2. Terminsgebühr, Nr. 3106 VV 280,00 EUR
3. Einigungsgebühr, Nrn. 1000, 1006 VV 210,00 EUR
4. Postentgeltpauschale, Nr. 7002 VV 20,00 EUR
   Zwischensumme 810,00 EUR
5. 19 % Umsatzsteuer, Nr. 7008 VV 153,90 EUR
   Gesamt **963,90 EUR**

Auch bei mehreren Auftraggebern kann eine Teileinigung in Betracht kommen. Hier wird man dann entsprechend quoteln.

| Beispiel 86 | Einigung bei mehreren Auftraggebern |

In einem Verfahren vor dem Sozialgericht vertritt der Anwalt zwei Auftraggeber, die Leistungen beanspruchen. Hinsichtlich des einen Auftraggebers wird eine Einigung erzielt; der andere Auftraggeber nimmt seine Klage zurück.

Die Erledigungsgebühr dürfte hier mir der halben (einfachen) Verfahrensgebühr anzunehmen sein.

1. Verfahrensgebühr, Nrn. 3102, 1008 VV 390,00 EUR
2. Terminsgebühr, Nr. 3106 VV 280,00 EUR
3. Einigungsgebühr, Nrn. 1000, 1006 VV 150,00 EUR
4. Postentgeltpauschale, Nr. 7002 VV 20,00 EUR
   Zwischensumme 840,00 EUR

5. 19 % Umsatzsteuer, Nr. 7008 VV		159,60 EUR
Gesamt		**999,60 EUR**

cc) Einbeziehung nicht anhängiger Gegenstände im gerichtlichen Verfahren

158 Kommt es in einem gerichtlichen Verfahren zu einer Einigung oder Erledigung auch über nicht anhängige Gegenstände, bleibt die Anbindung an die Verfahrensgebühr bestehen (Anm. Abs. 1 zu Nr. 1006 VV). Es kann hier also nicht zu Fällen unterschiedlicher Gebührenrahmen mit der Folge einer entsprechenden Anwendung des § 15 Abs. 3 RVG kommen.

159 In der Regel wird durch die Einbeziehung nicht anhängiger Gegenstände die Verfahrensgebühr höher anzusetzen sein, da das Mitverhandeln und Einbeziehen nicht anhängiger Gegenstände i.d.R. größeren Umfang und weitere Schwierigkeiten mit sich bringt. Das schlägt dann auch auf die Einigungs- und Erledigungsgebühr durch.

> **Beispiel 87** Einigung auch über nicht anhängige Gegenstände
>
> **Beantragt wird die Feststellung des Grades der Behinderung (GdB) von 100. Im Termin einigt sich der Anwalt mit der Behörde, darauf, dass von einem GdB von 60 ausgegangen werden soll. Gleichzeitig wird eine Einigung erzielt, dass auch die Merkzeichen G und H festgestellt werden.**
>
> Ausgehend von einer zunächst durchschnittlichen Angelegenheit, haben sich Umfang und Bedeutung durch die Einbeziehung der nicht anhängigen Gegenstände (Feststellung der Merkzeichen G und H) erhöht, so dass jeweils von einer um 20 % erhöhten Mittelgebühr der Verfahrens- und Terminsgebühr ausgegangen werden soll. Die Einigungsgebühr entsteht einheitlich aus dem Rahmen der Nr. 1006 VV (Anm. Abs. 1 zu Nr. 1006 VV) und bemisst sich nach der um 20 % erhöhten Verfahrensgebühr.
>
> | | | |
> |---|---|---|
> | 1. Verfahrensgebühr, Nr. 3102 VV | | 360,00 EUR |
> | 2. Terminsgebühr, Nr. 3106 VV | | 336,00 EUR |
> | 3. Einigungsgebühr, Nrn. 1000, 1006 VV | | 360,00 EUR |
> | 4. Postgeltpauschale, Nr. 7002 VV | | 20,00 EUR |
> | Zwischensumme | 1.076,00 EUR | |
> | 5. 19 % Umsatzsteuer, Nr. 7008 VV | | 204,44 EUR |
> | **Gesamt** | | **1.280.44 EUR** |

e) Zusatzgebühr für besonders umfangreiche Beweisaufnahmen

160 Des Weiteren kann im gerichtlichen Verfahren noch eine Zusatzgebühr für besonders umfangreiche Beweisaufnahmen hinzukommen (Nr. 1010 VV).

161 Voraussetzungen der Zusatzgebühr sind
- ein besonders umfangreiche Beweisaufnahme und
- mindestens drei gerichtliche Termine, in denen Sachverständige oder Zeugen vernommen werden.

Beide Voraussetzungen müssen kumulativ erfüllt sein.

162 In sozialrechtlichen Verfahren wird diese Gebühr keine Bedeutung haben. Daher wir wegen der Einzelheiten auf § 13 Rn 152 ff. Bezug genommen.

Obwohl der Wortlaut von einer „Zusatzgebühr" spricht, trifft dies nur auf die Wertgebühren zu. Bei Betragsrahmengebühren entsteht entgegen des Wortlauts gar keine Zusatzgebühr. Vielmehr erhöht sich die Terminsgebühr um 30 %. Die Verfahrensgebühr bleibt unberührt.

Das bedeutet, dass der Mindest- und der Höchstbetrag der Terminsgebühr um 30 % angehoben werden. Dadurch ergibt sich dann zugleich eine um 30 % erhöhte Mittelgebühr.

Beispiel 88 | **Gebührenerhöhung bei umfangreicher Beweisaufnahme (Betragsrahmengebühren)**

Der Anwalt vertritt einen Auftraggeber. Es kommt zu einer umfangreichen Beweisaufnahme mit drei Terminen zur Vernehmung von Zeugen und Sachverständigen. In Anbetracht des Umfangs dürfte hier dann zugleich auch jeweils die Höchstgebühr anzunehmen sein. Ausgehend davon ergibt sich folgende Berechnung:

1.	Verfahrensgebühr, Nr. 3102 VV	550,00 EUR
2.	Terminsgebühr, Nrn. 3106, 1010 VV	663,00 EUR
3.	Postentgeltpauschale, Nr. 7002 VV	20,00 EUR
	Zwischensumme 1.233,00 EUR	
4.	19 % Umsatzsteuer, Nr. 7008 VV	234,27 EUR
	Gesamt	**1.467,27 EUR**

Vertritt der Anwalt mehrere Auftraggeber, so sind die Erhöhungen nach Nr. 1008 VV und nach Nr. 1010 VV getrennt anzuwenden.

Beispiel 89 | **Gebührenerhöhung bei umfangreicher Beweisaufnahme (Betragsrahmengebühren, mehrere Auftraggeber)**

Wie vorangegangenes Beispiel 88. Der Anwalt vertritt zwei Auftraggeber.

Jetzt erhöht sich sowohl der Betragsrahmen der Verfahrensgebühr als auch der der Terminsgebühr um jeweils 30 %.

1.	Verfahrensgebühr, Nrn. 3102, 1008 VV	715,00 EUR
2.	Terminsgebühr, Nrn. 3106, 1010 VV	663,00 EUR
3.	Postentgeltpauschale, Nr. 7002 VV	20,00 EUR
	Zwischensumme 1.398,00 EUR	
4.	19 % Umsatzsteuer, Nr. 7008 VV	265,62 EUR
	Gesamt	**1.663,62 EUR**

f) Untätigkeitsklage

Wird der Anwalt erstmals mit einer Untätigkeitsklage beauftragt, erhält er eine Verfahrensgebühr nach Nr. 3102 VV. Die Rechtsprechung geht von einer **unterhalb der Mittelgebühr** liegenden Verfahrensgebühr aus.[36] Zum Teil wird nur die doppelte Mindestgebühr angesetzt[37] oder die halbe Mittelgebühr.[38]

---

[36] Vertreten wird insoweit die vierfache Mindestgebühr, die Absenkung der Mittelgebühr um 25 %, das Doppelte der Mindestgebühr oder auch eine Minderung um 35 % der Differenz zwischen Mittelgebühr und Höchstgebühr (siehe hierzu AnwK-RVG/*Wahlen*, Nr. 3102 VV Rn 7 m. w. Nachw. weitgehend noch zur BRAGO). Das SG Berlin ASR 2005, 40 m. Anm. *Weber* geht von der halben Mittelgebühr aus.
[37] SG Köln AGS 2009, 232 = NZS 2010, 63; VG Bremen AGS 2009, 278.
[38] SG Gießen AGS 2009, 330; Hessisches LSG, Beschl. v. 13.1.2014 – L 2 AS 250/13 B.

167 Strittig war unmittelbar nach Inkrafttreten des RVG, ob schon alleine dadurch eine Erledigungsgebühr entsteht, dass der Antrag beschieden und der Verwaltungsakt erlassen wird.[39] Diese Auffassung wird nicht mehr vertreten. Eine Erledigungsgebühr im Verfahren über eine Untätigkeitsklage kommt daher nicht in Betracht. Wenn es zu einer Erledigung kommt, dann tritt diese im Widerspruchsverfahren ein, das sich dann durch die beantragte Abhilfe erledigt.

168 Ebenso wenig entsteht eine Terminsgebühr in entsprechender Anwendung der Anm. Anm. S. 1 Nr. 3 zu Nr. 3106 VV, wenn der Bescheid erlassen wird.[40]

> **Beispiel 90** | **Untätigkeitsklage**
>
> **Der bislang nicht mit der Sache befasste Anwalt wird erstmals mit der Erhebung einer Untätigkeitsklage beauftragt. Nach Klageerhebung wird der beantragte Bescheid erlassen.**
>
> Es entsteht nur die Verfahrensgebühr nach Nr. 3102 VV. Mit dem SG Berlin[41] soll von der halben Mittelgebühr ausgegangen werden.
>
> | | | |
> |---|---:|---:|
> | 1. Verfahrensgebühr, Nr. 3102 VV | | 150,00 EUR |
> | 2. Postentgeltpauschale, Nr. 7002 VV | | 20,00 EUR |
> | Zwischensumme | 145,00 EUR | |
> | 3. 19 % Umsatzsteuer, Nr. 7008 VV | | 32,30 EUR |
> | **Gesamt** | | **202,30 EUR** |

169 Problematisch ist die Gebührenberechnung, wenn der Anwalt **bereits im Verwaltungs- oder Nachprüfungsverfahren beauftragt** war, in dem die Behörde untätig geblieben ist. Insoweit könnte man daran denken, die dort verdiente Geschäftsgebühr anzurechnen. Zu beachten ist jedoch, dass auch hier der Streitgegenstand derselbe sein muss. Im Verwaltungs- oder Nachprüfungsverfahren ist der Anwalt in der Hauptsache tätig; im Verfahren der Untätigkeitsklage geht es bei der sozialgerichtlichen Untätigkeitsklage (siehe § 88 SGG) ausschließlich um den **Anspruch auf Bescheidung**, nicht um die Sache selbst. Eine Entscheidung über seinen Leistungsanspruch oder eine Abwehr seiner Inanspruchnahme kann der Kläger hier aber nicht erreichen. Es handelt sich also faktisch um einen **eigenen Instanzenzug**. Da ein Verwaltungs- oder Nachprüfungsverfahren zur isolierten Untätigkeitsklage nicht vorgesehen ist, kann insoweit auch **keine Vorbefassung** gegeben sein. Daher ist bei einer Untätigkeitsklage keine Anrechnung einer vorangegangen Geschäftsgebühr vorzunehmen.[42]

> **Beispiel 91** | **Untätigkeitsklage nach Tätigkeit im Widerspruchsverfahren**
>
> **Der Anwalt wird erstmals mit der Erhebung des Widerspruchs beauftragt und, nachdem dieser nicht beschieden worden ist, mit der Erhebung einer Untätigkeitsklage. Daraufhin**

---

39 So SG Aachen RVGreport 2005, 225 = AGS 2006, 181; SG Mannheim ASR 2006, 46.
40 LSG Nordrhein Westfalen AGS 2008, 550 = ZFE 2008, 436; a.A. SG Cottbus, Beschl. v. 28.10.2009 – S 27 SF 87/09 E.
41 ASR 2005, 40 m. Anm. *Weber*.
42 So schon zur früheren Rechtslage (Anwendung des ermäßigten Rahmens der Nr. 3103 VV): LSG Nordrhein Westfalen, Beschl. v. 30.11.2008 – L 20 B 59/08 SO; AGS 2008, 550 = ZFE 2008, 436; SG Berlin ASR 2005, 40 m. Anm. *Weber*; SG Frankfurt ASR 2010, 82; SG Gießen ASR 2009, 246; *Hergenröder*, AGS 2006, 313, 315; Sächsisches LSG AGS 2014, 13 = rv 2014, 14; a.A. Hessisches LSG, Beschl. v. 12.5.2010 – L 2 SF 342/09 E; SG Cottbus, Beschl. v. 28.10.2009 – S 27 SF 87/09 E.

wird der beantragte Bescheid erlassen und die Hauptsache übereinstimmend für erledigt erklärt.

Für das Widerspruchsverfahren erhält der Anwalt die Geschäftsgebühr der Nr. 2302 Nr. 1 VV. Im gerichtlichen Verfahren erhält er die Verfahrensgebühr nach Nr. 3102 VV, und zwar anrechnungsfrei. Ausgegangen werden soll hier wiederum von der halben Mittelbgebühr.

I. Widerspruchsverfahren		
1. Geschäftsgebühr, Nr. 2302 Nr. 1 VV		345,00 EUR
2. Postentgeltpauschale, Nr. 7002 VV		20,00 EUR
Zwischensumme	365,00 EUR	
3. 19 % Umsatzsteuer, Nr. 7008 VV		69,35 EUR
Gesamt		**434,35 EUR**
II. Untätigkeitsklage		
1. Verfahrensgebühr, Nr. 3102 VV		150,00 EUR
2. Postentgeltpauschale, Nr. 7002 VV		20,00 EUR
Zwischensumme	170,00 EUR	
3. 19 % Umsatzsteuer, Nr. 7008 VV		32,30 EUR
Gesamt		**202,30 EUR**

> **Beispiel 92** Untätigkeitsklage nach Tätigkeit im Verwaltungs- und im Widerspruchsverfahren

Der Anwalt wird im Verwaltungsverfahren beauftragt, in dem der Antrag abgelehnt wird. Anschließend wird er mit der Erhebung des Widerspruchs beauftragt und, nachdem dieser nicht beschieden worden ist, mit der Erhebung einer Untätigkeitsklage. Daraufhin wird der beantragte Bescheid erlassen und die Hauptsache übereinstimmend für erledigt erklärt.

Jetzt erhält der Anwalt im Verwaltungsverfahren die Geschäftsgebühr aus dem vollen Rahmen der Nr. 2302 Nr. 1 VV und im Widerspruchsverfahren die Geschäftsgebühr aus dem ermäßigten Rahmen der Nr. 2302 Nr. 1 VV. Im Verfahren der Untätigkeitsklage entsteht wiederum die Verfahrensgebühr nach Nr. 3102 VV.

I. Verwaltungsverfahren		
1. Geschäftsgebühr, Nr. 2302 Nr. 1 VV		345,00 EUR
2. Postentgeltpauschale, Nr. 7002 VV		20,00 EUR
Zwischensumme	365,00 EUR	
3. 19 % Umsatzsteuer, Nr. 7008 VV		69,35 EUR
Gesamt		**434,35 EUR**
II. Widerspruchsverfahren		
1. Geschäftsgebühr, Nr. 2302 Nr. 1 VV		345,00 EUR
2. gem. Vorbem. 2.3 Abs. 4 VV anzurechnen		– 172,50 EUR
3. Postentgeltpauschale, Nr. 7002 VV		20,00 EUR
Zwischensumme	192,50 EUR	
4. 19 % Umsatzsteuer, Nr. 7008 VV		36,58 EUR
Gesamt		**229,08 EUR**
III. Untätigkeitsklage		
1. Verfahrensgebühr, Nr. 3102 VV		150,00 EUR
2. Postentgeltpauschale, Nr. 7002 VV		20,00 EUR
Zwischensumme	170,00 EUR	
3. 19 % Umsatzsteuer, Nr. 7008 VV		32,30 EUR
Gesamt		**202,30 EUR**

Kommt es anlässlich des Verfahrens über eine Untätigkeitsklage zu einer Erledigung der Hauptsache i.S.d. Nr. 1002 VV, entsteht eine Erledigungsgebühr. Diese entsteht allerdings nicht in der gerichtlichen Tätigkeit über die Untätigkeitsklage, weil insoweit die Voraussetzungen der Nr. 1002 VV nicht vorliegen. Die Erledigungsgebühr entsteht vielmehr im Widerspruchsverfahren.

> **Beispiel 93** | Untätigkeitsklage nach Tätigkeit im Verwaltungs- und im Widerspruchsverfahren mit Erledigung

Der Anwalt wird erstmals mit Erhebung des Widerspruchs beauftragt und, nachdem dieser nicht beschieden worden ist, mit der Erhebung einer Untätigkeitsklage. Es kommt daraufhin zu einer Erledigung i.S.d. Nr. 1002 VV, aufgrund derer dem Widerspruch abgeholfen wird.

Im Verwaltungs- und im Widerspruchsverfahren entsteht jeweils die Geschäftsgebühr der Nr. 2302 Nr. 1 VV. Im gerichtlichen Verfahren entsteht anrechnungsfrei die Verfahrensgebühr nach Nr. 3102 VV. Durch die Abhilfe hat sich das Widerspruchsverfahren i.S.d. Nr. 1002 VV erledigt, so dass hier die Erledigungsgebühr nach Nr. 1002 VV entsteht. Im gerichtlichen Verfahren liegt zwar auch eine Erledigung vor, aber keine i.S.d. Nr. 1002 VV. Die Höhe der Erledigungsgebühr bemisst sich nach Nr. 1005 VV, da die Hauptsache nicht anhängig war. Anhängig war nur der Bescheidungsantrag.

I. Widerspruchsverfahren		
1. Geschäftsgebühr, Nr. 2302 Nr. 1 VV		345,00 EUR
2. Postentgeltpauschale, Nr. 7002 VV		20,00 EUR
3. Erledigungsgebühr, Nrn. 1005, 1002 VV		345,00 EUR
Zwischensumme	710,00 EUR	
4. 19 % Umsatzsteuer, Nr. 7008 VV		134,90 EUR
Gesamt		**844,90 EUR**
II. Untätigkeitsklage		
1. Verfahrensgebühr, Nr. 3102 VV		345,00 EUR
2. gem. Vorbem. 3 Abs. 4 VV anzurechnen		– 172,50 EUR
3. Postentgeltpauschale, Nr. 7002 VV		20,00 EUR
Zwischensumme	192,50 EUR	
4. 19 % Umsatzsteuer, Nr. 7008 VV		36,58 EUR
Gesamt		**229,08 EUR**

> **Beispiel 94** | Untätigkeitsklage nach Tätigkeit im Verwaltungs- und im Widerspruchsverfahren und nachfolgende Anfechtungsklage

Der Anwalt war im Verwaltungs- und Widerspruchsverfahren beauftragt und anschließend mit der Erhebung einer Untätigkeitsklage. Daraufhin wird der Widerspruch beschieden. Hiergegen wird alsdann Anfechtungsklage erhoben und darüber verhandelt.

Jetzt kommen für die Hauptsacheklage eine **weitere Verfahrensgebühr** sowie eine Terminsgebühr hinzu, da es sich um ein **neues Verfahren** handelt und damit um eine gesonderte Angelegenheit i.S.d. § 15 Abs. 1 RVG. Hier ist allerdings jetzt die Geschäftsgebühr des Widerspruchsverfahrens hälftig anzurechnen (Vorbem. 2.3 Abs. 4 VV).

I. Verwaltungsverfahren		
1. Geschäftsgebühr, Nr. 2302 Nr. 1 VV		345,00 EUR
2. Postentgeltpauschale, Nr. 7002 VV		20,00 EUR
Zwischensumme	365,00 EUR	
3. 19 % Umsatzsteuer, Nr. 7008 VV		69,35 EUR
Gesamt		**434,35 EUR**

II. Widerspruchsverfahren

1. Geschäftsgebühr, Nrn. 2302 Nr. 1 VV		345,00 EUR
2. gem. Vorbem. 2.3 Abs. 4 VV anzurechnen		− 172,50 EUR
3. Postentgeltpauschale, Nr. 7002 VV		20,00 EUR
Zwischensumme	192,50 EUR	
4. 19 % Umsatzsteuer, Nr. 7008 VV		36,58 EUR
Gesamt		**229,08 EUR**

III. Untätigkeitsklage

1. Verfahrensgebühr, Nr. 3102 VV		150,00 EUR
2. Postentgeltpauschale, Nr. 7002 VV		20,00 EUR
Zwischensumme	170,00 EUR	
3. 19 % Umsatzsteuer, Nr. 7008 VV		32,30 EUR
Gesamt		**202,30 EUR**

IV. Anfechtungsklage

1. Verfahrensgebühr, Nr. 3102 VV		300,00 EUR
2. gem. Vorbem. 3 Abs. 4 VV anzurechnen		− 172,50 EUR
3. Terminsgebühr, Nr. 3106 VV		280,00 EUR
4. Postentgeltpauschale, Nr. 7002 VV		20,00 EUR
Zwischensumme	427,50 EUR	
5. 19 % Umsatzsteuer, Nr. 7008 VV		81,23 EUR
Gesamt		**508,73 EUR**

6. Neubescheidungsverfahren nach erfolgreicher Klage

Wird die Behörde auf eine erfolgreiche Anfechtungsklage hin zu einer Neubescheidung verpflichtet, so schließt sich ein neues Widerspruchsverfahren (Neubescheidungsverfahren) an, so dass damit eine neue Gebührenangelegenheit i.S.d. § 15 RVG eröffnet wird.

Beispiel 95 — Tätigkeit im Rechtsstreit ohne vorangegangene Tätigkeit im Verwaltungs- oder Nachprüfungsverfahren mit anschließendem Neubescheidungsverfahren

Der Anwalt wird nach Erlass des Widerspruchsbescheids beauftragt und erhebt Anfechtungsklage. Das Gericht hebt den angefochtenen Bescheid auf und verpflichtet die Behörde zur Neubescheidung.

Der Anwalt verdient im Verfahren vor dem Sozialgericht eine Verfahrensgebühr nach Nr. 3102 VV und im anschließenden Neubescheidungsverfahren die Geschäftsgebühr der Nr. 2302 Nr. 1 VV.

I. Gerichtliches Verfahren

1. Verfahrensgebühr, Nr. 3102 VV		300,00 EUR
2. Terminsgebühr, Nr. 3106 VV		280,00 EUR
3. Postentgeltpauschale, Nr. 7002 VV		20,00 EUR
Zwischensumme	600,00 EUR	
4. 19 % Umsatzsteuer, Nr. 7008 VV		114,00 EUR
Gesamt		**714,00 EUR**

II. Neubescheidungsverfahren

1. Geschäftsgebühr, Nr. 2302 Nr. 1 VV		345,00 EUR
2. Postentgeltpauschale, Nr. 7002 VV		20,00 EUR
Zwischensumme	365,00 EUR	
3. 19 % Umsatzsteuer, Nr. 7008 VV		69,35 EUR
Gesamt		**434,35 EUR**

172 Die Geschäftsgebühr der Nr. 2302 Nr. 1 VV entsteht auch dann, wenn der Anwalt im vorangegangenen Widerspruchsverfahren bereits beauftragt war. Das Neubescheidungsverfahren ist auch gegenüber dem ersten Widerspruchsverfahren eine **neue Angelegenheit** i.S.d. § 15 RVG.

> **Beispiel 96** Tätigkeit im Rechtsstreit mit vorangegangener Tätigkeit im Nachprüfungsverfahren und anschließendem Neubescheidungsverfahren

Der Anwalt wird nach Erlass des Bescheids mit der Einlegung des Widerspruchs beauftragt und erhebt anschließend Anfechtungsklage. Das Gericht hebt den angefochtenen Bescheid auf und verpflichtet die Behörde zur Neubescheidung.

Der Anwalt erhält im ersten Widerspruchsverfahren die Geschäftsgebühr nach Nr. 2302 Nr. 1 VV und vor dem Sozialgericht die Verfahrensgebühr der Nr. 3102 VV, auf die jetzt allerdings die vorangegangene Geschäftsgebühr hälftig anzurechnen ist. Im anschließenden Neubescheidungsverfahren entsteht die Geschäftsgebühr der Nr. 2302 Nr. 1 VV erneut.

I. Widerspruchsverfahren		
1. Geschäftsgebühr, Nr. 2302 Nr. 1 VV		345,00 EUR
2. Postentgeltpauschale, Nr. 7002 VV		20,00 EUR
Zwischensumme	365,00 EUR	
3. 19 % Umsatzsteuer, Nr. 7008 VV		69,35 EUR
Gesamt		**434,35 EUR**
II. Gerichtliches Verfahren		
1. Verfahrensgebühr, Nrn. 3102 VV		300,00 EUR
2. gem. Vorbem. 3 Abs. 4 VV anzurechnen		– 172,50 EUR
3. Terminsgebühr, Nr. 3106 VV		280,00 EUR
4. Postentgeltpauschale, Nr. 7002 VV		20,00 EUR
Zwischensumme	427,50 EUR	
5. 19 % Umsatzsteuer, Nr. 7008 VV		81,23 EUR
Gesamt		**508,73 EUR**
III. Neubescheidungsverfahren		
1. Geschäftsgebühr, Nr. 2302 Nr. 1 VV		345,00 EUR
2. Postentgeltpauschale, Nr. 7002 VV		20,00 EUR
Zwischensumme	365,00 EUR	
3. 19 % Umsatzsteuer, Nr. 7008 VV		69,35 EUR
Gesamt		**434,35 EUR**

173 Die Geschäftsgebühr der Nr. 2302 Nr. 1 VV entsteht auch dann anrechnungsfrei, wenn der Anwalt vor Erhebung der Anfechtungsklage im vorangegangenen Verwaltungs- und Widerspruchsverfahren beauftragt war. Er erhält dann im Widerspruchsverfahren nach Neubescheidung wiederum die Gebühr nach Nr. 2302 Nr. 1 VV, und zwar ohne Anrechnung da dem erneuten Widerspruchsverfahren kein eigenes Verwaltungsverfahren vorausgegangen ist.[43]

> **Beispiel 97** Tätigkeit im Rechtsstreit mit vorangegangener Tätigkeit im Verwaltungs- und Nachprüfungsverfahren sowie anschließendem Neubescheidungsverfahren

Der Anwalt wird im Verwaltungsverfahren beauftragt und anschließend im Widerspruchsverfahren. Nach Erlass des Bescheids erhebt er Anfechtungsklage. Das Gericht hebt den angefochtenen Bescheid auf und verpflichtet die Behörde zur Neubescheidung.

---

[43] SG Aachen AGS 2006, 553 = RVGreport 2006, 187.

Der Anwalt verdient jetzt im Verwaltungsverfahren die Geschäftsgebühr der Nr. 2302 Nr. 1 VV und im ersten Widerspruchsverfahren die Geschäftsgebühr (Nr. 2302 Nr. 1 VV) unter hälftiger Anrechnung der vorangegangenen Geschäftsgebühr. Vor dem Sozialgericht entsteht wiederum die Verfahrensgebühr nach Nr. 3102 VV unter Anrechnung der Geschäftsgebühr des Widerspruchsverfahrens. Im anschließenden Neubescheidungsverfahren entsteht die Geschäftsgebühr der Nr. 2302 Nr. 1 VV erneut, jetzt allerdings ohne Anrechnung.

I. **Verwaltungsverfahren**
1. Geschäftsgebühr, Nr. 2302 Nr. 1 VV   345,00 EUR
2. Postentgeltpauschale, Nr. 7002 VV   20,00 EUR
   Zwischensumme   365,00 EUR
3. 19 % Umsatzsteuer, Nr. 7008 VV   69,35 EUR
Gesamt   **434,35 EUR**

II. **Widerspruchsverfahren**
1. Geschäftsgebühr, Nrn. 2302 Nr. 1 VV   345,00 EUR
2. gem. Vorbem. 2.3 Abs. 4 VV anzurechnen   − 172,50 EUR
3. Postentgeltpauschale, Nr. 7002 VV   20,00 EUR
   Zwischensumme   192,50 EUR
4. 19 % Umsatzsteuer, Nr. 7008 VV   36,58 EUR
Gesamt   **229,08 EUR**

III. **Gerichtliches Verfahren**
1. Verfahrensgebühr, Nr. 3102 VV   300,00 EUR
2. gem. Vorbem. 3 Abs. 4 VV anzurechnen   − 172,50 EUR
3. Terminsgebühr, Nr. 3106 VV   280,00 EUR
4. Postentgeltpauschale, Nr. 7002 VV   20,00 EUR
   Zwischensumme   427,50 EUR
5. 19 % Umsatzsteuer, Nr. 7008 VV   81,23 EUR
Gesamt   **508,73 EUR**

IV. **Neubescheidungsverfahren**
1. Geschäftsgebühr, Nr. 2302 Nr. 1 VV   345,00 EUR
2. Postentgeltpauschale, Nr. 7002 VV   20,00 EUR
   Zwischensumme   365,00 EUR
3. 19 % Umsatzsteuer, Nr. 7008 VV   69,35 EUR
Gesamt   **434,35 EUR**

Kommt es nach dem Neubescheidungsverfahren erneut zu einem gerichtlichen Verfahren, dann ist die Geschäftsgebühr des Neubescheidungsverfahrens hälftig auf die Verfahrensgebühr des neuen gerichtlichen Verfahrens anzurechnen.

7. Selbstständiges Beweisverfahren

Wird der Anwalt in einem selbstständigen Beweisverfahren nach § 76 SGG tätig, gilt das Gleiche wie bei den Wertgebühren. Beweisverfahren und nachfolgendes Hauptsacheverfahren sind **zwei verschiedene Angelegenheiten**. Die Gebühren nach den Nrn. 3102, 3106 VV entstehen gesondert. Allerdings wird die Verfahrensgebühr des selbstständigen Beweisverfahrens auf die Verfahrensgebühr des gerichtlichen Verfahrens **angerechnet** (Vorbem. 3 Abs. 5 VV).

> **Beispiel 98** | **Tätigkeit im selbstständigen Beweisverfahren**

Der Anwalt erhält den Auftrag, ein Beweisverfahren durchzuführen. Zu einem Termin oder einer Besprechung kommt es nicht.

1. Verfahrensgebühr, Nr. 3102 VV		300,00 EUR
2. Postentgeltpauschale, Nr. 7002 VV		20,00 EUR
Zwischensumme	320,00 EUR	
3. 19 % Umsatzsteuer, Nr. 7008 VV		60,80 EUR
Gesamt		**380,80 EUR**

Beispiel 99 — Tätigkeit im selbstständigen Beweisverfahren mit Besprechung und Erledigung

Der Anwalt erhält den Auftrag, ein Beweisverfahren durchzuführen. Nach Gutachtenerstellung kommt es zu einer Besprechung und Erledigung.

Auch im Beweisverfahren gilt Vorbem. 3 Abs. 3 VV. Der Anwalt erhält also auch eine Terminsgebühr.

Daneben entsteht eine Erledigungsgebühr (Nr. 1002 VV). Diese bemisst sich nach dem vollen Satz der Nr. 1005 VV. Es ist nicht ersichtlich, wieso es bei Wertgebühren beim vollen Satz der Nr. 1000 VV verbleibt und die Reduzierung nach Nr. 1003 VV nicht greift,[44] bei den Rahmengebühren dies aber anders zu handhaben sein soll. Hier liegt ein offensichtlicher Redaktionsfehler des Gesetzgebers vor.

1. Verfahrensgebühr, Nr. 3102 VV		300,00 EUR
2. Terminsgebühr, Nr. 3106 VV		280,00 EUR
3. Erledigungsgebühr, Nrn. 1002, 1005 VV		300,00 EUR
4. Postentgeltpauschale, Nr. 7002 VV		20,00 EUR
Zwischensumme	900,00 EUR	
5. 19 % Umsatzsteuer, Nr. 7008 VV		171,00 EUR
Gesamt		**1.071,00 EUR**

Beispiel 100 — Tätigkeit im selbstständigen Beweisverfahren und im anschließenden Rechtsstreit ohne vorangegangene Tätigkeit im Verwaltungs- und Widerspruchsverfahren

Der Anwalt erhält den Auftrag, ein Beweisverfahren durchzuführen. Später erhält er den Auftrag für das Klageverfahren.

Die Verfahrensgebühr des Beweisverfahrens wird auf die Verfahrensgebühr des Rechtsstreits angerechnet (Vorbem. 3 Abs. 5 VV).

I. Selbstständiges Beweisverfahren		
1. Verfahrensgebühr, Nr. 3102 VV		300,00 EUR
2. Terminsgebühr, Nr. 3106 VV		280,00 EUR
3. Postentgeltpauschale, Nr. 7002 VV		20,00 EUR
Zwischensumme	600,00 EUR	
4. 19 % Umsatzsteuer, Nr. 7008 VV		114,00 EUR
Gesamt		**714,00 EUR**
II. Rechtsstreit		
1. Verfahrensgebühr, Nr. 3102 VV		300,00 EUR
2. anzurechnen gem. Vorbem. 3 Abs. 5 VV		– 300,00 EUR
3. Terminsgebühr, Nr. 3106 VV		280,00 EUR
4. Postentgeltpauschale, Nr. 7002 VV		20,00 EUR
Zwischensumme	300,00 EUR	
5. 19 % Umsatzsteuer, Nr. 7008 VV		57,00 EUR
Gesamt		**357,00 EUR**

---

44 Siehe hierzu § 12 Rn 28, Beispiele 12 ff.

III. Abrechnung nach Rahmengebühren § 31

Beispiel 101 Tätigkeit im selbstständigen Beweisverfahren und im anschließenden Rechtsstreit mit vorangegangener Tätigkeit im Verwaltungs- und Widerspruchsverfahren

Der Anwalt, der schon im Widerspruchsverfahren tätig war, erhält den Auftrag, ein Beweisverfahren durchzuführen. Später erhält er den Auftrag für das Klageverfahren.

Der Anwalt erhält jetzt im Beweisverfahren die Verfahrensgebühr der Nr. 3102 VV unter Anrechnung der hälftigen Geschäftsgebühr. Die Verfahrensgebühr des Beweisverfahrens wird wiederum auf die Verfahrensgebühr des Rechtsstreits angerechnet (Vorbem. 3 Abs. 5 VV).

I.	Widerspruchsverfahren	
1.	Geschäftsgebühr, Nr. 2302 Nr. 1 VV	345,00 EUR
2.	Postentgeltpauschale, Nr. 7002 VV	20,00 EUR
	Zwischensumme 365,00 EUR	
3.	19 % Umsatzsteuer, Nr. 7008 VV	69,35 EUR
Gesamt		**434,35 EUR**
II.	Selbstständiges Beweisverfahren	
1.	Verfahrensgebühr, Nr. 3102 VV	300,00 EUR
2.	gem. Vorbem. 3 Abs. 172,50 VV anzurechnen	– 172,50 EUR
3.	Terminsgebühr, Nr. 3106 VV	280,00 EUR
4.	Postentgeltpauschale, Nr. 7002 VV	20,00 EUR
	Zwischensumme 427,50 EUR	
5.	19 % Umsatzsteuer, Nr. 7008 VV	81,23 EUR
Gesamt		**508,73 EUR**
III.	Rechtsstreit	
1.	Verfahrensgebühr, Nr. 3103 VV	300,00 EUR
2.	gem. Vorbem. 3 Abs. 5 VV anzurechnen	– 300,00 EUR
3.	Terminsgebühr, Nr. 3106 VV	280,00 EUR
4.	Postentgeltpauschale, Nr. 7002 VV	20,00 EUR
	Zwischensumme 300,00 EUR	
5.	19 % Umsatzsteuer, Nr. 7008 VV	57,00 EUR
Gesamt		**357,00 EUR**

8. Beschwerde gegen die Nichtzulassung der Berufung

Das Verfahren über eine Beschwerde gegen die Nichtzulassung der Berufung ist gebührenrechtlich eine **eigene Angelegenheit** (§ 17 Nr. 12 RVG). 176

Der Anwalt erhält dort eine **Verfahrensgebühr** nach Nr. 3511 VV. Der Gebührenrahmen beläuft sich auf 60,00 EUR bis 680,00 EUR; die Mittelgebühr beträgt 370,00 EUR. Bei **mehreren Auftraggebern** erhöht sich der Rahmen nach Nr. 1008 VV um 30 % je weiteren Auftraggeber. 177

Daneben kann der Anwalt auch eine **Terminsgebühr** nach Nr. 3517 VV verdienen, wenn es zu einem Termin i.S.d. Vorbem. 3 Abs. 3 VV kommt. Der Gebührenrahmen beläuft sich auf 50,00 EUR bis 510,00 EUR; die Mittelgebühr beträgt 280,00 EUR. 178

Kommt es im Verfahren der Nichtzulassungsbeschwerde zu einer **Einigung oder Erledigung**, so entsteht die Einigungs- oder Erledigungsgebühr (Nrn. 1000, 1002 VV) in Höhe der Verfahrensgebühr (Nr. 1006 VV). 179

§ 31 Sozialrechtliche Angelegenheiten

Beispiel 102 | **Beschwerde gegen die Nichtzulassung der Berufung**

Der Anwalt wird mit der Beschwerde gegen die Nichtzulassung der Berufung durch das Sozialgericht beauftragt. Die Beschwerde wird zurückgewiesen.

1.	Verfahrensgebühr, Nr. 3511 VV	370,00 EUR
2.	Postentgeltpauschale, Nr. 7002 VV	20,00 EUR
	Zwischensumme	390,00 EUR
3.	19 % Umsatzsteuer, Nr. 7008 VV	74,10 EUR
	Gesamt	**464,10 EUR**

180   Auch hier greift Nr. 1008 VV bei mehreren Auftraggebern. Die Verfahrensgebühr erhöht sich um 30 % je weiteren Auftraggeber, höchstens um 200 %.

Beispiel 103 | **Beschwerde gegen die Nichtzulassung der Berufung, mehrere Auftraggeber**

Der Anwalt wird von zwei Auftraggebern mit der Beschwerde gegen die Nichtzulassung der Berufung durch das Sozialgericht beauftragt. Die Beschwerde wird zurückgewiesen.

Der Gebührenrahmen beläuft sich auf 78,00 EUR bis 884,00 EUR; die Mittelgebühr beträgt 481,00 EUR.

1.	Verfahrensgebühr, Nrn. 3511, 1008 VV	481,00 EUR
2.	Postentgeltpauschale, Nr. 7002 VV	20,00 EUR
	Zwischensumme	501,00 EUR
3.	19 % Umsatzsteuer, Nr. 7008 VV	95,19 EUR
	Gesamt	**596,19 EUR**

Beispiel 104 | **Beschwerde gegen die Nichtzulassung der Berufung mit Besprechung**

Der Anwalt wird mit der Beschwerde gegen die Nichtzulassung der Berufung durch das Sozialgericht beauftragt. Im Beschwerdeverfahren kommt es zu einer Besprechung außerhalb des Gerichts; eine Erledigung kommt jedoch nicht zustande.

Auch im Verfahren der Beschwerde gegen die Nichtzulassung der Berufung gilt Vorbem. 3 Abs. 3 VV, so dass für außergerichtliche Besprechungen eine Terminsgebühr entsteht.

1.	Verfahrensgebühr, Nr. 3511 VV	370,00 EUR
2.	Terminsgebühr, Nr. 3517 VV	280,00 EUR
3.	Postentgeltpauschale, Nr. 7002 VV	20,00 EUR
	Zwischensumme	670,00 EUR
4.	19 % Umsatzsteuer, Nr. 7008 VV	127,30 EUR
	Gesamt	**797,30 EUR**

Beispiel 105 | **Beschwerde gegen die Nichtzulassung der Berufung mit Besprechung und Erledigung**

Der Anwalt wird mit der Beschwerde gegen die Nichtzulassung der Berufung durch das Sozialgericht beauftragt. Im Beschwerdeverfahren kommt es zu einer Besprechung außerhalb des Gerichts und daraufhin zu einer Erledigung des Verfahrens.

Neben der Terminsgebühr entsteht jetzt auch eine Erledigungsgebühr (Nr. 1002 VV), die sich nach Nr. 1006 VV bemisst.

1.	Verfahrensgebühr, Nr. 3511 VV	370,00 EUR
2.	Terminsgebühr, Nr. 3517 VV	280,00 EUR
3.	Erledigungsgebühr, Nrn. 1005, 1006 VV	370,00 EUR
4.	Postentgeltpauschale, Nr. 7002 VV	20,00 EUR
	Zwischensumme 1.040,00 EUR	
5.	19 % Umsatzsteuer, Nr. 7008 VV	197,60 EUR
	Gesamt	**1.237,60 EUR**

Wird die Berufung auf die Beschwerde hin zugelassen, ist die Gebühr der Nr. 3511 VV auf die nachfolgende Verfahrensgebühr des Berufungsverfahrens (Nr. 3204 VV) gem. Anm. zu Nr. 3511 VV anzurechnen (siehe Rn 187 ff., Beispiele 112, 113). **181**

9. Berufungsverfahren

Im Berufungsverfahren erhält der Anwalt die **Verfahrensgebühr** nach Nr. 3204 VV. Insoweit ergibt sich ein Gebührenrahmen in Höhe von 60,00 EUR bis 680,00 EUR; die Mittelgebühr beträgt 370,00 EUR. Eine Reduzierung bei **vorzeitiger Erledigung** ist auch hier im Gegensatz zu den Wertgebühren nicht vorgesehen. Dies ist im Rahmen der Gebührenbestimmung nach § 14 Abs. 1 RVG zu berücksichtigen. **182**

Vertritt der Anwalt **mehrere Auftraggeber**, erhöht sich der Gebührenrahmen nach Nr. 1008 VV um 30 % je weiteren Auftraggeber, höchstens um 200 %.

Des Weiteren erhält der Anwalt eine **Terminsgebühr** nach Nr. 3205 VV. Ihm steht hier ein Rahmen von 50,00 EUR bis 510,00 EUR zu; die Mittelgebühr beträgt 280,00 EUR. **183**

Die Anm. S. 1 Nr. 1 u. 3 zu Nr. 3106 VV gilt entsprechend (Anm. S. 1 zu Nr. 3205 VV). Da auch im Berufungsverfahren eine mündliche Verhandlung vorgeschrieben ist (§§ 153 Abs. 1, 124 Abs. 1 SGG), kann die Terminsgebühr unter sämtlichen Varianten der Anm. zu Nr. 3106 VV entstehen – ausgenommen nach Anm. S. 1 Nr. 2 zu Nr. 3106 VV, da hier eine Entscheidung durch Gerichtsbescheid nicht zulässig ist (§ 153 Abs. 1 SGG). Die Höhe der Terminsgebühr beträgt in diesem Fall 75 % der Verfahrensgebühr (Anm. S. 2 zu Nr. 3205 VV). Insoweit kann auf die Ausführungen zu Anm. S. 2 zu Nr. 3106 VV Bezug genommen werden (siehe Rn 122 ff.). **184**

Auch hier kommt wiederum eine **Einigungs- oder Erledigungsgebühr** in Betracht (Nrn. 1000, 1002 VV). Die Höhe der Gebühr richtet sich nach auch hier nach der jeweiligen Verfahrensgebühr (Nr. 1006 VV). **185**

Beispiel 106	Berufungsverfahren ohne Termin

Der Anwalt legt gegen das Urteil des Sozialgerichts Berufung ein. Die Berufung wird ohne Termin zurückgenommen.

1.	Verfahrensgebühr, Nr. 3204 VV	370,00 EUR
2.	Postentgeltpauschale, Nr. 7002 VV	20,00 EUR
	Zwischensumme 390,00 EUR	
3.	19 % Umsatzsteuer, Nr. 7008 VV	74,10 EUR
	Gesamt	**464,10 EUR**

186 Auch hier ist wiederum Nr. 1008 VV anzuwenden, wenn der Anwalt für **mehrere Auftraggeber** tätig wird. Die Verfahrensgebühr erhöht sich um 30 % je weiteren Auftraggeber, höchstens um 200 %.

Beispiel 107 | Berufungsverfahren ohne Termin, mehrere Auftraggeber

Der Anwalt legt gegen das Urteil des Sozialgerichts für zwei Auftraggeber Berufung ein. Die Berufung wird ohne Termin zurückgenommen.

Der Gebührenrahmen beläuft sich jetzt auf 78,00 EUR bis 884,00 EUR; die Mittelgebühr beträgt 481,00 EUR.

1. Verfahrensgebühr, Nrn. 3204, 1008 VV	481,00 EUR
2. Postentgeltpauschale, Nr. 7002 VV	20,00 EUR
Zwischensumme	501,00 EUR
3. 19 % Umsatzsteuer, Nr. 7008 VV	95,19 EUR
Gesamt	**596,19 EUR**

Beispiel 108 | Berufungsverfahren mit Termin

Der Anwalt wird im Berufungsverfahren tätig. Es kommt zur mündlichen Verhandlung vor dem Landessozialgericht.

Neben der Verfahrensgebühr entsteht jetzt auch eine Terminsgebühr.

1. Verfahrensgebühr, Nr. 3204 VV	370,00 EUR
2. Terminsgebühr, Nr. 3205 VV	280,00 EUR
3. Postentgeltpauschale, Nr. 7002 VV	20,00 EUR
Zwischensumme	670,00 EUR
4. 19 % Umsatzsteuer, Nr. 7008 VV	127,30 EUR
Gesamt	**797,30 EUR**

Beispiel 109 | Berufungsverfahren mit Entscheidung im schriftlichen Verfahren

Der Anwalt wird im Berufungsverfahren tätig. Das Landessozialgericht entscheidet im Einverständnis der Parteien ohne mündliche Verhandlung.

Auch hier entsteht eine Terminsgebühr (Anm. S. 1 zu Nr. 3205 i.V.m. Anm. S. 1 Nr. 1 zu Nr. 3106 VV). Die Höhe ist mit 75 % der jeweiligen Verfahrensgebühr festgeschrieben.

1. Verfahrensgebühr, Nr. 3204 VV	370,00 EUR
2. Terminsgebühr, Nr. 3205 VV	277,50 EUR
3. Postentgeltpauschale, Nr. 7002 VV	20,00 EUR
Zwischensumme	667,50 EUR
4. 19 % Umsatzsteuer, Nr. 7008 VV	126,83 EUR
Gesamt	**794,33 EUR**

Beispiel 110 | Berufungsverfahren mit angenommenem Anerkenntnis

Der Anwalt wird im Berufungsverfahren tätig. Die Behörde erklärt das Anerkenntnis der Klage. Der Anwalt des Klägers nimmt dieses Anerkenntnis an.

III. Abrechnung nach Rahmengebühren § 31

Auch hier entsteht eine Terminsgebühr (Anm. S. 1 zu Nr. 3205 i.V.m. Anm. S. 1 Nr. 3 zu Nr. 3106 VV). Abzurechnen ist wie im vorangegangenen Beispiel.

Beispiel 111 | **Berufungsverfahren mit Termin und Erledigung**

Der Anwalt wird im Berufungsverfahren tätig. Es kommt zur mündlichen Verhandlung vor dem Landessozialgericht. Dort wirkt der Anwalt an einer Erledigung des Verfahrens mit.

Die Höhe der Erledigungsgebühr (Nr. 1002 VV) bemisst sich nach der Verfahrensgebühr (Nr. 1006 VV).

1.	Verfahrensgebühr, Nr. 3204 VV	370,00 EUR
2.	Terminsgebühr, Nr. 3205 VV	280,00 EUR
3.	Erledigungsgebühr, Nrn. 1002, 1006 VV	370,00 EUR
4.	Postentgeltpauschale, Nr. 7002 VV	20,00 EUR
	Zwischensumme	1.040,00 EUR
5.	19 % Umsatzsteuer, Nr. 7008 VV	197,60 EUR
	Gesamt	**1.237,60 EUR**

War der Anwalt vor Durchführung des Berufungsverfahrens im Verfahren über die Nichtzulassungsbeschwerde tätig, so handelt es sich bei dem Verfahren über die Nichtzulassungsbeschwerde zwar um eine eigene Angelegenheit (§ 17 Nr. 12 RVG); jedoch wird die dortige Verfahrensgebühr auf die Verfahrensgebühr des Berufungsverfahrens **angerechnet** (Anm. zu Nr. 3511 VV).

187

Beispiel 112 | **Tätigkeit im Berufungsverfahren auf vorangegangene Nichtzulassungsbeschwerde**

Der Anwalt wird nach erfolgreicher Nichtzulassungsbeschwerde beauftragt, das Berufungsverfahren durchzuführen.

Die Gebühr nach Nr. 3511 VV ist auf die Verfahrensgebühr des Rechtsstreits anzurechnen (Anm. zu Nr. 3511 VV).

I.	**Nichtzulassungsbeschwerde**		
1.	Verfahrensgebühr, Nr. 3511 VV		370,00 EUR
2.	Postentgeltpauschale, Nr. 7002 VV		20,00 EUR
	Zwischensumme	390,00 EUR	
3.	19 % Umsatzsteuer, Nr. 7008 VV		74,10 EUR
	Gesamt		**464,10 EUR**
II.	**Berufungsverfahren**		
1.	Verfahrensgebühr, Nr. 3204 VV		370,00 EUR
2.	anzurechnen gem. Anm. zu Nr. 3511 VV		– 370,00 EUR
3.	Terminsgebühr, Nr. 3205 VV		280,00 EUR
4.	Postentgeltpauschale, Nr. 7002 VV		20,00 EUR
	Zwischensumme	300,00 EUR	
5.	19 % Umsatzsteuer, Nr. 7008 VV		57,00 EUR
	Gesamt		**357,00 EUR**

Nicht angerechnet wird eine im Verfahren über die Nichtzulassungsbeschwerde entstandene Terminsgebühr. Hier fehlt es an einer Anrechnungsvorschrift.

188

§ 31 Sozialrechtliche Angelegenheiten

> **Beispiel 113** — Tätigkeit im Berufungsverfahren auf vorangegangene Nichtzulassungsbeschwerde mit Termin

Der Anwalt wird nach erfolgreicher Nichtzulassungsbeschwerde, in der ein Termin stattgefunden hat, beauftragt, das Berufungsverfahren durchzuführen. Es kommt zum Termin vor dem Landessozialgericht.

Die Gebühr nach Nr. 3511 VV ist auf die Verfahrensgebühr des Rechtsstreits anzurechnen (Anm. zu Nr. 3511 VV).

I.	**Nichtzulassungsbeschwerde**		
1.	Verfahrensgebühr, Nr. 3511 VV		370,00 EUR
2.	Terminsgebühr, Nr. 3517 VV		280,00 EUR
3.	Postentgeltpauschale, Nr. 7002 VV		20,00 EUR
	Zwischensumme	670,00 EUR	
4.	19 % Umsatzsteuer, Nr. 7008 VV		127,30 EUR
	Gesamt		**797,30 EUR**
II.	**Berufungsverfahren**		
1.	Verfahrensgebühr, Nr. 3204 VV		370,00 EUR
2.	anzurechnen gem. Anm. zu Nr. 3511 VV		− 370,00 EUR
3.	Terminsgebühr, Nr. 3205 VV		280,00 EUR
4.	Postentgeltpauschale, Nr. 7002 VV		20,00 EUR
	Zwischensumme	300,00 EUR	
5.	19 % Umsatzsteuer, Nr. 7008 VV		57,00 EUR
	Gesamt		**357,00 EUR**

189 Ist eine Beratung über die Erfolgsaussicht einer Berufung vorangegangen, liegen ebenfalls zwei Angelegenheiten vor. Zunächst entsteht eine Prüfungsgebühr nach Nr. 2102 VV (siehe Rn 41 ff.). Diese Gebühr ist dann auf die Verfahrensgebühr des Rechtsstreits anzurechnen (Anm. zu Nr. 2102 VV).

> **Beispiel 114** — Tätigkeit im Berufungsverfahren mit vorangegangener Prüfung der Erfolgsaussicht der Berufung

Der Anwalt wird zunächst mit der Prüfung der Erfolgsaussicht der Berufung beauftragt und hiernach mit der Durchführung des Berufungsverfahrens.

Die Gebühr nach Nr. 2102 VV ist auf die Verfahrensgebühr des Rechtsstreits anzurechnen (Anm. zu Nr. 2102 VV).

I.	**Prüfung der Erfolgsaussicht**		
1.	Prüfungsgebühr, Nr. 2102 VV		175,00 EUR
2.	Postentgeltpauschale, Nr. 7002 VV		20,00 EUR
	Zwischensumme	195,00 EUR	
3.	19 % Umsatzsteuer, Nr. 7008 VV		37,05 EUR
	Gesamt		**232,05 EUR**
II.	**Berufungsverfahren**		
1.	Verfahrensgebühr, Nr. 3204 VV		370,00 EUR
2.	gem. Anm. zu Nr. 2102 VV anzurechnen		− 175,00 EUR
3.	Terminsgebühr, Nr. 3205 VV		280,00 EUR
4.	Postentgeltpauschale, Nr. 7002 VV		20,00 EUR
	Zwischensumme	495,00 EUR	
5.	19 % Umsatzsteuer, Nr. 7008 VV		94,05 EUR
	Gesamt		**589,05 EUR**

10. Beschwerde gegen die Nichtzulassung der Revision

Das Verfahren über die Beschwerde gegen Nichtzulassung der Revision stellt wiederum eine **eigene Angelegenheit** dar (§ 17 Nr. 12 RVG). 190

Der Anwalt erhält nach Nr. 3512 VV eine **Verfahrensgebühr** in Höhe von 80,00 EUR bis 880,00 EUR; die Mittelgebühr beträgt 480,00 EUR. Anzuwenden ist wiederum Nr. 1008 VV bei **mehreren Auftraggebern**. 191

Daneben kann auch hier eine **Terminsgebühr** anfallen, und zwar nach Nr. 3518 VV, wenn es zu einem Termin i.S.d. Vorbem. 3 Abs. 3 VV kommt. Der Gebührenrahmen beläuft sich auf 60,00 EUR bis 660,00 EUR; die Mittelgebühr beträgt 360,00 EUR. 192

Kommt es zu einer Einigung oder Erledigung, erhält der Anwalt eine **Einigungs- oder Erledigungsgebühr** nach den Nrn. 1000, 1002 VV. Die Höhe richtet sich nach der Verfahrensgebühr (Nr. 1006 VV). 193

| Beispiel 115 | Beschwerde gegen die Nichtzulassung der Revision |

Der Anwalt wird mit der Beschwerde gegen die Nichtzulassung der Revision durch das Landessozialgericht beauftragt. Die Beschwerde wird zurückgewiesen.

1.	Verfahrensgebühr, Nr. 3512 VV	480,00 EUR
2.	Postentgeltpauschale, Nr. 7002 VV	20,00 EUR
	Zwischensumme	500,00 EUR
3.	19 % Umsatzsteuer, Nr. 7008 VV	95,00 EUR
	Gesamt	**595 EUR**

Auch diese Gebühr erhöht sich nach Nr. 1008 VV bei **mehreren Auftraggebern** um jeweils 30 %, höchstens um 200 %. 194

| Beispiel 116 | Beschwerde gegen die Nichtzulassung der Revision, mehrere Auftraggeber |

Der Anwalt wird von mehreren Auftraggebern mit der Beschwerde gegen die Nichtzulassung der Revision durch das Landessozialgericht beauftragt. Die Beschwerde wird zurückgewiesen.

Der Gebührenrahmen beläuft sich auf 104,00 EUR bis 1.144,00 EUR; die Mittelgebühr beträgt 624,00 EUR.

1.	Verfahrensgebühr, Nrn. 3512, 1008 VV	624,00 EUR
2.	Postentgeltpauschale, Nr. 7002 VV	20,00 EUR
	Zwischensumme	644,00 EUR
3.	19 % Umsatzsteuer, Nr. 7008 VV	122,36 EUR
	Gesamt	**766,36 EUR**

Ebenfalls gilt hier Vorbem. 3 Abs. 3 VV. Daher kann auch hier eine Terminsgebühr (Nr. 3518 VV) anfallen, selbst dann, wenn ein gerichtlicher Termin nicht stattfindet. 195

§ 31 Sozialrechtliche Angelegenheiten

Beispiel 117 | **Beschwerde gegen die Nichtzulassung der Revision mit Besprechung**

Der Anwalt wird mit der Beschwerde gegen die Nichtzulassung der Revision durch das Landessozialgericht beauftragt. Im Beschwerdeverfahren kommt es zu einer Besprechung außerhalb des Gerichts, ohne dass es zu einer Erledigung des Verfahrens kommt.

Nach Vorbem. 3 Abs. 3 S. 3 Nr. 2 VV erhält der Anwalt auch eine Terminsgebühr.

1. Verfahrensgebühr, Nr. 3512 VV		480,00 EUR
2. Terminsgebühr, Nr. 3518 VV		360,00 EUR
3. Postentgeltpauschale, Nr. 7002 VV		20,00 EUR
Zwischensumme	860,00 EUR	
4. 19 % Umsatzsteuer, Nr. 7008 VV		163,40 EUR
Gesamt		**1023,40 EUR**

196 Des Weiteren kann es auch im Verfahren der Nichtzulassungsbeschwerde zu einer Einigung oder Erledigung kommen. Einschlägig sind dann wiederum die Nrn. 1000, 1002. Die Höhe richtet sich nach der Verfahrensgebühr (Nr. 1006 VV).

Beispiel 118 | **Beschwerde gegen die Nichtzulassung der Revision mit Besprechung und Erledigung**

Der Anwalt wird mit der Beschwerde gegen die Nichtzulassung der Revision durch das Landessozialgericht beauftragt. Im Beschwerdeverfahren kommt es zu einer Besprechung außerhalb des Gerichts und daraufhin zu einer Erledigung des Verfahrens.

1. Verfahrensgebühr, Nr. 3512 VV		480,00 EUR
2. Terminsgebühr, Nr. 3518 VV		360,00 EUR
3. Erledigungsgebühr, Nrn. 1002, 1006 VV		480,00 EUR
4. Postentgeltpauschale, Nr. 7002 VV		20,00 EUR
Zwischensumme	1.340,00 EUR	
5. 19 % Umsatzsteuer, Nr. 7008 VV		254,60 EUR
Gesamt		**1.594,60 EUR**

197 Wird auf die Nichtzulassungsbeschwerde hin die Revision zugelassen, so ist die Verfahrensgebühr des Nichtzulassungsbeschwerdeverfahrens auf die Verfahrensgebühr des Revisionsverfahren anzurechnen (Anm. zu Nr. 3512 VV)(siehe dazu Rn 209 ff.).

11. Revisionsverfahren

a) Revision

198 Im Revisionsverfahren vor dem Bundessozialgericht erhält der Anwalt eine **Verfahrensgebühr** nach Nr. 3212 VV in Höhe von 80,00 EUR bis 800,00 EUR; die Mittelgebühr beträgt 440,00 EUR. Anzuwenden ist auch hier wiederum Nr. 1008 VV bei **mehreren Auftraggebern**.

199 Neben der Verfahrensgebühr erhält der Anwalt eine **Terminsgebühr** nach Nr. 3213 VV, wenn die Voraussetzungen der Vorbem. 3 Abs. 3 VV gegeben sind. Der Gebührenrahmen beläuft sich dann von 80,00 EUR bis 830,00 EUR; die Mittelgebühr beträgt 455,00 EUR.

200 Die Anm. S. 1 Nr. 1 und 3 sowie S. 2 zu Nr. 3106 VV gilt entsprechend (Anm. zu Nr. 3213 VV). Da auch im Revisionsverfahren eine mündliche Verhandlung vorgeschrieben ist (§§ 165 S. 1, 124 SGG), kann die Terminsgebühr unter sämtlichen Varianten der Anm. S. 1 zu Nr. 3106 VV entstehen, ausgenommen wiederum nach Anm. Nr. 2 zu Nr. 3106 VV, da auch im Revisionsverfahren

III. Abrechnung nach Rahmengebühren § 31

eine Entscheidung durch Gerichtsbescheid nicht zulässig ist (§§ 165 S. 1, 153 Abs. 1 SGG). Die Höhe der Terminsgebühr beläuft sich stets auf 75 % der jeweiligen Verfahrensgebühr (Anm. zu Nr. 3213, Anm. S. 2 zu Nr. 3106 VV).

Kommt es zu einer Einigung oder Erledigung, erhält der Anwalt eine **Einigungs- oder Erledigungsgebühr** nach Nrn. 1000, 1002 VV. Die Höhe bestimmt sich nach der Verfahrensgebühr (Nr. 1006 VV). 201

> **Beispiel 119** Tätigkeit im Revisionsverfahren ohne mündliche Verhandlung

Der Anwalt ist im Revisionsverfahren tätig. Zu einer mündlichen Verhandlung kommt es nicht mehr.

1. Verfahrensgebühr, Nr. 3212 VV		480,00 EUR
2. Postentgeltpauschale, Nr. 7002 VV		20,00 EUR
Zwischensumme	500,00 EUR	
3. 19 % Umsatzsteuer, Nr. 7008 VV		95,00 EUR
Gesamt		**595,00 EUR**

> **Beispiel 120** Tätigkeit im Revisionsverfahren mit mündlicher Verhandlung

Der Anwalt ist im Revisionsverfahren tätig und nimmt an der mündlichen Verhandlung teil.

1. Verfahrensgebühr, Nr. 3212 VV		480,00 EUR
2. Terminsgebühr, Nr. 3213 VV		455,00 EUR
3. Postentgeltpauschale, Nr. 7002 VV		20,00 EUR
Zwischensumme	955,00 EUR	
4. 19 % Umsatzsteuer, Nr. 7008 VV		181,45 EUR
Gesamt		**1136,45 EUR**

Vertritt der Anwalt im Revisionsverfahren **mehrere Auftraggeber**, so erhöht sich die Verfahrensgebühr der Nr. 3212 VV nach Nr. 1008 VV um 30 % je weiterer Auftraggeber, höchstens um 200 %. 202

> **Beispiel 121** Tätigkeit im Revisionsverfahren mit mündlicher Verhandlung, mehrere Auftraggeber

Der Anwalt ist im Revisionsverfahren für zwei Auftraggeber tätig und nimmt an der mündlichen Verhandlung teil.

Der Gebührenrahmen der Verfahrensgebühr beläuft sich auf 104,00 EUR bis 1.144,00 EUR; die Mittelgebühr beträgt 624,00 EUR.

1. Verfahrensgebühr, Nrn. 3212, 1008 VV		624,00 EUR
2. Terminsgebühr, Nr. 3213 VV		455,00 EUR
3. Postentgeltpauschale, Nr. 7002 VV		20,00 EUR
Zwischensumme	1.099,00 EUR	
4. 19 % Umsatzsteuer, Nr. 7008 VV		208,81 EUR
Gesamt		**1.307,81 EUR**

§ 31 Sozialrechtliche Angelegenheiten

203 Kommt es zu einer Einigung oder einer Erledigung, entsteht wiederum eine Einigungsgebühr (Nr. 1000 VV) oder eine Erledigungsgebühr (Nr. 1002 VV). Die Höhe richtet sich nach der jeweiligen Verfahrensgebühr (Nr. 1006 VV).

> **Beispiel 122** | **Tätigkeit im Revisionsverfahren mit Erledigung**
>
> **Der Anwalt wird mit der Durchführung des Revisionsverfahrens beauftragt. Aufgrund einer außergerichtlichen Besprechung kommt es zu einer Erledigung.**
>
> Neben der Verfahrens- und der Terminsgebühr entsteht eine Erledigungsgebühr (Nr. 1002 VV) aus dem Rahmen der Nr. 1006 VV.
>
> | | | |
> |---|---|---:|
> | 1. | Verfahrensgebühr, Nr. 3212 VV | 480,00 EUR |
> | 2. | Terminsgebühr, Nr. 3213 VV | 455,00 EUR |
> | 3. | Erledigungsgebühr, Nrn. 1002, 1006 VV | 480,00 EUR |
> | 4. | Postentgeltpauschale, Nr. 7002 VV | 20,00 EUR |
> | | Zwischensumme | 1.435,00 EUR |
> | 5. | 19 % Umsatzsteuer, Nr. 7008 VV | 272,65 EUR |
> | | **Gesamt** | **1.707,65 EUR** |

b) Sprungrevision

204 Nach § 161 Abs. 1 SGG steht den Beteiligten gegen das Urteil des Sozialgerichts die Revision unter Übergehung der Berufungsinstanz (Sprungrevision) zu, wenn der Gegner schriftlich zustimmt und wenn sie von dem Sozialgericht im Urteil oder auf Antrag durch Beschluss zugelassen wird. Die Ablehnung der Zulassung ist unanfechtbar (§ 161 Abs. 2 S. 3 SGG).

205 Der Antrag auf Zulassung der Revision zählt für den **potentiellen Revisionskläger** nach § 16 Nr. 11 RVG – obwohl hierüber das Sozialgericht selbst entscheidet (§ 161 Abs. 1 SGG) – bereits zum Rechtszug des Rechtsmittelverfahrens und löst daher dort die Verfahrensgebühr der Nr. 3212 VV aus. Der Antrag auf Zulassung der Revision begründet bereits die volle 1,6-Verfahrensgebühr und nicht nur die reduzierte Gebühr nach Nr. 3213 VV, selbst wenn die Revision nicht zugelassen wird und auch selbst dann, wenn anschließend Berufung eingelegt wird. Nur dann, wenn sich der Auftrag auf Zulassung der Revision vorzeitig erledigt, reduziert sich die Gebühr nach Nr. 3213 VV.

> **Beispiel 123** | **Antrag auf Zulassung der Sprungrevision**
>
> **Der Anwalt beantragt beim Sozialgericht die Zulassung der Revision. Der Antrag wird zurückgewiesen.**
>
> Es entsteht jetzt nur die Verfahrensgebühr nach Nr. 3212 VV.
>
> | | | | |
> |---|---|---:|---:|
> | 1. | Verfahrensgebühr, Nr. 3212 VV | | 480,00 EUR |
> | 2. | Postentgeltpauschale, Nr. 7002 VV | | 20,00 EUR |
> | | Zwischensumme | 500,00 EUR | |
> | 3. | 19 % Umsatzsteuer, Nr. 7008 VV | | 95,00 EUR |
> | | **Gesamt** | | **595,00 EUR** |

III. Abrechnung nach Rahmengebühren §31

> **Beispiel 124** Erfolgreicher Antrag auf Zulassung der Sprungrevision mit nachfolgendem Revisionsverfahren

Der Anwalt beantragt beim Sozialgericht die Zulassung der Sprungrevision. Dem Antrag wird stattgegeben und die Revision mit mündlicher Verhandlung durchgeführt.

Das Verfahren über die Zulassung gehört zum Revisionsverfahren. Die bereits für den Zulassungsantrag entstandene Verfahrensgebühr deckt jetzt auch das Revisionsverfahren ab. Hinzu kommt noch die Terminsgebühr nach Nr. 3213 VV. Infolge der Mehrtätigkeit des zusätzlichen Zulassungsverfahrens dürfte eine überdurchschnittliche Gebühr (hier 50 % über der Mittelgebühr) angemessen sein.

1.	Verfahrensgebühr, Nr. 3212 VV	720,00 EUR
2.	Terminsgebühr, Nr. 3213 VV	455,00 EUR
3.	Postentgeltpauschale, Nr. 7002 VV	20,00 EUR
	Zwischensumme	1.195,00 EUR
4.	19 % Umsatzsteuer, Nr. 7008 VV	227,05 EUR
Gesamt		**1.422,05 EUR**

> **Beispiel 125** Erfolgloser Antrag auf Zulassung der Sprungrevision und nachfolgendes Berufungsverfahren

Der Anwalt beantragt beim Sozialgericht die Zulassung der Revision. Der Antrag wird zurückgewiesen. Daraufhin wird Berufung zum Landessozialgericht eingelegt, über die verhandelt wird.

Für das Zulassungsverfahren entsteht jetzt wiederum die Verfahrensgebühr nach Nr. 3212 VV. Das Berufungsverfahren ist ein eigener Rechtszug und löst daher gesonderte Gebühren aus (§ 17 Nr. 1 RVG). Der Anwalt erhält hier die Gebühren nach den Nrn. 3204 und 3205 VV.

I. Zulassungsverfahren

1.	Verfahrensgebühr, Nr. 3212 VV	480,00 EUR
2.	Postentgeltpauschale, Nr. 7002 VV	20,00 EUR
	Zwischensumme	500,00 EUR
3.	19 % Umsatzsteuer, Nr. 7008 VV	95,00 EUR
Gesamt		**595,00 EUR**

II. Berufungsverfahren

1.	Verfahrensgebühr, Nr. 3204 VV	370,00 EUR
2.	Terminsgebühr, Nr. 3205 VV	280,00 EUR
3.	Postentgeltpauschale, Nr. 7002 VV	20,00 EUR
	Zwischensumme	670,00 EUR
4.	19 % Umsatzsteuer, Nr. 7008 VV	127,30 EUR
Gesamt		**797,30 EUR**

Für den **Rechtsanwalt des Gegners** zählt dessen Tätigkeit im Verfahren auf Zulassung ebenfalls schon zum Revisionsverfahren, wenn er bereits den Auftrag für das (potentielle) Revisionsverfahren hat. **206**

Für den Anwalt des Gegners zählt die Zustimmungserklärung noch zum erstinstanzlichen Verfahren (§ 19 Abs. 1 S. 2 Nr. 9 RVG). Ist der Anwalt also bereits vor dem Sozialgericht beauftragt gewesen, wird die Zustimmungserklärung (oder deren Verweigerung) noch durch die erstinstanzlichen Gebühren abgegolten. **207**

Wird der Anwalt erstmals mit der Zustimmungserklärung beauftragt, war er also nicht im Verfahren vor dem Sozialgericht tätig, wird diese als Einzeltätigkeit vergütet. Da die Tätigkeit nach § 19 **208**

Abs. 1 S. 2 Nr. 5 RVG zum erstinstanzlichen Verfahren zählt, bleibt die Vergütung auch dann erhalten, wenn die Sprungrevision zugelassen wird.

> **Beispiel 126** Zustimmungserklärung des erstinstanzlich nicht beauftragten Anwalts und Vertretung im nachfolgenden Revisionsverfahren

Der vor dem Sozialgericht nicht tätige Anwalt erklärt für den erstinstanzlich erfolgreichen Kläger gegenüber der unterlegenen Behörde die Zustimmung zur Sprungrevision. Die Behörde beantragt daraufhin die Zulassung der Revision. Dem Antrag wird stattgegeben und die Revision mit mündlicher Verhandlung durchgeführt.

Die Abgabe der Zustimmungserklärung gehört zum erstinstanzlichen Verfahren. Da der Anwalt des Klägers dort nicht tätig war, erhält er die Vergütung nach Nr. 3406 VV (Einzeltätigkeit). Das Revisionsverfahren ist für ihn nach § 17 Nr. 1 RVG eine neue Instanz. Hier erhält er die Gebühren nach Nr. 3212 VV. Eine Anrechnung oder eine anderweitige Begrenzung des Gebührenaufkommens ist nicht vorgesehen.

	I. Zustimmungserklärung		
1.	Verfahrensgebühr, Nr. 3406 VV		185,00 EUR
2.	Postentgeltpauschale, Nr. 7002 VV		20,00 EUR
	Zwischensumme	205,00 EUR	
3.	19 % Umsatzsteuer, Nr. 7008 VV		38,95 EUR
	Gesamt		**243,95 EUR**
	II. Revisionsverfahren		
1.	Verfahrensgebühr, Nr. 3212 VV		480,00 EUR
2.	Terminsgebühr, Nr. 3213 VV		455,00 EUR
3.	Postentgeltpauschale, Nr. 7002 VV		20,00 EUR
	Zwischensumme	955,00 EUR	
4.	19 % Umsatzsteuer, Nr. 7008 VV		181,45 EUR
	Gesamt		**1.136,45 EUR**

c) Vorangegangene Nichtzulassungsbeschwerde

209 Ist dem Revisionsverfahren eine erfolgreiche Nichtzulassungsbeschwerde vorausgegangen, so liegen zwei verschiedene Angelegenheiten vor (§ 17 Nr. 9 RVG). Allerdings wird die Verfahrensgebühr des Nichtzulassungsbeschwerdeverfahrens auf die Verfahrensgebühr des Revisionsverfahrens angerechnet (Anm. zu Nr. 3512 VV).

> **Beispiel 127** Tätigkeit im Revisionsverfahren nach erfolgreicher Nichtzulassungsbeschwerde

Der Anwalt wird nach erfolgreicher Nichtzulassungsbeschwerde mit der Durchführung des Revisionsverfahrens beauftragt und nimmt an der mündlichen Verhandlung teil.

Die Verfahrensgebühr des Nichtzulassungsbeschwerdeverfahrens ist auf die Verfahrensgebühr der Nr. 3212 VV anzurechnen (Anm. zu Nr. 3512 VV).

	I. Nichtzulassungsbeschwerde		
1.	Verfahrensgebühr, Nr. 3512 VV		480,00 EUR
2.	Postentgeltpauschale, Nr. 7002 VV		20,00 EUR
	Zwischensumme	500,00 EUR	
3.	19 % Umsatzsteuer, Nr. 7008 VV		95,00 EUR
	Gesamt		**595,00 EUR**

III. Abrechnung nach Rahmengebühren § 31

II. Revisionsverfahren
1. Verfahrensgebühr, Nr. 3212 VV   480,00 EUR
2. gem. Anm. zu Nr. 3512 VV anzurechnen   – 480,00 EUR
3. Terminsgebühr, Nr. 3213 VV   455,00 EUR
4. Postentgeltpauschale, Nr. 7002 VV   20,00 EUR
   Zwischensumme   475,20 EUR
5. 19 % Umsatzsteuer, Nr. 7008 VV   90,29 EUR
Gesamt   **565,49 EUR**

Nicht angerechnet wird eine im Verfahren über die Nichtzulassungsbeschwerde entstandene Terminsgebühr. 210

Beispiel 128 | **Tätigkeit im Revisionsverfahren nach vorangegangener Nichtzulassungsbeschwerde mit Termin**

Der Anwalt wird nach erfolgreicher Nichtzulassungsbeschwerde, in der ein Termin stattgefunden hat, beauftragt, das Revisionsverfahren durchzuführen. Es kommt zum Termin vor dem Bundessozialgericht.

Nur die Verfahrensgebühr des Nichtzulassungsbeschwerdeverfahrens ist auf die Verfahrensgebühr der Nr. 3212 VV anzurechnen (Anm. zu Nr. 3512 VV), nicht auch die Terminsgebühr.

I. Nichtzulassungsbeschwerde
1. Verfahrensgebühr, Nr. 3512 VV   480,00 EUR
2. Terminsgebühr, Nr. 3518 VV   360,00 EUR
3. Postentgeltpauschale, Nr. 7002 VV   20,00 EUR
   Zwischensumme   860,00 EUR
4. 19 % Umsatzsteuer, Nr. 7008 VV   163,40 EUR
Gesamt   **1.023,40 EUR**

II. Revisionsverfahren
1. Verfahrensgebühr, Nr. 3212 VV   480,00 EUR
2. gem. Anm. zu Nr. 3512 VV anzurechnen   – 480,00 EUR
3. Terminsgebühr, Nr. 3213 VV   455,00 EUR
4. Postentgeltpauschale, Nr. 7002 VV   20,00 EUR
   Zwischensumme   475,00 EUR
5. 19 % Umsatzsteuer, Nr. 7008 VV   90,25 EUR
Gesamt   **565,25 EUR**

d) Vorangegangene Prüfung der Erfolgsaussicht

Auch dann, wenn eine Prüfung der Erfolgsaussicht der Revision vorangegangen ist, liegen zwei verschiedene Angelegenheiten vor (siehe Rn 41 ff.). Auch hier ist wiederum anzurechnen (Anm. zu Nr. 2102 VV). 211

Beispiel 129 | **Tätigkeit im Revisionsverfahren mit vorangegangener Prüfung der Erfolgsaussicht der Revision**

Der Anwalt wird zunächst mit der Prüfung der Erfolgsaussicht der Revision beauftragt und hiernach mit der Durchführung des Revisionsverfahrens.

Die Prüfungsgebühr der Nr. 2102 VV ist nach Anm. zu Nr. 2102 VV anzurechnen.

I. **Prüfung der Erfolgsaussicht**
1. Prüfungsgebühr, Nr. 2102 VV   175,00 EUR
2. Postentgeltpauschale, Nr. 7002 VV   20,00 EUR
   Zwischensumme   195,00 EUR
3. 19 % Umsatzsteuer, Nr. 7008 VV   37,05 EUR
Gesamt   **232,05 EUR**

II. **Revisionsverfahren**
1. Verfahrensgebühr, Nr. 3212 VV   480,00 EUR
2. gem. Anm. zu Nr. 2102 VV anzurechnen   – 175,00 EUR
3. Terminsgebühr, Nr. 3213 VV   455,00 EUR
4. Postentgeltpauschale, Nr. 7002 VV   20,00 EUR
   Zwischensumme   780,00 EUR
5. 19 % Umsatzsteuer, Nr. 7008 VV   148,20 EUR
Gesamt   **928,20 EUR**

12. Verfahren nach Zurückverweisung

212 Das Verfahren nach Zurückverweisung stellt auch in sozialrechtlichen Angelegenheiten gebührenrechtlich gegenüber dem Ausgangsverfahren eine **eigene Angelegenheit** dar (§ 21 Abs. 1 RVG). Der Anwalt erhält also alle Gebühren erneut. Allerdings ist die Verfahrensgebühr des vorausgegangenen Verfahrens auf die Verfahrensgebühr des Verfahrens nach Zurückverweisung **anzurechnen** (Vorbem. 3 Abs. 6 VV).

213 Eine Anrechnung unterbleibt, wenn zwischen Beendigung des Verfahrens vor Zurückverweisung und dem Auftrag für das Verfahren nach Zurückverweisung **mehr als zwei Kalenderjahre** vergangen sind (§ 15 Abs. 5 S. 2 RVG). Es gilt hier nichts anderes als in Zivilsachen (siehe § 14 Rn 67 ff.).

Beispiel 130 Zurückverweisung durch das Berufungsgericht – keine vorangegangene Tätigkeit im Verwaltungs- oder Nachprüfungsverfahren

Der Anwalt war erstmals im Verfahren vor dem Sozialgericht beauftragt. Gegen das Urteil des Sozialgerichts legt er Berufung ein. Das Landessozialgericht hebt nach mündlicher Verhandlung das Urteil des Sozialgerichts auf und verweist die Sache an das Sozialgericht zurück. Dort wird erneut verhandelt.

Vor dem Sozialgericht entstehen zunächst die Gebühren nach Nrn. 3102 ff. VV. Für das Berufungsverfahren entstehen die Gebühren nach Nrn. 3204 ff. VV. Im Verfahren nach Zurückverweisung entstehen die Gebühren der Nrn. 3102 ff. VV erneut. Allerdings ist die Verfahrensgebühr des Verfahrens vor Zurückverweisung auf die Verfahrensgebühr des Verfahrens nach Zurückverweisung anzurechnen (Vorbem. 3 Abs. 6 VV).

I. **Verfahren vor dem Sozialgericht**
1. Verfahrensgebühr, Nr. 3102 VV   300,00 EUR
2. Terminsgebühr, Nr. 3106 VV   280,00 EUR
3. Postentgeltpauschale, Nr. 7002 VV   20,00 EUR
   Zwischensumme   600,00 EUR
4. 19 % Umsatzsteuer, Nr. 7008 VV   114,00 EUR
Gesamt   **714,00 EUR**

III. Abrechnung nach Rahmengebühren § 31

II.	**Berufungsverfahren**		
1.	Verfahrensgebühr, Nr. 3204 VV		370,00 EUR
2.	Terminsgebühr, Nr. 3205 VV		280,00 EUR
3.	Postentgeltpauschale, Nr. 7002 VV		20,00 EUR
	Zwischensumme	670,00 EUR	
4.	19 % Umsatzsteuer, Nr. 7008 VV		127,30 EUR
Gesamt			**797,30 EUR**
III.	**Erneutes Verfahren vor dem Sozialgericht nach Zurückverweisung**		
1.	Verfahrensgebühr, Nr. 3102 VV		300,00 EUR
2.	gem. Vorbem. 3 Abs. 6 VV anzurechnen		– 300,00 EUR
3.	Terminsgebühr, Nr. 3106 VV		280,00 EUR
4.	Postentgeltpauschale, Nr. 7002 VV		20,00 EUR
	Zwischensumme	300,00 EUR	
5.	19 % Umsatzsteuer, Nr. 7008 VV		57,00 EUR
Gesamt			**357,00 EUR**

Infolge der Umstellung bei der Verfahrensgebühr von der Ermäßigung (Nr. 3103 VV a.F.) auf eine Anrechnung (Vorbem. 3 Abs. 4 VV n.F.) ist die Abrechnung jetzt unproblematisch, wenn der Anwalt bereits im vorangegangenen Verwaltungs- oder Widerspruchsverfahren tätig war.

214

> **Beispiel 131** Zurückverweisung durch das Berufungsgericht – vorangegangene Tätigkeit im Verwaltungs- oder Nachprüfungsverfahren

Der Anwalt war bereits im Widerspruchsverfahren tätig. Gegen das Urteil des Sozialgerichts legt er Berufung ein. Das Landessozialgericht hebt nach mündlicher Verhandlung das Urteil des Sozialgerichts auf und verweist die Sache an das Sozialgericht zurück. Dort wird erneut verhandelt.

Jetzt erhält der Anwalt im ersten Verfahren vor dem Sozialgericht wegen der Vorbefassung die Verfahrensgebühr der Nr. 3102 VV unter Anrechnung der vorangegangenen Geschäftsgebühr. Für das Berufungsverfahren gelten wieder die Nrn. 3204 ff. VV. Im Verfahren nach Zurückverweisung entsteht die Verfahrensgebühr der Nr. 3102 VV erneut. Auf diese Gebühr ist die Geschäftsgebühr nicht anzurechnen. Allerdings ist darauf die erste Verfahrensgebühr anzurechnen (Vorbem. 3 Abs. 6 VV).

I.	**Widerspruchsverfahren**		
1.	Geschäftsgebühr, Nr. 2302 Nr. 1 VV		345,00 EUR
2.	Postentgeltpauschale, Nr. 7002 VV		20,00 EUR
	Zwischensumme	365,00 EUR	
3.	19 % Umsatzsteuer, Nr. 7008 VV		69,35 EUR
Gesamt			**434,35 EUR**
II.	**Verfahren vor dem Sozialgericht**		
1.	Verfahrensgebühr, Nrn. 3102 VV		300,00 EUR
2.	gem. Vorbem. 3 Abs. 4 VV anzurechnen		– 172,50 EUR
3.	Terminsgebühr, Nr. 3106 VV		280,00 EUR
4.	Postentgeltpauschale, Nr. 7002 VV		20,00 EUR
	Zwischensumme	427,50 EUR	
5.	19 % Umsatzsteuer, Nr. 7008 VV		81,23 EUR
Gesamt			**508,73 EUR**
III.	**Berufungsverfahren**		
1.	Verfahrensgebühr, Nr. 3204 VV		370,00 EUR
2.	Terminsgebühr, Nr. 3205 VV		280,00 EUR
3.	Postentgeltpauschale, Nr. 7002 VV		20,00 EUR
	Zwischensumme	670,00 EUR	
4.	19 % Umsatzsteuer, Nr. 7008 VV		127,30 EUR
Gesamt			**797,30 EUR**

IV. Erneutes Verfahren vor dem Sozialgericht nach Zurückverweisung

1. Verfahrensgebühr, Nr. 3102 VV	300,00 EUR
2. gem. Vorbem. 3 Abs. 6 VV anzurechnen	– 300,00 EUR
3. Terminsgebühr, Nr. 3106 VV	280,00 EUR
4. Postentgeltpauschale, Nr. 7002 VV	20,00 EUR
Zwischensumme 300,00 EUR	
5. 19 % Umsatzsteuer, Nr. 7008 VV	57,00 EUR
Gesamt	**357,00 EUR**

> **Beispiel 132** Zurückverweisung durch das Revisionsgericht nach Ablauf von zwei Kalenderjahren

Der Anwalt war im Berufungsverfahren tätig und hatte gegen das im November 2013 ergangene Urteil des Landessozialgerichts Revision eingelegt. Das Bundessozialgericht hebt das Urteil des Landessozialgerichts auf und verweist die Sache im Januar 2016 an das Landessozialgericht zurück, vor dem erneut verhandelt wird.

Auch hier entstehen die Gebühren nach Zurückverweisung erneut (§ 21 Abs. 1 RVG). Allerdings wird jetzt die Verfahrensgebühr des vorangegangenen Berufungsverfahrens nicht angerechnet, da seit der Beendigung des ersten Berufungsverfahrens und dem Beginn des erneuten Berufungsverfahrens mehr als zwei Kalenderjahre vergangen sind (§ 15 Abs. 5 S. 2 RVG).

I. Berufungsverfahren vor Zurückverweisung

1. Verfahrensgebühr, Nr. 3204 VV	370,00 EUR
2. Terminsgebühr, Nr. 3205 VV	280,00 EUR
3. Postentgeltpauschale, Nr. 7002 VV	20,00 EUR
Zwischensumme 670,00 EUR	
4. 19 % Umsatzsteuer, Nr. 7008 VV	127,30 EUR
Gesamt	**797,30 EUR**

II. Revisionsverfahren

1. Verfahrensgebühr, Nr. 3212 VV	480,00 EUR
2. Terminsgebühr, Nr. 3213 VV	455,00 EUR
3. Postentgeltpauschale, Nr. 7002 VV	20,00 EUR
Zwischensumme 955,00 EUR	
4. 19 % Umsatzsteuer, Nr. 7008 VV	181,45 EUR
Gesamt	**1136,45 EUR**

III. Berufungsverfahren nach Zurückverweisung

1. Verfahrensgebühr, Nr. 3204 VV	370,00 EUR
2. Terminsgebühr, Nr. 3205 VV	280,00 EUR
3. Postentgeltpauschale, Nr. 7002 VV	20,00 EUR
Zwischensumme 670,00 EUR	
4. 19 % Umsatzsteuer, Nr. 7008 VV	127,30 EUR
Gesamt	**797,30 EUR**

13. Gerichtliche Verfahren auf Anordnung der sofortigen Vollziehung, Anordnung der aufschiebenden Wirkung, Wiederherstellung der sofortigen Vollziehung und Aufhebung der sofortigen Vollziehung

a) Überblick

215 Wird der Anwalt in einem gerichtlichen Verfahren
- auf Anordnung der sofortigen Vollziehung (§ 86b Abs. 1 S. 1 Nr. 1 SGG),
- auf Anordnung der aufschiebenden Wirkung (§ 86b Abs. 1 S. 1 Nr. 2 SGG),

- auf Wiederherstellung der sofortigen Vollziehung (§ 86b Abs. 1 S. 1 Nr. 3 SGG) oder
- auf Aufhebung der Vollziehung (§ 86b Abs. 1 S. 2 SGG)

tätig, so handelt es sich insoweit nach § 17 Nr. 4 Buchst. c) RVG gebührenrechtlich gegenüber der Hauptsache um **verschiedene Angelegenheiten**.[45]

Kommt es zu einem nachfolgenden **Abänderungs- und Aufhebungsverfahren** (§ 86a Abs. 1 S. 4 SGG), sind diese Verfahren gegenüber der Hauptsache wiederum verschiedene Angelegenheiten, nicht aber gegenüber dem jeweiligen Ausgangsverfahren; insoweit ist nur eine Angelegenheit gegeben (§ 16 Nr. 5 RVG). 216

In den vorgenannten Eilverfahren erhält der Anwalt die gleichen Gebühren wie im Hauptsacheverfahren. 217

Im erstinstanzlichen Verfahren erhält der Anwalt zunächst die **Verfahrensgebühr der Nr. 3102 VV**. 218

Die Anrechnung einer im Verwaltungs- oder Widerspruchsverfahren angefallenen Geschäftsgebühr nach Vorbem. 2.3 Abs. 4 VV kommt nicht in Betracht.[46] Dem Hauptsacheverfahren und dem einstweiligen Anordnungsverfahren liegen unterschiedliche Streitgegenstände zugrunde. Beide Instanzenzüge sind voneinander völlig unabhängig zu betrachten. 219

War der Anwalt dagegen bereits im Verfahren auf Aussetzung nach § 86a Abs. 3 SGG tätig, und hat er dort die Geschäftsgebühr für das Aussetzungsverfahren verdient (siehe Rn 43 ff.), so ist die dort entstandene Geschäftsgebühr nach Vorbem. 2.3 Abs. 4 VV hälftig anzurechnen. 220

Kommt es zu einem Termin i.S.d. Vorbem. 3 Abs. 3 VV, erhält der Anwalt zusätzlich auch eine **Terminsgebühr** nach Nr. 3106 VV. 221

Eine **Erledigungsgebühr** kommt im einstweiligen Anordnungsverfahren nicht vor, da es hier nicht um den in der Hauptsache angefochtenen Bescheid geht. Möglich ist hier allerdings eine **Einigungsgebühr**. 222

Diese pauschale Beurteilung ist m.E. jedoch nicht zutreffend. Die Aussetzung der sofortigen Vollziehung kann erhebliche Bedeutung haben, zumal auch hier – wenn auch andere – schwierige Fragen zu klären sind. Zudem besteht hier für den Anwalt ein Zeitdruck, der wiederum höhere Gebühren rechtfertigt. Die Streitfrage soll hier nicht abschließend geklärt werden. In den nachfolgenden Berechnungen wird jeweils die Mittelgebühr zugrunde gelegt. Welche höhere oder niedrigere Gebühr angemessen ist, muss der Anwalt im Einzelfall selbst entscheiden. An den abgerechneten Gebührentatbeständen ändert sich jedenfalls nichts. 223

b) Gerichtliches Verfahren ohne vorangegangene Tätigkeit im Verwaltungs- oder Nachprüfungsverfahren

Wird der Anwalt erstmals im gerichtlichen Verfahren auf Anordnung der sofortigen Vollziehung, Anordnung der aufschiebenden Wirkung, Wiederherstellung der sofortigen Vollziehung und Aufhebung der sofortigen Vollziehung beauftragt, so entsteht die Verfahrensgebühr nach Nr. 3102 VV. 224

---

45 BSG AGS 2013, 519 = info also 2013, 184 = RVGreport 2013, 393.
46 So auch zur früheren Rechtslage (keine Ermäßigung nach Nr. 3103 VV): SG Oldenburg AGS 2006, 506; SG Frankfurt/M. AGS 2006, 551 = ASR 2007, 47; a.A. SG Aurich AGS 2006, 444 m. abl. Anm. *N. Schneider*.

§ 31 Sozialrechtliche Angelegenheiten

Beispiel 133	Tätigkeit im gerichtlichen Verfahren auf Anordnung der aufschiebenden Wirkung ohne vorangegangene Tätigkeit im Verwaltungs- oder Nachprüfungsverfahren

Der Anwalt wird erstmals im Verfahren auf Anordnung der aufschiebenden Wirkung beauftragt. Über den Antrag wird ohne mündliche Verhandlung entschieden.

Es entsteht nur die Verfahrensgebühr der Nr. 3102 VV. Ausgehend von der Mittelgebühr ist danach wie folgt zu rechnen:

1. Verfahrensgebühr, Nr. 3102 VV		300,00 EUR
2. Postentgeltpauschale, Nr. 7002 VV		20,00 EUR
Zwischensumme	320,00 EUR	
3. 19 % Umsatzsteuer, Nr. 7008 VV		60,80 EUR
Gesamt		**380,80 EUR**

225 Auch im gerichtlichen Eilverfahren kann eine Terminsgebühr nach Nr. 3106 VV anfallen.

Beispiel 134	Tätigkeit im gerichtlichen Verfahren auf Anordnung der aufschiebenden Wirkung mit mündlicher Verhandlung

Der Anwalt wird erstmals im Verfahren auf Anordnung der aufschiebenden Wirkung beauftragt. Es kommt zu einem Termin vor dem Sozialgericht, an dem der Anwalt teilnimmt.

Es entsteht neben der Verfahrensgebühr der Nr. 3102 VV jetzt auch die Terminsgebühr nach Nr. 3106 VV. Hinsichtlich beider Gebühren soll insoweit von der Mittelgebühr ausgegangen werden.

1. Verfahrensgebühr, Nr. 3102 VV		300,00 EUR
2. Terminsgebühr, Nr. 3106 VV		280,00 EUR
3. Postentgeltpauschale, Nr. 7002 VV		20,00 EUR
Zwischensumme	600,00 EUR	
4. 19 % Umsatzsteuer, Nr. 7008 VV		114,00 EUR
Gesamt		**714,00 EUR**

226 Da die Vorbem. 3 Abs. 3 S. 3 Nr. 2 VV auch hier gilt, entsteht die Terminsgebühr auch bei Besprechungen mit der Behörde (auch) ohne Beteiligung des Gerichts. Die frühere Gegenauffassung, die eine Terminsgebühr abgelehnt,[47] weil im Eilverfahren eine mündliche Verhandlung nicht vorgeschrieben sei, ist seit dem Inkrafttreten des 2. KostRMoG jedenfalls nicht mehr vertretbar.

Beispiel 135	Tätigkeit im gerichtlichen Verfahren auf Anordnung der aufschiebenden Wirkung ohne vorangegangene Tätigkeit im Verwaltungs- oder Nachprüfungsverfahren mit Besprechung

Der Anwalt wird erstmals im Verfahren auf Anordnung der aufschiebenden Wirkung beauftragt. Er führt mit der Behörde eine Besprechung zur einvernehmlichen Erledigung des Aussetzungsverfahrens, allerdings ohne Ergebnis.

Es entsteht neben der Verfahrensgebühr der Nr. 3102 VV gem. Vorbem. 3 Abs. 3 S. 3 Nr. 2 VV auch jetzt die Terminsgebühr nach Nr. 3106 VV.

Abzurechnen ist wie im vorangegangenen Beispiel.

---

47 LSG Nordrhein-Westfalen, Beschl. v. 25.1.2010 – L 1 B 19/09 AS; Beschl. v. 9.7.2010 – L 19 B 395/09 AS.

III. Abrechnung nach Rahmengebühren § 31

Allerdings kann die Terminsgebühr im Eilverfahren bei einem angenommen Anerkenntnis nach Anm. S. 1 Nr. 3 zu Nr. 3106 VV nicht entstehen. Dies war zwar nach der bis zum 31.7.2013 geltenden Fassung des Gesetzes vertretbar,[48] kann aber angesichts der Klarstellung in Anm. S. 1 Nr. 3 zu Nr. 3106 VV nicht mehr aufrechterhalten werden. **227**

> **Beispiel 136** Tätigkeit im gerichtlichen Verfahren auf Anordnung der aufschiebenden Wirkung mit angenommenem Anerkenntnis

Der Anwalt wird erstmals im Verfahren auf Anordnung der aufschiebenden Wirkung beauftragt. Die Behörde erkennt den Anspruch des Klägers an. Dieser wiederum nimmt das Anerkenntnis an.

Es entsteht neben der Verfahrensgebühr der Nr. 3102 VV jetzt keine Terminsgebühr.

1.	Verfahrensgebühr, Nr. 3102 VV		300,00 EUR
2.	Postentgeltpauschale, Nr. 7002 VV		20,00 EUR
	Zwischensumme	320,00 EUR	
3.	19 % Umsatzsteuer, Nr. 7008 VV		60,80 EUR
	Gesamt		**380,80 EUR**

Schließlich kann auch eine **Einigungsgebühr** anfallen, etwa wenn die Parteien einvernehmlich eine vorläufige Regelung treffen. **228**

> **Beispiel 137** Tätigkeit im gerichtlichen Verfahren auf Anordnung der aufschiebenden Wirkung ohne vorangegangene Tätigkeit im Verwaltungs- oder Nachprüfungsverfahren mit Besprechung und Einigung

Der Anwalt wird erstmals im Verfahren auf Anordnung der aufschiebenden Wirkung beauftragt. Er führt mit der Behörde eine Besprechung zur einvernehmlichen Erledigung des Aussetzungsverfahrens und einigt sich mit der Behörde.

Es entsteht neben der Verfahrensgebühr der Nr. 3102 VV und der Terminsgebühr nach Nr. 3106 VV auch noch eine Einigungsgebühr nach Nrn. 1000, 1006 VV.

1.	Verfahrensgebühr, Nr. 3102 VV		300,00 EUR
2.	Terminsgebühr, Nr. 3106 VV		280,00 EUR
3.	Einigungsgebühr, Nrn. 1000, 1006 VV		300,00 EUR
4.	Postentgeltpauschale, Nr. 7002 VV		20,00 EUR
	Zwischensumme	900,00 EUR	
5.	19 % Umsatzsteuer, Nr. 7008 VV		171,00 EUR
	Gesamt		**1.071,00 EUR**

Wird der Anwalt sowohl in der Hauptsache als auch im Verfahren über die Anordnung der aufschiebenden Wirkung tätig, liegen zwei verschiedene Angelegenheiten vor (§ 17 Nr. 4 Buchst. c) RVG). Der Anwalt erhält seine Vergütung in beiden Angelegenheiten gesondert. **229**

---

48 Thüringer LSG AGS 2009, 579; LSG Nordrhein Westfalen AGS 2007, 508; a.A. damals schon LSG Nordrhein Westfalen, Beschl. v. 25.1.2010 – L 1 B 19/09 AS; LSG Schleswig-Holstein AGS 2010, 23 = SchlHA 2010, 122 = NZS 2010, 295; SG Berlin, Beschl. v. 20.1.2010 – S 165 SF 657/09 E.

§ 31 Sozialrechtliche Angelegenheiten

Beispiel 138 — Tätigkeit in der Hauptsache und im gerichtlichen Verfahren auf Anordnung der aufschiebenden Wirkung

Der Anwalt wird nach Erlass des Widerspruchsbescheides mit der Anfechtungsklage und dem Antrag auf Anordnung der aufschiebenden Wirkung beauftragt. Über den Antrag wird ohne mündliche Verhandlung entschieden. In der Hauptsache wird verhandelt.

Es liegen zwei verschiedene Gebührenangelegenheiten vor (§ 17 Nr. 4 Buchst. c) RVG). In jedem Verfahren entsteht eine Verfahrensgebühr nach Nr. 3102 VV.

I. Hauptsacheverfahren
1. Verfahrensgebühr, Nr. 3102 VV   300,00 EUR
2. Terminsgebühr, Nr. 3106 VV   280,00 EUR
3. Postentgeltpauschale, Nr. 7002 VV   20,00 EUR
    Zwischensumme   600,00 EUR
4. 19 % Umsatzsteuer, Nr. 7008 VV   114,00 EUR
Gesamt   **714,00 EUR**

II. Verfahren auf Anordnung der aufschiebenden Wirkung
1. Verfahrensgebühr, Nr. 3102 VV   300,00 EUR
2. Postentgeltpauschale, Nr. 7002 VV   20,00 EUR
    Zwischensumme   320,00 EUR
3. 19 % Umsatzsteuer, Nr. 7008 VV   60,80 EUR
Gesamt   **380,80 EUR**

Beispiel 139 — Tätigkeit im gerichtlichen Verfahren auf Anordnung der aufschiebenden Wirkung bei gleichzeitiger Tätigkeit im Nachprüfungsverfahren

Der Anwalt ist erstmals im Widerspruchsverfahren tätig und wird gleichzeitig mit dem Antrag auf Anordnung der aufschiebenden Wirkung beauftragt. Über den Antrag wird ohne mündliche Verhandlung entschieden.

Der Anwalt erhält im Widerspruchsverfahren die Gebühr nach Nr. 2302 Nr. 1 VV. Im Aussetzungsverfahren erhält er anrechnungsfrei Verfahrensgebühr nach Nr. 3102 VV, da insoweit kein Verwaltungs- oder Nachprüfungsverfahren vorangegangen ist.

I. Widerspruchsverfahren
1. Geschäftsgebühr, Nr. 2302 Nr. 1 VV   345,00 EUR
2. Postentgeltpauschale, Nr. 7002 VV   20,00 EUR
    Zwischensumme   365,00 EUR
3. 19 % Umsatzsteuer, Nr. 7008 VV   69,35 EUR
Gesamt   **434,35 EUR**

II. Verfahren auf Anordnung der aufschiebenden Wirkung
1. Verfahrensgebühr, Nr. 3102 VV   300,00 EUR
2. Postentgeltpauschale, Nr. 7002 VV   20,00 EUR
    Zwischensumme   320,00 EUR
3. 19 % Umsatzsteuer, Nr. 7008 VV   60,80 EUR
Gesamt   **380,80 EUR**

c) Gerichtliches Verfahren mit vorangegangener Tätigkeit im Verwaltungs- oder Nachprüfungsverfahren

230   War der Anwalt im vorangegangenen Verwaltungs- oder Widerspruchsverfahren tätig, so ist eine dort verdiente Geschäftsgebühr aus der Hauptsache nicht anzurechnen. Eilsache und Hauptsache

betreffen verschiedene Streitgegenstände, so dass das Verwaltungs- oder Widerspruchsverfahren damit gerade kein dem einstweiligen gerichtlichen Rechtsschutz vorausgehendes Verfahren ist. Das einstweilige Anordnungsverfahren ist gegenüber dem Hauptsacheverfahren gem. § 17 Nr. 4 RVG eine eigene selbstständige Angelegenheit. Ein parallel dazu oder bereits zuvor eingeleitetes Verwaltungs- oder Widerspruchsverfahren ist nicht als Vorverfahren zu dem einstweiligen Anordnungsverfahren zu werten, sondern als Vorverfahren zur Hauptsache, so dass im einstweiligen Anordnungsverfahren eine Anrechnung nicht in Betracht kommt. Nach dem ausdrücklichen Wortlaut des Gesetzes stellen sowohl außergerichtlich (siehe § 17 Nr. 1 RVG) als auch gerichtlich (siehe § 17 Nr. 4 RVG) Hauptsache und Eilverfahren verschiedene Angelegenheiten dar, die gebührenrechtlich gesondert zu vergüten sind. Daher kann in Sozialsachen die Anrechnung einer Geschäftsgebühr auf die Verfahrensgebühr in der Hauptsache nur dann vorgenommen werden, wenn der Anwalt auch in der Hauptsache bereits im Verwaltungs- oder Widerspruchsverfahren tätig war und im einstweiligen Anordnungsverfahren nur, wenn er auch im Hinblick auf eine vorläufige Regelung vor der Verwaltungsbehörde tätig war. Es bleibt daher bei der anrechnungsfreien Verfahrensgebühr der Nr. 3102 VV.[49] Die Anrechnung einer Geschäftsgebühr kommt nur dann in Betracht, wenn der Anwalt bereits hinsichtlich Anordnung der sofortigen Vollziehung, Anordnung der aufschiebenden Wirkung, Wiederherstellung der sofortigen Vollziehung oder Aufhebung der sofortigen Vollziehung vor der Behörde tätig war (siehe dazu Rn 215 ff.).

Beispiel 140 | **Tätigkeit im gerichtlichen Verfahren auf Anordnung der aufschiebenden Wirkung mit vorangegangener Tätigkeit im Nachprüfungsverfahren und Tätigkeit im Hauptsacheverfahren**

Der Anwalt war bereits im Widerspruchsverfahren beauftragt und wird nach Erlass des Widerspruchsbescheides mit der Anfechtungsklage und dem Antrag auf Anordnung der aufschiebenden Wirkung beauftragt. Über den Antrag wird ohne mündliche Verhandlung entschieden. In der Hauptsache wird verhandelt.

Während im Anordnungsverfahren die Verfahrensgebühr nach Nr. 3102 VV anrechnungsfrei anfällt, ist im Hauptsacheverfahren die auf die Verfahrensgebühr der Nr. 3102 VV die vorangegangene Geschäftsgebühr des Widerspruchsverfahrens hälftig anzurechnen.

I.	**Widerspruchsverfahren**	
1.	Geschäftsgebühr, Nr. 2302 Nr. 1 VV	345,00 EUR
2.	Postentgeltpauschale, Nr. 7002 VV	20,00 EUR
	Zwischensumme	365,00 EUR
3.	19 % Umsatzsteuer, Nr. 7008 VV	69,35 EUR
	Gesamt	**434,35 EUR**
II.	**Rechtsstreit**	
1.	Verfahrensgebühr, Nrn. 3102 VV	300,00 EUR
2.	gem. Vorbem. 2 Abs. 4 VV anzurechnen	– 172,50 EUR
3.	Terminsgebühr, Nr. 3106 VV	280,00 EUR
4.	Postentgeltpauschale, Nr. 7002 VV	20,00 EUR
	Zwischensumme	427,50 EUR

---

[49] So auch schon zum alten Recht (Frage der Ermäßigung nach Nr. 3103 VV): SG Berlin NJW-Spezial 2009, 461; Beschl. v. 22.2.2010 – S 165 SF 949/09 E; Beschl. v. 20.1.2010 – S 165 SF 657/09 E; SG Schleswig AGS 2010, 238 = ASR 2010, 55; SG Lüneburg, Beschl. v. 30.3.2009 – S 12 SF 177/08; SG Oldenburg AGS 2006, 506; SG Gelsenkirchen ASR 2010, 86; SG Frankfurt AGS 2006, 551 = ASR 2007, 47; LSG Nordrhein-Westfalen, 9.8.2007 – L 20 B 91/07 AS; LSG Thüringen, Beschl. v. 6.3.2008 – L 6 B 198/07 SF; SG Dresden-Roßlau AGS 2010, 176; SG Hannover ASR 2010, 136.

5. 19 % Umsatzsteuer, Nr. 7008 VV		81,23 EUR
Gesamt		**508,73 EUR**

III. Verfahren auf Anordnung der aufschiebenden Wirkung vor dem Sozialgericht
1. Verfahrensgebühr, Nr. 3102 VV   300,00 EUR
2. Postentgeltpauschale, Nr. 7002 VV   20,00 EUR
   Zwischensumme   320,00 EUR
3. 19 % Umsatzsteuer, Nr. 7008 VV   60,80 EUR
Gesamt   **380,80 EUR**

231 War der Anwalt auch schon im Verwaltungsverfahren tätig, entsteht aus der Hauptsache für das Verwaltungsverfahren die Gebühr nach Nr. 2302 Nr. 1 VV und für das Widerspruchsverfahren die Geschäftsgebühr der Nr. 2302 Nr. 1 VV unter hälftiger Anrechnung der vorangegangenen Geschäftsgebühr des Verwaltungsverfahrens (Vorbem. 2.3 Abs. 4 S. 1 VV).

> **Beispiel 141**
> **Tätigkeit im gerichtlichen Verfahren auf Anordnung der aufschiebenden Wirkung sowie Tätigkeit im Hauptsacheverfahren mit vorangegangener Tätigkeit im Verwaltungsverfahren und im Nachprüfungsverfahren**

Der Anwalt war bereits im Verwaltungsverfahren beauftragt. Gegen den Bescheid legt er Widerspruch ein. Nach Erlass des Widerspruchsbescheids wird er mit der Anfechtungsklage und dem Antrag auf Anordnung der aufschiebenden Wirkung beauftragt. Über den Antrag wird ohne mündliche Verhandlung entschieden. In der Hauptsache wird verhandelt.

I. Verwaltungsverfahren
1. Geschäftsgebühr, Nr. 2302 Nr. 1 VV   345,00 EUR
2. Postentgeltpauschale, Nr. 7002 VV   20,00 EUR
   Zwischensumme   365,00 EUR
3. 19 % Umsatzsteuer, Nr. 7008 VV   69,35 EUR
Gesamt   **434,35 EUR**

II. Widerspruchsverfahren
1. Geschäftsgebühr, Nrn. 2302 Nr. 1 VV   345,00 EUR
2. gem. Vorbem. 2.3 Abs. 4 VV anzurechnen   – 172,50 EUR
3. Postentgeltpauschale, Nr. 7002 VV   20,00 EUR
   Zwischensumme   192,50 EUR
4. 19 % Umsatzsteuer, Nr. 7008 VV   36,58 EUR
Gesamt   **229,08 EUR**

III. Rechtsstreit
1. Verfahrensgebühr, Nrn. 3102 VV   300,00 EUR
2. gem. Vorbem. 3 Abs. 4 VV anzurechnen   – 172,50 EUR
3. Terminsgebühr, Nr. 3106 VV   280,00 EUR
4. Postentgeltpauschale, Nr. 7002 VV   20,00 EUR
   Zwischensumme   427,50 EUR
5. 19 % Umsatzsteuer, Nr. 7008 VV   81,23 EUR
Gesamt   **508,73 EUR**

IV. Verfahren auf Anordnung der aufschiebenden Wirkung vor dem Sozialgericht
1. Verfahrensgebühr, Nr. 3102 VV   300,00 EUR
2. Postentgeltpauschale, Nr. 7002 VV   20,00 EUR
   Zwischensumme   320,00 EUR
3. 19 % Umsatzsteuer, Nr. 7008 VV   60,80 EUR
Gesamt   **380,80 EUR**

III. Abrechnung nach Rahmengebühren § 31

d) Gerichtliches Verfahren mit vorangegangener Tätigkeit vor der Behörde auf Anordnung der aufschiebenden Wirkung

War der Anwalt auch mit dem Antrag auf Aussetzung vor der Verwaltungsbehörde beauftragt, ist dort eine eigene Geschäftsgebühr nach Nr. 2302 Nr. 1 VV entstanden (§ 17 Nr. 1a RVG) (siehe dazu Rn 84 ff.). Im gerichtlichen Anordnungsverfahren entsteht jetzt wiederum die Verfahrensgebühr der Nr. 3102 VV, allerdings unter hälftiger Anrechnung der vorangegangenen Geschäftsgebühr. Ob auch im Hauptsacheverfahren anzurechnen ist, hängt davon ab, ob der Anwalt bereits im Verwaltungs- oder Widerspruchsverfahren tätig war.

232

Beispiel 142 | Tätigkeit im gerichtlichen Verfahren auf Anordnung der aufschiebenden Wirkung nach Aussetzungsantrag vor der Behörde und Tätigkeit im Hauptsacheverfahren ohne vorangegangene Tätigkeit im Nachprüfungsverfahren

Der Anwalt wird nach Erlass des Widerspruchsbescheides beauftragt. Er beantragt vor der Behörde nach § 86a Abs. 2 SGG die Aussetzung der sofortigen Vollziehung und erhebt gleichzeitig Anfechtungsklage. Nach Ablehnung der Aussetzung durch die Behörde wird er mit dem gerichtlichen Antrag auf Anordnung der aufschiebenden Wirkung beauftragt. Über den Antrag wird ohne mündliche Verhandlung entschieden. In der Hauptsache wird verhandelt.

Während im Hauptsacheverfahren jetzt die volle Gebühr nach Nr. 3102 VV entsteht, da der Anwalt nicht zuvor im Widerspruchsverfahren tätig war, entsteht im gerichtlichen Verfahren auf Anordnung der aufschiebenden Wirkung die Verfahrensgebühr nur in ermäßigter Höhe nach Nr. 3103 VV, da der Anwalt hinsichtlich der Aussetzung zuvor im Verwaltungsverfahren tätig war und dort eine Geschäftsgebühr verdient hat. Ausgegangen werden soll insoweit jeweils von der Drittelgebühr.

I. **Rechtsstreit**
1. Verfahrensgebühr, Nr. 3102 VV   300,00 EUR
2. Terminsgebühr, Nr. 3106 VV   280,00 EUR
3. Postentgeltpauschale, Nr. 7002 VV   20,00 EUR
    Zwischensumme   600,00 EUR
4. 19 % Umsatzsteuer, Nr. 7008 VV   114,00 EUR
Gesamt   **714,00 EUR**

II. **Verfahren auf Aussetzung der sofortigen Vollziehung vor der Behörde**
1. Geschäftsgebühr, Nr. 2302 Nr. 1 VV   345,00 EUR
2. Postentgeltpauschale, Nr. 7002 VV   20,00 EUR
    Zwischensumme   365,00 EUR
3. 19 % Umsatzsteuer, Nr. 7008 VV   69,35 EUR
Gesamt   **434,35 EUR**

III. **Verfahren auf Anordnung der aufschiebenden Wirkung vor dem Sozialgericht**
1. Verfahrensgebühr, Nrn. 3102 VV   345,00 EUR
2. gem. Vorbem. 2.3 Abs. 4 VV anzurechnen   – 172,50 EUR
3. Postentgeltpauschale, Nr. 7002 VV   20,00 EUR
    Zwischensumme   192,50 EUR
4. 19 % Umsatzsteuer, Nr. 7008 VV   36,58 EUR
Gesamt   **229,08 EUR**

§ 31 Sozialrechtliche Angelegenheiten

Beispiel 143

Tätigkeit im gerichtlichen Verfahren auf Anordnung der aufschiebenden Wirkung nach behördlichem Aussetzungsantrag und Tätigkeit im Hauptsacheverfahren mit vorangegangener Tätigkeit im Nachprüfungsverfahren

Der Anwalt wird nach Erlass des Bescheids mit dem Widerspruch beauftragt. Er beantragt gleichzeitig nach § 86a Abs. 2 SGG vor der Behörde die Aussetzung der sofortigen Vollziehung. Der Widerspruch wird zurückgewiesen; der Antrag auf Aussetzung der sofortigen Vollziehung wird von der Behörde abgelehnt. Daraufhin wird vor dem Sozialgericht die Anordnung der aufschiebenden Wirkung beantragt. Über die einstweilige Anordnung wird ohne mündliche Verhandlung entschieden. In der Hauptsache wird verhandelt.

Jetzt ist sowohl im Hauptsacheverfahren als auch im gerichtlichen Verfahren auf Anordnung der aufschiebenden Wirkung anzurechnen, da der Anwalt hinsichtlich beider gerichtlicher Verfahren zuvor außergerichtlich tätig war.

I. **Widerspruchsverfahren**
1. Geschäftsgebühr, Nr. 2302 Nr. 1 VV   345,00 EUR
2. Postentgeltpauschale, Nr. 7002 VV   20,00 EUR
  Zwischensumme   365,00 EUR
3. 19 % Umsatzsteuer, Nr. 7008 VV   69,35 EUR
Gesamt   **434,35 EUR**

II. **Rechtsstreit**
1. Verfahrensgebühr, Nrn. 3102 VV   300,00 EUR
2. gem. Vorbem. 2.3 Abs. 4 VV anzurechnen   – 172,50 EUR
3. Terminsgebühr, Nr. 3106 VV   280,00 EUR
4. Postentgeltpauschale, Nr. 7002 VV   20,00 EUR
  Zwischensumme   427,50 EUR
5. 19 % Umsatzsteuer, Nr. 7008 VV   81,23 EUR
Gesamt   **508,73 EUR**

III. **Verfahren auf Aussetzung der sofortigen Vollziehung vor der Behörde**
1. Geschäftsgebühr, Nr. 2302 Nr. 1 VV   345,00 EUR
2. Postentgeltpauschale, Nr. 7002 VV   20,00 EUR
  Zwischensumme   365,00 EUR
3. 19 % Umsatzsteuer, Nr. 7008 VV   69,35 EUR
Gesamt   **434,35 EUR**

IV. **Verfahren auf Anordnung der aufschiebenden Wirkung vor dem Sozialgericht**
1. Verfahrensgebühr, Nrn. 3102, 3103 VV   300,00 EUR
2. gem. Vorbem. 2.3 Abs. 4 VV anzurechnen   – 172,50 EUR
3. Postentgeltpauschale, Nr. 7002 VV   20,00 EUR
  Zwischensumme   147,50 EUR
4. 19 % Umsatzsteuer, Nr. 7008 VV   28,30 EUR
Gesamt   **175,53 EUR**

e) Erstmaliger Antrag vor dem Berufungsgericht

233 Wird der Antrag auf Anordnung der aufschiebenden Wirkung **erstmals im Berufungsverfahren** gestellt (§ 86 Abs. 3 S. 2, 3 SGG), ändert sich nichts. Nach Vorbem. 3.2 Abs. 2 S. 2, S. 1 VV gelten die Gebühren nach Teil 3 Abschnitt auch dann, wenn das Berufungsgericht als Gericht der Hauptsache anzusehen ist.

III. Abrechnung nach Rahmengebühren §31

| Beispiel 144 | **Antrag auf Anordnung der aufschiebenden Wirkung im Berufungsverfahren** |

Der Anwalt ist im Berufungsverfahren tätig und beantragt dort die Anordnung der aufschiebenden Wirkung. Über den Antrag wird ohne mündliche Verhandlung entschieden. In der Hauptsache wird verhandelt.

Während im Hauptsacheverfahren jetzt die Gebühren nach Nrn. 3204, 3205 VV entstehen, erhält der Anwalt im Verfahren auf Anordnung der aufschiebenden Wirkung nur die Gebühr nach Nr. 3102 VV.

I. Berufung
1. Verfahrensgebühr, Nr. 3204 VV 370,00 EUR
2. Verfahrensgebühr, Nr. 3204 VV 280,00 EUR
3. Postentgeltpauschale, Nr. 7002 VV 20,00 EUR
   Zwischensumme 670,00 EUR
4. 19 % Umsatzsteuer, Nr. 7008 VV 127,30 EUR
Gesamt **797,30 EUR**

II. Verfahren auf Anordnung der aufschiebenden Wirkung vor dem Landessozialgericht
1. Verfahrensgebühr, Nr. 3102 VV 300,00 EUR
2. Postentgeltpauschale, Nr. 7002 VV 20,00 EUR
   Zwischensumme 320,00 EUR
3. 19 % Umsatzsteuer, Nr. 7008 VV 60,80 EUR
Gesamt **380,80 EUR**

| Beispiel 145 | **Antrag auf Anordnung der aufschiebenden Wirkung im Berufungsverfahren mit vorangegangenem Verwaltungsverfahren** |

Der Anwalt ist im Berufungsverfahren tätig und beantragt dort die Anordnung der aufschiebenden Wirkung; vor der Verwaltungsbehörde hatte er bereits erfolglos die Aussetzung der sofortigen Vollziehung beantragt. Über den gerichtlichen Antrag auf Anordnung der aufschiebenden Wirkung wird ohne mündliche Verhandlung entschieden. In der Hauptsache wird verhandelt.

Im Hauptsacheverfahren entstehen wiederum die Gebühren nach Nrn. 3204, 3205 VV. Im Verfahren über den Antrag auf Anordnung der aufschiebenden Wirkung entsteht jetzt die Verfahrensgebühr nur aus dem geringeren Rahmen der Nr. 3103 VV, da der Anwalt hinsichtlich der Aussetzung zuvor im Verwaltungsverfahren tätig war und dort eine Geschäftsgebühr verdient hat. Ausgegangen werden soll auch hier von der Drittelgebühr.

I. Berufung
1. Verfahrensgebühr, Nr. 3204 VV 370,00 EUR
2. Terminsgebühr, Nr. 3205 VV 280,00 EUR
3. Postentgeltpauschale, Nr. 7002 VV 20,00 EUR
   Zwischensumme 670,00 EUR
4. 19 % Umsatzsteuer, Nr. 7008 VV 127,30 EUR
Gesamt **797,30 EUR**

II. Verfahren auf Aussetzung der sofortigen Vollziehung vor der Behörde
1. Geschäftsgebühr, Nr. 2302 Nr. 1 VV 300,00 EUR
2. Postentgeltpauschale, Nr. 7002 VV 20,00 EUR
   Zwischensumme 320,00 EUR
3. 19 % Umsatzsteuer, Nr. 7008 VV 60,80 EUR
Gesamt **380,80 EUR**

III. Verfahren auf Anordnung der aufschiebenden Wirkung vor dem Landessozialgericht

1. Verfahrensgebühr, Nr. 3102 VV		300,00 EUR
2. gem. Vorbem. 2.3 Abs. 4 VV anzurechnen		– 172,50 EUR
3. Postentgeltpauschale, Nr. 7002 VV		20,00 EUR
Zwischensumme	147,50 EUR	
4. 19 % Umsatzsteuer, Nr. 7008 VV		28,03 EUR
Gesamt		**175,53 EUR**

f) Beschwerde

234 Wird gegen einen Beschluss des Sozialgerichts im Verfahren über die Anordnung der aufschiebenden Wirkung **Beschwerde** nach § 172 SGG eingelegt, erhält der Anwalt nicht mehr die Gebühren eines einfachen Beschwerdeverfahrens nach den Nrn. 3501 ff. VV (siehe Rn 255 ff.). Es entstehen vielmehr seit dem 1.8.2013 gem. Vorbem. 3.2.1 Nr. 3 Buchst. a) VV die Gebühren nach den Nrn. 3204, 3205 VV. Zudem entsteht auch eine höhere Einigungs- oder Erledigungsgebühr (Nr. 1006 VV).

235 Die **Verfahrensgebühr** richtet sich nach Nr. 3204 VV mit einem Gebührenrahmen von 60,00 bis 680,00 EUR. Die Mittelgebühr beträgt 370,00 EUR.

> **Beispiel 146** Beschwerde gegen einstweilige Anordnung des Sozialgerichts ohne mündliche Verhandlung

Gegen den Beschluss des Sozialgerichts, mit dem die Behörde zu einer vorläufigen Leistung verpflichtet worden ist, legt diese Beschwerde ein. Das Landessozialgericht entscheidet ohne mündliche Verhandlung.

Ausgehend von der Mittelgebühr ist wie folgt abzurechnen:

1. Verfahrensgebühr, Nr. 3204 VV		370,00 EUR
2. Postentgeltpauschale, Nr. 7002 VV		20,00 EUR
Zwischensumme	390,00 EUR	
3. 19 % Umsatzsteuer, Nr. 7008 VV		74,10 EUR
Gesamt		**464,10 EUR**

236 Kommt es zu einem Termin i.S.d. Vorbem. 3 Abs. 3 VV, entsteht eine Terminsgebühr nach Nr. 3205 VV. Da eine mündliche Verhandlung nicht vorgeschrieben ist und der Erlass eines Gerichtsbescheids in diesen Verfahren nicht in Betracht kommt (§ 124 Abs. 3 SGG), ist die Anm. zu Nr. 3205 VV (Anm. S. 1 Nr. 1 und 3 zu Nr. 3106 VV) nicht anwendbar. Der Gebührenrahmen beläuft sich auf 50,00 bis 510,00 EUR. Die Mittelgebühr beträgt 280,00 EUR.

> **Beispiel 147** Beschwerde gegen einstweilige Anordnung des Sozialgerichts mit mündlicher Verhandlung

Gegen den Beschluss des Sozialgerichts, mit dem die Behörde zu einer vorläufigen Leistung verpflichtet worden ist, legt diese Beschwerde ein. Das Landessozialgericht verhandelt mündlich und entscheidet sodann.

Ausgehend von der Mittelgebühr ist wie folgt abzurechnen:

1. Verfahrensgebühr, Nr. 3204 VV .... 370,00 EUR
2. Terminsgebühr, Nr. 3205 VV .... 280,00 EUR
3. Postentgeltpauschale, Nr. 7002 VV .... 20,00 EUR
   Zwischensumme .... 670,00 EUR
4. 19 % Umsatzsteuer, Nr. 7008 VV .... 127,30 EUR
Gesamt .... **797,30 EUR**

Infolge der Verweisung auf die Gebühren eines Berufungsverfahrens ergebe sich auch höhere Einigungs- und Erledigungsgebühren, da diese sich nach der Höhe der Verfahrensgebühr richten (Nr. 1006 VV). Der Anwalt erhält also eine Erledigungsgebühr nach Nr. 1006 i.V.m. Nr. 3204 VV in Höhe von 60,00 bis 680,00 EUR. Die Mittelgebühr beträgt 370,00 EUR. Das gilt auch dann, wenn die nicht anhängige Hauptsache mit verglichen oder darüber eine Erledigung erzielt wird.

237

| Beispiel 148 | **Beschwerde gegen einstweilige Anordnung des Sozialgerichts mit mündlicher Verhandlung und Einigung** |

Gegen den Beschluss des Sozialgerichts, mit dem die Behörde zu einer vorläufigen Leistung verpflichtet worden ist, legt diese Beschwerde ein. In der mündlichen Verhandlung wird eine Einigung getroffen.

Ausgehend von der Mittelgebühr ist wie folgt abzurechnen:

1. Verfahrensgebühr, Nr. 3204 VV .... 370,00 EUR
2. Terminsgebühr, Nr. 3205 VV .... 280,00 EUR
3. Einigungsgebühr, Nrn. 1000, 1006, 3204 VV .... 370,00 EUR
4. Postentgeltpauschale, Nr. 7002 VV .... 20,00 EUR
   Zwischensumme .... 1.040,00 EUR
5. 19 % Umsatzsteuer, Nr. 7008 VV .... 197,60 EUR
Gesamt .... **1.237,60 EUR**

14. Einstweilige Anordnungsverfahren

a) Selbstständige Angelegenheit

Einstweilige Anordnungsverfahren (§ 86b Abs. 2 SGG) und zugehörige Hauptsacheverfahren sind auch in sozialrechtlichen Angelegenheiten gem. § 17 Nr. 4 Buchst. b) RVG gebührenrechtlich **verschiedene Angelegenheiten**.[50]

238

Folgt auf das Anordnungsverfahren ein **Abänderungs- oder Aufhebungsverfahren** wegen des Eintritts veränderter Umstände,[51] ist dieses Verfahren zwar nach § 17 Nr. 4 Buchst. d) RVG gegenüber der Hauptsache wiederum eine verschiedene Angelegenheit, nicht aber gegenüber dem jeweiligen Ausgangs-Anordnungsverfahren; insoweit ist nur eine Angelegenheit gegeben (§ 16 Nr. 5 RVG).[52]

239

---

50 AnwK-RVG/*Wahlen*, § 17 Rn 158 ff.
51 Zur Zulässigkeit: *Meyer-Ladewig/Keller/Leitherer*, SGG, 9. Aufl. 2010, § 86b Rn 45.
52 Zur vergleichbaren Rechtslage in verwaltungsrechtlichen Angelegenheiten Bayerischer VGH AGS 2007, 567 = NJW 2007, 2715 = BayVBl 2008, 702; VGH Baden-Württemberg AGS 2012, 17 = JZ 2012, 421 = DÖV 2012, 164 = NVwZ-RR 2012, 88; VG Sigmaringen AGS 2011, 230 = NJW-Spezial 2011, 315; noch zur BRAGO: BVerwG AGS 2003, 456 = BRAGOreport 2003, 217.

b) Die Vergütung

240 Der Anwalt erhält die Vergütung im einstweiligen Anordnungsverfahren gegenüber der Vergütung in der Hauptsache danach gesondert. Die Gebührentatbestände sind jedoch die gleichen wie im Hauptsacheverfahren. Da das Gesetz insoweit keine besonderen Regelungen enthält, sind die Vorschriften für gerichtliche Verfahren nach Teil 3 VV anzuwenden. Eine Besonderheit sieht lediglich Vorbem. 3.2 Abs. 2 S. 2 VV vor. Danach bleibt es auch dann bei den Gebühren nach Teil 3 Abschnitt 1 VV (Nrn. 3100 ff. VV), wenn das Berufungsgericht für das Anordnungsverfahren als Gericht der Hauptsache zuständig ist (§ 86b Abs. 2 S. 3, 4 SGG i.V.m. § 943 ZPO).

c) Einstweiliges Anordnungsverfahren vor dem Sozialgericht

aa) Verfahrensgebühr nach Nr. 3102 VV

241 Im Verfahren auf Erlass einer einstweiligen Anordnung vor dem Sozialgericht erhält der Anwalt zunächst eine Verfahrensgebühr nach Nr. 3102 VV. Die Anrechnung einer vorangegangenen Geschäftsgebühr nach Vorbem. 3 Abs. 4 VV kommt nicht in Betracht. Hauptsacheverfahren und Aufhebungs- oder Anordnungsverfahren sind nach § 17 Nr. 4 Buchst. b) RVG **verschiedene gebührenrechtliche Angelegenheiten**. Beide Instanzenzüge sind voneinander völlig unabhängig zu betrachten. Das Verwaltungs- oder Widerspruchsverfahren geht nur dem Hauptsacheverfahren voran, nicht auch dem Eilverfahren.

bb) Terminsgebühr

242 Kommt es zu einem Termin i.S.d. Vorbem. 3 Abs. 3 VV, erhält der Anwalt zusätzlich eine Terminsgebühr nach Nr. 3106 VV.

243 Ausgelöst wird die Terminsgebühr in allen Fällen der Vorbem. 3 Abs. 3 Var. VV. Sie entsteht also sowohl für die Teilnahme an einem gerichtlichen Termin (Vorbem. 3 Abs. 3 S. 1 VV) als auch für eine Besprechung mit der Behörde zur einvernehmlichen Erledigung des einstweiligen Anordnungsverfahrens (Vorbem. 3 Abs. 3 S. 3 Nr. 2 VV). Dass im einstweiligen Anordnungsverfahren eine mündliche Verhandlung nicht vorgeschrieben ist, ist insoweit unerheblich, da Vorbem. 3 Abs. 3 S. 3 Nr. 2 VV eine solche Einschränkung nicht enthält.[53]

244 Dagegen kann eine Terminsgebühr nicht unter den Voraussetzungen der Anm. S. 1 zu Nr. 3106 VV entstehen, also weder bei einem angenommenen Anerkenntnis noch einem schriftlichen Vergleich, da eine mündliche Verhandlung in diesen Verfahren nicht vorgeschrieben ist (§§ 124 Abs. 3, 86 Abs. 4 SGG).

cc) Einigungs- oder Erledigungsgebühr

245 Eine Erledigungsgebühr kommt im einstweiligen Anordnungsverfahren nicht vor, da es hier nicht um den in der Hauptsache angefochtenen Bescheid geht. Möglich ist allerdings eine **Einigungsgebühr** nach Nrn. 1000, 1006 VV, wenn im Einvernehmen mit der Behörde eine vorläufige Regelung getroffen wird. Einigungen sind auch im einstweiligen Anordnungsverfahren möglich.[54]

---

[53] OVG Nordrhein Westfalen AGS 2014, 329 = NJW-Spezial 2014, 571 *(Beschl. v. 17.7.2014 – 8 E 376/14)*.
[54] *Meyer-Ladewig/Keller/Leitherer*, § 86b Rn 40.

dd) Auslagen

Da es sich bei den einstweiligen Anordnungsverfahren um eigene Gebührenangelegenheiten handelt, entstehen auch die Auslagen gesondert. Insbesondere erhält der Anwalt eine eigene Postentgeltpauschale nach Nr. 7002 VV.

246

ee) Die Höhe der Gebühren

Zum Teil wird auch hier die Auffassung vertreten, die Gebühren seien im Rahmen des § 14 Abs. 1 RVG grundsätzlich geringer anzusetzen, da das einstweilige Anordnungsverfahren eine geringere Bedeutung habe (keine endgültige Klärung) und dass in diesem Verfahren Vorkenntnisse aus dem Hauptsacheverfahren verwertet werden können. Diese pauschale Bemessung ist jedoch unzutreffend. Die einstweilige Anordnung auf Gewährung bestimmter Leistungen kann erhebliche Bedeutung haben, zumal auch hier – wenn auch andere – schwierige Fragen zu klären sein können. Zudem besteht für den Anwalt ein Zeitdruck, der wiederum höhere Gebühren rechtfertigt.[55]

247

In den nachfolgenden Berechnungen wird grundsätzlich von der Mittelgebühr ausgegangen. Soweit im Einzelfall höhere oder niedrigere Gebühren angemessen sind, hat dies nur Auswirkungen auf die Höhe der Beträge. An den abgerechneten Gebührentatbeständen ändert sich nichts.

248

Beispiel 149 | **Erstmalige Tätigkeit im einstweiligen Anordnungsverfahren**

Der Anwalt wird erstmals im Verfahren auf Erlass einer einstweiligen Anordnung beauftragt. Über den Antrag wird ohne mündliche Verhandlung entschieden.

Es entsteht nur die Verfahrensgebühr der Nr. 3102 VV.

1. Verfahrensgebühr, Nr. 3102 VV		300,00 EUR
2. Postentgeltpauschale, Nr. 7002 VV		20,00 EUR
Zwischensumme	320,00 EUR	
3. 19 % Umsatzsteuer, Nr. 7008 VV		60,80 EUR
Gesamt		**380,80 EUR**

Beispiel 150 | **Erstmalige Tätigkeit im einstweiligen Anordnungsverfahren mit gerichtlichem Termin**

Der Anwalt wird erstmals im Verfahren auf Erlass einer einstweiligen Anordnung beauftragt. Nach mündlicher Verhandlung ergeht die beantragte Anordnung.

Es entsteht neben der Verfahrensgebühr der Nr. 3102 VV jetzt auch die Terminsgebühr nach Nr. 3106 VV (Vorbem. 3 Abs. 3 S. 1 VV).

1. Verfahrensgebühr, Nr. 3102 VV		300,00 EUR
2. Terminsgebühr, Nr. 3106 VV		280,00 EUR
3. Postentgeltpauschale, Nr. 7002 VV		20,00 EUR
Zwischensumme	600,00 EUR	
4. 19 % Umsatzsteuer, Nr. 7008 VV		114,00 EUR
Gesamt		**614,00 EUR**

---

55 *Hansens/Braun/Schneider*, Praxis des Vergütungsrechts, Teil 1 Rn 187.

§ 31 Sozialrechtliche Angelegenheiten

> **Beispiel 151** Erstmalige Tätigkeit im einstweiligen Anordnungsverfahren mit Besprechung

Der Anwalt wird erstmals im Verfahren auf Erlass einer einstweiligen Anordnung beauftragt. Er führt mit dem Sachbearbeiter der Behörde eine Besprechung, allerdings ohne Ergebnis.

Auch jetzt entsteht neben der Verfahrensgebühr der Nr. 3102 VV auch die Terminsgebühr nach Nr. 3106 VV (Vorbem. 3 Abs. 3 S. 3 Nr. 2 VV). Abzurechnen ist wie im vorangegangenen Beispiel.

249 Dagegen fällt eine Terminsgebühr im einstweiligen Anordnungsverfahren weder bei einem angenommenen Anerkenntnis noch bei Abschluss eines schriftlichen Vergleichs an.

> **Beispiel 152** Erstmalige Tätigkeit im einstweiligen Anordnungsverfahren mit angenommenem Anerkenntnis

Der Anwalt wird erstmals im Verfahren auf Erlass einer einstweiligen Anordnung beauftragt. Die Behörde erkennt den vorläufigen Anspruch an; der Anwalt erklärt die Annahme.

Da nach dem eindeutigen Wortlaut der Anm. S. 1 zu Nr. 3106 VV ein Verfahren mit vorgeschriebener mündlicher Verhandlung erforderlich ist und im einsteiligen Anordnungsverfahren eine solche nicht vorgeschrieben ist (§ 124 Abs. 3 SGG i.V.m. § 86b Abs. 4 SGG), kann eine Terminsgebühr nach Anm. S. 1 Nr. 3 zu Nr. 3106 VV nicht entstehen.

1. Verfahrensgebühr, Nr. 3102 VV		300,00 EUR
2. Postentgeltpauschale, Nr. 7002 VV		20,00 EUR
Zwischensumme	320,00 EUR	
3. 19 % Umsatzsteuer, Nr. 7008 VV		60,80 EUR
Gesamt		**380,80 EUR**

> **Beispiel 153** Erstmalige Tätigkeit im einstweiligen Anordnungsverfahren mit schriftlichem Vergleich

Der Anwalt wird erstmals im Verfahren auf Erlass einer einstweiligen Anordnung beauftragt. Auf Vorschlag des Gerichts wird zur Erledigung des vorläufigen Anspruchs ein Vergleich geschlossen.

Auch hier kann eine Terminsgebühr nicht anfallen. Allerdings entsteht jetzt eine Einigungsgebühr.

1. Verfahrensgebühr, Nr. 3102 VV		300,00 EUR
2. Einigungsgebühr, Nr. 1000, 1006 VV		300,00 EUR
3. Postentgeltpauschale, Nr. 7002 VV		20,00 EUR
Zwischensumme	620,00 EUR	
4. 19 % Umsatzsteuer, Nr. 7008 VV		117,80 EUR
Gesamt		**737,80 EUR**

250 Wird der Anwalt im einstweiligen Anordnungsverfahren und im Hauptsacheverfahren tätig, entsteht die Vergütung gesondert (§ 17 Nr. 4 Buchst. b) RVG).

> **Beispiel 154** Tätigkeit in der Hauptsache und im einstweiligen Anordnungsverfahren

Der Anwalt wird nach Erlass des Widerspruchsbescheids mit der Anfechtungsklage und dem Antrag auf Erlass einer einstweiligen Anordnung beauftragt. Über die einstweilige

III. Abrechnung nach Rahmengebühren § 31

Anordnung wird ohne mündliche Verhandlung entschieden. In der Hauptsache wird verhandelt.

Es liegen zwei verschiedene Gebührenangelegenheiten vor (§ 17 Nr. 4 Buchst. b) RVG). In jedem Verfahren entsteht eine Verfahrensgebühr nach Nr. 3102 VV; in der Hauptsache entsteht daneben noch eine Terminsgebühr nach Nr. 3106 VV.

I. Hauptsacheverfahren
1. Verfahrensgebühr, Nr. 3102 VV   300,00 EUR
2. Terminsgebühr, Nr. 3106 VV   280,00 EUR
3. Postentgeltpauschale, Nr. 7002 VV   20,00 EUR
    Zwischensumme   600,00 EUR
4. 19 % Umsatzsteuer, Nr. 7008 VV   114,00 EUR
Gesamt   **714,00 EUR**

II. Einstweiliges Anordnungsverfahren
1. Verfahrensgebühr, Nr. 3102 VV   300,00 EUR
2. Postentgeltpauschale, Nr. 7002 VV   20,00 EUR
    Zwischensumme   320,00 EUR
3. 19 % Umsatzsteuer, Nr. 7008 VV   60,80 EUR
Gesamt   **380,80 EUR**

Beispiel 155 — Tätigkeit in der Hauptsache und im einstweiligen Anordnungsverfahren mit Termin in beiden Verfahren

Der Anwalt wird nach Erlass des Widerspruchsbescheids mit der Anfechtungsklage und dem Antrag auf Erlass einer einstweiligen Anordnung beauftragt. Sowohl in der Hauptsache als auch im einstweiligen Anordnungsverfahren wird mündlich verhandelt.

Jetzt entsteht in jedem Verfahren eine gesonderte Terminsgebühr.

I. Hauptsacheverfahren
1. Verfahrensgebühr, Nr. 3102 VV   300,00 EUR
2. Terminsgebühr, Nr. 3106 VV   280,00 EUR
3. Postentgeltpauschale, Nr. 7002 VV   20,00 EUR
    Zwischensumme   600,00 EUR
4. 19 % Umsatzsteuer, Nr. 7008 VV   114,00 EUR
Gesamt   **714,00 EUR**

II. Einstweiliges Anordnungsverfahren
1. Verfahrensgebühr, Nr. 3102 VV   300,00 EUR
2. Terminsgebühr, Nr. 3106 VV   280,00 EUR
3. Postentgeltpauschale, Nr. 7002 VV   20,00 EUR
    Zwischensumme   600,00 EUR
4. 19 % Umsatzsteuer, Nr. 7008 VV   114,00 EUR
Gesamt   **714,00 EUR**

Beispiel 156 — Tätigkeit in der Hauptsache mit Termin und im einstweiligen Anordnungsverfahren mit Besprechung und Einigung

Der Anwalt wird nach Erlass des Widerspruchsbescheids mit der Anfechtungsklage und dem Antrag auf Erlass einer einstweiligen Anordnung beauftragt. Um einer gerichtlichen Entscheidung zuvorzukommen, einigt sich die Behörde aufgrund einer außergerichtlichen Besprechung über eine vorläufige Regelung. Anschließend wird in der Hauptsache verhandelt.

Im einstweiligen Anordnungsverfahren entstehen jetzt nicht nur die Verfahrens- und die Terminsgebühr (Vorbem. 3 Abs. 3 S. 3 Nr. 2 VV (siehe oben Rn 242 ff.), sondern es kommt auch eine Einigungsgebühr nach Nrn. 1000, 1006 VV hinzu.

I. Hauptsacheverfahren
1. Verfahrensgebühr, Nr. 3102 VV .... 300,00 EUR
2. Terminsgebühr, Nr. 3106 VV .... 280,00 EUR
3. Postentgeltpauschale, Nr. 7002 VV .... 20,00 EUR
   Zwischensumme 600,00 EUR
4. 19 % Umsatzsteuer, Nr. 7008 VV .... 114,00 EUR
Gesamt .... **714,00 EUR**

II. Einstweiliges Anordnungsverfahren
1. Verfahrensgebühr, Nr. 3102 VV .... 300,00 EUR
2. Terminsgebühr, Nr. 3106 VV .... 280,00 EUR
3. Einigungsgebühr, Nrn. 1000, 1006 VV .... 300,00 EUR
4. Postentgeltpauschale, Nr. 7002 VV .... 20,00 EUR
   Zwischensumme 900,00 EUR
5. 19 % Umsatzsteuer, Nr. 7008 VV .... 171,00 EUR
Gesamt .... **1.071,00 EUR**

> **Beispiel 157** Tätigkeit im Widerspruchsverfahren, im nachfolgenden Klageverfahren sowie im einstweiligen Anordnungsverfahren

Der Anwalt war bereits im Widerspruchsverfahren beauftragt worden und wird nach Erlass des Widerspruchsbescheids mit der Anfechtungsklage und dem Antrag auf Erlass einer einstweiligen Anordnung beauftragt. Über die einstweilige Anordnung wird ohne mündliche Verhandlung entschieden. In der Hauptsache wird verhandelt.

Während in dem Hauptsacheverfahren neben der Terminsgebühr jetzt die Verfahrensgebühr unter Anrechnung der im Widerspruchsverfahren entstandenen Geschäftsgebühr entsteht, erhält er im einstweiligen Anordnungsverfahren die Verfahrensgebühr anrechnungsfrei.

I. Widerspruchsverfahren
1. Geschäftsgebühr, Nr. 2302 Nr. 1 VV .... 345,00 EUR
2. Postentgeltpauschale, Nr. 7002 VV .... 20,00 EUR
   Zwischensumme 365,00 EUR
3. 19 % Umsatzsteuer, Nr. 7008 VV .... 69,35 EUR
Gesamt .... **434,35 EUR**

II. Rechtsstreit
1. Verfahrensgebühr, Nrn. 3102 VV .... 300,00 EUR
2. gem. Vorbem. 3 Abs. 4 VV anzurechnen .... – 172,50 EUR
3. Terminsgebühr, Nr. 3106 VV .... 280,00 EUR
4. Postentgeltpauschale, Nr. 7002 VV .... 20,00 EUR
   Zwischensumme 427,50 EUR
5. 19 % Umsatzsteuer, Nr. 7008 VV .... 81,23 EUR
Gesamt .... **508,73 EUR**

III. Einstweiliges Anordnungsverfahren
1. Verfahrensgebühr, Nr. 3102 VV .... 300,00 EUR
2. Postentgeltpauschale, Nr. 7002 VV .... 20,00 EUR
   Zwischensumme 320,00 EUR
3. 19 % Umsatzsteuer, Nr. 7008 VV .... 60,80 EUR
Gesamt .... **380,80 EUR**

d) Aufhebungs- oder Abänderungsverfahren

Kommt es nach dem Erlass einer einstweiligen Anordnung zu einem Aufhebungs- oder Abänderungsverfahren,[56] so ist zwar auch das Aufhebungs- bzw. Abänderungsverfahren gegenüber der Hauptsache eine verschiedene Angelegenheit (§ 17 Nr. 4 Buchst. d) RVG), nicht aber gegenüber dem Anordnungsverfahren. Insoweit ist nach § 16 Nr. 5 RVG nur eine Angelegenheit gegeben. Allerdings wird man hier gem. § 14 Abs. 1 RVG wegen des Mehraufwands von einem höheren Gebührensatz auszugehen haben.

251

Beispiel 158 | **Tätigkeit im Hauptsacheverfahren mit einstweiligem Anordnungsverfahren und späterem Abänderungsverfahren**

Der Anwalt ist in der Hauptsache tätig und beantragt den Erlass einer einstweiligen Anordnung, die erlassen wird. Später beantragt die Behörde deren Abänderung wegen veränderter Umstände. Über die Hauptsache und die einstweilige Anordnung wird verhandelt, nicht aber auch über die Abänderung.

Es sind zwei Angelegenheiten gegeben, einerseits das Hauptsacheverfahren und andererseits das Anordnungs- und Abänderungsverfahren (§ 17 Nr. 4 Buchst. c), d) RVG). Das Anordnungsverfahren und das nachfolgende Abänderungsverfahren sind zueinander eine Angelegenheit (§ 16 Nr. 5 RVG). Aufgrund der Mehrtätigkeit im nachfolgenden Abänderungsverfahren dürfte für die Verfahrensgebühr eine erhöhte Mittelgebühr angemessen sein (hier soll von 50 % über der Mittelgebühr ausgegangen werden). Hinsichtlich der Terminsgebühr dürfte es allerdings bei der Mittelgebühr des Anordnungsverfahrens verbleiben, da im Abänderungsverfahren nicht erneut verhandelt worden ist.

I. **Hauptsacheverfahren**
1. Verfahrensgebühr, Nr. 3102 VV   300,00 EUR
2. Terminsgebühr, Nr. 3106 VV   280,00 EUR
3. Postentgeltpauschale, Nr. 7002 VV   20,00 EUR
   Zwischensumme   600,00 EUR
4. 19 % Umsatzsteuer, Nr. 7008 VV   114,00 EUR
Gesamt   **714,00 EUR**

II. **Einstweiliges Anordnungs- und Abänderungsverfahren**
1. Verfahrensgebühr, Nr. 3102 VV   450,00 EUR
2. Terminsgebühr, Nr. 3106 VV   280,00 EUR
3. Postentgeltpauschale, Nr. 7002 VV   20,00 EUR
   Zwischensumme   750,00 EUR
4. 19 % Umsatzsteuer, Nr. 7008 VV   142,50 EUR
Gesamt   **892,50 EUR**

e) Einstweilige Anordnung im Berufungsverfahren

Wird die einstweilige Anordnung erstmals im Berufungsverfahren vor dem Landessozialgericht beantragt (§ 86b Abs. 2 S. 2, 3 SGG), ändert sich nichts. Nach Vorbem. 3.2 Abs. 2 S. 1, S. 2 VV gelten die Gebühren nach Teil 3 Abschnitt 1 VV auch dann, wenn das Berufungsgericht als Gericht der Hauptsache zuständig ist (§ 86b Abs. 2 S. 3, 4 SGG i.V.m. § 943 ZPO). Zwar entstehen dann im Berufungsverfahren vor dem Landessozialgericht in der Hauptsache die höheren Gebüh-

252

---

[56] Zur Zulässigkeit: *Meyer-Ladewig/Keller/Leitherer*, § 86b Rn 45.

ren nach Teil 3 Abschnitt 2 VV (Nrn. 3204, 3205 VV); im Verfahren der einstweiligen Anordnung verbleibt es dagegen bei den erstinstanzlichen Gebühren der Nrn. 3102, 3106 VV.

> **Beispiel 159** | **Einstweiliges Anordnungsverfahren in der Berufungsinstanz**
>
> Der Anwalt ist im Berufungsverfahren tätig und beantragt dort erstmals den Erlass einer einstweiligen Anordnung. Über die einstweilige Anordnung wird ohne mündliche Verhandlung entschieden. In der Hauptsache wird verhandelt.
>
> Während im Hauptsacheverfahren jetzt die Gebühren nach Nrn. 3204, 3205 VV entstehen, erhält der Anwalt im Verfahren der einstweiligen Anordnung nur die Gebühr nach Nr. 3102 VV.
>
> I. Berufung
> 1. Verfahrensgebühr, Nr. 3204 VV 370,00 EUR
> 2. Terminsgebühr, Nr. 3205 VV 280,00 EUR
> 3. Postentgeltpauschale, Nr. 7002 VV 20,00 EUR
>   Zwischensumme 670,00 EUR
> 4. 19 % Umsatzsteuer, Nr. 7008 VV 127,30 EUR
> **Gesamt** **797,30 EUR**
> II. Einstweiliges Anordnungsverfahren
> 1. Verfahrensgebühr, Nr. 3102 VV 300,00 EUR
> 2. Postentgeltpauschale, Nr. 7002 VV 20,00 EUR
>   Zwischensumme 320,00 EUR
> 3. 19 % Umsatzsteuer, Nr. 7008 VV 60,80 EUR
> **Gesamt** **380,80 EUR**

f) Beschwerde gegen einstweilige Anordnung

253 Wird gegen einen Beschluss des Sozialgerichts im einstweiligen Anordnungsverfahren Beschwerde nach § 172 SGG eingelegt, erhält der Anwalt nicht mehr die Gebühren eines einfachen Beschwerdeverfahrens nach Teil 3 Abschnitt 5 VV. Vielmehr gelten seit dem 1.8.2013 gem. Vorbem. 3.2.1 Nr. 3 Buchst. a) VV die Gebühren eines Berufungsverfahrens nach den Nrn. 3204, 3205 VV. Zudem entsteht auch eine höhere Einigungs- oder Erledigungsgebühr (Nr. 1006 VV).

254 Zur Berechnung kann auf die vergleichbare Lage zu den Beschwerden gegen Entscheidungen über die Aussetzung der Vollziehung Bezug genommen werden (siehe Rn 234 ff.).

15. Allgemeine Beschwerdeverfahren

255 Allgemeine Beschwerdeverfahren sind stets **besondere Angelegenheiten** (§ 18 Abs. 1 Nr. 3 RVG), so dass hier die Gebühren gesondert entstehen.

256 Der Anwalt erhält nach Nr. 3501 VV eine **Verfahrensgebühr** aus einem Rahmen in Höhe von 20,00 EUR bis 210,00 EUR; die Mittelgebühr beträgt 115,00 EUR. Die Verfahrensgebühr entsteht auch dann, wenn das Sozialgericht der Beschwerde nach § 174 SGG abhilft.

257 Daneben kann er nach Nr. 3515 VV unter den Voraussetzungen der Vorbem. 3 Abs. 3 VV eine **Terminsgebühr** verdienen. Der Gebührenrahmen beläuft sich ebenfalls auf 20,00 EUR bis 210,00 EUR; die Mittelgebühr beträgt sich auf 115,00 EUR.

III. Abrechnung nach Rahmengebühren § 31

Beispiel 160 | **Allgemeine Beschwerde**

Der Anwalt wird beauftragt, gegen die Aussetzung des Verfahrens Beschwerde zu erheben.

1.	Verfahrensgebühr, Nr. 3501 VV	115,00 EUR
2.	Postentgeltpauschale, Nr. 7002 VV	20,00 EUR
	Zwischensumme 135,00 EUR	
3.	19 % Umsatzsteuer, Nr. 7008 VV	25,65 EUR
Gesamt		**160,65 EUR**

Auch hier greift wiederum Nr. 1008 VV. Die Verfahrensgebühr erhöht sich bei **mehreren Auftraggebern** um 30 % je weiteren Auftraggeber, höchstens um 200 %. 258

Beispiel 161 | **Allgemeine Beschwerde, mehrere Auftraggeber**

Der Anwalt wird von mehreren Auftraggebern beauftragt, gegen die Aussetzung des Verfahrens Beschwerde zu erheben.

Es greift Nr. 1008 VV. Die Gebühr nach Nr. 3501 VV erhöht sich um 30 %. Der Gebührenrahmen beläuft sich auf 26,00 EUR bis 273,00 EUR; die Mittelgebühr beträgt 149,50 EUR.

1.	Verfahrensgebühr, Nrn. 3501, 1008 VV	149,50 EUR
2.	Postentgeltpauschale, Nr. 7002 VV	20,00 EUR
	Zwischensumme 169,50 EUR	
3.	19 % Umsatzsteuer, Nr. 7008 VV	32,21 EUR
Gesamt		**201,71 EUR**

Beispiel 162 | **Allgemeine Beschwerde mit Besprechung**

Der Anwalt wird beauftragt, Beschwerde zu erheben. Anschließend kommt es zu außergerichtlichen Besprechungen. Die Beschwerde wird daraufhin zurückgenommen.

Auch hier gilt Vorbem. 3 Abs. 3 S. 3 Nr. 2 VV. Daher erhält der Anwalt zusätzlich eine Terminsgebühr nach Nr. 3515 VV.

1.	Verfahrensgebühr, Nr. 3501 VV	115,00 EUR
2.	Terminsgebühr, Nr. 3515 VV	115,00 EUR
3.	Postentgeltpauschale, Nr. 7002 VV	20,00 EUR
	Zwischensumme 250,00 EUR	
4.	19 % Umsatzsteuer, Nr. 7008 VV	47,50 EUR
Gesamt		**297,50 EUR**

Möglich ist auch eine Einigungsgebühr im Beschwerdeverfahren. Eine Erledigungsgebühr dürfte dagegen kaum in Betracht kommen, da es hier nicht um die Hauptsache geht. 259

Beispiel 163 | **Allgemeine Beschwerde mit Besprechung und Einigung**

Der Anwalt wird beauftragt, gegen die Ablehnung eines Antrags auf Anordnung der aufschiebenden Wirkung Beschwerde zu erheben. Anschließend kommt es zur außergerichtlichen Besprechung, aufgrund der es mit der Behörde zu einer Einigung über die Aussetzung kommt.

Jetzt entsteht zusätzlich eine Einigungsgebühr nach Nrn. 1000, 1006 VV.

§ 31 Sozialrechtliche Angelegenheiten

1. Verfahrensgebühr, Nr. 3501 VV		115,00 EUR
2. Terminsgebühr, Nr. 3515 VV		115,00 EUR
3. Einigungsgebühr, Nrn. 1000, 1006 VV		115,00 EUR
4. Postentgeltpauschale, Nr. 7002 VV		20,00 EUR
Zwischensumme	365,00 EUR	
5. 19 % Umsatzsteuer, Nr. 7008 VV		69,35 EUR
Gesamt		**434.35 EUR**

16. Erinnerung

260 Nach § 178 SGG ist die Erinnerung[57] gegeben (auch Antrag auf gerichtliche Entscheidung genannt).

261 Ist der Anwalt ausschließlich mit einer solchen Erinnerung beauftragt oder ist die Erinnerung ausnahmsweise nach § 18 Abs. 1 Nr. 3 RVG eine gesonderte Angelegenheit, entsteht eine Gebühr nach Nr. 3501 VV. Es ist zu rechnen wie in Beschwerdeverfahren (siehe Rn 255 ff.).

262 Umstritten war auch hier, ob die Erinnerung gegen einen Kostenfestsetzungsbeschluss eine eigene Angelegenheit darstellt, da im sozialgerichtlichen Verfahren die Kostenfestsetzung nicht vom Rechtpfleger betrieben wird, sondern vom Urkundsbeamten der Geschäftsstelle. Mit der Neufassung des § 18 Abs. 1 Nr. 3 RVG ist jetzt klargestellt, dass jede Erinnerung gegen einen Kostenfestsetzungsbeschluss eine eigene Angelegenheit darstellt, so dass der Anwalt im Verfahren über eine Erinnerung gegen einen Kostenfestsetzungsbeschluss des Sozialgerichts eine Verfahrensgebühr nach Nr. 3501 VV erhält.

263 Die Rspr. geht hier von der halben Mittelgebühr aus, weil Umfang und Schwierigkeit im unterdurchschnittlichen Bereich lägen.[58] Ich halte dies für bedenklich. Der geringere Umfang und die geringere Schwierigkeit eines Erinnerungsverfahrens sind bereits durch den geringeren Gebührenrahmen berücksichtigt. Ein Grund für eine weitere Herabsetzung besteht nicht. Es lässt sich auch nicht sagen, dass im Vergleich zu sonstigen Erinnerungsverfahren die Erinnerungen gegen Kostenfestsetzungsbeschlüsse geringere Bedeutung hätten.

> **Beispiel 164** | **Erinnerung in sozialgerichtlichen Verfahren**
>
> **Gegen den Kostenfestsetzungsbeschluss des Sozialgerichts, mit dem die angemeldeten Anwaltskosten um 150,00 EUR gekürzt worden sind, legt der Rechtsanwalt für seinen Mandanten Erinnerung ein.**
>
> Die Erinnerung ist nach § 18 Abs. 1 Nr. 3 RVG eine gesonderte Angelegenheit. Der Anwalt erhält die Gebühr nach Nr. 3501 VV.
>
> | | | |
> |---|---|---|
> | 1. Verfahrensgebühr, Nr. 3501 VV | | 115,00 EUR |
> | 2. Postentgeltpauschale, Nr. 7002 VV | | 20,00 EUR |
> | Zwischensumme | 135,00 EUR | |
> | 3. 19 % Umsatzsteuer, Nr. 7008 VV | | 25,65 EUR |
> | **Gesamt** | | **160,65 EUR** |

---

[57] Siehe die Überschrift zum Zweiten Teil, Zweiten Abschnitt, Dritten Unterabschnitt.
[58] SG Berlin AGS 2012, 20.

17. Verkehrsanwalt

a) Führung des Verkehrs mit dem Hauptbevollmächtigten

Der Verkehrsanwalt, der den Verkehr mit dem Hauptbevollmächtigten führt, erhält nach Nr. 3400 VV eine Verfahrensgebühr in Höhe derjenigen Verfahrensgebühr, die dem Verfahrensbevollmächtigten zusteht. Der Anwalt erhält also eine Verkehrsanwaltsgebühr aus dem Rahmen, nach dem der Hauptbevollmächtigte seine Verfahrensgebühr abrechnet. **264**

Zu beachten ist allerdings hier die Höchstgrenze von 420,00 EUR. **265**

Für die Bemessung nach § 14 Abs. 1 RVG ist allein auf die Umstände in der Person des Verkehrsanwalts abzustellen. Daher kann seine Gebühr höher oder auch geringer liegen. **266**

Beispiel 165 Tätigkeit als Verkehrsanwalt ohne vorherige Befassung im Verwaltungs- oder Nachprüfungsverfahren

Der Anwalt wird beauftragt, den Verkehr mit dem Verfahrensbevollmächtigten zu führen. Vor dem Sozialgericht wird verhandelt.

I. Hauptbevollmächtigter
1. Verfahrensgebühr, Nr. 3102 VV   300,00 EUR
2. Terminsgebühr, Nr. 3106 VV   280,00 EUR
3. Postentgeltpauschale, Nr. 7002 VV   20,00 EUR
   Zwischensumme   600,00 EUR
4. 19 % Umsatzsteuer, Nr. 7008 VV   114,00 EUR
Gesamt   **714,00 EUR**
II. Verkehrsanwalt
1. Verfahrensgebühr, Nrn. 3400, 3102 VV   300,00 EUR
2. Postentgeltpauschale, Nr. 7002 VV   20,00 EUR
   Zwischensumme   320,00 EUR
3. 19 % Umsatzsteuer, Nr. 7008 VV   60,80 EUR
Gesamt   **380,80 EUR**

Auch hier greift wiederum die Erhöhung nach Nr. 1008 VV bei **mehreren Auftraggebern**. **267**

Beispiel 166 Tätigkeit als Verkehrsanwalt ohne vorherige Befassung im Verwaltungs- oder Nachprüfungsverfahren, mehrere Auftraggeber

Der Anwalt wird von mehreren Auftraggebern beauftragt, den Verkehr mit dem Verfahrensbevollmächtigten zu führen. Vor dem Sozialgericht wird verhandelt.

Der Gebührenrahmen beläuft sich jetzt auf 65,00 EUR bis 715,00 EUR. Die Mittelgebühr beträgt 390,00 EUR. Die Höchstgrenze erhöht sich ebenfalls nach Nr. 1008 VV und beläuft sich auf 546,00 EUR.

I. Hauptbevollmächtigter
1. Verfahrensgebühr, Nrn. 3102, 1008 VV   390,00 EUR
2. Terminsgebühr, Nr. 3106 VV   280,00 EUR
3. Postentgeltpauschale, Nr. 7002 VV   20,00 EUR
   Zwischensumme   690,00 EUR
4. 19 % Umsatzsteuer, Nr. 7008 VV   131,10 EUR
Gesamt   **821,10 EUR**

§ 31 Sozialrechtliche Angelegenheiten

II. Verkehrsanwalt		
1. Verfahrensgebühr, Nrn. 3400, 3102, 1008 VV		390,00 EUR
2. Postentgeltpauschale, Nr. 7002 VV		20,00 EUR
Zwischensumme	410,00 EUR	
3. 19 % Umsatzsteuer, Nr. 7008 VV		77,90 EUR
Gesamt		**487,90 EUR**

> **Beispiel 167** Tätigkeit als Verkehrsanwalt ohne vorherige Befassung im Verwaltungs- oder Nachprüfungsverfahren, überdurchschnittliche Gebühr

Der Anwalt wird beauftragt, den Verkehr mit der Verfahrensbevollmächtigten zu führen. Vor dem Sozialgericht wird verhandelt. Sowohl die Tätigkeit des Hauptbevollmächtigten als auch die des Verkehrsanwalts sind nach allen Kriterien weit überdurchschnittlich. Angemessen ist eine um 50 % erhöhte Mittelgebühr.

Die Gebühr für den Hauptbevollmächtigten erhöht sich um 50 %. Beim Verkehrsanwalt greift jetzt die Höchstgrenze von 420,00 EUR.

I. Hauptbevollmächtigter		
1. Verfahrensgebühr, Nr. 3102 VV		450,00 EUR
2. Terminsgebühr, Nr. 3106 VV		280,00 EUR
3. Postentgeltpauschale, Nr. 7002 VV		20,00 EUR
Zwischensumme	750,00 EUR	
4. 19 % Umsatzsteuer, Nr. 7008 VV		142,50 EUR
Gesamt		**892,50 EUR**
II. Verkehrsanwalt		
1. Verfahrensgebühr, Nrn. 3400, 3102 VV		420,00 EUR
2. Postentgeltpauschale, Nr. 7002 VV		20,00 EUR
Zwischensumme	440,00 EUR	
3. 19 % Umsatzsteuer, Nr. 7008 VV		83,60 EUR
Gesamt		**523,60 EUR**

268 Die Höchstgebühr der Nr. 3400 VV reduziert sich auf 210,00 EUR (Nr. 3405 VV), wenn sich der Auftrag **erledigt**, bevor der Verfahrensbevollmächtigte beauftragt worden oder der Verkehrsanwalt gegenüber dem Verfahrensbevollmächtigten tätig geworden ist.

> **Beispiel 168** Tätigkeit als Verkehrsanwalt mit vorzeitiger Beendigung ohne vorherige Befassung im Verwaltungs- oder Nachprüfungsverfahren

Der Anwalt wird beauftragt, den Verkehr mit dem Verfahrensbevollmächtigten zu führen. Hierzu kommt es nicht mehr, da sich die Sache vorzeitig erledigt.

I. Hauptbevollmächtigter		
1. Verfahrensgebühr, Nr. 3102 VV		300,00 EUR
2. Postentgeltpauschale, Nr. 7002 VV		20,00 EUR
Zwischensumme	320,00 EUR	
3. 19 % Umsatzsteuer, Nr. 7008 VV		60,80 EUR
Gesamt		**380,80 EUR**
II. Verkehrsanwalt		
1. Verfahrensgebühr, Nrn. 3400, 3405, 3102 VV		210,00 EUR
2. Postentgeltpauschale, Nr. 7002 VV		20,00 EUR
Zwischensumme	230,00 EUR	
3. 19 % Umsatzsteuer, Nr. 7008 VV		43,70 EUR
Gesamt		**273,70 EUR**

III. Abrechnung nach Rahmengebühren § 31

Beispiel 169 | Tätigkeit als Verkehrsanwalt mit vorzeitiger Beendigung ohne vorherige Befassung im Verwaltungs- oder Nachprüfungsverfahren, mehrere Auftraggeber

Der Anwalt wird von zwei Auftraggebern beauftragt, den Verkehr mit dem Verfahrensbevollmächtigten zu führen. Hierzu kommt es nicht mehr, da sich die Sache vorzeitig erledigt.

Auch die Begrenzung nach Nr. 3405 VV erhöht sich bei mehreren Auftraggebern nach Nr. 1008 VV um 30 %.

I. Hauptbevollmächtigter		
1. Verfahrensgebühr, Nrn. 3102, 1008 VV		390,00 EUR
2. Postentgeltpauschale, Nr. 7002 VV		20,00 EUR
Zwischensumme	410,00 EUR	
3. 19 % Umsatzsteuer, Nr. 7008 VV		77,90 EUR
Gesamt		**487,90 EUR**
II. Verkehrsanwalt		
1. Verfahrensgebühr, Nrn. 3400, 3405, 3102, 1008 VV		273,00 EUR
2. Postentgeltpauschale, Nr. 7002 VV		20,00 EUR
Zwischensumme	293,00 EUR	
3. 19 % Umsatzsteuer, Nr. 7008 VV		55,67 EUR
Gesamt		**348,67 EUR**

War der Verkehrsanwalt **bereits im Verwaltungs- oder Nachprüfungsverfahren** tätig, ist gem. Vorbem. 3 Abs. 4 VV die vorangegangene Geschäftsgebühr hälftig anzurechnen, höchstens zu 175,00 EUR.

269

Beispiel 170 | Tätigkeit als Verkehrsanwalt mit vorheriger Befassung im Verwaltungs- oder Nachprüfungsverfahren

Der Anwalt war im Nachprüfungsverfahren tätig und wird später beauftragt, den Verkehr mit dem zuvor nicht befassten Verfahrensbevollmächtigten zu führen.

Der Verkehrsanwalt hat im Nachprüfungsverfahren bereits eine Gebühr nach Nr. 2302 Nr. 1 VV verdient. Diese Gebühr ist hälftig auf die Verfahrensgebühr des Verkehrsanwalts anzurechnen (Vorbem. 3 Abs. 4 VV).

Für den Hauptbevollmächtigten verbleibt es dagegen bei der anrechnungsfreien Gebühr nach Nr. 3102 VV, da er im Verwaltungs- oder Nachprüfungsverfahren nicht tätig war.

I. Verfahrensbevollmächtigter		
1. Verfahrensgebühr, Nr. 3102 VV		300,00 EUR
2. Postentgeltpauschale, Nr. 7002 VV		20,00 EUR
Zwischensumme	320,00 EUR	
3. 19 % Umsatzsteuer, Nr. 7008 VV		60,80 EUR
Gesamt		**380,80 EUR**
II. Verkehrsanwalt		
a) **Verwaltungsverfahren**		
1. Geschäftsgebühr, Nr. 2302 Nr. 1 VV		345,00 EUR
2. Postentgeltpauschale, Nr. 7002 VV		20,00 EUR
Zwischensumme	365,00 EUR	
3. 19 % Umsatzsteuer, Nr. 7008 VV		69,35 EUR
Gesamt		**434,35 EUR**

b) **Verkehrsanwaltstätigkeit**
1. Verfahrensgebühr, Nrn. 3400, 3102, 3103 VV 300,00 EUR
2. gem. Vorbem. 3 Abs. 4 VV anzurechnen – 172,50 EUR
3. Postentgeltpauschale, Nr. 7002 VV 20,00 EUR
   Zwischensumme 147,50 EUR
4. 19 % Umsatzsteuer, Nr. 7008 VV 28,03 EUR
   Gesamt **175,53 EUR**

> **Beispiel 171** — Tätigkeit als Verkehrsanwalt mit vorheriger Befassung im Nachprüfungsverfahren, vorzeitige Erledigung

Der Anwalt war im Nachprüfungsverfahren tätig und wird später beauftragt, den Verkehr mit einem noch zu bestellenden Verfahrensbevollmächtigten zu führen. Dazu kommt es nicht mehr.

Für den Verkehrsanwalt ist jetzt einerseits die Höchstgebühr der Nr. 3405 VV i.H.v. 210,00 EUR zu beachten. Andererseits ist jetzt noch die Geschäftsgebühr der Nr. 2302 Nr. 1 VV gem. Vorbem. 3 Abs. 4 VV hälftig anzurechnen.

I. **Nachprüfungsverfahren**
1. Geschäftsgebühr, Nr. 2302 Nr. 1 VV 345,00 EUR
2. Postentgeltpauschale, Nr. 7002 VV 20,00 EUR
   Zwischensumme 365,00 EUR
3. 19 % Umsatzsteuer, Nr. 7008 VV 69,35 EUR
   Gesamt **434,35 EUR**

II. **Verkehrsanwaltstätigkeit**
1. Verfahrensgebühr, Nrn. 3400, 3102, 3405 VV 210,00 EUR
2. gem. Vorbem. 3 Abs. 4 VV anzurechnen – 172,50 EUR
3. Postentgeltpauschale, Nr. 7002 VV 20,00 EUR
   Zwischensumme 57,50 EUR
4. 19 % Umsatzsteuer, Nr. 7008 VV 10,93 EUR
   Gesamt **68,43 EUR**

270 Auch im **Rechtsmittelverfahren** ist eine Verkehrsanwaltsgebühr möglich.

> **Beispiel 172** — Tätigkeit als Verkehrsanwalt im Berufungsverfahren

Der Anwalt wird im Berufungsverfahren beauftragt, den Verkehr mit dem Verfahrensbevollmächtigten zu führen.

Der Gebührenrahmen bestimmt sich jetzt nach Nr. 3204 VV und beläuft sich auf 60,00 EUR bis 680,00 EUR. Die Mittelgebühr beträgt 370,00 EUR. Zu beachten ist die Höchstgrenze von 420,00 EUR.

I. **Verfahrensbevollmächtigter**
1. Verfahrensgebühr, Nr. 3204 VV 370,00 EUR
2. Postentgeltpauschale, Nr. 7002 VV 20,00 EUR
   Zwischensumme 390,00 EUR
3. 19 % Umsatzsteuer, Nr. 7008 VV 74,10 EUR
   Gesamt **464,10 EUR**

II. **Verkehrsanwalt**
1. Verfahrensgebühr, Nrn. 3400, 3204 VV 370,00 EUR
2. Postentgeltpauschale, Nr. 7002 VV 20,00 EUR
   Zwischensumme 390,00 EUR
3. 19 % Umsatzsteuer, Nr. 7008 VV 74,10 EUR
   Gesamt **464,10 EUR**

b) Übersendung der Handakten mit gutachterlichen Äußerungen

Übersendet der vorinstanzliche Anwalt die Akten an den Anwalt eines Rechtsmittelzuges und verbindet er auftragsgemäß die Übersendung mit gutachterlichen Äußerungen, so entsteht nach Anm. zu Nr. 3400 VV ebenfalls eine **Verfahrensgebühr**.

271

> **Beispiel 173** Übersendung der Handakten mit gutachterlichen Äußerungen
>
> **Der Berufungsanwalt wird beauftragt, seine Handakten an den Revisionsanwalt zu übersenden und dies mit gutachterlichen Äußerungen zu verbinden.**
>
> Der übersendende Anwalt erhält eine Verkehrsanwaltsgebühr nach Anm. zu Nr. 3400 VV. Die Höhe richtet sich nach Nr. 3212 VV, wobei hier wiederum die Begrenzung auf 420,00 EUR greift.
>
> **I. Verfahrensbevollmächtigter**
> 1. Verfahrensgebühr, Nr. 3212 VV 480,00 EUR
> 2. Postentgeltpauschale, Nr. 7002 VV 20,00 EUR
>   Zwischensumme 500,00 EUR
> 3. 19 % Umsatzsteuer, Nr. 7008 VV 95,00 EUR
>   **Gesamt 595,00 EUR**
>
> **II. Verkehrsanwalt**
> 1. Verfahrensgebühr, Nrn. 3400, 3212 VV 420,00 EUR
> 2. Postentgeltpauschale, Nr. 7002 VV 20,00 EUR
>   Zwischensumme 440,00 EUR
> 3. 19 % Umsatzsteuer, Nr. 7008 VV 83,60 EUR
>   **Gesamt 523,60 EUR**

18. Terminsvertreter

Als Terminsvertreter erhält der Anwalt nach Nr. 3401 VV eine **Verfahrensgebühr** in Höhe der Hälfte der dem Hauptbevollmächtigten zustehenden Verfahrensgebühr. Im erstinstanzlichen Verfahren erhält er also eine Gebühr i.H.v. 25,00 EUR bis 275,00 EUR. Die Mittelgebühr beträgt dann 150,00 EUR.

272

War der **Hauptbevollmächtigte bereits im Verwaltungs- oder Nachprüfungsverfahren** tätig, ist dies für den Terminsvertreter unerheblich. Für ihn kommt es nur darauf an, ob er selbst bereits im Verwaltungs- oder Nachprüfungsverfahren tätig war. Die Anrechnung einer vorangegangenen Geschäftsgebühr kommt für ihn also nur in Betracht, wenn der Terminsvertreter im Verwaltungs- oder Widerspruchsverfahren tätig war.

273

War der **Terminsvertreter bereits im Verwaltungs- oder Nachprüfungsverfahren** tätig, ist die dort verdiente Geschäftsgebühr hälftig, höchstens mit 175,00 EUR anzurechnen (Vorbem. 3 Abs. 4 VV).

274

Bei **vorzeitiger Erledigung** des Auftrags wird die Verfahrensgebühr nach Nr. 3405 Nr. 2 VV auf 210,00 EUR begrenzt.

275

Vertritt der Anwalt **mehrere Auftraggeber**, erhöhen sich die jeweiligen Gebührenrahmen und auch die Höchstgebühr gem. Nr. 1008 VV um 30 % je weiterem Auftraggeber, höchstens um 200 %.

276

Für die Wahrnehmung des Verhandlungstermins erhält der unterbevollmächtigte Verhandlungsvertreter nach Nr. 3402 VV darüber hinaus eine **Terminsgebühr**, wie sie dem Hauptbevollmächtigten

277

zustünde, wenn er den Termin selbst wahrgenommen hätte, also erstinstanzlich nach Nr. 3106 VV, im Berufungsverfahren nach Nr. 3205 VV und im Revisionsverfahren nach Nr. 3213 VV.

278 Wirkt er an einer Erledigung oder Einigung mit, kann er auch eine **Erledigungs-** oder eine **Einigungsgebühr verdienen.**

| Beispiel 174 | Tätigkeit als Terminsvertreter ohne vorherige Befassung im Verwaltungs- oder Nachprüfungsverfahren |

Der Anwalt wird mit einer Terminswahrnehmung beauftragt und nimmt an der Verhandlung teil.

    I. **Hauptbevollmächtigter**
    1. Verfahrensgebühr, Nr. 3102 VV   300,00 EUR
    2. Postentgeltpauschale, Nr. 7002 VV   20,00 EUR
       Zwischensumme   320,00 EUR
    3. 19 % Umsatzsteuer, Nr. 7008 VV   60,80 EUR
    Gesamt   **380,80 EUR**
    II. **Terminsvertreter**
    1. Verfahrensgebühr, Nrn. 3401, 3102 VV   150,00 EUR
    2. Terminsgebühr, Nrn. 3402, 3106 VV   280,00 EUR
    3. Postentgeltpauschale, Nr. 7002 VV   20,00 EUR
       Zwischensumme   450,00 EUR
    4. 19 % Umsatzsteuer, Nr. 7008 VV   85,50 EUR
    Gesamt   **535,50 EUR**

279 Auch hier greift wiederum die Erhöhung nach Nr. 1008 VV bei **mehreren Auftraggebern.**

| Beispiel 175 | Tätigkeit als Terminsvertreter ohne vorherige Befassung im Verwaltungs- oder Nachprüfungsverfahren, mehrere Auftraggeber |

Der Anwalt wird von zwei Auftraggebern mit einer Terminswahrnehmung beauftragt und nimmt an der Verhandlung teil.

Der Rahmen der Verfahrensgebühr erhöht sich auf 32,50 EUR bis 357,50 EUR. Die Mittelgebühr beträgt 195,00 EUR.

    I. **Hauptbevollmächtigter**
    1. Verfahrensgebühr, Nrn. 3102, 1008 VV   390,00 EUR
    2. Postentgeltpauschale, Nr. 7002 VV   20,00 EUR
       Zwischensumme   410,00 EUR
    3. 19 % Umsatzsteuer, Nr. 7008 VV   77,90 EUR
    Gesamt   **487,90 EUR**
    II. **Terminsvertreter**
    1. Verfahrensgebühr, Nrn. 3401, 3102, 1008 VV   195,00 EUR
    2. Terminsgebühr, Nrn. 3402, 3106 VV   280,00 EUR
    3. Postentgeltpauschale, Nr. 7002 VV   20,00 EUR
       Zwischensumme   495,00 EUR
    4. 19 % Umsatzsteuer, Nr. 7008 VV   94,05 EUR
    Gesamt   **589,05 EUR**

III. Abrechnung nach Rahmengebühren § 31

Beispiel 176 | Tätigkeit als Terminsvertreter ohne vorherige Befassung im Verwaltungs- oder Nachprüfungsverfahren, die Sache erledigt sich vorzeitig

Der Anwalt wird im Berufungsverfahren mit einer Terminswahrnehmung beauftragt. Zur Verhandlung kommt es jedoch nicht, da sich die Sache vorzeitig erledigt.

Jetzt entsteht keine Terminsgebühr. Der Rahmen für die Verfahrensgebühr reduziert sich auf 30,00 EUR bis 340,00 EUR; Mittelgebühr 185,00 EUR; zu beachten ist, dass die Gebühr nicht mehr als 210,00 EUR betragen darf (Nr. 3405 VV).

```
I.   Hauptbevollmächtigter
1.   Verfahrensgebühr, Nr. 3204 VV                              370,00 EUR
2.   Postentgeltpauschale, Nr. 7002 VV                           20,00 EUR
     Zwischensumme                          390,00 EUR
3.   19 % Umsatzsteuer, Nr. 7008 VV                              74,10 EUR
Gesamt                                                          464,10 EUR
II.  Terminsvertreter
1.   Verfahrensgebühr, Nrn. 3401, 3405, 3204 VV                 185,00 EUR
2.   Postentgeltpauschale, Nr. 7002 VV                           20,00 EUR
     Zwischensumme                          205,00 EUR
3.   19 % Umsatzsteuer, Nr. 7008 VV                              38,95 EUR
Gesamt                                                          243,95 EUR
```

Beispiel 177 | Tätigkeit als Terminsvertreter mit vorheriger Befassung im Verwaltungs- oder Nachprüfungsverfahren

Der Anwalt, der im Widerspruchsverfahren bereits tätig war, wird mit einer Terminswahrnehmung vor dem Sozialgericht beauftragt und nimmt an der Verhandlung teil. Der Hauptbevollmächtigte war erstmals im gerichtlichen Verfahren beauftragt worden.

Für den Verfahrensbevollmächtigten entsteht anrechnungsfrei die Gebühr der Nr. 3102 VV, da er nicht vorbefasst war. Für den Terminsvertreter gilt einerseits der halbe Rahmen der Nr. 3102 VV; andererseits ist die vorangegangene Geschäftsgebühr hälftig anzurechnen (Vorbem. 3 Abs. 4 VV), allerdings darf nicht mehr angerechnet werden, als der Terminsvertreter erhält. Bei Ansatz der Mittelgebühr ist daher die Anrechnung auf 150,00 EUR beschränkt.

```
I.   Verfahrensbevollmächtigter
1.   Verfahrensgebühr, Nr. 3102 VV                              300,00 EUR
2.   Postentgeltpauschale, Nr. 7002 VV                           20,00 EUR
     Zwischensumme                          320,00 EUR
3.   19 % Umsatzsteuer, Nr. 7008 VV                              60,80 EUR
Gesamt                                                          380,80 EUR
II.  Terminsvertreter
a)   Verwaltungsverfahren
1.   Geschäftsgebühr, Nr. 2302 Nr. 1 VV                         345,00 EUR
2.   Postentgeltpauschale, Nr. 7002 VV                           20,00 EUR
     Zwischensumme                          365,00 EUR
3.   19 % Umsatzsteuer, Nr. 7008 VV                              69,35 EUR
Gesamt                                                          434,35 EUR
b)   Gerichtliches Verfahren
1.   Verfahrensgebühr, Nrn. 3401, 3102 VV                       150,00 EUR
2.   gem. Vorbem. 3 Abs. 4 VV anzurechnen                      – 150,00 EUR
3.   Postentgeltpauschale, Nr. 7002 VV                           20,00 EUR
     Zwischensumme                           20,00 EUR
```

4. 19 % Umsatzsteuer, Nr. 7008 VV	3,80 EUR
Gesamt	**23,80 EUR**

280 Erledigt sich die Angelegenheit vorzeitig, so würde sich für den Terminsvertreter hinsichtlich der **Verfahrensgebühr** nichts ändern. Die Höchstgrenze der Nr. 3405 VV wäre ohnehin nicht erreicht. Allenfalls kann die Verfahrensgebühr der Nrn. 3401, 3102 VV etwas abgesenkt werden, da sich die Sache vorzeitig erledigt hat. Eine Terminsgebühr entsteht jetzt nicht.

> **Beispiel 178** | **Tätigkeit als Terminsvertreter mit vorheriger Befassung im Verwaltungs- oder Nachprüfungsverfahren und vorzeitiger Erledigung**

Der Anwalt, der im Widerspruchsverfahren bereits tätig war, wird mit einer Terminswahrnehmung vor dem Sozialgericht beauftragt. Zur Terminswahrnehmung kommt es nicht mehr, da sich der Auftrag vorher erledigt.

Aufgrund der vorzeitigen Erledigung kann gegebenenfalls von einer Gebühr unterhalb der Höchstgrenze auszugehen sein. Hier sollen 100,00 EUR netto angenommen werden.

I. Verwaltungsverfahren
1. Geschäftsgebühr, Nr. 2302 Nr. 1 VV   345,00 EUR
2. Postentgeltpauschale, Nr. 7002 VV   20,00 EUR
   Zwischensumme   365,00 EUR
3. 19 % Umsatzsteuer, Nr. 7008 VV   69,35 EUR
Gesamt   **434,35 EUR**
II. Gerichtliches Verfahren
1. Verfahrensgebühr, Nrn. 3401, 3102 VV   100,00 EUR
2. Postentgeltpauschale, Nr. 7002 VV   20,00 EUR
   Zwischensumme   120,00 EUR
3. 19 % Umsatzsteuer, Nr. 7008 VV   22,80 EUR
Gesamt   **142,80 EUR**

19. Einzeltätigkeit

281 Ist der Anwalt lediglich mit einer Einzeltätigkeit beauftragt, so erhält er eine **Verfahrensgebühr** nach Nr. 3406 VV. Der Gebührenrahmen beläuft sich auf 30,00 EUR bis 340,00 EUR; die Mittelgebühr beträgt 185,00 EUR. Bei **mehreren Auftraggebern** erhöht sich der Rahmen um 30 %, höchstens um 200 %.

282 Eine Reduzierung bei **vorzeitiger Erledigung** ist hier nicht vorgesehen.

> **Beispiel 179** | **Einzeltätigkeit**

Der Anwalt vertritt den Mandanten nach Abschluss des Rechtsstreits nur im Kostenfestsetzungsverfahren.

Das Kostenfestsetzungsverfahren zählt nach § 16 Nr. 11 RVG zum Rechtszug. Wird der Anwalt allerdings isoliert nur mit der Kostenfestsetzung beauftragt, ist eine Einzeltätigkeit gegeben, die nach Nr. 3406 VV vergütet wird.

III. Abrechnung nach Rahmengebühren §31

1. Verfahrensgebühr, Nr. 3406 VV		185,00 EUR
2. Postentgeltpauschale, Nr. 7002 VV		20,00 EUR
Zwischensumme	205,00 EUR	
3. 19 % Umsatzsteuer, Nr. 7008 VV		38,95 EUR
Gesamt		**243,95 EUR**

Auch hier greift wiederum Nr. 1008 VV bei **mehreren Auftraggebern**. 283

Beispiel 180 | **Einzeltätigkeit, mehrere Auftraggeber**

Der Anwalt vertritt zwei Mandanten nach Abschluss des Rechtsstreits nur im Kostenfestsetzungsverfahren.

Die Verfahrensgebühr der Nr. 3406 VV erhöht sich nach Nr. 1008 VV um 30 %.

1. Verfahrensgebühr, Nrn. 3406, 1008 VV		240,50 EUR
2. Postentgeltpauschale, Nr. 7002 VV		20,00 EUR
Zwischensumme	260,50 EUR	
3. 19 % Umsatzsteuer, Nr. 7008 VV		49,50 EUR
Gesamt		**310,00 EUR**

Beispiel 181 | **Einzeltätigkeit bei vorangegangener Tätigkeit im Verwaltungs- oder Nachprüfungsverfahren**

Der Anwalt war im Widerspruchsverfahren tätig. Der Mandant führt den Rechtsstreit vor dem Sozialgericht selbst. Nach Abschluss des Verfahrens beauftragt der Mandant den Anwalt mit der Durchführung des Kostenfestsetzungsverfahrens.

Die Gebühr ergibt sich wiederum aus Nr. 3406 VV. Darauf ist allerdings die vorangegangene Geschäftsgebühr gem. Vorbem. 3 Abs. 4 VV hälftig anzurechnen.

I. Verwaltungsverfahren		
1. Geschäftsgebühr, Nr. 2302 Nr. 1 VV		345,00 EUR
2. Postentgeltpauschale, Nr. 7002 VV		20,00 EUR
Zwischensumme	365,00 EUR	
3. 19 % Umsatzsteuer, Nr. 7008 VV		69,35 EUR
Gesamt		**434,35 EUR**
II. Einzeltätigkeit		
1. Verfahrensgebühr, Nr. 3406 VV		185,00 EUR
2. gem. Vorbem. 3 Abs. 4 VV anzurechnen		− 172,50 EUR
2. Postentgeltpauschale, Nr. 7002 VV		20,00 EUR
Zwischensumme	32,50 EUR	
3. 19 % Umsatzsteuer, Nr. 7008 VV		6,18 EUR
Gesamt		**38,68 EUR**

20. Gehörsrüge

Nach § 178a SGG ist auch im sozialgerichtlichen Verfahren die Gehörsrüge gegeben. Bis zum 1.8.2103 waren für diese Gehörsrüge keine Gebührentatbestände im RVG geregelt. Diese sind jetzt durch eine Erweiterung der Nrn. 3300, 3331 VV eingeführt worden. 284

Der Gebührentatbestand der Nr. 3330 VV greift nur dann, wenn der Anwalt ausschließlich mit einer Gehörsrüge oder deren Abwehr beauftragt ist. Anderenfalls gehört die Tätigkeit mit zur Hauptsache und wird durch die dortigen Gebühren mit abgegolten (§ 19 Abs. 1 S. 2 Nr. 5 RVG). 285

§ 31 Sozialrechtliche Angelegenheiten

286 Der Anwalt, der ausschließlich mit einer Gehörsrüge beauftragt ist, erhält eine Verfahrensgebühr nach Nr. 3330 VV. Der Gebührenrahmen bemisst sich nach dem Rahmen der Verfahrensgebühr des zugrunde liegenden Verfahrens.

287 Gleichzeitig ist auch ein Höchstbetrag i.H.v. 220,00 EUR eingeführt worden.

Beispiel 182 | **Gehörsrüge in sozialgerichtlichen Verfahren**

Der Mandant, der sich im Verfahren vor dem Sozialgericht selbst vertreten hat, beauftragt einen Anwalt, Gehörsrüge zu erheben.

Der Anwalt erhält eine Gebühr nach Nr. 3330 VV aus dem Rahmen der Nr. 3102 VV, also von 50,00 bis 550,00 EUR, höchstens 220,00 EUR. Da sich der Anwalt hier i.d.R. mit dem gesamten Verfahren befassen und dieses aufarbeiten muss, dürfte der Betrag i.H.v. 220,00 EUR angemessen sein.

1.	Verfahrensgebühr, Nr. 3330 VV	220,00 EUR
2.	Postentgeltpauschale, Nr. 7002 VV	20,00 EUR
	Zwischensumme	240,00 EUR
3.	19 % Umsatzsteuer, Nr. 7008 VV	45,60 EUR
	Gesamt	**285,60 EUR**

288 Nr. 3331 VV ist neu eingefügt worden und regelt jetzt die Terminsgebühr im Verfahren über eine Gehörsrüge. Der Anwalt erhält eine Terminsgebühr in Höhe der Terminsgebühr, die für das Verfahren, in dem die Rüge erhoben wird, vorgesehen ist.

289 Auch hier gilt ein **Höchstbetrag** von 220,00 EUR.

Beispiel 183 | **Gehörsrüge in sozialgerichtlichen Verfahren**

Wie vorangegangenes Beispiel; über die Gehörsrüge wird verhandelt.

Neben der Verfahrensgebühr der Nr. 3330 VV erhält der Anwalt jetzt noch eine Terminsgebühr aus dem Rahmen der Nr. 3106 VV, höchstens jedoch 220,00 EUR. Auch hier dürfte der noch unter der Mittelgebühr (280,00 EUR) liegende Höchstbetrag i.H.v. 220,00 EUR angemessen sein.

1.	Verfahrensgebühr, Nr. 3330 VV	220,00 EUR
2.	Terminsgebühr, Nr. 3331 VV	220,00 EUR
3.	Postentgeltpauschale, Nr. 7002 VV	20,00 EUR
	Zwischensumme	460,00 EUR
4.	19 % Umsatzsteuer, Nr. 7008 VV	87,40 EUR
	Gesamt	**547,40 EUR**

21. Prozesskostenhilfe-Prüfungsverfahren

290 Soweit der Anwalt in der Hauptsache tätig wird, gilt auch hier § 16 Nr. 2 RVG, wonach das Verfahren über die Prozesskostenhilfe und das Verfahren, für das Prozesskostenhilfe beantragt wird, dieselbe Angelegenheit sind. Nur dann, wenn der Anwalt ausschließlich im Verfahren über die Prozesskostenhilfe beauftragt wird, erhält er eine gesonderte Vergütung.

291 Die bisherige Verfahrensgebühr für die Verfahren über die Prozesskostenhilfe (Nr. 3336 VV a.F.) ist aufgehoben worden. Anzuwenden ist jetzt auch in diesem Verfahren Nr. 3335 VV, die dazu

einen zusätzlichen Verweis für die sozialgerichtlichen Verfahren erhalten hat. Die Verfahrensgebühr entspricht der Verfahrensgebühr der Hauptsache, ist aber ebenso wie die Verfahrensgebühr der Nr. 3400 VV auf 420,00 EUR begrenzt.

> **Beispiel 184** **Prozesskostenhilfeverfahren**

Der Mandant erhebt bei der Rechtsantragstelle Anfechtungsklage und beauftragt sodann den Anwalt, für ihn zunächst die Bewilligung von Prozesskostenhilfe zu beantragen. Die beantragte Prozesskostenhilfe wird mangels Erfolgsaussicht nicht bewilligt. Der Anwalt wird daher nicht weiter tätig.

Die Verfahrensgebühr bemisst sich nach dem Rahmen der Nr. 3102 VV. In Anbetracht dessen, dass der bloße Antrag einen geringen Aufwand bereitet als das gesamte Verfahren, soll hier von der halben Mittelgebühr ausgegangen werden.

1.	Verfahrensgebühr, Nr. 3335, 3102 VV	150,00 EUR
2.	Postentgeltpauschale, Nr. 7002 VV	20,00 EUR
	Zwischensumme	170,00 EUR
3.	19 % Umsatzsteuer, Nr. 7008 VV	32,30 EUR
	Gesamt	**202,30 EUR**

Auch hier gilt wiederum Nr. 1008 VV bei **mehreren Auftraggebern**.

292

> **Beispiel 185** **Prozesskostenhilfeverfahren, mehrere Auftraggeber**

Die beiden Mandanten erheben bei der Rechtsantragstelle Anfechtungsklage und beauftragen sodann den Anwalt, für sie zunächst die Bewilligung von Prozesskostenhilfe zu beantragen. Die beantragte Prozesskostenhilfe wird mangels Erfolgsaussicht nicht bewilligt. Der Anwalt wird daher nicht weiter tätig.

Die Verfahrensgebühr erhöht sich nach Nr. 1008 VV um 30 %. Ausgehend von der Mittelgebühr ergibt dies folgende Berechnung:

1.	Verfahrensgebühr, Nrn. 3335, 3102, 1008 VV	195,00 EUR
2.	Postentgeltpauschale, Nr. 7002 VV	20,00 EUR
	Zwischensumme	215,00 EUR
3.	19 % Umsatzsteuer, Nr. 7008 VV	40,85 EUR
	Gesamt	**255,85 EUR**

Neben der Verfahrensgebühr erhält der Anwalt im Prozesskostenhilfe-Prüfungsverfahren eine volle **Terminsgebühr** aus Nr. 3106 VV (Vorbem. 3.3.6 S. 2 VV), wenn es zu einem Termin i.S.d. Vorbem. 3 Abs. 3 VV kommt. Diese Gebühr entsteht im Prozesskostenhilfe-Prüfungsverfahren und im Verfahren, für das Prozesskostenhilfe bewilligt worden ist, insgesamt nur einmal, da es sich um eine Angelegenheit i.S.d. § 15 RVG handelt (§ 16 Nr. 2 RVG).

293

> **Beispiel 186** **Prozesskostenhilfeverfahren mit Termin**

Der Mandant erhebt bei der Rechtsantragstelle Anfechtungsklage und beauftragt sodann den Anwalt, für ihn zunächst die Bewilligung von Prozesskostenhilfe zu beantragen. Darüber wird verhandelt. Die beantragte Prozesskostenhilfe wird mangels Erfolgsaussicht nicht bewilligt. Der Anwalt wird daher nicht weiter tätig.

§ 31 Sozialrechtliche Angelegenheiten

Jetzt soll bei der Verfahrensgebühr von der Mittelgebühr ausgegangen werden. Hinzu kommt die eine volle Terminsgebühr aus Nr. 3106 VV (Vorbem. 3.3.6 S. 2 VV).

1.	Verfahrensgebühr, Nr. 3335, 3102 VV		195,00 EUR
2.	Terminsgebühr, Vorbem. 3.3.6 S. 2, Nr. 3106 VV		280,00 EUR
3.	Postentgeltpauschale, Nr. 7002 VV		20,00 EUR
	Zwischensumme	495,00 EUR	
4.	19 % Umsatzsteuer, Nr. 7008 VV		94,05 EUR
	Gesamt		**589,05 EUR**

§ 32 Verfahren nach dem Gesetz über den Rechtsschutz bei überlangen Gerichtsverfahren

Inhalt

I. Überblick 1	b) Terminsgebühr 14
II. Vorgerichtliche Tätigkeit 6	aa) Erstinstanzliche Verfahren vor einem OLG, LAG, OVG/VGH oder LSG sowie vor einem obersten Gerichtshof des Bundes 14
III. Erstinstanzliche Verfahren 7	
1. Überblick 7	
2. Erstinstanzliche Verfahren 8	
a) Verfahrensgebühr 8	bb) Erstinstanzliche Verfahren vor dem FG 17
aa) Erstinstanzliche Verfahren vor einem OLG, LAG, OVG/VGH oder LSG sowie vor einem obersten Gerichtshof des Bundes 8	c) Einigung 20
	d) Streitwert 21
	IV. Revisionsverfahren 25
bb) Erstinstanzliche Verfahren vor dem FG 13	

I. Überblick

Zum 3.12.2011 ist das Gesetz über den Rechtsschutz bei überlangen Gerichtsverfahren und strafrechtlichen Ermittlungsverfahren vom 24.11.2011[1] in Kraft getreten. Gleichzeitig sind für die neu eingeführten Verfahren auch zum Teil neue Gebührentatbestände im RVG geschaffen worden. **1**

Richtet sich das Verfahren gegen eine Landesregierung, ist in erster Instanz in der **ordentlichen Gerichtsbarkeit** (Zivilsachen, Familiensachen, Verfahren der freiwilligen Gerichtsbarkeit, Straf- und Bußgeldsachen) das OLG zuständig, in dessen Bezirk die Regierung ihren Sitz hat (§ 201 Abs. 1 S. 1 GVG). Gegen dessen Entscheidung ist die Revision zum BGH möglich (§ 201 Abs. 2 S. 1 GVG). **2**

Soweit sich das Verfahren gegen die Bundesregierung richtet, ist der BGH erstinstanzlich zuständig (§ 201 Abs. 1 S. 1 GVG). Ein Rechtsmittel gibt es in diesem Fall nicht. **3**

In anderen Gerichtsbarkeiten sind die Vorschriften entsprechend anzuwenden: **4**
- In der **Arbeitsgerichtsbarkeit** sind also erstinstanzlich die Landesarbeitsgerichte zuständig, wenn sich das Verfahren gegen die Landesregierung richtet, und das BAG, wenn sich das Verfahren gegen die Bundesregierung richtet. Revisionsgericht ist das BAG (§ 9 Abs. 2 S. 2 ArbGG).
- In **Verwaltungssachen** sind erstinstanzlich zuständig die Oberverwaltungsgerichte und Verwaltungsgerichtshöfe bzw. das BVerwG. Revisionsgericht ist das BVerwG (§ 173 S. 2 VwGO).
- In **Sozialsachen** sind erstinstanzlich die Landessozialgerichte bzw. das BSG zuständig. Revisionsgericht ist das BSG (§ 202 S. 2 SGG).
- In **finanzgerichtlichen Verfahren**, in denen ohnehin nur zwei Instanzen vorgesehen sind, ist das FG erstinstanzlich zuständig bzw. der BFH. Revisionsgericht ist der BFH (§ 155 S. 2 FGO).

Die Gebühren werden immer nach dem Wert der anwaltlichen Tätigkeit erhoben (§ 2 Abs. 1 RVG). Dies gilt auch in sozialgerichtlichen Verfahren – selbst dann, wenn der Auftraggeber nicht **5**

---

[1] BGBl I 2011, S. 2302 ff.

zu den in § 183 SGG genannten Personen gehört und an sich gemäß § 3 Abs. 1 S. 2 RVG nach Rahmengebühren abzurechnen wäre (§ 3 Abs. 1 S. 3 RVG).

II. Vorgerichtliche Tätigkeit

6   Werden Entschädigungsansprüche nach § 198 Abs. 2 GVG zunächst außergerichtlich geltend gemacht, richtet sich die Vergütung nach Teil 2 VV. Der Anwalt erhält eine Geschäftsgebühr nach Nr. 2300 VV. Hinzukommen kann eine Einigungsgebühr nach Nr. 1000 VV in Höhe von 1,5. Eine Erledigungsgebühr nach Nr. 1002 VV ist nicht möglich, da es sich nicht um ein Verwaltungsverfahren handelt (zur Abrechnung siehe § 8 Rn 9 ff.).

III. Erstinstanzliche Verfahren

1. Überblick

7   Kommt es zu einem erstinstanzlichen gerichtlichen Verfahren nach § 201 GVG, richtet sich die Vergütung nach Teil 3 VV. Für die Gebühren ist maßgebend, vor welchem Gericht die Klage eingereicht wird.

2. Erstinstanzliche Verfahren

a) Verfahrensgebühr

aa) Erstinstanzliche Verfahren vor einem OLG, LAG, OVG/VGH oder LSG sowie vor einem obersten Gerichtshof des Bundes

8   Obwohl es sich um erstinstanzliche Verfahren handelt, richtet sich die Verfahrensgebühr für das Betreiben des Geschäfts (Vorbem. 3 Abs. 2 VV) nicht nach Teil 3 Abschnitt 1 VV (also nach den Nrn. 3100 ff. VV). Die Verfahrensgebühr richtet sich vielmehr nach Nr. 3300 Nr. 3 VV. Für die Verfahren vor einem OVG/VGH oder LSG ist diese Regelung an sich überflüssig, weil sich die Anwendbarkeit der Nr. 3300 VV bereits aus deren Nr. 2 ergibt.

9   Der Anwalt verdient danach erstinstanzlich eine **1,6-Verfahrensgebühr**, die sich nach Nr. 3301 VV im Falle der vorzeitigen Beendigung unter den Voraussetzungen der Anm. Abs. 2 zu Nr. 3201 VV auf 1,0 ermäßigt.

10 Eine Erhöhung der erstinstanzlichen Verfahrensgebühr in **Verfahren vor dem BGH** kommt nicht in Betracht, da eine den Nrn. 3208, 3209 VV vergleichbare Regelung fehlt.

11 Soweit der Anwalt **mehrere Auftraggeber** vertritt, die denselben Entschädigungsanspruch geltend machen, erhöht sich die Verfahrensgebühr um 0,3 je weiteren Auftraggeber (Nr. 1008 VV).

12 War der Anwalt zunächst außergerichtlich tätig und hatte er dort eine Geschäftsgebühr verdient (siehe oben Rn 6), so ist diese **Geschäftsgebühr** gemäß Vorbem. 3 Abs. 4 VV hälftig, höchstens zu 0,75, auf die Verfahrensgebühr **anzurechnen**.

bb) Erstinstanzliche Verfahren vor dem FG

Für die erstinstanzlichen Verfahren vor den Finanzgerichten bedurfte es keiner gesonderten Regelung, da diese erstinstanzlich ohnehin schon mit einem Gebührensatz von 1,6 abgerechnet werden (Vorbem. 3.2.1 Nr. 1 i.V.m. Nr. 3200 VV). **13**

b) Terminsgebühr

aa) Erstinstanzliche Verfahren vor einem OLG, LAG, OVG/VGH oder LSG sowie vor einem obersten Gerichtshof des Bundes

Die Terminsgebühr ist nicht gesondert geregelt. Sie bestimmt sich vielmehr gemäß Vorbem. 3.3.1 VV nach Teil 3 Abschnitt 1 VV. Ihre Höhe beläuft sich gem. Nr. 3104 VV auf 1,2 und in den Fällen der Nr. 3105 VV auf 0,5. **14**

Soweit hier eine Entscheidung im schriftlichen Verfahren ergeht oder ein schriftlicher Vergleich geschlossen wird, kann die Terminsgebühr nach Anm. Abs. 1 Nr. 1 zu Nr. 3104 VV auch ohne mündliche Verhandlung entstehen, da es sich durchweg um Verfahren mit vorgeschriebener mündlicher Verhandlung handelt. **15**

Selbstverständlich kann die Terminsgebühr auch durch Besprechungen i.S.d. Vorbem. 3 Abs. 3 S. 3 Nr. 3 VV ausgelöst werden. **16**

bb) Erstinstanzliche Verfahren vor dem FG

Für die Verfahren vor den Finanzgerichten gilt dagegen Nr. 3202 VV, die allerdings ebenfalls eine 1,2-Gebühr vorsieht, so dass hier im Ergebnis keine Unterschiede bestehen. **17**

Auch hier kann die Terminsgebühr durch eine Entscheidung im schriftlichen Verfahren oder einen schriftlichen Vergleich ausgelöst werden (Anm. Abs. 1 zu Nr. 3202 i.V.m. Anm. Abs. 1 Nr. 1 zu Nr. 3104 VV. **18**

Selbstverständlich ist eine Terminsgebühr auch aufgrund einer Besprechung i.S.d. Vorbem. 3 Abs. 3 S. 3 Nr. 2 VV möglich. **19**

c) Einigung

Im Falle einer Einigung entsteht lediglich eine 1,0-Gebühr nach Nrn. 1000, 1003 VV, da es sich um erstinstanzliche Verfahren handelt. Auf eine Anhebung des Gebührensatzes für die Einigungsgebühr hat der Gesetzgeber in Nr. 1004 VV bewusst verzichtet. **20**

d) Streitwert

Da in den Gerichtsverfahren – einschließlich der Verfahren vor den Sozialgerichten – Gerichtsgebühren nach dem Wert abgerechnet werden, erfolgt die Wertfestsetzung nach § 63 GKG. Dieser Wert gilt dann auch für die Anwaltsgebühren (§§ 23 Abs. 1 S. 1, 32 Abs. 1 RVG). **21**

Der Streitwert richtet sich vor den **ordentlichen Gerichten** und den Gerichten der **Arbeitsgerichtsbarkeit** nach § 48 Abs. 1 S. 1 GKG i.V.m. § 3 ZPO. Maßgebend ist der verlangte Entschädigungsbetrag. **22**

§ 32 Verfahren nach dem Gesetz über den Rechtsschutz bei überlangen Gerichtsverfahren

23 In den Verfahren der **Verwaltungs-, Sozial- und Finanzgerichtsbarkeit** richtet sich der Wert nach § 52 GKG. Da Geldforderungen geltend gemacht werden, richtet sich der Wert auch hier nach dem Wert des verlangten Betrags (§ 52 Abs. 3 GKG).

24 Für die **Finanzgerichtsbarkeit** ist darüber hinaus der Mindeststreitwert des § 53 Abs. 4 GKG abbedungen worden. Er gilt in den Verfahren nach dem Gesetz über den Rechtsschutz bei überlangen Gerichtsverfahren nicht. Hier können also auch geringere Werte als 1.500,00 EUR festgesetzt werden.

| Beispiel 1 | Verfahren vor dem OLG mit Terminswahrnehmung |

Der Anwalt beantragt für den Kläger vor dem OLG eine Entschädigung in Höhe von 3.600,00 EUR. Darüber wird mündlich verhandelt. Anschließend wird durch Urteil entschieden.

Der Anwalt erhält die 1,6-Verfahrensgebühr der Nr. 3300 Nr. 3 VV und eine 1,2-Terminsgebühr nach Vorbem. 3.3.1 i.V.m. Nr. 3104 VV.

1.	1,6-Verfahrensgebühr, Nr. 3300 VV (Wert: 3.600,00 EUR)		403,20 EUR
2.	1,2-Terminsgebühr, Vorbem. 3.3.1 i.V.m. Nr. 3104 VV (Wert: 3.600,00 EUR)		302,40 EUR
3.	Postentgeltpauschale, Nr. 7002 VV		20,00 EUR
	Zwischensumme	725,60 EUR	
4.	19 % Umsatzsteuer, Nr. 7008 VV		137,86 EUR
	Gesamt		**863,46 EUR**

| Beispiel 2 | Verfahren vor dem FG mit Terminswahrnehmung |

Der Anwalt beantragt für den Kläger vor dem FG eine Entschädigung in Höhe von 2.400,00 EUR. Darüber wird mündlich verhandelt. Anschließend wird durch Urteil entschieden.

Der Anwalt erhält die 1,6-Verfahrensgebühr der Nr. 3200 VV und eine 1,2-Terminsgebühr nach Nr. 3202 VV (Vorbem. 3.2.1 Nr. 1 Buchst. a VV).

1.	1,6-Verfahrensgebühr, Vorbem. 3.2.1 Nr. 1 Buchst. a i.V.m. Nr. 3200 VV (Wert: 2.400,00 EUR)		321,60 EUR
2.	1,2-Terminsgebühr, Vorbem. 3.2.1 Nr. 1, Buchst. a i.V.m. Nr. 3202 VV (Wert: 2.400,00 EUR)		241,20 EUR
3.	Postentgeltpauschale, Nr. 7002 VV		20,00 EUR
	Zwischensumme	582,80 EUR	
4.	19 % Umsatzsteuer, Nr. 7008 VV		110,73 EUR
	Gesamt		**693,53 EUR**

| Beispiel 3 | Verfahren vor dem OLG mit Terminswahrnehmung und vorgerichtlicher Tätigkeit |

Wie Beispiel 1; jedoch hatte der Anwalt für den Kläger vorgerichtlich die Ersatzansprüche bei der Landesregierung angemeldet.

Auf die 1,6-Verfahrensgebühr ist jetzt die vorangegangene Geschäftsgebühr hälftig anzurechnen (Vorbem. 3 Abs. 4 VV). Der Anwalt erhält ausgehend von einer Mittelgebühr:

- **I. Vorgerichtliche Tätigkeit**
  1. 1,5-Geschäftsgebühr, Nr. 2300 VV 378,00 EUR
     (Wert: 3.600,00 EUR)
  2. Postentgeltpauschale, Nr. 7002 VV 20,00 EUR
     Zwischensumme 398,00 EUR
  3. 19 % Umsatzsteuer, Nr. 7008 VV 75,62 EUR
  Gesamt **473,62 EUR**
- **II. Gerichtliches Verfahren**
  1. 1,6-Verfahrensgebühr, Nr. 3300 VV 403,20 EUR
     (Wert: 3.600,00 EUR)
  2. gem. Vorbem. 3 Abs. 4 VV anzurechnen, – 189,00 EUR
     0,75 aus 3.600,00 EUR
  3. 1,2-Terminsgebühr, Vorbem. 3.3.1 i.V.m. Nr. 3104 VV 302,40 EUR
     (Wert: 3.600,00 EUR)
  4. Postentgeltpauschale, Nr. 7002 VV 20,00 EUR
     Zwischensumme 536,60 EUR
  5. 19 % Umsatzsteuer, Nr. 7008 VV 101,95 EUR
  Gesamt **638,55 EUR**

Beispiel 4 — **Verfahren vor dem FG mit Terminswahrnehmung und vorgerichtlicher Tätigkeit**

Wie vorangegangenes Beispiel 2; jedoch hatte der Anwalt für den Kläger vorgerichtlich die Ersatzansprüche bei der Landesregierung angemeldet.

Auf die 1,6-Verfahrensgebühr ist auch jetzt die vorangegangene Geschäftsgebühr hälftig anzurechnen (Vorbem. 3 Abs. 4 VV). Der Anwalt erhält ausgehend von einer Mittelgebühr:

- **I. Vorgerichtliche Tätigkeit**
  1. 1,5-Geschäftsgebühr, Nr. 2300 VV 301,50 EUR
     (Wert: 2.400,00 EUR)
  2. Postentgeltpauschale, Nr. 7002 VV 20,00 EUR
     Zwischensumme 321,50 EUR
  3. 19 % Umsatzsteuer, Nr. 7008 VV 61,09 EUR
  Gesamt **382,59 EUR**
- **II. Gerichtliches Verfahren**
  1. 1,6-Verfahrensgebühr, Vorbem. 3.2.1. Nr. 1 Buchst. a 321,60 EUR
     i.V.m. Nr. 3200 VV
     (Wert: 2.400,00 EUR)
  2. gem. Vorbem. 3 Abs. 4 VV anzurechnen, – 150,75 EUR
     0,75 aus 2.400,00 EUR
  3. 1,2-Terminsgebühr, Nr. 3204 VV 241,20 EUR
     (Wert: 2.400,00 EUR)
  4. Postentgeltpauschale, Nr. 7002 VV 20,00 EUR
     Zwischensumme 432,05 EUR
  5. 19 % Umsatzsteuer, Nr. 7008 VV 82,09 EUR
  Gesamt **514,14 EUR**

Beispiel 5 — **Vorzeitige Erledigung vor dem OLG**

Der Anwalt erhält den Auftrag, vor dem OLG eine Entschädigung in Höhe von 3.600,00 EUR einzuklagen. Zur Einreichung der Klage kommt es jedoch nicht mehr.

Jetzt entsteht nur die ermäßigte 1,1-Verfahrensgebühr der Nrn. 3330 Nr. 3, 3331 VV.

1.	1,1-Verfahrensgebühr, Nrn. 3300 Nr. 3, 3331 VV (Wert: 3.600,00 EUR)	277,20 EUR
2.	Postentgeltpauschale, Nr. 7002 VV	20,00 EUR
	Zwischensumme 297,20 EUR	
3.	19 % Umsatzsteuer, Nr. 7008 VV	56,47 EUR
	Gesamt	**353,67 EUR**

> **Beispiel 6** Vorzeitige Erledigung vor dem FG

Der Anwalt erhält den Auftrag, vor dem OLG eine Entschädigung in Höhe von 2.400,00 EUR einzuklagen. Zur Einreichung der Klage kommt es jedoch nicht mehr.

Jetzt entsteht nur die ermäßigte 1,1-Verfahrensgebühr der Nrn. 3200, 3201 VV (Vorbem. 3.2.1 Nr. 1 Buchst. a VV).

1.	1,1-Verfahrensgebühr, Nrn. 3200, 3201 VV (Wert: 2.400,00 EUR)	221,10 EUR
2.	Postentgeltpauschale, Nr. 7002 VV	20,00 EUR
	Zwischensumme 241,10 EUR	
3.	19 % Umsatzsteuer, Nr. 7008 VV	45,81 EUR
	Gesamt	**286,91 EUR**

IV. Revisionsverfahren

25 Für die Revisionsverfahren bedurfte es keiner besonderen Regelung. Hier gelten jeweils unmittelbar die Gebühren nach Teil 3 Abschnitt 2 VV (Nrn. 3206 ff. VV), die auch in sonstigen Revisionsverfahren anzuwenden sind, so dass auf die dortigen Ausführungen verwiesen werden kann.

> **Beispiel 7** Revision vor dem BAG

Gegen die Entscheidung des LAG wird Revision zum BAG eingelegt, über die mündlich verhandelt wird (Streitwert 3.600,00 EUR).

Es entstehen die 1,6-Verfahrensgebühr der Nr. 3206 VV sowie die 1,5-Terminsgebühr der Nr. 3210 VV.

1.	1,6-Verfahrensgebühr, Nr. 3206 VV (Wert: 3.600,00 EUR)	403,20 EUR
2.	1,5-Terminsgebühr, Nr. 3210 VV (Wert: 3.600,00 EUR)	378,00 EUR
3.	Postentgeltpauschale, Nr. 7002 VV	20,00 EUR
	Zwischensumme 801,20 EUR	
4.	19 % Umsatzsteuer, Nr. 7008 VV	152,23 EUR
	Gesamt	**953,43 EUR**

26 Soweit allerdings der **BGH** Revisionsgericht ist, entstehen die höheren Verfahrensgebühren der Nrn. 3208, 3209 VV, da auch insoweit eine Vertretung durch einen am BGH zugelassenen Anwalt erforderlich ist.

IV. Revisionsverfahren § 32

Beispiel 8 — **Revision vor dem BGH**

Gegen die Entscheidung des OLG wird Revision zum BGH eingelegt, über die mündlich verhandelt wird (Streitwert 3.600 EUR).

Es entstehen die 2,3-Verfahrensgebühr der Nr. 3206, 3208 VV sowie die 1,5-Terminsgebühr der Nr. 3210 VV.

1.	2,3-Verfahrensgebühr, Nr. 3206, 3208 VV (Wert: 3.600,00 EUR)		579,60 EUR
2.	1,5-Terminsgebühr, Nr. 3210 VV (Wert: 3.600,00 EUR)		378,00 EUR
3.	Postentgeltpauschale, Nr. 7002 VV		20,00 EUR
	Zwischensumme	977,60 EUR	
4.	19 % Umsatzsteuer, Nr. 7008 VV		185,74 EUR
	Gesamt		**1.163,34 EUR**

Soweit eine **Nichtzulassungsbeschwerde** in Betracht kommt, gelten die allgemeinen Regelungen, so dass auf die Ausführungen zu den jeweiligen Gerichtsbarkeiten Bezug genommen wird. **27**

§ 33 Zwangsvollstreckung, Vollstreckung, Vollziehung, Verwaltungszwang und Verfahren auf Eintragung einer Zwangshypothek

Inhalt

I. **Überblick** 1

II. **Die Zwangsvollstreckung** 5
1. Überblick 5
2. Gegenstandswert 12
   a) Überblick 12
   b) Geldforderungen 16
   c) Herausgabevollstreckungen ... 22
   d) Vollstreckung vertretbarer Handlungen, Duldungen oder Unterlassungen 24
   e) Sicherungsvollstreckung 25
   f) Abgabe der Vermögensauskunft 26
   g) Vollstreckungs- oder Vollstreckungsschutzanträge 27
   h) Beschwerdeverfahren 30
   i) Erinnerungsverfahren 31
3. Die Gebühren 32
   a) Die Verfahrensgebühr 32
      aa) Einfache Vollstreckung ... 33
      bb) Vollstreckungsandrohung/Anzeige der Vollstreckungsabsicht 37
      cc) Vollstreckung für mehrere Gläubiger 41
         (1) Überblick 41
         (2) Gesamtgläubiger 42
         (3) Teilgläubiger 44
      dd) Gesellschaft bürgerlichen Rechts ... 48
      ee) Wohnungseigentümergemeinschaft .. 49
      ff) Vollstreckung gegen mehrere Schuldner 54
   b) Terminsgebühr 55
   c) Einigungsgebühr 60
      aa) Überblick 60
      bb) Zahlungsvereinbarung ... 62
         (1) Überblick 62
         (2) Gebühren 66
         (3) Verfahrenswert 74
      cc) Sonstige Einigung 78
4. Auslagen 82
5. Umfang der Angelegenheit 83
   a) Überblick 83
   b) Vollstreckungsandrohung/Vollstreckungsankündigung 87
   c) Vollstreckung gegen mehrere Schuldner 89
   d) Mehrere nacheinander folgende Vollstreckungsaufträge 93
   e) Mehrere zeitgleich durchgeführte Vollstreckungen 104
      aa) Mehrere Vollstreckungen aus verschiedenen Titeln in dasselbe Objekt 105
      bb) Mehrere Vollstreckungen aus einem Titel in verschiedene Objekte 106
   f) Vollstreckungsabwehr 108
      aa) Überblick 108
      bb) Einwendungen gegen die Art und Weise der Zwangsvollstreckung 109
      cc) Materiell-rechtliche Einwände 112
   g) Drittschuldnerauskunft 116
   h) Schuldnerschutzanträge 118
      aa) Überblick 118
      bb) Unselbstständige Vollstreckungsschutzverfahren 123
      cc) Selbstständige Vollstreckungsschutzverfahren 125
   i) Vollstreckungserinnerung 129
   j) Beschwerde 132
   k) Klauselerinnerung 134
   l) Vollstreckbarerklärung eines Anwaltsvergleichs 135
6. Erstattung und Festsetzung von Vollstreckungskosten 139
   a) Überblick 139
   b) Gesamtschuldner 142
   c) Erstattungsfähigkeit bei späterer Abänderung des Titels 143
   d) Beitreibung und Festsetzung ... 145

III. **Vollziehung eines Arrestes oder einer einstweiligen Verfügung** 150

IV. **Verfahren über Eintragungsanträge beim Grundbuchamt** 158
1. Verfahren auf Eintragung aufgrund eines Urteils oder eines Vergleichs auf Abgabe der Auflassungserklärung 158
2. Verfahren auf Eintragung einer Zwangshypothek (§§ 867 und 870a ZPO) 162
3. Eintragung einer Vormerkung oder eines Widerspruchs aufgrund einstweiliger Verfügung 164

V. **Vollstreckung nach dem FamFG** 165
1. Überblick 165
2. Vollstreckung nach den Vorschriften der ZPO 168
3. Vollstreckung nach den Vorschriften des FamFG 169

VI. **Verwaltungszwang** 171
1. Verwaltungszwangsverfahren vor der Verwaltungsbehörde 171
2. Gerichtliches Verfahren über einen Akt der Zwangsvollstreckung 179

VII. **Besonderheiten bei PKH/VKH** 186
1. Bewilligung 186
2. Abrechnung 190

VIII. **Beratungshilfe** 192

§ 33 Zwangsvollstreckung, Vollstreckung, Vollziehung, Verwaltungszwang

I. Überblick

1 Gem. Vorbem. 3.3.3 S. 1 VV erhält der Anwalt – sofern in den Nrn. 3311 ff. VV keine besonderen Gebühren bestimmt sind – seine Vergütung nach Teil 3 Abschnitt 3 VV, also nach den Nrn. 3309, 3310 VV für folgende Tätigkeiten:
- in der **Zwangsvollstreckung**,
- in der **Vollstreckung**,
- in **Verfahren des Verwaltungszwangs** sowie
- für die **Vollziehung eines Arrestes oder einer einstweiligen Verfügung**, wobei allerdings die Vollziehung durch Zustellung für den Verfahrensbevollmächtigten gem. § 18 Abs. 1 Nr. 2 RVG keine neue (Vollstreckungs-)Angelegenheit auslöst, sondern vielmehr noch zu dem Verfahren zählt, in dem der Titel ergangen ist (§ 19 Abs. 1 S. 2 Nr. 9 RVG).[1]

2 Des Weiteren sind die Gebühren nach Teil 3 Unterabschnitt 3 VV gem. Vorbem. 3.3.3 S. 2 VV auch anzuwenden in Verfahren auf **Eintragung einer Zwangshypothek** (§§ 867 und 870a ZPO).

3 Für die **Zwangsversteigerung** und **Zwangsverwaltung** selbst gelten dagegen die besonderen Vorschriften nach Teil 3 Abschnitt 3 Unterabschnitt 4 VV (Nrn. 3311, 3312 VV) (siehe dazu § 34).

4 Schließlich sind die Gebühren der Nrn. 3309, 3310 VV anzuwenden
- in **Strafsachen** für die Vollstreckung aus Entscheidungen, die über einen aus einer Straftat erwachsenen vermögensrechtlichen Anspruch oder die Erstattung von Kosten ergangen sind (§§ 406b, 464b StPO), sowie für die Mitwirkung bei der Ausübung der Veröffentlichungsbefugnis (Vorbem. 4 Abs. 5 Nr. 2 VV);
- in **Bußgeldsachen** für die Vollstreckung aus Entscheidungen, die über die Erstattung von Kosten ergangen sind (Vorbem. 5 Abs. 4 Nr. 2 VV);
- in **Verfahren nach Teil 6 VV** für die Vollstreckung aus einer Entscheidung über die Erstattung von Kosten in Disziplinarverfahren und berufsgerichtlichen Verfahren wegen der Verletzung einer Berufspflicht (Vorbem. 6.2 Abs. 3 Nr. 2 VV).

II. Die Zwangsvollstreckung

1. Überblick

5 Wird der Anwalt in der Zwangsvollstreckung beauftragt, erhält er die Gebühren nach Teil 3 Abschnitt 3 Unterabschnitt 3 VV, also nach den Nrn. 3309, 3310 VV. Hinzu kommen kann eine Einigungsgebühr nach Nr. 1000 VV. Daneben erhält der Anwalt seine Auslagen nach Teil 7 VV.

6 Die Gebühren der Nrn. 3309, 3310 VV sind nicht nur auf die Vertretung des Gläubigers anwendbar, sondern auch auf die Vertretung des Schuldners,[2] sogar dann, wenn gegen den Schuldner noch gar nicht vollstreckt wird, die Vollstreckung jedoch droht[3] (siehe Rn 87 ff.). Auch auf die Vertretung des Drittschuldners wendet die Rspr. die Nrn. 3309 ff. VV an,[4] allerdings zu Unrecht (siehe Rn 116 ff.).

---

1 OLG Braunschweig Rpfleger 2006, 43; LG Saarbrücken AGS 2014, 181 = NJW-Spezial 2014, 317.
2 Bischof/*Bräuer*, Nrn. 3309 Rn 4.
3 LG Düsseldorf AGS 2007, 450 = JurBüro 2007, 527 = NJW-Spezial 2007, 524; OLG Düsseldorf AGS 2002, 53 = OLGR 2001, 214 – noch zur BRAGO.
4 AG Düsseldorf JurBüro 1985, 723; AG Koblenz AGS 2008, 29.

Besondere Bedeutung hat in der Zwangsvollstreckung der **Umfang der Angelegenheit**. Grundsätzlich gilt **jede Vollstreckungsmaßnahme** zusammen mit den durch diese vorbereiteten weiteren Vollstreckungshandlungen bis zur Befriedigung des Gläubigers als eine Gebührenangelegenheit i.S.d. § 15 RVG (§ 18 Abs. 1 Nr. 1, 1. Hs. RVG). 7

Hierzu zählt auch das Verfahren über die Vollstreckungserinnerung nach § 766 ZPO (§ 19 Abs. 2 Nr. 2 RVG).[5] Darüber hinaus zählen auch Vollstreckungsschutzanträge weitgehend noch mit zur Angelegenheit. Anders verhält es sich dagegen bei Beschwerden. Diese sind auch in der Zwangsvollstreckung stets nach § 18 Abs. 1 Nr. 3 RVG gesonderte Angelegenheiten. 8

Der **Gegenstandswert** in der Zwangsvollstreckung bemisst sich nach § 25 RVG und ist gegebenenfalls im Verfahren nach § 33 RVG festzusetzen (siehe ausführlich Rn 12 ff.). 9

Ein besonderer **Gegenstandswert** gilt nach § 31b RVG für **Zahlungsvereinbarungen** (ausführlich siehe Rn 74 ff.). 10

Die **Kostenerstattung** in Zwangsvollstreckungssachen folgt aus § 788 Abs. 1 ZPO. Die Kosten einer notwendigen Zwangsvollstreckungsmaßnahme hat der Schuldner zu tragen. Diese Kosten werden i.d.R. mit der Hauptsache beigetrieben. Sie können aber auch nach § 788 ZPO **festgesetzt** werden (siehe Rn 139 ff.). 11

2. Gegenstandswert

a) Überblick

Der Gegenstandswert in der Zwangsvollstreckung bemisst sich nach **§ 25 RVG** und im Falle einer Zahlungsvereinbarung nach **§ 31b RVG**. 12

Eine gerichtliche Wertfestsetzung nach §§ 63 GKG, 55 FamGKG oder 79 GNotKG kommt in Vollstreckungsverfahren nicht in Betracht, da sich die Gerichtsgebühren in Vollstreckungsverfahren nicht nach dem Gegenstandswert richten. Es sind vielmehr Festgebühren oder gar keine Gebühren vorgesehen. 13

Eine gerichtliche Wertfestsetzung kommt daher nur nach **§ 33 Abs. 1 RVG** in Betracht. Auf Antrag eines Beteiligten, also des Gläubigers, des Schuldners, eines ihrer Bevollmächtigten oder im Falle der Prozesskostenhilfe auch der Landeskasse muss das Gericht im Falle einer gerichtlichen Vollstreckungsmaßnahme den Wert festsetzen. Soweit es nicht zu einem gerichtlichen Vollstreckungsverfahren gekommen ist (z.B. bei einer Vollstreckungsandrohung oder bei einer Mobiliarvollstreckung durch den Gerichtsvollzieher), wird die Frage des Gegenstandswertes entweder inzidenter im Vollstreckungsverfahren mit entschieden, wenn die notwendigen Kosten der Zwangsvollstreckung mit beigetrieben werden, oder im Festsetzungsverfahren nach § 788 ZPO. Eine gerichtliche Wertfestsetzung kommt also nur in Betracht bei Ordnungsgeld- oder Zwangsgeldverfahren, in Verfahren auf Erlass eines Pfändungs- und Überweisungsbeschlusses, in Verfahren auf Abgabe der Vermögensauskunft und in gerichtlichen Vollstreckungsschutzverfahren. 14

Soweit einer der Beteiligten durch die Festsetzung des Gegenstandswerts um mehr als 200,00 EUR beschwert ist oder das festsetzende Gericht die Beschwerde zugelassen hat, kann nach § 33 Abs. 3 RVG gegen die Wertfestsetzung Beschwerde eingelegt werden. Gegen Beschwerdeentscheidungen 15

---

[5] Eingefügt zum 31.12.2006 durch das 2. JuMoG. Damit hat sich die bis dahin bestehende Streitfrage geklärt.

des LG kommt darüber hinaus noch die weitere Beschwerde zum OLG in Betracht, wenn sie zugelassen worden ist (§ 33 Abs. 6 RVG).

b) Geldforderungen

16 Bei Geldforderungen ist der Wert der zu vollstreckenden Forderung einschließlich der Nebenforderungen maßgebend (§ 25 Abs. 1 Nr. 1 RVG). Hierzu zählen insbesondere aufgelaufene Zinsen sowie die Kosten vorausgegangener Vollstreckungsversuche.

> **Beispiel 1** | **Gegenstandswert bei verzinslicher Forderung**

Der Anwalt vollstreckt im Auftrag des Gläubigers aus einem Urteil über 3.000,00 EUR nebst Zinsen in Höhe von 6 % seit dem 1.1.2014. Der Vollstreckungsauftrag wird am 1.11.2014 vom Anwalt eingereicht.

Der Gegenstandswert in der Zwangsvollstreckung berechnet sich nach § 25 Abs. 1 Nr. 1, 1. Hs. RVG. Maßgebend ist der Zeitpunkt der Einreichung des Vollstreckungsantrags (analog § 40 GKG). Entgegen § 43 Abs. 1 GKG werden die bis zur Einreichung des Vollstreckungsantrags fälligen Zinsen hinzugerechnet. Es ergibt sich somit ein Gegenstandswert in Höhe von

1.	Hauptforderung	3.000,00 EUR
2.	Zinsen vom 1.1. bis zum 1.11.2014	150,00 EUR
	Gesamt	**3.150,00 EUR**

> **Beispiel 2** | **Gegenstandswert nach vorausgegangener Vollstreckungsmaßnahme**

Im Beispiel 1 fällt die Mobiliarvollstreckung fruchtlos aus. Am 1.12.2014 beantragt der Rechtsanwalt auftragsgemäß eine Gehaltspfändung.

Neben der Hauptforderung kommen die bis zur Einreichung des weiteren Vollstreckungsauftrags fälligen Zinsen hinzu sowie die Kosten des vorangegangenen Vollstreckungsauftrags (§ 25 Abs. 1 Nr. 1, 1. Hs. RVG). Der Gegenstandswert beläuft sich also auf

1.	Hauptforderung		3.000,00 EUR
2.	Zinsen vom 1.1. bis zum 1.12.2014		165,00 EUR
3.	Kosten des vorherigen Vollstreckungsversuchs		
	a) 0,3-Verfahrensgebühr, Nr. 3309 VV	75,60 EUR	
	(Wert: 3.150,00 EUR)		
	b) Postentgeltpauschale, Nr. 7002 VV	15,12 EUR	
	Zwischensumme	90,72 EUR	
	c) 19 % Umsatzsteuer, Nr. 7008 VV	17,23 EUR	
	Gesamt		**107,96 EUR**
	Gesamt		**3.272,96 EUR**

17 Beschränkt sich der Vollstreckungsauftrag darauf, einen **bestimmten Gegenstand** zu verwerten, so ist lediglich dieser Wert maßgebend, sofern er geringer als die zu vollstreckende Geldforderung ist.

| Beispiel 3 | Zwangsvollstreckungsauftrag in geringwertigeren Gegenstand |

Der Gläubiger erteilt dem Anwalt wegen einer Forderung in Höhe von 10.000,00 EUR den Auftrag zu einer Pfändung in einen Pkw im Werte von 2.500,00 EUR.

Maßgebend ist nicht der höhere Wert der titulierten Forderung, sondern der geringere Wert des Gegenstands, in den vollstreckt werden soll (§ 25 Abs. 1 Nr. 1, 2. Hs. RVG). Der Gegenstandswert beträgt daher nur 2.500,00 EUR.

Gleiches gilt bei einer **Forderungspfändung**. Auch hier kommt es nicht auf den (höheren) Wert der zu vollstreckenden Forderung an, sondern auf den Wert der Forderung, in die vollstreckt werden soll.[6] Existiert die gepfändete Forderung nicht oder ist sie wertlos, ist lediglich nach der untersten Gebührenstufe abzurechnen.[7] Nach a.A. soll der Gegenstandswert einer Forderungspfändung unabhängig von der Frage des Erfolgs nach dem Wert der zu vollstreckenden Geldforderung zu bestimmen sein,[8] was aber an sich schon dem Wortlaut des Gesetzes widerspricht. Das OLG Karlsruhe legt die Erwartungen des Gläubigers zugrunde.[9]

18

| Beispiel 4 | Zwangsvollstreckungsauftrag in geringwertigere Forderung |

Der Gläubiger erteilt dem Anwalt wegen einer Forderung in Höhe von 10.000,00 EUR den Auftrag zu einer Pfändung eines Sparbuchs, auf dem sich ein Guthaben i.H.v. 500,00 EUR befindet.

Maßgebend ist nicht der höhere Wert der titulierten Forderung, sondern der geringere Wert der Forderung, in die vollstreckt werden soll (§ 25 Abs. 1 Nr. 1, 2. Hs. RVG). Der Gegenstandswert beläuft sich somit auf 500,00 EUR.

Soweit wegen **Unterhaltsansprüchen oder Renten aus Körper- oder Gesundheitsverletzungen**, nach § 850d Abs. 3 ZPO auch wegen der künftig fällig werdenden Forderungen vollstreckt wird, richtet sich der Gegenstandswert gem. § 25 Abs. 1 Nr. 1, 3. Hs. RVG hinsichtlich der zukünftigen Forderungen bei Unterhaltsansprüchen nach § 51 FamGKG und bei Renten aus Körper- oder Gesundheitsverletzungen nach § 9 ZPO. Hinsichtlich der fälligen Beträge verbleibt es bei § 25 Abs. 1 Nr. 1, 3. Hs. RVG. Deren Wert ist in voller Höhe dem Wert der fälligen Beträge hinzuzurechnen.

19

| Beispiel 5 | Pfändung zukünftigen Arbeitseinkommens wegen unbefristeter künftiger Unterhaltsforderungen |

Die Ehefrau hat gegen den Ehemann einen Beschluss erwirkt, durch den der Ehemann verpflichtet worden ist, einen monatlichen Unterhalt i.H.v. 500,00 EUR ab Januar 2014 zu zahlen. Da der Ehemann im Juni bereits androht, seine Zahlungen ab Juli einzustellen,

---

6 OLG Köln Rpfleger 2001, 149 = InVo 2001, 148; AG Hamburg-Altona AGS 2007, 100.
7 LG Hildesheim AGS 2014 = Rpfleger 2013, 711 = JurBüro 2013, 607; LG Stuttgart AGS 2013, 475 = DGVZ 2013, 185 = MDR 2013, 1312 = Rpfleger 2013, 712 = JurBüro 2013, 607 = NJW-Spezial 2013, 669; OLG Köln Rpfleger 2001, 149 = InVo 2001, 148; LG Hamburg ZMR 2009, 697.
8 OLG Hamburg AnwBl 2006, 499; LG Düsseldorf AGS 2006, 86 = RVGreport 2006, 86; LG Kiel JurBüro 1991, 1198; LG Koblenz, Beschl. v. 13.6.2005 – 2 T 330/05.
9 AGS 2010, 539 = Rpfleger 2011, 223 = NJW-RR 2011, 501 = FoVo 2011, 17 = RVGreport 2011, 73 = RVGprof. 2011, 93.

erteilt die Ehefrau im Juli 2014 den Auftrag zur Vollstreckung wegen der künftigen Beträge ab Juli 2014.

Der Gegenstandswert bemisst sich nach § 25 Abs. 1 Nr. 1, 3. Hs. RVG. Maßgebend sind die zukünftigen Forderungen, die nach § 51 Abs. 1 FamGKG mit den auf die Einreichung des Vollstreckungsantrags folgenden zwölf Monaten bewertet werden.

12 x 500,00 EUR 6.000,00 EUR

| Beispiel 6 | Pfändung zukünftigen Arbeitseinkommens wegen befristeter künftiger Unterhaltsforderungen |

Wie Beispiel 5; jedoch ist der Unterhalt bis Ende 2014 befristet.

Der Gegenstandswert beläuft sich jetzt nur auf den geringeren Zeitraum bis zum Jahresende.

6 x 500,00 EUR 3.000,00 EUR

| Beispiel 7 | Pfändung zukünftigen Arbeitseinkommens wegen fälliger und künftiger Unterhaltsforderung (unbefristete Dauer) |

Die Ehefrau hat gegen den Ehemann einen Beschluss erwirkt, durch den der Ehemann verpflichtet worden ist, einen monatlichen Unterhalt i.H.v. 500,00 EUR für die Zeit von Januar bis Dezember 2014 zu zahlen ist. Da der Ehemann nicht zahlt, erteilt die Ehefrau im Juli 2014 den Auftrag zur Vollstreckung wegen der fälligen und künftigen Beträge.

Jetzt gilt hinsichtlich der zukünftigen Unterhaltsansprüche gem. § 25 Abs. 1 Nr. 1, 3. Hs. RVG i.V.m. § 51 Abs. 1 FamGKG der volle Wert der künftigen Beträge, da er unter dem Jahreswert liegt. Hinzu kommen die bei Auftragserteilung fälligen Beträge.

1. fällige Beträge (§ 25 Abs. 1 Nr. 1, 1. Hs. RVG), 3.500,00 EUR
   7[10] x 500,00 EUR
2. zukünftige Beträge (§ 25 Abs. 1 Nr. 1, 2. Hs. RVG 2.500,00 EUR
   i.V.m. § 51 Abs. 1 FamGKG), 5 x 500,00 EUR
Gesamt 6.000,00 EUR

| Beispiel 8 | Pfändung zukünftigen Arbeitseinkommens wegen fälliger und künftiger Schadensersatzrente (unbefristete Dauer) |

Die hinterbliebene Ehefrau hat gegen den Unfallverursacher eine Schadensersatzrente nach § 844 BGB in Höhe von 2.000,00 EUR ab April 2013 erstritten. Da der Schädiger nicht zahlt, erteilt die hinterbliebene Ehefrau im Juli 2014 den Auftrag zur Vollstreckung wegen der fälligen und künftigen Beträge.

Der Gegenstandswert der fälligen Unterhaltsbeträge bemisst sich auch hier nach § 25 Abs. 1 S. 1, 1. Hs. RVG und ergibt sich aus den Schadensersatzbeträgen für April 2013 bis September[11] 2014. Hinzu kommen nach § 25 Abs. 1 Nr. 1, 3. Hs. RVG die zukünftigen Forderungen, die nach § 9 ZPO mit dem dreieinhalbfachen Jahreswert (42 Monate) bewertet werden.

---

10 Der laufende Monat (hier Juli) ist bereits fällig, da der Unterhalt am Ersten eines Monats im Voraus zu zahlen ist (§ 1612 Abs. 3 BGB).
11 Schadensersatzrenten sind nach §§ 844 Abs. 2 S. 1, 2. Hs., 843 Abs. 2 S. 1, 760 Abs. 2 BGB drei Monate im Voraus zu zahlen, so dass im Juli bereits die Beträge bis einschließlich September fällig sind.

1. fällige Beträge (§ 25 Abs. 1 Nr. 1, 1. Hs. RVG), 30.000,00 EUR
   15 x 2.000,00 EUR
2. zukünftige Beträge (§ 25 Abs. 1 Nr. 1, 2. Hs. RVG i.V.m. 84.000,00 EUR
   § 9 ZPO), 42 x 2.000,00 EUR
   Gesamt **114.000,00 EUR**

Wird wegen einer Forderung in verschiedene Forderungen vollstreckt, beläuft sich der Gegenstandswert maximal auf den Wert der zu vollstreckenden Forderung, es sei denn die Summe der Forderungen, in die vollstreckt wird, ist geringer. Keinesfalls darf die zu vollstreckende Forderung mehrmals angesetzt werden.[12] 20

Beispiel 9 | **Vollstreckung in verschiedene Forderungen (I)**

Der Gläubiger vollstreckt wegen einer Forderung in Höhe von 2.000,00 EUR und bringt in einem Pfändungs- und Überweisungsbeschluss drei Pfändungen in Forderungen von jeweils 2.000,00 EUR aus.

Der Gegenstandswert beläuft sich gem. § 25 Abs. 1 Nr. 1, 1. Hs. RVG auf 2.000,00 EUR und nicht etwa auf 3 x 2.000,00 EUR.

Beispiel 10 | **Vollstreckung in verschiedene Forderungen (II)**

Der Gläubiger vollstreckt wegen einer Forderung in Höhe von 2.000,00 EUR und bringt in einem Pfändungs- und Überweisungsbeschluss drei Pfändungen in Forderungen von jeweils 500,00 EUR aus.

Der Gegenstandswert beläuft sich gem. § 25 Abs. 1 Nr. 1, 1. Hs. RVG auf 1.500,00 EUR, da dies der Maximalbetrag ist, den er aus der Vollstreckung erzielen kann.

Im Verteilungsverfahren gem. § 858 Abs. 5, §§ 872 bis 877 und 882 ZPO richtet sich der Gegenstandswert grundsätzlich ebenfalls gem. § 25 Abs. 1 Nr. 1, 1. Hs. RVG nach dem Betrag der zu vollstreckenden Forderung einschließlich Nebenforderungen. Er ist jedoch durch den zu verteilenden Geldbetrag nach oben begrenzt (§ 25 Abs. 1 Nr. 1, 4. Hs. RVG).[13] Unter dem zu verteilenden Geldbetrag ist der hinterlegte Betrag nebst Zinsen zu verstehen. Die Kosten des Verfahrens sind nicht vorweg abzuziehen. Die Vorschrift des § 874 Abs. 2 ZPO gilt nicht im Rahmen des § 25 Abs. 1 Nr. 1, 4. Hs. RVG. 21

Beispiel 11 | **Verteilungsverfahren**

Der Gläubiger vollstreckt wegen einer Forderung in Höhe von 12.000,00 EUR. Hinterlegt sind jedoch nur 8.000,00 EUR, die durch Verzinsung zwischenzeitlich auf 8.250,00 EUR angelaufen sind.

---

12 BGH AGS 2011, 277 = MDR 2011, 696 = NJW-RR 2011, 933 = Rpfleger 2011, 462 = JurBüro 2011, 434 = DGVZ 2011, 189 = NZM 2012, 172 = RVGprof. 2011, 95 = NJW-Spezial 2011, 379 = FamRZ 2011, 970 = RVGreport 2011, 298 = FoVo 2011, 197; AG Mosbach Rpfleger 2010, 530 = FoVo 2010, 239; a.A. LG Koblenz AGS 2009, 269 m. abl. Anm. *N. Schneider* = JurBüro 2010, 49 = Vollstreckung effektiv 2009, 61 = FoVo 2010, 33.
13 AnwK-RVG/*Wolf/Volpert*, § 25 Rn 28.

Der Gegenstandswert würde sich nach § 25 Abs. 1 Nr. 1, 1. Hs. RVG auf 12.000,00 EUR belaufen. Gem. § 25 Abs. 1 Nr. 1, 4. Hs. RVG gilt jedoch nur der geringere Wert des hinterlegten Betrags, also 8.250,00 EUR.

c) Herausgabevollstreckungen

22 Bei Herausgabevollstreckungen ist der Wert der herauszugebenden Sache maßgebend (§ 25 Abs. 1 Nr. 2 RVG).

Beispiel 12 | Herausgabevollstreckung

Der Gläubiger hat ein Urteil erstritten, wonach der Beklagte verpflichtet ist, einen Pkw im Wert von 5.000,00 EUR herauszugeben. Er beauftragt den Anwalt mit der Herausgabevollstreckung.

Maßgebend ist der Wert des Autos, hier also 5.000,00 EUR (§ 25 Abs. 1 Nr. 2 RVG).

23 Zu beachten ist, dass der Gegenstandswert im Zwangsvollstreckungsverfahren nicht den Wert übersteigen darf, mit dem der Herausgabe- oder Räumungsanspruch nach den für die Berechnung der Gerichtskosten maßgeblichen Vorschriften zu bewerten ist. Solche Fälle kommen insbesondere dann vor, wenn in der Hauptsache ein privilegierter Wert gilt, wie etwa bei Herausgabe und Räumung einer Mietwohnung, der Ehewohnung oder bei Herausgabe von Haushaltsgegenständen.

Beispiel 13 | Vollstreckung wegen Räumung und Herausgabe einer Mietwohnung

Der Gläubiger hat gegen den Schuldner einen Titel auf Herausgabe der Mietwohnung erstritten. Den Streitwert hat das Gericht mit dem Jahresmietwert (12 x 500,00 EUR = 6.000,00 EUR) festgesetzt. Der Anwalt soll nunmehr die Räumungs- und Herausgabevollstreckung betreiben.

Maßgebend ist nicht der Wert der herauszugebenden Wohnung, sondern nach § 26 Nr. 2, 2. Hs. RVG der Wert, der im Hauptsacheverfahren gilt, also der Wert von 6.000,00 EUR.

Beispiel 14 | Vollstreckung wegen Räumung und Herausgabe einer Ehewohnung

Die Ehefrau hat gegen den Ehemann einen Beschluss erwirkt, nachdem dieser verpflichtet worden ist, das Haus, in dem sich die Ehewohnung befindet

a) für die Zeit der Trennung

b) für die Zeit nach Rechtskraft der Scheidung

zu räumen und der Ehefrau zur Verfügung zu stellen. Da der Ehemann nicht freiwillig auszieht, beauftragt die Ehefrau den Anwalt mit der Vollstreckung.

Nach § 95 Abs. 1 S. 1 FamFG finden die Vorschriften der ZPO für die Zwangsvollstreckung Anwendung, so dass die Räumungs- und Herausgabeverpflichtung durch den Gerichtsvollzieher vollstreckt wird. Der Wert richtet sich auch hier nach dem Wert der Hauptsache, also nach § 48 Abs. 1 FamGKG, im Fall a) auf 3.000,00 EUR und im Fall b) auf 4.000,00 EUR.

> **Beispiel 15** Vollstreckung auf Herausgabe von Haushaltsgegenständen (Wert liegt über 2.000,00/3.000,00 EUR)

Die Ehefrau hat gegen den Ehemann einen Beschluss erwirkt, wonach dieser

a) für die Zeit der Trennung

b) für die Zeit nach der Rechtskraft der Scheidung

zur Herausgabe diverser Haushaltsgegenstände im Wert von 5.000,00 EUR verpflichtet worden ist. Da der Ehemann die Haushaltsgegenstände freiwillig nicht herausgibt, beauftragt die Ehefrau den Anwalt mit der Vollstreckung.

Maßgebend ist nach § 25 Abs. 1 Nr. 2, 1. Hs. RVG zunächst der Wert der herauszugebenden Gegenstände. Der Gegenstandswert ist allerdings begrenzt durch den Wert, der im gerichtlichen Verfahren gilt, also gem. § 48 Abs. 2 FamGKG bei vorläufiger Herausgabe auf 2.000,00 EUR (Fall a) und bei endgültiger Herausgabe auf 3.000,00 EUR (Fall b).

> **Beispiel 16** Vollstreckung auf Herausgabe von Haushaltsgegenständen (Wert liegt unter 2.000,00/3.000,00 EUR)

Wie vorheriges Beispiel 15. Der Wert der Haushaltsgegenstände beträgt lediglich 1.000,00 EUR.

Maßgebend ist nach § 25 Abs. 1 Nr. 2, 1. Hs. RVG der Wert der herauszugebenden Gegenstände, also 1.000,00 EUR. Die Begrenzung nach § 25 Abs. 1 Nr. 2, 2. Hs. RVG i.V.m. § 48 Abs. 2 FamGKG greift hier nicht, da diese Werte höher liegen.

d) Vollstreckung vertretbarer Handlungen, Duldungen oder Unterlassungen

Bei der Vollstreckung vertretbarer Handlungen, Duldungen oder Unterlassungen richtet sich der Gegenstandswert nach dem Interesse des Gläubigers, also dem Erfüllungsinteresse und damit nach dem Wert der Hauptsache (§ 25 Abs. 1 Nr. 3 RVG).[14] Die Höhe eines im Rahmen der §§ 888, 890 ZPO festgesetzten Zwangs- oder Ordnungsmittels ist für das Interesse ohne Bedeutung.[15] Der Wert des Ordnungsmittels ist lediglich für die anschließende **Vollstreckung des Ordnungsmittels** selbst maßgebend (§ 25 Abs. 1 Nr. 1 RVG) (siehe Rn 16 f.).

24

> **Beispiel 17** Verfahren auf Verhängung eines Zwangsgeldes

Der Gläubiger hatte ein Urteil auf Unterlassung erwirkt (Streitwert: 5.000,00 EUR). Zur Durchsetzung des Anspruchs wird im Zwangsgeldverfahren ein Zwangsgeld in Höhe von 1.000,00 EUR verhängt.

---

14 AnwK-RVG/*Wolf/Volpert*, § 25 Rn 37; OLG Köln AGS 2005, 262; OLG Nürnberg Rpfleger 1963, 218; LAG Hamburg, Beschl. v. 13.1. 2011 – 7 Ta 2/11; a.A. OLG Düsseldorf, Beschl. v. 10.1.2013 – I-20 W 137/12; OLG Saarbrücken AGS 2012, 82 = NJW-Spezial 2012, 61 = FamRB 2012, 150 = RVGreport 2012, 310 (Bruchteil der Hauptsache).
15 AnwK-RVG/*Wolf/Volpert*, § 25 Rn 37; OLG Karlsruhe MDR 2000, 229 = InVo 2000, 253.

Der Gegenstandswert richtet sich nicht nach der Höhe des verhängten Zwangsgelds,[16] sondern nach dem Wert des durchzusetzenden Anspruchs (§ 25 Abs. 1 Nr. 3 RVG)[17] und beläuft sich somit auf 5.000,00 EUR.

Beispiel 18	Verfahren auf Verhängung eines Zwangsgeldes und anschließende Vollstreckung des Zwangsgeldes

Nach Erlass eines Zwangsgeldbeschlusses erteilt der Gläubiger dem Anwalt den Auftrag, das Zwangsgeld zu vollstrecken.

Jetzt liegen zwei Vollstreckungsangelegenheiten vor (siehe Rn 101). Für das Ordnungsgeldverfahren gilt der Wert der Hauptsache (§ 25 Abs. 1 Nr. 3 RVG). Bei dem Verfahren auf Beitreibung des Ordnungsgeldes handelt es sich dagegen um eine gewöhnliche Forderungsbeitreibung, so dass hierfür nach (§ 25 Abs. 1 Nr. 1 RVG) der Wert des Ordnungsgeldes gilt, hier also 1.000,00 EUR.

e) Sicherungsvollstreckung

25 Der Gegenstandswert für einen Antrag auf Sicherungsvollstreckung (§ 720a ZPO) soll nicht gem. § 25 Abs. 1 Nr. 1 RVG nach dem Betrag der zu vollstreckenden Geldforderung zu bemessen sein, sondern mit einem Bruchteil, weil die Sicherungsvollstreckung nur der vorläufigen Sicherung des Gläubigers vor einem Vermögensverfall des Schuldners und nicht der Befriedigung des Gläubigers dient.[18]

f) Abgabe der Vermögensauskunft

26 Im Verfahren auf Abgabe der Vermögensauskunft nach § 802c ZPO ist der Wert der Forderung (einschließlich der Nebenforderungen, Zinsen und Kosten früherer Vollstreckungsmaßnahmen) maßgebend (§ 25 Abs. 1 Nr. 4, 1. Hs. RVG). Der Wert darf jedoch höchstens 2.000,00 EUR betragen (§ 25 Abs. 1 Nr. 4, 2. Hs. RVG).

Beispiel 19	Eidesstattliche Versicherung (Wert unter 1.500,00 EUR)

Der Anwalt wird beauftragt, wegen eines Titels über 800,00 EUR nebst bisheriger Vollstreckungskosten i.H.v. 100,00 EUR das Verfahren auf Abgabe der Vermögensauskunft einzuleiten.

Der Gegenstandswert richtet sich auch hier nach dem Wert der Forderung einschließlich Nebenforderungen (§ 25 Abs. 1 Nr. 4, 1. Hs. RVG), also 900,00 EUR.

Beispiel 20	Eidesstattliche Versicherung

Der Anwalt wird beauftragt, wegen eines Titels über 5.000,00 EUR das Verfahren auf Abgabe der Vermögensauskunft einzuleiten.

---

16 AnwK-RVG/*Wolf/Volpert*, § 25 Rn 38 f.; OLG Köln AGS 2005, 262; OLG Nürnberg Rpfleger 1963, 218.
17 AnwK-RVG/*Wolf/Volpert*, § 25 Rn 38 f.; OLG Karlsruhe MDR 2000, 229 = InVo 2000, 253.
18 OVG Sachsen-Anhalt AGS 2013, 65 = NVwZ-RR 2012, 703 = RVGreport 2012, 473 = RVG prof. 2013, 2.

Da der Gegenstandswert nach § 25 Abs. 1 Nr. 4, 1. Hs. VV über 1.500,00 EUR liegen würde, greift jetzt der Höchstwert des § 25 Abs. 1 Nr. 4, 2. Hs. RVG von 2.000,00 EUR.

g) Vollstreckungs- oder Vollstreckungsschutzanträge

Soweit der Schuldner Vollstreckungs- oder Vollstreckungsschutzanträge stellt, richtet sich der Gegenstandswert entsprechend dem Interesse des antragstellenden Schuldners nach billigem Ermessen (§ 25 Abs. 3 RVG). 27

Bei einem Vollstreckungsschutzantrag gegen eine Räumungsvollstreckung mit dem Ziel einer zeitlich begrenzten Weiternutzung ist der Wert nach dem Mietwert der begehrten Zeit maßgebend.[19] Bei unbestimmter Zeit ist auf den Jahresbetrag der Miete abzustellen.[20] Nach a.A. ist ein Abschlag vorzunehmen, da der Schuldner das Nutzungsentgelt weiterzahlen muss.[21] Darauf dürfte es aber nicht ankommen, da auch bei dem Wert der Räumung die Zahlungspflicht des Schuldners unberücksichtigt bleibt. 28

Beispiel 21 | **Vollstreckungsschutzantrag nach § 765a ZPO**

Der Mieter ist verurteilt, das Mietobjekt zum 31.8.2014 zu räumen und herauszugeben (Mietwert 800,00 EUR). Er begehrt nach § 765a ZPO eine Räumungsfrist von drei Monaten, da er erst zum 1.12.2014 eine neue Wohnung gefunden hat.

Der Gegenstandswert beläuft sich gem. § 25 Abs. 2 RVG auf 3 x 800,00 EUR = 2.400,00 EUR.

Das maßgebliche Interesse des Schuldners im Rahmen eines Kontenpfändungsschutzverfahren nach § 850k ZPO (i.d.F. bis zum 30.6.2010) beschränkt sich nicht auf die Freigabe eines bestimmten Guthabensbetrages, sondern erstreckt sich auf die gesamte Zeit, in der die Pfändungsmaßnahme voraussichtlich fortdauert und das den laufenden Einkünften entsprechende Guthaben erfassen würde. Das Interesse des Schuldners ist an der Höhe des durch § 850k ZPO geschützten Einkommens zu bemessen und die Dauer entsprechend § 42 Abs. 3 GKG a.F. auf den dreifachen Jahresbetrag zu begrenzen.[22] 29

Beispiel 22 | **Vollstreckungsschutzantrag nach § 850k ZPO**

Im Verfahren nach § 850k ZPO macht der Schuldner geltend, von seinem auf dem Konto eingehenden Einkommen müsse ein Betrag in Höhe von 600,00 EUR monatlich freigegeben werden.

Der Gegenstandswert beläuft sich gem. § 25 Abs. 2 RVG i.V.m. § 42 Abs. 3 GKG analog auf 36 x 600,00 EUR = 21.600,00 EUR.

---

19 OLG Koblenz OLGR 1997, 34 und InVo 2005, 164 = JurBüro 2005, 384; LG Münster Rpfleger 1996, 166; LG Görlitz AGS 2003, 408.
20 OLG Koblenz OLGR 1997, 35; *Schneider/Herget*, Rn 4458, offen 6115.
21 AnwK-RVG/*Wolf/Volpert*, § 25 Rn 50.
22 OLG Frankfurt OLGR 2004, 241.

h) Beschwerdeverfahren

30 In Beschwerdeverfahren richtet sich der Wert nach § 23 Abs. 2 S. 1 i.V.m. Abs. 3 S. 2 RVG. Maßgebend ist das mit der Beschwerde verfolgte Interesse unter Berücksichtigung der Wertvorschriften des § 25 Abs. 1 u. 2 RVG.

i) Erinnerungsverfahren

31 In Erinnerungsverfahren richtet sich der Wert nach § 23 Abs. 2 S. 3 i.V.m. Abs. 2 S. 1, Abs. 3 S. 2 RVG. Es gilt das Gleiche wie in Beschwerdeverfahren (siehe Rn 30).

3. Die Gebühren

a) Die Verfahrensgebühr

32 Für das Betreiben des Geschäfts einschließlich der Information (Vorbem. 3 Abs. 2 VV) erhält der Anwalt in der Zwangsvollstreckung zunächst einmal nach Nr. 3309 VV eine **0,3-Verfahrensgebühr**, die sich bei Vertretung **mehrerer Auftraggeber** nach Nr. 1008 VV erhöhen kann (siehe hierzu Rn 41 ff.). Die Gebühr entsteht bereits mit Auftragserteilung.

aa) Einfache Vollstreckung

33 | **Beispiel 23** | **Einfacher Vollstreckungsauftrag**

Der Anwalt ist beauftragt, eine Mobiliarvollstreckung wegen einer Geldforderung in Höhe von **1.860,00 EUR** durchzuführen.

Es entsteht eine 0,3-Verfahrensgebühr nach Nr. 3309 VV aus dem Wert der zu vollstreckenden Forderung (§ 25 Abs. 1 Nr. 1 RVG).

1.	0,3-Verfahrensgebühr, Nr. 3309 VV (Wert: 1.860,00 EUR)	45,00 EUR
2.	Postentgeltpauschale, Nr. 7002 VV	9,00 EUR
	Zwischensumme	54,00 EUR
3.	19 % Umsatzsteuer, Nr. 7008 VV	10,26 EUR
	Gesamt	**64,26 EUR**

34 Eine Reduzierung der Verfahrensgebühr bei **vorzeitiger Erledigung** ist nicht vorgesehen.

| **Beispiel 24** | **Einfacher Vollstreckungsauftrag; vorzeitige Beendigung**

Wie vorangegangenes Beispiel 23. Bevor der Anwalt den Vollstreckungsauftrag erteilt, zahlt der Schuldner, so dass sich die Sache erledigt.

Eine Ermäßigung bei vorzeitiger Erledigung ist in der Zwangsvollstreckung nicht vorgesehen. Der Anwalt erhält auch hier eine 0,3-Verfahrensgebühr wie in Beispiel 23.

35 Bei Minimalforderungen kann der Mindestbetrag einer Gebühr nach § 13 Abs. 2 RVG i.H.v. 15,00 EUR zu beachten sein.

| Beispiel 25 | Einfacher Vollstreckungsauftrag; Mindestgebühr |

Der Anwalt ist beauftragt, eine Mobiliarvollstreckung wegen einer Geldforderung in Höhe von 160,00 EUR durchzuführen.

0,3 einer vollen Gebühr würden sich auf 13,50 EUR belaufen. Daher ist nach § 13 Abs. 2 RVG der Mindestbetrag i.H.v. 15,00 EUR anzusetzen.

1.	0,3-Verfahrensgebühr, Nr. 3309 VV (Wert: 160,00 EUR)	15,00 EUR
2.	Postentgeltpauschale, Nr. 7002 VV	3,00 EUR
	Zwischensumme	18,00 EUR
3.	19 % Umsatzsteuer, Nr. 7008 VV	3,42 EUR
Gesamt		**21,42 EUR**

Müssen zur Vorbereitung einer Vollstreckungsmaßnahme oder während der Vollstreckung Auskünfte eingeholt werden, z.B. beim Einwohnermeldeamt, beim Gewerbeamt, beim Grundbuchamt oder beim Handelsregister, so werden diese Tätigkeiten mit der Verfahrensgebühr abgegolten und lösen keine gesonderte Vergütung aus.[23]

36

| Beispiel 26 | Vollstreckungsauftrag mit Einwohnermeldeamtsanfrage |

Vor Einleitung der Zwangsvollstreckung wegen einer Forderung i.H.v. 160,00 EUR soll der Anwalt eine Einwohnermeldeamtsanfrage stellen, um die aktuelle Adresse des Schuldners in Erfahrung zu bringen.

Das Einholen der Einwohnermeldeamtsanfrage zählt mit zur Vollstreckungsangelegenheit und löst keine gesonderte Vergütung aus.[24] Es bleibt bei der Verfahrensgebühr.

Abzurechnen ist wie im vorangegangenen Beispiel 25.

bb) Vollstreckungsandrohung/Anzeige der Vollstreckungsabsicht

Da die Verfahrensgebühr bereits für das Betreiben des Geschäfts einschließlich der Information entsteht (Vorbem. 3 Abs. 2 VV), erhält der Anwalt die Verfahrensgebühr auch dann schon, wenn er nur eine Vollstreckung androht.[25]

37

| Beispiel 27 | Bloße Vollstreckungsandrohung |

Der Anwalt ist beauftragt, die Zwangsvollstreckung wegen einer Geldforderung i.H.v. 3.000,00 EUR anzudrohen. Hierauf zahlt der Schuldner.

Bereits die Vollstreckungsandrohung löst die Verfahrensgebühr nach Nr. 3309 VV aus. Diese Gebühr ist auch nach § 788 ZPO zu erstatten (siehe Rn 130 ff.).

---

23 BGH AGS 2004, 99 = NJW 2004, 1101 = FamRZ 2004, 536 = BGHReport 2004, 560 = JurBüro 2004, 191 = InVo 2004, 164 = Rpfleger 2004, 250 = WM 2004, 1296 = MDR 2004, 776 = RVGreport 2004, 108.
24 BGH AGS 2004, 99 = NJW 2004, 1101 = FamRZ 2004, 536 = BGHReport 2004, 560 = JurBüro 2004, 191 = InVo 2004, 164 = Rpfleger 2004, 250 = WM 2004, 1296 = MDR 2004, 776 = RVGreport 2004, 108.
25 BGH AGS 2003, 561 = Rpfleger 2003, 596 = BGHReport 2003, 1251 = FamRZ 2003, 1742 = NJW-RR 2003, 1581 = MDR 2003, 1381 = InVo 2004, 35 = WM 2004, 353 = BRAGOreport 2003, 200 = BB 2003, 2428; bestätigt in FamRZ 2004, 101 = DGVZ 2004, 24; AnwK-RVG/*Wolf/Volpert*, Nr. 3309 VV Rn 14 ff.; a.A. für die Finanzgerichtsbarkeit: FG Düsseldorf AGS 2013, 153 = EFG 2013, 65 = StE 2012, 794 = RVGreport 2013, 112.

> 1. 0,3-Verfahrensgebühr, Nr. 3309 VV   60,30 EUR
>   (Wert: 3.000,00 EUR)
> 2. Postentgeltpauschale, Nr. 7002 VV   12,06 EUR
>   Zwischensumme   72,36 EUR
> 3. 19 % Umsatzsteuer, Nr. 7008 VV   13,75 EUR
>   **Gesamt**   **86,19 EUR**

38 Gleiches gilt, wenn gegen eine Behörde vollstreckt werden soll und hierzu die Vollstreckungsabsicht zunächst nach § 881a ZPO angezeigt werden muss.

| Beispiel 28 | Anzeige der Vollstreckungsabsicht |

Der Mandant hat in einer Bußgeldsache einen Kostenfestsetzungsbeschluss gegen die Verwaltungsbehörde über 650,00 EUR erwirkt. Diese zahlt nicht innerhalb der zwei Wochen des § 798 ZPO, so dass der Anwalt gem. § 881a ZPO die Behörde anschreibt und die Absicht, zu vollstrecken, anzeigt.

Bereits die Anzeige der Vollstreckungsabsicht löst die Verfahrensgebühr der Nr. 3309 VV aus (Vorbem. 3 Abs. 2 VV). Kommt es später allerdings zur Durchführung der Vollstreckung, zählt diese mit zur Angelegenheit und löst keine neuen Gebühren aus (§ 19 Abs. 2 Nr. 4 RVG).

> 1. 0,3-Verfahrensgebühr, Nr. 3309 VV   24,00 EUR
>   (Wert: 650,00 EUR)
> 2. Postentgeltpauschale, Nr. 7002 VV   4,80 EUR
>   Zwischensumme   28,80 EUR
> 3. 19 % Umsatzsteuer, Nr. 7008 VV   5,47 EUR
>   **Gesamt**   **34,27 EUR**

39 Zur Abrechnung, wenn sich an eine Vollstreckungsandrohung oder an die Anzeige der Vollstreckungsabsicht die Vollstreckungsmaßnahme anschließt, siehe Rn 87 ff.

40 Wird der Schuldner „außergerichtlich" zur Zahlung aufgefordert, liegt allerdings schon ein vollstreckbarer Titel vor, dann handelt es sich nicht um eine außergerichtliche Vertretung nach Vorbem. 2.3 Abs. 3 VV, sondern bereits um eine die Zwangsvollstreckung vorbereitende Tätigkeit, die folglich nach Vorbem. 3 Abs. 2 VV mit der Verfahrensgebühr nach Nr. 3309 VV abgegolten wird (siehe Rn 33 ff.).

| Beispiel 29 | Zahlungsaufforderung aus vollstreckbarem Titel |

In einer notariellen Urkunde hatte sich der Käufer eines Grundstücks hinsichtlich der Kaufpreiszahlung i.H.v. 100.000,00 EUR der sofortigen Zwangsvollstreckung unterworfen. Da er bei Fälligkeit nicht zahlt, beauftragt der Gläubiger bei Fälligkeit einen Anwalt, der die Forderung zunächst noch einmal anmahnen soll.

Da bereits ein vollstreckbarer Titel vorliegt (§ 794 Abs. 1 Nr. 5 ZPO), löst die Zahlungsaufforderung die Verfahrensgebühr nach Nr. 3309 VV aus. Faktisch handelt es sich nicht um eine Mahnung, sondern um eine Vollstreckungsandrohung.

> 1. 0,3-Verfahrensgebühr, Nr. 3309 VV   450,90 EUR
>   (Wert: 100.000,00 EUR)
> 2. Postentgeltpauschale, Nr. 7002 VV   20,00 EUR
>   Zwischensumme   470,90 EUR
> 3. 19 % Umsatzsteuer, Nr. 7008 VV   89,47 EUR
>   **Gesamt**   **560,37 EUR**

cc) Vollstreckung für mehrere Gläubiger

(1) Überblick

Bei Vertretung mehrerer Gläubiger ist zu differenzieren: 41
- Soweit zugleich, also für mehrere Gläubiger, aufgrund eines **einheitlichen Auftrags wegen desselben Gegenstands** vollstreckt wird, liegt nur eine Angelegenheit vor. Der Anwalt erhält die Verfahrensgebühr nur einmal (§ 7 Abs. 1 RVG). Allerdings erhöht sich diese gem. Nr. 1008 VV um 0,3 je weiteren Auftraggeber, höchstens um 2,0.[26]
- Wird für mehrere Gläubiger aufgrund eines **einheitlichen Auftrags wegen verschiedener Gegenstände** vollstreckt, erhält der Anwalt die Verfahrensgebühr ebenfalls nur einmal (§ 7 Abs. 1 RVG). Eine Erhöhung nach Nr. 1008 VV kommt jetzt jedoch nicht in Betracht. Dafür werden die Werte der verschiedenen Gegenstände nach § 22 Abs. 1 RVG zusammengerechnet.
- Wird der Anwalt für mehrere Gläubiger aufgrund **gesonderter Aufträge** tätig, greift § 7 Abs. 1 RVG nicht. Der Anwalt kann gesondert abrechnen. Eine andere Frage ist dann, ob die dadurch entstehenden Mehrkosten nach § 788 ZPO erstattungsfähig sind und ob der Anwalt sich dadurch schadensersatzpflichtig gemacht hat, dass er sich nicht einen einheitlichen Auftrag hat erteilen lassen.

(2) Gesamtgläubiger

Vertritt der Anwalt mehrere Gesamtgläubiger aufgrund eines einheitlichen Auftrags, erhöht sich 42
die Verfahrensgebühr gem. Nr. 1008 VV um 0,3 je weiteren Auftraggeber.[27] Die bei Inkrafttreten des RVG noch vertretene Auffassung, die Erhöhung würde nur 0,3 von 0,3, also 0,09 betragen,[28] wird zu Recht nicht mehr vertreten (zu den besonderen Problemen bei Vollstreckung für eine Gesellschaft bürgerlichen Rechts und eine Wohnungseigentümergesellschaft siehe Rn 48, 49).

Beispiel 30	Zwangsvollstreckungsauftrag für zwei Gesamtgläubiger

Der Anwalt wird von zwei Gesamtgläubigern beauftragt, eine Mobiliarvollstreckung wegen einer Geldforderung i.H.v. 1.860,00 EUR durchzuführen.

Die 0,3-Verfahrensgebühr der Nr. 3309 VV erhöht sich nach Nr. 1008 VV um 0,3 und beträgt 0,6.

1. 0,6-Verfahrensgebühr, Nrn. 3309, 1008 VV (Wert: 1.860,00 EUR)		90,00 EUR
2. Postentgeltpauschale, Nr. 7002 VV		18,00 EUR
Zwischensumme	108,00 EUR	
3. 19 % Umsatzsteuer, Nr. 7008 VV		20,52 EUR
Gesamt		**128,52 EUR**

---

26 OLG Stuttgart AGS 2007, 33; LG Frankfurt/M. AGS 2005, 18 m. Anm. *Mock* = NZM 2004, 920 = NJW 2004, 3642 = ZMR 2005, 149 = InVo 2005, 165 = NJW-Spezial 2005, 53 = Info M 2005, 110; LG Hamburg AGS 2005, 497 = DGVZ 2005, 142; LG Köln MDR 2005, 1318 = ZMR 2006, 78; AG Singen JurBüro 2006, 329; LG Traunstein DGVZ 2007, 89; AG Wuppertal ZMR 2005, 742; siehe hierzu auch *N. Schneider*, Gebührenerhöhung in der Zwangsvollstreckung bei mehreren Auftraggebern, DGVZ 2005, 91.

27 OLG Stuttgart AGS 2007, 33; LG Frankfurt/M. AGS 2005, 18 m. Anm. *Mock* = NZM 2004, 920 = NJW 2004, 3642 = ZMR 2005, 149 = InVo 2005, 165 = NJW-Spezial 2005, 53 = Info M 2005, 110; LG Hamburg AGS 2005, 497 = DGVZ 2005, 142; LG Köln MDR 2005, 1318 = ZMR 2006, 78; AG Singen JurBüro 2006, 329; LG Traunstein DGVZ 2007, 89; siehe hierzu auch *N. Schneider*, Gebührenerhöhung in der Zwangsvollstreckung bei mehreren Auftraggebern, DGVZ 2005, 91.

28 AG Recklinghausen AGS 2005, 154 = DGVZ 2005, 30 = RVGreport 2005, 226; AG Offenbach AGS 2005, 198 = DGVZ 2005, 47 = RVGreport 2005, 226.

§ 33 Zwangsvollstreckung, Vollstreckung, Vollziehung, Verwaltungszwang

> **Beispiel 31** — Zwangsvollstreckungsauftrag für drei Gesamtgläubiger

Der Anwalt wird von drei Gesamtgläubigern beauftragt, eine Mobiliarvollstreckung wegen einer Geldforderung von 1.860,00 EUR durchzuführen.

Die 0,3-Verfahrensgebühr der Nr. 3309 VV erhöht sich nach Nr. 1008 VV um 0,6 und beträgt 0,9.

1. 0,9-Verfahrensgebühr, Nrn. 3309, 1008 VV (Wert: 1.860,00 EUR)		135,00 EUR
2. Postentgeltpauschale, Nr. 7002 VV		20,00 EUR
Zwischensumme	155,00 EUR	
3. 19 % Umsatzsteuer, Nr. 7008 VV		29,45 EUR
Gesamt		**184,45 EUR**

43 Der Höchstsatz der Erhöhung beläuft sich auf 2,0,[29] so dass sich die Höchstgebühr damit auf 2,3 beläuft. Die bei Inkrafttreten des RVG noch vertretene Auffassung, die Erhöhung könne maximal 0,6, die Gesamtgebühr also höchsten 0,9 betragen,[30] wird zu Recht nicht mehr vertreten.

> **Beispiel 32** — Zwangsvollstreckungsauftrag für mehr als sieben Gesamtgläubiger

Der Anwalt wird von einer aus acht Personen bestehenden ungeteilten Erbengemeinschaft beauftragt, eine Mobiliarvollstreckung wegen einer Geldforderung von 1.860,00 EUR durchzuführen.

Die 0,3-Verfahrensgebühr der Nr. 3309 VV erhöht sich nach Nr. 1008 VV um 2,0 und beträgt 2,3.

1. 2,3-Verfahrensgebühr, Nrn. 3309, 1008 VV (Wert: 1.860,00 EUR)		345,00 EUR
2. Postentgeltpauschale, Nr. 7002 VV		20,00 EUR
Zwischensumme	365,00 EUR	
3. 19 % Umsatzsteuer, Nr. 7008 VV		69,35 EUR
Gesamt		**434,35 EUR**

(3) Teilgläubiger

44 Vollstreckt der Anwalt gegen denselben Schuldner gleichzeitig für mehrere Gläubiger wegen verschiedener Gegenstände, kann ein einheitlicher Auftrag vorliegen; es können aber auch mehrere Aufträge gegeben sein.

45 Eindeutig ist die Sache, wenn der Anwalt unterschiedliche Vollstreckungsmaßnahmen durchzuführen hat. Dann sind immer verschiedene Angelegenheiten gegeben, so dass der Anwalt die Gebühren gesondert erhält.

> **Beispiel 33** — Unterschiedliche Zwangsvollstreckungsmaßnahmen

Der Anwalt hat für seine Mandanten A und B ein Urteil gegen den Schuldner erstritten, wonach der Schuldner an A und B jeweils 1.860,00 EUR zu zahlen hat. Für den A leitet der Anwalt eine Mobiliarvollstreckung ein und für den B eine Gehaltspfändung.

Abzurechnen sind zwei Vollstreckungsangelegenheiten. Die Verfahrensgebühr entsteht gesondert.

---

29 LG Frankfurt/M. AGS 2005, 18 = NZM 2004, 920 = NJW 2004, 3642 = ZMR 2005, 149 = InVo 2005, 165 = NJW-Spezial 2005, 53 = Info M 2005, 110; LG Köln MDR 2005, 1318 = ZMR 2006, 78; AG Wuppertal ZMR 2005, 742.
30 AG Offenbach AGS 2005, 198 = DGVZ 2005, 47 = RVGreport 2005, 226.

I. Vollstreckung für Gläubiger A
1. 0,3-Verfahrensgebühr, Nr. 3309 VV   45,00 EUR
   (Wert: 1.860,00 EUR)
2. Postentgeltpauschale, Nr. 7002 VV   9,00 EUR
   Zwischensumme   54,00 EUR
3. 19 % Umsatzsteuer, Nr. 7008 VV   10,26 EUR
Gesamt   **64,26 EUR**

II. Vollstreckung für Gläubiger B
1. 0,3-Verfahrensgebühr, Nr. 3309 VV   45,00 EUR
   (Wert: 1.860,00 EUR)
2. Postentgeltpauschale, Nr. 7002 VV   9,00 EUR
   Zwischensumme   54,00 EUR
3. 19 % Umsatzsteuer, Nr. 7008 VV   10,26 EUR
Gesamt   **64,26 EUR**

Soll der Anwalt durch eine einheitliche Vollstreckungsmaßnahme für beide Gläubiger gegen den Schuldner vollstrecken, so liegt nur eine Angelegenheit vor, so dass die Verfahrensgebühr nur einmal entsteht (§ 7 Abs. 1 RVG). Eine Erhöhung nach Nr. 1008 VV kommt jetzt jedoch nicht in Betracht. Dafür werden die Werte der verschiedenen Gegenstände nach § 22 Abs. 1 RVG zusammengerechnet.

Beispiel 34 | **Gemeinsame Zwangsvollstreckung**

Der Anwalt hat für seine Mandanten A und B ein Urteil gegen den Schuldner erstritten, wonach der Schuldner an A und B jeweils 1.860,00 EUR zu zahlen hat. Er erteilt auftragsgemäß einen einheitlichen Auftrag zur Mobiliarvollstreckung für A und B.

Abzurechnen ist jetzt nur eine Vollstreckungsangelegenheit. Der Wert bemisst sich nach §§ 25 Abs. 1 Nr. 1, 22 Abs. 1 RVG auf 3.720,00 EUR.

1. 0,3-Verfahrensgebühr, Nr. 3309 VV   75,60 EUR
   (Wert: 3.720,00 EUR)
2. Postentgeltpauschale, Nr. 7002 VV   15,12 EUR
   Zwischensumme   90,72 EUR
3. 19 % Umsatzsteuer, Nr. 7008 VV   17,24 EUR
Gesamt   **107,96 EUR**

Erteilen die Gläubiger dagegen getrennte Vollstreckungsaufträge, dann liegen verschiedene Angelegenheiten i.S.d. § 15 RVG vor, so dass die Verfahrensgebühr gesondert entsteht. Eine andere Frage ist dann, ob die dadurch entstehenden Mehrkosten nach § 788 ZPO erstattungsfähig sind und ob der Anwalt sich dadurch schadensersatzpflichtig gemacht hat, dass er sich nicht einen einheitlichen Auftrag hat erteilen lassen.

Beispiel 35 | **Getrennte Zwangsvollstreckung**

Der Anwalt hat für seine Mandanten A und B ein Urteil gegen den Schuldner erstritten, wonach der Schuldner an A und B jeweils 1.860,00 EUR zu zahlen hat. Der Anwalt erteilt auftragsgemäß jeweils einen gesonderten Auftrag zur Mobiliarvollstreckung für A und für B.

Abzurechnen sind zwei Vollstreckungsangelegenheiten. Die Verfahrensgebühr entsteht gesondert.

I. Vollstreckung für Gläubiger A

1. 0,3-Verfahrensgebühr, Nr. 3309 VV   45,00 EUR
(Wert: 1.860,00 EUR)
2. Postentgeltpauschale, Nr. 7002 VV   9,00 EUR
Zwischensumme   54,00 EUR
3. 19 % Umsatzsteuer, Nr. 7008 VV   10,26 EUR
Gesamt   **64,26 EUR**

II. Vollstreckung für Gläubiger B

1. 0,3-Verfahrensgebühr, Nr. 3309 VV   45,00 EUR
(Wert: 1.860,00 EUR)
2. Postentgeltpauschale, Nr. 7002 VV   9,00 EUR
Zwischensumme   54,00 EUR
3. 19 % Umsatzsteuer, Nr. 7008 VV   10,26 EUR
Gesamt   **64,26 EUR**

dd) Gesellschaft bürgerlichen Rechts

48 Wird der Anwalt von einer Gesellschaft bürgerlichen Rechts beauftragt, liegt nur ein Auftraggeber vor, so dass nur die einfache Verfahrensgebühr anfällt. Wird er dagegen von den einzelnen Gesellschaftern beauftragt, so liegen mehrere Auftraggeber vor, so dass die nach Nr. 1008 VV erhöhte Verfahrensgebühr entsteht. Das Problem liegt hier weniger in der Gebührenabrechnung als in der Frage der Erstattungsfähigkeit. Hier dürfte von Folgendem auszugehen sein:

- Lautet der zu vollstreckende Titel auf die BGB-Gesellschaft, so kann und muss diese in eigenem Namen den Vollstreckungsauftrag erteilen. Eine Erhöhung fällt nicht an, ist jedenfalls nicht erstattungsfähig.
- Lautet der zu vollstreckende Titel auf die einzelnen Gesellschafter und erteilen diese Vollstreckungsauftrag, entsteht die Gebührenerhöhung. Jetzt ist aber weiter zu differenzieren:
  - Soweit bereits der Titel im Namen der BGB-Gesellschaft hätte erstritten werden können, dürfte die Erhöhung ebenso wenig wie im zugrunde liegenden Verfahren erstattungsfähig sein, sofern nicht ein besonderer Grund bestand, im Namen der Gesellschafter vorzugehen.
  - Hätte der Titel nicht im Namen der BGB-Gesellschaft erstritten werden können, etwa, weil bei Einleitung des Verfahrens die Rspr. des BGH zur Rechtsfähigkeit der BGB-Gesellschaft nicht galt, so kann ungeachtet dessen die BGB-Gesellschaft in eigenem Namen den Vollstreckungsauftrag erteilen. Eine Erhöhung fällt auch dann nicht an, ist jedenfalls nicht erstattungsfähig.

ee) Wohnungseigentümergemeinschaft

49 Nach der Entscheidung des BGH v. 2.6.2005[31] ist auch die Wohnungseigentümergemeinschaft teilweise rechts- und parteifähig und damit als nur ein Gläubiger anzusehen.

50 Es entsteht daher keine Erhöhung nach Nr. 1008 VV, wenn der Auftrag im Namen der Wohnungseigentümergemeinschaft erteilt wird.[32] Ein Antrag auf Durchführung der Zwangsvollstreckung für eine Wohnungseigentümergemeinschaft führt nicht zum Entstehen einer Gebührenerhöhung.

---

31 AGS 2005, 427 u. 545 = NJW 2005, 2061 = ZIP 2005, 1233 = ZMR 2005, 547 = NZM 2005, 543 = WM 2005, 1423 = WuM 2005, 530 = GE 2005, 921 = BGHReport 2005, 1090 = BauR 2005, 1462 = Rpfleger 2005, 521 = InVo 2005, 407 = MDR 2005, 1156 = DNotZ 2005, 776 = DGVZ 2005, 153 = JZ 2006, 258 = JR 2006, 237 = FGPrax 2005, 143 = IBR 2005, 517 = MietRB 2005, 233, 237 = NZG 2005, 712 = DB 2005, 2075 = Info M 2005, 199 = JurBüro 2005, 534 = GuT 2005, 229 = NZI 2005, 648.
32 AG Wiesbaden DGVZ 2006, 118; AG Schorndorf DGVZ 2006, 62.

Dies gilt auch dann, wenn im Zwangsvollstreckungstitel die Wohnungseigentümer einzeln aufgeführt sind.[33]

Wird der Auftrag vom den einzelnen Mitgliedern der Wohnungseigentümergemeinschaft erteilt, dann entsteht eine Gebührenerhöhung nach Nr. 1008 VV um 0,3 ab dem zweiten Eigentümer, höchstens um 2,0, also auf 2,3. Die Erhöhung ist jedoch nicht notwendig und damit nicht erstattungsfähig. | 51

Die Erhöhung gehört nur dann zu den notwendigen und damit vom Schuldner zu erstattenden Kosten der Zwangsvollstreckung, wenn entweder die Gemeinschaft den fraglichen Anspruch nicht geltend machen konnte, weil er nicht in den Bereich der Teilrechtsfähigkeit fällt, oder wenn sonst der gemeinschaftlichen Geltendmachung des Anspruchs triftige Gründe entgegenstehen.[34] | 52

Lautet ein Titel auf die einzelnen Wohnungseigentümer einer Gemeinschaft, sind nur diese berechtigt, aus dem Titel zu vollstrecken. Die Notwendigkeit der für die Tätigkeit ihres Rechtsanwalts im Vollstreckungsverfahren entstehenden Gebührenerhöhung kann daher nach Auffassung des BGH[35] nicht mit der Begründung verneint werden, die Gebühr wäre nicht angefallen, wenn die Wohnungseigentümergemeinschaft als teilrechtsfähiger Verband den Vollstreckungsauftrag erteilt hätte. Das dürfte unzutreffend sein, denn auch bei einem Titel der auf die einzelnen Wohnungseigentümer einer Gemeinschaft lautet, kann der Vollstreckungsauftrag von der Gemeinschaft erteilt werden. Auftraggeber und Vertretener müssen nicht identisch sein. | 53

ff) Vollstreckung gegen mehrere Schuldner

Für die Gebühren gelten keine Besonderheiten. Die Frage ist hier, ob eine oder ob mehrere Angelegenheiten vorliegen (siehe dazu Rn 89 ff.). | 54

b) Terminsgebühr

Auch eine Terminsgebühr (Nr. 3310 VV) kann in der Zwangsvollstreckung anfallen, allerdings nur dann, wenn der Anwalt an einem **gerichtlichen Termin** oder einem **Termin zur Abgabe der Vermögensauskunft** teilnimmt. Außergerichtliche Verhandlungen oder Besprechungen reichen nicht aus. Der weitergehende Anwendungsbereich der Vorbem. 3 Abs. 3 S. 3 Nr. 2 Var. VV ist durch Nr. 3310 VV ausgeschlossen.[36] | 55

Die Höhe der Terminsgebühr beläuft sich stets auf 0,3. | 56

| Beispiel 36 | Verhandlungen mit dem Schuldner |

Im Rahmen eines Vollstreckungsauftrages verhandelt der Anwalt des Gläubigers mit dem Schuldner wegen einer Ratenzahlungsvereinbarung.

---

33 AG St. Ingbert DGVZ 2007, 46.
34 AG Hanau DGVZ 2006, 118; AG Hamburg-Harburg DGVZ 2006, 118.
35 BGH AGS 2007, 373 = DGVZ 2007, 68 = NZM 2007, 411 = InVo 2007, 293 = WM 2007, 1126 = WuM 2007, 403 = JurBüro 2007, 379 = NJW-RR 2007, 955 = Rpfleger 2007, 479 = BGHReport 2007, 683 = MDR 2007, 1161 = ZMR 2007, 875 = NJW-Spezial 2007, 294 = RVGreport 2007, 278; AGS 2010, 152 = ZIP 2010, 202 = ZfIR 2010, 108 = WuM 2010, 108 = NZM 2010, 127 = BauR 2010, 497 = MDR 2010, 347 = NJW 2010, 1007 = WM 2010, 729 = DGVZ 2010, 81 = Rpfleger 2010, 293 = RVGreport 2010, 77 = Info M 2010, 83 = MietRB 2010, 76 = NJW-Spezial 2010, 227.
36 AnwK-RVG/*Wolf*/*Volpert*, Nr. 3310 VV Rn 118.

Vorbem. 3 Abs. 3 S. 3 Nr. 2 VV (Mitwirkung an Gesprächen zur Vermeidung oder Erledigung des Verfahrens) greift hier nicht, da Nr. 3310 VV ausdrücklich die Teilnahme an einem **gerichtlichen Termin** voraussetzt. Die außergerichtlichen Verhandlungen werden im Rahmen der Zwangsvollstreckung vielmehr nach § 19 Abs. 1 S. 2 Nr. 2 RVG durch die Verfahrensgebühr mit abgegolten.

| Beispiel 37 | Erörterung mit dem Gerichtsvollzieher |

Der Anwalt nimmt an dem Termin zur Räumungsvollstreckung (Wert: 6.000,00 EUR) teil und erörtert mit dem Gerichtsvollzieher die Modalitäten der Räumung und Unterbringung der Wohnungseinrichtung des Schuldners.

Auch hier entsteht keine Terminsgebühr nach Nr. 3310 VV,[37] da es sich bei einem Räumungstermin nicht um einen gerichtlichen Termin handelt. Eine Gleichstellung wie im Rahmen der Einigungsgebühr (Anm. S. 2 zu Nr. 1003 VV, siehe unten Beispiel 69) ist für die Terminsgebühr nicht vorgesehen. Es verbleibt daher bei einer Verfahrensgebühr nach Nr. 3309 VV.

1.	0,3-Verfahrensgebühr, Nr. 3309 VV (Wert: 6.000,00 EUR)	106,30 EUR
2.	Postentgeltpauschale, Nr. 7002 VV	20,00 EUR
	Zwischensumme 126,30 EUR	
3.	19 % Umsatzsteuer, Nr. 7008 VV	23,99 EUR
	Gesamt	**150,30 EUR**

57 Gerichtliche Termine in Zwangsvollstreckungsverfahren sind selten. Vorgesehen sind sie nur in Ordnungs- oder Zwangsgeldverfahren. Sofern es hier zu einer mündlichen Verhandlung vor dem Gericht kommt, entsteht neben der Verfahrensgebühr auch eine Terminsgebühr nach Nr. 3310 VV.

| Beispiel 38 | Ordnungsgeldverfahren mit gerichtlichem Termin |

In einem Ordnungsgeldverfahren wegen einer Zuwiderhandlung gegen eine einstweilige Verfügung (Wert: 50.000,00 EUR) findet eine mündliche Verhandlung vor dem Gericht statt, an der der Anwalt teilnimmt.

Da es sich um einen gerichtlichen Termin handelt, entsteht jetzt die Terminsgebühr nach Nr. 3310 VV.

1.	0,3-Verfahrensgebühr, Nr. 3309 VV (Wert: 50.000,00 EUR)	348,90 EUR
2.	0,3-Terminsgebühr, Nr. 3310 VV (Wert: 50.000,00 EUR)	348,90 EUR
3.	Postentgeltpauschale, Nr. 7002 VV	20,00 EUR
	Zwischensumme 717,80 EUR	
4.	19 % Umsatzsteuer, Nr. 7008 VV	136,38 EUR
	Gesamt	**854,18 EUR**

58 Es muss sich aber auch hier um einen gerichtlichen Termin handeln. Bloße Besprechungen zur Erledigung des Verfahrens reichen nicht aus, da Vorbem. 3 Abs. 3 S. 3 Nr. 2 VV nicht gilt.

---

[37] Anders noch nach der BRAGO: OLG Frankfurt OLGR 1993, 279 = MDR 1994, 218.

II. Die Zwangsvollstreckung § 33

Beispiel 39 | **Ordnungsgeldverfahren mit außergerichtlicher Besprechung**

In einem Ordnungsgeldverfahren wegen einer Zuwiderhandlung gegen eine einstweilige Verfügung (Wert: 50.000,00 EUR) besprechen sich die Parteien außergerichtlich. Eine Einigung wird nicht erzielt. Daraufhin wird der Antrag zurückgenommen.

Da kein gerichtlicher Termin stattgefunden hat, entsteht keine Terminsgebühr nach Nr. 3310 VV. Die Vorbem. 3 Abs. 3 S. 3 Nr. 2 VV gilt auch hier nicht.[38]

1. 0,3-Verfahrensgebühr, Nr. 3309 VV   348,90 EUR
   (Wert: 50.000,00 EUR)
2. Postentgeltpauschale, Nr. 7002 VV   20,00 EUR
   Zwischensumme   368,90 EUR
3. 19 % Umsatzsteuer, Nr. 7008 VV   70,09 EUR
Gesamt   **438,99 EUR**

Neben der Teilnahme an Terminen zur mündlichen Verhandlung wird die Terminsgebühr auch ausgelöst durch die Teilnahme an einem Termin zur Abgabe der Vermögensauskunft.   59

Beispiel 40 | **Teilnahme am Termin zur Abgabe der Vermögensauskunft**

Der Anwalt des Gläubigers nimmt am Termin zur Abgabe der Vermögensauskunft teil, um dem Schuldner ergänzende Fragen zu stellen. Die zu vollstreckende Forderung beläuft sich auf 4.000,00 EUR.

Das Verfahren auf Abgabe der Vermögensauskunft ist kein Vollstreckungsverfahren im eigentlichen Sinne, da es nicht der Beitreibung der Forderung dient, sondern dazu, Auskunft über das Vermögen des Schuldners zu erlangen. Dennoch wird der in diesem Verfahren tätige Anwalt nach den Nrn. 3309 ff. VV vergütet. Hier kann auch eine Terminsgebühr anfallen, wenn der Anwalt am Termin teilnimmt.

Der Gegenstandswert richtet sich auch hier nach dem Wert der Forderung einschließlich Nebenforderungen (§ 25 Abs. 1 Nr. 4, 1. Hs. RVG). Zu beachten ist allerdings der Höchstwert des § 25 Abs. 1 Nr. 4, 2. Hs. RVG von 2.000,00 EUR (siehe oben Rn 26).

1. 0,3-Verfahrensgebühr, Nr. 3309 VV   45,00 EUR
   (Wert: 2.000,00 EUR)
2. 0,3-Terminsgebühr, Nr. 3310 VV   45,00 EUR
   (Wert: 2.000,00 EUR)
3. Postentgeltpauschale, Nr. 7002 VV   20,00 EUR
   Zwischensumme   110.00 EUR
4. 19 % Umsatzsteuer, Nr. 7008 VV   20,90 EUR
Gesamt   **130,90 EUR**

c) Einigungsgebühr

aa) Überblick

Auch im Rahmen der Zwangsvollstreckung kann eine Einigungsgebühr nach Nr. 1000 VV entstehen. Hier kommen zwei Varianten in Betracht: 60

---

[38] AnwK-RVG/*Wolf/Volpert*, Nr. 3310 VV Rn 118.

- die Einigungsgebühr nach Anm. Abs. 1 S. 1 Nr. 1 Nr. 1000 VV und
- die Einigungsgebühr für eine Zahlungsvereinbarung nach Anm. Abs. 1 S. 1 Nr. 2 zu Nr. 1000 VV.

61 Hinsichtlich der Höhe der Gebühr ist in beiden Fällen zu differenzieren:
- Soweit die Hauptsache oder ein gerichtliches Vollstreckungsverfahren **anhängig** ist – dazu zählt auch ein Vollstreckungsauftrag an den Gerichtsvollzieher (Anm. S. 2 zu Nr. 1003 VV)[39] –, entsteht eine 1,0-Gebühr nach Nrn. 1000, 1003 VV.
- Ist die Hauptsache in einem **Berufungs- oder Revisionsverfahren** anhängig, so entsteht die Gebühr zu 1,3 (Nr. 1004 VV). Gleiches gilt bei Anhängigkeit in einem **Beschwerde- oder Rechtsbeschwerdeverfahren nach Vorbem. 3.2.1, 3.2.2 VV** (Anm. Abs. 1 zu Nr. 1004 VV).
- Soweit **weder die Hauptsache noch ein gerichtliches Vollstreckungsverfahren anhängig** ist – und auch kein Auftrag an den Gerichtsvollzieher erteilt ist –, etwa wenn bislang nur die Vollstreckung angedroht worden oder die Zwangsvollstreckungsmaßnahme bereits abgeschlossen ist, entsteht die Einigungsgebühr zu 1,5 (Nr. 1000 VV).

bb) Zahlungsvereinbarung

(1) Überblick

62 Mit dem 2. KostRMoG ist zum 1.8.2013 eine Einigungsgebühr für eine sog. „Zahlungsvereinbarung" eingeführt worden. Mit dieser Variante nach Anm. Abs. 1 S. 1 Nr. 2 VV werden die Fälle erfasst werden in denen
- kein Streit über den Bestand der Forderung besteht,
- dem Schuldner die Forderung gestundet oder ihm nachgelassen wird, die Forderung in Raten zu zahlen und
- der Gläubiger vorläufig auf eine Vollstreckung der Forderung verzichtet.

63 Die Zahlungsvereinbarung muss nicht schriftlich abgeschlossen werden. Unterzeichnet der Schuldner zwar eine schriftliche Teilzahlungsvereinbarung nicht, nimmt jedoch die darin vereinbarten Ratenzahlungen auf, so kommt durch Aufnahme der Ratenzahlungen eine konkludente Zahlungsvereinbarung mit dem Gläubiger zustande mit der Folge, dass die Einigungsgebühr anfällt.[40]

64 Gleichzeitig ist in § 31b RVG klargestellt worden, dass der **Gegenstandswert** einer solchen Einigung nicht mit dem Wert der Hauptsache zu bewerten ist, sondern lediglich mit 20 % des Anspruchs.

65 **Hinweis**

Nach der Rechtsprechung des BGH[41] sind die Kosten eines im Zwangsvollstreckungsverfahren geschlossenen Vergleichs in entsprechender Anwendung von § 98 S. 1 ZPO als gegeneinander aufgehoben anzusehen, wenn nicht die Parteien ein anderes vereinbart haben. Bei Abschluss einer Ratenzahlungsvereinbarung sollte daher auf jeden Fall auch vereinbart werden, dass der Schuldner die Kosten der Einigung übernimmt.

---

39 Eingefügt zum 31.12.2006 durch das 2. JuMoG.
40 LG Augsburg JurBüro 2013, 45 = FoVo 2013, 210; AG Landsberg JurBüro 2013, 45.
41 AGS 2007, 302 = NJW 2007, 1213 = RVGreport 2007, 276.

(2) Gebühren

Für den Anwalt entsteht zunächst eine 0,3-**Verfahrensgebühr** nach Nr. 3009 VV. **66**

Eine **Terminsgebühr** für das Aushandeln der Vereinbarung kann nicht entstehen, da Vorbem. 3 Abs. 3 VV in der Vollstreckung nicht anwendbar ist. Eine Gebühr fällt hier nur für die Teilnahme an einem gerichtlichen Termin oder einem Termin zur Abgabe des Vermögensverzeichnisses (Nr. 3310 VV) an. **67**

Hinzu kommt eine **Einigungsgebühr**, soweit der Anwalt an der Zahlungsvereinbarung mitgewirkt hat. Die Höhe der Einigungsgebühr richtet sich nach den Nrn. 1000, 1003, 1004 VV. Ist die Forderung nicht (mehr) anhängig und ist auch keine Vollstreckungsmaßnahme anhängig, beträgt der Gebührensatz 1,5. Dass die Forderung zuvor in einem gerichtlichen Verfahren anhängig war, steht dem Anfall der 1,5-Gebühr nicht entgegen.[42] **68**

> **Beispiel 41** **Zahlungsvereinbarung nach Vollstreckungsandrohung**
>
> Der Anwalt hat für seinen Mandanten ein rechtskräftiges Urteil über 1.860,00 EUR erwirkt und droht die Zwangsvollstreckung an. Daraufhin meldet sich der Gegner und bietet eine Ratenzahlungsvereinbarung an, der der Anwalt zustimmt und für den Fall der pünktlichen Ratenzahlung auf Vollstreckungsmaßnahmen verzichtet.
>
> Der Anwalt erhält neben der 0,3-Verfahrensgebühr nach Nr. 3309 VV auch eine Einigungsgebühr nach Anm. Abs. 1 S. 1 Nr. 2 zu Nr. 1000 VV für die Zahlungsvereinbarung, da der Kläger für den Fall der pünktlichen Ratenzahlung auf Vollstreckungsmaßnahmen verzichtet hat.
>
> Der Anwalt erhält die Verfahrensgebühr der Nr. 3309 VV aus dem vollen Wert, die Einigungsgebühr dagegen nur aus dem Wert in Höhe von 20 % des Anspruchs (§ 31b RVG), also aus dem Wert von 372,00 EUR.
>
> | | | |
> |---|---|---|
> | 1. | 0,3-Verfahrensgebühr, Nr. 3309 VV (Wert 1.860,00 EUR) | 45,00 EUR |
> | 2. | 1,5-Einigungsgebühr, Nr. 1000, VV (Wert 372,00 EUR) | 67,50 EUR |
> | 3. | Postentgeltpauschale, Nr. 7002 VV | 20,00 EUR |
> | | Zwischensumme 132,50 EUR | |
> | 4. | Umsatzsteuer, Nr. 7008 VV | 25,18 EUR |
> | | **Gesamt** | **158,68 EUR** |

Nur eine 1,0-Einigungsgebühr (Nr. 1003 VV) entsteht, wenn zum Zeitpunkt der Einigung ein Vollstreckungsverfahren anhängig ist (dazu gehört auch ein Vollstreckungsauftrag an den Gerichtsvollzieher – Anm. Abs. 1 S. 2 zu Nr. 1003 VV). **69**

> **Beispiel 42** **Zahlungsvereinbarung (rechtskräftiger Titel – Vollstreckung anhängig)**
>
> Der Kläger hat gegen den Beklagten ein rechtskräftiges Urteil über einen Betrag i.H.v. 1.860,00 EUR erwirkt. Während des bereits eingeleiteten Vollstreckungsverfahrens wird ein Vergleich geschlossen, wonach der Beklagte die Forderung in monatlichen Raten zu

---

42 AnwK-RVG/*Onderka*, Nr. 1000 Rn 159.

150,00 EUR tilgen darf und der Kläger auf Vollstreckungsmaßnahmen verzichtet, solange die Raten pünktlich gezahlt werden.

Jetzt entsteht die Einigungsgebühr nur zu 1,0 (Nr. 1003 VV).

1. 0,3-Verfahrensgebühr, Nr. 3309 VV (Wert: 1.860,00 EUR)		45,00 EUR
2. 1,0-Einigungsgebühr, Nrn. 1000, 1003 VV (Wert: 372,00 EUR)		45,00 EUR
3. Postentgeltpauschale, Nr. 7002 VV		18,00 EUR
Zwischensumme	108,00 EUR	
4. Umsatzsteuer, Nr. 7008 VV		20,52 EUR
Gesamt		**128,52 EUR**

70 Ebenso entsteht nur eine 1,0-Einigungsgebühr, wenn die Hauptsache noch anhängig ist.

> **Beispiel 43** Zahlungsvereinbarung (Hauptsache noch anhängig)

Der Kläger hat gegen den Beklagten ein Versäumnisurteil über einen Betrag i.H.v. 1.860,00 EUR nebst Zinsen erwirkt. Der Beklagte legt dagegen Einspruch ein. Ungeachtet dessen droht der Kläger die Zwangsvollstreckung an. Es wird daraufhin ein Vergleich geschlossen, wonach der Beklagte die Forderung nebst Zinsen in monatlichen Raten zu je 150,00 EUR tilgen darf und der Kläger auf Vollstreckungsmaßnahmen verzichtet, solange die Raten pünktlich gezahlt werden.

Auch jetzt entsteht die Einigungsgebühr nur zu 1,0 (Nr. 1003 VV), da die Hauptsache noch anhängig ist.

71 Möglich ist auch eine 1,3-Einigungsgebühr, wenn die Hauptsache in einem Rechtsmittelverfahren anhängig ist.

> **Beispiel 44** Zahlungsvereinbarung (Hauptsache im Rechtsmittelverfahren anhängig)

Der Kläger hat gegen den Beklagten ein vorläufig vollstreckbares Urteil über 1.860,00 EUR erwirkt. Der Beklagte legt dagegen Berufung ein. Daraufhin leistet der Gläubiger Sicherheit und vollstreckt. Sodann wird ein Vergleich geschlossen, wonach der Beklagte die Forderung nebst Zinsen in monatlichen Raten tilgen darf und der Kläger auf Vollstreckungsmaßnahmen verzichtet, solange die Raten pünktlich gezahlt werden.

Jetzt entsteht die Einigungsgebühr zu 1,3 (Nr. 1004 VV), da die Forderung im Berufungsverfahren anhängig ist.

1. 0,3-Verfahrensgebühr, Nr. 3309 VV (Wert: 1.860,00 EUR)		45,00 EUR
2. 1,3-Einigungsgebühr, Nrn. 1000, 1004 VV (Wert: 372,00 EUR)		58,50 EUR
3. Postentgeltpauschale, Nr. 7002 VV		20,00 EUR
Zwischensumme	123,50 EUR	
4. Umsatzsteuer, Nr. 7008 VV		23,47 EUR
Gesamt		**146,97 EUR**

72 Möglich ist auch, dass die Einigungsgebühr aus einem Teilwert zu 1,0 entsteht und zu einem weiteren Teilwert i.H.v. 1,5. Zu beachten ist dann § 15 Abs. 3 RVG.

II. Die Zwangsvollstreckung § 33

Beispiel 45 — **Vollstreckungsauftrag mit Zahlungsvereinbarung auch über weitergehende Forderungen**

Der Anwalt vollstreckt für den Gläubiger aus einem Urteil über 10.000,00 EUR. Er erteilt zunächst einen Vollstreckungsauftrag an den Gerichtsvollzieher nur wegen eines Teilbetrages in Höhe von 2.000,00 EUR, um die Solvenz des Schuldners zu testen und unnötige Kosten zu vermeiden. Die Parteien einigen sich sodann, dass die gesamten 10.000,00 EUR in monatlichen Raten zu 500,00 EUR getilgt werden sollen.

Die ursprünglich nur nach dem Wert von 2.000,00 EUR entstandene Verfahrensgebühr der Nr. 3309 VV berechnet sich jetzt nach dem Gesamtwert von 10.000,00 EUR (§ 22 Abs. 1 RVG). Eine Verfahrensdifferenzgebühr kennt Nr. 3309 VV nicht.

Hinzu kommt die Einigungsgebühr, die sich jetzt nach unterschiedlichen Gebührensätzen berechnet. Aus 2.000,00 EUR entsteht die Gebühr zu 1,0, weil insoweit ein Verfahren vor dem Gerichtsvollzieher anhängig war (Anm. S. 2 zu Nr. 1003 VV). In Höhe der weiteren 8.000,00 EUR entsteht die Einigungsgebühr zu 1,5, da es insoweit an einem Verfahren fehlt. Zu beachten ist wiederum § 15 Abs. 3 RVG.

1. 0,3-Verfahrensgebühr, Nr. 3309 VV   167,40 EUR
   (Wert: 10.000,00 EUR)
2. 1,0-Einigungsgebühr, Nrn. 1000, 1003 VV   45,00 EUR
   (Wert: 400,00 EUR)
3. 1,5-Einigungsgebühr, Nr. 1000 VV   225,00 EUR
   (Wert: 1.600,00 EUR)
4. gem. § 15 Abs. 3 RVG nicht mehr als 1,5 aus   225,00 EUR
   2.000,00 EUR
5. Postentgeltpauschale, Nr. 7002 VV   20,00 EUR
   Zwischensumme   412,00 EUR
6. 19 % Umsatzsteuer, Nr. 7008 VV   78,36 EUR
   Gesamt   **490,76 EUR**

Eine Einigungsgebühr entsteht nicht, wenn der Gerichtsvollzieher nach § 802b Abs. 2 S. 2 ZPO dem Schuldner eine Ratenzahlung bewilligt.[43] Abgesehen davon, dass es bereits an einer Einigung fehlt, verzichtet der Gläubiger nicht vorläufig auf die Vollstreckung, sondern führt diese weiter durch, da ja der Gerichtsvollzieher die Raten einziehen soll.

Beispiel 46 — **Ratenzahlungsbewilligung durch den Gerichtsvollzieher**

Der Kläger hat gegen den Beklagten ein vorläufig vollstreckbares Urteil über 1.860,00 EUR erwirkt und beauftragt den Gerichtsvollzieher. Dieser bewilligt den Schuldner gem. § 802b Abs. 2 S. 2 ZPO monatliche Raten i.H.v. 400,00 EUR.

Es entsteht nur die Verfahrensgebühr. Eine Einigungsgebühr fällt nicht an.

1. 0,3-Verfahrensgebühr, Nr. 3309 VV   45,00 EUR
   (Wert: 1.860,00 EUR)
2. Postentgeltpauschale, Nr. 7002 VV   9,00 EUR
   Zwischensumme   54,00 EUR
3. Umsatzsteuer, Nr. 7008 VV   10,26 EUR
   Gesamt   **64,26 EUR**

---

[43] AG Augsburg AGS 2014, 162 = DGVZ 2014, 25 = JurBüro 2014, 162 = zfs 2014, 288 = RVGreport 2014, 108 = NJW-Spezial 2014, 188; LG Duisburg AGS 2013, 577 = FoVo 2013, 195 = RVGreport 2013, 431 = NJW-Spezial 2014, 27; AG Oberndorf JurBüro 2013, 586; AG Düsseldorf AGS 2014, 120 = DGVZ 2013, 219.

(3) Verfahrenswert

74 Für die Verfahrensgebühr gilt der volle Wert des § 25 Abs. 1 Nr. 1 RVG. Für die Zahlungsvereinbarung gilt dagegen nur 20 % des Anspruchs (§ 31b RVG). Da sich in der Zwangsvollstreckung der Wert eines Anspruchs zuzüglich Zinsen und Kosten vorheriger Vollstreckungsmaßnahmen versteht (§ 25 Abs. 1 Nr. 1 RVG), sind die 20 % von diesem Gesamtwert abzuleiten.

Beispiel 47 | Zahlungsvereinbarung (Hauptforderung nebst Zinsen und Kosten)

Der Kläger hat gegen den Beklagten ein Urteil über eine Forderung i.H.v. 5.000,00 EUR nebst Zinsen erwirkt. Nach Androhung der Zwangsvollstreckung wegen der 5.000,00 EUR zuzüglich Kosten zwischenzeitlich aufgelaufener 300,00 EUR Zinsen und 200,00 EUR eines vorherigen Vollstreckungsversuchs wird ein Vergleich geschlossen, wonach der Beklagte die gesamte Forderung nebst Zinsen und Kosten in monatlichen Raten tilgen wird und der Kläger auf Vollstreckungsmaßnahmen verzichtet, solange die Raten pünktlich gezahlt werden.

Jetzt sind die Zinsen und Kosten mit einzubeziehen, so dass sich für die Verfahrensgebühr ein Gegenstandswert von 5.000,00 ergibt. Ausgehend von einer Quote von 20 % ergibt sich für die Einigungsgebühr ein Gegenstandswert i.H.v. 1.100,00 EUR.

1.	0,3-Verfahrensgebühr, Nr. 3309 VV (Wert: 5.500,00 EUR)	106,20 EUR
2.	1,5-Einigungsgebühr, Nr. 1000 VV (Wert: 1.100,00 EUR)	172,50 EUR
3.	Postentgeltpauschale, Nr. 7002 VV	20,00 EUR
	Zwischensumme 298,70 EUR	
4.	Umsatzsteuer, Nr. 7008 VV	56,75 EUR
	Gesamt	**355,45 EUR**

75 Wird die Einigung nur über einen Teilbetrag geschlossen, dann ist nur dieser Teilbetrag maßgebend.

Beispiel 48 | Zahlungsvereinbarung (Teilbetrag)

Wie vorangegangenes Beispiel 47. Der Beklagte zahlt 3.000,00 EUR. Im Übrigen wird ein Vergleich geschlossen, wonach der Beklagte die Restforderung nebst Zinsen in monatlichen Raten tilgen wird und der Kläger auf Vollstreckungsmaßnahmen verzichtet, solange die Raten pünktlich gezahlt werden.

Der Wert der Verfahrensgebühr (Nr. 3309 VV) beläuft sich gem. § 25 Abs. 1 Nr. 1 RVG wiederum auf 5.500,00 EUR, der Wert der Einigung beläuft sich jedoch nur auf 20 % aus 2.500,00 EUR = 500,00 EUR.

1.	0,3-Verfahrensgebühr, Nr. 3309 VV (Wert: 5.500,00 EUR)	106,20 EUR
2.	1,5-Einigungsgebühr, Nr. 1000 VV (Wert: 500,00 EUR)	67,50 EUR
3.	Postentgeltpauschale, Nr. 7002 VV	20,00 EUR
	Zwischensumme 193,70 EUR	
4.	Umsatzsteuer, Nr. 7008 VV	36,80 EUR
	Gesamt	**230,50 EUR**

II. Die Zwangsvollstreckung § 33

Eine Einigungsgebühr entsteht auch dann aus dem vollen Wert, wenn nur für einen befristeten Zeitraum auf Vollstreckungsmaßnahmen verzichtet wird. **76**

Beispiel 49 | **Befristete Zahlungsvereinbarung**

Der Kläger hat gegen den Beklagten ein Versäumnisurteil über einen Betrag i.H.v. 1.860,00 EUR nebst Zinsen erwirkt. Nach Androhung der Zwangsvollstreckung (zwischenzeitlich aufgelaufene Zinsen 100,00 EUR) wird ein Vergleich geschlossen, wonach der Beklagte für die Dauer von sechs Monaten monatliche Raten in Höhe von 50,00 EUR zahlen soll. Hiernach soll dann neu verhandelt werden. Für die Dauer von sechs Monaten verzichtet der Kläger auf Vollstreckungsmaßnahmen, sofern die Raten pünktlich gezahlt werden.

Der Wert der Einigungsgebühr bemisst sich hier mit 20 % aus dem Gesamtbetrag. Zwar sind zunächst nur 6 × 150,00 EUR zu zahlen. Wegen des Rests ist aber ebenfalls auf eine Vollstreckung vorläufig verzichtet worden.

1. 0,3-Verfahrensgebühr, Nr. 3309 VV 45,00 EUR
   (Wert: 1.960,00 EUR)
2. 1,5-Einigungsgebühr, Nr. 1000 VV 67,50 EUR
   (Wert: 392,00 EUR)
3. Postentgeltpauschale, Nr. 7002 VV 20,00 EUR
   Zwischensumme 132,50 EUR
4. Umsatzsteuer, Nr. 7008 VV 25,18 EUR
   Gesamt **157,68 EUR**

Erstreckt sich die Zahlungsvereinbarung auf einen sofortigen Teilbetrag und Ratenzahlung im Übrigen, so ist wiederum der Gesamtwert maßgebend. Der sofortige Teilbetrag faktisch eine erste Rate. **77**

Beispiel 50 | **Zahlungsvereinbarung über sofortigen Teilbetrag und restliche Raten**

Der Kläger hat gegen den Beklagten ein Versäumnisurteil über einen Betrag i.H.v. 1.860,00 EUR nebst Zinsen erwirkt. Nach Androhung der Zwangsvollstreckung (zwischenzeitliche Zinsen in Höhe von 100,00 EUR) wird ein Vergleich geschlossen, wonach der Beklagte sofort 900,00 EUR zahlt und im Übrigen monatliche Raten in Höhe von 150,00 EUR. Solange pünktlich gezahlt wird, verzichtet der Kläger auf Vollstreckungsmaßnahmen.

Der Wert der Einigungsgebühr bemisst sich wiederum auf 20 % aus 1.960,00 EUR und nicht etwa nur dem Teil der Forderung, über den die Zahlungsvereinbarung getroffen worden ist.

1. 0,3-Verfahrensgebühr, Nr. 3309 VV 45,00 EUR
   (Wert: 1.960,00 EUR)
2. 1,5-Einigungsgebühr, Nr. 1000 VV 67,50 EUR
   (Wert: bis 392,00 EUR)
3. Postentgeltpauschale, Nr. 7002 VV 20,00 EUR
   Zwischensumme 132,50 EUR
4. Umsatzsteuer, Nr. 7008 VV 25,18 EUR
   Gesamt **157,68 EUR**

cc) Sonstige Einigung

78 Möglich ist auch eine Einigungsgebühr nach Anm. Abs. 1 S. 1 Nr. 1 zu Nr. 1000 VV, wenn eine Einigung über die Hauptsache getroffen wird. Angesichts dessen, dass die Forderung bereits tituliert ist, wird ein Streit oder eine Ungewissheit insoweit allerdings seltener vorkommen.

79 Die Höhe der Einigungsgebühr wiederum hängt davon ab, ob die Hauptsache anhängig ist und gegebenenfalls in welcher Instanz.

> **Beispiel 51** — **Vollstreckungsandrohung mit Einigung über Hauptsache**
>
> **Der Beklagte ist zur Auskunft verurteilt worden (Wert: 3.000,00 EUR). Da er diese nach Auffassung des Gläubigers nicht vollständig erteilt hat, droht dessen Anwalt die Zwangsvollstreckung an. Daraufhin wird ein Vergleich geschlossen, wonach der Schuldner dem Gläubiger bestimmte Unterlagen herausgibt und damit der Auskunftsanspruch erledigt ist.**
>
> Der Anwalt des Gläubigers erhält jetzt eine Einigungsgebühr nach Anm. Abs. 1 Nr. 1 zu Nr. 1000 VV aus dem vollen Wert. Da die Vollstreckung noch nicht anhängig ist, entsteht die Einigungsgebühr zu einem Satz von 1,5.
>
> | | | |
> |---|---|---:|
> | 1. | 0,3-Verfahrensgebühr, Nr. 3309 VV (Wert: 3.000,00 EUR) | 60,30 EUR |
> | 2. | 1,5-Einigungsgebühr, Nr. 1000, 1003 VV (Wert: 3.000,00 EUR) | 301,50 EUR |
> | 3. | Postentgeltpauschale, Nr. 7002 VV | 20,00 EUR |
> | | Zwischensumme | 381,80 EUR |
> | 4. | 19 % Umsatzsteuer, Nr. 7008 VV | 72,54 EUR |
> | | **Gesamt** | **454,34 EUR** |

> **Beispiel 52** — **Vollstreckung mit Einigung über Hauptsache**
>
> **Wie vorheriges Beispiel 51; jedoch war jedoch bereits ein Zwangsgeldverfahren eingeleitet.**
>
> Da die Vollstreckung bereits anhängig war, entsteht die Einigungsgebühr zu einem Satz von 1,0.
>
> | | | |
> |---|---|---:|
> | 1. | 0,3-Verfahrensgebühr, Nr. 3309 VV (Wert: 3.000,00 EUR) | 60,30 EUR |
> | 2. | 1,0-Einigungsgebühr, Nrn. 1000, 1003 VV (Wert: 3.000,00 EUR) | 201,00 EUR |
> | 3. | Postentgeltpauschale, Nr. 7002 VV | 20,00 EUR |
> | | Zwischensumme | 281,30 EUR |
> | 4. | 19 % Umsatzsteuer, Nr. 7008 VV | 53,45 EUR |
> | | **Gesamt** | **334,75 EUR** |

> **Beispiel 53** — **Vollstreckungsauftrag mit Einigung, Gerichtsvollzieher bereits beauftragt**
>
> **Der Beklagte ist zur Zahlung eines Kostenvorschusses i.H.v. 8.000,00 EUR für Mängelbeseitigungsarbeiten verurteilt worden. Der Gläubiger beauftragt seinen Anwalt, diesen Betrag durch den Gerichtsvollzieher beizutreiben. Daraufhin wird ein Vergleich geschlossen, wonach der Gläubiger endgültig 6.000,00 EUR erhält und damit alle Ansprüche auf Mängelbeseitigung erledigt sind.**

II. Die Zwangsvollstreckung § 33

Der Anwalt des Gläubigers erhält auch jetzt eine Einigungsgebühr nach Anm. Abs. 1 Nr. 1 zu Nr. 1000 VV, allerdings nur in Höhe von 1,0 (Nr. 1003 VV).

1.	0,3-Verfahrensgebühr, Nr. 3309 VV (Wert: 8.000,00 EUR)	136,80 EUR
2.	1,0-Einigungsgebühr, Nr. 1000, 1003 VV (Wert: 8.000,00 EUR)	456,00 EUR
3.	Postentgeltpauschale, Nr. 7002 VV	20,00 EUR
	Zwischensumme 612,80 EUR	
4.	19 % Umsatzsteuer, Nr. 7008 VV	116,43 EUR
Gesamt		**729,23 EUR**

Möglich ist auch hier ein Mehrwert, der mit einer Gebühr von 1,5 zu bewerten ist. **80**

Beispiel 54 Vollstreckungsauftrag mit Einigung über nicht anhängigen Mehrwert

Der Pflichtteilsberechtigte hat ein Urteil auf Auskunft erwirkt. Der Wert ist ausgehend von den Vorstellungen des Pflichtteilsberechtigten (Pflichtteil i.H.v. 25.000,00 EUR) auf 5.000,00 EUR festgesetzt worden. Da der Erbe keine Auskunft erteilt, leitet der Anwalt des Pflichtteilsberechtigten ein Zwangsgeldverfahren ein. Hiernach kommt es zu einer Einigung, wonach der Erbe einen Pflichtteil i.H.v. 20.000,00 EUR zahlt.

Angefallen ist zunächst eine 0,3-Verfahrensgebühr aus dem Wert von 5.000,00 EUR. Infolge des Mehrwerts hat sich die Gebühr auf 0,3 aus 25.000,00 EUR erhöht (die Auskunft ist wirtschaftlich in der Leistung enthalten, siehe auch § 44 GKG). Die Einigungsgebühr entsteht zu 1,5, da der Pflichtteilsanspruch weder anhängig noch Gegenstand der Vollstreckung war.

1.	0,3-Verfahrensgebühr, Nr. 3309 VV (Wert: 25.000,00 EUR)	236,40 EUR
2.	1,5-Einigungsgebühr, Nr. 1000 VV (Wert: 25.000,00 EUR)	1.182,00 EUR
3.	Postentgeltpauschale, Nr. 7002 VV	20,00 EUR
	Zwischensumme 1.438,40 EUR	
4.	19 % Umsatzsteuer, Nr. 7008 VV	273,30 EUR
Gesamt		**1.711,70 EUR**

Beispiel 55 Vollstreckungsauftrag mit Einigung über anhängigen Mehrwert

Wie vorangegangenes Beispiel; jedoch hatte der Pflichtteilsberechtigte eine Stufenklage erhoben und zunächst in erster Stufe ein Teilurteil auf Auskunft erwirkt, aus dem er vollstreckt.

Jetzt entsteht die Einigungsgebühr zur zu 1,0, da der Zahlungsanspruch bereits anhängig ist.

1.	0,3-Verfahrensgebühr, Nr. 3309 VV (Wert: 25.000,00 EUR)	236,40 EUR
2.	1,0-Einigungsgebühr, Nr. 1000 VV (Wert: 25.000,00 EUR)	788,00 EUR
3.	Postentgeltpauschale, Nr. 7002 VV	20,00 EUR
	Zwischensumme 1.044,40 EUR	
4.	19 % Umsatzsteuer, Nr. 7008 VV	198,44 EUR
Gesamt		**1.242,84 EUR**

Die Einigungsgebühr kann sich auch auf 1,3 belaufen, wenn der Gegenstand in einem Rechtsmittelverfahren anhängig ist. **81**

> **Beispiel 56** — Vollstreckungsauftrag mit Einigung über Anspruch, der in der Berufung anhängig ist.
>
> Der Beklagte ist zur Zahlung eines Kostenvorschusses i.H.v. 8.000,00 EUR für Mängelbeseitigungsarbeiten verurteilt worden. Dagegen legt er Berufung ein. Ungeachtet dessen beauftragt der Gläubiger seinen Anwalt, diesen Betrag durch den Gerichtsvollzieher beizutreiben. Daraufhin wird ein Vergleich geschlossen, wonach der Gläubiger endgültig 6.000,00 EUR erhält und damit alle Ansprüche auf Mängelbeseitigung erledigt sind.
>
> Jetzt fällt die Einigungsgebühr nach einem Satz von 1,3 an, da die Sache im Berufungsverfahren anhängig ist.
>
> 1. 0,3-Verfahrensgebühr, Nr. 3309 VV   136,80 EUR
>   (Wert: 8.000,00 EUR)
> 2. 1,3-Einigungsgebühr, Nrn. 1000, 1004 VV   592,80 EUR
>   (Wert: 8.000,00 EUR)
> 3. Postentgeltpauschale, Nr. 7002 VV   20,00 EUR
>   Zwischensumme   749,60 EUR
> 4. 19 % Umsatzsteuer, Nr. 7008 VV   142,42 EUR
>   **Gesamt**   **892,02 EUR**

4. Auslagen

82 Die Auslagen in der Zwangsvollstreckung richten sich nach Teil 7 VV, den Nrn. 7000 ff. VV. Hier gelten keine Besonderheiten. Vorgelegte Gerichts- oder Gerichtsvollzieherkosten kann der Anwalt nach §§ 675 i.V.m. 670 BGB verlangen (Vorbem. 7 Abs. 1 S. 2 VV).

5. Umfang der Angelegenheit

a) Überblick

83 Nach § 18 Abs. 1 Nr. 1, 1. Hs. RVG zählt jede Vollstreckungsmaßnahme zusammen mit den durch diese vorbereiteten weiteren Vollstreckungshandlungen bis zur Befriedigung des Gläubigers als besondere Gebührenangelegenheit i.S.d. § 15 RVG.

84 Welche **Vorbereitungshandlungen und Nebentätigkeiten** noch zur Vollstreckung zählen, ergibt sich aus § 19 Abs. 2 RVG. Insbesondere Anfragen beim Einwohnermeldeamt, Gewerbeamt etc. sind durch die Verfahrensgebühr mit abgegolten (siehe Beispiel 62 ff.).

85 Auch die **Vollstreckungserinnerung nach § 766 ZPO** zählt für den bereits tätigen Anwalt gem. §§ 18 Abs. 1 Nr. 1, 19 Abs. 2 Nr. 2 RVG[44] zur Vollstreckungsangelegenheit (siehe Rn 129 ff.).

86 Welche Tätigkeiten in der Zwangsvollstreckung dagegen als **besondere Angelegenheiten** gelten und damit die Gebühren nach Nrn. 3009, 3310 VV erneut auslösen, ergibt sich aus § 18 Abs. 1 Nrn. 4 bis 21 RVG.

b) Vollstreckungsandrohung/Vollstreckungsankündigung

87 Bereits die Vollstreckungsandrohung oder Vollstreckungsankündigung löst die Verfahrensgebühr der Nr. 3309 VV aus (siehe oben Rn 37). Kommt es nach einer Vollstreckungsandrohung zur

---

[44] Eingefügt zum 31.12.2006 durch das 2. JuMoG. Damit hat sich die bis dahin bestehende Streitfrage geklärt.

Durchführung der angedrohten Vollstreckungsmaßnahme, entsteht die Gebühr nicht erneut, sondern insgesamt nur einmal.[45]

| Beispiel 57 | Vollstreckungsandrohung und nachfolgende Vollstreckung |

Der Anwalt ist beauftragt, eine Mobiliarvollstreckung wegen einer Geldforderung von 3.000,00 EUR anzudrohen. Da der Schuldner nicht zahlt, wird der Gerichtsvollzieher beauftragt.

Vollstreckungsandrohung und nachfolgende Vollstreckung sind eine Angelegenheit. Der Anwalt erhält nur eine 0,3-Verfahrensgebühr.

1. 0,3-Verfahrensgebühr, Nr. 3309 VV 60,30 EUR
   (Wert: 3.000,00 EUR)
2. Postentgeltpauschale, Nr. 7002 VV 12,06 EUR
   Zwischensumme 72,36 EUR
3. 19 % Umsatzsteuer, Nr. 7008 VV 13,75 EUR
   Gesamt **86,19 EUR**

Auch der nach fruchtloser Zahlungsaufforderung mit Vollstreckungsankündigung (§ 882a ZPO) gestellte Vollstreckungsantrag löst keine (weitere) Verfahrensgebühr gem. Nr. 3309 VV aus.[46]

88

| Beispiel 58 | Anzeige der Vollstreckungsabsicht und nachfolgender Vollstreckungsauftrag |

In einem Amtshaftungsprozess ist die Stadt zur Zahlung von Schadensersatz i.H.v. 20.000,00 EUR verurteilt worden. Diese zahlt auch nach einer Vollstreckungsandrohung nicht, so dass der Gerichtsvollzieher beauftragt wird.

Für die weitere Tätigkeit im Vollstreckungsverfahren erhält der Anwalt keine weitere Vergütung. Die Gebühr der Nr. 3309 VV entsteht nur einmal.

1. 0,3-Verfahrensgebühr, Nr. 3309 VV 222,60 EUR
   (Wert: 20.000,00 EUR)
2. Postentgeltpauschale, Nr. 7002 VV 20,00 EUR
   Zwischensumme 242,60 EUR
3. 19 % Umsatzsteuer, Nr. 7008 VV 46,09 EUR
   Gesamt **288,69 EUR**

c) Vollstreckung gegen mehrere Schuldner

Die Vollstreckung gegen **mehrere Schuldner** beinhaltet grundsätzlich **mehrere Angelegenheiten** i.S.d. § 15 RVG. Nach § 18 Abs. 1 Nr. 1 RVG zählt jede Vollstreckungsmaßnahme als eigene Angelegenheit. Dies gilt sowohl für die Vollstreckung gegen mehrere Teilschuldner als auch gegen mehrere Gesamtschuldner, mag auch der Anspruch der gleiche und das wirtschaftliche Interesse dasselbe sein. Eine Streitgenossenschaft auf Schuldnerseite gibt es in der Zwangsvollstreckung grundsätzlich nicht, selbst dann nicht, wenn gegen die verschiedenen Schuldner aus

89

---

[45] AG Münster DGVZ 2006, 31; LG Kassel DGVZ 1996, 11; AG Herborn DGVZ 1993, 118; LG München, Beschl. v. 19.12.2007 – 6 T 5058/07; *Mayer/Kroiß/Rohn*, § 18 Rn 29.
[46] Zum vergleichbaren Fall der Zahlungsaufforderung und anschließenden Vollstreckung nach § 169 Abs. 1 S. 2 VwGO: VG Frankfurt/Oder AGS 2009, 276.

demselben Titel vollstreckt wird.[47] Nur dann, wenn einheitlich vollstreckt werden muss, liegt nur eine Angelegenheit vor.[48]

> **Beispiel 59** Zwangsvollstreckungsauftrag gegen mehrere Teilschuldner (Vollstreckung wegen Zahlung)

Der Gläubiger hat gegen zwei Beklagte einen Titel über insgesamt 10.000,00 EUR erwirkt, wobei jeder der beiden Beklagten zur Zahlung von 5.000,00 EUR verurteilt worden ist. Der Anwalt soll gegen beide Schuldner vollstrecken.

Es liegen zwei verschiedene Angelegenheiten vor. Der Anwalt erhält die Gebühren nach Nr. 3309 VV zwei Mal, und zwar jeweils aus 5.000,00 EUR.

    I. Vollstreckung gegen Schuldner 1
1. 0,3-Verfahrensgebühr, Nr. 3309 VV   90,90 EUR
(Wert: 5.000,00 EUR)
2. Postentgeltpauschale, Nr. 7002 VV   18,18 EUR
Zwischensumme   109,08 EUR
3. 19 % Umsatzsteuer, Nr. 7008 VV   20,73 EUR
Gesamt   **129,80 EUR**
    II. Vollstreckung gegen Schuldner 2
1. 0,3-Verfahrensgebühr, Nr. 3309 VV   90,90 EUR
(Wert: 5.000,00 EUR)
2. Postentgeltpauschale, Nr. 7002 VV   18,18 EUR
Zwischensumme   109,08 EUR
3. 19 % Umsatzsteuer, Nr. 7008 VV   20,73 EUR
Gesamt   **129,80 EUR**

90 Werden gegen mehrere Schuldner Anträge auf Ermächtigung zur Selbstvornahme der von ihnen geschuldeten vertretbaren Handlungen gestellt, so stellt jeder gegen einen von ihnen gerichteter Antrag nach § 887 Abs. 1 und 2 ZPO eine eigene Angelegenheit i.S.d. § 18 Abs. 1 Nr. 1 RVG dar.[49]

> **Beispiel 60** Zwangsvollstreckungsauftrag gegen mehrere Teilschuldner (vertretbare Handlung)

Der Gläubiger hat gegen sechs Beklagte ein Urteil über eine vertretbare Handlung (Wert: 10.000,00 EUR) erwirkt und beantragt nunmehr, ihn gem. § 887 Abs. 2 ZPO zu ermächtigen, auf Kosten der Schuldner die von diesen geschuldeten Handlungen vornehmen zu lassen, und sie zur Leistung eines Kostenvorschusses zu verpflichten.

Es liegen sechs verschiedene Angelegenheiten vor. Der Anwalt erhält die Gebühren nach Nr. 3309 VV sechs Mal, und zwar jeweils aus 10.000,00 EUR.

---

47 BGH AGS 2007, 71 = AnwBl 2006, 856 = BGHR 2006, 1506 = InVo 2007, 41 = RVGreport 2006, 461 (Antrag nach § 887 ZPO); OLG Frankfurt/M. AGS 2004, 69; LG Frankfurt/M. AGS 2003, 207 m. Anm. *N. Schneider* (hier Räumungsvollstreckung) = JurBüro 2003, 304; OLG Koblenz JurBüro 1986, 1838; OLG Hamm AnwBl 1988, 357; OLG Düsseldorf InVo 1997, 196; LG Berlin JurBüro 1995, 530; AG Singen JurBüro 2006, 329.

48 Das LG Saarbrücken geht unzutreffender Weise von einem solchen Fall schon dann aus, wenn gegenüber den Mitgliedern einer Wohnungseigentümergemeinschaft, die als Teilschuldner haften, vollstreckt werden soll, die Zahlungsaufforderung aber an deren gemeinsamen Prozessbevollmächtigten ergeht (AGS 2012, 525 = ZMR 2013, 67 = RVGprof. 2012, 163 = Info M 2012, 450 = MietRB 2013, 45).

49 BGH AGS 2007, 71 = BGHReport 2006, 1506 = AnwBl 2006, 856 = InVo 2007, 41 = Rpfleger 2007, 46 = MDR 2007, 367 = JurBüro 2007, 156 = BB 2006, 2328 = RVGreport 2006, 461.

II. Die Zwangsvollstreckung § 33

I. Vollstreckung gegen Schuldner 1	
1. 0,3-Verfahrensgebühr, Nr. 3309 VV (Wert: 10.000,00 EUR)	167,40 EUR
2. Postentgeltpauschale, Nr. 7002 VV	20,00 EUR
Zwischensumme 187,40 EUR	
3. 19 % Umsatzsteuer, Nr. 7008 VV	35,61 EUR
Gesamt	**223,01 EUR**
II. Vollstreckung gegen Schuldner 2	
ebenso	**223,01 EUR**
III. Vollstreckung gegen Schuldner 3	
ebenso	**223,01 EUR**
IV. Vollstreckung gegen Schuldner 4	
ebenso	**223,01 EUR**
V. Vollstreckung gegen Schuldner 5	
ebenso	**223,01 EUR**
VI. Vollstreckung gegen Schuldner 6	
ebenso	**223,01 EUR**

Beispiel 61 | **Zwangsvollstreckungsauftrag gegen Gesamtschuldner**

Der Gläubiger hat gegen zwei Beklagte einen Titel über 10.000,00 EUR erwirkt, wobei jeder der Beklagten gesamtschuldnerisch verurteilt worden ist. Er soll gegen beide Schuldner vollstrecken.

Auch jetzt liegen zwei verschiedene Angelegenheiten vor. Der Anwalt erhält die Gebühren nach Nr. 3309 VV zwei Mal, jeweils aus dem Gesamtwert von 10.000,00 EUR.

I. Vollstreckung gegen Schuldner 1	
1. 0,3-Verfahrensgebühr, Nr. 3309 VV (Wert: 10.000,00 EUR)	167,40 EUR
2. Postentgeltpauschale, Nr. 7002 VV	20,00 EUR
Zwischensumme 187,40 EUR	
3. 19 % Umsatzsteuer, Nr. 7008 VV	35,61 EUR
Gesamt	**223,01 EUR**
II. Vollstreckung gegen Schuldner 2	
1. 0,3-Verfahrensgebühr, Nr. 3309 VV (Wert: 10.000,00 EUR)	167,40 EUR
2. Postentgeltpauschale, Nr. 7002 VV	20,00 EUR
Zwischensumme 187,40 EUR	
3. 19 % Umsatzsteuer, Nr. 7008 VV	35,61 EUR
Gesamt	**223,01 EUR**

Anders verhält es sich, wenn sich die Zwangsvollstreckung gegen mehrere Schuldner als Gesamthandsschuldner richtet. In diesem Fall ist von nur einem Vollstreckungsauftrag auszugehen (siehe hierzu auch Rn 89). 91

Beispiel 62 | **Zwangsvollstreckungsauftrag gegen Gesamthandsschuldner**

Der Gläubiger hat gegen drei Miterben in ungeteilter Erbengemeinschaft einen Titel über 10.000,00 EUR erwirkt. Er soll in ein der Erbengemeinschaft gehörendes Grundstück vollstrecken.

Jetzt liegt nur eine Angelegenheit vor. Der Anwalt erhält die Gebühren nach Nr. 3309 VV nur einmal.

1. 0,3-Verfahrensgebühr, Nr. 3309 VV (Wert: 10.000,00 EUR)		167,40 EUR
2. Postentgeltpauschale, Nr. 7002 VV		20,00 EUR
Zwischensumme	187,40 EUR	
3. 19 % Umsatzsteuer, Nr. 7008 VV		35,61 EUR
Gesamt		**223,01 EUR**

92 Ebenso liegt nur eine Angelegenheit vor, wenn mehrere Schuldner die geschuldete Leistung aus anderen Gründen nur gemeinschaftlich erbringen können, etwa wenn ein geschuldetes Unterlassungsbegehren nur von allen Schuldnern gemeinsam begangen werden kann.[50]

> **Beispiel 63** **Zwangsvollstreckungsauftrag auf gemeinsame Unterlassung**
>
> Der Gläubiger hatte gegen die drei Mitglieder einer Rechtsanwaltssozietät ein Urteil erwirkt, mit der ihnen eine Untervermietung untersagt wurde (Streitwert: 12.000,00 EUR). Der Gläubiger beauftragt den Anwalt aus diesem Urteil nach § 888 ZPO zu vollstrecken.
>
> Jetzt liegt nur eine Angelegenheit vor. Der Anwalt erhält die Gebühren nach Nr. 3309 VV nur einmal.
>
> | | | |
> |---|---|---|
> | 1. 0,3-Verfahrensgebühr, Nr. 3309 VV (Wert: 12.000,00 EUR) | | 181,20 EUR |
> | 2. Postentgeltpauschale, Nr. 7002 VV | | 20,00 EUR |
> | Zwischensumme | 201,20 EUR | |
> | 3. 19 % Umsatzsteuer, Nr. 7008 VV | | 38,23 EUR |
> | **Gesamt** | | **239,43 EUR** |

d) Mehrere nacheinander folgende Vollstreckungsaufträge

93 Sind nach § 18 Abs. 1 Nr. 1, 4 bis 21 RVG mehrere Angelegenheiten gegeben, entstehen die Gebühren nach den Nrn. 3309, 3310 VV mehrmals.

94 Zu beachten ist, dass sich der Gegenstandswert einer folgenden Vollstreckungsangelegenheit jeweils um die Kosten der vorangegangenen Vollstreckungsmaßnahme erhöht (siehe Rn 16 f.).

> **Beispiel 64** **Forderungspfändung und nachfolgende Mobiliarvollstreckung**
>
> Der Anwalt wird beauftragt, wegen einer Geldforderung in Höhe von 1.900,00 EUR eine Gehaltspfändung auszubringen. Nachdem diese Maßnahme erfolglos geblieben ist, wird der Anwalt beauftragt, die Mobiliarvollstreckung zu betreiben. Für die Zustellung des Pfändungs- und Überweisungsbeschlusses waren Zustellungskosten in Höhe von 60,00 EUR angefallen.
>
> Es liegen zwei verschiedene Angelegenheiten vor (§ 18 Abs. 1 Nr. 1 RVG), so dass die Gebühren zwei Mal entstehen.
>
> **I. Gehaltspfändung**
>
> | | | |
> |---|---|---|
> | 1. 0,3-Verfahrensgebühr, Nr. 3309 VV (Wert: 1.900,00 EUR) | | 45,00 EUR |
> | 2. Postentgeltpauschale, Nr. 7002 VV | | 9,00 EUR |
> | Zwischensumme | 54,00 EUR | |

---

50 KG AGS 2007, 556 = RVGreport 2007, 102 = KGR 2007, 290.

3. 19 % Umsatzsteuer, Nr. 7008 VV	10,26 EUR
Gesamt	**64,26 EUR**

Die Kosten der Gehaltspfändung erhöhen jetzt den Gegenstandswert der Mobiliarvollstreckung (§ 25 Abs. 1 Nr. 1 RVG). Dieser berechnet sich wie folgt:

Hauptforderung	1.900,00 EUR
Anwaltskosten Gehaltspfändung	64,26 EUR
Gerichtsgebühr, Nr. 2110 GKG-KostVerz. Gehaltspfändung	20,00 EUR
Zustellungskosten Gehaltspfändung	60,00 EUR
Gesamt	**2.044,26 EUR**
II. Mobiliarvollstreckung	
1. 0,3-Verfahrensgebühr, Nr. 3309 VV (Wert: 2.044,26 EUR)	60,30 EUR
2. Postentgeltpauschale, Nr. 7002 VV	12,06 EUR
Zwischensumme	72,36 EUR
3. 19 % Umsatzsteuer, Nr. 7008 VV	13,75 EUR
Gesamt	**86,11 EUR**

Zwei gesonderte Angelegenheiten sind auch dann gegeben, wenn der Anwalt zunächst eine Abschrift des Vermögensverzeichnisses zur Prüfung der Aussichten für weitere Zwangsvollstreckungsmaßnahmen anfordert und sodann vollstreckt.[51]

Beispiel 65 — **Einholung des Vermögensverzeichnisses und nachfolgende Forderungspfändung**

Der Anwalt wird beauftragt, wegen einer Geldforderung in Höhe von 5.000,00 EUR zunächst einmal eine Abschrift des Vermögensverzeichnisses anzufordern. Dort stellt er eine Forderung gegen das Finanzamt auf Steuerrückzahlung fest und pfändet diese.

Es liegen zwei verschiedene Angelegenheiten vor (§ 18 Abs. 1 Nr. 1 RVG), so dass die Gebühren zwei Mal entstehen. Für die Einholung der Abschrift des Vermögensverzeichnisses ist der Höchstwert des § 25 Abs. 1 Nr. 4 RVG zu beachten.

I. Abschrift Vermögensverzeichnis	
1. 0,3-Verfahrensgebühr, Nr. 3309 VV (Wert: 2.000,00 EUR)	45,00 EUR
2. Postentgeltpauschale, Nr. 7002 VV	9,00 EUR
Zwischensumme	54,00 EUR
3. 19 % Umsatzsteuer, Nr. 7008 VV	10,26 EUR
Gesamt	**64,26 EUR**

Die Kosten der Gehaltspfändung erhöhen jetzt den Gegenstandswert der Mobiliarvollstreckung (§ 25 Abs. 1 Nr. 1 RVG). Dieser berechnet sich wie folgt:

Hauptforderung	5.000,00 EUR
Anwaltskosten Gehaltspfändung	64,26 EUR
Gerichtsgebühr Vermögensverzeichnis, Nr. 261 GVKostG-KostVerz	33,00 EUR
Gesamt	**5.097,26 EUR**
II. Mobiliarvollstreckung	
1. 0,3-Verfahrensgebühr, Nr. 3309 VV (Wert: 5.097,26 EUR)	106,20 EUR
2. Postentgeltpauschale, Nr. 7002 VV	20,00 EUR
Zwischensumme	126,20 EUR
3. 19 % Umsatzsteuer, Nr. 7008 VV	23,98 EUR
Gesamt	**150,18 EUR**

---

51 AG Neubrandenburg AGS 2012, 527 = DGVZ 2012, 167.

| Beispiel 66 | **Weitere vollstreckbare Ausfertigung und Mobiliarvollstreckung (Erteilung notwendig)** |

Der Anwalt wird beauftragt, wegen einer Geldforderung in Höhe von 1.860,00 EUR die Mobiliarvollstreckung zu betreiben. Da der Original-Titel auf dem Postweg vom Gericht zum Gläubiger verloren gegangen ist, wird der Anwalt vorab beauftragt, eine weitere vollstreckbare Ausfertigung zu beantragen, für die das Gericht nach Nr. 2110 GKG-Kost-Verz. eine Gebühr von 20,00 EUR erhebt.

Es liegen zwei verschiedene Angelegenheiten vor. Das Verfahren auf Erteilung einer weiteren vollstreckbaren Ausfertigung gilt als eigene Angelegenheit (§ 18 Abs. 1 Nr. 5 RVG), so dass die Gebühren zwei Mal entstehen. Werden die Kosten für die weitere vollstreckbare Ausfertigung im Rahmen der Mobiliarvollstreckung mit geltend gemacht, erhöht dies den Gegenstandswert der Vollstreckung, soweit die Erteilung einer weiteren vollstreckbaren Ausfertigung notwendig war, was hier zu bejahen ist.

I. Verfahren auf Erteilung der weiteren vollstreckbaren Ausfertigung
1. 0,3-Verfahrensgebühr, Nr. 3309 VV   45,00 EUR
(Wert: 1.860,00 EUR)
2. Postentgeltpauschale, Nr. 7002 VV   9,00 EUR
Zwischensumme   54,00 EUR
3. 19 % Umsatzsteuer, Nr. 7008 VV   10,26 EUR
Gesamt   **64,26 EUR**

II. Mobiliarvollstreckung
1. 0,3-Verfahrensgebühr, Nr. 3309 VV   45,00 EUR
(Wert: 1.931,98 EUR)
2. Postentgeltpauschale, Nr. 7002 VV   9,00 EUR
Zwischensumme   54,00 EUR
3. 19 % Umsatzsteuer, Nr. 7008 VV   10,26 EUR
Gesamt   **64,26 EUR**

| Beispiel 67 | **Weitere vollstreckbare Ausfertigung und Mobiliarvollstreckung (Erteilung nicht notwendig)** |

Wie vorangegangenes Beispiel 66; jedoch ist der Original-Titel beim Gläubiger verloren gegangen.

Abzurechnen ist wie im vorangegangenen Beispiel. Die Kosten für die weitere vollstreckbare Ausfertigung sind jetzt jedoch nicht erstattungsfähig, so dass vom Schuldner nur die Kosten für eine einfache Vollstreckung verlangt werden können.

| Beispiel 68 | **Kombinierter Zwangsvollstreckungsauftrag Mobiliarvollstreckung/ eidesstattliche Versicherung, fruchtlose Mobiliarvollstreckung** |

Der Anwalt wird beauftragt, eine Mobiliarvollstreckung wegen einer Geldforderung in Höhe von 1.860,00 EUR durchzuführen und für den Fall, dass diese erfolglos ist, soll er das Verfahren auf Abgabe der Vermögensauskunft betreiben. Er stellt daraufhin einen sog. „Kombi-Auftrag". Die Mobiliarvollstreckung bleibt erfolglos.

Es liegt ein unbedingter Auftrag zur Mobiliarvollstreckung vor und ein bedingter Auftrag für das Verfahren auf Abgabe der Vermögensauskunft. Mit Eintritt der Bedingung (§ 158 BGB), nämlich der Fruchtlosigkeit der Mobiliarvollstreckung, wird der weitere Auftrag wirksam und löst eine weitere Gebühr nach Nr. 3309 VV aus. Zu beachten ist hier allerdings die Wertgrenze des § 25 Abs. 1 Nr. 4 RVG von 1.500,00 EUR für das Verfahren auf Abgabe der Vermögensauskunft.

I.	**Mobiliarvollstreckung**		
1.	0,3-Verfahrensgebühr, Nr. 3309 VV		45,00 EUR
	(Wert: 1.860,00 EUR)		
2.	Postentgeltpauschale, Nr. 7002 VV		9,00 EUR
	Zwischensumme	54,00 EUR	
3.	19 % Umsatzsteuer, Nr. 7008 VV		10,26 EUR
Gesamt			**64,26 EUR**
II.	**Verfahren auf Abgabe der Vermögensauskunft**		
1.	0,3-Verfahrensgebühr, Nr. 3309 VV		34,50 EUR
	(Wert: 1.500,00 EUR)		
2.	Postentgeltpauschale, Nr. 7002 VV		6,90 EUR
	Zwischensumme	41,40 EUR	
3.	19 % Umsatzsteuer, Nr. 7008 VV		7,87 EUR
Gesamt			**49,27 EUR**

> **Beispiel 69** Kombinierter Zwangsvollstreckungsauftrag Mobiliarvollstreckung/ eidesstattliche Versicherung, erfolgreiche Mobiliarvollstreckung

Der Anwalt wird beauftragt, eine Mobiliarvollstreckung wegen einer Geldforderung von **1.860,00 EUR** durchzuführen und für den Fall, dass diese erfolglos ist, soll er das Verfahren auf Abgabe der Vermögensauskunft betreiben. Er stellt daraufhin einen sog. Kombi-Auftrag. Die Mobiliarvollstreckung führt zur Befriedigung des Schuldners.

Es liegt wiederum ein unbedingter Auftrag zur Mobiliarvollstreckung vor und ein bedingter Auftrag für das Verfahren auf Abgabe der Vermögensauskunft. Mangels Eintritts der Bedingung wird der weitere Auftrag nicht wirksam und löst folglich keine weitere Gebühr nach Nr. 3309 VV aus.

1.	0,3-Verfahrensgebühr, Nr. 3309 VV		45,00 EUR
	(Wert: 1.860,00 EUR)		
2.	Postentgeltpauschale, Nr. 7002 VV		9,00 EUR
	Zwischensumme	54,00 EUR	
3.	19 % Umsatzsteuer, Nr. 7008 VV		10,26 EUR
Gesamt			**64,26 EUR**

Werden nacheinander mehrere Forderungspfändungen gegen denselben Schuldner ausgebracht, mit der mehrere Forderungen gepfändet werden, so liegt hinsichtlich jeder einzelnen Forderungspfändungen eine eigene Angelegenheit vor, so dass die Vergütung gesondert entsteht. **96**

> **Beispiel 70** Mehrere Forderungspfändungen wegen verschiedener Forderungen

Der Gläubiger hat gegen den Schuldner eine Forderung über 2.000,00 EUR aus einem Teilurteil, weitere 4.000,00 EUR aus dem Schlussurteil und einen Kostenfestsetzungsbeschluss über 1.200,00 EUR erwirkt. Nach Erlass des Teilurteils beauftragt er seinen Anwalt daraus das Gehalt des Schuldners zu pfänden. Nach späterem Erlass des Schlussurteils beauftragt er den Anwalt mit einer weiteren Gehaltspfändung und schließlich nach Erlass des Kostenfestsetzungsbeschlusses erneut.

Es liegen drei verschiedene Angelegenheiten vor. Die Gebühren entstehen jeweils gesondert aus den einzelnen Werten.

I. Pfändung Teilurteil
1. 0,3-Verfahrensgebühr, Nr. 3309 VV — 45,00 EUR
   (Wert: 2.000,00 EUR)
2. Postentgeltpauschale, Nr. 7002 VV — 9,00 EUR
   Zwischensumme — 54,00 EUR
3. 19 % Umsatzsteuer, Nr. 7008 VV — 10,26 EUR
   Gesamt — **64,26 EUR**

II. Pfändung Schlussurteil
1. 0,3-Verfahrensgebühr, Nr. 3309 VV — 75,60 EUR
   (Wert: 4.000,00 EUR)
2. Postentgeltpauschale, Nr. 7002 VV — 15,12 EUR
   Zwischensumme — 90,72 EUR
3. 19 % Umsatzsteuer, Nr. 7008 VV — 17,24 EUR
   Gesamt — **107,96 EUR**

III. Pfändung Kostenfestsetzungsbeschluss
1. 0,3-Verfahrensgebühr, Nr. 3309 VV — 34,50 EUR
   (Wert: 1.200,00 EUR)
2. Postentgeltpauschale, Nr. 7002 VV — 6,90 EUR
   Zwischensumme — 41,40 EUR
3. 19 % Umsatzsteuer, Nr. 7008 VV — 7,87 EUR
   Gesamt — **49,27 EUR**

97 Von mehreren selbstständigen Vollstreckungsmaßnahmen zu unterscheiden ist der Fall, dass sich eine weitere Vollstreckungsmaßnahme nur als Fortsetzung der bereits begonnenen Maßnahme darstellt (so bereits schon bei Vollstreckungsandrohung oder -ankündigung und nachfolgender Vollstreckung, siehe Rn 87). In diesem Fall entstehen die Gebühren nach den Nrn. 3309, 3310 VV nur einmal.

Beispiel 71 Vorläufiges Zahlungsverbot und nachfolgende Forderungspfändung

Gegen den Schuldner wird wegen einer Forderung über 10.000,00 EUR zunächst ein vorläufiges Zahlungsverbot nach § 845 ZPO ausgebracht und hiernach der Erlass eines Pfändungs- und Überweisungsbeschlusses beantragt.

Das vorläufige Zahlungsverbot und die nachfolgende Forderungspfändung sind nur eine Angelegenheit i.S.d. § 18 Abs. 1 Nr. 1 RVG.[52] Die Verfahrensgebühr nach Nr. 3309 VV entsteht daher nur einmal.

1. 0,3-Verfahrensgebühr, Nr. 3309 VV — 167,40 EUR
   (Wert: 10.000,00 EUR)
2. Postentgeltpauschale, Nr. 7002 VV — 20,00 EUR
   Zwischensumme — 187,40 EUR
3. 19 % Umsatzsteuer, Nr. 7008 VV — 35,61 EUR
   Gesamt — **223,01 EUR**

Beispiel 72 Vollstreckungsauftrag unter Wohn- und Geschäftsadresse

Gegen den Gläubiger wird wegen einer Forderung in Höhe von 5.000,00 EUR zunächst unter der Wohnanschrift vollstreckt. Nachdem diese fruchtlos ausfällt, wird der Auftrag zur Vollstreckung unter der Geschäftsadresse erteilt.

---

52 AG Münster DGVZ 2006, 31; LG Kassel DGVZ 1996, 11; AG Herborn DGVZ 1993, 118; *Mayer/Kroiß/Rohn*, § 18 Rn 40.

Auch hier liegt insgesamt nur eine Angelegenheit vor.[53] Die weitere Vollstreckung stellt sich nur als Fortsetzung dar. Die Verfahrensgebühr entsteht nur einmal.

1.	0,3-Verfahrensgebühr, Nr. 3309 VV (Wert: 5.000,00 EUR)	90,90 EUR
2.	Postentgeltpauschale, Nr. 7002 VV	18,18 EUR
	Zwischensumme 109,08 EUR	
3.	19 % Umsatzsteuer, Nr. 7008 VV	20,73 EUR
Gesamt		**129,80 EUR**

Beispiel 73 | **Erneuter Vollstreckungsauftrag nach Wohnsitzwechsel (I)**

Beim ersten Vollstreckungsversuch wegen einer Forderung i.H.v. 5.000,00 EUR stellt der Gerichtsvollzieher fest, dass der Schuldner verzogen ist. Nach Einholung einer Auskunft beim Einwohnermeldeamt wird unter der neuen Anschrift ein weiterer Vollstreckungsauftrag erteilt.

Auch hier liegt insgesamt nur eine Angelegenheit vor.[54] Die weitere Vollstreckung stellt sich nur als Fortsetzung dar. Die Verfahrensgebühr entsteht nur einmal. Auch für die Einwohnermeldeamtsanfrage entsteht keine weitere Vergütung (siehe Rn 36).

Abzurechnen ist wie im vorangegangenen Beispiel 72.

Beispiel 74 | **Erneuter Vollstreckungsauftrag nach Wohnsitzwechsel (II)**

Die Zwangsvollstreckung (Wert: 5.000,00 EUR) unter der angegebenen Adresse verläuft fruchtlos (Kosten Gerichtsvollzieher: 30,00 EUR). Eine neue Anschrift kann zunächst nicht in Erfahrung gebracht werden. Nach einem halben Jahr erfährt der Gläubiger die neue Anschrift und erteilt unter dieser Anschrift nunmehr einen weiteren Vollstreckungsauftrag.

Jetzt liegen zwei Angelegenheiten i.S.d. §§ 15, 18 Abs. 1 Nr. 1 RVG vor. Die erste Vollstreckungsmaßnahme war beendet. Die zweite Vollstreckung stellt sich nicht als Fortsetzung der ersten dar, sondern als neue Vollstreckungsmaßnahme. Die Vergütung fällt also für jede Vollstreckung gesondert an. Zu beachten ist, dass die Kosten der ersten (erfolglosen) Vollstreckung jetzt den Gegenstandswert für das zweite Vollstreckungsverfahren erhöhen, und zwar um die Anwalts- und Gerichtsvollzieherkosten. Im Falle einer verzinslichen Forderung würden auch noch weitere Zinsen hinzukommen.

I. Erste Mobiliarvollstreckung

1.	0,3-Verfahrensgebühr, Nr. 3309 VV (Wert: 5.000,00 EUR)	90,90 EUR
2.	Postentgeltpauschale, Nr. 7002 VV	18,18 EUR
	Zwischensumme 109,08 EUR	
3.	19 % Umsatzsteuer, Nr. 7008 VV	20,73 EUR
Gesamt		**129,80 EUR**

---

53 BGH AGS 2005, 63 = WM 2005, 183 = DGVZ 2005, 6 = Rpfleger 2005, 165 = JurBüro 2005, 139 = BGHReport 2005, 400 = InVo 2005, 163 = MDR 2005, 475 = ZVI 2005, 225 = NJW-RR 2005, 706 = FamRZ 2005, 203 = RVGreport 2005, 34.
54 LG Bamberg DGVZ 1999, 93: LG Frankenthal JurBüro 1989, 1264; *Mayer/Kroiß/Rohn*, § 18 Rn 29.

II. Zweite Mobiliarvollstreckung
1. 0,3-Verfahrensgebühr, Nr. 3309 VV   106,20 EUR
   (Wert: 5.129,80 EUR)
2. Postentgeltpauschale, Nr. 7002 VV   20,00 EUR
   Zwischensumme   126,20 EUR
3. 19 % Umsatzsteuer, Nr. 7008 VV   23,98 EUR
   Gesamt   **150,18 EUR**

98 Werden mehrere Teilvollstreckungen betrieben, handelt es sich dagegen um verschiedene Angelegenheiten.[55] Problematisch kann hier die Erstattungsfähigkeit sein. Wenn die Teilvollstreckungen nicht notwendig waren, dann sind die Kosten nur insoweit erstattungsfähig, als sie bei einer Gesamtvollstreckung angefallen wären.[56]

> **Beispiel 75** | **Mehrere Teilvollstreckungen**
>
> **Aus einem Titel über 3.000,00 EUR wird zunächst nur die Mobiliarvollstreckung in Höhe von 1.000,00 EUR betrieben. Nachdem die Teilforderung beigetrieben worden ist, wird der Gerichtsvollzieher wegen der restlichen 2.000,00 EUR beauftragt.**
>
> Es liegen zwei Angelegenheiten i.S.d. §§ 15, 18 Abs. 1 Nr. 1 RVG vor. Die erste Vollstreckungsmaßnahme war beendet, bevor der zweite Vollstreckungsauftrag erteilt worden ist.
>
> **I. Erste Mobiliarvollstreckung**
> 1. 0,3-Verfahrensgebühr, Nr. 3309 VV   24,00 EUR
>   (Wert: 1.000,00 EUR)
> 2. Postentgeltpauschale, Nr. 7002 VV   4,80 EUR
>   Zwischensumme   28,80 EUR
> 3. 19 % Umsatzsteuer, Nr. 7008 VV   5,47 EUR
>   **Gesamt**   **34,27 EUR**
>
> **II. Zweite Mobiliarvollstreckung**
> 1. 0,3-Verfahrensgebühr, Nr. 3309 VV   45,00 EUR
>   (Wert: 2.000,00 EUR)
> 2. Postentgeltpauschale, Nr. 7002 VV   9,00 EUR
>   Zwischensumme   54,00 EUR
> 3. 19 % Umsatzsteuer, Nr. 7008 VV   10,26 EUR
>   **Gesamt**   **64,26 EUR**
>
> Hätte der Anwalt von vornherein wegen der gesamten 3.000,00 EUR vollstreckt, wären geringere Kosten entstanden, die im Zweifel auch lediglich nach § 788 ZPO erstattungsfähig sein dürften.
> 1. 0,3-Verfahrensgebühr, Nr. 3309 VV   60,30 EUR
>   (Wert: 3.000,00 EUR)
> 2. Postentgeltpauschale, Nr. 7002 VV   12,06 EUR
>   Zwischensumme   72,36 EUR
> 3. 19 % Umsatzsteuer, Nr. 7008 VV   13,75 EUR
>   **Gesamt**   **86,19 EUR**

99 Werden mehrere Ordnungsgeldverfahren zur Durchsetzung desselben Hauptsacheanspruchs geführt, liegt jeweils eine Angelegenheit vor (§ 18 Abs. 1 Nr. 14 RVG).

---

55 AG Waldbröl DGVZ 1998, 142.
56 AG Waldbröl DGVZ 1998, 142.

> **Beispiel 76** **Mehrere Ordnungsgeldverfahren zur Durchsetzung desselben Anspruchs**
>
> Der Anwalt beantragt für den Gläubiger gem. § 890 Abs. 1 ZPO die Verhängung eines Ordnungsgeldes (Wert der Hauptsache: 5.000,00 EUR), das antragsgemäß verhängt und von Amts wegen beigetrieben wird. Wegen einer erneuten Zuwiderhandlung wird die Verhängung eines weiteren Ordnungsgeldes beantragt.
>
> Es liegen hinsichtlich der Verhängung der Ordnungsgelder nach § 18 Abs. 1 Nr. 14 RVG mehrere Angelegenheiten vor. Die Verfahrensgebühr entsteht in jedem Verfahren gesondert. Maßgebend ist jeweils der Wert der Hauptsacheverpflichtung (§ 25 Abs. 1 Nr. 3 RVG).
>
> | | | |
> |---|---|---|
> | **I. Erstes Ordnungsgeldverfahren** | | |
> | 1. 0,3-Verfahrensgebühr, Nr. 3309 VV (Wert: 5.000,00 EUR) | | 90,90 EUR |
> | 2. Postentgeltpauschale, Nr. 7002 VV | | 18,18 EUR |
> | Zwischensumme | 109,08 EUR | |
> | 3. 19 % Umsatzsteuer, Nr. 7008 VV | | 20,73 EUR |
> | **Gesamt** | | **129,80 EUR** |
> | **II. Zweites Ordnungsgeldverfahren** | | |
> | 1. 0,3-Verfahrensgebühr, Nr. 3309 VV (Wert: 5.000,00 EUR) | | 90,90 EUR |
> | 2. Postentgeltpauschale, Nr. 7002 VV | | 18,18 EUR |
> | Zwischensumme | 109,08 EUR | |
> | 3. 19 % Umsatzsteuer, Nr. 7008 VV | | 20,73 EUR |
> | **Gesamt** | | **129,80 EUR** |

Werden mehrere Zwangsgeldverfahren zur Durchsetzung desselben Hauptsacheanspruchs geführt, liegt dagegen nur eine Angelegenheit vor,[57] da immer derselbe Anspruch vollstreckt wird. **100**

> **Beispiel 77** **Mehrere Zwangsgeldverfahren zur Durchsetzung desselben Anspruchs**
>
> Der Schuldner ist zur Auskunft und Rechnungslegung (Wert: 5.000,000 EUR) verurteilt. Da er seiner Verpflichtung nicht nachkommt, beantragt der Anwalt für den Gläubiger die Festsetzung eines Zwangsgeldes. Da trotz Beitreibung des Zwangsgelds die Auskunft nicht erteilt wird, beantragt der Anwalt ein weiteres Zwangsgeld.
>
> Es liegt hinsichtlich der Verhängung der Zwangsgelder nur eine Angelegenheiten i.S.d. §§ 15, 18 Abs. 1 Nr. 1 RVG vor. Die Verfahrensgebühr entsteht nur einmal.
>
> | | | |
> |---|---|---|
> | 1. 0,3-Verfahrensgebühr, Nr. 3309 VV (Wert: 5.000,00 EUR) | | 90,90 EUR |
> | 2. Postentgeltpauschale, Nr. 7002 VV | | 18,18 EUR |
> | Zwischensumme | 109,08 EUR | |
> | 3. 19 % Umsatzsteuer, Nr. 7008 VV | | 20,73 EUR |
> | **Gesamt** | | **129,80 EUR** |

Das Verfahren auf Festsetzung eines bzw. mehrerer Zwangsgelder und das jeweilige anschließende Verfahren auf Beitreibung des Zwangsgelds sind dagegen verschiedene Angelegenheiten.[58] **101**

---

[57] LG Mannheim AGS 2008, 72 = NJW-Spezial 2007, 587 = Rpfleger 2008, 160 = RVGreport 2008, 23.
[58] A.A. AnwK-RVG/*Wolf/Volpert*, § 18 Rn 111 (insgesamt nur eine Angelegenheit).

| Beispiel 78 | Zwangsgeldverfahren und anschließende Beitreibung des Zwangsgeldes |

Wie vorangegangenes Beispiel 77. Im ersten Zwangsgeldverfahren war ein Zwangsgeld in Höhe von 1.000,00 EUR festgesetzt worden und im zweiten Fall ein weiteres Zwangsgeld in Höhe von 2.000,00 EUR. Beide Zwangsgelder hatte der Gläubiger durch Gerichtsvollzieher beitreiben lassen.

Es liegt hinsichtlich der Verhängung der Zwangsgelder wiederum nur eine Angelegenheiten i.S.d. §§ 15, 18 Abs. 1 Nr. 1 RVG vor. Die Verfahrensgebühr entsteht insoweit nur einmal aus dem Wert der durchzusetzenden Forderung (§ 25 Abs. 1 Nr. 3 RVG).

Hinsichtlich der Beitreibung der Zwangsgelder liegen gesonderte Angelegenheiten vor, so dass der Anwalt hier die Verfahrensgebühr aus dem Wert der jeweiligen Zwangsgelder gesondert erhält.

I. Zwangsgeldverfahren		
1. 0,3-Verfahrensgebühr, Nr. 3309 VV (Wert: 5.000,00 EUR)		90,90 EUR
2. Postentgeltpauschale, Nr. 7002 VV		18,18 EUR
Zwischensumme	109,08 EUR	
3. 19 % Umsatzsteuer, Nr. 7008 VV		20,73 EUR
Gesamt		**129,80 EUR**
II. Beitreibung des ersten Zwangsgelds		
1. 0,3-Verfahrensgebühr, Nr. 3309 VV (Wert: 1.000,00 EUR)		24,00 EUR
2. Postentgeltpauschale, Nr. 7002 VV		4,80 EUR
Zwischensumme	28,80 EUR	
3. 19 % Umsatzsteuer, Nr. 7008 VV		5,47 EUR
Gesamt		**34,27 EUR**
III. Beitreibung des zweiten Zwangsgelds		
1. 0,3-Verfahrensgebühr, Nr. 3309 VV (Wert: 2.000,00 EUR)		45,00 EUR
2. Postentgeltpauschale, Nr. 7002 VV		9,00 EUR
Zwischensumme	54,00 EUR	
3. 19 % Umsatzsteuer, Nr. 7008 VV		10,26 EUR
Gesamt		**64,26 EUR**

102 Ebenso liegen mehrere Angelegenheiten vor, wenn wegen desselben Zwangsgeldes verschiedene Verfahren auf Beitreibung des Zwangsgelds eingeleitet werden.

| Beispiel 79 | Mehrere Beitreibungsversuche desselben Zwangsgeldes |

Gegen den Schuldner wird wegen einer Auskunftsverpflichtung (Wert: 5.000,00 EUR) ein Zwangsgeld in Höhe von 2.000,00 EUR festgesetzt. Der Gläubiger beauftragt zunächst einen Gerichtsvollzieher mit der Beitreibung. Da dieser Versuch fruchtlos ausfällt (Gerichtsvollzieherkosten 30,00 EUR), wird anschließend eine Gehaltspfändung vorgenommen.

Jetzt liegen drei Angelegenheiten i.S.d. §§ 15, 18 Abs. 1 Nr. 1 RVG vor, nämlich das Verfahren auf Verhängung des Zwangsgelds, die Mobiliarvollstreckung und die Forderungspfändung.

Abzurechnen ist wie folgt.

I. Zwangsgeldverfahren
1. 0,3-Verfahrensgebühr, Nr. 3309 VV 90,90 EUR
   (Wert: 5.000,00 EUR)
2. Postentgeltpauschale, Nr. 7002 VV 18,18 EUR
   Zwischensumme 109,08 EUR
3. 19 % Umsatzsteuer, Nr. 7008 VV 20,73 EUR
Gesamt **129,80 EUR**

II. Mobiliarvollstreckung
1. 0,3-Verfahrensgebühr, Nr. 3309 VV 45,00 EUR
   (Wert: 2.000,00 EUR)
2. Postentgeltpauschale, Nr. 7002 VV 9,00 EUR
   Zwischensumme 54,00 EUR
3. 19 % Umsatzsteuer, Nr. 7008 VV 10,26 EUR
Gesamt **64,26 EUR**

III. Forderungspfändung
1. 0,3-Verfahrensgebühr, Nr. 3309 VV 60,30 EUR
   (Wert: 2.086,98 EUR)
2. Postentgeltpauschale, Nr. 7002 VV 12,06 EUR
   Zwischensumme 72,36 EUR
3. 19 % Umsatzsteuer, Nr. 7008 VV 13,75 EUR
Gesamt **86,11 EUR**

Muss im Verfahren auf Abgabe der Vermögensauskunft ein Haftbefehl beantragt werden, liegt nur eine Angelegenheit vor, in der die Gebühren nur einmal entstehen.[59]

103

> **Beispiel 80** Abgabe der Vermögensauskunft und Antrag auf Erlass eines Haftbefehls

Der Anwalt hat ein Verfahren auf Abgabe der Vermögensauskunft wegen einer Forderung von 5.000,00 EUR eingeleitet. Da der Schuldner zum Termin nicht erscheint, beantragt der Anwalt auftragsgemäß den Erlass eines Haftbefehls.

Es liegt nur eine Angelegenheit i.S.d. §§ 15, 18 Abs. 1 Nr. 1 RVG vor. Die Verfahrensgebühr entsteht nur einmal aus dem Höchstwert des § 25 Abs. 1 Nr. 4 RVG.

1. 0,3-Verfahrensgebühr, Nr. 3309 VV 45,00 EUR
   (Wert: 2.000,00 EUR)
2. Postentgeltpauschale, Nr. 7002 VV 9,00 EUR
   Zwischensumme 54,00 EUR
3. 19 % Umsatzsteuer, Nr. 7008 VV 10,26 EUR
Gesamt **64,26 EUR**

e) Mehrere zeitgleich durchgeführte Vollstreckungen

Werden mehrere Vollstreckungen zeitgleich durchgeführt, gilt grundsätzlich jede Vollstreckung als eine eigene Angelegenheit (§ 18 Abs. 1 Nr. 1 RVG). Hier kann sich allerdings die Frage stellen, ob das getrennte Vorgehen notwendig war und die dadurch entstandenen Mehrkosten erstattungsfähig sind.

104

---

[59] AG Brake DGVZ 2008, 107.

aa) Mehrere Vollstreckungen aus verschiedenen Titeln in dasselbe Objekt

105 Werden mehrere Vollstreckungen aus verschiedenen Titeln in dasselbe Vollstreckungsobjekt betrieben, kann das getrennte Vorgehen nicht notwendig und damit nicht erstattungsfähig sein.

Beispiel 81	Mehrere Forderungspfändungen wegen verschiedener Forderungen

Der Gläubiger hat gegen den Schuldner eine Forderung über 2.000,00 EUR aus einem Teilurteil, weitere 4.000,00 EUR aus dem Schlussurteil sowie einen Kostenfestsetzungsbeschluss über 1.200,00 EUR erwirkt. Er beauftragt seinen Anwalt zeitgleich, wegen dieser Forderungen jeweils einen gesonderten Pfändungs- und Überweisungsbeschluss auszubringen und das Gehalt des Schuldners zu pfänden.

Es liegen drei verschiedene Angelegenheiten vor. Die Gebühren entstehen jeweils gesondert aus den einzelnen Werten.

I. Pfändung Teilurteil		
1. 0,3-Verfahrensgebühr, Nr. 3309 VV		45,00 EUR
(Wert: 2.000,00 EUR)		
2. Postentgeltpauschale, Nr. 7002 VV		9,00 EUR
Zwischensumme	54,00 EUR	
3. 19 % Umsatzsteuer, Nr. 7008 VV		10,26 EUR
Gesamt		**64,26 EUR**
II. Pfändung Schlussurteil		
1. 0,3-Verfahrensgebühr, Nr. 3309 VV		75,60 EUR
(Wert: 4.000,00 EUR)		
2. Postentgeltpauschale, Nr. 7002 VV		15,12 EUR
Zwischensumme	90,72 EUR	
3. 19 % Umsatzsteuer, Nr. 7008 VV		17,24 EUR
Gesamt		**107,96 EUR**
III. Pfändung Kostenfestsetzungsbeschluss		
1. 0,3-Verfahrensgebühr, Nr. 3309 VV		34,50 EUR
(Wert: 1.200,00 EUR)		
2. Postentgeltpauschale, Nr. 7002 VV		6,90 EUR
Zwischensumme	41,40 EUR	
3. 19 % Umsatzsteuer, Nr. 7008 VV		7,87 EUR
Gesamt		**49,27 EUR**

Im Gegensatz zu den sukzessiven zeitlich versetzten Vollstreckungen in Beispiel 70, also jeweils nach Erlass des jeweiligen Titels, hätte hier auch ein einziger Pfändungs- und Überweisungsbeschluss wegen aller drei Forderungen beantragt werden können. Daher dürften die Mehrkosten der getrennten Vollstreckungen nicht erstattungsfähig sein. Es sind daher nur die Kosten aus dem Gesamtwert (§ 22 Abs. 1 RVG) erstattungspflichtig, die bei einer gemeinsamen Vollstreckung angefallen wären.

1. 0,3-Verfahrensgebühr, Nr. 3309 VV		136,80 EUR
(Wert: 7.200,00 EUR)		
2. Postentgeltpauschale, Nr. 7002 VV		20,00 EUR
Zwischensumme	156,80 EUR	
3. 19 % Umsatzsteuer, Nr. 7008 VV		29,79 EUR
Gesamt		**186,59 EUR**

bb) Mehrere Vollstreckungen aus einem Titel in verschiedene Objekte

Soll aus einem Titel in verschiedene Objekte vollstreckt werden, liegen wiederum verschiedene Angelegenheiten vor. Hier ist das getrennte Vorgehen grundsätzlich notwendig. So werden bei einer Forderungspfändung, jedenfalls dann, wenn vorläufige Zahlungsverbote oder Pfändungen gegen verschiedene Drittschuldner gerichtet sind, die an verschiedenen Orten ihren Sitz haben und somit auch verschiedene Gerichtsvollzieher beauftragen müssen, mehrere Vollstreckungsverfahren als notwendig und erstattungsfähig angesehen.[60]

106

| Beispiel 82 | Mehrere Forderungspfändungen wegen derselben Forderung |

Der Gläubiger hat gegen den Schuldner ein Urteil über 2.000,00 EUR erwirkt und bringt drei Pfändungs- und Überweisungsbeschlüsse aus, eines gegenüber dem Arbeitgeber in A, eines gegenüber der Bank in B und eines gegenüber der Sparkasse in C.

Es liegen drei verschiedene Angelegenheiten vor. Die Gebühren entstehen jeweils gesondert. Die gesonderte Vergütung ist auch erstattungsfähig

    I. **Pfändung Teilurteil**
1. 0,3-Verfahrensgebühr, Nr. 3309 VV   45,00 EUR
     (Wert: 2.000,00 EUR)
2. Postentgeltpauschale, Nr. 7002 VV   9,00 EUR
     Zwischensumme   54,00 EUR
3. 19 % Umsatzsteuer, Nr. 7008 VV   10,26 EUR
Gesamt   **64,26 EUR**
    II. **Pfändung Schlussurteil**
1. 0,3-Verfahrensgebühr, Nr. 3309 VV   75,60 EUR
     (Wert: 4.000,00 EUR)
2. Postentgeltpauschale, Nr. 7002 VV   15,12 EUR
     Zwischensumme   90,72 EUR
3. 19 % Umsatzsteuer, Nr. 7008 VV   17,24 EUR
Gesamt   **107,96 EUR**
    III. **Pfändung Kostenfestsetzungsbeschluss**
1. 0,3-Verfahrensgebühr, Nr. 3309 VV   34,50 EUR
     (Wert: 1.200,00 EUR)
2. Postentgeltpauschale, Nr. 7002 VV   6,90 EUR
     Zwischensumme   41,40 EUR
3. 19 % Umsatzsteuer, Nr. 7008 VV   7,87 EUR
Gesamt   **49,27 EUR**

Gleiches gilt, wenn mehrere vorläufige Zahlungsverbote nach § 845 ZPO ausgebracht werden.[61]

107

| Beispiel 83 | Mehrere Forderungspfändungen wegen derselben Forderung |

Der Gläubiger hat gegen den Schuldner ein Urteil über 2.000,00 EUR erwirkt und bringt drei vorläufige Zahlungsverbote aus, eines gegenüber dem Arbeitgeber in A, eines gegenüber der Bank in B und eines gegenüber der Sparkasse in C.

Abzurechnen ist wie im vorangegangenen Beispiel.

---

60 AG Landau AGS 2008, 263.
61 LG Bonn AGS 2012, 138 = Vollstreckung effektiv 2011, 184 = NJW-Spezial 2012, 157.

f) Vollstreckungsabwehr

aa) Überblick

108 Wird der Anwalt vom Schuldner beauftragt, eine drohende Zwangsvollstreckung abzuwehren, so ist zu differenzieren:
- soll der Anwalt sich gegen die **Art und Weise der Zwangsvollstreckung** wenden, also Einwände geltend machen, die im Falle eines gerichtlichen Verfahrens mit einer Vollstreckungserinnerung nach § 766 ZPO geltend zu machen wären, löst die Tätigkeit des Anwalts bereits die 0,3-Verfahrensgebühr der Nr. 3309 VV aus.
- soll der Anwalt **materiell-rechtliche Einwände** erheben, also Einwendungen, die mit einer Vollstreckungsabwehrklage geltend zu machen wären, löst die Tätigkeit des Anwalts eine Geschäftsgebühr aus.

bb) Einwendungen gegen die Art und Weise der Zwangsvollstreckung

109 Soll der Anwalt Einwendungen gegen die Art und Weise der Zwangsvollstreckung geltend machen, wären also im Falle einer gerichtlichen Inanspruchnahme zwangsvollstreckungsrechtliche Rechtsbehelfe zu ergreifen, insbesondere die Vollstreckungserinnerung nach § 766 ZPO, dann ist die Tätigkeit des Anwalts bereits der Zwangsvollstreckung zuzuordnen, so dass die Gebühr nach Nr. 3309 VV anfällt. Ebenso wie die Vollstreckungsandrohung für den Gläubigeranwalt als Vorbereitungshandlung i.S.d. § 18 Abs. 1 Nr. 1 RVG bereits die 0,3-Verfahrensgebühr nach Nr. 3309 VV auslöst,[62] muss auch die Abwendung als Vorbereitungshandlung i.S.d. § 18 Abs. 1 Nr. 1 RVG angesehen werden.

Beispiel 84 | **Vollstreckungsabwehr (Einwand gegen die Voraussetzungen der Zwangsvollstreckung)**

Der Gläubiger droht die Zwangsvollstreckung an. Der Schuldner beauftragt daraufhin einen Anwalt, der die Zwangsvollstreckung abwehren soll, weil es bislang an der Vollstreckungsklausel fehlt.

Diese Einwendung des Schuldners wäre im gerichtlichen Verfahren mit der Vollstreckungserinnerung nach § 766 ZPO geltend zu machen, die nach § 19 Abs. 2 Nr. 2 RVG mit zur Vollstreckungsangelegenheit zählt. Daher ist die Abwehrtätigkeit bereits eine der Zwangsvollstreckung zuzuordnende Maßnahme und löst eine 0,3-Verfahrensgebühr nach Nr. 3309 VV aus.

110 Gleiches gilt, wenn die vorgerichtliche Vertretung darauf zielt, außergerichtlich bereits dem Schuldner zustehende Schutzrechte durchzusetzen.

Beispiel 85 | **Vollstreckungsabwehr (Durchsetzung eines Schutzrechts)**

Das Girokonto des Schuldners ist gepfändet. Es geht eine Gehaltszahlung ein, deren Freigabe der Anwalt außergerichtlich erreichen soll.

---

[62] BGH AGS 2003, 561 = Rpfleger 2003, 596 = BGHReport 2003, 1251 = FamRZ 2003, 1742 = NJW-RR 2003, 1581 = MDR 2003, 1381 = InVo 2004, 35 = WM 2004, 353 = BRAGOreport 2003, 200; bestätigt in FamRZ 2004, 101 = DGVZ 2004, 24; AnwK-RVG/*Wolf/Volpert*, Nr. 3309 Rn 22.

Im gerichtlichen Verfahren wäre ein Antrag nach § 850k ZPO zu stellen. Die außergerichtliche Vertretung zählt daher bereits zur Zwangsvollstreckung und löst die 0,3-Verfahrensgebühr nach Nr. 3309 VV aus.

| Beispiel 86 | Vollstreckungsabwehr (Vollstreckungsaufschub) |

Gegen den Schuldner ist ein Räumungsurteil ergangen. Der Anwalt soll einen Vollstreckungsaufschub erreichen, da sich der Bezug der neu angemieteten Wohnung verzögert.

Im gerichtlichen Verfahren wäre ein Antrag nach § 765a ZPO zu stellen. Die außergerichtliche Vertretung zählt daher bereits zur Zwangsvollstreckung und löst die 0,3-Verfahrensgebühr nach Nr. 3309 VV aus.

Kommt es nach der außergerichtlichen Tätigkeit zum gerichtlichen Verfahren, entsteht keine weitere Verfahrensgebühr nach Nr. 3309 VV. Es entsteht insgesamt nur eine Verfahrensgebühr. 111

| Beispiel 87 | Einwendung gegen die Vollstreckung und nachfolgende Erinnerung |

Der Gläubiger droht dem Schuldner die Zwangsvollstreckung aus einem Versäumnisurteil an. Der Anwalt des Schuldners weist darauf hin, dass zwischenzeitlich ein Schlussurteil ergangen ist, das zwar das Versäumnisurteil bestätigt habe, allerdings nur gegen Sicherheitsleistung vollstreckbar sei. Der Gläubiger beauftragt ungeachtet dessen den Gerichtsvollzieher mit der Vollstreckung, der in Unkenntnis des Schlussurteils die Vollstreckung durchführt. Dagegen erhebt der Anwalt des Schuldners Erinnerung nach § 766 ZPO.

Für die außergerichtliche Tätigkeit ist bereits die 0,3-Verfahrensgebühr nach Nr. 3309 VV angefallen. Diese deckt auch das nachfolgende Erinnerungsverfahren ab.

cc) Materiell-rechtliche Einwände

Anders verhält es sich, wenn der Anwalt für den Schuldner materiell-rechtliche Einwände geltend machen soll. Dann handelt es sich nicht um eine vollstreckungsrechtliche Tätigkeit, so dass nicht Nr. 3309 VV, sondern Nr. 2300 VV greift.[63] 112

| Beispiel 88 | Vollstreckungsabwehr (Aufrechnung) |

Der Gläubiger droht dem Schuldner die Zwangsvollstreckung an. Der Anwalt des Schuldners soll die Zwangsvollstreckung abwehren, weil die titulierte Forderung zwischenzeitlich durch Aufrechnung erloschen sei.

In diesem Fall wendet sich der Schuldner nicht gegen die Art und Weise der Zwangsvollstreckung, sondern gegen den titulierten Anspruch. Im gerichtlichen Verfahren wäre hier die Vollstreckungsabwehrklage nach § 767 ZPO gegeben, nicht aber ein vollstreckungsrechtlicher Rechtsbehelf. Daher greift in einem solchen Fall nicht die Gebühr nach Nr. 3309 VV. Hier kommt es auf den Auftrag an.

---

63 BGH AGS 2011, 120 = MDR 2011, 454 = AnwBl 2011, 402 = NJW 2011, 1603 = JurBüro 2011, 301 = Rpfleger 2011, 399 = zfs 2011, 465 = NJW-Spezial 2011, 155 = NJW-Spezial 2011, 156 = ZfIR 2011, 213 = FamRZ 2011, 560 = RVGreport 2011, 136 = Vollstreckung effektiv 2011, 76 = ArbRB 2011, 110 = FoVo 2011, 151 = ErbR 2013, 212.

§ 33 Zwangsvollstreckung, Vollstreckung, Vollziehung, Verwaltungszwang

- Soll der Anwalt des Schuldners zunächst außergerichtlich tätig werden, so fällt eine Geschäftsgebühr nach Nr. 2300 VV an.
- Hatte der Anwalt des Schuldners bereits den Auftrag für eine Vollstreckungsabwehrklage, soll er aber zuvor dem Gläubiger noch einmal Gelegenheit geben, von der Vollstreckung Abstand zu nehmen, fällt eine 0,8-Verfahrensgebühr nach Nrn. 3100, 3101 Nr. 1 VV an.

113 Soll der Anwalt des Schuldners lediglich eine **Stundung** erreichen, dürfte mit dem OLG Celle[64] eine Verfahrensgebühr nach Nr. 3309 VV abzulehnen sein. Der Schuldneranwalt soll einen materiell-rechtlichen Einwand schaffen, nämlich eine Stundungsabrede. Der Gegenstand der anwaltlichen Tätigkeit hat keinen vollstreckungsrechtlichen Einschlag. Verhandlungen in diesem Stadium werden folglich durch die Geschäftsgebühr nach Nr. 2300 VV abgegolten.

| Beispiel 89 | Vollstreckungsabwehr (Stundung) |

Der Gläubiger droht dem Schuldner die Zwangsvollstreckung wegen einer Forderung i.H.v. 5.000,00 EUR an. Der Anwalt des Schuldners soll eine Stundung aushandeln.

Auch in diesem Fall wendet sich der Schuldner nicht gegen die Art und Weise der Zwangsvollstreckung, sondern gegen den titulierten Anspruch, so dass eine Geschäftsgebühr nach Nr. 2300 VV anfällt. Der Gegenstandswert dürfte sich gem. § 23 Abs. 3 RVG nach dem Interesse der Stundung richten. Das wiederum entspricht den Zinsen und Kosten, die bei einer Finanzierung zur sofortigen Zahlung anfallen würden. Gegebenenfalls kann man hier auch auf § 31b RVG zurückgreifen.

1. 1,3-Geschäftsgebühr, Nr. 2300 VV   104,00 EUR
   (Wert: 1.000,00 EUR)
2. Postentgeltpauschale, Nr. 7002 VV   20,00 EUR
   Zwischensumme   124,00 EUR
3. 19 % Umsatzsteuer, Nr. 7008 VV   23,56 EUR
   Gesamt   **147,56 EUR**

114 Kommt es zu einer Stundungsvereinbarung, dann entsteht auch noch eine Einigungsgebühr nach Anm. Abs. 1 S. 1 Nr. 1 zu Nr. 1000 VV (siehe Rn 62 ff.).

| Beispiel 90 | Vollstreckungsabwehr (Stundung) |

Der Gläubiger droht dem Schuldner die Zwangsvollstreckung wegen einer Forderung i.H.v. 5.000,00 EUR an. Der Anwalt des Schuldners soll eine Stundung aushandeln. Es kommt zu einer Stundungsvereinbarung.

Jetzt entsteht zusätzlich noch eine 1,5-Einigungsgebühr nach Abs. 1 S. 1 Nr. 1 zu Nr. 1000 VV.

1. 1,3-Geschäftsgebühr, Nr. 2300 VV   104,00 EUR
   (Wert: 1.000,00 EUR)
2. 1,5-Einigungsgebühr, Nr. 1000 VV   120,00 EUR
   (Wert: 1.000,00 EUR)
3. Postentgeltpauschale, Nr. 7002 VV   20,00 EUR
   Zwischensumme   244,00 EUR
4. 19 % Umsatzsteuer, Nr. 7008 VV   46,36 EUR
   Gesamt   **290,36 EUR**

---

64 AGS 2009, 63 = zfs 2008, 647 = OLGR 2009, 366 = RVGreport 2008, 422.

Kommt es nach einer solchen außergerichtlichen Vertretung zu einer Vollstreckungsabwehrklage, so ist die angefallene Geschäftsgebühr auf die Verfahrensgebühr des gerichtlichen Verfahrens anzurechnen.[65]

115

> **Beispiel 91** Vollstreckungsabwehr (Stundung)
>
> Der Gläubiger droht dem Schuldner die Zwangsvollstreckung wegen einer Forderung i.H.v. 5.000,00 EUR an. Der Anwalt des Schuldners weist darauf hin, dass die Forderung durch Aufrechnung erloschen sei. Der Gläubiger bestreitet dies und droht weiterhin mit der Vollstreckung, so dass der Anwalt des Schuldners nunmehr Vollstreckungsabwehrklage einreicht, über die mündlich verhandelt wird.
>
> I. Außergerichtliche Vertretung
> 1. 1,3-Geschäftsgebühr, Nr. 2300 VV   393,90 EUR
>   (Wert: 5.000,00 EUR)
> 2. Postentgeltpauschale, Nr. 7002 VV   20,00 EUR
>   Zwischensumme   413,90 EUR
> 3. 19 % Umsatzsteuer, Nr. 7008 VV   78,64 EUR
>   **Gesamt**   **492,54 EUR**
>
> II. Vollstreckung für Gläubiger B
> 1. 1,3-Verfahrensgebühr, Nr. 3100 VV   393,90 EUR
>   (Wert: 5.000,00 EUR)
> 2. gem. Vorbem. 3 Abs. 4 VV anzurechnen, 0,65 aus   – 196,95 EUR
>   5.000,00 EUR
> 3. 1,2-Terminsgebühr, Nr. 3104 VV   363,60 EUR
>   (Wert: 5.000,00 EUR)
> 4. Postentgeltpauschale, Nr. 7002 VV   20,00 EUR
>   Zwischensumme   580,55 EUR
> 5. 19 % Umsatzsteuer, Nr. 7008 VV   110,31 EUR
>   **Gesamt**   **690,86 EUR**

g) Drittschuldnerauskunft

Auf die Vertretung des Drittschuldners zur Abgabe der Drittschuldnererklärung wendet die Rspr. zum Teil ebenfalls die Nrn. 3309 ff. VV an.[66] Das ist jedoch unzutreffend, da der Drittschuldner nicht Partei des Vollstreckungsverfahrens ist und er auch keine Erklärung im Hinblick auf die Vollstreckung abgibt, sondern außergerichtlich eine Auskunft über den Bestand der Forderung und eventuelle vorrangige Rechte und Pfändungen erteilt. Daher erhält er nach zutreffender Ansicht eine Geschäftsgebühr nach Nr. 2300 VV,[67] wobei hier gegebenenfalls sogar von einem einfachen Schreiben nach Nr. 2302 VV ausgegangen werden kann.

116

> **Beispiel 92** Drittschuldnerauskunft
>
> Der Anwalt ist vom Drittschuldner beauftragt, nach einer Pfändung (Wert: 1.860,00 EUR) die Erklärung nach § 840 ZPO abzugeben, die sich auf ein einfaches Schreiben beschränken soll.

---

65 BGH AGS 2011, 120 = MDR 2011, 454 = AnwBl 2011, 402 = NJW 2011, 1603 = JurBüro 2011, 301 = Rpfleger 2011, 399 = zfs 2011, 465 = NJW-Spezial 2011, 155 = NJW-Spezial 2011, 156 = ZfIR 2011, 213 = FamRZ 2011, 560 = RVGreport 2011, 136 = Vollstreckung effektiv 2011, 76 = ArbRB 2011, 110 = FoVo 2011, 151 = ErbR 2013, 212.
66 AG Düsseldorf JurBüro 1985, 723; AG Koblenz AGS 2008, 29.
67 Gerold/Schmidt/*Müller-Rabe*, Nr. 3309 Rn 225.

§ 33 Zwangsvollstreckung, Vollstreckung, Vollziehung, Verwaltungszwang

Für die Vertretung des Drittschuldners gilt Nr. 2300 VV. Der Anwalt erhält – da nur ein einfaches Schreiben abgegeben werden soll – eine 0,3-Geschäftsgebühr nach Nrn. 2300, 2302 VV. Gegenstandswert ist der Wert der gepfändeten Forderung, wenn nicht die Forderung, wegen der gepfändet wird, einen geringeren Wert hat, da die Auskunft nur im Rahmen der Pfändung zu erteilen ist.

1.	0,3-Geschäftsgebühr, Nrn. 2300, 2302 VV (Wert: 1.860,00 EUR)	45,00 EUR
2.	Postentgeltpauschale, Nr. 7002 VV	9,00 EUR
	Zwischensumme	54,00 EUR
3.	19 % Umsatzsteuer, Nr. 7008 VV	10,26 EUR
	Gesamt	**64,26 EUR**

117 Schließt sich an eine Drittschuldnererklärung eine weitere außergerichtliche Auseinandersetzung an, entsteht keine weitere Geschäftsgebühr. Die Geschäftsgebühr entsteht für die Drittschuldnererklärung und eine eventuelle weitere Tätigkeit gegenüber dem Gläubiger nur einmal (§ 15 Abs. 2 RVG). Die weitere Tätigkeit kann nur im Rahmen des § 14 Abs. 1 RVG berücksichtigt werden.

Beispiel 93	Drittschuldnerauskunft und weitere außergerichtliche Tätigkeit

Wie vorangegangenes Beispiel 93. Der Anwalt erklärt, die gepfändete Forderung bestehe nicht. Der Gläubiger ist anderer Ansicht, so dass außergerichtlich weiter über die gepfändete Forderung korrespondiert wird.

Insgesamt entsteht nur eine Geschäftsgebühr. Hier soll aufgrund der weiteren Tätigkeit von einer 1,3-Geschäftsgebühr ausgegangen werden. Darin geht die in Beispiel 93 abgerechnete 0,3-Gebühr auf.

1.	1,3-Geschäftsgebühr, Nr. 2300 VV (Wert: 1.860,00 EUR)	195,00 EUR
2.	Postentgeltpauschale, Nr. 7002 VV	20,00 EUR
	Zwischensumme	215,00 EUR
3.	19 % Umsatzsteuer, Nr. 7008 VV	40,85 EUR
	Gesamt	**255,85 EUR**

h) Schuldnerschutzanträge

aa) Überblick

118 Auch für **Schuldnerschutzanträge** gelten die Nrn. 3309 ff. VV.

119 Grundsätzlich zählen Vollstreckungsschutzanträge mit zur Angelegenheit. Das folgt aus § 18 Abs. 1 Nr. 1 RVG, wonach jede Vollstreckungsmaßnahme bis zur vollständigen Befriedigung des Gläubigers als eine Angelegenheit gilt. Das schließt grundsätzlich auch Vollstreckungsschutzanträge des Schuldners mit ein.

120 Nur soweit im Gesetz angeordnet ist, dass ein Vollstreckungsschutzantrag eine neue Angelegenheit auslöst, erhalten die Anwälte eine gesonderte Vergütung. Eine solche Regelung findet sich in § 18 Abs. 1 S. 2 Nr. 6 RVG
- für Verfahren über Anträge nach
  - § 765a Abs. 1 ZPO (Vollstreckungsschutz),
  - § 813b ZPO (Aussetzung der Verwertung),
  - § 851a ZPO (Pfändungsschutz für Landwirte) und

- § 851b ZPO (Pfändungsschutz bei Miet- und Pachtzinsen).
- für jedes Verfahren über Anträge auf Änderung oder Aufhebung der getroffenen Anordnungen
- für Verfahren über Anträge nach
- § 1084 Abs. 1 ZPO (Anträge auf Verweigerung, Aussetzung oder Beschränkung der Zwangsvollstreckung nach den Artikeln 21 und 23 der Verordnung (EG) Nr. 805/2004),
- § 1096 ZPO (Anträge auf Verweigerung der Zwangsvollstreckung nach
- Art. 22 Abs. 1 der Verordnung (EG) Nr. 1896/2006) oder
- § 1109 ZPO (Anträge nach den Artikeln 22 und 23 der Verordnung (EG) Nr. 861/2007).

Kein Vollstreckungsschutzverfahren ist das Verfahren auf Bewilligung und Verlängerung einer Räumungsfrist nach §§ 721a, 794a ZPO (siehe dazu § 25). **121**

Der Gegenstandswert richtet sich nach § 25 Abs. 2 RVG. Der Wert ist nach dem Interesse des Antragstellers nach billigem Ermessen zu bestimmen (siehe dazu Rn 27 ff.). **122**

bb) Unselbstständige Vollstreckungsschutzverfahren

Grundsätzlich zählen Vollstreckungsschutzanträge mit zur Angelegenheit und lösen neben den Gebühren für die zugrunde liegende Vollstreckungsmaßnahme keine gesonderte Vergütung aus. Das bedeutet: **123**
- War der Anwalt bereits im Vollstreckungsverfahren tätig (i.d.R. der Gläubigeranwalt), ist seine weitere Tätigkeit durch die bereits verdienten Gebühren abgegolten; es entstehen keine weiteren Gebühren; es sei denn, bestimmte, noch nicht entstandene Gebühren (Terminsgebühr oder Einigungsgebühr) werden erstmals im Verfahren über den Vollstreckungsschutzantrag ausgelöst.
- War der Anwalt noch nicht im Vollstreckungsverfahren tätig (i.d.R. beim Schuldneranwalt), löst die Tätigkeit im Verfahren über den Vollstreckungsschutzantrag erstmals die Gebühren nach den Nrn. 3309 ff. VV aus, wobei ein geringerer Wert gelten kann, da der Wert des Vollstreckungsschutzantrags i.d.R. nicht dem Wert der Vollstreckung entspricht.
- Wird nach Abschluss des Verfahrens über den Vollstreckungsschutzantrag die Zwangsvollstreckung fortgesetzt,
  - entsteht für den bereits zuvor in der Zwangsvollstreckung tätigen Anwalt keine weitere Vergütung.
  - entstehen für den bereits zuvor in der Zwangsvollstreckung noch nicht tätigen Anwalt zwar keine neuen Gebühren; jedoch kann sich für ihn der Wert jetzt erhöhen.

| Beispiel 94 | Antrag auf Vollstreckungsschutz, dieselbe Angelegenheit (Anwalt war bereits in der Vollstreckung beauftragt) |

Der Gläubiger hat gegen den Schuldner ein Urteil über 150.000,00 EUR erstritten und lässt durch seinen Anwalt das Konto des Schuldners pfänden. Der Schuldner beantragt daraufhin im Wege des Pfändungsschutzes nach § 850k ZPO die Freigabe eines monatlichen Betrages in Höhe von 1.000,00 EUR.

Da der Anwalt des Gläubigers bereits in der Zwangsvollstreckung tätig war, erhält er für die Tätigkeit im Verfahren über den Vollstreckungsschutz keine weitere Vergütung. Diese Tätigkeit zählt für ihn vielmehr nach §§ 18 Abs. 1 Nr. 1, 19 Abs. 1 S. 1 RVG zur Vollstreckungsangelegenheit.

1. 0,3-Verfahrensgebühr, Nr. 3309 VV (Wert: 150.000,00 EUR)		527,40 EUR
2. Postentgeltpauschale, Nr. 7002 VV		20,00 EUR
Zwischensumme	547,40 EUR	
3. 19 % Umsatzsteuer, Nr. 7008 VV		104,01 EUR
Gesamt		**651,41 EUR**

> **Beispiel 95** — Antrag auf Vollstreckungsschutz, dieselbe Angelegenheit (Anwalt war noch nicht in der Vollstreckung beauftragt, Schuldneranwalt)

Wie vorangegangenes Beispiel 94. Der Schuldner hatte für den Antrag nach § 850k ZPO erstmals einen Anwalt beauftragt.

Für den Anwalt des Schuldners ist der Antrag auf Vollstreckungsschutz ebenfalls nach Nr. 3309 VV zu vergüten. Er löst für ihn die Vergütung erstmals aus.

Der Gegenstandswert richtet sich nach § 25 Abs. 2 RVG i.V.m. § 42 Abs. 1 GKG (§ 42 Abs. 2 GKG a.F.) analog und ist mit dem dreifachen Jahresbetrag des freizugebenden Betrages anzusetzen.[68]

1. 0,3-Verfahrensgebühr, Nr. 3309 VV (Wert: 36.000,00 EUR)		303,90 EUR
2. Postentgeltpauschale, Nr. 7002 VV		20,00 EUR
Zwischensumme	323,90 EUR	
3. 19 % Umsatzsteuer, Nr. 7008 VV		61,54 EUR
Gesamt		**385,44 EUR**

> **Beispiel 96** — Antrag auf Vollstreckungsschutz, dieselbe Angelegenheit (Anwalt war noch nicht in der Vollstreckung beauftragt, Gläubigeranwalt)

Wie Beispiel 94. Der Gläubiger hatte die Pfändung selbst betrieben und seinen Anwalt erst im Verfahren nach § 850k ZPO beauftragt.

Jetzt erhält auch der Anwalt des Gläubigers die Vergütung nach Nr. 3309 VV nur aus dem geringeren Wert des Vollstreckungsschutzantrags.

Abzurechnen ist wie im vorangegangenen Beispiel 95.

124 Wird der Anwalt zunächst nur mit einem Schuldnerschutzantrag beauftragt und wird er anschließend auch im Vollstreckungsverfahren tätig, erhält er die Vergütung nur einmal. Allerdings erhöht sich dann der Gegenstandswert.

> **Beispiel 97** — Tätigkeit im Vollstreckungsschutzverfahren und nachfolgende Tätigkeit in der Vollstreckung

Der Gläubiger hat gegen den Schuldner ein Urteil über 150.000,00 EUR erstritten und lässt durch seinen Anwalt das Konto des Schuldners pfänden. Der Schuldner beantragt daraufhin im Wege des Pfändungsschutzes nach § 850k ZPO die Freigabe eines monatlichen Betrages in Höhe von 1.000,00 EUR. Hierauf vergleichen sich die Parteien über Freigabe des Kontos gegen Ratenzahlung.

---

68 OLG Frankfurt/M. OLGR 2004, 241; AnwK-RVG/*Wolf/Volpert*, § 25 Rn 51.

Die Verfahrensgebühren berechnen sich wie in den vorangegangenen Beispielen 94–96. Beide Anwälte erhalten jetzt aber noch zusätzlich eine Einigungsgebühr nach Nr. 1000 VV aus dem Wert des Vollstreckungsschutzverfahrens. Der Gebührensatz beträgt 1,3, da ein Verfahren vor dem Gerichtsvollzieher anhängig ist (Anm. Abs. 1 S. 2 zu Nr. 1003 VV).

I. Abrechnung Gläubigeranwalt
1. 0,3-Verfahrensgebühr, Nr. 3309 VV   527,40 EUR
   (Wert: 150.000,00 EUR)
2. 1,0-Einigungsgebühr, Nrn. 1000, 1003 VV   1.013,00 EUR
   (Wert: 36.000,00 EUR)
3. Postentgeltpauschale, Nr. 7002 VV   20,00 EUR
   Zwischensumme   1.560,40 EUR
4. 19 % Umsatzsteuer, Nr. 7008 VV   296,48 EUR
Gesamt   **1.856,88 EUR**

II. Abrechnung Schuldneranwalt
1. 0,3-Verfahrensgebühr, Nr. 3309 VV   303,90 EUR
   (Wert: 36.000,00 EUR)
2. 1,0-Einigungsgebühr, Nrn. 1000, 1003 VV   1.013,00 EUR
   (Wert: 36.000,00 EUR)
3. Postentgeltpauschale, Nr. 7002 VV   20,00 EUR
   Zwischensumme   1.336,90 EUR
4. 19 % Umsatzsteuer, Nr. 7008 VV   254,01 EUR
Gesamt   **1.590,916 EUR**

cc) Selbstständige Vollstreckungsschutzverfahren

Vollstreckungsschutzanträge nach den §§ 765a, 815b, 851a und § 841b ZPO und jedes Verfahren über Anträge auf Änderung oder Aufhebung der getroffenen Anordnungen sowie jedes Verfahren über Anträge nach §§ 1084 Abs. 1, 1096 oder 1109 ZPO sind gesonderte Angelegenheiten (§ 18 Abs. 2 Nr. 6 RVG).

Der Anwalt erhält hier neben den gegebenenfalls bereits für die Vollstreckung verdienten Gebühren eine weitere 0,3-Verfahrensgebühr nach Nr. 3309 VV. Der Gegenstandswert richtet sich nach § 25 Abs. 2 RVG. Maßgebend ist das Interesse des Antragstellers, das nach billigem Ermessen zu bestimmen ist.

| Beispiel 98 | Antrag auf Vollstreckungsschutz, besondere Angelegenheit |

Nach der Pfändung laufender Mietforderungen in Höhe von 1.000,00 EUR monatlich beantragt der Schuldner durch seinen Anwalt im Wege des Pfändungsschutzes nach § 851b ZPO die Freigabe eines Teils der Mieten in Höhe von 300,00 EUR.

Der Antrag auf Vollstreckungsschutz ist nach Nr. 3309 VV zu vergüten.

Für den Anwalt des Gläubigers entsteht gem. § 18 Abs. 1 Nr. 6 RVG neben der bereits für die Vollstreckung verdiente Gebühr aus Nr. 3309 VV eine weitere Gebühr nach Nr. 3309 VV.

Der Wert der Pfändung beläuft sich gem. § 25 Abs. 1 Nr. 1 i.V.m. § 9 ZPO auf den dreieinhalbfachen Jahresbetrag der gepfändeten Miete, somit 42.000,00 EUR, der Wert des Pfändungsschutzantrags gem. § 25 Abs. 2 RVG i.V.m. § 9 ZPO auf den dreieinhalbfachen Jahresbetrag desjenigen Teils der Miete, für den die Freigabe beantragt ist, somit auf 12.600,00 EUR.

§ 33 Zwangsvollstreckung, Vollstreckung, Vollziehung, Verwaltungszwang

I. Vollstreckung
1. 0,3-Verfahrensgebühr, Nr. 3309 VV 326,40 EUR
   (Wert: 42.000,00 EUR)
2. Postentgeltpauschale, Nr. 7002 VV 20,00 EUR
   Zwischensumme 346,40 EUR
3. 19 % Umsatzsteuer, Nr. 7008 VV 65,82 EUR
Gesamt **412,22 EUR**

II. Vollstreckungsschutzverfahren
1. 0,3-Verfahrensgebühr, Nr. 3309 VV 181,20 EUR
   (Wert: 12.600,00 EUR)
2. Postentgeltpauschale, Nr. 7002 VV 20,00 EUR
   Zwischensumme 201,20 EUR
3. 19 % Umsatzsteuer, Nr. 7008 VV 38,23 EUR
Gesamt **239,43 EUR**

Beispiel 99 — Antrag auf Vollstreckungsschutz (Schuldnervertreter)

Nach der Pfändung laufender Mietforderungen in Höhe von **1.000,00 EUR** monatlich beantragt der Schuldner durch seinen Anwalt im Wege des Pfändungsschutzes nach § 851b ZPO die Freigabe eines Teils der Mieten in Höhe von **300,00 EUR**.

Der Antrag auf Vollstreckungsschutz ist wiederum nach Nr. 3309 VV zu vergüten.

Für den Anwalt des Schuldners entsteht nur die Gebühr im Vollstreckungsschutzverfahren, nicht auch die für die Vollstreckung, da er dort nicht tätig war.

1. 0,3-Verfahrensgebühr, Nr. 3309 VV 181,20 EUR
   (Wert: 12.600,00 EUR)
2. Postentgeltpauschale, Nr. 7002 VV 20,00 EUR
   Zwischensumme 201,20 EUR
3. 19 % Umsatzsteuer, Nr. 7008 VV 38,23 EUR
Gesamt **239,43 EUR**

127 Wird der Anwalt zunächst nur mit einem Schuldnerschutzantrag beauftragt und anschließend im Vollstreckungsverfahren, erhält er die Vergütung ebenfalls gesondert.

Beispiel 100 — Antrag auf Vollstreckungsschutz und nachfolgende Vollstreckungstätigkeit (Schuldnervertreter)

Nach der Pfändung laufender Mietforderungen in Höhe von **1.000,00 EUR** monatlich beantragt der Schuldner durch seinen Anwalt im Wege des Pfändungsschutzes nach § 851b ZPO die Freigabe eines Teils der Mieten in Höhe von **300,00 EUR**. Der Anwalt des Schuldners wird darüber hinaus auch im weiteren Verfahren mit der Vollstreckung beauftragt.

Jetzt gilt auch für den Anwalt des Schuldners § 18 Abs. 1 Nr. 6 RVG. Der Anwalt erhält noch zusätzlich eine 0,3-Verfahrensgebühr aus dem vollen Wert der Vollstreckung.

I. Vollstreckungsschutzverfahren
1. 0,3-Verfahrensgebühr, Nr. 3309 VV 181,20 EUR
   (Wert: 12.600,00 EUR)
2. Postentgeltpauschale, Nr. 7002 VV 20,00 EUR
   Zwischensumme 201,20 EUR
3. 19 % Umsatzsteuer, Nr. 7008 VV 38,23 EUR
Gesamt **239,43 EUR**

II. Die Zwangsvollstreckung §33

II. Vollstreckung
1. 0,3-Verfahrensgebühr, Nr. 3309 VV   326,40 EUR
   (Wert: 42.000,00 EUR)
2. Postentgeltpauschale, Nr. 7002 VV   20,00 EUR
   Zwischensumme   346,40 EUR
3. 19 % Umsatzsteuer, Nr. 7008 VV   65,82 EUR
Gesamt   **412,22 EUR**

Werden mehrere selbstständige Schuldnerschutzanträge gestellt, liegt jeweils eine gesonderte Angelegenheit vor. Das gilt auch dann, wenn mehrere Schuldner (auch Gesamtschuldner) jeweils einen eigenen Vollstreckungsschutzantrag stellen. **128**

Beispiel 101 | Mehrere Anträge auf Vollstreckungsschutz

Der Schuldner ist zur Räumung verurteilt worden (Miete 1.000,00 EUR) und beantragt gem. § 765a ZPO Vollstreckungsschutz für drei Monate, der antragsgemäß gewährt wird. Vor Ablauf der drei Monate beantragt er einen weiteren Monat Vollstreckungsschutz.

Neben dem Rechtsstreit liegen zwei Angelegenheiten des Vollstreckungsschutzes vor, so dass die Vergütung nach Nr. 3309 VV zweimal entsteht. Der Wert beläuft sich im ersten Vollstreckungsschutzverfahren auf 3.000,00 EUR und in zweiten Verfahren auf 1.000,00 EUR (§ 25 Abs. 2 RVG).

I. Erstes Vollstreckungsschutzverfahren
1. 0,3-Verfahrensgebühr, Nr. 3309 VV   60,30 EUR
   (Wert: 3.000,00 EUR)
2. Postentgeltpauschale, Nr. 7002 VV   12,06 EUR
   Zwischensumme   72,36 EUR
3. 19 % Umsatzsteuer, Nr. 7008 VV   13,75 EUR
Gesamt   **86,19 EUR**
II. Zweites Vollstreckungsschutzverfahren
1. 0,3-Verfahrensgebühr, Nr. 3309 VV   24,00 EUR
   (Wert: 1.000,00 EUR)
2. Postentgeltpauschale, Nr. 7002 VV   4,80 EUR
   Zwischensumme   28,80 EUR
3. 19 % Umsatzsteuer, Nr. 7008 VV   5,47 EUR
Gesamt   **34,27 EUR**

Beispiel 102 | Mehrere Anträge auf Vollstreckungsschutz (Gesamtschuldner)

Zwei Mieter sind zur Räumung verurteilt worden (Miete 1.000,00 EUR); jeder von ihnen beantragt gem. § 765a ZPO Vollstreckungsschutz für drei Monate.

Auch hier liegen zwei verschiedene Angelegenheiten vor, da jeder Vollstreckungsschutzantrag gesondert zu behandeln ist und unterschiedlich beschieden werden kann. Der Wert beläuft sich jeweils auf 3.000,00 EUR.

I. Vollstreckungsschutzverfahren Mieter 1
1. 0,3-Verfahrensgebühr, Nr. 3309 VV   60,30 EUR
   (Wert: 3.000,00 EUR)
2. Postentgeltpauschale, Nr. 7002 VV   12,06 EUR
   Zwischensumme   72,36 EUR
3. 19 % Umsatzsteuer, Nr. 7008 VV   13,75 EUR
Gesamt   **86,19 EUR**

II. Vollstreckungsschutzverfahren Mieter 2

1. 0,3-Verfahrensgebühr, Nr. 3309 VV (Wert: 3.000,00 EUR)		60,30 EUR
2. Postentgeltpauschale, Nr. 7002 VV		12,06 EUR
Zwischensumme	72,36 EUR	
3. 19 % Umsatzsteuer, Nr. 7008 VV		13,75 EUR
Gesamt		**86,19 EUR**

i) Vollstreckungserinnerung

129 Im Verfahren über eine Erinnerung gegen die Art und Weise der Zwangsvollstreckung nach § 766 ZPO ist zu differenzieren:

- Ist der Anwalt bereits im Vollstreckungsverfahren für den Schuldner oder den Gläubiger tätig gewesen, löst die Erinnerung für ihn keine neue Angelegenheit aus (§ 19 Abs. 2 Nr. 2 RVG).[69] Die Tätigkeit im Erinnerungsverfahren wird durch die bereits entstandene 0,3-Verfahrensgebühr nach Nr. 3309 VV mit abgegolten.[70]
- Ist der Anwalt dagegen im Vollstreckungsverfahren bislang noch nicht tätig gewesen, so erhält er die Gebühren nach Nrn. 3500 ff. VV. Zu beachten ist in diesem Falle allerdings § 15 Abs. 6 RVG. Der Anwalt kann nicht mehr erhalten als ein von vornherein mit der gesamten Tätigkeit beauftragter Anwalt. Dieser hätte aber insgesamt nur eine 0,3-Verfahrensgebühr nach Nr. 3309 VV erhalten, so dass der nur im Erinnerungsverfahren tätige Anwalt ebenfalls nur eine 0,3-Verfahrensgebühr erhält.[71] Im Ergebnis ebenso AG Eckernförde,[72] das allerdings von Vornherein nur eine 0,3-Verfahrensgebühr nach Nr. 3309 VV zugesteht.

130 Der Gegenstandwert im Erinnerungsverfahren richtet sich nach § 23 Abs. 2 S. 3, 1 i.V.m. Abs. 3 S. 2 RVG. Maßgebend ist das mit der Erinnerung verfolgte Interesse unter Berücksichtigung der Wertvorschriften des § 25 Abs. 1 u. 2 RVG.

Beispiel 103 | **Vollstreckungsauftrag mit Vollstreckungserinnerung bei vorangegangener Tätigkeit im Vollstreckungsverfahren**

Der Anwalt des Gläubigers vollstreckt für diesen wegen einer Forderung i.H.v. 3.000,00 EUR. Da der Gerichtsvollzieher sich weigert, zu vollstrecken, legt der Anwalt für den Gläubiger Vollstreckungserinnerung ein.

Für den Anwalt des Gläubigers ist bereits durch den Vollstreckungsauftrag die 0,3-Verfahrensgebühr nach Nr. 3309 VV entstanden. Die Erinnerung gehört für ihn mit zur Vollstreckungsangelegenheit und löst keine weitere Gebühr aus (§ 19 Abs. 2 Nr. 2 RVG).

1. 0,3-Verfahrensgebühr, Nr. 3309 VV (Wert: 3.000,00 EUR)		60,30 EUR
2. Postentgeltpauschale, Nr. 7002 VV		12,06 EUR
Zwischensumme	72,36 EUR	
3. 19 % Umsatzsteuer, Nr. 7008 VV		13,75 EUR
Gesamt		**86,19 EUR**

---

[69] Eingeführt zum 31.12.2006 durch das 2. JuMoG. Damit ist die frühere Streitfrage geklärt worden. Frühere Rspr. kann daher nicht verwertet werden.
[70] BGH AGS 2010, 227 = FamRZ 2010, 809 = Rpfleger 2010, 333 = MDR 2010, 658 = JurBüro 2010, 300 = NJW-Spezial 2010, 284 = FoVo 2010, 99 = BRAK-Mitt 2010, 146 = RVGreport 2010, 256 = AnwBl 2010, 627.
[71] AG Koblenz AGS 2007, 72.
[72] AGS 2009, 441 = JurBüro 2009, 531 = NJW-Spezial 2009, 589.

II. Die Zwangsvollstreckung § 33

Beispiel 104 — Vollstreckungsauftrag mit Vollstreckungserinnerung ohne vorherige Tätigkeit im Vollstreckungsverfahren

Der Gläubiger vollstreckt wegen einer Forderung i.H.v. 3.000,00 EUR. Der Schuldner beauftragt einen Anwalt, der Vollstreckungserinnerung einlegt.

Der Anwalt des Schuldners erhält für das Erinnerungsverfahren die Gebühr nach Nr. 3500 VV, allerdings gem. § 15 Abs. 6 RVG begrenzt auf einen Gebührensatz i.H.v. 0,3, da er nicht mehr erhalten darf als ein mit dem gesamten Verfahren beauftragter Anwalt.

1.	0,3-Verfahrensgebühr, Nr. 3500 VV, (gekürzt nach § 15 Abs. 6 RVG i.V.m. Nr. 3309 VV)	60,30 EUR
2.	Postentgeltpauschale, Nr. 7002 VV	12,06 EUR
	Zwischensumme 72,36 EUR	
3.	19 % Umsatzsteuer, Nr. 7008 VV	13,75 EUR
	Gesamt	**86,19 EUR**

Der Wert der Erinnerung kann auch geringer sein als der der Vollstreckung, wenn sich die Erinnerung nur auf einen Teil der Zwangsvollstreckung bezieht. **131**

Beispiel 105 — Vollstreckungserinnerung nur gegen einen Teil der Vollstreckungsmaßnahme

Der Anwalt des Gläubigers vollstreckt für diesen wegen einer Forderung i.H.v. 2.500,00 EUR nebst vorheriger Vollstreckungskosten in Höhe von 500,00 EUR. Der Schuldner ist der Auffassung, der Gerichtsvollzieher dürfe nur wegen der Hauptforderung sowie wegen Kosten i.H.v. 300,00 EUR vollstrecken, da die weiteren Kosten nicht erstattungsfähig seien. Da der Gerichtsvollzieher diese Auffassung nicht teilt, beauftragt der Schuldner einen Anwalt, der Vollstreckungserinnerung einlegt.

Für den Anwalt des Gläubigers entsteht nur die 0,3-Verfahrensgebühr nach Nr. 3309 VV. Die Erinnerung gehört für ihn mit zur Vollstreckungsangelegenheit und löst keine weitere Gebühr aus (§ 19 Abs. 2 Nr. 2 RVG).

Der Anwalt des Schuldners erhält dagegen die Gebühr nach Nr. 3500 VV für das Erinnerungsverfahren, allerdings gem. § 15 Abs. 6 RVG begrenzt auf einen Gebührensatz i.H.v. 0,3, da er nicht mehr erhalten darf als ein mit dem gesamten Verfahren beauftragter Anwalt. Der Gegenstandswert beläuft sich allerdings nur auf 200,00 EUR. Zu beachten ist die Mindestgebühr des § 13 Abs. 2 RVG.

I.	**Gläubigervertreter (Wert: 3.000,00 EUR)**	
1.	0,3-Verfahrensgebühr, Nr. 3309 VV	60,30 EUR
2.	Postentgeltpauschale, Nr. 7002 VV	12,06 EUR
	Zwischensumme 72,36 EUR	
3.	19 % Umsatzsteuer, Nr. 7008 VV	13,75 EUR
	Gesamt	**86,19 EUR**
II.	**Schuldnervertreter (Wert: 200,00 EUR)**	
1.	0,3-Verfahrensgebühr, Nr. 3500 VV, (gekürzt nach § 15 Abs. 6 RVG i.V.m. Nr. 3309 VV)	15,00 EUR
2.	Postentgeltpauschale, Nr. 7002 VV	3,00 EUR
	Zwischensumme 18,00 EUR	
3.	19 % Umsatzsteuer, Nr. 7008 VV	3,42 EUR
	Gesamt	**21,42 EUR**

j) Beschwerde

132 Kommt es zu einem Beschwerdeverfahren, so handelt es sich gegenüber dem zugrunde liegenden Vollstreckungsverfahren immer um eine eigene selbstständige Angelegenheit, die die Gebühren nach Nrn. 3500, 3513 VV auslöst (§ 18 Abs. 1 Nr. 3 RVG).

133 Der Gegenstandswert im Beschwerdeverfahren richtet sich nach § 23 Abs. 2 S. 1 i.V.m. Abs. 3 S. 2 RVG. Maßgebend ist das mit der Beschwerde verfolgte Interesse unter Berücksichtigung der Wertvorschriften des § 25 Abs. 1 u. 2 RVG.

> **Beispiel 106** | **Beschwerde**
>
> **Der Gläubiger vollstreckt wegen einer Forderung i.H.v. 1.500,00 EUR. Hiergegen wird Vollstreckungserinnerung eingelegt. Gegen die Entscheidung des Vollstreckungsgerichts wird Beschwerde eingelegt.**
>
> Unabhängig davon, ob die Anwälte im Vollstreckungs- oder Erinnerungsverfahren beauftragt waren, erhalten sie für das Beschwerdeverfahren eine 0,5-Verfahrensgebühr nach Nr. 3500 VV.
>
> 1. 0,5-Verfahrensgebühr, Nr. 3500 VV 57,50 EUR
> (Wert: 1.500,00 EUR)
> 2. Postentgeltpauschale, Nr. 7002 VV 11,50 EUR
> Zwischensumme 69,00 EUR
> 3. 19 % Umsatzsteuer, Nr. 7008 VV 13,11 EUR
> **Gesamt** **82,11 EUR**

k) Klauselerinnerung

134 Im Verfahren über eine Klauselerinnerung nach § 732 ZPO erhält der Anwalt nach § 18 Abs. 1 Nr. 4 RVG eine gesonderte Vergütung, und zwar in Höhe einer 0,5-Verfahrensgebühr nach Nr. 3500 VV und nicht nach lediglich einer 0,3-Verfahrensgebühr nach Nr. 3309 VV.[73]

> **Beispiel 107** | **Klauselerinnerung**
>
> **Gegen die Erteilung der Vollstreckungsklausel zu einem Titel über 3.000,00 EUR legt der Anwalt des Schuldners für diesen Klauselerinnerung nach § 732 ZPO ein.**
>
> Für beide Anwälte entsteht eine 0,5-Verfahrensgebühr nach Nr. 3500 VV.
>
> 1. 0,5-Verfahrensgebühr, Nr. 3500 VV 100,50 EUR
> (Wert: 3.000,00 EUR)
> 2. Postentgeltpauschale, Nr. 7002 VV 20,00 EUR
> Zwischensumme 120,50 EUR
> 3. 19 % Umsatzsteuer, Nr. 7008 VV 22,90 EUR
> **Gesamt** **143,40 EUR**

l) Vollstreckbarerklärung eines Anwaltsvergleichs

135 Die Anwaltsvergütung im Verfahren auf Vollstreckbarerklärung eines Anwaltsvergleichs bestimmt sich nicht nach Nr. 3309 VV, weil das Verfahren nach § 769b ZPO kein Verfahren der Zwangsvoll-

---

[73] LG Freiburg AGS 2010, 174 = NJW-Spezial 2010, 221.

streckung ist. Vielmehr soll erst ein Vollstreckungstitel geschaffen werden. Die Anwaltsgebühren berechnen sich deshalb so wie im Zivilprozess.[74]

Der Streitwert für das Verfahren auf Vollstreckbarerklärung eines Anwaltsvergleichs nach § 796a ZPO bemisst sich nicht nach dem Wert des Vergleichs, sondern nach den im Vergleich übernommenen Verpflichtungen, soweit sie für vollstreckbar erklärt werden sollen.[75]

136

Eine Terminsgebühr entsteht in diesem Verfahren grundsätzlich nicht, da eine mündliche Verhandlung nicht vorgeschrieben ist, so dass die Anm. Abs. 1 Nr. 1 zu Nr. 3104 VV nicht greifen kann.

137

Die vorgerichtlich entstandene Geschäftsgebühr (Nr. 2300 VV) ist gem. Vorbem. 3 Abs. 4 VV hälftig, höchstens zu 0,75 anzurechnen. War der Anwalt außergerichtlich im Rahmen der Beratungshilfe tätig, wird die dort verdiente Geschäftsgebühr der Nr. 2503 VV nur zu einem Viertel angerechnet (Anm. Abs. 2 S. 2 zu Nr. 2503 VV).

138

> **Beispiel 108** Außergerichtlicher Vergleich und anschließendes Verfahren auf Vollstreckbarerklärung des Vergleichs

Außergerichtlich hat der A gegen den B eine Forderung über 10.000,00 EUR erhoben. Die Parteien vergleichen sich schließlich außergerichtlich, vertreten durch ihre Anwälte, dass der B zum Ausgleich der Forderung einen Betrag i.H.v. 6.000,00 EUR zahlt. Hiernach wird beantragt, den Vergleich nach § 769 ZPO für vollstreckbar erklären zu lassen.

Außergerichtlich entsteht eine Geschäftsgebühr nach Nr. 2300 VV (wobei hier von der Mittelgebühr ausgegangen werden soll) sowie eine 1,5-Einigungsgebühr nach Nr. 1000 VV. Der Gegenstandswert beträgt 10.000,00 EUR.

Im Verfahren auf Vollstreckbarerklärung entsteht eine 1,3-Verfahrensgebühr nach Nr. 3100 VV. Streitwert ist nur der Wert der Forderung, der für vollstreckbar erklärt werden soll, also 6.000,00 EUR. Die vorangegangene Geschäftsgebühr ist nach Vorbem. 3 Abs. 4 VV hälftig, höchstens zu 0,75, anzurechnen.

    I. Außergerichtliche Vertretung (Wert: 10.000,00 EUR)
    1. 1,5-Geschäftsgebühr, Nr. 2300 VV   837,00 EUR
    2. 1,5-Einigungsgebühr, Nr. 1000 VV   837,00 EUR
    3. Postentgeltpauschale, Nr. 7002 VV   20,00 EUR
       Zwischensumme   1.694,00 EUR
    4. 19 % Umsatzsteuer, Nr. 7008 VV   321,86 EUR
    Gesamt   **2.015,86 EUR**
    II. Verfahren auf Vollstreckbarerklärung (Wert: 6.000,00 EUR)
    1. 1,3-Verfahrengebühr, Nr. 3100 VV   460,20 EUR
    2. gem. Vorbem. 3 Abs. 4 VV anzurechnen,   – 265,50 EUR
       0,75 aus 6.000,00 EUR
    3. 1,2-Terminsgebühr, Nr. 3104 VV   424,80 EUR
    4. Postentgeltpauschale, Nr. 7002 VV   20,00 EUR
       Zwischensumme   639,50 EUR
    5. 19 % Umsatzsteuer, Nr. 7008 VV   121,51 EUR
    Gesamt   **761,01 EUR**

---

[74] OLG München AGS 2009, 574 = MDR 2009, 1251 = OLGR 2009, 843 = JurBüro 2009, 595 = FamRZ 2009, 2112 = Rpfleger 2010, 54 = RVGreport 2009, 461; LG Kassel, Beschl. v. 7.10.2008 – 3 T 585/08.
[75] OLG Düsseldorf FamRZ 2000, 1520.

6. Erstattung und Festsetzung von Vollstreckungskosten

a) Überblick

139 Die **Kostenerstattung** in Zwangsvollstreckungssachen folgt aus § 788 Abs. 1 ZPO. Die Kosten einer notwendigen Zwangsvollstreckungsmaßnahme hat der Schuldner zu tragen, auch dann, wenn die Vollstreckungsmaßnahme letztlich erfolglos geblieben ist. Die Vorschriften der §§ 91 ff., 269 ZPO gelten hier nicht. Daher hat der Schuldner auch die Kosten eines zurückgenommenen Vollstreckungsantrags – etwa wegen mangelnder Erfolgsaussichten – zu tragen, wenn der Schuldner bei Einleitung der Vollstreckungsmaßnahme diese als notwendig ansehen durfte.

140 Erstattungs- und festsetzungsfähig ist bereits die durch eine anwaltliche Zahlungsaufforderung mit Vollstreckungsandrohung ausgelöste Vollstreckungsgebühr. Voraussetzung ist, dass der Gläubiger im Besitz einer vollstreckbaren Ausfertigung des Titels ist, die Fälligkeit der titulierten Forderung eingetreten und dem Schuldner vor der anwaltlichen Zahlungsaufforderung eine je nach den Umständen angemessene Frist zur freiwilligen Erfüllung der Forderung eingeräumt worden ist. Die Erstattungsfähigkeit der Vollstreckungsgebühr setzt die vorherige Zustellung des Titels nicht voraus.[76]

> **Beispiel 109** | **Festsetzungsfähigkeit der Kosten einer Vollstreckungsandrohung**
>
> **Der Anwalt ist zunächst lediglich damit beauftragt, die Zwangsvollstreckung anzudrohen. Daraufhin zahlt der Schuldner.**
>
> Die notwendigen Kosten der Zwangsvollstreckung sind nach § 788 Abs. 1 S. ZPO vom Schuldner zu tragen. Dazu gehören auch die Kosten für eine Vollstreckungsandrohung.[77] Zahlt der Schuldner nicht freiwillig, können diese Kosten nach § 788 Abs. 2 ZPO festgesetzt werden.

141 Voraussetzung für eine Erstattung ist, dass die vorangegangene Vollstreckungsmaßnahme notwendig war.

> **Beispiel 110** | **Weitere vollstreckbare Ausfertigung und Mobiliarvollstreckung (Erteilung notwendig)**
>
> **Der Anwalt wird beauftragt, wegen einer Geldforderung in Höhe von 1.860,00 EUR die Mobiliarvollstreckung zu betreiben. Da der Original-Titel beim Gläubiger verloren gegangen ist, wird der Anwalt vorab beauftragt, eine weitere vollstreckbare Ausfertigung zu beantragen, für die das Gericht nach Nr. 2110 GKG-KostVerz. eine Gebühr von 20,00 EUR erhebt.**
>
> Es liegen zwei verschiedene Angelegenheiten vor. Das Verfahren auf Erteilung einer weiteren vollstreckbaren Ausfertigung gilt als eigene Angelegenheit (§ 18 Abs. 1 Nr. 5 RVG), so dass die Gebühren zwei Mal entstehen. Die Kosten für die weitere vollstreckbare Ausfertigung sind jetzt

---

[76] BGH AGS 2003, 561 = Rpfleger 2003, 596 = BGHReport 2003, 1251 = FamRZ 2003, 1742 = NJW-RR 2003, 1581 = MDR 2003, 1381 = InVo 2004, 35 = WM 2004, 353 = BRAGOreport 2003, 200 = BB 2003, 2428; bestätigt in FamRZ 2004, 101 = DGVZ 2004, 24; AnwK-RVG/*Wolf/Volpert*, Nr. 3309 Rn 150.

[77] BGH AGS 2003, 561 = Rpfleger 2003, 596 = BGHReport 2003, 1251 = FamRZ 2003, 1742 = NJW-RR 2003, 1581 = MDR 2003, 1381 = InVo 2004, 35 = WM 2004, 353 = BRAGOreport 2003, 200 = BB 2003, 2428.

jedoch nicht notwendig[78] und damit nicht erstattungsfähig, so dass vom Schuldner nur die Kosten für eine einfache Vollstreckung verlangt werden können.

b) Gesamtschuldner

Zu beachten ist § 788 Abs. 1 S. 3 ZPO: Soweit mehrere Schuldner als Gesamtschuldner verurteilt worden sind, haften sie auch für die Kosten der Zwangsvollstreckung als Gesamtschuldner. Jeder Schuldner haftet also nicht nur für die durch eine gegen ihn gerichtete Vollstreckung anfallenden Kosten, sondern auch für die Kosten, die bei der Vollstreckung gegen einen anderen Gesamtschuldner anfallen.

142

Beispiel 111 | **Vollstreckungsauftrag mit Vollstreckungserinnerung**

Der Gläubiger hat einen Räumungstitel gegen zwei nichteheliche Lebenspartner erwirkt und lässt hiernach durch seinen Anwalt die Räumungsvollstreckung androhen. Die Frau zieht aus, der Mann verbleibt in der Wohnung, so dass gegen ihn die Räumungsvollstreckung mit erheblichen Kosten durchgeführt werden muss.

Die Frau haftet nach § 788 Abs. 1 S. 1 ZPO nicht nur für die 0,3-Verfahrensgebühr, die durch die ihr gegenüber ausgesprochene Vollstreckungsandrohung angefallen ist, sondern nach § 788 Abs. 1 S. 3 ZPO auch für die gegenüber dem Mann angefallene 0,3-Verfahrensgebühr sowie die gesamten Kosten der Räumung.

c) Erstattungsfähigkeit bei späterer Abänderung des Titels

Wird ein Vollstreckungstitel, aus dem die Zwangsvollstreckung betrieben worden ist, durch eine spätere Entscheidung abgeändert oder durch einen Prozessvergleich ersetzt, kann der Gläubiger grundsätzlich die Erstattung der Vollstreckungskosten in der Höhe verlangen, in der sie angefallen wären, wenn er von vornherein die Vollstreckung auf den letztlich titulierten Betrag beschränkt hätte.[79]

143

Beispiel 112 | **Erstattungsfähige Vollstreckungskosten nach Abänderung des Titels durch Rechtsmittelgericht**

Der Beklagte wird zur Zahlung von 3.000,00 EUR verurteilt. Der Kläger leitet daraufhin die Zwangsvollstreckung ein, wodurch folgende Anwaltskosten entstehen:

1.	0,3-Verfahrensgebühr, Nr. 3309 VV (Wert: 3.000,00 EUR)		60,30 EUR
2.	Postentgeltpauschale, Nr. 7002 VV Zwischensumme	72,36 EUR	12,06 EUR
3.	19 % Umsatzsteuer, Nr. 7008 VV		13,75 EUR
	Gesamt		**86,19 EUR**

---

78 OLG Düsseldorf OLGR 1999, 298; OLG Zweibrücken OLGR 1999, 95 = JurBüro 1999, 160; AG Heilbronn RVGprof. 2007, 63 = AGkompakt 2010, 54.
79 BGH AGS 2004, 127 = WM 2003, 2294 = BGHReport 2004, 66 = Rpfleger 2004, 112 = InVo 2004, 75 = NJW-RR 2004, 503 = MDR 2004, 352 = BRAGOreport 2003, 239; AGS 2010, 253 = MDR 2010, 654 = Rpfleger 2010, 380 = JurBüro 2010, 319 = FoVo 2010, 95 = FamRZ 2010, 806 = RVGreport 2010, 231 = FamRB 2010, 207 = NJW-Spezial 2010, 444.

Im Berufungsverfahren wird das Urteil dahingehend abgeändert, dass der Beklagte lediglich 1.860,00 EUR zu zahlen hatte.

Die angefallenen Vollstreckungskosten aus 3.000,00 EUR sind in dieser Höhe jedenfalls nicht erstattungsfähig, da die Forderung in dieser Höhe keinen Bestand behalten hat. Bestehen geblieben ist die Forderung lediglich in Höhe von 1.860,00 EUR. Daher sind die angefallenen Anwaltskosten in der Höhe erstattungsfähig, in der sie angefallen wären, wenn der Gläubiger sich von vorneherein in der Zwangsvollstreckung auf den Betrag von 1.860,00 EUR beschränkt hätte.

Nach § 788 ZPO sind damit erstattungs- und festsetzungsfähig:

1. 0,3-Verfahrensgebühr, Nr. 3309 VV (Wert: 1.860,00 EUR)		45,00 EUR
2. Postentgeltpauschale, Nr. 7002 VV		9,00 EUR
Zwischensumme	54,00 EUR	
3. 19 % Umsatzsteuer, Nr. 7008 VV		10,26 EUR
Gesamt		**64,26 EUR**

> **Beispiel 113** — Erstattungsfähige Vollstreckungskosten nach Aufhebung des Titels und Abschluss eines Vergleichs

Der Beklagte wird durch Versäumnisurteil zur Zahlung von 3.000,00 EUR verurteilt. Der Kläger leitet daraufhin die Zwangsvollstreckung ein, wodurch folgende Anwaltskosten entstehen:

1. 0,3-Verfahrensgebühr, Nr. 3309 VV (Wert: 3.000,00 EUR)		60,30 EUR
2. Postentgeltpauschale, Nr. 7002 VV		12,06 EUR
Zwischensumme	72,36 EUR	
3. 19 % Umsatzsteuer, Nr. 7008 VV		13,75 EUR
Gesamt		**86,11 EUR**

Der Beklagte legt gegen das Versäumnisurteil Einspruch ein. In der nachfolgenden mündlichen Verhandlung schließen die Parteien einen Vergleich, wonach der Beklagte lediglich 1.860,00 EUR zu zahlen hat.

Abzurechnen ist wie im vorangegangenen Beispiel 112.

144 Voraussetzung ist, dass sich aus der späteren Entscheidung oder dem Vergleich ergibt, inwieweit die ursprünglich titulierte Forderung aufrechterhalten worden ist.[80] Werden z.B. in einem nachfolgenden Vergleich weitere nicht streitgegenständliche Ansprüche geregelt, kommt die Festsetzung der Kosten der Zwangsvollstreckung nur in Betracht, soweit sich feststellen lässt, in welchem Umfang die im Versäumnisurteil titulierte Forderung Bestand behalten hat.

> **Beispiel 114** — Erstattungsfähige Vollstreckungskosten nach Aufhebung des Titels und Abschluss eines Vergleichs unter Einbeziehung weiterer Gegenstände

Der Beklagte wird durch Versäumnisurteil zur Zahlung von 3.000,00 EUR verurteilt. Der Kläger leitet daraufhin die Zwangsvollstreckung ein, wodurch folgende Anwaltskosten entstehen:

---

80 BGH AGS 2010, 253 = MDR 2010, 654 = Rpfleger 2010, 380 = JurBüro 2010, 319 = FoVo 2010, 95 = FamRZ 2010, 806 = RVGreport 2010, 231 = FamRB 2010, 207 = NJW-Spezial 2010, 444.

1. 0,3-Verfahrensgebühr, Nr. 3309 VV   60,30 EUR
   (Wert: 3.000,00 EUR)
2. Postentgeltpauschale, Nr. 7002 VV   12,06 EUR
   Zwischensumme   72,36 EUR
3. 19 % Umsatzsteuer, Nr. 7008 VV   13,75 EUR
Gesamt   **86,11 EUR**

Der Beklagte legt gegen ein Versäumnisurteil Einspruch ein. In der nachfolgenden mündlichen Verhandlung schließen die Parteien einen Vergleich, in den weitergehende Forderungen und Gegenforderungen einbezogen werden und der Beklagte zum Ausgleich aller Ansprüche noch 1.860,00 EUR zu zahlen habe.

Da sich jetzt nicht feststellen lässt, ob und inwieweit durch die Vergleichsforderung die ursprüngliche Forderung aufrechterhalten wird und ob und inwieweit die Vergleichssumme neue Forderungen abdeckt, kommt eine Erstattung nicht in Betracht.

d) Beitreibung und Festsetzung

Die notwendigen Kosten der Zwangsvollstreckung können nach § 788 Abs. 1 S. 1 ZPO zusammen mit dem Hauptsachetitel beigetrieben werden. 145

Dies gilt auch für die Kosten vorheriger Vollstreckungsversuche. Das Vollstreckungsorgan prüft dann inzidenter die Berechtigung dieser Kosten und ihrer Notwendigkeit. 146

Unbeschadet der Möglichkeit, nach § 788 Abs. 1 S. 1 ZPO die Kosten der Zwangsvollstreckung mit dem Hauptsachetitel beizutreiben, kann nach § 788 Abs. 2 ZPO auch die Kostenfestsetzung eingeleitet werden. Das gilt auch im Falle des § 788 Abs. 1 S. 3 ZPO gegenüber einem mithaftenden Gesamtschuldner. 147

Zuständig für die Kostenfestsetzung ist grundsätzlich das Vollstreckungsgericht, 148
- Zunächst ist dasjenige Vollstreckungsgericht zuständig, bei dem eine Vollstreckungshandlung anhängig ist.
- Ist die Zwangsvollstreckung (zunächst) abgeschlossen, ist das Vollstreckungsgericht zuständig, in dessen Bezirk die letzte Vollstreckungshandlung erfolgt ist.
- Sofern es nicht zu einer Vollstreckung gekommen ist, muss differenziert werden
  - Lagen die Vollstreckungsvoraussetzungen bereits vor und ist lediglich eine Vollstreckung angedroht worden, dann ist das Vollstreckungsgericht zuständig, und zwar das, in dessen Bezirk die angedrohte Vollstreckungsmaßnahme durchgeführt worden wäre.[81]
  - Lagen die Vollstreckungsvoraussetzungen noch nicht vor, sondern sind diese erst durch die Maßnahme geschaffen worden (etwa Beibringungen einer Avalbürgschaft), dann ist das Prozessgericht zuständig.[82]
- Im Falle von Vollstreckungskosten, die aus Verfahren nach den §§ 887, 888 und 890 entstanden sind, entscheidet das Prozessgericht des ersten Rechtszugs.

Das Verfahren folgt den §§ 103 Abs. 2, 104, 107 ZPO. 149

---

[81] LG München II, Beschl. v. 19.12.2007 – 6 T 5058/07; KG AGS 2008, 315 = Rpfleger 2008, 145 = JurBüro 2008, 151 = KGR 2008, 309 = RVGreport 2008, 116; wohl auch BGH FamRZ 2004, 101 = DGVZ 2004, 24; a.A. OLG Düsseldorf JurBüro 2010, 438 = RVGreport 2010, 391 = NJW-RR 2010, 1440 = Rpfleger 2010, 435.
[82] BGH AGS 2008, 200 = WM 2008, 276 = MDR 2008, 286 = Rpfleger 2008, 210 = BGHReport 2008, 344 = NJW-RR 2008, 515 = zfs 2008, 225 = JurBüro 2008, 214 = NJW-Spezial 2008, 91 = BauR 2008, 570 = RVGreport 2008, 115 = FoVo 2008, 119.

III. Vollziehung eines Arrestes oder einer einstweiligen Verfügung

150 Die **Vollziehung eines Arrestes** oder einer **einstweiligen Verfügung** wird wie eine Vollstreckung vergütet (Vorbem. 3.3.3 Nr. 4 VV).

151 Jede Vollziehungsmaßnahme, die sich nicht auf die Zustellung beschränkt, ist dabei nach § 18 Abs. 1 Nr. 2 RVG eine eigene Angelegenheit.

152 Lediglich für die **Zustellung** einer Gebots-, Verbots- oder Unterlassungsverfügung steht dem Anwalt gem. § 19 Abs. 1 S. 2 Nr. 9, 16 RVG keine gesonderte Gebühr zu, obwohl es sich bereits um eine Maßnahme der Vollziehung handelt.[83]

153 Der Anwalt erhält grundsätzlich nach Nr. 3309 VV eine **0,3-Verfahrensgebühr**. Hinzu kommen kann auch eine **0,3-Terminsgebühr** (Nr. 3310 VV), wenn es zu einem gerichtlichen Termin kommt.

154 Wird eine einstweilige **Verfügung auf Eintragung einer Sicherungshypothek** durch Eintragung einer Vormerkung vollzogen, so wurde damit schon nach wohl überwiegender Ansicht die Vollziehungsgebühr ausgelöst.[84] Jetzt ordnet Vorbem. 3.3.3 S. 2 VV ausdrücklich an, dass das Verfahren auf Eintragung einer Zwangshypothek nach Nr. 3309 VV zu vergüten ist (siehe dazu Rn 164 ff.).

Beispiel 115 | **Vollziehung einer einstweiligen Verfügung**

Der Anwalt erwirkt für seinen Mandanten eine einstweilige Verfügung auf Sicherstellung eines Fahrzeugs im Wert von **8.000,00 EUR**. Das Gericht setzt den Streitwert gem. § 53 Abs. 1 Nr. 1 GKG i.V.m. § 3 ZPO auf **4.000,00 EUR** fest (50 % der Hauptsache). Anschließend lässt der Anwalt das Fahrzeug durch den Gerichtsvollzieher sicherstellen.

Abzurechnen ist nach Nr. 3309 VV. Der Wert richtet sich zwar grundsätzlich nach dem Wert der herauszugebenden Sache (§ 15 Abs. 1 Nr. 1, 1. Hs. RVG); der Wert darf jedoch den Wert, der in der Hauptsache für die Gerichtsgebühren gilt, nicht übersteigen (§ 15 Abs. 1 Nr. 1, 2. Hs. RVG).

1. 0,3-Verfahrensgebühr, Nr. 3309 VV (Wert: 4.000,00 EUR)	75,60 EUR
2. Postentgeltpauschale, Nr. 7002 VV	15,12 EUR
Zwischensumme 90,72 EUR	
3. 19 % Umsatzsteuer, Nr. 7008 VV	17,24 EUR
Gesamt	**107,96 EUR**

---

155 Jede Vollziehung ist eine gesonderte Angelegenheit (§ 18 Abs. 1 Nr. 2 RVG).

156 Mehrere Versuche einer gleichartigen Vollziehung sind dagegen nur eine Angelegenheit. So stellen mehrere Vollziehungsversuche einer auf Herausgabe von Wohnungsschlüsseln lautenden einstweiligen Verfügung nur eine Vollziehungsmaßnahme i.S.d. § 18 Abs. 1 Nr. 2 RVG dar, wenn sie in innerem Zusammenhang stehen.[85]

157 Die **bloße Zustellung** einer einstweiligen Verfügung oder eines Arrestbeschlusses löst die Verfahrensgebühr der Nr. 3309 VV noch nicht aus, wie im Umkehrschluss aus § 18 Abs. 1 Nr. 2 RVG folgt.

---

[83] LG Saarbrücken AGS 2014, 181 = NJW-Spezial 2014, 317.
[84] OLG München OLGR 1998, 193 = AnwBl 1998, 348; OLG Köln JurBüro 1998, 639; a.A. KG MDR 1991, 66; OLG Nürnberg MDR 1979, 506: Tätigkeit zählt noch zum Verfügungsverfahren.
[85] KG MDR 2009, 892 = KGR 2009, 634 = RVGreport 2009, 303 = GuT 2009, 330.

III. Vollziehung eines Arrestes oder einer einstweiligen Verfügung § 33

Beispiel 116 | **Vollziehung einer einstweiligen Verfügung durch Zustellung (Verfahrensbevollmächtigter)**

Der Anwalt erwirkt für seinen Mandanten eine einstweilige Verfügung auf Unterlassung (Wert: 10.000,00 EUR). Anschließend lässt er die Verfügung durch Zustellung vollziehen.

Die Vollziehung einer einstweiligen Verfügung durch Zustellung löst nach § 18 Abs. 1 Nr. 2 RVG keine neue Angelegenheit aus, sondern zählt vielmehr zur Hauptsache (§ 19 Abs. 1 Nr. 9, 16 RVG). Sie löst daher keine Vergütung nach Nrn. 3309 ff. VV aus. Der Anwalt erhält neben den Gebühren des einstweiligen Verfügungsverfahrens keine weiteren Gebühren.[86]

Beispiel 117 | **Vollziehung einer einstweiligen Verfügung durch Zustellung (erstmalige Beauftragung eines Anwalts)**

Der Mandant hat selbst eine einstweilige Verfügung auf Unterlassung erwirkt (Wert: 10.000,00 EUR). Anschließend lässt er die Verfügung durch Zustellung vollziehen und beauftragt damit einen Rechtsanwalt.

Jetzt erhält der Rechtsanwalt für die Vollziehung der einstweiligen Verfügung die Vergütung nach Nr. 3309 VV.

1.	0,3-Verfahrensgebühr, Nr. 3309 VV (Wert: 10.000,00 EUR)		167,40 EUR
2.	Postentgeltpauschale, Nr. 7002 VV		20,00 EUR
	Zwischensumme	187,40 EUR	
3.	19 % Umsatzsteuer, Nr. 7008 VV		35,61 EUR
	Gesamt		**223,01 EUR**

Beispiel 118 | **Vollziehung einer einstweiligen Verfügung durch Zustellung (nicht Verfahrensbevollmächtigter)**

Der Mandant hat durch seinen Anwalt vor dem LG Stuttgart eine einstweilige Verfügung auf Unterlassung gegen den in Berlin wohnenden Antragsgegner erwirkt (Wert: 10.000,00 EUR). Anschließend lässt er die Verfügung durch Zustellung vollziehen und beauftragt damit einen in Berlin ansässigen Rechtsanwalt.

Der Berliner Rechtsanwalt erhält für die Vollziehung der einstweiligen Verfügung die Vergütung nach Nr. 3309 VV. Abzurechnen ist wie in Beispiel 117.

Diese Gebühr ist i.d.R. nicht erstattungsfähig, weil die Partei ihren Verfahrensbevollmächtigten mit der Zustellung beauftragen kann und für diesen keine gesonderte Vergütung entsteht. Die Vergütung ist aber dann erstattungsfähig, wenn die Antragstellerin und ihre Verfahrensbevollmächtigten ihren Sitz in einer anderen Stadt haben als der Antragsgegner und ein anerkennungswürdiges Interesse daran besteht, die einstweilige Verfügung so schnell wie möglich zuzustellen.[87]

---

[86] OLG Braunschweig Rpfleger 2006, 43 = JurBüro 2006, 26; LG Saarbrücken AGS 2014, 181 = NJW-Spezial 2014, 317.
[87] KG KGR 2009, 839 = MDR 2010, 55 = RVGreport 2009, 436; OLG Celle AGS 2008, 283 = OLGR 2008, 454 = NJW-RR 2008, 1600 = RVGreport 2008, 224 = AnwBl 2008, 550.

| Beispiel 119 | **Verfügungsverfahren und anschließendes Ordnungsgeldverfahren mit mündlicher Verhandlung** |

Der Anwalt hat für seinen Mandanten eine einstweilige Verfügung auf Unterlassung (Wert: 7.500,00 EUR) erwirkt. Diese lässt der Anwalt zustellen. Da der Antragsgegner weiterhin hiergegen verstößt, leitet der Anwalt auftragsgemäß ein Ordnungsgeldverfahren ein, in dem mündlich verhandelt wird.

Die Zustellung löst noch keine gesonderte Vergütung aus. Das Ordnungsgeldverfahren ist dagegen eine gesonderte Vollziehungsangelegenheit. Auch bei der Vollziehung einer einstweiligen Verfügung kann nach Nr. 3310 VV eine Terminsgebühr anfallen.

I. Verfügungsverfahren
1. 1,3-Verfahrensgebühr, Nr. 3100 VV
   (Wert: 7.500,00 EUR)   592,80 EUR
2. 1,2-Terminsgebühr, Nr. 3104 VV
   (Wert: 7.500,00 EUR)   547,20 EUR
3. Postentgeltpauschale, Nr. 7002 VV   20,00 EUR
   Zwischensumme   1.160,00 EUR
4. 19 % Umsatzsteuer, Nr. 7008 VV   220,40 EUR
Gesamt   **1.380,40 EUR**

II. Vollziehung
1. 0,3-Verfahrensgebühr, Nr. 3309 VV
   (Wert: 7.500,00 EUR)   136,80 EUR
2. 0,3-Terminsgebühr, Nr. 3310 VV
   (Wert: 7.500,00 EUR)   136,80 EUR
3. Postentgeltpauschale, Nr. 7002 VV   20,00 EUR
   Zwischensumme   293,60 EUR
4. 19 % Umsatzsteuer, Nr. 7008 VV   55,78 EUR
Gesamt   **349,39 EUR**

IV. Verfahren über Eintragungsanträge beim Grundbuchamt

1. Verfahren auf Eintragung aufgrund eines Urteils oder eines Vergleichs auf Abgabe der Auflassungserklärung

158 Ist der Schuldner durch rechtskräftiges Urteil zur Abgabe einer Willenserklärung verurteilt worden (§ 894 ZPO), aufgrund der die Eintragung eines Rechtes zugunsten des Gläubigers erfolgen soll, handelt es sich grundsätzlich nicht um eine Zwangsvollstreckungsmaßnahme. Bei Urteilen auf Abgabe einer Willenserklärung bedarf es keiner Vollstreckung, weil die Rechtskraft des Urteils bereits die Abgabe der Willenserklärung fingiert (§ 894 ZPO).

159 Soweit ein entsprechendes Urteil lediglich vorläufig vollstreckbar ist, gilt gem. § 895 Abs. 1 ZPO eine Vormerkung oder Widerspruch als bewilligt, so dass es auch hier keiner Vollstreckung bedarf.

160 Eintragungsanträge aufgrund der durch Urteil fingierten Willenserklärung stellen daher eine gewöhnliche außergerichtliche Vertretung dar, die nach Teil 2 Abschnitt 3 VV, Nrn. 2300 ff. VV, vergütet wird.

| Beispiel 120 | **Eigentumsumschreibung aufgrund Urteil** |

Der Anwalt hat für seinen Mandanten ein Urteil erwirkt, wonach der Beklagte verurteilt worden ist, das Eigentum an einem Grundstück (Wert: 100.000,00 EUR) auf den Kläger zu

übertragen und die entsprechende Auflassungserklärung abzugeben. Nach Rechtskraft lässt der Anwalt des Klägers das Grundbuch umschreiben.

Im Erkenntnisverfahren erhält der Anwalt die Gebühren der Nrn. 3100 ff. VV. Für die Umschreibung erhält er eine Geschäftsgebühr nach Nr. 2300 VV, wiederum aus dem Wert von 100.000,00 EUR.

I.	**Erkenntnisverfahren**		
1.	1,3-Verfahrensgebühr, Nr. 3100 VV (Wert: 100.000,00 EUR)		1.953,90 EUR
2.	1,2-Terminsgebühr, Nr. 3104 VV (Wert: 100.000,00 EUR)		1.803,60 EUR
3.	Postentgeltpauschale, Nr. 7002 VV Zwischensumme	3777,50 EUR	20,00 EUR
4.	19 % Umsatzsteuer, Nr. 7008 VV		717,73 EUR
	Gesamt		**4.495,23 EUR**
II.	**Umschreibung**		
1.	1,3-Geschäftsgebühr, Nr. 2300 VV (Wert: 100.000,00 EUR)		1.953,90 EUR
2.	Postentgeltpauschale, Nr. 7002 VV Zwischensumme	1.973,90 EUR	20,00 EUR
3.	19 % Umsatzsteuer, Nr. 7008 VV		375,04 EUR
	Gesamt		**2.348,94 EUR**

Gleiches gilt auch dann, wenn die entsprechende Erklärung nicht als Urteil ausgesprochen wurde, sondern wenn der Schuldner diese in einem Vergleich abgegeben hat.[88]

2. Verfahren auf Eintragung einer Zwangshypothek (§§ 867 und 870a ZPO)

Bei einem Verfahren auf Eintragung einer Zwangshypothek (§§ 867, 870a ZPO) handelt es sich streng genommen auch nicht um eine Vollstreckungsmaßnahme, da diese Maßnahme lediglich der Sicherung dient. Um eine Maßnahme der Zwangsvollstreckung handelt es sich erst, wenn aus der Hypothek auch vorgegangen wird. Ungeachtet dessen ordnet Anm. zu Vorbem. 3.3.3 S. 2 VV an, dass die Gebühren nach Teil 3 Abschnitt 3 Unterabschnitt 3 VV, Nrn. 3309 ff. VV entsprechend anzuwenden sind, also im Falle des § 867 ZPO bei Eintragung einer Sicherungshypothek zugunsten des Gläubigers in das Grundbuch und gem. § 870a ZPO bei Eintragung einer Schiffshypothek zugunsten des Gläubigers in das Schiffsbauregister.

Beispiel 121 | **Eintragung einer Zwangshypothek**

Der Anwalt hat für seinen Mandanten ein Urteil auf Zahlung von 20.000,00 EUR nebst Zinsen erwirkt. Er lässt anschließend auf dem Grundstück des Beklagten eine Zwangshypothek über 20.000,00 EUR zuzüglich zwischenzeitliche Zinsen in Höhe von 4.000,00 EUR und Kosten der Eintragung eintragen.

Im Erkenntnisverfahren erhält der Anwalt die Gebühren der Nrn. 3100 ff. VV.

Für die Eintragung der Zwangshypothek erhält er die Gebühr der Nr. 3309 VV. Der Gegenstandswert bemisst sich in entsprechender Anwendung des § 25 Abs. 1 Nr. 1 RVG nach dem Wert der zu vollstreckenden Forderung zuzüglich der zwischenzeitlich aufgelaufenen Zinsen und Kosten,

---

88 OLG Düsseldorf JMBL NRW 1960, 259.

es sei denn, das Grundstück hat einen geringeren Wert, wobei die vorrangigen Belastungen abzuziehen sind. Die Kosten der Eintragung selbst – auch wenn sich die Zwangshypothek darauf erstreckt – bleiben dagegen außer Ansatz, da nur die Kosten vorheriger Vollstreckungen den Wert erhöhen (§ 25 Abs. 1 Nr. 1 RVG). Der Wert beläuft sich somit auf 24.000,00 EUR.

I. Erkenntnisverfahren
1. 1,3-Verfahrensgebühr, Nr. 3100 VV   964,60 EUR
   (Wert: 20.000,00 EUR)
2. 1,2-Terminsgebühr, Nr. 3104 VV   890,40 EUR
   (Wert: 20.000,00 EUR)
3. Postentgeltpauschale, Nr. 7002 VV   20,00 EUR
   Zwischensumme   1.875,00 EUR
4. 19 % Umsatzsteuer, Nr. 7008 VV   356,25 EUR
Gesamt   **2.231,25 EUR**

II. Eintragung der Zwangshypothek
1. 0,3-Verfahrensgebühr, Nr. 2300 VV   236,40 EUR
   (Wert: 24.000,00 EUR)
2. Postentgeltpauschale, Nr. 7002 VV   20,00 EUR
   Zwischensumme   256,40 EUR
3. 19 % Umsatzsteuer, Nr. 7008 VV   48,72 EUR
Gesamt   **305,12 EUR**

163 Kommt es anschließend zur Versteigerung des Grundstücks, so löst dies eine weitere Angelegenheit aus, für die der Anwalt die Gebühren nach Nr. 3311 VV erhält.

> **Beispiel 122** **Eintragung einer Zwangshypothek und anschließender Versteigerungsantrag**

Wie Beispiel 121. Aufgrund der Zwangshypothek wird die Versteigerung des Grundstücks beantragt. Die Zinsen belaufen sich zwischenzeitlich auf 6.000,00 EUR.

Neben den bereits verdienten Gebühren aus Beispiel 121 erhält der Anwalt eine weitere Gebühr nach Nr. 3311 VV. Der Gegenstandswert bemisst sich gem. § 26 RVG nach dem Wert der Forderung des Gläubigers zuzüglich der zwischenzeitlich aufgelaufenen Zinsen und der Kosten der Eintragung. Zwar handelt es sich bei der Eintragung nicht um ein Zwangsvollstreckungsverfahren; da diese jedoch nach Vorbem. 3.3.3 S. 2 VV wie eine Vollstreckung abgerechnet wird, dürften die Kosten auch im Rahmen des § 26 RVG als Vollstreckungskosten zu behandeln sein. Der Anwalt erhält also weitere:

1. 0,4-Verfahrensgebühr, Nr. 2300 VV   345,20 EUR
   (Wert: 26.286,70 EUR)
2. Postentgeltpauschale, Nr. 7002 VV   20,00 EUR
   Zwischensumme   365,20 EUR
3. 19 % Umsatzsteuer, Nr. 7008 VV   63,39 EUR
Gesamt   **434,59 EUR**

3. Eintragung einer Vormerkung oder eines Widerspruchs aufgrund einstweiliger Verfügung

164 Anders verhält es sich, wenn die Eintragung aufgrund einer einstweiligen Verfügung vorgenommen wird. Zwar handelt es sich auch hier nicht um eine Vollstreckungs- bzw. Vollziehungsmaßnahme. Dennoch erhält der Anwalt nach h.M. für die Stellung des Eintragungsantrags eine Verfahrensgebühr nach Vorbem. 3.3.3 S. 1 Nr. 4 i.V.m. Nr. 3309 VV, weil der Eintragungsantrag innerhalb der Frist des § 929 Abs. 2 ZPO gestellt werden muss und damit erst die einstweilige Verfügung vollzogen ist, ebenso wie eine einstweilige Verfügung auf Unterlassung erst durch Zustellung vollzogen wird. Da eine den § 19 Abs. 1 Nrn. 5, 16 RVG vergleichbare Regelung fehlt, entsteht durch den Eintragungsantrag auch für den vorherigen Verfahrensbevollmächtigten eine gesonderte Verfahrensgebühr nach Nr. 3309 VV.

> **Beispiel 123** | **Verfügungsverfahren und Vollziehung durch Eintragung**

Der Anwalt hat für seinen Mandanten nach mündlicher Verhandlung eine einstweilige Verfügung erwirkt, wonach dieser die Eintragung einer Vormerkung im Grundbuch zur Eigentumsübertragung zu bewilligen hat (Wert: 50.000,00 EUR). Anschließend lässt der Anwalt die Vormerkung eintragen.

Neben der Vergütung für das einstweilige Verfügungsverfahren entsteht für die Vollziehung eine 0,3-Verfahrensgebühr nach Nr. 3309 VV.

I.	**Erkenntnisverfahren**	
1.	1,3-Verfahrensgebühr, Nr. 3100 VV (Wert: 50.000,00 EUR)	1.511,90 EUR
2.	1,2-Terminsgebühr, Nr. 3104 VV (Wert: 50.000,00 EUR)	1.395,60 EUR
3.	Postentgeltpauschale, Nr. 7002 VV	20,00 EUR
	Zwischensumme 2.927,50 EUR	
4.	19 % Umsatzsteuer, Nr. 7008 VV	556,23 EUR
Gesamt		**3.483,73 EUR**
II.	**Umschreibung**	
1.	0,3-Verfahrengebühr, Nr. 3309 VV (Wert: 50.000,00 EUR)	348,90 EUR
2.	Postentgeltpauschale, Nr. 7002 VV	20,00 EUR
	Zwischensumme 368,90 EUR	
3.	19 % Umsatzsteuer, Nr. 7008 VV	70,09 EUR
Gesamt		**438,99 EUR**

V. Vollstreckung nach dem FamFG

1. Überblick

In Familiensachen ist die Vollstreckung zweispurig geregelt.

Überwiegend folgt die Vollstreckung nach den Vorschriften der ZPO, und zwar
- gem. § 120 Abs. 1 FamFG in Ehesachen und in Familienstreitsachen,
- gem. § 95 Abs. 1 FamFG
- bei Vollstreckung wegen einer Geldforderung,
- zur Herausgabe einer beweglichen oder unbeweglichen Sache,
- zur Vornahme einer vertretbaren oder nicht vertretbaren Handlung,
- zur Erzwingung von Duldungen oder Unterlassungen,
- zur Abgabe einer Willenserklärung,
- gem. § 96 Abs. 1 FamFG in Verfahren nach dem GewSchG betreffend Unterlassungen.

167 Sonstige Vollstreckungen (§ 87 Abs. 1 S. 1 FamFG), insbesondere die Herausgabe von Personen und die Regelung des Umgangs (§§ 88–94 FamFG) werden nach den Vorschriften der §§ 88 ff. FamFG vollstreckt.

2. Vollstreckung nach den Vorschriften der ZPO

168 Soweit die Zwangsvollstreckung nach den Vorschriften der ZPO durchgeführt wird, gelten die Ausführungen zur Zwangsvollstreckung (siehe Rn 5 ff.). Dies gilt auch für die Vollstreckung einstweiliger Anordnungen.

3. Vollstreckung nach den Vorschriften des FamFG

169 Soweit nach den Vorschriften des FamFG vollstreckt wird, gilt Vorbem. 3.3.3. S. 1 Nr. 2 VV. Danach findet Teil 3 Abschnitt 3, Unterabschnitt 3 VV auch auf die Vollstreckung nach dem FamFG entsprechende Anwendung. Insoweit gilt grundsätzlich das Gleiche wie auch in der Zwangsvollstreckung nach der ZPO.

> **Beispiel 124** | **Vollstreckung einer Umgangsregelung**
>
> **Das Gericht erlässt eine Regelung zum Umgang. Die Kindesmutter hält sich nicht daran, so dass ein Verfahren auf Verhängung eines Ordnungsgeldes gegen die Kindesmutter eingeleitet wird.**
>
> Es entsteht nach Vorbem. 3.3.3 Nr. 2 VV eine 0,3-Verfahrensgebühr nach Nr. 3309 VV. Der Gegenstandswert bestimmt sich gem. § 25 Abs. 1 Nr. 3 RVG nach dem Wert der Hauptsache, hier also in der Regel nach 3.000,00 EUR (§ 45 Abs. 1 Nr. 2 FamGKG).
>
> | | | |
> |---|---|---|
> | 1. | 0,3-Verfahrensgebühr, Nr. 3309 VV (Wert: 3.000,00 EUR) | 60,30 EUR |
> | 2. | Postentgeltpauschale, Nr. 7002 VV | 12,06 EUR |
> | | Zwischensumme | 72,36 EUR |
> | 3. | 19 % Umsatzsteuer, Nr. 7008 VV | 13,75 EUR |
> | | **Gesamt** | **86,19 EUR** |

> **Beispiel 125** | **Vollstreckung einer Umgangsregelung mit Termin**
>
> **Wie vorangegangenes Beispiel 124. Es kommt zu einer mündlichen Verhandlung vor dem Familiengericht.**
>
> Jetzt entsteht gem. Nr. 3310 VV auch eine 0,3-Terminsgebühr.
>
> | | | |
> |---|---|---|
> | 1. | 0,3-Verfahrensgebühr, Nr. 3309 VV (Wert: 3.000,00 EUR) | 60,30 EUR |
> | 2. | 0,3-Terminsgebühr, Nr. 3310 VV (Wert: 3.000,00 EUR) | 60,30 EUR |
> | 3. | Postentgeltpauschale, Nr. 7002 VV | 20,00 EUR |
> | | Zwischensumme | 146,60 EUR |
> | 4. | 19 % Umsatzsteuer, Nr. 7008 VV | 26,72 EUR |
> | | **Gesamt** | **167,32 EUR** |

170 Möglich ist auch hier eine Einigungsgebühr.

| Beispiel 126 | **Vollstreckung einer Umgangsregelung mit Termin** |

Wie vorangegangenes Beispiel 125; die Beteiligten einigen sich im Vollstreckungsverfahren über eine neue Umgangsregelung.

Es entsteht jetzt zusätzlich eine Einigungsgebühr nach Nr. 1000 VV, und zwar in Höhe von 1,0 (Nr. 1003 VV), da die Sache gerichtlich anhängig ist.

1. 0,3-Verfahrensgebühr, Nr. 3309 VV 60,30 EUR
   (Wert: 3.000,00 EUR)
2. 0,3-Terminsgebühr, Nr. 3310 VV 60,30 EUR
   (Wert: 3.000,00 EUR)
3. 1,0-Einigungsgebühr, Nrn. 1000, 1003 VV 201,00 EUR
   (Wert: 3.000,00 EUR)
4. Postentgeltpauschale, Nr. 7002 VV 20,00 EUR
   Zwischensumme 341,60 EUR
5. 19 % Umsatzsteuer, Nr. 7008 VV 64.91 EUR
   Gesamt **406,51 EUR**

| Beispiel 127 | **Vollstreckung einer Kindesherausgabeanordnung** |

Der Kindesvater widersetzt sich einem gegen ihn gerichteten Vollstreckungstitel auf Herausgabe seines Kindes. Die allein sorgeberechtigte Kindesmutter stellt daraufhin beim FamFG Vollstreckungsantrag.

Die Vollstreckung auf Herausgabe eines Kindes erfolgt nach § 88 FamFG, gegebenenfalls unter Zuhilfenahme des Jugendamts (§ 88 Abs. 2 FamFG). Es entsteht nach Vorbem. 3.3.3 Nr. 2 VV eine 0,3-Verfahrensgebühr nach Nr. 3309 VV. Der Gegenstandswert bestimmt sich in entsprechender Anwendung des § 25 Abs. 1 Nr. 3 RVG nach dem Wert der Hauptsache, hier also in der Regel nach 3.000,00 EUR (§ 45 Abs. 1 Nr. 3 FamGKG).

1. 0,3-Verfahrensgebühr, Nr. 3309 VV 60,30 EUR
   (Wert: 3.000,00 EUR)
2. Postentgeltpauschale, Nr. 7002 VV 12,06 EUR
   Zwischensumme 72,36 EUR
3. 19 % Umsatzsteuer, Nr. 7008 VV 13,75 EUR
   Gesamt **86,11 EUR**

VI. Verwaltungszwang

1. Verwaltungszwangsverfahren vor der Verwaltungsbehörde

Im Verwaltungszwangsverfahren (Verwaltungsvollstreckungsverfahren) vor der Verwaltungsbehörde würde der Anwalt an sich die Gebühren nach Teil 2 Abschnitt 3 VV verdienen, also die der Nrn. 2300, 2301 VV, da es sich um eine außergerichtliche Tätigkeit handelt. Zu beachten ist jedoch Vorbem. 2.3 Abs. 1 VV. Danach sind auch im Verwaltungszwangsverfahren vor der Verwaltungsbehörde die Gebühren nach Teil 3 Abschnitt 3, Unterabschnitt 3 VV anzuwenden, also die Nrn. 3309, 3310 VV.

171

Auch hier gilt § 17 Nr. 1 RVG, wonach das Verwaltungsverfahren und das Nachprüfungsverfahren zwei verschiedene Angelegenheiten darstellen. Die Regelung des § 17 Nr. 1 RVG ist dagegen nicht abdingbar, so dass das Verfahren vor der Verwaltungsbehörde und ein behördliches

172

Nachprüfungsverfahren zwei verschiedene Angelegenheiten i.S.d. § 15 RVG darstellen. Daher entstehen die Gebühren im Verfahren auf Anordnung einer Zwangsmaßnahme und in einem eventuellen Widerspruchsverfahren gesondert.[89] Denkbar ist auch, dass hier noch ein Aussetzungsantrag vor der Behörde gestellt wird, so dass eine dritte Angelegenheit vorliegt. Vorbem. 2.3 Abs. 1 VV verweist nur auf Teil 3 Abschnitt 3 Unterabschnitt 3, nicht auch auf § 18 Abs. 1 Nr. 1 RVG, so dass das Verfahren auf Anordnung einer Vollstreckungsmaßnahme und ein Verfahren über die Aussetzung oder sofortige Vollziehung gesonderte Angelegenheiten darstellen.

173 Gesonderte Gebühren entstehen dagegen nicht, wenn die Zwangsmaßnahme zusammen mit der Hauptsache ergeht oder zusammen mit ihr angefochten wird.

174 Wird dagegen ein Bescheid, der die Anordnung zur Hauptsache enthält und die Anordnung einer Zwangs- oder Vollstreckungsmaßnahme nur hinsichtlich dieser angegriffen, entstehen wiederum nur die Gebühren nach den Nrn. 3309 ff. VV.[90]

175 Sowohl im Verwaltungsverfahren als auch im Widerspruchsverfahren erhält der Anwalt eine **0,3-Verfahrensgebühr** nach Nr. 3309 VV. Eine Reduzierung des Gebührensatzes im Widerspruchsverfahren ist hier nicht vorgesehen.

176 Vertritt der Anwalt mehrere Auftraggeber gemeinschaftlich, so erhöht sich die Verfahrensgebühr um 0,3 je weiteren Auftraggeber.

177 Möglich ist auch eine **0,3-Terminsgebühr** nach Nr. 3310 VV. Anstelle des „gerichtlichen Termins" ist in entsprechender Anwendung (Vorbem. 2.3 VV) ein Termin vor der vollstreckenden Behörde zu verstehen.[91]

178 Des Weiteren ist auch hier der Anfall einer **Einigungs- oder Erledigungsgebühr** nach Nrn. 1000, 1002 VV möglich. Der Gebührensatz beläuft sich mangels Anhängigkeit auf 1,5.

| Beispiel 128 | Verfahren auf Androhung der Festsetzung eines Zwangsgeldes |

Die Behörde hatte eine Abrissverfügung erlassen, die zwischenzeitlich bestandskräftig ist (Streitwert: 20.000,00 EUR). Die Behörde droht nunmehr die Festsetzung eines Zwangsgeldes an. Daraufhin wird ein Anwalt beauftragt, der die Festsetzung des Zwangsgeldes verhindern soll. Der Anwalt wird gegenüber der Behörde tätig.

Im Verwaltungsverfahren auf Festsetzung des Zwangsgeldes ist für den Anwalt nach Vorbem. 2.3. Abs. 1, Nr. 3309 VV eine 0,3-Verfahrensgebühr angefallen.

1. 0,3-Verfahrensgebühr, Nr. 3309 VV (Wert: 20.000,00 EUR)		222,60 EUR
2. Postentgeltpauschale, Nr. 7002 VV		20,00 EUR
Zwischensumme	242,60 EUR	
3. 19 % Umsatzsteuer, Nr. 7008 VV		46,09 EUR
Gesamt		**288,69 EUR**

---

89 Die Verwaltungsvollstreckungsgesetze sehen keine gesonderten Rechtsbehelfe gegen Akte der Verwaltungsvollstreckung vor, so dass sich der Betroffene auch sonst mit Widerspruch und Anfechtungsklage dagegen wehren kann, siehe dazu auch AnwK-RVG/*Wolf/Volpert*, Vorbem. 3.3.3, Nr. 3309–3310 VV Rn 78 ff.
90 VGH Baden-Württemberg AGS 2009, 391 = NVwZ-RR 2009, 702 = JurBüro 2009, 426; JurBüro 2000, 24 = AnwBl 2000, 138 = ZAR 1999, 182; a.A. VGH München, Beschl. v. 19.1.1999 – 10 C 98.1943; OVG Bremen NordÖR 1999, 70 = JurBüro 1999, 524 = AnwBl 2000, 137 = NVwZ-RR 1999, 701–702; OVG Berlin NJW 1998, 3586 = NVwZ 1998, 992.
91 AnwK-RVG/*Wahlen*, Vorbem. 2.3 VV Rn 13.

VI. Verwaltungszwang § 33

Beispiel 129 | **Verwaltungsverfahren mit Besprechung**

Nach Androhung der Festsetzung eines Zwangsgeldes wird der Anwalt beauftragt, die Festsetzung abzuwehren. Die Behörde beraumt einen Termin an, um die Sache zu besprechen. Der Anwalt nimmt an der Besprechung teil. Diese bleibt jedoch ohne Ergebnis.

In entsprechender Anwendung der Nr. 3310 VV entsteht jetzt auch für die Besprechung mit der Behörde eine Terminsgebühr nach Nr. 3310 VV.

1.	0,3-Verfahrensgebühr, Nr. 3309 VV (Wert: 20.000,00 EUR)	222,60 EUR
2.	0,3-Terminsgebühr, Nr. 3310 VV (Wert: 20.000,00 EUR)	222,60 EUR
3.	Postentgeltpauschale, Nr. 7002 VV	20,00 EUR
	Zwischensumme	465,20 EUR
4.	19 % Umsatzsteuer, Nr. 7008 VV	88,39 EUR
Gesamt		**535,59 EUR**

Beispiel 130 | **Verwaltungszwangsverfahren und Widerspruchsverfahren**

Wie vorangegangenes Beispiel 129. Das Zwangsgeld wird festgesetzt. Hiergegen legt der Anwalt auftragsgemäß Widerspruch ein.

Jetzt entsteht die 0,3-Verfahrensgebühr nach Nr. 3309, Vorbem. 2.3. Abs. 1 VV gem. § 17 Nr. 1 RVG zweimal, nämlich einmal für das Verwaltungsverfahren und einmal für das Widerspruchsverfahren.

I. Verwaltungsverfahren

1.	0,3-Verfahrensgebühr, Nr. 3309 VV (Wert: 20.000,00 EUR)	222,60 EUR
2.	Postentgeltpauschale, Nr. 7002 VV	20,00 EUR
	Zwischensumme	242,60 EUR
3.	19 % Umsatzsteuer, Nr. 7008 VV	46,09 EUR
Gesamt		**288,69 EUR**

II. Widerspruchsverfahren

1.	0,3-Verfahrensgebühr, Nr. 3309 VV (Wert: 20.000,00 EUR)	222,60 EUR
2.	Postentgeltpauschale, Nr. 7002 VV	20,00 EUR
	Zwischensumme	242,60 EUR
3.	19 % Umsatzsteuer, Nr. 7008 VV	46,09 EUR
Gesamt		**288,69 EUR**

Beispiel 131 | **Verwaltungszwangsverfahren und Widerspruchsverfahren mit Besprechung und Erledigung**

Wie vorangegangenes Beispiel 130. Nach Einlegung des Widerspruchs beraumt die Behörde einen Termin an. Der Anwalt nimmt daran teil. Es kommt zu einer Erledigung des Vollstreckungsverfahrens.

Jetzt entsteht neben der Terminsgebühr auch eine Erledigungsgebühr. Deren Höhe beläuft sich auf 1,5, da ein gerichtliches Verfahren nicht anhängig ist.

I. Verwaltungsverfahren

1. 0,3-Verfahrensgebühr, Nr. 3309 VV (Wert: 20.000,00 EUR)		222,60 EUR
2. Postentgeltpauschale, Nr. 7002 VV		20,00 EUR
Zwischensumme	242,60 EUR	
3. 19 % Umsatzsteuer, Nr. 7008 VV		46,09 EUR
Gesamt		**288,69 EUR**

II. Widerspruchsverfahren

1. 0,3-Verfahrensgebühr, Nr. 3309 VV (Wert: 20.000,00 EUR)		222,60 EUR
2. 0,3-Terminsgebühr, Nr. 3310 VV (Wert: 20.000,00 EUR)		222,60 EUR
3. 1,5-Erledigungsgebühr, Nr. 1002 VV (Wert: 20.000,00 EUR)		1.113,00 EUR
4. Postentgeltpauschale, Nr. 7002 VV		20,00 EUR
Zwischensumme	1578,20 EUR	
5. 19 % Umsatzsteuer, Nr. 7008 VV		299,86 EUR
Gesamt		**1878,06 EUR**

2. Gerichtliches Verfahren über einen Akt der Zwangsvollstreckung

179 Nach Abschluss des Widerspruchsverfahrens kann gegen den ergangenen Bescheid Anfechtungsklage erhoben werden. Auch ein Antrag nach § 80 Abs. 5 VwGO auf Aussetzung der sofortigen Vollziehung müsste möglich sein.

180 Schließt sich an das Verwaltungszwangsverfahren ein gerichtliches Verfahren über die Zwangsmaßnahme an, so gelten nach Vorbem. 3.3.3 S. 1 Nr. 3 VV die Gebühren nach Teil 3 Abschnitt 3 Unterabschnitt 3 VV, Nrn. 3309, 3310 VV unmittelbar.

181 Der Anwalt erhält hier also wiederum eine **0,3-Verfahrensgebühr** nach Nr. 3309 VV, die sich bei Vertretung mehrerer Auftraggeber gemeinschaftlich um 0,3 je weiteren Auftraggeber erhöht.

182 Eine Anrechnung der im Verwaltungs- oder Widerspruchsverfahren angefallenen Geschäftsgebühr ist hier nicht vorgesehen. Eine der Vorbem. 3 Abs. 4 VV entsprechende Regelung fehlt.

183 Möglich ist auch eine **0,3-Terminsgebühr** nach Nr. 3310 VV, wenn es zu einem gerichtlichen Termin kommt. Außergerichtliche Besprechungen reichen nicht aus, da Vorbem. 3 Abs. 3 VV hier nicht gilt.

184 Auch im gerichtlichen Verfahren ist eine **Einigung oder Erledigung** möglich. Es entsteht dann allerdings nur eine 1,0-Gebühr (Nr. 1003 VV).

> **Beispiel 132** | **Anfechtungsklage**
>
> **Gegen die Festsetzung eines Zwangsgeldes (Wert: 5.000,00 EUR) erhebt der Anwalt Anfechtungsklage vor dem Verwaltungsgericht, die vor mündlicher Verhandlung wieder zurückgenommen wird.**
>
> Für das gerichtliche Verfahren über eine Verwaltungsvollstreckungsmaßnahme gilt Vorbem. 3.3.3 S. 1 Nr. 2 VV. Der Anwalt erhält die Gebühren nach Nr. 3309 VV, hier also eine 0,3-Verfahrensgebühr.

VII. Besonderheiten bei PKH/VKH — § 33

1.	0,3-Verfahrensgebühr, Nr. 3309 VV (Wert: 5.000,00 EUR)	90,90 EUR
2.	Postentgeltpauschale, Nr. 7002 VV	18,18 EUR
	Zwischensumme 109,08 EUR	
3.	19 % Umsatzsteuer, Nr. 7008 VV	20,73 EUR
	Gesamt	**129,80 EUR**

Beispiel 133 | Anfechtungsklage mit Termin

Wie vorangegangenes Beispiel. Es kommt zur mündlichen Verhandlung.

Jetzt entsteht zusätzlich noch eine Terminsgebühr nach Nr. 3310 VV.

1.	0,3-Verfahrensgebühr, Nr. 3309 VV (Wert: 5.000,00 EUR)	90,90 EUR
2.	0,3-Terminsgebühr, Nr. 3310 VV (Wert: 5.000,00 EUR)	90,90 EUR
3.	Postentgeltpauschale, Nr. 7002 VV	20,00 EUR
	Zwischensumme 201,80 EUR	
4.	19 % Umsatzsteuer, Nr. 7008 VV	38,34 EUR
	Gesamt	240,14 EUR

Kommt es im gerichtlichen Verfahren zu einer Einigung oder Erledigung, entsteht eine Einigungs- oder Erledigungsgebühr nach Nrn. 1000, 1002 VV, und zwar jetzt in Höhe von 1,0, da ein gerichtliches Verfahren anhängig ist. **185**

Beispiel 134 | Anfechtungsklage mit Termin und Einigung

In der mündlichen Verhandlung einigen sich die Parteien über das weitere Vorgehen, so dass sich das Verfahren damit erledigt.

Jetzt entsteht neben der Verfahrens- oder Terminsgebühr auch noch eine 1,0-Einigungsgebühr.

1.	0,3-Verfahrensgebühr, Nr. 3309 VV (Wert: 5.000,00 EUR)	90,90 EUR
2.	0,3-Terminsgebühr, Nr. 3310 VV (Wert: 5.000,00 EUR)	90,90 EUR
3.	1,0-Einigungsgebühr, Nrn. 1000, 1003 VV (Wert: 5.000,00 EUR)	303,00 EUR
4.	Postentgeltpauschale, Nr. 7002 VV	20,00 EUR
	Zwischensumme 504,80 EUR	
5.	19 % Umsatzsteuer, Nr. 7008 VV	95,91 EUR
	Gesamt	**600,71 EUR**

VII. Besonderheiten bei PKH/VKH

1. Bewilligung

Für die Zwangsvollstreckung kann Prozess- bzw. Verfahrenskostenhilfe bewilligt werden. **186**

Grundsätzlich erstreckt sich die Beiordnung in der Hauptsache nicht auch auf die Zwangsvollstreckung, die Vollstreckung und den Verwaltungszwang (§ 48 Abs. 4 S. 1, 2 Nr. 1 RVG). **187**

Nur dann, wenn der Rechtsanwalt für die Erwirkung eines Arrests, einer einstweiligen Verfügung oder einer einstweiligen Anordnung beigeordnet ist, erstreckt sich diese auch auf deren Vollzie- **188** hung oder Vollstreckung (§ 48 Abs. 2 S. 1 RVG). Dies gilt nicht, wenn der Beiordnungsbeschluss ausdrücklich etwas anderes bestimmt (§ 48 Abs. 2 S. 2 RVG).

189 Darüber hinaus ist § 119 Abs. 2 ZPO (§§ 76 Abs. 1, 113 Abs. 1 S. 2 FamFG) bzw. § 77 Abs. 2 FamFG zu beachten: Die Bewilligung von Verfahrenskostenhilfe für die Zwangsvollstreckung in das bewegliche Vermögen umfasst alle Vollstreckungshandlungen im Bezirk des Vollstreckungsgerichts einschließlich des Verfahrens auf Abgabe der Vermögensauskunft. Auch insoweit sind also keine weiteren Bewilligungen erforderlich. Eine Möglichkeit, wie in § 48 Abs. 2 S. 2 RVG, etwas anderes im Bewilligungsbeschluss zu bestimmen, also den Umfang des § 119 Abs. 2 ZPO einzuschränken, besteht nicht.

2. Abrechnung

190 Aus der Landeskasse erhält der Anwalt die gleichen Gebühren wie ein Wahlanwalt, allerdings ab Werten über 3.000,00 EUR lediglich nach den Beträgen des § 49 RVG.

191 Für die Berechnung der Postentgeltpauschale sind nicht (mehr) die gesetzlichen Gebührenbeträge des § 13 RVG heranzuziehen,[92] sondern die nach § 49 RVG reduzierten Beträge. Das ist jetzt durch die neue Anm. Abs. 2 zu Nr. 7002 VV klargestellt worden.

Beispiel 135 | **Postentgeltpauschale bei Prozesskostenhilfe**

Der Anwalt vertritt seinen Mandanten in einem Zwangsvollstreckungsverfahren (Wert: 6.000,00 EUR), in dem er dem Mandanten im Wege der Prozesskostenhilfe beigeordnet worden ist.

Es gelten jetzt für die Gebühren die Beträge nach § 49 RVG. Für die Berechnung der Postentgeltpauschale gelten dagegen die Beträge des § 13 RVG.

1. 0,3-Verfahrensgebühr, Nr. 3309 VV, § 49 RVG (Wert: 6.000,00 EUR)		80,10 EUR
2. Postentgeltpauschale, Nr. 7002 VV		16,02 EUR
Zwischensumme	96,12 EUR	
3. 19 % Umsatzsteuer, Nr. 7008 VV		18,27 EUR
Gesamt		**114,38 EUR**

VIII. Beratungshilfe

192 Beratungshilfe in Zwangsvollstreckungssachen kommt grundsätzlich nicht in Betracht, da die Beratungshilfe auf anwaltliche Tätigkeiten außerhalb eines gerichtlichen Verfahrens beschränkt ist.[93]

193 Möglich ist Beratungshilfe lediglich für außergerichtliche Tätigkeiten im Rahmen der Verwaltungsvollstreckung.

---

92 So zur Rechtslage bis zum 31.7.2013: OLG Nürnberg AGS 2010, 137 = JurBüro 2010, 40.
93 AG Koblenz AGS 2008, 20.

§ 34 Zwangsversteigerung und Zwangsverwaltung

Inhalt

I. Überblick 1	III. Tätigkeiten in der Zwangsverwaltung .. 39
II. Tätigkeiten in der Zwangsversteigerung 5	1. Überblick 39
1. Überblick 5	2. Vertretung des Antragstellers 43
a) Vergütung 5	a) Verfahren über den Antrag auf Anordnung der Zwangsverwaltung oder auf Zulassung des Beitritts sowie des weiteren Verfahrens einschließlich des Teilungsverfahrens 43
b) Gegenstandswert 7	
2. Vertretung eines Gläubigers oder eines sonstigen gem. § 9 Nr. 1 und 2 ZVG Berechtigten .. 10	
a) Tätigkeiten im Zwangsversteigerungsverfahren 10	aa) Verfahren über den Antrag auf Anordnung der Zwangsverwaltung oder auf Zulassung des Beitritts 43
aa) Überblick 10	(1) Gebühren 43
bb) Verfahren bis zur Einleitung des Verteilungsverfahrens 12	(2) Gegenstandswert 49
(1) Vergütung 12	bb) Weiteres Verfahren einschließlich des Teilungsverfahrens 51
(2) Gegenstandswert 18	(1) Gebühren 51
cc) Tätigkeit im Verteilungsverfahren und bei Mitwirkung an einer außergerichtlichen Verteilung 22	(2) Gegenstandswert 56
(1) Vergütung 22	b) Vollstreckungsschutzverfahren 57
(2) Gegenstandswert 28	aa) Gebühren 57
b) Vollstreckungsschutzverfahren und Verhandlungen zwischen Gläubiger und Schuldner 30	bb) Gegenstandswert 61
	cc) Abrechnung 62
3. Vertretung eines sonstigen Beteiligten (auch Schuldner) 35	3. Vertretung eines sonstigen Beteiligten 63
a) Vergütung 35	a) Vertretung im gesamten Verfahren einschließlich des Verteilungsverfahrens 63
b) Gegenstandswert 36	aa) Gebühren 63
4. Vertretung eines Bieters, der nicht Beteiligter ist 37	bb) Gegenstandswert 69
a) Vergütung 37	b) Vollstreckungsschutzverfahren, Verhandlungen zwischen Gläubiger und Schuldner 72
b) Gegenstandswert 38	aa) Gebühren 72
	bb) Gegenstandswert 73
	cc) Abrechnung 74

I. Überblick

Die Vergütung des Anwalts für Tätigkeiten in der Zwangsversteigerung und der Zwangsverwaltung sind in Teil 3 Abschnitt 3 Unterabschnitt 4 VV geregelt (Nrn. 3311, 3312 VV).   **1**

Die Vorschriften gelten nur für Zwangsversteigerungen, die im Gesetz über die Zwangsversteigerung und die Zwangsverwaltung (ZVG) geregelt sind (einschließlich der Teilungsversteigerung).   **2**

Nicht erfasst von Teil 3 Abschnitt 3 Unterabschnitt 4 VV wird die Tätigkeit des Rechtsanwalts   **3**
- in seiner Eigenschaft als Zwangsverwalter. Dies ist keine anwaltliche Tätigkeit i.S.d. § 1 Abs. 1 RVG, sondern eine Tätigkeit nach § 1 Abs. 2 RVG. Die Vergütung richtet sich nach der Zwangsverwalterverordnung (ZwVwV).[1]
- im Verfahren auf Eintragung einer Zwangshypothek (§§ 867 und 870a ZPO). Dies ist eine gesonderte Angelegenheit der Zwangsvollstreckung und damit nach Unterabschnitt 3 (Nrn. 3309, 3310 VV) abzurechnen (Vorbem. 3.3.3 VV).

---

1 Siehe dazu AnwK-RVG/*Volpert*, § 1 Rn 216 ff.

4 Zwangsversteigerungsverfahren und Zwangsverwaltungsverfahren sind jeweils eigene Angelegenheiten i.S.d. § 15 RVG. Ebenso ist das Verfahren auf Wiederversteigerung des ersteigerten Grundstücks gegen den Ersteher gem. § 133 ZVG eine besondere Angelegenheit.[2]

II. Tätigkeiten in der Zwangsversteigerung

1. Überblick

a) Vergütung

5 In der Zwangsversteigerung kommen zwei verschiedene Angelegenheiten in Betracht, nämlich
- die Tätigkeit im Zwangsversteigerungsverfahren (Anm. Nr. 1 zu Nr. 3311 VV) und im Verteilungsverfahren (Anm. Nr. 2 zu Nr. 3311 VV),
- das Verfahren über Anträge auf einstweilige Einstellung oder Beschränkung der Zwangsvollstreckung und einstweilige Einstellung des Verfahrens sowie Verhandlungen zwischen Gläubiger und Schuldner mit dem Ziel der Aufhebung des Verfahrens (Anm. Nr. 6 zu Nr. 3311 VV).

6 In jeder dieser Angelegenheiten erhält der Anwalt jeweils gesonderte Gebühren, wobei Verfahren nach Anm. Nr. 6 zu Nr. 3311 VV mehrfach eingeleitet werden können und dann auch mehrere Angelegenheiten i.S.d. § 15 RVG mit gesonderten Gebühren und Auslagen auslösen.

b) Gegenstandswert

7 Im gerichtlichen Verfahren richtet sich der Streitwert gem. § 54 Abs. 1 GKG nach dem gem. § 74a Abs. 5 ZVG festgesetzten Grundstückswert (Verkehrswert) und, wenn ein solcher nicht festgesetzt ist, nach dem Einheitswert (§ 54 Abs. 1 S. 2 GKG).

8 Für die Anwaltsgebühren enthält § 26 RVG dagegen abweichende Regelungen, da das Interesse eines Beteiligten nicht immer mit dem Wert des gerichtlichen Verfahrens übereinstimmen muss und die Interessen verschiedener Beteiligter (Gläubiger, Schuldner und Bieter) ohnehin unterschiedlich ausfallen können.

9 Der jeweilige Gegenstandswert ist auf Antrag im Verfahren nach § 33 RVG gesondert festzusetzen.

2. Vertretung eines Gläubigers oder eines sonstigen gem. § 9 Nr. 1 und 2 ZVG Berechtigten

a) Tätigkeiten im Zwangsversteigerungsverfahren

aa) Überblick

10 Unterschieden wird hier nach
- Tätigkeiten im Verfahren bis zur Einleitung des Verteilungsverfahrens und
- Tätigkeiten im Verteilungsverfahren und bei Mitwirkung an einer außergerichtlichen Verteilung.

---

2 AnwK-RVG/*Wolf/Mock*, vor Nr. 3311–3312 VV Rn 15.

Es entstehen insoweit zwar – in Ausnahme zu § 15 Abs. 2 RVG – zwei Verfahrensgebühren; es handelt sich jedoch nur um eine Angelegenheit i.S.d. § 15 RVG, so dass z.B. die Postentgeltpauschale nur einmal anfällt. **11**

bb) Verfahren bis zur Einleitung des Verteilungsverfahrens

(1) Vergütung

Für die Tätigkeit im Zwangsversteigerungsverfahren bis zur Einleitung des Verteilungsverfahrens erhält der Anwalt nach Anm. Nr. 1 zu Nr. 3311 VV eine **Verfahrensgebühr** mit einem Gebührensatz von 0,4. **12**

Eine Ermäßigung der Gebühr bei **vorzeitiger Erledigung** ist nicht vorgesehen. **13**

Soweit der Anwalt **mehrere Auftraggeber** wegen desselben Gegenstands vertritt, erhöht sich die Verfahrensgebühr nach Nr. 1008 VV um 0,3 je weiterem Auftraggeber, höchstens um 2,0.[3] **14**

Nimmt der Anwalt an Versteigerungsterminen für einen Beteiligten teil, entsteht nach Nr. 3312 VV eine **Terminsgebühr**, ebenfalls mit einem Satz von 0,4 (Anm. S. 1 zu Nr. 3312 VV). Die Terminsgebühr entsteht insgesamt nur einmal (§ 15 Abs. 1 RVG); sie entsteht nicht für jeden Versteigerungstermin gesondert. **15**

Vorbem. 3 Abs. 3 S. 3 Nr. 2 VV ist hier nicht anwendbar, da der Tatbestand der Nr. 3312 VV ausdrücklich einen Versteigerungstermin vorsieht (Anm. S. 1 zu Nr. 3312 VV RVG) und damit für die Mitwirkung an Besprechungen zur Vermeidung oder Erledigung des Verfahrens keine Terminsgebühr ausgelöst wird, insbesondere weil Anm. S. 2 zu Nr. 3312 VV bestimmt, dass im Übrigen im Verfahren der Zwangsverwaltung oder Zwangsversteigerung keine Terminsgebühr ausgelöst wird. Solche Besprechungen können allerdings eine Verfahrensgebühr nach Nr. 3311 Nrn. 2 u. 6 VV auslösen. **16**

Hinzukommen kann auch eine **Einigungsgebühr** nach Nr. 1000 VV. **17**

(2) Gegenstandswert

Der Gegenstandswert bestimmt sich nach § 26 Nr. 1 RVG. Maßgebend ist der Wert des dem Gläubiger oder Beteiligten zustehenden Rechts (§ 26 Nr. 1, 2. Teils. RVG) zuzüglich Nebenforderungen (§ 26 Nr. 1, 3. Teils. RVG). Hierzu gehören die Zinsen bis zum Erlass des Anordnungs- oder Beitrittsbeschlusses sowie die angemeldeten Kosten des Rechtsstreits und vorheriger Zwangsvollstreckungs- und Zwangsversteigerungsmaßnahmen (§ 26 Nr. 1, 3. Teils. RVG). **18**

Erstreckt sich das Verfahren nur auf eine Teilforderung, ist diese maßgebend. **19**

Wird die Zwangsversteigerung wegen mehrerer Rechte betrieben, sind deren Werte nach § 22 Abs. 1 RVG zusammenzurechnen. **20**

Ist dagegen der im gerichtlichen Verfahren nach § 54 Abs. 1 GKG festgesetzte Streitwert geringer, gilt dieser geringere Wert (§ 26 Nr. 1, 4. Teils. 1. Alt. RVG). **21**

---

3 AnwK-RVG/*Wolf/Mock*, vor Nr. 3311–3312 VV Rn 9.

§ 34 Zwangsversteigerung und Zwangsverwaltung

Beispiel 1 | **Eintragung einer Zwangshypothek und nachfolgendes Zwangsversteigerungsverfahren**

Der Anwalt erwirkt für seinen Auftraggeber wegen einer Gesamtforderung i.H.v. 30.000,00 EUR die Eintragung einer Zwangshypothek. Nach Eintragung stellt er den Antrag auf Versteigerung.

Das Verfahren auf Eintragung der Zwangshypothek ist ein Verfahren der Zwangsvollstreckung und wird nach Nr. 3309 VV vergütet (Vorbem. 3.3.3 VV). Der Gegenstandswert beträgt nach § 25 Abs. 1 Nr. 1 RVG 30.000,00 EUR.

Im Versteigerungsverfahren bis zur Einleitung des Verteilungsverfahrens (Anm. Nr. 1 zu Nr. 3311 VV) entsteht die Verfahrensgebühr nach Nr. 3311 VV. Der Gegenstandswert richtet sich nach § 26 Nr. 1 RVG und beläuft sich auf die Hauptforderung nebst Zinsen und Kosten der vorangegangenen Zwangsvollstreckung auf Eintragung der Zwangshypothek (30.000,00 EUR + 331,89 EUR Anwaltskosten + 20,00 EUR Gerichtskosten (Nr. 2111 GKG-KostVerz.).

I. Verfahren auf Eintragung der Zwangshypothek (Wert: 30.000,00 EUR)		
1. 0,3-Verfahrensgebühr, Nr. 3309 VV		258,90 EUR
2. Postentgeltpauschale, Nr. 7002 VV		20,00 EUR
Zwischensumme	278,90 EUR	
3. 19 % Umsatzsteuer, Nr. 7008 VV		52,99 EUR
Gesamt		**331,89 EUR**
II. Zwangsversteigerung (Wert: 30.351,89 EUR)		
1. 0,4-Verfahrensgebühr, Anm. Nr. 1 zu Nr. 3311 VV		375,20 EUR
2. Postentgeltpauschale, Nr. 7002 VV		20,00 EUR
Zwischensumme	395,20 EUR	
3. 19 % Umsatzsteuer, Nr. 7008 VV		75,09 EUR
Gesamt		**470,29 EUR**

Beispiel 2 | **Eintragung einer Zwangshypothek und nachfolgendes Zwangsversteigerungsverfahren – mehrere Auftraggeber**

Wie Beispiel 1; der Anwalt vertritt jedoch zwei Auftraggeber als Gesamtgläubiger.

Jetzt erhöht sich sowohl die Verfahrensgebühr der Nr. 3309 VV als auch die Verfahrensgebühr der Nr. 3311 VV nach Nr. 1008 VV um 0,3.

I. Verfahren auf Eintragung der Zwangshypothek (Wert: 30.000,00 EUR)		
1. 0,6-Verfahrensgebühr, Nrn. 3309, 1008 VV		517,80 EUR
2. Postentgeltpauschale, Nr. 7002 VV		20,00 EUR
Zwischensumme	537,80 EUR	
3. 19 % Umsatzsteuer, Nr. 7008 VV		102,18 EUR
Gesamt		**639,98 EUR**
II. Zwangsversteigerung (Wert: 30.639,98 EUR)		
1. 0,7-Verfahrensgebühr, Anm. Nr. 1 zu Nr. 3311, Nr. 1008 VV		656,60 EUR
2. Postentgeltpauschale, Nr. 7002 VV		20,00 EUR
Zwischensumme	676,60 EUR	
3. 19 % Umsatzsteuer, Nr. 7008 VV		128,55 EUR
Gesamt		**805,15 EUR**

II. Tätigkeiten in der Zwangsversteigerung § 34

Beispiel 3 — **Eintragung einer Zwangshypothek und nachfolgendes Zwangsversteigerungsverfahren mit Einigung**

Der Anwalt erwirkt für seinen Auftraggeber wegen einer Gesamtforderung i.H.v. 30.000,00 EUR die Eintragung einer Zwangshypothek. Nach Eintragung stellt er den Antrag auf Versteigerung. Hiernach einigt sich der Anwalt mit dem Schuldner, so dass der Versteigerungsantrag zurückgenommen wird.

Abzurechnen ist wie in Beispiel 1; hinzu kommt jetzt allerdings noch eine 1,0-Einigungsgebühr nach Nrn. 1000, 1003 VV).

I. Verfahren auf Eintragung der Zwangshypothek (Wert: 30.000,00 EUR)
Wie Beispiel 1.
II. Zwangsversteigerung (Wert: 30.351,89 EUR)
1. 0,4-Verfahrensgebühr, Anm. Nr. 1 zu Nr. 3311 VV   375,20 EUR
2. 1,0-Einigungsgebühr, Nrn. 1000, 1003 VV   938,00 EUR
3. Postentgeltpauschale, Nr. 7002 VV   20,00 EUR
   Zwischensumme   1.333,20 EUR
4. 19 % Umsatzsteuer, Nr. 7008 VV   253,31 EUR
Gesamt   **1.586,51 EUR**

Beispiel 4 — **Eintragung einer Zwangshypothek und nachfolgendes Zwangsversteigerungsverfahren mit Termin**

Der Anwalt erwirkt für seinen Auftraggeber wegen einer Gesamtforderung i.H.v. 30.000,00 EUR die Eintragung einer Zwangshypothek. Nach Eintragung stellt er den Antrag auf Versteigerung. Hiernach kommt es zum Versteigerungstermin, an dem der Anwalt teilnimmt.

Im Versteigerungsverfahren entsteht wiederum die Verfahrensgebühr nach Anm. Nr. 1 zu Nr. 3311 VV. Für die Teilnahme am Versteigerungstermin entsteht jetzt noch zusätzlich eine Terminsgebühr nach Nr. 3312 VV.

I. Verfahren auf Eintragung der Zwangshypothek (Wert: 30.000,00 EUR)
Wie Beispiel 1.
II. Zwangsversteigerung (Wert: 30.351,89 EUR)
1. 0,4-Verfahrensgebühr, Anm. Nr. 1 zu Nr. 3311 VV   375,20 EUR
2. 0,4-Terminsgebühr, Nr. 3312 VV   375,20 EUR
3. Postentgeltpauschale, Nr. 7002 VV   20,00 EUR
   Zwischensumme   770,40 EUR
4. 19 % Umsatzsteuer, Nr. 7008 VV   146,38 EUR
Gesamt   **916,78 EUR**

Beispiel 5 — **Eintragung einer Zwangshypothek und nachfolgendes Zwangsversteigerungsverfahren mit mehreren Terminen**

Der Anwalt erwirkt für seinen Auftraggeber wegen einer Gesamtforderung i.H.v. 30.000,00 EUR die Eintragung einer Zwangshypothek. Nach Eintragung stellt er den Antrag auf Versteigerung. Hiernach kommt es zum Versteigerungstermin, an dem der Anwalt teilnimmt. Da kein ausreichendes Gebot abgegeben wird, kommt es zu einem erneuten Versteigerungstermin, an dem der Anwalt wiederum teilnimmt.

Abzurechnen ist wie im vorangegangenen Beispiel 4. Die Terminsgebühr entsteht nur einmal (§ 15 Abs. 2 RVG).

§ 34 Zwangsversteigerung und Zwangsverwaltung

Beispiel 6 — Eintragung einer Zwangshypothek und nachfolgendes Zwangsversteigerungsverfahren mit Termin und nachfolgender Einigung

Der Anwalt erwirkt für seinen Auftraggeber wegen einer Gesamtforderung i.H.v. 30.000,00 EUR die Eintragung einer Zwangshypothek. Nach Eintragung stellt er den Antrag auf Versteigerung. Hiernach kommt es zum Versteigerungstermin, an dem der Anwalt teilnimmt. Da kein ausreichendes Gebot abgegeben wird, beraumt das Gericht einen neuen Termin an. Vor diesem Termin einigt sich der Anwalt mit dem Schuldner, so dass der Versteigerungsantrag zurückgenommen wird.

Abzurechnen ist wie im vorangegangenen Beispiel 5. Hinzu kommt jetzt noch eine Einigungsgebühr nach Nrn. 1000, 1003 VV.

I. Verfahren auf Eintragung der Zwangshypothek (Wert: 30.000,00 EUR)
   Wie Beispiel 1.
II. Zwangsversteigerung (Wert: 30.351,89 EUR)
   1. 0,4-Verfahrensgebühr, Anm. Nr. 1 zu Nr. 3311 VV   375,20 EUR
   2. 0,4-Terminsgebühr, Nr. 3312 VV   375,20 EUR
   3. 1,0-Einigungsgebühr, Nrn. 1000, 1003 VV   938,00 EUR
   4. Postentgeltpauschale, Nr. 7002 VV   20,00 EUR
      Zwischensumme   1.708,40 EUR
   5. 19 % Umsatzsteuer, Nr. 7008 VV   324,60 EUR
   Gesamt   **2.033,00 EUR**

Beispiel 7 — Eintragung einer Zwangshypothek und nachfolgendes Zwangsversteigerungsverfahren mit Termin, Verkehrswert liegt unter dem Wert der Forderung

Der Anwalt erwirkt für seinen Auftraggeber wegen einer Gesamtforderung i.H.v. 150.000,00 EUR die Eintragung einer Zwangshypothek. Nach Eintragung stellt er den Antrag auf Versteigerung. Hiernach kommt es zum Versteigerungstermin, an dem der Anwalt teilnimmt. Das Gericht setzt den Streitwert nach § 54 Abs. 1 GKG i.V.m. § 74a Abs. 5 ZVG auf 100.000,00 EUR (Verkehrswert) fest.

Sowohl für die Verfahrensgebühr der Nr. 3309 VV als auch die Verfahrensgebühr der Nr. 3311 VV gilt jetzt der geringere Wert in Höhe von 100.000,00 EUR (§§ 25 Nr. 1, 26 Nr. 1 Teils. 4, 1. Alt. RVG).

I. Verfahren auf Eintragung der Zwangshypothek (Wert: 100.000,00 EUR)
   1. 0,3-Verfahrensgebühr, Nr. 3309 VV   450,90 EUR
   2. Postentgeltpauschale, Nr. 7002 VV   20,00 EUR
      Zwischensumme   470,90 EUR
   3. 19 % Umsatzsteuer, Nr. 7008 VV   89,47 EUR
   Gesamt   **560,37 EUR**
II. Zwangsversteigerung (Wert: 100.000,00 EUR)
   1. 0,4-Verfahrensgebühr, Anm. Nr. 1 zu Nr. 3311 VV   601,20 EUR
   2. 0,4-Terminsgebühr, Nr. 3312 VV   601,20 EUR
   3. Postentgeltpauschale, Nr. 7002 VV   20,00 EUR
      Zwischensumme   1.222,40 EUR
   4. 19 % Umsatzsteuer, Nr. 7008 VV   232,26 EUR
   Gesamt   **1.454,66 EUR**

cc) Tätigkeit im Verteilungsverfahren und bei Mitwirkung an einer außergerichtlichen Verteilung

(1) Vergütung

Nach Anm. Nr. 2 zu Nr. 3311 VV erhält der Anwalt im Verteilungsverfahren (§§ 105 bis 145 ZVG) eine weitere **Verfahrensgebühr** i.H.v. 0,4. Hiermit abgegolten sind u.a. die Einreichung der Anspruchsberechnung, die Vorbereitung und Wahrnehmung der Verteilungstermine, die Prüfung des Teilungsplans, der Widerspruch hiergegen und die Verteilung nach einem Widerspruchsprozess (§ 882 ZPO). 22

Nach § 143 ZVG können sich die Beteiligten auch **außergerichtlich über die Verteilung des Erlöses einigen**, mit der Folge, dass ein gerichtliches Verteilungsverfahren nicht stattfindet. Auch für diese Tätigkeit verdient der Anwalt die Verfahrensgebühr nach Anm. Nr. 2 zu Nr. 3311 VV. 23

Auch die Verfahrensgebühr der Anm. Nr. 2 zu Nr. 3311 VV erhöht sich nach Nr. 1008 VV bei **mehreren Auftraggebern**, und zwar auch dann, wenn sich die Gebühr der Anm. Nr. 1 zu Nr. 3311 VV bereits erhöht hat (arg. e Anm. S. 2 zu Nr. 3308 VV). 24

Wird der Anwalt sowohl im Verteilungsverfahren tätig als auch bei außergerichtlicher Verteilung, so entsteht die Verfahrensgebühr nur einmal (§ 15 Abs. 2 RVG). Es liegen weder verschiedene Angelegenheiten vor noch entsteht die Verfahrensgebühr nach Anm. Nr. 2 zu Nr. 3311 VV mehrmals.[4] 25

Eine **Terminsgebühr** kann in diesem Verfahrensstadium nicht anfallen, da sie durch Anm. S. 2 zu Nr. 3312 VV ausgeschlossen ist. 26

Wohl kann es hier zu einer **Einigungsgebühr** kommen, insbesondere dann, wenn die Parteien sich außergerichtlich über die Verteilung des Erlöses einigen. Die Höhe der Einigungsgebühr beläuft sich auf 1,0, da das Verteilungsverfahren zur Anhängigkeit i.S.d. Nr. 1003 VV führt.[5] 27

(2) Gegenstandswert

Der Gegenstandswert bestimmt sich auch hier nach § 26 Nr. 1 RVG. Es gilt das gleiche wie im Versteigerungsverfahren (siehe Rn 18 ff.) mit Ausnahme der Begrenzung auf den Verkehrswert. 28

Begrenzt wird der Gegenstandswert hier nicht durch den Verkehrswert, sondern durch den im Verteilungsverfahren **zur Verteilung kommenden Erlös**, der höher oder niedriger sein kann als der Verkehrswert. Abzustellen ist auf den gesamten Erlös, nicht auf den Erlösanteil, der auf den jeweiligen Beteiligten entfällt.[6] 29

> **Beispiel 8** Eintragung einer Zwangshypothek und nachfolgendes Zwangsversteigerungsverfahren mit Termin und Teilnahme am Verteilungsverfahren
>
> Der Anwalt erwirkt für seinen Auftraggeber wegen einer Gesamtforderung i.H.v. 30.000,00 EUR die Eintragung einer Zwangshypothek. Nach Eintragung stellt er den Antrag auf Versteigerung. Hiernach kommt es zum Versteigerungstermin, an dem der Anwalt

---

[4] AnwK-RVG/*Wolf/Mock*, Nr. 3311–3312 VV Rn 13.
[5] AnwK-RVG/*Wolf/Mock*, Nr. 3311–3312 VV Rn 14.
[6] AnwK-RVG/*Wolf/Mock*, § 26 Rn 10.

teilnimmt und in dem der Zuschlag erteilt wird. Der Anwalt nimmt auch im anschließenden Verteilungsverfahren am Verteilungstermin teil. **Der Erlös beträgt 50.000,00 EUR.**

Hinzu kommt jetzt eine weitere Verfahrensgebühr für das Verteilungsverfahren. Der Gegenstandswert beläuft sich gem. § 26 Abs. 1 RVG auch hier auf den Wert der beizutreibenden Forderung zuzüglich der bisherigen Kosten der Zwangsvollstreckung und liegt daher bei 30.351,89 EUR.

I. Verfahren auf Eintragung der Zwangshypothek (Wert: 30.000,00 EUR)
Wie Beispiel 1.

II. Zwangsversteigerung und Verteilungsverfahren (Wert: 30.351,89 EUR)
1.	0,4-Verfahrensgebühr, Anm. Nr. 1 zu Nr. 3311 VV	375,20 EUR
2.	0,4-Terminsgebühr, Nr. 3312 VV	375,20 EUR
3.	0,4-Verfahrensgebühr, Anm. Nr. 2 zu Nr. 3311 VV	375,20 EUR
4.	Postentgeltpauschale, Nr. 7002 VV	20,00 EUR
	Zwischensumme	1.145,60 EUR
5.	19 % Umsatzsteuer, Nr. 7008 VV	217,66 EUR
	Gesamt	**1.363,26 EUR**

Beispiel 9 — **Eintragung einer Zwangshypothek und nachfolgendes Zwangsversteigerungsverfahren – mehrere Auftraggeber**

Wie Beispiel 8; der Anwalt vertritt jedoch zwei Auftraggeber als Gesamtgläubiger.

Jetzt erhöht sich auch die Verfahrensgebühr der Anm. Nr. 2 zu Nr. 3111 VV gem. Nr. 1008 VV um jeweils 0,3.

I. Verfahren auf Eintragung der Zwangshypothek (Wert: 30.000,00 EUR)
Wie Beispiel 1.

II. Zwangsversteigerung und Verteilungsverfahren (Wert: 30.351,89 EUR)
1.	0,7-Verfahrensgebühr, Anm. Nr. 1 zu Nr. 3311, Nr. 1008 VV	656,60 EUR
2.	0,4-Terminsgebühr, Nr. 3312 VV	375,20 EUR
3.	0,7-Verfahrensgebühr, Anm. Nr. 2 zu Nr. 3311, Nr. 1008 VV	656,60 EUR
4.	Postentgeltpauschale, Nr. 7002 VV	20,00 EUR
	Zwischensumme	1.708,40 EUR
5.	19 % Umsatzsteuer, Nr. 7008 VV	324,60 EUR
	Gesamt	**2.033,00 EUR**

Beispiel 10 — **Eintragung einer Zwangshypothek und nachfolgendes Zwangsversteigerungsverfahren mit Termin und außergerichtlicher Einigung über die Verteilung des Erlöses**

Der Anwalt erwirkt für seinen Auftraggeber wegen einer Gesamtforderung i.H.v. 30.000,00 EUR die Eintragung einer Zwangshypothek. Nach Eintragung stellt er den Antrag auf Versteigerung. Hiernach kommt es zum Versteigerungstermin, an dem der Anwalt teilnimmt und in dem der Zuschlag erteilt wird. Es kommt nicht mehr zu einem Verteilungstermin, da die Beteiligten sich außergerichtlich über die Verteilung des Erlöses einigen.

Abzurechnen ist wie in Beispiel 9; hinzu kommt noch eine 1,0-Einigungsgebühr nach Nrn. 1000, 1003 VV.

I. **Verfahren auf Eintragung der Zwangshypothek (Wert: 30.000,00 EUR)**
Wie Beispiel 1.

II. **Zwangsversteigerung und Verteilungsverfahren (Wert: 30.351,89 EUR)**

1.	0,4-Verfahrensgebühr, Anm. Nr. 1 zu Nr. 3311 VV	375,20 EUR
2.	0,4-Terminsgebühr, Nr. 3312 VV	375,20 EUR
3.	0,4-Verfahrensgebühr, Anm. Nr. 2 zu Nr. 3311 VV	375,20 EUR
4.	1,0-Einigungsgebühr, Nrn. 1000, 1003 VV	938,00 EUR
5.	Postentgeltpauschale, Nr. 7002 VV	20,00 EUR
	Zwischensumme	2.083,60 EUR
6.	19 % Umsatzsteuer, Nr. 7008 VV	395,88 EUR
	Gesamt	**2.479,48 EUR**

b) Vollstreckungsschutzverfahren und Verhandlungen zwischen Gläubiger und Schuldner

Die Tätigkeit im Verfahren über Anträge auf einstweilige Einstellung oder Beschränkung der Zwangsvollstreckung und einstweilige Einstellung des Verfahrens sowie für Verhandlungen zwischen Gläubiger und Schuldner mit dem Ziel der Aufhebung des Verfahrens (Anm. Nr. 6 zu Nr. 3311 VV) stellt gegenüber den Tätigkeiten bis zur Einleitung des Verteilungsverfahrens und im Verteilungsverfahren bzw. der Mitwirkung an einer außergerichtlichen Verteilung eine gesonderte Angelegenheit i.S.d. § 15 RVG dar. **30**

Darüber hinaus sind mehrere Verfahren nach Anm. Nr. 6 zu Nr. 3311 VV untereinander jeweils eine besondere Angelegenheit (analog § 18 Abs. 1 Nr. 6 RVG).[7] Die Verfahrensgebühr nach Anm. Nr. 6 zu Nr. 3311 VV kann daher auch mehrmals anfallen, wenn der Anwalt mehrere Aufträge erhält. **31**

Für seine Tätigkeit erhält der Anwalt eine 0,4-**Verfahrensgebühr** nach Anm. Nr. 6 zu Nr. 3311 VV. Es handelt sich um eine Gebühr, die alle Tätigkeiten abgilt einschließlich eventueller Besprechungen. Eine Ermäßigung bei vorzeitiger Erledigung ist nicht vorgesehen. Dagegen erhöht sich die Gebühr bei Vertretung **mehrerer Auftraggeber** nach Nr. 1008 VV. **32**

Eine **Terminsgebühr** ist hier nicht vorgesehen (Anm. zu Nr. 3312 VV). **33**

Wohl kann eine **Einigungsgebühr** (Nr. 1000 VV) anfallen.[8] **34**

Beispiel 11 | **Antrag auf Einstellung der Versteigerung**

Der Anwalt erwirkt für seinen Auftraggeber wegen einer Gesamtforderung i.H.v. 30.000,00 EUR die Eintragung einer Zwangshypothek. Nach Eintragung stellt er den Antrag auf Versteigerung. Der Schuldner stellt einen Einstellungsantrag (Wert: 5.000,00 EUR), der abgelehnt wird.

Abzurechnen ist zunächst wie in Beispiel 1.

Die Tätigkeit im Verfahren auf Einstellung der Versteigerung löst eine gesonderte Angelegenheit aus, so dass nochmals eine Verfahrensgebühr der Nr. 3311 VV entsteht (Anm. Nr. 6 zu Nr. 3311 VV), jetzt allerdings aus dem geringeren Wert.

---

[7] Bischof u.a./*Bräuer*, Nr. 3131 VV Rn 24; Mayer/Kroiß/*Gierl*, Nr. 3311 VV Rn 32; Hansens/Braun/Schneider/*Volpert*, Rn 3335 ff.; a.A. AnwK-RVG/*Wolf/Mock*, Nr. 3311 VV Rn 17; Riedel/Sußbauer/*Keller*, Teil 3 Abschnitt 3 Rn 84.
[8] Bischof u.a./*Bräuer*, Nr. 3131 VV Rn 25; a.A. AnwK-RVG/*Wolf/Mock*, Nr. 3311 VV Rn 18.

§ 34 Zwangsversteigerung und Zwangsverwaltung

    I. **Verfahren auf Eintragung der Zwangshypothek (Wert: 30.000,00 EUR)**
       Wie Beispiel 1.
    II. **Zwangsversteigerung (Wert: 30.351,89 EUR)**
       Wie Beispiel 1.
    III. **Verfahren über den Einstellungsantrag (Wert: 5.000,00 EUR)**

1. 0,4-Verfahrensgebühr, Anm. Nr. 6 zu Nr. 3311 VV	121,20 EUR
2. Postentgeltpauschale, Nr. 7002 VV	20,00 EUR
Zwischensumme 141,20 EUR	
3. 19 % Umsatzsteuer, Nr. 7008 VV	26,83 EUR
Gesamt	**168,03 EUR**

Beispiel 12 | **Antrag auf Einstellung der Versteigerung – mehrere Auftraggeber**

Der Anwalt erwirkt für zwei Auftraggeber als Gesamtschuldner wegen einer Gesamtforderung i.H.v. 30.000,00 EUR die Eintragung einer Zwangshypothek. Nach Eintragung stellt er den Antrag auf Versteigerung. Der Schuldner stellt einen Einstellungsantrag (Wert: 5.000,00 EUR), der abgelehnt wird.

Abzurechnen ist zunächst wie in Beispiel 2.

Die Verfahrensgebühr im Verfahren auf Einstellung der Versteigerung nach Anm. Nr. 6 zu Nr. 3311 VV ist jetzt ebenfalls um 0,3 zu erhöhen.

    I. **Verfahren auf Eintragung der Zwangshypothek (Wert: 30.000,00 EUR)**
       Wie Beispiel 2.
    II. **Zwangsversteigerung (Wert: 30.351,89 EUR)**
       Wie Beispiel 2.
    III. **Verfahren über den Einstellungsantrag (Wert: 5.000,00 EUR)**

1. 0,7-Verfahrensgebühr, Anm. Nr. 6 zu Nr. 3311, Nr. 1008 VV	212,10 EUR
2. Postentgeltpauschale, Nr. 7002 VV	20,00 EUR
Zwischensumme 232,10 EUR	
3. 19 % Umsatzsteuer, Nr. 7008 VV	44,10 EUR
Gesamt	**276,20 EUR**

Beispiel 13 | **Antrag auf Einstellung der Versteigerung mit Einigung**

Der Anwalt erwirkt für seinen Auftraggeber wegen einer Gesamtforderung i.H.v. 30.000,00 EUR die Eintragung einer Zwangshypothek. Nach Eintragung stellt er den Antrag auf Versteigerung. Der Schuldner stellt einen Einstellungsantrag (Wert: 5.000,00 EUR), über den sich der Anwalt mit dem Gläubiger einigt.

Abzurechnen ist zunächst wie in Beispiel 1.

Hinzu kommt jetzt allerdings noch eine Einigungsgebühr nach Nr. 1000, 1003 VV.

    I. **Verfahren auf Eintragung der Zwangshypothek (Wert: 30.000,00 EUR)**
       Wie Beispiel 1.
    II. **Zwangsversteigerung (Wert: 30.351,89 EUR)**
       Wie Beispiel 1.
    III. **Verfahren über den Einstellungsantrag (Wert: 5.000,00 EUR)**

1. 0,4-Verfahrensgebühr, Anm. Nr. 6 zu Nr. 3311 VV	121,20 EUR
2. 1,0-Einigungsgebühr, Nrn. 1000, 1003 VV	303,00 EUR
3. Postentgeltpauschale, Nr. 7002 VV	20,00 EUR
Zwischensumme 444,20 EUR	

II. Tätigkeiten in der Zwangsversteigerung § 34

4. 19 % Umsatzsteuer, Nr. 7008 VV	84,40 EUR
Gesamt	**528,60 EUR**

> **Beispiel 14** | Mehrere Anträge auf Einstellung der Versteigerung

Der Anwalt erwirkt für seinen Auftraggeber wegen einer Gesamtforderung i.H.v. 30.000,00 EUR die Eintragung einer Zwangshypothek. Nach Eintragung stellt er den Antrag auf Versteigerung. Der Schuldner stellt einen Einstellungsantrag, der abgelehnt wird. Später stellt er einen erneuten Antrag auf Einstellung. Die Werte beider Anträge werden jeweils auf 5.000,00 EUR festgesetzt.

Abzurechnen ist zunächst wie in Beispiel 11.

Allerdings löst das zweite Verfahren auf Einstellung eine neue Angelegenheit aus.

I. Verfahren auf Eintragung der Zwangshypothek (Wert: 30.000,00 EUR)
    Wie Beispiel 1.
II. Zwangsversteigerung (Wert: 30.351,89 EUR)
    Wie Beispiel 1.
III. Verfahren über den ersten Einstellungsantrag (Wert: 5.000,00 EUR)
    1. 0,4-Verfahrensgebühr, Anm. Nr. 6 zu Nr. 3311 VV   121,20 EUR
    2. Postentgeltpauschale, Nr. 7002 VV   20,00 EUR
       Zwischensumme   141,20 EUR
    3. 19 % Umsatzsteuer, Nr. 7008 VV   26,83 EUR
       Gesamt   168,03 EUR
IV. Verfahren über den zweiten Einstellungsantrag (Wert: 5.000,00 EUR)
    1. 0,4-Verfahrensgebühr, Anm. Nr. 6 zu Nr. 3311 VV   121,20 EUR
    2. Postentgeltpauschale, Nr. 7002 VV   20,00 EUR
       Zwischensumme   141,20 EUR
    3. 19 % Umsatzsteuer, Nr. 7008 VV   26,83 EUR
    Gesamt   **168,03 EUR**

> **Beispiel 15** | Verhandlungen zwischen Gläubiger und Schuldner mit dem Ziel der Aufhebung des Verfahrens

Der Anwalt erwirkt für seinen Auftraggeber wegen einer Gesamtforderung i.H.v. 30.000,00 EUR die Eintragung einer Zwangshypothek. Nach Eintragung stellt er den Antrag auf Versteigerung. Hiernach verhandelt der Anwalt mit dem Schuldner über die Aufhebung des Verfahrens. Eine Einigung kommt nicht zustande.

Abzurechnen ist wie in Beispiel 13.

> **Beispiel 16** | Antrag auf Einstellung der Versteigerung und Verhandlungen zwischen Gläubiger und Schuldner mit dem Ziel der Aufhebung des Verfahrens

Der Anwalt erwirkt für seinen Auftraggeber wegen einer Gesamtforderung i.H.v. 30.000,00 EUR die Eintragung einer Zwangshypothek. Nach Eintragung stellt er den Antrag auf Versteigerung. Der Schuldner stellt einen Einstellungsantrag, der abgelehnt wird. Hiernach verhandelt der Anwalt mit dem Schuldner über die Aufhebung des Verfahrens. Eine Einigung kommt nicht zustande (Gegenstandswert jeweils 5.000,00 EUR).

Auch hier liegen zwei Angelegenheiten vor, so dass der Einstellungsantrag und die Verhandlungen gesondert abgerechnet werden können. Abzurechnen ist wie in Beispiel 14.

> **Beispiel 17** **Verhandlungen zwischen Gläubiger und Schuldner mit dem Ziel der Aufhebung des Verfahrens mit Einigung**

Der Anwalt erwirkt für seinen Auftraggeber wegen einer Gesamtforderung i.H.v. 30.000,00 EUR die Eintragung einer Zwangshypothek. Nach Eintragung verhandelt der Anwalt mit dem Schuldner über die Aufhebung des Verfahrens und erzielt eine Einigung (Gegenstandswert 5.000,00 EUR).

Abzurechnen ist wie in Beispiel 16. Hinzu kommt allerdings noch eine Einigungsgebühr nach Nrn. 1000, 1003 VV.

I. Verfahren auf Eintragung der Zwangshypothek (Wert: 30.000,00 EUR)
Wie Beispiel 1.

II. Zwangsversteigerung (Wert: 30.351,89 EUR)
Wie Beispiel 1.

III. Verfahren über den ersten Einstellungsantrag (Wert: 5.000,00 EUR)
1.	0,4-Verfahrensgebühr, Anm. Nr. 6 zu Nr. 3311 VV	121,20 EUR
2.	1,0-Einigungsgebühr, Nrn. 1000, 1003 VV	303,00 EUR
3.	Postentgeltpauschale, Nr. 7002 VV	20,00 EUR
	Zwischensumme	444,20 EUR
4.	19 % Umsatzsteuer, Nr. 7008 VV	84,40 EUR
	Gesamt	**528,60 EUR**

3. Vertretung eines sonstigen Beteiligten (auch Schuldner)

a) Vergütung

35 Vertritt der Anwalt einen sonstigen Beteiligten – ggf. auch einen Schuldner –, gelten dieselben Gebührentatbestände wie bei Vertretung eines Gläubigers, so dass auf die dortigen Ausführungen (siehe Rn 5 ff.) verwiesen werden kann.

b) Gegenstandswert

36 Beim Gegenstandswert ist hier allerdings nach § 26 Nr. 2 RVG lediglich auf den zur Verteilung kommenden Erlös abzustellen. Bei Miteigentümern oder Mitberechtigten ist der jeweilige Anteil maßgebend. Auch hier kommt es nicht darauf an, was letztlich an den Beteiligten ausgezahlt wird.

4. Vertretung eines Bieters, der nicht Beteiligter ist

a) Vergütung

37 Vertritt der Anwalt einen Bieter, der nicht auch zugleich Beteiligter ist, gelten grundsätzlich dieselben Gebührentatbestände wie bei Vertretung eines Gläubigers, so dass auf die dortigen Ausführungen (siehe Rn 10 ff.) verwiesen werden kann. Allerdings kommt bei Vertretung des Bieters, der nicht Beteiligter ist, weder eine Vertretung im Verfahren auf Eintragung der Sicherheit noch im Versteigerungsverfahren bis zum Versteigerungstermin in Betracht. Möglich ist hier nur eine Vertretung im Versteigerungstermin und im Verteilungstermin.

b) Gegenstandswert

Der Gegenstandswert richtet sich nach dem höchsten Gebot. Darunter ist das Bargebot gem. § 49 ZVG zuzüglich des Werts der bestehen bleibenden Rechte zu verstehen.[9]

38

> **Beispiel 18** Vertretung eines Bieters, der nicht Beteiligter, es kommt nicht mehr zum Versteigerungstermin

Der Anwalt vertritt einen Auftraggeber, der ein zur Zwangsversteigerung anstehendes Objekt (Verkehrswert 150.000,00 EUR) erwerben will. Zum Versteigerungstermin kommt es jedoch nicht mehr, da das Verfahren eingestellt wird.

Für die Vertretung im Versteigerungsverfahren entsteht nur die Verfahrensgebühr nach Anm. Nr. 1 zu Nr. 3311 VV. Der Gegenstandswert bemisst sich jetzt nach dem Verkehrswert (§ 26 Nr. 2 RVG).

1.	0,4-Verfahrensgebühr, Anm. Nr. 1 zu Nr. 3311 VV	703,20 EUR
2.	Postentgeltpauschale, Nr. 7002 VV	20,00 EUR
	Zwischensumme	723,20 EUR
3.	19 % Umsatzsteuer, Nr. 7008 VV	137,41 EUR
	Gesamt	**860,61 EUR**

> **Beispiel 19** Vertretung eines Bieters, der nicht Beteiligter ist, im Versteigerungstermin – Erlös unter Verkehrswert

Der Anwalt vertritt einen Auftraggeber, der ein zur Zwangsversteigerung anstehendes Objekt (Verkehrswert 150.000,00 EUR) erwerben will. Im Versteigerungstermin erhält ein anderer Bieter den Zuschlag für den Auftraggeber für 100.000,00 EUR. Daneben bleiben Rechte i.H.v. 30.000,00 EUR bestehen.

Für die Vertretung im Versteigerungsverfahren und die Teilnahme entsteht die Verfahrensgebühr nach Anm. Nr. 1 zu Nr. 3311 VV und für die Wahrnehmung des Versteigerungstermins eine Terminsgebühr nach Nr. 3312 VV.

Gegenstandswert ist nicht der Verkehrswert, sondern der Betrag des höchsten Gebots einschließlich der übernommenen Rechte, also 130.000,00 EUR.

1.	0,4-Verfahrensgebühr, Anm. Nr. 1 zu Nr. 3311 VV	669,20 EUR
2.	0,4-Terminsgebühr, Nr. 3312 VV	669,20 EUR
3.	Postentgeltpauschale, Nr. 7002 VV	20,00 EUR
	Zwischensumme	1.358,40 EUR
4.	19 % Umsatzsteuer, Nr. 7008 VV	258,10 EUR
	Gesamt	**1.616,50 EUR**

> **Beispiel 20** Vertretung eines Bieters, der nicht Beteiligter ist, im Versteigerungstermin – Erlös über Verkehrswert

Der Anwalt vertritt einen Auftraggeber, der ein zur Zwangsversteigerung anstehendes Objekt (Verkehrswert 150.000,00 EUR) erwerben will. Im Versteigerungstermin erhält ein anderer Bieter den Zuschlag für den Auftraggeber für 140.000,00 EUR. Daneben bleiben Rechte i.H.v. 30.000,00 EUR bestehen.

---

[9] AnwK-RVG/*Wolf/Mock*, § 26 Rn 14.

Abzurechnen ist wie im vorangegangenen Beispiel. Der Gegenstandswert beläuft sich jetzt allerdings nicht auf den Verkehrswert, sondern auf den höheren Betrag des höchsten Gebots einschließlich der übernommenen Rechte, also 170.000,00 EUR.

1.	0,4-Verfahrensgebühr, Anm. Nr. 1 zu Nr. 3311 VV	737,20 EUR
2.	0,4-Terminsgebühr, Nr. 3312 VV	737,20 EUR
3.	Postentgeltpauschale, Nr. 7002 VV	20,00 EUR
	Zwischensumme 1.494,40 EUR	
4.	19 % Umsatzsteuer, Nr. 7008 VV	283,94 EUR
	Gesamt	**1.778,34 EUR**

> **Beispiel 21** Vertretung eines Bieters, der nicht Beteiligter ist, mit Verteilungstermin

Der Anwalt vertritt einen Auftraggeber, der ein zur Zwangsversteigerung anstehendes Objekt (Verkehrswert 130.000,00 EUR) erwerben will. Im Versteigerungstermin erwirkt er den Zuschlag für den Auftraggeber für 80.000,00 EUR. Daneben bleiben Rechte i.H.v. 20.000,00 EUR bestehen. Anschließend nimmt er für den Bieter auch am Verteilungstermin teil.

Im Versteigerungsverfahren bis zur Einleitung des Verteilungsverfahrens entsteht die Verfahrensgebühr nach Anm. Nr. 1 zu Nr. 3311 VV und für die Wahrnehmung des Versteigerungstermins eine Terminsgebühr nach Nr. 3312 VV. Hinzu kommt im Verteilungsverfahren auch für den Anwalt des Ersteigerers eine weitere Verfahrensgebühr nach Anm. Nr. 2 zu Nr. 3311 VV.

Gegenstandswert ist jeweils der Betrag des Gebots einschließlich der übernommenen Rechte, also 100.000,00 EUR.

1.	0,4-Verfahrensgebühr, Anm. Nr. 1 zu Nr. 3311 VV	601,20 EUR
2.	0,4-Terminsgebühr, Nr. 3312 VV	601,20 EUR
3.	0,4-Verfahrensgebühr, Anm. Nr. 2 zu Nr. 3311 VV	601,20 EUR
4.	Postentgeltpauschale, Nr. 7002 VV	20,00 EUR
	Zwischensumme 1.823,60 EUR	
5.	19 % Umsatzsteuer, Nr. 7008 VV	346,48 EUR
	Gesamt	**2.170,08 EUR**

III. Tätigkeiten in der Zwangsverwaltung

1. Überblick

39 In der Zwangsverwaltung wird unterschieden nach der Vertretung des Antragstellers und der eines sonstigen Beteiligten.

40 Für die **Vertretung eines Antragstellers** kommen wiederum zwei verschiedenen Angelegenheiten in Betracht, nämlich
- die Vertretung im Verfahren über den Antrag auf Anordnung der Zwangsverwaltung oder auf Zulassung des Beitritts (Anm. Nr. 3 zu Nr. 3311 VV) einschließlich der Vertretung im weiteren Verfahren und der Vertretung im Verteilungsverfahren (Anm. Nr. 4 zu Nr. 3311 VV) sowie
- Tätigkeiten im Verfahren über Anträge auf einstweilige Einstellung oder Beschränkung der Zwangsvollstreckung und einstweilige Einstellung des Verfahrens sowie für Verhandlungen zwischen Gläubiger und Schuldner mit dem Ziel der Aufhebung des Verfahrens (Anm. Nr. 6 zu Nr. 3311 VV).

Für die Vertretung eines **sonstigen Beteiligten** sind zwei Angelegenheiten vorgesehen, nämlich 41
- die Vertretung im gesamten Verfahren einschließlich des Verteilungsverfahrens (Anm. Nr. 5 zu Nr. 3311 VV) und
- Tätigkeiten im Verfahren über Anträge auf einstweilige Einstellung oder Beschränkung der Zwangsvollstreckung und einstweilige Einstellung des Verfahrens sowie für Verhandlungen zwischen Gläubiger und Schuldner mit dem Ziel der Aufhebung des Verfahrens (Anm. Nr. 6 zu Nr. 3311 VV).

Der **Gegenstandswert** in der Zwangsverwaltung bestimmt sich nach § 27 RVG. Auch insoweit 42
enthält das RVG eine spezielle Regelung, die dem § 23 Abs. 1 S. 1 RVG vorgeht. Die Festsetzung des Gegenstandswerts erfolgt daher nach § 33 RVG, nicht nach § 32 RVG.

2. Vertretung des Antragstellers

a) Verfahren über den Antrag auf Anordnung der Zwangsverwaltung oder auf Zulassung des Beitritts sowie des weiteren Verfahrens einschließlich des Teilungsverfahrens

aa) Verfahren über den Antrag auf Anordnung der Zwangsverwaltung oder auf Zulassung des Beitritts

(1) Gebühren

Nach Anm. Nr. 3 zu Nr. 3311 VV erhält der Anwalt im Verfahren über den Antrag auf Anordnung 43
der Zwangsverwaltung eine **0,4-Verfahrensgebühr**. Diese Gebühr fällt auch dann an, wenn der Anwalt einen Antrag auf Zulassung zum Beitritt eines Gläubigers zum Zwangsverwaltungsverfahren stellt.

Eine Ermäßigung bei vorzeitiger Erledigung ist nicht vorgesehen. 44

Vertritt der Anwalt **mehrere Auftraggeber** wegen desselben Gegenstands, erhöht sich die Gebühr 45
nach Nr. 1008 VV um 0,3 je weiteren Auftraggeber, höchstens um 2,0.

Bleibt eine Zwangsversteigerung in einem zweiten Termin ergebnislos und beantragt der Anwalt 46
auftragsgemäß nach § 77 Abs. 2 ZVG die Fortsetzung des Verfahrens als Zwangsverwaltung, entsteht hierdurch – neben den Gebühren für die Zwangsversteigerung – ebenfalls die Verfahrensgebühr nach Anm. Nr. 3 zu Nr. 3311 VV. Eine Anrechnung auf die zuvor im Zwangsversteigerungsverfahren verdiente Gebühr nach Anm. Nr. 1 oder Nr. 2 zu Nr. 3311 VV (siehe Rn 5 ff.) ist nicht vorgesehen.

Eine **Terminsgebühr** kann in diesem Verfahrensabschnitt nicht entstehen (Anm. S. 2 zu Nr. 3312 47
VV).

In Betracht kommt allerdings eine **Einigungsgebühr** nach Nr. 1000 VV. 48

(2) Gegenstandswert

Der **Gegenstandswert** richtet sich nach dem Anspruch, wegen dem das Verfahren beantragt wird. 49
Nebenforderungen (Zinsen und Kosten) sind auch hier mitzurechnen. Wird nur der Teil einer Forderung geltend gemacht, ist nur diese Teilforderung maßgebend. Mehrere Forderungen werden zusammengerechnet (§ 22 Abs. 1 RVG).

Handelt es sich bei dem Anspruch um **wiederkehrende Leistungen**, so ist der Jahreswert der 50
Leistungen maßgebend (§ 27 Abs. 1 S. 1, 3. Hs. RVG). Die bis zur Anordnung des Zwangsverwal-

tungsverfahrens oder des Beitrittsbeschlusses aufgelaufenen Rückstände sind nicht hinzuzurechnen. Andererseits bleibt es bei dem Jahreswert auch dann, wenn die tatsächliche Forderung geringer ist.[10]

Beispiel 22 | Vertretung im Verfahren auf Anordnung einer Zwangsverwaltung

Der Anwalt vertritt den Gläubiger wegen einer Forderung i.H.v. 30.000,00 EUR im Verfahren auf Anordnung der Zwangsverwaltung.

Im Verfahren auf Anordnung der Zwangsverwaltung entsteht die Verfahrensgebühr gem. Anm. Nr. 3 zu Nr. 3111 VV.

1. 0,4-Verfahrensgebühr, Anm. Nr. 3 zu Nr. 3311 VV (Wert: 30.000,00 EUR)		345,20 EUR
2. Postentgeltpauschale, Nr. 7002 VV		20,00 EUR
Zwischensumme	365,20 EUR	
3. 19 % Umsatzsteuer, Nr. 7008 VV		69,39 EUR
Gesamt		**434,59 EUR**

Beispiel 23 | Vertretung mehrerer Auftraggeber im Verfahren auf Anordnung einer Zwangsverwaltung

Der Anwalt vertritt zwei Gesamtgläubiger wegen einer Forderung i.H.v. 30.000,00 EUR im Verfahren auf Anordnung der Zwangsverwaltung.

Die Verfahrensgebühr der Anm. Nr. 3 zu Nr. 3111 VV erhöht sich jetzt nach Nr. 1008 VV um 0,3 auf 0,7.

1. 0,7-Verfahrensgebühr, Anm. Nr. 3 zu Nr. 3311, Nr. 1008 VV (Wert: 30.000,00 EUR)		604,10 EUR
2. Postentgeltpauschale, Nr. 7002 VV		20,00 EUR
Zwischensumme	624,10 EUR	
3. 19 % Umsatzsteuer, Nr. 7008 VV		118,58 EUR
Gesamt		**742,68 EUR**

Beispiel 24 | Antrag auf Fortsetzung eines Versteigerungsverfahrens als Zwangsverwaltung

Der Anwalt vertritt den Gläubiger in der Zwangsversteigerung wegen einer Forderung i.H.v. 30.000,00 EUR. Auch im zweiten Termin bleibt die Sache ergebnislos, so dass der Anwalt auftragsgemäß gem. § 77 Abs. 2 ZVG die Fortsetzung des Verfahrens als Zwangsverwaltung beantragt.

Im Versteigerungsverfahren entsteht die Verfahrensgebühr nach Anm. Nr. 1 zu Nr. 3311 VV und für die Teilnahme am Versteigerungstermin die Terminsgebühr nach Nr. 3312 VV (siehe Rn 10 ff.).

Bei dem fortgesetzten Verfahren der Zwangsverwaltung handelt es sich um eine selbstständige Angelegenheit i.S.d. Nr. 15 RVG. Es entsteht hier die 0,4-Verfahrensgebühr (Anm. Nr. 3 zu

---

10 AnwK-RVG/*Wolf/Mock*, § 27 Rn 4.

III. Tätigkeiten in der Zwangsverwaltung § 34

Nr. 3311 VV). Beim Gegenstandswert sind jetzt die Kosten des vorangegangenen Zwangsversteigerungsverfahrens hinzuzurechnen.

I. **Zwangsversteigerung (Wert: 30.000,00 EUR)**
1. 0,4-Verfahrensgebühr, Anm. Nr. 1 zu Nr. 3311 VV   345,20 EUR
2. 0,4-Termingebühr, Nr. 3312 VV   345,20 EUR
3. Postentgeltpauschale, Nr. 7002 VV   20,00 EUR
     Zwischensumme   710,40 EUR
4. 19 % Umsatzsteuer, Nr. 7008 VV   134,98 EUR
Gesamt   **845,38 EUR**

II. **Zwangsverwaltung (Wert: 30.845,38 EUR)**
1. 0,4-Verfahrensgebühr, Anm. Nr. 3 zu Nr. 3311 VV   375,20 EUR
2. Postentgeltpauschale, Nr. 7002 VV   20,00 EUR
     Zwischensumme   395,20 EUR
3. 19 % Umsatzsteuer, Nr. 7008 VV   75,09 EUR
Gesamt   **470,29 EUR**

Soweit der Anwalt auch noch zuvor die Eintragung der Arresthypothek veranlasst hätte, wäre insoweit noch eine Verfahrensgebühr nach Nr. 3309 VV angefallen (siehe Rn 3).

Beispiel 25   **Vertretung im Verfahren auf Anordnung einer Zwangsverwaltung mit Einigung**

Der Anwalt vertritt den Gläubiger wegen einer Forderung i.H.v. 30.000,00 EUR im Verfahren auf Anordnung der Zwangsverwaltung. Es kommt zu einer Einigung mit dem Schuldner.

Zu der Verfahrensgebühr der Anm. Nr. 3 zu Nr. 3111 VV kommt noch eine 1,0-Einigungsgebühr nach Nr. 1000, 1003 VV hinzu.

1. 0,4-Verfahrensgebühr, Anm. Nr. 3 zu Nr. 3311 VV
     (Wert: 30.000,00 EUR)   345,20 EUR
2. 1,0-Einigungsgebühr, Nrn. 1000, 1003 VV
     (Wert: 30.000,00 EUR)   863,00 EUR
3. Postentgeltpauschale, Nr. 7002 VV   20,00 EUR
     Zwischensumme   1.228,20 EUR
4. 19 % Umsatzsteuer, Nr. 7008 VV   233,36 EUR
Gesamt   **1.461,56 EUR**

bb) Weiteres Verfahren einschließlich des Teilungsverfahrens

(1) Gebühren

Nach Anm. Nr. 4 zu Nr. 3311 VV entsteht wiederum eine (gesonderte) **0,4-Verfahrensgebühr** für das weitere Verfahren, das nach Anordnung der Zwangsverwaltung bzw. nach Zulassung des Beitritts eines Gläubigers folgt. Hierzu gehört auch das Verteilungsverfahren.   51

Eine Ermäßigung bei vorzeitiger Erledigung kommt nicht in Betracht.   52

Vertritt der Anwalt **mehrere Auftraggeber** wegen desselben Gegenstands, so erhöht sich die Gebühr der Anm. Nr. 3 zu Nr. 3311 VV nach Nr. 1008 VV um 0,3 je weiteren Auftraggeber, und zwar auch dann, wenn sich die Gebühr der Anm. Nr. 4 zu Nr. 3311 VV bereits erhöht hat (arg e Nr. 3308 VV).   53

Eine **Terminsgebühr** ist nicht vorgesehen (Anm. S. 2 zu Nr. 3312 VV).   54

In Betracht kommt allerdings eine **Einigungsgebühr** nach den Nrn. 1000 ff VV.   55

(2) Gegenstandswert

56 Der **Gegenstandswert** berechnet sich wie im Ausgangsverfahren (siehe Rn 49).

> **Beispiel 26** | **Vertretung im Verfahren auf Anordnung der Zwangsverwaltung und im weiteren Verfahren**

Der Anwalt vertritt den Gläubiger wegen einer Forderung i.H.v. 30.000,00 EUR im Verfahren auf Anordnung der Zwangsverwaltung sowie im anschließenden Verteilungsverfahren, in dem er am Verteilungstermin teilnimmt.

Im Verfahren auf Anordnung der Zwangsverwaltung und im Verteilungsverfahren entsteht jeweils eine Verfahrensgebühr (Anm. Nr. 3 u. 4 zu Nr. 3311 VV).

1. 0,4-Verfahrensgebühr, Anm. Nr. 3 zu Nr. 3311 VV (Wert: 30.000,00 EUR)		345,20 EUR
2. 0,4-Verfahrensgebühr, Anm. Nr. 4 zu Nr. 3311 VV (Wert: 30.000,00 EUR)		345,20 EUR
3. Postentgeltpauschale, Nr. 7002 VV		20,00 EUR
Zwischensumme	710,40 EUR	
4. 19 % Umsatzsteuer, Nr. 7008 VV		134,98 EUR
Gesamt		**845,38 EUR**

> **Beispiel 27** | **Vertretung mehrerer Auftraggeber im Verfahren auf Anordnung der Zwangsverwaltung und im weiteren Verfahren**

Der Anwalt vertritt zwei Gesamtgläubiger wegen einer Forderung i.H.v. 30.000,00 EUR im Verfahren auf Anordnung der Zwangsverwaltung sowie im anschließenden Verteilungsverfahren, in dem er am Verteilungstermin teilnimmt.

Beide Verfahrensgebühren erhöhen sich nach Nr. 1008 VV um jeweils 0,3.

1. 0,7-Verfahrensgebühr, Anm. Nr. 3 zu Nr. 3311, Nr. 1008 VV (Wert: 30.000,00 EUR)		604,10 EUR
2. 0,7-Verfahrensgebühr, Anm. Nr. 4 zu Nr. 3311, Nr. 1008 VV (Wert: 30.000,00 EUR)		604,10 EUR
3. Postentgeltpauschale, Nr. 7002 VV		20,00 EUR
Zwischensumme	1.228,20 EUR	
4. 19 % Umsatzsteuer, Nr. 7008 VV		233,36 EUR
Gesamt		**1.461,56 EUR**

b) Vollstreckungsschutzverfahren

aa) Gebühren

57 Ist der Anwalt beauftragt, anlässlich des Zwangsverwaltungsverfahrens einen Antrag auf einstweilige Einstellung oder Beschränkung der Zwangsvollstreckung oder einstweilige Einstellung des Verfahrens zu stellen oder Verhandlungen zwischen Gläubiger und Schuldner mit dem Ziel der Aufhebung des Verfahrens zu führen, erhält er nach Anm. Nr. 6 zu Nr. 3311 VV eine weitere **0,4-**

III. Tätigkeiten in der Zwangsverwaltung § 34

Verfahrensgebühr. Insoweit liegt eine gesonderte Angelegenheit i.S.d. § 15 RVG vor (analog § 18 Abs. 1 Nr. 6 RVG).[11] Auch hier kann die Verfahrensgebühr mehrfach anfallen (siehe Rn 30 ff.).

Eine **Terminsgebühr** ist wiederum nicht vorgesehen (Anm. S. 2 zu Nr. 3312 VV). 58

In Betracht kommt allerdings eine **Einigungsgebühr** nach Nr. 1000 VV. 59

Des Weiteren kommen **Auslagen** nach Teil 7 VV hinzu. 60

bb) Gegenstandswert

Der **Gegenstandswert** richtet sich nach § 25 Abs. 2 RVG. Maßgebend ist das Interesse des Schuldners an der Einstellung. 61

cc) Abrechnung

Zur Abrechnung kann Bezug genommen werden auf die Ausführungen zur Zwangsversteigerung (siehe Rn 30 ff.). 62

3. Vertretung eines sonstigen Beteiligten

a) Vertretung im gesamten Verfahren einschließlich des Verteilungsverfahrens

aa) Gebühren

Vertritt der Anwalt einen sonstigen Beteiligten (also z.B. Schuldner oder Berechtigten gem. § 9 ZVG), so erhält er für seine Tätigkeit im gesamten Zwangsverwaltungsverfahren nach Anm. Nr. 5 zu Nr. 3311 VV eine **Verfahrensgebühr** i.H.v. 0,4. Das Verfahren über den Antrag auf Anordnung der Zwangsverwaltung oder auf Zulassung des Beitritts und das weitere Verfahren einschließlich des Teilungsverfahrens sind für ihn insgesamt nur eine einzige Angelegenheit. 63

Auch hier ist eine Ermäßigung bei vorzeitiger Erledigung nicht vorgesehen. 64

Bei Vertretung **mehrerer Auftraggeber** erhöht sich die Verfahrensgebühr dagegen um 0,3 je weiteren Auftraggeber, höchstens um 2,0, sofern der Gegenstand derselbe ist (Nr. 1008 VV). 65

Eine **Terminsgebühr** ist ausgeschlossen (Anm. S. 2 zu Nr. 3312 VV). 66

Entstehen kann allerdings eine **Einigungsgebühr** nach den Nrn. 1000 ff. VV. 67

Hinzu kommen wiederum Auslagen nach Teil 7 VV. 68

bb) Gegenstandswert

Vertritt der Anwalt den Schuldner, so richtet sich der Gegenstandswert nach der Summe aller Ansprüche (Haupt- und Nebenforderungen), wegen derer das Zwangsverwaltungsverfahren beantragt worden ist, soweit diese Forderungen zum Zeitpunkt der Beauftragung des Anwalts noch Gegenstand sind. 69

---

11 Bischof u.a./*Bräuer*, Nr. 3311 VV Rn 24; Mayer/Kroiß/*Gierl*, Nr. 3311 VV Rn 32; Hansens/Braun/Schneider/*Volpert*, Rn 3335 ff.

1241

70 Wird der Anwalt erst beauftragt, nachdem einzelne Anträge zurückgenommen oder ein Beitritt abgewiesen worden ist, richtet sich der Gegenstandswert nur nach dem Wert der verbleibenden Ansprüche.

71 Vertritt der Anwalt sonstige Beteiligte, so bestimmt sich der Gegenstandswert gem. § 27 S. 2, 2. Hs. RVG nach § 23 Abs. 3 S. 2 RVG, also nach billigem Ermessen, wobei es auf das Interesse des jeweils vom Anwalt Vertretenen ankommt.[12]

Beispiel 28 | **Vertretung im Verfahren auf Anordnung der Zwangsverwaltung**

Der Anwalt vertritt den Schuldner im Verfahren auf Anordnung der Zwangsverwaltung. Der Antrag wird zurückgewiesen.

Der Anwalt erhält eine 0,4-Verfahrensgebühr nach Anm. Nr. 5 zu Nr. 3111 VV.

1.	0,4-Verfahrensgebühr, Anm. Nr. 5 zu Nr. 3311 VV (Wert: 30.000,00 EUR)	345,20 EUR
2.	Postentgeltpauschale, Nr. 7002 VV	20,00 EUR
	Zwischensumme	365,20 EUR
3.	19 % Umsatzsteuer, Nr. 7008 VV	69,39 EUR
	Gesamt	**434,59 EUR**

Beispiel 29 | **Vertretung im Verfahren auf Anordnung der Zwangsverwaltung und im nachfolgenden Verteilungsverfahren**

Der Anwalt vertritt den Schuldner im Verfahren auf Anordnung der Zwangsverwaltung sowie im anschließenden Verteilungsverfahren.

Das Verteilungsverfahren stellt keine neue Angelegenheit dar, so dass es bei der 0,4-Verfahrensgebühr der Anm. Nr. 5 zu Nr. 3111 VV verbleibt.

Abzurechnen ist wie im vorangegangenen Beispiel 28.

Beispiel 30 | **Vertretung im Verfahren auf Anordnung der Zwangsverwaltung und im nachfolgenden Verteilungsverfahren**

Der Anwalt vertritt den Schuldner im Verfahren auf Anordnung der Zwangsverwaltung sowie im anschließenden Verteilungsverfahren, in dem er am Verteilungstermin teilnimmt.

Abzurechnen ist wie im Beispiel 28. Die Teilnahme am Verteilungstermin löst keine Terminsgebühr aus (Anm. S. 2 zu Nr. 3312 VV).

Beispiel 31 | **Vertretung mehrerer Auftraggeber im Verfahren auf Anordnung der Zwangsverwaltung und im nachfolgenden Verteilungsverfahren**

Der Anwalt vertritt als Schuldner die ungeteilte Erbengemeinschaft (4 Personen) im Verfahren auf Anordnung der Zwangsverwaltung sowie im anschließenden Verteilungsverfahren, in dem er am Verteilungstermin teilnimmt.

---

12 AnwK-RVG/*Wolf/Mock*, § 27 Rn 7.

Es entsteht auch hier nur eine Verfahrensgebühr, die sich allerdings nach Nr. 1008 VV um 0,9 erhöht.

1. 1,3-Verfahrensgebühr, Anm. Nr. 5 zu Nr. 3311 VV
 (Wert: 30.000,00 EUR) 1.121,90 EUR
2. Postentgeltpauschale, Nr. 7002 VV 20,00 EUR
 Zwischensumme 1.141,90 EUR
3. 19 % Umsatzsteuer, Nr. 7008 VV 216,96 EUR
Gesamt **1.358,86 EUR**

b) Vollstreckungsschutzverfahren, Verhandlungen zwischen Gläubiger und Schuldner

aa) Gebühren

Darüber hinaus kann je Vollstreckungsschutzverfahren oder Verhandlung zwischen Gläubiger und Schuldner eine weitere 0,4-Verfahrensgebühr nach Anm. Nr. 6 zu Nr. 3311 VV nebst Auslagen anfallen. Insoweit handelt es sich wiederum jeweils um eine gesonderte Angelegenheit (analog § 18 Abs. 1 Nr. 6 RVG).[13] **72**

bb) Gegenstandswert

Der Gegenstandswert richtet sich nach § 25 Abs. 2 RVG (siehe Rn 61). **73**

cc) Abrechnung

Zur Abrechnung kann auch hier auf die Rn 57 ff. Bezug genommen werden. **74**

---

13 Bischof u.a./*Bräuer*, Nr. 3311 VV Rn 24; Mayer/Kroiß/*Gierl*, Nr. 3311 VV Rn 32; Hansens/Braun/Schneider/*Volpert*, Rn 3335 ff.

§ 35 Strafsachen

Inhalt

I. Überblick 1	c) Der Verteidiger wird erstmals im Berufungsverfahren beauftragt 108
II. Beratung 4	6. Revisionsverfahren 109
III. Gutachten 5	a) Überblick 109
IV. Prüfung der Erfolgsaussicht eines Rechtsmittels 6	b) Der Anwalt war bereits im vorbereitenden Verfahren, im erstinstanzlichen Verfahren oder im Berufungsverfahren beauftragt . . 116
V. Verteidigung in Strafsachen 13	aa) Beschuldigter befindet sich auf freiem Fuß 118
1. Überblick 13	bb) Der Beschuldigte befindet sich nicht auf freiem Fuß 122
2. Isolierte Grundgebühr 25	c) Der Verteidiger war bislang nicht beauftragt 123
3. Vorbereitendes Verfahren 26	7. Erneutes Verfahren nach Aufhebung und Zurückverweisung 124
a) Überblick 26	8. Wiederaufnahmeverfahren 125
b) Der Beschuldigte befindet sich auf freiem Fuß 32	VI. Tätigkeit als Beistand oder Vertreter eines Nebenklägers, Privatklägers oder sonstigen Beteiligten 137
c) Beschuldigter befindet sich nicht auf freiem Fuß 51	VII. Ausschließliche Tätigkeit im Adhäsionsverfahren 147
4. Gerichtliches Verfahren im ersten Rechtszug 58	VIII. Strafvollstreckung 154
a) Überblick 58	1. Überblick 154
b) Der Anwalt war bereits im vorbereitenden Verfahren beauftragt 65	2. Verfahren nach Nr. 4200 VV 155
aa) Beschuldigter befindet sich auf freiem Fuß 67	3. Verfahren in sonstigen Fällen 161
bb) Beschuldigter befindet sich nicht auf freiem Fuß 92	4. Beschwerdeverfahren 163
c) Der Anwalt war im vorbereitenden Verfahren nicht tätig 93	IX. Einzeltätigkeiten 164
5. Berufungsverfahren 96	X. Vergütung in Verfahren über die Erinnerung und Beschwerde gegen einen Kostenfestsetzungsbeschluss . . . 175
a) Überblick 96	
b) Der Anwalt war bereits im vorbereitenden Verfahren oder im erstinstanzlichen Verfahren beauftragt 102	XI. Vergütung in Verfahren über die Erinnerung und Beschwerde gegen den Kostenansatz 180
aa) Beschuldigter befindet sich auf freiem Fuß 104	
bb) Der Beschuldigte befindet sich nicht auf freiem Fuß 107	

I. Überblick

Die Vergütung in Strafsachen richtet sich nach Teil 4 VV. Neben den Gebühren nach Teil 4 VV gelten die **Allgemeinen Gebühren nach Teil 1 VV**, die **Gebühren nach Teil 2 VV** Prüfung der Erfolgsaussicht eines Rechtsmittels (Abschnitt 1), Einvernehmen (Abschnitt 2) und Beratungshilfe (Abschnitt 5) sowie die **Auslagen nach Teil 7 VV**. Ferner gilt § 34 RVG für **Beratung** und **Gutachten**; es handelt sich dabei nicht um eine Einzeltätigkeit nach Teil 4 Abschnitt 3 VV.[1]

Wird ein Anwalt in Strafsachen **gerichtlich bestellt** oder **beigeordnet**, so erhält er dieselben Gebühren wie ein Wahlanwalt. Allerdings erhält er nur die unterhalb der Mittelgebühr liegenden Festgebühren (siehe im Einzelnen § 4).

---

1 *Gerold/Schmidt/Burhoff*, Nr. 4302 Rn 11.

3 Soweit die in Teil 4 VV bestimmten Gebühren wegen des besonderen Umfangs oder der besonderen Schwierigkeit nicht zumutbar sind, kann sowohl der Pflichtverteidiger als auch der Wahlanwalt die Bewilligung einer zusätzlichen **Pauschgebühr** verlangen (§§ 42, 51 RVG).

II. Beratung

4 Ist der Anwalt ausschließlich mit einer Beratung in einer Strafsache beauftragt, gilt § 34 Abs. 1 RVG. Es handelt sich nicht um eine Einzeltätigkeit nach Teil 4 Abschnitt 3 VV. Der Anwalt soll auf eine Gebührenvereinbarung hinwirken (§ 34 Abs. 1 S. 1 RVG). Kommt diese nicht zustande, gilt eine Vergütung nach bürgerlichem Recht als geschuldet, also nach § 612 BGB (§ 34 Abs. 1 S. 2 RVG). Soweit der Anwalt einen Verbraucher berät, gilt im Falle eines ersten Beratungsgesprächs (Erstberatung) eine Höchstgrenze von 190,00 EUR und im Falle einer weitergehenden Beratung eine Höchstgrenze i.H.v. 250,00 EUR (§ 34 Abs. 1 S. 3 RVG). Soweit nichts anderes vereinbart ist, wird die Beratungsgebühr auf die Gebühren einer nachfolgenden Tätigkeit angerechnet (§ 34 Abs. 2 RVG) (siehe im Einzelnen § 6).

III. Gutachten

5 Ist der Anwalt mit der Erstellung eines Gutachtens beauftragt, gilt ebenfalls § 34 RVG. Der Anwalt soll auch hier auf eine Gebührenvereinbarung hinwirken (§ 34 Abs. 1 S. 1 RVG). Kommt diese nicht zustande, gilt wiederum eine Vergütung nach bürgerlichem Recht als geschuldet (§ 34 Abs. 2 S. 2 RVG), hier nach § 632 BGB. Soweit der Anwalt das Gutachten für einen Verbraucher erstellt, gilt eine Höchstgrenze i.H.v. 250,00 EUR (§ 34 Abs. 2 S. 3 RVG). Eine Anrechnung der Gutachtengebühr auf die Gebühren einer nachfolgenden Tätigkeit ist nicht vorgesehen (siehe im Einzelnen § 6).

IV. Prüfung der Erfolgsaussicht eines Rechtsmittels

6 Ist der Anwalt in einer Strafsache lediglich damit beauftragt, zu prüfen, ob ein Rechtsmittel, also eine Berufung, eine Revision oder gegebenenfalls eine Beschwerde Aussicht auf Erfolg hat, ohne dass dem Anwalt bereits die Verteidigung oder Vertretung im Rechtsmittelverfahren übertragen worden ist, so erhält er eine Gebühr nach den Nrn. 2100 ff. VV.

7 Soweit sich die Gebühren im Rechtsmittelverfahren nach **Betragsrahmen** richten, erhält der Anwalt eine Gebühr nach Nr. 2102 VV in Höhe von 30,00 EUR bis 320,00 EUR; die Mittelgebühr beträgt 175,00 EUR. Diese Gebühr ist anzurechnen, wenn es anschließend zur Durchführung des Rechtsmittelverfahrens kommt (Anm. zu Nr. 2102 VV).

8 Richten sich die Gebühren im Rechtsmittelverfahren nach dem **Gegenstandswert** (§ 2 Abs. 1 RVG), erhält der Anwalt die wertabhängige Prüfungsgebühr der Nr. 2100 VV (Vorbem. 2 Abs. 3 VV) mit einem Gebührenrahmen von 0,5 bis 1,0 (Mittelgebühr 0,75). Auch diese Gebühr ist anzurechnen, wenn es anschließend zur Durchführung des Rechtsmittelverfahrens kommt (Anm. zu Nr. 2100 VV).

9 Möglich ist auch, dass beide Prüfungsgebühren (Nrn. 2100 und 2102 VV) anfallen, wenn die Gebühren sich sowohl nach Betragsrahmen als auch nach dem Wert richten.

IV. Prüfung der Erfolgsaussicht eines Rechtsmittels § 35

Beispiel 1 — Prüfung der Erfolgsaussicht einer Berufung, die Berufung wird nicht eingelegt

Der Mandant ist vom Amtsgericht verurteilt worden. Er hat selbst Berufung eingelegt und beauftragt anschließend den Anwalt, zu prüfen, ob eine Berufung Aussicht auf Erfolg habe. Der Anwalt rät hiervon ab. Zur Durchführung der Berufung kommt es nicht.

Der Anwalt kann lediglich eine Gebühr nach Nr. 2102 VV abrechnen.

1. Prüfungsgebühr, Nr. 2102 VV		175,00 EUR
2. Postentgeltpauschale, Nr. 7002 VV[2]		20,00 EUR
Zwischensumme	195,00 EUR	
3. 19 % Umsatzsteuer, Nr. 7008 VV		37,05 EUR
Gesamt		**232,05 EUR**

Beispiel 2 — Prüfung der Erfolgsaussicht einer Revision, die Revision wird durchgeführt

Der Mandant ist vom Landgericht verurteilt worden. Er beauftragt seinen Verteidiger, Revision einzulegen. Anschließend beauftragt er ihn, zunächst zu prüfen, ob die Durchführung der Revision Erfolg habe. Der Anwalt bejaht dies. Die Revision wird durchgeführt und ohne Hauptverhandlung verworfen.

Die Einlegung der Revision zählt noch zum erstinstanzlichen Verfahren (§ 19 Abs. 1 S. 2 Nr. 10 RVG). Für die Prüfung der Erfolgsaussicht des Rechtsmittels als neue Angelegenheit entsteht die Vergütung nach Nr. 2102 VV, die hier allerdings bei der Höchstgebühr liegen dürfte. Diese Prüfungsgebühr ist nach Anm. zu Nr. 2102 VV auf die Verfahrensgebühr des Revisionsverfahrens (Nr. 4130 VV) anzurechnen.

I. Prüfung der Erfolgsaussicht		
1. Prüfungsgebühr, Nr. 2102 VV		320,00 EUR
2. Postentgeltpauschale, Nr. 7002 VV[3]		20,00 EUR
Zwischensumme	340,00 EUR	
3. 19 % Umsatzsteuer, Nr. 7008 VV		64,60 EUR
Gesamt		**404,60 EUR**
II. Revisionsverfahren		
1. Verfahrensgebühr, Nr. 4130 VV		615,00 EUR
2. gem. Anm. zu Nr. 2102 VV anzurechnen		– 320,00 EUR
3. Postentgeltpauschale, Nr. 7002 VV		20,00 EUR
Zwischensumme	315,00 EUR	
4. 19 % Umsatzsteuer, Nr. 7008 VV		59,85 EUR
Gesamt		**374,85 EUR**

Soweit im Rechtsmittelverfahren nach dem Gegenstandswert abgerechnet wird, gilt nicht Nr. 2100 VV, sondern Nr. 2102 VV. **10**

---

2 Die Postentgeltpauschale nach Nr. 7002 VV fällt nur an, wenn tatsächlich auch Auslagen entstehen, also etwa dann, wenn die Prüfung schriftlich erfolgt oder der Anwalt das mündliche Beratungsgespräch wunschgemäß nochmals schriftlich zusammenfasst und dem Mandanten zusendet (AnwK-RVG/*N. Schneider*, Nrn. 7001, 7002 VV Rn 19), also nicht bei bloßer mündlicher Prüfung, siehe AG Koblenz AGS 2004, 185 m. Anm. *N. Schneider* zur vergleichbaren Situation bei einer Beratung.
3 Zur Postentgeltpauschale siehe Fn 2.

§ 35 Strafsachen

> **Beispiel 3** Prüfung der Erfolgsaussicht im Adhäsionsverfahren

Der Anwalt ist beauftragt, zu prüfen, ob Aussicht besteht, gegen die Verurteilung im Adhäsionsverfahren (Wert: 2.000,00 EUR) Berufung einzulegen.

Die Gebühren im Verfahren über die Berufung gegen eine Entscheidung im Adhäsionsverfahren werden nach dem Wert abgerechnet (Nr. 4144 VV). Daher gilt nicht Nr. 2102 VV, sondern Nr. 2100 VV.

1.	0,75-Prüfungsgebühr, Nr. 2100 VV (Wert: 2.000,00 EUR)	112,50 EUR
2.	Postentgeltpauschale, Nr. 7002 VV	20,00 EUR
	Zwischensumme	132,50 EUR
3.	19 % Umsatzsteuer, Nr. 7008 VV	25,18 EUR
Gesamt		**157,68 EUR**

> **Beispiel 4** Prüfung der Erfolgsaussicht im Adhäsionsverfahren mit nachfolgendem Berufungsverfahren

Der Anwalt ist beauftragt, zu prüfen, ob Aussicht besteht, gegen die Verurteilung im Adhäsionsverfahren (Wert: 2.000,00 EUR) Berufung einzulegen. Die Berufung wird anschließend durchgeführt.

Die Prüfungsgebühr ist nach Anm. zu Nr. 2100 VV auf die Verfahrensgebühr des Berufungsverfahrens anzurechnen.

I. Prüfung der Erfolgsaussicht

1.	0,75-Prüfungsgebühr, Nr. 2100 VV (Wert: 2.000,00 EUR)	112,50 EUR
2.	Postentgeltpauschale, Nr. 7002 VV	20,00 EUR
	Zwischensumme	132,50 EUR
3.	19 % Umsatzsteuer, Nr. 7008 VV	25,18 EUR
Gesamt		**157,68 EUR**

II. Berufungsverfahren

1.	2,5-Verfahrensgebühr, Nr. 4144 VV (Wert: 2.000,00 EUR)	375,00 EUR
2.	gem. Anm. zu Nr. 2100 VV anzurechnen, 0,75 aus 2.000,00 EUR	– 112,50 EUR
3.	Postentgeltpauschale, Nr. 7002 VV	20,00 EUR
	Zwischensumme	282,50 EUR
4.	19 % Umsatzsteuer, Nr. 7008 VV	53,68 EUR
Gesamt		**336,18 EUR**

11 Nicht ausdrücklich geregelt ist der Fall, dass der Anwalt sowohl hinsichtlich der strafrechtlichen Seite (Betragsrahmen) als auch hinsichtlich der Einziehungs- oder Adhäsionsentscheidung (Wertgebühr) prüfend tätig wird. Da es sich prozessual um ein einheitliches Verfahren handelt, muss man zwar einerseits nur eine Angelegenheit annehmen, andererseits aber beide Gebührentatbestände, also sowohl Nr. 2100 VV als auch Nr. 2101 VV anwenden. Ebenso wie in der Hauptsache die Wertgebühren zusätzlich zu den Rahmengebühren entstehen, muss man hier zwar eine einheitliche Prüfungstätigkeit annehmen, aber beide Gebühren nebeneinander entstehen lassen.

Beispiel 5: Prüfung der Erfolgsaussicht nach Wert- und Betragsrahmen

Der Anwalt wird beauftragt, zu prüfen, ob gegen die Verurteilung zu 50 Tagessätzen sowie die Verurteilung zur Zahlung eines Schmerzensgeldes in Höhe von 2.000,00 EUR eine Berufung Aussicht auf Erfolg hätte.

1.	Prüfungsgebühr, Nr. 2102 VV	175,00 EUR
2.	0,75-Prüfungsgebühr, Nr. 2100 VV	112,50 EUR
	(Wert: 2.000,00 EUR)	
3.	Postentgeltpauschale, Nr. 7002 VV	20,00 EUR
	Zwischensumme 307,50 EUR	
4.	19 % Umsatzsteuer, Nr. 7008 VV	58,43 EUR
	Gesamt	**365,93 EUR**

Wird das Rechtsmittel nach Prüfung in vollem Umfang durchgeführt, so sind beide Gebühren anzurechnen.

Beispiel 6: Prüfung der Erfolgsaussicht nach Wert- und Betragsrahmen mit nachfolgendem Rechtsmittelverfahren

Wie vorangegangenes Beispiel 5. Die Berufung wird in vollem Umfang durchgeführt.

Beide Prüfungsgebühren sind auf die jeweilige Verfahrensgebühr des Berufungsverfahrens anzurechnen.

1.	Verfahrensgebühr, Nr. 4124 VV	320,00 EUR
2.	gem. Anm. zu Nr. 2102 VV anzurechnen	– 175,00 EUR
3.	2,5-Verfahrensgebühr, Nr. 4144 VV	375,00 EUR
	(Wert: 2.000,00 EUR)	
4.	gem. Anm. zu Nr. 2100 VV anzurechnen, 0,75 aus	– 112,50 EUR
	2.000,00 EUR	
5.	Postentgeltpauschale, Nr. 7002 VV	20,00 EUR
	Zwischensumme 427,50 EUR	
6.	19 % Umsatzsteuer, Nr. 7008 VV	81,23 EUR
	Gesamt	**508,73 EUR**

V. Verteidigung in Strafsachen

1. Überblick

Die Gebühren des Verteidigers in Strafsachen finden sich in Teil 4 Abschnitt 1 VV, in den Nrn. 4100 ff. VV.

Unterschieden wird nach verschiedenen Verfahrensstadien, die jeweils eine eigene Angelegenheit i.S.d. § 15 RVG darstellen:

- das **vorbereitende Verfahren**, Nrn. 4104 ff. VV (§ 17 Nr. 10 Buchst. a) RVG),
- das **erstinstanzliche gerichtliche Verfahren**, Nrn. 4106 ff. VV (§ 17 Nr. 10 Buchst. a) RVG),
- das **Berufungsverfahren**, Nrn. 4124 ff. VV (§ 17 Nr. 1 RVG),
- das **Revisionsverfahren**, Nrn. 4130 ff. VV (§ 17 Nr. 1 RVG),
- das **Verfahren nach Zurückverweisung** (§ 21 Abs. 1 RVG),
- das **Wiederaufnahmeverfahren**, Nrn. 4136 ff. VV (§ 17 Nr. 12 RVG),
- das **wieder aufgenommene Verfahren** (§ 17 Nr. 12 RVG),
- die **Strafvollstreckung,** Nrn. 4137 bis 4140 VV.

15 **Beschwerdeverfahren** sind dagegen mit wenigen Ausnahmen[4] immer Teil der Hauptsache und lösen keine gesonderte Vergütung aus (§ 19 Abs. 1 S. 2 Nr. 10a RVG; Vorbem. 4.1 Abs. 1 VV).

16 In jedem der einzelnen Verfahrensstadien erhält der Anwalt **Verfahrens- und Terminsgebühren** sowie u.U. **Zusätzliche Gebühren** (Nrn. 4141 ff. VV) und gegebenenfalls **Einigungsgebühren** (Nr. 4147 VV; Anm. zu Nr. 4147 VV i.V.m. Nrn. 1000 ff. VV). Daneben kommt einmal je Sache auch der Ansatz einer **Grundgebühr** (Nr. 4100 VV) in Betracht.

17 Für die erstmalige Einarbeitung in die Rechtssache erhält der Verteidiger zunächst einmal eine **Grundgebühr** (Nr. 4100 VV). Diese Gebühr kann in jedem Verfahrensstadium anfallen. Sie entsteht allerdings nur **ein einziges Mal** (Anm. Abs. 1 zu Nr. 4100 VV).

18 Ist ein Bußgeldverfahren vorangegangen, so wird die im Bußgeldverfahren verdiente Grundgebühr (Nr. 5100 VV) auf die Grundgebühr des Strafverfahrens **angerechnet** (Anm. Abs. 2 zu Nr. 4100 VV).

19 Daneben erhält der Anwalt in jedem Verfahrensstadium eine **Verfahrensgebühr** für das Betreiben des Geschäfts einschließlich der Information (Vorbem. 4 Abs. 2 VV).

20 Hinzu kommen je Hauptverhandlungstag **Terminsgebühren** für die Teilnahme an der Hauptverhandlung.

21 Nimmt der Anwalt an richterlichen Vernehmungen oder Augenscheinseinnahmen, Vernehmungen durch die Staatsanwaltschaft oder eine andere Strafbehörde oder an sonstigen Terminen außerhalb der Hauptverhandlung teil, so erhält er eine **Terminsgebühr nach Nr. 4102 VV** in Höhe von 40,00 EUR bis 300,00 EUR; Mittelgebühr 170,00 EUR. Diese Gebühr deckt **bis zu drei Termine** außerhalb der Hauptverhandlung je Angelegenheit ab (Anm. S. 1 zu Nr. 4102 VV). Erst ab dem vierten, siebten Termin, etc., entsteht die Gebühr wieder erneut. Gezählt wird allerdings je Angelegenheit (Anm. S. 2 zu Nr. 4102 VV).[5]

22 Die Gebühr entsteht auch für Verhandlungen im Rahmen des Täter-Opfer-Ausgleichs (Nr. 4102 Nr. 4 VV). Eine besondere Form für solche Verhandlungen ist nicht vorgeschrieben.[6]

23 Hinzukommen können Zusätzliche Gebühren:
- Zusätzliche Gebühr bei **Erledigung des Verfahrens unter Vermeidung einer Hauptverhandlung** (Nr. 4141 VV),
- Zusätzliche Verfahrensgebühr für Tätigkeiten auf **Einziehung oder verwandte Maßnahmen** (Nr. 4142 VV),
- Zusätzliche Verfahrensgebühren für Tätigkeiten im **Adhäsionsverfahren** (Nrn. 4143, 4144 VV).

24 Darüber hinaus sind **Einigungsgebühren** möglich, nämlich im Privatklageverfahren für die Einigung über den Strafausspruch und den Kostenerstattungsanspruch (Nr. 4147 VV) sowie eine Einigungsgebühr nach den Nrn. 1000, 1003, 1004 VV, sofern sich die Beteiligten im Privatklageverfahren oder Adhäsionsverfahren auch über zivilrechtliche Ansprüche einigen (Anm. zu Nr. 4147 VV).

---

4 Nr. 4145 VV; Vorbem, 4.3 Abs. 3 S. 2 sowie nach Vorbem. 4 Abs. 5 VV.
5 KG AGS 2006, 546 = RVGprof. 2006, 49. AnwK-RVG/*N. Schneider*, Nrn. 4102, 4103 Rn 14.
6 LG Kiel AGS 2010, 295 = RVGprof. 2010, 59 = RVGreport 2010, 147 = StRR 2010, 320.

2. Isolierte Grundgebühr

Der isolierte Anfall einer Grundgebühr (Nr. 4100 VV) ist nicht möglich, da mit der ersten Einarbeitung zugleich auch immer das Geschäft betrieben wird (Vorbem. 4 Abs. 2 VV). Die frühere Streitfrage ist zwischenzeitlich mit dem 2. KostRMoG durch die Anm. Abs. 1 zu Nr. 4100 VV geklärt. Dort heißt es ausdrücklich, dass die Grundgebühr **neben der Verfahrensgebühr** entsteht. Eine Grundgebühr kann daher nie isoliert anfallen.

3. Vorbereitendes Verfahren

a) Überblick

Im vorbereitenden Verfahren erhält der Anwalt zunächst einmal eine **Grundgebühr** (Nr. 4100 VV), da dies das früheste Verfahrensstadium ist, in dem er beauftragt werden kann und er sich hier immer erstmals einarbeiten muss.

Darüber hinaus erhält der Anwalt eine **Verfahrensgebühr** nach Nr. 4104 VV. Die Höhe der Gebühr beläuft sich auf 40,00 EUR bis 290,00 EUR; Mittelgebühr 165,00 EUR. Im Gegensatz zum gerichtlichen Verfahren kommt es auf die Zuständigkeit des später anzurufenden Gerichts nicht an. Der Gebührenrahmen der Nr. 4104 VV ist stets derselbe.

Neben der Verfahrensgebühr nach Nr. 4104 VV kann im vorbereitenden Verfahren die **allgemeine Terminsgebühr** nach Nr. 4102 VV anfallen.

Darüber hinaus kommen **Zusätzliche Gebühren** (Nrn. 4141 ff. VV) in Betracht und gegebenenfalls **Einigungsgebühren** (Nr. 4147 VV; Anm. zu Nr. 4147 VV i.V.m. Nrn. 1000, 1003, 1004 VV).

Hinsichtlich der Höhe der Gebühren ist danach zu differenzieren, ob sich der Beschuldigte auf freiem Fuß befindet oder nicht (Vorbem. 4 Abs. 4 VV).

Der Anwalt erhält seine Vergütung in jedem Ermittlungsverfahren gesondert. Das gilt auch dann, wenn mehrere Ermittlungsverfahren wegen mehrerer am selben Tag begangener Taten geführt werden. Auch eine spätere Verfahrensverbindung kann die bereits entstandenen Gebührenansprüche nicht mehr beseitigen.[7]

b) Der Beschuldigte befindet sich auf freiem Fuß

Beispiel 7   Vorbereitendes Verfahren ohne Zusätzliche Gebühr

Der Anwalt war im staatsanwaltlichen Ermittlungsverfahren als Verteidiger tätig. Das Verfahren ist ohne sein Zutun von der Staatsanwaltschaft eingestellt worden. Auszugehen ist von der Mittelgebühr.

Für die erstmalige Einarbeitung erhält der Anwalt die **Grundgebühr** nach Nr. 4100 VV. Daneben entsteht nur die **Verfahrensgebühr** nach Nr. 4104 VV.

---

7 LG Hamburg AGS 2008, 545.

§ 35 Strafsachen

1. Grundgebühr, Nr. 4100 VV		200,00 EUR
2. Verfahrensgebühr, Nr. 4104 VV		165,00 EUR
3. Postentgeltpauschale, Nr. 7002 VV		20,00 EUR
Zwischensumme	385,00 EUR	
4. 19 % Umsatzsteuer, Nr. 7008 VV		73,15 EUR
Gesamt		**458,15 EUR**

Beispiel 8 — Vorbereitendes Verfahren mit Terminsgebühr ohne Zusätzliche Gebühr

Der Anwalt war im Ermittlungsverfahren als Verteidiger tätig. Dort hat er an einem staatsanwaltlichen Vernehmungstermin teilgenommen. Das Verfahren ist ohne Zutun des Verteidigers von der Staatsanwaltschaft eingestellt worden. Auszugehen ist von der Mittelgebühr.

Jetzt erhält der Anwalt neben der **Grund-** und der **Verfahrensgebühr** eine **Terminsgebühr** nach Nr. 4102 Nr. 2 VV.

1. Grundgebühr, Nr. 4100 VV		200,00 EUR
2. Verfahrensgebühr, Nr. 4104 VV		165,00 EUR
3. Terminsgebühr, Nr. 4102 Nr. 2 VV		170,00 EUR
4. Postentgeltpauschale, Nr. 7002 VV		20,00 EUR
Zwischensumme	555,00 EUR	
5. 19 % Umsatzsteuer, Nr. 7008 VV		105,45 EUR
Gesamt		**660,45 EUR**

Beispiel 9 — Sühnetermin im Privatklageverfahren

In einer Privatklagesache ist der Anwalt als Verteidiger tätig. Dort hat er an einem Sühnetermin nach § 380 StPO teilgenommen, der erfolglos verlaufen ist.

Auch hier erhält der Anwalt neben der **Grund-** und der **Verfahrensgebühr** eine **Terminsgebühr**, jetzt nach Nr. 4102 Nr. 5 VV. Abzurechnen ist wie im vorherigen Beispiel 8. Zur Abrechnung bei einer zusätzlichen Einigung siehe Beispiele 20, 21.

Beispiel 10 — Vorbereitendes Verfahren mit mehreren Terminsgebühren ohne Zusätzliche Gebühr

Der Anwalt war im Ermittlungsverfahren als Verteidiger tätig. Dort hat er an insgesamt vier staatsanwaltlichen Vernehmungsterminen teilgenommen. Das Verfahren ist ohne Zutun des Verteidigers von der Staatsanwaltschaft eingestellt worden.

Der Anwalt erhält neben der **Grund-** und der **Verfahrensgebühr** jetzt zwei **Terminsgebühren** nach Nr. 4102 Nr. 2 VV. Die erste Terminsgebühr entsteht für die ersten drei Termine. Hier dürfte von der Höchstgebühr auszugehen sein. Gegebenenfalls besteht hier sogar Anlass für den Antrag auf Bewilligung einer Pauschgebühr nach § 42 RVG. Für den vierten Termin entsteht eine weitere Terminsgebühr nach Nr. 4102 VV.

1. Grundgebühr, Nr. 4100 VV		200,00 EUR
2. Verfahrensgebühr, Nr. 4104 VV		165,00 EUR
3. Terminsgebühr, Nr. 4102 Nr. 2 VV (1., 2. u. 3. Termin)		300,00 EUR
4. Terminsgebühr, Nr. 4102 Nr. 2 VV (4. Termin)		170,00 EUR
5. Postentgeltpauschale, Nr. 7002 VV		20,00 EUR
Zwischensumme	855,00 EUR	
6. 19 % Umsatzsteuer, Nr. 7008 VV		162,45 EUR
Gesamt		**1.017,45 EUR**

Unter den Voraussetzungen der Anm. Abs. 1 S. 1 Nr. 1 zu Nr. 4141 Nr. 1 VV entsteht eine Zusätzliche Gebühr, wenn das Verfahren nicht nur vorläufig eingestellt wird. Die Höhe dieser Gebühr bemisst sich nach der Höhe der jeweiligen Verfahrensgebühr des Stadiums, in dem die Hauptverhandlung vermieden worden ist; maßgebend ist also nicht Nr. 4104 VV. Die Höhe der Gebühr richtet sich vielmehr nach den Gebühren der Nrn. 4106 ff. VV.[8]

Die Zusätzliche Gebühr entsteht immer in Höhe der Mittelgebühr. Es handelt sich damit faktisch um eine **Festgebühr**.[9] 33

Beispiel 11 | **Vorbereitendes Verfahren mit Einstellung**

Der Anwalt war im staatsanwaltlichen Ermittlungsverfahren als Verteidiger tätig. Das Verfahren wird aufgrund der Einlassung des Verteidigers von der Staatsanwaltschaft eingestellt. Auszugehen ist von der Mittelgebühr.

Der Anwalt erhält neben der **Grundgebühr** und der **Verfahrensgebühr** jetzt eine **Zusätzliche Gebühr** nach Nr. 4141 VV (Anm. Abs. 1 S. 1 Nr. 1 zu Nr. 4141 VV), da sich das Verfahren unter seiner Mitwirkung ohne Hauptverhandlung erledigt hat. Die Höhe dieser Gebühr bemisst sich nach der Höhe der jeweiligen Verfahrensgebühr des Stadiums, in dem die Hauptverhandlung vermieden worden ist, und zwar in Höhe der Mittelgebühr.

I. Anklage wäre vor dem Amtsgericht zu erheben gewesen

1. Grundgebühr, Nr. 4100 VV		200,00 EUR
2. Verfahrensgebühr, Nr. 4104 VV		165,00 EUR
3. Zusätzliche Gebühr, Nrn. 4141, 4106 VV		165,00 EUR
4. Postentgeltpauschale, Nr. 7002 VV		20,00 EUR
Zwischensumme	550,00 EUR	
5. 19 % Umsatzsteuer, Nr. 7008 VV		104,50 EUR
Gesamt		**654,50 EUR**

II. Anklage wäre vor dem Jugendkammer zu erheben gewesen, ohne dass ein Fall der Anm. zu Nr. 4118 VV vorgelegen hätte

1. Grundgebühr, Nr. 4100 VV		200,00 EUR
2. Verfahrensgebühr, Nr. 4104 VV		165,00 EUR
3. Zusätzliche Gebühr, Nrn. 4141, 4112 VV		185,00 EUR
4. Postentgeltpauschale, Nr. 7002 VV		20,00 EUR
Zwischensumme	570,00 EUR	
5. 19 % Umsatzsteuer, Nr. 7008 VV		108,30 EUR
Gesamt		**678,30 EUR**

---

8 *Burhoff*, Nr. 4141 VV Rn 48, 49.
9 AG Hamburg AGS 2006, 439 = RVGreport 2006, 351 = RVGprof. 2006, 164.

§ 35 Strafsachen

III. Anklage wäre vor dem Oberlandesgericht, dem Schwurgericht oder der Strafkammer nach den §§ 74a und 74c GVG zu erheben gewesen

1. Grundgebühr, Nr. 4100 VV		200,00 EUR
2. Verfahrensgebühr, Nr. 4104 VV		165,00 EUR
3. Zusätzliche Gebühr, Nrn. 4141, 4118 VV		395,00 EUR
4. Postentgeltpauschale, Nr. 7002 VV		20,00 EUR
Zwischensumme	780,00 EUR	
5. 19 % Umsatzsteuer, Nr. 7008 VV		148,20 EUR
Gesamt		**928,20 EUR**

Beispiel 12 | **Vorbereitendes Verfahren mit Terminsgebühr und Einstellung**

Der Anwalt war im Ermittlungsverfahren als Verteidiger tätig. Dort hat er an einem richterlichen Vernehmungstermin teilgenommen. Anschließend wird das Verfahren unter Mitwirkung des Verteidigers von der Staatsanwaltschaft eingestellt. Auszugehen ist von der Mittelgebühr. Anzuklagen gewesen wäre vor dem Amtsgericht.

Zunächst entstehen wiederum die **Grund-** und die **Verfahrensgebühr**. Daneben fällt eine **Terminsgebühr** (Nr. 4102 Nr. 1 VV) für die Teilnahme an dem Vernehmungstermin an. Hinzu kommt jetzt noch die **Zusätzliche Gebühr** nach Nr. 4141 VV.

1. Grundgebühr, Nr. 4100 VV		200,00 EUR
2. Verfahrensgebühr, Nr. 4104 VV		165,00 EUR
3. Terminsgebühr, Nr. 4102 Nr. 1 VV		170,00 EUR
4. Zusätzliche Gebühr, Nrn. 4141, 4106 VV		165,00 EUR
5. Postentgeltpauschale, Nr. 7002 VV		20,00 EUR
Zwischensumme	720,00 EUR	
6. 19 % Umsatzsteuer, Nr. 7008 VV		136,80 EUR
Gesamt		**856,80 EUR**

Beispiel 13 | **Verteidigung mit Einstellung, überdurchschnittliche Gebühr**

Der Verteidiger gibt gegenüber der Staatsanwaltschaft eine umfassende Einlassung ab. Daraufhin wird das Verfahren eingestellt. Die gesamte Tätigkeit war überdurchschnittlich, so dass um 20 % erhöhte Mittelgebühren angemessen sind. Anzuklagen gewesen wäre vor dem Amtsgericht.

Es entstehen wiederum die **Grundgebühr** und die **Verfahrensgebühr**, wobei diese jetzt nach § 14 Abs. 1 RVG mit 20 % über der Mittelgebühr anzusetzen sind.

Mit Einstellung des Verfahrens entsteht die **Zusätzliche Gebühr** nach Nr. 4141 VV. Diese entsteht unabhängig von den Kriterien des § 14 Abs. 1 RVG immer in Höhe der jeweiligen Verfahrensmittelgebühr. Es handelt sich um eine Festgebühr. Eine Erhöhung ist nicht möglich.[10]

1. Grundgebühr, Nr. 4100 VV (um 20 % erhöht)		240,00 EUR
2. Verfahrensgebühr, Nr. 4104 VV (um 20 % erhöht)		198,00 EUR
3. Zusätzliche Gebühr, Nrn. 4141, 4106 VV		165,00 EUR
4. Postentgeltpauschale, Nr. 7002 VV		20,00 EUR
Zwischensumme	623,00 EUR	
5. 19 % Umsatzsteuer, Nr. 7008 VV		118,37 EUR
Gesamt		**741,37 EUR**

---

10 AG Hamburg AGS 2006, 439 = RVGreport 2006, 351 = RVGprof. 2006, 164.

Wird ein Ermittlungsverfahren nicht nur vorläufig eingestellt, dann aber später wieder fortgesetzt, ändert das nichts daran, dass die Zusätzliche Gebühr nach Anm. Abs. 1 S. 1 Nr. 1 zu Nr. 4141 VV angefallen ist. Sie kann nachträglich nicht mehr entfallen (§ 15 Abs. 4 RVG).[11]

Beispiel 14 **Verteidigung mit Einstellung und Fortsetzung des Verfahrens**

Das Verfahren wird aufgrund Mitwirkung des Verteidigers mangels Tatverdacht nach § 170 Abs. 2 StPO eingestellt. Später wird das Verfahren fortgesetzt, da sich neuer Tatverdacht ergeben hat. Es kommt zur Anklage vor dem Amtsgericht.

Die Zusätzliche Gebühr nach Anm. Abs. 1 S. 1 Nr. 1 zu Nr. 4141 VV ist durch die Einstellung angefallen. Sie kann nachträglich nicht mehr entfallen. Abzurechnen ist wie folgt:

    I. Vorbereitendes Verfahren
1. Grundgebühr, Nr. 4100 VV   200,00 EUR
2. Verfahrensgebühr, Nr. 4104 VV   165,00 EUR
3. Zusätzliche Gebühr, Nrn. 4141, 4106 VV   165,00 EUR
4. Postentgeltpauschale, Nr. 7002 VV   20,00 EUR
    Zwischensumme   550,00 EUR
5. 19 % Umsatzsteuer, Nr. 7008 VV   104,50 EUR
Gesamt   **654,50 EUR**
II. Erstinstanzliches Verfahren vor dem Amtsgericht
Siehe Rn 58 ff.

Wird ein Ermittlungsverfahren nicht nur vorläufig eingestellt und dann später wieder fortgesetzt und erneut eingestellt, liegt gebührenrechtlich nur eine Angelegenheit vor, so dass alle Gebühren nur einmal entstehen.[12]

Beispiel 15 **Verteidigung mit Einstellung, Fortsetzung des Verfahrens und erneuter Einstellung**

Das Verfahren wird aufgrund Mitwirkung des Verteidigers mangels Tatverdacht nach § 170 Abs. 2 StPO eingestellt. Später wird das Verfahren fortgesetzt, da sich neuer Tatverdacht ergeben hat.

Später wird das Verfahren unter Mitwirkung des Verteidigers nach § 153a StPO eingestellt. Anzuklagen gewesen wäre vor dem Amtsgericht.

Es liegt nur eine einzige Angelegenheit vor. Alle Gebühren entstehen nur einmal. Auch die zusätzliche Verfahrensgebühr entsteht nur einmal. Abzurechnen ist wie folgt:

1. Grundgebühr, Nr. 4100 VV   200,00 EUR
2. Verfahrensgebühr, Nr. 4104 VV   165,00 EUR
3. Zusätzliche Gebühr, Nrn. 4141, 4106 VV   165,00 EUR
4. Postentgeltpauschale, Nr. 7002 VV   20,00 EUR
    Zwischensumme   550,00 EUR
5. 19 % Umsatzsteuer, Nr. 7008 VV   104,50 EUR
Gesamt   **654,50 EUR**

---

11 AG Tiergarten AGS 2014, 273 = zfs 2014, 290 = RVGreport 2014, 232 = VRR 2014, 160 = NJW-Spezial 2014, 381 = StRR 2014, 276.
12 AG Osnabrück AGS 2009, 113 = JurBüro 2008, 588 = NdsRpfl 2009, 17 = NJW-Spezial 2009, 189.

36 Anders verhält es sich, wenn die erneute Einstellung erst in einem nachfolgenden Verfahrensabschnitt erfolgt (siehe dazu Rn 71).

37 Strittig war, ob die Zusätzliche Gebühr nach Nr. 4141 VV im Falle der Einstellung auch dann entsteht, wenn sich ein **Bußgeldverfahren anschließt**. Nach zutreffender Ansicht war dies zu bejahen. Mit der nicht nur vorläufigen Einstellung ist das Strafverfahren beendet. Ob sich ein Bußgeldverfahren anschließt, war unerheblich, weil das Bußgeldverfahren nach § 17 Nr. 10 RVG schon immer eine neue Angelegenheit darstellte.[13] Der BGH hatte dies allerdings anders gesehen[14] und eine Zusätzliche Gebühr nach Nr. 4141 VV abgelehnt, da das Verfahren infolge der Einstellung nicht endgültig eingestellt sei. Der Gesetzgeber hat zum 1.8.2013 reagiert und durch die Neufassung der Anm. Abs. 1 S. 1 Nr. 1 zu Nr. 4141 VV klargestellt, dass die Einstellung des Strafverfahrens die Zusätzliche Gebühr auch dann auslöst, wenn ein Bußgeldverfahren nachfolgt.

38 Zu unterscheiden sind allerdings vier verschiedene Fallvarianten:
- 1. Fall: Abgabe nach § 43 Abs. 2 OWiG
- 2. Fall: Abgabe nach § 43 Abs. 1 OWiG – die Verwaltungsbehörde leitet ein Ermittlungsverfahren ein
- 3. Fall: Abgabe nach § 43 Abs. 1 OWiG – die Verwaltungsbehörde leitet kein Ermittlungsverfahren ein
- 4. Fall: Abgabe nach § 43 Abs. 1 OWiG – die Verwaltungsbehörde leitet ein Ermittlungsverfahren wegen einer anderen Tat ein

39 Hatte die Staatsanwaltschaft im Rahmen der strafrechtlichen Ermittlungen bereits selbst wegen der Ordnungswidrigkeit ermittelt, stellt sie das Strafverfahren später aber nur hinsichtlich der Straftat ein und gibt sie die Sache wegen der Ordnungswidrigkeit nach § 43 Abs. 2 OWiG an die Verwaltungsbehörde ab, kann im Strafverfahren keine Zusätzliche Gebühr anfallen, weil es sich insoweit nur um eine Teileinstellung des Verfahrens handelt, die für eine Zusätzliche Gebühr nach Nr. 4141 VV jedoch nicht ausreicht. Im Übrigen – also hinsichtlich der Ordnungswidrigkeit – wird das Verfahren fortgeführt – wenn auch vor der Verwaltungsbehörde. Der Anwalt kann jetzt lediglich noch erreichen, dass er im Bußgeldverfahren eine Hauptverhandlung vermeidet und dort die Zusätzliche Gebühr der Nr. 5115 VV verdient.

| Beispiel 16 | **Einstellung des Strafverfahrens und Abgabe an die Verwaltungsbehörde zur Verfolgung als Ordnungswidrigkeit nach § 43 Abs. 2 OWiG** |

Nach einem Verkehrsunfall ermittelt die Staatsanwaltschaft wegen des Verdachts der Verkehrsunfallflucht und einer Trunkenheitsfahrt. Das Verfahren wegen des Verdachts der Verkehrsunfallflucht wird mangels Tatverdacht nach § 170 Abs. 2 StPO eingestellt. Hinsicht-

---

13 AG Regensburg AGS 2006, 125 = StraFo 2006, 88 = RVGreport 2006, 274; AG Köln AGS 2006, 234 = zfs 2006, 646; AG Bad Kreuznach, Urt. v. 5.5.2006, 2 C 1747/05, nachgewiesen bei www.burhoff.de; AG Saarbrücken AGS 2007, 306; AG Stuttgart, AGS 2007, 306; AG Nettetal AGS 2007, 404; AG Hannover AGS 2006, 235; AG Gelnhausen AGS 2007, 453 = VRR 2007, 283; AG Gelnhausen AGS 2007, 453 = VRR 2007, 283; AG Hannover AGS 2006, 235; LG Osnabrück RVGprof. 2008, 7 = VRR 2008, 3 u. 43; AG Lemgo AGS 2009, 28 = zfs 2008, 712 = RVGreport 2008, 463; a.A. AG München AGS 2007, 305.
14 AGS 2010, 1 = BRAK-Mitt 2010, 33 = zfs 2010, 103 = Rpfleger 2010, 158 = AnwBl 2010, 140 = MDR 2010, 413 = Jur-Büro 2010, 132 = NJW 2010, 1209 = DAR 2010, 235 = NJW-Spezial 2010, 61 = RVGprof. 2010, 25 = VRR 2010, 38 = RVGreport 2010, 70 = StRR 2010, 110.

lich der Trunkenheitsfahrt wird die Sache an die Bußgeldbehörde nach § 43 Abs. 2 OWiG abgegeben, da die Blutalkoholkonzentration unter 0,5 ‰ liegt.

Eine Zusätzliche Gebühr nach Nr. 4141 VV entsteht nicht. Abzurechnen ist wie folgt:

I. Strafverfahren
1. Grundgebühr, Nr. 4100 VV 200,00 EUR
2. Verfahrensgebühr, Nr. 4104 VV 165,00 EUR
3. Postentgeltpauschale, Nr. 7002 VV 20,00 EUR
   Zwischensumme 385,00 EUR
4. 19 % Umsatzsteuer, Nr. 7008 VV 73,15 EUR
   Gesamt **458,15 EUR**

II. Bußgeldverfahren[15]
1. Verfahrensgebühr, Nr. 5103 VV 160,00 EUR
   … und weitere Gebühren des Bußgeldverfahrens

Hat die Staatsanwaltschaft nur wegen einer Straftat ermittelt und das Verfahren insoweit eingestellt, die Sache anschließend aber an die Verwaltungsbehörde zur eventuellen Durchführung eines Bußgeldverfahrens nach § 43 Abs. 1 OWiG abgegeben, und leitet die Bußgeldbehörde daraufhin auch ein Verfahren ein, dann entsteht wiederum die Zusätzliche Gebühr nach Nr. 4141 VV. 40

Beispiel 17	Einstellung des Strafverfahrens und Abgabe nach § 43 Abs. 1 OWiG an die Verwaltungsbehörde zur Verfolgung als Ordnungswidrigkeit wegen derselben Tat mit Einstellung des Bußgeldverfahrens – die Verwaltungsbehörde leitet ein Ermittlungsverfahren ein

Nach einem Verkehrsunfall ermittelt die Staatsanwaltschaft wegen des Verdachts der fahrlässigen Körperverletzung. Das Verfahren wird nach § 153 StPO eingestellt. Gleichzeitig wird die Sache an die Verwaltungsbehörde nach § 43 Abs. 1 OWiG abgegeben, damit diese gegebenenfalls wegen eines Verstoßes gegen die StVO ermittle. Die Verwaltungsbehörde leitet daraufhin ein Ermittlungsverfahren wegen des Verdachts der Vorfahrtsverletzung ein.

Abzurechnen ist wiederum wie folgt:

I. Strafverfahren
1. Grundgebühr, Nr. 4100 VV 200,00 EUR
2. Verfahrensgebühr, Nr. 4104 VV 165,00 EUR
3. Zusätzliche Gebühr, Nr. 4141, 4106 VV 165,00 EUR
4. Postentgeltpauschale, Nr. 7002 VV 20,00 EUR
   Zwischensumme 550,00 EUR
5. 19 % Umsatzsteuer, Nr. 7008 VV 104,50 EUR
   Gesamt **654,50 EUR**

II. Bußgeldverfahren[16]
1. Verfahrensgebühr, Nr. 5103 VV 160,00 EUR
   … und weitere Gebühren des Bußgeldverfahrens

Stellt die Staatsanwaltschaft das Strafverfahren ein und gibt sie die Sache zur eventuellen Verfolgung an die zuständige Verwaltungsbehörde ab, sieht die Verwaltungsbehörde jedoch keinen Anlass, ein Ermittlungsverfahren wegen des Verdachts einer Ordnungswidrigkeit einzuleiten, kommt es also gar nicht mehr zu einem Bußgeldverfahren, dann fiel auch schon nach der 41

---

15 Eine Grundgebühr kann bei dieser Konstellation nicht anfallen (Anm. Abs. 2 zu Nr. 5100 VV).
16 Eine Grundgebühr kann bei dieser Konstellation nicht anfallen (Anm. Abs. 2 zu Nr. 5100 VV).

Auffassung des BGH die Zusätzliche Gebühr nach Nr. 4141 VV an, weil dann die Einstellung im Strafverfahren letztlich doch endgültig war. Dafür erhält der Anwalt in diesem Fall aber auch keine Gebühren im Bußgeldverfahren, da ein solches nicht eingeleitet worden ist.

> **Beispiel 18** Einstellung des Strafverfahrens und Abgabe nach § 43 Abs. 1 OWiG an die Verwaltungsbehörde zur Verfolgung als Ordnungswidrigkeit wegen derselben Tat mit Einstellung des Bußgeldverfahrens – die Verwaltungsbehörde leitet kein Ermittlungsverfahren ein

Die Staatsanwaltschaft ermittelt wegen des Verdachts einer Nötigung im Straßenverkehr. Das Verfahren wird nach § 170 Abs. 2 StPO mangels Tatverdacht eingestellt. Gleichzeitig wird die Sache an die Verwaltungsbehörde nach § 43 Abs. 1 OWiG abgegeben, damit diese gegebenenfalls wegen eines Verstoßes gegen die StVO ermittle. Die Verwaltungsbehörde sieht keine Anhaltspunkte für einen Verstoß gegen die StVO und sieht von der Einleitung eines Ermittlungsverfahrens ab.

Im Strafverfahren entsteht eine Zusätzliche Gebühr nach Nr. 4141 VV. Mangels eines Bußgeldverfahrens entstehen allerdings keine Gebühren nach den Nrn. 5100 ff. VV.

Abzurechnen ist hier wie folgt:

1. Grundgebühr, Nr. 4100 VV		200,00 EUR
2. Verfahrensgebühr, Nr. 4104 VV		165,00 EUR
3. Verfahrensgebühr, Nrn. 4141, 4106 VV		165,00 EUR
4. Postentgeltpauschale, Nr. 7002 VV		20,00 EUR
Zwischensumme	550,00 EUR	
5. 19 % Umsatzsteuer, Nr. 7008 VV		104,50 EUR
Gesamt		**654,50 EUR**

42 Wird das Bußgeldverfahren wegen einer anderen Tat im prozessualen Sinne eingeleitet, entstand schon immer nach einhelliger Auffassung die Zusätzliche Gebühr. Ebenso wie im umgekehrten Fall eine Anrechnung der Grundgebühr bei verschiedenen prozessualen Taten ausgeschlossen ist (Anm. Abs. 2 zu Nr. 4100 VV) kann die Anwendung der Nr. 4141 VV nicht ausgeschlossen sein, wenn die Sache zur Verfolgung einer anderen Tat an die Bußgeldbehörde abgegeben wird, die sich anlässlich der Ermittlungen im Strafverfahren ergeben hat. Das folgt schon daraus, dass in diesem Falle die Verwaltungsbehörde auch parallel zum Strafverfahren hätte ermitteln können.

> **Beispiel 19** Einstellung des Strafverfahrens und Abgabe an die Verwaltungsbehörde zur Verfolgung als Ordnungswidrigkeit wegen einer anderen Tat

Gegen den Mandanten wird wegen des Verdachts der Verkehrsunfallflucht ermittelt. Im Rahmen einer Besichtigung seines Fahrzeugs stellt sich heraus, dass dort eine nicht zugelassene Anhängerkupplung angebracht ist. Das Strafverfahren wegen des Verdachts der Verkehrsunfallflucht wird später eingestellt und die Sache an die Verwaltungsbehörde abgegeben, damit diese wegen des Verstoßes gegen die StVZO ein Ermittlungsverfahren einleite, was auch geschieht.

Im Strafverfahren entsteht die Zusätzliche Gebühr nach Nr. 4141 VV. Im Bußgeldverfahren entsteht jetzt die Grundgebühr nach Nr. 5100 VV. Sie ist nicht ausgeschlossen, da dem Bußgeldverfahren jetzt eine andere Tat zugrunde liegt (Anm. Abs. 2 zu Nr. 5100 VV). Des Weiteren entsteht auch hier eine Zusätzliche Gebühr (Nr. 5115 VV).

Abzurechnen ist wie folgt:

I. Strafverfahren
1. Grundgebühr, Nr. 4100 VV   200,00 EUR
2. Verfahrensgebühr, Nr. 4104 VV   165,00 EUR
3. Zusätzliche Gebühr, Nrn. 4141, 4106 VV   165,00 EUR
4. Postentgeltpauschale, Nr. 7002 VV   20,00 EUR
   Zwischensumme   550,00 EUR
5. 19 % Umsatzsteuer, Nr. 7008 VV   104,50 EUR
Gesamt   **654,50 EUR**

II. Bußgeldverfahren
1. Grundgebühr, Nr. 5100 VV   100,00 EUR
2. Verfahrensgebühr, Nr. 5103 VV   160,00 EUR
3. Zusätzliche Gebühr, Nrn. 5115, 5109 VV   165,00 EUR
4. Postentgeltpauschale, Nr. 7002 VV   20,00 EUR
   Zwischensumme   445,00 EUR
5. 19 % Umsatzsteuer, Nr. 7008 VV   84,55 EUR
Gesamt   **529,55 EUR**

Eine Zusätzliche Gebühr nach Anm. Abs. 1 S. 1 zu Nr. 4141 VV entsteht nicht, wenn eine **43** Einigungsgebühr nach Nr. 4147 VV anfällt. Dies ist mit dem 2. KostRMoG durch den neuen S. 2 der Anm. Abs. 2 zu Nr. 4141 VV klargestellt worden.

Beispiel 20 | Sühnetermin im Privatklageverfahren mit Einigung

In einer Privatklagesache ist der Anwalt als Verteidiger tätig. Dort hat er an einem Sühnetermin nach § 380 StPO teilgenommen, in dem sich die Parteien geeinigt haben.

Der Anwalt erhält wiederum eine **Grund-** und eine **Verfahrensgebühr** sowie eine **Terminsgebühr** nach Nr. 4102 Nr. 5 VV. Hinzu kommt jetzt noch eine Einigungsgebühr nach Nr. 4147 VV.

Eine **Zusätzliche Gebühr** entsteht nicht, obwohl die Einigung faktisch zu einer Einstellung des Verfahrens führt und eine Hauptverhandlung in einem späteren Privatklageverfahren vermieden wird.

1. Grundgebühr, Nr. 4100 VV   200,00 EUR
2. Verfahrensgebühr, Nr. 4104 VV   165,00 EUR
3. Terminsgebühr, Nr. 4102 Nr. 5 VV   170,00 EUR
4. Zusätzliche Gebühr, Nrn. 4141, 4106 VV   165,00 EUR
5. Postentgeltpauschale, Nr. 7002 VV   20,00 EUR
   Zwischensumme   720,00 EUR
6. 19 % Umsatzsteuer, Nr. 7008 VV   136,80 EUR
Gesamt   **856,80 EUR**

Beispiel 21 | Sühnetermin im Privatklageverfahren mit Einigung auch über zivilrechtliche Ansprüche

In einer Privatklagesache ist der Anwalt als Verteidiger tätig. Dort hat er an einem Sühnetermin nach § 380 StPO teilgenommen, in dem sich die Parteien einigen und dabei auch eine Schmerzensgeldforderung i.H.v. 2.000,00 EUR einbeziehen.

Auszugehen ist von Beispiel 20. Allerdings entstehen jetzt zwei Einigungsgebühren, eine nach Nr. 4147 VV und eine nach Anm. zu Nr. 4147 VV i.V.m. Nr. 1000 VV. Die Wertgebühr entsteht zu einem Gebührensatz von 1,5, da die Schmerzensgeldforderung nicht anhängig war.

Hinzu kommt eine Betriebsgebühr aus dem Wert der Schmerzensgeldforderung. Mangels einer ausdrücklichen Regelung ist hier eine Geschäftsgebühr nach Nr. 2300 VV anzusetzen.[17]

1.	Grundgebühr, Nr. 4100 VV	200,00 EUR
2.	Verfahrensgebühr, Nr. 4104 VV	165,00 EUR
3.	Terminsgebühr, Nr. 4102 Nr. 5 VV	170,00 EUR
4.	Einigungsgebühr, Nr. 4147 VV	165,00 EUR
5.	1,5-Geschäftsgebühr, Nr. 2300 VV (Wert: 2.000,00 EUR)	225,00 EUR
6.	1,5-Einigungsgebühr, Nr. 1000 VV (Wert: 2.000,00 EUR)	225,00 EUR
7.	Postentgeltpauschale, Nr. 7002 VV	20,00 EUR
	Zwischensumme	1.170,00 EUR
8.	19 % Umsatzsteuer, Nr. 7008 VV	222,30 EUR
	Gesamt	**1.392,30 EUR**

Beispiel 22 | Verteidigung auch gegen Beschlagnahme, Einziehung o.Ä.

Gegen den Beschuldigten wird ermittelt. Gleichzeitig werden Gegenstände im Wert von 5.000,00 EUR beschlagnahmt.

Der Anwalt erhält neben Grund- und Verfahrensgebühr jetzt eine zusätzliche Verfahrensgebühr nach Nr. 4142 VV. Die Höhe dieser Gebühr bemisst sich nach dem Wert der betreffenden Gegenstände (§ 2 Abs. 1 RVG). Da im vorbereitenden Verfahren eine Streitwertfestsetzung nach § 33 Abs. 1 RVG nicht in Betracht kommt, muss der Anwalt diesen Wert gegebenenfalls selbst ermitteln.

1.	Grundgebühr, Nr. 4100 VV	200,00 EUR
2.	Verfahrensgebühr, Nr. 4104 VV	165,00 EUR
3.	1,0-Verfahrensgebühr, Nr. 4142 VV (Wert: 5.000,00 EUR)	303,00 EUR
4.	Postentgeltpauschale, Nr. 7002 VV	20,00 EUR
	Zwischensumme	688,00 EUR
5.	19 % Umsatzsteuer, Nr. 7008 VV	130,72 EUR
	Gesamt	**818,72 EUR**

Beispiel 23 | Verteidigung auch gegen Beschlagnahme, Einziehung o.Ä. und Einstellung

Gegen den Beschuldigten wird ermittelt. Gleichzeitig werden Gegenstände im Wert von 5.000,00 EUR beschlagnahmt. Anschließend wird das Verfahren unter Mitwirkung des Verteidigers eingestellt.

Der Anwalt erhält weiterhin noch eine Zusätzliche Gebühr nach Nr. 4141 VV (Anm. Abs. 1 S. 1 Nr. 1 zu Nr. 4141 VV). Maßstab ist lediglich die Verfahrensgebühr nach Nr. 4104 VV. Die zusätzliche Verfahrensgebühr nach Nr. 4142 VV wird in diesem Zusammenhang im Rahmen der Nr. 4141 VV nicht berücksichtigt.[18]

---

17 *Burhoff*, Nr. 4147 VV Rn 7.
18 AnwK-RVG/*N. Schneider*, Nr. 4141 VV Rn 164.

1. Grundgebühr, Nr. 4100 VV		200,00 EUR
2. Verfahrensgebühr, Nr. 4104 VV		165,00 EUR
3. 1,0-Verfahrensgebühr, Nr. 4142 VV (Wert: 5.000,00 EUR)		303,00 EUR
4. Zusätzliche Gebühr, Nrn. 4141, 4106 VV		165,00 EUR
5. Postentgeltpauschale, Nr. 7002 VV		20,00 EUR
Zwischensumme	853,00 EUR	
6. 19 % Umsatzsteuer, Nr. 7008 VV		162,07 EUR
Gesamt		**1.015,07 EUR**

Die Entziehung der Fahrerlaubnis löst keine Gebühr nach Nr. 4142 VV aus. Es besteht lediglich die Möglichkeit, diese Mehrarbeit im Rahmen des § 14 Abs. 1 RVG zu berücksichtigen und den Gebührenrahmen anzuheben.[19] **44**

Beispiel 24 | **Verteidigung auch gegen Entziehung der Fahrerlaubnis**

Der Anwalt verteidigt im vorbereitenden Verfahren wegen des Vorwurfs einer Trunkenheitsfahrt. Die Fahrerlaubnis wird vorläufig entzogen.

Der Anwalt erhält lediglich die Grundgebühr und die Verfahrensgebühr. Eine Zusätzliche Gebühr nach Nr. 4142 VV wird nicht ausgelöst. Die Mehrarbeit des Anwalts kann lediglich beim Gebührenrahmen berücksichtigt werden. Hier soll von einer 20 %igen Erhöhung der Mittelgebühr ausgegangen werden.

1. Grundgebühr, Nr. 4100 VV		200,00 EUR
2. Verfahrensgebühr, Nr. 4104 VV (20 % über Mittelgebühr)		198,00 EUR
3. Postentgeltpauschale, Nr. 7002 VV		20,00 EUR
Zwischensumme	418,00 EUR	
4. 19 % Umsatzsteuer, Nr. 7008 VV		79,42 EUR
Gesamt		**497,42 EUR**

Werden mehrere Ermittlungsverfahren **verbunden**, so erhält der Anwalt alle bis zur Verbindung entstandenen Gebühren (auch die Grundgebühr) getrennt. Das gilt auch dann, wenn die zugrunde liegenden Straftaten gleichartig und am selben Tag begangen worden sind.[20] Eine spätere Verfahrensverbindung kann die bereits entstandenen Gebührenansprüche nicht mehr beseitigen.[21] Ab Verbindung entstehen die Gebühren nur noch einmal.[22] Gegebenenfalls ist dann von überdurchschnittlichen Gebühren auszugehen. **45**

Beispiel 25 | **Verbindung zweier Ermittlungsverfahren**

Gegen den Mandanten wird wegen des Verdachts eines Betruges (Az. 1/14) und wegen des Verdachts eines Diebstahls (Az. 2/14) zunächst getrennt ermittelt. Später werden beide Verfahren verbunden (führend ist das Verfahren 2/14). Es findet dann noch ein richterlicher Vernehmungstermin statt. Anschließend wird das Verfahren unter Mitwirkung des Verteidigers eingestellt.

Bis zur Verbindung entstehen die Gebühren getrennt, also jeweils eine Grundgebühr und eine Verfahrensgebühr. Die Terminsgebühr nach Nr. 4102 Nr. 1 VV entsteht nach Verbindung nur einmal. Gleiches gilt für die Zusätzliche Gebühr nach Anm. Abs. 1 S. 1 zu Nr. 4141 VV.

---

19 OLG Koblenz AGS 2006, 236 = RVGreport 2006, 191 = JurBüro 2006, 247 = NStZ 2007, 342 = Rpfleger 2006, 338.
20 LG Hamburg AGS 2008, 545.
21 LG Hamburg AGS 2008, 545.
22 AnwK-RVG/*N. Schneider*, Nrn. 4104, 4105 VV Rn 22 ff.; *Burhoff*, Nr. 4104 VV Rn 13.

I. Verfahren 1/14

1. Grundgebühr, Nr. 4100 VV		200,00 EUR
2. Verfahrensgebühr, Nr. 4104 VV		165,00 EUR
3. Postentgeltpauschale, Nr. 7002 VV		20,00 EUR
Zwischensumme	385,00 EUR	
4. 19 % Umsatzsteuer, Nr. 7008 VV		73,15 EUR
Gesamt		**458,15 EUR**

II. Verfahren 2/14

1. Grundgebühr, Nr. 4100 VV		200,00 EUR
2. Verfahrensgebühr, Nr. 4104 VV		165,00 EUR
3. Terminsgebühr, Nr. 4102 Nr. 1 VV		170,00 EUR
4. Zusätzliche Gebühr, Nrn. 4141, 4106 VV		165,00 EUR
5. Postentgeltpauschale, Nr. 7002 VV		20,00 EUR
Zwischensumme	720,00 EUR	
6. 19 % Umsatzsteuer, Nr. 7008 VV		136,80 EUR
Gesamt		**856,80 EUR**

46 Wird aus einem Ermittlungsverfahren ein Verfahren **abgetrennt**, so erhält der Anwalt alle bis zur Trennung entstandenen Gebühren nur einmal.[23] Das gilt auch für die Grundgebühr (Nr. 4100 VV).[24] Gegebenenfalls sind insoweit wegen der Mehrbelastung überdurchschnittliche Gebühren anzusetzen. Ab der Trennung entstehen die Gebühren gesondert. Die Grundgebühr entsteht allerdings nicht erneut (Anm. Abs. 1 zu Nr. 4100 VV).[25]

> **Beispiel 26** | **Abtrennung eines Ermittlungsverfahrens**
>
> **Gegen den Mandanten wird wegen des Verdachts eines Betruges und wegen des Verdachts eines Diebstahls zunächst gemeinsam ermittelt (Az. 1/14). Es findet sodann ein richterlicher Vernehmungstermin statt. Später wird das Diebstahlsverfahren abgetrennt und als neue Sache (Az. 2/14) geführt. Anschließend werden beide Verfahren unter Mitwirkung des Verteidigers eingestellt.**

Bis zur Trennung entstehen die Gebühren nur einmal. Alle danach ausgelösten Gebühren entstehen dagegen gesondert. Einmal entsteht also die Grundgebühr sowie die Terminsgebühr nach Nr. 4102 Nr. 1 VV. Da in dem abgetrennten Verfahren die Verfahrensgebühr erneut ausgelöst wird (Vorbem. 4 Abs. 2 VV), entsteht sie erneut. Die Zusätzliche Gebühr entsteht ebenfalls in jedem Verfahren.

I. Verfahren 1/14

1. Grundgebühr, Nr. 4100 VV		200,00 EUR
2. Verfahrensgebühr, Nr. 4104 VV		165,00 EUR
3. Terminsgebühr, Nr. 4102 Nr. 1 VV		170,00 EUR
4. Zusätzliche Gebühr, Nrn. 4141, 4106 VV		165,00 EUR
5. Postentgeltpauschale, Nr. 7002 VV		20,00 EUR
Zwischensumme	720,00 EUR	
6. 19 % Umsatzsteuer, Nr. 7008 VV		136,80 EUR
Gesamt		**856,80 EUR**

---

[23] AnwK-RVG/N. *Schneider*, Nrn. 4104, 4105 VV Rn 24 ff.
[24] OLG Stuttgart AGS 2010, 292 = Rpfleger 2010, 443 = Justiz 2010, 310 = RVGprof. 2010, 119 = RVGreport 2010, 263 = VRR 2010, 319 = NStZ-RR 2010, 296.
[25] AnwK-RVG/N. *Schneider*, Nrn. 4100 VV Rn 13, 14; *Burhoff*, Nr. 4100 VV Rn 29, 30.

II. Verfahren 2/14
1. Verfahrensgebühr, Nr. 4104 VV   165,00 EUR
2. Zusätzliche Gebühr, Nrn. 4141, 4106 VV   165,00 EUR
3. Postentgeltpauschale, Nr. 7002 VV   20,00 EUR
   Zwischensumme   350,00 EUR
4. 19 % Umsatzsteuer, Nr. 7008 VV   66,50 EUR
Gesamt   **416,50 EUR**

Wird ein Bußgeldverfahren von der Staatsanwaltschaft übernommen, um die Sache als Straftat zu verfolgen, so gilt das Strafverfahren als eigene Angelegenheit. Auch wenn § 17 Nr. 10 RVG nur den umgekehrten Fall regelt, sind Bußgeld- und Strafverfahren immer verschiedene Angelegenheiten, da die Gebühren in gesonderten Teilen des VV geregelt sind. Anderenfalls wäre zudem die Anrechnungsvorschrift der Anm. Abs. 2 zu Nr. 4100 VV überflüssig. **47**

Der Anwalt erhält also im Bußgeldverfahren die Gebühren nach Teil 5 VV und im Strafverfahren die Gebühren nach Teil 4 VV. Lediglich die **Grundgebühr** ist **anzurechnen** (Anm. Abs. 2 zu Nr. 4100 VV), soweit das vorangegangene Bußgeldverfahren dieselbe Tat betrifft. **48**

Eine Zusätzliche Gebühr nach Nr. 5115 VV im Bußgeldverfahren entsteht nicht, da dieses Verfahren nicht eingestellt wird, sondern die Staatsanwaltschaft auch die Verfolgung der Ordnungswidrigkeit übernimmt (§§ 40 ff. OWiG). **49**

Beispiel 27 | **Übernahme eines vorangegangenen Bußgeldverfahrens zur weiteren Verfolgung als Strafsache wegen derselben Tat bzw. Handlung**

Gegen den Mandanten war nach einem Verkehrsunfall ein Bußgeldverfahren wegen des Verdachts einer Vorfahrtsverletzung eingeleitet worden (Bußgeldandrohung 50,00 EUR). Dieses Verfahren wurde dann wegen des Verdachts einer fahrlässigen Körperverletzung an die Staatsanwaltschaft zur weiteren Verfolgung als Strafsache abgegeben.

Der Anwalt erhält im Bußgeldverfahren die Gebühren nach Teil 5 VV und im Strafverfahren die Gebühren nach Teil 4 VV. Die Grundgebühr Nr. 5100 VV ist anzurechnen (Anm. Abs. 2 zu Nr. 4100 VV), da das vorangegangene Bußgeldverfahren dieselbe Tat betraf.

Eine Zusätzliche Gebühr nach Nr. 5115 VV ist im Bußgeldverfahren nicht angefallen.

I. Bußgeldverfahren
1. Grundgebühr, Nr. 5100 VV   100,00 EUR
2. Verfahrensgebühr, Nr. 5103 VV   160,00 EUR
3. Postentgeltpauschale, Nr. 7002 VV   20,00 EUR
   Zwischensumme   280,00 EUR
4. 19 % Umsatzsteuer, Nr. 7008 VV   53,20 EUR
Gesamt   **333,20 EUR**

II. Strafverfahren
1. Grundgebühr, Nr. 4100 VV   200,00 EUR
2. gem. Anm. zu Nr. 4100 VV anzurechnen   – 100,00 EUR
3. Verfahrensgebühr, Nr. 4104 VV   165,00 EUR
4. Postentgeltpauschale, Nr. 7002 VV   20,00 EUR
   Zwischensumme   285,00 EUR
5. 19 % Umsatzsteuer, Nr. 7008 VV   54,15 EUR
Gesamt   **339,15 EUR**

Liegt dem Strafverfahren eine andere Tat oder Handlung zugrunde, wird nicht angerechnet, da der Anwalt sich dann neu einarbeiten muss. **50**

| Beispiel 28 | Übernahme eines vorangegangenen Bußgeldverfahrens zur weiteren Verfolgung als Strafsache wegen anderer Tat bzw. Handlung |

Gegen den Mandanten war ein Bußgeldverfahren wegen einer Geschwindigkeitsübertretung eingeleitet worden (Bußgeldandrohung 50,00 EUR). Später stellt sich heraus, dass der Mandant nicht im Besitz einer gültigen Fahrerlaubnis ist, so dass die Sache an die Staatsanwaltschaft zur weiteren Verfolgung als Strafsache abgegeben wird.

Der Anwalt erhält im Bußgeldverfahren die Gebühren nach Teil 5 VV und im Strafverfahren die Gebühren nach Teil 4 VV. Die Grundgebühr Nr. 5100 VV ist jetzt nicht nach Anm. Abs. 2 zu Nr. 4100 VV anzurechnen, da das vorangegangene Bußgeldverfahren eine andere Tat betraf.

I. Bußgeldverfahren
1. Grundgebühr, Nr. 5100 VV   100,00 EUR
2. Verfahrensgebühr, Nr. 5103 VV 160,00 EUR
3. Postentgeltpauschale, Nr. 7002 VV   20,00 EUR
   Zwischensumme   280,00 EUR
4. 19 % Umsatzsteuer, Nr. 7008 VV   53,20 EUR
Gesamt   **333,20 EUR**

II. Strafverfahren
1. Grundgebühr, Nr. 4100 VV   200,00 EUR
2. Verfahrensgebühr, Nr. 4104 VV 165,00 EUR
3. Postentgeltpauschale, Nr. 7002 VV   20,00 EUR
   Zwischensumme   385,00 EUR
4. 19 % Umsatzsteuer, Nr. 7008 VV   73,15 EUR
Gesamt   **458,15 EUR**

c) Beschuldigter befindet sich nicht auf freiem Fuß

51 Befindet sich der Beschuldigte nicht auf freiem Fuß, so entstehen sämtliche Gebühren (mit Ausnahme der zusätzlichen Gebühren) „mit Zuschlag" (Vorbem. 4 Abs. 4 VV). Dem Anwalt steht also in diesen Fällen von vornehein ein höherer Gebührenrahmen zur Verfügung, unabhängig davon, ob tatsächlich ein erhöhter Aufwand dadurch entstanden ist, dass sich der Mandant nicht auf freiem Fuß befindet.[26]

52 Unerheblich ist, ob sich der Beschuldigte in der betreffenden Sache oder in einer anderen Sache nicht auf freiem Fuß befindet.[27]

53 Aus welchem Grund sich der Mandant nicht auf freiem Fuß befindet, ist für die Anwendung der Vorbem. 4 Abs. 4 VV ebenfalls unerheblich. Hauptanwendungsfall ist sicherlich die Untersuchungshaft; die Vorschrift der Vorbem 4 Abs. 4 VV gilt jedoch auch bei Unterbringungen nach dem Gesetz über Hilfen und Schutzmaßnahmen bei psychischen Krankheiten (PsychKG) oder bei einer Sicherungsverwahrung oder einer Zwangshaft (§§ 888, 901 ZPO). Ebenso hierzu zählt die

- Unterbringung im **offenen Vollzug**,[28]
- Unterbringung in einer **Einrichtung der Jugendhilfe** zur Vermeidung der Untersuchungshaft nach § 71 Abs. 3 JGG,[29]

---

[26] KG AGS 2007, 619; AnwK-RVG/N. Schneider, Vorbem. 4 VV Rn 36.
[27] AG Bochum AGS 2009, 325 = RVGprof. 2009, 78 = StRR 2009, 280; OLG Hamm AGS 2010, 17 = RVGprof. 2009, 204 = NJW-Spezial 2009, 780 = StRR 2009, 479 = RVGreport 2010, 27.
[28] KG AGS 2007, 619; AG/LG Aachen AGS 2007, 242 = StRR 2007, 40; a.A. ist das AG Osnabrück AGS 2006, 232; AGS 2008, 229.
[29] OLG Jena NStZ-RR 2003, 160.

- **vorläufiger Festnahme**,[30]
- freiwilliger Unterbringung in einer **stationären Therapieeinrichtung**,[31]
- Unterbringung im Rahmen von Lockerungen in einem **Übergangswohnheim**,[32]
- **vorläufige Festnahme** nach § 127 Abs. 1 StPO bzw. § 127b Abs. 1 StPO,[33]
- **Betreutes Wohnen**,[34]
- **Betreutes Wohnen im psychiatrischen Krankenhaus**.[35]

Strittig ist, ob ein Haftzuschlag anfällt, wenn sich der Mandant in **offenem Vollzug** befindet. Das wird teilweise abgelehnt.[36] Zutreffenderweise kommt es für die Entstehung des Zuschlags jedoch nicht darauf an, ob im Einzelfall aufgrund der Inhaftierung Umstände gegeben sind, die konkrete Erschwernisse der Tätigkeit des Rechtsanwalts zur Folge haben. Daher ist auch im offenen Vollzug Vorbem. 4 Abs. 4 VV anzuwenden.[37] 54

Dagegen kommt ein Haftzuschlag nicht in Betracht, wenn sich der Beschuldigte **freiwillig in einer stationären Therapieeinrichtung** befindet.[38] 55

Dem Verteidiger steht ein Haftzuschlag auch dann nicht zu, wenn der in einem psychiatrischen Krankenhaus untergebrachte Mandant bereits dauerhaft in einem **externen Pflegeheim** wohnt (betreutes Wohnen), sich also gar nicht mehr im Krankenhaus der Maßregelvollzugs aufhält.[39] 56

Die Frage, ob eine Gebühr mit Zuschlag entsteht oder nicht, ist **für jede Gebühr gesondert** zu prüfen.[40] Soweit sich der Mandant während des gesamten Verfahrensabschnitts nicht auf freiem Fuß befand, erhöhen sich sämtliche Gebühren (mit Ausnahme der zusätzlichen Gebühren). Im Übrigen ist zu differenzieren. Maßgebend ist, ob sich während des Abgeltungsbereichs der jeweiligen Gebühr (§ 15 Abs. 1 RVG) der Mandant – und wenn auch nur für kurze Zeit – nicht auf freiem Fuß befand.[41] War der Mandant nur vorübergehend in Haft, kann dies gegebenenfalls bei der Bestimmung der Gebühr nach § 14 Abs. 1 RVG ermäßigend berücksichtigt werden. 57

Beispiel 29	Der Beschuldigte befindet sich während des gesamten Verfahrens nicht auf freiem Fuß

Der Anwalt wird von dem inhaftierten Beschuldigten beauftragt, ihn im vorbereitenden Verfahren zu verteidigen. Es kommt zu zwei Haftprüfungsterminen.

Sämtliche Gebühren berechnen sich mit Zuschlag, da der Mandant während des gesamten Verfahrens in Haft war. Der Anwalt erhält jeweils mit Zuschlag die Grundgebühr (Nrn. 4100, 4101 VV),

---

30 KG AGS 2008, 32; KG AGS 2008, 31 = StraFo 2007, 482 = JurBüro 2007, 643 = RVGreport 2007, 463 = StRR 2007, 359.
31 OLG Bamberg StRR 2007, 283 = RVGreport 2008, 225.
32 OLG Jena AGS 2009, 385 = NStZ-RR 2009, 224 = NJW-Spezial 2009, 557.
33 KG AGS 2008, 32; AGS 2008, 31 = StraFo 2007, 482 = JurBüro 2007, 643 = RVGreport 2007, 463 = StRR 2007, 359; AG Tiergarten AGS 2010, 73.
34 KG, Beschl. v. 29.8.2008 – 1 Ws 212/07, n.v.
35 OLG Stuttgart AGS 2010, 429 = Justiz 2010, 381 = RVGprof. 2010, 169 = RVGreport 2010, 388 = StRR 2010, 438.
36 AG Osnabrück AGS 2006, 232.
37 KG AGS 2007, 619 = StraFo 2007, 483 = JurBüro 2007, 644 = Rpfleger 2008, 98 = NJW-Spezial 2007, 557 = RVGreport 2007, 462 = StRR 2007, 359 = NJ 2008, 84; AG Aachen AGS 2007, 242 = StRR 2007, 40; LG Aachen AGS 2007, 242 = StRR 2007, 40 = RVGprof. 2007, 98 = RVGreport 2007, 463.
38 OLG Bamberg StRR 2007, 283; AG Neuss, Beschl. v. 25.8.2008 – 7 Ds 30 Js 1509/07 (263/07) – nachgewiesen bei www.burhoff.de.
39 LG Berlin AGS 2007, 562 = StRR 2007, 243 = StRR 2007, 280 = RVGprof. 2007, 186 = RVGreport 2007, 462.
40 AnwK-RVG/N. *Schneider*, Vorbem. 4 VV Rn 54.
41 AnwK-RVG/N. *Schneider*, Vorbem. 4 VV Rn 51; *Burhoff*, Vorbem. 4 VV Rn 90.

die Verfahrensgebühr (Nrn. 4104, 4105 VV) und eine Terminsgebühr nach Nrn. 4102 Nr. 3, 4103 VV.

1. Grundgebühr, Nrn. 4100, 4101 VV	245,00 EUR
2. Verfahrensgebühr, Nrn. 4104, 4105 VV	201,25 EUR
3. Terminsgebühr, Nrn. 4102 Nr. 3, 4103 VV	207,50 EUR
4. Postentgeltpauschale, Nr. 7002 VV	20,00 EUR
Zwischensumme 673,75 EUR	
5. 19 % Umsatzsteuer, Nr. 7008 VV	128,01 EUR
Gesamt	**801,76 EUR**

| Beispiel 30 | Der Beschuldigte wird erst während des Verfahrens in Haft genommen |

Der Anwalt wird von dem Beschuldigten mit der Verteidigung im vorbereitenden Verfahren beauftragt und nimmt an einem richterlichen Vernehmungstermin teil. Später wird der Mandant dann in Haft genommen. Es kommt zu einem Haftprüfungstermin.

Während der Einarbeitung befand sich der Beschuldigte auf freiem Fuß, so dass sich die Grundgebühr ohne Zuschlag berechnet. Die Verfahrensgebühr ist dagegen mit Zuschlag zu berechnen, da der Mandant während des Verfahrens noch in Haft genommen worden ist. Für die beiden Termine außerhalb der Hauptverhandlung entsteht nur eine Gebühr. Diese berechnet sich mit Zuschlag, da sich der Mandant an einem der Termine nicht auf freiem Fuß befand.

1. Grundgebühr, Nr. 4100 VV	200,00 EUR
2. Verfahrensgebühr, Nrn. 4104, 4105 VV	201,25 EUR
3. Terminsgebühr, Nrn. 4102, 4103 VV	207,50 EUR
4. Postentgeltpauschale, Nr. 7002 VV	20,00 EUR
Zwischensumme 628,75 EUR	
5. 19 % Umsatzsteuer, Nr. 7008 VV	119,46 EUR
Gesamt	**748,21 EUR**

| Beispiel 31 | Der Beschuldigte wird erst während des Verfahrens in Haft genommen |

Der Anwalt wird von dem Beschuldigten mit der Verteidigung im vorbereitenden Verfahren beauftragt und nimmt an drei richterlichen Vernehmungsterminen teil. Später wird der Mandant dann in Haft genommen. Es kommt zu einem Haftprüfungstermin.

Auch hier entsteht die Grundgebühr ohne Zuschlag. Gleiches gilt für die erste Terminsgebühr nach Nr. 4102 Nr. 1 VV, da der Beschuldigte während der ersten drei Termine noch nicht in Haft war. Nur die Verfahrensgebühr (Nr. 4104 VV) und die weitere Terminsgebühr nach Nr. 4102 Nr. 3 VV berechnen sich mit Zuschlag.

1. Grundgebühr, Nr. 4100 VV	200,00 EUR
2. Verfahrensgebühr, Nrn. 4104, 4105 VV	201,25 EUR
3. Terminsgebühr, Nr. 4102 Nr. 1 VV (1., 2. u. 3. Termin)	170,00 EUR
4. Terminsgebühr, Nrn. 4102 Nr. 3, 4103 VV (4. Termin)	207,50 EUR
5. Postentgeltpauschale, Nr. 7002 VV	20,00 EUR
Zwischensumme 798,75 EUR	
6. 19 % Umsatzsteuer, Nr. 7008 VV	151,76 EUR
Gesamt	**950,51 EUR**

Beispiel 32 — Der Beschuldigte befindet sich in Untersuchungshaft; das Verfahren wird eingestellt

Der in Untersuchungshaft befindliche Beschuldigte beauftragt seinen Verteidiger, der eine Einstellung des Verfahrens erreicht. Die Anklage wäre vor dem Amtsgericht zu erheben gewesen.

Grund- und Verfahrensgebühr berechnen sich hier mit Zuschlag, da sich der Beschuldigte schon zu Beginn nicht auf freiem Fuß befand. Die Zusätzliche Gebühr entsteht ohne Zuschlag, da Maßstab der zusätzlichen Gebühr nach dem ausdrücklichen Wortlaut des Gesetzes die jeweilige Verfahrensgebühr **ohne Zuschlag** ist.

1.	Grundgebühr, Nrn. 4100, 4101 VV	245,00 EUR
2.	Verfahrensgebühr, Nrn. 4104, 4105 VV	201,25 EUR
3.	Zusätzliche Gebühr, Nrn. 4141, 4106 VV	165,00 EUR
4.	Postentgeltpauschale, Nr. 7002 VV	20,00 EUR
	Zwischensumme	631,25 EUR
5.	19 % Umsatzsteuer, Nr. 7008 VV	119,94 EUR
Gesamt		**751,19 EUR**

4. Gerichtliches Verfahren im ersten Rechtszug

a) Überblick

Im erstinstanzlichen gerichtlichen Verfahren erhält der Verteidiger die Gebühren nach Teil 4 Abschnitt 1 Unterabschnitt 3 VV, den Nrn. 4106 ff. VV. **58**

Auch hier kann der Anwalt die **Grundgebühr** (Nr. 4100 VV) verdienen, sofern er erstmals im gerichtlichen Verfahren beauftragt wird. War er schon im vorbereitenden Verfahren tätig, kann die Grundgebühr nicht erneut entstehen (Anm. Abs. 1 zu Nr. 4100 VV). **59**

Darüber hinaus ist zunächst wiederum eine **Verfahrensgebühr** vorgesehen. Hier wird allerdings nach der Zuständigkeit des Gerichts differenziert (Nrn. 4106, 4112, 4118 VV). **60**

Neben der Verfahrensgebühr kann auch im erstinstanzlichen gerichtlichen Verfahren die **allgemeine Terminsgebühr** nach Nr. 4102 VV anfallen, wenn Termine außerhalb der Hauptverhandlung stattfinden. **61**

Daneben erhält der Anwalt für jeden Tag, an dem er an einem Termin zur Hauptverhandlung teilnimmt, eine **Terminsgebühr**. Auch diese Gebühr ist nach der Zuständigkeit des Gerichts gestaffelt (Nrn. 4108, 4114, 4120 VV). **62**

Neben den Verfahrens- und Terminsgebühren kommen auch hier **Zusätzliche Gebühren** in Betracht und gegebenenfalls **Einigungsgebühren** (Nr. 4147 VV; Anm. zu Nr. 4147 VV i.V.m. Nrn. 1000, 1003, 1004 VV). **63**

Daneben fällt eine gesonderte **Postentgeltpauschale** nach Nr. 7002 VV an, da es sich bei dem gerichtlichen Verfahren, gegenüber dem vorbereitenden Verfahren, um eine eigene Angelegenheit handelt, wie jetzt durch § 17 Nr. 10 Buchst. b) RVG klargestellt worden ist. **64**

§ 35 Strafsachen

b) Der Anwalt war bereits im vorbereitenden Verfahren beauftragt

65 War der Anwalt im vorbereitenden Verfahren beauftragt, kann eine Grundgebühr nicht erneut entstehen, da sich der Anwalt bereits im vorbereitenden Verfahren eingearbeitet und dort die Grundgebühr verdient hat (Anm. Abs. 1 zu Nr. 4100 VV).

66 Zu differenzieren ist wiederum danach, ob sich der Beschuldigte auf freiem Fuß befindet oder nicht (Vorbem. 4 Abs. 4 VV).

aa) Beschuldigter befindet sich auf freiem Fuß

67 Befindet sich der Beschuldigte auf freiem Fuß, entstehen die Gebühren ohne Zuschlag. Der Anwalt erhält zunächst einmal eine Verfahrensgebühr.

Beispiel 33 | Gerichtliches Verfahren ohne Zusätzliche Gebühr

Der Anwalt wird im gerichtlichen Verfahren als Verteidiger tätig. Das Verfahren wird ohne sein Zutun außerhalb der Hauptverhandlung eingestellt. Auszugehen ist von der Mittelgebühr.

Angefallen ist jetzt nur die **Verfahrensgebühr**, die sich nach der Zuständigkeit des Gerichts richtet.

I. Verfahren vor dem Amtsgericht
1. Verfahrensgebühr, Nr. 4106 VV   165,00 EUR
2. Postentgeltpauschale, Nr. 7002 VV   20,00 EUR
   Zwischensumme   185,00 EUR
3. 19 % Umsatzsteuer, Nr. 7008 VV   35,15 EUR
Gesamt   **220,15 EUR**

II. Verfahren vor der Strafkammer oder Jugendkammer
1. Verfahrensgebühr, Nr. 4112 VV   185,00 EUR
2. Postenentgeltpauschale, Nr. 7002 VV   20,00 EUR
   Zwischensumme   205,00 EUR
3. 19 % Umsatzsteuer, Nr. 7008 VV   38,95 EUR
Gesamt   **243,95 EUR**

III. Verfahren vor dem OLG, dem Schwurgericht oder der Strafkammer nach §§ 74a und 74c GVG oder der Jugendkammer nach Anm. zu Nr. 4118 VV
1. Verfahrensgebühr, Nr. 4118 VV   395,00 EUR
2. Postentgeltpauschale, Nr. 7002 VV   20,00 EUR
   Zwischensumme   415,00 EUR
3. 19 % Umsatzsteuer, Nr. 7008 VV   78,85 EUR
Gesamt   **493,85 EUR**

Beispiel 34 | Gerichtliches Verfahren mit Strafbefehl

Der Anwalt wird im gerichtlichen Verfahren als Verteidiger tätig. Es ergeht ein Strafbefehl, gegen den kein Einspruch eingelegt wird.

Mit Eingang des Antrags auf Erlass eines Strafbefehls beginnt das gerichtliche Verfahren (Anm. zu Nr. 4104 VV). Der Anwalt verdient also im Strafbefehlsverfahren wie auch im gerichtlichen Verfahren eine Verfahrensgebühr. Abzurechnen ist wie im vorangegangenen Beispiel 33.

Entstehen kann auch eine Terminsgebühr nach Nr. 4102 VV. Sie entsteht in diesem Verfahrensabschnitt erneut, unabhängig davon, ob die Gebühr im vorbereitenden Verfahren bereits entstanden ist und wie viele Termine dort stattgefunden hatten. 67a

| Beispiel 35 | Gerichtliches Verfahren mit Termin außerhalb der Hauptverhandlung |

Nach Eingang der Akten führt das AG Köln zunächst im Wege der Rechtshilfe einen auswärtigen Zeugenvernehmungstermin in Bremen durch, an dem der Verteidiger teilnimmt. Das Verfahren wird anschließend ohne Zutun des Verteidigers eingestellt.

Jetzt erhält der Anwalt neben der **Grund-** und der **Verfahrensgebühr** eine **Terminsgebühr** nach Nr. 4102 Nr. 1 VV, die hier allerdings weit überdurchschnittlich anzusetzen sein dürfte.

1.	Verfahrensgebühr, Nr. 4106 VV	165,00 EUR
2.	Terminsgebühr, Nr. 4102 Nr. 1 VV (50 % über Mittelgebühr)	255,00 EUR
3.	Fahrtkosten, Nr. 7003 VV Köln-Bremen u. zurück, 2 x 300 km x 0,30 EUR	180,00 EUR
4.	Abwesenheitsentgelt, Nr. 7005 Nr. 3 VV	70,00 EUR
5.	Postentgeltpauschale, Nr. 7002 VV	20,00 EUR
	Zwischensumme	690,00 EUR
6.	19 % Umsatzsteuer, Nr. 7008 VV	131,10 EUR
Gesamt		**821,10 EUR**

Auch im gerichtlichen Verfahren kommt eine Zusätzliche Gebühr nach Anm. Abs. 1 zu Nr. 4141 VV in Betracht, und zwar wenn 67b

(1) das Verfahren **nicht nur vorläufig eingestellt** wird (Anm. Abs. 1 S. 1 Nr. 1 zu Nr. 4141 VV RVG),

(2) das Gericht die **Eröffnung des Hauptverfahrens ablehnt** (Anm. Abs. 1 S. 1 Nr. 2 zu Nr. 4141 VV RVG),

(3) der **Einspruch gegen einen Strafbefehl rechtzeitig zurückgenommen** wird (Anm. zu Abs. 1 Nr. 3, 1. Alt. zu Nr. 4141 VV RVG).

(3) im schriftlichen Verfahren nach § 411 Abs. 1 S. 2 StPO entschieden wird (Anm. zu Abs. 1 Nr. 5 zu Nr. 4141 VV RVG).

Darüber entsteht in analoger Anwendung der Nr. 4141 VV die Zusätzliche Gebühr, 68
- wenn der Anwalt nach Anklage erreicht, dass im Strafbefehlsverfahren entschieden wird,[42] und
- bei Rücknahme der Privatklage.[43]

| Beispiel 36 | Nichteröffnung des Hauptverfahrens |

Das Gericht lehnt die Eröffnung des Hauptverfahrens aufgrund der Stellungnahme des Verteidigers ab.

Lehnt das Gericht die Eröffnung des Hauptverfahrens nach § 240 StPO ab, so entsteht für den Anwalt, soweit er mitgewirkt hat (Anm. Abs. 2 zu Nr. 4141 VV), neben der **Verfahrensgebühr**

---

[42] AG Bautzen AGS 2007, 307.
[43] Nr. 4141 VV spricht zwar nur davon, dass der Anwalt des Privatklägers die Zusätzliche Gebühr bei Rücknahme der Privatklage erhalte. Dies gilt aber auch entsprechend für den Anwalt des Privatbeklagten, da die Rücknahme zur Erledigung des Verfahrens führt und einer Einstellung gleichkommt.

(Nrn. 4106, 4112, 4118 VV) eine **Zusätzliche Gebühr** nach Nr. 4141 VV (Anm. Abs. 1 S. 1 Nr. 2 zu Nr. 4141 VV). Das Gleiche gilt auch bei der Ablehnung der Eröffnung nach § 383 Abs. 1 StPO im Privatklageverfahren.

I. Verfahren vor dem Amtsgericht
1. Verfahrensgebühr, Nr. 4106 VV 165,00 EUR
2. Zusätzliche Gebühr, Nrn. 4141, 4106 VV 165,00 EUR
3. Postentgeltpauschale, Nr. 7002 VV 20,00 EUR
   Zwischensumme 350,00 EUR
4. 19 % Umsatzsteuer, Nr. 7008 VV 66,50 EUR
Gesamt **416,50 EUR**

II. Verfahren vor der Strafkammer oder Jugendkammer
1. Verfahrensgebühr, Nr. 4112 VV 185,00 EUR
2. Zusätzliche Gebühr, Nrn. 4141, 4112 VV 185,00 EUR
3. Postentgeltpauschale, Nr. 7002 VV 20,00 EUR
   Zwischensumme 390,00 EUR
4. 19 % Umsatzsteuer, Nr. 7008 VV 74,10 EUR
Gesamt **464,10 EUR**

III. Verfahren vor dem OLG, dem Schwurgericht oder der Strafkammer nach §§ 74a und 74c GVG oder der Jugendkammer nach Anm. zu Nr. 4118 VV
1. Verfahrensgebühr, Nr. 4118 VV 395,00 EUR
2. Zusätzliche Gebühr, Nrn. 4141, 4118 VV 395,00 EUR
3. Postentgeltpauschale, Nr. 7002 VV 20,00 EUR
   Zwischensumme 810,00 EUR
4. 19 % Umsatzsteuer, Nr. 7008 VV 153,90 EUR
Gesamt **963,90 EUR**

Beispiel 37 | **Übergang in das Strafbefehlsverfahren nach Anklageerhebung**

Nach Anklageerhebung verhandelt der Verteidiger mit dem Gericht und der Staatsanwaltschaft und erreicht, dass im Strafbefehlsverfahren entschieden wird.

Da der Verteidiger die Durchführung der Hauptverhandlung vermieden hat, steht ihm analog Nr. 4141 VV ebenfalls eine Zusätzliche Gebühr zu.[44]

Abzurechnen ist wie in Beispiel 36.

Beispiel 38 | **Entscheidung im Verfahren nach § 411 Abs. 2 StPO**

Gegen den Beschuldigten ergeht ein Strafbefehl wegen einer Trunkenheitsfahrt. Verhängt werden 30 Tagessätze zu jeweils 30,00 EUR. Der Verteidiger legt Einspruch ein und beschränkt diesen auf die Höhe des Tagessatzes, da der Beschuldigte Auszubildender ist und monatlich lediglich 300,00 EUR netto zur Verfügung hat. Das Gericht ist bereit, die Höhe des Tagessatzes auf 10,00 EUR zu beschränken und bietet an, mit dieser Maßgabe im schriftlichen Verfahren nach § 411 Abs. 1 S. 3 StPO zu entscheiden. Der Verteidiger stimmt nach Beratung des Beschuldigten zu.

---

44 AG Bautzen AGS 2007, 307.

Da der Verteidiger auch hier die Durchführung der Hauptverhandlung vermieden hat, steht ihm nach Anm. Abs. 1 S. 1 Nr. 5 zu Nr. 4141 VV ebenfalls eine Zusätzliche Gebühr zu. Die frühere Streitfrage hat sich damit erledigt.[45]

Abzurechnen ist wie in Beispiel 36.

| Beispiel 39 | Einstellung des gerichtlichen Verfahrens außerhalb der Hauptverhandlung |

Das Gericht stellt das Verfahren aufgrund der Einlassung des Verteidigers außerhalb der Hauptverhandlung ein.

Abzurechnen ist wie im Beispiel 36. Wird das Verfahren nicht nur vorläufig eingestellt, entsteht ebenfalls die Zusätzliche Gebühr (Anm. Abs. 1 S. 1 Nr. 1 zu Nr. 4141 VV). Auf den Zeitpunkt der Einstellung kommt es nicht an.

Die bloße Rücknahme der Anklage reicht für eine Zusätzliche Gebühr noch nicht aus, weil damit das Verfahren noch nicht beendet ist. Erst die nachfolgende Einstellung führt zur Zusätzlichen Gebühr.[46]

| Beispiel 40 | Rücknahme der Anklage |

Die Staatsanwaltschaft nimmt die Anklage nach Eröffnung des Verfahrens aufgrund einer Einlassung des Verteidigers zurück.

Eine Zusätzliche Gebühr entsteht nicht, da das Verfahren noch nicht abgeschlossen ist. Abzurechnen ist wie in Beispiel 33.

I. **Verfahren vor dem Amtsgericht**
1. Verfahrensgebühr, Nr. 4106 VV   165,00 EUR
2. Postentgeltpauschale, Nr. 7002 VV   20,00 EUR
    Zwischensumme   185,00 EUR
3. 19 % Umsatzsteuer, Nr. 7008 VV   35,15 EUR
    Gesamt   **220,15 EUR**

II. **Verfahren vor der Strafkammer oder Jugendkammer**
1. Verfahrensgebühr, Nr. 4112 VV   185,00 EUR
2. Postentgeltpauschale, Nr. 7002 VV   20,00 EUR
    Zwischensumme   205,00 EUR
3. 19 % Umsatzsteuer, Nr. 7008 VV   38,95 EUR
    Gesamt   **243,95 EUR**

III. **Verfahren vor dem OLG, dem Schwurgericht oder der Strafkammer nach §§ 74a und 74c GVG oder der Jugendkammer nach Anm. zu Nr. 4118 VV**
1. Verfahrensgebühr, Nr. 4118 VV   395,00 EUR
2. Postentgeltpauschale, Nr. 7002 VV   20,00 EUR
    Zwischensumme   415,00 EUR
3. 19 % Umsatzsteuer, Nr. 7008 VV   78,85 EUR
    Gesamt   **493,85 EUR**

---

45 Zum früheren Recht bejahend: AG Darmstadt AGS 2008, 344 = VRR 2008, 243 = StRR 2008, 243 = NJW-Spezial 2008, 601; AG Köln AGS 2008, 284 = RVGreport 2008, 226 = StRR 2008, 240 = VRR 2008, 238 = RVGprof. 2008, 135; siehe dazu auch *N. Schneider*, Das vergessene schriftliche Verfahren in Strafsachen – Analoge Anwendung der Nr. 4141 VV-RVG?, AnwBl 2005, 274; a.A. OLG Frankfurt AGS 2008, 487 m. Anm. *N. Schneider* = RVGreport 2008, 428 = VRR 2009, 80 = StRR 2009, 158 = RVGprof. 2009, 139 = NStZ-RR 2008, 360.
46 OLG Köln AGS 2010, 175 = JurBüro 2010, 362.

Beispiel 41 — Rücknahme der Anklage und Einstellung

Die Staatsanwaltschaft nimmt die Anklage nach Eröffnung des Verfahrens aufgrund einer Einlassung des Verteidigers zurück und stellt das Verfahren nach § 170 Abs. 2 StPO ein.

Jetzt entsteht auch eine Zusätzliche Gebühr.

I. Verfahren vor dem Amtsgericht
1. Verfahrensgebühr, Nr. 4106 VV — 165,00 EUR
2. Zusätzliche Gebühr, Nrn. 4141, 4106 VV — 165,00 EUR
3. Postentgeltpauschale, Nr. 7002 VV — 20,00 EUR
   Zwischensumme — 350,00 EUR
4. 19 % Umsatzsteuer, Nr. 7008 VV — 66,50 EUR

Gesamt — 416,50 EUR

II. Verfahren vor der Strafkammer oder Jugendkammer
1. Verfahrensgebühr, Nr. 4112 VV — 185,00 EUR
2. Zusätzliche Gebühr, Nrn. 4141, 4112 VV — 185,00 EUR
3. Postentgeltpauschale, Nr. 7002 VV — 20,00 EUR
   Zwischensumme — 390,00 EUR
4. 19 % Umsatzsteuer, Nr. 7008 VV — 74,10 EUR

Gesamt — 464,10 EUR

III. Verfahren vor dem OLG, dem Schwurgericht oder der Strafkammer nach §§ 74a und 74c GVG oder der Jugendkammer nach Anm. zu Nr. 4118 VV
1. Verfahrensgebühr, Nr. 4118 VV — 395,00 EUR
2. Zusätzliche Gebühr, Nrn. 4141, 4118 VV — 395,00 EUR
3. Postentgeltpauschale, Nr. 7002 VV — 20,00 EUR
   Zwischensumme — 810,00 EUR
4. 19 % Umsatzsteuer, Nr. 7008 VV — 153,90 EUR

Gesamt — 963,90 EUR

Beispiel 42 — Einstellung im Privatklageverfahren außerhalb der Hauptverhandlung

Nach Einigung der Parteien stellt das Gericht das Privatklageverfahren nach § 383 Abs. 2 StPO ein.

Es entsteht jetzt wiederum die Verfahrensgebühr. Hinzu kommt eine Einigungsgebühr nach Nr. 4147 VV. Zur Einigung im Privatklageverfahren siehe im Übrigen Beispiele 67–70 ff. Eine Zusätzliche Gebühr kommt daneben nicht in Betracht (Anm. Abs. 2 S. 2 zu Nr. 4141 VV).

I. Verfahren vor dem Amtsgericht
1. Verfahrensgebühr, Nr. 4106 VV — 165,00 EUR
2. Einigungsgebühr, Nr. 4147 VV — 165,00 EUR
3. Postentgeltpauschale, Nr. 7002 VV — 20,00 EUR
   Zwischensumme — 350,00 EUR
4. 19 % Umsatzsteuer, Nr. 7008 VV — 66,50 EUR

Gesamt — 416,50 EUR

II. Verfahren vor der Strafkammer oder Jugendkammer
1. Verfahrensgebühr, Nr. 4112 VV — 185,00 EUR
2. Einigungsgebühr, Nr. 4147 VV — 185,00 EUR
3. Postentgeltpauschale, Nr. 7002 VV — 20,00 EUR
   Zwischensumme — 390,00 EUR
4. 19 % Umsatzsteuer, Nr. 7008 VV — 74,10 EUR

Gesamt — 464,10 EUR

III. Verfahren vor dem OLG, dem Schwurgericht oder der Strafkammer nach §§ 74a und 74c GVG oder der Jugendkammer nach Anm. zu Nr. 4118 VV
1. Verfahrensgebühr, Nr. 4118 VV — 395,00 EUR
2. Einigungsgebühr, Nr. 4147 VV — 395,00 EUR

3. Postentgeltpauschale, Nr. 7002 VV		20,00 EUR
Zwischensumme	810,00 EUR	
4. 19 % Umsatzsteuer, Nr. 7008 VV		153,90 EUR
Gesamt		**963,90 EUR**

Beispiel 43 — Rücknahme der Privatklage außerhalb der Hauptverhandlung

Nach der Klageerwiderung des Verteidigers nimmt der Privatkläger seine Privatklage zurück.

Abzurechnen ist wie im Beispiel 36. Auch wenn die Rücknahme der Privatklage in Nr. 4141 VV für den Verteidiger nicht erwähnt ist, muss man diesen Fall analog Anm. Abs. 1 S. 1 Nr. 3 zu Nr. 4141 VV behandeln.[47] Die Rücknahme muss zwei Wochen vor einem eventuell anberaumten Hauptverhandlungstermin erfolgen.

Beispiel 44 — Einspruchsrücknahme im gerichtlichen Verfahren außerhalb der Hauptverhandlung

Nach Eingang der Akten, aber noch vor Anberaumung eines Hauptverhandlungstermins, wird der Einspruch zurückgenommen.

Auch im Falle der Einspruchsrücknahme entsteht die Zusätzliche Gebühr (Anm. Abs. 1 S. 1 Nr. 3 zu Nr. 4141 VV). Ist ein Hauptverhandlungstermin noch nicht anberaumt, kann die Rücknahme jederzeit erfolgen. Ist dagegen bereits ein Termin zur Hauptverhandlung bestimmt, muss der Einspruch **früher als zwei Wochen** vor Beginn des Tages, der für die Hauptverhandlung vorgesehen war, zurückgenommen werden. Anderenfalls entsteht die Zusätzliche Gebühr nicht. Abzurechnen ist daher wie in Beispiel 36.

Wird der ursprünglich anberaumte Termin zur Hauptverhandlung verlegt, ist die Frist zu dem neuen Termin zu berechnen, nicht zu dem aufgehobenen Termin.[48]

Beispiel 45 — Einspruchsrücknahme im gerichtlichen Verfahren nach Terminsverlegung

Das Gericht hatte zunächst Termin zur Hauptverhandlung auf den 14.11. anberaumt. Am 8.11. beantragt der Verteidiger die Verlegung des Termins, der daraufhin auf den 2.12. verlegt wird. Am 13.11. wird der Einspruch zurückgenommen.

Zum ersten Termin (14.11.) wäre die Frist von mehr als zwei Wochen nicht eingehalten. Darauf kommt es jedoch nicht an. Maßgebend ist der zum Zeitpunkt der Einspruchsrücknahme aktuelle Termin also der 2.12. Insoweit ist die Rücknahme aber noch rechtzeitig, nämlich früher als zwei Wochen vor Beginn dieses Tages. Daher entsteht die Zusätzliche Gebühr. Abzurechnen ist wie in Beispiel 36.

---

47 Nr. 4141 VV spricht zwar nur davon, dass der Anwalt des Privatklägers die Zusätzliche Gebühr bei Rücknahme der Privatklage erhalte. Dies gilt aber auch entsprechend für den Anwalt des Privatbeklagten, da die Rücknahme zur Erledigung des Verfahrens führt und einer Einstellung gleichkommt (AnwK-RVG/*N. Schneider*, Nr. 4141 VV Rn 137).
48 Zum vergleichbaren Fall der Berufungsrücknahme AG Saarbrücken AGS 2009, 323; für das Bußgeldverfahren: AG Wiesbaden AGS 2005, 553 = AnwBl 2006, 148.

§ 35 Strafsachen

> **Beispiel 46** | Verteidigung mit Einstellung, überdurchschnittliche Gebühr

Der Verteidiger gibt gegenüber dem Gericht eine umfassende Einlassung ab. Daraufhin wird das Verfahren eingestellt. Die gesamte Tätigkeit war überdurchschnittlich, so dass um 20 % erhöhte Mittelgebühren angemessen sind.

Es entsteht wiederum die **Verfahrensgebühr**, wobei diese jetzt nach § 14 Abs. 1 RVG mit 20 % über der Mittelgebühr anzusetzen sein dürfte.

Mit Einstellung des Verfahrens entsteht die **Zusätzliche Gebühr** nach Nr. 4141 VV (Anm. Abs. 1 S. 1 Nr. 1 zu Nr. 4141 VV). Diese entsteht, unabhängig von den Kriterien des § 14 Abs. 1 RVG, immer in Höhe der jeweiligen Verfahrensmittelgebühr (siehe oben Rn 33 Beispiel 13).

I. Verfahren vor dem Amtsgericht
1. Verfahrensgebühr, Nr. 4106 VV (um 20 % erhöht)   198,00 EUR
2. Zusätzliche Gebühr, Nrn. 4141, 4106 VV   165,00 EUR
3. Postentgeltpauschale, Nr. 7002 VV   20,00 EUR
    Zwischensumme   383,00 EUR
4. 19 % Umsatzsteuer, Nr. 7008 VV   72,77 EUR
Gesamt   **455,77 EUR**

II. Verfahren vor der Strafkammer oder Jugendkammer
1. Verfahrensgebühr, Nr. 4112 VV (um 20 % erhöht)   222,00 EUR
2. Zusätzliche Gebühr, Nrn. 4141, 4112 VV   185,00 EUR
3. Postenentgeltpauschale, Nr. 7002 VV   20,00 EUR
    Zwischensumme   427,00 EUR
4. 19 % Umsatzsteuer, Nr. 7008 VV   81,13 EUR
Gesamt   **508,13 EUR**

III. Verfahren vor dem OLG, dem Schwurgericht oder der Strafkammer nach §§ 74a und 74c GVG oder der Jugendkammer nach Anm. zu Nr. 4118 VV
1. Verfahrensgebühr, Nr. 4118 VV (um 20 % erhöht)   474,00 EUR
2. Zusätzliche Gebühr, Nrn. 4141, 4118 VV   395,00 EUR
3. Postentgeltpauschale, Nr. 7002 VV   20,00 EUR
    Zwischensumme   889,00 EUR
4. 19 % Umsatzsteuer, Nr. 7008 VV   168,91 EUR
Gesamt   **1.057,91 EUR**

71 Die Zusätzliche Gebühr kann im gerichtlichen Verfahren in allen Varianten auch dann anfallen, wenn bereits im vorbereitenden Verfahren die Zusätzliche Gebühr angefallen ist. Die Gebühr kann in jedem Rechtszug erneut entstehen (§ 17 Nr. 1 RVG).[49]

> **Beispiel 47** | Einstellung im vorbereitenden Verfahren, Wiederaufnahme und erneute Einstellung im gerichtlichen Verfahren

Im vorbereitenden Verfahren wird die Sache mangels Tatverdacht nach § 170 Abs. 2 StPO eingestellt. Später wird das Verfahren wieder aufgenommen und Anklage vor dem AG erhoben. Im gerichtlichen Verfahren wird die Sache nach § 153a StPO eingestellt.

Jetzt ist sowohl im vorbereitenden Verfahren als auch im gerichtlichen Verfahren eine Zusätzliche Gebühr angefallen, da in beiden Verfahren eine nicht nur vorläufige Einstellung erfolgt ist.

---

49 AG Tiergarten AGS 2014, 273 = VRR 2014, 160 = NJW-Spezial 2014, 381 = StRR 2014, 276 = zfs 2014, 290 = RVGreport 2014, 232; AG Düsseldorf AGS 2010, 224 = RVGprof. 2010, 82 = NJW-Spezial 2010, 349 = VRR 2010, 279 = RVGreport 2010, 302.

V. Verteidigung in Strafsachen §35

I. Vorbereitendes Verfahren
1. Grundgebühr Nr. 4100 VV — 200,00 EUR
2. Verfahrensgebühr, Nr. 4104 VV — 165,00 EUR
3. Zusätzliche Gebühr, Nrn. 4141, 4106 VV — 165,00 EUR
4. Postentgeltpauschale, Nr. 7002 VV — 20,00 EUR
   Zwischensumme — 550,00 EUR
5. 19 % Umsatzsteuer, Nr. 7008 VV — 104,50 EUR
Gesamt — 654,50 EUR

II. Verfahren vor dem Amtsgericht
1. Verfahrensgebühr, Nr. 4106 VV — 165,00 EUR
2. Zusätzliche Gebühr, Nrn. 4141, 4106 VV — 165,00 EUR
3. Postentgeltpauschale, Nr. 7002 VV — 20,00 EUR
   Zwischensumme — 350,00 EUR
4. 19 % Umsatzsteuer, Nr. 7008 VV — 66,50 EUR
Gesamt — 416,50 EUR

Beispiel 48 | **Gerichtliches Verfahren mit Terminsgebühr und zusätzlicher Gebühr**

Im gerichtlichen Verfahren nimmt der Verteidiger an einer Verhandlung zum Täter-Opfer-Ausgleich teil. Anschließend wird das Verfahren aufgrund der vom Verteidiger abgegebenen Einlassung eingestellt.

Zunächst entsteht wiederum die **Verfahrensgebühr**. Daneben fällt eine **Terminsgebühr** (Nr. 4102 Nr. 4 VV) für die Teilnahme an der Verhandlung an. Hinzu kommt jetzt noch die **Zusätzliche Gebühr** nach Nr. 4141 VV (Anm. Abs. 1 S. 1 Nr. 1 zu Nr. 4141 VV).

I. Verfahren vor dem Amtsgericht
1. Verfahrensgebühr, Nr. 4106 VV — 165,00 EUR
2. Terminsgebühr, Nr. 4102 Nr. 4 VV — 170,00 EUR
3. Zusätzliche Gebühr, Nrn. 4141, 4106 VV — 165,00 EUR
4. Postentgeltpauschale, Nr. 7002 VV — 20,00 EUR
   Zwischensumme — 520,00 EUR
5. 19 % Umsatzsteuer, Nr. 7008 VV — 98,80 EUR
Gesamt — 618,80 EUR

II. Verfahren vor der Strafkammer oder Jugendkammer
1. Verfahrensgebühr, Nr. 4112 VV — 185,00 EUR
2. Terminsgebühr, Nr. 4102 Nr. 4 VV — 170,00 EUR
3. Zusätzliche Gebühr, Nrn. 4141, 4112 VV — 185,00 EUR
4. Postentgeltpauschale, Nr. 7002 VV — 20,00 EUR
   Zwischensumme — 560,00 EUR
5. 19 % Umsatzsteuer, Nr. 7008 VV — 106,40 EUR
Gesamt — 666,40 EUR

III. Verfahren vor dem OLG, dem Schwurgericht oder der Strafkammer nach §§ 74a und 74c GVG oder der Jugendkammer nach Anm. zu Nr. 4118 VV
1. Verfahrensgebühr, Nr. 4118 VV — 395,00 EUR
2. Terminsgebühr, Nr. 4102 Nr. 4 VV — 170,00 EUR
3. Zusätzliche Gebühr, Nrn. 4141, 4118 VV — 395,00 EUR
4. Postentgeltpauschale, Nr. 7002 VV — 20,00 EUR
   Zwischensumme — 980,00 EUR
5. 19 % Umsatzsteuer, Nr. 7008 VV — 186,20 EUR
Gesamt — 1.166,20 EUR

§ 35 Strafsachen

Beispiel 49 | **Gerichtliches Verfahren mit Hauptverhandlung**

Das Gericht führt die Hauptverhandlung durch. Im ersten Termin wird die Sache eingestellt.

Kommt es zur Hauptverhandlung, so entsteht neben der **Verfahrensgebühr** eine **Terminsgebühr**, die sich ebenfalls nach der Zuständigkeit des Gerichts richtet (Nrn. 4108, 4114, 4120 VV). Für die Einstellung entsteht jetzt keine Zusätzliche Gebühr, da die Einstellung erst in der Hauptverhandlung erfolgte.[50]

   I. Verfahren vor dem Amtsgericht
1. Verfahrensgebühr, Nr. 4106 VV   165,00 EUR
2. Terminsgebühr, Nr. 4108 VV   275,00 EUR
3. Postentgeltpauschale, Nr. 7002 VV   20,00 EUR
   Zwischensumme   460,00 EUR
4. 19 % Umsatzsteuer, Nr. 7008 VV   87,40 EUR
Gesamt   **547,40 EUR**

   II. Verfahren vor der Strafkammer oder Jugendkammer
1. Verfahrensgebühr, Nr. 4112 VV   185,00 EUR
2. Terminsgebühr, Nr. 4114 VV   320,00 EUR
3. Postentgeltpauschale, Nr. 7002 VV   20,00 EUR
   Zwischensumme   525,00 EUR
4. 19 % Umsatzsteuer, Nr. 7008 VV   99,75 EUR
Gesamt   **624,75 EUR**

   III. Verfahren vor dem OLG, dem Schwurgericht oder der Strafkammer nach §§ 74a und 74c GVG oder der Jugendkammer nach Anm. zu Nr. 4118 VV
1. Verfahrensgebühr, Nr. 4118 VV   395,00 EUR
2. Terminsgebühr, Nr. 4120 VV   530,00 EUR
3. Postentgeltpauschale, Nr. 7002 VV   20,00 EUR
   Zwischensumme   945,00 EUR
4. 19 % Umsatzsteuer, Nr. 7008 VV   179,55 EUR
Gesamt   **1.124,55 EUR**

72 Findet ein anberaumter Termin nicht statt und hatte der Verteidiger dies nicht zu verantworten und hatte er von der Aufhebung des Termins auch keine Kenntnis, erhält er für den ausgefallenen Termin dennoch eine Terminsgebühr (Vorbem. 4 Abs. 3 S. 2 VV). Die Höhe der Gebühr dürfte i.d.R. im unteren Bereich anzusiedeln sein. Allerdings ist zu berücksichtigen, dass mit der Terminsgebühr auch die Vorbereitung der Hauptverhandlung abgegolten wird.

Beispiel 50 | **Gerichtliches Verfahren mit ausgefallenem Hauptverhandlungstermin und Einspruchsrücknahme vor erneutem Termin**

Das Amtsgericht beraumt nach Einspruch gegen den Strafbefehl einen Hauptverhandlungstermin an. Zum ersten Termin, der zwischenzeitlich aufgehoben worden ist, erscheint der Verteidiger, dem die Abladung nicht mitgeteilt worden war. Drei Tage vor dem neuen Termin wird der Einspruch gegen den Strafbefehl zurückgenommen.

Der Anwalt erhält für den ausgefallenen Termin eine Terminsgebühr, die hier im unteren Bereich angesetzt werden soll (50 % unter der Mittelgebühr).

Für die Rücknahme des Einspruchs erhält der Anwalt jetzt keine Zusätzliche Gebühr, da die Zwei-Wochen-Frist der Anm. Abs. 1 S. 1 Nr. 3 zu Nr. 4141 VV nicht eingehalten worden ist.

---

50 BGH AGS 2011, 419 = zfs 2011, 524 = MDR 2011, 1014 = NJW 2011, 3166 = Rpfleger 2011, 631 = JurBüro 2011, 584 = Schaden-Praxis 2012, 88 = StRR 2011, 287 = RVGprof. 2011, 162 = NJW-Spezial 2011, 637 = RVGreport 2011, 384 = BRAK-Mitt 2011, 299.

1. Verfahrensgebühr, Nr. 4106 VV	165,00 EUR
2. Terminsgebühr, Nr. 4108 VV (50 % unter der Mittelgebühr)	137,50 EUR
3. Postentgeltpauschale, Nr. 7002 VV	20,00 EUR
Zwischensumme	322,50 EUR
4. 19 % Umsatzsteuer, Nr. 7008 VV	61,28 EUR
Gesamt	**383,78 EUR**

Für die Entstehung der Terminsgebühr nach Vorbem. 4 Abs. 3 S. 2 VV ist entscheidend, dass der Termin für den geladenen Verteidiger „nicht statt gefunden", und dieser bereits durch Vorbereitung des Termins und Anreise einen grundsätzlich vergütungsfähigen Aufwand betrieben hat. Daher ist es unerheblich, wenn der Termin zwar stattfindet, jedoch mit einem anderen als dem ursprünglich geladenen und erschienenen Rechtsanwalt.[51]

73

Beispiel 51 — **Gerichtliches Verfahren mit ausgefallenem Hauptverhandlungstermin, Wahrnehmung durch anderen Anwalt**

Der Pflichtverteidiger reist zum Termin an und erfährt dort, dass zwischenzeitlich ein Wahlanwalt bestellt ist, so dass der Pflichtverteidiger entpflichtet wird und den Termin nicht mehr wahrnimmt.

Der Anwalt erhält für den ausgefallenen Termin ebenfalls eine Terminsgebühr. Abzurechnen ist wie im vorangegangenen Beispiel 50.

Dagegen entsteht die Terminsgebühr nicht bei Anreise zum Termin, die wegen einer kurzfristigen Terminsabsetzung abgebrochen wird. Die Ausnahmeregelung nach Vorbem. 4 Abs. 3 S. 2 VV setzt für die Entstehung der Terminsgebühr das Erscheinen des Rechtsanwalts zum anberaumten Termin voraus, d.h. seine körperliche Anwesenheit als Verteidiger im Gerichtsgebäude mit dem Ziel der Teilnahme an der Hauptverhandlung.[52]

74

Beispiel 52 — **Gerichtliches Verfahren mit ausgefallenem Hauptverhandlungstermin, Wahrnehmung durch anderen Anwalt**

Der Verteidiger reist zum Termin an und erfährt unterwegs, dass der Termin abgesagt ist. Er kehrt daraufhin um und fährt wieder zurück. Später nimmt er an dem erneuten Hauptverhandlungstermin teil.

Der Anwalt erhält für den ausgefallenen Termin keine Terminsgebühr, sondern nur für den später durchgeführten Termin. Wohl erhält er die Reisekosten zum ersten Termin.

1. Verfahrensgebühr, Nr. 4106 VV	165,00 EUR
2. Terminsgebühr, Nr. 4108 VV	275,00 EUR
3. Postentgeltpauschale, Nr. 7002 VV	20,00 EUR
gegebenenfalls zuzüglich Reisekosten	…,.. EUR
… Zwischensumme	460,00 EUR
4. 19 % Umsatzsteuer, Nr. 7008 VV	87,40 EUR
Gesamt	**547,40 EUR**

---

[51] AG Hagen AGS 2008, 78 = RVGreport 2007, 426 = RVGprof. 2008, 24.
[52] OLG München AGS 2008, 233 = NStZ-RR 2008, 159 = JurBüro 2008, 418 = RVGreport 2008, 109 = NJW 2008, 1607 = RVGprof. 2008, 104 = StRR 2008, 199.

§ 35 Strafsachen

> **Beispiel 53** — Gerichtliches Verfahren mit ausgefallenem Hauptverhandlungstermin und erneutem Termin

Das Amtsgericht beraumt nach Einspruch gegen den Strafbefehl einen Hauptverhandlungstermin an. Zum ersten Termin, der zwischenzeitlich aufgehoben worden ist, erscheint der Verteidiger, dem die Abladung nicht mitgeteilt worden war. Hiernach wird neuer Termin anberaumt, an dem der Verteidiger teilnimmt.

Jetzt entstehen zwei Terminsgebühren, eine für den ausgefallenen Termin (Vorbem. 4 Abs. 3 S. 2 VV) und eine für den durchgeführten Termin (Vorbem. 4 Abs. 3 S. 1 VV). Die erste Terminsgebühr dürfte unterdurchschnittlich sein, bei der zweiten Terminsgebühr dürfte von der Mittelgebühr auszugehen sein.

1. Verfahrensgebühr, Nr. 4106 VV — 165,00 EUR
2. Terminsgebühr, Nr. 4108 VV; Vorbem. 3 Abs. 3 S. 2 VV (50 % unter Mittelgebühr) — 137,50 EUR
3. Terminsgebühr, Nr. 4108 VV — 275,00 EUR
4. Postentgeltpauschale, Nr. 7002 VV — 20,00 EUR
   Zwischensumme — 597,50 EUR
5. 19 % Umsatzsteuer, Nr. 7008 VV — 113,53 EUR
   Gesamt — **711,03 EUR**

> **Beispiel 54** — Verteidigung mit Hauptverhandlung mit Aussetzung, Neubeginn und Fortsetzungstermin

Im ersten Hauptverhandlungstermin wird die Sache ausgesetzt, da noch weitere Ermittlungen erforderlich sind. Anschließend wird mit der Hauptverhandlung erneut begonnen. Es finden dann noch zwei Fortsetzungstermine statt.

Neben der **Verfahrensgebühr** erhält der Anwalt insgesamt **vier Terminsgebühren**, eine Terminsgebühr für den ersten Hauptverhandlungstermin, eine Terminsgebühr für den erneuten Beginn der Hauptverhandlung und zwei weitere Terminsgebühren für die Fortsetzungstermine. Eine Unterscheidung zwischen erstem und erneuten Hauptverhandlungsterminen sowie Fortsetzungsterminen findet nicht (mehr) statt.

I. Verfahren vor dem Amtsgericht
1. Verfahrensgebühr, Nr. 4106 VV — 165,00 EUR
2. Terminsgebühr, Nr. 4108 VV (1. Hauptverhandlungstermin) — 275,00 EUR
3. Terminsgebühr, Nr. 4108 VV (erneuter 1. Hauptverhandlungstermin) — 275,00 EUR
4. Terminsgebühr, Nr. 4108 VV (1. Fortsetzungstermin) — 275,00 EUR
5. Terminsgebühr, Nr. 4108 VV (2. Fortsetzungstermin) — 275,00 EUR
6. Postentgeltpauschale, Nr. 7002 VV — 20,00 EUR
   Zwischensumme — 1.285,00 EUR
7. 19 % Umsatzsteuer, Nr. 7008 VV — 244,15 EUR
   Gesamt — **1.529,15 EUR**

II. Verfahren vor der Strafkammer oder Jugendkammer
1. Verfahrensgebühr, Nr. 4112 VV — 185,00 EUR
2. Terminsgebühr, Nr. 4114 VV (1. Hauptverhandlungstermin) — 320,00 EUR
3. Terminsgebühr, Nr. 4114 VV (erneuter 1. Hauptverhandlungstermin) — 320,00 EUR
4. Terminsgebühr, Nr. 4114 VV (1. Fortsetzungstermin) — 320,00 EUR
5. Terminsgebühr, Nr. 4114 VV (2. Fortsetzungstermin) — 320,00 EUR

6. Postentgeltpauschale, Nr. 7002 VV		20,00 EUR
Zwischensumme	1.485,00 EUR	
7. 19 % Umsatzsteuer, Nr. 7008 VV		282,15 EUR
Gesamt		**1.767,15 EUR**

III. **Verfahren vor dem OLG, dem Schwurgericht oder der Strafkammer nach §§ 74a und 74c GVG oder der Jugendkammer nach Anm. zu Nr. 4118 VV**

1. Verfahrensgebühr, Nr. 4118 VV		395,00 EUR
2. Terminsgebühr, Nr. 4120 VV (1. Hauptverhandlungstermin)		530,00 EUR
3. Terminsgebühr, Nr. 4120 VV (erneuter 1. Hauptverhandlungstermin)		530,00 EUR
4. Terminsgebühr, Nr. 4120 VV (1. Fortsetzungstermin)		530,00 EUR
5. Terminsgebühr, Nr. 4120 VV (2. Fortsetzungstermin)		530,00 EUR
6. Postentgeltpauschale, Nr. 7002 VV		20,00 EUR
Zwischensumme	2.535,00 EUR	
7. 19 % Umsatzsteuer, Nr. 7008 VV		481,65 EUR
Gesamt		**3.016,65 EUR**

> **Beispiel 55** Aussetzung der Hauptverhandlung und Neubeginn am selben Tage

Im ersten Hauptverhandlungstermin wird die Sache ausgesetzt. Am Nachmittag wird mit der Hauptverhandlung erneut begonnen.

Es entsteht nur eine Terminsgebühr. Die Terminsgebühr entsteht zwar bei mehreren Terminen mehrmals. Voraussetzung ist jedoch, dass die Termine an verschiedenen Kalendertagen stattfinden. Je Hauptverhandlungstag – also je Kalendertag – entsteht die Gebühr nur einmal.[53]

I. **Verfahren vor dem Amtsgericht**

1. Verfahrensgebühr, Nr. 4106 VV		165,00 EUR
2. Terminsgebühr, Nr. 4108 VV		275,00 EUR
3. Postentgeltpauschale, Nr. 7002 VV		20,00 EUR
Zwischensumme	460,00 EUR	
4. 19 % Umsatzsteuer, Nr. 7008 VV		87,40 EUR
Gesamt		**547,40 EUR**

II. **Verfahren vor der Strafkammer oder Jugendkammer**

1. Verfahrensgebühr, Nr. 4112 VV		185,00 EUR
2. Terminsgebühr, Nr. 4114 VV		320,00 EUR
3. Postentgeltpauschale, Nr. 7002 VV		20,00 EUR
Zwischensumme	525,00 EUR	
4. 19 % Umsatzsteuer, Nr. 7008 VV		99,75 EUR
Gesamt		**624,75 EUR**

III. **Verfahren vor dem OLG, dem Schwurgericht oder der Strafkammer nach §§ 74a und 74c GVG oder der Jugendkammer nach Anm. zu Nr. 4118 VV**

1. Verfahrensgebühr, Nr. 4118 VV		395,00 EUR
2. Terminsgebühr, Nr. 4120 VV		530,00 EUR
3. Postentgeltpauschale, Nr. 7002 VV		20,00 EUR
Zwischensumme	945,00 EUR	
4. 19 % Umsatzsteuer, Nr. 7008 VV		179,55 EUR
Gesamt		**1.124,55 EUR**

Wird nach einer Aussetzung das Verfahren eingestellt oder der Einspruch gegen den Strafbefehl zurückgenommen, kann auch eine Zusätzliche Gebühr entstehen. Dass bereits ein Hauptverhand- **75**

---
53 AnwK-RVG/*N. Schneider*, Nr. 4108 VV Rn 18.

lungstermin stattgefunden hat, ist unerheblich. Entscheidend ist, dass ein erneuter Hauptverhandlungstermin entbehrlich wird. [54]

| Beispiel 56 | Aussetzung der Hauptverhandlung und anschließende Einstellung |

Im ersten Hauptverhandlungstermin wird die Sache ausgesetzt, da noch weitere Ermittlungen erforderlich sind. Anschließend wird die Sache unter Mitwirkung des Verteidigers eingestellt.

Der Anwalt erhält eine Verfahrens- und eine Terminsgebühr. Darüber hinaus entsteht auch die **Zusätzliche Gebühr** nach Anm. Abs. 1 S. 1 Nr. 1 zu Nr. 4141 VV. Dass ein Hauptverhandlungstermin bereits stattgefunden hat, ist unerheblich. Nach Aussetzung hätte mit der Hauptverhandlung erneut begonnen werden müssen. Diese erneute Hauptverhandlung hat der Verteidiger durch seine Mitwirkung erspart, so dass ihm hierfür die Zusätzliche Gebühr zusteht.[55]

I. Verfahren vor dem Amtsgericht
1. Verfahrensgebühr, Nr. 4106 VV   165,00 EUR
2. Terminsgebühr, Nr. 4108 VV   275,00 EUR
3. Zusätzliche Gebühr, Nrn. 4141, 4106 VV   165,00 EUR
4. Postentgeltpauschale, Nr. 7002 VV   20,00 EUR
   Zwischensumme   625,00 EUR
5. 19 % Umsatzsteuer, Nr. 7008 VV   118,75 EUR
Gesamt   **743,75 EUR**

II. Verfahren vor der Strafkammer oder Jugendkammer
1. Verfahrensgebühr, Nr. 4112 VV   185,00 EUR
2. Terminsgebühr, Nr. 4114 VV   320,00 EUR
3. Zusätzliche Gebühr, Nrn. 4141, 4112 VV   185,00 EUR
4. Postentgeltpauschale, Nr. 7002 VV   20,00 EUR
   Zwischensumme   710,00 EUR
5. 19 % Umsatzsteuer, Nr. 7008 VV   134,90 EUR
Gesamt   **844,90 EUR**

III. Verfahren vor dem OLG, dem Schwurgericht oder der Strafkammer nach §§ 74a und 74c GVG oder der Jugendkammer nach Anm. zu Nr. 4118 VV
1. Verfahrensgebühr, Nr. 4118 VV   395,00 EUR
2. Terminsgebühr, Nr. 4120 VV   530,00 EUR
3. Zusätzliche Gebühr, Nrn. 4141, 4118 VV   395,00 EUR
4. Postentgeltpauschale, Nr. 7002 VV   20,00 EUR
   Zwischensumme   1.340,00 EUR
5. 19 % Umsatzsteuer, Nr. 7008 VV   254,60 EUR
Gesamt   **1.594,60 EUR**

---

54 BGH AGS 2011, 419 = zfs 2011, 524 = MDR 2011, 1014 = NJW 2011, 3166 = Rpfleger 2011, 631 = JurBüro 2011, 584 = Schaden-Praxis 2012, 88 = StRR 2011, 287 = RVGprof. 2011, 162 = NJW-Spezial 2011, 637 = RVGreport 2011, 384 = BRAK-Mitt 2011, 299.
55 BGH AGS 2011, 419 = zfs 2011, 524 = MDR 2011, 1014 = NJW 2011, 3166 = Rpfleger 2011, 631 = JurBüro 2011, 584 = Schaden-Praxis 2012, 88 = StRR 2011, 287 = RVGprof. 2011, 162 = NJW-Spezial 2011, 637 = RVGreport 2011, 384 = BRAK-Mitt 2011, 299; OLG Hamm AGS 2008, 228; für vergleichbare Fälle der Rücknahme des Strafbefehlsantrags mit Zustimmung des Verteidigers nach Aussetzung: LG Düsseldorf AGS 2007, 36 = JurBüro 2007, 83; AG Bad Urach AGS 2007, 307 = JurBüro 2007, 361 = RVGreport 2007, 272; Rücknahme der Berufung nach Aussetzung: AG Wittlich AGS 2006, 500 = JurBüro 2006, 590 = RVGprof. 2006, 185 = RVGreport 2006, 471; OLG Bamberg AGS 2007, 138 = StraFo 2007, 130 = NStZ-RR 2007, 159 = StV 2007, 481 = RVGprof. 2007, 66 = RVGreport 2007, 150 = RVG-Letter 2007, 45; Bußgeldsachen, Einstellung nach Aussetzung: AG Tiergarten AGS 2007, 140: Schriftliches Verfahren nach Aussetzung: AG Dessau AGS 2006, 240.

V. Verteidigung in Strafsachen § 35

Beispiel 57 — **Aussetzung der Hauptverhandlung und anschließende Einspruchsrücknahme**

Im ersten Hauptverhandlungstermin wird die Sache ausgesetzt, da noch weitere Ermittlungen erforderlich sind. Anschließend wird der Einspruch gegen den Strafbefehl zurückgenommen.

Abzurechnen ist wie im vorangegangenen Beispiel 56. Wird nach Aussetzung der Hauptverhandlung der Einspruch zurückgenommen, entsteht die Zusätzliche Gebühr nach Anm. Abs. 1 S. 1 Nr. 4 zu Nr. 4141 VV, sofern die Rücknahme mehr als zwei Wochen vor einem eventuell bereits neu anberaumten Hauptverhandlungstermin erfolgt.

Beispiel 58 — **Aussetzung der Hauptverhandlung und anschließende Rücknahme der Privatklage**

Im Privatklageverfahren wird die Sache im ersten Hauptverhandlungstermin ausgesetzt, da noch weitere Ermittlungen erforderlich sind. Anschließend wird die Privatklage zurückgenommen.

Abzurechnen ist wie im Beispiel 56. Wird nach Aussetzung der Hauptverhandlung die Privatklage so zurückgenommen, entsteht analog Anm. Abs. 1 S. 1 Nr. 4 zu Nr. 4141 VV die Zusätzliche Gebühr, sofern die Rücknahme mehr als zwei Wochen vor einem eventuell bereits neu anberaumten Hauptverhandlungstermin erfolgt.

Beispiel 59 — **Vertagung der Hauptverhandlung und anschließende Einstellung**

Im ersten Hauptverhandlungstermin wird die Sache vertagt. Anschließend wird die Sache unter Mitwirkung des Verteidigers eingestellt.

Jetzt erhält der Anwalt nur eine Verfahrens- und eine Terminsgebühr. Die Zusätzliche Gebühr nach Anm. Abs. 1 S. 1 Nr. 1 zu Nr. 4141 VV entsteht nicht, da keine erneute Hauptverhandlung vermieden worden ist, sondern nur ein Fortsetzungstermin.[56]

I.	**Verfahren vor dem Amtsgericht**		
1.	Verfahrensgebühr, Nr. 4106 VV		165,00 EUR
2.	Terminsgebühr, Nr. 4108 VV		275,00 EUR
3.	Postentgeltpauschale, Nr. 7002 VV		20,00 EUR
	Zwischensumme	460,00 EUR	
4.	19 % Umsatzsteuer, Nr. 7008 VV		87,40 EUR
Gesamt			**547,40 EUR**
II.	**Verfahren vor der Strafkammer oder Jugendkammer**		
1.	Verfahrensgebühr, Nr. 4112 VV		185,00 EUR
2.	Terminsgebühr, Nr. 4114 VV		320,00 EUR
3.	Postentgeltpauschale, Nr. 7002 VV		20,00 EUR
	Zwischensumme	525,00 EUR	
4.	19 % Umsatzsteuer, Nr. 7008 VV		99,75 EUR
Gesamt			**624,75 EUR**

---

[56] OLG Köln AGS 2006, 339 = RVG-Letter 2006, 33 = RVGreport 2006, 152; AnwK-RVG/*N. Schneider*, Nr. 4141 VV Rn 62.

III. **Verfahren vor dem OLG, dem Schwurgericht oder der Strafkammer nach §§ 74a und 74c GVG oder der Jugendkammer nach Anm. zu Nr. 4118 VV**
1. Verfahrensgebühr, Nr. 4118 VV 395,00 EUR
2. Terminsgebühr, Nr. 4120 VV 530,00 EUR
3. Postentgeltpauschale, Nr. 7002 VV 20,00 EUR
   Zwischensumme 945,00 EUR
4. 19 % Umsatzsteuer, Nr. 7008 VV 179,55 EUR
Gesamt **1.124,55 EUR**

> **Beispiel 60** Vertagung der Hauptverhandlung und anschließende Einspruchsrücknahme

Im ersten Hauptverhandlungstermin wird die Sache vertagt. Anschließend wird der Einspruch gegen den Strafbefehl zurückgenommen.

Abzurechnen ist wie im vorangegangenen Beispiel 59, da keine erneute Hauptverhandlung vermieden worden ist, sondern nur ein Fortsetzungstermin.[57] Abgesehen davon dürfte die Zwei-Wochen-Frist der Anm. Abs. 1 S. 1 Nr. 3 zu Nr. 4141 VV kaum einzuhalten sein.

76 Gleiches gilt im Falle der **Privatklagerücknahme** nach Vertagung.

77 Auch im gerichtlichen Verfahren kann neben einer Terminsgebühr für die Teilnahme an der Hauptverhandlung eine allgemeine Terminsgebühr nach Nr. 4102 VV anfallen. Dann entstehen beide Terminsgebühren nebeneinander.

> **Beispiel 61** Gerichtliches Verfahren mit Hauptverhandlung und Termin außerhalb der Hauptverhandlung

Im gerichtlichen Verfahren findet ein Haftprüfungstermin statt. Anschließend wird die Hauptverhandlung durchgeführt und die Sache im ersten Termin erledigt.

Neben der Terminsgebühr für die Hauptverhandlung entsteht eine allgemeine Terminsgebühr nach Nr. 4102 Nr. 3 VV. Die Höhe dieser Terminsgebühr ist unabhängig von der Zuständigkeit des Gerichts.

I. **Verfahren vor dem Amtsgericht**
1. Verfahrensgebühr, Nr. 4106 VV 165,00 EUR
2. Terminsgebühr, Nr. 4108 VV 275,00 EUR
3. Terminsgebühr, Nr. 4102 Nr. 3 VV 170,00 EUR
4. Postentgeltpauschale, Nr. 7002 VV 20,00 EUR
   Zwischensumme 630,00 EUR
5. 19 % Umsatzsteuer, Nr. 7008 VV 119,70 EUR
Gesamt **749,70 EUR**

II. **Verfahren vor der Strafkammer oder Jugendkammer**
1. Verfahrensgebühr, Nr. 4112 VV 185,00 EUR
2. Terminsgebühr, Nr. 4114 VV 320,00 EUR
3. Terminsgebühr, Nr. 4102 Nr. 3 VV 170,00 EUR
4. Postenentgeltpauschale, Nr. 7002 VV 20,00 EUR
   Zwischensumme 695,00 EUR
5. 19 % Umsatzsteuer, Nr. 7008 VV 132,05 EUR
Gesamt **827,05 EUR**

---

57 AnwK-RVG/*N. Schneider*, Nr. 4141 VV Rn 62.

V. Verteidigung in Strafsachen § 35

III. Verfahren vor dem OLG, dem Schwurgericht oder der Strafkammer nach §§ 74a und 74c GVG oder der Jugendkammer nach Anm. zu Nr. 4118 VV
1. Verfahrensgebühr, Nr. 4118 VV   395,00 EUR
2. Terminsgebühr, Nr. 4120 VV   530,00 EUR
3. Terminsgebühr, Nr. 4102 Nr. 3 VV   170,00 EUR
4. Postentgeltpauschale, Nr. 7002 VV   20,00 EUR
   Zwischensumme   1.115,00 EUR
5. 19 % Umsatzsteuer, Nr. 7008 VV   211,85 EUR
Gesamt   1.326,85 EUR

Die Terminsgebühr nach Nr. 4102 VV kann auch während einer Unterbrechung der Hauptverhandlung anfallen, so z.B. wenn die Hauptverhandlung unterbrochen und Termin zur Durchführung des Täter-Opfer-Ausgleichs durchgeführt wird.[58]

78

| Beispiel 62 | **Vertretung eines Privatklägers im gerichtlichen Verfahren Termin zum Täter-Opfer-Ausgleich** |

Die Hauptverhandlung vor dem Amtsgericht wird unterbrochen, um zwischen dem Angeklagten und dem Verletzten einen Termin zum Täter-Opfer-Ausgleich zu ermöglichen. In der Unterbrechung verhandeln die Parteien, wobei sich der Angeklagte entschuldigt und Wiedergutmachung verspricht. Danach wird die Hauptverhandlung fortgesetzt.

Neben der Hauptverhandlungsgebühr kommt jetzt auch eine Gebühr nach Nr. 4102 Nr. 4 VV hinzu.

1. Verfahrensgebühr, Nr. 4106 VV   165,00 EUR
2. Terminsgebühr, Nr. 4108 VV   275,00 EUR
3. Termingebühr, Nr. 4102 Nr. 4 VV   170,00 EUR
4. Postentgeltpauschale, Nr. 7002 VV   20,00 EUR
   Zwischensumme   630,00 EUR
5. 19 % Umsatzsteuer, Nr. 7008 VV   119,70 EUR
Gesamt   749,70 EUR

Wird der Anwalt hinsichtlich Einziehung oder verwandter Maßnahmen tätig, so entsteht eine zusätzliche Verfahrensgebühr nach Nr. 4142 VV. Die Gebühr richtet sich nach dem Gegenstandswert, der gegebenenfalls vom Gericht auf Antrag nach § 33 Abs. 1 RVG festzusetzen ist. Ein Zuschlag ist bei dieser Gebühr nicht vorgesehen. Es entsteht also immer eine 1,0-Gebühr, unabhängig davon, ob sich der Mandant auf freiem Fuß befindet oder nicht.

79

Diese Gebühr entsteht allerdings im vorbereitenden Verfahren und dem erstinstanzlichen gerichtlichen Verfahren nur einmal (Anm. Abs. 3 zu Nr. 4142 VV). War der Verteidiger hinsichtlich der Beschlagnahme o.Ä. also bereits im vorbereitenden Verfahren befasst (siehe Beispiele 22 u. 23), so entsteht die Zusätzliche Gebühr im gerichtlichen Verfahren nicht erneut.

80

| Beispiel 63 | **Gerichtliches Verfahren mit Beschlagnahme, Einziehung o.Ä.** |

Die Verteidigung im vorbereitenden und im gerichtlichen Verfahren erstreckt sich auch auf die Beschlagnahme von Gegenständen im Wert von 5.000,00 EUR.

---

58 AG Münster AGS 2007, 350 = RVGprof. 2007, 141 = RVGreport 2007, 303.

§ 35 Strafsachen

Da der Verteidiger hinsichtlich der Beschlagnahme bereits im vorbereitenden Verfahren befasst war, so entsteht die Zusätzliche Gebühr im gerichtlichen Verfahren nicht erneut. Abzurechnen ist daher ebenso wie im vorangegangenen Beispiel 62.

81 Zur Abrechnung bei fehlender Vorbefassung im vorbereitenden Verfahren siehe Beispiele 81 u. 82.

82 Werden im erstinstanzlichen Verfahren vermögensrechtliche Ansprüche des Verletzten oder seines Erben geltend gemacht (**Adhäsionsverfahren nach §§ 403 ff. StPO**), erhält der Anwalt zusätzlich zu den sonstigen Gebühren eine 2,0-Verfahrensgebühr nach Nr. 4143 VV.

83 Strittig ist, ob eine vorgerichtlich entstandene Geschäftsgebühr in entsprechender Anwendung der VV Vorbem. 3 Abs. 4 hälftig auf die Verfahrensgebühr im Adhäsionsverfahren anzurechnen ist. Zum Teil wurde bisher eine Regelungslücke angenommen und in analoger Anwendung der Vorbem. 3 Abs. 4 VV eine hälftige Anrechnung befürwortet. Zutreffend dürfte eine Anrechnung jedoch abzulehnen sein.[59] Der Gesetzgeber hat ausdrücklich eine Anrechnung nur auf die Verfahrensgebühren aus Teil 3 VV vorgesehen. In Anbetracht dessen, dass dem Gesetzgeber das Problem bekannt ist und er trotz der umfassenden Änderung der Anrechnungsvorschriften durch das 2. KostRMoG keine Veranlassung gesehen hat, eine Anrechnung der Geschäftsgebühr auf die Verfahrensgebühren nach Teil 4 VV anzuordnen, kann von einer Regelungslücke nicht (mehr) ausgegangen werden. Dafür spricht insbesondere, dass er jetzt ausdrücklich in Vorbem. 2.3 Abs. 5 VV erstmals eine Anrechnung auf Gebühren nach Teil 6 VV eingeführt hat, eine Anrechnung auf die Gebühren nach Teil 4 VV aber nach wie vor nicht anordnet.

> **Beispiel 64** | **Adhäsionsverfahren**
>
> **Im Strafverfahren macht der Verletzte einen Schmerzensgeldanspruch in Höhe von 3.000,00 EUR geltend. Es kommt zur Hauptverhandlung, in der der Angeklagte auch zur Zahlung des Schmerzensgeldes verurteilt wird.**
>
> Jetzt entsteht neben den sonstigen Gebühren eine 2,0-Verfahrensgebühr nach Nr. 4143 VV aus dem Wert der geltend gemachten Ansprüche.

    I. Verfahren vor dem Amtsgericht

1. Verfahrensgebühr, Nr. 4106 VV		165,00 EUR
2. Terminsgebühr, Nr. 4108 VV		275,00 EUR
3. 2,0-Verfahrensgebühr, Nr. 4143 VV (Wert: 3.000,00 EUR)		402,00 EUR
4. Postentgeltpauschale, Nr. 7002 VV		20,00 EUR
Zwischensumme	862,00 EUR	
5. 19 % Umsatzsteuer, Nr. 7008 VV		163,78 EUR
Gesamt		**1.025,78 EUR**

    II. Verfahren vor der Strafkammer oder Jugendkammer

1. Verfahrensgebühr, Nr. 4112 VV		185,00 EUR
2. Terminsgebühr, Nr. 4114 VV		320,00 EUR
3. 2,0-Verfahrensgebühr, Nr. 4143 VV (Wert: 3.000,00 EUR)		402,00 EUR
4. Postentgeltpauschale, Nr. 7002 VV		20,00 EUR
Zwischensumme	927,00 EUR	
5. 19 % Umsatzsteuer, Nr. 7008 VV		176,13 EUR
Gesamt		**1.103,13 EUR**

---

[59] *Burhoff*, VV. 4143 Rn 37.

V. Verteidigung in Strafsachen § 35

III. Verfahren vor dem OLG, dem Schwurgericht oder der Strafkammer nach §§ 74a und 74c GVG oder der Jugendkammer nach Anm. zu Nr. 4118 VV

1.	Verfahrensgebühr, Nr. 4118 VV	395,00 EUR
2.	Terminsgebühr, Nr. 4120 VV	530,00 EUR
3.	2,0-Verfahrensgebühr, Nr. 4143 VV (Wert: 3.000,00 EUR)	402,00 EUR
4.	Postentgeltpauschale, Nr. 7002 VV	20,00 EUR
	Zwischensumme 1.347,00 EUR	
5.	19 % Umsatzsteuer, Nr. 7008 VV	255,93 EUR
	Gesamt	**1.602,93 EUR**

Lehnt es das Gericht ab, über die zivilrechtlichen Ansprüche zu entscheiden, ist dagegen die Beschwerde nach § 406a StPO gegeben. Insoweit handelt es sich um eine gesonderte Angelegenheit, da hier gesonderte Gebühren vorgesehen sind (§ 19 Abs. 1 S. 2 Nr. 10a RVG). **84**

Beispiel 65 | Beschwerde gegen die Ablehnung, im Adhäsionsverfahren zu entscheiden

Im Strafverfahren macht der Nebenkläger einen Schmerzensgeldanspruch in Höhe von 3.000,00 EUR geltend. Das Gericht erlässt gem. § 406 Abs. 5 S. 2 StPO einen Beschluss, wonach es über die Ansprüche nicht entscheiden werde. Hiergegen legt der Nebenkläger nach § 406a StPO Beschwerde ein.

Das Beschwerdeverfahren ist jetzt ausnahmsweise eine besondere Angelegenheit. Der Anwalt erhält eine 0,5-Verfahrensgebühr nach Nr. 4145 VV aus dem Wert der Gegenstände, über die es das Gericht abgelehnt hat, zu entscheiden.

Neben der Vergütung für das gerichtliche Verfahren erhält der Anwalt für die Beschwerde eine gesonderte Vergütung.

1.	0,5-Verfahrensgebühr, Nr. 4145 VV (Wert: 3.000,00 EUR)	100,50 EUR
2.	Postentgeltpauschale, Nr. 7002 VV	20,00 EUR
	Zwischensumme 120,50 EUR	
3.	19 % Umsatzsteuer, Nr. 7008 VV	22,90 EUR
	Gesamt	**143,40 EUR**

Beispiel 66 | Anrechnung im nachfolgenden Zivilrechtsstreit

Nachdem das Gericht über den Schmerzensgeldanspruch in Höhe von 3.000,00 EUR nicht entschieden hat, klagt der Nebenkläger seinen Anspruch anschließend vor dem Zivilgericht ein.

Zur Abrechnung im Strafverfahren siehe Beispiel 64. Dass es nicht zur Entscheidung gekommen ist, ist für die Gebühr nach Nr. 4143 VV unerheblich.

Im Zivilprozess entstehen die Gebühren nach den Nrn. 3100 ff. VV. Die Verfahrensgebühr der Nr. 4143 VV ist zu einem Drittel anzurechnen (Anm. Abs. 2 zu Nr. 4143 VV).

§ 35 Strafsachen

1.	1,3-Verfahrensgebühr, Nr. 3100 VV (Wert: 3.000,00 EUR)		261,30 EUR
2.	1,2-Terminsgebühr, Nr. 3104 VV (Wert: 3.000,00 EUR)		241,20 EUR
3.	anzurechnen gem. Anm. Abs. 3 zu Nr. 4143 VV (1/3 x 402,00 EUR)		– 134,00 EUR
4.	Postentgeltpauschale, Nr. 7002 VV		20,00 EUR
	Zwischensumme	388,50 EUR	
5.	19 % Umsatzsteuer, Nr. 7008 VV		73,82 EUR
Gesamt			**462,32 EUR**

85 In Privatklageverfahren kann es auch im Strafprozess zu einer **Einigung** kommen. Möglich sind zwei Einigungsgebühren:

- Eine Einigungsgebühr Nr. 4147 VV erhält der Anwalt für eine Einigung über den **Strafausspruch sowie den Kostenerstattungsanspruch**. Der Gebührenrahmen bestimmt sich nach der jeweils abgerechneten Verfahrensgebühr ohne eigenes Ermessen.
- Soweit sich die Parteien auch über **zivilrechtliche Ansprüche** einigen, entsteht eine Einigungsgebühr nach Nrn. 1000 ff. VV (Anm. zu Nr. 4147 VV).

Beispiel 67 | **Privatklageverfahren mit Einigung**

In der Hauptverhandlung einigen sich die Parteien über den Strafausspruch sowie den Kostenerstattungsanspruch.

Neben der Verfahrens- und der Terminsgebühr erhält der Anwalt eine Einigungsgebühr nach Nr. 4147 VV, die immer in Höhe der konkreten Verfahrensgebühr entsteht.

I.	**Verfahren vor dem Amtsgericht**		
1.	Verfahrensgebühr, Nr. 4106 VV		165,00 EUR
2.	Terminsgebühr, Nr. 4108 VV		275,00 EUR
3.	Einigungsgebühr, Nr. 4147 VV		165,00 EUR
4.	Postentgeltpauschale, Nr. 7002 VV		20,00 EUR
	Zwischensumme	625,00 EUR	
5.	19 % Umsatzsteuer, Nr. 7008 VV		118,75 EUR
Gesamt			**743,75 EUR**
II.	**Verfahren vor der Strafkammer oder Jugendkammer**		
1.	Verfahrensgebühr, Nr. 4112 VV		185,00 EUR
2.	Terminsgebühr, Nr. 4114 VV		320,00 EUR
3.	Einigungsgebühr, Nr. 4147 VV		185,00 EUR
4.	Postentgeltpauschale, Nr. 7002 VV		20,00 EUR
	Zwischensumme	710,00 EUR	
5.	19 % Umsatzsteuer, Nr. 7008 VV		134,90 EUR
Gesamt			**844,90 EUR**
III.	**Verfahren vor dem OLG, dem Schwurgericht oder der Strafkammer nach § 74a und 74c GVG oder der Jugendkammer nach Anm. zu Nr. 4118 VV**		
1.	Verfahrensgebühr, Nr. 4118 VV		395,00 EUR
2.	Terminsgebühr, Nr. 4120 VV		530,00 EUR
3.	Einigungsgebühr, Nr. 4147 VV		395,00 EUR
4.	Postentgeltpauschale, Nr. 7002 VV		20,00 EUR
	Zwischensumme	1.340,00 EUR	
5.	19 % Umsatzsteuer, Nr. 7008 VV		254,60 EUR
Gesamt			**1.594,60 EUR**

V. Verteidigung in Strafsachen §35

Beispiel 68 | **Privatklageverfahren mit Einigung auch über zivilrechtliche Ansprüche**

In der Hauptverhandlung einigen sich die Parteien über den Strafausspruch sowie den Kostenerstattungsanspruch. Zudem einigen sich die Parteien über ein Schmerzensgeld (Wert: 2.000,00 EUR), das bislang nicht anhängig war.

Abzurechnen ist wie im vorherigen Beispiel 67. Hinzu kommt jetzt noch eine Einigungsgebühr nach Nr. 1000 VV (Anm. zu Nr. 4147 VV). Deren Höhe beläuft sich auf 1,5, da die Ansprüche nicht anhängig waren. Hinzu kommt eine 2,0-Gebühr nach Nr. 4143 VV.[60]

I. **Verfahren vor dem Amtsgericht**
1. Verfahrensgebühr, Nr. 4106 VV — 165,00 EUR
2. Terminsgebühr, Nr. 4108 VV — 275,00 EUR
3. Einigungsgebühr, Nr. 4147 VV — 165,00 EUR
4. 1,5-Einigungsgebühr, Nr. 1000 VV — 225,00 EUR
   (Wert: 2.000,00 EUR)
5. 2,0-Verfahrensgebühr, Nr. 4143 VV — 300,00 EUR
   (Wert: 2.000,00 EUR)
6. Postentgeltpauschale, Nr. 7002 VV — 20,00 EUR
   Zwischensumme 1.150,00 EUR
7. 19 % Umsatzsteuer, Nr. 7008 VV — 218,50 EUR
Gesamt — **1.368,50 EUR**

II. **Verfahren vor der Strafkammer oder Jugendkammer**
1. Verfahrensgebühr, Nr. 4112 VV — 185,00 EUR
2. Terminsgebühr, Nr. 4114 VV — 320,00 EUR
3. Einigungsgebühr, Nr. 4147 VV — 185,00 EUR
4. 1,5-Einigungsgebühr, Nr. 1000 VV — 225,00 EUR
   (Wert: 2.000,00 EUR)
5. 2,0-Verfahrensgebühr, Nr. 4143 VV — 300,00 EUR
   (Wert: 2.000,00 EUR)
6. Postentgeltpauschale, Nr. 7002 VV — 20,00 EUR
   Zwischensumme 1.235,00 EUR
7. 19 % Umsatzsteuer, Nr. 7008 VV — 234,65 EUR
Gesamt — **1.469,65 EUR**

III. **Verfahren vor dem OLG, dem Schwurgericht oder der Strafkammer nach §§ 74a und 74c GVG oder der Jugendkammer nach Anm. zu Nr. 4118 VV**
1. Verfahrensgebühr, Nr. 4118 VV — 395,00 EUR
2. Terminsgebühr, Nr. 4120 VV — 530,00 EUR
3. Einigungsgebühr, Nr. 4147 VV — 395,00 EUR
4. 1,5-Einigungsgebühr, Nr. 1000 VV — 225,00 EUR
   (Wert: 2.000,00 EUR)
5. 2,0-Verfahrensgebühr, Nr. 4143 VV — 300,00 EUR
   (Wert: 2.000,00 EUR)
6. Postentgeltpauschale, Nr. 7002 VV — 20,00 EUR
   Zwischensumme 1.865,00 EUR
7. 19 % Umsatzsteuer, Nr. 7008 VV — 354,35 EUR
Gesamt — **2.219,35 EUR**

---

[60] Siehe AnwK-RVG/*N. Schneider*, Nr. 4147 VV Rn 27 ff.

| Beispiel 69 | **Privatklageverfahren mit Einigung auch über anhängige zivilrechtliche Ansprüche** |

In der Hauptverhandlung einigen sich die Parteien über den Strafausspruch sowie den Kostenerstattungsanspruch. Zudem einigen sich die Parteien über die Schmerzensgeldforderung (Wert: 2.000,00 EUR), die gem. § 404 StPO mit eingeklagt worden war.

Abzurechnen ist wie im vorherigen Beispiel 68. Die Einigungsgebühr nach Anm. zu Nr. 4147 VV i.V.m. Nrn. 1000 ff. VV beläuft sich allerdings jetzt nach Nr. 1003 VV nur auf 1,0, da die Ansprüche gerichtlich anhängig waren.

I. Verfahren vor dem Amtsgericht
1. Verfahrensgebühr, Nr. 4106 VV — 165,00 EUR
2. Terminsgebühr, Nr. 4108 VV — 275,00 EUR
3. Einigungsgebühr, Nr. 4147 VV — 165,00 EUR
4. 2,0-Verfahrensgebühr, Nr. 4143 VV (Wert: 2.000,00 EUR) — 300,00 EUR
5. 1,0-Einigungsgebühr, Nrn. 1000, 1003 VV (Wert: 2.000,00 EUR) — 150,00 EUR
6. Postentgeltpauschale, Nr. 7002 VV — 20,00 EUR
   Zwischensumme — 1.075,00 EUR
7. 19 % Umsatzsteuer, Nr. 7008 VV — 204,25 EUR
Gesamt — 1.279,25 EUR

II. Verfahren vor der Strafkammer oder Jugendkammer
1. Verfahrensgebühr, Nr. 4112 VV — 185,00 EUR
2. Terminsgebühr, Nr. 4114 VV — 320,00 EUR
3. Einigungsgebühr, Nr. 4147 VV — 185,00 EUR
4. 2,0-Verfahrensgebühr, Nr. 4143 VV (Wert: 2.000,00 EUR) — 300,00 EUR
5. 1,0-Einigungsgebühr, Nrn. 1000, 1003 VV (Wert: 2.000,00 EUR) — 150,00 EUR
6. Postentgeltpauschale, Nr. 7002 VV — 20,00 EUR
   Zwischensumme — 1.160,00 EUR
7. 19 % Umsatzsteuer, Nr. 7008 VV — 220,40 EUR
Gesamt — 1.380,40 EUR

III. Verfahren vor dem OLG, dem Schwurgericht oder der Strafkammer nach §§ 74a und 74c GVG oder der Jugendkammer nach Anm. zu Nr. 4118 VV
1. Verfahrensgebühr, Nr. 4118 VV — 395,00 EUR
2. Terminsgebühr, Nr. 4120 VV — 530,00 EUR
3. Einigungsgebühr, Nr. 4147 VV — 395,00 EUR
4. 2,0-Verfahrensgebühr, Nr. 4143 VV (Wert: 2.000,00 EUR) — 300,00 EUR
5. 1,0-Einigungsgebühr, Nrn. 1000, 1003 VV (Wert: 2.000,00 EUR) — 150,00 EUR
6. Postentgeltpauschale, Nr. 7002 VV — 20,00 EUR
   Zwischensumme — 1.790,00 EUR
7. 19 % Umsatzsteuer, Nr. 7008 VV — 340,10 EUR
Gesamt — 2.130,10 EUR

Zur Anrechnung im Zivilverfahren siehe Beispiel 66.

V. Verteidigung in Strafsachen § 35

Beispiel 70 — Privatklageverfahren mit Einigung auch über anhängige und nicht anhängige zivilrechtliche Ansprüche

In der Hauptverhandlung einigen sich die Parteien über den Strafausspruch sowie den Kostenerstattungsanspruch. Zudem einigen sich die Parteien über die Schmerzensgeldforderung (Wert: 2.000,00 EUR), die gem. § 404 StPO mit eingeklagt worden war sowie über eine weitere nicht anhängige Schadensersatzforderung in Höhe von 3.000,00 EUR.

Abzurechnen ist wie im vorherigen Beispiel 69. Der Gegenstandswert der 2,0-Verfahrensgebühr nach Nr. 4143 VV erhöht sich allerdings jetzt auf den Wert von 5.000,00 EUR. Darüber hinaus entstehen nach Anm. zu Nr. 4147 VV i.V.m. Nrn. 1000 ff. VV zwei Einigungsgebühren, und zwar zu 1,0 aus 2.000,00 EUR (Nr. 1003 VV) und zu 1,5 aus 3.000,00 EUR (Nr. 1000 VV), wobei § 15 Abs. 3 RVG zu beachten ist.

I. **Verfahren vor dem Amtsgericht**
1. Verfahrensgebühr, Nr. 4106 VV — 165,00 EUR
2. Terminsgebühr, Nr. 4108 VV — 275,00 EUR
3. Einigungsgebühr, Nr. 4147 VV — 165,00 EUR
4. 2,0-Verfahrensgebühr, Nr. 4143 VV — 606,00 EUR
   (Wert: 5.000,00 EUR)
5. 1,0-Einigungsgebühr, Nrn. 1000, 1003 VV — 150,00 EUR
   (Wert: 2.000,00 EUR)
6. 1,5-Einigungsgebühr, Nr. 1000 VV — 301,50 EUR
   (Wert: 3.000,00 EUR)
   (die Höchstgrenze gem. § 15 Abs. 3 RVG, 1,5 aus
   5.000 EUR (454,50 EUR), ist nicht erreicht)
7. Postentgeltpauschale, Nr. 7002 VV — 20,00 EUR
   Zwischensumme — 1.682,50 EUR
8. 19 % Umsatzsteuer, Nr. 7008 VV — 319,68 EUR
   Gesamt — **2.002,18 EUR**

II. **Verfahren vor der Strafkammer oder Jugendkammer**
1. Verfahrensgebühr, Nr. 4112 VV — 185,00 EUR
2. Terminsgebühr, Nr. 4114 VV — 320,00 EUR
3. Einigungsgebühr, Nr. 4147 VV — 185,00 EUR
4. 2,0-Verfahrensgebühr, Nr. 4143 VV — 606,00 EUR
   (Wert: 5.000,00 EUR)
5. 1,0-Einigungsgebühr, Nrn. 1000, 1003 VV — 150,00 EUR
   (Wert: 2.000,00 EUR)
6. 1,5-Einigungsgebühr, Nr. 1000 VV — 301,50 EUR
   (Wert: 3.000,00 EUR)
   (die Höchstgrenze gem. § 15 Abs. 3 RVG, 1,5 aus
   5.000 EUR (454,50 EUR), ist nicht erreicht)
7. Postentgeltpauschale, Nr. 7002 VV — 20,00 EUR
   Zwischensumme — 1.767,50 EUR
8. 19 % Umsatzsteuer, Nr. 7008 VV — 335,83 EUR
   Gesamt — **2.103,33 EUR**

III. **Verfahren vor dem OLG, dem Schwurgericht oder der Strafkammer nach §§ 74a und 74c GVG oder der Jugendkammer nach Anm. zu Nr. 4118 VV**
1. Verfahrensgebühr, Nr. 4118 VV — 395,00 EUR
2. Terminsgebühr, Nr. 4120 VV — 530,00 EUR
3. Einigungsgebühr, Nr. 4147 VV — 395,00 EUR
4. 2,0-Verfahrensgebühr, Nr. 4143 VV — 606,00 EUR
   (Wert: 5.000,00 EUR)
5. 1,0-Einigungsgebühr, Nrn. 1000, 1003 VV — 150,00 EUR
   (Wert: 2.000,00 EUR)

6.	1,5-Einigungsgebühr, Nr. 1000 VV (Wert: 3.000,00 EUR) (die Höchstgrenze gem. § 15 Abs. 3 RVG, 1,5 aus 5.000 EUR (454,50 EUR), ist nicht erreicht)	301,50 EUR
7.	Postentgeltpauschale, Nr. 7002 VV	20,00 EUR
	Zwischensumme 2.397,50 EUR	
8.	19 % Umsatzsteuer, Nr. 7008 VV	455,53 EUR
Gesamt		**2.853,03 EUR**

86 Werden mehrere Strafverfahren vor Gericht **verbunden**, so erhält der Anwalt alle bis zur Verbindung entstandenen Gebühren getrennt. Ab Verbindung entstehen die Gebühren nur noch einmal. Gegebenenfalls ist aber nach der Verbindung von überdurchschnittlichen Gebühren auszugehen.

87 Auf die Vergütung im **vorbereitenden Verfahren** hat die Verbindung im gerichtlichen Verfahren keinen Einfluss. Hier bleibt es bei den getrennt entstandenen Gebühren.

> **Beispiel 71** | **Verbindung zweier Strafverfahren nach der Hauptverhandlung**
>
> **Der Mandant ist vor dem AG wegen Betruges (Az. 1/14) und wegen Diebstahls (Az. 2/14) getrennt angeklagt worden. In jedem Verfahren findet eine Hauptverhandlung statt, die ausgesetzt wird. Anschließend werden beide Verfahren verbunden (führend ist das Verfahren 2/14). Es findet dann noch ein gemeinsamer Hauptverhandlungstermin statt.**
>
> Bis zur Verbindung entstehen die Gebühren getrennt, also jeweils eine Verfahrensgebühr sowie eine Terminsgebühr. Nach Verbindung entsteht im Verfahren 2/14 eine weitere Terminsgebühr, die allerdings überdurchschnittlich anzusetzen sein dürfte (hier um 50 % erhöht).
>
> **I. Verfahren 1/14**
> | | | |
> |---|---|---|
> | 1. | Verfahrensgebühr, Nr. 4106 VV | 165,00 EUR |
> | 2. | Terminsgebühr, Nr. 4108 VV | 275,00 EUR |
> | 3. | Postentgeltpauschale, Nr. 7002 VV | 20,00 EUR |
> | | Zwischensumme 460,00 EUR | |
> | 4. | 19 % Umsatzsteuer, Nr. 7008 VV | 87,40 EUR |
> | **Gesamt** | | **547,40 EUR** |
>
> **II. Verfahren 2/14**
> | | | |
> |---|---|---|
> | 1. | Verfahrensgebühr, Nr. 4106 VV | 165,00 EUR |
> | 2. | Terminsgebühr, Nr. 4108 VV | 275,00 EUR |
> | 3. | Terminsgebühr, Nr. 4108 VV (Erneuter Hauptverhandlungstermin, um 50 % erhöhte Mittelgebühr) | 412,50 EUR |
> | 4. | Postentgeltpauschale, Nr. 7002 VV | 20,00 EUR |
> | | Zwischensumme 872,50 EUR | |
> | 5. | 19 % Umsatzsteuer, Nr. 7008 VV | 165,78 EUR |
> | **Gesamt** | | **1.038,28 EUR** |

88 Wird zu einem Strafverfahren nach dem Aufruf der Sache ein weiteres Verfahren hinzuverbunden, das durch das Gericht zu diesem Zweck erst unmittelbar vor der Verbindung in der Hauptverhandlung eröffnet worden ist, so kann der auch für das hinzuverbundene Verfahren bestellte Pflichtverteidiger keine (zweite) Terminsgebühr für dieses Verfahren vor Verbindung beanspruchen.

V. Verteidigung in Strafsachen § 35

Beispiel 72 | **Verbindung zweier Strafverfahren in der Hauptverhandlung**

Der Mandant ist vor dem AG wegen Betruges (Az. 1/14) und wegen Diebstahls (Az. 2/14) getrennt angeklagt worden. In der Hauptverhandlung zum Verfahren 2/14 wird das Verfahren 1/14 hinzuverbunden führend ist das Verfahren 2/14).

Bis zur Verbindung entstehen die Gebühren getrennt, also jeweils eine Verfahrensgebühr und im Verfahren 2/14 auch eine Terminsgebühr. Nach Verbindung entstehen keine weiteren Gebühren. Die Terminsgebühr dürfte wieder überdurchschnittlich anzusetzen sein.

I. Verfahren 1/14
1. Verfahrensgebühr, Nr. 4106 VV — 165,00 EUR
2. Postentgeltpauschale, Nr. 7002 VV — 20,00 EUR
   Zwischensumme — 185,00 EUR
3. 19 % Umsatzsteuer, Nr. 7008 VV — 35,15 EUR
Gesamt — **220,15 EUR**

II. Verfahren 2/14
1. Verfahrensgebühr, Nr. 4106 VV — 165,00 EUR
2. Terminsgebühr, Nr. 4108 VV (50 % über Mittelgebühr) — 412,50 EUR
3. Postentgeltpauschale, Nr. 7002 VV — 20,00 EUR
   Zwischensumme — 597,50 EUR
4. 19 % Umsatzsteuer, Nr. 7008 VV — 113,53 EUR
Gesamt — **711,03 EUR**

Wird aus einem Strafverfahren ein Verfahren **abgetrennt**, so erhält der Anwalt alle bis zur Trennung entstandenen Gebühren nur einmal. Gegebenenfalls sind insoweit wegen der Mehrbelastung überdurchschnittliche Gebühren anzusetzen. Ab der Trennung entstehen die Gebühren gesondert.[61] 89

Auch die Trennung hat keinen Einfluss auf die Vergütung im **vorbereitenden Verfahren**. Hier verbleibt es bei den gemeinsam entstandenen Gebühren. 90

Beispiel 73 | **Abtrennung eines Strafverfahrens**

Der Mandant ist wegen Betruges und wegen Diebstahls gemeinsam angeklagt (Az. 1/14). Es findet sodann ein Hauptverhandlungstermin statt. Später wird das Diebstahlsverfahren abgetrennt und als neue Sache (Az. 2/14) geführt. Anschließend findet in beiden Verfahren eine neue Hauptverhandlung statt.

Bis zur Trennung entstehen die Gebühren nur einmal. Alle danach ausgelösten Gebühren entstehen dagegen gesondert. Da in dem abgetrennten Verfahren die Verfahrensgebühr erneut ausgelöst wird (Vorbem. 4 Abs. 2 VV), entsteht sie erneut, ebenso je eine Terminsgebühr.

I. Verfahren 1/14
1. Verfahrensgebühr, Nr. 4106 VV — 165,00 EUR
2. Terminsgebühr, Nr. 4108 VV — 275,00 EUR
3. Terminsgebühr, Nr. 4108 VV — 275,00 EUR
   (erneuter Hauptverhandlungstermin)
4. Postentgeltpauschale, Nr. 7002 VV — 20,00 EUR
   Zwischensumme — 735,00 EUR
5. 19 % Umsatzsteuer, Nr. 7008 VV — 139,65 EUR
Gesamt — **874,65 EUR**

---

[61] AG Tiergarten AGS 2010, 220 = RVGprof. 2010, 40 = NStZ-RR 2010, 128 = RVGreport 2010, 140.

§ 35 Strafsachen

II. Verfahren 2/14

1. Verfahrensgebühr, Nr. 4106 VV		165,00 EUR
2. Terminsgebühr, Nr. 4108 VV		275,00 EUR
3. Postentgeltpauschale, Nr. 7002 VV		20,00 EUR
Zwischensumme	460,00 EUR	
4. 19 % Umsatzsteuer, Nr. 7008 VV		87,40 EUR
Gesamt		**547,40 EUR**

91 Wird ein Strafverfahren in mehrere Einzelverfahren getrennt, und finden in den abgetrennten Verfahren an demselben Tag zeitversetzt jeweils Hauptverhandlungstermine statt, an denen der Verteidiger auch teilnimmt, so steht ihm jeweils eine Terminsgebühr für jeden Hauptverhandlungstermin zu, denn ab der Trennung des Verfahrens handelt es sich um verschiedene Angelegenheiten mit der Folge, dass der Anwalt in jedem Verfahren seine Gebühren gesondert erhält.[62]

> **Beispiel 74** Abtrennung eines Strafverfahrens, Hauptverhandlungstermine am selben Tag

Wie vorangegangenes Beispiel 73. Die Hauptverhandlungstermine nach Trennung finden am selben Tag statt.

An der Abrechnung ändert sich nichts. Abzurechnen ist wie im vorangegangenen Beispiel 73.

> **Beispiel 75** Hauptverhandlung mit Rechtsmitteleinlegung

Der Angeklagte wird im ersten Hauptverhandlungstermin verurteilt. Der Verteidiger legt hiergegen Rechtsmittel ein.

Die Einlegung des Rechtsmittels – unabhängig davon, ob Berufung oder Revision eingelegt wird – zählt nach § 19 Abs. 1 S. 2 Nr. 10 RVG mit zur Gebühreninstanz. Der Anwalt erhält hierfür also keine zusätzliche Vergütung. Es bleibt bei einer Verfahrens- und einer Terminsgebühr.

I. Verfahren vor dem Amtsgericht

1. Verfahrensgebühr, Nr. 4106 VV		165,00 EUR
2. Terminsgebühr, Nr. 4108 VV		275,00 EUR
3. Postentgeltpauschale, Nr. 7002 VV		20,00 EUR
Zwischensumme	460,00 EUR	
4. 19 % Umsatzsteuer, Nr. 7008 VV		87,40 EUR
Gesamt		**547,40 EUR**

II. Verfahren vor der Strafkammer oder Jugendkammer

1. Verfahrensgebühr, Nr. 4112 VV		185,00 EUR
2. Terminsgebühr, Nr. 4114 VV		320,00 EUR
3. Postentgeltpauschale, Nr. 7002 VV		20,00 EUR
Zwischensumme	525,00 EUR	
4. 19 % Umsatzsteuer, Nr. 7008 VV		99,75 EUR
Gesamt		**624,75 EUR**

III. Verfahren vor dem OLG, dem Schwurgericht oder der Strafkammer nach §§ 74a und 74c GVG oder der Jugendkammer nach Anm. zu Nr. 4118 VV

1. Verfahrensgebühr, Nr. 4118 VV		395,00 EUR
2. Terminsgebühr, Nr. 4120 VV		530,00 EUR
3. Postentgeltpauschale, Nr. 7002 VV		20,00 EUR
Zwischensumme	945,00 EUR	
4. 19 % Umsatzsteuer, Nr. 7008 VV		179,55 EUR
Gesamt		**1.124,55 EUR**

---

62 LG Itzehoe AGS 2008, 233 = NJW-Spezial 2008, 221.

bb) Beschuldigter befindet sich nicht auf freiem Fuß

Befindet sich der Beschuldigte nicht auf freiem Fuß, so entstehen sämtliche Gebühren (mit Ausnahme der zusätzlichen Gebühren – Nrn. 4141 ff. VV) „**mit Zuschlag**" (Vorbem. 4 Abs. 4 VV). Dem Anwalt steht also wiederum ein höherer Gebührenrahmen zur Verfügung, unabhängig davon, ob tatsächlich ein erhöhter Aufwand dadurch entstanden ist, dass sich der Mandant nicht auf freiem Fuß befindet.

92

> **Beispiel 76** Der Beschuldigte befindet sich während des gesamten gerichtlichen Verfahrens nicht auf freiem Fuß

Der Beschuldigte ist bereits bei Anklageerhebung in Haft. Im gerichtlichen Verfahren kommt es zu zwei Haftprüfungsterminen und einem Hauptverhandlungstermin.

Sämtliche Gebühren berechnen sich mit Zuschlag, da der Mandant während des gesamten Verfahrens in Haft war. Der Anwalt erhält jeweils mit Zuschlag die Verfahrensgebühr (Nrn. 4104, 4105; 4112, 4113; 4118, 4119 VV), die Terminsgebühr (Nrn. 4102 Nr. 3, 4103 VV) und die Terminsgebühr für die Hauptverhandlung (Nrn. 4106, 4107; Nr. 4114, 4115; 4120, 4121 VV).

I. **Verfahren vor dem Amtsgericht**
1. Verfahrensgebühr, Nrn. 4106, 4107 VV   201,25 EUR
2. Terminsgebühr, Nrn. 4102 Nr. 3, 4103 VV   207,50 EUR
3. Terminsgebühr, Nrn. 4108, 4109 VV   335,00 EUR
4. Postentgeltpauschale, Nr. 7002 VV   20,00 EUR
    Zwischensumme   763,75 EUR
5. 19 % Umsatzsteuer, Nr. 7008 VV   145,11 EUR
Gesamt   **908,86 EUR**

II. **Verfahren vor der Strafkammer oder Jugendkammer**
1. Verfahrensgebühr, Nrn. 4112, 4113 VV   225,00 EUR
2. Terminsgebühr, Nrn. 4102 Nr. 3, 4103 VV   207,50 EUR
3. Terminsgebühr, Nrn. 4114, 4115 VV   390,00 EUR
4. Postentgeltpauschale, Nr. 7002 VV   20,00 EUR
    Zwischensumme   842,50 EUR
5. 19 % Umsatzsteuer, Nr. 7008 VV   160,08 EUR
Gesamt   **1.002,58 EUR**

III. **Verfahren vor dem OLG, dem Schwurgericht oder der Strafkammer nach §§ 74a und 74c GVG oder der Jugendkammer nach Anm. zu Nr. 4118 VV**
1. Verfahrensgebühr, Nrn. 4118, 4119 VV   481,25 EUR
2. Terminsgebühr, Nrn. 4102 Nr. 3, 4103 VV   207,50 EUR
3. Terminsgebühr, Nrn. 4120, 4121 VV   646,25 EUR
4. Postentgeltpauschale, Nr. 7002 VV   20,00 EUR
    Zwischensumme   1.355,00 EUR
5. 19 % Umsatzsteuer, Nr. 7008 VV   257,45 EUR
Gesamt   **1.612,45 EUR**

> **Beispiel 77** Der Beschuldigte wird erst während des Verfahrens in Haft genommen

Die Hauptverhandlung wird im ersten Termin ausgesetzt. Vor dem erneuten Termin wird der Mandant in Haft genommen. Es kommt zu einem Haftprüfungstermin sowie einem erneuten Hauptverhandlungstermin, in dem der Haftbefehl aufgehoben wird. Anschließend folgen noch zwei Fortsetzungstermine.

§ 35 Strafsachen

Wird der Angeklagte erst während des Verfahrens in Haft genommen oder wird er während des Verfahrens auf freien Fuß gesetzt, so ist für jede Gebühr gesondert zu prüfen, ob sich der Beschuldigte während ihres Abgeltungsbereichs (§ 15 Abs. 1 RVG) – wenn auch nur für kurze Zeit – nicht auf freiem Fuß befand.

Mit Zuschlag entstehen daher nur die Verfahrensgebühr sowie die Terminsgebühr für den erneuten Hauptverhandlungstermin und für den Haftprüfungstermin. Für den ersten Hauptverhandlungstermin sowie die späteren Fortsetzungstermine, zu denen sich der Beschuldigte auf freiem Fuß befand, verbleibt es dagegen bei der einfachen Gebühr.

I. Verfahren vor dem Amtsgericht
1. Verfahrensgebühr, Nrn. 4106, 4107 VV — 201,25 EUR
2. Terminsgebühr, Nr. 4108 VV — 275,00 EUR
   (1. Hauptverhandlungstag)
3. Terminsgebühr, Nrn. 4102 Nr. 3, 4103 VV — 207,50 EUR
4. Terminsgebühr, Nrn. 4108, 4109 VV — 335,00 EUR
   (erneuter 1. Hauptverhandlungstag)
5. Terminsgebühr, Nr. 4108 VV — 275,00 EUR
   (1. Fortsetzungstermin)
6. Terminsgebühr, Nr. 4108 VV — 275,00 EUR
   (2. Fortsetzungstermin)
7. Postentgeltpauschale, Nr. 7002 VV — 20,00 EUR
   Zwischensumme 1.588,75 EUR
8. 19 % Umsatzsteuer, Nr. 7008 VV — 301,86 EUR
Gesamt — **1.890,61 EUR**

II. Verfahren vor der Strafkammer oder Jugendkammer
1. Verfahrensgebühr, Nrn. 4112, 4113 VV — 225,00 EUR
2. Terminsgebühr, Nr. 4114 VV — 320,00 EUR
   (1. Hauptverhandlungstag)
3. Terminsgebühr, Nrn. 4102 Nr. 3, 4103 VV — 207,50 EUR
4. Terminsgebühr, Nrn. 4114, 4115 VV — 390,00 EUR
   (erneuter 1. Hauptverhandlungstag)
5. Terminsgebühr, Nr. 4112 VV — 320,00 EUR
   (1. Fortsetzungstermin)
6. Terminsgebühr, Nr. 4112 VV — 320,00 EUR
   (2. Fortsetzungstermin)
7. Postentgeltpauschale, Nr. 7002 VV — 20,00 EUR
   Zwischensumme 1.802,50 EUR
8. 19 % Umsatzsteuer, Nr. 7008 VV — 342,48 EUR
Gesamt — **2.144,98 EUR**

III. Verfahren vor dem OLG, dem Schwurgericht oder der Strafkammer nach §§ 74a und 74c GVG oder der Jugendkammer nach Anm. zu Nr. 4118 VV
1. Verfahrensgebühr, Nrn. 4118, 4119 VV — 418,25 EUR
2. Terminsgebühr, Nr. 4120 VV — 530,00 EUR
   (1. Hauptverhandlungstag)
3. Terminsgebühr, Nrn. 4102 Nr. 3, 4103 VV — 207,50 EUR
4. Terminsgebühr, Nrn. 4120, 4121 VV — 646,25 EUR
   (erneuter 1. Hauptverhandlungstag)
5. Terminsgebühr, Nr. 4120 VV — 530,00 EUR
   (1. Fortsetzungstermin)
6. Terminsgebühr, Nr. 4120 VV — 530,00 EUR
   (2. Fortsetzungstermin)
7. Postentgeltpauschale, Nr. 7002 VV — 20,00 EUR
   Zwischensumme 2.882 EUR
8. 19 % Umsatzsteuer, Nr. 7008 VV — 547,58 EUR
Gesamt — **3.429,58 EUR**

V. Verteidigung in Strafsachen § 35

c) Der Anwalt war im vorbereitenden Verfahren nicht tätig

Wird der Verteidiger erstmals im gerichtlichen Verfahren vor dem Amtsgericht beauftragt, ist grundsätzlich ebenso zu rechnen wie in den Beispielen 33 bis 75. Hinzu kommt jedoch die **Grundgebühr** nach Nr. 4100 VV. Auch kann jetzt die **zusätzliche Verfahrensgebühr nach Nr. 4143 VV** anfallen (Anm. Abs. 3 zu Nr. 4142 VV). 93

Beispiel 78 | **Gerichtliches Verfahren ohne Zusätzliche Gebühr**

Der Anwalt wird im gerichtlichen Verfahren als Verteidiger tätig. Das Verfahren wird ohne sein Zutun außerhalb der Hauptverhandlung eingestellt. Auszugehen ist von der Mittelgebühr.

Angefallen ist jetzt neben der **Verfahrensgebühr**, die sich nach der Zuständigkeit des Gerichts richtet, auch eine **Grundgebühr** nach Nr. 4100 VV.

I. Verfahren vor dem Amtsgericht
1. Grundgebühr, Nr. 4100 VV — 200,00 EUR
2. Verfahrensgebühr, Nr. 4106 VV — 165,00 EUR
3. Postentgeltpauschale, Nr. 7002 VV — 20,00 EUR
   Zwischensumme — 385,00 EUR
4. 19 % Umsatzsteuer, Nr. 7008 VV — 73,15 EUR
Gesamt — **458,15 EUR**

II. Verfahren vor der Strafkammer oder Jugendkammer
1. Grundgebühr, Nr. 4100 VV — 200,00 EUR
2. Verfahrensgebühr, Nr. 4112 VV — 185,00 EUR
3. Postentgeltpauschale, Nr. 7002 VV — 20,00 EUR
   Zwischensumme — 405,00 EUR
4. 19 % Umsatzsteuer, Nr. 7008 VV — 76,95 EUR
Gesamt — **481,95 EUR**

III. Verfahren vor dem OLG, dem Schwurgericht oder der Strafkammer nach §§ 74a und 74c GVG oder der Jugendkammer nach Anm. zu Nr. 4118 VV
1. Grundgebühr, Nr. 4100 VV — 200,00 EUR
2. Verfahrensgebühr, Nr. 4118 VV — 395,00 EUR
3. Postentgeltpauschale, Nr. 7002 VV — 20,00 EUR
   Zwischensumme — 615,00 EUR
4. 19 % Umsatzsteuer, Nr. 7008 VV — 116,85 EUR
Gesamt — **731,85 EUR**

Beispiel 79 | **Gerichtliches Verfahren mit Hauptverhandlung**

Der Anwalt wird im gerichtlichen Verfahren als Verteidiger tätig. Es findet eine Hauptverhandlung statt.

Angefallen ist jetzt neben der **Verfahrensgebühr** und der **Terminsgebühr** wiederum die **Grundgebühr**.

I. Verfahren vor dem Amtsgericht
1. Grundgebühr, Nr. 4100 VV — 200,00 EUR
2. Verfahrensgebühr, Nr. 4106 VV — 165,00 EUR
3. Terminsgebühr, Nr. 4108 VV — 275,00 EUR
4. Postentgeltpauschale, Nr. 7002 VV — 20,00 EUR
   Zwischensumme — 660,00 EUR
5. 19 % Umsatzsteuer, Nr. 7008 VV — 125,40 EUR
Gesamt — **785,40 EUR**

II. Verfahren vor der Strafkammer oder Jugendkammer
1. Grundgebühr, Nr. 4100 VV — 200,00 EUR
2. Verfahrensgebühr, Nr. 4112 VV — 185,00 EUR
3. Terminsgebühr, Nr. 4114 VV — 320,00 EUR
4. Postentgeltpauschale, Nr. 7002 VV — 20,00 EUR
   Zwischensumme — 725,00 EUR
5. 19 % Umsatzsteuer, Nr. 7008 VV — 137,75 EUR
Gesamt — **862,75 EUR**

III. Verfahren vor dem OLG, dem Schwurgericht oder der Strafkammer nach §§ 74a und 74c GVG oder der Jugendkammer nach Anm. zu Nr. 4118 VV
1. Grundgebühr, Nr. 4100 VV — 200,00 EUR
2. Verfahrensgebühr, Nr. 4118 VV — 395,00 EUR
3. Terminsgebühr, Nr. 4120 VV — 530,00 EUR
4. Postentgeltpauschale, Nr. 7002 VV — 20,00 EUR
   Zwischensumme — 1.145,00 EUR
5. 19 % Umsatzsteuer, Nr. 7008 VV — 217,55 EUR
Gesamt — **1.362,55 EUR**

Beispiel 80 | **Gerichtliches Verfahren mit Hauptverhandlung, Mandant ist nicht auf freiem Fuß**

Der Anwalt wird im gerichtlichen Verfahren für den inhaftierten Mandanten als Verteidiger tätig. Es finden ein Haftprüfungstermin und ein Hauptverhandlungstermin statt.

Die **Grundgebühr**, die wegen des Fortschritts des Verfahrens überdurchschnittlich anzusetzen sein dürfte (hier 20 % über der Mittelgebühr), bemisst sich jetzt nach Nr. 4101 VV, dem Gebührenrahmen mit Zuschlag. Hinzu kommen eine Gebühr nach Nrn. 4102 Nr. 3, 4103 VV sowie eine Terminsgebühr nach Nrn. 4108, 4109; 4112, 4113; 4120, 4121 VV.

I. Verfahren vor dem Amtsgericht
1. Grundgebühr, Nrn. 4100, 4101 VV (um 20 % erhöht) — 294,00 EUR
2. Verfahrensgebühr, Nrn. 4106, 4107 VV — 201,25 EUR
3. Terminsgebühr, Nrn. 4102 Nr. 3, 4103 VV — 207,50 EUR
4. Terminsgebühr, Nrn. 4108, 4109 VV — 335,00 EUR
5. Postentgeltpauschale, Nr. 7002 VV — 20,00 EUR
   Zwischensumme — 1.057,75 EUR
6. 19 % Umsatzsteuer, Nr. 7008 VV — 200.97 EUR
Gesamt — **1.258,72 EUR**

II. Verfahren vor der Strafkammer oder Jugendkammer
1. Grundgebühr, Nrn. 4100, 4101 VV (um 20 % erhöht) — 294,00 EUR
2. Verfahrensgebühr, Nrn. 4112, 4113 VV — 225,00 EUR
3. Terminsgebühr, Nrn. 4102 Nr. 3, 4103 VV — 207,50 EUR
4. Terminsgebühr, Nrn. 4114, 4115 VV — 390,00 EUR
5. Postentgeltpauschale, Nr. 7002 VV — 20,00 EUR
   Zwischensumme — 1.136,50 EUR
6. 19 % Umsatzsteuer, Nr. 7008 VV — 215,94 EUR
Gesamt — **1.352,44 EUR**

III. Verfahren vor dem OLG, dem Schwurgericht oder der Strafkammer nach §§ 74a und 74c GVG oder der Jugendkammer nach Anm. zu Nr. 4118 VV
1. Grundgebühr, Nrn. 4100, 4101 VV (um 20 % erhöht) — 294,00 EUR
2. Verfahrensgebühr, Nrn. 4118, 4119 VV — 481,25 EUR
3. Terminsgebühr, Nrn. 4102 Nr. 3, 4103 VV — 207,50 EUR
4. Terminsgebühr, Nrn. 4120, 4121 VV — 646,25 EUR
5. Postentgeltpauschale, Nr. 7002 VV — 20,00 EUR
   Zwischensumme — 1.649 EUR
6. 19 % Umsatzsteuer, Nr. 7008 VV — 313,31 EUR
Gesamt — **1.962,31 EUR**

V. Verteidigung in Strafsachen § 35

Beispiel 81 | Gerichtliches Verfahren mit Beschlagnahme

Die Verteidigung im gerichtlichen Verfahren erstreckt sich auch auf die Beschlagnahme von Gegenständen im Wert von 5.000,00 EUR.

Der Anwalt erhält jetzt neben der Grund- und der Verfahrensgebühr eine Zusätzliche Gebühr nach Nr. 4142 VV. Da der Verteidiger hinsichtlich der Beschlagnahme im vorbereitenden Verfahren nicht tätig war, entsteht die zusätzliche Verfahrensgebühr im gerichtlichen Verfahren (Anm. Abs. 3 zu Nr. 4142 VV).

I. Verfahren vor dem Amtsgericht
1. Grundgebühr, Nr. 4100 VV   200,00 EUR
2. Verfahrensgebühr, Nr. 4106 VV   165,00 EUR
3. 1,0-Verfahrensgebühr, Nr. 4142 VV   303,00 EUR
   (Wert: 5.000,00 EUR)
4. Postentgeltpauschale, Nr. 7002 VV   20,00 EUR
   Zwischensumme   688,00 EUR
5. 19 % Umsatzsteuer, Nr. 7008 VV   130,72 EUR
   Gesamt   **818,72 EUR**

II. Verfahren vor der Strafkammer oder Jugendkammer
1. Grundgebühr, Nr. 4100 VV   200,00 EUR
2. Verfahrensgebühr, Nr. 4112 VV   185,00 EUR
3. 1,0-Verfahrensgebühr, Nr. 4142 VV   303,00 EUR
   (Wert: 5.000,00 EUR)
4. Postentgeltpauschale, Nr. 7002 VV   20,00 EUR
   Zwischensumme   708,00 EUR
5. 19 % Umsatzsteuer, Nr. 7008 VV   134,52 EUR
   Gesamt   **842,52 EUR**

III. Verfahren vor dem OLG, dem Schwurgericht oder der Strafkammer nach §§ 74a und 74c GVG oder der Jugendkammer nach Anm. zu Nr. 4118 VV
1. Grundgebühr, Nr. 4100 VV   200,00 EUR
2. Verfahrensgebühr, Nr. 4118 VV   395,00 EUR
3. 1,0-Verfahrensgebühr, Nr. 4142 VV   303,00 EUR
   (Wert: 5.000,00 EUR)
4. Postentgeltpauschale, Nr. 7002 VV   20,00 EUR
   Zwischensumme   918,00 EUR
5. 19 % Umsatzsteuer, Nr. 7008 VV   174,42 EUR
   Gesamt   **1.092,42 EUR**

Beispiel 82 | Gerichtliches Verfahren mit Beschlagnahme und Einstellung

Die Verteidigung im gerichtlichen Verfahren erstreckt sich auch auf die Beschlagnahme von Gegenständen im Wert von 5.000,00 EUR. Das Verfahren wird unter Mitwirkung des Verteidigers außerhalb der Hauptverhandlung eingestellt.

Der Anwalt erhält jetzt noch eine Zusätzliche Gebühr nach Nr. 4141 VV (Anm. Abs. 1 S. 1 Nr. 1 zu Nr. 4141 VV). Maßstab ist lediglich die Verfahrensgebühr nach Nrn. 4106, 4112, 4118 VV.

I. Verfahren vor dem Amtsgericht
1. Grundgebühr, Nr. 4100 VV   200,00 EUR
2. Verfahrensgebühr, Nr. 4106 VV   165,00 EUR
3. 1,0-Verfahrensgebühr, Nr. 4142 VV   303,00 EUR
   (Wert: 5.000,00 EUR)
4. Zusätzliche Gebühr, Nrn. 4141, 4106 VV   165,00 EUR
5. Postentgeltpauschale, Nr. 7002 VV   20,00 EUR
   Zwischensumme   853,00 EUR

6. 19 % Umsatzsteuer, Nr. 7008 VV		162,07 EUR
Gesamt		**1.015,07 EUR**

II. Verfahren vor der Strafkammer oder Jugendkammer

1. Grundgebühr, Nr. 4100 VV		200,00 EUR
2. Verfahrensgebühr, Nr. 4112 VV		185,00 EUR
3. 1,0-Verfahrensgebühr, Nr. 4142 VV (Wert: 5.000,00 EUR)		303,00 EUR
4. Zusätzliche Gebühr, Nrn. 4141, 4112 VV		185,00 EUR
5. Postentgeltpauschale, Nr. 7002 VV		20,00 EUR
Zwischensumme	893,00 EUR	
6. 19 % Umsatzsteuer, Nr. 7008 VV		169,67 EUR
Gesamt		**1.062,67 EUR**

III. Verfahren vor dem OLG, dem Schwurgericht oder der Strafkammer nach §§ 74a und 74c GVG oder der Jugendkammer nach Anm. zu Nr. 4118 VV

1. Grundgebühr, Nr. 4100 VV		200,00 EUR
2. Verfahrensgebühr, Nr. 4118 VV		395,00 EUR
3. 1,0-Verfahrensgebühr, Nr. 4142 VV (Wert: 5.000,00 EUR)		303,00 EUR
4. Zusätzliche Gebühr, Nrn. 4141, 4118 VV		395,00 EUR
5. Postentgeltpauschale, Nr. 7002 VV		20,00 EUR
Zwischensumme	1.313,00 EUR	
6. 19 % Umsatzsteuer, Nr. 7008 VV		249,47 EUR
Gesamt		**1.562,47 EUR**

94 Werden mehrere Strafverfahren vor Gericht **verbunden**, so erhält der Anwalt alle bis zur Verbindung entstandenen Gebühren (auch die Grundgebühr) getrennt. Ab Verbindung entstehen die Gebühren nur noch einmal. Gegebenenfalls ist dann im verbundenen Verfahren von einer überdurchschnittlichen Verfahrensgebühr auszugehen.

Beispiel 83 | **Verbindung zweier Strafverfahren**

Der Mandant ist vor dem AG wegen Betruges (Az. 1/14) und wegen Diebstahls (Az. 2/14) getrennt angeklagt worden. In jedem Verfahren findet eine Hauptverhandlung statt, die ausgesetzt wird. Anschließend werden beide Verfahren verbunden (führend ist das Verfahren 2/14). Es findet dann noch ein gemeinsamer Hauptverhandlungstermin statt.

Bis zur Verbindung entstehen die Gebühren getrennt, also jeweils eine Verfahrensgebühr sowie eine Terminsgebühr. Nach Verbindung entsteht im Verfahren 2/14 eine weitere Terminsgebühr, die allerdings überdurchschnittlich anzusetzen sein dürfte (hier um 20 % erhöht).

I. Verfahren 1/14

1. Grundgebühr, Nr. 4100 VV		200,00 EUR
2. Verfahrensgebühr, Nr. 4106 VV		165,00 EUR
3. Terminsgebühr, Nr. 4108 VV		275,00 EUR
4. Postentgeltpauschale, Nr. 7002 VV		20,00 EUR
Zwischensumme	660,00 EUR	
5. 19 % Umsatzsteuer, Nr. 7008 VV		125,40 EUR
Gesamt		**785,40 EUR**

II. Verfahren 2/14

1. Grundgebühr, Nr. 4100 VV	200,00 EUR
2. Verfahrensgebühr, Nr. 4106 VV	165,00 EUR
3. Terminsgebühr, Nr. 4108 VV	275,00 EUR
4. Terminsgebühr, Nr. 4108 VV (erneuter Hauptverhandlungstermin, um 20 % erhöht)	330,00 EUR

5. Postentgeltpauschale, Nr. 7002 VV		20,00 EUR
Zwischensumme	990,00 EUR	
6. 19 % Umsatzsteuer, Nr. 7008 VV		188,10 EUR
Gesamt		**1.178,10 EUR**

Wird aus einem Strafverfahren ein Verfahren **abgetrennt**, so erhält der Anwalt alle bis zur Trennung entstandenen Gebühren nur einmal. Das gilt auch für die Grundgebühr (Nr. 4100 VV). Gegebenenfalls sind insoweit wegen der Mehrbelastung überdurchschnittliche Gebühren anzusetzen. Ab der Trennung entstehen die Gebühren gesondert. 95

> **Beispiel 84** | **Abtrennung eines Strafverfahrens**

Der Mandant ist wegen Betruges und wegen Diebstahls gemeinsam angeklagt (Az. 1/14). Es findet sodann ein Hauptverhandlungstermin statt. Später wird das Diebstahlsverfahren abgetrennt und als neue Sache (Az. 2/14) geführt. Anschließend findet in beiden Verfahren eine neue Hauptverhandlung statt.

Bis zur Trennung entstehen die Gebühren nur einmal. Einmal entstehen also die Grundgebühr sowie eine Terminsgebühr. Alle danach ausgelösten Gebühren entstehen dagegen gesondert. Da in dem abgetrennten Verfahren die Verfahrensgebühr erneut ausgelöst wird (Vorbem. 4 Abs. 2 VV), entsteht sie erneut, ebenso je eine Terminsgebühr. Eine neue Grundgebühr entsteht nicht.

I. Verfahren 1/14		
1. Grundgebühr, Nr. 4100 VV		200,00 EUR
2. Verfahrensgebühr, Nr. 4106 VV		165,00 EUR
3. Terminsgebühr, Nr. 4108 VV		275,00 EUR
(1. Hauptverhandlungstermin)		
4. Terminsgebühr, Nr. 4108 VV		275,00 EUR
(erneuter Hauptverhandlungstermin)		
5. Postentgeltpauschale, Nr. 7002 VV		20,00 EUR
Zwischensumme	935,00 EUR	
6. 19 % Umsatzsteuer, Nr. 7008 VV		177,65 EUR
Gesamt		**1.112,65 EUR**
II. Verfahren 2/14		
1. Verfahrensgebühr, Nr. 4106 VV		165,00 EUR
2. Terminsgebühr, Nr. 4108 VV		275,00 EUR
3. Postenentgeltpauschale, Nr. 7002 VV		20,00 EUR
Zwischensumme	460,00 EUR	
4. 19 % Umsatzsteuer, Nr. 7008 VV		87,40 EUR
Gesamt		**547,40 EUR**

5. Berufungsverfahren

a) Überblick

Im Berufungsverfahren erhält der Verteidiger die Gebühren nach Teil 4 Abschnitt 1 Unterabschnitt 3 VV (Nrn. 4124 ff. VV). 96

Hier kann zunächst wiederum die **Grundgebühr** (Nr. 4100 VV) entstehen, wenn der Anwalt im Berufungsverfahren erstmals beauftragt worden ist. War der Anwalt bereits im vorbereitenden Verfahren oder im erstinstanzlichen Verfahren tätig, kann die Grundgebühr nicht mehr entstehen (Anm. Abs. 1 zu Nr. 4100 VV). 97

98 Darüber hinaus entsteht auch hier immer eine **Verfahrensgebühr** (Nr. 4124 VV) mit einem Gebührenrahmen von 80,00 EUR bis 560,00 EUR; Mittelgebühr 320,00 EUR. Da die Berufungsverfahren ausschließlich vor dem Landgericht stattfinden, gibt es nur diesen einzigen Gebührenrahmen.

99 Für die Teilnahme an der Hauptverhandlung erhält der Anwalt je Verhandlungstag wiederum eine **Terminsgebühr** nach Nr. 4126 VV in Höhe von ebenfalls 80,00 EUR bis 560,00 EUR; Mittelgebühr 320,00 EUR.

100 Daneben kommt auch hier die **allgemeine Terminsgebühr** nach Nr. 4102 VV in Betracht.

101 Des Weiteren können auch im Berufungsverfahren wiederum **Zusätzliche Gebühren** nach den Nrn. 4141 VV ff. hinzukommen sowie u.U. Einigungsgebühren nach Nr. 4147 VV oder nach Anm. zu Nr. 4147 VV i.V.m. Nrn. 1000 ff. VV.

b) Der Anwalt war bereits im vorbereitenden Verfahren oder im erstinstanzlichen Verfahren beauftragt

102 War der Anwalt bereits im vorbereitenden Verfahren oder im erstinstanzlichen Verfahren als Verteidiger tätig, hat er dort eine Grundgebühr verdient und kann diese folglich im Berufungsverfahren nicht erneut erhalten (Anm. Abs. 1 zu Nr. 4100 VV).

103 Hinsichtlich der Höhe der Gebühren ist auch im Berufungsverfahren danach zu differenzieren, ob sich der Beschuldigte auf freiem Fuß befindet oder nicht.

aa) Beschuldigter befindet sich auf freiem Fuß

104 **Beispiel 85** **Bloße Berufungseinlegung**

Der Anwalt wird mit der Einlegung der Berufung beauftragt. Anschließend kündigt der Auftraggeber das Mandat.

Der Anwalt erhält im Berufungsverfahren keine Vergütung. Die Einlegung der Berufung gehört noch mit zum erstinstanzlichen Verfahren (§ 19 Abs. 1 S. 2 Nr. 10 RVG) und wird durch die dortige Verfahrensgebühr abgegolten (siehe Beispiel 75).

Beispiel 86 **Berufungsverfahren ohne Zusätzliche Gebühr**

Der Anwalt wird im Berufungsverfahren als Verteidiger tätig. Das Verfahren wird ohne Zutun des Verteidigers außerhalb der Hauptverhandlung eingestellt. Auszugehen ist von der Mittelgebühr.

Die **Grundgebühr** nach Nr. 4100 VV kann nicht mehr entstehen (Anm. Abs. 1 zu Nr. 4100 VV). Der Anwalt erhält nur die **Verfahrensgebühr** nach Nr. 4124 VV. Eine Zusätzliche Gebühr entsteht mangels Mitwirkung nicht (Anm. Abs. 2 zu Nr. 4141 VV).

1. Verfahrensgebühr, Nr. 4124 VV		320,00 EUR
2. Postentgeltpauschale, Nr. 7002 VV		20,00 EUR
Zwischensumme	340,00 EUR	
3. 19 % Umsatzsteuer, Nr. 7008 VV		64,60 EUR
Gesamt		**404,60 EUR**

V. Verteidigung in Strafsachen **§ 35**

Wird die Berufung zurückgenommen, so entsteht die Zusätzliche Gebühr nach Anm. Abs. 1 S. 1 Nr. 3 zu Nr. 4141 VV. Für das Entstehen der Gebühr kommt es allein auf die Rücknahme an. Anders als im Revisionsverfahren bedarf es einer bereits erfolgten Vorlage der Verfahrensakten an das für das Rechtsmittel zuständige Gericht nicht.[63]

105

| Beispiel 87 | Berufungsrücknahme durch Verteidiger unmittelbar vor der Hauptverhandlung |

Drei Tage vor dem anberaumten Hauptverhandlungstermin nimmt der Verteidiger die Berufung zurück.

Abzurechnen ist wie im vorangegangenen Beispiel 86. Der Anwalt erhält nur die **Verfahrensgebühr** nach Nr. 4124 VV. Eine Zusätzliche Gebühr nach Nr. 4141 VV fällt nicht an, da die Zwei-Wochen-Frist nicht gewahrt ist (Anm. Abs. 1 S. 1 Nr. 3 zu Nr. 4141 VV).

| Beispiel 88 | Einstellung des Berufungsverfahrens unter Mitwirkung des Verteidigers |

Aufgrund der Berufungsbegründung stellt das Gericht das Verfahren ein.

Neben der **Verfahrensgebühr** nach Nr. 4124 VV erhält der Anwalt eine Zusätzliche Gebühr nach Nr. 4141 VV (Anm. Abs. 1 S. 1 Nr. 1 zu Nr. 4141 VV).

1.	Verfahrensgebühr, Nr. 4124 VV	320,00 EUR
2.	Zusätzliche Gebühr, Nrn. 4141, 4124 VV	320,00 EUR
3.	Postentgeltpauschale, Nr. 7002 VV	20,00 EUR
	Zwischensumme	660,00 EUR
4.	19 % Umsatzsteuer, Nr. 7008 VV	125,40 EUR
	Gesamt	**785,40 EUR**

| Beispiel 89 | Berufungsrücknahme durch Verteidiger |

Nach Berufungsbegründung, aber noch vor Anberaumung eines Hauptverhandlungstermins, nimmt der Verteidiger die Berufung zurück.

Abzurechnen ist wie im vorangegangenen Beispiel 88. Der Anwalt erhält neben der **Verfahrensgebühr** nach Nr. 4124 VV eine Zusätzliche Gebühr nach Nr. 4141 VV (Anm. Abs. 1 S. 1 Nr. 3 zu Nr. 4141 VV).

| Beispiel 90 | Berufungsrücknahme durch die Staatsanwaltschaft |

Aufgrund der Berufungserwiderung des Verteidigers nimmt die Staatsanwaltschaft noch vor Anberaumung eines Hauptverhandlungstermins die Berufung zurück.

Abzurechnen ist wie im Beispiel 88. Wer die Berufung zurücknimmt, ist unerheblich. Der Anwalt erhält neben der **Verfahrensgebühr** nach Nr. 4124 VV eine Zusätzliche Gebühr nach Nr. 4141

---

[63] OLG Celle AGS 2014, 125 = NStZ-RR 2014, 128 = NdsRpfl 2014, 163 = JurBüro 2014, 241 = StraFo 2014, 219 = Rpfleger 2014, 336 = NJW-Spezial 2014, 157 = RVGreport 2014, 155 = RVGprof. 2014, 77.

VV (Anm. Abs. 1 S. 1 Nr. 3 zu Nr. 4141 VV) auch dann, wenn die Staatsanwaltschaft die Berufung zurücknimmt.

Die Einhaltung der Zwei-Wochenfrist ist hier nicht erforderlich. Die Zwei-Wochen-Frist gilt nur für die Rücknahme des eigenen Rechtsmittels.[64]

Beispiel 91 | Berufungsrücknahme durch Neben- oder Privatkläger

Nach Berufungserwiderung, aber noch vor Anberaumung eines Hauptverhandlungstermins, erreicht der Verteidiger, dass der Nebenkläger seine Berufung zurücknimmt.

Abzurechnen ist wie in Beispiel 88. Der Anwalt erhält die Zusätzliche Gebühr nach Nr. 4141 VV auch dann, wenn ein sonstiger Beteiligter, etwa ein Nebenkläger, die Berufung zurücknimmt (Anm. Abs. 1 S. 1 Nr. 3 zu Nr. 4141 VV).[65] Gleiches gilt für die Rücknahme der Berufung durch den Privatkläger.

Beispiel 92 | Rücknahme der Privatklage

Nach Berufungserwiderung, aber noch vor Anberaumung eines Hauptverhandlungstermins, erklärt der Privatkläger die Rücknahme seiner Privatklage. Der Verteidiger stimmt zu.

Abzurechnen ist ebenfalls wie in Beispiel 88. Der Anwalt erhält die Zusätzliche Gebühr nach Nr. 4141 VV auch dann, wenn die Privatklage in der Berufungsinstanz zurückgenommen wird (analog Anm. Abs. 1 S. 1 Nr. 3 zu Nr. 4141 VV). Die Mitwirkung dürfte hier schon alleine in der nach § 391 Abs. 1 S. 2 StPO erforderlichen Zustimmung liegen.

Beispiel 93 | Einstellung im Privatklageverfahren nach Einigung

Im Privatklageverfahren einigen sich die Parteien. Daraufhin wird das Verfahren eingestellt.

Jetzt entsteht keine Zusätzliche Gebühr nach Nr. 4141 VV, da diese ausgeschlossen ist, wenn die Gebühr Nr. 4147 VV entsteht. Angefallen ist neben der Verfahrensgebühr lediglich die Einigungsgebühr nach Nr. 4147 VV, die sich nach der Höhe der Verfahrensgebühr bemisst. Zur Einigung im Privatklageverfahren auch über zivilrechtliche Ansprüche siehe Beispiele 94 u. 68 ff.

1.	Verfahrensgebühr, Nr. 4124 VV		320,00 EUR
2.	Einigungsgebühr, Nr. 4147 VV		320,00 EUR
3.	Postentgeltpauschale, Nr. 7002 VV		20,00 EUR
	Zwischensumme	660,00 EUR	
4.	19 % Umsatzsteuer, Nr. 7008 VV		125,40 EUR
	Gesamt		**785,40 EUR**

---

[64] LG Dresden AGS 2010, 131 = RVGprof. 2010, 27 = RVGreport 2010, 69 = VRR 2010, 239; aufgehoben durch OLG Dresden AGS 2011, 66 = Rpfleger 2011, 176 = RVGprof. 2010, 187 = RVGreport 2011, 23.
[65] AnwK-RVG/*N. Schneider*, Nr. 4141 VV Rn 122; *Burhoff*, Nr. 4141 VV Rn 28.

Beispiel 94: Einstellung im Privatklageverfahren nach Einigung auch über nicht anhängige zivilrechtliche Ansprüche

Im Privatklageverfahren einigen sich die Parteien über den Strafausspruch und die Kostenerstattung sowie eine nicht anhängige Schmerzensgeldforderung i.H.v. 4.000,00 EUR. Daraufhin wird das Verfahren eingestellt.

Jetzt entsteht für den Anwalt nach Anm. zu Nr. 4147 VV auch noch eine 1,5-Einigungsgebühr (Nr. 1000 VV) aus dem Wert der Schmerzensgeldforderung sowie eine 2,0-Verfahrengebühr nach Nr. 4143 VV (Anm. Abs. 1 zu Nr. 4143 VV).

1.	Verfahrensgebühr, Nr. 4124 VV		320,00 EUR
2.	Einigungsgebühr, Nr. 4147 VV		320,00 EUR
3.	2,0-Verfahrensgebühr, Nr. 4143 VV (Wert: 4.000,00 EUR)		504,00 EUR
4.	1,5-Einigungsgebühr, Nr. 1000 VV (Wert: 4.000,00 EUR)		378,00 EUR
5.	Postentgeltpauschale, Nr. 7002 VV		20,00 EUR
	Zwischensumme	1.542,00 EUR	
6.	19 % Umsatzsteuer, Nr. 7008 VV		292,98 EUR
	Gesamt		**1.834,98 EUR**

Beispiel 95: Berufungsverfahren mit Hauptverhandlung

Das Landgericht führt die Hauptverhandlung durch. Im ersten Termin wird die Sache eingestellt.

Neben der Verfahrensgebühr nach Nr. 4124 VV entsteht für die Teilnahme an der Hauptverhandlung eine Terminsgebühr nach Nr. 4126 VV.

1.	Verfahrensgebühr, Nr. 4124 VV		320,00 EUR
2.	Terminsgebühr, Nr. 4126 VV		320,00 EUR
3.	Postentgeltpauschale, Nr. 7002 VV		20,00 EUR
	Zwischensumme	660,00 EUR	
4.	19 % Umsatzsteuer, Nr. 7008 VV		125,40 EUR
	Gesamt		**785,40 EUR**

Beispiel 96: Berufungsverfahren mit ausgefallenem Hauptverhandlungstermin und erneutem Termin

Der Verteidiger erscheint zum Hauptverhandlungstermin, der jedoch aufgehoben worden ist, ohne den Verteidiger zu unterrichten. Später wird die Hauptverhandlung in einem neuen Termin durchgeführt.

Neben der Verfahrensgebühr nach Nr. 4124 VV entsteht für das Erscheinen zum ersten Termin eine Terminsgebühr nach Nr. 4126 VV, da Vorbem. 4 Abs. 3 S. 2 VV auch hier gilt. Anzusetzen sein dürfte nach § 14 Abs. 1 RVG allerdings nur eine unterdurchschnittliche Gebühr. Für die Teilnahme an der später durchgeführten Hauptverhandlung entsteht eine weitere Terminsgebühr nach Nr. 4126 VV.

1. Verfahrensgebühr, Nr. 4124 VV		320,00 EUR
2. Terminsgebühr, Nr. 4126 VV, 50 % der Mittelgebühr (ausgefallener Termin)		160,00 EUR
3. Terminsgebühr, Nr. 4126 VV (1. Hauptverhandlungstermin)		320,00 EUR
4. Postentgeltpauschale, Nr. 7002 VV		20,00 EUR
Zwischensumme	820,00 EUR	
5. 19 % Umsatzsteuer, Nr. 7008 VV		155,80 EUR
Gesamt		**975,80 EUR**

> **Beispiel 97** — **Berufungsverfahren mit Hauptverhandlung mit Aussetzung, Neubeginn und Fortsetzungstermin**

Im ersten Hauptverhandlungstermin wird die Sache ausgesetzt, da noch weitere Ermittlungen erforderlich sind. Anschließend wird mit der Hauptverhandlung erneut begonnen. Es finden dann noch zwei Fortsetzungstermine statt.

Neben der Verfahrensgebühr nach Nr. 4124 VV entstehen vier Terminsgebühren nach Nr. 4126 VV. Auch im Berufungsverfahren wird nicht zwischen erstem Hauptverhandlungstermin, erneuten Hauptverhandlungsterminen und Fortsetzungsterminen unterschieden.

1. Verfahrensgebühr, Nr. 4124 VV		320,00 EUR
2. Terminsgebühr, Nr. 4126 VV (1. Hauptverhandlungstermin)		320,00 EUR
3. Terminsgebühr, Nr. 4126 VV (erneuter 1. Hauptverhandlungstermin)		320,00 EUR
4. Terminsgebühr, Nr. 4126 VV (1. Fortsetzungstermin)		320,00 EUR
5. Terminsgebühr, Nr. 4126 VV (2. Fortsetzungstermin)		320,00 EUR
6. Postentgeltpauschale, Nr. 7002 VV		20,00 EUR
Zwischensumme	1.620,00 EUR	
7. 19 % Umsatzsteuer, Nr. 7008 VV		307,80 EUR
Gesamt		**1.927,80 EUR**

106 Auch hier kann die Zusätzliche Gebühr nach einer Aussetzung anfallen. Siehe dazu Rn 75 ff.

> **Beispiel 98** — **Aussetzung der Hauptverhandlung und anschließende Einstellung**

Im ersten Hauptverhandlungstermin wird die Sache ausgesetzt, da noch weitere Ermittlungen erforderlich sind. Anschließend wird die Sache eingestellt.

Neben der Verfahrensgebühr nach Nr. 4124 VV entsteht zunächst eine Terminsgebühr nach Nr. 4126 VV. Darüber hinaus entsteht eine Zusätzliche Gebühr nach Nr. 4141 VV (Anm. Abs. 1 S. 1 Nr. 1 zu Nr. 4141 VV), da die erneute Hauptverhandlung entbehrlich geworden ist.

1. Verfahrensgebühr, Nr. 4124 VV		320,00 EUR
2. Terminsgebühr, Nr. 4126 VV		320,00 EUR
3. Zusätzliche Gebühr, Nrn. 4141, 4124 VV		320,00 EUR
4. Postentgeltpauschale, Nr. 7002 VV		20,00 EUR
Zwischensumme	980,00 EUR	
5. 19 % Umsatzsteuer, Nr. 7008 VV		186,20 EUR
Gesamt		**1.166,20 EUR**

| Beispiel 99 | **Aussetzung der Hauptverhandlung und anschließende Berufungsrücknahme** |

Im ersten Hauptverhandlungstermin wird die Sache ausgesetzt, da noch weitere Ermittlungen erforderlich sind. Anschließend wird die Berufung zurückgenommen.

Abzurechnen ist wie im vorangegangenen Beispiel 98. Die Zusätzliche Gebühr nach Nr. 4141 VV ergibt sich jetzt aus Anm. Abs. 1 S. 1 Nr. 3 zu Nr. 4141 VV, da die erneute Hauptverhandlung entbehrlich geworden ist.[66]

| Beispiel 100 | **Berufungsverfahren mit Beschlagnahme** |

Die Verteidigung im Berufungsverfahren erstreckt sich auf die Beschlagnahme von Gegenständen im Wert von 5.000,00 EUR.

Der Anwalt erhält neben der Verfahrensgebühr jetzt eine zusätzliche Verfahrensgebühr nach Nr. 4142 VV. Im Berufungsverfahren entsteht diese Gebühr erneut, auch wenn der Verteidiger hinsichtlich der Beschlagnahme bereits im vorbereitenden oder im erstinstanzlichen gerichtlichen Verfahren tätig war (Anm. Abs. 2 zu Nr. 4142 VV). Die Höhe der Gebühr beläuft sich auch im Berufungsverfahren auf 1,0 und bemisst sich nach dem Wert der betreffenden Gegenstände. Der Wert ist gegebenenfalls im Verfahren nach § 33 Abs. 1 RVG vom Gericht festzusetzen.

1. Verfahrensgebühr, Nr. 4124 VV 320,00 EUR
2. 1,0-Verfahrensgebühr, Nr. 4142 VV 303,00 EUR
   (Wert: 5.000,00 EUR)
3. Postentgeltpauschale, Nr. 7002 VV 20,00 EUR
   Zwischensumme 643,00 EUR
4. 19 % Umsatzsteuer, Nr. 7008 VV 122,17 EUR
   Gesamt **765,17 EUR**

| Beispiel 101 | **Berufungsverfahren mit Beschlagnahme und Einstellung** |

Die Verteidigung im Berufungsverfahren erstreckt sich auch auf die Beschlagnahme von Gegenständen im Wert von 5.000,00 EUR. Das Verfahren wird unter Mitwirkung des Verteidigers außerhalb der Hauptverhandlung eingestellt.

Der Anwalt erhält jetzt noch eine Zusätzliche Gebühr nach Nr. 4141 VV.

1. Verfahrensgebühr, Nr. 4124 VV 320,00 EUR
2. 1,0-Verfahrensgebühr, Nr. 4142 VV 303,00 EUR
   (Wert: 5.000,00 EUR)
3. Zusätzliche Gebühr, Nrn. 4141, 4124 VV 320,00 EUR
4. Postentgeltpauschale, Nr. 7002 VV 20,00 EUR
   Zwischensumme 963,00 EUR
5. 19 % Umsatzsteuer, Nr. 7008 VV 182,97 EUR
   Gesamt **1.145,97 EUR**

Wird der Anwalt auch im **Adhäsionsverfahren** tätig, so gelten auch im Berufungsverfahren die Nrn. 4143 ff. VV.

---

[66] AG Wittlich AGS 2006, 500 = JurBüro 2006, 590 = RVGprof. 2006, 185 = RVGreport 2006, 471; OLG Bamberg AGS 2007, 138 = StraFo 2007, 130 = NStZ-RR 2007, 159 = StV 2007, 481 = RVGprof. 2007, 66 = RVGreport 2007, 150 = RVG-Letter 2007, 45.

§ 35 Strafsachen

- Waren die Ansprüche bereits im erstinstanzlichen Verfahren geltend gemacht worden, wird also die Berufung auch über diese Ansprüche geführt, so gilt Nr. 4144 VV. Der Anwalt erhält eine 2,5-Gebühr nach dem betreffenden Gegenstandswert, den das Gericht festzusetzen hat. Eine Anrechnung auf ein nachfolgendes zivilgerichtliches Verfahren ist nicht vorgesehen.
- Werden die Ansprüche dagegen erstmals im Berufungsverfahren geltend gemacht, so gilt Nr. 4143 VV (Anm. Abs. 1 zu Nr. 4143 VV). Hierzu zählt auch die erstmalige Einbeziehung nicht anhängiger Forderungen. Der Anwalt erhält nur eine 2,0-Gebühr. Diese Gebühr ist anzurechnen, wenn das Berufungsgericht über die Ansprüche nicht entscheidet und sich ein zivilgerichtliches Verfahren anschließt.

Beispiel 102 | Berufungsverfahren mit Adhäsionsverfahren

Die Berufung wird auch über die bereits erstinstanzlich geltend gemachten Schmerzensgeldansprüche in Höhe von 5.000,00 EUR geführt. Es findet ein Hauptverhandlungstermin statt.

Der Anwalt erhält jetzt noch eine zusätzliche 2,5-Verfahrensgebühr nach Nr. 4144 VV.

1.	Verfahrensgebühr, Nr. 4124 VV	320,00 EUR
2.	Terminsgebühr, Nr. 4126 VV	320,00 EUR
3.	2,5-Verfahrensgebühr, Nr. 4144 VV (Wert: 5.000,00 EUR)	757,50 EUR
4.	Postentgeltpauschale, Nr. 7002 VV	20,00 EUR
	Zwischensumme 1.417,50 EUR	
5.	19 % Umsatzsteuer, Nr. 7008 VV	269,33 EUR
	Gesamt	**1.686,83 EUR**

Beispiel 103 | Berufungsverfahren mit Adhäsionsverfahren und Einigung

Im Berufungsverfahren wird auch über die bereits erstinstanzlich geltend gemachten Schmerzensgeldansprüche in Höhe von 5.000,00 EUR verhandelt. In der Hauptverhandlung einigen sich die Parteien über das Schmerzensgeld.

Der Anwalt erhält jetzt neben der zusätzlichen 2,5-Verfahrensgebühr nach Nr. 4144 VV noch eine Einigungsgebühr nach Nr. 1000 VV und zwar in Höhe von 1,3, da der Schmerzensgeldanspruch im Berufungsverfahren anhängig ist (Nr. 1004 VV).

1.	Verfahrensgebühr, Nr. 4124 VV	320,00 EUR
2.	Terminsgebühr, Nr. 4126 VV	320,00 EUR
3.	2,5-Verfahrensgebühr, Nr. 4144 VV (Wert: 5.000,00 EUR)	757,50 EUR
4.	1,3-Einigungsgebühr, Nrn. 1000, 1004 VV (Wert: 5.000,00 EUR)	393,90 EUR
5.	Postentgeltpauschale, Nr. 7002 VV	20,00 EUR
	Zwischensumme 1.811,14 EUR	
6.	19 % Umsatzsteuer, Nr. 7008 VV	344,17 EUR
	Gesamt	**2.155,57 EUR**

Beispiel 104 | Berufungsverfahren mit Adhäsionsverfahren und Einigung auch über nicht anhängige Gegenstände

Im Berufungsverfahren wird auch über die bereits erstinstanzlich geltend gemachten Schmerzensgeldansprüche in Höhe von 3.000,00 EUR verhandelt. In der Hauptverhandlung

V. Verteidigung in Strafsachen §35

einigen sich die Parteien über das Schmerzensgeld sowie über weitere nicht anhängige 2.000,00 EUR Schadensersatz.

Der Anwalt erhält jetzt eine zusätzliche 2,5-Verfahrensgebühr nach Nr. 4144 VV sowie eine 1,3-Einigungsgebühr nach Nrn. 1000, 1004 VV. Hinzu kommt für die nicht anhängigen 2.000,00 EUR eine zusätzliche 2,0-Verfahrensgebühr nach Nr. 4143 VV sowie eine 1,5-Einigungsgebühr nach Nr. 1000 VV, jeweils unter Beachtung des § 15 Abs. 3 RVG.

1.	Verfahrensgebühr, Nr. 4124 VV	320,00 EUR
2.	Terminsgebühr, Nr. 4126 VV	320,00 EUR
3.	2,5-Verfahrensgebühr, Nr. 4144 VV (Wert: 3.000,00 EUR)	502,50 EUR
4.	2,0-Verfahrensgebühr, Nr. 4143 VV (Wert: 2.000,00 EUR) die Höchstgrenze des § 15 Abs. 3 RVG, 2,5 aus 5.000,00 EUR (757,50 EUR), ist nicht überschritten	300,00 EUR
5.	1,3-Einigungsgebühr, Nrn. 1000, 1004 VV (Wert: 3.000,00 EUR)	261,30 EUR
6.	1,5-Einigungsgebühr, Nr. 1000 VV (Wert: 2.000,00 EUR) die Höchstgrenze des § 15 Abs. 3 RVG, 1,5 aus 5.000,00 EUR (454,50 EUR), ist nicht überschritten	225,00 EUR
7.	Postentgeltpauschale, Nr. 7002 VV Zwischensumme 1.948,80 EUR	20,00 EUR
8.	19 % Umsatzsteuer, Nr. 7008 VV	370,27 EUR
	Gesamt	**2.319,07 EUR**

Beispiel 105 | Berufung ausschließlich gegen Entscheidung im Adhäsionsverfahren

Der Angeklagte ist vom Amtsgericht auch zur Zahlung eines Schmerzensgeldes in Höhe von 3.000,00 EUR verurteilt worden. Er legt ausschließlich gegen diese Verurteilung Berufung ein, nicht auch gegen die strafrechtliche Verurteilung.

Es entsteht jetzt nur die zusätzliche Verfahrensgebühr nach Nr. 4144 VV (Vorbem. 4.3 Abs. 3 VV). Weitere Gebühren entstehen nicht. Weder entsteht eine Verfahrensgebühr nach Nr. 4124 VV noch eine Terminsgebühr nach Nr. 4126 VV. Selbst eine Terminsgebühr nach Nr. 4102 VV kann nicht entstehen, da das Berufungsverfahren ausschließlich vermögensrechtliche Gegenstände betrifft (Vorbem. 4.1 Abs. 2 VV).

1.	2,5-Verfahrensgebühr, Nr. 4144 VV (Wert: 3.000,00 EUR)	502,50 EUR
2.	Postentgeltpauschale, Nr. 7002 VV Zwischensumme 522,50 EUR	20,00 EUR
3.	19 % Umsatzsteuer, Nr. 7008 VV	99,28 EUR
	Summe	**621,78 EUR**

Beispiel 106 | Berufung ausschließlich gegen Entscheidung im Adhäsionsverfahren mit Einigung

Der Angeklagte ist vom Amtsgericht auch zur Zahlung eines Schmerzensgeldes in Höhe von 3.000,00 EUR verurteilt worden. Er legt ausschließlich gegen diese Verurteilung Berufung ein, nicht auch gegen die strafrechtliche Verurteilung. Im Berufungsverfahren einigen sich die Parteien.

Abzurechnen ist wie im vorangegangenen Beispiel 105. Hinzu kommt jetzt noch eine 1,3-Einigungsgebühr nach Nrn. 1000, 1004 VV.

1.	2,5-Verfahrensgebühr, Nr. 4144 VV (Wert: 3.000,00 EUR)		502,50 EUR
2.	1,3-Einigungsgebühr, Nrn. 1000, 1003 VV (Wert: 3.000,00 EUR)		261,30 EUR
3.	Postentgeltpauschale, Nr. 7002 VV		20,00 EUR
	Zwischensumme	783,80 EUR	
4.	19 % Umsatzsteuer, Nr. 7008 VV		148,92 EUR
	Summe		**932,72 EUR**

Beispiel 107 | Berufungsverfahren mit erstinstanzlichem Adhäsionsverfahren

Im Berufungsverfahren werden erstmals Schmerzensgeldansprüche in Höhe von 5.000,00 EUR geltend gemacht. Es findet ein Hauptverhandlungstermin statt.

Der Anwalt erhält jetzt nur eine zusätzliche 2,0-Verfahrensgebühr nach Nr. 4143 VV (Anm. Abs. 1 zu Nr. 4143 VV), die zudem auf ein nachfolgendes zivilrechtliches Verfahren anzurechnen wäre (Anm. Abs. 2 zu Nr. 4143 VV).

1.	Verfahrensgebühr, Nr. 4124 VV		320,00 EUR
2.	Terminsgebühr, Nr. 4126 VV		320,00 EUR
3.	2,0-Verfahrensgebühr, Nr. 4143 VV (Wert: 5.000,00 EUR)		606,00 EUR
4.	Postentgeltpauschale, Nr. 7002 VV		20,00 EUR
	Zwischensumme	1.266,00 EUR	
5.	19 % Umsatzsteuer, Nr. 7008 VV		240,54 EUR
	Gesamt		**1.506,54 EUR**

Beispiel 108 | Berufungsverfahren mit erstinstanzlichem Adhäsionsverfahren und Einigung

Im Berufungsverfahren werden erstmals Schmerzensgeldansprüche in Höhe von 5.000,00 EUR geltend gemacht. Die Parteien einigen sich im Hauptverhandlungstermin über das Schmerzensgeld.

Abzurechnen ist wie im vorangegangenen Beispiel 108. Hinzu kommt eine Einigungsgebühr. Die Höhe dieser Gebühr richtet sich nach Nr. 1004 VV, da der Gegenstand in einem Berufungsverfahren anhängig ist. Eine analoge Anwendung der Anm. zu Nr. 4143 VV kommt nicht in Betracht, nachdem der Gesetzgeber die Nr. 1004 VV mehrfach geändert, diesen Fall aber nicht ausgeschlossen hat.

1.	Verfahrensgebühr, Nr. 4124 VV		320,00 EUR
2.	Terminsgebühr, Nr. 4126 VV		320,00 EUR
3.	2,0-Verfahrensgebühr, Nr. 4143 VV (Wert: 5.000,00 EUR)		606,00 EUR
4.	1,3-Einigungsgebühr, Nrn. 1000, 1003 VV (Wert: 5.000,00 EUR)		393,90 EUR
5.	Postentgeltpauschale, Nr. 7002 VV		20,00 EUR
	Zwischensumme	1.659,90 EUR	
6.	19 % Umsatzsteuer, Nr. 7008 VV		315,38 EUR
	Gesamt		**1.975,28 EUR**

V. Verteidigung in Strafsachen §35

| Beispiel 109 | Berufungsverfahren mit Revisionseinlegung |

Der Angeklagte wird im ersten Hauptverhandlungstermin verurteilt. Der Verteidiger legt hiergegen Revision ein.

Die Einlegung der Revision gehört nach § 19 Abs. 1 S. 2 Nr. 10 RVG für den Verteidiger noch zur Berufungsinstanz, so dass hierfür keine weitere Vergütung ausgelöst wird.

1.	Verfahrensgebühr, Nr. 4124 VV	320,00 EUR
2.	Terminsgebühr, Nr. 4126 VV	320,00 EUR
3.	Postenentgeltpauschale, Nr. 7002 VV	20,00 EUR
	Zwischensumme 660,00 EUR	
4.	19 % Umsatzsteuer, Nr. 7008 VV	125,40 EUR
Gesamt		**785,40 EUR**

bb) Der Beschuldigte befindet sich nicht auf freiem Fuß

Befindet sich der Beschuldigte nicht auf freiem Fuß, so entstehen auch im Berufungsverfahren sämtliche Gebühren (mit Ausnahme der zusätzlichen Gebühren) „mit Zuschlag" (Vorbem. 4 Abs. 4 VV). Dem Anwalt steht also wiederum ein höherer Gebührenrahmen zur Verfügung, unabhängig davon, ob tatsächlich ein erhöhter Aufwand dadurch entstanden ist, dass sich der Mandant nicht auf freiem Fuß befand.

107

| Beispiel 110 | Der Beschuldigte befindet sich während des gesamten Berufungsverfahrens nicht auf freiem Fuß |

Der Beschuldigte ist bereits zu Beginn des Berufungsverfahrens in Haft. Es kommt zu einem Hauptverhandlungstermin.

Sämtliche Gebühren berechnen sich mit Zuschlag, da der Mandant während des gesamten Verfahrens in Haft war. Der Anwalt erhält jeweils mit Zuschlag die Verfahrensgebühr (Nrn. 4124, 4125 VV) und eine Terminsgebühr nach Nrn. 4126, 4128 VV.

1.	Verfahrensgebühr, Nrn. 4124, 4125 VV	390,00 EUR
2.	Terminsgebühr, Nrn. 4126, 4128 VV	390,00 EUR
3.	Postentgeltpauschale, Nr. 7002 VV	20,00 EUR
	Zwischensumme 800,00 EUR	
4.	19 % Umsatzsteuer, Nr. 7008 VV	152,00 EUR
Gesamt		**952,00 EUR**

| Beispiel 111 | Der Beschuldigte wird erst während des Berufungsverfahrens in Haft genommen |

Die Hauptverhandlung wird im ersten Termin ausgesetzt. Vor dem erneuten Termin wird der Mandant in Haft genommen. Es kommt zu einem Haftprüfungstermin sowie einem erneuten Hauptverhandlungstermin, in dem der Haftbefehl aufgehoben wird. Anschließend folgen noch zwei Fortsetzungstermine.

Der Anwalt erhält mit Zuschlag die Verfahrensgebühr (Nrn. 4124, 4125 VV), die Terminsgebühr nach Nrn. 4102 Nr. 3, 4103 VV und die Terminsgebühr für den erneuten ersten Hauptverhandlungstermin nach Nrn. 4126, 4128 VV. Für den ersten Hauptverhandlungstermin sowie für die Fortsetzungstermine entsteht dagegen nur die einfache Terminsgebühr.

1. Verfahrensgebühr, Nrn. 4124, 4125 VV		390,00 EUR
2. Terminsgebühr, Nrn. 4102 Nr. 3, 4103 VV		201,25 EUR
3. Terminsgebühr, Nr. 4126 VV (1. Hauptverhandlungstermin)		320,00 EUR
4. Terminsgebühr, Nrn. 4126, 4127 VV (erneuter 1. Hauptverhandlungstermin)		390,00 EUR
5. Terminsgebühr, Nr. 4126 VV (1. Fortsetzungstermin)		320,00 EUR
6. Terminsgebühr, Nr. 4126 VV (2. Fortsetzungstermin)		320,00 EUR
7. Postentgeltpauschale, Nr. 7002 VV		20,00 EUR
Zwischensumme	1.961,25 EUR	
8. 19 % Umsatzsteuer, Nr. 7008 VV		372,64 EUR
Gesamt		**2.333,89 EUR**

c) Der Verteidiger wird erstmals im Berufungsverfahren beauftragt

108 Wird der Verteidiger erstmals im Berufungsverfahren beauftragt, war er also weder im vorbereitenden Verfahren noch im erstinstanzlichen gerichtlichen Verfahren als Verteidiger tätig, ist grundsätzlich ebenso zu rechnen wie in den Beispielen 85 bis 111. Hinzu kommt jedoch die **Grundgebühr** nach Nr. 4100 VV. Auch löst jetzt schon die Einlegung der Berufung die Verfahrensgebühr nach Nr. 4124 VV aus, da § 19 Abs. 1 S. 2 Nr. 10 RVG nicht greift.

> **Beispiel 112** | **Bloße Berufungseinlegung**

Der Anwalt wird beauftragt, Berufung einzulegen. Anschließend kündigt der Angeklagte das Mandat, ohne dass die Berufung begründet worden ist.

Angefallen ist jetzt sowohl die **Verfahrensgebühr** nach Nr. 4124 VV als auch die **Grundgebühr** nach Nr. 4100 VV. Die Gebühren dürften gem. § 14 Abs. 1 RVG im unteren Bereich anzusiedeln sein, da der Verteidiger sich kaum eingearbeitet haben dürfte und auch im Übrigen keine besondere Tätigkeit entfaltet hat.

1. Grundgebühr, Nr. 4100 VV (50 % der Mittelgebühr)		100,00 EUR
2. Verfahrensgebühr, Nr. 4124 VV (50 % der Mittelgebühr)		160,00 EUR
3. Postentgeltpauschale, Nr. 7002 VV		20,00 EUR
Zwischensumme	280,00 EUR	
4. 19 % Umsatzsteuer, Nr. 7008 VV		53,20 EUR
Gesamt		**333,20 EUR**

> **Beispiel 113** | **Verfahren mit Hauptverhandlung**

Der Anwalt wird im gerichtlichen Verfahren als Verteidiger tätig. Es findet eine Hauptverhandlung statt.

Angefallen ist jetzt neben der **Verfahrensgebühr** und der **Terminsgebühr** wiederum die **Grundgebühr**. Die Grundgebühr dürfte wegen des Fortschritts des Verfahrens gem. § 14 Abs. 1 RVG im oberen Bereich anzusiedeln sein.

V. Verteidigung in Strafsachen § 35

1. Grundgebühr, Nr. 4100 VV (1,5-fache der Mittelgebühr)		300,00 EUR
2. Verfahrensgebühr, Nr. 4124 VV		320,00 EUR
3. Terminsgebühr, Nr. 4126 VV		320,00 EUR
4. Postentgeltpauschale, Nr. 7002 VV		20,00 EUR
Zwischensumme	960,00 EUR	
5. 19 % Umsatzsteuer, Nr. 7008 VV		182,40 EUR
Gesamt		**1.142,40 EUR**

Beispiel 114 | **Verfahren mit Hauptverhandlung, Mandant ist nicht auf freiem Fuß**

Der Anwalt wird im gerichtlichen Verfahren für den inhaftierten Mandanten als Verteidiger tätig. Es finden ein Haftprüfungstermin und ein Hauptverhandlungstermin statt.

Die Gebühren, einschließlich der Grundgebühr, entstehen jetzt mit Zuschlag (Vorbem. 4 Abs. 4 VV).

1. Grundgebühr, Nrn. 4100, 4101 VV		245,00 EUR
2. Verfahrensgebühr, Nrn. 4124, 4125 VV		390,00 EUR
3. Terminsgebühr, Nrn. 4126, 4127 VV		390,00 EUR
4. Terminsgebühr, Nrn. 4102, 4103 VV		207,50 EUR
5. Postentgeltpauschale, Nr. 7002 VV		20,00 EUR
Zwischensumme	1.252,50 EUR	
6. 19 % Umsatzsteuer, Nr. 7008 VV		237,98 EUR
Gesamt		**1.490,48 EUR**

6. Revisionsverfahren

a) Überblick

Im Revisionsverfahren erhält der Verteidiger die Gebühren nach Teil 4 Abschnitt 1 Unterabschnitt 3 VV (Nrn. 4130 ff. VV). **109**

Die Gebührenrahmen sind unabhängig davon, vor welchem Gericht die Revision stattfindet (OLG oder BGH). Sie sind ferner unabhängig davon, ob gegen ein erstinstanzliches Urteil Revision oder Sprungrevision oder ob gegen ein Berufungsurteil Revision geführt wird. **110**

Auch im Revisionsverfahren kann zunächst wiederum die **Grundgebühr** (Nr. 4100 VV) entstehen, wenn der Anwalt dort erstmals beauftragt worden ist. War der Anwalt bereits im vorbereitenden, im erstinstanzlichen Verfahren oder im Berufungsverfahren tätig, kann die Grundgebühr nicht mehr entstehen (Anm. Abs. 1 zu Nr. 4100 VV). **111**

Darüber hinaus entsteht auch hier immer eine **Verfahrensgebühr** (Nr. 4130 VV) mit einem Gebührenrahmen von 120,00 EUR bis 1.110,00 EUR; Mittelgebühr 615,00 EUR. **112**

Für die Teilnahme an der Hauptverhandlung erhält der Anwalt je – Verhandlungstag – wiederum eine **Terminsgebühr** nach Nr. 4132 VV in Höhe von 120,00 EUR bis 560,00 EUR; Mittelgebühr 340,00 EUR. **113**

Daneben kommt auch hier die **allgemeine Terminsgebühr** nach Nr. 4102 VV in Betracht. **114**

Des Weiteren können im Revisionsverfahren **Zusätzliche Gebühren** nach den Nrn. 4141 VV ff. hinzukommen sowie u.U. Einigungsgebühren nach Nr. 4147 VV oder nach Anm. zu Nr. 4147 VV i.V.m. Nrn. 1000 ff. VV. **115**

b) Der Anwalt war bereits im vorbereitenden Verfahren, im erstinstanzlichen Verfahren oder im Berufungsverfahren beauftragt

116 War der Anwalt bereits im vorbereitenden Verfahren, im erstinstanzlichen Verfahren oder im Berufungsverfahren als Verteidiger tätig und hat er dort eine Grundgebühr verdient, so kann er diese folglich im Revisionsverfahren nicht erneut erhalten (Anm. Abs. 1 zu Nr. 4100 VV).

117 Auch im Revisionsverfahren ist danach zu differenzieren, ob sich der Beschuldigte auf freiem Fuß befindet oder nicht.

aa) Beschuldigter befindet sich auf freiem Fuß

118 | **Beispiel 115** | **Bloße Revisionseinlegung**

Der Anwalt wird mit der Einlegung der Revision beauftragt. Anschließend kündigt der Auftraggeber das Mandat.

Der Anwalt erhält im Revisionsverfahren keine Vergütung. Die Einlegung der Revision gehört noch mit zum Ausgangsverfahren (§ 19 Abs. 1 S. 2 Nr. 10 RVG) und wird durch die dortige Verfahrensgebühr abgegolten (siehe Beispiel 109).

| **Beispiel 116** | **Revisionsverfahren ohne Zusätzliche Gebühr**

Der Anwalt wird im Revisionsverfahren als Verteidiger tätig. Das Verfahren wird ohne sein Zutun außerhalb der Hauptverhandlung eingestellt. Auszugehen ist von der Mittelgebühr.

Die **Grundgebühr** nach Nr. 4100 VV kann nicht mehr entstehen (Anm. Abs. 1 zu Nr. 4100 VV). Der Anwalt erhält nur die **Verfahrensgebühr** nach Nr. 4130 VV. Eine Zusätzliche Gebühr entsteht mangels Mitwirkung nicht (Anm. Abs. 2 zu Nr. 4141 VV).

1. Verfahrensgebühr, Nr. 4130 VV		615,00 EUR
2. Postentgeltpauschale, Nr. 7002 VV		20,00 EUR
Zwischensumme	635,00 EUR	
3. 19 % Umsatzsteuer, Nr. 7008 VV		120,65 EUR
Gesamt		**755,65 EUR**

| **Beispiel 117** | **Revisionsrücknahme unmittelbar vor der Hauptverhandlung**

Drei Tage vor dem anberaumten Hauptverhandlungstermin nimmt der Verteidiger die Revision zurück.

Abzurechnen ist wie im vorangegangenen Beispiel 116. Der Anwalt erhält nur die **Verfahrensgebühr** nach Nr. 4130 VV. Eine Zusätzliche Gebühr nach Nr. 4141 VV fällt nicht an, da die Zwei-Wochen-Frist nicht gewahrt ist (Anm. Abs. 1 S. 1 Nr. 3 zu Nr. 4141 VV), die auch bei Rücknahme der Revision gilt.

§ 35 V. Verteidigung in Strafsachen

| Beispiel 118 | Einstellung des Revisionsverfahrens unter Mitwirkung des Verteidigers |

Aufgrund der Revisionsbegründung stellt das Gericht das Verfahren ein.

Neben der **Verfahrensgebühr** nach Nr. 4130 VV erhält der Anwalt eine Zusätzliche Gebühr nach Nr. 4141 VV (Anm. Abs. 1 S. 1 Nr. 1 zu Nr. 4141 VV).

1.	Verfahrensgebühr, Nr. 4130 VV		615,00 EUR
2.	Zusätzliche Gebühr, Nrn. 4141, 4130 VV		615,00 EUR
3.	Postentgeltpauschale, Nr. 7002 VV		20,00 EUR
	Zwischensumme	1.250,00 EUR	
4.	19 % Umsatzsteuer, Nr. 7008 VV		237,50 EUR
	Gesamt		**1.487,50 EUR**

Strittig ist, ob die Rücknahme der Revision ausreicht, um die Zusätzliche Gebühr zu verdienen. 119 Überwiegend wird von der Rspr. gefordert, dass eine Hauptverhandlung anberaumt gewesen sein muss oder doch zumindest eine Hauptverhandlung zu erwarten gewesen wäre.[67] Diese Auffassungen sind abzulehnen, da das Gesetz insoweit keine Einschränkungen enthält und die Gebühr danach immer anfallen soll, wenn die Revision zurückgenommen wird. Zudem kann die mögliche Hauptverhandlung, die vermieden werden soll, nicht der ausschlaggebende Grund sein. Anderenfalls wäre nicht erklärlich, wieso im vorbereitenden Verfahren eine Zusätzliche Gebühr anfallen kann, obwohl es hier gar keine Hauptverhandlung geben kann.[68]

| Beispiel 119 | Revisionsrücknahme |

Nach Revisionsbegründung, aber noch vor Anberaumung eines Hauptverhandlungstermins, nimmt der Verteidiger die Revision zurück.

Abzurechnen ist wie im vorangegangenen Beispiel 118. Der Anwalt erhält neben der **Verfahrensgebühr** nach Nr. 4130 VV eine Zusätzliche Gebühr nach Nr. 4141 VV (Anm. Abs. 1 S. 1 Nr. 3 zu Nr. 4141 VV).

| Beispiel 120 | Revisionsrücknahme durch die Staatsanwaltschaft oder einen anderen Beteiligten |

Aufgrund der Revisionserwiderung des Verteidigers nehmen Staatsanwaltschaft und Nebenkläger ihre Revisionen noch vor Anberaumung eines Hauptverhandlungstermins zurück.

Abzurechnen ist wie im Beispiel 118. Wer die Revision zurücknimmt, ist unerheblich. Der Anwalt erhält neben der **Verfahrensgebühr** nach Nr. 4130 VV eine Zusätzliche Gebühr nach Nr. 4141 VV (Anm. Abs. 1 S. 1 Nr. 3 zu Nr. 4141 VV) auch dann, wenn die Staatsanwaltschaft oder ein sonstiger Beteiligter, etwa ein Neben- oder Privatkläger, die Revision zurücknimmt (Anm. Abs. 1 S. 1 Nr. 3 zu Nr. 4141 VV).[69]

---

[67] Zuletzt OLG Köln AGS 2008, 447 = StRR 2009, 239 = StRR 2008, 323 = RVG prof 2008, 192 = RVGreport 2008, 428.
[68] Siehe zu den Einzelheiten AnwK-RVG/*N. Schneider*, Nr. 4141 VV Rn 129 ff.; *Burhoff*, Nr. 4141 VV Rn 40 ff.; *Hansens/Braun/Schneider*, Teil 15 Rn 432 ff.
[69] AnwK-RVG/*N. Schneider*, Nr. 4141 VV Rn 130, 122.

120 Voraussetzung ist allerdings, dass der Anwalt an der Rücknahme mitgewirkt hat.[70] Es obliegt dem Gebührenschuldner bzw. der Landeskasse die Beweislast dafür, dass die Tätigkeit des Verteidigers für die Rücknahme nicht förderlich war.[71]

> **Beispiel 121** Rücknahme der Privatklage
>
> Der Verteidiger erreicht, dass der Privatkläger seine Privatklage zurücknimmt.
>
> Die Privatklage kann in jedem Stadium des Verfahrens zurückgenommen werden (§ 391 Abs. 1 S. 1 StPO). Die Rücknahme bedarf allerdings der Zustimmung des Beklagten (§ 391 Abs. 1 S. 1 StPO). Abzurechnen ist analog Anm. Abs. 1 S. 1 Nr. 3 zu Nr. 4141 VV wie im Beispiel 118.

> **Beispiel 122** Einstellung im Privatklageverfahren nach Einigung
>
> Im Privatklageverfahren einigen sich die Parteien außerhalb der Hauptverhandlung. Daraufhin wird das Verfahren eingestellt.
>
> Eine Zusätzliche Gebühr nach Nr. 4141 VV entsteht nicht, da sie nicht neben einer Einigungsgebühr nach Nr. 4147 VV anfallen kann (Anm. Abs. 2 S. 2 zu Nr. 4141 VV).
>
> | | | |
> |---|---:|---:|
> | 1. Verfahrensgebühr, Nr. 4130 VV | | 615,00 EUR |
> | 2. Einigungsgebühr, Nr. 4147 VV | | 615,00 EUR |
> | 3. Postentgeltpauschale, Nr. 7002 VV | | 20,00 EUR |
> | Zwischensumme | 1.250,00 EUR | |
> | 4. 19 % Umsatzsteuer, Nr. 7008 VV | | 237,50 EUR |
> | **Gesamt** | | **1.487,50 EUR** |

> **Beispiel 123** Einstellung im Privatklageverfahren nach Einigung auch über nicht anhängige zivilrechtliche Ansprüche
>
> Im Privatklageverfahren einigen sich die Parteien über den Strafausspruch und die Kostenerstattung sowie über eine nicht anhängige Schmerzensgeldforderung i.H.v. 4.000,00 EUR. Daraufhin wird das Verfahren eingestellt.
>
> Auch hier entsteht keine Zusätzliche Gebühr nach Nr. 4141 VV. Hinzu kommt noch eine 1,5-Einigungsgebühr (Nr. 1000 VV) aus dem Wert der Schmerzensgeldforderung.
>
> | | | |
> |---|---:|---:|
> | 1. Verfahrensgebühr, Nr. 4130 VV | | 615,00 EUR |
> | 2. Einigungsgebühr, Nr. 4147 VV | | 615,00 EUR |
> | 3. 1,5-Einigungsgebühr, Nr. 1000 VV | | 378,00 EUR |
> | (Wert: 4.000,00 EUR) | | |
> | 4. Postentgeltpauschale, Nr. 7002 VV | | 20,00 EUR |
> | Zwischensumme | 1.62.800 EUR | |
> | 5. 19 % Umsatzsteuer, Nr. 7008 VV | | 309,32 EUR |
> | **Gesamt** | | **1.937,32 EUR** |

---

70 OLG Köln AGS 2009, 271 = StraFo 2009, 175 = RVGreport 2009, 348 = StRR 2010, 40.
71 KG AGS 2009, 324.

V. Verteidigung in Strafsachen § 35

Beispiel 124 | **Hauptverhandlung**

Das Revisionsgericht führt die Hauptverhandlung durch. Im ersten Termin wird die Sache eingestellt.

Neben der Verfahrensgebühr nach Nr. 4130 VV entsteht für die Teilnahme an der Hauptverhandlung eine Terminsgebühr nach Nr. 4132 VV.

1. Verfahrensgebühr, Nr. 4130 VV   615,00 EUR
2. Terminsgebühr, Nr. 4132 VV   340,00 EUR
3. Postentgeltpauschale, Nr. 7002 VV   20,00 EUR
   Zwischensumme   975,00 EUR
4. 19 % Umsatzsteuer, Nr. 7008 VV   185,25 EUR
Gesamt   **1.160,25 EUR**

Beispiel 125 | **Ausgefallener Hauptverhandlungstermin und erneuter Termin**

Der Verteidiger erscheint zum Hauptverhandlungstermin, der jedoch aufgehoben worden ist, ohne ihn davon zu unterrichten. Später wird die Hauptverhandlung in einem neuen Termin durchgeführt.

Neben der Verfahrensgebühr nach Nr. 4130 VV entsteht für das Erscheinen zum ersten Termin eine Terminsgebühr nach Nr. 4132 VV, da Vorbem. 4. Abs. 3 S. 2 VV auch im Revisionsverfahren gilt. Anzusetzen sein dürfte nach § 14 Abs. 1 RVG allerdings nur eine unterdurchschnittliche Gebühr. Für die Teilnahme an der durchgeführten Hauptverhandlung entsteht eine weitere Terminsgebühr nach Nr. 4132 VV.

1. Verfahrensgebühr, Nr. 4130 VV   615,00 EUR
2. Terminsgebühr, Nr. 4132 VV (50 % der Mittelgebühr)   170,00 EUR
   (ausgefallener Hauptverhandlungstermin)
3. Terminsgebühr, Nr. 4132 VV   340,00 EUR
   (1. Hauptverhandlungstermin)
4. Postentgeltpauschale, Nr. 7002 VV   20,00 EUR
   Zwischensumme   1.145,00 EUR
5. 19 % Umsatzsteuer, Nr. 7008 VV   217,55 EUR
Gesamt   **1.362,55 EUR**

Beispiel 126 | **Hauptverhandlung mit Aussetzung, Neubeginn und Fortsetzungstermin**

Im ersten Hauptverhandlungstermin wird die Sache ausgesetzt. Anschließend wird mit der Hauptverhandlung erneut begonnen. Es finden dann noch zwei Fortsetzungstermine statt.

Neben der Verfahrensgebühr nach Nr. 4130 VV entstehen drei Terminsgebühren nach Nr. 4132 VV. Auch im Revisionsverfahren wird nicht zwischen erstem Hauptverhandlungstermin, erneuten Hauptverhandlungsterminen und Fortsetzungstermin unterschieden.

1. Verfahrensgebühr, Nr. 4130 VV   615,00 EUR
2. Terminsgebühr, Nr. 4132 VV   340,00 EUR
   (1. Hauptverhandlungstermin)
3. Terminsgebühr, Nr. 4132 VV   340,00 EUR
   (erneuter 1. Hauptverhandlungstermin)
4. Terminsgebühr, Nr. 4132 VV   340,00 EUR
   (1. Fortsetzungstermin)

5. Terminsgebühr, Nr. 4132 VV (2. Fortsetzungstermin)		340,00 EUR
6. Postentgeltpauschale, Nr. 7002 VV		20,00 EUR
Zwischensumme	1.995,00 EUR	
7. 19 % Umsatzsteuer, Nr. 7008 VV		379,05 EUR
Gesamt		**2.374,05 EUR**

> **Beispiel 127** Aussetzung der Hauptverhandlung und anschließende Einstellung

Im ersten Hauptverhandlungstermin wird die Sache ausgesetzt, da noch weitere Ermittlungen erforderlich sind. Anschließend wird die Sache eingestellt.

Neben der Verfahrensgebühr nach Nr. 4130 VV entsteht zunächst eine Terminsgebühr. Darüber hinaus entsteht eine Zusätzliche Gebühr nach Nr. 4141 VV (Anm. Abs. 1 S. 1 Nr. 1 zu Nr. 4141 VV), da die erneute Hauptverhandlung entbehrlich geworden ist.

1. Verfahrensgebühr, Nr. 4130 VV		615,00 EUR
2. Terminsgebühr, Nr. 4132 VV		340,00 EUR
3. Zusätzliche Gebühr, Nrn. 4141, 4130 VV		615,00 EUR
4. Postentgeltpauschale, Nr. 7002 VV		20,00 EUR
Zwischensumme	1.590,00 EUR	
5. 19 % Umsatzsteuer, Nr. 7008 VV		302,10 EUR
Gesamt		**1.892,10 EUR**

> **Beispiel 128** Aussetzung der Hauptverhandlung und anschließende Revisionsrücknahme

Im ersten Hauptverhandlungstermin wird die Sache ausgesetzt, da noch weitere Ermittlungen erforderlich sind. Anschließend wird die Revision zurückgenommen.

Abzurechnen ist wie im vorangegangenen Beispiel 127. Die Zusätzliche Gebühr nach Nr. 4141 VV ergibt sich jetzt aus Anm. Abs. 1 S. 1 Nr. 3 zu Nr. 4141 VV, da die erneute Hauptverhandlung entbehrlich geworden ist.

> **Beispiel 129** Zusätzliche Gebühr nach Nr. 4142 VV

Die Verteidigung im Revisionsverfahren erstreckt sich auch auf die Beschlagnahme von Gegenständen im Wert von 5.000,00 EUR.

Der Anwalt erhält neben der Verfahrensgebühr jetzt eine Zusätzliche Gebühr nach Nr. 4142 VV. Im Revisionsverfahren entsteht diese Gebühr erneut, auch wenn der Verteidiger mit der Beschlagnahme bereits im vorbereitenden, im erstinstanzlichen gerichtlichen Verfahren oder im Berufungsverfahren tätig war (Anm. Abs. 2 zu Nr. 4142 VV). Die Höhe der Gebühr beläuft sich auch im Revisionsverfahren auf 1,0 und bemisst sich nach dem Wert der betreffenden Gegenstände. Der Wert ist gegebenenfalls im Verfahren nach § 33 Abs. 1 RVG vom Gericht festzusetzen.[72]

---

[72] Ein Zuschlag ist bei dieser Gebühr nicht vorgesehen. Es entsteht also immer eine 1,0-Gebühr, unabhängig davon, ob sich der Mandant auf freiem Fuß befindet oder nicht.

V. Verteidigung in Strafsachen § 35

1. Verfahrensgebühr, Nr. 4130 VV 615,00 EUR
2. 1,0-Verfahrensgebühr, Nr. 4142 VV 303,00 EUR
   (Wert: 5.000,00 EUR)
3. Postentgeltpauschale, Nr. 7002 VV 20,00 EUR
   Zwischensumme 938,00 EUR
4. 19 % Umsatzsteuer, Nr. 7008 VV 178,22 EUR

Gesamt **1.116,22 EUR**

| Beispiel 130 | Einstellung und zusätzliche Verfahrensgebühr nach Nr. 4142 VV |

Die Verteidigung im Revisionsverfahren erstreckt sich auch auf die Beschlagnahme von Gegenständen im Wert von 5.000,00 EUR. Das Verfahren wird unter Mitwirkung des Verteidigers außerhalb der Hauptverhandlung eingestellt.

Der Anwalt erhält jetzt noch eine Zusätzliche Gebühr nach Nr. 4141 VV. Maßstab ist lediglich die Verfahrensgebühr nach Nr. 4130 VV. Die zusätzliche Verfahrensgebühr nach Nr. 4142 VV wird in diesem Zusammenhang im Rahmen der Nr. 4141 VV nicht berücksichtigt.[73]

1. Verfahrensgebühr, Nr. 4130 VV 615,00 EUR
2. 1,0-Verfahrensgebühr, Nr. 4142 VV 303,00 EUR
   (Wert: 5.000,00 EUR)
3. Zusätzliche Gebühr, Nrn. 4141, 4130 VV 615,00 EUR
4. Postentgeltpauschale, Nr. 7002 VV 20,00 EUR
   Zwischensumme 1.553,00 EUR
5. 19 % Umsatzsteuer, Nr. 7008 VV 295,07 EUR

Gesamt **1.848,07 EUR**

Wird der Anwalt auch im **Adhäsionsverfahren** tätig, so gilt im Revisionsverfahren die Nr. 4144 VV. Der Anwalt erhält eine 2,5-Gebühr. Auch diese Gebühr ist nicht anzurechnen, wenn es nicht zu einer Entscheidung kommt und sich ein zivilgerichtliches Verfahren anschließt.

121

| Beispiel 131 | Adhäsionsverfahren |

Die Revision wird auch über die bereits in der Vorinstanz geltend gemachten Schmerzensgeldansprüche in Höhe von 5.000,00 EUR geführt. Es findet eine Hauptverhandlung statt.

Der Anwalt erhält jetzt noch eine zusätzliche 2,5-Verfahrensgebühr nach Nr. 4144 VV.

1. Verfahrensgebühr, Nr. 4130 VV 615,00 EUR
2. Terminsgebühr, Nr. 4132 VV 340,00 EUR
3. 2,5-Verfahrensgebühr, Nr. 4144 VV 757,50 EUR
   (Wert: 5.000,00 EUR)
4. Postentgeltpauschale, Nr. 7002 VV 20,00 EUR
   Zwischensumme 1.732,50 EUR
5. 19 % Umsatzsteuer, Nr. 7008 VV 329,18 EUR

Gesamt **2.061, 68 EUR**

| Beispiel 132 | Adhäsionsverfahren mit Einigung |

Im Revisionsverfahren wird auch über die bereits vorinstanzlich geltend gemachten Schmerzensgeldansprüche in Höhe von 5.000,00 EUR verhandelt. In der Hauptverhandlung einigen sich die Parteien über das Schmerzensgeld.

---

[73] AnwK-RVG/*N. Schneider*, Nr. 4141 VV Rn 164.

Der Anwalt erhält jetzt neben der zusätzlichen 2,5-Verfahrensgebühr nach Nr. 4144 VV noch eine Einigungsgebühr nach Nr. 1000 VV und zwar in Höhe von 1,3 (Nr. 1004 VV), da der Schmerzensgeldanspruch im Revisionsverfahren anhängig war.

1.	Verfahrensgebühr, Nr. 4130 VV	615,00 EUR
2.	Terminsgebühr, Nr. 4132 VV	340,00 EUR
3.	2,5-Verfahrensgebühr, Nr. 4144 VV (Wert: 5.000,00 EUR)	757,50 EUR
4.	1,3-Einigungsgebühr, Nrn. 1000, 1004 VV (Wert: 5.000,00 EUR)	393,90 EUR
5.	Postentgeltpauschale, Nr. 7002 VV	20,00 EUR
	Zwischensumme 2.126,40 EUR	
6.	19 % Umsatzsteuer, Nr. 7008 VV	404,02 EUR
Gesamt		**2.530,42 EUR**

bb) Der Beschuldigte befindet sich nicht auf freiem Fuß

122 Befindet sich der Beschuldigte nicht auf freiem Fuß, so entstehen auch im Revisionsverfahren sämtliche Gebühren (mit Ausnahme der zusätzlichen Gebühren) **„mit Zuschlag"** (Vorbem. 4 Abs. 4 VV). Dem Anwalt steht also wiederum ein höherer Gebührenrahmen zur Verfügung, unabhängig davon, ob tatsächlich ein erhöhter Aufwand dadurch entstanden ist, dass sich der Mandant nicht auf freiem Fuß befand.

> **Beispiel 133** Der Beschuldigte befindet sich während des gesamten Revisionsverfahrens nicht auf freiem Fuß

Der Beschuldigte ist bereits zu Beginn des Revisionsverfahrens in Haft. Es kommt zu einem Hauptverhandlungstermin.

Sämtliche Gebühren berechnen sich mit Zuschlag, da der Mandant während des gesamten Verfahrens in Haft war. Der Anwalt erhält jeweils mit Zuschlag die Verfahrensgebühr (Nrn. 4130, 4131 VV) und eine Terminsgebühr nach Nrn. 4132, 4133 VV.

1.	Verfahrensgebühr, Nrn. 4130, 4131 VV	753,75 EUR
2.	Terminsgebühr, Nrn. 4132, 4133 VV	410,00 EUR
3.	Postentgeltpauschale, Nr. 7002 VV	20,00 EUR
	Zwischensumme 1.183,75 EUR	
4.	19 % Umsatzsteuer, Nr. 7008 VV	224,91 EUR
Gesamt		**1.408,66 EUR**

> **Beispiel 134** Der Beschuldigte ist nur vorübergehend nicht auf freiem Fuß

Zu Beginn des Revisionsverfahrens ist der Mandant in Haft. Es kommt zu einem Haftprüfungstermin, in dem der Haftbefehl aufgehoben wird. Anschließend folgt ein Hauptverhandlungstermin.

Der Anwalt erhält mit Zuschlag die Verfahrensgebühr (Nrn. 4130, 4131 VV) und die Terminsgebühr nach Nrn. 4102 Nr. 3, 4103 VV. Für den Hauptverhandlungstermin entsteht dagegen nur die einfache Terminsgebühr nach Nr. 4130 VV.

1. Verfahrensgebühr, Nrn. 4130, 4131 VV		753,75 EUR
2. Terminsgebühr, Nrn. 4102 Nr. 3, 4103 VV		201,25 EUR
3. Terminsgebühr, Nr. 4132 VV		340,00 EUR
4. Postentgeltpauschale, Nr. 7002 VV		20,00 EUR
Zwischensumme	1.315,00 EUR	
5. 19 % Umsatzsteuer, Nr. 7008 VV		249,85 EUR
Gesamt		**1.564,85 EUR**

c) Der Verteidiger war bislang nicht beauftragt

123 Wird der Verteidiger erstmals im Revisionsverfahren beauftragt, war er also weder im vorbereitenden Verfahren noch im gerichtlichen Verfahren noch im Berufungsverfahren als Verteidiger tätig, so ist grundsätzlich ebenso zu rechnen wie in den Beispielen 115 bis 132. Hinzu kommt jedoch die **Grundgebühr** nach Nr. 4100 VV. Auch löst jetzt schon die Einlegung der Revision bereits die Verfahrensgebühr nach Nr. 4130 VV aus, da § 19 Abs. 1 S. 2 Nr. 10 RVG nicht greift.

> **Beispiel 135** **Bloße Revisionseinlegung**

Der Anwalt wird beauftragt, Revision einzulegen. Anschließend kündigt der Angeklagte das Mandat, ohne dass die Revision begründet worden ist.

Angefallen ist jetzt sowohl die **Verfahrensgebühr** nach Nr. 4130 VV als auch die **Grundgebühr** nach Nr. 4100 VV. Beide Gebühren dürften gem. § 14 Abs. 1 RVG im unteren Bereich anzusiedeln sein, da der Verteidiger sich kaum eingearbeitet haben dürfte und auch im Übrigen keine besondere Tätigkeit entfaltet hat.

1. Grundgebühr, Nr. 4100 VV (50 % der Mittelgebühr)		100,00 EUR
2. Verfahrensgebühr, Nr. 4130 VV (50 % der Mittelgebühr)		307,50 EUR
3. Postentgeltpauschale, Nr. 7002 VV		20,00 EUR
Zwischensumme	427,50 EUR	
4. 19 % Umsatzsteuer, Nr. 7008 VV		81,23 EUR
Gesamt		**508,73 EUR**

> **Beispiel 136** **Hauptverhandlung**

Der Anwalt wird im Revisionsverfahren als Verteidiger tätig. Es findet eine Hauptverhandlung statt.

Angefallen ist jetzt neben der **Verfahrensgebühr** und der **Terminsgebühr** wiederum die **Grundgebühr**. Die Grundgebühr dürfte wegen des Fortschritts des Verfahrens gem. § 14 Abs. 1 RVG mit der Höchstgebühr anzusiedeln sein.

1. Grundgebühr, Nr. 4100 VV		360,00 EUR
2. Verfahrensgebühr, Nr. 4130 VV		615,00 EUR
3. Terminsgebühr, Nr. 4132 VV		340,00 EUR
4. Postentgeltpauschale, Nr. 7002 VV		20,00 EUR
Zwischensumme	1.335,00 EUR	
5. 19 % Umsatzsteuer, Nr. 7008 VV		253,65 EUR
Gesamt		**1.588,65 EUR**

§ 35 Strafsachen

Beispiel 137 | **Hauptverhandlung, Mandant ist nicht auf freiem Fuß**

Der Anwalt wird im Revisionsverfahren für den inhaftierten Mandanten als Verteidiger tätig. Es finden ein Haftprüfungstermin und ein Hauptverhandlungstermin statt.

Die Gebühren, einschließlich der Grundgebühr, entstehen jetzt mit Zuschlag (Vorbem. 4 Abs. 4 VV).

1.	Grundgebühr, Nrn. 4100, 4101 VV	450,00 EUR
2.	Verfahrensgebühr, Nrn. 4130, 4131 VV	753,75 EUR
3.	Terminsgebühr, Nrn. 4102, 4103 VV	207,50 EUR
4.	Terminsgebühr, Nrn. 4132, 4133 VV	410,00 EUR
5.	Postentgeltpauschale, Nr. 7002 VV	20,00 EUR
	Zwischensumme 1.841,25 EUR	
6.	19 % Umsatzsteuer, Nr. 7008 VV	349,84 EUR
	Gesamt	**2.191,09 EUR**

7. Erneutes Verfahren nach Aufhebung und Zurückverweisung

124 Wird ein Urteil auf ein Rechtsmittel hin aufgehoben und die Sache an die Vorinstanz zurückverwiesen, so gilt das weitere Verfahren nach Zurückverweisung als neue Angelegenheit (§ 21 Abs. 1 RVG). Eine Anrechnung ist im Gegensatz zu den Gebühren nach Teil 3 VV (Vorbem. 3 Abs. 6 VV) nicht vorgesehen. Es entstehen daher alle Gebühren erneut, mit Ausnahme der Grundgebühr.

Beispiel 138 | **Erneutes Verfahren vor dem Amtsgericht nach Zurückverweisung durch das Berufungsgericht**

Das Amtsgericht verurteilt den Angeklagten im ersten Hauptverhandlungstermin. Gegen das Urteil des Amtsgerichts legt der Verteidiger auftragsgemäß Berufung ein. Das Landgericht hebt nach der Hauptverhandlung das Urteil des Amtsgerichts auf und verweist die Sache zur erneuten Verhandlung an das Amtsgericht zurück. Dort findet eine neue Hauptverhandlung statt.

Für das erste Verfahren vor dem Amtsgericht erhält der Anwalt eine Verfahrensgebühr und eine Terminsgebühr (gegebenenfalls auch eine Grundgebühr, wenn er im vorbereitenden Verfahren noch nicht tätig war). Im Berufungsverfahren entstehen wiederum eine Verfahrensgebühr sowie eine Terminsgebühr. Nach Zurückverweisung erhält der Anwalt für das zweite Verfahren vor dem Amtsgericht erneut eine Verfahrens- und eine Terminsgebühr. Nur die Grundgebühr kann nicht erneut anfallen.

I. Verfahren vor dem AG vor Zurückverweisung

1.	Verfahrensgebühr, Nr. 4106 VV	165,00 EUR
2.	Terminsgebühr, Nr. 4108 VV	275,00 EUR
3.	Postentgeltpauschale, Nr. 7002 VV	20,00 EUR
	Zwischensumme 460,00 EUR	
4.	19 % Umsatzsteuer, Nr. 7008 VV	87,40 EUR
	Gesamt	**547,40 EUR**

II. Berufung

1.	Verfahrensgebühr, Nr. 4124 VV	320,00 EUR
2.	Terminsgebühr, Nr. 4126 VV	320,00 EUR
3.	Postentgeltpauschale, Nr. 7002 VV	20,00 EUR
	Zwischensumme 660,00 EUR	
4.	19 % Umsatzsteuer, Nr. 7008 VV	125,40 EUR
	Gesamt	**785,40 EUR**

III. Verfahren vor dem AG nach Zurückverweisung
1.	Verfahrensgebühr, Nr. 4106 VV, § 21 Abs. 1 RVG	165,00 EUR
2.	Terminsgebühr, Nr. 4108 VV, § 21 Abs. 1 RVG	275,00 EUR
3.	Postentgeltpauschale, Nr. 7002 VV	20,00 EUR
	Zwischensumme 460,00 EUR	
4.	19 % Umsatzsteuer, Nr. 7008 VV	87,40 EUR
Gesamt		**547,40 EUR**

Beispiel 139 — **Erneutes Verfahren vor dem Landgericht (Strafkammer) nach Zurückverweisung durch das Revisionsgericht**

Der Verteidiger wird erstmals vor dem Landgericht (Strafkammer) tätig. Dieses verurteilt den Angeklagten nach drei Hauptverhandlungsterminen. Gegen das Urteil legt der Verteidiger auftragsgemäß Revision ein. Der BGH hebt nach der Hauptverhandlung das Urteil des Landgerichts auf und verweist die Sache zur erneuten Verhandlung an das Landgericht zurück. Dort findet eine neue Hauptverhandlung statt.

Für das erste Verfahren vor dem Landgericht erhält der Anwalt eine Grundgebühr, eine Verfahrensgebühr und drei Terminsgebühren. Im Revisionsverfahren entstehen wiederum eine Verfahrensgebühr sowie eine Terminsgebühr. Nach Zurückverweisung erhält der Anwalt für das zweite Verfahren vor dem Landgericht erneut eine Verfahrens- und eine Terminsgebühr. Nur die Grundgebühr kann nicht erneut anfallen.

I. Verfahren vor dem Landgericht vor Zurückverweisung
1.	Grundgebühr, Nr. 4100 VV	200,00 EUR
2.	Verfahrensgebühr, Nr. 4112 VV	185,00 EUR
3.	Terminsgebühr, Nr. 4114 VV (1. Hauptverhandlungstermin)	320,00 EUR
4.	Terminsgebühr, Nr. 4114 VV (2. Hauptverhandlungstermin)	320,00 EUR
5.	Terminsgebühr, Nr. 4114 VV (3. Hauptverhandlungstermin)	320,00 EUR
6.	Postentgeltpauschale, Nr. 7002 VV	20,00 EUR
	Zwischensumme 1.365,00 EUR	
7.	19 % Umsatzsteuer, Nr. 7008 VV	259,35 EUR
Gesamt		**1.624,35 EUR**

II. Revision
1.	Verfahrensgebühr, Nr. 4130 VV	615,00 EUR
2.	Terminsgebühr, Nr. 4132 VV	340,00 EUR
3.	Postentgeltpauschale, Nr. 7002 VV	20,00 EUR
	Zwischensumme 975,00 EUR	
4.	19 % Umsatzsteuer, Nr. 7008 VV	185,25 EUR
Gesamt		**1.160,25 EUR**

III. Verfahren vor dem Landgericht nach Zurückverweisung
1.	Verfahrensgebühr, Nr. 4112 VV	185,00 EUR
2.	Terminsgebühr, Nr. 4114 VV	320,00 EUR
3.	Postentgeltpauschale, Nr. 7002 VV	20,00 EUR
	Zwischensumme 525,00 EUR	
4.	19 % Umsatzsteuer, Nr. 7008 VV	99,75 EUR
Gesamt		**624,75 EUR**

8. Wiederaufnahmeverfahren

125 Wird der Verteidiger im strafrechtlichen Wiederaufnahmeverfahren nach den §§ 359 ff. StPO beauftragt, sind hierfür gesonderte Vorschriften in Teil 4 Unterabschnitt 4 VV (Nrn. 4136 ff. VV) vorgesehen.

126 Die Tätigkeit des Anwalts im Wiederaufnahmeverfahren zählt gebührenrechtlich gem. § 17 Nr. 12 RVG als **eigene Angelegenheit** und wird kraft der Verweisungen in den Nrn. 4136 ff. VV durch die Gebühren des Teils 4 Abschnitt 1 Unterabschnitt 3 VV abgegolten, also durch die Nrn. 4106 ff. VV.

127 Das Wiederaufnahmeverfahren gliedert sich in mehrere Verfahrensabschnitte, für die jeweils gesonderte Gebühren vorgesehen sind. Es handelt sich insgesamt allerdings nur eine Gebührenangelegenheit i.S.d. § 15 Abs. 1 RVG, so dass insbesondere auch nur eine Postentgeltpauschale anfällt. Bei den einzelnen Verfahrensabschnitten handelt es sich um
- das **Verfahren auf Vorbereitung eines Antrags** (Nr. 4136 VV),
- das **Verfahren über die Zulässigkeit des Antrags** (Nr. 4137 VV),
- das **weitere Verfahren** (Nr. 4138 VV),
- das **Beschwerdeverfahren nach § 372 StPO** (Nr. 4139 VV).

128 Eine **Grundgebühr** nach Nr. 4100 VV erhält der Anwalt im Wiederaufnahmeverfahren nicht (Vorbem. 4.1.4 VV). Unanwendbar sind ferner die **zusätzlichen Gebühren** nach Nrn. 4141 ff. VV.

129 Die Vorschrift der Vorbem. 4 Abs. 4 VV ist im Wiederaufnahmeverfahren dagegen entsprechend anwendbar. Befindet sich der **Angeklagte nicht auf freiem Fuß**, so sind die Gebühren mit Zuschlag maßgebend.

130 Für die **Vorbereitung eines Wiederaufnahmeantrags** erhält der Anwalt gem. Nr. 4136 VV eine Geschäftsgebühr in Höhe der jeweiligen Verfahrensgebühr des ersten Rechtszugs. Der Gebührenrahmen bestimmt sich dabei nach der Ordnung desjenigen Gerichts, das im ersten Rechtszug des vorangegangenen Verfahrens entschieden hat. Es entsteht also eine Gebühr nach den Nrn. 4106, 4112 oder 4118 VV. Bei der Anwendung der Nrn. 4136 ff. VV i.V.m. Nrn. 4106, 4112 oder 4118 VV verbleibt es auch dann, wenn das Wiederaufnahmeverfahren vor dem Berufungsgericht stattfindet. Dies ergibt sich aus der ausdrücklichen Verweisung auf die Verfahrensgebühr des ersten Rechtszugs.

131 Im **Verfahren über die Zulässigkeit des Antrags,** also für die Tätigkeiten einschließlich der Stellung des Wiederaufnahmeantrags bis zur gerichtlichen Entscheidung nach § 368 Abs. 1 StPO, erhält der Anwalt eine weitere Verfahrensgebühr nach Nr. 4137 VV i.V.m. Nrn. 4106, 4112, 4118 VV.

132 Schließt sich das **weitere Verfahren** (§§ 369 ff. StPO) an, so erhält der Anwalt hierfür eine weitere Verfahrensgebühr nach Nr. 4138 VV, wiederum in Höhe der Verfahrensgebühr für den ersten Rechtszug (Nrn. 4106, 4112, 4118 VV).

133 Im **Beschwerdeverfahren nach § 372 StPO** erhält der Anwalt eine weitere Verfahrensgebühr nach Nr. 4139 VV, ebenfalls in Höhe der Verfahrensgebühr für den ersten Rechtszug, also wiederum nach den Nrn. 4106, 4112, 4118 VV.

V. Verteidigung in Strafsachen § 35

Darüber hinaus erhält der Anwalt in **sämtlichen** der vorgenannten **Verfahren** – je Verhandlungstag – eine **Terminsgebühr** in Höhe der Terminsgebühr des ersten Rechtszugs, also nach den Nrn. 4108, 4114, 4120 VV. 134

Wird das Verfahren wiederaufgenommen, so gilt das wiederaufgenommene Verfahren als **neue Gebührenangelegenheit**. Der Anwalt erhält hierfür die Verteidigergebühren der Nrn. 4102 ff. VV erneut. Er kann eine Vergütung also insgesamt dreimal verdienen, nämlich 135
- im Ausgangsverfahren,
- im Wiederaufnahmeverfahren

und
- in dem wiederaufgenommenen Verfahren.

Beispiel 140 | **Verwerfung des Wiederaufnahmeantrags**

Der Beschuldigte ist vom Amtsgericht verurteilt worden. Er beantragt später die Wiederaufnahme. Der Antrag wird vom Amtsgericht als unzulässig verworfen.

   I. Ausgangsverfahren
1. Grundgebühr, Nr. 4100 VV   200,00 EUR
2. Verfahrensgebühr, Nr. 4106 VV   165,00 EUR
3. Postentgeltpauschale, Nr. 7002 VV   20,00 EUR
    Zwischensumme   385,00 EUR
4. 19 % Umsatzsteuer, Nr. 7008 VV   73,15 EUR
Gesamt   **458,15 EUR**

   II. Wiederaufnahmeverfahren
1. Geschäftsgebühr, Nrn. 4136, 4106 VV   165,00 EUR
2. Verfahrensgebühr, Nrn. 4137, 4106 VV   165,00 EUR
3. Postentgeltpauschale, Nr. 7002 VV   20,00 EUR
    Zwischensumme   350,00 EUR
4. 19 % Umsatzsteuer, Nr. 7008 VV   66,50 EUR
Gesamt   **416,50 EUR**

Beispiel 141 | **Beschwerde gegen die Verwerfung des Wiederaufnahmeantrags**

Der Beschuldigte ist vom Amtsgericht verurteilt worden. Er beantragt später die Wiederaufnahme. Der Antrag wird vom Amtsgericht als unzulässig verworfen. Der Verteidiger legt gegen den Verwerfungsbeschluss Beschwerde ein, die zurückgewiesen wird.

Für das Ausgangsverfahren sowie die Vorbereitung des Wiederaufnahmeantrags und das Verfahren über die Zulässigkeit des Antrags entstehen die gleichen Gebühren wie im vorangegangenen Beispiel 140. Im Beschwerdeverfahren wird eine weitere Gebühr nach Nr. 4139 VV ausgelöst.

   I. Ausgangsverfahren
1. Grundgebühr, Nr. 4100 VV   200,00 EUR
2. Verfahrensgebühr, Nr. 4106 VV   165,00 EUR
3. Postentgeltpauschale, Nr. 7002 VV   20,00 EUR
    Zwischensumme   385,00 EUR
4. 19 % Umsatzsteuer, Nr. 7008 VV   73,15 EUR
Gesamt   **458,15 EUR**

§ 35 Strafsachen

II.	Wiederaufnahmeverfahren	
1.	Geschäftsgebühr, Nrn. 4136, 4106 VV	165,00 EUR
2.	Verfahrensgebühr, Nrn. 4137, 4106 VV	165,00 EUR
3.	Beschwerdegebühr, Nrn. 4139, 4106 VV	165,00 EUR
4.	Postentgeltpauschale, Nr. 7002 VV	20,00 EUR
	Zwischensumme 515,00 EUR	
5.	19 % Umsatzsteuer, Nr. 7008 VV	97,85 EUR
	Gesamt	**612,85 EUR**

Beispiel 142 | **Beschwerde gegen die Verwerfung des Wiederaufnahmeantrags mit Aufhebung und Zurückverweisung**

Der Beschuldigte ist vom Amtsgericht verurteilt worden. Er beantragt später die Wiederaufnahme. Der Antrag wird vom Amtsgericht als unzulässig verworfen. Der Verteidiger legt gegen den Verwerfungsbeschluss Beschwerde ein, auf die der Beschluss des Amtsgerichts aufgehoben und die Sache an das Amtsgericht zurückverwiesen wird. Das Amtsgericht lässt jetzt den Antrag zu, weist ihn dann aber als unbegründet zurück.

Das erneute Verfahren über die Zulässigkeit des Antrags gilt nach § 21 Abs. 1 RVG als neue Angelegenheit, so dass die Gebühr nach Nr. 4137 VV i.V.m. Nr. 4106 VV erneut entsteht. Hinzu kommen die Gebühren für das weitere Verfahren nach §§ 369 ff. StPO.

I.	Ausgangsverfahren	
1.	Grundgebühr, Nr. 4100 VV	200,00 EUR
2.	Verfahrensgebühr, Nr. 4106 VV	165,00 EUR
3.	Postentgeltpauschale, Nr. 7002 VV	20,00 EUR
	Zwischensumme 385,00 EUR	
4.	19 % Umsatzsteuer, Nr. 7008 VV	73,15 EUR
	Gesamt	**458,15 EUR**
II.	Wiederaufnahmeverfahren	
1.	Geschäftsgebühr, Nrn. 4136, 4106 VV	165,00 EUR
2.	Verfahrensgebühr, Nrn. 4137, 4106 VV	165,00 EUR
3.	Beschwerdegebühr, Nrn. 4139, 4106 VV	165,00 EUR
4.	Postentgeltpauschale, Nr. 7002 VV	20,00 EUR
	Zwischensumme 515,00 EUR	
5.	19 % Umsatzsteuer, Nr. 7008 VV	97,85 EUR
	Gesamt	**612,85 EUR**
III.	Erneutes Verfahren nach Zurückverweisung	
1.	Verfahrensgebühr, Nrn. 4137, 4106 VV, § 21 RVG	165,00 EUR
2.	Verfahrensgebühr, Nrn. 4138, 4106 VV	165,00 EUR
3.	Postentgeltpauschale, Nr. 7002 VV	20,00 EUR
	Zwischensumme 350,00 EUR	
4.	19 % Umsatzsteuer, Nr. 7008 VV	66,50 EUR
	Gesamt	**416,50 EUR**

Beispiel 143 | **Beschwerde gegen die Verwerfung des Wiederaufnahmeantrags mit Aufhebung und Zurückverweisung und erneuter Beschwerde**

Der Beschuldigte ist vom Amtsgericht verurteilt worden. Er beantragt später die Wiederaufnahme. Der Antrag wird vom Amtsgericht als unzulässig verworfen. Der Verteidiger legt gegen den Verwerfungsbeschluss Beschwerde ein, auf die der Beschluss des Amtsgerichts aufgehoben und die Sache an das Amtsgericht zurückverwiesen wird. Das Amtsgericht lässt jetzt den Antrag zu, weist ihn dann aber als unbegründet zurück. Gegen den Zurückweisungsbeschluss wird erneut Beschwerde eingelegt.

Das erneute Beschwerdeverfahren – jetzt gegen den Zurückweisungsbeschluss – löst wiederum eine neue Beschwerdegebühr aus.

I. Ausgangsverfahren
1. Grundgebühr, Nr. 4100 VV   200,00 EUR
2. Verfahrensgebühr, Nr. 4106 VV   165,00 EUR
3. Postentgeltpauschale, Nr. 7002 VV   20,00 EUR
   Zwischensumme   385,00 EUR
4. 19 % Umsatzsteuer, Nr. 7008 VV   73,15 EUR
Gesamt   **458,15 EUR**

II. Wiederaufnahmeverfahren
1. Geschäftsgebühr, Nrn. 4136, 4106 VV   165,00 EUR
2. Verfahrensgebühr, Nrn. 4137, 4106 VV   165,00 EUR
3. Beschwerdegebühr, Nrn. 4139, 4106 VV   165,00 EUR
4. Postentgeltpauschale, Nr. 7002 VV   20,00 EUR
   Zwischensumme   515,00 EUR
5. 19 % Umsatzsteuer, Nr. 7008 VV   97,85 EUR
Gesamt   **612,85 EUR**

III. Erneutes Verfahren nach Zurückverweisung
1. Verfahrensgebühr, Nrn. 4137, 4106 VV, § 21 RVG   165,00 EUR
2. Verfahrensgebühr, Nrn. 4138, 4106 VV   165,00 EUR
3. Beschwerdegebühr, Nrn. 4139, 4106 VV   165,00 EUR
4. Postentgeltpauschale, Nr. 7002 VV   20,00 EUR
   Zwischensumme   515,00 EUR
5. 19 % Umsatzsteuer, Nr. 7008 VV   97,85 EUR
Gesamt   **612,85 EUR**

> **Beispiel 144** Erfolgreiches Wiederaufnahmeverfahren mit wieder aufgenommenem Verfahren

Der Beschuldigte ist vom Amtsgericht verurteilt worden. Er beantragt später die Wiederaufnahme, der nach zwei Verhandlungsterminen stattgegeben wird. Das Verfahren wird wieder aufgenommen und endet nach einem Hauptverhandlungstermin durch Urteil.

Im weiteren Verfahren haben jetzt zwei Verhandlungstermine stattgefunden, so dass hier die Gebühr nach Nr. 4140 VV je Termin entsteht, also insgesamt zwei Terminsgebühren.

I. Ausgangsverfahren
1. Grundgebühr, Nr. 4100 VV   200,00 EUR
2. Verfahrensgebühr, Nr. 4106 VV   165,00 EUR
3. Postentgeltpauschale, Nr. 7002 VV   20,00 EUR
   Zwischensumme   385,00 EUR
4. 19 % Umsatzsteuer, Nr. 7008 VV   73,15 EUR
Gesamt   **458,15 EUR**

II. Wiederaufnahmeverfahren
1. Geschäftsgebühr, Nrn. 4136, 4106 VV   165,00 EUR
2. Verfahrensgebühr, Nrn. 4137, 4106 VV   165,00 EUR
3. Verfahrensgebühr, Nrn. 4138, 4106 VV   165,00 EUR
4. Terminsgebühr, Nrn. 4140, 4108 VV   275,00 EUR
5. Terminsgebühr, Nrn. 4140, 4108 VV   275,00 EUR
6. Postenentgeltpauschale, Nr. 7002 VV   20,00 EUR
   Zwischensumme   1.065,00 EUR
7. 19 % Umsatzsteuer, Nr. 7008 VV   202,35 EUR
Gesamt   **1.267,35 EUR**

III. Verfahren nach Wiederaufnahme
1. Verfahrensgebühr, Nr. 4106 VV   165,00 EUR
2. Terminsgebühr, Nr. 4108 VV   275,00 EUR
3. Postentgeltpauschale, Nr. 7002 VV   20,00 EUR
   Zwischensumme   460,00 EUR
4. 19 % Umsatzsteuer, Nr. 7008 VV   87,40 EUR
Gesamt   **547,40 EUR**

136 Wird der Angeklagte nach § 371 Abs. 2 StPO ohne Hauptverhandlung sofort freigesprochen, entsteht neben den Gebühren für das Wiederaufnahmeverfahren auch eine Verfahrensgebühr für das wieder aufgenommene Verfahren.[74]

| Beispiel 145 | Erfolgreiches Wiederaufnahmeverfahren mit sofortigem Freispruch nach § 371 Abs. 2 StPO |

Der Beschuldigte ist vom Amtsgericht verurteilt worden. Er beantragt später die Wiederaufnahme, der nach zwei Verhandlungsterminen stattgegeben wird. Das Verfahren wird wieder aufgenommen; gem. § 371 Abs. 2 StPO wird der Angeklagte sofort freigesprochen.

Abzurechnen ist wie im vorangegangenen Beispiel 144 Im wieder aufgenommenen Verfahren entsteht allerdings jetzt nur die Verfahrensgebühr.

I. Ausgangsverfahren
1. Grundgebühr, Nr. 4100 VV   200,00 EUR
2. Verfahrensgebühr, Nr. 4106 VV   165,00 EUR
3. Postentgeltpauschale, Nr. 7002 VV   20,00 EUR
   Zwischensumme   385,00 EUR
4. 19 % Umsatzsteuer, Nr. 7008 VV   73,15 EUR
Gesamt   **458,15 EUR**
II. Wiederaufnahmeverfahren
1. Geschäftsgebühr, Nrn. 4136, 4106 VV   165,00 EUR
2. Verfahrensgebühr, Nrn. 4137, 4106 VV   165,00 EUR
3. Verfahrensgebühr, Nrn. 4138, 4106 VV   165,00 EUR
4. Terminsgebühr, Nrn. 4140, 4108 VV   275,00 EUR
5. Terminsgebühr, Nrn. 4140, 4108 VV   275,00 EUR
6. Postenentgeltpauschale, Nr. 7002 VV   20,00 EUR
   Zwischensumme   1.065,00 EUR
7. 19 % Umsatzsteuer, Nr. 7008 VV   202,35 EUR
Gesamt   **1.267,35 EUR**
III. Verfahren nach Wiederaufnahme
1. Verfahrensgebühr, Nr. 4106 VV   165,00 EUR
2. Postentgeltpauschale, Nr. 7002 VV   20,00 EUR
   Zwischensumme   185,00 EUR
3. 19 % Umsatzsteuer, Nr. 7008 VV   35,15 EUR
Gesamt   **220,15 EUR**

| Beispiel 146 | Wiederaufnahme vor dem Berufungsgericht |

Der Beschuldigte ist vom Landgericht als Berufungsgericht verurteilt worden. Er beantragt später die Wiederaufnahme, der nach einem Verhandlungstermin stattgegeben wird. Das Verfahren wird vor dem Landgericht wiederaufgenommen und endet nach einem Hauptverhandlungstermin.

---

74 AG Nürnberg AGS 2006, 341.

Die Gebühren im Ausgangsverfahren und im Verfahren nach Wiederaufnahme richten sich nach Nr. 4124 VV. Die Gebühren im Wiederaufnahmeverfahren richten sich dagegen nach den Gebühren des erstinstanzlichen Verfahrens, so dass sich hier unterschiedliche Betragsrahmen ergeben.

I. Ausgangsverfahren (Berufung)
1. Verfahrensgebühr, Nr. 4124 VV — 320,00 EUR
2. Terminsgebühr, Nr. 4126 VV — 320,00 EUR
3. Postentgeltpauschale, Nr. 7002 VV — 20,00 EUR
   Zwischensumme — 660,00 EUR
4. 19 % Umsatzsteuer, Nr. 7008 VV — 125,40 EUR
Gesamt — 785,40 EUR

II. Wiederaufnahmeverfahren
1. Geschäftsgebühr, Nrn. 4136, 4106 VV — 165,00 EUR
2. Verfahrensgebühr, Nrn. 4137, 4106 VV — 165,00 EUR
3. Verfahrensgebühr, Nrn. 4138, 4106 VV — 165,00 EUR
4. Terminsgebühr, Nrn. 4140, 4108 VV — 275,00 EUR
5. Postentgeltpauschale, Nr. 7002 VV — 20,00 EUR
   Zwischensumme — 790,00 EUR
6. 19 % Umsatzsteuer, Nr. 7008 VV — 150,10 EUR
Gesamt — 940,10 EUR

III. Verfahren nach Wiederaufnahme
1. Verfahrensgebühr, Nr. 4124 VV — 320,00 EUR
2. Terminsgebühr, Nr. 4126 VV — 320,00 EUR
3. Postentgeltpauschale, Nr. 7002 VV — 20,00 EUR
   Zwischensumme — 660,00 EUR
4. 19 % Umsatzsteuer, Nr. 7008 VV — 125,40 EUR
Gesamt — 785,40 EUR

Beispiel 147 | Wiederaufnahmeverfahren nach Ablauf von zwei Kalenderjahren

Wie vorangegangenes Beispiel 146; seit dem ersten Berufungsurteil sind jedoch zwei Kalenderjahre vergangen.

Da zwischenzeitlich zwei Kalenderjahre vergangen sind, gilt das Verfahren nach Wiederaufnahme unabhängig von § 17 Nr. 12 RVG bereits nach § 15 Abs. 5 S. 2 RVG als eigene Angelegenheit. Auch eine Gebührenanrechnung wäre ausgeschlossen. Dann erscheint es nur folgerichtig, dass in diesem Falle auch die Grundgebühr erneut entsteht.[75]

I. Ausgangsverfahren (Berufung)
1. Verfahrensgebühr, Nr. 4124 VV — 320,00 EUR
2. Terminsgebühr, Nr. 4126 VV — 320,00 EUR
3. Postentgeltpauschale, Nr. 7002 VV — 20,00 EUR
   Zwischensumme — 660,00 EUR
4. 19 % Umsatzsteuer, Nr. 7008 VV — 125,40 EUR
Gesamt — 785,40 EUR

II. Wiederaufnahmeverfahren
1. Geschäftsgebühr, Nrn. 4136, 4106 VV — 165,00 EUR
2. Verfahrensgebühr, Nrn. 4137, 4106 VV — 165,00 EUR
3. Verfahrensgebühr, Nrn. 4138, 4106 VV — 165,00 EUR
4. Terminsgebühr, Nrn. 4140, 4108 VV — 275,00 EUR
5. Postentgeltpauschale, Nr. 7002 VV — 20,00 EUR
   Zwischensumme — 790,00 EUR
6. 19 % Umsatzsteuer, Nr. 7008 VV — 150,10 EUR
Gesamt — 940,10 EUR

---

[75] AnwK-RVG/*N. Schneider*, Nr. 4100 VV Rn 12.

III. Verfahren nach Wiederaufnahme

1. Grundgebühr, Nr. 4100 VV		200,00 EUR
2. Verfahrensgebühr, Nr. 4124 VV		320,00 EUR
3. Terminsgebühr, Nr. 4126 VV		320,00 EUR
4. Postentgeltpauschale, Nr. 7002 VV		20,00 EUR
Zwischensumme	860,00 EUR	
5. 19 % Umsatzsteuer, Nr. 7008 VV		163,40 EUR
Gesamt		**1.023,40 EUR**

VI. Tätigkeit als Beistand oder Vertreter eines Nebenklägers, Privatklägers oder sonstigen Beteiligten

137 Für die Tätigkeit als Beistand, Vertreter eines Nebenklägers, Privatklägers oder sonstigen Beteiligten i.S.d. Vorbem. 4 Abs. 1 VV erhält der Anwalt die gleichen Gebühren wie ein Verteidiger, so dass auf die Ausführungen zu Rn 13 ff. Bezug genommen werden kann.

138 Insbesondere kann der Anwalt als Nebenklagevertreter auch eine Vergütung im vorbereitenden Verfahren verdienen, obwohl die Zulassung der Nebenklage erst im gerichtlichen Verfahren erfolgt (Vorbem. 4.1.2 VV).[76]

> **Beispiel 148** — Vertretung eines Nebenklägers im vorbereitenden und im gerichtlichen Verfahren

Der Anwalt vertritt den Verletzten im vorbereitenden Verfahren und beantragt dort bereits dessen spätere Zulassung als Nebenkläger. Mit Eröffnung des Hauptverfahrens wird die Nebenklage zugelassen. Es kommt zu einem Hauptverhandlungstermin.

Der Anwalt erhält im vorbereitenden Verfahren zunächst eine Grundgebühr (Nr. 4100 VV) sowie eine Verfahrensgebühr nach Nr. 4104 VV. Hinzu kommt im gerichtlichen Verfahren eine Verfahrensgebühr nach Nr. 4106 VV sowie eine Terminsgebühr nach Nr. 4108 VV.

I. Vorbereitendes Verfahren

1. Grundgebühr, Nr. 4100 VV		200,00 EUR
2. Verfahrensgebühr, Nr. 4104 VV		165,00 EUR
3. Postentgeltpauschale, Nr. 7002 VV		20,00 EUR
Zwischensumme	385,00 EUR	
4. 19 % Umsatzsteuer, Nr. 7008 VV		73,15 EUR
Gesamt		**458,15 EUR**

II. Gerichtliches Verfahren

1. Verfahrensgebühr, Nr. 4106 VV		165,00 EUR
2. Terminsgebühr, Nr. 4108 VV		275,00 EUR
3. Postentgeltpauschale, Nr. 7002 VV		20,00 EUR
Zwischensumme	460,00 EUR	
4. 19 % Umsatzsteuer, Nr. 7008 VV		87,40 EUR
Gesamt		**547,40 EUR**

139 Auch eine **Terminsgebühr nach Nr. 4102 VV** kann entstehen.

---

76 AnwK-RVG/N. Schneider, Vorbem. 4.1.2 VV Rn 1.

VI. Tätigkeit als Beistand o. Vertreter von Nebenkläger, Privatkläger o. sonst. Beteiligtem § 35

Beispiel 149 | **Vertretung eines Verletzten im vorbereitenden Verfahren mit Sühnetermin**

Der Anwalt vertritt den Verletzten, der Privatklage erheben will. Es kommt zu einem Sühnetermin nach § 380 StPO.

Abzurechnen ist wie im vorangegangen Beispiel 148. Hinzu kommt noch eine Terminsgebühr nach Nr. 4102 Nr. 5 VV.

1.	Grundgebühr, Nr. 4100 VV	200,00 EUR
2.	Verfahrensgebühr, Nr. 4104 VV	165,00 EUR
3.	Terminsgebühr, Nr. 4102 Nr. 5 VV	170,00 EUR
4.	Postentgeltpauschale, Nr. 7002 VV	20,00 EUR
	Zwischensumme 555,00 EUR	
5.	19 % Umsatzsteuer, Nr. 7008 VV	105,45 EUR
	Gesamt	**660,45 EUR**

Beispiel 150 | **Vertretung eines Verletzten im vorbereitenden Verfahren mit Verhandlung**

Der Anwalt vertritt den Verletzten, der Nebenklage erheben will. Es kommt zu einer Verhandlung im Rahmen des Täter-Opfer-Ausgleichs.

Abzurechnen ist wie im vorangegangen Beispiel 149. Die Terminsgebühr ergibt sich jetzt aus Nr. 4102 Nr. 4 VV.

Ebenso kann der Anwalt als Beistand oder Vertreter eines Beteiligten auch eine **Zusätzliche Gebühr** nach Nr. 4141 VV verdienen. 140

Beispiel 151 | **Vertretung eines Nebenklägers im gerichtlichen Verfahren mit Einstellung außerhalb der Hauptverhandlung**

Der Anwalt vertritt vor dem Landgericht einen Nebenkläger. Das Verfahren wird unter Mitwirkung des Anwalts außerhalb der Hauptverhandlung eingestellt.

Der Anwalt erhält zunächst eine Grundgebühr (Nr. 4100 VV) sowie eine Verfahrensgebühr nach Nr. 4112 VV. Hinzu kommt eine Zusätzliche Gebühr nach Nr. 4141 VV (Anm. Abs. 1 S. 1 Nr. 1 zu Nr. 4141 VV).

1.	Grundgebühr, Nr. 4100 VV	200,00 EUR
2.	Verfahrensgebühr, Nr. 4112 VV	185,00 EUR
3.	Zusätzliche Gebühr, Nrn. 4141, 4112 VV	185,00 EUR
4.	Postentgeltpauschale, Nr. 7002 VV	20,00 EUR
	Zwischensumme 590,00 EUR	
5.	19 % Umsatzsteuer, Nr. 7008 VV	112,10 EUR
	Gesamt	**702,10 EUR**

Beispiel 152 | **Rücknahme der Berufung durch den Nebenkläger**

Der Anwalt legt gegen das Urteil des Amtsgerichts für den Nebenkläger Berufung ein. Bevor ein Termin zur Hauptverhandlung anberaumt wird, nimmt er die Berufung auftragsgemäß zurück.

Auch wenn die Einlegung der Berufung zum erstinstanzlichen Verfahren gehört (§ 19 Abs. 1 S. 2 Nr. 10 RVG), löst die weitere Tätigkeit, insbesondere die Rücknahme der Berufung, bereits die Verfahrensgebühr nach Nr. 4124 VV aus. Hinzu kommt eine Zusätzliche Gebühr nach Nr. 4141 VV (Anm. Abs. 1 S. 1 Nr. 3 zu Nr. 4141 VV). Wer die Berufung zurücknimmt, ist insoweit unerheblich.[77] Allerdings muss auch hier die Zwei-Wochen-Frist eingehalten werden.

1. Verfahrensgebühr, Nr. 4124 VV   320,00 EUR
2. Zusätzliche Gebühr, Nrn. 4141, 4124 VV   320,00 EUR
3. Postentgeltpauschale, Nr. 7002 VV   20,00 EUR
   Zwischensumme   660,00 EUR
4. 19 % Umsatzsteuer, Nr. 7008 VV   125,40 EUR
   Gesamt   **785,40 EUR**

141 Im Gegensatz zum Verteidiger darf der Vertreter oder Beistand **mehrere Auftraggeber** vertreten, so dass hier Nr. 1008 VV zur Anwendung kommen kann.[78] Soweit **Rahmengebühren** anfallen, ist es nicht erforderlich, dass der Gegenstand der anwaltlichen Tätigkeit derselbe ist, die Erhöhung um 30 % je weiterem Auftraggeber tritt unabhängig hiervon ein. Soweit allerdings **Wertgebühren** (§ 2 Abs. 1 RVG) anfallen, ist wiederum auf eine Identität des Gegenstandes abzustellen.[79]

> **Beispiel 153** | **Vertretung zweier Nebenkläger wegen derselben Tat**

Die beiden hinterbliebenen Kinder erheben im Verfahren vor dem Amtsgericht gegen den Angeklagten wegen des Verdachts der fahrlässigen Tötung Nebenklage. Ihr Vertreter war auch bereits im vorbereitenden Verfahren tätig. Es findet ein Hauptverhandlungstermin statt.

Der Anwalt erhält auch für das **vorbereitende Verfahren** eine Vergütung (Vorbem. 4.1.2 VV). Es entsteht hier zunächst eine Grundgebühr. Daneben entsteht die Verfahrensgebühr nach Nr. 4104 VV. Diese Verfahrensgebühr erhöht sich nach Nr. 1008 VV um 30 %, also auf 52,00 EUR bis 377,00 EUR. Die Mittelgebühr beträgt 214,50 EUR. Die Grundgebühr erhöht sich nicht.

Im **gerichtlichen Verfahren** entsteht eine weitere Verfahrensgebühr nach Nr. 4106 VV, die sich ebenfalls nach Nr. 1008 VV um 30 % erhöht. Die Terminsgebühr erhöht sich nicht.

I. Vorbereitendes Verfahren
1. Grundgebühr, Nr. 4100 VV   200,00 EUR
2. Verfahrensgebühr, Nrn. 4104, 1008 VV   214,50 EUR
3. Postentgeltpauschale, Nr. 7002 VV   20,00 EUR
   Zwischensumme   434,50 EUR
4. 19 % Umsatzsteuer, Nr. 7008 VV   82,56 EUR
   Gesamt   **517,06 EUR**

II. Gerichtliches Verfahren
1. Verfahrensgebühr, Nrn. 4106, 1008 VV   214,50 EUR
2. Terminsgebühr, Nr. 4108 VV   275,00 EUR
3. Postentgeltpauschale, Nr. 7002 VV   20,00 EUR
   Zwischensumme   509,50 EUR
4. 19 % Umsatzsteuer, Nr. 7008 VV   96,81 EUR
   Gesamt   **606,31 EUR**

---

[77] LG Freiburg AGS 1997, 55 = StV 1996, 617 = zfs 1997, 311; AnwK-RVG/*N. Schneider*, Nr. 4141 VV Rn 122.
[78] OLG Düsseldorf AGS 2010, 71 = JMBl NW 2009, 283 = zfs 2009, 707 = Rpfleger 2010, 47 = JurBüro 2010, 33 = RVGprof. 2010, 6 = StRR 2009, 443; *Hansens/Braun/Schneider*, Vergütungsrecht, Teil 14 Rn 597 ff.
[79] *Hansens/Braun/Schneider*, Vergütungsrecht, Teil 14 Rn 600.

VI. Tätigkeit als Beistand o. Vertreter von Nebenkläger, Privatkläger o. sonst. Beteiligtem § 35

Beispiel 154 | **Vertretung zweier Privatkläger wegen verschiedener Taten**

Der Anwalt vertritt zwei Privatkläger, die jeweils vom Angeklagten beleidigt worden sind. Es findet ein Hauptverhandlungstermin statt.

Der Anwalt erhält die gleiche Vergütung wie im vorangegangenen Beispiel 153. Dass hier unterschiedliche Taten vorliegen, ist unerheblich. Im vorbereitenden Verfahren kommt allerdings aufgrund des dortigen Sühnetermins jetzt noch eine Terminsgebühr nach Nr. 4102 Nr. 5 VV hinzu, die sich ebenfalls nicht erhöht.

I.	Vorbereitendes Verfahren	
1.	Grundgebühr, Nr. 4100 VV	200,00 EUR
2.	Terminsgebühr, Nr. 4102 Nr. 5 VV	170,00 EUR
3.	Verfahrensgebühr, Nrn. 4104, 1008 VV	214,50 EUR
4.	Postentgeltpauschale, Nr. 7002 VV	20,00 EUR
	Zwischensumme 604,50 EUR	
5.	19 % Umsatzsteuer, Nr. 7008 VV	114,86 EUR
Gesamt		**719,36 EUR**
II.	Gerichtliches Verfahren	
1.	Verfahrensgebühr, Nrn. 4106, 1008 VV	214,50 EUR
2.	Terminsgebühr, Nr. 4108 VV	275,00 EUR
3.	Postentgeltpauschale, Nr. 7002 VV	20,00 EUR
	Zwischensumme 509,50 EUR	
4.	19 % Umsatzsteuer, Nr. 7008 VV	96,81 EUR
Gesamt		**606,31 EUR**

Die Gebührenerhöhung tritt auch dann ein, wenn der Anwalt mehrere Zeugen als Beistand vertritt.[80]

142

Beispiel 155 | **Beistand für zwei Zeugen**

Der Anwalt ist vor dem Schwurgericht für zwei Zeugen als Beistand bestellt und nimmt an der Hauptverhandlung teil.

Die Verfahrensgebühr erhöht sich nach Nr. 1008 VV um 30 %.[81]

1.	Grundgebühr, Nr. 4100 VV	200,00 EUR
2.	Verfahrensgebühr, Nrn. 4118, 1008 VV	513,50 EUR
3.	Postentgeltpauschale, Nr. 7002 VV	20,00 EUR
	Zwischensumme 733,50 EUR	
4.	19 % Umsatzsteuer, Nr. 7008 VV	139,37 EUR
Gesamt		**872,87 EUR**

Beispiel 156 | **Vertretung zweier Nebenkläger im gerichtlichen Verfahren mit Einstellung außerhalb der Hauptverhandlung**

Der Anwalt vertritt vor dem Landgericht zwei Nebenkläger. Das Verfahren wird unter Mitwirkung des Anwalts außerhalb der Hauptverhandlung eingestellt.

---

[80] OLG Koblenz AGS 2005, 504 = JurBüro 2005, 589 = StraFo 2005, 526 = AnwBl 2006, 148 = RVG-Letter 2005, 112 = RVGreport 2006, 430.
[81] OLG Düsseldorf AGS 2010, 71 = JMBl NW 2009, 283 = zfs 2009, 707 = Rpfleger 2010, 47 = JurBüro 2010, 33 = RVGprof. 2010, 6 = StRR 2009, 443.

Der Anwalt erhält zunächst eine Grundgebühr sowie eine Verfahrensgebühr nach Nr. 4112 VV. Hinzu kommt eine Zusätzliche Gebühr nach Nr. 4141 VV (Anm. Abs. 1 zu Nr. 4141 VV), die sich allerdings nur nach einfachen Mittelgebühr berechnet (Anm. Abs. 2 S. 3 zu Nr. 4141 VV).

1.	Grundgebühr, Nr. 4100 VV	200,00 EUR
2.	Verfahrensgebühr, Nrn. 4106, 1008 VV	214,50 EUR
3.	Zusätzliche Gebühr, Nrn. 4141, 4106 VV	165,00 EUR
4.	Postentgeltpauschale, Nr. 7002 VV	20,00 EUR
	Zwischensumme	599,50 EUR
5.	19 % Umsatzsteuer, Nr. 7008 VV	113,91 EUR
	Gesamt	**713,41 EUR**

> **Beispiel 157** Vertretung zweier Nebenkläger mit Adhäsionsverfahren, derselbe Gegenstand

Die beiden hinterbliebenen Kinder erheben im Verfahren vor dem Amtsgericht gegen den Angeklagten wegen des Verdachts der fahrlässigen Tötung Nebenklage. Gleichzeitig machen sie in ungeteilter Erbengemeinschaft übergegangene Schmerzensgeld- und Schadensersatzansprüche in Höhe von **4.000,00 EUR** geltend.

Zu der Grundgebühr, der erhöhten Verfahrensgebühr und der Terminsgebühr kommt jetzt noch eine zusätzliche Verfahrensgebühr nach Nr. 4143 VV hinzu. Da die beiden hinterbliebenen Kinder in ungeteilter Erbengemeinschaft handeln, ist der Gegenstand derselbe,[82] so dass sich die zusätzliche Verfahrensgebühr nach Nr. 1008 VV auf 2,3 erhöht.

1.	Grundgebühr, Nr. 4100 VV	200,00 EUR
2.	Verfahrensgebühr, Nrn. 4106, 1008 VV	214,50 EUR
3.	2,3-Verfahrensgebühr, Nrn. 4143, 1008 VV (Wert: 4.000,00 EUR)	579,60 EUR
4.	Terminsgebühr, Nr. 4108 VV	275,00 EUR
5.	Postentgeltpauschale, Nr. 7002 VV	20,00 EUR
	Zwischensumme	1.289,10 EUR
6.	19 % Umsatzsteuer, Nr. 7008 VV	244,93 EUR
	Gesamt	**1.534,03 EUR**

> **Beispiel 158** Vertretung zweier Nebenkläger mit Adhäsionsverfahren, verschiedene Gegenstände

Der Angeklagte ist wegen zweier verschiedener Körperverletzungen an A und an B angeklagt. A und B beauftragen denselben Anwalt, Nebenklage zu erheben und jeweils ein Schmerzensgeld in Höhe von **4.000,00 EUR** im Wege des Adhäsionsverfahrens einzuklagen. Es findet ein Hauptverhandlungstermin statt.

Zu der Grundgebühr, der nach Nr. 1008 VV erhöhten Verfahrensgebühr und der Terminsgebühr kommt noch eine zusätzliche Verfahrensgebühr nach Nr. 4143 VV hinzu. Da jeder der Verletzten ein eigenes Schmerzensgeld verlangt, handelt es sich um verschiedene Gegenstände. Eine Erhö-

---

[82] BGH AGS 2004, 278 = WuM 2004, 298 = ZEV 2004, 246 = GE 2004, 751 = JurBüro 2004, 375 = Rpfleger 2004, 439 = AnwBl 2004, 450 = NZM 2004, 513 = ZErb 2004, 223 = BGHReport 2004, 990 = NJW-RR 2004, 1006 = FamRZ 2004, 1193 = MDR 2004, 905 = NJ 2004, 412 = GuT 2004, 103 = RVGprof. 2004, 109 = NJW-Spezial 2004, 110 = RVGreport 2004, 394.

VI. Tätigkeit als Beistand o. Vertreter von Nebenkläger, Privatkläger o. sonst. Beteiligtem § 35

hung nach Nr. 1008 VV kommt insoweit also nicht in Betracht. Vielmehr sind die Werte der beiden Forderungen nach § 22 Abs. 1 RVG zu addieren.[83]

1. Grundgebühr, Nr. 4100 VV		200,00 EUR
2. Verfahrensgebühr, Nrn. 4106, 1008 VV		214,50 EUR
3. 2,0-Verfahrensgebühr, Nr. 4143 VV (Wert: 8.000,00 EUR)		912,00 EUR
4. Terminsgebühr, Nr. 4108 VV		275,00 EUR
5. Postentgeltpauschale, Nr. 7002 VV		20,00 EUR
Zwischensumme	1.621,50 EUR	
6. 19 % Umsatzsteuer, Nr. 7008 VV		308,09 EUR
Gesamt		**1.929,59 EUR**

Umstritten ist, in welchen Fällen der Zuschlag nach Vorbem. 4 Abs. 4 VV auch für den Vertreter eines Beteiligten nach Vorbem. 4 Abs. 1 VV greift, also sich sein Auftraggeber nicht auf freiem Fuß befinden muss oder ob es ausreicht, dass sich der Beschuldigte nicht auf freiem Fuß befindet. **143**

Unstrittig ist, dass jedenfalls dann, wenn sich der Auftraggeber nicht auf freiem Fuß befindet, der Zuschlag zu gewähren ist. **144**

Befindet sich der Auftraggeber auf freiem Fuß nicht aber der Beschuldigte, soll es bei den einfachen Gebühren ohne Zuschlag verbleiben. Erschwernisse, die sich daraus ergeben, dass sich der Beschuldigte in Haft befindet, sollen danach nur durch eine höhere Gebührenbemessung nach § 14 Abs. 1 RVG berücksichtigt werden.[84] **145**

Zutreffend dürfte es jedoch sein, den Zuschlag nach Vorbem. 4 Abs. 4 VV auch dann anzuwenden, wenn sich der Beschuldigte nicht auf freiem Fuß befindet.[85] Der zusätzliche Aufwand, die zusätzlichen Erschwernisse u.a. wirken sich nämlich auch für den Vertreter eines sonstigen Beteiligten aus, auch wenn sich „nur" der Beschuldigte nicht auf freiem Fuß befindet.[86] **146**

Beispiel 159 | **Vertretung eines nicht auf freiem Fuß befindlichen Nebenklägers**

Der Anwalt vertritt im gerichtlichen Verfahren einen Nebenkläger, der sich nicht auf freiem Fuß befindet. Es findet ein Hauptverhandlungstermin statt.

Dieser Fall ist unstreitig. Die Gebühren entstehen jetzt mit Zuschlag (Vorbem. 4 Abs. 4 VV).

1. Grundgebühr, Nrn. 4100, 4101 VV		245,00 EUR
2. Verfahrensgebühr, Nrn. 4106, 4107 VV		201,25 EUR
3. Terminsgebühr, Nrn. 4108, 4109 VV		335,00 EUR
4. Postentgeltpauschale, Nr. 7002 VV		20,00 EUR
Zwischensumme	801,25 EUR	
5. 19 % Umsatzsteuer, Nr. 7008 VV		152,24 EUR
Gesamt		**953,49 EUR**

---

83 OLG Dresden AGS 2009, 325 = RVGreport 2009, 341.
84 *Burhoff*, Vorbem. 4 VV Rn 85; OLG Düsseldorf AGS 2006, 435 = JMBl NW 2007, 68 = JurBüro 2006, 534 = Rpfleger 2006, 623. zur früheren Rechtslage: OLG Hamburg JurBüro 1998, 585; OLG Köln JurBüro 1998, 586; AGS 2010, 72; StRR 2010, 43 = RVGprof. 2010, 39 = StRR 2010, 83 = RVGreport 2010, 146; LG Köln NStZ-RR 2002, 224; LG Flensburg AGS 2008, 340 = SchlHA 2007, 492 = NJW-Spezial 2008, 380; OLG Köln AGS 2010, 72 = StRR 2010, 43 = RVGprof. 2010, 39 = StRR 2010, 83 = RVGreport 2010, 146.
85 AnwK-RVG/*N. Schneider*, Vorbem. 4 VV Rn 59 ff.; so auch schon zum bisherigen Recht mit ausführlicher Begründung OLG Düsseldorf AGS 1999, 135 = NStZ 1997, 605.
86 Überzeugend zum bisherigen Recht: OLG Düsseldorf AGS 1999, 135 = NStZ 1997, 605 = JurBüro 1998, 137; allerdings aufgegeben durch AGS 2006, 435 = JMBl NW 2007, 68 = JurBüro 2006, 534 = Rpfleger 2006, 623.

| **Beispiel 160** | **Vertretung eines Nebenklägers, der Beschuldigte ist nicht auf freiem Fuß** |

Der Anwalt vertritt im gerichtlichen Verfahren einen Nebenkläger, der sich auf freiem Fuß befindet; allerdings ist der Beschuldigte in Untersuchungshaft. Es findet ein Hauptverhandlungstermin statt.

Nach zutreffender Ansicht (siehe Rn 143 f.) ist ebenso abzurechnen wie im Beispiel 159. Die Gebühren entstehen auch hier mit Zuschlag nach Vorbem. 4 Abs. 4 VV.

VII. Ausschließliche Tätigkeit im Adhäsionsverfahren

147 Wird der Anwalt **ausschließlich im Adhäsionsverfahren** tätig, so gelten für ihn, obwohl er nicht Verteidiger oder Vertreter oder Beistand nach Vorbem. 4 Abs. 1 VV ist, die Nrn. 4143, 4144 VV (Vorbem. 4.3 Abs. 3 VV).

| **Beispiel 161** | **Ausschließliche Tätigkeit im Adhäsionsverfahren** |

Der Anwalt ist vom Verletzten ausschließlich damit beauftragt, ein Schmerzensgeld in Höhe von **3.000,00 EUR** im Wege des Adhäsionsverfahrens einzuklagen.

Es entsteht jetzt nur die zusätzliche 2,0-Verfahrensgebühr nach Nr. 4143 VV. Weitere Gebühren entstehen nicht, insbesondere auch keine Grundgebühr.

1.	2,0-Verfahrensgebühr, Nr. 4143 VV (Wert: 3.000,00 EUR)	402,00 EUR
2.	Postentgeltpauschale, Nr. 7002 VV	20,00 EUR
	Zwischensumme	422,00 EUR
3.	19 % Umsatzsteuer, Nr. 7008 VV	80,18 EUR
	Gesamt	**502,18 EUR**

148 War der Anwalt vorgerichtlich tätig, so richtet sich seine Vergütung nach Nr. 2300 VV. Eine Anrechnung ist im Gesetz nicht vorgesehen, da eine der Vorbem. 3 Abs. 4 VV vergleichbare Vorschrift fehlt. Eine analoge Anwendung kommt nicht in Betracht (siehe Rn 83).

| **Beispiel 162** | **Ausschließliche Tätigkeit im Adhäsionsverfahren mit vorangegangener außergerichtlicher Tätigkeit** |

Der Anwalt ist vom Verletzten beauftragt, ein Schmerzensgeld in Höhe von **3.000,00 EUR** außergerichtlich einzufordern. Die Verhandlungen scheitern. Daraufhin wird der Anwalt beauftragt, das Schmerzensgeld im Wege des Adhäsionsverfahrens einzuklagen.

Vorgerichtlich entsteht eine 1,5-Geschäftsgebühr nach Nr. 2300 VV. Im gerichtlichen Verfahren entsteht die Gebühr nach Nr. 4143 VV.

I. Vorgerichtliche Tätigkeit		
1.	1,5-Verfahrensgebühr, Nr. 2300 VV (Wert: 3.000,00 EUR)	301,50 EUR
2.	Postentgeltpauschale, Nr. 7002 VV	20,00 EUR
	Zwischensumme	321,50 EUR
3.	19 % Umsatzsteuer, Nr. 7008 VV	61,09 EUR
	Gesamt	**382,59 EUR**

II. Adhäsionsverfahren

1. 2,0-Verfahrensgebühr, Nr. 4143 VV (Wert: 3.000,00 EUR)		402,00 EUR
2. Postentgeltpauschale, Nr. 7002 VV		20,00 EUR
Zwischensumme	422,00 EUR	
3. 19 % Umsatzsteuer, Nr. 7008 VV		80,18 EUR
Gesamt		**502,18 EUR**

Beispiel 163 — Ausschließliche Tätigkeit im Adhäsionsverfahren mit Einigung

Der Anwalt ist vom Verletzten ausschließlich damit beauftragt, ein Schmerzensgeld in Höhe von 3.000,00 EUR im Wege des Adhäsionsverfahrens einzuklagen. Es kommt zu einer Einigung.

Es entsteht jetzt die zusätzliche Verfahrensgebühr nach Nr. 4143 VV sowie eine Einigungsgebühr nach Nr. 1000 VV, allerdings nur in Höhe von 1,0 (Nr. 1003 VV), da die Forderung gerichtlich anhängig ist.

1. 2,0-Verfahrensgebühr, Nr. 4143 VV (Wert: 3.000,00 EUR)		402,00 EUR
2. 1,0-Einigungsgebühr, Nrn. 1000, 1003 VV (Wert: 3.000,00 EUR)		201,00 EUR
3. Postenentgeltpauschale, Nr. 7002 VV		20,00 EUR
Zwischensumme	623,00 EUR	
4. 19 % Umsatzsteuer, Nr. 7008 VV		118,37 EUR
Gesamt		**741,37 EUR**

Beispiel 164 — Ausschließliche Tätigkeit im Adhäsionsverfahren mit Einigung auch über nicht anhängige Gegenstände

Der Anwalt ist vom Verletzten ausschließlich damit beauftragt, ein Schmerzensgeld in Höhe von 3.000,00 EUR im Wege des Adhäsionsverfahrens einzuklagen. Es kommt zu einer Einigung, in die weitere 2.000,00 EUR einbezogen werden.

Es entsteht jetzt nur die zusätzliche Verfahrensgebühr nach Nr. 4143 VV aus dem Wert von 5.000,00 EUR; eine Differenzgebühr wie in Nr. 3101 Nr. 2 VV ist hier nicht vorgesehen.[87] Hinzu kommt eine 1,0-Einigungsgebühr aus 3.000,00 EUR sowie eine 1,5-Einigungsgebühr aus 2.000,00 EUR nach Nr. 1000 VV. Zu beachten ist § 15 Abs. 3 RVG.

1. 2,0-Verfahrensgebühr, Nr. 4143 VV (Wert: 5.000,00 EUR)		606,00 EUR
2. 1,0-Einigungsgebühr, Nrn. 1000, 1003 VV (Wert: 3.000,00 EUR)		201,00 EUR
3. 1,5-Einigungsgebühr, Nr. 1000 VV (Wert: 2.000,00 EUR) die Höchstgrenze des § 15 Abs. 3 RVG, nicht mehr als 1,5 aus 5.000,00 EUR (454,50 EUR), ist nicht überschritten		225,00 EUR
4. Postentgeltpauschale, Nr. 7002 VV		20,00 EUR
Zwischensumme	1.052,00 EUR	
5. 19 % Umsatzsteuer, Nr. 7008 VV		199,88 EUR
Gesamt		**1.251,88 EUR**

---

[87] AnwK-RVG/*N. Schneider*, Nr. 4143 bis 4144 VV Rn 23.

§ 35 Strafsachen

149 Wird der Anwalt im **Berufungs- oder Revisionsverfahren** tätig, so gilt Nr. 4144 VV. Der Anwalt erhält eine 2,5-Gebühr. Insoweit ist unerheblich, ob der Anwalt vorinstanzlich ausschließlich im Adhäsionsverfahren tätig war oder ob sich das Rechtsmittel auf die Verurteilung im Adhäsionsverfahren beschränkt.[88]

> **Beispiel 165** | **Berufung gegen Entscheidung im Adhäsionsverfahren mit Einigung**

Der Angeklagte ist im Adhäsionsverfahren vom Amtsgericht zur Zahlung eines Schmerzensgeldes in Höhe von **3.000,00 EUR** verurteilt worden. Er legt ausschließlich gegen diese Verurteilung Berufung ein, nicht auch gegen die strafrechtliche Verurteilung. Im Berufungsverfahren einigen sich die Parteien.

Der Anwalt des Adhäsionsklägers erhält eine 2,5-Verfahrensgebühr nach Nr. 4144 VV. Hinzu kommt noch eine 1,3-Einigungsgebühr nach Nrn. 1000, 1004 VV.

1. 2,5-Verfahrensgebühr, Nr. 4144 VV (Wert: 3.000,00 EUR)		502,50 EUR
2. 1,3-Einigungsgebühr, Nrn. 1000, 1004 VV (Wert: 3.000,00 EUR)		261,30 EUR
3. Postentgeltpauschale, Nr. 7002 VV		20,00 EUR
Zwischensumme	783,80 EUR	
4. 19 % Umsatzsteuer, Nr. 7008 VV		148,92 EUR
Gesamt		**932,72 EUR**

150 Werden im **Berufungs- oder Revisionsverfahren** erstmals Ansprüche im Adhäsionsverfahren geltend gemacht, so gilt Nr. 4143 VV (Anm. Abs. 1 zu Nr. 4143 VV). Abzurechnen ist wie im erstinstanzlichen Adhäsionsverfahren. Auch die Einigungsgebühr entsteht analog Anm. Abs. 1 zu Nr. 4143 VV nur zu 1,0 (Nr. 1003 VV). Siehe hierzu Beispiel 108.

151 Vertritt der Anwalt mehrere Auftraggeber wegen desselben Gegenstands, so erhöhen sich die Gebühren nach Nr. 1008 VV um jeweils 0,3 je weiteren Auftraggeber. Soweit der Anwalt mehrere Auftraggeber wegen unterschiedlicher Gegenstände vertritt, bleibt es bei den einfachen Gebühren, allerdings aus den zusammengerechneten Werten (§ 22 Abs. 1 RVG).[89]

> **Beispiel 166** | **Vertretung zweier Auftraggeber im Adhäsionsverfahren, verschiedene Gegenstände**

Der Anwalt ist für drei Erben beauftragt, übergegangene Schmerzensgeld- und Schadensersatzforderungen in Höhe von **10.000,00 EUR** im Wege des Adhäsionsverfahrens einzuklagen. Das Amtsgericht gibt dem Antrag statt. Hiergegen legt der Verurteilte Berufung ein.

Im erstinstanzlichen Verfahren erhält der Anwalt eine 2,6-Verfahrensgebühr nach Nrn. 4143, 1008 VV und im Berufungsverfahren eine 3,1-Verfahrensgebühr nach Nrn. 4144, 1008 VV.

I. Erstinstanzliches Verfahren

1. 2,6-Verfahrensgebühr, Nrn. 4143, 1008 VV (Wert: 10.000,00 EUR)		1.450,80 EUR
2. Postentgeltpauschale, Nr. 7002 VV		20,00 EUR
Zwischensumme	1.470,80 EUR	

---

[88] AnwK-RVG/*N. Schneider*, Nr. 4143 bis 4144 VV Rn 10.
[89] AnwK-RVG/*N. Schneider*, Nr. 4143 bis 4144 VV Rn 17.

VII. Ausschließliche Tätigkeit im Adhäsionsverfahren § 35

3. 19 % Umsatzsteuer, Nr. 7008 VV		279,45 EUR
Gesamt		**1.750,25 EUR**
II. Berufungsverfahren		
1. 3,1-Verfahrensgebühr, Nrn. 4143, 1008 VV (Wert: 10.000,00 EUR)		1.729,80 EUR
2. Postentgeltpauschale, Nr. 7002 VV		20,00 EUR
Zwischensumme	1.749,80 EUR	
3. 19 % Umsatzsteuer, Nr. 7008 VV		332,46 EUR
Gesamt		**2.082,26 EUR**

Weigert sich das Gericht, über die im Adhäsionsverfahren geltend gemachten Ansprüche zu entscheiden, so ist hiergegen nach § 406a StPO die Beschwerde gegeben. Dieses Beschwerdeverfahren ist eine eigene Angelegenheit und löst eine 0,5-Verfahrensgebühr nach Nr. 4145 VV aus (siehe hierzu auch Beispiel 167). Bei mehreren Auftraggebern erhöht sich diese Gebühr um 0,3 je weiteren Auftraggeber, sofern der Gegenstand derselbe ist. **152**

> **Beispiel 167** Beschwerde gegen die Ablehnung im Adhäsionsverfahren, zu entscheiden; mehrere Auftraggeber

Das Gericht erlässt gem. § 406 Abs. 5 S. 2 StPO einen Beschluss, wonach es über die von der aus drei Mitgliedern bestehenden Erbengemeinschaft erhobenen Ansprüche nicht entscheiden werde. Hiergegen legen die Erben nach § 406a StPO Beschwerde ein.

Das Beschwerdeverfahren ist jetzt ausnahmsweise eine besondere Angelegenheit. Der Anwalt erhält eine 0,5-Verfahrensgebühr nach Nr. 4145 VV, die sich nach Nr. 1008 VV um 0,6 erhöht. Maßgebend ist der Wert der Gegenstände, über die das Gericht es abgelehnt hat, zu entscheiden.

1. 1,1-Verfahrensgebühr, Nrn. 4145, 1008 VV (Wert: 10.000,00 EUR)		613,80 EUR
2. Postentgeltpauschale, Nr. 7002 VV		20,00 EUR
Zwischensumme	633,80 EUR	
3. 19 % Umsatzsteuer, Nr. 7008 VV		120,42 EUR
Gesamt		**754,22 EUR**

Wird im Strafverfahren über die geltend gemachten Ansprüche nicht entschieden und werden die Ansprüche anschließend vor dem Zivilgericht geltend gemacht, so ist die Gebühr der Nr. 4143 VV nach Anm. Abs. 2 zu Nr. 4143 VV zu einem Drittel anzurechnen (siehe hierzu auch Beispiel 168). **153**

> **Beispiel 168** Anrechnung im nachfolgenden Zivilrechtsstreit, mehrere Auftraggeber

Nachdem das Gericht über die Ansprüche der Erbengemeinschaft in Höhe von 10.000,00 EUR nicht entschieden hat, klagen die beiden Erben ihre Ansprüche anschließend vor dem Zivilgericht ein.

Zur Abrechnung im Adhäsionsverfahren siehe Beispiel 166.

Im Zivilprozess entstehen die Gebühren nach den Nrn. 3100 ff. VV. Die Verfahrensgebühr der Nr. 4143 VV ist zu einem Drittel anzurechnen (Anm. Abs. 2 zu Nr. 4143 VV).

1. 1,6-Verfahrensgebühr, Nr. 3100, 1008 VV (Wert: 10.000,00 EUR)	892,80 EUR
2. 1,2-Terminsgebühr, Nr. 3104 VV (Wert: 10.000,00 EUR)	669,60 EUR

3. anzurechnen gem. Anm. Abs. 2 zu Nr. 4143 VV (1/3 x 1.450,80 EUR)		– 483,60 EUR
4. Postentgeltpauschale, Nr. 7002 VV		20,00 EUR
Zwischensumme	1.098,80 EUR	
5. 19 % Umsatzsteuer, Nr. 7008 VV		208,77 EUR
Gesamt		**1.307,57 EUR**

VIII. Strafvollstreckung

1. Überblick

154 Das RVG enthält in den Nrn. 4200 ff. VV gesonderte Gebühren für die Tätigkeit in der Strafvollstreckung. Diese Gebühren der Nrn. 4200 ff. VV gelten allerdings nur dann, wenn der Anwalt **(Voll-)Verteidiger** ist. Soweit der Anwalt lediglich mit Einzeltätigkeiten im Rahmen der Strafvollstreckung beauftragt ist, gelten für ihn die Nrn. 4300 ff. VV (siehe Rn 155 ff.). Eine Grundgebühr fällt in der Strafvollstreckung nicht mehr an.

2. Verfahren nach Nr. 4200 VV

155 In den Verfahren nach Nr. 4200 VV erhält der Verteidiger eine Verfahrensgebühr mit einem **Gebührenrahmen** in Höhe von 60,00 EUR bis 670,00 EUR; **Mittelgebühr** 365,00 EUR.

156 Neben den Verfahrensgebühren erhält der Verteidiger auch eine **Terminsgebühr** nach Nr. 4202 VV. Vorgesehen ist eine Gebühr in Höhe von 60,00 EUR bis 300,00 EUR. Die **Mittelgebühr** beträgt 180,00 EUR.

157 Die Terminsgebühr nach Nr. 4202 VV entsteht innerhalb einer strafvollstreckungsrechtlichen Angelegenheit nur einmal, unabhängig davon, wie viele Termine stattfinden.[90]

158 Jedes **einzelne Vollstreckungsverfahren** stellt dabei eine **gesonderte Angelegenheit** i.S.d. § 15 RVG dar.[91]

159 Mehrere Verfahren auf Widerruf der Strafaussetzung sind auch dann verschiedene Angelegenheiten, wenn sie wegen der gleichen Bewährung erfolgen.[92]

> **Beispiel 169** | **Mehrere Verfahren auf Widerruf der Strafaussetzung**
>
> **Es wird ein Verfahren auf Widerruf der Strafaussetzung eingeleitet; die Bewährung wird jedoch nicht widerrufen. Später kommt es zu einem erneuten Verfahren auf Widerruf der Strafaussetzung zur Bewährung. Dort findet nach § 453 Abs. 1 S. 3 StPO ein Termin zur Anhörung des Verurteilten statt, an dem der Verteidiger teilnimmt.**
>
> Verfahren auf Widerruf der Strafaussetzung nach § 56f StGB fallen unter Nrn. 4200 ff. VV (Nr. 4200 Nr. 3 VV), so dass der Anwalt die dortigen Gebühren erhält. Es liegen hier allerdings zwei **verschiedene Angelegenheiten** vor. Die Gebühren fallen insgesamt zweimal an. Im ersten Verfahren entsteht nur die Verfahrensgebühr nach Nr. 4200 Nr. 3 VV. Im zweiten Verfahren kommt eine Terminsgebühr nach Nr. 4203 VV hinzu.

---

[90] OLG Hamm AGS 2007, 618 u. AGS 2008, 176 = RVGreport 2007, 426.
[91] AnwK-RVG/*N. Schneider*, Nrn. 4200 bis 4207 VV Rn 4 f.
[92] LG Magdeburg AGS 2010, 429 = StraFo 2010, 172 = RVGreport 2010, 183 = StRR 2010, 279.

I. Erstes Verfahren auf Widerruf der Strafaussetzung
1. Verfahrensgebühr, Nr. 4200 Nr. 3 VV   365,00 EUR
2. Postentgeltpauschale, Nr. 7002 VV   20,00 EUR
   Zwischensumme   385,00 EUR
3. 19 % Umsatzsteuer, Nr. 7008 VV   73,15 EUR
Gesamt   **458,15 EUR**

II. Zweites Verfahren auf Widerruf der Strafaussetzung
1. Verfahrensgebühr, Nr. 4200 Nr. 3 VV   365,00 EUR
2. Terminsgebühr, Nr. 4202 VV   180,00 EUR
3. Postentgeltpauschale, Nr. 7002 VV   20,00 EUR
   Zwischensumme   565,00 EUR
4. 19 % Umsatzsteuer, Nr. 7008 VV   107,35 EUR
Gesamt   **672,35 EUR**

Befindet sich der Verurteilte **nicht auf freiem Fuß** (Vorbem. 4 Abs. 4 VV), erhält der Verteidiger die Gebühren mit **Zuschlag**. 160

| Beispiel 170 | Überprüfung im Unterbringungsverfahren |

Der Verurteilte ist in einem psychiatrischen Krankenhaus untergebracht. Es findet ein Termin zur Prüfung der Aussetzung der weiteren Vollstreckung statt, an dem der Verteidiger teilnimmt.

Verfahren auf Prüfung der Aussetzung der weiteren Vollstreckung nach § 67e StGB fallen unter Nrn. 4200 ff. VV (Nr. 4200 Nr. 1 Buchst. b) VV), so dass der Anwalt als Verteidiger die dortigen Gebühren erhält.[93] Lediglich bei einem Auftrag zu einer Einzeltätigkeit (z.B. bloße Unterzeichnung einer Schrift in Verfahren nach § 67e StGB) liegt dagegen nur eine Einzeltätigkeit nach Nr. 4300 Nr. 2 VV vor. Da sich hier der Verurteilte nicht auf freiem Fuß befindet, entstehen die Gebühren mit Zuschlag (Vorbem. Abs. 4 VV).

1. Verfahrensgebühr, Nrn. 4200 Nr. 3, 4201 VV   448,75 EUR
2. Terminsgebühr, Nrn. 4202, 4203 VV   217,50 EUR
3. Postentgeltpauschale, Nr. 7002 VV   20,00 EUR
   Zwischensumme   686,25 EUR
4. 19 % Umsatzsteuer, Nrn. 7008 VV   130,39 EUR
Gesamt   **816,64 EUR**

3. Verfahren in sonstigen Fällen

Für sonstige Verfahren, also solche Vollstreckungsverfahren, die nicht in den Nrn. 4200 ff. VV erfasst sind, erhält der Verteidiger eine Verfahrensgebühr aus Nr. 4204 VV. Der **Gebührenrahmen** beläuft sich auf 30,00 EUR bis 300,00 EUR. Die **Mittelgebühr** beträgt 165,00 EUR. Hinzukommen kann eine Terminsgebühr in Höhe von 30,00 EUR bis 300,00 EUR. Die **Mittelgebühr** beträgt 165,00 EUR. 161

Befindet sich der Verurteilte **nicht auf freiem Fuß** (Vorbem. 4 Abs. 4 VV), so erhält der Verteidiger die Gebühren mit Zuschlag. 162

---

[93] OLG Schleswig AGS 2005, 12 m. Anm. *N. Schneider* = RVGreport 2005, 70 m. Anm. *Burhoff*; KG AGS 2005, 393 = NStZ-RR 2005, 127 = JurBüro 2005, 251 = RVGreport 2005, 102 = NJ 2005, 321 = RVG-B 2005, 148; *Burhoff*, Nr. 4200 VV Rn 7.

| Beispiel 171 | Nachträgliches Verfahren auf Gesamtstrafenbildung |

Vor dem Vollstreckungsgericht wird ein Verfahren auf nachträgliche Gesamtstrafenbildung nach § 460 StPO eingeleitet. Der Verurteilte lässt sich in diesem Verfahren von seinem früheren Verteidiger vertreten.

Verfahren auf nachträgliche Gesamtstrafenbildung nach § 460 StPO fallen als „sonstige Verfahren" unter Nr. 4204 VV.[94] Der Anwalt erhält eine Verfahrensgebühr nach Nr. 4204 VV.

1.	Verfahrensgebühr, Nr. 4204 VV	165,00 EUR
2.	Postentgeltpauschale, Nr. 7002 VV	20,00 EUR
	Zwischensumme	185,00 EUR
3.	19 % Umsatzsteuer, Nr. 7008 VV	35,15 EUR
Gesamt		**220,15 EUR**

4. Beschwerdeverfahren

163 Beschwerden in den vorgenannten Vollstreckungsverfahren nach Nr. 4200 VV sowie in den sonstigen Vollstreckungsverfahren nach Nr. 4204 VV, die sich gegen die Entscheidung in der Hauptsache richten, lösen die Gebühren erneut aus (Vorbem. 4.2 VV) und sind damit eigene Angelegenheiten (arg. e. § 19 Nr. 10a RVG). Der Anwalt kann daher in jedem Beschwerdeverfahren die betreffenden Gebühren nach Nrn. 4200 ff. VV bzw. Nrn. 4204 ff. VV erneut verdienen. Die Gebühren richten sich wiederum nach den Nrn. 4200 ff. VV in den dort genannten Verfahren und nach Nrn. 4204 ff. VV in den sonstigen Verfahren.

| Beispiel 172 | Beschwerde gegen den Widerruf der Strafaussetzung |

Gegen den Widerruf der Strafaussetzung wird Beschwerde (§ 454 Abs. 3 S. 2 StPO) erhoben.

Für das Beschwerdeverfahren erhält der Anwalt eine weitere Gebühr nach Nr. 4200 Nr. 3 VV.

I.	**Ausgangsverfahren**	
1.	Verfahrensgebühr, Nr. 4200 Nr. 3 VV	365,00 EUR
2.	Postentgeltpauschale, Nr. 7002 VV	20,00 EUR
	Zwischensumme	385,00 EUR
3.	19 % Umsatzsteuer, Nr. 7008 VV	73,15 EUR
Gesamt		**458,15 EUR**
II.	**Beschwerdeverfahren**	
1.	Verfahrensgebühr, Nr. 4200 Nr. 3 VV	365,00 EUR
2.	Postentgeltpauschale, Nr. 7002 VV	20,00 EUR
	Zwischensumme	385,00 EUR
3.	19 % Umsatzsteuer, Nr. 7008 VV	73,15 EUR
Gesamt		**458,15 EUR**

| Beispiel 173 | Beschwerde gegen nachträgliche Gesamtstrafenbildung |

Das Vollstreckungsgericht hat im Verfahren nach § 460 StPO nachträglich eine Gesamtstrafe gebildet. Hiergegen legt der Verteidiger für den Verurteilten Beschwerde ein.

---

94 *Burhoff*, Nr. 4204 VV Rn 2.

Auch hier ist das Beschwerdeverfahren keine eigene Angelegenheit. Im Verfahren auf nachträgliche Gesamtstrafenbildung nach § 460 StPO entsteht wohl eine weitere Verfahrensgebühr nach Nr. 4204 VV (siehe Beispiel 171). Für das Beschwerdeverfahren erhält der Anwalt daher wiederum eine Gebühr nach Nr. 4204 VV.

I. Ausgangsverfahren
1. Verfahrensgebühr, Nr. 4204 VV 165,00 EUR
2. Postentgeltpauschale, Nr. 7002 VV 20,00 EUR
   Zwischensumme 185,00 EUR
3. 19 % Umsatzsteuer, Nr. 7008 VV 35,15 EUR
Gesamt **220,15 EUR**

II. Beschwerdeverfahren
1. Verfahrensgebühr, Nr. 4204 VV 165,00 EUR
2. Postentgeltpauschale, Nr. 7002 VV 20,00 EUR
   Zwischensumme 185,00 EUR
3. 19 % Umsatzsteuer, Nr. 7008 VV 35,15 EUR
Gesamt **220,15 EUR**

IX. Einzeltätigkeiten

Der Rechtsanwalt, dem nicht die Verteidigung des Beschuldigten oder die Vertretung eines anderen Beteiligten übertragen ist, erhält für einzelne Tätigkeiten die Gebühren nach Teil 4 Abschnitt 3 VV, also nach den Nrn. 4300 ff. VV. Vorgesehen sind fünf Gebührentatbestände mit unterschiedlichen Gebührenrahmen. 164

Vorbem. 4.3 VV stellt klar, dass der Anwalt die Verfahrensgebühr für eine Einzeltätigkeit nur dann erhält, wenn ihm nicht die Verteidigung übertragen worden war. Abgegolten werden also 165
- Tätigkeiten, für die ein Verteidiger die Gebühren nach Nrn. 4100 ff. VV oder Nrn. 4200 ff. VV erhalten würde sowie
- Einzeltätigkeiten, die gar nicht in den Anwendungsbereich der Nrn. 4100 ff. VV fallen, wie z.B. Gnadengesuche (Nr. 4303 VV).

Der Anwalt erhält die Verfahrensgebühr für **jede Einzeltätigkeit gesondert**. Insoweit handelt es sich jeweils um **eigene Angelegenheiten** i.S.d. § 15 RVG (Vorbem. 4.3 Abs. 3 VV). Allerdings ist § 15 Abs. 6 RVG zu beachten. Der Anwalt kann bei mehreren Einzeltätigkeiten insgesamt nicht mehr erhalten, als er erhalten würde, wenn er zum Verteidiger bestellt worden wäre. 166

Wird dem Anwalt, der mit Einzeltätigkeiten beauftragt ist, anschließend die Verteidigung übertragen, so ist die Verfahrensgebühr bzw. sind die Verfahrensgebühren für die Einzeltätigkeiten **anzurechnen** (Vorbem. 4.3 Abs. 4 VV). 167

War der Anwalt umgekehrt zuvor als Verteidiger beauftragt und wird er, nachdem sein Verteidigerauftrag beendet ist, später mit einer Einzeltätigkeit beauftragt, erhält er die Gebühren nicht erneut.[95] Eine weitere Tätigkeit kann allerdings beim Gebührenrahmen berücksichtigt werden. 168

Eine **Grundgebühr** entsteht nicht, da diese nur in Angelegenheiten nach Teil 4 Abschnitt 1 VV entsteht. 169

---

[95] OLG München AGS 2008, 120, das allerdings unzutreffender Weise davon ausgeht, bei der Tätigkeit als Zeugenbeistand handele es sich um eine Einzeltätigkeit.

§ 35 Strafsachen

> **Beispiel 174** — **Strafanzeige**
>
> Der Anwalt ist beauftragt, eine Strafanzeige zu erstatten.
>
> Es liegt eine Einzeltätigkeit nach Nr. 4302 Nr. 2 VV vor.[96]
>
> | | | |
> |---|---|---|
> | 1. Verfahrensgebühr, Nr. 4302 Nr. 2 VV | | 165,00 EUR |
> | 2. Postentgeltpauschale, Nr. 7002 VV | | 20,00 EUR |
> | Zwischensumme | 185,00 EUR | |
> | 3. 19 % Umsatzsteuer, Nr. 7008 VV | | 35,15 EUR |
> | **Gesamt** | | **220,15 EUR** |

> **Beispiel 175** — **Wahrnehmung eines Hauptverhandlungstermins**
>
> Der Anwalt ist beauftragt, einen Hauptverhandlungstermin wahrzunehmen, ohne dass ihm die Verteidigung übertragen ist.
>
> Mangels Verteidigungsauftrag gelten die Nrn. 4100 ff. VV nicht. Der Anwalt erhält in diesem Fall nur die Gebühr nach Nr. 4301 Nr. 4 VV.
>
> | | | |
> |---|---|---|
> | 1. Verfahrensgebühr, Nr. 4301 Nr. 4 VV | | 250,00 EUR |
> | 2. Postentgeltpauschale, Nr. 7002 VV | | 20,00 EUR |
> | Zwischensumme | 270,00 EUR | |
> | 3. 19 % Umsatzsteuer, Nr. 7008 VV | | 51,30 EUR |
> | **Gesamt** | | **321,30 EUR** |

> **Beispiel 176** — **Wahrnehmung mehrerer Zeugenvernehmungstermine**
>
> Das AG Köln lässt im Wege der Rechtshilfe vor dem AG München einen Zeugen vernehmen. Mit der Wahrnehmung dieses Termins wird ein Münchener Anwalt beauftragt. Später lässt das Gericht im Wege der Rechtshilfe vor dem AG München einen weiteren Zeugen vernehmen. Der Münchener Anwalt wird erneut beauftragt.
>
> Der Münchener Anwalt wird nach Nr. 4301 Nr. 4 VV vergütet. Hier liegen allerdings zwei Angelegenheiten vor (Vorbem. 3 Abs. 3 VV). Die Gebühr nach Nr. 4301 Nr. 4 VV nebst Auslagen entsteht jetzt zweimal. Die Begrenzung des § 15 Abs. 6 RVG wird nicht erreicht.
>
> **I. Vernehmung Zeuge A**
>
> | | | |
> |---|---|---|
> | 1. Verfahrensgebühr, Nr. 4301 Nr. 4 VV | | 250,00 EUR |
> | 2. Postentgeltpauschale, Nr. 7002 VV | | 20,00 EUR |
> | Zwischensumme | 270,00 EUR | |
> | 3. 19 % Umsatzsteuer, Nr. 7008 VV | | 51,30 EUR |
> | **Gesamt** | | **321,30 EUR** |
>
> **II. Vernehmung Zeuge B**
>
> | | | |
> |---|---|---|
> | 1. Verfahrensgebühr, Nr. 4301 Nr. 4 VV | | 250,00 EUR |
> | 2. Postentgeltpauschale, Nr. 7002 VV | | 20,00 EUR |
> | Zwischensumme | 270,00 EUR | |
> | 3. 19 % Umsatzsteuer, Nr. 7008 VV | | 51,30 EUR |
> | **Gesamt** | | **321,30 EUR** |

170 Für den **Verkehrsanwalt** in Strafsachen gilt nicht Nr. 3400 VV, sondern Nr. 4301 Nr. 3 VV. Der Verkehrsanwalt erhält danach eine Gebühr in Höhe von 40,00 EUR bis 460,00 EUR. Die Mittelgebühr beträgt 250,00 EUR.

---

[96] KG JurBüro 1982, 1251 = AnwBl 1983, 565; AnwK-RVG/*N. Schneider*, Nr. 4302 VV Rn 10.

IX. Einzeltätigkeiten § 35

Beispiel 177 | **Tätigkeit als Verkehrsanwalt**

Der in München wohnende Mandant ist vor dem AG Hamburg angeklagt worden und hat dort einen Verteidiger bestellt. Zusätzlich bestellt er in München einen weiteren Anwalt, der den Verkehr mit dem Hamburger Verteidiger führen soll.

Mangels Verteidigungsauftrag gelten die Nrn. 4100 ff. VV nicht. Der Anwalt erhält in diesem Fall nur die Gebühr nach Nr. 4301 Nr. 4 VV.

1.	Verfahrensgebühr, Nr. 4301 Nr. 3 VV	250,00 EUR
2.	Postentgeltpauschale, Nr. 7002 VV	20,00 EUR
	Zwischensumme	270,00 EUR
3.	19 % Umsatzsteuer, Nr. 7008 VV	51,30 EUR
Gesamt		**321,30 EUR**

Nur eine Angelegenheit liegt dagegen vor, wenn der Anwalt mit der **Einlegung eines Rechtsmittels und anschließend mit dessen Begründung** beauftragt wird. 171

Beispiel 178 | **Rechtsmittelauftrag und anschließender Auftrag zur Begründung**

Der Anwalt wird beauftragt, Revision einzulegen. Später erhält er den Auftrag, die Revision zu begründen.

Der Anwalt hat hier zunächst die Gebühr der Nr. 4302 Nr. 1 VV verdient.

I. Einlegen der Revision

1.	Verfahrensgebühr, Nr. 4302 Nr. 1 VV	160,00 EUR
2.	Postentgeltpauschale, Nr. 7002 VV	20,00 EUR
	Zwischensumme	180,00 EUR
3.	19 % Umsatzsteuer, Nr. 7008 VV	34,20 EUR
Gesamt		**214,20 EUR**

Infolge des weiteren Auftrags entsteht die Gebühr nach Nr. 4300 Nr. 1 VV. Eine neue Angelegenheit wird allerdings nicht ausgelöst. Insgesamt kann der Anwalt nur einmal abrechnen (Anm. zu Nr. 4300 VV). Die Gebühr nach Nr. 4302 Nr. 1 VV erstarkt vielmehr zu einer Gebühr nach Nr. 4301 Nr. 1 VV.

II. Einlegen und Begründen der Revision

1.	Verfahrensgebühr, Nr. 4300 Nr. 1 VV	365,00 EUR
2.	Postentgeltpauschale, Nr. 7002 VV	20,00 EUR
	Zwischensumme	385,00 EUR
3.	19 % Umsatzsteuer, Nr. 7008 VV	73,15 EUR
Gesamt		**458,15 EUR**

Zu beachten ist ferner § 15 Abs. 6 VV (Vorbem. 4.3 Abs. 3 S. 2 VV). Der Anwalt darf nicht mehr erhalten, als er als Verteidiger erhalten würde. 172

Beispiel 179 | **Berufungsauftrag und anschließender Terminsauftrag**

Der Anwalt erhält zunächst den Auftrag, die vom Verurteilten selbst eingelegte Berufung zu begründen. Später erhält er den Auftrag, an einer Zeugenvernehmung im Berufungsverfahren vor dem ersuchten Richter eines auswärtigen Gerichts teilzunehmen.

Der Anwalt erhält jeweils eine Gebühr nach Nr. 4301 Nr. 2 VV und Nr. 4301 Nr. 4 VV nebst Postentgeltpauschale. Auszugehen sein soll nach § 14 Abs. 1 RVG jeweils von einer überdurchschnittlichen Gebühr (um 20 % erhöht). Insgesamt darf er gem. Vorbem. 4.3 Abs. 2 S. 2 VV i.V.m. § 15 Abs. 6 RVG jedoch nicht mehr erhalten als die Grundgebühr, die Verfahrensgebühr sowie die Terminsgebühr eines Verteidigers.

I. Begründung der Berufung	
1. Verfahrensgebühr, Nr. 4301 Nr. 2 VV (20 % über Mittelgebühr)	300,00 EUR
2. Postentgeltpauschale, Nr. 7002 VV	20,00 EUR
Zwischensumme 320,00 EUR	
3. 19 % Umsatzsteuer, Nr. 7008 VV	60,80 EUR
Gesamt	**380,80 EUR**
II. Terminswahrnehmung	
1. Verfahrensgebühr, Nr. 4301 Nr. 4 VV	300,00 EUR
2. Postentgeltpauschale, Nr. 7002 VV	20,00 EUR
Zwischensumme 320,00 EUR	
3. 19 % Umsatzsteuer, Nr. 7008 VV	60,80 EUR
Gesamt	**380,80 EUR**
Gesamt-Gebühren zu I + II (ohne Auslagen und Umsatzsteuer)	**761,60 EUR**

Wäre der Anwalt von vornherein mit der Gesamtvertretung beauftragt, so hätte er ausgehend von der Mittelgebühr erhalten:

1. Grundgebühr, Nr. 4100 VV	200,00 EUR
2. Verfahrensgebühr, Nr. 4124 VV	320,00 EUR
3. Terminsgebühr, Nr. 4102 Nr. 1 VV	170,00 EUR
4. Postentgeltpauschale, Nr. 7002 VV	20,00 EUR
Zwischensumme 710,00 EUR	
5. 19 % Umsatzsteuer, Nr. 7008 VV	134,90 EUR
Gesamt	**844,90 EUR**

Die **Gesamt-Gebühren** (ohne Auslagen und Umsatzsteuer) belaufen sich auf **640,00 EUR**.

Die Grenze des § 15 Abs. 6 RVG ist hier also nicht erreicht, so dass der Anwalt die Einzeltätigkeiten unbeschränkt abrechnen darf.

173 Wird der Anwalt zunächst mit einer Einzeltätigkeit beauftragt und später mit der Verteidigung, so sind die Gebühren nach Nrn. 4300 ff. VV **anzurechnen** (Vorbem. 4.3 Abs. 3 VV).

Beispiel 180 | **Strafanzeige und spätere Vertretung des Verletzten**

Der Anwalt wird beauftragt, Strafanzeige zu erstatten. Später erhält er im vorbereitenden Verfahren den Auftrag, die Zulassung der Nebenklage zu beantragen und den Nebenkläger im gesamten Verfahren zu vertreten.

Der Anwalt hat hier zunächst die Gebühr der Nr. 4302 Nr. 2 VV verdient. Infolge des Gesamtauftrags ist diese Gebühr auf die Gebühren nach Nrn. 4100, 4104 VV anzurechnen.

I. Strafanzeige	
1. Verfahrensgebühr, Nr. 4302 Nr. 2 VV	165,00 EUR
2. Postentgeltpauschale, Nr. 7002 VV	20,00 EUR
Zwischensumme 185,00 EUR	
3. 19 % Umsatzsteuer, Nr. 7008 VV	35,15 EUR
Gesamt	**220,15 EUR**

X. Vergütung in Verfahren über Erinnerung/Beschwerde gg. Kostenfestsetzungsbeschluss § 35

II. Gerichtliches Verfahren, Gesamtvertretung
1. Grundgebühr, Nr. 4100 VV   200,00 EUR
2. Verfahrensgebühr, Nr. 4106 VV   165,00 EUR
3. gem. Vorbem. 4.3. Abs. 4 VV anzurechnen   – 165,00 EUR
4. Postentgeltpauschale, Nr. 7002 VV   20,00 EUR
   Zwischensumme   220,00 EUR
5. 19 % Umsatzsteuer, Nr. 7008   41,80 EUR
Gesamt   **261,80 EUR**

Für die Vertretung in einer **Gnadensache**, die eine eigene Angelegenheit ist (Anm. zu Nr. 4300 VV), erhält der Rechtsanwalt nach Nr. 4303 VV eine Verfahrensgebühr in Höhe von 30,00 EUR bis 300,00 EUR. Die Mittelgebühr beträgt 165,00 EUR. | 174

| Beispiel 181 | Gnadengesuch |

Der Anwalt wird beauftragt, ein Gnadengesuch einzureichen.

Der Anwalt erhält eine Gebühr nach Nr. 4303 VV und zwar unabhängig davon, ob er im vorangegangenen Verfahren Verteidiger war (Anm. zu Nr. 4303 VV).

1. Verfahrensgebühr, Nr. 4303 VV   165,00 EUR
2. Postentgeltpauschale, Nr. 7002 VV   20,00 EUR
   Zwischensumme   185,00 EUR
3. 19 % Umsatzsteuer, Nr. 7008 VV   35,15 EUR
Gesamt   **220,15 EUR**

X. Vergütung in Verfahren über die Erinnerung und Beschwerde gegen einen Kostenfestsetzungsbeschluss

In Verfahren über | 175
- die Erinnerung gegen einen Kostenfestsetzungsbeschluss (Vorbem. 4 Abs. 5 Nr. 1, 1. Var. VV)

oder

- die Beschwerde gegen einen Kostenfestsetzungsbeschluss (Vorbem. 4 Abs. 5 Nr. 1, 2. Var. VV)

erhält der Anwalt nicht die Gebühren nach Teil 4 VV, sondern die Gebühren nach Teil 3 VV.

Der Anwalt erhält also in jedem der vorgenannten Verfahren die **Vergütung nach Nr. 3500 VV** nebst Auslagen und Umsatzsteuer. | 176

Zum **Umfang der Angelegenheit** siehe § 16 Nr. 10a) und b) RVG sowie § 18 Abs. 1 Nr. 3 RVG. | 177

Der Gegenstandswert bemisst sich nach § 23 Abs. 2 S. 1 u. 3 i.V.m. § 23 Abs. 3 RVG. | 178

Erinnerung, Beschwerde und weitere Beschwerde sind jeweils **gesonderte Angelegenheiten**, so dass der Anwalt seine Vergütung in jedem Verfahren gesondert erhält (§§ 18 Abs. 1 Nr. 3, 17 Nr. 1 RVG). | 179

| Beispiel 182 | Erinnerung gegen einen Kostenfestsetzungsbeschluss |

Nach Freispruch beantragt der Anwalt für den Mandanten die Kostenfestsetzung. Das Gericht setzt Fotokopiekosten in Höhe von 30,00 EUR ab. Dagegen legt der Anwalt im Namen des Mandanten Erinnerung ein.

Für das Verfahren über die Erinnerung erhält der Anwalt die Verfahrensgebühr nach Nr. 3500 VV.

1.	0,5-Verfahrensgebühr, Nr. 3500 VV (Wert: 30,00 EUR)	22,50 EUR
2.	Postentgeltpauschale, Nr. 7002 VV	4,50 EUR
	Zwischensumme 27,00 EUR	
3.	19 % Umsatzsteuer, Nr. 7008 VV	5,13 EUR
Gesamt		**32,13 EUR**

Beispiel 183 | Beschwerde gegen einen Kostenfestsetzungsbeschluss

Nach Freispruch beantragt der Anwalt für den Mandanten die Kostenfestsetzung. Das AG setzt eine Terminsgebühr in Höhe von 230,00 EUR netto ab. Dagegen legt der Anwalt im Namen des Mandanten Beschwerde ein.

Für das Verfahren über die Beschwerde erhält der Anwalt ebenfalls die Verfahrensgebühr nach Nr. 3500 VV.

1.	0,5-Verfahrensgebühr, Nr. 3500 VV (Wert: 230,00 EUR)	22,50 EUR
2.	Postentgeltpauschale, Nr. 7002 VV	4,50 EUR
	Zwischensumme 27,00 EUR	
3.	19 % Umsatzsteuer, Nr. 7008 VV	5,13 EUR
Gesamt		**32,13 EUR**

Beispiel 184 | Weitere Beschwerde gegen einen Kostenfestsetzungsbeschluss

Wie vorangegangenes Beispiel 183. Das LG weist die Beschwerde zurück, lässt aber gleichzeitig die weitere Beschwerde zu, die der Anwalt daraufhin auch einlegt.

Für das Verfahren über die weitere Beschwerde erhält der Anwalt die Verfahrensgebühr nach Nr. 3500 VV erneut (§§ 18 Abs. 1 Nr. 3, 17 Nr. 1 RVG). Zusätzlich zu der Vergütung für die Beschwerde wie in Beispiel 183, erhält er weitere:

1.	0,5-Verfahrensgebühr, Nr. 3500 VV (Wert: 230,00 EUR)	22,50 EUR
2.	Postentgeltpauschale, Nr. 7002 VV	4,50 EUR
	Zwischensumme 27,00 EUR	
3.	19 % Umsatzsteuer, Nr. 7008 VV	5,136 EUR
Gesamt		**32,13 EUR**

XI. Vergütung in Verfahren über die Erinnerung und Beschwerde gegen den Kostenansatz

180 In Verfahren über

- die Erinnerung gegen den Kostenansatz (Vorbem. 4 Abs. 5 Nr. 1, 3. Var. VV)

und

- die Beschwerde gegen die Entscheidung über diese Erinnerung (Vorbem. 4 Abs. 5 Nr. 1, 4. Var. VV)

erhält der Anwalt ebenfalls nicht die Gebühren nach Teil 4 VV, sondern wiederum die Gebühren nach Teil 3 VV.

XI. Vergütung in Verfahren über die Erinnerung und Beschwerde gegen den Kostenansatz § 35

Der Anwalt erhält also in jedem der vorgenannten Verfahren die **Vergütung nach Nr. 3500 VV** nebst Auslagen und Umsatzsteuer. 181

Zum **Umfang der Angelegenheit** siehe § 16 Nr. 10 Buchst. a) und b) RVG sowie § 18 Abs. 1 Nr. 3 RVG. 182

Der **Gegenstandswert** bemisst sich nach § 23 Abs. 2 S. 1 u. 3 i.V.m. § 23 Abs. 3 RVG. 183

Erinnerung, Beschwerde und weitere Beschwerde sind jeweils **gesonderte Angelegenheiten**, so dass der Anwalt seine Vergütung in jedem Verfahren gesondert erhält (§§ 18 Abs. 1 Nr. 3, 17 Nr. 1 RVG). 184

Beispiel 185 | **Erinnerung gegen den Kostenansatz**

Der Anwalt legt gegen den Kostenansatz für seinen Mandanten Erinnerung ein, da nach dessen Auffassung Kosten in Höhe von 100,00 EUR zuviel angesetzt worden sind.

Für das Verfahren über die Erinnerung gegen den Kostenansatz erhält der Anwalt die Verfahrensgebühr nach Nr. 3500 VV.

1.	0,5-Verfahrensgebühr, Nr. 3500 VV (Wert: 100,00 EUR)	22,50 EUR
2.	Postentgeltpauschale, Nr. 7002 VV	4,50 EUR
	Zwischensumme	27,00 EUR
3.	19 % Umsatzsteuer, Nr. 7008 VV	5,13 EUR
	Gesamt	**32,13 EUR**

Beispiel 186 | **Beschwerde gegen die Entscheidung über die Erinnerung**

Wie vorangegangenes Beispiel 185. Die Erinnerung wird zurückgewiesen. Dagegen legt der Anwalt Beschwerde ein.

Für das Verfahren über die Beschwerde gegen die Erinnerungsentscheidung erhält der Anwalt wiederum die Verfahrensgebühr nach Nr. 3500 VV. Zu rechnen ist wie im vorangegangenen Beispiel.

Beispiel 187 | **Weitere Beschwerde**

Wie Beispiel 185. Auch die Beschwerde wird zurückgewiesen. Dagegen legt der Anwalt die zugelassene weitere Beschwerde ein.

Für das Verfahren über die Beschwerde gegen die Erinnerungsentscheidung erhält der Anwalt wiederum die Verfahrensgebühr nach Nr. 3500 VV. Abzurechnen ist wie in Beispiel 185.

§ 36 Bußgeldsachen

Inhalt

- I. Überblick 1
- II. Beratung 5
- III. Gutachten 7
- IV. Prüfung der Erfolgsaussicht eines Rechtsmittels 8
- V. Verteidigung in Bußgeldsachen 10
  1. Überblick 10
     - a) Die Gebühren des Verteidigers 10
     - b) Die verschiedenen Verfahrensabschnitte 12
     - c) Mehrere Bußgeldverfahren 14
     - d) Die Gebührenrahmen 16
  2. Grundgebühr 24
  3. Verfahren vor der Verwaltungsbehörde 32
     - a) Grund- und Verfahrensgebühr 32
     - b) Terminsgebühr 40
     - c) Zusätzliche Gebühr nach Nr. 5115 VV ... 43
     - d) Zusätzliche Gebühr nach Nr. 5115 VV und Terminsgebühr 57
     - e) Zusätzliche Verfahrensgebühr nach Nr. 5116 VV 58
     - f) Zusätzliche Gebühr nach Nr. 5115 VV und zusätzliche Verfahrensgebühr Nr. 5116 VV 63
     - g) Verbindung und Trennung 64
       - aa) Verbindung 64
       - bb) Trennung 67
     - h) Einleitung eines Bußgeldverfahrens nach Einstellung des Strafverfahrens 68
  4. Erstinstanzliches gerichtliches Verfahren ... 75
     - a) Überblick 75
     - b) Der Anwalt war bereits im Verfahren vor der Verwaltungsbehörde beauftragt 87
       - aa) Überblick 87
       - bb) Postentgeltpauschale 90
       - cc) Verfahrensgebühr 91
       - dd) Verfahren mit Termin außerhalb der Hauptverhandlung 92
       - ee) Verfahren mit Hauptverhandlung ... 93
       - ff) Verfahren mit Hauptverhandlung und Termin außerhalb der Hauptverhandlung 94
       - gg) Zusätzliche Gebühr nach Nr. 5115 VV 95
         - (1) Zusätzliche Gebühr ohne Hauptverhandlung 95
         - (2) Zusätzliche Gebühr mit ausgefallener Hauptverhandlung ... 99
       - hh) Zusätzliche Gebühr nach durchgeführter Hauptverhandlung 100
       - ii) Zusätzliche Verfahrensgebühr nach Nr. 5116 VV 101
       - jj) Abweichender Gebührenrahmen im erstinstanzlichen gerichtlichen Verfahren 105
       - kk) Verbindung und Trennung im erstinstanzlichen gerichtlichen Verfahren .. 106
         - (1) Verbindung 106
         - (2) Trennung 109
     - c) Der Verteidiger wird erstmals im erstinstanzlichen gerichtlichen Verfahren beauftragt 110
  5. Prüfung der Erfolgsaussicht einer Rechtsbeschwerde oder eines Antrags auf Zulassung der Rechtsbeschwerde 112
  6. Rechtsbeschwerdeverfahren 120
     - a) Überblick 120
     - b) Rechtsbeschwerde 129
       - aa) Der Verteidiger war bereits vorinstanzlich beauftragt 129
       - bb) Der Verteidiger wird erstmals im Rechtsbeschwerdeverfahren beauftragt 132
     - c) Antrag auf Zulassung der Rechtsbeschwerde 136
       - aa) Der Verteidiger war bereits erstinstanzlich tätig 137
       - bb) Der Verteidiger wird erstmals im Verfahren auf Zulassung der Rechtsbeschwerde beauftragt 138
  7. Erneutes Verfahren vor dem Amtsgericht nach Aufhebung und Zurückverweisung 140
- VI. Wiederaufnahmeverfahren 141
- VII. Vertretung im selbstständigen Einziehungs- oder Verfallverfahren 143
- VIII. Einzeltätigkeiten 149
- IX. Antrag auf gerichtliche Entscheidung gegen einen Kostenfestsetzungsbescheid oder den Ansatz der Gebühren und Auslagen (§ 108 OWiG) und Beschwerde hiergegen 156
  1. Überblick 156
  2. Antrag auf gerichtliche Entscheidung gegen einen Kostenfestsetzungsbescheid und den Ansatz der Gebühren und Auslagen (§ 108 OWiG) 157
  3. Erinnerung gegen die Festsetzung des Urkundsbeamten der Staatsanwaltschaft nach § 108a Abs. 3 S. 2 OWiG 159
  4. Beschwerde gegen gerichtliche Entscheidungen nach Vorbem. 5 Abs. 4 Nr. 1 VV 160
- X. Erinnerungen und Beschwerden im gerichtlichen Verfahren nach Vorbem. 5 Abs. 4 Nr. 1 VV 161
- XI. Vollstreckungsmaßnahmen aus Entscheidungen über die Erstattung von Kosten 163
- XII. Bewilligung der Vollstreckung ausländischer Geldbußen 165

I. Überblick

1 Die Vergütung in Bußgeldsachen richtet sich nach Teil 5 VV. Bußgeldsachen sind im RVG gegenüber den Strafsachen (Teil 4 VV) gesondert und eigenständig geregelt.

2 Neben den Gebühren nach Teil 5 VV gelten die **allgemeinen Vorschriften** (insbesondere zur Beratung, § 34 RVG), die **Auslagen nach Teil 7 VV** sowie die **Gebühren nach Teil 2 VV** für die Prüfung der Erfolgsaussicht eines Rechtsmittels (Abschnitt 1) (siehe Rn 112 ff.), Herstellung des Einvernehmens (Abschnitt 2) und Beratungshilfe (Abschnitt 5).

3 Wird in Bußgeldsachen ein Anwalt gerichtlich bestellt oder beigeordnet, so erhält er dieselben Gebühren wie ein Wahlanwalt. Allerdings erhält er nur die unterhalb der Mittelgebühr liegenden Festgebühren (siehe im Einzelnen § 4).

4 Zusätzlich zu den gesetzlichen Gebühren des VV kommt auch in Bußgeldsachen sowohl für den Pflichtverteidiger als auch für den Wahlanwalt die Bewilligung einer **Pauschgebühr** in Betracht (§§ 42, 51 RVG).

II. Beratung

5 Ist der Anwalt ausschließlich mit einer Beratung in einer Bußgeldsache beauftragt, gilt § 34 RVG. Es liegt keine Einzeltätigkeit nach Nr. 5200 VV vor. Der Anwalt soll auch hier eine Gebührenvereinbarung treffen (§ 34 Abs. 1 RVG). Anderenfalls steht ihm lediglich eine **angemessene Gebühr nach bürgerlichem Recht** zu (§ 34 Abs. 1 S. 2 RVG). Ist der Auftraggeber **Verbraucher**, ist die **Begrenzung** auf 250,00 EUR zu beachten sowie auf 190,00 EUR im Falle einer **Erstberatung** (§ 34 Abs. 1 S. 3 RVG).

6 Die Beratungsgebühr ist auf die Gebühren einer nachfolgenden Tätigkeit (insbesondere als Verteidiger) **anzurechnen**, sofern nichts Abweichendes vereinbart ist (§ 34 Abs. 2 RVG). Wegen der Einzelheiten der Abrechnung bei Beratungstätigkeiten siehe § 6 Rn 1 ff.

III. Gutachten

7 Soll der Anwalt ein schriftliches Gutachten erstatten, gilt ebenfalls § 34 RVG und nicht Nr. 5200 VV. Der Anwalt soll auch hier eine Gebührenvereinbarung treffen (§ 34 Abs. 1 RVG), anderenfalls er wiederum lediglich eine **angemessene Gebühr nach bürgerlichem Recht** verlangen kann (§ 34 Abs. 1 S. 2 RVG), bei einem **Verbraucher** höchstens 250,00 EUR. Eine Begrenzung wie bei der Erstberatung ist hier ebenso wenig vorgesehen wie eine Anrechnung auf Gebühren nachfolgender Angelegenheiten. (Wegen der Einzelheiten der Abrechnung bei Erstellung eines schriftlichen Gutachtens siehe § 6 Rn 22 ff.).

IV. Prüfung der Erfolgsaussicht eines Rechtsmittels

8 Auch die Gebühren für die Prüfung der Erfolgsaussicht eines Rechtsmittels (Teil 2 Abschnitt 1 VV) sind in Bußgeldsachen anzuwenden (Vorbem. 2 Abs. 1 VV). Als Rechtsmittel in der Hauptsache kommen hier nur Rechtsbeschwerde (§ 79 OWiG) und Antrag auf Zulassung der Rechtsbeschwerde (§ 80 OWiG) in Betracht. Wegen des Zusammenhangs werden diese Gebühren vor der Rechtsbeschwerde behandelt (vgl. Rn 112 f.).

Soweit ausnahmsweise die Erfolgsaussicht eines Rechtsmittels nach Vorbem. 5 Abs. 4 VV (Beschwerden gegen den Kostenansatz oder die Kostenfestsetzung) in Betracht kommt, wird wegen der Abrechnung verwiesen auf § 7 Rn 29 ff.

V. Verteidigung in Bußgeldsachen

1. Überblick

a) Die Gebühren des Verteidigers

Die Gebühren des Verteidigers in Bußgeldsachen finden sich in Teil 5 Abschnitt 1 VV, in den Nrn. 5100 ff. VV.

Neben der einmaligen Grundgebühr nach Nr. 5100 VV (vgl. Rn 24 ff.) erhält der Anwalt in jedem der einzelnen Verfahrensstadien **Verfahrens-** und **Terminsgebühren** sowie u.U. **zusätzliche Gebühren** (Nrn. 5115, 5116 VV) und **Auslagen** (Teil 7 VV).

b) Die verschiedenen Verfahrensabschnitte

Unterschieden wird nach verschiedenen Verfahrensstadien, die jeweils eine eigene Angelegenheit darstellen:
- das **Verfahren vor der Verwaltungsbehörde**, Abschnitt 1 Unterabschnitt 2 (§ 17 Nr. 11 RVG),
- das **erstinstanzliche gerichtliche Verfahren**, Abschnitt 1 Unterabschnitt 3 (§ 17 Nr. 11 RVG),
- das Verfahren der **Rechtsbeschwerde** (Abschnitt 1 Unterabschnitt 4) einschließlich des Verfahrens auf Zulassung der Rechtsbeschwerde (§§ 17 Nr. 1, 16 Nr. 11 RVG),
- das erneute **erstinstanzliche Verfahren nach Zurückverweisung** (§ 21 Abs. 1 RVG),
- das **Wiederaufnahmeverfahren** (Vorbem. 5.1.3 VV i.V.m. Abschnitt 1 Unterabschnitt 3),
- das **wieder aufgenommene Verfahren** (§ 17 Nr. 13 RVG).

Strittig war, ob das Verfahren vor der Verwaltungsbehörde und das anschließende gerichtliche Verfahren eine Angelegenheit darstellt oder ob es sich um zwei Angelegenheiten handelt. Das hatte insbesondere Bedeutung dafür, ob eine oder zwei Postentgeltpauschalen (Nr. 7002 VV) anfallen, ob Kopierkosten gesondert zu zählen sind (Anm. zu Nr. 7000 VV), ob gegebenenfalls unterschiedliche Steuersätze gelten etc. Nach zutreffender Auffassung war immer schon von zwei verschiedenen Angelegenheiten auszugehen.[1] Nach anderer Auffassung,[2] der sich schließlich auch der BGH angeschlossen hatte,[3] war dagegen lediglich eine Angelegenheit gegeben. Da der Gesetzgeber aber immer schon von zwei verschiedenen Angelegenheiten ausgegangen ist, hat er

---

1 Z.B. LG Düsseldorf AGS 2006, 504 = VRR 2006, 357; AG Düsseldorf VRR 2006, 399; AG Hamburg-St. Georg AGS 2006, 423 = JurBüro 2006, 359 = VRR 2006, 400; AG Neuss AGS 2008, 598 (zwei Entscheidungen); AG Friedberg AGS 2009, 225 = NJW-RR 2009, 560 = NJW-Spezial 2009, 348; AG Nauen AGS 2007, 405 = VRR 2007, 283; AG Gelnhausen AGS 2007, 453 = VRR 2007, 283; AG Detmold zfs 2007, 405; AG Gronau AGkompakt 2009, 18; AG Solingen Der Verkehrsanwalt 2008, 174; AG Bitterfeld-Wolfen AGS 2010, 225; LG Konstanz AGS 2010, 175 = zfs 2010, 167; AG Aachen AGS 2009, 485 = zfs 2009, 647 = NJW-Spezial 2009, 684 = VRR 2009, 363 u. 400 = StRR 2009, 363 = RVGreport 2009, 466 = RVG prof. 2010, 7.
2 LG Hamburg AGS 2006, 503 = VRR 2006, 480; LG Koblenz AGS 2006, 174; AGS 2007, 141; LG Göttingen VRR 2006, 239; OLG Saarbrücken AGS 2007, 141 m. abl. Anm. *Volpert*.
3 AGS 2013, 56 = zfs 2013, 168 = AnwBl 2013, 234 = BRAK-Mitt 2013, 89 = Rpfleger 2013, 291 = JurBüro 2013, 187 = NZV 2013, 239 = NJW 2013, 1610 = Schaden-Praxis 2013, 122 = StRR 2013, 118 = VersR 2013, 1415 = NJW-Spezial 2013, 92 = VRR 2013, 43 = RVGprof. 2013, 61 = StRR 2013, 43.

mit dem 2. KostRMoG durch die Neufassung des § 17 Nr. 11 RVG zum 1.8.2013 klargestellt, dass es sich um zwei verschiedene Angelegenheiten handelt.

c) Mehrere Bußgeldverfahren

14 Mehrere Bußgeldverfahren sind auch jeweils eigene gesonderte Angelegenheiten. Das gilt auch dann, wenn mehrere Bußgeldbescheide von derselben Behörde gegen denselben Betroffenen wegen gleichartiger Ordnungswidrigkeiten erlassen worden sind.[4] In diesem Fall schadet es noch nicht einmal, wenn der Verteidiger seine Einlassung unter Bezugnahme auf die einzelnen Bußgeldverfahren in einem Schriftsatz zusammenfasst.[5]

> **Beispiel 1** | **Mehrere Bußgeldverfahren**
>
> **Gegen den Betroffenen sind insgesamt zuletzt verschiedene Bußgeldverfahren mit jeweils unterschiedlichen Geschäftsnummern eingeleitet worden und zwölf Bußgeldbescheide ergangen, jeweils wegen des gleichen Vorwurfs, allerdings zu verschiedenen Zeitpunkten begangen. Der Verteidiger bestellt sich in allen Angelegenheiten und erreicht in allen Verfahren eine Einstellung.**
>
> Es liegen zwölf verschiedene Angelegenheiten vor, so dass der Verteidiger zwölf Mal seine Vergütung abrechnen kann.

15 Erst mit einer Verbindung wird aus mehreren Angelegenheiten eine einzige Angelegenheit (siehe dazu Rn 64 ff.)

d) Die Gebührenrahmen

16 Während die **Grundgebühr** sich stets nach **demselben Gebührenrahmen** bemisst und für die **zusätzliche Verfahrensgebühr der Nr. 5116 VV** ein **fester Gebührensatz** (1,0) nach dem Gegenstandswert vorgesehen ist, gelten für die Gebühren im **Verfahren vor der Verwaltungsbehörde** und im **erstinstanzlichen gerichtlichen Verfahren** je nach Höhe des Bußgelds **unterschiedliche Gebührenrahmen**.

17 Insoweit sieht das Gesetz für die Tätigkeit vor der Verwaltungsbehörde und für die Tätigkeit im ersten Rechtszug drei verschiedene Gebührenrahmen vor. Je nach Höhe des Bußgeldes, hinsichtlich dessen der Anwalt verteidigt, entstehen unterschiedlich hohe Gebühren.

18 Nach der derzeitigen Fassung wird gestaffelt nach:
- Bußgelder unter 40,00 EUR (alte Punktegrenze),
- Bußgelder von 40,00 bis 5.000,00 EUR,
- Bußgelder über 5.000,00 EUR.

19 Da zwischenzeitlich die „Punktegrenze" zum 1.5.2014 von 40,00 EUR auf 60,00 EUR angehoben worden ist (§ 56 Abs. 1 OWiG), wird das RVG in Kürze dahingehend geändert, dass künftig folgende Staffelung gilt:

---

[4] LG Bonn AGS 2012, 176 = Rpfleger 2012, 649 = RVGprof. 2012, 62 = NJW-Spezial 2012, 253 = RVGreport 2012, 219 = StRR 2012, 199.
[5] LG Bonn AGS 2012, 176 = Rpfleger 2012, 649 = RVGprof. 2012, 62 = NJW-Spezial 2012, 253 = RVGreport 2012, 219 = StRR 2012, 199.

- Bußgelder unter 60,00 EUR (neue Punktegrenze),
- Bußgelder von 60,00 bis 5.000,00 EUR,
- Bußgelder über 5.000,00 EUR.

In der nachfolgenden Darstellung wird von der neuen Staffelung ausgegangen. In „Altfällen" sind noch die alten Rahmen anzuwenden. Maßgebend ist nach § 60 Abs. 1 RVG die Auftragserteilung bzw. die Bestellung (siehe § 40 Rn 42a). 20

Bei der Bestimmung des Gebührenrahmens ist Folgendes zu beachten: 21
- Ist zum Zeitpunkt der Beauftragung des Verteidigers der Bußgeldbescheid **bereits erlassen**, so ist der **festgesetzte Betrag** maßgebend (Vorbem. 5.1 Abs. 2 S. 1 VV).
- Ist ein Bußgeldbescheid **noch nicht erlassen**, was der Regelfall sein dürfte, dann richtet sich der Gebührenrahmen nach der Höhe des **drohenden Bußgelds** zum Zeitpunkt der Auftragserteilung.[6] Es kommt nicht darauf an, ob überhaupt ein Bußgeld verhängt wird, also ob die Sache zuvor eingestellt oder ob nur eine Verwarnung ausgesprochen wird.[7] Hinsichtlich der Berechnung des drohenden Bußgelds ist dabei wie folgt vorzugehen:
- Sind in einer Rechtsverordnung Regelsätze vorgesehen, also insbesondere bei straßenverkehrsrechtlichen Ordnungswidrigkeiten, ist auf die Regelsätze abzustellen (Vorbem. 5.1 Abs. 2 S. 3 VV).
- Ist dagegen ein Bußgeldrahmen vorgegeben, dann ist die mittlere Bußgeldandrohung ausschlaggebend (Vorbem. 5.1 Abs. 2 S. 2 VV).

| Beispiel 2 | Berechnung der maßgebenden Gebührenstufe bei Bußgeldrahmen |

Der Anwalt wird im Verfahren vor der Verwaltungsbehörde als Verteidiger tätig. Die vorgeworfene Tat ist mit einem Bußgeld von 10,00 bis 100,00 EUR bedroht.

Es gilt Vorbem. 5.1 Abs. 2 S. 2 VV. Das mittlere Bußgeld ist maßgebend, also

(10,00 EUR + 100,00 EUR) : 2 = 55,00 EUR.

Hat der Mandant **mehrere Bußgeldtatbestände tateinheitlich** verwirklicht, so ist auf den höchsten Bußgeldtatbestand abzustellen (§ 19 Abs. 2 OWiG).[8] Sind mehrere Bußgeldtatbestände in **Tatmehrheit** verwirklicht, so sind die einzelnen Geldbußen zu addieren (§ 20 Abs. 1 OWiG).[9] Darauf, welches Bußgeld letztlich verhängt wird, kommt es nicht an.[10] 22

| Beispiel 3 | Berechnung der maßgebenden Gebührenstufe bei Tateinheit |

Dem Betroffenen werden tateinheitlich drei Taten vorgeworfen, die jeweils mit einem Bußgeld i.H.v. von 30,00 EUR bedroht sind.

Es gilt Vorbem. 5.1 Abs. 2 S. 3 VV. Maßgebend ist die Androhung von 30,00 EUR. Nach § 20 Abs. 1 OWiG darf kein höheres Bußgeld als 30,00 EUR verhängt werden. Es gelten also die Nrn. 5102, 5103 VV.

---

6 AG Stuttgart AGS 2008, 547 = VRR 2008, 400 = NJW-Spezial 2008, 731 = RVGreport 2008, 430.
7 AG Stuttgart AGS 2008, 547 = VRR 2008, 400 = NJW-Spezial 2008, 731 = RVGreport 2008, 430.
8 AnwK-RVG/*N. Schneider*, Vorbem. 5.1 VV Rn 5; *Burhoff*, Vorbem. 5.1 VV Rn 16.
9 AnwK-RVG/*N. Schneider*, Vorbem. 5.1 VV Rn 5; *Burhoff*, Vorbem. 5.1 VV Rn 16.
10 AnwK-RVG/*N. Schneider*, Vorbem. 5.1 VV Rn 5; *Burhoff*, Vorbem. 5.1 VV Rn 19 f.

§ 36 Bußgeldsachen

> **Beispiel 4** — Berechnung der maßgebenden Gebührenstufe bei Tatmehrheit

Dem Betroffenen werden tatmehrheitlich drei Taten vorgeworfen, die mit jeweils 30,00 EUR bedroht sind.

Es gilt Vorbem. 5.1 Abs. 2 S. 3 VV. Maßgebend ist die Androhung von 30,00 EUR; allerdings sind die einzelnen Bußgelder jetzt zu addieren, so dass sich ein Betrag in Höhe von 90,00 EUR ergibt. Einschlägig sind also die Nrn. 5103, 5104 VV und nicht etwa die Nrn. 5102, 5103 VV, weil es jeweils nur um 30,00 EUR geht.

23 Im **Rechtsbeschwerdeverfahren** ist dagegen nur ein einziger Gebührenrahmen vorgesehen (Nrn. 5113, 5114 VV). Es wird dort nicht nach der Höhe des Bußgeldes unterschieden.

2. Grundgebühr

24 Für die erstmalige Einarbeitung in den Rechtsfall erhält der Anwalt eine **Grundgebühr** (Nr. 5100 VV). Die Höhe der Grundgebühr beträgt 30,00 EUR bis 170,00 EUR (Mittelgebühr 100,00 EUR). Die Höhe des Gebührenrahmens ist unabhängig von der Höhe des drohenden oder verhängten Bußgeldes.

25 Die Grundgebühr kann niemals isoliert anfallen, sondern nur neben einer Verfahrensgebühr und gegebenenfalls weiteren Gebühren. Die frühere Streitfrage, ob der isolierte Anfall einer Grundgebühr möglich sei, hat der Gesetzgeber mit dem 2. KostRMoG zum 1.8.2013 dahingehend geregelt, dass die Grundgebühr „neben" der Verfahrensgebühr anfällt.

26 Die Grundgebühr kann in jeder Angelegenheit anfallen. Sie entsteht jedoch insgesamt nur **ein einziges Mal**, nämlich in dem Verfahrensstadium, in dem der Anwalt erstmals beauftragt wird. In den meisten Fällen wird die Grundgebühr im Verfahren vor der Verwaltungsbehörde anfallen, da der Anwalt i.d.R. bereits dort als Verteidiger bestellt wird. Wird er dagegen erst später beauftragt, etwa im gerichtlichen Verfahren oder im Rechtsbeschwerdeverfahren, entsteht die Grundgebühr erstmalig dort.

27 Wechselt der Betroffene den Verteidiger, entsteht für den neuen Verteidiger wiederum eine Grundgebühr. Dass diese bereits bei einem anderen Anwalt angefallen ist, ist für die Abrechnung unerheblich und hat allenfalls für die Kostenerstattung Bedeutung.

28 Werden mehrere Bußgeldverfahren **nachträglich verbunden**, so bleiben dem zuvor in diesem Verfahren bereits beauftragten Verteidiger die gesondert entstandenen Grundgebühren erhalten (siehe Beispiel 64 ff.).

29 Kommt es dagegen zu einer **Verfahrenstrennung**, entsteht dadurch im abgetrennten Verfahren keine neue Grundgebühr, da aufgrund der Trennung keine neue Einarbeitung erforderlich ist. Es bleibt bei der einen im verbundenen Verfahren vor Trennung entstandenen Grundgebühr (siehe Rn 67 Beispiel 31).

30 Ist bereits **wegen derselben Handlung oder Tat** ein **Strafverfahren vorangegangen**, entsteht die Grundgebühr nicht erneut (Anm. Abs. 2 zu Nr. 5100 VV), da der Anwalt dann bereits in den Rechtsfall eingearbeitet war (siehe Beispiele 32–36). Ist dagegen das Strafverfahren bereits **wegen einer anderen Handlung oder Tat vorangegangen**, entsteht die Grundgebühr im Bußgeldverfahren erneut, da der Anwalt sich dann erneut in den Rechtsfall einarbeiten muss (siehe Beispiel 37).

Geht das Bußgeldverfahren später in ein Strafverfahren wegen derselben Tat oder Handlung über, wird die Grundgebühr des Bußgeldverfahrens **angerechnet** (Anm. Abs. 2 zu Nr. 4100 VV) (siehe hierzu § 35 Rn 47 ff.) 31

3. Verfahren vor der Verwaltungsbehörde

a) Grund- und Verfahrensgebühr

Die Vergütung im Verfahren vor der Verwaltungsbehörde ist in Teil 5 Abschnitt 1 Unterabschnitt 2 VV geregelt. Ergänzend gelten Unterabschnitt 1 (Allgemeine Gebühr) und Unterabschnitt 5 (Zusätzliche Gebühren). 32

Es entsteht also zunächst einmal die **Grundgebühr** (Nr. 5100 VV) für die Einarbeitung in den Fall und eine Verfahrensgebühr, die bereits mit Entgegennahme der Information ausgelöst wird (Vorbem. 5 Abs. 2 VV) (zur Höhe der Verfahrensgebühr siehe Rn 16 f.) 33

Das Verfahren vor der Verwaltungsbehörde **beginnt** mit der Aufnahme der Ermittlungen wegen des Verdachts einer Ordnungswidrigkeit. Sofern das Verfahren nicht eingestellt oder der Bußgeldbescheid vom Betroffenen akzeptiert wird, **endet** das Verfahren mit Eingang der Akten bei Gericht. Es umfasst daher auch Verwarnungsverfahren und das Zwischenverfahren nach § 69 OWiG (Vorbem. 5.1.2 Abs. 1 VV). 34

Auch ein **Antrag auf Wiedereinsetzung** in den vorigen Stand wird durch die Gebühren mit abgegolten.[11] 35

Des Weiteren stellen **Anträge auf gerichtliche Entscheidung** nach § 62 OWiG keine gesonderte Angelegenheit dar, sondern werden durch die jeweiligen Gebühren mit abgegolten (Vorbem. 5.1 Abs. 1 VV),[12] ausgenommen der Antrag auf gerichtliche Entscheidung gegen die Kostenfestsetzung und den Kostenansatz der Behörde (Vorbem. 5 Abs. 4 Nr. 1 RVG) (siehe hierzu Rn 156 ff.) 36

Eigene Angelegenheiten sind nach Vorbem. 5 Abs. 4 Nr. 1 VV die Verfahren über 37
- den Antrag auf gerichtliche Entscheidung gegen einen Kostenfestsetzungsbescheid und den Ansatz der Gebühren und Auslagen nach § 108 OWiG,
- die Erinnerung gegen die Festsetzung des Urkundsbeamten der Staatsanwaltschaft nach § 108a Abs. 3 S. 2 OWiG (§ 18 Abs. 1 Nr. 3 RVG).

und nach Vorbem. 5 Abs. 4 Nr. 2 VV Beschwerdeverfahren gegen
- gerichtliche Entscheidungen nach Vorbem. 5 Abs. 4 Nr. 1 VV,
- gegen die Entscheidungen über die Erinnerung nach § 108a Abs. 3 S. 2 OWiG.

Diese Verfahren zählen nicht zum Verfahren vor der Verwaltungsbehörde (siehe dazu Rn 156 ff.).

| Beispiel 5 | Verfahren vor der Verwaltungsbehörde |

Der Anwalt wird im Verfahren vor der Verwaltungsbehörde als Verteidiger tätig. Es ergeht ein Bußgeldbescheid, den der Betroffene akzeptiert.

---

11 AG Betzdorf AGS 2009, 390 = VRR 2009, 240 = StRR 2010, 80.
12 AG Koblenz, Beschl. v. 2.3.2007 – 2040 Js 16140/06 – 34 OWi 253/06.

Für die erstmalige Einarbeitung erhält der Anwalt die **Grundgebühr** nach Nr. 5100 VV. Daneben entsteht nur die **Verfahrensgebühr** nach Nrn. 5101, 5103, 5105 VV, je nach Höhe des drohenden Bußgeldes.

I. Bußgeld unter 60,00 EUR
1. Grundgebühr, Nr. 5100 VV   100,00 EUR
2. Verfahrensgebühr, Nr. 5101 VV   65,00 EUR
3. Postentgeltpauschale, Nr. 7002 VV   20,00 EUR
   Zwischensumme   185,00 EUR
4. 19 % Umsatzsteuer, Nr. 7008 VV   35,15 EUR
Gesamt   **220,15 EUR**

II. Bußgeld zwischen 60,00 EUR und 5.000,00 EUR
1. Grundgebühr, Nr. 5100 VV   100,00 EUR
2. Verfahrensgebühr, Nr. 5103 VV   160,00 EUR
3. Postentgeltpauschale, Nr. 7002 VV   20,00 EUR
   Zwischensumme   280,00 EUR
4. 19 % Umsatzsteuer, Nr. 7008 VV   53,20 EUR
Gesamt   **333,20 EUR**

III. Bußgeld über 5.000,00 EUR
1. Grundgebühr, Nr. 5100 VV   100,00 EUR
2. Verfahrensgebühr, Nr. 5105 VV   170,00 EUR
3. Postentgeltpauschale, Nr. 7002 VV   20,00 EUR
   Zwischensumme   290,00 EUR
4. 19 % Umsatzsteuer, Nr. 7008 VV   55,10 EUR
Gesamt   **345,10 EUR**

38 Anträge auf gerichtliche Entscheidung gehören nach Vorbem. 5.1 Abs. 1 VV noch zum Verfahren vor der Verwaltungsbehörde (ausgenommen die Fälle der Vorbem. 5 Abs. 4 Nr. 1 VV). Dies gilt insbesondere für Anträge auf gerichtliche Entscheidung über die Verweigerung einer Wiedereinsetzung. Sie lösen keine gesonderten Gebühren aus, insbesondere nicht nach den Nrn. 5113, 5114 VV,[13] können aber zu einer Erhöhung nach § 14 RVG führen.[14]

> **Beispiel 6** **Verfahren vor der Verwaltungsbehörde mit Wiedereinsetzungsantrag**

Der Anwalt wird im Verfahren vor der Verwaltungsbehörde als Verteidiger tätig. Es ergeht ein Bußgeldbescheid, gegen den Einspruch eingelegt wird. Die Behörde weist den Einspruch wegen Fristversäumung als unzulässig zurück. Daraufhin beantragt der Verteidiger gem. § 52 OWiG Wiedereinsetzung in den vorigen Stand. Die Verwaltungsbehörde gibt dem Antrag statt.

Es liegt nur eine Angelegenheit vor. Gesonderte Gebühren entstehen nicht.[15] Die mit dem Wiedereinsetzungsverfahren verbundene Mehrarbeit kann bei der Abwägung nach § 14 Abs. 1 RVG zu einer höheren Verfahrensgebühr führen. Die Erhöhung soll hier mit 10 % angenommen werden.

I. Bußgeld unter 60,00 EUR
1. Grundgebühr, Nr. 5100 VV   100,00 EUR
2. Verfahrensgebühr, Nr. 5101 VV (um 10 % erhöht)   71,50 EUR
3. Postentgeltpauschale, Nr. 7002 VV   20,00 EUR
   Zwischensumme   191,50 EUR
4. 19 % Umsatzsteuer, Nr. 7008 VV   36,39 EUR
Gesamt   **227,89 EUR**

---

13 AG Betzdorf AGS 2009, 390 = VRR 2009, 240 = StRR 2010, 80.
14 *Burhoff*, Vorbem. 5.1 VV Rn 7 i.V.m. Vorbem. 4.1 Rn 20.
15 AG Betzdorf AGS 2009, 390 = VRR 2009, 240 = StRR 2010, 80.

V. Verteidigung in Bußgeldsachen § 36

II. Bußgeld zwischen 60,00 EUR und 5.000,00 EUR
1. Grundgebühr, Nr. 5100 VV — 100,00 EUR
2. Verfahrensgebühr, Nr. 5103 VV (um 10 % erhöht) — 176,00 EUR
3. Postentgeltpauschale, Nr. 7002 VV — 20,00 EUR
   Zwischensumme — 296,00 EUR
4. 19 % Umsatzsteuer, Nr. 7008 VV — 56,24 EUR
Gesamt — 352,24 EUR

III. Bußgeld über 5.000,00 EUR
1. Grundgebühr, Nr. 5100 VV — 100,00 EUR
2. Verfahrensgebühr, Nr. 5105 VV (um 10 % erhöht) — 187,00 EUR
3. Postentgeltpauschale, Nr. 7002 VV — 20,00 EUR
   Zwischensumme — 307,00 EUR
4. 19 % Umsatzsteuer, Nr. 7008 VV — 58,33 EUR
Gesamt — 365,33 EUR

Beispiel 7 — **Verfahren vor der Verwaltungsbehörde mit Wiedereinsetzungsantrag und Antrag auf gerichtliche Entscheidung**

Wie vorangegangenes Beispiel 6. Die Verwaltungsbehörde verwirft den Antrag auf Wiedereinsetzung. Daraufhin beantragt der Verteidiger gerichtliche Entscheidung gem. §§ 52 Abs. 2 S. 3, 62 OWiG. Das AG gewährt die Wiedereinsetzung. Die Bußgeldbehörde setzt sich daraufhin mit dem Einspruch auseinander, hilft ihm aber nicht ab.

Auch jetzt liegt nur eine Angelegenheit vor. Das gerichtliche Verfahren löst keine weiteren Gebühren aus.[16] Die mit dem Wiedereinsetzungsverfahren und dem Antrag auf gerichtliche Entscheidung verbundene Mehrarbeit führt aber bei der Abwägung nach § 14 Abs. 1 RVG zu einer höheren Verfahrensgebühr. Die Erhöhung soll hier mit 30 % angenommen werden.

I. Bußgeld unter 60,00 EUR
1. Grundgebühr, Nr. 5100 VV — 100,00 EUR
2. Verfahrensgebühr, Nr. 5101 VV (um 30 % erhöht) — 84,50 EUR
3. Postentgeltpauschale, Nr. 7002 VV — 20,00 EUR
   Zwischensumme — 204,50 EUR
4. 19 % Umsatzsteuer, Nr. 7008 VV — 38,86 EUR
Gesamt — 243,36 EUR

II. Bußgeld zwischen 60,00 EUR und 5.000,00 EUR
1. Grundgebühr, Nr. 5100 VV — 100,00 EUR
2. Verfahrensgebühr, Nr. 5103 VV (um 30 % erhöht) — 208,00 EUR
3. Postentgeltpauschale, Nr. 7002 VV — 20,00 EUR
   Zwischensumme — 328,00 EUR
4. 19 % Umsatzsteuer, Nr. 7008 VV — 62,32 EUR
Gesamt — 390,32 EUR

III. Bußgeld über 5.000,00 EUR
1. Grundgebühr, Nr. 5100 VV — 100,00 EUR
2. Verfahrensgebühr, Nr. 5105 VV (um 30 % erhöht) — 221,00 EUR
3. Postentgeltpauschale, Nr. 7002 VV — 20,00 EUR
   Zwischensumme — 341,00 EUR
4. 19 % Umsatzsteuer, Nr. 7008 VV — 64,79 EUR
Gesamt — 405,79 EUR

---

16 AG Koblenz, Beschl. v. 2.3.2007 – 2040 Js 16140/06 – 34 OWi 253/06.

> **Beispiel 8** Verfahren vor der Verwaltungsbehörde, Tätigkeit nur im Verfahren auf Wiedereinsetzung

Nach Erlass des Bußgeldbescheides legt der Betroffene Einspruch ein, der wegen Fristversäumung als unzulässig zurückgewiesen wird. Daraufhin beauftragt der Betroffene einen Verteidiger, der gem. § 52 OWiG einen Wiedereinsetzungsantrag stellt und nach Verwerfung des Antrags gerichtliche Entscheidung gem. §§ 52 Abs. 2 S. 3, 62 OWiG beantragt. Das AG weist den Antrag auf gerichtliche Entscheidung zurück.

Abzurechnen ist wie im vorangegangenen Beispiel 7. Der Anwalt war als Verteidiger beauftragt und erhält daher die Gebühren nach Teil 5 Abschnitt 1 VV.

39 Wäre der Anwalt nicht als Verteidiger beauftragt worden, sondern nur mit einer **Einzeltätigkeit**, wäre nach Nr. 5200 VV abzurechnen, wobei der Wiedereinsetzungsantrag und der Antrag auf gerichtliche Entscheidung wohl als zwei Angelegenheiten anzusehen wären (Anm. Abs. 1 zu Nr. 5200 VV). (Siehe dazu Rn 149 ff.)

b) Terminsgebühr

40 Kommt es im Verfahren vor der Verwaltungsbehörde zu einem Termin, kann eine **Terminsgebühr** nach Nrn. 5102, 5104, 5106 VV anfallen. Zwar entsteht die Terminsgebühr gem. Vorbem. 5 Abs. 2 S. 1 VV grundsätzlich nur für die Teilnahme an gerichtlichen Terminen; für das Verfahren vor der Verwaltungsbehörde ist jedoch in Vorbem. 5.1.2 Abs. 2 VV etwas anderes bestimmt. Die Terminsgebühr entsteht danach auch für die Teilnahme an Vernehmungen vor der Polizei oder der Verwaltungsbehörde.

41 Auch hier erhält der Rechtsanwalt die Terminsgebühr, wenn er zu einem anberaumten Termin erscheint, dieser aber aus Gründen, die er nicht zu vertreten hat, nicht stattfindet (Vorbem. 5 Abs. 2 S. 2 VV). Dies gilt nicht, wenn er rechtzeitig von der Aufhebung oder Verlegung des Termins in Kenntnis gesetzt worden ist (Vorbem. 5 Abs. 2 S. 3 VV).

> **Beispiel 9** Verfahren vor der Verwaltungsbehörde mit Vernehmungstermin

Der Anwalt wird im Verfahren vor der Verwaltungsbehörde als Verteidiger tätig. Dort nimmt er an einem Vernehmungstermin teil. Anschließend ergeht ein Bußgeldbescheid, den der Betroffene akzeptiert.

Neben der **Grund-** und der **Verfahrensgebühr** erhält der Anwalt jetzt auch eine **Terminsgebühr**.

I. **Bußgeld unter 60,00 EUR**
1. Grundgebühr, Nr. 5100 VV   100,00 EUR
2. Verfahrensgebühr, Nr. 5101 VV   65,00 EUR
3. Terminsgebühr, Nr. 5102 VV   65,00 EUR
4. Postentgeltpauschale, Nr. 7002 VV   20,00 EUR
   Zwischensumme   250,00 EUR
5. 19 % Umsatzsteuer, Nr. 7008 VV   47,50 EUR
Gesamt   **297,50 EUR**

II. **Bußgeld zwischen 60,00 EUR und 5.000,00 EUR**
1. Grundgebühr, Nr. 5100 VV   100,00 EUR
2. Verfahrensgebühr, Nr. 5103 VV   160,00 EUR
3. Terminsgebühr, Nr. 5104 VV   160,00 EUR
4. Postentgeltpauschale, Nr. 7002 VV   20,00 EUR
   Zwischensumme   440,00 EUR

5. 19 % Umsatzsteuer, Nr. 7008 VV	83,60 EUR
Gesamt	**523,60 EUR**

III. Bußgeld über 5.000,00 EUR

1. Grundgebühr, Nr. 5100 VV	100,00 EUR
2. Verfahrensgebühr, Nr. 5105 VV	170,00 EUR
3. Terminsgebühr, Nr. 5106 VV	170,00 EUR
4. Postentgeltpauschale, Nr. 7002 VV	20,00 EUR
Zwischensumme 460,00 EUR	
5. 19 % Umsatzsteuer, Nr. 7008 VV	87,40 EUR
Gesamt	**547,40 EUR**

> **Beispiel 10** — Verfahren vor der Verwaltungsbehörde mit ausgefallenem Vernehmungstermin

Der Anwalt wird im Verfahren vor der Verwaltungsbehörde als Verteidiger tätig. Dort erscheint er zu einem Vernehmungstermin, der aber nicht stattfindet. Anschließend ergeht ein Bußgeldbescheid, den der Betroffene akzeptiert.

Abzurechnen ist wie im vorangegangenen Beispiel 9.

> **Beispiel 11** — Verfahren vor der Verwaltungsbehörde mit mehreren Vernehmungsterminen

Der Anwalt wird im Verfahren vor der Verwaltungsbehörde als Verteidiger tätig. Dort finden zwei Vernehmungstermine statt. Anschließend ergeht ein Bußgeldbescheid, den der Betroffene akzeptiert.

Jetzt entstehen zwei Terminsgebühren. Eine Beschränkung auf drei Termine je Gebühr wie in Strafsachen (Anm. S. 2 zu Nr. 4102 VV) ist in Bußgeldsachen nicht vorgesehen.

I. Bußgeld unter 60,00 EUR

1. Grundgebühr, Nr. 5100 VV	100,00 EUR
2. Verfahrensgebühr, Nr. 5101 VV	65,00 EUR
3. Terminsgebühr, Nr. 5102 VV	65,00 EUR
4. Terminsgebühr, Nr. 5102 VV	65,00 EUR
5. Postentgeltpauschale, Nr. 7002 VV	20,00 EUR
Zwischensumme 315,00 EUR	
6. 19 % Umsatzsteuer, Nr. 7008 VV	59,85 EUR
Gesamt	**374,85 EUR**

II. Bußgeld zwischen 60,00 EUR und 5.000,00 EUR

1. Grundgebühr, Nr. 5100 VV	100,00 EUR
2. Verfahrensgebühr, Nr. 5103 VV	160,00 EUR
3. Terminsgebühr, Nr. 5104 VV	160,00 EUR
4. Terminsgebühr, Nr. 5104 VV	160,00 EUR
5. Postentgeltpauschale, Nr. 7002 VV	20,00 EUR
Zwischensumme 600,00 EUR	
6. 19 % Umsatzsteuer, Nr. 7008 VV	114,00 EUR
Gesamt	**714,00 EUR**

III. Bußgeld über 5.000,00 EUR

1. Grundgebühr, Nr. 5100 VV	100,00 EUR
2. Verfahrensgebühr, Nr. 5105 VV	170,00 EUR
3. Terminsgebühr, Nr. 5106 VV	170,00 EUR
4. Terminsgebühr, Nr. 5106 VV	170,00 EUR
5. Postentgeltpauschale, Nr. 7002 VV	20,00 EUR
Zwischensumme 630,00 EUR	

6. 19 % Umsatzsteuer, Nr. 7008 VV	119,70 EUR
Gesamt	**749,70 EUR**

42 Ebenso wäre auch zu rechnen, wenn ein erster Termin ausfällt, der Verteidiger aber gleichwohl erscheint (Vorbem. 5 Abs. 2 S. 2 u. 3 VV) und dieser Termin dann später nachgeholt wird und der Verteidiger daran teilnimmt.

c) Zusätzliche Gebühr nach Nr. 5115 VV

43 Hinzu kommen kann bereits im Verfahren vor der Verwaltungsbehörde eine Zusätzliche Gebühr nach Nr. 5115 VV. Diese entsteht im Falle
- der **nicht nur vorläufigen Einstellung** des Verfahrens (Anm. Abs. 1 Nr. 1 zu Nr. 5115 VV),
- der **Rücknahme des Einspruchs** gegen den Bußgeldbescheid (Anm. Abs. 1 Nr. 2 zu Nr. 5115 VV),
- der **Rücknahme des Bußgeldbescheids** durch die Verwaltungsbehörde nach Einspruch **und Erlass eines neuen Bußgeldbescheids**, gegen den kein Einspruch eingelegt wird (Anm. Abs. 1 Nr. 3 zu Nr. 5115 VV).

44 Die Zusätzliche Gebühr entsteht nicht, wenn eine auf die **Förderung des Verfahrens** gerichtete Tätigkeit des Verteidigers nicht ersichtlich ist (Anm. Abs. 2 zu Nr. 5115 VV). Die Darlegungs- und Beweislast für das ausnahmsweise Fehlen der Mitwirkung des Anwalts liegt also beim Gebühren- oder Erstattungsschuldner.[17]

45 Die **Höhe der Gebühr** richtet sich nach dem Rechtszug, in dem die Hauptverhandlung vermieden wurde (Anm. Abs. 3 S. 1 zu Nr. 5115 VV). Maßgebend sind also die Verfahrensgebühren des erstinstanzlichen gerichtlichen Verfahrens,[18] die allerdings bei Geldbußen bis 5.000,00 EUR mit den Verfahrensgebühren vor der Verwaltungsbehörde identisch sind. Lediglich bei einer Geldbuße in Höhe von mehr als 5.000,00 EUR liegt die gerichtliche Verfahrensgebühr (Nr. 5105 VV) über der vorgerichtlichen.

46 Für den Wahlanwalt bemisst sich die Gebühr immer nach der Rahmenmitte (Anm. Abs. 3 S. 2 zu Nr. 5115 VV). Es handelt sich insoweit also um eine **Festgebühr**.[19]

> **Beispiel 12** — Verfahren vor der Verwaltungsbehörde mit zusätzlicher Verfahrensgebühr wegen Einstellung durch die Verwaltungsbehörde

Der Anwalt wird im Verfahren vor der Verwaltungsbehörde als Verteidiger tätig. Das Verfahren wird aufgrund der vom Verteidiger abgegebenen Einlassung zur Sache von der Verwaltungsbehörde eingestellt. Auszugehen ist von der Mittelgebühr.

Der Anwalt erhält neben der **Grundgebühr** und der **Verfahrensgebühr** jetzt eine **Zusätzliche Gebühr** nach Nr. 5115 VV. Die Höhe dieser Gebühr bemisst sich nach der Höhe der jeweiligen

---

[17] AnwK-RVG/*N. Schneider*, Nr. 5115 VV Rn 26.
[18] AnwK-RVG/*N. Schneider*, Nr. 5115 VV Rn 97.
[19] AG Hamburg AGS 2006 439 = RVGreport 2006, 351 = RVGprof. 2006, 164; AG Karlsruhe AGS 2008, 492; LG Dresden AGkompakt 2011, 15 = RVGreport 2010, 454 = RVGprof. 2011, 30; AnwK-RVG/*N. Schneider*, Nr. 5115 VV Rn 99 ff.; *Burhoff*, RVGreport 2005, 401; a.A.: Rahmengebühr LG Leipzig AGS 2010, 19 = NJW-Spezial 2009, 781; AG Viechtach AGS 2006, 130; AGS 2005, 504 = RVGreport 2005, 431; LG Deggendorf AGS 2005, 504 = RVGreport 2005, 431; LG Oldenburg AGS 2014, 408 = zfs 2013, 467 = RVGprof. 2013, 114 = RVGreport 2013, 320.

Verfahrensgebühr des Stadiums, in dem die Hauptverhandlung vermieden worden ist. Die Zusätzliche Gebühr entsteht immer in Höhe der **Mittelgebühr** (Anm. Abs. 3 zu Nr. 5115 VV).

I. Bußgeld unter 60,00 EUR
1. Grundgebühr, Nr. 5100 VV   100,00 EUR
2. Verfahrensgebühr, Nr. 5101 VV   65,00 EUR
3. Zusätzliche Gebühr, Nrn. 5115, 5107 VV   65,00 EUR
4. Postentgeltpauschale, Nr. 7002 VV   20,00 EUR
   Zwischensumme   250,00 EUR
5. 19 % Umsatzsteuer, Nr. 7008 VV   47,50 EUR
Gesamt   **297,50 EUR**

II. Bußgeld zwischen 60,00 EUR und 5.000,00 EUR
1. Grundgebühr, Nr. 5100 VV   100,00 EUR
2. Verfahrensgebühr, Nr. 5103 VV   160,00 EUR
3. Zusätzliche Gebühr, Nrn. 5115, 5109 VV   160,00 EUR
4. Postentgeltpauschale, Nr. 7002 VV   20,00 EUR
   Zwischensumme   440,00 EUR
5. 19 % Umsatzsteuer, Nr. 7008 VV   83,60 EUR
Gesamt   **523,60 EUR**

III. Bußgeld über 5.000,00 EUR
1. Grundgebühr, Nr. 5100 VV   100,00 EUR
2. Verfahrensgebühr, Nr. 5105 VV   170,00 EUR
3. Zusätzliche Gebühr, Nrn. 5115, 5111 VV   200,00 EUR
4. Postentgeltpauschale, Nr. 7002 VV   20,00 EUR
   Zwischensumme   490,00 EUR
5. 19 % Umsatzsteuer, Nr. 7008 VV   93,10 EUR
Gesamt   **583,10 EUR**

Beispiel 13 — **Verfahren vor der Verwaltungsbehörde mit zusätzlicher Verfahrensgebühr wegen Einstellung durch die Staatsanwaltschaft**

Der Anwalt wird als Verteidiger im Verfahren vor der Verwaltungsbehörde tätig, die eine Einstellung ablehnt. Im Zwischenverfahren nach § 69 OWiG stellt die Staatsanwaltschaft das Verfahren aufgrund der vom Verteidiger abgegebenen Einlassung ein. Auszugehen ist von der Mittelgebühr.

Das Zwischenverfahren nach § 69 OWiG zählt gem. Vorbem. 5.1.2 Abs. 2 VV ebenfalls noch zum Verfahren vor der Verwaltungsbehörde. Dass das Verfahren nicht von der Verwaltungsbehörde, sondern von der Staatsanwaltschaft eingestellt wurde, ist unerheblich. Die weitere Tätigkeit im Zwischenverfahren kann allenfalls im Rahmen des § 14 Abs. 1 RVG zu höheren Gebühren führen. Abzurechnen ist daher wie im vorangegangenen Beispiel 12.

Beispiel 14 — **Verfahren vor der Verwaltungsbehörde mit zusätzlicher Verfahrensgebühr wegen Einstellung, überdurchschnittliche Gebühren**

Der Verteidiger gibt im Verfahren vor der Verwaltungsbehörde eine umfassende Einlassung ab. Es ergeht ein Bußgeldbescheid, gegen den Einspruch eingelegt wird. Daraufhin wird nochmals eine Einlassung abgegeben und das Verfahren noch vor der Verwaltungsbehörde eingestellt. Die gesamte Tätigkeit war überdurchschnittlich, so dass eine um 30 % erhöhte Mittelgebühr angemessen ist.

Es entstehen wiederum die **Grundgebühr** und die **Verfahrensgebühr**, wobei diese jetzt nach § 14 Abs. 1 RVG mit 30 % über der Mittelgebühr anzusetzen sind.

Mit Einstellung des Verfahrens entsteht die **Zusätzliche Gebühr** nach Anm. Abs. 1 Nr. 1 zu Nr. 5115 VV. Diese entsteht unabhängig von den Kriterien des § 14 Abs. 1 RVG immer in Höhe der jeweiligen Verfahrensmittelgebühr (Anm. Abs. 3 zu Nr. 5115 VV).

I. Bußgeld unter 60,00 EUR
1. Grundgebühr, Nr. 5100 VV (um 30 % erhöht)   130,00 EUR
2. Verfahrensgebühr, Nr. 5101 VV (um 30 % erhöht)   84,50 EUR
3. Zusätzliche Gebühr, Nrn. 5115, 5107 VV   65,00 EUR
4. Postentgeltpauschale, Nr. 7002 VV   20,00 EUR
   Zwischensumme   299,50 EUR
5. 19 % Umsatzsteuer, Nr. 7008 VV   56,91 EUR
Gesamt   **356,41 EUR**

II. Bußgeld zwischen 60,00 EUR und 5.000,00 EUR
1. Grundgebühr, Nr. 5100 VV (um 30 % erhöht)   130,00 EUR
2. Verfahrensgebühr, Nr. 5103 VV (um 30 % erhöht)   208,00 EUR
3. Zusätzliche Gebühr, Nrn. 5115, 5109 VV   160,00 EUR
4. Postentgeltpauschale, Nr. 7002 VV   20,00 EUR
   Zwischensumme   518,00 EUR
5. 19 % Umsatzsteuer, Nr. 7008 VV   98,42 EUR
Gesamt   **616,42 EUR**

III. Bußgeld über 5.000,00 EUR
1. Grundgebühr, Nr. 5100 VV (um 30 % erhöht)   130,00 EUR
2. Verfahrensgebühr, Nr. 5105 VV (um 30 % erhöht)   221,00 EUR
3. Zusätzliche Gebühr, Nrn. 5115, 5111 VV   200,00 EUR
4. Postentgeltpauschale, Nr. 7002 VV   20,00 EUR
   Zwischensumme   574,00 EUR
5. 19 % Umsatzsteuer, Nr. 7008 VV   109,06 EUR
Gesamt   **683,06 EUR**

47 Strittig war lange Zeit, ob das Berufen auf ein Aussageverweigerungsrecht als Mitwirkung i.S.d. Nr. 5115 VV ausreicht. Während ein Teil der Rspr. insoweit von einem „Nichtstun" ausging,[20] war nach anderer Auffassung eine ausreichende Mitwirkung gegeben.[21] Der BGH hat zwischenzeitlich entschieden, dass die Zusätzliche Gebühr insoweit bei einem „gezielten Schweigen" anfällt.[22] Allerdings muss der Behörde auch mitgeteilt werden, dass sich der Betroffene auf ein Aussageverweigerungsrecht beruft. Die bloße Rücksendung der Akten ohne weitere Angaben reicht nicht aus.[23]

---

[20] AG Meinerzhagen RVGprof. 2007, 67; AG Hannover JurBüro 2006, 79; AGS 2006, 290; AG Halle AGS 2007, 77 u. 85.
[21] AG Bremen AGS 2003, 29 m. Anm. *N. Schneider* = zfs 2002, 351; AG Charlottenburg AGS 2007, 309 = StraFo 2007, 307 = VRR 2007, 199 = RVGreport 2007, 273 = StRR 2007, 119; AG Dinslaken JurBüro 1996, 308 (noch zu § 84 Abs. 2 BRAGO).
[22] AGS 2011, 128 = MDR 2011, 392 = Rpfleger 2011, 296 = zfs 2011, 285 = JurBüro 2011, 244 = NJW 2011, 1605 = AnwBl 2011, 499 = NZV 2011, 337 = DAR 2011, 434 = NJW-Spezial 2011, 187 = BRAK-Mitt 2011, 91 = RVGprof. 2011, 85 = StRR 2011, 83 = RVGreport 2011, 182 = StRR 2011, 201.
[23] AG Hamburg-Barmbek AGS 2011, 596 = JurBüro 2011, 365 = RVGprof. 2011, 86 = VRR 2011, 199 = StRR 2011, 207 = RVGreport 2012, 109.

V. Verteidigung in Bußgeldsachen § 36

| Beispiel 15 | **Verfahren vor der Verwaltungsbehörde mit zusätzlicher Verfahrensgebühr wegen Einstellung bei Berufung auf Aussageverweigerungsrecht** |

Gegen den Betroffenen ist ein Bußgeldverfahren eingeleitet worden. Der Verteidiger erklärt für den Betroffenen, dass zur Sache keine Angaben gemacht werden. Daraufhin wird das Verfahren von der Verwaltungsbehörde eingestellt, da keine weiteren Beweismittel vorliegen.

Abzurechnen ist wie im Beispiel 14.

Eine **Teileinstellung** reicht grundsätzlich nicht aus, um die Zusätzliche Gebühr auszulösen, es sei denn, mit der Teileinstellung ist das Verfahren gegen den Auftraggeber vollständig abgeschlossen. 48

| Beispiel 16 | **Verfahren vor der Verwaltungsbehörde, Teileinstellung** |

In einem Bußgeldverfahren wird gegen den Betroffenen wegen zweier Taten ermittelt. Hinsichtlich der einen Tat wird eingestellt. Hinsichtlich der weiteren Tat ergeht ein Bußgeldbescheid, den der Betroffene akzeptiert.

Da nur eine Teileinstellung vorliegt, entsteht für den Verteidiger keine Zusätzliche Gebühr, da das Verfahren nicht erledigt worden ist.

| Beispiel 17 | **Verfahren vor der Verwaltungsbehörde, Teileinstellung bei mehreren Betroffenen** |

In einem Bußgeldverfahren wird sowohl gegen den Betroffenen A als auch gegen den Betroffenen B ermittelt. Gegen A ergeht ein Bußgeldbescheid. Gegen B wird das Verfahren eingestellt.

Trotz Teileinstellung entsteht für den Verteidiger des B die **Zusätzliche Gebühr**, da hinsichtlich seines Auftraggebers A das Verfahren ohne Hauptverhandlung erledigt worden ist. Dass sich das Verfahren nicht insgesamt, also auch für den anderen Betroffenen B erledigt hat, ist insoweit unerheblich. Zu rechnen ist wie im Beispiel 14.

Für den Verteidiger des A entsteht dagegen keine Zusätzliche Gebühr, da sich insoweit das Verfahren nicht erledigt hat.

Die Zusätzliche Gebühr entsteht nach Anm. Abs. 1 Nr. 2 zu Nr. 5115 VV auch dann, wenn der Einspruch gegen einen Bußgeldbescheid zurückgenommen wird. Klargestellt ist insoweit jetzt, dass auch schon die Einspruchsrücknahme vor der Verwaltungsbehörde zu höheren Gebühren führt.[24] Dies war nach der BRAGO strittig. Eine Frist ist hier im Gegensatz zum gerichtlichen Verfahren nicht vorgesehen. 49

| Beispiel 18 | **Verfahren vor der Verwaltungsbehörde mit zusätzlicher Verfahrensgebühr wegen Einspruchsrücknahme** |

Der Verteidiger wird im Verfahren vor der Verwaltungsbehörde tätig. Es ergeht ein Bußgeldbescheid, gegen den Einspruch eingelegt wird. Der Bußgeldbescheid wird noch vor der Verwaltungsbehörde zurückgenommen.

---

24 AnwK-RVG/*N. Schneider*, Nr. 5115 VV Rn 11 ff.

Es entstehen wiederum die **Grundgebühr** und die **Verfahrensgebühr**.

Mit Rücknahme des Einspruchs entsteht die **Zusätzliche Gebühr** nach Anm. Abs. 1 Nr. 2 zu Nr. 5115 VV.

I. Bußgeld unter 60,00 EUR
1. Grundgebühr, Nr. 5100 VV		100,00 EUR
2. Verfahrensgebühr, Nr. 5101 VV		65,00 EUR
3. Zusätzliche Gebühr, Nrn. 5115, 5107 VV		65,00 EUR
4. Postentgeltpauschale, Nr. 7002 VV		20,00 EUR
Zwischensumme	250,00 EUR	
5. 19 % Umsatzsteuer, Nr. 7008 VV		47,50 EUR
Gesamt		**297,50 EUR**

II. Bußgeld zwischen 60,00 EUR und 5.000,00 EUR
1. Grundgebühr, Nr. 5100 VV		100,00 EUR
2. Verfahrensgebühr, Nr. 5103 VV		160,00 EUR
3. Zusätzliche Gebühr, Nrn. 5115, 5109 VV		160,00 EUR
4. Postentgeltpauschale, Nr. 7002 VV		20,00 EUR
Zwischensumme	440,00 EUR	
5. 19 % Umsatzsteuer, Nr. 7008 VV		83,60 EUR
Gesamt		**523,60 EUR**

III. Bußgeld über 5.000,00 EUR
1. Grundgebühr, Nr. 5100 VV		100,00 EUR
2. Verfahrensgebühr, Nr. 5105 VV		170,00 EUR
3. Zusätzliche Gebühr, Nrn. 5115, 5111 VV		200,00 EUR
4. Postentgeltpauschale, Nr. 7002 VV		20,00 EUR
Zwischensumme	490,00 EUR	
5. 19 % Umsatzsteuer, Nr. 7008 VV		93,10 EUR
Gesamt		**583,10 EUR**

50 Eine **Teilrücknahme** reicht wiederum nicht aus, um die Zusätzliche Gebühr auszulösen, es sei denn, mit der Teilrücknahme ist das Verfahren gegen den Auftraggeber vollständig abgeschlossen.

> **Beispiel 19** | **Verfahren vor der Verwaltungsbehörde, Teilrücknahme**

Der Verteidiger wird im Verfahren vor der Verwaltungsbehörde tätig. Es ergeht ein Bußgeldbescheid wegen zweier Taten (**40,00 EUR und 30,00 EUR**), gegen den Einspruch eingelegt wird. Der Bußgeldbescheid wird noch vor der Verwaltungsbehörde hinsichtlich des Bußgeldes von **40,00 EUR** zurückgenommen.

Es entstehen nur die **Grundgebühr** und die **Verfahrensgebühr**. Die **Zusätzliche Gebühr** nach Anm. Abs. 1 Nr. 2 zu Nr. 5115 VV entsteht nicht, da sie die Erledigung des gesamten Verfahrens voraussetzt,[25] was aber wegen der bloßen Teilrücknahme nicht der Fall ist. Wegen der 30,00 EUR ist das Bußgeldverfahren nicht erledigt.

1. Grundgebühr, Nr. 5100 VV		100,00 EUR
2. Verfahrensgebühr, Nr. 5103 VV		160,00 EUR
3. Postentgeltpauschale, Nr. 7002 VV		20,00 EUR
Zwischensumme	280,00 EUR	
4. 19 % Umsatzsteuer, Nr. 7008 VV		53,20 EUR
Gesamt		**333,20 EUR**

---

25 AnwK-RVG/*N. Schneider*, Nr. 5115 VV Rn 22.

| Beispiel 20 | **Verfahren vor der Verwaltungsbehörde, Teilrücknahme bei mehreren Betroffenen** |

In einem Bußgeldverfahren ergeht jeweils ein Bußgeldbescheid gegen den Betroffenen A und gegen den Betroffenen B. Gegen beide Bußgeldbescheide wird Einspruch eingelegt.

Der Verteidiger des A nimmt den Einspruch noch vor der Verwaltungsbehörde zurück. Gegen B wird später die Hauptverhandlung durchgeführt.

Trotz Teilrücknahme entsteht für den Verteidiger des A die **Zusätzliche Gebühr**, da hinsichtlich des A das Verfahren ohne Hauptverhandlung erledigt worden ist. Dass sich das Verfahren nicht insgesamt, also auch für den anderen Betroffenen erledigt hat, ist insoweit unerheblich.[26] Zu rechnen ist für den Verteidiger des A wie im Beispiel 14.

Für den Verteidiger des B entsteht dagegen keine Zusätzliche Gebühr, da sich insoweit das Verfahren nicht erledigt hat.

1.	Grundgebühr, Nr. 5100 VV	100,00 EUR
2.	Verfahrensgebühr, Nr. 5103 VV	160,00 EUR
3.	Postentgeltpauschale, Nr. 7002 VV	20,00 EUR
	Zwischensumme 280,00 EUR	
4.	19 % Umsatzsteuer, Nr. 7008 VV	53,20 EUR
Gesamt		**333,20 EUR**

Eine Zusätzliche Gebühr entsteht nach Anm. Abs. 1 Nr. 3 zu Nr. 5115 VV ferner auch dann, wenn die Verwaltungsbehörde nach Einspruch den Bußgeldbescheid zurücknimmt und einen neuen Bußgeldbescheid erlässt, gegen den der Betroffene keinen Einspruch einlegt.   51

Wird gegen den neuen Bußgeldbescheid Einspruch eingelegt, kann die Zusätzliche Gebühr nur bei anschließender Einstellung oder Einspruchsrücknahme anfallen (Anm. Abs. 1 Nr. 1, 2 zu Nr. 5115 VV).   52

| Beispiel 21 | **Verfahren vor der Verwaltungsbehörde mit zusätzlicher Verfahrensgebühr wegen Neuerlasses eines Bußgeldbescheids nach Einspruch** |

Gegen den Bußgeldbescheid i.H.v. 60,00 EUR legt der Verteidiger Einspruch ein und weist die Behörde darauf hin, dass zu Unrecht eine bereits getilgte Voreintragung verwertet worden sei. Die Verwaltungsbehörde nimmt daraufhin den Bußgeldbescheid zurück und erlässt einen neuen Bußgeldbescheid über 40,00 EUR.

Hier entstehen wiederum zunächst die **Grundgebühr** und **Verfahrensgebühr**.

Hinzu kommt eine **Zusätzliche Gebühr** nach Anm. Abs. 1 Nr. 3 zu Nr. 5115 VV, da gegen den Bußgeldbescheid Einspruch eingelegt worden ist und der Verteidiger daran mitgewirkt hat, dass dieser zurückgenommen und durch einen anderen Bußgeldbescheid ersetzt worden ist, den der Mandant akzeptiert hat.

1.	Grundgebühr, Nr. 5100 VV	100,00 EUR
2.	Verfahrensgebühr, Nr. 5103 VV	160,00 EUR
3.	Zusätzliche Gebühr, Nrn. 5115, 5109 VV	160,00 EUR
4.	Postentgeltpauschale, Nr. 7002 VV	20,00 EUR
	Zwischensumme 440,00 EUR	

---

26 AnwK-RVG/*N. Schneider*, Nr. 5115 VV Rn 23.

5. 19 % Umsatzsteuer, Nr. 7008 VV	83,60 EUR
Gesamt	**523,60 EUR**

53 Hauptanwendungsfall der Anm. Abs. 1 Nr. 1, 2 zu Nr. 5115 VV ist der, dass gegen einen Bußgeldbescheid, der ein Fahrverbot enthält, Einspruch eingelegt wird und die Behörde gegen die Anhebung des Bußgeldes das Fahrverbot in einem neuen Bußgeldbescheid entfallen lässt.

> **Beispiel 22** — **Verfahren vor der Verwaltungsbehörde mit zusätzlicher Verfahrensgebühr wegen Neuerlasses eines Bußgeldbescheids nach Einspruch, überdurchschnittliche Gebühren (Abwehr eines Fahrverbots)**

Gegen den Bußgeldbescheid i.H.v. 100,00 EUR zuzüglich Fahrverbot legt der Verteidiger Einspruch ein. Er erreicht, dass auf seine Nachverhandlungen hin der Bußgeldbescheid zurückgenommen wird und die Verwaltungsbehörde einen erneuten Bußgeldbescheid – diesmal ohne Fahrverbot – mit einem Bußgeld in Höhe von 200,00 EUR erlässt. In Anbetracht der Gesamtumstände war die Tätigkeit im Verwaltungsverfahren weit überdurchschnittlich (30 % über der Mittelgebühr). Die Einarbeitung war durchschnittlich.

Hier entstehen wiederum zunächst die **Grundgebühr** und daneben die **Verfahrensgebühr**, die aufgrund des Umfangs überdurchschnittlich anzusetzen ist.

Hinzu kommt eine **Zusätzliche Gebühr** nach Anm. Abs. 1 Nr. 3 zu Nr. 5115 VV, da gegen den Bußgeldbescheid Einspruch eingelegt worden ist und der Verteidiger daran mitgewirkt hat, dass dieser zurückgenommen und durch einen anderen Bußgeldbescheid ersetzt worden ist, den der Mandant akzeptiert hat. Die Zusätzliche Gebühr entsteht unabhängig von den Kriterien des § 14 Abs. 1 RVG wiederum in Höhe der jeweiligen Verfahrensmittelgebühr.

1. Grundgebühr, Nr. 5100 VV		100,00 EUR
2. Verfahrensgebühr, Nr. 5103 VV (um 30 % erhöht)		208,00 EUR
3. Zusätzliche Gebühr, Nrn. 5115, 5107 VV		160,00 EUR
4. Postentgeltpauschale, Nr. 7002 VV		20,00 EUR
Zwischensumme	488,00 EUR	
5. 19 % Umsatzsteuer, Nr. 7008 VV		92,72 EUR
Gesamt		**580,72 EUR**

54 Wird unter Mitwirkung des Verteidigers der Bußgeldbescheid von der Verwaltungsbehörde zurückgenommen und ein neuer Bescheid erlassen, ohne dass Einspruch eingelegt worden ist, muss ebenso gerechnet werden, jedenfalls dann, wenn die Einspruchsfrist noch nicht abgelaufen war. Es wäre eine überflüssige Förmelei, wenn auch hier auf die Einlegung des Einspruchs bestanden würde.[27]

> **Beispiel 23** — **Verfahren vor der Verwaltungsbehörde mit zusätzlicher Verfahrensgebühr wegen Neuerlasses eines Bußgeldbescheids ohne Einspruch**

Es ergeht ein Bußgeldbescheid i.H.v. 60,00 EUR. Der Verteidiger weist die Behörde darauf hin, dass zu Unrecht eine bereits getilgte Voreintragung verwertet worden sei. Die Verwal-

---

[27] AnwK-RVG/*N. Schneider*, Nr. 5115 VV Rn 59; *Burhoff*, Nr. 5115 VV Rn 25.

tungsbehörde nimmt noch innerhalb der Einspruchsfrist den Bußgeldbescheid zurück und erlässt einen neuen Bußgeldbescheid über 30,00 EUR.

Auch hier entsteht eine Zusätzliche Gebühr. Zu rechnen ist wie im Beispiel 14.

Die Zusätzliche Gebühr kann auch geringer ausfallen, wenn sich der Tatvorwurf im Laufe des Verfahrens reduziert und die Hauptverhandlung nur hinsichtlich eines geringeren Bußgeldes vermieden wird.

Beispiel 24: Verfahren vor der Verwaltungsbehörde mit zusätzlicher Verfahrensgebühr nach Teileinspruch und Einstellung

Gegen den Betroffenen ergeht ein Bußgeldbescheid wegen zweier Taten (40,00 EUR + 30,00 EUR), insgesamt 70,00 EUR. Der Verteidiger legt einen Teileinspruch ein, soweit der Bußgeldbescheid wegen der mit 30,00 EUR bedrohten Tat ergangen ist. Das Verfahren hinsichtlich dieser Tat wird daraufhin eingestellt.

Die Gebühren entstehen zunächst aus dem Rahmen von 60,00 EUR bis 5.000,00 EUR. Da die Hauptverhandlung aber nur noch wegen der mit 30,00 EUR bedrohten Tat durchgeführt worden wäre, ist für die Zusätzliche Gebühr auch nur dieser Rahmen maßgebend.

1. Grundgebühr, Nr. 5100 VV		100,00 EUR
2. Verfahrensgebühr, Nr. 5103 VV		160,00 EUR
3. Zusätzliche Gebühr, Nrn. 5115, 5107 VV		65,00 EUR
4. Postentgeltpauschale, Nr. 7002 VV		20,00 EUR
Zwischensumme	345,00 EUR	
5. 19 % Umsatzsteuer, Nr. 7008 VV		65,55 EUR
Gesamt		**410,55 EUR**

Das Gleiche gilt, wenn der Bußgeldbescheid geringer ausfällt als der ursprüngliche Tatvorwurf.

Beispiel 25: Verfahren vor der Verwaltungsbehörde mit zusätzlicher Verfahrensgebühr nach reduziertem Bußgeldbescheid

Gegen den Betroffenen wird wegen einer mit 70,00 EUR bedrohten Ordnungswidrigkeit ermittelt. Der Bußgeldbescheid ergeht schließlich nur über 50,00 EUR. Der Verteidiger legt Einspruch ein. Das Verfahren wird später eingestellt.

Abzurechnen ist wie im vorangegangenen Beispiel 24. Auch jetzt entsteht die Zusätzliche Gebühr der Nr. 5115 VV nur aus dem geringeren Rahmen, weil eine Hauptverhandlung nur wegen eines Bußgeldes von unter 60,00 EUR vermieden worden ist.

d) Zusätzliche Gebühr nach Nr. 5115 VV und Terminsgebühr

Neben der zusätzlichen Verfahrensgebühr im Verfahren vor der Verwaltungsbehörde kann auch eine Terminsgebühr entstehen (Vorbem. 5.1.2 Abs. 2 VV). Dass ein Termin außerhalb der Hauptverhandlung nicht vermieden wurde, ist unerheblich.

| Beispiel 26 | **Verfahren vor der Verwaltungsbehörde mit Terminsgebühr und zusätzlicher Verfahrensgebühr** |

Der Anwalt wird im Verfahren vor der Verwaltungsbehörde als Verteidiger tätig. Dort nimmt er an einem Vernehmungstermin teil. Anschließend wird das Verfahren unter Mitwirkung des Verteidigers von der Verwaltungsbehörde eingestellt. Auszugehen ist von der Mittelgebühr.

Zunächst entstehen wiederum die **Grund-** und die **Verfahrensgebühr**. Daneben fällt eine **Terminsgebühr** für die Teilnahme an dem Vernehmungstermin an. Hinzu kommt jetzt noch die **Zusätzliche Gebühr** nach Nr. 5115 VV (Anm. Abs. 1 Nr. 1 zu Nr. 5115 VV).

I. Bußgeld unter 60,00 EUR
1. Grundgebühr, Nr. 5100 VV — 100,00 EUR
2. Verfahrensgebühr, Nr. 5101 VV — 65,00 EUR
3. Terminsgebühr, Nr. 5102 VV — 65,00 EUR
4. Zusätzliche Gebühr, Nrn. 5115, 5107 VV — 65,00 EUR
5. Postentgeltpauschale, Nr. 7002 VV — 20,00 EUR
   Zwischensumme — 315,00 EUR
6. 19 % Umsatzsteuer, Nr. 7008 VV — 59,85 EUR
Gesamt — 374,85 EUR

II. Bußgeld zwischen 60,00 EUR und 5.000,00 EUR
1. Grundgebühr, Nr. 5100 VV — 100,00 EUR
2. Verfahrensgebühr, Nr. 5103 VV — 160,00 EUR
3. Terminsgebühr, Nr. 5104 VV — 160,00 EUR
4. Zusätzliche Gebühr, Nrn. 5115, 5109 VV — 160,00 EUR
5. Postentgeltpauschale, Nr. 7002 VV — 20,00 EUR
   Zwischensumme — 600,00 EUR
6. 19 % Umsatzsteuer, Nr. 7008 VV — 114,00 EUR
Gesamt — 714,00 EUR

III. Bußgeld über 5.000,00 EUR
1. Grundgebühr, Nr. 5100 VV — 100,00 EUR
2. Verfahrensgebühr, Nr. 5105 VV — 170,00 EUR
3. Terminsgebühr, Nr. 5106 VV — 170,00 EUR
4. Zusätzliche Gebühr, Nrn. 5115, 5111 VV — 200,00 EUR
5. Postentgeltpauschale, Nr. 7002 VV — 20,00 EUR
   Zwischensumme — 660,00 EUR
6. 19 % Umsatzsteuer, Nr. 7008 VV — 125,40 EUR
Gesamt — 785,40 EUR

e) Zusätzliche Verfahrensgebühr nach Nr. 5116 VV

58 Neben der zusätzlichen Gebühr nach Nr. 5115 VV kommt eine weitere zusätzliche Verfahrensgebühr bei Einziehung und verwandten Maßnahmen nach Nr. 5116 VV in Betracht. Die Gebühr entsteht für eine Tätigkeit für den Betroffenen, die sich auf die Einziehung oder dieser gleichstehende Rechtsfolgen (§§ 22 ff. OWiG) oder auf eine diesen Zwecken dienende Beschlagnahme bezieht (Anm. Abs. 1 zu Nr. 5116 VV). Vorgesehen ist eine **1,0-Verfahrensgebühr**, die sich **nach dem Gegenstandswert** (§ 2 Abs. 1 RVG) richtet.

59 Zur Abrechnung im selbstständigen Verfallsverfahren siehe Rn 143 ff.

60 Die Gebühr entsteht nicht, wenn der Gegenstandswert niedriger als 30,00 EUR ist (Anm. Abs. 2 zu Nr. 5116 VV).

Die Gebühr ist auch nicht auf ein Fahrverbot anwendbar.[28]

Die Gebühr entsteht im Verfahren vor der Verwaltungsbehörde und dem erstinstanzlichen gerichtlichen Verfahren nur einmal. Ist die Gebühr also bereits im Verfahren vor der Verwaltungsbehörde angefallen, kann sie im erstinstanzlichen gerichtlichen Verfahren nicht erneut entstehen. Sie kann erst im Rechtsbeschwerdeverfahren erneut anfallen (Anm. Abs. 3 zu Nr. 5116 VV).

Beispiel 27 | **Verfahren vor der Verwaltungsbehörde mit zusätzlicher Verfahrensgebühr nach Nr. 5116 VV**

Der Anwalt war im Verfahren vor der Verwaltungsbehörde als Verteidiger tätig. Die Behörde erlässt einen Bußgeldbescheid in Höhe von 1.000,00 EUR und zieht nach § 22 OWiG Gegenstände im Wert von 5.000,00 EUR ein.

Der Anwalt erhält neben der **Grundgebühr** und der **Verfahrensgebühr** jetzt eine **zusätzliche Verfahrensgebühr** nach Nr. 5116 VV in Höhe von 1,0 aus 5.000,00 EUR.

1. Grundgebühr, Nr. 5100 VV   100,00 EUR
2. Verfahrensgebühr, Nr. 5105 VV   170,00 EUR
3. 1,0-Verfahrensgebühr, Nr. 5116 VV   303,00 EUR
   (Wert: 5.000,00 EUR)
4. Postentgeltpauschale, Nr. 7002 VV   20,00 EUR
   Zwischensumme   593,00 EUR
5. 19 % Umsatzsteuer, Nr. 7008 VV   112,67 EUR
   Gesamt   **705,67 EUR**

f) Zusätzliche Gebühr nach Nr. 5115 VV und zusätzliche Verfahrensgebühr Nr. 5116 VV

Möglich ist auch, dass sowohl eine Zusätzliche Gebühr nach Nr. 5115 VV anfällt als auch eine zusätzliche Verfahrensgebühr nach Nr. 5116 VV.

Beispiel 28 | **Verfahren vor der Verwaltungsbehörde mit zusätzlicher Gebühr wegen Einstellung und zusätzlicher Verfahrensgebühr nach Nr. 5116 VV**

Der Anwalt war im Verfahren vor der Verwaltungsbehörde als Verteidiger tätig. Die Behörde erlässt einen Bußgeldbescheid in Höhe von 1.000,00 EUR und zieht nach § 22 OWiG Gegenstände im Wert von 5.000,00 EUR ein. Nach Einspruch wird das Verfahren noch von der Verwaltungsbehörde eingestellt.

Jetzt entstehen **zwei zusätzliche Gebühren**, eine Zusätzliche Gebühr nach Nr. 5115 VV und eine zusätzliche Verfahrensgebühr nach Nr. 5116 VV.

1. Grundgebühr, Nr. 5100 VV   100,00 EUR
2. Verfahrensgebühr, Nr. 5103 VV   160,00 EUR
3. Zusätzliche Gebühr, Nrn. 5115, 5109 VV   160,00 EUR
4. 1,0-Verfahrensgebühr, Nr. 5116 VV   303,00 EUR
   (Wert: 5.000,00 EUR)
5. Postentgeltpauschale, Nr. 7002 VV   20,00 EUR
   Zwischensumme   743,00 EUR

---

[28] OLG Koblenz AGS 2007, 236 = JurBüro 2006, 247 = NStZ 2007, 342 = RVGreport 2006, 191 = Rpfleger 2006, 338.

6. 19 % Umsatzsteuer, Nr. 7008 VV	141,17 EUR
Gesamt	**884,17 EUR**

g) Verbindung und Trennung

aa) Verbindung

64 Werden zwei Bußgeldverfahren, in denen der Anwalt als Verteidiger beauftragt ist, miteinander verbunden, so erhält er bis zur Verbindung alle Gebühren gesondert, also auch jeweils eine gesonderte Grundgebühr. Nach Verbindung können die Gebühren nur einmal entstehen. Sie können nach der Verbindung gegebenenfalls aus einem höheren Gebührenrahmen zu entnehmen oder nach § 14 Abs. 1 RVG höher anzusetzen sein.

65 Wird der Anwalt erst nach Verbindung beauftragt, dann entstehen die Gebühren für ihn nur einmal. Abzurechnen ist dann wie in einem normalen Verfahren, gegebenenfalls mit höheren Gebühren.

66 Ist der Anwalt vor Verbindung nur in einem Verfahren tätig und verteidigt er nach Verbindung gegen den Gesamtvorwurf, bleibt es ebenfalls nur bei einer Angelegenheit. Allerdings ist jetzt der Gebührenrahmen der gesamten drohenden Bußgelder maßgebend. Darüber hinaus besteht die Möglichkeit, nach der Verbindung gem. § 14 Abs. 1 RVG höhere Gebühren anzusetzen.

> **Beispiel 29** **Verbindung zweier Bußgeldverfahren vor der Verwaltungsbehörde; Auftrag in beiden Verfahren**
>
> **Gegen den Auftraggeber sind zwei gesonderte Bußgeldverfahren (Az. 1/14 und 2/14) wegen zwei verschiedener Taten eingeleitet worden (30,00 EUR + 40,00 EUR). In beiden Verfahren ist der Anwalt als Verteidiger tätig. Die Verfahren werden schließlich verbunden. Führend ist das Verfahren 2/14. Es ergeht ein Bußgeldbescheid, gegen den Einspruch eingelegt wird. Der Einspruch wird später zurückgenommen.**

In den beiden Verfahren vor der Verwaltungsbehörde erhält der Anwalt die Gebühren gesondert, auch die Grundgebühr. Da sich die Bußgeldandrohung jeweils auf ein Bußgeld unter 60,00 EUR belief, entstand jeweils nur die Verfahrensgebühr nach Nr. 5101 VV. Im verbundenen Verfahren erhöht sich infolge der Verbindung allerdings der Tatvorwurf, so dass jetzt ein höherer Rahmen maßgebend ist.

Die Zusätzliche Gebühr nach Nr. 5115 VV ist erst nach der Verbindung entstanden. Sie entsteht nur einmal. Da es sich um eine Festgebühr handelt, besteht insoweit kein Spielraum. Allerdings ist auch diese Gebühr aus einem höheren Rahmen zu entnehmen, da sich der Tatvorwurf infolge der Verbindung erhöht hat.

I. Verfahren 1/14

1. Grundgebühr, Nr. 5100 VV		100,00 EUR
2. Verfahrensgebühr, Nr. 5101 VV		65,00 EUR
3. Postentgeltpauschale, Nr. 7002 VV		20,00 EUR
Zwischensumme	185,00 EUR	
4. 19 % Umsatzsteuer, Nr. 7008 VV		35,15 EUR
Gesamt		**220,15 EUR**

V. Verteidigung in Bußgeldsachen § 36

II. Verfahren 2/14
1. Grundgebühr, Nr. 5100 VV   100,00 EUR
2. Verfahrensgebühr, Nr. 5103 VV   160,00 EUR
3. Zusätzliche Gebühr, Nrn. 5115, 5109 VV   160,00 EUR
4. Postentgeltpauschale, Nr. 7002 VV   20,00 EUR
   Zwischensumme   440,00 EUR
5. 19 % Umsatzsteuer, Nr. 7008 VV   83,60 EUR
Gesamt   **523,60 EUR**

Beispiel 30 | **Verbindung zweier Bußgeldverfahren vor der Verwaltungsbehörde, Auftrag nur in einem Verfahren**

Gegen den Auftraggeber sind zwei gesonderte Bußgeldverfahren (Az. 1/14 und 2/14) wegen zwei verschiedener Taten eingeleitet worden (30,00 EUR + 40,00 EUR). Der Anwalt ist nur in dem Verfahren 2/14 als Verteidiger tätig. Die Verfahren werden schließlich verbunden. Führend ist das Verfahren 2/14. Der Anwalt erhält den Auftrag, auch wegen der verbundenen Tat zu verteidigen. Es ergeht ein Bußgeldbescheid, gegen den Einspruch eingelegt wird. Der Einspruch wird später zurückgenommen.

Der Anwalt kann nur eine Angelegenheit abrechnen. Infolge der Verbindung erhöht sich der Rahmen für die Verfahrensgebühr und die Zusätzliche Gebühr.

1. Grundgebühr, Nr. 5100 VV   100,00 EUR
2. Verfahrensgebühr, Nr. 5103 VV   160,00 EUR
3. Zusätzliche Gebühr, Nrn. 5115, 5109 VV   160,00 EUR
4. Postentgeltpauschale, Nr. 7002 VV   20,00 EUR
   Zwischensumme   440,00 EUR
5. 19 % Umsatzsteuer, Nr. 7008 VV   83,60 EUR
Gesamt   **523,60 EUR**

bb) Trennung

Wird aus einem Bußgeldverfahren ein Verfahren abgetrennt, so erhält der Anwalt bis zur Trennung die Gebühren nur einmal. Ab der Trennung entstehen die Gebühren gesondert. Eine neue Grundgebühr entsteht allerdings nicht.[29]

67

Beispiel 31 | **Abtrennung eines Bußgeldverfahrens vor der Verwaltungsbehörde**

Gegen den Auftraggeber wird in einem Verfahren (1/14) wegen zwei verschiedener Taten (30,00 EUR + 40,00 EUR) ermittelt. Der Anwalt ist wegen beider Vorwürfe mit der Verteidigung beauftragt. Später wird das Verfahren wegen der 40,00 EUR abgetrennt (2/14). Es ergeht in beiden Verfahren ein Bußgeldbescheid, gegen den jeweils Einspruch eingelegt, später aber wieder zurückgenommen wird.

Der Anwalt erhält bis zur Trennung die Gebühren aus dem höheren Rahmen. Nach der Trennung erhält er die Gebühren nur noch einmal, allerdings aus dem geringeren Rahmen. Das gilt auch für die Zusätzliche Gebühr im Verfahren 1/14.

---

[29] *Burhoff*, Nr. 5100 VV Rn 2 i.V.m. Nr. 4100 VV Rn 27 ff.; AnwK-RVG/*N. Schneider*, (zur gleichen Problematik bei Nr. 4100 VV) Nr. 4100 VV Rn 13, 14.

Ausgehend hiervon ist im Verfahren 1/14 vor der Verbindung die Grundgebühr entstanden und die Verfahrensgebühr nach dem Rahmen von 60,00 EUR bis 5.000,00 EUR. Die Zusätzliche Gebühr ist dagegen erst nach der Trennung entstanden und damit aus dem geringeren Rahmen von unter 60,00 EUR.

Im Verfahren 2/14 ist keine neue Grundgebühr entstanden (siehe Rn 24 ff.). Die Verfahrensgebühr und die Grundgebühr richten sich nach dem geringeren Rahmen bis 60,00 EUR, da hier nur ein Bußgeld in Höhe von 40,00 EUR im Raum stand.

I. Verfahren 1/14
1. Grundgebühr, Nr. 5100 VV   100,00 EUR
2. Verfahrensgebühr, Nr. 5103 VV   160,00 EUR
3. Zusätzliche Gebühr, Nrn. 5115, 5109 VV   65,00 EUR
4. Postentgeltpauschale, Nr. 7002 VV   20,00 EUR
   Zwischensumme   345,00 EUR
5. 19 % Umsatzsteuer, Nr. 7008 VV   65,55 EUR
Gesamt   **410,55 EUR**

II. Verfahren 2/14
1. Verfahrensgebühr, Nr. 5101 VV   65,00 EUR
2. Zusätzliche Gebühr, Nrn. 5115, 5107 VV   65,00 EUR
3. Postentgeltpauschale, Nr. 7002 VV   20,00 EUR
   Zwischensumme   150,00 EUR
4. 19 % Umsatzsteuer, Nr. 7008 VV   28,50 EUR
Gesamt   **178,50 EUR**

h) Einleitung eines Bußgeldverfahrens nach Einstellung des Strafverfahrens

68 Wird ein Strafverfahren eingestellt, in dem der Anwalt als Verteidiger bereits tätig war, und schließt sich hieran ein Bußgeldverfahren an, so ist das Bußgeldverfahren gegenüber dem Strafverfahren nach § 17 Nr. 10 Buchst. b) RVG eine eigene Angelegenheit. Der Anwalt erhält also im Strafverfahren die Gebühren nach Teil 4 VV und im Bußgeldverfahren die Gebühren nach Teil 5 VV.

69 Strittig war, ob im Strafverfahren jetzt eine Zusätzliche Gebühr nach Nr. 4141 VV entsteht.

70 Die überwiegende Auffassung hatte dies zu Recht bejaht, da es sich bei Straf- und Bußgeldverfahren um zwei verschiedene Angelegenheiten handelt und der Anwendung der Nr. 4141 VV folglich nicht entgegenstehen kann, dass wegen derselben Tat anschließend ein Bußgeldverfahren durchgeführt wird. Unabhängig von der Durchführung eines Bußgeldverfahrens ist das Strafverfahren als solches nicht nur vorläufig eingestellt, so dass damit der Gebührentatbestand der Anm. Abs. 1 Nr. 1 zu Nr. 4141 VV verwirklicht ist. Der BGH[30] hat zwischenzeitlich anders entschieden. Diese Entscheidung ist jedoch seit dem 1.8.2013 infolge des 2. KostRMoG überholt, da Nr. 4141 VV dahingehend geändert worden ist, dass nicht mehr die Einstellung des „Verfahrens" erforderlich ist, sondern die Einstellung des „Strafverfahrens" ausreicht (siehe im Einzelnen § 35 Rn 41 ff.).

71 Im anschließend eingeleiteten **Bußgeldverfahren** können alle Gebühren der Nrn. 5101 ff. VV anfallen, auch eine Zusätzliche Gebühr nach Nr. 5115 VV. Hinsichtlich der **Grundgebühr** ist allerdings zu differenzieren:

---

[30] AGS 2010, 1 = BRAK-Mitt 2010, 33 = zfs 2010, 103 = Rpfleger 2010, 158 = AnwBl 2010, 140 = MDR 2010, 413 = JurBüro 2010, 132 = NJW 2010, 1209 = DAR 2010, 235 = NJW-Spezial 2010, 61 = RVGprof. 2010, 25 = RVGreport 2010, 70.

- Ist im Strafverfahren bereits die Grundgebühr nach Nr. 4100 VV entstanden und liegt dem Bußgeldverfahren dieselbe Handlung oder Tat zugrunde wie dem Strafverfahren, kann die Grundgebühr nicht erneut entstehen (Anm. Abs. 2 zu Nr. 5100 VV).
- Liegen dem Straf- und Bußgeldverfahren dagegen unterschiedliche Handlungen oder Taten zugrunde, kann die Grundgebühr im Bußgeldverfahren erneut entstehen.

Voraussetzung ist, dass die Bußgeldbehörde die Ermittlungen auch aufnimmt. Ohne ein Ordnungswidrigkeitenverfahren können keine Gebühren nach den Nrn. 5100 ff. VV ausgelöst werden. 72

| Beispiel 32 | Einstellung des Strafverfahrens und Abgabe nach § 43 Abs. 2 OWiG |

Nach einem Verkehrsunfall ermittelt die Staatsanwaltschaft wegen des Verdachts der Verkehrsunfallflucht und einer Trunkenheitsfahrt. Das Verfahren wegen des Verdachts der Verkehrsunfallflucht wird mangels Tatverdacht nach § 170 Abs. 2 StPO eingestellt. Hinsichtlich der Trunkenheitsfahrt wird die Sache an die Bußgeldbehörde nach § 43 Abs. 2 OWiG abgegeben, da die Blutalkoholkonzentration unter 0,5 o/oo liegt. Die Verwaltungsbehörde erlässt einen Bußgeldbescheid über 200,00 EUR, der akzeptiert wird.

Im Strafverfahren kann keine Zusätzliche Gebühr anfallen. Dies galt auch schon vor der Entscheidung des BGH, weil es sich insoweit nur um eine Teileinstellung des Verfahrens handelt, die für eine Zusätzliche Gebühr nach Nr. 4141 VV jedoch nicht ausreicht. Im Übrigen – also hinsichtlich der Ordnungswidrigkeit – wird das Verfahren fortgeführt – wenn auch vor der Verwaltungsbehörde.

Im Bußgeldverfahren entstehen daher mit Ausnahme der Grundgebühr alle weiteren Gebühren, hier also nur eine Verfahrensgebühr.

    I. **Strafverfahren**
    1. Grundgebühr, Nr. 4100 VV   200,00 EUR
    2. Verfahrensgebühr, Nr. 4104 VV   165,00 EUR
    3. Postentgeltpauschale, Nr. 7002 VV   20,00 EUR
       Zwischensumme   385,00 EUR
    4. 19 % Umsatzsteuer, Nr. 7008 VV   73,15 EUR
    Gesamt   **458,15 EUR**
    II. **Bußgeldverfahren**
    1. Verfahrensgebühr, Nr. 5109 VV   160,00 EUR
    2. Postentgeltpauschale, Nr. 7002 VV   20,00 EUR
       Zwischensumme   180,00 EUR
    3. 19 % Umsatzsteuer, Nr. 7008 VV   34,20 EUR
    Gesamt   **214,20 EUR**

| Beispiel 33 | Einstellung des Strafverfahrens und Abgabe nach § 43 Abs. 2 OWiG und anschließender Einstellung des Bußgeldverfahrens |

Wie vorangegangenes Beispiel 32; jedoch wird gegen den Bußgeldbescheid Einspruch eingelegt, dieser aber später wieder zurückgenommen.

Abzurechnen ist wie im vorangegangenen Beispiel; Im Bußgeldverfahren entsteht jetzt aber auch noch eine Zusätzliche Gebühr nach Nr. 5115 VV.

§ 36 Bußgeldsachen

I. Strafverfahren
1. Grundgebühr, Nr. 4100 VV 200,00 EUR
2. Verfahrensgebühr, Nr. 4104 VV 165,00 EUR
3. Postentgeltpauschale, Nr. 7002 VV 20,00 EUR
   Zwischensumme 385,00 EUR
4. 19 % Umsatzsteuer, Nr. 7008 VV 73,15 EUR
Gesamt 458,15 EUR

II. Bußgeldverfahren
1. Verfahrensgebühr, Nr. 5109 VV 160,00 EUR
2. Zusätzliche Gebühr, Nr. 5115, 5109 VV 160,00 EUR
3. Postentgeltpauschale, Nr. 7002 VV 20,00 EUR
   Zwischensumme 340,00 EUR
4. 19 % Umsatzsteuer, Nr. 7008 VV 64,60 EUR
Gesamt 404,60 EUR

> **Beispiel 34** Einstellung des Strafverfahrens und Abgabe nach § 43 Abs. 1 OWiG – die Verwaltungsbehörde leitet kein Ermittlungsverfahren ein

Die Staatsanwaltschaft ermittelt wegen des Verdachts einer Nötigung im Straßenverkehr. Das Verfahren wird nach § 170 Abs. 2 StPO mangels Tatverdacht eingestellt. Gleichzeitig wird die Sache an die Verwaltungsbehörde nach § 43 Abs. 1 OWiG abgegeben, damit diese gegebenenfalls wegen eines Verstoßes gegen die StVO ermittle. Die Verwaltungsbehörde sieht keine Anhaltspunkte für einen Verstoß gegen die StVO und sieht von der Einleitung eines Ermittlungsverfahrens ab.

Jetzt muss auch nach der Rspr. des BGH im Strafverfahren eine Zusätzliche Gebühr nach Nr. 4141 VV entstehen, da es nicht mehr zu einem Bußgeldverfahren gekommen ist und die Einstellung im Strafverfahren damit letztlich endgültig geblieben ist. Dafür entstehen mangels eines Bußgeldverfahrens keine Gebühren nach den Nrn. 5100 ff. VV.

1. Grundgebühr, Nr. 4100 VV 200,00 EUR
2. Verfahrensgebühr, Nr. 4104 VV 165,00 EUR
3. Verfahrensgebühr, Nrn. 4141, 4106 VV 165,00 EUR
4. Postentgeltpauschale, Nr. 7002 VV 20,00 EUR
   Zwischensumme 550,00 EUR
5. 19 % Umsatzsteuer, Nr. 7008 VV 104,50 EUR
Gesamt 654,50 EUR

> **Beispiel 35** Einstellung des Strafverfahrens und Abgabe an die Verwaltungsbehörde zur Verfolgung als Ordnungswidrigkeit wegen derselben Tat

Gegen den Mandanten war nach einem Verkehrsunfall ein Ermittlungsverfahren wegen des Verdachts der fahrlässigen Körperverletzung eingeleitet worden. Dieses Verfahren wurde dann nach Einlassung des Verteidigers von der Staatsanwaltschaft eingestellt. Gleichzeitig wurde die Sache zur weiteren Verfolgung als Ordnungswidrigkeit an die zuständige Verwaltungsbehörde abgegeben, die einen Bußgeldbescheid erlässt.

Im Strafverfahren ist jetzt eine Zusätzliche Gebühr nach Nr. 4141 VV entstanden (siehe Rn 68 ff.). Im Bußgeldverfahren entstehen alle Gebühren erneut, mit Ausnahme der Grundgebühr nach Nr. 5100 VV, da im Strafverfahren bereits die Grundgebühr nach Nr. 4100 VV entstanden ist.

Dies schließt den erneuten Anfall der Grundgebühr aus, soweit das vorangegangene Strafverfahren dieselbe Tat betraf (Anm. Abs. 2 zu Nr. 5100 VV).

I. **Strafverfahren**
1. Grundgebühr, Nr. 4100 VV   200,00 EUR
2. Verfahrensgebühr, Nr. 4104 VV   165,00 EUR
3. Zusätzliche Gebühr, Nrn. 4141, 4106 VV   165,00 EUR
4. Postentgeltpauschale, Nr. 7002 VV   20,00 EUR
    Zwischensumme   550,00 EUR
5. 19 % Umsatzsteuer, Nr. 7008 VV   104,50 EUR
Gesamt   **654,50 EUR**

II. **Bußgeldverfahren**
a) **Bußgeld unter 60,00 EUR**
1. Verfahrensgebühr, Nr. 5101 VV   65,00 EUR
2. Postentgeltpauschale, Nr. 7002 VV   13,00 EUR
    Zwischensumme   78,00 EUR
3. 19 % Umsatzsteuer, Nr. 7008 VV   14,82 EUR
Gesamt   **92,82 EUR**

b) **Bußgeld zwischen 60,00 EUR und 5.000,00 EUR**
1. Verfahrensgebühr, Nr. 5103 VV   160,00 EUR
2. Postentgeltpauschale, Nr. 7002 VV   20,00 EUR
    Zwischensumme   180,00 EUR
3. 19 % Umsatzsteuer, Nr. 7008 VV   34,20 EUR
Gesamt   **214,20 EUR**

Da es sich bei dem Bußgeldverfahren um eine eigene Angelegenheit handelt, kann hier im Falle einer Einstellung, einer Einspruchsrücknahme, eines Neuerlasses oder einer Entscheidung im schriftlichen Verfahren nach § 72 Abs. 1 S. 1 OWiG auch eine Zusätzliche Gebühr nach Nr. 5115 VV anfallen.   **73**

Im Falle der Einstellung reicht die Abgabe einer Einlassung im Strafverfahren aus, wenn anschließend das Bußgeldverfahren ebenfalls eingestellt wird.[31] Der BGH führt zu Recht aus, dass es unnötige Förmelei wäre, Mitwirkungshandlungen in jedem Verfahrensstadium erneut wiederholen zu müssen, nur um in den Genuss der zusätzlichen Gebühr zu kommen.   **74**

Beispiel 36 — **Einstellung des Strafverfahrens und Abgabe an die Verwaltungsbehörde zur Verfolgung als Ordnungswidrigkeit wegen derselben Tat mit Einstellung des Bußgeldverfahrens**

Gegen den Mandanten war nach einem Verkehrsunfall ein Ermittlungsverfahren wegen des Verdachts der fahrlässigen Körperverletzung eingeleitet worden. Dieses Verfahren wurde dann nach Einlassung des Verteidigers von der Staatsanwaltschaft eingestellt. Gleichzeitig wurde die Sache zur weiteren Verfolgung als Ordnungswidrigkeit an die zuständige Verwaltungsbehörde abgegeben. Die Verwaltungsbehörde stellt das Verfahren wegen der Ordnungswidrigkeit ein.

Zu rechnen ist wie im vorgehenden Beispiel: Jetzt kommt allerdings noch die Zusätzliche Gebühr nach Nr. 5115 VV (Anm. Abs. 1 Nr. 1 zu Nr. 5115 VV) hinzu. Da es sich bei Strafverfahren und Bußgeldverfahren um zwei verschiedene Angelegenheiten handelt (§ 17 Nr. 10 Buchst. b) RVG), kann folglich auch die Zusätzliche Gebühr in jedem Verfahren gesondert anfallen.

---

[31] BGH AGS 2008, 491 = MDR 2008, 1366 = zfs 2008, 709 = AnwBl 2008, 886 = Rpfleger 2009, 48 = JurBüro 2008, 639 = DAR 2009, 56 = NJW 2009, 368 = BGHReport 2009, 51 = NJW-Spezial 2008, 701 = RVGreport 2008, 431 = RVGprof. 2008, 205 = BRAK-Mitt 2008, 280.

§ 36 Bußgeldsachen

    I. **Strafverfahren**
      1. Grundgebühr, Nr. 4100 VV   200,00 EUR
      2. Verfahrensgebühr, Nr. 4104 VV   165,00 EUR
      3. Verfahrensgebühr, Nr. 4104 VV   165,00 EUR
      4. Postentgeltpauschale, Nr. 7002 VV   20,00 EUR
         Zwischensumme   550,00 EUR
      5. 19 % Umsatzsteuer, Nr. 7008 VV   104,50 EUR
    Gesamt   **654,50 EUR**
    II. **Bußgeldverfahren**
    a) **Bußgeld unter 60,00 EUR**
      1. Verfahrensgebühr, Nr. 5101 VV   65,00 EUR
      2. Zusätzliche Gebühr, Nrn. 5115, 5107 VV   65,00 EUR
      3. Postentgeltpauschale, Nr. 7002 VV   20,00 EUR
         Zwischensumme   150,00 EUR
      4. 19 % Umsatzsteuer, Nr. 7008 VV   28,50 EUR
    Gesamt   **178,50 EUR**
    b) **Bußgeld zwischen 60,00 EUR und 5.000,00 EUR**
      1. Verfahrensgebühr, Nr. 5103 VV   160,00 EUR
      2. Zusätzliche Gebühr, Nrn. 5115, 5109 VV   160,00 EUR
      3. Postentgeltpauschale, Nr. 7002 VV   20,00 EUR
         Zwischensumme   340,00 EUR
      4. 19 % Umsatzsteuer, Nr. 7008 VV   64,60 EUR
    Gesamt   **404,60 EUR**

Beispiel 37	Einstellung des Strafverfahrens und Abgabe an die Verwaltungsbehörde zur Verfolgung als Ordnungswidrigkeit wegen anderer Tat

Die Staatsanwaltschaft ermittelt nach einem Verkehrsunfall wegen des Verdachts der Verkehrsunfallflucht. Das Verfahren wird eingestellt. Anlässlich der Fahrzeugbegutachtung hat sich jedoch herausgestellt, dass die Anhängerkupplung am Fahrzeug des Mandanten nicht zugelassen ist. Daraufhin wird ein Bußgeldverfahren eingeleitet, das schließlich eingestellt wird.

Auch hier handelt es sich wieder um **zwei verschiedene Angelegenheiten**. Ob dies aus § 17 Nr. 10 RVG folgt oder bereits daraus, dass den Tatvorwürfen jeweils unterschiedliche Lebenssachverhalte und unterschiedliche Vorwürfe zugrunde liegen, kann dabei dahinstehen.

Der Anwalt erhält also wiederum im Strafverfahren eine **Grundgebühr** sowie eine **Verfahrensgebühr** und wegen der Einstellung auch eine **Zusätzliche Gebühr** nach Nr. 4141 VV.

Im Bußgeldverfahren entsteht jetzt ebenfalls die **Grundgebühr** (Nr. 5100 VV). Der Ausschlusstatbestand nach Anm. Abs. 2 zu Nr. 5100 VV greift nicht, da dem Strafverfahren und dem Bußgeldverfahren weder dieselbe Handlung noch dieselbe Tat zugrunde liegen. Es handelt sich vielmehr um eigenständige und selbstständige Tatvorwürfe.

Hinzu kommen wiederum eine **Verfahrensgebühr** sowie eine **Zusätzliche Gebühr** (Nr. 5115 VV).

    I. **Strafverfahren**
      1. Grundgebühr, Nr. 4100 VV   200,00 EUR
      2. Verfahrensgebühr, Nr. 4104 VV   165,00 EUR
      3. Zusätzliche Gebühr, Nrn. 4141, 4106 VV   165,00 EUR
      4. Postentgeltpauschale, Nr. 7002 VV   20,00 EUR
         Zwischensumme   550,00 EUR

5. 19 % Umsatzsteuer, Nr. 7008 VV		104,50 EUR
Gesamt		**654,50 EUR**

II. Bußgeldverfahren
a) Bußgeld unter 60,00 EUR

1. Grundgebühr, Nr. 5100 VV		100,00 EUR
2. Verfahrensgebühr, Nr. 5101 VV		65,00 EUR
3. Postentgeltpauschale, Nr. 7002 VV		20,00 EUR
Zwischensumme	185,00 EUR	
4. 19 % Umsatzsteuer, Nr. 7008 VV		35,15 EUR
Gesamt		**220,15 EUR**

b) Bußgeld zwischen 60,00 EUR und 5.000,00 EUR

1. Grundgebühr, Nr. 5100 VV		100,00 EUR
2. Verfahrensgebühr, Nr. 5103 VV		160,00 EUR
3. Postentgeltpauschale, Nr. 7002 VV		20,00 EUR
Zwischensumme	280,00 EUR	
4. 19 % Umsatzsteuer, Nr. 7008 VV		53,20 EUR
Gesamt		**333,20 EUR**

4. Erstinstanzliches gerichtliches Verfahren

a) Überblick

Im erstinstanzlichen gerichtlichen Verfahren bestimmen sich die Gebühren nach Teil 5 Abschnitt 1 Unterabschnitt 3 VV. Ergänzend gelten Unterabschnitt 1 (Allgemeine Gebühr) und Unterabschnitt 5 (Zusätzliche Gebühren). **75**

Während im RVG zunächst nur das gerichtliche Verfahren vor dem Amtsgericht geregelt war (Teil 5 Abschnitt 1, Unterabschnitt 3 VV), ist durch das 2. JuMoG zum 31.12.2006 klargestellt worden, dass dieser Unterabschnitt für alle erstinstanzlichen gerichtlichen Verfahren gilt, also auch für die Fälle, in denen nicht das Amtsgericht, sondern das Oberlandesgericht erstinstanzlich zuständig ist (z.B. Verfahren nach § 83 GWB, § 62 WpÜG, § 98 EnWG).[32] **76**

Das erstinstanzliche gerichtliche Verfahren vor dem Amtsgericht oder auch dem Oberlandesgericht beginnt mit Eingang der Akten bei Gericht (arg. e. Vorbem. 5.1.2 Abs. 1 VV) und endet mit der Rücknahme des Einspruchs, der Einstellung des Verfahrens oder mit Erlass des Urteils oder eines Beschlusses im Verfahren nach § 72 OWiG. **77**

Das Einlegen der Rechtsbeschwerde oder des Antrags auf Zulassung der Rechtsbeschwerde gehört noch zur Instanz (§ 19 Abs. 1 S. 2 Nr. 10 RVG). Ebenso gehören Nebentätigkeiten noch zum Rechtszug, insbesondere die Kostenfestsetzung (§ 19 Abs. 1 S. 2 Nr. 14 RVG). **78**

Besondere Angelegenheiten im gerichtlichen Verfahren sind nach Vorbem. 5 Abs. 4 Nr. 1 VV die Verfahren über **79**
- die Erinnerung oder die Beschwerde gegen einen Kostenfestsetzungsbeschluss,
- die Erinnerung gegen den Kostenansatz,
- die Beschwerde gegen die Entscheidung über diese Erinnerung.

Hierzu siehe Rn 156 ff.

Auch im erstinstanzlichen gerichtlichen Verfahren kann der Anwalt die **Grundgebühr** (Nr. 5100 VV) verdienen, sofern er dort erstmals beauftragt wird (Anm. Abs. 1 zu Nr. 5100 VV). War der **80**

---

[32] Zur Abrechnung vor dem 31.12.2006 siehe AnwK-RVG/*N. Schneider*, vor Nrn. 5107 ff. Rn 2; *N. Schneider*, Fünf Zweifelsfälle in Straf- und Bußgeldsachen, RVG-B, 2005, 14.

Anwalt dagegen schon im Verfahren vor der Verwaltungsbehörde tätig, kann die Grundgebühr nicht erneut entstehen.

81 Im erstinstanzlichen gerichtlichen Verfahren entsteht zunächst wiederum eine **Verfahrensgebühr** (Nrn. 5107, 5109, 5111 VV). Auch hier richtet sich der Gebührenrahmen nach der Höhe des Bußgeldes. Da im Gegensatz zum Verfahren vor der Verwaltungsbehörde der Bußgeldbescheid bereits erlassen sein muss, steht die Höhe des Bußgeldes grundsätzlich fest. Eventuelle Veränderungen sind jedoch zu berücksichtigen (siehe Rn 105 ff., Beispiele 66 u. 67). Soweit nur ein beschränkter Einspruch eingelegt wird, bestimmt sich die Höhe der Gebühren nach der Höhe des noch einspruchsbefangenen Bußgeldes (siehe Beispiele 68 u. 69).

82 Neben der Verfahrensgebühr erhält der Anwalt auch im gerichtlichen Verfahren eine **Terminsgebühr**, und zwar für jeden Kalendertag, an dem ein gerichtlicher Termin stattfindet. Diese Terminsgebühr gilt nicht nur für Hauptverhandlungstermine. Die Terminsgebühr im gerichtlichen Verfahren entsteht nach Vorbem. 5.1.3 Abs. 1 VV auch für die Teilnahme an Terminen außerhalb der Hauptverhandlung. Finden am selben Tage mehrere Termine statt, entsteht die Gebühr nur einmal.

83 Eine Unterscheidung zwischen Hauptverhandlungsterminen und anderen gerichtlichen Terminen, etwa zur Vernehmung eines Zeugen vor dem auswärtigen Gericht im Wege der Rechtshilfe o. Ä., findet in Bußgeldsachen nicht statt. Hier steht dem Anwalt für sämtliche Termine einheitlich derselbe Gebührenrahmen zur Verfügung. Es findet hier auch keine Zusammenfassung von bis drei Terminen je Gebühr statt, wie im Strafverfahren (siehe Anm. S. 2 zu Nr. 4102 VV).

84 Der Rechtsanwalt erhält die Terminsgebühr auch hier, wenn er zu einem anberaumten Termin erscheint, dieser aber aus Gründen, die er nicht zu vertreten hat, nicht stattfindet (Vorbem. 5 Abs. 3 S. 2 VV). Dies gilt nicht, wenn er rechtzeitig von der Aufhebung oder Verlegung des Termins in Kenntnis gesetzt worden ist (Vorbem. 5 Abs. 3 S. 3 VV).

85 Die Terminsgebühr im gerichtlichen Verfahren ist wiederum gestaffelt nach der Höhe des Bußgeldes (Nrn. 5108, 5110, 5112 VV). Sie kann auch von der Höhe der Verfahrensgebühr abweichen, so z.B. bei einer nachträglichen Einspruchsbeschränkung (siehe Rn 105, Beispiele 66–69).

86 Neben Verfahrens- und Terminsgebühren kommen auch hier **zusätzliche Gebühren** in Betracht (Nrn. 5115, 5116 VV).

b) Der Anwalt war bereits im Verfahren vor der Verwaltungsbehörde beauftragt

aa) Überblick

87 War der Anwalt bereits im Verfahren vor der Verwaltungsbehörde beauftragt (siehe Rn 32 ff.), kann im gerichtlichen Verfahren die **Grundgebühr** (Nr. 5100 VV) nicht mehr erneut entstehen (Anm. Abs. 1 zu Nr. 5100 VV).

88 Ebenso wenig kann die **zusätzliche Verfahrensgebühr nach Nr. 5116 VV** erneut entstehen, wenn sie im Verfahren vor der Verwaltungsbehörde bereits angefallen war (Anm. Abs. 3 zu Nr. 5116 VV).

89 Alle sonstigen Gebühren (also **Verfahrens-** und **Terminsgebühren**) sowie die **Zusätzliche Gebühr nach Nr. 5115 VV** können im erstinstanzlichen gerichtlichen Verfahren dagegen wiederum erneut entstehen, da es sich um eine eigene Angelegenheit handelt (§ 17 Nr. 11 RVG).

bb) Postentgeltpauschale

Strittig war, ob im gerichtlichen Verfahren gegenüber dem Verfahren vor der Verwaltungsbehörde eine gesonderte **Postentgeltpauschale** nach Nr. 7002 VV anstand. Diese Streitfrage hat der Gesetzgeber mit dem 2. KostRMoG durch die Neufassung des § 17 Nr. 11 RVG zum 1.8.2013 dahingehend geklärt, dass es sich um zwei verschiedene Angelegenheiten handelt und folglich die Postentgeltpauschale gesondert anfällt (siehe Rn 12).

90

| Beispiel 38 | Berechnung der Postentgeltpauschale |

Der Anwalt war wegen eines Bußgeldes in Höhe von 70,00 EUR im Verfahren vor der Verwaltungsbehörde tätig und wird anschließend im gerichtlichen Verfahren tätig, in dem die Hauptverhandlung durchgeführt wird.

Nach § 17 Nr. 11 RVG sind das Verfahren vor der Verwaltungsbehörde und das anschließende gerichtliche Verfahren jeweils gesonderte Angelegenheiten, so dass auch zwei Postentgeltpauschalen anfallen.

   I. Verfahren vor der Verwaltungsbehörde
1. Grundgebühr, Nr. 5100 VV   100,00 EUR
2. Verfahrensgebühr, Nr. 5103 VV   160,00 EUR
3. Postentgeltpauschale, Nr. 7002 VV   20,00 EUR
    Zwischensumme   280,00 EUR
4. 19 % Umsatzsteuer, Nr. 7008 VV   53,20 EUR
Gesamt   **333,20 EUR**

   II. Gerichtliches Verfahren
1. Verfahrensgebühr, Nr. 5109 VV   160,00 EUR
2. Terminsgebühr, Nr. 5110 VV   255,00 EUR
3. Postentgeltpauschale, Nr. 7002 VV   20,00 EUR
    Zwischensumme   435,00 EUR
4. 19 % Umsatzsteuer, Nr. 7008 VV   82,65 EUR
Gesamt   **517,65 EUR**

cc) Verfahrensgebühr

Als erstes entsteht im gerichtlichen Verfahren eine Verfahrensgebühr für das Betreiben des Geschäfts. Sie wird bereits mit der Entgegennahme der Information ausgelöst (Vorbem. 5 Abs. 2 VV).

91

| Beispiel 39 | Einspruchsrücknahme, Zwei-Wochen-Frist nicht gewahrt |

Im gerichtlichen Verfahren wird der Einspruch drei Tage vor dem anberaumten Hauptverhandlungstermin zurückgenommen.

Im gerichtlichen Verfahren entsteht jetzt nur die Verfahrensgebühr, die sich grundsätzlich nach der Höhe des im Bußgeldbescheid verhängten Bußgeldes richtet. Da der Einspruch erst drei Tage vor dem Hauptverhandlungstermin zurückgenommen worden ist, entsteht keine Zusätzliche Gebühr nach Anm. Abs. 1 Nr. 4 zu Nr. 5115 VV, da diese nur dann ausgelöst wird, wenn der Einspruch mehr als zwei Wochen vor einem eventuell anberaumten Hauptverhandlungstermin zurückgenommen wird (siehe Rn 98).

§ 36 Bußgeldsachen

I. Bußgeld unter 60,00 EUR
1. Verfahrensgebühr, Nr. 5107 VV   65,00 EUR
2. Postentgeltpauschale, Nr. 7002 VV   13,00 EUR
   Zwischensumme   78,00 EUR
3. 19 % Umsatzsteuer, Nr. 7008 VV   14,82 EUR
Gesamt   92,82 EUR

II. Bußgeld zwischen 60,00 EUR und 5.000,00 EUR
1. Verfahrensgebühr, Nr. 5109 VV   160,00 EUR
2. Postentgeltpauschale, Nr. 7002 VV   20,00 EUR
   Zwischensumme   180,00 EUR
3. 19 % Umsatzsteuer, Nr. 7008 VV   34,20 EUR
Gesamt   214,20 EUR

III. Bußgeld über 5.000,00 EUR
1. Verfahrensgebühr, Nr. 5111 VV   200,00 EUR
2. Postentgeltpauschale, Nr. 7002 VV   20,00 EUR
   Zwischensumme   220,00 EUR
3. 19 % Umsatzsteuer, Nr. 7008 VV   41,80 EUR
Gesamt   261,80 EUR

Beispiel 40 | **Einstellung des Verfahrens ohne Hauptverhandlung, keine Mitwirkung des Verteidigers**

Das Gericht stellt das Verfahren außerhalb der Hauptverhandlung ohne Mitwirkung des Verteidigers ein.

Zu rechnen ist ebenso wie im vorangegangenen Beispiel 39. Mangels Mitwirkung an der Einstellung kann auch hier keine Zusätzliche Gebühr anfallen.

Beispiel 41 | **Vorläufige Einstellung des Verfahrens ohne Hauptverhandlung**

Das Gericht stellt das Verfahren außerhalb der Hauptverhandlung vorläufig ein, weil der Betroffene unbekannt ins Ausland verzogen ist.

Zu rechnen ist ebenso wie im Beispiel 39. Da die Einstellung nach § 46 OWiG, § 205 StPO nur vorläufig ist, löst dies keine Zusätzliche Gebühr aus.

dd) Verfahren mit Termin außerhalb der Hauptverhandlung

92   Kommt es im gerichtlichen Verfahren nicht zur Hauptverhandlung, sondern nur zu einem Termin außerhalb der Hauptverhandlung, entsteht die gleiche Gebühr wie für eine Hauptverhandlung (Vorbem. 5.1.3 Abs. 1 VV).

Beispiel 42 | **Gerichtliches Verfahren mit Termin außerhalb der Hauptverhandlung**

Das Amtsgericht Köln lässt im Wege der Rechtshilfe vor dem Amtsgericht Bremen einen Zeugen vernehmen. Der Verteidiger nimmt an diesem Termin teil. Anschließend wird die Hauptverhandlung anberaumt. Drei Tage vor der Hauptverhandlung wird der Einspruch zurückgenommen.

Der Verteidiger erhält eine Terminsgebühr nach Vorbem. 5.1.3 Abs. 1 VV. Eine Zusätzliche Gebühr ist nicht angefallen, da die Frist nicht gewahrt worden ist.

I. Bußgeld unter 60,00 EUR
1.	Verfahrensgebühr, Nr. 5107 VV	65,00 EUR
2.	Terminsgebühr, Vorbem. 5.1.3 Abs. 1 i.V.m. Nr. 5108 VV	130,00 EUR
3.	Postentgeltpauschale, Nr. 7002 VV	20,00 EUR
	Zwischensumme 215,00 EUR	
4.	19 % Umsatzsteuer, Nr. 7008 VV	40,85 EUR
	Gesamt	**255,85 EUR**

II. Bußgeld zwischen 60,00 EUR und 5.000,00 EUR
1.	Verfahrensgebühr, Nr. 5109 VV	160,00 EUR
2.	Terminsgebühr, Vorbem. 5.1.3 Abs. 1 i.V.m. Nr. 5110 VV	255,00 EUR
3.	Postentgeltpauschale, Nr. 7002 VV	20,00 EUR
	Zwischensumme 435,00 EUR	
4.	19 % Umsatzsteuer, Nr. 7008 VV	82,65 EUR
	Gesamt	**517,65 EUR**

III. Bußgeld über 5.000,00 EUR
1.	Verfahrensgebühr, Nr. 5111 VV	200,00 EUR
2.	Terminsgebühr, Vorbem. 5.1.3 Abs. 1 i.V.m. Nr. 5112 VV	320,00 EUR
3.	Postentgeltpauschale, Nr. 7002 VV	20,00 EUR
	Zwischensumme 540,00 EUR	
4.	19 % Umsatzsteuer, Nr. 7008 VV	102,60 EUR
	Gesamt	**642,60 EUR**

ee) Verfahren mit Hauptverhandlung

Beispiel 43 | **Gerichtliches Verfahren mit Hauptverhandlung, ein Termin**   93

Im gerichtlichen Verfahren kommt es zur Hauptverhandlung, in der ein Urteil ergeht.

Kommt es zur Hauptverhandlung, erhält der Verteidiger neben der Verfahrensgebühr eine Terminsgebühr nach Nrn. 5108, 5110, 5112 VV, je nach Höhe des Bußgeldes.

I. Bußgeld unter 60,00 EUR
1.	Verfahrensgebühr, Nr. 5107 VV	65,00 EUR
2.	Terminsgebühr, Nr. 5108 VV	130,00 EUR
3.	Postentgeltpauschale, Nr. 7002 VV	20,00 EUR
	Zwischensumme 215,00 EUR	
4.	19 % Umsatzsteuer, Nr. 7008 VV	40,85 EUR
	Gesamt	**255,85 EUR**

II. Bußgeld zwischen 60,00 EUR und 5.000,00 EUR
1.	Verfahrensgebühr, Nr. 5109 VV	160,00 EUR
2.	Terminsgebühr, Nr. 5110 VV	255,00 EUR
3.	Postentgeltpauschale, Nr. 7002 VV	20,00 EUR
	Zwischensumme 435,00 EUR	
4.	19 % Umsatzsteuer, Nr. 7008 VV	82,65 EUR
	Gesamt	**517,65 EUR**

III. Bußgeld über 5.000,00 EUR
1.	Verfahrensgebühr, Nr. 5111 VV	200,00 EUR
2.	Terminsgebühr, Nr. 5112 VV	320,00 EUR
3.	Postentgeltpauschale, Nr. 7002 VV	20,00 EUR
	Zwischensumme 540,00 EUR	
4.	19 % Umsatzsteuer, Nr. 7008 VV	102,60 EUR
	Gesamt	**642,60 EUR**

| Beispiel 44 | Einspruchsrücknahme in der Hauptverhandlung |

In der Hauptverhandlung wird der Einspruch zurückgenommen.

Wird der Einspruch in der Hauptverhandlung zurückgenommen, verdient der Anwalt neben der jeweiligen Verfahrensgebühr eine Terminsgebühr. Eine Zusätzliche Gebühr nach Nr. 5115 VV kann hier nicht anfallen, da die Hauptverhandlung nicht vermieden worden ist. Zu rechnen ist wie im vorangegangenen Beispiel 43.

| Beispiel 45 | Einstellung in der Hauptverhandlung |

In der Hauptverhandlung wird das Verfahren eingestellt.

Auch hier fallen nur die Verfahrens- und Terminsgebühr an. Die Einstellung in der Hauptverhandlung löst keine Zusätzliche Gebühr aus. Zu rechnen ist wie im Beispiel 43.

| Beispiel 46 | Hauptverhandlung, erneute Hauptverhandlung und Fortsetzungstermin |

Im ersten Hauptverhandlungstermin wird die Sache vertagt und ein Sachverständigengutachten in Auftrag gegeben. Zwei Monate später findet die erneute Hauptverhandlung statt. Dort stellt sich heraus, dass noch ein Zeuge vernommen werden muss. Es wird dann eine Woche später die Hauptverhandlung fortgesetzt und ein Urteil verkündet.

Der Anwalt hat hier neben der Verfahrensgebühr jetzt drei Terminsgebühren verdient, da es zu drei Hauptverhandlungsterminen gekommen ist. Im Gegensatz zu den Gebühren nach Teil 3 VV entsteht die Terminsgebühr in Angelegenheiten nach Teil 5 VV je Kalendertag gesondert. Eine Unterscheidung zwischen dem erstem Hauptverhandlungstermin, einem Fortsetzungstermin und einem erneutem Hauptverhandlungstermin kennt das RVG nicht.

I. Bußgeld unter 60,00 EUR
1. Verfahrensgebühr, Nr. 5107 VV   65,00 EUR
2. Terminsgebühr, Nr. 5108 VV   130,00 EUR
   (1. Hauptverhandlungstermin)
3. Terminsgebühr, Nr. 5108 VV   130,00 EUR
   (2. Hauptverhandlungstermin)
4. Terminsgebühr, Nr. 5108 VV   130,00 EUR
   (3. Hauptverhandlungstermin)
5. Postentgeltpauschale, Nr. 7002 VV   20,00 EUR
   Zwischensumme   475,00 EUR
6. 19 % Umsatzsteuer, Nr. 7008 VV   90,25 EUR
Gesamt   565,25 EUR

II. Bußgeld zwischen 60,00 EUR und 5.000,00 EUR
1. Verfahrensgebühr, Nr. 5109 VV   160,00 EUR
2. Terminsgebühr, Nr. 5110 VV   255,00 EUR
   (1. Hauptverhandlungstermin)
3. Terminsgebühr, Nr. 5110 VV   255,00 EUR
   (2. Hauptverhandlungstermin)
4. Terminsgebühr, Nr. 5110 VV   255,00 EUR
   (3. Hauptverhandlungstermin)
5. Postentgeltpauschale, Nr. 7002 VV   20,00 EUR
   Zwischensumme   945,00 EUR
6. 19 % Umsatzsteuer, Nr. 7008 VV   179,55 EUR
Gesamt   1.124,55 EUR

III. Bußgeld über 5.000,00 EUR

1.	Verfahrensgebühr, Nr. 5111 VV		200,00 EUR
2.	Terminsgebühr, Nr. 5112 VV (1. Hauptverhandlungstermin)		320,00 EUR
3.	Terminsgebühr, Nr. 5112 VV (2. Hauptverhandlungstermin)		320,00 EUR
4.	Terminsgebühr, Nr. 5112 VV (3. Hauptverhandlungstermin)		320,00 EUR
5.	Postentgeltpauschale, Nr. 7002 VV		20,00 EUR
	Zwischensumme	1.180,00 EUR	
6.	19 % Umsatzsteuer, Nr. 7008 VV		224,20 EUR
	Gesamt		**1.404,20 EUR**

Beispiel 47 — **Gerichtliches Verfahren mit ausgefallenem ersten Hauptverhandlungstermin und später durchgeführter Hauptverhandlung**

Zum ersten Hauptverhandlungstermin erscheint der Verteidiger, erfährt dann jedoch, dass der Termin aufgehoben worden ist. Es kommt später zu einem neuen Termin, der auch durchgeführt wird.

Auch hier hat der Anwalt mehrere Terminsgebühren verdient. Dass der erste Termin ausgefallen ist, spielt keine Rolle, da der Verteidiger zu dem Termin erschienen ist, er die Aufhebung nicht zu vertreten hatte und er auch von der Aufhebung nicht rechtzeitig in Kenntnis gesetzt worden war (Vorbem. 5 Abs. 2 S. 2 und 3 VV).

Für den ersten Hauptverhandlungstermin dürfte nach § 14 Abs. 1 RVG eine Gebühr im unteren Bereich anzusetzen sein, da es letztlich nicht zur Durchführung des Termins gekommen ist. Zu beachten ist allerdings, dass die Terminsgebühr aber auch den Aufwand zur Vorbereitung des Termins abgilt.[33] Für den zweiten Termin entsteht eine weitere Terminsgebühr, wobei hier von der Mittelgebühr auszugehen sein dürfte.

I. Bußgeld unter 60,00 EUR

1.	Verfahrensgebühr, Nr. 5107 VV		65,00 EUR
2.	Terminsgebühr, Nr. 5108 VV, Vorbem. 5 Abs. 3 S. 2 VV		100,00 EUR
3.	Terminsgebühr, Nr. 5108 VV		130,00 EUR
4.	Postentgeltpauschale, Nr. 7002 VV		20,00 EUR
	Zwischensumme	315,00 EUR	
5.	19 % Umsatzsteuer, Nr. 7008 VV		59,85 EUR
	Gesamt		**374,85 EUR**

II. Bußgeld zwischen 60,00 EUR und 5.000,00 EUR

1.	Verfahrensgebühr, Nr. 5109 VV		160,00 EUR
2.	Terminsgebühr, Nr. 5110 VV, Vorbem. 5 Abs. 3 S. 2 VV		195,00 EUR
3.	Terminsgebühr, Nr. 5110 VV		255,00 EUR
4.	Postentgeltpauschale, Nr. 7002 VV		20,00 EUR
	Zwischensumme	630,00 EUR	
5.	19 % Umsatzsteuer, Nr. 7008 VV		119,70 EUR
	Gesamt		**749,70 EUR**

III. Bußgeld über 5.000,00 EUR

1.	Verfahrensgebühr, Nr. 5111 VV		200,00 EUR
2.	Terminsgebühr, Nr. 5112 VV, Vorbem. 5 Abs. 3 S. 2 VV		250,00 EUR
3.	Terminsgebühr, Nr. 5112 VV		320,00 EUR
4.	Postentgeltpauschale, Nr. 7002 VV		20,00 EUR
	Zwischensumme	790,00 EUR	

---

[33] OLG Hamm AGS 2006, 498.

§ 36 Bußgeldsachen

    5. 19 % Umsatzsteuer, Nr. 7008 VV   150,10 EUR
Gesamt   **940,10 EUR**

ff) Verfahren mit Hauptverhandlung und Termin außerhalb der Hauptverhandlung

94 | **Beispiel 48** | **Gerichtliches Verfahren mit Hauptverhandlung und auswärtiger Zeugenvernehmung**

Vor dem ersten Hauptverhandlungstermin lässt das Amtsgericht Köln im Wege der Rechtshilfe vor dem Amtsgericht Bremen einen Zeugen vernehmen und führt anschließend die Hauptverhandlung durch. Der Verteidiger nimmt an beiden Terminen teil.

Angefallen sind hier zunächst wieder die Verfahrensgebühr sowie eine Terminsgebühr für den Hauptverhandlungstag. Daneben erhält der Anwalt eine weitere Terminsgebühr für die Teilnahme an dem auswärtigen Zeugenvernehmungstermin. Im Gegensatz zu den Strafsachen unterscheidet Teil 5 VV nicht nach Hauptverhandlungsterminen und sonstigen Terminen. Die Terminsgebühr entsteht vielmehr nach Vorbem. 5.1.3 Abs. 1 VV auch für die Teilnahme an Terminen außerhalb der Hauptverhandlung.

Infolge der geringeren Bedeutung kann allerdings für den Zeugenvernehmungstermin gegebenenfalls nur eine unterdurchschnittliche Gebühr anzusetzen sein.

    I. Bußgeld unter 60,00 EUR
    1. Verfahrensgebühr, Nr. 5107 VV   65,00 EUR
    2. Terminsgebühr, Vorbem. 5.1.3 Abs. 1 i.V.m. Nr. 5108 VV   100,00 EUR
    3. Terminsgebühr, Nr. 5108 VV   130,00 EUR
    4. Fahrtkosten, Nr. 7003 VV
        Köln – Bremen u. zurück, 2 × 300 km × 0,30 EUR   180,00 EUR
    5. Abwesenheitsentgelt, Nr. 7005 Nr. 3 VV   70,00 EUR
    6. Postentgeltpauschale, Nr. 7002 VV   20,00 EUR
        Zwischensumme   565,00 EUR
    7. 19 % Umsatzsteuer, Nr. 7008 VV   107,35 EUR
    Gesamt   **672,35 EUR**
    II. Bußgeld zwischen 60,00 EUR und 5.000,00 EUR
    1. Verfahrensgebühr, Nr. 5109 VV   160,00 EUR
    2. Terminsgebühr, Vorbem. 5.1.3 Abs. 1 i.V.m. Nr. 5110 VV   195,00 EUR
    3. Terminsgebühr, Nr. 5110 VV   255,00 EUR
    4. Fahrtkosten, Nr. 7003 VV
        Köln-Bremen u. zurück, 2 × 300 km × 0,30 EUR   180,00 EUR
    5. Abwesenheitsentgelt, Nr. 7005 Nr. 3 VV   70,00 EUR
    6. Postentgeltpauschale, Nr. 7002 VV   20,00 EUR
        Zwischensumme   880,00 EUR
    7. 19 % Umsatzsteuer, Nr. 7008 VV   167,20 EUR
    Gesamt   **1.047,20 EUR**
    III. Bußgeld über 5.000,00 EUR
    1. Verfahrensgebühr, Nr. 5111 VV   200,00 EUR
    2. Terminsgebühr, Vorbem. 5.1.3 Abs. 1 i.V.m. Nr. 5112 VV   250,00 EUR
    3. Terminsgebühr, Nr. 5112 VV   320,00 EUR
    4. Fahrtkosten, Nr. 7003 VV
        Köln-Bremen u. zurück, 2 × 300 km × 0,30 EUR   180,00 EUR
    5. Abwesenheitsentgelt, Nr. 7005 Nr. 3 VV   70,00 EUR
    6. Postentgeltpauschale, Nr. 7002 VV   20,00 EUR
        Zwischensumme   1.040,00 EUR
    7. 19 % Umsatzsteuer, Nr. 7008 VV   197,60 EUR
    Gesamt   **1.237,60 EUR**

gg) Zusätzliche Gebühr nach Nr. 5115 VV

(1) Zusätzliche Gebühr ohne Hauptverhandlung

Ebenso wie im Verfahren vor der Verwaltungsbehörde kann auch im erstinstanzlichen gerichtlichen Verfahren eine Zusätzliche Gebühr nach Nr. 5115 VV anfallen. Diese kommt in drei Fällen in Betracht. Die Gebühr entsteht, wenn
- das Verfahren **nicht nur vorläufig eingestellt** wird (Anm. Abs. 1 Nr. 1 zu Nr. 5115 VV),
- sich das Verfahren durch **Rücknahme des Einspruchs** gegen den Bußgeldbescheid erledigt; sofern bereits ein Termin zur Hauptverhandlung bestimmt ist, entsteht die Gebühr nur, wenn der **Einspruch** früher als zwei Wochen vor Beginn des Tages, der für die Hauptverhandlung vorgesehen war, **zurückgenommen** wird (Anm. Abs. 1 Nr. 4 zu Nr. 5115 VV),
- das Gericht nach **§ 72 Abs. 1 S. 1 OWiG durch Beschluss** entscheidet (Anm. Abs. 1 Nr. 5 zu Nr. 5115 VV).

Die Gebühr entsteht auch hier nicht, wenn eine auf die Förderung des Verfahrens gerichtete Tätigkeit nicht ersichtlich ist (Anm. Abs. 2 zu Nr. 5115 VV). Insoweit reicht eine Mitwirkung im Verfahren vor der Verwaltungsbehörde aus (Einlassungen, Schriftsätze u.Ä.), auch wenn diese sich erst im gerichtlichen Verfahren auswirkt.[34] Die Mitwirkungshandlung muss im gerichtlichen Verfahren nicht wiederholt werden. Das wäre unnötige Förmelei.

Die Höhe der Gebühr richtet sich nach dem Rechtszug, in dem die Hauptverhandlung vermieden wurde (Anm. Abs. 3 S. 1 zu Nr. 5115 VV). Für den Wahlanwalt bemisst sich die Gebühr nach der Rahmenmitte (Anm. Abs. 3 S. 2 zu Nr. 5115 VV); es handelt sich also faktisch um eine Festgebühr (siehe Rn 46).

Wird der Einspruch zurückgenommen und ist bereits ein Hauptverhandlungstermin anberaumt, so ist zu beachten, dass die Rücknahme mehr als zwei Wochen vor dem Termin erklärt werden muss (Anm. Abs. 1 Nr. 4 zu Nr. 5115 VV). Maßgebend ist der Eingang bei Gericht. Eine Wiedereinsetzung ist nicht möglich.[35] Für die Fristberechnung gelten die §§ 187 ff. BGB (§ 186 BGB).[36]

> **Beispiel 49** — **Einspruchsrücknahme im gerichtlichen Verfahren vor Anberaumung eines Hauptverhandlungstermins**
>
> **Der Verteidiger nimmt den Einspruch nach Eingang der Akten bei Gericht aber noch vor Anberaumung eines Hauptverhandlungstermins zurück.**

Da noch kein Hauptverhandlungstermin anberaumt war, kann die Ausschlussfrist der Anm. Abs. 1 Nr. 4 zu Nr. 5115 VV (mehr als zwei Wochen) nicht greifen. Der Anwalt erhält in diesem Fall die Zusätzliche Gebühr immer.

I. Bußgeld unter 60,00 EUR
1. Verfahrensgebühr, Nr. 5107 VV   65,00 EUR
2. Zusätzliche Gebühr, Nrn. 5115, 5107 VV   65,00 EUR
3. Postentgeltpauschale, Nr. 7002 VV   20,00 EUR
   Zwischensumme   150,00 EUR
4. 19 % Umsatzsteuer, Nr. 7008 VV   28,50 EUR
Gesamt   **178,50 EUR**

---

[34] AG Zossen AGS 2009, 72 = StRR 2009, 3 = NJW-Spezial 2009, 125 = RVGprof. 2009, 77 = RVGreport 2009, 188 = VRR 2009, 200.
[35] AnwK-RVG/*N. Schneider*, Nr. 5115 VV Rn 83; a.A. *Hartmann*, KostG, Nr. 4141 VV Rn 7.
[36] Hansens/Braun/*Schneider*, Praxis des Vergütungsrechts, Teil 15 Rn 415 (zum vergleichbaren Fall in Strafsachen).

II. Bußgeld zwischen 60,00 EUR und 5.000,00 EUR
1. Verfahrensgebühr, Nr. 5109 VV   160,00 EUR
2. Zusätzliche Gebühr, Nrn. 5115, 5109 VV   160,00 EUR
3. Postentgeltpauschale, Nr. 7002 VV   20,00 EUR
   Zwischensumme   340,00 EUR
4. 19 % Umsatzsteuer, Nr. 7008 VV   64,60 EUR
Gesamt   **404,60 EUR**

III. Bußgeld über 5.000,00 EUR
1. Verfahrensgebühr, Nr. 5111 VV   200,00 EUR
2. Zusätzliche Gebühr, Nrn. 5115, 5111 VV   200,00 EUR
3. Postentgeltpauschale, Nr. 7002 VV   20,00 EUR
   Zwischensumme   420,00 EUR
4. 19 % Umsatzsteuer, Nr. 7008 VV   79,80 EUR
Gesamt   **499,80 EUR**

> **Beispiel 50** — Einspruchsrücknahme im gerichtlichen Verfahren nach Anberaumung eines Hauptverhandlungstermins

Nach Eingang der Akten beraumt das Gericht Termin zur Hauptverhandlung auf den 22.8. an. Der Verteidiger soll den Einspruch zurücknehmen.

Jetzt muss die Zwei-Wochen-Frist beachtet werden, da ein Termin zur Hauptverhandlung anberaumt ist. Zu beachten ist, dass die Rücknahme

- früher als zwei Wochen
- vor Beginn des Tages, der für die Hauptverhandlung vorgesehen war,

erklärt werden muss.

Würde der Einspruch erst am 9.8. oder später zurückgenommen, wäre die Zwei-Wochen-Frist auf keinen Fall mehr gewahrt. Abzurechnen wäre wie im Beispiel 39.

Würde der Einspruch bis einschließlich zum 6.8. zurückgenommen, ist die Frist von mehr als zwei Wochen auf jeden Fall gewahrt. Abzurechnen wäre wie im Beispiel 49.

Würde der Einspruch am 7. oder 8.8. zurückgenommen, so ist strittig, ob damit die Frist gewahrt ist. Nach *Burhoff*[37] ist § 43 Abs. 1 StPO analog anzuwenden. Danach würde die Rücknahme am 8.8. und erst recht am 7.8. ausreichen. Das dürfte jedoch unzutreffend sein. Die Rücknahme wird nicht zum Ende einer Frist erklärt. Vielmehr beginnt die Frist von mehr als zwei Wochen erst mit der Rücknahme. Daher ist nach § 187 Abs. 1 BGB der Tag der Rücknahme bei der Fristberechnung nicht mitzurechnen. Würde also die Rücknahme am 8.8. erklärt, würde mit dem 9.8. die Zwei-Wochen-Frist laufen und am 22.8. enden (§ 188 Abs. 2 S. 1 BGB). Das wäre der Tag der Hauptverhandlung und damit nicht vor Beginn der Hauptverhandlung, was nach dem ausdrücklichen Wortlaut der Anm. Abs. 1 Nr. 4 zu Nr. 5115 VV („vor Beginn des Tages, der für die Hauptverhandlung vorgesehen war"), erforderlich ist. Abzurechnen wäre wie im Beispiel 39.

Auch die Rücknahme am 7.8. würde nicht ausreichen, da die Frist dann am 21.8., also genau einen Tag vor der Hauptverhandlung enden würde. Da die Frist aber **mehr** als zwei Wochen betragen muss, reicht die Rücknahme am 7.8. ebenso wenig. Abzurechnen wäre wiederum wie im Beispiel 39.

---

[37] Nr. 5115 Rn 31 i.V.m. Nr. 4141 VV Rn 28.

V. Verteidigung in Bußgeldsachen § 36

Beispiel 51 | Einspruchsrücknahme im gerichtlichen Verfahren nach Anberaumung eines Hauptverhandlungstermins, Fristende fällt auf Feiertag

Nach Eingang der Akten beraumt das Gericht Termin zur Hauptverhandlung auf den 2.11. an. Der Verteidiger soll den Einspruch zurücknehmen.

An der Fristberechnung ändert sich dadurch nichts, dass der 1.11. ein Feiertag ist. Die Rücknahme muss mehr als zwei Wochen vor dem Termin erklärt werden, also spätestens am 24.10. *Hartmann*[38] will insoweit § 43 Abs. 2 StPO analog anwenden, was schon deshalb unzutreffend ist, weil die Rücknahme nicht zum Ende einer Frist erklärt werden muss, sondern mit Rücknahme beginnt.

Beispiel 52 | Einspruchsrücknahme im gerichtlichen Verfahren nach Anberaumung eines Hauptverhandlungstermins, Fristbeginn fällt auf Feiertag

Nach Eingang der Akten beraumt das Gericht Termin zur Hauptverhandlung auf den 16.11. an. Der Verteidiger soll den Einspruch zurücknehmen.

Der Einspruch müsste spätestens am 1.11. zurückgenommen werden. Da dieser Tag ein Feiertag ist, muss die Rücknahme am letzten Werktag davor, also am 31.10., erklärt werden, und soweit auch dieser Tag ein Feiertag ist (so einigen Bundesländern), der 29.10. Die Vorschrift des § 193 BGB gilt insoweit nicht, da die Rücknahme nicht innerhalb einer Frist, sondern außerhalb einer Frist zu erklären ist.

Beispiel 53 | Einstellung des Verfahrens ohne Hauptverhandlung, Mitwirkung des Verteidigers

Das Gericht stellt das Verfahren außerhalb der Hauptverhandlung ein, nachdem der Verteidiger eine umfassende Einlassung abgegeben hat.

Der Verteidiger hat hier an der Einstellung mitgewirkt. Folglich erhält er nach Anm. Abs. 1 Nr. 1 zu Nr. 5115 VV ebenfalls die Zusätzliche Gebühr. Eine Frist ist hier nicht vorgesehen. Zu rechnen ist ebenso wie im Beispiel 49.

Beispiel 54 | Entscheidung im schriftlichen Verfahren

Mit Zustimmung des Verteidigers entscheidet das Gericht gem. § 72 Abs. 1 S. 1 OWiG im schriftlichen Verfahren.

Entscheidet das Gericht gem. § 72 Abs. 1 S. 1 OWiG im schriftlichen Verfahren, löst dies für den Anwalt nach Anm. Abs. 1 Nr. 5 zu Nr. 5115 VV ebenfalls eine Zusätzliche Gebühr aus. Dabei kommt es nicht darauf an, ob der Betroffene verurteilt oder freigesprochen wird.[39] Für die fehlende Terminsgebühr erhält der Anwalt in allen Fällen die Zusätzliche Gebühr nach Anm. Abs. 1 Nr. 5 zu Nr. 5115 VV. Zu rechnen ist wie im Beispiel 49.

---

[38] KostG, Nr. 4141 VV Rn 6.
[39] LG Schwerin AGS 2003, 77 = zfs 2002, 541; AnwK-RVG/*N. Schneider*, Nr. 5115 VV Rn 89.

§ 36 Bußgeldsachen

> **Beispiel 55** — Gerichtliches Verfahren mit auswärtiger Zeugenvernehmung und anschließender Einstellung

Das Amtsgericht Köln lässt zunächst im Wege der Rechtshilfe vor dem Amtsgericht Bremen einen Zeugen vernehmen. An dem Termin nimmt der Verteidiger teil. Hiernach wird das Verfahren eingestellt.

Der Verteidiger erhält eine Verfahrensgebühr sowie eine Terminsgebühr für die Teilnahme an dem auswärtigen Zeugenvernehmungstermin. Hinzu kommt eine Zusätzliche Gebühr nach Nr. 5115 VV, da die Hauptverhandlung vermieden worden ist. Die Durchführung eines Termins außerhalb der Hauptverhandlung steht der zusätzlichen Gebühr nicht entgegen.

I. Bußgeld unter 60,00 EUR
1. Verfahrensgebühr, Nr. 5107 VV   65,00 EUR
2. Terminsgebühr, Nr. 5108, Vorbem. 5.1.3 Abs. 1 VV   50,00 EUR
3. Zusätzliche Gebühr, Nrn. 5115, 5107 VV   65,00 EUR
4. Fahrtkosten, Nr. 7003 VV
    Köln-Bremen u. zurück, 2 × 300 km × 0,30 EUR   180,00 EUR
5. Abwesenheitsentgelt, Nr. 7005 Nr. 3 VV   70,00 EUR
6. Postentgeltpauschale, Nr. 7002 VV   20,00 EUR
    Zwischensumme   450,00 EUR
7. 19 % Umsatzsteuer, Nr. 7008 VV   85,50 EUR
Gesamt   **535,50 EUR**

II. Bußgeld zwischen 60,00 EUR und 5.000,00 EUR
1. Verfahrensgebühr, Nr. 5109 VV   160,00 EUR
2. Terminsgebühr, Nr. 5110, Vorbem. 5.1.3 Abs. 1 VV   195,00 EUR
3. Zusätzliche Gebühr, Nrn. 5115, 5109 VV   160,00 EUR
4. Fahrtkosten, Nr. 7003 VV
    Köln-Bremen u. zurück, 2 × 300 km × 0,30 EUR   180,00 EUR
5. Abwesenheitsentgelt, Nr. 7005 Nr. 3 VV   70,00 EUR
6. Postentgeltpauschale, Nr. 7002 VV   20,00 EUR
    Zwischensumme   785,00 EUR
7. 19 % Umsatzsteuer, Nr. 7008 VV   149,15 EUR
Gesamt   **934,15 EUR**

III. Bußgeld über 5.000,00 EUR
1. Verfahrensgebühr, Nr. 5111 VV   200,00 EUR
2. Terminsgebühr, Nr. 5112, Vorbem. 5.1.3 Abs. 1 VV   250,00 EUR
3. Zusätzliche Gebühr, Nrn. 5115, 5111 VV   200,00 EUR
4. Fahrtkosten, Nr. 7003 VV
    Köln-Bremen u. zurück, 2 × 300 km × 0,30 EUR   180,00 EUR
5. Abwesenheitsentgelt, Nr. 7005 Nr. 3 VV   70,00 EUR
6. Postentgeltpauschale, Nr. 7002 VV   20,00 EUR
    Zwischensumme   920,00 EUR
7. 19 % Umsatzsteuer, Nr. 7008 VV   174,80 EUR
Gesamt   **1.094,80 EUR**

> **Beispiel 56** — Gerichtliches Verfahren mit auswärtiger Zeugenvernehmung und anschließender Einspruchsrücknahme

Wie vorangegangenes Beispiel 55. Nach dem Vernehmungstermin wird der Einspruch zurückgenommen.

Abzurechnen ist wie im vorangegangenen Beispiel 55, sofern der Einspruch mehr als zwei Wochen vor einem eventuell bereits anberaumten Hauptverhandlungstermin zurückgenommen worden ist.

V. Verteidigung in Bußgeldsachen § 36

Zur Fristberechnung siehe Beispiel 50. Ist die Frist nicht gewahrt worden, dann ist keine Zusätzliche Gebühr angefallen.

> **Beispiel 57** — Gerichtliches Verfahren mit auswärtiger Zeugenvernehmung und anschließender Entscheidung im schriftlichen Verfahren

Wie Beispiel 55. Nach dem Vernehmungstermin geht das Gericht im Einverständnis mit dem Verteidiger in das schriftliche Verfahren nach § 72 Abs. 1 S. 1 OWiG über.

Abzurechnen ist wie im Beispiel 55. Auch hier steht der durchgeführte Vernehmungstermin der zusätzlichen Gebühr nicht entgegen.

(2) Zusätzliche Gebühr mit ausgefallener Hauptverhandlung

> **Beispiel 58** — Gerichtliches Verfahren mit ausgefallenem Hauptverhandlungstermin wegen Einstellung; aber Anreise des Verteidigers

99

Das AG Köln beraumt Termin zur Hauptverhandlung an. Aufgrund eines Schriftsatzes des Verteidigers wird das Verfahren eine Woche vor dem Termin eingestellt und der Termin aufgehoben. Die Geschäftsstelle vergisst, den Verteidiger abzuladen, der zum ursprünglich anberaumten Termin erscheint.

Auch hier hat der Anwalt neben der **Verfahrensgebühr** eine **Terminsgebühr** verdient, da er zu dem Termin erschienen ist. Unerheblich ist, dass der Termin ausgefallen ist, da der Verteidiger die Aufhebung nicht zu vertreten hat und er auch von der Aufhebung nicht rechtzeitig in Kenntnis gesetzt worden war (Vorbem. 5 Abs. 2 S. 2 und 3 VV). Anzusetzen sein dürfte allerdings wiederum nur eine Gebühr im unteren Bereich, da es letztlich nicht zur Durchführung des Termins gekommen ist.

Hinzu kommt eine **Zusätzliche Gebühr** nach Anm. Abs. 1 Nr. 1 zu Nr. 5115 VV, da durch Mitwirkung des Verteidigers die Hauptverhandlung entbehrlich geworden ist. Die fehlende Abladung ist insoweit unerheblich. Sinn und Zweck der Regelung der Nr. 5115 VV ist es, die Tätigkeit des Verteidigers zu belohnen, wenn er durch seine Mitwirkung dem Gericht die Arbeit und Mühe der Vorbereitung einer Hauptverhandlung entbehrlich macht. Das war hier der Fall.

I. Bußgeld unter 60,00 EUR
1. Verfahrensgebühr, Nr. 5107 VV   65,00 EUR
2. Terminsgebühr, Nr. 5108 VV, Vorbem. 5 Abs. 3 S. 2 VV   100,00 EUR
3. Zusätzliche Gebühr, Nrn. 5115, 5107 VV   65,00 EUR
4. Postentgeltpauschale, Nr. 7002 VV   20,00 EUR
      Zwischensumme   250,00 EUR
5. 19 % Umsatzsteuer, Nr. 7008 VV   47,50 EUR
     Gesamt   **297,50 EUR**

II. Bußgeld zwischen 60,00 EUR und 5.000,00 EUR
1. Verfahrensgebühr, Nr. 5109 VV   160,00 EUR
2. Terminsgebühr, Nr. 5110 VV, Vorbem. 5 Abs. 3 S. 2 VV   195,00 EUR
3. Zusätzliche Gebühr, Nrn. 5115, 5109 VV   160,00 EUR
4. Postentgeltpauschale, Nr. 7002 VV   20,00 EUR
      Zwischensumme   535,00 EUR
5. 19 % Umsatzsteuer, Nr. 7008 VV   101,65 EUR
     Gesamt   **636,65 EUR**

III. Bußgeld über 5.000,00 EUR

1. Verfahrensgebühr, Nr. 5111 VV		200,00 EUR
2. Terminsgebühr, Nr. 5112 VV, Vorbem. 5 Abs. 3 S. 2 VV		245,00 EUR
3. Zusätzliche Gebühr, Nrn. 5115, 5111 VV		200,00 EUR
4. Postentgeltpauschale, Nr. 7002 VV		20,00 EUR
Zwischensumme	665,00 EUR	
5. 19 % Umsatzsteuer, Nr. 7008 VV		126,35 EUR
Gesamt		**791,35 EUR**

hh) Zusätzliche Gebühr nach durchgeführter Hauptverhandlung

100 Eine Zusätzliche Gebühr kann auch noch nach einer Hauptverhandlung anfallen (zur vergleichbaren Rechtslage in Strafsachen siehe § 35 Beispiel Rn 75 ff.). Voraussetzung ist, dass die Hauptverhandlung ausgesetzt worden ist.[40] Bei einer bloßen Vertagung kommt eine Zusätzliche Gebühr dagegen nicht in Betracht.

> **Beispiel 59** | **Einstellung nach Aussetzung des Verfahrens**
>
> In der Hauptverhandlung wird das Verfahren ausgesetzt, um ein Gutachten einzuholen. Nach Erhalt des Gutachtens wird das Verfahren außerhalb der Hauptverhandlung eingestellt.

Auch hier hat der Anwalt zunächst einmal die **Verfahrensgebühr** verdient sowie eine **Terminsgebühr** für den ersten Hauptverhandlungstermin.

Da sich die Sache vor dem zweiten Hauptverhandlungstermin, der an sich notwendig gewesen wäre, erledigt hat, erhält der Verteidiger jetzt eine **Zusätzliche Gebühr** nach Nr. 5115 VV (Anm. Abs. 1 Nr. 1 zu Nr. 5115 VV). Durch seine Anregung, ein Gutachten einzuholen, hat er an der Einstellung mitgewirkt. Dass bereits eine Hauptverhandlung stattgefunden hatte, ist unerheblich. Nach Sinn und Zweck muss die Privilegierung auch dann greifen, wenn ein erneuter Hauptverhandlungstermin entbehrlich wird.[41] Die frühere Gegenauffassung[42] ist angesichts der vorgenannten Entscheidung des BGH nicht mehr vertretbar.

I. Bußgeld unter 60,00 EUR

1. Verfahrensgebühr, Nr. 5107 VV		65,00 EUR
2. Terminsgebühr, Nr. 5108 VV		130,00 EUR
3. Zusätzliche Gebühr, Nrn. 5115, 5107 VV		65,00 EUR
4. Postentgeltpauschale, Nr. 7002 VV		20,00 EUR
Zwischensumme	280,00 EUR	
5. 19 % Umsatzsteuer, Nr. 7008 VV		53,20 EUR
Gesamt		**333,20 EUR**

II. Bußgeld zwischen 60,00 EUR und 5.000,00 EUR

1. Verfahrensgebühr, Nr. 5109 VV		160,00 EUR
2. Terminsgebühr, Nr. 5110 VV		255,00 EUR
3. Zusätzliche Gebühr, Nrn. 5115, 5109 VV		160,00 EUR
4. Postentgeltpauschale, Nr. 7002 VV		20,00 EUR
Zwischensumme	595,00 EUR	

---

40 Zur vergleichbaren Lage der Zusätzlichen Gebühr in Strafsachen (Nr. 4141 VV): BGH AGS 2011, 419 = zfs 2011, 524 = MDR 2011, 1014 = NJW 2011, 3166 = Rpfleger 2011, 631 = JurBüro 2011, 584 = Schaden-Praxis 2012, 88 = RVGprof. 2011, 162 = NJW-Spezial 2011, 637 = RVGreport 2011, 384 = BRAK-Mitt 2011, 299.
41 AG Tiergarten AGS 2007, 140; AnwK-RVG/*N. Schneider*, Nr. 5115 VV Rn 50 ff.; *Burhoff*, Nr. 5115 VV Rn 17 (auch i.V.m. Nr. 4141 Rn 21).
42 LG Detmold AGS 2009, 588 = NStZ-RR 2010, 64 = StRR 2009, 403 = RVGreport 2010, 107 = VRR 2010, 119; AG München AGS 2010, 599 = DAR 2011, 57 = RVGprof. 2011, 109; LG Limburg, Beschl. v. 24.10.2011 – 1 Qs 145/11.

5. 19 % Umsatzsteuer, Nr. 7008 VV		113,05 EUR
Gesamt		**708,05 EUR**

III. Bußgeld über 5.000,00 EUR

1. Verfahrensgebühr, Nr. 5111 VV		200,00 EUR
2. Terminsgebühr, Nr. 5112 VV		320,00 EUR
3. Zusätzliche Gebühr, Nrn. 5115, 5111 VV		200,00 EUR
4. Postentgeltpauschale, Nr. 7002 VV		20,00 EUR
Zwischensumme	740,00 EUR	
5. 19 % Umsatzsteuer, Nr. 7008 VV		140,60 EUR
Gesamt		**880,60 EUR**

Beispiel 60   **Einspruchsrücknahme nach Aussetzung des Verfahrens**

In der Hauptverhandlung wird das Verfahren ausgesetzt, um ein Gutachten einzuholen. Nach Erhalt des Gutachtens wird der Einspruch zurückgenommen.

Auch hier gilt das Gleiche wie im vorangegangenen Beispiel 59. Obwohl eine Hauptverhandlung bereits stattgefunden hat, entsteht die Zusätzliche Gebühr nach Nr. 5115 VV (Anm. Abs. 1 Nr. 4 zu Nr. 5115 VV), da die erneute Hauptverhandlung vermieden worden ist.[43]

Beispiel 61   **Übergang zum Beschlussverfahren nach Aussetzung des Verfahrens**

In der Hauptverhandlung wird das Verfahren ausgesetzt, um ein Gutachten einzuholen. Hiernach wird im Einverständnis des Verteidigers im Beschlussverfahren nach § 72 OWiG entschieden.

Auch hier gilt das Gleiche wie in den beiden vorangegangenen Beispielen 59 u. 60. Obwohl eine Hauptverhandlung bereits stattgefunden hat, entsteht die Zusätzliche Gebühr nach Nr. 5115 VV (Anm. Abs. 1 Nr. 3 zu Nr. 5115 VV), da die erneute Hauptverhandlung vermieden worden ist.[44]

ii) Zusätzliche Verfahrensgebühr nach Nr. 5116 VV

Auch im gerichtlichen Verfahren kann eine zusätzliche Verfahrensgebühr nach Nr. 5116 VV anfallen. Zu beachten ist jedoch, dass diese Gebühr gem. Anm. Abs. 3 S. 1 zu Nr. 5116 VV im Verfahren vor der Verwaltungsbehörde und im gerichtlichen Verfahren nur einmal anfallen kann. Ist sie also schon im Verfahren vor der Verwaltungsbehörde angefallen, kann sie im gerichtlichen Verfahren nicht erneut berechnet werden.

Zur Abrechnung im selbstständigen Verfallsverfahren siehe Rn 143 ff.

Beispiel 62   **Verfahren mit Einziehung, die bereits vor der Verwaltungsbehörde Gegenstand war**

Es ist ein Bußgeldbescheid ergangen über eine Geldbuße in Höhe von 1.000,00 EUR. Darüber hinaus sind nach § 22 OWiG Gegenstände im Wert von 5.000,00 EUR eingezogen worden. Auf den Einspruch hin kommt es zur Hauptverhandlung, in der ein Urteil verkündet wird.

---

43 AG Wiesbaden AGS 2005, 553 = AnwBl 2006, 148; LG Oldenburg RVGreport 2011, 337.
44 AG Dessau AGS 2006, 240; AG Saarbrücken AGS 2010, 20 = NJW-Spezial 2010, 125; AG Köln AGS 2007, 621 = NZV 2007, 637 = NJW-Spezial 2008, 29.

§ 36 Bußgeldsachen

Zur Gebührenberechnung im Verfahren vor der Verwaltungsbehörde siehe Beispiel 27. Im gerichtlichen Verfahren erhält der Anwalt keine **zusätzliche Verfahrensgebühr** nach Nr. 5116 VV, da diese Gebühr nach Anm. Abs. 3 S. 1 zu Nr. 5116 VV im Verfahren vor der Verwaltungsbehörde und im gerichtlichen Verfahren nur einmal anfallen kann.

I. **Verfahren vor der Verwaltungsbehörde**
1. Grundgebühr, Nr. 5100 VV — 100,00 EUR
2. Verfahrensgebühr, Nr. 5103 VV — 160,00 EUR
3. Zusätzliche Verfahrensgebühr, Nr. 5116 VV, 1,0 aus 5.000,00 EUR — 303,00 EUR
4. Postentgeltpauschale, Nr. 7002 VV — 20,00 EUR
   Zwischensumme 583,00 EUR
5. 19 % Umsatzsteuer, Nr. 7008 VV — 110,77 EUR
Gesamt 693,77 EUR

II. **Verfahren vor dem Amtsgericht**
1. Verfahrensgebühr, Nr. 5109 VV — 160,00 EUR
2. Terminsgebühr, Nr. 5110 VV — 255,00 EUR
3. Postentgeltpauschale, Nr. 7002 VV — 20,00 EUR
   Zwischensumme 435,00 EUR
4. 19 % Umsatzsteuer, Nr. 7008 VV — 82,65 EUR
Gesamt 517,65 EUR

Beispiel 63 | **Verfahren mit Einziehung, die erstmals im gerichtlichen Verfahren in Betracht kommt**

Es ist ein Bußgeldbescheid über eine Geldbuße in Höhe von 1.000,00 EUR ergangen. Auf den Einspruch hin kommt es zur Hauptverhandlung. Das Gericht erwägt nach § 22 OWiG die Einziehung von Gegenständen im Wert von 5.000,00 EUR.

Im Verfahren vor der Verwaltungsbehörde war die Einziehung noch nicht Verfahrensgegenstand, so dass dort keine Gebühr nach Nr. 5116 VV angefallen ist. Im gerichtlichen Verfahren ist die Gebühr jedoch entstanden und nicht durch Anm. Abs. 3 S. 1 zu Nr. 5116 VV ausgeschlossen.

I. **Verfahren vor der Verwaltungsbehörde**
1. Grundgebühr, Nr. 5100 VV — 100,00 EUR
2. Verfahrensgebühr, Nr. 5103 VV — 160,00 EUR
3. Postentgeltpauschale, Nr. 7002 VV — 20,00 EUR
   Zwischensumme 280,00 EUR
4. 19 % Umsatzsteuer, Nr. 7008 VV — 53,20 EUR
Gesamt 333,20 EUR

II. **Verfahren vor dem Amtsgericht**
1. Verfahrensgebühr, Nr. 5109 VV — 160,00 EUR
2. Terminsgebühr, Nr. 5110 VV — 255,00 EUR
3. Zusätzliche Verfahrensgebühr, Nr. 5116 VV, 1,0 aus 5.000,00 EUR — 303,00 EUR
4. Postentgeltpauschale, Nr. 7002 VV — 20,00 EUR
   Zwischensumme 738,00 EUR
5. 19 % Umsatzsteuer, Nr. 7008 VV — 140,22 EUR
Gesamt 878,22 EUR

103 Möglich ist auch, dass der Einspruch auf den Ausspruch zur Einziehung beschränkt wird. Auch dann entstehen alle Gebühren, wobei gegebenenfalls die Rahmengebühren geringer ausfallen können. Siehe hierzu die vergleichbare Problematik im selbstständigen Verfallsverfahren Rn 143 ff.

V. Verteidigung in Bußgeldsachen §36

> **Beispiel 64** | **Beschränkter Einspruch gegen Entscheidung zur Einziehung mit Hauptverhandlung**

Es ist ein Bußgeldbescheid ergangen über eine Geldbuße in Höhe von 1.000,00 EUR. Darüber hinaus sind nach § 22 OWiG Gegenstände im Wert von 5.000,00 EUR eingezogen worden. Der Anwalt legt für den Betroffenen Einspruch ein, beschränkt diesen aber auf die Einziehung. Über den Einspruch wird in der Hauptverhandlung entschieden.

Zur Gebührenberechnung im Verfahren vor der Verwaltungsbehörde siehe Beispiel 27. Im gerichtlichen Verfahren erhält der Anwalt auch jetzt keine **zusätzliche Verfahrensgebühr** nach Nr. 5116 VV, da diese Gebühr nach Anm. Abs. 3 S. 1 zu Nr. 5116 VV im Verfahren vor der Verwaltungsbehörde und im gerichtlichen Verfahren nur einmal anfallen kann. Es entstehen hier allerdings die Gebühren nach den Nrn. 5105 ff. VV, die jetzt gegebenenfalls leicht unterdurchschnittlich anzusetzen sein können, weil die Entscheidung zur Geldbuße nicht angegriffen wird.

I. Verfahren vor der Verwaltungsbehörde
1. Grundgebühr, Nr. 5100 VV   100,00 EUR
2. Verfahrensgebühr, Nr. 5103 VV   160,00 EUR
3. Zusätzliche Verfahrensgebühr, Nr. 5116 VV,
   1,0 aus 5.000,00 EUR   303,00 EUR
4. Postentgeltpauschale, Nr. 7002 VV   20,00 EUR
   Zwischensumme   583,00 EUR
5. 19 % Umsatzsteuer, Nr. 7008 VV   110,77 EUR
Gesamt   **693,77 EUR**

II. Verfahren vor dem Amtsgericht
1. Verfahrensgebühr, Nr. 5109 VV (20 % unter Mittelgebühr)   128,00 EUR
2. Terminsgebühr, Nr. 5110 VV (20 % unter Mittelgebühr)   204,00 EUR
3. Postentgeltpauschale, Nr. 7002 VV   20,00 EUR
   Zwischensumme   352,00 EUR
4. 19 % Umsatzsteuer, Nr. 7008 VV   66,88 EUR
Gesamt   **418,88 EUR**

Auch bei einer isolierten Anfechtung nur hinsichtlich der Einziehung kann eine Zusätzliche Gebühr entstehen, nämlich, wenn der Einspruch zurückgenommen wird oder wenn das Gericht im schriftlichen Verfahren nach § 72 OWiG entscheidet. 104

> **Beispiel 65** | **Beschränkter Einspruch gegen Entscheidung zur Einziehung mit Entscheidung im schriftlichen Verfahren**

Es ist ein Bußgeldbescheid ergangen über eine Geldbuße in Höhe von 1.000,00 EUR. Darüber hinaus sind nach § 22 OWiG Gegenstände im Wert von 5.000,00 EUR eingezogen worden. Der Anwalt legt für den Betroffenen Einspruch ein, beschränkt diesen aber auf die Einziehung. Über den Einspruch wird nach § 72 OWiG im schriftlichen Verfahren entschieden.

Abzurechnen ist wie im vorangegangenen Beispiel 64, allerdings mit der Maßgabe, dass anstelle der Terminsgebühr jetzt eine Zusätzliche Gebühr nach Anm. Abs. 1 Nr. 5 zu Nr. 5115 VV entsteht.

I. Verfahren vor der Verwaltungsbehörde
1. Grundgebühr, Nr. 5100 VV   100,00 EUR
2. Verfahrensgebühr, Nr. 5103 VV   160,00 EUR
3. Zusätzliche Verfahrensgebühr, Nr. 5116 VV,
   1,0 aus 5.000,00 EUR   303,00 EUR

4. Postentgeltpauschale, Nr. 7002 VV		20,00 EUR
Zwischensumme	583,00 EUR	
5. 19 % Umsatzsteuer, Nr. 7008 VV		110,77 EUR
Gesamt		**693,77 EUR**
II. Verfahren vor dem Amtsgericht		
1. Verfahrensgebühr, Nr. 5109 VV (20 % unter Mittelgebühr)		128,00 EUR
2. Zusätzliche Gebühr, Nrn. 5115, 5109 VV		160,00 EUR
3. Postentgeltpauschale, Nr. 7002 VV		20,00 EUR
Zwischensumme	308,00 EUR	
4. 19 % Umsatzsteuer, Nr. 7008 VV		58,52 EUR
Gesamt		**366,52 EUR**

jj) Abweichender Gebührenrahmen im erstinstanzlichen gerichtlichen Verfahren

105 Die Gebührenrahmen des Verfahrens vor der Verwaltungsbehörde und des gerichtlichen Verfahrens müssen nicht identisch sein. In jedem Verfahrensabschnitt ist die Höhe der Bußgeldandrohung gesondert zu prüfen, mitunter sogar für jede Gebühr gesondert.

> **Beispiel 66** Höhere Bußgeldandrohung im gerichtlichen Verfahren
>
> **Im Verfahren vor der Verwaltungsbehörde war gegen den Mandanten ein Bußgeld in Höhe von 50,00 EUR ergangen, das auch dem Regelsatz des Bußgeldkatalogs entsprach. Nach Einspruch und Abgabe an das Amtsgericht weist der Richter darauf hin, dass aufgrund der Vielzahl der Voreintragungen sowie des hier möglicherweise anzunehmenden Vorsatzes eine Geldbuße in Höhe von 70,00 EUR in Betracht komme.**

Die Verfahrensgebühr im Verfahren vor der Verwaltungsbehörde richtet sich nach Nr. 5101 VV, da dort lediglich ein Bußgeld in Höhe von unter 60,00 EUR angedroht und auch verhängt worden war.

Im gerichtlichen Verfahren steht dagegen eine höhere Bußgeldandrohung im Raum. Folglich ist diese Androhung jetzt für die Gebühren des gerichtlichen Verfahrens maßgebend.[45] Dort richten sich also Verfahrens- und Terminsgebühren jetzt nach dem Rahmen einer Geldbuße von 60,00 EUR bis 5.000,00 EUR. Es entsteht also die Verfahrensgebühr nach Nr. 5109 VV und die Terminsgebühr nach Nr. 5110 VV.

I. Verfahren vor der Verwaltungsbehörde		
1. Grundgebühr, Nr. 5100 VV		100,00 EUR
2. Verfahrensgebühr, Nr. 5101 VV		65,00 EUR
3. Postentgeltpauschale, Nr. 7002 VV		20,00 EUR
Zwischensumme	185,00 EUR	
4. 19 % Umsatzsteuer, Nr. 7008 VV		35,15 EUR
Gesamt		**220,15 EUR**
II. Verfahren vor dem Amtsgericht		
1. Verfahrensgebühr, Nr. 5109 VV		160,00 EUR
2. Terminsgebühr, Nr. 5110 VV		255,00 EUR
3. Postentgeltpauschale, Nr. 7002 VV		20,00 EUR
Zwischensumme	435,00 EUR	
4. 19 % Umsatzsteuer, Nr. 7008 VV		82,65 EUR
Gesamt		**517,65 EUR**

---

45 AnwK-RVG/*N. Schneider*, vor Nr. 5107 VV ff. Rn 8 ff.

V. Verteidigung in Bußgeldsachen § 36

Beispiel 67 | **Geringere Bußgeldandrohung im gerichtlichen Verfahren**

Im Bußgeldverfahren drohte eine Geldbuße in Höhe von 60,00 EUR. Der Verteidiger konnte erreichen, dass lediglich ein Bußgeld von 40,00 EUR verhängt wurde. Hiergegen wird Einspruch eingelegt. Das Gericht beraumt eine Hauptverhandlung an, die durchgeführt wird.

Jetzt verhält es sich umgekehrt. Im Verfahren vor der Verwaltungsbehörde belief sich die Bußgeldandrohung auf ein Bußgeld zwischen 60,00 EUR und 5.000,00 EUR, so dass dort die Verfahrensgebühr nach Nr. 5103 VV anfiel. Im gerichtlichen Verfahren geht es jedoch nur noch um ein Bußgeld von weniger als 60,00 EUR, so dass hier die Gebühren nach Nrn. 5107 und 5108 VV anfallen.

I. Verfahren vor der Verwaltungsbehörde
1. Grundgebühr, Nr. 5100 VV   100,00 EUR
2. Verfahrensgebühr, Nr. 5103 VV   160,00 EUR
3. Postentgeltpauschale, Nr. 7002 VV   20,00 EUR
   Zwischensumme   280,00 EUR
4. 19 % Umsatzsteuer, Nr. 7008 VV   53,20 EUR
Gesamt   **333,20 EUR**

II. Verfahren vor dem Amtsgericht
1. Verfahrensgebühr, Nr. 5107 VV   65,00 EUR
2. Terminsgebühr, Nr. 5108 VV   130,00 EUR
3. Postentgeltpauschale, Nr. 7002 VV   20,00 EUR
   Zwischensumme   215,00 EUR
4. 19 % Umsatzsteuer, Nr. 7008 VV   40,85 EUR
Gesamt   **255,85 EUR**

Beispiel 68 | **Geringere Bußgeldandrohung im Verfahren vor der Verwaltungsbehörde infolge Teileinspruch**

Im Bußgeldverfahren ist wegen zweier Taten eine Geldbuße in Höhe von (30,00 EUR + 40,00 EUR =) 70,00 EUR verhängt worden. Der Verteidiger legt nur gegen das Bußgeld i.H.v. 30,00 EUR Einspruch ein. Das Gericht beraumt eine Hauptverhandlung an, die durchgeführt wird.

Im Verfahren vor der Verwaltungsbehörde belief sich die Bußgeldandrohung auf ein Bußgeld zwischen 60,00 EUR und 5.000,00 EUR, so dass dort die Verfahrensgebühr nach Nr. 5103 VV anfiel. Im gerichtlichen Verfahren geht es aufgrund des Teileinspruchs jedoch nur noch um ein Bußgeld von 30,00 EUR, also um weniger als 60,00 EUR, so dass hier die Gebühren nach Nrn. 5107 und 5108 VV anfallen. Abzurechnen ist wie im vorangegangenen Beispiel 68.

Beispiel 69 | **Reduzierung der Bußgeldandrohung während des gerichtlichen Verfahrens**

Im Bußgeldverfahren ist wegen zweier Taten eine Geldbuße in Höhe von (30,00 EUR + 40,00 EUR =) 70,00 EUR verhängt worden. Der Verteidiger legt Einspruch ein. Vor der Hauptverhandlung wird der Einspruch teilweise zurückgenommen, nämlich soweit er das Bußgeld i.H.v. 40,00 EUR betrifft. Anschließend wird die Hauptverhandlung durchgeführt.

Im Verfahren vor der Verwaltungsbehörde belief sich die Bußgeldandrohung wiederum auf ein Bußgeld zwischen 60,00 EUR und 5.000,00 EUR, so dass dort die Verfahrensgebühr nach Nr. 5103 VV anfiel.

Im gerichtlichen Verfahren belief sich die Bußgeldandrohung ebenfalls zunächst auf 70,00 EUR, so dass für die Verfahrensgebühr Nr. 5109 VV gilt.

In der Hauptverhandlung stand jedoch aufgrund der vorangegangenen Teilrücknahme nur noch das Bußgeld i.H.v. 30,00 EUR im Raum, also weniger als 60,00 EUR, so dass hier nur die Gebühr nach Nr. 5108 VV angefallen ist.

I. Verfahren vor der Verwaltungsbehörde		
1. Grundgebühr, Nr. 5100 VV		100,00 EUR
2. Verfahrensgebühr, Nr. 5103 VV		160,00 EUR
3. Postentgeltpauschale, Nr. 7002 VV		20,00 EUR
Zwischensumme	280,00 EUR	
4. 19 % Umsatzsteuer, Nr. 7008 VV		53,20 EUR
Gesamt		**333,20 EUR**
II. Verfahren vor dem Amtsgericht		
1. Verfahrensgebühr, Nr. 5107 VV		65,00 EUR
2. Terminsgebühr, Nr. 5106 VV		170,00 EUR
3. Postentgeltpauschale, Nr. 7002 VV		20,00 EUR
Zwischensumme	255,00 EUR	
4. 19 % Umsatzsteuer, Nr. 7008 VV		48,45 EUR
Gesamt		**303,45 EUR**

kk) Verbindung und Trennung im erstinstanzlichen gerichtlichen Verfahren

(1) Verbindung

106 Auch im erstinstanzlichen gerichtlichen Verfahren kann es zu Verbindungen und Trennungen kommen. Es gilt vom Prinzip her das gleiche wie im Verfahren vor der Verwaltungsbehörde (vgl. Rn 64 ff.). Der Verteidiger erhält bis zur Verbindung alle Gebühren gesondert, also auch jeweils eine gesonderte Grundgebühr. Nach Verbindung können die Gebühren nur einmal entstehen. Sie können nach der Verbindung gegebenenfalls aus einem höheren Gebührenrahmen zu entnehmen oder nach § 14 Abs. 1 RVG höher anzusetzen sein.

107 Wird der Anwalt erst nach Verbindung beauftragt, dann entstehen die Gebühren für ihn nur einmal. Abzurechnen ist dann wie in einem normalen Verfahren, gegebenenfalls mit höheren Gebühren.

108 Ist der Anwalt vor Verbindung nur in einem Verfahren tätig und verteidigt er nach Verbindung gegen den Gesamtvorwurf, bleibt es ebenfalls nur bei einer Angelegenheit. Allerdings ist jetzt der Gebührenrahmen der gesamten drohenden Bußgelder maßgebend. Darüber hinaus besteht die Möglichkeit, nach der Verbindung gem. § 14 Abs. 1 RVG höhere Gebühren anzusetzen.

> **Beispiel 70** | **Verbindung zweier Bußgeldverfahren vor der Hauptverhandlung**
>
> **Gegen den Auftraggeber sind zwei gesonderte Bußgeldverfahren (Az. 1/14 und 2/14) wegen zwei verschiedener Taten eingeleitet worden (30,00 EUR + 40,00 EUR). Gegen die Bußgeldbescheide wird Einspruch eingelegt. Vor der Hauptverhandlung werden die Verfahren verbunden. Führend ist das Verfahren 2/14. Anschließend wird die Hauptverhandlung durchgeführt.**
>
> In den beiden Verfahren vor der Verwaltungsbehörde erhält der Anwalt die Gebühren gesondert, auch die Grundgebühr (siehe Rn 12, 64 ff.). Da sich die Bußgeldandrohung jeweils auf ein Bußgeld unter 60,00 EUR belief, entstand jeweils nur die Verfahrensgebühr nach Nr. 5101 VV.

Im gerichtlichen Verfahren hat der Anwalt die Gebühren zunächst wiederum getrennt verdient, und zwar die Verfahrensgebühren nach Nr. 5107 VV. Mit der Verbindung erhöhte sich das drohende bzw. verhängte Bußgeld im Verfahren 2/14 auf 70,00 EUR und damit auf über 60,00 EUR, so dass diese Verfahrensgebühr sich auf eine Gebühr nach Nr. 5109 VV erhöhte.

Die Terminsgebühr bemisst sich nach Nr. 5108 VV, da die Hauptverhandlung ein Bußgeld von über 60,00 EUR betraf.

I. Verfahren 1/14
a) Verfahren vor der Verwaltungsbehörde
1. Grundgebühr, Nr. 5100 VV   100,00 EUR
2. Verfahrensgebühr, Nr. 5101 VV   65,00 EUR
3. Postentgeltpauschale, Nr. 7002 VV   20,00 EUR
    Zwischensumme   185,00 EUR
4. 19 % Umsatzsteuer, Nr. 7008 VV   35,15 EUR
Gesamt   **220,15 EUR**
b) Verfahren vor dem Amtsgericht
1. Verfahrensgebühr, Nr. 5107 VV   65,00 EUR
2. Postentgeltpauschale, Nr. 7002 VV   13,00 EUR
    Zwischensumme   78,00 EUR
3. 19 % Umsatzsteuer, Nr. 7008 VV   14,82 EUR
Gesamt   **92,82 EUR**
II. Verfahren 2/14
a) Verfahren vor der Verwaltungsbehörde
1. Grundgebühr, Nr. 5100 VV   100,00 EUR
2. Verfahrensgebühr, Nr. 5101 VV   65,00 EUR
3. Postentgeltpauschale, Nr. 7002 VV   20,00 EUR
    Zwischensumme   185,00 EUR
4. 19 % Umsatzsteuer, Nr. 7008 VV   35,15 EUR
Gesamt   **220,15 EUR**
b) Verfahren vor dem Amtsgericht
1. Verfahrensgebühr, Nr. 5109 VV   160,00 EUR
2. Terminsgebühr, Nr. 5110 VV   255,00 EUR
3. Postentgeltpauschale, Nr. 7002 VV   20,00 EUR
    Zwischensumme   435,00 EUR
4. 19 % Umsatzsteuer, Nr. 7008 VV   82,65 EUR
Gesamt   **517,65 EUR**

Beispiel 71   **Verbindung zweier Bußgeldverfahren nach der Hauptverhandlung**

Gegen den Auftraggeber sind zwei gesonderte Bußgeldverfahren (Az. 1/14 und 2/14) wegen zwei verschiedener Taten eingeleitet worden (30,00 EUR + 40,00 EUR). Gegen die Bußgeldbescheide wird Einspruch eingelegt. In beiden Verfahren wird die Hauptverhandlung durchgeführt und anschließend ausgesetzt. Hiernach werden die Verfahren verbunden. Führend ist das Verfahren 2/14. Anschließend wird die Hauptverhandlung erneut durchgeführt und abgeschlossen.

Abzurechnen ist zunächst wie im vorangegangenen Fall. Allerdings ist in beiden gerichtlichen Verfahren noch eine Terminsgebühr angefallen, die sich nach Nr. 5108 VV richtet, da jeweils nur ein Bußgeld von unter 60,00 EUR im Raum stand. Im Verfahren 2/14 entsteht dann noch eine weitere Terminsgebühr nach Nr. 5110 VV.

§ 36 Bußgeldsachen

I. Verfahren 1/14
a) **Verfahren vor der Verwaltungsbehörde**
1. Grundgebühr, Nr. 5100 VV — 100,00 EUR
2. Verfahrensgebühr, Nr. 5101 VV — 65,00 EUR
3. Postentgeltpauschale, Nr. 7002 VV — 20,00 EUR
   Zwischensumme — 185,00 EUR
4. 19 % Umsatzsteuer, Nr. 7008 VV — 35,15 EUR
Gesamt — 220,15 EUR

b) **Verfahren vor dem Amtsgericht**
1. Verfahrensgebühr, Nr. 5107 VV — 65,00 EUR
2. Terminsgebühr, Nr. 5108 VV — 130,00 EUR
3. Postentgeltpauschale, Nr. 7002 VV — 20,00 EUR
   Zwischensumme — 215,00 EUR
4. 19 % Umsatzsteuer, Nr. 7008 VV — 40,85 EUR
Gesamt — 255,85 EUR

II. Verfahren 2/14
a) **Verfahren vor der Verwaltungsbehörde**
1. Grundgebühr, Nr. 5100 VV — 100,00 EUR
2. Verfahrensgebühr, Nr. 5101 VV — 65,00 EUR
3. Postentgeltpauschale, Nr. 7002 VV — 20,00 EUR
   Zwischensumme — 185,00 EUR
4. 19 % Umsatzsteuer, Nr. 7008 VV — 35,15 EUR
Gesamt — 220,15 EUR

b) **Verfahren vor dem Amtsgericht**
1. Verfahrensgebühr, Nr. 5109 VV — 160,00 EUR
2. Terminsgebühr, Nr. 5108 VV — 130,00 EUR
3. Terminsgebühr, Nr. 5110 VV — 255,00 EUR
4. Postentgeltpauschale, Nr. 7002 VV — 20,00 EUR
   Zwischensumme — 565,00 EUR
5. 19 % Umsatzsteuer, Nr. 7008 VV — 107,35 EUR
Gesamt — 672,35 EUR

Beispiel 72 | **Verbindung zweier Bußgeldverfahren in der Hauptverhandlung**

Gegen den Auftraggeber sind zwei gesonderte Bußgeldverfahren (Az. 1/14 und 2/14) wegen zwei verschiedener Taten eingeleitet worden (30,00 EUR + 40,00 EUR). Gegen die Bußgeldbescheide wird Einspruch eingelegt. In der Hauptverhandlung werden die beiden Verfahren verbunden. Führend ist das Verfahren 2/14.

Abzurechnen ist zunächst wie im vorangegangenen Fall. Mit Aufruf der Sache ist in jedem Verfahren eine Terminsgebühr entstanden. Im Verfahren 1/14 dürfte die Terminsgebühr allerdings unterdurchschnittlich sein (hier: 30 % unter Mittelgebühr), während die Terminsgebühr im verbundenen Verfahren wegen der Mehrzahl der Tatvorwürfe anzuheben sein dürfte (hier um 30 %).

I. Verfahren 1/14
a) **Verfahren vor der Verwaltungsbehörde**
1. Grundgebühr, Nr. 5100 VV — 100,00 EUR
2. Verfahrensgebühr, Nr. 5101 VV — 65,00 EUR
3. Postentgeltpauschale, Nr. 7002 VV — 20,00 EUR
   Zwischensumme — 185,00 EUR
4. 19 % Umsatzsteuer, Nr. 7008 VV — 35,15 EUR
Gesamt — 220,15 EUR

b) **Verfahren vor dem Amtsgericht**
1. Verfahrensgebühr, Nr. 5107 VV 65,00 EUR
2. Terminsgebühr, Nr. 5108 VV (um 30 % ermäßigt) 91,00 EUR
3. Postentgeltpauschale, Nr. 7002 VV 20,00 EUR
 Zwischensumme 176,00 EUR
4. 19 % Umsatzsteuer, Nr. 7008 VV 33,44 EUR
Gesamt **209,44 EUR**

II. **Verfahren 2/14**
a) **Verfahren vor der Verwaltungsbehörde**
1. Grundgebühr, Nr. 5100 VV 100,00 EUR
2. Verfahrensgebühr, Nr. 5101 VV 65,00 EUR
3. Postentgeltpauschale, Nr. 7002 VV 20,00 EUR
 Zwischensumme 185,00 EUR
4. 19 % Umsatzsteuer, Nr. 7008 VV 35,15 EUR
Gesamt **220,15 EUR**

b) **Verfahren vor dem Amtsgericht**
1. Verfahrensgebühr, Nr. 5109 VV 160,00 EUR
2. Terminsgebühr, Nr. 5110 VV (um 30 % erhöht) 331,50 EUR
3. Postentgeltpauschale, Nr. 7002 VV 20,00 EUR
 Zwischensumme 511,50 EUR
4. 19 % Umsatzsteuer, Nr. 7008 VV 97,19 EUR
Gesamt **608,69 EUR**

Beispiel 73 | **Verbindung zweier Bußgeldverfahren vor der Hauptverhandlung, Anwalt war nur in einem Verfahren tätig**

Gegen den Auftraggeber sind zwei gesonderte Bußgeldverfahren (Az. 1/14 und 2/14) wegen zwei verschiedener Taten eingeleitet worden (30,00 EUR + 40,00 EUR). Der Anwalt ist nur im Verfahren 2/14 beauftragt. Gegen beide Bußgeldbescheide wird Einspruch eingelegt. Vor der Hauptverhandlung werden die Verfahren verbunden. Führend ist das Verfahren 2/14. Der Anwalt erhält anschließend den Auftrag, auch wegen der weiteren Tat zu verteidigen. Hiernach wird die Hauptverhandlung durchgeführt.

Im Verfahren vor der Verwaltungsbehörde erhält der Anwalt die Gebühren nur aus dem geringeren Rahmen, da sich die Bußgeldandrohung auf ein Bußgeld unter 60,00 EUR belief.

Im gerichtlichen Verfahren erhöht sich durch die Verbindung der Gebührenrahmen.

I. **Verfahren vor der Verwaltungsbehörde**
1. Grundgebühr, Nr. 5100 VV 100,00 EUR
2. Verfahrensgebühr, Nr. 5101 VV 65,00 EUR
3. Postentgeltpauschale, Nr. 7002 VV 20,00 EUR
 Zwischensumme 185,00 EUR
4. 19 % Umsatzsteuer, Nr. 7008 VV 35,15 EUR
Gesamt **220,15 EUR**

II. **Verfahren vor dem Amtsgericht**
1. Verfahrensgebühr, Nr. 5109 VV 160,00 EUR
2. Terminsgebühr, Nr. 5110 VV 255,00 EUR
3. Postentgeltpauschale, Nr. 7002 VV 20,00 EUR
 Zwischensumme 435,00 EUR
4. 19 % Umsatzsteuer, Nr. 7008 VV 82,65 EUR
Gesamt **517,65 EUR**

(2) Trennung

109 Wird aus einem Bußgeldverfahren ein Verfahren abgetrennt, so erhält der Anwalt bis zur Trennung die Gebühren nur einmal. Ab der Trennung entstehen die Gebühren gesondert. Eine neue Grundgebühr entsteht allerdings nicht.[46]

> **Beispiel 74** | **Abtrennung eines Bußgeldverfahrens**
>
> **Gegen den Auftraggeber wird in einem Verfahren (1/14) wegen zwei verschiedener Taten (30,00 EUR + 40,00 EUR) ermittelt. Der Anwalt ist in beiden Verfahren tätig. Vor der Hauptverhandlung wird das Verfahren wegen der 40,00 EUR abgetrennt (2/14) und anschließend in jedem Verfahren die Hauptverhandlung durchgeführt.**

Der Anwalt erhält bis zur Trennung die Gebühren aus dem höheren Rahmen. Nach der Trennung erhält er die Gebühren nur noch einmal, allerdings aus dem geringeren Rahmen.

I. Verfahren 1/14
a) Verfahren vor der Verwaltungsbehörde
1. Grundgebühr, Nr. 5100 VV   100,00 EUR
2. Verfahrensgebühr, Nr. 5103 VV   160,00 EUR
3. Postentgeltpauschale, Nr. 7002 VV   20,00 EUR
   Zwischensumme   280,00 EUR
4. 19 % Umsatzsteuer, Nr. 7008 VV   53,20 EUR
Gesamt   **333,20 EUR**
b) Verfahren vor dem Amtsgericht
1. Verfahrensgebühr, Nr. 5109 VV   160,00 EUR
2. Terminsgebühr, Nr. 5108 VV   130,00 EUR
3. Postentgeltpauschale, Nr. 7002 VV   20,00 EUR
   Zwischensumme   310,00 EUR
4. 19 % Umsatzsteuer, Nr. 7008 VV   58,90 EUR
Gesamt   **368,90 EUR**
II. Verfahren 2/14
1. Verfahrensgebühr, Nr. 5107 VV   65,00 EUR
2. Terminsgebühr, Nr. 5108 VV   130,00 EUR
3. Postentgeltpauschale, Nr. 7002 VV   20,00 EUR
   Zwischensumme   215,00 EUR
4. 19 % Umsatzsteuer, Nr. 7008 VV   40,85 EUR
Gesamt   **255,85 EUR**

c) Der Verteidiger wird erstmals im erstinstanzlichen gerichtlichen Verfahren beauftragt

110 Wird der Verteidiger erstmals im erstinstanzlichen gerichtlichen Verfahren beauftragt, ist grundsätzlich ebenso zu rechnen wie in den Beispielen 39 bis 74. Hinzu kommt jedoch die **Grundgebühr** nach Nr. 5100 VV.

111 Auch kann jetzt die **zusätzliche Verfahrensgebühr nach Nr. 5116 VV** anfallen.

---

46 *Burhoff*, Nr. 5100 Rn 27 i.V.m. Nr. 4100 Rn 18 ff.; AnwK-RVG/*N. Schneider*, (zur gleichen Problematik bei Nr. 4100 VV) Nr. 4100 Rn 13 ff.

V. Verteidigung in Bußgeldsachen § 36

Beispiel 75 — **Erstmalige Beauftragung im gerichtlichen Verfahren, Einstellung außerhalb der Hauptverhandlung**

Der Verteidiger wird erstmals im gerichtlichen Verfahren beauftragt. Das Verfahren wird außerhalb der Hauptverhandlung unter Mitwirkung des Verteidigers eingestellt.

Zu rechnen ist wie in den Beispielen 39, 40. Hinzu kommt jedoch die Grundgebühr, die jetzt durchaus überdurchschnittlich anzusetzen sein dürfte, da der Anwalt sich wegen des Verfahrensfortschritts umfangreicher einarbeiten muss.

I. Bußgeld unter 60,00 EUR
1. Grundgebühr, Nr. 5100 VV (um 20 % erhöht) — 120,00 EUR
2. Verfahrensgebühr, Nr. 5107 VV — 65,00 EUR
3. Zusätzliche Gebühr, Nrn. 5115, 5107 VV — 65,00 EUR
4. Postentgeltpauschale, Nr. 7002 VV — 20,00 EUR
   Zwischensumme — 270,00 EUR
5. 19 % Umsatzsteuer, Nr. 7008 VV — 51,30 EUR
Gesamt — **321,30 EUR**

II. Bußgeld zwischen 60,00 EUR und 5.000,00 EUR
1. Grundgebühr, Nr. 5100 VV (um 20 % erhöht) — 120,00 EUR
2. Verfahrensgebühr, Nr. 5109 VV — 160,00 EUR
3. Zusätzliche Gebühr, Nrn. 5115, 5109 VV — 160,00 EUR
4. Postentgeltpauschale, Nr. 7002 VV — 20,00 EUR
   Zwischensumme — 460,00 EUR
5. 19 % Umsatzsteuer, Nr. 7008 VV — 87,40 EUR
Gesamt — **547,40 EUR**

III. Bußgeld über 5.000,00 EUR
1. Grundgebühr, Nr. 5100 VV (um 20 % erhöht) — 120,00 EUR
2. Verfahrensgebühr, Nr. 5111 VV — 200,00 EUR
3. Zusätzliche Gebühr, Nrn. 5115, 5111 VV — 200,00 EUR
4. Postentgeltpauschale, Nr. 7002 VV — 20,00 EUR
   Zwischensumme — 540,00 EUR
5. 19 % Umsatzsteuer, Nr. 7008 VV — 102,60 EUR
Gesamt — **642,60 EUR**

Beispiel 76 — **Erstmalige Beauftragung im gerichtlichen Verfahren mit Hauptverhandlung**

Der Verteidiger wird erstmals im gerichtlichen Verfahren beauftragt. Es kommt zur Hauptverhandlung, in der ein Urteil verkündet wird.

Abzurechnen ist wie im Beispiel 43, allerdings entsteht jetzt zusätzlich die Grundgebühr.

I. Bußgeld unter 40,00 EUR
1. Grundgebühr, Nr. 5100 VV (um 20 % erhöht) — 120,00 EUR
2. Verfahrensgebühr, Nr. 5107 VV — 65,00 EUR
3. Terminsgebühr, Nr. 5108 VV — 130,00 EUR
4. Postentgeltpauschale, Nr. 7002 VV — 20,00 EUR
   Zwischensumme — 335,00 EUR
5. 19 % Umsatzsteuer, Nr. 7008 VV — 63,65 EUR
Gesamt — **398,65 EUR**

II. Bußgeld zwischen 60,00 EUR und 5.000,00 EUR
1. Grundgebühr, Nr. 5100 VV (um 20 % erhöht) — 120,00 EUR
2. Verfahrensgebühr, Nr. 5109 VV — 160,00 EUR
3. Terminsgebühr, Nr. 5110 VV — 255,00 EUR
4. Postentgeltpauschale, Nr. 7002 VV — 20,00 EUR
   Zwischensumme — 555,00 EUR

5.	19 % Umsatzsteuer, Nr. 7008 VV	105,45 EUR
Gesamt		**660,45 EUR**

III. Bußgeld über 5.000,00 EUR

1.	Grundgebühr, Nr. 5100 VV (um 20 % erhöht)		120,00 EUR
2.	Verfahrensgebühr, Nr. 5111 VV		200,00 EUR
3.	Terminsgebühr, Nr. 5112 VV		320,00 EUR
4.	Postentgeltpauschale, Nr. 7002 VV		20,00 EUR
	Zwischensumme	660,00 EUR	
5.	19 % Umsatzsteuer, Nr. 7008 VV		125,40 EUR
Gesamt			**785,40 EUR**

> **Beispiel 77** — Erstmalige Beauftragung im gerichtlichen Verfahren mit Hauptverhandlung und Einziehung

Der Verteidiger wird erstmals im gerichtlichen Verfahren beauftragt. Es kommt zur Hauptverhandlung, in der ein Urteil verkündet wird, wonach eine Geldbuße in Höhe von 1.000,00 EUR verhängt wird und nach § 22 OWiG Gegenstände im Wert von 5.000,00 EUR eingezogen werden.

Der Anwalt erhält jetzt eine **zusätzliche Verfahrensgebühr** nach Nr. 5116 VV. Die Höhe dieser Gebühr bemisst sich nach dem Wert der Gegenstände, auf die sich die Einziehung erstreckt. Da der Anwalt im Verfahren vor der Verwaltungsbehörde nicht tätig war, kann im Gegensatz zu Beispiel 62 die Gebühr jetzt anfallen (Anm. Abs. 3 S. 1 zu Nr. 5116 VV).

1.	Grundgebühr, Nr. 5100 VV (um 20 % erhöht)		120,00 EUR
2.	Verfahrensgebühr, Nr. 5111 VV		200,00 EUR
3.	1,0-Verfahrensgebühr, Nr. 5116 VV		303,00 EUR
	(Wert: 5.000,00 EUR)		
4.	Postentgeltpauschale, Nr. 7002 VV		20,00 EUR
	Zwischensumme	643,00 EUR	
5.	19 % Umsatzsteuer, Nr. 7008 VV		122,17 EUR
Gesamt			**765,17 EUR**

5. Prüfung der Erfolgsaussicht einer Rechtsbeschwerde oder eines Antrags auf Zulassung der Rechtsbeschwerde

112 Ist der Anwalt in einem Bußgeldverfahren lediglich damit beauftragt, zu prüfen, ob eine Rechtsbeschwerde nach § 79 OWiG oder ein Antrag auf Zulassung der Rechtsbeschwerde nach § 80 OWiG Aussicht auf Erfolg hat, ohne dass ihm bereits die Verteidigung im Rechtsbeschwerde- oder Zulassungsverfahren übertragen worden ist, so erhält er eine Gebühr nach Nr. 2102 VV in Höhe von 30,00 EUR bis 320,00 EUR; die Mittelgebühr beträgt 175,00 EUR.

113 Diese Gebühr ist **anzurechnen**, wenn es anschließend zur Durchführung des Rechtsbeschwerdeverfahrens oder des Verfahrens auf Zulassung der Rechtsbeschwerde kommt (Anm. zu Nr. 2102 VV).

114 Erstreckt sich die Prüfung nur auf eine **Entscheidung über eine Einziehung**, entsteht insoweit eine Prüfungsgebühr nach Nr. 2100 VV. Durch das 2. JuMoG ist klargestellt worden, dass auch in den Teilen 4 bis 6 VV die Nrn. 2100, 2101 VV anzuwenden sind, soweit dort nach dem Gegenstandswert abgerechnet wird. Der Anwalt erhält dafür eine Gebühr i.H.v. 0,5 bis 1,0 (Mittelgebühr 0,75) aus dem Gegenstandswert.

Auch die Prüfungsgebühr der Nr. 2100 VV ist **anzurechnen**, soweit das Rechtsmittel durchgeführt wird (Anm. zu Nr. 2100 VV). 115

Erstreckt sich die Prüfung sowohl auf ein Rechtsmittel gegen das Bußgeld als auch gegen eine Entscheidung über eine Einziehung, entstehen beide Prüfungsgebühren, die dann gegebenenfalls auch beide anzurechnen sind. 116

Ob der Anwalt im vorangegangenen erstinstanzlichen Verfahren Verteidiger war, ist unerheblich.[47] Die Prüfung der Erfolgsaussicht ist auch für ihn eine eigene selbstständige Tätigkeit, was sich schon daraus ergibt, dass es sich um eine außergerichtliche Tätigkeit (geregelt in Teil 2 VV) handelt. Lediglich das Einlegen der Rechtsbeschwerde bzw. des Antrags auf Zulassung der Rechtsbeschwerde gehört nach § 19 Abs. 1 S. 2 Nr. 10 RVG noch zur Ausgangsinstanz, nicht aber die Prüfung der Erfolgsaussicht. 117

Hinzu kommt die Postentgeltpauschale nach Nr. 7002 VV. Diese fällt allerdings nur an, wenn tatsächlich auch Auslagen entstehen, also etwa dann, wenn die Prüfung schriftlich erfolgt oder der Anwalt das mündliche Prüfungsgespräch wunschgemäß nochmals schriftlich zusammenfasst und dem Mandanten zusendet,[48] also nicht bei bloßer mündlicher Prüfung.[49] 118

| Beispiel 78 | **Prüfung der Erfolgsaussicht einer Rechtsbeschwerde, Rechtsbeschwerde wird nicht eingelegt** |

Der Mandant ist vom Amtsgericht zu einem Bußgeld sowie einem Fahrverbot verurteilt worden. Er beauftragt den Verteidiger, zu prüfen, ob eine Rechtsbeschwerde Aussicht auf Erfolg habe. Der Anwalt rät hiervon ab. Zur Durchführung des Rechtsbeschwerdeverfahrens kommt es nicht.

Der Anwalt kann lediglich eine Gebühr nach Nr. 2102 VV abrechnen.

1.	Prüfungsgebühr, Nr. 2102 VV	175,00 EUR
2.	Postentgeltpauschale, Nr. 7002 VV[50]	20,00 EUR
	Zwischensumme	195,00 EUR
3.	19 % Umsatzsteuer, Nr. 7008 VV	37,05 EUR
	Gesamt	**232,05 EUR**

| Beispiel 79 | **Prüfung der Erfolgsaussicht eines Zulassungsantrags, Zulassungsantrag wird nicht eingelegt** |

Der Mandant ist vom Amtsgericht zur Zahlung einer Geldbuße in Höhe von **100,00 EUR** verurteilt worden. Er beauftragt den Verteidiger, zunächst zu prüfen, ob ein Antrag auf Zulassung der Rechtsbeschwerde Aussicht auf Erfolg habe. Der Anwalt verneint dies. Der Antrag auf Zulassung der Rechtsbeschwerde wird nicht gestellt.

Abzurechnen ist wie im vorangegangenen Beispiel 78, da der Antrag auf Zulassung bereits zum Rechtsbeschwerdeverfahren zählt.

---

[47] LG Berlin AGS 2006, 73; a.A. KG AGS 2006, 433 m. abl. Anm. *N. Schneider*.
[48] AnwK-RVG/*N. Schneider*, Nrn. 7001, 7002 VV Rn 19.
[49] Siehe AG Koblenz AGS 2004, 185 m. Anm. *N. Schneider* zur vergleichbaren Situation bei einer Beratung.
[50] Zur Postentgeltpauschale siehe Rn 118.

§ 36 Bußgeldsachen

> **Beispiel 80** — Prüfung der Erfolgsaussicht einer Rechtsbeschwerde, Rechtsbeschwerde wird durchgeführt

Der Mandant ist vom Amtsgericht zur Zahlung einer Geldbuße in Höhe von 100,00 EUR nebst Fahrverbot verurteilt worden. Er beauftragt den Verteidiger, zunächst zu prüfen, ob ein Antrag auf Zulassung der Rechtsbeschwerde Aussicht auf Erfolg habe. Der Anwalt bejaht dies. Die Rechtsbeschwerde wird durchgeführt und der Mandant ohne mündliche Verhandlung freigesprochen.

Für die Prüfung der Erfolgsaussichten des Rechtsmittels entsteht wiederum die Vergütung nach Nr. 2102 VV. Jetzt ist die Prüfungsgebühr nach Anm. zu Nr. 2102 VV auf die Verfahrensgebühr des Rechtsbeschwerdeverfahrens (Nr. 5113 VV) anzurechnen.

I. Prüfung der Erfolgsaussicht		
1. Prüfungsgebühr, Nr. 2102 VV		175,00 EUR
2. Postentgeltpauschale, Nr. 7002 VV[51]		20,00 EUR
Zwischensumme	195,00 EUR	
3. 19 % Umsatzsteuer, Nr. 7008 VV		37,05 EUR
Gesamt		**232,05 EUR**
II. Rechtsbeschwerdeverfahren		
1. Verfahrensgebühr, Nr. 5113 VV		320,00 EUR
2. gem. Anm. zu Nr. 2102 VV anzurechnen		– 175,00 EUR
3. Postentgeltpauschale, Nr. 7002 VV		20,00 EUR
Zwischensumme	165,00 EUR	
4. 19 % Umsatzsteuer, Nr. 7008 VV		31,35 EUR
Gesamt		**196,35 EUR**

> **Beispiel 81** — Prüfung der Erfolgsaussicht eines Zulassungsantrags, Zulassungsantrag wird eingereicht

Der Mandant ist vom Amtsgericht zur Zahlung einer Geldbuße in Höhe von 100,00 EUR verurteilt worden. Er beauftragt den Verteidiger, zunächst zu prüfen, ob ein Antrag auf Zulassung der Rechtsbeschwerde Aussicht auf Erfolg habe. Der Anwalt bejaht dies, so dass der Zulassungsantrag gestellt wird. Dieser wird jedoch zurückgewiesen.

Für die Prüfung der Erfolgsaussichten des Rechtsmittels entsteht wiederum die Vergütung nach Nr. 2102 VV. Auch jetzt ist die Prüfungsgebühr nach Anm. zu Nr. 2102 VV auf die Verfahrensgebühr des Rechtsbeschwerdeverfahrens (Nr. 5113 VV) anzurechnen. Abzurechnen ist daher wie im vorangegangenen Beispiel.

> **Beispiel 82** — Prüfung der Erfolgsaussicht einer Rechtsbeschwerde nur gegen Einziehungsentscheidung, Rechtsbeschwerde wird nicht eingelegt

Der Mandant ist vom Amtsgericht zu einem Bußgeld i.H.v. 1.000,00 EUR verurteilt worden. Darüber hinaus sind nach § 22 OWiG Gegenstände im Wert von 5.000,00 EUR eingezogen worden. Er beauftragt seinen Verteidiger, zu prüfen, ob eine Rechtsbeschwerde gegen die Einziehung Aussicht auf Erfolg habe. Der Anwalt rät hiervon ab. Zur Durchführung des Rechtsbeschwerdeverfahrens kommt es nicht.

Der Anwalt kann jetzt eine Gebühr nach Nr. 2102 VV abrechnen.

---

51 Zur Postentgeltpauschale siehe Rn 118.

V. Verteidigung in Bußgeldsachen § 36

Da im Rechtsbeschwerdeverfahren aber auch bei isolierter Anfechtung der Einziehungsentscheidung Rahmengebühren anfallen (siehe Rn 148, Beispiel 112), entsteht daneben eine Gebühr nach Nr. 2100 VV, die hier allerdings im unteren Bereich liegen dürfte (hier Reduzierung um 50 %), da sich die Prüfung im Wesentlichen auf die Anfechtung der Einziehung erstreckt.

1. Prüfungsgebühr, Nr. 2100 VV, 0,75 aus 1.000,00 EUR		60,00 EUR
2. Prüfungsgebühr, Nr. 2102 VV (um 50 % ermäßigt)		87,50 EUR
3. Postentgeltpauschale, Nr. 7002 VV[52]		20,00 EUR
Zwischensumme	167,50 EUR	
4. 19 % Umsatzsteuer, Nr. 7008 VV		31,83 EUR
Gesamt		**199,33 EUR**

Beispiel 83 — **Prüfung der Erfolgsaussicht einer Rechtsbeschwerde nur gegen Einziehungsentscheidung, Rechtsbeschwerde wird durchgeführt**

Der Mandant ist vom Amtsgericht zu einem Bußgeld i.H.v. 1.000,00 EUR verurteilt worden. Darüber hinaus sind nach § 22 OWiG Gegenstände im Wert von 5.000,00 EUR eingezogen worden. Er beauftragt seinen Anwalt, zu prüfen, ob eine Rechtsbeschwerde gegen die Einziehung Aussicht auf Erfolg habe. Der Anwalt rät zur Rechtsbeschwerde, die insoweit durchgeführt wird.

Abzurechnen ist zunächst wie im vorangegangenen Fall. Beide Gebühren sind anzurechnen. Die Verfahrensgebühr des Rechtsbeschwerdeverfahrens dürfte unterdurchschnittlich anzusetzen sein, da in der Hauptsache das Rechtsmittel nicht durchgeführt wird (hier Ermäßigung der Mittelgebühr um 30 %).

I. Prüfung der Erfolgsaussicht		
1. Prüfungsgebühr, Nr. 2100 VV, 0,75 aus 5.000,00 EUR		227,25 EUR
2. Prüfungsgebühr, Nr. 2102 VV		175,00 EUR
3. Postentgeltpauschale, Nr. 7002 VV[53]		20,00 EUR
Zwischensumme	422,25 EUR	
4. 19 % Umsatzsteuer, Nr. 7008 VV		80,23 EUR
Gesamt		**502,48 EUR**
II. Rechtsbeschwerdeverfahren		
1. Verfahrensgebühr, Nr. 5113 VV (um 50 % ermäßigt)		224,00 EUR
2. gem. Anm. zu Nr. 2102 VV anzurechnen		– 175,00 EUR
3. zusätzliche Verfahrensgebühr, Nr. 5116 VV, 1,0 aus 5.000,00 EUR		303,00 EUR
4. gem. Anm. zu Nr. 2100 VV anzurechnen		– 227,25 EUR
5. Postentgeltpauschale, Nr. 7002 VV		20,00 EUR
Zwischensumme	144,75 EUR	
6. 19 % Umsatzsteuer, Nr. 7008 VV		27,50 EUR
Gesamt		**172,25 EUR**

Beispiel 84 — **Prüfung der Erfolgsaussicht einer Rechtsbeschwerde auch gegen Einziehungsentscheidung, Rechtsbeschwerde wird nicht eingelegt**

Der Mandant ist vom Amtsgericht zu einem Bußgeld i.H.v. 1.000,00 EUR verurteilt worden. Darüber hinaus sind nach § 22 OWiG Gegenstände im Wert von 5.000,00 EUR eingezogen worden. Er beauftragt seinen Anwalt, zu prüfen, ob eine Rechtsbeschwerde Aussicht auf

---
[52] Zur Postentgeltpauschale siehe Rn 118.
[53] Zur Postentgeltpauschale siehe Rn 118.

Erfolg habe. Der Anwalt rät hiervon ab. Zur Durchführung des Rechtsbeschwerdeverfahrens kommt es nicht.

Der Anwalt kann sowohl eine Gebühr nach Nr. 2100 VV als auch nach Nr. 2102 VV abrechnen. Jetzt dürfte für beide Gebühren die Mittelgebühr anzunehmen sein.

1.	Prüfungsgebühr, Nr. 2102 VV	175,00 EUR
2.	Prüfungsgebühr, Nr. 2100 VV, 0,75 aus 5.000,00 EUR	227,25 EUR
3.	Postentgeltpauschale, Nr. 7002 VV[54]	20,00 EUR
	Zwischensumme 422,25 EUR	
4.	19 % Umsatzsteuer, Nr. 7008 VV	80,23 EUR
	Gesamt	**502,48 EUR**

> **Beispiel 85** **Prüfung der Erfolgsaussicht einer Rechtsbeschwerde auch gegen Einziehungsentscheidung, Rechtsbeschwerde wird durchgeführt**

Der Mandant ist vom Amtsgericht zu einem Bußgeld i.H.v. 1.000,00 EUR verurteilt worden. Darüber hinaus sind nach § 22 OWiG Gegenstände im Wert von 5.000,00 EUR eingezogen worden. Er beauftragt seinen Verteidiger, zu prüfen, ob eine Rechtsbeschwerde Aussicht auf Erfolg habe. Auf den Rat des Anwalts wird die Rechtsbeschwerde durchgeführt.

Sowohl die Gebühr nach Nr. 2100 VV als auch die nach Nr. 2102 VV werden im Rechtsbeschwerdeverfahren angerechnet.

I.	Prüfung der Erfolgsaussicht	
1.	Prüfungsgebühr, Nr. 2102 VV	175,00 EUR
2.	Prüfungsgebühr, Nr. 2100 VV, 0,75 aus 5.000,00 EUR	227,25 EUR
3.	Postentgeltpauschale, Nr. 7002 VV[55]	20,00 EUR
	Zwischensumme 422,25 EUR	
4.	19 % Umsatzsteuer, Nr. 7008 VV	80,23 EUR
	Gesamt	**502,48 EUR**
II.	Rechtsbeschwerdeverfahren	
1.	Verfahrensgebühr, Nr. 5113 VV	320,00 EUR
2.	gem. Anm. zu Nr. 2102 VV anzurechnen	– 175,00 EUR
3.	Zusätzliche Verfahrensgebühr, Nr. 5116 VV, 1,0 aus 5.000,00 EUR	303,00 EUR
4.	gem. Anm. zu Nr. 2100 VV anzurechnen	– 227,25 EUR
5.	Postentgeltpauschale, Nr. 7002 VV	20,00 EUR
	Zwischensumme 240,75 EUR	
6.	19 % Umsatzsteuer, Nr. 7008 VV	45,74 EUR
	Gesamt	**286,49 EUR**

119 Wird ein Anwalt mit der Prüfung beauftragt, der **zuvor nicht Verteidiger** war, ändert sich insoweit an den Gebühren nichts. Wird dieser Anwalt dann aber mit der Rechtsbeschwerde beauftragt, erhält er zusätzlich noch eine Grundgebühr (Nr. 5100 VV).

> **Beispiel 86** **Prüfung der Erfolgsaussicht einer Rechtsbeschwerde, Anwalt war noch nicht Verteidiger, Rechtsbeschwerde wird durchgeführt**

Der Betroffene ist vom Amtsgericht zu einem Bußgeld i.H.v. 1.000,00 EUR verurteilt worden. Er beauftragt daraufhin einen Anwalt, zu prüfen, ob eine Rechtsbeschwerde Aussicht auf

---

54 Zur Postentgeltpauschale siehe Rn 118.
55 Zur Postentgeltpauschale siehe Rn 118.

Erfolg habe. Der Anwalt rät zur Rechtsbeschwerde und wird sodann als Verteidiger mit der Rechtsbeschwerde beauftragt.

Abzurechnen ist wie im Beispiel 85. Hinzu kommt allerdings noch eine Grundgebühr nach Nr. 5100 VV, die im oberen Bereich liegen dürfte, da die Einarbeitung das gesamte Verfahren vor der Verwaltungsbehörde und das gerichtliche Verfahren umfasst. Gegen den Ansatz der Höchstgebühr bestehen m.E. keine Bedenken.

I.	**Prüfung der Erfolgsaussicht**		
1.	Prüfungsgebühr, Nr. 2102 VV		175,00 EUR
2.	Postentgeltpauschale, Nr. 7002 VV[56]		20,00 EUR
	Zwischensumme	195,00 EUR	
3.	19 % Umsatzsteuer, Nr. 7008 VV		37,05 EUR
Gesamt			**232,05 EUR**
II.	**Rechtsbeschwerdeverfahren**		
1.	Grundgebühr, Nr. 5100 VV		170,00 EUR
2.	Verfahrensgebühr, Nr. 5113 VV		320,00 EUR
3.	gem. Anm. zu Nr. 2102 VV anzurechnen		– 175,00 EUR
4.	Postentgeltpauschale, Nr. 7002 VV		20,00 EUR
	Zwischensumme	335,00 EUR	
5.	19 % Umsatzsteuer, Nr. 7008 VV		63,65 EUR
Gesamt			**398,65 EUR**

6. Rechtsbeschwerdeverfahren

a) Überblick

Im Rechtsbeschwerdeverfahren richten sich die Gebühren nach Teil 5 Abschnitt 1 Unterabschnitt 4 VV (Nrn. 5113, 5114 VV). Ergänzend gelten Teil 5 Abschnitt 1 Unterabschnitt 1 VV (Allgemeine Gebühr – Nr. 5100 VV) sowie Abschnitt 1 Unterabschnitt 5 Teil 5 VV (Zusätzliche Gebühren, Nrn. 5115, 5116 VV). **120**

Auf andere Verfahren oder Beschwerdeverfahren in Bußgeldsachen sind die Gebühren nach Teil 5 Abschnitt 1 Unterabschnitt 4 VV nicht – auch nicht entsprechend – anwendbar.[57] **121**

Das Rechtsbeschwerdeverfahren ist eine **eigene Angelegenheit** (§ 17 Nr. 1 RVG). Hierzu zählt auch das **Verfahren auf Zulassung der Rechtsbeschwerde**. Insoweit gilt § 16 Nr. 11 RVG. Das Verfahren auf Zulassung der Rechtsbeschwerde und die zugelassene Rechtsbeschwerde sind eine einzige Gebührenangelegenheit, da das Zulassungsverfahren nicht als Beschwerdeverfahren ausgestaltet ist. **122**

Der Anwalt erhält im Rechtsbeschwerdeverfahren zunächst einmal eine **Verfahrensgebühr** nach Nr. 5113 VV für das Betreiben des Geschäfts (Vorbem. 5 Abs. 2 VV). Eine Differenzierung nach der Höhe des ausgeurteilten oder angedrohten Bußgeldes wird – im Gegensatz zum Verfahren vor der Verwaltungsbehörde und zum gerichtlichen Verfahren erster Instanz – im Rechtsbeschwerdeverfahren nicht vorgenommen. **123**

---

56 Zur Postentgeltpauschale siehe Rn 118.
57 AG Koblenz, Beschl. v. 2.3.2007 – 2040 Js 16140/06 – 34 OWi 253/06 (Beschwerde gegen Ablehnung der Wiedereinsetzung in den vorigen Stand); AG Betzdorf AGS 2009, 390 = VRR 2009, 240 = StRR 2010, 80 (Antrag auf der Wiedereinsetzung in den vorigen Stand).

124 Ebenso ist es unerheblich, vor welchem Gericht die Rechtsbeschwerde geführt wird. Die Nrn. 5113, 5114 VV sind also auch für eine Rechtsbeschwerde vor dem BGH (§ 84 GWB; § 63 WpÜG; § 99 EnWG) anzuwenden.

125 Neben der Verfahrensgebühr erhält der Anwalt eine **Terminsgebühr** für jeden Tag der Hauptverhandlung (Nr. 5114 VV). Auch hier kann der Anwalt die Gebühr bei Terminsausfall erhalten (Vorbem. 5 Abs. 3 S. 2 VV).

126 Darüber hinaus kommt eine **Zusätzliche Gebühr** nach Nr. 5115 VV in Höhe der Verfahrensmittelgebühr aus Nr. 5113 VV in Betracht, wenn
- sich das Rechtsbeschwerdeverfahren durch **Rücknahme der Rechtsbeschwerde** des Betroffenen oder eines anderen Verfahrensbeteiligten erledigt (Anm. Abs. 1 Nr. 4 zu Nr. 5115 VV), wobei auch hier die Rücknahme mehr als zwei Wochen vor einem eventuellen Hauptverhandlungstermin erklärt werden muss oder
- wenn das **Verfahren nicht nur vorläufig eingestellt** wird (Anm. Abs. 1 Nr. 1 zu Nr. 5115 VV).

127 Entsprechendes gilt, wenn
- der Antrag auf Zulassung der Rechtsbeschwerde zurückgenommen oder
- die Sache noch im Zulassungsverfahren nicht nur vorläufig eingestellt wird.

128 Auch im Verfahren der Rechtsbeschwerde kommt eine **zusätzliche Verfahrensgebühr** nach Nr. 5116 VV in Betracht, wenn sich die Tätigkeit des Anwalts auf eine Einziehung oder verwandte Maßnahmen erstreckt. Die Gebühr entsteht auch dann, wenn die zusätzliche Verfahrensgebühr der Nr. 5116 VV bereits in erster Instanz oder im Verfahren vor der Verwaltungsbehörde angefallen ist (arg. e Anm. Abs. 3 S. 2 zu Nr. 5116 VV).

b) Rechtsbeschwerde

aa) Der Verteidiger war bereits vorinstanzlich beauftragt

129 Wegen der im Verfahren vor der Verwaltungsbehörde oder im erstinstanzlichen Verfahren entstandenen Gebühren wird auf die Ausführungen zu Rn 58 ff. u. 101 ff. verwiesen.

130 War der Anwalt bereits in der Sache als Verteidiger tätig, hatte er also insbesondere schon im Verfahren vor der Verwaltungsbehörde oder im gerichtlichen Verfahren verteidigt, kann er im Rechtsbeschwerdeverfahren die Grundgebühr nach Nr. 5100 VV nicht mehr verdienen, da diese nur einmalig für die erste Einarbeitung entsteht. Zudem gilt für den Verteidiger der Vorinstanz § 19 Abs. 1 S. 2 Nr. 10 RVG, wonach das Einlegen des Rechtmittels noch zur ersten Instanz zählt. Dagegen kann die zusätzliche Verfahrensgebühr nach Nr. 5116 VV jetzt wieder erneut entstehen (Anm. Abs. 3 S. 2 zu Nr. 5116 VV).

| Beispiel 87 | Rechtsbeschwerde und anschließende Mandatsbeendigung |

Nach Verkündung des Urteils legt der Verteidiger auftragsgemäß Rechtsbeschwerde ein. Bevor die Urteilsgründe zugestellt werden, kündigt der Auftraggeber das Mandat und beauftragt einen anderen Verteidiger.

Für den erstinstanzlichen Anwalt zählt die Einlegung des Rechtsmittels nach § 19 Abs. 1 S. 2 Nr. 10 RVG noch zur ersten Instanz, so dass hierfür keine gesonderten Gebühren anfallen. Auch eine weitere Postentgeltpauschale nach Nr. 7002 VV kann er nicht beanspruchen.

> **Beispiel 88** Rücknahme der Rechtsbeschwerde weniger als zwei Wochen vor der Hauptverhandlung

Der Verteidiger wird mit der Einlegung der Rechtsbeschwerde beauftragt, die er auch begründet. Eine Woche vor dem Hauptverhandlungstermin nimmt er die Rechtsbeschwerde auftragsgemäß zurück.

Das Einlegen der Rechtsbeschwerde gehört wiederum noch zur ersten Instanz (§ 19 Abs. 1 S. 2 Nr. 10 RVG). Mit der Begründung der Rechtsbeschwerde hat der Verteidiger jedoch die **Verfahrensgebühr** nach Nr. 5113 VV verdient.

Eine **Zusätzliche Gebühr** nach Nr. 5115 VV entsteht dagegen hier nicht, da die Rücknahme mehr als zwei Wochen vor dem Hauptverhandlungstermin hätte erklärt werden müssen (Anm. Abs. 1 Nr. 4 zu Nr. 5115 VV).

1.	Verfahrensgebühr, Nr. 5113 VV		320,00 EUR
2.	Postentgeltpauschale, Nr. 7002 VV		20,00 EUR
	Zwischensumme	340,00 EUR	
3.	19 % Umsatzsteuer, Nr. 7008 VV		64,60 EUR
Gesamt			**404,60 EUR**

> **Beispiel 89** Rücknahme der Rechtsbeschwerde durch den Verteidiger mehr als zwei Wochen vor der Hauptverhandlung

Gegen das erstinstanzliche Urteil legt der Verteidiger auftragsgemäß Rechtsbeschwerde ein. Die Rechtsbeschwerde wird anschließend – noch vor ihrer Begründung – zurückgenommen.

Zwar zählt das Einlegen der Rechtsbeschwerde noch zum erstinstanzlichen Verfahren (§ 19 Abs. 1 S. 2 Nr. 10 RVG), so dass hierfür die Verfahrensgebühr der Nr. 5113 VV noch nicht anfällt. Für die Rücknahmeerklärung gilt dies dagegen nicht. Diese löst bereits die Gebühren des Rechtsmittelverfahrens aus, so dass allein für die Rücknahme die **Verfahrensgebühr** nach Nr. 5113 VV angefallen ist. Da der Verteidiger die Rechtsbeschwerde noch nicht begründet hatte, dürfte die Verfahrensgebühr im unteren Bereich anzusiedeln sein.

Darüber hinaus ist nach Nr. 5113 VV auch eine **Zusätzliche Gebühr** nach Anm. Abs. 1 Nr. 4 zu Nr. 5115 VV angefallen. Die bloße Rücknahmeerklärung reicht schon als Mitwirkung aus.[58] Für die Zusätzliche Gebühr haben die Kriterien des § 14 Abs. 1 RVG keine Bedeutung. Die Gebühr nach Nr. 5115 VV entsteht immer in Höhe der jeweiligen Verfahrensmittelgebühr.

Strittig ist allerdings, ob die Zusätzliche Gebühr in Falle der Rücknahme der Rechtsbeschwerde nur dann anfällt, wenn eine Hauptverhandlung anberaumt oder zumindest deren Anberaumung zu erwarten war. Für das Bußgeldverfahren wird diese Streitfrage zwar ausdrücklich noch nicht problematisiert; jedoch dürfte hier nichts anderes gelten als im Strafverfahren bei Rücknahme einer Revision (siehe dazu § 35 Rn 119).

---

58 LG Braunschweig AGS 2004, 256.

1. Verfahrensgebühr, Nr. 5113 VV		320,00 EUR
2. Zusätzliche Gebühr, Nrn. 5115, 5113 VV		320,00 EUR
3. Postentgeltpauschale, Nr. 7002 VV		20,00 EUR
Zwischensumme	660,00 EUR	
4. 19 % Umsatzsteuer, Nr. 7008 VV		125,40 EUR
Gesamt		**785,40 EUR**

131 Die Zusätzliche Gebühr nach Nr. 5115 VV setzt im Rechtsbeschwerdeverfahren nicht voraus, dass der Verteidiger die Rechtsbeschwerde des Betroffenen zurücknimmt. Ausreichend ist die Rücknahme der Rechtsbeschwerde durch die Staatsanwaltschaft, sofern der Verteidiger daran mitwirkt, etwa durch schriftsätzliche Ausführungen.[59] Die Einhaltung der Zwei-Wochen-Frist ist in diesem Fall nicht erforderlich.[60]

> **Beispiel 90** | **Rücknahme der Rechtsbeschwerde durch die Staatsanwaltschaft**
>
> **Gegen das erstinstanzliche Urteil legt die Staatsanwaltschaft Rechtsbeschwerde ein.**
>
> **Der Verteidiger regt in einem an das Gericht gerichteten Schriftsatz die Rücknahme des Rechtsmittels seitens der Staatsanwaltschaft an und macht dazu weitere Ausführungen. Die Rechtsbeschwerde wird anschließend von der Staatsanwaltschaft zurückgenommen.**
>
> Da der Verteidiger an der Rücknahme der Rechtsbeschwerde mitgewirkt hat, erhält er auch die Zusätzliche Gebühr nach Nr. 5115 VV. Für die Verfahrensgebühr dürfte jetzt von einer Mittelgebühr auszugehen sein.

1. Verfahrensgebühr, Nr. 5113 VV		320,00 EUR
2. Zusätzliche Gebühr, Nrn. 5115, 5113 VV		320,00 EUR
3. Postentgeltpauschale, Nr. 7002 VV		20,00 EUR
Zwischensumme	660,00 EUR	
4. 19 % Umsatzsteuer, Nr. 7008 VV		125,40 EUR
Gesamt		**785,40 EUR**

> **Beispiel 91** | **Rechtsbeschwerde mit Einstellung des Verfahrens**
>
> **Gegen die erstinstanzliche Verurteilung legt der Verteidiger auftragsgemäß Rechtsbeschwerde ein und begründet diese. Das Verfahren wird außerhalb der Hauptverhandlung eingestellt.**
>
> Der Anwalt erhält neben der **Verfahrensgebühr** der Nr. 5113 VV jetzt eine **Zusätzliche Gebühr** nach Anm. Abs. 1 Nr. 1 zu Nr. 5115 VV. Für die Verfahrensgebühr dürfte auch hier von einer Mittelgebühr auszugehen sein, da die Rechtsbeschwerde begründet worden ist.
>
> Abzurechnen ist wie im Beispiel 91.

> **Beispiel 92** | **Verwerfung der Rechtsbeschwerde ohne Hauptverhandlung**
>
> **Gegen die erstinstanzliche Verurteilung legt der Verteidiger auftragsgemäß Rechtsbeschwerde ein. Die Rechtsbeschwerde wird ohne Hauptverhandlung verworfen.**

---

59 LG Stralsund AGS 2005, 442 = RVGreport 2005, 272.
60 Siehe zur vergleichbaren Lage in Strafsachen § 35 Beispiel 90.

Jetzt entsteht nur eine **Verfahrensgebühr** nach Nr. 5113 VV. Eine Terminsgebühr bei schriftlicher Entscheidung wie im erstinstanzlichen gerichtlichen Verfahren (Anm. Abs. 1 Nr. 5 VV i.V.m. § 72 Abs. 1 S. 1 OWiG) ist im Rechtsbeschwerdeverfahren nicht vorgesehen.[61]

1. Verfahrensgebühr, Nr. 5113 VV .... 320,00 EUR
2. Postentgeltpauschale, Nr. 7002 VV .... 20,00 EUR
   Zwischensumme .... 340,00 EUR
3. 19 % Umsatzsteuer, Nr. 7008 VV .... 64,60 EUR
Gesamt .... **404,60 EUR**

Beispiel 93 | Rechtsbeschwerdeverfahren mit Einziehung

Das erstinstanzliche Gericht hatte den Betroffenen zu einer Geldbuße in Höhe von 1.000,00 EUR verurteilt. Darüber hinaus sind nach § 22 StPO Gegenstände im Wert von 5.000,00 EUR eingezogen worden. Die Rechtsbeschwerde wird ohne Hauptverhandlung verworfen.

Zur Gebührenberechnung im Verfahren vor der Verwaltungsbehörde und im erstinstanzlichen gerichtlichen Verfahren siehe die Beispiele 27, 28 u. 62–65. Im Rechtsbeschwerdeverfahren entsteht die **zusätzliche Verfahrensgebühr** nach Nr. 5116 VV erneut (Anm. Abs. 3 S. 2 zu Nr. 5116 VV).

1. Verfahrensgebühr, Nr. 5113 VV .... 320,00 EUR
2. Zusätzliche Gebühr, Nrn. 5115, 5113 VV .... 320,00 EUR
3. 1,0-Verfahrensgebühr, Nr. 5116 VV .... 303,00 EUR
   (Wert: 5.000,00 EUR)
4. Postentgeltpauschale, Nr. 7002 VV .... 20,00 EUR
   Zwischensumme .... 963,00 EUR
5. 19 % Umsatzsteuer, Nr. 7008 VV .... 182,97 EUR
Gesamt .... **1.145,97 EUR**

Beispiel 94 | Rechtsbeschwerdeverfahren nur gegen Einziehungsentscheidung

Das erstinstanzliche Gericht hatte den Betroffenen zu einer Geldbuße in Höhe von 1.000,00 EUR verurteilt. Darüber hinaus sind nach § 22 OWiG Gegenstände im Wert von 5.000,00 EUR eingezogen worden. Die Rechtsbeschwerde wird nur gegen die Einziehung eingelegt und ohne Hauptverhandlung verworfen.

Die isolierte Rechtsbeschwerde nur gegen eine Einziehungsentscheidung ist zulässig, sofern ihr Wert 200,00 EUR übersteigt (§ 79 Abs. 1 S. 1 Nr. 2 OWiG).

Zur Gebührenberechnung im Verfahren vor der Verwaltungsbehörde und im erstinstanzlichen gerichtlichen Verfahren siehe die Beispiele 27, 28 u. 62–65. Im Rechtsbeschwerdeverfahren entsteht die **zusätzliche Verfahrensgebühr** nach Nr. 5116 VV erneut (arg. e Anm. Abs. 3 S. 2 zu Nr. 5116 VV). Da die zusätzliche Verfahrensgebühr, wie ihr Name schon sagt nur „zusätzlich" entstehen kann, erhält der Anwalt daneben auch die Gebühren der Nrn. 5113 ff. VV und sofern er zuvor noch nicht als Verteidiger tätig war, auch die Grundgebühr (Nr. 5100 VV).

Hier kommt wegen der Vorbefassung und mangels Hauptverhandlung nur die Verfahrensgebühr nach Nr. 5113 VV in Betracht, die allerdings unterdurchschnittlich sein dürfte (hier 20 % unter

---

61 OLG Düsseldorf AGS 2014, 180 = NJW-Spezial 2014, 252.

der Mittelgebühr), da nur die Einziehung angefochten wird, nicht aber auch die Verurteilung in der Hauptsache.

1.	Verfahrensgebühr, Nr. 5113 VV (ermäßigt um 20 %)	256,00 EUR
2.	1,0-Verfahrensgebühr, Nr. 5116 VV (Wert: 5.000,00 EUR)	303,00 EUR
3.	Postentgeltpauschale, Nr. 7002 VV	20,00 EUR
	Zwischensumme 579,00 EUR	
4.	19 % Umsatzsteuer, Nr. 7008 VV	110,01 EUR
	Gesamt	**689,01 EUR**

Beispiel 95 | Rechtsbeschwerde mit Hauptverhandlung

Der Verteidiger legt gegen das Urteil des Amtsgerichts auftragsgemäß Rechtsbeschwerde ein. Das OLG beraumt nach § 79 Abs. 5 OWiG einen Termin zur Hauptverhandlung an, an dem der Verteidiger teilnimmt.

Neben der **Verfahrensgebühr** der Nr. 5113 VV entsteht jetzt für die Teilnahme an der Hauptverhandlung eine **Terminsgebühr** nach Nr. 5114 VV.

1.	Verfahrensgebühr, Nr. 5113 VV	320,00 EUR
2.	Terminsgebühr, Nr. 5114 VV	320,00 EUR
3.	Postentgeltpauschale, Nr. 7002 VV	20,00 EUR
	Zwischensumme 660,00 EUR	
4.	19 % Umsatzsteuer, Nr. 7008 VV	125,40 EUR
	Gesamt	**785,40 EUR**

Beispiel 96 | Rechtsbeschwerde mit Hauptverhandlung und Fortsetzungstermin

Gegen das amtsgerichtliche Urteil legt der Verteidiger auftragsgemäß Rechtsbeschwerde ein. Das OLG beraumt daraufhin einen Termin zur Hauptverhandlung an, an dem der Verteidiger teilnimmt. Die Sache wird vertagt. An dem neuen Hauptverhandlungstermin nimmt der Verteidiger ebenfalls teil.

Die **Terminsgebühr** der Nr. 5114 VV entsteht jetzt zweimal, da sie je Kalendertag gesondert anfällt.

1.	Verfahrensgebühr, Nr. 5113 VV	320,00 EUR
2.	Terminsgebühr, Nr. 5114 VV	320,00 EUR
3.	Terminsgebühr, Nr. 5114 VV	320,00 EUR
4.	Postentgeltpauschale, Nr. 7002 VV	20,00 EUR
	Zwischensumme 980,00 EUR	
5.	19 % Umsatzsteuer, Nr. 7008 VV	186,20 EUR
	Gesamt	**1.166,20 EUR**

Beispiel 97 | Erneute Rechtsbeschwerde nach Zurückverweisung

Gegen das Urteil des Amtsgerichts legt der Verteidiger auftragsgemäß Rechtsbeschwerde ein. Das OLG hebt nach Hauptverhandlung das Urteil des Amtsgerichts (Verurteilung zu 80,00 EUR) auf und verweist die Sache zur erneuten Verhandlung an das Amtsgericht zurück. Dort findet eine neue Hauptverhandlung statt, in der wiederum gegen das dort verkündete Urteil Rechtsbeschwerde eingelegt wird. Diese Rechtsbeschwerde wird ohne mündliche Verhandlung verworfen.

Jetzt sind zwei Rechtsbeschwerdeverfahren gegeben. Das Verfahren nach Zurückverweisung vor dem Amtsgericht ist nach § 21 Abs. 1 RVG eine neue Angelegenheit (siehe Rn 140). Die hiergegen erhobene Rechtsbeschwerde ist ein neuer Rechtsmittelzug nach § 17 Nr. 1 RVG, der wiederum neue Gebühren auslöst.

I. Rechtsbeschwerde
1. Verfahrensgebühr, Nr. 5113 VV — 320,00 EUR
2. Terminsgebühr, Nr. 5114 VV — 320,00 EUR
3. Postentgeltpauschale, Nr. 7002 VV — 20,00 EUR
   Zwischensumme — 660,00 EUR
4. 19 % Umsatzsteuer, Nr. 7008 VV — 125,40 EUR
Gesamt — 785,40 EUR

II. Verfahren vor dem AG nach Zurückverweisung
1. Verfahrensgebühr, Nr. 5109 VV — 160,00 EUR
2. Terminsgebühr, Nr. 5110 VV — 255,00 EUR
3. Postentgeltpauschale, Nr. 7002 VV — 20,00 EUR
   Zwischensumme — 435,00 EUR
4. 19 % Umsatzsteuer, Nr. 7008 VV — 82,65 EUR
Gesamt — 517,65 EUR

III. Erneute Rechtsbeschwerde
1. Verfahrensgebühr, Nr. 5113 VV — 320,00 EUR
2. Postentgeltpauschale, Nr. 7002 VV — 20,00 EUR
   Zwischensumme — 340,00 EUR
3. 19 % Umsatzsteuer, Nr. 7008 VV — 64,60 EUR
Gesamt — 404,60 EUR

bb) Der Verteidiger wird erstmals im Rechtsbeschwerdeverfahren beauftragt

132 Wird der Verteidiger erstmals im Rechtsbeschwerdeverfahren beauftragt, so erhält er zusätzlich eine **Grundgebühr** nach Nr. 5100 VV.

133 Darüber hinaus greift § 19 Abs. 1 S. 2 Nr. 10 RVG nicht. Der erstmals beauftragte Anwalt erhält also bereits für das **Einlegen der Rechtsbeschwerde** die Verfahrensgebühr nach Nr. 5113 VV.

134 Hinsichtlich der **weiteren Gebühren** gilt das Gleiche wie für den Verteidiger, der in dieser Sache bereits tätig war (siehe Rn 129 ff.). Insoweit kann also auf die vorangegangenen Beispiele Bezug genommen werden. Hier muss dann jeweils nur noch eine Grundgebühr hinzugerechnet werden.

135 In Anbetracht dessen, dass bei einer erstmaligen Beauftragung im Rechtsbeschwerdeverfahren oder im Verfahren auf Zulassung der Rechtsbeschwerde die Einarbeitung umfangreicher sein wird, da der gesamte erstinstanzliche Prozessstoff sowie die Unterlagen des Verfahrens vor der Verwaltungsbehörde zu sichten sind, wird man hier im Regelfall nach § 14 Abs. 1 RVG von **überdurchschnittlichen Gebühren** ausgehen können.

Beispiel 98 | **Rechtsbeschwerde ohne Hauptverhandlung**

Nach Erlass des erstinstanzlichen Urteils wird der Verteidiger erstmals mit der Einlegung der Rechtsbeschwerde beauftragt. Bevor die Urteilsbegründung zugestellt wird, kündigt der Anwalt das Mandat, weil der angeforderte Vorschuss nicht gezahlt wird.

§ 36 Bußgeldsachen

Der Anwalt erhält zunächst einmal eine **Grundgebühr** nach Nr. 5100 VV, die infolge des Verfahrensfortschritts überdurchschnittlich anzusetzen sein dürfte, i.d.R. in Höhe der Höchstgebühr.

Da der Anwalt erstinstanzlich nicht tätig war, gilt für ihn § 19 Abs. 1 S. 2 Nr. 10 RVG nicht. Vielmehr beginnt für ihn bereits mit Einlegung der Rechtsbeschwerde das Rechtsbeschwerdeverfahren, so dass er für die bloße Einlegung der Rechtsbeschwerde bereits die Verfahrensgebühr nach Nr. 5113 VV erhält. Da der Umfang der Tätigkeit gering war, dürfte hier eine **unterdurchschnittliche Gebühr** anzusetzen sein.

1. Grundgebühr, Nr. 5100 VV   200,00 EUR
2. Verfahrensgebühr, Nr. 5113 VV   320,00 EUR
3. Postentgeltpauschale, Nr. 7002 VV   20,00 EUR
   Zwischensumme   540,00 EUR
4. 19 % Umsatzsteuer, Nr. 7008 VV   102,60 EUR
Gesamt   **642, 60 EUR**

> **Beispiel 99** Rechtsbeschwerde mit Hauptverhandlung

Der Anwalt wird nach Erlass des erstinstanzlichen Urteils erstmals mit der Einlegung der Rechtsbeschwerde beauftragt und nimmt an einem Hauptverhandlungstermin teil.

Jetzt entsteht neben der Grund- und der Verfahrensgebühr auch die Terminsgebühr.

1. Grundgebühr, Nr. 5100 VV   170,00 EUR
2. Verfahrensgebühr, Nr. 5113 VV   320,00 EUR
3. Terminsgebühr, Nr. 5114 VV   320,00 EUR
4. Postentgeltpauschale, Nr. 7002 VV   20,00 EUR
   Zwischensumme   830,00 EUR
5. 19 % Umsatzsteuer, Nr. 7008 VV   157,70 EUR
Gesamt   **987,70 EUR**

c) Antrag auf Zulassung der Rechtsbeschwerde

136 Ist die Rechtsbeschwerde nicht bereits nach § 79 OWiG zulässig, kann ihre Zulassung nach § 80 OWiG beantragt werden. Dieses Zulassungsverfahren ist nicht als Beschwerdeverfahren ausgestaltet, so dass es keine eigene Angelegenheit gem. § 17 Nr. 9 RVG darstellt, sondern nach § 16 Nr. 11 RVG zum Rechtszug des Rechtsbeschwerdeverfahrens gehört. Der Anwalt erhält also dieselben Gebühren wie im Rechtsbeschwerdeverfahren.

aa) Der Verteidiger war bereits erstinstanzlich tätig

137 Auch hier kann der bereits befasste Verteidiger die Grundgebühr nach Nr. 5100 VV nicht mehr verdienen. Darüber hinaus gilt für ihn § 19 Abs. 1 S. 2 Nr. 10 RVG, wonach das Einlegen des Rechtmittels – also hier des Zulassungsantrags – noch zur ersten Instanz zählt.

> **Beispiel 100** Antrag auf Zulassung der Rechtsbeschwerde, Zulassung wird abgelehnt

Der erstinstanzliche Anwalt wird beauftragt, die Zulassung der Rechtsbeschwerde zu beantragen. Nach Erhalt der Urteilsgründe begründet er den Zulassungsantrag. Dieser wird zurückgewiesen.

V. Verteidigung in Bußgeldsachen § 36

Für das Verfahren auf Zulassung der Rechtsbeschwerde erhält der Anwalt nur die Verfahrensgebühr der Nr. 5113 VV.

1.	Verfahrensgebühr, Nr. 5113 VV	320,00 EUR
2.	Postentgeltpauschale, Nr. 7002 VV	20,00 EUR
	Zwischensumme 340,00 EUR	
3.	19 % Umsatzsteuer, Nr. 7008 VV	64,60 EUR
Gesamt		**404,60 EUR**

Beispiel 101 | Antrag auf Zulassung der Rechtsbeschwerde mit Einstellung

Der Verteidiger beantragt nach Erlass des erstinstanzlichen Urteils auftragsgemäß die Zulassung der Rechtsbeschwerde. Das OLG entscheidet nicht über den Zulassungsantrag, sondern stellt das Verfahren sogleich ein.

Auch hier erhält der Anwalt für den Zulassungsantrag die **Verfahrensgebühr** nach Nr. 5113 VV und für die Einstellung eine **Zusätzliche Gebühr** analog Anm. Abs. 1 Nr. 1 zu Nr. 5115 VV.

1.	Verfahrensgebühr, Nr. 5113 VV	320,00 EUR
2.	Zusätzliche Gebühr, Nrn. 5115, 5113 VV	320,00 EUR
3.	Postentgeltpauschale, Nr. 7002 VV	20,00 EUR
	Zwischensumme 660,00 EUR	
4.	19 % Umsatzsteuer, Nr. 7008 VV	125,40 EUR
Gesamt		**785,40 EUR**

Beispiel 102 | Antrag auf Zulassung der Rechtsbeschwerde, Rechtsbeschwerde wird zugelassen, das Verfahren wird eingestellt

Der erstinstanzliche Anwalt wird beauftragt, nach Verkündung des erstinstanzlichen Urteils die Zulassung der Rechtsbeschwerde zu beantragen. Nach Zustellung der Urteilsgründe wird der Zulassungsantrag begründet. Das Gericht lässt die Rechtsbeschwerde zu und stellt das Verfahren später ein.

Mit Zulassung der Rechtsbeschwerde beginnt das Rechtsbeschwerdeverfahren. Insgesamt liegt jedoch nur eine einzige Angelegenheit vor, so dass der Anwalt seine Gebühren nur einmal erhält. Infolge der Mehrtätigkeit des Zulassungsantrags wird man in der Regel aber von einer überdurchschnittlichen **Verfahrensgebühr** ausgehen können (hier 50 % über der Mittelgebühr).

Hinzu kommt eine **Zusätzliche Gebühr** nach Anm. Abs. 1 Nr. 1 zu Nr. 5115 VV, da das Verfahren unter Mitwirkung des Verteidigers eingestellt worden ist.

1.	Verfahrensgebühr, Nr. 5113 VV	480,00 EUR
2.	Zusätzliche Gebühr, Nrn. 5115, 5113 VV	320,00 EUR
3.	Postentgeltpauschale, Nr. 7002 VV	20,00 EUR
	Zwischensumme 820,00 EUR	
4.	19 % Umsatzsteuer, Nr. 7008 VV	155,80 EUR
Gesamt		**975,80 EUR**

Beispiel 103 | Antrag auf Zulassung der Rechtsbeschwerde, Rechtsbeschwerde wird zugelassen und Hauptverhandlung durchgeführt

Nach Erlass des erstinstanzlichen Urteils beantragt der Verteidiger auftragsgemäß die Zulassung der Rechtsbeschwerde. Die Rechtsbeschwerde wird zugelassen und anschließend eine Hauptverhandlung anberaumt und durchgeführt.

Auch hier liegt nur eine Angelegenheit vor. Neben der **Verfahrensgebühr** nach Nr. 5113 VV entsteht jetzt zusätzlich die **Terminsgebühr** nach Nr. 5114 VV. Die Verfahrensgebühr dürfte hier weit überdurchschnittlich anzusetzen sein, da die Mehrarbeit des Zulassungsantrags zu berücksichtigen ist (hier 50 % über der Mittelgebühr).

1.	Verfahrensgebühr, Nr. 5113 VV	480,00 EUR
2.	Terminsgebühr, Nr. 5114 VV	320,00 EUR
3.	Postentgeltpauschale, Nr. 7002 VV	20,00 EUR
	Zwischensumme 820,00 EUR	
4.	19 % Umsatzsteuer, Nr. 7008 VV	155,80 EUR
	Gesamt	**975,80 EUR**

bb) Der Verteidiger wird erstmals im Verfahren auf Zulassung der Rechtsbeschwerde beauftragt

138 War der Verteidiger erstinstanzlich nicht tätig und wird er erst mit der Zulassung der Rechtsbeschwerde beauftragt, gilt für ihn wiederum § 19 Abs. 1 S. 2 Nr. 10 RVG nicht. Er erhält daher bereits mit dem Antrag auf Zulassung der Rechtsbeschwerde die **Verfahrensgebühr** der Nr. 5113 VV.

139 Darüber hinaus erhält der Anwalt, der im vorangegangenen erstinstanzlichen Verfahren nicht Verteidiger war, die **Grundgebühr** nach Nr. 5100 VV, da er sich im Verfahren auf Zulassung der Rechtsbeschwerde erstmals in die Sache einarbeiten muss. Auch hier dürfte wegen des Verfahrensfortschritts eine überdurchschnittliche Gebühr angemessen sein, u.U. sogar die Höchstgebühr.

Beispiel 104	Antrag auf Zulassung der Rechtsbeschwerde, Zulassung wird abgelehnt

Der bislang nicht tätige Anwalt wird nach Verkündung des amtsgerichtlichen Urteils beauftragt, die Zulassung der Rechtsbeschwerde zu beantragen. Nach Zustellung der Urteilsgründe wird der Zulassungsantrag begründet. Das Gericht lässt die Rechtsbeschwerde zu und stellt später das Verfahren ein.

Der Anwalt erhält zunächst eine **Grundgebühr** nach Nr. 5100 VV sowie eine **Verfahrensgebühr** nach Nr. 5113 VV, die bereits mit Auftragserteilung entsteht; § 19 Abs. 1 S. 2 Nr. 10 RVG gilt hier nicht.

Mit der Zulassung der Rechtsbeschwerde beginnt das Rechtsbeschwerdeverfahren. Insgesamt liegt jedoch auch hier nur eine einzige Angelegenheit vor, so dass der Anwalt die Verfahrensgebühr nur einmal erhält. Infolge der Mehrtätigkeit des Zulassungsantrags wird man in der Regel von einer überdurchschnittlichen Gebühr ausgehen können (hier 50 % über der Mittelgebühr).

Hinzu kommt eine **Zusätzliche Gebühr** nach Anm. Abs. 1 Nr. 1 zu Nr. 5115 VV, da das Verfahren unter Mitwirkung des Verteidigers eingestellt worden ist.

1.	Grundgebühr, Nr. 5100 VV	170,00 EUR
2.	Verfahrensgebühr, Nr. 5113 VV	480,00 EUR
3.	Zusätzliche Gebühr, Nrn. 5115, 5113 VV	320,00 EUR
4.	Postentgeltpauschale, Nr. 7002 VV	20,00 EUR
	Zwischensumme 990,00 EUR	
5.	19 % Umsatzsteuer, Nr. 7008 VV	188,10 EUR
	Gesamt	**1.178,10 EUR**

V. Verteidigung in Bußgeldsachen   § 36

7. Erneutes Verfahren vor dem Amtsgericht nach Aufhebung und Zurückverweisung

Wird ein erstinstanzliches Urteil auf die Rechtsbeschwerde hin aufgehoben, so gilt das weitere Verfahren vor dem erstinstanzlichen Gericht als neue Angelegenheit (§ 21 Abs. 1 RVG). Eine Anrechnung ist im Gegensatz zu den Gebühren nach Teil 3 VV (Vorbem. 3 Abs. 6 VV) nicht vorgesehen. Es entstehen daher alle Gebühren und Auslagen erneut, mit Ausnahme der Grundgebühr. 140

Beispiel 105 | **Erneutes Verfahren vor dem erstinstanzlichen Gericht nach Zurückverweisung**

Das Amtsgericht verurteilt den Betroffenen im ersten Hauptverhandlungstermin zu einer Geldbuße in Höhe von 80,00 EUR und ordnet ein Fahrverbot an. Gegen das Urteil des Amtsgerichts legt der Verteidiger auftragsgemäß Rechtsbeschwerde ein. Das OLG hebt ohne Hauptverhandlung das Urteil des Amtsgerichts auf und verweist die Sache zur erneuten Verhandlung an das Amtsgericht zurück. Dort findet eine neue Hauptverhandlung statt.

Für das erste Verfahren vor dem Amtsgericht erhält der Anwalt eine Verfahrensgebühr und eine Terminsgebühr (gegebenenfalls auch eine Grundgebühr, wenn er vor der Verwaltungsbehörde noch nicht tätig war). Im Rechtsbeschwerdeverfahren entsteht die Verfahrensgebühr nach Nr. 5113 VV. Nach Zurückverweisung erhält der Anwalt für das zweite Verfahren vor dem Amtsgericht erneut eine Verfahrens- und eine Terminsgebühr. Nur die Grundgebühr kann nicht erneut anfallen.

I. Verfahren vor dem AG vor Zurückverweisung		
1. Verfahrensgebühr, Nr. 5109 VV		160,00 EUR
2. Terminsgebühr, Nr. 5110 VV		255,00 EUR
3. Postentgeltpauschale, Nr. 7002 VV		20,00 EUR
Zwischensumme	435,00 EUR	
4. 19 % Umsatzsteuer, Nr. 7008 VV		82,65 EUR
Gesamt		**517,65 EUR**
II. Rechtsbeschwerde		
1. Verfahrensgebühr, Nr. 5113 VV		320,00 EUR
2. Postentgeltpauschale, Nr. 7002 VV		20,00 EUR
Zwischensumme	340,00 EUR	
3. 19 % Umsatzsteuer, Nr. 7008 VV		64,60 EUR
Gesamt		**404,60 EUR**
III. Verfahren vor dem AG nach Zurückverweisung		
1. Verfahrensgebühr, Nr. 5109 VV		160,00 EUR
2. Terminsgebühr, Nr. 5110 VV		255,00 EUR
3. Postentgeltpauschale, Nr. 7002 VV		20,00 EUR
Zwischensumme	435,00 EUR	
4. 19 % Umsatzsteuer, Nr. 7008 VV		82,65 EUR
Gesamt		**517,65 EUR**

Beispiel 106 | **Erneutes Verfahren vor dem erstinstanzlichen Gericht nach Zurückverweisung mit Einstellung**

Das Amtsgericht verurteilt den Betroffenen im ersten Hauptverhandlungstermin zu einer Geldbuße in Höhe von 80,00 EUR und ordnet ein Fahrverbot an. Gegen das Urteil des Amtsgerichts legt der Verteidiger auftragsgemäß Rechtsbeschwerde ein. Das OLG hebt ohne Hauptverhandlung das Urteil des Amtsgerichts auf und verweist die Sache zur erneuten

Verhandlung an das Amtsgericht zurück. Dort wird das Verfahren außerhalb der Hauptverhandlung eingestellt.

Für das erste Verfahren vor dem Amtsgericht erhält der Anwalt eine Verfahrensgebühr und eine Terminsgebühr (gegebenenfalls auch eine Grundgebühr, wenn er vor der Verwaltungsbehörde noch nicht tätig war). Im Rechtsbeschwerdeverfahren entsteht die Verfahrensgebühr nach Nr. 5113 VV. Nach Zurückverweisung erhält der Anwalt für das zweite Verfahren vor dem Amtsgericht erneut eine Verfahrensgebühr. Eine Terminsgebühr fällt nicht an. Dafür entsteht jedoch eine Zusätzliche Gebühr nach Anm. Abs. 1 Nr. 1 zu Nr. 5115 VV. Dass vor der Zurückverweisung eine Hauptverhandlung stattgefunden hat, ist unerheblich, da es sich bei dem Verfahren nach Zurückverweisung um eine neue Angelegenheit handelt, in der mit der Hauptverhandlung zudem erneut hätte begonnen werden müssen[62] (siehe dazu Rn 140, 100).

I. Verfahren vor dem AG vor Zurückverweisung
1. Verfahrensgebühr, Nr. 5109 VV   160,00 EUR
2. Terminsgebühr, Nr. 5110 VV   255,00 EUR
3. Postentgeltpauschale, Nr. 7002 VV   20,00 EUR
   Zwischensumme   435,00 EUR
4. 19 % Umsatzsteuer, Nr. 7008 VV   82,65 EUR
Gesamt   517,65 EUR

II. Rechtsbeschwerde
1. Verfahrensgebühr, Nr. 5113 VV   320,00 EUR
2. Postentgeltpauschale, Nr. 7002 VV   20,00 EUR
   Zwischensumme   340,00 EUR
3. 19 % Umsatzsteuer, Nr. 7008 VV   64,60 EUR
Gesamt   404,60 EUR

III. Verfahren vor dem AG nach Zurückverweisung
1. Verfahrensgebühr, Nr. 5109 VV   160,00 EUR
2. Zusätzliche Gebühr, Nr. 5115 VV   160,00 EUR
3. Postentgeltpauschale, Nr. 7002 VV   20,00 EUR
   Zwischensumme   340,00 EUR
4. 19 % Umsatzsteuer, Nr. 7008 VV   64,60 EUR
Gesamt   404,60 EUR

VI. Wiederaufnahmeverfahren

141 Findet ein Wiederaufnahmeverfahren statt, so gilt dieses nach § 17 Nr. 12 RVG als **gesonderte Angelegenheit**. Der Anwalt erhält in diesem Verfahren die gleichen Gebühren wie in einem erstinstanzlichen gerichtlichen Verfahren (Vorbem. 5.1.3 VV).[63]

142 Kommt es zu einer Wiederaufnahme, zählt das wieder aufgenommene Verfahren ebenfalls als **neue Angelegenheit**, so dass der Anwalt hier die Gebühren wiederum erneut verdienen kann. Die Grundgebühr entsteht allerdings nicht erneut (analog Vorbem. 4.1.4 VV). Ausgenommen sind die Fälle des § 15 Abs. 5 S. 2 RVG.

| Beispiel 107 | Wiederaufnahmeverfahren mit wieder aufgenommenem Verfahren |

Das AG hat eine Geldbuße i.H.v. 50,00 EUR ausgeurteilt. Später wird erfolgreich die Wiederaufnahme beantragt. Vor dem AG findet erneut eine Hauptverhandlung statt.

---

[62] AnwK-RVG/*N. Schneider*, Nr. 5115 VV Rn 17.
[63] Eingehend dazu *Burhoff*, RVG, Vorbem. 5.1.3 VV Rn 5 ff.

Im Wiederaufnahmeverfahren entstehen die Gebühren erneut (§ 17 Nr. 12 RVG). Der Anwalt erhält in diesem Verfahren die gleichen Gebühren wie im Ausgangsverfahren, allerdings ohne Grundgebühr. Im wieder aufgenommenen Verfahren entstehen die Gebühren dann nochmals.

I. Verfahren vor dem Amtsgericht
1. Grundgebühr, Nr. 5100 VV   100,00 EUR
2. Verfahrensgebühr, Nr. 5109 VV   160,00 EUR
3. Terminsgebühr, Nr. 5110 VV   255,00 EUR
4. Postentgeltpauschale, Nr. 7002 VV   20,00 EUR
   Zwischensumme   535,00 EUR
5. 19 % Umsatzsteuer, Nr. 7008 VV   101,65 EUR
Gesamt   **636,65 EUR**

II. Wiederaufnahmeverfahren
1. Verfahrensgebühr, Nr. 5109 VV   160,00 EUR
2. Postentgeltpauschale, Nr. 7002 VV   20,00 EUR
   Zwischensumme   180,00 EUR
3. 19 % Umsatzsteuer, Nr. 7008 VV   34,20 EUR
Gesamt   **214,20 EUR**

III. Verfahren vor dem Amtsgericht nach Wiederaufnahme
1. Verfahrensgebühr, Nr. 5109 VV   160,00 EUR
2. Terminsgebühr, Nr. 5110 VV   255,00 EUR
3. Postentgeltpauschale, Nr. 7002 VV   20,00 EUR
   Zwischensumme   435,00 EUR
4. 19 % Umsatzsteuer, Nr. 7008 VV   82,65 EUR
Gesamt   **517,65 EUR**

VII. Vertretung im selbstständigen Einziehungs- oder Verfallverfahren

Strittig ist, wie abzurechnen ist, wenn der Anwalt in einem selbstständigen Einziehungsverfahren (§ 27 OWiG) oder einem selbstständigen Verfallverfahren nach § 29a OWiG beauftragt wird. Nach Auffassung des OLG Karlsruhe[64] soll in diesem Fall die zusätzliche Verfahrensgebühr nach Nr. 5116 VV isoliert entstehen. Die anderen Gebühren sollen nicht anfallen, da der Anwalt nicht auch mit der Verteidigung in der Ordnungswidrigkeit beauftragt ist. Diese Auffassung ist jedoch unzutreffend. Nach Vorbem. 5 Abs. 1 erhält der Vertreter eines Einziehungsbeteiligten die gleichen Gebühren wie ein Verteidiger. Zudem enthält Nr. 5116 VV eine „zusätzliche" Verfahrensgebühr, so dass die Gebühr schon begrifflich neben anderen Gebühren entstehen muss. Abgesehen davon dürfte der Anwalt nach Auffassung des OLG Karlsruhe gar keine Vergütung erhalten, wenn der Wert des Einziehungsgegenstands unter 30,00 EUR liegt. Zutreffend ist es daher, dass der Anwalt, der nur mit der Einziehung oder dieser gleichstehenden Rechtsfolgen befasst ist, alle Gebühren der Nrn. 5100 ff. VV erhält.[65]

143

Der Gebührenrahmen richtet sich im Verfahren vor der Veraltungsbehörde und im erstinstanzlichen gerichtlichen Verfahren nach der Höhe des Bußgeldes, mit dem die zugrunde liegende Tat bedroht ist. Bei Bußgeldrahmen gilt das mittlere Bußgeld (Vorbem. 5.1 Abs. 2 VV).

144

---

64 OLG Karlsruhe AGS 2013, 173 = RVGreport 2012, 301 = VRR 2012, 319 = StRR 2012, 27.
65 LG Karlsruhe AGS 2013, 230 = RVGreport 2013, 234 = VRR 2013, 238 = RVGprof. 2013, 119 = StRR 2013, 310; LG Oldenburg AGS 2014, 65 = JurBüro 2013, 135 = RVGreport 2013, 62 = VRR 2013, 159 = RVGprof. 2013, 153.

§ 36 Bußgeldsachen

> **Beispiel 108** — Vertretung im selbstständigen Verfallsverfahren vor der Bußgeldbehörde

Die Behörde leitet gegen den Betroffenen ein selbstständiges Verfallverfahren nach § 29a OWiG ein. Der Betroffene beauftragt einen Verteidiger, den Verfall (Wert: 5.000,00 EUR) abzuwenden. Die zugrunde liegende Ordnungswidrigkeit ist mit 1.000,00 EUR bedroht.

Der Anwalt erhält eine **Grundgebühr** und eine **Verfahrensgebühr**. Da der zugrunde liegende Bußgeldtatbestand mit 1.000,00 EUR bedroht ist, gilt der Gebührenrahmen von 60,00 EUR bis 5.000,00 EUR.

1.	Grundgebühr, Nr. 5100 VV	100,00 EUR
2.	Verfahrensgebühr, Nr. 5103 VV	160,00 EUR
3.	1,0-Verfahrensgebühr, Nr. 5116 VV (Wert: 5.000,00 EUR)	303,00 EUR
4.	Postentgeltpauschale, Nr. 7002 VV	20,00 EUR
	Zwischensumme	583,00 EUR
5.	19 % Umsatzsteuer, Nr. 7008 VV	110,77 EUR
	Gesamt	**693,77 EUR**

145 Wird der Anwalt auch im erstinstanzlichen gerichtlichen Verfahren tätig, erhält auch er die zusätzliche Verfahrensgebühr nicht erneut (Anm. Abs. 3 S. 1 zu Nr. 5116 VV).

> **Beispiel 109** — Vertretung im selbstständigen Einziehungsverfahren vor der Bußgeldbehörde und im nachfolgenden gerichtlichen Verfahren

Die Behörde hatte gegen den Drittbetroffenen nach § 27 OWiG einen Einziehungsbescheid über Gegenstände im Wert von 5.000,00 EUR erlassen. Dagegen legt der Verteidiger Einspruch ein, über den in der Hauptverhandlung entschieden wird. Die zugrunde liegende Ordnungswidrigkeit ist mit 1.000,00 EUR bedroht.

Im Verfahren vor der Verwaltungsbehörde ist abzurechnen wie im vorangegangenen Beispiel 108. Im gerichtlichen Verfahren erhält der Anwalt keine **zusätzliche Verfahrensgebühr** nach Nr. 5116 VV, da diese Gebühr nach Anm. Abs. 3 S. 1 zu Nr. 5116 VV im Verfahren vor der Verwaltungsbehörde und im gerichtlichen Verfahren nur einmal anfallen kann.

I. Verfahren vor der Verwaltungsbehörde

1.	Grundgebühr, Nr. 5100 VV	100,00 EUR
2.	Verfahrensgebühr, Nr. 5103 VV	160,00 EUR
3.	Zusätzliche Verfahrensgebühr, Nr. 5116 VV, 1,0 aus 5.000,00 EUR	303,00 EUR
4.	Postentgeltpauschale, Nr. 7002 VV	20,00 EUR
	Zwischensumme	583,00 EUR
5.	19 % Umsatzsteuer, Nr. 7008 VV	110,77 EUR
	Gesamt	**693,77 EUR**

II. Verfahren vor dem Amtsgericht

1.	Verfahrensgebühr, Nr. 5109 VV	160,00 EUR
2.	Terminsgebühr, Nr. 5110 VV	255,00 EUR
3.	Postentgeltpauschale, Nr. 7002 VV	20,00 EUR
	Zwischensumme	435,00 EUR
4.	19 % Umsatzsteuer, Nr. 7008 VV	82,65 EUR
	Gesamt	**517,65 EUR**

146 Wird der Anwalt erstmals im erstinstanzlichen gerichtlichen Verfahren tätig, so kann er hier die zusätzliche Verfahrensgebühr sowie eine Grundgebühr verdienen.

VII. Vertretung im selbstständigen Einziehungs- oder Verfallverfahren § 36

Beispiel 110 | Vertretung im selbstständigen Verfallsverfahren, erstmalige Vertretung im gerichtlichen Verfahren

Die Behörde hatte gegen den Betroffenen nach § 29a OWiG einen Verfallsbescheid (Wert: 5.000,00 EUR) erlassen. Dagegen legt der Betroffene Einspruch ein und beauftragt nach Eingang der Akten bei Gericht einen Verteidiger, der an der Hauptverhandlung teilnimmt. Die zugrunde liegende Ordnungswidrigkeit ist mit 1.000,00 EUR bedroht.

Jetzt entsteht im erstinstanzlichen gerichtlichen Verfahren auch eine zusätzliche Verfahrensgebühr nach Nr. 5116 VV.

1.	Grundgebühr, Nr. 5100 VV	100,00 EUR
2.	Verfahrensgebühr, Nr. 5109 VV	160,00 EUR
3.	Terminsgebühr, Nr. 5110 VV	255,00 EUR
4.	Zusätzliche Verfahrensgebühr, Nr. 5116 VV, 1,0 aus 5.000,00 EUR	303,00 EUR
5.	Postentgeltpauschale, Nr. 7002 VV	20,00 EUR
	Zwischensumme 838,00 EUR	
6.	19 % Umsatzsteuer, Nr. 7008 VV	159,22 EUR
	Gesamt	**997,22 EUR**

Möglich ist auch eine Zusätzliche Gebühr nach Nr. 5115 VV, wenn der Einspruch zurückgenommen wird, die Behörde nach Einspruch den Ursprungsbescheid aufhebt und einen neuen Bescheid erlässt, gegen den kein Einspruch eingelegt wird oder das Gericht im schriftlichen Verfahren nach § 72 OWiG entscheidet.

147

Beispiel 111 | Vertretung im selbstständigen Einziehungsverfahren vor der Bußgeldbehörde und im nachfolgenden gerichtlichen Verfahren nach § 72 OWiG

Die Behörde hatte gegen den Drittbetroffenen nach § 27 OWiG einen Einziehungsbescheid über Gegenstände im Wert von 5.000,00 EUR erlassen. Dagegen legt der Verteidiger Einspruch ein, über den gem. § 72 OWiG im schriftlichen Verfahren entschieden wird. Die zugrunde liegende Ordnungswidrigkeit ist mit 1.000,00 EUR bedroht.

Anstelle der Terminsgebühr für die Hauptverhandlung entsteht jetzt eine Zusätzliche Gebühr nach Anm. Abs. 1 Nr. 5 zu Nr. 5115 VV.

I.	**Verfahren vor der Verwaltungsbehörde**	
1.	Grundgebühr, Nr. 5100 VV	100,00 EUR
2.	Verfahrensgebühr, Nr. 5103 VV	160,00 EUR
3.	Zusätzliche Verfahrensgebühr, Nr. 5116 VV, 1,0 aus 5.000,00 EUR	303,00 EUR
4.	Postentgeltpauschale, Nr. 7002 VV	20,00 EUR
	Zwischensumme 583,00 EUR	
5.	19 % Umsatzsteuer, Nr. 7008 VV	110,77 EUR
	Gesamt	**693,77 EUR**
II.	**Verfahren vor dem Amtsgericht**	
1.	Verfahrensgebühr, Nr. 5109 VV	160,00 EUR
2.	Zusätzliche Gebühr, Nr. 5115, 5109 VV	160,00 EUR
3.	Postentgeltpauschale, Nr. 7002 VV	20,00 EUR
	Zwischensumme 340,00 EUR	
4.	19 % Umsatzsteuer, Nr. 7008 VV	64,60 EUR
	Gesamt	**404,60 EUR**

148 Im Rechtsbeschwerdeverfahren entstehen die Gebühren nach Nr. 5113, 5114 VV zuzüglich einer zusätzlichen Verfahrensgebühr nach Nr. 5116 VV.

> **Beispiel 112** | **Rechtsbeschwerdeverfahren**
>
> **Die Behörde hatte den selbstständigen Verfall eines Geldbetrages in Höhe von 5.000,00 EUR angeordnet. Dagegen legt der Verteidiger Rechtsbeschwerde ein. Die zugrunde liegende Ordnungswidrigkeit ist mit 1.000,00 EUR bedroht.**
>
> Im Verfahren vor der Verwaltungsbehörde und im erstinstanzlichen gerichtlichen Verfahren ist abzurechnen wie im Beispiel 111.
>
> Im Rechtsbeschwerdeverfahren ist wie folgt zu rechnen:
>
> | | | |
> |---|---:|---:|
> | 1. Verfahrensgebühr, Nr. 5113 VV | | 320,00 EUR |
> | 2. 1,0-Verfahrensgebühr, Nr. 5116 VV | | 303,00 EUR |
> | (Wert: 5.000,00 EUR) | | |
> | 3. Postentgeltpauschale, Nr. 7002 VV | | 20,00 EUR |
> | Zwischensumme | 643,00 EUR | |
> | 4. 19 % Umsatzsteuer, Nr. 7008 VV | | 122,17 EUR |
> | **Gesamt** | | **765,17 EUR** |

VIII. Einzeltätigkeiten

149 Für Einzeltätigkeiten in Bußgeldsachen ist eine gesonderte Gebühr in Abschnitt 2 Teil 5 VV geregelt. Im Gegensatz zu den Strafsachen (Nrn. 4300 ff. VV) ist hier allerdings nur ein einziger Gebührentatbestand mit einem einzigen Gebührenrahmen vorgesehen.

150 Anm. Abs. 1 zu Nr. 5200 VV stellt klar, dass der Anwalt die Verfahrensgebühr für eine Einzeltätigkeit nur dann erhält, wenn ihm nicht die Verteidigung übertragen worden war. Abgegolten werden also
- Tätigkeiten, für die ein Verteidiger die Gebühren nach Nrn. 5100 ff. VV erhalten würde, sowie
- Einzeltätigkeiten, die gar nicht in den Anwendungsbereich der Nrn. 5100 ff. VV fallen, wie z.B. die Vollstreckung oder Gnadengesuche (Anm. Abs. 3 zu Nr. 5200 VV). Diese Gebühren kann auch der Verteidiger neben seinen sonstigen Gebühren verlangen.

151 Der Anwalt erhält die Verfahrensgebühr für **jede Einzeltätigkeit gesondert**. Insoweit handelt es sich jeweils um **eigene Angelegenheiten** i.S.d. § 15 RVG (Anm. Abs. 2 zu Nr. 5200 VV). Allerdings ist § 15 Abs. 6 RVG zu beachten. Der Anwalt kann bei mehreren Einzeltätigkeiten insgesamt nicht mehr erhalten, als er erhalten würde, wenn er zum Verteidiger bestellt worden wäre.

152 Wird dem Anwalt, der mit Einzeltätigkeiten beauftragt ist, anschließend die Verteidigung übertragen, so ist die Verfahrensgebühr bzw. sind die Verfahrensgebühren für die Einzeltätigkeiten **anzurechnen** (Anm. Abs. 3 zu Nr. 5200 VV).

153 Der Anwalt erhält für jede Einzeltätigkeit eine **Verfahrensgebühr** in Höhe von 20,00 EUR bis 110,00 EUR; die **Mittelgebühr** beträgt 65,00 EUR.

154 Eine **Grundgebühr** entsteht nicht, da diese nur in Angelegenheiten nach Teil 5 Abschnitt 1 VV entsteht.

VIII. Einzeltätigkeiten § 36

Beispiel 113 | **Ordnungswidrigkeitenanzeige**

Der Anwalt ist beauftragt, eine Ordnungswidrigkeitenanzeige zu erstatten.

Obwohl noch kein Bußgeldverfahren eingeleitet ist, sondern die Anzeige erst das Verfahren einleiten soll, gilt Nr. 5200 VV.[66]

1. Verfahrensgebühr, Nr. 5200 VV		65,00 EUR
2. Postentgeltpauschale, Nr. 7002 VV		13,00 EUR
Zwischensumme	78,00 EUR	
3. 19 % Umsatzsteuer, Nr. 7008 VV		14,82 EUR
Gesamt		**92,82 EUR**

Beispiel 114 | **Wahrnehmung eines Hauptverhandlungstermins**

Der Anwalt ist beauftragt, einen Hauptverhandlungstermin wahrzunehmen, ohne dass ihm die Verteidigung übertragen ist.

Mangels Verteidigungsauftrag gelten die Nrn. 5100 ff. VV nicht. Der Anwalt erhält auch in diesem Fall nur die Gebühr nach Nr. 5200 VV, die allerdings jetzt mit der Höchstgebühr anzusetzen sein dürfte.

1. Verfahrensgebühr, Nr. 5200 VV		110,00 EUR
2. Postentgeltpauschale, Nr. 7002 VV		20,00 EUR
Zwischensumme	130,00 EUR	
3. 19 % Umsatzsteuer, Nr. 7008 VV		24,70 EUR
Gesamt		**154,70 EUR**

Beispiel 115 | **Wahrnehmung mehrerer Zeugenvernehmungstermine**

Das AG Köln lässt im Wege der Rechtshilfe vor dem AG München einen Zeugen vernehmen. Mit der Wahrnehmung dieses Termins wird ein Münchener Anwalt beauftragt. Später lässt das Gericht im Wege der Rechtshilfe vor dem AG München einen weiteren Zeugen vernehmen. Der Münchener Anwalt wird erneut beauftragt.

Mangels Verteidigungsauftrag gelten die Nrn. 5100 ff. VV nicht. Der Münchener Anwalt wird nach Nr. 5200 VV vergütet. Hier liegen allerdings zwei Angelegenheiten vor (Anm. Abs. 2 zu Nr. 5200 VV). Die Gebühr nach Nr. 5200 VV nebst Auslagen entsteht jetzt zweimal. Auszugehen sein dürfte von einer überdurchschnittlichen Gebühr. Die Begrenzung des § 15 Abs. 6 RVG wird nicht erreicht.

I. Vernehmung Zeuge A		
1. Verfahrensgebühr, Nr. 5200 VV		100,00 EUR
2. Postentgeltpauschale, Nr. 7002 VV		20,00 EUR
Zwischensumme	120,00 EUR	
3. 19 % Umsatzsteuer, Nr. 7008 VV		22,80 EUR
Gesamt		**142,80 EUR**
II. Vernehmung Zeuge B		
1. Verfahrensgebühr, Nr. 5200 VV		100,00 EUR
2. Postentgeltpauschale, Nr. 7002 VV		20,00 EUR
Zwischensumme	120,00 EUR	
3. 19 % Umsatzsteuer, Nr. 7008 VV		22,80 EUR
Gesamt		**142,80 EUR**

---

[66] LAG Schleswig AGS 2001, 75 = AnwBl 2001, 185 = BB 2001, 1046; AnwK-RVG/*N. Schneider*, Nr. 5200 VV Rn 8.

§ 36 Bußgeldsachen

> **Beispiel 116** Tätigkeit in der Vollstreckung

Der Anwalt wird im Rahmen der Vollstreckung des Bußgeldbescheids mit einem Ratenzahlungsantrag beauftragt.

Hier kommt es nicht darauf an, ob der Anwalt Verteidiger war oder nicht, da die Vollstreckung auch für den Verteidiger nicht mehr zur Gebührenangelegenheit gehört (Anm. Abs. 4 zu Nr. 5200 VV). Der Anwalt erhält daher auf jeden Fall für den Ratenzahlungsantrag eine Gebühr nach Nr. 5200 VV.

1. Verfahrensgebühr, Nr. 5200 VV		65,00 EUR
2. Postentgeltpauschale, Nr. 7002 VV		13,00 EUR
Zwischensumme	78,00 EUR	
3. 19 % Umsatzsteuer, Nr. 7008 VV		14,82 EUR
Gesamt		**92,82 EUR**

155 Wird der Anwalt zunächst mit einer Einzeltätigkeit beauftragt und später mit der Verteidigung, so ist die Gebühr nach Nr. 5200 VV **anzurechnen** (Anm. Abs. 3 zu Nr. 5200 VV).

> **Beispiel 117** Wahrnehmung eines Zeugenvernehmungstermins und späterer Verteidigungsauftrag

Der Anwalt wird zunächst nur mit der Wahrnehmung eines auswärtigen Zeugenvernehmungstermins beauftragt. Später wird ihm dann der Auftrag zur Verteidigung erteilt (Höhe des Bußgeldes: 70,00 EUR). Es kommt zu einem Hauptverhandlungstermin.

Der Anwalt hat zunächst für die Teilnahme an dem Termin zur Zeugenvernehmung die Gebühr nach Nr. 5200 VV verdient. Für die Tätigkeit als Verteidiger erhält er die Gebühren nach den Nrn. 5100 ff. VV. Zu beachten ist jetzt die Anrechnung nach Anm. Abs. 3 zu Nr. 5200 VV.

I. Teilnahme an der Zeugenvernehmung		
1. Verfahrensgebühr, Nr. 5200 VV		100,00 EUR
2. Postentgeltpauschale, Nr. 7002 VV		20,00 EUR
Zwischensumme	120,00 EUR	
3. 19 % Umsatzsteuer, Nr. 7008 VV		22,80 EUR
Gesamt		**142,80 EUR**
II. Verteidigung vor dem AG		
1. Grundgebühr, Nr. 5100 VV		100,00 EUR
2. Verfahrensgebühr, Nr. 5109 VV		160,00 EUR
3. Terminsgebühr, Nr. 5110 VV		255,00 EUR
4. gem. Anm. Abs. 3 zu Nr. 5200 VV anzurechnen		– 100,00 EUR
5. Postentgeltpauschale, Nr. 7002 VV		20,00 EUR
Zwischensumme	435,00 EUR	
6. 19 % Umsatzsteuer, Nr. 7008 VV		82,65 EUR
Gesamt		**517,65 EUR**

IX. Antrag auf gerichtliche Entscheidung gegen einen Kostenfestsetzungsbescheid oder den Ansatz der Gebühren und Auslagen (§ 108 OWiG) und Beschwerde hiergegen

1. Überblick

156 Für seine Tätigkeit, eine Kostenentscheidung zu erwirken oder den Kostenansatz zu überprüfen, erhält der Verteidiger keine gesonderten Gebühren. Es gilt Vorbem. 5.1 Abs. 1 VV. Die Tätigkeit

IX. Antrag auf gerichtliche Entscheidung gegen einen Kostenfestsetzungsbescheid § 36

wird durch die jeweiligen Gebühren mit abgegolten. Das gilt auch für Anträge auf gerichtliche Entscheidung nach § 62 OWiG, soweit diese sich gegen die Kostenentscheidung (Kostengrundentscheidung) oder deren Unterlassen richten. Wohl kann der besondere Aufwand zur Erlangung einer Kostenentscheidung nach § 14 Abs. 1 RVG gebührenerhöhend zu berücksichtigen sein.[67]

2. Antrag auf gerichtliche Entscheidung gegen einen Kostenfestsetzungsbescheid und den Ansatz der Gebühren und Auslagen (§ 108 OWiG)

Nicht mehr zur Instanz gehört dagegen ein Antrag auf gerichtliche Entscheidung nach § 62 OWiG, soweit sich dieser gegen eine Entscheidung über die Kosten- und Auslagenerstattung (also Kostenfestsetzung) oder den Kostenansatz richtet. Zwar zählen Anträge auf gerichtliche Entscheidung in Bußgeldverfahren ebenso wie die vergleichbaren Beschwerden in Strafverfahren grundsätzlich gem. Vorbem. 5.1 Abs. 1 VV noch zur Instanz, da es im Gegensatz zu den Tätigkeiten nach dem Dritten Abschnitt in Straf- und Bußgeldsachen keine Beschwerdegebühren gibt (§ 19 Abs. 1 S. 2 Nr. 10 RVG). Eine Ausnahme gilt lediglich nach Vorbem. 5 Abs. 4 Nr. 1 VV für den Antrag auf gerichtliche Entscheidung, Erinnerung und Beschwerde gegen die Kostenfestsetzung und den Kostenansatz. Hier erhält der Anwalt auch in Bußgeldsachen eine gesonderte Vergütung nach Nr. 3500 VV. Dies ist mit der Neufassung der Vorbem. 5 Abs. 4 Nr. 1 VV sowie des § 18 Abs. 1 Nr. 3 VV durch das 2. KostRMoG jetzt klargestellt worden. Die Rechtsprechung, die bis dahin mangels gesetzlicher Regelung eine 1,3-Verfahrensgebühr nach Nr. 3100 VV angenommen hatte,[68] ist nicht mehr vertretbar.

157

Beispiel 118 Antrag auf gerichtliche Entscheidung gegen einen Kostenfestsetzungsbescheid

Nach Rücknahme des Bußgeldbescheides beantragt der Anwalt, die angefallenen Kosten i.H.v. 800,00 EUR festzusetzen. Es ergeht ein Kostenfestsetzungsbescheid über 500,00 EUR, gegen den der Verteidiger Antrag auf gerichtliche Entscheidung stellt.

Der Anwalt erhält nach Vorbem. 5 Abs. 4 VV die Gebühr nach Nr. 3500 VV. Der Gegenstandswert beläuft sich nach § 23 Abs. 2 RVG auf 300,00 EUR.

1.	0,5-Verfahrensgebühr, Nr. 3500 VV (Wert: 300,00 EUR)		22,50 EUR
2.	Postentgeltpauschale, Nr. 7002 VV		4,50 EUR
	Zwischensumme	27,00 EUR	
3.	19 % Umsatzsteuer, Nr. 7008 VV		5,13 EUR
	Gesamt		**32,13 EUR**

Im Übrigen siehe § 21 Rn 43 ff.

158

3. Erinnerung gegen die Festsetzung des Urkundsbeamten der Staatsanwaltschaft nach § 108a Abs. 3 S. 2 OWiG

Ebenso erhält der Anwalt die Vergütung nach Vorbem. 5.1 Abs. 1 VV i.V.m. Nr. 3500 VV, wenn gegen die Festsetzung des Urkundsbeamten der Staatsanwaltschaft nach § 108a Abs. 3 S. 2 OWiG

159

---

[67] AG Gießen JurBüro 1990, 881; LG Köln BRAGOreport 2001, 74 m. Anm. *N. Schneider*.
[68] AG Gießen AGS 2012, 466 = DAR 2012, 494; AG Viechtach AGS 2012, 467.

Erinnerung eingelegt wird. Hier hat der Gesetzgeber durch die Neufassung des § 18 Abs. 1 Nr. 3 RVG klargestellt, dass auch Erinnerungen gegen die Kostenfestsetzung des Urkundsbeamten der Geschäftsstelle gesondert zu vergüten sind und nicht nur Erinnerungen gegen die Festsetzungen des Rechtspflegers.

> **Beispiel 119** — **Erinnerung gegen die Festsetzung des Urkundsbeamten der Staatsanwaltschaft**

Nach Einstellung des Verfahren durch die Staatsanwaltschaft im Zwischenverfahren nach § 69 OWiG setzt der Urkundsbeamte gem. § 108a Abs. 3 S. 1 OWiG die mit 800,00 EUR angemeldeten Kosten lediglich i.H.v. 500,00 EUR fest. Hiergegen erhebt der Verteidiger Erinnerung.

Auch hier erhält der Anwalt nach Vorbem. 5 Abs. 4 Nr. 1 VV die Gebühr nach Nr. 3500 VV. Abzurechnen ist wie im vorangegangenen Beispiel 118.

4. Beschwerde gegen gerichtliche Entscheidungen nach Vorbem. 5 Abs. 4 Nr. 1 VV

160 Wird gegen die gerichtliche Entscheidung des erstinstanzlichen Gerichts gem. § 46 OWiG, § 464b StPO i.V.m. § 104 Abs. 3 ZPO Beschwerde erhoben, so erhält der Anwalt für das Beschwerdeverfahren gegen die Entscheidung des AG eine weitere 0,5-Verfahrensgebühr nach Vorbem. 5.1 Abs. 1 VV i.V.m. Nr. 3500 VV.

Das gilt auch, wenn gegen die Entscheidung über die Erinnerung nach § 108a Abs. 3 OWiG sofortige Beschwerde erhoben wird.

> **Beispiel 120** — **Beschwerde gegen gerichtliche Entscheidung über die Kostenfestsetzung**

Nach Rücknahme des Bußgeldbescheides beantragt der Anwalt, die angefallenen Kosten i.H.v. 800,00 EUR festzusetzen. Es ergeht ein Kostenfestsetzungsbescheid über 500,00 EUR, gegen den der Verteidiger Antrag auf gerichtliche Entscheidung stellt. Der Erinnerung wird nicht abgeholfen. Gegen die Erinnerung wird sodann Beschwerde eingelegt.

Für das Erinnerungsverfahren entsteht gem. Vorbem. 5 Abs. 4 Nr. 1 VV eine Gebühr nach Nr. 3500 VV (siehe Beispiel 118).

Für das Beschwerdeverfahren erhält der Anwalt gem. Vorbem. 5 Abs. 4 Nr. 2 VV eine weitere Gebühr nach Nr. 3500 VV.

I. Antrag auf gerichtliche Entscheidung
1. 0,5-Verfahrensgebühr, Nr. 3500 VV 22,50 EUR
   (Wert: 300,00 EUR)
2. Postentgeltpauschale, Nr. 7002 VV 4,50 EUR
   Zwischensumme 27,00 EUR
3. 19 % Umsatzsteuer, Nr. 7008 VV 5,13 EUR
   Gesamt **32,13 EUR**

II. Beschwerdeverfahren		
1. 0,5-Verfahrensgebühr, Nr. 3500 VV (Wert: 300,00 EUR)		22,50 EUR
2. Postentgeltpauschale, Nr. 7002 VV		4,50 EUR
Zwischensumme	27,00 EUR	
3. 19 % Umsatzsteuer, Nr. 7008 VV		5,13 EUR
Gesamt		**32,13 EUR**

X. Erinnerungen und Beschwerden im gerichtlichen Verfahren nach Vorbem. 5 Abs. 4 Nr. 1 VV

Wird gegen eine Kostenfestsetzung oder den Kostenansatz im gerichtlichen Verfahren Erinnerung (§ 105 Abs. 1 OWiG; § 464b S. 3 StPO, § 11 Abs. 2 S. 1 RpflG) oder Beschwerde erhoben (§ 105 Abs. 1 OWiG; § 464b S. 3 StPO, §§ 104 Abs. 4, 567 ZPO), so sind Erinnerung und Beschwerde ebenfalls eigene Angelegenheiten, die nach Vorbem. 5 Abs. 4 Nr. 1 VV wiederum die Gebühren nach Teil 3 VV auslösen, und zwar nach Nrn. 3500 ff. VV.

161

Beispiel 121 Erinnerung gegen die Festsetzung des Urkundsbeamten des Gerichts

Nach Freispruch setzt der Urkundsbeamte des Gerichts von den mit 800,00 EUR angemeldeten Kosten lediglich einen Betrag i.H.v. 700,00 EUR fest. Hiergegen erhebt der Verteidiger Erinnerung.

Auch hier erhält der Anwalt nach Vorbem. 5 Abs. 4 Nr. 1 VV die Gebühr nach Nr. 3500 VV. Abzurechnen ist wie im Beispiel 118.

Ebenso wäre auch abzurechnen, wenn sofortige Beschwerde eingelegt worden wäre.

162

Beispiel 122 Sofortige Beschwerde gegen die Festsetzung des Urkundsbeamten des Gerichts

Nach Freispruch setzt der Urkundsbeamte des Gerichts von den mit 800,00 EUR angemeldeten Kosten lediglich einen Betrag i.H.v. 500,00 EUR fest. Hiergegen erhebt der Verteidiger sofortige Beschwerde.

Auch hier erhält der Anwalt nach Vorbem. 5 Abs. 4 Nr. 1 VV die Gebühr nach Nr. 3500 VV. Abzurechnen ist wie im Beispiel 118.

Beispiel 123 Mehrere Erinnerungsverfahren gegen die Festsetzung des Urkundsbeamten des Gerichts

Nach Freispruch setzt der Urkundsbeamte des Gerichts die mit 800,00 EUR angemeldeten Kosten fest. Hiergegen legt die Staatskasse wegen eines Betrages i.H.v. 100,00 EUR Erinnerung ein. Der Urkundsbeamte hilft der Entscheidung ab. Dagegen legt jetzt der Verteidiger für den Betroffenen seinerseits Erinnerung ein.

Jetzt erhält der Anwalt die Gebühr nach Nr. 3500 VV zweimal, da sich beide Erinnerungsverfahren gegen unterschiedliche Entscheidungen richten.

§ 36 Bußgeldsachen

    I. **Erstes Erinnerungsverfahren**
1. 0,5-Verfahrensgebühr, Nr. 3500 VV   22,50 EUR
   (Wert: 100,00 EUR)
2. Postentgeltpauschale, Nr. 7002 VV   4,50 EUR
   Zwischensumme   27,00 EUR
3. 19 % Umsatzsteuer, Nr. 7008 VV   5,13 EUR
   Gesamt   **32,13 EUR**

    II. **Weiteres Erinnerungsverfahren**
1. 0,5-Verfahrensgebühr, Nr. 3500 VV   22,50 EUR
   (Wert: 100,00 EUR)
2. Postentgeltpauschale, Nr. 7002 VV   4,50 EUR
   Zwischensumme   27,00 EUR
3. 19 % Umsatzsteuer, Nr. 7008 VV   5,13 EUR
   Gesamt   **32,13 EUR**

XI. Vollstreckungsmaßnahmen aus Entscheidungen über die Erstattung von Kosten

163 Maßnahme der Zwangsvollstreckung aus Entscheidungen, die über die Erstattung von Kosten ergangen sind, gelten nach § 18 Abs. 1 Nr. 1 RVG als eigene Angelegenheiten. Die Gebühren richten sich wiederum nach Teil 3 VV, und zwar nach den Nrn. 3309, 3310 VV.

> **Beispiel 124** Anzeige der Zwangsvollstreckung aus einem Kostenfestsetzungsbescheid

Nachdem die Verwaltungsbehörde die festgesetzten Kosten (250,00 EUR) innerhalb der Frist des § 798 ZPO nicht zahlt, zeigt der Anwalt auftragsgemäß die Absicht der Zwangsvollstreckung an.

Die Anzeige der Zwangsvollstreckung gegen eine Behörde ist bereits eine Vollstreckungstätigkeit (Vorbereitungshandlung) und löst die Verfahrensgebühr nach Nr. 3309 VV aus. Der Gegenstandswert beläuft sich nach § 23 Abs. 2 RVG auf 250,00 EUR. Da eine 0,3-Gebühr sich lediglich auf 13,50 EUR belaufen würde, greift die Mindestgebühr des § 13 Abs. 2 RVG von 15,00 EUR.

1. 0,3-Verfahrensgebühr, Nr. 3309 VV   15,00 EUR
   (Wert: 250,00 EUR)
2. Postentgeltpauschale, Nr. 7002 VV   3,00 EUR
   Zwischensumme   18,00 EUR
3. 19 % Umsatzsteuer, Nr. 7008 VV   3,42 EUR
   Gesamt   **21,42 EUR**

164 Muss nach der Androhung und Ablauf der Vier-Wochen-Frist des § 882a ZPO die Vollstreckung gegen die Behörde durchgeführt werden, ist diese Vollstreckung keine neue Angelegenheit der Zwangsvollstreckung und löst daher auch keine neue Verfahrensgebühr nach Nr. 3309 VV aus (§ 19 Abs. 2 Nr. 3 RVG).

XII. Bewilligung der Vollstreckung ausländischer Geldbußen

165 Nach §§ 86 ff. IRG kann die Vollstreckung einer ausländischen Geldsanktion aufgrund einer im Ausland begangenen Ordnungswidrigkeit im Inland bewilligt werden. Die Gebühren hierfür sind in Teil 6 Abschnitt 1 VV geregelt. Insoweit wird daher auf § 37 verwiesen.

§ 37 Bewilligung der Vollstreckung ausländischer Geldstrafen

Inhalt

I. Überblick 1	IV. Rechtsbeschwerde 22
II. Vertretung vor der Behörde 5	V. Verfahren auf Zulassung der Rechtsbeschwerde 28
III. Erstinstanzliche Verfahren vor dem Amtsgericht 9	VI. Verfahren nach Zurückverweisung 29
1. Überblick 9	VII. Nachfolgende Vollstreckung 31
2. Verfahrensgebühr 13	
3. Terminsgebühr 18	

I. Überblick

Nach §§ 86 ff. IRG kann die Vollstreckung einer ausländischen Geldsanktion aufgrund einer im Ausland begangenen Straftat im Inland bewilligt werden. Die Gebühren für diese Verfahren sind in Teil 6 Abschnitt 1 VV geregelt. **1**

Vorgesehen sind Verfahrens- und Terminsgebühren. **2**

Sonstige Gebühren sind nicht vorgesehen. Insbesondere kann keine zusätzliche Gebühr entstehen, wenn sich das Verfahren erledigt. Die Nrn. 4141 und 5115 VV sind hier nicht anwendbar. Eine entsprechende Gebühr sieht Teil 6 Abschnitt 1 VV nicht vor. **3**

Auch zusätzliche Gebühren wie nach den Nrn. 4142, 5116 VV sind nicht vorgesehen. **4**

II. Vertretung vor der Behörde

Für die Vertretung im Bewilligungsverfahren vor der Behörde erhält der Anwalt nach Nr. 6100 VV eine Verfahrensgebühr in Höhe von 50,00 EUR bis 340,00 EUR. Die Mittelgebühr beläuft sich auf 195,00 EUR. Ist der Anwalt gerichtlich beigeordnet, erhält er eine Festgebühr in Höhe von 156,00 EUR. **5**

Die Verfahrensgebühr der Nr. 6100 VV deckt gem. Vorbem. 6 Abs. 2 VV die gesamte Tätigkeit im Verfahren vor der Behörde ab. Die Gebühr entsteht bereits mit der ersten Tätigkeit, in der Regel der Entgegennahme der Information. **6**

Abgegolten mit der Gebühr sind auch eventuelle Besprechungen mit der Behörde. Eine gesonderte Terminsgebühr sieht das RVG im Verfahren vor der Behörde nicht vor, da solche Termine nicht vorgeschrieben und nicht üblich sind.[1] **7**

Hinzu kommen Auslagen nach Teil 7 VV, insbesondere eine Postentgeltpauschale nach Nr. 7002 VV. **8**

---

1 BT-Drucks 17/1288 S. 37.

§ 37 Bewilligung der Vollstreckung ausländischer Geldstrafen

> **Beispiel 1** Bewilligungsverfahren vor der Behörde

Der Anwalt vertritt den Mandanten in einem Bewilligungsverfahren vor der Behörde. Die Behörde bewilligt die Vollstreckung.

Der Anwalt erhält eine Verfahrensgebühr nach Nr. 6100 VV.

1. Verfahrensgebühr, Nr. 6100 VV		195,00 EUR
2. Postentgeltpauschale, Nr. 7002 VV		20,00 EUR
Zwischensumme	215,00 EUR	
3. 19 % Umsatzsteuer, Nr. 7008 VV		40,85 EUR
Gesamt		**255,85 EUR**

III. Erstinstanzliche Verfahren vor dem Amtsgericht

1. Überblick

9 Im erstinstanzlichen gerichtlichen Verfahren erhält der Anwalt eine weitere Vergütung. Diese richtet sich nach den Nrn. 6101, 6102 VV. Das gerichtliche Verfahren stellt gegenüber dem Verfahren vor der Behörde eine eigene selbstständige Angelegenheit dar, in der die Gebühren erneut entstehen (§ 15 Abs. 2 RVG).

10 In Betracht kommen zwei erstinstanzliche Verfahren, nämlich das Verfahren,
- das auf den Einspruch nach § 87f Abs. 4 IRG gem. §§ 87g ff. IRG folgt, und
- das Verfahren auf gerichtliche Entscheidung über die Umwandlung der Entscheidung eines anderen Mitgliedstaates durch das Gericht nach § 87i IRG.

11 Die Gebühr in diesen gerichtlichen Verfahren kann nur einmal anfallen. Beide Verfahren schließen sich gegenseitig aus, da die Bewilligungsentscheidung der Behörde nach eine Entscheidung des Gerichts gem. § 87i Abs. 6 IRG unanfechtbar ist.

12 Hinzu kommen Auslagen und Umsatzsteuer. Da das Verfahren vor dem Gericht eine eigene selbstständige Angelegenheit ist, entsteht auch eine gesonderte Postpauschale.

2. Verfahrensgebühr

13 Der Anwalt erhält zunächst einmal eine Verfahrensgebühr nach Nr. 6101 VV in Höhe von 100,00 EUR bis 690,00 EUR (Mittelgebühr 395,00 EUR). Ist er beigeordnet, erhält eine Festgebühr in Höhe von 316,00 EUR.

14 Die Verfahrensgebühr deckt die gesamte Tätigkeit im erstinstanzlichen gerichtlichen Verfahren ab (Vorbem. 6 Abs. 2 VV), ausgenommen die Teilnahme an gerichtlichen Terminen.

15 Auch diese Gebühr entsteht mit der ersten Tätigkeit, in der Regel mit der Entgegennahme der Information (Vorbem. 6 Abs. 2 VV).

16 Sie entsteht auch dann, wenn die Behörde dem Einspruch gem. § 87g Abs. 1 S. 2 IRG abhilft. Wie sich aus der Überschrift zu § 87g IRG ergibt, beginnt das gerichtliche Verfahren bereits mit Einspruch.

17 Eine Anrechnung der vorgerichtlich entstandenen Verfahrensgebühr ist nicht vorgesehen. Beide Gebühren entstehen gesondert.

IV. Rechtsbeschwerde § 37

Beispiel 2 | **Umwandlungsverfahren vor dem Amtsgericht**

Die Behörde beantragt gem. § 87i Abs. 1 IRG vor dem AG die Umwandlung einer Strafe in eine Geldstrafe. Das AG entscheidet ohne mündliche Verhandlung.

Der Anwalt erhält eine Verfahrensgebühr nach Nr. 6101 VV.

1.	Verfahrensgebühr, Nr. 6101 VV		395,00 EUR
2.	Postentgeltpauschale, Nr. 7002 VV		20,00 EUR
	Zwischensumme	415,00 EUR	
3.	19 % Umsatzsteuer, Nr. 7008 VV		78,85 EUR
Gesamt			**493,85 EUR**

3. Terminsgebühr

Nimmt der Anwalt an einem gerichtlichen Termin teil, so erhält er auch eine Terminsgebühr nach Nr. 6102 VV für jeden Verhandlungstag. Die Terminsgebühr kann daher – ebenso wie in Straf- und Bußgeldsachen – mehrmals entstehen. **18**

Erforderlich ist ein gerichtlicher Termin (Vorbem. 6 Abs. 3 S. 1 VV). Eine Besprechung mit dem Gericht oder der Behörde reicht nicht aus, da Vorbem. 6 Abs. 3 VV diese Fälle im Gegensatz zur Vorbem. 3 Abs. 3 VV nicht erfasst. **19**

Die Gebühr entsteht allerdings auch wenn der Anwalt zu einem anberaumten Termin erscheint, dieser aber aus Gründen, die er nicht zu vertreten hat, nicht stattfindet (Vorbem. 6 Abs. 3 S. 2 VV). Dies gilt nicht, wenn der Anwalt rechtzeitig von der Aufhebung oder Verlegung des Termins in Kenntnis gesetzt worden ist (Vorbem. 6 Abs. 3 S. 3 VV). **20**

Die Höhe der Terminsgebühr beläuft sich auf 130,00 EUR bis 930,00 EUR (Mittelgebühr 530,00 EUR). Ist der Anwalt beigeordnet, so erhält eine Festgebühr in Höhe von 424,00 EUR. **21**

Beispiel 3 | **Einspruchsverfahren vor dem Amtsgericht**

Der Anwalt legt für den Mandanten gegen die Bewilligung der Vollstreckung durch die Behörde Einspruch ein. Es kommt zu einem Verhandlungstermin vor dem AG.

Der Anwalt erhält eine Verfahrensgebühr nach Nr. 6101 VV sowie eine Terminsgebühr nach Nr. 6102 VV.

1.	Verfahrensgebühr, Nr. 6101 VV		395,00 EUR
2.	Verfahrensgebühr, Nr. 6102 VV		530,00 EUR
3.	Postentgeltpauschale, Nr. 7002 VV		20,00 EUR
	Zwischensumme	945,00 EUR	
4.	19 % Umsatzsteuer, Nr. 7008 VV		179,55 EUR
Gesamt			**1.124,55 EUR**

IV. Rechtsbeschwerde

Wird gegen die Entscheidung des AG Rechtsbeschwerde eingelegt – unabhängig davon, ob der Anwalt für den Mandanten gegen eine Entscheidung über einen Einspruch nach §§ 87f Abs. 4, 87g ff. IRG oder gegen einen Umwandlungsbeschluss nach § 87i IRG Rechtsbeschwerde einlegt oder die Behörde gegen eine ablehnende Entscheidung gegen einen Umwandlungsantrag nach **22**

§ 87i IRG Rechtsbeschwerde einlegt –, erhält der Anwalt hierfür wiederum eine gesonderte Vergütung, da das Rechtsbeschwerdeverfahren ein neuer Rechtszug ist (§ 17 Nr. 1 RVG).

23 War zuvor erfolgreich ein Antrag auf Zulassung der Rechtsbeschwerde gestellt worden, ist diese Tätigkeit durch die Vergütung im Rechtsbeschwerdeverfahren mit abgegolten, da es sich insoweit um eine einzige Angelegenheit handelt (§ 16 Nr. 11 RVG).

24 Werden mehrere Rechtsbeschwerden erhoben z.B. gegen eine Entscheidung im Verfahren über eine Umwandlung und später in Verfahren auf einen Einspruch oder eine erneute Entscheidung nach Zurückverweisung, entstehen die Gebühren gesondert, da dann nach § 17 Nr. 1 RVG eine neue Angelegenheit vorliegt.

25 Im Verfahren der Rechtsbeschwerde entsteht zunächst wieder eine Verfahrensgebühr nach Nr. 6101 VV. Diese Gebühr kann gegebenenfalls wegen der in der Regel höheren Schwierigkeit auch höher angesetzt werden als die erstinstanzliche Gebühr.

26 Hinzu kann eine Terminsgebühr kommen, wenn ein gerichtlicher Termin vor dem Gericht der Rechtsbeschwerde stattfindet, was jedoch kaum vorkommen dürfte.

27 Des Weiteren erhält der Anwalt wiederum Auslagen nach Teil 7 VV, insbesondere eine gesonderte Postentgeltpauschale nach Nr. 7002 VV.

> **Beispiel 4** | **Rechtsbeschwerde**
>
> **Der Anwalt legt für den Mandanten gegen die Entscheidung des AG über eine Umwandlung der Sanktion Rechtsbeschwerde ein. Das OLG entscheidet ohne mündliche Verhandlung.**
>
> Der Anwalt erhält folgende Vergütung
> 1. Verfahrensgebühr, Nr. 6101 VV   395,00 EUR
> 2. Postentgeltpauschale, Nr. 7002 VV   20,00 EUR
>   Zwischensumme   415,00 EUR
> 3. 19 % Umsatzsteuer, Nr. 7008 VV   78,85 EUR
>   **Gesamt**   **493,85 EUR**

V. Verfahren auf Zulassung der Rechtsbeschwerde

28 Ist die Rechtsbeschwerde nicht bereits kraft Gesetzes zulässig und ist sie auch nicht zugelassen worden, so kann ein Antrag auf Zulassung der Rechtsbeschwerde gestellt werden (§ 87k IRG). Da der Antrag auf Zulassung und ein eventuell durchzuführendes Rechtsmittelverfahren nach § 16 Nr. 11 RVG als eine Angelegenheit gelten, entstehen durch den Antrag auf Zulassung bereits die Gebühren nach Nrn. 6101, 6102 VV. Wird dem Zulassungsantrag stattgegeben und das Rechtsbeschwerdeverfahren durchgeführt, entstehen jedoch keine weiteren Gebühren. Die Gebühren entstehen für das Verfahren auf Zulassung der Rechtsbeschwerde und die Rechtsbeschwerde selbst insgesamt nur einmal (§ 15 Abs. 2 RVG).

VI. Verfahren nach Zurückverweisung

29 Hebt das OLG auf die Rechtsbeschwerde hin die Entscheidung des AG auf und verweist es die Sache zur erneuten Entscheidung an das AG zurück (§ 87j Abs. 5 IRG), so gilt § 21 Abs. 1 RVG.

Das Verfahren vor dem AG ist eine neue Angelegenheit, in der die Gebühren nach Nrn. 6101, 6102 VV erneut entstehen (§ 21 Abs. 1 RVG). Eine Anrechnung der im Verfahren vor Zurückverweisung entstandenen Verfahrensgebühr ist im Gegensatz zu den Verfahren nach Teil 3 (Vorbem. 3 Abs. 6 VV) nicht vorgesehen.

Auch wenn der Anwalt bereits im vorangegangenen erstinstanzlichen Verfahren vorbefasst war, ist dies in der Regel kein Grund die Gebühren deshalb unterdurchschnittlich anzusetzen. Zu beachten ist, dass es sich jetzt faktisch um die dritte Instanz handelt und dass die rechtlichen Vorgaben des Rechtsbeschwerdegerichts hier beachtet werden müssen, so dass sich in der Regel eine größere Schwierigkeit der Sache ergeben wird. 30

VII. Nachfolgende Vollstreckung

Kommt es nach der Bewilligung anschließend zur Durchführung der Vollstreckung, handelt es sich insoweit um eine neue selbstständige Angelegenheit. Da insoweit Teil 6 VV keine gesonderten Vergütungstatbestände enthält, gelten insoweit die Gebührentatbestände nach Teil 4 VV, die Nrn. 4200 ff. VV (siehe dazu § 35 Rn 154 ff.). 31

§ 38 Auslagen

Inhalt

I. Überblick 1	3. Pauschale Abrechnung 43
II. Verauslagte Beträge 5	V. Reisekosten 55
III. Dokumentenpauschale 11	1. Überblick 55
1. Kopien und Ausdrucke 11	2. Abrechnung der Reisekosten 68
a) Überblick 11	3. Geschäftsreise in mehreren Angelegenheiten 69
b) Einfarbige Kopien 22	4. Verlegung der Kanzlei 71
aa) Ein Auftraggeber 22	VI. Haftpflichtversicherungsprämie 73
bb) Mehrere Auftraggeber 24	1. Überblick 73
cc) Mehrere Angelegenheiten 26	2. Konkrete Abrechnung (Anm. 1. Alt. zu Nr. 7007 VV) 74
c) Mehrfarbige Kopien 27	3. Verhältnismäßige Abrechnung (Anm. 2. Alt. zu Nr. 7007 VV) 75
d) Einfarbige und mehrfarbige Kopien 28	4. Verschiedene Angelegenheiten 78
2. Überlassung von Dateien 35	5. Mehrere Auftraggeber 80
IV. Entgelte für Post- und Telekommunikationsdienstleistungen 38	VII. Umsatzsteuer 81
1. Überblick 38	
2. Konkrete Abrechnung 39	

I. Überblick

Die Auslagentatbestände des RVG sind in Teil 7 VV, den Nrn. 7000 ff. VV, geregelt. Grundsätzlich **1** gilt, dass mit den Gebühren auch die **allgemeinen Geschäftskosten** abgegolten sind (Vorbem. 7 Abs. 1 S. 1 VV). Nur soweit die Nrn. 7000 ff. VV den Ersatz besonderer Geschäftskosten regeln, kann der Anwalt gesonderte Auslagen abrechnen. Unterschieden wird im RVG nach folgenden Auslagentatbeständen:
1. **Dokumentenpauschale** (Nr. 7000 VV)
2. **Entgelte für Post- und Telekommunikationsdienstleistungen**
   - Konkrete Abrechnung (Nr. 7001 VV)
   - Pauschale Abrechnung (Nr. 7002 VV)
3. **Reisekosten**
   - Fahrtkosten bei Benutzung eines eigenen Kraftfahrzeugs (Nr. 7003 VV)
   - Fahrtkosten bei Benutzung sonstiger Verkehrsmittel (Nr. 7004 VV)
   - Tage- und Abwesenheitsgeld (Nr. 7005 VV)
   - Sonstige Auslagen anlässlich der Reise (Nr. 7006 VV)
4. **Anteilige Haftpflichtversicherungsprämie** (Nr. 7007 VV)
5. **Umsatzsteuer** (Nr. 7008 VV).

Daneben kann der Anwalt **Aufwendungen**, die nach §§ 675, 670 BGB zu ersetzen sind, gesondert **2** geltend machen, also z.B. vorgelegte Gerichtskosten, Gerichtsvollzieherkosten, Kosten für Meldeamtsanfragen etc. (Vorbem. 7 Abs. 1 S. 2 VV).

Die Auslagentatbestände gelten nach § 46 RVG grundsätzlich auch für den im Rahmen der **3** Prozess- oder Verfahrenskostenhilfe beigeordneten Anwalt, für den im Rahmen der Beratungshilfe tätigen Anwalt und für einen bestellten Anwalt (z.B. Pflichtverteidiger), es sei denn, die Auslagen waren zur sachgemäßen Durchführung der Angelegenheit nicht erforderlich (siehe dazu § 3 Rn 48 ff. und § 4 Rn 3 ff.).

§ 38 Auslagen

4 Wird eine Vergütung nach §§ 3a ff. RVG vereinbart, muss auch eine Vereinbarung über die vom Auftraggeber zu übernehmenden Auslagen getroffen werden. Zumindest sollte nur auf die gesetzlichen Auslagen verwiesen werden. Fehlt es an einer Regelung, gelten die Auslagen grundsätzlich als durch die vereinbarte Vergütung mit abgegolten.[1] Dies gilt auch für die Umsatzsteuer.

II. Verauslagte Beträge

5 Soweit der Anwalt Beträge verauslagt, etwa Gerichtskosten, Gerichtsvollzieherkosten, Kosten für eine Einwohnermeldeamtsanfrage o.Ä., kann er nach §§ 675, 670 BGB i.V.m. Vorbem. 7 Abs. 1 S. 2 VV diese Beträge dem Mandanten in voller Höhe in Rechnung stellen, und zwar neben den sonstigen Auslagentatbeständen.

6 Problematisch ist, wann auf verauslagte Beträge Umsatzsteuer abgeführt und damit dem Mandanten nach Nr. 7008 VV in Rechnung gestellt werden kann und muss. Die Antwort darauf ist letztlich ganz einfach.
- Soweit der Auftraggeber Schuldner der verauslagen Beträge ist, handelt es sich lediglich um **durchlaufende Posten**, auf die keine Umsatzsteuer erhoben wird.
- Soweit dagegen der **Anwalt selbst Schuldner** der verauslagten Beträge ist, muss er Umsatzsteuer abführen, wenn er diese Beträge dem Mandanten in Rechnung stellt. Damit spitzt sich das Problem auf die entscheidende Frage zu, wer Schuldner der betreffenden Auslagenposition ist.

7 Eindeutig ist die Rechtslage hinsichtlich **verauslagter Gerichtskosten**. Insoweit ist derjenige Schuldner, der das Verfahren beantragt hat (§§ 22 ff. GKG; §§ 21 ff. FamGKG, §§ 22 ff. GNotKG). Das ist eindeutig der Auftraggeber. Gleiches gilt für die Kosten eines Gerichtsvollziehers (§ 13 GvKostG), der im Namen des Auftraggebers beauftragt wird. Auf solche Positionen ist daher keine Umsatzsteuer zu erheben.

> **Beispiel 1** | **Abrechnung verauslagter Gerichtskosten**
>
> **In einem Rechtsstreit über 10.000,00 EUR hat der Anwalt die 0,5-Gebühr für das Mahnverfahren (Nr. 1100 GKG-KostVerz.) sowie die weiteren 2,5-Gebühren (Nr. 1210 GKG-KostVerz.; Anm. Abs. 1 S. 1 zu Nr. 1210 GKG-KostVerz.) für das gerichtliche Verfahren vorgelegt.**
>
> Auf die Gerichtskosten ist keine Umsatzsteuer zu erheben.
>
> 1. 1,3-Verfahrensgebühr, Nr. 3100 VV 725,40 EUR
>   (Wert: 10.000,00 EUR)
> 2. 1,2-Terminsgebühr, Nr. 3104 VV 669,60 EUR
>   (Wert: 10.000,00 EUR)
> 3. Postentgeltpauschale, Nr. 7002 VV 20,00 EUR
>   Zwischensumme 1.415,00 EUR
> 4. 19 % Umsatzsteuer, Nr. 7008 VV 268,85 EUR
>   **Zwischensumme Honorar** **1.683,85 EUR**

---

[1] OLG Koblenz OLGZ 79, 230; LG Koblenz AnwBl. 1984, 206; ausführlich *N. Schneider*, Die Vergütungsvereinbarung, Rn 1072.

5.	Vorgelegte Gerichtskosten Mahnverfahren	120,50 EUR
6.	Vorgelegte Gerichtskosten streitiges Verfahren	602,50 EUR
Gesamt		**2.406,85 EUR**

Ebenso eindeutig verhält es sich mit der **Aktenversendungspauschale** nach Nr. 9003 GKG-KostVerz., Nr. 2003 FamGKG-KostVerz., Nr. 31003 GNotKG-KostVerz. Diese Auslagen schuldet, wer die Versendung oder die elektronische Übermittlung der Akte beantragt hat (§ 28 Abs. 2 GKG; § 23 Abs. 2 FamGKG; § 26 Abs. 2 GNotKG). Das aber ist nach ganz einhelliger Rspr. der Anwalt, nicht der Mandant.[2] Folglich ist auf diese Position Umsatzsteuer zu erheben.[3] Das Gleiche gilt für sonstige Aktenversendungspauschalen von Behörden etc.

Beispiel 2 | **Abrechnung verauslagter Aktenversendungspauschale**

In einer Strafsache sind dem Anwalt auf Anforderung die Akten in seine Kanzleiräume übersandt worden. Dafür wurde gem. Nr. 9003 GKG-KostVerz. eine Aktenversendungspauschale in Höhe von 12,00 EUR erhoben, die der Anwalt auch gezahlt hat.

Auf die Aktenversendungspauschale ist Umsatzsteuer zu erheben.

1.	Grundgebühr, Nr. 4100 VV		200,00 EUR
2.	Verfahrensgebühr, Nr. 4104 VV		165,00 EUR
3.	Postentgeltpauschale, Nr. 7002 VV		20,00 EUR
4.	Aktenversendungspauschale		12,00 EUR
	Zwischensumme	397,00 EUR	
5.	19 % Umsatzsteuer, Nr. 7008 VV		75,43 EUR
Gesamt			**472,43 EUR**

Des Weiteren dürfte es sich in der Regel bei den Kosten einer Einwohnermeldeamtsanfrage, einer Gewerbeamtsanfrage, Kosten eines Grundbuch- oder Handelsregisterauszugs, etc. um umsatzsteuerpflichtige Auslagen handeln. Auch hier tritt der Anwalt i.d.R. gegenüber der Behörde im eigenen Namen auf, so dass er als Kostenschuldner anzusehen ist (§ 164 Abs. 2 BGB). Nur soweit hier ausdrücklich die Anfragen im Namen des Auftraggebers gestellt werden, handelt es sich um durchlaufende Posten. Die Auffassung des LG Mannheim,[4] für das Einholen von gebührenpflichtigen Auskünften bei Behörden, die gegen Vorkasse erteilt werden, sei auch dann von einem

---

2 BGH AGS 2011, 262 = DAR 2011, 356 = MDR 2011, 758 = VersR 2011, 877 = zfs 2011, 402 = AnwBl 2011, 583 = RuS 2011, 287 = SVR 2011, 263 = JurBüro 2011, 412 = Rpfleger 2011, 563 = NZV 2011, 438 = NJW 2011, 3041 = NJW-Spezial 2011, 349 = RVGreport 2011, 215 = RVGprof. 2011, 134 = StRR 2011, 279 = BRAK-Mitt 2011, 214 = DÖV 2011, 704 = Schaden-Praxis 2011, 341 = GuT 2011, 310; BVerwG AGS 2010, 383 = zfs 2010, 467 = RVGreport 2010, 304 = JurBüro 2010, 476; OVG Lüneburg AGS 2010, 126 = NJW 2010, 1392 = DVBl 2010, 397 = DÖV 2010, 412; OLG Bamberg AGS 2009, 320 = DAR 2009, 433 = StraFo 2009, 350 = zfs 2009, 466 = StRR 2009, 243 = VRR 2009, 243; BayVGH AGS 2007, 574 = NJW 2007, 1483 = DÖV 2007, 435 = BayVBl 2007, 539 = NVwZ-RR 2007, 502 = RVGreport 2007, 399; VG Meiningen AGS 2005, 565 = JurBüro 2006, 36; LG Koblenz NJW 1996, 1223 = BRAK-Mitt 1996, 220; AG Koblenz, Beschl. v. 18.8.2006 – 2040 Js 34256/06 (juris); Beschl. v. 24.8.2006 – 2010 Js 28996/06 (juris); OLG Karlsruhe, Beschl. v. 8. 12. 2004 – 16 UF 71/99; LG Mainz AGS 2007, 636.
3 BGH AGS 2011, 262 = DAR 2011, 356 = MDR 2011, 758 = VersR 2011, 877 = zfs 2011, 402 = AnwBl 2011, 583 = RuS 2011, 287 = SVR 2011, 263 = JurBüro 2011, 412 = Rpfleger 2011, 563 = NZV 2011, 438 = NJW 2011, 3041 = NJW-Spezial 2011, 349 = RVGreport 2011, 215 = RVGprof. 2011, 134 = StRR 2011, 279 = BRAK-Mitt 2011, 214 = DÖV 2011, 704 = Schaden-Praxis 2011, 341 = GuT 2011, 310; BVerwG AGS 2010, 383 = zfs 2010, 467 = RVGreport 2010, 304 = JurBüro 2010, 476; OVG Lüneburg AGS 2010, 126 = NJW 2010, 1392 = DVBl 2010, 397 = DÖV 2010, 412; OLG Bamberg AGS 2009, 320 = DAR 2009, 433 = StraFo 2009, 350 = zfs 2009, 466 = StRR 2009, 243 = VRR 2009, 243; AG Neustadt AGS 2008, 337 = NJW-Spezial 2008, 413; AG Lahr AGS 2008, 264 u. 338 ausführlich *N. Schneider*, DStR 2008, 759; *Schons*, AGS 2007, 109.
4 AGS 2011, 587 = JurBüro 2008, 533.

§ 38 Auslagen

Handeln in fremdem Namen auszugehen, wenn der Anwalt die Vertretung nicht ausdrücklich durch Vorlage einer Vollmacht bei der Behörde kenntlich mache, ist zumindest bedenklich.

10 Zu den verauslagten Beträgen zählen auch Kosten, die der Anwalt im eigenen Namen für andere Unternehmer (Detektive, Auskunfteien etc.) aufwendet. Dazu gehört auch die Bestellung eines Unterbevollmächtigten im eigenen Namen. Beauftragt der Anwalt für einen auswärtigen Termin im eigenen Namen einen Terminsvertreter, also quasi als freien Mitarbeiter oder „Subunternehmer", dann kommt ein Vertragsverhältnis nur zwischen ihm und dem Terminsvertreter zustande. Der Terminsvertreter wird nicht im Auftrag der Partei tätig und erwirbt daher gegen die Partei auch keinen Vergütungsanspruch. Ein Vergütungsanspruch des Terminsvertreters besteht ausschließlich gegenüber dem Hauptbevollmächtigten und ist frei aushandelbar, da das RVG im Verhältnis der Anwälte untereinander nicht gilt.[5] Diese Vergütung, die der Anwalt mit dem Unterbevollmächtigten aushandelt, kann er als Auslagen nach Vorbem. 7 Abs. 1 S. 2 VV in Rechnung stellen, soweit dies vereinbart ist oder soweit andere vom Auftraggeber zu übernehmenden Kosten (z.B. eigene Reisekosten) erspart worden sind.[6] Auch hier darf wegen der Vorsteuerabzugsberechtigung nur der Netto-Betrag angesetzt werden, auf den dann im Rahmen der Gesamtvergütung Umsatzsteuer zu erheben ist.

| Beispiel 3 | Abrechnung verauslagter Kosten eines Unterbevollmächtigten |

Partei und Anwalt haben ihren Sitz in München. Der Rechtsstreit (Streitwert: 6.000,00 EUR) findet vor dem LG Frankfurt statt. Der Münchener Prozessbevollmächtigte beauftragt im eigenen Namen einen Frankfurter Anwalt und vereinbart mit ihm für die Terminswahrnehmung ein Pauschalhonorar i.H.v. von 300,00 EUR zuzüglich Umsatzsteuer.

Der Prozessbevollmächtigte kann die 300,00 EUR dem Mandanten in Rechnung stellen, da die Reisekosten, die bei einer eigenen Reise angefallen wären, weit über 300,00 EUR gelegen hätten.

1. 1,3-Verfahrensgebühr, Nr. 3100 VV   460,20 EUR
   (Wert: 6.000,00 EUR)
2. 1,2-Terminsgebühr, Nr. 3104 VV   424,80 EUR
   (Wert: 6.000,00 EUR)
3. Postentgeltpauschale, Nr. 7002 VV   20,00 EUR
4. Kosten des Terminsvertreters, Vorbem. 7 Abs. 1 S. 2 VV   300,00 EUR
   Zwischensumme   1.205,00 EUR
5. 19 % Umsatzsteuer, Nr. 7008 VV   228,95 EUR
   Gesamt   **1.433,95 EUR**

---

5 BGH AGS 2001, 51 = WRP 2001, 144 = NJW 2001, 753 = AnwBl 2001, 302 = BRAK-Mitt 2001, 140 = MDR 2001, 17 = BRAGOreport 2001, 26; AGS 2006, 471 = WRP 2006, 1221 = AnwBl 2006, 672 = BRAK-Mitt 2006, 229 = FamRZ 2006, 1523 = NJW 2006, 3569 = JurBüro 2007, 19 = MDR 2007, 180 = NJW-Spezial 2006, 478 = RVG prof. = RVGreport 2006, 438 = DAR 2006, 717.

6 Ausführlich *N. Schneider*, Abrechnung und Erstattung der Kosten eines vom Prozessbevollmächtigten im eigenen Namen beauftragten Terminsvertreters, AGkompakt 2014, 32.

III. Dokumentenpauschale

1. Kopien und Ausdrucke

a) Überblick

Nach Nr. 7000 Nr. 1 VV erhält der Anwalt Ersatz seiner Kosten für Kopien und Ausdrucke (sog. Dokumentenpauschale). Diese Dokumentenpauschale erhält er in vier Fällen, nämlich für die Herstellung und Überlassung von Kopien und Ausdrucken

a) aus Behörden- und Gerichtsakten, soweit deren Herstellung zur sachgemäßen Bearbeitung der Rechtssache geboten war,
b) zur Zustellung oder Mitteilung an Gegner oder Beteiligte und Verfahrensbevollmächtigte aufgrund einer Rechtsvorschrift oder nach Aufforderung durch das Gericht, die Behörde oder die sonst das Verfahren führende Stelle, soweit hierfür mehr als 100 Kopien und Ausdrucke zu fertigen waren,
c) zur notwendigen Unterrichtung des Auftraggebers, soweit hierfür mehr als 100 Kopien und Ausdrucke zu fertigen waren,
d) in sonstigen Fällen nur, wenn sie im Einverständnis mit dem Auftraggeber zusätzlich, auch zur Unterrichtung Dritter, angefertigt worden sind.

Eine **Übermittlung** durch den Rechtsanwalt **per Telefax** steht der Herstellung einer Kopie gleich (Anm. Abs. 1 S. 2 zu Nr. 7000 VV). Damit ist ausdrücklich nur die Übermittlung erfasst. Das Entgegennehmen von Telefaxen und deren Ausdruck löst dagegen keine Dokumentenpauschale aus.[7]

Die Dokumentenpauschale entsteht auch nicht, wenn Originale lediglich **eingescannt** werden. Der Gesetzgeber hat mit dem 2. KostRMoG den Anwendungsbereich ausdrücklich dahingehend klargestellt, dass die Dokumentenpauschale nur für die Reproduktionen einer Vorlage auf einen körperlichen Gegenstand, z.B. auf Papier, entstehen soll.[8] Die frühere gegenteilige Auffassung[9] ist nicht mehr vertretbar.

Der Auslagentatbestand der Nr. 7000 Nr. 1 Buchst. b) VV gilt nur für Kopien und Ausdrucke zur Zustellung an den Gegner aufgrund einer Rechtsvorschrift; er erfasst weder die für das Gericht bestimmten Kopien und Ausdrucke, noch die zusätzlich dem Gegner zur Verfügung gestellten Kopien oder die von den Prozessbevollmächtigten für ihre eigenen Handakten gefertigten Fotokopien.[10]

Zu beachten ist, dass in den Fällen der Nr. 7000 Nr. 1 Buchst. b) und c) VV die ersten 100 Kopien durch die jeweiligen Gebühren abgegolten sind. Hier kann also eine Vergütung erst ab der 101. Kopie verlangt werden.[11]

---

7 KG AGS 2007, 611 = RVGreport 2007, 391 = zfs 2007, 583; ausführlich zur Dokumentenpauschale bei Telefaxen: *Hansens*, RVGreport 2007, 201.
8 AG Hannover, Beschl. v. 31.1.2014 – 218 Ls 3161 Js 31640/12 (598/12); AnwK-RVG/*Volpert*, Nr. 7000 Rn 105; Gerold/Schmidt/*Müller-Rabe*, Nr. 7000 Rn 16.
9 OLG Bamberg AGS 2006, 432 = StraFo 2006, 389 = NJW 2006, 3504 = JurBüro 2006, 588 = StV 2007, 485 = RVG-Letter 2006, 93 = RVGreport 2006, 354; LG Dortmund AGS 2010, 125 = zfs 2010, 107 = VRR 2010, 3 = StRR 2010, 43 = RVGprof. 2010, 41 = RVGreport 2010, 108; LG Würzburg RVG-Letter 2006, 92; a.A. immer schon SG Dortmund AGS 2010, 13 = StRR 2009, 283.
10 KG AG S2006, 274 = RVGreport 2006, 102.
11 LG Berlin AGS 2006, 72 = RVGreport 2005, 391; a.A. (bei mehr als 100 Seiten sind auch die ersten 100 Seiten zu vergüten) *Hartmann*, Nr. 7000 VV Rn 25, sowie *Hartung/Römermann*, Teil 7 Rn 31–34; *Hartung*, NJW 2004, 1409, 1419, 1420.

§ 38 Auslagen

16 Die Höhe der Vergütung beläuft sich
- für **einfarbige Kopien** und Ausdrucke auf 0,50 EUR je Kopie für die ersten 50 abzurechnenden Seiten und für jede weitere Seite auf 0,15 EUR.
- für **mehrfarbige Kopien** und Ausdrucke auf 1,00 EUR je Kopie für die ersten 50 abzurechnenden Seiten und für jede weitere Seite auf 0,30 EUR.

17 Zweckmäßigerweise sollten die ersten 50 Seiten und die weiteren Seiten in der Kostenrechnung getrennt ausgewiesen werden. Dies erhöht das Verständnis und die Nachprüfbarkeit der Rechnung.

18 Ob Nr. 7000 VV von gewöhnlichen Seitengrößen, also bis DIN-A4-Format, ausgeht, ist fraglich. So wird vertreten, dass der Anwalt, der größere Formate vervielfältigt, eine entsprechend höhere Vergütung verlangen könne, also für DIN-A3-Seiten 1,00 EUR (mehrfarbig 2,00 EUR), bzw. ab der fünfzigsten Seite 0,30 EUR (mehrfarbig 0,60 EUR). In Anbetracht dessen, dass der Gesetzgeber im GKG-KostVerz. (Nr. 9000) im FamGKG-KostVerz. (Nr. 2000) und auch im GNotKG-Kostverz. (Nr. 31000) nach verschiedenen Formaten unterscheidet und unterschiedlich hohe Vergütungen vorsieht, er im RVG aber eine solche Unterscheidung nicht getroffen hat, könnte man im Umkehrschluss annehmen, dass im Rahmen der Nr. 7000 VV die Größe unerheblich ist.[12]

19 Werden noch **größere Kopien und Ausdrucke** gefertigt, etwa von Bauplänen oder Bauzeichnungen, außer Haus gefertigt werden, kann der Anwalt nach §§ 675, 670 BGB die konkreten Kosten umlegen.[13]

20 Bei **mehreren Auftraggebern** wird durchgezählt (Anm. Abs. 1 S. 1 zu Nr. 7000 VV). Die frühere Regelung der Nr. 9000 GKG-KostVerz. a.F., wonach bei mehreren Auftraggebern, soweit sie nicht Gesamtschuldner waren, getrennt zu zählen und zu rechnen war, gilt nicht mehr.

21 Im Falle der Nr. 7000 Nr. 1 Buchst. d) VV haftet sogar jeder Auftraggeber hinsichtlich der Dokumentenpauschale nicht nur für die für ihn angefallenen Kopien und Ausdrucke, sondern auch für die Kosten der Kopien und Ausdrucke zur Unterrichtung der weiteren Auftraggeber (§ 7 Abs. 2 S. 1, 2. Hs. RVG).

b) Einfarbige Kopien

aa) Ein Auftraggeber

22 | **Beispiel 4** | **Einfache Abrechnung**

Der Anwalt ist beauftragt, im Rahmen der zivilrechtlichen Unfallschadensregulierung eine Ablichtung der strafrechtlichen Ermittlungsakten anzufertigen. Diese umfassen 40 Seiten.

Der Anwalt erhält für jede Seite 0,50 EUR.

```
...      ...
...      Dokumentenpauschale, Nr. 7000 Nr. 1 Buchst. a) VV,
         – 40 Seiten (einfarbig) x 0,50 EUR                           20,00 EUR
         Zwischensumme                                              ... EUR
...      19 % Umsatzsteuer, Nr. 7008 VV                             ... EUR
         Gesamt                                                     ... EUR
```

---

[12] So AnwK-RVG/*Volpert*, Nr. 7000 Rn 105; Gerold/Schmidt/*Müller-Rabe*, Nr. 7000 Rn 182.
[13] OVG Rheinland-Pfalz AGS 2010, 14 = NVwZ-RR 2010, 336 = NJW-Spezial 2010, 93; AnwK-RVG/*Volpert*, Nr. 7000 Rn 106.

III. Dokumentenpauschale §38

| Beispiel 5 | Mehr als 50 Seiten Kopien und Ausdrucke |

Der Anwalt ist im Rahmen einer zivilrechtlichen Unfallschadensregulierung beauftragt, Kopien aus den strafrechtlichen Ermittlungsakten (80 Seiten) anzufertigen.

Für die ersten 50 Seiten erhält er eine Vergütung von 0,50 EUR je Seite. Für die weiteren 30 Seiten erhält er eine Vergütung von 0,15 EUR je Seite.

Zweckmäßigerweise sollten die ersten 50 Seiten und die weiteren Seiten in der Kostenrechnung getrennt ausgewiesen werden. Dies erhöht das Verständnis und die Nachprüfbarkeit der Rechnung.

```
…     …
…     Dokumentenpauschale, Nr. 7000 Nr. 1 Buchst. a) VV,
      – 50 Seiten (einfarbig) x 0,50 EUR                           25,00 EUR
      – 30 Seiten (einfarbig) x 0,15 EUR                            4,50 EUR
      Zwischensumme                                      … EUR
…     19 % Umsatzsteuer, Nr. 7008 VV                                … EUR
      Gesamt                                                        … EUR
```

| Beispiel 6 | Versendung per Telefax |

Der Anwalt ist im Rahmen einer zivilrechtlichen Unfallschadensregulierung beauftragt, Kopien aus den strafrechtlichen Ermittlungsakten (20 Seiten) anzufertigen. Dem Mandanten schickt der Anwalt den Aktenauszug per Telefax.

Der Anwalt kann jetzt nicht nur für die angefertigten 20 Kopien die Dokumentenpauschale abrechnen, sondern auch für die 20 Seiten Aktenauszug, die er dem Mandanten per Telefax übermittelt hat (Anm. Abs. 1 S. 2 zu Nr. 7000 VV).

```
…     …
…     Dokumentenpauschale, Nr. 7000 Nr. 1 Buchst. a) VV,
      – 40 Seiten (einfarbig) x 0,50 EUR                           20,00 EUR
      Zwischensumme                                      … EUR
…     19 % Umsatzsteuer, Nr. 7008 VV                                … EUR
      Gesamt                                                        … EUR
```

| Beispiel 7 | Einscannen eines Aktenauszugs |

Im Rahmen der zivilrechtlichen Unfallschadensregulierung scannt der Anwalt 70 Seiten Aktenauszug ein.

Eine Vergütung für das Einscannen erhält der Anwalt nicht (siehe Rn 13).

| Beispiel 8 | DIN-A3-Kopien |

Der Anwalt fertigt für den Auszug aus einer Ermittlungsakte 20 Kopien DIN-A4-Seiten und drei Kopien DIN-A3-Seiten an.

Geht man davon aus, dass die Größe nach dem RVG keine Rolle spielt, kann der Anwalt lediglich abrechnen:

§ 38 Auslagen

> ... ...
> ... Dokumentenpauschale, Nr. 7000 Nr. 1 Buchst. a) VV,
>   – 23 Seiten (einfarbig) x 0,50 EUR/Seite   11,50 EUR
>   Zwischensumme   ... EUR
> ... 19 % Umsatzsteuer, Nr. 7008 VV   ... EUR
> **Gesamt**   **... EUR**

Geht man davon aus, dass Nr. 7000 VV nur für DIN-A4-Kopien gelte, wäre eine höhere Vergütung geschuldet. Eine DIN-A3-Kopie entspricht zwei DIN-A4-Kopien. Daher könnte der Anwalt insoweit 1,00 EUR verlangen. Hätte der Anwalt die DIN-A3-Seiten in DIN-A4-Formaten kopiert, dann wären jeweils zwei Seiten angefallen. Abgesehen davon wird bei einem handelsüblichen Leasingkopierer eine DIN-A3-Seite als zwei (DIN A4) Seiten abgerechnet.

> ... ...
> ... Dokumentenpauschale, Nr. 7000 Nr. 1 Buchst. a) VV,
>   – 20 Seiten (einfarbig) x 0,50 EUR/Seite   10,00 EUR
>   – 3 Seiten (mehrfarbig) x 1,00 EUR/Seite   3,00 EUR
>   Zwischensumme   ... EUR
> ... 19 % Umsatzsteuer, Nr. 7008 VV   ... EUR
> **Gesamt**   **... EUR**

Beispiel 9 | Übergroße Formate

In einem Normenkontrollverfahren vor dem OVG hatte der Anwalt den zugrunde liegenden Bebauungsplan kopiert und hierfür in einem Kopiergeschäft Kosten in Höhe von 30,00 EUR brutto aufgewandt.

Die Vergütung des Anwalts richtet sich jetzt nicht nach Nr. 7000 VV, da er übergroße Kopien hat anfertigen lassen. Der Anwalt kann die konkret aufgewandten Kosten erstattet verlangen.[14]

>   – Verauslagte Kosten für Kopie Bebauungsplan, Vorbem.   25,21 EUR
>   7 Abs. 1 S. 2 VV i.V.m. §§ 670, 675 BGB
>   Zwischensumme   ... EUR
> ... 19 % Umsatzsteuer, Nr. 7008 VV   ... EUR
> **Gesamt**   **... EUR**

Beispiel 10 | Abrechnung bei Beschränkung nach Nr. 7000 Nr. 1 Buchst. b) oder c) VV, unter 100 Seiten

Der Anwalt fertigt im Rahmen eines Rechtsstreits 90 Seiten Kopien zum Zwecke der Zustellung für weitere Beteiligte.

Da die ersten 100 Seiten durch die Gebühren abgegolten sind (Nr. 7000 Nr. 1 Buchst. b) VV), kann der Anwalt für die Kopien und Ausdrucke keine Vergütung beanspruchen.

Beispiel 11 | Abrechnung bei Beschränkung nach Nr. 7000 Nr. 1 Buchst. b) oder c) VV, über 100 Seiten

Der Anwalt fertigt zur Unterrichtung des Auftraggebers 160 Seiten Kopien und Ausdrucke.

---

14 OVG Rheinland-Pfalz AGS 2010, 14 = NVwZ-RR 2010, 336 = NJW-Spezial 2010, 93.

Auch hier sind wiederum die ersten 100 Seiten durch die Gebühren abgegolten und nicht zu vergüten. Der Anwalt erhält erst eine Vergütung ab der Kopie 101, also für 60 Seiten. Er erhält jetzt nicht etwa alle 160 Seiten vergütet.[15]

Aus der Formulierung „für die ersten 50 abzurechnenden Kopien" ergibt sich, dass die Kopien 101 bis 150 zu jeweils 0,50 EUR abzurechnen sind. Hier gilt nicht der ermäßigte Satz von 0,15 EUR, weil die 50. Kopie bereits überschritten ist. Lediglich für die weiteren zehn Kopien über 150 Seiten hinaus erhält der Anwalt die reduzierte Vergütung von 0,15 EUR.

...	...	
...	Dokumentenpauschale, Nr. 7000 Nr. 1 Buchst. c) VV,	
	– 50 Seiten (einfarbig) x 0,50 EUR/Seite	25,00 EUR
	– 10 Seiten (einfarbig) x 0,15 EUR/Seite	1,50 EUR
...	19 % Umsatzsteuer, Nr. 7008 VV	... EUR
Gesamt		**... EUR**

> **Beispiel 12** Kopien und Ausdrucke bei Beschränkung nach verschiedenen Buchstaben der Nr. 7000 Nr. 1 VV

Der Anwalt fertigt 90 Seiten Kopien zur Zustellung an weitere Beteiligte und 110 Seiten Kopien und Ausdrucke zur Unterrichtung des Auftraggebers.

Es ist jetzt getrennt abzurechnen. Keinesfalls darf der Anwalt die Kopien zusammenrechnen (200 Seiten) und dann lediglich 100 Seiten als vergütungsfrei ansehen mit der Folge, dass die übrigen 100 Seiten zu vergüten wären.

Für Kopien i.S.d. Nr. 7000 Nr. 1 Buchst. b) VV hat der Anwalt nur 90 Kopien und Ausdrucke gefertigt. Da die vergütungsfreie Zahl von 100 Kopien nicht überschritten ist, erhält er insoweit keine Vergütung.

Für die Kopien und Ausdrucke i.S.d. Nr. 7000 Nr. 1 Buchst. c) VV ist gesondert zu zählen. Hier hat der Anwalt 110 Kopien gefertigt. Die ersten 100 Kopien sind wiederum vergütungsfrei, so dass er nur für die restlichen zehn Seiten eine Vergütung verlangen kann.

...	...	
...	Dokumentenpauschale, Nr. 7000 Nr. 1 Buchst. c) VV,	
	– 10 Seiten (einfarbig) x 0,50 EUR/Seite	5,00 EUR
...	19 % Umsatzsteuer, Nr. 7008 VV	... EUR
Gesamt		**... EUR**

> **Beispiel 13** Kopien und Ausdrucke bei Beschränkung nach verschiedenen Buchstaben der Nr. 7000 Nr. 1 VV, jeweils über 100 Kopien

Der Anwalt fertigt 130 Seiten Kopien zur Zustellung an weitere Beteiligte und 140 Seiten Kopien und Ausdrucke zur Unterrichtung des Auftraggebers.

Auch hier ist zunächst getrennt abzurechnen. Für Kopien i.S.d. Nr. 7000 Nr. 1 Buchst. b) VV hat der Anwalt 130 Kopien und Ausdrucke gefertigt, so dass 30 Kopien und Ausdrucke zu vergüten sind.

---

15 LG Berlin AGS 2006, 72 = RVGreport 2005, 391; a.A. (bei mehr als 100 Seiten sind auch die ersten 100 Seiten zu vergüten) *Hartmann*, Nr. 7000 VV Rn 25, sowie *Hartung/Römermann*, Teil 7 Rn 31–34; *Hartung*, NJW 2004, 1409, 1419, 1420.

§ 38 Auslagen

Zur Unterrichtung des Auftraggebers hat er weitere 140 Kopien und Ausdrucke gefertigt, von denen 40 zu vergüten sind.

Jetzt ist wieder zusammenzurechnen (Anm. Abs. 1 S. 1 zu Nr. 7000 VV): Von den insgesamt 70 vergütungspflichtigen Kopien erhält der Anwalt für die ersten 50 Seiten jeweils 0,50 EUR je Seite und für die weiteren 20 Kopien jeweils 0,15 EUR je Seite.

… …	
… Dokumentenpauschale, Nr. 7000 Nr. 1 Buchst. b) VV,	
– 30 Seiten (einfarbig) x 0,50 EUR/Seite	15,00 EUR
Dokumentenpauschale, Nr. 7000 Nr. 1 Buchst. c) VV,	
– 20 Seiten (einfarbig) x 0,50 EUR/Seite	10,00 EUR
– 20 Seiten (einfarbig) x 0,15 EUR	3,00 EUR
… 19 % Umsatzsteuer, Nr. 7008 VV	… EUR
Gesamt	**… EUR**

23 Das Gleiche gilt, wenn unbeschränkte Tatbestände der Nr. 7000 Nr. 1 Buchst. a) und d) VV mit einem beschränkten Gebührentatbestand der Nr. 7000 Nr. 1 Buchst. b) oder c) VV zusammentreffen.

Beispiel 14 — Zusammentreffen beschränkter und unbeschränkter Tatbestände, unter 100 Kopien bei beschränktem Tatbestand

Der Anwalt fertigt 90 Seiten Aktenauszug aus einer Gerichtsakte und weitere 70 Seiten zur Unterrichtung des Auftraggebers.

Hier ist zunächst eine getrennte Betrachtung vorzunehmen.

Die 90 Seiten Gerichtsaktenauszug sind in voller Höhe zu vergüten (Nr. 7000 Nr. 1 Buchst. a) VV).

Für die Unterrichtung des Auftraggebers erhält der Anwalt dagegen keine Vergütung, da hier wiederum die ersten 100 Seiten vergütungsfrei sind (Nr. 7000 Nr. 1 Buchst. b) VV).

… …	
… Dokumentenpauschale, Nr. 7000 Nr. 1 Buchst. a) VV,	
– 50 Seiten (einfarbig) x 0,50 EUR/Seite	25,00 EUR
– 40 Seiten (einfarbig) x 0,15 EUR/Seite	6,00 EUR
… 19 % Umsatzsteuer, Nr. 7008 VV	… EUR
Gesamt	**… EUR**

Beispiel 15 — Zusammentreffen beschränkter und unbeschränkter Tatbestände, über 100 Kopien bei beschränktem Tatbestand

Der Anwalt fertigt 90 Seiten Aktenauszug aus einer Gerichtsakte und weitere 120 Seiten zur Unterrichtung des Auftraggebers.

Die 90 Seiten Gerichtsaktenauszug sind wiederum in voller Höhe zu vergüten (Nr. 7000 Nr. 1 Buchst. a) VV).

Für die Unterrichtung des Auftraggebers erhält der Anwalt dagegen nur eine Vergütung, soweit er mehr als 100 Kopien gefertigt hat (Nr. 7000 Nr. 1 Buchst. b) VV), also für 20 Seiten.

Insgesamt ist wieder durchzuzählen. Von den insgesamt vergütungspflichtigen (90 + 20 =) 110 Kopien und Ausdrucke erhält er für die ersten 50 Kopien jeweils 0,50 EUR. Für die weiteren (40 + 20 =) 60 Seiten erhält er 0,15 EUR.

...	...	
...	Dokumentenpauschale, Nr. 7000 Nr. 1 Buchst. a) VV,	
	– 50 Seiten (einfarbig) x 0,50 EUR/Seite	25,00 EUR
	– 40 Seiten (einfarbig) x 0,15 EUR/Seite	6,00 EUR
...	Dokumentenpauschale, Nr. 7000 Nr. 1 Buchst. b) VV,	
	– 20 Seiten (einfarbig) x 0,15 EUR/Seite	3,00 EUR
...	19 % Umsatzsteuer, Nr. 7008 VV	... EUR
Gesamt		**... EUR**

bb) Mehrere Auftraggeber

Ist der Anwalt für mehrere Auftraggeber tätig, so ergeben sich keine Besonderheiten, wenn die Mandanten den Anwalt wegen desselben Gegenstands beauftragt haben. Dann ist abzurechnen wie bei einem Auftraggeber. Jeder haftet auf die vollen Dokumentenpauschalen. Diese fallen nämlich nach Nr. 7000 Nr. 1 Buchst. a), b) und d) VV für alle Auftraggeber an, so dass diese nach § 7 Abs. 2 S. 2 RVG auch für diese Auslagen gemeinsam haften. Soweit Dokumentenpauschalen nur zur Unterrichtung des jeweiligen Auftraggebers anfallen, gilt § 7 Abs. 2 S. 1, 2. Hs. RVG. Jeder haftet auch für die Dokumentenpauschalen, die nur zur Unterrichtung der anderen Auftraggeber angefertigt wurden. 24

> **Beispiel 16** **Mehrere Auftraggeber, mehr als 50 Seiten**
>
> **Der Anwalt ist von drei Auftraggebern im Rahmen einer zivilrechtlichen Unfallschadensregulierung beauftragt und fertigt 80 Seiten Kopien aus den strafrechtlichen Ermittlungsakten sowie jeweils 40 Seiten zur Unterrichtung eines jeden Auftraggebers, also insgesamt 120 Seiten.**

Für die ersten 50 Seiten Aktenauszug erhält der Anwalt eine Vergütung von 0,50 EUR je Seite. Für die weiteren 30 Seiten erhält er eine Vergütung von 0,15 EUR je Seite.

Für die Unterrichtung der Auftraggeber sind die ersten 100 Seiten vergütungsfrei. Die weiteren 20 Seiten werden mit 0,15 EUR abgerechnet (Anm. Abs. 1 S. 1 zu Nr. 7000 VV). Hierfür haften alle Auftraggeber gemeinsam (§ 7 Abs. 2 S. 1, 2. Hs. RVG).

...	...	
...	Dokumentenpauschale, Nr. 7000 Nr. 1 Buchst. a) VV,	
	– 50 Seiten (einfarbig) x 0,50 EUR/Seite	25,00 EUR
	– 30 Seiten (einfarbig) x 0,15 EUR/Seite	4,50 EUR
...	Dokumentenpauschale, Nr. 7000 Nr. 1 Buchst. c) VV,	
	– 20 Seiten (einfarbig) x 0,15 EUR/Seite	3,00 EUR
	Zwischensumme	... EUR
...	19 % Umsatzsteuer, Nr. 7008 VV	... EUR
Gesamt		**... EUR**

Ist der Anwalt von **mehreren Auftraggebern wegen verschiedener Gegenstände** beauftragt, ist je Auftraggeber gesondert zu zählen. Allerdings darf der Anwalt nicht mehr als die insgesamt entstandenen Auslagen verlangen (§ 7 Abs. 2 S. 2 RVG). Dies hat zur Folge, dass die Reduzierung von 0,50 EUR auf 0,15 EUR gesondert zu prüfen ist. Andererseits gelten auch die Beschränkungen nach Nr. 7000 Nr. 1 Buchst. b) oder c) VV gesondert. 25

| Beispiel 17 | **Mehrere Auftraggeber, unterschiedliche Gegenstände, jeweils unter 100 Seiten**

In einem Verkehrsunfallprozess vertritt der Anwalt zwei Auftraggeber. Von dem einen Auftraggeber ist er mit der Durchsetzung des Sachschadens beauftragt, von dem anderen Auftraggeber mit der Durchsetzung eines Schmerzensgeldanspruchs. Er fertigt zur Unterrichtung eines jeden Auftraggebers 60 Seiten.

Nunmehr ist gesondert zu zählen. Für jeden Auftraggeber sind die ersten 100 Seiten frei. Das folgt aus § 7 Abs. 2 S. 1 RVG. Jeder Auftraggeber schuldet dem Anwalt nur die Vergütung, die angefallen wäre, wenn er alleine den Auftrag erteilt hätte. Hätten die Auftraggeber den Auftrag alleine erteilt, so hätten sie aber keine Kopien und Ausdrucke bezahlen müssen, da für keinen 101 Seiten erreicht worden wären. Der Anwalt erhält also keine Dokumentenpauschale.

| Beispiel 18 | **Mehrere Auftraggeber, unterschiedliche Gegenstände, jeweils über 100 Seiten**

In einem Verkehrsunfallprozess vertritt der Anwalt zwei Auftraggeber. Von dem einen Auftraggeber ist er mit der Durchsetzung des Sachschadens beauftragt, von dem anderen Auftraggeber mit der Durchsetzung eines Schmerzensgeldanspruchs. Er fertigt zur Unterrichtung eines jeden Auftraggebers 140 Seiten.

Es ist wieder gesondert zu zählen. Für jeden Auftraggeber sind die ersten 100 Seiten frei. Vergütungspflichtig sind also (2 x 40 =) 80 Seiten. Nunmehr ist aber wieder gemeinsam zu rechnen (§ 7 Abs. 1 S. 2 RVG). Für die ersten 50 Seiten erhält der Anwalt jeweils 0,50 EUR und für die weiteren 30 Seiten 0,15 EUR.

Jeder Auftraggeber schuldet dem Anwalt allerdings die Vergütung, die angefallen wäre, wenn er alleine den Auftrag erteilt hätte. Hätten sie den Auftrag alleine erteilt, so hätte der Anwalt von jedem für die 40 Seiten jeweils 0,50 EUR verlangen können.

  I. Jeder Auftraggeber haftet alleine auf
  … …
  … Dokumentenpauschale, Nr. 7000 Nr. 1 Buchst. c) VV,
   – 40 Seiten (einfarbig) x 0,50 EUR/Seite   20,00 EUR
   Zwischensumme   … EUR
  … 19 % Umsatzsteuer, Nr. 7008 VV   … EUR
  Gesamt   **… EUR**
  II. Insgesamt kann der Anwalt jedoch nur verlangen
  … …
  … Dokumentenpauschale, Nr. 7000 Nr. 1 Buchst. c) VV,
   – 50 Seiten (einfarbig) x 0,50 EUR/Seite   25,00 EUR
   – 30 Seiten (einfarbig) x 0,15 EUR/Seite   4,50 EUR
   Zwischensumme   … EUR
  … 19 % Umsatzsteuer, Nr. 7008 VV   … EUR
  Gesamt   **… EUR**

| Beispiel 19 | **Mehrere Auftraggeber, unterschiedliche Gegenstände, beschränkter Tatbestand und unbeschränkter Tatbestand, jeweils über 100 Seiten**

In einem Verkehrsunfallprozess vertritt der Anwalt zwei Auftraggeber. Von dem einen Auftraggeber ist er mit der Durchsetzung des Sachschadens beauftragt, von dem anderen

Auftraggeber mit der Durchsetzung eines Schmerzensgeldanspruchs. Er fertigt für den Auftraggeber zu 1) zu seiner Unterrichtung 140 Seiten und 30 Seiten Aktenauszug. Für den Auftraggeber zu 2) fertigt er 120 Seiten zur Unterrichtung sowie 40 sonstige Kopien und Ausdrucke.

Es ist wieder gesondert zu zählen. Für jeden Auftraggeber sind die ersten 100 Seiten nach Nr. 7000 Nr. 1 Buchst. c) VV frei.

Vergütungspflichtig sind also für den Auftraggeber zu 1) 40 Seiten zur Unterrichtung (Nr. 7000 Nr. 1 Buchst. c) VV) und 30 Seiten Aktenauszug (Nr. 7000 Nr. 1 Buchst. a) VV), insgesamt also 70 Seiten.

Für den Auftraggeber zu 2) sind vergütungspflichtig 20 Seiten zur Unterrichtung (Nr. 7000 Nr. 1 Buchst. c) VV) und 40 Seiten sonstige Kopien und Ausdrucke (Nr. 7000 Nr. 1 Buchst. d) VV), insgesamt also 60 Seiten.

Nunmehr ist aber wieder gemeinsam zu rechnen (§ 7 Abs. 1 S. 2 RVG). Von den insgesamt zu vergütenden (70 + 60 =) 130 Kopien und Ausdrucken erhält der Anwalt für die ersten 50 Seiten jeweils 0,50 EUR und für die weiteren 80 Seiten 0,15 EUR.

Jeder Auftraggeber schuldet dem Anwalt wiederum nur die Vergütung, die angefallen wäre, wenn er alleine den Auftrag erteilt hätte (§ 7 Abs. 2 S. 1, 2. Hs. RVG).

I. Auftraggeber zu 1)
... ...
... Dokumentenpauschale, Nr. 7000 Nr. 1 Buchst. a) VV,
– 30 Seiten (einfarbig) x 0,50 EUR/Seite   15,00 EUR
... Dokumentenpauschale, Nr. 7000 Nr. 1 Buchst. c) VV,
– 20 Seiten (einfarbig) x 0,50 EUR/Seite   10,00 EUR
– 20 Seiten (einfarbig) x 0,15 EUR/Seite   3,00 EUR
Zwischensumme   ... EUR
... 19 % Umsatzsteuer, Nr. 7008 VV   ... EUR
Gesamt   **... EUR**

II. Auftraggeber zu 2)
... ...
... Dokumentenpauschale, Nr. 7000 Nr. 1 Buchst. c) VV,
– 20 Seiten (einfarbig) x 0,50 EUR/Seite   10,00 EUR
... Dokumentenpauschale, Nr. 7000 Nr. 1 Buchst. d) VV,
– 30 Seiten (einfarbig) x 0,50 EUR/Seite   15,00 EUR
– 10 Seiten (einfarbig) x 0,15 EUR/Seite   1,50 EUR
Zwischensumme   ... EUR
... 19 % Umsatzsteuer, Nr. 7008 VV   ... EUR
Gesamt   **... EUR**

III. Insgesamt kann der Anwalt aber nur verlangen
... ...
... Dokumentenpauschale, Nr. 7000 Nr. 1 Buchst. a) VV,
– 30 Seiten (einfarbig) x 0,50 EUR/Seite   15,00 EUR
... Dokumentenpauschale, Nr. 7000 Nr. 1 Buchst. c) VV,
– 20 Seiten (einfarbig) x 0,50 EUR/Seite   10,00 EUR
– 40 Seiten (einfarbig) x 0,15 EUR/Seite   6,00 EUR
... Dokumentenpauschale, Nr. 7000 Nr. 1 Buchst. d) VV,
– 40 Seiten (einfarbig) x 0,15 EUR/Seite   6,00 EUR
Zwischensumme   ... EUR
... 19 % Umsatzsteuer, Nr. 7008 VV   ... EUR
Gesamt   **... EUR**

§ 38 Auslagen

Beispiel 20 | **Gemeinschaftliche und nicht gemeinschaftliche Beteiligung**

In einem Verkehrsunfallprozess klagt der Anwalt für die beiden Mandanten als gemeinsame Eigentümer des beschädigten Pkws den Sachschaden ein und fertigt hierzu 60 Seiten Aktenauszug. Darüber hinaus klagt er für jeden Auftraggeber auch noch einen Schmerzensgeldanspruch ein. Hinsichtlich der jeweiligen Schmerzensgeldansprüche werden zur Unterrichtung des Auftraggebers zu 1) 120 Seiten gefertigt und für die Unterrichtung des Auftraggebers zu 2) 130 Seiten.

Hinsichtlich des Sachschadens liegt eine gemeinschaftliche Beteiligung vor, so dass die Parteien für die 60 Seiten als Gesamtschuldner haften (§ 7 Abs. 2 S. 1, 2. Hs. RVG).

Hinsichtlich des Schmerzensgeldes hat jeder einen eigenen Auftrag erteilt, so dass keine gesamtschuldnerische Haftung besteht. Hier haftet jeder alleine, soweit 100 Kopien überschritten sind.

Insgesamt ist wiederum § 7 Abs. 2 S. 2 RVG zu beachten. Der Anwalt darf nicht mehr abrechnen, als ihm nach § 7 Abs. 1 RVG zusteht.

I. **Auftraggeber zu 1)**
 ... ...
 ... Dokumentenpauschale, Nr. 7000 Nr. 1 Buchst. a) VV,
 – 50 Seiten (einfarbig) x 0,50 EUR/Seite 25,00 EUR
 – 10 Seiten (einfarbig) x 0,15 EUR/Seite 1,50 EUR
 ... Dokumentenpauschale, Nr. 7000 Nr. 1 Buchst. c) VV,
 – 20 Seiten (einfarbig) x 0,15 EUR/Seite 3,00 EUR
 Zwischensumme ... EUR
 ... 19 % Umsatzsteuer, Nr. 7008 VV ... EUR
 Gesamt **... EUR**

II. **Auftraggeber zu 2)**
 ... ...
 ... Dokumentenpauschale, Nr. 7000 Nr. 1 Buchst. a) VV,
 – 50 Seiten (einfarbig) x 0,50 EUR/Seite 25,00 EUR
 – 10 Seiten (einfarbig) x 0,15 EUR/Seite 1,50 EUR
 ... Dokumentenpauschale, Nr. 7000 Nr. 1 Buchst. c) VV,
 – 30 Seiten (einfarbig) x 0,15 EUR/Seite 4,50 EUR
 Zwischensumme ... EUR
 ... 19 % Umsatzsteuer, Nr. 7008 VV ... EUR
 Gesamt **... EUR**

III. **Insgesamt kann der Anwalt aber nur verlangen**
 ... ...
 ... Dokumentenpauschale, Nr. 7000 Nr. 1 Buchst. a) VV,
 – 50 Seiten (einfarbig) x 0,50 EUR/Seite 25,00 EUR
 – 10 Seiten (einfarbig) x 0,15 EUR/Seite 1,50 EUR
 ... Dokumentenpauschale, Nr. 7000 Nr. 1 Buchst. c) VV,
 – 50 Seiten (einfarbig) x 0,15 EUR/Seite 7,50 EUR
 Zwischensumme ... EUR
 ... 19 % Umsatzsteuer, Nr. 7008 VV ... EUR
 Gesamt **... EUR**

cc) Mehrere Angelegenheiten

26 Sind mehrere Angelegenheiten i.S.d. § 15 RVG gegeben, so ist in jeder Angelegenheit gesondert zu zählen (Anm. Abs. 1 S. 1 zu Nr. 7000 VV).

III. Dokumentenpauschale § 38

Beispiel 21 | **Scheck- und Nachverfahren**

Der Anwalt erhebt für seinen Mandanten eine Scheckklage in Höhe von 3.000,00 EUR und vertritt ihn auch im anschließenden Nachverfahren. Er fertigt für das Scheckverfahren 30 sonstige Kopien und Ausdrucke i.S.d. Nr. 7000 Nr. 1 Buchst. d) VV und im Nachverfahren 40 Seiten Aktenauszug aus einem zugrunde liegenden Strafverfahren.

Abzurechnen sind insgesamt 70 Seiten. Gebührenrechtlich liegen allerdings zwei Angelegenheiten vor (§ 17 Nr. 5 RVG). Daher ist jeweils gesondert zu zählen. Es ist nicht zu addieren, so dass der Anwalt nur für die ersten 50 Seiten 0,50 EUR und für die weiteren 20 Seiten nur 0,15 EUR erhalten würde. Er kann vielmehr alle Kopien zu 0,50 EUR abrechnen.

I. Scheckverfahren
1. 1,3-Verfahrensgebühr, Nr. 3100 VV   261,30 EUR
   (Wert: 3.000,00 EUR)
2. 1,2-Terminsgebühr, Nr. 3104 VV   241,20 EUR
   (Wert: 3.000,00 EUR)
3. Postentgeltpauschale, Nr. 7002 VV   20,00 EUR
4. Dokumentenpauschale, Nr. 7000 Nr. 1 Buchst. d) VV,
   – 30 Seiten (einfarbig) x 0,50 EUR/Seite   15,00 EUR
   Zwischensumme   537,50 EUR
5. 19 % Umsatzsteuer, Nr. 7008 VV   102,13 EUR
Gesamt   **639,63 EUR**

II. Nachverfahren
1. 1,3-Verfahrensgebühr, Nr. 3100 VV   261,30 EUR
   (Wert: 3.000,00 EUR)
2. anzurechnen gem. Anm. Abs. 2 zu Nr. 3100 VV, 1,3 aus   – 261,30 EUR
   3.000,00 EUR
3. 1,2-Terminsgebühr, Nr. 3104 VV   241,20 EUR
   (Wert: 3.000,00 EUR)
4. Dokumentenpauschale, Nr. 7000 Nr. 1 Buchst. d) VV,
   – 40 Seiten (einfarbig) x 0,50 EUR/Seite   20,00 EUR
5. Postentgeltpauschale, Nr. 7002 VV   20,00 EUR
   Zwischensumme   281,20 EUR
6. 19 % Umsatzsteuer, Nr. 7008 VV   53,43 EUR
Gesamt   **334,63 EUR**

Beispiel 22 | **Vorbereitendes Verfahren und erstinstanzliches gerichtliches Verfahren**

Gegen den Beschuldigten wird in einer Strafsache ermittelt. Der Anwalt fertigt einen Aktenauszug von 40 Seiten. Nach Anklageerhebung nimmt der Anwalt erneut Akteneinsicht und fertigt weitere 30 Seiten Aktenauszug.

Das vorbereitende Verfahren und das nachfolgende erstinstanzliche gerichtliche Verfahren sind nach § 17 Nr. 10 RVG zwei verschiedene Angelegenheiten, so dass die Dokumentenpauschale in jeder Angelegenheit gesondert anfällt und in jeder Angelegenheit die ersten 50 Seiten voll vergütet werden. Der Anwalt kann daher für alle Kopien 0,50 EUR/Seite verlangen und nicht etwa nur für die insgesamt ersten 50 Seiten 0,50 EUR/Seite und für die restlichen Seiten nur 0,15 EUR/Seite.

§ 38 Auslagen

I. **Vorbereitendes Verfahren**
1. Grundgebühr, Nr. 4100 VV   200,00 EUR
2. Verfahrensgebühr, Nr. 4104 VV   165,00 EUR
3. Postentgeltpauschale, Nr. 7002 VV   20,00 EUR
4. Dokumentenpauschale, Nr. 7000 Nr. 1 Buchst. d) VV, –   20,00 EUR
   40 Seiten (einfarbig) x 0,50 EUR/Seite
   Zwischensumme   405,00 EUR
5. 19 % Umsatzsteuer, Nr. 7008 VV   76,95 EUR
Gesamt   **481,95 EUR**

II. **Erstinstanzliches Verfahren vor dem Amtsgericht**
1. Verfahrensgebühr, Nr. 4106 VV   165,00 EUR
2. Terminsgebühr, Nr. 4108 VV   275,00 EUR
3. Postentgeltpauschale, Nr. 7002 VV   20,00 EUR
4. Dokumentenpauschale, Nr. 7000 Nr. 1 Buchst. d) VV, –   15,00 EUR
   30 Seiten (einfarbig) x 0,50 EUR/Seite
   Zwischensumme   475,00 EUR
5. 19 % Umsatzsteuer, Nr. 7008 VV   90,25 EUR
Gesamt   **565,25 EUR**

c) Mehrfarbige Kopien

27 Soweit der Anwalt mehrfarbige Kopien und Ausdrucke anfertigt, erhält er eine höhere Vergütung, und zwar für die ersten 50 abzurechnenden Seiten jeweils 1,00 EUR/Seite und darüber hinaus jeweils 0,50 EUR/Seite. Im Übrigen kann auf die Ausführungen zu den einfarbigen Kopien und Ausdrucken Bezug genommen werden. Die tatbestandlichen Voraussetzungen sind dieselben.

Beispiel 23 | **Farbkopien (bis 50 Seiten)**

Der Anwalt fertigt im Rahmen des Mandats 20 Kopien in Farbe.

Jetzt greift die höhere Vergütung von 1,00 EUR je Seite.

Dokumentenpauschale, Nr. 7000 Nr. 1 Buchst. d) VV,
– 20 Seiten (mehrfarbig) x 1,00 EUR/Seite   20,00 EUR
Zwischensumme   … EUR
… 19 % Umsatzsteuer, Nr. 7008 VV   … EUR
Gesamt   **… EUR**

Beispiel 24 | **Farbkopien (über 50 Seiten)**

Der Anwalt fertigt im Rahmen des Mandats 70 Kopien in Farbe an.

Jetzt sind die ersten 50 Seiten mit 1,00 EUR und die weiteren 20 mit 0,30 EUR je Seite abzurechnen.

Dokumentenpauschale, Nr. 7000 Nr. 1 Buchst. d) VV,
– 50 Seiten (mehrfarbig) x 1,00 EUR/Seite   50,00 EUR
– 20 Seiten (mehrfarbig) x 0,30 EUR/Seite   6,00 EUR
Zwischensumme   … EUR
… 19 % Umsatzsteuer, Nr. 7008 VV   … EUR
Gesamt   **… EUR**

d) Einfarbige und mehrfarbige Kopien

Sind sowohl einfarbige als auch mehrfarbige Kopie und Ausdrucke angefallen, so sind diese jeweils gesondert abzurechnen. **28**

> **Beispiel 25** | **Farbkopien und einfarbige Kopien (jeweils bis 50 Seiten)**

Der Anwalt fertigt im Rahmen des Mandats 20 Kopien einfarbig und zehn in Farbe an.

Jetzt ist gesondert abzurechnen:

```
Dokumentenpauschale, Nr. 7000 Nr. 1 Buchst. d) VV,
– 20 Seiten (einfarbig) x 0,50 EUR/Seite                    10,00 EUR
– 10 Seiten (mehrfarbig) x 1,00 EUR/Seite                   10,00 EUR
Zwischensumme                              ... EUR
... 19 % Umsatzsteuer, Nr. 7008 VV                          ... EUR
Gesamt                                                      ... EUR
```

Hinsichtlich der Reduzierung wird man auf die jeweilige Art der Kopie abstellen müssen: **29**
- Die ersten abzurechnenden 50 einfarbigen Kopien sind mit 0,50 EUR zu vergüten und ab der 51. Seite mit 0,15 EUR.
- Die ersten abzurechnenden 50 Farb-Kopien sind mit 1,00 EUR zu vergüten und die Farbkopien ab der 51. Seite mit 0,30 EUR.

> **Beispiel 26** | **Farbkopien und einfarbige Kopien, insgesamt über 50 Seiten (I)** **30**

Der Anwalt fertigt 30 abzurechnende Seiten einfarbige Kopien und 30 Seiten abzurechnende Farbkopien.

Obwohl der Anwalt insgesamt mehr als 50 Seiten fertigt, kann er voll abrechnen, da er weder mehr als 50 Seiten einfarbige Kopien noch mehr als 50 Seiten Farbkopien erstellt.

```
Dokumentenpauschale, Nr. 7000 Nr. 1 Buchst. d) VV,
– 30 Seiten (einfarbig) x 0,50 EUR/Seite                    15,00 EUR
– 30 Seiten (mehrfarbig) x 1,00 EUR/Seite                   30,00 EUR
Zwischensumme                              ... EUR
... 19 % Umsatzsteuer, Nr. 7008 VV                          ... EUR
Gesamt                                                      ... EUR
```

> **Beispiel 27** | **Farbkopien und einfarbige Kopien, insgesamt über 50 Seiten (II)**

Der Anwalt fertigt 60 abzurechnende Seiten einfarbige Kopien und 30 Seiten abzurechnende Farbkopien.

Jetzt greift die Beschränkung bei den einfarbigen Kopien, nicht aber auch bei den Farbkopien. Der Anwalt kann berechnen:

```
Dokumentenpauschale, Nr. 7000 Nr. 1 Buchst. d) VV,
– 50 Seiten (einfarbig) x 0,50 EUR/Seite                    25,00 EUR
– 10 Seiten (einfarbig) x 0,15 EUR/Seite                     1,50 EUR
– 30 Seiten (mehrfarbig) x 1,00 EUR/Seite                   30,00 EUR
Zwischensumme                              ... EUR
... 19 % Umsatzsteuer, Nr. 7008 VV                          ... EUR
Gesamt                                                      ... EUR
```

31 | **Beispiel 28** | **Farbkopien und einfarbige Kopien, jeweils über 50 Seiten**

Der Anwalt fertigt 80 abzurechnende Seiten einfarbige Kopien und 60 abzurechnende Farbkopien.

Jetzt greift die Beschränkung sowohl bei den einfarbigen Kopien als auch bei den Farbkopien. Der Anwalt kann berechnen:

. Dokumentenpauschale, Nr. 7000 Nr. 1 Buchst. d) VV,	
– 50 Seiten (einfarbig) x 0,50 EUR/Seite	25,00 EUR
– 30 Seiten (einfarbig) x 0,15 EUR/Seite	4,50 EUR
– 50 Seiten (mehrfarbig) x 1,00 EUR/Seite	50,00 EUR
– 10 Seiten (mehrfarbig) x 0,30 EUR/Seite	3,00 EUR
Zwischensumme	… EUR
… 19 % Umsatzsteuer, Nr. 7008 VV	… EUR
Gesamt	**… EUR**

32 Probleme bereitet die Abrechnung bei vergütungsfreien Kopien und Ausdrucken. Zwar ist eine gesonderte Vergütung und Zählung für einfarbige Kopien und Farbkopien vorgesehen; es bleibt aber auch hier in den Fällen der Nr. 7000 Nr. 1 Buchst. b) und c) VV bei einer Vergütungsfreiheit der ersten 100 Seiten. Die Zählung der Freistücke nach Nr. 7000 Nr. 1 Buchst. b) und c) VV RVG ist übergreifend. In diesen Fällen bleiben nicht etwa 100 einfarbige und 100 farbige Seiten, also 200 Seiten, ohne Berechnung. Das bedeutet, dass nach diesen Varianten eine Vergütungspflicht einsetzt sobald in der Summe von einfarbigen und Farbkopien mehr als 100 Seiten anfallen.

Beispiel 29 | **Berechnung der Freistücke bei Einfarbig- und Farbkopien (I)**

Der Anwalt fertigt 80 Seiten einfarbige Kopien und 60 Farbkopien zur Unterrichtung des Auftraggebers.

Insgesamt sind jetzt 140 Seiten angefertigt worden. Folglich sind 40 Seiten zu vergüten. Die 100 Freistücke sind übergreifend zu berechnen.

33 Damit stellt sich dann aber das Problem, welche Seiten in solchen Mischfällen zu vergüten sind, also ob die teureren Farbkopien oder die billigeren einfarbigen Kopien abzurechnen sind. Es stellt sich also die Frage, welche Kopien zu den ersten 100 Freistücken zählen. Dabei bieten sich vier Möglichkeiten an:
1. Der Anwalt rechnet erst die billigeren einfarbigen Kopien auf die Freistücke an, so dass die teureren Farbkopien zu vergüten sind.
2. Der Anwalt rechnet erst die teureren Farbkopien auf die Freistücke an, so dass nur die billigeren einfarbigen Kopien zu vergüten sind.
3. Farbkopien und einfarbige Kopien werden zu gleichen Teile auf die Freistücke verrechnet.
4. Es wird chronologisch gezählt. Die zuerst gefertigten 100 Seiten – gleich ob einfarbig oder mehrfarbig – sind vergütungsfrei. Die danach anfallenden Kopien werden sodann abgerechnet, wie sie anfallen.

Beispiel 30 | **Berechnung der Freistücke bei Einfarbigen- und Farbkopien (II)**

Der Anwalt fertigt zur Unterrichtung des Auftraggebers zunächst 50 Seiten einfarbige Kopien, anschließend 45 Seiten Farbkopien, hiernach noch einmal 40 Seiten einfarbig und schließlich nochmals 15 Seiten mehrfarbige Kopien. Insgesamt sind damit 150 Seiten angefertigt worden (90 einfarbig und 60 Seiten farbig).

Nach der ersten Berechnungsmethode wären 50 Seiten zu 0,50 EUR abzurechnen.

Nach der zweiten Berechnungsmethode wären dagegen 50 Seiten zu 1,00 EUR abzurechnen.

Nach der dritten Berechnungsmethode wären anteilig 60 Seiten einfarbig vergütungsfrei und 40 farbige Seiten. Abzurechen wären dann
- 30 Seiten zu 0,50 EUR
- 20 Seiten zu 1,00 EUR.

Nach der vierten Berechnungsmethode wären vergütungsfrei: 50 Seiten einfarbig, 45 farbige Seiten und nochmals 5 einfarbige Seiten. Abzurechen wären dann noch
- 35 Seiten zu 0,50 EUR
- 15 Seiten zu 1,00 EUR.

Die dritte Berechnungsmethode dürfte die unpraktikabelste sein, insbesondere dann, wenn sich die Anteile nicht so glatt berechnen lassen wie im Beispielsfall. Die vierte Methode würde zwar dem gesetzlichen Wortlaut „die ersten 100 Seiten" am nächsten kommen, wäre aber ebenfalls unpraktikabel, zumal es dann vom Zufall abhängen würde, welche Seiten zuerst kopiert werden. Vorzugswürdig erscheint die erste Methode, die sich zumindest auf den Rechtsgedanken der §§ 366, 367 BGB berufen könnte. 34

2. Überlassung von Dateien

Für die Überlassung von Dateien anstelle der nach Nr. 7000 Nr. 1 Buchst. d) VV genannten Kopien und Ausdrucke erhält der Anwalt je Datei eine Dokumentenpauschale in Höhe von 2,50 EUR (Nr. 7000 Nr. 2 VV).[16] 35

| Beispiel 31 | Versendung elektronisch gespeicherter Dateien |

Der Anwalt übermittelt dem Mandanten eine elektronisch gespeicherte Datei per E-Mail.

Er erhält jetzt eine Vergütung in Höhe von 1,50 EUR.

… …	
… Dokumentenpauschale, Nr. 7000 Nr. 2 VV	1,50 EUR
… 19 % Umsatzsteuer, Nr. 7008 VV	… EUR
Gesamt	**… EUR**

Sofern die Datei mittels Diskette, CD-Rom oder anderem Datenträger verschickt wird, können die Kosten für den Datenträger gesondert nach § 670 BGB i.V.m. Vorbem. 7 Abs. 1 VV verlangt werden. 36

---

16 Zum Anwendungsbereich dieser in der Praxis zurzeit unbedeutenden Vorschrift siehe ausführlich *Hansens/Braun/Schneider*, Vergütungsrecht, Teil 19 Rn 38 ff.; *Hansens*, RVGreport 2004, 2002.

§ 38 Auslagen

| Beispiel 32 | Versendung elektronisch gespeicherter Dateien mit CD |

Der Anwalt übermittelt dem Mandanten eine elektronisch gespeicherte Datei auf CD (Preis der CD 0,30 EUR).

... ...	
... Dokumentenpauschale, Nr. 7000 Nr. 2 VV	1,50 EUR
... Diskette, § 670 BGB	0,30 EUR
... 19 % Umsatzsteuer, Nr. 7008 VV	... EUR
Gesamt	... EUR

37 Für das Anfertigen von Audiodateien fällt keine Dokumentenpauschale an. Schon dem Wortlaut nach fällt eine Audiodatei nicht unter Nr. 7000 Nr. 1 Buchst. a) VV, weil es sich nicht um Textdokumente handelt, so dass technisch weder Kopien und Ausdrucke noch Ausdrucke hergestellt werden können.[17]

| Beispiel 33 | Kopieren von Audiodateien |

Der Verteidiger fertigt von einer ihm durch das Gericht überlassenen DVD mit 3.424 Audiodateien einer Telefonüberwachung im erklärten Einverständnis des Strafkammervorsitzenden und im Auftrag seines Mandanten eine Kopie für seine Verteidigung.

Der Anwalt kann keine Dokumentenpauschale abrechnen. Er kann nur die konkret angefallenen Kosten abrechnen.

IV. Entgelte für Post- und Telekommunikationsdienstleistungen

1. Überblick

38 Nach Nrn. 7001, 7002 VV kann der Anwalt die von ihm im Rahmen des Mandats aufgewandten Post- und Telekommunikationsentgelte abrechnen. Er hat die Wahl, konkret abzurechnen (Nr. 7001 VV) oder pauschal (Nr. 7002 VV).

2. Konkrete Abrechnung

39 Soweit der Anwalt konkret abrechnet, sind sämtliche Einzelbeträge (netto) in der Kostenrechnung aufzulisten und abzurechnen. Hierauf ist Umsatzsteuer (Nr. 7008 VV) zu erheben.

40 Eine Begrenzung der Höhe nach ist nicht vorgesehen. Die konkrete Abrechnung kann also – und nur dann macht sie Sinn – über dem Höchstbetrag der Nr. 7002 VV von 20,00 EUR liegen.

| Beispiel 34 | Konkrete Abrechnung |

Abgerechnet werden diverse Portokosten sowie Telefongebühren. In den Telefongebühren ist Umsatzsteuer enthalten.

---

17 OLG Köln AGS 2009, 536; AGS 2008, 179 = NJW 2008, 1330 = RVGprof. 2008, 168 = NStZ-RR 2008, 360; OLG Düsseldorf JMBl NW 2008, 181 = NJW 2008, 2058 = Rpfleger 2008, 532 = JurBüro 2008, 420 = OLGSt RVG § 46 Nr. 1 = NStZ-RR 2008, 328.

IV. Entgelte für Post- und Telekommunikationsdienstleistungen § 38

...	Auslagen, Nr. 7001 VV:	
	– Telefongebühren (netto) Ortsgespräch mit RA X v. 4.8.2014	1,50 EUR
	– Telefongebühren (netto), Ferngespräch mit Richter Y (AG Köln) v. 5.8.2014	4,00 EUR
	– Telefax an X-Versicherung v. 6.8.2014	0,20 EUR
	– Brief an Y v. 30.8.2014	0,56 EUR
	– Paketsendung an Z v. 31.8.2014	6,99 EUR
	Zwischensumme	... EUR
...	19 % Umsatzsteuer, Nr. 7008 VV	... EUR
Gesamt		**... EUR**

Voraussetzung für eine konkrete Abrechnung ist, dass auch Postentgelte angefallen sind. Wird das Mandat abgewickelt, ohne dass Post- und Telekommunikationsentgelte angefallen sind, können selbstverständlich auch keine abgerechnet werden. Das ist z.B. bei einer nur mündlichen Beratung der Fall. **41**

Beispiel 35 | **Mündliche Beratung**

Der Mandant sucht den Anwalt in seiner Kanzlei auf und lässt sich beraten. Er hat später noch Nachfragen, die der Anwalt per Telefax beantwortet. Eine Gebührenvereinbarung nach § 34 Abs. 1 S. 1 RVG war nicht geschlossen worden. Angemessen sei nach § 34 Abs. 1 S. 2 BGB eine Gebühr i.H.v. 150,00 EUR.

Da keine Postentgelte angefallen sind, können auch keine abgerechnet werden. Es kann nur die Beratungsgebühr abgerechnet werden.

1.	Beratungsgebühr		150,00 EUR
	Zwischensumme	150,00 EUR	
2.	19 % Umsatzsteuer, Nr. 7008 VV		28,50 EUR
Gesamt			**178,50 EUR**

Für die Übersendung der Rechnung nach § 10 RVG darf der Anwalt vom Auftraggeber keine Postentgelte erheben (Anm. zu Nr. 7001 VV). **42**

Beispiel 36 | **Mündliche Beratung mit Übersendung der Kostenrechnung**

Wie vorangegangenes Beispiel 35. Der Anwalt übersendet dem Mandanten die Kostrechnung per Post.

Da für die Übersendung der Rechnung nach Anm. zu Nr. 7001 VV keine Postentgelte erhoben werden dürfen, bleibt es bei der Abrechnung wie im vorangegangenen Beispiel 35.

3. Pauschale Abrechnung

Anstelle der konkreten Abrechnung nach Nr. 7001 VV kann der Anwalt auch pauschal abrechnen. Voraussetzung ist, dass mindestens 0,01 EUR an Post- oder Telekommunikationsentgelten angefallen ist. Sind keine Post- und Telekommunikationsentgelte angefallen, besteht auch kein Anspruch auf die Pauschale, da dann nichts zu pauschalieren ist.[18] **43**

---

18 AnwK-RVG/*N. Schneider*, Nrn. 7001 bis 7002 VV Rn 19.

§ 38 Auslagen

44 Die Kosten für die **Übersendung der Rechnung** darf der Anwalt nicht abrechnen (Anm. zu Nr. 7001 VV). Diese Kosten lösen daher auch noch nicht die Postentgeltpauschale aus.[19]

45 Die Pauschale beträgt 20 % der gesetzlichen Gebühren, und soweit die Vergütung aus der Staatskasse gezahlt wird, ist diese maßgebend (Anm. Abs. 2 zu Nr. 7002 VV). Zu beachten ist in beiden Fällen der Höchstbetrag von 20,00 EUR.

| Beispiel 37 | Pauschale ohne Begrenzung |

Der Anwalt ist mit der Zwangsvollstreckung wegen einer Forderung in Höhe von **1.860,00 EUR beauftragt.**

Die gesetzlichen Gebühren belaufen sich auf 45,00 EUR. Die Postentgeltpauschale erreicht somit nicht die Höchstgrenze von 20,00 EUR.

1.	0,3-Verfahrensgebühr, Nr. 3309 VV (Wert: 1.860,00 EUR)		45,00 EUR
2.	Postentgeltpauschale, Nr. 7002 VV		9,00 EUR
	Zwischensumme	54,00 EUR	
3.	19 % Umsatzsteuer, Nr. 7008 VV		10,26 EUR
Gesamt			**64,26 EUR**

| Beispiel 38 | Pauschale mit Begrenzung |

Der Anwalt führt einen Rechtsstreit mit mündlicher Verhandlung über 1.860,00 EUR.

Da das Gebührenaufkommen 100,00 EUR übersteigt, ist die Höchstgrenze der Pauschale von 20,00 EUR erreicht.

1.	1,3-Verfahrensgebühr, Nr. 3100 VV (Wert: 1.860,00 EUR)		195,00 EUR
2.	1,2-Terminsgebühr, Nr. 3104 VV (Wert: 1.860,00 EUR)		180,00 EUR
3.	Postentgeltpauschale, Nr. 7002 VV		20,00 EUR
	Zwischensumme	395,00 EUR	
4.	19 % Umsatzsteuer, Nr. 7008 VV		75,05 EUR
Gesamt			**470,05 EUR**

46 Wird der Anwalt mit einer **Beratung** beauftragt, ohne dass eine Vergütung vereinbart wird, richtet sich die Postentgeltpauschale nach der BGB-Vergütung.

| Beispiel 39 | Pauschale bei Beratung |

Der Anwalt wird von einem Verbraucher mit einer ersten Beratung beauftragt. Eine Gebührenvereinbarung ist nicht getroffen worden. Der Anwalt berät, fasst die Beratung schriftlich zusammen und bringt das Schreiben an den Verbraucher zum Versand.

Der Anwalt erhält für die Beratung 190,00 EUR (§ 34 Abs. 1 RVG). Daraus berechnet sich die Postentgeltpauschale.

---

19 AnwK-RVG/N. Schneider, Nrn. 7001 bis 7002 VV Rn 16.

IV. Entgelte für Post- und Telekommunikationsdienstleistungen § 38

1. Beratungsgebühr, § 34 Abs. 1 S. 1 RVG i.V.m. § 612 BGB		190,00 EUR
2. Postentgeltpauschale, Nr. 7002 VV		20,00 EUR
Zwischensumme	210,00 EUR	
3. 19 % Umsatzsteuer, Nr. 7008 VV		39,90 EUR
Gesamt		**249,90 EUR**

Wird der Anwalt mit **steuerlichen Hilfeleistungen** oder anderen Tätigkeiten nach § 35 RVG beauftragt, so dass die Gebühren nach der StBVV abzurechnen sind (siehe § 30 Rn 15), bleiben dennoch die Auslagentatbestände des RVG anwendbar. Die Postentgeltpauschale berechnet sich hier nach den gesetzlichen Gebühren der StBVV.

47

Beispiel 40 | **Postpauschale bei Abrechnung nach der StBVV**

Der Anwalt fertigt für den Mandanten die Erbschaftssteuererklärung (Wert des Nachlasses: 150.000,00 EUR).

Für die Abgabe der Steuererklärung gilt § 35 RVG i.V.m. § 24 Abs. 1 Nr. 12, 1. Hs. StBVV. Der Anwalt erhält eine Gebühr von 2/10 bis 10/10 aus 150.000,00 EUR.

1. $6/10$-Gebühr, § 35 RVG i.V.m. § 24 Abs. 1 Nr. 12 StBVV (Wert: 150.000,00 EUR)		998,40 EUR
2. Postentgeltpauschale, Nr. 7002 VV		20,00 EUR
Zwischensumme	1.018,40 EUR	
3. 19 % Umsatzsteuer, Nr. 7008 VV		193,50 EUR
Gesamt		**1.211,90 EUR**

Im Falle einer **vereinbarten Vergütung** muss auch eine Vereinbarung über die vom Auftraggeber zu übernehmenden Auslagen getroffen werden (siehe Rn 4). Zumindest sollte auf die gesetzlichen Auslagen verwiesen werden. Fehlt es an einer Regelung, gelten die Auslagen grundsätzlich als durch die vereinbarte Vergütung mit abgegolten,[20] so dass dann auch keine Postentgeltpauschale verlangt werden kann.

48

Beispiel 41 | **Vereinbarte Vergütung ohne Auslagenregelung**

Der Anwalt hatte mit dem Mandanten eine Vereinbarung geschlossen, wonach der Anwalt eine Vergütung i.H.v. 200,00 EUR je Stunde erhalten soll. Angefallen sind fünf Stunden.

Der Anwalt erhält eine Vergütung in Höhe von 5 x 200,00 EUR. Eine Postentgeltpauschale kann er daneben nicht verlangen.

1. Vereinbarte Vergütung, § 3a RVG, 5 Std. x 200,00 EUR/Std.	1.000,00 EUR
2. 19 % Umsatzsteuer, Nr. 7008 VV	190,00 EUR
Gesamt	**1.190,00 EUR**

Beispiel 42 | **Vereinbarte Vergütung mit Auslagenregelung**

Der Anwalt hatte mit dem Mandanten eine Vereinbarung geschlossen, wonach der Anwalt eine Vergütung i.H.v. 200,00 EUR je Stunde erhalten soll zuzüglich der gesetzlichen Auslagen. Angefallen sind wiederum fünf Stunden.

---

20 OLG Koblenz OLGZ 79, 230; LG Koblenz AnwBl. 1984, 206; ausführlich *N. Schneider*, Die Vergütungsvereinbarung, Rn 1072.

Jetzt erhält der Anwalt neben der Vergütung in Höhe von 5 x 200,00 EUR auch eine Postentgeltpauschale. Diese berechnet sich nach den vereinbarten Gebühren, hier nach dem Stundenhonorar.

1.	Vereinbarte Vergütung, § 3a RVG, 5 Std. x 200,00 EUR/Std.	1.000,00 EUR
2.	Postentgeltpauschale, Nr. 7002 VV	20,00 EUR
	Zwischensumme	1.020,00 EUR
3.	19 % Umsatzsteuer, Nr. 7008 VV	193,80 EUR
	Gesamt	**1.213,80 EUR**

Beispiel 43 | **Pauschale mit Begrenzung, mehrere Auftraggeber**

Der Anwalt führt ein Mahnverfahren über 1.000,00 EUR für zwei Auftraggeber.

Da das gesamte Gebührenaufkommen (§ 7 Abs. 1 RVG) 100,00 EUR übersteigt, ist die Pauschale von 20,00 EUR erreicht. Jeder Auftraggeber haftet jedoch nur, soweit die Pauschale nach der von ihm geschuldeten Vergütung angefallen wäre (§ 7 Abs. 2 S. 2 RVG).

I. Insgesamt steht dem Anwalt zu

1.	1,3-Verfahrensgebühr, Nrn. 3305, 1008 VV (Wert: 1.000,00 EUR)		104,00 EUR
2.	Postentgeltpauschale, Nr. 7002 VV		20,00 EUR
	Zwischensumme	124,00 EUR	
3.	19 % Umsatzsteuer, Nr. 7008 VV		23,56 EUR
	Gesamt		**147,56 EUR**

II. Jeder Auftraggeber haftet aber nur in folgender Höhe

1.	1,0-Verfahrensgebühr, Nr. 3305 VV (Wert: 1.000,00 EUR)		80,00 EUR
2.	Postentgeltpauschale, Nr. 7002 VV		16,00 EUR
	Zwischensumme	96,00 EUR	
3.	19 % Umsatzsteuer, Nr. 7008 VV		18,24 EUR
	Gesamt		**114,24 EUR**

49 Im Rahmen der **Beratungshilfe** war die Berechnung umstritten. Zum Teil wurde vertreten, dass sich die Pauschale nach den fiktiven gesetzlichen Gebühren des Wahlanwalts richte.[21] Nach zutreffender Ansicht war auf die Gebühren der Nrn. 2501 ff. VV abzustellen, da dem Anwalt – im Gegensatz zur Prozesskostenhilfe – die gesetzlichen Gebühren gar nicht zustehen.[22] Diese Frage ist durch die zum 1.8.2013 eingeführte Anm. Abs. 2 zu Nr. 7002 VV jetzt geklärt. Maßgebliche Berechnungsgröße sind die aus der Landeskasse zu zahlenden Gebühren.

50 Aus der Beratungshilfegebühr der Nr. 2500 VV darf unstrittig keine Pauschale berechnet werden, da die Auslagen in der Gebühr bereits enthalten sind (Anm. S. 1 zu Nr. 2500 VV). Die Pauschale darf daher nur aus den aus der Landeskasse zu zahlenden Gebühren berechnet werden.

---

21 OLG Nürnberg AGS 2007, 253 = OLGR 2007, 191 = JurBüro 2007, 209 = MDR 2007, 805 = RVGreport 2007, 150; AG Köln AGS 2006, 25 m. Anm. *Mock* = RVGreport 2006, 68; AG Oschatz AGS 2007, 631 = FamRZ 2007, 1671 = NJW-Spezial 2007, 525; AG Eutin AGS 2007, 631.

22 OLG Nürnberg AGS 2010, 137 = JurBüro 2010, 40; OLG Frankfurt AGS 2007, 256; OLG Bamberg JurBüro 2007, 645 = OLGR 2008, 199; OLG Hamm FamRZ 2009, 721; KG RVGreport 2008, 433; OLG Dresden AGS 2008, 559 = OLGR 2009, 110 = MDR 2009, 414 = RVGreport 2008, 432; OLG Düsseldorf AGS 2007, 630 = RVGreport 2007, 467.

IV. Entgelte für Post- und Telekommunikationsdienstleistungen §38

Beispiel 44 | **Beratungshilfe**

Der Anwalt ist im Rahmen der Beratungshilfe mit der außergerichtlichen Vertretung beauftragt (Wert: 5.000,00 EUR).

Zwar übersteigen die Wahlanwaltsgebühren (Nr. 2300 VV) schon bei der Mindestgebühr von 0,5 den Betrag von 100,00 EUR; dennoch ist dies unerheblich. Die Postentgeltpauschale berechnet sich aus der Geschäftsgebühr der Nr. 2503 VV.

1.	Geschäftsgebühr, Nr. 2503 VV		85,00 EUR
2.	Postentgeltpauschale, Nr. 7002 VV		17,00 EUR
	Zwischensumme	102,00 EUR	
3.	19 % Umsatzsteuer, Nr. 7008 VV		19,38 EUR
	Gesamt		**121,38 EUR**

Im Rahmen der **Prozess- oder Verfahrenskostenhilfe** war es bislang einhellige Auffassung, dass auf die gesetzlichen Gebührenbeträge des § 13 RVG abzustellen sei und nicht die nach § 49 RVG reduzierten Beträge.[23] Auch hier ist jetzt die zum 1.8.2013 neu eingeführte Regelung der Anm. Abs. 2 zu Nr. 7002 VV zu beachten. Maßgeblich sind die aus der Staatskasse zu zahlenden Gebühren.

51

Beispiel 45 | **Prozesskostenhilfe**

Der Anwalt vertritt seinen Mandanten in einem Zwangsvollstreckungsverfahren (Wert: 5.000,00 EUR), in dem er dem Mandanten im Wege der Prozesskostenhilfe beigeordnet worden ist.

Der Wahlanwalt würde wie folgt abrechnen:

1.	0,3-Verfahrensgebühr, Nr. 3309 VV, § 13 RVG (Wert: 5.000,00 EUR)		90,90 EUR
2.	Postentgeltpauschale, Nr. 7002 VV		18,18 EUR
	Zwischensumme	109,08 EUR	
3.	19 % Umsatzsteuer, Nr. 7008 VV		20,73 EUR
	Gesamt		**129,81 EUR**

Der PKH-Anwalt erhält dagegen nur.

1.	0,3-Verfahrensgebühr, Nr. 3309 VV, § 49 RVG (Wert: 5.000,00 EUR)		77,10 EUR
2.	Postentgeltpauschale, Nr. 7002 VV		15,42 EUR
	Zwischensumme	92,52 EUR	
3.	19 % Umsatzsteuer, Nr. 7008 VV		17,58 EUR
	Gesamt		**110,10 EUR**

Die Ersparnis der Landeskasse beträgt 2,76 EUR.

Sind **mehrere Angelegenheiten** gegeben, kann der Anwalt die Postentgeltpauschale in jeder Angelegenheit gesondert verlangen. Zur Frage, wann eine und wann mehrere Angelegenheiten gegeben sind, wird auf die Darstellung der jeweiligen Vergütungen verwiesen, insbesondere zur zwischenzeitlich gesetzlich geklärten Streitfrage, ob in Straf- und Bußgeldsachen das vorbereitende Verfahren bzw. das Verfahren vor der Verwaltungsbehörde und das anschließende gerichtliche Verfahren eine Angelegenheit darstellen (siehe dazu § 35 Rn 64 und § 36 Rn 90).

52

---

23 OLG Nürnberg = AGS 2010, 137 = JurBüro 2010, 40; AnwK-RVG/*N. Schneider*, 6. Aufl., Nrn. 7001 bis 7002 VV Rn 47.

§ 38 Auslagen

> **Beispiel 46** — Mehrere Angelegenheiten

Gegen den Beschuldigten wird in einer Strafsache ermittelt. Nach Anklageerhebung wird das Verfahren eingestellt.

Das vorbereitende Verfahren und das nachfolgend erstinstanzlich gerichtliche Verfahren sind nach § 17 Nr. 10 RVG zwei verschiedene Angelegenheiten, so dass die Postentgeltpauschale jeweils gesondert entsteht.

I. **Vorbereitendes Verfahren**
1. Grundgebühr, Nr. 4100 VV   200,00 EUR
2. Verfahrensgebühr, Nr. 4104 VV   165,00 EUR
3. Postentgeltpauschale, Nr. 7002 VV   20,00 EUR
   Zwischensumme   385,00 EUR
4. 19 % Umsatzsteuer, Nr. 7008 VV   73,15 EUR
Gesamt   **485,15 EUR**

II. **Erstinstanzliches Verfahren vor dem Amtsgericht**
1. Verfahrensgebühr, Nr. 4106 VV   165,00 EUR
2. Zusätzliche Gebühr, Anm. Abs. 1 S. 1 Nr. 1 zu   165,00 EUR
   Nrn. 4141, 4106 VV
3. Postentgeltpauschale, Nr. 7002 VV   20,00 EUR
   Zwischensumme   350,00 EUR
4. 19 % Umsatzsteuer, Nr. 7008 VV   66,50 EUR
Gesamt   **416,50 EUR**

53 In **Anrechnungsfällen** richtet sich das für die Berechnung der Postentgeltpauschale maßgebliche Gebührenaufkommen aus den gesetzlichen Gebühren **vor Anrechnung** und nicht aus einem nach Anrechnung verbleibenden rechnerischen Differenzbetrag, selbst wenn nach Anrechnung keine Gebühren verbleiben.[24] Das ist jetzt durch den neuen § 15a Abs. 1 RVG klargestellt. Danach hat eine Anrechnung auf das Entstehen einer Gebühr keinen Einfluss. Der Anwalt kann jede Gebühr vielmehr gesondert verlangen. Folglich berechnet sich die Postentgeltpauschale auch nach den Gebühren vor Anrechnung.[25]

> **Beispiel 47** — Anrechnungsfälle, verbleibendes Gebührenaufkommen nach Anrechnung

Der Anwalt ist beauftragt eine Forderung in Höhe von 3.000,00 EUR außergerichtlich geltend zu machen. Da es zu keiner Einigung kommt, wird er beauftragt, einen Mahnbescheid zu beantragen, der dann auch erlassen wird.

Die angefallene Geschäftsgebühr ist zur Hälfte, höchstens mit 0,75 anzurechnen (Vorbem. 3 Abs. 4 S. 1 VV). Dies bedeutet, dass der Anwalt des Gläubigers im Mahnverfahren nur noch einen Differenzbetrag in Höhe von 0,25 erhält. Ungeachtet dessen berechnet sich die Postentgeltpauschale nach dem Gebührenaufkommen vor Anrechnung, also aus dem Gebührenaufkommen einer 1,0-Gebühr.[26]

---

24 Zuletzt AG Kassel AGS 2007, 133 = JurBüro 2006, 592; AnwK-RVG/*N. Schneider*, Nrn. 7001 bis 7002 VV Rn 40 ff.; *N. Schneider*, AGS 2003, 94.
25 AnwK-RVG/*N. Schneider*, § 15a Rn 58.
26 AnwK-RVG/*N. Schneider*, Nrn. 7001 bis 7002 VV Rn 40 ff.; *N. Schneider*, AGS 2003, 94.

I. Außergerichtliche Tätigkeit
1. 1,5-Verfahrensgebühr, Nr. 2300 VV　　　　　　　　　　　　　301,50 EUR
   (Wert: 3.000,00 EUR)
2. Postentgeltpauschale, Nr. 7002 VV　　　　　　　　　　　　　20,00 EUR
   Zwischensumme　　　　　　　　　321,50 EUR
3. 19 % Umsatzsteuer, Nr. 7008 VV　　　　　　　　　　　　　　61,09 EUR
Gesamt　　　　　　　　　　　　　　　　　　　　　　　　**382,59 EUR**

II. Mahnverfahren
1. 1,0-Mahnverfahrensgebühr, Nr. 3305 VV　　　　　　　　　　201,00 EUR
   (Wert: 3.000,00 EUR)
2. anzurechnen gem. Anm. zu Nr. 3305 VV, 0,75 aus　　　　　　– 150,75 EUR
   3.000,00 EUR
3. Postentgeltpauschale, Nr. 7002 VV　　　　　　　　　　　　　20,00 EUR
   Zwischensumme　　　　　　　　　70,25 EUR
4. 19 % Umsatzsteuer, Nr. 7008 VV　　　　　　　　　　　　　　13,35 EUR
Gesamt　　　　　　　　　　　　　　　　　　　　　　　　**83,60 EUR**

> **Beispiel 48** — Anrechnungsfälle, kein verbleibendes Gebührenaufkommen nach Anrechnung

Der Anwalt wehrt außergerichtlich für seinen Mandanten eine Forderung in Höhe von 3.000,00 EUR ab. Angemessen ist eine 1,0-Geschäftsgebühr. Anschließend ergeht ein Mahnbescheid gegen den Mandanten. Dagegen legt der Anwalt Widerspruch ein.

Die angefallene Geschäftsgebühr ist zur Hälfte anzurechnen (Vorbem. 3 Abs. 4 S. 1 VV). Dies bedeutet, dass der Anwalt des Antragsgegners im Mahnverfahren nach Anrechnung keine restlichen Gebühren mehr erhält. Ungeachtet dessen berechnet sich die Postentgeltpauschale nach dem Gebührenaufkommen vor Anrechnung, also aus einer 0,5-Gebühr.

I. Außergerichtliche Tätigkeit
1. 1,0-Geschäftsgebühr, Nr. 2300 VV　　　　　　　　　　　　　201,00 EUR
   (Wert: 3.000,00 EUR)
2. Postentgeltpauschale, Nr. 7002 VV　　　　　　　　　　　　　20,00 EUR
   Zwischensumme　　　　　　　　　221,00 EUR
3. 19 % Umsatzsteuer, Nr. 7008 VV　　　　　　　　　　　　　　41,99 EUR
Gesamt　　　　　　　　　　　　　　　　　　　　　　　　**262,99 EUR**

II. Mahnverfahren
1. 0,5-Mahnverfahrensgebühr, Nr. 3305 VV　　　　　　　　　　100,50 EUR
   (Wert: 3.000,00 EUR)
2. anzurechnen gem. Vorbem. 3 Abs. 4 VV, 0,5 aus　　　　　　　– 100,50 EUR
   3.000,00 EUR
3. Postentgeltpauschale, Nr. 7002 VV　　　　　　　　　　　　　20,00 EUR
   Zwischensumme　　　　　　　　　20,00 EUR
4. 19 % Umsatzsteuer, Nr. 7008 VV　　　　　　　　　　　　　　3,80 EUR
Gesamt　　　　　　　　　　　　　　　　　　　　　　　　**23,80 EUR**

Soweit ein Mandat aus **mehreren gebührenrechtlichen Angelegenheiten** besteht (§ 15 Abs. 2 RVG), kann der Anwalt in jeder Angelegenheit sein Wahlrecht **gesondert** ausüben.[27] Er ist keinesfalls gehalten, die verauslagten Entgelte eines Auftrags insgesamt pauschal oder insgesamt konkret abzurechnen.

54

---

27 AnwK-RVG/*N. Schneider*, Nrn. 7001 bis 7002 VV Rn 11 f.

§ 38 Auslagen

Beispiel 49 | **Urkunden- und Nachverfahren, unterschiedliche Abrechnung**

Der Anwalt erhebt für seinen Mandanten eine Urkundenklage in Höhe von 3.000,00 EUR und vertritt ihn auch im anschließenden Nachverfahren.

Gebührenrechtlich liegen zwei Angelegenheiten vor (§ 17 Nr. 5 RVG). Der Anwalt kann daher z.B. im Urkundenverfahren konkret nach Nr. 7001 VV abrechnen und im Nachverfahren pauschal nach Nr. 7002 VV.

I. Urkundenverfahren
1. 1,3-Verfahrensgebühr, Nr. 3100 VV   261,30 EUR
   (Wert: 3.000,00 EUR)
2. 1,2-Terminsgebühr, Nr. 3104 VV   241,20 EUR
   (Wert: 3.000,00 EUR)
3. Auslagen, Nr. 7001 VV
   – Telefongebühren (netto), v. 14.10.2014   14,60 EUR
   – Einschreiben/Rückschein, 3 x 3,95 EUR   11,85 EUR
   – Briefporto 27.10.2014   0,60 EUR
   – Briefporto 28.10.2014   0,60 EUR
   – Briefporto 29.10.2014   0,60 EUR
   Zwischensumme   530,75 EUR
4. 19 % Umsatzsteuer, Nr. 7008 VV   100,84 EUR
Gesamt   **631,59 EUR**

II. Nachverfahren
1. 1,3-Verfahrensgebühr, Nr. 3100 VV   261,30 EUR
   (Wert: 3.000,00 EUR)
2. 1,2-Terminsgebühr, Nr. 3104 VV   241,20 EUR
   (Wert: 3.000,00 EUR)
3. Postentgeltpauschale, Nr. 7002 VV   20,00 EUR
4. anzurechnen gem. Anm. Abs. 2 zu Nr. 3100 VV, 1,3 aus   – 261,30 EUR
   3.000,00 EUR
   Zwischensumme   261,20 EUR
5. 19 % Umsatzsteuer, Nr. 7008 VV   49,63 EUR
Gesamt   **310,83 EUR**

V. Reisekosten

1. Überblick

55 Die gesetzliche Vergütung für Geschäftsreisen des Anwalts richtet sich nach den Nrn. 7003 ff. VV i.V.m. Vorbem. 7 Abs. 2 u. 3 VV. Geregelt ist Folgendes:

56 **Nr. 7003 VV – Erstattung der Fahrtkosten bei Benutzung des eigenen Fahrzeugs:** Die Kosten für die Benutzung des eigenen Kraftfahrzeugs sind stets zu erstatten. Der Anwalt kann grundsätzlich nicht darauf verwiesen werden, er hätte ein günstigeres Transportmittel benutzen müssen.[28] Um welche Art von Kraftfahrzeug es sich handelt, ist unerheblich. Auch Motorräder und Mofas zählen hierzu.[29]

Die Kosten für die Benutzung des eigenen Kraftfahrzeugs werden mit einer **Pauschale** in Höhe von 0,30 EUR je gefahrenem Kilometer ersetzt.

---

28 OLG Hamburg AnwBl 1966, 322; OLG Bamberg JurBüro 1981, 1350; OLG Frankfurt, Beschl. v. 16.2.2006 – 12 W 196/05; AnwK-RVG/*N. Schneider*, Nrn. 7003 bis 7006 VV Rn 14.
29 AnwK-RVG/*N. Schneider*, Nrn. 7003 bis 7006 VV Rn 16.

Vergütet werden sämtliche gefahrenen Kilometer, also sowohl der Hin- als auch der Rückweg. Maßgebend ist die **tatsächliche Fahrtstrecke**[30] und nicht die fiktive Entfernung von Ortsmitte zu Ortsmitte.[31] Aufzurunden ist auf volle Kilometer.[32] Grundsätzlich muss der Anwalt den kürzesten Weg nehmen. Zweckmäßige Umwege, etwa bei Benutzung einer Autobahn zur Zeitersparnis, sind jedoch zulässig,[33] zumal wenn dadurch ein geringeres Tage- und Abwesenheitsgeld anfällt.[34]

Nr. 7004 VV – Erstattung der Fahrtkosten bei Benutzung anderer Reisemittel: Bei Benutzung anderer Verkehrsmittel sind die tatsächlichen Aufwendungen zu ersetzen, soweit sie angemessen sind. Anders als bei den Kosten eines Kraftfahrzeugs findet hier eine Wirtschaftlichkeitsprüfung statt. 57

Nr. 7005 VV – Tage- und Abwesenheitsgeld: Für Mehrkosten, die durch die Geschäftsreise verursacht werden (z.B. Mittagessen), erhält der Anwalt ein **pauschales Tage- und Abwesenheitsgeld**. Die Höhe dieser Pauschalen ist in Nr. 7005 VV nach Zeitaufwand gestaffelt. Entscheidend ist die Zeit, die der Anwalt von seiner Kanzlei abwesend ist, also grundsätzlich von der Abreise bis zur Rückkehr, gegebenenfalls einschließlich der Zeit für die Einnahme eines Mittagessens.[35] Erstreckt sich die Abwesenheit über mehrere Kalendertage, so werden die Abwesenheitsstunden für jeden Tag gesondert berechnet.[36] 58

Bei **Auslandsreisen** können die in Nr. 7005 VV genannten Beträge um bis zu jeweils 50 % erhöht werden (Anm. zu Nr. 7003 VV). Ob und inwieweit der Anwalt diesen Rahmen ausschöpft, bestimmt er analog § 14 Abs. 1 RVG.[37] 59

Tage- und Abwesenheitsgeld	Inland	Ausland
bis zu 4 Stunden	25,00 EUR	bis 32,50 EUR
4 bis 8 Stunden	40,00 EUR	bis 60,00 EUR
über 8 Stunden	70,00 EUR	bis 105,00 EUR

Nr. 7006 VV – Sonstige Auslagen anlässlich der Geschäftsreise: Neben den Reisekosten und dem Abwesenheitsgeld kann der Anwalt die Erstattung seiner sonstigen Kosten verlangen, sofern sie angemessen sind. Hierzu zählen vor allem Übernachtungskosten, sofern diese erforderlich waren, etwa weil eine An- oder Rückreise am selben Tag nicht möglich oder nicht zumutbar war.[38] Auch Parkgebühren sind nach wie vor zusätzlich zu den Kosten des Kraftfahrzeugs zu übernehmen. Darüber hinaus sind alle sonstigen Kosten anlässlich einer Geschäftsreise vom Mandanten zu übernehmen, etwa Kosten der Gepäckaufbewahrung, notwendige Telegrafen- oder Fernsprechgebühren in Ausführung der Geschäftsreise, Kurtaxe, Reise- und Gepäckversicherung sowie Trinkgelder. Bei Reisen mit dem eigenen Kraftfahrzeug können z.B. Kosten für die Benutzung einer Fähre, Mautgebühren oder einer Vignette hinzukommen.[39] 60

---

30 OLG Celle NdsRpfl 1967, 63.
31 A.A. LG Ansbach NJW 1966, 1762.
32 LG Rostock StraFo 2009, 439 = NJW-Spezial 2009, 715 = AGkompakt 2010, 51; OLG Hamm JurBüro 1981, 1681; VG Würzburg JurBüro 2000, 77; KG AGS 2004, 12.
33 OLG Hamm JurBüro 1981, 1681; VG Würzburg JurBüro 2000, 77; KG AGS 2004, 12.
34 KG AGS 2004, 12.
35 VG Stuttgart AnwBl 1984, 323 und 562.
36 OLG Düsseldorf JurBüro 1993, 674 = Rpfleger 1993, 463.
37 AnwK-RVG/*N. Schneider*, Nrn. 7003 bis 7006 VV Rn 34.
38 LG Flensburg JurBüro 1976, 1650.
39 Ausführlich AnwK-RVG/*N. Schneider*, Nrn. 7003 bis 7006 VV Rn 36 ff.

§ 38 Auslagen

61 Ergänzend gilt Vorbem. 7 VV:

62 **Vorbem. 7 Abs. 2 VV – Begriff der Geschäftsreise:** Eine Geschäftsreise liegt vor, wenn das Reiseziel **außerhalb der Gemeinde** liegt, in der sich die Kanzlei oder die Wohnung des Rechtsanwalts befindet. Abzustellen ist dabei auf den Ort der tatsächlichen Abreise. Eine Auslegung dahingehend, dass das Prozessgericht sowohl außerhalb der Kanzleigemeinde als auch außerhalb der Wohngemeinde liegen muss, ist nicht zulässig.[40]

> **Beispiel 50** | **Geschäftsreise bei unterschiedlichem Wohn- und Geschäftssitz**
>
> **Der Anwalt hat seinen Wohnsitz in Düsseldorf und seine Kanzlei in Neuss. Er nimmt einen Termin vor dem AG Düsseldorf wahr.**
>
> Reist der Anwalt von seiner Wohnung aus an, liegt keine Geschäftsreise vor. Reist er dagegen von seiner Kanzlei aus an, ist eine Geschäftsreise gegeben. Es obliegt der alleinigen unternehmerischen Entscheidung des Anwalts, ob er vor dem Gerichtstermin noch in seine Kanzlei fährt oder nicht.

63 Für eine Geschäftsreise ist allein maßgebend, ob der Anwalt das Gebiet der politischen Gemeinde verlassen muss. Auf die Entfernung kommt es dabei nicht an. So fallen selbst bei großen Entfernungen innerhalb derselben Stadt (z.B. Berlin oder Hamburg) keine Reisekosten an und zwar selbst dann nicht, wenn der Anwalt in einen anderen Amtsgerichtsbezirk fährt. Dagegen können bei kürzester Entfernung Reisekosten anfallen, wenn dabei die Grenzen der politischen Gemeinde überschritten werden.

64 **Vorbem. 7 Abs. 3 S. 1 VV – Verteilung der Kosten bei mehreren Geschäftsreisen:** Wird eine Geschäftsreise für mehrere Angelegenheiten durchgeführt – unabhängig davon, ob auch für mehrere Auftraggeber oder für denselben –, so sind die gesamten Reisekosten gem. Vorbem. 7 Abs. 3 S. 1 VV **verhältnismäßig** aufzuteilen. Dies gilt insbesondere für sog. Rundreisen, bei denen für mehrere Auftraggeber auf einer Reise mehrere Ziele angefahren werden.

65 **Vorbem. 7 Abs. 3 S. 2 VV – Erstattung der Reisekosten bei Verlegung der Kanzlei:** Verlegt der Anwalt nach Entgegennahme des Auftrags seine Kanzlei, so kann er seine Reisekosten nur insoweit verlangen, als sie auch vom früheren Kanzleisitz aus angefallen wären.

66 Auch in der Beratungshilfe sind Reisekosten zu erstatten, es sei denn, sie waren zur sachgemäßen Durchführung der Angelegenheit nicht erforderlich (§ 46 Abs. 1 RVG). Reisekosten kommen danach insbesondere bei erforderlichen Terminen vor auswärtigen Behörden in Betracht.[41]

67 Ebenso sind die Reisekosten im Rahmen der Verfahrens- oder Prozesskostenhilfe von der Landeskasse zu übernehmen, es sei denn, sie waren zur sachgemäßen Durchführung der Angelegenheit nicht erforderlich (§ 46 Abs. 1 RVG). Hier kann der Umfang der zu übernehmenden Reisekosten allerdings durch den Bewilligungsbeschluss eingeschränkt sein (siehe dazu ausführlich § 3 Rn 51 ff.).

---

40 OLG Düsseldorf AGS 2012, 167 = zfs 2012, 287 = NJW-RR 2012, 764 = JurBüro 2012, 299 = Rpfleger 2012, 412 = RVGreport 2012, 189 = RVGprof. 2012, 164.
41 LG Bochum JurBüro 1986, 403 = Rpfleger 1986, 155 = AnwBl 1986, 256; LG Hannover JurBüro 1986, 120; AG Aachen, Beschl. v. 19.8.1986 – 7 UR II 401/86, InfAuslR 1987, 204 = ARS IV Bd. 1 Allg; AG Gießen 14.3.1986 – 47 II 71/86, InfAuslR 1986, 187, ARS IV Bd. 1 Allg.

2. Abrechnung der Reisekosten

Beispiel 51 | **Fahrtkosten Pkw, Abwesenheit bis vier Stunden** | 68

Der Anwalt hat seine Kanzlei in Köln. Er fährt zu einem Verhandlungstermin vor dem LG Bonn (einfache Strecke 30 km). Insgesamt ist er zwei Stunden von seiner Kanzlei abwesend.

Der Anwalt erhält Ersatz seiner Fahrtkosten nach Nr. 7003 VV sowie ein Tage- und Abwesenheitsgeld.

...
- ... Fahrtkosten Pkw, Nr. 7003 VV, 2 x 30 km x 0,30 EUR/km   18,00 EUR
- ... Tage- und Abwesenheitsgeld bis 4 Stunden, Nr. 7005 Nr. 1 VV   25,00 EUR
  Zwischensumme   ... EUR
- ... 19 % Umsatzsteuer, Nr. 7008 VV   ... EUR

Beispiel 52 | **Fahrtkosten Pkw, Abwesenheit bis vier Stunden mit Auslagen**

Der Anwalt fährt zur mündlichen Verhandlung vor dem 50 km entfernten LG. Hierzu muss er eine Fähre benutzen (4,00 EUR inkl. Umsatzsteuer). Daneben fallen 2,00 EUR Parkgebühren (umsatzsteuerfrei) an. Insgesamt ist der Anwalt drei Stunden von seiner Kanzlei abwesend.

Neben Fahrtkosten und Tage- und Abwesenheitsgeld erhält der Anwalt auch Ersatz der Kosten für die Fähre sowie der Parkgebühren. Auch hierauf ist Umsatzsteuer zu erheben.

...
- ... Fahrtkosten Pkw, Nr. 7003 VV, 2 x 50 km x 0,30 EUR/km   30,00 EUR
- ... Tage- und Abwesenheitsgeld bis 4 Stunden, Nr. 7005 Nr. 1 VV   25,00 EUR
- ... Kosten Fähre (netto)   3,36 EUR
- ... Parkgebühren   2,00 EUR
  Zwischensumme   ... EUR
- ... 19 % Umsatzsteuer, Nr. 7008 VV   ... EUR

Beispiel 53 | **Fahrtkosten, zwei Fahrten, Abwesenheit über vier und über acht Stunden**

Der Anwalt fährt am 2.9.2014 zur mündlichen Verhandlung zu dem 40 km entfernten LG und ist sieben Stunden kanzleiabwesend. Am 6.10.2014 fährt er zu einem weiteren Termin und ist mehr als acht Stunden kanzleiabwesend.

Infolge der längeren Abwesenheit erhöhen sich die Tage- und Abwesenheitsgeld.

...
- ... Fahrtkosten Pkw (2.9.2014), Nr. 7003 VV, 2 x 40 km x 0,30 EUR/km   24,00 EUR
- ... Tage- und Abwesenheitsgeld (2.9.2014), bis 8 Stunden, Nr. 7005 Nr. 2 VV   40,00 EUR

§ 38 Auslagen

... Fahrtkosten Pkw (6.10.2014), Nr. 7003 VV, 2 x 40 km x 0,30 EUR/km		24,00 EUR
... Tage- und Abwesenheitsgeld (6.10.2014), über 8 Stunden, Nr. 7005 Nr. 3 VV		70,00 EUR
Zwischensumme	... EUR	
... 19 % Umsatzsteuer, Nr. 7008 VV		... EUR

Beispiel 54 | Fahrtkosten Pkw, Abwesenheit mit Übernachtung

Der Anwalt nimmt zur mündlichen Verhandlung vor dem 400 km entfernten LG teil. Er fährt am 4.10.2014 um 18.00 Uhr los und kommt am nächsten Tag um 12.00 Uhr wieder in der Kanzlei an. Für die Übernachtung zahlt der Anwalt 100,00 EUR brutto. Darin sind 12,00 EUR brutto für Frühstück enthalten.

Hinsichtlich der Tage- und Abwesenheitsgelder ist jeder Tag gesondert zu berechnen. Obwohl nur eine Geschäftsreise vorliegt, erhält der Anwalt für jeden Tag ein gesondertes Tage- und Abwesenheitsgeld.

Die Übernachtungskosten sind nach Nr. 7005 VV ebenfalls zu übernehmen.

Bei einer Übernachtung mit Frühstück sind die anteiligen Frühstückskosten herauszurechnen, da diese bereits durch das Tage- und Abwesenheitsgeld abgegolten ist.[42] Abrechnen darf der Anwalt daher nur 88,00 EUR brutto. Da der Anwalt die in der Endsumme enthaltene Umsatzsteuer zum Vorsteuerabzug anmelden kann, darf er die Übernachtungskosten zunächst nur netto ansetzen. Die Umsatzsteuer ist dann auf die gesamten Kosten (Gebühren und Auslagen) einheitliche zu erheben.

...

... Fahrtkosten Pkw, Nr. 7003 VV, 2 x 400 km x 0,30 EUR/km		240,00 EUR
... Tage- und Abwesenheitsgeld (4.10.2014) bis 8 Stunden, Nr. 7005 Nr. 2 VV		40,00 EUR
... Tage- und Abwesenheitsgeld (5.10.2014) über 8 Stunden, Nr. 7005 Nr. 3 VV		70,00 EUR
... Übernachtungskosten (netto), Nr. 7006		73,95 EUR
Zwischensumme	... EUR	
... 19 % Umsatzsteuer, Nr. 7008 VV		... EUR

Beispiel 55 | Fahrtkosten, Deutsche Bahn

Der Anwalt fährt zur mündlichen Verhandlung vor dem 50 km entfernten LG mit der Deutschen Bahn. Für Hin- und Rückfahrt zahlt er aufgrund einer Bahncard nur einen ermäßigten Fahrpreis von 22,00 EUR (incl. Umsatzsteuer). Der Anwalt ist sechs Stunden von seiner Kanzlei abwesend.

---

42 OLG Düsseldorf AGS 2012, 561 = JurBüro 2012, 591 = NJW-RR 2012, 1470 = NJW-Spezial 2012, 732 = RVGprof. 2013, 8; OLG Karlsruhe AnwBl 1986, 110.

Der Anwalt kann nur den ermäßigten tatsächlich gezahlten Fahrpreis abrechnen. Der ganz h.M.[43] zufolge zählen die Kosten der Bahncard zu den allgemeinen Geschäftskosten nach Vorbem. 7 Abs. 1 S. 1 VV und können nicht – auch nicht anteilig – neben dem Fahrpreis verlangt werden.[44]

...

... Fahrtkosten Bahnfahrt (netto), Nr. 7004 VV		18,97 EUR
... Tage- und Abwesenheitsgeld bis 4 Stunden, Nr. 7005 Nr. 2 VV		40,00 EUR
Zwischensumme	... EUR	
... 19 % Umsatzsteuer, Nr. 7008 VV		... EUR

3. Geschäftsreise in mehreren Angelegenheiten

Wird eine Geschäftsreise in **mehreren Angelegenheiten** gleichzeitig durchgeführt, regelt Vorbem. 7 Abs. 3 S. 1 VV, wie die nach Nrn. 7003 bis 7006 VV zu berechnenden Reisekosten zu verteilen sind. Danach sind die gesamten Reisekosten **verhältnismäßig** aufzuteilen. Jeder Auftraggeber haftet bei einer solchen gemeinsamen Geschäftsreise nur für seinen Anteil und nicht etwa für die Kosten, die entstanden wären, wenn der Anwalt allein für ihn gereist wäre. Eine Haftung der Auftraggeber als Gesamtschuldner oder nach § 7 Abs. 2 S. 1 RVG kommt hier nicht in Betracht, da der Anwalt nicht in derselben Angelegenheit tätig wird.[45]

69

Bei der Berechnung des auf die jeweilige Angelegenheit entfallenden Anteils ist in folgenden Schritten vorzugehen:
1. Zunächst sind die tatsächlichen (erstattungsfähigen) **Gesamtkosten** zu berechnen.
2. Sodann sind die **fiktiven Einzelreise-Kosten** zu ermitteln, die angefallen wären, wenn der Anwalt die Reisen für jeden Mandanten einzeln durchgeführt hätte.
3. Schließlich muss noch die **Summe der Kosten der fiktiven einzelnen Reisen** errechnet werden.
4. Alsdann werden die fiktiven Einzelreisekosten des Mandanten mit der Summe der tatsächlichen erstattungsfähigen Reisekosten multipliziert und durch den Gesamtbetrag aller fiktiven Reisekosten dividiert.

70

Es gilt also folgende **Formel**:

Fiktive Einzelreisekosten des Mandanten x tatsächliche erstattungsfähige Gesamtreisekosten / Summe aller fiktiven Einzelreisekosten

---

Beispiel 56 | **Mehrere Geschäftsreisen**

Der Anwalt hat seine Kanzlei in Köln. Für Mandant A fährt er zum LG Bonn und anschließend für Mandant B zum LG Koblenz. Das LG Bonn liegt 30 km von der Kanzlei entfernt,

---

[43] OLG Karlsruhe JurBüro 2000, 145 = OLGR 2000, 186 = Rpfleger 2000, 129; AG Ansbach AnwBl 2001, 185 = KostRsp. BRAGO § 28 Nr. 14 m. Anm. *N. Schneider*; KG AGS 2003, 310 m. Anm. *N. Schneider*.
[44] KG AGS 2003, 310 m. Anm. *N. Schneider*; VG Köln NJW 2005, 3513 = NJW-Spezial 2006, 96 = NZV 2006, 224 = RVGreport 2006, 154; VG Berlin, Beschl. v. 10.6.2009 – 14 KE 183.06, 10 A 140.02; AnwK-RVG/*N. Schneider*, Nrn. 7003 bis 7006 VV Rn 23 m. w. Nachw; a.A. OLG Frankfurt AGS 2007, 136 u, 155 = NJW 2006, 2337 = JurBüro 2006, 429 = NZV 2006, 663 = OLGR 2007, 344: Erstattungsfähigkeit der Kosten für den Erwerb einer Bahncard 100 bis zu der Grenze der Kosten einer regulären Fahrkarte, wenn der Anwalt darlegt, in welchem Umfang die Bahncard innerhalb der Geltungsdauer genutzt wurde.
[45] AnwK-RVG/*N. Schneider*, Vorbem. 7 VV Rn 44 ff.

das LG Koblenz 120 km, die Entfernung zwischen LG Bonn und LG Koblenz beträgt 100 km. Insgesamt ist er sieben Stunden unterwegs. Für die Fahrt nach Bonn wäre er insgesamt drei Stunden abwesend gewesen, für die Fahrt nach Koblenz insgesamt fünf Stunden.

I. Tatsächliche erstattungsfähige Gesamtreisekosten
1. Fahrtkosten, Nr. 7003 VV ([30 + 100 + 120 km] x 0,30 EUR/km)   75,00 EUR
2. Tage- und Abwesenheitsgeld 4 bis 8 Stunden, Nr. 7005 Nr. 2 VV   40,00 EUR
Gesamt   115,00 EUR

II. Fiktive Einzelreisekosten
a) Mandant A:
1. Fahrtkosten, Nr. 7003 VV (2 x 30 km x 0,30 EUR/km)   18,00 EUR
2. Tage- und Abwesenheitsgeld bis 4 Stunden, Nr. 7005 Nr. 1 VV   25,00 EUR
Gesamt   43,00 EUR

b) Mandant B:
1. Fahrtkosten, Nr. 7003 VV (2 x 120 km x 0,30 EUR/km)   72,00 EUR
2. Tage- und Abwesenheitsgeld 4 bis 8 Stunden, Nr. 7005 Nr. 2 VV   40,00 EUR
Gesamt   112,00 EUR

III. Summe der fiktiven Einzelreisekosten
(43,00 EUR + 112,00 EUR =)   155,00 EUR

IV. Anteilige Kosten
Mandant A hat zu zahlen: 43,00 EUR x 115,00 EUR / 155,00 EUR   = 31,90 EUR
Mandant B hat zu zahlen: 112,00 EUR x 115,00 EUR / 155,00 EUR   = 83,10 EUR
Gesamt (Kontrolle)   115,00 EUR

4. Verlegung der Kanzlei

71 Verlegt der Anwalt nach Entgegennahme des Auftrags seine Kanzlei, so kann er seine Reisekosten nur insoweit verlangen, als sie auch vom früheren Kanzleisitz aus angefallen wären (Vorbem. 7 Abs. 3 S. 2 VV).[46]

> **Beispiel 57** | **Verlegung der Kanzlei, nicht ersatzfähige Mehrkosten**
>
> **Nach Erhalt des Mandats verlegt der Verteidiger seine Kanzlei von Köln nach Bonn und nimmt anschließend an der Hauptverhandlung vor dem AG Köln teil.**
>
> Für die Wahrnehmung des Hauptverhandlungstermins vor dem AG Köln darf der Anwalt dem Auftraggeber keine Reisekosten in Rechnung stellen.

72 Abzustellen ist bei der nach Vorbem. 7 Abs. 3 S. 2 VV vorzunehmenden Betrachtung nicht auf jede einzelne Reise; maßgebend ist vielmehr eine Gesamtbetrachtung. Die Summe aller tatsächlichen Reisekosten darf die Summe der fiktiven Reisekosten nicht übersteigen, die bei Beibehaltung des alten Kanzleisitzes entstanden wären.

---

46 Im Ergebnis zutreffend, allerdings als ein Problem der Kostenerstattung behandelnd: OLG Brandenburg AGS 2009, 432.

| Beispiel 58 | Verlegung der Kanzlei, Reise zum früheren Kanzleiort |

Nach Erhalt des Prozessauftrags verlegt der Anwalt seine Kanzlei von Bonn nach Köln. Vor dem LG Köln nimmt er an der mündlichen Verhandlung teil und anschließend in Bonn an einem auswärtigen Ortstermin (Entfernung Bonn – Köln: 30 km).

Hätte der Anwalt seine Kanzlei in Bonn beibehalten, so wären Reisekosten für den Termin in Köln entstanden. Da er diese Kosten durch seine Kanzleiverlegung erspart hat, sind die für die umgekehrte Reise entstandenen Kosten nach Bonn daher in voller Höhe vom Mandanten zu tragen.

...

- ... Fahrtkosten Pkw, Köln – Bonn, Nr. 7003 VV, 2 x 30 km x 0,30 EUR/km   18,00 EUR
- ... Tage- und Abwesenheitsgeld bis 4 Stunden, Nr. 7005 Nr. 1 VV   25,00 EUR
  Zwischensumme   ... EUR
- ... 19 % Umsatzsteuer, Nr. 7008 VV   ... EUR

| Beispiel 59 | Verlegung der Kanzlei, Reise zu drittem Ort |

Nach Erhalt des Prozessauftrags verlegt der Anwalt seine Kanzlei von Bonn nach Köln. Vor dem LG Koblenz nimmt er an der mündlichen Verhandlung teil (Entfernung Köln – Koblenz: 130 km).

Jetzt erhält der Anwalt die Reisekosten nur erstattet, soweit sie von Bonn aus entstanden wären, also in Höhe von 100 km.

...

- ... Fahrtkosten Pkw, Bonn – Koblenz, Nr. 7003 VV, 2 x 100 km x 0,30 EUR/km   60,00 EUR
- ... Tage- und Abwesenheitsgeld bis 4 Stunden, Nr. 7005 Nr. 1 VV   25,00 EUR
  Zwischensumme   ... EUR
- ... 19 % Umsatzsteuer, Nr. 7008 VV   ... EUR
  Gesamt   **... EUR**

VI. Haftpflichtversicherungsprämie

1. Überblick

Einen zum 1.7.2004 neu eingeführten Auslagentatbestand enthält Nr. 7007 VV. Da die Gebühren nach Vorbem. 7 Abs. 1 VV die allgemeinen Geschäftskosten abdecken und hierzu auch die Prämien für die Haftpflichtversicherung zählen, kann der Anwalt diese Prämie nicht umlegen, soweit er Gebühren erhält. Soweit der Gegenstandswert nach den § 22 Abs. 2 S. 1 RVG, § 39 Abs. 2 GKG, § 33 Abs. 2 FamGKG, § 35 Abs. 2 GNotKG allerdings auf 30 Mio. EUR begrenzt ist, der tatsächliche Gegenstandswert und damit die Haftung des Anwalts aber höher liegt, kann der Anwalt die Versicherungsprämie nach Nr. 7007 VV zusätzlich abrechnen, soweit sie die Haftung über 30 Mio. EUR abdeckt.

73

2. Konkrete Abrechnung (Anm. 1. Alt. zu Nr. 7007 VV)

74 Sofern der Anwalt im Einzelfall eine **Schlussversicherung** als ergänzende Versicherung über das bereits allgemein versicherte Risiko von 30 Mio. EUR abschließt, dürfte die Berechnung keine Probleme bereiten (Anm. 1. Alt. zu Nr. 7007 VV). Die anfallende Prämie ist in voller Höhe umlagefähig.

> **Beispiel 60** | **Konkrete Abrechnung**
>
> **Der Anwalt erhält ein Mandat über 50 Mio. EUR. Er ist bis 30 Mio. EUR versichert und schließt für die weiteren 20 Mio. EUR eine Zusatzversicherung ab, für die eine gesonderte Prämie berechnet wird.**
>
> Der Anwalt kann die volle Prämie für die Zusatzversicherung nach Anm. 1. Alt. zu Nr. 7007 VV auf den Mandanten umlegen.

3. Verhältnismäßige Abrechnung (Anm. 2. Alt. zu Nr. 7007 VV)

75 Ist eine konkrete Abrechnung nicht möglich, so ist verhältnismäßig abzurechnen (Anm. zu Nr. 7007 VV, 2. Alt.). Es muss der Mehrbetrag ermittelt werden zwischen der Versicherungsprämie für Schäden bis 30 Mio. EUR und der Versicherungsprämie für Schäden in Höhe des versicherten Höchstbetrags. Dabei ist zu unterscheiden, ob eine Grund- oder Anschlussversicherung abgeschlossen wird.[47]

76 Im Falle einer **Grundversicherung** ist nach folgender Dreisatz-Formel zu rechnen:[48]

$$\text{Gesamtprämie} \times \frac{\text{Versicherungssumme} - 30\text{ Mio. EUR}}{\text{Versicherungssumme}} = \text{verhältnismäßiger Anteil}$$

Erläuterung:

Gesamtprämie:	insgesamt gezahlte oder zu zahlende Versicherungsprämie aus dem Gesamthaftungsrisiko
Versicherungssumme:	versichertes Haftungsrisiko
verhältnismäßiger Anteil:	abzurechnender Auslagenbetrag nach Nr. 7007 VV

> **Beispiel 61** | **Verhältnismäßige Abrechnung (I)**
>
> **Der Anwalt hat zur Abdeckung des Haftungsrisikos von 50 Mio. EUR in einem bestimmten Mandat eine Haftpflichtversicherung mit einer Deckungssumme von 50 Mio. EUR abgeschlossen. Hierfür zahlt er einen Jahresbeitrag von 45.000,00 EUR.**
>
> Nach Nr. 7007 VV kann er vom Mandanten die Beiträge für die 30 Mio. EUR übersteigende Versicherungssumme, also für weitere 20 Mio. EUR fordern.

---

47 Zu den Vor- und Nachteilen siehe *Zimmermann*, AnwBl 2006, 55.
48 So auch *Hansens*, in: Hansens/Braun/Schneider, Praxis des Vergütungsrechts, Teil 19 Rn 124; Baumgärtel/Hergenröder/*Houben*, Nr. 7007 VV Rn 3; Mayer/Kroiß/*Ebert*, RVG, Nr. 7007 VV Rn 3; *Zimmermann*, AnwBl 2006, 55.

Zu rechnen ist wie folgt:

$$45.000 \text{ EUR} \times \frac{50 \text{ Mio. EUR} - 30 \text{ Mio. EUR}}{50 \text{ Mio. EUR}} = 18.000{,}00 \text{ EUR}$$

Im Falle einer **Anschlussversicherung** muss beachtet werden, dass die Grundversicherung bereits ein Haftungsrisiko abdeckt, so dass die weitergehende Versicherung nicht mehr die vollen ersten 30 Mio. EUR erfasst. Es ist nach folgender Dreisatz-Formel zu rechnen: 77

$$\text{Gesamtprämie} \times \frac{\text{Weitere Versicherungssumme} - (30 \text{ Mio. EUR} - \text{Grundversicherungssumme})}{\text{Weitere Versicherungssumme}} = \text{verhältnismäßiger Anteil}$$

Erläuterung:

Gesamtprämie:	insgesamt gezahlte oder zu zahlende Versicherungsprämie aus dem weiteren Haftungsrisiko
Weitere Versicherungssumme:	über die Grundversicherung hinausgehendes versichertes Haftungsrisiko
Grundversicherungssumme:	bereits durch die nach § 51 Abs. 1 BRAO bestehende Grundversicherung abgedecktes Haftungsrisiko
verhältnismäßiger Anteil:	abzurechnender Auslagenbetrag nach Nr. 7007 VV

Beispiel 62 | **Verhältnismäßige Abrechnung (II)**

Der Anwalt unterhält eine allgemeine Haftpflichtversicherung über ein Risiko von 5 Mio. EUR. Zur Abdeckung des Haftungsrisikos von insgesamt 40 Mio. EUR in einem bestimmten Mandat schließt er eine Anschluss-Haftpflichtversicherung mit einer Deckungssumme von weiteren 35 Mio. EUR ab. Hierfür zahlt er einen Jahresbeitrag von 25.000,00 EUR.

Nach Nr. 7007 VV kann er vom Mandanten anteilig den Beitrag für die 30 Mio. EUR übersteigende Versicherungssumme, also für weitere 10 Mio. EUR, fordern.

Zu rechnen ist wie folgt:

$$25.000 \text{ EUR} \times \frac{35 \text{ Mio. EUR} - (30 \text{ Mio. EUR} - 5 \text{ Mio.}) \text{ EUR}}{35 \text{ Mio. EUR}} = 7.142{,}86 \text{ EUR}$$

4. Verschiedene Angelegenheiten

Problematisch wird die Berechnung, wenn der Anwalt im Rahmen seines Auftrags in verschiedenen Angelegenheiten tätig wird. 78

Beispiel 63 | **Verschiedene Angelegenheiten**

Der Anwalt ist innerhalb desselben Jahres (= Versicherungszeitraum) außergerichtlich tätig, im Rechtsstreit und im Berufungsverfahren.

Die Auslagenposition kann jetzt in voller Höhe auf die erste Angelegenheit, also die außergerichtliche Tätigkeit umgelegt werden oder anteilig auf alle drei Angelegenheiten. Dies kann im Falle der Kostenerstattung durchaus Bedeutung haben.

79 Zutreffend dürfte es sein, die nach Nr. 7007 VV umlagefähige Prämie zeitanteilig auf die einzelnen Angelegenheiten zu verteilen.

5. Mehrere Auftraggeber

80 Vertritt der Anwalt mehrere Auftraggeber in derselben Angelegenheit, so haftet jeder Auftraggeber anteilig auf die zusätzliche Versicherungsprämie. Die Regelung des § 7 Abs. 2 RVG, wonach jeder Auftraggeber auf Auslagen insoweit haftet, als diese entstanden wären, wenn er allein den Auftrag erteilt hätte, versagt hier und kann daher nicht unmittelbar angewendet werden.

> **Beispiel 64** | **Mehrere Auftraggeber (I)**
>
> **Der Anwalt vertritt zwei Auftraggeber als Gesamtschuldner, die auf 60 Mio. EUR in Anspruch genommen werden.**
>
> Abgerechnet werden kann zwar nur nach einem Wert von 30 Mio. EUR. Das Haftungsrisiko liegt jedoch gegenüber jedem Auftraggeber bei 60 Mio. EUR. Die Versicherungsprämie über 30 Mio. EUR kann daher jedem Auftraggeber in Rechnung gestellt werden. Insoweit tritt kein Problem auf.

> **Beispiel 65** | **Mehrere Auftraggeber (II)**
>
> **Der Anwalt vertritt zwei Auftraggeber, die auf jeweils 30 Mio. EUR in Anspruch genommen werden.**
>
> Abgerechnet werden kann jetzt nach 60 Mio. EUR, da § 22 Abs. 2 S. 2 RVG greift. Die anteilige Versicherungsprämie aus den weiteren 30 Mio. EUR kann wiederum den Auftraggebern in Rechnung gestellt werden.
>
> Jeder einzelne Auftraggeber haftet aber nur auf 30 Mio. EUR und hätte damit bei alleiniger Auftragserteilung (§ 7 Abs. 2 RVG) nach Nr. 7007 VV keine anteilige Prämie zu zahlen. Für die anfallende Prämie würde also niemand haften.
>
> Zutreffend dürfte es hier sein, die anteilige Prämie aus den weiteren 30 Mio. EUR anteilig, also hier jeweils zu Hälfte den einzelnen Auftraggebern in Rechnung zu stellen.

VII. Umsatzsteuer

81 Neben den Gebühren und Auslagen für seine Tätigkeit kann der Anwalt nach Nr. 7008 VV auch Ersatz der von ihm zu zahlenden Umsatzsteuer verlangen. Die Höhe des Steuersatzes richtet sich nach dem gültigen Steuersatz bei Fälligkeit der Vergütung.

82 Der Umsatzsteuersatz beträgt derzeit 19 % (§ 12 Abs. 1 UStG).

83 In Altfällen kann noch ein Umsatzsteuersatz von 16 % anzuwenden sein. Siehe hierzu § 37 der 2. Auflage.

VII. Umsatzsteuer § 38

Ausnahmsweise kann sich bei Erstellung eines Gutachtens ein Gebührensatz von 7 % ergeben.[49] **84**

Das RVG regelt die Abrechnung der Umsatzsteuer als Auslagentatbestand, obwohl es sich streng **85** genommen nicht um Auslagen des Anwalts handelt. Die Berechnung bereitet keine Probleme. Zweckmäßigerweise ist aus den Gebühren und den Auslagen zunächst die Netto-Summe zu errechnen und hierauf dann 19 % Umsatzsteuer zu erheben.

Ist die Tätigkeit des Anwalts **ausnahmsweise** einmal **nicht umsatzsteuerpflichtig**, weil die **86** Umsatzsteuer nach § 19 Abs. 1 UStG unerhoben bleibt oder weil sie wegen eines Leistungsorts im Ausland nicht anfällt, sind nur die Netto-Gebühren abzurechnen.[50]

Zur Umsatzsteuer auf **verauslagte Beträge** siehe Rn 5 ff., 8. **87**

Zur Berechnung und Verbuchung der Umsatzsteuer bei Berücksichtigung von **gezahlten Vor-** **88** **schüssen** siehe § 2 Rn 36.

---

[49] AnwK-RVG/*N. Schneider*, Nr. 7008 VV Rn 67.
[50] AnwK-RVG/*N. Schneider*, Nr. 7008 VV Rn 6 ff.

§ 39 Hebegebühren

Inhalt

I. Überblick 1	III. Berechnung bei Teilzahlungen 21
II. Auszahlung in einem Betrag 14	IV. Berechnung bei Entnahmen 23

I. Überblick

Wickelt der Anwalt Zahlungen über sein Konto ab, so kann er hierfür Hebegebühren nach Nr. 1009 VV berechnen. Zu beachten ist, dass der Anwalt die Hebegebühren nur von **Aus- oder Zurückzahlungen** berechnen kann, nicht auch von Zahlungseingängen. Unbare Zahlungen, also Überweisungen, Scheckübergabe, -übersendung etc. stehen der Barauszahlung gleich (Anm. Abs. 2 S. 1 zu Nr. 1009 VV). 1

Ebenso erhält der Anwalt eine Hebegebühr, wenn er **Wertsachen oder Kostbarkeiten** entgegennimmt und sodann **aushändigt bzw. weiterleitet** (Anm. Abs. 3 zu Nr. 1009 VV). 2

Jeder Auszahlungsvorgang und jede Aushändigung oder Weiterleitung ist eine **eigene Angelegenheit** i.S.d. § 15 RVG und daher gesondert abzurechnen.[1] So erhält der Anwalt mehrere Hebegebühren, wenn ein Betrag einheitlich eingeht, aber in verschiedenen Teilbeträgen ausgezahlt wird. Umgekehrt fällt nur eine Hebegebühr an, wenn mehrere Zahlungen eingehen, aber in einer Summe ausgezahlt werden. Gleiches gilt bei Wertsachen oder Kostbarkeiten. 3

Bei Auszahlungen unmittelbar an den Auftraggeber ist der Anwalt berechtigt, die ihm zustehenden Hebegebühren vorab zu **entnehmen** (Anm. Abs. 2 S. 2 zu Nr. 1009 VV). Bei Auszahlungen an Dritte besteht dagegen kein Entnahmerecht. Ebenso besteht kein Entnahmerecht bei Wertsachen oder Kostbarkeiten. 4

Keine „Auszahlung" oder „Ablieferung" i.S.d. Nr. 1009 VV soll dann vorliegen, wenn der Rechtsanwalt, Fremdgelder einbehält und sie mit vermeintlichen Vergütungsansprüchen verrechnet und er sie dann erst nach Verurteilung auskehrt.[2] 5

Ebenfalls entsteht keine Hebegebühr, soweit **Kosten** an ein Gericht oder eine Behörde weitergeleitet oder eingezogene Kosten an den Auftraggeber abgeführt werden (Anm. Abs. 5 zu Nr. 1009 VV). 6

Die **Höhe der Hebegebühren** errechnet sich nach Nr. 1009 Nr. 1 bis 3 VV wie folgt: 7

Nr. 1009 Nr. 1 VV

Bei Auszahlungen **bis zu 2.500,00 EUR** einschließlich erhält der Anwalt

– aus dem Auszahlungsbetrag 1 %.

Nr. 1009 Nr. 2 VV

Bei Auszahlungen **bis zu 10.000,00 EUR** einschließlich erhält er

– 1 % aus 2.500,00 EUR = 25,00 EUR

---

1 AnwK-RVG/*N. Schneider*, Nr. 1009 Rn 8 ff.
2 KG AGS 2013, 61.

- aus dem darüber hinausgehenden Wert weitere 0,5 %.

Nr. 1009 Nr. 3 VV

Bei Auszahlungen **über 10.000,00 EUR** steht ihm zu:

- 1 % aus 2.500,00 EUR = 25,00 EUR
- zuzüglich 0,5 % aus 7.500,00 EUR = 37,50 EUR
- aus dem Mehrwert über 10.000,00 EUR weitere 0,25 %.

8 Die **Mindestgebühr** beträgt 1,00 EUR. Ab 0,5 Cent wird aufgerundet, darunter wird abgerundet (§ 2 Abs. 2 S. 2 RVG).

9 Eine Erhöhung bei **mehreren Auftraggebern** nach Nr. 1008 VV, also wenn an oder für mehrere Auftraggeber gemeinschaftlich ausgezahlt oder weitergeleitet wird, ist nicht vorgesehen, da es sich bei der Hebegebühr weder um eine Geschäfts- noch um eine Verfahrensgebühr handelt.

10 Der **Gegenstandswert** richtet sich auch hier nach den §§ 22 ff. RVG. Maßgebend ist im Falle einer Geldzahlung der **ausgezahlte Betrag**. Das Additionsverbot der §§ 43 GKG, 37 FamGKG gilt hier nicht. Ausgezahlte **Zinsen und Kosten** sind daher werterhöhend. Werden Wertgegenstände ausgehändigt, so gilt deren **Verkehrswert** (§ 23 Abs. 3 S. 1 RVG i.V.m. § 36 Abs. 1 GNotKG).

11 Hinzu kommen **Auslagen** nach Teil 7 VV. Insbesondere erhält der Anwalt auch eine eigene **Postentgeltpauschale**.[3]

12 Die Hebegebühr kann auch **erstattungsfähig** sein.[4]

13 Welche Gebühren der Anwalt für seine sonstige Tätigkeit erhält, richtet sich nach den Gebührentatbeständen des Vergütungsverzeichnisses. So erhält er z.B. im Hinterlegungsverfahren zudem noch die Gebühren nach Nr. 2300 VV.[5]

II. Auszahlung in einem Betrag

14 Wird das in einem Betrag vereinnahmte Geld in einem Betrag ausgezahlt, ergeben sich keine Abrechnungsprobleme.

Beispiel 1 | **Einfache Auszahlung**

Der Anwalt erhält vom Gegner eine Zahlung in Höhe 15.000,00 EUR und zahlt diese an den Mandanten aus.

1. Hebegebühr,
   1 % aus 2.500,00 EUR, Nr. 1009 Nr. 1 VV 25,00 EUR
   0,5 % aus 7.500,00 EUR, Nr. 1009 Nr. 2 VV 37,50 EUR
   0,25 % aus 5.000,00 EUR, Nr. 1009 Nr. 3 VV 12,50 EUR
2. Postentgeltpauschale, Nr. 7002 VV 15,00 EUR
   Zwischensumme 90,00 EUR
3. 19 % Umsatzsteuer, Nr. 7008 VV 17,10 EUR
   Gesamt **107,10 EUR**

---

3 AnwK-RVG/N. *Schneider*, Nr. 1009 Rn 58.
4 Siehe hierzu ausführlich AnwK-RVG/N. *Schneider*, Nr. 1009 Rn 69 ff.
5 Siehe hierzu N. *Schneider*, AGS 2006, 479.

Die Hebegebühr fällt auch dann an, wenn der Anwalt vom Mandanten einen Betrag erhält und später wieder zurückzahlt, ohne den Betrag weitergeleitet zu haben. **15**

> **Beispiel 2** **Rückzahlung an Mandanten**
>
> **Der Auftraggeber übergibt dem Anwalt 2.000,00 EUR, die dieser auftragsgemäß bei der Hinterlegungsstelle einzahlen soll, wozu es aber nicht mehr kommt. Der Anwalt zahlt das Geld daraufhin wieder an den Auftraggeber zurück.**
>
> Auch für Rückzahlungen fällt die Hebegebühr an.
>
> 1. Hebegebühr, 1 % aus 2.000,00 EUR, Nr. 1009 Nr. 1 VV   20,00 EUR
> 2. Postentgeltpauschale, Nr. 7002 VV   4,00 EUR
>   Zwischensumme   24,00 EUR
> 3. 19 % Umsatzsteuer, Nr. 7008 VV   4,56 EUR
>   **Gesamt**   **28,56 EUR**

Die Hebegebühr fällt jeweils gesondert an, wenn der Anwalt vom Mandanten einen Betrag erhält, ihn zunächst weiterleitet, dann später wieder zurückerhält und wiederum an den Mandanten weiterleitet. **16**

> **Beispiel 3** **Einzahlung und Rückzahlung an Mandanten**
>
> **Der Auftraggeber übergibt dem Anwalt 2.000,00 EUR, die dieser auftragsgemäß bei der Hinterlegungsstelle einzahlt. Nach Abschluss des Rechtsstreits nimmt der Anwalt das Geld wieder in Empfang und zahlt es an den Auftraggeber zurück.**
>
> Der Anwalt kann sowohl für die erste Auszahlung (Einzahlung bei der Hinterlegungsstelle) als auch für die zweite Auszahlung (Rückzahlung an den Mandanten) jeweils eine Hebegebühr beanspruchen.
>
> **I. Hinterlegung**
> 1. Hebegebühr, 1 % aus 2.000,00 EUR, Nr. 1009 Nr. 1 VV   20,00 EUR
> 2. Postentgeltpauschale, Nr. 7002 VV   4,00 EUR
>   Zwischensumme   24,00 EUR
> 3. 19 % Umsatzsteuer, Nr. 7008 VV   4,56 EUR
>   **Gesamt**   **28,56 EUR**
>
> **II. Rückzahlung**
> 1. Hebegebühr, 1 % aus 2.000,00 EUR, Nr. 1009 Nr. 1 VV   20,00 EUR
> 2. Postentgeltpauschale, Nr. 7002 VV   4,00 EUR
>   Zwischensumme   24,00 EUR
> 3. 19 % Umsatzsteuer, Nr. 7008 VV   4,56 EUR
>   **Gesamt**   **28,56 EUR**

Das Gleiche gilt auch im umgekehrten Fall. **17**

> **Beispiel 4** **Einziehung und Rückzahlung Gegner**
>
> **Der Gegner zahlt nach Prozessverlust in erster Instanz die Urteilssumme in Höhe von 4.000,00 EUR an den Anwalt, der diese auftragsgemäß an den Mandanten auskehrt. Nach Abänderung des Urteils aufgrund erfolgreicher Berufung zahlt der Mandant die Urteilssumme über seinen Anwalt wieder zurück.**

§ 39 Hebegebühren

I. Auszahlung Urteilssumme an Mandant
1. Hebegebühr,
   1 % aus 2.500,00 EUR, Nr. 1009 Nr. 1 VV ..... 25,00 EUR
   0,5 % aus 1.500,00 EUR, Nr. 1009 Nr. 2 VV ..... 7,50 EUR
2. Postentgeltpauschale, Nr. 7002 VV ..... 6,50 EUR
   Zwischensumme ..... 39,00 EUR
3. 19 % Umsatzsteuer, Nr. 7008 VV ..... 7,41 EUR
Gesamt ..... 46,41 EUR

II. Rückzahlung Urteilssumme an Gegner
1. Hebegebühr,
   1 % aus 2.500,00 EUR, Nr. 1009 Nr. 1 VV ..... 25,00 EUR
   0,5 % aus 1.500,00 EUR, Nr. 1009 Nr. 2 VV ..... 7,50 EUR
2. Postentgeltpauschale, Nr. 7002 VV ..... 6,50 EUR
   Zwischensumme ..... 39,00 EUR
3. 19 % Umsatzsteuer, Nr. 7008 VV ..... 7,41 EUR
Gesamt ..... 46,41 EUR

18 Die Hebegebühr entsteht nicht, soweit **Kosten an ein Gericht oder eine Behörde** weitergeleitet oder **eingezogene Kosten an den Auftraggeber** abgeführt werden (Anm. Abs. 5 zu Nr. 1009 VV).

Beispiel 5 | Weiterleitung von Kosten

Der Auftraggeber übergibt dem Anwalt 1.860,00 EUR für Gerichtsgebühren, damit dieser den Betrag bei der Gerichtskasse einzahlt.

Der Anwalt kann keine Hebegebühr berechnen, da er lediglich Kosten bei Gericht einzahlt.[6]

Beispiel 6 | Abführen von Kosten

Der Anwalt erhält von der Gerichtskasse die nicht verbrauchten Gerichtskosten auf sein Konto erstattet. Er führt diesen Betrag an den Auftraggeber ab.

Auch jetzt kann der Anwalt kann keine Hebegebühr berechnen, da er lediglich Kosten an den Auftraggeber abführt.[7]

19 Entsprechend wäre auch abzurechnen, wenn Gerichtskosten vom Rechtsschutzversicherer oder einem anderen Dritten an den Anwalt gezahlt und dann weiter geleitet werden oder wenn an den Anwalt Kosten ausgezahlt und von ihm an den Rechtsschutzversicherer oder einen Dritten weiter geleitet werden, da bei rechtlicher Betrachtung eine Leistung an den Auftraggeber vorliegt.[8]

20 Anders verhält es sich dagegen, wenn der Anwalt eine Kostenerstattung weiterleitet. Es handelt sich hierbei nämlich nicht um Kosten i.S.d. Anm. Abs. 5 zu Nr. 1009 VV, sondern um Fremdgelder.[9]

---

[6] AnwK-RVG/*N. Schneider*, Nr. 1009 VV Rn 34 f.
[7] AnwK-RVG/*N. Schneider*, Nr. 1009 VV Rn 37 f.
[8] AnwK-RVG/*N. Schneider*, Nr. 1009 VV Rn 36.
[9] AnwK-RVG/*N. Schneider*, Nr. 1009 VV Rn 38.

III. Berechnung bei Teilzahlungen § 39

Beispiel 7 — Abführen einer Kostenerstattung

Der Anwalt erhält von dem unterlegenen Beklagten die festgesetzten Kosten i.H.v. 1.860,00 EUR auf sein Konto überwiesen. Da er seine Vergütung bereits abgerechnet hatte, überweist er den eingegangenen Betrag in voller Höhe an den Auftraggeber.

Jetzt handelt es sich nicht um das Abführen von Kosten, sondern um die Weiterleitung von Fremdgeld, so dass die Hebegebühr anfällt.

1. Hebegebühr, 1 % aus 1.860,00 EUR, Nr. 1009 Nr. 1 VV		18,60 EUR
2. Postentgeltpauschale, Nr. 7002 VV		3,72 EUR
Zwischensumme	22,32 EUR	
3. 19 % Umsatzsteuer, Nr. 7008 VV		4,24 EUR
Gesamt		**26,56 EUR**

III. Berechnung bei Teilzahlungen

Werden die eingegangenen Gelder in Teilbeträgen ausgezahlt, so entstehen – unabhängig davon, ob die Gelder auch in Teilbeträgen oder in einer Gesamtsumme eingegangen sind – jeweils eigene Hebegebühren aus den einzelnen Auszahlungsbeträgen, da nach Anm. Abs. 2 zu Nr. 1009 VV jede Auszahlung eine eigene Angelegenheit i.S.d. § 15 RVG darstellt. Ebenso ist unerheblich, ob die verschiedenen Auszahlungen an dieselbe Person bewirkt werden oder an verschiedene Personen (z.B. mehrere Auftraggeber oder verschiedene Dritte). 21

Bei Teilzahlungen ist jede Hebegebühr für sich zu berechnen. Da es sich jeweils um eigene Angelegenheiten handelt, ist § 15 Abs. 5 und 6 RVG nicht anwendbar. Das Gesamtaufkommen der einzelnen Hebegebühren darf daher höher liegen als eine Hebegebühr aus dem Gesamtbetrag.[10] Auch die Prozentsätze der Gebühren sind jeweils nach Nr. 1009 Nr. 1 bis 3 VV neu zu berechnen; es findet keine Zusammenrechnung statt.[11] 22

Beispiel 8 — Mehrere Zahlungen und Auszahlungen

Dem Anwalt werden zwei Mal 2.500,00 EUR gezahlt, die er getrennt in zwei Beträgen zu jeweils 2.500,00 EUR auszahlt.

Für beide Auszahlungen erhält der Anwalt 1 % des Zahlbetrages. Bei der zweiten Zahlung handelt es sich nicht um den „Mehrbetrag" i.S.d. Nr. 1009 Nr. 2 VV, so dass hieraus etwa nur noch 0,5 % erhoben werden könnten.

I. Erste Auszahlung		
1. Hebegebühr, 1 % aus 2.500,00 EUR, Nr. 1009 Nr. 1 VV		25,00 EUR
2. Postentgeltpauschale, Nr. 7002 VV		5,00 EUR
Zwischensumme	30,00 EUR	
3. 19 % Umsatzsteuer, Nr. 7008 VV		5,70 EUR
Gesamt		**35,70 EUR**
II. Zweite Auszahlung		
1. Hebegebühr, 1 % aus 2.500,00 EUR, Nr. 1009 Nr. 1 VV		25,00 EUR
2. Postentgeltpauschale, Nr. 7002 VV		5,00 EUR
Zwischensumme	30,00 EUR	

---

10 AnwK-RVG/*N. Schneider*, Nr. 1009 VV Rn 552; *Mümmler*, JurBüro 2001, 295.
11 AnwK-RVG/*N. Schneider*, Nr. 1009 VV Rn 55; *Mümmler*, JurBüro 2001, 295.

3. 19 % Umsatzsteuer, Nr. 7008 VV 5,70 EUR
Gesamt **35,70 EUR**

> **Beispiel 9** Einheitlicher Zahlungseingang, verschiedene Auszahlungen an verschiedene Personen

Der Anwalt erhält eine Zahlung in Höhe von 20.000,00 EUR. Hiervon zahlt er 2.000,00 EUR an den Mandanten A und 18.000,00 EUR an den Mandanten B aus.

Jetzt liegen zwei Auszahlungen und damit zwei Angelegenheiten i.S.d. § 15 RVG vor. Die Hebegebühr entsteht jeweils gesondert.

    I. Auszahlung an A (2.000,00 EUR)
1. Hebegebühr, 1 % aus 2.000,00 EUR, Nr. 1009 Nr. 1 VV 20,00 EUR
2. Postentgeltpauschale, Nr. 7002 VV 4,00 EUR
    Zwischensumme 24,00 EUR
3. 19 % Umsatzsteuer, Nr. 7008 VV 4,56 EUR
Gesamt **28,56 EUR**

    II. Auszahlung an B (18.000,00 EUR)
1. Hebegebühr,
    1 % aus 2.500,00 EUR, Nr. 1009 Nr. 1 VV 25,00 EUR
    0,5 % aus 7.500,00 EUR, Nr. 1009 Nr. 2 VV 37,50 EUR
    0,25 % aus 8.000,00 EUR, Nr. 1009 Nr. 3 VV 20,00 EUR
2. Postentgeltpauschale, Nr. 7002 VV 16,50 EUR
    Zwischensumme 99,00 EUR
3. 19 % Umsatzsteuer, Nr. 7008 VV 18,81 EUR
Gesamt **117,81 EUR**

> **Beispiel 10** Einheitlicher Zahlungseingang, verschiedene Auszahlungen an dieselbe Person

An den Anwalt werden aus einem Räumungsvergleich treuhänderisch 10.000,00 EUR gezahlt mit der Maßgabe, 4.000,00 EUR sofort auszuzahlen und die weiteren 6.000,00 EUR erst nach Rückgabe der Wohnung.

Der Anwalt erhält bei entsprechender Auszahlung wiederum zwei Hebegebühren aus 6.000,00 EUR und aus 4.000,00 EUR.

    I. Auszahlung der 4.000,00 EUR
1. Hebegebühr,
    1 % aus 2.500,00 EUR, Nr. 1009 Nr. 1 VV 25,00 EUR
    0,5 % aus 1.500,00 EUR, Nr. 1009 Nr. 2 VV 7,50 EUR
2. Postentgeltpauschale, Nr. 7002 VV 6,50 EUR
    Zwischensumme 39,00 EUR
3. 19 % Umsatzsteuer, Nr. 7008 VV 7,41 EUR
Gesamt **46,41 EUR**

    II. Auszahlung der 6.000,00 EUR
1. Hebegebühr,
    1 % aus 2.500,00 EUR, Nr. 1009 Nr. 1 VV 25,00 EUR
    0,5 % aus 3.500,00 EUR, Nr. 1009 Nr. 2 VV 17,50 EUR
2. Postentgeltpauschale, Nr. 7002 VV 8,50 EUR
    Zwischensumme 51,00 EUR
3. 19 % Umsatzsteuer, Nr. 7008 VV 9,69 EUR
Gesamt **60,69 EUR**

IV. Berechnung bei Entnahmen § 39

Beispiel 11 — Verschiedene Zahlungseingänge aus demselben Auftrag, einheitliche Auszahlung

Die beiden auf 18.000,00 EUR verurteilten Gesamtschuldner zahlen jeweils 9.000,00 EUR an den Anwalt des Gläubigers. Dieser zahlt den Betrag in einer Summe an den Mandanten aus.

Es fällt eine Hebegebühr aus dem Wert von 18.000,00 EUR an, da nur eine Auszahlung erfolgt ist.

1.	Hebegebühr,	
	1 % aus 2.500,00 EUR, Nr. 1009 Nr. 1 VV	25,00 EUR
	0,5 % aus 7.500,00 EUR, Nr. 1009 Nr. 2 VV	37,50 EUR
	0,25 % aus 8.000,00 EUR, Nr. 1009 Nr. 3 VV	20,00 EUR
2.	Postentgeltpauschale, Nr. 7002 VV	16,50 EUR
	Zwischensumme 99,00 EUR	
3.	19 % Umsatzsteuer, Nr. 7008 VV	18,81 EUR
	Gesamt	**117,81 EUR**

Beispiel 12 — Verschiedene Zahlungseingänge aus verschiedenen Aufträgen, einheitliche Auszahlung

Am selben Tage gehen beim Anwalt 2.000,00 EUR aus einer Verkehrsunfallregulierung ein sowie 1.500,00 EUR aus einer Werklohnklage. Der Anwalt überweist die Summe von 3.500,00 EUR in einem Betrag.

Resultieren die Zahlungen dagegen aus verschiedenen Aufträgen, fallen ungeachtet der Gesamtzahlung mehrere Hebegebühren an.[12] Da die Zahlungen aus verschiedenen Aufträgen stammen, liegen trotz einheitlicher Überweisung mehrere Angelegenheiten nach Anm. Abs. 1 zu Nr. 1009 VV vor. Der Anwalt erhält jeweils eine Gebühr aus 2.000,00 EUR und eine aus 1.500,00 EUR.

I.	**Auszahlung der 2.000,00 EUR**	
1.	Hebegebühr, 1 % aus 2.000,00 EUR, Nr. 1009 Nr. 1 VV	20,00 EUR
2.	Postentgeltpauschale, Nr. 7002 VV	4,00 EUR
	Zwischensumme 24,00 EUR	
3.	19 % Umsatzsteuer, Nr. 7008 VV	4,56 EUR
	Gesamt	**28,56 EUR**
II.	**Auszahlung der 1.500,00 EUR**	
1.	Hebegebühr, 1 % aus 1.500,00 EUR, Nr. 1009 Nr. 1 VV	15,00 EUR
2.	Postentgeltpauschale, Nr. 7002 VV	3,00 EUR
	Zwischensumme 18,00 EUR	
3.	19 % Umsatzsteuer, Nr. 7008 VV	3,42 EUR
	Gesamt	**21,42 EUR**

IV. Berechnung bei Entnahmen

Der Anwalt erhält nach Anm. Abs. 5 zu Nr. 1009 VV dann keine Hebegebühr, wenn er eingezogene Beträge auf seine Vergütung verrechnet. 23

---

12 AnwK-RVG/*N. Schneider*, Nr. 1009 VV Rn 29.

§ 39 Hebegebühren

> **Beispiel 13** | **Entnahme der Hauptsachevergütung**
>
> Der Beklagte zahlt die Urteilssumme in Höhe von 4.000,00 EUR. Der Anwalt verrechnet hiervon 1.000,00 EUR vereinbarungsgemäß mit seiner Vergütungsforderung aus dem Rechtsstreit und zahlt den Restbetrag an den Mandanten aus.
>
> Dem Anwalt steht eine Hebegebühr nur aus 3.000,00 EUR zu, da nur dieser Betrag ausgezahlt worden ist.
>
> | | | |
> |---|---|---:|
> | 1. | Hebegebühr, | |
> | | 1 % aus 2.500,00 EUR, Nr. 1009 Nr. 1 VV | 25,00 EUR |
> | | 0,5 % aus 500,00 EUR, Nr. 1009 Nr. 2 VV | 2,50 EUR |
> | 2. | Postentgeltpauschale, Nr. 7002 VV | 5,50 EUR |
> | | Zwischensumme 33,00 EUR | |
> | 3. | 19 % Umsatzsteuer, Nr. 7008 VV | 6,27 EUR |
> | **Gesamt** | | **39,27 EUR** |

24 Ausgenommen vom Ausschluss der Anm. Abs. 5 zu Nr. 1009 VV ist allerdings die Entnahme der Hebegebühr selbst. Der Anwalt ist berechtigt, die ihm zustehenden Hebegebühren unmittelbar bei Weiterleitung der Fremdgelder an den Auftraggeber zu entnehmen (Anm. Abs. 2 S. 2 zu Nr. 1009 VV). Es handelt sich bei dieser Vorschrift um ein spezielles Vorschussrecht, denn auch die Hebegebühr wird gem. § 8 Abs. 1 RVG erst mit Beendigung des Auftrags fällig, also mit Ablieferung des Geldes.[13] Das Entnahmerecht entbindet den Anwalt daher auch nicht davon, die Hebegebühr nachträglich gem. § 10 Abs. 2 S. 1, Abs. 3 RVG ordnungsgemäß abzurechnen.

> **Beispiel 14** | **Entnahme der Hebegebühren**
>
> Der Beklagte zahlt die Urteilssumme in Höhe von 4.000,00 EUR an den Anwalt des Klägers. Dieser will seine Hebegebühr sofort einbehalten.
>
> Der Anwalt erhält auch in diesem Fall die Hebegebühr aus 4.000,00 EUR, obwohl er diesen Betrag nicht in voller Höhe weiterleitet. Zur Entnahme ist er nach Anm. Abs. 2 S. 2 zu Nr. 1009 VV berechtigt. Ein Einverständnis des Mandanten ist nicht erforderlich.
>
> I. Berechnung der Hebegebühr
>
> | | | |
> |---|---|---:|
> | 1. | Hebegebühr, | |
> | | 1 % aus 2.500,00 EUR, Nr. 1009 Nr. 1 VV | 25,00 EUR |
> | | 0,5 % aus 1.500,00 EUR, Nr. 1009 Nr. 2 VV | 7,50 EUR |
> | 2. | Postentgeltpauschale, Nr. 7002 VV | 6,50 EUR |
> | | Zwischensumme 39,00 EUR | |
> | 3. | 19 % Umsatzsteuer, Nr. 7008 VV | 7,41 EUR |
> | **Gesamt** | | **46,41 EUR** |
>
> II. Berechnung des auszuzahlenden Betrags
>
> | | |
> |---|---:|
> | Der Anwalt darf dem weiterzuleitenden Betrag in Höhe von | 4.000,00 EUR |
> | seine Hebegebühren nebst Auslagen entnehmen, so dass nur noch | – 46,41 EUR |
> | auszuzahlen sind. | **3.953,59 EUR** |

25 Die Höhe der zu entnehmenden Gebühr berechnet sich – entgegen dem Wortlaut – also nicht nach dem ausgezahlten Betrag, sondern nach dem ohne Entnahme auszuzahlenden Betrag, auch wenn dieser infolge der Entnahme – wie hier – nicht mehr in voller Höhe ausgezahlt wird.

---

13 AnwK-RVG/*N. Schneider*, Nr. 1009 VV Rn 60 f.

§ 40 Übergangsrecht

Inhalt

I. Überblick 1	20. Hinzutreten eines weiteren Anwalts 51
II. Übergangsrecht BRAGO/RVG 2	21. Hinzutreten weiterer Auftraggeber 53
III. Übergangsrecht bei verschiedenen Fassungen des RVG 3	22. Klageerweiterung 54
1. Überblick........................ 3	23. Mahnverfahren 56
2. Allgemeiner Grundsatz (§ 60 Abs. 1 S. 1 RVG) 4	24. Nichtzulassungsbeschwerde 56a
3. Ausnahme: Rechtsmittelverfahren (§ 60 Abs. 1 S. 2 RVG) 7	25. Parteiwechsel 57
4. Sonderfall: Zusammengerechnete Werte (§ 60 Abs. 2 RVG) 10	26. Pflichtverteidigung 59
IV. Einzelfälle zum Inkrafttreten des 2.KostRMoG 11	27. Prozesskostenhilfeprüfungsverfahren 60
1. Abgabe 11	28. Räumungsfrist 61
2. Anfechtung eines Prozessvergleichs 12	29. Rechtsmittelverfahren 62
3. Anrechnung 15	30. Reisekosten 63
a) Überblick 15	31. Ruhen des Verfahrens 65
b) Anrechnungsvorschriften gelten unverändert fort	32. Selbstständiges Beweisverfahren 66
	17
c) Anrechnungsvorschriften sind neu eingeführt worden	33. Straf- und Bußgeldverfahren 67
	19
4. Antragserweiterung 21	34. Streitverkündung 69
5. Anwalt in eigener Sache 23	35. Stufenklage/Stufenantrag 71
6. Anwaltswechsel 24	36. Terminsgebühr 72
7. Arrest- und einstweiliges Verfügungsverfahren	37. Terminsvertreter 74
	26
8. Auslagen 29	38. Unterbrechung 75
9. Außergerichtliche Vertretung 32	39. Urkunden-, Wechsel- und Scheckprozess und Nachverfahren oder Verfahren nach Abstandnahme 76
10. Aussetzung 33	40. Verbindung 77
11. Bedingter Auftrag 34	41. Verbundverfahren 78
12. Beratungshilfe 39	42. Verfahrenskostenhilfe 81
13. Beschwerde 41	43. Verfahrenstrennung 82
14. Bußgeldsachen..................... 42a	44. Verkehrsanwalt 84
15. Einspruch gegen Versäumnisurteil 43	45. Verweisung 85
16. Einstweilige Anordnungen 44	46. Verwaltungsverfahren 87
17. Einstweiliges Verfügungsverfahren 46	47. Wiederaufnahmeverfahren 89
18. Erinnerung 47	48. Widerklage, Drittwiderklage (Widerantrag, Drittwiderantrag) 90
19. Erneuter Auftrag 50	49. Zulassung eines Rechtsmittels 92
	50. Zurückverweisung 94
	51. Zusammengerechnete Werte 95
	52. Zwangsvollstreckung 96
	53. Zwei-Jahres-Frist 100
	V. Änderung von anderen Kostengesetzen 102

I. Überblick

Das RVG enthält zwei Übergangsregelungen: 1

- die Vorschrift **§ 61 RVG** regelt den Übergang von der BRAGO zum RVG, also in welchen Fällen noch die bis zum 30.6.2004 gültige BRAGO anzuwenden ist und ab wann das zum 1.7.2004 in Kraft getretene RVG anzuwenden ist;
- die Vorschrift des **§ 60 RVG** regelt demgegenüber Übergangsfälle, die nach einer Änderung des RVG auftreten; sie regelt also, welche Fassung des RVG anzuwenden ist.

II. Übergangsrecht BRAGO/RVG

2 Übergangsfälle von der BRAGO zum RVG haben heute keine praktische Bedeutung mehr. Insoweit kann auf die 3. Aufl. verwiesen werden.

III. Übergangsrecht bei verschiedenen Fassungen des RVG

1. Überblick

3 Die Frage, welche Fassung des RVG anzuwenden ist, hat dagegen erhebliche praktische Bedeutung, da sich im RVG zahlreiche Änderungen ergeben haben, insbesondere zum 1.8.2013 durch das 2. KostRMoG. Bei der Beurteilung, welches Recht anzuwenden ist, sind die folgenden Regeln zu beachten.

2. Allgemeiner Grundsatz (§ 60 Abs. 1 S. 1 RVG)

4 Wie in allen Übergangsfällen gilt auch hier, dass es grundsätzlich auf den Tag der unbedingten Auftragserteilung zur Erledigung derselben Angelegenheit i.S.d. § 15 RVG ankommt bzw. auf den Tag der Bestellung oder Beiordnung (§ 60 Abs. 1 S. 1 RVG). Vereinfacht ausgedrückt:
- Ist dem Anwalt der Auftrag vor dem jeweiligen Stichtag erteilt worden, ist er vor diesem Tag bestellt oder beigeordnet worden, dann gilt nach wie vor noch altes Recht.
- Ist der Anwalt nach dem jeweiligen Stichtag beauftragt, beigeordnet oder bestellt worden, gilt bereits neues Recht.

5 Zu beachten ist, dass auf die jeweilige Auftragserteilung, Bestellung oder Beiordnung zur jeweiligen Angelegenheit i.S.d. § 15 RVG abzustellen ist. Dies kann dazu führen, dass sich während eines laufenden Mandats das zugrunde liegende Recht ändert, wenn eine neue Angelegenheit beginnt.

> **Beispiel 1** | **Mahnverfahren/streitiges Verfahren**
>
> Der Anwalt war im Mai 2013 mit der Einleitung eines Mahnverfahrens beauftragt worden. Im Oktober 2013 hat er den Auftrag zur Durchführung des streitigen Verfahrens erhalten.
>
> Mahnverfahren und streitiges Verfahren sind verschiedene Angelegenheiten (§ 17 Nr. 2 RVG). Für das Mahnverfahren gilt die alte Gesetzesfassung, für das streitige Verfahren die neue Gesetzesfassung.

6 Die Anwendung dieses Grundsatzes kann dazu führen, dass der Anwalt der einen Partei bereits nach neuem Recht abrechnet, während der andere noch nach altem Recht abzurechnen hat.

> **Beispiel 2** | **Unterschiedliches Recht für mehrere Anwälte**
>
> Anwalt A hatte für den Kläger im Juni 2013 Klage erhoben. Die Klage ist dem Beklagten im August 2013 zugestellt worden, worauf dieser Anwalt B mit seiner Vertretung beauftragt hat. Später hat Anwalt A das Mandat niedergelegt, sodass der Kläger nunmehr Anwalt C beauftragt hat.

Für Anwalt A gilt altes Recht, da er vor dem 1.8.2013 beauftragt worden war. Für die Anwälte B und C gilt dagegen bereits neues Recht, da ihnen der Auftrag erst nach dem 31.7.2013 erteilt worden ist. Dass Anwalt C ein „Altmandat" übernommen hat, ist insoweit unerheblich.

3. Ausnahme: Rechtsmittelverfahren (§ 60 Abs. 1 S. 2 RVG)

In Rechtsmittelverfahren gilt der allgemeine Grundsatz nicht uneingeschränkt. Hier ist zu differenzieren, ob der Anwalt vorinstanzlich tätig war oder nicht.
- War der Anwalt vorinstanzlich nicht tätig, bleibt es beim allgemeinen Grundsatz des § 60 Abs. 1 S. 1 RVG. Es kommt auf den Tag der Auftragserteilung an.
- War der Anwalt bereits in der Vorinstanz tätig, dann gilt nach § 60 Abs. 1 S. 2 RVG abweichend von dem allgemeinen Grundsatz nicht das Datum der Auftragserteilung, sondern der Tag, an dem das Rechtsmittel eingelegt worden ist, wenn die Einlegung nach dem Stichtag erfolgte. Ansonsten bleibt es auch hier bei der Auftragserteilung.

Überblick Rechtsmittelverfahren

I. Der Anwalt war erstinstanzlich nicht tätig:

Auftrag ist entscheidend, unabhängig davon, wann das Rechtsmittel eingelegt worden ist

II. Der Anwalt war erstinstanzlich bereits tätig:

Rechtsmittel ist vor der Änderung eingereicht worden		
■ Rechtsmittelführer:		immer altes Recht
■ Rechtsmittelgegner:	Auftrag vor der Änderung	altes Recht
	Auftrag nach der Änderung	neues Recht
Rechtsmittel ist nach dem Stichtag eingereicht worden		
■ Rechtsmittelführer:	Auftrag vor der Änderung	neues Recht
Auftrag nach der Änderung	neues Recht	
■ Rechtsmittelgegner		neues Recht

Beispiel 3 **Rechtsmittelverfahren ohne Vorbefassung (I)**

Die Partei hatte ein Erbscheinverfahren selbst betrieben und den Anwalt im Juli 2013 beauftragt, Beschwerde einzulegen.
a) **Die Beschwerde ist noch im Juli 2013 eingereicht worden.**
b) **Die Beschwerde ist erst im August 2013 eingereicht worden.**

Da es ausschließlich auf die Auftragserteilung ankommt, gilt das im Juli 2013 geltende Recht. Der Anwalt erhält also nur die Gebühren nach Teil 3 Abschnitt 5 VV (Nrn. 3500, 3513 VV – jeweils 0,5-Gebühr) nach den Beträgen des § 13 RVG a.F. Auf das Datum der Einlegung der Beschwerde kommt es in diesem Fall nicht an.

| Beispiel 4 | Rechtsmittelverfahren ohne Vorbefassung (II) |

Wie vorangegangenes Beispiel; der Auftrag zur Einlegung der Beschwerde war jedoch erst im August 2013 erteilt worden.

Jetzt gilt für den Anwalt bereits neues Recht. Er erhält gem. Vorbem. 3.2.1 Nr. 2 Buchst. b) VV die Gebühren eines Berufungsverfahrens nach den Nrn. 3200 ff. VV und zwar nach den Gebührenbeträgen des § 13 RVG n.F.

9 Wird der Anwalt im Rechtsmittelverfahren beauftragt und war er bereits in der Vorinstanz tätig, dann gilt nach § 60 Abs. 1 S. 2 RVG abweichend von dem allgemeinen Grundsatz nicht das Datum der Auftragserteilung, sondern der Tag, an dem das Rechtsmittel eingelegt worden ist.

| Beispiel 5 | Rechtsmittelverfahren mit Vorbefassung (Anwalt des Rechtsmittelführers) |

Der Anwalt war im Erbscheinverfahren tätig und hatte noch im Juli 2013 den Auftrag erhalten, Beschwerde einzulegen.
a) Die Beschwerde ist noch im Juli eingereicht worden.
b) Die Beschwerde ist erst im August eingereicht worden.

Im Fall a) gilt noch altes Recht, da die Beschwerde noch vor Inkrafttreten des neuen Rechts eingelegt worden ist. Im Fall b) richtet sich die Vergütung dagegen gem. § 60 Abs. 1 S. 2 RVG nach neuem Recht. Das Datum der Auftragserteilung ist in diesem Fall irrelevant.

4. Sonderfall: Zusammengerechnete Werte (§ 60 Abs. 2 RVG)

10 Sind Gebühren nach den zusammengerechneten Werten mehrerer Gegenstände zu bemessen, gilt für die gesamte Vergütung das bisherige Recht, sofern für einen der Gegenstände altes Recht gilt. Bedeutung hat dies nur für die Fälle der Verbindung (siehe unten Rn 77 ff.). In allen anderen Fällen (Klageerweiterung, Widerklage, Antrag auf Folgesache etc.) gilt altes Recht ohnehin bereits nach § 60 Abs. 1 S. 1 RVG. Siehe dazu das jeweilige Stichwort.

IV. Einzelfälle zum Inkrafttreten des 2.KostRMoG

1. Abgabe

11 Durch die Abgabe eines Verfahrens entsteht nach § 20 S. 1 RVG grundsätzlich keine neue Angelegenheit (siehe § 14 Rn 63), so dass weiterhin das bisherige Gebührenrecht fort gilt.

| Beispiel 6 | Abgabe (I) |

Die Klage war im Juli 2013 beim LG Köln eingereicht worden. Das LG Köln hat die Sache im August 2013 an das LG Bonn abgegeben.

Es bleibt bei derselben Angelegenheit (§ 20 S. 1 RVG) und damit beim alten Gebührenrecht.

2. Anfechtung eines Prozessvergleichs

Das Verfahren vor und nach Anfechtung eines Prozessvergleichs ist eine einzige Angelegenheit (siehe § 13 Rn 173 ff.). Daher bleibt es beim alten Gebührenrecht, wenn der Vergleich vor dem 31.7.2013 geschlossen und danach angefochten worden ist.

12

> **Beispiel 7** Anfechtung eines Prozessvergleichs (I)
>
> **Im Juli 2013 war ein gerichtlicher Vergleich geschlossen worden. Im Oktober 2014 wird die Anfechtung des Vergleichs erklärt.**
>
> Der Streit über die Anfechtung wird im selben Verfahren ausgetragen (siehe § 13 Rn 173 ff.). Es bleibt daher bei derselben Angelegenheit und damit beim alten Gebührenrecht.

Etwas anderes gilt nur dann, wenn der Anwalt erstmals mit der Anfechtung des Vergleichs beauftragt worden ist.

13

> **Beispiel 8** Anfechtung eines Prozessvergleichs (II)
>
> **Im Juli 2013 war ein Vergleich geschlossen worden. Im Oktober 2014 beauftragt der Beklagte einen neuen Anwalt, der die Anfechtung des Vergleichs erklärt.**
>
> Jetzt gilt für den neuen Anwalt des Beklagten neues Gebührenrecht, während es für den bisherigen Anwalt des Klägers beim alten Gebührenrecht bleibt.

Neues Recht ist allerdings anzuwenden, wenn zwischen Vergleich und Anfechtung mehr als zwei Kalenderjahre liegen. Dann ist das Verfahren nach Anfechtung gemäß § 15 Abs. 5 S. 2 RVG eine neue Angelegenheit,[1] so dass dann neues Recht gilt.

14

> **Beispiel 9** Anfechtung eines Prozessvergleichs (III)
>
> **Im Juli 2012 war ein Vergleich geschlossen worden. Im Januar 2015 wird die Anfechtung des Vergleichs erklärt.**
>
> Jetzt liegt nach § 15 Abs. 5 S. 2 RVG eine neue Angelegenheit vor, so dass für das Verfahren über die Anfechtung für beide Anwälte neues Recht gilt.

3. Anrechnung

a) Überblick

Bei aufeinander anzurechnenden Gebühren liegen grundsätzlich verschiedene Angelegenheiten vor, so dass für die eine Angelegenheit noch altes Recht gelten kann, während für die andere Angelegenheit bereits neues Recht anzuwenden ist. Für die jeweilige Angelegenheit ist der Tag ihrer Auftragserteilung maßgebend. In der neuen Angelegenheit werden dann aber nur die Beträge

15

---

1 BGH AGS 2010, 477 = MDR 2010, 1218 = FamRZ 2010, 1723 = VersR 2010, 1664 = JurBüro 2010, 640 = AnwBl 2010, 804 = FamRB 2010, 335 = FuR 2010, 687 = BRAK-Mitt 2010, 274 = FF 2010, 508 = RVGreport 2011, 17 = RVGprof. 2011, 40 = FamFR 2010, 442.

nach altem Recht angerechnet. Es kann nicht mehr angerechnet werden, als der Anwalt erhalten hat (siehe Rn 18).

16 Zu beachten sein kann allerdings auch noch, dass sich die Anrechnungsvorschriften geändert haben. (siehe Rn 19 ff.)

b) Anrechnungsvorschriften gelten unverändert fort

17 Soweit die Anrechnungsvorschriften unverändert geblieben sind, ist jede Angelegenheit nach dem Recht der ihr zugrunde liegenden Auftragserteilung zu berechnen. In der weiteren Angelegenheit werden dann aber nur die Beträge nach altem Recht angerechnet. Es kann nicht mehr angerechnet werden, als der Anwalt erhalten hat.

Beispiel 10 | **Anrechnung der Gebühren nach altem Recht (I)**

Der Anwalt war im Mai 2013 beauftragt worden, den Mandanten außergerichtlich zu vertreten. Im August 2013 hat er Klageauftrag erhalten. Der Gegenstandswert beträgt 8.000,00 EUR.

Für die außergerichtliche Vertretung gilt altes Recht, für die gerichtliche Vertretung gilt neues Recht. Die Geschäftsgebühr ist hälftig auf die Verfahrensgebühr anzurechnen (Vorbem. 3 Abs. 4 VV), allerdings nach den alten Beträgen.

Der Anwalt erhält:

I. Außergerichtliche Vertretung		
1. 1,3-Geschäftsgebühr, Nr. 2300 VV, § 13 RVG a.F.		535,60 EUR
2. Postentgeltpauschale, Nr. 7002 VV		20,00 EUR
Zwischensumme	555,60 EUR	
3. 19 % Umsatzsteuer, Nr. 7008 VV		105,56 EUR
Gesamt		**661,16 EUR**
II. Gerichtliches Verfahren		
1. 1,3-Verfahrensgebühr, Nr. 3100 VV, § 13 RVG n.F.		592,80 EUR
2. gem. Vorbem. 3 Abs. 4 VV anzurechnen, 0,65 aus 8.000,00 EUR, § 13 RVG a.F.		-267,80 EUR
3. 1,2-Terminsgebühr, Nr. 3104 VV, § 13 RVG n.F.		547,20 EUR
4. Postentgeltpauschale, Nr. 7002 VV		20,00 EUR
Zwischensumme	892,20 EUR	
5. 19 % Umsatzsteuer, Nr. 7008 VV		169,52 EUR
Gesamt		**1.061,72 EUR**

18 Ist der anzurechnende Betrag nach altem Recht höher als der Betrag nach neuem Recht, auf den anzurechnen ist (Wertstufe bis 1.000.00 EUR), dann ist nur der geringere Betrag nach neuem Recht anzurechnen.

Beispiel 11 | **Anrechnung der Gebühren nach altem Recht (II)**

Der Anwalt war im Mai 2013 beauftragt worden, den Mandanten außergerichtlich zu vertreten. Im August 2013 hat er Klageauftrag erhalten. Der Gegenstandswert beträgt 1.000,00 EUR.

Für die außergerichtliche Vertretung gilt altes Recht, für die gerichtliche Vertretung gilt neues Recht. Die Geschäftsgebühr ist hälftig auf die Verfahrensgebühr anzurechnen (Vorbem. 3 Abs. 4 VV), allerdings nach den alten Beträgen.

Der Anwalt erhält:

I. Außergerichtliche Vertretung
1. 1,3-Geschäftsgebühr, Nr. 2300 VV, § 13 RVG a.F.   110,50 EUR
2. Postentgeltpauschale, Nr. 7002 VV   20,00 EUR
    Zwischensumme   130,50 EUR
3. 19 % Umsatzsteuer, Nr. 7008 VV   24,80 EUR
Gesamt   **155,30 EUR**

II. Gerichtliches Verfahren
1. 1,3-Verfahrensgebühr, Nr. 3100 VV, § 13 RVG n.F.   104,00 EUR
2. gem. Vorbem. 3 Abs. 4 VV anzurechnen, 0,65 aus 1.000,00 EUR, § 13 RVG a.F., begrenzt auf den Wert neuer Fassung   – 104,00 EUR
3. 1,2-Terminsgebühr, Nr. 3104 VV, § 13 RVG n.F.   96,00 EUR
4. Postentgeltpauschale, Nr. 7002 VV   20,00 EUR
    Zwischensumme   116,00 EUR
5. 19 % Umsatzsteuer, Nr. 7008 VV   22,04 EUR
Gesamt   **138,04 EUR**

c) Anrechnungsvorschriften sind neu eingeführt worden

Soweit mit dem 2. KostRMoG neue Anrechnungsvorschriften eingeführt worden sind, gilt wiederum § 60 RVG. Betroffen hiervon ist die insbesondere die Anrechnung

- einer vorangegangenen Geschäftsgebühr im verwaltungsrechtlichen Nachprüfungsverfahren (Vorbem. 2.3 Abs. 4 VV),
- einer vorangegangenen Geschäftsgebühr im sozialrechtlichen Nachprüfungsverfahren (Vorbem. 2.3 Abs. 4 VV),
- einer vorangegangenen Geschäftsgebühr im sozialgerichtlichen Verfahren (Vorbem. 3 Abs. 4 VV)
- einer vorangegangenen Beratungshilfegeschäftsgebühr im Nachprüfungsverfahren und im gerichtlichen Verfahren (Anm. zu Nr. 2503 VV).

Da die Anrechnungsvorschriften jeweils erst bei den Gebühren geregelt sind, auf die anzurechnen ist, ergeben sich eigentlich keine Probleme. Anzuwenden sind die neuen Anrechnungsvorschriften, wenn der Anwalt nach dem 31.7.2013 beauftragt, beigeordnet oder bestellt worden. Anderenfalls sind die neuen Anrechnungsvorschriften nicht anwendbar, so dass es dann noch bei der alten Rechtslage bleibt.

> **Beispiel 12**   **Sozialrechtliches Verwaltungsverfahren und nachfolgendes gerichtliches Verfahren**

Der Anwalt war im Mai 2013 im sozialgerichtlichen Verwaltungsverfahren beauftragt worden. Im Oktober 2013 hat er den Klageauftrag erhalten.

Die Geschäftsgebühr des Verwaltungsverfahrens richtet sich nach altem Recht (Nr. 2400 VV a.F.).

Die Verfahrensgebühr des gerichtlichen Verfahrens richtet sich nach neuem Recht. Es gilt also Nr. 3102 VV n.F. und nicht Nr. 3103 VV a.F. Die Geschäftsgebühr des Verwaltungsverfahrens ist dafür hälftig anzurechnen, höchstens zu 175,00 EUR (Vorbem. 3 Abs. 4 VV), allerdings nach den alten Beträgen.

I. Verwaltungsverfahren
1. Geschäftsgebühr, Nr. 2400 VV a.F. 280,00 EUR
2. Postentgeltpauschale, Nr. 7002 VV 20,00 EUR
Zwischensumme 300,00 EUR
3. 19 % Umsatzsteuer, Nr. 7008 VV 57,00 EUR
Gesamt **357,00 EUR**

II. Gerichtliches Verfahren
1. Verfahrensgebühr, Nr. 3102 VV n.F. 300,00 EUR
2. gem. Vorbem. 3 Abs. 4 VV n.F. anzurechnen, aber nach den alten Beträgen – 140,00 EUR
3. Terminsgebühr, Nr. 3106 VV n.F. 280,00 EUR
4. Postentgeltpauschale, Nr. 7002 VV 20,00 EUR
Zwischensumme 460,00 EUR
5. 19 % Umsatzsteuer, Nr. 7008 VV 87,40 EUR
Gesamt **547,40 EUR**

Beispiel 13	Verwaltungsrechtliches Verwaltungs- und Widerspruchsverfahren

Der Anwalt war im Mai 2013 im Verwaltungsverfahren beauftragt worden. Im August 2013 hat er den Auftrag für das Widerspruchsverfahren erhalten (Gegenstandswert 6.000,00 EUR).

Die Geschäftsgebühr des Verwaltungsverfahrens richtet sich nach altem Recht.

Die Geschäftsgebühr des Widerspruchsverfahrens richtet sich nach neuem Recht. Es gilt also nicht die alte Nr. 2301 VV, sondern die neue Nr. 2300 VV. Die Geschäftsgebühr des Verwaltungsverfahrens ist jetzt hälftig anzurechnen, höchstens zu 0,75 (Vorbem. 2.3 Abs. 4 VV), allerdings nach den alten Beträgen.

I. Verwaltungsverfahren
1. 1,5-Geschäftsgebühr, Nr. 2300 VV, § 13 RVG a.F. 507,00 EUR
(Wert: 6.000,00 EUR)
2. Postentgeltpauschale, Nr. 7002 VV 20,00 EUR
Zwischensumme 527,00 EUR
3. 19 % Umsatzsteuer, Nr. 7008 VV 100,13 EUR
Gesamt **627,13 EUR**

II. Widerspruchsverfahren
1. 1,5-Geschäftsgebühr, Nr. 2300 VV, § 13 RVG n.F. 531,00 EUR
(Wert: 6.000,00 EUR)
2. gem. Vorbem. 2.3 Abs. 4 S. 1 VV anzurechnen, 0,75 aus 6.000,00 EUR, § 13 RVG a.F. – 253,50 EUR
3. Postentgeltpauschale, Nr. 7002 VV 20,00 EUR
Zwischensumme 297,50 EUR
4. 19 % Umsatzsteuer, Nr. 7008 VV 56,53 EUR
Gesamt **354,03 EUR**

IV. Einzelfälle zum Inkrafttreten des 2. KostRMoG § 40

Beispiel 14 | **Sozialrechtliches Verwaltungs- und Widerspruchsverfahren**

Der Anwalt war im Mai 2013 im Verwaltungsverfahren beauftragt worden. Im August 2013 hat er den Auftrag für das Widerspruchsverfahren erhalten (Gegenstandswert 6.000,00 EUR).

Die Geschäftsgebühr des Verwaltungsverfahrens richtet sich nach altem Recht (Nr. 2400 VV a.F.).

Die Geschäftsgebühr des Widerspruchsverfahrens richtet sich nach neuem Recht. Der Anwalt erhält also nicht die alte Nr. 2401 VV a.F., sondern die neue Geschäftsgebühr der Nr. 2302 Nr. 1 VV. Die im Verwaltungsverfahren entstandene Gebühr ist hälftig anzurechnen, höchstens zu 175,00 EUR (Vorbem. 2.3 Abs. 4 VV), allerdings nach den alten Beträgen.

    I. Verwaltungsverfahren
1. Geschäftsgebühr, Nr. 2400 VV a.F.   280,00 EUR
2. Postentgeltpauschale, Nr. 7002 VV   20,00 EUR
    Zwischensumme   300,00 EUR
3. 19 % Umsatzsteuer, Nr. 7008 VV   57,00 EUR
    Gesamt   **357,00 EUR**

    II. Widerspruchsverfahren
1. Geschäftsgebühr, Nr. 2302 Nr. 1 VV   345,00 EUR
2. gem. Vorbem. 2.3 Abs. 4 VV anzurechnen   – 140,00 EUR
3. Postentgeltpauschale, Nr. 7002 VV   20,00 EUR
    Zwischensumme   225,00 EUR
4. 19 % Umsatzsteuer, Nr. 7008 VV   42,75 EUR
    Gesamt   **267,75 EUR**

Beispiel 15 | **Verwaltungsrechtliches Verwaltungs- und Widerspruchsverfahren mit nachfolgendem gerichtlichen Verfahren (I)**

Der Anwalt war im Januar 2013 im Verwaltungsverfahren beauftragt worden. Im August 2013 hat er den Auftrag für das Widerspruchsverfahren erhalten und im September Klageauftrag.

Die Geschäftsgebühr des Verwaltungsverfahrens richtet sich nach altem Recht.

Die Geschäftsgebühr des Widerspruchsverfahrens richtet sich nach neuem Recht. Die Geschäftsgebühr des Verwaltungsverfahrens ist darauf hälftig anzurechnen, höchstens zu 0,75 (Vorbem. 2.3 Abs. 4 VV).

Die zweite Geschäftsgebühr wiederum ist anzurechnen auf die Verfahrensgebühr des gerichtlichen Verfahrens, höchstens zu 0,75 (Vorbem. 3 Abs. 4 VV).

    I. Verwaltungsverfahren
1. 1,5-Geschäftsgebühr, Nr. 2300 VV   507,00 EUR
    (Wert: 6.000,00 EUR), § 13 RVG a.F.
2. Postentgeltpauschale, Nr. 7002 VV   20,00 EUR
    Zwischensumme   527,00 EUR
3. 19 % Umsatzsteuer, Nr. 7008 VV   100,13 EUR
    Gesamt   **627,13 EUR**

    II. Widerspruchsverfahren
1. 1,5-Geschäftsgebühr, Nr. 2300 VV   531,00 EUR
    (Wert: 6.000,00 EUR), § 13 RVG n.F.
2. gem. Vorbem. 2.3 Abs. 4 S. 1 VV anzurechnen, 0,75 aus   – 253,50 EUR
    6.000,00 EUR, § 13 RVG a.F.
3. Postentgeltpauschale, Nr. 7002 VV   20,00 EUR
    Zwischensumme   297,50 EUR

4. 19 % Umsatzsteuer, Nr. 7008 VV		56,53 EUR
Gesamt		**354,03 EUR**

III. Gerichtliches Verfahren

1. 1,3-Verfahrensgebühr, Nr. 3100 VV (Wert: 6.000,00 EUR), § 13 RVG n.F.		460,20 EUR
2. gem. Vorbem. 3 Abs. 4 S. 1 VV anzurechnen, 0,75 aus 6.000,00 EUR, § 13 RVG n.F.		– 265,50 EUR
3. 1,2-Terminsgebühr, Nr. 3106 VV (Wert: 6.000,00 EUR), § 13 RVG n.F.		424,80 EUR
4. Postentgeltpauschale, Nr. 7002 VV		20,00 EUR
Zwischensumme	639,50 EUR	
5. 19 % Umsatzsteuer, Nr. 7008 VV		121,51 EUR
Gesamt		**761,01 EUR**

> **Beispiel 16** Verwaltungsrechtliches Verwaltungs- und Widerspruchsverfahren mit nachfolgendem gerichtlichen Verfahren (II)

Der Anwalt war im Januar 2013 im Verwaltungsverfahren beauftragt worden. Im Juni 2013 hat er den Auftrag für das Widerspruchsverfahren erhalten und im September Klageauftrag. Der Gegenstandswert beträgt 6.000,00 EUR.

Die Geschäftsgebühr des Verwaltungsverfahrens richtet sich nach altem Recht.

Die Geschäftsgebühr des Widerspruchsverfahrens richtet sich ebenfalls nach altem Recht (Nr. 2301 VV a.F.). Eine Anrechnung kommt jetzt nicht in Betracht, da diese nach altem Recht nicht vorgesehen war.

Die (ermäßigte) Geschäftsgebühr des Widerspruchsverfahrens ist jetzt hälftig anzurechnen auf die Verfahrensgebühr des gerichtlichen Verfahrens, höchstens zu 0,75 (Vorbem. 3 Abs. 4 VV).

I. Verwaltungsverfahren

1. 1,5-Geschäftsgebühr, Nr. 2300 VV (Wert: 6.000,00 EUR), § 13 RVG a.F.		507,00 EUR
2. Postentgeltpauschale, Nr. 7002 VV		20,00 EUR
Zwischensumme	527,00 EUR	
3. 19 % Umsatzsteuer, Nr. 7008 VV		100,13 EUR
Gesamt		**627,13 EUR**

II. Widerspruchsverfahren

1. 0,9-Geschäftsgebühr, Nr. 2301 VV (Wert: 6.000,00 EUR), § 13 RVG a.F.		304,20 EUR
3. Postentgeltpauschale, Nr. 7002 VV		20,00 EUR
Zwischensumme	324,20 EUR	
4. 19 % Umsatzsteuer, Nr. 7008 VV		61,60 EUR
Gesamt		**385,80 EUR**

III. Gerichtliches Verfahren

1. 1,3-Verfahrensgebühr, Nr. 3100 VV (Wert: 6.000,00 EUR), § 13 RVG n.F.		460,20 EUR
2. gem. Vorbem. 3 Abs. 4 S. 1 VV anzurechnen, 0,45 aus 6.000,00 EUR, § 13 RVG a.F.		– 152,10 EUR
3. 1,2-Terminsgebühr, Nr. 3106 VV (Wert: 6.000,00 EUR), § 13 RVG n.F.		424,80 EUR
4. Postentgeltpauschale, Nr. 7002 VV		20,00 EUR
Zwischensumme	752,90 EUR	
5. 19 % Umsatzsteuer, Nr. 7008 VV		143,05 EUR
Gesamt		**895,95 EUR**

IV. Einzelfälle zum Inkrafttreten des 2.KostRMoG § 40

> **Beispiel 17** Sozialrechtliches Verwaltungs- und Widerspruchsverfahren mit nachfolgendem gerichtlichen Verfahren (I)

Der Anwalt war im Januar 2013 im Verwaltungsverfahren beauftragt worden. Im August 2013 hat er den Auftrag für das Widerspruchsverfahren erhalten und im September Klageauftrag.

Die Geschäftsgebühr des Verwaltungsverfahrens richtet sich nach altem Recht (Nr. 2400 VV a.F.).

Die Geschäftsgebühr des Widerspruchsverfahrens richtet sich nach neuem Recht. Die alte Geschäftsgebühr ist darauf hälftig anzurechnen, höchstens zu 175,00 EUR (Vorbem. 2.3 Abs. 4 VV).

Die zweite Geschäftsgebühr wiederum ist anzurechnen auf die Verfahrensgebühr des gerichtlichen Verfahrens, höchstens zu 175,00 EUR (Vorbem. 3 Abs. 4 VV).

I. Verwaltungsverfahren
1. Geschäftsgebühr, Nr. 2400 VV a.F.   280,00 EUR
2. Postentgeltpauschale, Nr. 7002 VV   20,00 EUR
   Zwischensumme   300,00 EUR
3. 19 % Umsatzsteuer, Nr. 7008 VV   57,00 EUR
   Gesamt   **357,00 EUR**

II. Widerspruchsverfahren
1. Geschäftsgebühr, Nr. 2302 Nr. 1 VV   345,00 EUR
2. gem. Vorbem. 2.3 Abs. 4 VV anzurechnen   – 140,00 EUR
3. Postentgeltpauschale, Nr. 7002 VV   20,00 EUR
   Zwischensumme   225,00 EUR
4. 19 % Umsatzsteuer, Nr. 7008 VV   42,75 EUR
   Gesamt   **267,75 EUR**

III. Gerichtliches Verfahren
1. Verfahrensgebühr, Nr. 3102 VV n.F.   300,00 EUR
2. gem. Vorbem. 3 Abs. 4 VV n.F. anzurechnen   – 172,50 EUR
3. Terminsgebühr, Nr. 3106 VV n.F.   280,00 EUR
4. Postentgeltpauschale, Nr. 7002 VV   20,00 EUR
   Zwischensumme   427,50 EUR
5. 19 % Umsatzsteuer, Nr. 7008 VV   81,23 EUR
   Gesamt   **508,73 EUR**

> **Beispiel 18** Sozialrechtliches Verwaltungs- und Widerspruchsverfahren mit nachfolgendem gerichtlichen Verfahren (II)

Der Anwalt war im Januar 2013 im Verwaltungsverfahren beauftragt worden. Im Juni 2013 hat er den Auftrag für das Widerspruchsverfahren erhalten und im September Klageauftrag.

Die Geschäftsgebühr des Verwaltungsverfahrens richtet sich nach altem Recht (Nr. 2400 VV a.F.).

Auch die Geschäftsgebühr des Widerspruchsverfahrens richtet sich nach altem Recht (Nr. 2401 VV a.F.).

Im gerichtlichen Verfahren gilt dagegen neues Recht, also Nr. 3102 VV n.F., nicht Nr. 3103 VV a.F. Die zweite Geschäftsgebühr ist hälftig anzurechnen, höchstens zu 175,00 EUR (Vorbem. 3 Abs. 4 VV).

I. Verwaltungsverfahren		
1. Geschäftsgebühr, Nr. 2400 VV a.F.		280,00 EUR
2. Postentgeltpauschale, Nr. 7002 VV		20,00 EUR
Zwischensumme	300,00 EUR	
3. 19 % Umsatzsteuer, Nr. 7008 VV		57,00 EUR
Gesamt		**357,00 EUR**
II. Widerspruchsverfahren		
1. Geschäftsgebühr, Nr. 2401 VV a.F.		150,00 EUR
2. Postentgeltpauschale, Nr. 7002 VV		20,00 EUR
Zwischensumme	170,00 EUR	
3. 19 % Umsatzsteuer, Nr. 7008 VV		32,30 EUR
Gesamt		**202,30 EUR**
III. Gerichtliches Verfahren		
1. Verfahrensgebühr, Nr. 3102 VV n.F.		300,00 EUR
2. gem. Vorbem. 3 Abs. 4 S. 1 VV anzurechnen		– 75,00 EUR
3. Terminsgebühr, Nr. 3106 VV n.F.		280,00 EUR
4. Postentgeltpauschale, Nr. 7002 VV		20,00 EUR
Zwischensumme	525,00 EUR	
5. 19 % Umsatzsteuer, Nr. 7008 VV		99,75 EUR
Gesamt		**624,75 EUR**

4. Antragserweiterung

21 Die Antragserweiterung eröffnet weder für den Anwalt des Antragstellers noch für den des bisherigen Antragsgegners eine neue Angelegenheit, sondern stellt nur eine Erweiterung der bisherigen Angelegenheit dar, so dass es bei der Anwendung des bisherigen Rechts verbleibt.[2]

22 | Beispiel 19 | **Antragserweiterung**

In dem im Juli 2013 eingeleiteten Verfahren auf Kindesunterhalt hat Antragstellerin den Antrag im Dezember 2013 erweitert und begehrt nunmehr auch Ehegattenunterhalt.

Es liegt nur eine Angelegenheit vor, so dass insgesamt altes Recht gilt.

5. Anwalt in eigener Sache

23 Wird ein Rechtsanwalt in eigener Sache tätig, so kann er seine Kosten nach neuem Gebührenrecht erstattet verlangen (§ 91 Abs. 2 S. 3 ZPO), wenn seine Tätigkeit nach dem 31.7.2013 begonnen hat.[3] Hat sie vor dem 1.8.2013 begonnen, gilt noch altes Recht.

6. Anwaltswechsel

24 Bei einem Anwaltswechsel kann der neue Anwalt, sofern er nach dem Stichtag beauftragt worden ist, nach neuem Recht abrechnen.[4]

---

2 OLG Hamburg JurBüro 1976, 489; OLG Karlsruhe MDR 1976, 676; OLG Hamm JurBüro 1976, 1493 u. 1644; KG JurBüro 1976, 1056; OLG München JurBüro 1978, 1491; OLG Frankfurt JurBüro 1979, 1503.
3 OLG München AGS 2005, 342 = OLGR 2005, 636 = RVGreport 2005, 301 = FamRZ 2006, 355; KG JurBüro 1976, 762.
4 OLG München MDR 1995, 967 = OLGR 1995, 264 = JurBüro 1995, 415; OLG Nürnberg JurBüro 1995 475.

Nach der Rechtsprechung sind in diesem Fall allerdings nur die Kosten nach altem Recht zu erstatten, wenn der Anwaltswechsel nicht ausnahmsweise notwendig war.[5]

Beispiel 20 | **Anwaltswechsel**

Anwalt A hatte für den Kläger im Mai 2013 Klage erhoben. Im Oktober 2014 legt Anwalt A das Mandat nieder, so dass der Kläger nunmehr Anwalt B beauftragt.

Für Anwalt A gilt altes Recht, da er vor der Änderung des RVG beauftragt worden war. Für Anwalt B gilt dagegen bereits neues Recht, da ihm der Auftrag erst nach der Änderung des RVG erteilt worden ist. Dass er ein „Altmandat" übernommen hat, ist insoweit unerheblich.

Zu erstatten sein soll nur die Vergütung nach altem Recht, was jedoch unzutreffend ist. Nach § 91 Abs. 2 ZPO werden zwar nur die Kosten „eines" Anwalts erstattet. Es ist jedoch nicht davon die Rede, dass dies der „erste" Anwalt sein muss.

7. Arrest- und einstweiliges Verfügungsverfahren

Arrest- und einstweilige Verfügungsverfahren stellen nach § 17 Nr. 4 Buchst. a) und b) RVG gegenüber dem Hauptsacheverfahren eine eigene Angelegenheit dar. Ist der Anwalt vor dem 1.8.2013 mit einem Arrest- oder einstweiligen Verfügungsverfahren beauftragt worden und erst nach dem 31.7.2013 mit dem Hauptsacheverfahren, so erhält er Anwalt im Eilverfahren die Vergütung nach altem Recht und im Hauptsacheverfahren nach neuem Recht.

Beispiel 21 | **Einstweilige Verfügung und Hauptsache**

Der Anwalt hatte im Mai 2013 eine einstweilige Verfügung erwirkt. Im August 2013 hatte er die Hauptsacheklage eingereicht.

Für das einstweilige Verfügungsverfahren gilt altes Recht; für die Hauptsacheklage gilt neues Recht.

Ist umgekehrt vor dem Stichtag der Auftrag für das Hauptsacheverfahren erteilt worden und der Auftrag für das Eilverfahren danach, so erhält der Anwalt die Vergütung für das Hauptsacheverfahren nach altem Recht und die Vergütung für das Eilverfahren nach neuem Recht.

Beispiel 22 | **Hauptsache und Arrest**

Der Anwalt hatte im Mai 2013 Hauptsacheklage eingereicht. Im August 2013 hat er einen Arrestantrag gestellt.

Für die Hauptsacheklage gilt altes Recht; für das einstweilige Verfügungsverfahren gilt dagegen neues Recht.

Anders verhält es sich bei Anordnungs- und Abänderungs- oder Aufhebungsverfahren, da insoweit nur eine Angelegenheit vorliegt (§ 16 Nr. 5 RVG).

---

5 OLG München JurBüro 1989, 977 = KTS 1989, 449 = MDR 1989, 460; LG Duisburg AGS 2005, 446 m. Anm. *Schons* und *N. Schneider*.

| Beispiel 23 | Einstweilige Verfügung und Aufhebungsverfahren |

Der Anwalt hatte im Mai 2013 eine einstweilige Verfügung erwirkt. Im August 2013 hat der Gegner beantragt, die Verfügung wegen veränderter Umstände aufzuheben.

Da der Erlass der einstweiligen Verfügung und das Aufhebungsverfahren eine einzige Angelegenheit sind (§ 16 Nr. 5 RVG), bleibt es bei den Gebühren nach altem Recht, sofern überhaupt neue Gebühren anfallen.

8. Auslagen

29   Die Vorschrift des § 60 RVG gilt auch für Auslagen des Rechtsanwalts.[6] Nach der Legaldefinition des § 1 Abs. 1 RVG sind unter dem Begriff „Vergütung" sowohl die Gebühren als auch die Auslagen zu verstehen.

30   Maßgebend ist daher auch hier immer das Datum des Auftrags. Es kommt nicht darauf an, wann die Auslagen getätigt worden sind.

31   Siehe auch „Reisekosten" Rn 63 ff.

9. Außergerichtliche Vertretung

32   Die außergerichtliche Vertretung ist immer eine Angelegenheit, unabhängig davon, wie lange sie andauert.[7] Maßgebend ist das Datum des Auftrags.

10. Aussetzung

33   Ist das Verfahren vor dem 1.8.2013 ausgesetzt und erst nach dem 31.7.2013 wieder aufgenommen worden, bleibt es beim bisherigen Recht. Auf den Zeitpunkt der Fortsetzung kommt es nicht an, selbst wenn zwischenzeitlich zwei Kalenderjahre abgelaufen sind. § 15 Abs. 5 S. 2 RVG gilt nicht im Falle einer Aussetzung.[8]

11. Bedingter Auftrag

34   War lediglich ein bedingter Auftrag erteilt worden, so ist nach § 60 Abs. 1 S. 1 RVG der spätere Zeitpunkt des Bedingungseintritts (§ 158 BGB) maßgebend.[9]

35   Häufigster Anwendungsfall ist der, dass der Anwalt mit einer bestimmten Tätigkeit beauftragt wird und für den Fall, dass diese zu keinem Erfolg führe, er bereits den Auftrag zu weiterer Tätigkeit erhält.[10]

---

6   OLG Koblenz JurBüro 1989, 208; OLG Schleswig SchlHA 1989, 80; VG Braunschweig JurBüro 1989, 806.
7   BGH AnwBl 1995, 377 = NJW 1995, 1431 = NZV 1995, 229.
8   AnwK-RVG/*N. Schneider*, § 15 Rn 289; § 60 Rn 39.
9   OLG Bamberg JurBüro 1987, 1678; 1989, 497.
10 OLG Nürnberg JurBüro 1976, 1643; OLG Bamberg JurBüro 1989, 497; LG Berlin JurBüro 1988, 752 = Rpfleger 1988, 123; OLG Koblenz AGS 1995, 133 = MDR 1995, 1173.

| Beispiel 24 | **Unbedingter Auftrag zur außergerichtlichen Vertretung und bedingter Auftrag zur Klage** |

Der Anwalt hatte vom Mandanten im Juli 2013 den Auftrag erhalten, den Schuldner anzumahnen, und für den Fall, dass dieser nicht bis zum 2.8.2013 zahle, Klage zu erheben.

Die außergerichtliche Tätigkeit richtet sich nach altem Recht, da der Auftrag hierzu noch vor dem 1.8.2013 erteilt worden ist. Der Auftrag zur Klage ist zwar auch noch vor dem 1.8.2013 erteilt worden; er stand jedoch unter einer Bedingung, nämlich der Nichtzahlung seitens des Schuldners. Erst mit Eintritt der Bedingung (§ 158 BGB), also mit Ablauf des 2.8.2013 wurde dieser Auftrag zu einem unbedingten. Damit gilt insoweit also neues Recht.

Gleiches gilt für den Auftrag zum Mahnverfahren und den gleichzeitig bedingten Auftrag zur Durchführung des streitigen Verfahrens, da es sich um zwei verschiedene Angelegenheiten i.S.d. § 15 RVG handelt (§ 17 Nr. 2 RVG). Der Anwalt erhält für das Mahnverfahren die Vergütung nach altem Recht, für das streitige Verfahren nach neuem Recht, wenn die Bedingung (Mitteilung des Widerspruchs) erst nach dem Stichtag eingetreten ist. **36**

Hiervon zu unterscheiden ist eine Bedingung innerhalb der Angelegenheit. In diesem Fall bleibt es bei dem bisherigen Recht. **37**

| Beispiel 25 | **Vollstreckungsandrohung und bedingter Auftrag zur Zwangsvollstreckung** |

Der Anwalt hatte vom Mandanten im Juli 2013 den Auftrag erhalten, dem Schuldner die Zwangsvollstreckung anzudrohen, wenn er nicht bis zum 2.8.2013 zahle. Der Schuldner zahlte nicht, sodass vollstreckt wurde.

Die Zwangsvollstreckung richtet sich nach altem Recht, da der Auftrag zur Vollstreckungsandrohung maßgebend ist. Androhung (als Vorbereitung) und Durchführung der Zwangsvollstreckung sind dieselbe Angelegenheit (§ 18 Abs. 1 Nr. 1 RVG). Mit dem Eintritt der Bedingung für die Durchführung der Zwangsvollstreckung ist daher keine neue Angelegenheit ausgelöst worden.

Erteilt der Auftraggeber dem Anwalt zunächst nur den Auftrag, Prozesskostenhilfe zu beantragen und für den Fall der Bewilligung Prozessauftrag, so liegt zwar ein bedingter Auftrag vor; gebührenrechtlich ist dies jedoch irrelevant, da das Prozesskostenhilfeprüfungsverfahren bereits zum Rechtszug gehört (§ 16 Nr. 2 RVG) (siehe hierzu Rn 60 ff.). **38**

12. Beratungshilfe

Maßgebend ist nicht die Erteilung des Beratungshilfescheins, sondern die Erteilung des Auftrags an den Anwalt, die allerdings auch vor der Erteilung des Scheins liegen kann. **39**

| Beispiel 26 | **Beratungshilfe (I)** |

Der Anwalt ist im August 2013 vom Rechtsuchenden im Rahmen der Beratungshilfe beauftragt worden. Den Beratungshilfeschein hatte der Mandant bereits Juli 2013 selbst beantragt.

Für den Anwalt gilt neues Recht. Die Erteilung des Beratungshilfescheins ist für ihn unerheblich.

> **Beispiel 27** | **Beratungshilfe (II)**

Der Anwalt ist im Juli 2013 vom Rechtsuchenden im Rahmen der Beratungshilfe beauftragt worden. Er beantragt und erhält den Beratungshilfeschein im August 2013.

Für den Anwalt gilt altes Recht. Die Erteilung des Beratungshilfescheins ist für ihn auch hier unerheblich.

40 Sind im Rahmen der Beratungshilfe mehrere Angelegenheiten gegeben, ist nach allgemeinen Grundsätzen auf den jeweiligen Auftrag abzustellen.

> **Beispiel 28** | **Beratungshilfe (III)**

Der Rechtsuchenden ist auf ihren Antrag im Juli 2013 ein Beratungshilfeschien für „Trennungs- und Scheidungsfolgen" erteilt worden. Noch im Juli 2013 beauftragt sie den Anwalt mit der Durchsetzung von Unterhaltsansprüchen. Im September beauftragt sie ihn mit der Zuweisung der Ehewohnung.

Jetzt liegen im Rahmen der Beratungshilfe zwei Angelegenheiten vor. Für die Angelegenheit Unterhalt rechnet der Anwalt nach altem Recht ab. Für die Angelegenheit Ehewohnung gilt dagegen bereits neues Recht.

13. Beschwerde

41 Die Beschwerde ist ein Rechtsmittel, sodass auf die dortigen Ausführungen (siehe Rn 7 ff.) verwiesen wird.

> **Beispiel 29** | **Beschwerde (I)**

Gegen die Aussetzung (§ 148 ZPO) des im Januar 2013 eingeleiteten Rechtsstreits legt der Anwalt im August gem. § 252 ZPO Beschwerde ein.

Für den Rechtsstreit gilt altes Recht. Die Beschwerde ist dagegen eine neue Angelegenheit (§ 18 Abs. 1 Nr. 3 RVG). Die Gebühren der Nrn. 3500 VV richten sich daher nach neuem Recht.

42 Soweit die Beschwerde ausnahmsweise keine neue Angelegenheit auslöst, so i.d.R. in Verfahren nach Teil 4 bis 6 VV (§ 19 Abs. 1 S. 2 Nr. 10a RVG), bleibt es dagegen beim bisherigen Recht.

> **Beispiel 30** | **Beschwerde (II)**

Das Ermittlungsverfahren ist im Juli 2013 eingeleitet worden. Gegen die Entziehung der Fahrerlaubnis (§ 111a StPO) legt der Verteidiger im August 2013 Beschwerde ein.

Die Beschwerde ist keine neue Angelegenheit (§ 19 Abs. 1 S. 2 Nr. 10a RVG). Der Verteidiger kann daher einheitlich nur nach altem Recht abrechnen. Der Mehraufwand ist im Rahmen des § 14 RVG zu berücksichtigen.

14. Bußgeldsachen

Soweit infolge der Anhebung der Punktegrenze neue Gebührenbeträge eingeführt werden, gelten diese gem. § 60 Abs. 1 S. 1 RVG erst in den Verfahren, in denen der Anwalt den Auftrag erhält. Da das Verfahren vor der Verwaltungsbehörde und das nachfolgende gerichtliche Verfahren eigene Angelegenheiten sind (§ 17 Nr. 11 RVG), kann es hier zu einer unterschiedlichen Staffelung kommen.

Beispiel 30a — **Verfahren vor der Verwaltungsbehörde und nachfolgendes gerichtliches Verfahren**

Der Anwalt ist im August 2014 im Verfahren vor der Verwaltungsbehörde als Verteidiger beauftragt worden. Es ergeht ein Bußgeldbescheid über 40,00 EUR, gegen den Einspruch eingelegt wird. Die Sache wird im Dezember 2104 an das Amtsgericht abgegeben.

Für das Verfahren vor der Verwaltungsbehörde gilt noch die alte Staffelung unter 40,00 EUR/ 40,00 bis 5.000,00 EUR. Für das gerichtliche Verfahren gilt dagegen die alte Staffelung unter 60,00 EUR/60,00 bis 5.000,00 EUR, so dass im gerichtlichen Verfahren der unterste Gebührenrahmen gilt.

    I. Verfahren vor der Verwaltungsbehörde
1. Grundgebühr, Nr. 5100 VV   100,00 EUR
2. Verfahrensgebühr, Nr. 5103 VV   160,00 EUR
3. Postentgeltpauschale, Nr. 7002 VV   20,00 EUR
    Zwischensumme   280,00 EUR
4. 19 % Umsatzsteuer, Nr. 7008 VV   53,20 EUR
Gesamt   **333,20 EUR**

    II. Verfahren vor dem Amtsgericht
1. Verfahrensgebühr, Nr. 5107 VV   65,00 EUR
2. Terminsgebühr, Nr. 5108 VV   130,00 EUR
3 Postentgeltpauschale, Nr. 7002 VV   20,00 EUR
    Zwischensumme   215,00 EUR
4. 19 % Umsatzsteuer, Nr. 7008 VV   40,85 EUR
Gesamt   **255,85 EUR**

15. Einspruch gegen Versäumnisurteil

Wird der Einspruch gegen ein Versäumnisurteil verworfen oder zurückgenommen, verbleibt es beim bisherigen Gebührenrecht. Der Einspruch ist kein Rechtsmittel. Eine Regelung – wie noch in der BRAGO, dass das weitere Verfahren eine eigene Angelegenheit sei – kennt das RVG nicht.

Beispiel 31 — **Versäumnisurteil**

Der Anwalt ist im Januar 2013 mit der Führung des Rechtsstreits beauftragt worden. Im August ergeht ein Versäumnisurteil, gegen das der Gegner Einspruch einlegt.

Es liegt nur eine einzige Angelegenheit vor. Die Gebühren richten sich auch für das weitere Verfahren nach Einspruch nach neuem Recht.

16. Einstweilige Anordnungen

44 Da einstweilige Anordnungen nach §§ 17 Nr. 4 Buchst. b) RVG selbstständige Angelegenheiten darstellen, gilt das Gleiche wie bei einer einstweiligen Verfügung (siehe Rn 7 ff.). Werden mehrere einstweilige Anordnungen beantragt, ist für jede das Datum der Auftragserteilung bzw. Beiordnung gesondert festzustellen.

Beispiel 32 | **Einstweilige Anordnung (I)**

Das Verfahren auf Regelung des Umgangs ist im Juli 2013 eingeleitet worden. Im August wird eine einstweilige Anordnung beantragt.

Das Hauptsacheverfahren richtet sich nach altem Recht. Für das einstweilige Anordnungsverfahren gilt dagegen bereits neues Recht.

Beispiel 33 | **Einstweilige Anordnung (II)**

Im Juli 2013 ist eine einstweilige Anordnung zur Regelung des Umgangs ergangen. Im September Juli 2013 ist das Hauptsacheverfahren eingeleitet worden.

Das einstweilige Anordnungsverfahren richtet sich nach altem Recht. Für das Hauptsacheverfahren gilt dagegen bereits neues Recht.

45 Anordnungs- und Abänderungsverfahren sind auch hier dieselbe Angelegenheit (§ 16 Nr. 5 RVG), sodass es gegebenenfalls beim alten Recht bleibt.

Beispiel 34 | **Einstweilige Anordnung und Abänderung**

Im Juli 2013 ist eine einstweilige Anordnung zur Regelung des Umgangs ergangen. Im September Juli 2013 wird die Abänderung wegen veränderter Umstände beantragt.

Das gesamte einstweilige Anordnungsverfahren richtet sich nach altem Recht, einschließlich des Aufhebungsverfahrens, da dies keine neue Angelegenheit ist.

17. Einstweiliges Verfügungsverfahren

46 Siehe Rn 7 ff.

18. Erinnerung

47 Die Erinnerung ist kein Rechtsmittel, sondern nur ein Rechtsbehelf, sodass § 60 Abs. 1 S. 2 RVG nicht greift.

48 Nur dann, wenn die Erinnerung eine eigene Angelegenheit darstellt (§ 18 Abs. 1 Nr. 3 RVG), gilt für sie neues Recht, wenn der Auftrag hierzu nach dem Stichtag liegt.

| Beispiel 35 | Erinnerung |

Der in 2012 eingeleitete Rechtsstreit wird Juli 2013 entschieden. Im August 2014 ergeht der Kostenfestsetzungsbeschluss. Dagegen legt der Anwalt Erinnerung ein.

Der Rechtsstreit richtet sich nach altem Recht. Für das Erinnerungsverfahren gilt dagegen bereits neues Recht.

Bei anderen Erinnerungen stellt sich die Frage des Gebührenrechts nicht, da solche Verfahren keine neue Angelegenheit darstellen (§ 19 Abs. 1 S. 2 Nr. 5 RVG), es sei denn, der Anwalt ist ausschließlich mit der Erinnerung beauftragt worden; dann gilt gem. § 60 Abs. 1 S. 1 RVG das Datum der Auftragserteilung. 49

19. Erneuter Auftrag

War der nach bisherigem Recht erteilte Auftrag beendet (z.B. infolge Mandatsniederlegung) und erhält der Anwalt später den Auftrag, wieder tätig zu werden, bleibt es bei der Anwendung des bisherigen Rechts (§ 15 Abs. 5 S. 1 RVG), es sei denn, es liegt ein Fall des § 15 Abs. 5 S. 2 RVG vor (siehe Rn 100). 50

20. Hinzutreten eines weiteren Anwalts

Werden nebeneinander mehrere Anwälte beauftragt, gilt § 5 RVG. Jeder Anwalt kann seine Vergütung gesondert nach dem für ihn geltenden Recht abrechnen. 51

| Beispiel 36 | Beauftragung mehrere Anwälte |

Der Mandant hatte im Mai 2013 in einer Strafsache seinen Anwalt A als Verteidiger mandatiert. Im August 2013 beauftragte er den Anwalt B als weiteren Verteidiger.

Da Rechtsanwalt A vor dem 1.8.2013 beauftragt worden ist, erhält er seine Vergütung nach altem Recht. Rechtsanwalt B dagegen ist erst nach dem 31.7.2013 beauftragt worden. Er erhält folglich seine Vergütung nach neuem Recht.

Siehe auch „*Verkehrsanwalt*" Rn 84 und „*Terminsvertreter*" (Rn 74). 52

21. Hinzutreten weiterer Auftraggeber

Wird der Anwalt neben dem bisherigen Auftraggeber nach Inkrafttreten der Gesetzesänderung von weiteren Auftraggebern beauftragt, so ist zu differenzieren: 53
- Stellt der Auftrag des weiteren Auftraggebers eine eigene Angelegenheit i.S.d. § 15 RVG dar, richtet sich die Vergütung nach neuem Recht.
- Wird durch das Hinzutreten des neuen Auftraggebers jedoch lediglich die bereits bestehende Angelegenheit erweitert, ist nach § 60 Abs. 1 S. 1 RVG einheitlich nach bisherigem Gebührenrecht abzurechnen.[11]

---

11 OLG Karlsruhe MDR 1976, 676; OLG München JurBüro 1978, 1492.

- Kommt es infolge des Hinzutretens des weiteren Auftraggebers zu einer Gebührenerhöhung nach Nr. 1008 VV, bleibt es auch für die Berechnung der Erhöhung beim bisherigen Recht.[12]

| Beispiel 37 | Hinzutreten eines weiteren Auftraggebers (I) |

Im Januar hat der Anwalt Klage gegen den A erhoben. Im August wird die Klage auch gegen den B gerichtet. Der Anwalt des B übernimmt auch die Vertretung des B.

Für beide Anwälte richtet sich die Vergütung nach altem Recht. Der B erhält die auch Gebührenerhöhung der Nr. 1008 VV nach altem Recht.

Anders hätte es sich verhalten, wenn der B einen anderen Anwalt beauftragt hätte. Dann hätte für ihn neues Recht gegolten.

| Beispiel 38 | Hinzutreten eines weiteren Auftraggebers (II) |

Im Januar hat der Anwalt für den A Klage auf Zahlung eines Pflichtteils gegen den Erben erhoben. Im August wird der Anwalt von B beauftragt, ebenfalls seinen Pflichtteil einzuklagen. Es wird eine gesonderte Klage eingereicht.

Jetzt liegen gesonderte Angelegenheiten vor. Während für die Vertretung des A noch altes Recht gilt, richtet sich die Vertretung des B nach neuem Recht.

22. Klageerweiterung

54 Die Klageerweiterung eröffnet weder für den Anwalt des Klägers noch für den des bisherigen Beklagten eine neue Angelegenheit, sondern stellt nur eine Erweiterung der bisherigen Angelegenheit dar, sodass es bei der Anwendung des bisherigen Rechts verbleibt.[13]

55 Wird allerdings durch die Klageerweiterung erstmals ein Dritter in den Rechtsstreit einbezogen, kann für seinen Anwalt neues Gebührenrecht gelten, wenn er den Auftrag zum Tätigwerden erst nach dem Stichtag erhält.[14] Es kommt dann zu gespaltenem Kostenrecht.

| Beispiel 39 | Klageerweiterung (I) |

In einem Verkehrsunfallprozess gegen den Halter des gegnerischen Fahrzeugs erweitert der Kläger nach dem 31.7.2013 die Klage nunmehr auch gegen den Fahrer, um diesen als Zeugen auszuschließen. Der Fahrer bestellt einen eigenen Anwalt.

Der Anwalt des Fahrers kann seine Gebühren nach neuem Recht berechnen. Für den Anwalt des Klägers ändert sich dagegen nichts.

---

12 BGH AGS 2006, 583 = BGHR 2007, 41 = JurBüro 2007, 76 = NJW 2007, 769 = MDR 2007, 365 = zfs 2007, 226 = FamRZ 2007, 41 = BB 2007, 72 = FA 2007, 18 = RVGreport 2007, 25 = RVGprof. 2007, 27; OVG Berlin-Brandenburg AGS 2006, 166 m. Anm. *N. Schneider.*
13 OLG Hamburg JurBüro 1976, 489; OLG Karlsruhe MDR 1976, 676; OLG Hamm JurBüro 1976, 1493 u. 1644; KG JurBüro 1976, 1056; OLG München JurBüro 1978, 1491; OLG Frankfurt JurBüro 1979, 1503.
14 OLG Düsseldorf JurBüro 1988, 1680 = AnwBl 1989, 61.

23. Mahnverfahren

Erhält der Anwalt den Auftrag zum Mahnverfahren vor dem Stichtag und den Auftrag zur Durchführung des streitigen Verfahrens nach Inkrafttreten der Gesetzesänderung, gilt für das Mahnverfahren altes Recht und für das streitige Verfahren neues Recht, da es sich um zwei verschiedene Angelegenheiten handelt (§ 17 Nr. 2 RVG). Das gilt auch dann, wenn der Anwalt schon zusammen mit dem Auftrag für das Mahnverfahren den Auftrag erhält, bei Einlegung eines Widerspruchs oder Einspruchs das streitige Verfahren durchzuführen. Näheres auch beim Stichwort Bedingter Auftrag (siehe Rn 34).

> **Beispiel 40** | **Mahnverfahren und streitiges Verfahren**

Der Anwalt hat im Mai 2013 einen Mahnbescheid über 8.000,00 EUR beantragt. Im September wird Widerspruch eingelegt und das streitige Verfahren durchgeführt.

Für das Mahnverfahren gilt altes Recht, für das streitige Verfahren gilt neues Recht. Die Verfahrensgebühr des Mahnverfahrens ist auf die Verfahrensgebühr des streitigen Verfahrens anzurechnen (Anm. zu Nr. 3305 VV), allerdings nach den alten Beträgen.

Der Anwalt erhält:

I. **Mahnverfahren**
1. 1,0-Verfahrensgebühr, Nr. 3305 VV, § 13 RVG a.F.   412,00 EUR
2. Postentgeltpauschale, Nr. 7002 VV   20,00 EUR
    Zwischensumme   432,00 EUR
3. 19 % Umsatzsteuer, Nr. 7008 VV   82,08 EUR
Gesamt   **514,08 EUR**

II. **Gerichtliches Verfahren**
1. 1,3-Verfahrensgebühr, Nr. 3100 VV, § 13 RVG n.F.   592,80 EUR
2. gem. Anm. zu Nr. 3305 VV anzurechnen, 1,0 aus 8.000,00 EUR, § 13 RVG a.F.   – 412,00 EUR
3. 1,2-Terminsgebühr, Nr. 3104 VV, § 13 RVG n.F.   547,20 EUR
4. Postentgeltpauschale, Nr. 7002 VV   20,00 EUR
    Zwischensumme   748,00 EUR
5. 19 % Umsatzsteuer, Nr. 7008 VV   142,12 EUR
Gesamt   **890,12 EUR**

24. Nichtzulassungsbeschwerde

Die Nichtzulassungsbeschwerde ist ein Rechtsmittel, sodass auf die dortigen Ausführungen (siehe Rn 7 ff.) verwiesen wird.

25. Parteiwechsel

Wird nach einem Parteiwechsel derselbe Anwalt, der die austretende Partei vertreten hat, auch für die eintretende Partei tätig, so liegt nach der Rechtsprechung des BGH[15] keine neue Angelegenheit vor, sodass sich die Vergütung gegenüber der neuen Partei ebenfalls nach altem Recht berechnet.

---

15 AGS 2006, 583 = BGHR 2007, 41 = JurBüro 2007, 76 = NJW 2007, 769 = MDR 2007, 365 = zfs 2007, 226 = FamRZ 2007, 41 = BB 2007, 72 = FA 2007, 18 = RVGreport 2007, 25 = RVGprof. 2007, 27.

> **Beispiel 41** | **Parteiwechsel**

Gegen A war im Mai 2013 Klage erhoben worden. Im August 2013 wurde die Klage gegen A zurückgenommen und gleichzeitig gegen B erhoben. Für beide Beklagten war derselbe Anwalt tätig geworden.

Es liegt für die Anwälte beider Parteien nur eine Angelegenheit vor. Der Anwalt des Klägers erhält die einfachen Gebühren. Der Anwalt des Beklagten erhält nach VV 1008 eine um 0,3 erhöhte Verfahrensgebühr, jeweils nach altem Recht.

58 Anders verhält es sich, wenn für die neue Partei ein anderer Anwalt beauftragt wird. Dann gilt für ihn neues Recht.

26. Pflichtverteidigung

59 Wir der Anwalt als Pflichtverteidiger bestellt, kommt es ausschließlich auf dem Tag der Bestellung an, unabhängig davon, ob der Anwalt zuvor bereits als Wahlverteidiger tätig war.[16]

> **Beispiel 42** | **Pflichtverteidigung**

Der Anwalt war im Februar 2013 als Wahlverteidiger beauftragt worden. Im August legt der Anwalt das Wahlmandat nieder und wird als Pflichtverteidiger bestellt.

Die Wahlanwaltsvergütung richtet sich nach altem Recht. Die Pflichtverteidigervergütung ist dagegen nach neuem Recht zu berechnen.

27. Prozesskostenhilfeprüfungsverfahren

60 Hatte der Anwalt den Auftrag, zunächst Prozesskostenhilfe zu beantragen, richtet sich die Vergütung sowohl für das Prozesskostenhilfeprüfungsverfahren (Nr. 3335 VV) als auch für das Hauptsacheverfahren (Nrn. 3100 VV ff.) nach bisherigem Recht, wenn der Auftrag vor Inkrafttreten der Gesetzesänderung erteilt worden ist. Das gilt auch dann, wenn dem Anwalt zunächst nur der Auftrag für das Prozesskostenhilfeverfahren erteilt worden ist und nur bedingt für den Fall der Prozesskostenhilfebewilligung auch der Prozessauftrag.[17] Ein Großteil der Rechtsprechung sieht dies anders und stellt auf den Zeitpunkt der Bewilligung ab.[18] Das ist jedoch unzutreffend (siehe auch Rn 34 „*Bedingter Auftrag*").

> **Beispiel 43** | **Prozesskostenhilfeauftrag mit unbedingtem Auftrag zur Klage**

Der Anwalt war im Mai 2013 beauftragt worden, Klage einzureichen und gleichzeitig dafür Prozesskostenhilfe zu beantragen. Im August wird Prozesskostenhilfe bewilligt und der Anwalt beigeordnet.

---

16 AG Pirmasens AGS 2014, 232 = StRR 2014, 123 = RVGreport 2014, 187 = StRR 2014, 200 = NJW-Spezial 2014, 349.
17 OLG Köln AGS 2005, 448 = OLGR 2005, 586; OLG Zweibrücken AGS 2006, 81; LG Berlin AGS 2005, 403; OLG Koblenz AGS 2006, 183 m. Anm. *N. Schneider* = Rpfleger 2006, 200 = JurBüro 2006, 198 = RVGreport 2006, 100 = FamRZ 2006, 638.
18 OLG Dresden AGS 2007, 625 = OLGR 2006, 706 = FamRZ 2006, 1671 = NJ 2007, 319; KG AGS 2006, 79 = RVGreport 2005, 380; AG Tempelhof-Kreuzberg JurBüro 2005, 365.

Dieser Fall ist unstreitig. Der Auftrag zur Klage ist vor dem 1.8.2013 erteilt worden, so dass der Anwalt seine Vergütung nach altem Recht erhält.[19] Für das Prozesskostenhilfeprüfungsverfahren ist wegen § 16 Nr. 2 RVG keine gesonderte Vergütung angefallen, so dass sich insoweit die Frage des anzuwendenden Rechts nicht stellt.

| Beispiel 44 | Prozesskostenhilfeauftrag und bedingter Auftrag zur Klage |

Der Anwalt war im Mai 2013 beauftragt worden, für eine Klage Prozesskostenhilfe zu beantragen. Nur für den Fall, dass Prozesskostenhilfe bewilligt werde, sollte der Anwalt dann auch Klage erheben. Im August wird Prozesskostenhilfe bewilligt und der Anwalt beigeordnet.

Für die Vergütung im Verfahren über die Prozesskostenhilfebewilligung erhält der Anwalt die Vergütung nach altem Recht, da der Auftrag vor dem 1.8.2013 erteilt worden ist.

Die Bedingung zur Klageerhebung ist zwar erst nach dem 31.7.2013 eingetreten, so dass man auf die Idee kommen könnte, es gelte hierfür neues Recht. Zu berücksichtigen ist jedoch, dass mit Eintritt der Bedingung keine neue Angelegenheit ausgelöst worden ist. Vielmehr ist der ursprüngliche Auftrag lediglich erweitert worden. Das folgt aus § 16 Nr. 2 RVG, wonach das (vorgeschaltete) Prozesskostenhilfeprüfungsverfahren bereits zum Rechtszug gehört. Es liegt daher faktisch nur eine Erweiterung des ursprünglichen Auftrags vor, sodass es beim alten Recht bleibt (siehe dazu auch Beispiel 25)

28. Räumungsfrist

Stellt das Verfahren über die Gewährung einer Räumungsfrist nach Nr. 3334 VV eine selbstständige Angelegenheit dar (siehe § 25), so ist hierfür – unabhängig vom Hauptsacheverfahren – die Anwendung des maßgebenden Gebührenrechts gesondert zu prüfen. **61**

29. Rechtsmittelverfahren

Grundsätzlich ist auch hier auf das Datum der Auftragserteilung abzustellen (zu Einzelheiten und Ausnahmen siehe Rn 7 ff.). **62**

30. Reisekosten

Maßgebend ist das Datum der Auftragserteilung, nicht der Tag, an dem die Reise durchgeführt worden ist (siehe auch „*Auslagen*" Rn 29). **63**

Unternimmt der Anwalt eine Geschäftsreise, in der er Termine in verschiedenen Angelegenheiten wahrnimmt, die zum Teil nach altem Recht, zum Teil nach neuem Recht zu beurteilen sind, so ist auch hier zu differenzieren und nach Vorbem. 7 Abs. 3 VV getrennt nach der jeweiligen Quote und Höhe abzurechnen.[20] **64**

---

19 OLG Saarbrücken AGS 2014, 275.
20 Zur Berechnung siehe AnwK-RVG/*N. Schneider*, Vorbem. 7 VV Rn 44 ff.

Beispiel 45 | Reisekosten

Der Anwalt hat seine Kanzlei in Köln. Für den Mandanten A fährt er im August 2014 zum LG Bonn und anschließend für den Mandanten B zum LG Koblenz. Das LG Bonn liegt 30 km von der Kanzlei entfernt, das LG Koblenz 120 km, die Entfernung zwischen LG Bonn und LG Koblenz beträgt 100 km. Das Mandat des A ist bereits im April 2013 erteilt worden, das Mandat B dagegen erst im September 2013.

Die Fahrtkosten im Mandat A richten sich somit nach altem Recht, während für das Mandat B bereits neues Recht gilt. Ausgehend hiervon ist nach Vorbem. 7 Abs. 3 S. 1 VV anteilig zu verteilen:

I. Mandat A

Für den Mandanten A alleine hätte der Anwalt nach altem Recht abrechnen können:

Fahrtkosten, Nr. 7003 VV (2 x 30 km x 0,30 EUR/km)	18,00 EUR
Abwesenheitsgeld bis 4 Stunden, Nr. 7005 Nr. 1 VV a.F.	20,00 EUR
Gesamt	**38,00 EUR**

II. Mandat B

Für den Mandanten B alleine hätte der Anwalt nach neuem Recht abrechnen können:

Fahrtkosten, Nr. 7003 VV (2 x 120 km x 0,30 EUR/km)	72,00 EUR
Abwesenheitsgeld 4 bis 8 Stunden, Nr. 7005 Nr. 2 VV n.F.	40,00 EUR
Gesamt	**112,00 EUR**

III. Summe der fiktiven Einzelreisekosten

Die Summe der fiktiven Einzelreisekosten beträgt	**150,00 EUR**

IV. Tatsächliche Reisekosten

Die tatsächlichen Reisekosten berechnen sich nach neuem Recht:

Fahrtkosten, Nr. 7003 VV ([30 + 100 + 120 km] x 0,30 EUR/km)	75,00 EUR
Abwesenheitspauschale 4 bis 8 Stunden, Nr. 7005 Nr. 2 VV n.F.	40,00 EUR
Gesamt	**115,00 EUR**

V. Einzelberechnung

Daraus ergibt sich jetzt folgende Einzelberechnung:

Mandant A hat zu zahlen: 38,00 EUR x 115,00 EUR/150,00 EUR	**29,13 EUR**
Mandant B hat zu zahlen: 112,00 EUR x 115,00 EUR/150,00 EUR	**85,87 EUR**
Gesamt	**115,00 EUR**

31. Ruhen des Verfahrens

65 Wurde das Verfahren vor dem 1.8.2014 zum Ruhen gebracht und wird es erst nach dem 31.7.2013 wieder fortgeführt, bleibt es bei der Anwendung alten Rechts. Auf den Zeitpunkt der Wiederaufnahme kommt es nicht an, selbst wenn zwischenzeitlich zwei Kalenderjahre abgelaufen sind (§ 15 Abs. 5 S. 2 RVG).

| Beispiel 46 | Ruhen des Verfahrens |

Der Anwalt war im Januar 2013 mit der Klage beauftragt worden. Im Mai 2103 wurde das Verfahren zum Ruhen gebracht. Im Dezember 2014 wird das Verfahren wieder aufgenommen.

Insgesamt liegt nur eine Angelegenheit vor, die sich nach altem Recht berechnet.

32. Selbstständiges Beweisverfahren

Beweis- und Hauptsacheverfahren sind jeweils eigene Angelegenheiten. Daher ist die Anwendung des jeweiligen Gebührenrechts gesondert zu prüfen.[21]

66

| Beispiel 47 | Selbstständiges Beweisverfahren und Hauptsache |

Der Mandant hatte dem Anwalt im Januar 2013 den Auftrag zur Durchführung eines selbstständigen Beweisverfahrens erteilt. Nach Abschluss des Beweisverfahrens erteilte der Mandant im August 2013 den Auftrag zur Hauptsacheklage.

Das Beweisverfahren ist nach altem Recht abzurechnen, das Hauptsacheverfahren nach neuem Recht. Angerechnet (Vorbem. 3 Abs. 5 VV) werden die Beträge nach altem Recht.

    I. **Selbstständiges Beweisverfahren (Wert: 30.000,00 EUR)**
    1. 1,3-Verfahrensgebühr, Nr. 3100 VV, § 13 RVG a.F.   985,40 EUR
    2. Postentgeltpauschale, Nr. 7002 VV   20,00 EUR
        Zwischensumme   1.005,40 EUR
    3. 19 % Umsatzsteuer, Nr. 7008 VV   191,03 EUR
    Gesamt   **1.196,43 EUR**
    II. **Rechtsstreit (Wert: 30.000,00 EUR)**
    1. 1,3-Verfahrensgebühr, Nr. 3100 VV, § 13 RVG n.F.   1.121,90 EUR
    2. gem. Vorbem. 3 Abs. 5 VV anzurechnen,
        1,3 aus 30.000,00 EUR, § 13 RVG a.F.   – 985,40 EUR
    3. 1,2-Termingebühr, Nr. 3104 VV, § 13 RVG n.F.   1.035,60 EUR
    4. Postentgeltpauschale, Nr. 7002 VV   20,00 EUR
        Zwischensumme   1.191,90 EUR
    5. 19 % Umsatzsteuer, Nr. 7008 VV   226,46 EUR
    Gesamt   **1.418,36 EUR**

| Beispiel 48 | Hauptsache und Selbstständiges Beweisverfahren |

Der Mandant hatte dem Anwalt im Januar 2013 den Auftrag zur Hauptsacheklage erhalten und im September 2013 den Auftrag zur Durchführung eines selbstständigen Beweisverfahrens.

Das Hauptsacheverfahren ist nach altem Recht abzurechnen, das Beweisverfahren nach neuem Recht. Angerechnet (Vorbem. 3 Abs. 5 VV) werden die Beträge nach altem Recht.

    I. **Selbstständiges Beweisverfahren (Wert: 30.000,00 EUR)**
    1. 1,3-Verfahrensgebühr, Nr. 3100 VV, § 13 RVG n.F.   1.121,90 EUR
    2. Postentgeltpauschale, Nr. 7002 VV   20,00 EUR
        Zwischensumme   1.141,90 EUR

---

21 BGH AGS 2007, 357 = BGHR 2007, 734 = MDR 2007, 980 = JurBüro 2007, 420 = NZBau 2007, 511 = NJW 2007, 3578 = FamRZ 2007, 1096 = RVGreport 2007, 297 = RVGprof. 2007, 148; AGS 2007, 459.

3. 19 % Umsatzsteuer, Nr. 7008 VV		216,96 EUR
Gesamt		**1.358,86 EUR**

II. Rechtsstreit (Wert: 30.000,00 EUR)

1. 1,3-Verfahrensgebühr, Nr. 3100 VV, § 13 RVG a.F.		985,40 EUR
2. gem. Vorbem. 3 Abs. 5 VV anzurechnen, 1,3 aus 30.000,00 EUR, § 13 RVG a.F.		– 985,40 EUR
3. 1,2-Terminsgebühr, Nr. 3104 VV, § 13 RVG a.F.		909,60 EUR
4. Postentgeltpauschale, Nr. 7002 VV		20,00 EUR
Zwischensumme	929,60 EUR	
5. 19 % Umsatzsteuer, Nr. 7008 VV		176,62 EUR
Gesamt		**1.106,22 EUR**

33. Straf- und Bußgeldverfahren

67 Nach der Auffassung des BGH[22] zum alten Recht bildeten in Straf- und Bußgeldsachen das vorbereitende Verfahren/Verfahren vor der Verwaltungsbehörde und das nachfolgende gerichtliche Verfahren eine Angelegenheit. Danach ist die Änderung des Gebührenrechts unerheblich, wenn der Auftrag zur Verteidigung im Ermittlungsverfahren bereits vor dem 1.8.2013 erteilt worden ist, für das gerichtliche Verfahren aber erst nach dem 31.7.2013.[23] Dass es sich nach neuem Recht um eine eigene Angelegenheit handelt, ist unerheblich. Anders verhält es sich, wenn man zutreffender Weise schon nach altem Recht von gesonderten Angelegenheiten ausgeht und die Neuregelung des § 17 Nr. 10 u. 11 RVG als „Klarstellung betrachtet.[24] Dann wäre die Änderung des Gebührenrechts zu beachten.

> **Beispiel 49** Vorbereitendes Verfahren und erstinstanzliches gerichtliches Verfahren

Der Anwalt hatte im Mai 2013 den Auftrag zur Verteidigung im vorbereitenden Verfahren. Im August 2103 wurde Anklage erhoben.

Geht man von der Rspr. des BGH und einer echten Gesetzesänderung aus, dann würde der Anwalt alle Gebühren nach alten Recht erhalten und nur eine Postentgeltpauschale nach Nr. 7002 VV.

1. Grundgebühr, Nr. 4100 VV a.F.		165,00 EUR
2. Verfahrensgebühr, Nr. 4104 VV a.F.		140,00 EUR
3. Verfahrensgebühr, Nr. 4106 VV a.F.		140,00 EUR
4. Terminsgebühr, Nr. 4108 VV a.F.		230,00 EUR
5. Postentgeltpauschale, Nr. 7002 VV		20,00 EUR
Zwischensumme	695,00 EUR	
6. 19 % Umsatzsteuer, Nr. 7008 VV		132,05 EUR
Gesamt		**827,05 EUR**

Geht man dagegen lediglich von einer Klarstellung aus oder lehnt man die Rspr. des BGH ohnehin ab, wäre für das erstinstanzliche gerichtliche nach neuem Recht zu rechnen und es fiele eine zweite Postentgeltpauschale an.

---

22 AGS 2013, 56 = AnwBl 2013, 234 = BRAK-Mitt 2013, 89 = Rpfleger 2013, 291 = JurBüro 2013, 187 = NZV 2013, 239 = NJW 2013, 1610 = Schaden-Praxis 2013, 122 = RVGreport 2013, 105 = NJW-Spezial 2013, 92 = RVGprof. 2013, 61 = StRR 2013, 43.
23 LG Hildesheim AGS 2014, 183 = NdsRpfl 2014, 100 = VRR 2014, 116 = RVGreport 2014, 147 = NJW-Spezial 2014, 252 = RVGprof. 2014, 100.
24 So AG Kempen AGS 2014, 332 = JurBüro 2014, 302.

I. Vorbereitendes Verfahren
1. Grundgebühr, Nr. 4100 VV a.F.   165,00 EUR
2. Verfahrensgebühr, Nr. 4104 VV a.F.   140,00 EUR
3. Postentgeltpauschale, Nr. 7002 VV   20,00 EUR
Zwischensumme   325,00 EUR
4. 19 % Umsatzsteuer, Nr. 7008 VV   61,75 EUR
Gesamt   **386,75 EUR**

II. Erstinstanzliches gerichtliches Verfahren
1. Verfahrensgebühr, Nr. 4106 VV n.F.   165,00 EUR
2. Termingebühr Nr. 4108 VV n.F.   275,00 EUR
3. Postentgeltpauschale, Nr. 7002 VV   20,00 EUR
Zwischensumme   460,00 EUR
4. 19 % Umsatzsteuer, Nr. 7008 VV   87,40 EUR
Gesamt   **547,40 EUR**
Gesamt I. + II.   **934,15 EUR**

Wird das Strafverfahren eingestellt und die Sache als Ordnungswidrigkeit weiter verfolgt, ist eine zwischenzeitliche Gebührenänderung dagegen zu beachten, da es sich hier auch schon nach altem Recht um zwei verschiedene Angelegenheiten handelte (§ 17 Nr. 10 RVG a.F.). Strittig ist hier nur, ob im Strafverfahren eine zusätzliche Gebühr nach Nr. 4141 VV anfällt. Hier gilt wiederum das Gleiche wie bei der vorherigen Konstellation. Abzustellen ist darauf, ob man von einer Gesetzesänderung[25] oder von einer Klarstellung ausgeht.

68

> **Beispiel 50**   **Einstellung des Strafverfahrens und Abgabe an die Bußgeldbehörde**

Der Anwalt hatte im Mai 2013 den Auftrag zur Verteidigung in einem Verfahren wegen fahrlässiger Körperverletzung im Straßenverkehr erhalten. Das Verfahren wird am 6.8.2103 eingestellt und an die Verwaltungsbehörde abgegeben, die ein Bußgeldverfahren wegen des Verdachts einer Vorfahrtsverletzung einleitet (Bußgeldandrohung 80,00 EUR).

Für das Strafverfahren erhält der Anwalt die Gebühren nach altem Recht; für das Bußgeldverfahren berechnet sich die Vergütung dagegen nach neuem Recht.

Soweit man der Rspr. des BGH weiterhin folgt, wäre Nr. 4141 VV nicht anwendbar. Abzurechnen wäre wie folgt:

I. Strafverfahren
1. Grundgebühr, Nr. 4100 VV a.F.   165,00 EUR
2. Verfahrensgebühr, Nr. 4104 VV a.F.   140,00 EUR
3. Postentgeltpauschale, Nr. 7002 VV   20,00 EUR
Zwischensumme   325,00 EUR
4. 19 % Umsatzsteuer, Nr. 7008 VV   61,75 EUR
Gesamt   **386,75 EUR**

II. Bußgeldverfahren[26]
1. Verfahrensgebühr, Nr. 5103 VV n.F.   160,00 EUR
… und weitere Gebühren des Bußgeldverfahrens

Soweit man von einer Klarstellung ausgeht oder Rspr. des BGH ohnehin nicht folgt, wäre wie folgt abzurechnen: ist wiederum wie folgt:

---

[25] So AG Wiesbaden AGS 2014, 64 = StRR 2014, 83 = VRR 2014, 159.
[26] Eine Grundgebühr kann bei dieser Konstellation nicht anfallen (Anm. Abs. 2 zu Nr. 5100 VV).

I. Strafverfahren

1.	Grundgebühr, Nr. 4100 VV a.F.	165,00 EUR
2.	Verfahrensgebühr, Nr. 4104 VV a.F.	140,00 EUR
3.	Zusätzliche Gebühr, Nr. 4141, 4106 VV a.F.	140,00 EUR
4.	Postentgeltpauschale, Nr. 7002 VV	20,00 EUR
	Zwischensumme 465,00 EUR	
5.	19 % Umsatzsteuer, Nr. 7008 VV	88,35 EUR
Gesamt		**553,35 EUR**

II. Bußgeldverfahren[27]

1.	Verfahrensgebühr, Nr. 5103 VV n.F.	160,00 EUR
	… und weitere Gebühren des Bußgeldverfahrens	

34. Streitverkündung

69 Die Streitverkündung eröffnet keine neue Angelegenheit.

70 Der Anwalt des Streitverkündeten erhält allerdings, sofern er bislang im Rechtsstreit noch nicht tätig war, seine Gebühren nach neuem Recht, wenn er den Auftrag zum Tätigwerden erst nach dem Stichtag erhalten hat, unabhängig davon, wann den Anwälten der Hauptparteien der Auftrag erteilt worden ist.

> **Beispiel 51** | **Streitverkündung**
>
> **Die Klage war im Mai 2013 eingereicht worden. Im Oktober 2013 wird dem S der Streit verkündet, der daraufhin einen Anwalt beauftragt und dem Rechtsstreit beitritt.**
>
> Der Anwalt des Klägers rechnet durchweg nach altem Recht ab.
>
> Der Anwalt des Streitverkündeten erhält seine Vergütung dagegen nach neuem Recht.

35. Stufenklage/Stufenantrag

71 Im Falle einer Stufenklage/eines Stufenantrags kommt es nur auf den Zeitpunkt des Auftrags zur Einleitung des Stufenverfahrens an. Unerheblich ist, wann der Leistungsanspruch beziffert und verlesen wird.[28]

> **Beispiel 52** | **Stufenantrag**
>
> **Im April wird ein Stufenantrag auf Auskunft und Zahlung eines noch zu beziffernden Zugewinns eingereicht. Im September wird der Zahlungsanspruch beziffert.**
>
> Es liegt insgesamt nur eine Angelegenheit vor. Die gesamte Vergütung richtet sich nach altem Recht.

36. Terminsgebühr

72 Eine Terminsgebühr entsteht auch für die Mitwirkung an Besprechungen zur Vermeidung oder Erledigung eines Verfahrens Vorbem. 3 Abs. 3, 3. Var. VV a.F./Vorbem. 3 Abs. 3 S. 3 Nr. 2 VV n.F.

---

27 Eine Grundgebühr kann bei dieser Konstellation nicht anfallen (Anm. Abs. 2 zu Nr. 5100 VV).
28 AG Koblenz AGS 2008, 349 = NJW-Spezial 2008, 380.

Obwohl der Gesetzeswortlaut der Vorbem. 3 Abs. 3, 3. Var. VV a.F. eindeutig war und keine Einschränkung vorsah, hat ein Großteil der Rechtsprechung – insbesondere der BGH[29] – die Auffassung vertreten, die Terminsgebühr für die Mitwirkung an Besprechungen zur Vermeidung oder Erledigung eines Verfahrens könne nur anfallen, wenn im gerichtlichen Verfahren eine mündliche Verhandlung vorgeschrieben sei. Der Gesetzgeber hatte eine solche Beschränkung nie gewollt. Lediglich in den Fällen der „fiktiven" Terminsgebühr nach Anm. Abs. 1 zu Nr. 3104 und Anm. Abs. 1 zu Nr. 3106 VV hat er ein Verfahren mit obligatorischer mündlicher Verhandlung zur Tatbestandsvoraussetzung gemacht, nicht aber auch in den Fällen der Vorbem. 3 Abs. 3 VV. Um seinem Willen Geltung zu verschaffen, hat der Gesetzgeber mit dem 2. KostRMoG die Vorbem. 3 Abs. 3 VV neu formuliert. Die Terminsgebühr für Besprechungen zur Vermeidung und Erledigung eines Verfahrens ist jetzt in Vorbem. 3 Abs. 3 S. 3 Nr. 2 VV enthalten und soll ausweislich der Gesetzesbegründung unabhängig davon entstehen, ob für das gerichtliche Verfahren eine mündliche Verhandlung vorgeschrieben ist. Damit stellt sich die Frage, ob diese Klarstellung auch in Altfällen gilt oder ob es sich um eine Gesetzesänderung handelt, auf die § 60 RVG anzuwenden ist. 73

Beispiel 53	Hauptbevollmächtigter und Terminsvertreter

Der Anwalt war im Juli 2013 als Prozessbevollmächtigter in einem einstweiligen Verfügungsverfahren beauftragt worden. Im August führt er eine Besprechung mit dem Gegner, worauf der Antrag zurückgenommen wird.

Für Anwalt gilt altes Recht, da er vor dem 1.8.2013 beauftragt worden ist.

Geht man davon aus, dass es sich bei der Änderung der Vorbem. 3 Abs. 3 VV um eine Gesetzesänderung handelt, dann wäre § 60 RVG darauf anzuwenden, so dass – ausgehend von der bisherigen h.M. – eine Terminsgebühr abzulehnen wäre.[30]

Geht man dagegen davon aus, es liege nur eine Klarstellung vor, dann gilt diese auch für „Altfälle", so dass eine Terminsgebühr abzurechnen ist.[31]

37. Terminsvertreter

Für den Terminsvertreter ist die Anwendung des maßgebenden Gebührenrechts unabhängig davon zu prüfen, wann dem Hauptbevollmächtigten der Auftrag erteilt worden ist.[32] Umgekehrt richtet sich die Vergütung des Hauptbevollmächtigten nur nach dem für ihn maßgebenden Gebührenrecht, 74

---

29 BGH AGS 2007, 298 = BGHReport 2007, 369 = NJW 2007, 1461 = FamRZ 2007, 637 = NJ 2007, 223 = RVGprof. 2007, 78 = MittdtschPatAnw 2007, 242 = JurBüro 2007, 252 =MDR 2007, 742 = RVGreport 2007, 269 = zfs 2007, 467 = NJ 2007, 411; BGH AGS 2012, 274 = NJW 2012, 1294 = FamRZ 2012, 708 = AnwBl 2012, 470 = MDR 2012, 615 = zfs 2012, 342 = JurBüro 2012, 302 = Rpfleger 2012, 392 = RVGprof. 2012, 55 = RVGreport 2012, 77 = RVGreport 2012, 184 = NJW-Spezial 2012, 317 = FuR 2012, 483; BGH AGS 2007, 397 = BGHReport 2007, 735 = NJW 2007, 2644 = AnwBl 2007, 631 = MDR 2007, 1103 = Rpfleger 2007, 574 = JurBüro 2007, 525 = BB 2007, 1360 = FamRZ 2007, 1096 = RVGreport 2007, 271 = NZBau 2007, 448 = NJ 2007, 365 = zfs 2007, 467 = MittdtschPatAnw 2007, 383; mit Einschränkung bisher abgelehnt BGH AGS 2012, 10 = MDR 2012, 57 = zfs 2012, 43 = FamRZ 2012, 110 = Rpfleger 2012, 102 = NJW 2012, 459 = JurBüro 2012, 137 = FF 2012, 43 = FuR 2012, 93 = FamFR 2012, 36 = FamRB 2012, 47 = RVGreport 2012, 59 = NJW-Spezial 2012, 156; KG KGR 2008, 679 = JurBüro 2008, 473 = RVGreport 2008, 313 = RVGprof. 2009, 4.
30 So OVG Münster AGS 2014, 124 = NJW 2014, 1465 = NJW-Spezial 2014, 221.
31 So VG Berlin AGS 2014, 329 = NJW-Spezial 2014, 443.
32 OLG Nürnberg JurBüro 1977, 346; LG Berlin JurBüro 1987, 1827 = Rpfleger 1987, 123.

unabhängig davon, welches Gebührenrecht für den Terminsvertreter gilt. Hier kann es also zu unterschiedlichem Gebührenrecht kommen.

> **Beispiel 54** | **Hauptbevollmächtigter und Terminsvertreter**
>
> Anwalt A ist im Juli 2013 als Prozessbevollmächtigter beauftragt worden, Anwalt B im August als Terminsvertreter.
>
> Für Anwalt A gilt altes Recht, da er vor dem 1.8.2013 beauftragt worden ist. Für Anwalt B gilt dagegen bereits neues Recht, da er den Auftrag erst nach dem 31.7.2013 erhalten hat.

38. Unterbrechung

75 Wird das Verfahren unterbrochen und später wieder fortgeführt, so bleibt das ursprüngliche Auftragsdatum weiterhin maßgebend. Durch die Fortsetzung des Rechtsstreits entsteht keine neue Angelegenheit, auch nicht, wenn zwischenzeitlich zwei Kalenderjahre vergangen sind. Die Regelung des § 15 Abs. 5 S. 2 RVG greift hier nicht.[33]

39. Urkunden-, Wechsel- und Scheckprozess und Nachverfahren oder Verfahren nach Abstandnahme

76 Das Nachverfahren und das Verfahren nach Abstandnahme stellen gegenüber dem Urkunden-, Wechsel- oder Scheckprozess eine gesonderte Angelegenheit dar (§ 17 Nr. 5 RVG). Der Anwalt erhält daher für das Nachverfahren bzw. das Verfahren nach Abstandnahme bereits die Gebühren nach neuem Recht, wenn er den Auftrag hierzu erst nach dem 31.7.2013 erhalten hat.

> **Beispiel 55** | **Vorbehaltsurteil und Nachverfahren**
>
> Auf eine im Januar 2013 eingereichte Urkundenklage über 5.000,00 EUR ergeht nach mündlicher Verhandlung ein Vorbehaltsurteil. Der Kläger beantragt, das Urteil für vorbehaltlos zu erklären. Im daraufhin anberaumten Termin im Nachverfahren wird erneut verhandelt.
>
> Es liegen zwei verschiedene Angelegenheiten vor (§ 17 Nr. 5 RVG). Die Vergütung im Urkundenverfahren richtet sich nach altem Recht, die des Nachverfahrens nach neuem Recht. Angerechnet wird die Verfahrensgebühr nach altem Recht.
>
> **I. Scheckverfahren (Wert: 5.000,00 EUR)**
> 1. 1,3-Verfahrensgebühr, Nr. 3100 VV, § 13 RVG a.F.   391,30 EUR
> 2. 1,2-Terminsgebühr, Nr. 3104 VV, § 13 RVG a.F.   361,20 EUR
> 3. Postentgeltpauschale, Nr. 7002 VV   20,00 EUR
>   Zwischensumme   772,50 EUR
> 4. 19 % Umsatzsteuer, Nr. 7008 VV   146,78 EUR
> **Gesamt**   **919,28 EUR**
>
> **II. Nachverfahren (Wert: 5.000,00 EUR)**
> 1. 1,3-Verfahrensgebühr, Nr. 3100 VV, § 13 RVG n.F.   393,90 EUR
> 2. gem. Anm. Abs. 2 zu Nr. 3100 VV anzurechnen, 1,3 aus 5.000,00 EUR, § 13 RVG a.F.   – 391,30 EUR

---

33 Für Unterbrechung nach § 240 ZPO: FG Saarbrücken AGS 2008, 290; OLG Hamm JurBüro 1989, 1403 = Rpfleger 1989, 525; OLG München JurBüro 1989, 977; für die Unterbrechung nach §§ 239 ff. ZPO: LG Berlin JurBüro 1988, 601; OLG Bamberg JurBüro 1991, 239.

3. 1,2-Terminsgebühr, Nr. 3104 VV, § 13 RVG n.F.		363,60 EUR
4. Postentgeltpauschale, Nr. 7002 VV		20,00 EUR
Zwischensumme	386,20 EUR	
5. 19 % Umsatzsteuer, Nr. 7008 VV		73,38 EUR
Gesamt		**459,58 EUR**

40. Verbindung

Werden mehrere selbstständige Verfahren miteinander verbunden, so berechnen sich nach Verbindung die Gebühren aus den zusammengerechneten Werten der verbundenen Verfahren. Soweit für das eine Verfahren altes Recht galt und für das andere bereits neues Recht, gilt nach Verbindung gem. § 60 Abs. 2 RVG fortan neues Recht; auf das Datum der einzelnen Auftragserteilungen kommt es nicht an.

Beispiel 56 | **Verbindung altes und neues Verfahren**

Der Anwalt hatte im April 2013 Klage (Az. 1/14) gegen B auf Zahlung von 5.000,00 EUR erhoben, die dem Beklagten im Mai 2013 zugestellt worden ist. Im August 2013 erhebt B eine selbstständige Klage (2/14) gegen A in Höhe von 8.000,00 EUR. Beide Verfahren sind im September 2013 gem. § 145 ZPO verbunden und anschließend gemeinsam verhandelt worden. Führend ist das Verfahren 1/14.

Die Vergütung im Klageverfahren des A richtet sich nach altem Recht; die Vergütung im Klageverfahren des B nach neuem Recht. Da sich nach der Verbindung die Gebühren gem. § 23 Abs. 1 S. 1 RVG i.V.m. § 45 Abs. 1 GKG aus den zusammengerechneten Werten berechnen, gilt nach § 60 Abs. 2 RVG für die weiteren Gebühren, die nach der Verbindung entstehen, neues Recht. Für die bis zur Verbindung angefallenen Gebühren bleibt es dagegen bei § 60 Abs. 1 S. 1 RVG. Es gilt hier gespaltenes Kostenrecht.

Zu beachten ist, dass hier ein Wahlrecht des Anwalts besteht, wie er abrechnet (siehe dazu § 14 Rn 50 ff.).

Wählt der Anwalt die gemeinsame Abrechnung, ist durchweg nach altem Recht abzurechnen.

I. Gemeinsame Berechnung, verbundenes Verfahren 1/14

1. 1,3-Verfahrensgebühr, Nr. 3100 VV (Wert: 13.000,00 EUR), § 13 RVG a.F.		683,80 EUR
2. 1,2-Terminsgebühr, Nr. 3104 VV (Wert: 13.000,00 EUR), § 13 RVG a.F.		631,20 EUR
3. Postentgeltpauschale, Nr. 7002 VV		20,00 EUR
Zwischensumme	1.335,00 EUR	
4. 19 % Umsatzsteuer, Nr. 7008 VV		253,56 EUR
Gesamt		**1588,65EUR**

Wählt der Anwalt die getrennte Abrechnung, kann er die Verfahrensgebühr des hinzu verbundenen Verfahrens nach neuem Recht abrechnen. Alle anderen Gebühren richten sich nach neuem Recht.

II. Getrennte Abrechnung
a) Verfahren 1/14

1. 1,3-Verfahrensgebühr, Nr. 3100 VV (Wert: 5.000,00 EUR), § 13 RVG a.F.		391,30 EUR
2. 1,2-Terminsgebühr, Nr. 3104 VV (Wert: 13.000,00 EUR), § 13 RVG a.F.		631,20 EUR
3. Postentgeltpauschale, Nr. 7002 VV		20,00 EUR
Zwischensumme	1.042,50 EUR	

4. 19 % Umsatzsteuer, Nr. 7008 VV		198,08 EUR
Gesamt		**1.240,58 EUR**
b) **Verfahren 2/14 vor Verbindung**		
1. 1,3-Verfahrensgebühr, Nr. 3100 VV (Wert: 8.000,00 EUR), § 13 RVG n.F.		592,80 EUR
2. Postentgeltpauschale, Nr. 7002 VV		20,00 EUR
Zwischensumme	612,80 EUR	
3. 19 % Umsatzsteuer, Nr. 7008 VV		116,43 EUR
Gesamt		**729,23 EUR**
Gesamt (1/14 + 2/14)		**1.969,81 EUR**

41. Verbundverfahren

78 Im Scheidungsverbundverfahren erhält der Anwalt die Gebühren jeweils nur einmal. Das gesamte Verbundverfahren bildet gebührenrechtlich eine einzige Angelegenheit (§ 16 Nr. 4 RVG). Die jeweiligen Gebühren sind daher aus den nach § 23 Abs. 1 RVG i.V.m. § 44 Abs. 2 S. 2 FamGKG zusammengerechneten Werten von Ehe- und Folgesachen zu berechnen. Daher gilt für das gesamte Verbundverfahren altes Recht, wenn der Auftrag vor dem 1.8.2013 erteilt worden ist. Auch für Folgesachen, zu denen der Anwalt den Auftrag erst nach dem 31.7.2013 erhält, gilt das bisherige Gebührenrecht.[34]

> **Beispiel 57** | **Verbundverfahren und Folgesache**
>
> **Die Scheidung ist im April 2013 eingereicht worden. Im November wird die Folgesache Zugewinn anhängig gemacht.**
>
> Das gesamte Verbundverfahren ist eine Angelegenheit (§ 16 Nr. 4 RVG), so dass durchweg altes Recht gilt.

79 Werden gesonderte Verfahren anhängig gemacht, die nicht zum Verbund zählen, z.B. Trennungsunterhalt, oder werden einstweilige Anordnungsverfahren eingeleitet, ist die Anwendung des jeweiligen Gebührenrechts für die isolierten Verfahren gesondert zu prüfen.

> **Beispiel 58** | **Verbundverfahren und isoliertes Verfahren**
>
> **Die Scheidung ist im April 2013 eingereicht worden. Im Oktober ist ein Verfahren auf Trennungsunterhalt eingereicht worden.**
>
> Das Trennungsunterhaltsverfahren ist eine eigene Angelegenheit. Für das Verbundverfahren gilt altes Recht, für das Unterhaltsverfahren gilt dagegen neues Recht.

80 Wird eine Folgesache abgetrennt, so dass sie zum selbstständigen isolierten Verfahren wird, dann kann für das abgetrennte Verfahren u.U. neues Recht gelten.

> **Beispiel 59** | **Verbundverfahren und Abtrennung**
>
> **Die Scheidung ist im April 2013 eingereicht worden. Später wird das Sorgerecht als Folgesache anhängig gemacht und im Dezember 2014 abgetrennt.**

---

34 OLG Düsseldorf JurBüro 1996, 253; OLG Nürnberg RVGreport 2005, 220.

a) Die Folgesache Sorgerecht war im Juni 2013 eingereicht worden.

b) Die Folgesache Sorgerecht war im September 2013 eingereicht worden.

In beiden Fällen ist die Folgesache Sorgerecht mit der Abtrennung zum isolierten Verfahren geworden (§ 137 Abs. 5 S. 3, Abs. 3 FamFG). Jetzt ist die Auftragserteilung maßgebend. Während im Fall a) für das abgetrennte Verfahren altes Recht gilt; ist im Fall b) nach neuem Recht abzurechnen.

42. Verfahrenskostenhilfe

Siehe Prozesskostenhilfe Rn 60.

43. Verfahrenstrennung

Nach einer Verfahrenstrennung verbleibt es grundsätzlich beim bisherigen Recht, auch wenn zwischenzeitlich eine Gebührenänderung eingetreten ist. Infolge der Verfahrenstrennung erhält der Anwalt keinen neuen Auftrag. Aus dem ursprünglich gemeinsamen Auftrag werden infolge der Trennung jetzt lediglich zwei verschiedene Angelegenheiten.

Beispiel 60 | **Verfahrenstrennung (I)**

Eingeklagt worden sind im Januar 2013 zwei Forderungen. Im Oktober 2013 hat das Gericht das Verfahren wegen der zweiten Forderung abgetrennt.

Für das abgetrennte Verfahren bleibt es beim alten Recht, da der Auftrag vor dem 1.8.2103 erteilt worden ist.

War der Auftrag zum abgetrennten Gegenstand dagegen erst nach dem 31.7.2014 erteilt worden, gilt nach der Abtrennung neues Recht.

Beispiel 61 | **Verfahrenstrennung (II)**

Die Klage ist Januar 2013 eingereicht worden. Im Oktober 2013 ist eine Widerklage eingereicht worden. Diese ist im Dezember 2013 abgetrennt worden.

Jetzt gilt für das abgetrennte Verfahren neues Recht, da der Auftrag hierzu vor dem 1.8.2013 erteilt worden war.

44. Verkehrsanwalt

Die Anwendung des maßgeblichen Gebührenrechts für einen Verkehrsanwalt richtet sich nach dem Datum des ihm erteilten Auftrags, unabhängig davon, wann der Hauptbevollmächtigte beauftragt worden ist.

Beispiel 62 | **Hauptbevollmächtigter und Verkehrsanwalt (I)**

Anwalt A ist im Juli 2013 als Prozessbevollmächtigter beauftragt worden, Anwalt B im August als Verkehrsanwalt.

Für Anwalt A gilt altes Recht, da er vor dem 1.8.2013 beauftragt worden ist. Für Anwalt B gilt dagegen bereits neues Recht, da er den Auftrag erst nach dem 31.7.2013 erhalten hat.

> **Beispiel 63** | **Hauptbevollmächtigter und Verkehrsanwalt (II)**
>
> **Anwalt A ist im Juli 2013 als Verkehrsanwalt beauftragt worden, Anwalt B im August als Prozessbevollmächtigter.**
>
> Für Anwalt A gilt altes Recht, da er vor dem 1.8.2013 beauftragt worden ist. Für Anwalt B gilt dagegen bereits neues Recht, da er den Auftrag erst nach dem 31.7.2013 erhalten hat.

45. Verweisung

85   Durch die Verweisung eines Verfahrens entsteht nach § 20 S. 1 RVG grundsätzlich keine neue Angelegenheit (siehe § 13 Rn 63), so dass weiterhin das bisherige Gebührenrecht fort gilt.

> **Beispiel 64** | **Abgabe (I)**
>
> **Die Klage war im Juli 2013 beim LG Köln eingereicht worden. Das LG Köln hat die Sache im August an das LG Bonn verwiesen.**
>
> Es bleibt bei derselben Angelegenheit (§ 20 S. 1 RVG) und damit beim alten Gebührenrecht.

86   Eine Ausnahme greift nur dann, wenn nach § 20 S. 2 RVG eine neue Angelegenheit beginnt (siehe § 13 Rn 65). Dann richtet sich das Verfahren nach Verweisung nach neuem Recht, wenn die Verweisung nach dem 31.7.2013 erfolgt ist.

> **Beispiel 65** | **Abgabe (II)**
>
> **Im Mai 2103 ist Klage vor dem ArbG erhoben worden, das die Klage als unzulässig abgewiesen hat. Das LAG hebt auf die Berufung das Urteil des ArbG auf und verweist die Sache auf den jetzt hilfsweise gestellten Verweisungsantrag an das zuständige LG, vor dem dann erneut verhandelt wird.**
>
> Vor dem ArbG gilt altes Gebührenrecht. Das Verfahren nach Verweisung vor dem LG ist jetzt eine neue Angelegenheit (§ 20 S. 2 RVG), so dass vor dem LG neues Gebührenrecht gilt.

46. Verwaltungsverfahren

87   Verwaltungsverfahren und Nachprüfungsverfahren sind zwei verschiedene Angelegenheiten (§ 17 Nr. 1a RVG). Ist der Auftrag für das Verwaltungsverfahren vor dem 1.8.2013 erteilt worden, gilt ungeachtet dessen für das Nachprüfungsverfahren neues Recht (einschließlich der Anrechnung nach Vorbem. 2.3 Abs. 4 VV), wenn der Auftrag für das Nachprüfungsverfahren erst nach dem 31.7.2013 erteilt worden ist.

| Beispiel 66 | **Vertretung im Verwaltungsverfahren und im Widerspruchsverfahren (Verwaltungsrecht)** |

Der Anwalt ist im Mai 2013 im Verwaltungsverfahren beauftragt worden. Im August 2013 hat er den Auftrag für das Widerspruchsverfahren erhalten.

Die Geschäftsgebühr des Verwaltungsverfahrens (Nr. 2300 VV) richtet sich nach den Gebührenbeträgen des § 13 RVG a.F.; die Geschäftsgebühr des Widerspruchsverfahren richtet dagegen bereits nach neuem Recht, also nicht nach Nr. 2301 VV a.F., sondern nach Nr. 2300 VV, und zwar nach den Gebührenbeträgen des § 13 RVG n.F. Angerechnet (Vorbem 2.3 Abs. 4 VV) wird die hälftige Geschäftsgebühr nach den alten Gebührenbeträgen (siehe Beispiel 13).

| Beispiel 67 | **Vertretung im Verwaltungsverfahren und im Widerspruchsverfahren (Sozialrecht)** |

88

Der Anwalt ist im Mai 2013 im Verwaltungsverfahren beauftragt worden. Im August 2013 hat er den Auftrag für das Widerspruchsverfahren erhalten.

Die Geschäftsgebühr im Verwaltungsverfahren richtet sich nach Nr. 2400 VV a.F. nach dem alten Gebührenrahmen; das Widerspruchsverfahren dagegen richtet sich bereits nach neuem Recht, also nicht nach Nr. 2401 VV a.F., sondern nach Nr. 2302 Nr. 1 VV, und zwar nach den neuen Gebührenbeträgen. Es greift also keine Ermäßigung. Stattdessen wird gem. Vorbem. 2.3 Abs. 4 VV die erste (alte) Geschäftsgebühr hälftig angerechnet (siehe Beispiel 14).

47. Wiederaufnahmeverfahren

Das Wiederaufnahmeverfahren stellt unabhängig von dem zugrunde liegenden Rechtsstreit eine eigene Angelegenheit dar (siehe § 17 Nr. 13 RVG), sodass die Anwendung des maßgebenden Gebührenrechts gesondert zu prüfen ist.

89

48. Widerklage, Drittwiderklage (Widerantrag, Drittwiderantrag)

Für eine Widerklage gilt das Gleiche wie für die Klageerweiterung. Auch die Widerklage eröffnet keine neue Angelegenheit. Es gilt einheitlich bisheriges Recht, auch wenn der Auftrag zur Widerklage bzw. zum Widerantrag nach dem Stichtag erteilt worden ist.[35]

90

| Beispiel 68 | **Klage und Widerklage (I)** |

Im Mai 2013 ist die Klage eingereicht worden. Im Oktober 2013 hat der Beklagte eine Widerklage erhoben.

Klage und Widerklage sind dieselbe Angelegenheit. Es ist einheitlich nach altem Recht abzurechnen.

Nur dann, wenn eine bisher nicht beteiligte Partei einbezogen wird, also durch eine Drittwiderklage, gilt für deren Anwalt neues Gebührenrecht, wenn er bislang noch nicht tätig war.[36]

91

---

35 OLG Bamberg JurBüro 1978, 364; OLG Hamm JurBüro 1979, 45; OLG Düsseldorf JurBüro 1980, 852.
36 OLG Bamberg AnwBl 1989, 627.

| Beispiel 69 | Klage und Widerklage (II) |

Wie vorangegangenes Beispiel 68. Neben der Widerklage wird auch Drittwiderklage gegen den C erhoben, der nunmehr einen eigenen Anwalt beauftragt.

Für die Anwälte von Kläger und Beklagtem gilt altes Recht. Für den Anwalt des Drittwiderbeklagten C gilt dagegen neues Recht.

49. Zulassung eines Rechtsmittels

92 Das Verfahren auf Zulassung eines Rechtsmittels ist bereits Teil des Rechtsmittelverfahrens und bildet mit dem zugelassenen Rechtsmittel eine einzige Angelegenheit (§ 16 Nr. 11 RVG). Eine Änderung des Gebührenrechts zwischen dem Auftrag zum Zulassungsantrag und der Zulassung des Rechtsmittels ist daher unerheblich.

| Beispiel 70 | Berufung und Zulassungsantrag |

Auf die im Januar 2013 eingereichte Klage hatte das VG im Juni 2013 ein Urteil erlassen und die Berufung nicht zugelassen. Der Anwalt beantragt im Juli gem. § 124a VwGO auftragsgemäß die Zulassung der Berufung, die zugelassen wird.

Das Verfahren auf Zulassung der Berufung richtet sich nach altem Recht, ebenso das Verfahren über die Berufung, da es sich um dieselbe Angelegenheit handelt (§ 16 Nr. 11 RVG).

93 Anders verhält es sich allerdings im Falle der Nichtzulassungsbeschwerde (siehe Rn 56a). Diese stellt gegenüber dem auf die Beschwerde hin zugelassenen Rechtsmittel nach § 17 Nr. 9 RVG eine eigene Angelegenheit dar, sodass hier eine Änderung des Gebührenrechts zu beachten ist.

| Beispiel 71 | Berufung und Nichtzulassungsbeschwerde |

Auf die im Januar 2013 eingereichte Klage hatte das OLG im Juni 2013 ein Urteil erlassen und die Revision nicht zugelassen. Hiergegen erhebt der Anwalt auftragsgemäß Nichtzulassungsbeschwerde, die im Oktober beschieden wird und Erfolg hat.

Das Berufungsverfahren richtet sich nach altem Recht, ebenso das Verfahren über die Nichtzulassungsbeschwerde. Für die Revision gilt dagegen neues Recht. Anzurechnen sind die alten Beträge (Anm. zu Nr. 3506 VV).

50. Zurückverweisung

94 Wird ein Verfahren nach dem 31.7.2013 zurückverwiesen, so richten sich die Gebühren im Verfahren nach Zurückverweisung, das nach § 21 Abs. 1 RVG eine neue Angelegenheit ist, nach neuem Recht,[37] und zwar in allen Verfahren, also auch in Strafsachen.[38] Hier ist allerdings bei Zurückverweisung an ein bereits mit der Sache befasstes Gericht in Verfahren nach Teil 3 VV gem. Vorbem. 3 Abs. 6 VV die Anrechnung der (alten) Verfahrensgebühr zu beachten.

---

37 LG München AGS 2007, 459; OLG München AGS 2007, 624 = OLGR 2008, 152 = NJW-Spezial 2007, 524 = RVG prof. 2008, 45; OLG Düsseldorf AGS 2008, 242 OLGR 2008, 435 = NJW-Spezial 2008, 189.
38 KG AGS 2005, 449 = RVGreport 2005, 343 = RVGprof. 2005, 178; OLG Düsseldorf JurBüro 1988, 1352.

IV. Einzelfälle zum Inkrafttreten des 2.KostRMoG § 40

Beispiel 72 | **Zurückverweisung nach dem 31.7.2013**

Das Verfahren aus 2012 (Wert 5.000,00 EUR) wird im August 2013 vom Berufungsgericht zurückverwiesen.

Der Anwalt erhält:

I. Verfahren vor Zurückverweisung	
1. 1,3-Verfahrensgebühr, Nr. 3100 VV, § 13 RVG a.F.	391,30 EUR
2. 1,2-Terminsgebühr, Nr. 3104 VV, § 13 RVG a.F.	361,20 EUR
3. Postentgeltpauschale, Nr. 7002 VV	20,00 EUR
Zwischensumme 772,50 EUR	
4. 19 % Umsatzsteuer, Nr. 7008 VV	146,78 EUR
Gesamt	**919,28 EUR**
II. Verfahren nach Zurückverweisung	
1. 1,3-Verfahrensgebühr, Nr. 3100 VV, § 13 RVG n.F.	393,90 EUR
2. gem. Vorbem. 3 Abs. 6 VV anzurechnen, 1,3 aus 5.000,00 EUR, § 13 RVG a.F.	– 391,30 EUR
3. 1,2-Terminsgebühr, Nr. 3104 VV, § 13 RVG n.F.	363,60 EUR
4. Postentgeltpauschale, Nr. 7002 VV	20,00 EUR
Zwischensumme 386,20 EUR	
5. 19 % Umsatzsteuer, Nr. 7008 VV	73,38 EUR
Gesamt	**459,58 EUR**

51. Zusammengerechnete Werte

Berechnen sich die Gebühren nach den zusammengerechneten Werten mehrerer Gegenstände, so gilt für die gesamte Vergütung das bisherige Recht, wenn dies nach § 60 Abs. 2 RVG nur für einen Teil der Gegenstände gelten würde. Der Anwendungsbereich dieser Vorschrift beschränkt sich ausschließlich auf Verfahrensverbindung, was zumeist verkannt wird (siehe Rn 77 ff.). **95**

52. Zwangsvollstreckung

Eine eigene Angelegenheit stellt auch die Zwangsvollstreckung dar (§ 18 Abs. 1 Nr. 1 RVG). Hier kommt es auf den jeweiligen Vollstreckungsauftrag an. **96**

Einen Vollstreckungsauftrag vor Erlass des Vollstreckungstitels wird man in der Regel als bedingten Auftrag ansehen müssen, sodass es auf den Zeitpunkt ankommt, in dem der Anwalt von der Existenz des Titels Kenntnis erhält. **97**

Bei mehreren Vollstreckungsverfahren (Mobiliarpfändung, Lohnpfändung, Vermögensauskunft etc.) ist jeweils auf den einzelnen Auftrag abzustellen. **98**

Wird von vornherein ein genereller Auftrag zur Vollstreckung erteilt, so ist dieser in der Regel als unbedingter Auftrag zu einer ersten Vollstreckungsmaßnahme (z.B. Mobiliarvollstreckung) zu verstehen und als bedingter Auftrag zu weiteren Vollstreckungen (z.B. Verfahren auf Abgabe der Vermögensauskunft nach Erhalt der Fruchtlosigkeitsbescheinigung). Hier ist also auch die zwischenzeitliche Gebührenänderung zu berücksichtigen. **99**

| Beispiel 73 | **Mobiliarvollstreckungsauftrag und bedingter Auftrag zur Abgabe der Vermögensauskunft** |

Der Anwalt hatte im Mai 2013 einen sog. „Kombi-Auftrag" erhalten. Er beauftragt zunächst den Gerichtsvollzieher, der im August 2013 die Fruchtlosigkeit feststellt und sodann antragsgemäß das Verfahren auf Abgabe der Vermögensauskunft einleitet.

Das Mobiliar-Vollstreckungsverfahren ist nach den alten Beträgen abzurechnen, das Verfahren auf Abgabe der Vermögensauskunft dagegen nach den neuen Beträgen und dem neuen Höchstwert des § 25 Abs. 1 Nr. 4 RVG.

53. Zwei-Jahres-Frist

100 Erhält der Anwalt nach Ablauf von zwei Kalenderjahren, nachdem der Erstauftrag erledigt worden ist, den Auftrag zu weiterer Tätigkeit, so gilt diese weitere Tätigkeit nach § 15 Abs. 5 S. 2 RVG als neue Angelegenheit.[39] Die Gebühren richten sich in diesem Fall für die weitere Tätigkeit nach neuem Recht, wenn der Auftrag dazu nach dem 31.7.2013 erteilt worden ist.

101 Die Vorschrift ist nicht anzuwenden bei bloßem Ruhen des Verfahrens oder einer Aussetzung.[40]

V. Änderung von anderen Kostengesetzen

102 Soweit sich in anderen Kostengesetzen, auf die das RVG Bezug nimmt, Änderungen ergeben, gelten die vorstehenden Ausführungen entsprechend (§ 60 Abs. 1 S. 3 RVG). Es kommt also auch hier grundsätzlich auf den Tag der Auftragserteilung an (§ 60 Abs. 1 S. 1 RVG, bzw. im Rechtsmittelverfahren gegebenenfalls auf den Tag der Einlegung des Rechtsmittels (§ 61 Abs. 1 S. 2 RVG).

| Beispiel 74 | **Abweichende Wertfestsetzung für den Anwalt (I)** |

Der Antragsteller hatte im Juli 2013 die Scheidung eingereicht. Im August hatte die Antragsgegnerin einen Anwalt mit ihrer Vertretung im Verbundverfahren beauftragt. Nach Abschluss des Verfahrens setzt das Gericht den Verfahrenswert für die Ehesache auf den Mindestwert des § 43 Abs. 1 S. 2 FamGKG a.F. in Höhe von 2.000,00 EUR fest.

Dieser Wert gilt für die Gerichtsgebühren und die Anwaltsgebühren des Verfahrensbevollmächtigten des Antragstellers. Für den Verfahrensbevollmächtigten der Antragsgegnerin gilt dagegen gem. § 60 Abs. 1 S. 3 RVG der neue Mindestwert des § 43 Abs. 1 S. 2 FamGKG n.F. in Höhe von 3.000,00 EUR.[41] Dieser Wert ist auf Antrag nach § 33 RVG festzusetzen.

---

39 BGH AGS 2010, 477 = MDR 2010, 1218 = FamRZ 2010, 1723 = VersR 2010, 1664 = JurBüro 2010, 640 = AnwBl 2010, 804 = FamRB 2010, 335 = FuR 2010, 687 = BRAK-Mitt 2010, 274 = FF 2010, 508 = RVGreport 2011, 17 = RVGprof. 2011, 40 = FamFR 2010, 442; OLG München AGS 2006, 369.
40 OLG Köln AGS 2011, 321; FG Baden Württemberg AGS 2010, 606 = EFG 2011, 373 = StE 2010, 729.
41 AG Meiningen JurBüro 2012, 146.

V. Änderung von anderen Kostengesetzen § 40

Beispiel 75 | **Abweichende Wertfestsetzung für den Anwalt (II)**

Der Anwalt wird im Juli 2013 beauftragt, einen Stufenantrag einzureichen. Der Antrag geht im August bei Gericht ein. Mangels hinreichender Angaben zur Höhe der Leistungsstufe setzt das Gericht den Verfahrenswert auf den Auffangwert des § 42 Abs. 3 FamGKG n.F. mit 5.000,00 EUR fest. Hiernach bestellt der Antragsgegner einen Anwalt mit seiner Vertretung.

Für den Anwalt des Antragsgegners und für die Gerichtsgebühren gilt der Wert i.H.v. 5.000,00 EUR. Für den Anwalt des Antragstellers gilt zwar ebenfalls der Auffangwert, allerdings gem. § 60 Abs. 2 RVG noch der der alten Fassung des FamGKG, also in Höhe von 3.000,00 EUR. Dieser Wert ist auf Antrag nach § 33 RVG festzusetzen.

§ 41 Abrechnung nach den Abrechnungsgrundsätzen in Haftpflichtsachen

Inhalt

I. Die Abrechnungsgrundsätze 1	5. Auslagen 18
1. Überblick 1	**II. Konkurrenz zum Vergütungsanspruch gegen eigenen Mandanten** 28
2. Abrechnungsgrundsätze auf der Basis 1,8 5	1. Überblick 28
3. Abrechnungsgrundsätze auf der Basis 1,5 10	2. Unterschiedliche Gebührensätze 29
4. Gegenstandswert 16	3. Teilregulierung 30

I. Die Abrechnungsgrundsätze

1. Überblick

Infolge des zum 1.7.2004 in Kraft getretenen RVG ist die Abrechnung nach dem sog. „DAV-Abkommen" ausgelaufen, da dieses auf der BRAGO gründete. Stattdessen bieten jetzt einige Versicherer **individuelle Abrechnungsgrundsätze**[1] an, auf die sich der Anwalt berufen kann. 1

Die Abrechnungsgrundsätze betreffen unmittelbar nur das **Erstattungsverhältnis**, haben aber auch mittelbar Einfluss auf die Abrechnung mit dem Mandanten (siehe Rn 28 ff.). 2

Die Abrechnungsgrundsätze sind inhaltlich weitgehend gleich lautend. Es ergeben sich jedoch im Einzelnen Unterschiede, auf die hier – soweit von Bedeutung – eingegangen wird.[2] 3

Hinsichtlich der Höhe der Gebühren werden zwei verschiedene Modelle (Basis 1,8 und Basis 1,5) angeboten. 4

2. Abrechnungsgrundsätze auf der Basis 1,8

Folgende Versicherer, 5
- Allianz Versicherungs AG (einschließlich OVD und VVD),[3]
- Öffentliche Landesbrandkasse Versicherungen Oldenburg,[4]
- DEVK Versicherungen,
- VGH Versicherungen[5]

bieten ein Modell auf der Ausgangsbasis einer 1,8-Geschäftsgebühr an.

Individuelle Gebührenvereinbarungen (im Rahmen des RVG) sind möglich, wenn die Regulierung (auch) Körperschäden betrifft und der Gesamterledigungswert 200.000,00 EUR oder mehr beträgt.[6] 6

---

1 Die einzelnen Abrechnungsgrundsätze der Versicherer sind nachgewiesen auf der Homepage des DAV (Verkehrsanwälte): http://verkehrsanwaelte.de/arbeitshilfen/abrechnung-kfz-haftpflichtschaeden.pdf; auch in AnwK-RVG/*N. Schneider*, Anhang VII Rn 9 ff.
2 Siehe ausführlich AnwK-RVG/*N. Schneider*, Anhang VII Rn 9 ff.
3 Nur Kraftfahrzeughaftpflicht.
4 Kraftfahrzeughaftpflicht und Allgemeine Haftpflicht.
5 Kraftfahrzeughaftpflicht und Allgemeine Haftpflicht.
6 So ausdrücklich jedenfalls bei Allianz, VVD und OVD.

7 Grundsätzlich wird danach eine Gebühr in Höhe von 1,8 erstattet, bei **mehreren Auftraggebern** i.H.v. 2,4. Hier ist es im Gegensatz zu Nr. 1008 VV nicht erforderlich, dass der Anwalt hinsichtlich der verschiedenen Auftraggeber wegen desselben Gegenstandes tätig wird. Die Erhöhung fällt auch an, wenn der Anwalt wegen verschiedener Gegenstände tätig wird (siehe Rn 24). Andererseits ist es unerheblich, wie viele Auftraggeber der Anwalt vertritt. Die Erhöhung tritt nur einmal ein, nicht für jeden weiteren Auftraggeber.

8 Sofern **auch Personenschäden** betroffen sind und der Erledigungswert den Betrag von 10.000,00 EUR erreicht, erhöht sich der Gebührensatz bei einem Auftraggeber auf 2,1 und bei mehreren Auftraggebern auf 2,7.

Übersicht Abrechnungsgrundsätze auf der Basis 1,8		
	ein Auftraggeber	mehrere Auftraggeber
Nur Sachschaden	1,8	2,4
Personenschaden (und Sachschaden) bei einem Gesamterledigungswert unter 10.000,00 EUR	1,8	2,4
Personenschaden (und Sachschaden) ab einem Gesamterledigungswert von 10.000,00 EUR	2,1	2,7

9 Im Gegensatz zur früher verwandten Ausschlussklausel, dass es nicht zu einer gerichtlichen Entscheidung kommen durfte, ist bei den Versicherern, die auf der Basis 1,8 abrechnen, nur noch von „**der vollständigen außergerichtlichen Regulierung**" die Rede. Dies ist dahingehend zu verstehen ist, dass bereits mit Klageerhebung die Anwendung der Abrechnungsgrundsätze ausgeschlossen ist. Hierfür spricht nicht nur die geänderte Fassung, sondern auch, dass früher die Gebühren der §§ 31, 32 Abs. 1 BRAGO durch die Pauschbeträge abgegolten waren, während jetzt nur die Gebühren nach Nrn. 2300, 1000, 1009 VV abgedeckt werden, nicht auch die der Nrn. 3100 ff. VV.[7]

> **Beispiel 1** | **Erledigung nach Klageerhebung**

Der Anwalt fordert für den Geschädigten außergerichtlich beim Versicherer 10.000,00 EUR ein. Hiervon werden 7.500,00 EUR gezahlt. Daraufhin erhebt der Anwalt für den Geschädigten Klage wegen des Restbetrages i.H.v. 2.500,00 EUR. Nach Klageerhebung lässt der Versicherer den Einwand der Mithaftung fallen und reguliert vollständig.

Die Abrechnungsgrundsätze auf der Basis 1,8 sind nicht mehr anwendbar. Die Erstattung richtet sich nach den gesetzlichen Gebühren. Zu erstatten sind also eine Geschäftsgebühr (Nr. 2300 VV) sowie eine 1,3-Verfahrensgebühr (Nr. 3100 VV), allerdings mit der Maßgabe, dass die Geschäftsgebühr hälftig anzurechnen ist. Ausgehend von der Schwellengebühr (Anm. zu Nr. 2300 VV) wäre jetzt wie folgt abzurechnen.

---

[7] AnwK-RVG/*N. Schneider*, Anhang VII Rn 31 ff.

I. Die Abrechnungsgrundsätze   § 41

I. **Außergerichtliche Vertretung (Wert: 10.000,00 EUR)**		
1. 1,3-Geschäftsgebühr, Nr. 2300 VV		725,40 EUR
2. Postentgeltpauschale, Nr. 7002 VV		20,00 EUR
Zwischensumme	745,40 EUR	
3. 19 % Umsatzsteuer, Nr. 7008 VV		141,63 EUR
Gesamt		**887,03 EUR**
II. **Rechtsstreit (Wert: 2.500,00 EUR)**		
1. 1,3-Verfahrensgebühr, Nr. 3100 VV		261,30 EUR
2. gem. Vorbem. 3 Abs. 4 VV anzurechnen, 0,65 aus 2.500,00 EUR		− 130,65 EUR
3. Postentgeltpauschale, Nr. 7002 VV		20,00 EUR
Zwischensumme	150,65 EUR	
4. 19 % Umsatzsteuer, Nr. 7008 VV		28,63 EUR
Gesamt		**179,28 EUR**

3. Abrechnungsgrundsätze auf der Basis 1,5

Andere Versicherer, **10**
- HUK Coburg[8] und
- Bruderhilfe Versicherung,[9]

bieten ein Modell auf der Ausgangsbasis einer 1,5-Geschäftsgebühr an.

Grundsätzlich wird danach eine Gebühr in Höhe von 1,5 erstattet, bei **mehreren Auftraggebern** **11**
i.H.v. 2,0. Auch hier ist es im Gegensatz zu Nr. 1008 VV nicht erforderlich, dass der Anwalt hinsichtlich der verschiedenen Auftraggeber wegen desselben Gegenstandes tätig wird (siehe Rn 24).

Sofern **auch Personenschäden** betroffen sind und der Erledigungswert den Betrag von **12**
10.000,00 EUR erreicht, erhöht sich der Gebührensatz bei einem Auftraggeber auf 1,75 und bei mehreren Auftraggebern auf 2,25.

Übersicht Abrechnungsgrundsätze auf der Basis 1,5		
	ein Auftraggeber	mehrere Auftraggeber
Nur Sachschaden	1,5	2,0
Personenschaden (und Sachschaden) bei einem Gesamterledigungswert unter 10.000,00 EUR	1,5	2,0
Personenschaden (und Sachschaden) ab einem Gesamterledigungswert von 10.000,00 EUR	1,75	2,25

Wird der Haftpflichtversicherer für eine ausländische Versicherungsgesellschaft tätig, dann gilt **13**
die Vereinbarung nur, wenn die ausländische Versicherungsgesellschaft sie gegen sich gelten lässt.

---

8 Kraftfahrzeughaftpflicht und Allgemeine Haftpflicht.
9 Kraftfahrzeughaftpflicht und Allgemeine Haftpflicht.

§ 41 Abrechnung nach den Abrechnungsgrundsätzen in Haftpflichtsachen

14 Bei HUK und Bruderhilfe sind die Regulierungsempfehlungen auch dann anzuwenden, wenn es nach Klageerhebung (bzw. Einleitung eines Mahnverfahrens), aber vor einer streitigen Verhandlung zu einer außergerichtlichen Erledigung kommt. Die Abrechnungsgrundsätze greifen nur dann nicht, wenn über einen Teilanspruch, sei es auch nur über die Kosten, gerichtlich entschieden wird.

15 Mit den pauschalierten Geschäftsgebühren sind daher hier nicht nur die Gebühren der Nrn. 2300, 1000, 1009 VV abgegolten, sondern gegebenenfalls auch die der Nrn. 3100, 3104 VV.

> **Beispiel 2** | **Erledigung nach Klageerhebung**
>
> Der Anwalt fordert für den Geschädigten außergerichtlich beim Versicherer 10.000,00 EUR ein. Hiervon werden 7.500,00 EUR gezahlt. Daraufhin erhebt der Anwalt für den Geschädigten Klage i.H.v. 2.500,00 EUR. Nach Klageerhebung lässt der Versicherer den Einwand der Mithaftung fallen, reguliert vollständig und erklärt, im Falle der Klagerücknahme die Gerichtskosten zu übernehmen. Die Klage wird daraufhin zurückgenommen

Die Abrechnungsgrundsätze auf der Basis 1,5 bleiben anwendbar, da eine streitige mündliche Verhandlung nicht stattgefunden hat und auch über die Kosten eine Einigung getroffen worden ist. Eine Verfahrensgebühr nach Nr. 3100 VV oder eine Terminsgebühr nach Nr. 3104 VV können daher nicht abgerechnet werden.

> **Beispiel 3** | **Einigung nach Klageerhebung**
>
> Nach Klageerhebung wird ein Vergleich geschlossen, wonach der Versicherer 75 % des Schadens übernimmt sowie die angefallene Gerichtsgebühr. Daraufhin wird die Klage zurückgenommen.

Die Abrechnungsgrundsätze auf der Basis 1,5 bleiben anwendbar.

> **Beispiel 4** | **Erledigung nach Klageerhebung mit Kostenentscheidung**
>
> Der Anwalt fordert für den Geschädigten außergerichtlich beim Versicherer 10.000,00 EUR ein. Da der Versicherer nicht zahlt, wird Klage erhoben. Nach Klageerhebung zahlt der Versicherer. Über die Kosten entscheidet das Gericht nach § 91a ZPO.

Die Abrechnungsgrundsätze sind jetzt nicht mehr anwendbar. Zwar hat auch hier keine streitige Verhandlung stattgefunden; jedoch ist eine Entscheidung über die Kosten ergangen, die die Anwendbarkeit der Abrechnungsgrundsätze ausschließt. Abzurechnen ist nach den gesetzlichen Gebühren.

I. Außergerichtliche Vertretung (Wert: 10.000,00 EUR)		
1. 1,3-Geschäftsgebühr, Nr. 2300 VV		725,40 EUR
2. Postentgeltpauschale, Nr. 7002 VV		20,00 EUR
Zwischensumme	745,40 EUR	
3. 19 % Umsatzsteuer, Nr. 7008 VV		141,63 EUR
Gesamt		**887,03 EUR**

II. Rechtsstreit (Wert: 10.000,00 EUR)

1.	1,3-Verfahrensgebühr, Nr. 3100 VV		725,40 EUR
2.	gem. Vorbem. 3 Abs. 4 VV anzurechnen, 0,65 aus 10.000,00 EUR		– 362,70 EUR
3.	Postentgeltpauschale, Nr. 7002 VV		20,00 EUR
	Zwischensumme	382,70 EUR	
4.	19 % Umsatzsteuer, Nr. 7008 VV		72,71 EUR
	Gesamt		**455,41 EUR**

Beispiel 5 — **Erledigung nach mündlicher Verhandlung**

Der Anwalt fordert für den Geschädigten außergerichtlich beim Versicherer 10.000,00 EUR ein. Hiervon werden 7.500,00 EUR gezahlt. Daraufhin erhebt der Anwalt für den Geschädigten Klage. Nach mündlicher Verhandlung erklärt sich der Versicherer bereit, den restlichen Schaden auszugleichen und auch die angefallenen Kosten zu übernehmen.

Die Abrechnungsgrundsätze sind auch jetzt nicht mehr anwendbar, da bereits eine streitige Verhandlung stattgefunden hat. Die Erstattung richtet sich daher auch hier nach den gesetzlichen Gebühren. Zu erstatten sind also eine Geschäftsgebühr (Nr. 2300 VV) sowie eine 1,3-Verfahrensgebühr (Nr. 3100 VV) sowie eine 1,2-Terminsgebühr (Nr. 3104 VV), allerdings mit der Maßgabe, dass die Geschäftsgebühr hälftig anzurechnen ist.

Ausgehend von der Schwellengebühr (Anm. zu Nr. 2300 VV) wäre jetzt wie folgt abzurechnen.

I. Außergerichtliche Vertretung (Wert: 10.000,00 EUR)

1.	1,3-Geschäftsgebühr, Nr. 2300 VV		725,40 EUR
2.	Postentgeltpauschale, Nr. 7002 VV		20,00 EUR
	Zwischensumme	745,40 EUR	
3.	19 % Umsatzsteuer, Nr. 7008 VV		141,63 EUR
	Gesamt		**887,03 EUR**

II. Rechtsstreit (Wert: 2.500,00 EUR)

1.	1,3-Verfahrensgebühr, Nr. 3100 VV		261,30 EUR
2.	gem. Vorbem. 3 Abs. 4 VV anzurechnen, 0,65 aus 2.500,00 EUR		– 130,65 EUR
3.	1,2-Terminsgebühr, Nr. 3104 VV		241,20 EUR
4.	Postentgeltpauschale, Nr. 7002 VV		20,00 EUR
	Zwischensumme	391,85 EUR	
5.	19 % Umsatzsteuer, Nr. 7008 VV		74,45 EUR
	Gesamt		**466,30 EUR**

4. Gegenstandswert

Abgerechnet wird im Rahmen der Abrechnungsgrundsätze nach dem Entschädigungsbetrag, dem sog. **Erledigungswert**. Maßgebend ist also nur, welche Beträge von dem Haftpflichtversicherer als berechtigt anerkannt oder gezahlt worden sind. Auf die geltend gemachten Beträge kommt es nicht an. Insoweit können sich aber weiter gehende Ansprüche gegen den Mandanten ergeben (siehe Rn 28).

Soweit die Abrechnungsgrundsätze vom „Gesamterledigungswert" sprechen, ist damit nur der Wert gemeint, den der Anwalt auch reguliert hat. Soweit vor der Beauftragung des Anwalts bereits einzelne Schadenspositionen endgültig erledigt worden sind, bleiben diese für den Wert außer Ansatz.

§ 41 Abrechnung nach den Abrechnungsgrundsätzen in Haftpflichtsachen

Beispiel 6 | **Teilerledigung vor Auftragserteilung**

Der Geschädigte versucht zunächst selbst, den ihm entstandenen Schaden i.H.v. 10.000,00 EUR außergerichtlich beim Versicherer zu regulieren. Der Versicherer zahlt nur 7.500,00 EUR. Daraufhin beauftragt der Geschädigte einen Anwalt, der außergerichtlich die restlichen 2.500,00 EUR beitreibt.

Der Anwalt kann nach den Abrechnungsgrundsätzen abrechnen. Maßgebend für ihn ist nur der Wert, den er erledigt hat, also 2.500,00 EUR.

5. Auslagen

18 Zusätzlich zu der Geschäftsgebühr sind dem Rechtsanwalt auch seine **Auslagen** nach den gesetzlichen Vorschriften zu ersetzen. Dies ist zum Teil ausdrücklich geregelt; zum Teil ergibt sich dies daraus, dass nur die Gebührentatbestände modifiziert werden, nicht auch die Auslagentatbestände (arg. e. § 1 Abs. 1 RVG).

19 Zu übernehmen sind insbesondere die **Telekommunikationsentgelte** (Nrn. 7001, 7002 VV) und **Kopiekosten** nach Nr. 7000 VV, etwa für eine Akteneinsicht in die Bußgeldakten.

20 Werden Telekommunikationskosten pauschal berechnet, so erhält der Anwalt nicht 20 % der gesetzlichen Gebühren, sondern 20 % der tatsächlich gezahlten Gebühren, maximal 20,00 EUR.[10]

21 Verauslagte Beträge (z.B. Gebühren für Aktenversendung nach Nr. 9003 GKG KostVerz. oder § 107 Abs. 5 OWiG) werden in voller Höhe übernommen.

22 Hinzu kommt die auf die Vergütung entfallende **Umsatzsteuer** (Nr. 7008 VV); es sei denn, der Geschädigte ist zum Vorsteuerabzug berechtigt.

Beispiel 7 | **Ein Auftraggeber, vollständige Regulierung**

Der Anwalt vertritt den Geschädigten und macht beim Versicherer Schadensersatzansprüche i.H.v. 5.000,00 EUR geltend, die auch reguliert werden.

Der Anwalt erhält anstelle des gesetzlichen Gebührensatzes eine Geschäftsgebühr in Höhe von 1,8/1,5 aus dem Erledigungswert von 5.000,00 EUR.

    I. Abrechnung auf der Basis einer 1,8-Geschäftsgebühr
1. 1,8-Geschäftsgebühr, Nr. 2300 VV   545,40 EUR
(Wert: 5.000,00 EUR)
2. Postentgeltpauschale, Nr. 7002 VV   20,00 EUR
Zwischensumme   565,40 EUR
3. 19 % Umsatzsteuer, Nr. 7008 VV   107,43 EUR
Gesamt   **672,83 EUR**

    II. Abrechnung auf der Basis einer 1,5-Geschäftsgebühr
1. 1,5-Geschäftsgebühr, Nr. 2300 VV   454,50 EUR
(Wert: 5.000,00 EUR)
2. Postentgeltpauschale, Nr. 7002 VV   20,00 EUR
Zwischensumme   474,50 EUR
3. 19 % Umsatzsteuer, Nr. 7008 VV   90,16 EUR
Gesamt   **564,66 EUR**

---

10 AnwK-RVG/*N. Schneider*, Anhang VII Rn 35.

I. Die Abrechnungsgrundsätze § 41

Beispiel 8 | **Ein Auftraggeber, vollständige Regulierung mit Auslagen**

Der Anwalt vertritt den Geschädigten und macht beim Versicherer Schadensersatzansprüche i.H.v. 5.000,00 EUR geltend, die auch reguliert werden. Der Anwalt hatte zur Klärung der Haftungsfrage die Ermittlungsakten einsehen und auswerten müssen. Insoweit hat sich der Anwalt einen Aktenauszug von 21 Seiten angefertigt. Angefallen ist ferner eine Aktenversendungspauschale i.H.v. 12,00 EUR.

Die Auslagen für die Akteneinsicht muss der Versicherer ebenfalls übernehmen, sofern sie erforderlich waren, was grundsätzlich zu bejahen ist.

I. **Abrechnung auf der Basis einer 1,8-Geschäftsgebühr**
1. 1,8-Geschäftsgebühr, Nr. 2300 VV 545,40 EUR
   (Wert: 5.000,00 EUR)
2. Kopiekosten für Aktenauszug, 21 Seiten 10,50 EUR
   x 0,50 EUR/Seite
3. Verauslagte Kosten für Aktenversendung 12,00 EUR
4. Postentgeltpauschale, Nr. 7002 VV 20,00 EUR
   Zwischensumme 587,90 EUR
5. 19 % Umsatzsteuer, Nr. 7008 VV 111,71 EUR
Gesamt **699,60 EUR**

II. **Abrechnung auf der Basis einer 1,5-Geschäftsgebühr**
1. 1,5-Geschäftsgebühr, Nr. 2300 VV 454,50 EUR
   (Wert: 5.000,00 EUR)
2. Kopiekosten für Aktenauszug, 21 Seiten 10,50 EUR
   x 0,50 EUR/Seite
3. Verauslagte Kosten für Aktenversendung 12,00 EUR
4. Postentgeltpauschale, Nr. 7002 VV 20,00 EUR
   Zwischensumme 497,00 EUR
5. 19 % Umsatzsteuer, Nr. 7008 VV 94,43 EUR
Gesamt **591,43 EUR**

Beispiel 9 | **Ein Auftraggeber, Teilregulierung**

Der Anwalt vertritt den Geschädigten und macht beim Versicherer Schadensersatzansprüche i.H.v. 5.000,00 EUR geltend, von denen 3.000,00 EUR reguliert werden. Die weiter gehenden Ansprüche werden nicht weiter verfolgt.

Der Anwalt erhält anstelle des gesetzlichen Gebührensatzes eine Geschäftsgebühr in Höhe von 1,8/1,5 aus dem Erledigungswert, der jetzt nur 3.000,00 EUR beträgt. Zum weiter gehenden Anspruch gegen den Auftraggeber siehe Rn 28.

I. **Abrechnung auf der Basis einer 1,8-Geschäftsgebühr**
1. 1,8-Geschäftsgebühr, Nr. 2300 VV 361,80 EUR
   (Wert: 3.000,00 EUR)
2. Postentgeltpauschale, Nr. 7002 VV 20,00 EUR
   Zwischensumme 381,80 EUR
3. 19 % Umsatzsteuer, Nr. 7008 VV 72,54 EUR
Gesamt **454,34 EUR**

II. **Abrechnung auf der Basis einer 1,5-Geschäftsgebühr**
1. 1,5-Geschäftsgebühr, Nr. 2300 VV 301,50 EUR
   (Wert: 3.000,00 EUR)
2. Postentgeltpauschale, Nr. 7002 VV 20,00 EUR
   Zwischensumme 321,50 EUR
3. 19 % Umsatzsteuer, Nr. 7008 VV 61,09 EUR
Gesamt **382,59 EUR**

§ 41 Abrechnung nach den Abrechnungsgrundsätzen in Haftpflichtsachen

23 Kommt es zu einer Einigung, so wird dies bei den Abrechnungsgrundsätzen nicht berücksichtigt. Eine eventuelle Einigungsgebühr wird durch den pauschalen Satz der Geschäftsgebühr mit abgegolten. Sie kann aus dem Erledigungswert auch nicht vom Mandanten verlangt werden. Der Anwalt kann insoweit nur die Differenz einer Einigungsgebühr aus dem Auftragswert zum Erledigungswert verlangen (siehe Beispiel 21).

Beispiel 10 | Ein Auftraggeber, Teilregulierung aufgrund eines Vergleichs

Der Anwalt vertritt den Geschädigten und macht beim Versicherer Schadensersatzansprüche i.H.v. 5.000,00 EUR geltend. Aufgrund eines Vergleichs werden schließlich 3.000,00 EUR reguliert.

Abzurechnen ist wie im vorangegangenen Beispiel 9. Zum weiter gehenden Anspruch gegen den Auftraggeber siehe Rn 28 ff.

24 Bei **Vertretung mehrerer Auftraggeber** erhöhen sich die Gebührensätze, sofern die Regulierung in derselben Angelegenheit verfolgt wird. Unerheblich ist, ob der Gegenstand der anwaltlichen Tätigkeit derselbe ist.

Beispiel 11 | Zwei Auftraggeber, derselbe Gegenstand

Der Anwalt vertritt ein Ehepaar, das gemeinsam Eigentümer des beschädigten Pkw ist und macht beim Versicherer Schadensersatzansprüche i.H.v. 5.000,00 EUR geltend, die auch reguliert werden.

Der Anwalt erhält anstelle des gesetzlichen Gebührensatzes die erhöhte Geschäftsgebühr von 2,4/2,0 aus dem Erledigungswert von 5.000,00 EUR.

I. **Abrechnung auf der Basis einer 1,8-Geschäftsgebühr**
1. 2,4-Geschäftsgebühr, Nr. 2300 VV   727,20 EUR
(Wert: 5.000,00 EUR)
2. Postentgeltpauschale, Nr. 7002 VV   20,00 EUR
Zwischensumme   747,20 EUR
3. 19 % Umsatzsteuer, Nr. 7008 VV   141,97 EUR
Gesamt   **889,17 EUR**

II. **Abrechnung auf der Basis einer 1,5-Geschäftsgebühr**
1. 2,0-Geschäftsgebühr, Nr. 2300 VV   606,00 EUR
(Wert: 5.000,00 EUR)
2. Postentgeltpauschale, Nr. 7002 VV   20,00 EUR
Zwischensumme   626,00 EUR
3. 19 % Umsatzsteuer, Nr. 7008 VV   118,94 EUR
Gesamt   **744,94 EUR**

Beispiel 12 | Mehrere Auftraggeber, verschiedene Gegenstände

Der Anwalt vertritt den Eigentümer des beschädigten Pkw und macht für ihn beim Versicherer Schadensersatzansprüche i.H.v. 5.000,00 EUR geltend. Des Weiteren vertritt der Anwalt auch den Fahrer und macht für ihn Schadensersatzansprüche in Höhe von 3.000,00 EUR geltend.

I. Die Abrechnungsgrundsätze § 41

Obwohl nach Nr. 1008 VV keine Erhöhung eintreten würde, weil nicht derselbe Gegenstand vorliegt, erhält der Anwalt auch hier die erhöhten Gebühren von 2,4/2,0 und zwar aus dem gesamten Erledigungswert von 8.000,00 EUR.

I. Abrechnung auf der Basis einer 1,8-Geschäftsgebühr
1. 2,4-Geschäftsgebühr, Nr. 2300 VV   1.094,40 EUR
   (Wert: 8.000,00 EUR)
2. Postentgeltpauschale, Nr. 7002 VV   20,00 EUR
   Zwischensumme   1.114,40 EUR
3. 19 % Umsatzsteuer, Nr. 7008 VV   211,74 EUR
   Gesamt   **1.326,14 EUR**

II. Abrechnung auf der Basis einer 1,5-Geschäftsgebühr
1. 2,0-Geschäftsgebühr, Nr. 2300 VV   912,00 EUR
   (Wert: 8.000,00 EUR)
2. Postentgeltpauschale, Nr. 7002 VV   20,00 EUR
   Zwischensumme   932,00 EUR
3. 19 % Umsatzsteuer, Nr. 7008 VV   177,08 EUR
   Gesamt   **1.109,08 EUR**

Ebenso wenig kommt es in Abweichung von Nr. 1008 VV darauf an, wie viele zusätzliche 25 Auftraggeber der Anwalt vertritt. Die Ausgangsgebühr erhöht sich also nicht je Auftraggeber, sondern insgesamt nur einmal.

Beispiel 13 | **Mehr als zwei Auftraggeber, derselbe Gegenstand**

Der Anwalt reguliert für den Eigentümer den Sachschaden in Höhe von 3.000,00 EUR und zugleich für Fahrer und Beifahrer deren Verdienstausfallschäden in Höhe von jeweils 2.500,00 EUR.

Der Anwalt erhält auch hier anstelle des gesetzlichen Gebührensatzes nur die erhöhte Geschäftsgebühr von 2,4/2,0 aus dem Erledigungswert von 7.000,00 EUR. Eine weitere Erhöhung für den dritten Auftraggeber ist nicht vorgesehen.

I. Abrechnung auf der Basis einer 1,8-Geschäftsgebühr
1. 2,4-Geschäftsgebühr, Nr. 2300 VV   972,00 EUR
   (Wert: 7.000,00 EUR)
2. Postentgeltpauschale, Nr. 7002 VV   20,00 EUR
   Zwischensumme   992,00 EUR
3. 19 % Umsatzsteuer, Nr. 7008 VV   188,48 EUR
   Gesamt   **1.180,48 EUR**

II. Abrechnung auf der Basis einer 1,5-Geschäftsgebühr
1. 2,0-Geschäftsgebühr, Nr. 2300 VV   810,00 EUR
   (Wert: 7.000,00 EUR)
2. Postentgeltpauschale, Nr. 7002 VV   20,00 EUR
   Zwischensumme   830,00 EUR
3. 19 % Umsatzsteuer, Nr. 7008 VV   157,70 EUR
   Gesamt   **987,70 EUR**

Wird der Anwalt für mehrere Auftraggeber tätig und werden die Regulierungen jeweils als 26 gesonderte Angelegenheit betrieben, kann der Anwalt die pauschalierten Geschäftsgebühren mehrmals abrechnen. Eine zwingende Zusammenfassung zu einer Angelegenheit bei mehreren Auftraggebern – wie noch nach den früheren DAV-Empfehlungen – ist nicht mehr vorgesehen.

§ 41 Abrechnung nach den Abrechnungsgrundsätzen in Haftpflichtsachen

Beispiel 14 — Mehrere Auftraggeber, verschiedene Angelegenheiten

Der Anwalt vertritt den Eigentümer des beschädigten Pkw und macht für ihn beim Versicherer Schadensersatzansprüche i.H.v. 5.000,00 EUR geltend. Des Weiteren vertritt der Anwalt auch den Fahrer und macht für ihn Schadensersatzansprüche in Höhe von 3.000,00 EUR geltend, allerdings als gesonderte Angelegenheit.

Der Anwalt erhält jetzt nicht nur insgesamt eine 2,4/2,0-Geschäftsgebühr aus 8.000,00 EUR, sondern jeweils eine 1,8/1,5-Gebühr aus 5.000,00 EUR und aus 3.000,00 EUR.

a) **Vertretung des Eigentümers**
I. **Abrechnung auf der Basis einer 1,8-Geschäftsgebühr**
1. 1,8-Geschäftsgebühr, Nr. 2300 VV   545,40 EUR
   (Wert: 5.000,00 EUR)
2. Postentgeltpauschale, Nr. 7002 VV   20,00 EUR
   Zwischensumme   565,40 EUR
3. 19 % Umsatzsteuer, Nr. 7008 VV   107,43 EUR
Gesamt   **672,83 EUR**

II. **Abrechnung auf der Basis einer 1,5-Geschäftsgebühr**
1. 1,5-Geschäftsgebühr, Nr. 2300 VV   454,50 EUR
   (Wert: 5.000,00 EUR)
2. Postentgeltpauschale, Nr. 7002 VV   20,00 EUR
   Zwischensumme   474,50 EUR
3. 19 % Umsatzsteuer, Nr. 7008 VV   90,16 EUR
Gesamt   **564,66 EUR**

b) **Vertretung des Fahrers**
I. **Abrechnung auf der Basis einer 1,8-Geschäftsgebühr**
1. 1,8-Geschäftsgebühr, Nr. 2300 VV   361,80 EUR
   (Wert: 3.000,00 EUR)
2. Postentgeltpauschale, Nr. 7002 VV   20,00 EUR
   Zwischensumme   381,80 EUR
3. 19 % Umsatzsteuer, Nr. 7008 VV   72,54 EUR
Gesamt   **454,34 EUR**

II. **Abrechnung auf der Basis einer 1,5-Geschäftsgebühr**
1. 1,5-Geschäftsgebühr, Nr. 2300 VV   310,50 EUR
   (Wert: 3.000,00 EUR)
2. Postentgeltpauschale, Nr. 7002 VV   20,00 EUR
   Zwischensumme   321,50 EUR
3. 19 % Umsatzsteuer, Nr. 7008 VV   61,09 EUR
Gesamt   **382,59 EUR**

27 Sofern auch Körperschäden reguliert werden **und** der Erledigungswert den Betrag von 10.000,00 EUR erreicht, erhöhen sich die Gebührensätze.

Beispiel 15 — Ein Auftraggeber, auch Körperschäden (Erledigung unter 10.000,00 EUR)

Der Anwalt vertritt den Geschädigten und macht für ihn beim Versicherer Sachschaden i.H.v. 8.000,00 EUR geltend und ein Schmerzensgeld von 2.000,00 EUR. Gezahlt werden die 8.000,00 EUR sowie 1.000,00 EUR Schmerzensgeld.

Es bleibt bei den Gebührensätzen von 1,8 und 1,5. Dass 10.000,00 EUR einschließlich Körperschäden geltend gemacht worden sind, ist unerheblich. Es kommt nur auf den Erledigungswert an. Dieser liegt unter 10.000,00 EUR.

I. Die Abrechnungsgrundsätze §41

I. Abrechnung auf der Basis einer 1,8-Geschäftsgebühr
1. 1,8-Geschäftsgebühr, Nr. 2300 VV 912,60 EUR
   (Wert: 9.000,00 EUR)
2. Postentgeltpauschale, Nr. 7002 VV 20,00 EUR
   Zwischensumme 932,60 EUR
3. 19 % Umsatzsteuer, Nr. 7008 VV 177,19 EUR
Gesamt **1.109,79 EUR**

II. Abrechnung auf der Basis einer 1,5-Geschäftsgebühr
1. 1,5-Geschäftsgebühr, Nr. 2300 VV 760,50 EUR
   (Wert: 9.000,00 EUR)
2. Postentgeltpauschale, Nr. 7002 VV 20,00 EUR
   Zwischensumme 780,50 EUR
3. 19 % Umsatzsteuer, Nr. 7008 VV 148,30 EUR
Gesamt **928,80 EUR**

Beispiel 16 Ein Auftraggeber, auch Körperschäden (Erledigung erreicht 10.000,00 EUR)

Der Anwalt vertritt den Geschädigten und macht für ihn beim Versicherer dessen Sachschaden i.H.v. 8.000,00 EUR geltend und ein Schmerzensgeld von 3.000,00 EUR. Die geforderten Beträge werden gezahlt.

Jetzt erreicht der Erledigungswert den Betrag von 10.000,00 EUR. Daher gelten die erhöhten Gebührensätze von 2,1 und 1,75.

I. Abrechnung auf der Basis einer 1,8-Geschäftsgebühr
1. 2,1-Geschäftsgebühr, Nr. 2300 VV 1.268,40 EUR
   (Wert: 11.000,00 EUR)
2. Postentgeltpauschale, Nr. 7002 VV 20,00 EUR
   Zwischensumme 1.288,40 EUR
3. 19 % Umsatzsteuer, Nr. 7008 VV 244,80 EUR
Gesamt **1.533,20 EUR**

II. Abrechnung auf der Basis einer 1,5-Geschäftsgebühr
1. 1,75-Geschäftsgebühr, Nr. 2300 VV 1.057,00 EUR
   (Wert: 11.000,00 EUR)
2. Postentgeltpauschale, Nr. 7002 VV 20,00 EUR
   Zwischensumme 1.077,00 EUR
3. 19 % Umsatzsteuer, Nr. 7008 VV 204,63 EUR
Gesamt **1.281,63 EUR**

Beispiel 17 Ein Auftraggeber, nur Körperschäden (Erledigung erreicht 10.000,00 EUR)

Der Anwalt vertritt den Geschädigten und macht für ihn beim Versicherer ausschließlich Schmerzensgeld in Höhe von 15.000,00 EUR geltend, die auch gezahlt werden.

Die höheren Gebührensätze gelten auch dann, wenn nur Körperschäden geltend gemacht werden.

I. Abrechnung auf der Basis einer 1,8-Geschäftsgebühr
1. 2,1-Geschäftsgebühr, Nr. 2300 VV 1.365,00 EUR
   (Wert: 15.000,00 EUR)
2. Postentgeltpauschale, Nr. 7002 VV 20,00 EUR
   Zwischensumme 1.385,00 EUR
3. 19 % Umsatzsteuer, Nr. 7008 VV 263,15 EUR
Gesamt **1.648,15 EUR**

II. Abrechnung auf der Basis einer 1,5-Geschäftsgebühr
1. 1,75-Geschäftsgebühr, Nr. 2300 VV   1.137,50 EUR
   (Wert: 15.000,00 EUR)
2. Postentgeltpauschale, Nr. 7002 VV   20,00 EUR
   Zwischensumme   1.157,50 EUR
3. 19 % Umsatzsteuer, Nr. 7008 VV   219,93 EUR
   Gesamt   **1.377,43 EUR**

> **Beispiel 18** Abrechnung mehrere Auftraggeber, auch Körperschäden (Erledigung erreicht 10.000,00 EUR)

Der Anwalt vertritt zwei verletze Beifahrer und macht für diese beim Versicherer jeweils ein Schmerzensgeld i.H.v. 6.000,00 EUR geltend. Die geforderten Beträge werden gezahlt.

Jetzt erhöhen sich die Gebührensätze nochmals und zwar auf 2,7 bzw. 2,25.

I. Abrechnung auf der Basis einer 1,8-Geschäftsgebühr
1. 2,7-Geschäftsgebühr, Nr. 2300 VV   1.630,80 EUR
   (Wert: 12.000,00 EUR)
2. Postentgeltpauschale, Nr. 7002 VV   20,00 EUR
   Zwischensumme   1.650,80 EUR
3. 19 % Umsatzsteuer, Nr. 7008 VV   313,65 EUR
   Gesamt   **1.964,45 EUR**

II. Abrechnung auf der Basis einer 1,5-Geschäftsgebühr
1. 2,25-Geschäftsgebühr, Nr. 2300 VV   1.365,25 EUR
   (Wert: 12.000,00 EUR)
2. Postentgeltpauschale, Nr. 7002 VV   20,00 EUR
   Zwischensumme   1.381,25 EUR
3. 19 % Umsatzsteuer, Nr. 7008 VV   262,44 EUR
   Gesamt   **1.643,69 EUR**

II. Konkurrenz zum Vergütungsanspruch gegen eigenen Mandanten

1. Überblick

28 Die Abrechnungsgrundsätze regeln lediglich den Erstattungsanspruch des Geschädigten und bestimmen, in welcher Höhe der gegnerische Versicherer die den Geschädigten entstandenen Anwaltskosten zu ersetzen hat. Für das Innenverhältnis zwischen dem Geschädigten und seinem Anwalt enthalten die Abrechnungsgrundsätze dagegen keine Regelung. Es bleibt hier dabei, dass der Anwalt nach den gesetzlichen Gebühren des RVG abrechnen muss, wobei sich allerdings aus den Abrechnungsgrundsätzen gewisse Reflexwirkungen ergeben, nämlich dann, wenn der Erstattungsanspruch der Abrechnungsgrundsätze nicht mit dem Gebührenanspruch im Innenverhältnis übereinstimmt.[11]

2. Unterschiedliche Gebührensätze

29 Soweit die Abweichung zwischen gesetzlichen Gebühren und den Abrechnungsgrundsätzen auf unterschiedlichen Gebührensätzen beruht, kann der Anwalt daraus gegenüber dem Mandanten nichts herleiten. Er hat sich auf die gegebenenfalls geringeren Abrechnungsgrundsätze eingelassen

---

11 Siehe dazu ausführlich AnwK-RVG/*N. Schneider*, Anhang VII Rn 60 ff.

und muss sich daran festhalten lassen. Eine weitergehende Liquidation hinsichtlich der Differenz der Gebührensätze ist nicht möglich.

| Beispiel 19 | Keine Abrechnung bei höherem gesetzlichen Gebührensatz |

Geltend gemacht werden 8.000,00 EUR Sachschaden, die vom Versicherer auch ersetzt werden. Da die Sache äußerst umfangreich und schwierig war und auch die übrigen Kriterien des § 14 Abs. 1 RVG überdurchschnittlich sind, würde sich der angemessene Gebührensatz bei gesetzlicher Abrechnung auf 2,0 belaufen. Der Versicherer ersetzt die Anwaltskosten lediglich nach einem Gebührensatz von 1,8 bzw. 1,5.

Der Anwalt darf den Mandanten hinsichtlich der Differenz von (2,0 − 1,8 =) 0,2, bzw. von (2,0 − 1,5 =) 0,5 nicht in Anspruch nehmen.

3. Teilregulierung

Soweit die Unterschiede dagegen darauf beruhen, dass der Erledigungswert hinter dem Auftragswert zurückbleibt, kann der Anwalt noch einen Differenzbetrag verlangen, und zwar die Differenz zwischen den gesetzlichen Gebühren aus dem Erledigungswert und den gesetzlichen Gebühren aus dem Auftragswert.[12]

30

| Beispiel 20 | Abrechnung weiter gehender Ansprüche bei Teilregulierung nach Abrechnungsgrundsätzen (gesetzliche Gebühren liegen unter den Abrechnungsgrundsätzen) |

Geltend gemacht werden 10.000,00 EUR Sachschaden. Ersetzt werden lediglich 8.000,00 EUR, sei es, weil eine Mithaftung besteht oder die Ansprüche übersetzt sind. Bei Abrechnung der gesetzlichen Gebühren wäre eine 1,5-Geschäftsgebühr nach Nr. 2300 VV i.V.m. § 14 Abs. 1 RVG angemessen.

Nach dem RVG könnte der Anwalt aus dem Wert von 10.000,00 EUR abrechnen:

1.	1,5-Geschäftsgebühr, Nr. 2300 VV (Wert: 10.000,00 EUR)	837,00 EUR
2.	Postentgeltpauschale, Nr. 7002 VV	20,00 EUR
	Zwischensumme	857,00 EUR
3.	19 % Umsatzsteuer, Nr. 7008 VV	162,83 EUR
	Gesamt	**1.019,83 EUR**

Nach den Abrechnungsgrundsätzen erhält er aus dem Wert von 8.000,00 EUR:

1.	1,8-Geschäftsgebühr, Nr. 2300 VV (Wert: 8.000,00 EUR)	820,80 EUR
2.	Postentgeltpauschale, Nr. 7002 VV	20,00 EUR
	Zwischensumme	840,80 EUR
3.	19 % Umsatzsteuer, Nr. 7008 VV	159,75 EUR
	Gesamt	**1.000,55 EUR**

---

12 OLG Düsseldorf AGS 2005, 372 m. Anm. *N. Schneider* = NJW-RR 2005, 1155 = JurBüro 2005, 476 m. Anm. *Enders* = OLGR 2006, 63 = RVGreport 2005, 348; AG Ahaus AnwBl. 1989, 295; ausführlich AnwK-RVG/*N. Schneider*, Anhang VII Rn 77.

Die Differenz der gesetzlichen Vergütung aus dem Erledigungs- und dem Auftragswert kann der Anwalt vom Mandanten jetzt noch verlangen:[13]

1.	1,5-Geschäftsgebühr, Nr. 2300 VV (Wert: 10.000,00 EUR)	837,00 EUR
2.	Postentgeltpauschale, Nr. 7002 VV	20,00 EUR
3.	./. 1,5-Geschäftsgebühr, Nr. 2300 VV (Wert: 8.000,00 EUR)	– 684,00 EUR
4.	./. Postentgeltpauschale, Nr. 7002 VV	– 20,00 EUR
	Restbetrag	153,00 EUR
5.	19 % Umsatzsteuer, Nr. 7008 VV	29,07 EUR
	Gesamt	**182,07 EUR**

Die Gesamtvergütung des Anwalts liegt in dieser Fallkonstellation mit

Zahlung Versicherer	1.000,55 EUR
Zahlung Mandant	182,07 EUR
Gesamt	**1.182,62 EUR**

über dem gesetzlichen Vergütungsaufkommen, da der Gebührensatz der Abrechnungsgrundsätze über den gesetzlichen Gebühren liegt.

Beispiel 21 — Abrechnung weiter gehender Ansprüche bei Teilregulierung nach Abrechnungsgrundsätzen (gesetzliche Gebühren liegen über den Abrechnungsgrundsätzen)

Der Anwalt erhält den Auftrag, einen Schaden in Höhe von 10.000,00 EUR geltend zu machen. Es findet eine Besprechung statt, die zu einer umfassenden Einigung, mit einer Zahlung von 8.000,00 EUR führt. Bei Abrechnung der gesetzlichen Vergütung wäre nach Nr. 2300 VV i.V.m. § 14 Abs. 1 RVG eine 2,0-Geschäftsgebühr angemessen.

Als gesetzliche Gebühren kann der Anwalt insgesamt 3,5 aus 10.000,00 EUR verlangen (2,0-Geschäftsgebühr (Nr. 2300 VV) und 1,5-Einigungsgebühr (Nr. 1000 VV)).

1.	2,0-Geschäftsgebühr, Nr. 2300 VV (Wert: 10.000,00 EUR)		1.116,00 EUR
2.	1,5-Einigungsgebühr, Nr. 1000 VV (Wert: 10.000,00 EUR)		837,00 EUR
3.	Postentgeltpauschale, Nr. 7002 VV		20,00 EUR
	Zwischensumme	1.973,00 EUR	
4.	19 % Umsatzsteuer, Nr. 7008 VV		374,87 EUR
	Gesamt		**2.347,87 EUR**

Nach den Abrechnungsgrundsätzen sind jedoch nur 1,8 aus 8.000,00 EUR zu zahlen:

1.	1,8-Geschäftsgebühr, Nr. 2300 VV (Wert: 8.000,00 EUR)		820,80 EUR
2.	Postentgeltpauschale, Nr. 7002 VV		20,00 EUR
	Zwischensumme	840,80 EUR	
3.	19 % Umsatzsteuer, Nr. 7008 VV		159,75 EUR
	Gesamt		**1.000,55 EUR**

---

[13] OLG Düsseldorf AGS 2005, 372 m. Anm. *N. Schneider* = NJW-RR 2005, 1155 = JurBüro 2005, 476 m. Anm. *Enders* = OLGR 2006, 63 = RVGreport 2005, 348; AG Ahaus AnwBl. 1989, 295; ausführlich AnwK-RVG/*N. Schneider*, Anhang VII Rn 77.

Vom Mandanten kann der Anwalt jetzt wiederum die Differenz der gesetzlichen Vergütung aus dem Erledigungs- und dem Auftragswert verlangen:[14]

1.	2,0-Geschäftsgebühr, Nr. 2300 VV (Wert: 10.000,00 EUR)	1.116,00 EUR
2.	1,5-Einigungsgebühr, Nr. 1000 VV (Wert: 10.000,00 EUR)	837,00 EUR
3.	Postentgeltpauschale, Nr. 7002 VV	20,00 EUR
4.	./. 2,0-Geschäftsgebühr, Nr. 2300 VV (Wert: 8.000,00 EUR)	– 912,00 EUR
5.	./. 1,5-Einigungsgebühr, Nr. 1000 VV (Wert: 8.000,00 EUR)	– 684,00 EUR
6.	Postentgeltpauschale, Nr. 7002 VV	– 20,00 EUR
	Restbetrag	357,00 EUR
7.	19 % Umsatzsteuer, Nr. 7008 VV	67,83 EUR
Gesamt		**424,83 EUR**

Die Vergütung des Anwalts mit insgesamt

Zahlung Versicherer	1.000,55 EUR
Zahlung Mandant	424,83 EUR
Gesamt	**1.425,38 EUR**

liegt damit immer noch unter der gesetzlichen Vergütung.

---

14 OLG Düsseldorf AGS 2005, 372 m. Anm. *N. Schneider* = NJW-RR 2005, 1155 = JurBüro 2005, 476 m. Anm. *Enders* = OLGR 2006, 63 = RVGreport 2005, 348; AG Ahaus AnwBl. 1989, 295.

§ 42 Vergütung für Aktenauszüge

Inhalt

I. Überblick 1
II. Die Vergütung 3

I. Überblick

Haftpflichtversicherer – insbesondere bei Verkehrsunfallschäden – sind häufig im Rahmen der Schadensregulierung darauf angewiesen, Einsicht in polizeiliche, staatsanwaltliche oder gerichtliche Akten zu nehmen. Hiermit muss ein Rechtsanwalt beauftragt werden, es sei denn, es handelt sich bei dem Versicherer um eine öffentlich-rechtliche Körperschaft. Um die Abrechnung bei diesem Massengeschäft zu vereinfachen, hatten seinerzeit der DAV und der HUK-Verband ein Abkommen über das „Honorar für Akteneinsicht und Aktenauszüge aus Unfallstrafakten für Versicherungsgesellschaften" geschlossen, wonach sich die Vergütung des Anwalts berechnet.[1]   **1**

Das Abkommen ist nur dann anwendbar, wenn der Anwalt ausschließlich mit der Fertigung eines Aktenauszugs beauftragt ist. Soweit der Anwalt einen Aktenauszug aufgrund eines bereits anderweitig bestehenden Mandatsverhältnisses einholt, greift das Abkommen nicht.[2]   **2**

> **Beispiel 1** | **Aktenauszug im Rahmen eines Prozessmandats**
>
> **Der Anwalt erhält im Haftpflichtprozess, in dem er den Versicherer als Prozessbevollmächtigten vertritt, den Auftrag, einen Aktenauszug beizubringen.**
>
> Die Tätigkeit des Anwalts wird jetzt durch die Verfahrensgebühr (Nr. 3100 VV) sowie durch Nr. 7000 Nr. 1a VV abgegolten (§ 19 Abs. 1 S. 1 RVG); das Abkommen ist nicht anzuwenden.

II. Die Vergütung

Für die Anfertigung eines **ersten Aktenauszugs** einschließlich der Einsichtnahme in die Unfall-   **3**
akte, der Herstellung des Aktenauszugs und der Versendung an den Versicherer erhält der Anwalt nach Nr. 1 des Abkommens ein Pauschalhonorar in Höhe von 26,00 EUR. In der Praxis werden zum Teil auch höhere Pauschalen gezahlt.

Wird der Anwalt von **mehreren Versicherern** beauftragt, aus derselben Akte einen Auszug   **4**
anzufertigen, so kann er von jedem Versicherer die Gebühren gesondert fordern.[3]

Werden Auszüge aus **verschiedenen Akten** angefordert, etwa wenn gegen mehrere Unfallbetei-   **5**
ligte getrennte Verfahren laufen, dann liegen ebenfalls mehrere Angelegenheiten vor, so dass dem Anwalt das Honorar für jeden Aktenauszug gesondert zusteht.[4]

Wird die **Ergänzung** eines von demselben Anwalt bereits gefertigten Aktenauszugs gewünscht,   **6**
so erhält der Anwalt nach Nr. 1c des Abkommens eine weitere Pauschalgebühr in Höhe von

---

1 Abgedruckt in AnwK-RVG Anhang VIII.
2 AG Albstadt AnwBl 1978, 317; AnwK-RVG/*N. Schneider*, Anhang VIII Rn 3.
3 AnwK-RVG/*N. Schneider*, Anhang VIII Rn 7.
4 AnwK-RVG/*N. Schneider*, Anhang VIII Rn 8.

13,00 EUR. Um eine Ergänzung handelt es sich auch dann, wenn sich der weitere Auftrag auf beigezogene Akten bezieht.

7 Für die **angefertigten Kopien** erhält der Anwalt gem. Nr. 1b des Abkommens zusätzlich zur Pauschgebühr die Dokumentenpauschale der Nr. 7000 Nr. 1a VV, also bis zu 50 einfarbigen Seiten 0,50 EUR je Seite und ab der einundfünfzigsten Seite jeweils 0,15 EUR; bei mehrfarbigen Seiten bis zu 50 Seiten 1,00 EUR je Seite und ab der einundfünfzigsten Seite jeweils 0,30 EUR. Zur Frage, ob für DIN-A3-Kopien (erforderlich bei größeren Unfallskizzen) dem Anwalt eine höhere Vergütung zusteht, siehe § 38 Rn 11 ff.

8 Zu Einzelheiten der Abrechnung der Kopiekosten siehe § 11 Rn 11 ff.

9 Da der erste und der ergänzende Aktenauszug eine einzige Angelegenheit i.S.d. § 15 RVG sind, bedeutet dies, dass die Kopien beider Aktenauszüge zusammenzuzählen sind (Anm. Abs. 1 S. 1 zu Nr. 7000 VV). Die Vergütung verringert sich also auf 0,15 EUR bzw. 0,30 EUR/Seite, sobald insgesamt 50 Kopien erreicht sind (Nr. 7000 Nr. 1a VV).

10 Zusätzlich erstattet werden dem Anwalt sonstige **außergewöhnliche Kosten** (Nr. 2a des Abkommens). Hierzu zählen insbesondere die für die Aktenversendung anfallenden Auslagen des Gerichts oder der Staatsanwaltschaft nach Nr. 9003 GKG-KostVerz. oder vergleichbare Verwaltungsgebühren in Bußgeldverfahren.[5]

11 **Hinweis**

Zu beachten ist, dass § 107 Abs. 5 OWiG keine Grundlage für die Erhebung der Aktenversendungspauschale gibt, wenn die Einsicht zum Zwecke der Regulierung zivilrechtlicher Ansprüche genommen wird.[6] Entsprechende Gebührenregelungen können sich aber aus den jeweiligen Gebührenordnungen des Trägers der aktenführenden Behörde ergeben.

12 Im Übrigen sind mit dem Pauschalhonorar sämtliche gewöhnlichen Geschäftskosten (Vorbem. 7 Abs. 1 S. 1 VV) abgegolten (Nr. 2a des Abkommens), ausgenommen die Gebühren für Ferngespräche (Nr. 1a des Abkommens).

13 Zusätzliche Auslagen nach Nr. 7001 VV oder gar eine **Postentgeltpauschale** nach Nr. 7002 VV wie bei der Abrechnung nach den Regulierungsempfehlungen zur Unfallschadensregulierung erhält der Anwalt nicht.[7]

14 Wünscht der Versicherer allerdings die beschleunigte Ausführung des Auftrags, so kann der Anwalt gem. Nr. 2b des Abkommens die hierdurch verursachten Mehrkosten, etwa Reisekosten zum Zwecke der beschleunigten Akteneinsicht, Mehrkosten für Eilsendungen o.Ä., zusätzlich fordern.

15 Zusätzlich zur Vergütung steht dem Anwalt Ersatz der **Umsatzsteuer** zu (Nr. 2c des Abkommens i.V.m. Nr. 7008 VV). Auf eine Vorsteuerabzugsberechtigung des vom Anwalt vertretenen Versicherungsnehmers kommt es nicht an, da nicht dieser Leistungsempfänger i.S.d. UStG ist, sondern der Versicherer.

16 Auch auf die Aktenversendungspauschale ist Umsatzsteuer zu erheben. Schuldner der Aktenversendungspauschale ist derjenige, der die Akte anfordert, also in diesem Falle der Anwalt (s. z.B.

---

5 Göttlich/Mümmler/*Rehberg/Xanke*, Versicherungsgesellschaften; AnwK-RVG/*N. Schneider*, Anhang VIII Rn 14.
6 OVG Münster AGS 2006, 296 = NJW 2005, 2795 = NWVBl 2005, 440.
7 AnwK-RVG/*N. Schneider*, Anhang VIII Rn 16.

§ 28 Abs. 2 GKG). Stellt er diese seinem Auftraggeber in Rechnung, muss er daher Umsatzsteuer abführen, so dass er diese nach Nr. 7008 VV vom Auftraggeber auch erheben darf (siehe § 38 Rn 81 f.).

Beispiel 2 **Erster Aktenauszug (nur einfarbige Kopien)**

Der Versicherer fordert einen Aktenauszug an. Hierfür fertigt der Anwalt 45 Kopien. Für die Aktenversendung legt der Anwalt **12,00 EUR** Aktenversendungspauschale vor.

1.	Pauschalhonorar gem. Abkommen	26,00 EUR
2.	Dokumentenpauschale (einfarbig), Nr. 7000 Nr. 1a VV	22,50 EUR
	(45 Seiten x 0,50 EUR)	
3.	Aktenversendungspauschale	12,00 EUR
	Zwischensumme 60,50 EUR	
4.	19 % Umsatzsteuer, Nr. 7008 VV	11,50 EUR
	Gesamt	**72,00 EUR**

Beispiel 3 **Erster Aktenauszug (einfarbige und mehrfarbige Kopien)**

Der Versicherer fordert einen Aktenauszug an. Hierfür fertigt der Anwalt 25 Kopien in schwarz/weiß und 15 Farbkopien. Für die Aktenversendung legt der Anwalt **12,00 EUR** Aktenversendungspauschale vor.

Die Farbkopien sind mit dem höheren Betrag abzurechnen.

1.	Pauschalhonorar gem. Abkommen	26,00 EUR
2.	Dokumentenpauschale (einfarbig), Nr. 7000 Nr. 1a VV	12,50 EUR
	(25 Seiten x 0,50 EUR)	
3.	Dokumentenpauschale (mehrfarbig), Nr. 7000 Nr. 1a VV	15,00 EUR
	(15 Seiten x 1,00 EUR)	
4.	Aktenversendungspauschale	12,00 EUR
	Zwischensumme 65,50 EUR	
5.	19 % Umsatzsteuer, Nr. 7008 VV	10,44 EUR
	Gesamt	**77,94 EUR**

Beispiel 4 **Ergänzender Aktenauszug**

Später erteilt der Versicherer einen Auftrag für einen weiteren Aktenauszug. Hier werden nochmals 15 Kopien gefertigt. Es wird vom Gericht jeweils eine Aktenversendungspauschale i.H.v. **12,00 EUR** erhoben.

Jetzt entsteht für den weiteren Auszug nur die geringere Gebühr.

Bei den Kopiekosten ist weiter zu zählen. Da bereits 45 Seiten abgerechnet sind, können nur noch weitere 5 Seiten mit 0,50 EUR berechnet werden. Die weiteren Kopien sind mit 0,15 EUR abzurechnen.

1.	Pauschalhonorar gem. Abkommen	13,00 EUR
2.	Dokumentenpauschale (einfarbig), Nr. 7000 Nr. 1a VV	2,50 EUR
	(5 Seiten x 0,50 EUR)	
	(10 Seiten x 0,15 EUR)	1,50 EUR
3.	Aktenversendungspauschale	12,00 EUR
	Zwischensumme 29,00 EUR	

§ 42 Vergütung für Aktenauszüge

4. 19 % Umsatzsteuer, Nr. 7008 VV		5,51 EUR
Gesamt		**34,51 EUR**

> **Beispiel 5** Aktenauszug mit zusätzlichen Kosten wegen beschleunigter Ausführung

Der Versicherer erteilt den Auftrag für einen Aktenauszug, der allerdings innerhalb von zwei Tagen benötigt wird, so dass der Anwalt die Akten persönlich auf der Geschäftsstelle der auswärtigen Staatsanwaltschaft abholt.

Zu der Gebühr und den Kopiekosten können jetzt auch Reisekosten geltend gemacht werden (Nr. 2b des Abkommens).

1. Pauschalhonorar gem. Abkommen		26,00 EUR
2. Dokumentenpauschale (einfarbig), Nr. 7000 Nr. 1a VV (35 Seiten x 0,50 EUR)		17,50 EUR
3. Fahrtkosten PKW, Nr. 7003 VV, 2 x 30 km x 0,30 EUR/km		18,00 EUR
4. Abwesenheitspauschale bis 4 Stunden, Nr. 7005 Nr. 1 VV		25,00 EUR
5. Aktenversendungspauschale		12,00 EUR
Zwischensumme	98,50 EUR	
6. 19 % Umsatzsteuer, Nr. 7008 VV		18,72 EUR
Gesamt		**117,22 EUR**

17 Nicht geregelt ist die Frage, wie abzurechnen ist, wenn der Anwalt den Aktenauszug als elektronische Datei verschickt.

- Soweit der Anwalt die Datei erst herstellen, also die Ermittlungsakte einscannen muss, gilt Anm. Abs. 2 zu Nr. 7000 VV. Der Anwalt kann wie bei einer Kopie abrechnen.
- Soweit der Anwalt bereits über eine elektronische Fassung verfügt, kann er nur die Dokumentenpauschale nach Nr. 7000 Nr. 2 VV abrechnen.

> **Beispiel 6** Aktenauszug in elektronischer Fassung

Der Versicherer fordert einen Aktenauszug an. Der Anwalt hatte für seine Unterlagen bereits einen Aktenauszug in vollständiger Fassung als elektronische Datei erstellt und mailt diese dem Versicherer.

Jetzt kann der Anwalt neben der Pauschale nur eine Dokumentenpauschale nach Nr. 7000 Nr. 2 VV abrechnen. Die Aktenversendungspauschale kann er hier nicht abrechnen, da er den Aktenauszug bereits für sich angefertigt hatte und die Pauschale daher nicht erst durch den Aktenauszug für den Versicherer entstanden ist.

1. Pauschalhonorar gem. Abkommen		26,00 EUR
2. Dokumentenpauschale, Nr. 7000 Nr. 2 VV		1,50 EUR
Zwischensumme	27,50 EUR	
3. 19 % Umsatzsteuer, Nr. 7008 VV		5,23 EUR
Gesamt		**32,73 EUR**

Gebührentabelle nach § 13 Abs. 1 RVG

Wert bis €	0,3	0,4	0,5	0,65	0,75	0,8	0,9	1,0	1,1
500	15,00	18,00	22,50	29,25	33,75	36,00	40,50	45,00	49,50
1.000	24,00	32,00	40,00	52,00	60,00	64,00	72,00	80,00	88,00
1.500	34,50	46,00	57,50	74,75	86,25	92,00	103,50	115,00	126,50
2.000	45,00	60,00	75,00	97,50	112,50	120,00	135,00	150,00	165,00
3.000	60,30	80,40	100,50	130,65	150,75	160,80	180,90	201,00	221,10
4.000	75,60	100,80	126,00	163,80	189,00	201,60	226,80	252,00	277,20
5.000	90,90	121,20	151,50	196,95	227,25	242,40	272,70	303,00	333,30
6.000	106,20	141,60	177,00	230,10	265,50	283,20	318,60	354,00	389,40
7.000	121,50	162,00	202,50	263,25	303,75	324,00	364,50	405,00	445,50
8.000	136,80	182,40	228,00	296,40	342,00	364,80	410,40	456,00	501,60
9.000	152,10	202,80	253,50	329,55	380,25	405,60	456,30	507,00	557,70
10.000	167,40	223,20	279,00	362,70	418,50	446,40	502,20	558,00	613,80
13.000	181,20	241,60	302,00	392,60	453,00	483,20	543,60	604,00	664,40
16.000	195,00	260,00	325,00	422,50	487,50	520,00	585,00	650,00	715,00
19.000	208,80	278,40	348,00	452,40	522,00	556,80	626,40	696,00	765,60
22.000	222,60	296,80	371,00	482,30	556,50	593,60	667,80	742,00	816,20
25.000	236,40	315,20	394,00	512,20	591,00	630,40	709,20	788,00	866,80
30.000	258,90	345,20	431,50	560,95	647,25	690,40	776,70	863,00	949,30
35.000	281,40	375,20	469,00	609,70	703,50	750,40	844,20	938,00	1.031,80
40.000	303,90	405,20	506,50	658,45	759,75	810,40	911,70	1.013,00	1.114,30
45.000	326,40	435,20	544,00	707,20	816,00	870,40	979,20	1.088,00	1.196,80
50.000	348,90	465,20	581,50	755,95	872,25	930,40	1.046,70	1.163,00	1.279,30
65.000	374,40	499,20	624,00	811,20	936,00	998,40	1.123,20	1.248,00	1.372,80
80.000	399,90	533,20	666,50	866,45	999,75	1.066,40	1.199,70	1.333,00	1.466,30
95.000	425,40	567,20	709,00	921,70	1.063,50	1.134,40	1.276,20	1.418,00	1.559,80
110.000	450,90	601,20	751,50	976,95	1.127,25	1.202,40	1.352,70	1.503,00	1.653,30
125.000	476,40	635,20	794,00	1.032,20	1.191,00	1.270,40	1.429,20	1.588,00	1.746,80
140.000	501,90	669,20	836,50	1.087,45	1.254,75	1.338,40	1.505,70	1.673,00	1.840,30
155.000	527,40	703,20	879,00	1.142,70	1.318,50	1.406,40	1.582,20	1.758,00	1.933,80
170.000	552,90	737,20	921,50	1.197,95	1.382,25	1.474,40	1.658,70	1.843,00	2.027,30
185.000	578,40	771,20	964,00	1.253,20	1.446,00	1.542,40	1.735,20	1.928,00	2.120,80
200.000	603,90	805,20	1.006,50	1.308,45	1.509,75	1.610,40	1.811,70	2.013,00	2.214,30
230.000	639,90	853,20	1.066,50	1.386,45	1.599,75	1.706,40	1.919,70	2.133,00	2.346,30
260.000	675,90	901,20	1.126,50	1.464,45	1.689,75	1.802,40	2.027,70	2.253,00	2.478,30
290.000	711,90	949,20	1.186,50	1.542,45	1.779,75	1.898,40	2.135,70	2.373,00	2.610,30
320.000	747,90	997,20	1.246,50	1.620,45	1.869,75	1.994,40	2.243,70	2.493,00	2.742,30
350.000	783,90	1.045,20	1.306,50	1.698,45	1.959,75	2.090,40	2.351,70	2.613,00	2.874,30
380.000	819,90	1.093,20	1.366,50	1.776,45	2.049,75	2.186,40	2.459,70	2.733,00	3.006,30
410.000	855,90	1.141,20	1.426,50	1.854,45	2.139,75	2.282,40	2.567,70	2.853,00	3.138,30
440.000	891,90	1.189,20	1.486,50	1.932,45	2.229,75	2.378,40	2.675,70	2.973,00	3.270,30
470.000	927,90	1.237,20	1.546,50	2.010,45	2.319,75	2.474,40	2.783,70	3.093,00	3.402,30
500.000	963,90	1.285,20	1.606,50	2.088,45	2.409,75	2.570,40	2.891,70	3.213,00	3.534,30
550.000	1.008,90	1.345,20	1.681,50	2.185,95	2.522,25	2.690,40	3.026,70	3.363,00	3.699,30
600.000	1.053,90	1.405,20	1.756,50	2.283,45	2.634,75	2.810,40	3.161,70	3.513,00	3.864,30
650.000	1.098,90	1.465,20	1.831,50	2.380,95	2.747,25	2.930,40	3.296,70	3.663,00	4.029,30
700.000	1.143,90	1.525,20	1.906,50	2.478,45	2.859,75	3.050,40	3.431,70	3.813,00	4.194,30
750.000	1.188,90	1.585,20	1.981,50	2.575,95	2.972,25	3.170,40	3.566,70	3.963,00	4.359,30
800.000	1.233,90	1.645,20	2.056,50	2.673,45	3.084,75	3.290,40	3.701,70	4.113,00	4.524,30
850.000	1.278,90	1.705,20	2.131,50	2.770,95	3.197,25	3.410,40	3.836,70	4.263,00	4.689,30
900.000	1.323,90	1.765,20	2.206,50	2.868,45	3.309,75	3.530,40	3.971,70	4.413,00	4.854,30
950.000	1.368,90	1.825,20	2.281,50	2.965,95	3.422,25	3.650,40	4.106,70	4.563,00	5.019,30
1.000.000	1.413,90	1.885,20	2.356,50	3.063,45	3.534,75	3.770,40	4.241,70	4.713,00	5.184,30
1.050.000	1.458,90	1.945,20	2.431,50	3.160,95	3.647,25	3.890,40	4.376,70	4.863,00	5.349,30
1.100.000	1.503,90	2.005,20	2.506,50	3.258,45	3.759,75	4.010,40	4.511,70	5.013,00	5.514,30
1.150.000	1.548,90	2.065,20	2.581,50	3.355,95	3.872,25	4.130,40	4.646,70	5.163,00	5.679,30

Tabellen

1,2	1,3	1,5	1,6	1,8	2,0	2,3	2,5	Wert bis €
54,00	58,50	67,50	72,00	81,00	90,00	103,50	112,50	**500**
96,00	104,00	120,00	128,00	144,00	160,00	184,00	200,00	**1.000**
138,00	149,50	172,50	184,00	207,00	230,00	264,50	287,50	**1.500**
180,00	195,00	225,00	240,00	270,00	300,00	345,00	375,00	**2.000**
241,20	261,30	301,50	321,60	361,80	402,00	462,30	502,50	**3.000**
302,40	327,60	378,00	403,20	453,60	504,00	579,60	630,00	**4.000**
363,60	393,90	454,50	484,80	545,40	606,00	696,90	757,50	**5.000**
424,80	460,20	531,00	566,40	637,20	708,00	814,20	885,00	**6.000**
486,00	526,50	607,50	648,00	729,00	810,00	931,50	1.012,50	**7.000**
547,20	592,80	684,00	729,60	820,80	912,00	1.048,80	1.140,00	**8.000**
608,40	659,10	760,50	811,20	912,60	1.014,00	1.166,10	1.267,50	**9.000**
669,60	725,40	837,00	892,80	1.004,40	1.116,00	1.283,40	1.395,00	**10.000**
724,80	785,20	906,00	966,40	1.087,20	1.208,00	1.389,20	1.510,00	**13.000**
780,00	845,00	975,00	1.040,00	1.170,00	1.300,00	1.495,00	1.625,00	**16.000**
835,20	904,80	1.044,00	1.113,60	1.252,80	1.392,00	1.600,80	1.740,00	**19.000**
890,40	964,60	1.113,00	1.187,20	1.335,60	1.484,00	1.706,60	1.855,00	**22.000**
945,60	1.024,40	1.182,00	1.260,80	1.418,40	1.576,00	1.812,40	1.970,00	**25.000**
1.035,60	1.121,90	1.294,50	1.380,80	1.553,40	1.726,00	1.984,90	2.157,50	**30.000**
1.125,60	1.219,40	1.407,00	1.500,80	1.688,40	1.876,00	2.157,40	2.345,00	**35.000**
1.215,60	1.316,90	1.519,50	1.620,80	1.823,40	2.026,00	2.329,90	2.532,50	**40.000**
1.305,60	1.414,40	1.632,00	1.740,80	1.958,40	2.176,00	2.502,40	2.720,00	**45.000**
1.395,60	1.511,90	1.744,50	1.860,80	2.093,40	2.326,00	2.674,90	2.907,50	**50.000**
1.497,60	1.622,40	1.872,00	1.996,80	2.246,40	2.496,00	2.870,40	3.120,00	**65.000**
1.599,60	1.732,90	1.999,50	2.132,80	2.399,40	2.666,00	3.065,90	3.332,50	**80.000**
1.701,60	1.843,40	2.127,00	2.268,80	2.552,40	2.836,00	3.261,40	3.545,00	**95.000**
1.803,60	1.953,90	2.254,50	2.404,80	2.705,40	3.006,00	3.456,90	3.757,50	**110.000**
1.905,60	2.064,40	2.382,00	2.540,80	2.858,40	3.176,00	3.652,40	3.970,00	**125.000**
2.007,60	2.174,90	2.509,50	2.676,80	3.011,40	3.346,00	3.847,90	4.182,50	**140.000**
2.109,60	2.285,40	2.637,00	2.812,80	3.164,40	3.516,00	4.043,40	4.395,00	**155.000**
2.211,60	2.395,90	2.764,50	2.948,80	3.317,40	3.686,00	4.238,90	4.607,50	**170.000**
2.313,60	2.506,40	2.892,00	3.084,80	3.470,40	3.856,00	4.434,40	4.820,00	**185.000**
2.415,60	2.616,90	3.019,50	3.220,80	3.623,40	4.026,00	4.629,90	5.032,50	**200.000**
2.559,60	2.772,90	3.199,50	3.412,80	3.839,40	4.266,00	4.905,90	5.332,50	**230.000**
2.703,60	2.928,90	3.379,50	3.604,80	4.055,40	4.506,00	5.181,90	5.632,50	**260.000**
2.847,60	3.084,90	3.559,50	3.796,80	4.271,40	4.746,00	5.457,90	5.932,50	**290.000**
2.991,60	3.240,90	3.739,50	3.988,80	4.487,40	4.986,00	5.733,90	6.232,50	**320.000**
3.135,60	3.396,90	3.919,50	4.180,80	4.703,40	5.226,00	6.009,90	6.532,50	**350.000**
3.279,60	3.552,90	4.099,50	4.372,80	4.919,40	5.466,00	6.285,90	6.832,50	**380.000**
3.423,60	3.708,90	4.279,50	4.564,80	5.135,40	5.706,00	6.561,90	7.132,50	**410.000**
3.567,60	3.864,90	4.459,50	4.756,80	5.351,40	5.946,00	6.837,90	7.432,50	**440.000**
3.711,60	4.020,90	4.639,50	4.948,80	5.567,40	6.186,00	7.113,90	7.732,50	**470.000**
3.855,60	4.176,90	4.819,50	5.140,80	5.783,40	6.426,00	7.389,90	8.032,50	**500.000**
4.035,60	4.371,90	5.044,50	5.380,80	6.053,40	6.726,00	7.734,90	8.407,50	**550.000**
4.215,60	4.566,90	5.269,50	5.620,80	6.323,40	7.026,00	8.079,90	8.782,50	**600.000**
4.395,60	4.761,90	5.494,50	5.860,80	6.593,40	7.326,00	8.424,90	9.157,50	**650.000**
4.575,60	4.956,90	5.719,50	6.100,80	6.863,40	7.626,00	8.769,90	9.532,50	**700.000**
4.755,60	5.151,90	5.944,50	6.340,80	7.133,40	7.926,00	9.114,90	9.907,50	**750.000**
4.935,60	5.346,90	6.169,50	6.580,80	7.403,40	8.226,00	9.459,90	10.282,50	**800.000**
5.115,60	5.541,90	6.394,50	6.820,80	7.673,40	8.526,00	9.804,90	10.657,50	**850.000**
5.295,60	5.736,90	6.619,50	7.060,80	7.943,40	8.826,00	10.149,90	11.032,50	**900.000**
5.475,60	5.931,90	6.844,50	7.300,80	8.213,40	9.126,00	10.494,90	11.407,50	**950.000**
5.655,60	6.126,90	7.069,50	7.540,80	8.483,40	9.426,00	10.839,90	11.782,50	**1.000.000**
5.835,60	6.321,90	7.294,50	7.780,80	8.753,40	9.726,00	11.184,90	12.157,50	**1.050.000**
6.015,60	6.516,90	7.519,50	8.020,80	9.023,40	10.026,00	11.529,90	12.532,50	**1.100.000**
6.195,60	6.711,90	7.744,50	8.260,80	9.293,40	10.326,00	11.874,90	12.907,50	**1.150.000**

Gebührentabelle zu § 49 RVG

Wert bis zu	0,3	0,5	0,8	1,0	1,1	1,2	1,3	1,4	1,5	1,6	1,8	2,3
500	15,00[1]	22,50	36,00	45,00	49,50	54,00	58,50	63,00	67,50	72,00	81,00	103,50
1.000	24,00	40,00	64,00	80,00	88,00	96,00	104,00	112,00	120,00	128,00	144,00	184,00
1.500	34,50	57,50	92,00	115,00	126,50	138,00	149,50	161,00	172,50	184,00	207,00	264,50
2.000	45,00	75,00	120,00	150,00	165,00	180,00	195,00	210,00	225,00	240,00	270,00	345,00
3.000	60,30	100,50	160,80	201,00	221,10	241,20	261,30	281,40	301,50	321,60	361,80	462,30
4.000	75,60	126,00	201,60	252,00	277,20	302,40	327,60	352,80	378,00	403,20	453,60	579,60
5.000	77,10	128,50	205,60	257,00	282,70	308,40	334,10	359,80	385,50	411,20	462,60	591,10
6.000	80,10	133,50	213,60	267,00	293,70	320,40	347,10	373,80	400,50	427,20	480,60	614,10
7.000	83,10	138,50	221,60	277,00	304,70	332,40	360,10	387,80	415,50	443,20	498,60	637,10
8.000	86,10	143,50	229,60	287,00	315,70	344,40	373,10	401,80	430,50	459,20	516,60	660,10
9.000	89,10	148,50	237,60	297,00	326,70	356,40	386,10	415,80	445,50	475,20	534,60	683,10
10.000	92,10	153,50	245,60	307,00	337,70	368,40	399,10	429,80	460,50	491,20	552,60	706,10
13.000	96,30	160,50	256,80	321,00	353,10	385,20	417,30	449,40	481,50	513,60	577,80	738,30
16.000	100,50	167,50	268,00	335,00	368,50	402,00	435,50	469,00	502,50	536,00	603,00	770,50
19.000	104,70	174,50	279,20	349,00	383,90	418,80	453,70	488,60	523,50	558,40	628,20	802,70
22.000	108,90	181,50	290,40	363,00	399,30	435,60	471,90	508,20	544,50	580,80	653,40	834,90
25.000	113,10	188,50	301,60	377,00	414,70	452,40	490,10	527,80	565,50	603,20	678,60	867,10
30.000	123,60	206,00	329,60	412,00	453,20	494,40	535,60	576,80	618,00	659,20	741,60	947,60
darüber hinaus	134,10	223,50	357,60	447,00	491,70	536,40	581,10	625,80	670,50	715,20	804,60	1.028,10

1 Mindestbetrag nach § 13 Abs. 2 RVG.

Gebührenrecht

Gebührenabrechnung kinderleicht – 2. KostRMoG inklusive!

AnwaltKommentar RVG
Hrsg. von RA Norbert Schneider
und RiOLG a.D. Hans-Joachim Wolf
7. Auflage 2014, 3.400 Seiten,
gebunden, 159,00 €
ISBN 978-3-8240-1244-2

Mehr Honorar? Kein Problem –
mit dem neuen AnwaltKommentar RVG!

Das 2. KostRMoG hat gravierende Änderungen in der Gebührenabrechnung gebracht, größtenteils zu Ihren Gunsten. Verschaffen Sie sich daher mit der aktuellen Neuauflage des bewährten „AnwaltKommentar RVG" den erforderlichen Durchblick beim reformierten Gebührenrecht. Die 7. Auflage der Gebührenrechtsspezialisten Schneider/Wolf bietet Ihnen alles, was Sie brauchen, um optimal nach neuem Recht abzurechnen.

Die umfassenden Änderungen der Neuauflage sind u.a.:

- Einarbeitung des 2. KostRMoG
- Einarbeitung des Gesetzes zur Änderung des Prozesskostenhilfe- und Beratungshilferechts
- Einarbeitung des Gesetzes zur Reform der Sachaufklärung in der Zwangsvollstreckung
- Einarbeitung der aktuellen Rechtsprechung
- Zwei neue renommierte Autoren verstärken das kompetente Autorenteam: RA und FA für Arbeitsrecht und für Sozialrecht Martin Schafhausen sowie RAin und FAin für Familienrecht Lotte Thiel

Bestellen Sie im Buchhandel oder beim Verlag:
Telefon 02 28 9 19 11 -0 · Fax 02 28 9 19 11 -23
www.anwaltverlag.de · info@anwaltverlag.de

perfekt beraten

Deutscher**Anwalt**Verlag

Alles rund ums Gebührenrecht!

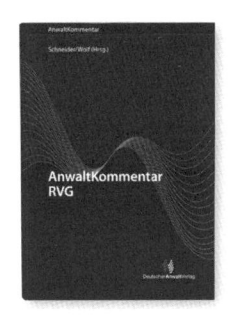

- RVG – Textausgabe mit Tabellen
- AnwaltKommentar RVG
- Das neue Gebührenrecht für Rechtsanwälte – Änderungen durch das 2. Kostenrechtsmodernisierungsgesetz (2. KostRMoG)
- Fälle und Lösungen zum RVG – Erfahrungen und Abrechnungsbeispiele
- Schwarzwälder Gebührentabelle – Übersichtstabelle für Rechtsanwälte, Kostenbeamte, Schadensachbearbeiter
- Kostentafeln und andere Tabellen für die juristische Praxis
- Gesamtkostentabelle – Prozessrisiko · Anwaltsgebühren · Gerichtskosten
- Anwaltsgebühren in Verkehrssachen
- Anwaltsgebühren im Straf- und Bußgeldrecht
- Streitwerte und Anwaltsgebühren im Mietrecht
- Anwaltsgebühren bei Prozess-, Verfahrenskosten- und Beratungshilfe
- Anwaltsgebühren in Ehe- und Familiensachen
- Anwaltsgebühren im Arbeitsrecht
- Fälle und Lösungen zur Abrechnung in Mietsachen
- Fälle und Lösungen zur Abrechnung in Familiensachen
- Das familienrechtliche Mandat – Abrechnung in Familiensachen

Diese und weitere Bücher finden Sie auf unserer Homepage unter:

www.anwaltverlag.de

Deutscher AnwaltVerlag